How to use the diction[

All **entries** (words, abbreviations, compounds, va[
spellings, cross-references) appear in alphabetical [
and are printed in bold type.
Abbreviations are followed by their full form.

English phrasal verbs come directly after the base verb
and are signalled by u.

Arabic superscripts indicate identically spelt words with
different meanings (**homographs**).

The International Phonetic Alphabet is used for all phonetic transcriptions, including American pronunciations.

Angle brackets are used to show **irregular plural
forms**, **numbers** referring to the French conjugation
tables in the appendix or **forms of English irregular
verbs and adjectives**.

French feminine forms are shown unless they are identical to the masculine form. French nouns are followed by
their gender.

Roman numerals are used for the **grammatical divisions** of a word, and Arabic numerals for **sense divisions**.

The **swung dash** represents the entry word in examples
and idioms.

Various kinds of **meaning indicators** are used to guide
users to the required translation:

* **areas of specialization**

* **definitions** or **synonyms**, typical **subjects** or **objects** of verbs, typical **nouns** used with adjectives,
etc.

* **Regional vocabulary and variants** are shown both
as headword and translations

* **Language registers**

When a word or expression has no direct translation,
there is an explanation or a cultural equivalent (≈).
Where a translation may be unclear, it is followed by an
explanation in brackets.

s. a. invites the reader to consult a **model entry** for
further information.

DICTIONNAIRE

Cambridge
Klett
Poche

Français – Anglais
English – French

CAMBRIDGE
UNIVERSITY PRESS

PUBLISHED BY THE PRESS SYNDICATE OF THE UNIVERSITY OF CAMBRIDGE
The Pitt Building, Trumpington Street, Cambridge, United Kingdom

CAMBRIDGE UNIVERSITY PRESS
The Edinburgh Building, Cambridge CB2 2RU, UK
40 West 20th Street, New York NY10011-4211, USA
477 Williamstown Road, Port Melbourne, VIC 3207, Australia
Ruiz de Alarcón 13, 28014 Madrid, Spain
Dock House, The Waterfront, Cape Town 8001, South Africa

http://www.cambridge.org

First published 2002

Printed in Germany at Clausen & Bosse, Leck

Typeface: Weidemann, Stone Sans

A catalogue record for this book is available from the British Library

Library of Congress Cataloguing in Publication data applied for

ISBN 0521 803012 paperback

The contents of this book are based on the **Dictionnaire Cambridge Klett
Compact (Français-Anglais/English-French)**

Editorial Management: Sylvie Cloeren

Contributors: Richard Alderman, Edwin Carpenter, Rachel Gachod-Schinko,
Nathalie Karanfilovic, Matthew C. Maxwell, Dr. Michèle Moncharmont

Typesetting: Dörr und Schiller GmbH, Stuttgart
Data processing: Andreas Lang, conTEXT AG für Information und
Kommunikation, Zürich
Illustrations: Terry McKenna, Anthony Morris
Maps: Klett-Perthes, Justus Perthes Verlag, Gotha

▶ CONTENTS

Le *Dictionnaire Cambridge Klett Pocket* est un tout nouveau dictionnaire bilingue pour les Francophones qui apprennent l'anglais et pour les Anglophones qui apprennent le français. Il a été spécialement conçu pour répondre aux besoins des utilisateurs de niveau intermédiaire et il a été rédigé et édité par un grand nombre de personnes de langue maternelle, ce qui en fait un outil moderne pour la compréhension des langues.

Il recouvre l'anglais britannique et américain, ce qui en fait un guide fiable de l'anglais comme langue internationale. Il contient aussi un grand nombre de mots nouveaux qui sont apparus en anglais et en français au cours des dernières années, en particulier dans les domaines de l'informatique, Internet et divertissements.

Le dictionnaire aide aussi dans des domaines difficiles pour ceux qui apprennent les langues. Par exemple, on trouvera des informations complètes sur les verbes des deux langues ainsi que des illustrations en couleur pour vous aider à apprendre le vocabulaire de domaines particuliers du langage.
Nous espérons que vous apprécierez ce livre et que vous aurez grand plaisir à apprendre votre nouvelle langue.

Vous pouvez trouver plus ample information sur notre site à l'adresse suivante:

dictionary.cambridge.org

The *Dictionnaire Cambridge Klett Poche* is a completely new bilingual dictionary for French-speaking learners of English and English-speaking learners of French. It has been specially designed so that it meets the needs of intermediate-level learners and it has been written and edited by a large team of native speakers of both languages so that it provides an up-to-date and comprehensive language tool.

It covers British English and American English, so that it provides a reliable guide to English as an international language. It also includes many new words that have come into English and French in the last few years, especially in areas such as computing, the Internet and entertainment.

The dictionary provides extra help with many areas that learners find difficult. For example, there is full information about the verb patterns of the the two languages and there are full-colour pages to help you learn the vocabulary from particular language areas.

We hope that you enjoy using this book and that you enjoy learning your new language.

You can also find out more information on our website at:

dictionary.cambridge.org

► SIGNES UTILISÉS POUR LA TRANSCRIPTION PHONÉTIQUE PHONETIC SYMBOLS

[ø]	Europe	[ɑː]	plant, farm, father
[a]	bac	[aɪ]	life
[ɑ]	classe	[aʊ]	house
[ɛ]	caisse	[æ]	man, sad
[ɑ̃]	chanson	[b]	been, blind
[b]	beau	[d]	do, had
[d]	du	[ð]	this, father
[e]	état	[e]	get, bed
[ə]	menace	[eɪ]	name, lame
[ɛ̃]	afin	[ə]	ago, better
[f]	feu	[ɜː]	bird, her
[g]	gant	[eə]	there, care
[ˊ]	héros (h aspiré)	[ʌ]	but, son
[i]	diplôme	[f]	father, wolf
[j]	yacht	[g]	go, beg
[ʒ]	jour	[ŋ]	long, sing
[k]	cœur	[h]	house
[l]	loup	[ɪ]	it, wish
[m]	marché	[iː]	bee, me, beat, belief
[n]	nature	[ɪə]	here
[ɲ]	digne	[j]	youth
[ŋ]	camping	[k]	keep, milk
[o]	auto	[l]	lamp, oil, ill
[ɔ]	obtenir	[m]	man, am
[œ]	cœur	[n]	no, manner
[ɔ̃]	bonbon	[ɒ]	not, long
[œ̃]	aucun	[ɔː]	law, all
[p]	page	[ɔɪ]	boy, oil
[ʀ]	règle	[p]	paper, happy

[s]	sel	[r]	red, dry
[ʃ]	chef	[s]	stand, sand, yes
[t]	timbre	[ʃ]	ship, station
[u]	coup	[t]	tell, fat
[v]	vapeur	[tʃ]	church, catch
[w]	Kuwait	[ʊ]	push, look
[y]	nature	[uː]	you, do
[ɥ]	huile	[ʊə]	poor, sure
[z]	zèbre	[v]	voice, live
		[w]	water, we, which
		[z]	zeal, these, gaze
		[ʒ]	pleasure
		[dʒ]	jam, object
		[θ]	thank, death

A, a [ɑ] *m inv* A, a; **~ comme Ana-
tole** a for Andrew [*o* Apple *Am*]
a [a] *indic prés de* **avoir**
a [a] *m* INFOR **a commercial** at-sign
à [a] <à + le = au, à la, à + les =
aux> *prep* **1.** (*introduit un complément de temps*) at; **à 8 heures/
Noël** at 8 o'clock/Christmas; **le
cinq juin au matin** on the morning
of the fifth of June **2.** (*indique une
époque*) in; **au printemps** in (the)
spring **3.** (*indique une date ultérieure*) **aux prochaines vacances**
next holidays; **à mon retour** when I
get back **4.** (*jusque*) until; **de lundi
à jeudi** from Monday to Thursday
5. (*pour indiquer une direction*) to;
**aller à l'école/au Japon/aux
États-Unis** to go to school/to
Japan/to the United States **6.** (*indique le lieu où l'on est*) **être à la
piscine/poste** to be at the swimming pool/the post office; **au troisième étage** (*habiter*) on the third
floor **7.** (*indique le nombre de personnes*) **nous travaillons à 2/3
sur qc** there are 2/3 of us working
on sth **8.** (*par*) **à la journée** on a
daily basis; **7 litres aux 100 kilomètres** 7 litres per 100 kilometres
9. (*cause*) **à sa démarche, on voit
que** you can tell from the way he
walks that **10.** (*indique une appartenance*) **c'est à moi/lui** it's mine/
his; **un ami à eux** a friend of theirs
abaisser [abese] <1> I. *vt* **1.** (*température, prix*) to lower **2.** (*avilir*) to
humble II. *vpr* **s'~ 1.** (*vitre*) to be low-
ered **2.** (*s'humilier*) to humble
oneself
abandon [abɑ̃dɔ̃] *m* **1.** (*désertion,
délaissement*) abandonment **2.** (*fait
de renoncer à*) giving up **3.** SPORT
withdrawal
abandonné(e) [abɑ̃dɔne] *adj* aban-
doned; (*chat*) stray
abandonner [abɑ̃dɔne] <1> I. *vt*

1. (*déserter, quitter*) to abandon
2. (*renoncer à*) to give up; (*hypothèse, méthode*) to discard II. *vi* to
give up III. *vpr* **s'~ 1.** (*se détendre*)
to let oneself go **2.** **s'~ au désespoir**
to give way to despair
abasourdir [abazuʀdiʀ] <8> *vt*
1. (*stupéfier*) to stun **2.** (*assourdir*)
to deafen
abat-jour [abaʒuʀ] *m inv* lampshade
abats [aba] *mpl* (*de porc, mouton*)
offal *no pl;* (*de volaille*) giblets
abattoir [abatwaʀ] *m* abattoir
abattre [abatʀ] <irr> I. *vt* **1.** (*mur,
quille*) to knock down; (*arbre*) to
fell; (*forêt*) to chop down; (*avion, gibier*) to shoot down **2.** (*animal de
boucherie*) to slaughter; (*animal
blessé*) to put down **3.** (*assassiner*)
to kill **4.** (*travailler vite et beaucoup*)
~ de la besogne to get through a lot
of work II. *vpr* **s'~ 1.** (*tomber*) to fall
down; **s'~ sur le sol** to collapse on
the ground **2.** (*pluie*) to come pouring down; (*grêle*) to pelt down
3. (*fondre sur*) **s'~ sur sa proie**
(*aigle*) to swoop down on its prey
abattu(e) [abaty] I. *part passé de*
abattre II. *adj* **1.** (*physiquement*)
exhausted **2.** (*moralement*) despondent
abbaye [abei] *f* abbey
abbé [abe] *m* **1.** (*prêtre*) priest
2. (*supérieur d'une abbaye*) abbot
abbesse [abɛs] *f* abbess
abcès [apsɛ] *m* abscess
abdomen [abdɔmɛn] *m* abdomen
abdominaux [abdɔmino] *mpl*
1. ANAT abdominal muscles **2.** SPORT
faire des ~ to do sit-ups
abeille [abɛj] *f* bee
aberrant(e) [abeʀɑ̃] *adj* deviant;
(*idée*) preposterous; (*prix*) ridiculous
abîmer [abime] <1> I. *vt* (*détériorer*) to ruin II. *vpr* **s'~ 1.** (*se
gâter*) to spoil; (*fruits, légumes*) to
go bad **2.** **s'~ les yeux/la santé** to
ruin one's eyes/health
aboiement [abwamɑ̃] *m* bark; **les
~s d'un chien** a dog's barking

abolir [abɔliʀ] <8> *vt* to abolish

abolition [abɔlisjɔ̃] *f* abolition

abominable [abɔminabl] *adj* **1.** abominable **2.** (*horrible*) appalling; (*action*) heinous

abondance [abɔ̃dɑ̃s] *f* abundance; **en** ~ in abundance

abondant(e) [abɔ̃dɑ̃] *adj* (*nourriture*) copious; (*réserves*) plentiful; **des pluies** ~**es** heavy rainful

abonder [abɔ̃de] <1> *vi* **1.** (*exister en grande quantité*) to be plentiful **2.** (*avoir en quantité*) ~ **en qc** to be full of sth

abonné(e) [abɔne] **I.** *adj* **être** ~ **à un journal** to subscribe to a newspaper; **être** ~ **au téléphone** to be on the phone *inf* **II.** *m(f)* (*théâtre*) season-ticket holder; (*d'un journal, service*) subscriber

abonnement [abɔnmɑ̃] *m* season ticket; (*hebdomadaire, mensuel*) subscription

abonner [abɔne] <1> **I.** *vpr* **s'**~ **à un journal** to subscribe to a newspaper; **s'**~ **au théâtre** to buy a season ticket for the theatre; **s'**~ **à un club** to join a club **II.** *vt* ~ **qn au théâtre** to buy sb a season ticket for the theatre; ~ **qn à un journal** to buy sb a subscription to a newspaper

abord [abɔʀ] *m* **1.** (*alentours*) **les** ~**s d'une ville** the area around a town **2.** (*attitude*) **être d'un** ~ **facile/difficile** to be approachable/ unapproachable; **il est d'un** ~ **chaleureux** he makes you feel welcome **3.** **au premier** ~ (*dès la première rencontre*) initially; (*à première vue*) at first sight; (*tout*) **d'**~ (*temporel*) at first; (*avant tout*) first of all; **d'**~ *inf*, **d'**~ **tu n'avais qu'à demander!** for a start all you had to do was ask!

abordable [abɔʀdabl] *adj* (*bon marché*) affordable

aborder [abɔʀde] <1> **I.** *vt* **1.** (*accoster, évoquer*) to tackle **2.** (*sujet*) to approach **II.** *vi* NAUT to land

aboutir [abutiʀ] <8> *vi* **1.** (*réussir*) to succeed *inf*; (*projet*) to be a success; **ne pas** ~ not to come off

2. (*mener à*) ~ **à qc** to lead to sth

aboyer [abwaje] <6> *vi* to bark

abrégé [abʀeʒe] *m* **1.** **mot en** ~ abbreviated form of a word **2.** (*ouvrage*) handbook

abréger [abʀeʒe] <2aé 5> *vt* to cut short; (*mot, texte*) to abbreviate

abreuver [abʀœve] <1> *vpr* **s'**~ (*animal*) to drink

abreuvoir [abʀœvwaʀ] *m* **1.** (*lieu*) watering place **2.** (*auge*) (drinking) trough

abréviation [abʀevjasjɔ̃] *f* abbreviation

abri [abʀi] *m* **1.** (*protection naturelle*) shelter; **se mettre à l'**~ **du vent** to shelter from the wind; **être à l'**~ **des balles** to be shielded against bullets; **mettre qc à l'**~ to put sth under cover **2.** (*souterrain*) (underground) shelter **3.** (*lieu aménagé*) shelter; **être à l'**~ (*personne*) to be under cover **4.** **être à l'**~ **du besoin** to be protected from hardship

abribus® [abʀibys] *m* bus shelter

abricot [abʀiko] *m* apricot

abricotier [abʀikɔtje] *m* apricot tree

abriter [abʀite] <1> **I.** *vt* **1.** (*protéger*) to shelter **2.** (*héberger*) to harbour **II.** *vpr* (*se protéger du danger, des intempéries*) **s'**~ **de qc** to take shelter from sth

abrupt(e) [abʀypt] *adj* **1.** (*pente*) steep **2.** (*ton*) abrupt

abruti(e) [abʀyti] **I.** *adj* **1.** *inf* idiotic **2.** *fig* **être** ~ **par l'alcool** to be stupefied with drink **II.** *m(f) inf* idiot

abrutissant(e) [abʀytisɑ̃] *adj* (*travail*) mind-numbing; **ce bruit est** ~ this noise drives you silly

ABS [ɑbeɛs] *m abr de* **Anti Blockier System** ABS

absence [apsɑ̃s] *f* **1.** (*opp: présence*) absence; **en l'**~ **de qn** in the absence of sb **2.** (*manque*) lack **3.** (*inattention*) **elle a des** ~**s par moments** at times she's absentminded

absent(e) [apsɑ̃] **I.** *adj* **1.** absent; **les élèves** ~**s** absentees; **être** ~ **à qc** to be absent from sth **2.** (*air, regard*) vacant **II.** *m(f)* absentee

absenter [apsɑ̃te] <1> *vpr* **s'~** to leave; **je ne me suis absenté que deux minutes** I was only away for two minutes

absolu(e) [apsɔly] *adj* **1.** *a.* POL, LING absolute **2.** *(silence)* utter **3.** *(sans concession)* uncompromising

absolument [apsɔlymɑ̃] *adv* **1.** *(à tout prix)* without fail **2.** *(totalement)* entirely; **~ pas/rien** absolutely not/nothing **3.** **~!** absolutely!; **vous êtes sûr? – ~!** are you sure? positive!

absorber [apsɔrbe] <1> *vt* **1.** *(consommer)* to consume; *(médicament)* to take **2.** *(s'imbiber)* to absorb **3.** *(travail)* to occupy

abstenir [apstəniʀ] <9> *vpr* **s'~ 1.** *(éviter)* **s'~ de faire qc** to refrain from doing sth **2.** *(ne pas voter)* to abstain

abstention [apstɑ̃sjɔ̃] *f* abstention

abstinence [apstinɑ̃s] *f* abstinence

abstraction [apstʀaksjɔ̃] *f* abstraction; **faire ~ de qc** to disregard sth

abstrait(e) [apstʀɛ] *adj* abstract

absurde [apsyʀd] *adj* absurd

absurdité [apsyʀdite] *f* absurdity

abus [aby] *m* **1.** abuse **2.** *(injustice)* injustice

abuser [abyze] <1> **I.** *vi* **1.** *(consommer avec excès)* to overindulge; **~ de l'alcool** to drink too much **2.** *(profiter de qn)* to go too far **3.** *(exploiter)* **~ de qc** to take advantage of sth. **II.** *vpr* **s'~, si je ne m'abuse** if I'm not mistaken

abusif, -ive [abyzif] *adj* **1.** *(exagéré)* excessive **2.** *(licenciement)* wrongful

académicien(ne) [akademisjɛ̃] *m(f)* **1.** *(membre d'une académie)* academician **2.** *(membre de l'Académie française)* member of the French Academy

académie [akademi] *f* **1.** *(société savante)* academy **2.** ECOLE, UNIV ≈ local (education) authority

Académie [akademi] *f* academy; **l'~ française** the French Academy

A.a

académique [akademik] *adj* **1.** *a.* ECOLE, UNIV academic **2.** *(de l'Académie française)* of the French Academy

acadien [akadjɛ̃] *m* Acadian; *v. a.* **français**

acadien(ne) [akadjɛ̃] *adj* Acadian

Acadien(ne) [akadjɛ̃] *m(f)* Acadian

acajou [akaʒu] *m inv* mahogany

acarien [akaʀjɛ̃] *m* dust mite; ZOOL acarid

accablant(e) [akablɑ̃] *adj* **1.** *(chaleur)* oppressive; *(travail)* exhausting **2.** *(nouvelle)* devastating **3.** *(témoignage, preuve)* damning

accabler [akable] <1> *vt* **1.** *(dettes, travail)* to overwhelm; *(nouvelle)* to devastate **2.** **~ qn de reproches** to heap reproaches on sb

accalmie [akalmi] *f a. fig* lull

accaparer [akapaʀe] <1> *vt* to monopolize; *(poste-clé, attention)* to grab

accéder [aksede] <5> *vt* **1.** *(parvenir)* **~ au balcon par la cuisine** to get to the balcony through the kitchen **2.** *(atteindre)* **~ à un poste** to obtain a post

accélérateur [akseleʀatœʀ] *m* accelerator; **appuyer sur/lâcher l'~** to step on/come off the accelerator

accélération [akseleʀasjɔ̃] *f* acceleration

accélérer [akseleʀe] <5> **I.** *vi, vt* to accelerate; **vas-y, accélère!** come on, get a move on! *inf* **II.** *vpr* **s'~** *(pouls)* to quicken

accent [aksɑ̃] *m* **1.** accent; **e ~ aigu/circonflexe** e acute/circumflex **2.** **mettre l'~ sur qc** to stress sth

accentuation [aksɑ̃tɥasjɔ̃] *f* **1.** *(du chômage)* rise **2.** LING accentuation

accentuer [aksɑ̃tɥe] <1> I. vt 1. (tracer un accent) ~ **une lettre** to put an accent on a letter 2. (prononcer un accent) to stress 3. (effet, action) to intensify II. vpr **s'**~ to become more pronounced; **le froid s'accentue** it is becoming noticeably colder

accepter [aksɛpte] <1> vt 1. to accept 2. (être d'accord) ~ **qc/de** +infin to agree to sth/to +infin

accès [aksɛ] m 1. a. INFOR access 2. (action d'accéder à une position) ~ **à un poste** admission to a post 3. (de fièvre) bout; (d'humeur) fit

accessible [aksesibl] adj 1. accessible 2. (prix) affordable

accessoire [akseswaʀ] I. adj incidental II. m 1. (pièce complémentaire) accessory 2. THEAT, CINE **les ~s** props

accident [aksidɑ̃] m accident; ~ **du travail** industrial injury [o accident Am]; ~ **de parcours** mishap

accidenté(e) [aksidɑ̃te] I. adj 1. (terrain) uneven; (région) undulating 2. (personne) injured; (voiture) damaged II. m(f) casualty

accidentel(le) [aksidɑ̃tɛl] adj 1. (dû à un accident) accidental 2. (dû au hasard) fortuitous

acclamation [aklamasjɔ̃] f cheering no pl; **les ~s du public** the cheers of the audience

acclamer [aklame] <1> vt to cheer

acclimater [aklimate] <1> I. vt ~ **un animal dans un zoo** to acclimatize [o acclimate Am] an animal to a zoo II. vpr **s'**~ (s'adapter) to adapt

accommoder [akɔmɔde] <1> vt 1. (adapter) to adapt 2. GASTR to prepare; (restes) to use up

accompagnateur, -trice [akɔ̃paɲatœʀ] m, f 1. (guide) guide 2. MUS accompanist 3. ECOLE leader

accompagnement [akɔ̃paɲmɑ̃] m a. MUS, GASTR accompaniment

accompagner [akɔ̃paɲe] <1> I. vt a. MUS to accompany II. vpr **s'**~ 1. MUS **s'**~ **à la guitare** to accompany oneself on the guitar 2. (aller avec) **s'**~ **de qc** to come with sth

accompli [akɔ̃pli] m LING **l'**~ the perfective

accompli(e) [akɔ̃pli] adj (parfait) accomplished

accomplir [akɔ̃pliʀ] <8> I. vt 1. (travail) to carry out 2. (miracle) to perform II. vpr **s'**~ (prophétie, vœux) to come true; (miracle) to take place

accord [akɔʀ] m 1. a. LING agreement; **d'un commun** ~ by mutual agreement 2. MUS chord 3. **être d'**~ **avec qn sur qc** to agree with sb about sth; **se mettre** [o **tomber**] **d'**~ **avec qn** to come to an agreement with sb; **(c'est) d'**~**!** OK! inf

accordéon [akɔʀdeɔ̃] m accordion

accordéoniste [akɔʀdeɔnist] mf accordionist

accorder [akɔʀde] <1> I. vt 1. (donner) to grant; **voulez-vous m'**~ **cette danse?** may I have this dance? 2. MUS to tune 3. LING ~ **l'adjectif avec le nom** to make the adjective agree with the noun II. vpr 1. (s'octroyer) **s'**~ **qc** to allow oneself sth 2. LING **s'**~ **avec qc** to agree with sth

accoster [akɔste] <1> I. vi NAUT to dock II. vt 1. (aborder) to accost 2. (quai) to come alongside

accouchement [akuʃmɑ̃] m MED birth

accoucher [akuʃe] <1> I. vi 1. MED to give birth; ~ **d'une fille** to give birth to [o have] a girl 2. inf **allez, accouche!** come on, spit it out! II. vt **c'est cette sage-femme qui l'a accouchée** this is the midwife who delivered her baby

accouder [akude] <1> vpr **s'**~ **à qc** to lean on sth

accoudoir [akudwaʀ] m armrest

accouplement [akupləmɑ̃] m a. péj mating

accoupler [akuple] <1> I. vpr **s'**~ 1. ZOOL to couple 2. péj to mate II. vt ZOOL to mate

accourir [akuʀiʀ] <irr> vi avoir o être to rush

accoutrement [akutʀəmɑ̃] m outfit

accréditer [akʀedite] <1> *vt* (*ambassadeur, médiateur*) to accredit

accro [akʀo] *abr de* **accroché I.** *adj inf* **1.**(*dépendant d'une drogue*) hooked **2.**(*passionné*) ~ **de jazz** mad about jazz **II.** *mf inf* **1.**(*drogué*) addict **2.**(*passionné*) fanatic

accroc [akʀo] *m* (*déchirure*) tear; **faire un ~ à qc** to tear sth

accrochage [akʀɔʃaʒ] *m* **1.**(*collision*) crash **2.**(*altercation*) quarrel

accrocher [akʀɔʃe] <1> **I.** *vt* **1.**(*suspendre*) to hang **2.**(*déchirer*) to snag **3.**(*entrer en collision*) to hit; (*rétroviseur extérieur*) to catch **II.** *vpr* **s'~ 1.**(*se retenir*) **s'~ à qc** to cling to sth **2.**(*persévérer*) to stick at it; **il faut s'~ pour le suivre** you have to hang on in there to keep up with him **3.** *inf* (*se disputer*) **s'~ avec qn** to clash with sb

accroissement [akʀwasmã] *m* (*du chômage*) rise; (*de la population*) growth

accroître [akʀwatʀ] <irr> **I.** *vt* to increase; (*patrimoine*) to add to **II.** *vpr* **s'~** to grow

accroupir [akʀupiʀ] <8> *vpr* **s'~** to squat (down)

accueil [akœj] *m* **1.**(*fait de recevoir*) welcome; **faire bon/mauvais ~ à qn** to give sb a warm/cold welcome **2.**(*lieu*) reception

accueillant(e) [akœjã] *adj* (*hôte*) hospitable; (*maison*) welcoming

accueillir [akœjiʀ] <irr> *vt* **1.**(*recevoir*) to welcome **2.**(*hôte*) to accommodate **3.**(*nouvelle*) to greet; (*projet, idée*) to receive

accumulateur [akymylatœʀ] *m* **1.**(*pile rechargeable*) storage battery **2.** INFOR accumulator

accumuler [akymyle] <1> **I.** *vt* to accumulate; (*preuves, erreurs*) to amass; (*marchandises*) to stockpile **II.** *vpr* **s'~** to accumulate; (*dettes, vaisselle, déchets*) to pile up

accusateur, -trice [akyzatœʀ] *adj* (*regard*) accusing

accusatif [akyzatif] *m* LING accusative

accusation [akyzasjõ] *f* **1.**(*reproche*) accusation **2.** JUR charge

accusé [akyze] *m* ~ **de réception** acknowledgement of receipt

accusé(e) [akyze] *m(f)* JUR defendant

accuser [akyze] <1> *vt* **1.**(*déclarer coupable*) ~ **qn de vol** to accuse sb of theft **2.**(*montrer*) **son visage accuse la fatigue des jours passés** he's showing the strain of the last few days

ace [ɛs] *m* SPORT ace

acharné(e) [aʃaʀne] *adj* (*travailleur*) hard; (*combat*) fierce

acharnement [aʃaʀnəmã] *m* (*d'un combattant*) relentlessness; (*d'un joueur*) tenacity

acharner [aʃaʀne] <1> *vpr* **1.**(*persévérer*) **s'~ sur qc** to work away at sth; **s'~ à** +*infin* to try desperately to +*infin* **2.**(*ne pas lâcher prise*) **s'~ sur qn** to hound sb **3.**(*poursuivre*) **le sort s'acharne contre elle** she is dogged by fate

achat [aʃa] *m* **1.**(*action*) buying **2.**(*chose achetée*) purchase

acheminer [aʃ(ə)mine] <1> *vt* (*courrier*) to deliver; (*personnes, marchandises*) to transport

acheter [aʃ(ə)te] <4> **I.** *vt* to buy **II.** *vpr* **s'~ qc** to buy oneself sth

acheteur, -euse [aʃtœʀ] *m, f* **1.** buyer **2. être ~** to be in the market

achever [aʃ(ə)ve] <4> **I.** *vt* **1.** to end; (*œuvre, bouteille*) to finish; ~ **de faire qc** to finish doing sth **2.**(*tuer*) to finish off **3.**(*épuiser*) **cette journée m'a achevé!** today nearly finished me off! **II.** *vpr* **s'~** (*vie, journée*) to draw to an end

acide [asid] *adj* (*fruit, saveur*) sour

acidité [asidite] *f* (*d'un fruit*) sourness

acier [asje] *m* steel

acné [akne] *f* acne

acompte [akõt] *m* **1.**(*engagement d'achat*) deposit **2.**(*avance*) advance

Açores [asɔʀ] *fpl* **les ~** the Azores

à-côté [akote] <à-côtés> *m* **1.**(*détail*) side issue **2.**(*gain occasionnel*) extra

à-coup [aku] <à-coups> *m* **par à-coups** in fits and starts

acoustique [akustik] **I.** *adj* acoustic **II.** *f sans pl* acoustics + *vb sing*

acquéreur [akerœʀ] *m* buyer; **se porter ~ de qc** to state one's intention to buy sth

acquérir [akeʀiʀ] <irr> *vt* **1.** to acquire **2.** (*faveur*) to win; (*habileté, expérience*) to gain

acquiescer [akjese] <2> *vi* to approve

acquis [aki] *mpl* **1.** (*savoir*) experience **2.** (*avantages sociaux*) **les ~ sociaux** social benefits

acquis(e) [aki] **I.** *part passé de* **acquérir II.** *adj* **1.** (*richesse, expérience*) acquired; (*droit, avantages*) established **2.** (*reconnu*) accepted; **tenir qc pour ~** to take sth for granted

acquisition [akizisjɔ̃] *f* acquisition; **faire l'~ de qc** to acquire sth

acquitter [akite] <1> **I.** *vt* **1.** (*accusé*) to acquit **2.** (*payer*) to pay; (*dette*) to settle **II.** *vpr* **s'~ d'une dette** to pay off a debt; **s'~ d'une fonction** to perform a function

âcre [ɑkʀ] *adj* (*irritant*) acrid

acrobate [akʀɔbat] *mf* acrobat

acrobatie [akʀɔbasi] *f* **1.** (*discipline*) acrobatics + *vb sing* **2.** (*tour*) acrobatic feat; **~ aérienne** acrobatics *pl*

acrobatique [akʀɔbatik] *adj* acrobatic

acrylique [akʀilik] *adj, m* acrylic

acte [akt] *m* **1.** *a.* THEAT act; **faire ~ de présence** to put in a token appearance; **passer à l'~** to act **2.** (*document*) certificate; (*de vente*) bill

acteur, -trice [aktœʀ] *m, f* THEAT, CINE actor, actress *m, f*

actif, -ive [aktif] **I.** *adj* **1.** *a.* ELEC, LING active **2.** (*population, vie*) working **3.** (*armée*) regular **II.** *m, f* (*travailleur*) working person

action [aksjɔ̃] *f* **1.** action; **faire une bonne ~** to do a good deed; **passer à l'~** to take action **2.** FIN share

actionnaire [aksjɔnɛʀ] *mf* shareholder

actionner [aksjɔne] <1> *vt* (*levier*) to move

activer [aktive] <1> **I.** *vt* **1.** (*accélérer*) to speed up; (*feu*) to stoke **2.** CHIM, INFOR to activate **II.** *vi inf* to get a move on **III.** *vpr* **s'~ 1.** (*s'affairer*) to be very busy **2.** *inf* (*se dépêcher*) to hurry up

activité [aktivite] *f* **1.** *sans pl* activity; (*d'une personne*) energy; **entrer en ~** (*volcan*) to become active **2.** (*occupation*) activity; **~ sportive** sport **3.** (*profession*) employment

actrice [aktʀis] *f v.* **acteur**

actualiser [aktɥalize] <1> *vt* (*mettre à jour*) to update

actualité [aktɥalite] *f* **1.** *sans pl* (*d'un sujet*) topicality; **être d'~** to be very topical **2.** *sans pl* (*événements*) current events **3.** *pl* TV, RADIO the news + *vb sing*

actuel(le) [aktɥɛl] *adj* **1.** (*présent*) current **2.** (*d'actualité*) topical

actuellement [aktɥɛlmɑ̃] *adv* at present

acuponcteur, -trice, acupuncteur, -trice [akypɔ̃ktœʀ] *m, f* acupuncturist

acuponcture, acupuncture [akypɔ̃ktyʀ] *f* acupuncture

adaptateur [adaptatœʀ] *m* TECH adapter

adaptation [adaptasjɔ̃] *f* adaptation

adapter [adapte] <1> **I.** *vt* **1.** *a.* CINE, THEAT to adapt **2.** (*embout*) to fix **II.** *vpr* **s'~ à qn/qc** to adapt to sb/sth

addition [adisjɔ̃] *f* **1.** addition **2.** (*facture*) bill *Brit*, check *Am*

additionner [adisjɔne] <1> *vt* **~ qc** to add sth up

adepte [adɛpt] *mf* (*d'une secte*) follower

adéquat(e) [adekwa] *adj* appropriate; (*tenue*) suitable

adhérence [adeʀɑ̃s] *f* adhesion; (*d'un pneu, d'une semelle*) grip; **~ des pneus au sol** roadholding

adhérent(e) [adeʀɑ̃] **I.** *adj* adherent

II. *m(f)* member

adhérer [adere] <5> *vi* **1.** *(coller)* ~ **à qc** to stick to sth; ~ **à la route** to grip the road **2.** *(devenir membre de)* ~ **à un parti** to join a party

adhésif [adezif] *m* *(substance)* adhesive

adhésif, -ive [adezif] *adj* adhesive

adhésion [adezjɔ̃] *f* **1.** *(approbation)* ~ **à qc** support for sth **2.** *(inscription)* ~ **à qc** joining sth **3.** *(fait d'être membre)* membership

adieu [adjø] <x> **I.** *m* *(prise de congé)* farewell *soutenu;* **dire** ~ **à qn** to say goodbye to sb; **faire ses** ~**x à qn** to bid farewell to sb **II.** *interj* goodbye; **tu peux dire** ~ **à ta carrière** you can kiss your career goodbye

adjectif [adʒɛktif] *m* adjective; ~ **épithète** attributive adjective

adjoint(e) [adʒwɛ̃] *adj, m(f)* assistant

adjudant [adʒydɑ̃] *m* MIL ≈ sergeant major

adjuger [adʒyʒe] <2a> *vt* *(aux enchères)* to auction; **une fois, deux fois, trois fois, adjugé!** going once, going twice, three times, gone!

admettre [admɛtr] <irr> *vt* **1.** *(laisser entrer)* to admit **2.** *(à un concours)* to pass **3.** *(reconnaître)* to admit to; **j'admets que tu as raison** I accept that you may be right **4.** *(supposer)* to assume; **admettons que** +*subj* let's suppose that; **en admettant que** +*subj* supposing that

administrateur [administratœr] *m* ~ **de site** webmaster

administrateur, -trice [administratœr] *m, f* *(gestionnaire)* administrator

administratif, -ive [administratif] *adj* administrative; *(langue)* official

administration [administrasjɔ̃] *f* **1.** *sans pl* *(d'une entreprise)* management; *(d'un pays)* government **2.** *(secteur du service public)* department; ~ **pénitentiaire** prison authorities *pl*

Administration [administrasjɔ̃] *f* *sans pl* l'~ ≈ the Civil Service

administrer [administre] <1> *vt* **1.** *(entreprise)* to manage; *(pays)* to govern **2.** MED ~ **un remède à qn** to administer a remedy to sb

admirable [admirabl] *adj* admirable

admirablement [admirabləmɑ̃] *adv* wonderfully

admirateur, -trice [admiratœr] *m, f* admirer

admiratif, -ive [admiratif] *adj* admiring

admiration [admirasjɔ̃] *f sans pl* admiration; **avec** ~ admiringly; **être en** ~ **devant qc/qn** to be lost in admiration for sth/sb

admirer [admire] <1> *vt* to admire

admissible [admisibl] *adj* **1.** acceptable **2.** *(à un examen)* eligible *(for the next stage, usually an oral exam)*

admission [admisjɔ̃] *f* **1.** *sans pl* *(accès)* ~ **dans/à qc** admission to sth **2.** ECOLE, UNIV admission; ~ **à un examen** eligibility for the next stage of an exam

ADN [adeɛn] *m abr de* **acide désoxyribonucléique** DNA

ado [ado] *mf inf abr de* **adolescent**

adolescence [adɔlesɑ̃s] *f* adolescence

adolescent(e) [adɔlesɑ̃] *adj, m(f)* adolescent

adopter [adɔpte] <1> *vt* **1.** *(enfant)* to adopt **2.** *(point de vue)* to take **3.** *(motion, loi)* to pass

adoptif, -ive [adɔptif] *adj* *(enfant)* adopted; *(parents)* adoptive

adoption [adɔpsjɔ̃] *f* adoption; **d'**~ adopted

adorable [adɔrabl] *adj* *(enfant)* delightful; *(personne)* charming; **tu es** ~**!** you're so kind!

adoration [adɔrasjɔ̃] *f sans pl a.* REL adoration; **être en** ~ **devant qn** to worship sb

adorer [adɔre] <1> *vt a.* REL to adore; ~ **faire qc** to love doing sth

adosser [adose] <1> **I.** *vt* **être adossé au mur** to be leaning against the wall **II.** *vpr* **s'**~ **à qc** to lean with one's back against sth

adoucir [adusir] <8> **I.** *vt* *(linge,*

eau, peau) to soften; (*voix*) to moderate **II.** *vpr* **s'~** (*personne, saveur*) to mellow; (*voix, couleur, peau*) to soften; **la température s'est adoucie** the weather has got milder

adoucissant [adusisɑ̃] *m* softener; (*pour le linge*) fabric softener

adresse[1] [adʀɛs] *f a.* INFOR address; **~ de messagerie**, **~ électronique** e-mail address

adresse[2] [adʀɛs] *f sans pl* (*dextérité*) skill

adresser [adʀese] <1> **I.** *vt* **1.** (*envoyer*) to address; (*lettre, colis*) to send **2.** (*émettre*) **~ la parole à qn** to speak to sb **II.** *vpr* **s'~ à qn** to speak to sb; (*demander*) to ask at sb

Adriatique [adʀijatik] *f* **l'~** the Adriatic

adroit(e) [adʀwa] *adj* (*habile*) dexterous

adulte [adylt] **I.** *adj* (*personne*) adult; (*animal*) full-grown **II.** *mf* adult

adultère [adyltɛʀ] **I.** *adj* adulterous; **femme ~** adulteress **II.** *m* adultery

advenir [advəniʀ] <9> *vi impers* **1.** (*arriver*) **quoi qu'il advienne** come what may **2.** (*devenir, résulter de*) **que va-t-il ~ de moi?** what will become of me?

adverbe [advɛʀb] *m* adverb

adverbial(e) [advɛʀbjal] <-aux> *adj* adverbial

adversaire [advɛʀsɛʀ] *mf* opponent

adverse [advɛʀs] *adj* (*forces, équipe*) opposing; (*parti, camp*) opposite

aération [aeʀasjɔ̃] *f sans pl* **1.** (*d'une pièce*) airing **2.** (*circulation d'air*) ventilation

aéré(e) [aeʀe] *adj* (*pièce*) well-ventilated

aérer [aeʀe] <5> **I.** *vt* (*pièce, literie*) to air **II.** *vpr* **s'~** to get some fresh air

aérien(ne) [aeʀjɛ̃] *adj* AVIAT air; (*compagnie*) airline

aérobic [aeʀɔbik] *f* aerobics + *vb sing*

aérodrome [aeʀodʀom] *m* aerodrome

aérodynamique [aeʀodinamik] *adj* (*véhicule, ligne*) streamlined

aérogare [aeʀogaʀ] *f* (air) terminal

aéronautique [aeʀonotik] **I.** *adj* (*secteur, industrie*) aeronautics **II.** *f sans pl* aeronautics + *vb sing*

aéronaval(e) [aeʀonaval] <s> *adj* (*forces*) air and sea

Aéronavale [aeʀonaval] *f* **l'~** naval aviation

aéroport [aeʀopɔʀ] *m* airport

aérosol [aeʀosɔl] *m* aerosol

aérospatial(e) [aeʀospasjal] <-aux> *adj* aerospace

aérospatiale [aeʀospasjal] *f* (*industrie*) aerospace industry

affaiblir [afebliʀ] <8> **I.** *vt a.* POL, MIL to weaken **II.** *vpr* **s'~** to weaken; (*personne*) to become weaker

affaire [afɛʀ] *f* **1.** (*préoccupation*) business; **ce n'est pas mon/ton ~** it's none of your/my business; **faire son ~ de qc** to take a matter in hand **2.** *sans pl* (*problème*) matter; **se tirer d'~** to manage **3.** (*scandale*) affair; **l'~ des pots-de-vin** the bribery scandal **4.** JUR case **5.** *sans pl* (*entreprise*) concern **6.** *pl* (*commerce*) **être dans les ~s** to be in business; **repas d'~s** business meal **7.** *pl* POL affairs; **~s d'État** affair of state **8.** *pl* (*effets personnels*) **prendre toutes ses ~s** to take all one's belongings **9. la belle ~!** big deal!; **c'est une ~ classée!** the matter is closed!; **avoir ~ à qn/qc** to be dealing with sb/sth; **en voilà une ~!** *inf* what a business!

affairer [afeʀe] <1> *vpr* **s'~ autour de qn** to bustle about sb

affaisser [afese] <1> *vpr* **s'~** to subside; (*poutre*) to sag

affaler [afale] <1> *vpr* **s'~** to collapse; **être affalé dans un fauteuil** to be slumped in an armchair

affamé(e) [afame] *adj* starving

affectation [afɛktasjɔ̃] *f* **1.** *sans pl* (*mise à disposition*) **l'~ d'une somme à qc** the allocation of a sum of money to sth **2.** MIL posting; **l'~ de qn dans une région** ADMIN the appointment of sb to a region

affecter [afɛkte] <1> *vt* **1.** (*sentiment, attitude*) to feign

2. (*nommer*) ~ **qn à un poste** to appoint sb to a post **3.** (*émouvoir*) to move **4.** (*mettre à disposition*) ~ **à qc** (*somme*) to allocate to sth

affectif, -ive [afɛktif] *adj* **1.** emotional **2.** PSYCH affective

affection [afɛksjɔ̃] *f* **1.** *a.* PSYCH affection; **prendre qn en** ~ to become fond of sb **2.** MED ailment

affectueusement [afɛktɥøzmɑ̃] *adv* affectionately; **bien** ~ with fond regards

affectueux, -euse [afɛktɥø] *adj* affectionate

affermir [afɛʁmiʁ] <8> *vt* to strengthen; (*muscles, peau*) to tone

affichage [afiʃaʒ] *m* **1.** *sans pl* posting; ~ **électoral/publicitaire** sticking up election/advertising posters **2.** INFOR display

affiche [afiʃ] *f* **1.** *a.* ADMIN notice **2.** (*poster*) poster; ~ **électorale** election poster **3.** *sans pl* (*programme théâtral*) bill; **être à l'**~ to be on

afficher [afiʃe] <1> I. *vt* **1.** *a.* CINE to show **2.** (*placarder*) to stick up; (*résultat d'un examen*) to post up **3.** THEAT ~ **complet** to be sold out **4.** INFOR, TECH to display II. *vpr* **s'**~ (*quelque chose*) to be displayed; (*personne*) to flaunt oneself

affilée [afile] **d'**~ at a stretch

affiner [afine] <1> I. *vt* **1.** to refine **2.** (*fromage*) to mature II. *vpr* **s'**~ to refine

affinité [afinite] *f* affinity

affirmatif [afiʁmatif] *interj inf a.* TEL affirmative

affirmatif, -ive [afiʁmatif] *adj a.* LING affirmative; (*ton*) assertive; **être** ~ to be positive

affirmation [afiʁmasjɔ̃] *f* **1.** (*déclaration*) affirmation **2.** *sans pl a.* LING assertion

affirmative [afiʁmativ] *f sans pl* **par l'**~ (*répondre*) in the affirmative

affirmer [afiʁme] <1> *vt* (*soutenir*) to maintain

affluence [aflyɑ̃s] *f sans pl* affluence; (*de visiteurs*) crowd

affluent [aflyɑ̃] *m* tributary

affluer [aflye] <1> *vi* **1.** (*foule*) to

flock **2.** (*sang*) to rush **3.** (*argent*) to flow

afflux [afly] *m sans pl* (*de clients*) influx; ~ **de visiteurs** flood

affolant(e) [afɔlɑ̃] *adj inf* (*incroyable*) alarming

affolé(e) [afɔle] *adj* (*paniqué*) panic-stricken

affolement [afɔlmɑ̃] *m sans pl* panic; **pas d'**~! nobody panic!

affoler [afɔle] <1> I. *vt* ~ **qn** (*effrayer*) to throw sb into turmoil; (*inquiéter*) to throw sb into a panic II. *vpr* **s'**~ to panic

affranchir [afʁɑ̃ʃiʁ] <8> *vt* **1.** (*avec des timbres*) to stamp **2.** (*esclave*) to set free

affranchissement [afʁɑ̃ʃismɑ̃] *m* (*d'une lettre*) stamping

affréter [afʁete] <5> *vt* AVIAT, NAUT to charter

affreusement [afʁøzmɑ̃] *adv* **1.** horribly **2.** (*extrêmement*) terribly

affreux, -euse [afʁø] *adj* **1.** (*laid*) hideous **2.** (*cauchemar*) horrible; (*mort*) terrible **3.** (*désagréable*) awful; (*temps*) dreadful

affront [afʁɔ̃] *m soutenu* affront

affrontement [afʁɔ̃tmɑ̃] *m* confrontation

affronter [afʁɔ̃te] <1> I. *vt* **1.** *a.* SPORT to face **2.** (*situation difficile, hiver*) to confront II. *vpr* **s'**~ to confront one another

affûter [afyte] <1> *vt* to grind

afghan [afgɑ̃] *m* Afghan; *v. a.* **français**

afghan(e) [afgɑ̃] *adj* Afghan

Afghan(e) [afgɑ̃] *m(f)* Afghan

Afghanistan [afganistɑ̃] *m* **l'**~ Afghanistan

afin [afɛ̃] *prep* (in order) to; ~ **de** +*infin* (so as) to +*infin;* ~ **que** +*subj* so that

africain(e) [afʁikɛ̃] I. *adj* African II. *m(f)* African

Afrikan(d)er [afʁikanɛʁ] *m, f* Afrikaner

afrikans [afʁikɑ̃s] *m* Afrikaans; *v. a.* **français**

Afrique [afʁik] *f* **l'**~ Africa; **l'**~ **noire** Black Africa

afro-américain(e) [afʀoameʀikɛ̃]
<afro-américains> *adj* African-
American

Afro-américain(e) [afʀoameʀikɛ̃]
<afro-Américains> *m(f)* African-
American

agaçant(e) [agasɑ̃] *adj* irritating

agacer [agase] <2> *vt* **1.** (*énerver*)
to irritate **2.** (*taquiner*) to tease

âge [ɑʒ] *m* **1.** (*temps de vie*) age;
avoir l'~ de +*infin* to be old enough
to +*infin*; **à l'~ de 8 ans** at the age
of eight; **quel ~ as-tu?** how old are
you? **2.** (*ère*) age **3. le troisième ~**
(*la vieillesse*) old age; (*les personnes*) senior citizens; **~ de la retraite** retirement age

> ⚠ When expressing someone or
> something's **âge**, be sure to use
> the verb avoir. "Quel âge as-tu ?
> J'ai 20 ans.". (= How old are you?
> I am 20 years old.)

âgé(e) [ɑʒe] *adj* old; **un fils ~ de 10
ans** a 10-year-old son

agence [aʒɑ̃s] *f* **1.** (*bureau*) agency
2. (*représentation   commerciale*)
sales office **3.** (*succursale*) branch

agenda [aʒɛ̃da] *m* diary

agenouiller [aʒ(ə)nuje] <1> *vpr*
s'~ to kneel down; **être agenouillé
sur qc** to be kneeling on sth

agent [aʒɑ̃] *m* **1.** (*policier*) police officer; **~ de la circulation** ≈ traffic officer **2.** ECON, POL, CHIM, ART agent; **~
commercial** sales representative; **~
immobilier** estate agent

agglomération [aglɔmeʀasjɔ̃] *f*
(*zone urbaine*) urban area

agglutiner [aglytine] <1> *vpr* **s'~
devant qc** to huddle together in
front of sth

aggravation [agʀavasjɔ̃] *f* worsening; (*du chômage*) increase

aggraver [agʀave] <1> **I.** *vt* (*situation, crise*) to aggravate; (*risque,
chômage*) to increase **II.** *vpr* **s'~** to
get worse; (*pollution, chômage*) to
increase

agile [aʒil] *adj* agile

agilité [aʒilite] *f sans pl* (*aisance*)
agility

agir [aʒiʀ] <8> **I.** *vi* **1.** (*faire, être
actif*) to act **2.** (*médicament, poison*) to take effect **II.** *vpr impers*
1. (*il est question de*) **il s'agit de
qn/qc** it concerns sb/sth; **de quoi
s'agit-il?** what is it about? **2.** (*il faut*)
il s'agit de faire qc sth must be
done

agitation [aʒitasjɔ̃] *f* **1.** (*animation*) activity **2.** (*excitation*) excitement **3.** (*troubles*)   agitation
4. (*malaise social*) unrest

agité(e) [aʒite] *adj* **1.** (*mer*) rough
2. (*nerveux*) agitated **3.** (*excité*) excited

agiter [aʒite] <1> **I.** *vt* (*bouteille*) to
shake; (*drapeau, mouchoir*) to wave
II. *vpr* **s'~** (*bouger*) to move about

agneau, agnelle [aɲo] <x> *m, f*
lamb

agonie [agɔni] *f* death throes *pl*

agoniser [agɔnize] <1> *vi* to be
dying

agrafe [agʀaf] *f* **1.** COUT hook
2. (*pour papiers*) staple **3.** MED clamp

agrafer [agʀafe] <1> *vt* **1.** (*feuilles*)
to staple (together) **2.** (*jupe*) to
fasten

agrafeuse [agʀaføz] *f* stapler

agraire [agʀɛʀ] *adj* (*politique*)
agrarian; (*réforme*) land

agrandir [agʀɑ̃diʀ] <8> **I.** *vt* **1.** *a.*
PHOT to enlarge **2.** (*rendre plus large*)
to widen **3.** (*entreprise*) to expand
II. *vpr* **s'~ 1.** (*se creuser, s'élargir*) to
get bigger; (*écart*) to widen
2. (*entreprise, ville*) to expand
3. (*famille*) to grow

agrandissement [agʀɑ̃dismɑ̃] *m*
PHOT enlargement

agréable [agʀeabl] *adj* **1.** (*personne*) pleasant **2.** (*qui plaît*) nice

agréablement [agʀeabləmɑ̃] *adv*
pleasantly

agréé(e) [agʀee] *adj* registered

agréer [agʀee] <1> *vt soutenu* (*remerciements*) to accept; **veuillez ~,
Madame/Monsieur, mes salutations distinguées** yours faithfully

agrégation [agʀegasjɔ̃] *f* UNIV

prestigious competitive examination for teachers in France

agrégé(e) [agreʒe] *m/f* (*au lycée*) person who has passed the aggrégation

agresser [agrese] <1> *vt* to attack; **se faire ~** to be assaulted

agresseur [agresœr] **I.** *m* (*personne*) assailant **II.** *app* **État/pays ~** aggressor

agressif, -ive [agresif] *adj* aggressive

agression [agresjɔ̃] *f* **1.** (*attaque, coups*) attack **2.** MIL aggression

agressivité [agresivite] *f* aggression

agricole [agrikɔl] *adj* agricultural; (*produit*) farm; **ouvrier ~** farm hand

agriculteur, -trice [agrikyltœr] *m, f* farmer

agriculture [agrikyltyr] *f* farming

agripper [agripe] <1> **I.** *vt* to grab **II.** *vpr* **s'~ à qn/qc** to cling on to sb/sth

agronomie [agrɔnɔmi] *f* agronomics + *vb sing*

agrotourisme [agroturism] *m* agrotourism

agrume [agrym] *m* citrus fruit

aguets [agɛ] **être aux ~** to be on the lookout

ah [ˈɑ] *interj* **1.** ~! oh! **2.** (*rire*) ~! ~! ha! ha! **3.** ~ **bon** oh well; ~ **bon?** really?; ~ **non** oh no; ~ **oui** oh yes; ~ **oui, je vois ...** oh, I see...

ahuri(e) [ayri] **I.** *adj* **1.** (*stupéfait*) stunned **2.** (*stupide*) stupefied **II.** *m/f péj, inf* halfwit

ahurissant(e) [ayrisɑ̃] *adj* stupefying

ai [e] *indic prés de* **avoir**

aide [ɛd] **I.** *f* **1.** (*assistance*) help; **à l'~!** help! **2.** *fig* **à l'~ de qc** with sth **3.** (*secours financier*) aid **II.** *mf* (*assistant*) assistant; ~ **familiale** mother's help

aide-ménagère [ɛdmenaʒɛr] <aides-ménagères> *f* home help

aider [ede] <1> **I.** *vt* to help; (*financièrement*) to aid **II.** *vi* to be useful **III.** *vpr* **s'~** to help each other; **s'~ de qc** to use sth

aide-soignant(e) [ɛdswaɲɑ̃t] <aides-soignants> *m/f* nursing auxiliary *Brit*, nurse's aide *Am*

aie [ɛ] *subj prés de* **avoir**

aïe [aj] *interj* **1.** (*douleur*) ~! ouch! **2.** (*de surprise*) ~, **les voilà!** oh no, here they come!

aïeul(e) [ajœl] *m/f* grandfather *m*, grandmother *f*

aigle [ɛgl] *mf* ZOOL eagle

aigre [ɛgr] *adj* **1.** sour **2.** (*critique, ton*) sharp

aigre-doux, -douce [ɛgrədu] <aigres-doux> *adj* sweet and sour

aigrir [egrir] <8> *vpr* **s'~ 1.** (*lait, vin*) to turn sour **2.** (*personne*) to become embittered

aigu(ë) [egy] *adj* **1.** (*pointu*) sharp **2.** (*voix, note*) high-pitched **3.** (*douleur*) acute; (*crise*) severe

aiguillage [egɥijaʒ] *m* (*dispositif*) points *pl Brit*, switch *Am*

aiguille [egɥij] *f* **1.** needle; ~ **à coudre/tricoter** sewing/knitting needle **2.** (*d'une montre*) hand **3.** GEO peak

aiguiller [egɥije] <1> *vt* CHEMDFER to shunt

aiguiser [egize] <1> *vt* **1.** (*outil, couteau*) to sharpen **2.** (*appétit*) to whet

ail [aj] *m* garlic

aile [ɛl] *f* **1.** wing; (*d'un moulin*) sail **2.** MIL flank

aileron [ɛlrɔ̃] *m* **1.** (*de l'oiseau*) wing tip; (*du requin*) fin **2.** AVIAT aileron

ailier [elje] *m* winger

aille [aj] *subj prés de* **aller**

ailleurs [ajœr] *adv* **1.** (*autre part*) elsewhere; (*regarder*) somewhere else; **nulle part ~** nowhere else; **partout ~** everywhere else **2.** **il est ~!** he's miles away!; **va voir ~ si j'y suis!** *inf* get lost!; **d'~ ...** moreover ...

aimable [ɛmabl] *adj* **1.** (*attentionné*) kind; **trop ~!** *iron* how very kind of you! **2.** (*agréable, souriant*) pleasant

aimant [ɛmɑ̃] *m* magnet

aimanté(e) [ɛmɑ̃te] *adj* magnetic

aimer [eme] <1> I. *vt* **1.** (*éprouver de l'amour*) to love; **je t'aime** I love you **2.** (*éprouver de l'affection*) ~ **qc** to be fond of sth **3.** (*nourriture, boisson, nature*) **je n'aime pas tellement ce vin** I'm not so keen on this wine **4.** (*désirer, souhaiter*) **j'aimerais** +*infin* I would like to +*infin* **5.** (*préférer*) ~ **mieux le football que le tennis** to prefer football to tennis; **j'aimerais mieux …** I'd prefer …; **j'aime autant m'en aller** I'd rather leave II. *vpr* **s'~ 1.** (*d'amour*) to love each other **2.** (*d'amitié*) to like each other

aine [ɛn] *f* ANAT groin

aîné(e) [ene] I. *adj* **1.** (*plus âgé de deux*) elder **2.** (*de plusieurs*) eldest II. *m(f)* **1.** (*plus âgé de deux*) **l'~/l'~e** the elder boy/girl **2.** (*parmi plusieurs*) **l'~/l'~e** the eldest boy/girl; **elle est mon ~e de 3 ans** she is three years older than me III. *mpl Québec* **les ~s** (*le troisième âge*) senior citizens

ainsi [ɛ̃si] *adv* **1.** (*de cette manière*) this [*o* that] way; **et ~ de suite** and so on (and so forth); **pour ~ dire** (*presque*) virtually **2.** REL ~ **soit-il!** amen

air¹ [ɛʀ] *m sans pl* air; ~ **conditionné** air-conditioning; **en plein ~** (*concert*) open-air; (*piscine*) outdoor

air² [ɛʀ] *m* **1.** (*apparence*) air; **avoir l'~ distingué/d'une reine** to look distinguished/like a queen; **ça m'a l'~ idiot** it seems stupid to me; **il est très fortuné sans en avoir l'~** he might not look it but he's very wealthy **2.** (*expression*) look; **d'un ~ décidé** in a resolute manner **3.** *prendre de grands ~s** to put on airs; **de quoi aurais-je l'~?** I'd look a fool!

air³ [ɛʀ] *m* (*mélodie*) tune

airbag® [ɛʀbag] *m* air-bag

aire [ɛʀ] *f a.* MAT area; ~ **de repos** rest area

aisance [ɛzɑ̃s] *f* **1.** (*richesse*) affluence; **vivre dans l'~** to be well-off **2.** (*facilité, naturel*) ease

aise [ɛz] *f* **se sentir à l'~** to feel at ease; **se mettre à l'~** to make oneself comfortable

aisé(e) [eze] *adj* (*fortuné*) wealthy

aisselle [ɛsɛl] *f* armpit

ajaccien(ne) [aʒaksjɛ̃] *adj* from Ajaccio; (*accent, région*) Ajaccio; (*vie, restaurants*) in Ajaccio

ajouter [aʒute] <1> I. *vt* to add; **ajoute deux assiettes!** lay two extra plates! II. *vpr* **s'~ à qc** to add to sth

ajuster [aʒyste] <1> I. *vt* **1.** (*ceinture de sécurité*) to adjust **2.** TECH ~ **qc à qc** to fit sth on to sth II. *vpr* **s'~** (*s'adapter*) to be adjustable

alarmant(e) [alaʀmɑ̃] *adj* alarming

alarme [alaʀm] *f* alarm

alarmer [alaʀme] <1> I. *vt* (*personne*) to alarm; (*bruit*) to startle II. *vpr* **s'~ de qc** to become alarmed about sth

albanais [albanɛ] *m* Albanian; *v. a.* **français**

albanais(e) [albanɛ] *adj* Albanian

Albanais(e) [albanɛ] *m(f)* Albanian

Albanie [albani] *f* **l'~** Albania

albinos [albinos] *mf* albino

album [albɔm] *m* album

alchimie [alʃimi] *f* alchemy

alchimiste [alʃimist] *mf* alchemist

alcool [alkɔl] *m* **1.** CHIM alcohol; ~ **à 90°** ≈ surgical spirit; ~ **à brûler** methylated spirits **2.** (*spiritueux*) spirit

alcoolémie [alkɔlemi] *f* **taux d'~** (blood) alcohol level

alcoolique [alkɔlik] *adj, mf* alcoholic

alcoolisé(e) [alkɔlize] *adj* alcoholic

Alcootest® [alkɔtɛst] *m* (*appareil*) Breathalyser®

aléatoire [aleatwaʀ] *adj* (*incertain*) uncertain

alémanique [alemanik] I. *adj* Alemannic; (*Suisse*) German-speaking II. *m* Alemannic; *v. a.* **français**

alentours [alɑ̃tuʀ] *mpl* **1.** (*abords*) surroundings; **dans les ~** in the vicinity **2.** *fig* **aux ~ de minuit** around midnight

alerte [alɛʀt] I. *adj* alert II. *f*

(*alarme*) alert; ~ **à la bombe** bomb scare

alerter [alɛʀte] <1> *vt* (*donner l'alarme*) to alert

algèbre [alʒɛbʀ] *f* algebra

Alger [alʒe] Algiers

Algérie [alʒeʀi] *f* l'~ Algeria

algérien [alʒeʀjɛ̃] *m* Algerian; *v. a.* **français**

algérien(ne) [alʒeʀjɛ̃] *adj* Algerian

Algérien(ne) [alʒeʀjɛ̃] *m(f)* Algerian

algue [alg] *f* **les** ~**s** algae; (*sur la plage*) seaweed + *vb sing*

alibi [alibi] *m* alibi

aliéné(e) [aljene] *m(f)* insane person

alignement [aliɲ(ə)mɑ̃] *m* alignment

aligner [aliɲe] <1> **I.** *vt* **1.** (*mettre en ligne*) to line up **2.** (*rendre conforme*) ~ **qc sur qc** to bring into line with sth **II.** *vpr* **s'**~ to line up

aliment [alimɑ̃] *m* **1.** (*pour une personne*) food **2.** (*pour un animal d'élevage*) feed

alimentaire [alimɑ̃tɛʀ] *adj* **industrie** ~ food industry

alimentation [alimɑ̃tasjɔ̃] *f* **1.** (*action*) feeding **2.** (*produits*) diet **3.** (*commerce*) food retailing; **magasin d'**~ grocery **4.** (*approvisionnement*) l'~ **de qc en eau** the supply of watter to sth

alimenter [alimɑ̃te] <1> **I.** *vt* **1.** (*nourrir*) to feed **2.** (*approvisionner*) ~ **une ville en qc** to supply sth to a town **II.** *vpr* **s'**~ (*manger*) to eat

alinéa [alinea] *m* **1.** (*au début d'un paragraphe*) indent **2.** (*paragraphe*) paragraph

aliter [alite] <1> *vt* **être alité** to be bedridden

allaitement [alɛtmɑ̃] *m* (*d'un bébé*) breast-feeding; (*d'un animal*) suckling

allaiter [alete] <1> *vt* **1.** (*bébé*) to breast-feed **2.** (*animal*) to suckle

allécher [aleʃe] <5> *vt* to give an appetite

allée [ale] *f* **1.** (*chemin dans une forêt, un jardin*) path **2.** (*rue*) road **3.** (*passage*) ~ **centrale** aisle **4.** ~**s et venues** comings and goings

allégé(e) [aleʒe] *adj* low-fat; (*produits*) low-calorie

alléger [aleʒe] <2aé 5> *vt* **1.** (*sac, valise*) to lighten **2.** (*impôts, dettes*) to reduce; (*programmes scolaires*) to cut down

Allemagne [alman] *f* l'~ Germany; l'~ **de l'Est/de l'Ouest** HIST East/West Germany

allemand [almɑ̃] *m* German; *v. a.* **français**

allemand(e) [almɑ̃] *adj* German

Allemand(e) [almɑ̃] *m(f)* German

aller¹ [ale] <irr> **I.** *vi* être **1.** (*se déplacer: à pied*) to go; (*à cheval/à vélo*) to ride/cycle; (*en voiture/avion*) to drive/fly; **y** ~ **en courant/en nageant** to run/swim there; ~ **et venir** to come and go; **on y va?** shall we go?; **pour** ~ **à l'hôtel de ville?** how do I get to the town hall? **2.** (*pour faire quelque chose*) ~ **à la boulangerie/à Paris** to go to the bakery/to Paris; ~ **se coucher/se promener** to go to bed/for a walk; ~ **voir qn/faire qc** to go and see sb/do sth; **je vais voir ce qui se passe** I'm going to see what's going on **3.** (*s'étendre, atteindre*) ~ **de ... à ...** (*étendue*) to stretch from… to…; ~ **jusqu'à la mer** to reach the sea; ~ **jusqu'en mai** (*congé*) to run until May **4.** (*avoir sa place quelque part*) ~ **à la cave** to belong in the cellar **5.** (*être conçu pour*) ~ **au four** (*plat*) to be ovenproof **6.** (*progresser*) ~ **vite** (*personne, chose*) to go fast; (*nouvelles*) to travel fast **7.** (*se porter*) **il va bien/mal/mieux** he's well/not well/better; **comment ça va/allez-vous?** how are you?; **ça va pas(, la tête)!** *inf* are you mad! **8.** (*fonctionner, évoluer*) **tout va bien/mal** everything's going well/wrong; **quelque chose ne va pas** something's wrong **9.** (*connaître bientôt*) ~ **au-devant de difficultés** to let oneself in for problems **10.** (*convenir à qn*) **ça va**

that's fine; **ça ira** (*suffire*) that'll do; (*faire l'affaire*) that'll be fine; **ça peut** ~ it's not too bad; ~ **à qn** to suit sb; **ça** (**te**) **va?** is that all right with you?; **ça me va!** that's fine by me! **11.** *impers* **il en va de même pour toi** the same applies to you **12.** **cela va de soi** it goes without saying; **se laisser** ~ (*se négliger*) to let oneself go; (*se décontracter*) to let go **II.** *aux être* (*pour exprimer le futur proche*) ~ **faire qc** to be going to do sth; **ne va pas imaginer que** don't go thinking that **III.** *vpr être* **s'en** ~ **1.** (*partir à pied/en voiture/à vélo*) to go/drive/cycle away **2.** (*cicatrice, tache*) to fade (away) **IV.** *interj* **1.** **vas-y/allons-y/allez-y!** (*en route!*) let's go!; (*au travail!, pour encourager*) come on!; **vas-y/allez-y!, allons!** go on!; **allons debout!** come on, on your feet!; **allez, au revoir!** right, bye then! **2.** (*voyons!*) **un peu de calme, allons!** come on, let's have a bit of quiet! **3.** (*pour exprimer la résignation, la conciliation*) **je le sais bien, va!** I know!; **va/allez savoir!** who knows! **4.** (*non!?*) **allez!** *inf* you're joking! **5.** (*d'accord!*) **alors, va pour le ciné!** the cinema it is then!

aller² [ale] *m* **1.** (*trajet*) outward journey; **à l'**~ on the way there **2.** (*billet*) **un** ~ **simple pour Grenoble, s'il vous plaît** a single (ticket) [*o* one-way ticket *Am*] for Grenoble, please; ~ **retour** return ticket

allergie [alɛrʒi] *f* allergy

allergique [alɛrʒik] *adj* allergic; **être** ~ **à qc** to be allergic to sth

alliance [aljɑ̃s] *f* **1.** (*engagement mutuel*) alliance **2.** (*anneau*) wedding ring

allié(e) [alje] **I.** *adj* POL allied **II.** *m(f)* **1.** POL ally **2.** *pl* HIST **les Alliés** the Allies

allier [alje] <1> *vpr* POL **s'**~ to become allies; **s'**~ **à un pays** to form an alliance with a country

allô [alo] *interj* hello

allocation [aləkasjɔ̃] *f* (*somme*) allowance; ~(**s**) **logement/familiales** housing/child benefit

allocution [aləkysjɔ̃] *f* speech

allonger [alɔ̃ʒe] <2a> **I.** *vt* **1.** (*rendre plus long*) to lengthen **2.** (*bras*) to stretch out **3.** (*blessé*) to lay down; **être allongé** to be lying down **II.** *vpr* **s'**~ **1.** (*ombres*) to lengthen **2.** (*jours*) to get longer

allumage [alymaʒ] *m* AUTO ignition

allume-cigare [alymsigar] <allume-cigares> *m* cigar lighter

allumer [alyme] <1> **I.** *vt* **1.** (*feu, cigarette, four, poêle*) to light; **être allumé** to be lit **2.** (*radio*) to turn on; (*lampe, projecteur*) to switch on; ~ **le couloir** to turn the light on in the corridor; **la cuisine est allumée** the light is on in the kitchen **II.** *vpr* **s'**~ (*appareil*) to turn itself on

allumette [alymɛt] *f* match

allure [alyr] *f* **1.** *sans pl* (*vitesse*) speed; **à toute** ~ at full speed **2.** *sans pl* (*apparence*) look; **avoir de l'**~ to have style; **avoir une drôle d'**~ to look odd

allusion [a(l)lyzjɔ̃] *f* allusion; **faire** ~ **à qn/qc** to allude to sb/sth

alors [alɔr] **I.** *adv* **1.** (*à ce moment-là*) then **2.** (*par conséquent, dans ce cas*) so; ~, **qu'est-ce qu'on fait?** so what are we going to do? **3.** *inf* (*impatience*) ~, **tu viens?** so are you coming or not? **4.** **ça** ~! my goodness!; **et** ~? (*suspense*) and then what happened?; (*perplexité*) so what?; ~ **là, je ne sais pas!** well I really don't know about that!; **non, mais** ~! honestly! **II.** *conj* ~ **que** ... +*indic* **1.** (*pendant que, tandis que*) while **2.** (*bien que*) even though

alouette [alwɛt] *f* lark

alourdir [alurdir] <8> *vt* **1.** (*rendre plus lourd*) to weigh down **2.** (*impôts, charges*) to increase

Alpes [alp] *fpl* **les** ~ the Alps

alphabet [alfabɛ] *m* alphabet

alphabétique [alfabetik] *adj* alphabetical

alphabétiser [alfabetize] <1> *vt* ~ **qn** to teach sb to read and write

alpin(e) [alpɛ̃] *adj* GEO alpine

alpinisme [alpinism] *m* mountaineering

alpiniste [alpinist] *mf* mountaineer

Alsace [alzas] *f* l'~ Alsace

alsacien [alzasjɛ̃] *m* Alsatian; *v. a.* **français**

alsacien(ne) [alzasjɛ̃] *adj* Alsatian

Alsacien(ne) [alzasjɛ̃] *m(f)* Alsatian

altérer [alteʀe] <5> *vt* (*couleur*) to alter

alternance [altɛʀnɑ̃s] *f* (*succession*) alternation; **faire qc en ~ avec qn** to take turns doing sth

alternatif, -ive [altɛʀnatif] *adj* (*courant*) alternating

alternative [altɛʀnativ] *f* alternative

alterner [altɛʀne] <1> *vi, vt* to alternate

Altesse [altɛs] *f* **Son ~ Royale** His/ Her Royal Highness

altitude [altityd] *f* **1.** GEO altitude **2.** AVIAT **à basse/haute ~** (*voler*) at low/high altitude; **prendre de l'~** to climb

alu *inf,* **aluminium** [alyminjɔm] *m* aluminium *Brit,* aluminum *Am*

AM [ɑɛm] *abr de* **ante meridiem** a.m.

amabilité [amabilite] *f* **1.** (*gentillesse*) kindness; **ayez l'~ de** +*infin* be so kind as to +*infin* **2.** *pl* (*politesses*) polite remarks

amadouer [amadwe] <1> *vt* to coax

amaigrir [amegʀiʀ] <8> *vt* **ses soucis l'ont beaucoup amaigri** his worries have left him a lot thinner

amalgame [amalgam] *m* **1.** *a.* MED amalgam **2.** (*de matériaux*) mixture; (*d'idées*) hotchpotch

amande [amɑ̃d] *f* **1.** (*fruit*) almond **2.** (*graine*) kernel

amant [amɑ̃] *m* lover

amarre [amaʀ] *f* mooring line; **larguez les ~s!** slip the moorings!

amas [amɑ] *m* (*de pierres*) heap; (*de papiers*) pile

amasser [amɑse] <1> **I.** *vt* (*objets, fortune*) to amass **II.** *vpr* **s'~** (*personnes*) to gather

amateur, -trice [amatœʀ] **I.** *m, f* **1.** (*opp: professionnel*) amateur; **en ~** as an amateur **2.** *sans art* (*de bons vins*) connoisseur; **~ d'art** art lover; **être ~ de films** to be a keen film-goer **II.** *adj pas de forme féminine* amateur

ambassade [ɑ̃basad] *f* embassy; **l'~ de France** the French embassy

ambassadeur, -drice [ɑ̃basadœʀ] *m, f* ambassador

ambiance [ɑ̃bjɑ̃s] *f* **1.** (*climat*) atmosphere; **d'~** (*lumière*) subdued; (*musique*) mood **2.** (*gaieté*) **la musique met de l'~** music livens things up

ambiant(e) [ɑ̃bjɑ̃] *adj* ambient

ambigu(ë) [ɑ̃bigy] *adj* ambiguous

ambiguïté [ɑ̃biguite] *f* ambiguity

ambitieux, -euse [ɑ̃bisjø] **I.** *adj* ambitious **II.** *m, f* man , woman *f* with ambition

ambition [ɑ̃bisjɔ̃] *f* ambition

ambitionner [ɑ̃bisjɔne] <1> *vt* (*convoiter*) to strive after

ambivalent(e) [ɑ̃bivalɑ̃] *adj* ambivalent

ambré(e) [ɑ̃bʀe] *adj* **1.** (*jaune, doré*) amber **2.** (*parfumé*) amber-scented

ambulance [ɑ̃bylɑ̃s] *f* ambulance

ambulancier, -ière [ɑ̃bylɑ̃sje] *m, f* (*conducteur*) ambulance driver

ambulant(e) [ɑ̃bylɑ̃] *adj* (*marchand*) travelling

âme [ɑm] *f* **1.** *a.* REL soul **2.** (*personne*) **chercher l'~ sœur** to look for one's soul mate

amélioration [ameljɔʀasjɔ̃] *f* *a.* METEO improvement

améliorer [ameljɔʀe] <1> **I.** *vt* to improve; (*qualité, production, budget*) to increase **II.** *vpr* **s'~** to improve; (*temps*) to get better

amen [amɛn] *interj* amen

aménagement [amenaʒmɑ̃] *m* **1.** (*équipement*) fitting out **2.** ADMIN development; **~ du territoire** town and country planning **3.** **~ du temps de travail** (*gestion*) flexible time management

aménager [amenaʒe] <2a> *vt*

1. (*équiper*) to arrange **2.** (*modifier par des travaux*) ~ **un grenier en qc** to convert a loft into sth **3.** (*parc, quartier*) to lay out

amende [amɑ̃d] *f* (*p-v*) parking ticket; (*à payer*) fine

amener [am(ə)ne] <4> **I.** *vt* **1.** *inf* (*apporter, mener*) to bring **2.** (*acheminer*) to transport **3.** (*provoquer*) to bring about **4.** (*convaincre*) ~ **qn à** +*infin* to lead sb to +*infin* **II.** *vpr* **s'~** *inf* (*se rappliquer*) to show up; **amène-toi!** come on!

amenuiser [amənɥize] <1> *vpr* **s'~** to dwindle; (*ressources*) to run low

amer, -ère [amɛʀ] *adj* bitter

américain [ameʀikɛ̃] *m* American (English); *v. a.* **français**

américain(e) [ameʀikɛ̃] *adj* American

Américain(e) [ameʀikɛ̃] *m(f)* American

américanisation [ameʀikanizasjɔ̃] *f* Americanization

américanisme [ameʀikanism] *m* (*emprunt*) americanism

Amérique [ameʀik] *f* **l'~** America; **l'~ latine** Latin America

amertume [amɛʀtym] *f* bitterness

ameublement [amœbləmɑ̃] *m* (*meubles*) furniture

ami(e) [ami] **I.** *m(f)* **1.** (*opp: ennemi*) friend; **mes chers ~s!** ladies and gentlemen!; **se faire des ~s** to make friends **2.** (*amant*) boyfriend; **petite ~e** girlfriend **II.** *adj* friendly; **être très ~ avec qn** to be very good friends with sb

amiable [amjabl] *adj* amicable; **s'arranger à l'~** to reach an amicable settlement

amiante [amjɑ̃t] *m* asbestos

amical(e) [amikal] <-aux> *adj a.* SPORT friendly

amicale [amikal] *f* (*association*) club

amicalement [amikalmɑ̃] *adv* (*formule de fin de lettre*) **bien ~** yours ever

amidon [amidɔ̃] *m* starch

amincir [amɛ̃siʀ] <8> **I.** *vt* to make

look thinner **II.** *vpr* **s'~** (*personne*) to get slimmer

amiral [amiʀal] <-aux> *m* admiral

amitié [amitje] *f* **1.** *a.* POL friendship; **avoir de l'~ pour qn** to be fond of sb **2.** *pl* (*formule de fin de lettre*) **~s, Bernadette** kind regards, Bernadette; **faire toutes ses ~s à qn** to send one's best wishes to sb

ammoniaque [amɔnjak] *f* (*liquide*) ammonia

amnésie [amnezi] *f* amnesia

amnésique [amnezik] *adj* amnesic

amnistie [amnisti] *f* amnesty

amnistier [amnistje] <1> *vt* to amnesty

amocher [amɔʃe] <1> *vt* *inf* to ruin; (*voiture*) to bash up; ~ **qn** to mess sb up

amoindrir [amwɛ̃dʀiʀ] <8> *vt* (*autorité*) to weaken

amont [amɔ̃] *m* (*d'un cours d'eau*) upstream water; **vers l'~** upstream

amorcer [amɔʀse] <2> **I.** *vt* **1.** (*explosif*) to arm **2.** (*pour la pêche*) to bait **3.** (*virage*) to take **II.** *vpr* **s'~** (*dialogue*) to begin

amorphe [amɔʀf] *adj* **1.** (*sans énergie*) lifeless **2.** (*sans réaction*) passive

amortir [amɔʀtiʀ] <8> *vt* **1.** (*choc, chute*) to cushion; (*bruit*) to deaden **2.** (*dette, emprunt*) to pay off; (*coût*) to recoup

amortisseur [amɔʀtisœʀ] *m* AUTO shock absorber

amour [amuʀ] **I.** *m* **1.** love; ~ **de la nature** love of nature **2.** (*acte*) **faire l'~** to make love **3.** (*terme d'affection*) **mon ~** my darling **4.** **pour l'~ de Dieu!** for heaven's sake!; **vivre d'~ et d'eau fraîche** to live on love alone **II.** *mpl* *f si poétique* **1.** loves; **comment vont tes ~s?** how's your love-life? **2.** **à tes/vos ~s!** *iron* cheers!

amoureux, -euse [amuʀø] **I.** *adj* (*personne, regard*) loving; **être/ tomber ~ de qn** to be/fall in love with sb **II.** *m, f* **1.** (*soupirant*) sweetheart; (*sentiment plus profond*) lover; **en ~** alone together

2. (*passionné*) ~ **de la nature** nature lover

amour-propre [amuʀpʀɔpʀ] <amours-propres> *m* self-esteem

amovible [amɔvibl] *adj* detachable

ampère [ɑ̃pɛʀ] *m* ampere

amphithéâtre [ɑ̃fiteɑtʀ] *m* **1.** ARCHIT amphitheatre **2.** UNIV lecture hall

ample [ɑ̃pl] *adj* **1.** (*large*) loose **2.** (*opp: restreint*) vast

amplement [ɑ̃pləmɑ̃] *adv* fully; ~ **suffisant** more than enough

ampleur [ɑ̃plœʀ] *f* **1.** (*d'un vêtement*) looseness **2.** (*d'une catastrophe*) extent; **prendre de l'~** to spread

ampli *inf*, **amplificateur** [ɑ̃plifikatœʀ] *m* amplifier

amplifier [ɑ̃plifje] <1> I. *vt* **1.** (*augmenter*) to increase **2.** (*exagérer*) to build up II. *vpr* **s'~** to increase; (*bruit*) to grow

ampoule [ɑ̃pul] *f* **1.** ELEC bulb **2.** (*cloque*) blister

amputation [ɑ̃pytasjɔ̃] *f* ANAT amputation

amputer [ɑ̃pyte] <1> *vt* ANAT to amputate; **être amputé d'un bras** to have one's arm amputated

amusant(e) [amyzɑ̃] *adj* **1.** (*divertissant*) fun **2.** (*drôle*) funny

amuser [amyze] <1> I. *vt* **1.** (*divertir*) to entertain **2.** (*faire rire*) ~ **qn** to make sb laugh II. *vpr* **s'~ 1.** (*jouer*) to play **2.** (*se divertir*) **bien s'~** to have a very good time; **amuse-toi/amusez-vous bien!** have fun!; **qn s'est amusé à casser la portière** sb's gone and broken the door

amygdale [amidal] *f* tonsil

an [ɑ̃] *m* year; **un homme de 20** ~ a twenty-year-old (man); **fêter ses vingt** ~**s** to celebrate one's twentieth birthday; **en l'~ 200 avant Jésus-Christ** in (the year) 200 BC; **le nouvel** ~, **le premier de l'~** New Year's day

anal(e) [anal] <-aux> *adj* anal

analogie [analɔʒi] *f* analogy; **par** ~ by analogy

analphabète [analfabɛt] *adj, mf* illiterate

analyse [analiz] *f* **1.** *a.* MAT analysis **2.** MED ~ **de sang** blood test

analyser [analize] <1> *vt* to analyse

analyste [analist] *mf* analyst

ananas [anana(s)] *m* pineapple

anarchie [anaʀʃi] *f* anarchy

anarchique [anaʀʃik] *adj* anarchic

anarchiste [anaʀʃist] *adj, mf* anarchist

anatomie [anatɔmi] *f* anatomy

ancêtre [ɑ̃sɛtʀ] I. *mf* **1.** (*aïeul*) ancestor **2.** (*précurseur*) forerunner II. *mpl* HIST forebears

anchois [ɑ̃ʃwa] *m* anchovy

ancien(ne) [ɑ̃sjɛ̃] I. *adj* **1.** old **2.** (*objet d'art*) antique; (*livre*) antiquarian **3.** (*antique*) ancient **4.** (*qui a de l'ancienneté*) **être** ~ **dans le métier** to have been doing a job for a long time II. *m(f)* (*personne*) **les ~s** the elderly; SOCIOL the elders

ancienneté [ɑ̃sjɛnte] *f* length of service

ancre [ɑ̃kʀ] *f* **1.** anchor **2. jeter l'~** to drop anchor

andouille [ɑ̃duj] *f* GASTR andouille (sausage)

âne [ɑn] *m* **1.** ZOOL donkey; *v. a.* **ânesse 2.** (*imbécile*) fool **3. être têtu comme un** ~ to be as stubborn as a mule

anéantir [aneɑ̃tiʀ] <8> *vt* **1.** (*détruire*) to annihilate; (*armée, ville, effort*) to wipe out; (*espoir*) to dash **2.** (*déprimer, accabler*) to overwhelm

anecdote [anɛkdɔt] *f* anecdote

anémie [anemi] *f* **1.** MED anaemia **2.** (*crise*) slump

ânerie [ɑnʀi] *f* **1.** (*parole*) silly remark **2.** (*acte*) stupid mistake

ânesse [ɑnɛs] *f* she-ass; *v. a.* **âne**

anesthésie [anɛstezi] *f* (*état*) anaesthesia

anesthésier [anɛstezje] <1> *vt* to anaesthetise

anesthésiste [anɛstezist] *mf* anaesthetist

ange [ɑ̃ʒ] *m* **1.** angel **2.** ~ **gardien** guardian angel

angine [ɑ̃ʒin] *f* sore throat

anglais [ɑ̃glɛ] *m* English; *v. a.* **fran-**
çais
anglais(e) [ɑ̃glɛ] *adj* **1.** English
2. filer à l'~e to take French leave
Anglais(e) [ɑ̃glɛ] *m(f)* **1.** (*personne*
d'Angleterre) Englishman, Englishwoman *m, f;* **les ~** the English
2. *Québec* (*anglophone*) English-
speaker
angle [ɑ̃gl] *m* **1.** angle; **~ mort** blind
spot **2.** (*coin*) corner
Angleterre [ɑ̃glətɛr] *f* **l'~** England
anglicisme [ɑ̃glisism] *m* (*emprunt*)
anglicism
angliciste [ɑ̃glisist] *mf* English
specialist
anglo-américain [ɑ̃gloamerikɛ̃]
m American English; *v. a.* **français**
anglophone [ɑ̃glɔfɔn] **I.** *adj* English-speaking **II.** *mf* English-speaker
anglo-saxon(ne) [ɑ̃glosaksɔ̃]
<anglo-saxons> *adj* Anglo-Saxon
Anglo-Saxon(ne) [ɑ̃glosaksɔ̃]
<Anglo-Saxons> *m(f)* Anglo-Saxon
angoisse [ɑ̃gwas] *f* anxiety
angoissé(e) [ɑ̃gwase] **I.** *adj* anxious
II. *m(f)* worrier
angoisser [ɑ̃gwase] <1> *vt* to
worry
angora [ɑ̃gɔra] *m* angora
anguille [ɑ̃gij] *f* eel
animal [animal] <-aux> *m* (*bête*)
animal
animal(e) [animal] <-aux> *adj* animal
animateur, -trice [animatœr] *m, f*
1. (*d'un groupe*) leader; (*d'un club
de vacances*) activity leader *Brit,*
camp counselor *Am;* (*d'un club de
sport*) coach **2.** RADIO, TV presenter;
(*d'un débat, jeu*) host
animation [animasjɔ̃] *f* **1.** (*grande
activité*) activity; **mettre de l'~** to
liven things up **2.** CINE animation
animé(e) [anime] *adj* (*discussion*)
animated; (*rue*) busy
animer [anime] <1> **I.** *vt*
1. (*mener*) to lead; (*émission*) to
present **2.** (*mouvoir*) to drive
3. (*égayer*) to liven up **II.** *vpr* **s'~** to
liven up
animosité [animozite] *f* animosity

anis [anis] *m* **1.** BOT anise **2.** GASTR
aniseed
ankylosé(e) [ɑ̃kiloze] *adj* (*bras*)
numb; (*personne*) stiff
annales [anal] *fpl* annals
anneau [ano] <x> *m* **1.** *a.* ASTR ring
2. (*maillon*) link
année [ane] *f* **1.** year; **au cours des
dernières ~s** over the last years;
tout au long de l'~ the whole year
round; **~ universitaire** [*o* **académ-**
ique] *Belgique, Québec, Suisse* academic [*o* university] year; **l'~ pro-**
chaine/dernière/passée next/
last year; **bonne ~, bonne santé!**
health and happiness in the New
Year! **2. les ~s folles** the Roaring
Twenties
année-lumière [anelymjɛr] <an-
nées-lumière> *f* light year
annexer [anɛkse] <1> *vt* to annex
anniversaire [anivɛrsɛr] **I.** *adj*
(*jour, cérémonie*) anniversary **II.** *m*
(*d'une personne*) birthday; (*d'un
événement*) anniversary; **bon ~!**
Happy Birthday!; (*à un couple*)
Happy Anniversary!
annonce [anɔ̃s] *f* **1.** (*avis*) announcement **2.** (*information officielle*) notice **3. les petites ~s** classified ads; **passer une ~ dans un
journal** to place an ad in the paper
annoncer [anɔ̃se] <2> **I.** *vt* (*communiquer*) to announce **II.** *vpr* **s'~**
1. (*arriver*) to approach **2.** (*se présenter*) **ça s'annonce bien/mal**
things look promising/unpromising
annoter [anɔte] <1> *vt* to annotate
annuaire [anɥɛr] *m* telephone directory
annuel(le) [anɥɛl] *adj* **1.** (*périodique*) annual **2.** (*qui dure un an*)
year-long
annulaire [anylɛr] *m* ring finger
annulation [anylasjɔ̃] *f* cancellation
annuler [anyle] <1> *vt* **1.** *a.* INFOR to
cancel **2.** (*jugement*) to overturn;
(*mariage*) to annul
anodin(e) [anɔdɛ̃] *adj* trivial
anomalie [anɔmali] *f* anomaly
anonymat [anɔnima] *m* anonym-

ity; **dans l'**~ anonymous
anonyme [anɔnim] *adj* anonymous
anorak [anɔʀak] *m* anorak
anorexie [anɔʀɛksi] *f* anorexia
anorexique [anɔʀɛksik] *adj, mf* anorexic
anormal(e) [anɔʀmal] <-aux> *adj* **1.** (*inhabituel*) unusual **2.** (*comportement*) perverse
ANPE [aɛnpeø] *f abr de* **Agence nationale pour l'emploi** (*organisme national*) National Employment Agency (*government agency managing employment legislation and job searches*)
anse [ãs] *f* (*d'un panier*) handle
antarctique [ãtaʀktik] *adj* antarctic
Antarctique [ãtaʀktik] *m* **l'**~ the Antarctic
antécédent [ãtesedã] *m* **1.** *a.* LING, PHILOS antecedent **2.** *pl* MED (medical) history + *vb sing*
antenne [ãtɛn] *f* **1.** (*pour capter*) aerial **2.** RADIO, TV airtime; **à l'**~ on the air **3.** ZOOL antenna
antérieur(e) [ãteʀjœʀ] *adj* previous; ~ **à qc** prior to sth
anthologie [ãtɔlɔʒi] *f* anthology
antibiotique [ãtibjɔtik] *adj, m* antibiotic
anticipation [ãtisipasjõ] *f* LIT, CINE science fiction
anticiper [ãtisipe] <1> I. *vi* (*devancer les faits*) to look too far ahead II. *vt* **1.** (*prévoir*) to predict **2.** FIN, SPORT to anticipate
anticorps [ãtikɔʀ] *m* antibody
anticyclone [ãtisiklon] *m* METEO anticyclone
antillais(e) [ãtijɛ] *adj* West Indian
Antillais(e) [ãtijɛ] *m(f)* West Indian
Antilles [ãtij] *fpl* **les** ~ the West Indies
antilope [ãtilɔp] *f* antelope
antimite [ãtimit] *m* moth repellant
antipathie [ãtipati] *f* antipathy; ~ **pour qn/qc** dislike of sb/sth
antipathique [ãtipatik] *adj* unpleasant
antiquaire [ãtikɛʀ] *mf* antique dealer
antique [ãtik] *adj* antique; (*lieu*) ancient

Antiquité [ãtikite] *f sans pl* HIST **l'**~ antiquity
antiquités [ãtikite] *fpl* **1.** (*œuvres d'art antiques*) antiquities **2.** (*objets, meubles anciens*) antiques
antirouille [ãtiʀuj] *adj inv* anti-rust
antisémite [ãtisemit] I. *adj* anti-Semitic II. *mf* anti-Semite
antiseptique [ãtisɛptik] *m* antiseptic
anti-virus [ãtiviʀys] *inv m* INFOR virus checker
antivol [ãtivɔl] *m* (*d'une voiture*) steering wheel lock; (*d'un vélo*) bicycle lock
anus [anys] *m* anus
anxiété [ãksjete] *f* anxiety
anxieux, -euse [ãksjø] I. *adj* worried; (*attente*) anxious II. *m, f* worrier
AOC [aose] *abr de* **appellation d'origine contrôlée** *regional quality control label for wine, cheese*
aorte [aɔʀt] *f* aorta
août [u(t)] *m* **1.** August; ~ **est un mois d'été** August is a summer month **2.** (*pour indiquer la date, un laps de temps*) **en** ~ in August; **début/fin** ~ at the beginning/end of August; **pendant tout le mois d'**~ for the whole of August; **le 15** ~, **c'est l'Assomption** the Assumption is on August 15th
aoûtien(ne) [ausjɛ̃] *m(f)* August holiday maker *Brit*, August vacationer *Am*
apaiser [apeze] <1> I. *vt* to calm; (*douleur*) to soothe; (*colère*) to pacify II. *vpr* **s'**~ (*douleur*) to die down
apartheid [apaʀtɛd] *m* apartheid
apatride [apatʀid] *mf* stateless person
apercevoir [apɛʀsəvwaʀ] <12> I. *vt* **1.** (*entrevoir*) to see **2.** (*remarquer*) to notice II. *vpr* **1.** (*se voir*) to notice each other **2.** (*se rendre compte*) **s'**~ **de qc** to notice sth
aperçu [apɛʀsy] *m* **1.** (*idée générale*) overview **2.** INFOR preview
apéritif [apeʀitif] *m* aperitif

i In France, people are not invited over for tea, but for an **apéritif**. The adults usually drink Pastis, Whisky, Martini or punch and the children have soft drinks such as cordials or syrup (mint, strawberry, grenadine etc.). Guests understand that they are not invited to dinner.

apesanteur [apəzɑ̃tœʀ] *f* weightlessness

aphone [afɔn] *adj* voiceless

aphte [aft] *m* MED (mouth) ulcer

apiculteur, -trice [apikyltœʀ] *m, f* beekeeper

apitoyer [apitwaje] <6> *vpr* **s'~ sur qn/qc** to feel sorry for sb/sth

aplati(e) [aplati] *adj* flat

aplatir [aplatiʀ] <8> I. *vt* to flatten II. *vpr* **s'~, s'~ contre le mur** to flatten oneself against the wall

aplomb [aplɔ̃] *m* 1.(*équilibre*) **être d'~** to be balanced 2.(*assurance*) **avoir de l'~** to have (a) nerve

apnée [apne] *f* SPORT diving without oxygen

apocalypse [apɔkalips] *f* (*désastre*) apocalypse

apogée [apɔʒe] *m* summit

apologie [apɔlɔʒi] *f* (*justification*) apologia

apostrophe [apɔstʀɔf] *f* (*signe*) apostrophe

apothéose [apɔteoz] *f* apotheosis

apôtre [apotʀ] *m* REL, HIST apostle

apparaître [apaʀɛtʀ] <irr> *vi être* to appear; (*difficulté, idée*) to arise

appareil [apaʀɛj] *m* 1.(*machine, instrument*) device; **~ photo(graphique)** camera 2.(*téléphone*) telephone; **qui est à l'~?** who is speaking? 3.(*dentaire*) brace 4.(*avion*) aircraft

appareiller [apaʀeje] <1> *vi* NAUT to get under way

apparemment [apaʀamɑ̃] *adv* apparently; (*vraisemblablement*) probably

apparence [apaʀɑ̃s] *f* 1.(*aspect*) appearance 2.(*ce qui semble être*) outward appearance 3.**sauver les ~s** to save face

apparent(e) [apaʀɑ̃] *adj* 1.apparent 2.(*évident, manifeste*) obvious

apparition [apaʀisjɔ̃] *f* appearance

appart *inf*, **appartement** [apaʀtəmɑ̃] *m* flat *Brit*, apartment *Am*

appartenir [apaʀtəniʀ] <9> I. *vi* 1.(*être la propriété de*) **~ à qn** to belong to sb 2.(*faire partie de*) **~ à qc** to be a member of sth II. *vi impers* **il appartient à qn de** +*infin* it is up to sb to +*infin*

appât [apɑ] *m* bait; (*du gain*) lure

appâter [apɑte] <1> *vt* 1.(*poisson, gibier*) to lure 2.(*allécher*) to entice

appauvrir [apovʀiʀ] <8> *vt* to impoverish

appel [apɛl] *m* 1. a. INFOR call 2.(*demande*) appeal; **faire ~ à qn/qc** to call on sb/sth 3.(*exhortation*) **~ à qc** call to sth; **lancer un ~ à qn** to make an appeal to sb 4.(*vérification de présence*) register; **faire l'~** to call the register 5.**faire ~** to appeal; **~ d'offres** invitation to tender

appelé(e) [aple] MIL conscript

appeler [aple] I. *vt* 1.to call 2.(*faire venir*) to summon 3.(*se référer à*) **en ~ à qc** to appeal to sth II. *vi* (*héler, téléphoner*) to call III. *vpr* **s'~** (*porter comme nom*) to be called; **comment t'appelles-tu/s'appelle cette plante?** what's your/this plant's name?; **je m'appelle** my name is

appellation [apelasjɔ̃] *f* appellation; (*d'origine*) label

appendicite [apɛ̃disit] *f* MED appendicitis

appétissant(e) [apetisɑ̃] *adj* appetizing

appétit [apeti] *m* (*faim*) appetite; **couper l'~ à qn** to ruin sb's appetite; **bon ~!** enjoy your meal!

applaudir [aplodiʀ] <8> *vi, vt* to applaud

applaudissements [aplodismɑ̃] *mpl* applause + *vb sing*

Cambridge English Readers

GRATUIT – Reader avec chaque dictionnaire acheté*
FREE Reader with each dictionary bought*

CAMBRIDGE
UNIVERSITY PRESS

Si vous avez acheté le Dictionnaire Cambridge Klett Poche choissisez UN titre parmi:

If you have bought the Dictionnaire Cambridge Klett Poche choose ONE of the following:

☐ A Puzzle for Logan (Niveau/Level 3) 0 521 75020 2
☐ The Beast (Niveau/Level 3)   0 521 75016 4
☐ Jojo's Story (Niveau/Level 2)   0 521 79754 3

Complétez vos détails ci-contre et envoyez
(avec preuve d'achat) à:

Fill in your details opposite and return
(with proof of purchase) to:

ELT Marketing, Cambridge University Press
The Edinburgh Building, Shaftesbury Road
Cambridge CB2 2RU, United Kingdom

*offre valable jusqu'au 31 décembre 2002
*offer valid until 31 December 2002

Printed in the United Kingdom at the University Press, Cambridge   December 2001

Vos détails/Your details:

Nom/Name:
_____

Adresse/Address:
_____
_____

Code Postal/Postcode:
_____

Ville/Town:
_____

Nom de votre école/
Name of your school:
_____
_____

application [aplikasjɔ̃] *f a.* INFOR application

appliqué(e) [aplike] *adj* conscientious

appliquer [aplike] <1> I. *vt* 1. (*poser*) to apply 2. (*mettre en pratique*) to implement; (*règlement*) to follow II. *vpr* (*s'efforcer*) s'~ à faire qc to apply oneself to doing sth

appoint [apwɛ̃] *m* 1. (*aide*) extra help; d'~ extra 2. avoir l'~ to have the right change

apport [apɔʀ] *m* 1. (*contribution*) contribution 2. (*de vitamines, chaleur*) supply

apporter [apɔʀte] <1> *vt* 1. to bring 2. (*fournir*) ~ sa contribution/son concours à qc to contribute to/support sth 3. (*procurer*) to supply

apposer [apoze] <1> *vt* ~ qc sur qc (*timbre*) to stick sth on sth; (*signature*) to append sth to sth

apposition [apozisjɔ̃] *f* LING apposition

appréciable [apʀesjabl] *adj* appreciable

appréciation [apʀesjasjɔ̃] *f* (*commentaire*) evaluation

apprécier [apʀesje] <1> I. *vt* 1. (*distance, vitesse*) to estimate; (*objet, valeur*) to value 2. (*aimer*) to like II. *vi inf* il n'a pas apprécié! he didn't take kindly to that!

appréhender [apʀeɑ̃de] <1> *vt* 1. (*redouter*) ~ de faire qc to dread doing sth 2. (*arrêter*) to apprehend

appréhension [apʀeɑ̃sjɔ̃] *f* apprehension

apprendre [apʀɑ̃dʀ] <13> *vt* 1. (*être informé de*) ~ qc to hear sth 2. (*annoncer*) ~ une chose à qn to announce sth to sb 3. (*étudier*) ~ à +*infin* to learn to +*infin* 4. (*enseigner*) ~ qc à qn to teach sth to sb

apprenti(e) [apʀɑ̃ti] *m(f)* apprentice

apprentissage [apʀɑ̃tisaʒ] *m* (*formation*) training; être en ~ chez qn to be an apprentice to sb

apprêter [apʀete] <1> *vpr* s'~ à +*infin* (*être sur le point de*) to be just about to +*infin*

apprivoiser [apʀivwaze] <1> *vt* to tame

approbation [apʀɔbasjɔ̃] *f* approval

approche [apʀɔʃ] *f* 1. (*arrivée, manière d'aborder un sujet*) approach 2. (*proximité*) l'~ d'un événement the approaching event

approcher [apʀɔʃe] <1> I. *vi* (*personne*) to approach; (*moment, date, saison, orage*) to draw near II. *vt* 1. (*mettre plus près*) ~ qc de qn/qc to move sth closer to sb/sth; elle approcha son visage du sien she brought her face close to his 2. (*venir plus près*) to approach; ne m'approche pas! don't come near me! III. *vpr* s'~ de qn/qc to approach sb/sth

approfondir [apʀɔfɔ̃diʀ] <8> *vt* to deepen; (*question*) to go deeper into

approprié(e) [apʀɔpʀije] *adj* ~ à qc suitable for sth

approprier [apʀɔpʀije] <1> *vpr* s'~ un bien to appropriate property

approuver [apʀuve] <1> *vt* to approve; (*contrat*) to ratify; (*projet de loi*) to pass

approvisionnement [apʀɔvizjɔ̃nmɑ̃] *m* ~ en qc (*ravitaillement*) supplying of sth; (*réserve*) supplies of sth

approvisionner [apʀɔvizjɔne] <1> I. *vt* ~ qc en qc to supply sth with sth; ~ un compte en qc to pay sth into an account II. *vpr* s'~ en qc to stock up with sth

approximatif, -ive [apʀɔksimatif] *adj* approximate

approximativement [apʀɔksimativmɑ̃] *adv* approximately

appui [apɥi] *m* 1. (*support*) support 2. (*aide*) help

appuie-tête [apɥitɛt] <appuie-tête(s)> *m* headrest

appuyer [apɥije] <6> I. *vi* ~ sur qc (*presser*) to press on sth; (*insister*) to stress sth II. *vt* 1. (*poser*) ~ qc contre/sur qc to lean sth against/on sth 2. (*soutenir*) to support III. *vpr* 1. (*prendre appui*) s'~

contre/sur qn/qc to lean against/ on sb/sth **2.** (*se fonder sur*) **s'~ sur qc** to be based on sth

après [apʁɛ] I. *prep* **1.** after; **~ avoir fait qc** after doing sth **2.** *inf* (*contre*) **en avoir ~ qn** to have it in for sb **3.** (*selon*) **d'~ qn/qc** according to sb/sth II. *adv* **1.** later; **longtemps/ peu ~** a long time/slightly after **2.** (*dans un classement*) behind **3.** (*qui suit*) **d'~** following **4. et ~?** *inf* and then?; **~ tout** after all III. *conj* **~ que** after

après-demain [apʁɛdmɛ̃] *adv* the day after tomorrow **après-guerre** [apʁɛgɛʁ] <après-guerres> *m* the post-war years *pl* **après-midi** [apʁɛmidi] I. *m o f inv* afternoon; **cet(te) ~** this afternoon; (**dans**) **l'~** in the afternoon II. *adv* **mardi/demain ~** Tuesday/tomorrow afternoon; **tous les lundis ~** every Monday afternoon **après-rasage** [apʁɛʁazaʒ] *m inv* after-shave **après-ski** [apʁɛski] *m inv* après-ski

a priori [apʁijɔʁi] *adv* at first sight **apte** [apt] *adj* **1.** (*capable*) able **2.** MIL **être ~ au service** to be fit for duty **aquarelle** [akwaʁɛl] *f* watercolour **aquarium** [akwaʁjɔm] *m* aquarium

aquatique [akwatik] *adj* aquatic **arabe** [aʁab] I. *adj* Arab; **les Émirats ~s unis** the United Arab Emirates II. *m* Arabic; *v. a.* **français** **Arabe** [aʁab] *mf* Arab

Arabie [aʁabi] *f* Arabia; **l'~ Saoudite** Saudi Arabia

arachide [aʁaʃid] *f* **1.** (*plante*) groundnut **2.** *Québec* (*cacaouète*) peanuts

araignée [aʁɛɲe] *f* spider

arbitrage [aʁbitʁaʒ] *m* refereeing **arbitraire** [aʁbitʁɛʁ] *adj* arbitrary **arbitre** [aʁbitʁ] *mf* **1.** SPORT referee **2.** (*conciliateur*) arbitrator

arbitrer [aʁbitʁe] <1> *vt* SPORT to referee; (*tennis, cricket*) to umpire **arbre** [aʁbʁ] *m* **1.** BOT tree **2.** TECH shaft

arbuste [aʁbyst] *m* bush

arc [aʁk] *m* **1.** (*arme*) bow **2.** MAT arc

3. ARCHIT arch

arcade [aʁkad] *f* **1.** ARCHIT archway **2.** ANAT **~ sourcilière** arch of the eyebrows

arc-en-ciel [aʁkɑ̃sjɛl] <arcs-en-ciel> *m* rainbow

archaïque [aʁkaik] *adj* archaic

arche [aʁʃ] *f* **1.** (*forme*) arch **2.** REL **~ de Noé** Noah's Ark

archéologie [aʁkeɔlɔʒi] *f* archaeology

archéologique [aʁkeɔlɔʒik] *adj* archaeological

archevêque [aʁʃəvɛk] *m* archbishop **architecte** [aʁʃitɛkt] *mf* architect **architecture** [aʁʃitɛktyʁ] *f* architecture

archive [aʁʃiv] *f a.* INFOR archive **arctique** [aʁktik] *adj* arctic

Arctique [aʁktik] *m* **l'~** the Arctic **ardent(e)** [aʁdɑ̃] *adj* burning

ardeur [aʁdœʁ] *f* **1.** ardour *Brit,* ardor *Am* **2.** (*force vive*) keenness **ardoise** [aʁdwaz] *f sans pl* slate

are [aʁ] *m* are

arène [aʁɛn] *f* **1.** arena **2.** *pl* (*lieu de corrida*) ring

arête [aʁɛt] *f* (*d'un poisson*) (fish)bone

argent [aʁʒɑ̃] *m* **1.** FIN money; **~ de poche** pocket money **2.** (*métal*) silver

argenté(e) [aʁʒɑ̃te] *adj* silvery; (*couleur, reflets*) silver

argentin(e) [aʁʒɑ̃tɛ̃] *adj* Argentinian

Argentin(e) [aʁʒɑ̃tɛ̃] *m(f)* Argentinian

Argentine [aʁʒɑ̃tin] *f* **l'~** Argentina **argile** [aʁʒil] *f* clay

argileux, -euse [aʁʒilø] *adj* clayey **argot** [aʁgo] *m* **1.** *sans pl* (*langue verte*) slang **2.** (*langage particulier*) jargon

argument [aʁgymɑ̃] *m* argument **argumentation** [aʁgymɑ̃tasjɔ̃] *f* argumentation

aride [aʁid] *adj* dry

aristocrate [aʁistɔkʁat] *mf* aristocrat

aristocratie [aʁistɔkʁasi] *f* aristocracy

arithmétique [aʀitmetik] *f* arithmetic

arme [aʀm] *f* weapon

armé(e) [aʀme] *adj* armed

armée [aʀme] *f* **1.** (*institution, troupes*) **l'~** the armed services *pl*; **~ de terre** the Army **2.** (*foule*) crowd

armement [aʀməmɑ̃] *m* (*d'un pays, avion, bateau*) arms *pl*

Arménie [aʀmeni] *f* **l'~** Armenia

arménien [aʀmenjɛ̃] *m* Armenian; *v. a.* **français**

arménien(ne) [aʀmenjɛ̃] *adj* Armenian

Arménien(ne) [aʀmenjɛ̃] *m(f)* Armenian

armer [aʀme] <1> I. *vt* **1.** (*munir d'armes*) to arm **2.** (*fusil*) to cock; **~ un appareil photo** to wind on (the film in a camera) II. *vpr* **1. s'~ contre qn/qc** to arm oneself against sb/sth **2. s'~ de patience** to call upon all one's patience

armistice [aʀmistis] *m* armistice

Armistice [aʀmistis] *m* **l'~** the Armistice

[I] The **Armistice** is a national holiday in France on November 11, held in remembrance of the ceasefire at the end of the First World War and the signature of the Treaty of Versailles on that day in 1918. Flowers are laid and candles are lit at memorials. There is a perpetual flame at the grave of the unknown soldier beneath the Arc de Triomphe in Paris.

armoire [aʀmwaʀ] *f* cupboard

armure [aʀmyʀ] *f* MIL armour

armurier [aʀmyʀje] *m* gunsmith

arnaque [aʀnak] *f inf* con

arnaquer [aʀnake] <1> *vt inf* to con

arobas [aʀɔba(z)] *m* INFOR at-sign

aromate [aʀɔmat] *m* **les ~s** herbs and spices

arôme, arome [aʀom] *m* **1.** (*du café*) aroma; (*d'un vin*) nose **2.** (*additif alimentaire*) flavour

arpenter [aʀpɑ̃te] <1> *vt* (*pièce*) to pace (up and down)

arqué(e) [aʀke] *adj* **avoir les jambes ~es** to be bow-legged

arracher [aʀaʃe] <1> I. *vt* **1.** (*herbes*) to pull up; (*arbre*) to uproot; (*clou, page*) to pull out; (*dent*) to extract **2.** (*affiche*) to rip down **3.** (*prendre*) **~ qc des mains de qn** to grab sth from sb's hands II. *vpr* **s'~ les cheveux** to tear one's hair out

arrangement [aʀɑ̃ʒmɑ̃] *m* arrangement

arranger [aʀɑ̃ʒe] <2a> I. *vt* **1.** to arrange **2.** (*coiffure*) to fix; (*vêtement*) to straighten **3.** (*régler*) to sort out **4.** (*contenter*) **si ça vous arrange** if it's convenient for you; **ça l'arrange que** +*subj* it suits him for sb to +*infin* **5.** *inf* (*malmener*) to fix II. *vpr* **s'~ 1.** (*se mettre d'accord*) **s'~ avec qn pour** +*infin* to arrange with sb to +*infin* **2.** (*problème*) to be sorted out; (*situation, état de santé*) to improve **3.** (*se débrouiller*) **s'~ pour que** +*subj* to see to it that

arrestation [aʀɛstasjɔ̃] *f* arrest

arrêt [aʀɛ] *m* **1.** (*interruption*) stopping; **~ cardiaque** cardiac arrest; **sans ~** non-stop **2.** (*halte, station*) stop; **dix minutes d'~ à Nancy** a ten-minute stop at Nancy **3. ~ de travail** doctor's certificate; **être en ~ de travail** to be on sick leave

arrêté [aʀete] *m* order

arrêter [aʀete] <1> I. *vi* to stop; **~ de parler** to stop talking II. *vt* **1.** to stop; (*télé, machine*) to switch off **2.** (*faire prisonnier*) to arrest III. *vpr* **s'~ 1.** to stop; **s'~ de fumer** to stop smoking **2.** (*séjourner*) to stop off

arrêt-maladie [aʀɛmaladi] <arrêts-maladie> *m* (*congé*) sick leave; (*certificat*) doctor's certificate

arrhes [aʀ] *fpl* deposit

arrière [aʀjɛʀ] I. *m* **1.** *sans pl* (*d'un train*) rear; **à l'~ de la voiture** in the back of the car **2. en ~** (*se pencher*) backwards; (*rester, regarder*) behind

3. SPORT fullback **II.** *adj inv* **siège ~** back seat **arrière-cour** [aʀjɛʀkuʀ] <arrière-cours> *f* backyard **arrière-goût** [aʀjɛʀgu] <arrière-goûts> *m* aftertaste **arrière-grand-mère** [aʀjɛʀgʀɑ̃mɛʀ] <arrière-grands-mères> *f* great-grandmother **arrière-grand-père** [aʀjɛʀgʀɑ̃pɛʀ] <arrière-grands-pères> *m* great-grandfather **arrière-grands-parents** [aʀjɛʀgʀɑ̃paʀɑ̃] *mpl* great-grandparents **arrière-pays** [aʀjɛʀpei] *m inv* hinterland **arrière-petite-fille** [aʀjɛʀpətitfij] <arrière-petites-filles> *f* great-granddaughter **arrière-petit-fils** [aʀjɛʀpətifis] <arrière-petits-fils> *m* great-grandson **arrière-petits-enfants** [aʀjɛʀpətizɑ̃fɑ̃] *mpl* great-grandchildren **arrière-saison** [aʀjɛʀsɛzɔ̃] <arrière-saisons> *f* late autumn

arrivage [aʀivaʒ] *m* **1.** (*de marchandises*) delivery **2.** (*marchandises*) consignment

arrivée [aʀive] *f* **1.** arrival **2.** (*d'une course*) finish

arriver [aʀive] <1> **I.** *vi* être **1.** (*venir*) to arrive **2.** (*approcher*) to come **3.** (*terminer une compétition*) **~ (le) premier** to come in first **4.** (*aller jusque, atteindre*) to reach; **~ aux mollets** (*robe/chaussettes*) to come down/up to one's calves **5.** (*réussir*) **à** +*infin* to manage to +*infin* **6.** (*aboutir*) **en ~ à faire qc** to end up doing sth **II.** *vi impers* être **1.** (*survenir*) **qu'est-ce qu'il t'est arrivé?** what's happened to you? **2.** (*se produire de temps en temps*) **il m'arrive de faire qc** sometimes I do sth

arrogance [aʀɔgɑ̃s] *f* arrogance

arrogant(e) [aʀɔgɑ̃] *adj* arrogant

arrondir [aʀɔ̃diʀ] <8> **I.** *vt* **1.** (*rendre rond*) to round off **2.** (*simplifier*) **~ qc à qc** (*en augmentant/diminuant*) to round sth up/down to sth **II.** *vpr* **s'~** (*grossir*) to fill out

arrondissement [aʀɔ̃dismɑ̃] *m* district (*administrative division of major French cities*)

arroser [aʀoze] <1> *vt* **1.** to water **2.** *inf* (*fêter*) to celebrate

arrosoir [aʀozwaʀ] *m* watering can

arsenal [aʀsənal] <-aux> *m* arsenal

art [aʀ] *m* **1.** ART art **2.** *sans pl* (*technique, talent*) skill **3. le septième ~** the cinema

ARTE [aʀte] *f abr de* **Association relative à la télévision européenne** *Franco-German cultural television channel*

artère [aʀtɛʀ] *f* ANAT artery

arthrose [aʀtʀoz] *f* MED osteoarthritis

artichaut [aʀtiʃo] *m* artichoke

article [aʀtikl] *m* **1.** *a.* JUR, LING article **2.** (*marchandise*) item

articulation [aʀtikylasjɔ̃] *f* ANAT, TECH joint

articuler [aʀtikyle] <1> *vt* (*son*) to articulate

artifice [aʀtifis] *m* **1.** (*moyen ingénieux*) device **2.** *souvent pl* (*tromperie*) trick

artificiel(le) [aʀtifisjɛl] *adj* artificial

artillerie [aʀtijʀi] *f* artillery

artisan(e) [aʀtizɑ̃] *m(f)* craftsman *m*, craftswoman *f*; **~ boulanger** traditional baker

artisanal(e) [aʀtizanal] <-aux> *adj* traditional; (*produit*) home-made

artisanat [aʀtizana] *m* **1.** (*métier*) craft industry **2.** (*les artisans*) craftspeople

artiste [aʀtist] *mf* artist

artistique [aʀtistik] *adj* artistic

as¹ [a] *indic prés de* **avoir**

as² [ɑs] *m a.* JEUX ace; **~ du volant** driving ace

ascendance [asɑ̃dɑ̃s] *f sans pl* **1.** (*origine*) ancestry **2.** ASTR ascent

ascenseur [asɑ̃sœʀ] *m* lift *Brit*, elevator *Am*

ascension [asɑ̃sjɔ̃] *f* ascent; **~ sociale** rise in social status; **faire l'~ d'une montagne** to climb a mountain

Ascension [asɑ̃sjɔ̃] *f sans pl* REL **l'~** the Ascension

asiatique [azjatik] *adj* Asian

Asiatique [azjatik] *mf* Asian

Asie [azi] *f* **l'~** Asia; **l'~ Mineure**

Asia Minor

asile [azil] *m* **1.** REL, JUR, POL asylum **2.** (*refuge*) refuge

asocial(e) [asɔsjal] <-aux> *adj* antisocial

aspect [aspɛ] *m* **1.** *sans pl* appearance **2.** (*point de vue*) aspect

asperge [aspɛRʒ] *f* asparagus + *vb sing*

asperger [aspɛRʒe] <2a> **I.** *vt* ~ **qn/qc d'eau** to spray sb/sth with water **II.** *vpr* **s'**~ **de qc** to spray oneself with sth

asphyxier [asfiksje] <1> *vt* to suffocate

aspirateur [aspiRatœR] *m* vacuum cleaner; **passer l'**~ to vacuum

aspiration [aspiRasjɔ̃] *f sans pl* (*inspiration*) inhalation

aspirer [aspiRe] <1> **I.** *vt* **1.** (*inhaler*) to inhale **2.** (*avec la bouche*) to suck in **II.** *vi* (*désirer*) ~ **à qc** to aspire to sth

aspirine [aspiRin] *f* aspirin

assagir [asaʒiR] <8> *vpr* **s'**~ (*personne*) to settle down

assaillant(e) [asajɑ̃] *m(f)* assailant

assainir [aseniR] <8> *vt* to clean up; (*marécage*) to drain; (*eau*) to decontaminate

assaisonnement [asɛzɔnmɑ̃] *m sans pl* dressing

assaisonner [asɛzɔne] <1> *vt* to season; (*salade*) to dress

assassin [asasɛ̃] *m* murderer; POL assassin

assassinat [asasina] *m* murder; POL assassination

assassiner [asasine] <1> *vt* to murder; POL to assassinate

assaut [aso] *m a. fig* ~ **de qc** assault on sth; **à l'**~**!** charge!

assécher [aseʃe] <5> *vt* to dry

ASSEDIC [asedik] *fpl abr de* **Association pour l'emploi dans l'industrie et le commerce** **1.** (*organisme*) organization managing unemployment benefits **2.** (*cotisation*) ≈ national insurance contribution **3.** (*indemnités*) **toucher les** ~ to receive unemployment benefit

assemblage [asɑ̃blaʒ] *m* AUTO, CINE assembly

assemblée [asɑ̃ble] *f* meeting; POL assembly

Assemblée [asɑ̃ble] *f* POL **l'**~ **nationale** the (French) National Assembly; **l'**~ **fédérale** *Suisse* the (Swiss) Federal Assembly

ⓘ The **Assemblée nationale** is the lower chamber of the French Parliament, elected normally every five years. It has 490 members. The Belgian lower house is called "la Chambre des Représentants" and is elected every four years.

assembler [asɑ̃ble] <1> **I.** *vt* to assemble **II.** *vpr* **s'**~ to gather

asseoir [aswaR] <irr> **I.** *vt* to sit; **être/rester assis** to remain seated; **assis!** sit! **II.** *vpr* **s'**~ to sit; **asseyez-vous!** sit down!

assez [ase] *adv* **1.** (*suffisamment*) enough; **il y a** ~ **de place** there is enough room; ~ **parlé!** enough talking! **2.** (*plutôt*) rather; **être** ~ **content de soi** to be quite pleased with oneself **3.** ECOLE ~ **bien** satisfactory **4.** (*exprimant la lassitude*) **en voilà** ~**!** that will do!

assidu(e) [asidy] *adj* regular; (*élève, lecteur*) assiduous

assiéger [asjeʒe] <2a, 5> *vt a.* MIL to besiege

assiette [asjɛt] *f* ~ **plate** plate; ~ **creuse** bowl; ~ **à dessert** dessert plate; ~ **à soupe** [*o* **profonde**] *Belgique* soup bowl; ~ **de soupe** bowl of soup

assigner [asiɲe] <1> *vt* **1.** (*attribuer*) to assign **2.** JUR ~ **qn à résidence** to put sb under house arrest

assimilation [asimilasjɔ̃] *f* **1.** *a. fig* assimilation **2.** (*intégration*) ~ **à qc** integration into sth

assimiler [asimile] <1> **I.** *vt* **1.** ~ **qn/qc à qn/qc** to equate sb/sth with sb/sth **2.** (*connaissances*) to take in **3.** (*intégrer*) to integrate **II.** *vi*

to assimilate **III.** *vpr* (*s'intégrer*) **s'~ à qc** to integrate into sth
assis(e) [asi] **I.** *part passé de* **asseoir II.** *adj* (*position*) sitting
assistance [asistɑ̃s] *f* **1.** (*public*) audience **2.** (*secours*) assistance; **prêter ~ à qn** to help sb **3.** (*médicale*) care
assistant(e) [asistɑ̃] *m(f)* a. INFOR assistant; **~ social** social worker
assisté(e) [asiste] **I.** *adj* **1.** AUTO **direction ~e** power-assisted steering **2.** INFOR **~ par ordinateur** computer-aided **II.** *m(f)* person on benefit
assister [asiste] <1> **I.** *vi* **~ à qc** to be present at sth **II.** *vt* **~ qn dans qc** (*aider*) to help sb with sth
association [asɔsjasjɔ̃] *f* association; **en ~ avec qn** in partnership with sb; **~ sportive** sporting association
associé(e) [asɔsje] *m(f)* associate
associer [asɔsje] <1> **I.** *vt* **1.** (*faire participer*) **~ qn à un travail** to involve sb in a job; **~ les travailleurs aux bénéfices** to give the workers a share of the profits **2.** (*unir, lier*) to associate **II.** *vpr* **s'~ 1.** (*s'allier*) **s'~ à** [*o* **avec**] **qn** to join with sb **2.** (*participer à*) **s'~ au projet de qn** to involve oneself in sb's project
assoiffé(e) [aswafe] *adj* (*qui a soif*) parched
assombrir [asɔ̃bʀiʀ] <8> **I.** *vt* **1.** (*obscurcir*) to darken **2.** (*personne*) to sadden **II.** *vpr* **s'~** to darken; (*horizon, visage*) to cloud over
assommer [asɔme] <1> *vt* **1.** (*étourdir, abasourdir*) to knock out; (*animal*) to stun **2.** *inf* (*ennuyer*) **~ qn** to bore sb to death
Assomption [asɔ̃psjɔ̃] *f* **l'~** the Assumption

ⓘ **L'Assomption**, 15 August, is both a relgious and a national holiday in France. For many people it marks the end of the summer holidays and road congestion is common.

assorti(e) [asɔʀti] *adj* matching; **être ~ à qc** to match sth; **être bien/mal ~s** to be well/badly matched
assortiment [asɔʀtimɑ̃] *m* **1.** (*mélange*) selection **2.** (*arrangement*) **~ de couleurs** colour arrangement
assortir [asɔʀtiʀ] <8> *vt* **~ qc à qc** to match sth with sth
assoupi(e) [asupi] *adj* (*somnolent*) sleepy
assoupir [asupiʀ] <8> *vpr* **s'~** to fall asleep
assouplir [asupliʀ] <8> **I.** *vt* **1.** (*cheveux, linge*) to soften; (*corps*) to make supple **2.** (*règlement*) to relax **II.** *vpr* **s'~** (*chaussures*) to soften; (*cuir*) to become supple; (*personne*) to become more flexible
assouplissant [asuplisɑ̃] *m* fabric softener
assourdir [asuʀdiʀ] <8> *vt* (*faim*) to appease; (*curiosité, désir*) to satisfy
assujettir [asyʒetiʀ] <8> *vt* **1.** (*astreindre*) **~ qn à l'impôt** to make sb liable to tax **2.** (*peuple*) to conquer
assumer [asyme] <1> **I.** *vt* (*risque, responsabilité*) to take on; (*fonction*) to undertake **II.** *vpr* **s'~** to accept onself **III.** *vi* *inf* to accept one's situation
assurance [asyʀɑ̃s] *f* **1.** *sans pl* (*aplomb*) self-confidence; **avec ~** with confidence **2.** (*garantie*) insurance **3.** (*contrat*) insurance policy **4.** (*société*) insurance company
assuré(e) [asyʀe] *m(f)* insured party
assurément [asyʀemɑ̃] *adv* soutenu certainly
assurer [asyʀe] <1> **I.** *vt* **1.** to insure **2.** (*protection*) to deal with **3.** SPORT to belay **II.** *vpr* **s'~ 1.** (*contracter une assurance*) **s'~ à la compagnie X contre qc** to insure against sth with company X **2.** (*vérifier*) **s'~ de qc** to make sure of sth **3.** (*gagner*) **s'~ l'appui de qn** to win sb's support **III.** *vi* *inf* to cope
assureur [asyʀœʀ] *m* insurer
astérisque [asterisk] *m* asterisk
astéroïde [asterɔid] *m* asteroid
asthmatique [asmatik] *adj, mf*

asthmatic

asthme [asm] *m* asthma

asticot [astiko] *m inf* (*ver*) maggot

astiquer [astike] <1> *vt* to polish

astre [astʀ] *m* star

astreignant(e) [astʀɛɲɑ̃] *adj* exacting; (*horaire*, *règle*) demanding

astreindre [astʀɛ̃dʀ] <*irr*> **I.** *vt* ~ **qn à** +*infin* to oblige sb to +*infin* **II.** *vpr* **s'~ à qc/à** +*infin* to compel oneself to sth/to +*infin*

astrologie [astʀɔlɔʒi] *f* astrology

astrologique [astʀɔlɔʒik] *adj* astrological

astrologue [astʀɔlɔg] *mf* astrologer

astronaute [astʀonot] *mf* astronaut

astronautique [astʀonotik] *f* astronautics + *vb sing*

astronomie [astʀɔnɔmi] *f* astronomy

astronomique [astʀɔnɔmik] *adj* **1.** ASTR astronomic **2.** (*nombre, prix*) astronomical

astuce [astys] *f* **1.** *sans pl* (*qualité*) astuteness **2.** *souvent pl* (*truc*) trick

astucieux, -euse [astysjø] *adj* clever

atchoum [atʃum] *interj* atishoo

atelier [atəlje] *m* workshop; (*d'un artiste*) studio

athée [ate] **I.** *adj* atheistic **II.** *mf* atheist

Athènes [atɛn] Athens

athlète [atlɛt] *mf* athlete

athlétique [atletik] *adj* athletic

athlétisme [atletism] *m* athletics + *vb sing Brit*, track and field *Am*

atlantique [atlɑ̃tik] *adj* Atlantic; **côte/océan ~** Atlantic coast/Ocean

Atlantique [atlɑ̃tik] *m* **l'~** the Atlantic

atlas [atlɑs] *m* GEO, ANAT atlas

atmosphère [atmɔsfɛʀ] *f* atmosphere

atome [atom] *m* PHYS atom

atomique [atɔmik] *adj* atomic

atomiseur [atɔmizœʀ] *m* spray

atout [atu] *m* asset; JEUX trump card

atroce [atʀɔs] *adj* (*musique, film, crime*) appalling; (*temps, repas, peur*) terrible; (*personne*) awful

atrocité [atʀɔsite] *f* **1.** (*cruauté*)

atrocity **2.** *pl* (*action*) atrocities

atrophié(e) [atʀɔfje] *adj* atrophied

attabler [atable] <1> **I.** *vpr* **s'~** to sit down at the table **II.** *vi* **être attablés autour d'une bouteille de vin** to be sitting down at the table drinking wine

attache [ataʃ] *f* **1.** (*lien*) link **2.** *gén pl* (*relations*) tie

attaché(e) [ataʃe] *m(f)* – **d'ambassade/de presse** embassy/press attaché

attaché-case [ataʃekɛz] <attachés-cases> *m* attaché case

attachement [ataʃmɑ̃] *m* a. INFOR attachment

attacher [ataʃe] <1> **I.** *vt* **1.** (*fixer*) ~ **qc à qc** to fasten sth to sth **2.** (*ficeler*) ~ **qn/qc sur/à qc** to tie sb/sth to sth **3.** (*mettre ensemble*) to attach; (*feuilles de papier*) to staple **4.** (*lacets, tablier*) to tie; (*montre, collier, ceinture de sécurité*) to fasten **5.** (*faire tenir*) ~ **ses cheveux** to tie back one's hair **6.** (*attribuer*) – **de l'importance à qc** to attach importance to sth **II.** *vi inf* (*aliment, gâteau*) to stick **III.** *vpr* **s'~ 1.** (*mettre sa ceinture de sécurité*) to belt up **2.** (*être attaché*) **s'~ à qn/qc** to become attached to sth **3.** (*se fermer*) **s'~ avec/par qc** to fasten with sth

attaquant(e) [atakɑ̃] *m(f)* attacker

attaque [atak] *f* attack; ~ **contre qn/qc** attack on sb/sth

attaquer [atake] <1> **I.** *vt* **1.** *a.* SPORT to attack **2.** (*personne*) to mug **3.** JUR to contest; ~ **qn en justice** to bring an action against sb **4.** (*falaise*) to erode **5.** (*commencer*) to begin; (*sujet*) to launch into; (*travail*) to start **6.** *inf* ~ **un plat** to dig into a meal **7.** (*difficulté*) to tackle; ~ **le mal à sa racine** to tackle evil at the roots **II.** *vpr* **1.** (*affronter*) **s'~ à qn/qc** to attack sb/sth **2. s'~ à une difficulté** to tackle a problem **3.** (*commencer*) **s'~ à qc** to launch into sth

attarder [ataʀde] <1> *vpr* **s'~** to linger

atteindre [atɛ̃dʀ] <*irr*> *vt* **1.** to

reach **2.**(*blesser moralement*) to wound

atteint(e) [atɛ̃] *adj* **1.**être très ~ (*personne*) to be very ill; (*organe*) to be badly affected; **malade ~ du cancer** patient suffering from cancer **2.** *inf* (*fou*) mad

atteinte [atɛ̃t] *f* **1.**(*dommage causé*) **c'est une ~ à ma réputation** it is an attack on my reputation **2.**(*portée*) **hors d'~** (*réputation*) beyond reproach

attelage [at(ə)laʒ] *m* (*de chevaux*) harness; CHEMDFER coupling

atteler [at(ə)le] <3> **I.** *vt* (*voiture, animal*) to hitch up **II.** *vpr* **s'~ à un travail** to get down to work

attelle [atɛl] *f* MED splint

attendre [atɑ̃dʀ] <14> **I.** *vt* **1.**(*patienter*) ~ **qn/qc pour faire qc** to wait for sb/sth before doing sth **2.**(*compter sur*) to expect; **n'~ que ça** to expect just that **3.**(*être préparé*) ~ **qn** (*surprise*) to be waiting for sb; (*déception*) to lay in wait for sb **4.** *inf* (*se montrer impatient avec*) ~ **après qn** to wait for ever for sb; ~ **après qc** to be waiting on sth **5.**(*jusqu'à*) **mais en attendant** but in the meantime; **en attendant que** +*subj* while waiting for sb to **6.**(*toujours est-il*) **en attendant** all the same **II.** *vi* **1.**(*patienter*) to wait; **tu peux toujours ~!** you're in for a long wait! **2.**(*interjection*) **attends!** wait!; (*pour menacer*) just you wait! **III.** *vpr* **s'~ à qc** to expect sth; (*en cas de chose désagréable*) to dread sth; **comme il fallait s'y ~** as you might have expected

> [!] Remember that you do not need to use a preposition with the verb **attendre** (= to wait for) as you do in English. "J'attends les soldes pour faire mes achats". (= I'm waiting for the sales to do my shopping.)

attendri(e) [atɑ̃dʀi] *adj* tender

attendrir [atɑ̃dʀiʀ] <8> **I.** *vt* **1.**(*émouvoir*) to move **2.** GASTR to tenderize **II.** *vpr* **1.**(*s'émouvoir*) **se laisser ~** to be moved **2.**(*s'apitoyer*) **s'~ sur qn/soi-même** to feel sorry for sb/oneself

attendrissant(e) [atɑ̃dʀisɑ̃] *adj* moving

attendu(e) [atɑ̃dy] **I.** *part passé de* **attendre II.** *adj* (*espéré*) expected

attentat [atɑ̃ta] *m* ~ **contre qn** assassination attempt on sb; ~ **contre qc** attack on sth

attente [atɑ̃t] *f* **1.**(*expectative*) **l'~ de qn/qc** the wait for sb/sth **2.**(*espoir*) **contre toute ~** against all expectation; **dans l'~ de qc** in the hope of sth

attenter [atɑ̃te] <1> *vi* ~ **à ses jours** to attempt suicide; ~ **à la vie de qn** to make an attempt on sb's life

attentif, -ive [atɑ̃tif] *adj* attentive; **être ~ à qc** to pay attention to sth

attention [atɑ̃sjɔ̃] *f* **1.**(*concentration, intérêt*) attention; **avec ~** attentively **2.** *souvent pl* (*prévenance*) attention *no pl* **3.**(*soin*) **faire ~ à qn/qc** to be careful with sb/sth; **fais ~!** be careful! **4.**(*avertissement*) ~! watch out!; ~ **à la marche!** mind [*o* watch] the step!; **alors là, ~ (les yeux)**! *inf* watch out!

attentionné(e) [atɑ̃sjɔne] *adj* ~ **envers qn** considerate towards sb

attentivement [atɑ̃tivmɑ̃] *adv* attentively

atténuer [atenɥe] <1> **I.** *vt* (*douleur*) to relieve; (*bruit*) to lessen; (*passion*) to soothe; (*couleur*) to soften **II.** *vpr* **s'~** to subside; (*bruit, douleur*) to die down

atterrir [ateʀiʀ] <8> *vi* **1.**(*avion*) to land **2.** *inf* (*se retrouver*) to end up

atterrissage [ateʀisaʒ] *m* landing; ~ **forcé** forced landing

attestation [atɛstasjɔ̃] *f* certificate

attester [atɛste] <1> *vt* **1.**(*certifier*) to attest **2.**(*par écrit*) to certify **3.**(*être la preuve*) to prove

attirail [atiʀaj] *m inf* gear

attirance [atiʀɑ̃s] *f* attraction

attirant(e) [atiʀɑ̃] *adj* (*personne*)

attractive; (*proposition*) appealing

attirer [atiʀe] <1> I. *vt* **1.** *a.* PHYS ~ **le regard/l'attention** to make people look/pay attention **2.** (*personne*) to attract; (*animal*) to lure **3.** (*allécher*) to entice **4.** (*projet, pays*) to draw II. *vpr* **s'**~ **1.** (*se plaire*) to attract each other; PHYS to attract **2.** (*obtenir*) **s'**~ **des ennuis** to make problems

attitré(e) [atitʀe] *adj* (*promoteur*) accredited

attitude [atityd] *f* **1.** (*du corps*) bearing **2.** (*disposition*) attitude

attouchement [atuʃemɑ̃] *m souvent pl* (*caresse sexuelle*) fondling + *vb sing*

attractif, -ive [atʀaktif] *adj* attractive

attraction [atʀaksjɔ̃] *f* attraction

attrait [atʀɛ] *m* appeal

attrape [atʀap] *f* trick

attraper [atʀape] <1> I. *vt* **1.** to catch **2.** (*tromper*) **être bien attrapé** to be caught out **3.** (*punition*) to get II. *vpr* **s'**~ (*maladie contagieuse*) to get caught

attrayant(e) [atʀɛjɑ̃] *adj* attractive

attribuer [atʀibɥe] <1> *vt* **1.** (*donner*) ~ **qc à qn** to award sth to sb **2.** (*considérer comme propre à*) ~ **du mérite à qn** to give sb credit

attribut [atʀiby] *m* **1.** (*propriété, symbole*) attribute **2.** LING ~ **du sujet** noun complement

attribution [atʀibysjɔ̃] *f* **1.** (*action*) awarding; (*d'une indemnité*) allocation **2.** *pl* (*compétences*) attributions

attrister [atʀiste] <1> I. *vt* to sadden II. *vpr* **s'**~ **devant qc** to be saddened by sth

attroupement [atʀupmɑ̃] *m* gathering

attrouper [atʀupe] <1> *vpr* **s'**~ to gather

au [o] = **à + le** *v.* **à**

aubaine [obɛn] *f* (*avantage*) godsend; **profiter de l'**~ to make the most of an opportunity

aube [ob] *f* (*point du jour*) dawn; **à**

l'~ at dawn

aubépine [obepin] *f* hawthorn

auberge [obɛʀʒ] *f* inn; ~ **de jeunesse** youth hostel

aubergine [obɛʀʒin] *f* (*légume*) aubergine *Brit*, eggplant *Am*

aubergiste [obɛʀʒist] *mf* innkeeper; (*d'une auberge de jeunesse*) warden

aubette [obɛt] *f Belgique* (*kiosque à journaux, abribus®*) shelter

aucun(e) [okœ̃] I. *adj antéposé* **1.** (*nul*) ~ **... ne ...**, **ne ... ~ ...** no; **n'avoir** ~**e preuve** to have no proof; **en** ~**e façon** in no way; **sans faire** ~ **bruit** without making any noise **2.** (*dans une question*) any II. *pron* ~ **ne ...**, **ne ... ~** not ... any; **n'aimer** ~ **de ces romans** to not like any of these books

aucunement [okynmɑ̃] *adv* in no way; **n'avoir** ~ **envie de partir** to feel not at all like leaving

audace [odas] *f* **1.** (*témérité*) daring **2.** (*effronterie*) audacity

audacieux, -euse [odasjø] *adj* **1.** (*hardi*) daring **2.** (*projet*) risky

au-dedans [odədɑ̃] I. *adv* inside II. *prep* ~ **de qc** inside sth

au-dehors [odəɔʀ] I. *adv* outside II. *prep* ~ **de qc** outside sth

au-delà [od(ə)la] I. *adv* beyond II. *prep* ~ **de qc** beyond sth III. *m* beyond

au-dessous [od(ə)su] I. *adv* underneath II. *prep* **1.** (*plus bas*) ~ **de qn/qc** under sb/sth **2.** (*au sud de, inférieur à*) below

au-dessus [od(ə)sy] I. *adv* (*plus haut*) above II. *prep* ~ **de qn/qc** above sb/sth

au-devant [od(ə)vɑ̃] *prep* **aller** ~ **des désirs de qn** to anticipate sb's wishes

audible [odibl] *adj* audible

audience [odjɑ̃s] *f* **1.** audience **2.** JUR hearing

audiovisuel [odjovizɥɛl] *m* audiovisual methods *pl*

audiovisuel(le) [odjovizɥɛl] *adj* audio-visual

auditeur, -trice [oditœʀ] *m, f*

1. (*de médias*) listener **2.** UNIV ~
libre unregistered student

auditif, -ive [oditif] *adj* (*mémoire*)
auditive; **appareil** ~ hearing aid

audition [odisjɔ̃] *f* **1.** *a.* JUR hearing
2. THEAT, CINE audition

auditionner [odisjɔne] <1> *vi, vt*
to audition

auditoire [oditwaʀ] *m* **1.** (*assistance*) audience **2.** *Belgique, Suisse*
(*amphithéâtre, salle de cours d'une
université*) lecture hall

augmentation [ɔgmɑ̃tasjɔ̃] *f* ~ **du
chômage** rise in unemployment; ~
d'une production growth in production

augmenter [ɔgmɑ̃te] <1> **I.** *vt*
1. (*accroître*) to increase **2.** (*accroître le salaire*) ~ **qn de 1000
euros** to give sb a 1000 euros raise
II. *vi* **1.** (*s'accroître*) to increase; (*salaire*) to go up; (*douleur*) to get
worse **2.** (*impôts, prix, loyer*) to rise

augure [ogyʀ] *m* **être de bon/
mauvais** ~ to augur well/badly

aujourd'hui [oʒuʀdɥi] *adv*
1. today; **quel jour sommes-nous
~?** what day is it today?; **à partir d'~**
as of today; **dès** ~ from today; **au
jour d'~** *inf* as of now **2. c'est pour
~ ou pour demain?** *inf* is it going to
happen before midnight?

aumône [omon] *f* (*don*) alms *pl*

aumônier [omonje] *m* chaplain

auparavant [opaʀavɑ̃] *adv* before

auprès de [opʀɛ də] *prep* **1.** (*tout
près, à côté de*) **être** ~ **qn** to be near
sb; **viens t'asseoir** ~ **moi** come and
sit down next to me **2.** ADMIN to

auquel [okɛl] = **à + lequel** *v.* **lequel**

aurai [ɔʀe] *fut de* **avoir**

auréole [ɔʀeɔl] *f* **1.** (*tache*) ring
2. (*d'un astre*) aureole **3.** (*d'un
saint*) halo

auriculaire [ɔʀikylɛʀ] *m* little finger

aurore [ɔʀɔʀ] *f* **1.** (*aube*) daybreak;
(*heure du jour*) dawn **2.** ASTR ~ **boréale** northern lights *pl*

auscultation [ɔskyltasjɔ̃] *f* auscultation

ausculter [ɔskylte] <1> *vt* to auscultate

auspices [ɔspis] *mpl* (*augure*) **sous
de bons/de mauvais** ~ under favourable/unfavourable [*o* favorable/
unfavorable *Am*] auspices

aussi [osi] **I.** *adv* **1.** (*élément de comparaison*) **elle est** ~ **grande que
moi** she is as tall as me **2.** (*également*) too; **c'est** ~ **mon avis** that's
my opinion too; **bon appétit! –
merci, vous** ~! enjoy your meal! –
thank you, and you too! **3.** (*en plus*)
also; **non seulement ..., mais** ~
not only ..., but also **4.** (*autant
(que)*) **Paul** ~ **bien que son frère**
Paul as much as his brother **5.** (*d'ailleurs*) **mais** ~ **...?** and ...? **II.** *conj* ~
(**bien**) so

aussitôt [osito] **I.** *adv* **1.** (*tout de
suite*) right away; ~ **après** straight
after **2.** (*sitôt*) immediately; ~ **dit,** ~
fait no sooner said than done **II.** *conj*
~ **que** as soon as

austère [ostɛʀ] *adj* austere

austérité [osteʀite] *f* austerity

Australie [ostʀali] *f* l'~ Australia

australien [ostʀaljɛ̃] *m* Australian;
v. a. **français**

australien(ne) [ostʀaljɛ̃] *adj* Australian

Australien(ne) [ɔstʀaljɛ̃] *m(f)* Australian

autant [otɑ̃] *adv* **1.** (*tant*) as much;
comment peut-il dormir ~? how
can he sleep that much?; ~ **d'argent**
as much money **2.** (*relation d'égalité*) ~ **que** as much as; **en faire** ~ to
do as much **3.** (*cela revient à*) you
might as well **4.** (*sans exception*)
tous ~ **que vous êtes** each and
every one of you **5.** (*pour comparer*)
~ **j'aime la mer,** ~ **je déteste la
montagne** I dislike the mountains as
much as I like the sea **6.** (*encore
plus/moins (pour la raison que)*)
d'~ moins ... que even less so ...
since; **d'~** (**plus**) **que** even more so
given that **7.** **pour ~** for all that; ~
pour moi! *inf* sorry, my mistake!

autarcie [otaʀsi] *f* autarky

autel [otɛl] *m* altar

auteur [otœʀ] *m* **1.** author **2.** (*d'un*

attentat) perpetrator

auteur-compositeur [otœʀkɔ̃po-zitœʀ] <auteurs-compositeurs> *m* composer-songwriter

authenticité [otɑ̃tisite] *f* (*véracité*) authenticity

authentifier [otɑ̃tifje] <1> *vt* to authenticate

authentique [otɑ̃tik] *adj* (*véritable*) authentic

autiste [otist] **I.** *adj* autistic **II.** *mf* autisic person

auto [oto] *f abr de* **automobile** car; ~ **tamponneuse** bumper car

autobiographie [otobjɔgʀafi] *f* autobiography

autobiographique [otobjɔgʀafik] *adj* autobiographical

autobus [otobys] *m* bus

autocar [otokaʀ] *m* coach

autochtone [otokton] *mf* native

autocollant [otokɔlɑ̃] *m* sticker

autocollant(e) [otokɔlɑ̃] *adj* self-adhesive

autodéfense [otodefɑ̃s] *f* self-defence

autodétruire [otodetʀɥiʀ] <irr> *vpr* **s'**~ to self-destruct

autodidacte [otodidakt] *mf* autodidact

autodiscipline [otodisiplin] *f* self-discipline

autoécole, auto-école [otoekɔl] <auto-écoles> *f* driving school

autogestion [otoʒɛstjɔ̃] *f* self-management

autographe [otogʀaf] *m* autograph

automate [otomat] *m* automaton

automatique [otomatik] *adj* automatic

automatiquement [otomatikmɑ̃] *adv* automatically

automatisation [otomatizasjɔ̃] *f* automation

automne [otɔn] *m* autumn; **cet/en** ~ this/in autumn; **l'**~, ... in autumn, ...

automobile [otomɔbil] **I.** *adj* car; **sport** ~ motor racing **II.** *f* car

automobiliste [otomɔbilist] *mf* motorist

autonome [otonom] *adj* **1.** auton-omous; **travailleur** ~ *Québec* free-lance **2.** (*personne, existence*) self-sufficient **3.** INFOR off-line

autonomie [otonomi] *f* autonomy; (*d'une personne*) independence

autoportrait [otopɔʀtʀɛ] *m* self-portrait

autopsie [otɔpsi] *f* MED autopsy

autoradio [otoʀadjo] *m* car radio

autorisation [otoʀizasjɔ̃] *f* **1.** per-mission **2.** JUR authorization; ~ **de sortie du territoire** exit permit

autorisé(e) [otoʀize] *adj* author-ized; (*tournure*) official

autoriser [otoʀize] <1> *vt* to auth-orize; ~ **qn à** +*infin* to authorize sb to +*infin*

autoritaire [otoʀitɛʀ] *adj* authori-tarian

autorité [otoʀite] *f* **1.** authority; **avoir de l'**~ **sur qn** to have author-ity over sb **2.** (*influence, considé-ration*) influence; **faire** ~ (*ouvrage/personne*) to be accepted as authori-tative/as an authority

autoroute [otoʀut] *f* motorway *Brit,* highway *Am;* ~ **à péage** toll motorway *Brit,* turnpike *Am;* ~ **du Soleil** *motorway between Paris and Marseilles*

autostop, auto-stop [otostɔp] *m sans pl* hitch-hiking; **faire de l'**~ to hitch-hike; **prendre qn en** ~ to pick up a hitch-hiker

autostoppeur, -euse, auto-stop-peur, -euse [otostɔpœʀ] <auto-stoppeurs> *m, f* hitch-hiker

autour [otuʀ] **I.** *adv* around **II.** *prep* ~ **de qn/qc** around sb/sth

autre [otʀ] **I.** *adj antéposé* **1.** other; ~ **chose** something else; **d'une** ~ **manière** in another way; **il nous faut une** ~ **chaise** we need another chair **2.** **nous** ~s ..., **vous** ~s ... US/WE ..., YOU ...; **sans** ~ *Suisse* (*bien entendu*) of course **II.** *pron indéf* **1.** other; **d'**~**s** others; **qui/quoi d'**~**?** who/what else?; **quel-que chose d'**~ something else **2.** (*opp: l'un*) **l'un l'**~/**l'une l'**~/**les uns les** ~**s** one another **3.** **entre** ~**s** among others; **une** ~**!** same again!

autrefois [otʀəfwɑ] *adv* in the past

autrement [otʀəmɑ̃] *adv* **1.** (*différemment*) differently; **je ne pouvais pas faire ~** I couldn't do otherwise [*o* anything else] **2.** (*sinon, sans quoi, à part cela*) otherwise **3.** ~ **dit** in other words

Autriche [otʀiʃ] *f* l'~ Austria

autrichien(ne) [otʀiʃjɛ̃] *adj* Austrian

Autrichien(ne) [otʀiʃjɛ̃] *m(f)* Austrian

autruche [otʀyʃ] *f* ostrich

autrui [otʀyi] *pron inv* someone else; (*les autres*) others

auvent [ovɑ̃] *m* canopy

aux [o] = à + les *v.* à

auxiliaire [ɔksiljɛʀ] **I.** *mf* auxiliary **II.** *m* LING auxiliary; ~ **de mode** modal auxiliary

avachi(e) [avaʃi] *adj* **1.** (*personne*) out of shape **2.** (*chaussures*) misshapen

avais [avɛ] *imparf de* **avoir**

aval [aval] *m* (*d'un cours d'eau*) downstream water; **en** ~ downstream

avalanche [avalɑ̃ʃ] *f a. fig* avalanche

avaler [avale] <1> *vt* **1.** to swallow **2.** *fig* to eat up **3.** (*croire*) **faire ~ n'importe quoi à qn** to make sb believe anything

avance [avɑ̃s] *f* **1.** (*progression*) advance **2.** (*opp: retard*) **être en ~** (*personne, train*) to be early; **arriver en ~ de cinq minutes** to arrive five minutes early **3.** (*précocité*) **être en ~ pour son âge** to be advanced for one's age **4.** (*distance*) **avoir de l'~ sur qn/qc** to be ahead of sth/sb **5.** *pl* (*approche amoureuse*) **faire des ~s à qn** to make advances on sb **6.** **à l'~, d'~** in advance

avancé(e) [avɑ̃se] *adj* **1.** (*dans l'espace*) ahead **2.** (*dans le temps*) advanced; (*idées*) progressive **3.** **ne pas être plus ~** to not have got any further

avancement [avɑ̃smɑ̃] *m* **1.** (*progrès*) progress **2.** (*promotion*) promotion; **avoir de l'~** to be promoted

avancer [avɑ̃se] <2> **I.** *vt* **1.** ~ **qc** (*rendez-vous*) to bring sth forward; (*montre*) to put sth forward; (*chaise, table*) to move sth forward; (*voiture*) to drive sth forward **2.** JEUX ~ **de huit cases** to move forward eight squares **3.** (*affirmer*) to suggest **4.** (*argent*) to lend **5.** **ça t'avance/nous avance à quoi?** where does that get you/us?; **ça ne t'avance/nous avance à rien!** that doesn't get you/us anywhere! **II.** *vi* **1.** to move forward; (*armée*) to advance; **avance vers moi!** come towards me! **2.** (*être en avance*) ~ **de 5 minutes** (*montre*) to be 5 minutes fast **3.** (*former une avancée, une saillie*) to overhang **4.** (*progresser*) to progress **III.** *vpr* **s'~ 1.** to move forward; **s'~ vers qn/qc** to move towards sb/sth **2.** (*se risquer, anticiper*) **s'~ trop** to take too big a risk; **là, tu t'avances trop!** you're going too far there!

avant [avɑ̃] **I.** *prep* **1.** (*temporel*) before; ~ **de faire qc** before doing sth **2.** (*devant*) in front of; **en** ~ **de qn/qc** in front of sb/sth **3.** ~ **tout** above all **II.** *adv* **1.** (*devant*) in front; **en** ~ in front **2.** *après compl* (*plus tôt*) before; **le jour/l'année d'~** the day/year before **3.** **en** ~ **marche!** forward march! **III.** *conj* ~ **que** +*subj* before **IV.** *m* **1.** (*partie antérieure*) front; (*d'un bateau*) bow; **à/vers l'~** at/to the front **2.** (*joueur*) forward **V.** *adj inv* (*opp: arrière*) front; **traction** ~ front-wheel drive

avantage [avɑ̃taʒ] *m* **1.** *a.* SPORT advantage; **à son** ~ to his advantage; **avoir l'~ sur qn** to have the advantage over sb; **être à son** ~ to be at one's best **2.** *souvent pl* (*gain*) benefit; ~ **en nature** fringe benefits

avantager [avɑ̃taʒe] <2a> *vt* **1.** (*favoriser*) ~ **qn par rapport à qn** to favour sb over sb **2.** (*mettre en valeur*) to flatter

avantageux, -euse [avɑ̃taʒø] *adj* **1.** (*investissement*) profitable **2.** (*portrait*) flattering

avant-bras [avɑ̃bʀɑ] <avant-bras> *m* forearm **avant-centre** [avɑ̃sɑ̃tʀ]

<avants-centres> *m* centre-forward
avant-dernier, **-ière** [avɑ̃dɛRnje]
<avant-derniers> *adj, m, f* penulti-
mate **avant-garde** [avɑ̃gaRd]
<avant-gardes> *f* ART, LIT avant-
garde **avant-goût** [avɑ̃gu]
<avant-goûts> *m* foretaste **avant-
hier** [avɑ̃tjɛR] *adv* the day before
yesterday **avant-midi** [avɑ̃midi] *m*
*o f, masc en Belgique et fém au Qué-
bec, inv* (*matinée*) morning **avant-
première** [avɑ̃pRəmjɛR] <avant-
premières> *f* preview **avant-propos** [avɑ̃pRɔpo] <avant-propos>
m foreword

avare [avaR] **I.** *adj* miserly; **être ~
de qc** to be sparing with sth **II.** *mf*
miser

avarice [avaRis] *f* avarice

avarie [avaRi] *f* damage *no pl*

avarié(e) [avaRje] *adj* **1.** (*bateau*)
damaged **2.** (*nourriture*) rotten

avec [avɛk] **I.** *prep* **1.** with; **être gen-
til/poli ~ qn** to be kind/polite to-
wards sb **2.** (*à cause de*) because of
3. (*d'après*) **~ ma sœur, il faudrait
...** according to my sister, we should
... 4. et ~ ça ... *inf* on top of that; **~
tout ça** *inf* with all that; **et ~ cela
Madame/Monsieur?** anything else
Sir/Madam? **II.** *adv inf* **il faut faire
~** you've got to make the best of a
bad job

avenir [av(ə)niR] *m* future; **à l'~** in
future; **d'~** of the future; **dans un
proche ~** in the near future; **avoir
un bel ~ devant soi** to have good
prospects

aventure [avɑ̃tyR] *f* **1.** (*histoire*) adventure; **une drôle d'~/une fâ-
cheuse ~** a funny/unfortunate experience **2.** (*liaison*) affair **3. dire la
bonne ~ à qn** to tell sb's fortune; **à
l'~** aimlessly; **partir à l'~** to go in
search of adventure

aventurer [avɑ̃tyRe] <1> *vpr* **s'~
sur la route** to venture on to the
road; **s'~ dans une affaire risquée**
to get involved in a risky business

aventureux, **-euse** [avɑ̃tyRø] *adj*
1. (*audacieux*)   adventurous
2. (*risqué*) risky

aventurier, **-ière** [avɑ̃tyRje] *m, f*
adventurer

avenue [av(ə)ny] *f* avenue

avérer [aveRe] <5> *vpr* **s'~ exact/
faux** to turn out to be true/false

averse [avɛRs] *f a. fig* shower; **~ de
grêle** hail storm

aversion [avɛRsjɔ̃] *f* aversion

averti(e) [avɛRti] *adj* well-informed

avertir [avɛRtiR] <8> *vt* **1.** (*informer*) to inform **2.** (*mettre en garde*)
to warn

avertissement   [avɛRtismɑ̃]   *m*
1. warning **2.** SPORT caution

avertisseur [avɛRtisœR] *m* alarm

aveu [avø] <x> *m* confession; **passer aux ~x** to make a confession

aveuglant(e) [avœglɑ̃] *adj* (*é-
blouissant*)   dazzling;   (*lumière*)
blinding

aveugle [avœgl] **I.** *adj* blind **II.** *mf*
blind person

aveuglement   [avœgləmɑ̃]   *m*
blindness

aveuglément [avœglemɑ̃]   *adv*
blindly

aveugler [avœgle] <1> *vt* **1.** (*é-
blouir*) to dazzle **2.** (*priver de discernement*) to blind

aveuglette [avœglɛt] **à l'~** (*à tâtons*) cautiously; (*sans réfléchir*) in
the dark

avez [ave] *indic prés de* **avoir**

aviateur, **-trice** [avjatœR] *m, f* avi-
ator

aviation [avjasjɔ̃]   *f* **1.** aviation;
(*sport*) flying **2.** MIL air force

avide [avid] *adj* avid; **~ de qc** (*pouvoir*) greedy for sth; (*connaissances*)
eager for sth; (*vengeance*) hungry
for sth

avidité [avidite] *f* greed; **avec ~**
greedily

avion [avjɔ̃] *m* plane; **~ de ligne** airliner; **aller/voyager en ~** to go/
travel by plane; **il est malade en ~**
he gets air-sick; **par ~** airmail

aviron [aviRɔ̃]   *m* **1.** (*rame*) oar
2. (*sport*) rowing; **course d'~** boat
race; **faire de l'~** to row

avis [avi]   *m* **1.** (*opinion*) opinion;
dire son ~ sur qc to give one's

opinion on sth; **je suis d'~ que** +*subj* I think **2.** (*notification*) notice; ~ **au lecteur** foreword; ~ **de recherche** (*écrit*) wanted notice; (*radiodiffusé/télédiffusé*) missing persons notice **3.** ~ **aux amateurs!** any takers?

aviser [avize] <1> **I.** *vt* to advise; ~ **qn de qc** to inform sb of sth **II.** *vpr* **s'~ de** +*infin* to dare to +*infin*; **ne t'avise pas de tout dépenser!** don't you dare go spending everything! **III.** *vi* to see

avocat [avɔka] *m* avocado

avocat(e) [avɔka] *m(f)* **1.** (*profession*) lawyer; ~ **général/de la défense** counsel for the prosecution/ for the defence [*o* defense *Am*] **2.** ~ **marron** crooked lawyer *inf*

avoine [avwan] *f* oats *pl*

avoir [avwaʀ] <irr> **I.** *vt* **1.** *a.* MED to have; **ne pas ~ à** +*infin* to not have to +*infin* **2.** (*recevoir*) to get **3.** (*train*) to catch; (*examen*) to pass; **j'ai eu des vertiges** I felt dizzy **4.** (*chapeau, vêtement*) to wear **5.** (*être doté de*) ~ **15 ans** to be 15 years old **6.** ~ **faim/soif/peur** to be hungry/thirsty/afraid **7.** *inf* (*rouler*) **vous m'avez bien eu!** you had me there! **8. en** ~ **après qn** *inf* to have it in for sb; **en** ~ **jusque-là de qc** *inf* to have had it up to there with sth; **j'en ai pour deux minutes** I'll be two minutes; **vous en avez pour 100 euros** it'll be around 100 euros; **on les aura!** we'll get them!; **qu'est-ce qu'il/elle a?** what's the matter with him/her? **II.** *aux* **il n'a rien dit** he didn't say anything; **il n'a toujours rien dit** he still hasn't said anything; **elle a couru/ marché** she ran/walked; **l'Italie a été battue par le Brésil** Italy was beaten by Brazil **III.** *vt impers* **1.** (*exister*) **il y a du beurre/des verres sur la table** there's butter/ there are glasses on the table; **il y a des jours où ...** there are days when ...; **il y a champagne et champagne** there's champagne and then there's champagne; **il n'y a pas**

que l'argent dans la vie there's more to life than money; **qu'y a-t-il?** [*o* qu'est-ce qu'il y a?] – **il y a que j'ai faim!** what's the matter? – I'm hungry, that's what!; **il n'y a qu'à partir plus tôt** we'll just have to leave earlier; **il n'y a que toi pour faire cela!** only you would do that! **2.** (*temporel*) **il y a huit jours/un an que qn a fait qc** eight days/a year ago today sb did sth **3. il n'y a plus rien à faire** there's nothing else can be done; **il n'y en a que pour lui/elle** he/she gets all the attention; **il n'y a pas de quoi!** don't mention it! **IV.** *m* **1.** (*crédit*) credit **2.** (*bon d'achat*) credit note

avoisinant(e) [avwazinã] *adj* neighbouring; (*rue*) nearby

avons [avɔ̃] *indic prés de* **avoir**

avortement [avɔʀtəmã] *m* abortion

avorter [avɔʀte] <1> *vi* **1.** to abort; **se faire** ~ to have an abortion **2.** (*échouer*) to fail

avorton [avɔʀtɔ̃] *m* *péj* freak; **espèce d'~!** little runt!

avouer [avwe] <1> **I.** *vt* to admit; **je dois vous** ~ **que** I must confess to you that **II.** *vi* **1.** (*confesser*) to confess **2.** (*admettre*) to admit **III.** *vpr* **s'~ vaincu** to admit defeat

avril [avʀil] *m* **1.** April **2. poisson d'~!** April Fool!; *v. a.* **août**

axe [aks] *m* **1.** *a.* MAT axis; **dans l'~ de qc** in line with sth **2.** (*d'une roue, pédale*) axle **3.** (*voie de circulation*) main road

axer [akse] <1> *vt* ~ **qc sur qc** to centre sth around sth else [*o* center *Am*]

ayant [ɛjã] *part prés de* **avoir**

Azerbaïdjan [azɛʀbaidʒã] *m* l'~ Azerbaijan

azerbaïdjanais(e) [azɛʀbaidʒanɛ] *adj* Azerbaijani

Azerbaïdjanais(e) [azɛʀbaidʒanɛ] *m(f)* Azerbaijani

azote [azɔt] *m* nitrogen

aztèque [astɛk] *adj* Aztec

Aztèque [astɛk] *mf* Aztec

azur [azyʀ] *m* **ciel d'~** azure sky

B b

B, b [be] *m inv* B, b; ~ **comme Berthe** b for Benjamin [*o* Baker *Am*]
BA [bea] *f abr de* **bonne action** good deed
babiller [babije] <1> *vi* to babble
babines [babin] *fpl* (*d'un animal*) chops
babiole [babjɔl] *f* bauble
bâbord [babɔʀ] *m* port
babouin [babwɛ̃] *m* ZOOL baboon
baby-foot® [babifut] *m inv* table football, foosball *Am*
Babylone [babilɔn] Babylon
bac¹ [bak] *m* **1.**(*récipient*) tank; (*d'un évier*) sink **2.**(*bateau*) ferry
bac² [bak] *m inf abr de* **baccalauréat** baccalaureate
baccalauréat [bakalɔʀea] *m* **1.**(*examen à la fin de la terminale*) baccalaureate (*secondary school examinations*) **2.** Québec (*études universitaires de premier cycle,* ≈ *DEUG en France*) associate degree *Am*

> **i** The **baccalauréat** is the final exam for secondary school students, and the entrance requirement for university. The state sets the content and timing of this exam for the whole country. In Belgium, there is no exam of this type. Students receive a diploma, the CESS (Certificat d'Enseignement Secondaire Supérieur).

bâche [baʃ] *f* tarpaulin
bachelier, -ière [baʃəlje] *m, f:* person with the baccalaureat
bâcler [bakle] <1> *vt inf* to bodge
bactérie [bakteʀi] *f* bacterium
badaud(e) [bado] *m(f)* gawper *pej*
badge [badʒ] *m* badge
badigeonner [badiʒɔne] <1> *vt* **1.** to whitewash **2.** MED to paint

badiner [badine] <1> *vi* to banter
BAFA [bafa] *m abr de* **brevet d'aptitude aux fonctions d'animateur** *certificate for activity leaders in holiday camps*
bafouiller [bafuje] <1> *vt, vi inf* to stammer
bagage [bagaʒ] *m* **1.** *pl* luggage + *vb sing Brit,* baggage + *vb sing Am* **2.**(*connaissances*) baggage + *vb sing*
bagarre [bagaʀ] *f* fight
bagarrer [bagaʀe] <1> *vi, vpr inf* (**se**) ~ to fight
bagatelle [bagatɛl] *f* **1.**(*somme*) trifling sum **2.**(*vétille*) trifle
bagnard [baɲaʀ] *m* convict
bagne [baɲ] *m* **quel** ~! it's slavery!
bagnole [baɲɔl] *f inf* car
bague [bag] *f a.* TECH ring
baguette [bagɛt] *f* **1.**(*pain*) baguette **2.**(*bâton*) stick; (*d'un tambour*) drumstick; (*d'un chef d'orchestre*) baton **3.**(*couvert chinois*) chopstick
bahut [bay] *m* **1.**(*buffet*) sideboard **2.** *inf*(*lycée*) school
baie [bɛ] *f* **1.** GEO bay **2.**(*fenêtre*) ~ **vitrée** bay window **3.** BOT berry
baignade [bɛɲad] *f*(*activité*) swimming
baigner [beɲe] <1> **I.** *vt* to bathe **II.** *vi* ~ **dans qc** to be swimming in sth **III.** *vpr* **se** ~ to have a bath; (*dans une piscine*) to go swimming
baignoire [bɛɲwaʀ] *f* bath
bail [baj] <-aux> *m* lease
bâillement [bajmɑ̃] *m* yawn
bâiller [baje] <1> *vi* to yawn
bâillon [bajɔ̃] *m* gag
bâillonner [bajɔne] <1> *vt* to gag
bain [bɛ̃] *m* **1.**(*action*) bath; **prendre un** ~ **de soleil** to sunbathe **2.**(*bassin*) pool
baise [bɛz] *f Belgique* (*bise*) kiss
baiser¹ [beze] *m* **1.**(*bise*) kiss **2.**(*en formule*) **bons** ~**s** (with) love
baiser² <1> [beze] *vt inf* **1.**(*coucher avec*) to screw **2.**(*tromper*) to have
baisse [bɛs] *f* **1.**(*le fait de baisser*) lowering; (*de popularité*) decrease

2. FIN fall **3.** ~ **de tension** MED drop in pressure

baisser [bese] <1> **I.** *vt* **1.** to lower **2.** (*vitre de voiture*) to wind down **3.** (*son*) to turn down **II.** *vi* (*vue*) to fail; (*niveau, rivière*) to go down; (*baromètre, prix*) to fall; (*température*) to drop **III.** *vpr* **se** ~ to stoop; (*pour esquiver*) to duck

bal [bal] <s> *m* ball

balade [balad] *f inf* (*à pied*) walk; (*en voiture*) drive

balader [balade] <1> **I.** *vt inf* ~ **qn** to take sb for a walk **II.** *vpr* **se** ~ *inf* (*se promener à pied/en voiture*) to go for a walk/a drive

balai [balɛ] *m* (*ustensile*) broom

balance [balɑ̃s] *f* **1.** (*instrument*) scales *pl* **2.** POL, ECON balance

Balance [balɑ̃s] *f* Libra; **être** (**du signe de la**) ~ to be a Libran

balancer [balɑ̃se] <2> **I.** *vt* **1.** to swing **2.** *inf* (*objet*) to chuck; (*envoyer*) to throw **II.** *vpr* **se** ~ **1.** (*bateau*) to rock **2.** (*sur une balançoire*) to swing

balancier [balɑ̃sje] *m* (*d'une horloge*) pendulum

balançoire [balɑ̃swaʀ] *f* swing

balayer [baleje] <7> *vt* **1.** to sweep **2.** INFOR to scan **3.** (*doute*) to sweep away

balayette [balɛjɛt] *f* brush (*for a dustpan*), whiskbroom *Am*

balbutier [balbysje] <1> **I.** *vi* to stammer; (*bébé*) to babble **II.** *vt* (*excuses*) to stammer out

balcon [balkɔ̃] *m* **1.** (*balustrade*) balcony **2.** THEAT circle

Bâle [bɑl] *m* Basel

Baléares [baleaʀ] *fpl* **les** ~ the Balearics; **les Îles** ~ the Balearic Islands

baleine [balɛn] *f* ZOOL whale

balise [baliz] *f* **1.** AVIAT, NAUT beacon **2.** (*de sentier*) waymark **3.** INFOR marker

baliser [balize] <1> *vt* **1.** (*signaliser*) to mark out; (*sentier*) to waymark **2.** INFOR to highlight

baliverne [balivɛʀn] *f* nonsense *no pl*

balkanique [balkanik] *adj* Balkan

Balkans [balkɑ̃] *mpl* **les** ~ the Balkans

ballade [balad] *f* ballad

ballant(e) [balɑ̃] *adj* **rester les bras** ~**s** *fig* to stand there inanely

balle [bal] *f* **1.** ball **2.** (*projectile*) bullet **3.** *pl, inf* (*francs*) **100** ~**s** 100 francs

ballerine [balʀin] *f* **1.** (*danseuse*) ballerina **2.** (*chaussure*) ballet shoe

ballet [balɛ] *m* ballet

ballon [balɔ̃] *m* **1.** ball **2.** (*baudruche, aérostat*) balloon

ballottage [balɔtaʒ] *m* **être en** ~ to be in a runoff (*after a first round of voting*)

balluchon [balyʃɔ̃] *m* bundle

balourd(e) [baluʀ] *adj* clumsy

balte [balt] *adj* **les États** ~**s** the Baltic States

Balte [balt] *mf* Balt

Baltique [baltik] *f* **la** (**mer**) ~ the Baltic (Sea)

baluchon [balyʃɔ̃] *m v.* **balluchon**

balustrade [balystʀad] *f* balustrade

bambin [bɑ̃bɛ̃] *m* infant

bambou [bɑ̃bu] *m* bamboo

ban [bɑ̃] *m* **1.** *pl* (*de mariage*) banns **2.** *inf* (*applaudissements*) cheer

banal(e) [banal] <s> *adj* banal; (*idée*) conventional; (*choses*) ordinary

banaliser [banalize] <1> *vt* ~ **qc** to make sth commonplace

banalité [banalite] *f* **1.** (*platitude*) triteness; (*d'un propos*) banality **2.** (*propos*) platitude

banane [banan] *f* **1.** (*fruit*) banana **2.** (*pochette*) bum-bag *Brit,* fanny pack *Am*

bananier [bananje] *m* banana tree

banc [bɑ̃] *m* **1.** (*meuble*) bench **2.** (*de poissons*) shoal *Brit,* school *Am* **3.** (*amas*) ~ **de sable** sandbank

bancaire [bɑ̃kɛʀ] *adj* bank

bancal(e) [bɑ̃kal] <s> *adj a. fig* lame; (*meuble*) rickety

bande¹ [bɑ̃d] *f* **1.** (*long morceau étroit*) strip; (*d'un magnétophone*) tape; CINE film **2.** MED bandage **3.** ~ **dessinée** cartoon

bande² [bɑ̃d] *f* gang; (*d'amis*) band
bandeau [bɑ̃do] <x> *m* **1.** (*dans les cheveux*) headband **2.** (*sur les yeux*) blindfold
bander [bɑ̃de] <1> **I.** *vt* **1.** (*panser*) to bandage **2.** (*tendre*) to tense **II.** *vi inf* to have a hard-on
banderole [bɑ̃dʀɔl] *f* (*bande avec inscription*) banner
bande-son [bɑ̃dsɔ̃] <bandes-son> *f* soundtrack
bandit [bɑ̃di] *m* bandit
bandoulière [bɑ̃duljɛʀ] *f* shoulder strap
bangladais(**e**) [bɑ̃ɡladɛ] *adj* Bangladeshi
Bangladais(**e**) [bɑ̃ɡladɛ] *m(f)* Bangladeshi
Bangladesh [bɑ̃ɡladɛʃ] *m* Bangladesh
banlieue [bɑ̃ljø] *f* **la ~** the suburbs; **train de ~** suburban [*o* commuter] train
banlieusard(**e**) [bɑ̃ljøzaʀ] *m(f)* suburbanite
banni(**e**) [bani] *adj* (*personne*) exiled
bannière [banjɛʀ] *f* streamer; REL banner
bannir [baniʀ] <8> *vt* **~ qn d'un pays** to banish sb from a country
banque [bɑ̃k] *f* FIN, INFOR bank; **~ de données** databank; **~ d'informations génétiques** DNA bank
Banque centrale *f* Central Bank; **~ européenne** European Central Bank
banqueroute [bɑ̃kʀut] *f* bankruptcy; **faire ~** to go bankrupt
banquet [bɑ̃kɛ] *m* banquet
banquette [bɑ̃kɛt] *f* (*siège*) seat
banquier, **-ière** [bɑ̃kje] *m, f* banker
banquise [bɑ̃kiz] *f* ice floe
baptême [batɛm] *m* baptism
baptiser [batize] <1> *vt* **1.** (*appeler*) **~ qn Pierre** to christen sb Pierre **2.** (*surnommer*) to call
bar¹ [baʀ] *m* bar

> **i** **Bars** in France are small, simple cafes, in which coffee or an aperitif can be drunk at the bar or sitting at a table. They open very early to serve a basic breakfast.

bar² [baʀ] *m* ZOOL bass
baraque [baʀak] *f* **1.** (*cabane*) hut **2.** *inf* (*maison*) pad
baraqué(**e**) [baʀake] *adj inf* hefty
baratin [baʀatɛ̃] *m inf* smooth talk
baratiner [baʀatine] <1> *vt inf* **1.** (*essayer de persuader*) to sweet-talk **2.** (*draguer*) to chat up
barbant(**e**) [baʀbɑ̃] *adj inf* boring
barbare [baʀbaʀ] **I.** *adj* (*cruel*) barbaric **II.** *m* barbarian
barbarie [baʀbaʀi] *f* (*cruauté*) barbarity
barbe [baʀb] *f* **1.** *a.* ZOOL beard; (*d'un chat*) whiskers *pl* **2.** GASTR **~ à papa** candy floss *Brit,* cotton candy *Am*
barbecue [baʀbəkju] *m* barbecue; **faire un ~** to have a barbecue
barbelé [baʀbəle] *m* barbed wire *no pl*
barbier [baʀbje] *m* Québec (*coiffeur pour hommes*) barber
barbiturique [baʀbityʀik] *m* BIO barbiturate
barboter [baʀbɔte] <1> **I.** *vi* **~ dans qc** to be mixed up in sth **II.** *vt inf* to pinch
barbouillé(**e**) [baʀbuje] *adj* **être ~** to have an upset stomach
barbouiller [baʀbuje] <1> *vt* **~ qn/qc de qc** to smear sb/sth with sth
barbu [baʀby] *m* bearded man
barbu(**e**) [baʀby] *adj* bearded
barder [baʀde] <1> *vi inf* **ça barde** the sparks are flying
barème [baʀɛm] *m* scale; (*tableau*) table
baril [baʀil] *m* barrel
bariolé(**e**) [baʀjɔle] *adj* multicoloured
barman [baʀman] <s *o* -men> *m* barman, bartender *Am*
baromètre [baʀɔmɛtʀ] *m* barometer
baron(**ne**) [baʀɔ̃] *m(f)* baron, baroness *m, f*

baroque [baʀɔk] I. *adj* baroque
II. *m* Baroque

barque [baʀk] *f* boat

barquette [baʀkɛt] *f* 1. (*tartelette*)
tartlet 2. (*de fraises*) punnet

barrage [baʀaʒ] *m* 1. (*barrière*) barrier 2. ELEC dam

barre [baʀ] *f* 1. (*pièce*) bar; (*de chocolat*) strip 2. JUR ~ **des témoins**
witness box [*o* stand *Am*] 3. (*trait*)
slash 4. (*pour la danse*) barre; (*en athlétisme*) bar 5. NAUT helm 6. INFOR
bar; ~ **de défilement** sliding bar; ~
de menu menu toolbar; ~ **d'espacement** space-bar

barré(e) [baʀe] *adj* (*rue*) blocked

barreau [baʀo] <x> *m* (*d'une échelle*) rung

barrer [baʀe] <1> I. *vt* 1. (*route*) to
block 2. (*biffer*) to cross out 3. NAUT
to steer 4. *Québec* (*fermer à clé*) to
lock II. *vpr inf* **se** ~ to take off

barrette [baʀɛt] *f* (*pince*) hair slide
Brit, barrette *Am*

barricade [baʀikad] *f* barricade

barricader [baʀikade] <1> I. *vt*
(*porte*) to barricade II. *vpr* **se** ~
dans sa chambre to lock oneself in
one's room

barrière [baʀjɛʀ] *f* 1. (*fermeture*)
gate 2. *a.* SPORT barrier; ~ **de roesti(s)** *Suisse: imaginary border between French- and German-speaking
Switzerland*

barrique [baʀik] *f* barrel

barrir [baʀiʀ] <8> *vi* (*éléphant*) to
trumpet

bar-tabac [baʀtaba] <bars-tabac>
m: cafe selling tobacco

bas¹ [ba] *m* (*partie inférieure*) bottom

bas² [ba] *m* stocking

bas(se) [ba] *adj* 1. (*de peu de/à
faible hauteur*) low 2. (*peu intense*)
mild 3. (*dans la hiérarchie sociale*)
lowly II. *adv* 1. low; **tout** ~ (*parler*)
in a low voice 2. (*au-dessous*) **en** ~
(*habiter*) downstairs 3. (*ci-dessous*)
voir plus ~ see below

basalte [bazalt] *m* GEO basalt

basané(e) [bazane] *adj* (*bronzé*)
suntanned

bas-côté [bakote] <bas-côtés> *m*
(*d'une route*) shoulder

bascule [baskyl] *f* 1. (*balançoire*)
seesaw 2. (*balance*) scale

basculer [baskyle] <1> I. *vi* to fall
over II. *vt* (*faire tomber*) ~ **qc** to topple sth into sth

base [baz] *f* 1. base; ~ **de données**
database 2. (*principe, composant
principal*) basis 3. (*connaissances
élémentaires*) **les** ~**s** the basics

baser [baze] <1> I. *vt* 1. (*fonder*) ~
qc sur qc to base sth on sth 2. MIL
être basé à Strasbourg to be based
in Strasburg II. *vpr* **se** ~ **sur qc** to
base oneself on sth

bas-fond [bafɔ̃] <bas-fonds> *m*
1. (*endroit*) shoal 2. *pl* (*d'une ville*)
slums; (*d'une société*) dregs

basilic [bazilik] *m* basil

basilique [bazilik] *f* basilica

basket [baskɛt] <1>, **basketball** *m* basketball

basketteur, -euse [basketœʀ] *m, f*
basketball player

basque [bask] I. *adj* Basque; **Pays** ~
Basque Country II. *m* Basque; *v. a.*
français

Basque [bask] *mf* Basque

basse [bas] *f* bass

basse-cour [baskuʀ] <basses-
cours> *f* 1. (*lieu*) farmyard 2. (*animaux*) poultry

bassin [basɛ̃] *m* 1. pool 2. GEO basin
3. ANAT pelvis

bassine [basin] *f* bowl

bassiste [basist] *mf* bass player

Bastille [bastij] *f* **la** ~ the Bastille

bastion [bastjɔ̃] *m* (*fortification*)
stronghold

bas-ventre [bavɑ̃tʀ] <bas-
ventres> *m* stomach

bataille [bataj] *f* MIL battle

batailler [bataje] <1> *vi* ~ **pour qc**
to fight for sth

bataillon [batajɔ̃] *m* 1. MIL batallion
2. (*grand nombre*) army

bâtard(e) [batar] I. *adj* (*enfant*) illegitimate; (*chien*) mongrel II. *m(f)*
1. (*enfant*) bastard 2. (*chien*) mongrel, mutt *Am*

bateau [bato] <x> *m* boat

bateau-mouche [batomuʃ] <bateaux-mouches> *m: sightseeing boat on the River Seine in Paris*

bâti(e) [bɑti] *adj* **être bien ~** to be well-built

batifoler [batifɔle] <1> *vi inf* to lark about

bâtiment [bɑtimɑ̃] *m* **1.** (*édifice*) building **2.** ECON building [*o* construction] industry

bâtir [bɑtiʀ] <8> *vt* to build

bâton [bɑtɔ̃] *m* **1.** (*canne, stick*) stick **2.** (*trait vertical*) vertical line

bâtonnet [bɑtɔnɛ] *m* short stick

battant [batɑ̃] *m* (*d'une fenêtre*) opener; (*d'une porte*) door (*right or left part of a double door*)

battant(e) [batɑ̃] *m/f* fighter

battement [batmɑ̃] *m* **1.** (*bruit*) banging **2.** (*du pouls, cœur*) beating *no pl* **3.** (*intervalle de temps*) break

batterie [batʀi] *f* **1.** a. AUTO, MIL battery **2.** MUS percussion

batteur [batœʀ] *m* **1.** (*mixeur*) whisk **2.** MUS drummer

battre [batʀ] <irr> **I.** *vt* **1.** to beat **2.** (*vaincre*) to hit **3.** (*blé*) to thresh **4.** (*crème*) to whip **5.** (*frapper*) **faire ~ les volets** (*vent, tempête*) to make the shutters bang **II.** *vi* **1.** (*cogner*) to bang; (*porte, volet*) to slam **2.** (*frapper*) to knock; (*pluie*) to beat **3.** (*agiter*) **~ des ailes** to flap one's wings; **~ des cils** to flutter one's eyelashes; **~ des mains** to clap one's hands **III.** *vpr* **se ~ contre qn/pour qc** to fight sb/for sth

battu(e) [baty] **I.** *part passé de* **battre II.** *adj* (*vaincu*) beaten

battue [baty] *f* (*à la chasse*) beat

baume [bom] *m* balm

baux [bo] *v.* **bail**

bavard(e) [bavaʀ] **I.** *adj* (*loquace*) talkative **II.** *m/f* (*qui parle beaucoup*) chatterbox *inf*

bavardage [bavaʀdaʒ] *m* (*papotage*) chatting *no pl*

bavarder [bavaʀde] <1> *vi* (*papoter*) to chat

bavarois [bavaʀwa] *m* **1.** (*dialecte*) Bavarian; *v. a.* **français 2.** GASTR ≈ mousse

bavarois(e) [bavaʀwa] *adj* Bavarian

bave [bav] *f* drool; (*d'un animal enragé*) foam; (*des gastéropodes*) slime

baver [bave] <1> *vi* **1.** (*saliver*) to drool; (*escargot, limace*) to leave a trail **2.** (*stylo, porte-plume*) to leak **3.** (*être ahuri de*) **en ~ d'envie** to drool over sth

baveux, -euse [bavø] *adj* (*omelette*) runny

bavoir [bavwaʀ] *m* bib

bavure [bavyʀ] *f* **1.** (*tache*) smudge **2.** (*erreur*) blunder

bazar [bazaʀ] *m* **1.** (*magasin*) general store **2.** (*souk*) bazaar **3.** *inf* (*désordre*) mess

bazarder [bazaʀde] <1> *vt inf* **~ qc** to get rid of sth; (*vendre*) to sell sth off

BCBG [besebeʒe] *adj abr de* **bon chic bon genre** *well-off French upper-middle class*

BD [bede] *f abr de* **bande dessinée** cartoon

béant(e) [beɑ̃] *adj* (*blessure, trou*) gaping

béat(e) [bea] *adj* (*heureux*) blissful

béatitude [beatityd] *f* beatitude

beau [bo] <x> *m* METEO **le temps se met au ~** the weather's turning fine

beau, belle [bo] <*devant un nom masculin commençant par une voyelle ou un h muet* bel, x> *adj antéposé* **1.** (*opp: laid*) beautiful; (*homme*) handsome **2.** (*agréable*) fine; (*voyage*) lovely; (*travail*) nice **3.** (*intensif*) excellent **4.** (*sacré*) terrible **5. il a ~ faire qc** although he does sth; **se faire ~** to get dressed up; (*se maquiller*) to put on one's make-up; **de plus belle** even more

beaucoup [boku] *adv* **1.** (*boire*) a lot; **~ de neige** a lot of snow; **~ de voitures/de personnes** many cars/people; **il y a encore ~ à faire** there is still much to be done **2.** (*intensément*) **ce film m'a ~ plu** I liked this film very much **3.** *avec un comparatif* **~ plus rapide/petit** much faster/smaller

beau-fils [bofis] <beaux-fils> *m*

1. (*gendre*) son-in-law **2.** (*fils du conjoint*) stepson **beau-frère** [bofʀɛʀ] <beaux-frères> *m* brother-in-law

beau-père [bopɛʀ] <beaux-pères> *m* **1.** (*père du conjoint*) father-in-law **2.** (*conjoint de la mère*) stepfather

beauté [bote] *f* beauty

beaux-arts [bozaʀ] *mpl* les ~ the fine arts **beaux-parents** [bopaʀɑ̃] *mpl* in-laws

bébé [bebe] *m* baby

bec [bɛk] *m* **1.** (*chez un oiseau*) beak **2.** *inf* (*bouche*) mouth **3.** (*d'une clarinette, flûte*) mouthpiece

bécasse [bekas] *f* (*oiseau*) woodcock

bêche [bɛʃ] *f* spade

bêcher [beʃe] <1> *vt, vi* AGR to dig

bécoter [bekɔte] <1> **I.** *vt inf* to kiss **II.** *vpr inf* **se** ~ to smooch

becqueter [bɛkte] <3> *vt* (*oiseau*) to peck (at)

becter [bɛkte] <1> *vt inf* to eat

beefsteak [biftɛk] *v.* **bifteck**

beffroi [befʀwa] *m* (*a. d'une église*) belfry

bégayer [begeje] <7> *vi, vt* to stammer (out)

bégonia [begɔnja] *m* begonia

bègue [bɛg] **I.** *adj* stammering **II.** *mf* stammerer

beige [bɛʒ] *adj, m* beige

beigne [bɛˌɲˌ] *m Québec* (*beignet*) ~ **au chocolat** chocolate doughnut

beignet [bɛɲɛ] *m* fritter; ~**s aux pommes** apple fritters

bel [bɛl] *v.* **beau**

bêler [bele] <1> *vi* to bleat

belette [bəlɛt] *f* ZOOL weasel

belge [bɛlʒ] *adj* Belgian

Belge [bɛlʒ] *mf* Belgian

Belgique [bɛlʒik] *f* **la** ~ Belgium

Belgrade [bɛlgʀad] Belgrade

bélier [belje] *m* **1.** ZOOL ram **2.** MIL battering ram

Bélier [belje] *m* Aries; *v. a.* **Balance**

belle [bɛl] **I.** *adj v.* **beau II.** *f* SPORT decider

belle-fille [bɛlfij] <belles-filles> *f*

1. (*bru*) daughter-in-law **2.** (*fille du conjoint*) stepdaughter **belle-mère** [bɛlmɛʀ] <belles-mères> *f* **1.** (*mère du conjoint*) mother-in-law **2.** (*conjointe du père*) stepmother **belle-sœur** [bɛlsœʀ] <belles-sœurs> *f* sister-in-law

belligérant(e) [beliʒeʀɑ̃] *adj* belligerent

belliqueux, -euse [belikø] *adj* **1.** (*guerrier*) warlike **2.** (*personne*) bellicose

belote [bəlɔt] *f*: popular card game

belvédère [belvedɛʀ] *m* belvedere

bémol [bemɔl] *m* MUS flat

bénédiction [benediksjɔ̃] *f* blessing

bénéfice [benefis] *m* **1.** COM profit **2.** (*avantage*) benefit

bénéficiaire [benefisjɛʀ] *mf* **1.** beneficiary **2.** *Suisse* (*d'une retraite*) pensioner

bénéficier [benefisje] <1> *vi* ~ **de qc** (*avoir*) to have sth; (*avoir comme avantage*) to benefit from sth

bénéfique [benefik] *adj* beneficial

Benelux [benelyks] *m* **le** ~ the Benelux countries

bénévolat [benevɔla] *m* volunteering; (*activité*) voluntary work

bénévole [benevɔl] **I.** *adj* voluntary **II.** *mf* volunteer; (*dans une fonction*) voluntary worker

bénévolement [benevɔlmɑ̃] *adv* voluntarily

Bengladesh [bɑ̃gladɛʃ] *v.* **Bangladesh**

bénin, -igne [benɛ̃] *adj* harmless; (*tumeur*) benign

bénir [beniʀ] <8> *vt a.* REL to bless

bénit(e) [beni] *adj* blessed; (*eau*) holy

bénitier [benitje] *m* font

benjamin(e) [bɛ̃ʒamɛ̃] *m(f)* youngest child

benne [bɛn] *f* **1.** TECH tub **2.** (*container*) skip; (*d'un camion*) dumper **3.** (*d'un téléphérique*) cable car

BEP [beøpe] *m abr de* **brevet d'études professionelles** *vocational school certificate*

BEPC [beøpese] *m abr de* **brevet**

d'études du premier cycle *general exams taken at age 16*
béqueter [bekte] <3> *v.* **becqueter**

béquille [bekij] *f* **1.** (*canne*) crutch **2.** (*d'une moto, d'un vélo*) stand
berceau [bɛʀso] <x> *m* (*couffin*) cradle
bercer [bɛʀse] <2> *vt* to rock
berceuse [bɛʀsøz] *f* (*chanson*) lullaby
béret [beʀe] *m* ~ **basque** beret
berge [bɛʀʒ] *f* **1.** (*rive*) bank **2.** *plé, inf* (*années*) years
berger [bɛʀʒe] *m* ~ **allemand** German shepherd
berger, -ère [bɛʀʒe] *m, f* shepherd, shepherdess *m, f*
bergerie [bɛʀʒəʀi] *f* sheepfold
Berlin [bɛʀlɛ̃] Berlin
berline [bɛʀlin] *f* AUTO saloon car *Brit*, sedan *Am*
berlingot [bɛʀlɛ̃go] *m* **1.** (*bonbon*) boiled sweet **2.** (*emballage*) carton
Bermudes [bɛʀmyd(ə)] *fpl* **les** ~ Bermuda
Berne [bɛʀn] Bern
berner [bɛʀne] <1> *vt* to fool
besogne [bəzɔɲ] *f* work
besoin [bəzwɛ̃] *m* **1.** (*nécessité*) need **2.** *pl* (*financiers, nutritifs*) requirements **3.** **avoir** ~ **de qc** to need sth
bestial(e) [bɛstjal] <-aux> *adj* beastly
bestialité [bɛstjalite] *f* bestiality
bestiaux [bɛstjo] *mpl* livestock
bestiole [bɛstjɔl] *f* *inf* (*insecte*) creature
bétail [betaj] *m sans pl* livestock
bête [bɛt] **I.** *f* **1.** (*animal*) animal **2.** (*insecte*) bug **II.** *adj* stupid
bêtise [betiz] *f* **1.** nonsense *no pl*; **faire/dire une** ~ to do/say something silly; **arrête tes** ~**s** stop being silly **2.** (*manque d'intelligence*) stupidity
béton [betɔ̃] *m* concrete
bétonner [betɔne] <1> *vt* to concrete
bétonnière [betɔnjɛʀ] *f* (*machine*) cement mixer

betterave [bɛtʀav] *f* beetroot *Brit*, beet *Am*
beugler [bøgle] <1> *vi* (*vache, veau*) to moo; (*taureau, bœuf*) to bellow
beur(e) [bœʀ] *m(f) inf:* person born in France of North African parents
beurre [bœʀ] *m* butter
beurrer [bœʀe] <1> *vt* to butter
beurrier [bœʀje] *m* butter dish
beuverie [bœvʀi] *f* (drinking) binge
bévue [bevy] *f* blunder
biais [bjɛ] *m* **1.** device; (*échappatoire*) way; **par le** ~ **de** through **2.** **de** ~ indirectly
biaiser [bjeze] <1> *vi* to equivocate
bibelot [biblo] *m* trinket
biberon [bibʀɔ̃] *m* (baby's) bottle
bible [bibl] *f* bible
bibliographie [biblijɔgʀafi] *f* bibliography
bibliothécaire [biblijɔtekɛʀ] *mf* librarian
bibliothèque [biblijɔtɛk] *f* **1.** (*salle, collection*) library **2.** (*armoire*) bookcase
biblique [biblik] *adj* biblical
bicentenaire [bisɑ̃tnɛʀ] *m* bicentenary
biceps [bisɛps] *m* biceps
biche [biʃ] *f* doe
bichonner [biʃɔne] <1> *vt, vpr* (**se**) ~ to dress up
bicolore [bikɔlɔʀ] *adj* bicoloured
bicyclette [bisiklɛt] *f* bicycle; **faire de la** ~ to go cycling
bidet [bidɛ] *m* **1.** (*cuvette*) bidet **2.** *inf* (*cheval*) nag
bidon [bidɔ̃] **I.** *m* **1.** (*récipient*) can; (*de lait*) milk-churn **2.** *inf* (*ventre*) belly **II.** *adj inv, inf* phoney
bidonner [bidɔne] <1> *vpr inf* **se** ~ to split one's sides (laughing)
bidonville [bidɔ̃vil] *m* slum; (*du tiers-monde*) shantytown
bidule [bidyl] *m inf* contraption
biélorusse [bjelɔʀys(ə)] *adj, m* Belorussian; *v. a.* **français**
Biélorusse [bjelɔʀys(ə)] *mf* Belorussian
Biélorussie [bjelɔʀysi] *f* **la** ~ Belarus

bien [bjɛ̃] **I.** *adv* **1.** (*beaucoup*) ~ **des gens** many people **2.** (*très*) very **3.** (*au moins*) at least **4.** (*plus*) **c'est ~ mieux** it's much better **5.** (*de manière satisfaisante, comme il se doit*) well; **tu ferais ~ de me le dire** you should tell me so **6.** (*avoir l'intention*) really; (*rire, boire*) a lot; (*imaginer, voir*) clearly; **aimer ~ qn/qc** to really like sb/sth; **je veux ~, merci!** I would really like that, thank you!; **j'espère ~!** I should hope so! **7. je vous prie de ~ vouloir faire qc** I should be grateful if you could do sth **8.** (*pourtant*) however **9.** (*en effet*) **il faut ~ s'occuper** you have to keep busy(, don't you?) **10.** (*aussi*) **tu l'as ~ fait, toi!** YOU did it, didn't you! **11.** (*effectivement*) really **12.** (*sans le moindre doute*) definitely **13.** (*typiquement*) **c'est ~ toi** that's just like you **14.** (*probablement*) probably; (*sûrement*) surely **15. tout est ~ qui finit ~** *prov* all's well that ends well; **ou ~** or; ~ **plus** much more; ~ **que** +*subj* although; **tant ~ que mal** after a fashion **II.** *adj inv* **1.** (*satisfaisant*) **être ~** to be good **2.** (*à l'aise*) **être ~** to be OK; **être ~ avec qn** to be well-in with sb **3.** (*joli*) pretty; (*homme*) good-looking **4.** (*sympathique*) nice **5.** (*comme il faut*) fine **III.** *m* **1.** (*capital physique ou moral*) good **2.** (*capital matériel*) possessions

bienfaisance [bjɛ̃fəzɑ̃s] *f* charity
bienfaisant(e) [bjɛ̃fəzɑ̃] *adj* beneficial
bienfait [bjɛ̃fɛ] *m* **1.** (*action généreuse*) kindness **2.** *pl* (*effet*) benefits
bienfaiteur, -trice [bjɛ̃fɛtœR] *m, f* (*mécène*) benefactor
bienheureux, -euse [bjɛ̃nœRø] **I.** *adj* (*personne*) blessed **II.** *m, f* blessed one
bienséance [bjɛ̃seɑ̃s] *f* decorum *no pl*
bientôt [bjɛ̃to] *adv* soon; **à ~!** see you soon!
bienveillance [bjɛ̃vɛjɑ̃s] *f* kindness
bienvenu(e) [bjɛ̃v(ə)ny] **I.** *adj* welcome **II.** *m(f)* **être le/la ~(e)** to be

very welcome
bienvenue [bjɛ̃v(ə)ny] **I.** *f* **souhaiter la ~ à qn** to welcome sb **II.** *interj Québec, inf* ~! (*de rien! je vous en prie!*) you're welcome!
bière¹ [bjɛR] *f* beer; ~ **blonde** lager; ~ **brune** dark ale; ~ (**à la**) **pression** draught [*o* draft *Am*] beer
bière² [bjɛR] *f* (*cercueil*) coffin
bifteck [biftɛk] *m* steak
bifurcation [bifyRkasjɔ̃] *f* fork
bifurquer [bifyRke] <1> *vi* **1.** (*se diviser*) to divide **2.** (*changer de direction*) to turn off
bigamie [bigami] *f* bigamy
bigarré(e) [bigaRe] *adj* (*tissu*) multicoloured
bigorneau [bigɔRno] <x> *m* ZOOL winkle
bigoudi [bigudi] *m* curler
bijou [biʒu] <x> *m* jewel; **des ~x** jewellery *Brit*, jewelry *Am*
bijouterie [biʒutRi] *f* jeweller's [*o* jeweler's *Am*] shop
bijoutier, -ière [biʒutje] *m, f* jeweller *Brit*, jeweler *Am*
bilan [bilɑ̃] *m* **1.** FIN balance sheet; **déposer le ~** to file for bankruptcy **2.** (*résultat*) final result **3.** MED check-up
bilatéral(e) [bilateRal] <-aux> *adj* a. MED, JUR, POL bilateral; (*stationnement*) on both sides
bile [bil] *f* ANAT bile
bilingue [bilɛ̃g] *adj* bilingual
billard [bijaR] *m* billiards + *vb sing*, pool *Am*
bille [bij] *f* marble
billet [bijɛ] *m* **1.** ticket **2.** (*argent*) (bank)note *Brit*, bill *Am*
bimensuel(le) [bimɑ̃sɥɛl] *adj* (*journal, revue*) twice-monthly
biochimie [bjoʃimi] *f* biochemistry
biodégradable [bjodegRadabl] *adj* biodegradable
biodiversité [bjodivɛRsite] *f* biodiversity
biographie [bjɔgRafi] *f* biography
biologie [bjɔlɔʒi] *f* biology
biologique [bjɔlɔʒik] *adj* biological
biologiste [bjɔlɔʒist] *mf* biologist
bip [bip] *m* (*son*) beep; ~ **sonore**

tone

bique [bik] *f* **1.** *inf* nanny goat **2.** **vieille** ~ *péj* old hag

Birmanie [biʀmani] *f* **la** ~ Burma

bis [bis] *adv* **1.** n° **12** ~ n° **12** a **2.** MUS repeat **3.** ~! encore!

bis(e) [bi] *adj* grey-brown; (*pain*) brown

biscornu(e) [biskɔʀny] *adj* (*forme*) irregular; (*idée, esprit*) weird

biscotte [biskɔt] *f* melba toast

biscuit [biskɥi] *m* **1.** (*gâteau sec*) biscuit *Brit,* cookie *Am* **2.** (*pâtisserie*) sponge

bise¹ [biz] *f* (*vent du Nord*) north wind

bise² [biz] *f inf* kiss; **se faire la** ~ to kiss each another on the cheek; **grosses ~s!** love and kisses!

biseau [bizo] <x> *m* bevel

bison [bizɔ̃] *m* American buffalo; (*d'Europe*) bison

> ⓘ **Bison futé** is an information system for drivers, warning of traffic blackspots and jams. This information is available on the radio or on notice boards at motorway services.

bisou [bizu] *m inf* kiss

bisser [bise] <1> *vt* (*vers, chanson*) to repeat; ~ **un musicien** to encore a musician

bissextile [bisɛkstil] *adj* **année** ~ leap year

bistouri [bisturi] *m* lancet

bistro(t) [bistʀo] *m inf* bistro

bit [bit] *m* INFOR bit

bitume [bitym] *m* (*asphalte*) asphalt

bizarre [bizaʀ] *adj* strange

bizarrement [bizaʀmɑ̃] *adv* strangely

black-out [blakaut] *m inv, a. fig* blackout

blafard(e) [blafaʀ] *adj* pale

blague [blag] *f inf* **1.** (*histoire drôle*) joke **2.** (*farce*) trick **3. sans** ~! you're kidding!

blaguer [blage] <1> *vi* to be kid-

ding

blaireau [blɛʀo] <x> *m* **1.** ZOOL badger **2.** (*pour la barbe*) shaving brush

blâme [blɑm] *m* (*sanction*) reprimand

blâmer [blame] <1> *vt* (*condamner moralement*) to blame

blanc [blɑ̃] *m* **1.** (*couleur*) white **2.** TYP, INFOR space **3.** (*espace vide*) blank **4.** GASTR ~ **d'œuf** egg white; ~ **de poulet** white meat (*of chicken*)

blanc(he) [blɑ̃] *adj* **1.** white **2.** (*bulletin de vote, feuille*) blank **3.** (*draps*) clean **4.** (*mariage*) unconsummated; (*examen*) mock

Blanc(he) [blɑ̃] *m(f)* White

blanchâtre [blɑ̃ʃatʀ] *adj* whitish

blanche [blɑ̃ʃ] **I.** *adj v.* **blanc II.** *f* MUS minim

blancheur [blɑ̃ʃœʀ] *f* whiteness

blanchir [blɑ̃ʃiʀ] <8> **I.** *vt* **1.** to whiten; (*mur*) to whitewash **2.** (*linge, argent*) to launder **3.** (*légumes*) to blanch **II.** *vi* to turn white

blanchisserie [blɑ̃ʃisʀi] *f* laundry

blasé(e) [blaze] *adj* blasé

blason [blazɔ̃] *m* coat of arms

blasphème [blasfɛm] *m* blasphemy

blé [ble] *m* **1.** (*plante*) wheat **2.** (*grain*) grain **3.** *inf* (*argent*) dough

bled [blɛd] *m péj, inf* (godforsaken) hole

blême [blɛm] *adj* sallow

blêmir [blemiʀ] <8> *vi* to turn pale

blessé(e) [blese] **I.** *adj* MED injured **II.** *m(f)* casualty; **les ~s** the injured

blesser [blese] <1> **I.** *vt* **1.** MED to injure; MIL to wound **2.** (*offenser*) to hurt **II.** *vpr* **se** ~ to hurt oneself; (*sérieusement*) to injure oneself

blessure [blesyʀ] *f* wound

bleu [blø] *m* **1.** (*couleur*) blue; ~ **ciel** sky-blue; ~ **clair/foncé** light/ dark blue **2.** (*marque*) bruise **3.** (*vêtement*) (pair of) overalls **4.** *pl* SPORT **les ~s** the blues (*the French national football team, which wears blue*)

bleu(e) [blø] *adj* **1.** blue **2.** (*steak*) very rare

bleuâtre [bløatʀ] *adj* bluish

bleuet [bløɛ] *m* (*fleur*) cornflower

blindé(e) [blɛ̃de] *adj* (*porte*) reinforced; (*voiture*) armoured *Brit,* armored *Am*

blinder [blɛ̃de] <1> *vt* (*porte*) to reinforce; (*véhicule*) to armour *Brit,* to armor *Am*

bloc [blɔk] *m* 1. block 2. (*cahier, carnet*) pad 3. **en** ~ as a whole

blocage [blɔkaʒ] *m* 1. (*des roues, freins*) locking 2. PSYCH block

bloc-notes [blɔknɔt] <blocs-notes> *m* notepad

blocus [blɔkys] *m* blockade

blond [blɔ̃] *m* (*couleur*) blond

blond(e) [blɔ̃] I. *adj* blond; (*tabac*) mild II. *m(f)* (*personne*) blond; (*femme*) blonde

blonde [blɔ̃d] *f* 1. (*bière*) lager 2. (*cigarette*) mild cigarette

blondir [blɔ̃diʀ] <8> *vi* (*cheveux*) to become fairer

bloquer [blɔke] <1> I. *vt* 1. (*immobiliser*) to jam; (*route, porte, balle*) to block; **être bloqué dans l'ascenseur** to be trapped in the lift [*o* elevator] *Am* 2. ECON to freeze 3. (*jours de congé*) to group together II. *vpr* **se** ~ 1. (*s'immobiliser*) to jam; (*roues, freins*) to lock 2. PSYCH to freeze III. *vi* INFOR to block

blottir [blɔtiʀ] <8> *vpr* **se** ~ **contre qn** to snuggle up against sb; **se** ~ **dans un coin** to huddle in a corner

blouse [bluz] *f* overall

blouson [bluzɔ̃] *m* 1. jacket 2. ~ **noir** hell's angel

blues [bluz] *m inv* blues

bluffer [blœfe] <1> *vt, vi* to bluff

bobard [bɔbaʀ] *m inf* fib

bobine [bɔbin] *f* 1. (*cylindre*) reel 2. ELEC coil

bocal [bɔkal] <-aux> *m* jar

bœuf [bœf] *m* 1. ZOOL ox 2. (*opp: taureau, vache*) bullock 3. (*viande*) beef

bogue [bɔg] *m o f* INFOR bug

bohème [bɔɛm] *adj* bohemian

Bohême [bɔɛm] *f* **la** ~ Bohemia

bohémien(ne) [bɔemjɛ̃] *m(f)* Bohemian

boire [bwaʀ] <irr> *vt, vi* to drink

bois [bwa] I. *m* 1. (*forêt, matériau*) wood 2. (*en planches, sur pied*) timber 3. **toucher du** ~ to knock on wood II. *mpl* MUS woodwind

boisé(e) [bwaze] *adj* wooded

boisson [bwasɔ̃] *f* 1. drink 2. (*alcoolisme*) drinking

boîte [bwat] *f* 1. *a.* AVIAT, INFOR box; ~ **à** [*o* **aux**] **lettres** letter box, mailbox *Am;* ~ **postale** post office box; ~ **de vitesses** gearbox 2. (*conserve*) tin *Brit,* can; **en** ~ tinned *Brit,* canned *Am* 3. *inf* (*discothèque*) club 4. *inf* (*entreprise*) company

boiter [bwate] <1> *vi* to limp

boîtier [bwatje] *m* 1. (*boîte*) box 2. (*pour des instruments, cassettes*) case

bol [bɔl] *m* 1. (*récipient*) bowl 2. *inf* (*chance*) luck; **avoir du** ~ to be lucky

bolide [bɔlid] *m* sports car

Bolivie [bɔlivi] *f* **la** ~ Bolivia

bolivien(ne) [bɔlivjɛ̃] *adj* Bolivian

Bolivien(ne) [bɔlivjɛ̃] *m(f)* Bolivian

bombardement [bɔ̃baʀdəmɑ̃] *m* ~ **aérien** aerial bombardment

bombarder [bɔ̃baʀde] <1> *vt* MIL to bomb

bombe [bɔ̃b] *f* 1. MIL bomb; (*lacrymogène*) grenade 2. (*atomiseur*) spray 3. (*casquette*) riding hat

bombé(e) [bɔ̃be] *adj* rounded

bomber [bɔ̃be] <1> *vt* (*poitrine, torse*) to stick out

bon [bɔ̃] I. *m* 1. (*coupon d'échange*) voucher *Brit,* coupon *Am* 2. (*ce qui est* ~) good part 3. **avoir du** ~ to have one's merits II. *adv* 1. **good** 2. **il fait** ~ the weather's nice

bon(ne) [bɔ̃] <meilleur> *adj* antéposé 1. good 2. (*adéquat, correct*) right; **tous les moyens sont** ~s anything goes 3. (*valable*) valid 4. (*agréable*) nice 5. **être** ~ **en latin** to be good at latin 6. (*être fait pour*) **c'est** ~ **à savoir** that's worth knowing 7. (*être destiné à*) **être** ~ **pour qc** to be in for sth 8. **c'est** ~ it's good; (*ça ira comme ça*) that's fine; (*tant pis*) that'll have to do; **n'être** ~ **à rien** to be good for nothing; **à quoi**

~? what's the use?; **pour de** ~? for good?

bonbon [bɔ̃bɔ̃] *m* 1.(*friandise*) sweet *Brit*, candy *Am*; ~ **à la menthe** mint sweet *Brit*, mint candy *Am* 2. *Belgique* (*biscuit*) biscuit

bonbonne [bɔ̃bɔn] *f* demijohn

bond [bɔ̃] *m* 1.(*action: d'une personne, d'un animal*) leap; SPORT jump; (*d'une balle*) bounce 2. ECON ~ **en avant** leap forward

bonde [bɔ̃d] *f* (*du tonneau*) stopper; (*de l'évier, de la baignoire*) plug

bondé(e) [bɔ̃de] *adj* jam-packed

bondelle [bɔ̃dɛl] *f Suisse* (*poisson du genre corégone*) whitefish

bondir [bɔ̃diʀ] <8> *vi* to jump; ~ **hors du lit** to jump out of bed; **faire** ~ **qn** to make sb jump

bonheur [bɔnœʀ] *m* 1.(*état*) happiness 2.(*chance*) luck; **porter** ~ **à qn** to bring sb (good) luck 3. **par** ~ luckily

bonhomme [bɔnɔm] <bonshommes> *m* 1. *inf* (*homme*) man; (*plutôt négatif*) guy; ~ **de neige** snowman 2.(*petit garçon*) **petit** ~ little fellow 3.(*dessin*) stick figure

bonification [bɔnifikasjɔ̃] *f* 1.(*d'un vin*) maturation 2. SPORT advantage

bonifier [bɔnifje] <1> *vpr* **se** ~ to improve; (*vin*) to mature

boniment [bɔnimɑ̃] *m* (*mensonges*) tall tale

bonjour [bɔ̃ʒuʀ] I. *interj* 1.(*salutation*) hello; **dire** ~ **à qn** to say hello to sb 2. *Québec* (*bonne journée*) have a nice day II. *m* **donner le** ~ **à qn de la part de qn** to pass on sb's regards to sb

---

i **bonjour** is used for both good morning and good afternoon, Morning. In the evening, use "bonsoir" and "bonne nuit" at the end of the day.

---

bonne [bɔn] *f* maid; *v. a.* **bon**

bonnement [bɔnmɑ̃] *adv* **tout** ~ quite simply

bonnet [bɔnɛ] *m* 1.(*coiffure*) hat; (*du bébé*) bonnet; ~ **de bain** swimming cap, shower cap *Am* 2.(*du soutien-gorge*) cup

bonsoir [bɔ̃swaʀ] *interj* (*en arrivant*) good evening; (*en partant*) good night

bonté [bɔ̃te] *f* kindness

bonus [bɔnys] *m* bonus

bord [bɔʀ] *m* 1.side; (*d'une table*) edge; (*d'un trottoir*) kerb *Brit*, curb *Am*; (*d'une rivière*) bank; (*d'un chapeau*) brim; **au** ~ **du lac/de** (**la**) **mer** by the lake/sea 2. **passer par-dessus** ~ to go overboard; **virer de** ~ to tack; **à** ~ on board

bordeaux [bɔʀdo] I. *m* Bordeaux (wine) II. *adj inv* burgundy

bordel [bɔʀdɛl] I. *m* 1. *vulg* (*maison close*) brothel 2. *inf* (*désordre*) chaos II. *interj inf* bloody hell *Brit*, goddammit *Am*

border [bɔʀde] <1> *vt* 1.(*longer*) **la route est bordée d'arbres** trees run alongside the road; **la place est bordée d'arbres** the square is surrounded by trees 2. COUT ~ **qc de dentelle** to edge sth with lace 3.(*couvrir*) ~ **qn** to tuck sb up; ~ **un lit** to tuck the covers in

bordereau [bɔʀdəʀo] <x> *m* 1.(*de livraison*) slip 2.(*liste*) list 3.(*facture*) invoice

bordier [bɔʀdje] *m Suisse* (*riverain*) (local) resident

bordure [bɔʀdyʀ] *f* 1.(*bord*) side; (*d'un quai*) edge 2.(*empiècement*) surround 3.(*rangée*) line

boréal(e) [bɔʀeal] <s *o* -aux> *adj* northern

borgne [bɔʀɲ] *adj* (*personne*) blind in one eye

borne [bɔʀn] *f* 1.(*pierre*) marker; ~ **kilométrique** kilometre [*o* kilometer *Am*] marker 2. *pl* (*limite*) **dépasser les** ~**s** (*personne*) to go too far; (*ignorance, bêtise*) to know no bounds 3. *inf* (*distance de 1 km*) kilometre *Brit*, kilometer *Am*

borné(e) [bɔʀne] *adj* limited; (*personne*) narrow-minded

borner [bɔʀne] <1> I. *vt* (*limiter*) to mark out II. *vpr* **se ~ à qc** (*se contenter de*) to content oneself with sth

bosniaque [bɔsnjak(ə)] *adj* Bosnian

Bosniaque [bɔsnjak(ə)] *mf* Bosnian

Bosnie-Herzégovine [bɔsni ɛʀzegɔvin(ə)] *f* **la ~** Bosnia-Herzegovina

bosnien(ne) [bɔsnjɛ̃] *adj* Bosnian

Bosnien(ne) [bɔsnjɛ̃] *m(f)* Bosnian

bosquet [bɔskɛ] *m* copse

bosse [bɔs] *f* 1. (*déformation*) bump 2. (*protubérance, difformité*) hump 3. (*don*) **avoir la ~ de la musique** *inf* to have a gift for music

bosser [bɔse] <1> *vi inf* to work; (*travailler dur*) to slave; (*bûcher*) to swot

bosseur, -euse [bɔsœʀ] *m, f inf* hard worker

bossu(e) [bɔsy] I. *adj* hunchbacked II. *m(f)* hunchback

botanique [bɔtanik] I. *adj* botanical II. *f* botany

botaniste [bɔtanist] *mf* botanist

botte [bɔt] *f* 1. (*chaussure*) boot 2. (*de légumes*) bunch; (*de foin, paille*) (*au carré*) bale 3. (*en escrime*) thrust

botté(e) [bɔte] *adj* **être ~** to be wearing boots

botter [bɔte] <1> *vt* **~ le derrière/ les fesses à qn** to give sb a kick in the rear

bottin® [bɔtɛ̃] *m* directory

bottine [bɔtin] *f* bootee

bouc [buk] *m* 1. ZOOL billy goat 2. (*barbe*) goatee 3. **~ émissaire** scapegoat

boucan [bukɑ̃] *m inf* racket

bouche [buʃ] *f* 1. mouth; **parler la ~ pleine** to speak with one's mouth full; **les ~s du Rhône** the mouth of the River Rhone; **~ de métro** metro [*o* subway *Am*] entrance 2. **~ bée** open mouthed

bouché(e) [buʃe] *adj* 1. (*sans avenir*) hopeless 2. *inf* (*idiot*) stupid

bouche-à-bouche [buʃabuʃ] *m*

sans pl mouth-to-mouth; **faire du ~ à qn** to give sb the kiss of life

bouchée [buʃe] *f* 1. (*ce qui est dans la bouche*) mouthful 2. **pour une ~ de pain** for a song

boucher [buʃe] <1> I. *vt* (*bouteille*) to cork; (*toilettes, évier*) to block; **~ les trous de la route** to fill in the holes in the road; **avoir le nez bouché** to have a stuffed-up nose II. *vpr* **se ~ le nez/les oreilles** to hold one's nose/plug one's ears

boucher, -ère [buʃe] *m, f a. péj* butcher

bouchère [buʃɛʀ] *f* (*femme du boucher*) butcher's wife

boucherie [buʃʀi] *f* 1. (*magasin*) butcher's (shop) 2. (*métier*) butchery 3. (*massacre*) slaughter 4. **faire ~** *Suisse, Québec* (*tuer le cochon*) to slaughter the pig

boucherie-charcuterie [buʃʀiʃaʀkytʀi] <boucheries-charcuteries> *f* butcher's shop and delicatessen

bouche-trou [buʃtʀu] <bouche-trous> *m* 1. (*personne*) stopgap 2. (*article de journal*) filler

bouchon [buʃɔ̃] *m* 1. (*d'une bouteille*) stopper; (*de liège*) cork; (*d'une carafe, d'un évier*) plug; (*d'un bidon, tube, radiateur, réservoir*) cap; **sentir le ~** (*vin*) to be corked 2. (*à la pêche*) float 3. (*embouteillage*) tailback

boucle [bukl] *f* 1. (*de soulier, ceinture*) buckle; **~ d'oreille** earring 2. **~ de cheveux** curl 3. *a.* INFOR, AVIAT loop

bouclé(e) [bukle] *adj* (*cheveux*) curly

boucler [bukle] <1> I. *vt* 1. (*attacher*) to buckle; (*ceinture de sécurité*) to put on 2. *inf* (*magasin, bagages*) to close 3. (*quartier*) to seal off 4. *inf* (*enfermer*) to shut up II. *vi* 1. (*friser*) **ses cheveux bouclent naturellement** her hair is naturally curly 2. INFOR to loop

bouclier [buklije] *m* shield

bouddhiste [budist] *adj, mf* Buddhist

bouder [bude] <1> I. *vi* to sulk

II. *vt* to ignore

boudeur, -euse [budœʀ] *adj* sulky

boudin [budɛ̃] *m* **1.** (*charcuterie*) ~ **noir/blanc** black/white pudding **2.** *inf* (*fille*) dumpling

boudiné(e) [budine] *adj* (*doigt*) podgy

boue [bu] *f* mud

bouée [bwe] *f* **1.** (*balise*) buoy **2.** (*protection gonflable*) rubber ring; ~ **de sauvetage** life belt

boueux, -euse [bwø] *adj* muddy

bouffe [buf] *f inf* grub

bouffée [bufe] *f* **1.** (*d'air frais, chaud*) puff **2.** (*poussée*) ~ **de chaleur** hot flush [*o* flash *Am*]

bouffer [bufe] <1> *inf* **I.** *vi* to eat **II.** *vt* **1.** to eat **2.** (*essence, huile*) to swallow

bouffi(e) [bufi] *adj* (*visage*) bloated; (*yeux*) puffy

bouffon(ne) [bufɔ̃] *m(f)* clown

bougeoir [buʒwaʀ] *m* candle-stick

bougeotte [buʒɔt] *f inf* **avoir la** ~ to have the fidgets

bouger [buʒe] <2a> **I.** *vi* **1.** to move; **je ne bouge pas d'ici!** I'm staying right here! **2.** *inf* (*changer, s'altérer*) to change **II.** *vt* to move **III.** *vpr inf* **se** ~ to move

bougie [buʒi] *f* **1.** candle **2.** AUTO spark plug

bougon(ne) [bugɔ̃] *adj* grumpy

bougonner [bugɔne] <1> *vi* to grumble

bouillant(e) [bujã] *adj* boiling

bouille [buj] *f inf* face

bouillie [buji] *f* baby food

bouillir [bujiʀ] <irr> **I.** *vi* to be boiling **II.** *vt* to boil

bouilloire [bujwaʀ] *f* kettle

bouillon [bujɔ̃] *m* (*soupe*) stock

bouillonner [bujɔne] <1> *vi* **1.** (*liquide*) to bubble **2.** ~ **d'idées** to be bubbling with ideas

bouillotte [bujɔt] *f* hot-water bottle

boulanger, -ère [bulãʒe] *m, f* baker

boulangerie [bulãʒʀi] *f* bakery

boulangerie-pâtisserie [bulãʒʀi-patisʀi] <boulangeries-pâtisseries> *f* bakery and pastry shop

boulanger-pâtissier [bulãʒepatisje] <boulangers-pâtissiers> *m* baker-pastrycook

boule [bul] *f* **1.** (*sphère*) ball **2.** (*de glace*) scoop; ~ **de neige** snowball; ~ **à thé** tea infuser **3.** *pl* JEUX **jeu de** ~**s** game of bowls; **jouer aux** ~**s** to play bowls **4.** *inf* (*tête*) **avoir la** ~ **à zéro** to be empty-headed; **perdre la** ~ to go mad

bouleau [bulo] <x> *m* BOT (silver) birch

bouledogue [buldɔg] *m* ZOOL bulldog

boulet [bulɛ] *m* **1.** (*munition*) cannonball **2.** (*des condamnés*) ball

boulette [bulɛt] *f* **1.** (*petite boule*) pellet **2.** GASTR meatball

boulevard [bulvaʀ] *m* boulevard

bouleversant(e) [bulvɛʀsã] *adj* distressing

bouleversement [bulvɛʀsəmã] *m* distress; (*dans la vie d'une personne*) upheaval

bouleverser [bulvɛʀse] <1> *vt* **1.** (*personne*) to shake **2.** (*programme*) to disrupt

boulimie [bulimi] *f* MED bulimia

boulon [bulɔ̃] *m* bolt

boulot [bulo] *m inf* **1.** (*travail*) work **2.** (*emploi*) job

boum[1] [bum] *interj* bang

boum[2] [bum] *f inf* party

bouquet [bukɛ] *m* **1.** bunch **2.** (*d'un vin*) bouquet

bouquetin [buktɛ̃] *m* ZOOL ibex

bouquin [bukɛ̃] *m inf* book

bouquiner [bukine] <1> *vi inf* to read

bouquiniste [bukinist] *mf* secondhand bookseller (*especially one with a stall on the banks of the Seine in Paris*)

bourbier [buʀbje] *m* mess

bourdon [buʀdɔ̃] *m* ZOOL bumblebee

bourdonner [buʀdɔne] <1> *vi* (*insecte*) to buzz; (*moteur*) to hum

bourg [buʀ] *m* village

bourgeois(e) [buʀʒwa] **I.** *adj* **a.** *péj* bourgeois; **classe** ~**e** middle-class **II.** *m(f)* **1.** *a.* *péj* bourgeois **2.** HIST burgess **3.** *Suisse* (*personne possédant la bourgeoisie*) burgess

bourgeoisie [buʀʒwazi] *f* **1.** (*classe sociale*) bourgeoisie, middle-classes *pl* **2.** HIST burgesses *pl* **3.** *Suisse* (*droit de cité que possède toute personne dans sa commune d'origine*) right of residence

bourgeon [buʀʒɔ̃] *m* bud

bourgeonner [buʀʒɔne] <1> *vi* BOT to bud

bourgmestre [buʀgmɛstʀ] *m* *Belgique* (*maire*) burgomaster

bourgogne [buʀgɔɲ] *m* Burgundy (*wine*)

Bourgogne [buʀgɔɲ] *f* **la** ~ Burgundy

bourguignon(ne) [buʀgiɲɔ̃] *adj* **1.** (*de Bourgogne*) Burgundian **2.** GASTR **bœuf** ~ bœuf bourguignon (*beef cooked in red wine*)

Bourguignon(ne) [buʀgiɲɔ̃] *m(f)* Burgundian

bourrade [buʀad] *f* shove

bourrage [buʀaʒ] *m* *fig, inf* ~ **de crâne** (*endoctrinement*) brainwashing; (*gavage intellectuel*) cramming

bourrasque [buʀask] *f* gust

bourratif, -ive [buʀatif] *adj inf* filling

bourré(e) [buʀe] *adj* **1.** jam-packed; (*de fautes*) full **2.** *inf* (*ivre*) plastered

bourreau [buʀo] <x> *m* **1.** (*exécuteur*) executioner **2.** (*tortionnaire*) torturer; ~ **d'enfants** child-batterer

bourrelet [buʀlɛ] *m* (*de chair, graisse*) spare tyre [*o* tire *Am*] *inf*

bourrer [buʀe] <1> I. *vt* ~ **qn/qc de qc** to stuff sb/sth with sth; (*pipe*) to fill II. *vpr* **se** ~ **de qc** to stuff oneself with sth

bourrique [buʀik] *f* *inf* **1.** ass **2. faire tourner qn en** ~ to drive sb up the wall

bourru(e) [buʀy] *adj* surly

bourse¹ [buʀs] *f* **1.** (*porte-monnaie*) purse **2.** (*allocation*) ~ **d'études** study grant **3.** *pl* ANAT scrotum

bourse² [buʀs] *f* FIN **la Bourse** (*lieu*) the Stock Exchange; (*ensemble des cours*) the stock market

boursier, -ière¹ [buʀsje] I. *adj* étu-

diant ~ grant-holder II. *m, f* grant-holder

boursier, -ière² [buʀsje] I. *adj* (*relatif à la Bourse*) Stock Exchange [*o* Market *Am*] II. *m, f* stock market operator

boursouflé(e) [buʀsufle] *adj* swollen

boursouflure [buʀsuflyʀ] *f* puffiness

bousculade [buskylad] *f* **1.** (*remous de foule*) crush **2.** (*précipitation*) rush

bousculer [buskyle] <1> I. *vt* (*personne*) to shove; (*livres, chaises*) to knock over II. *vpr* **se** ~ to jostle each other

bouse [buz] *f* cow pat [*o* dung *no pl*]

bousiller [buzije] <1> *vt inf* to ruin

boussole [busɔl] *f* compass

bout [bu] *m* **1.** end; (*du doigt, nez*) tip; ~ **à** ~ end to end; **jusqu'au** ~ to the end; **au** ~ **d'un moment** after a moment **2.** (*morceau*) bit **3. tenir le bon** ~ to be over the worst; **joindre les deux** ~**s** to make (both) ends meet; **à tout** ~ **de champ** all the time; **être à** ~ **de souffle** to be out of breath; **venir à** ~ **de qc** to finish sth off; **au** ~ **du compte** at the end of the day

boutade [butad] *f* wisecrack

boutefas [butfa] *m* *Suisse* (*saucisson de porc enveloppé dans le gros boyau de l'animal*) type of pork sausage

bouteille [butɛj] *f* bottle; **boire à la** ~ to drink from the bottle

boutique [butik] *f* shop

bouton [butɔ̃] *m* **1. a.** COUT, INFOR button **2.** (*d'un interrupteur*) switch **3.** MED ~ **de fièvre** coldsore; ~ **d'acné** spot **4.** BOT bud

bouton-d'or [butɔ̃dɔʀ] <boutons-d'or> *m* BOT buttercup

boutonner [butɔne] <1> *vt, vi* to button (up)

boutonnière [butɔnjɛʀ] *f* buttonhole

bouton-pression [butɔ̃pʀesjɔ̃] <boutons-pression> *m* press stud *Brit*, snap fastener *Am*

bovin(e) [bɔvɛ̃] **I.** *adj* bovine **II.** *mpl* cattle

box [bɔks] <es> *m* **1.** (*dans une écurie*) loose-box; (*dans un garage*) lock-up garage **2.** ~ **des accusés** dock

boxe [bɔks] *f* boxing

boxeur, -euse [bɔksœʀ] *m, f* boxer

boyau [bwajo] <x> *m* **1.** *pl* ANAT guts **2.** (*chambre à air*) inner tube **3.** MUS, SPORT (cat)gut

boycotter [bɔjkɔte] <1> *vt* to boycott

boy-scout [bɔjskut] <boys-scouts> *m* boy scout

BP [bepe] *abr de* **boîte postale**

bracelet [bʀaslɛ] *m* bracelet; (*rigide*) bangle

bracelet-montre [bʀaslɛmɔ̃tʀ] <bracelets-montres> *m* wristwatch

braconner [bʀakɔne] <1> *vi* to poach

braconnier, -ière [bʀakɔnje] *m, f* poacher

brader [bʀade] <1> *vt* COM to sell cheaply

braderie [bʀadʀi] *f* flea market

braguette [bʀagɛt] *f* (trouser) fly

braille [bʀaj] *m* Braille

brailler [bʀaje] <1> *vi, vt* to bawl

braise [bʀɛz] *f* embers *pl*

bramer [bʀame] <1> *vi* (*cerf, daim*) to bell

brancard [bʀɑ̃kaʀ] *m* (*civière*) stretcher

branche [bʀɑ̃ʃ] *f a.* BOT branch; (*d'une paire de lunettes*) arm

branché(e) [bʀɑ̃ʃe] *adj inf* cool; **être ~ cinéma** to be a cinema buff

branchement [bʀɑ̃ʃmɑ̃] *m* **1.** (*action*) connecting **2.** (*circuit*) connection **3.** INFOR ~ **Internet** Internet access

brancher [bʀɑ̃ʃe] <1> **I.** *vt* ~ **qc sur le réseau** to connect sth (to the network) **II.** *vpr* **se ~ sur qc** to tune into sth

branchies [bʀɑ̃ʃi] *fpl* gills

brandir [bʀɑ̃diʀ] <8> *vt* (*arme*) to brandish; (*drapeau*) to wave

branlant(e) [bʀɑ̃lɑ̃] *adj* shaky

branler [bʀɑ̃le] <1> **I.** *vi* to wobble **II.** *vpr vulg* **se ~** to wank *Brit*, to jerk off *Am*

braquer [bʀake] <1> *vt* **1.** AUTO ~ **qc à droite** (*volant*) to swing sth to the right **2.** (*diriger*) ~ **qc sur qn** (*arme*) to look sth at sb **3.** *inf* (*banque*) to rob

bras [bʀa] *m* **1.** *a.* TECH arm; ~ **dessus ~ dessous** arm in arm **2.** **baisser les ~** to throw in the towel

brasier [bʀazje] *m a. fig* blaze

bras-le-corps [bʀaləkɔʀ] **prendre qn à ~** to take sb around the waist

brassard [bʀasaʀ] *m* armband

brasse [bʀas] *f* breast-stroke; ~ **papillon** butterfly

brassée [bʀase] *f* armful

brasser [bʀase] <1> *vt* **1.** (*mélanger*) to mix **2.** *fig* ~ **de l'argent** to be in the money business **3.** (*bière*) to brew

brasserie [bʀasʀi] *f* **1.** (*restaurant*) brasserie **2.** (*entreprise*) brewery

> ℹ️ A **brasserie** has a large dining room typical of the nineteenth century and serves traditional food, often with beer rather than wine. Many have a high reputation for their food.

brasseur [bʀasœʀ] *m* brewer

brassière [bʀasjɛʀ] *f* **1.** (*de bébé*) vest *Brit*, undershirt *Am* **2.** *Québec, inf* (*soutien-gorge*) bra

brave [bʀav] *adj* **1.** (*courageux*) brave **2.** *antéposé* (*honnête*) decent **3.** (*naïf*) naive

braver [bʀave] <1> *vt* (*danger, mort*) to defy; (*adversaire*) to defy

bravo [bʀavo] **I.** *interj* bravo! **II.** *m* cheer

bravoure [bʀavuʀ] *f* bravery

break [bʀɛk] *m* **1.** *a.* SPORT break **2.** AUTO estate car *Brit*, station wagon *Am*

brebis [bʀəbi] *f* **1.** ewe **2.** ~ **galeuse** black sheep

brèche [bʀɛʃ] *f* **1.** gap; (*dans une*

coque) hole **2.** MIL breach

bredouille [bʀəduj] *adj* empty-handed

bredouiller [bʀəduje] <1> *vt, vi* ~ (qc) to stammer (sth out)

bref, brève [bʀɛf] **I.** *adj* brief; (*concis*) short; **soyez ~!** get on with it! **II.** *adv* **en/enfin** ~ in short

Brésil [bʀezil] *m* **le** ~ Brazil

brésilien(ne) [bʀeziljɛ̃] *adj* Brazilian

Brésilien(ne) [bʀeziljɛ̃] *m(f)* Brazilian

Bretagne [bʀətaɲ] *f* **la** ~ Brittany

bretelle [bʀətɛl] *f* **1.** (*de soutiengorge*) strap **2.** *pl* (*de pantalon*) braces *Brit,* suspenders *Am* **3.** (*d'autoroute*) slip road *Brit,* on/off ramp *Am*

breton [bʀətɔ̃] *m* Breton; *v. a.* **français**

breton(ne) [bʀətɔ̃] *adj* Breton

Breton(ne) [bʀətɔ̃] *m(f)* Breton

breuvage [bʀœvaʒ] *m* **1.** brew; *péj* potion **2.** *Québec* (*boisson non alcoolisée*) beverage

brève [bʀɛv] *adj v.* **bref**

brevet [bʀəvɛ] *m* **1.** (*diplôme*) diploma **2.** (*certificat*) certificate; ~ **d'invention** patent **3.** AVIAT licence

breveter [bʀəv(ə)te] <3> *vt* to patent

bréviaire [bʀevjɛʀ] *m* breviary

bribe [bʀib] *f souvent pl, fig* (*de conversation*) fragment

bric-à-brac [bʀikabʀak] *m inv* odds and ends

bricelet [bʀislɛ] *m Suisse* (*gaufre très mince et croustillante*) wafer

bricolage [bʀikɔlaʒ] *m* handiwork, DIY *Brit*

bricole [bʀikɔl] *f* (*objet*) trifle

bricoler [bʀikɔle] <1> **I.** *vi* to do odd jobs; **savoir** ~ to be a handyman **II.** *vt* to fix (up)

bricoleur, -euse [bʀikɔlœʀ] **I.** *adj* do-it-yourself **II.** *m, f* handyman, handywoman *m, f*

bride [bʀid] *f* (*pièce de harnais*) bridle

bridé(e) [bʀide] *adj* (*yeux*) slanting

bridge [bʀidʒ] *m a.* MED bridge

brièvement [bʀijɛvmɑ̃] *adv* concisely

brièveté [bʀijɛvte] *f* **1.** (*courte longueur*) briefness **2.** (*courte durée*) brevity

brigade [bʀigad] *f* MIL brigade; ~ **antidrogue/des stupéfiants** drug squad

brigadier [bʀigadje] *m* (*de gendarmerie*) sergeant; MIL corporal

brillamment [bʀijamɑ̃] *adv* brilliantly

brillant [bʀijɑ̃] *m* (*diamant*) brilliant

brillant(e) [bʀijɑ̃] *adj* **1.** shining **2.** (*victoire*) dazzling

briller [bʀije] <1> *vi* to shine

brimer [bʀime] <1> *vt* to bully

brin [bʀɛ̃] *m* **1.** blade; (*de paille*) wisp; (*de muguet*) sprig **2.** (*de laine*) scrap

brindille [bʀɛ̃dij] *f* twig

bringue [bʀɛ̃g] *f* **1.** *péj, inf* **grande** ~ beanpole **2.** *inf* (*fête*) binge

brio [bʀijo] *m* brio

brioche [bʀijɔʃ] *f* brioche

brioché(e) [bʀijɔʃe] *adj* (*pâte, pain*) brioche

brique [bʀik] *f* **1.** (*matériau*) brick **2.** *inf* (*francs*) one million old francs

briquet [bʀikɛ] *m* (*cigarette*) lighter

brise [bʀiz] *f* breeze

brise-glace [bʀizglas] *m inv* icebreaker

briser [bʀize] <1> *vt, vpr* (**se**) ~ to break

briseur, -euse [bʀizœʀ] *m, f* ~ **de grève** strikebreaker

britannique [bʀitanik] *adj* British

Britannique [bʀitanik] **I.** *mf* British person **II.** *adj* **les Îles ~s** the British Isles

broc [bʀo] *m* pitcher

brocante [bʀɔkɑ̃t] *f* **1.** (*boutique*) secondhand shop [*o* store *Am*] **2.** (*foire*) flea market

brocanteur, -euse [bʀɔkɑ̃tœʀ] *m, f* secondhand dealer

broche [bʀɔʃ] *f* **1.** (*bijou*) brooch **2.** GASTR skewer **3.** MED pin

brochet [bʀɔʃɛ] *m* pike

brochette [bʀɔʃɛt] *f* GASTR skewer

brochure [bʀɔʃyʀ] *f* brochure
brocoli [bʀɔkɔli] *m* broccoli
broder [bʀɔde] <1> *vt* COUT to embroider
broderie [bʀɔdʀi] *f* embroidery
bronches [bʀɔ̃ʃ] *fpl* ANAT bronchial tubes
broncher [bʀɔ̃ʃe] <1> *vi* to react; **sans** ~ without turning a hair
bronchite [bʀɔ̃ʃit] *f* MED bronchitis *no pl*
bronze [bʀɔ̃z] *m* bronze
bronzé(e) [bʀɔ̃ze] *adj* tanned
bronzer [bʀɔ̃ze] <1> **I.** *vi* to tan **II.** *vpr* **se** ~ to sunbathe
brosse [bʀɔs] *f* 1. brush; ~ **à cheveux/dents** hair-/toothbrush 2. (*coupe de cheveux*) crew-cut
brosser [bʀɔse] <1> **I.** *vt* 1. (*épousseter*) to brush 2. (*portrait*) to paint **II.** *vpr* **se** ~ **les cheveux/les dents** to brush one's hair/teeth
brouette [bʀuɛt] *f* wheelbarrow
brouhaha [bʀuaa] *m* hubbub
brouillard [bʀujaʀ] *m* 1. (*épais*) fog 2. (*léger*) mist
brouille [bʀuj] *f* quarrel
brouillé(e) [bʀuje] *adj* 1. (*fâché*) **être** ~ **avec qn** to be on bad terms with sb 2. *inf* (*nul*) **être** ~ **avec les chiffres** to be hopeless with figures 3. (*idées*) muddled
brouiller [bʀuje] <1> **I.** *vt* 1. (*rendre trouble*) to muddle 2. ~ **les pistes** to add a red herring 3. (*émission, émetteur*) to scramble **II.** *vpr* **se** ~ 1. (*se fâcher*) **se** ~ **avec qn** to fall out with sb 2. (*se troubler*) **ma vue se brouille** my sight is getting cloudy; **mes idées se brouillent** I'm getting muddled 3. (*ciel*) to cloud over
brouillon [bʀujɔ̃] *m* rough copy
brouillon(ne) [bʀujɔ̃] *adj* careless
broussaille [bʀusaj] *f* undergrowth
brouter [bʀute] <1> *vt, vi* to graze
broutille [bʀutij] *f* *fig* trifle
broyer [bʀwaje] <6> *vt* to crush
brugnon [bʀyɲɔ̃] *m* nectarine
bruine [bʀɥin] *f* drizzle
bruit [bʀɥi] *m* 1. noise; (*de vaisselle*) clatter; (*de ferraille*) rattle

2. (*vacarme*) racket 3. (*rumeur*) rumour *Brit*, rumor *Am*; **le** ~ **court que** there's a rumour [*o* rumor *Am*] going around that
bruitage [bʀɥitaʒ] *m* sound effects
brûlant(e) [bʀylɑ̃] *adj* burning; (*liquide*) boiling
brûlé [bʀyle] *m* (*blessé*) **grand** ~ victim with third degree burns
brûle-pourpoint [bʀylpuʀpwɛ̃] *m* **à** ~ point-blank
brûler [bʀyle] <1> **I.** *vi* 1. *a.* GASTR to burn 2. (*être très chaud*) to be burning 3. (*être dévoré*) ~ **de** +*infin* to be longing to +*infin* 4. (*être proche du but*) **tu brûles!** you're getting hot! **II.** *vt* 1. to burn 2. (*maison*) to burn down 3. (*stop, signal, feu rouge*) to run; (*étape*) to skip **III.** *vpr* **se** ~ to burn oneself; **se** ~ **les doigts** to burn one's fingers
brûlure [bʀylyʀ] *f* 1. burn 2. ~**s d'estomac** heartburn
brume [bʀym] *f* mist
brumeux, -euse [bʀymø] *adj* METEO misty
brun [bʀœ̃] *m* (*couleur*) brown
brun(e) [bʀœ̃] **I.** *adj* (*peau, tabac*) dark; **être** ~ to have dark hair **II.** *m(f)* man with dark hair, brunette *f*
brunâtre [bʀynɑtʀ] *adj* brownish
brune [bʀyn] **I.** *adj v.* **brun II.** *f* 1. (*cigarette*) cigarette made from dark tobacco 2. (*bière*) brown beer
brunnante [bʀynɑ̃t] *f* Québec (*crépuscule*) dusk
brunir [bʀyniʀ] <8> *vi, vt* to tan
brusque [bʀysk] *adj* abrupt
brusquement [bʀyskəmɑ̃] *adv* abruptly
brusquer [bʀyske] <1> *vt* to rush
brut(e) [bʀyt] *adj* 1. raw; (*champagne*) extra dry 2. ECON gross
brutal(e) [bʀytal] <-aux> *adj* brutal
brutalement [bʀytalmɑ̃] *adv* 1. (*violemment*) violently 2. (*soudainement*) suddenly
brutaliser [bʀytalize] <1> *vt* to bully
brutalité [bʀytalite] *f* brutality
brute [bʀyt] *f* brute

B
b

Bruxelles [bʀy(k)sɛl] Brussels
bruyamment [bʀyjamã] *adv* noisily
bruyant(e) [bʀyjã] *adj* noisy
bruyère [bʀyjɛʀ] *f* heather
BTS [beteɛs] *m abr de* **brevet de technicien supérieur** *vocational examination taken at age 18*
bu(e) [by] *part passé de* **boire**
Bucarest [bykaʀɛst] Bucharest
buccal(e) [bykal] <-aux> *adj* oral
bûche [byʃ] *f* 1. (*bois*) log 2. GASTR ~ **de Noël** Yule log
bûcher [byʃe] *m* 1. (*amas de bois*) stake 2. (*local*) woodshed
bûcheron(ne) [byʃʀɔ̃] *m(f)* lumberjack
Buckingham [bykiŋgam] **le palais de** ~ Buckingham Palace
Budapest [bydapɛst] Budapest
budget [bydʒɛ] *m* FIN budget
budgétaire [bydʒetɛʀ] *adj* budgetary
buée [bɥe] *f* **se couvrir de** ~ to mist up
buffet [byfɛ] *m* 1. GASTR buffet 2. (*meuble*) dresser 3. ~ **de la gare** station buffet
buffle [byfl] *m* buffalo
bug [bœg] *m* INFOR bug
buis [bɥi] *m* BOT box
buisson [bɥisɔ̃] *m* bush
bulbe [bylb] *m* BOT, ANAT bulb
bulgare [bylgaʀ] *adj*, *m* Bulgarian; *v. a.* **français**
Bulgare [bylgaʀ] *mf* Bulgarian
Bulgarie [bylgaʀi] *f* **la** ~ Bulgaria
bulldozer [byldɔzɛʀ] *m* bulldozer
bulle [byl] *f* 1. bubble 2. (*dans une bande dessinée*) speech bubble
bulletin [byltɛ̃] *m* 1. (*communiqué*) bulletin 2. POL ~ **de vote** ballot paper 3. ECOLE ~ **scolaire** school report *Brit*, report card *Am* 4. ~ **de paye** payslip
buraliste [byʀalist] *mf* tobacconist
bureau [byʀo] <x> *m* 1. (*meuble*) desk 2. (*pièce, lieu de travail*) office 3. (*service*) centre *Brit*, center *Am;* ~ **de change** bureau de change; ~ **de poste** post office; ~ **de tabac** tobacconist's *Brit*, tobacco shop *Am;* ~ **de vote** polling station 4. INFOR desktop
bureaucrate [byʀokʀat] *mf* bureaucrat
bureaucratie [byʀokʀasi] *f* bureaucracy
burin [byʀɛ̃] *m* (*ciseau*) chisel
burlesque [byʀlɛsk] *adj* 1. THEAT, CINE burlesque 2. (*extravagant*) ludicrous
bus¹ [bys] *m abr de* **autobus** bus
bus² [bys] *m* INFOR ~ **de données** data bus
bus³ [by] *passé simple de* **boire**
buse [byz] *f* (*oiseau*) buzzard
buste [byst] *m* 1. (*torse*) chest 2. (*poitrine de femme, sculpture*) bust
bustier [bystje] *m* 1. (*sous-vêtement*) long-line bra 2. (*vêtement*) bustier
but [by(t)] *m* 1. *a.* SPORT goal 2. (*objectif*) aim
buté(e) [byte] *adj* stubborn
buter [byte] <1> **I.** *vi* ~ **contre qc** to stumble over sth **II.** *vt inf* (*tuer*) to knock off
butin [bytɛ̃] *m* spoils; (*d'une fouille*) haul
butiner [bytine] <1> *vi* to gather
butte [byt] *f* hill
buvable [byvabl] *adj* drinkable
buvais [byvɛ] *imparf de* **boire**
buvant [byvã] *part prés de* **boire**
buvard [byvaʀ] *m* blotter
buvette [byvɛt] *f* (*local*) cafe; (*en plein air*) refreshment stand
buveur, -euse [byvœʀ] *m, f* (*alcoolique*) drinker
buvez [byve], **buvons** [byvɔ̃] *indic prés et impératif de* **boire**
byte [bajt] *m* INFOR byte

C c

C, c [se] *m inv* C; **c cédille** c cedilla; ~ **comme Célestin** c for Charlie

c' <*devant a* ç> *pron dém v.* **ce**

ça [sa] *pron dém, inf* **1.**(*pour désigner ou renforcer*) that; **qu'est-ce que c'est que** ~? what's that?; **ah** ~ **non!** definitely not! **2.**(*répétitif*) **les haricots? si, j'aime** ~ beans? yes, I do like them **3. c'est toujours** ~ that's something at least; **c'est** ~ that's right; **c'est comme** ~ that's how it is; **je l'ai dit comme** ~ I was just talking; *v. a.* **cela**

çà [sa] ~ **et là** here and there

cabane [kaban] *f* hut; *péj* shack

cabaret [kabaʀɛ] *m* night club

cabillaud [kabijo] *m* cod

cabine [kabin] *f* **1.**(*d'un camion*) cab; (*d'un avion*) cockpit **2.**(*petit local*) cabin; ~ **téléphonique** (tele)phone box [*o* booth *Am*]; ~ **d'essayage** fitting room

cabinet [kabinɛ] *m* **1.** *pl* (*toilettes*) toilet **2.**(*d'un médecin*) surgery *Brit,* office *Am;* (*d'un avocat*) chambers *pl* **3.** POL cabinet

câble [kɑbl] *m* **1.** cable **2.** TV cable television

cabosser [kabɔse] <1> *vt* to dent

cabrer [kabʀe] *vpr* **se** ~ to rear up

cabriolet [kabʀijɔlɛ] *m* AUTO convertible

caca [kaka] *m enfantin, inf* **faire** ~ to do a pooh *Brit,* to go number two *Am*

cacahuète, cacahouète [kakawɛt] *f* peanut

cacao [kakao] *m* cocoa

cache-cache [kaʃkaʃ] *m inv* hide-and-seek

cachemire [kaʃmiʀ] *m* cashmere

cache-nez [kaʃne] *m inv* scarf

cacher¹ [kaʃe] <1> **I.** *vt* ~ **qc à qn** to hide [*o* conceal *Am*] sth from sb **II.** *vpr* **1. se** ~ to hide **2.**(*tenir secret*) **ne pas se** ~ **de qc** to make no secret of sth

cacher² [kaʃɛʀ] *adj v.* **casher**

cachet [kaʃɛ] *m* **1.** MED tablet **2.**(*tampon*) stamp **3.**(*rétribution*) fee

cachette [kaʃɛt] *f* **1.** hiding-place **2. en** ~ on the sly

cachot [kaʃo] *m* dungeon

cachottier, -ière [kaʃɔtje] **I.** *adj* secretive **II.** *m, f* secretive person

cactus [kaktys] *m* cactus

c.-à-d. *abr de* **c'est-à-dire** i.e.

cadastre [kadastʀ] *m* land register

cadavre [kadavʀ] *m* (*d'une personne*) corpse; (*d'un animal*) carcass

cadeau [kado] <x> *m* present; **en** ~ as a present

cadenas [kadnɑ] *m* padlock

cadence [kadɑ̃s] *f* **1.**(*rythme*) rhythm **2.**(*vitesse*) rate

cadet(te) [kadɛ] **I.** *adj* **1.**(*le plus jeune*) youngest **2.**(*plus jeune que qn*) younger **II.** *m(f)* **1.**(*dernier-né*) youngest child; **le** ~ **des garçons** the youngest boy **2.**(*plus jeune que qn*) younger child; **elle est ma** ~**te de trois mois** she's three months younger than me

cadran [kadʀɑ̃] *m* dial

cadre [kɑdʀ] **I.** *m* **1.**(*encadrement*) frame **2.**(*environnement*) surroundings *pl* **3.**(*limites*) scope **II.** *mf* executive

caduc, caduque [kadyk] *adj* **1.**(*périmé*) obsolete **2.** BOT deciduous

cafard [kafaʀ] *m* (*insecte*) cockroach

café [kafe] *m* **1.** coffee; ~ **crème** white coffee; ~ **au lait** café au lait **2.**(*établissement*) café; ~ **électronique** Internet café **3.**(*moment du repas*) **au** ~ at the end of the meal **4.** *Suisse* (*dîner*) **un** ~ **complet** dinner

ⓘ If you ask for a **café** in France, you will be served an expresso. Adding a little milk will change the expresso into "une noisette". If you want a large cup of coffee with milk, you must ask for a "café crème". Milk is always added to coffee before it is served and is never served separately.

caféine [kafein] *f* caffeine
café-restaurant [kafeʀɛstɔʀɑ̃] <cafés-restaurants> *m*: café serving light meals
cafetière [kaftjɛʀ] *f* coffee pot; ~ **électrique** coffee machine
cage [kaʒ] *f* 1. cage 2. (*d'ascenseur*) shaft; ~ **d'escalier** stairwell
cagoule [kagul] *f* 1. (*couvre-chef*) balaclava 2. (*masque*) hood
cahier [kaje] *m* notebook
caïd [kaid] *m inf* 1. (*meneur*) boss 2. (*ponte*) big shot
caille [kaj] *f* (*oiseau*) quail
cailler [kaje] <1> *vi* 1. (*lait*) to curdle; (*sang*) to coagulate 2. *inf* (*avoir froid*) to be freezing
caillot [kajo] *m* (blood) clot
caillou [kaju] <x> *m* (*pierre*) pebble
caillouteux, -euse [kajutø] *adj* (*route*) stony
caïman [kaimɑ̃] *m* ZOOL cayman
Caire [kɛʀ] *m* **le ~** Cairo
caisse [kɛs] *f* 1. (*boîte*) box 2. COM cash desk; **passer à la ~** to go to the cashier; ~ **d'épargne** savings bank 3. (*organisme de gestion*) fund; ~ **d'assurance maladie** medical insurance company
caissier, -ière [kesje] *m, f* cashier
cajoler [kaʒɔle] <1> *vt* to cuddle
cake [kɛk] *m* fruit cake
calamar [kalamaʀ] *m* squid
calamité [kalamite] *f* calamity
calanque [kalɑ̃k] *f* rocky inlet
calcaire [kalkɛʀ] I. *adj* chalky II. *m* GEO limestone
calciné(e) [kalsine] *adj* charred
calcium [kalsjɔm] *m* calcium
calcul [kalkyl] *m* 1. calculation; (*mental*) arithmetic 2. (*arithmétique*) ~ **algébrique** algebra
calculatrice [kalkylatʀis] *f* calculator
calculer [kalkyle] <1> *vi, vt* to calculate
calculette [kalkylɛt] *f* pocket calculator

calé(e) [kale] *adj inf* (*fort*) knowledgeable; **être ~ en qc** to be an ace at sth
calèche [kalɛʃ] *f* barouche
caleçon [kalsɔ̃] *m* 1. (*pour homme*) boxer shorts *pl* 2. (*pour femme*) leggings *pl*
calendrier [kalɑ̃dʀije] *m* 1. (*almanach*) calendar 2. (*programme*) schedule
calepin [kalpɛ̃] *m* notebook
caler [kale] <1> I. *vi* 1. AUTO to stall 2. *inf* (*être rassasié*) to be filled up II. *vt* (*fixer avec une cale*) to wedge
calfeutrer [kalføtʀe] <1> I. *vt* to stop up II. *vpr se* ~ to shut oneself away
calibre [kalibʀ] *m a. fig* calibre *Brit*, caliber *Am*
Californie [kalifɔʀni] *f* **la ~** California
californien(ne) [kalifɔʀnjɛ̃] *adj* Californian
califourchon [kalifuʀʃɔ̃] **à ~** astride
câlin(e) [kalɛ̃] I. *adj* cuddly II. *m* cuddle
câliner [kaline] <1> *vt* to cuddle
calmant(e) [kalmɑ̃] *m* tranquillizer
calmar [kalmaʀ] *m v.* **calamar**
calme [kalm] I. *adj* calm; (*lieu*) quiet II. *m* calmness; **du ~!** quiet!
calmement [kalməmɑ̃] *adv* calmly
calmer [kalme] <1> I. *vt* 1. (*apaiser*) to calm (down) 2. (*douleur*) to soothe II. *vpr se* ~ to calm down; (*tempête*) to die down
calorie [kalɔʀi] *f* calorie
calumet [kalymɛ] *m* peace pipe
calvaire [kalvɛʀ] *m* 1. (*épreuve*) ordeal 2. (*croix*) wayside cross
calvitie [kalvisi] *f* (*phénomène*) baldness
camarade [kamaʀad] *mf* 1. (*collègue*) colleague 2. POL comrade
Camargue [kamaʀg] *f* **la ~** the Camargue
Cambodge [kɑ̃bɔdʒ] *m* **le ~** Cambodia
cambodgien(ne) [kɑ̃bɔdʒɛ̃] *adj* Cambodian
Cambodgien(ne) [kɑ̃bɔdʒɛ̃] *m(f)*

Cambodian
cambriolage [kãbʀijɔlaʒ] *m* burglary
cambrioler [kãbʀijɔle] <1> *vt* ~ qc to burgle *Brit*, to burglarize *Am;* qn se fait ~ sb is burgled
cambrioleur, -euse [kãbʀijɔlœʀ] *m, f* burglar
camelote [kamlɔt] *f inf* junk
caméra [kameʀa] *f* camera
caméraman <s *o* -men> [kameʀaman] *m* cameraman
Cameroun [kamʀun] *m* le ~ Cameroon
camerounais(e) [kamʀunɛ] *adj* Cameroonian
Camerounais(e) [kamʀunɛ] *m(f)* Cameroonian
caméscope [kameskɔp] *m* camcorder
camion [kamjɔ̃] *m* lorry *Brit,* truck *Am*
camionnette [kamjɔnɛt] *f* van, pick-up
camomille [kamɔmij] *f* 1. (*fleur*) camomile 2. (*tisane*) camomile tea
camouflage [kamuflaʒ] *m* MIL camouflage
camoufler [kamufle] <1> *vt* MIL to camouflage
camp [kã] *m* 1. camp; lever le ~ to strike camp; *fig* to leave; ~ de concentration concentration camp 2. *Québec* (*chalet, villa*) ~ (d'été) villa 3. ficher [*o* foutre] le ~ *inf* to take [*o* clear *Brit*] off
campagnard(e) [kãpaɲaʀ] *adj* country
campagne [kãpaɲ] *f* 1. country; à la ~ in the country 2. MIL, POL campaign
campement [kãpmã] *m* camp
camper [kãpe] <1> *vi* to camp
campeur, -euse [kãpœʀ] *m, f* camper
camping [kãpiŋ] *m* camping; (terrain de) ~ campsite *Brit*, campground *Am;* faire du ~ to go camping
Canada [kanada] *m* le ~ Canada
canadien(ne) [kanadjɛ̃] *adj* Canadian

Canadien(ne) [kanadjɛ̃] *m(f)* Canadian
canadienne [kanadjɛn] *f* 1. (*veste*) sheepskin-lined jacket 2. (*tente*) ridge tent
canaille [kanɑj] *f a. iron* rascal
canal [kanal] <-aux> *m* canal
canalisation [kanalizasjɔ̃] *f* 1. (*réseau*) mains *pl* 2. (*tuyau*) pipe
canaliser [kanalize] <1> *vt* (*énergie, foule*) to channel
canapé [kanape] *m* 1. (*meuble*) sofa 2. GASTR canapé
canapé-lit [kanapeli] <canapéslits> *m* sofa bed
canard [kanaʀ] *m* duck
canari [kanaʀi] *m* canary
cancer [kãsɛʀ] *m* cancer; ~ généralisé cancer which has metastasized
Cancer [kãsɛʀ] *m* Cancer; *v. a.* Balance
cancéreux, -euse [kãseʀø] *adj* cancerous
cancérigène [kãseʀiʒɛn] *adj,* **cancérogène** [kãseʀɔʒɛn] *adj* carcinogenic
cancre [kãkʀ] *m inf* dunce
candidat(e) [kãdida] *m(f)* candidate; (*à un poste*) applicant
candidature [kãdidatyʀ] *f* 1. (*aux élections*) candidature *Brit*, candidacy *Am;* poser sa ~ aux élections to stand in an election 2. (*à un poste, un jeu*) application; poser sa ~ à un poste to apply for a job
candide [kãdid] *adj* (*ingénu*) ingenuous
cane [kan] *f* (*opp: mâle*) (female) duck
canette [kanɛt] *f* 1. (*bouteille*) small bottle 2. (*bobine*) spool
caniche [kaniʃ] *m* poodle
canicule [kanikyl] *f* 1. (*période*) dog days 2. (*chaleur*) scorching heat
caniveau [kanivo] <x> *m* gutter
canne [kan] *f* 1. (*bâton*) (walking) stick 2. (*gaule*) ~ à pêche fishing rod
cannelle [kanɛl] *f* cinnamon
cannibale [kanibal] *adj, mf* cannibal

canoë [kanɔe] *m* canoe

canoë-kayak [kanɔekajak] <canoës-kayaks> *m* canoeing; **faire du** ~ to go canoeing

canon [kanɔ̃] *m* **1.** (*arme*) gun; HIST cannon **2.** (*d'un fusil*) barrel

canot [kano] *m* (small) boat

cantatrice [kɑ̃tatʀis] *f* opera singer

cantine [kɑ̃tin] *f* canteen

cantique [kɑ̃tik] *m* hymn

canton [kɑ̃tɔ̃] *m* **1.** (*en France*) ≈ district **2.** (*en Suisse*) canton

cantonal(e) [kɑ̃tɔnal] <-aux> *adj* **1.** (*en France*) **élections** ~**es** ≈ district elections **2.** (*en Suisse*) cantonal **II.** *fpl* by-election

cantonner [kɑ̃tɔne] <1> **I.** *vt* ~ **qn dans qc** to confine sb to sth **II.** *vpr* **se** ~ **dans qc** to confine oneself to sth

cantonnier [kɑ̃tɔnje] *m* roadworker, roadmender *Brit*

caoutchouc [kautʃu] *m* **1.** (*matière*) rubber **2.** (*plante*) rubber plant

cap [kap] *m* **1.** (*pointe de terre*) cape **2.** (*direction*) course

Cap [kap] *m* **Le** ~ Cape Town

CAP [seɑpe] *m abr de* **certificat d'aptitude professionnelle** *vocational training certificate*

capable [kapabl] *adj* capable

capacité [kapasite] *f* **1.** *a.* INFOR capacity **2.** (*faculté*) ability

cape [kap] *f* (*vêtement*) cape

CAPES [kapɛs] *m abr de* **certificat d'aptitude au professorat de l'enseignement secondaire** *secondary school teaching certificate*

The **CAPES** is a state exam. Teachers with a CAPES can teach in a secondary school ("collège"). They are continuously assessed and must teach 18 hours a week. The test follows a year as a student teacher.

---

capillaire [kapilɛʀ] *adj* **lotion** ~ hair lotion

capitaine [kapitɛn] *m* captain

capital [kapital] <-aux> *m* capital

capital(e) [kapital] <-aux> *adj* fundamental

capitale [kapital] *f* **1.** (*ville*) capital (city) **2.** (*lettre*) capital

capitalisme [kapitalism] *m* capitalism

capitulation [kapitylasjɔ̃] *f a.* MIL capitulation

capituler [kapityle] <1> *vi* to capitulate

caporal [kapɔʀal] <-aux> *m* corporal

capot [kapo] *m* AUTO bonnet *Brit,* hood *Am*

capote [kapɔt] *f* **1.** AUTO top **2.** *inf* (*préservatif*) ~ (**anglaise**) rubber, French letter *Brit*

câpre [kɑpʀ] *f* caper

caprice [kapʀis] *m* whim

capricieux, -euse [kapʀisjø] *adj* capricious

Capricorne [kapʀikɔʀn] *m* Capricorn; *v. a.* **Balance**

capsule [kapsyl] *f* **1.** (*d'une bouteille*) cap **2.** AVIAT, MED capsule

capter [kapte] <1> *vt* **1.** (*source*) to harness; (*énergie*) to capture **2.** (*émission, message*) to get

captiver [kaptive] <1> *vt* to captivate

captivité [kaptivite] *f* captivity

capturer [kaptyʀe] <1> *vt* to capture

capuche [kapyʃ] *f* hood

capuchon [kapyʃɔ̃] *m* (*bouchon*) cap

car[1] [kaʀ] *m* coach *Brit,* bus *Am*

car[2] [kaʀ] *conj* because, for

carabine [kaʀabin] *f* rifle

caractère [kaʀaktɛʀ] *m* character; ~**s d'imprimerie** block capitals; **en** ~**s gras** in bold type; **avoir un** ~ **de cochon** *inf* to have a foul temper

caractériel(le) [kaʀakteʀjɛl] *adj* (*personne*) emotionally disturbed; (*troubles*) emotional

caractériser [kaʀakteʀize] <1> **I.** *vt* to be characteristic of **II.** *vpr* **se** ~ **par qc** to be characterized by sth

caractéristique [kaʀakteʀistik] *adj* characteristic

carafe [kaʀaf] *f* carafe

Caraïbes [kaʀaib] *fpl* **les** ~ the Caribbean

carambolage [kaʀɑ̃bɔlaʒ] *m* pile-up

caramel [kaʀamɛl] *m* **1.** (*bonbon*) toffee **2.** (*substance*) caramel

caraméliser [kaʀamelize] <1> *vt* **1.** (*recouvrir*) to coat with caramel **2.** (*sucre*) to caramelize

caravane [kaʀavan] *f* caravan *Brit*, trailer *Am*

carburant [kaʀbyʀɑ̃] *m* fuel

carcasse [kaʀkas] *f* carcass

cardiaque [kaʀdjak] **I.** *adj* **malaise** ~ heart trouble **II.** *mf: person suffering from a heart condition*

cardinal [kaʀdinal] <-aux> *m* cardinal

cardinal(e) [kaʀdinal] <-aux> *adj* MAT cardinal

cardiologue [kaʀdjɔlɔg] *mf* cardiologist

carême [kaʀɛm] *m* **1.** (*jeûne*) fast **2.** (*période*) Lent

caresse [kaʀɛs] *f* caress

caresser [kaʀese] <1> *vt* to caress

cargaison [kaʀgɛzɔ̃] *f* (*chargement*) cargo

cargo [kaʀgo] *m* freighter

caricature [kaʀikatyʀ] *f* caricature; **faire la** ~ **de qn/qc** to caricature sb/sth

carie [kaʀi] *f* MED caries; **avoir une** ~ to have a cavity

carnage [kaʀnaʒ] *m a. fig* carnage

carnassier, -ière [kaʀnasje] *m* carnivore

carnaval [kaʀnaval] <s> *m* carnival

carnet [kaʀnɛ] *m* **1.** (*calepin*) notebook; ~ **d'adresses** address book; ~ **de notes** report card; ~ **de santé** health record **2.** (*paquet*) ~ **de timbres** book of stamps; ~ **de chèques** cheque book

carnivore [kaʀnivɔʀ] *adj* carnivorous

carotte [kaʀɔt] *f* carrot

carpe [kaʀp] *f* **1.** carp **2.** **muet comme une** ~ as silent as a post

carré(e) [kaʀe] **I.** *adj* (*rectangulaire*) square **II.** *m* **1.** MAT square **2.** JEUX **un**

~ **d'as** four aces

carreau [kaʀo] <x> *m* **1.** (*vitre*) window(pane) **2.** (*carrelage*) tiled floor **3.** **à grands ~x** (*tissu*) large-checked; **à petits ~x** (*papier*) small-squared **4.** JEUX diamond; **as de** ~ ace of diamonds

carrefour [kaʀfuʀ] *m a. fig* cross-roads

carrelage [kaʀlaʒ] *m* tiles *pl*

carrière¹ [kaʀjɛʀ] *f* career; **faire** ~ to make a career

carrière² [kaʀjɛʀ] *f* ~ **de pierres** stone quarry

carrosse [kaʀɔs] *m* (horse-drawn) coach

carrosserie [kaʀɔsʀi] *f* AUTO body-work

carrure [kaʀyʀ] *f* **1.** (*largeur du dos*) breadth across the shoulders **2.** (*envergure*) stature

cartable [kaʀtabl] *m* ECOLE school-bag

carte [kaʀt] *f* **1.** GEO map **2.** JEUX card **3.** ~ **postale** postcard **4.** GASTR menu **5.** ~ **de crédit** credit card; ~ **d'électeur** polling [*o* voter registration *Am*] card; ~ **grise** car registration book [*o* papers *Am*]; ~ (**nationale**) **d'identité** ID card; ~ **de téléphone** phonecard

carton [kaʀtɔ̃] *m* **1.** (*matière*) cardboard **2.** (*emballage*) (cardboard) box **3.** ~ **jaune/rouge** yellow/red card

cartouche [kaʀtuʃ] *f* **1.** (*munition*) cartridge **2.** (*de cigarettes*) carton **3.** ~ **d'encre** ink cartridge

cas [kɑ] *m* **1.** *a.* MED, JUR, LING case; **dans le** ~ **contraire** otherwise; **dans ce/tous les** ~ in that/any case; **en aucun** ~ on no account **2.** (*hypothèse*) **au** ~ **où qn ferait qc** in case sb does sth; **en** ~ **de qc** in case of sth

cascade [kaskad] *f* **1.** (*chute d'eau*) waterfall **2.** CINE stunt

cascadeur, -euse [kaskadœʀ] *m, f* CINE stuntman, stuntwoman *m, f*

case [kɑz] *f* **1.** (*d'un formulaire*) box; (*d'un damier*) square **2.** (*hutte*) hut

caser [kɑze] <1> **I.** *vt* **1.** (*loger*) to put up **2.** (*marier*) to marry off **II.** *vpr* **se ~ 1.** (*se loger*) to find a place to stay **2.** (*se marier*) to get married

caserne [kazɛʀn] *f* barracks *pl*

cash [kaʃ] *adv inf* cash

casher [kaʃɛʀ] *adj inv* kosher

casier [kazje] *m* **1.** (*case*) compartment **2.** JUR **~ judiciaire vierge** clean police record

casino [kazino] *m* casino

casque [kask] *m* **1.** (*protection*) helmet **2.** MUS headphones *pl* **3. ~ bleu** blue helmet (*member of the U.N. peacekeeping force*)

casquette [kaskɛt] *f* cap

casse [kɑs] **I.** *f* **1.** (*dégât*) damage **2.** (*commerce du ferrailleur*) scrap yard **II.** *m inf* break-in

casse-cou [kɑsku] *m inv, inf* daredevil **casse-croûte** [kɑskʀut] *m inv* snack **casse-noix** [kɑsnwa] *m inv* nutcracker

casser [kɑse] <1> **I.** *vt* **1.** to break **2.** (*noix*) to crack **3.** (*ambiance*) to disturb **4. ~ les pieds à qn** *inf* to annoy sb **II.** *vi* (*objet*) to break; (*branche, fil*) to snap **III.** *vpr* **se ~ 1.** to break; (*branche*) to snap; **se ~ un bras** to break one's arm **2.** *inf* (*s'en aller*) to split, to clear off *Brit*

casserole [kasʀɔl] *f* saucepan

casse-tête [kɑstɛt] *m inv* headache; **~ chinois** brainteaser

cassette [kasɛt] *f* cassette

cassis [kasis] *m* (*fruit*) blackcurrant

castor [kastɔʀ] *m* beaver

castrer [kastʀe] <1> *vt* to castrate

catacombes [katakɔ̃b] *fpl* catacombs

catalogue [katalɔg] *m* catalogue

cataloguer [katalɔge] <1> *vt* to catalogue [*o* catalog *Am*]

catamaran [katamaʀɑ̃] *m* catamaran

catastrophe [katastʀɔf] *f* catastrophe; **en ~** in a mad rush

catéchisme [kateʃism] *m* (*enseignement*) catechism

catégorie [kategɔʀi] *f* **1.** (*groupe*) category **2.** SPORT class **3.** (*qualité*) **de 1**ère **~** (*produit alimentaire*) top-grade food product; (*hôtel*) first class hotel

catégorique [kategɔʀik] *adj* categoric(al); **être ~ sur qc** to be adamant about sth

cathédrale [katedʀal] *f* cathedral

catholique [katɔlik] **I.** *adj* **1.** REL (Roman) Catholic **2.** *fig, inf* **ne pas être très ~** to be rather shady **II.** *mf* (Roman) Catholic

catimini [katimini] **en ~** on the sly

cauchemar [koʃmaʀ] *m a. fig* nightmare; **faire un ~** to have a nightmare

cause [koz] **I.** *f* **1.** cause; **pour ~ de** because of; **pour la bonne ~** for a good cause **2.** JUR lawsuit **II.** *prep* **à ~ de** because of

causer¹ [koze] <1> *vt* (*provoquer*) to cause

causer² [koze] <1> *vt, vi* (*parler*) to talk; (*sans façon*) to chat

caution [kosjɔ̃] *f* **1.** FIN guarantee **2.** JUR bail; **sous ~** on bail

cavaler [kavale] <1> *vi inf* to run

cavalerie [kavalʀi] *f* MIL cavalry

cavalier, -ière [kavalje] **I.** *m, f* **1.** SPORT horseman, horsewoman *m, f* **2.** (*au bal*) partner **II.** *m* JEUX knight

cave [kav] *f* **1.** cellar; **~ voûtée** vault **2. de la ~ au grenier** in every nook and cranny

caveau [kavo] <x> *m* vault

caverne [kavɛʀn] *f* cavern

caviar [kavjaʀ] *m* caviar

CD [sede] *m abr de* **Compact Disc** CD

CDD [sedede] *m abr de* **contrat à durée déterminée** *limited employment contract*

CDI [sedei] *m* **1.** *abr de* **contrat à durée indéterminée** *permanent employment contract* **2.** *abr de* **centre de documentation et d'information** *learning resources centre*

CD-I [sedei] *m abr de* **Compact Disc Interactive** CD-I

CD-ROM [sedeʀɔm] *m abr de* **Compact Disc Read Only Memory** CD-ROM

CDV [sedeve] *m abr de* **Compact**

Disc Video VCD

ce¹ [sə] <*devant en et formes de "être" commençant par une voyelle* c', *devant a* ç'> *pron dém* **1.** (*pour désigner*) **c'est un beau garçon** he's a handsome boy; ~ **sont de bons souvenirs** they're happy memories; **c'est moi/lui/nous** it's me/him/us **2.** (*dans une question*) **qui est-ce?, c'est qui?** *inf* who is he/she?; **qui est-ce qui/que** who/whom; **qu'est-ce** (**que c'est**)?, **c'est quoi?** *inf* what is it?; **qu'est-ce qui/que** what is that **3.** (*pour insister*) **c'est vous qui le dites!** that's what you say!; **c'est à elle de** +*infin* (*c'est à son tour*) it's her turn to +*infin;* (*c'est son rôle*) she has to +*infin* **4.** (*devant une relative*) **voilà tout** ~ **que je sais** that's all I know; ~ **que c'est idiot!** how stupid it is! **5. et** ~ and that

ce² [sə] *adj dém* **1.** (*pour désigner*) this; *v. a.* **cette 2.** (*avec étonnement*) what (a) **3.** (*en opposition*) ~ **livre-ci ...** ~ **livre-là** this book ... that book **4.** (*temporel*) ~ **jour-là** that day; ~ **mois-ci** this month

CE [seə] *f* HIST *abr de* **Communauté européenne** EC

ceci [səsi] *pron dém* this; **à** ~ **près que** except that; *v. a.* **cela**

cécité [sesite] *f* blindness

céder [sede] <5> **I.** *vt* **1.** ~ **qc à qn** to let sb have sth **2.** (*vendre*) to sell **II.** *vi* **1.** (*renoncer*) to give up **2.** (*capituler*) to give in **3.** (*se rompre*) to give (way)

CEDEX [sedɛks] *m abr de* **courrier d'entreprise à distribution exceptionnelle** *postal code for official use*

cédille [sedij] *f* cedilla

cèdre [sɛdʀ] *m* cedar

CEE [seəə] *f abr de* **Communauté économique européenne** HIST EEC

ceinture [sɛ̃tyʀ] *f* **1.** *a.* AUTO, AVIAT, SPORT belt **2.** COUT waistband

cela [s(ə)la] *pron dém* **1.** (*pour désigner*) that **2.** (*pour renforcer*) **qui/ quand/où** ~? who/when/where

is/was that?; **comment** ~? what do you mean?; ~ **fait dix jours que j'attends** I've been waiting for ten days **3. sans** ~ otherwise; *v. a.* **ça, ceci**

célébration [selebʀasjɔ̃] *f* celebration

célèbre [selɛbʀ] *adj* famous

célébrer [selebʀe] <5> *vt* **1.** (*fêter*) to celebrate **2.** REL to hold

célébrité [selebʀite] *f* fame; (*personne*) celebrity

céleri [selʀi] *m* celery

célibat [seliba] *m* REL celibacy

célibataire [selibatɛʀ] **I.** *adj* single **II.** *mf* single person

celle, celui [sɛl] <s> *pron dém* **1.** + *prép* ~ **de Paul est plus jolie** Paul's is more beautiful **2.** + *pron rel* ~ **que tu as achetée est moins chère** the one that you bought is cheaper

celle-ci, celui-ci [sɛlsi] <celles-ci> *pron dém* **1.** (*chose*) this one; (*personne*) she **2.** (*référence à un antécédent*) the latter **3.** (*en opposition*) ~ **est moins chère que celle-là** this one (here) is cheaper than that one

celle-là, celui-là [sɛlla] <celles-là> *pron dém* **1.** (*chose*) that one; (*personne*) she **2.** (*référence à un antécédent*) **elle est bien bonne** ~**!** that's a good one!; *v.* **celle-ci**

celles, ceux [sɛl] *pl pron dém* **1.** + *prép* those; ~ **d'entre vous** those of you **2.** + *pron rel* ~ **qui ont fini peuvent sortir** those who have finished may leave **3.** + *adj/part passé/ part prés/inf* those; *v. a.* **celle**

celles-ci, ceux-ci [sɛlsi] *pl pron dém* **1.** (*pour distinguer*) these (ones) **2.** (*référence à un antécédent*) the latter; *v. a.* **celle-ci 3.** (*en opposition*) ~ **sont moins chères que celles-là** these (here) are cheaper than those

celles-là, ceux-là [sɛlla] *pl pron dém* **1.** (*en désignant*) those (ones) **2.** (*référence à un antécédent*) **ah! je les retiens** ~ **alors!** *inf* I'll remember them all right!; *v.* **celles-ci**

cellier [selje] *m* storeroom (*for food and wine*)

cellulaire [selylɛʀ] *m* Québec (*télé-*

phone portable) cellular (tele)phone
cellule [selyl] *f* cell
cellulite [selylit] *f* MED cellulite
celte [sɛlt] *adj* Celtic
Celte [sɛlt] *m, f* Celt
celtique [sɛltik] *adj, m* Celtic; *v. a.*
  français
celui, celle [səlɥi] <ceux> *pron*
  dém the one; *v. a.* **celle**
celui-ci, celle-ci [səlɥisi] <ceux-ci>
  pron dém (*chose*) this one; (*personne*) he; *v. a.* **celle-ci, celui-là**
celui-là, celle-là [səlɥila] <ceux-
  là> *pron dém* 1. (*chose*) that one;
  (*personne*) he 2. (*avec un geste*) ~
  est meilleur that one is better
  3. (*référence à un antécédent*) *v.*
  celle-là 4. (*en opposition*) *v.* **celui-
  ci, celle-ci**
cendre [sɑ̃dR] *f* ash
cendré(e) [sɑ̃dRe] *adj* **des cheveux
  gris** ~ ash grey [*o* gray *Am*] hair
cendrier [sɑ̃dRije] *m* ashtray
censé(e) [sɑ̃se] *adj* **être** ~ +*infin* to
  be supposed to +*infin*
censeur [sɑ̃sœR] *m* 1. CINE, PRESSE
  censor 2. ECOLE *person responsible
  for discipline in a school*
censure [sɑ̃syR] *f* 1. CINE, PRESSE censorship 2. POL censure
censurer [sɑ̃syRe] <1> *vt* CINE,
  PRESSE to censor
cent¹ [sɑ̃] I. *adj* 1. a [*o* one] hundred;
  cinq ~s euros five hundred euros; ~
  un a [*o* one] hundred and one
  2. **pour** ~ per cent; ~ **pour** ~ a [*o*
  one] hundred per cent II. *m inv*
  hundred; *v. a.* **cinq, cinquante**

⚠ Beyond 199, the word **cent**
must be written with an -s when it
is not followed by another
number. If it is followed by another number, there should be no
-s. "Il coûte deux cents euros et
celui-là deux cent cinquante."
(= It costs two hundred euros and
this one here two hundred and
fifty.)

---

cent² [sɛnt] *m* FIN cent
centaine [sɑ̃tɛn] *f* 1. (*environ cent*)
  une ~ **de personnes** about a
  hundred people; **des ~s de personnes** hundreds of people; **par ~s**
  in hundreds 2. (*cent unités*)
  hundred
centenaire [sɑ̃tnɛR] I. *adj* hundred-
  year-old; **être** ~ to be a hundred
  years old II. *mf* centenarian III. *m*
  centenary *Brit*, centennial *Am*
centième [sɑ̃tjɛm] I. *adj antéposé*
  hundredth II. *mf* **le/la** ~ the hundredth III. *m* (*fraction*) fraction IV. *f*
  THEAT hundredth performance; *v. a.*
  cinquième
centigramme [sɑ̃tigRam] *m* centigramme
centilitre [sɑ̃tilitR] *m* centilitre *Brit*,
  centiliter *Am*
centime [sɑ̃tim] *m* centime
centimètre [sɑ̃timɛtR] *m* 1. (*unité*)
  centimetre *Brit*, centimeter *Am*
  2. (*ruban*) tape measure
centrafricain(e) [sɑ̃tRafRikɛ̃] *adj*
  Central African; **la République** ~**e**
  Central African Republic
Centrafricain(e) [sɑ̃tRafRikɛ̃] *m(f)*
  Central African
central [sɑ̃tRal] <-aux> *m* TEL (telephone) exchange
central(e) [sɑ̃tRal] <-aux> *adj* central; (*partie, personnage*) main;
  l'Europe/l'Amérique ~**e** Central
  Europe/America
centrale [sɑ̃tRal] *f* 1. ELEC power
  station 2. COM head office
centraliser [sɑ̃tRalize] <1> *vt* to
  centralize
centre [sɑ̃tR] *m* 1. (*milieu, organisme*) centre *Brit*, center *Am*; ~
  commercial shopping centre; ~
  culturel arts centre 2. (*joueur*) midfield player
centrer [sɑ̃tRe] <1> *vt* to centre
  Brit, to center *Am*
centre(-)ville [sɑ̃tRəvil] <centres-
  villes> *m* town centre [*o* center *Am*]
centrifuge [sɑ̃tRify ʒ] *adj* centrifugal
centuple [sɑ̃typl] I. *adj* a hundred
  times as large II. *m* a. *fig* hundredfold

cep [sɛp] *m* vine stock

cèpe [sɛp] *m* cep

cependant [s(ə)pɑ̃dɑ̃] *adv* however

céramique [seʀamik] *f* ceramic

cerceau [sɛʀso] <x> *m* hoop

cercle [sɛʀkl] *m* circle; **le ~ polaire arctique/antarctique** the Arctic/Antarctic Circle

cercueil [sɛʀkœj] *m* coffin, casket *Am*

céréale [seʀeal] *f:* cereal

cérébral(e) [seʀebʀal] <-aux> *adj* ANAT cerebral

cérémonie [seʀemɔni] *f* ceremony

cerf [sɛʀ] *m* ZOOL stag

cerf-volant [sɛʀvɔlɑ̃] <cerfs-volants> *m* (*jouet*) kite

cerise [s(ə)ʀiz] *f* cherry

cerisier [s(ə)ʀizje] *m* cherry (tree)

cerne [sɛʀn] *m* ring

cerner [sɛʀne] <1> *vt* 1. (*ennemi*) to surround 2. (*problème*) to define

certain(e) [sɛʀtɛ̃] I. *adj* certain; **sûr et ~** absolutely certain II. *adj indéf* 1. *pl antéposé* (*quelques*) some 2. (*bien déterminé*) certain III. *pron pl* some; **~s d'entre vous** some of you

certainement [sɛʀtɛnmɑ̃] *adv* certainly

certes [sɛʀt] *adv* of course

certificat [sɛʀtifika] *m* 1. (*attestation*) certificate 2. (*diplôme*) diploma

certifier [sɛʀtifje] <1> *vt* 1. (*assurer*) to assure 2. JUR to certify

certitude [sɛʀtityd] *f* certainly

cerveau [sɛʀvo] <x> *m* 1. *a.* ANAT brain 2. (*organisateur*) brains *pl*

cervelle [sɛʀvɛl] *f* brain

cervical(e) [sɛʀvikal] <-aux> *adj* (*vertèbre*) cervical

ces [se] *adj dém pl* 1. (*pour désigner*) these; *v.a.* **cette** 2. *inf* **il a de ~ idées!** he has some funny ideas 3. (*en opposition*) **~ gens-ci ... ~ gens-là** these people ... those people 4. (*temporel*) **~ nuits-ci** these last few nights; **dans ~ années-là** during those years

CES [seøɛs] *m* 1. ECOLE *abr de* collège d'enseignement secondaire secondary [*o* junior high *Am*] school 2. (*emploi*) *abr de* contrat emploi-solidarité *part-time community work contracts for the unemployed*

césarienne [sezaʀjɛn] *f* MED Caesarean (section)

cesser [sese] <1> *vt* to stop

cessez-le-feu [sesel(e)fø] *m inv* cease-fire

c'est-à-dire [sɛtadiʀ] *conj* 1. (*à savoir*) that is (to say) 2. (*justification*) **~ que ...** which means that ... 3. (*rectification*) **~ que ...** well, actually ...

cet [sɛt] *adj dém v.* **ce**

CET [seøte] *m abr de* collège d'enseignement technique ≈ technical school

cette [sɛt] *adj dém* 1. (*pour désigner*) this 2. (*avec étonnement*) what (a) 3. (*en opposition*) **~ version-ci ... ~ version-là** this version ... that version 4. (*temporel*) **~ nuit** (*la nuit dernière*) last night; (*la nuit qui vient*) tonight; **~ semaine** this week; **~ semaine-là** that week

ceux, celles [sø] *pl pron dém* those; *v.a.* **celles**

ceux-ci, celles-ci [søsi] *pl pron dém* 1. (*pour distinguer*) these (ones) 2. (*référence à un antécédent*) the latter; *v.a.* **celle-ci** 3. (*en opposition*) *v.* **ceux-là, celles-ci**

ceux-là, celles-là [søla] *pl pron dém* 1. (*en désignant*) those 2. (*référence à un antécédent*) *v.* **celle-là** 3. (*en opposition*) those; *v.a.* **ceux-ci, celles-ci**

Cévennes [sevɛn] *fpl* **les ~** the Cévennes

cf, Cf [kɔ̃fɛʀ] *abr de* confer cf

chacal [ʃakal] <s> *m* ZOOL jackal

chacun(e) [ʃakœ̃] *pron* 1. each (one); **~/~e de nous** each (one) of us; **~ (à) son tour** each in turn 2. **~ ses goûts** *prov* every man to his own taste

chagrin [ʃagʀɛ̃] *m* grief

chagriner [ʃagʀine] <1> *vt* to grieve

chah [ʃa] *m v.* **schah**

chahut [ʃay] *m* uproar; **faire du ~** to make a racket

chahuter [ʃayte] <1> *vi* to romp around

chaîne [ʃɛn] *f* 1. *a.* AUTO chain 2. ECON assembly line 3. RADIO, TV *programme Brit,* program *Am;* **~ câblée** cable channel; **sur la 3ᵉ ~** on the third programme 4. *(appareil stéréo)* **~ haute-fidélité** [*o* hi-fi] [*o* stéréo] hi-fi system

chair [ʃɛʀ] *f* 1. *a.* REL flesh; **~ à saucisse** mincemeat 2. **avoir la ~ de poule** to have goose pimples

chaire [ʃɛʀ] *f* 1. *(du prêtre)* pulpit 2. UNIV chair

chaise [ʃɛz] *f* chair

châle [ʃɑl] *m* shawl

chalet [ʃalɛ] *m* chalet

chaleur [ʃalœʀ] *f* warmth; *(très élevée)* heat; **vague de ~** heatwave

chaleureux, -euse [ʃalœʀø] *adj* warm

chalumeau [ʃalymo] <x> *m* welding torch

chalutier [ʃalytje] *m* trawler

chamailler [ʃamaje] <1> *vpr* **se ~** to squabble

chambre [ʃɑ̃bʀ] *f* 1. *(pièce où l'on couche)* bedroom; **~ individuelle/double** single/double room; **~ d'amis** guest room 2. POL house 3. COM **~ de commerce et d'industrie** chamber of commerce 4. **~ à air** inner tube

chambrer [ʃɑ̃bʀe] <1> *vt* 1. *(tempérer)* to bring to room temperature 2. *inf (se moquer de)* to tease

chameau [ʃamo] <x> *m* camel

chamois [ʃamwa] *m* chamois

champ [ʃɑ̃] *m* 1. field 2. *pl (campagne)* country(side) 3. **sur le ~** at once

champagne [ʃɑ̃paɲ] *m* champagne

champêtre [ʃɑ̃pɛtʀ] *adj* country

champignon [ʃɑ̃piɲɔ̃] *m* 1. BOT, GASTR mushroom 2. *a.* MED fungus

champion(ne) [ʃɑ̃pjɔ̃] I. *adj inf* **être ~** to be great II. *m(f) (vainqueur) a. fig* champion; **~ du monde de boxe** boxing champion of the world

championnat [ʃɑ̃pjɔna] *m* championship

chance [ʃɑ̃s] *f* 1. *(bonne fortune, hasard)* (good) luck; **avoir de la ~** to be lucky; **la ~ a tourné** his/her luck has changed; **bonne ~!** good luck! 2. *(probabilité)* chance; **tenter sa ~** to try one's luck

Chancelier [ʃɑ̃səlje] *m (ministre)* Chancellor

chancellerie [ʃɑ̃sɛlʀi] *f* 1. *(administration)* chancellery 2. *(ministère de la Justice en France)* French Ministry of Justice

chanceux, -euse [ʃɑ̃sø] *adj* lucky

Chandeleur [ʃɑ̃d(ə)lœʀ] *f* REL **la ~** Candlemas

ⓘ The 2nd of February is the **chandeleur**, an originally Christian feast day on which crêpes are eaten with family and friends. While cooking the crêpes, a coin is held in one hand and the crêpe is tossed with the other. Those who successfully land the crêpe in the pan will have a prosperous year.

chandelier [ʃɑ̃dəlje] *m* candelabra; *(bougeoir)* candlestick

chandelle [ʃɑ̃dɛl] *f* candle; **dîner aux ~s** candlelit dinner

change [ʃɑ̃ʒ] *m (échange d'une monnaie)* (foreign) exchange

changement [ʃɑ̃ʒmɑ̃] *m* 1. *(modification)* change 2. CHEMDFER **avoir un ~ à Francfort** to have to change at Frankfurt

changer [ʃɑ̃ʒe] <2a> I. *vt* 1. to change 2. *(déplacer)* **~ qc de place** to move sth to a different place 3. FIN **~ contre qc** to change for sth 4. *(divertir)* **cela m'a changé les idées** that took my mind off things 5. **pour (pas) ~** *inf* as usual II. *vi* to change III. *vpr* **se ~** to get changed

chanson [ʃɑ̃sɔ̃] *f* 1. MUS song; **~ populaire** pop song 2. *inf (rengaine)* old story 3. **connaître la ~** *inf* to have heard it all before

chant [ʃɑ̃] *m* 1. singing 2. (*chanson*) song 3. (*du coq*) crow(ing)

chantage [ʃɑ̃taʒ] *m* blackmail; **faire du ~ à qn** to blackmail sb

chanter [ʃɑ̃te] I. *vi* 1. to sing; (*coq*) to crow 2. (*menacer*) **faire ~ qn** to blackmail sb II. *vt* to sing

chanteur, -euse [ʃɑ̃tœʀ] *m, f* singer

chantier [ʃɑ̃tje] *m* 1. (*lieu*) building [*o* construction *Am*] site; (*travaux*) building work 2. *inf* (*désordre*) mess

chantilly [ʃɑ̃tiji] *f* chantilly cream

chantonner [ʃɑ̃tɔne] <1> *vt, vi* to hum

chaos [kao] *m* chaos

chapeau [ʃapo] <x> *m* 1. (*couvrechef*) hat; ~ **melon** bowler [*o* derby *Am*] hat 2. ~! *inf* well done!; **démarrer sur les ~x de roues** *inf* to shoot off at top speed; *fig* to get off to a good start

chapelle [ʃapɛl] *f* chapel

chapiteau [ʃapito] <x> *m* big top

chapitre [ʃapitʀ] *m* chapter

chaque [ʃak] *adj inv* each, every; **un peu de ~** a little of everything

char [ʃaʀ] *m* 1. MIL tank 2. (*voiture décorée*) float

charbon [ʃaʀbɔ̃] *m* coal; ~ **de bois** charcoal

charcuter [ʃaʀkyte] <1> *vt péj, inf* to hack about

charcuterie [ʃaʀkytʀi] *f* 1. (*boutique*) pork butcher's (shop) 2. (*spécialité*) cooked pork meats *pl*

charcutier, -ière [ʃaʀkytje] *m, f* pork butcher

chardon [ʃaʀdɔ̃] *m* thistle

charge [ʃaʀʒ] *f* 1. (*responsibility*); **personnes à ~** dependents; **prendre qn/qc en ~** to take charge of sb/care of sth 2. (*fonction*) office 3. *souvent pl* (*obligations financières*) expenses *pl*

chargé(e) [ʃaʀʒe] *adj* 1. (*qui porte une charge*) loaded; **très ~** (*voyageur*) laden down with luggage 2. (*programme, journée*) full 3. (*responsable*) **être ~ de qn/qc** to be in charge of sb/sth 4. (*batterie*) charged

chargement [ʃaʀʒəmɑ̃] *m* 1. *a.*

INFOR loading 2. (*marchandises*) load 3. (*fret*) freight

charger [ʃaʀʒe] <2a> I. *vt* 1. *a.* TECH, INFOR to load; ~ **qn/qc de qc** to load sb/sth up with sth 2. (*attribuer une mission à*) ~ **qn de qc** to make sb responsible for sth 3. (*attaquer*) to charge (at) II. *vpr* **se ~ de qn/qc** to take care of sb/sth; **se ~ de** +*infin* to undertake to +*infin*

chariot [ʃaʀjo] *m* trolley *Brit,* cart *Am*

charitable [ʃaʀitabl] *adj* charitable

charité [ʃaʀite] *f* charity

charlatan [ʃaʀlatɑ̃] *m* 1. (*escroc*) con man 2. (*mauvais médecin*) quack (doctor)

charlotte [ʃaʀlɔt] *f* GASTR charlotte

charmant(e) [ʃaʀmɑ̃] *adj* charming

charme [ʃaʀm] *m* 1. (*attrait*) charm; **faire du ~ à qn** to use one's charms on sb 2. *souvent pl* (*beauté*) charms *pl*

charmer [ʃaʀme] <1> *vt* 1. (*enchanter*) to charm 2. (*envoûter*) to enchant

charmeur, -euse [ʃaʀmœʀ] I. *adj* (*sourire*) winning; (*air*) charming II. *m, f* charmer

charnel(le) [ʃaʀnɛl] *adj* 1. (*corporel*) physical 2. (*sexuel*) carnal

charnier [ʃaʀnje] *m* mass grave

charnière [ʃaʀnjɛʀ] I. *f* (*gond*) hinge II. *adj* (*de transition*) transitional

charnu(e) [ʃaʀny] *adj* fleshy

charogne [ʃaʀɔɲ] *f* (*d'un animal*) decaying carcass

charpente [ʃaʀpɑ̃t] *f* frame(work); (*du toit*) structure

charpentier [ʃaʀpɑ̃tje] *m* carpenter

charrette [ʃaʀɛt] *f* cart

charrier [ʃaʀje] <1> I. *vt* 1. (*rivière*) to carry (along) 2. *inf* to kid [*o* put *Am*] on II. *vi inf* (**il ne**) **faut pas ~!** *inf* that's going too far!

charrue [ʃaʀy] *f* 1. plough *Brit,* plow *Am* 2. **mettre la ~ avant les bœufs** to put the cart before the horse

charte [ʃaʀt] *f* charter

charter [ʃaʀtɛʀ] *m* (*vol*) charter flight

C_c

chasse¹ [ʃas] *f* **1.** (*action*) hunting; **faire la ~ aux souris** to chase mice **2.** (*poursuite*) hunt **3. qui va à la ~ perd sa place** *prov* if you leave your place you will lose it

chasse² [ʃas] *f inf* (*chasse d'eau*) (toilet) flush; **tirer la ~** to flush the toilet

chasse-neige [ʃasnɛʒ] *m inv* snow-plough *Brit,* snowplow *Am*

chasser [ʃase] <1> I. *vi* **1.** (*aller à la chasse*) to go hunting **2.** (*déraper*) to skid II. *vt* **1.** (*aller à la chasse*) to hunt **2.** (*faire partir*) to drive out [*o* away]

chasseur, -euse [ʃasœʀ] *m, f* hunter

châssis [ʃɑsi] *m* **1.** TECH, AUTO chassis **2.** (*cadre*) frame

chasteté [ʃastəte] *f* chastity

chat¹ [ʃa] *m* **1.** cat; (*mâle*) tomcat; *v. a.* **chatte 2. avoir un ~ dans la gorge** to have a frog in one's throat; **il n'y a pas un ~** there's not a soul

chat² [tʃat] *m* INFOR chat

châtaigne [ʃatɛɲ] *f* **1.** (*fruit*) (sweet) chestnut **2.** *fig, inf* clout

châtaignier [ʃateɲe] *m* **1.** (*arbre*) (sweet) chestnut tree **2.** (*bois*) chestnut

châtain [ʃatɛ̃] *adj pas de forme féminine* chestnut brown

château [ʃato] <x> *m* **1.** (*palais*) palace **2.** (*forteresse*) ~ **fort** castle **3.** (*fig*) ~ **d'eau** water tower; ~ **de sable** sand castle

châtiment [ʃatimɑ̃] *m* punishment

chaton [ʃatɔ̃] *m* kitten

chatouiller [ʃatuje] <1> *vt a. fig* to tickle

chatouilles [ʃatuj] *fpl* **faire des ~ à qn** to tickle sb

chatouilleux, -euse [ʃatujø] *adj* ticklish

châtrer [ʃatʀe] <1> *vt* to castrate

chatte [ʃat] *f* (female) cat; *v. a.* **chat**

chatter [tʃate] <1> *vi* INFOR to chat

chaud [ʃo] *m* **1.** (*chaleur*) warmth; (*chaleur extrême*) heat; **garder** [*o* **tenir**] **qc au** ~ to keep sth warm [*o* hot]; **avoir** ~ to be warm **2. il/elle a eu** ~ *inf* he/she had a narrow escape

chaud(e) [ʃo] *adj* **1.** (*opp: froid*) warm; (*très chaud*) hot **2.** (*repas, chocolat*) hot; (*vin*) mulled **3.** *inf* (*sensuel*) hot

chaudement [ʃodmɑ̃] *adv* warmly

chaudière [ʃodjɛʀ] *f* boiler

chauffage [ʃofaʒ] *m* **1.** (*installation*) heating **2.** (*appareil*) heater

chauffard [ʃofaʀ] *m* reckless driver

chauffe-eau [ʃofo] *m inv* water heater

chauffer [ʃofe] <1> I. *vi* **1.** (*être sur le feu*) to be warming up **2.** (*devenir chaud*) to warm up; (*très chaud*) to heat up **3.** (*moteur*) to overheat **4. ça va** ~ *inf* there's going to be trouble II. *vt* to heat; **faire** ~ to warm [*o* to heat *Am*] (up) III. *vpr* **se** ~ **au gaz/charbon** to use gas/coal for heating

chauffeur [ʃofœʀ] *m* **1.** (*conducteur*) driver; ~ **de taxi** taxi driver **2.** (*personnel*) chauffeur

chaume [ʃom] *m* thatch

chaumière [ʃomjɛʀ] *f* thatched cottage

chaussée [ʃose] *f* road(way)

chausser [ʃose] <1> I. *vt* (*chaussures*) to put on; (*skis*) to clip on II. *vi* ~ **du 38/42** to take a size 38/42 III. *vpr* **se** ~ to put one's shoes on

chaussette [ʃosɛt] *f* **1.** (*soquette*) sock **2.** (*mi-bas*) knee sock

chausson [ʃosɔ̃] *m* **1.** (*chaussure*) slipper **2.** GASTR ~ **aux pommes** apple turnover

chaussure [ʃosyʀ] *f* shoe; ~**s à talons** high-heeled shoes

chauve [ʃov] I. *adj* chauve II. *m* bald(-headed) man

chauve-souris [ʃovsuʀi] <chauves-souris> *f* bat

chauvin(e) [ʃovɛ̃] I. *adj* chauvinistic II. *m(f)* chauvinist

chaux [ʃo] *f* lime

chavirer [ʃaviʀe] <1> *vi* (*bateau*) to capsize

chef [ʃɛf] *m* **1.** (*responsable*) boss; ~ **d'État** head of state; ~ **d'orchestre** conductor **2.** (*meneur*) leader **3.** (*cuisinier*) chef

chef-d'œuvre [ʃɛdœvʀ] <chefs-d'œuvre> *m* masterpiece

chef-lieu [ʃɛfljø] <chefs-lieux> *m* administrative centre [*o* center *Am*]

chemin [ʃ(ə)mɛ̃] *m* **1.** way; **rebrousser** ~ to turn back; **en** ~ on the way **2. ne pas y aller par quatre ~s** not to beat about the bush

chemin de fer [ʃ(ə)mɛ̃dəfɛʀ] <chemins de fer> *m* railway *Brit*, railroad *Am*

cheminée [ʃ(ə)mine] *f* **1.** (*à l'extérieur*) chimney (stack) **2.** (*dans une pièce*) fireplace

cheminer [ʃ(ə)mine] <1> *vi* **1.** (*aller*) to walk (along) **2.** *fig* (*pensée*) to progress

cheminot [ʃ(ə)mino] *m* railway worker

chemise [ʃ(ə)miz] *f* **1.** (*vêtement*) shirt; ~ **de nuit** (*de femme*) nightgown **2.** (*dossier*) folder

chemisier [ʃ(ə)mizje] *m* blouse

chêne [ʃɛn] *m* **1.** (*arbre*) oak (tree) **2.** (*bois*) oak

chenil [ʃ(ə)nil] *m* (*abri pour les chiens*) kennels *pl*

chenille [ʃ(ə)nij] *f* caterpillar

chèque [ʃɛk] *m* ~ **bancaire** cheque; ~ **sans provision** bad cheque; ~ **postal** ≈ giro cheque; **faire un** ~ **de 100 euros à qn** to write out a cheque for 100 euros to sb

chèque-restaurant [ʃɛkʀɛstɔʀɑ̃] <chèques-restaurant> *m* luncheon voucher *Brit*, meal ticket *Am*

chéquier [ʃekje] *m* cheque-book *Brit*, checkbook *Am*

cher, chère [ʃɛʀ] **I.** *adj* **1.** (*coûteux*) expensive, dear **2.** (*aimé*) dear **3.** *antéposé* ~ **Monsieur** dear Sir; **chère Madame** dear Madame; ~**s tous** dear all **II.** *m, f* **mon** ~/**ma chère** my dear **III.** *adv* a lot (of money); **avoir pour pas** ~ *inf* to get cheap

chercher [ʃɛʀʃe] <1> **I.** *vt* **1.** (*rechercher*) to look for; ~ **qn des yeux** to look around for sb **2.** (*ramener, rapporter*) **aller**/**venir** ~ **qn**/**qc** *inf* to go/to come and get sb/sth **3.** ~ **qn** *inf* to be looking for an argument with sb; **tu l'as (bien)**

cherché! you've been asking for it!; **qu'est-ce que tu vas** ~ **(là)!** what are you thinking of! **II.** *vi* **1.** (*s'efforcer de*) ~ **à** + *infin* to try to + *infin* **2.** (*fouiller*) to look

chercheur, -euse [ʃɛʀʃœʀ] *m, f* **1.** (*savant*) researcher **2.** ~ **d'or** gold digger

chéri(e) [ʃeʀi] **I.** *adj* beloved **II.** *m(f)* a. *péj* darling

chétif, -ive [ʃetif] *adj* (*arbre*) stunted; (*personne*) puny

cheval [ʃ(ə)val] <-aux> **I.** *m* **1.** ZOOL horse **2.** SPORT **faire du** ~ to go (horse) [*o* horseback *Am*] riding **3.** AUTO, FIN **elle fait combien de chevaux votre voiture?** what horsepower is your car? **4.** JEUX knight **II.** *adv* **être à** ~ **sur la chaise** to be sitting astride the chair; **être à** ~ **sur les principes** to be a stickler for principles

chevalerie [ʃ(ə)valʀi] *f* chivalry

chevalet [ʃ(ə)valɛ] *m* easel

chevalier [ʃ(ə)valje] *m* knight

chevalière [ʃ(ə)valjɛʀ] *f* signet ring

chevauchée [ʃ(ə)voʃe] *f* (*promenade*) ride

chevaucher [ʃ(ə)voʃe] <1> *vt* to sit astride

chevelu(e) [ʃəvly] *adj* **homme** ~ long-haired man

chevelure [ʃəvlyʀ] *f* (*cheveux*) hair

chevet [ʃ(ə)vɛ] *m* bedhead; **table de** ~ bedside table; **être au** ~ **de qn** to be at sb's bedside

cheveu [ʃ(ə)vø] <x> *m* **1.** hair; **avoir les** ~**x courts/longs/châtain clair** to have short/long/light brown hair **2. avoir un** ~ **sur la langue** to have a lisp; **comme un** ~ **sur la soupe** at a very awkward moment; **couper les** ~**x en quatre** to split hairs; **être tiré par les** ~**x** to be far-fetched

cheville [ʃ(ə)vij] *f* **1.** ANAT ankle **2.** (*tige pour assembler*) peg **3.** (*tige pour boucher*) dowel **4. ne pas arriver à la** ~ **de qn** not to be able to hold a candle to sb

chèvre [ʃɛvʀ] **I.** *f* **1.** (*animal*) goat **2.** (*femelle*) nanny goat **II.** *m* (*fro-*

mage) goat's cheese

chevreau [ʃəvʀo] <x> *m* kid

chèvrefeuille [ʃɛvʀəfœj] *m* honey-suckle

chevreuil [ʃəvʀœj] *m* **1.**(*animal*) roe deer **2.**(*mâle*) roebuck **3.**GASTR venison **4.** Québec (*cerf de Virginie*) deer

chevronné(e) [ʃəvʀɔne] *adj* experienced

chevrotine [ʃəvʀɔtin] *f* buckshot

chewing-gum [ʃwiŋɡɔm] <chewing-gums> *m* chewing gum

chez [ʃe] *prep* **1.**(*au logis de qn*) ~ **qn** at sb's house; ~ **soi** at home; **je vais/rentre** ~ **moi** I'm going home; **je viens** ~ **toi** I'll come to your place; **passer** ~ **qn** to stop by sb's place; **aller** ~ **le coiffeur** to go to the hairdresser's; **faites comme** ~ **vous!** make yourself at home! **2.**(*dans la personne*) ~ **les Durand** at the Durand's

> [!] **chez** is a preposition that means "at someone's house". "Il y a une fête chez Paul" (=There is a party at Paul's house.) Don't forget you should also use chez when talking about places such as the doctor's office, dentist's office, and the hairdresser's. "Je vais chez le medecin. Il va chez le dentiste. Elle va chez le coiffeur." (=I'm going to the doctor's. He's going to the dentist. She's going to the hairdresser's).

chez-moi [ʃemwa] *m inv*, **chez-soi** [ʃeswa] *m inv* (own) home

chialer [ʃjale] <1> *vi inf* to blubber

chiant(e) [ʃjɑ̃] *adj inf* bloody [*o* damn *Am*] annoying

chic [ʃik] I. *m sans pl* **avoir le** ~ **pour faire qc** to have the knack of doing sth II. *adj inv* **1.**(*élégant*) chic **2.**(*sélect*) smart **3.** *inf* ~ **type** nice guy III. *interj inf* ~ (**alors**)! great!

chicane [ʃikan] *f* (*morceau de route*) chicane

chiche [ʃiʃ] *inf* I. *adj* **t'es pas** ~ **de faire ça!** you couldn't do that! II. *interj* ~ **que je le fais!** I bet you I can do it!; ~! (*pari accepté*) you're on

chicon [ʃikɔ̃] *m Belgique* (*endive*) chicory *Brit,* endive *Am*

chicorée [ʃikɔʀe] *f* **1.**(*plante*) endive *Brit,* chicory *Am* **2.**(*café*) chicory coffee

chien [ʃjɛ̃] *m* **1.**(*animal*) dog; ~ **de race** pedigree dog; (**attention**) ~ **méchant!** beware of the dog!; *v. a.* **chienne 2.**(*d'un fusil*) hammer **3.** **s'entendre** comme ~ **et chat** to fight like cat and dog; **vie de** ~ dog's life; **temps de** ~ foul weather; **caractère de** ~ foul temper; **avoir un mal de** ~ **pour faire qc** to have great difficulty in doing sth

chiendent [ʃjɛ̃dɑ̃] *m* couch grass

chienne [ʃjɛn] *f* **1.**bitch; *v. a.* **chien 2.** ~ **de vie** dog's life

chier [ʃje] <1a> *vt, vi vulg* **1.**to shit **2.y a pas à** ~! there's no two ways about it!; **faire** ~ **qn** to get up sb's nose; **fais pas** ~! piss off!; **se faire** ~ to be bored out of one's skull

chiffon [ʃifɔ̃] *m* rag

chiffonner [ʃifɔne] <1> *vt* **1.**(*froisser*) to crumple **2.**(*chagriner*) to bother

chiffonnier, -ière [ʃifɔnje] *m, f* **se disputer comme des** ~**s** to quarrel like fishwives

chiffre [ʃifʀ] *m* **1.**(*caractère*) figure; (*romain*) numeral **2.**(*montant*) total; ~ **d'affaires** turnover *Brit,* sales *Am* **3.** *pl* (*statistiques*) figures; (*du chômage*) statistics

chiffrer [ʃifʀe] <1> I. *vt* **1.**(*numéroter*) to number **2.**(*évaluer*) to assess **3.**(*coder*) to encode II. *vpr* **se** ~ **à qc** to amount to sth

chignon [ʃiɲɔ̃] *m* bun

chiite [ʃiit] *adj* Shiite

Chiite [ʃiit] *mf* Shiite

Chili [ʃili] *m* **le** ~ Chile

chilien(ne) [ʃiljɛ̃] *adj* Chilean

Chilien(ne) [ʃiljɛ̃] *m(f)* Chilean

chimère [ʃimɛːʀ(ə)] *f* wild dream

chimie [ʃimi] *f* chemistry

chimio [ʃimjo] *f inf,* **chimiothérapie** [ʃimjoteʀapi] *f* chemotherapy
chimique [ʃimik] *adj* chemical
chimiste [ʃimist] *mf* chemist
chimpanzé [ʃɛ̃pɑ̃ze] *m* chimpanzee
Chine [ʃin] *f* **la** ~ China
chiné(e) [ʃine] *adj* chiné
chinois(e) [ʃinwa] **I.** *adj* Chinese
II. *m* **1.** (*langue*) Chinese; *v. a.* **français 2.** GASTR (conical) strainer
Chinois(e) [ʃinwa] *m(f)* Chinese *no
art*
chinoiser [ʃinwaze] <1> *vi* to split
hairs
chiot [ʃjo] *m* pup(py)
chiottes [ʃjɔt] *fpl inf* bog *Brit,* john
Am
chiper [ʃipe] <1> *vt inf* to pinch
chipie [ʃipi] *f* (*petite fille*) little minx
chipoter [ʃipɔte] <1> *vi* ~ **sur qc** to
quibble about sth
chips [ʃips] *f gén pl* crisps *Brit,* chips
Am
chique [ʃik] *f* **1.** (*tabac*) plug **2.** *Belgique* (*bonbon*) sweet
chiqué [ʃike] *m inf* (*bluff*) sham;
c'est du ~ it's a put-on
chiquer [ʃike] <1> *vi* to chew tobacco
chirurgical(e) [ʃiʀyʀʒikal] <-aux>
adj surgical
chirurgie [ʃiʀyʀʒi] *f* surgery
chirurgien(ne) [ʃiʀyʀʒjɛ̃] *m(f)* surgeon; ~ **dentiste** dental surgeon
chlinguer [ʃlɛ̃ge] <1> *vi* v.
schlinguer
chlore [klɔʀ] *m* chlorine
chloroforme [klɔʀɔfɔʀm] *m*
chloroform
chlorophylle [klɔʀɔfil] *f* chlorophyll
chnoque [ʃnɔk] *m inf* v. **schnock**
choc [ʃɔk] *m* **1.** shock **2.** (*heurt*) impact **3.** (*collision*) crash
chocolat [ʃɔkɔla] *m* chocolate; **œuf
en** ~ chocolate egg
chœur [kœʀ] *m* **1.** (*chanteurs*) choir
2. (*groupe*) chorus
choisi(e) [ʃwazi] *adj* **1.** (*morceau*)
selected **2.** (*langage*) refined
choisir [ʃwaziʀ] <8> *vi, vt* to choose
choix [ʃwa] *m* **1.** choice; **un dessert**

au ~ a choice of dessert **2.** (*variété*)
selection **3.** (*qualité*) **de** ~ choice
choléra [kɔleʀa] *m* cholera
cholestérol [kɔlɛsteʀɔl] *m* cholesterol
chômage [ʃomaʒ] *m* unemployment; **être au** ~ to be unemployed
chômer [ʃome] <1> *vi* **1.** (*être sans
travail*) to be unemployed **2.** (*ne pas
travailler*) to be idle
chômeur, -euse [ʃomœʀ] *m, f* unemployed person
chope [ʃɔp] *f* beer mug
choper [ʃɔpe] <1> *vt inf* to catch
choquer [ʃɔke] <1> *vt* **1.** (*scandaliser*) to shock **2.** (*commotionner*) to
shake (up)
choral(e) [kɔʀal] <-aux *o* s> *adj*
choral
chorale [kɔʀal] *f* choral society
chorégraphe [kɔʀegʀaf] *mf* chor-
eographer
chorégraphie [kɔʀegʀafi] *f* choreography
choriste [kɔʀist] *mf* (*d'église*) choir
member; (*d'opéra*) member of the
chorus
chose [ʃoz] *f* **1.** (*objet*) thing **2.** (*ce
dont il s'agit*) matter; **encore une** ~
something else; **mettre les** ~**s au
point** to clear things up **3.** (*paroles*)
j'ai deux/plusieurs ~**s à vous dire**
I've (got) several things to tell you
4. voilà autre ~! *inf* that's something else; **pas grand-**~ nothing
much; **avant toute** ~ above all
(else); ~ **promise,** ~ **due** *prov* a
promise is a promise; **à peu de** ~**s
près** more or less
chou [ʃu] <x> *m* **1.** (*légume*) cabbage; ~ **de Bruxelles** Brussels
sprout **2.** GASTR **à la crème** cream
puff
chouchou [ʃuʃu] *m* (*élastique*)
scrunchy
chouchou(te) [ʃuʃu] *m(f) inf* pet; ~
de qn sb's darling
choucroute [ʃukʀut] *f* sauerkraut; ~
garnie *sauerkraut with meat*
chouette [ʃwɛt] **I.** *adj inf* great **II.** *f*
(*oiseau*) owl
chou-fleur [ʃuflœʀ] <choux-

fleurs> *m* cauliflower

choyer [ʃwaje] <6> *vt* to pamper

chrétien(ne) [kʀetjɛ̃] *m(f)* Christian

chrétienté [kʀetjɛ̃te] *f* Christendom

christ [kʀist] *m* (*crucifix*) crucifix

christianisme [kʀistjanism] *m* Christianity

Christophe [kʀistɔf(ə)] *m* HIST ~ **Colomb** Christopher Columbus

chrome [kʀom] *m* (*métal*) chromium

chromosome [kʀomozom] *m* chromosome

chronique [kʀɔnik] **I.** *adj* chronic **II.** *f* **1.** LIT chronicle **2.** TV, RADIO programme **3. défrayer la** ~ to be the talk of the town

chronologie [kʀɔnɔlɔʒi] *f* chronology

chronologique [kʀɔnɔlɔʒik] *adj* chronological

chronomètre [kʀɔnɔmɛtʀ] *m* SPORT stopwatch

chronométrer [kʀɔnɔmetʀe] <5> *vt* to time

chrysanthème [kʀizɑ̃tɛm] *m* chrysanthemum

CHU [seaʃy] *m abr de* **centre hospitalier universitaire** ≈ university hospital

chuchoter [ʃyʃɔte] <1> *vt, vi* to whisper

chut [ʃyt] *interj* shh

chute [ʃyt] *f* **1.** fall **2. faire une** ~ **de 5 m** to fall 5 m; **en** ~ **libre** in free fall **3.** GEO ~ **d'eau** waterfall **4.** METEO ~ **de neige** snowfall; ~ **de température** drop in temperature

chuter [ʃyte] <1> *vi inf* to fall

ci [si] *adv* ~ **et ça** this and that; **à cette heure-**~ at this time; *v. a.* **ceci, celui**

ci-après [siapʀɛ] *adv* below

cible [sibl] *f a.* SPORT target

cibler [sible] <1> *vt* to target

ciboulette [sibulɛt] *f* **1.** BOT chive **2.** GASTR chives *pl*

cicatrice [sikatʀis] *f* scar

cicatriser [sikatʀize] <1> *vt, vi, vpr a. fig* to heal (up)

ci-contre [sikɔ̃tʀ] *adv* opposite

ci-dessous [sid(ə)su] *adv* below

ci-dessus [sid(ə)sy] *adv* above

cidre [sidʀ] *m* cider

Cie *abr de* **compagnie** Co.

ciel <cieux *o* s> [sjɛl] *m* **1.** <s> (*firmament*) sky **2.** REL heaven **3. remuer** ~ **et terre** to move heaven and earth

cierge [sjɛʀʒ] *m* candle

cieux [sjø] *pl de* **ciel**

cigale [sigal] *f* cicada

cigare [sigaʀ] *m* cigar

cigarette [sigaʀɛt] *f* cigarette

ci-gît [siʒi] here lies

cigogne [sigɔɲ] *f* stork

ci-inclus [siɛ̃kly] enclosed

ci-joint [siʒwɛ̃] enclosed

cil [sil] *m* eyelash

cime [sim] *f* (*d'un arbre*) top; (*d'une montagne*) summit

ciment [simɑ̃] *m* cement

cimenter [simɑ̃te] <1> *vt a. fig* to cement

cimetière [simtjɛʀ] *m* cemetary

ciné [sine] *m inf abr de* **cinéma**

cinéaste [sineast] *m* film director

ciné-club [sineklœb] <ciné-clubs> *m* film club

cinéma [sinema] *m* **1.** (*art, salle*) cinema; **faire du** ~ to be in films **2. arrête ton** ~ *inf* cut out the playacting

cinémathèque [sinematɛk] *f* (*archives*) film archive(s)

cinématographique [sinematɔgʀafik] *adj* film, movie *Am*

ciné-parc, cinéparc [sinepaʀk] <ciné-parcs> *m Québec* (*cinéma de plein air*) drive-in (cinema)

cinglé(e) [sɛ̃gle] **I.** *adj inf* crazy **II.** *m(f) inf* **quel** ~ what a loony!

cingler [sɛ̃gle] <1> *vt* to lash

cinq [sɛ̃k] **I.** *adj* **1.** five; **en** ~ **exemplaires** in quintuplicate; **dans** ~ **jours** in five days' time; **faire qc un jour sur** ~ to do sth once every five days; **un Français/foyer sur** ~ one in five Frenchmen/households; **vendre qc par** ~ to sell sth in fives; **rentrer** ~ **par** ~ to come in [*o* to go in] five at a time; **ils sont venus à** ~ five of them came **2.** (*dans l'indi-*

cation de l'âge, la durée) avoir ~
ans to be five (years old); **période
de** ~ **ans** five-year period **3.** (*dans
l'indication de l'heure*) **il est** ~
heures it's five o'clock; **il est dix
heures** ~/**moins** ~ it's five past
ten/five to ten; **toutes les** ~ **heures**
every five hours **4.** (*dans l'indication
de la date*) **le** ~ **mars** the fifth of
March, March the fifth; **arriver le** ~
mars to arrive (on) March the fifth;
arriver le ~ to arrive on the fifth;
nous sommes [*o* on est] **le** ~ **mars**
it's the fifth of March; **le vendredi** ~
mars on Friday, the fifth of March;
Aix, le ~ **mars** Aix, March the fifth;
tous les ~ **du mois** on the fifth of
each month **5.** (*dans l'indication de
l'ordre*) **arriver** ~ **ou sixième** to
finish fifth or sixth **6.** (*dans les noms
de personnages*) **Charles V** Charles
V, Charles the Fifth **II.** *m inv* **1.** five;
deux et trois font ~ two and three
are [*o* make *Am*] five **2.** (*numéro*)
five; **habiter (au) 5, rue de l'église**
to live at 5 Church Street **3.** (*bus*) **le**
~ the (number) five **4.** JEUX **le** ~ **de
cœur** the five of hearts **5.** ECOLE
avoir ~ **sur dix** ≈ to have a grade of
D **6.** ~ **sur** ~ perfectly **III.** *f* (*table/
chambre/… numéro* ~) five **IV.** *adv*
fifthly

cinquantaine [sɛ̃kɑ̃tɛn] *f* **1.** (*environ cinquante*) **une** ~ **de per-
sonnes/pages** about fifty people/
pages **2.** (*âge approximatif*) **avoir la**
~ [*o* **une** ~ **d'années**] to be about
fifty (years old); **approcher de la** ~
to be getting on for fifty; **avoir dépassé la** ~ to be over fifty (years old)
cinquante [sɛ̃kɑ̃t] **I.** *adj* **1.** fifty; **à** ~
à l'heure [*o* **kilomètres à l'heure**]
at fifty miles an hour **2.** (*dans l'indication des époques*) **les années** ~
the fifties **3.** **répéter** ~ **fois la
même chose** to repeat the same
thing a thousand times **II.** *m inv*
1. (*cardinal*) fifty **2.** (*taille de confection*) **faire du** ~ (*homme*) to take [*o*
wear *Am*] a size forty; (*femme*) to
take [*o* wear *Am*] a size twenty; *v. a.*
cinq

cinquantenaire [sɛ̃kɑ̃tnɛʀ] *m* fiftieth anniversary
cinquantième [sɛ̃kɑ̃tjɛm] **I.** *adj
antéposé* fiftieth **II.** *mf* **le/la** ~ the
fiftieth **III.** *m* (*fraction*) fiftieth; *v. a.*
cinquième
cinquième [sɛ̃kjɛm] **I.** *adj antéposé*
fifth; **la** ~ **page avant la fin** the fifth
last page; **arriver la** ~
place to finish fifth/to get fifth place;
le ~ **centenaire** the fifth anniversary **II.** *mf* **le/la** ~ the fifth; **être le/
la** ~ **de la classe** to be fifth in the
class **III.** *m* **1.** (*fraction*) fifth; **les
trois** ~**s du gâteau** three fifths of the
cake **2.** (*étage*) fifth; **habiter au** ~ to
live on the fifth floor **3.** (*arrondissement*) **habiter dans le** ~ to live in
the fifth arrondissement **4.** (*dans une
charade*) fifth syllable **IV.** *f* **1.** (*vitesse*) fifth gear; **passer en** ~ to
change into fifth gear **2.** ECOLE second
year (*of secondary school*)
cinquièmement [sɛ̃kjɛmmɑ̃] *adv*
fifthly
cintre [sɛ̃tʀ] *m* (*portemanteau*)
(coat) hanger
CIO [seio] *m* **1.** *abr de* **Comité international olympique** IOC **2.** *abr
de* **centre d'information et
d'orientation** information centre
cirage [siʀaʒ] *m* **1.** (shoe) polish
2. **être dans le** ~ *inf* to be half-con-
scious
circoncision [siʀkɔ̃siziʒɔ̃] *f* circumcision
circonférence [siʀkɔ̃feʀɑ̃s] *f* circumference
circonscription [siʀkɔ̃skʀipsjɔ̃] *f*
district
circonscrire [siʀkɔ̃skʀiʀ] <irr> *vt*
1. (*délimiter*) to delimit **2.** (*incendie*) to contain
circonstance [siʀkɔ̃stɑ̃s] *f* **1.** *souvent pl* circumstance **2.** (*occasion*)
occasion
circuit [siʀkɥi] *m* **1.** (*itinéraire touristique*) tour **2.** (*parcours*) roundabout route **3.** SPORT, ELEC circuit
4. (*jeu*) track
circulaire [siʀkylɛʀ] *f* circular
circulation [siʀkylasjɔ̃] *f* **1.** (*trafic*)

traffic; ~ **interdite** closed to traffic **2.** ECON, MED circulation; **mettre en** ~ to put into circulation

circuler [siʀkyle] <1> *vi* **1.** to circulate; **faire** ~ **qc** to circulate sth **2.** (*aller et venir*) to get around; **circulez!** move along!

cire [siʀ] *f* wax

ciré [siʀe] *m* oilskin

cirer [siʀe] <1> *vt* to polish

cirque [siʀk] *m* circus

cirrhose [siʀoz] *f* cirrhosis

cisaille [sizaj] *f* shears

cisailler [sizaje] <1> *vt* **1.** (*couper*) to cut **2.** (*élaguer*) to prune

ciseau [sizo] <x> *m* **1.** *pl* (*instrument*) (pair of) scissors *pl* **2.** (*outil*) chisel

ciseler [sizle] <4> *vt* to chisel

citadelle [sitadɛl] *f* citadel

citadin(e) [sitadɛ̃] **I.** *adj* city, town **II.** *m(f)* city dweller

citation [sitasjɔ̃] *f* quotation

cité [site] *f* **1.** (*ville moyenne*) town **2.** (*grande ville*) city **3.** (*immeubles*) housing estate; ~ **universitaire** student halls *pl* of residence

citer [site] <1> *vt* **1.** (*rapporter*) to quote **2.** (*énumérer*) to name; ~ **en exemple** to hold up as an example **3.** JUR to summon

citerne [sitɛʀn] *f* tank

citoyen(ne) [sitwajɛ̃] *m(f)* citizen

citron [sitʀɔ̃] *m* lemon

citronnelle [sitʀɔnɛl] *f* BOT citronella

citronnier [sitʀɔnje] *m* lemon tree

citrouille [sitʀuj] *f* BOT pumpkin

civet [sivɛ] *m:* stew

civière [sivjɛʀ] *f* stretcher

civil(e) [sivil] **I.** *adj a.* JUR civil; **année** ~**e** calendar year **II.** *m* **1.** (*personne*) civilian **2.** (*vie ~e*) **dans le** ~ in civilian life

civilement [sivilmɑ̃] *adv* (*opp: religieusement*) in a registry [*o* register] office

civilisation [sivilizasjɔ̃] *f* civilization

civiliser [sivilize] <1> *vt* to civilize

civique [sivik] *adj* civic

civisme [sivism] *m* public-spirited-ness

clafoutis [klafuti] *m: sweet dish made of cherries baked in pancake batter*

clair(e) [klɛʀ] **I.** *adj* **1.** light **2.** (*flamme, pièce*) bright **3.** (*peu consistant*) thin **4.** (*intelligible, évident*) clear; **avoir les idées** ~**es** to think clearly **II.** *adv* **1.** clearly; **tu ne vois pas** ~ you can't see well **2.** *fig* **voir** ~ **dans qc** to get to the bottom of sth; **parler** ~ **et net** to speak quite openly **III.** *m* **1.** ~ **de lune** moonlight **2. tirer qc au** ~ to clarify sth; **en** ~ (*dire sans ambiguïté*) to put it clearly; (*émission*) unscrambled

claire [klɛʀ] *f* (*huître*) oyster from an oyster bed

clairement [klɛʀmɑ̃] *adv* clearly

clairière [klɛʀjɛʀ] *f* clearing

clairon [klɛʀɔ̃] *m* **1.** (*instrument*) bugle **2.** (*personne*) bugler

claironner [klɛʀɔne] <1> *vt* iron to shout from the rooftops

clairsemé(e) [klɛʀsəme] *adj* **1.** (*dispersé*) scattered **2.** (*peu dense*) thin

clamer [klame] <1> *vt* to shout; (*innocence*) to proclaim

clan [klɑ̃] *m* clan

clandestin(e) [klɑ̃dɛstɛ̃] **I.** *adj* clandestine; (*mouvement*) underground; **passager** ~ stowaway **II.** *m(f)* (*immigrant*) illegal immigrant

clandestinité [klɑ̃dɛstinite] *f* **1.** (*fait de ne pas être déclaré*) secrecy **2.** (*vie cachée*) **entrer dans la** ~ to go underground

clapier [klapje] *m* (*cage*) rabbit hutch

clapoter [klapɔte] <1> *vi* to lap

claquage [klakaʒ] *m* MED **1.** (*action*) pulling of a muscle **2.** (*résultat*) pulled muscle

claque [klak] *f* **1.** (*tape sur la joue*) slap **2.** THEAT claque **3. j'en ai/il en a sa** ~ *inf* I'm/he's fed up (to the back teeth)

claqué(e) [klake] *adj inf* worn out

claquer [klake] <1> **I.** *vt* **1.** (*porte*) to slam **2.** *inf* (*dépenser*) to blow **II.** *vi* **1.** (*porte, volet*) to bang; (*fouet*) to crack; **il claque** ~ **des**

dents his teeth are chattering **2.** *inf* (*mourir*) to kick the bucket **3.** *inf* (*élastique*) to snap **III.** *vpr inf* MED **se ~ un muscle** to pull a muscle

claquettes [klakɛt] *fpl* (*danse*) tap dancing; **faire des ~** to tap-dance

clarifier [klaʀifje] <1> **I.** *vt a. fig* to clarify **II.** *vpr* **se ~** (*fait*) to become clarified

clarinette [klaʀinɛt] *f* clarinet

clarté [klaʀte] *f* **1.** (*du ciel*) brightness **2.** (*d'eau*) clearness **3.** (*opp: confusion*) clarity

classe [klɑs] *f* **1.** (*groupe*) class; **~s moyennes** middle classes; **~ d'âge** age group **2.** (*rang*) **de première ~** first class **3.** *inf* (*élégance*) **être ~** to be classy; **c'est ~!** that's chic! **4.** ECOLE class; (*salle*) classroom; **en ~** in class; **~ de cinquième/seconde** second/fifth year (*of secondary school*); **~ terminale** final year; **passer dans la ~ supérieure** to go up a year; **faire (la) ~** to teach **5.** (*séjour*) **~ verte** school (*field*) trip to the country **6.** MIL annual levy; **faire ses ~s** to do one's elementary training

classé(e) [klɑse] *adj* **1.** (*bâtiment*) listed **2.** (*affaire*) closed

classement [klɑsmɑ̃] *m* **1.** (*rangement*) filing **2.** (*d'un élève*) grading; (*d'un joueur*) ranking **3.** (*place sur une liste*) classification

classer [klɑse] <1> **I.** *vt* **1.** (*ordonner*) to classify **2.** (*répartir*) to class **3.** (*ranger selon la performance*) to rank **4.** (*monument*) to list **II.** *vpr* **se ~ premier** to rank first

classeur [klɑsœʀ] *m* file

classification [klasifikasjɔ̃] *f* classification

classique [klasik] **I.** *adj* **1.** ART, ECOLE classical; **filière ~** classics stream **2.** (*habituel*) classic; (*produit*) standard; **c'est (le coup) ~!** *inf* that's typical! **II.** *m* **1.** (*auteur, œuvre*) classic **2.** (*musique*) classical music

clause [kloz] *f* clause

claustrophobe [klostʀɔfɔb] *adj* claustrophobic

claustrophobie [klostʀɔfɔbi] *f* claustrophobia

clavicule [klavikyl] *f* ANAT collarbone

clavier [klavje] *m* keyboard

clé [kle] *f* **1.** (*instrument*) key; **~ de contact** ignition key **2.** (*outil*) wrench, spanner *Brit*; **~ anglaise** adjustable spanner **3.** MUS key; **~ de sol** G clef

clean [klin] *adj inf* **1.** (*propre*) bare **2.** (*bien*) OK

clef [kle] *f v.* **clé**

clémence [klemɑ̃s] *f* clemency

clément(e) [klemɑ̃] *adj* clement; (*temps*) mild

clémentine [klemɑ̃tin] *f* clementine

cleptomane [klɛptɔman] *mf* kleptomaniac

clerc [klɛʀ] *m* (*de notaire*) clerk

clergé [klɛʀʒe] *m* clergy

clic [klik] *interj, m* click

cliché [kliʃe] *m* **1.** (*banalité*) cliché **2.** (*photo*) shot

client(e) [klijɑ̃] *m(f)* **1.** (*acheteur*) customer **2.** (*d'un restaurant*) diner; (*d'un avocat*) client

clientèle [klijɑ̃tɛl] *f* clientele; (*d'un avocat*) clients *pl*

cligner [kliɲe] <1> *vt* **~ des yeux** to blink; **~ de l'œil** to wink

clignotant [kliɲɔtɑ̃] *m* AUTO indicator *Brit*, blinker *Am*; **mettre le/son ~** to indicate

clignotant(e) [kliɲɔtɑ̃] *adj* blinking

clignoter [kliɲɔte] <1> *vi* **1.** **ses yeux clignotaient** he/she was blinking **2.** (*éclairer*) to go on and off

clignoteur [kliɲɔtœʀ] *m* Belgique (*clignotant*) indicator *Brit*, blinker *Am*

clim [klim] *f abr de* **climatisation** aircon

climat [klima] *m a.* METEO climate

climatisation [klimatizasjɔ̃] *f* air conditioning

clin d'œil <clins d'œil *o* clins d'yeux> [klɛ̃dœj] *m* **1.** wink; **faire un ~ à qn** to wink at sb **2.** **en un ~** in a flash

clinique [klinik] **I.** *adj* clinical **II.** *f* clinic

clip [klip] *m* **1.** TV video **2.** (*bijou*)

clip

clique [klik] *f* 1. *péj, inf* clique 2. **prendre ses ~s et ses claques** *inf* to pack up and go

cliquer [klike] <1> *vi* INFOR ~ **sur un symbole** to click on an icon

cliqueter [klik(ə)te] <3> *vi* (*monnaie, clés*) to jangle; (*verre*) to clink

cliquetis [klik(ə)ti] *m* (*de la monnaie, clés*) jangling; (*de verres*) clinking

clochard(e) [klɔʃaʀ] *m(f)* tramp

cloche [klɔʃ] *f* bell

cloche² [klɔʃ] *adj inf* 1. (*maladroit*) clumsy 2. (*stupide*) stupid

cloche-pied [klɔʃpje] **à ~** hopping

clocher¹ [klɔʃe] *m* (church) tower

clocher² [klɔʃe] <1> *vi inf* to be not right

clodo [klodo] *m inf abr de* **clochard**

cloison [klwazɔ̃] *f* partition

cloisonner [klwazɔne] <1> *vt* (*pièce*) to partition

cloître [klwatʀ] *m* cloister

cloîtrer [klwatʀe] <1> *vpr* **se ~ dans sa maison** to shut oneself away at home

clone [klon] *m* BIO, INFOR clone

clope [klɔp] *m o f inf* (*cigarette*) smoke

cloque [klɔk] *f* blister

clore [klɔʀ] <irr> *vt* to conclude; (*compte*) to close

clos(e) [klo] I. *part passé de* **clore** II. *adj* closed

clôture [klotyʀ] *f* 1. (*enceinte*) fence 2. (*d'un festival*) close; (*d'un débat*) conclusion; (*d'un compte*) closure

clôturer [klotyʀe] <1> *vt* 1. (*entourer*) to enclose 2. (*finir*) to conclude

clou [klu] *m* 1. (*pointe*) nail 2. (*attraction*) highlight 3. GASTR ~ **de girofle** clove 4. **des ~s!** *inf* no way!

clouer [klue] <1> *vt* 1. to nail; (*planches, caisse*) to nail down 2. *inf* **être cloué au lit** to be confined to bed

clouté(e) [klute] *adj* (*chaussures, pneus*) studded

clown [klun] *m* clown

club [klœb] *m* club

CM1 [seɛmœ̃] *m abr de* **cours moyen première année** ≈ year 2

CM2 [seɛmdø] *m abr de* **cours moyen deuxième année** ≈ year 3

C.N.R.S. [seɛnɛʀɛs] *m abr de* **Centre national de la recherche scientifique** ≈ SRC *Brit,* ≈ NSF *Am* (*state body sponsoring research*)

coaguler [kɔagyle] <1> *vt, vi, vpr* (**se**) **~** to coagulate

coalition [kɔalisjɔ̃] *f* coalition

cobaye [kɔbaj] *m* guinea pig

cobra [kɔbʀa] *m* cobra

coca(-cola)® [kɔkakɔla] *m* Coca Cola®

cocaïne [kɔkain] *f* cocaine

cocarde [kɔkaʀd] *f* rosette

cocasse [kɔkas] *adj inf* comical

coccinelle [kɔksinɛl] *f* 1. ZOOL ladybird *Brit,* ladybug *Am* 2. AUTO Beetle®

coccyx [kɔksis] *m* ANAT coccyx

coche [kɔʃ] *m* **rater le ~** *inf* to miss the boat

cocher¹ [kɔʃe] <1> *vt* to check [*o* tick *Brit*] off

cocher² [kɔʃe] *m* coachman

cochon [kɔʃɔ̃] *m* 1. (*animal*) pig 2. GASTR pork 3. (*cobaye*) ~ **d'Inde** guinea pig

cochon(ne) [kɔʃɔ̃] I. *adj inf* 1. (*sale*) dirty 2. (*obscène*) smutty II. *m(f) péj, inf* 1. (*personne sale*) pig 2. (*vicieux*) swine; **vieux ~** dirty old man

cochonnerie [kɔʃɔnʀi] *f inf* 1. (*nourriture*) muck *no pl* 2. *souvent pl, inf* (*obscénités*) smut *no pl* 3. *pl* (*saletés*) mess

cochonnet [kɔʃɔnɛ] *m* (*aux boules*) jack

cocker [kɔkɛʀ] *m* cocker spaniel

cockpit [kɔkpit] *m* cockpit

cocktail [kɔktɛl] *m* 1. (*boisson, mélange*) cocktail 2. (*réunion*) cocktail party

cocon [kɔkɔ̃] *m* cocoon

cocorico [kɔkɔʀiko] *m* cock-a-doodle-doo

cocotier [kɔkɔtje] *m* coconut palm

cocotte [kɔkɔt] *f* 1. (*marmite*) casserole dish **2.** *enfantin* hen; ~ **en papier** paper bird

cocotte-minute® [kɔkɔtminyt] <cocottes-minute> *f* pressure cooker

cocu(e) [kɔky] **I.** *adj inf* deceived; **faire qn** ~ to be unfaithful to sb **II.** *m(f) inf* deceived husband, wife *m, f*

code [kɔd] *m* **1.** a. JUR code; ~ **postal** postcode **2.** (*permis*) theory (test); ~ **de la route** highway code **3.** (*feux*) dipped headlights; **se mettre en** ~(**s**) to dip one's headlights

code-barre [kɔdbaʀ] <codes-barres> *m* barcode

coder [kɔde] <1> *vt* to encode

coefficient [kɔefisjɑ̃] *m* coefficient

coéquipier, -ière [koekipje] *m, f* team-mate

cœur [kœʀ] *m* **1.** heart **2.** **avoir le** ~ **sur la main** to be open-handed; **de bon** ~ willingly; **avoir le** ~ **gros** to feel very sad; **avoir mal au** ~ to feel sick; **si le** ~ **lui/vous en dit** *inf* if you feel like it; **fendre le** ~ to break one's heart; **prendre qc à** ~ to take sth to heart; **par** ~ (*apprendre, connaître, réciter*) by heart

coexister [kɔegziste] <1> *vi* to co-exist

coffre [kɔfʀ] *m* **1.** (*meuble*) chest **2.** AUTO boot

coffre-fort [kɔfʀəfɔʀ] <coffres-forts> *m* safe

coffrer [kɔfʀe] <1> *vt inf* to put away

coffret [kɔfʀɛ] *m* case; ~ **à bijoux** jewel box

cogner [kɔɲe] <1> **I.** *vt* (*heurter*) to bang into **II.** *vi* **1.** ~ **à/sur/contre qc** to bang at/on/against sth **2.** *inf* (*soleil*) to beat down **III.** *vpr* **se** ~ **la tête contre qc** to bang one's head against sth

cohabitation [koabitasjɔ̃] *f* cohabitation

cohabiter [koabite] <1> *vi* to co-habit

cohérence [koeʀɑ̃s] *f* consistency

cohérent(e) [koeʀɑ̃] *adj* coherent; (*texte*) consistent

cohésion [koezjɔ̃] *f* cohesion

cohue [kɔy] *f* **1.** (*foule*) crowd **2.** (*bousculade*) crush

coiffe [kwaf] *f* headdress

coiffer [kwafe] <1> **I.** *vt* **1.** (*peigner*) ~ **qn** to do sb's hair **2.** (*mettre un chapeau*) to put a hat on **II.** *vpr* **se** ~ **1.** (*se peigner*) to do one's hair **2.** (*mettre un chapeau*) **se** ~ **de qc** to put sth on (one's head)

coiffeur, -euse [kwafœʀ] *m, f* hairdresser

coiffeuse [kwaføz] *f* dressing table

coiffure [kwafyʀ] *f* **1.** (*façon d'être peigné*) hairstyle **2.** (*métier*) hairdressing

coin [kwɛ̃] *m* **1.** (*angle*) corner; **au** ~ **de la rue** at the corner of the street; **sourire en** ~ half-smile **2.** ~ **cuisine/repas** kitchen/dining area

coincé(e) [kwɛ̃se] *adj inf* hung-up

coincer [kwɛ̃se] <2> **I.** *vt* **1.** (*caler*) to wedge **2.** (*immobiliser*) to jam (up) **3.** *inf* (*attraper*) to grab **II.** *vpr* **se** ~ **le doigt** to pinch one's finger

coïncidence [kɔɛ̃sidɑ̃s] *f* coincidence

coïncider [kɔɛ̃side] <1> *vi* to co-incide

coing [kwɛ̃] *m* quince

col [kɔl] *m* **1.** COUT collar; ~ **roulé** polo neck **2.** GEO pass **3.** (*goulot*) neck **4.** (*du fémur*) neck; ~ **de l'utérus** cervix

coléoptère [kɔleɔptɛʀ] *m* beetle

colère [kɔlɛʀ] *f* **1.** (*irritation*) anger **2.** (*accès d'irritation*) fit of rage; **être/se mettre en** ~ **contre qn** to be/get angry with sb; **piquer une** ~ *inf* to fly into a rage

coléreux, -euse [kɔleʀø], **colérique** [kɔleʀik] *adj* quick-tempered

colimaçon [kɔlimasɔ̃] *m* snail

colin [kɔlɛ̃] *m* coley, coalfish

colin-maillard [kɔlɛ̃majaʀ] *m sans pl* **jouer à** ~ blind man's buff

colique [kɔlik] *f* **1.** (*diarrhée*) diarrhoea **2.** *gén pl* (*douleurs*) stomach ache

colis [kɔli] *m* parcel

collabo *inf*, **collaborateur, -trice** [ko(l)labɔʀatœʀ] *m, f* **1.** (*membre* *du personnel*) staff member **2.** (*pendant une guerre*) collaborator

collaboration [kɔ(l)labɔʀasjɔ̃] *f* (*coopération, pendant une guerre*) collaboration; **en ~ avec** in collaboration with

collaborer [kɔ(l)labɔʀe] <1> *vi* (*coopérer, pendant une guerre*) to collaborate; **~ à qc** to work on sth

collant [kɔlɑ̃] *m* (*bas*) tights *pl*

collant(e) [kɔlɑ̃] *adj* **1.** (*moulant*) clinging **2.** (*poisseux*) sticky **3.** *inf* (*enfant*) clingy

collation [kɔlasjɔ̃] *f* light meal

colle [kɔl] *f* **1.** (*matière*) glue; ~ **universelle** all-purpose glue **2.** (*punition*) detention; **avoir une ~** to have detention

collecte [kɔlɛkt] *f* (*quête*) collection

collectif, -ive [kɔlɛktif] *adj* **1.** (*commun*) common; (*travail*) collective **2.** LING collective

collection [kɔlɛksjɔ̃] *f* collection; ~ **de timbres** stamp collection; **faire la ~ de qc** to collect sth

collectionner [kɔlɛksjɔne] <1> *vt* to collect

collectionneur, -euse [kɔlɛksjɔnœʀ] *m, f* collector

collectivité [kɔlɛktivite] *f* **1.** (*société*) community **2.** JUR organization; **~s locales** local authorities **3.** (*communauté*) group

collège [kɔlɛʒ] *m* ECOLE school

[i] At the end of primary school, students aged 11 to 16 years go to **collège**. It is a comprehensive school in which students go through four classes ("sixième", "cinquième", "quatrième" und "troisième"). They finish school with a "Brevet des collèges".

collégien(ne) [kɔleʒjɛ̃] *m(f)* (*élève*) pupil

collègue [kɔ(l)lɛg] *mf* colleague

coller [kɔle] <1> **I.** *vt* **1.** (*fixer*) to stick; (*enveloppe*) to stick down; (*pièces*) to stick together; (*timbre,*

étiquette) to stick on; (*affiche, papier peint*) to stick up **2.** *inf* (*donner*) ~ **un devoir à qn** to give sb some homework; ~ **une baffe à qn** to slap sb **3.** *inf* (*embarrasser par une question*) to catch out **4.** *inf* (*suivre*) to tail **II.** *vi* **1.** (*adhérer*) to stick; **qc qui colle** sth sticky **2.** (*mouler*) to cling **3.** *inf* (*bien marcher*) **ça colle** things are OK **III.** *vpr* **1.** (*s'accrocher*) **se ~ à qn** to cling to sb **2.** (*se presser*) **se ~ à** [*o* **contre**] **qc** to snuggle up to sb

collier [kɔlje] *m* **1.** (*bijou*) necklace; (*rigide*) chain **2.** (*d'un chien*) collar **3.** (*barbe*) beard (*without moustache*)

collimateur [kɔlimatœʀ] *m* **avoir qn dans le ~** to have one's sights on sb

colline [kɔlin] *f* hill

collision [kɔlizjɔ̃] *f* collision

colloque [kɔ(l)lɔk] *m* conference

colmater [kɔlmate] <1> *vt* (*fuite*) to stop; (*fissure*) to fill; (*brèche*) to close

colo [kɔlɔ] *f inf abr de* **colonie de vacances**

colombe [kɔlɔ̃b] *f* dove

Colombie [kɔlɔ̃bi] *f* **la ~** Colombia

colombien(ne) [kɔlɔ̃bjɛ̃] *adj* Colombian

Colombien(ne) [kɔlɔ̃bjɛ̃] *m(f)* Colombian

colon [kɔlɔ̃] *m* **1.** (*opp: indigène*) colonist **2.** (*enfant*) child (*at a colonie de vacance*)

colonel [kɔlɔnɛl] *m* colonel

colonie [kɔlɔni] *f* **1.** (*territoire, communauté*) colony **2.** (*centre*) ~ **de vacances** summer camp

coloniser [kɔlɔnize] <1> *vt* to colonize

colonne [kɔlɔn] *f* **1.** column **2.** ANAT ~ **vertébrale** spinal column

colorant [kɔlɔʀɑ̃] *m* colouring

coloration [kɔlɔʀasjɔ̃] *f* **1.** (*processus*) colouring **2.** (*teinte*) tint **3.** (*nuance*) colour

coloré(e) [kɔlɔʀe] *adj* (*en couleurs*) coloured

colorer [kɔlɔʀe] <1> *vt* to colour

colorier [kɔlɔʀje] <1> *vt* (*jeu*) to colour in

coloris [kɔlɔʀi] *m* 1.(*teinte*) shade 2.(*couleur*) colour

colossal(e) [kɔlɔsal] <-aux> *adj* colossal

colosse [kɔlɔs] *m* 1.(*géant*) colossus 2.*fig* giant

colporter [kɔlpɔʀte] <1> *vt* 1.(*vendre*) to peddle 2.*péj* to hawk

colza [kɔlza] *m* rape

coma [kɔma] *m* coma; **être dans le ~** to be in a coma

combat [kɔ̃ba] *m* combat

combatif, -ive [kɔ̃batif] *adj* combative

combattant(e) [kɔ̃batɑ̃] *m(f)* combatant; **ancien ~** veteran

combattre [kɔ̃batʀ] <irr> *vt, vi* to fight

combien [kɔ̃bjɛ̃] **I.** *adv* 1.(*concernant la quantité*) how much; (**depuis**) **~ de temps** (for) how long; **~ de kilos** how many kilos; **ça fait ~?** *inf* how much is that?; **je vous dois ~?** what do I owe you? 2.(*concernant le nombre*) how many; **~ de personnes/kilomètres** how many people/kilometres; **~ de fois** how often **II.** *m inf* 1.(*en parlant de la date*) **nous sommes le ~?** what's the date today? 2.(*en parlant d'un intervalle*) **le bus passe tous les ~?** how often does the bus come by? **III.** *mf* **c'est le/la ~?** how many does he/she make it?

combinaison [kɔ̃binɛzɔ̃] *f* 1. *a.* CHIM combination 2.(*chiffres*) code 3.(*sous-vêtement*) slip 4.(*vêtement*) suit; **~ de plongée/ski** diving/ski suit

combine [kɔ̃bin] *f inf* scheme; **connaître la ~** to know the way

combiné [kɔ̃bine] *m* 1. TEL handset 2.(*épreuve*) **~ alpin** alpine combined competition

combiner [kɔ̃bine] <1> *vt* 1. *a.* CHIM to combine 2.(*plan*) to think up; (*mauvais coup*) to cook up

comble [kɔ̃bl] *m* 1.(*summum*) height; **c'est le** [*o* **un**] **~!** that beats everything! 2.*souvent pl* (*grenier*) eaves

combler [kɔ̃ble] <1> *vt* 1.(*boucher*) to fill in 2.(*déficit*) to make up for; (*lacune*) to fill 3.(*satisfaire*) to satisfy; **je suis ~** I'm so pleased 4.(*couvrir, remplir de*) **~ qn de cadeaux** to shower sb with gifts; **~ qn de joie** to fill sb with joy

combustible [kɔ̃bystibl] **I.** *adj* combustible **II.** *m* fuel

combustion [kɔ̃bystjɔ̃] *f* combustion

comédie [kɔmedi] *f* 1.(*pièce*) play; **~ musicale** musical (comedy) 2.(*film*) comedy 3.(*simulation*) performance

comédien(ne) [kɔmedjɛ̃] *m(f)* 1.(*acteur*) actor 2.(*hypocrite*) phoney

comestible [kɔmɛstibl] *adj* edible

comète [kɔmɛt] *f* comet

comique [kɔmik] **I.** *adj* 1.(*amusant*) funny 2. THEAT, CINE, LIT comic **II.** *m* 1.(*interprète*) comic actor 2.(*genre*) comedy

comité [kɔmite] *m* committee; **~ d'entreprise** ≈ works council (*dealing with welfare and cultural matters*)

commandant(e) [kɔmɑ̃dɑ̃] *m(f)* 1. MIL commander 2. AVIAT, NAUT captain

commande [kɔmɑ̃d] *f* 1.(*achat, marchandise*) order; **sur ~** to order; **passer une ~** to place an order 2. TECH **~ à distance** remote control 3. INFOR control 4. **prendre les ~s** to take control

commandement [kɔmɑ̃dmɑ̃] *m* 1.(*direction*) control 2.(*ordre*) command 3. REL commandment

commander [kɔmɑ̃de] <1> **I.** *vt* 1.(*passer commande*) **~ qc à qn** to order sth from sb 2.(*ordonner*) **~ qc à qn** to command sth from sb 3.(*faire fonctionner*) to control **II.** *vi* 1.(*passer commande*) to order 2.(*exercer son autorité*) to command

commando [kɔmɑ̃do] *m* commando

comme [kɔm] **I.** *conj* 1. as 2.(*de*

même que) (just) like; **hier ~ au-jourd'hui** yesterday just like today **3.** (*exprimant une comparaison*) **~ si** as if; **grand/petit ~** ça this big/small **4.** (*tel que*) like; **je n'ai jamais vu un film ~ celui-ci** I've never seen a film like this **5.** (*quel genre de*) in the way of; **qu'est-ce que tu fais ~ sport?** what sport(s) do you play? **6. ... ~ tout** *inf*, **il est mignon ~ tout!** he's so sweet! **II.** *adv* **1.** (*exclamatif*) **~ c'est gentil!** isn't that kind! **2.** (*manière*) how; **savoir ~** to know the way; **~ ça** like that; **c'est ~ ça** that's the way it is **3. ~ ci ~ ça** so-so; **~ quoi** (*ce qui prouve*) which goes to show

commémoration [kɔmemɔʀasjɔ̃] *f* commemoration

commémorer [kɔmemɔʀe] <1> *vt* to commemorate

commencement [kɔmɑ̃smɑ̃] *m* beginning

commencer [kɔmɑ̃se] <2> **I.** *vt* to begin **II.** *vi* **1.** to begin; **~ par qc/par faire qc** to begin with sth/by doing sth **2. ça commence bien** *iron* that's a good start; **ça commence à bien faire** things are going too far; **pour ~** to start with

comment [kɔmɑ̃] *adv* **1.** (*de quelle façon*) how; **~ ça va?** how are things?; **et toi, ~ tu t'appelles?** and what's your name?; **~ est-ce que ça s'appelle en français?** what's the word for that in French? **2.** (*invitation à répéter*) **~?** what? **3. ~ cela?** how come?; **et ~!** and how!

commentaire [kɔmɑ̃tɛʀ] *m* **1.** (*explication*) commentary **2.** *péj* comment; **sans ~!** no comment!

commentateur, **-trice** [kɔmɑ̃tatœʀ] *m, f* commentator

commenter [kɔmɑ̃te] <1> *vt* (*événement*) to comment on

commerçant(e) [kɔmɛʀsɑ̃] **I.** *adj* **1.** (*rue*) shopping **2.** (*habile*) **être ~** to have business sense **II.** *m(f)* (*personne*) shopkeeper; **~ en gros** wholesaler

commerce [kɔmɛʀs] *m* **1.** (*activité*) business; **dans le ~** in business;

école de ~ business school **2.** (*magasin*) shop; **tenir un ~** to have a shop; **~ de détail** retailing; **~ en gros** wholesaling

commercial(e) [kɔmɛʀsjal] <-aux> **I.** *adj* commercial **II.** *m(f)* sales rep(resentative)

commercialiser [kɔmɛʀsjalize] <1> *vt* (*vendre*) to market

commère [kɔmɛʀ] *f péj* gossip

commettre [kɔmɛtʀ] <irr> *vt* (*délit, attentat*) to commit

commissaire [kɔmisɛʀ] *m* **1.** (*policier*) superintendant; **madame le ~** ma'am; **monsieur le ~** sir **2.** (*membre d'une commission*) commissioner

commissariat [kɔmisaʀja] *m* police station

commission [kɔmisjɔ̃] *f* **1.** ADMIN, COM commission **2.** (*message*) message; **faire une ~ à qn** to give sb a message **3.** *pl* (*courses*) shopping; **faire les ~s** to do the shopping

Commission européenne *f* European Commission

commode¹ [kɔmɔd] *adj* **1.** (*pratique*) practical **2.** *souvent négatif* (*facile*) convenient **3.** (*d'un caractère facile*) **ses parents n'ont pas l'air ~** her parents don't look easy to get on with

commode² [kɔmɔd] *f* commode

commodité [kɔmɔdite] *f* convenience; **pour plus de ~** for the sake of convenience

commotion [komosjɔ̃] *f* shock; **~ cérébrale** concussion

commun [kɔmœ̃] *m* **le ~ des mortels** ordinary mortals *pl;* **hors du ~** out of the ordinary; **en ~** in common; **en ~ (faire) together**

commun(e) [kɔmœ̃] *adj* common

communal(e) [kɔmynal] <-aux> *adj* **1.** (*fonds*) communal **2.** *Belgique* **maison ~e** (*mairie*) town hall

communautaire [kɔmynotɛʀ] *adj* (*de l'UE*) Community; **la politique ~** community policy

communauté [kɔmynote] *f a.* REL community

Communauté économique euro-

péenne *f* European Economic Community

Communauté européenne *f* European Community

commune [kɔmyn] *f* commune

communiant(e) [kɔmynjɑ̃] *m(f)* communicant

communicatif, -ive [kɔmynikatif] *adj* **1.** (*contagieux*) transmissible **2.** (*expansif*) communicative

communication [kɔmynikasjɔ̃] *f* **1.** (*transmission*) communication **2.** TEL call; **être en ~ avec qn** to be on the phone with sb; **prendre une ~** to take a call **3.** (*message*) message **4.** (*liaison*) **moyen de ~** means of communication

communier [kɔmynje] <1> *vi* REL to go to communion

communion [kɔmynjɔ̃] *f* communion

communiqué [kɔmynike] *m* communiqué; **~ de presse** press release

communiquer [kɔmynike] <1> **I.** *vt* **~ qc à qn** (*demande*) to convey sth to sb; (*dossier*) to pass sth on to sb **II.** *vi* to communicate

communisme [kɔmynism] *m* communism

communiste [kɔmynist] *mf* communist

compact [kɔ̃pakt] *m* CD

compact(e) [kɔ̃pakt] *adj* **1.** (*dense*) dense **2.** (*petit*) compact

compagne [kɔ̃paɲ] *f* partner

compagnie [kɔ̃paɲi] *f* **1.** company **2. tenir ~ à qn** to keep sb company; **en ~ de qn** in sb's company

compagnon [kɔ̃paɲɔ̃] *m* **1.** (*concubin*) partner **2.** (*ouvrier*) journeyman

comparable [kɔ̃paʀabl] *adj* comparable

comparaison [kɔ̃paʀɛzɔ̃] *f* comparison; **en ~ de** in comparison with

comparaître [kɔ̃paʀɛtʀ] <irr> *vi* to appear

comparatif [kɔ̃paʀatif] *m* comparative

comparatif, -ive [kɔ̃paʀatif] *adj* comparative

comparer [kɔ̃paʀe] <1> **I.** *vt, vi* to compare **II.** *vpr* **se ~ à qn** to compare oneself to sb

compartiment [kɔ̃paʀtimɑ̃] *m* compartment

compas [kɔ̃pa] *m* compass

compassion [kɔ̃pasjɔ̃] *f soutenu* compassion

compatible [kɔ̃patibl] *adj* compatible

compatir [kɔ̃patiʀ] <8> *vi soutenu* to sympathize

compatriote [kɔ̃patʀijɔt] *mf* compatriot

compensation [kɔ̃pɑ̃sasjɔ̃] *f* **1.** (*dédommagement*) compensation **2. en ~** in compensation

compenser [kɔ̃pɑ̃se] <1> *vt* to compensate; (*remercier*) to make up

compétence [kɔ̃petɑ̃s] *f* **1.** (*capacité*) competence; **avec ~** competently **2.** (*responsabilité*) domain; **cela ne relève pas de ma ~** that is outside my responsibility

compétent(e) [kɔ̃petɑ̃] *adj* **~ en qc** to be competent at sth

compétitif, -ive [kɔ̃petitif] *adj* competitive

compétition [kɔ̃petisjɔ̃] *f* competition

compilation [kɔ̃pilasjɔ̃] *f* compilation

complainte [kɔ̃plɛ̃t] *f* lament

complément [kɔ̃plemɑ̃] *m* **1.** (*ce qui s'ajoute*) **un ~ d'information** further information **2.** LING complement; **~ du verbe** verb complement; **~ circonstanciel de temps/lieu** adverbial phrase of time/place; **~ d'attribution/d'objet direct** indirect/direct object; **~ du nom** noun phrase

complémentaire [kɔ̃plemɑ̃tɛʀ] *adj* complementary; (*renseignement*) additional

complet, -ète [kɔ̃plɛ] *adj* **1.** complete; (*pain*) wholemeal **2.** (*hôtel, parking*) full; **afficher ~** to play to full houses

complètement [kɔ̃plɛtmɑ̃] *adv* competely

compléter [kɔ̃plete] <5> **I.** *vt* to complete **II.** *vpr* **se ~** to complement each other

C꜀

complexe [kɔ̃plɛks] *adj* complex

complexé(e) [kɔ̃plɛkse] *adj inf* (*coincé*) hung-up

complexité [kɔ̃plɛksite] *f* complexity

complication [kɔ̃plikasjɔ̃] *f* complication

complice [kɔ̃plis] I. *adj* (*regard*) knowing II. *mf* accomplice

complicité [kɔ̃plisite] *f* complicity; ~ **de vol** aiding and abetting a theft

compliment [kɔ̃plimɑ̃] *m* (*éloge*) compliment

complimenter [kɔ̃plimɑ̃te] <1> *vt* (*faire l'éloge*) ~ **qn pour** [*o* **sur**] **qc** to compliment sb on sth

compliqué(e) [kɔ̃plike] *adj* complicated; **c'est pas** ~ *inf* it's easy enough

compliquer [kɔ̃plike] <1> I. *vt* to complicate II. *vpr* 1. **se** ~ (*choses, situation*) to get complicated; **ça se complique** *inf* things are getting complicated 2. **se** ~ **la vie** to make life complicated for oneself

complot [kɔ̃plo] *m* conspiracy

comploter [kɔ̃plɔte] <1> *vt* to conspire; **qu'est-ce que vous complotez?** what are you plotting?

comportement [kɔ̃pɔʀtəmɑ̃] *m* behaviour *no pl;* **avoir un** ~ **étrange** to behave strangely

comporter [kɔ̃pɔʀte] <1> I. *vt* 1. (*être constitué de*) to consist of 2. (*inclure*) to have II. *vpr* **se** ~ 1. (*se conduire*) to behave 2. (*réagir*) to respond

composant [kɔ̃pozɑ̃] *m* 1. CHIM constituent 2. ELEC component

composante [kɔ̃pozɑ̃t] *f* component

composer [kɔ̃poze] <1> I. *vt* 1. (*équipe*) to select 2. (*plat*) to devise; (*musique*) to compose 3. (*former*) to make up II. *vpr* **se** ~ **de qc** to be composed of sth

compositeur, -trice [kɔ̃pozitœʀ] *m, f* composer

composition [kɔ̃pozisjɔ̃] *f* 1. (*organisation*) make-up 2. ART, LIT, MUS composition

composter [kɔ̃pɔste] <1> *vt* to datestamp

When travelling by train in France, you must **composter** your ticket at a small pillar in front of the platform or in the main station before getting on the train. There is no conductor, so it is up to each individual to ensure he has a valid, stamped ticket.

compote [kɔ̃pɔt] *f* compote

compréhensible [kɔ̃pʀeɑ̃sibl] *adj* comprehensible

compréhensif, -ive [kɔ̃pʀeɑ̃sif] *adj* understanding

compréhension [kɔ̃pʀeɑ̃sjɔ̃] *f* 1. (*tolérance*) understanding 2. (*intelligence*) comprehension

comprendre [kɔ̃pʀɑ̃dʀ] <13> I. *vt* 1. (*saisir, concevoir, s'apercevoir de*) to understand; **faire** ~ **qc à qn** (*dire indirectement*) to give sb to understand sth; **ne** ~ **rien à rien** *inf* to understand absolutely nothing 2. (*comporter*) to comprise 3. (*inclure*) to include II. *vi* to understand; **il ne faut pas chercher à** ~ it's no use trying to understand; **se faire** ~ (*par un étranger*) to make oneself understood; (*dire carrément*) to make oneself clear III. *vpr* **se** ~ 1. (*être compréhensible*) to be comprehensible 2. (*communiquer*) to understand each other

compresse [kɔ̃pʀɛs] *f* compress

compression [kɔ̃pʀesjɔ̃] *f* 1. PHYS, INFOR compression 2. (*réduction*) reduction

comprimé [kɔ̃pʀime] *m* tablet

comprimé(e) [kɔ̃pʀime] *adj* PHYS compressed

comprimer [kɔ̃pʀime] <1> *vt* 1. *a.* INFOR to compress 2. (*réduire*) to cut

compris(e) [kɔ̃pʀi] I. *part passé de* **comprendre** II. *adj* (*inclus*) included; **T.V.A.** ~**e** including VAT; (**la**) **T.V.A. non** ~**e** VAT not included

compromettre [kɔ̃pʀɔmɛtʀ] <irr> *vt, vpr* to compromise

compromis [kɔ̃pʀɔmi] *m* compromise

comptabiliser [kɔ̃tabilize] <1> *vt* FIN to list

comptabilité [kɔ̃tabilite] *f* **1.** (*discipline*) accountancy **2.** (*comptes, service*) accounts *pl*

comptable [kɔ̃tabl] *mf* accountant

comptant [kɔ̃tɑ̃] **I.** *m sans pl* cash **II.** *adv* (*payer*) (in) cash

compte [kɔ̃t] *m* **1.** *sans pl* (*calcul*) calculation; (*des points*) scoring; ~ **à rebours** countdown **2.** *sans pl* (*résultat*) total; **le** ~ **est bon** (*en payant*) that's right; (*rien ne manque*) everything's there; **le** ~ **y est** *inf* it's all there; **cela fait un** ~ **rond** that makes a round figure **3.** (*note*) bill; **faire le** ~ to reckon up **4.** (*écritures comptables*) account; **faire/tenir les ~s** to do/to keep the accounts **5.** (~ *en banque*) bank account; ~ **chèque** cheque [*o* checking *Am*] account; ~ **chèque postal** ≈ Girobank account *Brit;* ~ **courant/(d')épargne** current/savings account; **ouvrir/fermer un** ~ to open/close an account **6.** **les bons ~s font les bons amis** *prov* pay your debts and keep your friends; **au bout du** ~ at the end of the day; **en fin de** ~ when all is said and done; **être loin du** ~ to be a long way out; **tout** ~ **fait** all things considered; **mettre qc sur le** ~ **de qn/qc** to put sth down to sb/sth; **se rendre** ~ **de qc** to realize sth; **tu te rends ~!** (*imagine*) just think!; **tenir** ~ **de qc** to take account of sth; **à ce** ~**-là** looking at it like that; **demander des ~s à qn** to call sb to account; **à son** ~ (*travailler*) for oneself; **pour le** ~ **de qn/qc** for sb/sth

compte-gouttes [kɔ̃tgut] *m inv* **1.** dropper **2.** **au** ~ bit by bit

compter [kɔ̃te] <1> **I.** *vt* **1.** (*chiffrer, ajouter*) to count; **dix personnes sans** ~ **les enfants** ten people not counting the children **2.** (*totaliser*) to count up **3.** (*facturer*) ~ **100 euros à qn pour le dépannage** to charge sb for 100 euros for the repair **4.** (*prévoir*) to allow **5.** (*ranger parmi*) ~ **qn/qc parmi** [*o* **au nombre de**] ... to place sb/sth among ... **6.** (*comporter*) to have **7.** (*avoir l'intention de*) ~ +*infin* to intend to +*infin;* (*espérer*) to expect to +*infin* **II.** *vi* **1.** (*énumérer, calculer*) to count; ~ **sur ses doigts** to count on one's fingers; ~ **large** to be generous (in one's calcutions); **dépenser sans** ~ to spend without thinking of the cost **2.** (*s'appuyer*) ~ **sur qn/qc** to count on sb/sth; **tu peux** ~ (**là-**)**dessus!** you can count on it! **3.** (*avoir de l'importance*) to count; ~ **pour qn** to mean a lot to sb; **ce qui compte, c'est d'être en bonne santé** being in good health, that's what counts **III.** *vpr* (*s'inclure*) **se** ~ to include oneself

compte rendu [kɔ̃tʀɑ̃dy] *m* account

compteur [kɔ̃tœʀ] *m* **1.** AUTO mileometer *Brit,* odometer *Am* **2.** (*électricité*) meter

comptoir [kɔ̃twaʀ] *m* counter

comte [kɔ̃t] *m* count

comtesse [kɔ̃tɛs] *f* countess

con(ne) [kɔ̃] **I.** *adj parfois inv, inf* stupid **II.** *m(f) inf* fool; **pauvre** [*o* **sale**] *péj* ~**!** you great prick! *vulg;* **pauvre** [*o* **sale**] *péj* ~**ne** stupid cow!; **faire le** ~ to fool around

conard [kɔnaʀ] *m inf v.* **connard**

conasse [kɔnas] *f inf v.* **connasse**

concasser [kɔ̃kase] <1> *vt* (*roche*) to crush

concentration [kɔ̃sɑ̃tʀasjɔ̃] *f* concentration

concentré [kɔ̃sɑ̃tʀe] *m* GASTR concentrate; ~ **de tomate** tomato purée

concentré(e) [kɔ̃sɑ̃tʀe] *adj* **1.** (*condensé*) concentrated; (*lait*) condensed **2.** (*attentif*) **être** ~ to be concentrating

concentrer [kɔ̃sɑ̃tʀe] <1> *vt, vpr* to concentrate

concept [kɔ̃sɛpt] *m* concept

conception [kɔ̃sɛpsjɔ̃] *f* **1.** *sans pl a.* BIO conception **2.** *sans pl* (*élaboration*) design

concernant [kɔ̃sɛʀnɑ̃] *prep* (*quant*

à) concerning

concerner [kɔ̃sɛʀne] <1> *vt* to concern; **en** [*o pour*] **ce qui concerne qn/qc** as far as sb/sth is concerned

concert [kɔ̃sɛʀ] *m* concert

concertation [kɔ̃sɛʀtasjɔ̃] *f* consultation

concerter [kɔ̃sɛʀte] <1> *vpr* **se ~ sur qc** to consult about sth

concerto [kɔ̃sɛʀto] *m* concerto

concession [kɔ̃sesjɔ̃] *f* **1.** *a.* ADMIN concession **2.** COM dealership

concessionnaire [kɔ̃sesjɔnɛʀ] *mf* COM dealer

concevable [kɔ̃s(ə)vabl] *adj* conceivable

concevoir [kɔ̃s(ə)vwaʀ] <12> *vt* **1.** *soutenu* (*engendrer*) to conceive **2.** (*élaborer*) to design **3.** (*comprendre*) **on conçoit sa déception** you can understand her disppointment

concierge [kɔ̃sjɛʀʒ] *mf* concierge

conciergerie [kɔ̃sjɛʀʒəʀi] *f* Québec (*grand immeuble d'habitation généralement en location*) block of flats *Brit,* apartment building *Am*

concilier [kɔ̃silje] <1> *vt* (*harmoniser*) to reconcile

concis(e) [kɔ̃si] *adj* concise; **soyez ~** be brief

concitoyen(ne) [kɔ̃sitwajɛ̃] *m(f)* fellow citizen

concluant(e) [kɔ̃klyɑ̃] *adj* conclusive

conclure [kɔ̃klyʀ] <irr> *vt* **1.** (*marché, pacte*) to sign **2.** (*discours*) to conclude **3.** (*déduire*) **~ qc de qc** to conclude sth from sth

conclusion [kɔ̃klyzjɔ̃] *f* conclusion; **en ~** in conclusion; **~, ...** the upshot is, ...

concombre [kɔ̃kɔ̃bʀ] *m* cucumber

concordance [kɔ̃kɔʀdɑ̃s] *f* **1.** (*accord*) agreement **2.** LING sequence

concorder [kɔ̃kɔʀde] <1> *vi* to agree

concourir [kɔ̃kuʀiʀ] <irr> *vi* **~ à qc 1.** *soutenu* (*contribuer*) to work towards sth **2.** (*être en compétition*) to compete in sth

concours [kɔ̃kuʀ] *m* **1.** *a.* SPORT competition **2.** ECOLE, UNIV entrance examination **3.** (*aide*) support **4.** (*de circonstances*) combination

concret, -ète [kɔ̃kʀɛ] *adj* concrete

concrétiser [kɔ̃kʀetize] <1> *vpr* **se ~** to be realized

conçu(e) [kɔ̃sy] *part passé de* **concevoir**

concubin(e) [kɔ̃kybɛ̃] *m(f)* partner

concubinage [kɔ̃kybinaʒ] *m* cohabitation

concurrence [kɔ̃kyʀɑ̃s] *f sans pl a.* COM competition; **être en ~** to be in competition

concurrencer [kɔ̃kyʀɑ̃se] <2> *vt* to be in competion with

concurrent(e) [kɔ̃kyʀɑ̃] **I.** *adj* competing **II.** *m(f)* competitior

condamnation [kɔ̃danasjɔ̃] *f* **1.** *sans pl* (*peine*) sentence; **~ avec sursis** suspended sentence **2.** (*réprobation*) condemnation

condamné(e) [kɔ̃dane] *m(f)* (convicted) prisoner; **~ à mort** prisoner sentenced to death

condamner [kɔ̃dane] <1> *vt* **1.** JUR to convict; **~ qn à 10 ans de prison** to sentence sb to ten years in prison **2.** (*obliger*) **~ qn à** +*infin* to condemn sb to +*infin* **3.** (*fermer avec des pierres*) to wall up

condiment [kɔ̃dimɑ̃] *m* condiment

condition [kɔ̃disjɔ̃] *f* condition; **les ~s d'admission à qc** the conditions for admission to sth; **à ~ de faire qc/que** +*subj* on conditon you do sth/that; **~s de livraison** delivery conditions; **se mettre en ~ pour qc** SPORT, PSYCH to get oneself into condition for sth; **~s de travail/vie** working/living conditions; **dans ces ~s** in that case

conditionnel [kɔ̃disjɔnɛl] *m* LING conditional

conditionnel(le) [kɔ̃disjɔnɛl] *adj* conditional

condoléances [kɔ̃dɔleɑ̃s] *fpl form* condolences; (**toutes**) **mes ~!** my deepest sympathy!

conducteur, -trice [kɔ̃dyktœʀ] **I.** *adj* PHYS conducting **II.** *m, f* driver

conduire [kɔ̃dɥiʀ] <irr> **I.** *vi* **1.** (*pi-*

loter) to drive **2.** (*aboutir*) ~ **à qc** to lead to sth **II.** *vt* **1.** (*guider, diriger*) to lead **2.** (*en voiture*) ~ **qn en ville** to take sb into town **III.** *vpr* (*se comporter*) **se** ~ to behave

conduit [kɔ̃dɥi] *m* pipe; ANAT duct

conduite [kɔ̃dɥit] *f* **1.** *sans pl* AUTO driving; ~ **à droite/à gauche** right-/left-hand drive; ~ **accompagnée** driving with an instructor **2.** (*comportement*) conduct

cône [kon] *m* cone

confection [kɔ̃fɛksjɔ̃] *f* **1.** GASTR preparation **2.** *sans pl* (*prêt-à-porter*) ready-to-wear

confectionner [kɔ̃fɛksjɔne] <1> *vt* **1.** GASTR to prepare **2.** (*fabriquer*) to make

confédération [kɔ̃federasjɔ̃] *f* **1.** POL confederation **2.** (*syndicat, groupement*) union

conférence [kɔ̃feRɑ̃s] *f* **1.** (*exposé*) lecture; **tenir une ~ sur qc** to give a lecture on sth **2.** *a.* POL conference; ~ **de presse** press conference

conférencier, -ière [kɔ̃feRɑ̃sje] *m, f* lecturer

confesser [kɔ̃fese] <1> **I.** *vt* (*péché, erreur*) to confess **II.** *vpr* **se** ~ **à qn** to confess to sb; **aller se** ~ to go to confession

confession [kɔ̃fesjɔ̃] *f* **1.** (*sacrement, aveu*) confession **2.** (*religion*) denomination

confessionnal [kɔ̃fesjɔnal] <-aux> *m* confessionnal

confetti [kɔ̃feti] *m* confetti

confiance [kɔ̃fjɑ̃s] *f* *sans pl* confidence; **inspirer ~ à qn** to inspire confidence in sb; **perdre/reprendre ~ (en soi)** to lose/get back one's self-confidence

confiant(e) [kɔ̃fjɑ̃] *adj* trusting

confidence [kɔ̃fidɑ̃s] *f* confidence; **mettre qn dans la ~** to let sb into one's confidence

confidentiel(le) [kɔ̃fidɑ̃sjɛl] *adj* (*secret*) confidential

confier [kɔ̃fje] <1> **I.** *vt* **1.** (*dévoiler*) to confide **2.** (*remettre*) ~ **qc à qn** to entrust sb to sth **II.** *vpr* (*se confesser*) **se** ~ **à qn** to confide in sb

confirmation [kɔ̃fiRmasjɔ̃] *f* confirmation

confirmer [kɔ̃fiRme] <1> **I.** *vt* to confirm **II.** *vpr* (*être exact*) **se** ~ to prove correct

confiserie [kɔ̃fizRi] *f* (*sucrerie*) sweet

confisquer [kɔ̃fiske] <1> *vt* to confiscate

confit [kɔ̃fi] *m* ~ **d'oie** goose conserve

confit(e) [kɔ̃fi] *adj* (*fruits*) candied

confiture [kɔ̃fityR] *f* jam; ~ **de fraises** strawberry jam

conflit [kɔ̃fli] *m* conflict

confluent [kɔ̃flyɑ̃] *m* confluent

confondre [kɔ̃fɔ̃dR] <14> **I.** *vi* to make a mistake **II.** *vt* (*personnes*) to confuse **III.** *vpr* (*prodiguer*) **se** ~ **en remerciements** to be profuse in one's thanks

conforme [kɔ̃fɔRm] *adj* **être** ~ **à qc** to be in accordance with sth; (*normes*) to comply with sth; **copie certifiée** ~ certified copy

conformément [kɔ̃fɔRmemɑ̃] *adv* ~ **aux termes de votre courrier du ...** form as set out in your letter of ...

conformité [kɔ̃fɔRmite] *f* conformity; **en** ~ **avec qc** in accordance with sth

confort [kɔ̃fɔR] *m* *sans pl* (*luxe*) comfort; **aimer son** ~ to like to feel at ease

confortable [kɔ̃fɔRtabl] *adj* comfortable

confortablement [kɔ̃fɔRtabləmɑ̃] *adv* (*commodément*) comfortably

confrère [kɔ̃fRɛR] *m* colleague

confrontation [kɔ̃fRɔ̃tasjɔ̃] *f* confrontation

confronter [kɔ̃fRɔ̃te] <1> *vt a.* JUR to confront; **être** ~ **à qc** to be confronted with sth

confus(e) [kɔ̃fy] *adj* **1.** (*indistinct*) vague **2.** (*embrouillé*) confused **3.** (*embarrassé*) ashamed

confusion [kɔ̃fyzjɔ̃] *f* **1.** *sans pl* (*embarras*) embarrassment **2.** (*erreur*) confusion; **prêter à** ~ to lead to confusion **3.** *sans pl* (*agitation*) confusion

congé [kɔ̃ʒe] *m* **1.**(*vacances*) holiday; **avoir 2 jours de ~** to have two days off; **être en ~ (de) maternité/maladie** to be on maternity/sick leave **2.**(*licenciement*) **donner son ~ à qn** to dismiss sb **3.**(*salutation*) **prendre ~ de qn/qc** to take (one's) leave of sb/sth

congédier [kɔ̃ʒedje] <1> *vt* (*employé*) to dismiss; (*visiteur*) to send away

congélateur [kɔ̃ʒelatœʀ] *m* freezer

congeler [kɔ̃ʒ(ə)le] <4> *vt, vpr*(**se**) **~** to freeze

congère [kɔ̃ʒɛʀ] *m* snowdrift

congestion [kɔ̃ʒɛstjɔ̃] *f* MED congestion; **~ cérébrale** stroke

Congo [kɔ̃go] *m* **le ~** the Congo; **République démocratique du ~** Democratic Republic of Congo

congolais(e) [kɔ̃gɔlɛ] *adj* Congolese

Congolais(e) [kɔ̃gɔlɛ] *m(f)* Congolese

congrès [kɔ̃gʀɛ] *m* congress

conifère [kɔnifɛʀ] *m* conifer

conjoint(e) [kɔ̃ʒwɛ̃] *m(f)* *form* spouse

conjonction [kɔ̃ʒɔ̃ksjɔ̃] *f* conjunction

conjoncture [kɔ̃ʒɔ̃ktyʀ] *f* **1.** *sans pl* (*situation*) situation **2.** *sans pl* ECON economic situation

conjugaison [kɔ̃ʒygɛzɔ̃] *f* conjugation

conjugal(e) [kɔ̃ʒygal] <-aux> *adj* conjugal

conjuguer [kɔ̃ʒyge] <1> **I.** *vt* **1.** LING to conjugate **2.**(*unir*) to combine **II.** *vpr* LING **se ~** to conjugate

connaissance [kɔnɛsɑ̃s] *f* **1.** *sans pl* (*fait de connaître*) knowledge; **prendre ~ de qc** to learn of sth; **à ma ~** to my knowledge; **en ~ de cause** knowingly **2.** *pl* (*choses apprises*) knowledge; **approfondir ses ~s** to deepen one's knowledge **3.**(*personne*) acquaintance; **faire la ~ de qn** to make sb's acquaintance; **je suis enchanté de faire votre ~** I'm delighted to make your acquaintance **4.**(*lucidité*) consciousness;

perdre ~ to faint; MED to lose consciousness; **sans ~** unconscious

connaisseur, -euse [kɔnɛsœʀ] *m, f* ART, GASTR connoisseur; **être très ~ en la matière** to be an expert on the subject

connaître [kɔnɛtʀ] <irr> **I.** *vt* **1.**(*savoir*) **on connaît les meurtriers?** do we know the murderers?; **comme je te connais, ...** knowing you the way I do, ...; **on connaît la musique** we've heard all this before **2.**(*comprendre*) **~ son métier** to know one's job **3.**(*rencontrer*) to get to know; **faire ~ qn à qn** to introduce sb to sb **4.**(*éprouver*) to have **II.** *vpr* **1.**(*se fréquenter*) **se ~ depuis longtemps, ...** knowing each other a long time **2.**(*être capable de se juger*) **se ~** to know oneself; **tel que je me connais** knowing how I am **3.**(*être spécialiste*) **s'y ~** to be an expert; **s'y ~ en ordinateurs** to know all about computers

connard [kɔnaʀ] *m inf* stupid fool

connasse [kɔnas] *f inf* stupid cow

connecter [kɔnɛkte] <1> **I.** *vt* to connect; **~ des ordinateurs en réseau** to network computers; **connecté** on-line; **non connecté** offline **II.** *vpr* **se ~ au réseau** to get onto the network; **se ~ à Internet** to get on the Internet

connerie [kɔnʀi] *f* **1.** *sans pl, inf* (*stupidité*) stupidity **2.** *inf* (*acte*) idiocy; **tout ça, c'est des ~s!** that all a load of crap!

connexion [kɔnɛksjɔ̃] *f* connection

connu(e) [kɔny] **I.** *part passé de* **connaître II.** *adj* known

conquérant(e) [kɔ̃keʀɑ̃] *m(f)* conqueror

conquérir [kɔ̃keʀiʀ] <irr> *vt* to conquer; (*cœur*) to win

conquête [kɔ̃kɛt] *f* conquest; **partir à la ~ de qc** to set out to conquer sth

conquis(e) [kɔ̃ki] *part passé de* **conquérir**

consacrer [kɔ̃sakʀe] <1> **I.** *vt* **1.**(*donner*) to devote **2.** REL to consecrate **II.** *vpr* **se ~ à qn/qc** to devote oneself to sth

consciemment [kɔ̃sjamɑ̃] *adj* consciously

conscience [kɔ̃sjɑ̃s] *f sans pl* **1.** PSYCH consciousness; **avoir ~ de qc** to be conscious of sth **2.** (*sens moral*) conscience; **avoir la ~ en paix** to have a quiet conscience; **donner mauvaise ~ à qn** to upset sb's conscience

consciencieux, -euse [kɔ̃sjɑ̃sjø] *adj* conscientious

conscient(e) [kɔ̃sjɑ̃] *adj* **1.** (*informé*) aware **2.** (*lucide*) conscious

consécration [kɔ̃sekrasjɔ̃] *f sans pl* (*confirmation*) crowning (point)

consécutif, -ive [kɔ̃sekytif] *adj* **1.** (*à la file*) consecutive **2.** (*résultant de*) ~ **à qc** following sth

conseil [kɔ̃sɛj] *m* **1.** (*recommandation*) piece of advice; **donner des ~s à qn** to give sb advice; **demander ~ à qn** to ask sb for advice **2.** (*personne*) adviser **3.** (*assemblée*) council; ~ **de classe** staff meeting (*to discuss a particular class*); ~ **de discipline** disciplinary board; ~ **de l'Europe** Council of Europe

conseiller [kɔ̃seje] <1> **I.** *vt* **1.** (*vin*) to recommend **2.** (*inciter*) ~ **à qn de** +*infin* to advise sb to +*infin* **3.** (*guider*) ~ **qn dans qc** to advise sb on sth **II.** *vt impers* **il est conseillé à qn de** +*infin* sb is advised to +*infin*

conseiller, -ère [kɔ̃seje] *m, f* **1.** (*qui donne des conseils*) adviser **2.** ADMIN, POL councillor **3.** ECOLE ~ **d'orientation** careers adviser

consensus [kɔ̃sɛ̃sys] *m* consensus; **recueillir un large ~** to gain widespread backing

consentant(e) [kɔ̃sɑ̃tɑ̃] *adj* **être ~** to consent

consentement [kɔ̃sɑ̃tmɑ̃] *m* consent

consentir [kɔ̃sɑ̃tiʀ] <10> *vi* (*accepter*) ~ **à qc/à ce que qn fasse qc** to consent to sth/to sb doing sth

conséquence [kɔ̃sekɑ̃s] *f* consequence; **avoir qc pour ~** to result in

sth; **sans ~** of no consequence; **en ~** (*donc*) consequently

conséquent(e) [kɔ̃sekɑ̃] *adj* **1.** (*cohérent*) consistent; **par ~** in consequence **2.** *inf* (*considérable*) sizeable

conservateur, -trice [kɔ̃sɛʀvatœʀ] **I.** *adj* POL conservative **II.** *m, f* **1.** (*d'un musée*) curator **2.** POL conservative **III.** *m* GASTR preservative

conservation [kɔ̃sɛʀvasjɔ̃] *f* (*d'un monument, des archives*) conservation; (*d'un aliment*) keeping

conservatoire [kɔ̃sɛʀvatwaʀ] *m* THEAT, MUS academy

conserve [kɔ̃sɛʀv] *f* tin; **des petits pois en ~** tinned [*o* canned *Am*] peas; **mettre qc en ~** (*à la maison*) to preserve

conserver [kɔ̃sɛʀve] <1> **I.** *vt* **1.** to keep **2.** GASTR to preserve **II.** *vpr* **se ~** (*aliment*) to keep

considérable [kɔ̃sideʀabl] *adj* considerable

considérablement [kɔ̃sideʀabləmɑ̃] *adv* considerably

considération [kɔ̃sideʀasjɔ̃] *f* **1.** *pl* (*raisonnement*) consideration **2.** (*estime*) respect **3.** (*attention*) consideration; **prendre qn/qc en ~** to take sb/sth into consideration

considérer [kɔ̃sideʀe] <5> *vt* **1.** (*étudier*) to consider; **tout bien considéré** all things considered **2.** (*penser*) to think **3.** (*tenir pour*) ~ **qn comme un traître** to consider sb a traitor

consigne [kɔ̃siɲ] *f* **1.** *sans pl* ~ **automatique** left luggage [*o* baggage *Am*] locker **2.** *sans pl* COM deposit **3.** (*instructions*) orders *pl*

consigné(e) [kɔ̃siɲe] *adj* returnable

consigner [kɔ̃siɲe] <1> *vt* **1.** (*facturer*) **la bouteille est consignée** there is a deposit on the bottle **2.** (*enregistrer*) to record

consistance [kɔ̃sistɑ̃s] *f* consistency; **prendre ~** (*pâte*) to form a dough

consistant(e) [kɔ̃sistɑ̃] *adj* **1.** (*épais*) thick **2.** *inf* (*substantiel*) substantial **3.** (*fondé*) well-founded

consister [kɔ̃siste] <1> *vi* ~ **en qc/**

à faire qc to consist of sth/in doing sth

consœur [kɔ̃sœʀ] f colleague; v. a. **confrère**

consolation [kɔ̃sɔlasjɔ̃] f consolation

console [kɔ̃sɔl] f (meuble) console (table)

consoler [kɔ̃sɔle] <1> vt to console

consolider [kɔ̃sɔlide] <1> vt 1. to strengthen 2. fig to consolidate

consommateur, -trice [kɔ̃sɔmatœʀ] m, f consumer

consommation [kɔ̃sɔmasjɔ̃] f 1. sans pl a. ECON consumption 2. (boisson) drink

consommé [kɔ̃sɔme] m consommé

consommer [kɔ̃sɔme] <1> I. vi 1. (boire) to drink 2. (acheter) to consume II. vt 1. (plat) to eat; (vin) to drink 2. (user) to consume; **à ~ avant le ...** use by ...

consonne [kɔ̃sɔn] f consonant

conspirateur, -trice [kɔ̃spiʀatœʀ] m, f conspirator

conspiration [kɔ̃spiʀasjɔ̃] f conspiracy

conspirer [kɔ̃spiʀe] <1> vi to conspire

constamment [kɔ̃stamɑ̃] adv constantly

constant(e) [kɔ̃stɑ̃] adj constant

constante [kɔ̃stɑ̃t] f constant

constat [kɔ̃sta] m report; **~ à l'amiable** joint accident report

constatation [kɔ̃statasjɔ̃] f observation

constater [kɔ̃state] <1> vt to observe

constellation [kɔ̃stelasjɔ̃] f ASTR constellation

consternation [kɔ̃stɛʀnasjɔ̃] f consternation

consterner [kɔ̃stɛʀne] <1> vt to dismay

constipation [kɔ̃stipasjɔ̃] f constipation

constipé(e) [kɔ̃stipe] adj 1. MED constipated 2. inf (guindé) stiff

constituante [kɔ̃stitɥɑ̃t] f Québec (université ou institut de recherches faisant partie de l'université du Québec) constituent institution

constituer [kɔ̃stitɥe] <1> I. vt 1. (composer) to make up 2. (gouvernement) to form 3. (représenter) to constitute II. vpr JUR **se ~ témoin** to come forward as a witness

constitution [kɔ̃stitysjɔ̃] f 1. POL constitution 2. sans pl (d'un groupe) formation

Constitution [kɔ̃stitysjɔ̃] f **la ~** the Constitution

constructeur [kɔ̃stʀyktœʀ] m builder

construction [kɔ̃stʀyksjɔ̃] f 1. sans pl (action) building 2. (secteur) construction; **en ~** under construction 3. (édifice) building

construire [kɔ̃stʀɥiʀ] <irr> vt 1. (bâtir) to build 2. (fabriquer) to make 3. (élaborer) to construct

consulat [kɔ̃syla] m consulate

consultation [kɔ̃syltasjɔ̃] f 1. MED consultation 2. sans pl (d'un ouvrage) consulting 3. POL **~ de l'opinion** vote 4. Suisse (prise de position) consultation

consulter [kɔ̃sylte] <1> I. vi to consult II. vt 1. (demander avis) to consult 2. (ouvrage) to check 3. POL **~ l'opinion** to ballot public opinion

consumer [kɔ̃syme] <1> vpr **se ~** to waste away; (cigarette) to burn away

contact [kɔ̃takt] m 1. sans pl (toucher) contact; **au ~ de qc** in contact with sth 2. (rapport) contact; **au ~ de qn** through contact with sb; **prendre/rester en ~ avec qn/qc** to get/to stay in contact with sb/sth 3. ELEC, AUTO connection; **couper/mettre le ~** to turn the engine off/on

contacter [kɔ̃takte] <1> vt to contact

contagieux, -euse [kɔ̃taʒjø] adj contagious

contagion [kɔ̃taʒjɔ̃] f contagion

contaminer [kɔ̃tamine] <1> vt (personne, virus) to infect; (milieu) to contaminate

conte [kɔ̃t] m tale

contemplation [kɔ̃tɑ̃plasjɔ̃] f sans

pl contemplation

contempler [kɔ̃tɑ̃ple] <1> *vt* to contemplate

contemporain(e) [kɔ̃tɑ̃pɔʀɛ̃] *adj* contemporary

contenance [kɔ̃t(ə)nɑ̃s] *f* 1.(*capacité*) capacity 2.(*attitude*) attitude

contenir [kɔ̃t(ə)niʀ] <9> I. *vt* 1.(*renfermer*) to contain 2.(*foule*) to restrain II. *vpr* se ~ to contain oneself

content(e) [kɔ̃tɑ̃] *adj* 1.(*heureux*) ~ de qc happy about sth; **être ~ que** +*subj* to be glad that 2.(*satisfait*) ~ de qn/qc pleased with sb/sth

contentement [kɔ̃tɑ̃tmɑ̃] *m sans pl* satisfaction

contenter [kɔ̃tɑ̃te] <1> I. *vt* (*personne*) to please II. *vpr* se ~ de qc to satisfy oneself with sth

contenu [kɔ̃t(ə)ny] *m* content

contestable [kɔ̃tɛstabl] *adj* questionable

contestataire [kɔ̃tɛstatɛʀ] *mf* protester

contestation [kɔ̃tɛstasjɔ̃] *f* protest

contester [kɔ̃tɛste] <1> I. *vi* to call things into question II. *vt* (*discuter*) ~ que +*subj* I don't dispute that; **être contesté** to be questioned

contexte [kɔ̃tɛkst] *m* 1. LING context 2.(*situation*) background

continent [kɔ̃tinɑ̃] *m* 1. GEO continent 2.(*opp: île*) mainland

continental(e) [kɔ̃tinɑ̃tal] <-aux> *adj* continental

continu(e) [kɔ̃tiny] *adj* (*ligne*) unbroken; (*effort, bruit*) continuous

continuation [kɔ̃tinyasjɔ̃] *f* continuation; **bonne ~!** good luck for the rest of it!

continuel(le) [kɔ̃tinyɛl] *adj* 1.(*fréquent*) constant 2.(*ininterrompu*) continual

continuellement [kɔ̃tinyɛlmɑ̃] *adv* 1.(*fréquemment*) constantly 2.(*sans s'arrêter*) continually

continuer [kɔ̃tinye] <1> I. *vi* 1.(*se poursuivre*) to continue; (*bruit, pluie*) to go on 2.(*à pied*) to walk on; (*en voiture*) to drive on; ~ **à lire** to carry on reading 3.(*persister*) ~ **à**

faire qc to continue doing sth; **si tu continues, je vais me fâcher!** if you carry on, I'll get angry! II. *vt* (*poursuivre*) to continue

contour [kɔ̃tuʀ] *m* outline

contourner [kɔ̃tuʀne] <1> *vt* 1.(*route, voiture*) to bypass; (*personne*) to go round 2.(*éluder*) to get round

contraceptif [kɔ̃tʀasɛptif] *m* contraceptive

contraceptif, -ive [kɔ̃tʀasɛptif] *adj* contraceptive

contraception [kɔ̃tʀasɛpsjɔ̃] *f* contraception

contracté(e) [kɔ̃tʀakte] *adj* 1.(*tendu*) tense 2. LING contracted

contracter [kɔ̃tʀakte] <1> *vpr* se ~ to contract; (*visage*) to tense

contractuel(le) [kɔ̃tʀaktyɛl] *m(f)* traffic warden

contradiction [kɔ̃tʀadiksjɔ̃] *f sans pl* contradiction; **être en ~ avec qn** to be in disagreement with sb; **être en ~ avec qc** to be inconsistent with sth

contradictoire [kɔ̃tʀadiktwaʀ] *adj* (*incompatible*) contradictory

contraignant(e) [kɔ̃tʀɛɲɑ̃] *adj* restricting

contraindre [kɔ̃tʀɛ̃dʀ] <irr> I. *vt* ~ qn à (faire) qc to force sb to do sth II. *vpr* se ~ à (faire) qc to force oneself to do sth

contraint(e) [kɔ̃tʀɛ̃] *adj* forced

contrainte [kɔ̃tʀɛ̃t] *f* constraint; **sous la ~** under pressure

contraire [kɔ̃tʀɛʀ] I. *adj* 1.(*opposé*) opposite; (*opinions*) conflicting 2.(*incompatible*) ~ **à qc** contrary to sth II. *m* contrary; **bien au ~** on the contrary

contrairement [kɔ̃tʀɛʀmɑ̃] *adv* ~ **à qn/qc** contrary to sb/sth; ~ **à ce que je croyais** contrary to what I thought

contrariant(e) [kɔ̃tʀaʀjɑ̃] *adj* 1.(*opp: docile*) annoying 2.(*fâcheux*) upsetting

contrarier [kɔ̃tʀaʀje] <1> *vt* 1.(*fâcher*) to annoy 2.(*projets*) to thwart

contrariété [kɔ̃tʀaʀjete] *f sans pl* annoyance

contraste [kɔ̃tʀast] *m* contrast

contraster [kɔ̃tʀaste] <1> *vi* to contrast

contrat [kɔ̃tʀa] *m* contract; ~ **à durée déterminée/indéterminée** fixed-term/open; ~ **de location** rental agreement; ~ **de travail** work contract

contravention [kɔ̃tʀavɑ̃sjɔ̃] *f* 1.(*procès-verbal*) parking ticket 2.(*amende*) fine

contre [kɔ̃tʀ] I. *prep* 1.against; **venir tout** ~ **qn** to come right up against sb; ~ **toute attente** contrary to expectation 2.(*échange*) for 3.(*proportion*) **être voté à 32 voix** ~ **24** to be passed by 32 votes to 24 II. *adv* (*opposition*) against; **je n'ai rien** ~ I've no objection; **par** ~ on the other hand

contrebalancer [kɔ̃tʀabalɑ̃se] <2> *vt* 1.(*équilibrer*) to counterbalance 2.(*compenser*) to offset

contrebande [kɔ̃tʀabɑ̃d] *f* 1.(*activité*) smuggling; **faire de la** ~ to smuggle 2.(*marchandise*) contraband

contrebandier, -ière [kɔ̃tʀabɑ̃dje] *m, f* smuggler

contrebas [kɔ̃tʀaba] *adv* **en** ~ **de qc** below sth

contrebasse [kɔ̃tʀabas] *f* double bass

contrecœur [kɔ̃tʀakœʀ] *adv* **à** ~ reluctantly

contrecoup [kɔ̃tʀaku] *m* repercussion

contre-courant [kɔ̃tʀakuʀɑ̃] <contre-courants> *m* countercurrent; **à** ~ against the current

contredire [kɔ̃tʀadiʀ] <irr> *vt, vpr* (**se**) ~ to contradict (oneself)

contrefaçon [kɔ̃tʀafasɔ̃] *f* 1.(*action*) forging 2.(*chose*) forgery

contrefaire [kɔ̃tʀafɛʀ] <irr> *vt* 1.(*imiter*) to forge 2.(*déguiser*) to imitate

contrefort [kɔ̃tʀafɔʀ] *m* 1.ARCHIT buttress 2.(*des Alpes*) foothill

contre-indiqué(e) [kɔ̃tʀɛ̃dike] *adj* MED counterindicated

contre-jour [kɔ̃tʀaʒuʀ] *m* **à** ~ into the light

contremaître, -esse [kɔ̃tʀamɛtʀ] *m, f* foreman, forewoman *m, f*

contrepartie [kɔ̃tʀapaʀti] *f* **en** ~ in compensation

contre-pied [kɔ̃tʀapje] *m sans pl* 1.(*contraire*) opposite 2.SPORT **prendre qn à** ~ to catch sb off-balance

contre-plaqué [kɔ̃tʀaplake] *m sans pl* plywood

contrer [kɔ̃tʀe] <1> I. *vi* JEUX to counter II. *vt* to block

contresens [kɔ̃tʀasɑ̃s] *m* misinterpretation; (*dans une traduction*) mistranslation

contretemps [kɔ̃tʀatɑ̃] *m* mishap; **à** ~ at the wrong moment; MUS off the beat

contribuable [kɔ̃tʀibɥabl] *mf* taxpayer

contribuer [kɔ̃tʀibɥe] <1> *vi* ~ **à qc** to contribute to sth

contribution [kɔ̃tʀibysjɔ̃] *f* 1.(*participation*) ~ **à qc** contribution to sth; **mettre qn à** ~ **pour qc** to make use of sb for sth 2.*pl* (*impôts*) council [*o* local *Am*] tax

contrôle [kɔ̃tʀol] *m* 1.control 2.(*douane*) check; ~ **d'identité** identity check; **passer un** ~ to go through a check; ~ **technique** *motor vehicle safety inspection,* ≈ MOT *Brit* 3.*sans pl* (*surveillance*) monitoring 4.ECOLE test

┌─────────────────────────────────────┐
│ **i** The **contrôle technique** must be done every two years. It is a test to ensure the ability of every vehicle to travel on the roads and the safety of its gas emissions. When all necessary repairs have been made, a small sticker must be put on the windscreen. Without this sticker, the vehicle must be kept off the roads. │
└─────────────────────────────────────┘

contrôler [kɔ̃tʀole] <1> I. *vt* 1.(*vérifier*) to check; (*comptes*) to audit 2.(*surveiller*) to supervise;

(*prix*) to monitor **3.**(*maîtriser*) to control; (*situation*) to be in control of II. *vpr* se ~ to control oneself

contrôleur, -euse [kɔ̃tʀolœʀ] *m, f* (*dans le train*) inspector

controverse [kɔ̃tʀɔvɛʀs] *f* controversy

contusion [kɔ̃tyzjɔ̃] *f* contusion

convaincant(e) [kɔ̃vɛ̃kɑ̃] *adj* convincing

convaincre [kɔ̃vɛ̃kʀ] <irr> I. *vt* **1.**(*persuader*) ~ **qn de qc** to convince sb of sth; ~ **qn de +***infin* to persuade sb to +*infin* **2.** JUR ~ **qn de qc** to convict sb of sth II. *vpr* se ~ **de qc** to convince sb of sth

convaincu(e) [kɔ̃vɛ̃ky] *part passé de* **convaincre**

convalescence [kɔ̃valesɑ̃s] *f* convalescence

convalescent(e) [kɔ̃valesɑ̃] I. *adj* convalescent II. *m(f)* convalescent

convenable [kɔ̃vnabl] *adj* **1.**(*adéquat*) suitable **2.**(*correct*) appropriate **3.**(*salaire, vin*) decent

convenablement [kɔ̃vnabləmɑ̃] *adv* **1.**(*habillé, être équipé*) suitably **2.**(*décemment*) properly

convenance [kɔ̃vnɑ̃s] *f* **1.** *pl* (*bon usage*) proprieties **2.**(*agrément*) **trouver qc à sa** ~ to find sth to one's liking

convenir[1] [kɔ̃vniʀ] <9> I. *vi* ~ **à qn/à qc** to suit sb/sth; **trouver les mots qui conviennent** to find the right words II. *vi impers* **comme il convient** as is right

convenir[2] [kɔ̃vniʀ] <9> I. *vi* ~ **de qc 1.**(*s'entendre*) to agree on sth **2.**(*reconnaître*) to admit sth II. *vt impers* **il est convenu que +***subj* it is agreed that; **comme convenu** as agreed III. *vt* (*reconnaître*) ~ **que ...** to agree that ...

convention [kɔ̃vɑ̃sjɔ̃] *f* **1.**(*accord*) agreement **2.**(*règle*) convention

conventionné(e) [kɔ̃vɑ̃sjɔne] *adj* (*établissement, médecin*) recognized (*by French Social Security*)

conventionnel(le) [kɔ̃vɑ̃sjɔnɛl] *adj* conventional

convenu(e) [kɔ̃vny] *part passé de*

convenir

converger [kɔ̃vɛʀʒe] <2a> *vi* (*intérêts*) to converge

conversation [kɔ̃vɛʀsasjɔ̃] *f* **1.**(*discussion*) conversation; **détourner la** ~ to change the subject **2.**(*manière de discuter*) **avoir de la** ~ *inf* to be a good conversationalist

conversion [kɔ̃vɛʀsjɔ̃] *f* ~ **de qc en qc** conversion of sth into sth

convertir [kɔ̃vɛʀtiʀ] <8> I. *vt* to convert II. *vpr* REL se ~ **à qc** to convert to sth

conviction [kɔ̃viksjɔ̃] *f* conviction

convier [kɔ̃vje] <1> *vt soutenu* (*inviter*) ~ **qn à qc** to invite sb to sth

convive [kɔ̃viv] *mf gén pl* guest

convivial(e) [kɔ̃vivjal] <-aux> *adj* **1.**(*sociable*) convivial **2.** INFOR userfriendly

convocation [kɔ̃vɔkasjɔ̃] *f* **1.**(*à une réunion*) convening; (*d'une personne*) invitation **2.** ECOLE notification (*of examinees*)

convoi [kɔ̃vwa] *m* **1.**(*véhicules*) convoy **2.**(*personnes*) column **3.** CHEMDFER train **4.**(*cortège funèbre*) funeral cortège

convoiter [kɔ̃vwate] <1> *vt* to long for; *péj* to covet

convoitise [kɔ̃vwatiz] *f* lust

convoquer [kɔ̃vɔke] <1> *vt* **1.**(*faire venir*) to invite; (*assemblée*) to convene; **être convoqué pour l'examen** to be notified of an examination date **2.** JUR to summons

convulsion [kɔ̃vylsjɔ̃] *f gén pl* MED convulsion

coopératif, -ive [kɔ(ɔ)peratif] *adj* cooperative

coopération [kɔɔperasjɔ̃] *f* **1.**(*collaboration*) **apporter sa** ~ **à un projet** to cooperate on a project **2.** POL overseas development

coopérative [kɔ(ɔ)perativ] *f* cooperative

coopérer [kɔɔpere] <5> *vi* ~ **à qc** to cooperate on sth

coordination [kɔɔʀdinasjɔ̃] *f sans pl* coordination

coordonnées [kɔɔʀdɔne] *fpl* **1.** *inf* (*renseignements*) **laissez-moi vos**

C_c

~ give me your details **2.** MAT coordinates

coordonner [kɔɔʀdɔne] <1> vt to coordinate

copain, **copine** [kɔpɛ̃] m, f inf friend; **avec sa bande de ~s** with all his friends

copeau [kɔpo] <x> m chip

Copenhague [kɔpɛnag] Copenhagen

copie [kɔpi] f **1. a.** PRESSE copy **2.** INFOR ~ **de sécurité** backup (copy) **3.** (feuille double) sheet **4.** (devoir) paper

copier [kɔpje] <1> vt to copy; ~ **sur qn** to copy off sb

copieux, **-euse** [kɔpjø] adj copious

copilote [kɔpilɔt] mf **1.** AVIAT copilot **2.** AUTO navigator

copine [kɔpin] f v. **copain**

coproduction [kopʀɔdyksjɔ̃] f coproduction

copropriétaire [kopʀɔpʀijetɛʀ] mf joint owner

copuler [kɔpyle] <1> vi to copulate

coq [kɔk] m **1.** (mâle) cock **2.** GASTR ~ **au vin** coq au vin **3.** passer du ~ **à l'âne** to jump from one subject to another

coque [kɔk] f **1.** (d'un navire) hull **2.** ZOOL cockle

coquelicot [kɔkliko] m poppy

coqueluche [kɔklyʃ] f MED whooping cough

coquet(te) [kɔkɛ] adj **1.** (élégant) smart **2.** inf (important) tidy

coquetier [kɔktje] m egg cup

coquetterie [kɔkɛtʀi] f **1.** (souci d'élégance) smartness **2.** (désir de plaire) charm

coquillage [kɔkijaʒ] m shell

coquille [kɔkij] f **1.** ZOOL shell; ~ **Saint-Jacques** GASTR scallop **2.** TYP misprint

coquin(e) [kɔkɛ̃] **I.** adj **1.** (espiègle) mischievous **2.** (grivois) naughty **II.** m(f) rascal

cor¹ [kɔʀ] m **1.** MUS horn **2.** réclamer **qn/qc à ~ et à cri** to clamour [o clamor Am] for sb/sth

cor² [kɔʀ] m MED corn

corail [kɔʀaj] <-aux> m coral

corail® [kɔʀaj] adj inv **train** ~ ≈ express train

Coran [kɔʀɑ̃] m **le** ~ the Coran

corbeau [kɔʀbo] <x> m **1.** (oiseau) crow **2.** inf (dénonciateur) poison pen letter writer

corbeille [kɔʀbɛj] f (panier) basket; ~ **à papier/à pain** wastepaper/bread basket

corbillard [kɔʀbijaʀ] m hearse

cordage [kɔʀdaʒ] m NAUT rigging

corde [kɔʀd] f **1.** (lien, câble) rope; (plus fine) cord; ~ **à linge** washing line; ~ **à sauter** skipping rope **2.** (d'un instrument, d'une raquette) string; **les (instruments à) cordes** the strings; **grimper à la** ~ to go up the climbing rope **3.** ANAT ~**s vocales** vocal cords **4.** avoir plus d'une ~ **à son arc** to have more than one string to one's bow; **il tombe des ~s** it's raining cats and dogs

cordial(e) [kɔʀdjal] <-aux> adj cordial

cordon [kɔʀdɔ̃] m cord; (d'un tablier) string

cordon-bleu [kɔʀdɔ̃blø] <cordons-bleus> m inf cordon bleu cook

cordonnier, **-ière** [kɔʀdɔnje] m, f (réparateur) shoe mender

Corée [kɔʀe] f **la** ~ Korea; **la** ~ **du Nord/du Sud** North/South Korea

coréen [kɔʀeɛ̃] m Korean; v. a. **allemand**

coréen(ne) [kɔʀeɛ̃] adj Korean

Coréen(ne) [kɔʀeɛ̃] m(f) Korean

coriace [kɔʀjas] adj tough

corne [kɔʀn] f **1.** ZOOL horn; (d'un cerf) antler **2.** sans pl (callosité) calluses pl

cornée [kɔʀne] f ANAT cornea

cornemuse [kɔʀnəmyz] f MUS bagpipes pl

corner¹ [kɔʀne] <1> vt ~ **une page** to dog-ear

corner² [kɔʀnɛʀ] m SPORT corner

cornet [kɔʀnɛ] m **1.** GASTR cone **2.** Suisse (sachet, poche (en papier, en plastique)) bag

corniche [kɔʀniʃ] f **1.** ARCHIT cornice **2.** (route) corniche

cornichon [kɔʀniʃɔ̃] *m* **1.** GASTR gherkin **2.** *inf* (*personne*) nitwit
coron [kɔʀɔ̃] *m* mining village
corporation [kɔʀpɔʀasjɔ̃] *f* **1.** (*association*) corporate body **2.** HIST guild
corporel(**le**) [kɔʀpɔʀɛl] *adj* (*physique*) bodily; (*soins*) personal
corps [kɔʀ] *m* **1.** ANAT, CHIM, ASTR body; **~ et âme** body and soul; **~ à corps** man to man **2.** (*diplomatique, d'armée*) corps; (*médical*) profession
corpulence [kɔʀpylɑ̃s] *f* build
corpulent(**e**) [kɔʀpylɑ̃] *adj* corpulent
correct(**e**) [kɔʀɛkt] *adj* **1.** (*exact*) correct; **c'est ~** *Québec* (*ça va bien*) everything's OK **2.** (*convenable*) decent
correctement [kɔʀɛktəmɑ̃] *adv* correctly; (*se conduire, s'habiller*) properly; **gagner ~ sa vie** to earn a decent living
correcteur [kɔʀɛktœʀ] *m* **~ orthographique** spell-checker
correcteur, -trice [kɔʀɛktœʀ] *m, f* ECOLE examiner; TYP proofreader
correction [kɔʀɛksjɔ̃] *f* **1.** (*action*) correction; ECOLE to mark sth; **faire la ~ de qc** to correct sth **2.** (*châtiment*) beating
correctionnelle [kɔʀɛksjɔnɛl] *f inf* **passer en ~** to appear in court
correspondance [kɔʀɛspɔ̃dɑ̃s] *f* **1.** *a.* COM correspondence **2.** (*en voyage*) connection; **nous avons une ~ à Stuttgart** we have to make a connection at Stuttgart
correspondant(**e**) [kɔʀɛspɔ̃dɑ̃] **I.** *adj* corresponding **II.** *m(f)* **1.** *a.* TV correspondent; (*d'un jeune*) penfriend **2.** (*au téléphone*) **votre ~** the person you are calling
correspondre [kɔʀɛspɔ̃dʀ] <14> *vi* **1.** **~ à qc** to correspond to sth; **~ à la réalité** to match up with reality **2.** (*être en contact*) **~ avec qn** to write to sb
corrida [kɔʀida] *f* bullfight
corridor [kɔʀidɔʀ] *m* corridor
corrigé [kɔʀiʒe] *m* ECOLE model answer

corriger [kɔʀiʒe] <2a> **I.** *vt* **1.** (*relever les fautes*) to mark **2.** (*rectifier*) to correct **3.** (*punir*) to beat **II.** *vpr* (*devenir raisonnable*) **se ~** to mend one's ways
corrompre [kɔʀɔ̃pʀ] <irr> *vt* (*acheter*) to bribe
corrompu(**e**) [kɔʀɔ̃py] **I.** *part passé de* **corrompre II.** *adj* (*malhonnête*) corrupt
corrosion [kɔʀozjɔ̃] *f* corrosion
corruption [kɔʀypsjɔ̃] *f* **1.** (*délit*) bribery **2.** *sans qc* (*moral*) corruption
corsage [kɔʀsaʒ] *m* blouse; (*d'une robe*) bodice
corsaire [kɔʀsɛʀ] *m* **1.** (*marin*) pirate **2.** (*navire*) privateer **3.** (*pantalon*) breeches *pl*
corse [kɔʀs] **I.** *adj* Corsican **II.** *m* Corsican; *v. a.* **français**
Corse [kɔʀs] **I.** *f* **la ~** Corsica **II.** *mf* Corsican
corsé(**e**) [kɔʀse] *adj* **1.** (*épicé*) spicy; (*vin*) full-bodied; (*café*) strong-flavoured [*o* flavored *Am*] **2.** (*scabreux*) spicy **3.** (*compliqué*) tough
corset [kɔʀsɛ] *m* corset
cortège [kɔʀtɛʒ] *m* procession; (*funèbre*) cortege
corvée [kɔʀve] *f* **1.** (*obligation pénible*) chore; **être de ~ de vaisselle** to be on dishwashing duty; **quelle ~!** what a pain! **2.** MIL fatigue **3.** *Suisse, Québec* (*travail non payé, fait de plein gré*) voluntary community work
cosmétique [kɔsmetik] *adj* cosmetic
cosmique [kɔsmik] *adj* cosmic
cosmonaute [kɔsmɔnot] *mf* cosmonaut
cosmopolite [kɔsmɔpɔlit] *adj* cosmopolitan
cosmos [kɔsmɔs] *m* cosmos
costaud(**e**) [kɔsto] **I.** *adj inf* **1.** (*fort*) tough **2.** (*solide*) sturdy **II.** *m* **c'est du ~!** *inf* it's good strong stuff!
costume [kɔstym] *m* **1.** (*complet*) suit **2.** (*d'époque, de théâtre*) costume
costumier, -ière [kɔstymje] *m, f*

THEAT, CINE wardrobe master, mistress *m, f*

cotation [kɔtasjɔ̃] *f* FIN quotation

cote [kɔt] *f* 1. FIN share price 2. (*popularité*) popularity; **avoir la ~ avec qn** *inf* to be popular with sb

côte [kot] *f* 1. (*littoral*) coast 2. (*pente*) hill; **les ~s du Rhône** the Rhône hills 3. ANAT rib 4. GASTR chop; **~ de bœuf** beef rib 5. **~ à ~** side by side

côté [kote] I. *m* 1. side 2. **des deux ~s de qc** from both sides of sth; **sauter de l'autre ~ du ruisseau** to jump across the stream 3. (*direction*) way; **~ cour** on the courtyard side; THEAT stage left; **de quel ~ allez-vous?** which way are you going?; **du ~ de la mer** by the sea; **du ~ opposé** on the opposide side 4. (*parti*) side; **aux ~s de qn** at sb's side; **de mon ~** for my part; **du ~ paternel** [*o* **du père**] on the father's side 5. **d'un ~ ..., de l'autre (~)** [*o* **d'un autre ~**] on the one hand ..., on the other; **mettre qc de ~** to put sth by; **laisser qc/qn de ~** to leave sb/sth aside II. *adv* 1. (*en plus*) **à ~** on the side 2. (*voisin*) **les gens/la maison (d')à ~** the people/the house next door; **chambre à ~** next room 3. **passer à ~ de qc** to miss sth III. *prep* 1. (*à proximité de*) **à ~ de qn/qc** next to sb/sth; **à ~ de Paris** near Paris; **juste à ~ de qc** just by sth 2. (*hors de*) **répondre à ~ de la question** to miss the point of the question; **être à ~ du sujet** to be off the subject

coteau [kɔto] <x> *m* 1. (*versant*) hill 2. (*vignoble*) vineyard

Côte d'Azur [kotdazyʀ] *f* **la ~** the Côte d'Azur, the Riviera

Côte d'Ivoire [kotdivwaʀ] *f* **la ~** the Ivory Coast, the Côte d'Ivoire

côtelette [kotlɛt] *f* GASTR cutlet

coter [kɔte] <1> *vt a.* FIN to list; **être coté** to be listed

cotillons [kɔtijɔ̃] *mpl* petticoat + *vb sing*

cotisation [kɔtizasjɔ̃] *f* subscription; **~ ouvrière/patronale** worker/employer contributions

cotiser [kɔtize] <1> I. *vi* **~ à qc** to contribute to sth II. *vpr* **se ~ pour** +*infin* to club together to +*infin*

coton [kɔtɔ̃] *m* 1. (*matière, fil*) cotton 2. (*ouate*) cotton wool 3. **avoir les jambes en ~** my legs feel like jelly

coton-tige® [kɔtɔ̃tiʒ] <cotons-tiges> *m* cotton bud, Q-tip®

côtoyer [kotwaje] <6> I. *vt soutenu* (*fréquenter*) to frequent; **~ beaucoup de gens** to mix with many people II. *vpr soutenu* (*se fréquenter*) **se ~** to mix

cou [ku] *m* neck

couche [kuʃ] *f* 1. *a.* GEO, METEO layer; (*de peinture*) coat 2. SOCIOL level 3. (*lange*) nappy *Brit*, diaper *Am* 4. *pl* MED **faire une fausse ~** to have a miscarriage

couché(e) [kuʃe] *adj* 1. (*étendu*) lying down 2. (*au lit*) **être ~** to be in bed

couche-culotte [kuʃkylɔt] <couches-culottes> *f* disposable nappy [*o* diaper *Am*]

coucher [kuʃe] <1> I. *vi a. inf* to sleep II. *vt* 1. (*mettre au lit*) to put to bed 2. (*étendre*) to lay down; (*bouteille*) to lay on its side III. *vpr se ~* 1. (*aller au lit*) to go to bed 2. (*s'allonger*) to lie down 3. (*se courber sur*) **se ~ sur qc** to lean over sth 4. (*disparaître*) **le soleil se couche** the sun is setting IV. *m* 1. (*fait d'aller au lit*) going to bed 2. (*crépuscule*) **au ~ du soleil** at sunset

couchette [kuʃɛt] *f* couchette

coucou [kuku] I. *m* 1. (*oiseau*) cuckoo 2. (*pendule*) cuckoo clock 3. (*vieil avion*) crate 4. BOT cowslip II. *interj* peekabo

coude [kud] *m* 1. ANAT elbow 2. (*courbure*) bend 3. **se serrer les ~s** to stick together

coudre [kudʀ] <irr> *vi, vt* to sew (together); **~ un bouton à qc** to sew a button on sth

couenne [kwan] *f a. Suisse* (*croûte du fromage*) rind

couette [kwɛt] *f* 1. (*édredon*) duvet

2. *gén pl* (*coiffure*) bunches

couffin [kufɛ̃] *m* basket

couille [kuj] *f* **1.** *gén pl, vulg* ball **2.** *inf* (*ennui*) cock-up **3.** **casser les ~s à qn** *inf* to get on sb's nerves

couillon(ne) [kujɔ̃] *m(f) inf* berk

couiner [kwine] <1> *vi* (*lièvre, porc*) to squeal; (*personne*) to whine

coulant(e) [kulɑ̃] *adj* **1.** *inf* easygoing **2.** (*pâte, fromage*) runny

coulée [kule] *f* **~ de lave** lava flow

couler [kule] <1> **I.** *vi* **1.** (*s'écouler*) to flow; **faire ~ un bain à qn** to run a bath for sb **2.** (*œil*) to run **3.** (*sombrer*) to sink **II.** *vt* **1.** (*plomb, métal*) to cast **2.** (*sombrer, faire échouer*) to sink

couleur [kulœʀ] **I.** *f* **1.** POL colour *Brit,* color *Am;* **prendre des ~s** to get one's colour back **2.** (*linge*) coloured **II.** *adj sans pl* **~ rose** rose-coloured [*o* colored *Am*]

couleuvre [kulœvʀ] *f* grass snake

coulis [kuli] *m* (*de fruits*) coulis

coulisse [kulis] *f souvent pl* THEAT wings; **en ~** behind the scenes

coulisser [kulise] <1> *vi* **~ sur qc** to slide along sth

couloir [kulwaʀ] *m* **1.** *a.* AVIAT corridor; **~ d'autobus** bus lane **2.** SPORT lane **3.** GEO gully

coup [ku] *m* **1.** blow; **~ de poing/ de pied** punch/kick; **~ de couteau** stab **2.** (*bruit*) knock **3.** (*décharge*) **~ de feu** shot **4.** (*action rapide*) **~ de fil** phone call; **passer un ~ d'éponge sur qc** to sponge sth down; **se donner un ~ de peigne** to give one's hair a quick comb; **donner un ~ de fer à qc** to give sth a quick iron **5.** SPORT shot; **~ franc** free kick; **donner le ~ d'envoi à qc** to kick sth off **6.** JEUX go **7.** (*de tonnerre*) roll; (*de vent*) gust; **~ de foudre** love at first sight; **~ de soleil** sunstroke **8.** (*action*) **~ d'État** coup d'état; **~ de maître** masterstroke; **être sur un ~** to be on to sth; **calculer son ~** to plan one's move **9.** (*action désagréable*) **~ de vache** *inf* dirty trick **10.** (*boisson*) drink

11. **avoir le ~ de main** to have the knack; **donner un ~ de main à qn** to give sb a hand; **jeter un ~ d'œil sur qc** to keep an eye on sth; **avoir un ~ de barre** *inf* to suddenly feel tired; **~ de tête** impulse; **passer en ~ de vent** to rush past; **prendre un ~ de vieux** *inf* to age suddenly; **tenir le ~** *inf* (*personne*) to cope; **ça vaut le ~ de faire qc** it's worth doing sth; **du premier ~** at the first go; **tout à** [*o* **d'un**] **~** suddenly; **du ~** *inf* as a result; **à tous les ~s** every time

coupable [kupabl] **I.** *adj* guilty **II.** *mf* guilty party

coupant(e) [kupɑ̃] *adj* sharp

coupe [kup] *f* **1.** (*verre*) glass **2.** (*récipient*) dish **3.** SPORT cup; **la ~ du monde de football** the World Cup

coupe-ongle [kupɔ̃gl] <coupe-ongles> *m* nail clippers **coupe-papier** [kuppapje] *m inv* paper knife, paper cutter

couper [kupe] <1> **I.** *vi* **1.** *a.* CINE, JEUX to cut; **attention, ça coupe!** careful, it's sharp! **2.** (*prendre un raccourci*) to take a short cut **3.** TEL **ne coupez pas!** hold the line! **II.** *vt* **1.** *a.* JEUX to cut **2.** (*tête, branche*) to cut off **3.** (*isoler, interrompre*) to cut off; **~ sa faim** to take the edge of one's hunger; **~ les ponts avec qn** to cut oneself off from sb; **~ la respiration à qn** to wind sb **4.** (*vin*) to dilute **5.** (*mot, paragraphe*) to break **III.** *vpr* **se ~ 1.** (*se blesser*) to cut oneself; **se ~ la main** to cut one's hand **2.** (*trancher*) **se ~ les ongles** to cut one's nails; **se ~ du pain** to cut (oneself) some bread

couple [kupl] *m* couple

couplet [kuplɛ] *m* couplet

coupole [kupɔl] *f* dome

coupon [kupɔ̃] *m* **1.** COUT roll **2.** (*bon*) voucher

coupon-réponse [kupɔ̃repɔ̃s] <coupons-réponse> *m* reply coupon

coupure [kupyʀ] *f* **1.** *a.* CINE cut **2.** **~ de presse** press clipping **3.** **~ d'électricité** (*involontaire/volon-*

taire) power failure/cut **4.**(*billet*) **petites** ~**s** small notes [*o* bills *Am*]

couque [kuk] *f Belgique* (*pain d'épice*) gingerbread

cour [kuʀ] *f* **1.**(*espace clos*) courtyard; ~ **d'école** playground **2.**(*courtisans*) court **3.**(*d'appel, de cassation*) court; ~ **d'assises** ≈ Crown Court *Brit* **4.** *Belgique* (*toilettes*) toilet **5. faire la** ~ **à qn** to court sb

courage [kuʀaʒ] *m* **1.** courage; **bon** ~**!** best of luck! **2. prendre son** ~ **à deux mains** to muster all one's courage

courageux, -euse [kuʀaʒø] *adj* **1.**(*opp: lâche*) courageous **2.**(*travailleur*) willing **3.** ~**, mais pas téméraire!** brave, but not stupid!

couramment [kuʀamɑ̃] *adv* **1.**(*parler*) fluently **2.**(*souvent*) commonly

courant [kuʀɑ̃] *m* **1.** *a.* ELEC current; **descendre/remonter le** ~ to go with/against the current; **il y a un** ~ **d'air** there's a draught **2.**(*de pensée*) school **3.**(*cours*) **dans le** ~ **de la journée** during the day **4. être au** ~ **de qc** to be aware of sth; **mettre** [*o* **tenir**] **qn au** ~ **de qc** to keep sb up to date on sth

courant(e) [kuʀɑ̃] *adj* **1.**(*habituel*) usual; (*langue*) everyday; (*modèle*) standard **2.**(*en cours*) current

courbature [kuʀbatyʀ] *f souvent pl* ache

courbe [kuʀb] *f* GEO, FIN curve; (*d'une route, d'un fleuve*) bend; (*des reins*) line

courbé(e) [kuʀbe] *adj* bowed down

courber [kuʀbe] <1> I. *vi* ~ **sous qc** to bend under sth II. *vt* **1.**(*plier*) to bend **2.**(*pencher*) ~ **le dos** to stoop; ~ **la tête devant qn** to give in to sb

coureur [kuʀœʀ] *m* **1.**(~ *de jupons*) womanizer **2.** *Québec* ~ **des bois** (*chasseur et trappeur*) trapper

coureur, -euse [kuʀœʀ] *m, f* (*athlète, cheval*) runner; (*pilote, cycliste*) entrants

courgette [kuʀʒɛt] *f* courgette

courir [kuʀiʀ] <irr> I. *vi* **1.** *a.* SPORT

to run **2.**(*se diriger vers*) ~ **à qc** to be heading for sth **3. tu peux toujours** ~**!** you can whistle for it; **en courant** in a rush II. *vt* **1.** SPORT to run (in) **2.**(*filles*) to chase

couronne [kuʀɔn] *f* **1.** crown **2.**(*pain*) ring

couronner [kuʀɔne] <1> *vt* **1.** to crown **2.**(*récompenser*) to award a prize to

courrier [kuʀje] *m* **1.** *a.* INFOR mail; ~ **électronique** e-mail **2.** PRESSE **le** ~ **du cœur** problem page; **le** ~ **des lecteurs** readers' letters

courroie [kuʀwa] *f* belt

cours [kuʀ] *m* **1.**(*déroulement*) course; **au** ~ **de qc** in the course of sth; **en** ~ (*mois*) current **2.**(*leçon*) lesson; ~ **magistral** lecture; **suivre un** ~ [*o* **des** ~] to do a course; ~ **de maths** *inf* maths [*o* math *Am*] lessons **3.**(*d'une monnaie*) rate **4.** ~ **d'eau** stream; (*rivière*) river

course [kuʀs] *f* **1.**(*action de courir*) running; **au pas de** ~ at a run **2.**(*épreuve*) ~ (**à pied**) race; ~ **de vitesse** speed trial; ~ **en sac** sack race; **vélo de** ~ racing bike; **faire la** ~ **avec qn** to race (with) sb **3.** JEUX **jouer aux** ~**s** to bet on the races **4.**(*déplacement*) ~ **en taxi** taxi journey **5.** *pl* (*commission*) shopping; **faire les** [*o* **ses**] ~**s** to do the shopping **6.** *Suisse* (*excursion, voyage organisé*) excursion

court [kuʀ] *m* ~ **de tennis** tennis court

court(e) [kuʀ] *adj, adv* **1.** short; **tout** ~ simply **2. être à** ~ **de qc** to be short of sth

court-bouillon [kuʀbujɔ̃] <courts-bouillons> *m* stock **court-circuit** [kuʀsiʀkɥi] <courts-circuits> *m* short-circuit

courtier, -ière [kuʀtje] *m, f* broker

courtisan [kuʀtizɑ̃] *m* courtier

courtiser [kuʀtize] <1> *vt* to court

court-métrage [kuʀmetʀaʒ] <courts-métrages> *m* CINE short film

courtois(e) [kuʀtwa] *adj* courteous

courtoisie [kuʀtwazi] *f* courtesy

couru(e) [kuʀy] *part passé de* **courir**

couscous [kuskus] *m* couscous

cousin(e) [kuzɛ̃] *m/f*) cousin; ~s **germains** first cousin

coussin [kusɛ̃] *m* **1.** cushion **2.** *Belgique* (*oreiller*) pillow

cousu(e) [kuzy] **I.** *part passé de* coudre **II.** *adj* ~ **main** handsewn

coût [ku] *m* cost

couteau [kuto] <x> *m* **1.** (*ustensile*) knife **2.** (*coquillage*) razor shell **3.** mettre le ~ sous la gorge de qn to put a knife to sb's throat; **remuer le ~ dans la plaie** to twist the knife in the wound

coûter [kute] <1> *vt* to cost; **ça m'a coûté 10 euros** it cost me 10 euros; **ça coûte combien?** how much does it cost?

coûteux, -euse [kutø] *adj* expensive

coutume [kutym] *f* custom

couture [kutyʀ] *f* **1.** (*action, ouvrage*) sewing **2.** (*profession*) dressmaking; **la haute ~** haute couture **3.** (*suite de points*) seam **4.** sous toutes les ~s (*examiner*) minutely

couturier [kutyʀje] *m* designer; **grand ~** fashion designer

couturière [kutyʀjɛʀ] *f* (*à son compte*) dressmaker

couvée [kuve] *f* **1.** (*œufs*) clutch **2.** (*poussins*) brood

couvent [kuvɑ̃] *m* convent

couver [kuve] <1> **I.** *vi* (*feu*) to smoulder; (*émeute*) to be brewing **II.** *vt* **1.** ZOOL to sit on **2.** (*materner*) to cocoon **3.** (*porter*) to be coming down with

couvercle [kuvɛʀkl] *m* lid

couvert [kuvɛʀ] *m* **1.** (*ustensiles*) cutlery *no pl;* **mettre le ~** to lay the cutlery **2.** (*place*) place setting

couvert(e) [kuvɛʀ] **I.** *part passé de* couvrir **II.** *adj* **1.** (*habillé*) **être trop ~** to be wearing too much **2.** (*assuré, protégé*) **être ~ par une assurance** to be covered by insurance **3.** (*opp: en plein air*) indoor **4.** (*ciel, temps*) overcast **5.** (*plein de*) **~ de sang/de feuilles** covered in blood/leaves

couverture [kuvɛʀtyʀ] *f* **1.** (*d'un lit*) blanket **2.** *a.* ADMIN, FIN cover

couveuse [kuvøz] *f* **1.** (*poule*) sitter **2.** (*incubateur*) incubator

couvre-feu [kuvʀəfø] <couvre-feux> *m* curfew **couvre-lit** [kuvʀəli] <couvre-lits> *m* bedspread

couvreur, -euse [kuvʀœʀ] *m, f* roofer

couvrir [kuvʀiʀ] <11> **I.** *vt* **1.** to cover; **~ de qc** to cover in sth **2.** (*livre*) to back; (*toit*) to tile **3.** (*son*) to drown **4.** (*combler*) **~ qn de qc** to shower sb with sth **II.** *vpr* **se ~ 1.** (*s'habiller*) **couvre-toi, il fait froid!** cover up warmly, it's cold! **2.** (*mettre un chapeau*) to put one's hat on **3.** (*ciel*) to become overcast

coyote [kɔjɔt] *m* coyote

CP [sepe] *m abr de* **cours préparatoire** ≈ year one

CQFD [cekyɛkde] *abr de* **ce qu'il fallait démontrer** QED

crabe [kʀab] *m* crab

crachat [kʀaʃa] *m* spit

craché(e) [kʀaʃe] *adj* **c'est lui tout ~** *inf* he's the spitting image of him

cracher [kʀaʃe] <1> *vi, vt* to spit

craie [kʀɛ] *f* chalk

craindre [kʀɛ̃dʀ] <irr> **I.** *vt* **1.** (*redouter*) to be afraid of **2.** (*chaleur*) to dislike **II.** *vi* **il n'y a rien à ~** there's nothing to be afraid of; **ça ne craint rien** it can take anything

crainte [kʀɛ̃t] *f* fear

craintif, -ive [kʀɛ̃tif] *adj* timid

cramique [kʀamik] *m Belgique* (*pain au lait et au beurre, garni de raisins de Corinthe*) fruit bread

cramoisi(e) [kʀamwazi] *adj* crimson

crampe [kʀɑ̃p] *f* cramp

crampon [kʀɑ̃pɔ̃] *m* SPORT crampon; (*de foot*) stud

cramponner [kʀɑ̃pɔne] <1> **I.** *vt inf* to pester **II.** *vpr a. fig* **se ~ à qn/ qc** to cling on to sb/sth

cran¹ [kʀɑ̃] *m* **1.** (*d'une arme*) notch; **d'un ~** (*hausser, baisser*) a notch **2.** (*trou*) hole

cran² [kʀɑ̃] *m inf* **avoir du ~** to have

guts

crâne [kʀɑn] *m* 1. skull 2. **ne rien avoir dans le ~** to be a total numskull

crâner [kʀɑne] <1> *vi inf* to show off

crâneur, -euse [kʀɑnœʀ] *m, f* show-off

crânien(ne) [kʀɑnjɛ̃] *adj* cranial; **boîte ~ne** cranium

crapaud [kʀapo] *m* toad

crapule [kʀapyl] *f* villain

craquer [kʀake] <1> I. *vi* 1. to squeak; (*neige*) to crunch; (*disque*) to crackle; **faire ~ ses doigts** to crack one's knuckles 2. (*branche*) to snap; (*glace*) to crack; (*vêtement*) to tear 3. (*personne*) to crack up; (*nerfs*) to crack 4. (*s'attendrir*) ~ **pour qc** to go for sth 5. **plein à ~** full to bursting II. *vt* (*allumette*) to strike

crash [kʀaʃ] <(e)s> *m* crash

crasse [kʀas] *f* filth

crasseux, -euse [kʀasø] *adj* filthy

cratère [kʀatɛʀ] *m* cratère

cravache [kʀavaʃ] *f* riding crop

cravate [kʀavat] *f* tie

crawl [kʀol] *m* crawl

crayon [kʀɛjɔ̃] *m* pencil; ~ **de couleur** coloured [*o* colored *Am*] pencil

créancier, -ière [kʀeɑ̃sje] *m, f* FIN creditor

créateur, -trice [kʀeatœʀ] *m, f* ART designer

créatif, -ive [kʀeatif] *adj* creative

création [kʀeasjɔ̃] *f* creation

créativité [kʀeativite] *f* creativity

créature [kʀeatyʀ] *f* creature

crèche [kʀɛʃ] *f* 1. REL crib 2. (*pouponnière*) creche

crédible [kʀedibl] *adj* credible

crédit [kʀedi] *m* 1. credit 2. (*prêt*) loan 3. *pl* POL funds

crédule [kʀedyl] *adj* credulous

crédulité [kʀedylite] *f* credulity

créer [kʀee] <1> *vt* to create; (*entreprise*) to set up

crémaillère [kʀemajɛʀ] *f* **pendre la ~** to have a housewarming (party)

crématoire [kʀematwaʀ] *adj* **four ~** crematorium

crème [kʀɛm] I. *f* 1. cream; ~ **fraîche** crème fraîche; ~ **glacée/à raser** ice/shaving cream 2. (*liqueur*) ~ **de cassis** blackcurrant liqueur II. *m* white coffee

crémerie [kʀɛmʀi] *f* dairy

créneau [kʀeno] <x> *m* 1. AUTO **faire un ~** to parallel park 2. COM opening

créole [kʀeɔl] *adj, m* Creole; *v. a.* **français**

Créole [kʀeɔl] *mf* Creole

crêpe [kʀɛp] *f* GASTR crêpe

crêperie [kʀɛpʀi] *f* crêpe restaurant

crépi [kʀepi] *m* roughcast

crépiter [kʀepite] <1> *vi* (*feu*) to crackle

crépu(e) [kʀepy] *adj* frizzy

crépuscule [kʀepyskyl] *m* twilight

cresson [kʀesɔ̃] *m* watercress

crête [kʀɛt] *f a.* ZOOL crest; (*de coq*) comb

Crète [kʀɛt] *f* **la ~** Crete

crétin(e) [kʀetɛ̃] *m(f) inf* cretin

creuser [kʀøze] <1> I. *vt, vi* to dig; (*pomme, falaise*) to hollow out II. *vpr* 1. **se ~** to grow hollow 2. **se ~ la tête** to rack one's brains

creux [kʀø] *m* 1. cavity; (*dans un terrain, de la main*) hollow; (*d'une vague*) trough 2. *inf* (*faim*) **avoir un ~** to be a bit hungry

creux, -euse [kʀø] *adj* 1. hollow 2. (*période*) slack; (*heures*) off-peak

crevaison [kʀavɛzɔ̃] *f* puncture

crevant(e) [kʀavɑ̃] *adj inf* exhausting

crevasse [kʀavas] *f* 1. (*fissure*) crevice 2. (*gerçure*) crack

crève [kʀɛv] *f inf* cold

crevé(e) [kʀave] *adj inf* (*fatigué*) dead

crever [kʀave] <4> *vi, vt* 1. (*abcès, ballon*) to burst 2. AUTO to have a puncture 3. *inf* ~ **de chaud/froid** to be sweltering/freezing; ~ **de faim** to be starving; ~ **d'envie de qc** to be dying for sth; **une chaleur à ~** boiling heat 4. *inf* to kill

crevette [kʀavɛt] *f* prawn

cri [kʀi] *m* cry

criard(e) [kʀijaʀ] *adj* (*couleur*) loud

crible [kʀibl] *m* **passer qc au ~** to go through sth with a fine-tooth comb

criblé(e) [kʀible] *adj* **1.** **~ de balles** riddled with bullets **2.** **~ de dettes** up to one's neck in debt

cric [kʀik] *m* jack

cricket [kʀikɛt] *m* cricket

crier [kʀije] <1> I. *vi* **1.** (*hurler*) to cry (out); **~ de peur** to scream with fear **2.** *inf* **~ après qn** to yell at sb II. *vt* **~ qc à qn** to yell sth to sb

crime [kʀim] *m* crime

criminalité [kʀiminalite] *f sans pl* criminality

criminel(le) [kʀiminɛl] *adj* criminal

crin [kʀɛ̃] *m* hair

crinière [kʀinjɛʀ] *f* mane

crique [kʀik] *f* creek

criquet [kʀikɛ] *m* grasshopper

crise [kʀiz] *f* **1.** MED attack; **~ de nerfs** attack of nerves **2.** ECON, POL, FIN crisis

crispé(e) [kʀispe] *adj* tense

crisper [kʀispe] <1> I. *vt* to tense II. *vpr* **se ~** to tense; (*main*) to tighten; (*poing*) to clench

crisser [kʀise] <1> *vi* (*pneus, freins*) to squeal; (*gravier, pas*) to crunch

cristal [kʀistal] <-aux> *m* crystal

cristalliser [kʀistalize] <1> *vi, vt, vpr* CHIM (**se**) **~** to crystallize

critère [kʀitɛʀ] *m* criterion

critique [kʀitik] I. *adj* critical II. *f* criticism III. *mf* critic

critiquer [kʀitike] <1> *vt* **1.** (*condamner*) to criticize **2.** (*juger*) to review

croasser [kʀɔase] <1> *vi* to croak

croate [kʀɔat] I. *adj* Croatian II. *m* Croatian; *v. a.* **français**

Croate [kʀɔat] *mf* Croat

Croatie [kʀɔasi] *f* **la ~** Croatia

croc [kʀo] *m* fang

croche-pied [kʀɔʃpje] <croche-pieds> *m* **faire un ~ à qn** to trip sb up

crochet [kʀɔʃɛ] *m* **1.** *a.* SPORT hook **2.** COUT crochet hook **3.** *pl* TYP square brackets

crochu(e) [kʀɔʃy] *adj* (*bec, doigts*) claw-like; (*nez*) hook

crocodile [kʀɔkɔdil] *m* crocodile

croire [kʀwaʀ] <irr> I. *vt* **1.** to believe; **faire ~ qc à qn** to make sb think sth **2.** (*penser*) to think **3.** **tu ne croyais pas ~ si bien dire** you didn't know how right you were II. *vi* **1.** **~ en qn/qc** to believe in sb/sth **2.** **je vous prie de ~ à l'expression de ma considération distinguée** *form* ≈ Yours sincerely III. *vpr* **se ~ intelligent** to think oneself clever; **se ~ tout permis** to think one can get away with anything

croisade [kʀwazad] *f* HIST crusade

croisé(e) [kʀwaze] *adj* **rester les bras ~s** to sit and do nothing

croisement [kʀwazmɑ̃] *m* **1.** (*intersection*) crossroads **2.** (*mélange*) cross

croiser [kʀwaze] <1> I. *vt* **1.** BIO to cross **2.** (*bras*) to fold **3.** (*personne*) to meet; (*véhicule*) to pass II. *vpr* **se ~ 1.** (*personnes, regards*) to meet **2.** (*se couper*) to cross

croisière [kʀwazjɛʀ] *f* cruise

croissance [kʀwasɑ̃s] *f sans pl* growth

croissant [kʀwasɑ̃] *m* **1.** GASTR croissant **2.** *sans pl* **~ de lune** crescent

croissant(e) [kʀwasɑ̃] *adj* growing

croître [kʀwatʀ] <irr> *vi* **1.** (*grandir*) to grow **2.** (*augmenter*) to increase

croix [kʀwa] *f* cross

Croix-Rouge [kʀwaʀuʒ] *f* **la ~** the Red Cross

croquant(e) [kʀɔkɑ̃] *adj* crisp; (*biscuit*) crunchy

croque-madame [kʀɔkmadam] *m inv:* toasted ham and cheese sandwich with an egg **croque-monsieur** [kʀɔkməsjø] *m inv:* toasted ham and cheese sandwich **croque-mort** [kʀɔkmɔʀ] <croque-morts> *m inf* undertaker

croquer [kʀɔke] <1> I. *vt* to munch II. *vi* **~ dans une pomme** to bite into an apple

croquette [kʀɔkɛt] *f* croquette

croquis [kʀɔki] *m* sketch

cross [kʀɔs] *m* **1.** (*course à pied*) cross-country race **2.** (*course de moto*) motocross

crosse [kʀɔs] *f* (*d'un fusil*) butt

crotte [kʀɔt] *f* **1.** (*de chien*) turd; (*de lapin*) droppings *pl;* (*de nez*) bogey **2.** GASTR ~ **en chocolat** chocolate drop

crottin [kʀɔtɛ̃] *m* **1.** (*excrément*) droppings *pl* **2.** (*fromage*) round goat's milk cheese

crouler [kʀule] <1> *vi* to fall in

croupe [kʀup] *f* rump

croupier, -ière [kʀupje] *m, f* croupier

croupir [kʀupiʀ] <8> *vi* **1.** (*eau*) to stagnate **2.** ~ **en prison** to rot away in jail

croustillant(e) [kʀustijɑ̃] *adj* (*pain*) crusty; (*biscuit*) crunchy

croustiller [kʀustije] <1> *vi* (*pain*) to be crusty; (*biscuit*) to be crunchy

croûte [kʀut] *f* **1.** *sans pl a.* GEO crust **2.** *sans pl* MED scab **3.** **casser la** ~ *inf* to have something to eat

croûton [kʀutɔ̃] *m* **1.** (*extrémité*) crust **2.** (*pain frit*) crouton **3. vieux** ~ *inf* old fogy

croyant [kʀwajɑ̃] *part prés de* **croire**

croyant(e) [kʀwajɑ̃] **I.** *adj* believing **II.** *m(f)* believer

CRS [seɛʀɛs] *m abr de* **compagnie républicaine de sécurité** security police; (*policier*) security policeman; **les** ~ the security police

cru [kʀy] *m* (*vin*) vintage

cru(e) [kʀy] **I.** *part passé de* **croire** **II.** *adj* (*aliments*) raw

cruauté [kʀyote] *f sans pl* cruelty

cruche [kʀyʃ] *f* jug

crucial(e) [kʀysjal] <-aux> *adj* crucial

crucifier [kʀysifje] <1> *vt* to crucify

crucifix [kʀysifi] *m* crucifix

crudités [kʀydite] *fpl* raw vegetables

crue [kʀy] *f* (*montée*) rise in the water level

cruel(le) [kʀyɛl] *adj* cruel

crus [kʀy] *passé simple de* **croire**

crustacé [kʀystase] *m* **1.** crustacean **2.** GASTR ~**s** seafood

crypte [kʀipt] *f* crypt

crypter [kʀipte] <1> *vt* to encrypt

Cuba [kyba] (**l'île de**) ~ Cuba

cubain(e) [kybɛ̃] *adj* Cuban

Cubain(e) [kybɛ̃] *m(f)* Cuban

cube [kyb] *m* (*jouet*) block

cubisme [kybism] *m* ART cubism

cueillette [kœjɛt] *f sans pl* (*récolte*) harvest

cueillir [kœjiʀ] <irr> *vt* to pick

cuiller, cuillère [kɥijɛʀ] *f* **1.** (*ustensile*) spoon; ~ **à café** [*o* **thé** *Québec*] teaspoon; ~ **à soupe** [*o* **table** *Québec*] tablespoon **2.** (*contenu*) spoonful

cuillerée, cuillérée [kɥijeʀe] *f* ~ **à café/soupe** tea-/tablespoonful

cuir [kɥiʀ] *m* **1.** *sans pl* leather **2.** ~ **chevelu** scalp

cuirasse [kɥiʀas] *f* **1.** MIL armour **2.** HIST breastplate

cuire [kɥiʀ] <irr> **I.** *vt* **1.** GASTR to cook **2.** (*au four*) to roast; (*pain, gâteau*) to bake **3.** (*à la poêle*) to fry **4.** TECH to fire **5. être dur à** ~ to be a hard nut to crack **II.** *vi* (*viande, légumes*) to cook; (*pain, gâteau*) to bake

cuisine [kɥizin] *f* **1.** (*pièce*) kitchen **2.** (*art culinaire*) cookery; **faire la** ~ to cook

cuisiner [kɥizine] <1> *vi, vt* **1.** to cook **2.** *inf* to grill

cuisinier, -ière [kɥizinje] *m, f* cook

cuisinière [kɥizinjɛʀ] *f* cooker

cuisse [kɥis] *f* **1.** ANAT thigh **2.** GASTR leg

cuit(e) [kɥi] **I.** *part passé de* **cuire** **II.** *adj* **1.** GASTR cooked; **bien** ~ well-baked **2. c'est** ~ *inf* so much for that!; **être** ~ *inf* to be done for

cuite [kɥit] *f inf* **prendre une** ~ to get plastered

cuivre [kɥivʀ] *m* **1.** (*métal et ustensiles*) copper **2.** *pl* MUS **les** ~**s** the brass

cul [ky] *m* **1.** *sans pl, inf* as *bras Brit,* ass *Am* **2. boire** ~ **sec** *inf* to down one's drink in one gulp

culbuter [kylbyte] <1> **I.** *vi* to

tumble **II.** *vt* to knock over
cul-de-jatte [kydʒat] <culs-de-jatte> *mf* legless person **cul-de-sac** [kydsak] <culs-de-sac> *m* cul-de-sac
culinaire [kylinɛʀ] *adj* **art** ~ art of cooking
culot [kylo] *m* **1.** (*d'une ampoule*) base **2.** *inf* nerve; **avoir un sacré ~** to have a lot of nerve
culotte [kylɔt] *f* (*slip*) knickers *Brit*, panties *pl Am*
culotté(e) [kylɔte] *adj inf* cheeky
culpabiliser [kylpabilize] <1> *vt*, *vpr* (**se**) ~ to make (oneself) feel guilty
culpabilité [kylpabilite] *f sans pl* guilt
culte [kylt] *m* **1.** *sans pl* (*vénération*) cult **2.** *sans pl* (*religion*) religion **3.** (*office protestant*) service
cultivateur, -trice [kyltivatœʀ] *m*, *f* farmer
cultivé(e) [kyltive] *adj* cultivated
cultiver [kyltive] <1> **I.** *vt* (*terres*) to farm **II.** *vpr* **se** ~ to improve oneself
culture [kyltyʀ] *f* **1.** *sans pl* (*agriculture*) farming **2.** *pl* (*terres cultivées*) fields **3.** BIO culture **4.** *sans pl* (*savoir*) learning; (*générale*) knowledge **5.** (*civilisation*) culture
culturel(le) [kyltyʀɛl] *adj* cultural
culturisme [kyltyʀism] *m sans pl* bodybuilding
cumin [kymɛ̃] *m* cumin
cumuler [kymyle] <1> *vt* to accumulate
curatif, -ive [kyʀatif] *adj* curative
cure [kyʀ] *f* treatment; ~ **de désintoxication** detoxification course; ~ **thermale** spa cure
curé [kyʀe] *m* priest
cure-dent [kyʀdɑ̃] <cure-dents> *m* toothpick
curer [kyʀe] <1> *vt* to clean out
curieux, -euse [kyʀjø] **I.** *adj* **1.** (*indiscret, étrange*) curious; **ce qui est ~, c'est que ...** the odd thing is, ... **2.** (*intéressé*) **être** ~ **de faire qc** to be keen on doing sth; **être** ~ **de sa-**

voir to be interested in knowing **II.** *m, f* **1.** *sans pl* (*indiscret*) inquisitive person **2.** *mpl* (*badauds*) onlookers
curiosité [kyʀjozite] *f* curiosity
curriculum (**vitae**) [kyʀikylɔm(vite)] *m inv* curriculum vitae
curry [kyʀi] *m sans pl* curry
curseur [kyʀsœʀ] *m* cursor
cutter [kœtœʀ] *m* cutter
cuve [kyv] *f* tank; ~ **à vin** wine vat
cuvée [kyve] *f* vintage
cuvette [kyvɛt] *f* **1.** *a.* GEO basin **2.** (*récipient*) bowl
CV 1. *abr de* **cheval fiscal 2.** *abr de* **curriculum vitae**
cyanure [sjanyʀ] *m* cyanide
cyberboutique [sibɛʀbutik] *f* cybershop
cybercafé [sibɛʀkafe] *m* cybercafé
cyberespace [sibɛʀɛspas] *m* cyberspace
cybernaute [sibɛʀnot] *mf* INFOR cybernaut
cycle [sikl] *m* **1.** BIO, MED, ASTR, ECON cycle **2.** ECOLE **premier** ~ years 7 to 10 *Brit,* middle school *Am;* **deuxième** ~ years 11 to 13 *Brit,* high school *Am* **3.** UNIV **premier** ~ first two years (*leading to DEUG or equivalent*); **deuxième** ~ final year (*leading to the licence*); **troisième** ~ postgraduate study
cyclisme [siklism] *m sans pl* cycling
cycliste [siklist] **I.** *adj* **course** ~ cycle race **II.** *mf* cyclist **III.** *m* cycle shorts *pl*
cyclone [siklon] *m* cyclone
cyclope [siklɔp] *m* cyclops
cyclotourisme [siklotuʀism] *m sans pl* bicycle touring
cygne [siɲ] *m* swan
cylindre [silɛ̃dʀ] *m* cylinder
cymbale [sɛ̃bal] *f sans pl* MUS cymbal
cynique [sinik] **I.** *adj* cynic **II.** *mf* cynic
cynisme [sinism] *m* cynicism
cyprès [sipʀɛ] *m* cypress
cypriote [sipʀijɔt] *adj* Cypriot
Cypriote [sipʀijɔt] *mf* Cypriot

Dd

D, d [de] *m inv* D, d; **~ comme Dé-siré** d for David [*o* Dog *Am*]
d' *v.* **de**
d'abord [dabɔʀ] *v.* **abord**
d'accord [dakɔʀ] *v.* **accord**
dactylo [daktilo] **I.** *mf* typist **II.** *f abr de* **dactylographie** typing; **apprendre la ~** to learn to type
dactylographier [daktilɔgʀafje] <1> *vt* to type
daim [dɛ̃] *m* **1.** ZOOL deer **2.** (*cuir*) suede
dalle [dal] *f* **1.** slab **2. avoir la ~** *inf* to be ravenous; **je(n')y comprenais que ~** *inf* I couldn't understand a damn thing
dame [dam] *f* **1.** lady **2.** *pl* (*jeu*) draughts *Brit,* checkers *Am* **3.** JEUX queen
damier [damje] *m* JEUX draughts-board *Brit,* checkerboard *Am*
damné e [dɑne] *adj antéposé, inf* damned
Danemark [danmaʀk] *m* **le ~** Denmark
dandiner [dɑ̃dine] <1> *vpr* **se ~ to** waddle
danger [dɑ̃ʒe] *m* danger; **en ~** in danger; **~ de mort!** risk of death!
dangereux, -euse [dɑ̃ʒʀø] *adj* dangerous
danois [danwa] *m* Danish; *v. a.* **français**
danois e [danwa] *adj* Danish
Danois e [danwa] *m(f)* Dane
dans [dɑ̃] *prep* **1.** in; **~ une heure** in an hour **2.** (*à travers*) through; **~ un miroir** in a mirror **3.** (*contenant*) **~ un verre** (*boire*) from a glass **4.** (*dans le courant de*) during **5.** (*environ*) around
danse [dɑ̃s] *f* dance
danser [dɑ̃se] <1> *vt, vi* to dance
danseur, -euse [dɑ̃sœʀ] *m, f* dancer
Danube [danyb] *m* **le ~** the Danube

dard [daʀ] *m* sting
DASS [das] *f abr de* **Direction d'action sanitaire et sociale** ≈ Social Services (*State organization dealing with child welfare*)
date [dat] *f* date; **à quelle ~?** on what date?; **de longue ~** (*amitié*) long-standing

---

⚠ Remember that the **date** in French and in American English is expressed differently. In French, always put the day before the month. To write September 4 in French, for example, one would write 04/09. To write September 4 in the U.S., one would write 09/04.

---

dater [date] <1> **I.** *vt* to date **II.** *vi* **~ de** to date from
datif [datif] *m* dative
datte [dat] *f* date
dauphin [dofɛ̃] *m* ZOOL dolphin
davantage [davɑ̃taʒ] *adv* more; (**bien**) **~ de ...** a lot more of ...
de¹ [də] <d', de la, du, des> *prep* **1.** (*point de départ*) from; **~ ... à ...** from ... to ...; **tu es d'où?** where are you from? **2.** (*appartenance, partie*) of; **le libre d'Antoine** Antoine's book **3.** (*contenu*) **un sac ~ pommes de terre** a bag of potatos; **un billet ~ cent euros** a hundred euros note **4.** (*introduction d'un complément*) **c'est à toi ~ jouer** it's up to you now
de² [də] <d', de la, du, des> *art* **du vin/~ la bière/des gâteaux** (some) wine/beer/cakes; **il ne boit pas ~ vin/d'eau** he doesn't drink wine/water
dé¹ [de] *m* **1.** (*jeu*) die; **jouer aux ~s** to play dice **2.** (*cube*) **couper qc en ~s** to dice sth **3. les ~s sont jetés** the die is cast
dé² [de] *m* **~ à coudre** thimble
DEA [deøɑ] *m abr de* **diplôme d'études approfondies** *diploma taken before PhD*

déballer [debale] <1> vt to unpack

débarbouiller [debaʀbuje] <1> vt, vpr (**se**) ~ to clean (oneself) up (quickly)

débarquement [debaʀkəmã] m landing

débarquer [debaʀke] <1> I. vt (*marchandises*) to unload; (*passagers*) to land II. vi 1. (*passager, troupes*) to land; NAUT to disembark 2. inf (*arriver*) to turn up; (*ne pas être au courant*) to have no idea what's going on

débarras [debaʀɑ] m 1. junk room 2. **bon** ~! good riddance!

débarrasser [debaʀɑse] <1> I. vt (*pièce*) to clear out; (*table*) to clear II. vpr **se** ~ **de qc** 1. (*ôter*) to take off sth 2. (*donner ou vendre*) to get rid of sth 3. (*éloigner*) **se** ~ **de qn** to get rid of sb

débat [deba] m debate

débattre [debatʀ] <irr> I. vt 1. to discuss 2. **à** ~ negotiable II. vpr **se** ~ to struggle

débauche [deboʃ] f debauchery

débaucher [deboʃe] <1> vt to lure away

débile [debil] I. adj 1. inf crazy 2. (*atteint de débilité*) feeble-minded II. mf 1. MED ~ **mental** feeble-minded person 2. péj, inf cretin

débilité [debilite] f feebleness

débit [debi] m 1. COM turnover 2. (*écoulement*) rate of flow 3. FIN debit

débiter [debite] <1> vt 1. (*vendre*) to sell 2. péj to come out with 3. (*écouler*) ~ **une grande quantité d'eau** to have a high flow (rate) 4. (*tissu, viande*) to cut up; (*bois*) to saw up

débiteur, -trice [debitœʀ] m, f debtor

débloquer [deblɔke] <1> vt 1. (*serrure*) to unjam 2. (*crédit*) to release 3. (*crise*) to ease

débordé(e) [debɔʀde] adj **être** ~ **de qc** (*travail*) to be overwhelmed with sth

déborder [debɔʀde] <1> vi (*liquide*) to overflow; (*lac, rivière*) to

burst its banks

débouché [debuʃe] m 1. (*marché*) outlet 2. (*issue*) end

déboucher [debuʃe] <1> I. vt 1. (*nez, lavabo*) to unclog 2. (*bouteille*) to uncork II. vpr **se** ~ (*lavabo, nez*) to unclog III. vi 1. (*piéton*) to step out; (*véhicule*) to move out 2. (*aboutir*) ~ **dans/sur une rue** (*voie*) to come out into/onto a road 3. (*aboutir à*) ~ **sur qc** to lead onto sth

débourser [debuʀse] <1> vt to pay (out)

debout [d(ə)bu] adj, adv inv 1. (*personne*) standing (up); **manger** ~ to stand while eating; **se mettre** ~ to get up; **poser qc** ~ to stand sth up (straight) 2. (*levé*) **être/rester** ~ to be/stay up 3. (*en bon état*) **tenir** ~ (*construction*) to be standing; (*théorie, histoire*) to hold water 4. **dormir** ~, **elle dort** ~ she's dead on her feet; **des histoires à dormir** ~ cock-and-bull stories

déboutonner [debutɔne] <1> vt to unbutton

débrancher [debʀãʃe] <1> vt to unplug

débrayer [debʀeje] <7> vi AUTO to release the clutch

débris [debʀi] m gén pl (*fragment*) bits

débrouillard(e) [debʀujaʀ] adj inf resourceful; **être** ~ to know how to handle things

débrouiller [debʀuje] <1> vpr inf **se** ~ to sort things out; **tu te débrouilles?** are you managing all right?; **se** ~ **pour** +*infin* to fix it to +*infin*

début [deby] m beginning; **au** ~ **de qc** at the beginning of sth

débutant(e) [debytã] m(f) beginner; SPORT novice

débuter [debyte] <1> vi, vt to start

décadence [dekadãs] f decadence

décaféiné [dekafeine] m decaffeinated

décalage [dekalaʒ] m 1. (*écart temporel*) time difference; (*après un vol*) jet lag 2. (*écart spatial*) staggering

décaler [dekale] <1> vt 1. ~ qc d'un jour to bring sth forward/put sth back a day 2. (meuble) to move forward/back

décalquer [dekalke] <1> vt (copier) ~ qc sur qc to trace sth on to sth

décamper [dekãpe] <1> vi inf to clear off

décaper [dekape] <1> vt to clean; (bois, meuble) to strip

décapiter [dekapite] <1> vt to behead

décapotable [dekapɔtabl] adj, f convertible

décapsuler [dekapsyle] <1> vt to take the top off

décapsuleur [dekapsylœʀ] m bottle opener

déceler [des(ə)le] <4> vt to detect

décembre [desãbʀ] m December; v. a. août

décence [desãs] f decency

décennie [deseni] f decade

décent(e) [desã] adj decent

décentraliser [desãtʀalize] <1> vt to decentralize

déception [desɛpsjɔ̃] f disappointment

décerner [desɛʀne] <1> vt to award

décès [desɛ] m form death

décevant(e) [des(ə)vã] adj disappointing

décevoir [des(ə)vwaʀ] <12> vt to disappoint

déchaîné(e) [deʃene] adj (vent, mer) raging; (foule, enfant) wild

déchaîner [deʃene] <1> I. vt (passions) to unleash II. vpr se ~ to get in a rage

décharge [deʃaʀʒ] f 1. (dépôt) dump 2. (salve) shot 3. ELEC, JUR discharge; **recevoir une ~** to get a shock

décharger [deʃaʀʒe] <2a> vt 1. (voiture) to unload 2. (libérer) ~ qn d'un travail to relieve sb of a job 3. ELEC, JUR to discharge

déchausser [deʃose] <1> I. vt to take off II. vpr se ~ 1. (personne) to take one's shoes off 2. (dent) to come loose

déchéance [deʃeãs] f degeneration

déchet [deʃɛ] m pl 1. (ordures) rubbish Brit, garbage Am 2. (restes) scraps; ~s nucléaires nuclear waste

déchiffrer [deʃifʀe] <1> vt 1. (décrypter) to decipher 2. MUS to sight-read

déchirer [deʃiʀe] <1> I. vt to tear; ~ qc en morceaux to tear sth up II. vpr se ~ 1. (sac) to tear (open); (vêtement) to get torn 2. (muscle) to tear

déchirure [deʃiʀyʀ] f 1. (accroc) tear 2. MED ~ musculaire torn muscle

décidé(e) [deside] adj (air) decisive; c'est ~, ... it's (all) settled

décidément [desidemã] adv 1. (après répétition d'une expérience désagréable) well! 2. (après hésitation ou réflexion) definitely

décider [deside] <1> I. vt 1. to decide on; ~ de +infin to decide to +infin 2. (persuader) ~ qn à +infin to convince sb to +infin II. vpr se ~ to decide

décisif, -ive [desizif] adj decisive; (moment, bataille) critical; (rôle) crucial

décision [desizjɔ̃] f decision

déclaration [deklaʀasjɔ̃] f 1. (discours, témoignage) statement 2. (propos) declaration 3. ADMIN registration

déclarer [deklaʀe] <1> I. vt 1. (annoncer) to say; ~ la guerre to declare war 2. ADMIN to declare; (décès, naissance) to register II. vpr se ~ 1. (fièvre, maladie) to set in 2. (se prononcer) se ~ to declare oneself

déclencher [deklãʃe] <1> I. vt 1. (mécanisme) to activate 2. (conflit) to set off II. vpr se ~ (mécanisme) to be set off

déclic [deklik] m 1. (mécanisme) release mecanism 2. (bruit) click

déclin [deklɛ̃] m decline

déclinaison [deklinɛzɔ̃] f LING declension

décliner [dekline] <1> vt 1. a. LING

to decline **2.** (*dire*) to state

décoder [dekɔde] <1> *vt* to decode

décodeur [dekɔdœʀ] *m* decoder

décoiffer [dekwafe] <1> *vt* to spoil; **elle est toute décoiffée** her hair is in a mess

décoincer [dekwɛ̃se] <2> *vt* to get loose; (*porte*) to unjam

décollage [dekɔlaʒ] *m a.* ECON take-off

décoller [dekɔle] <1> I. *vt* (*timbre*) to unstick II. *vi* **1.** AVIAT, ECON to take off **2.** *inf* (*maigrir*) to slim down III. *vpr* **se** ~ (*timbre*) to peel off; (*carrelage*) to come off

décolleté [dekɔlte] *m* décolleté

décolleté(e) [dekɔlte] *adj* (*vêtement*) low-cut

décolorant [dekɔlɔʀɑ̃] *m* bleaching agent

décolorer [dekɔlɔʀe] <1> I. *vt* to take the colour [*o* color *Am*] out of II. *vpr* **se** ~ **1.** (*étoffe, papier*) to fade **2.** (*enlever la couleur*) **se** ~ **les cheveux** to bleach one's hair

décombres [dekɔ̃bʀ] *mpl* rubble

décommander [dekɔmɑ̃de] <1> *vt*, *vpr* (**se**) ~ to cancel

décomposé(e) [dekɔ̃poze] *adj* **1.** decomposed **2.** (*visage*) distorted

décomposer [dekɔ̃poze] <1> I. *vt* **1.** *a.* CHIM, MAT, LING ~ **qc en qc** to break sth down into sth **2.** (*substance*) to rot II. *vpr* (*s'altérer*) **se** ~ to rot; (*cadavre*) to decompose; (*visage*) to collapse

décomposition [dekɔ̃pozisjɔ̃] *f* rotting; (*d'un cadavre*) decomposition

décompression [dekɔ̃pʀesjɔ̃] *f* decompression

décompte [dekɔ̃t] *m* **1.** (*facture*) statement **2.** (*déduction*) deduction

déconcentrer [dekɔ̃sɑ̃tʀe] <1> *vt* ~ **qn** to disturb sb's concentration

décongeler [dekɔ̃ʒ(ə)le] <4> *vt, vi* to defrost

déconnecter [dekɔnɛkte] <1> *vt* to disconnect

déconner [dekɔne] <1> *vi inf* **1.** (*dire des bêtises*) to talk (a load of) nonsense **2.** (*faire des bêtises*) to

fool around; **déconne pas!** stop fooling around! **3. faut pas** ~! come off it!

déconseillé(e) [dekɔ̃seje] *adj* unadvisable

déconseiller [dekɔ̃seje] <1> *vt, vi* to advise; ~ **à qn de faire qc** to advise sb against doing sth

décontaminer [dekɔ̃tamine] <1> *vt* to decontaminate; (*disquettes*) to repair

décontracté(e) [dekɔ̃tʀakte] *adj* relaxed; (*tenue*) casual

décontracter [dekɔ̃tʀakte] <1> *vt, vpr* (**se**) ~ to relax

décor [dekɔʀ] *m a.* THEAT scenery; CINE set

décorateur, -trice [dekɔʀatœʀ] *m, f* **1.** CINE, THEAT designer **2.** ~ **d'intérieurs** interior decorator

décoratif, -ive [dekɔʀatif] *adj* decorative

décoration [dekɔʀasjɔ̃] *f* decoration

décorer [dekɔʀe] <1> *vt* to decorate; ~ **qc de qc** to dress sth with sth

décortiquer [dekɔʀtike] <1> *vt* (*noix, noisettes*) to shell

découpage [dekupaʒ] *m* **1.** (*d'un gâteau*) cutting (up); (*d'une viande*) (*par le boucher*) cutting up; (*pour servir*) carving; (*d'une volaille*) jointing **2.** ADMIN, POL division **3.** CINE division into scenes

découper [dekupe] <1> *vt* **1.** (*trancher*) to cut (up) **2.** (*tissu, moquette*) to cut out

découragé(e) [dekuʀaʒe] *adj* discouraged

découragement [dekuʀaʒmɑ̃] *m* discouragement

décourager [dekuʀaʒe] <2a> I. *vt* to discourage II. *vpr* **se** ~ to get discouraged

décousu(e) [dekuzy] *adj* (*conversation, récit*) disjointed

découvert [dekuvɛʀ] *m* (*d'un compte*) overdraft; **je suis à** ~ I'm overdrawn

découvert(e) [dekuvɛʀ] *adj* **1.** (*nu*) bare **2.** (*lieu, zone*) open

découverte [dekuvɛʀt] *f* discovery;

faire une ~ to discover sth; **partir à la ~ de qc** to explore sth

découvrir [dekuvʀiʀ] <11> I. *vt* 1. to discover; ~ **du pétrole** to strike oil 2. (*enlever la couverture*) to uncover 3. (*statue*) to unveil; (*jambes, épaules*) to reveal II. *vpr* **se ~** (*au lit*) to push back the bedclothes

décret [dekʀɛ] *m* POL decree

décréter [dekʀete] <5> *vt a. fig* to decree

décrire [dekʀiʀ] <irr> *vt* to describe

décrocher [dekʀɔʃe] <1> I. *vt* 1. (*dépendre*) to take down 2. *inf* (*prix*) to win II. *vi* 1. (*au téléphone*) to answer 2. *inf* to give up

décroissant(e) [dekʀwasã] *adj* decreasing

décroître [dekʀwatʀ] <irr> *vi avoir o être* to decrease

décrue [dekʀy] *f* (*des eaux*) fall

déçu(e) [desy] I. *part passé de* **décevoir** II. *adj* disappointed

dedans [d(ə)dã] I. *adv* + *verbe de mouvement* in; + *verbe d'état* inside; **en ~** (on me) inside; *fig* (deep) inside II. *m sans pl* inside

dédicace [dedikas] *f* dedication

dédicacer [dedikase] <2> *vt* to dedicate

dédier [dedje] <1> *vt* to dedicate

dédommagement [dedɔmaʒmã] *m* compensation

dédommager [dedɔmaʒe] <2a> *vt* ~ **qn de qc** to compensate sb for sth

dédramatiser [dedʀamatize] <1> *vt* to take some of the drama out of

déductible [dedyktibl] *adj* FIN **être ~ des impôts** to be (tax-)deductible

déduction [dedyksjɔ̃] *f* deduction

déduire [deduiʀ] <irr> *vt* 1. (*retrancher*) to deduct 2. (*conclure*) to deduce

déesse [deɛs] *f* goddess

défaillance [defajãs] *f* (*physique*) faint spell; (*morale*) weakness

défaire [defɛʀ] <irr> I. *vt* 1. to undo 2. COUT to unpick 3. (*lit*) (*pour changer de drap*) to strip 4. (*mettre en désordre*) to spoil; (*lit*) to mess up 5. (*déballer*) to unpack II. *vpr* **se**

~ 1. (*paquet, lacets*) to come undone 2. (*se séparer*) **se ~ de qn/qc** to get rid of sb/sth

défait(e) [defɛ] *part passé de* **défaire**

défaite [defɛt] *f* defeat

défaut [defo] *m* fault

défavorable [defavɔʀabl] *adj* unfavourable

défavorisé(e) [defavɔʀize] *adj* underprivileged

défavoriser [defavɔʀize] <1> *vt* ~ **qn par rapport à qn** to favour [*o* favor *Am*] sb over sb

défectueux, -euse [defɛktɥø] *adj* faulty

défendre¹ [defãdʀ] <14> *vt, vpr* (**se**) ~ to defend (oneself)

défendre² [defãdʀ] <1> *vt* ~ **à qn de** +*infin* to forbid sb to +*infin*

défendu(e) [defãdy] I. *part passé de* **défendre** II. *adj* forbidden

défense¹ [defãs] *f* (*fait de défendre*) defence; **légitime ~** self-defence

défense² [defãs] *f* (*interdiction*) prohibition; ~ **de fumer/d'afficher** no smoking/billposting

défense³ [defãs] *f* ZOOL tusk

défenseur [defãsœʀ] *m* defender

défensif, -ive [defãsif] *adj* defensive

défensive [defãsiv] *f* **être sur la ~** to be on the defensive

déferler [defɛʀle] <1> *vi* (*vagues*) to break; (*foule*) to surge

défi [defi] *m* challenge

déficience [defisjãs] *f* deficiency

déficit [defisit] *m* deficit; **en ~** in deficit

défier [defje] <1> *vt* 1. (*provoquer*) to challenge 2. (*parier, braver*) to dare

défigurer [defigyʀe] <1> *vt* (*personne*) to disfigure

défilé [defile] *m* (*cortège*) march; (*de fête*) parade; ~ **de mode** fashion show

défiler [defile] <1> *vi* 1. to march; (*pour une cérémonie*) to parade; (*cortège*) to file past 2. (*se succéder*) to come and go one after the other 3. (*bande, film*) to unreel 4. INFOR faire ~ qc vers le haut/bas to scroll sth up/down

défini(e) [defini] *adj (chose)* precise

définir [definiʀ] <8> *vt* to define

définitif, -ive [definitif] *adj* **1.** definitive **2. en définitive** when all is said and done

définition [definisjɔ̃] *f* definition

définitivement [definitivmɑ̃] *adv* definitely

défoncé(e) [defɔ̃se] *adj* **1.** battered; *(canapé, matelas)* broken-down **2.** *(route, chaussée)* pot-holed

défoncer [defɔ̃se] <2> *vt* to ruin; *(porte, vitre)* to smash in

déformation [defɔʀmasjɔ̃] *f* putting out of shape

déformer [defɔʀme] <1> I. *vt* **1.** *(altérer)* to put out of shape **2.** *(jambes, doigts)* to deform **3.** *(faits, pensées)* to distort II. *vpr* se ~ *(chaussures, vêtements)* to lose their shape

défouler [defule] <1> I. *vpr* se ~ to let off steam II. *vt* **la course me défoule** running helps me to relax

défroisser [defʀwase] <1> *vt* to smooth out

dégagé(e) [degaʒe] *adj (ciel, vue, route)* clear

dégager [degaʒe] <2a> I. *vt* **1.** to loosen; *(personnes ensevelies)* to free **2.** *(bronches, nez, rue, couloir)* to free; **dégagez la piste!** *inf* out of the way! **3.** *(cou, épaules)* to bare **4.** *(odeur, gaz, fumée)* to give off II. *vpr* se ~ **1.** *(voie respiratoire, ciel)* to clear **2. se ~ de qc** *(fumée, odeur)* to come from sth III. *vi inf (déguerpir)* to clear off

dégarni(e) [degaʀni] *adj* front ~ receding hairline

dégât [dega] *m* **1.** damage *sans pl* **2. faire des ~s** to wreak havoc; **bonjour les ~s!** there's trouble ahead!

dégel [deʒɛl] *m* thaw

dégeler [deʒ(ə)le] <4> *vt, vi* **1.** to thaw **2.** *impers* **il dégèle** it's thawing out

dégénéré(e) [deʒeneʀe] *adj* degenerate

dégénérer [deʒeneʀe] <5> *vi* to degenerate

dégivrer [deʒivʀe] <1> *vt (réfrigérateur)* to defrost; *(vitres, avion)* to de-ice

dégonfler [degɔ̃fle] <1> I. *vt (ballon, pneu)* to let the air out of II. *vpr* se ~ **1.** *(ballon, pneu)* to deflate **2.** *inf (avoir peur)* to chicken out

dégouliner [deguline] <1> *vi* to trickle

dégourdir [deguʀdiʀ] <8> I. *vt (personne)* to wake up II. *vpr* se ~ **les jambes** to stretch one's legs

dégoût [degu] *m* disgust

dégoûtant(e) [degutɑ̃] I. *adj* disgusting II. *m(f) inf (personne sale)* filthy person

dégoûté(e) [degute] *adj* disgusted

dégoûter [degute] <1> *vt* to disgust

dégradation [degʀadasjɔ̃] *f* **1.** *(dégâts)* damage **2.** *(détérioration)* deterioration

dégradé [degʀade] *m (coupe de cheveux)* layered cut

dégrader [degʀade] <1> I. *vt* **1.** *(détériorer)* to damage **2.** *(faire un dégradé)* to layer **3.** MIL to degrade II. *vpr* se ~ **1.** *(s'avilir)* to degrade oneself **2.** *(édifice)* to deteriorate; *(situation, climat social, temps)* to worsen

degré [dəgʀe] *m* **1.** *a.* MED degree **2.** ECOLE **du premier/second ~** *(enseignement)* primary/secondary

dégriffé(e) [degʀife] *adj* without the designer label

dégringoler [degʀɛ̃gɔle] <1> *vi inf* to tumble down

dégueulasse [degœlas] *adj inf* **1.** *(sale)* filthy **2.** *(mauvais)* foul

dégueulasser [degœlase] <1> *vt inf* to make a big mess of

déguisement [degizmɑ̃] *m* **1.** *(travestissement)* disguise **2.** *(costume)* fancy dress *no pl*

déguiser [degize] <1> I. *vt* ~ **qn en qc** to dress up sb as sth II. *vpr* se ~ **en qc** to dress up as sth

dégustation [degystasjɔ̃] *f* sampling; *(de vin)* tasting

déguster [degyste] <1> vt
1. (goûter) to taste 2. (savourer) to
savour [o savor Am]

dehors [dəɔʀ] adv 1. (à l'extérieur)
outside; (en plein air) outdoors 2. au
~ outside; **de** ~ from outside; **en** ~
de outside; ~! out!

déjà [deʒa] adv 1. (dès maintenant)
already 2. (auparavant) before; **tu as**
~ **vu le film?** have you (ever) seen
the film? 3. (intensif) as it is

déjeuner [deʒœne] <1> I. vi 1. (à
midi) to have lunch 2. (le matin) to
have breakfast II. m lunch; **au** ~ at
lunch(time)

délabré(e) [delabʀe] adj delapidated

délabrer [delabʀe] <1> vpr se ~ to
become delapidated

délai [delɛ] m 1. (temps accordé)
time limit; (date butoir) deadline
2. (sursis) more time 3. **dans un** ~
de within; **sans** ~ without delay

délaisser [delese] <1> vt 1. (négliger) to neglect 2. (enfant) to abandon

délasser [delase] <1> vt, vi, vpr
(**se**) ~ to relax

délavé(e) [delave] adj faded

délayer [deleje] <7> vt ~ **qc dans**
de l'eau to mix sth with water

délégation [delegasjɔ̃] f
1. (groupe) delegation 2. (mandat)
proxy

délégué(e) [delege] I. adj delegated
II. m(f) delegate

délibération [deliberasjɔ̃] f
1. (débat) debate 2. (réflexion) de-
liberation

délibérer [delibere] <5> vi ~ **sur**
qc to deliberate on sth

délicat(e) [delika] adj 1. delicate
2. (raffiné, sensible) refined

délicatesse [delikatɛs] f 1. (d'un
objet, travail) delicacy 2. (douceur)
gentleness 3. (raffinement) refinement 4. (tact) consideration; **man-**
que de ~ tactlessness

délice [delis] m delight

délicieux, -euse [delisjø] adj delicious

délimiter [delimite] <1> vt to

mark out

délinquance [delɛ̃kɑ̃s] f crime;
(juvénile) delinquency

délinquant(e) [delɛ̃kɑ̃] adj delinquent

délirant(e) [deliʀɑ̃] adj hilarious

délire [deliʀ] m 1. (divagation) delirium 2. (exaltation) frenzy; **en** ~
(foule) frenzied

délirer [deliʀe] <1> vi 1. MED to be
delirious 2. (dérailler) to be out of
one's mind

délit [deli] m crime; **en flagrant** ~
de qc red-handed doing sth

délivrance [delivʀɑ̃s] f relief

délivrer [delivʀe] <1> vt 1. ~ **qn**
de qc to free sth from sth 2. (certificat, passeport) to issue

déloger [delɔʒe] <2a> vt to evict

déloyal(e) [delwajal] <-aux> adj
unfair

delta [dɛlta] m delta

deltaplane® [dɛltaplan] m hang-
glider; **faire du** ~ to go hang-gliding

déluge [delyʒ] m 1. (averse) downpour 2. fig shower

demain [dəmɛ̃] adv tomorrow; ~
soir tomorrow night; **à** ~! see you
tomorrow!

demande [d(ə)mɑ̃d] f 1. a. ADMIN
request 2. ECON ~ **en** demand for
sth 3. **sur** (simple) ~ by request

demandé(e) [d(ə)mɑ̃de] adj **être**
~ to be in demand

demander [d(ə)mɑ̃de] <1> I. vt
1. to ask; ~ **qc à qn** to ask sb for sth;
~ **pardon à qn** to apologize to sb
2. (nécessiter) to require 3. **ne pas**
~ **mieux que de** +infin to be more
than happy to +infin II. vi ~ **à qn si**
to ask sb if III. vpr se ~ **ce que/**
comment to wonder what/how

demandeur, -euse [d(ə)mɑ̃dœʀ]
m, f ~ **d'emploi/d'asile** job/asy-
lum seeker

démangeaison [demɑ̃ʒɛzɔ̃] f gén
pl (irritation) itch; **il a des** ~**s** he's
got an itch

démanger [demɑ̃ʒe] <2a> vt to
itch

démanteler [demɑ̃t(ə)le] <4> vt
to dismantle

démaquillant [demakijɑ̃] *m* make-up remover

démaquillant(e) [demakijɑ̃] *adj* cleansing

démaquiller [demakije] <1> *vpr* **se ~ le visage** to take one's face make-up off

démarcation [demaʀkasjɔ̃] *f* demarcation

démarche [demaʀʃ] *f* **1.**(*allure*) walk **2.**(*intervention*) step; **faire des ~s** to take steps

démarquer [demaʀke] <1> **I.** *vt* (*solder*) to mark down **II.** *vpr* SPORT **se ~** to get rid of one's marker

démarrage [demaʀaʒ] *m* **1.** *a.* INFOR start-up **2.**(*départ*) moving off; **~ en côte/à froid** hill/cold start

démarrer [demaʀe] <1> **I.** *vi* **1.** to start up **2.**(*voiture*) to move off **II.** *vt* to start up

démasquer [demaske] <1> **I.** *vt* to unmask **II.** *vpr* **se ~** to drop one's mask

démêlé [demele] *m* trouble

démêler [demele] <1> *vt* **1.**(*fil, cheveux*) to untangle **2.**(*affaire*) to sort out

déménagement [demenaʒmɑ̃] *m* removal

déménager [demenaʒe] <2a> *vi, vt* to move

déménageur [demenaʒœʀ] *m* (*débardeur*) removal [*o* mover *Am*] man

démener [dem(ə)ne] <4> *vpr* **se ~** to struggle

dément(e) [demɑ̃] *adj* **1.**(*aliéné*) demented **2.** *inf* brilliant

démentir [demɑ̃tiʀ] <10> *vt* **1.**(*nier*) to deny **2.**(*infirmer*) to contradict

démerder [demɛʀde] <1> *vpr inf* **se ~** to manage; **démerdez-vous!** sort it out yourself!

démesuré(e) [deməzyʀe] *adj* enormous; (*importance, proportions*) excessive; (*orgueil*) immoderate

démettre [demɛtʀ] <irr> **I.** *vt* **1.**(*bras, poignet*) to wrench; (*épaule*) to dislocate **2.**(*révoquer*) **~ qn de ses fonctions** to relieve sb of

their duties **II.** *vpr* **1. se ~ le bras** to wrench one's arm; **se ~ l'épaule** to dislocate one's shoulder **2.**(*renoncer à*) **se ~ de qc** to resign from sth

demeure [d(ə)mœʀ] *f* home

demeuré(e) [dəmœʀe] **I.** *adj* half-witted **II.** *m(f)* half-wit

demeurer [dəmœʀe] <1> *vi* **1.** *avoir* (*habiter*) to reside **2.** *être* (*rester*) to remain

demi [d(ə)mi] *m* **1.**(*fraction*) **un ~** a half; **trois ~s** three halves **2.**(*bière*) glass of beer

demi(e) [d(ə)mi] **I.** *m(f)* (*moitié*) half **II.** *adj* **avoir quatre ans et ~** to be four and a half; **être à ~ plein** to be half-full; **ne pas faire les choses à ~** not do things by halves

demiard [dəmjaʀ] *m Québec* (*mesure de capacité pour les liquides, valant la moitié d'une chopine ou le quart d'une pinte* (*soit 0,284 litre*)) quarter-pint **demi-douzaine** [d(ə)miduzɛn] <demi-douzaines> *f* half a dozen

demie [d(ə)mi] *f* (*heure*) **sonner les heures et les ~s** to sound the hour and the half hour; **partir à la ~** to leave at half past; **il est la ~** (*passée*) it's gone half past

demi-finale [d(ə)mifinal] <demi-finales> *f* semi-final **demi-frère** [d(ə)mifʀɛʀ] <demi-frères> *m* half-brother **demi-heure** [d(ə)mijœʀ] <demi-heures> *f* half-hour **demi-journée** [d(ə)miʒuʀne] <demi-journées> *f* half-day

démilitariser [demilitaʀize] <1> *vt* to demilitarize

demi-litre [d(ə)militʀ] <demi-litres> *m* (*contenu*) half a litre [*o* liter *Am*]

demi-pension [d(ə)mipɑ̃sjɔ̃] <demi-pensions> *f* **1.**(*hôtel*) *hotel providing half board for guests;* **en ~** on half board **2.** ECOLE half board **demi-pensionnaire** [d(ə)mipɑ̃sjɔnɛʀ] <demi-pensionnaires> *mf* half boarder

démis(e) [demi] *part passé de* **démettre demi-sœur** [d(ə)misœʀ]

<demi-sœurs> *f* half-sister

démission [demisjɔ̃] *f* resignation

démissionner [demisjɔne] <1> *vi* ~ **de qc** (*fonction*) to give up sth; (*poste*) to resign from sth

demi-tarif [d(ə)mitaʀif] <demi-tarifs> *m* half-price **demi-tour** [d(ə)mituʀ] <demi-tours> *m* (*d'une personne*) about-turn; **faire** ~ to make a U-turn

démocrate [demɔkʀat] **I.** *adj* democratic **II.** *mf* democrat

démocratie [demɔkʀasi] *f* democracy

démocratique [demɔkʀatik] *adj* democratic

démocratiser [demɔkʀatize] <1> **I.** *vt* to make more democratic **II.** *vpr* **se** ~ to become more democratic; (*sport*) to be popularized

démodé(e) [demɔde] *adj* old-fashioned

démographique [demɔgʀafik] *adj* (*données, étude*) demographic; **croissance** ~ population growth

demoiselle [d(ə)mwazɛl] *f* (*jeune fille*) young lady; ~ **d'honneur** bridesmaid

démolir [demɔliʀ] <8> *vt* **1.** (*détruire*) to demolish; (*mur*) to knock down **2.** *inf* (*frapper*) to beat the living daylights out of

démolition [demɔlisjɔ̃] *f* demolition

démon [demɔ̃] *m* demon; (*enfant*) devil

démonstratif, -ive [demɔ̃stʀatif] *adj* a. LING demonstrative

démonstration [demɔ̃stʀasjɔ̃] *f* **1.** a. MAT demonstration; **faire la** ~ **d'un produit** to demonstrate a product; **voiture de** ~ demo car **2.** *gén pl* (*manifestation*) show

démonter [demɔ̃te] <1> **I.** *vt* **1.** (*meuble*) to take apart; (*appareil*) to dismantle; (*auvent, tente*) to take down; (*pneu, porte*) to take off **2.** (*déconcerter*) to take aback **II.** *vpr* (*se troubler*) **sans se** ~ without turning a hair

démontrer [demɔ̃tʀe] <1> *vt* to demonstrate

démoraliser [demɔʀalize] <1> **I.** *vt* to demoralize **II.** *vi* to be demoralizing **III.** *vpr* **se** ~ to become demoralized

démordre [demɔʀdʀ] <14> *vi* **ne pas** ~ **de qc** to stick to sth; **il n'en démord pas** he won't budge

démotiver [demɔtive] <1> **I.** *vt* to cause to lose motivation **II.** *vpr* **se** ~ to become demotivated [*o* unmotivated *Am*]

démuni(e) [demyni] *adj* **1.** (*pauvre*) destitute **2.** (*privé de*) **être** ~ **de qc** to be without sth

dénicher [deniʃe] <1> *vt* to discover; (*personne*) to track down

dénivellation [denivelasjɔ̃] *f* **1.** (*inégalité*) dip **2.** (*différence de niveau*) difference in height

dénombrer [denɔ̃bʀe] <1> *vt* to count

dénomination [denɔminasjɔ̃] *f* denomination

dénommé(e) [denɔme] *adj* antéposé **un/une** ~ **Durand** a certain Durand; **le/la** ~ **Durand** the (afore)said Durand

dénoncer [denɔ̃se] <2> **I.** *vt* **1.** (*trahir*) to denounce; ~ **qn à la police** to give sb away to the police **2.** (*abus, injustice*) to denounce **II.** *vpr* **se** ~ **à la police** to turn oneself in to the police

dénonciation [denɔ̃sjasjɔ̃] *f* denunciation; (*dans une dictature*) informing

dénoter [denɔte] <1> *vt* a. LING to denote

dénouement [denumɑ̃] *m* (*d'une intrigue*) dénouement; (*de l'enquête*) outcome

dénouer [denwe] <1> *vt* (*ficelle, lacets*) to untie; (*intrigue, affaire*) to clear up

dense [dɑ̃s] *adj* **1.** a. PHYS dense **2.** (*œuvre*) condensed

densité [dɑ̃site] *f* density

dent [dɑ̃] *f* **1.** a. ANAT tooth; ~ **creuse/cariée** hollow/bad tooth; ~ **de devant/de lait** front/milk [*o* baby *Am*] tooth; **faire ses** ~**s** to teethe; **se laver les** ~**s** to brush

one's teeth; **brosse à ~s** toothbrush
2.(*d'une fourchette*) tine **3.armé
jusqu'aux ~s** armed to the teeth;
avoir une ~ contre qn to hold a
grudge against sb; **grincer des ~s** to
grind one's teeth; **n'avoir rien à se
mettre sous la ~** to have nothing to
eat

dentaire [dɑ̃tɛʀ] *adj* dental
dentelle [dɑ̃tɛl] *f* lace
dentier [dɑ̃tje] *m* denture
dentifrice [dɑ̃tifʀis] *m* toothpaste
dentiste [dɑ̃tist] *mf* dentist
dénuder [denyde] <1> I. *vt*
1.(*dos, bras*) to show (off) **2.** ELEC to
strip II. *vpr* **se ~** (*personne*) to take
one's clothes off
dénué(e) [denɥe] *adj* **être ~ d'intérêt** to be devoid of interest
déodorant [deɔdɔʀɑ̃] *m* deodorant
déodorant(e) [deɔdɔʀɑ̃] *adj* deodorant
dépannage [depanaʒ] *m* (*réparation*) fixing; **service de ~** breakdown service
dépanner [depane] <1> *vt* **1.**(*réparer*) to fix; **~ qn** to help out sb
who's broken down **2.** *inf* (*aider*) to
help out
dépanneur [depanœʀ] *m Québec*
(*épicerie qui reste ouverte au-delà
des heures d'ouverture des autres
commerces*) late-night store
dépanneur, -euse [depanœʀ] *m, f*
(emergency) mechanic
dépanneuse [depanøz] *f* breakdown van
départ [depaʀ] *m* **1.** *a.* SPORT start;
idée de ~ original idea; **point de ~**
starting point; **au/dès le ~** at/from
the outset; **donner le ~** to give the
starting signal **2.**(*action de partir*)
departure; **après leur ~** after they
left; **les grands ~s en vacances** the
great wave of holiday departures (*at
the beginning of July and August*);
tableau des ~s et des arrivées departures   and   arrivals   board
3.prendre un bon/mauvais ~ to
get off to a good/bad start; **prendre
un nouveau ~ dans la vie** to make
a fresh start in life; **au ~ de Paris**

leaving from Paris; **être sur le ~** to
be on the point of leaving
départager [depaʀtaʒe] <2a> *vt* **~
les candidats** to decide between
candidates
département   [depaʀtəmɑ̃]   *m*
1. *a.* ADMIN, UNIV département (*one of
the main administrative divisions of
France*); **~ d'outre-mer** overseas
département **2.** *Suisse* (*subdivision
du pouvoir exécutif, fédéral ou cantonal*) department (*administrative
division in Switzerland*) **3.** *Québec*
~ d'État (*ministère des Affaires
étrangères*) Foreign Office *Brit,* State
Department *Am*

| ⓘ In France a **département** is an
administrative unit of the state
with some authority, e.g. social
and medical matters. In Switzerland, a département is a unit of
state administration which deals
with specific areas, e.g. foreign
problems, police departments or
financial matters. |

départemental(e)   [depaʀtə-
mɑ̃tal] <-aux> *adj* departmental
dépassé(e) [depase] *adj* (*démodé*)
outdated
dépasser   [depase]   <1>   I. *vt*
1.(*doubler*) to overtake **2.**(*aller plus
loin que*) to go past **3.**(*limite*) to go
beyond; (*dose*) to exceed; **~ qn de
dix centimètres** to be ten centimetres taller than sb; **cela dépasse
mes moyens** it's beyond my means
4.ça me/le dépasse! it's beyond
me! II. *vi* **1.**(*doubler*) to overtake
2.(*vêtement*) to show; **~ de qc**
(*vêtement*) to show under sth
III. *vpr* **se ~** to surpass oneself
dépaysé(e) [depeize] *adj* **être ~** to
be out of one's natural environment
dépaysement   [depeizmɑ̃]   *m*
(*changement*) change of surroundings
dépayser [depeize] <1> *vt* (*désorienter*) to disorientate

D d

dépecer [depəse] <2> vt **1.** (proie) to tear apart **2.** (territoire) to dismember

dépêche [depɛʃ] f dispatch

dépêcher [depeʃe] <1> I. vpr se ~ to hurry (up); **se ~ de faire qc** to hurry up and do sth II. vt form ~ **qn auprès de qn** to dispatch sb to sb

dépeigner [depeɲe] <1> vt ~ **qn** to ruffle sb's hair

dépeindre [depɛ̃dʀ] <irr> vt to depict

dépendance [depɑ̃dɑ̃s] f dependency (on); (d'un drogué) addiction

dépendre [depɑ̃dʀ] <14> I. vi ~ **de qn/qc 1.** (être sous la dépendance de) to be dependent on sb/ sth **2.** (relever de) to be answerable to sb/sth **3.** (être conditionné par) to depend on sb/sth; **ça dépend** inf that depends; **ça dépend d'elle** it's up to her; **ça dépend du temps** it depends on the weather **4.** (faire partie de) ~ **de qc** (terrain) to belong to sth II. vt (décrocher) to take down

dépens [depɑ̃] aux ~ **de qn** at sb's expense

dépense [depɑ̃s] f **1.** (frais) expense; (publiques) spending; ~ **en électricité** electricity spending; **se lancer dans de grosses ~s** to lay out a lot of money **2.** (physique) exercise **3. ne pas regarder à la ~** to spare no expense

dépenser [depɑ̃se] <1> I. vt **1.** (débourser) to spend **2.** (consommer) to consume II. vpr **se ~** to expend energy; (enfant) to use up their energy

dépensier, -ière [depɑ̃sje] adj extravagant

dépérir [depeʀiʀ] <8> vi **1.** to fade away; (plante) to wither **2.** (péricliter) to decline

dépeupler [depœple] <1> I. vt (pays, région) to depopulate II. vpr **se ~** to be depopulated

dépilatoire [depilatwaʀ] adj hair remover

dépistage [depistaʒ] m MED detection; ~ **du cancer** cancer screening; test de ~ **du Sida** AIDS test

dépit [depi] m **1.** pique; de [o par] ~ out of spite **2. en ~ du bon sens** against all common sense; **en ~ de qc** in spite of sth

déplacé(e) [deplase] adj **1.** (intervention, présence) inappropriate **2.** (geste, propos) uncalled for

déplacement [deplasmɑ̃] m **1.** (d'un objet) moving **2.** (voyage) trip; **être en ~** to be on a trip **3. cela vaut le ~** it's worth going (out of your way) to see

déplacer [deplase] <2> I. vt **1.** (objet, meuble) to move **2.** (fonctionnaire) to transfer II. vpr **1.** (être en mouvement, se décaler) **se ~** to move; **se ~ en chaise roulante** to get around in a wheelchair **2.** (voyager) **se ~ en avion/voiture** to travel by plane/car, to fly/drive **3.** MED **se ~ une vertèbre** to slip a disc

déplaire [deplɛʀ] <irr> vi **1.** (ne pas plaire) ~ **à qn** to displease sb **2.** (irriter) to annoy sb **3. n'en déplaise à qn** iron with all due respect to sb

déplaisant(e) [deplɛzɑ̃] adj unpleasant

dépliant [deplijɑ̃] m leaflet; ~ **touristique** travel brochure

déplier [deplije] <1> I. vt to unfold; (sur une table) to spread out II. vpr **se ~** to fold out

déploiement [deplwamɑ̃] m **1.** (d'une aile) spreading **2.** (de richesses) display

déplorable [deplɔʀabl] adj regrettable; (situation, résultats) appalling

déplorer [deplɔʀe] <1> vt (regretter) to deplore

déployer [deplwaje] <7> I. vt **1.** (ailes, carte) to spread out; (voile, drapeau) to unfurl **2.** (énergie, ingéniosité) to display **3.** (charmes, richesses) to show off II. vpr **se ~** (soldats, troupes) to be deployed

dépoli(e) [depɔli] adj (verre) frosted

dépolluer [depɔlɥe] <1> vt (rivière, mer) to clean up

déportation [depɔʀtasjɔ̃] *f* HIST deportation; **en ~** in the (concentration) camps

déporté(e) [depɔʀte] *m(f)* deportee

déporter [depɔʀte] <1> **I.** *vt* **1.** (*exiler*) to deport **2.** HIST to send to a concentration camp **3.** (*voiture*) to push off course **II.** *vpr* AUTO **se ~** to swerve

déposer [depoze] <1> **I.** *vt* **1.** (*poser*) to place **2.** (*se débarrasser*) to put down **3.** (*personne*) to drop off; (*ordures*) to dump **4.** (*bagages, lettre*) to leave **5.** FIN to deposit; **~ 100 euros sur son compte** to put 100 euros into one's account **6.** (*brevet, rapport*) to file; (*marque*) to register; (*projet de loi*) to table; (*plainte*) to lodge **II.** *vpr* **se ~** (*lie, poussière*) to settle

dépositaire [depozitɛʀ] *m* **1.** (*détenteur*) despository **2.** (*concessionnaire*) agent

déposition [depozisjɔ̃] *f* (*témoignage*) statement; **recueillir une ~** to take a statement

déposséder [depɔsede] <5> *vt* (*personne*) to dispossess

dépôt [depo] *m* **1.** FIN depositing; (*somme déposée*) deposit; **~ de bilan** bankruptcy petition **2.** (*fait de confier*) **laisser qc en ~ chez qn** to leave sth with sb for safekeeping **3.** (*sédiment*) deposit **4.** (*d'autobus*) depot; **~ d'ordures** dump

dépotoir [depɔtwaʀ] *m* (*dépôt d'ordures*) dump

dépouille [depuj] *f* **1.** (*d'un animal à fourrure*) skin; (*d'un serpent*) slough **2.** *form* (*corps*) **~ mortelle** (mortal) remains

dépouillement [depujmɑ̃] *m* **~ du scrutin** counting the votes

dépouiller [depuje] <1> *vt* **1.** (*ouvrir*) **~ le scrutin** to count the votes; **~ le courrier** to go through the mail **2.** (*dévaliser*) to rob; **~ qn de ses biens** to strip sb of their possessions

dépourvu(e) [depuʀvy] *adj* **1.** (*privé*) **être ~ de bon sens** to have no common sense **2.** (*ne pas être équipé*) **être ~ de qc** to be without sth **3. prendre qn au ~** to take sb unawares

dépoussiérer [depusjeʀe] <5> *vt* (*nettoyer*) to dust

dépravé(e) [depʀave] **I.** *adj* depraved **II.** *m(f)* pervert

déprécier [depʀesje] <1a> **I.** *vt* (*monnaie, valeur*) to depreciate; **~ une marchandise** to bring down the price of a commodity **II.** *vpr* **se ~** (*bien, marchandise*) to fall in price; (*monnaie, valeur*) to fall in value

dépressif, -ive [depʀesif] *adj* depressive

dépression [depʀesjɔ̃] *f a.* PSYCH, METEO depression; **faire une ~ nerveuse** to have a nervous breakdown

déprimant(e) [depʀimɑ̃] *adj* depressing

déprime [depʀim] *f inf* depression; **être en pleine ~** to be completely down

déprimé(e) [depʀime] *adj* (*personne*) depressed

déprimer [depʀime] <1> **I.** *vt* (*démoraliser*) to depress **II.** *vi inf* to be depressed

déprogrammer [depʀɔgʀame] <1> *vt* **1.** CINE, TV to take off **2.** INFOR to deprogram

dépuceler [depys(ə)le] <3> *vt inf* to deflower

depuis [dəpɥi] **I.** *prep* **1.** (*à partir de*) **~ quand/quelle date?** since when?; **~ Paris, ...** from Paris; **~ cela/mon plus jeune âge** since then/my childhood; **~ le début jusqu'à la fin** from the beginning to the end; **~ que** ever since **2.** (*durée*) for; **~ longtemps/plusieurs kilomètres** for a long time/a few kilometres **II.** *adv* since

⚠ Use **depuis** to describe an action that started in the past, but continues to take place. "J'habite Paris depuis 10 ans." (=I've been living in Paris for ten years.) To de-

Dd

scribe an action that is completed, use pendant."J'ai habité Paris pendant 10 ans, maintenant j'habite Londres." (=I lived in Paris for 10 years, now I live in London).

député(e) [depyte] *m(f)* deputy

déraciner [deʀasine] <1> *vt* (*arbre, peuple*) to uproot

déraillement [deʀɑjmɑ̃] *m* (*d'un train*) derailing

dérailler [deʀɑje] <1> *vi* 1. (*train*) to be derailed; **faire ~ un train** to derail a train 2. *inf* **il déraille complètement** he's out of his head 3. (*machine, appareil*) to play up

dérailleur [deʀɑjœʀ] *m* derailleur

déraisonnable [deʀɛzɔnabl] *adj* unreasonably

déraisonner [deʀɛzɔne] <1> *vi* to talk nonsense

dérangé(e) [deʀɑ̃ʒe] *adj* 1. *inf* (*fou*) off their head 2. *MED* **avoir l'intestin ~** to have bowel trouble

dérangement [deʀɑ̃ʒmɑ̃] *m* 1. (*gêne*) trouble *no pl;* **excusez-moi du ~!** sorry for the trouble! 2. **être en ~** (*ligne, téléphone*) to be out of order

déranger [deʀɑ̃ʒe] <2a> I. *vt* 1. (*gêner*) to disturb 2. (*mettre en désordre*) to untidy; (*objets, affaires*) to mess up II. *vpr* **se ~** 1. (*se déplacer*) to go/come out; **je me suis dérangé pour rien** it was a waste of time going 2. (*interrompre ses occupations*) **ne vous dérangez pas pour moi!** don't put yourself out for me!

dérapage [deʀapaʒ] *m* 1. *AUT* skid 2. (*acte imprévu, impair*) slip

déraper [deʀape] <1> *vi* 1. (*glisser*) to slip; (*voiture*) to skid 2. (*personne, conversation*) to veer off

déréglé(e) [deʀegle] *adj* (*appétit, temps*) unsettled; **le mécanisme est ~** the mechanism isn't working properly

déréglementer [deʀɛɡləmɑ̃te]

<1> *vt* to deregulate

dérégler [deʀegle] <5> I. *vt* (*mécanisme*) to disturb; (*climat, appétit*) to unsettle II. *vpr* **se ~** (*machine*) to go wrong; (*climat, estomac*) to become unsettled

dérider [deʀide] <1> *vt, vpr* (**se**) **~** to cheer up

dérision [deʀizjɔ̃] *f* mockery; **tourner qn/qc en ~** to mock sb/sth

dérisoire [deʀizwaʀ] *adj* derisory; (*prix*) ridiculous

dérivatif [deʀivatif] *m* distraction; **cela ferait un ~ à tes soucis** that'll take your mind off your problems

dérivation [deʀivasjɔ̃] *f* (*d'un cours d'eau, d'une route*) diversion

dérive [deʀiv] *f* 1. (*déviation*) **~ des continents** continental drift; **être à la ~** (*bateau*) to be adrift 2. *FIN* slump 3. **partir à la ~** to drift; (*projets*) to go awry

dérivé [deʀive] *m* *CHIM, LING* derivative; (*produit*) by-product

dériver [deʀive] <1> I. *vt* (*détourner*) to divert II. *vi* 1. *LING* **~ de qc** to derive from sth 2. (*barque*) to drift

dermatologie [dɛʀmatɔlɔʒi] *f* dermatology

dermatologue [dɛʀmatɔlɔɡ] *mf* dermatologist

dernier, -ière [dɛʀnje] I. *adj* 1. *antéposé* (*ultime*) last; **être ~ en classe** to be bottom of the class 2. *antéposé* (*le plus récent*) latest; **ces ~s temps** just recently; **le ~ cri** the latest thing 3. *postposé* (*antérieur*) last; **l'an ~ à cette époque** this time last year II. *m, f* 1. **le/la ~(-ière)** the last; **son petit ~** his/her youngest; **c'est le ~ de mes soucis** that's the last of my worries; **habiter au ~** to live on the top floor; **être le ~ des imbéciles** to be a complete idiot; **en ~** lastly 2. **rira bien qui rira le ~** *prov* he who laughs last laughs longest

dernièrement [dɛʀnjɛʀmɑ̃] *adv* lately

dernier-né, **dernière-née** [dɛʀnjene] <derniers-nés> *m, f* last-born

dérobée [deʀɔbe] **à la ~** *soutenu* furtively

dérober [deʀɔbe] <1> *vt* (*voler*) to steal

dérogation [deʀɔgasjɔ̃] *f* (*exception*) exemption; **par ~** by way of exemption

dérougir [deʀuʒiʀ] <8> *vi Québec* **ça ne dérougit pas!** (*l'activité ne diminue pas*) there's no let-up!

dérouillée [deʀuje] *f inf* **prendre une ~** to get slapped about

déroulement [deʀulmɑ̃] *m* **1.** (*processus*) course; (*des faits*) stages **2.** (*fait de dérouler*) unwinding

dérouler [deʀule] <1> **I.** *vt* (*tuyau, rouleau*) to unroll; (*store*) to wind down **II.** *vpr* **se ~ 1.** (*s'écouler*) to take place; **pendant que l'action se déroulait** as the action progressed; **tout s'est déroulé comme prévu** everything went off as planned **2.** (*bobine, cassette*) to unwind

déroute [deʀut] *f* rout; (*effondrement*) collapse

dérouter [deʀute] <1> *vt* **1.** (*écarter de sa route*) to reroute **2.** (*déconcerter*) to take aback

derrière [dɛʀjɛʀ] **I.** *prep* behind; **être ~ qn** (*soutenir qn*) to be (right) behind sb; **laisser qn/qc ~ soi** to leave sb behind; **par ~** at the back; **passez par ~!** go round the back! **II.** *adv* behind; **de ~** from behind; **là ~** over at the back **III.** *m* **1.** (*d'une maison*) back; **la porte de ~** the back door **2.** *inf* (*d'une personne*) backside; (*d'un animal*) rump **3.** **botter le ~ à qn** to smack sb's backside

des¹ [de] **I.** *art déf pl contracté* **les pages ~ livres** (*ces livres*) the pages of the books; (*livres en général*) the pages of books; *v. a.* **de II.** *art partitif, parfois non traduit* **je mange ~ épinards** I eat spinach

des² [de] <*devant adjectif* de> *art indéf pl, parfois non traduit* **j'ai acheté ~ pommes et de beaux ci-**

trons I bought (some) apples and some lovely lemons

dès [dɛ] *prep* (*à partir de*) as from; **~ qu'elle a fait ça** once she'd done that; **~ le matin ...** as soon as morning comes/came; **~ mon retour je ferai ...** as soon as I get back I shall do ...; **~ le premier verre** after the first glass

désaccord [dezakɔʀ] *m* **1.** (*divergence*) disagreement; **être en ~ avec qn/qc sur qc** to be in disagreement with sb/sth over sth **2.** (*contradiction*) discrepancy

désagréable [dezagʀeabl] *adj* unpleasant

désagréger [dezagʀeʒe] <2a, 5> *vt, vpr* ((*se*) *désintégrer*) (**se**) **~** to disintegrate

désalper [dezalpe] <1> *vi Suisse* (*descendre de l'alpage à la fin de l'estivage*) to come down from the mountains

désaltérer [dezalteʀe] <5> **I.** *vt* **~ qn** to quench the thirst of sb **II.** *vpr* **se ~** to quench one's thirst

désapprobateur, -trice [dezapʀɔbatœʀ] *adj* disapproving

désapprouver [dezapʀuve] <1> *vt, vi* (**qn/qc**) to disapprove (of sb/sth)

désarmement [dezaʀməmɑ̃] *m* disarmament; (*d'un navire*) laying up

désarmer [dezaʀme] <1> *vt* **1.** *a. fig* to disarm **2.** (*navire*) to lay up **3.** (*arme*) to unload; (*mettre le cran de sûreté*) to put the safety catch on

désastre [dezastʀ] *m* disaster

désastreux, -euse [dezastʀø] *adj* disastrous; **c'était ~** it was a disaster

désavantage [dezavɑ̃taʒ] *m* disadvantage; (*physique*) handicap; **à son/leur ~** not to his/their advantage; **tourner au ~ de qn** to put sb at a disadvantage

désavantager [dezavɑ̃taʒe] <2a> *vt* **~ qn** to put sb at a disadvantage

désavantageux, -euse [dezavɑ̃taʒø] *adj* disadvantageous

désavouer [dezavwe] <1> *vt* **1.** (*signature, paroles, enfant*) to repudiate **2.**(*opinion, propos*) to retract **3.**(*désapprouver*) to disown

desceller [desele] <1> I. *vt* (*détacher*) to free II. *vpr* **se** ~ (*pavé, pierre*) to come free

descendance [desãdãs] *f* (*postérité*) descendants *pl*

descendant(e) [desãdã] *m(f)* descendant

descendre [desãdʀ] <14> I. *vi être* **1.** to go down **2.**(*oiseau*) to fly down; (*parachutiste*) to float down; ~ **à la cave/par l'escalier** to go down to the cellar/by the stairs; ~ **en voiture** to drive down **3.**(*quitter, sortir*) ~ **de qc** (*bateau, train, cheval*) to get off sth; (*voiture*) to get out of sth; **fais** ~ **le chat de la table** get the cat down from the table **4.**(*aller, se rendre*) ~ **en ville** to go into town **5.**(*faire irruption*) ~ **dans un bar** (*police, voyous*) to burst into a pub **6.**(*loger*) ~ **à l'hôtel** to stay at a hotel **7.**(*être issu de*) ~ **de qn** to descend from sb; ~ **d'une famille pauvre** to be from a poor family **8.**(*vignoble, terrain*) to slope downwards **9.**(*marée*) to go out; (*baromètre, thermomètre*) to fall **10.**(*atteindre*) ~ **à/jusqu'à** (*robe, cheveux, puits*) to go down to/as far as **11.**~ **dans la rue** to take to the streets II. *vt avoir* **1.**(*se déplacer à pied: vu d'en haut: escalier, colline*) to go down; (*vu d'en bas*) to come down **2.**(*en véhicule: rue, route*) to drive down **3.**(*porter en bas: vu d'en haut/bas*) to take/bring down **4.**(*stores, rideaux*) to lower **5.** *inf* (*avion*) to shoot down; (*personne*) to do in **6.** *inf*(*boire*) to down

descente [desãt] *f* **1.** *a.* AVIAT descent **2.**(*à pied/ski*) walk/ski down; (*en voiture*) drive down **3.**(*pente*) downward slope; **dans la ~/les ~s** going downhill **4.**(*arrivée*) **à la ~ d'avion/de bateau** as the passengers disembarked; **accueillir qn à la ~ du train** to meet sb off the train **5.**(*attaque brusque*) **une ~ de police** a police raid; **faire une ~ dans un bar** *inf* to hit a bar **6.**~ **aux**

enfers descent into Hell; **avoir une bonne** ~ *inf* to be a big drinker

descriptif [dɛskʀiptif] *m* specifications *pl*

descriptif, -ive [dɛskʀiptif] *adj* descriptive

description [dɛskʀipsjɔ̃] *f* description; (*d'un événement*) account

désemparé(e) [dezãpaʀe] *adj*(*personne*) distraught

désenfler [dezãfle] <1> *vi* to go down; **son genou désenfle** (the swelling in) his knee is going down

déséquilibre [dezekilibʀ] *m* **1.**(*des forces, valeurs*) imbalance; (*d'une construction, personne*) instability; **être en** ~ (*personne, objet*) to be off balance **2.** PSYCH ~ **mental** mental instability

déséquilibré(e) [dezekilibʀe] *m(f)* (*personne*) unbalanced person

déséquilibrer [dezekilibʀe] <1> *vt* (*personne*) to throw off balance; *fig* to unbalance; (*objet*) to make unsteady

désert [dezɛʀ] *m* **1.** GEO desert **2.**(*lieu dépeuplé*) wilderness

désert(e) [dezɛʀ] *adj* deserted; (*île*) desert

déserter [dezɛʀte] <1> I. *vt* (*quitter*) to abandon II. *vi* MIL to desert

déserteur [dezɛʀtœʀ] *m* MIL deserter

désertion [dezɛʀsjɔ̃] *f* **1.** MIL desertion **2.**(*fait de quitter*) abandonment; **la ~ des campagnes par les populations** people abandoning the countryside

désertique [dezɛʀtik] *adj* desert

désespérant(e) [dezɛspeʀã] *adj* (*décourageant*) hopeless

désespéré(e) [dezɛspeʀe] *adj* desperate; (*situation*) hopeless

désespérément [dezɛspeʀemã] *adv* desperately

désespérer [dezɛspeʀe] <5> I. *vi* to despair; ~ **de qc** to despair of sth; **c'est à** ~ it would drive you to despair II. *vt* **1.**(*affliger*) to drive to despair **2.**(*décourager*) to make despair

désespoir [dezɛspwaʀ] *m* **1.** despair; **faire le ~ de qn** to drive sb to despair **2. en ~ de cause** in desperation

déshabillé [dezabije] *m* (*vêtement*) revealing

déshabiller [dezabije] <1> I. *vt* (*personne*) to undress II. *vpr* **se ~** (*se dévêtir*) to get undressed

déshabituer [dezabitɥe] <1> *vpr* **se ~ qn de qc** to get sb out of the habit of doing sth

déshérité(e) [dezeʀite] I. *adj* **1.** (*privé d'héritage*) disinherited **2.** (*désavantagé*) underprivileged II. *mpl* **les ~s** the underprivileged

déshériter [dezeʀite] <1> *vt* to disinherit

déshonneur [dezɔnœʀ] *m* dishonour; **il n'y a pas de ~ à faire cela** there's no shame in doing that; **c'est le ~ de la famille** he is the black sheep of the family

déshonorer [dezɔnɔʀe] <1> I. *vt* (*personne, famille*) to dishonour II. *vpr* **se ~** to bring shame on oneself

déshydraté(e) [dezidʀate] *adj* **1.** (*légumes*) dried **2.** *inf* (*assoiffé*) parched

déshydrater [dezidʀate] <1> *vpr* **se ~** to dehydrate

designer [dizajnœʀ] *mf* designer

désigner [deziɲe] <1> *vt* **1.** (*montrer, indiquer*) to indicate; **~ qn/qc du doigt** to point at sb/sth **2.** (*choisir*) **~ qn comme qc** to designate sb as sth **3.** (*dénommer*) **~ qn par son nom** to refer to sb by their name

désillusion [dezi(l)lyzjɔ̃] *f* disillusionment

désinfectant [dezɛ̃fɛktɑ̃] *m* disinfectant

désinfectant(e) [dezɛ̃fɛktɑ̃] *adj* disinfectant

désinfecter [dezɛ̃fɛkte] <1> *vt* to disinfect

désinformation [dezɛ̃fɔʀmasjɔ̃] *f* disinformation

désintégrer [dezɛ̃tegʀe] <5> *vt, vpr* (**se**) **~ 1.** GEO, PHYS to disintegrate **2.** *fig* (*famille, parti*) to split up

désintéressé(e) [dezɛ̃teʀese] *adj* disinterested

désintéresser [dezɛ̃teʀese] <1> *vpr* **se ~ de qn/qc** to take no interest in sb/sth; (*perdre intérêt*) to lose interest in sb/sth

désintoxication [dezɛ̃tɔksikasjɔ̃] *f* MED detoxification

désintoxiquer [dezɛ̃tɔksike] <1> *vt* (*drogué, alcoolique*) to detoxify; **se faire ~** to get detoxified

désinvolte [dezɛ̃vɔlt] *adj* **1.** (*décontracté*) casual **2.** (*sans-gêne*) offhanded

désinvolture [dezɛ̃vɔltyʀ] *f* **1.** (*aisance*) casualness **2.** (*sans-gêne*) offhandedness; **avec ~** offhandedly

désir [deziʀ] *m* **1. ~ de qc** wish for sth; **vos ~s sont des ordres** *iron* your wish is my command **2.** (*appétit sexuel*) desire

désirable [deziʀabl] *adj* desirable

désirer [deziʀe] <1> *vt* **1.** (*souhaiter*) to want; **je désire/désirerais un café** I want/would like a coffee **2.** (*convoiter*) to desire **3. se faire ~** to be desirable; **laisser à ~** to leave much to be desired

désister [deziste] <1> *vpr* **se ~** to stand down

désobéir [dezɔbeiʀ] <8> *vi* **~ à qn/un ordre** to disobey sb/an order

désobéissance [dezɔbeisɑ̃s] *f* disobedience *no pl*

désobéissant(e) [dezɔbeisɑ̃] *adj* disobedient

désodorisant [dezɔdɔʀizɑ̃] *m* deodorizer

désodorisant(e) [dezɔdɔʀizɑ̃] *adj* deodorizing

désœuvré(e) [dezœvʀe] *adj* idle

désœuvrement [dezœvʀəmɑ̃] *m* idleness; **faire qc par ~** to do sth for want of better

désolant(e) [dezɔlɑ̃] *adj* (*spectacle*) woeful

désolation [dezɔlasjɔ̃] *f* distress; **plonger qn dans la ~** to plunge sb into deep distress

désolé(e) [dezɔle] *adj* **1.** (*navré*) sorry; **je suis vraiment ~** I am truly sorry **2.** (*lieu, paysage*) desolate

Dd

désoler [dezɔle] <1> I. vt (affliger) to sadden II. vpr (être navré) **se ~ de qc/faire qc** to be sorry for sth/ for doing sth

désolidariser [desɔlidaʀize] <1> vpr **se ~ de qn** to dissociate oneself from sb

désopilant(e) [dezɔpilɑ̃] adj hilarious

désordonné(e) [dezɔʀdɔne] adj 1. (qui manque d'ordre) untidy 2. (esprit, personne) disorganized 3. (gestes, mouvements) uncoordinated

désordre [dezɔʀdʀ] m 1. sans pl (absence d'ordre) untidiness; **le Tiercé dans le ~** a bet on the top three finishing horses in a race in any order 2. (absence de discipline) disorder; **semer le ~** to create disorder 3. gén pl POL riots

désorganiser [dezɔʀganize] <1> vt to disrupt; **être désorganisé** to be disorganized

désorienté(e) [dezɔʀjɑ̃te] adj disorientated

désorienter [dezɔʀjɑ̃te] <1> vt 1. (personne) to disorientate 2. (déconcerter) to confuse

désormais [dezɔʀmɛ] adv (au présent) from now on

desquels, desquelles [dekɛl] pron v. **lequel**

désosser [dezɔse] <1> vt 1. (viande) to bone 2. (démonter) to take to pieces

despote [dɛspɔt] m 1. POL despot 2. (personne tyrannique) tyrant

DESS [deœsɛs] m abr de **diplôme d'études supérieures spécialisées** postgraduate diploma specializing in one subject

dessécher [deseʃe] <1> I. vt 1. (terre, peau, bouche) to dry (out); **lèvres desséchées** dry lips 2. (personne, végétation) to wither 3. (rendre insensible) to harden II. vpr se ~ 1. (terre, peau) to dry up; (végétation) to wither 2. (maigrir) to shrivel

desserrer [deseʀe] <1> I. vt 1. (dévisser) to unscrew 2. (relâcher) to loosen; (frein à main) to let off; (poing) to unclench II. vpr se ~ (vis, nœud) to work loose; (frein à main) to come off; (personnes, rangs) to break up

dessert [desɛʀ] m GASTR dessert; **au ~** at the dessert course

desserte [desɛʀt] f 1. (meuble) sideboard 2. ((transport) service) service

desservir [desɛʀviʀ] <irr> vt 1. (table) to clear 2. (nuire à) to do a disservice to 3. (s'arrêter) ~ **une gare/un village** to stop at a station/ village; **être desservi par bus** to have a bus service

dessin [desɛ̃] m 1. drawing; ~(s) **animé(s)** cartoon 2. (motif) design 3. **il faut te/vous faire un ~?** inf do I have to spell it all out for you?

dessinateur, -trice [desinatœʀ] m, f ART draughtsman

dessiner [desine] <1> I. vi to draw; ~ **au crayon** to draw in pencil II. vt 1. ART to draw 2. (plan d'une maison) to draw (up); (meuble, véhicule) to design

dessoûler [desule] <1> vi, vt to sober up; **ne pas ~** to never be sober

dessous [d(ə)su] I. adv 1. (sous) underneath 2. fig **agir (par) en ~** to act deceitfully II. vpr se ~ **de qc** under sth; **le voisin d'en ~** inf the neighbour [o neighbor Am] downstairs; **habiter en ~ de chez qn** to live on the floor below sb III. m 1. (d'une assiette, langue) underside; (des pieds, chaussures) sole; **l'étage du ~** the next floor down; **le voisin du ~** the neighbour [o neighbor] downstairs Am 2. pl (sous-vêtements) underwear no pl 3. pl (d'une affaire) underside

dessous-de-plat [d(ə)sud(ə)pla] m inv table mat (to go under hot dishes)

dessus [d(ə)sy] I. adv (sur qn/qc) on top; (là-haut) above; (marcher, appuyer) on it; **mettre ~** to put sth on top; **voici une chaise, mets-toi ~** here's a chair, sit on it; **elle lui a tapé/tiré ~** she hit/shot him II. prep **enlever qc de ~ qc** to take sth off (the top of) sth **III.** *m* **1.** (*de la tête, du pied*) top; (*de la main*) back; **le voisin du** ~ the upstairs neighbour [*o* neighbor *Am*]; **l'étage du** ~ the next floor up **2.** **avoir le** ~ to have the upper hand; **il va prendre/reprendre le** ~ he's going to to get/get back on top

dessus-de-lit [d(ə)syd(ə)li] *m inv* bedspread

déstabiliser [destabilize] <1> *vt* to destabilize

destin [dɛstɛ̃] *m* fate

destinataire [dɛstinatɛʀ] *mf* addressee; (*d'un mandat*) payee

destination [dɛstinasjɔ̃] *f* **1.** (*lieu*) destination; **à** ~ **de** (*train, voyageurs*) for **2.** (*utilisation prévue*) purpose

destinée [dɛstine] *f* (*d'une personne*) destiny

destiner [dɛstine] <1> **I.** *vt* **1.** (*réserver à, attribuer*) ~ **un poste à qn** to mean sb to have a job; **être destiné à qn** (*fortune, emploi*) to be (meant) for; (*livre, remarque, allusion*) to be aimed at **2.** (*prévoir un usage*) ~ **un local à qc** to intend that a place should be used for sth **3.** (*vouer*) ~ **qn à être avocat** to intend sb to be a lawyer **II.** *vpr* **se** ~ **à la politique** to intend to go into politics

destituer [dɛstitɥe] <1> *vt* (*ministre, fonctionnaire*) to remove from office; (*officier*) to break; ~ **qn de ses fonctions** to relieve sb of their duties

destructeur, -trice [dɛstʀyktœʀ] **I.** *adj* destructive **II.** *m, f* (*personne*) destroyer

destruction [dɛstʀyksjɔ̃] *f* destruction

désuet, -ète [dezɥɛ] *adj* (*expression*) dated; (*mode, aspect*) outdated

désunion [dezynjɔ̃] *f* disunity

désunir [dezyniʀ] <8> *vt* (*couple, famille*) to divide

détachable [detaʃabl] *adj* (*amovible*) removable; (*feuilles*) tear-out

détachant [detaʃɑ̃] *m* stain remover

détaché(e) [detaʃe] *adj* (*air*) detached

détachement [detaʃmɑ̃] *m* **1.** *a.* MIL detachment **2.** ADMIN secondment; **être en** ~ to be on secondment

détacher¹ [detaʃe] <1> **I.** *vt* **1.** (*prisonnier*) to unchain; (*chien*) to let loose **2.** (*cheveux, nœud*) to untie; (*lacet, ceinture*) to undo **3.** ADMIN ~ **qn à Paris** to send sb to Paris on secondment **II.** *vpr* **se** ~ **1.** (*se libérer*) to untie oneself **2.** (*se séparer*) **se** ~ **de qc** (*bateau, satellite*) to detach itself from sth; (*par accident*) to come away from sth **3.** (*chaîne*) to come away; (*lacet*) to come undone **4.** (*prendre ses distances*) **se** ~ **de qn** to break off with sb

détacher² [detaʃe] <1> *vt* ~ **qc** to remove a stain from sth

détail [detaj] <s> *m* **1.** detail; **dans les moindres** ~**s** down to the last detail **2.** *sans pl* (*des dépenses, d'un compte*) breakdown **3.** *sans pl* COM **vente au** ~ retail sale

détaillant(e) [detajɑ̃] *m(f)* retailer

détaillé(e) [detaje] *adj* detailed

détailler [detaje] <1> *vt* **1.** (*articles*) to sell separately; (*marchandise*) to (sell) retail **2.** (*plan, raisons*) to set out in detail; (*histoire*) to tell in detail

détaler [detale] <1> *vi inf* to clear off; (*fuir*) to make a run for it

détartrer [detaʀtʀe] <1> *vt* (*chaudière, conduit*) to descale; (*dents*) to clean

détaxer [detakse] <1> *vt* FIN ~ **qc** (*exonérer*) to lift the duty from sth; (*réduire*) to lower the duty on sth; **être détaxé** to be duty free

détecter [detɛkte] <1> *vt* to detect

détection [detɛksjɔ̃] *f* detection

détective [detɛktiv] *mf* detective

déteindre [detɛ̃dʀ] <irr> **I.** *vi* ~ **au lavage/soleil** to run in the wash/sun; ~ **sur qc** to run into sth **II.** *vt* (*soleil*) to fade

détendre [detɑ̃dʀ] <14> **I.** *vt* (*arc,*

ressort, corde) to slacken; (*personne, muscle, atmosphère*) to relax **II.** *vpr* **se ~** (*ressort*) to be released; (*corde*) to slacken; (*personne, atmosphère*) to relax; (*situation*) to ease

détendu(e) [detɑ̃dy] *adj* relaxed

détenir [det(ə)niʀ] <9> *vt* **1.** (*posséder*) to have; (*objets volés, document*) to have (in one's possession); (*poste, position*) to occupy; (*record, titre*) to hold **2.** (*retenir prisonnier*) to detain

détente [detɑ̃t] *f* **1.** (*délassement*) relaxation **2. être dur à la ~** *inf* to be slow on the uptake

détenteur, -trice [detɑ̃tœʀ] *m, f* (*d'un objet, d'un document*) possessor; (*d'un compte, brevet, titre, record*) holder

détention [detɑ̃sjɔ̃] *f* **1.** (*possession*) possession **2.** (*incarcération*) detention; (*provisoire*) custody

détenu(e) [det(ə)ny] *m(f)* prisoner

détergent [detɛʀʒɑ̃] *m* detergent

détergent(e) [detɛʀʒɑ̃] *adj* detergent

détérioration [deteʀjɔʀasjɔ̃] *f* (*d'un appareil, de marchandises*) deterioration; (*des conditions de vie, des relations*) worsening

détériorer [deteʀjɔʀe] <1> **I.** *vt* **1.** (*endommager*) to damage **2.** (*climat social, relations*) to worsen **II.** *vpr* **se ~ 1.** (*appareil, marchandise*) to be damaged **2.** (*temps, conditions, santé*) to worsen

déterminant(e) [detɛʀminɑ̃] *adj* (*rôle*) decisive; (*argument*) deciding

détermination [detɛʀminasjɔ̃] *f* **1.** (*fixation*) determining **2.** (*décision*) resolution **3.** (*fermeté*) determination

déterminé(e) [detɛʀmine] *adj* **1.** (*précis*) specific **2.** (*défini*) precise **3.** (*personne, air*) determined

déterminer [detɛʀmine] <1> **I.** *vt* **1.** (*définir, préciser*) to determine; (*cause*) to discover **2.** (*date, lieu*) to set; (*détails*) to settle **3.** (*décider*) ~ **qn à qc/à faire qc** to decide sb on

sth **4.** (*motiver, entraîner*) to bring about **II.** *vpr* (*se décider*) **se ~ à** **+***infin* to determine to **+***infin*

déterrer [deteʀe] <1> *vt* **1.** (*exhumer*) to dig up; (*mine, obus*) to dig out **2.** (*dénicher*) to unearth

détestable [detɛstabl] *adj* loathsome; (*humeur, temps*) foul

détester [detɛste] <1> **I.** *vt* to hate; ~ **que qn fasse qc** to hate sb doing sth **II.** *vpr* **se ~** to hate oneself; **elles se détestent** they hate each other

détonateur [detɔnatœʀ] *m* **1.** (*dispositif*) detonator **2.** *fig* trigger

détonation [detɔnasjɔ̃] *f* (*d'une arme à feu*) shot; (*d'une bombe*) explosion

détour [detuʀ] *m* **1.** (*sinuosité*) bend **2.** (*trajet plus long*) detour; **le château vaut le ~** the château is worth going out of your way to see

détourné(e) [detuʀne] *adj* **1.** (*sentier*) winding **2.** (*reproche*) indirect

détournement [detuʀnəmɑ̃] *m* **1.** (*déviation*) diversion; ~ **d'avion** hijacking **2.** (*de fonds*) misappropriation; (*de mineur*) corruption

détourner [detuʀne] <1> **I.** *vt* **1.** (*rivière, circulation*) to divert; (*avion*) to hijack; (*coup*) to ward off **2.** (*tête*) to turn away; ~ **son regard** to look away **3.** (*somme, fonds*) to misappropriate **II.** *vpr* (*tourner la tête*) **se ~** to look away

détracteur, -trice [detʀaktœʀ] *m, f* detractor

détraqué(e) [detʀake] **I.** *adj* **1.** (*déréglé*) broken down **2.** (*estomac*) upset **3.** *inf* (*dérangé*) cracked **II.** *m(f)* *inf* weirdo

détraquer [detʀake] <1> **I.** *vt* **1.** (*appareil*) to upset the workings of **2.** *inf* (*estomac, nerfs*) to upset; (*personne*) to unhinge **II.** *vpr* **se ~ 1.** (*montre*) to go wrong **2.** (*estomac*) to be upset **3.** (*temps*) to turn bad **4.** *inf* **se ~ l'estomac** to do damage to one's stomach

détrempé(e) [detʀɑ̃pe] *adj* (*sol, chemin*) waterlogged

détresse [detʀɛs] *f* distress

détroit [detʀwa] *m* strait; ~ **de Gi-**

braltar straits of Gibraltar

détromper [detʀɔ̃pe] <1> **I.** vt ~ **qn** to set sb striaght **II.** vpr **détrompe-toi/détrompez-vous!** think again!

détrôner [detʀone] <1> vt **1.** (souverain) to dethrone **2.** (rival, chanteur) to oust

détruire [detʀɥiʀ] <irr> **I.** vt **1.** (démolir, anéantir) to destroy; (clôture, mur) to knock down **2.** (illusions) to shatter; (plans, espoirs) to wreck **II.** vi to destroy **III.** vpr **il pourrait se** ~ he could end his own life

dette [dɛt] f a. fig debt; **avoir une** ~ **envers qn** to be indebted to sb

DEUG [dœg] m abr de **diplôme d'études universitaires générales** diploma taken after the first two years at university

deuil [dœj] m **1.** (affliction) grief **2.** (décès) bereavement **3.** (signes, durée du deuil) mourning; **porter/quitter le** ~ to be in/come out of mourning

deux [dø] **I.** adj **1.** two; **tous les** ~ both of them; **à** ~ together **2.** (quelques) **j'habite à** ~ **pas d'ici** I live just down the road from here; **j'ai** ~ **mots à vous dire!** I've got something to say to you! **II.** m inv **1.** (cardinal) two **2.** (aviron à deux rameurs) **un** ~ **avec/sans barreur** a coxed/coxless two **3. jamais** ~ **sans trois** prov if it happens twice it'll happen a third time; **c'est clair comme** ~ **et** ~ **font quatre** it's as simple as ABC; (**il n'**) **y en a pas** ~ **comme lui/elle** inf he's/she's one of a kind; **à nous** ~! here we go!; **en moins de** ~ inf in two secs; v. a. **cinq**

deuxième [døzjɛm] **I.** adj antéposé second; **vingt-**~ twenty-second **II.** mf **le/la** ~ the second **III.** f (vitesse) second (gear); v. a. **cinquième**

deuxièmement [døzjɛmmɑ̃] adv secondly

deux-pièces [døpjɛs] m inv **1.** (appartement) two-room flat [o apartment Am] **2.** (maillot de bain) two-

piece **deux-points** [døpwɛ̃] mpl inv LING colon **deux-roues** [døʀu] m inv two-wheeled vehicle, bicycle or motorbike

dévaler [devale] <1> vt (personne) to race down; (voiture, avalanche) to hurtle down; (lave) to pour down

dévaliser [devalize] <1> vt **1.** (voler) to rob **2.** inf (vider) to raid

dévaloir [devalwaʀ] m Suisse (glissoir à bois utilisant la pente dans une forêt) timber slide

dévalorisant(e) [devalɔʀizɑ̃] adj humiliating

dévaloriser [devalɔʀize] <1> **I.** vt **1.** FIN to devalue **2.** (talent, personne) to depreciate; **être dévalorisé** (métier) to be undervalued **II.** vpr **se** ~ FIN to lose value

dévaluation [devalɥasjɔ̃] f FIN devaluation

dévaluer [devalɥe] <1> **I.** vt FIN to devalue **II.** vpr **se** ~ FIN to be devalued

devancer [d(ə)vɑ̃se] <2> vt **1.** (distancer) ~ **qn de cinq secondes/mètres** to be five seconds/metres [o meters Am] ahead of sb **2.** (rival, concurrent) to lead **3.** (précéder) ~ **qn** to go on ahead of sb **4.** (aller au devant de) to anticipate

devant [d(ə)vɑ̃] **I.** prep **1.** in front of **2.** (aller, passer) past **3.** (à une certaine distance) ahead of; **aller droit** ~ **soi** to go straight ahead **4.** (face à, en présence de) ~ **qn** (s'exprimer) to; ~ **la gravité de la situation** faced with the gravity of the situation; **mener** ~ **Nantes 2 à 0** to lead Nantes two nil **5. avoir du temps** ~ **soi** to have have some time ahead of oneself **II.** adv in front; (passer) forward; **mets-toi** ~ to stand in front; **s'asseoir** ~ to sit at the front; **être loin** ~ to be way out in front; **en passant** ~, **regarde si le magasin est ouvert!** when you pass by, see if the shop's open! **III.** m **1.** (partie avant) front; (d'un objet) front (part) **2. être sur le** ~ **de la scène** to be in the limelight; **prendre les** ~**s** to take the initiative

D **d**

devanture [d(ə)vɑ̃tyʀ] *f* (*étalage*) display; **en** ~ in the window

dévaster [devaste] <1> *vt* (*pays, terres, récoltes*) to devastate

développement [devlɔpmɑ̃] *m* **1.** *a.* ECOLE, MUS, BIO development; (*de bactéries, d'une espèce, civilisation*) growth; (*d'une épidemie, crise*) spread **2.** (*des relations, connaissances*) growth; **être en plein** ~ to be growing rapidly; **pays en voie de** ~ developing country **3.** PHOT developing

développer [dev(ə)lɔpe] <1> I. *vt* **1.** *a.* MUS, MED, MAT to develop **2.** (*thème, pensée, plan*) to elaborate on; (*chapitre*) to develop; (*calcul*) to carry out **3.** PHOT **faire** ~ **une pellicule** to have film developed II. *vpr* **se** ~ **1.** *a.* ECON, TECH to develop; (*personnalité*) to evolve; (*plante, tumeur*) to grow **2.** (*s'intensifier*) to grow; (*usage*) to grow up

devenir [dəv(ə)niʀ] <9> *vi* être ~ **riche/ingénieur** to become rich/an engineer; **qu'est-ce que tu deviens?** what are you up to?; **qu'est-ce qu'elle est devenue?** what's happened to her?

dévergondé(e) [devɛʀgɔ̃de] I. *adj* (*personne*) brazen; (*vie, allure*) shameless II. *m(f)* loose liver

déverser [devɛʀse] <1> I. *vt* **1.** (*liquide*) to pour **2.** (*sable, ordures*) to dump II. *vpr* **se** ~ **dans qc** to pour into sth

dévêtir [devetiʀ] <irr> *vt, vpr*(**se**) ~ to undress

dévêtu(e) [devety] I. *part passé de* **dévêtir** II. *adj soutenu* unclad

déviation [devjasjɔ̃] *f* **1.** (*de la circulation*) diversion; (*d'un projectile*) deviation **2.** (*chemin*) diversion

dévier [devje] <1> *vt* (*circulation*) to divert; (*coup, balle*) to deflect; (*conversation*) to steer away

devin, -ineresse [dəvɛ̃] *m, f* soothsayer

deviner [d(ə)vine] <1> *vt* **1.** (*trouver, pressentir*) to guess **2.** (*entrevoir*) to make out

devinette [d(ə)vinɛt] *f* riddle; **je te pose une** ~ I've got a riddle for you

devis [d(ə)vi] *m* estimate

dévisager [devizaʒe] <2a> *vt* to stare at

devise [d(ə)viz] *f* **1.** (*formule*) motto **2.** (*monnaie*) currency

dévisser [devise] <1> I. *vi* SPORT to fall II. *vt* to unscrew; (*roue*) to unbolt III. *vpr* **se** ~ (*se desserrer*) to come loose

dévoiler [devwale] <1> I. *vt* (*découvrir*) to unveil; (*charmes, rondeurs*) to reveal II. *vpr* **se** ~ (*mystère*) to be revealed

devoir [d(ə)vwaʀ] <irr> I. *vt* (*argent, partie*) to owe II. *aux* **1.** (*nécessité*) ~ +*infin* to have to +*infin*; **tu ne dois pas mentir** you mustn't lie **2.** (*obligation exprimée par autrui*) **tu aurais dû rentrer** you should have gone home **3.** (*fatalité*) **cela devait arriver un jour** that was bound to happen one day **4.** (*prévision*) **normalement, il doit arriver ce soir** if all goes well, he should arrive tonight **5.** (*hypothèse*) **il doit se faire tard, non?** it must be getting late, mustn't it? III. *vpr* **se** ~ **de** +*infin* to owe it to oneself to +*infin*; **comme il se doit** (*comme c'est l'usage*) as is right and proper IV. *m* **1.** (*obligation morale*) duty; **par** ~ out of duty **2.** ECOLE test; (~ *surveillé/sur table*) in-class/written test; **faire un** ~ **de math** to do a maths [*o* math *Am*] exercise **3.** *pl* (~*s à la maison*) homework **4. manquer à son** ~ to fail in one's duty

dévorer [devɔʀe] <1> I. *vi* (*personne*) to have a voracious appetite II. *vt* **1.** *a. fig* to devour; ~ **des yeux** to look voraciously at **2.** (*remords, peur, soif*) to eat away at

dévotion [devosjɔ̃] *f* **1.** (*piété*) devoutness **2.** (*culte*) ~ **à Marie** devotion to Mary **3.** (*vénération*) devotion

dévoué(e) [devwe] *adj* devoted

dévouement [devumɑ̃] *m* devotion

dévouer [devwe] <1> *vpr* **se** ~ to make a sacrifice; **se** ~ **à qn/qc** to devote oneself to sb/sth

dévoyé(e) [devwaje] *adj* delinquent

dextérité [dɛksteʀite] *f* (*adresse*) skill; (*des doigts*) dexterity

diabète [djabɛt] *m* diabetes

diabétique [djabetik] *adj* diabetic

diable [djɑbl] *m* **1.**(*démon, person*) devil **2.**(*chariot*) trolley **3.** avoir le ~ au corps to be the very devil; **tirer le ~ par la queue** to live from hand to mouth; **allez au ~!** get lost!; **au ~ qc!** to hell with sth!

diabolique [djabɔlik] *adj* **1.**(*venant du diable*) diabolic **2.**(*très méchant*) diabolical

diabolo [djabɔlo] *m* **1.**(*jouet*) diabolo **2.**(*boisson*) ~ menthe *mint cordial with lemonade*

diadème [djadɛm] *m* HIST diadem

diagnostic [djagnɔstik] *m a. fig* MED diagnosis

diagnostiquer [djagnɔstike] <1> *vt. fig* MED to diagnose

diagonale [djagɔnal] *f* diagonal line

dialecte [djalɛkt] *m* dialect

dialogue [djalɔg] *m* dialogue

dialoguer [djalɔge] <1> *vi* **1.** to talk; (*négocier*) to have a dialogue **2.** INFOR to interact

diam [djam] *m inf,* **diamant** [djamɑ̃] *m* diamond

diamètre [djamɛtʀ] *m* diameter

diapason [djapazɔ̃] *m* (*instrument*) tuning fork

diaphragme [djafʀagm] *m a.* ANAT diaphragm

diapositive [djapozitiv] *f* slide; **passer des ~s** to show slides

diarrhée [djaʀe] *f* diarrhoea

dicastère [dikastɛʀ] *m Suisse* (*subdivision d'une administration communale*) *local government division in Switzerland*

dictateur, -trice [diktatœʀ] *m, f* dictator

dictature [diktatyʀ] *f* POL dictatorship

dictée [dikte] *f a.* ECOLE dictation

dicter [dikte] <1> *vt* to dictate

diction [diksjɔ̃] *f* diction

dictionnaire [diksjɔnɛʀ] *m* diction-

ary

dicton [diktɔ̃] *m* saying

didactique [didaktik] *adj* didactic

dièse [djɛz] *m* sharp

diesel [djezɛl] *m* diesel

diète [djɛt] *f* diet; **mettre qn à la ~** to put sb on a diet

diététicien(ne) [djetetisjɛ̃] *m(f)* dietician

diététique [djetetik] **I.** *adj* healthy; **aliments ~s** health foods **II.** *f* dietetics

dieu [djø] <x> *m* (*divinité*) god

Dieu [djø] *m sans pl* **1.** ~ le père God the Father; **le bon ~** *inf* God **2.** ni ~, ni maître no God no master; **~ merci!** thank God!; **bon ~ de bon ~!** *inf* good lord!; ~ **soit loué!** praise be!; **~ sait** God knows; **oh, mon ~!** oh my God!

diffamation [difamasjɔ̃] *f* defamation

différé [difeʀe] *m* **retransmis en ~** (*programme*) recorded

différence [difeʀɑ̃s] *f* difference; **à la ~ de qn/qc** unlike sb/sth; **une ~ de 20 euros** a twenty-euro difference

différencier [difeʀɑ̃sje] <1> **I.** *vt* to differentiate **II.** *vpr* (*se distinguer*) **se ~ de qn par qc** to be unlike sb in sth

différend [difeʀɑ̃] *m* dispute

différent(e) [difeʀɑ̃] *adj* different; ~ **de** different from

différer [difeʀe] <5> **I.** *vi* to differ; ~ **sur qc** to differ over sth **II.** *vt* to postpone; (*échéance, paiement*) to defer

difficile [difisil] *adj* **1.** difficult; **il lui est ~ de le faire** it's hard for him to do it **2.**(*sentier, escalade*) hard; ~ **d'accès** hard to get to; ~ **à vivre** hard to live with **3.** faire **le/la ~** to be difficult; **être ~ sur la nourriture** to be finicky about food

difficilement [difisilmɑ̃] *adv* (*péniblement*) with difficulty

difficulté [difikylte] *f* difficulty; **en ~** in difficulty; **mettre en ~** to put in a difficult situation; **se heurter à**

des ~s to come up against problems
difforme [difɔʀm] *adj* (*membre, bête*) deformed
diffus(e) [dify] *adj* **1.** (*douleur*) diffuse; (*lumière*) diffused **2.** (*sans netteté*) vague; (*sentiments, souvenirs*) dim **3.** (*style*) nebulous
diffuser [difyze] <1> **I.** *vt* **1.** (*lumière, bruit*) to give out; (*idée*) to spread **2.** (*retransmettre*) to broadcast **II.** *vpr* **se ~** (*bruit, chaleur, odeur*) to emanate
diffuseur, -euse [difyzœʀ] *m, f* COM distributor
diffusion [difyzjɔ̃] *f* **1.** (*de la chaleur, lumière*) diffusion **2.** (*d'un concert,d'une émission*) broadcasting
digérer [diʒeʀe] <5> **I.** *vi* to digest **II.** *vt* **1.** *a.* ANAT to digest **2.** *inf* (*affront*) to stomach
digestif [diʒɛstif] *m* (after dinner) liqueur
digestif, -ive [diʒɛstif] *adj* digestive
digestion [diʒɛstjɔ̃] *f* digestion
digital(e) [diʒital] <-aux> *adj* digital
digne [diɲ] *adj* **~ de ce nom** worthy of the name
dignité [diɲite] *f* dignity
digression [digʀesjɔ̃] *f* digression
digue [dig] *f* dyke
dilapider [dilapide] <1> *vt* (*fortune*) to squander
dilater [dilate] <1> **I.** *vt* (*augmenter le volume de*) to expand **II.** *vpr* **se ~** (*métal, corps*) to expand; (*pupille, cœur, poumons*) to dilate
dilemme [dilɛm] *m* dilemma
diligence [diliʒɑ̃s] *f* (*voiture*) stage-coach
diluer [dilɥe] <1> *vt* **1. ~ avec de l'eau/dans de l'eau** to dilute with water/in water **2.** (*affaiblir*) **~ qc** to water sth down
dimanche [dimɑ̃ʃ] *m* **1.** (*veille de lundi*) Sunday; **~ de l'Avent/de Pâques/des Rameaux** Advent/Easter/Palm Sunday; **~, on part en vacances** on Sunday we're going off on holiday; **le ~** on Sunday(s); **tous les ~s** every Sunday; **ce ~** this Sunday; **ce ~-là, ...** that Sunday, ...; **~ matin** on Sunday morning; **le ~ matin** on Sunday morning(s); **~ dans la nuit** during Sunday night **2.** (*jour férié*) **promenade du ~** Sunday walk; **il faut mettre les habits du ~** you must put on your Sunday best

dimension [dimɑ̃sjɔ̃] *f* **1.** (*taille*) size **2.** *pl* (*mesures*) measurements; **prendre les ~s de la table** to measure the table **3.** (*importance*) proportions
diminuer [diminɥe] <1> **I.** *vi* to diminish; (*bruit, lumière, niveau de l'eau*) to go down; (*nombre, jours, forces*) to dwindle; **faire ~** to reduce; **~ de cinq euros** to go down by five euros; **~ de longueur/de largeur/d'épaisseur** to become shorter/narrower/thinner **II.** *vt* **1.** (*réduire*) to reduce; (*impôts, prix*) to lower; (*durée, rideau*) to shorten **2.** (*forces*) to decrease **3.** (*discréditer*) to depreciate
diminutif [diminytif] *m* diminutive
diminutif, -ive [diminytif] *adj* diminutive
diminution [diminysjɔ̃] *f* **1.** (*de l'appétit, de la chaleur*) loss; (*des forces, des chances*) dwindling; (*de la circulation, du nombre*) decrease; **en ~** falling **2.** (*réduction*) reduction; (*d'une durée*) shortening
dinde [dɛ̃d] *f* turkey
dindon [dɛ̃dɔ̃] *m* **1.** *a.* GASTR turkey (cock) **2. être le ~ de la farce** to be the one that gets fooled
dindonneau [dɛ̃dɔno] <x> *m* (turkey) poult
dîner [dine] <1> **I.** *vi* **1.** to have dinner **2.** *Belgique, Québec* (*prendre le repas de midi*) to have lunch **II.** *m* **1.** dinner; **au ~** at dinner **2.** *Belgique, Québec* (*repas de midi, déjeuner*) lunch

---

> **i** The French eat mostly hot and fairly rich meals at **dîner**. There is rarely just a main course and often cheese is served afterwards. Bread

is always served with dinner, but
without butter.

dingue [dɛ̃g] **I.** *adj inf* crazy; ~ **de
qn/qc** crazy about sb/sth **II.** *mf inf*
1. (*fou*) loony **2.** (*fan*) ~ **du foot**
football fanatic

dinosaure [dinɔzɔʀ] *m a. fig* dinosaur

diphtérie [difteʀi] *f* diphtheria

diplomate [diplɔmat] **I.** *adj* diplomatic **II.** *mf* diplomat

diplomatie [diplɔmasi] *f* **1.** (*relations extérieures, habileté*) diplomacy **2.** (*personnel*) diplomatic
corps

diplomatique [diplɔmatik] *adj*
diplomatic

diplôme [diplom] *m* diploma; ~ **de
fin d'études** graduation diploma; ~
d'ingénieur/d'infirmière engin-
eering/nursing diploma; **préparer
un** ~ **d'agronomie/d'agronome**
to be getting a degree in agronomics

diplômé(e) [diplome] **I.** *adj* qualified **II.** *m(f)* graduate

dire [diʀ] <irr> **I.** *vt* **1.** to say; **dis
voir** hey, …; **dis donc, …** listen, …;
~ **que non/oui** to say yes/no; ~ **du
bien/mal de qn/qc** to say nice/
bad things about sb/sth; **qu'est-ce
que tu dis de ça?** what do you say
to that?; **c'est vous qui le dites!** *inf*
you said it!; **que** ~? what can you
say?; **…, comment** ~, … …, how
can I put it, …; **entre nous soit dit,
…** between ourselves, …; **entendre**
~ **qc** to hear sb say **2.** (*ordonner*) ~ **à
qn de venir** to tell sb to come
3. (*plaire*) **cela me dit** I'd like that;
cela ne me dit rien I'm not in the
mood for that **4.** (*croire, penser*) **je
veux** ~ **que …** I mean that …; **on
dirait que…** anyone would think …
5. (*reconnaître*) **il faut** ~ **que …** it
must be said that … **6.** (*messe,
prière*) to say; (*poème*) to recite
7. (*signifier*) **vouloir** ~ to mean; **ce
qui veut** ~ **(que)** which means
(that) **8.** (*évoquer*) to tell; **quelque
chose me dit qu'elle va le faire**

something tells me she's going to do
it **9.** ᴊᴇᴜx to call **10. disons** let's say;
je ne te/vous le fais pas ~! you're
telling me!; **ce qui est dit est dit**
what's said can't be unsaid; **eh ben
dis/dites donc!** *inf* well then!
II. *vpr* **1.** (*penser*) **se** ~ **que qn a
fait qc** to think that sb's done sth
2. (*se prétendre*) **se** ~ **médecin/
malade** to claim to be a doctor/ill
3. (*l'un(e) à l'autre*) **se** ~ **qc** to tell
each other sth **4.** (*s'employer*) **ça se
dit/ne se dit pas en français** you
say that/don't say that in French
5. (*nom*) to be called; **ça se dit …
en français** the French for that is
…; **comment se dit … en français?** how do you say … in French?
III. *m gén pl* claims; (*d'un témoin*)
statement; **au** ~/**selon les** ~**s de qn**
according to sb

direct [diʀɛkt] *m* **1.** ᴛᴠ **le** ~ live TV;
en ~ live **2.** sᴘᴏʀᴛ straight punch

direct(e) [diʀɛkt] *adj* direct; **des
propos très** ~**s** some straight talking

directement [diʀɛktəmɑ̃] *adv* **1.** directly **2.** (*tout droit*) straight

directeur, -trice [diʀɛktœʀ] **I.** *adj*
(*idée, ligne*) main **II.** *m, f* director;
(*d'une école primaire*) head

direction [diʀɛksjɔ̃] *f* **1.** (*orientation*) direction; **prendre la** ~ **de
Nancy** to head towards Nancy
2. (*fonction, bureau*) management;
(*d'un groupe, pays*) running; **avoir/
prendre la** ~ **de qc** to be in/take
charge of sth **3.** ᴀᴜᴛᴏ steering

directive [diʀɛktiv] *f gén pl* direc-
tives

directrice [diʀɛktʀis] *v.* **directeur**

dirigeable [diʀiʒabl] *m* airship

dirigeant(e) [diʀiʒɑ̃] **I.** *adj* (*parti,
classes*) ruling **II.** *m(f)* leader; **les** ~**s**
(*dans une entreprise*) the manage-
ment

diriger [diʀiʒe] <2a> **I.** *vi* to lead
II. *vt* **1.** (*journal, entreprise*) to run;
(*syndicat, personnes*) to lead; (*musicien, orchestre*) to conduct **2.** (*faire
aller*) ~ **qn vers la gare** to direct sb
to the station; ~ **un bateau sur
Marseille** to steer a boat towards

Marseille **3.**(*orienter*) ~ **une arme contre qn/qc** to aim a gun at sb/sth **III.** *vpr* **1.**(*aller*) **se** ~ **vers qn/qc** to head towards sb/sth; **se** ~ **vers Marseille** (*avion, bateau*) to head towards Marseille **2.**(*s'orienter*) **se** ~ **vers le nord** (*aiguille*) to point north **3.** ECOLE, UNIV **se** ~ **vers la médecine** to head towards a career in medicine

dis [di] *indic prés et passé simple de* **dire**

discernement [disɛʁnəmɑ̃] *m* discernment

discerner [disɛʁne] <1> *vt* **1.**(*percevoir*) to make out **2.**(*différencier*) ~ **qc de qc** to distinguish sth from sth

disciple [disipl] *m* disciple

disciplinaire [disiplinɛʁ] *adj* disciplinary

discipline [disiplin] *f* discipline

discipliné(e) [disipline] *adj* disciplined

disco [disko] *adj inv* disco

discontinu(e) [diskɔ̃tiny] *adj* (*ligne*) broken; (*effort*) intermittent

discordant(e) [diskɔʁdɑ̃] *adj* discordant; (*opinions, caractères*) conflicting

discothèque [diskɔtɛk] *f* **1.**(*boîte de nuit*) discotheque **2.**(*collection*) record library **3.**(*meuble*) disc rack **4.**(*organisme de prêt*) record library

discourir [diskuʁiʁ] <irr> *vi* ~ **sur** [*o* **de**] **qc** to hold forth on sth

discours [diskuʁ] *m* **1.**(*allocution*) speech; (*télévisé*) address **2.**(*bavardage*) talk; **beaux** ~ *péj* fine words

discréditer [diskʁedite] <1> **I.** *vt* ~ **qn/qc auprès de qn** to discredit sb/sth with sb **II.** *vpr* **se** ~ **auprès de qn** to lose one's credibility with sb

discret [diskʁɛ] *adj* **1.**(*réservé, sobre*) discreet **2.**(*retiré*) secluded

discrètement [diskʁɛtmɑ̃] *adv* discreetly; (*s'habiller*) quietly

discrétion [diskʁesjɔ̃] *f* (*réserve, silence*) discretion; ~ **assurée** confidentiality guaranteed

discrimination [diskʁiminasjɔ̃] *f* (*ségrégation*) discrimination; **sans** ~ indiscriminately

discriminatoire [diskʁiminatwaʁ] *adj* discriminatory

disculper [diskylpe] <1> **I.** *vt* ~ **qn de qc** to find sb not guilty of sth **II.** *vpr* **se** ~ to clear oneself

discussion [diskysjɔ̃] *f* **1.**(*conversation*) ~ **sur qc** discussion about sth **2.** POL debate **3.**(*querelle*) argument

discutable [diskytabl] *adj* (*théories*) debatable; (*goût*) questionable

discuter [diskyte] <1> **I.** *vt* **1.**(*débattre*) to discuss **2.**(*ordre, autorité*) to question **II.** *vi* **1.**(*bavarder*) ~ **de qc avec qn** to talk to sb about sth; ~ **d'un problème** to discuss a problem **2.**(*négocier*) to discuss **3.**(*contester*) **on ne discute pas!** no arguments! **III.** *vpr* **se** ~ to be a subject for discussion; **ça se discute** that's debatable

disent [diz] *indic et subj prés de* **dire**

disgracieux, -euse [disgʁasjø] *adj* ungainly

disjoncter [disʒɔ̃kte] <1> *vi inf* **1.** ELEC **ça a disjoncté!** a fuse has blown! **2.**(*débloquer*) to be off one's head

disjoncteur [disʒɔ̃ktœʁ] *m* circuit breaker

disloquer [dislɔke] <1> **I.** *vt* (*démolir*) to smash; (*parti, famille*) to break up; (*empire*) to dismantle **II.** *vpr* (*se défaire*) to break up; **se** ~ (*meuble, voiture, jouet*) to fall to pieces

disons [dizɔ̃] *indic prés et impératif de* **dire**

disparaître [dispaʁɛtʁ] <irr> *vi avoir* **1.** to disappear **2.**(*douleur, crainte, soucis*) to vanish (away) **3.**(*culture, espèce, mode, dialecte, coutume*) to die out **4.**(*mourir*) to pass away; (*dans un naufrage*) to be lost

disparate [dispaʁat] *adj* (*couleurs, mobilier*) ill-assorted

disparité [dispaʁite] *f* disparity; (*des couleurs*) mismatch

disparition [dispaʀisjɔ̃] *f* **1.** disappearance; *(d'une coutume, d'une culture)* passing **2.** *(mort)* death

disparu(e) [dispaʀy] **I.** *part passé de* **disparaître II.** *adj* **être porté ~** to be reported missing **III.** *m(f)* *(défunt)* deceased

dispensaire [dispɑ̃sɛʀ] *m:* clinic

dispense [dispɑ̃s] *f* exemption

dispenser [dispɑ̃se] <1> **I.** *vt* **1.** *(exempter)* **~ qn de qc** to exempt sb from sth; **se faire ~ de qc** to be exempted from sth **2.** *(distribuer)* **~ qc à qn** to give sth to sb **II.** *vpr* **se ~ de qc** *(tâche)* to excuse oneself from sth; **je me dispenserais bien de la voir** I could do without seeing her

disperser [dispɛʀse] <1> **I.** *vt* **1.** *(papiers, cendres)* to scatter; *(troupes)* to disperse **2.** *(répartir)* to spread out **II.** *vpr* **se ~** *(partir dans tous les sens)* to scatter

dispersion [dispɛʀsjɔ̃] *f* *(des graines, cendres)* scattering; *(d'un attroupement)* dispersal

disponibilité [dispɔnibilite] *f sans pl* availability

disponible [dispɔnibl] *adj* available; *(personne)* free

disposé(e) [dispoze] *adj* **être ~ à** +*infin* to be inclined to +*infin*

disposer [dispoze] <1> **I.** *vt* *(fleurs)* to arrange; *(objets)* to lay out **II.** *vi* *(avoir à sa disposition)* **~ de qc** to have sth; **vous disposez d'une voiture** you have a car at your disposal **III.** *vpr* **se ~ à** +*infin* to be preparing to +*infin*

dispositif [dispozitif] *m* **1.** *(mécanisme)* device **2.** *(ensemble de mesures)* measures *pl;* **un ~ policier** a police presence

disposition [dispozisjɔ̃] *f* **1.** *sans pl* *(agencement)* arrangement **2.** *(clause)* provision **3. il veut avoir une voiture à sa ~** he wants to have a car at his disposal; **prendre des ~s pour qc** to make arrangements for sth

disproportionné(e) [dispʀɔpɔʀsjɔne] *adj* disproportionate

dispute [dispyt] *f* quarrel

disputer [dispyte] <1> **I.** *vt* **1.** *inf* *(gronder)* to tell off **2.** *(contester)* **~ qc à qn** to fight with sb over sth **3.** *(match)* to fight **II.** *vpr* **se ~ 1.** *(se quereller)* to quarrel **2.** *(lutter pour)* **se ~ qc** to fight for sth **3.** *(match)* to be held

disquaire [diskɛʀ] *m* record dealer

disqualification [diskalifikasjɔ̃] *f* disqualification

disqualifier [diskalifje] <1> *vt* to disqualify

disque [disk] *m* **1.** *(objet rond)* disc **2.** MUS record; **~ compact** compact disc; **mettre un ~** to put a record on **3.** SPORT discus **4.** INFOR **~ dur** hard disk; **~ numérique polyvalent** Digital Versatile Disk

disquette [diskɛt] *f* floppy disk

dissection [disɛksjɔ̃] *f* dissection

dissemblable [disɑ̃blabl] *adj* dissimilar

disséminer [disemine] <1> *vt* *(graines)* to scatter; *(idées)* to disseminate

disséquer [diseke] <5> *vt* to dissect

dissertation [disɛʀtasjɔ̃] *f* **1.** ECOLE essay **2.** UNIV dissertation

dissident(e) [disidɑ̃] *adj* dissident

dissimulation [disimylasjɔ̃] *f* **1.** *sans pl* *(duplicité)* dissimulation **2.** *(action de cacher)* concealment

dissimuler [disimyle] <1> **I.** *vt a.* FIN to conceal **II.** *vpr* **se ~** to conceal oneself

dissipation [disipasjɔ̃] *f* *(de la brume)* lifting

dissipé(e) [disipe] *adj* undisciplined

dissiper [disipe] <1> **I.** *vt* **1.** *(faire disparaître)* to dissipate **2.** *(soupçons, doutes)* to dissipate; *(malentendu)* to clear up **3.** *(dilapider)* to squander **4.** ECOLE to distract **II.** *vpr* **se ~** *(brume)* to lift; *(doutes, craintes, soupçons)* to vanish; ECOLE to be distracted

dissocier [disɔsje] <1> *vt* to dissociate

dissolution [disɔlysjɔ̃] *f* **1.** *(action)* dissolution **2.** *(liquide)* solution

dissolvant [disɔlvɑ̃] *m* solvent; *(pour les ongles)* varnish [*o* nail

Dd

polish] remover

dissolvant(e) [disɔlvɑ̃] *adj* solvent

dissoudre [disudʀ] <irr> I. *vt* to dissolve II. *vpr* se ~ to be dissolved

dissous, -oute [disu] *part passé de* **dissoudre**

dissuader [disɥade] <1> *vt* to dissuade

dissuasion [disɥazjɔ̃] *f* dissuasion

distance [distɑ̃s] *f* 1. *a.* MAT, SPORT distance; **la ~ entre Nancy et Paris** the distance between Nancy and Paris; **à une ~ de 500 m** 500 metres away 2. (*écart*) gap 3. **prendre ses ~s à l'égard de qn** to distance oneself from sb; **à ~** (*communiquer, juger, voir*) at a distance; **commande/commandé à ~** remote control/-controlled

distancer [distɑ̃se] <2> *vt* SPORT to outdistance

distant(e) [distɑ̃] *adj* (*personne, attitude*) distant

distendre [distɑ̃dʀ] <14> I. *vt* **être distendu** (*ressort, élastique*) to be stretched; (*ligament*) to be strained II. *vpr* se ~ (*peau, élastique*) to get stretched; (*ligament*) to be strained

distiller [distile] <1> *vt* to distil

distillerie [distilʀi] *f* distillery

distinct(e) [distɛ̃] *adj* distinct

distinctement [distɛ̃ktəmɑ̃] *adv* distinctly

distinctif, -ive [distɛ̃ktif] *adj* distinctive; **signe ~** distinguising mark

distinction [distɛ̃ksjɔ̃] *f* distinction

distingué(e) [distɛ̃ge] *adj* distinguished; **ça fait très ~** that's very elegant

distinguer [distɛ̃ge] <1> I. *vt* (*percevoir, différencier*) to distinguish II. *vi* (*faire la différence*) ~ **qn de qn/qc de qc** to distinguish sb from sb else/sth from sth else III. *vpr* 1. (*différer*) **se ~ de qn/qc par qc** to be distinguished from sb/sth by sth 2. (*s'illustrer*) **se ~ par qc** to distinguish oneself by sth

distraction [distʀaksjɔ̃] *f* 1. (*étourderie*) absent-mindedness 2. *sans pl* (*dérivatif*) distraction 3. *gén pl* (*passe-temps*) pastime

distraire [distʀɛʀ] <irr> I. *vt* (*délasser*) to amuse II. *vpr* se ~ to enjoy oneself

distrait(e) [distʀɛ] I. *part passé de* **distraire** II. *adj* absent-minded

distribuer [distʀibɥe] <1> *vt a.* FIN, COM to distribute; (*cartes*) to deal; (*courrier*) to deliver; ~ **des coups** to go round hitting people

distributeur [distʀibytœʀ] *m* (slot) machine; ~ **de billets/boissons** cash/drink machine

distributeur, -trice [distʀibytœʀ] *m, f* COM, CINE distributor; ~ **agréé/ exclusif** official/exclusive dealer

distribution [distʀibysjɔ̃] *f* 1. *a.* FIN distribution; (*du courrier*) delivery; (*des cartes*) dealing; (*des actions*) issue; ~ **des prix** prize-giving 2. COM supply 3. CINE, THEAT cast

district [distʀikt] *m* district

dit [di] *indic prés de* **dire**

dit(e) [di] *part passé de* **dire**

dites [dit] *indic prés de* **dire**

divagation [divagasjɔ̃] *f* gén pl rambling

divaguer [divage] <1> *vi* 1. (*malade*) to be delirious 2. *inf* to talk nonsense

divan [divɑ̃] *m* couch, sofa

divergence [divɛʀʒɑ̃s] *f* divergence

diverger [divɛʀʒe] <2a> *vi* to diverge

divers(e) [divɛʀ] *adj* 1. (*différent, varié*) various 2. (*mouvements, intérêts*) diverse 3. *toujours au pl* (*plusieurs*) various

diversifier [divɛʀsifje] <1> *vt* to diversify

diversion [divɛʀsjɔ̃] *f* MIL diversion

diversité [divɛʀsite] *f* diversity

divertir [divɛʀtiʀ] <8> I. *vt* to amuse; ~ **qn** to take sb's mind off things II. *vpr* se ~ to enjoy oneself

divertissant(e) [divɛʀtisɑ̃] *adj* entertaining

divertissement [divɛʀtismɑ̃] *m* sans pl amusement; (*passe-temps*) pastime

divin(e) [divɛ̃] *adj* 1. REL divine 2. (*exceptionnel*) heavenly

divinité [divinite] *f* 1. *sans pl* (*ca-*

ractère divin) divinity **2.** (*dieu*) deity
diviser [divize] <1> **I.** *vt a.* MAT ~ **qc**
en qc to divide sth into sth; **divisé**
par divided by **II.** *vpr* **se** ~ **1.** (*se sé-*
parer) **se** ~ **en qc** (*cellule, route*) to
divide into sth; (*parti*) to split into
sth **2.** (*nombre*) to divide; (*ouvrage*)
to divide (up)
division [divizjɔ̃] *f* **1.** division; ~ **en**
qc division into sth **2.** *Québec* (*ser-*
vice intermédiaire entre la direction
et la section d'une entreprise) division (*of a company*)
divorce [divɔʀs] *m* divorce; ~ **avec**
qn divorce from sb
divorcé(e) [divɔʀse] **I.** *adj* ~ **de qn**
divorced from sb **II.** *m(f)* divorcee
divorcer [divɔʀse] <2> *vi* ~ **de qn**
to divorce sb
divulguer [divylge] <1> *vt* to disclose; ~ **un secret à qn** to tell sb a
secret
dix [dis, *devant une voyelle* diz, *de-*
vant une consonne di] **I.** *adj* **1.** ten
2. **répéter** ~ **fois la même chose**
to say the same thing over and over
again **II.** *m inv* ten; *v. a.* **cinq**
dix-huit [dizɥit, *devant une con-*
sonne dizɥi] **I.** *adj* eighteen **II.** *m*
inv eighteen; *v. a.* **cinq**
dix-huitième [dizɥitjɛm] <dix-
huitièmes> **I.** *adj antéposé* eighteenth **II.** *mf* **le/la** ~ the eighteenth
III. *m* (*fraction*) eighteenth; *v. a.* **cin-**
quième
dixième [dizjɛm] **I.** *adj antéposé*
tenth **II.** *mf* **le/la** ~ the tenth **III.** *m*
(*fraction*) tenth; *v. a.* **cinquième**
dix-neuf [diznœf] **I.** *adj* nineteen
II. *m inv* nineteen; *v. a.* **cinq**
dix-neuvième [diznœvjɛm] <dix-
neuvièmes> **I.** *adj antéposé* nineteenth **II.** *mf* **le/la** ~ the nineteenth
III. *m* (*fraction*) nineteenth; *v. a.* **cin-**
quième
dix-sept [dissɛt] **I.** *adj* seventeen
II. *m inv* seventeen; *v. a.* **cinq**
dix-septième [dissɛtjɛm] <dix-
septièmes> **I.** *adj antéposé* seventeenth **II.** *mf* **le/la** ~ the seventeenth
III. *m* (*fraction*) seventeenth; *v. a.*
cinquième

dizaine [dizɛn] *f* **1.** (*environ dix*)
une ~ **de personnes/pages** ten
people/pages or so; **quelques/plu-**
sieurs ~**s de personnes** a couple/a
few dozen people **2.** (*âge approxima-*
tif) **avoir une** ~ **d'années** to be
around ten
DJ [didʒe] *m abr de* **disc-jockey** DJ
DM [dœtʃmaʀk] *abr de* **Deutsche**
Mark DM
do [do] *m inv* C
doc [dɔk] *f inf abr de* **documen-**
tation
DOC [dɔk] *m abr de* **disque optique**
compact compact laser disk
docile [dɔsil] *adj* docile
docker [dɔkɛʀ] *m* docker
docteur [dɔktœʀ] *m* doctor

doctorat [dɔktɔʀa] *m* doctorate; ~
d'État doctorate, *similar to a Ph.D.*
doctrine [dɔktʀin] *f* doctrine
document [dɔkymã] *m* **1.** document **2.** (*preuve*) piece of evidence
documentaire [dɔkymãtɛʀ] *m*
documentary
documentaliste [dɔkymãtalist]
mf ECOLE librarian
documentation [dɔkymãtasjɔ̃] *f*
documentation
documenter [dɔkymãte] <1> *vpr*
se ~ **sur qn/qc** to inform oneself
fully on sb/sth
dodo [dodo] *m enfantin, inf* **faire** ~
(*s'endormir*) to go to beddy-byes;
(*dormir*) to be in dreamland
dodu(e) [dɔdy] *adj inf* chubby;
(*poule*) plump
dogme [dɔgm] *m* dogma
doigt [dwa] *m* **1.** *a.* ANAT finger;
lever le ~ to lift a finger **2.** **être à**
deux ~**s de la mort** to be at death's

door; **les ~s dans le nez** *inf* with
the hands behind his back; **filer
entre les ~s de qn** to slip between
sb's fingers

dois [dwa] *indic prés de* **devoir**

doit [dwa] **I.** *indic prés de* **devoir**
II. *m* debit

doivent [dwav] *indic et subj prés de*
devoir

dollar [dɔlaʀ] *m* dollar; **~ canadien**
Canadian dollar

DOM [dɔm] *m abr de* **département
d'outre-mer** French overseas département

ⅰ The **DOM** are the French over-
seas départements. They include
French Guiana, Reunion Island,
Martinique and Guadeloupe.
These colonies are treated today as
French economic zones and are
responsible, like all départements,
for matters specific to their areas.

---

domaine [dɔmɛn] *m* **1.** (*terre*) estate **2.** (*sphère*) field **3.** INFOR domain

dôme [dom] *m* dome

domestique [dɔmɛstik] **I.** *adj* domestic; **animal ~** pet **II.** *mf* servant

domestiquer [dɔmɛstike] <1> *vt*
(*énergie solaire, vent, marées*) to
harness

domicile [dɔmisil] *m* **1.** (*demeure*)
home **2.** ADMIN residence **3. à ~** at
home; (*travail, visite, livraison*)
home

domicilier [dɔmisilje] <1> *vt form*
être domicilié à Paris to reside in
Paris

dominant(e) [dɔminã] *adj* dominant

dominante [dɔminãt] *f* (*caractéristique*) dominant characteristic

domination [dɔminasjɔ̃] *f* domination

dominer [dɔmine] <1> **I.** *vt*
1. (*être le maître de*) to dominate; **~
qn** (*passion du jeu*) to have a hold
on sb **2.** (*sujet*) to be master of
3. (*surpasser*) to outclass **4.** (*sur-*

plomber) to look out over **II.** *vi a.*
SPORT to dominate **III.** *vpr* **se** ~ to
take hold of oneself

dominicain(e) [dɔminikɛ̃] *adj*
Dominican; **la République ~e**
Dominican Republic

Dominicain(e) [dɔminikɛ̃] *m(f)*
Dominican

dominicais(e) [dɔminikɛ] *adj*
Dominican

Dominicais(e) [dɔminikɛ] *m(f)*
Dominican

Dominique *f* GEO Dominica

domino [dɔmino] *m* **1.** (*pièce*)
domino **2.** *pl* (*jeu*) dominoes

dommage [dɔmaʒ] *m* **1.** (*préjudice*) harm *sans pl;* (*matériels*) damage; **~ et intérêts** damages **2.** *pl*
(*dégâts*) damage *no pl* **3. c'est bien
~!** it's a real pity!; **quel ~!** what a
pity!

dompter [dɔ̃(p)te] <1> *vt* **1.** to
tame **2.** *fig* to subdue

dompteur, -euse [dɔ̃(p)tœʀ] *m, f*
tamer

DOM-TOM [dɔmtɔm] *mpl abr de*
**départements et territoires
d'outre-mer** French overseas départements and territories

don [dɔ̃] *m* **1.** (*action, cadeau, aptitude*) gift; **faire un ~ à qn** to give sb
a gift; **avoir le ~ de faire qc** to have
the gift for doing sth **2.** (*donation*)
donation; **~ d'organe** organ donation

donateur, -trice [dɔnatœʀ] *m, f*
donor

donation [dɔnasjɔ̃] *f* donation

donc [dɔ̃k] *conj* so; **vas-y ~!** get on
with it then!

donjon [dɔ̃ʒɔ̃] *m* keep

donné(e) [dɔne] *adj* **1.** (*déterminé*)
given **2. étant ~ qc** given that

donnée [dɔne] *f gén pl* **1.** (*élément
d'appréciation*) given **2.** (*du problème*) details **3.** *pl* INFOR, ADMIN data

donner [dɔne] <1> **I.** *vt* **1.** (*remettre*) **~ qc à qn** to give sth to sb,
to give sb sth **2.** (*communiquer*) **~
de ses nouvelles** to say how one is
getting on; **~ l'alarme** [*o* **l'alerte**] to
raise the alarm **3.** (*faim, soif, chaud*)

to make; **elle/ça lui donne envie de partir** she/it makes him want to leave **4.** (*fruits*) to produce **II.** *vi* (*s'ouvrir sur*) ~ **sur qc** (*pièce, fenêtre*) to look (out) onto sth; (*porte*) to open out to sth **III.** *vpr* **1.** (*se dévouer*) **se ~ à qn/qc** to devote oneself to sb/sth **2.** (*faire l'amour*) **se ~ à qn** to give oneself to sb

donneur, -euse [dɔnœʀ] *m, f a.* MED donor; ~ **de sang** blood donor

dont [dɔ̃] *pron rel* **1.** *compl d'un subst* **cet acteur, ~ le dernier film** that actor, whose latest film **2.** *compl d'un verbe* **la femme ~ vous me parlez** the woman you are telling me about **3.** (*partie d'un tout*) including; ~ **l'accident a fait six victimes,** ~ **deux enfants** there were six victims of the accident, two of them children

dopage [dɔpaʒ] *m* drug use

doper [dɔpe] <1> **I.** *vt* SPORT to give drugs to **II.** *vpr* **se ~** to use drugs

dorade [dɔʀad] *f v.* **daurade**

doré [dɔʀe] *m Québec* (*poisson d'eau douce à chair estimée*) yellow pike

doré(e) [dɔʀe] *adj* **1.** (*avec de l'or*) gilded **2.** (*de couleur ressemblant à de l'or*) golden

dorénavant [dɔʀenavɑ̃] *adv* henceforth

dorer [dɔʀe] <1> **I.** *vt* (*recouvrir d'or, colorer*) to gild **II.** *vi* GASTR to brown **III.** *vpr* **se faire ~ au soleil** to sunbathe

dorloter [dɔʀlɔte] <1> *vt* to pamper

dormeur, -euse [dɔʀmœʀ] *m, f* sleeper

dormir [dɔʀmiʀ] <irr> *vi* **1.** (*sommeiller*) to sleep **2.** (*capitaux, affaire*) to lie dormant **3.** (*maison, nature*) to be asleep **4. ça ne l'empêche pas de ~** *inf* it doesn't keep him awake at nights

dortoir [dɔʀtwaʀ] *m* dormitory

dos [do] *m* **1.** *a.* ANAT back **2. elle n'y vas pas avec le ~ de la cuillère** *inf* she doesn't pull her punches; **en avoir plein le ~** *inf* to be fed up; **n'avoir rien à se mettre sur le ~** to have nothing to wear; **être sur le ~ de qn** *inf* to be on sb's back; **faire qc dans le ~ de qn** to do sth behind sb's back

dose [doz] *f* **1.** BIO dose **2.** GASTR part **3. par petites ~s** in small doses

doser [doze] <1> *vt* **1.** (*médicament*) to measure a dose of; (*ingrédients*) to measure out; (*cocktail*) to mix in the right proportions **2.** (*mesurer*) to use just the right amount of

dossard [dɔsaʀ] *m* SPORT number

dossier [dɔsje] *m* **1.** (*appui pour le dos*) back **2.** *a.* ADMIN file; ~ **de candidature** application

dot [dɔt] *f* dowry

doté(e) [dɔte] *adj* **être ~ de qc** (*machine*) to have sth; (*personne*) to be endowed with sth

doter [dɔte] <1> *vt* **1.** ~ **une fille** to give a girl a dowry **2.** (*attribuer*) ~ **de qc** to provide with sth; (*concours*) to endow with sth

douane [dwan] *f* customs *pl;* (*droit de ~*) (customs) duty

douanier, -ière [dwanje] **I.** *adj* customs **II.** *m, f* customs officer

doublage [dublaʒ] *m* CINE dubbing; (*pour les cascades*) doubling

double [dubl] **I.** *adj* double **II.** *adv* (*voir*) double; (*compter*) twice **III.** *m* **1.** (*quantité*) twice the amount **2.** (*copie*) copy; **un ~ de clé** a spare key; **je l'ai en ~** I've got another one; **j'ai tout en ~** I've got two of everything **3.** (*personne*) double **4.** SPORT doubles *pl*

doublement [dubləmɑ̃] *adv* doubly

doubler [duble] <1> **I.** *vt* **1.** *a.* MAT to double **2.** (*vêtement*) to line **3.** *Belgique* (*redoubler*) ~ **une classe** to repeat a year **4.** CINE to dub; (*pour les cascades*) to double **5.** (*véhicule*) to overtake; **se faire ~** to be overtaken **II.** *vi* (*nombre, prix*) to double

doublure [dublyʀ] *f* **1.** COUT lining **2.** CINE stand-in

douce [dus] *v.* **doux**

doucement [dusmɑ̃] *adv* **1.** (*avec*

précaution) carefully **2.** (*sans bruit*) quietly **3.** (*avec délicatesse, graduellement*) gently **4.** (*faiblement*) softly

douceur [dusœʀ] *f* (*sensation*) softness; (*d'un fruit, caractère*) sweetness; (*de la température*) mildness; **se passer en ~** to go off smoothly

douche [duʃ] *f* shower

doucher [duʃe] <1> I. *vt* (*tremper*) to shower II. *vpr* **se ~** to have a shower

doudoune [dudun] *f* anorak

doué(e) [dwe] *adj* gifted; **être ~ pour qc** to have a gift for sth

douillet(te) [dujɛ] *adj* **1.** (*sensible*) (over)sensitive **2.** (*nid, lit*) cosy

douleur [dulœʀ] *f* **1.** (*physique*) pain; **de ~** of pain **2.** (*moral*) sorrow; **avoir la ~ de** +*infin* to be deeply sorry to +*infin*

douloureux, -euse [duluʀø] *adj* painful; (*regard*) pained

doute [dut] *m* **1.** doubt; **ne laisser aucun ~ sur qc** to leave no doubt about sth **2.** **mettre qc en ~** to put sth in doubt; **sans ~** no doubt

douter [dute] <1> I. *vi* **1.** (*être incertain*) **~ de qc/que qn ait fait qc** to doubt sth/that sb did sth **2.** (*se méfier*) **~ de qn/qc** to have doubts about sb/sth **3.** **à n'en pas ~** undoubtedly II. *vpr* **se ~ de qc** to suspect sth; **je m'en doute** I expect so

douteux, -euse [dutø] *adj* **1.** (*incertain*) doubtful **2.** *péj* dubious

doux [du] *adv* **ça va tout ~** +*inf* things are OK

doux, douce [du] *adj* **1.** soft **2.** (*au goût, à l'odorat*) sweet; (*moutarde, tabac*) mild **3.** (*climat, temps, peine*) mild **4.** (*personne*) kind **5.** (*gestes, pente*) gentle; **à feu ~** on moderate heat **6.** (*souvenir, visage*) sweet **7.** **se la couler douce** +*inf* to have it easy; **en douce** *inf* on the quiet

douzaine [duzɛn] *f* **1.** (*douze*) dozen; **à la ~** by the dozen **2.** (*environ douze*) **une ~ de personnes/ choses** twelve or so people/things

douze [duz] *adj inv* twelve; *v. a.* **cinq**

douzième [duzjɛm] I. *adj antéposé*

twelfth II. *mf* **le/la ~** the twelfth III. *m* twelfth; *v. a.* **cinquième**

doyen(ne) [dwajɛ̃] *m(f)* **1.** (*aîné*) doyen **2.** UNIV dean

drache [dʀaʃ] *f* Belgique (*pluie battante, averse*) downpour

draconien(ne) [dʀakɔnjɛ̃] *adj* draconian

dragée [dʀaʒe] *f* sugared almond

dragon [dʀagɔ̃] *m* dragon

draguer [dʀage] <1> I. *vt* **1.** (*chenal, sable*) to dredge; (*mines*) to sweep **2.** *inf* (*racoler*) to try to pull *Brit,* to hit on *Am* II. *vi inf* (*racoler*) to be on the pull *Brit,* to try to pick up people *Am*

drain [dʀɛ̃] *m* MED drain

drainage [dʀɛnaʒ] *m* MED, AGR drainage

drainer [dʀene] <1> *vt* **1.** MED, AGR to drain **2.** (*capitaux*) to tap; **~ la clientèle** to drain off customers

dramatique [dʀamatik] *adj* dramatic; **genre ~** drama

dramatiser [dʀamatize] <1> I. *vt* to dramatize II. *vi* to overdramatize

drame [dʀam] *m a. fig* drama; **tourner au ~** to take a tragic turn

drap [dʀa] *m* **1.** (*de lit*) sheet **2.** Belgique (*serviette*) towel; **~ de maison** (*torchon*) tea towel **3.** **être dans de beaux ~s** *inf* to be in a fine mess

drapeau [dʀapo] <x> *m* flag

draper [dʀape] <1> *vt* (*envelopper*) **~ qc/qn de qc** to drape sb/sth in sth

draperie [dʀapʀi] *f a.* COM drapery

drap-housse [dʀa] <draps-housses> *m* fitted sheet

draver [dʀave] <1> *vi* Québec (*diriger le flottage du bois*) to drive

draveur [dʀavœʀ] *m* Québec (*ouvrier travaillant au flottage du bois*) driver

dressage [dʀesaʒ] *m* (*d'un animal*) taming; (*pour un concours hippique*) dressage

dresser [dʀese] <1> I. *vt* **1.** (*établir*) to draw up; (*procès-verbal*) to give **2.** (*barrière, monument*) to raise; (*échafaudage, tente*) to put up

3. (*buste*) to draw up **4.** (*plat*) to lay out; (*piège*) to set; (*autel*) to raise **5.** (*animal*) to tame; (*chien*) to train; *péj* (*enfant, soldat*) to break in **II.** *vpr* **se** ~ **1.** (*se mettre droit*) to draw oneself up **2.** (*bâtiment, statue*) to rise **3.** (*s'insurger*) **se** ~ **contre qn/qc** to rise against sb/sth

dresseur, -euse [dʀɛsœʀ] *m, f* trainer

drève [dʀɛv] *f* Nord, Belgique (*allée carossable bordée d'arbres*) (tree-lined) drive

dribbler [dʀible] <1> **I.** *vi* to dribble **II.** *vt* ~ **qn** to dribble past sb

dringuelle [dʀɛ̃gɛl] *f* Belgique (*pourboire*) tip

drogue [dʀɔg] *f a. fig* drug

drogué(e) [dʀɔge] *m(f)* (drug) addict

droguer [dʀɔge] <1> **I.** *vt* to drug **II.** *vpr* **se** ~ to take drugs

droguerie [dʀɔgʀi] *f* hardware shop

droguiste [dʀɔgist] *mf* hardware merchant

droit [dʀwa] **I.** *adv* **1.** straight **2.** **aller** ~ **à la catastrophe** to be going downhill fast; **marcher** ~ to toe the line; **tout** ~ straight ahead **II.** *m* **1.** (*prérogative*) right; **de quel** ~ **l'a-t-il fait?** what right had he to do it?; **avoir** ~ **à qc** to be entitled to sth; **avoir le** ~ **de** +*infin* to be entitled to +*infin* **2.** JUR law; **faire son** ~ to study law **3.** *pl* (*taxe*) tax **4.** SPORT straight

droit(e) [dʀwa] *adj* **1.** right **2.** (*chemin, ligne, nez*) straight **3.** (*personne*) upright; **le** ~ **chemin** the straight and narrow

droite [dʀwat] *f* **1.** MAT straight line **2.** *a.* POL right; **à** ~ on the right; (*tourner*) right; **de** ~ right(-hand); **serrez à** ~! keep right!

droitier, -ière [dʀwatje] *m, f* (*personne*) right-handed person

drôle [dʀol] *adj* funny; **quelle** ~ **d'idée!** what a funny idea!; **ça me fait tout** ~ it makes me feel all funny

drôlement [dʀolmɑ̃] *adv* **1.** (*bizarrement*) in a funny way **2.** *inf* (*rude-ment*) really

dromadaire [dʀɔmadɛʀ] *m* dromedary

dru(e) [dʀy] *adj* thick

druide [dʀ

ɥid] *m* druid

du [dy] = **de** + **le** *v.* **de**

dû [dy] <dus> *m* due; **réclamer son** ~ to claim one's due

dû, due [dy] <dus> **I.** *part passé de* **devoir** **II.** *adj* **1.** (*argent*) owed **2.** (*imputable*) **être** ~ **à qc** to be due to sth

Dublin [dyblɛ̃] Dublin

Dublinois(e) [dyblinwa] *m(f)* Dubliner

duc [dyk] *m* duke

ducasse [dykas] *f* Nord, Belgique (*fête patronale ou publique, ker-messe*) fête

duché [dyʃe] *m* duchy

duchesse [dyʃɛs] *f* duchess

duel [dɥɛl] *m a. fig* duel

dûment [dymɑ̃] *adv* duly

dune [dyn] *f* dune

duo [dɥo] *m* MUS duet

dupe [dyp] *adj* **être** ~ **de qc** to be fooled by sth

duper [dype] <1> *vt* to fool

duplex [dyplɛks] *m* **1.** **appartement en** ~ maisonette *Brit*, duplex *Am* **2.** CINE, TV link-up

duplicata [dyplikata] *m* duplicate

duquel, de laquelle [dykɛl] <desquel(le)s> = **de** + **lequel** *v.* **lequel**

dur(e) [dyʀ] **I.** *adj* **1.** hard **2.** (*porte, serrure*) stiff; (*viande*) tough **3.** (*regard, critique*) harsh **II.** *adv* (*travailler*) hard; **taper** ~ (*soleil*) to beat down **III.** *m(f)* **1.** *inf* (*personne sans peur*) hard case **2.** TECH **maison en** ~ traditionally built house **3.** **un** ~ **à cuire** *inf* a hard case; **jouer les** ~**s** *inf* to act hard

durable [dyʀabl] *adj* (*souvenir, effet*) lasting

durant [dyʀɑ̃] *prep* during; **toute sa vie** ~ all one's life

durcir [dyʀsiʀ] <8> **I.** *vt* to harden **II.** *vi* (*aliment, pâte*) to harden; (*colle, peinture*) to set **III.** *vpr* **se** ~ to harden; (*colle*) to set

durée [dyʀe] *f* length; **pendant la ~ des travaux** for the duration of the work; **chômeurs de longue ~** long-term unemployed

durement [dyʀmɑ̃] *adv* **1.** (*rudement*) sorely **2.** (*parler, répondre*) harshly

durer [dyʀe] <1> *vi* **1.** + *compl de temps* to last **2. faire ~ les choses** to spin things out; **ça ne peut plus ~** this can't go on; **pourvu que ça dure!** let's hope it lasts!

dureté [dyʀte] *f* **1.** (*fermeté*) hardness **2.** (*rigueur*) harshness

durillon [dyʀijɔ̃] *m* callus

dus [dy] *passé simple de* **devoir**

DUT [deyte] *m abr de* **diplôme universitaire de technologie** *technical diploma taken after the baccalauréat and before university*

duvet [dyvɛ] *m* **1.** (*plumes, poils*) down **2.** (*sac de couchage*) sleeping bag

DVD [devede] *m inv* INFOR *abr de* **Digital Versatile Disk** DVD

dynamique [dinamik] *adj* dynamic

dynamisme [dinamism] *m* dynamism

dynamite [dinamit] *f* dynamite

dynamiter [dinamite] <1> *vt* to dynamite

dynastie [dinasti] *f* dynasty

dysenterie [disɑ̃tʀi] *f* MED dysentery

dyslexique [dislɛksik] *adj, mf* dyslexic

E e

E, e [ø] *m inv* E, e; **~ comme Eugène** e for Edward

eau [o] <x> *f* water; **~ minérale/du robinet** mineral/tap water

ⓘ In France, wine or still water is drunk with meals and a **carafe d'eau**, a jug of water is often on the table. In restaurants, this is most often tap water.

eau-de-vie [od(ə)vi] <eaux-de-vie> *f* brandy

ébauche [eboʃ] *f* (*d'une œuvre*) outline; (*d'un tableau*) sketch; (*d'un sourire*) flicker

ébène [ebɛn] *f* ebony; **noir comme l'~** as black as night

éblouir [ebluiʀ] <8> *vt* to dazzle

éblouissant(e) [ebluisɑ̃] *adj* dazzling

éborgner [ebɔʀɲe] <1> *vt* ~ **qn** to blind sb in one eye

éboueur [ebuœʀ] *m* dustman *Brit*, garbage man *Am*

ébouillanter [ebujɑ̃te] <1> *vt, vpr* (**s'**)~ **qc** to scald sth

ébouriffé(e) [eburife] *adj* disheveled

ébranler [ebʀɑ̃le] <1> **I.** *vt* to shake **II.** *vpr* **s'~** (*train*) to move off

ébréché(e) [ebʀeʃe] *adj* chipped

ébriété [ebʀijete] *f form* drunkenness

ébruiter [ebʀɥite] <1> *vt, vpr* (**s'**)~ to spread

ébullition [ebylisjɔ̃] *f* boiling; **porter à ~** to bring to a boil

écaille [ekaj] *f* ZOOL scale

écarquiller [ekaʀkije] <1> *vt* ~ **les yeux devant qc** to stare wide-eyed at sth

écart [ekaʀ] *m* **1.** (*distance*) gap **2.** (*mouvement brusque*) **faire un ~** to move out of the way **3. faire le grand ~** to do the splits

écarté(e) [ekaʀte] *adj* (*dents*) spaced; (*jambes*) wide apart

écarter [ekaʀte] <1> **I.** *vt* (*objets*) to move apart; (*doigts, jambes*) to spread out **II.** *vpr* **s'~** (*foule*) to move aside; **s'~ de qc** to move out of the way of sth

ecclésiastique [eklezjastik] **I.** *adj* ecclesiastical **II.** *m* clergyman

échafaud [eʃafo] *m* scaffold

échafaudage [eʃafodaʒ] *m* scaffolding

échalote [eʃalɔt] *f* shallot
échancré(e) [eʃɑ̃kre] *adj* (*robe*) with a low neckline
échange [eʃɑ̃ʒ] *m* **1.** *a.* ECOLE exchange; **faire** ~ to exchange; **en** ~ **de qc** in exchange for sth **2.** *gén pl* ECON trade
échanger [eʃɑ̃ʒe] <2a> *vt* to exchange; ~ **qc avec qn contre qc** to trade sb sth for sth
échantillon [eʃɑ̃tijɔ̃] *m* sample
échappatoire [eʃapatwaʀ] *f* **1.** (*subterfuge*) loophole **2.** (*issue*) way out
échapper [eʃape] <1> **I.** *vi* **1.** (*s'enfuir*) ~ **à qc/à qn** to escape sth/ from sb **2.** (*être oublié*) **son nom m'échappe** his/her name escapes me **3.** (*glisser des mains*) **laisser** ~ **qc** to drop sth **4.** (*gros mot, paroles*) to slip out **II.** *vpr* **s'**~ **de qc** to escape from sth
écharde [eʃaʀd] *f* splinter
écharpe [eʃaʀp] *f* **1.** (*vêtement*) scarf **2.** (*du maire*) sash
échauffement [eʃofmɑ̃] *m* SPORT warm-up
échauffer [eʃofe] <1> *vpr* **s'**~ to warm up
échéance [eʃeɑ̃s] *f* **1.** **date d'**~ due date **2.** (*délai*) time; FIN term
échec[1] [eʃɛk] *m* failure
échec[2] [eʃɛk] *m* **1.** *pl* (*jeu*) chess + *vb sing* **2.** ~ **et mat** checkmate
échelle [eʃɛl] *f* **1.** (*escabeau, hiérarchie*) ladder **2.** (*rapport, graduation*) scale
échelon [eʃlɔ̃] *m* **1.** (*barreau*) rung **2.** (*de la hiérarchie*) grade
échelonner [eʃ(ə)lɔne] <1> *vt* to spread out
échiquier [eʃikje] *m* chess board
écho [eko] *m* **1.** echo; **ça fait** (**de l'**)~ there's an echo **2.** (*rubrique*) gossip column
échographie [ekɔgʀafi] *f* (ultrasound) scan
échouer [eʃwe] <1> **I.** *vi* to fail **II.** *vt* **faire** ~ **qc** to wreck sth
éclabousser [eklabuse] <1> *vt* to splash
éclair [eklɛʀ] *m* **1.** METEO ligtning flash; ~ **de chaleur** summer lightning **2.** PHOT flash **3.** GASTR éclair
éclairage [eklɛʀaʒ] *m* lighting
éclaircie [eklɛʀsi] *f* METEO sunny spell
éclaircir [eklɛʀsiʀ] <8> **I.** *vt* **1.** (*rendre clair*) to lighten **2.** (*affaire*) to clear up **II.** *vpr* **s'**~ **1.** (*temps*) to brighten up **2. s'**~ **la voix** to clear one's throat
éclairer [eklɛʀe] <1> **I.** *vt* to light (up); ~ **qn** to light the way for sb **II.** *vi* to give light
éclat [ekla] *m* **1.** (*fragment*) splinter **2.** (*bruit*) ~ **de joie** joyful outburst **3.** (*scandale*) fuss **4. rire aux** ~**s** to laugh out loud; **voler en** ~**s** to be smashed
éclatant(e) [eklatɑ̃] *adj* (*beauté, santé*) radiant
éclater [eklate] <1> **I.** *vi* **1.** (*bombe*) to explode **2.** (*tête, pneu*) to burst **3.** (*orage*) to break out **4.** (*scandale*) to erupt **5.** ~ **de rire** to burst out laughing **II.** *vpr inf* (*se défouler*) **s'**~ to have a great time
éclipse [eklips] *f* eclipse
écluse [eklyz] *f* lock
écœurant(e) [ekœrɑ̃] *adj* **1.** (*trop sucré*) cloying **2.** (*trop gras*) heavy **3.** (*physiquement*) revolting **4.** (*moralement*) disgusting
écœurement [ekœrmɑ̃] *m* **1.** (*nausée*) nausea **2.** (*dégoût*) disgust
écœurer [ekœre] <1> **I.** *vi* to be sickening **II.** *vt* **1.** ~ **qn** to make sb feel sick **2.** (*indigner*) to revolt
école [ekɔl] *f* school; ~ **publique/ laïque** state [*o* public *Am*] education (*excluding religious instruction and worship*); ~ **professionnelle** vocational college; **aller à l'**~ to go to school; **entrer à l'**~ to start school

---

ℹ️ Children in France go to **école primaire** from the age of six years and spend five years there. They start in class CP, progress on to CE1 and CE2 and finish with

CM1 and CM2. At 11 years old, children go to "collège".

écolier, -ière [ekɔlje] *m, f* schoolboy, schoolgirl *m, f*

écologie [ekɔlɔʒi] *f* ecology

écologique [ekɔlɔʒik] *adj* ecological

écologiste [ekɔlɔʒist] I. *m, f* 1. ecologist 2. POL environmentalist II. *adj* environmental; (*parti*) green

économe [ekɔnɔm] *adj* thrifty

économie [ekɔnɔmi] *f* 1. economy 2. (*science*) economics 3. *pl* (*épargne*) savings

économique [ekɔnɔmik] *adj* 1. (*bon marché*) economical 2. ECON economic

économiser [ekɔnɔmize] <1> I. *vi* to economize II. *vt* to save

économiseur [ekɔnɔmizœʀ] *m* INFOR ~ **d'écran** screen saver

écorce [ekɔʀs] *f* 1. (*d'un arbre*) bark; (*d'un fruit*) rind 2. **terrestre** crust

écorcher [ekɔʀʃe] <1> I. *vt* 1. **être écorché** to be grazed 2. (*nom*) to mispronounce II. *vpr* s'~ to get scratched

écorchure [ekɔʀʃyʀ] *f* scratch

écossais [ekɔsɛ] *m* 1. (*gaélique*) Gaelic 2. (*du sud*) Scots; *v. a.* **français**

écossais(e) [ekɔsɛ] *adj* Scottish; **jupe** ~**e** kilt; **tissu** ~ tartan

Écossais(e) [ekɔsɛ] *m(f)* Scot; **un** ~ a Scotsman; **une** ~**e** a Scotswoman

Écosse [ekɔs] *f* l'~ Scotland

écoulement [ekulmɑ̃] *m* (*des stocks*) movement; (*des produits*) sale

écouler [ekule] <1> I. *vt* (*marchandises*) to sell II. *vpr* s'~ (*liquide*) to flow

écourter [ekuʀte] <1> *vt* (*séjour*) to cut short

écoute [ekut] *f* 1. RADIO, TV audience 2. (*surveillance*) ~**s téléphoniques** phone tapping

écouter [ekute] <1> I. *vt* ~ **qn/qc/ qn chanter** to listen to sb/sth/sb singing; **faire** ~ **un disque à qn** to play sb a record II. *vi* 1. to listen 2. **écoute/écoutez** (**voir**)! listen to this!

écouteur [ekutœʀ] *m* 1. (*du téléphone*) handset 2. *pl* (*casque*) earphones *pl*

écran [ekʀɑ̃] *m* 1. (*protection*) shield 2. TV, CINE, INFOR screen; **sur les** ~**s** TV on TV; CINE at the cinema

écrasant(e) [ekʀazɑ̃] *adj* (*défaite*) crushing

écraser [ekʀaze] <1> I. *vt* 1. to crush 2. (*légumes*) to mash; (*cigarette*) to stub out 3. (*tuer*) ~ **qn/qc** to run sb/sth over II. *vi inf* (*ne pas insister*) to shut up III. *vpr* s'~ 1. (*heurter de plein fouet*) s'~ **au** [*o* **sur le**] **sol/contre un arbre** to crash into the ground/a tree 2. (*se crasher*) to crash 3. *inf* (*se taire*) to shut up

écrevisse [ekʀəvis] *f* crayfish

écrier [ekʀije] <1> *vpr* s'~ to cry out

écrire [ekʀiʀ] <irr> I. *vt* to write; **comment écrit-on ce mot?** how do you spell that word? II. *vi* to write; ~ **à la main/au stylo** to write by hand/in pen III. *vpr* **ce mot s'écrit avec y** that word is written with a y

écrit [ekʀi] *m* 1. (*document*) written document 2. (*ouvrage*) text 3. (*épreuve, examen*) written paper; l'~ the (written) exam 4. **par** ~ in writing

écriteau [ekʀito] <x> *m* sign

écriture [ekʀityʀ] *f* 1. (*façon d'écrire*) handwriting 2. (*alphabet, style*) writing

écrivain [ekʀivɛ̃] *m* writer

écrou [ekʀu] *m* nut

écrouer [ekʀue] <1> *vt* to imprison

écrouler [ekʀule] <1> *vpr* s'~ to collapse

ECU [eky] *m abr de* **European Currency Unit** ecu

écume [ekym] *f* foam

écumoire [ekymwaʀ] *f* skimmer

écureuil [ekyʀœj] *m* squirrel

écurie [ekyʀi] *f* stable

eczéma [ɛgzema] *m* eczema
édam [edam] *m* (*fromage*) Edam cheese
EDF [ødeɛf] *f abr de* **Électricité de France** *French electricity company*
édifice [edifis] *m* **1.**(*bâtiment*) building **2.**(*social*) structure
édit [edi] *m* HIST, POL edict
éditer [edite] <1> *vt* to publish
éditeur [editœʀ] *m* INFOR editor
éditeur, -trice [editœʀ] **I.** *adj* **maison éditrice** publishing house; **la maison éditrice Klett** Klett Publishers **II.** *m, f* publisher
édition [edisjɔ̃] *f* **1.**(*d'un disque*) issue; (*d'un livre*) publication **2.**(*établissement*) **les ~s** publishers *pl* **3.**(*tirage*) edition **4.** INFOR editing
édredon [edʀədɔ̃] *m* eiderdown
éducateur, -trice [edykatœʀ] *m, f* educator
éducatif, -ive [edykatif] *adj* (*jeu*) educative; (*méthode*) educational
éducation [edykasjɔ̃] *f* **1.**(*pédagogie*) education; **l'Éducation nationale** State education system; POL Department of Education **2.**(*bonnes manières*) (good) manners
éduquer [edyke] <1> *vt* to educate
effacé(e) [efase] *adj* (*rôle, personne*) self-effacing
effacer [efase] <2> **I.** *vt* **1.**(*trace*) to erase **2.**(*tableau noir*) to clean; (*disquette*) to wipe; (*texte sur écran*) to delete **II.** *vpr* **s'~** (*tache*) to go
effaceur [efasœʀ] *m* eraser pen
effarant(e) [efaʀɑ̃] *adj* frightening
effectif [efɛktif] *m* (*d'une armée, d'un parti*) strength; (*d'une entreprise*) staff
effectif, -ive [efɛktif] *adj* (*aide*) real; (*travail*) actual
effectivement [efɛktivmɑ̃] *adv* **1.** effectively **2.**(*réellement*) actually
effectuer [efɛktɥe] <1> **I.** *vt* to make; (*parcours*) to do **II.** *vpr* **s'~** to be made
effet [efɛ] *m* **1.** effect; **~ secondaire/de serre** side/greenhouse effect; **sous l'~ de qc** under the influence of sth **2.**(*impression*) im-

pression; **faire ~ sur qn** to make an impression on sb **3.** **en ~** indeed; (*pour justifier ses propos*) as a matter of fact; (*pour confirmer le propos d'un tiers*) that's right
efficace [efikas] *adj* effective
efficacité [efikasite] *f* efficiency
effleurer [eflœʀe] <1> *vt* to brush against
effondrer [efɔ̃dʀe] <1> *vpr* **s'~** **1.** to collapse **2.**(*personne*) to break down **3.** INFOR to crash
efforcer [efɔʀse] <2> *vpr* **s'~ de** +*infin* to endeavour +*infin* to [*o* endeavor *Am*]
effort [efɔʀ] *m* effort
effraction [efʀaksjɔ̃] *f* break-in
effrayant(e) [efʀɛjɑ̃] *adj* frightening
effrayer [efʀeje] <7> *vt* to terrify
effréné(e) [efʀene] *adj* wild
effronté(e) [efʀɔ̃te] **I.** *adj* impudent **II.** *m(f)* impudent individual
effronterie [efʀɔ̃tʀi] *f* impudence; **avec ~** impudently
effroyable [efʀwajabl] *adj* appalling
égal(e) [egal] <-aux> *adj, m(f)* equal
également [egalmɑ̃] *adv* **1.**(*pareillement*) equally **2.**(*aussi*) also
égaler [egale] <1> *vt* **1.** MAT **deux plus deux égale(nt) quatre** two and two make four **2.**(*être pareil*) to equal; **~ qn/qc en beauté** to be the equal of sb/sth in beauty
égalisation [egalizasjɔ̃] *f* SPORT equalizing
égaliser [egalize] <1> **I.** *vt* to equal (out); (*cheveux*) to trim **II.** *vi* to equalize
égalité [egalite] *f* **1.** *a.* MAT equality; **~ des chances/droits** equal opportunities/rights **2. être à ~** (*match*) to be drawn
égard [egaʀ] *m* **1.** *pl* consideration **2.** **à l'~ de qn** towards sb
égarer [egaʀe] <1> **I.** *vt* (*perdre*) to mislay **II.** *vpr* **s'~** (*se perdre*) to get lost
église [egliz] *f* church
égoïsme [egɔism] *m* selfishness
égoïste [egɔist] **I.** *adj* selfish **II.** *mf*

E e

selfish person

égorger [egɔʀʒe] <2a> *vt* ~ **qn/ un animal** to cut sb's/an animal's throat

égosiller [egozije] <1> *vpr* **s'~ 1.** (*crier*) to shout oneself hoarse **2.** (*chanter: personne*) to sing at the top of one's voice [*o* lungs *Am*]

égout [egu] *m* sewer; **bouche d'~** manhole

égoutter [egute] <1> **I.** *vt* (*faire*) ~ **qc** to drain sth **II.** *vpr* **s'~** to drip; (*vaisselle*) to drain

égouttoir [egutwaʀ] *m* ~ **à vais- selle** dish drainer

égratigner [egʀatiɲe] <1> **I.** *vt* to scratch **II.** *vpr* **s'~ le genou** to scratch one's knee

égratignure [egʀatiɲyʀ] *f* scratch

Égypte [eʒipt] *f* **l'~** Egypt

égyptien [eʒipsjɛ̃] *m* Egyptian Arabic; **l'~ moderne** modern Egyptian; *v. a.* **français**

égyptien(ne) [eʒipsjɛ̃] *adj* Egyptian

Égyptien(ne) [eʒipsjɛ̃] *m(f)* Egyptian

eh [e] *interj* hey; ~ **oui!** yes!; ~ **bien!** *inf* well well!; **eh bien, ...** well, ...

éjecter [eʒɛkte] <1> *vt* to eject

élaborer [elabɔʀe] <1> *vt* (*plan*) to work out

élan [elɑ̃] *m* **prendre son** ~ to get up speed; (*en courant*) to take a run up

élancé(e) [elɑ̃se] *adj* slender

élancer [elɑ̃se] <2> *vpr* **1.** (*se préci- piter*) **s'~ vers qn/qc** to rush up to sb/sth **2.** (*prendre son élan*) **s'~** to take a run-up

élargir [elaʀʒiʀ] <8> **I.** *vt* **1.** (*rendre plus large*) to widen **2.** COUT to let out **II.** *vpr* **s'~** (*fleuve*) to widen; (*chaussures*) to give

élasticité [elastisite] *f* elasticity

élastique [elastik] *adj, m* elastic

électeur, -trice [elɛktœʀ] *m, f* voter

élection [elɛksjɔ̃] *f* **1.** election **2. d'~** (*patrie, pays*) adopted

électoral(e) [elɛktɔʀal] <-aux> *adj* electoral

électricien(ne) [elɛktʀisjɛ̃] *m(f)* electrician

électricité [elɛktʀisite] *f* electricity

électrique [elɛktʀik] *adj* electric

électrocuter [elɛktʀɔkyte] <1> **I.** *vt* **être électrocuté** to be electro- cuted **II.** *vpr* **s'~** to get electrocuted

électrocution [elɛktʀɔkysjɔ̃] *f* elec- trocution

électroménager [elɛktʀɔmenaʒe] *m* household appliances *pl*

électronicien(ne) [elɛktʀɔnisjɛ̃] *m(f)* electronics engineer

électronique [elɛktʀɔnik] **I.** *adj* electronic **II.** *f* electronics + *vb sing*

élégance [elegɑ̃s] *f sans pl* elegance

élégant(e) [elegɑ̃] *adj* elegant

élément [elemɑ̃] *m* **1.** *a.* CHIM el- ement **2.** (*mobilier*) unit

élémentaire [elemɑ̃tɛʀ] *adj* ele- mentary

éléphant [elefɑ̃] *m* elephant

élevage [el(ə)vaʒ] *m* **1.** (*ensemble d'animaux*) animals *pl* **2.** (*exploi- tation*) farm

élève [elɛv] *mf* pupil

élevé(e)¹ [el(ə)ve] *adj* **1.** (*haut*) high **2.** (*noble*) elevated

élevé(e)² [el(ə)ve] *adj* (*éduqué*) brought up

élever¹ [el(ə)ve] <4> **I.** *vt* **1.** (*ériger*) to erect **2.** (*porter vers le haut*) to raise up; (*niveau, voix*) to raise **II.** *vpr* **s'~ 1.** (*mur, édifice*) to go up **2.** (*se faire entendre*) to rise up **3.** (*se chiffrer*) **s'~ à 1000 euros** to come to 1000 euros

élever² [el(ə)ve] <4> *vt* **1.** (*per- sonne*) to bring up **2.** (*éduquer*) to educate **3.** (*vaches*) to breed

éleveur, -euse [el(ə)vœʀ] *m, f* breeder

éliminatoire [eliminatwaʀ] **I.** *adj* **1.** (*note*) failing; **épreuve** ~ elimin- atory exam **2.** SPORT preliminary **II.** *f souvent pl* preliminary (heat)

éliminer [elimine] <1> *vt* **1.** *a.* SPORT to eliminate **2.** (*tuer*) to liqui- date

élire [eliʀ] <irr> *vt* to elect; **il a été élu président** he was elected presi- dent

élite [elit] *f* elite

elle [ɛl] *pron pers* **1.** (*personne*) she;

(*chose*) it; ~ **est grande** (*femme*) she's tall; (*objet*) it's big; **lui est là, mais pas ~** he's there, but she isn't **2.** *interrog, non traduit* **Sophie a-t-~ ses clés?** has Sophie got her keys?; *v. a.* **il 3.** (*répétitif*) **regarde la lune comme ~ est ronde** look how big the moon is; *v. a.* **il 4.** *inf* (*pour renforcer*) ~**, ~ n'a pas ouvert la bouche** SHE didn't open her mouth; **c'est ~ qui l'a dit** it was she who said so; **il veut l'aider, ~?** he wants to help HER? **5.** *avec une préposition* **avec/sans** ~ with/without her; **c'est à ~!** it's hers! **6.** *dans une comparaison* her; **il est comme ~** he is like her **7.** (*soi*) herself; **elle ne pense qu'à** ~ she only thinks about herself; *v. a.* **lui**

elle-même [ɛlmɛm] *pron pers* (*elle en personne*) herself; (*chose*) itself; *v. a.* **lui-même**

elles [ɛl] *pron pers* **1.** (*fém pl*) they; ~ **sont grandes** (*personnes*) they're tall; (*choses*) they're big; **eux sont là, mais pas** ~ they're here, but they aren't **2.** *interrog, non traduit* **les filles, sont-~ venues?** have the girls come? **3.** (*répétitif*) **regarde les fleurs comme ~ sont belles** look how lovely the flowers are; *v. a.* **il 4.** *inf* (*pour renforcer*) ~**, n'ont pas ouvert la bouche** THEY didn't open their mouths; **c'est ~ qui l'ont dit** it was they who said so; **il veut les aider, ~?** he wants to help THEM? **5.** *avec une préposition* **avec/sans** ~ with/without them; **à** ~ **seules** by themselves **6.** *dans une comparaison* them; **ils sont comme** ~ they're like them **7.** (*soi*) themselves; *v. a.* **elle**

elles-mêmes [ɛlmɛm] *pron pers* (*elles en personne*) themselves; *v. a.* **moi-même, nous-même**

éloge [elɔʒ] *m* praise; **faire l'~ de qn** to praise sb (to the skies)

éloigné(e) [elwaɲe] *adj* **1.** (*dans l'espace*) ~ **de qc** a long way from sth **2.** (*dans le temps, la parenté*) distant

éloigner [elwaɲe] <1> **I.** *vt* (*objet*)

to move away; (*personne*) to take away **II.** *vpr* **s'~ 1.** (*bruit*) to fade into the distance **2.** (*aller ailleurs*) to move away; **ne t'éloigne pas trop, s'il te plaît!** don't go too far away, please! **3. s'~ du sujet** to wander off the subject

élu(e) [ely] **I.** *part passé de* **élire II.** *m(f)* **1.** POL elected representative **2.** REL **les ~s** the elect

élucider [elyside] <1> *vt* to elucidate

Élysée [elize] *m* **l'~** the Élysée (Palace) (*the official residence of the French President*)

email, E-mail, e-mail [imel] *m* e-mail

émail [emaj] <-aux> *m a.* ANAT enamel

émancipation [emɑ̃sipasjɔ̃] *f* emancipation

émanciper [emɑ̃sipe] <1> *vpr* **s'~** to become emancipated

emballer [ɑ̃bale] <1> **I.** *vt* **1.** (*avec du papier*) to wrap; (*dans un conditionnement rigide*) to package **2.** *inf* (*enthousiasmer*) **être emballé par qc** to be turned on by sth **II.** *vpr* **s'~ 1.** *inf* (*s'emporter*) to get worked up **2.** (*animal*) to bolt; (*moteur*) to race

embarcadère [ɑ̃baʀkadɛʀ] *m* landing stage

embarcation [ɑ̃baʀkasjɔ̃] *f* boat

embarquement [ɑ̃baʀkəmɑ̃] *m* AVIAT boarding

embarquer [ɑ̃baʀke] <1> **I.** *vi* ~ **dans l'avion** to board the plane **II.** *vt* **1.** (*à bord d'un bateau*) to embark; (*marchandises*) to load **2.** (*à bord d'un véhicule*) to take on board **3.** (*voler*) to pinch **4.** *inf* (*voleur*) to cart off **III.** *vpr* **s'~ 1.** (*à bord d'un bateau*) to board **2.** (*s'engager*) **s'~ dans qc** to get involved in sth

embarras [ɑ̃baʀa] *m* **1.** (*gêne*) embarrassment **2. avoir l'~ du choix** to be spoilt for choice

embarrassant(e) [ɑ̃baʀasɑ̃] *adj* **1.** (*délicat*) awkward **2.** (*situation*) uncomfortable **3.** (*encombrant*) cumbersome

embarrassé(e) [ɑ̃baʀase] *adj* (*per-*

sonne) self-conscious; (air, sourire) embarrassed

embarrasser [ãbaʀase] <1> I. vt 1. (déconcerter) ~ **qn** to put sb in an awkward position 2. (gêner dans ses mouvements) to hamper II. vpr s'~ **de qc** (s'encombrer) to burden oneself with sth

embauche [ãboʃ] f hiring

embaucher [ãboʃe] <1> I. vt to take on II. vi to take on workers

embellir [ãbeliʀ] <8> I. vi to grow more attractive II. vt (personne) to make more attractive; (réalité) to embellish

embêtant [ãbɛtã] m inf l'~, **c'est qu'il est sourd** the trouble is he's deaf

embêtant(e) [ãbɛtã] adj inf 1. (personne) annoying 2. (fâcheux) awkward

embêter [ãbete] <1> I. vt inf 1. (importuner, contrarier) to bother; **je suis embêté, ...** I've got a problem, ... 2. (casser les pieds) to pester II. vpr inf 1. (s'ennuyer) to be bored 2. **ne pas s'~** to be all right

emblée [ãble] adv **d'~** right away

emboîter [ãbwate] <1> I. vt to fit together II. vpr s'~ **l'un dans l'autre** to fit into each other

embolie [ãbɔli] f embolism

embonpoint [ãbɔ̃pwɛ̃] m stoutness

embourber [ãbuʀbe] <1> vpr s'~ to get stuck

embouteillage [ãbutɛjaʒ] m AUTO traffic jam

emboutir [ãbutiʀ] <8> vt AUTO to bang into

embranchement [ãbʀãʃmã] m 1. (point de jonction) junction 2. (ramification) fork

embrasser [ãbʀase] <1> I. vt 1. (donner un baiser) to kiss 2. (saluer) **je t'/vous embrasse** (with) love 3. (prendre dans les bras) to embrace II. vpr s'~ (donner un baiser) to kiss (each other)

embrayage [ãbʀɛjaʒ] m clutch

embrayer [ãbʀeje] <7> vi AUTO to put into gear

embrouiller [ãbʀuje] <1> I. vt 1. (chose) to tangle 2. (personne) to muddle II. vpr s'~ **dans qc** to get muddled with sth

embryon [ãbʀijɔ̃] m BIO embryo

embûches [ãbyʃ] fpl pitfall

éméché(e) [emeʃe] adj inf tipsy

émeraude [emʀod] f emerald

émerger [emɛʀʒe] <2a> vi 1. (sortir) ~ **de qc** (plongeur) to come up from sth 2. inf (se réveiller) to emerge

émerveiller [emɛʀveje] <1> I. vt ~ **qn** to make sb marvel II. vpr s'~ **de** [o **devant**] **qc** to marvel at sth

émetteur [emetœʀ] m CINE, TV transmitter

émetteur, -trice [emetœʀ] I. adj (station) transmitting; **poste ~** transmitter II. m, f FIN drawer

émettre [emɛtʀ] <irr> I. vi CINE, TV to broadcast II. vt 1. (son) to give out 2. (hypothèse) to put forward 3. FIN to issue; (chèque) to write

émeute [emøt] f riot

émietter [emjete] <1> vt, vpr s'~ to crumble

émigrant(e) [emigʀã] m(f) emigrant

émigration [emigʀasjɔ̃] f emigration

émigré(e) [emigʀe] m(f) emigrant

émigrer [emigʀe] <1> vi to emigrate

émincer [emɛ̃se] <2> vt to slice thinly

émir [emiʀ] m emir

émission [emisjɔ̃] f 1. CINE, TV programme 2. PHYS emission

emmêler [ãmele] <1> I. vt to tangle II. vpr s'~ 1. (s'enchevêtrer) to get tangled 2. (s'embrouiller) **s'~ dans des explications** to get muddled up explaining

emménagement [ãmenaʒmã] m moving in

emménager [ãmenaʒe] <2a> vi ~ **dans qc** to move into sth

emmener [ãm(ə)ne] <4> vt a. inf to take

emmerdant(e) [ãmɛʀdã] adj inf **être ~** 1. (agaçant) to be a pain in the arse [*o* ass *Am*] **2.** (*fâcheux*) to be a bloody [*o* damned *Am*] nuisance

emmerde [ãmɛʀd] *f inf* hassle

emmerder [ãmɛʀde] <1> I. *vt inf* **1.** (*énerver*) ~ **qn** to get on sb's nerves **2.** (*problème*) to bug; **être emmerdé par ...** to be in a bloody mess with ... **3.** (**eh bien, moi**) **je vous/t'emmerde!** screw you! II. *vpr inf* **s'**~ to be bored to death

emmerdeur, -euse [ãmɛʀdœʀ] *m, f inf* pain in the arse [*o* ass *Am*]

emmitoufler [ãmitufle] <1> *vt, vpr* (**s'**)~ **dans qc** to wrap (oneself) up in sth

émotif, -ive [emɔtif] *adj* (*personne*) emotional

émotion [emosjɔ̃] *f* **1.** (*surprise, chagrin*) shock; **causer une vive ~ à qn** to give sb quite a stir **2.** (*joie*) joy **3.** (*sentiment*) emotion **4.** ~**s fortes** strong sensations

émotionnel(le) [emosjɔnɛl] *adj* emotional; (*choc*) psychological

émouvoir [emuvwaʀ] <irr> *vt* to move

empaillé(e) [ãpaje] *adj* (*animal*) stuffed; (*siège*) straw-bottomed

empaqueter [ãpak(ə)te] <3> *vt* to pack

emparer [ãpaʀe] <1> *vpr* **s'**~ **de qc** to take hold of sth

empêchement [ãpɛʃmã] *m* **avoir un** ~ to run up against an obstacle

empêcher [ãpeʃe] <1> I. *vt* **1.** ~ **qn de faire qc** to prevent sb from doing sth **2. n'empêche que ...** *inf* ... all the same II. *vpr* **je ne peux pas m'**~ **de le faire** I can't stop myself from doing it

empereur [ãpʀœʀ] *m* emperor; *v. a.* **impératrice**

empester [ãpɛste] <1> *vi, vt* to stink (of)

empêtrer [ãpetʀe] <1> *vpr* **s'**~ **dans qc** to get tangled up in sth

empiéter [ãpjete] <5> *vi* ~ **sur qc** to encroach on sth

empiffrer [ãpifʀe] <1> *vpr inf* **s'**~ **de qc** to stuff oneself with sth

empiler [ãpile] <1> *vt, vpr* (**s'**)~ to pile up

empire [ãpiʀ] *m* POL empire

empirer [ãpiʀe] <1> *vi* to worsen

emplacement [ãplasmã] *m* **1.** site **2.** (*place*) position **3.** (*dans un parking*) space

emplettes [ãplɛt] *fpl* **faire des** ~ to do some shopping

emploi [ãplwa] *m* **1.** (*poste*) job **2.** ECON **l'**~ employment; **être sans** ~ to be unemployed **3.** (*utilisation*) use **4.** ~ **du temps** schedule; ECOLE timetable

employé(e) [ãplwaje] *m(f)* employee

employer [ãplwaje] <6> I. *vt* **1.** (*faire travailler*) to employ **2.** (*utiliser*) to use II. *vpr* **s'**~ to be used

employeur, -euse [ãplwajœʀ] *m, f* employer

empocher [ãpɔʃe] <1> *vt* to pocket

empoigner [ãpwaɲe] <1> *vt* to grab

empoisonner [ãpwazɔne] <1> I. *vt* **1.** (*personne*) to poison; **être mort empoisonné** to die of poisoning **2. être empoisonné** (*aliment*) to be poisoned II. *vpr* **s'**~ **avec qc** to poison oneself with sth

emporter [ãpɔʀte] <1> I. *vt* **1.** to take away; (*blessé*) to carry away **2. l'**~ **sur qn** to beat sb; **l'**~ **sur qc** to prevail over II. *vpr* **s'**~ **contre qn/qc** to get angry with sb/sth

empreinte [ãpʀɛ̃t] *f* prints; (*d'un animal*) tracks; ~**s digitales** fingerprints

empressement [ãpʀɛsmã] *m* attentiveness

empresser [ãpʀese] <1> *vpr* **1. s'**~ **de** + *infin* to hasten to + *infin* **2.** (*faire preuve de zèle*) **s'**~ **auprès de qn** to make a fuss over sb

emprise [ãpʀiz] *f* hold; **sous l'**~ **de la colère** while in the grip of anger

emprisonner [ãpʀizɔne] <1> *vt* to imprison

emprunt [ãpʀœ̃] *m* **1.** (*somme, objet*) loan **2.** (*emprunt public*) borrowing

emprunter [ãpʀœ̃te] <1> I. *vi* FIN to borrow II. *vt* **1.** to borrow **2.** (*passage, autoroute*) to take

E_e

ému(e) [emy] *adj* moved

en [ã] **I.** *prep* **1.** in **2.** ~ **bateau** in a boat; **être** ~ **5e** to be in year 8 *Brit*, to be in the seventh grade *Am* **3.** (*direction*) to **4.** ~ **colère** angry; ~ **voyage** on a trip; ~ **blanc** white **5.** (*en tant que*) as; ~ **ami** as a friend **6.** *gérondif* ~ **sortant** on one's way out; ~ **chantant/courant** singing/ running **7.** (*état, forme*) **du café** ~ **grains/poudre** coffee beans/instant coffee; ~ **plus/trop** extra/too many **8.** (*fait de*) **c'est** ~ **laine/bois** it's wool/wood **9.** ~ **plus, ...** moreover, ...; ~ **plus** (**de ...**) besides ... **II.** *pron* **1.** *non traduit* (*pour des indéfinis, des quantités*) **as-tu un stylo? – oui, j'**~ **ai un/non, je n'**~ **ai pas** have you got a pen? – yes, I have/no I haven't **2.** (*de là*) **j'**~ **viens** I've just been there **3.** (*de cela*) **on** ~ **parle** people are talking about it; **j'**~ **ai besoin** I need it; **elle** ~ **est malade** it has made her ill **4.** *annonce ou reprend un subst* **vous** ~ **avez, de la chance!** you're lucky all right!

ENA [ena] *f abr de* **École nationale d'administration** *French college training senior civil servants*

encadré [ãkadʀe] *m* box

encadrement [ãkadʀəmã] *m* **1.** (*cadre*) frame **2.** (*prise en charge*) training

encadrer [ãkadʀe] <1> *vt* **1.** (*mettre dans un cadre*) to frame **2.** (*entourer*) to put a border around

encaisser [ãkese] <1> **I.** *vi* **1.** (*de l'argent*) to get one's money **2.** *inf* (*des coups*) to take it **II.** *vt* **1.** (*percevoir*) to receive; (*chèque*) to cash **2.** *inf* (*recevoir, supporter*) to take **3.** **je ne peux pas les** ~ *inf* I can't stand them

en-cas [ãka] *m inv* snack

encastrer [ãkastʀe] <1> **I.** *vt* to build **II.** *vpr* to be fitted; (*automobile*) to jam

enceinte¹ [ãsɛ̃t] *adj* **être** ~ **de qn/ de son troisième enfant** to be pregnant by sb/with one's third child; **être** ~ **de trois mois** to be

three months pregnant

enceinte² [ãsɛ̃t] *f* **1.** (*fortification, rempart*) (surrounding) wall **2.** (*espace clos*) enclosure; **dans l'**~ **de qc** within sth **3.** (*haut-parleur*) speaker

encens [ãsã] *m* incense

encercler [ãsɛʀkle] <1> *vt* **1.** (*entourer*) to surround; (*curieux*) to stand around **2.** (*cerner*) to encircle

enchaînement [ãʃɛnmã] *m* **1.** (*succession, structure logique*) sequence **2.** (*transition*) ~ **entre qc et qc** progression from one thing to another

enchaîner [ãʃene] <1> **I.** *vt* **1.** (*attacher avec une chaîne*) ~ **qn/qc à qc** to chain sb/sth to sth **2.** (*idées*) to link up **II.** *vpr* (*se succéder*) **s'**~ to connect **III.** *vi* (*continuer*) ~ **sur qc** to carry on and talk about sth

enchanté(e) [ãʃãte] *adj* **1.** (*ravi*) **être** ~ **de qc** to be delighted with sth **2.** (*magique*) enchanted **3.** ~ **de faire votre connaissance** delighted to meet you

enchanter [ãʃãte] <1> *vt* **1.** (*ravir*) to delight **2.** (*ensorceler*) to enchant

enchère [ãʃɛʀ] *f gén pl* bid; **vendre aux** ~**s** to (sell at) auction

enchevêtrer [ãʃ(ə)vetʀe] <1> *vpr* **s'**~ (*branches*) to grow in a tangle; (*fils*) to get tangled

enclos [ãklo] *m* enclosure; (*pour le bétail*) pen

enclume [ãklym] *f* anvil

encoche [ãkɔʃ] *f* notch

encolure [ãkɔlyʀ] *f* **1.** (*cou*) neck **2.** (*d'une robe*) neck(line) **3.** (*tour de cou*) collar size

encombrant(e) [ãkɔ̃bʀã] *adj* (*embarrassant*) cumbersome

encombre [ãkɔ̃bʀ] **sans** ~ without incident

encombré(e) [ãkɔ̃bʀe] *adj* **1.** (*route*) congested **2.** (*pièce, table*) cluttered **3.** (*lignes téléphoniques*) busy

encombrer [ãkɔ̃bʀe] <1> **I.** *vt* **1.** (*passage*) to obstruct **2.** (*surcharger*) to overload **II.** *vpr* **s'**~ **de qn/qc** to burden oneself with sb/sth

encontre [ãkɔ̃tʀ] **aller à l'~ de qc** to run counter to sth

encore [ãkɔʀ] *adv* **1.** (*continuation*) still; **en être ~ à qc** to still be at the stage of sth **2.** (*répétition*) again; **je peux essayer ~ une fois?** can I try again?; **voulez-vous ~ une tasse de thé?** would you like another cup of tea?; **c'est ~ moi!** it's me again! **3.** + *nég* **pas ~/~ pas** not yet; **elle n'est ~ jamais partie** she has still never gone away **4.** + *comp* **~ mieux/moins/plus** even better/less/more; **il aime ~ mieux qc** he likes sth even more **5.** (*renforcement*) **mais ~?** and then what? **6.** (*objection*) **~ faut-il le savoir!** you've got to know that though! **7.** (*restriction*) **~ heureux que …** thank goodness …; **…, et ~!** …, and even then! **8. quoi ~?** (*qu'est-ce qu'il y a?*) what now?; (*pour ajouter qc*) what else?; **et puis quoi ~!** whatever next!

encornet [ãkɔʀnɛ] *m* squid

encouragement [ãkuʀaʒmã] *m* **1.** encouragement **2.** ÉCOLE praise

encourager [ãkuʀaʒe] <2a> *vt* to encourage; **~ qn en criant** (*joueur*) to cheer sb on

encrasser [ãkʀase] <1> **I.** *vt* to soil; (*suie, fumée*) to soot up **II.** *vpr* **s'~** to get dirty; (*chaudière*) to get scaled up; (*cheminée*) to clog up with soot

encre [ãkʀ] *f* ink; **à l'~** in ink; **~ de Chine** Indian ink

encrier [ãkʀije] *m* inkwell

enculé [ãkyle] *m vulg* stupid bastard

encyclopédie [ãsiklɔpedi] *f* encyclopedia

encyclopédique [ãsiklɔpedik] *adj* encyclopedic

endettement [ãdɛtmã] *m* indebtedness; **~ public** national debt

endetter [ãdete] <1> *vpr* **s'~** to get into debt

endiablé(e) [ãdjable] *adj* (*rythme*) frenzied

endimancher [ãdimãʃe] <1> *vpr* **s'~** to put on one's Sunday best

endive [ãdiv] *f* endive, chicory *no pl*

endoctriner [ãdɔktʀine] <1> *vt* to indoctrinate

endolori(e) [ãdɔlɔʀi] *adj* **j'ai le bras ~** my arm is aching

endommager [ãdɔmaʒe] <2a> *vt* to damage

endormi(e) [ãdɔʀmi] *adj* **1.** (*opp: éveillé*) asleep **2.** *inf* (*personne, esprit*) sluggish

endormir [ãdɔʀmiʀ] <irr> **I.** *vt* **1. ~ qn** to put sb to sleep; (*anesthésier*) to put sb under **2.** (*douleur*) to deaden; (*soupçons*) to lull **II.** *vpr* **s'~** to fall asleep

endosser [ãdose] <1> *vt* (*responsabilité*) to take on; **faire ~ qc à qn** to pass the responsibility for sth on to sb else

endroit¹ [ãdʀwa] *m* place; **par ~s** in places

endroit² [ãdʀwa] *m* (*d'un vêtement*) right side; **être à l'~** (*vêtement/feuille*) to be the right way out/up

enduire [ãdɥiʀ] <irr> **I.** *vt* **~ de qc** to coat with sth; **~ qc de colle** (*papier peint*) to paste sth **II.** *vpr* **s'~ de crème** to smother oneself with cream

enduit [ãdɥi] *m* coating

endurance [ãdyʀãs] *f* endurance

endurci(e) [ãdyʀsi] *adj* **1.** hardened; (*personne*) hard-hearted **2.** (*célibataire*) confirmed; (*joueur*) seasoned

endurcir [ãdyʀsiʀ] <8> **I.** *vt* (*moralement*) to harden **II.** *vpr* **s'~** to harden one's heart

endurer [ãdyʀe] <1> *vt* (*insulte*) to bear; (*privations*) to endure

énergétique [enɛʀʒetik] *adj* ANAT, ÉCON energy; **aliment ~** energy-giving food

énergie [enɛʀʒi] *f* energy; **plein d'~** vigorous; **avoir de l'~ à revendre** to be bursting with energy

énergique [enɛʀʒik] *adj* energetic

énergumène [enɛʀgymɛn] *m inf* fanatic

énervant(e) [enɛʀvã] *adj* irritating

énervé(e) [enɛʀve] *adj* **1.** (*agacé*) irritated **2.** (*excité*) restless

énerver [enɛʀve] <1> **I.** *vt*

1. (*agacer*) to irritate **2.** (*exciter*) to make restless **II.** *vpr* **s'~ après qn/qc** to get annoyed at sb/sth; **ne nous énervons pas!** let's stay calm!

enfance [ɑ̃fɑ̃s] *f* **1.** (*période*) childhood **2.** *sans pl* (*les enfants*) children **3.** (re)**tomber en ~** to fall into one's second childhood

enfant [ɑ̃fɑ̃] *m* **1.** (*garçon, fille*) child; **~ trouvé** foundling; **~ unique** only child **2.** *pl* (*descendants*) children **3. ~ de chœur** (*qui chante*) choirboy; (*à la messe*) altar boy; **ne pas être un ~ de chœur** *fig* to be no angel

enfantin(e) [ɑ̃fɑ̃tɛ̃] *adj* **1.** (*rires*) childish **2.** (*simple*) childishly simple

enfer [ɑ̃fɛʀ] *m* **1.** *a.* REL hell; **c'est l'~** it's hell on earth **2.** *pl* HIST underworld **3. d'~** brilliant; **avoir un look d'~** *inf* to look fabulous; **bruit d'~** hell of a commotion

enfermer [ɑ̃fɛʀme] <1> **I.** *vt* **1.** (*personne*) to lock up; (*animal*) to pen up **2. il est bon à ~** he should be locked up; **être enfermé dehors** *inf* to be locked out; **être/rester enfermé chez soi** to be/stay shut away at home **II.** *vpr* (*s'isoler*) **s'~ dans qc** to shut oneself away in sth

enfiler [ɑ̃file] <1> **I.** *vt* **1.** (*aiguille, perles*) to thread **2.** (*pullover*) to pull on **II.** *vpr inf* **s'~** (*boisson*) to knock back

enfin [ɑ̃fɛ̃] *adv* **1.** (*fin d'une attente*) at last **2.** (*fin d'une énumération*) finally **3.** (*pour corriger ou préciser*) anyway; **elle est jolie, ~, à mon sens** she's nice-looking, I think so anyway **4.** (*bref*) after all **5.** (*marque l'irritation*) come on **6. ~ bref** not to waste words; **~ passons** anyway, let's move on

enflammer [ɑ̃flame] <1> **I.** *vt* **1.** (*mettre le feu à*) to set on fire **2.** (*exalter*) to set alight **II.** *vpr* **s'~** (*prendre feu*) to catch fire

enflé(e) [ɑ̃fle] *adj* swollen

enfler [ɑ̃fle] <1> *vi* to swell up

enfoiré [ɑ̃fwaʀe] *m vulg* dirty bastard, (great) cunt *Brit*

enfoncer [ɑ̃fɔ̃se] <2> **I.** *vt* **1.** (*clou*) to knock in; (*punaise*) to press in **2.** (*mettre*) **~ ses mains dans qc** to put one's hands down into sth **3.** (*porte*) to break down **II.** *vpr* **s'~ 1.** (*aller vers le fond*) **s'~ dans qc** to sink into sth **2.** (*se planter*) **s'~ qc dans le bras** to stick sth into one's arm **3.** *inf* (*se perdre*) **s'~** to get oneself into more trouble

enfoui(e) [ɑ̃fwi] *part passé de* **enfouir**

enfouir [ɑ̃fwiʀ] <8> *vt* to bury

enfourcher [ɑ̃fuʀʃe] <1> *vt* to mount

enfourner [ɑ̃fuʀne] <1> *vt* to put in the oven

enfreindre [ɑ̃fʀɛ̃dʀ] <irr> *vt* to infringe

enfuir [ɑ̃fɥiʀ] <irr> *vpr* **s'~** to run away

enfumer [ɑ̃fyme] <1> *vt* **1.** (*pièce*) to fill with smoke **2.** (*personne*) to smoke out

engagé(e) [ɑ̃gaʒe] **I.** *adj* **~ dans qc** committed to sth **II.** *m(f)* MIL volunteer

engageant(e) [ɑ̃gaʒɑ̃] *adj* inviting

engagement [ɑ̃gaʒmɑ̃] *m* **1.** *a.* POL commitment **2.** (*embauche*) taking on **3.** THEAT, CINE contract **4. sans ~ de votre part** with no obligation

engager [ɑ̃gaʒe] <2a> **I.** *vt* **1.** (*lier*) to commit **2.** (*embaucher*) to take on, to hire *Am;* (*comédien*) to engage **II.** *vpr* **s'~ 1.** (*promettre*) **s'~ à** +*infin* to undertake to +*infin* **2.** MIL to volunteer; **s'~ dans la marine** to join the navy **3.** (*pénétrer*) to enter **4.** (*se lancer*) **s'~ dans qc** to get involved in sth

engin [ɑ̃ʒɛ̃] *m* **1.** *inf* (*machin*) thingumajig **2.** TECH machine

englober [ɑ̃glɔbe] <1> *vt* to encompass

engloutir [ɑ̃glutiʀ] <8> *vt* **1.** (*dévorer*) to wolf down **2.** (*faire disparaître*) to swallow up

engouffrer [ɑ̃gufʀe] <1> *vpr* **s'~ dans qc** to plunge into sth

engourdi(e) [ɑ̃guʀdi] *adj* (*doigts*) numb

engourdir [ɑ̃guʀdiʀ] <8> *vpr* **s'~**

to go numb

engrais [ãgʀɛ] *m* fertilizer

engraisser [ãgʀese] <1> *vt* (*oie*) to fatten

engrenage [ãgʀənaʒ] *m* **1.** gears *pl* **2. être pris dans l'~** to be caught in a downward spiral

engueulade [ãgœlad] *f inf* row

engueuler [ãgœle] <1> I. *vt inf* to bawl out II. *vpr* s'~ *inf,* s'~ **avec qn** to have a row

énième [ɛnjɛm] *adj* **pour la ~ fois** for the umpteenth time

énigmatique [enigmatik] *adj* enigmatic

énigme [enigm] *f* riddle

enivrant(e) [ãnivʀã] *adj* intoxicating

enivrer [ãnivʀe] <1> *vpr* s'~ to get drunk

enjambée [ãʒãbe] *f* stride

enjamber [ãʒãbe] <1> *vt* (*mur*) to straddle; (*fossé*) to stride over

enjeu [ãʒø] <x> *m* stake

enlacer [ãlase] <2> *vt, vpr* (s') to embrace

enlaidir [ãlediʀ] <8> I. *vi* to become ugly II. *vt* to make ugly

enlèvement [ãlɛvmã] *m* abduction

enlever [ãlve] <4> I. *vt* **1.** to take away **2.** (*tache*) to remove **3.** (*chapeau, montre, vêtement, draps*) to take off **4.** (*kidnapper*) to abduct II. *vpr* s'~ **1.** (*tache*) to go **2.** (*se détacher*) to come off **3.** *inf* **enlève-toi de là!** clear off!

enliser [ãlize] <1> *vpr* s'~ to sink

enneigé(e) [ãneʒe] *adj* snow-covered

ennemi(e) [en(ə)mi] *adj, m(f)* enemy

ennui [ãnɥi] *m* **1.** (*désœuvrement*) boredom **2.** *souvent pl* (*problème*) trouble

ennuyé(e) [ãnɥije] *adj* bothered

ennuyer [ãnɥije] <6> I. *vt* **1.** (*lasser*) to bore **2.** (*être peu attrayant*) ~ **qn** to be a nuisance to sb **3.** (*être gênant*) **ça m'ennuie de** +*infin* I bothers me to +*infin* II. *vpr* s'~ to be bored; s'~ **à mourir** to be bored to death

ennuyeux, -euse [ãnɥijø] *adj* **1.** (*lassant*) boring **2.** (*contrariant*) bothersome

énorme [enɔʀm] *adj* **1.** (*très gros*) enormous **2.** (*incroyable*) tremendous

énormément [enɔʀmemã] *adv* an awful lot (of)

enquête [ãkɛt] *f* **1.** (*étude, sondage*) ~ **sur qc** survey on sth **2.** ADMIN, JUR inquiry

enquêter [ãkete] <1> *vi* a. ADMIN, JUR ~ **sur qn/qc** to investigate sb/sth

enquêteur, -euse [ãkɛtœʀ] *m, f* investigating officer

enquiquinant(e) [ãkikinã] *adj inf* **être ~** to be a pain

enragé(e) [ãʀaʒe] *adj* (*chien*) rabid

enregistrement [ãʀ(ə)ʒistʀəmã] *m* **1.** CINE, TV recording **2.** INFOR logging **3.** AUTO registration

enregistrer [ãʀ(ə)ʒistʀe] <1> *vt* **1.** a. AUTO to register; **faire ~ ses bagages** to check in one's luggage **2.** CINE, TV, INFOR ~ **sur cassette** to record on a cassette **3.** INFOR to save

enrhumer [ãʀyme] <1> I. *vt* **être enrhumé** to have a cold II. *vpr* s'~ to catch a cold

enrichir [ãʀiʃiʀ] <8> I. *vt* to enrich II. *vpr* s'~ to get rich

enrôler [ãʀole] <1> *vt* MIL to enlist

enroué(e) [ãʀwe] *adj* hoarse

enrouler [ãʀule] <1> I. *vt* (*câble*) to coil II. *vpr* s'~ **autour de/sur qc** to wind around/on sth

enseignant(e) [ãsɛɲã] I. *adj* **le corps ~** teachers *pl* II. *m(f)* teacher

enseigne [ãsɛɲ] *f* sign

enseignement [ãsɛɲ(ə)mã] *m* **1.** (*activité, profession*) teaching **2.** (*institution*) education **3.** (*leçon*) lesson

enseigner [ãsɛɲe] <1> *vt* to teach

ensemble [ãsãbl] I. *adv* **1.** together **2. aller bien/mal** ~ to go well/badly together II. *m* **1.** (*totalité*) l'~ **du personnel** all the staff **2.** (*unité*) whole **3.** MUS ensemble **4.** MAT set **5.** (*vêtement*) outfit **6.** d'~ (*impression, vue*) overall; **dans l'~** on the whole

ensevelir [ãsəvliʀ] <8> *vt* to bury

ensoleillé(e) [ãsɔleje] *adj* sunny

ensommeillé(e) [ãsɔmeje] *adj* drowsy

ensuite [ãsɥit] *adv* **1.** (*par la suite*) afterwards **2.** (*derrière en suivant*) then **3.** (*en plus*) what is more

ensuivre [ãsɥivʀ] <irr, défec> *vpr* **s'**~ to ensue

entaille [ãtaj] *f* notch

entailler [ãtaje] <1> *vt* to notch

entamer [ãtame] <1> *vt* (*bouteille*) to open; (*fromage*) to start (on)

entasser [ãtase] <1> **I.** *vt* to pile up; (*serrer*) to cram **II.** *vpr***s'**~ to pile up; (*se serrer*) to cram

entendre [ãtãdʀ] <14> **I.** *vi* to hear **II.** *vt* **1.** to hear; ~ **qn parler** to hear sb talking **2.** (*écouter*) to listen to **3.** (*comprendre*) to understand; **laisser** ~ **que ...** (*faire savoir*) to make it known that ...; **qu'est-ce que vous entendez par là?** what do you mean by that? **4.** ~ **parler de qn/qc** to hear of sb/sth; **je l'entends d'ici** I can hear him from here **III.** *vpr* **1.** (*avoir de bons rapports*) **s'**~ **avec qn** to get along with sb **2.** **on ne s'entend plus parler** you can't hear yourself speak

entendu(e) [ãtãdy] **I.** *part passé de* **entendre** **II.** *adj* **1.** (*convenu*) agreed **2. bien** ~ of course

entente [ãtãt] *f a.* ECON agreement

enterrement [ãtɛʀmã] *m* burial

enterrer [ãteʀe] <1> *vt* **1.** to bury **2.** (*renoncer à*) to put (sth) behind one

en-tête [ãtɛt] <en-têtes> *f* (*d'un papier à lettres*) letterhead

entêté(e) [ãtete] *adj* obstinate

entêtement [ãtɛtmã] *m* stubbornness

entêter [ãtete] <1> *vpr* **s'**~ **dans qc/à faire qc** to persist in sth/in doing sth

enthousiasme [ãtuzjasm] *m* enthusiasm

enthousiasmer [ãtuzjasme] <1> **I.** *vt* ~ **qn** to fill sb with enthusiasm **II.** *vpr* **s'**~ **pour qn/qc** to get enthusiastic about sb/sth

enthousiaste [ãtuzjast] *adj* enthusiastic

entier [ãtje] *m* **dans son** ~ as a whole; **le livre en** ~ the whole book

entier, -ière [ãtje] *adj* **1.** whole; **dans le monde** ~ in the whole world **2.** (*absolu*) complete **3.** (*objet*) intact **4. tout** ~ entire

entièrement [ãtjɛʀmã] *adv* entirely

entonnoir [ãtɔnwaʀ] *m* funnel

entorse [ãtɔʀs] *f* sprain

entortiller [ãtɔʀtije] <1> *vt, vpr* **(s')**~ **autour de qc** to twine around sth

entourage [ãtuʀaʒ] *m* entourage

entourer [ãtuʀe] <1> **I.** *vt* **1.** *a. fig* to surround **2.** (*mot*) to circle **II.** *vpr* **s'**~ **de bons amis** to surround oneself with good friends

entracte [ãtʀakt] *m* interval

entraide [ãtʀɛd] *f* mutual support

entraider [ãtʀede] <1> *vpr* **s'**~ to help each other

entrain [ãtʀɛ̃] *m* spirit

entraînement [ãtʀɛnmã] *m* **1.** (*pratique*) practice **2.** SPORT training

entraîner [ãtʀene] <1> **I.** *vt* **1.** (*emporter*) to carry along **2.** (*emmener*) to take off **3.** (*inciter*) ~ **qn à** [*o* **dans**] **qc** to drag sb into sth **4.** (*causer*) to lead to **II.** *vpr* **s'**~ **à** [*o* **pour**] **qc/à faire qc** to practice sth/doing sth

entraîneur, -euse [ãtʀenœʀ] *m, f* trainer

entre [ãtʀ] *prep* **1.** between; ~ **autres/hommes** among others/men **2.** (*à travers*) through **3.** (*dans*) into

entrecôte [ãtʀəkot] *f* rib steak

entrecroiser [ãtʀəkʀwaze] <1> **I.** *vt* to intertwine **II.** *vpr***s'**~ to intersect

entrée [ãtʀe] *f* **1.** (*d'une personne*) coming in; (*d'un acteur*) entrance **2.** (*accès*) entrance; **à l'**~ **de qc** at the entrance to sth **3.** (*droit d'entrer*) entry; ~ **interdite** no entry **4.** (*vestibule*) hall; (*d'un hôtel, im-*

meuble) entrance hall **5.**(*billet*) ticket **6.**(*commencement*) ~ **en fonction** taking up one's post **7.** GASTR first course **8.** INFOR input

entrelacer [ɑ̃tʀəlase] <2> *vt, vpr* (**s'**)~ to intertwine

entremêler [ɑ̃tʀəmele] <1> *vt fig* ~ **qc de qc** to intermingle sth and sth

entremets [ɑ̃tʀəmɛ] *m* dessert

entreposer [ɑ̃tʀəpoze] <1> *vt* to put into store; **marchandises entreposées** warehoused goods

entrepôt [ɑ̃tʀəpo] *m* warehouse

entreprendre [ɑ̃tʀəpʀɑ̃dʀ] <13> *vt* to embark on

entrepreneur, -euse [ɑ̃tʀəpʀənœʀ] *m, f* TECH contractor

entreprise [ɑ̃tʀəpʀiz] *f* **1.**(*firme*) business **2.**(*opération*) undertaking

entrer [ɑ̃tʀe] <1> **I.** *vi être* **1.**(*pénétrer*) to enter; (*vu de l'intérieur/l'extérieur*) to come/go in; **défense d'~!** no entry!; ~ **à l'hôpital** to go into the hospital; ~ **en gare** to enter the station **2.**(*aborder*) ~ **dans les détails** to go into detail **3.** *inf* (*heurter*) ~ **dans qc** to slam into sth **4.**(*s'engager dans*) ~ **dans qc** to join sth **5.**(*comme verbe-support*) ~ **en contact avec qn** to make contact with sb; ~ **en fonction** to take up office **II.** *vt avoir* **1.**(*faire pénétrer*) to bring/take into **2.** INFOR to enter

entre-temps [ɑ̃tʀətɑ̃] *adv* meanwhile

entretenir [ɑ̃tʀət(ə)niʀ] <9> **I.** *vt* **1.** to maintain **2.**(*relations*) to keep up; ~ **un feu** to keep a fire burning **II.** *vpr* **s'**~ **avec qn de qn/qc** to speak with sb about sb/sth

entretenu(e) [ɑ̃tʀət(ə)ny] **I.** *part passé de* **entretenir II.** *adj* well maintained

entretien [ɑ̃tʀətjɛ̃] *m* **1.** maintenance **2.**(*discussion*) discussion **3.**(*pour un emploi*) interview

entretuer [ɑ̃tʀətɥe] <1> *vpr* **s'**~ to kill each other

entrevoir [ɑ̃tʀəvwaʀ] <irr> *vt* to make out; (*brièvement*) to catch a glimpse of

entrevue [ɑ̃tʀəvy] *f* interview

entrouvert(e) [ɑ̃tʀuvɛʀ] *adj* half-open

entrouvrir [ɑ̃tʀuvʀiʀ] <11> *vt, vpr* (**s'**)~ to half-open

énumération [enymeʀasjɔ̃] *f* enumeration

énumérer [enymeʀe] <5> *vt* to list

envahir [ɑ̃vaiʀ] <8> *vt a.* MIL to invade

envahisseur, -euse [ɑ̃vaisœʀ] *m, f* invader

enveloppe [ɑ̃vlɔp] *f* **1.** envelope; ~ **autocollante** self-sealing envelope **2.**(*protection*) covering

envelopper [ɑ̃vlɔpe] <1> *vt, vpr* (**s'**)~ **dans qc** to wrap (oneself) up in sth

envenimé(e) [ɑ̃v(ə)nime] *adj* (*blessure*) infected

envenimer [ɑ̃v(ə)nime] <1> **I.** *vt* to inflame **II.** *vpr* **s'**~ to aggravate

envers [ɑ̃vɛʀ] **I.** *prep* ~ **qn/qc** towards sb/sth **II.** *m* **1.**(*d'une feuille de papier*) other side; (*d'une étoffe*) wrong side **2.** **à l'~** the wrong way

envie [ɑ̃vi] *f* **1.** desire; **avoir** ~ **de cacahuètes/de faire qc** to feel like some peanuts/doing sth; **avoir** ~ **de faire pipi** *inf* to want to go pee; **ça me donne** ~ **de** +*infin* it makes me want to +*infin* **2.**(*jalousie*) envy **3.** **faire** ~ **à qn** to make sb envious; (*nourriture*) to tempt sb

envier [ɑ̃vje] <1> *vt* **1.** to envy **2.** **qn/qc n'a rien à** ~ **à qn/à qc** there's nothing to choose between sb/sth and sb/sth

envieux, -euse [ɑ̃vjø] **I.** *adj* ~ **de qn/qc** envious of sb/sth **II.** *m, f* envious person

environ [ɑ̃viʀɔ̃] **I.** *adv* around **II.** *mpl* (*d'une ville*) surroundings; **aux ~s de Pâques** around Easter

environnement [ɑ̃viʀɔnmɑ̃] *m* **1.**(*milieu écologique*) environment **2.**(*environs*) surroundings

envisager [ɑ̃vizaʒe] <2a> *vt* **1.**(*considérer*) to consider **2.**(*projeter*) ~ **de faire qc** to envisage doing sth

E
e

envoi [ãvwa] *m* 1. sending 2. (*colis*) package

envoler [ãvɔle] <1> *vpr* **s'~** to fly away; (*avion*) to take off

envoyé(e) [ãvwaje] *m(f)* 1. PRESSE correspondent 2. POL, REL envoy

envoyer [ãvwaje] <irr> I. *vt* 1. (*expédier*) to send 2. (*ballon*) to throw; (*avec le pied*) to kick 3. (*donner*) to give; **~ un baiser à qn** to blow sb a kiss II. *vpr* **s'~ qc** to send each other sth

éolienne [eɔljɛn] *f* windmill

épais(se) [epɛ] *adj* thick

épaisseur [epɛsœʀ] *f* thickness; **avoir une ~ de 7 cm** [*o* **7 cm d'~**] to be 7 cm thick

épaissir [epesiʀ] <8> I. *vi* (*liquide*) to thicken II. *vpr* **s'~** (*liquide, air*) to thicken; (*forêt, brouillard*) to get thicker

épanoui(e) [epanwi] *adj* 1. (*fleur*) in bloom 2. (*personne*) fulfilled

épanouir [epanwiʀ] <8> *vpr* **s'~** 1. (*fleur*) to bloom 2. **s'~ dans un travail** to be fulfilled in a job

épargnant(e) [epaʀɲã] *m(f)* saver

épargne [epaʀɲ] *f* savings *pl*

épargne-logement [epaʀɲlɔʒmã] *f sans pl* **plan d'~** home savings plan

épargner [epaʀɲe] <1> I. *vt* 1. to save 2. (*forces*) to conserve 3. (*éviter*) **~ qc à qn** to spare sb sth II. *vpr* **s'~ qc** to spare oneself sth

éparpiller [epaʀpije] <1> *vt, vpr* (**s'**)**~** to scatter

épatant(e) [epatã] *adj inf* splendid

épater [epate] <1> *vt inf* to amaze

épaule [epol] *f* ANAT shoulder

épauler [epole] <1> *vt* 1. (*aider*) to help (out) 2. (*arme*) to raise (to one's shoulder)

épave [epav] *f* wreck

épée [epe] *f* sword

épeler [ep(ə)le] <3> *vt, vi* to spell

épervier [epɛʀvje] *m* ZOOL sparrow-hawk

éphémère [efemɛʀ] *adj* short-lived

épi [epi] *m* 1. AGR ear 2. (*mèche*) tuft 3. **stationnement en ~** angle parking

épice [epis] *f* spice

épicé(e) [epise] *adj* GASTR spicy

épicéa [episea] *m* spruce

épicer [epise] <2> *vt* to spice

épicerie [episʀi] *f* grocery *Brit,* grocery store *Am*

épicier, -ière [episje] *m, f* grocer

épidémie [epidemi] *f* epidemic

épier [epje] <1> *vt* **~ qn** to spy on sb

épileptique [epilɛptik] *adj, mf* epileptic

épinard [epinaʀ] *m* spinach *no pl*

épine [epin] *f* thorn

épingle [epɛ̃gl] *f* pin; **~ à cheveux** hairpin; **~ à nourrice** safety pin

épingler [epɛ̃gle] <1> *vt* 1. **~ qc au mur** to pin sth to the wall 2. *inf* (*attraper*) to nick

épisode [epizɔd] *m* episode

épisodique [epizɔdik] *adj* occasional

éplucher [eplyʃe] <1> *vt* (*fruits, légumes*) to peel; **~ une salade** to remove the outer layer off a (head of) lettuce

épluchure [eplyʃyʀ] *f souvent pl* peelings

éponge [epɔ̃ʒ] *f* sponge

éponger [epɔ̃ʒe] <2a> *vt* to wipe down; (*liquide*) to mop up

époque [epɔk] *f* 1. time; **à l'~** [*o* **à cette ~**] in those days 2. (*ère*) age

épouser [epuze] <1> *vt* to marry

épousseter [epuste] <3> *vt* to dust

époustouflant(e) [epustuflã] *adj inf* staggering

épouvantable [epuvãtabl] *adj* terrible

épouvantail [epuvãtaj] <s> *m* scarecrow

épouvanter [epuvãte] <1> *vt* to terrify

époux, -ouse [epu] *m, f form* spouse; **les ~** the bride and groom; **Mme Dumas, épouse Meier** Mme Dumas, married name Meier

épreuve [epʀœv] *f* 1. (*test*) test 2. ECOLE examination 3. SPORT event 4. (*moment difficile*) trial 5. **~ de force** showdown; **à toute ~** rock-solid

éprouvant(e) [epʀuvã] *adj* (*cha-*

leur) testing

éprouver [epʁuve] <1> *vt* **1.**(*ressentir*) to feel **2.**(*ébranler*) to distress

éprouvette [epʁuvɛt] *f* test tube

épuisé(e) [epɥize] *adj* **1.**exhausted **2.**(*édition, livre*) out of print

épuisement [epɥizmɑ̃] *m* exhaustion

épuiser [epɥize] <1> *vt* **1.**to exhaust **2.**COM **les stocks sont épuisés** the stocks have run out

équateur [ekwatœʁ] *m* equator

Équateur [ekwatœʁ] *m* l'~ Ecuador

équation [ekwasjɔ̃] *f* equation

équatorial(e) [ekwatɔʁjal] <-aux> *adj* equatorial

équerre [ekɛʁ] *f* set square

équilibre [ekilibʁ] *m* balance; **en ~** balanced

équilibrer [ekilibʁe] <1> **I.** *vt* to balance **II.** *vpr* **s'~** to balance out

équipage [ekipaʒ] *m* crew

équipe [ekip] *f* team; **l'~ de jour/ du matin** the day/morning shift; **en ~** in a team

équipement [ekipmɑ̃] *m* **1.**equipment **2.** *souvent pl* (*installations*) facilities

équiper [ekipe] <1> *vpr* **s'~ en qc** to equip oneself with sth

équitable [ekitabl] *adj* fair

équitation [ekitasjɔ̃] *f* horseriding

équivalent [ekivalɑ̃] *m* equivalent

équivalent(e) [ekivalɑ̃] *adj* equivalent

équivaloir [ekivalwaʁ] <irr> *vi* ~ **à qc** to be equivalent to sth

érable [eʁabl] *m* maple

érafler [eʁafle] <1> **I.** *vt* to graze **II.** *vpr* **s'~ le genou** to scrape one's knee

éraflure [eʁaflyʁ] *f* scratch

ère [ɛʁ] *f* era

érémiste [eʁemist] *mf: claimant receiving the RMI*

ermite [ɛʁmit] *m* hermit

érosion [eʁozjɔ̃] *f* erosion

érotique [eʁɔtik] *adj* erotic

errant(e) [eʁɑ̃] *adj* (*animal*) stray

errer [eʁe] <1> *vi* to wander

erreur [eʁœʁ] *f* **1.**mistake; ~ **médi-**

cale/de système medical/system error; **faire ~** to be mistaken; **induire qn en ~** to mislead sb; **par ~** by mistake **2.** *l*'~ **est humaine** *prov* to err is human

éruption [eʁypsjɔ̃] *f* **1.**MED outbreak **2.** GEO eruption; **en ~** (*volcan*) erupting

es [ɛ] *indic prés de* **être**

escabeau [ɛskabo] <x> *m* steps *pl*

escadron [ɛskadʁɔ̃] *m* squadron

escalade [ɛskalad] *f* climbing

escalader [ɛskalade] <1> *vt* **1.**(*montagne*) to climb **2.**(*mur*) to scale

escale [ɛskal] *f* **1.**NAUT port of call **2.** AVIAT stop; **faire ~ à Tokyo** to stopover at Tokyo

escalier [ɛskalje] *m sing o pl* stairs *pl*; ~ **roulant** escalator; **dans l'~** on the stairs

escalope [ɛskalɔp] *f* escalope

escargot [ɛskaʁgo] *m* ZOOL, GASTR snail; ~ **de Bourgogne** Burgundy snail

escarpé(e) [ɛskaʁpe] *adj* steep

esclavage [ɛsklavaʒ] *m a. fig* slavery

esclave [ɛsklav] **I.** *adj* ~ **de qn/qc** enslaved to sb/sth **II.** *mf* slave

escorte [ɛskɔʁt] *f* escort

escorter [ɛskɔʁte] <1> *vt* to escort

escrime [ɛskʁim] *f* fencing; **faire de l'~** to fence

escroc [ɛskʁo] *m* swindler

escroquer [ɛskʁɔke] <1> *vt* ~ **qn de qc** to swindle sb out of sth

escroquerie [ɛskʁɔkʁi] *f* fraud

ésotérique [ezɔteʁik] *adj* esoteric

espace [ɛspas] *m* space

espacer [ɛspase] <2> **I.** *vt* to space out **II.** *vpr* **s'~** to become less frequent

Espagne [ɛspaɲ] *f* l'~ Spain

espagnol [ɛspaɲɔl] *m* Spanish; *v. a.* **français**

espagnol(e) [ɛspaɲɔl] *adj* Spanish

Espagnol(e) [ɛspaɲɔl] *m(f)* Spaniard

espèce [ɛspɛs] *f* **1.** BIO species; ~ **animale** species of animal **2.** *souvent péj* sort; **c'est un(e) ~ de ...** it's a sort of ...; ~ **d'imbécile!** *inf* you damn idiot! **3.** *pl* (*argent liquide*) cash *no pl*; **en ~s** (*payer*) cash

espérance [ɛspeʀɑ̃s] *f* hope; (*attente*) expectation; **~ de vie** life expectancy

espérer [ɛspeʀe] <5> **I.** *vt* **~ qc** to hope for sth; **je l'espère bien** I hope so **II.** *vi* to hope

espiègle [ɛspjɛgl] *adj* roguish

espion(ne) [ɛspjɔ̃] *m(f)* spy

espionnage [ɛspjɔnaʒ] *m* espionage; **film/roman d'~** spy film/novel

espionner [ɛspjɔne] <1> *vt* to spy on

espoir [ɛspwaʀ] *m* hope; **sans ~** hopeless; **ne pas perdre ~** not to lose hope

esprit [ɛspʀi] *m* **1.** spirit; **avoir l'~ de contradiction** to be argumentative; **avoir l'~ de famille** to be a family person **2.** (*pensée*) mind; **qc me vient à l'~** sth come into my head **3.** (*humour*) wit; **plein d'~** witty **4.** **les grands ~s se rencontrent** *inf* great minds think alike; **avoir l'~ mal tourné** to have a dirty mind

esquimau [ɛskimo] *m* (*langue*) Eskimo; *v. a.* **français**

esquimau® [ɛskimo] <x> *m* GASTR choc ice *Brit*, Eskimo Pie *Am*

esquimau(de) [ɛskimo] <x> *adj* Eskimo

Esquimau(de) [ɛskimo] *m(f)* Eskimo

esquinter [ɛskɛ̃te] <1> **I.** *vt* *inf* to wreck; (*voiture*) to smash up; **~ qn** to beat sb up **II.** *vpr* *inf* **s'~ les yeux** to ruin one's eyes

esquisse [ɛskis] *f* **1.** ART, ECON sketch **2.** (*présentation rapide*) outline

esquisser [ɛskise] <1> *vt* **1.** ART to sketch **2.** (*présenter rapidement*) to outline

esquiver [ɛskive] <1> *vt* to dodge

essai [ese] *m* **1.** *gén pl* test; **mettre qn à l'~** to put sb to the test **2.** (*tentative*) attempt **3.** SPORT try; **marquer/transformer un ~** to score/convert a try **4.** LIT essay

essaim [esɛ̃] *m* swarm

essayer [eseje] <7> **I.** *vt* to try; (*chaussures, vêtement*) to try on; (*médicament, méthode*) to try out **II.** *vi* **~ de** + *infin* to try to + *infin*

essence [esɑ̃s] *f* **1.** (*carburant*) petrol *Brit*, gas *Am* **2.** (*nature profonde*) essence

essentiel [esɑ̃sjɛl] *m* **l'~** the main thing; **c'est l'~** that's what's most important; **l'~ est que** + *subj* the important thing is that; **aller à l'~** to go straight to the point

essentiel(le) [esɑ̃sjɛl] *adj* essential

essentiellement [esɑ̃sjɛlmɑ̃] *adv* essentially

essieu [esjø] <x> *m* AUT, TECH axle

essor [esɔʀ] *m* rise; **être en plein ~** to be thriving

essorer [esɔʀe] <1> *vt, vi* (*à la main*) to wring; (*à la machine*) to spin-dry

essouffler [esufle] <1> *vt* **être essoufflé** to be out of breath

essuie-glace [esɥiglas] <essuie-glaces> *m* windscreen [*o* windshield *Am*] wiper **essuie-mains** [esɥimɛ̃] *m inv* hand towel **essuie-tout** [esɥitu] *m inv* kitchen paper

essuyer [esɥije] <6> **I.** *vt* **1.** to dry **2.** (*surface*) to mop **3.** (*échec*) to suffer **II.** *vpr* **s'~** to dry oneself; **s'~ les pieds** to wipe one's feet

est¹ [ɛ] *indic prés de* **être**

est² [ɛst] **I.** *m sans pl* east; **l'~/l'Est** the east/East; **les gens de l'Est** people from the East; **les pays de l'Est** the eastern countries; **l'Europe de l'~** Eastern Europe; **le bloc de l'Est** the Eastern Bloc; **à/vers l'~** eastwards; **à l'~ de qc** east of sth; **dans l'~ de** in the east of; **d'~ en ouest** from east to west **II.** *adj inv* east

est-allemand(e) [ɛstalmɑ̃] *adj* East German

estaminet [ɛstaminɛ] *m Nord, Belgique* (*petit café, bistrot*) café

est-ce que [ɛskə] *adv ne se traduit pas* **où ~ tu vas?** where are you going?

esthétique [ɛstetik] *adj, f* aesthetic

estimation [ɛstimasjɔ̃] *f* assessment

estime [ɛstim] *f* esteem

estimer [ɛstime] <1> I. *vt* 1. (*évaluer*) to estimate 2. (*considérer*) to consider 3. (*respecter*) to esteem II. *vpr* **s'~ heureux d'avoir été sélectionné** to consider oneself lucky to have been selected

estival(e) [ɛstival] <-aux> *adj* summer

estomac [ɛstɔma] *m* 1. stomach; **avoir mal à l'~** to have stomach ache 2. **il a l'~ dans les talons** he is starving

Estonie [ɛstɔni] *f* l'~ Estonia

estonien [ɛstɔnjɛ̃] *m* Estonian; *v. a.* **français**

estonien(ne) [ɛstɔnjɛ̃] *adj* Estonian

Estonien(ne) [ɛstɔnjɛ̃] *m(f)* Estonian

estrade [ɛstʁad] *f* platform

estragon [ɛstʁagɔ̃] *m* tarragon

estropié(e) [ɛstʁɔpje] I. *adj* crippled II. *m(f)* cripple

estuaire [ɛstɥɛʁ] *m* estuary

esturgeon [ɛstyʁʒɔ̃] *m* sturgeon

et [e] *conj* and; **~ alors!** so what!

ETA [øtea] *f abr de* **Euzkadi ta Azkatasuna** ETA

étable [etabl] *f* cowshed

établi(e) [etabli] *adj* 1. established; (*pouvoir*) ruling 2. *Suisse* (*installé*) settled

établir [etabliʁ] <8> I. *vt* 1. (*édifier*) to set up 2. (*liste, constat, rapport*) to draw up; (*record*) to set 3. (*circonstances, identité*) to establish II. *vpr* **s'~** 1. (*s'installer*) to settle 2. (*professionnellement*) to set up (in business) 3. (*usage*) to become customary; (*relations*) to develop

établissement [etablismɑ̃] *m* 1. (*institution*) setting up; **~ scolaire** school 2. (*hôtel*) establishment

étage [etaʒ] *m* floor; **à l'~** upstairs

étagère [etaʒɛʁ] *f* 1. (*tablette*) shelf 2. (*meuble*) shelves *pl*

étain [etɛ̃] *m* pewter

étaler [etale] <1> I. *vt* 1. (*éparpiller*) to strew 2. (*déployer*) to spread out 3. (*exposer pour la vente*) to set out 4. (*étendre*) to spread II. *vpr* **s'~**

1. to spread out 2. *inf* (*tomber*) to go sprawling

étais [etɛ] *imparf de* **être**

étalon [etalɔ̃] *m* stallion

étanche [etɑ̃ʃ] *adj* waterproof

étang [etɑ̃] *m* pond

étant [etɑ̃] *part prés de* **être**

étape [etap] *f* stage; **par ~s** in steps; **il ne faut pas brûler les ~s!** one mustn't take short cuts!; **faire ~** to stop off

état [eta] *m* 1. state; (*mental, physique*) condition; **~ d'urgence** state of emergency; **en ~** in good condition; **être en ~ de marche** (*voiture, bicyclette*) to be in working condition; (*appareil, machine*) to be in working order; **être en ~ de faire qc** to be in a fit state to do sth 2. (*liste*) statement 3. **en tout ~ de cause** in any event; **~ d'esprit** state of mind; **~ civil** civil status; (*service*) ≈ Registry Office; **ne pas être dans son ~ normal** not to be one's usual self; **être dans tous ses ~s** to be (all) worked up; **être en ~ de choc** MED to be in a state of shock

État [eta] *m* POL state

États-Unis [etazyni] *mpl* **les ~ d'Amérique** the United States of America

étau [eto] <x> *m* vice

etc [ɛtseteʁa] *abr de* **et cætera, et cetera** etc.

été¹ [ete] *m* summer; *v. a.* **automne**

été² [ete] *part passé de* **être**

éteindre [etɛ̃dʁ] <irr> I. *vt* (*lumière, radio, chauffage*) to turn off; (*bougie*) to blow out; (*feu, cigarette*) to put out II. *vpr* **s'~** (*bougie, feu*) to go out

éteint(e) [etɛ̃] I. *part passé de* **éteindre** II. *adj* (*bougie, cigarette*) extinguished; (*volcan*) extinct

étendre [etɑ̃dʁ] <14> I. *vt* 1. (*coucher*) to lay out 2. (*linge*) to hang out 3. (*bras, jambes*) to stretch II. *vpr* **s'~** 1. (*se reposer*) to lie down 2. (*s'appesantir*) **s'~ sur qc** to expand on sth 3. (*épidémie, incendie*) to spread; (*ville, cercle*) to grow

étendu(e) [etɑ̃dy] I. *part passé de*

étendre II. *adj* (*corps, jambes*) outstretched

étendue [etɑ̃dy] *f* **1.** (*d'un pays*) area **2.** (*espace*) expanse

éternel(le) [etɛʀnɛl] *adj* **1.** eternal **2.** *antéposé, péj* perpetual

éternellement [etɛʀnɛlmɑ̃] *adv* eternally, always

éterniser [etɛʀnize] <1> *vpr* **s'~ 1.** (*traîner*) to drag on **2.** *inf* (*s'attarder*) to take for ever

éternité [etɛʀnite] *f* eternity

éternuer [etɛʀnɥe] <1> *vi* to sneeze

êtes [ɛt] *indic prés de* **être**

éther [etɛʀ] *m* ether

Éthiopie [etjɔpi] *f* l'~ Ethiopia

éthiopien [etjɔpjɛ̃] *m* Ethiopian; *v. a.* **français**

éthiopien(ne) [etjɔpjɛ̃] *adj* Ethiopian

Éthiopien(ne) [etjɔpjɛ̃] *m(f)* Ethiopian

éthique [etik] **I.** *adj* ethical **II.** *f* ethics *pl*

ethnie [ɛtni] *f* ethnic group

étincelant(e) [etɛ̃s(ə)lɑ̃] *adj* sparkling

étinceler [etɛ̃s(ə)le] <3> *vi* **1.** to gleam; (*diamant*) to sparkle; (*étoile*) to twinkle **2.** (*yeux*) (*de joie*) to gleam; (*de haine*) to flash

étincelle [etɛ̃sɛl] *f* spark

étiqueter [etikte] <3> *vt* to label

étiquette [etikɛt] *f* **1.** *a.* INFOR label **2.** (*adhésif*) sticker; (*de prix*) ticket

étirer [etiʀe] <1> *vpr* **s'~** to stretch out

étoffe [etɔf] *f* material

étoile [etwal] *f* **1.** star; **~ filante/du berger** shooting/evening star; **cinq ~s** (*restaurant*) five-star **2. à la belle ~** (*coucher, dormir*) under the stars

étoilé(e) [etwale] *adj* (*nuit*) starry

étonnant(e) [etɔnɑ̃] *adj* amazing; **ce n'est pas ~** it's no surprise

étonné(e) [etɔne] *adj* astonished

étonnement [etɔnmɑ̃] *m* astonishment

étonner [etɔne] <1> **I.** *vt* to astonish **II.** *vpr* **s'~ de qc/que qn fasse qc** to be surprised at sth/at sb doing sth

étouffant(e) [etufɑ̃] *adj* stifling

étouffer [etufe] <1> **I.** *vt* **1.** (*priver d'air*) to stifle **2.** (*tuer*) to suffocate; (*feu*) to smother **3.** (*bruit*) to muffle **4.** (*bâillement, rire*) to stifle; (*scandale*) to hush up **5.** (*révolte*) to put down **II.** *vi* to suffocate; **on étouffe ici!** it's suffocating in here! **III.** *vpr* **s'~** to choke

étourderie [etuʀdəʀi] *f* **1.** *sans pl* (*caractère*) absent-mindedness **2.** (*acte*) careless mistake

étourdi(e) [etuʀdi] **I.** *adj* scatterbrained **II.** *m(f)* scatterbrain

étourdir [etuʀdiʀ] <8> *vt* **1.** (*assommer*) to stun; **ce choc à la tête l'a étourdi** he was dazed by that blow to the head **2.** (*abrutir*) **~ qn** (*bruit*) to deafen sb; (*parfum, vin*) to go to sb's head

étourdissement [etuʀdismɑ̃] *m* dizzy spell

étrange [etʀɑ̃ʒ] *adj* strange

étrangement [etʀɑ̃ʒmɑ̃] *adv* strangely

étranger [etʀɑ̃ʒe] *m* l'~ foreign countries; **à l'~** abroad

étranger, -ère [etʀɑ̃ʒe] **I.** *adj* **1.** (*d'un autre pays*) foreign **2.** (*d'un autre groupe*) outside **II.** *m, f* **1.** (*d'un autre pays*) foreigner **2.** (*d'une autre région*) outsider

étrangeté [etʀɑ̃ʒte] *f* *sans pl* strangeness

étranglé(e) [etʀɑ̃gle] *adj* (*voix, son*) strained

étrangler [etʀɑ̃gle] <1> **I.** *vt* to strangle; **~ un animal** to wring an animal's neck **II.** *vpr* **s'~ avec qc 1.** (*mourir*) to strangle oneself with sth **2.** (*en mangeant*) to choke on sth

être [ɛtʀ] <irr> **I.** *vi* **1.** to be **2.** (*pour indiquer la date, la période*) **quel jour sommes-nous?** what day is it?; **on est le 2 mai/mercredi** it's May 2/Wednesday **3.** (*appartenir*) **~ à qn** to belong to sb **4.** (*travailler*) **~ professeur/infirmière** to be a teacher/a nurse **5.** (*pour exprimer l'obligation*) **qc est à faire** sth must be done **6.** (*provenir*) **~ d'une ré-**

gion to be from a region **7.** (*être vêtu/chaussé de*) ~ **tout en rouge** to be all in red **8.** *au passé* (*aller*) **avoir été faire/acheter qc** to have gone to do/buy sth **9. je suis à toi/ vous tout de suite** I'll be with you right away **II.** *vi impers* **il est impossible/étonnant que** +*subj* it's impossible/surprising that **III.** *aux* **1.** (*comme auxiliaire du passé actif*) ~ **venu** to have come; **s'~ rencontrés** to have met **2.** (*comme auxiliaire du passif*) **le sol est lavé chaque jour** the floor is washed every day **IV.** *m* being

étrier [etʀije] *m* stirrup

étroit(e) [etʀwa] *adj* **1.** (*rue*) narrow; (*chaussures*) tight; **il est à l'~ dans cette veste** that jacket is rather tight on him **2.** (*lien, surveillance*) tight

étude [etyd] **I.** *f* **1.** (*apprentissage*) study *no pl* **2.** (*recherches, ouvrage*) ~ **sur qc** study on sth **3.** ÉCOLE prep **II.** *fpl* study; **faire des** ~**s** to go to university [*o* college *Am*]; **faire des** ~**s de médecine** to study medicine

> **i** In France, **les études** are not separated by semester, but by year. Study courses can be taken by those who lag behind. In this way, students have generally finished their studies by 26 or 27 years old.

étudiant(e) [etydjɑ̃] *adj, m(f)* student

étudier [etydje] <1> *vt, vi* to study

étui [etɥi] *m* case

eu(e) [y] *part passé de* **avoir**

euh [ø] *interj* er

eunuque [ønyk] *m* eunuch

euphémisme [øfemism] *m* euphemism

euphorie [øfɔʀi] *f* euphoria

euro [øʀo] *m* euro

euro centime *m* eurocent

eurochèque [øʀoʃɛk] *m* Eurocheque

eurodevise [øʀod(ə)viz] *f* eurocurrency

Europe [øʀɔp] *f* l'~ Europe; l'~ **de l'Ouest** Western Europe; l'~ **des Quinze** the fifteen

européen(ne) [øʀɔpeɛ̃] *adj* European

Européen(ne) [øʀɔpeɛ̃] *m(f)* European

eus [y] *passé simple de* **avoir**

eux [ø] *pron pers, pl masc ou mixte* **1.** *inf* (*pour renforcer*) ~, **ils n'ont pas ouvert la bouche** THEY didn't open their mouths; **c'est** ~ **qui l'ont dit** THEY said it; **il veut les aider,** ~? he wants to help THEM? **2.** *avec une préposition* **avec/sans** ~ with/ without them; **à** ~ **seuls** by themselves; **c'est à** ~! it's theirs! **3.** *dans une comparaison* them; **elles sont comme** ~ they're like them **4.** (*soi*) them; *v. a.* **lui**

eux-mêmes [ømɛm] *pron pers* (*eux en personne*) themselves; *v. a.* **moi-même, nous-même**

évacuation [evakɥasjɔ̃] *f* **1.** (*des habitants, blessés*) evacuation **2.** (*écoulement*) draining

évacuer [evakɥe] <1> *vt* **1.** (*ville, habitants, blessés*) to evacuate **2.** (*eaux usées*) to drain away

évadé(e) [evade] *m(f)* escapee

évader [evade] <1> *vpr* **s'~ d'une prison** to escape from prison

évaluation [evalɥasjɔ̃] *f* assessment; (*d'une fortune*) valuation

évaluer [evalɥe] <1> *vt* to estimate; (*chances*) to assess

évangile [evɑ̃ʒil] *m* gospel

évanoui(e) [evanwi] *adj* unconscious

évanouir [evanwiʀ] <8> *vpr* **s'~** to faint

évaporer [evapɔʀe] <1> *vpr* **s'~** to evaporate

évasif, -ive [evazif] *adj* evasive

évasion [evazjɔ̃] *f* escape

éveil [evɛj] *m* **tenir qn en** ~ to keep sb on the alert

éveillé(e) [eveje] *adj* **1.** awake **2.** (*alerte*) alert

éveiller [eveje] <1> *vt* **1.** (*attention*) to attract; (*soupçons*) to arouse **2.** (*intelligence*) to stimulate

E
e

événement, évènement [evɛnmɑ̃] *m* 1. event 2. elle est dépassée par les ~s she's been overtaken by the events

éventail [evɑ̃taj] <s> *m* 1. fan; **en ~** fan-shaped 2. (*choix*) range

éventrer [evɑ̃tʀe] <1> *vt* 1. (*tuer*) to disembowel 2. (*sac, matelas*) to rip open

éventualité [evɑ̃tɥalite] *f* possibility

éventuel(le) [evɑ̃tɥɛl] *adj* possible

éventuellement [evɑ̃tɥɛlmɑ̃] *adv* possibly

évêque [evɛk] *m* bishop

évidemment [evidamɑ̃] *adv* 1. of course 2. (*comme on peut le voir*) obviously

évidence [evidɑ̃s] *f* 1. *sans pl* (*caractère*) obviousness; **de toute ~** obviously 2. (*fait*) obvious fact 3. (*vue*) **être bien en ~** (*objet*) to be there for all to see

évident(e) [evidɑ̃] *adj* 1. obvious; (*signe*) clear 2. **c'est pas ~!** *inf* it's not a simple matter!

évier [evje] *m* sink

éviter [evite] <1> I. *vt* 1. to avoid; **~ de faire qc** to avoid doing sth 2. (*sort, corvée*) to evade 3. (*épargner*) **~ qc à qn** to spare sb sth II. *vpr* **s'~** to avoid each other

évolué(e) [evolɥe] *adj* advanced

évoluer [evolɥe] <1> *vi* 1. to change 2. (*personne, maladie*) to develop

évolution [evolysjɔ̃] *f* 1. development; (*des goûts, comportements*) change 2. BIO evolution

évoquer [evoke] <1> *vt* 1. to recall 2. (*décrire*) to conjure up

ex [ɛks] *mf inf* ex

ex, ex. [ɛks] *abr de* **exemple** e.g.

exact(e) [ɛgzakt] *adj* 1. (*précis*) exact 2. (*correct*) right

exactement [ɛgzaktəmɑ̃] *adv* exactly

exactitude [ɛgzaktityd] *f* 1. (*précision*) accuracy 2. (*ponctualité*) punctuality

ex æquo [ɛgzeko] I. *adj inv* **être premier ~ en qc** to be tied for first

in sth II. *adv* (*classer*) equal; **arriver en troisième place ~** to finish tied for third place III. *mpl* co-winners

exagération [ɛgzaʒeʀasjɔ̃] *f* exaggeration

exagéré(e) [ɛgzaʒeʀe] *adj* exaggerated

exagérer [ɛgzaʒeʀe] <5> *vt, vi* to exaggerate

examen [ɛgzamɛ̃] *m* 1. examination; ECOLE exam 2. JUR **mise en ~** charging

examinateur, -trice [ɛgzaminatœʀ] *m, f* examiner

examiner [ɛgzamine] <1> *vt* to examine

exaspérer [ɛgzaspeʀe] <5> *vt* to exasperate

exaucer [ɛgzose] <2> *vt* 1. (*Dieu*) to hear 2. (*réaliser*) to grant

excédent [ɛksedɑ̃] *m* surplus

excellence [ɛkselɑ̃s] *f* 1. excellence 2. **par ~** par excellence

excellent(e) [ɛkselɑ̃] *adj* excellent

excentrique [ɛksɑ̃tʀik] *adj, mf* eccentric

excepté [ɛksɛpte] *prep* except

exception [ɛksɛpsjɔ̃] *f* exception; **faire ~ à la règle** to be an exception to the rule; **à l'~ de qn/qc** with the exception of sb/sth

exceptionnel(le) [ɛksɛpsjɔnɛl] *adj* 1. exceptional 2. (*prime, congé, mesure*) special; **à titre ~** exceptionally

excès [ɛksɛ] *m* 1. **~ de vitesse** speeding; **~ de zèle** overzealousness 2. *pl* excesses

excessif, -ive [ɛksesif] *adj* excessive

excitant(e) [ɛksitɑ̃] *adj* exciting

excitation [ɛksitasjɔ̃] *f* excitement

excité(e) [ɛksite] I. *adj* excited II. *m(f)* hothead

exciter [ɛksite] <1> I. *vt* 1. to excite 2. (*mettre en colère*) to irritate 3. (*troubler sexuellement*) to arouse II. *vpr* **s'~ sur qc** 1. (*s'énerver*) to get worked up about sth 2. *inf* (*s'acharner*) to go hard at sth

exclamation [ɛksklamasjɔ̃] *f* exclamation

exclamer [ɛksklame] <1> *vpr* **s'~** to exclaim

exclu(e) [ɛkskly] I. *part passé de* **exclure** II. *adj* (*impossible*) **il n'est pas ~ que** +*subj* it is not impossible that

exclure [ɛsklyʀ] <irr> *vt* 1. (*sortir*) **~ qn de qc** to expel sb from sth 2. (*possibilité, hypothèse*) to rule out

exclusif, -ive [ɛksklyzif] *adj* exclusive

exclusion [ɛksklyzjɔ̃] *f* exclusion

exclusivement [ɛksklyzivmɑ̃] *adv* exclusively

exclusivité [ɛksklyzivite] *f* 1. exclusive rights *pl;* **une ~ XY** an XY exclusive 2. **en ~** exclusively

excursion [ɛkskyʀsjɔ̃] *f* excursion

excusable [ɛkskyzabl] *adj* excusable

excuse [ɛkskyz] *f* 1. (*raison*) excuse 2. *pl* (*regret*) **faire des ~s** to apologize

excuser [ɛkskyze] <1> I. *vt* 1. to forgive; **excuse-moi/excusez-moi!** forgive me! 2. (*défendre*) to excuse 3. **vous êtes tout excusé** don't apologize II. *vpr* 1. **s'~ de qc** to apologize for sth 2. **je m'excuse de vous déranger** forgive me for bothering you

exécrable [ɛgzekʀabl] *adj* appalling; (*nourriture*) foul

exécuter [ɛgzekyte] <1> *vt* 1. (*projet*) to carry out; (*travail*) to do 2. (*tuer*) to execute

exécution [ɛgzekysjɔ̃] *f* (*mise à mort*) execution

exemplaire [ɛgzɑ̃plɛʀ] I. *adj* exemplary II. *m* 1. (*copie*) copy; **en deux ~s** in duplicate 2. (*spécimen*) specimen

exemple [ɛgzɑ̃pl] *m* example; **donner l'~** to show an example; **par ~** for example

exercer [ɛgzɛʀse] <2> I. *vt* 1. (*profession*) to follow; (*fonction*) to fulfil [*o* fulfill *Am*] 2. (*pouvoir, droit*) to exercise; (*pression, autorité*) to exert 3. (*entraîner*) to train II. *vi* to practise III. *vpr* **s'~** 1. (*s'entraîner*) to practise 2. SPORT to train

exercice [ɛgzɛʀsis] *m* exercise; **faire de l'~** to exercise

ex-femme [ɛksfam] <ex-femmes> *f* **mon ~** my ex-wife

exhibition [ɛgzibisjɔ̃] *f* display; (*d'un animal*) exhibiting

exhumer [ɛgzyme] <1> *vt* (*corps*) to exhume

exigeant(e) [ɛgziʒɑ̃] *adj* demanding

exigence [ɛgziʒɑ̃s] *f* 1. (*caractère*) demanding attitude 2. *pl* (*prétentions*) demands

exiger [ɛgziʒe] <2a> *vt* 1. (*réclamer*) to demand; **~ que** +*subj* to demand that 2. (*nécessiter*) to require

exil [ɛgzil] *m* exile

exilé(e) [ɛgzile] I. *adj* exiled II. *m(f)* exile

exiler [ɛgzile] <1> I. *vt* to exile II. *vpr* **s'~** to go into exile; **s'~ en France** to go off to France in exile

existence [ɛgzistɑ̃s] *f* existence

exister [ɛgziste] <1> *vi* to exist

ex-mari [ɛksmaʀi] <ex-maris> *m* **mon ~** my ex-husband

exode [ɛgzɔd] *m* exodus

exorbitant(e) [ɛgzɔʀbitɑ̃] *adj* (*prix*) exorbitant

exotique [ɛgzɔtik] *adj* exotic

expansion [ɛkspɑ̃sjɔ̃] *f* ECON expansion

expatrier [ɛkspatʀije] <1> I. *vt* (*personne*) to expatriate II. *vpr* **s'~** to leave one's own country

expédier [ɛkspedje] <1> *vt* to send

expéditeur, -trice [ɛkspeditœʀ] *m, f* sender

expéditif, -ive [ɛkspeditif] *adj* expeditious

expédition [ɛkspedisjɔ̃] *f* (*mission*) expedition

expérience [ɛkspeʀjɑ̃s] *f* 1. *sans pl* (*pratique*) experience 2. (*essai*) experiment

expérimenté(e) [ɛkspeʀimɑ̃te] *adj* experienced

expert(e) [ɛkspɛʀ] I. *adj* expert; **être ~ en** [*o* **dans**] **qc** to be an expert in sth II. *m(f)* 1. (*spécialiste*) expert 2. JUR assessor

expert-comptable, experte-comptable [ɛkspɛʀkɔ̃tabl] <experts-comptables> *m, f* accountant

expertise [ɛkspɛʀtiz] *f* **1.** (*estimation de la valeur*) valuation **2.** (*examen*) appraisal

expertiser [ɛkspɛʀtize] <1> *vt* to appraise; (*estimer*) to assess

expiration [ɛkspiʀasjɔ̃] *f* **1.** ANAT exhalation **2.** (*fin*) expiry

expirer [ɛkspiʀe] <1> **I.** *vt* to exhale **II.** *vi* (*s'achever*) to expire

explicatif, -ive [ɛksplikatif] *adj* explanatory

explication [ɛksplikasjɔ̃] *f* **1.** (*indication, raison*) explanation **2.** (*commentaire*) commentary **3.** (*discussion*) discussion

explicitement [ɛksplisitmɑ̃] *adv* explicitly

expliquer [ɛksplike] <1> **I.** *vt* **1.** ~ **à qn pourquoi/comment ...** to explain to sb why/how ... **2. je t'explique pas!** *inf* need I explain? **II.** *vpr* **s'**~ **1.** to explain **2.** (*avoir une discussion*) **s'**~ **avec qn sur qc** to have it out with sb about sth

exploit [ɛksplwa] *m* **1.** (*prouesse*) feat **2.** *iron* exploit

exploitant(e) [ɛksplwatɑ̃] *m(f)* ~ **agricole** farmer

exploitation [ɛksplwatasjɔ̃] *f* **1.** exploitation **2.** (*entreprise*) concern; ~ **agricole** farm **3.** (*de données*) utilization

exploiter [ɛksplwate] <1> *vt* to exploit; (*terre, mine*) to work

explorateur [ɛksplɔʀatœʀ] *m* INFOR browser

explorateur, -trice [ɛksplɔʀatœʀ] *m, f* explorer

explorer [ɛksplɔʀe] <1> *vt* to explore

exploser [ɛksploze] <1> *vi* to explode

explosif [ɛksplozif] *m* explosive

explosion [ɛksplozjɔ̃] *f* (*d'une bombe*) explosion

exportateur [ɛkspɔʀtatœʀ] *m* exporting

exportateur, -trice [ɛkspɔʀtatœʀ] **I.** *adj* exporting **II.** *m, f* (*personne*) exporter

exportation [ɛkspɔʀtasjɔ̃] *f* export

exporter [ɛkspɔʀte] <1> *vt a.* INFOR to export

exposé [ɛkspoze] *m* talk; **faire un ~ sur qc** to give a talk on sth

exposer [ɛkspoze] <1> **I.** *vt* **1.** (*montrer*) to exhibit; (*marchandise*) to display **2.** (*problème*) to set out **3.** (*disposer*) ~ **qc au soleil/à la lumière** to expose sth to the sun/to light; **être ~ au nord** to have northerly exposure; **une pièce bien exposée** a well-lit room **II.** *vpr* **s'**~ **à qc** to expose oneself to sth

exposition [ɛkspozisjɔ̃] *f* **1.** *a.* ART exhibition **2.** (*orientation*) ~ **au sud** southern exposure **3.** *a.* PHOT exposure

exprès [ɛkspʀɛ] *adv* on purpose

expressif, -ive [ɛkspʀesif] *adj* expressive

expression [ɛkspʀesjɔ̃] *f* expression

exprimer [ɛkspʀime] <1> **I.** *vt* to express **II.** *vpr* (*parler*) to express oneself

expulser [ɛkspylse] <1> *vt* (*élève, étranger*) to expel; (*joueur*) to send off *Brit*, to eject *Am*; (*locataire*) to evict

expulsion [ɛkspylsjɔ̃] *f* (*d'un élève, étranger*) expulsion; (*d'un locataire*) eviction; (*d'un joueur*) sending off *Brit*, ejection *Am*

exquis(e) [ɛkski] *adj* exquisite

extase [ɛkstɑz] *f* ecstasy; **être en ~ devant qn/qc** to be in raptures over sb/sth

extensible [ɛkstɑ̃sibl] *adj* extending

extension [ɛkstɑ̃sjɔ̃] *f* **1.** (*allongement*) stretching **2.** INFOR ~ **de mémoire** memory expansion

exténuer [ɛkstenɥe] <1> *vt* to exhaust

extérieur [ɛksteʀjœʀ] *m* **1.** (*monde extérieur*) outside world **2.** (*dehors*) outside; **à l'~ de qc** outside sth; **de l'~** from outside

extérieur(e) [ɛksteʀjœʀ] *adj* **1.** (*bruit*) from outside; (*activité*) outside **2.** (*visible*) outward **3. politique ~e** foreign policy

extérioriser [ɛksteʀjɔʀize] <1> *vpr* **s'**~ to express oneself

Dans la cuisine		In the Kitchen	
l'évier	the sink	21 le four	the oven
le bac d'évier	the washing-up bowl/ basin *Brit*, the dishpan *Am*	22 la casserole	the (sauce)pan
		23 la poêle	the frying pan
le liquide vaisselle	the washing-up liquid *Brit*, the dishsoap *Am*	24 le tiroir	the drawer
		25 la chaise	the kitchen chair
le robinet	the tap *Brit*, the faucet *Am*	26 la carafe	the jug *Brit*, the pitcher *Am*
les couverts	the cutlery *Brit*, the silverware *Am*	27 la bouteille de lait	the milk bottle
la passoire	the sieve	28 la théière	the teapot
la louche	the ladle	29 le set de table	the table mat *Brit*, the place mat *Am*
la cuillère	the spoon	30 le verre	the glass
la machine à café	the coffee machine/ maker	31 le toast	the piece of toast
la boîte à pain	the bread bin *Brit*, the breadbox *Am*	32 l'assiette	the plate
la prise de courant	the socket	33 la tasse	the mug
la bouilloire	the kettle	34 le couteau	the knife
le placard du haut	the wall-cupboard *Brit*, the cupboard *Am*	35 la fourchette	the fork
		36 l'œuf au plat	the fried egg
le plan de travail	the work surface/worktop *Brit*, the counter *Am*	37 le bacon	the rashers of bacon
		38 le pot de confiture d'oranges	the jar of marmalade
le torchon	the tea towel *Brit*, the dish towel *Am*		
le lave-linge	the washing machine	39 la coupe	the bowl
le réfrigérateur	the fridge/ refrigerator	40 le sucrier	the sugar basin *Brit*, the sugar bowl *Am*
le placard	the cupboard		
la poubelle	the (rubbish) bin, the trashcan *Am*	41 le couvercle	the lid
la cuisinière	the cooker *Brit*, the stove *Am*	42 la nappe	the tablecloth

extermination [εkstεrminasjɔ̃] *f*
extermination
exterminer [εkstεrmine] <1> *vt*
exterminate
externat [εkstεrna] *m* ECOLE day
school
externe [εkstεrn] I. *adj* outer II. *mf*
ECOLE day pupil
extincteur [εkstɛ̃ktœr] *m* extinguisher
extinction [εkstɛ̃ksjɔ̃] *f* 1.(*a. disparition*) extinction 2.*fig* (*de voix*)
loss
extorquer [εkstɔrke] <1> *vt* to extort
extra [εkstra] I. *adj inv* 1.(*qualité*)
super 2. *inf*great II. *m* (*gâterie*) treat
extradition [εkstradisjɔ̃] *f* extradition
extraire [εkstrεr] <irr> *vt* to extract
extrait [εkstrε] *m* extract; ~ **de**
compte bank statement; ~ **de**
naissance birth certificate
extraordinaire [εkstraɔrdinεr]
adj 1.extraordinary 2.(*exceptionnel*) remarkable
extraterrestre [εkstraterεstr] *mf*
alien
extravagance [εkstravagɑ̃s] *f*
1.(*action*) extravagance 2.(*idée*)
extravagant idea
extravagant(e) [εkstravagɑ̃] I. *adj*
extravagant II. *m(f)* eccentric
extrême [εkstrεm] I. *adj* 1.(*au bout*
d'un espace) farthest 2.(*excessif*)
extreme; **d'~ droite/gauche** far
right/left II. *m* 1.(*dernière limite*)
extreme 2. *pl a.* MAT extremes 3.POL
l'~ **gauche/droite** the far right/left
extrêmement [εkstrεmmɑ̃] *adv*
extremely
Extrême-Orient [εkstrεmɔrjɑ̃] *m*
l'~ the Far East
extrémiste [εkstremist] *adj, mf*POL
extremist
extrémité [εkstremite] *f* 1.(*bout*)
end 2. *pl* (*mains, pieds*) extremities

Ff

F, f [εf] *m inv* F, f; ~ **comme Fran-**
çois f for Frederick [*o* Fox *Am*]
F 1. *abr de* franc F 2. *abr de* fluor F
3.(*appartement*) **F2/F3** two/three
room flat [*o* apartment *Am*]
fa [fa] *m inv* 1.MUS F 2.(*solfège*) fa;
v. a. do
fable [fabl] *f* fable
fabricant(e) [fabrikɑ̃] *m(f)* manufacturer
fabrication [fabrikasjɔ̃] *f* 1.manu-
facturing; (*artisanale*) making; **dé-**
faut/secret de ~ manufacturing de-
fect/secret 2.**de ma/sa** ~ of my
own making
fabrique [fabrik] *f* factory
fabriquer [fabrike] <1> *vt* 1.(*pro-*
duire) to manufacture 2. *inf* (*faire*)
mais qu'est-ce que tu fabriques?
what on earth are you up to? 3.(*in-*
venter) to fabricate
fabuler [fabyle] <1> *vi* to tell
stories
fabuleux, -euse [fabylø] *adj a. inf*
fabulous
fac [fak] *f inf abr de* **faculté** university
façade [fasad] *f* façade
face [fas] *f* 1.(*visage, côté*) face 2. *a.*
MAT, MIN side 3.(*indiquant une orien-*
tation) **de** ~ from the front; **être en**
~ **de** qn/qc to be opposite sb/sth;
d'en ~ (*voisin*) opposite 4.~ **à** ~
avec qn face to face with sb; ~ **à** qc
faced with sth; **il faut voir les**
choses en ~ you have to face the
facts
face-à-face [fasafas] *m inv* encounter
facétie [fasesi] *f* joke
facette [fasεt] *f* facet
fâché(e) [faʃe] *adj* angry; **être** ~
avec qn to be at odds with sb; **être**
~ **avec** qc *inf*to be fed up with sth
fâcher [faʃe] <1> *vpr* 1.**se** ~ **contre**
qn to get angry with sb 2.(*se brouil-*
ler) **se** ~ **avec** qn to fall out with sb

fâcheux, -euse [faʃø] *adj* unfortunate; (*nouvelle*) unpleasant

facile [fasil] **I.** *adj* **1.** (*simple*) easy; **c'est plus ~ de** +*infin* it's easier to +*infin* **2.** *péj* **c'est un peu ~!** that's a bit cheap **II.** *adv inf* **1.** easy; **faire qc ~** to do sth no problem **2.** (*au moins*) easily

facilement [fasilmã] *adv* easily

facilité [fasilite] *f* **1.** (*opp: difficulté*) ease **2.** (*aptitude*) gift; **avoir des ~s** to be gifted **3.** *sans pl, péj* facility

faciliter [fasilite] <1> *vt* to facilitate

façon [fasɔ̃] *f* **1.** (*manière*) ~ **de faire qc** way of doing sth **2.** *pl* (*comportement*) manners **3.** **d'une ~ générale** in a general way; **de toute ~, ...** anyway, ...; (**c'est une**) ~ **de parler** in a manner of speaking; **à ma ~** in my own way; **faire qc de ~ à ce que** +*subj* to do sth so that; **non merci, sans ~** no thanks, all the same

fac-similé [faksimile] <fac-similés> *m* facsimile

facteur [faktœʀ] *m* factor

facteur, -trice [faktœʀ] *m, f* postman, postwoman *m, f*, mailman *Am*

factice [faktis] *adj* artificial

factrice [faktʀis] *f v.* **facteur**

facture [faktyʀ] *f* COM bill

facturer [faktyʀe] <1> *vt* ~ **qc à qn** (*établir une facture*) to invoice sb for sth; (*faire payer*) to put sth on sb's bill

facultatif, -ive [fakyltatif] *adj* optional

faculté¹ [fakylte] *f* UNIV university; ~ **de droit** law faculty

faculté² [fakylte] *f* faculty

fadaise [fadɛz] *f* *gén pl* (*propos*) drivel

fade [fad] *adj* **1.** bland; **c'est ~** it's tasteless **2.** (*ton*) dull

fadeur [fadœʀ] *f* blandness

fagot [fago] *m* **1.** bundle of firewood **2.** **de derrière les ~s** rather special

faible [fɛbl] **I.** *adj* **1.** weak; **sa vue est ~** he has poor eyesight **2.** *antéposé* (*espoir*) faint; (*majorité*) narrow; (*rendement*) poor; **écon-**

omiquement ~ with a low income **3.** (*peu perceptible*) faint **II.** *m, f* weak person **III.** *m sans pl* weak point; **avoir un ~ pour qc** to have a fondness for sth

faiblement [fɛbləmã] *adv* **1.** (*mollement*) weakly **2.** (*légèrement*) slightly

faiblesse [fɛblɛs] *f* **1.** weakness; **par ~** out of weakness **2.** *souvent pl* (*défaillance*) dizzy spell

faiblir [feblir] <8> *vi* to weaken; (*force*) to fail; (*espoir*) to fade

faïence [fajãs] *f* earthenware *no pl*

faille¹ [faj] *subj prés de* **falloir**

faille² [faj] *f* **1.** GEO fault **2.** (*crevasse*) rift **3.** (*défaut*) flaw; **volonté sans ~** iron will

faillir [fajiʀ] <irr> *vi* **1.** (*manquer*) **il a failli acheter ce livre** he almost bought that book **2.** (*manquer à*) ~ **à son devoir** to fail in one's duty

faillite [fajit] *f* COM, JUR bankruptcy; **faire ~** to go bankrupt

faim [fɛ̃] *f* **1.** hunger; **avoir ~** to be hungry; **avoir une ~ de loup** to be starving; **donner ~ à qn** to make sb hungry **2.** (*famine*) famine **3.** **rester sur sa ~** (*après un repas*) to still feel hungry; (*ne pas être satisfait*) to be left wanting more

fainéant(e) [fɛneã] **I.** *adj* idle **II.** *m(f)* idler

fainéantise [fɛneãtiz] *f* idleness

faire [fɛʀ] <irr> **I.** *vt* **1.** to make **2.** (*nid*) to build; (*enfant*) to have **3.** (*évacuer*) ~ **ses besoins** to do one's business **4.** (*travail*) to do; (*photo*) to take; **je n'ai rien à ~** I've nothing to do; ~ **du théâtre** to go on the stage; ~ **de la politique** to be involved in politics; ~ **du vélo** to go cycling; ~ **du patin à roulettes** to roller-skate; ~ **de la couture** to sew; **ne ~ que bavarder** to do nothing but talk; **que faites-vous dans la vie?** what do you do in life? **5.** (*étudier*) ~ **du français** to do French; **il veut ~ médecin** he wants to be a doctor **6.** (*préparer*) ~ **ses bagages** to pack (one's bags) **7.** (*nettoyer, ranger*) to clean; (*lit*) to make; ~ **le**

ménage to do the cleaning **8.**(*mouvement*) to make; ~ **une promenade** to go for a walk; ~ **un tournoi** to take part in a tournament; ~ **un shampoing à qn** to give sb a shampoo; ~ **un pansement à qn** to put a bandage on sb; ~ **un numéro de téléphone** to dial a number **9.**(*parcourir*) to do **10.**(*coûter*) **ça ne fait rien combien?** how much are they going for? **11.**(*feindre*) ~ **le Père Noël** to play Father Christmas [*o* Santa Claus *Am*] **12.**(*causer*) **ça ne fait rien** it doesn't matter; **l'accident a fait de nombreuses victimes** there were many victims in the accident; **qu'est-ce que ça peut bien te ~?** what's it got to do with you? **13.**(*servir de*) **cet hôtel fait aussi restaurant** the hotel is [*o* has] a restaurant too **14.**(*laisser quelque part*) **qu'ai-je bien pu ~ de mes lunettes?** what can I have done with my glasses? **15.**(*être la cause de*) ~ **chavirer un bateau** to make a boat capsize **16.**(*aider à*) ~ **faire pipi à un enfant** to help a child with doing a wee **17.**(*inviter à*) ~ **venir un médecin** to call a doctor; **dois-je le ~ monter?** shall I show him up?; ~ **entrer/sortir le chien** to let the dog in/put the dog out **18.**(*charger de*) ~ **réparer qc par qn** to get [*o* have] sth repaired by sb; ~ **faire qc à qn** to get sb to do sth **II.** *vi* **1.**(*agir*) ~ **de son mieux** to do one's best; **tu peux mieux** ~ you can do better; **tu fais bien de me le rappeler** it's a good thing you reminded me; **tu ferais mieux/bien de te taire** you should keep quiet; ~ **comme si de rien n'était** as if there was nothing the matter **2.**(*dire*) to say **3.** *inf* (*durer*) **ce manteau me fera encore un hiver** this coat will do [*o* last] me another year **4.**(*paraître, rendre*) ~ **bon/mauvais effet** to look good/bad **5.**(*mesurer, peser*) ~ **1,2 m de long/de large/de haut** to be 1.2 metres [*o* meters *Am*] long/wide/high; ~ **trois kilos** to be

[*o* weigh] three kilos; ~ **8 euros** to come to 8 euros; **ça fait peu** that's not much **6.**(*être incontinent*) ~ **dans la culotte** to mess one's pants **7.l'homme à tout** ~ the odd job man; **ne** ~ **que passer** to be just passing; **rien n'y fait** it can't be helped **III.** *vi impers* **1.**METEO **il fait chaud/froid/jour/nuit** it's hot/cold/light/dark; **il fait beau/mauvais (temps)** the weather's fine/awful; **il fait (du) soleil** the sun's shining; **il fait du brouillard** it's foggy; **il fait dix degrés** it's ten degrees **2.**(*temps écoulé*) **cela fait bien huit ans** it's a good eight years ago now; **cela fait deux ans que nous ne nous sommes pas vus** we haven't seen each other for two years **3.**(*pour indiquer l'âge*) **ça me fait 40 ans** *inf* I'll be 40 **IV.** *vpr* **1.se** ~ **une robe** to make oneself a dress; **se** ~ **1 000 euros par mois** *inf* to earn 1 000 euros a month **2.**(*action réciproque*) **se** ~ **des caresses** to stroke each other **3.** *inf* (*se taper*) **il faut se le** ~ **celui-là!** he's a real pain; **je vais me le** ~ **celui-là!** I'm going to do him over! **4.se** ~ (*fromage, vin*) to mature **5.**(*devenir*) **se** ~ **vieux** to get on in years; **se** ~ **curé** to be a priest **6.**(*s'habituer à*) **se** ~ **à qc** to get used to sth **7.se** ~ (*vêtement*) to be popular; **ça se fait beaucoup de** ~ **qc** doing sth is very popular **8.**(*arriver, se produire*) **se** ~ to happen; (*film*) to get made **9.** *impers* **comment ça se fait?** how come?; **il se fait tard** it's getting on [*o* late] **10.**(*agir en vue de*) **se** ~ **vomir** to make oneself sick; **se** ~ **oublier** to make oneself scarce **11.**(*sens passif*) **se** ~ **opérer** to have an operation; **il s'est fait voler son permis** he had his licence stolen **12.ne pas s'en** ~ *inf*(*ne pas s'inquiéter*) not to worry; (*ne pas se gêner*) not to bother oneself; **t'en fais pas!** *inf* never mind; **ça ne se fait pas** that's (just) not done

faire-part [fɛʀpaʀ] *m inv* announcement

F,f **F**ᶠ

faisable [fəzabl] *adj* feasible

faisan(e) [fəzã] *m(f)* pheasant

faisandé(e) [fəzãde] *adj* gamey

faisceau [fɛso] <x> *m* (*rayon*) beam

fait [fɛ] *m* **1.** fact **2.** (*événement*) event **3.** JUR **les ~s** crime **4.** (*conséquence*) result; **c'est le ~ du hasard si** it's pure chance if **5.** RADIO, PRESSE **~ divers** PRESSE news story; (*événement*) incident; **~s divers** (*rubrique*) news in brief **6. les ~s et gestes de qn** sb's every action; **être sûr de son ~** to be sure of one's facts; **aller (droit) au ~** to get straight to the point; **prendre qn sur le ~** to catch sb red-handed; **en venir au ~** to get to the point; **au ~** by the way; **gouvernement de ~** de facto government; **de ce ~** thereby; **en ~** actually; **en ~ de qc** (*en matière de*) by way of sth

fait(e) [fɛ] **I.** *part passé de* **faire** **II.** *adj* **1.** (*propre à*) **être ~ pour qc** to be made for sth; **c'est ~ pour** *inf* that's what it's for **2.** (*constitué*) **c'est une femme bien ~e** she's a good-looking woman **3.** (*ongles*) varnished **4.** (*fromage*) ready **5.** *inf* (*pris*) **être ~** to be done for **6. c'est bien ~ pour toi/lui** serves you/him right; **c'est toujours ça de ~** that's one thing done; **vite ~ bien ~** quickly and efficiently; **c'est comme si c'était ~** consider it done

faîte [fɛt] *m* (*de l'arbre*) top; (*d'une montagne*) summit; **~ du toit** rooftop

faitout, **fait-tout** [fɛtu] *m inv* stewpot

fakir [fakiʀ] *m* fakir

falaise [falɛz] *f* (*côte, rocher*) cliff

falloir [falwaʀ] <irr> **I.** *vi impers* **1.** (*besoin*) **il faut qn/qc pour** +*infin* sb/sth is needed to +*infin*; **il me faudra du temps** I'll need time **2.** (*devoir*) **il faut faire qc** sth must be done; **il me/te faut faire qc** I/ you must [*o* have (got) to] do sth; **il faut que** +*subj* sb has got to **3.** (*être probablement*) **il faut être fou pour** +*infin* you have to be mad to +*infin* **4.** (*se produire fatalement*)

j'ai fait ce qu'il fallait I did what I had to [*o* what had to be done]; **il fallait que ça arrive** that (just) had to happen **5.** (*faire absolument*) **il fallait me le dire** you should have told me; **il faut l'avoir vu** you have to have seen it; **il ne faut surtout pas lui en parler** you really must not talk about it to him **6.** (**il**) **faut se le/la faire** [*o* **farcir**] *inf* he's/she's a real pain; **il le faut** it has to be done; **comme il faut** properly; **une vieille dame très comme il faut** a very proper old lady; **il ne fallait pas!** you shouldn't have! **II.** *vpr impers* (*manquer*) **nous avons failli nous rencontrer, il s'en est fallu de peu** we almost met, it was very close; **il s'en faut de beaucoup** not by a long way; **il s'en est fallu d'un cheveu que je me fasse écraser** I was this close to being run over

falsifier [falsifje] <1> *vt* (*document, signature*) to falsify

falzar [falzaʀ] *m inf* trousers *pl Brit*, pants *pl Am*

famé(e) [fame] *adj* **mal ~** of ill-repute

famélique [famelik] *adj* starved-looking

fameux, -euse [famø] *adj* **1.** (*mets, vin*) superb; (*idée, travail*) excellent; **ce n'est pas ~** *inf* it's not too good **2.** (*célèbre*) famous

familial(e) [familjal] <-aux> *adj* family

familiariser [familjaʀize] <1> *vpr* **se ~ avec qc** to familiarize oneself with sth; **se ~ avec une ville/une langue** to get to know a town/a language

familiarité [familjaʀite] *f* **1.** (*bonhomie, amitié*) familiarity **2.** *pl, péj* overfamiliar remarks

familier [familje] *m* **~ de la maison** regular visitor to the house

familier, -ière [familje] *adj* **1.** familiar; **~ à qn, cette technique m'est familière** I'm familiar with this technique **2.** (*routinier*) usual **3.** (*conduite, entretien, style*) informal; (*personne*) casual **4.** *péj* **~ avec**

qn offhand with sb

familièrement [familjɛʀmɑ̃] *adv*
1. (*en langage courant*) in (ordinary)
conversation **2.** (*amicalement*) in a
familiar way

famille [famij] *f* **1.** family; ~ **d'accueil** host family; ~ **proche** close
family; **en** ~ with the family **2.** *Belgique, Suisse* **attendre de la ~** (*être
enceinte*) to be in the family way

famine [famin] *f* famine

fan [fan] *mf* fan

fana [fana] *abr* de **fanatique I.** *adj
inf* **être ~ de qn/qc** to be mad
about sb/sth **II.** *mf inf* fanatic; ~
d'ordinateur computer freak [*o*
geek *Am*]

fanal [fanal] <-aux> *m* (*lanterne*)
lantern

fanatique [fanatik] **I.** *adj* fanatical
II. *mf* fanatic; ~ **de football** football
fanatic

fanatisme [fanatism] *m* fanaticism;
avec ~ fanatically

faner [fane] <1> **I.** *vpr* **se ~** (*fleur*)
to wilt; (*couleur*) to fade **II.** *vt*
1. (*ternir*) to fade **2.** (*plante*) to
make wilt **III.** *vi* to make hay

fanfare [fɑ̃faʀ] *f* **1.** (*orchestre*) band
2. (*air*) fanfare

fanfaron(ne) [fɑ̃faʀɔ̃] *m(f)* brag-
gart; **faire le ~** to crow

fanfreluche [fɑ̃fʀəlyʃ] *f gén pl, souvent péj* frills

fanion [fanjɔ̃] *m* pennant

fantaisie [fɑ̃tezi] *f* **1.** (*caprice*)
whim **2.** (*imagination, originalité*)
imagination; **être plein de ~** (*personne*) to have great imagination;
être dépourvu de ~ to lack imagination **3.** (*qui sort de la norme, original*) **bijoux/bouton ~** novelty
jewellery [*o* jewelry *Am*]/button
4. **s'offrir une petite ~** to give oneself a treat

fantaisiste [fɑ̃tezist] **I.** *adj* **1.** (*explication*) fanciful **2.** (*peu fiable*) unreliable **II.** *mf* (*personne peu sérieuse*)
joker

fantasme [fɑ̃tasm] *m* fantasy

fantasmer [fɑ̃tasme] <1> *vi* to fan-
tasize

fantasque [fɑ̃task] *adj* fanciful

fantassin [fɑ̃tasɛ̃] *m* foot soldier

fantastique [fɑ̃tastik] **I.** *adj* fantastic; (*événement, rêve*) from the
realms of fantasy **II.** *m* **le ~** the fantastic

fantoche [fɑ̃tɔʃ] *m* puppet

fantôme [fɑ̃tom] **I.** *m* (*spectre*)
ghost **II.** *app* **1.** (*administration,
cabinet*) shadow; (*société*) bogus
2. **train ~** ghost train; **le "Vaisseau
~"** the "Flying Dutchman"

faon [fɑ̃] *m* fawn

far [faʀ] *m* ~ **breton** far (*Breton tart
with prunes*)

farandole [faʀɑ̃dɔl] *f* (*danse*) farandole

farce¹ [faʀs] *f* **1.** (*tour*) trick; ~**s et
attrapes** tricks **2.** (*plaisanterie*) joke
3. *a.* THEAT farce

farce² [faʀs] *f* GASTR stuffing

farceur, -euse [faʀsœʀ] *m, f* practical joker

farci(e) [faʀsi] *adj* GASTR stuffed

farcir [faʀsiʀ] <8> **I.** *vt* ~ **qc de qc
1.** GASTR to stuff sth with sth **2.** *péj* to
stuff sth full of sth **II.** *vpr péj, inf*
1. (*supporter*) **se ~ qn/qc** to put up
with sb/sth; **il faut se le ~!** it's a
pain in the neck **2.** (*se payer*) **se ~ la
vaisselle** to do the dishes

fard [faʀ] *m* **1.** makeup; ~ **à joues**
blusher; ~ **à paupières** eyeshadow
2. **piquer un ~** *inf* to go red

fardeau [faʀdo] <x> *m* burden

farder [faʀde] <1> *vt, vpr* (**se**) ~ to
make up

farfelu(e) [faʀfəly] **I.** *adj inf* crazy
II. *m(f) inf* crank

farine [faʀin] *f* flour

farniente [faʀnjɛnte] *m* lazing
around

farouche [faʀuʃ] *adj* **1.** (*timide*) shy
2. (*peu sociable*) unsociable; **ne pas
être ~** (*animal*) to be quite tame
3. (*air, regard*) fierce **4.** (*volonté, résistance*) ferocious

fart [faʀt] *m* wax

farter [faʀte] <1> *vt* to wax

fascicule [fasikyl] *m* (*livret*) part;
être publié par ~s (*roman*) to be
published in instalments [*o* install-

ments *Am*]

fascinant(e) [fasinɑ̃] *adj* fascinating

fascination [fasinasjɔ̃] *f* fascination

fasciner [fasine] <1> *vt* (*hypnotiser*) to fascinate

fascisme [faʃism] *m* fascism

fasciste [faʃist] **I.** *adj* fascist(ic) **II.** *mf* fascist

fasse [fas] *subj prés de* **faire**

faste [fast] *adj* jour ~ lucky day

fast-food, fastfood [fastfud] <fast-foods> *m* fast food place

fastidieux, -euse [fastidjø] *adj* tedious

fastoche [fastɔʃ] *adj inf* dead easy

fastueux, -euse [fastɥø] *adj* sumptuous; (*vie*) luxurious

fatal(e) [fatal] *adj* **1.** (*malheureux, irrésistible*) fatal; **être ~ à qn** to be fatal for sb **2.** (*inévitable*) inevitable **3.** (*moment, jour*) fateful

fataliste [fatalist] **I.** *adj* fatalistic **II.** *mf* fatalist

fatalité [fatalite] *f* **1.** (*destin hostile*) fate **2.** (*inévitabilité*) inevitability

fatidique [fatidik] *adj* fateful

fatigant(e) [fatigɑ̃] *adj* **1.** (*épuisant*) tiring **2.** (*personne*) tiresome

fatigue [fatig] *f* **1.** (*d'une personne*) tiredness *no pl* **2.** (*état d'épuisement*) exhaustion *no pl;* **se remettre des ~s de la journée** to recover after an exhausting day

fatigué(e) [fatige] *adj* **1.** tired; (*foie*) upset **2.** (*excédé*) **être ~ de qn/qc** to be tired of sb/sth

fatiguer [fatige] <1> **I.** *vt* **1.** (*travail, marche*) to tire (out); (*personne*) to overwork **2.** (*déranger*) **le foie/l'organisme** to put a strain on one's liver/body **3.** (*excéder*) ~ **qn** to get on sb's nerves **II.** *vi* **1.** (*machine, moteur*) to labour [*o* labor *Am*]; (*cœur*) to get tired **2.** *inf* (*en avoir assez*) to be fed up **III.** *vpr* **se ~ 1.** (*personne, cœur*) to get tired **2.** (*se lasser*) **se ~ de qc** to tire of sth **3.** (*s'évertuer*) **se ~ à faire qc** to wear oneself out doing sth

fatras [fatrɑ] *m* clutter

faubourg [fobur] *m* suburb

fauché(e) [foʃe] *adj inf* **être ~** to be broke

faucher [foʃe] <1> *vt* **1.** (*couper*) to reap **2.** (*véhicule*) to mow down; (*mort*) to cut down **3.** *inf* (*voler*) ~ **qc à qn** to pinch sth off sb

faucille [fosij] *f* sickle

faucon [fokɔ̃] *m* (*oiseau*) falcon

faudra [fodra] *fut de* **falloir**

faufiler [fofile] <1> *vpr* **se ~ dans/ parmi qc** to slip through sth

faune¹ [fon] *f* **1.** ZOOL fauna **2.** *péj* (*personnes*) crowd

faune² [fon] *m* HIST faun

faussaire [foser] *mf* forger

fausse [fos] *adj v.* **faux**

fausser [fose] <1> *vt* **1.** (*altérer*) to distort **2.** (*bois*) to warp; (*mécanisme*) to damage

fausseté [foste] *f* **1.** falsity **2.** (*d'une personne*) deceit

faut [fo] *indic prés de* **falloir**

faute [fot] *f* **1.** (*erreur*) mistake **2.** (*mauvaise action*) misdeed; ~ **de goût** lapse of taste **3.** *a.* JUR offence *Brit,* offense *Am;* **commettre une ~** to do something wrong; **faire un sans ~** to get everything right; **sans ~ without fail 4.** (*responsabilité*) **rejeter la ~ sur qn** to put the blame on sb; **c'est** (**de**) **la ~ de qc** sth is to blame; **c'est** (**de**) **ma ~** it's my fault; **alors à qui la ~?** so who's to blame? **5.** SPORT fault; (*agression*) foul **6.** (*par manque de*) ~ **de temps/mieux** for lack of time/anything better; ~ **de preuves** through lack of evidence **7.** **être en ~** to be at fault; ~ **de quoi** failing which

fauteuil [fotœj] *m* **1.** (*siège*) armchair; ~ **roulant** wheelchair **2.** (*place dans une assemblée*) seat

fautif, -ive [fotif] **I.** *adj* **1.** (*coupable*) at fault; **être ~** to be in the wrong **2.** (*citation, calcul*) inaccurate **II.** *m, f* guilty party

fauve [fov] **I.** *adj* **1.** (*couleur*) fawn **2.** (*sauvage*) wild **II.** *m* (*animal*) big cat

fauvette [fovet] *f* warbler

faux [fo] **I.** *f* (*outil*) scythe **II.** *m* **1.** false **2.** (*falsification, imitation*) forgery **III.** *adv* (*chanter*) out of tune

faux, fausse [fo] *adj antéposé*
1. false **2.** (*imité*) imitation; (*papiers, signature, tableau*) forged; (*monnaie*) counterfeit **3.** (*dévotion, humilité*) feigned **4.** (*col*) detachable **5.** *postposé* (*air, personne*) deceitful **6.** (*raisonnement, résultat, numéro*) wrong; (*affirmation*) inaccurate **7.** (*crainte, soupçon*) groundless **8.** (*manœuvre*) clumsy **9.** (*note*) wrong; (*instrument*) out of tune

faux-filet [fofilɛ] <faux-filets> *m* sirloin **faux-fuyant** [fofɥijɑ̃] <faux-fuyants> *m* dodge; (*prétexte*) excuse **faux-monnayeur** [fomɔnɛjœʀ] <faux-monnayeurs> *m* counterfeiter **faux-sens** [fosɑ̃s] *m inv* mistranslation

faveur [favœʀ] *f* **1.** (*bienveillance, bienfait*) favour *Brit,* favor *Am* **2.** (*considération*) **gagner la ~ du public** to win public approval; **voter en ~ de qn** to vote for sth; **en ma/ta ~** in my/your favour **3. de ~** preferential; **en ~ de qc** (*pour aider*) in aid of

favorable [favɔʀabl] *adj* favourable *Brit,* favorable *Am;* **avis ~** positive response; **être ~ à qn/qc** to feel favourable to sb/sth; (*circonstances, suffrages, opinion*) to favour sb/sth

favori(te) [favɔʀi] *adj, m(f) a.* SPORT favourite *Brit,* favorite *Am*

favoris [favɔʀi] *mpl* side whiskers

favorisé(e) [favɔʀize] *adj* privileged

favoriser [favɔʀize] <1> *vt* **1.** to favour *Brit,* to favor *Am* **2.** (*aider*) to further

favorite [favɔʀit] *adj v.* **favori**

favoritisme [favɔʀitism] *m* POL, ECON favoritism

fax [faks] *m abr de* **téléfax** fax

faxer [fakse] <1> *vt* to fax

fayot [fajo] *m inf* (*haricot*) bean

FB *m abr de* **franc belge** *v.* **franc**

fébrile [febʀil] *adj* feverish

fébrilité [febʀilite] *f* (*excitation*) fevered state; **avec ~** feverishly

fécond(e) [fekɔ̃] *adj* (*esprit*) fertile; (*écrivain, siècle*) prolific

fécondation [fekɔ̃dasjɔ̃] *f* fertilization

féconder [fekɔ̃de] <1> *vt* to fertilize

fécondité [fekɔ̃dite] *f* fertility

fécule [fekyl] *f* starch

féculent [fekylɑ̃] *m* starchy food

fédéral(e) [fedeʀal] <-aux> *adj* federal

fédération [fedeʀasjɔ̃] *f* federation

fée [fe] *f* fairy

féerie [fe(e)ʀi] *f* (*ravissement*) enchantment

féerique [fe(e)ʀik] *adj* magical

feignant(e) [fɛɲɑ̃] *v.* **fainéant**

feindre [fɛ̃dʀ] <irr> *vt* to feign; (*maladie*) to sham; **~ d'être malade** to pretend to be ill

feint(e) [fɛ̃] *part passé de* **feindre**

feinte [fɛ̃t] *f* **1.** (*ruse*) pretence *Brit,* pretense *Am* **2.** SPORT dummy

fêlé(e) [fele] *adj* **1.** (*fendu*) cracked **2.** *inf* (*dérangé*) **tu es complètement ~!** you're off your head!

fêler [fele] <1> *vpr* **se ~** to crack; **se ~ qc** to get a crack in sth

félicitations [felisitasjɔ̃] *fpl* congratulations; **avec les ~ du jury** with the commendation of the examiners

féliciter [felisite] <1> **I.** *vt* **~ qn de** [*o* **pour**] **qc/de faire qc** to congratulate sb on sth/on doing sth **II.** *vpr* **se ~ de qc** to feel pleased (with oneself) about sth

félin [felɛ̃] *m* cat

félin(e) [felɛ̃] *adj* feline; (*race*) of cats

fellation [felasjɔ̃] *f* fellatio

fêlure [felyʀ] *f* crack

femelle [fəmɛl] *adj, f* female

féminin [feminɛ̃] *m* LING feminine

féminin(e) [feminɛ̃] *adj* **1.** (*population, sexe*) female **2.** *a.* LING feminine **3.** (*voix*) woman's; (*mode, revendications*) women's

féminiser [feminize] <1> **I.** *vt* (*homme*) to make effeminate; (*femme*) to make more feminine; **~ une profession** to bring more women into a profession **II.** *vpr* **se ~ 1.** (*se faire femme*) to become effeminate **2.** (*parti politique*) to be taken over by women

féminisme [feminism] *m* feminism

féministe [feminist] *adj, mf* feminist

féminité [feminite] *f* femininity

femme [fam] *f* 1. (*opp: homme*) woman; **vêtements de** [*o* **pour**] **~s** women's clothes; **t'as vu la bonne ~ là-bas!** *inf* have you seen that woman over there? 2. (*épouse*) wife 3. (*profession*) **une ~ ingénieur/médecin** a female engineer/doctor; **~ d'État** stateswoman; **~ au foyer** housewife; **~ de chambre** chambermaid; **~ de ménage** cleaning lady

fémur [femyʀ] *m* femur

fendiller [fɑ̃dije] <1> *vpr* **se ~** to craze

fendre [fɑ̃dʀ] <14> **I.** *vt* to split; (*glace*) to crack open **II.** *vpr* **se ~** 1. to crack **2. se ~ la lèvre** to cut one's lip open

fendu(e) [fɑ̃dy] *adj* 1. (*crâne*) cracked; (*lèvre*) cut 2. (*fissuré*) cracked 3. (*jupe, veste*) slashed

fenêtre [f(ə)nɛtʀ] *f* window

fenouil [fənuj] *m* fennel

fente [fɑ̃t] *f* 1. (*fissure*) crack 2. (*interstice*) slit

féodal [feɔdal] <-aux> *m* HIST feudal lord

féodal(e) [feɔdal] <-aux> *adj* feudal

féodalité [feɔdalite] *f* HIST feudalism

fer [fɛʀ] *m* 1. (*métal*) iron; **en ~** [*o* **de**] iron 2. (*d'une lance, flèche*) head; **~ à cheval** horseshoe 3. (*appareil*) **~ à repasser** iron 4. **tomber les quatre ~s en l'air** *inf* to fall flat on one's back

ferai [f(ə)ʀe] *fut de* **faire**

fer-blanc [fɛʀblɑ̃] <fers-blancs> *m* tin (plate)

férié(e) [feʀje] *adj* **jour ~** public holiday

ferme¹ [fɛʀm] **I.** *adj* 1. firm 2. (*pas*) steady 3. (*cours, marché*) steady **II.** *adv* 1. (*boire, travailler*) hard 2. (*discuter*) passionately 3. (*acheter, vendre*) firm

ferme² [fɛʀm] *f* 1. (*bâtiment*) farm-

house 2. (*exploitation*) farm

ferme³ [fɛʀm] **la ~!** *inf* shut up!

fermé(e) [fɛʀme] *adj* 1. (*magasin, porte*) closed; (*à clé*) locked; (*mer*) enclosed 2. (*club, cercle*) exclusive 3. (*personne*) uncommunicative; (*air, visage*) impassive

fermement [fɛʀməmɑ̃] *adv* firmly

ferment [fɛʀmɑ̃] *m* BIO ferment

fermentation [fɛʀmɑ̃tasjɔ̃] *f* BIO fermentation

fermenter [fɛʀmɑ̃te] <1> *vi* (*jus*) to ferment; (*pâte*) to leaven

fermer [fɛʀme] <1> **I.** *vi* (*être, rester fermé*) to close; **bien/mal ~** (*boîte, porte*) to close/not close properly **II.** *vt* 1. (*opp: ouvrir*) to close; (*rideau*) to draw; **~ une maison à clé** to lock up a house; **fermez la parenthèse!** close brackets [*o* the parentheses *Am*]! 2. (*boutonner*) to button up 3. (*robinet, appareil*) to turn off **III.** *vpr* **se ~** 1. to close; (*plaie*) to close up; **se ~ par devant** (*robe*) to do up at the front 2. (*personne*) to close up

fermeté [fɛʀməte] *f* (*solidité, autorité*) firmness; **avec ~** firmly

fermeture [fɛʀmətyʀ] *f* 1. (*d'un sac, vêtement*) fastening; **~ automatique** automatic closing 2. (*action*) closing; (*d'une école, frontière, entreprise*) closure; **après la ~ des bureaux/du magasin** after office/shop hours

fermier, -ière [fɛʀmje] **I.** *adj* (*poulet, canard*) free range **II.** *m, f* farmer

fermoir [fɛʀmwaʀ] *m* clasp

féroce [feʀɔs] *adj* 1. (*animal, personne*) ferocious 2. (*air, regard*) fierce

férocité [feʀɔsite] *f* 1. (*d'un animal*) ferocity 2. (*d'une critique, attaque*) savagery

ferraille [fɛʀaj] *f* 1. (*vieux métaux*) scrap (iron) 2. *inf* (*monnaie*) small change

ferrailleur, -euse [fɛʀajœʀ] *m, f* scrap merchant

ferré(e) [fɛʀe] *adj* (*cheval*) shod; (*bâton, soulier*) steel-tipped

ferroviaire [fɛʀɔvjɛʀ] *adj* railway

ferry [feʀi] <ferries> *m abr de* **ferry-boat, car-ferry, train-ferry**

ferry-boat [feʀibot] <ferry-boats> *m* ferry (boat)

fertile [fɛʀtil] *adj* fertile; ~ **en qc** full of sth

fertiliser [fɛʀtilize] <1> *vt* to fertilize

fertilité [fɛʀtilite] *f* 1.(*d'une région, terre*) fertility 2.~ **d'imagination** fertile imagination

fervent(e) [fɛʀvɑ̃] *adj* fervent

ferveur [fɛʀvœʀ] *f* fervour *Brit,* fervor *Brit*

fesse [fɛs] *f* 1.buttock 2.serrer les ~s *inf* to be scared out of one's wits, to have the wind up *Brit*

fessée [fese] *f* donner une ~ à qn to smack sb's bottom

festin [fɛstɛ̃] *m* feast

festival [fɛstival] <s> *m* festival

festivités [fɛstivite] *fpl* festivities

festoyer [fɛstwaje] <6> *vi* to feast

fêtard(e) [fɛtaʀ] *m(f) inf* party-goer

fête [fɛt] *f* 1.(*religieuse*) feast; (*civile*) holiday; ~ **du travail** (*en Europe*) May Day; (*aux Etats-Unis*) Labor Day 2.(*jour du prénom*) name day 3.*pl* (*congé*) holidays 4.(*kermesse*) ~ **foraine** fair 5.(*réception*) party 6.elle n'est pas à la ~ *inf* she's being put through it

> [i] The **fêtes** generally fall between Christmas and New Year's, although the public holidays in this period are 25th December and 1st January.

fêter [fete] <1> *vt* to celebrate

fétiche [fetiʃ] I. *m* 1.(*amulette*) fetish 2.(*mascotte*) mascot II. *app* (*film*) cult

fétichisme [fetiʃism] *m* fetishism

fétide [fetid] *adj* fetid

feu [fø] <x> *m* 1.(*source de chaleur, incendie*) fire; ~ **de camp** camp fire; **mettre le ~ à qc** to set sth on fire 2.*souvent pl* (*lumière*) les ~x des **projecteurs** the spotlight 3.*souvent pl* AVIAT, AUTO, NAUT lights 4.AUTO ~ **de signalisation** traffic lights; **passer au ~ rouge** to go through on red, to run a red light *Am* 5.(*brûleur d'un réchaud à gaz*) burner; **à ~ doux/vif** on low/high heat 6.soutenu (*ardeur*) heat 7.(*spectacle*) ~ **d'artifice** fireworks *pl* 8.ne pas **faire long ~** not to last long; **laisser mijoter qn à petit ~** to prolong the agony for sb; **y'a pas le ~!** *inf,* **y'a pas le ~ au lac!** *Suisse* there's no rush!; **n'y voir que du ~** to be completely taken in

feuillage [fœjaʒ] *m* foliage

feuille [fœj] *f* 1.*a.* BOT leaf 2.(*de papier*) sheet 3.(*formulaire*) ~ **de paie** pay slip *Brit,* paystub *Am* 4.*péj* ~ **de chou** rag 5.trembler comme **une** ~ to shake like a leaf

feuillet [fœjɛ] *m* page

feuilleté(e) [fœjte] *adj* 1.(*verre*) laminated 2.GASTR **pâte** ~e puff pastry

feuilleter [fœjte] <3> *vt* ~ **un livre** to leaf through a book

feuilleton [fœjtɔ̃] *m* 1.PRESSE serial 2.TV ~ **télévisé** soap (opera)

feutre [føtʀ] *m* 1.(*étoffe*) felt 2.(*stylo*) felt-tip (pen) 3.(*chapeau*) felt hat

feutré(e) [føtʀe] *adj* 1.(*fait de feutre*) felt 2.(*bruit, pas*) muffled; **marcher à pas ~s** to pad along

feutrer [føtʀe] <1> *vi, vpr* (**se**) ~ to felt

feutrine [føtʀin] *f* felt

fève [fɛv] *f* 1.broad bean 2.*Québec* (*haricot*) bean

février [fevʀije] *m* February; *v. a.* **août**

FF [ɛfɛf] *m abr de* **franc français** *v.* **franc**

fiable [fjabl] *adj* (*mécanisme, personne*) reliable

fiacre [fjakʀ] *m* (hackney) carriage

fiançailles [fjɑ̃saj] *fpl* engagement

fiancé(e) [fjɑ̃se] *m(f)* fiancé *m,* fiancée *f*

fiancer [fjɑ̃se] <2> *vpr* se ~ **avec qn** to get engaged to sb

fibre [fibʀ] *f* fibre *Brit,* fiber *Am*

F f

ficelé(e) [fis(ə)le] *adj inf* **être mal ~** *inf*(*personne, intrigue*) to be a mess

ficeler [fis(ə)le] <3> *vt* to tie up

ficelle [fisɛl] *f* **1.**(*corde*) string **2.**(*pain*) ficelle (*stick of French bread*)

fiche [fiʃ] *f* **1.**(*piquet*) pin **2.**(*carte*) card **3.**(*feuille, formulaire*) form; **~ d'état civil** attestation of civil status **4.** *Suisse* (*dossier*) file

ficher¹ [fiʃe] <1> *part passé:* fichu, *inf* **I.** *vt* **je t'en fiche!** chance would be a fine thing! **II.** *vpr* **1.**(*se moquer*) **se ~ de qn** to pull sb's leg **2.**(*se désintéresser*) **elle se fiche de toi/ tout ça** she couldn't care less about you/all that; **je m'en fiche pas mal** I couldn't care less

ficher² [fiʃe] <1> *vt* (*inscrire*) to put on file

fichier [fiʃje] *m a.* INFOR file

fichu [fiʃy] *m* (head)scarf

fichu(e) [fiʃy] **I.** *part passé de* ficher **II.** *adj inf* **1.** *antéposé* (*caractère, temps*) lousy **2.** *antéposé* (*habitude, idée*) damn; **un ~ problème** one hell of a problem **3.**(*en mauvais état*) **être ~** to have had it **4.**(*gâché*) **être ~** (*vacances, soirée*) to be completely ruined, to be a write-off *Brit* **5.**(*capable*) **être~/n'être pas ~ de faire qc** to be perfectly capable of doing/not up to doing sth **6.être bien/mal ~** (*bien bâti*) to have a good/lousy body; **il est mal ~** (*malade*) he's in a bad way

fictif, -ive [fiktif] *adj* **1.**(*personnage*) imaginary **2.**(*faux*) false

fiction [fiksjɔ̃] *f* **1.**(*imagination*) imagination **2.**(*fait imaginé*) invention; **film de ~** film that tells a story

fidèle [fidɛl] **I.** *adj* faithful; **être ~ à qc** (*habitude*) to stick to sth **II.** *mf* (*d'un magasin*) regular (customer) **III.** *mpl* REL faithful

fidèlement [fidɛlmɑ̃] *adv* faithfully

fidéliser [fidelize] <1> *vt* **~ ses clients** to establish customer loyalty

fidélité [fidelite] *f* **~ à** [*o* envers] **qn** faithfulness to sb; (*dans le couple*) fidelity to sb

fief [fjɛf] *m* **1.** POL stronghold **2.** HIST fief

fiel [fjɛl] *m* gall

fiente [fjɑ̃t] *f* droppings *pl*

fier [fje] <1> *vpr* **se ~ à qn** to put one's trust in sb

fier, fière [fjɛʀ] **I.** *adj* **~ de qn/qc** proud of sb/sth **II.** *m, f* **faire le ~ avec qn** (*crâner*) to act big in front of sb

fierté [fjɛʀte] *f* pride

fièvre [fjɛvʀ] *f* **1.** MED fever **2.**(*vive agitation*) excitement

fiévreux, -euse [fjevʀø] *adj* feverish

FIFA [fifa] *f abr de* **Fédération internationale de football association** FIFA

figer [fiʒe] <2a> **I.** *vt* **1.**(*durcir*) to congeal **2.**(*horrifier*) **~ qn** to root sb to the spot **II.** *vpr* **se ~** (*huile, sauce*) to congeal; (*sang*) to clot; (*sourire*) to set

fignoler [fiɲɔle] <1> *vt inf* to polish up

figue [fig] *f* fig

figuier [figje] *m* fig tree

figurant(e) [figyʀɑ̃] *m(f)* **1.** CINE extra **2.** THEAT walk-on

figuratif, -ive [figyʀatif] *adj* figurative

figuration [figyʀasjɔ̃] *f* **1.** CINE being an extra **2.** THEAT doing walk-ons

figure [figyʀ] *f* **1.** *a.* MAT figure **2.**(*visage*) face **3.** SPORT figure; **~s libres** freestyle **4.faire bonne/ mauvaise ~** (*se montrer sous un bon/mauvais jour*) to make a good/ bad impression; **casser la ~ à qn** *inf* to smash sb's face in; **se casser la ~** *inf* to have a nasty fall

figurer [figyʀe] <1> **I.** *vi* (*être mentionné*) to appear **II.** *vt* (*représenter*) to represent **III.** *vpr* **se ~ qn/qc** to imagine sb/sth

figurine [figyʀin] *f* figurine

fil [fil] *m* **1.**(*pour coudre*) thread; (*de haricot*) string; **~ de fer barbelé** barbed wire; **maigre comme un ~** thin as a rake **2.**(*d'un téléphone, d'une lampe*) wire; (*électrique*) line **3.**(*de la conversation*) thread **4. de ~ en aiguille** one thing leading to another; **il n'a pas inventé le ~ à couper le beurre** *inf* he's no genius; **c'est cousu de ~ blanc** it's staring you in the face; **donner du ~ à retordre à qn** to be a headache for sb; **au ~ de l'eau** with the current

filandreux, -euse [filɑ̃dʀø] *adj* (*viande*) stringy

filature [filatyʀ] *f* 1. (*usine*) mill 2. (*surveillance*) tailing; **prendre qn en ~** to tail sb

file [fil] *f* 1. (*colonne*) line; (*d'attente*) queue 2. (*voie de circulation*) lane 3. **en ~ indienne** in indian file

filer [file] <1> I. *vi* 1. (*maille, collant*) to run 2. (*voiture, temps*) to fly by; (*argent*) to disappear 3. *inf* (*voleur*) to make off; **laisser ~ qn** to let sb get away; **il faut que je file** I must dash II. *vt* 1. (*tisser*) to spin 2. (*surveiller*) to tail 3. *inf* (*donner*) **~ qc à qn** to slip sb sth

filet [filɛ] *m* 1. (*réseau de maille*) net 2. GASTR fillet 3. (*d'huile, de sang, d'eau*) trickle

filial(e) [filjal] <-aux> *adj* filial

filiale [filjal] *f* subsidiary company

filière [filjɛʀ] *f* 1. (*suite de formalités*) channel 2. UNIV course option 3. (*réseau*) network

filiforme [filifɔʀm] *adj* (*jambes, personne*) spindly

filigrane [filigʀan] *m* 1. watermark 2. **apparaître en ~** to be apparent beneath the surface

fille [fij] *f* 1. (*opp: garçon*) girl 2. (*opp: fils*) daughter 3. (*prostituée*) whore 4. **être bien la ~ de son père** to be one's father's daughter

fillette [fijɛt] *f* little girl

filleul(e) [fijœl] *m(f)* godson, goddaughter *m, f*

film [film] *m* 1. film 2. (*œuvre*) movie; **~ vidéo** video film; **~ d'action** action movie

filmer [filme] <1> *vt, vi* to film

filmographie [filmɔgʀafi] *f* filmography

filon [filɔ̃] *m* 1. (*en minéralogie*) vein 2. *inf* (*travail*) cushy number

filou [filu] *m inf* (*personne malhonnête*) rogue

fils [fis] *m* 1. (*opp: fille*) son 2. **être bien le ~ de son père** to be one's father's son

filtre [filtʀ] *m* filter

filtrer [filtʀe] <1> I. *vi* to filter through II. *vt* 1. (*pénétrer*) to filter 2. (*informations*) to screen

fin [fɛ̃] *f* 1. end; **~ de série** oddment; **mettre ~ à qc** to put an end to sth; **mettre ~ à ses jours** to end one's own life; **à la ~** at the end; **sans ~** endless 2. (*but*) ~ **en soi** in itself; **arriver à ses ~s** to achieve one's ends 3. **en ~ de compte** at the end of the day; **arrondir ses ~s de mois** to make a bit extra; **la ~ justifie les moyens** *prov* the end justifies the means

fin(e) [fɛ̃] I. *adj* 1. (*opp: épais*) fine; (*couche, étoffe, tranche*) thin 2. (*traits*) delicate; (*jambes, taille*) slender 3. (*mets, vin*) choice 4. (*remarque*) astute; (*humour, nuance*) witty; (*esprit, observation*) sharp 5. *antéposé* (*cuisinier, tireur*) expert; **~ connaisseur** connoisseur; **~ gourmet** gourmet 6. *Québec* (*aimable, gentil*) kind II. *adv* 1. (*soûl*) blind; (*prêt*) absolutely 2. (*écrire*) small

final(e) [final] <s *o* -aux> *adj* (*consonne, résultat*) final; **point ~** full stop *Brit*, period *Am*

finale [final] *f* SPORT final

finalement [finalmɑ̃] *adv* 1. (*pour finir*) finally 2. (*en définitive*) in the end

finaliste [finalist] *mf* finalist

finance [finɑ̃s] *f* 1. *pl* (*ressources pécuniaires*) finances 2. (*ministère*) **les Finances** Ministry of Finance

financement [finɑ̃smɑ̃] *m* financing

financer [finɑ̃se] <2> I. *vi* iron to cough up II. *vt* to finance

financier [finɑ̃sje] *m* financier

financier, -ière [finɑ̃sje] *adj* financial; **établissement ~** finance house

finaud(e) [fino] *adj* crafty

fine [fin] *f* brandy (*distilled from any*

fruit)

finement [finmã] *adv* **1.**(*délicatement*) delicately **2.**(*astucieusement*) astutely

finesse [finɛs] *f* **1.**(*minceur*) fineness; (*de la taille*) slenderness **2.**(*raffinement*) delicacy; (*d'un aliment*) refinement **3.**(*d'une allusion*) subtlety; ~ **d'esprit** shrewd mind **4.** *pl* (*difficultés*) subtleties

fini [fini] *m* (*d'un produit*) finish

fini(e) [fini] *adj* **1.**(*terminé*) finished; **être ~** (*spectacle*) to be over; **~s les bavardages** enough chatter; **tout est ~ entre nous** it's all over between us; **tu es ~!** you're finished! **2.**(*opp: infini*) finite **3.** *péj* accomplished

finir [finiʀ] <8> **I.** *vi* **1.**(*s'arrêter*) to end; **tout ça n'en finit pas** all that takes for ever **2.** *a.* SPORT to finish; **avoir fini** to have [*o* be] finished; **en ~ avec qc** to get sth over with **3.**(*en venir à*) ~ **par faire qc** to end up doing sth **4.**(*se retrouver*) ~ **en prison** to end up in prison **II.** *vt* **1.** *a.* SPORT to finish; ~ **de manger/de s'habiller** to finish eating/getting dressed; ~ **le mois** to get to the end of the month; **on n'a pas fini de parler d'elle** we haven't heard the last of her **2.**(*plat, assiette, bouteille*) to finish (off) **3.**(*passer la fin de*) ~ **ses jours à la campagne** to end one's days in the country **4.**(*fignoler*) ~ **un ouvrage** to finish off a job

finition [finisjɔ̃] *f* **1.**(*résultat*) finish **2.** *gén pl* TECH finishing touches

finlandais(e) [fɛ̃lɑ̃dɛ] *adj* Finnish

Finlandais(e) [fɛ̃lɑ̃dɛ] *m(f)* Finn

Finlande [fɛ̃lɑ̃d] *f* **la ~** Finland

finnois [finwa] *m* Finnish; *v. a.* **français**

finnois(e) [finwa] *adj* Finnish

Finnois(e) [finwa] *m(f)* Finn

fiole [fjɔl] *f* **1.** phial, vial **2.** *inf* mug

fiord [fjɔʀd] *m* fjord

fioul [fjul] *m v.* **fuel**

firent [fiʀ] *passé simple de* **faire**

firmament [fiʀmamã] *m* firmament

firme [fiʀm] *f* firm

fis [fi] *passé simple de* **faire**

fisc [fisk] *m* **le ~** the taxman

fiscal(e) [fiskal] <-aux> *adj* fiscal

fiscalité [fiskalite] *f* tax regime

fissure [fisyʀ] *f* crack

fissurer [fisyʀe] <1> *vt, vpr* (**se**) ~ to crack

fiston [fistɔ̃] *m inf* kid

fit [fit] *passé simple de* **faire**

fîtes [fit] *passé simple de* **faire**

FIV [fiv] *f abr de* **fécondation in vitro** IVF

fixation [fiksasjɔ̃] *f* **1.**(*dispositif*) fastening; ~ **de sécurité** safety fastening **2.**(*obsession*) **faire une ~ sur qn/qc** to have a fixation on sb/sth

fixe [fiks] **I.** *adj* fixed **II.** *m* basic (salary)

fixement [fiksəmã] *adv* **regarder qn/qc** ~ to give sb/sth a fixed stare

fixer [fikse] <1> **I.** *vt* **1.** *a.* CHIM, PHOT to fix **2.**(*regarder*) ~ **qn/qc** to look hard at sb/sth **3.**(*définir*) to set; **ne pas encore être** ~ to have not yet decided **4.**(*renseigner*) ~ **qn sur qc** to inform sb of sth **II.** *vpr* **se** ~ **1.**(*s'accrocher*) **se** ~ **au mur** to hang on the wall **2.**(*se poser*) **se** ~ **sur qn/qc** (*attention*) to settle on sb/sth; (*choix*) to fall on sb/sth **3.**(*se définir*) **se** ~ **un but** to set oneself a target

fjord [fjɔʀd] *m v.* **fiord**

flac [flak] *interj* splash

flacon [flakɔ̃] *m* bottle

flagada [flagada] *adj inv, inf* **être** ~ to be washed-out

flageller [flaʒele] <1> *vt* to flog

flageoler [flaʒɔle] <1> *vi* (*jambes*) to tremble

flagrant(e) [flagʀã] *adj* blatant; (*injustice*) flagrant

flair [flɛʀ] *m* **1.**(*du chien*) (sense of) smell **2. avoir du** ~ (*odorat*) to have a good nose; (*idées*) to have a sixth sense

flairer [fleʀe] <1> *vt* **1.**(*renifler*) to sniff **2.**(*pressentir*) to sense

flamand [flamã] *m* Flemish; *v. a.* **français**

flamand(e) [flamɑ̃] *adj* Flemish
Flamand(e) [flamɑ̃] *m(f)* Fleming
flamant [flamɑ̃] *m* flamingo
flambé(e) [flɑ̃be] *adj* GASTR flambé
flambeau [flɑ̃bo] <x> *m* torch
flambée [flɑ̃be] *f* **1.** (*feu*) blaze
2. (*du dollar*) upward surge
flamber [flɑ̃be] <1> **I.** *vi* to blaze;
(*maison*) to burn down **II.** *vt* **1.** (*volaille*) to singe **2.** GASTR to flambé
flamboyant(e) [flɑ̃bwajɑ̃] *adj*
1. (*feu, soleil*) blazing; (*couleur*)
flaming **2.** ART flamboyant
flamboyer [flɑ̃bwaje] <6> *vi* to
blaze; (*couleur*) to flame
flamme [flam] *f* **1.** flame **2.** *pl* (*brasier*) flames; **être en ~s** to be ablaze
3. descendre qn/qc en ~s to shoot
sb down in flames
flan [flɑ̃] *m* egg custard
flanc [flɑ̃] *m* **1.** (*partie latérale*) side;
(*d'un cheval*) flank **2.** MIL flank
3. être sur le ~ *inf* (*fatigué*) to be
worn-out; **tirer au ~** *inf* to skive
flancher [flɑ̃ʃe] <1> *vi inf* (*personne*) to waver; (*son cœur/sa
mémoire a flanché*) his heart/his
memory let him down
flanelle [flanɛl] *f* flannel
flâner [flɑne] <1> *vi* (*se promener*)
to stroll
flanquer [flɑ̃ke] <1> *vt inf* **1.** (*envoyer*) ~ **des objets à la figure de
qn** to fling things in sb's face
2. (*mettre*) ~ **qn à la porte/dehors**
to kick sb out **3.** (*donner*) ~ **une
gifle à qn** to clout sb; ~ **la frousse à
qn** to put the wind up [*o* frighten] sb
flapi(e) [flapi] *adj inf* worn out
flaque [flak] *f* puddle; (*de sang*)
pool
flash [flaʃ] <es> *m* **1.** PHOT, CINE flash
2. RADIO, TV ~ **info** [*o* **d'information**]
newsflash
flash-back [flaʃbak] *m inv* flashback
flasher [flaʃe] <1> *vi inf* ~ **sur qn/
qc** to go wild about sb/sth
flasque [flask] **I.** *adj* flabby **II.** *f* flask
flatter [flate] <1> **I.** *vt* **1.** (*louer*) to
flatter; **être flatté de qc** to be flattered about sth **2.** (*animal*) to stroke
II. *vpr* (*se féliciter*) **se ~ de qc** to

pride oneself on sth
flatterie [flatʀi] *f* flattery
flatteur, -euse [flatœʀ] **I.** *adj* flattering **II.** *m, f* flatterer
fléau [fleo] <x> *m* **1.** (*calamité*)
scourge **2.** AGR flail
flèche [flɛʃ] *f* **1.** (*arme, signe*) arrow
2. (*critique acerbe*) jibe **3.** (*sur une
église*) spire **4. monter en ~** (*prix*)
to soar
flécher [fleʃe] <5> *vt* to signpost
fléchette [fleʃɛt] *f* **1.** (*petite flèche*)
dart **2.** *pl* (*jeu*) darts
fléchir [fleʃiʀ] <8> **I.** *vt* **1.** (*bras, genoux*) to bend **2.** (*personne*) to sway
II. *vi* **1.** (*se plier*) to bend **2.** (*diminuer*) to fall; (*volonté*) to weaken
3. (*céder*) to yield
fléchissement [fleʃismɑ̃] *m* **1.** (*du
bras, de la jambe*) bending **2.** (*des
prix*) fall
flegmatique [flɛgmatik] *adj* phlegmatic
flegme [flɛgm] *m* composure
flemmard(e) [flemaʀ] **I.** *adj inf* lazy
II. *m(f) inf* lazy so-and-so
flemme [flɛm] *f inf* laziness; **j'ai la ~
de faire qc** I can't be bothered doing
sth
flétrir [fletʀiʀ] <8> **I.** *vt* **1.** (*fleur*) to
wilt **2.** (*visage*) to wither **II.** *vpr* **se ~**
to wither; (*fleur*) to wilt
fleur [flœʀ] *f* **1.** flower; (*d'un arbre*)
blossom *no pl;* **en ~(s)** in flower;
~(**s**) flowered **2.** (*compliment*) **jeter
des ~s à qn** *inf* to lavish praise on sb
3. dans la ~ de l'âge in one's prime;
avoir une sensibilité à ~ de peau
to be highly susceptible; **arriver** [*o*
s'amener] **comme une ~** *inf* to
breeze in
fleuret [flœʀɛ] *m* foil
fleuri(e) [flœʀi] *adj* **1.** (*en fleurs*) in
bloom **2.** (*couvert, garni de fleurs*)
decorated with flowers **3.** (*avec des
motifs floraux*) flowered
fleurir [flœʀiʀ] <8> **I.** *vi* to blossom
II. *vt* (*table, tombe*) to put flowers
on
fleuriste [flœʀist] *mf* florist
fleuron [flœʀɔ̃] *m* **être le** (**plus
beau**) ~ **de qc** to be the jewel of sth

F f

fleuve [flœv] *m* **1.** (*rivière*) river **2.** (*de lave, boue*) torrent

flexibilité [flɛksibilite] *f* flexibility

flexible [flɛksibl] **I.** *adj* flexible **II.** *m* hose

flexion [flɛksjɔ̃] *f* **1.** (*mouvement*) bending; (*du genou*) flexing **2.** LING inflection

flibustier [flibystje] *m* freebooter

flic [flik] *m inf* cop

flingue [flɛ̃g] *m inf* gun, shooter

flinguer [flɛ̃ge] <1> *vt inf* (*tuer*) to waste

flipper [flipœr] *m* pinball machine

flirt [flœrt] *m* **1.** (*amourette*) flirtation **2.** (*personne*) flirt

flirter [flœrte] <1> *vi* to flirt

flocon [flɔkɔ̃] *m* **1.** *a.* GASTR flake; ~s **de maïs** cornflakes **2.** (*de coton, bourre*) tuft

flonflons [flɔ̃flɔ̃] *mpl inf* oompahs

floraison [flɔrɛzɔ̃] *f* (*fait de fleurir*) flowering

floral(e) [flɔral] <-aux> *adj* floral

flore [flɔr] *f* flora

Floride [flɔrid(ə)] *f* **la** ~ Florida

florissait [flɔrisɛ] *imparf de* **fleurir**

florissant(e) [flɔrisɑ̃] *adj* **1.** (*prospère*) flourishing **2.** (*santé, teint*) blooming

flot [flo] *m* **1.** (*vague*) wave **2.** *soutenu* (*de souvenirs, larmes*) flood; (*sang*) stream; (*de paroles*) torrent; **à ~s** (*couler*) freely; (*entrer*) to flood in **3. être à** ~ (*bateau*) to be afloat; (*personne*) (*avoir suffisamment d'argent*) to be doing all right

flottant(e) [flɔtɑ̃] *adj* **1.** *a.* FIN floating **2.** (*foulard, drapeaux*) streaming; (*chevelure*) flowing **3.** (*instable*) irresolute

flotte[1] [flɔt] *f* fleet

flotte[2] [flɔt] *f inf* **1.** (*eau*) water **2.** (*pluie*) rain

flottement [flɔtmɑ̃] *m* **1.** *a.* FIN fluttering **2.** (*hésitation*) undecidedness

flotter [flɔte] <1> **I.** *vi* **1.** to float **2.** (*onduler*) to flutter **3.** (*hésiter*) to waver **II.** *vi impers, inf* (*pleuvoir*) to pour down **III.** *vt* (*bois*) to float

flotteur [flɔtœr] *m* TECH float

flou [flu] **I.** *m* **1.** (*opp: netteté*)

vagueness **2.** CINE, PHOT blur; ~ **artistique** soft focus **II.** *adv* in a blur

flou(e) [flu] *adj* **1.** blurred; (*photo*) out of focus **2.** (*idée, pensée*) hazy

fluctuation [flyktɥasjɔ̃] *f* fluctuation

fluctuer [flyktɥe] <1> *vi* to fluctuate

fluet(te) [flyɛ] *adj* **1.** (*frêle*) slender **2.** (*voix*) reedy

fluide [flɥid] **I.** *adj* **1.** (*qui s'écoule facilement*) fluid **2.** (*ample*) flowing **II.** *m* **1.** CHIM fluid **2.** (*force occulte*) aura; ~ **magnétique** strange powers

fluidifier [flɥidifje] <1> *vt* to fluidify

fluidité [flɥidite] *f* **1.** (*du sang*) fluidity **2.** AUTO ~ **du trafic** free-flowing traffic

fluo [flyɔ] *adj sans pl abr de* **fluorescent**

fluor [flyɔr] *m* fluorine

fluorescent(e) [flyɔresɑ̃] *adj* fluorescent

flûte [flyt] **I.** *f* **1.** (*instrument*) flute **2.** (*pain*) French stick **3.** (*verre*) flute (glass) **II.** *interj inf* sugar

flûtiste [flytist] *mf* flautist

fluvial(e) [flyvjal] <-aux> *adj* GEO fluvial; (*port, transport*) river

flux [fly] *m* **1.** (*marée*) ebb [*o* incoming] tide **2.** MED, PHYS, ECON flow

FM [ɛfɛm] *f abr de* **Frequency Modulation** FM

FMI [ɛfɛmi] *m abr de* **Fonds monétaire international** IMF

FN [ɛfɛn] *m abr de* **Front national** National Front (*French political party*)

focal(e) [fɔkal] <-aux> *adj* focal

foehn [føn] *m Suisse* (*sèche-cheveux*) hair drier

fœtal(e) [fetal] <-aux> *adj* foetal

fœtus [fetys] *m* foetus

fofolle [fɔfɔl] *adj v.* **foufou**

foi [fwa] *f* **1.** *a.* REL faith; **avoir** ~ **en qn/qc** *soutenu* to have faith in sb/ sth **2. sous la** ~ **du serment** under oath; **être de bonne/mauvaise** ~ to be in good/bad faith; **avoir la** ~ to beleive in oneself; **ma** ~ well; **ma** ~ **oui/non** why yes/no

foie [fwa] *m* **1.** ANAT liver; **avoir mal au ~** to have an upset stomach **2.** GASTR **~ gras** foie gras

foin [fwɛ̃] *m sans pl* hay *no pl*

foire [fwaʀ] *f* **1.** (*marchée, exposition, fête*) fair **2.** *inf* madhouse

foirer [fwaʀe] <1> *vi inf* **1.** (*rater*) to come to grief **2.** (*écrou, vis*) to slip

fois [fwa] *f* **1.** (*fréquence*) time; **une ~** once; **une ~ par an** once a year; **deux ~** twice; **les autres ~** other times; (**à**) **chaque ~** each time; **en plusieurs ~** (*payer*) in several instalments; **il était une ~ ...** once upon a time; **pour une ~** for once; **trente-six ~** a hundred times **2.** *Belgique* (*donc*) then **3.** *dans un comparatif* **deux ~ plus/moins vieux que qn/qc** twice as old/young than sb/ sth; **cinq ~ plus d'argent/de personnes** five times more money/ people **4.** (*comme multiplicateur*) **9 ~ 3 font 27** 9 times 3 is 27 **5.** **s'y prendre** [*o* **reprendre**] **à deux ~** to have two goes; **plutôt deux ~ qu'une** not just the once; **neuf ~ sur dix** nine times out of ten; **trois ~ rien** absolutely nothing; **un enfant à la ~** one child at a time; **des ~** *inf* sometimes; **des ~ qu'il viendrait!** *inf* in case he comes!; **une ~** (**qu'il fut**) **parti, ...** once he'd gone, ...

foison [fwazɔ̃] **à ~** in plenty

foisonner [fwazɔne] <1> *vi* to abound

fol [fɔl] *adj v.* **fou**

folâtre [fɔlɑtʀ] *adj* playful

folâtrer [fɔlɑtʀe] <1> *vi* to play about

folie [fɔli] *f* **1.** (*démence, déraison*) madness **2.** (*passion*) **avoir la ~ de qc** to be mad about sth; **à la ~** (*aimer*) madly **3.** (*conduite/paroles*) foolish deed/word; **faire une ~/des ~s** (*faire une dépense excessive*) to go mad

folklo [fɔlklo] *adj inv, inf abr de* **folklorique**

folklore [fɔlklɔʀ] *m* (*traditions populaire*) folklore

folklorique [fɔlklɔʀik] *adj* **1.** (*relatif au folklore*) folk **2.** *péj, inf* (*farfelu*) weird

folle [fɔl] *adj v.* **fou**

follement [fɔlmɑ̃] *adv* wildly; (*amoureux*) madly

foncé(e) [fɔ̃se] *adj* dark

foncer [fɔ̃se] <2> I. *vt* (*rendre plus foncé*) to darken II. *vi inf* **1.** (*en courant/en voiture*) **~ sur qn/qc** to rush/charge at sb/sth **2.** (*en agissant très vite*) to show drive

foncier, -ière [fɔ̃sje] *adj* **1.** land; (*revenus*) from land **2.** (*fondamental*) fundamental

foncièrement [fɔ̃sjɛʀmɑ̃] *adv* fundamentally

fonction [fɔ̃ksjɔ̃] *f* **1.** *a.* BIO, CHIM, LING, MAT, TECH, INFOR function; **elle a pour ~ de** +*infin* her function is to +*infin*; **faire ~ de qc** to act as sth **2.** (*activité professionnelle*) post **3.** (*charge*) duty **4.** la **~ publique** public service (*state sector employment*); **en ~ de qc** in accordance with sth; **en ~ du temps** depending on the weather

fonctionnaire [fɔ̃ksjɔnɛʀ] *mf* state employee; (*dans l'administration*) civil servant

fonctionnel(le) [fɔ̃ksjɔnɛl] *adj* functionnal

fonctionnement [fɔ̃ksjɔnmɑ̃] *m* working

fonctionner [fɔ̃ksjɔne] <1> *vi* to work; (*organe, administration*) to function

fond [fɔ̃] *m* **1.** (*partie inférieure*) bottom; **au ~ de qc** at the bottom of sth **2.** (*d'une pièce, d'un couloir*) far end; **au ~ de la cour** at the far end of the playground **3.** (*partie intime*) **ne pas avoir un mauvais ~** to not be bad deep down; **regarder qn au ~ des yeux** to look deep into sb's eyes; **du ~ du cœur** from the bottom of one's heart **4.** (*degré le plus bas*) **être au ~ de l'abîme** to be in the depths of despair **5.** (*ce qui est essentiel*) heart; **expliquez le ~ de votre pensée** explain what you think deep down; **aller au ~ des choses** to get to the heart of the matter **6.** (*opp: forme*) content **7.** (*dans une bouteille, un verre*) **vider les ~s** to empty what's left; **il reste un ~** there's a drop left **8.** (*hauteur d'eau*) depth **9.** (*arrière-plan*) background **10.** GASTR base **11.** (*course*) long-distance race; **ski de ~** cross-country skiing **12.** (*base*) **~ de teint** foundation **13.** **le ~ de l'air est frais** there's a chill in the air; **user ses ~s de culotte sur les bancs de l'école** to sit on the hard school bench; **connaître qc comme le ~ de sa poche** to know sth like the back of one's hand; **faire** [*o* **vider**] **les ~s de tiroir** *inf* to scrape around; **avoir un ~ de qc** to have a degree of sth; **à ~** thoroughly; (*connaître*) in depth; **à ~ la caisse** [*o* **de train**] *inf* at full tilt; **au** [*o* **dans le**] **~, ...** *inf* when it comes down to it; **de ~** background; **de ~ en comble** from top to bottom

fondamental(e) [fɔ̃damɑ̃tal] <-aux> *adj* **1.** basic; (*élément, propriété, loi*) fundamental **2.** (*essentiel*) vital

fondamentaliste [fɔ̃damɑ̃talist] *adj, mf* fundamentalist

fondant(e) [fɔ̃dɑ̃] *adj* **1.** (*glace, neige*) melting **2.** (*poire*) that melts in the mouth **3.** (*tendre*) tender

fondateur, -trice [fɔ̃datœʀ] *m, f* founder

fondation [fɔ̃dasjɔ̃] *f* **1.** (*fait de fonder, institution*) foundation **2.** (*création par don ou legs*) establishment

fondé(e) [fɔ̃de] **I.** *adj* **être bien ~** to be fully justified; (*opinion*) to be well-founded **II.** *m(f)* **~ de pouvoir** proxy

fondement [fɔ̃dmɑ̃] *m* **1.** *pl* foundations **2.** (*motif, raison*) grounds; **ne reposer sur aucun ~** to have no foundation

fonder [fɔ̃de] <1> **I.** *vt* **1.** to found **2.** (*institution*) to set up **II.** *vpr* **se ~ sur qc** (*raisonnement*) to be based on

fonderie [fɔ̃dʀi] *f* (*usine*) foundry

fondre [fɔ̃dʀ] <14> **I.** *vi* **1.** to melt

2. (*dans un liquide, sous la langue*) to dissolve **3.** (*s'attendrir*) **~ en larmes** to break into tears **4.** *inf* (*maigrir*) to shed **5.** (*se précipiter*) **~ sur qn/qc** (*oiseau, ennemi*) to bear down on sb/sth **II.** *vt* **1.** to melt; (*bijoux, argenterie*) to melt down **2.** (*fabriquer*) to cast

fonds [fɔ̃] *m* **1.** (*commerce*) business **2.** (*organisme, capital*) fund; **~ publics** public funds

fondue [fɔ̃dy] *f* fondue; **~ savoyarde** fondue savoyarde (*hot cheese sauce into which bread is dipped*)

font [fɔ̃] *indic prés de* **faire**

fontaine [fɔ̃tɛn] *f* **1.** (*construction*) fountain **2.** (*source*) spring **3.** **pleurer comme une ~** *iron* to cry like a baby

fonte [fɔ̃t] *f* **1.** (*d'un métal*) smelting **2.** (*métal*) cast iron

foot(ball) [fut(bol)] *m sans pl* football *Brit,* soccer *Am*

footballeur, -euse [futbolœʀ] *m, f* footballer *Brit,* soccer player *Am*

footing [futiŋ] *m* jogging *no pl;* **faire du/son ~** to go/be jogging

for intérieur [fɔʀɛ̃teʀjœʀ] **dans mon/ton ~** deep down inside

forage [fɔʀaʒ] *m* drilling

forain(e) [fɔʀɛ̃] **I.** *adj* fairground; **fête ~e** funfair *Brit,* carnival *Am* **II.** *m(f)* stallholder *Brit,* carny *Am*

forçat [fɔʀsa] *m* **1.** convict **2.** **travailler comme un ~** to work like a slave

force [fɔʀs] *f* **1.** ANAT strength **2.** PHYS, POL force; **~ de dissuasion** deterrent; **l'union fait la ~** unity is strength **3.** (*courage*) strength **4.** (*niveau intellectuel*) intellect **5.** *gén pl* (*ensemble de personnes*) force; **~ électorale** electoral strength **6.** MIL **~ de frappe** strike force; **~s de l'ordre** police; **~(s) armée(s)** armed forces **7.** (*de l'habitude, de la loi*) force; (*d'un argument, préjugé*) power; **par la ~ des choses** in the way of things **8.** (*degré d'intensité*) force; (*d'une carte, passion, d'un désir, sentiment*) strength; **frapper avec ~** to strike with force; **un vent de ~ 7** a force 7 wind **9.** TECH strength **10.** (*d'un moteur*) power; (*d'un médicament, poison*) strength **11.** (*vigueur*) **dans toute la ~ du terme** in the strongest sense of the word **12.** *sans pl* (*électricité*) three-phase current **13.** être dans la ~ de l'âge to be in the prime of life; **avoir une ~ de cheval** *inf* to be as strong as a horse; **à ~, tu vas te renverser** you'll end up knocking it over; **à ~ de pleurer** by dint of crying; **faire qc de ~** to do sth by force

forcé(e) [fɔʀse] **I.** *part passé de* **forcer II.** *adj* **1.** forced **2.** (*amabilité, gaieté*) false **3.** *inf* (*conséquence, suite*) inevitable **4.** LIT, ART unnatural **5.** c'était ~! *inf* bound to happen!

forcément [fɔʀsemɑ̃] *adv* inevitably; **pas ~** not necessarily; **~!** of course!

forcené(e) [fɔʀsəne] **I.** *adj* (*très violent*) frenzied **II.** *m(f)* maniac

forcer [fɔʀse] <2> **I.** *vt* **1.** (*obliger*) **~ qn à** +*infin* to force sb to +*infin* **2.** (*porte, serrure*) to force; (*coffre*) to force open; (*barrage*) to force one's way through; **~ l'entrée de qc** to force one's way into sth **3.** (*susciter*) to compel; (*respect*) to command **4.** (*cheval*) to override; **~ le moteur** to put a strain on the engine **5.** (*voix*) to strain; **~ le pas** to force the pace **II.** *vi* **1.** to force **2.** (*agir avec force*) **~ sur qc** to put force on sth **3.** *inf* (*abuser*) **~ sur les pâtisseries** to overdo the pastries **III.** *vpr* **se ~ à faire qc** to force oneself to do sth; **elle ne se force pas pour le faire** doing it comes naturally to her

forcir [fɔʀsiʀ] <8> *vi* (*grossir*) to fill out

forer [fɔʀe] <1> *vt* **1.** (*trou, puits*) to dig **2.** (*roche*) to drill through

forestier, -ière [fɔʀɛstje] **I.** *adj* forest **II.** *m, f* forester

forêt [fɔʀɛ] *f* (*bois*) forest

forêt-noire [fɔʀɛnwaʀ] <forêts-noires> *f* (*gâteau*) Black Forest gateau [*o* cake *Am*] **Forêt-Noire** [fɔʀɛnwaʀ] *f* GEO **la ~** the Black Forest

forfait [fɔʀfɛ] *m* **1.** (*prix fixé*) all-in price **2.** SPORT **~ de neige** ski-pass **3.** déclarer ~ to scratch

forfaitaire [fɔʀfɛtɛʀ] *adj* (*indemnité*) lump; (*prix*) all-in

forge [fɔʀʒ] *f* (*fourneau*) forge

forger [fɔʀʒe] <2a> *vt* **1.** (*façonner*) to forge **2.** (*inventer*) to think up

forgeron [fɔʀʒəʀɔ̃] *m* blacksmith

formaliser [fɔʀmalize] <1> **I.** *vpr* **se ~ de qc** to take offence [*o* offense *Am*] at sth **II.** *vt* to formalize

formalisme [fɔʀmalism] *m péj* formality

formalité [fɔʀmalite] *f* formality

format [fɔʀma] *m* format

formatage [fɔʀmataʒ] *m* INFOR formatting

formater [fɔʀmate] <1> *vt* INFOR to format

formateur, -trice [fɔʀmatœʀ] **I.** *adj* training **II.** *m, f* trainer

formation [fɔʀmasjɔ̃] *f* **1.** LING, GEO, BOT, SPORT, MIL formation **2.** (*du capitalisme, d'un embryon, os*) development **3.** (*apprentissage professionnel*) training *no pl;* **~ professionnelle** vocational training; **~ continue** [*o* **permanente**] ongoing education

forme [fɔʀm] *f* **1.** (*aspect extérieur: en deux dimensions*) shape; (*en trois dimensions*) form; **en ~ de croix/de cœur** cross-/heart-shaped; **sous la ~ de qn/qc** in the shape of sb/sth; **sous toutes ses ~s** in all its forms **2.** (*silhouette*) shape **3.** *pl* (*galbe du corps*) figure **4.** *a.* ART, LIT, MUS, LING, JUR form **5.** *pl* (*bienséance*) conventions **6.** en bonne (**et due**) ~ in due form; **prendre ~** (*projet*) to take shape

formé(e) [fɔʀme] *adj* **1.** (*plante*) mature **2.** *inf* (*adulte*) **adolescente ~e** physically adult adolescent **3.** bien/mal ~ (*mot, phrase*) well-/wrongly formed

F
f

formel(le) [fɔʀmɛl] *adj* **1.** (*explicite*) definite; (*refus, ordre*) clear; (*preuve*) positive; **être ~ sur qc** to be categorical about sth **2.** (*de pure forme*) outward

formellement [fɔʀmɛlmɑ̃] *adv* (*expressément*) categorically

former [fɔʀme] <1> **I.** *vt* **1.** to form **2.** (*complot*) to organize; **~ le projet de** +*infin* to plan to +*infin* **3.** (*équipes, collection*) to build **4.** (*personne*) to train; **~ qn** (*voyage, épreuve*) to form sb's character **II.** *vpr* **se ~ 1.** (*naître*) to form **2.** (*s'instruire*) to educate oneself

formica® [fɔʀmika] *m* formica®

formidable [fɔʀmidabl] *adj* **1.** *inf* (*film, type*) terrific **2.** (*volonté*) remarkable; **c'est ~!** it's incredible!

formol [fɔʀmɔl] *m* formalin

formulaire [fɔʀmylɛʀ] *m* (*papier*) form

formule [fɔʀmyl] *f* **1.** (*en science, chimie*) formula **2.** (*paroles rituelles*) phrase; **~ de politesse** letter ending **3.** (*choix, possibilité*) option; **~ à 60 euros** 60 euros menu **4.** AUTO, SPORT **~ I** Formula 1

formuler [fɔʀmyle] <1> *vt* to formulate; (*demande, requête*) to make

fort [fɔʀ] **I.** *adv* **1.** (*frapper, souffler*) hard; (*parler, crier*) loudly; (*battre*) fast; **respirez ~!** breathe in deeply! **2.** (*beaucoup*) **avoir ~ à faire** to have much to do; **j'en doute ~** I very much doubt it **3.** *antéposé* (*très*) very **4.** *inf* (*bien*) **toi, ça ne va pas ~** you're in a bad way **5. ~ bien!** very well!; **y aller un peu/trop ~** *inf* you're going a bit/rather too far **II.** *m* **1.** (*forteresse*) fort **2.** (*spécialité*) **la cuisine, ce n'est pas mon ~** cooking is not my forte

fort(e) [fɔʀ] **I.** *adj* **1.** strong **2.** (*averse, mer*) heavy; (*battement*) loud **3.** (*colère, dégoût, douleur, émotion*) deep; (*fièvre*) high **4.** (*somme, baisse, hausse*) large; (*mortalité, consommation de gaz*) high; **dire qc haut et ~** to say sth out loud; **il y a de ~es chances pour que ... +*subj*** there's a strong chance ...; **faire payer le prix ~** to pay full price **5.** (*doué*) good; **ne pas être très ~ en cuisine** not to be good at cooking **6.** (*personne*) stout; (*poitrine*) large; **être un peu ~ des hanches** to be a bit big round the hips **7.** *postposé* (*courageux*) brave **8. c'est plus ~ que moi** I can't help it; **le** [*o* **ce qu'il y a de**] **plus ~, c'est que** *iron* the best of it is that; **c'est trop** [*o* **un peu**] **~!** it's a bit much!; **elle est ~e, celle-là!** *inf* that's a good one! **II.** *m(f)* (*personne*) strong person

fortement [fɔʀtəmɑ̃] *adv* **1.** (*vigoureusement*) strongly; (*secouer*) hard **2.** (*vivement*) **insister ~ sur qc** to insist strongly on sth **3.** (*beaucoup*) very much; **il est ~ question de qc** there is a lot of talk about sth

forteresse [fɔʀtəʀɛs] *f* fortress

fortifiant [fɔʀtifjɑ̃] *m* (*remède*) tonic

fortifiant(e) [fɔʀtifjɑ̃] *adj* (*remède*) fortifying; **nourriture ~e** nourishing food

fortification [fɔʀtifikasjɔ̃] *f* fortification

fortifier [fɔʀtifje] <1> **I.** *vt* **1.** *a.* MIL to fortify **2.** (*volonté*) to strengthen **II.** *vi* (*tonifier*) to fortify

fortuit(e) [fɔʀtɥi] *adj* fortuitous; (*remarque*) chance

fortune [fɔʀtyn] *f* **1.** (*richesse*) wealth; **avoir de la ~** to be rich; **faire ~** to make a fortune **2.** *inf* fortune **3.** (*magnat*) **les grandes ~s** large private fortunes **4.** (*chance*) luck **5. de ~** makeshift

fortuné(e) [fɔʀtyne] *adj* (*riche*) wealthy

forum [fɔʀɔm] *m* **1.** forum **2.** INFOR newsgroup; **~ de discussion sur Internet** chat room

fosse [fos] *f* **1.** *a.* MUS pit **2.** (*tombe, charnier*) grave

fossé [fose] *m* **1.** (*tranchée*) ditch **2.** (*écart*) gap

fossette [fosɛt] *f* dimple

fossile [fosil] **I.** *adj* **1.** GEO fossil(ized) **2.** *péj, inf* fossilized **II.** *m inf, a. fig* fossil

fossoyeur [foswajœʀ] *m* grave-digger

fou, folle [fu] <*devant un nom masculin commençant par une voyelle ou un h muet* fol> **I.** *adj* **1.**(*dément*) mad; **devenir ~ furieux** to go raving mad **2.**(*dérangé*) **ne pas être ~** *inf* not to be mad; **il y a de quoi devenir ~** it would drive you mad **3.**(*idiot*) **il faut être ~ pour faire cela** only a madman would do that **4.**(*insensé*) crazy; (*imagination, désir*) wild; (*regard*) crazed; **c'est l'amour ~** they're head over heels (in love) **5.**(*amoureux*) **être ~ de qn** to be wild about sb; **être ~ de jazz** to be mad on [*o* about] jazz **6.**(*courage, mal*) unbelievable; **un argent ~** an unbelievable amount of money; **il y avait un monde ~** the place was packed **7.**(*camion, cheval*) runaway **II.** *m, f* **1.**(*dément*) madman, madwoman *m, f* **2.**(*écervelé*) **jeune ~** young fool; **vieux ~** crazy old fool; **comme un ~** (*crier, travailler*) like mad **3.**(*personne exubérante*) **faire le ~** (*se défouler*) to act the fool; **arrête de faire le ~!** stop playing the fool! **4.**JEUX bishop **5.**(*bouffon*) jester **6.****s'amuser comme un petit ~** *inf* to have a whale of a time

foudre [fudʀ] *f* METEO lightning *no pl*

foudroyant(e) [fudʀwajã] *adj* **1.**(*succès*) overnight; (*vitesse, progrès, attaque*) lightning; **jeter un regard ~ sur qn** to look daggers at sb **2.**(*mortel*) devastating

foudroyer [fudʀwaje] <6> *vt* **1.**être foudroyé (*par la foudre*) to be struck by lightning; (*électrocuter*) to be electrocuted **2.**(*tuer*) **la maladie l'a foudroyé** illness struck him down

fouet [fwɛ] *m* **1.**(*verge*) whip **2.**GASTR whisk **3.de plein ~** head-on

fouetter [fwete] <1> *vt* **1.**(*frapper*) to whip; (*pluie*) to lash **2.**(*blanc d'œufs*) to whisk; (*crème*) to whip

fougère [fuʒɛʀ] *f* BOT fern

fougue [fug] *f* ardour *Brit,* ardor *Am*

fougueux, -euse [fugø] *adj* (*attaque, cheval*) spirited; (*tempérament*) fiery

fouille [fuj] *f* **1.**(*inspection*) search **2.** *pl* (*en archéologie*) dig

fouille-merde [fujmɛʀd] <fouille-merdes> *mf inf* muckraker

fouiller [fuje] <1> **I.** *vt* **1.**(*lieu, poches*) to search **2.**(*archéologue*) to excavate; (*animal*) to dig **II.** *vi* **1.**(*inspecter*) **~ dans qc** to look through sth **2.**(*creuser*) to dig **III.** *vpr* **se ~** to go through one's pockets

fouillis [fuji] *m* muddle

fouine [fwin] *f* **1.**ZOOL stone marten **2.c'est une vraie ~** he's a real busybody

fouiner [fwine] <1> *vi inf* to snoop around; **~ partout** to nose around all over the place

foulard [fulaʀ] *m* **1.**(*fichu*) (head)scarf **2.**(*écharpe*) scarf

foule [ful] *f* **1.**crowd; **il y a/n'y a pas ~** there are loads of/not a lot of people; **une ~ de gens/questions** masses of people/questions **2.**(*peuple*) **la ~** the mob

foulée [fule] *f* **1.**SPORT stride; **à grandes/petites ~s** taking big/small strides **2.dans la ~ de qc** in the wake of sth

fouler [fule] <1> **I.** *vt* (*raisin*) to tread; TECH to tan **II.** *vpr* **1.**(*se tordre*) **se ~ la cheville** to sprain one's ankle **2.** *iron, inf* **se ~** to kill oneself

foulure [fulyʀ] *f* MED sprain

four [fuʀ] *m* **1.**GASTR oven **2.**TECH furnace

fourbe [fuʀb] *adj* deceitful

fourbi [fuʀbi] *m inf* (*attirail*) kit

fourbu(e) [fuʀby] *adj* all-in

fourche [fuʀʃ] *f* **1.**(*outil, de bicyclette, branchement*) fork **2.**Belgique (*temps libre d'une ou deux heures dans un horaire de cours*) break

fourchette [fuʀʃɛt] *f* **1.**GASTR fork **2.**(*marge*) range; **dans une ~ de 41 à 47%** in the 41 to 47% range

fourchu(e) [fuʀʃy] *adj* forked; **che-**

F
f

veux ~**s** split ends

fourgon [fuʀgɔ̃] *m* **1.** CHEMDFER coach; ~ **à bagages** luggage van **2.** (*voiture*) van; ~ **blindé** armoured [*o* armored *Am*] car

fourgonnette [fuʀgɔnɛt] *f* van

fourguer [fuʀge] <1> *vt inf* ~ **qc à qn** (*vendre*) to flog sth to sb; (*refiler*) to land sb with sth

fourmi [fuʀmi] *f* **1.** ZOOL ant **2.** (*symbole d'activité*) busy bee **3. avoir des** ~**s dans les jambes** to have pins and needles in one's legs

fourmilière [fuʀmiljɛʀ] *f* ZOOL anthill

fourmillement [fuʀmijmɑ̃] *m* (*picotement*) tingling; **j'ai des** ~**s dans les bras** I've got pins and needles in my arms

fourmiller [fuʀmije] <1> *vi* (*abonder*) **les moustiques/fautes fourmillent** it's swarming with mosquitoes/mistakes

fournaise [fuʀnɛz] *f* **1.** (*lieu surchauffé*) **c'est une** ~ **ici** it's like an oven in here **2.** *Québec* (*appareil de chauffage central*) boiler

fourneau [fuʀno] <x> *m* **1.** (*cuisinière*) stove **2.** (*chaufferie*) furnace; **haut** ~ blast furnace

fournée [fuʀne] *f* (*de pains*) batch; (*de touristes*) bunch

fourni(e) [fuʀni] *adj* (*cheveux*) lush; (*barbe, sourcils*) bushy

fournil [fuʀni] *m* bakery

fournir [fuʀniʀ] <8> **I.** *vt* **1.** COM ~ **qn/qc en qc** to supply sb/sth with sth **2.** (*procurer*) ~ **qc à qn** to provide sb with sth **3.** (*présenter*) to provide **4.** (*produire*) to produce; ~ **un gros effort** to put in a lot of effort **II.** *vpr* **se** ~ **en charbon chez qn** to get one's coal from sb

fournisseur, -euse [fuʀnisœʀ] *m, f* **1.** COM supplier **2.** INFOR ~ **d'accès Internet** Internet service provider

fourniture [fuʀnityʀ] *f* **1.** (*livraison*) supply **2.** *pl* (*accessoires*) supplies

fourrage [fuʀaʒ] *m* fodder

fourré [fuʀe] *m* thicket

fourré(e) [fuʀe] *adj* **1.** (*gants, manteau*) fur-lined **2.** GASTR filled

fourreau [fuʀo] <x> *m* **1.** (*d'une épée*) sheath; (*d'un parapluie*) cover **2.** (*robe*) sheath

fourrer [fuʀe] <1> **I.** *vt* **1.** *inf* (*mettre*) ~ **qc dans qc** to put sth in sth **2.** COUT ~ **qc avec du lapin** to trim sth with rabbit fur **3.** GASTR ~ **qc au chocolat** to put a chocolate filling in sth **II.** *vpr inf* **1.** (*se mettre*) **se** ~ **sous les couvertures** to dive under the bedclothes [*o* covers]; **se** ~ **les doigts dans le nez** to pick one's nose; **être tout le temps fourré au café** to be always down at the café **2. ne plus savoir où se** ~ not to know where to put oneself

fourre-tout [fuʀtu] *m inv* **1.** *péj* junk room **2.** (*sac*) holdall

fourreur, -euse [fuʀœʀ] *m, f* furrier

fourrière [fuʀjɛʀ] *f* pound

fourrure [fuʀyʀ] *f* fur

foutaise [futɛz] *f inf* (*futilité*) bull *no pl;* **quelle** ~**!** what a load of bull!

foutre [futʀ] <14> **I.** *vt inf* **1.** (*faire*) **ne rien** ~ to do not a damn thing, to do damn all; **qu'est-ce que tu fous?** what are you up to? **2.** (*donner*) ~ **une baffe à qn** to clout sb; **fous-moi la paix!** get lost!, bugger off! *Brit* **3.** (*mettre*) ~ **qc par terre** (*exprès*) to sling sth on the ground **4. je n'en ai rien à** ~**!** I couldn't give a damn!; **qu'est-ce que ça peut me/te** ~**?** what the hell's that got to do with me/you?; **je t'en foutrais des ordinateurs!** don't you talk to me about computers! **II.** *vpr inf* **1.** (*se mettre*) **se** ~ **un coup de marteau sur les doigts** to hit one's fingers with a hammer **2.** (*se moquer*) **se** ~ **de qn** to mock sb; **il se fout de notre gueule!** he's taking us for damn idiots! **3.** (*se désintéresser*) **se** ~ **de qn/qc** not to give a damn about sb/sth **4. va te faire** ~**!** (*va te faire voir*) go screw yourself!; **s'en** ~ **jusque-là** to stuff oneself

foutu(e) [futy] **I.** *part passé de* **foutre II.** *adj inf* **1. être** ~ (*chose*) to be bust; (*personne*) to have had it;

(*malade*) to be a goner **2.** *antéposé* (*maudit*) damned, bloody *Brit* **3.** (*capable*) **ne pas être ~ de faire qc** to be not up to doing sth **4. être bien/ mal ~** (*personne*) to have a good/ lousy body; **être mal ~** to feel lousy; **~ pour ~** the mess things are in

foyer [fwaje] *m* **1.** (*maison*) home; **fonder un ~** to start a family **2.** (*résidence*) hostel **3.** (*salle de réunion*) hall **4.** THEAT foyer **5.** (*âtre*) hearth **6.** (*d'une civilisation*) centre *Brit*, center *Am*; *~* **lumineux** light source **7.** (*incendie*) heart **8.** (*en optique*) *a.* MAT, PHYS focus

fracas [frakɑ] *m* crash; **à grand ~** making a great stir

fracasser [frakase] <1> *vt, vpr* (**se**) *~* to smash

fraction [fraksjɔ̃] *f* **1.** MAT, REL fraction **2.** (*d'un groupe, d'une somme*) part; **une ~ de seconde** a fraction of a second

fractionner [fraksjɔne] <1> *vt* (*diviser, partager*) to divide up

fracture [fraktyr] *f* **1.** MED fracture **2.** *fig* **sociale** social breakdown

fracturer [fraktyre] <1> **I.** *vt* **1.** (*briser*) to break open **2.** MED to fracture **II.** *vpr* MED **se ~ le bras** to fracture one's arm

fragile [fraʒil] *adj* **1.** (*cassant, précaire*) fragile **2.** (*délicat, faible*) delicate; **être ~ du cœur/des poumons** to have a weak heart/chest **3.** (*équilibre, économie*) shaky

fragiliser [fraʒilize] <1> *vt* to weaken

fragilité [fraʒilite] *f* **1.** fragility **2.** (*faiblesse*) weakness **3.** (*précarité*) flimsiness; (*d'un équilibre, d'une économie*) instability

fragment [fragmɑ̃] *m* **1.** (*débris*) bit **2.** (*extrait d'une œuvre*) extract **3.** (*œuvre incomplète*) fragment

fragmenter [fragmɑ̃te] <1> *vt ~* **qc en qc** to split sth up into bits

fraîche [frɛʃ] **I.** *adj v.* **frais II.** *f* **à la ~** (*le matin/soir*) in the cool of the early morning/of the evening

fraîchement [frɛʃmɑ̃] *adv* freshly

fraîcheur [frɛʃœr] *f* **1.** (*sensation*

agréable) coolness; **chercher la ~** to look for somewhere cool **2.** (*sensation désagréable*) chilliness **3.** (*éclat*) freshness

frais¹ [frɛ] *mpl* **1.** costs; **~ de scolarité** tuition fees; **faux ~** overheads; **tous ~ compris** all inclusive **2.** COM, ECON costs **3. arrêter les ~** *inf* to stop messing around; **en être pour ses ~** to be out of pocket; **faire des ~** to spend money; **s'en tirer à peu de ~** to get off lightly

frais² [frɛ] *m* cool; **mettre au ~** (*bouteille*) to chill; **à conserver au ~** keep cool; **être au ~** (*chose*) to be on ice

frais, **fraîche** [frɛ] *adj* **1.** fresh **2.** (*endroit, eau, vent*) cool; **servir qc très ~** to serve sth chilled **3.** (*œuf*) new-laid **4.** (*reposé, sain*) refreshed; **être ~ et dispos** to be fresh as a daisy **5.** (*peinture*) wet; **des nouvelles fraîches** some fresh news

fraise [frɛz] *f* **1.** (*fruit*) strawberry; **à la ~** strawberry **2.** (*collerette*) ruff **3.** (*chez le dentiste*) drill **4.** *inf* (*figure*) mug; **ramener sa ~** *inf* to horn in, to shove one's oar in *Brit*

fraisier [frɛzje] *m* strawberry plant

framboise [frɑ̃bwaz] *f* **1.** (*fruit*) raspberry **2.** (*eau-de-vie*) raspberry liqueur

framboisier [frɑ̃bwazje] *m* raspberry bush

franc [frɑ̃] *m* (*monnaie*) franc; **~ français/suisse/belge** French/ Swiss/Belgian franc

franc(he) [frɑ̃] *adj* **1.** (*personne, contact*) straightforward; (*rire, gaieté*) open; **pour être ~** to be frank **2.** (*couleur*) strong

franc, **franque** [frɑ̃] *adj* Frankish

Franc, Franque [frɑ̃] *m, f* Frank

français [frɑ̃sɛ] *m* **1. le ~** French; **le ~ familier/standard** everyday/ standard French; **parler (le) ~** to speak French; **écrire en ~** to write in French; **traduire en ~** to translate into French **2. en bon ~** *iron* in language anyone could understand; **tu ne comprends pas/vous ne com-**

F f

prenez pas le ~? *inf* don't you understand plain English?; **je parle (le) ~ pourtant** I'm not speaking Chinese, am I?

français(e) [fʀɑ̃sɛ] *adj* French

Français(e) [fʀɑ̃sɛ] *m(f)* Frenchman, Frenchwoman *m, f;* **les ~** the French

française [fʀɑ̃sɛz] *f* **à la ~** in the French style

franc-comtois(e) [fʀɑ̃kɔ̃twa] *adj v.* **comtois**

Franc-Comtois(e) [fʀɑ̃kɔ̃twa] *m(f) v.* **Comtois**

France [fʀɑ̃s] *f* **1.la ~** France **2.de ~ et de Navarre** *iron* in the whole damn country

franchement [fʀɑ̃ʃmɑ̃] *adv* **1.**(*sincèrement*) frankly **2.**(*clairement*) plainly **3.~!** really!

franchir [fʀɑ̃ʃiʀ] <8> *vt* **1.**(*fossé*) to step over; (*obstacle*) to clear; (*ruisseau*) to jump across; (*voie*) to cross **2.**(*aller au-delà*) to cross; (*barrage*) to get past; (*seuil*) to step across; (*limite*) to go beyond **3.**(*col*) to go across; **sa gloire a franchi les siècles** her glory has lasted down the centuries

franchise [fʀɑ̃ʃiz] *f* **1.**(*d'une personne*) frankness; (*d'un regard*) openness; **en toute ~** in all honesty **2.**(*des assurances*) excess **3.**(*exonération*) allowance; **en ~** duty-free **4.**(*montant*) tax allowance **5.**COM franchise

franciscain(e) [fʀɑ̃siskɛ̃] *adj, m(f)* Franciscan

franciser [fʀɑ̃size] <1> *vt* **~ un mot** to turn into a French word

franc-maçon(ne) [fʀɑ̃masɔ̃] <francs-maçons> *m(f)* Freemason

franc-maçonnerie [fʀɑ̃masɔ̃ʀi] <franc-maçonneries> *f* Freemasonry

franco [fʀɑ̃ko] *adv* **1.**COM postage paid **2.***inf* **y aller ~** to get right on with it

franco-allemand(e) [fʀɑ̃koalmɑ̃] <franco-allemands> *adj* Franco-German

francophile [fʀɑ̃kɔfil] *adj, mf* francophile

francophone [fʀɑ̃kɔfɔn] **I.** *adj* francophone; (*personne*) French-speaking; **être ~** to be a French-speaker **II.** *mf* French-speaker

francophonie [fʀɑ̃kɔfɔni] *f* **la ~** the French-speaking world

---

i **Francophonie** is the whole of the French-speaking world. This includes countries in Africa, America, Asia and Europe. There are regular summits between these francophone countries, where duties and the spread of the French language are discussed.

---

franc-parler [fʀɑ̃paʀle] <francs-parlers> *m* forthrightness; **avoir son ~** to be outspoken **franc-tireur** [fʀɑ̃tiʀœʀ] <francs-tireurs> *m* MIL irregular

frange [fʀɑ̃ʒ] *f* fringe

frangin(e) [fʀɑ̃ʒɛ̃] *m(f) inf* brother

frangipane [fʀɑ̃ʒipan] *f* frangipane

franglais [fʀɑ̃glɛ] *m* Franglais

franque [fʀɑ̃k] *adj v.* **franc**

franquette [fʀɑ̃kɛt] **à la bonne ~** *inf* simply

frappant(e) [fʀapɑ̃] *adj* striking

frappé(e) [fʀape] *adj* (*refroidi*) chilled; **café ~** iced coffee

frapper [fʀape] <1> **I.** *vt* **1.**(*heurter, cogner*) to hit **2.**(*avec un couteau*) to stab **3.**(*médaille*) to strike; (*monnaie*) to mint **4.**(*champagne*) to chill; (*café*) to ice **II.** *vi* to knock; **~ à la porte** to knock at the door; **~ du poing sur la table** to hit the table with one's fist

frasque [fʀask] *f* **1.**(*bêtise*) prank **2.**(*dans un couple*) escapade

fraternel(le) [fʀatɛʀnɛl] *adj* **1.**(*de frère*) brotherly **2.**(*de sœur*) sisterly **3.**(*affectueux*) fraternal

fraterniser [fʀatɛʀnize] <1> *vi* to fraternize

fraternité [fʀatɛʀnite] *f* brotherhood

fratricide [fʀatʀisid] **I.** *adj* fratricidal **II.** *mf* fratricide

fraude [fʀod] *f* **1.** fraud; ~ **fiscale** tax evaison **2. en** ~ fraudulently; **passer des marchandises à la frontière en** ~ to smuggle in goods

frauder [fʀode] <1> **I.** *vt* (*tromper*) to defraud; (*fisc*) to cheat **II.** *vi* (*tricher*) ~ **à un examen** to cheat at an exam

fraudeur, -euse [fʀodœʀ] *m, f* **1.** (*escroc*) crook **2.** (*à la frontière*) smuggler

frauduleux, -euse [fʀodylø] *adj* fraudulent

frayer [fʀeje] <7> **I.** *vt* (*ouvrir*) ~ **à qn un passage dans la foule** to clear a way through the crowd for sb **II.** *vpr* **se** ~ **un chemin** to get through

frayeur [fʀɛjœʀ] *f* fright

fredonner [fʀədɔne] <1> *vt* to hum

free-lance [fʀilɑ̃s] <free-lances> **I.** *mf* freelance(r); **travailler en** ~ to work freelance **II.** *adj inv* freelance

freezer [fʀizœʀ] *m* freezer

frégate [fʀegat] *f* (*bateau*) frigate

frein [fʀɛ̃] *m* brake; ~ **à main** hand [*o* parking *Am*] brake

freinage [fʀɛnaʒ] *m* (*action*) braking

freiner [fʀene] <1> **I.** *vi* to brake **II.** *vt* **1.** (*ralentir, entraver*) to slow down **2.** (*hausse des prix*) to check

frelaté(e) [fʀəlate] *adj* adulterated

frêle [fʀɛl] *adj* frail; (*silhouette*) slim

frelon [fʀəlɔ̃] *m* ZOOL hornet

frémir [fʀemiʀ] <8> *vi* **1.** *soutenu* to tremble; ~ **d'impatience/de colère** to seethe with impatience/ anger; ~ **d'horreur** to shudder with horror; **faire** ~ **qn** to make sb shudder **2.** (*eau*) to shiver

frémissement [fʀemismɑ̃] *m* **1.** *soutenu* (*du corps*) shiver; ~ **d'horreur** shudder **2.** (*du feuillage*) trembling

french cancan [fʀɛnʃkɑ̃kɑ̃] <french cancans> *m* cancan

frêne [fʀɛn] *m* BOT ash

frénésie [fʀenezi] *f* frenzy; **avec** ~ wildly

frénétique [fʀenetik] *adj* frenzied; (*agitation, danse*) frenetic; (*applaudissements*) wild

fréquemment [fʀekamɑ̃] *adv* frequently

fréquence [fʀekɑ̃s] *f* frequency

fréquent(e) [fʀekɑ̃] *adj* frequent

fréquentable [fʀekɑ̃tabl] *adj* (*lieu*) where one can safely go; (*personne*) that you can safely be seen with

fréquentation [fʀekɑ̃tasjɔ̃] *f* **1.** (*action*) ~ **d'une personne** seeing a person **2.** *gén pl* (*relation*) acquaintance; **avoir de bonnes/ mauvaises** ~**s** to keep good/bad company

fréquenté(e) [fʀekɑ̃te] *adj* busy; **ce lieu est bien** ~ (*qualitatif*) the people who come here are nice; (*quantitatif*) this is a popular place

fréquenter [fʀekɑ̃te] <1> **I.** *vt* **1.** (*bars, théâtres*) to frequent **2.** (*avoir des relations avec*) to see **II.** *vpr* **se** ~ (*par amitié*) to see each other

frère [fʀɛʀ] *m a.* REL brother; ~ **siamois** Siamese twin brother

fresque [fʀɛsk] *f* fresco

fret [fʀɛ(t)] *m* NAUT, AVIAT **1.** (*prix*) freight charge **2.** (*chargement*) freight

frétiller [fʀetije] <1> *vi* **1.** (*poisson*) to wriggle; **le chien frétille de la queue** the dog was wagging its tail **2.** *fig* ~ **d'impatience** to quiver with impatience

fretin [fʀətɛ̃] *m* **menu** ~ *péj* small fry

friable [fʀijabl] *adj* friable; (*pâte*) crumbly

friand [fʀijɑ̃] *m* (*pâté*) ≈ meat pie

friand(e) [fʀijɑ̃] *adj* ~ **de qc** fond of sth

friandise [fʀijɑ̃diz] *f* sweet(s)

fric [fʀik] *m inf* (*argent*) dough

fricassée [fʀikase] *f* fricassee

friche [fʀiʃ] *f* AGR fallow; **être en** ~ to lie fallow

friction [fʀiksjɔ̃] *f* **1.** (*frottement*) massage **2.** *gén pl* (*désaccord*) friction *no pl*

frictionner [fʀiksjɔne] <1> **I.** *vt* to

rub down **II.** *vpr* **se** ~ to rub oneself down

frigidaire® [fʀiʒidɛʀ] *m* fridge

frigide [fʀiʒid] *adj* frigid

frigidité [fʀiʒidite] *f* frigidity

frigo [fʀigo] *m inf abr de* **frigidaire**

frigorifier [fʀigɔʀifje] <1> *vt* **1.** *inf* **être frigorifié** (*personne*) to be frozen stiff **2.** (*congeler*) to freeze

frigorifique [fʀigɔʀifik] *adj* refrigerated

frileux, -euse [fʀilø] *adj* **1.** (*personne*) that feels the cold **2.** (*craintif*) timid

frime [fʀim] *f inf* **1.** (*bluff*) put-on **2.** (*vantardise*) show; **c'est pour la** ~ it's just showing off

frimer [fʀime] <1> *vi inf* (*fanfaronner*) to show off

frimeur, -euse [fʀimœʀ] *m, f inf* show-off

frimousse [fʀimus] *f inf* sweet little face

fringale [fʀɛ̃gal] *f inf* (*faim*) **avoir la** ~ to be hungry

fringant(e) [fʀɛ̃gɑ̃] *adj* (*personne*) dashing; (*cheval*) frisky

fringué(e) [fʀɛ̃ge] *adj inf* dressed up; **bien** ~ smartly dressed

fringuer [fʀɛ̃ge] <1> *vt, vpr inf* (**se**) ~ to dress (oneself) up

fringues [fʀɛ̃g] *fpl inf* clothes

fripe [fʀip] *f gén pl* **1.** (*vieux vêtements*) old clothes **2.** (*vêtements d'occasion*) second-hand clothes

fripé(e) [fʀipe] *adj* crumpled

fripon(ne) [fʀipɔ̃] **I.** *adj inf* (*air, visage*) mischievous **II.** *m(f) inf* (*malin*) rogue; **petit** ~! little vilain!

fripouille [fʀipuj] *f inf* rascal

frire [fʀiʀ] <irr> *vt, vi* to fry

frise [fʀiz] *f ARCHIT* frieze

frisé(e) [fʀize] *adj* (*cheveux*) curly; (*fille*) curly-haired; **être** ~ **comme un mouton** to have frizzy hair

frisée [fʀize] *f* (*salade*) curly endive

friser [fʀize] <1> **I.** *vt* **1.** (*cheveux*) to curl **2.** (*frôler*) ~ **le ridicule** (*situation, remarque*) to border on the ridiculous; ~ **la soixantaine** to be pushing sixty **II.** *vi* (*cheveux*) to curl; (*personne*) (*naturellement*) to be

curly **III.** *vpr* **se faire** ~ to have one's hair curled

frisquet(te) [fʀiskɛ] *adj inf* nippy

frisson [fʀisɔ̃] *m* **1.** shiver; (*de dégoût*) shudder; **avoir des** ~**s** to shiver **2.** **le grand** ~ a big thrill

frissonner [fʀisɔne] <1> *vi* ~ **de froid/peur** to shiver with cold/fear; ~ **d'horreur** to shudder with horror

frit(e) [fʀi] *part passé de* **frire**

frite [fʀit] *f* **1.** **des** ~**s** chips *Brit*, french fries *Am*; **cornet de** ~**s** bag of chips **2.** **avoir la** ~ to be in (top) form

friterie [fʀitʀi] *f* (*baraque à frites*) chip stand *Brit*, french fry stand *Am*

friteuse [fʀitøz] *f* GASTR deep fryer

friture [fʀityʀ] *f* **1.** (*aliments*) fried food **2.** *Belgique* (*baraque à frites*) chip stand *Brit*, french fry stand *Am* **3.** (*graisse*) fat **4.** RADIO, TEL interference

frivole [fʀivɔl] *adj* frivolous; (*occupation, lecture*) trivial

frivolité [fʀivɔlite] *f* (*d'une personne*) frivolousness; (*d'une conversation, d'une occupation*) triviality

froc [fʀɔk] *m inf* **1.** (*pantalon*) trousers *pl Brit*, pants *pl Am* **2.** **faire dans son** ~ to wet oneself

froid [fʀwa] **I.** *m* **1.** (*température*) cold; **il fait** ~ it's cold; **avoir** ~ to be cold; **j'ai** ~ **aux pieds** my feet are cold; **attraper** (**un coup de**) ~ to catch (a) cold **2.** (*brouille*) **jeter un** ~ (*remarque*) to cause a chill **3.** **il fait un** ~ **de canard** *inf* it's freezing out; **j'en ai** ~ **dans le dos** it makes my blood run cold; **ne pas avoir** ~ **aux yeux** (*avoir du courage*) to have spirit **II.** *adv* **à** ~ TECH cold

froid(e) [fʀwa] *adj* cold; **laisser qn** ~ to leave sb cold

froidement [fʀwadmɑ̃] *adv* coolly, (*sans chaleur*) coldly

froideur [fʀwadœʀ] *f* coldness; **accueillir qc avec** ~ to give sth a cool reception

froissé(e) [fʀwase] *adj* **1.** (*tissu*) crumpled **2.** (*muscle*) strained

froisser [fʀwase] <1> **I.** *vt* **1.** (*chiffonner*) to crumple **2.** (*personne, orgueil*) to hurt **II.** *vpr* **se** ~ **1.** (*tissu*) to crease **2.** (*se claquer*) **se** ~ **un muscle** to strain a muscle **3.** (*se vexer*) to get offended

frôler [fʀole] <1> *vt* **1.** (*effleurer*) to brush against **2.** (*passer très près*) to graze; **le thermomètre frôle les 20°** it's around 20°; ~ **la mort** to narrowly escape death

fromage [fʀɔmaʒ] *m* **1.** cheese; ~ **blanc** fromage frais **2. faire un** ~ **de qc** *inf* to make a big fuss about sth

fromager, -ère [fʀɔmaʒe] **I.** *adj* cheese **II.** *m, f* cheese dealer, cheese-monger *Brit*

fromagerie [fʀɔmaʒʀi] *f* (*lieu de fabrication*) dairy

froment [fʀɔmɑ̃] *m* wheat

froncer [fʀɔ̃se] <2> *vt* **1.** COUT to gather **2.** (*nez*) to wrinkle; ~ **les sourcils** to frown

frondaison [fʀɔ̃dɛzɔ̃] *f* BOT **1.** (*apparition des feuilles*) foliation **2.** (*feuillage*) foliage

fronde¹ [fʀɔ̃d] *f* catapult *Brit,* slingshot *Am*

fronde² [fʀɔ̃d] *f* (*insurrection*) revolt

front [fʀɔ̃] *m* **1.** ANAT forehead **2.** (*façade*) façade **3.** MIL, METEO, POL front

frontal(e) [fʀɔ̃tal] <-aux> *adj* (*collision*) head-on

frontalier, -ière [fʀɔ̃talje] **I.** *adj* border **II.** *m, f* border dweller

frontière [fʀɔ̃tjɛʀ] *f* border

frottement [fʀɔtmɑ̃] *m* **1.** (*contact*) rubbing; **des traces de** ~ **sur le plancher** signs of wear on the floor **2.** *pl* (*frictions*) friction

frotter [fʀɔte] <1> **I.** *vi* ~ **contre qc** to rub against sth; (*porte*) to scrape against sth **II.** *vt* **1.** (*astiquer*) to polish **2.** (*nettoyer*) to rub; (*avec une brosse*) to scrub **3.** (*frictionner pour laver*) to scrub; (*pour sécher*) to rub down; (*pour réchauffer*) to rub **III.** *vpr* **se** ~ **1.** (*se laver*) to give oneself a scrub **2.** (*se nettoyer*) to rub oneself down **3.** (*se nettoyer*) **se** ~ **les ongles** to scrub one's nails **4.** (*se gratter*) **se** ~ **les yeux** to rub one's eyes **5.** (*entrer en conflit*) **se** ~ **à qn** to cross sb

frottis [fʀɔti] *m* smear (test)

froufrou [fʀufʀu] *m pl* (*dentelles*) frills

froussard(e) [fʀusaʀ] *adj, m(f) inf* chicken

frousse [fʀus] *f inf* fright; **avoir la** ~ to be scared out of one's wits

fructifier [fʀyktifje] <1> *vi* (*capital*) to yield a profit; **faire** ~ **qc** to make sth yield a profit

fructueux, -euse [fʀyktɥø] *adj* (*collaboration*) fruitful; (*recherches, travaux*) productive; (*opération financière, commerce*) profitable

frugal(e) [fʀygal] <-aux> *adj* frugal

fruit [fʀɥi] *m* **1.** *pl* fruit; **tu veux un** ~? do you want some fruit?; **jus de** ~(**s**) fruit juice; ~ **s rouges/confits** summer/glacé fruit **2.** (*crustacés*) ~**s de mer** seafood **3.** (*résultat*) fruits; **le** ~ **d'une imagination délirante** the child of a fevered imagination; **porter ses** ~**s** to bear fruit

fruité(e) [fʀɥite] *adj* fruity

fruitier, -ière [fʀɥitje] **I.** *adj* (*arbre*) fruit **II.** *m, f* fruit merchant, fruiterer *Brit*

fruste [fʀyst] *adj* (*manières*) rough

frustration [fʀystʀasjɔ̃] *f* frustration

frustré(e) [fʀystʀe] *adj* frustrated

frustrer [fʀystʀe] <1> *vt* to frustrate

FS [ɛfɛs] *m abr de* **franc suisse** SF

fuchsia [fyʃja] *m* fuchsia

fuel [fjul] *m* **1.** oil; **se chauffer au** ~ to have oil heating **2.** (*carburant*) diesel

fugace [fygas] *adj* transient; (*beauté*) fleeting

fugitif, -ive [fyʒitif] **I.** *adj* **1.** (*en fuite*) runaway **2.** (*éphémère*) fleeting **II.** *m, f* fugitive

fugue [fyg] *f* **1.** (*fuite*) **faire une** ~ to run away **2.** MUS fugue

fuguer [fyge] <1> *vi inf* to run away

fuir [fɥiʀ] <irr> **I.** *vi* **1.** (*s'enfuir*) ~ **d'un pays** to flee a country **2.** (*détaler*) ~ **devant qn/qc** to run away from sb/sth; **faire** ~ **qn** to make sb run away **3.** (*ne pas être étanche*) to leak **4.** (*liquide*) to leak (out); (*gaz*) to escape **II.** *vt* (*danger*) to evade; (*responsabilités*) to try to escape

fuite [fɥit] *f* **1.** flight; **prendre la ~** to take flight; **être en ~** (*accusé*) to be on the run **2.** (*trou, perte*) leak; **~ de gaz** gas escape; **avoir une ~** to have a leak; **il y a une ~ d'eau quelque part** water's leaking out somewhere **3.** (*indiscrétion*) leak

fulgurant(e) [fylgyʀɑ̃] *adj* **1.** (*rapide*) lightning; (*progrès*) staggering **2.** (*douleur*) shooting

fulminer [fylmine] <1> *vi* **~ contre qn/qc** to fulminate against sb/sth

fumé(e) [fyme] *adj* smoked; (*verres de lunettes*) smoke-tinted

fumée [fyme] *f* smoke; **~s industrielles** industrial fumes; **avaler la ~** to inhale (the smoke)

fumer [fyme] <1> **I.** *vi* **1.** to smoke **2.** (*dégager de la vapeur*) to steam **II.** *vt* to smoke

fumeur, -euse [fymœʀ] **I.** *m, f* smoker **II.** *app* **zone ~/non-~** smoking/no-smoking area

> **i** In principle, smoking is forbidden in France in all open places, e.g. underground stations, train stations and public buildings. Pubs are obliged to create a **zone non-fumeur**.

fumier [fymje] *m* **1.** (*engrais naturel*) manure **2.** *inf* (*salaud*) bastard

fumiste [fymist] **I.** *adj péj, inf* lazy **II.** *mf* **1.** *péj, inf* joker **2.** (*ouvrier*) chimney sweep

fumisterie [fymistəʀi] *f inf* (*farce*) joke

fumoir [fymwaʀ] *m* smoking room

funambule [fynɑ̃byl] *mf* tightrope walker

funèbre [fynɛbʀ] *adj* **1.** (*funéraire*) funeral; **veillée ~** wake **2.** (*silence*) funereal; (*idées, mine*) gloomy

funérailles [fyneʀaj] *fpl* funeral

funéraire [fyneʀɛʀ] *adj* (*monument*) funerary

funeste [fynɛst] *adj* **1.** (*coup*) fatal;

(*jour*) fateful **2.** (*vision*) deathly; **de ~s pressentiments** a premonition of death

funiculaire [fynikylɛʀ] *m* funicular

fur [fyʀ] **au ~ et à mesure** as one goes along; **au ~ et à mesure qu'on approche** as we gradually get nearer

furax [fyʀaks] *adj inf* (*furieux*) livid

furet [fyʀɛ] *m* ferret

fureter [fyʀ(ə)te] <4> *vi* to ferret around

fureur [fyʀœʀ] *f* **1.** rage; **avec ~** furiously **2.** (*violence*) fury **3.** **faire ~** to be (all) the rage

furibond(e) [fyʀibɔ̃] *adj* enraged

furie [fyʀi] *f a. péj* fury; **être en ~** to be in a rage; **mettre qn en ~** to infuriate sb

furieux, -euse [fyʀjø] *adj* **~ après qn** furious with sb

furoncle [fyʀɔ̃kl] *m* boil

furtif, -ive [fyʀtif] *adj* furtive

furtivement [fyʀtivmɑ̃] *adv* furtively

fus [fy] *passé simple de* **être**

fusain [fyzɛ̃] *m* **1.** (*dessin*) charcoal drawing **2.** (*crayon*) charcoal pencil **3.** BOT spindle tree

fuseau [fyzo] <x> *m* **1.** (*instrument*) spindle **2.** (*pantalon*) ski-pants *pl* **3.** GEO **~ horaire** time zone

fusée [fyze] *f* rocket

fuselage [fyz(ə)laʒ] *m* fuselage

fuselé(e) [fyz(ə)le] *adj* tapering

fusible [fyzibl] *m* fuse

fusil [fyzi] *m* (*à chevrotines*) shotgun; (*à balles*) rifle

fusillade [fyzijad] *f* (*coups de feu*) gunfire *no pl*

fusiller [fyzije] <1> *vt* to shoot

fusion [fyzjɔ̃] *f* **1.** (*des atomes*) fusion; (*d'un métal*) melting; **en ~** molten **2.** ECON, POL merger **3.** INFOR mergeing; **obtenir la ~ de deux fichiers** to merge two files

fusionner [fyzjɔne] <1> *vi, vt a.* INFOR to merge

fût [fy] *m* cask

futaie [fytɛ] *f* forest

futal [fytal] *m inf* (*pantalon*) trousers *Brit*, pants *Am*

futé(e) [fyte] **I.** *adj* smart **II.** *m(f)*

petit ~ clever so-and-so

futile [fytil] *adj* **1.** pointless; (*conversation, propos*) empty; (*raison*) trivial **2.** (*frivole*) trivial

futilité [fytilite] *f* **1.** *sans pl* (*d'une occupation*) pointlessness; (*d'une conversation, d'un propos*) emptiness **2.** *pl* (*bagatelles*) trivialities

futur [fytyʀ] *m* future

futur(e) [fytyʀ] **I.** *adj* future; **une ~e maman** a mother-to-be **II.** *m(f)* *inf* (*fiancé*) fiancé, fiancée *m, f*

futuriste [fytyʀist] *adj* futuristic

fuyais [fɥijɛ] *imparf de* **fuir**

fuyant [fɥijɑ̃] *part prés de* **fuir**

fuyant(e) [fɥijɑ̃] *adj* **1.** (*regard*) shifty; **prendre un air ~** to look evasive **2.** (*menton, front*) receding

fuyard(e) [fɥijaʀ] *m(f)* (*fugitif*) runaway

fuyez [fɥije], **fuyons** [fɥijɔ̃] *indic prés et impératif de* **fuir**

G

Gg

G, g [ʒe] *m inv* G, g; **~ comme Gaston** g for George

gabarit [gabaʀi] *m* **1.** (*dimension*) size **2.** *inf* (*stature*) build

Gabon [gabɔ̃] *m* **le ~** Gabon

gabonais(e) [gabɔnɛ] *adj* Gabonese

Gabonais(e) [gabɔnɛ] *m(f)* Gabonese

gâcher [gɑʃe] <1> *vt* (*plaisir, vacances*) to ruin; (*vie*) to fritter away; (*temps, argent*) to waste

gâchette [gɑʃɛt] *f* (*d'une arme*) trigger; **appuyer sur la ~** to pull the trigger

gâchis [gɑʃi] *m* (*gaspillage*) waste

gadget [gadʒɛt] *m* gadget

gadoue [gadu] *f* mud

gaffe¹ [gaf] *f inf* blunder; **faire une ~** to put one's foot in it

gaffe² [gaf] *f inf* **faire ~** to be careful

gaffer [gafe] <1> *vi inf* to put one's

foot in it

gag [gag] *m* gag

gage [gaʒ] *m* **1.** (*témoignage*) proof **2.** (*dépôt*) security; **mettre qc en ~** to pawn sth **3.** JEUX forfeit **4.** *pl* (*salaire*) wages

gageure [gaʒyʀ] *f* challenge

gagnant(e) [gaɲɑ̃] **I.** *adj* winning **II.** *m(f)* winner

gagne-pain [gaɲpɛ̃] *m inv* meal ticket

gagner [gaɲe] <1> **I.** *vi* **1.** (*vaincre*) **~ à qc** to win at sth; **on a gagné!** we won! **2.** (*trouver un avantage*) **est-ce que j'y gagne?** what do I get out of this? **3.** (*avoir une meilleure position*) **~ à être connu** to improve on acquaintance **II.** *vt* **1.** (*argent, récompense*) to earn; (*prix, lot*) to win **2.** (*économiser*) to save **3.** (*confiance*) to win over **4.** (*lieu*) to reach; (*incendie, épidémie*) to overtake **5.** (*envahir*) **~ qn** (*fatigue, peur*) to overcome sb; **être gagné par le sommeil/un sentiment** to be overcome by sleep/a feeling **6.** **c'est gagné!** *iron* everything will be just fine!

gai(e) [ge] *adj* **1.** cheerful; (*personne*) happy; (*ambiance*) lively; (*pièce, couleur*) bright **2.** **c'est ~!** *iron* that's great!; **ça va être ~!** it's going be a load of fun!

gaiement, gaîment [gemɑ̃] *adv* **1.** cheerfully **2.** **allons-y ~!** *iron* come on then!

gaieté, gaîté [gete] *f* gaiety; (*d'une personne*) cheerfulness

gaillard [gajaʀ] *m* **1.** (*costaud*) hefty lad **2.** *inf* (*lascar*) guy; **mon ~!** chum!

gaillard(e) [gajaʀ] *adj* (*personne*) lively

gain [gɛ̃] *m* **1.** (*profit*) profit **2.** (*économie*) saving **3.** **obtenir ~ de cause** to be proved right; JUR to win one's case

gaine [gɛn] *f* **1.** (*ceinture*) girdle **2.** (*étui*) sheath; (*d'un pistolet*) holster

gala [gala] *m* gala; **~ de bienfaisance** charity gala

galant(e) [galɑ̃] *adj* **1.** (*courtois*) gallant **2.** (*d'amour*) **rendez-vous ~** romantic engagement

galanterie [galɑ̃tʀi] *f* gallantry

galaxie [galaksi] *f* galaxy

galbe [galb] *m* curve

galbé(e) [galbe] *adj* (*jambe*) shapely

gale [gal] *f* **1.** (*chez les hommes*) scabies **2.** (*chez les animaux*) mange **3. ne pas avoir la ~** to not have the plague

galère [galɛʀ] *f* **1.** *inf* (*corvée*) mess; **quelle ~!** what a drag! **2.** HIST galley

galérer [galeʀe] <5> *vi inf* (*chercher*) to struggle

galerie [galʀi] *f* **1.** (*souterrain*) tunnel **2. ~ marchande** shopping centre [*o* mall *Am*] **3.** (*balcon*) circle **4.** ART **~ de peinture** art gallery **5.** AUTO roof rack **6. amuser la ~** to clown around; **épater la ~** to show off

galet [galɛ] *m* pebble

galette [galɛt] *f* (*crêpe*) (savoury) pancake

galipette [galipɛt] *f inf* somersault

gallicisme [ga(l)lisism] *m* gallicism

gallois *m* Welsh; *v. a.* **français**

gallois(e) [galwa] *adj* Welsh

Gallois(e) [galwa] *m(f)* Welshman, Welshwoman *m, f*

gallo-romain(e) [ga(l)lɔʀɔmɛ̃] <gallo-romains> *adj* Gallo-Roman

galon [galɔ̃] *m* **1.** *pl* MIL stripes **2.** COUT braid

galop [galo] *m* gallop; **au ~** at a gallop; **partir au ~** to gallop off

galoper [galɔpe] <1> *vi* to gallop

galopin [galɔpɛ̃] *m inf* urchin

galvaniser [galvanize] <1> *vt* to galvanize

galvaudé(e) [galvode] *adj* trite

galvauder [galvode] <1> *vt* to tarnish

gambader [gɑ̃bade] <1> *vi* to leap; (*animal*) to gambol

gamelle [gamɛl] *f* **1.** (*d'un soldat*) mess tin; (*d'un chien*) bowl **2. prendre une ~** *inf* to fall flat on one's face

gamin(e) [gamɛ̃] **I.** *adj* childish

II. *m(f) inf* kid

gamme [gam] *f* range; MUS scale

gang [gɑ̃g] *m* gang

ganglion [gɑ̃glijɔ̃] *m* ganglion

gangrène [gɑ̃gʀɛn] *f* **1.** gangrene **2.** *fig* corruption

gangster [gɑ̃gstɛʀ] *m* gangster

gangue [gɑ̃g] *f* (*d'un minerai*) gangue

gant [gɑ̃] *m* **1.** glove; **~ de toilette** facecloth *Brit*, washcloth *Am* **2. aller à qn comme un ~** (*vêtement*) to fit sb like a glove

garage [gaʀaʒ] *m* garage

garagiste [gaʀaʒist] *mf* **1.** (*qui tient un garage*) garage owner; **chez le ~** at the garage **2.** (*mécanicien*) mechanic

garant(e) [gaʀɑ̃] *m(f)* guarantor; **se porter ~ de qc** to guarantee sth

garantie [gaʀɑ̃ti] *f* **1.** (*bon de ~*) guarantee (card); **sous ~** under guarantee **2.** (*gage, caution*) security; (*de paiement*) guarantee **3.** (*sûreté*) **sans ~** without guarantee

garantir [gaʀɑ̃tiʀ] <8> *vt* **1.** (*répondre de, par contrat*) **~ qc à qn** to guarantee sth to sb; **être garanti un an** to be guaranteed (for) one year **2.** (*assurer*) to assure **3.** *iron* **je te garantis que ...** I guarantee that ...

garce [gaʀs] *f péj, inf* bitch

garçon [gaʀsɔ̃] *m* **1.** (*enfant*) boy **2.** (*jeune homme*) young man; **être beau ~** to be good-looking **3.** (*fils*) son **4.** (*serveur*) waiter **5. c'est un vrai ~ manqué** she is a real tomboy; **vieux ~** bachelor

garçonnet [gaʀsɔnɛ] *m soutenu* little boy

garde¹ [gaʀd] *f* **1.** *sans pl* (*surveillance*) **avoir la ~ de qn** to be in charge of looking after sb; **à la ~ de qn** in sb's care **2.** (*d'enfants*) custody; **~ à vue** police custody **3.** (*veille*) guard duty **4.** (*permanence le week-end/de nuit*) weekend/night duty; **infirmière de ~** duty nurse; **être de ~** to be on duty **5.** (*patrouille*) patrol; **~ républicaine** Republican Guard **6. être sur ses ~s** to be on one's guard; **mettre qn en ~ contre qn/qc** to warn sb about sb/ sth; **monter la ~** to be on guard; (*soldat*) to mount guard; **prendre ~ à qn/qc** to take care of sb/sth; (*se méfier*) to watch out for sb/sth; **en ~!** on guard!

garde² [gaʀd] *m* guard; **~ du corps** bodyguard

garde-à-vous [gaʀdavu] *m inv* ~! attention!; **se mettre au ~** to stand to attention

garde-boue [gaʀdəbu] *m inv* mudguard *Brit,* fender *Am* **garde-chasse** [gaʀdəʃas] <gardes-chasse(s)> *mf* gamekeeper

garde des Sceaux [gaʀdeso] *mf:* French Minister of Justice

garde-fou [gaʀdəfu] <garde-fous> *m* railing **garde-malade** [gaʀd(ə)malad] <gardes-malades> *mf* home nurse **garde-manger** [gaʀd(ə)mãʒe] *m inv* meat safe *Brit,* cooler *Am* **garde-pêche** [gaʀdəpɛʃ] <gardes-pêche> *mf* water bailiff *Brit,* fish and game warden *Am*

garder [gaʀde] <1> I. *vt* 1. to keep 2. (*espoir, manie*) to still have 3. (*surveiller*) to watch; (*maison, enfant, animal*) to look after; (*personne âgée*) to care for; **donner qc à ~ à qn** to give sth to sb to look after 4. (*réserver*) to reserve; (*place*) to save 5. (*lit, chambre*) to stay in II. *vpr* **se ~** 1. (*aliment*) to keep; **ça se garde au frais** it must be kept in the fridge 2. (*s'abstenir*) **se ~ de +***infin* to be careful not to +*infin*

garderie [gaʀdəʀi] *f* (day) nursery **garde-robe** [gaʀdəʀɔb] <garde-robes> *f* wardrobe

gardien(ne) [gaʀdjɛ̃] I. *m(f)* 1. (*surveiller*) warden; (*d'un entrepôt*) guard; (*d'un zoo, cimetière*) keeper; **~ de prison** prison warder *Brit,* corrections officer *Am;* **~ de nuit** night watchman 2. (*défenseur*) protector; **~ de l'ordre public** guardian of public order; **~ de la paix** policeman II. *adj Belgique* (*maternelle*) **école ~ne** nursery

gardiennage [gaʀdjenaʒ] *m* (*d'immeuble*) caretaking; **société de ~** security company

gare¹ [gaʀ] *f* station; **~ routière** coach [*o* bus *Am*] station; **entrer en ~** to approach the platform

gare² [gaʀ] *interj* 1. ~ **à toi!** watch it! 2. **sans crier ~** without warning

garer [gaʀe] <1> I. *vt* to park II. *vpr* **se ~** 1. (*parquer*) to park 2. (*se ranger*) to pull over

gargariser [gaʀgaʀize] <1> *vpr* 1. (*se rincer*) **se ~** to gargle 2. *péj, inf* **se ~ de qc** to delight in sth

gargouille [gaʀguj] *f* gargoyle

gargouiller [gaʀguje] <1> *vi* to gurgle; (*estomac*) to rumble

garnement [gaʀnəmã] *m* rascal

garni(e) [gaʀni] *adj* 1. GASTR garnished 2. **bien ~** (*portefeuille*) fat

garnir [gaʀniʀ] <8> *vt* 1. (*orner*) to garnish 2. (*équiper*) **~ qc de qc** to equip sth with sth 3. (*remplir*) **être garni de qc** to be filled with sth

garnison [gaʀnizɔ̃] *f* garrison

garniture [gaʀnityʀ] *f* 1. (*ornement*) trimming 2. GASTR vegetables 3. AUTO **~ de frein** brake lining

garrigue [gaʀig] *f* scrubland; (*dans le Midi*) garrigue (*heathland in Provence*)

garrot [gaʀo] *m* 1. MED tourniquet 2. (*d'un cheval*) withers

gars [gɑ] *m inf* lad; **salut les ~!** hi guys!

gas-oil, gasoil [gazwal] *m* diesel oil

gaspillage [gaspijaʒ] *m* waste

gaspiller [gaspije] <1> *vt* to waste

gastrique [gastʀik] *adj* **troubles ~s** stomach problems

gastroentérite [gastʀoãteʀit] *f* gastroenteritis

gastronome [gastʀɔnɔm] *mf* gourmet

gastronomie [gastʀɔnɔmi] *f* gastronomy

gâté(e) [gate] *adj* 1. (*enfant*) spoilt 2. (*dent*) bad 3. **fruits ~s** fruit that's gone bad

gâteau [gɑto] <x> *m* 1. cake; **~ sec** biscuit *Brit,* cookie *Am* 2. **c'est pas du ~!** *inf* it is not easy!

Gg

gâter [gɑte] <1> I. vt 1.(*personne*) to spoil 2.**nous sommes gâtés** just our luck II. vpr **se ~** (*fruits*) to spoil; (*choses, temps*) to turn bad

gâterie [gɑtʀi] f (*friandise*) treat

gâteux, -euse [gɑtø] I. adj péj senile II. m, f péj senile old fool

gauche [goʃ] I. adj 1.(opp: droit) left 2.(*maladroit*) uneasy; (*geste*) jerky II. f a. POL left; **à ~** on the left; **à la ~ de** on the left of; **de ~** left

gaucher, -ère [goʃe] I. adj left-handed II. m, f left-hander

gauchiste [goʃist] mf leftist

gaufre [gofʀ] f waffle

gaufrette [gofʀɛt] f wafer

Gaule [gol] f **la ~** Gaul

gaulliste [golist] mf Gaullist

gaulois(e) [golwa] adj Gallic

Gaulois(e) [golwa] m(f) Gaul

gaver [gave] <1> I. vt (*oie*) to force-feed; **~ qn de qc** to cram sb with sth II. vpr **se ~ de qc** to gorge oneself on sth

gay [gɛ] I. adj inv gay II. mpl gay

gaz [gɑz] m 1.gas 2. pl (*flatulence*) wind; **avoir des ~** to have wind

gaze [gɑz] f gauze

gazelle [gazɛl] f gazelle

gazer [gɑze] <1> vt to gas

gazeux, -euse [gɑzø] adj 1.(*relatif au gaz*) gaseous 2.(*qui contient du gaz*) sparkling

gazoduc [gɑzodyk] m gas pipeline

gazole [gɑzɔl] m diesel oil

gazon [gɑzɔ̃] m lawn

gazouiller [gazuje] <1> vi (*bébé*) to gurgle; (*oiseau*) to chirp

GDF [ʒedeɛf] abr de **Gaz de France** French national gas company

geai [ʒɛ] m jay

géant(e) [ʒeɑ̃] adj, m(f) giant

geindre [ʒɛ̃dʀ] <irr> vi 1.(*gémir*) to moan 2. péj, inf to whine

gel [ʒɛl] m 1.MÉTÉO ice 2.(*blocage*) freeze 3.(*crème*) gel

gélatine [ʒelatin] f gelatine

gelée [ʒ(ə)le] f 1.MÉTÉO frost 2.GASTR jelly

geler [ʒ(ə)le] <4> I. vt to freeze II. vi 1.MÉTÉO to freeze 2.(*avoir froid*) to be cold; **on gèle ici!** we're freezing in here!; **gelé** frozen 3. impers **il gèle** it is freezing

gélule [ʒelyl] f capsule

Gémeaux [ʒemo] mpl Gemini; v. a. **Balance**

gémir [ʒemiʀ] <8> vi to moan

gémissement [ʒemismɑ̃] m moaning no pl

gênant(e) [ʒɛnɑ̃] adj irritating; (*question, situation*) embarassing

gencive [ʒɑ̃siv] f gum

gendarme [ʒɑ̃daʀm] m (*policier*) police officer

gendarmerie [ʒɑ̃daʀməʀi] f 1.(*corps militaire*) police force 2.(*bâtiment*) police station

> **i** The **gendarmerie** is a unit of the army with the function of a police force. There is a gendarmerie in every town.

gendre [ʒɑ̃dʀ] m son-in-law

gène [ʒɛn] m gene

gêne [ʒɛn] f 1.(*malaise*) discomfort 2.(*trouble*) trouble 3.**être dans la ~** to have problems; **être sans ~** to be thoughtless

généalogie [ʒenealɔʒi] f genealogy

généalogique [ʒenealɔʒik] adj genealogical; **arbre ~** family tree

gêner [ʒene] <1> I. vt 1.(*déranger*) to bother 2.(*mettre mal à l'aise*) to cause to feel ill at ease; **être gêné** to feel ill at ease; **ça me gêne de vous dire ça** I feel uneasy about telling you that; **être gêné dans ses mouvements** to be restricted in one's movements II. vpr **se ~ pour** +infin to put oneself out to +infin; **ne pas se ~ pour dire qc** to say sth straight out; **ne vous gênez pas pour moi!** don't mind me!; **vas-y! ne te gêne pas!** iron, inf go right ahead!

général [ʒeneʀal] <-aux> m general; **oui mon ~!** yes, sir!

général(e) [ʒeneʀal] <-aux> adj 1.(*commun, collectif*) general; **en règle ~e** generally (speaking) 2.(*vague*) vague 3.(*directeur*) general; **quartier** ~ headquarters **4.**(*paralysie*) overall **5. en** ~ in general; **d'une façon** ~**e** generally; (*dans l'ensemble*) as a whole

générale [ʒeneʀal] *f* THEAT dress rehersal

généralement [ʒeneʀalmɑ̃] *adv* (*habituellement*) usually

généralisation [ʒeneʀalizasjɔ̃] *f* generalization

généraliser [ʒeneʀalize] <1> **I.** *vt* to generalize **II.** *vpr* **se** ~ to become widespread; **le cancer s'est généralisé** the cancer has spread

généraliste [ʒeneʀalist] *adj* **médecin** ~ general practitioner

généralité [ʒeneʀalite] *f* gén pl (*idées générales*) general points; *péj* generalities

générateur, -trice [ʒeneʀatœʀ] **I.** *adj* ~ **de qc** generative of sth **II.** *m, f* generator

génération [ʒeneʀasjɔ̃] *f* generation

générer [ʒeneʀe] <5> *vt* **1.**(*produire*) to produce **2.** INFOR to generate

généreusement [ʒeneʀøzmɑ̃] *adv* generously

généreux, -euse [ʒeneʀø] *adj* **1.** generous **2.** *iron* ample

générique [ʒeneʀik] **I.** *m* credits *pl* **II.** *adj* generic

générosité [ʒeneʀozite] *f* generosity

genèse [ʒənɛz] *f* genesis

Genèse [ʒənɛz] *f* REL **la** ~ Genesis

genêt [ʒənɛ] *m* broom

généticien(ne) [ʒenetisjɛ̃] *m(f)* geneticist

génétique [ʒenetik] **I.** *adj* genetic **II.** *f* genetics

Genève [ʒ(ə)nɛv] Geneva

genevois(e) [ʒənvwa] *m* Genevan; *v. a.* **français**

genevois(e) [ʒən(ə)vwa] *adj* Genevan

Genevois(e) [ʒən(ə)vwa] *m(f)* Genevan

génial(e) [ʒenjal] <-aux> *adj* **1.**(*ingénieux*) inspired **2.** *inf* (*formidable*) great

génie [ʒeni] *m* **1.**(*esprit*) genius; **avoir du** ~ to have genius **2.** HIST genie **3.** MIL Engineers *pl* **4.**(*civil, génétique*) engineering

genièvre [ʒənjɛvʀ] *m* juniper

génisse [ʒenis] *f* heifer

génital(e) [ʒenital] <-aux> *adj* genital

génitif [ʒenitif] *m* genitive

génocide [ʒenɔsid] *m* genocide

génoise [ʒenwaz] *f* (*gâteau*) sponge cake

genou [ʒ(ə)nu] <x> *m* **1.** knee; **à** ~**x** kneeling **2. être sur les** ~**x** *inf* to be ready to drop; **faire du** ~ **à qn** to play footsie with sb

genouillère [ʒənujɛʀ] *f* kneeler; MED knee support

genre [ʒɑ̃ʀ] *m* **1.**(*sorte*) type **2.**(*allure*) appearance **3.** ART genre; (*dramatique, comique*) style **4.**(*espèce*) ~ **humain** mankind **5.** LING gender **6. unique en son** ~ one of a kind; **ce n'est pas mon** ~ it is not my style; **ce n'est pas son** ~ it is not like him/her; **de ce/du même** ~ of this type/of the same type; **en tout** ~ [*o* **tous** ~**s**] of every kind

gens [ʒɑ̃] *mpl, fpl* people

| **gens** refers to people collectively, in an indefinite sense. "Hier soir, j'ai rencontré des gens bizarres". (=Last night, I met some weird people.) When you want to refer to a specific person or specific people, use personne. "Hier soir, j'ai rencontré une personne bizarre". (=Last night I met a weird person.)

---

gentiane [ʒɑ̃sjan] *f* gentian

gentil(le) [ʒɑ̃ti] *adj* **1.**(*aimable*) kind; ~ **avec qn** kind to sb **2.**(*joli*) pretty **3.**(*sage*) good **4.** *iron* (*somme*) tidy **5. c'est** (**bien**) ~, **mais ...** *inf* that's all very well, but ...

gentilhomme [ʒɑ̃tijɔm] <gentilshommes> *m* gentleman

G g

gentillesse [ʒãtijɛs] f (qualité) kindness; **avoir la ~ de faire qc** to be kind enough to do sth

gentiment [ʒãtimã] adv (aimablement) kindly

géo [ʒeo] f inf abr de **géographie**

géographe [ʒeɔgʀaf] mf geographer

géographie [ʒeɔgʀafi] f geography

géographique [ʒeɔgʀafik] adj geographical

géologie [ʒeɔlɔʒi] f geology

géologique [ʒeɔlɔʒik] adj geological

géologue [ʒeɔlɔg] mf geologist

géomètre [ʒeɔmɛtʀ] mf surveyor

géométrie [ʒeɔmetʀi] f geometry

géométrique [ʒeɔmetʀik] adj geometric

Géorgie [ʒeɔʀʒi] f **la ~ (du Sud)** (South) Georgia

gérance [ʒeʀãs] f (gestion) management

géranium [ʒeʀanjɔm] m geranium

gérant(e) [ʒeʀã] m(f) manager

gerbe [ʒɛʀb] f (de blé) sheaf; (de fleurs) spray

gercé(e) [ʒɛʀse] adj chapped

gérer [ʒeʀe] <5> vt to manage

gériatrie [ʒeʀjatʀi] f geriatrics + vb sing

Germain(e) [ʒɛʀmɛ̃] m(f) German

germanique [ʒɛʀmanik] adj Germanic

germanisme [ʒɛʀmanism] m germanism

germaniste [ʒɛʀmanist] mf German scholar

germanophile [ʒɛʀmanɔfil] adj germanophile

germanophone [ʒɛʀmanɔfɔn] I. adj German-speaking; **être ~** to be a German-speaker II. mf German-speaker

germe [ʒɛʀm] m 1. (semence) seed 2. MED germ

germer [ʒɛʀme] <1> vi to sprout; (idée) to form

gérondif [ʒeʀɔ̃dif] m gerund

gésier [ʒezje] m gizzard

gestation [ʒɛstasjɔ̃] f gestation

geste [ʒɛst] m 1. (mouvement) gesture 2. (action) act 3. **joindre le ~ à la parole** to match one's actions to one's words; **faire un ~** to make a gesture

gesticuler [ʒɛstikyle] <1> vi to gesticulate

gestion [ʒɛstjɔ̃] f management

gestionnaire [ʒɛstjɔnɛʀ] I. mf management II. m **~ de fichiers** file manager

Ghana [gana] m **le ~** Ghana

ghanéen(ne) [ganeɛ̃] adj Ghanaian

Ghanéen(ne) [ganeɛ̃] m(f) Ghanaian

ghetto [geto] m ghetto

gibet [ʒibɛ] m gibbet

gibier [ʒibje] m game

giboulée [ʒibule] f sudden shower

gicler [ʒikle] <1> I. vi (eau) to squirt; (boue) to spurt II. vt to splash

gifle [ʒifl] f slap

gifler [ʒifle] <1> vt 1. (battre) to slap 2. (fouetter) **la pluie me giflait la figure** the rain lashed my face

gigantesque [ʒigãtɛsk] adj gigantic

giga-octet [ʒigaɔktɛ] <giga-octets> m gigabyte

gigolo [ʒigɔlo] m péj gigolo

gigot [ʒigo] m leg

gigoter [ʒigɔte] <1> vi inf to wriggle about

gilet [ʒilɛ] m 1. (vêtement sans manches) waistcoat Brit, vest Am; **~ de sauvetage** life jacket 2. (lainage) cardigan

gin [dʒin] m gin

gingembre [ʒɛ̃ʒãbʀ] m ginger

girafe [ʒiʀaf] f giraffe

girolle [ʒiʀɔl] f chanterelle

girouette [ʒiʀwɛt] f 1. (plaque placée au sommet d'un édifice) weather vane 2. inf (personne) waverer

gisement [ʒizmã] m deposit

gitan(e) [ʒitã] m(f) gypsy

gîte [ʒit] m shelter; **~ rural** self-catering cottage

givrant(e) [ʒivʀã] adj freezing

givre [ʒivʀ] m frost

givré(e) [ʒivʀe] adj 1. covered in frost; (fenêtre) frosted 2. inf (fou) **être ~** to be mad [o crazy]

glace [glas] *f* **1.**(*eau congelée*) ice **2.** GASTR ice-cream; ~ **à la fraise/au chocolat** strawberry/chocolate ice-cream **3.**(*miroir*) mirror **4.**(*vitre*) plate glass

glacé(e) [glase] *adj* **1.**(*très froid*) freezing **2.**(*fruit, marrons*) glacé **3.**(*papier*) gloss **4.**(*accueil, regard*) icy

glacer [glase] <2> *vt* **1.**(*refroidir*) to ice **2.**(*impressionner*) to chill

glaciaire [glasjɛʀ] *adj* ice

glacial(e) [glasjal] <s *o* -aux> *adj* icy

glacier [glasje] *m* **1.** GÉO glacier **2.**(*métier*) ice-cream maker

glacière [glasjɛʀ] *f* (*coffre*) cool-box *Brit*, cooler *Am*

glaçon [glasɔ̃] *m* **1.**(*petit cube*) ice cube **2.** *pl* (*pieds, mains*) blocks of ice

gladiateur [gladjatœʀ] *m* gladiator

glaïeul [glajœl] *m* gladiolus

glaise [glɛz] *f* clay

glaive [glɛv] *m* two-edged sword

gland [glɑ̃] *m* acorn

glande [glɑ̃d] *f* gland

glander [glɑ̃de] <1> *vi inf* to mess about *Brit*, to screw around *Am*

glandeur, -euse [glɑ̃dœʀ] *m, f inf* layabout

glaner [glane] <1> *vt* to glean

glapir [glapiʀ] <8> *vi* to yap

glas [glɑ] *m* toll; **sonner le ~** to toll the bell

glauque [glok] *adj* **1.**(*verdâtre*) blue-green **2.**(*lugubre*) dreary

glissant(e) [glisɑ̃] *adj* slippery

glissement [glismɑ̃] *m* ~ **de terrain** landslide

glisser [glise] <1> **I.** *vi* **1.**(*être glissant*) to be slippery **2.**(*se déplacer*) ~ **sur qc** to glide over sth **3.**(*tomber*) ~ (**le long**) **de qc** to slip along sth; **se laisser ~** to slide **4.**(*déraper*) to skid; ~ **sur qc** to slip on sth; (*véhicule*) to skid on sth **5.**(*échapper de*) **ça m'a glissé des mains** it slipped out of my hands **II.** *vt* to slide; (*regard*) to sneak; ~ **qc à qn** to slip sth to sb **III.** *vpr* **se ~ dans qc 1.**(*pénétrer*) to slip into sth

2.(*s'insinuer*) to creep into sth

glissière [glisjɛʀ] *f* ~ **de sécurité** crash barrier

global(e) [glɔbal] <-aux> *adj* global

globalement [glɔbalmɑ̃] *adv* globally

globe [glɔb] *m* globe

globule [glɔbyl] *m* globule

globuleux, -euse [glɔbylø] *adj* (*yeux*) protruding

gloire [glwaʀ] *f* **1.**(*célébrité*) fame **2.**(*mérite*) distinction **3. à la ~ de qn/qc** in praise of sb/sth

glorieux, -euse [glɔʀjø] *adj* glorious

glorifier [glɔʀifje] <1> *vpr* **se ~ de qc** to glory in sth

glossaire [glɔsɛʀ] *m* glossary

glotte [glɔt] *f* glottis

glouglou [gluglu] *m inf* **faire ~** to gurgle

glousser [gluse] <1> *vi* **1.**(*poule*) to cluck **2.** *inf* (*rire*) to chuckle

glouton(ne) [glutɔ̃] **I.** *adj* greedy **II.** *m(f)* glutton

glu [gly] *f* **1.**(*colle*) birdlime **2.** *inf* (*personne*) leech

gluant(e) [glyɑ̃] *adj* sticky

glucide [glysid] *m* carbohydrate

glucose [glykoz] *m* glucose

glycine [glisin] *f* wisteria

GMT [ʒɛmte] *abr de* **Greenwich Mean Time** GMT

gnôle [ɲol] *f inf* hooch

gnon [ɲɔ̃] *m inf* bash

Go *abr de* **giga-octet** GB

GO [ʒeo] *fpl abr de* **grandes ondes** LW

gobelet [gɔblɛ] *m* beaker

gober [gɔbe] <1> *vt* **1.**(*huître, œuf*) to swallow whole **2.** *inf* (*croire*) to swallow

godasse [gɔdas] *f inf* shoe

goéland [gɔelɑ̃] *m* seagull

goélette [gɔelɛt] *f* schooner

gogo [gogo] **à ~** *inf* plenty of

goguenard(e) [gɔg(ə)naʀ] *adj* mocking

goinfre [gwɛ̃fʀ] **I.** *adj* piggish **II.** *mf péj* greedy pig

goinfrer [gwɛ̃fʀe] <1> *vpr péj, inf* **se ~ de qc** to pig out on sth

G g

goinfrerie [gwɛ̃frəʀi] *f péj* piggery
goitre [gwatʀ] *m* goitre *Brit*, goiter *Am*
golf [gɔlf] *m* golf; (*terrain*) golf course
golfe [gɔlf] *m* gulf; **le ~ de Gascogne** Bay of Biscay
gomme [gɔm] *f* 1. (*bloc de caoutchouc*) rubber *Brit*, eraser *Am* 2. (*substance*) gum
gommer [gɔme] <1> *vt* to rub out; (*de sa mémoire*) to erase
gond [gɔ̃] *m* 1. hinge 2. **sortir de ses ~s** to fly off the handle
gondole [gɔ̃dɔl] *f* gondola
gondoler [gɔ̃dɔle] <1> *vi* to crinkle; (*planche*) to warp
gondolier, -ière [gɔ̃dɔlje] *m, f* gondolier
gonflable [gɔ̃flabl] *adj* inflatable
gonflé(e) [gɔ̃fle] *adj* 1. (*rempli*) swollen; (*yeux, visage*) puffy 2. *inf* (*culotté*) cheeky
gonfler [gɔ̃fle] <1> I. *vt* (*pneus*) to inflate; (*ballon*) to blow up; (*voiles*) to fill II. *vi* to swell; (*pâte*) to rise III. *vpr* **se ~** (*poitrine*) to expand; (*voiles*) to fill
gonzesse [gɔ̃zɛs] *f péj, inf* chick, bird *Brit*
gorge [gɔʀʒ] *f* 1. (*partie du cou*) throat 2. GEO gorge 3. **à ~ déployée** at the top of one's voice; **avoir la ~ serrée** to have a lump in one's throat; **rester à qn en travers de la ~** to stick in sb's throat
gorgé(e) [gɔʀʒe] *adj* **fruits ~s de soleil** sun-kissed fruit; **terre ~e d'eau** earth saturated with water
gorgée [gɔʀʒe] *f* mouthful
gorille [gɔʀij] *m* gorilla
gosette [gozɛt] *f Belgique* (*chausson aux fruits*) turnover
gosier [gozje] *m* throat
gosse [gɔs] *mf inf* kid; **sale ~** brat
gothique [gɔtik] *adj, m* Gothic
gouache [gwaʃ] *f* gouache
goudron [gudʀɔ̃] *m* tar
goudronner [gudʀɔne] <1> *vt* to tar
gouffre [gufʀ] *m* 1. (*abîme*) abyss 2. (*chose ruineuse*) bottomless pit

goujat [guʒa] *m* boor
goujon [guʒɔ̃] *m* gudgeon
goulet [gulɛ] *m* ~ **d'étranglement** bottleneck
goulot [gulo] *m* (*d'une bouteille*) neck
goulu(e) [guly] *adj* greedy
goulûment [gulymɑ̃] *adv* greedily
goupiller [gupije] <1> I. *vt inf* to fix; **bien ~ son coup** to fix things nicely for oneself II. *vpr inf* **bien/mal se ~** to come off/not come off
gourd(e) [guʀ] *adj* numb
gourde [guʀd] *f* 1. (*bouteille*) flask 2. *inf* (*personne*) clot
gourer [guʀe] *vpr inf* **se ~ de qc** to get sth wrong
gourmand(e) [guʀmɑ̃] I. *adj* greedy; **être ~ de sucreries** to have a sweet tooth II. *m/f* gourmand
gourmandise [guʀmɑ̃diz] *f* greediness; **par ~** for the pleasure of eating
gourmet [guʀmɛ] *m* gourmet
gourmette [guʀmɛt] *f* chain bracelet
gousse [gus] *f* ~ **de vanille** vanilla pod; ~ **d'ail** garlic clove
goût [gu] *m* 1. *sans pl* (*saveur, jugement*) taste; **avoir un ~ de qc** to taste of sth; **de mauvais ~** in bad taste; **une femme de ~** a woman of taste 2. *sans pl* (*envie*) inclination; **prendre ~ à qc** to get a taste for sth; **reprendre ~ à qc** to start to enjoy sth again; **ne plus avoir ~ à rien** to not want to do anything; ~ **du risque** liking for risk 3. *pl* (*préférences*) taste; **avoir des ~s de luxe** to have expensive taste 4. **être au ~ du jour** to be in fashion; **tous les ~s sont dans la nature** *prov* it take all sorts to make a world; **chacun ses ~s** *prov* to each his own
goûter [gute] <1> I. *vi* 1. (*enfant*) to have an afternoon snack 2. (*essayer*) ~ **à qc** to try sth 3. *Belgique, Québec* (*plaire par le goût*) to be tasty II. *vt* 1. (*essayer*) to try 2. *Belgique, Québec* (*avoir le goût de*) ~ **qc** to taste of sth III. *m* afternoon snack

ⓘ When primary school children come home at 4.30 p.m., they have a **goûter**, or a small snack. Usually, it consists of fruit juice or hot chocolate and a cake or pastry.

goutte [gut] *f* **1.** drop; ~ **à** ~ drop by drop; **avoir la** ~ **au nez** *inf* to have a runny nose **2. c'est la** ~ **d'eau qui fait déborder le vase** *prov* it's the straw that breaks the camel's back; **se ressembler comme deux** ~**s d'eau** to be like two peas in a pod

goutte-à-goutte [gutagut] *m inv* drip

goutter [gute] <1> *vi* to drip; (*canalisation*) to leak

gouttière [gutjɛʀ] *f* gutter

gouvernail [guvɛʀnaj] *m* helm

gouvernante [guvɛʀnɑ̃t] *f* **1.** (*bonne*) housekeeper **2.** (*préceptrice*) governess

gouvernement [guvɛʀnəmɑ̃] *m* government

gouvernemental(e) [guvɛʀnəmɑ̃tal] <-aux> *adj* (*parti, politique*) governing

gouverner [guvɛʀne] <1> *vi, vt* to govern

gouverneur [guvɛʀnœʀ] *m* governor

goyave [gɔjav] *f* guava

grabuge [gʀabyʒ] *m inf* **faire du** ~ to create havoc

grâce [gʀɑs] *f sans pl* **1.** (*charme*) grace; **avec** ~ gracefully **2.** (*faveur*) favour *Brit*, favor *Am* **3.** (*clémence*) mercy; **crier/demander** ~ to cry/beg for mercy **4.** JUR pardon **5. à la** ~ **de Dieu** it's in God's hands; **de bonne/mauvaise** ~ with good/bad grace; **faire** ~ **à qn de qc** to spare sb sth; ~ **à qn/qc** thanks to sb/sth

ⓘ Whenever a new President of the Republic is elected, he announces a short period of **grâce** and often shortens the prison sentences of youths or gives an

"amnistie" on traffic fines given on a particular day.

gracier [gʀasje] <1> *vt* to pardon

gracieusement [gʀasjøzmɑ̃] *adv* **1.** (*charmant*) charmingly **2.** (*gratuitement*) free of charge

gracieux, -euse [gʀasjø] *adj* **1.** (*charmant*) charming **2.** (*gratuit*) free of charge

gradation [gʀadasjɔ̃] *f* gradation

grade [gʀad] *m* **1.** grade; UNIV status; (*de capitaine*) rank; **monter en** ~ to be promoted **2. en prendre pour son** ~ *inf* to be hauled over the coals

gradé(e) [gʀade] *m(f)* officer

gradins [gʀadɛ̃] *mpl* terraces

graduation [gʀaduasjɔ̃] *f* graduation

graduel(le) [gʀaduɛl] *adj* gradual

graduer [gʀadue] <1> *vt* **1.** (*augmenter graduellement*) to increase in difficulty **2.** (*diviser en degrés*) to graduate

graffiti [gʀafiti] <(s)> *m* graffiti

grain [gʀɛ̃] *m* **1.** *sing o pl* (*petite chose arrondie*) spot; (*de poussière*) speck; ~ **de beauté** beauty spot **2.** (*graine*) grain; (*de moutarde*) seed; ~ **de café** coffee bean; ~ **de poivre** peppercorn; ~ **de raisin** grape **3.** *sans pl* (*petite quantité*) touch **4.** METEO heavy shower **5.** ~ **de sable** grain of sand; **mettre son** ~ **de sel** *inf* to stick one's oar in

graine [gʀɛn] *f* seed

graisse [gʀɛs] *f* **1.** (*matière grasse*) fat **2.** (*lubrifiant*) grease

graisser [gʀese] <1> *vt* to grease

grammaire [gʀa(m)mɛʀ] *f* grammar

grammatical(e) [gʀamatikal] <-aux> *adj* grammatical

gramme [gʀam] *m* gram

grand(e) [gʀɑ̃] **I.** *adj* **1.** (*de taille*) big; (*arbre*) tall; (*avenue*) long; (*format, entreprise*) large; ~ **magasin** department store **2.** (*extrême, fameux, intense*) great; (*buveur, fumeur*) heavy **3.** (*bruit, cri*) loud;

(*vent*) strong; (*coup*) hard **4.** (*dame, monsieur*) great; ~**es écoles** France's prestigious graduate level schools **5.** (*mots*) big; (*gestes*) sweeping; **faire de ~es phrases** to make high-flown speeches; **prendre de ~s airs** to take on airs **II.** *adv* **ouvrir tout ~ qc** to open sth wide; **voir ~** to things on a large scale **III.** *m(f)* (*personne/objet*) big person/thing

> **i** The **grandes écoles** are prestigious higher education establishments with a tough selection process following a two-year university or preparatory course (classes préparatoires). They include the Ecole Polytechnique and l'Ecole Centrale, which train engineers, or l'Ecole des Hautes Etudes commerciales (HEC) which teaches management and economics. Graduates usually achieve high positions in business or goverment.

grand-angle [gʀɑ̃tɑ̃gl] <grands-angles> *m* wide-angle lens **grand-chose** [gʀɑ̃ʃoz] **pas ~** not much **grand-duché** [gʀɑ̃dyʃe] <grands-duchés> *m* grand duchy **Grande-Bretagne** [gʀɑ̃dbʀətaɲ] *f* **la ~** Great Britain **grandeur** [gʀɑ̃dœʀ] *f* **1.** (*dimension*) size; **être de la ~ de qc** to be the size of sth; **de quelle ~ est ...?** how big is ...?; **~ nature** life-size **2.** (*puissance*) greatness **3.** (*générosité*) **~ d'âme** big-heartedness **grandiose** [gʀɑ̃djoz] *adj* imposing **grandir** [gʀɑ̃diʀ] <8> **I.** *vi* **1.** (*devenir plus grand*) to grow; **~ de dix centimètres** to grow ten centimetres [*o* centimeters *Am*] **2.** (*augmenter*) to increase; **l'obscurité grandit** the darkness grew deeper **II.** *vt* (*personne/chose*) to make taller/bigger

grand-mère [gʀɑ̃mɛʀ] <grand(s)-mères> *f* grandmother **grand-père** [gʀɑ̃pɛʀ] <grands-pères> *m* grandfather **grand-rue** [gʀɑ̃ʀy] <grand-rues> *f* high [*o* main *Am*] street **grands-parents** [gʀɑ̃paʀɑ̃] *mpl* grandparents **grange** [gʀɑ̃ʒ] *f* barn **granit(e)** [gʀanit] *m* granite **granulé** [gʀanyle] *m* granule **granulé(e)** [gʀanyle] *adj* granular **granuleux, -euse** [gʀanylø] *adj* granular **graphique** [gʀafik] **I.** *adj* graphic **II.** *m* graph **graphisme** [gʀafism] *m* **1.** (*écriture*) handwriting **2.** (*d'un artiste*) drawing style **graphologie** [gʀafɔlɔʒi] *f sans pl* graphology **grappe** [gʀap] *f* cluster; ~ **de raisin** bunch of grapes **grappiller** [gʀapije] <1> *vt* **1.** (*cueillir*) to pick **2.** (*nouvelles, idées*) to pick up **grappin** [gʀapɛ̃] *m* **mettre le ~ sur qn** *inf* to grab sb **gras** [gʀa] **I.** *m* **1.** GASTR fat **2.** (*graisse*) grease **II.** *adv* coarsely **gras(se)** [gʀa] *adj* **1.** (*formé de graisse*) fatty; **40% de matières ~ses** 40% fat **2.** (*gros*) fat, (*graisseux*) greasy; (*terre*) slimy **4.** (*imprimé*) **en (caractère) ~** in bold **5.** BOT **plante ~se** succluent **6.** (*rire*) throaty; (*toux*) loose **grassement** [gʀasmɑ̃] *adv* (*payer*) generously **grassouillet(te)** [gʀasujɛ] *adj inf* plump **gratification** [gʀatifikasjɔ̃] *f* bonus **gratifier** [gʀatifje] <1> *vt* **~ qn d'une récompense** to give sb a reward; **~ qn d'un sourire** to reward sb with a smile **gratin** [gʀatɛ̃] *m* **1.** GASTR gratin **2.** *sans pl, inf* (*haute société*) upper crust **gratiné(e)** [gʀatine] *adj* GASTR au gratin **gratiner** [gʀatine] <1> *vt, vi* to brown

gratis [gʀatis] *adj, adv inf* free
gratitude [gʀatityd] *f* gratitude
gratte-ciel [gʀatsjɛl] *m inv* skyscraper
grattement [gʀatmɑ̃] *m* scratching
gratter [gʀate] <1> I. *vi* 1.(*racler*) to scratch 2.(*démanger*) to itch; **ça me gratte à la jambe** my leg's itching II. *vt* (*racler*) to scratch; (*mur, table, carottes*) to scrape; (*allumette*) to strike III. *vpr* **se ~** to scratch
gratuit(e) [gʀatɥi] *adj* 1.(*gratis*) free 2.(*arbitraire*) unwarranted; (*acte*) unmotivated
gratuité [gʀatɥite] *f* 1.(*caractère gratuit*) free nature 2.(*d'un acte*) unmotivated nature
gratuitement [gʀatɥitmɑ̃] *adv* (*gratis*) free
gravats [gʀava] *mpl* rubble
grave [gʀav] *adj* 1.(*sérieux*) serious; (*blessé*) seriously; **ce n'est pas ~** it doesn't matter 2.(*accent*) grave 3.(*profond*) low
gravement [gʀavmɑ̃] *adv* 1.(*dignement*) gravely 2.(*fortement*) seriously
graver [gʀave] <1> *vt* 1.**~ qc sur qc** to engrave sth on sth; (*à l'eau-forte*) to etch sth on sth 2.(*fixer*) **~ qc dans sa mémoire** to imprint sth on one's memory
graveur [gʀavœʀ] *m* INFOR **~ de CD-ROM/DVD** CD-ROM/DVD writer
gravier [gʀavje] *m* gravel
gravillon [gʀavijɔ̃] *m* bit of gravel
gravir [gʀaviʀ] <8> *vt* to climb
gravitation [gʀavitasjɔ̃] *f* gravitation
gravité [gʀavite] *f* 1. *a.* PHYS gravity 2.(*importance*) seriousness; (*d'une catastrophe, d'un problème*) gravity; **avec ~** seriously
graviter [gʀavite] <1> *vi* **~ autour de qn/qc** to revolve around sb/sth
gravure [gʀavyʀ] *f* 1.(*œuvre*) engraving; (*à l'eau-forte*) etching 2.(*reproduction*) plate
gré [gʀe] **de ~ ou de force** (whether) by choice or by force; **de**

bon ~ willingly; **bon ~ mal ~** whether you like it or not; **de mauvais ~** grudgingly; **de mon/son plein ~** of my/his own free will; **savoir ~ à qn de qc** *soutenu* to be grateful to sb for sth
grec [gʀɛk] *m* **le ~ ancien/moderne** ancient/modern Greek; *v. a.* **français**
grec, grecque [gʀɛk] *adj* Greek
Grec, Grecque [gʀɛk] *m, f* Greek
Grèce [gʀɛs] *f* **la ~** Greece
gréco-romain(e) [gʀekoʀɔmɛ̃] <gréco-romains> *adj* Graeco-Roman *Brit,* Greco-Roman *Am*
greffe [gʀɛf] *f* 1. MED transplant 2. BOT grafting
greffer [gʀefe] <1> I. *vt* 1. MED **~ qc à qn** to transplant sth into sb 2. BOT **~ qc sur qc** to graft sth on to sth II. *vpr* **se ~ sur qc** to graft on to sth
greffier, -ière [gʀefje] *m, f* clerk of the court
grégaire [gʀegɛʀ] *adj* **instinct ~** herd instinct
grêle [gʀɛl] I. *adj* spindly; (*voix*) thin II. *f* hail
grêler [gʀele] <1> *vi impers* **il grêle** it is hailing
grêlon [gʀɛlɔ̃] *m* hailstone
grelot [gʀəlo] *m* small bell
grelotter [gʀələte] <1> *vi* **~ de fièvre** to shiver with fever
grenade [gʀənad] *f* 1. MIL grenade 2. BOT pomegranate
grenadine [gʀənadin] *f* grenadine
grenat [gʀəna] *adj inv* dark red
grenier [gʀənje] *m* (*d'une maison*) attic; (*d'une ferme*) loft
grenouille [gʀənuj] *f* (*rainette*) frog
grès [gʀɛ] *m* 1.(*roche*) sandstone 2.(*poterie*) stoneware; **cruche en ~** stoneware pitcher
grésillement [gʀezijmɑ̃] *m* crackling
grésiller [gʀezije] <1> *vi* to sizzle; (*radio, disque, téléphone*) to crackle
grève [gʀɛv] *f* strike; **~ sur le tas/ de la faim** sit-down/hunger strike; **être/se mettre en ~** to be/go on

strike

gréviste [gʀevist] *mf* striker

gribouiller [gʀibuje] <1> *vt, vi* to scribble

grief [gʀijɛf] *m* grievance

grièvement [gʀijɛvmɑ̃] *adv* seriously

griffe [gʀif] *f* 1. (*ongle pointu*) claw 2. (*marque*) stamp 3. (*signature*) signature 4. *Belgique* (*griffure*) scratch 5. **toutes ~s dehors** ready to pounce; **porter la ~ de qn** to carry the stamp of sb; **tomber entre les ~s de qn** to fall into sb's clutches

griffer [gʀife] <1> *vt* to scratch

griffonner [gʀifɔne] <1> *vt, vi* to scribble

griffure [gʀifyʀ] *f* scratch

grignoter [gʀiɲɔte] <1> I. *vi* (*personne*) to nibble at; (*animal*) to gnaw at II. *vt* 1. (*personne*) to nibble; (*animal*) to gnaw at 2. (*restreindre*) to erode

gril [gʀil] *m* griddle

grillade [gʀijad] *f* grill; **faire des ~s** to grill some meat

grillage [gʀijaʒ] *m* 1. (*treillis métallique*) wire netting 2. (*clôture*) wire fencing

grille [gʀij] *f* 1. (*clôture*) railings 2. (*porte*) gate 3. (*treillis*) grille 4. (*tableau*) ~ **d'horaires** schedule; ~ **des tarifs** price scale; ~ **de loto** lottery card; ~ **de mots croisés** crossword puzzle

grille-pain [gʀijpɛ̃] *m inv* toaster

griller [gʀije] <1> I. *vi* (*viande, poisson*) to grill; (*pain*) to toast; **faire** ~ to grill II. *vt* 1. (*faire cuire*) to cook; (*pain*) to toast 2. (*détruire*) to burn 3. ELEC **être grillé** to have blown 4. (*feu rouge*) to run 5. *inf* (*fumer*) to smoke

grillon [gʀijɔ̃] *m* cricket

grimace [gʀimas] *f* grimace; **faire la** ~ to make a face; **faire des ~s** to make funny faces

grimacer [gʀimase] <2> *vi* to grimace; ~ **de douleur** to grimace in pain

grimpant(e) [gʀɛ̃pɑ̃] *adj* climbing

grimper [gʀɛ̃pe] <1> I. *vi* 1. (*esca-

lader, monter*) ~ **sur le toit/à** [*o* **dans**] **l'arbre/à l'échelle** to climb on the roof/up the tree/up the ladder; **ça grimpe dur!** it's a hard climb! 2. (*augmenter*) to soar II. *vt* (*escalier, côte*) to climb

grimpeur, -euse [gʀɛ̃pœʀ] *m, f* 1. (*alpiniste*) climber 2. (*cycliste*) hill specialist

grinçant(e) [gʀɛ̃sɑ̃] *adj* (*ton*) squeaky; (*humour*) darkly humorous [*o* humorous *Am*]

grincement [gʀɛ̃smɑ̃] *m* (*d'une roue, porte*) squeaking; (*de dents*) grinding

grincer [gʀɛ̃se] <2> *vi* 1. to grate; (*parquet*) to creak; (*craie*) to scrape 2. ~ **des dents** to grind one's teeth

grincheux, -euse [gʀɛ̃ʃø] I. *adj* (*enfants*) whining; (*personne*) grumpy II. *m, f* misery

griotte [gʀijɔt] *f* Morello cherry

grippe [gʀip] *f* 1. flu 2. **prendre qn en** ~ to take a dislike to sb

grippé(e) [gʀipe] *adj* flu-ridden; **être** ~ to have the flu

gripper [gʀipe] <1> *vi, vpr* (**se**) ~ to jam

gris(e) [gʀi] *adj* grey

grisaille [gʀizaj] *f* 1. (*monotonie*) dullness 2. (*caractère terne*) greyness

grisant(e) [gʀizɑ̃] *adj* (*parfum, vin*) intoxicating

grisâtre [gʀizɑtʀ] *adj* greyish

griser [gʀize] <1> *vt, vi* to intoxicate; (*succès, bonheur*) to overwhelm; **se laisser** ~ **par la vitesse** to be intoxicated by speed

grisonnant(e) [gʀizɔnɑ̃] *adj* greying

grisou [gʀizu] *m* **coup de** ~ firedamp explosion

grive [gʀiv] *f* thrush

grivois(e) [gʀivwa] *adj* saucy

grizzli, grizzly [gʀizli] *m* grizzly bear

Groenland [gʀɔɛnlɑ̃:d] *m* **le** ~ Greenland

grog [gʀɔg] *m* hot toddy

grognement [gʀɔɲmɑ̃] *m* (*du cochon*) grunting; (*de l'ours, du* *chien)* growl; *(d'une personne)* grunt

grogner [gʀɔɲe] <1> *vi* **1.** *(chien, ours)* to growl; *(cochon)* to grunt **2.** *(ronchonner)* ~ **contre** [*o* **après**] **qn** to grumble about sb

grognon(ne) [gʀɔɲɔ̃] *adj* grumpy; *(enfant)* grouchy

groin [gʀwɛ̃] *m (du porc)* snout

grommeler [gʀɔmle] <3> *vi, vt* to mutter

grondement [gʀɔ̃dmɑ̃] *m (d'un canon, du tonnerre)* rumbling; *(d'un torrent, d'un moteur)* roar; *(d'un chien)* growl

gronder [gʀɔ̃de] <1> **I.** *vi* **1.** to roar; *(canon)* to rumble; *(chien)* to growl **2.** *(révolte)* to brew **II.** *vt* to scold

gros [gʀo] **I.** *m* **1.** *a.* com bulk; **prix de** ~ wholesale price; **faire le plus** ~ to do the main things **2. en** ~ com in bulk; *(à peu près)* more or less; *(dans l'ensemble)* on the whole **II.** *adv* **1.** *(beaucoup)* a lot; *(jouer, parier)* for high stakes **2.** *(écrire)* big

gros(se) [gʀo] **I.** *adj* **1.** big; ~ **comme le poing** as big as a fist **2.** *(épais)* thick; *(manteau, couverture)* heavy **3.** *(corpulent)* fat **4.** *(fièvre)* high; *(appétit)* large; *(voix)* loud **5.** *(dépenses, dégâts, averse)* heavy; *(client)* important; *(récolte)* large **6.** *(joueur, dormeur)* heavy; *(fainéant)* great **7.** *(peu raffiné)* crude **8.** *(exagéré)* **c'est un peu** ~! it is a bit much! **9.** *(travaux)* difficult; ~ **œuvre** big job **10.** *(mer)* rough **II.** *m(f)* fat person

groseille [gʀozɛj] *f* currant

grossesse [gʀosɛs] *f* pregnancy

grosseur [gʀosœʀ] *f* **1.** *(dimension)* size **2.** *(boule)* lump

grossier, -ière [gʀosje] *adj* **1.** *(imitation)* poor; *(manières)* bad; *(erreur)* stupid **2.** *(malpoli)* rude; **quel** ~ **personnage!** what a rude individual! **3.** *postposé (vulgaire)* vulgar

grossièrement [gʀosjɛʀmɑ̃] *adv* **1.** *(de façon imparfaite)* crudely; *(calculer)* roughly **2.** *(de façon impolie)* impolitely; *(répondre)* rudely

grossièreté [gʀosjɛʀte] *f* **1.** *sans pl (qualité)* coarseness; **avec** ~ coarsely; *(répondre)* rudely **2.** *(remarque)* coarse comment

grossir [gʀosiʀ] <8> **I.** *vi (personne, animal)* to become fatter; *(point, nuage)* to get bigger; *(fruit)* to swell; *(ganglions, tumeur)* to grow; **le sucre fait** ~ sugar is fattening **II.** *vt* **1.** *(personne)* to make fatter; *(objet)* to magnify **2.** *(augmenter en nombre)* to swell; *(équipe)* to get bigger **3.** *(exagérer)* to exaggerate

grossiste [gʀosist] *mf* wholesaler

grosso modo [gʀosomɔdo] *adv* roughly

grotesque [gʀɔtɛsk] *adj* grotesque

grotte [gʀɔt] *f* cave

grouiller [gʀuje] <1> **I.** *vi (foule)* to mill about; ~ **de touristes** to be teeming with tourists **II.** *vpr inf* **se** ~ to hurry up

groupe [gʀup] *m* **1.** group; **par** ~**s de quatre** in groups of four; ~ **de rock** rock band; ~ **sanguin** blood group [*o* type] **2.** *(ensemble de choses)* ~ **électrogène** generating set

groupement [gʀupmɑ̃] *m (d'entreprises, d'intérêts)* group; ~ **syndical** union organization

grouper [gʀupe] <1> **I.** *vt (réunir)* to group together **II.** *vpr* **se** ~ to gather; *(personnes, partis)* to form a group

grue [gʀy] *f* crane

gruger [gʀyʒe] <2a> *vt* **1.** *(duper)* to swindle **2.** *Québec (grignoter)* to nibble

grumeau [gʀymo] <x> *m* lump; **faire des** ~**x** to go lumpy

gruyère [gʀyjɛʀ] *m* Gruyère cheese

Guadeloupe [gwadlup] *f* **la** ~ Guadeloupe

gué [ge] *m* ford; **traverser à** ~ to ford

guenilles [gənij] *fpl* rags

guenon [gənɔ̃] *f* female monkey; *v. a.* **singe**

guépard [gepaʀ] *m* cheetah

guêpe [gɛp] *f* wasp

G
g

guêpier [gepje] *m* wasps' nest

guère [gɛʁ] *adv* **1.** (*pas beaucoup*) **ne ~ manger** to hardly eat anything; **ne plus ~ lire** to hardly read any more; **n'être ~ poli** to be by no means polite; **ne ~ se soucier de qc** to not worry much about sth; **il n'y a ~ de monde** there's hardly anyone; **ça ne va ~ mieux** things are hardly any better; **~ plus** not much more **2.** (*pas souvent*) **ne faire plus ~ qc** to not do sth much more; **cela ne se dit ~** that is not often said

guéri(e) [geʁi] *adj* être ~, to be better

guéridon [geʁidɔ̃] *m* pedestal table

guérilla [geʁija] *f* guerilla warfare

guérir [geʁiʁ] <8> I. *vt* ~ **qn de qc** to cure sb of sth II. *vi* to get better; (*plaie, blessure*) to heal

guérison [geʁizɔ̃] *f* recovery; **être en voie de ~** to be on the road to recovery

guérisseur, -euse [geʁisœʁ] *m, f* healer

guerre [gɛʁ] *f* **1.** war; **~ économique** economic warfare; **~ des étoiles** Star Wars; **entrer en ~ contre un pays** to engage in war against a country; **faire la ~ à qn/à un pays** to fight sb/a country **2.** *fig* **faire la ~ à qc** to wage war on sth **3.** **de ~ lasse, il a cédé** tired of fighting, he gave in; **à la ~ comme à la ~** you have to make the best of things

Guerre [gɛʁ] *f* **la Première ~ mondiale** the First World War, the Great War; **la Seconde ~ mondiale** the Second World War

guerrier, -ière [geʁje] I. *adj* warlike II. *m, f* warrior

guet [gɛ] **faire le ~** to be on watch

guet-apens [gɛtapɑ̃] *m inv* ambush

guetter [gete] <1> *vt* **1.** (*épier*) to watch **2.** (*attendre*) to watch for; (*personne*) to wait for **3.** (*menacer*) to threaten

gueulante [gœlɑ̃t] *f* **pousser une ~ contre qn** *inf* to kick up a row against sb

gueule [gœl] *f* **1.** (*bouche d'un animal*) mouth **2.** *inf* (*figure*) face; **avoir une bonne/sale ~** to look nice/horrible **3.** *inf* (*bouche humaine*) **avoir une grande ~** to have a big mouth; (**ferme**) **ta ~!** shut it! **4.** **avoir la ~ de bois** *inf* to have a hangover; **faire une ~ d'enterrement** *inf* to have a gloomy face; **avoir de la ~** *inf* to look great; **casser la ~ à qn** *inf* to smash sb's face in; **se casser la ~** *inf* to fall flat on one's face; **faire la ~ à qn** *inf* to be in a bad mood with sb; **faire une sale ~** *inf* to pull [*o* make] a face; **se fendre la ~** *inf* to laugh one's head off; **se foutre de la ~ de qn** *inf* to make fun of sb; **se soûler la ~** *inf* to get blind drunk

gueuler [gœle] <1> I. *vi inf* **1.** (*crier*) to yell **2.** (*protester*) to kick up a fuss II. *vt inf* to bellow

gueuleton [gœltɔ̃] *m inf* blow-out

gui [gi] *m* mistletoe

guichet [giʃɛ] *m* **1.** counter **2.** **jouer à ~s fermés** to play to packed houses

guide [gid] I. *mf* **1.** (*cicérone*) guide **2.** (*conseiller*) advisor II. *m* guidebook

guider [gide] <1> *vt* **1.** to guide; **se laisser ~ par qc** to be guided by sth **2.** (*conseiller*) to advise

guidon [gidɔ̃] *m* handlebars *pl*

guignol [giɲɔl] *m* puppet; **faire le ~** to clown about

guillemets [gijmɛ] *mpl* quotation marks; **entre ~** in quotation marks

guilleret(te) [gijʁɛ] *adj* perky

guillotine [gijɔtin] *f* guillotine

guillotiner [gijɔtine] <1> *vt* to guillotine

guindé(e) [gɛ̃de] *adj* starchy

Guinée [gine] *f* **la ~** Guinea

guinéen(ne) [gineɛ̃] *adj* Guinean

Guinéen(ne) [gineɛ̃] *m(f)* Guinean

guingois [gɛ̃gwa] **de ~** askew

guirlande [giʁlɑ̃d] *f* garland; **~ lumineuse** fairy lights

guise [giz] **à ma/sa ~** as I like/he/she likes; **en ~ de** by way of

guitare [gitaʁ] *f* guitar

guitariste [gitaʀist] *mf* guitarist
guttural(e) [gytyʀal] <-aux> *adj*
guttural
guyanais(e) [gɥijanɛ] *adj* Guyanese
Guyanais(e) [gɥijanɛ] *m(f)* Guyanese
Guyane [gɥijan] *f* la ~ Guiana
gym [ʒim] *f inf abr de* **gymnastique**
gymnase [ʒimnɑz] *m* **1.**(*halle*)
gymnasium **2.** *Suisse* (*école secondaire, lycée*) secondary school
gymnastique [ʒimnastik] *f* gymnastics + *vb sing*
gynéco [ʒineko] *mf inf abr de* **gynécologue**
gynécologie [ʒinekɔlɔʒi] *f* gynaecology
gynécologue [ʒinekɔlɔg] *mf* gynaecologist
gyrophare [ʒiʀofaʀ] *m* revolving light

H h

H, h [aʃ] *m inv* H, h; ~ **aspiré/muet** aspirate/silent h; ~ **comme Henri** h for Harry [*o* How *Am*]
h *abr de* **heure**
ha [ˈa] *abr de* **hectare** ha
habile [abil] *adj* **1.**(*adroit*) skilful **2.**(*malin*) clever
habileté [abilte] *f sans pl* (*adresse*) skill
habiliter [abilite] <1> *vt* JUR to authorize
habillé(e) [abije] *adj* (*vêtu*) dressed; **être** ~ **d'un short** to be wearing shorts
habiller [abije] <1> I. *vt* **1.**(*vêtir*) to dress **2.**(*fournir en vêtements*) to clothe **3.**(*recouvrir, décorer*) to cover II. *vpr* (*se vêtir*) **s'**~ to dress (oneself)
habit [abi] *m* **1.** *pl* (*vêtements*) clothes *pl* **2.**(*costume, uniforme*) dress

habitacle [abitakl] *m* **1.** AUTO passenger compartment **2.**(*d'un avion*) cockpit
habitant(e) [abitɑ̃] *m(f)* **1.**(*d'un pays, d'une ville*) inhabitant; (*d'un immeuble, d'une maison*) occupant **2.** *Québec* (*paysan*) farmer
habitation [abitasjɔ̃] *f* **1.**(*demeure*) home **2.**(*logis*) house; ~ **à loyer modéré** ≈ (block of) council flats *Brit*, ≈ public housing *Am*
habiter [abite] <1> I. *vi* ~ **dans un appartement/une maison** to live in a flat/a house; ~ **à la campagne/en ville/à Rennes** to live in the country/in (the) town/ in Rennes; ~ **au numéro 17** to live at number 17 II. *vt* (*occuper*) ~ **qc** to live in sth

> ! When you want to say that a person lives in a city, you can use **habiter** with or without the preposition **à**. "Christian habite Paris. Christian habite à Paris." The sentences have the same meaning. (= Christian lives in Paris)

habitude [abityd] *f* **1.**(*pratique*) habit; **avoir l'**~ **de qc** to get used to sth; **avoir l'**~ **de faire qc** to be in the habit of doing sth; **d'**~ usually; **plus tôt que d'**~ earlier than (is) usual **2.**(*coutume*) custom
habitué(e) [abitɥe] *m(f)* regular (customer)
habituel(le) [abitɥɛl] *adj* usual
habituer [abitɥe] <1> I. *vt* ~ **qn/un animal à qc** to get sb/an animal used to sth; **être habitué à qc** to be used to sth II. *vpr* **s'**~ **à qn/qc** to get used to sb/sth
hache [ˈaʃ] *f* axe *Brit*, ax *Am*
haché(e) [ˈaʃe] *adj* (*viande*) minced *Brit*, ground *Am*
hacher [ˈaʃe] <1> *vt* **1.**(*fines herbes*) to chop; (*viande*) to mince *Brit*, to grind *Am* **2.**(*entrecouper*) to interrupt
hachisch [ˈaʃiʃ] *m v.* **hashish**

hachoir [´aʃwaʀ] *m* **1.** (*couteau*) chopper **2.** (*machine*) mincer *Brit*, grinder *Am*

hachurer [´aʃyʀe] <1> *vt* to hatch

haddock [´adɔk] *m* GASTR smoked haddock

hagard(e) [´agaʀ] *adj* wild

haie [´ɛ] *f* **1.** (*clôture*) hedge **2.** SPORT hurdle; **gagner aux 100 mètres ~s** to win the 100 metres [*o* meter *Am*] hurdles **3.** (*de personnes*) row

haillons [´ajɔ̃] *mpl* rags

haine [´ɛn] *f* hatred *sans pl*

haïr [´aiʀ] <irr> *vt* to hate

Haïti [aiti] Haiti

haïtien(ne) [aitiɛ̃] *adj* Haitian

Haïtien(ne) [aitiɛ̃] *m(f)* Haitian

hâlé(e) [´ɑle] *adj* (sun)tanned

haleine [alɛn] *f* **1.** *sans pl* (*souffle*) breath *sans pl* **2. travail de longue ~** long and demanding job

haleter [´al(ə)te] <4> *vt* to pant

hall [´ol] *m* (*d'immeuble*) (entrance) hall; (*d'hôtel*) foyer; (*de gare*) concourse

halle [´al] *f* (*d'un marché*) covered market

hallucinant(e) [a(l)lysinɑ̃] *adj* staggering

hallucination [a(l)lysinasjɔ̃] *f* **1.** MED hallucination **2. avoir des ~s** *inf* to be seeing things

halluciner [alysine] <1> *vi inf* **j'hallucine!** I'm seeing things!

halo [´alo] *m* ASTR halo

halogène [alɔʒɛn] *app, m* halogen

halte [´alt] **I.** *f* (*pause*) stop; **faire une ~** to (come to a) stop; (*se reposer*) to have a break **II.** *interj* ~! stop!

haltère [altɛʀ] *m* dumbbell

haltérophile [alteʀɔfil] *mf* weightlifter

hamac [´amak] *m* hammock

hamburger [´ɑ̃bœʀgœʀ] *m* hamburger

hameau [´amo] <x> *m* hamlet

hameçon [amsɔ̃] *m* fish-hook

hamster [´amstɛʀ] *m* ZOOL hamster

hanche [´ɑ̃ʃ] *f* ANAT hip

handball, hand-ball [´ɑdbal] *m sans pl* handball *sans pl*

handballeur, -euse [´ɑ̃dbalœʀ] *m, f* handball player

handicap [(´)ɑ̃dikap] *m* handicap

handicapé(e) [´ɑ̃dikape] **I.** *adj* handicapped **II.** *m(f)* MED disabled person; **~ physique** physically handicapped person

handicaper [´ɑ̃dikape] <1> *vt* to handicap

hangar [´ɑ̃gaʀ] *m* **1.** AGR, CHEMDFER shed **2.** (*entrepôt*) warehouse **3.** AVIAT hangar

hanneton [´an(ə)tɔ̃] *m* ZOOL cockchafer

hanter [ɑ̃te] <1> *vt* to haunt

hantise [´ɑ̃tiz] *f* dread

happer [´ape] <1> *vt* **1.** (*train, voiture*) to hit **2.** (*animal, oiseau*) to snap up

haranguer [´aʀɑ̃ge] <1> *vt* to harangue

haras [´aʀɑ] *m* stud farm

harassant(e) [aʀasɑ̃] *adj* exhausting

harassé(e) [´aʀase] *adj* exhausted

harcèlement [´aʀsɛlmɑ̃] *m* harassment

harceler [´aʀsəle] <4> *vt* **1.** (*poursuivre*) to pursue **2.** (*importuner*) to harass

hardi(e) [´aʀdi] *adj* bold; (*réponse*) daring

hardiesse [´aʀdjɛs] *f* boldness

hardiment [´aʀdimɑ̃] *adv* (*courageusement*) boldly

hardware [´aʀdwɛʀ] *m* INFOR hardware

harem [´aʀɛm] *m* harem

hareng [´aʀɑ̃] *m* **1.** (*poisson*) herring **2.** GASTR **~ saur** smoked herring

hargne [´aʀɲ] *f* **1.** (*comportement agressif*) bad temper *sans pl* **2.** (*méchanceté*) spite *sans pl*

hargneux, -euse [´aʀɲø] *adj* **1.** (*agressif*) bad-tempered; (*chien*) vicious **2.** (*méchant*) spiteful

haricot [´aʀiko] *m* bean; **~ vert** green bean

harmonica [aʀmɔnika] *m* MUS harmonica

harmonie [aʀmɔni] *f* **a.** MUS harmony; **être en ~ avec qc** to be in harmony with sth

harmonieux, -euse [aʀmɔnjø] *adj* harmonious; (*instrument, voix*) melodious

harmoniser [aʀmɔnize] <1> *vt, vpr* (**s'**)~ to harmonize

harnacher [´aʀnaʃe] <1> *vt* (*animal*) to harness

harnais [´aʀnɛ] *m* (*d'un cheval, d'un pilote*) harness; (*d'un plongeur*) rig

harpe [´aʀp] *f* MUS harp

harpon [´aʀpɔ̃] *m* harpoon

harponner [´aʀpɔne] <1> *vt* **1.** (*poisson*) to harpoon **2.** *inf* (*attraper*) to collar

hasard [´azaʀ] *m* **1.** chance **2.** **à tout** ~ just in case; **au** ~ at random; **comme par** ~ *iron* curiously enough; **par** ~ (*se rencontrer*) by chance

hasarder [´azaʀde] <1> **I.** *vt* (*tenter, avancer*) to hazard **II.** *vpr* **1.** (*s'aventurer*) **se** ~ **dans une rue** to venture (out) into a street **2.** (*se risquer à*) **se** ~ **à faire qc** to risk doing sth

hasardeux, -euse [´azaʀdø] *adj* hazardous

hasch [´aʃ] *m abr de* **haschich** *inf* hash *sans pl*

haschich, haschisch [´aʃiʃ] *m* hashish *sans pl*

hâte [´ɑt] *f* haste; **à la** ~ hastily; **avoir** ~ **de** +*infin* to be in a hurry to +*infin*; **j'ai** ~ **de te revoir** I can't wait to see you again

hâter [´ɑte] <1> **I.** *vt* to hasten **II.** *vpr* **se** ~ to hurry

hâtif, -ive [´ɑtif] *adj* (*trop rapide*) hasty; (*travail*) hurried

hausse [´os] *f* **1.** (*action*) increase **2.** (*processus*) rise; **être en nette** ~ to be rising sharply

haussement [´osmɑ̃] *m* ~ **d'é-paules** shrug (of the shoulders)

hausser [´ose] <1> **I.** *vt* **1.** (*mur*) to raise **2.** (*ton, voix*) to raise **3.** ~ **les épaules** to shrug (one's shoulders) **II.** *vpr* **se** ~ **sur la pointe des pieds** to stand (up) on tiptoe

haut [´o] **I.** *adv* **1.** (*opp: bas*) high; ~ **placé** (*fonctionnaire*) high-ranking

2. MUS **trop** ~ (*chanter*) sharp **3.** **regarder qn de** ~ to look down on sb; **d'en** ~ from above; **en** ~ at the top; (*étage supérieur*) upstairs; **en** ~ **de** at the top of **II.** *m* **1.** (*hauteur*) height **2.** (*sommet, altitude*) top; **du** ~ **de ...** from the top of ...; **l'étagère du** ~ the top shelf **3.** **des** ~**s et des bas** ups and downs

haut(e) [´o] *adj* **1.** high **2.** (*région, Rhin*) upper; **en** ~**e mer** on the open sea **3.** (*intense, fort*) **à** ~**e tension** (*courant, ligne*) high-voltage; **à voix** ~**e** out loud **4.** (*fonctionnaire*) senior; **en** ~ **lieu** in high places

hautain(e) [´otɛ̃] *adj* haughty

hautbois [´obwa] *m* oboe

haut-de-forme [´od(ə)fɔʀm] *m inv* top hat

haute-fidélité [´otfidelite] **I.** *f sans pl* hi-fi *sans pl* **II.** *adj inv* hi-fi

hautement [´otmɑ̃] *adv* highly

hauteur [´otœʀ] *f* **1.** (*grandeur, altitude*) height; **quelle est la** ~ **de ce mur?** what's the height of this wall? **2.** SPORT **saut en** ~ high jump **3.** (*même niveau*) **à la** ~ **de qc** (on a) level with sth; (*dans les environs de*) in the area of sth **4.** (*colline*) ~**s** heights **5.** (*arrogance*) haughtiness **6.** **être à la** ~ **de qc** to be equal to sth

haut-fond [´ofɔ̃] <hauts-fonds> *m* shallow **haut-le-cœur** [´ol(ə)kœʀ] *m inv* **avoir un** ~ to feel sick **haut-parleur** [´opaʀlœʀ] <haut-parleurs> *m* loudspeaker

havane [´avan] *m* (*cigare*) Havana

havre [´avʀ] *m soutenu* haven

Haye [ɛ] *f* **La** ~ The Hague

hé [he] *interj* (*pour appeler*) hey!

hebdo *m inf*, **hebdomadaire** [ɛb-dɔmadɛʀ] *adj, m* weekly

hébergement [ebɛʀʒəmɑ̃] *m* (*d'un ami*) putting up; (*d'un réfugié*) taking in

héberger [ebɛʀʒe] <2a> *vt* **1.** (*ami*) to put up **2.** (*refugié*) to take in

hébété(e) [ebete] *adj* dazed

hébraïque [ebʀaik] *adj* Hebrew

hébreu [ebʀø] <x> **I.** *adj féminin:*

israélite, juive Hebrew **II.** *m* Hebrew; *v. a.* **français**

Hébreux [ebʀø] *mpl* **les ~** the Hebrews

HEC [´aʃøse] *f abr de* (**école des**) **hautes études commerciales** *prestigious French business school*

hécatombe [ekatɔ̃b] *f* slaughter

hectare [ɛktaʀ] *m* hectare

hectolitre [ɛktɔlitʀ] *m* hectolitre *Brit,* hectoliter *Am*

hégémonie [eʒemɔni] *f* hegemony

hein [´ɛ̃] *interj inf* **1.** (*comment?*) eh? **2.** (*renforcement de l'interrogation*) **que vas-tu faire, ~?** what are you going to do (then), eh? **3.** (*marque l'étonnement*) **~? qu'est-ce qui se passe?** eh, what's going on here (then)? **4.** (*n'est-ce pas?*) **il fait froid, ~?** it's cold, isn't it?

hélas [elɑs] *interj soutenu* alas

héler [´ele] <5> *vt* to hail

hélice [elis] *f* **1.** TECH propeller **2.** MAT helix

hélicoptère [elikɔptɛʀ] *m* helicopter

héliport [elipɔʀ] *m* heliport

hélium [eljɔm] *m* CHIM helium

helvétique [ɛlvetik] *adj* Swiss; **la Confédération ~** the Swiss Federal Republic

hem [hɛm] *interj* **1.** (*hé, holà*) hey! **2.** (*hein*) eh? **3.** (*hum*) hmm

hématome [ematom] *m* MED haematoma

hémicycle [emisikl] *m* (*bancs d'une assemblée nationale*) **l'~** ≈ the benches *Brit,* ≈ the House floor *Am*

hémisphère [emisfɛʀ] *m* hemisphere

hémoglobine [emɔglɔbin] *f* haemoglobin

hémophile [emɔfil] *adj, mf* haemophiliac

hémorragie [emɔʀaʒi] *f* MED haemorrhage

hémorroïde [emɔʀɔid] *f gén pl* haemorrhoid

henné [´ene] *m* henna

hennir [´eniʀ] <8> *vi* to neigh

hep [´ɛp] *interj* hey!

hépatite [epatit] *f* **~ virale** viral hepatitis

herbe [ɛʀb] *f* **1.** BOT grass *sans pl;* **mauvaise ~** weed **2.** MED, GASTR herb; **fines ~s** mixed herbs; **les ~s de Provence** Provençal mixed herbs (*parsley, thyme, oregano and bay*)

herbicide [ɛʀbisid] *adj, m* weedkiller

herbier [ɛʀbje] *m* (*collection, livre*) herbarium

herbivore [ɛʀbivɔʀ] **I.** *adj* herbivorous **II.** *m* herbivore

herboriste [ɛʀbɔʀist] *mf* herbalist

hercule [ɛʀkyl] *m* **avoir une force d'~** to have the strength of ten men

héréditaire [eʀeditɛʀ] *adj* hereditary

hérédité [eʀedite] *f* BIO heredity *sans pl*

hérésie [eʀezi] *f* heresy

hérétique [eʀetik] **I.** *adj* heretical **II.** *mf* heretic

hérisser [´eʀise] <1> **I.** *vt* **1.** (*poils, piquants*) to bristle; (*plumes*) to ruffle **2.** (*faire dresser*) **la peur lui a hérissé les poils** fear made its fur stand on end **3.** (*remplir*) **~ qc de qc** to spike sth with sth **II.** *vpr* **se ~ 1.** (*cheveux, poils*) to stand on end **2.** (*chat*) to bristle; (*oiseau*) to ruffle its feathers

hérisson [´eʀisɔ̃] *m* ZOOL hedgehog

héritage [eʀitaʒ] *m* **1.** (*succession, biens*) inheritance; **laisser qc en ~ à qn** to bequeath sth to sb **2.** *fig* heritage

hériter [eʀite] <1> *vt, vi* **~ (qc) de qn** to inherit (sth) from sb

héritier, -ière [eʀitje] *m, f* heir *m,* heiress *f*

hermétique [ɛʀmetik] *adj* (*étanche*) hermetic; (*à l'eau*) watertight

hermine [ɛʀmin] *f* **1.** ZOOL stoat **2.** (*fourrure*) ermine

hernie [´ɛʀni] *f* hernia

héroïne¹ [eʀɔin] *f* (*drogue*) heroin

héroïne² [eʀɔin] *f v.* **héros**

héroïque [eʀɔik] *adj* (*digne d'un héros*) heroic

héroïsme [eʀɔism] *m* heroism

héron [´eʀɔ̃] *m* heron

héros, héroïne [´eʀo] *m, f* hero *m,* heroine *f*

herpès [ɛʀpɛs] *m* herpes

herse [´ɛʀs] *f* 1.AGR harrow 2.(*d'une forteresse*) portcullis

hertz [ɛʀts] *m inv* ELEC hertz

hésitant(e) [ezitɑ̃] *adj* (*pas, voix*) hesitant

hésitation [ezitasjɔ̃] *f* hesitation; **avec** ~ hesitatingly

hésiter [ezite] <1> *vi* to hesitate

hétéro [eteʀo] *adj, mf abr de* **hétérosexuel(le)** *inf* hetero

hétéroclite [eteʀɔklit] *adj* motley; (*objets*) sundry

hétérogène [eteʀɔʒɛn] *adj* heterogeneous

hétérosexuel(le) [eteʀosɛksɥɛl] *adj, m(f)* heterosexual

hêtre [´ɛtʀ] *m* beech

heu [´ø] *interj* 1.(*pour ponctuer à l'oral*) hmm!; **vous êtes Madame, ~ ... – Madame Giroux!** you are Madame, um ... – Madame Giroux! 2.(*embarras*) er!; **~ ... comment dirais-je?** er! ... how can I put it?

heure [œʀ] *f* 1.(*mesure de durée*) hour; **une ~ et demie** an hour and a half; **une ~ de cours** (*pour l'élève/ le professeur*) an hour's lesson/ teaching; **24 ~s sur 24** 24 hours a day; **des ~s entières** for hours on end 2.(*indication chiffrée*) **dix ~s du matin/du soi** ten o'clock in the morning/in the evening; **à trois ~s** at three o'clock; **il est trois ~s/trois ~s et demie** it's three o'clock/half past three; **6 ~s moins 20** 20 to 6 3.(*point précis du jour*) **il est quelle ~?** *inf* what time is it?; **vous avez l'~, s'il vous plaît?** have you got the time, please? 4.(*distance*) **à deux ~s de qc** two hours (away) from sth 5.(*moment dans la journée*) **~ de fermeture** closing time; **~ d'affluence** AUTO rush hour; COM busy period; **à ~ fixe** at a set time; **à l'~** on time; **il est l'~ de faire qc** it's time to do sth; **jusqu'à une ~ avancée** till late 6.(*moment dans le cours des événements*) **des ~s mémorables** memorable times; **à l'~ actuelle** at this moment 7.**l'~ H** zero hour; **de bonne ~** early; **être/ ne pas être à l'~** (*personne*) to be/ not to be on time; (*montre*) to be right/wrong; **tout à l'~** (*il y a peu de temps*) just now; (*dans peu de temps*) shortly; **à tout à l'~!** (*bientôt*) see you (soon)!; (*plus tard*) see you (later)!

In France, there are no official **heures de fermeture** and they can vary between towns and areas. Usually, shops close at 7 p.m. Department stores and supermarkets usually stay open later, until 9 p.m. Shops are open all day on Saturdays and delicatessens and bakeries open on Sunday mornings. Many shops are closed on Mondays.

Hₕ

heureusement [øʀøzmɑ̃] *adv* (*par bonheur*) fortunately

heureux, -euse [øʀø] I. *adj* 1.happy; **être ~ de qc/de** +*infin* to be happy with sth/to +*infin* 2.(*chanceux*) fortunate; **être ~ au jeu** to be lucky at cards 3.**encore ~!** (it's) just as well! II. *m, f* **faire un ~** *inf* to make somebody very happy

heurt [´œʀ] *m* 1.(*conflit*) clash 2. *soutenu* (*impact, coup*) slam

heurter [´œʀte] <1> I. *vt* 1.(*entrer rudement en contact*) **~ qn** (*à pied*) to bump into sb; (*en voiture*) to hit sb 2.(*choquer*) to offend II. *vpr* 1.(*se cogner contre*) **se ~ à** [*o* **contre**] **qn/qc** to bump into sb/sth; **se ~** to bump into each other 2.(*buter contre*) **se ~ à qc** (*problème, refus*) to come up against sth

hexagonal(e) [ɛgzagɔnal] <-aux> *adj* 1.hexagonal 2.(*concerne l'Hexagone français*) French

hexagone [ɛgzagon] *m* hexagon

Hexagone [ɛgzagon] *m* **l'~** ≈

France (*because of its geographical shape*)

hiatus ['jatys] *m* LING hiatus

hiberner [ibɛʀne] <1> *vi* to hibernate

hibou ['ibu] <x> *m* owl

hic ['ik] *m inf* snag

hideux, -euse ['idø] *adj* hideous

hier [jɛʀ] *adv* yesterday

hiérarchie [jeʀaʀʃi] *f* hierarchy

hiérarchique ['jeʀaʀʃik] *adj* hierarchic(al)

hiéroglyphe ['jeʀɔglif] *m* hieroglyphic

hi-fi ['ifi] *abr de* **High Fidelity I.** *adj inv* hi-fi; **chaîne ~** hi-fi system **II.** *f sans pl* hi-fi *sans pl*

hilare [ilaʀ] *adj* (*personne*) jovial; (*visage*) beaming

hilarité [ilaʀite] *f sans pl* hilarity *sans pl*

hindi ['indi] *m* Hindi; *v. a.* **français**

hindou(e) [ɛ̃du] *adj* Hindu

hip ['ip] *interj* ~ ~ ~**! hourra!** hip, hip hurray!

hippie ['ipi] <hippies> *adj, mf* hippie

hippique [ipik] *adj* equine; (*concours*) horse

hippocampe [ipɔkɑ̃p] *m* ZOOL seahorse

hippodrome [ipodʀom] *m* racecourse

hippopotame [ipɔpɔtam] *m* ZOOL hippopotamus

hirondelle [iʀɔ̃dɛl] *f* swallow

hirsute [iʀsyt] *adj* (*tête*) tousled; (*barbe*) shaggy

hispanique [ispanik] *adj* Hispanic

hispano-américain(e) [ispano-ameʀikɛ̃] <hispano-américains> *adj* Spanish-American

hispanophone [ispanɔfɔn] **I.** *adj* Spanish-speaking; **être ~** to be a Spanish-speaker **II.** *mf* Spanish-speaker

hisser ['ise] <1> **I.** *vt* (*drapeau, voile*) to hoist **II.** *vpr* **se ~ sur qc** to heave oneself (up) onto sth

histoire [istwaʀ] *f* **1.** *sans pl* (*science, événements*) history *no pl* **2.** (*récit, conte, blague*) story **3.** *inf*

(*suite d'événements*) story **4.** *gén pl, inf* (*complications*) fuss *no pl;* **faire toute une ~ pour qc** to make a big fuss about sth **5.** **~ de** +*infin inf* just to +*infin*

historien(ne) [istɔʀjɛ̃] *m(f)* historian

historique [istɔʀik] **I.** *adj* (*événement, monument*) historic; (*document, roman*) historical **II.** *m* history

hitlérien(ne) [itleʀjɛ̃] *adj* HIST Hitlerian

hiver [ivɛʀ] *m* winter; *v. a.* **automne**

hivernal(e) [ivɛʀnal] <-aux> *adj* winter

HLM ['aʃɛlɛm] *m o f inv abr de* **habitation à loyer modéré** ≈ (block of) council flats *Brit,* ≈ public housing *Am*

hobby ['ɔbi] <hobbies> *m* hobby

hocher ['ɔʃe] <1> *vt* **~ la tête** (*pour approuver*) to nod (one's head); (*pour désapprouver*) to shake one's head

hochet ['ɔʃɛ] *m* (*jouet*) rattle

hockey ['ɔkɛ] *m* hockey

holà ['ɔla] *interj* ~**! pas si vite!** hold on! not so fast!

holding ['ɔldiŋ] *m o f* COM holding company

hold-up ['ɔldœp] *m inv* hold-up

hollandais ['ɔllɑ̃dɛ] *m* Dutch; *v. a.* **français**

hollandais(e) ['ɔllɑ̃dɛ] *adj* Dutch

Hollandais(e) ['ɔllɑ̃dɛ] *m(f)* Dutchman, Dutchwoman *m, f*

Hollande ['ɔllɑ̃d] *f* **la ~** Holland

holocauste [olokost] *m* (*génocide*) holocaust

homard ['ɔmaʀ] *m* lobster

home ['om] *m* Belgique (*centre d'accueil, d'hébergement*) hostel

homéopathie [ɔmeɔpati] *f* MED homeopathy

homicide [ɔmisid] *m* murder, homicide *Am;* **~ involontaire** manslaughter

hommage [ɔmaʒ] *m* **1.** tribute **2.** *pl, soutenu* (*compliments*) respects; **mes ~s, Madame!** (*à la rencontre*) ≈ how do you do?; (*au revoir*) ≈ goodbye!

homme [ɔm] *m* 1. man; **vêtements d'~** [*o* **pour ~s**] menswear; ~ **d'État** statesman 2. ~ **à tout faire** odd-job man, handyman; **entre ~s** (as) man to man

homme-grenouille [ɔmgrənuj] <hommes-grenouilles> *m* frogman

homo [omo] I. *adj abr de* **homosexuel(le)** *inf* gay II. *mf abr de* **homosexuel(le)** *inf* gay man, woman *m, f;* **~s** gays

homogène [ɔmɔʒɛn] *adj* homogeneous

homologue [ɔmɔlɔg] *adj* (*équivalent*) homologous

homologuer [ɔmɔlɔge] <1> *vt* (*record*) to ratify; (*siège-auto*) to license

homonyme [ɔmɔnim] *m* 1. LING homonym 2. (*personne*) namesake

homosexualité [ɔmɔsɛksɥalite] *f* homosexuality

homosexuel(le) [ɔmɔsɛksɥɛl] *adj, m(f)* homosexual

Hongrie [´ɔ̃gri] *f* **la ~** Hungary

hongrois [´ɔ̃grwa] *m* Hungarian; *v. a.* **français**

hongrois(e) [´ɔ̃grwa] *adj* Hungarian

Hongrois(e) [´ɔ̃grwa] *m(f)* Hungarian

honnête [ɔnɛt] *adj* 1. (*personne*) honest; (*commerçant*) respectable 2. (*honorable*) honourable *Brit,* honorable *Am* 3. (*prix, résultat*) reasonable

honnêtement [ɔnɛtmɑ̃] *adv* honourably *Brit,* honorably *Am;* (*gagner sa vie*) honestly

honnêteté [ɔnɛtte] *f* honesty

honneur [ɔnœr] *m* 1. *sans pl* (*principe moral, privilège*) honour *Brit,* honor *Am;* **sur l'~** on one's honour; **nous avons l'~ de vous faire part de ...** *form* we are pleased to inform you of ...; **à toi l'~!** after you! 2. *sans pl* (*réputation*) credit; **être tout à l'~ de qn** to do sb great credit 3. *pl* (*marques de distinctions*) honours *Brit,* honors *Am;* **rendre les derniers ~s à qn** *form* to pay one's

final tribute to sb 4. **en quel ~?** *iron* in aid of what?

honorable [ɔnɔrabl] *adj* 1. (*estimable*) honourable *Brit,* honorable *Am* 2. (*respectable*) respectable

honoraires [ɔnɔrɛr] *mpl* fee(s)

honorer [ɔnɔre] <1> *vt* 1. *a.* COM to honour *Brit,* to honor *Am* 2. (*faire honneur à*) ~ **qn** to be a credit to sb

honte [´ɔ̃t] *f* 1. (*déshonneur*) disgrace 2. *sans pl* (*sentiment d'humiliation*) shame; **avoir ~ de qn/qc** to be ashamed of sb/sth

honteux, -euse [´ɔ̃tø] *adj* shameful; (*personne*) ashamed

hop [´ɔp] *interj* (*pour faire sauter*) come on, jump!; ~ **là!** (*quand qn ou qc va tomber*) oops(-a-daisy)!

hôpital [ɔpital] <-aux> *m* hospital

hoquet [´ɔkɛ] *m* hiccup; **avoir le ~** to have (the) hiccups

horaire [ɔrɛr] I. *adj* hourly II. *m* timetable; (*des vols*) schedule; (*de travail*) hours; ~ **mobile** [*o* **flexible**] flexitime

horde [´ɔrd] *f* horde

horizon [ɔrizɔ̃] *m* 1. *sans pl* (*ligne*) horizon 2. (*étendue*) view

horizontal(e) [ɔrizɔ̃tal] <-aux> *adj* horizontal

horloge [ɔrlɔʒ] *f* clock

hormone [ɔrmɔn] *f* hormone

horodateur [ɔrɔdatœr] *m* (*au parking*) ticket machine

horoscope [ɔrɔskɔp] *m* horoscope

horreur [ɔrœr] *f* horror; **faire ~ à qn** to disgust sb; **avoir ~ de qn/qc** to hate sb/sth; **j'ai ~ des souris** I can't stand mice

horrible [ɔribl] *adj* (*abominable*) horrible; (*acte, cris*) terrible

horrifier [ɔrifje] <1> *vt* to horrify

horripiler [ɔripile] <1> *vt* to exasperate

hors [´ɔr] *prep* 1. (*à l'extérieur de*) ~ **de** outside 2. ~ **de danger** out of danger; ~ **de prix** exorbitant; **être ~ de soi** to be beside oneself (with anger)

hors-bord [´ɔrbɔr] *m inv* speedboat **hors-d'œuvre** [´ɔrdœvr] *m inv* GASTR starter **hors-jeu** [´ɔrʒø]

H
h

m inv SPORT offside **hors-la-loi** [ˈɔʀlalwa] *m inv* outlaw

hortensia [ɔʀtɑ̃sja] *m* hydrangea

horticulture [ɔʀtikyltyʀ] *f* horticulture

hospice [ɔspis] *m* home

hospitalier, -ière [ɔspitalje] *adj* **1.** (*à l'hôpital*) hospital **2.** (*accueillant*) hospitable

hospitaliser [ɔspitalize] <1> *vt* to hospitalize

hospitalité [ɔspitalite] *f* hospitality

hostie [ɔsti] *f* REL host

hostile [ɔstil] *adj* **être ~ à qn/qc** to be hostile to(wards) sb/sth

hostilité [ɔstilite] *f* hostility

hôte [ot] *mf* guest

hôtel [ɔtɛl] *m* **1.** (*hôtellerie*) hotel **2.** (*riche demeure*) mansion **3.** ~ **de ville** town hall

hôtelier, -ière [otəlje] I. *adj* hotel II. *m, f* hotelier

hôtesse [otɛs] *f* **1.** *v.* **hôte 2.** (*profession*) hostess; ~ **d'accueil** receptionist; ~ **de l'air** air hostess

hotte [ˈɔt] *f* **1.** (*d'une cheminée*) hood **2.** (*panier*) basket

hou [ˈu] *interj* **1.** boo!; (*pour faire honte*) tut tut! **2.** ~, ~! hey (there)!

houblon [ˈublɔ̃] *m* **1.** (*plante*) hop **2.** (*ingrédient*) hops *pl*

houe [ˈu] *f* hoe

houille [ˈuj] *f* coal

houle [ˈul] *f* swell

houleux, -euse [ˈulø] *adj* stormy

houppe [ˈup] *f* (*de cheveux*) tuft

hourra [ˈuʀa] I. *interj* hurray! II. *m* cheer; **pousser des ~s** to cheer

housse [ˈus] *f* cover

houx [ˈu] *m* BOT holly

HS [aʃɛs] *abr de* **hors service: être ~** *inf* to be beat, to be all in

HT [aʃte] *adv abr de* **hors taxes** net of tax

hublot [ˈyblo] *m* window; (*d'un bateau*) porthole

huées [ˈye] *fpl* (*cris de réprobation*) boos

huer [ˈye] <1> *vt* to boo

huguenot(e) [ˈygno] *m(f)* Huguenot

huile [ɥil] *f* oil; **à l'~** (*peint*) in oils

huiler [ɥile] <1> *vt* (*mécanisme*) to oil; (*moule*) to grease

huis [ɥi] **à ~ clos** JUR in camera

huissier [ɥisje] *m* **1.** JUR bailiff **2.** (*appariteur*) usher

huit [ˈɥit] I. *adj* eight II. *m inv* **1.** eight **2.** **le grand ~** the big dipper *Brit,* the roller coaster *Am; v. a.* **cinq**

huitaine [ˈɥitɛn] *f* **1.** (*ensemble d'environ huit éléments*) **une ~ de personnes/pages** about eight people/pages **2.** (*une semaine*) **dans une ~** in a week or so

huitante [ˈɥitɑ̃t] *adj Suisse* (*quatre-vingts*) eighty; *v. a.* **cinq, cinquante**

huitième [ˈɥitjɛm] I. *adj antéposé* eighth II. *mf* **le/la ~** the eighth III. *m* **1.** (*fraction*) eighth **2.** SPORT ~ **de finale** round before the quarterfinal; *v. a.* **cinquième**

huître [ɥitʀ] *f* oyster

hum [ˈœm] *interj* **1.** hmm! **2.** ~, ~! ahem!

humain(e) [ymɛ̃] *adj* human; **les êtres ~s** human beings

humainement [ymɛnmɑ̃] *adv* **1.** (*traiter*) humanely **2.** **faire tout ce qui est ~ possible** to do all that is humanly possible

humanitaire [ymanitɛʀ] *adj* humanitarian

humanité [ymanite] *f* humanity

humanités [ymanite] *fpl Belgique* (*études secondaires*) secondary education

humble [œ̃bl] *adj* humble

humecter [ymɛkte] <1> *vt* to moisten

humer [ˈyme] <1> *vt* (*plat*) to smell

humérus [ymeʀys] *m* ANAT humerus

humeur [ymœʀ] *f* **1.** (*état d'âme*) mood; **être de bonne/mauvaise ~** to be in a good/bad mood **2.** (*tempérament*) temper **3.** (*irritation*) (bad) temper

humide [ymid] *adj* **1.** (*qui a pris l'humidité*) damp **2.** (*climat, temps*) humid; **il fait une chaleur/un froid ~** it's muggy/cold and damp

humidifier [ymidifje] <1> *vt* to humidify

humidité [ymidite] *f* humidity
humiliant(e) [ymiljɑ̃] *adj* humiliating
humiliation [ymiljasjɔ̃] *f* humiliation
humilier [ymilje] <1> **I.** *vt* to humiliate **II.** *vpr* **s'~ devant qn** to humble oneself before sb
humilité [ymilite] *f* humility
humoriste [ymɔrist] *mf* humorist
humoristique [ymɔristik] *adj* humorous
humour [ymur] *m* humour *Brit,* humor *Am*
humus [ymys] *m* humus
huppe [´yp] *f* (*d'oiseau*) crest
huppé(e) [´ype] *adj* **1.** ZOOL crested **2.** *inf* (*personne, restaurant*) classy
hurlement [´yrləmɑ̃] *m* howl(ing); (*de la foule*) roar(ing)
hurler [´yrle] <1> **I.** *vi* to howl; (*foule*) to roar **II.** *vt* (*injures*) to yell
hutte [´yt] *f* hut
hybride [ibrid] *adj, m* hybrid
hydrater [idrate] <1> *vt* **1.** (*en cosmétique*) to moisturize **2.** CHIM to hydrate
hydraulique [idrolik] *adj* hydraulic; (*énergie*) water
hydravion [idravjɔ̃] *m* seaplane
hydrocarbure [idrokarbyr] *m* hydrocarbon
hydrocution [idrɔkysjɔ̃] *f* MED immersion syncope
hydroélectrique, **hydro-électrique** [idroelɛktrik] *adj* hydroelectric
hydrogène [idrɔʒɛn] *m* hydrogen
hydroglisseur [idroglisœr] *m* jetfoil
hydrophile [idrɔfil] *adj* **coton ~** cotton wool
hyène [jɛn] *f* ZOOL hyena
hygiène [iʒjɛn] *f* sans pl **1.** (*conditions sanitaires*) hygiene *sans pl* **2.** (*soin*) care *sans pl*
hygiénique [iʒjenik] *adj* **1.** (*de propreté*) hygienic; **papier ~** toilet paper **2.** (*sain*) healthy
hymne [imn] *m* MUS hymn
hyper [ipɛr] *m abr de* **hypermarché**

hyperlien [ipɛrljɛ̃] *m* INFOR hyperlink
hypermarché [ipɛrmarʃe] *m* superstore
hypertension [ipɛrtɑ̃sjɔ̃] *f* MED high blood pressure
hypertexte [ipɛrtɛkst] *m* INFOR hypertext
hypertrophie [ipɛrtrɔfi] *f* hypertrophy
hypnose [ipnoz] *f* hypnosis
hypnotiser [ipnɔtize] <1> *vt* to hypnotize
hypocondriaque [ipɔkɔ̃drijak] *adj péj* hypochondriac
hypocrisie [ipɔkrizi] *f* hypocrisy
hypocrite [ipɔkrit] **I.** *adj* hypocritical **II.** *mf* hypocrite
hypothèque [ipɔtɛk] *f* mortgage
hypothèse [ipɔtɛz] *f* hypothesis; **dans l'~ où ...** on the assumption that ...
hystérie [isteri] *f* hysteria
hystérique [isterik] **I.** *adj* hysterical **II.** *mf* hysterical person

I, i [i] *m inv* I, i; **~ comme Irma** i for Isaac [*o* Item *Am*]
ibid. [ibid] *adv abr de* **ibidem** ibid
ibidem [ibidɛm] *adv* ibidem
iceberg [ajsbɛrg] *m* iceberg
ici [isi] *adv* **1.** (*lieu*) here; **~ et là** here and there; **par ~ on croit ...** round here people think ...; **d'~ à Paris/ au musée** from here to Paris/the museum; **près/loin d'~** near/a long way from here; **sortez d'~!** get out of here!; **viens ~ immédiatement!** come here right now!; **viens par ~** come over here; **passer par ~** to come this way **2.** (*temporel*) **jusqu'~** up till now; **d'~ peu** very soon; **d'~ là** between now and then; **d'~ (à) la semaine prochaine** be-

tween now and next week; **d'~ une semaine/quelques semaines** a week/a few weeks from now

icône [ikon] *f* INFOR icon

idéal [ideal] <-aux *o* s> *m* **1.** (*modèle*) ideal **2.** *sans pl* (*le mieux*) **l'~ serait que** +*subj* the ideal thing would be +*infin*

idéal(e) [ideal] <-aux *o* s> *adj inf* ideal; (*vacances*) perfect

idéaliste [idealist] *mf* idealist

idée [ide] *f* **1.** idea; **~ reçue** commonplace idea; **donner l'~ à qn de faire qc** to give sb the idea of doing sth; **tu as de ces ~s!** you have some funny ideas!; **~ fixe** obsession; **ne pas avoir la moindre ~ de qc** to have absolutely no idea of sth **2.** (*esprit*) **cela m'est venu à l'~** it occurred to me **3. se faire des ~s** to have another thing coming

idem [idɛm] *adv* (*de même*) likewise

identifier [idɑ̃tifje] <1> I. *vt* to identify II. *vpr* **s'~ à qn/qc** to identify oneself with sb/sth

identique [idɑ̃tik] *adj* **être ~ à qc** to be identical to sth

identité [idɑ̃tite] *f* identity

idéologie [ideɔlɔʒi] *f* ideology

idiomatique [idjɔmatik] *adj* idiomatic

idiot(e) [idjo] I. *adj* idiotic II. *m/f* **1.** idiot; **tu me prends pour un ~?** do you take me for some kind of idiot?; **~ du village** *inf* village idiot **2. faire l'~** (*faire mine de ne pas comprendre*) to act stupid; (*vouloir amuser*) to fool around

idole [idɔl] *f* idol

igloo, iglou [iglu] *m* igloo

ignoble [iɲɔbl] *adj* disgraceful; **propos ~s** shameful things to say

ignorance [iɲɔrɑ̃s] *f* ignorance

ignorant(e) [iɲɔrɑ̃] I. *adj* (*inculte*) ignorant II. *m/f* ignoramus; **faire l'~** to feign ignorance

ignorer [iɲɔre] <1> *vt* **1.** (*opp: savoir*) not to know; **ne pas ~ qc** to be aware of sth **2.** (*négliger*) to ignore **3. nul n'est censé ~ la loi** ignorance of the law is no excuse

il [il] *pron pers* **1.** (*masc, personne*) he **2.** (*masc, objet*) it **3.** *interrog, non traduit* **Louis a-t-~ ses clés?** has Louis got his keys? **4.** (*répétitif*) **~ est beau, ce costume** this suit's nice; **l'oiseau, ~ fait cui-cui** birds go tweet-tweet **5.** *impers* it; **~ est possible qu'elle vienne** it's possible she may come; **~ faut que je parte** I've got to go; **~ y a deux ans** two years ago; **~ paraît qu'elle vit là-bas** apparently she lives there; *v. a.* **avoir**

île [il] *f* island

illégal(e) [i(l)legal] <-aux> *adj* illegal

illégalité [i(l)legalite] *f* illegality

illégitime [i(l)leʒitim] *adj* **1.** (*enfant, demande*) illegitimate **2.** (*non justifié*) unwarranted

illettré(e) [i(l)letʀe] *adj, m/f* illiterate

illicite [i(l)lisit] *adj* illicit

illimité(e) [i(l)limite] *adj* **1.** (*sans bornes*) unlimited **2.** (*durée, congé*) indefinite

illumination [i(l)lyminasjɔ̃] *f* lighting; (*au moyen de projecteurs*) floodlighting

illuminer [i(l)lymine] <1> I. *vt* to light up II. *vpr* **s'~ de joie** (*visage*) to light up with joy

illusion [i(l)lyzjɔ̃] *f* illusion; **se faire des ~s sur qn/qc** to have illusions about sth

illusoire [i(l)lyzwaʀ] *adj* illusory, empty dream

illustrateur, -trice [i(l)lystʀatœʀ] *m, f* illustrator

illustration [i(l)lystʀasjɔ̃] *f* illustration

illustre [i(l)lystʀ] *adj* illustrious

illustré [i(l)lystʀe] *m* magazine

illustré(e) [i(l)lystʀe] *adj* illustrated

illustrer [i(l)lystʀe] <1> I. *vt* **~ qc de qc** to illustrate sth with sth II. *vpr* **s'~** (*se rendre célèbre*) to win acclaim

îlot [ilo] *m* **1.** (*petite île*) islet **2.** (*groupe isolé*) island

ils [il] *pron pers* **1.** (*pl masc ou mixte*) they **2.** *interrog, non traduit* les enfants sont-~ là? are the children here? **3.** (*répétitif*) **regarde les paons comme ~ sont beaux** look how beautiful the peacocks are; *v. a.* **il**

image [imaʒ] *f* **1.** (*dessin*) picture; ~ **de marque** (brand) image **2.** *a. fig* image; **se faire une ~ de qn/qc** to have an image of sb/sth **3.** **sage comme une** ~ as good as gold; **à l'~ de qn/qc** in the image of sb/sth

imaginable [imaʒinabl] *adj* imaginable

imaginaire [imaʒinɛʀ] *adj* imaginary

imagination [imaʒinasjɔ̃] *f* imagination; **vous ne manquez pas d'~!** you've got a good imagination!

imaginer [imaʒine] <1> **I.** *vt* **1.** (*se représenter, supposer*) to imagine; ~ **de faire qc** to imagine doing sth **2.** (*inventer*) to think up **II.** *vpr* **s'~** to imagine

imbattable [ɛ̃batabl] *adj* unbeatable

imbécile [ɛ̃besil] **I.** *adj* idiotic **II.** *mf* **1.** cretin; **faire l'~** (*vouloir paraître stupide*) to act stupid; (*se conduire stupidement*) to act like a fool **2.** **il n'y a que les ~s qui ne changent pas d'avis** only fools never change their mind

imbuvable [ɛ̃byvabl] *adj* undrinkable

IME [iɛmø] *m abr de* **Institut monétaire européen** EMI

imitateur, -trice [imitatœʀ] *m, f* **1.** (*personne qui imite*) imitator **2.** (*comédien*) impressionist

imitation [imitasjɔ̃] *f* **1.** (*action*) imitation **2.** (*plagiat*) copy **3.** (*d'une signature*) forgery; (**en**) ~ imitation

imiter [imite] <1> *vt* to imitate; (*pour amuser*) to mimic; (*signature*) to forge

immangeable [ɛ̃mɑ̃ʒabl] *adj* inedible

immatriculation [imatʀikylasjɔ̃] *f* (*d'un étudiant, d'une voiture*) registration

immatriculer [imatʀikyle] <1> *vt* to register; **se faire ~ à l'université**

to register at university; **faire ~ une voiture** to register a car

immédiat [imedja] *m* immediate future

immédiat(e) [imedja] *adj* immediate; (*soulagement, effet*) instantaneous; **mesures ~es** immediate steps

immédiatement [imedjatmɑ̃] *adv* immediately

immense [i(m)mɑ̃s] *adj* immense

immergé(e) [imɛʀʒe] *adj* (*rocher, terres*) submerged

immeuble [imœbl] *m* building

immigrant(e) [imigʀɑ̃] *adj, m(f)* immigrant

immigration [imigʀasjɔ̃] *f* immigration

immigré(e) [imigʀe] *adj, m(f)* immigrant

immigrer [imigʀe] <1> *vi* to immigrate

imminent(e) [iminɑ̃] *adj* imminent; (*conflit, danger*) impending

immobile [i(m)mɔbil] *adj* still; (*personne*) motionless

immobilier [imɔbilje] *m* l'~ real estate

immobilier, -ière [imɔbilje] *adj* property; (*saisie*) of property; (*placement*) in property; **agent/agence ~(immobilière)** real estate agent/agency; **biens ~s** real estate; **crédit ~** mortgage

immobiliser [imɔbilize] <1> **I.** *vt* **1.** (*stopper*) to stop **2.** MED, SPORT to immobilize **II.** *vpr* **s'~** (*personne, machine, train*) to come to a halt

immobilité [imɔbilite] *f* **1.** (*inertie*) stillness **2.** (*immuabilité*) immovability

immonde [i(m)mɔ̃d] *adj* foul; (*propos*) vile

immondices [i(m)mɔ̃dis] *fpl* refuse

immoral(e) [i(m)mɔʀal] <-aux> *adj* immoral

immortaliser [imɔʀtalize] <1> *vt* to immortalize

immortel(le) [imɔʀtɛl] *adj* **1.** *a.* REL immortal **2.** *soutenu* (*impérissable*) eternal

immuniser [imynize] <1> vt a. fig ~ **qn contre qc** to immunize sb against sth

immunité [imynite] f immunity

impact [ɛ̃pakt] m impact

impair [ɛ̃pɛʀ] m **1.** (opp: pair) odd numbers **2.** (gaffe) blunder

impair(e) [ɛ̃pɛʀ] adj odd

impardonnable [ɛ̃paʀdɔnabl] adj (erreur, faute) inexcusable

imparfait [ɛ̃paʀfɛ] m imperfect; **à l'~** in the imperfect

impasse [ɛ̃pɑs] f **1.** (rue) dead end **2. être dans l'~** to be in an impasse

impassible [ɛ̃pasibl] adj impassive; **rester ~** to show no emotion

impatiemment [ɛ̃pasjamɑ̃] adv impatiently

impatience [ɛ̃pasjɑ̃s] f impatience

impatient(e) [ɛ̃pasjɑ̃] adj impatient; **je suis ~ de** +infin I can't wait to +infin

impatienter [ɛ̃pasjɑ̃te] <1> **I.** vt to irritate **II.** vpr to get impatient

impec [ɛ̃pɛk] inf, **impeccable** [ɛ̃pekabl] adj **1.** (très propre) spotless **2.** inf (parfait) ~! perfect

impensable [ɛ̃pɑ̃sabl] adj unthinkable

imper [ɛ̃pɛʀ] m inf abr de **imperméable**

impératif [ɛ̃peʀatif] m **1.** souvent pl (nécessité) constraint **2.** LING imperative

impératrice [ɛ̃peʀatʀis] f empress; v. a. **empereur**

imperceptible [ɛ̃pɛʀsɛptibl] adj imperceptible

imperfection [ɛ̃pɛʀfɛksjɔ̃] f **1.** sans pl (opp: perfection) imperfection **2.** souvent pl (défaut) flaw; (de la peau) blemish

impérial(e) [ɛ̃peʀjal] <-aux> adj **1.** (d'empereur) imperial **2.** (dominateur, altier) majestic

impérialisme [ɛ̃peʀjalism] m imperialism

imperméabiliser [ɛ̃pɛʀmeabilize] <1> vt to waterproof

imperméable [ɛ̃pɛʀmeabl] **I.** adj (sol) impermeable; (tissu, toile) waterproof **II.** m raincoat

impersonnel(le) [ɛ̃pɛʀsɔnɛl] adj impersonal

impertinence [ɛ̃pɛʀtinɑ̃s] f impertinence no pl; **avec ~** impertinently

impertinent(e) [ɛ̃pɛʀtinɑ̃] **I.** adj impertinent **II.** m(f) impertinent person

imperturbable [ɛ̃pɛʀtyʀbabl] adj imperturbable

impétueux, -euse [ɛ̃petɥø] adj (fougueux) impetuous

impie [ɛ̃pi] adj soutenu impious

impitoyable [ɛ̃pitwajabl] adj (personne) pitiless; (critique, jugement) merciless

implacable [ɛ̃plakabl] adj implacable

implanter [ɛ̃plɑ̃te] <1> **I.** vt a. MED to implant **II.** vpr **s'~** (se fixer) to be implanted

implication [ɛ̃plikasjɔ̃] f **1.** gén pl (conséquence) implications pl **2.** (mise en cause) ~ **de qn dans qc** sb's implication in sth

implicite [ɛ̃plisit] adj implicit

implicitement [ɛ̃plisitmɑ̃] adv implicitly

impliquer [ɛ̃plike] <1> vt **1.** (signifier, avoir pour conséquence) to imply **2.** (mêler) ~ **qn dans qc** to involve sb in sth

implorer [ɛ̃plɔʀe] <1> vt to implore

impoli(e) [ɛ̃pɔli] adj ~ **envers qn** impolite to sb

impolitesse [ɛ̃pɔlitɛs] f impoliteness no pl

impopulaire [ɛ̃pɔpylɛʀ] adj unpopular

import [ɛ̃pɔʀ] m abr de **importation**

importance [ɛ̃pɔʀtɑ̃s] f **1.** (rôle) importance; **accorder de l'~ à qc** to grant importance to sth; **sans ~** of no importance **2.** (ampleur) size

important(e) [ɛ̃pɔʀtɑ̃] adj **1.** (considérable) important; **quelque chose d'~** something important **2.** (gros) considerable; (dégâts) large-scale; (somme, quantité) large

importateur, -trice [ɛ̃pɔʀtatœʀ] **I.** adj **un pays ~ de blé** a wheat-im-

porting country **II.** *m, f* importer
importation [ɛ̃pɔʀtasjɔ̃] *f* **1.** (*commerce*) importing **2.** (*produit*) import; **d'~** imported
importer[1] [ɛ̃pɔʀte] <1> *vt* to import
importer[2] [ɛ̃pɔʀte] <1> *vi* **1.** (*être important*) **peu importe que** +*subj* it doesn't matter if; **peu importe(nt) les difficultés!** never mind the difficulties; **qu'importe si ...** what does it matter if ... **2.** (*intéresser*) **~ fort peu à qn** to be of very little importance to sb; **ce qui m'importe, c'est ... ** the important thing for me is ... **3.** **n'importe comment** no matter how; **n'importe lequel/laquelle** any; (*des deux*) either; **n'importe** (*cela m'est égal*) it doesn't matter; (*néanmoins*) even so; **n'importe où** anywhere; **n'importe quand** any time; **n'importe quel** + *subst* any; **à n'importe quel prix** at any price; **n'importe qui** anybody; **n'importe quoi** anything; **dire n'importe quoi** to talk nonsense
import-export [ɛ̃pɔʀɛkspɔʀ] <imports-exports> *m* import-export (business)
importuner [ɛ̃pɔʀtyne] <1> *vt* *soutenu* to trouble
imposable [ɛ̃pozabl] *adj* taxable
imposant(e) [ɛ̃pozɑ̃] *adj* **1.** (*majestueux*) imposing **2.** (*considérable*) impressive; (*somme*) hefty
imposé(e) [ɛ̃poze] *adj* fixed; **~ par la loi** set by the law
imposer [ɛ̃poze] <1> **I.** *vt* **1.** (*date*) to set; (*repos*) to order; **~ qc à qn** to impose sth on sb; **~ à qn de** +*infin* to force sb to +*infin;* **il sait ~ son autorité** he knows how to establish his authority **2.** FIN to tax; **être imposé sur qc** (*personne*) to be taxed on sth **II.** *vpr* **s'~ 1.** (*devenir indispensable*) **s'~ à qn** (*solution*) to force itself on sb; (*prudence*) to be required of sb; **ça s'impose** that's a matter of course **2.** (*être importun*) to impose oneself **3.** (*se faire reconnaître*) to stand out **4.** (*se donner comme devoir*) **s'~ qc** to impose sth

on oneself
impossibilité [ɛ̃pɔsibilite] *f* impossibility; **être dans l'~ de** +*infin* to be unable to +*infin*
impossible [ɛ̃pɔsibl] **I.** *adj* **1.** (*irréalisable, insupportable*) impossible; **être ~ à qn** to be impossible for sb; **rendre la vie ~ à qn** to make life impossible for sb **2.** *inf* ridiculous **II.** *m* impossible; **tenter l'~** to try to do the impossible
imposteur [ɛ̃pɔstœʀ] *m* impostor
impôt [ɛ̃po] *m* tax; **~ sur le revenu** income tax; **~s locaux** local authority tax

> **i** In France, **impôt** is not deducted on a monthly basis. It is paid at the end of the year in a lump sum for the past year.

impotent(e) [ɛ̃pɔtɑ̃] **I.** *adj* crippled **II.** *m(f)* cripple
impraticable [ɛ̃pʀatikabl] *adj* **1.** (*route, piste, sentier*) impassible **2.** (*irréalisable*) impracticable
imprécis(e) [ɛ̃pʀesi] *adj* imprecise
imprégner [ɛ̃pʀeɲe] <5> **I.** *vt* (*bois*) to impregnate; **~ un tampon de qc** to soak a wad of cloth in sth **II.** *vpr* **s'~ d'eau** to soak up water; **s'~ d'une odeur** to be filled with a smell
imprésario <s *o* imprésarii> [ɛ̃pʀezaʀjo] *m* impresario
impression [ɛ̃pʀesjɔ̃] *f* impression; **faire une forte ~ sur qn** to make a strong impression on sb
impressionnant(e) [ɛ̃pʀesjɔnɑ̃] *adj* **1.** (*imposant*) impressive **2.** (*considérable*) remarkable
impressionner [ɛ̃pʀesjɔne] <1> *vt* to impress; (*films*) to upset; **se laisser ~ par qn/qc** to feel intimidated by sb/sth
impressionniste [ɛ̃pʀesjɔnist] **I.** *adj* (*école, mouvement*) impressionist **II.** *mf* Impressionnist
imprévisible [ɛ̃pʀevizibl] *adj* unforseeable; (*personne*) unpredictable

imprévu [ɛ̃pʀevy] *m* 1. (*ce à quoi on ne s'attend pas*) l'~ the unexpected; **j'aime l'~** I like to be surprised 2. (*fâcheux*) unexpected incident; **en cas d'~** in the event of any (unexpected) problem

imprévu(e) [ɛ̃pʀevy] *adj* unexpected

imprimante [ɛ̃pʀimɑ̃t] *f* INFOR printer

imprimé [ɛ̃pʀime] *m* 1. (*formulaire*) form 2. (*tissu*) print 3. (*ouvrage*) printed matter

imprimé(e) [ɛ̃pʀime] *adj* printed

imprimer [ɛ̃pʀime] <1> *vt* to print

imprimerie [ɛ̃pʀimʀi] *f* 1. (*technique*) printing 2. (*établissement*) print shop

imprimeur, -euse [ɛ̃pʀimœʀ] *m, f* printer

improbable [ɛ̃pʀɔbabl] *adj* improbable

imprononçable [ɛ̃pʀɔnɔ̃sabl] *adj* unpronounceable

impropre [ɛ̃pʀɔpʀ] *adj* 1. inappropriate 2. (*inapte*) ~ **à qc** unfit for sth

improviser [ɛ̃pʀɔvize] <1> I. *vt, vi* to improvise; (*excuse*) to think up II. *vpr* 1. (*opp: se préparer*) **s'~** to be improvised 2. (*devenir subitement*) **s'~ infirmière** to take on the role of nurse

improviste [ɛ̃pʀɔvist] **à l'~** unexpectedly; **arriver à l'~** to arrive without warning

imprudence [ɛ̃pʀydɑ̃s] *f* rashness; **avoir l'~ de faire qc** to be foolish enough to do sth

imprudent(e) [ɛ̃pʀydɑ̃] I. *adj* 1. (*négligent*) foolish 2. (*dangereux*) rash II. *m(f)* careless fool

impudence [ɛ̃pydɑ̃s] *f* impudence *no pl*

impuissance [ɛ̃pɥisɑ̃s] *f* 1. (*faiblesse*) powerlessness; **être réduit à l'~** to be left powerless 2. (*sur le plan sexuel*) impotence

impuissant [ɛ̃pɥisɑ̃] *m* impotent man

impuissant(e) [ɛ̃pɥisɑ̃] *adj* 1. (*faible*) powerless 2. (*sexuellement*) impotent

impulsif, -ive [ɛ̃pylsif] I. *adj* impulsive II. *m, f* man , woman of impulse *m*

impulsion [ɛ̃pylsjɔ̃] *f* 1. *a.* TECH, ELEC impulse 2. (*incitation*) impetus 3. **sous l'~ d'un sentiment** driven on by a feeling

impunément [ɛ̃pynemɑ̃] *adv* with impunity

impunité [ɛ̃pynite] *f* impunity; **en toute ~** with complete impunity

impur(e) [ɛ̃pyʀ] *adj* impure

impureté [ɛ̃pyʀte] *f* impurity; **l'~ de l'air** the polluted air

imputer [ɛ̃pyte] <1> *vt* 1. ~ **qc à qn/qc** to impute sth to sb/sth 2. FIN ~ **qc à un budget** to charge sth to a budget

in [in] *adj inv, inf* hip

inabordable [inabɔʀdabl] *adj* **des loyers ~s** rents people can't afford

inacceptable [inaksɛptabl] *adj* unacceptable

inaccessible [inaksesibl] *adj* 1. (*sommet*) inaccessible; ~ **à qn/qc** out of reach to sb/sth 2. (*personne*) unapproachable 3. (*trop cher*) beyond one's means; **être ~s** (*loyer, prix*) to be out of people's reach

inachevé(e) [inaʃ(ə)ve] *adj* unfinished

inactif, -ive [inaktif] I. *adj* 1. (*oisif*) idle; **être ~** (*personne*) to be out of work 2. (*inefficace*) ineffective II. *m, f* **les ~s** the non-working population

inaction [inaksjɔ̃] *f* inaction

inadapté(e) [inadapte] *adj* 1. ~ **à qc** unsuited to sth 2. PSYCH maladjusted

inadmissible [inadmisibl] *adj* unacceptable

inadvertance [inadvɛʀtɑ̃s] *f soutenu* oversight; **par ~** inadvertently

inaperçu(e) [inapɛʀsy] *adj* **passer ~** to pass unnoticed; **tu ne vas pas passer ~, comme ça!** you're going to make yourself noticed!

inappréciable [inapʀesjabl] *adj* invaluable

inapte [inapt] *adj* 1. ~ **à qc** unsuitable for sth; ~ **à faire qc** incapable of doing sth 2. MIL unfit

inattaquable [inatakabl] *adj* unassailable

inattendu(e) [inatɑ̃dy] *adj* unexpected

inattentif, -ive [inatɑ̃tif] *adj* (*distrait*) inattentive

inattention [inatɑ̃sjɔ̃] *f* lack of attention; **une faute d'**~ careless mistake

inaudible [inodibl] *adj* inaudible

inauguration [inogyʀasjɔ̃] *f* opening; (*d'un monument*) unveiling

inaugurer [inogyʀe] <1> *vt* to inaugurate; (*exposition, bâtiment, école, route*) to open; (*monument*) to unveil; (*ligne aérienne*) (*méthode*) to launch

inavouable [inavwabl] *adj* unmentionable

inca [ɛ̃ka] *adj* **l'Empire** ~ the Inca Empire

incalculable [ɛ̃kalkylabl] *adj* incalculable; (*nombre*) countless

incandescent(e) [ɛ̃kɑ̃desɑ̃] *adj* incandescent

incapable [ɛ̃kapabl] **I.** *adj* incapable **II.** *mf* incompetent

incapacité [ɛ̃kapasite] *f* **1.** (*inaptitude*) incapacity; **être dans l'**~ **de** +*infin* to be unable to +*infin* **2.** (*convalescence*) disability; ~ **de travail** work disability

incarcérer [ɛ̃kaʀseʀe] <5> *vt* to incarcerate

incarner [ɛ̃kaʀne] <1> *vt* to embody; (*rôle*) to take

Incas [ɛ̃ka] *mpl* **les** ~ the Incas

incassable [ɛ̃kasabl] *adj* unbreakable

incendie [ɛ̃sɑ̃di] *m* **1.** fire **2.** ~ **criminel** arson

incendier [ɛ̃sɑ̃dje] <1> *vt* **1.** (*mettre en feu*) to set on fire **2.** *inf* (*engueuler*) **se faire** ~ **par qn** to get hell from sb

incertain(e) [ɛ̃sɛʀtɛ̃] *adj* uncertain; (*temps*) unsettled

incertitude [ɛ̃sɛʀtityd] *f* uncertainty; **laisser qn dans l'**~ to leave sb in a state of uncertainty

incessamment [ɛ̃sesamɑ̃] *adv* shortly

incessant(e) [ɛ̃sesɑ̃] *adj* (*bruit, pluie*) incessant

inceste [ɛ̃sɛst] *m* incest

incident [ɛ̃sidɑ̃] *m* (*anicroche*) incident; (*technique*) hitch; ~ **de parcours** setback

incinérer [ɛ̃sineʀe] <5> *vt* (*cadavre*) to cremate; (*ordures ménagères*) to incinerate

incision [ɛ̃sizjɔ̃] *f a.* MED incision

incisive [ɛ̃siziv] *f* incisor

incitation [ɛ̃sitasjɔ̃] *f* ~ **à qc** incitement to sth

inciter [ɛ̃site] <1> *vt* ~ **qn à qc** to spur sb on to sth

inclinaison [ɛ̃klinɛzɔ̃] *f* (*d'une pente, route*) incline; (*d'un toit, mur*) slope

incliner [ɛ̃kline] <1> **I.** *vt* (*buste, corps, tête*) to bow; (*bouteille*) to tilt; (*dossier d'une chaise*) to lean **II.** *vpr* **s'**~ **devant qn/qc 1.** (*se courber*) to bow to sb/sth **2.** (*céder*) to yield to sb/sth

inclure [ɛ̃klyʀ] <irr> *vt* to include; ~ **qc dans qc** (*dans une enveloppe*) to enclose sth in sth; (*dans un contrat*) to insert sth in sth

inclus(e) [ɛ̃kly] *adj* included; **jusqu'au dix mars** ~ until 10 March inclusive

incognito [ɛ̃kɔɲito] *adv* incognito

incohérent(e) [ɛ̃kɔeʀɑ̃] *adj* **1.** (*contradictoire*) inconsistent **2.** (*bizarre*) incoherent

incollable [ɛ̃kɔlabl] *adj* **1.** (*riz*) nonstick **2.** *inf* (*imbattable*) unbeatable

incolore [ɛ̃kɔlɔʀ] *adj* colourless

incomber [ɛ̃kɔ̃be] <1> *vi* ~ **à qn** to be incumbent on sb

incommoder [ɛ̃kɔmɔde] <1> *vt* (*bruit, fumée*) to bother

incomparable [ɛ̃kɔ̃paʀabl] *adj* incomparable

incompatible [ɛ̃kɔ̃patibl] *adj* incompatible

incompétence [ɛ̃kɔ̃petɑ̃s] *f* lack of competence; *péj* incompetence

incompétent(e) [ɛ̃kɔ̃petɑ̃] *adj* ignorant; *péj* incompetent; **être** ~ **en qc** to be incompetent in sth

incomplet, -ète [ɛ̃kɔ̃plɛ] *adj* incomplete

incompréhensible [ɛ̃kɔ̃pReɑ̃sibl] *adj* incomprehensible; (*paroles*) unintelligible

incompris(e) [ɛ̃kɔ̃pRi] I. *adj* misunderstood II. *m(f)* misunderstood person

inconcevable [ɛ̃kɔ̃svabl] *adj* (*inimaginable*) inconceivable

inconditionnel(le) [ɛ̃kɔ̃disjɔnɛl] I. *adj* unconditional II. *m(f)* enthusiast

inconfortable [ɛ̃kɔ̃fɔRtabl] *adj* (*sans confort*) uncomfortable

inconfortablement [ɛ̃kɔ̃fɔRtabləmɑ̃] *adv* uncomfortably

inconnu [ɛ̃kɔny] *m* l'~ the unknown

inconnu(e) [ɛ̃kɔny] I. *adj* (*ignoré*) unknown II. *m(f)* (*étranger*) stranger

inconnue [ɛ̃kɔny] *f* MAT unknown

inconsciemment [ɛ̃kɔ̃sjamɑ̃] *adv* 1. (*sans s'en rendre compte*) unconsciously 2. (*à la légère*) thoughtlessly

inconscience [ɛ̃kɔ̃sjɑ̃s] *f* 1. (*légèreté*) thoughtlessness 2. (*irresponsabilité*) recklessness

inconscient [ɛ̃kɔ̃sjɑ̃] *m* PSYCH unconscious

inconscient(e) [ɛ̃kɔ̃sjɑ̃] I. *adj* 1. (*évanoui, machinal*) unconscious 2. (*qui ne se rend pas compte*) **être ~ de qc** to be unaware of sth II. *m(f)* (*irresponsable*) thoughtless person

inconsidéré(e) [ɛ̃kɔ̃sideRe] *adj* thoughtless

inconsolable [ɛ̃kɔ̃sɔlabl] *adj* (*désespéré*) disconsolate; **~ de qc** inconsolable over sth

incontestable [ɛ̃kɔ̃tɛstabl] *adj* indisputable; (*principe, réussite, droit*) unquestionable; (*fait, preuve, qualité*) undeniable; **il est ~ que c'est cher** it's undeniably expensive

incontinence [ɛ̃kɔ̃tinɑ̃s] *f* MED incontinence

incontournable [ɛ̃kɔ̃tuRnabl] *adj* (*fait, exigence*) unavoidable; **ce problème est ~** there is no getting round this problem

incontrôlable [ɛ̃kɔ̃tRolabl] *adj*

1. (*invérifiable*) unverifiable 2. (*besoin, envie*) uncontrollable

inconvénient [ɛ̃kɔ̃venjɑ̃] *m* 1. (*opp: avantage*) disadvantage; (*d'une situation*) drawback 2. *gén pl* (*conséquence fâcheuse*) consequences 3. (*obstacle*) l'~, **c'est que c'est cher** the problem is, it's expensive 4. **ne pas voir d'~ à qc/à ce que qn fasse qc** to have no objection to sth/to sb doing sth

incorrect(e) [ɛ̃kɔRɛkt] *adj* 1. (*faux*) incorrect; (*expression*) inappropriate 2. (*inconvenant*) improper; (*langage, ton*) impolite; **se montrer ~** to behave impolitely 3. (*déloyal*) **~ en qc/avec qn** underhand about sth/with sb

incorrigible [ɛ̃kɔRiʒibl] *adj* incorrigible

incorruptible [ɛ̃kɔRyptibl] *adj* incorruptible

incrédule [ɛ̃kRedyl] *adj* incredulous; **rester ~** to remain unconvinced

increvable [ɛ̃kRəvabl] *adj* 1. *inf* (*personne*) never-tiring; **être vraiment ~** to go on for ever 2. (*pneu, ballon*) puncture-proof

incriminer [ɛ̃kRimine] <1> *vt* to incriminate

incroyable [ɛ̃kRwajabl] *adj* 1. incredible; **c'est ~ de** +*infin* it's incredible to +*infin;* **si ~ que cela puisse paraître** incredible as it may appear 2. **~ mais vrai** incredible but true

incrustation [ɛ̃kRystasjɔ̃] *f* INFOR inlay

incruster [ɛ̃kRyste] <1> I. *vt* ART to inlay; **~ qc de diamants** to inlay diamonds in sth II. *vpr* **s'~** 1. *inf* (*s'installer à demeure*) **s'~ chez qn** to settle in at sb's place 2. (*coquillage*) to become embedded; (*odeur*) to hang around 3. (*se graver*) **ce souvenir s'est incrusté dans mon esprit** the memory has engraved itself in my mind

incubation [ɛ̃kybasjɔ̃] *f a.* MED incubation

inculper [ɛ̃kylpe] <1> *vt* **~ qn de**

qc to accuse sb of sth
incurable [ɛ̃kyʀabl] *adj* MED incurable
Inde [ɛ̃d] *f* l'~ India; **de l'~** Indian
indécent(e) [ɛ̃desɑ̃] *adj* indecent
indéchiffrable [ɛ̃deʃifʀabl] *adj* (*illisible*) indecipherable
indécis(e) [ɛ̃desi] *adj* (*hésitant*) undecided; **être ~ sur qc** to be undecided about sth
indécision [ɛ̃desizjɔ̃] *f* uncertainty
indéfini(e) [ɛ̃defini] *adj* 1. (*indéterminé*) ill-defined 2. (*illimité*) indefinite
indéfinissable [ɛ̃definisabl] *adj* indefinable
indélébile [ɛ̃delebil] *adj* indelible; (*couleur, encre*) permanent
indemne [ɛ̃dɛmn] *adj* unscathed
indemniser [ɛ̃dɛmnize] <1> *vt* 1. (*rembourser*) to reimburse 2. (*compenser*) ~ **qn pour qc** to compensate sb for sth
indemnité [ɛ̃dɛmnite] *f* 1. (*réparation*) compensation 2. (*forfait*) ~ **de guerre** war indemnity 3. (*prime*) allowance; (*d'un maire, conseiller régional*) salary; ~ **de chômage** unemployment benefit
indéniable [ɛ̃denjabl] *adj* undeniable
indépendance [ɛ̃depɑ̃dɑ̃s] *f* independence; **la guerre de l'~ grecque** the Greek War of Independence; **proclamer son ~** to declare independence
indépendant(e) [ɛ̃depɑ̃dɑ̃] *adj* 1. (*libre, souverain, indocile*) independent 2. (*à son compte*) self-employed; (*artiste, architecte, photographe, journaliste*) freelance 3. (*sans liaison avec*) ~ **de qn/qc** independent of sb/sth
Indes [ɛ̃d] *f les* ~ Indies
indescriptible [ɛ̃dɛskʀiptibl] *adj* indescribable
indésirable [ɛ̃deziʀabl] *adj, mf* undesirable
indestructible [ɛ̃dɛstʀyktibl] *adj* (*personne, construction*) indestructible; (*foi*) steadfast; (*amour*) enduring

indéterminé(e) [ɛ̃detɛʀmine] *adj* 1. (*non précisé*) indeterminate; (*date*) unspecified 2. (*incertain*) uncertain
index [ɛ̃dɛks] *m* 1. (*doigt*) index finger 2. (*table alphabétique*) index
indicateur, -trice [ɛ̃dikatœʀ] I. *adj* **panneau ~** information board; **poteau ~** signpost II. *m, f* (*de police*) informer
indicatif [ɛ̃dikatif] *m* 1. TEL prefix; ~ **départemental** area code; **l'~ de la France** the code for France 2. LING indicative
indicatif, -ive [ɛ̃dikatif] *adj* 1. (*qui renseigne*) indicative; **à titre ~** simply for information 2. LING indicative (mood)
indication [ɛ̃dikasjɔ̃] *f* 1. (*information*) information *no pl;* **une ~ sur qc** (some) information about sth 2. (*signalisation*) indication; (*d'un virage dangereux*) sign 3. (*prescription*) direction 4. **sauf ~ contraire** unless otherwise directed
indice [ɛ̃dis] *m* 1. (*signe*) indication 2. (*trace*) clue 3. ECON, FIN index 4. TV ~ **d'écoute** ratings *pl*
indien(ne) [ɛ̃djɛ̃] *adj* Indian
Indien(ne) [ɛ̃djɛ̃] *m(f)* Indian
indifférence [ɛ̃difeʀɑ̃s] *f* 1. (*insensibilité, apathie*) indifference 2. (*détachement*) disinterest
indifférent(e) [ɛ̃difeʀɑ̃] *adj* 1. (*insensible*) indifferent; **laisser qn ~** to leave sb unmoved 2. (*égal*) **être ~ à qn** not to matter to sb; (*personne*) to be of no importance to sb
indigène [ɛ̃diʒɛn] I. *adj* 1. *a.* BOT, ZOOL indigenous 2. (*opp: blanc*) native II. *mf* native
indigeste [ɛ̃diʒɛst] *adj* (*cuisine, nourriture*) indigestible
indigestion [ɛ̃diʒɛstjɔ̃] *f* indigestion; **avoir une ~ de qc** to have indigestion from eating sth
indignation [ɛ̃diɲasjɔ̃] *f* indignation
indigne [ɛ̃diɲ] *adj* (*époux, fils*) unworthy; **c'est une mère ~** she's not fit to be a mother; **être ~ de qn/qc/ de +***infin* to be unworthy of sb/sth/

to +*infin*

indigné(e) [ɛ̃diɲe] *adj* ~ **de qc** indignant over sth

indigner [ɛ̃diɲe] <1> *vpr* **s'~ contre qn/qc** to get indignant with sb/over sth

indigo [ɛ̃digo] *m inv* indigo

indiqué(e) [ɛ̃dike] *adj* 1. (*conseillé*) advisable 2. (*adéquat*) right; **être tout** ~ to be ideal 3. (*fixé*) appointed; (*date*) agreed

indiquer [ɛ̃dike] <1> *vt* 1. (*désigner, révéler*) ~ **qc à qn** to show sb sth; (*écriteau, flèche*) to indicate sth to sb; ~ **qn/qc de la main** to point to sb/sth; **qu'indique le panneau?** what does it say on the sign? 2. (*dire*) ~ **à qn qc** to tell sb about sth; (*expliquer*) to explain sth to sb 3. (*adresse*) to write down; (*lieu*) to mark

indirect(e) [ɛ̃diʀɛkt] *adj* indirect

indirectement [ɛ̃diʀɛktəmɑ̃] *adv* indirectly

indiscipliné(e) [ɛ̃disipline] *adj* undisciplined

indiscret, -ète [ɛ̃diskʀɛ] **I.** *adj* 1. (*personne*) inquisitive; (*yeux*) prying 2. (*bavard, inconvenant*) indiscreet; (*présence*) uncalled for **II.** *m, f* (*personne bavarde*) gossip

indiscrétion [ɛ̃diskʀesjɔ̃] *f* indiscretion; (*bavardage*) indiscreet word; **sans ~, peut-on savoir si …** without wishing to pry, could I ask if …

indiscutable [ɛ̃diskytabl] *adj* (*fait*) undeniable; (*succès, supériorité*) undoubted; **il est ~ que** it is undeniable that

indispensable [ɛ̃dispɑ̃sabl] *adj* indispensable; **il est ~ de** +*infin*/**que** +*subj* it is essential to +*infin*/that

indistinct(e) [ɛ̃distɛ̃] *adj* indistinct

individu [ɛ̃dividy] *m* individual; **drôle d'~** *a. péj* strange individual

individualiste [ɛ̃dividɥalist] *mf* individualist

individuel(le) [ɛ̃dividɥɛl] *adj* individual; (*maison*) private

indivisible [ɛ̃divizibl] *adj* indivisible

Indochine [ɛ̃doʃin] *f* HIST l'~ Indochina

indo-européen(ne) [ɛ̃doœʀɔpeɛ̃] <indo-européens> *adj* Indo-european

indolore [ɛ̃dɔlɔʀ] *adj* painless

indomptable [ɛ̃dɔ̃tabl] *adj* (*animal*) untameable

Indonésie [ɛ̃donezi] *f* l'~ Indonesia

indonésien [ɛ̃doneziɛ̃] *m* Indonesian; *v. a.* **français**

indonésien(ne) [ɛ̃doneziɛ̃] *adj* Indonesian

Indonésien(ne) [ɛ̃doneziɛ̃] *m(f)* Indonesian

indulgence [ɛ̃dylʒɑ̃s] *f a.* REL indulgence; (*d'un juge*) lenience; **avec ~** indulgently

indulgent(e) [ɛ̃dylʒɑ̃] *adj* indulgent; (*juge*) lenient

industrialisation [ɛ̃dystʀijalizasjɔ̃] *f* industrialization

industrialiser [ɛ̃dystʀijalize] <1> *vt* to industrialize

industrie [ɛ̃dystʀi] *f* industry; **l'~ du livre** the publishing industry

industriel(le) [ɛ̃dystʀijɛl] **I.** *adj* industrial; (*pain*) factory-produced **II.** *m(f)* industrialist

industriellement [ɛ̃dystʀijɛlmɑ̃] *adv* industrially; **fabriqué ~** mass-produced

inébranlable [inebʀɑ̃labl] *adj* 1. (*solide*) unassailable 2. (*inflexible*) steadfast; (*résolution, conviction*) unwavering

inédit [inedi] *m* (*ouvrage*) unpublished work

inédit(e) [inedi] *adj* 1. (*non publié*) unpublished 2. (*nouveau*) novel

ineffaçable [inefasabl] *adj* indelible

inefficace [inefikas] *adj* (*démarche*) ineffective; (*employé, machine*) inefficient

inégal(e) [inegal] <-aux> *adj* 1. (*différent*) unequal; **de grandeur ~e** of different sizes 2. (*changeant*) uneven

inégalable [inegalabl] *adj* (*qualité*) matchless

inégalité [inegalite] *f* 1. (*différence*) disparity 2. (*disproportion*) unevenness; (*des forces*) imbalance; ~ **des chances** inequality of opportunity

inéluctable [inelyktabl] *adj* inescapable

inepte [inɛpt] *adj* inept

inépuisable [inepɥizabl] *adj* 1. (*intarissable*) inexhaustible 2. (*infini*) endless; (*curiosité*) boundless

inerte [inɛʀt] *adj* (*sans vie*) lifeless

inertie [inɛʀsi] *f a.* PHYS inertia

inespéré(e) [inɛspeʀe] *adj* unexpected

inestimable [inɛstimabl] *adj* incalculable; (*objet*) priceless

inévitable [inevitabl] *adj* inevitable; (*accident*) unavoidable

inexact(e) [inɛgzakt] *adj* 1. (*erroné*) inaccurate; (*calcul, théorie*) incorrect 2. (*déformé*) inaccurate, unpunctual

inexcusable [inɛkskyzabl] *adj* inexcusable; (*personne*) unforgiveable

inexistant(e) [inɛgzistɑ̃] *adj* non-existent

inexpérimenté(e) [inɛkspeʀimɑ̃te] *adj* inexperienced

inexplicable [inɛksplikabl] *adj* inexplicable

inexpressif, -ive [inɛkspʀesif] *adj* inexpressive

inexprimable [inɛkspʀimabl] *adj* inexpressible

in extremis [inɛkstʀemis] *adv* at the last moment

infaillible [ɛ̃fajibl] *adj* infallible; (*instinct*) unerring

infaisable [ɛ̃fəzabl] *adj* impracticable

infâme [ɛ̃fɑm] *adj a. antéposé* 1. (*acte, trahison*) heinous; (*métier*) ignominious 2. (*odieux*) loathsome 3. (*répugnant*) foul

infantile [ɛ̃fɑ̃til] *adj* infantile

infarctus [ɛ̃faʀktys] *m* MED infarction

infatigable [ɛ̃fatigabl] *adj* tireless

infect(e) [ɛ̃fɛkt] *adj* vile; (*nourriture*) foul

infecter [ɛ̃fɛkte] <1> *vpr* MED **s'**~ to get infected

infectieux, -euse [ɛ̃fɛksjø] *adj* infectious

infection [ɛ̃fɛksjɔ̃] *f* infection

inférieur(e) [ɛ̃feʀjœʀ] I. *adj* 1. (*dans l'espace*) lower 2. (*en qualité*) inferior; **être** ~ **à qn/qc** to be inferior to sb/sth 3. (*en quantité*) ~ **à qn/qc** less than sb/sth II. *m(f)* inferior

infériorité [ɛ̃feʀjɔʀite] *f* inferiority; **en position d'**~ in a position of weakness

infernal(e) [ɛ̃fɛʀnal] <-aux> *adj a.* MYTH infernal; (*rythme*) furious; **machine** ~**e** explosive device; **cet enfant est** ~ the child is a holy terror

infesté(e) [ɛ̃fɛste] *adj* ~ **de qc** infested with sth

infidèle [ɛ̃fidɛl] I. *adj* 1. (*perfide*) unfaithful; **être** ~ **à qn** to be unfaithful to sb 2. (*récit*) inaccurate; (*traduction*) unfaithful II. *mf* REL infidel

infidélité [ɛ̃fidelite] *f* (*d'un conjoint*) infidelity; **faire des** ~**s à qn** to be unfaithful to sb

infiltrer [ɛ̃filtʀe] <1> I. *vt* to infiltrate II. *vpr* **s'**~ to infiltrate; (*lumière*) to filter through; (*vent*) to get in

infime [ɛ̃fim] *adj* tiny

infini [ɛ̃fini] *m* 1. MAT infinity 2. **à l'**~ for ever and ever

infini(e) [ɛ̃fini] *adj* 1. *a.* MAT infinite 2. (*temps*) endless; (*distance, nombre*) vast 3. (*reconnaissance*) deepest; (*richesses*) immeasurable

infiniment [ɛ̃finimɑ̃] *adv* 1. (*sans borne*) infinitely 2. (*extrêmement*) immensely; (*regretter*) deeply

infinité [ɛ̃finite] *f* infinity; **une** ~ **de qc** an infinite number of sth

infinitif [ɛ̃finitif] *m* infinitive

infinitif, -ive [ɛ̃finitif] *adj* infinitive

infirme [ɛ̃fiʀm] I. *adj* (*à la suite d'un accident*) disabled; (*pour cause de vieillesse*) infirm II. *mf* disabled person

infirmerie [ɛ̃fiʀmǝʀi] *f* infirmary; (*d'une école*) sick bay

infirmier, -ière [ɛ̃fiʀmje] *m, f* nurse; **école d'infirmières** nursing college

inflammable [ɛ̃flamabl] *adj* inflammable

inflammation [ɛ̃flamasjɔ̃] *f* inflammation

inflation [ɛ̃flasjɔ̃] *f* inflation

infliger [ɛ̃fliʒe] <2a> *vt* ~ **qc à qn** to inflict sth on sb; ~ **une amende à qn pour qc** to fine sb for sth

influençable [ɛ̃flyɑ̃sabl] *adj* easy to influence

influence [ɛ̃flyɑ̃s] *f* influence; **sous l'**~ **de qc** under the influence of sth

influencer [ɛ̃flyɑ̃se] <2> *vt* to influence

informaticien(ne) [ɛ̃fɔʀmatisjɛ̃] *m(f)* computer scientist

information [ɛ̃fɔʀmasjɔ̃] *f* 1. (*renseignement*) piece of information; **réunion d'**~ briefing session; **de plus amples** ~**s** further information 2. *souvent pl* (*nouvelles*) news 3. *sans pl* (*fait d'informer*) information 4. *pl* INFOR, TECH information

informatique [ɛ̃fɔʀmatik] I. *adj* **industrie** ~ computer industry; **saisie** ~ data capture II. *f* computer science

informatiser [ɛ̃fɔʀmatize] <1> I. *vt* to computerize II. *vpr* **s'**~ to be computerized

informer [ɛ̃fɔʀme] <1> I. *vt, vi* to inform II. *vpr* **s'**~ **de qc** to inquire about sth; (*se renseigner*) to inform oneself about sth; **s'**~ **sur qn/si ...** to find out about sb/if ...

infraction [ɛ̃fʀaksjɔ̃] *f* offence *Brit*, offense *Am*; ~ **au code de la route** driving offence

infranchissable [ɛ̃fʀɑ̃ʃisabl] *adj* impassible

infrarouge [ɛ̃fʀaʀuʒ] *adj* infrared

infrastructure [ɛ̃fʀastʀyktyʀ] *f* infrastructure

infuser [ɛ̃fyze] <1> *vi* (*tisane, thé*) to brew

infusion [ɛ̃fyzjɔ̃] *f* infusion

ingénieur [ɛ̃ʒenjœʀ] *m* engineer

ingénieux, -euse [ɛ̃ʒenjø] *adj* ingenious

ingrat(e) [ɛ̃gʀa] I. *adj* 1. (*opp: reconnaissant*) ~ **envers qn** ungrateful to sb 2. (*métier, sujet*) thankless II. *m(f)* ungrateful wretch

ingratitude [ɛ̃gʀatityd] *f* ingratitude

ingrédient [ɛ̃gʀedjɑ̃] *m* ingredient

ingurgiter [ɛ̃gyʀʒite] <1> *vt* (*nourriture*) to guzzle down; (*boisson*) to gulp down; **faire** ~ **qc à qn** to force sth down sb

inhabitable [inabitabl] *adj* uninhabitable

inhabité(e) [inabite] *adj* uninhabited

inhabituel(le) [inabityɛl] *adj* unusual

inhaler [inale] <1> *vt* MED to inhale

inhumain(e) [inymɛ̃] *adj* inhuman

inhumer [inyme] <1> *vt* to bury

inimaginable [inimaʒinabl] *adj* unimaginable

initial(e) [inisjal] <-aux> *adj* initial; (*état, position*) original

initiale [inisjal] *f* initial

initialisation [inisjalizasjɔ̃] *f* INFOR initialization

initiation [inisjasjɔ̃] *f* initiation; **cours d'**~ introductory course; ~ **à qc** introduction to sth

initiative [inisjativ] *f* initiative; **avoir l'**~ **de qc** to have the idea for sth; **de sa/leur propre** ~ of her/their own initiative

initier [inisje] <1a> *vt, vpr* **s'**~/~ **qn à qc** to initiate oneself/sb to sth

injection [ɛ̃ʒɛksjɔ̃] *f* injection

injure [ɛ̃ʒyʀ] *f* insult

injurier [ɛ̃ʒyʀje] <1> *vt, vpr* (**s'**)~ to insult (each other)

injuste [ɛ̃ʒyst] *adj* unfair

injustice [ɛ̃ʒystis] *f* injustice

inlassablement [ɛ̃lɑsabləmɑ̃] *adv* untiringly

inné(e) [i(n)ne] *adj* innate

innocemment [inɔsamɑ̃] *adv* innocently

innocence [inɔsɑ̃s] *f* innocence; **en toute** ~ in all innocence

innocent(e) [inɔsɑ̃] I. *adj* innocent II. *m(f)* innocent; **faire l'**~ to play the innocent

innocenter [inɔsɑ̃te] <1> *vt* ~ **qn de vol** to clear sb of theft

innombrable [i(n)nɔ̃bʀabl] *adj* innumerable

innovateur, -trice [inɔvatœʀ] *adj* (*méthode, politique*) innovative

innovation [inɔvasjɔ̃] *f* innovation

innover [inɔve] <1> *vi* ~ **en** (**matière de**) **qc** to innovate in the field of sth

inoccupé(e) [inɔkype] *adj* (*place*) vacant

inodore [inɔdɔʀ] *adj* odourless *Brit,* odorless *Am*

inoffensif, -ive [inɔfɑ̃sif] *adj* inoffensive

inondation [inɔ̃dasjɔ̃] *f* flood; (*d'un fleuve*) flooding

inonder [inɔ̃de] <1> *vt* to flood; **être inondé** (*personnes*) to be flooded (out)

inoubliable [inublijabl] *adj* unforgettable

inouï(e) [inwi] *adj* unheard of

inox [inɔks] *m inv abr de* **inoxydable** stainless steel

inoxydable [inɔksidabl] *adj* stainless

inqualifiable [ɛ̃kalifjabl] *adj* unspeakable

inquiet, -ète [ɛ̃kjɛ] *adj* **1.** (*anxieux*) worried; **ne sois pas ~!** don't worry! **2.** (*regard, attente*) anxious

inquiétant(e) [ɛ̃kjetɑ̃] *adj* (*alarmant*) worrying; **devenir ~** to cause anxiety

inquiéter [ɛ̃kjete] <5> **I.** *vt* to worry **II.** *vpr* **1.** (*s'alarmer*) **s'~** to be disturbed **2.** (*se soucier de*) **s'~ au sujet de qn/qc** to worry about sb/sth

inquiétude [ɛ̃kjetyd] *f* anxiety

insalubre [ɛ̃salybʀ] *adj* (*climat*) unhealthy; (*quartier*) insalubrious

insatiable [ɛ̃sasjabl] *adj* insatiable

inscription [ɛ̃skʀipsjɔ̃] *f* **1.** (*texte*) inscription; (*d'un poteau indicateur*) words **2.** (*immatriculation*) registration; ECOLE enrolment *Brit,* enrollment *Am*

inscrire [ɛ̃skʀiʀ] <irr> **I.** *vt* **1.** (*noter*) ~ **qc dans/sur qc** to write sth down in/on sth **2.** (*immatriculer*) ~ **qn à une école/dans un club** to enrol [*o* enroll *Am*] sb at a school/in a club; ~ **qn sur une liste** to put sb on a list; **être inscrit à la faculté** to be at university [*o* in college *Am*]; **être inscrit dans un club** to be a member of a club **II.** *vpr* **1.** (*s'immatriculer*) **s'~ à qc** ECOLE to enrol [*o* enroll *Am*] at sth; UNIV to register at sth; **s'~ à un parti/club** to join a party/club; **s'~ sur une liste** to put one's name down on a list **2. s'~ dans le cadre de qc** (*décision, mesure, projet*) to come within the context of sth **3.** (*apparaître*) **s'~ sur l'écran** to appear on the screen

inscrit(e) [ɛ̃skʀi] **I.** *part passé de* **inscrire II.** *adj* (*candidat, député, électeur*) registered **III.** *m(f)* person (registered); (*à un examen*) (registered) candidate; (*à une faculté*) (registered) student

insecte [ɛ̃sɛkt] *m* insect

insecticide [ɛ̃sɛktisid] *m* insecticide

insécurité [ɛ̃sekyʀite] *f* insecurity

INSEE [inse] *m abr de* **Institut national de la statistique et des études économiques** *French national institute of economic and statistical information*

insensé(e) [ɛ̃sɑ̃se] *adj* insane

insensible [ɛ̃sɑ̃sibl] *adj* **1.** (*physiquement*) **être ~** to be unconscious; ~ **à qc** to be insensitive to sth **2.** (*moralement*) insensitive

inséparable [ɛ̃sepaʀabl] *adj* inseparable

insérer [ɛ̃seʀe] <5> *vt* to insert

insertion [ɛ̃sɛʀsjɔ̃] *f* ~ **dans qc** integration into sth; **centre** (**d'hébergement et**) **d'~** rehabilitation centre [*o* center *Am*]

insinuer [ɛ̃sinɥe] <1> *vt* to insinuate

insistance [ɛ̃sistɑ̃s] *f* insistance; **avec ~** insistently

insistant(e) [ɛ̃sistɑ̃] *adj* (*ton, regard*) insistent

insister [ɛ̃siste] <1> *vi* ~ **sur qc** to insist on sth; (*mettre l'accent sur*) to stress sth; **inutile d'~** there's no use insisting; **je n'ai pas insisté** I didn't insist any more

insolation [ɛ̃sɔlasjɔ̃] *f* sunstroke *no*

pl

insolence [ɛ̃sɔlɑ̃s] *f* insolence; **avec** ~ insolently

insolent(e) [ɛ̃sɔlɑ̃] **I.** *adj* insolent **II.** *m(f)* insolent person; **petit** ~ insolent little so-and-so

insolite [ɛ̃sɔlit] *adj* unusual

insoluble [ɛ̃sɔlybl] *adj* insoluble

insomniaque [ɛ̃sɔmnjak] *adj, mf* insomniac

insomnie [ɛ̃sɔmni] *f* insomnia *no pl;* **avoir des ~s** to have insomnia

insonoriser [ɛ̃sɔnɔʀize] <1> *vt* to soundproof

insouciance [ɛ̃susjɑ̃s] *f* carefree attitude

insouciant(e) [ɛ̃susjɑ̃] *adj* (*heureux*) carefree; (*imprévoyant*) unconcerned

inspecter [ɛ̃spɛkte] <1> *vt* to inspect

inspecteur, -trice [ɛ̃spɛktœʀ] *m, f* inspector; ~ **de police/du travail** police/factory inspector; ~ **des finances** state auditor, *checking finances of state bodies;* ~ **d'Académie** ECOLE regional director of education

inspection [ɛ̃spɛksjɔ̃] *f* **1.** (*contrôle*) inspection **2.** (*corps de fonctionnaires*) inspectorate; ~ **des Finances** state auditors, *checking finances of state bodies;* ~ **du Travail** factory inspectorate

inspiration [ɛ̃spiʀasjɔ̃] *f a.* MED inspiration; **avoir de l'**~**/manquer d'**~ to have/lack inspiration

inspiré(e) [ɛ̃spiʀe] *adj* ~ **de qc** inspired by sth

inspirer [ɛ̃spiʀe] <1> **I.** *vt* **1.** to inspire **2.** *inf* (*plaire*) **son idée m'inspirait/ne m'inspirait pas du tout** I went for/didn't go at all for her idea **II.** *vpr* **s'**~ **de qn/qc** to be inspired by sb/sth **III.** *vi* to breathe in

instabilité [ɛ̃stabilite] *f* instability

instable [ɛ̃stabl] *adj* unstable; (*temps*) unsettled; (*personne*) restless

installation [ɛ̃stalasjɔ̃] *f* **1.** (*de l'eau/du gaz*) installation **2.** *gén pl* (*équipement*) equipment; ~**s élec-**

triques/sanitaires (*fils/tuyaux*) wiring/plumbing; (*prises/lavabos*) electrical/bathroom fittings **3.** (*emménagement*) moving in

installer [ɛ̃stale] <1> **I.** *vt* **1.** (*câbles, tuyaux*) to lay; (*chez qn*) to put in; (*eau courante, électricité*) to install; (*meuble*) to assemble; (*barrage*) to build **2.** (*caser, loger*) to put; ~ **qn dans un fauteuil** to settle sb in an armchair; ~ **qn dans un lit** to put sb to bed **II.** *vpr* **s'**~ **1.** (*s'asseoir*) to sit (down) **2.** (*se loger*) to settle; **s'**~ **chez qn** to move in with sb; **s'**~ **à la campagne** to go and live in the country **3.** (*s'établir*) to set up; (*commerçant, patron d'un restaurant*) to open up

instant [ɛ̃stɑ̃] *m* moment; **à l'**~ (**même**) at that (very) moment; **dans un** ~ in a moment; **dès l'**~ **que qn a fait qc** from the moment sb did sth; **dès l'**~ **où qn a fait qc** (*puisque*) once sb does sth; (*dès que*) from the moment sb did sth; **en un** ~ in an instant; **pour l'**~ for the moment; **un** ~! one moment!

instantané(e) [ɛ̃stɑ̃tane] *adj* **1.** (*réaction*) instant; (*mort*) instantanous; **être** ~ (*réponse*) to come instantly; (*mort*) to be immediate; **l'effet du médicament est** ~ the drug acts instantly **2.** (*café, soupe*) instant

instaurer [ɛ̃stɔʀe] <1> *vt* (*gouvernement*) to establish

instigateur, -trice [ɛ̃stigatœʀ] *m, f* instigator

instinct [ɛ̃stɛ̃] *m* instinct; **d'**[*o par*] ~ by instinct

instinctif, -ive [ɛ̃stɛ̃ktif] *adj* instinctive

instinctivement [ɛ̃stɛ̃ktivmɑ̃] *adv* instinctively

institut [ɛ̃stity] *m* institute; **Institut de France** *Institute comprising the five Academies or learned societies, including the Académie française;* **Institut universitaire de technologie** technological university; ~ **de beauté** beauty salon

instituteur, -trice [ɛ̃stitytœʀ] *m, f*

(primary) teacher

institution [ɛ̃stitysjɔ̃] *f* **1.**(*établissement d'enseignement*) school **2.**(*création, fondation*) creation; (*d'un régime*) founding **3.** a. POL institution

Institut monétaire européen *m* European Monetary Institute

instructif, -ive [ɛ̃stryktif] *adj* instructive

instruction [ɛ̃stryksjɔ̃] *f* **1.**(*enseignement*) education; ~ **civique** civics **2.** *gén pl* (*mode d'emploi*) instructions

instruit(e) [ɛ̃struɥi] *adj* educated

instrument [ɛ̃strymɑ̃] *m* **1.**(*outil*) instrument; ~ **de travail** tool **2.** MUS ~ **de musique** musical instrument **3.**(*moyen*) tool

insu [ɛ̃sy] **à l'~ de qn** without sb knowing

insuffisant(e) [ɛ̃syfizɑ̃] *adj* insufficient; (*moyens, personnel*) inadequate; **être** ~ to not be enough

insulaire [ɛ̃sylɛʀ] *mf* islander

insuline [ɛ̃sylin] *f* insulin

insulte [ɛ̃sylt] *f* insult

insulter [ɛ̃sylte] <1> *vt, vpr* (**s'**)~ to insult (each other)

insupportable [ɛ̃sypɔʀtabl] *adj* **1.**(*intolérable*) unbearable **2.**(*caractère*) insufferable

insurmontable [ɛ̃syʀmɔ̃tabl] *adj* unsurmountable

insurrection [ɛ̃syʀɛksjɔ̃] *f* insurrection

intact(e) [ɛ̃takt] *adj* intact

intarissable [ɛ̃taʀisabl] *adj* (*source*) inexhaustible

intégral(e) [ɛ̃tegʀal] <-aux> *adj* (*audition, texte*) full

intégralité [ɛ̃tegʀalite] *f* entirety; **en** ~ in full

intégration [ɛ̃tegʀasjɔ̃] *f* ~ **dans qc** integration into sth

intégrer [ɛ̃tegʀe] <5> *vpr* **s'**~ **à** [*o* **dans**] **qc** to integrate into sth

intellectuel(le) [ɛ̃telɛktɥɛl] *adj, m(f)* intellectual

intelligence [ɛ̃teliʒɑ̃s] *f* **1.**(*entendement*) intelligence **2.**(*compréhension*) understanding

intelligent(e) [ɛ̃teliʒɑ̃] *adj* intelligent; **c'est** ~! *iron* that's clever!

intempéries [ɛ̃tɑ̃peʀi] *fpl* bad weather

intenable [ɛ̃t(ə)nabl] *adj* **1.**(*intolérable*) unbearable **2.**(*adulte, enfant*) unruly; (*classe*) rowdy; **être** ~ to be out of control

intense [ɛ̃tɑ̃s] *adj* intense; (*circulation*) heavy

intensif, -ive [ɛ̃tɑ̃sif] *adj* intensive

intensification [ɛ̃tɑ̃sifikasjɔ̃] *f* intensification; (*des efforts, de la production*) stepping up

intensifier [ɛ̃tɑ̃sifje] <1> **I.** *vt* to intensify; (*efforts, production*) to step up **II.** *vpr* **s'**~ to intensify, to be stepped up; **le froid s'intensifie** the cold is getting more intense

intensité [ɛ̃tɑ̃site] *f* intensity; **de faible/d'une grande** ~ low-/high-intensity; (*lumière*) faint/brilliant; (*moment*) dull/intense; **un courant de faible/d'une grande** ~ a low/high voltage current; ~ **du courant** current

intention [ɛ̃tɑ̃sjɔ̃] *f* **1.**intention; **partir d'une bonne** ~ to start with good intentions; **c'est l'~ qui compte** it's the thought that counts **2.à l'~ de qn** for sb

intentionné(e) [ɛ̃tɑ̃sjɔne] *adj* **être bien/mal** ~ **à l'égard de qn** to be well-intentioned/ill-intentioned towards sb; **il a l'air mal** ~ he looks as if he's up to no good

interaction [ɛ̃teʀaksjɔ̃] *f* a. INFOR interaction

intercalaire [ɛ̃tɛʀkalɛʀ] *m* insert

intercaler [ɛ̃tɛʀkale] <1> *vt* (*citation, exemple*) to insert; ~ **un rendez-vous dans une semaine/ entre 2 dates** to fit in an appointment in a week/between two dates

intercepter [ɛ̃tɛʀsɛpte] <1> *vt* to intercept

interclasse [ɛ̃tɛʀklɑs] **I.** *m* ECOLE break **II.** *app* (*match*) interclass

intercommunautaire [ɛ̃tɛʀkɔmynotɛʀ] *adj* **décisions** ~**s** Community decisions

interdiction [ɛ̃tɛʀdiksjɔ̃] *f* prohibition; **~ de stationner/de fumer** no parking/smoking

interdire [ɛ̃tɛʀdiʀ] <irr> **I.** vt **1.** (défendre) **~ à qn de** +infin to forbid sb to +infin **2.** (empêcher) to preclude; **~ à qn de faire qc** to stop sb doing sth; **rien n'interdit de faire ça** nothing stops you from doing that **II.** vpr **s'~ qc/de faire qc** to abstain from doing sth

interdit [ɛ̃tɛʀdi] m taboo

interdit(e) [ɛ̃tɛʀdi] adj forbidden; (film) banned; **chantier ~** no entry to site; **passage ~ sauf aux riverains** no entry except for residents; **~ aux moins de 16 ans** under 16 not admitted; **~ aux chiens** no dogs allowed; **~ au public** no entry; **il est ~ à qn de** +infin sb is not allowed to +infin; **être ~ de séjour** to be banned

intéressant(e) [ɛ̃teʀesɑ̃] **I.** adj **1.** (digne d'intérêt) interesting; **ne pas être/être peu ~** péj to be of little/no interest **2.** (prix, affaire) attractive; **il est ~ pour qn de** +infin it's worth sb's while to +infin; **être ~ à faire** to be worth doing **II.** m(f) **faire l'~** péj to show off

intéressé(e) [ɛ̃teʀese] **I.** adj **1.** (captivé) interested **2.** (concerné) concerned **3.** (égoïste) self-interested **II.** m(f) **1.** (personne concernée) person concerned **2.** (personne qui s'intéresse à qc) interested person

intéresser [ɛ̃teʀese] <1> **I.** vt **1.** (captiver) to interest; **~ qn à qc** to interest sb in sth; **rien ne l'intéresse** she's not interested in anything; **cause toujours, tu m'intéresses!** iron, inf keep talking, I'm fascinated! **2.** (concerner) to concern **II.** vpr **s'~ à qn/qc** to be interested in sb/sth

intérêt [ɛ̃teʀɛ] m **1.** (attention, attrait) **~ pour qn/qc** interest in sb/sth; **avec ~** with interest; **porter de l'~ à qn** to show an interest in sb; **ne présenter aucun ~** (proposition) to be of no interest **2.** (importance) significance **3.** souvent pl (cause) interest; **dans l'~ général** in the public

interest **4.** (avantage) **par ~** out of self-interest; **dans l'~ de qn** in sb's (own) interest; **dans ton propre ~** for your own good; **ne pas voir l'~ de faire qc** to see no point in doing sth; **elle a (tout) ~ à refuser** it's in her own best interest to refuse **5.** souvent pl (rendement) interest; **7% d'~** 7% interest **6.** **il promet de revenir et (il) y a ~!** inf he's promised to come back and he'd better!

interface [ɛ̃tɛʀfas] f INFOR interface

intérieur [ɛ̃teʀjœʀ] m **1.** (opp: extérieur) inside; **à l'~** (dedans) inside; (opp: en plein air) indoors; **à l'~ de** inside; **à l'~ de la ville** within the city; **de l'~** from inside **2.** (aménagement) interior (design) **3.** (logement) home; **femme d'~** house-proud woman **4.** (espace, pays) interior; **à l'~ des terres** inland

intérieur(e) [ɛ̃teʀjœʀ] adj **1.** (opp: extérieur) interior **2.** (concernant un pays) domestic

intérim [ɛ̃teʀim] m **1.** interim; **par ~** in the interim; **assurer** [o faire] **l'~** to deputize; **faire de l'~** [o des **~s**] to temp **2.** (organisation) temping; **travail par ~** temp work

intérimaire [ɛ̃teʀimɛʀ] **I.** adj **1.** (par intérim) acting; (gouvernement, charge, fonction) interim **2.** (employé, salarié) temporary; **secrétaire ~** temp **II.** mf temporary employee; (remplaçant) temp

interjection [ɛ̃tɛʀʒɛksjɔ̃] f interjection

interligne [ɛ̃tɛʀliɲ] m (line) spacing

intermédiaire [ɛ̃tɛʀmedjɛʀ] **I.** adj intermediate; (espace, niveau) intervening; (solution) compromise **II.** mf **1.** (médiateur) intermediary **2.** COM middleman **III.** m **par l'~ de qn/qc** through; **sans ~** directly

interminable [ɛ̃tɛʀminabl] adj interminable

intermittence [ɛ̃tɛʀmitɑ̃s] f intermittence; **par ~** intermittently

internat [ɛ̃tɛʀna] m **1.** (élèves) boarders **2.** (pension) boarding **3.** (établissement) boarding school

international(e) [ɛ̃tɛʀnasjɔnal]

Ma chambre

My Bedroom

	les livres	the books
	le miroir	the mirror
	la lampe de chevet	the table lamp
	la tasse	the mug
	le radiocassette	the radio cassette recorder *Brit*, the boom box *Am*
	la table de nuit	the bedside table *Brit*, the nightstand *Am*
	la commode	the chest of drawers *Brit*, the dresser *Am*
	la moquette	the fitted carpet *Brit*, the carpet *Am*
	les tennis	the trainers *Brit*, the sneaker *Am*
	la raquette de tennis	the tennis racket

11	le cartable	the school bag *Brit*, the backpack *Am*
12	la couette	the duvet, the quilt *Brit*, the comforter *Am*
13	l'oreiller	the pillow
14	le réveil	the alarm clock
15	le rebord de la fenêtre	the windowsill
16	le store	the blind
17	le lecteur de CD portable	the portable CD-player
18	la lampe de bureau	the desk lamp
19	le portable	the mobile (phone) *Brit*, the cellphone *Am*
20	le bureau	the desk
21	le clavier	the keyboard
22	l'écran	the screen

<-aux> *adj, m(f)* international

internaute [ɛ̃tɛʀnot] I. *adj* internet II. *mf* cybernaut

interne [ɛ̃tɛʀn] I. *adj* internal II. *mf* 1. ECOLE boarder 2. MED junior doctor *Brit*, intern *Am*

interner [ɛ̃tɛʀne] <1> *vt* 1. POL to intern 2. MED to commit

Internet [ɛ̃tɛʀnɛt] *m* Internet; **accéder à** ~ to access the Internet; **commercer sur** ~ to do business over the Internet

interpellation [ɛ̃tɛʀpelasjɔ̃] *f* arrest *(for questioning)*

interpeller [ɛ̃tɛʀpəle] <1> *vt* 1. *(arrêter)* to detain (for questioning) 2. *(apostropher)* ~ **qn** to call out to sb

interphone® [ɛ̃tɛʀfɔn] *m* intercom

interprétation [ɛ̃tɛʀpʀetasjɔ̃] *f* interpretation

interprète [ɛ̃tɛʀpʀɛt] *mf* 1. MUS player 2. CINE, THEAT actor 3. *(traducteur)* interpreter; **faire l'~**, **servir d'~** to interpret 4. *(porte-parole)* spokesman, spokeswoman *m, f*

interpréter [ɛ̃tɛʀpʀete] <5> I. *vt* 1. MUS, CINE, THEAT to play 2. *(expliquer, traduire)* to interpret II. *vpr* **s'~ de plusieurs façons** to have several interpretations

interro *f inf* test

interrogation [ɛ̃teʀɔgasjɔ̃] *f* 1. *(question)* question 2. ECOLE test

interrogatoire [ɛ̃teʀɔgatwaʀ] *m* *(de la police)* interview; **subir un** ~ to be interviewed

interrogeable [ɛ̃teʀɔʒabl] *adj* ~ **à distance** *(répondeur)* with remote access

interroger [ɛ̃teʀɔʒe] <2a> I. *vt* 1. *(questionner)* ~ **qn sur un sujet** to question sb on a subject; **40 % des personnes interrogées** 40% of those questioned; ~ **qn du regard** to give sb a questioning look 2. *(consulter)* to check II. *vpr* **s'~ sur qn/qc** to wonder about sb/sth

interrompre [ɛ̃teʀɔ̃pʀ] <irr> I. *vt* 1. to interrupt 2. *(grossesse)* to terminate; **être interrompu** *(trafic)* to be disrupted II. *vpr* **s'~** *(personne)*

to break off; **ne vous interrompez pas pour moi!** dont stop talking just for me!

interrupteur [ɛ̃teʀyptœʀ] *m* switch

interruption [ɛ̃teʀypsjɔ̃] *f* 1. *(arrêt définitif)* end; ~ **volontaire de grossesse** termination of pregnancy 2. *(arrêt provisoire)* interruption; **sans** ~ continuously; **ouvert sans** ~ *(magasin)* open all day

intersection [ɛ̃tɛʀsɛksjɔ̃] *f* intersection

intervalle [ɛ̃tɛʀval] *m* *(écart)* gap; ~ **de temps** interval; **à** ~**s réguliers** at regular intervals; **à huit jours d'~** a week later; **par** ~**s** at intervals

intervenir [ɛ̃tɛʀvəniʀ] <9> *vi* 1. *(entrer en action)* to intervene 2. *(prendre la parole)* to speak

intervention [ɛ̃tɛʀvɑ̃sjɔ̃] *f* 1. *(action)* intervention 2. *(prise de parole)* speech 3. MED operation

interview [ɛ̃tɛʀvju] *f* interview

interviewer [ɛ̃tɛʀvjuve] <1> *vt* to interview

intestin [ɛ̃tɛstɛ̃] *m souvent pl* intestine

intestinal(e) [ɛ̃tɛstinal] <-aux> *adj* intestinal

intime [ɛ̃tim] *adj* 1. intimate; *(hygiène, toilette)* personal; *(vie)* private 2. *(cérémonie, dîner)* quiet 3. *(ami, rapports)* close

intimider [ɛ̃timide] <1> *vt* to intimidate

intimité [ɛ̃timite] *f* 1. *(vie privée)* privacy; **dans la plus stricte** ~ in the strictest privacy 2. *(relation étroite)* intimacy

intituler [ɛ̃tityle] <1> I. *vt* to title II. *vpr* **s'~ "Mémoires"** [*o* **être intitulé "Mémoires"**] to be entitled "Memoirs"

intolérable [ɛ̃tɔleʀabl] *adj* intolerable

intolérance [ɛ̃tɔleʀɑ̃s] *f* intolerance

intolérant(e) [ɛ̃tɔleʀɑ̃] *adj* intolerant

intonation [ɛ̃tɔnasjɔ̃] *f souvent pl* tone

intouchable [ɛ̃tuʃabl] *adj, mf* untouchable

intoxication [ɛ̃tɔksikasjɔ̃] *f* poisoning; ~ **alimentaire/au mercure** food/mercury poisoning

intoxiquer [ɛ̃tɔksike] <1> *vt, vpr* (**s'**)~ to poison (oneself)

intranet [ɛ̃tranɛt] *m* intranet

intransigeant(e) [ɛ̃trãziʒã] *adj* uncompromising

intransportable [ɛ̃trãspɔrtabl] *adj* untransportable; (*personne*) unable to travel

intraveineuse [ɛ̃travɛnøz] *f* intravenous injection

intrépide [ɛ̃trepid] *adj* 1. (*courageux*) intrepid 2. (*audacieux*) unashamed

intrigant(e) [ɛ̃trigã] *m(f)* schemer

intrigue [ɛ̃trig] *f* 1. CINE, LIT, THEAT plot 2. (*manœuvre*) intrigue

intriguer [ɛ̃trige] <1> *vt* to intrigue

introduction [ɛ̃trɔdyksjɔ̃] *f* introduction; **en** ~ by way of introduction

introduire [ɛ̃trɔdɥir] <irr> **I.** *vt* 1. ~ **qn dans une pièce** to show sb into a room; ~ **une clé dans qc** to insert a key into sth; ~ **qn chez une famille** to introduce sb to a family 2. (*mode*) to introduce **II.** *vpr* **s'**~ **dans qc** (*personne*) to get into sth; (*eau, fumée*) to seep into sth

introuvable [ɛ̃truvabl] *adj* nowhere to be found

intrus(e) [ɛ̃try] **I.** *adj* intruding **II.** *m(f)* 1. intruder 2. **cherchez l'**~ find the odd one out

intuitif, -ive [ɛ̃tɥitif] *adj* intuitive

intuition [ɛ̃tɥisjɔ̃] *f* intuition

inusable [inyzabl] *adj* hard-wearing

inutile [inytil] *adj* useless; (*effort, mesure*) pointless; **si ma présence est** ~, ... if there is no point in my being here, ...; ~ **de** (**te/vous**) **dire que** I hardly need tell you that

inutilisable [inytilizabl] *adj* unusable

inutilité [inytilite] *f* pointlessness

invaincu(e) [ɛ̃vɛ̃ky] *adj* (*sportif*) unbeaten

invalide [ɛ̃valid] **I.** *adj* disabled **II.** *mf* disabled person

invalidité [ɛ̃validite] *f* MED disability

invariable [ɛ̃varjabl] *adj* a. LING invariable

invasion [ɛ̃vazjɔ̃] *f* invasion

invendable [ɛ̃vãdabl] *adj* unsaleable

inventaire [ɛ̃vãtɛr] *m* 1. inventory 2. COM stocklist; **faire l'**~ to inventory, to stocktake *Brit*

inventer [ɛ̃vãte] <1> *vt* to invent; **ça ne s'invente pas** you couldn't make it up

inventeur, -trice [ɛ̃vãtœr] *m, f* inventor

inventif, -ive [ɛ̃vãtif] *adj* inventive

invention [ɛ̃vãsjɔ̃] *f* 1. invention 2. (*imagination*) inventiveness

inverse [ɛ̃vɛrs] **I.** *adj* opposite **II.** *m* opposite; **à l'**~ conversely

inversement [ɛ̃vɛrsəmã] *adv* conversely; **et/ou** ~ and/or vice-versa

inverser [ɛ̃vɛrse] <1> *vt* to reverse; (*mots, phrases*) to turn round

investir [ɛ̃vɛstir] <8> **I.** *vt, vi* to invest **II.** *vpr* **s'**~ **dans qc** to involve oneself deeply in sth

investissement [ɛ̃vɛstismã] *m* ECON, FIN investment

investisseur [ɛ̃vɛstisœr] *m* investor

invincible [ɛ̃vɛ̃sibl] *adj* invincible

invisible [ɛ̃vizibl] *adj* invisible

invitation [ɛ̃vitasjɔ̃] *f* invitation; ~ **au restaurant/à déjeuner** invitation to a meal out/to lunch; **sans** ~ uninvited

invite [ɛ̃vit] *m* INFOR prompt

invité(e) [ɛ̃vite] *m(f)* guest

inviter [ɛ̃vite] <1> *vt* 1. (*convier*) ~ **qn à** +*infin* to invite sb to +*infin*; ~ **qn à danser** to ask sb for a dance; ~ **qn chez soi** to invite sb over (to one's place) 2. (*prier*) ~ **qn à** +*infin* to ask sb to +*infin*

invivable [ɛ̃vivabl] *adj* unbearable

involontaire [ɛ̃vɔlɔ̃tɛr] *adj* involuntary

involontairement [ɛ̃vɔlɔ̃tɛrmã] *adv* involuntarily

invraisemblable [ɛ̃vrɛsãblabl] *adj* 1. (*histoire, argument*) improbable

2. (*incroyable*) incredible

invulnérable [ɛ̃vylneʀabl] *adj* invulnerable

IRA [iʀa] *f abr de* **Irish Republican Army** IRA

irai [iʀɛ] *fut de* **aller**

Irak [iʀak] *m* **l'**~ Iraq

irakien(ne) [iʀakjɛ̃] *adj* Iraqi

Irakien(ne) [iʀakjɛ̃] *m(f)* Iraqi

Iran [iʀɑ̃] *m* **l'**~ Iran

iranien(ne) [iʀanjɛ̃] *adj* Iranian

Iranien(ne) [iʀanjɛ̃] *m(f)* Iranian

Iraq [iʀak] *m v.* **Irak**

iris [iʀis] *m* ANAT, BOT iris

irlandais [iʀlɑ̃dɛ] *m* Irish; **l'**~ **gaélique** Irish Gaelic; *v. a.* **français**

irlandais(e) [iʀlɑ̃dɛ] *adj* Irish

Irlandais(e) [iʀlɑ̃dɛ] *m(f)* Irishman, Irishwoman *m, f;* **les** ~ the Irish

Irlande [iʀlɑ̃d] *f* **l'**~ Ireland; **la république** [*o* **l'État libre**] **d'**~ Republic of Ireland, Irish Republic; **l'**~ **du Nord** Northern Ireland

ironie [iʀɔni] *f* irony

ironique [iʀɔnik] *adj* ironic

ironiquement [iʀɔnikmɑ̃] *adv* ironically

irrationnel(le) [iʀasjɔnɛl] *adj* irrational

irréalisable [iʀealizabl] *adj* unrealizable

irréaliste [iʀealist] *adj* unrealistic

irrécupérable [iʀekypeʀabl] *adj* unreclaimable; **être** ~ (*voiture*) to be a write-off [*o* totaled *Am*]

irréel(le) [iʀeɛl] *adj* unreal

irréfléchi(e) [iʀefleʃi] *adj* thoughtless

irréfutable [iʀefytabl] *adj* irrefutable

irrégularité [iʀegylaʀite] *f* **1.** (*inégalité*) irregularity; *pl* (*d'une surface*) unevenness **2.** (*d'un élève, d'une équipe*) uneven performance **3.** *gén pl* (*illégalité*) irregularity

irrégulier, -ère [iʀegylje] *adj* **1.** *a.* LING irregular **2.** (*écriture, terrain*) uneven **3.** (*effort, élève, résultats*) erratic **4.** (*absence, opération, procédure*) unauthorized

irrémédiable [iʀemedjabl] *adj* (*erreur, défaut*) irreparable; (*mal*) incurable

irremplaçable [iʀɑ̃plasabl] *adj* irreplaceable

irréparable [iʀepaʀabl] *adj* (*objet, machine*) beyond repair; (*dommage, perte*) irreparable; (*erreur*) irretrievable

irréprochable [iʀepʀɔʃabl] *adj* beyond reproach; (*travail*) faultless

irrésistible [iʀezistibl] *adj* irresistible

irrésolu(e) [iʀezɔly] *adj* (*personne, caractère*) irresolute; (*problème, question*) unresolved

irrespirable [iʀɛspiʀabl] *adj* stifling

irresponsable [iʀɛspɔ̃sabl] **I.** *adj* irresponsible **II.** *mf* irresponsible person

irréversible [iʀevɛʀsibl] *adj* irreversible

irrévocable [iʀevɔkabl] *adj* irrevocable

irrigation [iʀigasjɔ̃] *f* irrigation

irriguer [iʀige] <1> *vt* to irrigate

irritable [iʀitabl] *adj* irritable

irritation [iʀitasjɔ̃] *f* **1.** (*énervement*) irritation **2.** MED inflammation

irrité(e) [iʀite] *adj* irritated

irriter [iʀite] <1> *vt* to irritate

irruption [iʀypsjɔ̃] *f* **faire** ~ (*personne*) to burst in

islam [islam] *m* **l'**~ Islam

Islam [islam] *m* **l'**~ Islam

islamique [islamik] *adj* islamic

islamiste [islamist] *adj, mf* Islamist

islandais [islɑ̃dɛ] *m* Icelandic; *v. a.* **français**

islandais(e) [islɑ̃dɛ] *adj* Icelandic

Islandais(e) [islɑ̃dɛ] *m(f)* Icelander

Islande [islɑ̃d] *f* **l'**~ Iceland

isolation [izɔlasjɔ̃] *f* insulation

isolé(e) [izɔle] *adj* **1.** isolated **2.** (*seul*) lonely; (*bâtiment, arbre*) solitary **3.** TECH, ELEC insulated

isolement [izɔlmɑ̃] *m* isolation

isoler [izɔle] <1> **I.** *vt* **1.** *a.* BIO, CHIM to isolate **2.** TECH, ELEC to insulate **II.** *vpr* **s'**~ **de qn/qc** to isolate oneself from sb/sth; **s'**~ **du monde** to cut oneself off from the world

isoloir [izɔlwaʀ] *m* polling [*o* voting *Am*] booth

isotherme [izɔtɛʀm] *adj* insulated

Israël [isʀaɛl] *m* l'~ Israel

israélien(ne) [isʀaeljɛ̃] *adj* Israeli

Israélien(ne) [isʀaeljɛ̃] *m(f)* Israeli

israélite [isʀaelit] *adj, mf* Israelite

issu(e) [isy] *adj* être ~ **d'une famille modeste** to be from a modest family

issue [isy] *f* **1.** (*sortie*) exit; ~ **de secours** emergency exit; **chemin/route/voie sans** ~ dead end; (*signalisation*) no through road **2.** (*solution*) outcome; **sans** ~ (*situation*) at a standstill **3.** (*fin*) end; **à l'**~ **de qc** at the end of sth

Italie [itali] *f* l'~ Italy

italien [italjɛ̃] *m* Italian; *v. a.* **français**

italien(ne) [italjɛ̃] *adj* Italian

Italien(ne) [italjɛ̃] *m(f)* Italian

italique [italik] *m* **en** ~(**s**) in italics

itinéraire [itineʀɛʀ] *m* itinerary

IUT [iyte] *m abr de* **institut universitaire de technologie** polytechnic

IVG [iveʒe] *f abr de* **interruption volontaire de grossesse** termination of pregnancy

ivoire [ivwaʀ] *m* ivory

ivoirien(ne) [ivwaʀjɛ̃] *adj* Ivorian

Ivoirien(ne) [ivwaʀjɛ̃] *m(f)* Ivorian

ivre [ivʀ] *adj* drunk; ~ **mort** blind drunk

ivresse [ivʀɛs] *f* drunkenness; ~ **au volant** drunk driving; **en état d'**~ under the influence of alcohol

ivrogne [ivʀɔɲ] *mf* drunk

J j

J, j [ʒi] *m inv* J, j; ~ **comme Joseph** j for Jack [*o* Jig *Am*]

j' [ʒ] *pron v.* **je**

jachère [ʒaʃɛʀ] *f* (*terre*) fallow land

jacinthe [ʒasɛ̃t] *f* hyacinth

jade [ʒad] *m* jade

jadis [ʒadis] *adv* formerly

jaguar [ʒagwaʀ] *m* jaguar

jaillir [ʒajiʀ] <8> *vi* (*eau*) to gush out; (*sang*) to spurt out; (*flammes*) to shoot up; (*éclair*) to flash

jais [ʒɛ] *m* **1.** jet **2. de** ~ jet-black

jalon [ʒalɔ̃] *m* **1.** (*piquet*) marker **2.** *souvent pl* (*repère*) landmark; **poser les** ~**s de qc** to lay the foundations of [*o* for] sth

jalonner [ʒalɔne] <1> *vt* **1.** (*terrain*) to mark out **2.** (*piquets*) to mark off; (*arbustes*) to line

jalousie [ʒaluzi] *f* **1.** jealousy **2.** (*envie*) envy

jaloux, -ouse [ʒalu] **I.** *adj* **1.** (*en amour, amitié*) ~ **de qn** jealous of sb **2.** (*envieux*) ~ **de qn/qc** envious of sb/sth **II.** *m, f* **1.** (*en amour, amitié*) jealous person **2.** (*envieux*) envious person; **faire des** ~ to make people jealous

jamaïcain(e), jamaïquain(e) [ʒamaikɛ̃] *adj* Jamaican

Jamaïquain(e) [ʒamaikɛ̃] *m(f)* Jamaican

Jamaïque [ʒamaik] *f* **la** ~ Jamaica

jamais [ʒamɛ] *adv* **1.** *avec construction négative* never; ~ **plus** [*o* **plus** ~] never again **2.** (*seulement*) only **3.** *avec construction positive ou interrogative* ever; **si** ~ **elle donne de l'argent** if ever she should give money

jambe [ʒɑ̃b] *f* **1.** leg; **traîner la** ~ to trudge along **2.** **prendre ses** ~**s à son cou** to take to one's heels; **ne plus avoir de** ~**s** *inf* to be on one's last legs; **à toutes** ~**s** in a rush

jambière [ʒɑ̃bjɛʀ] *f* legging

jambon [ʒɑ̃bɔ̃] *m* ham; ~ **de Paris** cooked ham; ~ **beurre** (*buttered*) *ham sandwich*

jante [ʒɑ̃t] *f* rim

janvier [ʒɑ̃vje] *m* January; *v. a.* **août**

Japon [ʒapɔ̃] *m* **le** ~ Japan

japonais [ʒapɔnɛ] *m* Japanese; *v. a.* **français**

japonais(e) [ʒapɔnɛ] *adj* Japanese

Japonais(e) [ʒapɔnɛ] *m(f)* Japanese

japper [ʒape] <1> *vi* to yap

jaquette [ʒakɛt] *f* **1.** (*d'un livre*) dust jacket **2.** cout jacket

jardin [ʒaʀdɛ̃] *m* garden; ~ **public** (public) park

jardinage [ʒaʀdinaʒ] *m* gardening

jardiner [ʒaʀdine] *vi* to do some gardening

jardinier, -ière [ʒaʀdinje] *m, f* gardener

jardinière [ʒaʀdinjɛʀ] *f* **1.** GASTR mixed vegetables **2.** (*bac à plantes*) window box

jargon [ʒaʀgɔ̃] *m péj* **1.** (*charabia*) gibberish **2.** (*langue technique*) jargon

jaser [ʒaze] <1> *vi* ~ **sur qn/qc** to gossip about sb/sth

jauge [ʒoʒ] *f* gauge

jaunâtre [ʒonɑtʀ] *adj* yellowish

jaune [ʒon] I. *adj* yellow; ~ **d'or** golden yellow II. *m* **1.** (*couleur*) yellow; ~ **pâle** pale yellow **2.** (*partie d'un œuf*) (egg) yolk III. *adv* **rire** ~ to give a forced laugh

jaunir [ʒoniʀ] <8> I. *vi* to turn yellow; (*papier*) to yellow II. *vt* ~ **qc** (*lumière/nicotine*) to turn/stain sth yellow

jaunisse [ʒonis] *f* **1.** jaundice **2. en faire une** ~ *inf* to be furious

java [ʒava] *f* **1.** *popular dance* **2. faire la** ~ *inf* to rave it up

Javel [ʒavɛl] *f sans pl* (**eau de**) **Javel** bleach

javelot [ʒavlo] *m* javelin

jazz [dʒaz] *m* jazz

je [ʒə] <j'> *pron pers* I; **moi,** ~ **m'appelle Jean** my name is Jean; **que vois-~?** what do I see there?

jean [dʒin] *m* **1.** (*tissu*) denim **2.** *sing o pl* (*pantalon*) (pair of) jeans

Jeanne [ʒa:n(ə)] *f* HIST ~ **d'Arc** Joan of Arc

jérémiade [ʒeʀemjad] *f souvent pl, inf* moaning

jerrican(e), jerrycan [(d)ʒeʀikan] *m* jerry can

jersey [ʒɛʀze] *m* jersey

Jersey [ʒɛʀze] (**l'île de**) ~ (the island of) Jersey

jésuite [ʒezɥit] *adj, m* Jesuit

Jésus-Christ [ʒezykʀi] *m* Jesus Christ

jet [ʒɛ] *m* **1.** jet; ~ **d'eau** fountain

2. (*résultat*) throw

jetable [ʒ(ə)tabl] *adj* disposable

jetée [ʒ(ə)te] *f* jetty

jeter [ʒ(ə)te] <3> I. *vt* **1.** (*lancer*) ~ **qc à qn** to throw sth at sb **2.** (*se débarrasser de*) to throw away; (*liquide*) to pour away **3.** *inf* (*employé*) to fire **4. n'en jetez plus!** *inf* stop it! II. *vpr* **se** ~ **1.** (*s'élancer*) to throw oneself; **se** ~ **en arrière** to jump back; **se** ~ **à plat ventre/sous un train** to throw oneself down/in front of a train; **se** ~ **au cou de qn** to fling oneself around sb's neck; **se** ~ **à l'eau** to jump into the water; *fig* to take the plunge **2. se** ~ **dans qc** (*fleuve*) to flow into sth **3.** (*être jetable*) to be disposable

jeton [ʒ(ə)tɔ̃] *m* **1.** JEUX counter **2.** (*plaque à la roulette*) chip **3.** TEL token **4. faux** ~ *inf* phoney; **avoir les** ~**s** *inf* to be scared stiff

jeu [ʒø] <x> *m* **1.** *a.* SPORT game **2.** (*fait de s'amuser*) play, playing; ~ **de patience** puzzle; ~ **de piste** treasure hunt; **c'est pas du** ~! *inf* that's not fair! **3.** (*lieu du jeu*) ~ **de quilles** skittle [*o* ninepin *Am*] alley; **terrain de** ~**x** playground; SPORT playing field; **être hors** ~ (*ballon*) to be out of play; **mettre qn hors** ~ to put sb offside; **remettre le ballon en** ~ to put the ball back into play **4.** (~ *d'argent*) ~ **de hasard** game of chance; **faites vos** ~**x!** place your bets! **5.** (*de clés*) set **6. jouer franc** ~ to play fair; **jouer le grand** ~ to pull out all the stops; **se prendre à son propre** ~ to be caught at one's own game; **être vieux** ~ to be old-fashioned; **les** ~**x sont faits** the die is cast; (*au casino*) les jeux sont faits

jeu-concours [ʒøkɔ̃kuʀ] <jeux-concours> *m* competition

jeudi [ʒødi] *m* Thursday; ~ **saint** Maundy Thursday; *v. a.* **dimanche**

jeun [ʒœ̃] **venez à** ~ come without having eaten or drunk anything; **à prendre à** ~ to be taken on an empty stomach

jeune [ʒœn] I. *adj* **1.** (*opp: vieux*)

young **2.** *antéposé* (*cadet*) **ma ~ sœur** my younger sister; **le ~ Durandol** Durandol junior **3.** (*inexpérimenté*) inexperienced; **être ~ dans le métier** to be new to the trade **4.** *antéposé* **dès son plus ~ âge** from his/her earliest years **II.** *mf* **1.** (*personne*) young man/girl **2.** *pl* (*jeunes gens*) young people

jeûne [ʒøn] *m* REL, MED fast

ℹ️ The **Jeûne fédéral** is a Swiss thanksgiving day that has taken place every third Sunday in September since 1832. Cinemas and entertainment centres have shorter opening hours than usual. Plum tart is traditionally eaten on this day.

jeûner [ʒøne] <1> *vi* to fast
jeunesse [ʒœnɛs] *f* **1.** (*état*) youthfulness **2.** (*période*) youth **3.** (*personnes jeunes*) young people
jeunot(te) [ʒœno] **I.** *adj* young **II.** *m(f)* *inf* young lad/girl
JO [ʒio] **I.** *mpl abr de* **jeux Olympiques** Olympics **II.** *m abr de* **Journal officiel** *official publication giving announcements and information about laws*
joaillier, -ière [ʒɔaje] **I.** *m, f* jeweller *Brit,* jeweler *Am* **II.** *app* **ouvrier-~** goldsmith
job [dʒɔb] *m inf* job
jockey [ʒɔkɛ] *m* jockey
Joconde [ʒɔkɔ̃:d(ə)] *f* **la ~** the Mona Lisa
jogging [(d)ʒɔgiŋ] *m* **1.** (*footing*) jogging; **faire du ~** to go jogging **2.** (*survêtement*) track suit
joie [ʒwa] *f* **1.** (*bonheur*) joy; **avec ~** with delight; **être fou de ~** to be overjoyed; **pleurer/sauter de ~** to weep/jump for joy **2.** *pl* (*plaisirs*) pleasures *pl* **3. c'est pas la ~** *inf* things could be better
joindre [ʒwɛ̃dʀ] <irr> **I.** *vt* **1.** (*faire se toucher*) to join **2.** (*relier*) to link **3.** (*rassembler*) to combine **4.** (*ajou-

ter*) **~ le geste à la parole** to suit the action to the word **5.** (*personne*) to reach **II.** *vpr* **se ~ à qn/qc** to join sb/sth
joint [ʒwɛ̃] *m* (*d'un robinet*) washer; **~ d'étanchéité** seal
joint(e) [ʒwɛ̃] **I.** *part passé de* **joindre II.** *adj* **1.** (*mains*) clasped; **pieds ~s** feet together **2.** (*compte*) joint
jointure [ʒwɛ̃tyʀ] *f* joint
jojo [ʒoʒo] **I.** *m* **un affreux ~** a horrible character **II.** *adj inv, inf* (*joli*) **ne pas être ~** to not be very nice
joli(e) [ʒɔli] *adj* **1.** nice **2.** (*voix*) pleasant **3.** *iron* **c'est du ~!** that's great!
joliment [ʒɔlimɑ̃] *adv* **1.** (*agréablement*) nicely **2.** *a. iron* really
jonc [ʒɔ̃] *m* rush
joncher [ʒɔ̃ʃe] <1> *vt* to strew
jonction [ʒɔ̃ksjɔ̃] *f* junction
jongler [ʒɔ̃gle] <1> *vi* to juggle
jongleur, -euse [ʒɔ̃glœʀ] *m, f* juggler
jonquille [ʒɔ̃kij] *f* daffodil
Jordanie [ʒɔʀdani] *f* **la ~** Jordan
jordanien(ne) [ʒɔʀdanjɛ̃] *adj* Jordanian
Jordanien(ne) [ʒɔʀdanjɛ̃] *m(f)* Jordanian
joue [ʒu] *f* **1.** ANAT cheek; **~ contre ~** cheek to cheek **2. en ~!** take aim!; **tenir qn/qc en ~** to train one's gun on sb/sth
jouer [ʒwe] <1> **I.** *vi* **1.** *a.* SPORT, MUS to play; **~ au foot/du piano** to play football/the piano; **à toi/vous de ~!** it's your turn! **2.** *fig* **c'est pour ~** I'm only joking **3.** THEAT, CINE to act **4.** (*miser*) **~ sur qc** to bank on sth **5.** (*risquer*) **~ avec sa santé** to gamble with one's health **6. bien joué!** (*au jeu*) well played!; *fig* well done! **II.** *vt* **1.** JEUX, MUS to play; (*pion*) to move **2.** (*miser*) to back **3.** THEAT, CINE to stage; (*rôle*) to play; **quelle pièce joue-t-on?** what play is on? **4.** (*feindre*) **~ la comédie** to put on an act **III.** *vpr* **se ~** (*film*) to be shown; (*spectacle*) to be on

⚠️ Remember to use **jouer de** when referring to playing an instrument and **jouer à** when referring to playing a sport. "Je joue de la guitare le samedi et je joue au football le dimanche." (=I play the guitar on Saturdays and I play football on Sundays.)

jouet [ʒwɛ] *m* toy; **marchand de ~s** toyshop owner
joueur, -euse [ʒwœʀ] I. *adj* playful II. *m, f* player; **être mauvais ~** to be a bad loser
jouflu(e) [ʒufly] *adj* chubby-cheeked
joug [ʒu] *m a.* AGR yoke
jouir [ʒwiʀ] <8> *vi* 1. **~ de qc** to enjoy sth 2. **~ d'une fortune** to be wealthy 3. (*sexuellement*) to have an orgasm
jouissance [ʒwisɑ̃s] *f* 1. (*plaisir*) pleasure 2. (*usage*) use 3. (*orgasme*) orgasm
joujou [ʒuʒu] <x> *m enfantin* toy; **faire ~** to play
jour [ʒuʀ] *m* 1. day; **par ~** daily, a day; **le ~ J** (on) D-day 2. (*opp: obscurité*) daylight; **le ~ baisse/se lève** it's getting dark/light; **au petit ~** at dawn 3. (*période vague*) **à ce ~** to date; **un de ces ~s** one of these days; **de nos ~s** these days; **un ~ ou l'autre** some day; **habit de tous les ~s** workaday clothes *pl* 4. *pl, soutenu* **vieux ~s** old age 5. (*interstice*) gap 6. **c'est le ~ et la nuit** there's (absolutely) no comparison; **se mettre à ~ dans qc** to bring oneself up to date on sth; **au ~ le ~** one day at a time; (*précairement*) from hand to mouth

⚠️ Notice that in French the **jours** of the week are not capitalized as they are in English. "La boutique est ouverte du mardi jusqu'au samedi. Elle est fermée le dimanche et le lundi". (= The shop is open

from Tuesday to Saturday. It's closed on Sundays and Mondays.)

journal [ʒuʀnal] <-aux> *m* 1. PRESSE newspaper; **~ de mode** fashion magazine 2. (*bureaux*) newspaper office 3. (*mémoire*) **~ intime** private diary 4. **~ télévisé** television news *pl*
journalier, -ière [ʒuʀnalje] I. *adj* daily II. *m, f* AGR day labourer [*o* laborer *Am*]
journalisme [ʒuʀnalism] *m* journalism
journaliste [ʒuʀnalist] *mf* journalist
journée [ʒuʀne] *f* day; **pendant la ~** during the day; **~ de 8 heures** 8-hour day; **toute la ~** all day
joute [ʒut] *f* 1. **~ nautique** water tournament 2. (*rivalité*) duel
jovial(e) [ʒɔvjal] <*s o* -aux> *adj* jovial
joyau [ʒwajo] <x> *m a. fig* jewel
joyeusement [ʒwajøzmɑ̃] *adv* happily
joyeux, -euse [ʒwajø] *adj* joyful; **être tout ~** to be overjoyed; **~ anniversaire!** happy birthday!
jubilation [ʒybilasjɔ̃] *f* jubilation
jubiler [ʒybile] <1> *vi* to be jubilant
jucher [ʒyʃe] <1> *vt, vi, vpr* (**se**) **~ sur qc** to perch on sth
judaïque [ʒydaik] *adj* Jewish; (*loi*) Judaic
judaïsme [ʒydaism] *m* Judaism
judas [ʒyda] *m* ARCHIT peephole
judiciaire [ʒydisjɛʀ] *adj* judicial; (*casier*) police [*o* criminal] record
judicieux, -euse [ʒydisjø] *adj* judicious
judo [ʒydo] *m* judo
judoka [ʒydoka] *mf* judoka
juge [ʒyʒ] *mf* 1. a. JEUX judge; **~ des enfants** ≈ juvenile magistrate *Brit;* **~ d'instruction** examining magistrate 2. (*arbitre*) referee 3. SPORT **~ de touche** linesman
jugement [ʒyʒmɑ̃] *m* 1. a. JUR judgement; **faire passer qn en ~** to put sb on trial; **une affaire passe en ~** a case is (being) heard 2. (*sen-*

tence) sentence

jugeote [ʒyʒɔt] *f inf* **1.** commonsense **2. ne pas avoir pour deux sous de** ~ to have not an ounce of commonsense

juger [ʒyʒe] <2a> I. *vt* **1.** JUR ~ **qn pour vol** to try sb for theft **2.** (*évaluer*) to judge **3.** (*estimer*) to consider II. *vi* **1.** JUR to judge **2.** (*estimer*) ~ **de qc** to assess sth; **à en** ~ **par qc** judging by sth

juif, -ive [ʒɥif] *adj* Jewish

Juif, -ive [ʒɥif] *m, f* Jew

juillet [ʒɥijɛ] *m* July; *v. a.* **août**

juin [ʒɥɛ̃] *m* June; *v. a.* **août**

jules [ʒyl] *m inf* (*amoureux, mari*) man, guy

jumeau, -elle [ʒymo] <x> I. *adj* twin; (*maisons*) semi-detached II. *m, f* **1.** (*besson*) twin; **vrais/faux** ~**x** identical/fraternal twins **2.** (*frère*) twin brother **3.** (*sœur*) twin sister **4.** (*sosie*) double

jumelage [ʒymlaʒ] *m* twinning

jumeler [ʒymle] <3> *vt* POL to twin

jumelles [ʒymɛl] *fpl* (*en optique*) binoculars *pl;* ~ **de théâtre** opera glasses *pl*

jument [ʒymɑ̃] *f* mare

jumping [dʒœmpiŋ] *m* show jumping

jungle [ʒœ̃gl] *f* jungle

junior [ʒynjɔR] *adj, mf* junior

junte [ʒœ̃t] *f* junta

jupe [ʒyp] *f* skirt

jupe-culotte [ʒypkylɔt] <jupes-culottes> *f* culottes *pl*

jupe-portefeuille [ʒyppɔRtəfœj] *f* wraparound skirt

Jupiter [ʒypitɛR] *m* ASTR, HIST Jupiter

jupon [ʒypɔ̃] *m* petticoat

Jura [ʒyRa] *m* **le** ~ the Jura (Mountains)

jurassien(ne) [ʒyRasjɛ̃] *adj* of the Jura (Mountains)

jurassique [ʒyRasik] *adj, m* GEO Jurassic

juré(e) [ʒyRe] *m(f)* JUR juror

jurer [ʒyRe] <1> I. *vt* **1.** (*promettre, affirmer*) ~ **à qn de** +*infin* to swear to sb to +*infin;* **je te** [*o* **vous**] **jure!** *inf* honestly!; **je te** [*o* **vous**] **jure que**

oui/non! yes, really/no, not at all! **2.** (*croire*) **j'aurais juré que** I could have sworn that II. *vi* **il ne faut** ~ **de rien** you never can tell III. *vpr* **1.** (*se promettre mutuellement*) **se** ~ **qc** to swear sth to one another **2.** (*décider*) **se** ~ **de** +*infin* to vow to +*infin*

juridique [ʒyRidik] *adj* **1.** (*judiciaire*) judicial **2.** (*qui a rapport au droit*) legal

jurisprudence [ʒyRispRydɑ̃s] *f* case law; **faire** ~ to set a (legal) precedent

juriste [ʒyRist] *mf* lawyer

juron [ʒyRɔ̃] *m* swear word

jury [ʒyRi] *m* **1.** JUR jury **2.** ART, SPORT panel of judges **3.** ECOLE, UNIV board of examiners

jus [ʒy] *m* **1.** (*d'un fruit, d'une viande*) juice **2.** *inf* (*café*) coffee **3.** *inf* (*courant*) juice **4. laisser mijoter qn dans son** ~ *inf* to let sb stew in his own juice; **au** ~**!** *inf* in you go/he goes!

jusque [ʒysk] <jusqu'> I. *prep* **1.** (*limite de lieu*) as far as; **jusqu'aux genoux** up to one's knees; **viens jusqu'ici!** come up to here!; **jusqu'où?** how far? **2.** (*limite de temps*) until; **jusqu'à midi/au soir** until midday/the evening **3.** (*y compris*) even; **tous jusqu'au dernier** every last one; ~ **dans** even in **4.** (*au plus*) **jusqu'à dix personnes** up to ten people; **jusqu'où** as far as **5.** (*assez pour*) **aller jusqu'à** +*infin* to go so far as to +*infin* II. *conj* **jusqu'à ce qu'il vienne** until he comes

jusque-là [ʒuskla] *adv* **1.** (*jusqu'à ce moment-là*) until then **2.** (*jusqu'à cet endroit*) that far

justaucorps [ʒystokɔR] *m* SPORT body stocking; ~ **de gymnastique** leotard

juste [ʒyst] I. *adj* **1.** (*équitable*) just; **ce n'est pas** ~ it's not fair **2.** (*trop court/étroit*) too short/tight **3.** (*ouverture*) narrow **4.** (*à peine suffisant*) barely enough **5.** (*exact*) correct; (*heure*) right; **c'est** ~**!** that's (quite) right!; **apprécier qc à sa ~ valeur** to appreciate the true worth of sth **6.** (*note*) true; (*voix, instrument*) in tune; **ne pas être ~** to be out of tune **II.** *m* REL just man **III.** *adv* **1.** (*avec exactitude*) accurately; (*penser*) logically; **dire ~** to be right **2.** (*exactement, seulement*) just; **~ à côté** just next door **3.** (*mesurer*) exactly; **cela entre ~** that barely fits in; **tout ~** hardly **4. au ~** exactly; **comme de ~** as usual

justement [ʒystəmã] *adv* **1.** (*à bon droit*) rightly **2.** (*exactement*) exactly **3.** (*précisément*) precisely

justesse [ʒystɛs] *f* **1.** (*précision*) accuracy **2.** (*pertinence*) aptness **3. de ~** only just

justice [ʒystis] *f* **1.** (*principe*) justice **2.** (*loi*) law; **obtenir ~** to obtain justice **3.** (*juridiction*) jurisdiction; **en ~** in court **4. se faire ~** (*se suicider*) to take one's life; (*se venger*) to take the law into one's own hands

justicier, -ière [ʒystisje] *m, f* righter of wrongs

justificatif [ʒystifikatif] *m* documentary evidence

justification [ʒystifikasjɔ̃] *f* **1.** (*explication*) justification **2.** (*preuve*) proof; (*d'un paiement*) receipt

justifier [ʒystifje] <1> *vt* **1. a.** TYP, INFOR to justify **2.** (*disculper*) to vindicate

jute [ʒyt] *m* jute

juteux, -euse [ʒytø] *adj* (*fruit*) juicy

juvénile [ʒyvenil] *adj* youthful

juxtaposer [ʒykstapoze] <1> *vt* to juxtapose

K, k [kɑ] *m inv* K, k; **~ comme Kléber** k for King

kaki [kaki] *adj inv* khaki

kangourou [kãguʀu] *m* kangaroo

karaoké [kaʀaɔke] *m* karaoke

karaté [kaʀate] *m* karate

kart [kaʀt] *m* go-kart

karting [kaʀtiŋ] *m* go-karting

kascher [kaʃɛʀ] *adj* kosher

KGB [kaʒebe] *m abr de* **Komitet Gossoudarstvennoï Bezopasnosti** KGB

Kenya [kenja] *m* **le ~** Kenya

kényan(e) [kenjã] *adj* Kenyan

Kényan(e) [kenjã] *mf* Kenyan

képi [kepi] *m* kepi

kermesse [kɛʀmɛs] *f* **1.** (*fête de bienfaisance*) charity fête **2.** *Belgique, Nord* (*fête patronale*) fair

kérosène [keʀozɛn] *m* kerosene

khâgne [kaɲ] *f inf:* preparatory class for entrance to the École normale supérieure

kidnapper [kidnape] <1> *vt* to kidnap

kidnappeur, -euse [kidnapœʀ] *m, f* kidnapper

kilo [kilo] *m abr de* **kilogramme** kilo

kilogramme [kilɔgʀam] *m* kilogramme *Brit*, kilogram *Am*

kilohertz [kiloɛʀts] *m* kilohertz

kilométrage [kilɔmetʀaʒ] *m* (*d'une voiture*) mileage

kilomètre [kilɔmɛtʀ] *m* kilometre *Brit*, kilometer *Am*; **140 ~s à l'heure** [*o* **~s-heure**] 140 kilometres an hour; **~ carré** square kilometre

kilomètre-heure [kilɔmɛtʀœʀ] <kilomètres-heure> *m* kilometre [*o* kilometer *Am*] per hour

kilométrique [kilɔmetʀik] *adj* (*mesure, prix de revient*) by kilometre [*o* kilometer *Am*]; **borne ~** kilometre marker

kilo-octet [kiloɔktɛ] <kilo-octets> *m* kilobyte

kilowatt [kilowat] *m* kilowatt

kilowattheure [kilowatœʀ] *m* kilowatt-hour

kiné [kine], **kinési** [kinezi] *mf inf abr de* **kinésithérapeute** physio *Brit*

kinésithérapeute [kineziteʀapøt] *mf* physiotherapist

kiosque [kjɔsk] *m* kiosk

kir® [kiʀ] *m* kir; ~ **royal** kir royal (*champagne with blackcurrant liqueur*)

kit(s)ch [kitʃ] *adj inv* kitsch

kiwi [kiwi] *m* kiwi

klaxon® [klaksɔn] *m* horn; **donner un coup/petit coup de** ~ to honk, to give a hoot/toot *Brit*

klaxonner [klaksɔne] <1> *vi* to honk [*o* hoot *Brit*] (one's horn)

kleenex® [klinɛks] *m* Kleenex®, tissue

km *abr de* **kilomètre** km

Ko [kao] *m abr de* **kilo-octet** kb

KO [kao] *adj inv,, inf abr de* **knock-out** 1. (*assommé*) knocked-out; *SPORT* KO'd; **mettre qn** ~ to KO sb 2. (*épuisé*) shattered

koala [kɔala] *m* koala (bear)

Koweït [kɔwɛt] *m* **le** ~ Kuwait

koweïtien(ne) [kɔwɛtjɛ̃] *adj* Kuwaiti

Koweïtien(ne) [kɔwɛtjɛ̃] *m(f)* Kuwaiti

krach [kʀak] *m FIN* crash

kurde [kyʀd] *adj*, *m* Kurdish; *v. a.* **français**

Kurde [kyʀd] *m*, *f* Kurd

Kurdistan [kyʀdistã] *m* **le** ~ Kurdistan

kyste [kist] *m* cyst

L

L, l [ɛl] *m inv* L, l; ~ **comme Louis** l for Lucy [*o* love *Am*]

l *abr de* **litre** *Brit,* liter *Am*

l' *art, pron v.* **le, la**

la¹ [la] <*devant voyelle ou h muet* l'> **I.** *art déf* the **II.** *pron pers, fém* 1. (*personne*) her; **il** ~ **voit/l'aide** he sees/helps her 2. (*animal ou objet*) it; **là-bas, il y a une mouche/ma ceinture,** ~ **vois-tu?** there's a fly/my belt over there, can you see it? 3. *avec un présentatif* ~

voici [*o* **voilà**]! here it/she is!

la² [la] *m inv MUS* A, lah *Brit,* la *Am;* **donner le** ~ to set the tone; *v. a.* **do**

là¹ [la] *adv* 1. there; **je suis** ~ here I am; **passer par** ~ to go that way; **quelque part par** ~ (*en montrant du doigt*) somewhere over there 2. (*avec déplacement à distance*) (over) there 3. (*à ce moment-là*) **à partir de** ~ from then on 4. (*alors*) then 5. **les choses en sont** ~ that's how things stand

là² [la] *interj* now

là-bas [laba] *adv* 1. (*avec déplacement à distance*) over there 2. (*avec l'endroit précisé*) over

label [labɛl] *m* brand (name); (*vêtements*) label

laboratoire [labɔʀatwaʀ] *m* laboratory

laborieux, -euse [labɔʀjø] *adj* laborious; **eh bien, c'est** ~! *inf* it's hard going!

labourer [labuʀe] <1> *vt* 1. *AGR* to plough 2. (*creuser*) to slash into

labyrinthe [labiʀɛ̃t] *m* labyrinth

lac [lak] *m* lake; ~ **des Quatre-Cantons** Lake Lucerne; **les Grands** ~**s** the Great Lakes

lacer [lase] <2> *vt* to tie (up)

lacet [lasɛ] *m* 1. (*cordon*) (shoe)lace 2. (*virage*) bend; **route en** ~(**s**) winding road

lâche [laʃ] **I.** *adj* 1. (*poltron*) cowardly 2. (*corde*) slack **II.** *mf* coward

lâcher [laʃe] <1> **I.** *vt* 1. (*laisser aller involontairement*) to let go of 2. (*laisser aller délibérément*) to release 3. *inf* (*abandonner*) to abandon; **ne pas** ~ **qn** (*rhume, idée*) not to let go of sb; **tout** ~ *inf* to drop everything **II.** *vi* to give way; (*corde*) to break

lâcheté [laʃte] *f* cowardice; **par** ~ out of cowardice

laconique [lakɔnik] *adj* laconic

lacrymogène [lakʀimɔʒɛn] *adj* **gaz** ~ teargas

lacune [lakyn] *f* gap

là-dedans [lad(ə)dã] *adv* 1. (*lieu*) inside; **je ne reste pas** ~ I am not staying in there 2. (*direction*) into

3. (*en parlant d'une affaire*) **n'avoir rien à voir** ~ to have nothing to do with it

là-dessous [lad(ə)su] *adv* **1.** (*dessous*) underneath **2.** *fig* behind; **qu'y a-t-il** ~**?** what's the story?

là-dessus [lad(ə)sy] *adv* **1.** (*ici*) on here **2.** (*là-bas*) on there **3.** (*à ce sujet*) about that; **compte** ~ count on it **4.** (*sur ce*) on that matter

lagune [lagyn] *f* lagoon

là-haut [lao] *adv* **1.** (*au-dessus: dans le ciel*) up there **2.** (*au-dessus: lieu*) on top

La Haye [la ´ɛ] The Hague

laïc, -que [laik] *v.* **laïque**

laïcité [laisite] *f* secularity; (*de l'enseignement*) non-religion stance

> ℹ️ In France, the principle of **laïcité** is strictly upheld and the church has been separate from the state since 1905. There is no religious education in schools.

laid(e) [lɛ] *adj* ugly

laideur [lɛdœʀ] *f* ugliness

laie [lɛ] *f* forest track

lainage [lɛnaʒ] *m* **1.** (*étoffe*) wool **2.** (*vêtement*) wool(len) *Brit,* wool(en) *Am;* **jupe en/de** ~ wool(len) skirt

laine [lɛn] *f* **1.** (*fibre*) wool; **gilet de** ~ wool jacket **2.** (*vêtement*) **une petite** ~ a light cardigan **3.** ~ **de verre** glass wool

laïque [laik] *mf* layperson

laisse [lɛs] *f* lead *Brit,* leash *Am;* **tenir un chien en** ~ to keep a dog on a lead

laisser [lese] <1> **I.** *vt* **1.** to leave; ~ **qn tranquille** to leave sb alone **2.** (*choix*) to give; ~ **la parole à qn** to let sb speak **3.** (*part de tarte*) to reserve; ~ **qc à qn** to leave sth for sb **4.** (*quitter*) **je te/vous laisse!** I'm off! **5.** (*déposer*) to drop **II.** *aux* **1.** (*permettre*) to allow **2.** ~ **faire** to do nothing; **se** ~ **faire** (*subir*) not to put up a fight; **laisse-toi faire!** (*pour décider qn*) go on! *fam*

laisser-aller [leseale] *m inv* carelessness **laisser-faire** [lesefɛʀ] *m inv* laissez-faire policy

lait [lɛ] *m* **1.** (*aliment*) milk; ~ **en poudre** powdered milk; **petit** ~ whey **2.** (*liquide laiteux*) lotion; ~ **de toilette** (*pour le corps/visage*) body/beauty lotion **3.** **se boire comme du petit** ~ to be easy to drink

laitage [lɛtaʒ] *m* milk products

laitier, -ière [letje] *m, f* dairyman, dairywoman *m, f*

laiton [lɛtɔ̃] *m* brass

laitue [lety] *f* lettuce

lambeau [lɑ̃bo] <x> *m* scrap; **en** ~**x** in rags

lame [lam] *f* blade

lamelle [lamɛl] *f* **1.** (*petite lame*) strip **2.** (*tranche fine*) slice

lamentable [lamɑ̃tabl] *adj* (*pitoyable*) pitiful; (*résultats, travail*) appalling

lamenter [lamɑ̃te] <1> *vpr* **se** ~ **sur qc** to moan about sth

lampadaire [lɑ̃padɛʀ] *m* **1.** (*lampe sur pied*) standard [*o* floor *Am*] lamp **2.** (*réverbère*) street lamp

lampe [lɑ̃p] *f* **1.** lamp; ~ **de poche** torch *Brit,* flashlight *Am* **2.** (*ampoule*) bulb

lampion [lɑ̃pjɔ̃] *m* Chinese lantern

lance [lɑ̃s] *f* **1.** (*arme*) spear **2.** (*tuyau*) hose; ~ **d'incendie** fire hose

lancée [lɑ̃se] *f* way; **sur ma/sa** ~ in my/his/her/its stride

lancement [lɑ̃smɑ̃] *m* **1.** a. COM launch **2.** INFOR start-up

lance-pierre [lɑ̃spjɛʀ] <lancepierres> *m* **1.** catapult **2.** **manger avec un** ~ *inf* to shovel one's meal down

lancer [lɑ̃se] <2> **I.** *vt* **1.** a. COM to launch **2.** (*jambe*) to fling **3.** (*nouvelle*) to send; (*ultimatum*) to give **4.** INFOR to start up **II.** *vpr* **1.** (*se précipiter*) **se** ~ **à la poursuite de qn** to dash after sb; **allez, lance-toi!** go on, go for it! *inf* **2.** (*s'engager*) **se** ~ **dans qc** to embark on sth; **se** ~ **dans le cinéma** to launch oneself into film [*o* the movies *Am*] **III.** *m* SPORT throw; (*du poids*) shot put; ~ **de javelot** throwing the javelin

lancinant(e) [lãsinã] *adj* (*douleur*) shooting

landau [lãdo] <s> *m* pram *Brit,* baby carriage *Am*

lande [lãd] *f* moor

langage [lãgaʒ] *m* **1.** *a.* INFOR language; ~ **des sourds-muets** sign language **2.** (*jargon*) jargon

langer [lãʒe] <2a> *vt* ~ **un bébé** to change a baby's nappy [*o* diaper *Am*]

langouste [lãgust] *f* crayfish *Brit,* rock lobster *Am*

langoustine [lãgustin] *f* Dublin Bay prawn

langue [lãg] *f* **1.** ANAT tongue; **tirer la ~ à qn** to stick out one's tongue at sb **2.** (*langage*) language; ~ **étrangère/maternelle** foreign/mother tongue; ~ **verte** underworld slang **3. tourner sept fois sa ~ dans sa bouche avant de parler** to think before one speaks; **donner sa ~ au chat** to give up; **ne pas avoir la ~ dans sa poche** to never be at a loss for words; **être mauvaise ~** to be a nasty gossip; **avoir la ~ bien pendue** to have a ready tongue; **tenir sa ~** to hold one's tongue

languette [lãgɛt] *f* (*d'une chaussure*) tongue; (*d'une boîte*) strip

lanière [lanjɛR] *f* strip

lanterne [lãtɛRn] *f* **1.** lantern **2.** ~ **rouge** rear light *Brit,* taillight *Am;* **éclairer la ~ de qn** to enlighten sb

laper [lape] <1> *vt* to lap up

lapidaire [lapidɛR] *adj* succinct

lapin [lapɛ̃] *m* **1.** rabbit; ~ **de garenne** wild rabbit; **courir comme un ~** to run like the wind; *v. a.* **lapine 2. le coup du ~** whiplash; **chaud ~** *inf* horny so-and-so; **poser un ~ à qn** *inf* to stand sb up

lapine [lapin] *f* ZOOL rabbit; *v. a.* **lapin**

laps [laps] *m* ~ **de temps** time lapse

lapsus [lapsys] *m* slip

laque [lak] *f* **1.** (*pour les cheveux*) hair spray **2.** (*peinture*) lacquer

laqué(e) [lake] *adj* lacquered

laquelle [lakɛl] *pron v.* **lequel**

lard [laR] *m* **1.** bacon; ~ **gras/maigre** streaky/back bacon **2. gros ~** fat lump

lardon [laRdɔ̃] *m* GASTR lardon

large [laRʒ] **I.** *adj* **1.** wide **2.** (*cercle*) large; ~ **de 10 mètres** 10 metres [*o* meters *Am*] wide **3.** (*vêtement*) loose **4.** (*important*) big **5.** (*sens*) broad; **avoir les idées ~s** to be open-minded **II.** *adv* **1. voir ~** to think big **2. ne pas en mener ~** *inf* to have one's heart in one's boots **III.** *m* **1.** (*haute mer*) open sea **2.** (*largeur*) **un champ de 30 mètres de** ~ a field 30 [*o* meters *Am*] metres wide **3. au ~ de la côte** off the coast

largement [laRʒəmã] *adv* **1.** (*opp: étroitement*) wide **2.** (*amplement*) **avoir ~ le temps** to have plenty of time; ~ **assez/suffisant** more than enough; ~ (*généreusement*) generously

largeur [laRʒœR] *f* width

larguer [laRge] <1> *vt* **1.** (*ancre*) to slip; (*voile*) to unfurl **2.** AVIAT to release; (*parachutistes, troupes*) to drop **3.** *inf* (*laisser tomber*) to give up; (*ami*) to dump

larme [laRm] *f* **1.** (*pleur*) tear; **en ~s** in tears **2.** *inf* (*goutte*) drop **3. avoir les ~s aux yeux** to have tears in one's eyes

larve [laRv] *f* ZOOL larva

laryngite [laRɛ̃ʒit] *f* laryngitis

larynx [laRɛ̃ks] *m* larynx

las(se) [lɑ] *adj* (*personne*) tired; (*geste*) weary

lasagne [lazaɲ] <(s)> *f* lasagne [*o* lasagna]

laser [lazɛR] **I.** *m* laser **II.** *app* compact disc; **platine** ~ compact disc player

lasser [lɑse] <1> *vpr* **se** ~ **de qc** to tire of sth; **sans se** ~ without tiring oneself

lassitude [lɑsityd] *f* **1.** (*physique*) fatigue **2.** (*morale*) weariness

latent(e) [latã] *adj* latent

latéral(e) [lateral] <-aux> *adj* lateral; **porte ~e** side door

latin [latɛ̃] *m* **1.** Latin; *v. a.* **français** **2. j'y perds mon ~** I can't make head or tail of it

latin(e) [latɛ̃] *adj* **1.** Latin **2.** (*opp: anglo-saxon, orthodoxe*) latin

latiniste [latinist] *mf* **1.** (*étudiant, élève*) Latin student **2.** (*spécialiste*) latinist

latino-américain(e) [latinoameʀikɛ̃] <latino-américains> *adj* Latin-American

Latino-américain(e) [latinoameʀikɛ̃] <Latino-américains> *m(f)* Latin-American

latitude [latityd] *f* latitude; **à 45° de ~ nord** at latitude 45° north

latte [lat] *f* slat

lauréat(e) [lɔʀea] *m(f)* award-winner; **~ du prix Nobel** Nobel prize winner

laurier [lɔʀje] *m* **1.** BOT bay tree **2.** GASTR bay **3.** *pl* (*gloire*) praise; **s'endormir sur ses ~s** to rest on one's laurels

lavable [lavabl] *adj* washable; **~ en machine** machine-washable; **~ uniquement à la main** handwash only

lavabo [lavabo] *m* **1.** (*cuvette*) washbasin **2.** *pl* (*toilettes*) toilets

lavage [lavaʒ] *m* **1.** washing; **au ~** in the wash **2. ~ de cerveau** brainwashing; **~ d'estomac** stomach pumping

lavande [lavɑ̃d] *f* lavender

lave [lav] *f* lava

lave-glace [lavglas] <lave-glaces> *m* windscreen [*o* windshield *Am*] washer **lave-linge** [lavlɛ̃ʒ] *m inv* washing machine

laver [lave] <1> **I.** *vt* **1.** to clean; (*vaisselle, sol*) to wash; **~ qc à la machine/main** to machine-/handwash sth **2.** (*disculper*) **~ qn d'un soupçon** to clear sb of a suspicion **II.** *vpr* **se ~ 1.** (*se nettoyer*) to wash (oneself) **2.** (*être lavable*) to be washable

laverie [lavʀi] *f* laundry; **~ automatique** laundrette *Brit*, laundromat *Am*

lavette [lavɛt] *f* **1.** (*chiffon*) dish cloth **2.** *inf* (*personne*) drip

laveur, -euse [lavœʀ] *m, f* **~ de carreaux** window cleaner; **~ de voitures** car washer

laveuse [lavøz] *f Québec* (*lave-linge*) washing machine

lave-vaisselle [lavvɛsɛl] *m inv* dishwasher

laxatif, -ive [laksatif] *adj* laxative

laxiste [laksist] *adj* overindulgent

layette [lɛjɛt] *f* layette

le [lə] <devant voyelle *ou* h muet l'> **I.** *art déf* the **II.** *pron pers, masc* **1.** (*personne*) **elle ~ voit/l'aide** she sees/helps him **2.** (*animal ou objet*) **là-bas, il y a un cochon/sac, ~ vois-tu?** there's a pig/bag over there, can you see it? **3.** (*valeur neutre*) **je ~ comprends** I understand; **je l'espère?** I hope so! **4.** *avec un présentatif* **~ voici/voilà!** here/there he [*o* it] is!

leader [lidœʀ] *adj inv, m* leader

leasing [liziŋ] *m* leasing

lécher [leʃe] <5> *vt* to lick (clean); (*visage, glace*) to lick; (*lait*) to lap up

lèche-vitrines [lɛʃvitʀin] *m sans pl* **faire du ~** to go window shopping

leçon [l(ə)sɔ̃] *f a.* ECOLE lesson

lecteur [lɛktœʀ] *m* **1.** MEDIA player; **~ de cassettes/CD** tape/CD player; **~ laser vidéo** video disc player **2.** INFOR drive; **~ de CD-ROM/disquettes** CD-ROM/disk drive

lecteur, -trice [lɛktœʀ] *m, f* **1.** (*liseur*) reader **2.** UNIV, ECOLE teaching assistant

lecture [lɛktyʀ] *f a.* CINE, TV, INFOR reading; **aimer la ~** to like reading

légal(e) [legal] <-aux> *adj* legal; (*heure*) standard

légaliser [legalize] <1> *vt* to legalize

légalité [legalite] *f* legality

légendaire [leʒɑ̃dɛʀ] *adj* **1.** (*animal*) mythical; (*figure, histoire*) legendary **2.** (*célèbre*) famous

légende [leʒɑ̃d] *f* **1.** (*mythe*) legend **2.** (*d'une carte, d'un plan*) key; (*d'une photo*) caption

léger, -ère [leʒe] *adj* **1.** (*opp: lourd*) light; (*vêtement*) light(weight);

poids ~ lightweight **2.** (*de faible intensité*) slight; (*doute, soupçon*) faint; (*couche de neige*) thin **3.** *péj* thoughtless **4. à la légère** thoughtlessly; **tout prendre à la légère** to take nothing seriously

légèrement [leʒɛʀmɑ̃] *adv* **1.** (*un peu, vraiment*) slightly **2.** (*avec des choses légères*) lightly **3.** (*avec grâce, délicatement*) nimbly

légèreté [leʒɛʀte] *f* **1.** (*faible poids*) lightness **2.** (*insouciance*) frivolity

légiférer [leʒifeʀe] <5> *vi* to legislate

Légion [leʒjɔ̃] *f* **1.** MIL ~ **étrangère** Foreign Legion **2.** (*décoration*) ~ **d'honneur** Legion of Honour [*o* Honor *Am*]

i The **Légion étrangère** was formed in France in 1831, in connection with the colonialization of Algeria. This powerful and unrelenting army can be brought in rapidly and without parliamentary consent. Half of the soldiers are French and half non-French. The majority of them are stationed in France, the rest overseas.

légionnaire [leʒjɔnɛʀ] *m* MIL legionnaire

législateur, -trice [leʒislatœʀ] *m, f* legislator

législatif, -ive [leʒislatif] *adj* legislative

législation [leʒislasjɔ̃] *f* legislation

législatives [leʒislativ] *fpl* general election + *vb sing*

légitime [leʒitim] *adj a.* JUR legitimate

légitimer [leʒitime] <1> *vt* to justify; JUR to legitimate

légitimité [leʒitimite] *f* legitimacy; **en toute** ~ completely legitimately

léguer [lege] <5> *vt* ~ **qc à qn** to bequeath sth to sb

légume [legym] *m* vegetable; ~**s secs** pulses

lendemain [lɑ̃dmɛ̃] *m* **1.** *sans pl* **le** ~ the following day; **le** ~ **soir** the following evening; **du jour au** ~ from one day to the next **2.** (*temps qui suit*) **au** ~ **du mariage** after the wedding

lent(e) [lɑ̃] *adj* slow; (*esprit*) slow-witted

lentement [lɑ̃tmɑ̃] *adv* slowly

lenteur [lɑ̃tœʀ] *f* slowness; ~ **d'esprit** slow-wittedness

lentille [lɑ̃tij] *f* **1.** BOT, GASTR lentil **2.** (*en optique*) lens; ~**s de contact** contact lenses

léopard [leɔpaʀ] *m* **1.** ZOOL leopard; ~ **femelle** leopardess **2.** (*fourrure*) leopard-skin

lèpre [lɛpʀ] *f* MED leprosy

lépreux, -euse [lepʀø] **I.** *adj* MED leprous **II.** *m, f* leper

lequel, laquelle [ləkɛl] <lesquels, lesquelles> **I.** *pron interrog* which; **regarde cette fille!** – **which one?** look at that girl! – which one?; ~/**laquelle d'entre vous …?** which of you …?; **auxquels de ces messieurs devrai-je m'adresser?** to which of these gentlemen should I speak?; **demandez à l'un de vos élèves, n'importe** ~! ask any of your students, doesn't matter which!; **je ne sais lesquels prendre!** I don't know which ones to take! **II.** *pron rel* **1.** (*se rapportant à une personne*) who(m); **la concierge, laquelle …** the caretaker, who …; **la personne à laquelle je fais allusion** the person to whom I am referring **2.** (*se rapportant à un animal, un objet*) which; **la situation délicate dans laquelle nous nous trouvons** the delicate situation in which we find ourselves

les [le] **I.** *art déf* the **II.** *pron pers, pl* **1.** (*personnes, animaux, objets*) them **2.** *avec un présentatif* they; ~ **voici/voilà !** here/there they are!

lesbienne [lɛzbjɛn] *f* lesbian

léser [leze] <5> *vt* to damage

lésiner [lezine] <1> *vi* ~ **sur qc** to skimp on sth

lésion [lezjɔ̃] *f* lesion

lessive [lesiv] *f* **1.** (*détergent*) detergent; ~ **en poudre/liquide** washing powder/liquid **2.** (*lavage, linge à laver*) washing; **faire la** ~ to do the washing

lessiver [lesive] <1> *vt* **1.** (*pièce, sol*) to wash; (*murs*) to wash (down) **2.** *inf* **être lessivé** to be worn out

lest [lɛst] *m* ballast

leste [lɛst] *adj* **1.** (*vif*) sprightly **2.** (*grivois*) crude

léthargie [letaʀʒi] *f* lethargy

letton [lɛtɔ̃] *m* Latvian; *v. a.* **français**

letton(e) [lɛtɔ̃] *adj* Latvian

Letton(e) [lɛtɔ̃] *m(f)* Latvian

Lettonie [lɛtɔni] *f* **la** ~ Latvia

lettre [lɛtʀ] *f* **1.** (*missive, signe graphique*) letter; ~ **de candidature** letter of application; **mettre une** ~ **à la poste** to post a letter; **par** ~ by post; **c'est en grosses ~s dans les journaux** it's made the headlines **2.** *pl* UNIV arts; **professeur de** ~**s** French teacher **3.** *sans pl* (*sens strict*) **à la** ~ to the letter; (*prendre*) literally **4. en toutes** ~**s** in words

leucémie [løsemi] *f* MED leukaemia *Brit*, leukemia *Am*

leur[1] [lœʀ] *pron pers, inv* **1.** (*personnes, animaux, objets*) them **2.** (*avec un sens possessif*) **le cœur** ~ **battait fort** their hearts were beating fast; *v. a.* **me**

leur[2] [lœʀ] <leurs> **I.** *dét poss* their; *v. a.* **ma, mon II.** *pron poss* **1. le/la** ~ their; **les** ~**s** theirs; *v. a.* **mien 2.** *pl* (*ceux de leur famille*) **les** ~**s** their family; (*leurs partisans*) their people; **vous êtes des** ~**s** you are with them; *v. a.* **mien**

leurs [lœʀ] *v.* **leur**

levain [ləvɛ̃] *m* GASTR leaven

levant [ləvɑ̃] *m* (*est*) east

levée [l(ə)ve] *f* collection; **heures de** ~ collection times

lever [l(ə)ve] <4> **I.** *vt* **1.** (*soulever*) to lift; (*jambe, tête, main*) to raise; ~ **les yeux vers qn** to look up at sb; **ne pas** ~ **le nez de son livre** not to look up from one's book **2.** (*sortir du lit*) ~ **qn** to get sb out of bed **II.** *vpr* **se** ~ **1.** (*se mettre debout, sortir du lit*) to get up; **se** ~ **de table** to leave

the table **2.** (*lune, soleil, mer*) to rise; (*jour, aube*) to break; (*vent*) to get up **3.** (*rideau, main*) to go up **4.** (*temps, brouillard*) to clear **III.** *vi* **1.** (*pâte*) to rise **2.** (*pousser*) to come up **IV.** *m* **au** ~ **du soleil** at sunrise; ~ **du jour** daybreak

lève-tard [lɛvtaʀ] *mf inv, inf* late riser **lève-tôt** [lɛvto] *mf inv, inf* early riser

levier [ləvje] *m* lever; ~ **de commande/de** (**changement de**) **vitesse** control/gear lever

lèvre [lɛvʀ] *f* **1.** ANAT lip **2.** *pl* (*parties de la vulve*) labia

lévrier [levʀije] *m* greyhound

levure [l(ə)vyʀ] *f a.* CHIM yeast

lexique [lɛksik] *m* **1.** (*dictionnaire bilingue*) lexicon **2.** (*en fin d'ouvrage*) glossary **3.** (*vocabulaire*) lexis

lézard [lezaʀ] *m* lizard

lézarde [lezaʀd] *f* crack

lézarder [lezaʀde] <1> *vt, vpr* (**se**) ~ to crack

liaison [ljɛzɔ̃] *f* **1.** (*contact*) contact; ~ **radio/téléphonique** radio/telephone link **2.** LING liaison **3.** (*relation amoureuse*) affair

liane [ljan] *f* creeper

liasse [ljas] *f* (*de billets*) wad

Liban [libɑ̃] *m* **le** ~ Lebanon

libanais [libanɛ] *m* Lebanese; *v. a.* **français**

libanais(e) [libanɛ] *adj* Lebanese

Libanais(e) [libanɛ] *m(f)* Lebanese

libeller [libele] <1> *vt* (*chèque*) to make out; (*contrat*) to draw up

libellule [libelyl] *f* dragonfly

libéral(e) [libeʀal] <-aux> *adj, m(f)* Liberal

libérateur, -trice [libeʀatœʀ] **I.** *adj* liberating **II.** *m, f* liberator

libération [libeʀasjɔ̃] *f a. fig* liberation

libéré(e) [libeʀe] *adj* (*émancipé*) liberated

libérer [libeʀe] <5> **I.** *vt* **1.** to free **2.** (*relâcher*) to discharge **3.** (*voie*) to unblock **II.** *vpr* **se** ~ **1.** (*se rendre libre*) to get away **2.** (*poste, place*) to become free

L

liberté [libɛʁte] *f* **1.** *sans pl* freedom, liberty; **mise en ~ de qn** release of sb; **en ~** free; **en ~ provisoire/surveillée** on bail/probation **2.** *sans pl (loisir)* leisure; **quelques heures/jours de ~** a few hours/days off **3.** *(droit, indépendance, absence de contrainte)* freedom; **en toute ~** *(parler)* freely **4. Liberté, Égalité, Fraternité** Liberty, Equality, Fraternity

libido [libido] *f* libido

libraire [libʁɛʁ] *mf* bookseller

librairie [libʁɛʁi] *f* bookshop *Brit,* bookstore *Am;* **en ~** in bookshops

librairie-papeterie [libʁɛʁipapɛtʁi] <librairies-papeteries> *f* book and stationery shop

libre [libʁ] *adj* **1.** *a.* POL free; **la «zone ~»** the unoccupied zone, *the parts of French territory unoccupied by German troops during the Second World War;* **ne pas être ~** *(personne)* not to be available **2.** *(opp: marié)* single **3.** *(discussion, esprit)* open **4.** *(cheveux)* loose **5.** *(autorisé)* **entrée ~** please come in **6.** ECOLE, UNIV independent **7.** SPORT **exercices/figures ~s** freestyle

librement [libʁəmã] *adv* freely

libre-service [libʁəsɛʁvis] <libres-services> *m* **1.** *(magasin)* self-service shop **2.** *(restaurant)* self-service restaurant

Libye [libi] *f* **la ~** Libya

licence [lisãs] *f* **1.** UNIV degree; **~ ès sciences/d'allemand** science/German degree **2.** COM, JUR licence *Brit,* license *Am* **3.** SPORT permit; **joueur titulaire d'une ~** authorized player

---

> ⓘ The **licence** is an academic qualification, awarded after three years of university study in France, four in Belgium. In Switzerland, it is an academic qualification for humanities, economics and legal faculties.

---

licencié(e) [lisãsje] *adj* **1.** UNIV graduate **2.** *(renvoyé)* fired

licenciement [lisãsimã] *m* dismissal; **~ économique** redundancy *Brit,* lay-off *Am*

licencier [lisãsje] <1> *vt* to fire

licorne [likɔʁn] *f* unicorn

lie [li] *f* *(dépôt)* deposit; **~ de vin** wine sediment

Liechtenstein [liʃtɛnʃtajn] *m* **le ~** Liechtenstein

liège [ljɛʒ] *m* cork

lien [ljɛ̃] *m a.* INFOR link

lier [lje] <1> **I.** *vt* **1.** *(attacher)* **~ qn/qc à qc** to tie sb/sth to sth **2.** *(mettre en relation)* **être lié à qc** to be linked to sth **3.** *(unir)* **~ qn/qc à qn/qc** to bind sb/sth to sb/sth **II.** *vpr* **se ~ avec qn** to make friends with sb

lierre [ljɛʁ] *m* ivy

lieu¹ [ljø] <x> *m* **1.** *(endroit)* place **2.** *pl (endroit précis)* **sur les ~x de l'accident** at the scene of the accident **3.** *(dans une succession)* **en premier/second ~** in the first/second place; **en dernier ~** finally **4.** *(place)* **avoir ~** to take place; **au ~ de qc** instead of sth

lieu² [ljø] <s> *m* ZOOL **~ noir** coalfish

lieu commun [ljøkɔmœ̃] <lieux communs> *m* commonplace

lieutenant [ljøt(ə)nã] *m* **1.** MIL lieutenant **2.** *(adjoint)* second in command

lièvre [ljɛvʁ] *m* **1.** ZOOL hare **2.** **courir deux/plusieurs ~s** à la fois to have more than one/several irons in the fire *inf;* **courir comme un ~** to run like the wind

lifting [liftiŋ] *m* facelift; **se faire faire un ~** to have a facelift

ligament [ligamã] *m* ANAT ligament

ligne [liɲ] *f* **1.** line; **de huit ~s** eight lines long; **à la ~!** new line!; **~ d'arrivée/de départ** finishing [*o* finish *Am*]/starting line; **la dernière ~ droite avant l'arrivée** the home straight [*o* stretch *Am*]; **~ de métro** underground [*o* subway] line *Am;* **être en ~** TEL to be on the phone; INFOR to be on line **2.** *(limite imaginaire)* **~ d'horizon** horizon; **~ de tir** line of fire **3.** *sans pl (silhouette)* figure; **garder la** ~ keep a trim figure **4.** (*ensemble de produits cosmétiques*) line **5.** (*à la pêche*) (fishing) line **6.** MIL row **7. entrer en** ~ **de compte** to have to be taken into account; **hors** ~ off-line; **sur toute la** ~ from start to finish

lignée [liɲe] *f* lineage
ligoter [ligɔte] <1> *vt* to tie up
ligue [lig] *f* league
Ligue [lig] *f* ~ **des droits de l'homme** League of Human Rights
liguer [lige] <1> *vpr* **se** ~ **contre qn** to conspire together against sb
lilas [lila] *adj inv, m* lilac
lilliputien(ne) [li(l)lipysjɛ̃] *adj, m/f* Lilliputian
limace [limas] *f* slug
limande [limãd] *f* dab
lime [lim] *f* file; ~ **à ongles** nail file
limer [lime] <1> I. *vt* (*ongles, clé, métal*) to file II. *vpr* **se** ~ **les ongles** to file one's nails
limitation [limitasjɔ̃] *f* limitation; ~ **de vitesse** speed limit
limite [limit] I. *app* **1.** (*extrême*) maximum; (*cas*) borderline; (*date*) last **2.** (*presque impossible*) very difficult **3.** *inf* (*pas terrible*) **être** ~ to be borderline II. *f* **1.** *a.* MAT limit; **être à la** ~ **du supportable** to be just barely tolerable; **dépasser les** ~**s** to overstep the mark; **il y a des** ~**s** (**à tout**) there are limits **2.** (*démarcation*) boundary **3. à la** ~ at a pinch; **à la** ~**, je ferais mieux de ...** in a way, I'd do better to ...
limité(e) [limite] *adj* limited
limiter [limite] <1> I. *vt* **1.** to limit **2.** (*restreindre*) to restrict II. *vpr* **je me limiterai à dire ceci** I'll do no more than say this
limoger [limɔʒe] <2a> *vt inf* to sideline
limonade [limɔnad] *f* lemonade
limousine [limuzin] *f* limousine
limpide [lɛ̃pid] *adj* limpid; **des yeux d'un bleu** ~ clear blue eyes
lin [lɛ̃] *m* **1.** BOT flax **2.** (*fibre textile*) linen
linge [lɛ̃ʒ] *m* **1.** *sans pl* (*vêtements*) clothing; **avoir du** ~ **à laver** to have

clothes to wash **2.** (*morceau de tissu*) cloth **3. il faut laver son** ~ **sale en famille** one should not wash one's dirty linen in public; **blanc comme un** ~ as white as a sheet

lingerie [lɛ̃ʒʀi] *f* **1.** *sans pl* ~ **féminine** lingerie **2.** (*local*) linen room
lingot [lɛ̃go] *m* ingot
linguistique [lɛ̃gɥistik] I. *adj* **1.** (*relatif à la science du langage*) linguistic **2.** (*relatif à la langue*) speech II. *f* linguistics + *vb sing*
lion [ljɔ̃] *m* lion; *v. a.* **lionne**
Lion [ljɔ̃] *m* Leo; *v. a.* **Balance**
lionne [ljɔn] *f* lioness; *v. a.* **lion**
liquéfier [likefje] <1> *vpr* **se** ~ (*gaz*) to condense; (*solide*) to melt
liqueur [likœʀ] *f* liqueur
liquidation [likidasjɔ̃] *f* **1.** (*solde*) sale; ~ **totale du stock** closing down sale **2.** JUR liquidation
liquide [likid] I. *adj* **1.** (*fluide*) liquid; **trop** ~ (*sauce*) too thin **2. argent** ~ cash II. *m* **1.** (*fluide*) liquid; ~ **vaisselle/de frein(s)** washing up/brake fluid **2.** *sans pl* (*argent*) cash; **en** ~ in cash
liquider [likide] <1> *vt* **1.** *a.* JUR to liquidate; (*marchandise*) to sell off **2.** *inf* (*tuer*) to eliminate
lire¹ [liʀ] <irr> I. *vt, vi* to read; **elle sait** ~ she can read; ~ **à haute voix** to read aloud II. *vpr* **se** ~ **1.** (*se déchiffrer*) **l'hébreu se lit de droite à gauche** Hebrew reads from right to left **2.** (*se comprendre*) to be interpreted **3. la surprise se lisait sur son visage** surprise was written all over his face
lire² [liʀ] *f* lira
lis¹ [lis] *m* lily
lis² [li] *indic prés de* **lire**
lisais [lizɛ] *imparf de* **lire**
lisant [lizã] *part prés de* **lire**
Lisbonne [lisbɔn] Lisbon
liseré [liz(ə)ʀe] *m,* **liséré** [lizeʀe] *m* border
liseron [lizʀɔ̃] *m* BOT bindweed
lisez [lize] *indic prés et impératif de* **lire**
lisible [lizibl] *adj* legible

lisiblement [lizibləmɑ̃] *adv* legibly
lisière [lizjɛʀ] *f* **1.** COUT selvage **2.** (*limite*) edge; (*d'un champ*) boundary
lisons [lizɔ̃] *indic prés et impératif de* **lire**
lisse [lis] *adj* smooth
lisser [lise] <1> **I.** *vt* to smooth; (*papier*) to smooth (out) **II.** *vpr* **se ~ les cheveux/la moustache** to smooth down one's hair/moustache [*o* mustache *Am*]
liste [list] *f* **1.** list; (*électoral*) register; **faire la ~ de qc** to list sth **2.** **être sur (la) ~ rouge** to be ex-directory [*o* unlisted *Am*]
lister [liste] <1> *vt* to list
listing [listiŋ] *m* listing
lit¹ [li] *m* **1.** (*meuble*) bed; **~ pour deux personnes** double bed; **aller au ~** to go to bed; **mettre qn au ~** to put sb to bed; **au ~!** bed! **2.** (*d'une rivière*) bed; **sortir de son ~** to burst its banks
lit² [li] *indic prés de* **lire**
litchi [litʃi] *m* lychee
literie [litʀi] *f* **1.** (*sommier et matelas*) bed **2.** (*linge*) bedding
litière [litjɛʀ] *f* litter; (*d'un cheval, d'une vache*) bedding
litige [litiʒ] *m* dispute; JUR lawsuit
litre [litʀ] *m* **1.** (*mesure*) litre *Brit*, liter *Am* **2.** (*bouteille*) litre [*o* liter *Am*] bottle
littéraire [liteʀɛʀ] **I.** *adj* literary **II.** *mf* **1.** (*opp: scientifique*) literary type **2.** (*étudiant, professeur*) student/teacher of literature
littéral(e) [liteʀal] <-aux> *adj* (*traduction, sens*) literal
littéralement [liteʀalmɑ̃] *adv* literally
littérature [liteʀatyʀ] *f* literature
littoral [litɔʀal] <-aux> *m* coast
littoral(e) [litɔʀal] <-aux> *adj* coastal
Lituanie [litɥani] *f* **la ~** Lithuania
lituanien [litɥanjɛ̃] *m* Lithuanian; *v. a.* **français**
lituanien(ne) [litɥanjɛ̃] *adj* Lithuanian
Lituanien(ne) [litɥanjɛ̃] *m(f)* Lithuanian

livide [livid] *adj* livid
livraison [livʀɛzɔ̃] *f* delivery
livre¹ [livʀ] *m* **1.** book; **~ d'images/ d'histoire** picture/history book; **~ de poche** paperback **2.** *sans pl* **salon du ~** book fair **3.** (*registre*) **~ de caisse** cashbook; **~ d'or** visitors' book
livre² [livʀ] *f* **1.** (*unité monétaire anglaise*) pound; **~ sterling** pound sterling **2.** Québec (*unité de masse valant 0,453 kg*) pound
livrer [livʀe] <1> **I.** *vt* **1.** (*fournir*) to deliver; **se faire ~ qc** to have sth delivered **2.** (*dénoncer*) to give away **3.** (*abandonner*) **être livré à soi-même** to be left alone **4.** (*dévoiler*) to reveal **II.** *vpr* **se ~ à qn 1.** (*se rendre*) to give oneself up to sb **2.** (*se confier*) to confide in sb **3. se ~ à ses occupations habituelles** to be immerse oneself in one's usual occupations
livret [livʀɛ] *m* booklet; **~ (de caisse) d'épargne** bankbook; **~ de famille** family record book; **~ scolaire** school report
livreur, -euse [livʀœʀ] *m, f* delivery person
lobe [lɔb] *m* ANAT, BOT lobe
local [lɔkal] <-aux> *m* **des locaux** (*salles*) premises *pl*
local(e) [lɔkal] <-aux> *adj* local; **1 h 30 heure ~e** 1.30 am [*o* 1:30 a.m. *Am*] local time
localiser [lɔkalize] <1> *vt* **1.** (*situer*) to locate **2.** (*circonscrire*) to localize
localité [lɔkalite] *f* town
locataire [lɔkatɛʀ] *mf* tenant; **être ~** to rent
location [lɔkasjɔ̃] *f* **1.** (*bail*) renting; **voiture de ~** hire [*o* rental *Am*] car; **prendre/donner qc en ~** to rent sth **2.** (*maison à louer*) **prendre une ~ pour les vacances** to rent a house for the holidays
location-vente [lɔkasjɔ̃vɑ̃t] <locations-ventes> *f* hire purchase *Brit*, installment plan *Am;* **en ~** on hire purchase *Brit*, in installments *Am*

locomotion [lɔkɔmosjɔ̃] *f* locomotion

locomotive [lɔkɔmɔtiv] *f* TECH locomotive

locution [lɔkysjɔ̃] *f* phrase

loge [lɔʒ] *f* **1.** (*d'un concierge*) lodge; (*d'un acteur*) dressing room **2.** THEAT box

logement [lɔʒmɑ̃] *m* **1.** (*habitation*) accommodation *no pl* **2.** (*appartement*) flat *Brit*, apartment *Am*

loger [lɔʒe] <2a> **I.** *vi* (*séjourner*) to live **II.** *vt* (*héberger*) to put up **III.** *vpr* **se** ~ **1.** (*trouver un logement*) **se** ~ **chez un ami** to stay at a friend's house **2.** (*balle*) to lodge

logiciel [lɔʒisjɛl] *m* software *no pl*

logique [lɔʒik] **I.** *adj* logical **II.** *f* logic

logiquement [lɔʒikmɑ̃] *adv* **1.** (*normalement*) logically **2.** (*rationnellement*) rationally

logo(type) [lɔgɔ(tip)] *m* logo

loi [lwa] *f* **1.** *a.* PHYS, MAT law **2.** (*ordre imposé*) rules; **faire la** ~ to lay down the law; **c'est la** ~ **des séries** once things happen, they keep happening

loin [lwɛ̃] *adv* **1.** (*distance*) far; ~ **d'ici** a long way from here; **au/de** ~ in the/from a distance; **plus** ~ farther **2.** *fig* far; **il ira** ~ he will go far; **j'irais même plus** ~ I would say even further; **elle revient de** ~ she had a close shave [*o* call *Am*] **3.** (*dans le temps*) far; **il n'est pas** (**très**) ~ **de minuit** it's very nearly midnight **4.** (*au lieu de*) ~ **de faire qc** far from doing sth **5.** ~ **s'en faut** not by a longshot; **de** ~ by far; ~ **de là** far from it

lointain(e) [lwɛ̃tɛ̃] *adj* **1.** (*pays*) faraway **2.** (*avenir*) far off; (*époque, souvenir*) distant

loir [lwaʀ] *m* **1.** dormouse **2.** **dormir comme un** ~ to sleep like a log

loisir [lwaziʀ] *m* **1.** *sing o pl* (*temps libre*) leisure *no pl* **2.** (*passe-temps*) hobby

lombaire [lɔ̃bɛʀ] *adj* (*douleurs*) lumbar

londonien(ne) [lɔ̃dɔnjɛ̃] *adj* Lon-doner

Londonien(ne) [lɔ̃dɔnjɛ̃] *m(f)* Lon-doner

Londres [lɔ̃dʀ] London

long [lɔ̃] **I.** *adv* **en dire** ~ **sur qc** to speak volumes about sth **II.** *m* **en** ~ lengthways; **de** ~ **en large** to and fro; **tout au** ~ **de sa vie** throughout his life; **avoir 2 km de** ~ to be 2 km long; **tomber de tout son** ~ to fall headlong; **le** ~ **de qc** along sth

long, longue [lɔ̃] *adj* long; ~ **de 5 km** 5 km long; **ce sera** ~ it'll take a long time; **être** ~ **à faire qc** to be slow in doing sth

longer [lɔ̃ʒe] <2a> *vt* ~ **qc 1.** (*mur*) to border sth; (*sentier, rivière*) to run alongside sth **2.** (*bateau, véhicule*) to travel along sth; (*personne*) (*à pied/ en voiture*) to walk/travel along sth

longévité [lɔ̃ʒevite] *f* longevity

longitude [lɔ̃ʒityd] *f* longitude; **43° de** ~ **est/ouest** longitude 43° east/ west

longtemps [lɔ̃tɑ̃] *adv* for a long time; **il y a** ~ a long time ago; **je n'en ai pas pour** ~ I won't be long; **aussi** ~ **que** as long as; ~ **avant/ après qc** long before/after sth

longue [lɔ̃g] **I.** *adj v.* **long II.** *f* **à la** ~ eventually

longuement [lɔ̃gmɑ̃] *adv* at length; (*étudier*) for a long time

longueur [lɔ̃gœʀ] *f* **1.** length; **avoir une** ~ **de 10 cm, avoir 10 cm de** ~ to be 10 cm in length; ~ **d'onde** wavelength **2.** **avoir une** ~ **d'a-vance sur qn** to be way ahead of sb; **être sur la même** ~ **d'onde** *inf* to be on the same wavelength; **à** ~ **de journée** all day

longue-vue [lɔ̃gvy] <longues-vues> *f* telescope

look [luk] *m* appearance

looping [lupiŋ] *m* loop; **faire un** ~ to loop the loop

lopin [lɔpɛ̃] *m* ~ **de terre** plot of land

loquace [lɔkas] *adj* talkative

loque [lɔk] *f* **1.** (*vêtement*) rags **2.** *péj* (*personne*) wreck

loquet [lɔkɛ] *m* latch; **mettre le** ~

to put the door on the latch

lorgnette [lɔʀɲɛt] *f* **1.** spyglass **2.** regarder qc par le petit bout de la ~ to have a very narrow view of sth

Lorraine [lɔʀɛn] *f* la ~ Lorraine

lors [lɔʀ] *adv* ~ de at the time of; dès ~ from then on

lorsque [lɔʀsk(ə)] <lorsqu'> *conj* when

losange [lɔzɑ̃ʒ] *m* lozenge; en (forme de) ~ diamond-shaped

lot [lo] *m* **1.** (*prix*) prize; gagner le gros ~ to hit the jackpot **2.** (*assortiment*) batch **3.** (*parcelle*) parcel **4.** INFOR traitement par ~s batch processing

loterie [lɔtʀi] *f* **1.** (*jeu*) lottery; gagner à la ~ to win the lottery **2.** (*hasard*) chance

loti(e) [lɔti] *adj* bien/mal ~ well/badly off

lotion [losjɔ̃] *f* lotion

lotissement [lɔtismɑ̃] *m* housing estate

loto [lɔto] *m* (*jeu de société*) lotto

Loto [lɔto] *m* (*loterie*) tirage du ~ lottery results; jouer au ~ to play the lottery; jouer au ~ sportif ≈ to do the pools

lotus [lɔtys] *m* lotus

loubard(e) [lubaʀ] *m(f)* *inf* hooligan

louche¹ [luʃ] *adj* dubious

louche² [luʃ] *f* (*ustensile*) ladle

loucher [luʃe] <1> *vi* **1.** MED to squint **2.** *inf* (*lorgner*) ~ sur qc to have one's eye on sth

louer¹ [lwe] <1> *vt* to praise

louer² [lwe] <1> *vt* to rent; à ~ for rent

Louisiane [lwizjan(ə)] *f* la ~ Louisiana

loup [lu] *m* **1.** (*mammifère*) wolf; *v. a.* louve **2.** (*poisson*) ~ (de mer) sea bass **3.** (*masque*) eye mask **4.** quand on parle du ~ on en voit la queue speak of the devil (and he will appear); être connu comme le ~ blanc to be known everywhere

loupe [lup] *f* **1.** magnifying glass **2.** à la ~ (*examiner, regarder*) through a

magnifying glass

louper [lupe] <1> I. *vt inf* **1.** (*examen*) to fail; être loupé (*soirée*) to be ruined; (*mayonnaise, gâteau*) to be spoiled **2.** (*manquer*) to miss II. *vi inf* to fail; ça n'a pas loupé it happened all right

lourd(e) [luʀ] I. *adj* **1.** *a.* antéposé heavy **2.** *a.* antéposé (*chaleur*) sultry; il fait ~ it is sultry **3.** *a.* antéposé (*tâche*) serious **4.** (*plaisanterie*) heavy-handed **5.** *a.* antéposé (*peine*) severe **6.** (*sommeil*) deep II. *adv* **1.** peser ~ to be heavy **2.** pas ~ *inf* not much

lourdement [luʀdəmɑ̃] *adv* heavily; (*se tromper*) seriously

lourdeur [luʀdœʀ] *f* **1.** heaviness **2.** des ~s d'estomac a bloated feeling

loutre [lutʀ] *f* **1.** ZOOL otter **2.** (*fourrure*) otter-skin

louve [luv] *f* she-wolf; *v. a.* loup

louveteau [luvto] <x> *m* **1.** ZOOL wolf cub **2.** (*jeune scout*) cub scout

louvoyer [luvwaje] <6> *vi* **1.** (*tergiverser*) to hedge **2.** NAUT to tack

lover [lɔve] <1> *vpr* se ~ to coil up

loyal(e) [lwajal] <-aux> *adj* (*ami*) loyal; (*services*) faithful; (*adversaire*) honest

loyauté [lwajote] *f* loyalty; (*d'un adversaire, d'un procédé*) honesty

loyer [lwaje] *m* rent

lu(e) [ly] *part passé de* lire

lubie [lybi] *f* craze; avoir des ~s to have one's whims

lubrifiant [lybʀifjɑ̃] *m* lubricant

lucarne [lykaʀn] *f* dormer window

lucide [lysid] *adj* **1.** (*intelligence, jugement*) clear-sighted **2.** (*conscient*) conscious

lucidité [lysidite] *f* consciousness; des moments de ~ moments of lucidity

luciole [lysjɔl] *f* firefly

lucratif, -ive [lykʀatif] *adj* lucrative

ludothèque [lydɔtɛk] *f* toy library

lueur [lɥœʀ] *f* glimmer; à la ~ d'une bougie by candlelight

luge [lyʒ] *f* sledge *Brit*, sled *Am*; faire de la ~ to sledge *Brit*, to sled

Am

lugubre [lygybʀ] *adj* lugubrious; (*paysage*) dismal

lui [lɥi] **I.** *pron pers* **1.** (*personne masc ou fém*) **je ~ ai demandé s'il/si elle venait** I asked him/her if he/she was coming **2.** (*animal, objet masc ou fém*) it **3.** (*avec un sens possessif*) **le cœur ~ battait fort** his/her heart was beating hard; *v. a.* **me II.** *pron pers, masc* **1.** *inf* him; **tu veux l'aider, ~?** do you want to help HIM?; **à ~ seul** him alone **2.** (*soi*) himself; **il ne pense qu'à ~** he thinks only of himself

lui-même [lɥimɛm] *pron pers* himself; **~ n'en savait rien** he himself did not know anything about it; **il est venu de ~** he came by his own choice; **M. X? – ~!** Mr X? – himself!

luire [lɥiʀ] <irr> *vi* to shine

luisant(e) [lɥizɑ̃] *adj* shining

lumbago [lœbago] *m* lumbago

lumière [lymjɛʀ] *f* **1.** light; **~ du soleil** sunlight; **~ du jour** daylight **2.** *pl* (*connaissances*) knowledge; **j'aurais besoin de vos ~s** I need your advice; **ne pas être une ~** not to be too bright **3.** (*ce qui permet de comprendre*) **faire la ~ sur une affaire** to get to the bottom of a matter

lumineux, -euse [yminø] *adj* **1.** luminous; (*enseigne, rayon*) neon **2.** (*teint*) translucent **3.** (*pièce, appartement*) light

luminosité [lyminozite] *f* **1.** (*éclat lumineux*) luminosity **2.** (*clarté*) brightness

lunatique [lynatik] *adj* lunatic

lunch [lœntʃ] <(e)s> *m* buffet

lundi [lœdi] *m* Monday; **~ de Pentecôte** Whit Monday; *v. a.* **dimanche**

lune [lyn] *f* moon; **nouvelle/pleine ~** new/full moon

luné(e) [lyne] *adj inf* **bien/mal ~** in a good/bad mood

lunette [lynɛt] *f* **1.** *pl* glasses; **~s de plongée** goggles; **~s de soleil** sunglasses **2.** (*des WC*) toilet seat

lurette [lyʀɛt] *f* **il y a belle ~ que qn a fait qc** *inf* sb did sth ages ago,

sb did sth donkey's years ago *Brit;* **depuis belle ~** *inf* ages ago, donkey's years ago *Brit*

lus [ly] *passé simple de* **lire**

lustre [lystʀ] *m* ceiling light

lustrer [lystʀe] <1> *vt* to shine; **~ sa fourrure/son poil** (*animal*) to lick one's fur

luth [lyt] *m* lute

luthier [lytje] *m* (stringed-)instrument maker

lutin [lytɛ̃] *m* elf

lutte [lyt] *f* **1.** (*combat*) fight; **~ des classes** class struggle **2.** SPORT wrestling; **faire de la ~** to wrestle; **~ suisse** [*o* **à la culotte**] *Suisse* Swiss wrestling

> ⓘ The **lutte suisse** is a wrestling match held in a ring, whereby each fighter aims to bring the other down by seizing his leather shorts.

lutter [lyte] <1> *vi* **1.** to fight **2.** (*se démener*) to struggle

lutteur, -euse [lytœʀ] *m, f* **1.** SPORT wrestler **2.** (*battant*) fighter

luxation [lyksasjɔ̃] *f* MED dislocation

luxe [lyks] *m* luxury; **de ~** luxury; **ce n'est pas du ~** *inf* it's a necessity

Luxembourg [lyksɑ̃buʀ] *m* **1.** (*ville*) Luxembourg **2.** (*pays*) **le** (**Grand-Duché du**) **~** (the Grand Duchy of) Luxembourg **3.** (*à Paris*) **le** (**palais du**) **~** *the seat of the French Senate in Paris*

luxembourgeois(e) [lyksɑ̃buʀʒwa] *adj* Luxembourg

Luxembourgeois(e) [lyksɑ̃buʀʒwa] *m(f)* Luxembourger

luxer [lykse] <1> *vpr* **se ~ l'épaule** to dislocate one's shoulder

luxueux, -euse [lyksɥø] *adj a. antéposé* luxurious; (*hôtel*) luxury

luxuriant(e) [lyksyʀjɑ̃] *adj* (*végétation*) lush

luzerne [lyzɛʀn] *f* alfalfa

lycée [lise] *m* **1.** secondary [*o* high *Am*] school; **~ d'enseignement général et technologique** technology school; **~ professionnel** [*o* **technique**] technical school **2.** *Belgique* (*établissement secondaire pour filles*) girls' school

> ℹ️ At the end of "collège", students aged 15 or 16 can go to a **lycée**. There are three classes, "seconde", "première" and "terminale", and at the end, students sit the "baccalauréat".

lycéen(ne) [liseɛ̃] *m(f)* secondary school pupil *Brit,* high school student *Am*

lyncher [lɛ̃ʃe] <1> *vt* to lynch

lynx [lɛ̃ks] *m* lynx

Lyon [ljɔ̃] Lyons

lyophiliser [ljɔfilize] <1> *vt* to freeze-dry

lys [lis] *m v.* **lis**

M m

M, m [ɛm] *m inv* M, m; **~ comme Marcel** m for Mary [*o* Mike *Am*]

m [ɛm] *abr de* **mètre** m

M. <**MM.**> *m abr de* **Monsieur** Mr *Brit,* Mr. *Am*

m' *pron v.* **me**

ma [ma] <**mes**> *dét poss* **1.** my **2. ~ pauvre!** you poor thing!

macabre [makabʀ] *adj* macabre

macadam [makadam] *m* tarmac

macaron [makaʀɔ̃] *m* GASTR macaroon

Macédoine [masedwan(ə)] *f* **la ~** Macedonia

macédonien [masedɔnjɛ̃] *m* Macedonian

macédonien(ne) [masedɔnjɛ̃] *adj* Macedonian

Macédonien(ne) [masedɔnjɛ̃] *m(f)* Macedonian

macérer [maseʀe] <5> *vi, vt* GASTR

to macerate

mâcher [maʃe] <1> *vt* to chew

machin [maʃɛ̃] *m inf* (*truc*) thingummy *Brit,* whatchamacallit *Am*

Machin(e) [maʃɛ̃] *m inf* what's-his-name, her-name *m, f*

machinal(e) [maʃinal] <-aux> *adj* mechanical

machination [maʃinasjɔ̃] *f* plot

machine [maʃin] *f* appliance; **~ à café/à coudre/à laver** coffee/sewing/washing machine; **~ à écrire** typewriter

macho [matʃo] *m inf* macho

mâchoire [maʃwaʀ] *f* ANAT jaw; (*d'un insecte*) mandibule

mâchouiller [maʃuje] <1> *vt inf* to chew on

maçon(ne) [masɔ̃] *m(f)* bricklayer

Madagascar [madagaskaʀ] *f* Madagascar

madame [madam] <**mesdames**> *f* **1.** *souvent non traduit* (*femme à qui on s'adresse*) Madam *iron;* **bonjour ~** good morning; **bonjour mesdames** good morning ladies; **Mesdames, mesdemoiselles, messieurs!** Ladies and Gentlemen! **2.** (*profession*) **Madame la Duchesse/le juge/la Présidente** Madam **3.** (*sur une enveloppe*) **Madame Dupont** Mrs [*o* Mrs. *Am*] Dupont **4.** (*en-tête*) (**Chère**) **Madame,** Dear Madam; **Madame, Monsieur,** Sir, Madam,

mademoiselle [mad(ə)mwazɛl] <**mesdemoiselles**> *f* **1.** *souvent non traduit* (*jeune femme à qui on s'adresse*) Miss; **bonjour ~** good morning; **bonjour mesdemoiselles** good morning ladies; **Mesdames, mesdemoiselles, messieurs!** Ladies and Gentlemen! **2.** (*sur une enveloppe*) **Mademoiselle Aporé** Miss Aporé **3.** (*en-tête*) (**Chère**) **Mademoiselle,** Dear Madam

> ℹ️ In France, unmarried women are called **Mademoiselle**, and married women **Madame**. At a

certain age, this is also a compliment.

Madrid [madʀid] Madrid
magasin [magazɛ̃] *m* **1.** (*boutique*) shop *Brit,* store *Am;* **grand** ~ department store; **tenir un** ~ to run a shop; **en** ~ in stock **2.** TECH, PHOT magazine
magazine [magazin] *m* PRESSE, CINE, TV magazine
mage [maʒ] **I.** *m* magus **II.** *app* **les Rois** ~**s** the Three Magi
Maghreb [magʀɛb] *m* **le** ~ the Maghreb

| i | The **Maghreb** consists of the North African countries of Algeria, Morocco, Tunisia and Lybia, the first three of which were once under French control and are today marked by French culture. Because of the colonial history, there are many "maghrébins" living in France.

---

maghrébin(e) [magʀebɛ̃] *adj* North African
Maghrébin(e) [magʀebɛ̃] *m(f)* North African
magicien(ne) [maʒisjɛ̃] *m(f)* **1.** (*sorcier*) wizard **2.** (*illusionniste*) magician
magie [maʒi] *f* **1.** (*pratiques occultes*) witchcraft **2.** (*séduction*) magic; **comme par** ~ as if by magic
magistral(e) [maʒistʀal] <-aux> *adj* **cours** ~ lecture
magistrat [maʒistʀa] *m* magistrate (*besides presiding judges, French magistrats include examining magistrates and mayors and councillors*)
magique [maʒik] *adj* **1.** (*baguette*) magic **2.** (*merveilleux*) magical
magner [maɲe] <1> *vpr inf* **se** ~ to hurry up
magnétique [maɲetik] *adj* magnetic
magnétophone [maɲetɔfɔn] *m* (*à*

cassettes/bandes) cassette/tape recorder
magnétoscope [maɲetɔskɔp] *m* video, VCR
magnifique [maɲifik] *adj* **a.** *antéposé* magnificent
magnolia [maɲɔlja] *m* magnolia
magouiller [maguje] <1> *vi* to fiddle
magrébin(e) [magʀebɛ̃] *adj v.* **maghrébin**
Magrébin(e) [magʀebɛ̃] *m(f) v.* **Maghrébin**
mai [mɛ] *m* May; *v. a.* **août**
maigre [mɛgʀ] **I.** *adj* **1.** (*opp: gros*) thin **2.** GASTR lean; (*bouillon*) clear **3.** *antéposé* (*chance*) slim **4.** *a. antéposé* (*récolte*) poor; (*repas*) light **II.** *mf* thin person
maigreur [mɛgʀœʀ] *f* thinness
maigrir [megʀiʀ] <8> **I.** *vi* to lose weight; ~ **de cinq kilos** to lose five kilos **II.** *vt* ~ **qn** to make sb look slimmer
maille [maj] *f* **1.** COUT stitch; ~ **filée** ladder *Brit,* run *Am* **2.** (*maillon*) link
maillon [majɔ̃] *m* link
maillot [majo] *m* **1.** ~ **de bain** (*de femme*) swimsuit; (*d'homme*) swimming trunks; ~ **de corps** vest **2.** SPORT football shirt
main [mɛ̃] *f* **1.** ANAT, SPORT hand; **se donner la** ~ to hold hands; **serrer la** ~ **à qn** to shake sb's hand; **fait** (**à la**) ~ handmade; (**la**) ~ **dans la** ~ hand in hand **2.** JEUX lead; **avoir la** ~ to be in the lead **3.** **j'en mettrais ma** ~ **au feu** I would stake my life on it; **mettre la** ~ **à la pâte** to lend a hand; **prendre qn la** ~ **dans le sac** to catch sb red-handed; **à** ~**s nues** with bare fists; **de première/seconde** ~ firsthand/secondhand; **en** ~**s propres** personally; **avoir qc sous la** ~ to have sth on hand; **je m'en lave les** ~**s!** I wash my hands of it!; **en venir aux** ~**s** to come to blows
main-d'œuvre [mɛ̃dœvʀ] <mains-d'œuvre> *f* workforce
maintenance [mɛ̃tnɑ̃s] *f* maintenance

M
m

maintenant [mɛ̃t(ə)nɑ̃] *adv*
1. now; **dès ~** as of now 2. (*actuellement*) today 3. (*désormais*) henceforth

maintenir [mɛ̃t(ə)niʀ] <9> I. *vt*
1. (*conserver*) to maintain 2. (*soutenir*) to keep 3. (*affirmer*) **~ que** to claim [*o* maintain] that II. *vpr* **se ~** to persist

maintien [mɛ̃tjɛ̃] *m* 1. (*conservation*) upholding 2. (*soutien*) support

maire [mɛʀ] *mf* mayor

mairie [meʀi] *f* 1. (*hôtel de ville*) town [*o* city *Am*] hall 2. (*administration*) town [*o* city *Am*] council

mais [mɛ] I. *conj* but II. *adv* 1. but; **tu m'aimes pas – ~ si!** you don't love me – yes I do!; **~ encore** but besides 2. *inf* **non ~, ...** for goodness sake, ...

maïs [mais] *m* AGR maize, corn; GASTR sweetcorn

maison [mɛzɔ̃] I. *f* 1. (*habitation*) house 2. (*famille*) family 3. (*entreprise*) company 4. (*bâtiment*) **~ d'arrêt** prison; **~ de repos/retraite** convalescent/retirement home; **~ des jeunes et de la culture** community youth and arts centre [*o* center *Am*] 5. **~ close** brothel II. *app inv* GASTR home-made

Maison-Blanche [mɛzɔ̃blɑ̃ʃ] *f sans pl* **la ~** the White House

maître [mɛtʀ] I. *m* ART, LIT master II. *mf* UNIV **~ de conférences** senior lecturer

maître, -esse [mɛtʀ] I. *adj* 1. (*principal*) master 2. (*qui peut disposer de*) **être ~ de soi** to be in control of oneself II. *m, f* 1. master; **~ de maison** host; **~ d'hôtel** maître d'hôtel; **~ nageur** lifeguard 2. ECOLE teacher

maître chanteur [mɛtʀəʃɑ̃tœʀ] *m* blackmailer

maîtresse [mɛtʀɛs] I. *adj v.* **maître** II. *f* (*liaison*) mistress

maîtrise [metʀiz] *f* 1. (*contrôle*) control; (*d'une langue*) mastery; **~ de soi** self-control 2. UNIV master's degree 3. (*grade*) supervisors *pl*

i The **maîtrise** is awarded after the completion of a "licence" after four years of university study and the submission of a "mémoire", or dissertation. It is a prerequisite for the admission to a "C.A.P.E.S", an "agrégation" and a "doctorat".

maîtriser [metʀize] <1> I. *vt* 1. to master; **~ qn/qc** to bring sb/sth under control 2. (*émotion*) to suppress II. *vpr* **se ~** to control oneself

Majesté [maʒɛste] *f* **Votre ~** Your Majesty

majeur [maʒœʀ] *m* ANAT middle finger

majeur(e) [maʒœʀ] I. *adj* 1. (*très important*) major 2. (*le plus important*) main 3. *antéposé* **la ~e partie du temps** most of the time 4. JUR **être ~** to be of age 5. MUS **do/ré/mi/fa ~** C/D/E/F major II. *m(f)* JUR adult

majorité [maʒɔʀite] *f* 1. (*majeure partie*) **la ~ de** the majority of; **en ~** mostly 2. JUR majority

Majorque [maʒɔʀk(ə)] Majorca

majuscule [maʒyskyl] *adj, f* capital

mal¹ [mal] I. *adv* 1. badly; **ça va – finir!** it will end badly! 2. **ça la fout ~** *inf* it looks bad; **pas ~** *avec ou sans nég* not bad II. *adj inv* 1. (*mauvais, immoral*) **faire quelque chose/ne rien faire de ~** to do something/nothing bad 2. (*malade*) ill

mal² [mal] <maux> *m* 1. *a.* REL **le ~** evil 2. *sans pl* (*action, parole, pensée mauvaise*) harm; **faire du ~ à qn** to harm sb; **il n'y a pas de ~ à qc** there is no harm in sth 3. *sans pl* (*maladie, malaise*) illness; **~ de mer** seasickness 4. (*souffrance physique, morale*) **~ du pays** homesickness; **il a ~ à la main** his hand hurts; **avoir ~ au ventre/à la jambe/tête** to have stomach ache/a sore leg/a headache 5. *sans pl* (*peine*) difficulty; **avoir du ~ à faire qc** to have difficulty doing sth 6. *sans pl* (*dégât*) damage; **prendre son ~ en pa-**

tience to grin and bear it **7.** se faire ~ to hurt oneself; **le ~ est fait** the damage is done

malade [malad] **I.** *adj* **1.** (*souffrant*) ill; **tomber** ~ to fall ill; **être ~ du sida** to suffer from AIDS; **être ~ du cœur** to have a heart complaint **2.** *inf* (*cinglé*) crazy **II.** *mf* **1.** (*personne souffrante*) invalid; **grand ~** seriously ill person; ~ **mental** mentally ill person **2.** (*patient*) patient

maladie [maladi] *f* **1.** illness; **être en ~** to be off work sick **2.** (*manie*) mania

maladif, -ive [maladif] *adj* pathological

maladresse [maladʀɛs] *f* **1.** (*gaucherie*) clumsiness **2.** (*bévue, gaffe*) blunder

maladroit(e) [maladʀwa] **I.** *adj* clumsy; *fig* tactless **II.** *m(f)* butterfingers

malaise [malɛz] *m* **1.** MED faintness; **avoir un ~** to feel faint **2.** (*crise*) discontent

Malaisie [malezi] *f* **la ~** Malaysia

malchance [malʃɑ̃s] *f* misfortune

malchanceux, -euse [malʃɑ̃søø] *adj* unlucky

mâle [mɑl] *adj, m* male

malédiction [malediksjɔ̃] *f* **1.** malediction **2.** (*malheur*) curse

malentendant(e) [malɑ̃tɑ̃dɑ̃] *m(f)* person with hearing difficulties; **les ~s** the hard of hearing

malentendu [malɑ̃tɑ̃dy] *m* misunderstanding

malfaiteur, -trice [malfɛtœʀ] *m, f* criminal

malformation [malfɔʀmasjɔ̃] *f* malformation

malgache [malgaʃ(ə)] **I.** *m* Malagasy; *v. a.* **français II.** *adj* Malagasy

Malgache [malgaʃ(ə)] *mf* Malagasy

malgré [malgʀe] *prep* **1.** (*en dépit de*) despite **2.** (*contre le gré de*) ~ **moi/elle/lui** against my/her/his will

malheur [malœʀ] *m* **1.** (*événement pénible*) misfortune **2.** *sans pl* (*malchance*) bad luck; **par ~** through bad luck **3.** (*tort*) **avoir le ~ de** +*infin* to be foolish enough to +*infin* **4. le ~ des uns fait le bonheur des autres** *prov* one man's joy is another man's sorrow; **(ne) parle pas de ~!** *inf* don't tempt fate

malheureusement [malœʀøzmɑ̃] *adv* (*hélas*) unfortunately

malheureux, -euse [malœʀø] **I.** *adj* **1.** (*personne, air*) unhappy **2.** *a. antéposé* (*incident, suites*) unfortunate **3.** **être ~ au jeu/en amour** to be unlucky in sport/love **4.** *antéposé* (*insignifiant*) wretched **II.** *m, f* **1.** (*indigent*) needy person **2.** (*infortuné*) poor soul

malhonnête [malɔnɛt] *adj* dishonest

malhonnêteté [malɔnɛtte] *f* dishonesty

Mali [mali] *m* **le ~** Mali

malice [malis] *f* mischief

malicieux, -euse [malisjø] *adj* mischievous

malien(ne) [maljɛ̃] *adj* Malian

Malien(ne) [maljɛ̃] *m(f)* Malian

malin, maligne [malɛ̃] **I.** *adj* **1.** (*personne*) shrewd; (*sourire*) cunning; (*air*) smart **2.** (*tumeur*) malignant **II.** *m, f* crafty person; **faire le ~** to show off; **gros ~!** *iron* clever stick!; **petit ~** crafty one

malle [mal] *f* **1.** trunk **2.** **se faire la ~** *inf* to make oneself scarce

malléable [maleabl] *adj* (*argile*) pliable; (*métal*) malleable

mallette [malɛt] *f* briefcase

malmener [malmənə] <4> *vt* to manhandle

malpoli(e) [malpɔli] **I.** *adj* *inf* (*enfant*) rude **II.** *m(f)* *inf* rude person

malsain(e) [malsɛ̃] *adj* unhealthy

malt [malt] *m* malt

Malte [malt(ə)] *f* Malta

maltraiter [maltʀete] <1> *vt* to mistreat

maman [mamɑ̃] *f* **1.** (*mère*) mother; **future ~** mother-to-be **2.** (*appellation*) mummy *Brit*, mommy *Am*

mamie [mami] *f* *inf* granny

mammifère [mamifɛʀ] *mf* mammal

mammouth [mamut] *m* mammoth

M **m**

manche¹ [mɑ̃ʃ] *f* **1.** COUT sleeve **2.** (*aux courses*) round **3.** (*au ski*) leg **4.** JEUX game **5. faire la ~** to beg

manche² [mɑ̃ʃ] *m* (*poignée*) handle

Manche [mɑ̃ʃ] *f* **la ~** the English Channel

Manchester [mɑ̃ʃɛstɛːʀ] Manchester

manchette [mɑ̃ʃɛt] *f* (*d'une chemise*) cuff

manchot [mɑ̃ʃo] *m* (*pingouin*) penguin

manchot(e) [mɑ̃ʃo] **I.** *adj* one-armed **II.** *m(f)* person with one arm

mandarine [mɑ̃daʀin] *f* mandarin

mandat [mɑ̃da] *m* **1.** (*mission*) mandate **2.** JUR **~ d'arrêt** arrest warrant **3.** COM, FIN postal [*o* money *Am*] order

manège [manɛʒ] *m* roundabout *Brit,* merry-go-round *Am*

manette [manɛt] *f* **~ de jeu** joystick

mangeable [mɑ̃ʒabl] *adj* edible

manger [mɑ̃ʒe] <2a> **I.** *vt* **1.** to eat **2.** (*dilapider*) to swallow up **3.** *inf* (*mots*) to mumble **II.** *vi* (*personne, animal*) to eat; **donner à ~ à qn/ aux vaches** to feed sb/the cows **III.** *vpr* **qc se mange chaud** sth is eaten hot

mangeur, -euse [mɑ̃ʒœʀ] *m, f* eater

mangue [mɑ̃g] *f* mango

maniaque [manjak] **I.** *adj* **1.** (*soin*) fanatical; (*personne*) fussy **2.** MED, PSYCH maniacal **II.** *mf* **1.** (*personne trop méticuleuse*) fanatic **2.** MED, PSYCH maniac; **~ sexuel** sex maniac

manie [mani] *f* **1.** (*tic*) habit **2.** *a.* MED, PSYCH mania

maniement [manimɑ̃] *m* handling; (*d'un appareil*) use

manier [manje] <1> *vt* to use; (*appareil*) to handle

manière [manjɛʀ] *f* **1.** (*façon*) way; **~ de faire qc** way of doing sth; **à la ~ de qn/qc** like sb/sth; **à ma/sa ~** in my/her own way; **d'une certaine ~** in a way; **de toute ~** in any case **2.** *pl* (*comportement*) manners; **faire des ~s** to put on airs **3.** LING **de**

~ (*adverbe, complément*) of manner **4. employer la ~ forte** to be tough

maniéré(e) [manjeʀe] *adj* mannered; (*ton, personne*) affected

manifestant(e) [manifɛstɑ̃] *m(f)* demonstrator

manifestation [manifɛstasjɔ̃] *f* **1.** POL demonstration **2.** (*événement*) event

manifeste [manifɛst] **I.** *adj* obvious **II.** *m* POL, LIT manifesto

manifestement [manifɛstəmɑ̃] *adv* obviously

manifester [manifɛste] <1> **I.** *vt* to show **II.** *vi* to demonstrate **III.** *vpr* **se ~ 1.** (*se révéler, se montrer*) to appear; (*crise*) to arise **2.** (*se faire connaître*) to make oneself known; (*candidat*) to put oneself forward

manigance [manigɑ̃s] *f gén pl* scheme

manigancer [manigɑ̃se] <2> *vt* to scheme

manipulation [manipylasjɔ̃] *f* **1.** (*maniement*) use; (*d'un outil, d'un produit*) handling **2.** *pl* (*expériences*) experiments

manipuler [manipyle] <1> *vt* **1.** (*outil*) to use; (*substance*) to handle **2.** *péj* to manipulate; (*résultats*) to fiddle

manivelle [manivɛl] *f* AUTO starting handle

mannequin [mankɛ̃] *m* **1.** (*pour la vitrine*) dummy **2.** (*personne*) model

manœuvre [manœvʀ] **I.** *f a.* MIL manoeuvre *Brit,* maneuver *Am;* **fausse ~** error; *fig* wrong move **II.** *m* labourer *Brit,* laborer *Am*

manœuvrer [manœvʀe] <1> **I.** *vt* **1.** (*machine*) to operate; (*outil*) to use **2.** (*véhicule*) to drive **II.** *vi a.* MIL to manoeuvre *Brit,* to maneuver *Am*

manoir [manwaʀ] *m* manor

manouche [manuʃ] *mf inf* Gypsy

manquant(e) [mɑ̃kɑ̃] *adj* missing

manque [mɑ̃k] *m* **1.** (*carence*) lack; **~ à gagner** loss of earnings; **en ~ d'affection** (*enfant*) lacking affection **2.** *pl* (*lacunes*) failings **3.** MED withdrawal; **être en** (**état de**) **~** to

have withdrawal symptoms
manqué(e) [mãke] *adj* **1.** (*rendez-vous*) missed **2.** *postposé, iron, inf* failed
manquer [mãke] <1> **I.** *vt* **1.** (*rater, laisser passer*) to miss; **à ne pas ~** not to be missed **2.** (*cours, école*) to skip **II.** *vi* **1.** (*être absent*) to be missing **2.** (*faire défaut, être insuffisant*) to run out; **qn/qc manque de qn/qc** sb/sth is lacking sb/sth; **tu ne manques pas de toupet!** you've got some nerve! **3.** (*regretter de ne pas avoir*) **qn/qc me manque** I miss sb/sth **4.** (*ne pas respecter*) **~ à qc** to neglect sth **5.** (*faillir*) **~** (**de**) **faire qc** to almost do sth **6.** (*ne pas omettre*) **ne pas ~ de faire qc** to be sure to do sth **7.** **il ne manquait plus que ça** that's all we needed
manteau [mãto] <x> *m* coat
manucure [manykyʀ] *mf* manicurist
manuel [manɥɛl] *m* **1.** (*livre didactique*) handbook **2.** (*manuel d'utilisation*) manual
manuel(le) [manɥɛl] *adj* manual
manuscrit [manyskʀi] *m* manuscript
manutention [manytãsjɔ̃] *f* **1.** (*manipulation*) handling **2.** (*local*) storehouse
maquereau¹ [makʀo] <x> *m* ZOOL mackerel
maquereau² [makʀo] <x> *m inf* (*souteneur*) pimp
maquette [makɛt] *f* **1.** (*modèle réduit, jouet*) model **2.** TYP paste-up **3.** (*projet*) mock up **4.** ART sketch
maquillage [makijaʒ] *m* make-up
maquiller [makije] <1> **I.** *vt* **1.** (*farder*) to make up **2.** (*falsifier*) to fake; (*voiture*) to disguise **II.** *vpr* **se ~** to put on one's make-up
maquilleur, -euse [makijœʀ] *m, f* make-up artist
marais [maʀɛ] *m* marsh
marathon [maʀatɔ̃] *m* marathon
marbre [maʀbʀ] *m* **1.** marble **2.** *fig* **de ~** (*être, rester*) indifferent
marchand(e) [maʀʃã] **I.** *adj* **1.** (*marine, navire*) merchant **2.** (*va-*

leur) market **II.** *m(f)* **1.** (*commerçant*) tradesman **2.** *fig* **~ de sable** sandman; **~ de tapis** *péj* tough bargainer
marchandage [maʀʃãdaʒ] *m* **1.** (*discussion*) bargaining **2.** (*tractation*) dealings
marchander [maʀʃãde] <1> *vt, vi* **~** (**qc**) to bargain (over sth)
marchandise [maʀʃãdiz] *f* merchandise
marche¹ [maʀʃ] *f* **1.** *a.* SPORT walking; **se mettre en ~** (*personnes*) to make a move; (*cortège, caravane*) to set off; **à suivre** procedure **2.** MIL, POL, MUS march **3.** (*mouvement continu*) **dans le sens de la ~** facing the engine; **en ~ arrière** in reverse **4.** (*fonctionnement*) working; **mettre qc en ~** to start up sth **5.** **faire ~ arrière** to backpedal; AUTO to reverse
marche² [maʀʃ] *f* step; (*d'un escalier*) stair
marché [maʀʃe] *m* **1.** market; **~ aux puces** flea market **2.** (*contrat*) bargain; **~ conclu!** it's a deal! **3.** **bon ~** *inv* cheap; **par-dessus le ~** on top of all that
marcher [maʀʃe] <1> *vi* **1.** (*se déplacer*) to walk **2.** MIL **~ sur Paris** to march on Paris **3.** (*poser le pied*) **~ sur/dans qc** to step on/in sth **4.** (*fonctionner*) to function; (*montre, télé, machine*) to work **5.** (*affaire, film*) to be a success **6.** *inf* (*croire naïvement*) to be taken in; **faire ~ qn** to take sb in **7.** *inf* (*être d'accord*) **je marche** (**avec vous**) OK!
mardi [maʀdi] *m* **1.** Tuesday; *v. a.* **dimanche 2. ~ gras** Shrove [*o* Pancake *Brit*] Tuesday; (*carnaval*) mardi gras
mare [maʀ] *f* **1.** (*eau stagnante*) pond **2.** (*après la pluie*) puddle **3.** (*de sang, d'huile*) pool
marécage [maʀekaʒ] *m* marsh
maréchal(e) [maʀeʃal] <-aux> *m* marshal
marée [maʀe] *f* **1.** tide; **à ~ basse/haute** at low/high tide **2. ~ noire**

M
m

oil slick

margarine [maʀgaʀin] *f* margarine

marge [maʀʒ] *f* margin

marginal(e) [maʀʒinal] <-aux>
I. *adj* 1. (*accessoire*) marginal 2. (*en marge de la société, peu orthodoxe*) **être** ~ to be on the fringes (of society) II. *m(f)* 1. (*asocial*) dropout 2. (*en marge de la société*) fringe member of society

marguerite [maʀgəʀit] *f* daisy

mari [maʀi] *m* husband

mariage [maʀjaʒ] *m* 1. marriage; ~ **blanc** unconsummated marriage; **demander qn en** ~ to ask sb's hand in marriage 2. (*cérémonie*) wedding 3. (*vie conjugale*) married life

marié(e) [maʀje] I. *adj* married II. *m(f)* **les** ~**s** the married couple; **jeune** ~ newly-wed *Brit,* newlywed *Am*

marier [maʀje] <1> I. *vt* 1. *a. fig* to marry 2. *Belgique, Nord, Québec* (*épouser*) to marry II. *vpr* **se** ~ **avec qn** to marry sb

marin [maʀɛ̃] *m* sailor

marin(e) [maʀɛ̃] *adj* sea

marine [maʀin] *f* navy

mariner [maʀine] <1> *vt, vi* GASTR to marinate

marionnette [maʀjɔnɛt] *f* puppet

maritime [maʀitim] *adj* 1. seaside; (*région, ville*) coastal 2. COM maritime; (*transport, compagnie*) shipping

mark [maʀk] *m* mark

marmelade [maʀmǝlad] *f* jam, jelly *Am*; (*d'oranges*) marmelade

marmonner [maʀmɔne] <1> *vt, vi* to mutter

marmotte [maʀmɔt] *f* marmot

Maroc [maʀɔk] *m* **le** ~ Morocco

marocain(e) [maʀɔkɛ̃] *adj* Moroccan

Marocain(e) [maʀɔkɛ̃] *m(f)* Moroccan

marquant(e) [maʀkɑ̃] *adj* (*événement*) outstanding; (*personnage, œuvre*) striking; (*souvenir*) vivid

marque [maʀk] *f* 1. *a.* LING mark 2. (*tache*) stain 3. SPORT marker; **à vos** ~**s!** on your marks! 4. (*signe distinctif*) sign 5. COM brand; (*déposée*) trademark

marqué(e) [maʀke] *adj* marked; (*trait*) pronounced

marquer [maʀke] <1> I. *vt* 1. to mark; ~ **qc d'un trait/d'une croix** to mark a line/cross on sth 2. (*inscrire, noter*) to write 3. SPORT to mark; (*but*) to score II. *vi* (*laisser une trace*) to leave a mark

marqueur [maʀkœʀ] *m* marker; (*fluorescent*) highlighter

marraine [maʀɛn] *f* godmother

marrant(e) [maʀɑ̃] *adj inf* funny

marre [maʀ] *adv inf* **en avoir** ~ **de qn/qc** to be fed up with sb/sth

marrer [maʀe] <1> *vpr* **se** ~ *inf* to laugh

marron [maʀɔ̃] I. *m* chestnut; ~**s glacés** marrons glacés II. *adj inv* brown

---

ℹ️ **Marrons** can be bought in tins in France and can be used to make sauces. Chestnut jam is another favorite. In winter, roasted chestnuts can be bought on the streets.

---

marronnier (**d'Inde**) [maʀɔnje dɛ̃d] *m* horse chestnut

mars [maʀs] *m* 1. (*mois*) March; *v. a.* **août** 2. ASTR Mars

Marseillaise [maʀsɛjɛz] *f* **la** ~ the Marseillaise (*the French national anthem*)

ℹ️ The **Marseillaise** has been the French national anthem since 1795. It was composed in 1792 by C.J. Rouget de Lisle as a war song for the Rhine army. It was also sung at the time of the revolution by a freedom group from Marseilles as it marched to Paris to take part in an uprising, hence the name.

Marseille [maʀsɛj(ǝ)] Marseille(s)

marteau [maʀto] <x> I. *m*

hammer; ~ **piqueur** pneumatic drill
II. *adj inf* loopy
marteler [maʀtəle] <4> *vt* to
hammer
Martiniquais(e) [maʀtinikɛ] *m(f)*
person from Martinique
Martinique [maʀtinik] *f* **la** ~ Martinique
martyr(e) [maʀtiʀ] **I.** *adj* (*enfant*)
battered; (*pays, peuple*) martyred
II. *m(f)* martyr
martyre [maʀtiʀ] *m* **1.** REL martyr
2. (*grande douleur*) agony; **souffrir
le** ~ to suffer in agony
martyriser [maʀtiʀize] <1> *vt* to
bully
mascotte [maskɔt] *f* mascot
masculin [maskylɛ̃] *m* LING masculine
masculin(e) [maskylɛ̃] *adj* male
maso [mazo] *adj inv, inf abr de*
masochiste masochist
masochiste [mazɔʃist] **I.** *adj* masochistic **II.** *mf* masochist
masque [mask] *m* mask
masquer [maske] <1> *vt* to conceal; MIL to camouflage; (*visage*) to
mask
massacre [masakʀ] *m* **1.** (*tuerie*)
massacre **2.** (*travail mal fait*) mess
massacrer [masakʀe] <1> **I.** *vt*
1. (*peuple*) to massacre; (*animaux*)
to slaughter **2.** *inf* ~ **qn** to make
mincemeat out of sb; ~ **qc** to make a
mess of sth **II.** *vpr* **se faire** ~ to be
massacred
massage [masaʒ] *m* massage
masse [mas] *f* mass; **dans la** ~ from
the block
masser [mase] <1> *vt* (*faire un
massage à*) to massage
masseur, -euse [masœʀ] *m, f* masseur, masseuse *m, f*
massif [masif] *m* **1.** BOT clump **2.** GEO
massif
massif, -ive [masif] *adj* **1.** (*carrure,
meuble*) heavy **2.** (*argent, bois*)
solid
mass media [masmedja] *mpl* mass
media
masturber [mastyʀbe] <1> *vt, vpr*
(**se**) ~ to masturbate

mât [mɑ] *m* pole
mat(e) [mat] *adj* **1.** (*bruit, son*) dull;
(*or, argent*) matt **2.** (*peau, teint*)
dark
match [matʃ] <(e)s> *m* match; ~
nul draw, tie *Am*
matelas [matla] *m* mattress; ~
pneumatique air bed [*o* mattress
Am]
matelot [matlo] *m* sailor
mater [mate] <1> *vt* **1.** to subdue
2. (*révolte, rébellion*) to quash
matérialiser [mateʀjalize] <1> *vpr*
se ~ to materialize
matérialiste [mateʀjalist] **I.** *adj*
materialistic **II.** *mf* materialist
matériau [mateʀjo] <x> *m* (*matière*) material
matériel [mateʀjɛl] *m* **1.** equipment
2. INFOR hardware
matériel(le) [mateʀjɛl] *adj* **1.** material **2.** (*ennui, conditions*) financial
maternel(le) [matɛʀnɛl] *adj* **1.** (*de/
pour la mère*) motherly; (*tendresse,
instinct*) maternal **2.** (*grand-père*)
maternal; (*biens*) mother's **3.** ECOLE
école ~le nursery school
maternelle [matɛʀnɛl] *f* nursery
school

materner [matɛʀne] <1> *vt péj* to
baby
maternité [matɛʀnite] **I.** *f* **1.** (*bâtiment*) maternity hospital **2.** (*condition de mère*) motherhood **II.** *app*
maternity
mathématicien(ne) [matematisjɛ̃] *m(f)* mathematician
mathématique [matematik] **I.** *adj*
mathematical **II.** *fpl* mathematics

math(s) [mat] *fpl inf abr de* **mathématique**

matière [matjɛʀ] *f* 1. material; (*organique*) matter; ~ **première** raw material 2. PHILOS, PHYS, ART matter 3. *a.* ECOLE subject; **en ~ de qc** in the matter of sth

matin [matɛ̃] I. *m* 1. morning; **le ~** in the morning; **un ~ de juillet** a July morning; **du ~ au soir** from morning until night; **de bon ~** early in the morning; **ce ~** this morning; **chaque ~, tous les ~s** every morning 2. **un de ces quatre ~s** one of these days II. *adv* **mardi ~** Tuesday morning

matinal(e) [matinal] <-aux> *adj* 1. (*du matin*) morning 2. **être ~** to be an early riser

matinée [matine] *f* 1. (*matin*) morning 2. CINE, THEAT, MUS matinée 3. **faire la grasse ~** to sleep in

matraquer [matʀake] <1> *vt* to cosh, to beat *Am*

matrimonial(e) [matʀimɔnjal] <-aux> *adj* matrimonial; (*agence*) marriage

mature [matyʀ] *adj* mature

maturité [matyʀite] *f* 1. *a.* BOT, BIO maturity 2. *Suisse* (*examen correspondant au baccalauréat*) baccalaureate (secondary school examinations)

maudit(e) [modi] *adj* 1. *antéposé* (*fichu*) blasted 2. *postposé* (*funeste*) disastrous; (*lieu*) cursed

Mauritanie [mɔʀitani] *f* **la ~** Mauritania

maussade [mosad] *adj* sullen; (*ciel*) dark; (*humeur*) morose; (*temps, paysage*) gloomy

mauvais [movɛ] I. *adv* bad II. *m* (*ce qui est mauvais*) bad part

mauvais(e) [movɛ] *adj* 1. *antéposé* bad; **être ~ en qc** to be bad at sth 2. (*intention*) spiteful 3. (*mer*) rough

mauve [mov] *adj, m* mauve

max [maks] *m inf abr de* **maximum**

maxi [maksi] *adj inv* maxi

maximal(e) [maksimal] <-aux> *adj* maximum

maximum [maksimɔm] <-s *o* maxi-

ma> I. *adj* maximum II. *m* maximum; **au grand ~** at the very most

mayonnaise [majɔnɛz] *f* mayonnaise

mazout [mazut] *m* heating oil

me [mə] <*devant voyelle ou h muet* m'> *pron pers* 1. me; **il m'explique le chemin** he's explaining the way to me 2. *avec les verbes pronominaux* **je ~ lave** I'm washing myself up; **je ~ fais couper les cheveux** I'm having my hair cut 3. *avec un présentatif* ~ **voici** [*o* voilà]! here I am!

mec [mɛk] *m inf* guy, bloke *Brit*

mécanicien(ne) [mekanisjɛ̃] *m(f)* mechanic

mécanique [mekanik] I. *adj* mechanical II. *f* mechanics

mécanisme [mekanism] *m* mechanism

méchamment [meʃamɑ̃] *adv* 1. (*cruellement*) cruelly 2. *inf* (*très*) very

méchanceté [meʃɑ̃ste] *f* 1. *sans pl* (*cruauté*) cruelty; **avec ~** nastily 2. (*acte, parole*) spiteful

méchant(e) [meʃɑ̃] I. *adj* 1. (*enfant*) naughty; (*animal*) vicious; **être ~ avec qn** to be nasty to sb; (*enfant*) to be disobedient to sb; **attention, chien ~!** beware of the dog! 2. *antéposé* (*sévère*) harsh II. *m(f)* bad person

mèche [mɛʃ] *f* 1. (*d'une bougie*) wick 2. (*de cheveux*) lock 3. **être de ~ avec qn** *inf* to be in league with sb

méconnaissable [mekɔnɛsabl] *adj* unrecognizable

mécontent(e) [mekɔ̃tɑ̃] *adj* ~ **de qn/qc** dissatisfied with sb/sth; **ne pas être ~ de faire qc** to be not unhappy about doing sth

médaille [medaj] *f* badge; (*décoration*) medal; ~ **d'or** gold medal

médaillé(e) [medaje] I. *adj* decorated II. *m(f)* medal holder; SPORT medallist *Brit*, medalist *Am*

médaillon [medajɔ̃] *m* medallion

médecin [medsɛ̃] *m* 1. doctor 2. *Suisse* (*chirurgien*) ~ **dentiste** dental surgeon

médecine [medsin] *f* medecine

média [medja] *m* medium; **les ~s** the media

médiateur, -trice [medjatœʀ] *m, f* mediator

médiathèque [medjatɛk] *f* multimedia library

médiatique [medjatik] *adj* media

médiatisation [medjatizasjɔ̃] *f* mediatization

médiatiser [medjatize] <1> *vt* to mediatize; (*excessivement*) to hype

médical(e) [medikal] <-aux> *adj* medical

médicament [medikamɑ̃] *m* medicine

médicinal(e) [medisinal] <-aux> *adj* medicinal

médiéval(e) [medjeval] <-aux> *adj* medieval

médiocre [medjɔkʀ] *adj* mediocre; (*élève*) poor

méditation [meditasjɔ̃] *f* REL meditation

méditer [medite] <1> *vi* **1.~ sur qc** to think about sth **2.** REL to meditate

Méditerranée [mediteʀane] *f* **la (mer) ~** the Mediterranean (Sea)

méditerranéen(ne) [mediteʀaneɛ̃] **I.** *adj* Mediterranean **II.** *m(f)* sb from the Mediterranean region

médium [medjɔm] *m* medium

méduse [medyz] *f* jellyfish

méfait [mefɛ] *m* **1.** (*faute*) wrongdoing **2.** *gén pl* **les ~s de qc** the harm caused by sth

méfiance [mefjɑ̃s] *f* distrust

méfiant(e) [mefjɑ̃] *adj* suspicious

méfier [mefje] <1> *vpr* **1. se ~ de qn/qc** to be wary of sb/sth **2.** (*faire attention*) **se ~** to watch out; **méfiez-vous!** be careful!

méga-octet [megaɔktɛ] <méga-octets> *m* INFOR megabyte

mégaphone [megafɔn] *m* megaphone

mégot [mego] *m inf* cigarette butt

meilleur [mɛjœʀ] **I.** *adv* better; **il fait ~** the weather is better **II.** *m* **1. le ~** the best **2. pour le ~ et pour le pire** for better or for worse

meilleur(e) [mɛjœʀ] **I.** *adj* **1.** *comp de* **bon** better **2.** *superl* **le/la ~(e) élève** the best pupil; **mes ~s vœux** my best wishes **II.** *m(f)* **1. le/la ~(e) de la classe** the top of the class **2. j'en passe et des ~es** that's not all, I could go on

Mél. [mel] INFOR *abr de* **messagerie électronique**

mélancolie [melɑ̃kɔli] *f* melancholy

mélancolique [melɑ̃kɔlik] *adj* melancholy

mélange [melɑ̃ʒ] *m* **1.** (*action*) mixing **2.** (*résultat*) blend

mélanger [melɑ̃ʒe] <2a> **I.** *vt* **1.** (*mêler*) to mix **2.** (*mettre en désordre*) to mix up **3.** (*confondre*) to muddle **II.** *vpr* **se ~** to mix

mêlé(e) [mele] *adj* (*impliqué*) **être ~ à qc** to be caught up in sth

mêlée [mele] *f* **1.** (*corps à corps*) brawl **2.** (*conflit*) fray **3.** SPORT scrum

mêler [mele] <1> **I.** *vt* **1.** (*mélanger, allier*) to mix; **~ l'utile à l'agréable** to combine business with pleasure **2.** (*mettre en désordre*) to muddle; (*fils*) to mix up **II.** *vpr péj* **se ~ de qc** to meddle with sth

mélodie [melɔdi] *f* melody

melon [m(ə)lɔ̃] *m* melon

membre [mɑ̃bʀ] **I.** *m* **1.** ANAT, ZOOL limb **2.** (*adhérent*) member **II.** *app* **État/pays ~** member state/country

même [mɛm] **I.** *adj* **1.** same **2.** (*en personne*) **être la gaieté ~** to be happiness itself **3.** (*pour renforcer*) **c'est cela ~ qui ...** it is that very thing which ... **II.** *pron indéf* **le/la ~** the same **III.** *adv* **1.** (*de plus, jusqu'à*) even; **~ pas** not even **2.** (*précisément*) **ici ~** at this very place; **aujourd'hui ~** this very day **3.** *inf* (*en plus*) **~ que c'est vrai** and what's more, it's true **4. être à ~ de** +*infin* to be able to +*infin;* **vous de ~!** *soutenu* and you likewise!; **de ~ que** just like

mémé [meme] *f inf* granny

mémoire¹ [memwaʀ] *f a.* INFOR memory; **si j'ai bonne ~** if my memory serves me; **à la ~ de qn** in sb's memory; ~ **vive** random access memory

mémoire² [memwaʀ] *m* **1.** *pl* (*journal*) memoir **2.** (*dissertation*) dissertation

mémorable [memɔʀabl] *adj* **1.** memorable **2.** (*inoubliable*) unforgettable

mémoriser [memɔʀize] <1> *vt* **1.** (*apprendre*) to memorize **2.** INFOR to store

menaçant(e) [mənasɑ̃] *adj* menacing; (*ciel, geste*) threatening

menace [mənas] *f* threat; ~**s de mort** death threats

menacer [mənase] <2> *vt* ~ **qn de mort/d'une arme/de faire qc** to threaten sb with death/a weapon/doing sth

ménage [menaʒ] *m* **1.** (*entretien de la maison*) housework; **faire des** ~**s** to do cleaning **2.** (*vie commune*) **être/se mettre en** ~ **avec qn** to live with/move in with sb **3.** (*couple*) married couple **4.** (*famille*) family

ménager [menaʒe] <2a> I. *vt* **1.** (*forces*) to conserve **2.** (*traiter avec égards*) ~ **qn** to be gentle with sb II. *vpr* **se** ~ to take care of oneself

ménager, -ère [menaʒe] *adj* household

ménagère [menaʒɛʀ] *f* (*service de couverts*) cutlery set

mendiant(e) [mɑ̃djɑ̃] *m(f)* beggar

mendier [mɑ̃dje] <1> *vi, vt* to beg (for)

mener [məne] <4> I. *vt* **1.** (*conduire, faire agir*) to lead **2.** (*diriger*) to direct **3.** (*administrer*) to manage II. *vi* to lead; ~ (**par**) **deux à zéro** to lead two to zero

méninge [menɛ̃ʒ] *f* ANAT brain

méningite [menɛ̃ʒit] *f* MED meningitis

ménopause [menopoz] *f* menopause

menotte [mənɔt] *f pl* handcuffs *pl*; **passer les** ~**s à qn** to handcuff sb

mensonge [mɑ̃sɔ̃ʒ] *m* **1.** (*opp: vérité*) lie **2.** *sans pl* (*action, habitude*) lying; **vivre dans le** ~ to live a lie

mensualité [mɑ̃sɥalite] *f* monthly payment

mensuel [mɑ̃sɥɛl] *m* monthly publication

mensuel(le) [mɑ̃sɥɛl] *adj* monthly

mensuration [mɑ̃syʀasjɔ̃] *f pl* (*dimensions du corps*) vital statistics

mental [mɑ̃tal] *m sans pl* spirit

mental(e) [mɑ̃tal] <-aux> *adj* mental

mentalement [mɑ̃talmɑ̃] *adv* mentally

mentalité [mɑ̃talite] *f* mentality

menteur, -euse [mɑ̃tœʀ] *m, f* liar

menthe [mɑ̃t] *f* mint; ~ **poivrée** peppermint

mention [mɑ̃sjɔ̃] *f* **1.** (*fait de signaler*) mention **2.** (*indication*) comment; **rayer les** ~**s inutiles** delete as appropriate **3.** ECOLE, UNIV grade; **avec (la)** ~ **bien** ≈ with grade B pass

mentionner [mɑ̃sjɔne] <1> *vt* to mention

mentir [mɑ̃tiʀ] <10> *vi* **1.** ~ **à qn** to lie to sb **2.** **il ment comme il respire** he lies through his teeth

menton [mɑ̃tɔ̃] *m* chin

menu [məny] *m* **1.** *a.* INFOR menu **2.** (*repas*) meal

menu(e) [məny] I. *adj postposé* **1.** (*frêle*) slender; (*jambes, bras*) slim; (*taille*) thin **2.** *antéposé* (*détails*) minor; (*dépenses*) petty II. *adv* **haché/coupé** ~ chopped/cut finely

menuiserie [mənɥizʀi] *f* **1.** *sans pl* (*métier*) carpentry **2.** (*atelier*) joiner's workshop

menuisier [mənɥizje] *m* carpenter

mépris [mepʀi] *m* contempt

méprise [mepʀiz] *f* mistake

mépriser [mepʀize] <1> *vt* to look down on

mer [mɛʀ] *f* **1.** (*étendue d'eau, littoral*) sea; **en** ~ at sea; **passer ses vacances à la** ~ to spend one's holidays by the sea **2.** (*marée*) **la** ~ **est basse/haute** the tide is low/high **3.** **ce n'est pas la** ~ **à boire!** it's not asking the impossible!

mercenaire [mɛʀsənɛʀ] *m, f* mercenary

mercerie [mɛʀsəʀi] *f* **1.** (*magasin*)

haberdasher's shop *Brit,* notions store *Am* **2.** (*commerce, marchandises*) haberdashery *Brit,* notions *Am*

merci [mɛʀsi] **I.** *interj* **1.** (*pour remercier*) thank you; ~ **bien** thank you very much **2.** (*pour exprimer l'indignation, la déception*) thanks **II.** *m* thank you **III.** *f* **à la ~ de qn/ qc** at the mercy of sb/sth; **sans ~** without mercy

mercredi [mɛʀkʀədi] *m* Wednesday; ~ **des Cendres** Ash Wednesday; *v. a.* **dimanche**

mercure [mɛʀkyʀ] *m* mercury

Mercure [mɛʀkyʀ] *f* ASTR, HIST Mercury

merde [mɛʀd] **I.** *f* **1.** *vulg* shit **2.** *inf* (*ennui*) problem **3.** *inf* (*saleté*) crap **4.** *inf* **ne pas se prendre pour une ~** *inf* he thinks the sun shines out of his arse [*o ass Am*] *vulg*; **c'est de la ~, ce stylo** this pen's a piece of shit **5.** **être dans la ~ jusqu'au cou** *inf* to be in the shit up to his neck; **foutre la ~** *inf* to wreak havoc; **temps/boulot de ~** *inf* crappy weather/job **II.** *interj inf* ~ **alors!** shit!

merder [mɛʀde] <1> *vi inf* to mess up

mère [mɛʀ] **I.** *f* **1.** (*femme*) mother; ~ **poule** mother hen **2.** REL ~ **supérieure** Mother Superior; **ma ~** Mother **II.** *app* (*maison*) parent

méridien [meʀidjɛ̃] *m* meridian

meringue [məʀɛ̃g] *f* meringue

mérite [meʀit] *m* merit; **elle a bien du ~** all credit to her

mériter [meʀite] <1> *vt* **1.** ~ **de** +*infin* to deserve to +*infin* **2.** (*valoir*) to be worth

merlan [mɛʀlɑ̃] *m* whiting

merle [mɛʀl] *m* blackbird

merveille [mɛʀvɛj] *f* wonder; **à ~** beautifully; **faire (des) ~(s)** to work wonders

merveilleux, -euse [mɛʀvɛjø] *adj* **1.** (*exceptionnel*) marvellous *Brit,* marvelous *Am* **2.** (*très beau*) beautiful **3.** *postposé* (*monde*) magic

mes [me] *dét poss v.* **ma, mon**

mésange [mezɑ̃ʒ] *f* tit

mésaventure [mezavɑ̃tyʀ] *f* misadventure

mesdames [medam] *fpl v.* **madame**

mesdemoiselles [medmwazɛl] *fpl v.* **mademoiselle**

message [mesaʒ] *m* **1.** *a.* INFOR, TEL message **2.** (*nouvelle*) news

messager, -ère [mesaʒe] *m, f* messenger

messagerie [mesaʒʀi] *f* message service; ~ **électronique** electronic mail

messe [mɛs] *f* **1.** mass; ~ **de minuit** midnight mass **2.** **dire des ~s basses** to mutter

messie [mesi] *m* messiah

messieurs [mesjø] *mpl v.* **monsieur**

mesure [m(ə)zyʀ] *f* **1.** measure; **outre ~** beyond measure; **par ~ de sécurité** as a safety precaution; **prendre des ~s** to take steps **2.** (*dimension*) measurement; **prendre les ~s de qn** to take sb's measurements **3.** (*modération*) **avec ~** in moderation **4.** MUS tempo; **battre la ~** to beat time **5.** **à ~** as; **dans la ~ du possible** as far as possible; **être en ~ de** +*infin* to be able to +*infin;* **sur ~(s)** (*costume*) custom-tailored

mesuré(e) [məzyʀe] *adj* (*personne*) moderate

mesurer [məzyʀe] <1> **I.** *vi* to measure; ~ **1 m 70 de haut** to be 1.7 m tall; **combien mesures-tu?** how tall are you? **II.** *vt* **1.** to measure **2.** (*évaluer*) to assess **3.** (*modérer*) to weigh **III.** *vpr* **se ~ à qn** to compare oneself with sb

métal [metal] <-aux> *m* metal

métallique [metalik] *adj* metallic

métallisé(e) [metalize] *adj* metallic

métallurgie [metalyʀʒi] *f sans pl* **1.** (*industrie*) metallurgical industry **2.** (*technique*) metallurgy

métamorphose [metamɔʀfoz] *f* metamorphosis

météo [meteo] *inv abr de* **météorologique, météorologie**

météorite [meteɔʀit] *m o f* meteorite

météorologie [meteɔʀɔlɔʒi] *f* meteorology

méthode [metɔd] *f* **1.** (*technique*) method **2.** (*manuel*) manual **3.** *sans pl, inf* (*manière de faire, logique*) way; **chacun sa ~!** to each his own!

méticuleux, -euse [metikylø] *adj* meticulous

métier [metje] *m* **1.** occupation; **avoir du ~** to have practical experience; **être du ~** to be in the trade; **il fait son ~** he is doing his job; **qu'est-ce que vous faites comme ~?** what is your job? **2. ~ à tisser** weaving loom

métis(se) [metis] *adj, mf* half-caste

métrage [metʀaʒ] *m* CINE **court ~** short (film); **long ~** feature film

mètre [mɛtʀ] *m* **1.** (*unité de mesure*) metre *Brit*, meter *Am*; **~ cube/carré** cubic/square metre; **à cinquante ~s d'ici** fifty metres from here **2.** (*instrument*) metre [*o* meter *Am*] rule **3.** SPORT **110 ~s haies** 110 metre [*o* meter *Am*] hurdles

métro [metʀo] *m* **1.** underground (train system) *Brit*, subway *Am*; **~ aérien** elevated railway; **en ~** by underground [*o* subway *Am*] **2.** (*station*) underground [*o* subway *Am*] station

> ⓘ The Parisian **métro** is one of the oldest in Europe (since 1900). All the lines run from around 5.30 a.m. until about half past midnight. Recently, the newest underground line, Meteor, has been opened, featuring driverless trains and fully automatic systems from the arrival at the platform to the closing of the doors.

métropole [metʀɔpɔl] *f* big city

metteur [metœʀ] *m* **~ en scène** director

mettre [mɛtʀ] <irr> I. *vt* **1.** to put; (*à plat, couché*) to lay; (*debout*) to stand **2.** (*déposer, entreposer*) to leave **3.** (*jeter*) **~ qc à la poubelle** to throw sth in the bin **4. ~ du vin en bouteilles** to bottle wine **5.** (*revêtir*) to put on; (*lentilles de contact*) to put in **6.** (*des heures*) to take **7.** (*faire fonctionner*) **~ qc** to turn sth on; **~ la radio/télé plus fort** to turn up the radio/television; **~ une montre à l'heure** to set a watch to the right time **8.** (*rideaux, papier peint*) to hang; (*moquette*) to lay; (*électricité*) to install **9.** (*admettre*) **mettons/mettez que** +*subj* let's assume that **10.** INFOR **~ à jour** to update II. *vpr* **1.** (*se placer*) **se ~ à genoux** to kneel down **2.** (*placer*) **il se met les doigts dans le nez** he put his fingers in his nose **3.** (*porter*) **se ~ en robe/du parfum** to put on a dress/some perfume **4.** (*commencer à*) **se ~ au travail** to get down to work; **bon, je m'y mets** OK, I'll get down to it **5.** (*pour exprimer le changement d'état*) **se ~ en colère** to get angry; **se ~ en route** to set off **6.** *fig* **mets-toi bien ça dans le crâne!** get that into your head!

meuble [mœbl] *m* piece of furniture; **~s** furniture + *vb sing*

meublé [mœble] *m* **1.** (*chambre*) furnished room **2.** (*appartement*) furnished flat [*o* apartment *Am*]

meubler [mœble] <1> I. *vt* to furnish II. *vpr* **se ~** to buy furniture

meure [mœʀ] *subj prés de* **mourir**

meurent [mœʀ], **meurs** [mœʀ], **meurt** [mœʀ] *indic prés de* **mourir**

meurtre [mœʀtʀ] *m* murder

meurtri(e) [mœʀtʀi] *adj* bruised

meurtrier, -ière [mœʀtʀije] I. *adj* murderer; (*accident, coup*) fatal; (*carrefour, route*) lethal II. *m, f* murderer

meus [mø], **meut** [mø] *indic prés de* **mouvoir**

meute [møt] *f a. fig* pack

meuve [mœv] *subj prés de* **mouvoir**

meuvent [mœv] *indic prés de* **mouvoir**

mexicain(e) [mɛksikɛ̃] *adj* Mexican
Mexicain(e) [mɛksikɛ̃] *m(f)* Mexican

Mexico [mɛksiko] Mexico City
Mexique [mɛksik] *m* le ~ Mexico
MF [ɛmɛf] *mpl abr de* **millions de francs** MF
mi [mi] *m inv* E; (*dans la gamme*) mi; *v. a.* **do**
mi-août [miut] *f sans pl* à la ~ in mid-August
miauler [mjole] <1> *vi* to mew
mi-avril [miavril] *f sans pl* à la ~ in mid-April **mi-bas** [miba] *m inv* knee-high
miche [miʃ] *f* (*pain*) cob loaf
mi-chemin [miʃmɛ̃] à ~ midway
mi-clos(e) [miklo] *adj* half-closed
micro [mikʀo] *abr de* **microphone, micro-ordinateur, micro-informatique**
microbe [mikʀɔb] *m* 1. BIO germ 2. *inf* (*avorton*) runt
micro-informatique [mikʀoɛ̃fɔʀmatik] *f sans pl* computer science **micro-onde** [mikʀoɔ̃d] <micro-ondes> *f* microwave **micro-ondes** [mikʀoɔ̃d] *m inv* (*four*) microwave **micro-ordinateur** [mikʀoɔʀdinatœʀ] <micro-ordinateurs> *m* PC
microphone [mikʀɔfɔn] *m* microphone, mike *inf*
microscope [mikʀɔskɔp] *m* microscope
mi-décembre [midesɑ̃bʀ] *f sans pl* à la ~ in mid-December
midi [midi] *m* 1. (*heure*) twelve o'clock; (*mi-journée*) midday, noon; à ~ at twelve o'clock; **entre ~ et deux** between twelve and two o'clock; **mardi/demain ~** Tuesday/tomorrow at twelve o'clock 2. (*moment du déjeuner*) lunchtime; **ce ~** today at lunchtime; **le repas de ~** lunch 3. (*sud*) south 4. **chercher ~ à quatorze heures** to complicate things
Midi [midi] *m* le ~ the South of France
mie [mi] *f sans pl* (*de pain*) soft part
miel [mjɛl] *m* honey

mien(ne) [mjɛ̃] *pron poss* 1. le/la ~(ne) mine; les ~s mine; **cette maison est la ~ne** this house is mine 2. *pl* (*ceux de ma famille*) les ~s my family
miette [mjɛt] *f* crumb
mieux [mjø] I. *adv comp de* **bien** 1. better; **aimer ~ faire qc** to prefer to do sth; **plus il s'entraîne, ~ il joue** the more he trains, the better he plays 2. *en loc adv* **de ~ en ~** better and better; **tant ~ pour qn!** so much the better for sb! 3. **il vaut ~** que +*subj* it would be better if; ~ **vaut tard que jamais** *prov* better late than never II. *adv superl de* **bien** 1. + *verbe* **c'est lui qui travaille le** ~ he is the one who works the hardest; **c'est ce qu'on fait de** ~ it is what we do best 2. + *adj* **un exemple des ~ choisis** a perfectly chosen example 3. *en loc verbale* **le** ~ **serait de** +*infin* the best thing would be to +*infin* III. *adj comp de* **bien** 1. (*plus agréable d'apparence*) **elle est ~ les cheveux courts** she looks better with short hair 2. (*plus à l'aise*) **vous serez ~ dans le fauteuil** you would be more comfortable in the armchair 3. (*préférable*) **c'est ~ ainsi** it is better this way IV. *adj superl de* **bien c'est avec les cheveux courts qu'elle est le ~** she looks best with her hair short V. *m* 1. (*une chose meilleure*) **trouver ~** to find (something) better 2. (*amélioration*) **il y a du ~/un léger ~** there is some/a slight improvement
mi-février [mifevʀije] *f sans pl* à la ~ in mid-February
mignon(ne) [miɲɔ̃] I. *adj* 1. (*agréable à regarder*) cute 2. *inf* (*gentil*) kind II. *m(f)* **mon/ma ~(ne)** sweetheart
migraine [migʀɛn] *f* MED migraine
migrateur, -trice [migʀatœʀ] *adj* migratory
migration [migʀasjɔ̃] *f* migration
mi-janvier [miʒɑ̃vje] *f sans pl* à la ~ in mid-January
mijoter [miʒɔte] <1> I. *vt* 1. (*faire*

cuire lentement) to simmer **2.** *inf* (*manigancer*) **qc** to cook sth up **II.** *vi* **1.** (*cuire lentement*) (**faire**) ~ to simmer **2.** *inf* (*attendre*) **laisser** ~ **qn** to let sb stew

mi-juillet [miʒɥijɛ] *f sans pl* **à la** ~ in mid-July **mi-juin** [miʒɥɛ̃] *f sans pl* **à la** ~ in mid-June

mil [mil] *adj* thousand; **en** (**l'an**) ~ **neuf cent soixante-trois** in nineteen sixty-three

milieu [miljø] <x> *m* **1.** *sans pl a.* SPORT middle; **en plein** ~ **de la rue/nuit** right in the middle of the road/night; **le bouton du** ~ the middle button; ~ **de terrain** midfield **2.** *sans pl* (*moyen terme*) medium **3.** *a.* BIO, SOCIOL environment; **le** ~ **ambiant** the atmosphere **4.** *sans pl* (*criminels*) **le** ~ the underworld

militaire [militɛR] **I.** *adj* army; (*opération, discipline*) military **II.** *mf* (*personne*) serviceman

militant(e) [militɑ̃] *adj, m(f)* militant

militariser [militaRize] <1> *vpr* **se** ~ to militarize

militer [milite] <1> *vi* to fight

mille¹ [mil] **I.** *adj* thousand; ~ **un** a thousand and one **II.** *m inv* **1.** (*cardinal*) one thousand **2.** (*cible*) bull's-eye; **taper** (**en plein**) **dans le** ~ to hit the bull's-eye **3. des** ~ **et des cents** *inf* tons of money; **je vous le donne en** ~ you'll never guess; *v. a.* **cinq, cinquante**

> ⚠ Notice that in French **mille** never has an -s at the end, even when there are several. "La voiture coûte dix mille dollars." (= The car costs ten thousand dollars.)

mille² [mil] *m* ~ **marin** nautical mile

millefeuille [milfœj] *m* ≈ vanilla slice

millénaire [milenɛR] **I.** *adj* thousand-year old **II.** *m* millennium

milliard [miljaR] *m* billion (*thousand million*)

milliardaire [miljaRdɛR] *mf* billionaire

millième [miljɛm] **I.** *adj* antéposé thousandth **II.** *mf* **le/la** ~ the thousandth **III.** *m* (*fraction*) thousandth; *v. a.* **cinquième**

millier [milje] *m* **un/deux** ~(**s**) **de personnes/choses** one/two thousand people/things; **des** ~**s de personnes/choses** thousands of people/things; **par** ~**s** by thousands

millimètre [milimɛtR] *m* millimetre *Brit*, millimeter *Am*

million [miljɔ̃] *m* **un/deux** ~(**s**) **de personnes/choses** one/two million people/things; **des** ~**s de personnes/choses** millions of people/things; *v. a.* **cinq, cinquante**

millionnaire [miljɔnɛR] *mf* millionaire

mi-long, ue [milɔ̃] <mi-longs> *adj* mid-length **mi-mai** [mimɛ] *f sans pl* **à la** ~ in mid-May **mi-mars** [mimaRs] *f sans pl* **à la** ~ in mid-March

mime [mim] **I.** *mf* (*acteur*) mime artist **II.** *m sans pl* (*activité*) mime

mimer [mime] <1> *vt* to mime

mimosa [mimoza] *m* mimosa

minable [minabl] **I.** *adj* **1.** (*lieu*) shabby; (*aspect*) run-down **2.** (*médiocre*) pathetic **II.** *mf* loser

mince [mɛ̃s] **I.** *adj* **1.** (*fin*) thin **2.** (*élancé*) slim **3.** (*modeste*) slender; (*preuve, résultat*) slim; **ce n'est pas une** ~ **affaire** it's no easy task **II.** *adv* thinly **III.** *interj inf* ~ (**alors**)! blast it!

minceur [mɛ̃sœR] *f sans pl* **1.** (*finesse*) thinness **2.** (*sveltesse*) slimness

mincir [mɛ̃siR] <8> *vi* to get slimmer

mine¹ [min] *f* **1.** *sans pl* (*aspect du visage*) expression; **avoir bonne/mauvaise** ~ to look well/ill; **ne pas payer de** ~ to be not much to look at **2.** ~ **de rien** *inf* (*sans se gêner*) all casually; (*malgré les apparances*) you'd never think it but

mine² [min] *f* (*gisement*) mine

mine³ [min] *f* (*d'un crayon*) lead
mine⁴ [min] *f* MIL mine
miner [mine] <1> *vt* **1.** MIL to mine **2.** (*ronger*) ~ **qc** to eat away at sth **3.** (*affaiblir*) to weaken
minerai [minʀɛ] *m* ore; ~ **de fer/ d'aluminium** iron/aluminium [*o* aluminum *Am*] ore
minéral [mineʀal] <-aux> *m* mineral
minéral(e) [mineʀal] <-aux> *adj* mineral
minerve [minɛʀv(ə)] *f* MED surgical collar
mineur [minœʀ] *m* miner
mineur(e) [minœʀ] **I.** *adj a.* JUR, MUS minor; **des enfants ~s** minors **II.** *m(f)* JUR minor; **interdit aux ~s** forbidden to people under 18 years old
miniature [minjatyʀ] **I.** *f* miniature **II.** *app* (*voiture*) toy
minigolf [minigɔlf] *m* miniature golf
minijupe [miniʒyp] *f* miniskirt
minimal(e) [minimal] <-aux> *adj* minimal
minime [minim] *adj* minor; (*dégâts, dépenses*) minimal
minimiser [minimize] <1> *vt* to minimize
minimum [minimɔm] <s *o* minima> **I.** *adj* minimum **II.** *m sans pl* minimum; **un ~ de points** a minimum number of points
ministère [ministɛʀ] *m* **1.** ministry *Brit,* department *Am;* ~ **du Travail** Ministry of Employment *Brit,* Department of Labor *Am;* ~ **de l'Intérieur** Ministry of the Interior; ~ **des Affaires étrangères** Foreign Ministry, State Department *Am* **2.** (*cabinet, gouvernement*) government
ministre [ministʀ] *mf* POL minister *Brit,* secretary *Am;* **Premier** ~ Prime Minister, Premier; **Madame le** [*o* **la**] ~ Minister

He remains in office for five years. He is authorized to enforce guidelines and regulations in areas which are unregulated. He suggests the appointment and dismissal of Ministers to the President and is responsible for Parliament.

minitel® [minitɛl] *m* minitel

minoritaire [minɔʀitɛʀ] *adj* minority; **être ~s** to be in the minority
minorité [minɔʀite] *f* minority
mi-novembre [minɔvɑ̃bʀ] *f sans pl* **à la** ~ in mid-November
minuit [minɥi] *m sans pl ni dét* midnight; **à** ~ **et demi** at half past midnight
minuscule [minyskyl] **I.** *adj* **1.** (*très petit*) minute **2.** TYP small; **lettres ~s** small letters **II.** *f* (*lettre*) small letter
minute [minyt] *f* minute; **d'une ~ à l'autre** from one moment to another; **de dernière** ~ last-minute; **je vous demande une ~ d'attention** could I have your attention for one minute?
minutie [minysi] *f sans pl* **1.** (*précision*) detail **2.** (*soin*) meticulousness
minutieux, -euse [minysjø] *adj* meticulous; (*personne, examen*) thorough
mi-octobre [miɔktɔbʀ] *f sans pl* **à la** ~ in mid-October
mirabelle [miʀabɛl] *f* **1.** (*fruit*) mirabelle (plum) **2.** (*eau-de-vie*) plum brandy
miracle [miʀakl] *m* miracle; **par ~**

miraculously

miraculeux, -euse [miʀakylø] *adj*
miraculous

mirador [miʀadɔʀ] *m* (*d'une prison*) watchtower

mirage [miʀaʒ] *m* (*vision*) mirage

miroir [miʀwaʀ] *m* mirror

mis [mi] *passé simple de* **mettre**

mis(e) [mi] *part passé de* **mettre**

mise [miz] *f* 1. JEUX bet 2. FIN outlay 3. (*fait de mettre*) ~ **à jour** updating; INFOR upgrading; ~ **à prix** reserve [*o* upset *Am*] price; ~ **en circulation** (*d'une monnaie*) (putting into) circulation; ~ **en marche** switching on; ~ **en page(s)** make-up; ~ **en scène** CINE production; *a.* THEAT staging

mi-septembre [misɛptɑ̃bʀ] *f sans pl* **à la** ~ in mid-September

miser [mize] <1> **I.** *vi* 1. (*parier sur*) ~ **sur qc** to bet on sth; ~ **8 contre 1** to place an 8 to 1 bet 2. *inf* (*compter sur*) ~ **sur qn/qc pour** +*infin* to rely on sb/sth to +*infin* **II.** *vt* (*jouer*) ~ **100 euros sur un cheval** to bet 100 euros on a horse

misérable [mizeʀabl] *adj* 1. (*pauvre*) poverty-stricken; (*logement, aspect*) shabby 2. (*pitoyable*) pitiful 3. *antéposé* (*malheureux*) miserable

misère [mizɛʀ] *f* 1. (*détresse*) misery 2. *gén pl* **faire des ~s à qn** *inf* to torment sb 3. ~ **de** ~! misery me!

missile [misil] *m* missile

mission [misjɔ̃] *f* 1. *a.* MIL mission; **en** ~ POL on a mission 2. (*délégation*) delegation 3. (*vocation*) mission

missionnaire [misjɔnɛʀ] *mf* missionary

mit [mi] *passé simple de* **mettre**

mite [mit] *f* moth

mi-temps [mitɑ̃] **I.** *f inv* SPORT half-time **II.** *m inv* (*travail*) part-time; **travailler à** ~ to work part-time

mîtes [mit] *passé simple de* **mettre**

miteux, -euse [mitø] *adj* (*immeuble, lieu*) dingy; (*habit, meuble*) tatty

mitigé(e) [mitiʒe] *adj* mixed

mitonner [mitɔne] <1> *vt inf* GASTR to simmer

mitrailler [mitʀaje] <1> *vt* 1. (*tirer*) to machine gun 2. *inf* (*photographier*) ~ **qn/qc** to take shot after shot of sb/sth

mitraillette [mitʀajɛt] *f* sub-machine gun

mi-voix [mivwa] **à** ~ in an undertone

mixage [miksaʒ] *m* mixing

mixer [mikse] <1> *vt* to mix

mixeur [miksœʀ] *m* mixer

mixte [mikst] *adj* mixed

mixture [mikstyʀ] *f* 1. CHIM, MED mixture 2. *péj* concoction

MJC [ɛmʒise] *f abr de* **maison des jeunes et de la culture** community youth and arts centre [*o* center *Am*]

Mlle [madmwazɛl] <s> *f abr de* **Mademoiselle** Miss

MM. [mesjø] *mpl abr de* **Messieurs** Messrs *Brit*, Messrs. *Am*

Mme [madam] <s> *f abr de* **Madame** Mrs *Brit*, Mrs. *Am*

Mo [ɛmo] *m abr de* **méga-octet** MB

mob [mɔb] *f inf abr de* **mobylette**

mobile [mɔbil] **I.** *adj* 1. (*opp: fixe*) moving 2. (*forces de police, population*) mobile **II.** *m* 1. (*motif*) motive 2. ART mobile

mobilier [mɔbilje] *m* (*ameublement*) furniture

mobilier, -ière [mɔbilje] *adj* moveable

mobilisation [mɔbilizasjɔ̃] *f a.* MIL mobilization

mobiliser [mɔbilize] <1> **I.** *vt* 1. (*rassembler*) to assemble 2. MIL to mobilize; (*réservistes*) to call up **II.** *vi* MIL to mobilize **III.** *vpr* **se** ~ to take action

mobilité [mɔbilite] *f* (*opp: immobilité*) mobility

mobylette [mɔbilɛt] *f* scooter

moche [mɔʃ] *adj inf* 1. (*laid*) ugly 2. (*regrettable*) rotten

modalités [mɔdalite] *fpl* (*procédure*) methods

mode[1] [mɔd] **I.** *f* 1. (*goût du jour*) fashion; **à la** ~ in fashion 2. GASTR **à la** ~ **de qc** in the style of sth **II.** *app* fashion

mode² [mɔd] *m* **1.** (*de paiement*) method; ~ **d'emploi** directions for use **2.** LING mood **3.** MUS mode

modèle [mɔdɛl] **I.** *m* **1.** *a.* LING, TYP model; **prendre ~ sur qn** to model oneself on sb; **~ réduit** scale model **2.** COUT, ART pattern **3.** **~ déposé** registered design **II.** *adj* (*exemplaire*) model

modeler [mɔd(ə)le] <4> *vt* **1.** (*poterie*) to model; (*pâte*) to mould *Brit,* to mold *Am* **2.** (*façonner*) to shape

modélisme [mɔdelism] *m* modelling *Brit,* modeling *Am*

modem [mɔdɛm] *m* INFOR *abr de* **MODulateur** **DÉModulateur** modem

modération [mɔderasjɔ̃] *f* moderation; **avec ~** in moderation

modéré(e) [mɔdeRe] *adj* moderate; (*prix*) reasonable; (*optimisme*) restrained

modérément [mɔdeRemɑ̃] *adv* moderately

modérer [mɔdeRe] <5> **I.** *vt* (*personne*) to restrain; (*ambitions, colère, dépenses*) to control; (*passion*) to curb; (*vitesse*) to reduce **II.** *vpr* **se ~** to restrain oneself

moderne [mɔdɛRn] **I.** *adj* up-to-date; (*idée, histoire*) modern **II.** *m* modern style

modernisation [mɔdɛRnizasjɔ̃] *f* modernization

moderniser [mɔdɛRnize] <1> *vt, vpr* (**se**) ~ to modernize

modernité [mɔdɛRnite] *f* modernity

modeste [mɔdɛst] **I.** *adj* modest **II.** *mf* unassuming person

modestie [mɔdɛsti] *f* modesty

modification [mɔdifikasjɔ̃] *f* modification; **apporter des ~s à qc** to make changes to sth

modifier [mɔdifje] <1> *vt a.* LING to modify

modique [mɔdik] *adj* modest

moelle [mwal] *f* ANAT, BOT marrow; **~ épinière** spinal chord

moelleux [mwɛlø] *m* **1.** (*souplesse*) softness **2.** (*d'un vin*) mellowness

moelleux, -euse [mwɛlø] *adj* **1.** soft **2.** (*vin, voix*) mellow

mœurs [mœR(s)] *fpl* **1.** (*coutumes*) customs; **entrer dans les ~** to become common **2.** (*règles morales*) morals

moi [mwa] **I.** *pron pers* **1.** *inf* (*pour renforcer*) ~, **je n'ai pas ouvert la bouche** I never opened my mouth; **c'est ~ qui l'ai dit** I'm the one who said it; **il veut m'aider,** ~? he wants to help ME? **2.** *avec un verbe à l'impératif* **regarde-~!** look at me! **3.** *avec une préposition* **avec/sans** ~ with/without me; **à ~ seul** by myself; **c'est à ~ de décider** it is for me to decide; **c'est à ~!** it's mine! **4.** *dans une comparaison* me; **tu es comme** ~ you're like me; **plus fort que** ~ stronger than me **5.** (*emphatique*) **c'est** ~! it's me!; **et** ~(, **alors**)? *inf* and what about me?; **que ferais-tu si tu étais** ~? what would you do if you were me? **II.** *m* PHILOS, PSYCH ego

moignon [mwaɲɔ̃] *m* stump

moi-même [mwamɛm] *pron pers* myself; **je suis venu de** ~ it came of my own accord

moindre [mwɛ̃dR] *adj antéposé* **1.** (*inférieur*) lesser; (*prix, qualité*) lower **2.** (*bruit*) slightest; **ce serait la** ~ **des choses** it would be the least you could do

moine [mwan] *m* monk; **se faire** ~ to become a monk

moineau [mwano] <x> *m* sparrow

moins [mwɛ̃] **1.** less; **rouler** ~ **vite** to drive slower; **les enfants de** ~ **de 13 ans** children under 13 years old; **se situer à** ~ **de 3,6 %** to be less than 3.6 %; ~ ... ~ ... the less ... the less ...; ~ ..., **plus** ... the less ..., the more ... **2.** *superl* **le** ~ the least **3. en** ~ **de deux** *inf* in a jiffy; **à** ~ **de faire qc** unless you do sth; **à** ~ **que** +*subj* unless; **au** ~, **du** ~ at least; (**tout**) **au** ~ at the very least; **de** ~, **en** ~ (*argent*) less; **il a un an de** ~ **que moi** he is one year younger than me; **de** ~ **en** ~ less and less; ~

que rien (*gagner, payer*) next to nothing **II.** *prep* **1.** (*soustraction*) **2.** (*heure*) to; **il est midi ~ vingt/le quart** it is twenty/a quarter to twelve **3.** (*température*) minus; **il fait ~ 3** it is minus 3 **III.** *m* **1.** (*minimum*) least **2.** (*signe*) minus

mois [mwa] *m* month; **le ~ de janvier/mars** the month of January/March; **au ~ de janvier/d'août** in January/August; **elle est dans son deuxième ~** she is in her second month (of pregnancy); **le premier/cinq du ~** the first/fifth day of the month

---

! The names of the twelve **mois** of the year are not capitalized in French as they are in English. "L'anniversaire de Paul est en septembre. Celui de Julie est en janvier." (=Paul's birthday is in September. Julie's is in January.)

---

moisi [mwazi] *m* mould *Brit,* mold *Am*

moisi(e) [mwazi] *adj* mouldy *Brit,* moldy *Am*

moisir [mwaziʀ] <8> *vi* **1.** (*se gâter*) to mould *Brit,* to mold *Am* **2.** *inf* (*personne*) to stagnate

moisissure [mwazisyʀ] *f* mould *Brit,* mold *Am*

moisson [mwasɔ̃] *f* AGR harvest

moite [mwat] *adj* sticky

moitié [mwatje] *f* half; **la ~ du temps/de l'année** half the time/year; **~ moins/plus** half less/more; **à ~ prix** half-price; **ne jamais rien faire à ~** to do nothing by halves; **de ~ par** half

mol [mɔl] *adj v.* **mou**

molaire [mɔlɛʀ] *f* ANAT molar

moldave [mɔldaːv(ə)] *adj* Moldovan

Moldave [mɔldaːv(ə)] *mf* Moldovan

Moldavie [mɔldavi] *f* **la ~** Moldova

molécule [mɔlekyl] *f* molecule

mollard [mɔlaʀ] *m inf* gob of (spit)

mollasson(ne) [mɔlasɔ̃] **I.** *adj inf* sluggish **II.** *m(f) inf* lazybones

molle [mɔl] *adj v.* **mou**

mollet [mɔlɛ] *m* ANAT calf

mollusque [mɔlysk] *m* ZOOL mollusc *Brit,* mollusk *Am*

môme [mom] *mf inf* kid

moment [mɔmɑ̃] *m* **1.** (*instant*) moment; **au dernier/même ~** at the last/same moment; **à ce ~-là** at that moment; **à** [*o* **pour**] **un ~** for a moment; **à tout/aucun ~** at any/no time; **au ~ de partir, je ...** as I was about to leave, I ...; **à partir du ~ où** from the moment; **dans un ~** in a moment; **d'un ~ à l'autre** from one moment to another; **en ce/pour le ~** at/for the moment; **par ~s** from time to time; **un ~!** one moment!; **au bon ~** at the right time; **passer un bon ~** to have a good time **2.** (*occasion*) opportunity; **le ~ venu** when the time comes; **c'est le ~ ou jamais** it's now or never; **c'est le ~ de** +*infin* this is the moment to +*infin;* **ce n'est pas le ~** this is not the right time

momentané(e) [mɔmɑ̃tane] *adj* (*désir, ennui*) short-lived; (*arrêt, gêne*) momentary

momentanément [mɔmɑ̃tanemɑ̃] *adv* for a moment

momie [mɔmi] *f* mummy

mon [mɔ̃] <**mes**> *dét poss* **1.** my; **~ Dieu!** my God!; **~ Père** Father; **à ~ avis** in my opinion **2.** **~ amour/chéri** my love; **~ œil!** I bet!; **~ pauvre!** you poor thing!

monarchie [mɔnaʀʃi] *f* monarchy

---

i Belgium is a **monarchie parlementaire** and the King is the head of the state. He appoints and dismisses the federal Ministers and State Secretary. He practises his legislative powers with the Chamber and the Senate.

---

monarque [mɔnaʀk] *m* monarch

monastère [mɔnastɛʀ] *m* monastery

mondain(e) [mɔ̃dɛ̃] **I.** *adj* society **II.** *m(f)* socialite

mondanités [mɔ̃danite] *fpl* (*vie mondaine*) society life

monde [mɔ̃d] *m* **1.** (*univers*) world **2.** (*rural*) community; ~ **du travail/ des affaires** world of work/business **3.** (*foule*) crowd; **peu/beaucoup de** ~ not many/a lot of people; **un** ~ **fou** crowds of people; **pas grand** ~ not many people **4.** (*société*) **tout le** ~ everyone **5.** **l'autre** ~ the next world; **pas le moins du** ~ not in the least; **mettre qn au** ~ to give birth to sb; **pour rien au** ~ not for anything

mondial [mɔ̃djal] *m* SPORT world championship

mondial(e) [mɔ̃djal] <-aux> *adj* worldwide; (*économie, politique*) world

mondialement [mɔ̃djalmɑ̃] *adv* worldwide

mondialisation [mɔ̃djalizasjɔ̃] *f* globalization

monétaire [mɔnetɛʀ] *adj* (*marché, politique*) financial; (*union, unité*) monetary

mongol [mɔ̃gɔl] *m* Mongolian; *v. a.* **français**

mongol(e) [mɔ̃gɔl] *adj* Mongolian

Mongol(e) [mɔ̃gɔl] *m(f)* Mongolian

Mongolie [mɔ̃gɔli] *f* **la** ~ Mongolia

mongolien(ne) [mɔ̃gɔljɛ̃] **I.** *adj* MED Down's Syndrome **II.** *m(f)* MED Down's child [*o* sufferer]

moniteur [mɔnitœʀ] *m* (*écran*) monitor

moniteur, -trice [mɔnitœʀ] *m, f* ~ **de colonies** camp supervisor; ~ **d'auto-école** driving instructor

monnaie [mɔnɛ] *f* **1.** ECON, FIN money; ~ **électronique** e-cash **2.** (*devise*) currency **3.** (*petites pièces*) **menue** ~ small change; **la** ~ **de 100 euros** change for 100 euros; **faire la** ~ **sur qc à qn** to give sb change for sth; **ça va, j'ai la** ~ it's all right, I have change **4.** (*argent rendu*) change **5.** (*pièce*) coin **6.** **rendre à qn la** ~ **de sa pièce** to

repay sb in kind

monologue [mɔnɔlɔg] *m* monologue

monoparental(e) [monopaʀɑ̃tal] <-aux> *adj* (*famille, autorité*) single parent

monopole [mɔnɔpɔl] *m* **1.** ECON monopoly **2.** (*exclusivité*) **avoir le** ~ **de qc** to have a monopoly on sth

monopoliser [mɔnɔpɔlize] <1> *vt* to monopolize

monotone [mɔnɔtɔn] *adj* monotonous; (*style, vie*) dreary

monotonie [mɔnɔtɔni] *f* monotony; (*de la vie, du style*) dreariness

monsieur [məsjø] <messieurs> *m* **1.** *souvent non traduit* (*homme à qui on s'adresse*) Sir; **bonjour** ~ good morning; **bonjour Monsieur Larroque** good morning Mr Larroque; **bonjour messieurs** good morning gentlemen; **Monsieur le Professeur Dupont/le Président François** Professor Dupont/President François; **Monsieur Untel** Mister So-and-so **2.** (*sur une enveloppe*) **Monsieur Pujol** Mister Pujol **3.** (*entête*) (**Cher**) **Monsieur,** Dear Sir; **messieurs dames** Ladies and Gentlemen **4.** (*un homme*) **un** ~ a gentleman; **Monsieur Tout-le-monde** the average man

monstre [mɔ̃stʀ] **I.** *m* **1.** (*animal fantastique*) monster **2.** (*personne laide*) freak **3.** (*personne moralement abjecte*) brute **4.** BIO, ZOOL freak of nature **II.** *adj inf* gigantic

monstrueux, -euse [mɔ̃stʀyø] *adj* **1.** (*difforme*) freakish **2.** (*colossal*) massive **3.** (*ignoble*) monstrous

monstruosité [mɔ̃stʀyozite] *f* (*caractère ignoble*) monstrousness

mont [mɔ̃] *m* GEO mount; **le** ~ **Blanc** Mont Blanc

montage [mɔ̃taʒ] *m* **1.** (*assemblage*) assembly; (*d'une tente*) pitching **2.** CINE, TV, THEAT, TYP editing; (*d'une pièce de théâtre*) production

montagnard(e) [mɔ̃taɲaʀ] **I.** *adj* mountain **II.** *m(f)* mountain dweller

montagne [mɔ̃taɲ] *f* **1.** *a.* *fig* mountain; **en haute** ~ high up in

M **m**

the mountains **2. gros comme une ~** *inf* as big as a house; **~s russes** roller coaster

montagneux, -euse [mɔ̃taɲø] *adj* mountainous

montant [mɔ̃tɑ̃] *m* (*somme*) sum

montée [mɔ̃te] *f* **1.** (*des eaux*) rising **2.** (*poussée*) rise **3.** (*côte, pente*) hill **4.** (*action de monter*) climb; (*d'un avion, ballon*) ascent

monter [mɔ̃te] <1> **I.** *vi* **1.** *être* to go/come up; **~ sur une échelle** to climb a ladder; **~ jusqu'à qc** (*eau, robe*) to reach sth; **~ à 200 km/h** to go up to 200 km/h **2.** *être* **~ dans une voiture** to get into a car; **~ dans un train/avion/bus** to get on a train/plane/bus; **~ à cheval/moto** to ride a horse/motorbike **3.** *être* (*avion, flammes*) to rise **4.** *avoir o être* (*baromètre, mer*) to rise; (*lait*) to come **5.** *avoir o être* (*actions*) to increase; (*pression*) to grow **6.** *être* (*ton, voix*) to get higher **II.** *vt avoir* **1.** (*personne*) to go up; (*vu d'en haut*) to come up; **~ qc** (*vu d'en bas/ vu d'en haut*) to take/bring sth up **2.** (*chevaucher*) to mount **3.** (*prix*) to increase; (*son*) to turn up **4.** (*affaire, coup*) to organize; (*association, projet*) to set up; (*pièce de théâtre*) to stage; (*spectacle*) to put together; (*histoire*) to make up **5.** (*échafaudage*) to erect; (*pneu*) to fit **III.** *vpr* (*atteindre*) **se ~ à 2000 euros** to come to 2000 euros

monteur, -euse [mɔ̃tœʀ] *m, f* **1.** TECH fitter **2.** CINE editor

montgolfière [mɔ̃gɔlfjɛʀ] *f* hot air balloon

montre [mɔ̃tʀ] *f* **1.** watch **2. ~ en main** exactly; **course contre la ~** race against the clock

montre-bracelet [mɔ̃tʀəbʀaslɛ] <montres-bracelets> *f* wrist watch

montrer [mɔ̃tʀe] <1> **I.** *vt* to show **II.** *vpr* **1.** (*prouver*) **il se ~ qc** he proves himself to be sth **2.** (*apparaître*) **se ~** to appear

monture [mɔ̃tyʀ] *f* **1.** (*animal*) mount **2.** (*en optique*) frame

monument [mɔnymɑ̃] *m* **1.** (*mé-morial*) memorial; **~ aux morts** memorial; (*aux soldats morts pendant la guerre*) war memorial **2.** (*édifice*) monument

monumental(e) [mɔnymɑ̃tal] <-aux> *adj* **1.** (*imposant*) monumental **2.** *inf* (*erreur*) colossal

moquer [mɔke] <1> *vpr* **1.** (*ridiculiser*) **se ~ de qn/qc** to make fun of sb/sth **2.** (*dédaigner*) **se ~ du qu'en dira-t-on** not to care what people say; **se ~ de faire qc** to not care about doing sth; **je m'en moque (pas mal)** I (really) couldn't care less **3.** (*tromper*) **se ~ du monde** to have (some) nerve

moquette [mɔkɛt] *f* (fitted) carpet

moqueur, -euse [mɔkœʀ] *adj* (*air*) mocking

moral [mɔʀal] <-aux> *m* **1.** (*état psychologique*) morale **2. avoir le ~ à zéro** to feel really down; **avoir/ne pas avoir le ~** to be in good/low spirits; **remonter le ~ à qn** to boost sb's morale

moral(e) [mɔʀal] <-aux> *adj* moral

morale [mɔʀal] *f* **1.** (*principes*) morality **2.** (*éthique*) ethic **3. faire la ~ à qn** to lecture sb

moralisateur, -trice [mɔʀalizatœʀ] *adj* moralizing; (*personne, ton*) sanctimonious

moraliste [mɔʀalist] **I.** *adj* moralistic **II.** *mf* moralist

moralité [mɔʀalite] *f* **1.** (*valeur morale*) morality **2.** (*leçon*) moral

morbide [mɔʀbid] *adj* (*goût, littérature*) morbid; (*imagination*) gruesome

morceau [mɔʀso] <x> *m* **1.** (*fragment*) piece; **sucre en ~x** lump sugar **2.** (*viande*) cut **3.** ART piece **4. recoller les ~x** to patch things up

morceler [mɔʀsəle] <3> *vt* (*terrain, héritage*) to parcel sth up

mordant(e) [mɔʀdɑ̃] *adj* incisive; (*personne, trait d'esprit*) sharp

mordre [mɔʀdʀ] <14> **I.** *vi* **1.** to bite; **~ dans qc** to bite into sth **2.** (*se laisser prendre*) **~ à l'appât** to bite; *fig* to take the bait **3.** (*empiéter*) **~ sur qc** to go past sth **II.** *vt* to bite; **~**

qn à l'oreille/la jambe to bite sb's ear/leg III. *vpr* se ~ la langue to bite one's tongue

mordu(e) [mɔʀdy] I. *part passé de* **mordre** II. *adj inf* (*passionné*) être ~ de qc to be mad about sth III. *m(f) inf* ~ de musique/sport music/sports fan

morfondre [mɔʀfɔ̃dʀ] <14> *vpr* se ~ (*languir*) to mope

morgue [mɔʀg] *f* 1. (*institut médico-légal*) morgue 2. (*salle d'hôpital*) mortuary

morille [mɔʀij] *f* morel

morne [mɔʀn] *adj* bleak; (*vie, paysage*) dismal

morose [mɔʀoz] *adj* morose; (*temps, air*) sullen

morosité [mɔʀozite] *f* moroseness

morphine [mɔʀfin] *f* morphine

morphologie [mɔʀfɔlɔʒi] *f* morphology

morpion [mɔʀpjɔ̃] *m inf* (*pou*) flea

morse¹ [mɔʀs] *m* ZOOL walrus

morse² [mɔʀs] I. *m* Morse code; en ~ (*message*) in Morse code II. *adj* l'alphabet ~ the Morse alphabet

morsure [mɔʀsyʀ] *f* bite; (*d'un insecte*) sting

mort [mɔʀ] *f* 1. death 2. se donner la ~ to take one's own life; frapper qn à ~ to beat sb to death; à ~! à ~! die! die!; en vouloir à ~ à qn to hate sb (with a vengeance); s'ennuyer à ~ to be bored to death

mort(e) [mɔʀ] I. *part passé de* **mourir** II. *adj* 1. dead 2. *inf* être ~ to be dead beat; être ~ de fatigue to be exhausted; être ~ de honte/peur to be mortified/scared stiff 3. (*feu*) out 4. être ~ et enterré to be dead and buried; être laissé pour ~ to be left for dead; tomber raide ~ to fall down dead III. *m(f)* 1. (*défunt*) dead person 2. (*dépouille*) dead body 3. être un ~ vivant to be more dead than alive; faire le ~ to play dead

mortalité [mɔʀtalite] *f* mortality

mortel(le) [mɔʀtɛl] I. *adj* 1. (*sujet à la mort*) mortal 2. (*causant la mort*) fatal 3. *inf* deadly II. *m(f) souvent pl*

mortal

mort-né(e) [mɔʀne] <mort-nés> I. *adj* (*enfant*) stillborn II. *m(f)* stillborn

morue [mɔʀy] *f* ZOOL ~ séchée/fraîche/fumée dried/fresh/smoked cod; huile de foie de ~ cod liver oil

morve [mɔʀv] *f* mucus

morveux, -euse [mɔʀvø] I. *adj* (*nez*) runny; (*enfant*) snotty *inf* II. *m, f péj, inf* snotty kid

mosaïque [mɔzaik] *f* mosaic

Moscou [mɔsku] Moscow

moscovite [mɔskɔvit] *adj* Muscovite

Moscovite [mɔskɔvit] *mf* Muscovite

Moselle [mozel] *f* la ~ the Moselle

mosquée [mɔske] *f* mosque

mot [mo] *m* 1. word; gros ~ swear word; chercher ses ~s to look for the right words 2. (*message*) message; ~ d'excuse excuse note; ~ d'ordre slogan; ~ de passe password 3. ~s croisés crossword puzzles 4. le fin ~ de l'affaire the real story; dire deux ~s à qn to give sb a piece of one's mind; en deux ~s briefly; avoir son ~ à dire to have something to say; se donner le ~ to pass the word round; avoir toujours le ~ pour rire to be a joker; je lui en toucherai un ~ I will have a word with her about it; ~ à ~ word for word

motard(e) [mɔtaʀ] *m(f) inf* 1. (*motocycliste*) motorcyclist, biker 2. (*policier*) motorcycle policeman [*o* cop *Am*]

mot-clé [mokle] <mots-clés> *m* keyword

moteur [mɔtœʀ] I. *m* 1. TECH motor; ~ diesel diesel engine 2. INFOR ~ de recherche search engine II. *app* frein ~ engine braking

moteur, -trice [mɔtœʀ] *adj* (*muscle, nerf*) motor; (*force, roue*) driving

motif [mɔtif] *m* 1. (*raison*) motive 2. *pl* (*dans un jugement*) grounds 3. (*ornement*) motif 4. (*modèle*) pat-

M
m

tern

motivation [mɔtivasjɔ̃] *f* ECON
lettre de ~ application letter

motivé(e) [mɔtive] *adj* 1.(*justifié*)
justified 2.(*personne*) motivated

motiver [mɔtive] <1> *vt* 1.(*justifier*) to justify 2.(*stimuler*) to motivate

moto [moto] *f abr de* **motocyclette**

motocross, moto-cross [moto-krɔs] *m inv* motocross

motocycliste [motosiklist] I. *adj* motorcycling II. *mf* motorcyclist

motoriser [motɔrize] <1> *vt* to motorize

motte [mɔt] *f* (*de beurre*) slab; (*de terre*) clod

mou, molle [mu] <*devant un nom masculin commençant par une voyelle ou un h muet* mol> *adj* 1.(*opp: dur*) soft; **chapeau** ~ trilby *Brit,* fedora *Am* 2.(*flasque*) flabby 3.(*personne, geste*) feeble

mouchard(e) [muʃar] *m(f)* 1.(*rapporteur*) informer 2. *péj* (*indicateur de police*) snitch

moucharder [muʃarde] <1> I. *vi inf* to snitch II. *vt inf* ~ **qn** to sneak on sb; (*à la police*) to grass [*o* narc *Am*] on sb

mouche [muʃ] *f* 1.fly 2.(*en cosmétique*) beauty spot

moucher [muʃe] <1> I. *vt* ~ (**le nez à**) **qn** to blow sb's nose II. *vpr* **se** ~ (**le nez**) to blow one's nose

mouchoir [muʃwar] *m* ~ **de poche** pocket handkerchief; ~ **en papier** tissue, kleenex *Am*

moudre [mudr] <irr> *vt* to grind

moue [mu] *f* pout

mouette [mwɛt] *f* seagull

mouillé(e) [muje] *adj* (*trempé*) wet

mouiller [muje] <1> I. *vt* 1.(*humecter*) to wet 2.(*tremper*) to soak; **se faire** ~ to get soaked 3.(*ancre*) to cast; (*mines*) to lay II. *vi* 1.(*jeter l'ancre*) to cast anchor 2. *inf* (*avoir peur*) to be scared to death III. *vpr* **se** ~ 1.(*personne*) to get wet; **se** ~ **les mains** to get one's hands wet 2.(*se tremper*) **se** ~ to get soaked 3. *inf* (*se compromettre*) **se** ~ **dans**

qc to get involved in sth

moulant(e) [mulɑ̃] *adj* tight

moule¹ [mul] *m* 1.a. GASTR mould *Brit,* mold *Am* 2.(*empreinte*) cast

moule² [mul] *f* mussel

mouler [mule] <1> *vt* 1.(*fabriquer*) to mould *Brit,* to mold *Am* 2.(*robe*) to hug

moulin [mulɛ̃] *m* 1.mill; ~ **à café** coffee mill; ~ **à vent** windmill 2.~ **à paroles** *inf* chatterbox; **on entre ici comme dans un** ~ you can just walk in

mouliner [muline] <1> *vt* GASTR to grate

moulu(e) [muly] I. *part passé de* **moudre** II. *adj* (*en poudre*) ground

moumoute [mumut] *f inf* 1.(*perruque*) wig 2.(*veste*) fleece (jacket)

mourant(e) [murɑ̃] I. *adj* **être** ~ (*personne, feu*) to be dying II. *m(f)* dying person

mourir [murir] <irr> *vi* **être** 1.to die; ~ **de qc** to die of sth; ~ **de faim/froid** to starve/freeze to death; **être mort** to have died 2.(*tuer*) to kill 3.(*feu*) to die down 4.**c'est à** ~ **de rire** you'd die laughing

mousquetaire [muskətɛr] *m* musketeer

mousse¹ [mus] *f* 1.(*écume*) froth; ~ **à raser** shaving foam 2. BOT moss 3. GASTR mousse 4.(*matière*) foam

mousse² [mus] *m* cabin boy

mousser [muse] <1> *vi* (*produire de la mousse*) to foam; **faire** ~ to lather

mousseux [musø] *m* sparkling wine

mousson [musɔ̃] *f* monsoon

moustache [mustaʃ] *f* 1.moustache *Brit,* mustache *Am* 2.(*du chat*) whiskers

moustachu(e) [mustaʃy] *adj* (*homme*) wearing a moustache [*o* mustache *Am*]

moustachu [mustaʃy] *m* man with a moustache [*o* mustache *Am*]

moustiquaire [mustikɛr] *f* (*rideau*) mosquito net

moustique [mustik] *m* ZOOL mosquito

moutarde [mutaʀd] *f* mustard

mouton [mutɔ̃] *m* **1.** ZOOL sheep **2.** (*peau*) sheepskin **3.** (*viande*) mutton **4.** (*poussière*) bit of fluff **5. revenons à nos ~s** let's get back to the point

mouvement [muvmã] *m* **1.** *a.* ECON, MUS movement **2.** (*impulsion*) reaction; **~ d'impatience** impatient gesture **3.** (*animation*) activity

mouvementé(e) [muvmãte] *adj* stormy; (*vie*) turbulent; (*poursuite, récit*) eventful

moyen [mwajɛ̃] *m* **1.** (*procédé, solution*) means; **essayer par tous les ~s de** +*infin* to try everything to +*infin;* **au ~ de qc** using sth **2.** (*manière*) way **3.** *pl* (*capacités physiques*) strength **4.** *pl* (*capacités intellectuelles*) faculties; **par ses propres ~s** *pl* by himself **5.** *pl* (*ressources financières*) means; **il/elle a les ~s!** *inf* he/she can afford it! **6.** *souvent pl* (*instruments*) **~ de transport** means of transport **7. se débrouiller avec les ~s du bord** to make do; **employer les grands ~s** to resort to drastic measures; **pas ~!** no way!

moyen(ne) [mwajɛ̃] *adj* **1.** (*intermédiaire, en proportion*) medium; (*classe*) middle; *v. a.* **moyenne 2.** (*ni bon, ni mauvais*) average **3.** (*du type courant*) standard; **le Français ~** the average Frenchman

Moyen Âge, Moyen-Âge [mwajɛnaʒ] *m* Middle Ages *pl*

moyennant [mwajɛnã] *prep* **1. ~ 2000 euros** for 2000 euros **2. ~ quoi** in return for which

moyenne [mwajɛn] *f* **1.** MAT, ECOLE average; **la ~ d'âge** the average age; **en ~** on average; **avoir la ~ en qc** to get a pass mark [*o* passing grade *Am*] in sth **2.** (*type le plus courant*) standard

Moyen-Orient [mwajɛnɔʀjã] *m* **le ~** the Middle East

mû, mue [my] *part passé de* **mouvoir**

mue [my] *f* **1.** (*de l'oiseau*) moulting *Brit,* molting *Am;* (*du serpent*) sloughing; (*d'un mammifère*) shedding **2.** ANAT breaking *Brit,* changing *Am*

muer [mɥe] <1> *vi* **1.** (*oiseau*) to moult *Brit,* to molt *Am;* (*serpent*) to slough; (*mammifère*) to shed **2.** (*changer de timbre*) **sa voix** [*o* il] **mue** his voice is breaking [*o* changing *Am*]

muesli [mysli] *m* muesli

muet(te) [mɥɛ] **I.** *adj* silent **II.** *m(f)* mute

muguet [mygɛ] *m* lily of the valley

> **i** On May 1 **du muguet** is sold on every street. This is given as a gift to bring luck and and as a sign of affection.

---

mulâtre, mulâtresse [mylɑtʀ] *adj, m, f* mulatto

mule¹ [myl] *f* ZOOL (she)-mule

mule² [myl] *f* (*pantoufle*) mule

mulet [mylɛ] *m* ZOOL (he)-mule

multicolore [myltikɔlɔʀ] *adj* multicoloured *Brit,* multicolored *Am*

multiculturel(le) [myltikyltyʀɛl] *adj* multicultural

multimédia [myltimedja] *adj, m* multimedia

multinationale [myltinasjɔnal] *f* (*entreprise*) multinational

multiple [myltipl] **I.** *adj* **1.** (*nombreux*) numerous **2.** (*maints, varié*) many **3.** (*complexe*) multiple **II.** *m* **être le ~ de qc** to be the multiple of sth

multiplication [myltiplikasjɔ̃] *f* BOT, MAT multiplication

multiplier [myltiplije] <1> **I.** *vt* **1.** MAT, BOT to multiply; **~ sept par trois** to multiply seven by three **2.** (*efforts, attaques*) to increase **II.** *vpr* **se ~** to multiply

multiracial(e) [myltiʀasjal] <-aux> *adj* multiracial

multitude [myltityd] *f* **1.** (*grand nombre*) mass **2.** (*foule*) multitude

municipal(e) [mynisipal] <-aux> *adj* (*communal*) municipal; (*élections*) local; **conseil ~** town [*o* city

Am] council

municipalité [mynisipalite] *f* **1.** (*administration*) town [*o* city *Am*] council **2.** (*commune*) municipality

munir [myniʀ] <8> **I.** *vt* ~ **qn/qc de piles** to provide sb/sth with batteries **II.** *vpr* **se** ~ **de qc** to provide oneself with sth; *fig* to arm oneself with sth

munitions [mynisjɔ̃] *fpl* ammuntion

mur [myʀ] *m* **1.** wall **2.** **franchir le** ~ **du son** to break the sound barrier; **raser les** ~**s** to hug the walls; (*se faire tout petit*) to curl up

mûr(e) [myʀ] *adj* (*fruit*) ripe

muraille [myʀɑj] *f* wall

mûre [myʀ] *f* **1.** (*fruit de la ronce*) blackberry **2.** (*fruit du mûrier*) mulberry

mûrement [myʀmɑ̃] *adv* at length

murer [myʀe] <1> *vt* **1.** TECH to block up **2.** (*avalanche*) to block; **être muré dans le silence** to be immured in silence **II.** *vpr* **se** ~ **chez soi** to shut oneself away at home

mûrir [myʀiʀ] <8> **I.** *vi* to ripen; (*projet, idée*) to develop **II.** *vt* **1.** (*fruit*) to ripen **2.** (*rendre sage*) to mature **3.** (*méditer*) to nurture

murmure [myʀmyʀ] *m* **1.** (*chuchotement*) murmur **2.** *pl* (*protestation*) murmurings

murmurer [myʀmyʀe] <1> *vt* ~ **qc à qn** to murmur sth to sb

mus [my] *passé simple de* **mouvoir**

muscle [myskl] *m* muscle

musclé(e) [myskle] *adj* **1.** (*athlétique*) muscular **2.** *fig, inf* tough

muscler [myskle] <1> *vt* ~ **qn/le dos** to develop sb's/the back muscles

musculaire [myskylɛʀ] *adj* muscular

musculation [myskylasjɔ̃] *f* body building

musculature [myskylatyʀ] *f* muscle structure

muse [myz] *f* muse

museau [myzo] <x> *m* (*du chien*) muzzle; (*du porc, poisson*) snout

musée [myze] *m* museum

museler [myzle] <3> *vt* (*chien*) to muzzle

muselière [myzəljɛʀ] *f* muzzle

musette [myzɛt] **I.** *f* **1.** lunchpack **2.** MUS musette **II.** *app* **bal** ~ *popular dance with a band led by the accordeon*

musical(e) [myzikal] <-aux> *adj* musical; **comédie** ~**e** musical

music-hall [myzikol] <music-halls> *m* **1.** (*spectacle*) variety show **2.** (*établissement*) music hall

musicien(ne) [myzisjɛ̃] **I.** *adj* musical **II.** *m(f)* musician

musique [myzik] *f* **1.** music **2.** **connaître la** ~ *inf* to know the story; **en avant la** ~! *inf* here we go!

musulman(e) [myzylmɑ̃] *adj* muslim

Musulman(e) [myzylmɑ̃] *m(f)* Muslim

mutation [mytasjɔ̃] *f* **1.** BIO mutation **2.** ADMIN transfer

muter [myte] <1> *vt* ADMIN to transfer

mutilation [mytilasjɔ̃] *f* mutilation

mutilé(e) [mytile] *m(f)* disabled person; ~ **de guerre** disabled ex-serviceman [*o* veteran *Am*]

mutiler [mytile] <1> *vt, vpr* (**se**) ~ to mutilate (oneself)

mutinerie [mytinʀi] *f* mutiny

mutisme [mytism] *m* silence

mutuel(le) [mytɥɛl] *adj* (*réciproque*) mutual

mutuelle [mytɥɛl] *f* supplemental insurance, ≈ Friendly Society *Brit* (*providing top-up health insurance*)

mutuellement [mytɥɛlmɑ̃] *adv* mutually

mygale [migal] *f* tarantula

myope [mjɔp] **I.** *adj* short-sighted **II.** *mf* short-sighted person

myosotis [mjɔzɔtis] *m* forget-me-not

myrtille [miʀtij] *f* blueberry

mystère [mistɛʀ] *m* **1.** (*secret*) secret **2.** (*énigme*) mystery

mystérieusement [misteʀjøzmɑ̃] *adv* **1.** (*en secret*) secretively **2.** (*d'une façon mystérieuse*) mysteriously

mystérieux, **-euse** [misteʀjø] *adj* mysterious

mystifier [mistifje] <1> *vt* to fool

mystique [mistik] *adj* **1.** (*religieux*) mystical **2.** (*exalté, fervent*) mystic

mythe [mit] *m* myth

mythique [mitik] *adj* mythical; (*imaginaire*) imaginary

mythologie [mitɔlɔʒi] *f* mythology

mythomane [mitɔman] *adj, mf* mythomaniac

N, n [ɛn] **I.** *m inv* N, n; ~ **comme Nicolas** n for Nelly [*o* Nan *Am*] **II.** *f:* road equivalent to a British 'A' road or to a state highway in the U.S.

n' *v.* **ne**

na [na] *interj enfantin* so there

nabot(e) [nabo] *m(f)* dwarf

nacelle [nasɛl] *f* gondola; (*coque carénée*) nacelle

nacre [nakʀ] *f* mother of pearl

nacré(e) [nakʀe] *adj* pearly

nage [naʒ] *f* **1.** swimming; (*façon de nager*) stroke; ~ **libre/sur le dos** freestyle/backstroke **2.** traverser qc **à la** ~ to swim across sth; **être en** ~ to be in a sweat

nageoire [naʒwaʀ] *f* fin

nager [naʒe] <2a> **I.** *vi* **1.** to swim **2.** *fig* ~ **dans le bonheur** to be overjoyed **3.** *inf* (*être au large*) **il nage dans le pull** the sweater is miles too big for him **4.** *inf* (*ne pas comprendre*) to be lost **II.** *vt* to swim; (*crawl*) to do

nageur, **-euse** [naʒœʀ] *m, f* swimmer

naïf, **naïve** [naif] *adj* **1.** *péj* gullible **2.** (*naturel*) naïve

nain(e) [nɛ̃] *adj, m(f)* dwarf

naissance [nɛsɑ̃s] *f* **1.** birth; **à la** ~ at birth **2.** donner ~ **à un enfant** to give birth to a child; **aveugle/**

muet/sourd de ~ (*aveugle, muet, sourd*) from birth; (*Français*) by birth

naître [nɛtʀ] <irr> *vi* être **1.** (*venir au monde*) to be born; **être né musicien** to be a born musician **2.** (*apparaître*) to arise; (*idée*) to be born

naïveté [naivte] *f* innocence

nana [nana] *f inf* chick

nanti(e) [nɑ̃ti] **I.** *adj* rich **II.** *m(f)* rich person

naphtaline [naftalin] *f* **boules de** ~ mothballs

Napoléon [napɔleɔ̃] *m* Napoleon

nappe [nap] *f* **1.** (*linge*) tablecloth **2.** (*d'eau*) sheet; (*de brouillard*) blanket; ~ **de pétrole** oil slick

napper [nape] <1> *vt* GASTR ~ **qc de chocolat** to cover sth in chocolate

naquis [naki] *passé simple de* **naître**

narcisse [naʀsis] *m* BOT narcissus

narcissisme [naʀsisism] *m* narcissism

narcose [naʀkoz] *f* narcosis

narguer [naʀge] <1> *vt* to flout; (*agacer*) to laugh at

narine [naʀin] *f* nostril

narquois(e) [naʀkwa] *adj* sardonic

narrateur, **-trice** [naʀatœʀ] *m, f* narrator

NASA [naza] *f abr de* **National Aeronautics and Space Administration** NASA

nasale [nazal] *f* LING nasal

nase [nɑz] *adj inf* **1.** (*cassé*) bust **2.** (*épuisé*) beat, knackered *Brit*

naseau [nazo] <x> *m* nostril

natal(e) [natal] <s> *adj* (*langue, terre*) native; (*maison, ville*) where one was born

natalité [natalite] *f* birth rate

natation [natasjɔ̃] *f* swimming

natel [natɛl] *m Suisse* (*téléphone portable*) mobile (phone)

natif, **-ive** [natif] **I.** *adj* **être** ~ **de Toulouse** to be a native of Toulouse **II.** *m, f* native; **les** ~**s du Cancer** Cancerians

nation [nasjɔ̃] *f* **1.** (*peuple*) nation

2. (*pays*) country; **la Nation** the Nation; **les Nations unies** the United Nations

national(e) [nasjɔnal] <-aux> *adj* **1.** (*de l'État*) national; **fête ~e** national holiday **2.** (*entreprise*) state-owned

ℹ The 14th July is France's **fête nationale** to celebrate the storming of the Bastille in 1789. On this day, the towns are decorated with flags and a military parade takes place on the Champs-Ely-sées. At 10 p.m., fireworks go off all over France. Belgium's national holiday is 21st July, the birthday of Leopold I.

Nationale [nasjɔnal] *f:* road equivalent to a British 'A' road or to a state highway in the U.S.

nationaliser [nasjɔnalize] <1> *vt* to nationalize

nationalisme [nasjɔnalism] *m* nationalism

nationaliste [nasjɔnalist] *adj, mf* nationalist

nationalité [nasjɔnalite] *f* nationality

national-socialisme [nasjɔnalsɔsjalism] *m sans pl* National Socialism

national-socialiste [nasjɔnalsɔsjalist] <nationaux-socialistes> *adj, m, f* National Socialist

Nativité [nativite] *f* **la ~** the Nativity

natte [nat] *f* **1.** (*cheveux*) plait *Brit,* braid *Am;* **se faire une ~** to plait [*o* braid *Am*] one's hair **2.** (*tapis*) (straw) mat

naturalisation [natyralizasjɔ̃] *f* POL naturalization

naturaliser [natyralize] <1> *vt* **~ qn français** to grant sb French citizenship; **se faire ~** to become naturalized

naturaliste [natyralist] *adj, mf* naturalist

nature [natyʀ] I. *f* **1.** nature **2.** ART **~ morte** still life **3.** **ne pas être gâté par la ~** *inf* to be no oil painting; **petite ~** *inf* delicate flower; **de** [*o* **par**] **~** naturally II. *adj inv* **1.** (*café, thé*) black; (*yaourt*) plain **2.** *inf* (*simple*) simple

naturel [natyʀɛl] *m* **1.** (*caractère*) nature **2.** (*spontanéité*) naturalness **3.** **être d'un ~ jaloux/timide** to be naturally jealous/shy

naturel(le) [natyʀɛl] *adj* **1.** natural; (*père*) biological; (*produit*) organic **2.** (*simple*) simple

naturellement [natyʀɛlmɑ̃] *adv* **1.** naturally **2.** (*bien entendu*) of course

naturisme [natyʀism] *m* naturism

naturiste [natyʀist] *adj, mf* naturist

naufrage [nofʀaʒ] *m* **1.** wreck **2.** **faire ~** to be wrecked

naufragé(e) [nofʀaʒe] *m(f)* shipwrecked person

nausée [noze] *f* **1.** (*haut-le-cœur*) bout of nausea; **j'ai la ~** [*o* **des ~s**] I feel nauseous **2.** (*dégoût*) disgust **3.** **elle/ça me donne la ~** she/it makes me feel sick

nautique [notik] *adj* **ski ~** water-skiing; **sport ~** watersports *pl*

naval(e) [naval] <s> *adj* naval; **chantier ~** shipyard

navet [navɛ] *m* **1.** BOT turnip **2.** *péj, inf* flop

navette [navɛt] *f* shuttle; **faire la ~ entre deux lieux** to commute between two places

navigant(e) [navigɑ̃] *adj* (*personnel*) AVIAT flying; NAUT sea-going

navigateur [navigatœʀ] *m* INFOR **~ Web** Web browser

navigateur, -trice [navigatœʀ] *m, f* **1.** NAUT sailor **2.** AUTO, AVIAT navigator

navigation [navigasjɔ̃] *f* **1.** NAUT shipping **2.** AUTO, AVIAT navigation

naviguer [navige] <1> *vi* **1.** AVIAT to fly; NAUT to sail **2.** INFOR **~ sur le Web** to surf the Web

navire [naviʀ] *m* ship

navrant(e) [navʀɑ̃] *adj* **c'est ~!** it is a shame!

navré(e) [navʀe] *adj* être ~ **de qc**
to be (terribly) sorry about sth

naze [nɑz] *adj v.* **nase**

nazi(e) [nazi] *adj abr de* **national-socialiste** Nazi

nazisme [nazism] *m abr de* **national-socialisme** nazism

NB [ɛnbe] *abr de* nota bene N.B.

ne [nə] <*devant voyelle ou h muet* n'> *adv* **1.** (*avec autre mot négatif*) **il ~ mange pas le midi** he doesn't eat at lunchtime; **elle n'a guère d'argent** she has hardly any money; **je ~ fume plus** I don't smoke any more; **je ~ me promène jamais** I never go for walks; **je ~ vois personne/rien** I can't see anyone/anything; **personne ~ vient** nobody comes; **rien ~ va plus** no more bets; **il n'a ni frère ni sœur** he has no brothers or sisters; **tu n'as aucune chance** you have no chance **2.** *sans autre mot négatif, soutenu* **je n'ose le dire** I dare not say it **3.** (*seulement*) **je ~ vois que cette solution** this is the only solution I can see; **il n'y a pas que vous qui le dites** you're not the only one to say so

né(e) [ne] **I.** *part passé de* **naître** **II.** *adj souvent écrit avec un trait d'union* (*de naissance*) née; **Madame X, ~e Y** Mrs X, née Y

néant [neɑ̃] *m* nothingness

nécessaire [neseseʀ] **I.** *adj* (*indispensable*) être ~ **à qc** to be necessary for sth **II.** *m* **1.** (*opp: superflu*) **le ~** what is required **2.** **~ à ongles** nail kit

nécessité [nesesite] *f* **1.** necessity **2.** **de première ~** absolutely essential

nécessiter [nesesite] <1> *vt* to require

nec plus ultra [nɛkplysyltʀa] *m inv* last word

nécrologie [nekʀɔlɔʒi] *f* obituary

nectar [nɛktaʀ] *m* nectar

nectarine [nɛktaʀin] *f* nectarine

néerlandais [neɛʀlɑ̃dɛ] *m* Dutch; *v. a.* **français**

néerlandais(e) [neɛʀlɑ̃dɛ] *adj* Dutch

Néerlandais(e) [neɛʀlɑ̃dɛ] *m(f)* Dutchman, Dutchwoman *m, f*

nef [nɛf] *f* ARCHIT nave

néfaste [nefast] *adj* harmful; (*régime, décision*) ill-fated; **être ~ à qn/qc** to be a disaster for sb/sth

négatif [negatif] *m* PHOT negative

négatif, -ive [negatif] *adj* negative

négation [negasjɔ̃] *f* LING negation

négative [negativ] *f* **répondre par la ~** to reply in the negative

négligé(e) [negliʒe] *adj* neglected; (*tenue*) sloppy

négligeable [negliʒabl] *adj* negligible; (*élément, facteur*) inconsiderable

négligemment [negliʒamɑ̃] *adv* **1.** (*nonchalamment*) casually **2.** (*sans soin*) carelessly

négligence [negliʒɑ̃s] *f sans pl* (*manque d'attention*) negligence; **par ~** negligently

négligent(e) [negliʒɑ̃] *adj* (*élève*) careless; (*employé*) negligent

négliger [negliʒe] <2a> *vt, vpr* (**se**) **~** to neglect (oneself)

négoce [negɔs] *m soutenu* trade

négociant(e) [negɔsjɑ̃] *m(f)* trader

négociation [negɔsjasjɔ̃] *f gén pl* negotiation

négocier [negɔsje] <1> **I.** *vi* POL to negotiate **II.** *vt* (*discuter*) to discuss; (*obtenir après discussion*) to negotiate

nègre [nɛgʀ] *m* **1.** *péj* Negro **2.** **travailler comme un ~** to work like a slave

négresse [negʀɛs] *f péj* Negress

négro [negʀo] *m péj, inf* nigger

neige [nɛʒ] *f* **1.** METEO snow **2.** GASTR **battre les blancs (d'œufs) en ~** to beat the egg whites until they form stiff peaks **3.** **être blanc comme ~** to be a white as snow

neiger [neʒe] <2a> *vi impers* **il neige** it's snowing

néné [nene] *m inf* boob

nénuphar [nenyfaʀ] *m* water lily

néologisme [neɔlɔʒism] *m* neologism

néon [neɔ̃] *m* (*tube fluorescent*) neon light

N
n

néonazi(e) [neonazi] *adj, m(f)* neo-Nazi

néphrétique [nefʀetik] *adj* **coliques ~s** renal colic

Neptune [nɛptyn] *f* ASTR Neptune

nerf [nɛʀ] *m* **1.** nerve; **avoir les ~s à vif** to be on edge; **être sur les ~s** *inf* to be keyed up; **être malade des ~s** to suffer from nerves **2. taper sur les ~s à qn** *inf* to get on sb's nerves; **du ~!** *inf* buck up!

nerveux, -euse [nɛʀvø] **I.** *adj* **1.** ANAT, MED nervous **2.** (*irritable*) irritable; (*animal, personne*) touchy **3.** (*émotif*) emotional **4.** (*vigoureux*) energetic; (*moteur, voiture*) responsive **II.** *m, f* highly-strung person; **c'est un ~** he's highly strung

nervosité [nɛʀvozite] *f* nervousness

n'est-ce-pas [nɛspɑ] *adv* **1.** (*invitation à acquiescer*) **c'est vrai, ~?** it's true, isn't it?; **vous viendrez, ~?** you'll come, won't you? **2.** (*renforcement*) of course

net(te) [nɛt] **I.** *adj* **1.** *postposé* (*propre*) clean; (*copie, intérieur*) neat **2.** *postposé* (*précis*) precise; (*position, réponse*) exact **3.** *a.* *antéposé* (*évident*) clear; (*amélioration, différence, tendance*) distinct **4.** *postposé* (*contours, image*) sharp **5.** *inf* (*opp: cinglé*) sharp **6.** *postposé* (*salaire*) net; **~ d'impôt** net of taxes **II.** *adv* **1.** (*se casser*) cleanly; (*s'arrêter*) dead; **être tué ~** to be killed instantly **2.** (*dire, refuser*) straight out

Net [nɛt] *m* **le ~** the Net

netiquette [netikɛt] *f* INFOR netiquette

nettement [nɛtmɑ̃] *adv* **1.** (*sans ambiguïté*) clearly **2.** (*distinctement*) distinctly **3.** (*largement*) markedly

netteté [nɛtte] *f* (*précision*) neatness

nettoyage [netwajaʒ] *m* (*lavage*) cleaning; **~ à sec** dry-cleaning

nettoyer [netwaje] <6> **I.** *vt* **1.** (*laver*) to clean; **~ la table à l'eau** to clean the table with water **2.** *inf* (*ruiner*) **~ qn** to clean sb out **II.** *vpr* **se ~** to wash oneself

neuf¹ [nœf] *adj* nine; *v. a.* **cinq**

neuf² [nœf] *m* **1.** new **2. il y a du ~** something new has happened

neuf, neuve [nœf] *adj* **1.** new **2. quelque chose/rien de ~** something/nothing new

neurasthénique [nøʀastenik] *adj* depressed

neurologique [nøʀɔlɔʒik] *adj* neurological

neurologue [nøʀɔlɔg] *mf* neurologist

neurone [nøʀon] *m* **1.** BIO, INFOR neuron **2.** *pl* (*cerveau*) brain

neutraliser [nøtʀalize] <1> *vt* **1.** (*empêcher d'agir*) to neutralize **2.** (*ennemi, gang*) to overpower

neutralité [nøtʀalite] *f* neutrality

neutre [nøtʀ] **I.** *adj* **1.** neutral **2.** (*asexué*) neuter; **être du genre ~** to be neuter **II.** *m* **1.** *pl* POL neutral nations **2.** LING neuter noun **3.** ELEC neutral

neuvième [nœvjɛm] *adj antéposé* ninth; *v. a.* **cinquième**

neveu [n(ə)vø] <x> *m* nephew

névralgie [nevʀalʒi] *f* **1.** (*douleur du nerf*) neuralgia **2.** (*mal de tête*) headache

névralgique [nevʀalʒik] *adj* MED neuralgic

névrose [nevʀoz] *f* neurosis

névrosé(e) [nevʀoze] *adj, m(f)* neurotic

newton [njutɔn] *m* newton

New York [nujɔʀk] New York

new-yorkais(e) [nujɔʀkɛ] *adj* New York

New-yorkais(e) [nujɔʀkɛ] *m(f)* New Yorker

nez [ne] *m* **1.** nose; **saigner du ~** to have a nosebleed **2. se voir comme le ~ au milieu de la figure** *inf* to stick out a mile; **avoir le ~ fin** to have a flair for business; **avoir du ~ pour qc/les affaires** *inf* to have an instinct for sth/for business; **avoir le ~ dans qc** *inf* to have one's nose stuck in sth; **se bouffer le ~** *inf* to be at each other's throats; **fourrer son ~ dans qc** *inf* to poke one's nose into sth; **pendre au ~ à qn** to

loom over sb; **piquer du** ~ *inf*(s'en-
dormir) to doze off; ~ **à** ~ face to
face; **rire au** ~ **de qn** to laugh in sb's
face; **devant** [*o* **sous**] **le** ~ **de qn** *inf*
under sb's nose

ni [ni] *conj* **1.** *après une autre nég* **il
ne sait pas dessiner** ~ **peindre** he
can neither draw nor paint, he can't
draw or paint; **il n'a rien vu** ~ **personne** he saw nothing and nobody,
he didn't see anything or anybody
2. (*alternative négative*) ~ **l'un** ~
l'autre neither one nor the other; ~
plus ~ **moins que** neither more nor
less than

Niagara [njagaʀa] *m* **les chutes
du** ~ Niagara Falls

niais(e) [njɛ] **I.** *adj* foolish **II.** *m(f)*
fool

niaisement [njɛzmã] *adv* inanely

niaiserie [njɛzʀi] *f* **1.** (*simplicité*) in-
anity **2.** (*chose sotte*) silly nonsense
no pl

niche [niʃ] *f* (*abri*) kennel

nicher [niʃe] <1> **I.** *vi* **1.** (*nidifier*) to
nest **2.** *inf* (*habiter*) to settle **II.** *vpr*
se ~ **dans un arbre** to nest in a tree

nichon [niʃɔ̃] *m* *inf* boob

nickel [nikɛl] **I.** *m* nickel **II.** *adj inv,
inf* (*impeccable*) spotless

nicotine [nikɔtin] *f* nicotine

nid [ni] *m* ZOOL nest; ~ **d'aigle** eyrie
Brit, aerie *Am*

nièce [njɛs] *f* niece

nier [nje] <1> **I.** *vt* to deny **II.** *vi* to
deny the claim(s)

Niger [niʒɛʀ] *m* **le** ~ Niger

Nigeria [niʒeʀja] *m* **le** ~ Nigeria

nigérian(e) [niʒeʀjã] *adj* Nigerian

Nigérian(e) [niʒeʀjã] *m(f)* Nigerian

nigérien(ne) [niʒeʀjɛ̃] *adj* Nigerien

Nigérien(ne) [niʒeʀjɛ̃] *m(f)* Nigerien

nihiliste [niilist] *adj* nihilistic

Nil [nil] *m* **le** ~ the Nile

n'importe [nɛ̃pɔʀt] *v.* **importer**

nippon, -o(n)ne [nipɔ̃] *adj* Japanese

Nippon, -o(n)ne [nipɔ̃] *m, f* Japanese

niquer [nike] <1> *vt vulg* to fuck

nirvana [niʀvana] *m* nirvana

nitouche [nituʃ] *f* **sainte** ~ goody-

goody

nitrate [nitʀat] *m* nitrate

niveau [nivo] <x> *m* **1.** *a.* TECH level;
~ **de vie** standard of living **2. au** ~
de qn/qc (*hauteur*) at the level of
sb/sth; (*près de*) by sb/sth; **au** ~
national on a national level

niveler [nivle] <3> *vt* to even out;
(*sol, terrain*) to level

noble [nɔbl] **I.** *adj* noble **II.** *mf*
nobleman, noblewoman *m, f;* **les** ~**s**
the nobles

noblesse [nɔblɛs] *f* nobility

noce [nɔs] *f* **1.** *a. pl* wedding **2. faire
la** ~ *inf* to live it up

nocif, -ive [nɔsif] *adj* harmful

nocturne [nɔktyʀn] **I.** *adj* nocturnal
II. *f* evening demonstration; **en** ~
late-night

Noël [nɔɛl] *m* **1.** REL Christmas; **nuit
de** ~ Christmas Eve; **joyeux** ~
Merry Christmas **2.** (*période de* ~)
Christmas time **3.** ~ **au balcon,
Pâques au tison** *prov* a mild Christ-
mas means a cold Easter

i For French children, **Noël** is
25th December. Presents are
opened after breakfast. The adults
exchange presents last, as an
aperitif is drunk before lunch. The
evening before, the 24th, the
whole family goes to midnight
mass. 26th December is not a public holiday.

nœud [nø] *m* *a.* NAUT, BOT knot; ~ **papillon** bow tie

noie [nwa] *indic et subj prés de*
noyer

noierai [nwaʀe] *fut de* **noyer**

noir [nwaʀ] *m* **1.** (*couleur, vêtement*) black; (*de deuil*) mourning
2. (*obscurité*) dark; **dans le** ~ in the
dark **3.** *inf* (*café*) espresso **4.** ~ **sur
blanc** in black and white; **broyer
du** ~ to be all gloom and doom; **au** ~
on the black market

noir(e) [nwaʀ] *adj* **1.** black **2.** (*ciel,
lunettes*) dark **3.** (*obscur, sinistre*)

dark; (*humour*) black; **film** ~ film noir

Noir(e) [nwaʀ] *m(f)* black (person)

noirceur [nwaʀsœʀ] *f* **1.** (*perfidie*) blackness **2.** (*caractère sinistre*) darkness

noircir [nwaʀsiʀ] <8> I. *vt* **1.** (*salir*) to dirty **2.** (*étoffe, réputation*) to blacken **3.** (*cahier, feuille*) to cover II. *vi* (*façade, fruit*) to go black; (*bois, couleur*) to discolour [*o* discolor *Am*]

noire [nwaʀ] *f* MUS crotchet *Brit,* quarter note *Am*

noise [nwaz] *f* chercher des ~s à **qn** to pick a quarrel with sb

noisetier [nwaztje] *m* hazel tree

noisette [nwazɛt] I. *f* **1.** (*fruit*) hazelnut **2.** (*de beurre*) knob II. *adj inv* hazel

noix [nwa] *f* **1.** (*fruit*) walnut **2.** (*viande*) fillet **3.** (*de beurre*) knob **4.** à la ~ (**de coco**) *inf* pathetic

nom [nɔ̃] *m* **1.** name; **quel est le ~ de ...?** what's the name of ...?; **de ~** by name **2.** LING noun **3.** ~ **d'un chien!**, ~ **d'une pipe!** heavens!; ~ **de Dieu** (**de** ~ **de Dieu**)! my God!; ~ **à coucher dehors** *inf* name you wouldn't believe; **porter bien/mal son** ~ to suit/not suit one's name; **traiter qn de tous les** ~**s** to call sb every name under the sun; **au** ~ **du Père, du Fils et du Saint-Esprit** in the name of the Father, Son and Holy Spirit

nomade [nɔmad] I. *adj* **1.** (*opp: sédentaire*) nomadic; ZOOL migratory **2.** (*errant*) wandering II. *mf* nomad

nombre [nɔ̃bʀ] *m* number

nombreux, -euse [nɔ̃bʀø] *adj* numerous; (*foule, clientèle, famille*) large; **ils sont** ~ **à faire qc** many of them do sth

nombril [nɔ̃bʀil] *m* navel

nominal(e) [nɔminal] <-aux> *adj* nominal

nominatif, -ive [nɔminatif] *m* LING nominative

nommer [nɔme] <1> *vt* **1.** (*chose*) to call; **une femme nommée Laetitia** a woman named Laetitia

2. (*citer*) to name; **quelqu'un que je ne nommerai pas** somebody who will remain anonymous **3.** (*désigner*) to designate; (*avocat, expert*) to appoint; ~ **qn à un poste/à une fonction** to appoint sb to a job/position

non [nɔ̃] I. *adv* **1.** (*réponse*) no; **je pense que** ~ I don't think so, I think not; **moi** ~, **mais** not me, but; **ah** ~! no!; **ça** ~! certainly not!; **mais** ~! (*atténuation*) of course not!; (*insistance*) definitely not!; (**oh**) **que** ~! *inf* definitely not! **2.** (*opposition*) not; **je n'y vais pas – moi** ~ **plus** I'm not going – nor am I; **il n'en est pas question** ~ **plus** it's also out of the question; ~ **seulement ..., mais (encore)** not only ..., but also **3.** *inf* (*sens interrogatif*) **vous venez,** ~? you're coming, aren't you?; ~, **pas possible!** no, I don't believe it! **4.** (*sens exclamatif*) ~, **par exemple!** for goodness sake!; ~ **mais (alors)**! *inf* honestly!; ~, **mais dis donc!** *inf* really! **5.** (*qui n'est pas*) ~ **négligeable** not inconsiderable; ~ **polluant** non-polluting II. *m inv* no; **48% de** ~ 48% noes

non-agression [nɔ̃naɡʀesjɔ̃] <non-agressions> *f* **pacte de** ~ non-aggression pact

nonante [nɔnɑ̃t] *adj* Belgique, Suisse (*quatre-vingt-dix*) ninety; *v. a.* **cinq, cinquante**

non-assistance [nɔ̃nasistɑ̃s] <non-assistances> *f* ~ (**à personne en danger**) failure to assist a person in danger **non-croyant(e)** [nɔ̃kʀwajɑ̃] <non-croyants> I. *adj* non-believing II. *m(f)* nonbeliever **non-fumeur, -euse** [nɔ̃fymœʀ] <non-fumeurs> *m, f* non-smoker **non-lieu** [nɔ̃ljø] <non-lieux> *m* dismissal of charges

nonne [nɔn] *f* nun

non-sens [nɔ̃sɑ̃s] *m inv* **1.** (*absurdité*) nonsense **2.** ECOLE meaningless word **non-stop** [nɔnstɔp] *adj inv* non-stop **non-violence** [nɔ̃vjɔlɑ̃s] <non-violences> *f* non-violence **non-violent(e)** [nɔ̃vjɔlɑ̃] <non-

violents> I. *adj* non-violent II. *m(f)* supporter of non-violence **non-voyant(e)** [nɔ̃vwajɑ̃] <non-voyants> *m(f)* visually handicapped person

nord [nɔʀ] I. *m* north; **au/dans le ~ de** to/in the north of; **du ~** from the north; **vers le ~** towards the north II. *adj inv* north; *(latitude, partie, banlieue)* northern

Nord [nɔʀ] I. *m* **l'Europe du ~** Northern Europe; **l'Amérique/l'Afrique du ~** North America/Africa; **le ~ canadien** the North of Canada; **dans le ~** *(dans/vers la région)* in/to the North II. *adj inv* **hémisphère ~** Northern hemisphere

nord-africain(e) [nɔʀafʀikɛ̃] <nord-africains> *adj* North African

Nord-Africain(e) [nɔʀafʀikɛ̃] <Nord-Africains> *m(f)* North African **nord-coréen(ne)** [nɔʀkɔʀeɛ̃] <nord-coréens> *adj* North Korean

Nord-Coréen(ne) [nɔʀkɔʀeɛ̃] <Nord-Coréens> *m(f)* North Korean **nord-est** [nɔʀɛst] *m inv* northeast

nordique [nɔʀdik] *adj* Nordic

Nordique [nɔʀdik] *mf* Nordic

nord-ouest [nɔʀwɛst] *m inv* northwest

normal(e) [nɔʀmal] <-aux> *adj* normal; **il est/n'est pas ~ que qn fasse qc/de faire qc** it is/is not all right for sb to do sth/to do sth

normale [nɔʀmal] *f* 1. *(état habituel)* normal situation 2. *(norme)* norm; **des capacités au-dessus de la ~** above-normal capacities 3. METEO **~s saisonnières** seasonal norms

normalement [nɔʀmalmɑ̃] *adv* 1. *(conformément aux normes)* normally 2. *(selon toute prévision)* all being well

normaliser [nɔʀmalize] <1> I. *vt* 1. *(standardiser)* to standardize 2. *(rendre normal)* to normalize II. *vpr* **se ~** *(relations, situation)* to get back to normal

normand(e) [nɔʀmɑ̃] *adj* Norman

Normand(e) [nɔʀmɑ̃] *m(f)* Norman

Normandie [nɔʀmɑ̃di] *f* **la ~** Normandy

norme [nɔʀm] *f* norm; **rester dans la/être hors ~** to remain within/to be outside normal limits

Norvège [nɔʀvɛʒ] *f* **la ~** Norway

norvégien(ne) [nɔʀveʒjɛ̃] *m* Norwegian; *v. a.* **français**

norvégien(ne) [nɔʀveʒjɛ̃] *adj* Norwegian

Norvégien(ne) [nɔʀveʒjɛ̃] *m(f)* Norwegian

nos [no] *dét poss v.* **notre**

nostalgie [nɔstalʒi] *f* nostalgia; **avoir la ~ de qc** to be nostalgic about sth

notable [nɔtabl] I. *adj* notable II. *mf* worthy

notaire [nɔtɛʀ] *m* notary

notamment [nɔtamɑ̃] *adv* 1. *(particulièrement)* notably 2. *Belgique (nommément)* specifically

note [nɔt] *f* 1. *a.* ECOLE, MUS note 2. *(facture)* bill; **~ de 100 euros** bill for 100 euros 3. **prendre (bonne) ~ de qc** to take good note of sth; **prendre qc en ~** to take a note of sth

---

ⓘ In French schools, work is graded from A to E, or given a mark out of 10 or 20.

---

noter [nɔte] <1> *vt* 1. *(inscrire)* to write down 2. *(remarquer)* to note 3. ADMIN, ECOLE to mark *Brit*, to grade *Am*; *(employé)* to rate; **~ qn/qc 12 sur 20** to mark sb/sth 12 out of 20

notice [nɔtis] *f* 1. *(mode d'emploi)* **~ (explicative)** instructions 2. *(préface)* note

notion [nosjɔ̃] *f* 1. *(idée, conscience)* **la ~ du temps** the notion of time 2. *pl (connaissances)* basic knowledge

notoire [nɔtwaʀ] *adj* well-known

notre [nɔtʀ] <nos> *dét poss* 1. our; *v. a.* **ma, mon** 2. REL **Notre Père qui êtes aux cieux** Our Father, who art in heaven

nôtre [notʀ] *pron poss* 1. **le/la/les**

N
ₙ

~(**s**) our; *v. a.* **mien 2.** *pl* (*ceux de notre famille*) **les** ~**s** our folks; (*nos partisans*) our people; **il est des** ~**s** he's one of us; *v. a.* **mien 3.à la** (**bonne**) ~! *inf* to us!

nouer [nwe] <1> *vt* **1.** (*faire un nœud avec*) to knot **2.** (*entourer d'un lien*) to do up; (*paquet, bouquet*) to tie up **3.** (*alliance*) to form; (*relation, amitié*) to strike up

nougat [nuga] *m* nougat

nougatine [nugatin] *f* nougatine

nouille [nuj] I. *f* **1.** GASTR noodle **2.** *inf* oaf II. *adj inf* (*empoté*) clumsy

nounou [nunu] *f enfantin* **1.** (*nourrice*) nanny **2.** (*garde d'enfant*) babysitter, child-minder *Brit*

nounours [nunuʀs] *m enfantin* teddy bear

nourrice [nuʀis] *f* **1.** (*gardienne*) nanny **2.** (*bidon*) jerry can

nourrir [nuʀiʀ] <8> I. *vt* **1.** (*personne, animal*) to feed; ~ **qn au biberon/au sein** to bottle-feed/ breast-feed sb; **bien/mal nourri** well-/under-fed **2.** (*faire vivre*) ~ **qn** to provide for sb **3. être nourri et logé** to have bed and board II. *vi* to be nourishing III. *vpr* (*s'alimenter*) **se** ~ **de qc** to feed on sth; **bien se** ~ to eat well

nourrisson [nuʀisɔ̃] *m* infant

nourriture [nuʀityʀ] *f* food

nous [nu] *pron pers* **1.** *sujet* we; **vous avez fini, mais pas** ~ you've finished but we haven't; ~ **autres** the rest of us **2.** *complément d'objet direct et indirect* us **3.** *avec les verbes pronominaux* **nous** ~ **lavons** we're washing ourselves; **nous** ~ **voyons souvent** we see each other often; **nous** ~ **nettoyons les ongles** we're cleaning our nails **4.** *inf* (*pour renforcer*) ~, ~ **n'avons pas** [*o* **on n'a pas** *inf*] **ouvert la bouche** we never opened our mouths; **c'est** ~ **qui l'avons dit** we're the ones who said it; **il veut** ~ **aider,** ~? he wants to help US? **5.** (*avec un sens possessif*) **le cœur** ~ **battait fort** our hearts were beating fast **6.** *avec un présentatif* ~

voici [*o* **voilà**]! here we are! **7.** *avec une préposition* **avec/sans** ~ with/ without us; **à** ~ **deux** between the two of us; **la maison est à** ~ the house is ours; **c'est à** ~ **de décider** it's for us to decide; **c'est à** ~! it's our turn! **8.** *dans une comparaison* us; **vous êtes comme** ~ you're like us; **plus fort que** ~ stronger than us

nous-même [numɛm] <nous-mêmes> *pron pers* (*nous en personne*) ~**s n'en savions rien** we know nothing; **nous sommes venus de** ~**s** we came of our own accord; *v. a.* **moi-même**

nouveau [nuvo] <x> *m* **1. du** ~ new **2. à** [*o* **de**] ~ again

nouveau, nouvelle [nuvo] <*devant un nom masculin commençant par une voyelle ou un h muet* **nouvel**, x> I. *adj* **1.** (*récent*) new **2.** *antéposé* (*répété*) another; **une nouvelle fois** another time **3. tout beau, tout** ~ *prov* everything's new and lovely; **c'est** ~ (**ça**)! *inf* that's new! II. *m, f* new man, new woman *m, f*

nouveau-né(**e**) [nuvone] <nouveau-nés> *adj, m(f)* newborn

nouveauté [nuvote] *f* **1.** (*en librairie/salle*) new book/film **2.** (*innovation*) novelty

nouvel(**le**) [nuvɛl] *adj v.* **nouveau**

nouvelle [nuvɛl] *f* **1.** (*événement*) piece of news; **connaissez-vous la** ~? have you heard the news? **2.** *pl* (*renseignements sur qn*) **avoir des** ~**s de qn** to have news from sb **3.** LIT short story **4. pas de** ~**s, bonnes** ~**s** *prov* no news is good news; **aux dernières** ~ the last I heard; **tu m'en diras des** ~**s!** tell me what you think of this; **il aura de mes** ~**s!** he'll be hearing from me!; *v. a.* **nouveau**

Nouvelle-Calédonie [nuvɛlkaledoni] *f* **la** ~ New Caledonia **Nouvelle-Orléans** [nuvɛlɔʀleã] *f* **la** ~ New Orleans **Nouvelle-Zélande** [nuvɛlzelãd] *f* **la** ~ New Zealand

novembre [nɔvãbʀ] *m* November; *v. a.* **août**

novice [nɔvis] I. *adj* **être** ~ **dans qc** to be a novice at sth II. *mf* **1.** (*débu-*

tant) beginner **2.** REL novice
noyau [nwajo] <x> *m* **1.** BOT stone **2.** PHYS, BIO nucleus; GEO core
noyer[1] [nwaje] *m* **1.** (*arbre*) walnut tree **2.** (*bois*) walnut
noyer[2] [nwaje] <6> **I.** *vt* **1.** (*tuer, oublier*) to drown **2.** (*inonder*) to flood **II.** *vpr* **se** ~ to drown
nu [ny] *m* ART nude
nu(e) [ny] *adj* **1.** (*sans vêtement*) naked; **se mettre torse** ~ to strip to the waist **2.** (*non protégé*) bare
nuage [nɥaʒ] *m* **1.** (*nébulosité, amas*) cloud **2.** (*de lait*) drop **3.** **être dans les ~s** to be in the clouds; **être sur un** ~ to be on cloud nine
nuageux, -euse [nɥaʒø] *adj* METEO cloudy
nuance [nɥɑ̃s] *f* **1.** (*gradation de couleur*) shade **2.** (*légère différence*) nuance; **à quelques ~s près** apart from a few minor differences
nucléaire [nykleɛʀ] **I.** *adj* nuclear **II.** *m* nuclear technology
nudisme [nydism] *m* nudism
nudiste [nydist] *adj, mf* nudist
nuée [nɥe] *f* (*grand nombre*) horde
nuire [nɥiʀ] <irr> *vi* **à qn/qc** to damage sb/sth
nuisance [nɥizɑ̃s] *f* nuisance
nuisible [nɥizibl] *adj* harmful; **animaux/insectes ~s** pests; **être ~ à qc** to be harmful to sth
nuit [nɥi] *f* **1.** night; **bonne ~!** good night! **2.** (*obscurité*) darkness; **la ~ tombe** night is falling; **il fait/commence à faire ~** it is dark/beginning to get dark; **il fait ~ noire** it's pitch black **3.** (*temps d'activité*) **de** ~ night; **être de** ~ to be on nights; **faire la** ~ to be the nightwatchman **4. la ~ porte conseil** *prov* it is best to sleep on it; ~ **blanche** sleepless night; ~ **de noces** wedding night
nul(le) [nyl] **I.** *adj* **1.** (*mauvais*) lousy; **il est ~ en physique** he's no good at physics **2.** (*ennuyeux, raté*) awful **3.** *inf* (*crétin*) **c'est ~/t'es ~ de** +*infin* it's/you're stupid to +*infin* **4.** SPORT nil **5.** (*minime*) non-existent **6.** MAT zero **II.** *pron indéf, soutenu* ~ **ne** nobody **III.** *m(f)* idiot

nullement [nylmɑ̃] *adv* (*aucunement*) not at all; (*en aucun cas*) in any way
nullité [nylite] *f* **1.** uselessness [*o* hopeless] **2.** JUR nullity
numérique [nymeʀik] *adj* **1.** (*exprimé en nombre*) numerical **2.** INFOR, TEL digital
numériser [nymeʀize] <1> *vt* INFOR to digitize
numéro [nymeʀo] *m* **1.** (*nombre*) number; **le ~ de la page/de téléphone** the page/telephone number; **faire** [*o* compose] **un** ~ to dial a number; ~ **vert** freephone [*o* toll-free *Am*] number **2.** PRESSE issue **3.** (*spectacle*) number **4.** *inf* (*personne*) character **5. faire son ~** à qn *inf* to put on one's act for sb; ~ **un** number one
numérotation [nymeʀotasjɔ̃] *f* numbering
numéroter [nymeʀote] <1> *vt* to number
numerus clausus [nymeʀysklozys] *m inv* quota
nu-pieds [nypje] **I.** *adj inv* barefoot **II.** *mpl* (*chaussures*) flip-flops
nuque [nyk] *f* nape of the neck
nurse [nœʀs] *f* nanny
nutritif, -ive [nytʀitif] *adj* nourishing; (*valeur, substance*) nutritional
nutrition [nytʀisjɔ̃] *f* nutrition
nylon® [nilɔ̃] *m* nylon®
nymphomane [nɛ̃fɔman] *adj, f* nymphomaniac

N_n

O o

O, o [o] *m inv* O, o; ~ **comme Oscar** o for Oliver [*o* Oboe *Am*]
ô [o] *interj* oh
oasis [ɔazis] *f* oasis
obéir [ɔbeiʀ] <8> *vi* (*se soumettre*) ~ **à qn/un ordre** to obey sb/an order

obéissance [ɔbeisɑ̃s] *f* ~ **à qn/qc** obedience to sb/sth

obèse [ɔbɛz] I. *adj* obese II. *mf* obese person

obésité [ɔbezite] *f* obesity

objecter [ɔbʒɛkte] <1> *vt* to object; **ne rien avoir à ~ à qc** to have no objection against sth

objecteur [ɔbʒɛktœʀ] *m* ~ **de conscience** conscientious objector

objectif [ɔbʒɛktif] *m* 1. (*but*) objective 2. *a.* PHYS, PHOT lens

objectif, -ive [ɔbʒɛktif] *adj* objective

objection [ɔbʒɛksjɔ̃] *f* objection; **faire une ~** to make an objection

objectivité [ɔbʒɛktivite] *f* objectivity

objet [ɔbʒɛ] *m* 1. *a.* LING object; ~ **d'art** objet d'art 2. (*but*) purpose; **avoir qc pour ~** to have the aim of sth 3. ~**s trouvés** lost property office *Brit*, lost and found *Am*

obligation [ɔbligasjɔ̃] *f* 1. *a.* JUR obligation; **être dans l'~ de** +*infin* to be obliged to +*infin* 2. *pl* (*devoirs*) obligations; **ses ~s de citoyen** his duties as a citizen 3. *pl* (*devoirs civiques, scolaires*) duties 4. **sans ~ d'achat** with no obligation to buy

obligatoire [ɔbligatwaʀ] *adj* 1. (*exigé*) compulsory 2. *inf* (*inévitable*) inevitable

obligatoirement [ɔbligatwaʀmɑ̃] *adv* **devoir ~ faire qc** to be obliged to do sth

obligé(e) [ɔbliʒe] *adj* 1. (*nécessaire*) vital 2. (*inévitable*) inevitable

obligeance [ɔbliʒɑ̃s] *f* helpfulness; **avoir l'~ de faire qc** to be kind enough to do sth

obliger [ɔbliʒe] <2a> *vt* 1. (*forcer*) to force; ~ **qn à** +*infin* to force sb to +*infin;* **on était bien obligés!** we had to! 2. (*contraindre moralement, rendre service à*) to oblige

oblique [ɔblik] *adj* oblique

obliquer [ɔblike] <1> *vi* to cut across; (*route*) to turn off

oblitérer [ɔblitere] <5> *vt* to obliterate

oblong, -ongue [ɔblɔ̃] *adj* oblong

obole [ɔbɔl] *f* offering

obscène [ɔpsɛn] *adj* obscene

obscénité [ɔpsenite] *f* obscenity

obscur(e) [ɔpskyʀ] *adj* 1. (*sombre*) dark 2. (*raison*) obscure

obscurcir [ɔpskyʀsiʀ] <8> I. *vt* (*assombrir*) to darken II. *vpr* **s'~** (*ciel*) to darken

obscurité [ɔpskyʀite] *f* (*absence de lumière*) darkness

obsédé(e) [ɔpsede] *m(f)* 1. (*par le sexe*) sex maniac 2. (*fanatique*) obsessive

obséder [ɔpsede] <5> *vt* to obsess; (*souci, remords*) to haunt

obsèques [ɔpsɛk] *fpl* funeral

obséquieux, -euse [ɔpsekjø] *adj* obsequious

observateur, -trice [ɔpsɛʀvatœʀ] I. *adj* observant II. *m, f* observer

observation [ɔpsɛʀvasjɔ̃] *f* observation; **faire des ~s à qn sur qc** to make an observation about sth to sb; **mettre qn/être en ~** to put sb/to be under observation

observatoire [ɔpsɛʀvatwaʀ] *m* GEO, ASTR, METEO observatory

observer [ɔpsɛʀve] <1> I. *vt* 1. (*regarder attentivement*) ~ **qn faire qc** to watch sb doing sth 2. (*surveiller*) to observe 3. (*remarquer*) to notice; **faire ~ qc à qn** to point sth out to sb 4. (*respecter*) to respect; (*règle*) to observe; (*jeûne*) to keep; ~ **une minute de silence à la mémoire de qn/qc** to observe a minute's silence in memory of sb/sth II. *vi* to observe III. *vpr* **s'~** (*se surveiller*) to watch each other

obsession [ɔpsesjɔ̃] *f* obsession

obsessionnel(le) [ɔpsesjɔnɛl] *adj* obsessive

obstacle [ɔpstakl] *m* obstacle; **faire ~ à qn/qc** to hinder sb/sth

obstination [ɔpstinasjɔ̃] *f* 1. (*entêtement*) obstinacy 2. (*persévérance*) persistence

obstiné(e) [ɔpstine] I. *adj* 1. (*entêté*) obstinate 2. (*persévérant*) persistent II. *m(f)* obstinate individual

obstiner [ɔpstine] <1> *vpr* **s'~ dans qc** to persist in sth; **s'~ sur qc**

to keep worrying over sth

obtenir [ɔptəniʀ] <9> *vt* **1.** (*recevoir*) to get; (*avantage*) to obtain; ~ **de qn que** +*subj* to get sb to **2.** (*parvenir à*) to obtain; (*examen*) to pass; (*majorité, total*) to achieve

obtention [ɔptɑ̃sjɔ̃] *f* (*d'un examen*) passing; (*d'une pièce administrative*) obtaining

obtus(e) [ɔpty] *adj* obtuse

obus [ɔby] *m* shell

occasion [ɔkazjɔ̃] *f* **1.** (*circonstance* (*favorable*)) opportunity; **c'est l'~ ou jamais** it's now or never; **à la première** ~ at the earliest opportunity **2.** COM bargain; **voiture d'~** secondhand [*o* car *Am*] car **3.** (*cause*) **être l'~ de qc** to be the cause of sth **4.** **les grandes ~s** special occasions; **à l'~** on occasion; **à l'~ de qc** on the occasion of sth

occasionnel(le) [ɔkazjɔnɛl] *adj* occasional; (*travail*) casual

occasionner [ɔkazjɔne] <1> *vt* to cause

occident [ɔksidɑ̃] *m* (*opp: orient*) west

Occident [ɔksidɑ̃] *m* POL l'~ the West

occidental(e) [ɔksidɑ̃tal] <-aux> *adj* **1.** GEO, POL Western **2.** (*opp: oriental*) western

Occidental(e) [ɔksidɑ̃tal] <-aux> *m(f)* **1.** (*opp: Oriental*) Westerner **2.** POL West; **les Occidentaux** the western countries

occulte [ɔkylt] *adj* **1.** (*ésotérique*) occult **2.** (*secret*) secret

occupant(e) [ɔkypɑ̃] *m(f)* **1.** MIL occupier **2.** (*d'une chambre, d'une voiture*) occupant; (*des lieux*) occupier

occupation [ɔkypasjɔ̃] *f* **1.** (*activité*) occupation **2.** (*métier*) job **3.** MIL, HIST occupation

occupé(e) [ɔkype] *adj a.* MIL, POL occupied; (*personne*) busy; (*place, ligne téléphonique*) engaged; **être ~ à qc** to be busy doing sth

occuper [ɔkype] <1> I. *vt* **1.** (*place*) to occupy; ~ **ses loisirs à faire qc** to spend one's free time doing sth **2.** (*habiter*) to occupy **3.** (*emploi,*

poste) to hold; (*fonction*) to occupy **4.** (*employer*) ~ **qn à qc** to occupy sb for sth **5.** MIL, POL to occupy II. *vpr* **1.** (*s'employer*) **s'~ de qc** to be involved in sth **2.** (*prendre en charge*) **s'~ de qn/qc** to take care of sb/sth; **occupe-toi de tes affaires** [*o* **oignons**]**!** mind your own business! **3. t'occupe (pas)!** *inf* none of your business!

océan [ɔseɑ̃] *m* ocean

océanique [ɔseanik] *adj* oceanic

océanologie [ɔseanɔlɔʒi] *f* oceanology

océanologue [ɔseanɔlɔg] *mf* oceanologist

ocre [ɔkʀ] *f* ochre

octane [ɔktan] *m* octane

octante [ɔktɑ̃t] *adj Belgique, Suisse* eighty; *v. a.* **cinq, cinquante**

octet [ɔktɛ] *m* byte

octobre [ɔktɔbʀ] *m* October; *v. a.* **août**

octogénaire [ɔktɔʒenɛʀ] *adj, mf* octogenarian

octroyer [ɔktʀwaje] <6> I. *vt* ~ **qc à qn** to grant sb sth II. *vpr* **s'~ qc** to claim sth

oculaire [ɔkylɛʀ] *adj* **1.** ANAT ocular; **globe** ~ eyeball **2.** (*visuel*) **témoin** ~ eyewitness

oculiste [ɔkylist] *mf* eye specialist

odeur [ɔdœʀ] *f* smell; **je sens une ~ de brûlé** I can smell burning

odieux, -euse [ɔdjø] *adj* (*personne*) obnoxious; (*caractère*) odious

odorat [ɔdɔʀa] *m* sense of smell

œil [œj] <yeux> *m* **1.** ANAT eye; **lever/baisser les yeux** to raise/ lower one's eyes **2.** (*regard*) look; **il la cherche/suit des yeux** his eyes seek her out/follow her **3.** (*regard averti*) eye; **avoir l'~ à tout** to keep an eye on everything **4.** (*regard rapide*) **au premier coup d'~** at first glance **5.** (*jugement*) **d'un ~ critique** with a critical eye **6.** **avoir un ~ au beurre noir** to have a black eye; **loin des yeux, loin du cœur** *prov* out of sight, out of mind; **coûter les yeux de la tête** to cost an arm and a leg; **pour les beaux**

yeux de qn *inf* to be nice to sb; **ne pas avoir froid aux yeux** to have a sense of adventure; **à l'~ nu** to the naked eye; **avoir qn à l'~** *inf* to have one's eye on sb; **ne dormir que d'un** ~ to sleep with one eye open; **faire de l'~ à qn** *inf* to make eyes at sb; **fermer les yeux sur qc** to turn a blind eye to sth; **ouvrir l'~** to keep one's eyes open; **se rincer l'~** *inf* to get an eyeful; **cela saute aux yeux** [*o* **cela crève les yeux**] *inf* it's staring you in the face; **taper dans l'~ de qn** *inf* to catch sb's eye, to take sb's fancy *Brit*; **aux yeux de qn** in sb's eyes; **mon ~!** *inf* my foot!

œillère [œjɛʀ] *f* eyebath *Brit*, eyecup *Am*

œillet¹ [œjɛ] *m* BOT carnation; ~ **d'Inde** French marigold

œillet² [œjɛ] *m* 1. (*petit trou*) eyelet 2. (*renfort métallique*) grommet

œsophage [ezɔfaʒ] *m* oesophagus *Brit*, esophagus *Am*

œuf [œf] *m* 1. ZOOL, GASTR egg; ~**s de poisson** spawn; ~**s brouillés/à la coque** scrambled/boiled eggs; ~ **au plat** fried egg 2. **va te faire cuire un** ~! *inf* go take a running jump!

œuvre [œvʀ] I. *f* 1. ART, LIT, TECH work; ~ **d'art** work of art 2. (*organisation caritative*) ~ **de bienfaisance** charity; **les bonnes** ~**s** charities 3. **mettre en** ~ to implement II. *m* **le gros** ~ the shell

offensé(e) [ɔfɑ̃se] *adj* offended

offenser [ɔfɑ̃se] <1> *vt* (*outrager*) to offend

offensif, -ive [ɔfɑ̃sif] *adj* offensive

offensive [ɔfɑ̃siv] *f* offensive; **prendre l'~** to take the offensive; **lancer une ~ contre qn/qc** to launch an offensive against sb/sth

office [ɔfis] *m* 1. (*agence, bureau*) office 2. REL service 3. **les bons ~s de qn** sb's good offices; **faire ~ de qc** (*personne*) to act as sth; (*chose*) to serve as sth; **d'~** (*par voie d'autorité*) officially; (*en vertu d'un règlement*) automatically; (*sans demander*) without any consultation

officiel(le) [ɔfisjɛl] *adj, m(f)* official

officier [ɔfisje] *m* 1. ADMIN, JUR ~ **d'état civil** registrar 2. MIL officer 3. (*titulaire d'une distinction*) ~ **de l'ordre du mérite** Officer of the Order of Merit

officieux, -euse [ɔfisjø] *adj* unofficial

offrande [ɔfʀɑ̃d] *f* REL offering

offrant [ɔfʀɑ̃] *m* **le plus** ~ the highest bidder

offre [ɔfʀ] *f* 1. (*proposition*) offer 2. ECON supply 3. (*aux enchères*) bid

offrir [ɔfʀiʀ] <11> I. *vt* 1. (*faire un cadeau*) ~ **qc à qn** to give sb sth 2. (*proposer*) ~ **à qn de faire qc** to offer to do sth for sb 3. (*comporter*) to have II. *vpr* 1. (*se présenter*) **s'~ à qn/qc** to reveal oneself to sb/sth 2. (*s'accorder*) **s'~ des vacances** to treat oneself to a vacation

offusquer [ɔfyske] <1> I. *vt* to offend II. *vpr* **s'~ de qc** to take offence [*o* offense *Am*] at sth

ogre, ogresse [ɔgʀ] *m, f* 1. ogre *m*, ogress *f* 2. **manger comme un** ~ *inf* to eat like a horse

oh [o] I. *interj* oh II. *m inv* **pousser des ~ et des ah de surprise** to ooh and aah with surprise

ohé [oe] *interj* hey

oie [wa] *f* (*oiseau*) goose

oignon [ɔɲɔ̃] *m* 1. GASTR onion 2. BOT bulb 3. **aux petits ~s** *inf* first-rate; **c'est pas mes/tes ~s** *inf* it is none of my/your business

oiseau [wazo] <x> *m* 1. (*en ornithologie*) bird 2. *péj* (*type*) character 3. ~ **de mauvais augure** [*o* **de malheur**] bird of ill omen; **à vol d'~** as the crow flies

oisif, -ive [wazif] I. *adj* idle II. *m, f* idler

oisiveté [wazivte] *f* idleness

OK [ɔke] *abr de* **oll korrect** OK

olé [ɔle] I. *interj* olé II. *adj inv, inf* ~ ~ naughty

olive [ɔliv] *f* olive

olivier [ɔlivje] *m* 1. (*arbre*) olive tree 2. (*bois*) olive wood

olympiade [ɔlɛ̃pjad] *f* Olympiad

olympien(ne) [ɔlɛ̃pjɛ̃] *adj* Olympian

olympique [ɔlɛ̃pik] *adj* Olympic
ombilical(e) [ɔ̃bilikal] <-aux> *adj*
(*cordon*) umbilical
ombrage [ɔ̃bʀaʒ] *m* (*feuillage*)
shade
ombragé(e) [ɔ̃bʀaʒe] *adj* shady
ombre [ɔ̃bʀ] *f* **1.** (*opp: soleil*) shade;
à l'~ in the shade; **~s chinoises** sha-
dowgraphs **2.** (*soupçon*) **il n'y a pas
l'~ d'un doute/soupçon** there is
not a shadow of a doubt/suspicion;
sans l'~ d'une hésitation without
a hint of hesitation **3. faire de l'~ à
qn** to overshadow sb; **mettre qn à
l'~** *inf* to lock sb up
ombrelle [ɔ̃bʀɛl] *f* parasol
omelette [ɔmlɛt] *f* GASTR omlette; **~
aux champignons/au fromage**
mushroom/cheese omlette
omnibus [ɔmnibys] **I.** *m* CHEMDFER
stopping train **II.** *app* (*train*) stopping
omnipotent(e) [ɔmnipɔtɑ̃] *adj*
omnipotent
omniprésent(e) [ɔmnipʀezɑ̃] *adj*
omnipresent
omnisports [ɔmnispɔʀ] *adj inv*
general purpose; (*club, salle*) sports
omnivore [ɔmnivɔʀ] *adj* omnivor-
ous
omoplate [ɔmɔplat] *f* shoulder
blade
on [ɔ̃] *pron pers* **1.** (*tout le monde*)
people; (*toute personne*) one, you;
~ dit que they say that; **en France,
~ boit du vin** in France, people
drink wine; **après un moment, on
n'y pense plus** after a while you
don't think about it any more
2. (*quelqu'un*) somebody; **~ vous
demande au téléphone** somebody
wants to speak to you on the telephone **3.** *inf* (*nous*) we; **~ s'en va!**
off we go!; **nous, ~ veut bien!** we
would love to!; **~ fait ce qu'~** [*o
que l'~*] **peut** we're doing what we
can
oncle [ɔ̃kl] *m* uncle
onctueux, -euse [ɔ̃ktɥø] *adj*
1. (*potage, sauce*) smooth **2.** (*doux
au toucher*) smooth; (*crème*)
creamy
onde [ɔ̃d] *f* **1.** PHYS, RADIO wave; **pe-**
tites/moyennes/grandes   **~s**
short/medium/long wave **2. être
sur la même longueur d'~s** *inf* to
be on the same wavelength
ondée [ɔ̃de] *f* shower
on-dit [ɔ̃di] *m inv* hearsay
ondulation [ɔ̃dylasjɔ̃] *f* **1.** (*du blé,
du terrain*) undulation **2.** (*des cheveux*) waves *pl*
ondulé(e) [ɔ̃dyle] *adj* (*cheveux*)
wavy; (*route, surface*) undulating;
(*carton, tôle*) corrugated
onduler [ɔ̃dyle] <1> **I.** *vi* **1.** (*blé,
vague*) to undulate **2.** (*route*) to
snake; (*cheveux*) to wave **II.** *vt* (*cheveux*) to wave
onéreux, -euse [ɔneʀø] *adj* expensive
ongle [ɔ̃gl] *m* ANAT nail; **se faire les
~s** to do one's nails
onglée [ɔ̃gle] *f* **j'ai l'~** the tips of my
fingers are frozen numb
onglet [ɔ̃glɛ] *m* **1.** (*encoche*) tab
2. (*d'un canif, d'une règle*) groove
ont [ɔ̃] *indic prés de* **avoir**
ONU [ony] *f abr de* **Organisation
des Nations unies** U.N.
onze [ɔ̃z] *adj, m inv* eleven; *v. a.* **cinq**
onzième [ɔ̃zjɛm] **I.** *adj antéposé*
eleventh **II.** *mf* **le/la ~** the eleventh
III. *m* (*fraction*) eleventh; *v. a.* **cinquième**
opale [ɔpal] *f* opal
opaline [ɔpalin] *f* opaline
opaque [ɔpak] *adj* opaque
opéra [ɔpeʀa] *m* opera
opérant(e) [ɔpeʀɑ̃] *adj* effective
opérateur [ɔpeʀatœʀ] *m* INFOR, MAT
~ (**du système**) (system) operator
opérateur, -trice [ɔpeʀatœʀ] *m, f*
1. TECH, TEL operator; **~ de saisie**
keyboard operator **2.** FIN dealer
opération [ɔpeʀasjɔ̃] *f* **1.** MED, MAT,
MIL operation; **l'~ ville propre** anti-
litter campaign **2.** (*transaction*) deal;
~s boursières stock transactions
opérationnel(le) [ɔpeʀasjɔnɛl] *adj*
operational
opératoire [ɔpeʀatwaʀ] *adj* (*bloc*)
operating; (*choc*) post-operative
opérer [ɔpeʀe] <5> **I.** *vt* MED **~ qn
du rein** to operate on sb's kidney

O o

II. *vi* (*procéder*) to act

opérette [ɔpeʀɛt] *f* MUS operetta

ophtalmo *inf*, **ophtalmologiste** [ɔftalmɔlɔʒist] *mf*, **ophtalmologue** [ɔftalmɔlɔɡ] *mf* opthalmologist

opiner [ɔpine] <1> *vi* ~ **de la tête** to nod one's assent

opiniâtre [ɔpinjɑtʀ] *adj* (*travail, efforts*) dogged; (*résistance, haine*) unrelenting; (*personne*) obstinate

opinion [ɔpinjɔ̃] *f* **1.** opinion; **se faire une** ~ to form an opinion; **l'~ française** French public opinion **2.** *gén pl* (*convictions*) (**à**) **chacun ses** ~**s** to each his own

opium [ɔpjɔm] *m* opium

opportun(e) [ɔpɔʀtœ̃] *adj* (*démarche, intervention*) timely; **au moment** ~ at the right moment

opportuniste [ɔpɔʀtynist] *adj, mf* opportunist

opportunité [ɔpɔʀtynite] *f* **1.** (*bien-fondé*) timeliness **2.** (*occasion*) opportunity

opposant(e) [ɔpozɑ̃] *m(f)* opponent; **les** ~**s à qn/qc** the opponents to sb/sth

opposé [ɔpoze] *m* **1.** opposite **2.** **à l'~** (*dans l'autre direction*) the other way; (*au contraire*) directly opposite; **à l'~ de qn/qc** unlike sb/sth

opposé(e) [ɔpoze] *adj* **1.** *a.* PHYS opposing; MAT opposite **2.** (*hostile*) **être** ~ **à qc** to be opposed to sth

opposer [ɔpoze] <1> **I.** *vt* **1.** (*comparer*) to compare; ~ **qn/qc et** [*o* à] **qn/qc** to compare sb/sth with sb/sth **2.** MIL to oppose **3.** SPORT **ce match oppose l'équipe X à** [*o* **et**] **l'équipe Y** this match pits team X against team Y **II.** *vpr* (*faire obstacle*) **s'~ à qn/qc** to oppose sb/sth

opposition [ɔpozisjɔ̃] *f* **1.** (*résistance*) ~ **à qc** opposition to sth; **faire** ~ **à qc** to oppose sth **2.** (*différence*) clash; **être/entrer en** ~ **avec qn sur un point particulier** to be opposed to/oppose sb over a particular point **3.** POL the opposition **4.** **faire** ~ **à qc** to countermand sth; (*chèque*) to stop sth; **en** ~ at odds;

par ~ in contrast

oppresser [ɔpʀese] <1> *vt* **1.** (*angoisser*) to oppress **2.** (*suffoquer*) to stifle

oppression [ɔpʀesjɔ̃] *f* (*tyrannie, angoisse*) oppression

opprimé(e) [ɔpʀime] *m(f)* victim; **les** ~**s** the oppressed

opprimer [ɔpʀime] <1> *vt* to oppress

opter [ɔpte] <1> *vi* ~ **pour qc** opt for sth

opticien(ne) [ɔptisjɛ̃] *m(f)* optician

optimal(e) [ɔptimal] <-aux> *adj* optimum

optimiste [ɔptimist] **I.** *adj* optimistic **II.** *mf* optimist

option [ɔpsjɔ̃] *f* **1.** (*choix*) choice **2.** ECOLE option, elective *Am* **3.** AUTO optional extra

optique [ɔptik] **I.** *adj* (*nerf*) optic; (*verre, centre*) optical **II.** *f* (*science, lentille*) optics + *vb sing*

opulence [ɔpylɑ̃s] *f* **1.** (*richesse*) wealth **2.** (*des formes*) fullness

opulent(e) [ɔpylɑ̃] *adj* **1.** (*très riche*) rich; (*vie*) opulent **2.** (*formes*) ample

or¹ [ɔʀ] *m* **1.** gold; **d'~/en** ~ made of gold **2.** **pour tout l'~ du monde** for all the tea in China; **rouler sur l'~** to be rolling in money; **affaire en** ~ a bargain

or² [ɔʀ] *conj* **1.** (*dans un syllogisme*) now **2.** (*transition*) but

orage [ɔʀaʒ] *m* **1.** METEO storm; **le temps est à l'~** there's a storm coming **2.** (*dispute*) upset **3.** **il y a de l'~ dans l'air** *inf* there's a storm brewing

orageux, -euse [ɔʀaʒø] *adj* stormy; (*pluie*) thundery

oral [ɔʀal] <-aux> *m* oral (exam)

oral(e) [ɔʀal] <-aux> *adj* oral; **prendre par voie** ~**e** take by mouth

oralement [ɔʀalmɑ̃] *adv* orally

orange [ɔʀɑ̃ʒ] **I.** *f* orange; ~ **amère/sanguine** bitter/blood orange **II.** *m* **1.** (*couleur*) orange **2.** AUTO amber *Brit*, yellow *Am;* **le feu passe/est à l'~** the lights are changing to/are on amber; **passer à**

l'~ (*voiture*) to go through on amber

! The adjective **orange** is invariable in French, even when it is plural. "Jean-Michel a acheté des stylos orange." (=Jean-Michel bought orange pens).

orangeade [ɔʀɑ̃ʒad] *f* orangeade
oranger [ɔʀɑ̃ʒe] *m* orange tree
orangerie [ɔʀɑ̃ʒʀi] *f* orangery
orang-outan(g) [ɔʀɑ̃utɑ̃] <orangs-outan(g)s> *m* orang-utan *Brit,* orangutan *Am*
orateur, **-trice** [ɔʀatœʀ] *m, f* speaker
orbite [ɔʀbit] *f* 1. ANAT (eye-)socket 2. ASTR orbit
orchestral(e) [ɔʀkɛstʀal] <-aux> *adj* orchestral
orchestre [ɔʀkɛstʀ] *m* 1. MUS orchestra; ~ **à cordes** string orchestra; ~ **de cuivres** brass band 2. (*emplacement*) stalls *pl*; **fosse d'~** orchestra pit
orchestrer [ɔʀkɛstʀe] <1> *vt* A.MUS to orchestrate
orchidée [ɔʀkide] *f* orchid
ordinaire [ɔʀdinɛʀ] I. *adj* 1. (*habituel*) ordinary; (*réaction, geste*) usual 2. (*courant*) everyday 3. *péj* average II. *m* ordinary; **ça change de l'~** that's a change; **comme à l'~** as usual; **d'~** ordinarily
ordinateur [ɔʀdinatœʀ] *m* computer; ~ **personnel/portable** personal/laptop computer; ~ **portable** laptop computer; **travailler sur** ~ to work on computer
ordonnance [ɔʀdɔnɑ̃s] *f* 1. MED prescription; **médicament délivré sur** ~ prescription medicine 2. JUR order
ordonné(e) [ɔʀdɔne] *adj* 1. (*personne*) methodical 2. (*qui a de l'ordre*) orderly; (*maison*) tidy
ordonner [ɔʀdɔne] <1> *vt* 1. (*arranger*) to arrange; MAT to arrange in order 2. (*commander*) ~ **qc à qn/que** +*subj* to order sth for sb/to 3. REL to ordain

ordre¹ [ɔʀdʀ] *m* 1. *a.* BOT, ZOOL, HIST order; **par** ~ **alphabétique** in alphabetical order; **tiercé dans l'~** tiercé in the right order; **faire régner l'~** to keep order; **rappeler qn à l'~** to call sb to order; **rentrer dans l'~** to return to normal 2. (*caractère ordonné*) tidiness; **avoir de l'~** to be tidy; **mettre sa chambre en** ~ to tidy one's room 3. (*genre*) **d'~ politique** of a political nature 4. (*association*) association; REL order 5. **un** ~ **de grandeur** a rough idea; **dans le même** ~ **d'idées** while we're on the subject; **de l'~ de** of roughly; **en** ~ in order
ordre² [ɔʀdʀ] *m* 1. order; **donner l'~ à qn de** +*infin* to give sb the order to +*infin;* **sur** ~ **du médecin** on doctor's orders; **être sous les** ~s **de qn** to be under sb's command; **à vos** ~s**!** yes sir! 2. **être à l'~ du jour** to be on the agenda; **jusqu'à nouvel** ~ until further instructions; **à l'~ de** payable to
ordure [ɔʀdyʀ] *f* 1. *pl* (*détritus, objets usés*) rubbish *no pl Brit,* garbage *no pl Am* 2. *inf* (*personne*) swine
oreille [ɔʀɛj] *f* 1. ANAT ear; **des** ~s **décollées** protruding ears 2. (*ouïe*) **avoir l'~ fine** to have a good sense of hearing 3. **n'être pas tombé dans l'~ d'un sourd** not to fall on deaf ears; **dur d'~** hard of hearing; **faire la sourde** ~ to turn a deaf ear; **casser les** ~s **à qn** to deafen sb; **dormir sur ses deux** ~s to sleep soundly; **dresser** [*o* **tendre**] **l'~** to prick up one's ears; **n'écouter que d'une** ~ to listen with half an ear; **je ne l'entends pas de cette** ~ I'm not having it; **prêter l'~ à qn/qc** to listen to sb/sth; **rebattre les** ~s **à qn avec qc** to go on about sth to sb; **se faire tirer l'~** to need a lot of persuading; **jusqu'aux** ~s up to one's eyes
oreiller [ɔʀeje] *m* pillow
oreillons [ɔʀɛjɔ̃] *mpl* mumps
orfèvre [ɔʀfɛvʀ] *mf* goldsmith
orfèvrerie [ɔʀfɛvʀəʀi] *f* (*art*) goldsmithing

organe [ɔʀgan] *m* **1.**ANAT organ **2.**(*instrument*) instrument **3.**ADMIN **les ~s directeurs** [*o* **dirigeants**] **d'un parti** the leadership of a party

organigramme [ɔʀganigʀam] *m* **1.**ADMIN organizational chart **2.**INFOR flow chart

organique [ɔʀganik] *adj* organic

organisateur [ɔʀganizatœʀ] *m* INFOR organizer

organisateur, -trice [ɔʀganizatœʀ] **I.** *adj* organizing **II.** *m, f* organizer; (*d'une manifestation, d'un voyage*) leader; **tes talents d'~** your organizational skills

organisation [ɔʀganizasjɔ̃] *f* organization; **l'~ des services** the structure of services; **~ syndicale** trade [*o* labor *Am*] union organization

organisé(e) [ɔʀganize] *adj* **1.**(*structuré, méthodique*) organized **2.** *inf* (*manifeste*) **c'est du vol ~!** it's daylight [*o* highway *Am*] robbery!

organiser [ɔʀganize] <1> **I.** *vt* **1.**(*préparer, planifier*) to organize **2.**(*structurer*) to set up **II.** *vpr* **s'~ pour qc** to get organized for sth; **savoir s'~** to know how to organize oneself

organisme [ɔʀganism] *m* **1.**BIO organism **2.**ADMIN organization

orgasme [ɔʀgasm] *m* orgasm

orge [ɔʀʒ] *f* barley

orgie [ɔʀʒi] *f* (*débauche*) orgy

orgue [ɔʀg] **I.** *m* organ; **~ de Barbarie** barrel organ **II.** *fpl* organ + *vb sing*

orgueil [ɔʀgœj] *m* **1.**(*fierté*) pride **2.**(*prétention*) arrogance

orgueilleux, -euse [ɔʀgøjø] **I.** *adj* **1.**(*fier*) proud **2.**(*prétentieux*) arrogant **II.** *m, f* proud person

Orient [ɔʀjɑ̃] *m* **l'~** the Orient

oriental(e) [ɔʀjɑ̃tal] <-aux> *adj* **1.**(*situé à l'est d'un lieu*) eastern **2.**(*relatif à l'Orient*) oriental

Oriental(e) [ɔʀjɑ̃tal] <-aux> *m(f)* Oriental

orientation [ɔʀjɑ̃tasjɔ̃] *f* **1.**direction; (*d'une maison*) aspect **2.**(*tend-*

ance, direction) trend; (*d'une enquête, d'un établissement*) tendency **3.**PSYCH, ECOLE guidance

orienté(e) [ɔʀjɑ̃te] *adj* oriented

orienter [ɔʀjɑ̃te] <1> **I.** *vt* **1.**(*carte, plan*) to turn; **~ une antenne vers qc** to position [*o* turn] an antenna towards sth **2.**(*guider*) **~ qc vers qc** to turn sth toward sth; **~ qn vers qc** to direct sb towards sth **3.**PSYCH, ECOLE to guide **II.** *vpr* **s'~** (*a. fig*) to find one's bearings

orienteur, -euse [ɔʀjɑ̃tœʀ] *m, f* careers adviser *Brit,* career counselor *Am*

orifice [ɔʀifis] *m* orifice; (*d'une canalisation*) opening; (*d'un tuyau*) mouth

origan [ɔʀigɑ̃] *m* oregano

originaire [ɔʀiʒinɛʀ] *adj* **être ~ de** to originally come from

original [ɔʀiʒinal] <-aux> *m* original

original(e) [ɔʀiʒinal] <-aux> *adj* **1.**(*édition, titre*) first **2.**(*inédit, personnel, authentique*) original **3.** *péj* eccentric

originalité [ɔʀiʒinalite] *f* **1.**(*nouveauté*) novelty **2.**(*élément original*) originality

origine [ɔʀiʒin] *f* **1.**(*commencement*) beginning; **à l'~** in the beginning **2.**(*cause*) cause **3.**(*ascendance, provenance*) origin **4.des ~s à nos jours** from its origins to the present day; **être à l'~ de qc** (*personne*) to be behind sth; **mot d'~ grecque/belge** word of Greek/Belgian origin; **être d'~ française** to have French origins

originel(le) [ɔʀiʒinɛl] *adj* original

ORL [ɔɛʀɛl] **I.** *mf abr de* **oto-rhino-laryngologiste** E.N.T. specialist **II.** *f abr de* **oto-rhino-laryngologie** E.N.T.

orme [ɔʀm] *m* elm

ornement [ɔʀnəmɑ̃] *m* ornament; **d'~** (*arbre, plante*) ornamental

ornemental(e) [ɔʀnəmɑ̃tal] <-aux> *adj* ornamental; (*style, motif*) decorative

ornementation [ɔʀnəmɑ̃tasjɔ̃] *f*

ornamentation

ornementer [ɔʀnəmɑ̃te] <1> *vt* to ornament

orner [ɔʀne] <1> *vt* **1.** (*parer*) to adorn **2.** (*servir d'ornement*) to decorate; **être orné de qc** (*objet, vêtements*) to be decorated with sth; (*mur, pièce, salle*) to be adorned with sth

ornière [ɔʀnjɛʀ] *f* rut

ornithologie [ɔʀnitɔlɔʒi] *f* ornithology

orphelin(e) [ɔʀfəlɛ̃] **I.** *adj* orphan; ~ **de père/mère** fatherless/motherless; **être** ~ **de père et de mère** to be orphaned **II.** *m(f)* orphan

orphelinat [ɔʀfəlina] *m* orphanage

orteil [ɔʀtɛj] *m* toe

orthodontiste [ɔʀtodɔ̃tist] *mf* orthodontist

orthodoxe [ɔʀtɔdɔks] **I.** *adj* **1.** (*conforme à l'opinion générale, au dogme*) orthodox **2.** REL Orthodox; ~ **russe** Russian Orthodox **3.** **ne pas être** ~ to be unorthodox **II.** *mf* REL Orthodox

orthographe [ɔʀtɔgʀaf] *f* spelling; **quelle est l'** ~ **de votre nom?** how do you spell your name?; **fautes d'** ~ spelling mistakes

orthographier [ɔʀtɔgʀafje] <1> *vt* to spell

orthopédique [ɔʀtɔpedik] *adj* orthopaedic *Brit*, orthopedic *Am*

orthopédiste [ɔʀtɔpedist] *mf* orthopaedist *Brit*, orthopedist *Am*

orthophoniste [ɔʀtɔfɔnist] *mf* speech therapist

ortie [ɔʀti] *f* (stinging) nettle

orvet [ɔʀvɛ] *m* slow-worm

os [ɔs] <os> *m* **1.** *a.* ANAT bone; ~ **à moelle** marrowbone **2.** **ne pas faire de vieux** ~ not to stay long; **il y a un** ~ *inf* there's a snag; **tomber sur un** ~ *inf* to come across a snag

OS [ɔɛs] *mf abr de* **ouvrier(-ière) spécialisé(e)** unskilled worker

oscillation [ɔsilasjɔ̃] *f* **1.** (*de la température, tension artérielle*) fluctuation **2.** ELEC, PHYS oscillation

osciller [ɔsile] <1> *vi* (*balancer*) to oscillate; (*personne*) to rock; (*tête*)

to shake; (*flamme*) to flicker

osé(e) [oze] *adj* **1.** (*téméraire*) daring; (*démarche, expédition*) risky **2.** (*choquant*) bold

oseille [ozɛj] *f* **1.** BOT sorrel **2.** *inf* (*argent*) bread, dosh *Brit*

oser [oze] <1> **I.** *vt* **1.** (*risquer*) to dare; **je n'ose penser ce qui serait arrivé si ...** I dare not think what would have happened if ... **2.** (*se permettre de*) **j'ose espérer que ...** I hope that ...; **si j'ose dire** if I may say so **II.** *vi* to dare

osier [ozje] *m* willow; **panier en** ~ wicker basket

Oslo [ɔslo] Oslo

osselet [ɔslɛ] *m pl* JEUX jacks

ossements [ɔsmɑ̃] *mpl* bones

osseux, -euse [ɔsø] *adj* **1.** (*relatif aux os*) bone **2.** (*maigre*) bony

ostensible [ɔstɑ̃sibl] *adj* (*mépris*) patent; (*geste*) conspicuous

ostentation [ɔstɑ̃tasjɔ̃] *f* ostentation; **avec** ~ ostentatiously; **faire de qc** to make a show of sth

ostentatoire [ɔstɑ̃tatwaʀ] *adj* ostentatious

otage [ɔtaʒ] *m* hostage

OTAN [ɔtɑ̃] *f abr de* **Organisation du traité de l'Atlantique Nord** NATO

otarie [ɔtaʀi] *f* sea lion

ôter [ote] <1> **I.** *vt* **1.** (*retirer*) to remove; ~ **sa chemise/ses gants** to take one's shirt/gloves off **2.** (*faire disparaître*) ~ **un goût/une odeur** to get rid of a taste/smell **3.** (*débarrasser*) ~ **qc** (*menottes, pansements*) to take sth off; (*objet, envie*) to take sth away; **cela n'ôte rien à tes mérites** that does not detract from your merit **4.** (*retrancher*) ~ **un nom d'une liste** to take a name off a list; **4 ôté de 9 égale 5** 4 from 9 equals 5 **II.** *vpr* **1.** (*s'écarter*) **s'** ~ to get out of the way **2.** **ôte-toi de là que je m'y mette!** *iron, inf* move out of the way!

otite [ɔtit] *f* ear infection

oto-rhino-laryngologiste [ɔtɔʀinolaʀɛ̃gɔlɔʒist] <oto-rhino-laryngologistes> *mf* ear, nose and throat specialist

ou [u] *conj* **1.** ~ (**bien**) or; ~ (**bien**) … ~ (**bien**) … either … or …; **c'est l'un ~ l'autre** it's one or the other **2.** (*sinon*) ~ (**alors**) otherwise

où [u] **I.** *pron* **1.** (*spatial*) where; **là ~** where; **partout ~ il va** everywhere he goes; **d'~ il vient** where he comes from; (*duquel*) which it comes from; **le chemin par ~ nous sommes passés** the way we came **2.** (*jour, matin, soir*) when, on which; (*moment*) when, at which; (*année, siècle*) in which **3.** (*abstrait*) **à l'allure ~ il va** at the speed he's going at; **au prix ~ je l'ai acheté** at the price I paid for it; **dans l'état ~ tu es** in the state you're in **II.** *adv interrog* **1.** (*spatial*) where; **~ êtes-vous?** where are you from?; **par ~** which way **2.** (*abstrait*) ~ **en étais-je?** where was I?; ~ **voulez-vous en venir?** what are you leading up to? **III.** *adv indéf* **1.** (*là où*) where; **par ~ que vous passiez** wherever you went; **~ les choses se gâtent, c'est lorsque …** where things go wrong, it's because … **2.** (*de là*) **d'~ que vienne le vent** wherever the wind comes from; **d'~ l'on peut conclure que …** from which one can conclude that …; **d'~ mon étonnement** hence my surprise

ouah [wa] *interj* (*exprime l'admiration ou la joie*) ~! wow!

ouais [´wɛ] *adv inf* **1.** (*oui*) yeah **2.** (*sceptique*) oh yeah? **3.** (*hourra!*) ~! hooray!

ouate [wat] *f* ~ (**hydrophile**) cotton wool

ouater [wate] <1> *vt* to quilt

oubli [ubli] *m* **1.** (*perte du souvenir*) forgetfulness; **tomber dans l'~** to be forgotten **2.** (*étourderie*) oversight; **réparer un ~** to make up for an oversight **3.** (*lacune*) lapse (of memory)

oublier [ublije] <1> **I.** *vt* **1.** to forget; **n'oubliez pas le guide** don't forget the guide; **il ne faudrait pas ~ que** one must not forget that; **sans ~ qn/qc** without forgetting sb/sth **2.** (*omettre*) to omit; (*mot, virgule*) to leave out **3.** (*devoir, obligation*) to neglect **4.** (*laisser par inadvertance*) ~ **qc** to leave sth behind **5. se faire ~** to keep out of sight **II.** *vpr* **s'~ 1.** (*personne*) not to think of oneself; **ne pas s'~** to remember number one **2.** (*se laisser aller*) to forget oneself **3.** (*faire ses besoins*) to have an accident

oubliettes [ublijɛt] *fpl* (*cachot*) dungeon

ouest [wɛst] **I.** *m* **l'~** the west; **à** [*o* **dans**]/**vers l'~** in/to the west; **à l'~ de qc** west of sth; **vent d'~** westerly wind; **les régions de l'~** the western regions **II.** *adj inv* westerly; (*banlieue, longitude, partie*) western

Ouest [wɛst] *m* West; **les pays de l'~** the West; **les gens de l'~** Westerners

ouest-allemand(e) [wɛstalmã] <ouest-allemands> *adj* West German

ouf [´uf] *interj* phew; **faire ~** to catch one's breath

Ouganda [ugãda] *m* **l'~** Uganda

ougandais(e) [ugãdɛ] *adj* Ugandan

Ougandais(e) [ugãdɛ] *m(f)* Ugandan

oui [´wi] **I.** *adv* **1.** yes; **répondre par ~ ou par non** to give a yes or no reply **2.** (*intensif*) yes indeed; **ah** [*o* **ça**] ~, (**alors**)! oh yes!; **hé ~!** oh yes!; ~ **merde?** *inf* yes or no?; **alors, tu arrives, ~?** *inf* so are you coming then? **3.** (*substitut d'une proposition*) **croire/penser/craindre que ~** to believe/think/fear so **II.** *m inv* **1.** (*approbation*) yes; ~ **à qn/qc** yes to sb/sth **2.** (*suffrage*) aye **3. pour un ~** (**ou**) **pour un non** at the least thing

ouï-dire [´widiʀ] *m inv* hearsay; **par ~** at secondhand

ouïe [wi] *f* (*sens*) hearing; ZOOL gill

ouille [´uj] *interj* ouch!

ouistiti [´wistiti] *m* ZOOL marmoset

ouragan [uʀagã] *m* **1.** (*tempête*) hurricane **2.** (*déchaînement*) storm

ourler [uʀle] <1> *vt* to hem

ourlet [uʀlɛ] *m* hem
ours [uʀs] *m* **1.** ZOOL bear; ~ **blanc** [*o polaire*]/**brun** polar/brown bear; *v. a.* **ourse 2.** (*jouet d'enfant*) ~ **en peluche** teddy bear **3.** *inf* (*misanthrope*) old bear
ourse [uʀs] *f* **1.** she-bear; *v. a.* **ours 2. la Grande/Petite Ourse** the Great/Little Bear, the Big/Little Dipper *Am*
oursin [uʀsɛ̃] *m* sea urchin
ourson [uʀsɔ̃] *m* bear cub
outil [uti] *m a.* INFOR tool
outiller [utije] <1> *vt* to equip; **être outillé pour** +*infin* to be equipped to +*infin*
outrage [utʀaʒ] *m* insult; ~ **à la pudeur** indecent exposure
outrager [utʀaʒe] <2a> *vt* to offend; **d'un air outragé** with an outraged look
outrance [utʀɑ̃s] *f* extravagance; **à** ~ to excess
outre [utʀ] **I.** *prep* (*en plus de*) as well as; ~ **le fait que** besides the fact that **II.** *adv* **en** ~ moreover
outre-Atlantique [utʀatlɑ̃tik] *adv* across the Atlantic
outre-Manche [utʀəmɑ̃ʃ] *adv* across the Channel
outremer [utʀəmɛʀ] *m* **1.** (*en minéralogie*) lapis lazuli **2.** (*bleu*) ultramarine
outre-mer [utʀəmɛʀ] *adv* overseas
outrepasser [utʀəpɑse] <1> *vt* (*droits*) to overstep
outrer [utʀe] <1> *vt* (*scandaliser*) to outrage
outre-Rhin [utʀəʀɛ̃] *adv* across the Rhine
ouvert(e) [uvɛʀ] **I.** *part passé de* **ouvrir II.** *adj* open; (*robinet*) on; **grand** ~ (*yeux*) wide open; **être** ~ **à qn/qc** to be open to sb/sth
ouverture [uvɛʀtyʀ] *f* **1.** opening; **jours/heures d'**~ opening days/ times; **séance d'**~ opening session; **l'**~ **de cette porte est automatique** this door opens automatically **2.** (*attitude ouverte*) openness; ~ **d'esprit** openmindedness; **l'**~ **sur l'Europe** opening up to Europe

3. MUS overture **4.** PHOT aperture **5.** COM, JUR reading **6.** INFOR **d'une session** beginning of a session **7. faire l'**~ *inf* (*d'un magasin*) to open up; (*de la saison*) to go out on the opening day
ouvrable [uvʀabl] *adj* working
ouvrage [uvʀaʒ] *m* **1.** *a.* COUT work **2.** (*travail*) piece of work; **se mettre à l'**~ to start work
ouvré(e) [uvʀe] *adj* (*jour*) working
ouvre-boîte [uvʀəbwat] <ouvre-boîtes> *m* tin-opener *Brit,* can opener *Am* **ouvre-bouteille** [uvʀ(ə)butɛj] <ouvre-bouteilles> *m* bottle opener
ouvreur, -euse [uvʀœʀ] *m, f* CINE, THEAT usher
ouvrier, -ière [uvʀije] **I.** *adj* working-class; (*conflit, législation, condition*) industrial **II.** *m, f* (*travailleur manuel*) worker
ouvrir [uvʀiʀ] <11> **I.** *vt* **1.** to open; ~ **le bec** to open one's mouth **2.** (*à clé*) to unlock **3.** *inf* (*chauffage, télé, robinet*) to turn on **4.** (*marche, procession, liste*) to lead; ~ **un passage à qn/qc** to open up a way through for sb/sth **5. l'**~ *inf* to open one's mouth **II.** *vi* **1.** (*donner sur*) ~ **sur qc** to open on to sth **2.** COM ~ **le lundi** to open on Mondays; ~ **à 15 h** to open at 3 p.m. **III.** *vpr* **s'**~ **1.** (*opp: se fermer*) to open; (*vêtement*) to unfasten **2.** (*se blesser*) **s'**~ **les veines** to slash one's wrists; **s'**~ **la lèvre** to split one's lip; **s'**~ **la jambe/le crâne** to cut one's leg/ one's head open
ovaire [ɔvɛʀ] *m* ANAT, BOT ovary
ovale [ɔval] *adj, m* oval
ovation [ɔvasjɔ̃] *f* ovation; **faire une** ~ **à qn** to give sb an ovation
overdose [ɔvœʀdoz] *f* overdose
ovin [ɔvɛ̃] *m* sheep
ovin(e) [ɔvɛ̃] *adj* (*race*) ovine
OVNI [ɔvni] *m abr de* **objet volant non identifié** UFO
oxydation [ɔksidasjɔ̃] *f* oxydation
oxyde [ɔksid] *m* oxide; ~ **de carbone** carbon monoxide
oxyder [ɔkside] <1> *vt, vpr* (**s'**)~ to

O_o

oxidize

oxygène [ɔksiʒɛn] *m* **1.** CHIM oxygen **2.** (*air pur*) fresh air

oxygéné(e) [ɔksiʒene] *adj* **eau ~e** hydrogen peroxide

ozone [ozon] *f* ozone

P p

P, p [pe] *m inv* P, p; **~ comme Pierre** p as in Peter

pacifique [pasifik] *adj* peaceful; (*personne, pays*) peace-loving

Pacifique [pasifik] *m* **le ~** the Pacific

pacifiste [pasifist] *adj, mf* pacifist

pack [pak] *m* pack

pacotille [pakɔtij] *f* **1.** (*mauvaise marchandise*) rubbish; **de ~** cheap; *fig* rubbishy **2.** (*bijoux*) cheap jewellery [*o* jewelry *Am*]

PACS [paks] *m abr de* **pacte civil de solidarité** *formal civil contract between a non-married heterosexual or homosexual couple*

pacte [pakt] *m* pact; **le ~ de Varsovie** HIST the Warsaw Pact

pagaïe, pagaille [pagaj] *f inf* **1.** mess **2.** mettre la **~ dans qc** to mess sth up; **en ~** in a mess

page [paʒ] *f* **1.** (*feuillet*) page; **voir ~ 20** see page 20 **2.** INFOR **~ d'accueil/personnelle** home page; **~ Web** Web page; **accéder à une ~** to visit a page; **bas de ~** page bottom **3.** **~ blanche** blank page; **première ~** first page; **tourner la ~** to let bygones be bygones

paie¹ [pɛ] *f* pay

paie² [pɛ] *indic et subj prés de* **payer**

paiement [pɛmɑ̃] *m* payment

païen(ne) [pajɛ̃] *adj, m(f)* pagan

paierai [pɛʀɛ] *fut de* **payer**

paillasson [pajasɔ̃] *m* doormat

paille [paj] *f* **1.** *inv* straw **2.** (*pour boire*) (drinking) straw **3.** tirer à la **courte ~** to draw straws

pain [pɛ̃] *m* **1.** *inv* bread; (*miche*) loaf; **~ de seigle** rye bread **2.** **~ au chocolat** pain au chocolat, *chocolate-filled croissant* **3.** ôter [*o* retirer] à qn le **~ de la bouche** to take the bread out of sb's mouth; **avoir du ~ sur la planche** *inf* to have a lot on one's plate; **petit ~** (bread) roll; **être (mis) au ~ sec** to be put on bread and water

pair [pɛʀ] *m* **aller de ~ avec qc** to go hand in hand with sth; **une jeune fille au ~** an au pair (girl); **un jeune homme au ~** a male au pair; **hors (de) ~** unrivalled

pair(e) [pɛʀ] *adj* (*chiffre*) even

paire [pɛʀ] *f* **1.** *a.* JEUX pair **2.** c'est **une autre ~ de manches** *inf* that's another story; **les deux font la ~** *inf* they're two of a kind

paisible [pezibl] *adj* peaceful

paix [pɛ] *f* **1.** (*opp: guerre, entente*) peace **2.** (*traité*) peace treaty **3.** (*tranquillité*) **la ~!** *inf* quiet!; **avoir la ~** to have some peace (and quiet) **4.** faire la **~ avec qn** to make (one's) peace with sb; **qu'il repose en ~!** may he rest in peace!

Pakistan [pakistɑ̃] *m* **le ~** Pakistan

pakistanais(e) [pakistanɛ] *adj* Pakistani

Pakistanais(e) [pakistanɛ] *m(f)* Pakistani

palais¹ [palɛ] *m* palace; **~ des Papes** Popes' Palace; **~ des sports** sports stadium

palais² [palɛ] *m* ANAT palate

pâle [pɑl] *adj* pale

Palestine [palɛstin] *f* **la ~** Palestine

palestinien(ne) [palɛstinjɛ̃] *adj* Palestinian

Palestinien(ne) [palɛstinjɛ̃] *m(f)* Palestinian

palette [palɛt] *f* **1.** (*plateau de chargement*) pallet **2.** (*de couleurs*) palette **3.** (*de produits*) range

palier [palje] *m* landing

pâlir [pɑliʀ] <8> *vi* **1.** to turn pale **2.** **~ d'envie** to go green with envy

palissade [palisad] *f* fence

palliatif, -ive [paljatif] *adj* palliative
palmarès [palmaʀɛs] *m* **1.** (*liste des lauréats*) list of (prize)winners **2.** (*d'un sportif*) record
palmier [palmje] *m* BOT palm tree
palourde [paluʀd] *f* clam
palper [palpe] <1> *vt* **1.** (*toucher*) to feel **2.** MED to palpate
palpitant(e) [palpitã] *adj* thrilling
palpiter [palpite] <1> *vi* (*cœur*) to beat; (*de joie*) to race
paludisme [palydism] *m* malaria
pampa [pãpa] *f* GEO pampas
pamplemousse [pãpləmus] *m* GASTR grapefruit
pan [pã] *m* **1.** (*basque*) tail **2.** (*de mur*) side
panaché [panaʃe] *m* shandy
pancarte [pãkaʀt] *f* notice; (*d'un manifestant*) placard; (*électoral, publicitaire*) poster
pancréas [pãkʀeas] *m* pancreas
panda [pãda] *m* ZOOL panda
panier [panje] *m a.* SPORT basket; ~ **à salade** salad shaker; ~ **de cerises** basket of cherries
panière [panjɛʀ] *f* large (two-handled) basket
panier-repas [panjeʀəpa] <paniers-repas> *m* packed lunch
panique [panik] **I.** *f* panic; **pas de ~!** don't panic! **II.** *adj* (*peur*) panic-stricken
paniquer [panike] <1> **I.** *vt inf* ~ **qn** to scare the wits out of sb, to put the wind up sb *Brit;* **être paniqué de devoir faire qc** to be panicking about having to do sth **II.** *vi inf* to panic **III.** *vpr* **se** ~ to panic
panne [pan] *f* **1.** (*arrêt de fonctionnement*) breakdown; ~ **de courant/de moteur** power/engine failure; **tomber en** ~ to break down; **être en** ~ (*automobiliste, voiture, moteur*) to have broken down; (*machine*) to be not working **2.** *inf* (*manque*) **je suis en** ~ **de café** I've run out of coffee
panneau [pano] <x> *m* **1.** AUTO ~ **de signalisation** road sign **2.** (*pancarte*) board; ~ **horaire des arrivées/des départs** arrivals/depar-

tures board; ~ **d'affichage** (*pour petites annonces, résultats*) notice [*o* bulletin *Am*] board; (*pour publicité*) hoarding *Brit,* billboard *Am* **3. tomber dans le** ~ to fall right into the trap
panoplie [panɔpli] *f* (*jouet*) outfit
panorama [panɔʀama] *m* panorama
panoramique [panɔʀamik] *adj* panoramic; (*restaurant*) with a panoramic view
panse [pãs] *f* **1.** (*d'une vache, brebis*) stomach **2.** *inf* (*ventre*) belly; **s'en mettre plein la** ~ *inf* to stuff one's face
pansement [pãsmã] *m* **1.** (*action*) **faire un** ~ **à qn** to bandage sb up **2.** (*compresse*) dressing; ~ **adhésif** (sticking) plaster *Brit,* Band-Aid® *Am*
panser [pãse] <1> *vt* **1.** (*soigner*) to bandage **2.** (*cheval*) to groom
pantalon [pãtalɔ̃] *m* (pair of) trousers [*o* pants *Am*]
panthère [pãtɛʀ] *f* ZOOL panther
pantin [pãtɛ̃] *m* (*marionnette*) jumping jack
pantomime [pãtɔmim] *f sans pl* (*jeu du mime*) mime
pantouflard(e) [pãtuflaʀ] *adj inf* stay-at-home
pantoufle [pãtufl] *f* (carpet) slipper
paon [pã] *m* ZOOL peacock
papa [papa] *m* dad(dy)
papauté [papote] *f* papacy
pape [pap] *m* REL pope
paperasse [papʀas] *f péj* forms *pl*
paperasserie [papʀasʀi] *f péj* paperwork
papeterie [papɛtʀi] *f* **1.** (*magasin*) stationer's (shop) **2.** (*usine*) paper mill
papi [papi] *m* enfantin, inf v. **papy**
papier [papje] *m* **1.** *sans pl* (*matière*) paper; **bout/feuille/morceau de** ~ bit/sheet/piece of paper; ~ **hygiénique** toilet paper; ~ **peint** wallpaper **2.** (*à remplir*) form **3.** (*article*) article **4.** (*document*) paper **5.** *pl* (*papiers d'identité*) papers **6. réglé comme du** ~ **à musique**

(as) regular as clockwork

papillon [papijɔ̃] *m* **1.** ZOOL butterfly; ~ **de nuit** moth **2.** SPORT (**nage**) ~ butterfly (stroke) **3.** *inf* (*contravention*) (parking) ticket

papillonner [papijɔne] <1> *vi* to flit around

papillote [papijɔt] *f* **1.** (*pour les bonbons*) sweet paper *Brit*, candy wrapper *Am* **2.** GASTR **en** ~ cooked wrapped in greaseproof paper or foil

papilloter [papijɔte] <1> *vi* (*paupières*) to flutter

papoter [papɔte] <1> *vi* to chatter

papy [papi] *m* enfantin, inf grandad

paquebot [pakbo] *m* NAUT liner

pâquerette [pɑkʀɛt] *f* **1.** BOT daisy **2. au ras des** ~**s** *inf* (*humour*) pretty basic

Pâques [pɑk] I. *m* **1.** Easter; **lundi/œuf/vacances de** ~ Easter Monday/egg/holidays **2. à** ~ **ou à la Trinité** *iron* never in a month of Sundays II. *fpl* Easter; **joyeuses** ~**!** Happy Easter!

paquet [pakɛ] *m* **1.** (*boîte*) packet; (*de café, sucre*) bag **2.** (*colis*) parcel **3.** *inf* (*de billets*) wad **4.** INFOR package **5. être un** ~ **de nerfs** *inf* to be a bundle of nerves; **mettre le** ~ *inf* to pull out all the stops

paquet-cadeau [pakɛkado] <paquets-cadeaux> *m* gift-wrapped parcel; **vous pouvez me faire un** ~**?** could you gift-wrap it for me?

paqueté(e) [pak(ə)te] *adj Québec* (*trop plein, rempli à l'excès*) full to bursting

par [paʀ] *prep* **1.** (*grâce à l'action de, au moyen de*) by; ~ **chèque/carte** (**bancaire**) by cheque/(debit)

card; ~ **tous les moyens** using all possible means **2.** (*origine*) ~ **alliance** by marriage **3.** *gén sans art* (*cause, motif*) through **4.** (*à travers, via*) **regarder** ~ **la fenêtre** to look out of the window; **venir** ~ **le chemin le plus court** to come (by) the shortest way; **est-il passé** ~ **ici?** did he come this way? **5.** (*localisation*) **habiter** ~ **ici/là** to live around here/there (somewhere) **6.** (*distribution, mesure*) by; **un** ~ **un** one by one; ~ **moments** at times; ~ **centaines/milliers** in their hundreds/thousands **7.** (*durant, pendant*) ~ **temps de pluie** in wet weather; ~ **les temps qui courent** these days; ~ **le passé** in the past **8.** ~ **pitié, aidez-moi!** for pity's sake, help me! **9.** ~ **contre** on the other hand

parabole [paʀabɔl] *f* **1.** REL parable **2.** MAT parabola **3.** (*antenne*) satellite dish

parabolique [paʀabɔlik] *adj* parabolic; **antenne** ~ satellite dish

parachute [paʀaʃyt] *m* parachute; **sauter en** ~ to parachute

parachuter [paʀaʃyte] <1> *vt* ~ **qn/qc** to parachute sb/sth in

parachutiste [paʀaʃytist] I. *adj* MIL **troupes** ~**s** paratroops II. *mf* **1.** MIL paratrooper **2.** SPORT parachutist

parade [paʀad] *f* **1.** (*défense*) parry **2.** (*défilé*) parade

paradis [paʀadi] *m* **1.** paradise **2. tu ne l'emporteras pas au** ~ you won't get away with that

paradisiaque [paʀadizjak] *adj* heavenly

paradoxal(e) [paʀadɔksal] <-aux> *adj* paradoxical

paradoxe [paʀadɔks] *m* paradox

parages [paʀaʒ] *mpl* **dans les** ~ in the area

paragraphe [paʀagʀaf] *m a.* TYP paragraph

paraître [paʀɛtʀ] <irr> I. *vi* **1.** (*sembler*) ~ **faire qc** to appear to do sth; **cela me paraît** (**être**) **une erreur** it looks like a mistake to me **2.** (*apparaître*) to appear; (*journal, livre*) to come out; **faire** ~ **qc** (*mai-*

son d'édition) to bring sth out **II.** *vi impers* **1.** **il me paraît difficile de** +*infin* it strikes me as difficult to +*infin;* **il lui paraît impossible que** +*subj* it seems impossible to him that **2.** **il paraît que qn va faire qc** it seems that sb is going to do sth; (*soi-disant*) sb is apparently going to do sth; **il paraîtrait que ...** it would seem that ...; **sans qu'il y paraisse** without its showing

parallèle [paralɛl] **I.** *adj* **1.** *a.* MAT parallel **2.** (*non officiel*) unofficial **II.** *f* MAT parallel (line) **III.** *m* parallel

parallèlement [paralɛlmɑ̃] *adv* **1.** (*dans l'espace*) in parallel **2.** (*dans le temps*) at the same time

paralysé(e) [paralize] **I.** *adj* (*bras, personne*) paralysed *Brit,* paralyzed *Am;* **il est ~ des jambes** his legs are paralysed **II.** *m/f* paralytic

paralyser [paralize] <1> *vt* to paralyse *Brit,* to paralyze *Am;* **être paralysé par la peur** to be paralysed with fear

paralysie [paralizi] *f* paralysis

paramètre [paramɛtr] *m* parameter

parano [parano] *inf,* **paranoïaque** [paranɔjak] *adj* paranoid

parapente [parapɑ̃t] *m* **1.** (*parachute rectangulaire*) parachute **2.** (*sport*) paragliding

parapluie [paraplɥi] *m* umbrella

parasite [parazit] **I.** *adj* parasitic(al) **II.** *m* **1.** *a.* BIO parasite **2.** *pl* RADIO, TV interference *no pl*

parasol [parasɔl] *m* parasol

paratonnerre [paratɔnɛr] *m* lightning conductor

paravent [paravɑ̃] *m* screen

parc [park] *m* **1.** (*jardin*) park; **~ botanique** botanic(al) garden(s); **~ d'attractions** amusement park **2.** (*région protégée*) **~ naturel** nature reserve; **~ national** national park **3.** (*bassin d'élevage*) **~ à huîtres/moules** oyster/mussel bed **4.** (*pour bébé*) playpen **5.** (*emplacement*) **~ des expositions** exhibition centre [*o* hall *Am*]

parcelle [parsɛl] *f* (*terrain*) parcel of land

parce que [parskə] *conj* because

par-ci [parsi] **~, par-là** here and there

parcmètre [parkmɛtr] *m* parking meter

parcourir [parkurir] <irr> *vt* **1.** (*trajet, distance*) to cover **2.** (*ville*) to go through; (*en tous sens*) to go all over; (*région, pays*) to travel through **3.** (*journal, lettre*) to glance through; **~ qc des yeux** [*o* **du regard**] to run one's eye over sth

parcours [parkur] *m* **1.** (*d'un véhicule*) journey; (*d'un fleuve*) course **2.** (*piste*) course; (*épreuve*) round **3.** *fig* **~ du combattant** obstacle course

par-delà [pardəla] *prep* (*de l'autre côté de*) beyond; **~ les problèmes** over and above the problems **par-derrière** [pardɛrjɛr] *adv* **1.** (*opp: par-devant*) from behind **2.** *fig* (*raconter, critiquer*) behind sb's back **par-dessous** [pardəsu] *prep, adv* under(neath) **par-dessus** [pardəsy] **I.** *prep* over (the top of) **II.** *adv* over (the top)

pardessus [pardəsy] *m* overcoat

pardon [pardɔ̃] *m* **1.** forgiveness; REL pardon **2.** **~?** (I beg your) pardon?

pardonner [pardɔne] <1> **I.** *vt* **1.** **~ qc à qn** to forgive sb for sth **2.** **pardonne-moi/pardonnez-moi** excuse me **II.** *vi* **1.** (*être fatal*) **ne pas ~** to be very unforgiving **2.** (*absoudre*) to forgive

paré(e) [pare] *adj* **être ~ contre qc** to be prepared for sth

pare-brise [parbriz] *m inv* windscreen *Brit,* windshield *Am* **pare-chocs** [parʃɔk] *m inv* bumper

pareil(le) [parɛj] **I.** *adj* **1.** (*identique*) the same; **être ~ à** [*o* **que**] **qn/qc** to be the same as sb/sth **2.** (*tel*) **une idée/vie ~le** such an idea/a life, an idea/a life like that **II.** *m/f* **1.** *pl, péj* **vous et vos ~s** you and your kind **2.** **c'est du ~ au même** *inf* it makes no difference; **rendre la ~le à qn** to pay sb back; **sans ~** unparalleled **III.** *adv inf* (*s'ha-*

P
p

biller) the same

pareillement [paʁɛjmɑ̃] *adv* **1.**(*également*) likewise **2.**(*de la même façon*) the same

parent [paʁɑ̃] *m* parent

parent(e) [paʁɑ̃] *m(f)* relative

parenté [paʁɑ̃te] *f* (*lien familial, analogie*) relationship

parenthèse [paʁɑ̃tɛz] *f* **1.** TYP, MAT bracket **2.**(*digression*) parenthesis **3.** soit dit entre ~s incidentally; **mettre qc entre ~s** to put sth in brackets

parer [paʁe] <1> I. *vt* (*attaque, coup*) to ward off II. *vi* ~ **à qc** to ward off sth

pare-soleil [paʁsɔlɛj] *m inv* AUTO sun visor

paresse [paʁɛs] *f* laziness

paresser [paʁese] <1> *vi* ~ **au lit** to laze around in bed

paresseux, -euse [paʁesø] I. *adj* lazy II. *m, f* lazy person

parfait [paʁfɛ] *m* **1.** LING perfect **2.** GASTR parfait

parfait(e) [paʁfɛ] *adj* **1.** perfect **2.**(*beauté*) flawless **3.**(*discrétion*) absolute; (*ignorance*) complete

parfaitement [paʁfɛtmɑ̃] *adv* **1.**(*de façon parfaite*) perfectly **2.**(*oui, bien sûr*) absolutely

parfois [paʁfwa] *adv* sometimes

parfum [paʁfœ̃] *m* **1.**(*substance*) perfume **2.**(*odeur*) scent **3.** GASTR flavour *Brit*, flavor *Am*

parfumer [paʁfyme] <1> I. *vt* **1.**(*donner une bonne odeur à*) to perfume **2.** GASTR to flavour *Brit*, to flavor *Am* II. *vpr* **se** ~ to put perfume on

parfumerie [paʁfymʁi] *f* (*magasin*) perfume shop

pari [paʁi] *m* bet

parier [paʁje] <1> I. *vt* ~ **qc à qn/ sur qn/qc** to bet sb sth/on sb/sth II. *vi* to bet; ~ **sur qn/qc** to bet on sb/sth; ~ **aux courses** to bet on horses

Paris [paʁi] *m* Paris

paris-brest [paʁibʁɛst] <paris-brest(s)> *m* GASTR Paris-Brest (*choux pastry ring filled with cream*)

parisien(ne) [paʁizjɛ̃] *adj* Parisian;

(*banlieue, métro, mode*) Paris *avant subst*

Parisien(ne) [paʁizjɛ̃] *m(f)* Parisian

parking [paʁkiŋ] *m* car park *Brit*, parking lot *Am*

parlant(e) [paʁlɑ̃] *adj* **1.**(*geste, regard*) eloquent; (*exemple*) vivid **2. le cinéma** ~ the talkies; **horloge ~e** speaking clock

parlement [paʁləmɑ̃] *m* parliament

parlementaire [paʁləmɑ̃tɛʁ] I. *adj* parliamentary II. *mf* (*député*) Member of Parliament; (*aux Etats-Unis*) Congressman, -woman *m, f*

parlementer [paʁləmɑ̃te] <1> *vi* to negotiate

parler [paʁle] <1> I. *vi* **1.**(*prendre la parole*) to talk **2.**(*exprimer*) to speak **3.**(*converser, discuter*) ~ **de qn/qc avec qn** to talk about sb/sth with sb **4.**(*entretenir*) ~ **de qn/qc à qn** (*dans un but précis*) to talk about sb/sth to sb; (*raconter*) to tell sb about sb/sth **5.**(*adresser la parole*) ~ **à qn** to speak to sb **6.**(*avoir pour sujet*) ~ **de qn/qc** (*article, film, journal, livre*) to be about sb/ sth **7. faire** ~ **de soi** to get oneself talked about II. *vt* **1.**(*langue*) to speak **2.**(*aborder un sujet*) ~ **affaires/politique** to talk business/ politics III. *vpr* **se** ~ (*personnes*) to talk to each other; **se** ~ **à soi-même** to talk to oneself IV. *m* **1.**(*manière*) speech **2.**(*langue régionale*) dialect

---

⚠ When talking about speaking a language, the name of the language, but no article, should directly follow the verb **parler**.
When talking about doing something else with a language, such as learning it, you must place a definite article directly in front of the language. "Sophie parle anglais et elle apprend le français." (= Sophie speaks English and she's learning French.)

parmi [paʀmi] *prep* (*entre*)
among(st)

parodie [paʀɔdi] *f* parody

paroisse [paʀwas] *f* parish

paroissien(ne) [paʀwasjɛ̃] *m(f)*
parishioner

parole [paʀɔl] *f* 1. *souvent pl* (*mot*)
word 2. (*promesse*) ~ **d'honneur**
word of honour [*o* honor *Am*]; **tu
peux la croire sur** ~ you can take
her word for it 3. *sans pl* (*faculté de
parler*) speech 4. *sans pl* (*fait, droit
de parler*) **ne plus adresser la** ~ **à
qn** not to speak to sb any more;
couper la ~ **à qn** to cut sb short;
prendre la ~ to begin to speak 5. *pl*
MUS lyrics 6. **ma** ~! (*je le jure!*) cross
my heart!; (*exprimant l'étonne-
ment*) my word!

parquet [paʀkɛ] *m* (parquet) floor

parrain [paʀɛ̃] *m* 1. *a. fig* godfather
2. (*d'un athlète, festival, théâtre*)
sponsor

parrainer [paʀene] <1> *vt* (*a-
thlète, festival, théâtre*) to sponsor

parsemé(e) [paʀsəme] *adj* être ~
de qc to be strewn with sth

part [paʀ] *f* 1. (*portion*) share; (*de
gâteau*) piece 2. (*partie*) part 3. (*participation*) **prendre** ~ **à qc** to take
part in sth 4. **faire la** ~ **des choses**
to take everything into account;
autre ~ *inf* somewhere else; **d'autre**
~ moreover; **d'une** ~ **...**, **d'autre** ~
... on the one hand ..., on the other
(hand) ...; **citoyen à** ~ **entière** full
citizen; **un Français à** ~ **entière**
person with full French citizenship;
nulle ~ nowhere; **de toute(s)** ~(**s**)
from all sides; **faire** ~ **de qc à qn** to
inform sb of sth; **prendre qn à** ~ to
take sb aside; **cas/place à** ~ unique
case/place; **classer/ranger qc à** ~
to file sth/put sth away separately;
mettre qc à ~ to put sth aside; **à** ~
lui/cela apart from him/that; **à** ~
que qn a fait qc *inf* apart from the
fact that sb has done sth; **de ma/sa**
~ from me/him; **de la** ~ **de qn** (*au
nom de*) on behalf of sb; **donner à
qn le bonjour de la** ~ **de qn** to give
sb sb's regards; **pour ma/sa** ~ as far

as I/he's concerned

partage [paʀtaʒ] *m* 1. (*division*) dividing up 2. (*répartition*) sharing out

partager [paʀtaʒe] <2a> I. *vt*
1. (*diviser*) ~ **qc en qc** to divide sth
(up) into sth 2. (*répartir*) to share
(out) 3. (*avis, frais*) to share II. *vpr*
(*se répartir*) **se** ~ **qc** to share sth between themselves

partagiciel [paʀtaʒisjɛl] *m Québec*
INFOR shareware

partance [paʀtɑ̃s] **le train en** ~
pour Paris the Paris train

partant(e) [paʀtɑ̃] I. *adj inf* **être** ~
pour qc to be ready for sth; **je suis
~!** count me in! II. *m(f)* SPORT starter

partenaire [paʀtənɛʀ] *mf* partner

parti [paʀti] *m* 1. POL party; ~ **de
droite/gauche** right-wing/left-wing
party 2. (*personne à marier*) match
3. ~ **pris** prejudice; **prendre** ~ **pour
qn** to take sb's side; **tirer** ~ **de qc** to
make the most of sth

parti(e) [paʀti] *part passé de* **partir**

partial(e) [paʀsjal] <-aux> *adj*
(*juge*) biased

participant(e) [paʀtisipɑ̃] *m(f)* (*à
une débat*) participant; (*à un concours*) entrant

participation [paʀtisipasjɔ̃] *f*
1. (*présence, contribution*) participation 2. (*partage*) ~ **aux bénéfices**
profit-sharing

participe [paʀtisip] *m* LING participle

participer [paʀtisipe] <1> *vi* ~ **à
qc** to take part in sth; ~ **aux frais** to
contribute to the costs

particularité [paʀtikylaʀite] *f*
1. (*caractère*) particularity 2. (*caractéristique*) distinctive feature

particulier [paʀtikylje] *m* ADMIN,
COM private individual; **vente aux
~s** private sale

particulier, -ière [paʀtikylje] *adj*
1. particular 2. (*cas*) special; (*trait*)
characteristic 3. (*privé*) private 4. **en**
~ (*notamment*) in particular

particulièrement [paʀtikyljɛʀmɑ̃]
adv particularly

partie [paʀti] *f* 1. (*part*) part; **la majeure** ~ **du temps** most of the time;

P
p

en ~ partly; **en grande** ~ largely;
faire ~ **de qc** to be part of sth **2.** *pl,
inf* a man's privates **3.** JEUX, SPORT
game; ~ **de chasse/pêche** shoot-
ing/fishing party **4. la** ~ **est jouée**
the die is cast; **être de la** ~ to join in
partir [paʀtiʀ] <10> *vi être* **1.** (*s'en
aller*) to go; (*voiture, train, avion*) to
leave; (*lettre*) to go (off); ~ **en courant** to run away; ~ **en voyage** to go
(away) on a trip; ~ **chercher qn** to
go and get sb **2.** (*après un séjour*) to
leave **3.** (*coureur, moteur*) to start;
c'est parti! *inf* we're off! **4.** (*fusée,
coup de feu*) to go off **5.** (*odeur*) to
go; (*tache*) to come out **6.** (*commencer une opération*) ~ **d'un
principe** to start from a principle;
en partant de la gauche the second person from the left **7. à** ~ **de**
from
partisan(e) [paʀtizã] **I.** *adj* **être** ~
de qc to be in favour [*o favor Am*] of
sth **II.** *m(f)* supporter; (*d'une idée*)
advocate
partitif, -ive [paʀtitif] *adj* partitive
partition [paʀtisjɔ̃] *f* MUS score
partout [paʀtu] *adv* **1.** (*en tous
lieux*) everywhere; ~ **où ...**
wherever ... **2.** SPORT **trois** ~ three
all
parure [paʀyʀ] *f* **1.** (*bijoux*) jewels;
(*de diamants*) set **2.** (*draps*) ~ **de lit**
set of bed linen
parution [paʀysjɔ̃] *f* publication
pas¹ [pɑ] *m* **1.** (*enjambée*) step; **au**
~ **de course** at a run; **avancer/re-
culer de 3** ~ to move 3 steps for-
ward/back **2.** *pl* (*trace*) footprints
3. (*allure*) pace; (*d'un cheval*) walk;
marcher au ~ to march **4.** (~ *de
danse*) dance step **5.** (*entrée*) **sur le**
~ **de la porte** on the doorstep **6. à** ~
de loup stealthily; **faire les cent** ~
to pace up and down; **à deux** ~ a
stone's throw away; **faire un faux** ~
to make a silly mistake; (*par indiscrétion*) to commit a faux pas; ~ **à** ~
step by step
pas² [pɑ] *adv* **1.** (*négation*) **ne** ~
croire not to believe; (**ne**) ~ **de ...**
no ...; **j'ai** ~ **le temps** *inf* I haven't

got (the) time; (**ne**) ~ **beaucoup/
assez de ...** not a lot of/enough ...
2. *sans verbe* ~ **de réponse** no
reply; ~ **bête!** *inf* not a bad idea!; **absolument** ~! absolutely not!; ~ **du
tout** not at all; ~ **que je sache** not
as far as I know; ~ **toi?** aren't you?
Pas de Calais [padøkalɛ] *m* **le** ~
the Straits of Dover
passable [pasabl] *adj* ECOLE fair
passage [pasaʒ] *m* **1.** (*venue*) ~
protégé priority given to traffic on
the main road **2.** (*court séjour*) **lors
de son dernier** ~ **chez X** when he
was at last at X's **3.** (*avancement*)
lors du ~ **d'un élève en classe
supérieure** when a pupil moves up
to the next class **4.** (*transformation*)
transition; ~ **de l'enfance à l'adolescence** passage from childhood to
adolescence **5.** (*voie pour piétons*)
passage(way); ~ **clouté** [*o* **pour piétons**] pedestrian crossing; **encombrer le** ~ to block the way
6. CHEMDFER ~ **à niveau** level [*o*
grade *Am*] crossing **7.** (*galerie marchande*) (shopping) arcade **8.** (*fragment*) passage **9. céder le** ~ **à qn/
qc** to let sb go first; **au** ~ (*en chemin*) on the way past
passager, -ère [pasaʒe] **I.** *adj* (*de
courte durée*) fleeting; (*pluies*) occasional **II.** *m, f* passenger
passant [pasã] *m* (*d'une ceinture*)
(belt) loop
passant(e) [pasã] *m(f)* passer-by
passe [pas] *f* **1.** SPORT pass **2. être
dans une mauvaise** ~ to be going
through a bad patch
passé [pase] *m* **1.** (*temps révolu*)
past; **tout ça c'est du** ~ *inf* that's all
in the past (now) **2.** LING past tense; ~
simple past historic; ~ **composé**
perfect
passé(e) [pase] *adj* **1.** (*dernier*) last
2. (*révolu*) past **3.** (*délavé*) faded
4. (*plus de*) **il est midi** ~ it's past
midday [*o* noon]
passeport [paspɔʀ] *m* passport
passer [pase] <1> **I.** *vi avoir o être*
1. (*se déplacer*) to pass; (*aller*) to go
past; (*venir*) to come past; **laisser** ~

qn/une voiture to let sb/a car past **2.** (*desservir*) to stop; **le bus va bientôt** ~ the bus will be here soon **3.** (*s'arrêter un court instant*) ~ **chez qn** to call (in) on sb; ~ **à la poste** to go to the post office **4.** (*avoir un certain trajet*) ~ **au bord de qc** (*route, train*) to go round the edge of sth; ~ **dans une ville** (*automobiliste, voiture*) to go through a town; (*rivière*) to flow through a town; ~ **devant qn/qc** to go past sb/sth; ~ **par la porte** to go through the door; ~ **sous/sur qc** to go under/over sth **5.** (*traverser*) ~ **à travers qc** to go through sth **6.** (*réussir à franchir*) to get through; (*objet, meuble*) to fit through **7.** (*se trouver*) **où est passée ta sœur/la clé?** where's your sister/the key got to? **8.** (*changer*) ~ **de la salle à manger au salon** to go from the dining room into the sitting room; ~ **en seconde** AUTO to change into second; **le feu passe au rouge** the lights are changing to red **9.** (*aller définitivement*) ~ **dans le camp ennemi** to go over to the enemy camp **10.** (*être consacré à*) **60 % du budget passent dans les traitements** 60 % of the budget goes on salaries **11.** (*faire l'expérience de*) ~ **par des moments difficiles** to have some hard times **12.** (*utiliser comme intermédiaire*) ~ **par qn** to go through sb **13.** (*être plus/moins important*) ~ **avant/après qn/qc** to come before/after sb/sth **14.** (*avoir son tour, être présenté*) to go; **faire** ~ **qn avant/après les autres** to let sb go before/after the others; ~ **à la radio/télé** to be on the radio/TV; **le film passe au Rex** the film is showing at the Rex **15.** (*être accepté*) ECOLE ~ **en sixième** to go into year seven [*o* the seventh grade *Am*]; **la plaisanterie est bien/mal passée** the joke went down/didn't go down well **16.** (*ne pas tenir compte de, oublier*) ~ **sur les détails** to pass over the details; **passons!** let's say no more!; **on ne** voyait pas le temps ~ we didn't see the time go by **17.** JEUX to pass **18.** (*disparaître*) to go; (*colère*) to die down; (*mode*) to die out; (*orage*) to blow over; (*couleur*) to fade; **ça se passera** you'll get over it **19.** (*devenir*) ~ **capitaine/directeur** to become a captain/director **20.** ~ **pour qc** (*être pris pour*) to be taken for sth; (*avoir la réputation de*) to be regarded as sth **21.** (*présenter comme*) **faire** ~ **qn pour qc** to make sb out to be sth **22.** **ça passe ou ça casse!** *inf* (it's) all or nothing! **II.** *vt* **avoir 1.** (*donner*) to pass; (*message*) to give **2.** (*prêter*) ~ **un livre à qn** to lend sb a book **3.** (*au téléphone*) ~ **qn à qn** to put sb on to sb **4.** (*examen*) to sit; ~ **un examen avec succès** to pass an exam **5.** (*vivre, occuper*) ~ **ses vacances à Rome** to spend one's holidays in Rome **6.** (*film, diapositives*) to show; (*disque, cassette*) to put on **7.** (*franchir*) to cross; (*obstacle*) to overcome; (*en sautant*) to jump over; (*tunnel, écluse, mur du son*) to go through; **faire** ~ **la frontière à qn** to get sb over the border **8.** ~ **sa tête à travers qc** to stick one's head through sth; ~ **le chiffon sur qc** to dust sth **9.** ~ **une couche de peinture sur qc** to give sth a coat of paint **10.** (*faire subir une action*) ~ **qc sous le robinet** to rinse sth under the tap **11.** GASTR to strain **12.** ~ **sa colère sur qn/qc** to work off one's anger on sb **13.** (*chapitre, page*) to skip; (*son tour*) to miss **14.** (*détail*) to leave out **15.** (*permettre*) ~ **tous ses caprices à qn** to indulge sb's every whim **16.** (*pull*) to slip on **17.** AUTO ~ **la seconde** to change into second **18.** (*accord, convention*) to reach; (*contrat*) to sign **III.** *vpr* **se** ~ **1.** (*avoir lieu*) to happen; **que s'est-il passé?** what (has) happened?; **que se passe-t-il?** what's going on? **2.** (*action, histoire, manifestation*) to take place; **si tout se passe bien** if everything goes well **3.** (*se débrouiller sans*) **se** ~ **de**

P
p

qn/qc/de faire qc to do without sb/sth/doing sth **4.** (*se mettre*) **se ~ la main sur le front/dans les cheveux** to wipe one's hand across one's forehead/run one's hand through one's hair **5. ça ne se passera pas comme ça!** *inf* not if I have anything to do with it!

passerelle [pɑsʀɛl] *f* **1.** (*pont*) footbridge **2.** NAUT gangway

passe-temps [pɑstɑ̃] *m inv* pastime

passif [pasif] *m* LING passive

passif, -ive [pasif] *adj* passive

passion [pasjɔ̃] *f* passion

passionnant(e) [pasjɔnɑ̃] *adj* fascinating

passionné(e) [pasjɔne] **I.** *adj* passionate; **être ~ de qc** to have a passion for sth **II.** *m(f)* enthusiast; **~ de cinéma** film buff

passionnément [pasjɔnemɑ̃] *adv* passionately

passionner [pasjɔne] <1> **I.** *vt* to fascinate **II.** *vpr* **se ~ pour qc** to be fascinated by sth

passivité [pasivite] *f* passivity

passoire [pɑswaʀ] *f* sieve

pastel [pastɛl] *m, app inv* pastel

pastèque [pastɛk] *f* watermelon

pasteur [pastœʀ] *m* (*prêtre*) pastor

pastille [pastij] *f* **1.** MED lozenge **2.** (*gommette*) **~ autocollante** sticker; **~ verte** *small sticker for vehicles with catalytic converters, allowing them to be driven when pollution leads to traffic restrictions* **3.** INFOR button

pastis [pastis] *m* pastis (*anise-flavoured alcoholic aperitif*)

patate [patat] *f* **1.** *inf* (*pomme de terre*) spud **2.** *Québec* (*pomme frite*) **~s frites** chips *Brit,* (French) fries *Am*

patauger [patoʒe] <2a> *vi* **1.** (*marcher*) to squelch around **2.** (*barboter*) to paddle

pâte [pɑt] *f* **1.** (*à tarte*) pastry; (*à pain*) dough; **~ alimentaires** pasta *no pl;* **fromage à ~ molle/dure** soft/hard cheese **2.** (*substance molle*) paste; **~ à modeler** ≈ Plasticine® *Brit,* ≈ Playdough® *Am*

pâté [pɑte] *m* **1.** GASTR pâté; **~ de campagne** farmhouse pâté; **~ en croûte** pâté en croute (*pâté baked in pastry and served in slices*) **2. ~ de maisons** block (of houses)

pâtée [pɑte] *f* pet food

paternaliste [patɛʀnalist] *adj* paternalistic

paternel(le) [patɛʀnɛl] *adj* paternal

paternité [patɛʀnite] *f* paternity

patiemment [pasjamɑ̃] *adv* patiently

patience [pasjɑ̃s] *f* patience; **avoir de la ~** to have patience

patient(e) [pasjɑ̃] *adj, m(f)* patient

patienter [pasjɑ̃te] <1> *vi* to wait; **faire ~ qn** to ask sb to wait

patin [patɛ̃] *m* **1. ~ à glace/roulettes** ice/roller skate; **~ en ligne** in-line skate; **faire du ~ à glace/à roulettes** to ice-skate/roller-skate **2. rouler un ~ à qn** *inf* to French-kiss sb

patinage [patinaʒ] *m* **~ sur glace/à roulettes** ice-/roller-skating

patiner [patine] <1> *vi* **1.** SPORT to skate **2.** (*embrayage*) to slip; (*roue*) to spin; (*véhicule*) to be stuck with the wheels spinning **3.** (*ne pas progresser*) to be stalled

patineur, -euse [patinœʀ] *m, f* skater

patinoire [patinwaʀ] *f* **1.** skating rink **2.** *fig* ice rink

pâtisserie [pɑtisʀi] *f* **1.** (*magasin*) cake shop **2.** (*gâteaux*) cakes and pastries *pl*

pâtissier, -ère [pɑtisje] *m, f* pastry-cook

patois [patwa] *m* patois

patrie [patʀi] *f* **1.** (*nation*) homeland **2.** (*lieu de naissance*) birthplace

patrimoine [patʀimwan] *m* **1.** *a.* BIO inheritance; **~ génétique** genotype **2.** (*bien commun*) heritage

patriote [patʀijɔt] **I.** *adj* patriotic **II.** *mf* patriot

patriotique [patʀijɔtik] *adj* patriotic

patriotisme [patʀijɔtism] *m* patriotism

patron(ne) [patʀɔ̃] *m(f)* **1.**(*employeur*) employer **2.**(*chef*) boss **3.** REL patron

patronat [patʀɔna] *m* le ~ the employers *pl*

patrouille [patʀuj] *f* patrol

patrouiller [patʀuje] <1> *vi* to be on patrol

patte [pat] *f* **1.***a.* inf leg **2.**(*d'un chien, chat, ours*) paw **3.** inf (*main*) hand **4.** pantalon à ~s d'éléphant (pair of) baggy trousers; **~s de mouche** spidery handwriting; **bas les ~s!** inf hands off!; **montrer ~ blanche** to show that one has the right credentials; **à quatre ~s** inf on all fours

pâturage [pɑtyʀaʒ] *m* pasture

paume [pom] *f* **1.** ANAT palm **2.** jeu de ~ real tennis

paumé(e) [pome] *adj* inf **1.**(*lieu, village*) god-forsaken **2.**(*désorienté*) mixed up

paumer [pome] <1> I. *vt* inf to lose II. *vpr* inf se ~ to get lost

paupière [popjɛʀ] *f* ANAT eyelid

pause [poz] *f* **1.**(*interruption*) break **2.** MUS pause **3.** SPORT half-time

pauvre [povʀ] I. *adj* **1.** poor **2.**(*mobilier, vêtement*) shabby; **être ~ en graisse** to be low in fat **3.** antéposé **mon ~ ami, si tu savais** if only you knew; ~ **France!** poor old France! **4.** inf ~ **type** (*malheureux*) poor guy; (*minable*) loser; ~ **idiot** silly fool II. *mf* (*sans argent*) poor man, poor woman *m, f*

pauvreté [povʀəte] *f* poverty; (*d'une habitation, du mobilier*) shabbiness

pavé [pave] *m* **1.**(*dalle*) paving stone **2.**(*revêtement*) paving **3.** INFOR ~ **numérique** numeric keypad

pavillon [pavijɔ̃] *m* **1.**(*maison*) house; ~ **de jardin** summerhouse; ~ **de chasse** hunting lodge **2.** NAUT flag

pavoiser [pavwaze] <1> *vi* inf (*se réjouir*) to rejoice

payant(e) [pɛjɑ̃] *adj* **1.** l'entrée est ~e you have to pay to go in; **c'est ~** you have to pay **2.**(*rentable*) profitable

paye [pɛj] *v.* **paie**

payement [pɛjmɑ̃] *v.* **paiement**

payer [peje] <7> I. *vt* **1.** to pay; ~ **par chèque/en espèces** to pay by cheque [*o* check *Am*]/in cash **2.**(*maison, service*) to pay for; **faire ~ qc à qn mille euros** to charge sb a thousand euros for sth **3.**(*récompenser*) to reward **4.**(*offrir*) ~ **qc à qn** to buy sth for sb; ~ **un coup à qn** inf to treat sb **5.**(*expier*) ~ **qc de qc** to pay for sth with sth; **tu me le paieras!** you'll pay for this! **6.** je **suis payé pour le savoir** it's my business to know that II. *vi* to pay III. *vpr* inf **1.** se ~ **qc** to buy oneself sth **2.** se ~ **un arbre** to wrap one's car round a tree

pays [pei] *m* **1.**(*nation, État*) country; ~ **membres de l'UE** member countries of the EU; ~ **en voie de développement/d'industrialisation** developing/industrializing country **2.** sans pl (*région*) region; **mon ~ natal** the area where I was born; **être du ~** to be local; **les gens du ~** the local people; **de ~** (*saucisson, vin*) local **3.** sans pl (*patrie*) native country **4.** sans pl (*terre d'élection*) **c'est le ~ du vin** it's wine country **5.** GEO area **6.** voir du ~ to get around

paysage [peizaʒ] *m* landscape

paysan(ne) [peizɑ̃] I. *adj* **1.**(*agricole*) farming **2.**(*mœurs, vie*) country **3.** péj rustic II. *m(f)* **1.**(*agriculteur*) farmer **2.** péj **quel ~!** what a peasant!

Pays-Bas [peibɑ] *mpl* **les ~** the Netherlands

PC [pese] *m* **1.** abr de **personal computer** PC; ~ **de poche** handheld **2.** abr de **poste de commandement** headquarters

PCF [peseɛf] *m* abr de **Parti communiste français** French Communist Party

PCV [peseve] abr de **à percevoir: appeler en ~** to reverse the charges *Brit,* to make a collect call *Am*

PDG [pedeʒe] *m* inf abr de **Président-directeur général** chairman

P p

and managing director *Brit,* chairman and chief executive officer *Am*

péage [peaʒ] *m* 1.(*lieu*) tollbooth 2.(*taxe*) toll; **route à ~** toll road, turnpike *Am*

> **i** Many French autoroutes are toll roads, with toll booths at regular intervals

peau [po] <x> *f* 1.(*épiderme, enveloppe, pellicule*) skin; (*d'une orange, pomme*) **2.**(*cuir*) peel **3.attraper qn par la ~ du cou** [*o* **du dos**] *inf* to grab sb by the scruff of the neck; **coûter** [*o* **valoir**] **la ~ des fesses** *inf* to cost an arm and a leg; **n'avoir que la ~ et les os** [*o* **sur les os**] to be nothing but skin and bone(s); **avoir la ~ dure** *inf* (*personne*) to be thick-skinned; **j'aurai ta/leur ~!** *inf* I'll get you/them!; **défendre sa ~** to fight for one's life; **être bien/mal dans sa peau** to feel good/bad about oneself; **y laisser sa ~** *inf* to get killed; **risquer sa ~ pour qn/qc** *inf* to risk one's neck for sb/sth; **tenir à sa ~** *inf* to value one's life

pêche¹ [pɛʃ] *f* 1.peach 2.**avoir la ~** *inf* to be on [*o* in *Am*] form

pêche² [pɛʃ] *f sans pl* 1.fishing; **~ à la baleine** whaling 2.(*à la ligne*) angling; **aller à la ~** to go fishing 3.(*période*) fishing season 4.(*prises*) catch

péché [peʃe] *m* 1.sin 2.**c'est son ~ mignon** it's her weakness

pêcher¹ [peʃe] <1> I. *vi* to go fishing II. *vt* 1.(*être pêcheur de*) **~ qc** to fish for sth 2.(*attraper*) to catch 3.*inf* (*idée, histoire*) to dig up

pêcher² [peʃe] *m* peach (tree)

pécheur, pécheresse [peʃɛʀ] *m, f* sinner

pêcheur, -euse [pɛʃɛʀ] *m, f* 1.(*professionnel*) fisherman *m,* fisherwoman *f* 2.(*à la ligne*) angler

pédagogie [pedagɔʒi] *f* 1.(*science*) education 2.(*méthode d'enseignement*) educational

methods *pl* 3.*sans pl* (*qualité*) teaching ability

pédagogue [pedagɔg] I. *mf* (*enseignant*) teacher II. *adj* **être ~** to be a good teacher

pédale [pedal] *f* 1.(*levier*) pedal; **~ de frein** brake pedal 2.*péj, inf* (*homosexuel*) queer 3.**s'emmêler les ~s** *inf* to get in a muddle; **perdre les ~s** *inf* to lose it

pédaler [pedale] <1> *vi* to pedal; **~ debout** to stand on the pedals

pédalo® [pedalo] *m* pedalo *Brit,* pedal boat *Am;* **faire du ~** to go out in a pedalo

pédant(e) [pedã] I. *adj péj* pedantic II. *m(f) péj* pedant

pédé [pede] *m péj, inf abr de* **pédéraste** queer, fag *Am*

pédéraste [pederast] *m* (*homosexuel*) homosexual

pédestre [pedɛstʀ] *adj* **randonnée ~** ramble; **sentier ~** footpath

pédophile [pedɔfil] *mf* paedophile *Brit,* pedophile *Am*

peigne [pɛɲ] *m* 1.comb; **se donner un coup de ~** to run a comb through one's hair 2.**passer au ~ fin** (*région*) to comb

peigner [peɲe] <1> I. *vt* **~ qn** to comb sb's hair II. *vpr* **se ~** to comb one's hair

peignoir [pɛɲwaʀ] *m* dressing gown *Brit,* robe *Am*

peinard(e) [penaʀ] *adj inf* (*personne*) laid-back; (*boulot, vie*) cushy

peindre [pɛ̃dʀ] <irr> *vi, vt* to paint

peine [pɛn] I. *f* 1.(*chagrin, douleur*) sorrow; **avoir de la ~** to be upset; **faire de la ~ à qn** to upset sb 2.*JUR* sentence; **~ de mort** death penalty 3.(*effort, difficulté*) trouble; **avoir de la ~ à faire qc** to have trouble doing sth; **ne vous donnez pas cette ~** please don't bother; **avec ~** with difficulty; **pour la ~** (*en récompense*) for one's trouble 4.**c'est bien la ~ de faire qc** *iron* what's the point of doing sth; **sous ~ de ...** on pain of ... II. *adv* **à ~** 1.(*très peu*) hardly 2.(*tout au plus*) only just; **il y a à ~ huit jours** scarcely a week ago

3. (*juste*) **avoir à ~ commencé/ fini** to have just started/finished **4.** (*aussitôt*) no sooner **5. à ~!** *iron* you don't say!

peiner [pene] <1> *vi* (*avoir des difficultés*) **~ à/pour faire qc** to have trouble doing sth

peintre [pɛ̃tʀ] *m* painter; **~ en bâtiment** painter and decorator

peinture [pɛ̃tyʀ] *f* **1.** (*couleur*) paint; **~ à l'eau** watercolour **2.** (*couche, surface peinte*) paintwork; **~ fraîche!** wet paint! **3.** *sans pl* ART painting **4.** (*toile*) painting; **~ à l'huile/sur soie** oil/silk painting

péjoratif, -ive [peʒɔʀatif] *adj* pejorative

pékinois [pekinwa] *m* (*chien*) pekinese, pekingese

pelage [pəlaʒ] *m* (*d'un animal*) coat

pêle-mêle [pɛlmɛl] *adv* all jumbled up

peler [pəle] <4> *vi, vt* to peel

pèlerin [pɛlʀɛ̃] *m* REL pilgrim

pèlerinage [pɛlʀinaʒ] *m* (*voyage*) pilgrimage

pélican [pelikɑ̃] *m* pelican

pelle [pɛl] *f* **1.** shovel; (*d'un jardinier*) spade **2. on les ramasse à la ~** *inf* there are piles of them; (**se**) **ramasser** [*o* **se prendre**] **une ~** *inf* to fall flat on one's face; **rouler une ~ à qn** *inf* to give sb a French kiss

pelleteuse [pɛltøz] *f* digger

pellicule [pelikyl] *f* **1.** *a.* PHOT, CINE film **2.** *souvent pl* (*peau morte*) dandruff

pelote [p(ə)lɔt] *f* **1.** (*boule de fils*) ball **2.** SPORT **~ basque** pelota

peloter [p(ə)lɔte] <1> *vt* *inf* to paw

peloton [p(ə)lɔtɔ̃] *m* SPORT pack; **être dans le ~ de tête** to be in with the front runners

pelouse [p(ə)luz] *f* lawn

peluche [p(ə)lyʃ] *f* **1.** (*matière*) plush; **ours en ~** teddy (bear) **2.** (*jouet*) soft toy

pénal(e) [penal] <-aux> *adj* (*code*) penal; **droit ~** criminal law

pénalisation [penalizasjɔ̃] *f* (*pénalité*) penalty

pénaliser [penalize] <1> *vt*

1. SPORT to penalize **2.** (*désavantager*) to discriminate against **3.** (*sanctionner*) to punish

pénalité [penalite] *f* *a.* SPORT penalty

penalty <*s o* -ies> [penalti] *m* penalty

penaud(e) [pəno] *adj* (*honteux*) sheepish

penchant [pɑ̃ʃɑ̃] *m* **~ à qc** tendency towards sth; **~ pour qc** liking for sth

pencher [pɑ̃ʃe] <1> **I.** *vi* **1.** (*perdre l'équilibre*) to tip (over); (*arbre*) to tilt; (*bateau*) to list **2.** (*ne pas être droit*) to lean sideways; **~ à droite** to lean to the right **3.** (*se prononcer pour*) **~ pour qc** to incline to favour sth **II.** *vt* (*bouteille, carafe*) to tip; (*table, chaise*) to tilt; **~ la tête** (*en avant, sur qc*) to bend one's head (forward); **~ la tête en arrière** to tip one's head back **III.** *vpr* (*baisser*) **se ~** to bend down; **se ~ par la fenêtre** to lean out of the window **2.** (*examiner*) **se ~ sur un problème** to look into a problem

pendant [pɑ̃dɑ̃] **I.** *prep* **1.** (*pour indiquer une durée*) for **2.** (*au cours de, simultanément à*) during; **~ ce temps** meanwhile **II.** *conj* **1.** (*tandis que*) **~ que** while **2.** (*aussi longtemps que*) **~ que** as long as **3. ~ que tu y es** *iron* while you're at it; **~ que j'y pense** while I think of it

---

⚠ Use **pendant** to describe an action in the past that is completed. "J'étais étudiant pendant 4 ans et maintenant je travaille." (=I was a student for 4 years and now I work.) To describe an action that started in the past but is not yet complete, use depuis. "Je travaille depuis 4 ans." (=I have been working for 4 years.)

---

pendant(e) [pɑ̃dɑ̃] *adj* (*jambes*) dangling; **rester les bras ~s** to stand around inanely

pendentif [pɑ̃dɑ̃tif] *m* (*bijou*) pen-

P
p

dant

penderie [pãdʀi] *f* **1.** (*garde-robe*) wardrobe **2.** (*armoire*) cupboard

pendre [pãdʀ] <14> I. *vi* être **1.** (*être suspendu*) to hang; ~ **à/de qc** to be hanging on/from sth **2.** (*cheveux, guirlande*) to hang down; **laisser** ~ **ses jambes** to dangle one's legs II. *vt* **1.** (*accrocher*) to hang (up) **2.** (*mettre à mort*) ~ **qn à un arbre** to hang sb from a tree; **être pendu** to be hanged **3. je veux** (**bien**) **être pendu si ...** I'll be damned if ... III. *vpr* **1.** (*s'accrocher*) **se** ~ **à une branche** to hang from a branch; **se** ~ **au cou de qn** to throw one's arms around sb's neck **2.** (*se suicider*) **se** ~ to hang oneself

pendu [pãdy] *m* **jouer au** ~ to play hangman

pendu(e) [pãdy] I. *part passé de* **pendre** II. *adj inf* (*agrippé*) **être** ~ **aux lèvres de qn** to hang on sb's every word; **être** ~ **au téléphone** to always be on the phone III. *m(f)* hanged man *m*, hanged woman *f*

pendule [pãdyl] I. *f* **1.** clock **2.** **remettre les ~s à l'heure** to set the record straight II. *m* (*d'un sourcier*) pendulum

pénétrant(e) [penetʀã] *adj* **1.** (*froid*) bitter; (*pluie*) drenching **2.** (*odeur*) strong **3.** (*regard*) penetrating

pénétrer [penetʀe] <5> I. *vi* ~ **dans qc** to enter sth; (*par la force, abusivement*) to break into sth; (*balle*) to penetrate sth; (*odeur, liquide, crème, vent*) to get into sth; (*soleil*) to shine into sth; ~ **à travers qc** to go through sth II. *vt* to penetrate; ~ **qn** (*froid, humidité*) to go right through sb; (*regard*) to penetrate sb

pénible [penibl] *adj* **1.** hard; **il est** ~ **à qn de** +*infin* it's very hard for sb to +*infin* **2.** (*heure, moment*) painful; (*circonstance, événement*) distressing **3.** (*désagréable*) unpleasant; **il m'est** ~ **de constater que ...** I am sorry to find that ... **4.** (*agaçant*) tire-some; **c'est** ~! isn't it awful!; **il est vraiment** ~ *inf* he's a real pain (in the neck)

péniblement [peniblǝmã] *adv* **1.** (*difficilement*) with difficulty **2.** (*tout juste*) just about

péniche [peniʃ] *f* barge

pénis [penis] *m* penis

pensée¹ [pãse] *f* **1.** (*idée*) thought; **être absorbé dans ses** ~**s** to be deep in thought **2.** *sans pl* (*opinion*) thinking **3.** *sans pl* PHILOS thought; (*chrétienne, marxiste*) thinking **4.** (*esprit*) mind

pensée² [pãse] *f* BOT pansy

penser [pãse] <1> I. *vi* **1.** (*réfléchir*) ~ **à qc** to think of sth **2.** (*songer à*) ~ **à qn/qc** to think about sb/sth; **sans** ~ **à mal** without meaning any harm **3.** (*ne pas oublier*) ~ **à qn/qc** to remember sb/sth; **faire** ~ **à qn/qc** to remind one of sb/sth **4. je pense bien!** *inf* I should hope so!; **laisser à** ~ **que ...** to let it be thought that ...; **mais j'y pense ...** but I was just thinking ...; **tu n'y penses pas!** *inf* you don't mean it!; **tu penses!** *inf* (*tu plaisantes*) you must be joking!; (*et comment*) you bet! II. *vt* **1.** to think; **c'est bien ce que je pensais** that's exactly what I was thinking; **je pense que oui/ que non** I think/don't think so; **vous pensez bien que ...** *inf* you can well imagine that ... **2.** (*avoir l'intention de*) ~ **faire qc** to be thinking of doing sth; **que pensez-vous faire à présent?** what are you planning now? **3. n'en penser pas moins** to draw one's own conclusions; **cela me fait** ~ **que ...** that reminds me that ...

penseur, -euse [pãsœʀ] *m, f* thinker

pensif, -ive [pãsif] *adj* thoughtful

pension [pãsjõ] *f* **1.** (*allocation*) pension; ~ **alimentaire** (*en cas de divorce*) alimony; (*à un enfant naturel*) maintenance **2.** ECOLE boarding (school) **3.** (*petit hôtel*) guesthouse **4.** (*hébergement*) board and lodging(s); ~ **complète** full board

pensionnaire [pãsjɔnɛʀ] *mf*

1. ECOLE boarder **2.** (*dans un hôtel*) resident **3.** (*dans une famille*) lodger

pente [pãt] *f* **1.** slope; **monter la ~** to climb (up) the hill; **en ~** sloping **2. remonter la ~** to get back one one's feet again

Pentecôte [pãtkot] *f* Whit(sun) *Brit,* Pentecost *Am*

pépé [pepe] *m inf* grandpa

pépin [pepẽ] *m* **1.** (*graine*) pip **2.** *inf* (*ennui*) hitch **3.** *inf* (*parapluie*) umbrella, brolly *Brit*

perçant(e) [pɛʀsã] *adj* (*cri, regard, voix*) piercing

perceptible [pɛʀsɛptibl] *adj* perceptible

perception [pɛʀsɛpsjɔ̃] *f* perception

percer [pɛʀse] <2> I. *vi* **1.** (*dent*) to come through; (*soleil*) to break through **2.** (*artiste*) to make a name for oneself II. *vt* **1.** (*trou*) to make; (*avec une perceuse*) to drill **2.** (*faire des trous dans*) **~ qc d'un trou** to make a hole in sth **3.** (*abcès, ampoule, tympan*) to burst; (*oreille, narine*) to pierce; (*tonneau*) to broach; **être percé** (*chaussette, chaussure, poche*) to have a hole in **4.** (*mur, rocher*) to make an opening in **5.** (*ligne, front*) to break through **6.** (*nuages*) to break through

perceuse [pɛʀsøz] *f* drill

percevoir [pɛʀsǝvwaʀ] <12> *vt* **1.** (*avec l'oreille*) to hear; (*avec les yeux*) to see **2.** (*indemnité, honoraires, intérêts*) to receive **3.** (*prélever*) to collect

perche [pɛʀʃ] *f* **1.** pole; (*d'un téléski*) rod **2.** SPORT **le saut à la ~** pole vaulting

perché(e) [pɛʀʃe] *adj* perched

percher [pɛʀʃe] <1> I. *vi* (*oiseau*) to perch II. *vt inf* (*mettre*) **~ qc sur qc** to stick sth on sth III. *vpr* **se ~** to perch

perçu(e) [pɛʀsy] *part passé de* **percevoir**

percuter [pɛʀkyte] <1> I. *vi* **~ contre qc** to crash into sth II. *vt* to strike; **~ qn** to crash into sb

perdant(e) [pɛʀdã] I. *adj* (*billet, nu-*

méro, cheval) losing II. *m(f)* loser

perdre [pɛʀdʀ] <14> I. *vi* **1. ~ au jeu/au loto/aux élections** to lose at the tables/on the lottery/in the elections **2. y ~** COM to make a loss II. *vt* **1.** to lose **2.** (*habitude*) to get out of; **il perd la vue/l'ouïe** his sight/hearing is failing **3.** (*sang*) to lose; **tu perds ton pantalon** your trousers [*o* pants *Am*] are falling down **4.** (*du temps*) to waste; (*occasion*) to miss **5.** (*ruiner*) **~ qn** to be the ruin of sb **6. tu ne perds rien pour attendre!** you're not getting off so lightly! III. *vpr* **se ~ 1.** (*s'égarer*) **se ~ dans la/en forêt** to get lost in the/a forest; **se ~ dans ses pensées** to be lost in thought **2.** (*sens, bonnes habitudes*) to be lost; (*coutume, tradition, métier*) to be dying out **3. je m'y perds** I can't make head [n]or tail of it

perdrix [pɛʀdʀi] *f* partridge

perdu(e) [pɛʀdy] I. *part passé de* **perdre** II. *adj* **1.** lost **2.** (*gaspillé, manqué*) **temps/argent de ~** waste of time/money; **place de ~** wasted space **3.** (*de loisir*) **à mes heures ~es** in my spare time **4.** (*isolé*) out-of-the-way

père [pɛʀ] *m* **1.** father; **Durand ~** Durand senior; **de ~ en fils** from father to son **2.** *inf* (*monsieur*) **le ~ Dupont** old (man) Dupont **3. tel ~, tel fils** like father, like son; **~ Fouettard** bogeyman; **~ Noël** Father Christmas *Brit,* Santa Claus *Am*

Père [pɛʀ] *m* REL **Notre ~** Our Father

perfection [pɛʀfɛksjɔ̃] *f sans pl* perfection; **à la ~** to perfection

perfectionné(e) [pɛʀfɛksjɔne] *adj* advanced; **très ~** sophisticated

perfectionnement [pɛʀfɛksjɔn-mã] *m* improvement; **stage de ~** advanced training course

perfectionner [pɛʀfɛksjɔne] <1> I. *vt* to improve; (*système, technique, appareil*) to develop; (*mettre au point*) to perfect II. *vpr* **se ~** to improve; **se ~ dans/en qc** (*personne*) to increase one's knowledge of/in sth

P
p

perfectionniste [pɛʀfɛksjɔnist] *adj, mf* perfectionist

perforer [pɛʀfɔʀe] <1> *vt* to pierce; (*percer de trous réguliers*) to perforate

perforeuse [pɛʀfɔʀøz] *f* card punch

performance [pɛʀfɔʀmãs] *f a.* SPORT performance; **réaliser de bonnes ~s** to get good results

performant(e) [pɛʀfɔʀmã] *adj* high-performance

perfusion [pɛʀfyzjɔ̃] *f* MED drip; **être sous ~** to be on a drip [*o* an IV *Am*]

périlleux, -euse [peʀijø] *adj* perilous

périmé(e) [peʀime] *adj* expired; (*yaourt*) that has passed its eat-by date

périmer [peʀime] <1> *vi* **être périmé** to have expired

période [peʀjɔd] *f* **1.** (*époque*) time **2.** (*espace de temps*) period; **~ électorale** election time; **~ de double circulation/de transition** (*concernant l'euro*) dual circulation/transition period; **~ d'essai** trial period; **par ~(s)** from time to time

périodique [peʀjɔdik] *adj, m* periodical

péripétie [peʀipesi] *f* event

périphérie [peʀifeʀi] *f* **1.** MAT circumference **2.** (*banlieue*) outskirts; **habiter à la ~ de la ville** to live in the suburbs of the town

périphérique [peʀifeʀik] **I.** *adj* **1.** (*extérieur*) **quartier ~** outlying area **2.** CINE, TV **poste/radio/station ~** private transmitter/radio/station (*transmitting from just outside the French border*) **II.** *m* **1.** (*boulevard*) **le ~ de Paris** the Paris ring road [*o* beltway *Am*]; **~ intérieur/extérieur** inner/outer ring road **2.** INFOR peripheral; **~ son** sound card

périssable [peʀisabl] *adj* (*denrée*) perishable

perle [pɛʀl] *f* **1.** pearl **2.** (*chose de grande valeur*) jewel **3. c'est une ~** rare she is a gem

permanence [pɛʀmanãs] *f* **1.** ADMIN, MED duty; **être de ~** to be on duty **2.** (*bureau*) duty office; **~ électorale** electiopn headquarters *pl* **3.** ECOLE study room **4. en ~** permanently

permanent(e) [pɛʀmanã] *adj* **1.** (*constant, continu*) permanent; (*contrôle, collaboration, liaison, formation*) ongoing; (*tension, troubles*) continuous; **spectacle/cinéma ~** continuous show/films **2.** (*envoyé, représentant, personnel*) permanent

permanente [pɛʀmanãt] *f* perm

perme [pɛʀm] *f inf* **1.** MIL *abr de* **permission** leave **2.** ECOLE *abr de* **permanence** study

permettre [pɛʀmɛtʀ] <irr> **I.** *vt* **1.** (*autoriser*) **~ à qn de** +*infin* to authorize sb to +*infin*; (*donner droit à*) to entitle sb to +*infin*; **~ que** +*subj* to authorize sb to +*infin*; **vous permettez?** may I? **2.** (*chose*) to allow; **si le temps le permet** if the weather/time allows **3. permettez!/tu permets!** sorry! **II.** *vpr* **1.** (*s'accorder*) **se ~ une fantaisie** to indulge oneself **2.** (*oser*) **se ~ bien des choses** to take a lot of liberties

permis [pɛʀmi] *m* **1. ~ de conduire** driving licence *Brit,* driver's license *Am;* (*examen*) driving test; **~ moto** motorbike licence **2.** (*autorisation*) **~ de séjour** residence permit

permis(e) [pɛʀmi] *part passé de* **permettre**

permission [pɛʀmisjɔ̃] *f* **1.** *sans pl* (*autorisation*) **~ de** +*infin* permission to +*infin* **2.** MIL leave

Pérou [peʀu] *m* **1. le ~** Peru **2. ce n'est pas le ~** it's hardly a fortune

perpendiculaire [pɛʀpãdikylɛʀ] *adj* **~ à qc** perpendicular to sth

perpétuel(le) [pɛʀpetɥɛl] *adj* perpetual; (*lamentations*) incessant

perpétuer [pɛʀpetɥe] <1> **I.** *vt* (*tradition, souvenir*) to perpetuate; (*nom*) to carry on **II.** *vpr* **se ~** to be perpetuated; (*espèce*) to survive

perpétuité [pɛʀpetɥite] *f* **à** ~ in perpetuity; **être condamné à** ~ to receive a life sentence

perplexe [pɛʀplɛks] *adj* perplex

perquisitionner [pɛʀkizisjɔne] <1> I. *vi* to carry out a search II. *vt* to search

perroquet [pɛʀɔkɛ] *m* **1.** (*oiseau, personne*) parrot; **répéter qc comme un** ~ to repeat sth parrot-fashion **2.** (*boisson*) *drink made from pastis and mint syrup*

perruche [peʀyʃ] *f* budgerigar

perruque [peʀyk] *f* wig

perse [pɛʀs] *adj, m* HIST Persian; *v. a.* **français**

Perse [pɛʀs] I. *m, f* HIST Persian II. *f* **la** ~ Persia

persécuter [pɛʀsekyte] <1> *vt* to persecute

persécution [pɛʀsekysjɔ̃] *f* persecution

persévérance [pɛʀseveʀɑ̃s] *f* perseverance

persévérer [pɛʀseveʀe] <5> *vi* to persever; ~ **à faire qc** to persist in doing sth

persienne [pɛʀsjɛn] *f* shutter

persil [pɛʀsi] *m* parsley

persister [pɛʀsiste] <1> *vi* ~ **dans qc/à faire qc** to persist in sth/in doing sth

personnage [pɛʀsɔnaʒ] *m* **1.** ART, LIT character **2.** (*rôle*) image **3.** (*individu*) individual **4.** (*personnalité*) celebrity

personnaliser [pɛʀsɔnalize] <1> *vt* **1.** (*adapter*) to personalize **2.** (*rendre personnel*) ~ **qc** to give a personal touch to sth

personnalité [pɛʀsɔnalite] *f* personality

personne¹ [pɛʀsɔn] *f* **1.** *a.* LING person; **dix** ~**s** ten people; ~ **âgée** elderly person; **les** ~**s âgées** the elderly; **la** ~ **qui/les** ~**s qui** the person/people who **2.** ~ **à charge** dependent; **tierce** ~ third party; **en** ~ in person

personne² [pɛʀsɔn] *pron indéf* **1.** (*opp: quelqu'un*) nobody, no one;

il **n'y a** ~ there's nobody there; ~ **d'autre** nobody else **2.** (*quelqu'un*) anybody, anyone; **presque** ~ nearly nobody

personnel [pɛʀsɔnɛl] *m* staff; (*d'une entreprise*) personnel; ~ **soignant/au sol** nursing/ground staff

personnel(le) [pɛʀsɔnɛl] *adj* **1.** (*individuel*) personal; **à titre** ~ personally **2.** LING personal

personnellement [pɛʀsɔnɛlmɑ̃] *adv* personally

perspective [pɛʀspɛktiv] *f* **1.** MAT, ART perspective **2.** (*éventualité, horizon*) **une** ~ **réjouissante** a joyful prospect; **ouvrir des** ~**s** to widen one's horizons; **à la** ~ **de qc** at the prospect of sth **3.** (*panorama*) view **4.** (*point de vue*) point of view **5. en** ~ ART in perspective; (*en vue*) in prospect

perspicace [pɛʀspikas] *adj* **1.** (*sagace*) perspicacious **2.** (*très capable d'apercevoir*) clear-sighted; (*observation*) observant

perspicacité [pɛʀspikasite] *f* (*d'une prévision*) clear-sightedness; (*d'une remarque*) perspicaciousness

persuadé(e) [pɛʀsɥade] *adj* convinced

persuader [pɛʀsɥade] <1> I. *vt* ~ **qn de qc** to persuade sb of sth; ~ **qn de** +*infin* to convince sb to +*infin* II. *vpr* **se** ~ **de qc** to convince oneself of sth

persuasif, -ive [pɛʀsɥazif] *adj* persuasive

perte [pɛʀt] *f* **1.** *a.* COM loss; (*de temps, d'argent*) waste; (*du sommeil*) lack; ~ **de mémoire** memory loss; **en cas de** ~ if lost **2.** (*ruine*) ruin **3.** (*déchet*) waste **4.** *pl* (*morts*) losses **5. à** ~ **de vue** (*très loin*) as far as the eye can see; **courir à sa** ~ to be on the road to ruin; **à** ~ at a loss

pertinemment [pɛʀtinamɑ̃] *adv* pertinently

pertinence [pɛʀtinɑ̃s] *f* pertinence

pertinent(e) [pɛʀtinɑ̃] *adj* pertinent

perturbation [pɛʀtyʀbasjɔ̃] *f* disruption

P
p

perturbé(e) [pɛʀtyʀbe] *adj* **1.** (*personne*) perturbed **2.** (*service*) interrupted; (*trafic*) disrupted

perturber [pɛʀtyʀbe] <1> *vt* (*service*) to disrupt; (*personne*) to disturb

péruvien(ne) [peʀyvjɛ̃] *adj* Peruvian

Péruvien(ne) [peʀyvjɛ̃] *m(f)* Peruvian

pervenche [pɛʀvɑ̃ʃ] *f* **1.** BOT periwinkle **2.** *inf* (*contractuelle*) traffic warden

pervers(e) [pɛʀvɛʀ] **I.** *adj* perverse **II.** *m(f)* pervert

pervertir [pɛʀvɛʀtiʀ] <8> *vt* (*corrompre*) to pervert

pesant(e) [pəzɑ̃] *adj* heavy

peser [pəze] <4> **I.** *vt* **1.** to weigh; (*marchandises, ingrédients*) to weigh out **2. emballez, c'est pesé** *inf* it's a deal; **tout bien pesé** all things considered **II.** *vi* **1.** to weigh; ~ (**lourd**) to be heavy **2.** (*exercer une pression*) ~ **sur/contre qc** to lean on sth; **le gâteau lui pèse sur l'estomac** the cake is a weight on his stomach; **des soupçons pèsent sur lui** worried weigh him down **III.** *vpr* **se** ~ to weigh oneself

pessimiste [pesimist] **I.** *adj* pessimistic **II.** *m, f* pessimist

peste [pɛst] *f* **1.** MED plague **2.** (*personne ou chose*) pain

pétale [petal] *m* petal

pétanque [petɑ̃k] *f* petanque

pétard [petaʀ] *m* **1.** (*explosif*) firecracker **2.** *inf* (*cigarette de haschich*) joint **3.** *inf* (*postérieur*) bum *Brit*, ass *Am*

péter [pete] <5> **I.** *vi inf* **1.** (*faire un pet*) to break wind **2.** (*éclater*) to explode; (*verre, assiette*) to smash; (*ampoule*) to blow **II.** *vt inf* to bust

pétillant(e) [petijɑ̃] *adj* sparkling; **des yeux** ~s **de malice/gaieté** eyes shining with evil/happiness

pétiller [petije] <1> *vi* (*faire des bulles*) to fizz; (*champagne*) to sparkle

petit(e) [p(ə)ti] **I.** *adj* **1.** (*opp: grand*) small; **au** ~ **jour** in the early morning **2.** (*de courte durée*) short **3.** (*jeune*) young; ~ **chat** kitten **4.** (*terme affectueux*) little; (*mots*) sweet; ~ **chou** little darling; **ton** ~ **mari** your darling husband; ~ **copain** [o **ami**] boyfriend **5.** (*vin, année, cru*) average; (*santé*) poor **6.** (*pour atténuer*) little; **une** ~**e heure** a bit less than an hour **7.** (*miniature*) ~**es voitures** toy cars **8. se faire tout** ~ to keep out of sight **II.** *m(f)* **1.** (*enfant*) child **2.** ZOOL **les** ~**s du lion** the lions young **3. mon** ~/**ma** ~**e** my friend; ~, ~, ~! kitty, kitty, kitty! **III.** *adv* **1.** small **2.** ~ **à** ~ little by little; **en** ~ in miniature

petit-déj *inf*, **petit-déjeuner** [p(ə)tideʒœne] <petits-déjeuners> *m* breakfast **petite-fille** [p(ə)titfij] <petites-filles> *f* granddaughter **petit-fils** [p(ə)tifis] <petits-fils> *m* grandson

pétition [petisjɔ̃] *f* petition

petits-enfants [p(ə)tizɑ̃fɑ̃] *mpl* grandchildren

pétrifié(e) [petʀifje] *adj* petrified; ~ **de terreur** petrified with fear

pétrifier [petʀifje] <1a> *vt* to petrify

pétrin [petʀɛ̃] *m inf* (*difficultés*) mess; **se fourrer dans le** ~ to get into a mess

pétrir [petʀiʀ] <8> *vt* (*malaxer*) to knead

pétrole [petʀɔl] *m* oil

pétrolier [petʀɔlje] *m* (*navire*) oil tanker

pétrolier, -ière [petʀɔlje] *adj* oil

P et T [peete] *pl abr de* **Postes et Télécommunications** *French national post and telecommunications organization*

peu [pø] **I.** *adv* **1.** not … much; *avec un adj ou un adv* not very; **je lis** ~ **I** don't read much; **être** ~ **aimable** to be unfriendly; ~ **avant/après** shortly before/after; **bien/trop** ~ very/too little; ~ **de temps/d'argent** little time/money; ~ **de voitures/jours** few cars/days; **en** ~ **de temps** in a very short time **2.** ~ **à** ~

bit by bit; **à ~ près** more or less; **de ~** just **II.** *pron indéf* few **III.** *m* **1.** le **~ de personnes/choses** the few people/things; **le ~ que j'ai vu** the little I've seen; **un ~ de beurre/ d'argent** a little butter/money; **un ~ de monde** a few people **2.** **un ~ partout** all over the place; **(et) pas qu'un ~!** not half!; **pour un ~ elle partait** she was very nearly leaving; **pour si ~** for so little; **attends un ~ que je t'attrape** *inf* just you wait; **un ~ que j'ai raison!** you bet I'm right!

peuple [pœpl] *m* people

peuplé(e) [pœple] *adj* populated; (*région*) inhabited

peuplier [pøplije] *m* poplar tree

peur [pœʀ] *f* **1.** fear; **avoir ~ de faire qc/que** + *subj* to be frightened of doing sth/that; **avoir ~ pour qn/ qc** to fear for sb/sth; **faire ~ à qn** to frighten sb **2.** **avoir eu plus de ~ que de mal** to have been more frightened than anything else; **n'ayons pas ~ des mots** let's not be afraid of straight talking; **avoir une ~ bleue** to be scared stiff; **j'ai bien ~ que** I'm rather afraid that; **de** [*o* **par**] **~ du ridicule** for fear of ridicule; **de** [*o* **par**] **~ de faire qc/que qn fasse qc** for fear of doing sth/ that sb might do sth

peureux, -euse [pœʀø] **I.** *adj* fearful **II.** *m, f* fearful person

peut [pø] *indic prés de* **pouvoir**

peut-être [pøtɛtʀ] *adv* **1.** (*éventuellement*) perhaps, maybe; **~ que qn va faire qc** perhaps sb will do sth; **c'est ~ efficace, mais ...** it may well be effective, but ... **2.** (*environ*) maybe

peuvent [pøv], **peux** [pø] *indic prés de* **pouvoir**

phare [faʀ] *m* **1.** (*projecteur*) headlight **2.** (*tour*) lighthouse

pharmacie [faʀmasi] *f* **1.** (*boutique*) chemist *Brit*, drugstore *Am* **2.** (*science*) pharmacy **3.** (*armoire*) medicine cabinet

pharmacien(ne) [faʀmasjɛ̃] *m(f)* pharmacist, chemist *Brit*

phase [faz] *f* phase; (*d'une maladie*) stage

phénomène [fenɔmɛn] *m* **1.** (*fait*) phenomenon **2.** *inf* (*individu*) freak

Philadelphie [filadɛlfi] Philadelphia; **habitant de ~** Philadelphian

philatélie [filateli] *f* **1.** (*science*) philately **2.** (*hobby*) stamp collecting

philatéliste [filatelist] *mf* philatelist

philippin(ne) [filipɛ̃] *adj* Philippine

Philippin(ne) [filipɛ̃] *m(f)* Filipino

Philippines [filipin] *fpl* **les ~** the Philippines

philosophe [filɔzɔf] *mf* philosopher

philosopher [filɔzɔfe] <1> *vi* to philosophize

philosophie [filɔzɔfi] *f* philosophy

philosophique [filɔzɔfik] *adj* philosophical

phobie [fɔbi] *f* PSYCH phobia

phonétique [fɔnetik] **I.** *f* phonetics + *vb sing* **II.** *adj* phonetic

phoque [fɔk] *m* seal

photo [foto] *f abr de* **photographie** **1.** (*cliché*) photo; **~ de famille/ d'identité** family/passport photo; **prendre qn/qc en ~** to take a photo of sb/sth; **en ~** in photos **2.** (*art*) photography; **faire de la ~** to be a photograper

photocopie [fɔtɔkɔpi] *f* photocopy

photocopier [fɔtɔkɔpje] <1> *vt* to photocopy

photocopieur [fɔtɔkɔpjœʀ] *m*, **photocopieuse** [fɔtɔkɔpjøz] *f* photocopier

photographe [fɔtɔgʀaf] *mf* photographer

photographie [fɔtɔgʀafi] *f* (*activité*) photography; (*image*) photograph

photographier [fɔtɔgʀafje] <1> *vt* to photograph

phrase [fʀaz] *f* **1.** sentence **2.** **~ toute faite** stock phrase

physicien(ne) [fizisjɛ̃] *m(f)* physicist

physique [fizik] **I.** *adj* physical **II.** *m* **1.** (*aspect extérieur*) physical appearance; **avoir un beau ~** to look good **2.** **il/elle a le ~ de l'emploi** he/she looks the part **III.** *f* physics

physiquement [fizikmɑ̃] *adv* physi-

P
p

cally

piailler [pjɑje] <1> *vi* (*animal*) to cheep; (*enfant*) to whine

pianiste [pjanist] *mf* pianist

piano [pjano] I. *m* MUS piano; ~ **à queue** grand piano II. *adv* softly; **vas-y** ~ easy does it

pianoter [pjanɔte] <1> *vi* ~ **sur un ordinateur** to tap away on a computer

piaule [pjol] *f inf* room

PIB [peibe] *m abr de* **produit intérieur brut** GDP

pic [pik] *m* **1.** (*sommet*) peak **2. tomber à** ~ to happen at just the right moment; (*personne*) to turn up at the right moment; **à** ~ steeply

picoler [pikɔle] <1> *vi inf* to drink (*too much alcohol*)

picorer [pikɔre] <1> I. *vi* **1.** (*animal*) to peck **2.** (*personne*) to nibble II. *vt* (*animal*) ~ **qc** to peck at sth

picoter [pikɔte] <1> *vt* to sting

pie [pi] *f* **1.** (*oiseau*) magpie **2.** *inf* (*femme*) chatterbox

pièce [pjɛs] *f* **1.** (*salle*) room **2.** (*monnaie*) ~ **de monnaie** coin; ~ **d'un euro** one euro coin; ~**s** (**en**) **euro** euro coins **3.** THEAT play **4.** MUS piece **5.** (*document*) paper; (*d'identité*) proof *no pl* **6.** (*élément constitutif*) part; (*d'une collection, d'un trousseau*) piece **7.** (*quantité*) ~ **de viande** cut of meat **8.** (*pour rapiécer*) patch **9.** ~ **de rechange** [*o* **détachée**] spare part; ~ **rapportée** *péj* odd man out; **donner la** ~ **à qn** *inf* to tip sb

pied [pje] *m* **1.** (*opp: tête*) foot; **à** ~ on foot; **au** ~! heel! **2.** (*de lit*) leg **3.** (*base*) foot; **au** ~ **d'une colline/ d'un mur** at the foot of a hill/against a wall **4.** (*plant*) ~ **de salade/poireau** lettuce/leek **5. prendre qc au** ~ **de la lettre** to take sth literally; **mettre qn au** ~ **du mur** to put sb's back to the wall; **mettre les** ~**s dans le plat** (*commettre une gaffe*) to put one's foot in it; **avoir/garder les** (**deux**) ~**s sur terre** to have/ keep both feet on the ground; **des** ~**s à la tête** from head to toe; **partir**

du bon/mauvais ~ to get off to a good/bad start; **se lever du** ~ **gauche** [*o* **du mauvais** ~] to get out of the wrong side of the bed; ~**s nus** barefoot; **avoir** ~ to be in one's depth; **casser les** ~**s à qn** *inf* to get on sb's nerves; **ça lui fait les** ~**s** *inf* that serves her right; **mettre les** ~**s quelque part** to set foot somewhere; **remettre qn/qc sur** ~ to stand sb/ sth up again; **ne pas savoir sur quel** ~ **danser** not to know what to do; **traîner les** ~**s** to drag one's feet; ~ **de nez** insult; **faire un** ~ **de nez à qn** to thumb one's nose at sb

pied-noir [pjenwaʀ] <pieds-noirs> *adj, mf inf* pied-noir

piège [pjɛʒ] *m* **1.** trap; ~ **à souris** mousetrap; **prendre un animal au** ~ to catch an animal in a trap; **prendre qn au** ~ to trap sb; **tendre un** ~ **à qn** to set a trap for sb; **tomber dans le** ~ to fall in the trap **2. se prendre à son propre** ~ to get in one's own trap

piéger [pjeʒe] <2a, 5> *vt* **1.** (*animal*) to trap **2.** (*tromper*) ~ **qn** to catch sb out; **se faire** ~ **par qn** to be caught out by sb

pierre [pjɛʀ] *f* **1.** (*caillou*) stone **2.** (*pierre précieuse*) gem **3. faire d'une** ~ **deux coups** to kill two birds with one stone; **jour à marquer d'une** ~ **blanche** red-letter day

piétiner [pjetine] <1> I. *vi* **1.** (*trépigner*) ~ **d'impatience** to stamp one's feet with impatience **2.** (*avancer péniblement*) to be at a standstill; ~ **sur place** to stand about **3.** (*ne pas progresser*) to mark time II. *vt* (*sol, neige*) to tread on; (*pelouse*) to trample

piéton(ne) [pjetɔ̃] *adj, m(f)* pedestrian

pieuvre [pjœvʀ] *f* ZOOL octopus

pigeon [piʒɔ̃] *m* **1.** ZOOL pigeon; ~ **voyageur** homing pigeon **2.** *inf* (*dupe*) **être le** ~ **dans l'affaire** to be the mug [*o* sucker] in the matter

piger [piʒe] <2a> *vt, vi inf* to get it; **ne rien** ~ not to get anything

pile[1] [pil] *f* 1. (*tas*) pile 2. ELEC battery

pile[2] [pil] *adv* 1. (*arriver*) on the dot; ((*s'*)*arrêter*) dead; **à 10 heures** ~ at 10 o'clock on the dot 2. (*brusquement*) suddenly 3. (*au bon moment*) right on time; **ça tombe** ~! that's perfect timing!

pile[3] [pil] *f* **le côté** ~ tails; ~ **ou face?** heads or tails?

piler [pile] <1> I. *vt* to crush II. *vi inf* (*voiture*) to slam on the brakes

pilier [pilje] *m* ARCHIT pillar

piller [pije] <1> *vt* (*mettre à sac*) to loot

pilleur, -euse [pijœR] *m, f* looter

pilote [pilɔt] I. *mf* 1. AVIAT pilot; ~ **de ligne** airline pilot 2. AUTO driver; ~ **de course** racing driver II. *m* (*dispositif*) ~ **automatique** automatic pilot

piloter [pilɔte] <1> *vt* 1. AUTO to pilot; (*voiture*) to drive 2. INFOR to drive

pilule [pilyl] *f* MED pill

piment [pimã] *m* 1. GASTR pepper 2. (*piquant*) spice; **donner du** ~ **à qc** to spice sth up

pimenter [pimãte] <1> *vt* ~ **qc** GASTR to add chilli [*o* chili *Am*] to sth; *fig* to add spice to sth

pin [pɛ̃] *m* pine (tree)

pinailler [pinaje] <1> *vi inf* ~ **sur qc** to quibble over sth

pince [pɛ̃s] *f* 1. TECH pair of pliers 2. ZOOL claw 3. COUT **pantalon à** ~**s** front-pleated trousers 4. (*épingle*) ~ **à linge** clothes peg *Brit*, clothespin *Am* 5. (*instrument d'épilation*) ~ **à épiler** tweezers *pl*

pincé(e) [pɛ̃se] *adj* (*hautain*) starchy; (*sourire, ton*) stiff

pinceau [pɛ̃so] <x> *m* 1. brush 2. **s'emmêler** *inf* **les** ~**x** to get mixed up

pincée [pɛ̃se] *f* pinch

pincer [pɛ̃se] <2> I. *vt* 1. (*personne*) to pinch; (*crabe, écrevisse*) to nip 2. (*serrer fortement*) ~ **les lèvres** to purse one's lips 3. *inf* (*arrêter*) to catch; **se faire** ~ **par qn** to get caught by sb II. *vpr* **se** ~ to pinch

oneself; **se** ~ **le doigt** to get one's finger caught III. *vi* **pince-moi, je rêve!** pinch me, I'm dreaming!

pincette [pɛ̃sɛt] *f* 1. pair of tongs 2. **ne pas être à prendre avec des** ~**s** *inf* to be like a bear with a sore head

pingouin [pɛ̃gwɛ̃] *m* penguin; (*oiseau arctique*) auk

ping-pong [piŋpɔ̃g] *m inv* table tennis [*o* ping pong]

pinotte [pinɔt] *f Québec, inf* (*cacahuète*) peanut

pinson [pɛ̃sɔ̃] *m* chaffinch

pinte [pɛ̃t] *f* 1. (*en France*) ≈ quart (*0.93 litre*) 2. (*système impérial*) pint 3. *Québec* (*1,136 l*) quart (*1.136 litre*) 4. *Suisse* (*café, bistrot*) cafe

pioche [pjɔʃ] *f* 1. (*outil*) pick 2. JEUX stock

piocher [pjɔʃe] <1> I. *vt* 1. (*creuser*) to dig 2. JEUX to take a card [*o* domino] II. *vi* 1. (*creuser*) to dig 2. *inf* (*étudier*) to slog away 3. JEUX to take a card; (*prendre un domino*) to take a domino 4. *inf* (*puiser*) ~ **dans qc** to dip into sth

pion [pjɔ̃] *m* JEUX pawn

pion(ne) [pjɔ̃] *m(f) inf* ECOLE supervisor

pionnier, -ière [pjɔnje] *m, f* pioneer

pipe [pip] *f* pipe

pipi [pipi] *m inf, enfantin* wee-wee *Brit*, pee-pee *Am;* **faire** ~ to go for a wee

piquant [pikã] *m* 1. (*épine*) thorn; (*de ronce*) prickle 2. (*agrément*) **avoir du** ~ (*récit, livre*) to be spicy

piquant(e) [pikã] *adj* 1. prickly; (*rose*) thorny 2. (*goût, sauce*) spicy

pique [pik] *m* JEUX spade; **valet de** ~ jack of spades

pique-nique [piknik] <pique-niques> *m* picnic **pique-niquer** [piknike] <1> *vi* to picnic

piquer [pike] <1> I. *vt* 1. (*faire une piqûre*) to sting; (*serpent, puce*) to bite 2. (*donner la mort*) ~ **un animal** to put an animal down [*o* to sleep] 3. (*olive, papillon*) to stick; ~

une aiguille dans qc to jab a needle into sth **4.**(*yeux*) to sting; ~ **la peau** to prickle; ~ **la langue** to tingle on one's tongue **5.** *inf* ~ **un cent mètres** to do a hundred metre sprint; ~ **une colère/une crise** to fly into a rage/have a fit; ~ **un fard** to go red **6.** *inf*(*voler*) to pinch **7.** *inf* (*arrêter, attraper*) to catch **II.** *vi* **1.**(*faire une piqûre*) to sting; (*serpent, puce*) to bite **2.**(*se diriger*) ~ **sur qn/qc** to head for sb/sth **3.**(*moutarde, radis*) to be hot; (*barbe, pull*) to prickle **III.** *vpr* **1.**(*se blesser*) **se** ~ **avec une aiguille** to prick oneself with a needle; **se** ~ **avec des orties** to get stung oneself by (stinging) nettles **2.**(*se faire une injection*) **se** ~ **à qc** to inject oneself with sth; (*drogué*) to shoot up with sth

piquet [pikɛ] *m* **1.**(*pieu*) post; (*de tente*) peg **2. raide comme un** ~ as stiff as a poker; **être/rester planté comme un** ~ *inf* to stand doing nothing; ~ **de grève** picket line

piqûre [pikyʀ] *f* **1.**(*de guêpe*) sting; (*de moustique*) bite **2.** MED injection; **faire une** ~ **à qn** to give sb an injection

pirate [piʀat] *m* **1.** NAUT pirate **2.** AVIAT ~ **de l'air** hijacker

pirater [piʀate] <1> *vt* to pirate

pire [piʀ] **I.** *adj* **1.**(*plus mauvais*) worse; **de** ~ **en** ~ worse and worse **2.**(*le plus mauvais*) **le/la** ~ **élève** the worst pupil **II.** *m* **le** ~ the worst; **au** ~ if the worst comes to the worst

pirouette [piʀwɛt] *f* (*culbute*) pirouette

pis [pi] *m* udder

piscine [pisin] *f* swimming pool

pissenlit [pisɑ̃li] *m* dandelion

pisser [pise] <1> *vi inf* to (have a) piss

pissotière [pisɔtjɛʀ] *f inf* urinal

pistache [pistaʃ] *f, adj inv* pistachio

piste [pist] *f* **1.**(*trace*) trail; **brouiller les** ~**s** to confuse the issue **2.**(*indice*) clue **3.** AVIAT runway; ~ **d'atterrissage/de décollage** landing/take-off runway **4.**(*au ski*) slope

5. AUTO track **6.**(*espace pour la danse*) floor; (*espace au cirque*) ring

pistolet [pistɔlɛ] *m* **1.**(*arme*) pistol **2.**(*pulvérisateur*) spray **3.** *Belgique* (*petit pain rond*) bread roll

piston [pistɔ̃] *m inf* (*favoritisme*) string-pulling

pistonner [pistɔne] <1> *vt inf* ~ **qn** to pull strings for sb; **se faire** ~ **par qn** to have sb pull strings

piteux, -euse [pitø] *adj* (*air*) pitiful; (*état*) pathetic

pitié [pitje] *f* pity; (*miséricorde*) mercy; **par** ~ for pity's sake; **être sans** ~ to be merciless; **avoir** ~ **de qn** to have pity on sb; **faire** ~ **à qn** to make sb feel sorry for one; *péj* to be pitiful

piton [pitɔ̃] *m* **1.**(*crochet*) hook **2.** SPORT piton **3.** *Québec* (*bouton*) button **4.** *Québec* (*touche: d'un ordinateur, téléphone*) key

pitonner [pitɔne] <1> *vi Québec* (*tapoter sur des touches*) to twiddle at the keys

pitoyable [pitwajabl] *adj* pitiful; (*résultat*) miserable

pitre [pitʀ] *m* clown

pitrerie [pitʀəʀi] *f souvent pl* clowning; **faire des** ~**s** to clown around

pittoresque [pitɔʀɛsk] *adj* picturesque

pivoter [pivɔte] <1> *vi* ~ **sur qc** to revolve around sth; **faire** ~ **qc** to pivot sth

pizza [pidza] *f* pizza

pizzeria [pidzeʀja] *f* pizzeria

PJ [peʒi] *f abr de* **Police judiciaire** ≈ CID

placard [plakaʀ] *m* cupboard

placarder [plakaʀde] <1> *vt* ~ **un mur** to stick posters up all over a wall

place [plas] *f* **1.**(*lieu public*) square; **sur la** ~ **publique** in public **2.**(*endroit approprié*) place; **à la** ~ **de qc** in place of sth; **sur** ~ on the spot; **être à sa** ~ to be in the right place; **être en** ~ (*installé*) to be installed; (*en fonction*) to be in place; **se mettre à la** ~ **de qn** to put oneself in sb else's shoes **3.** (*endroit quelconque*) spot; **être/rester cloué sur ~** to be/remain rooted to the spot; **prendre la ~ de qc** to take the place of sth; **il ne tient pas en ~** he can't keep still **4.** (*espace*) room; **tenir/prendre de la ~** to take up room; **gagner de la ~** to gain some space **5.** (*emplacement réservé*) space; **~ assise** seat; **~ debout** standing room; **~ de stationnement** parking space; **y a-t-il encore une ~ (de) libre?** is there another seat free? **6.** (*billet*) seat; **~ de cinéma/concert** cinema/concert ticket; **louer des ~s** to book seats **7.** (*emploi*) position **8.** *Belgique, Nord* (*pièce*) room **9.** *Québec* (*endroit, localité*) place **10. faire ~ à qn/qc** to give way to sb/sth; **remettre qn à sa ~** to put sb in his place

placé(e) [plase] *adj* **1.** (*situé*) **bien/mal ~** (*objet*) well/awkwardly placed; (*spectateurs*) well/badly seated; **c'est de la fierté mal ~e!** it's misplaced pride!; **tu es mal ~ pour me faire des reproches!** you're in no position to criticize me! **2.** *SPORT* placed; **être bien/mal ~** to be placed high/low **3.** (*dans une situation*) **être haut ~** to be high up; **fonctionnaire haut ~** high-ranking official

placer [plase] <2> **I.** *vt* **1.** (*mettre*) **~ qc sur l'étagère** to put sth on the shelf **2.** (*spectateurs, invités*) to seat; **~ qn dans une famille d'acceuil** to place sb with a foster family **3.** (*anecdote, remarque*) to put in; **ne pas pouvoir ~ un mot** to not be able to get a word in **4.** (*argent, capitaux*) to invest **II.** *vpr* **1.** (*s'installer*) **se ~** to take up a position; (*debout*) to stand **2.** (*prendre un certain rang*) **se ~ deuxième** to be placed second

plafond [plafɔ̃] *m* **1.** *a. fig* ceiling **2.** (*d'un crédit*) limit **3. sauter au ~** *inf* to hit the roof

plage [plaʒ] *f* **1.** (*rivage*) beach; **~ de galets/sable** pebble/sandy beach; **sur la ~** on the beach; **être/aller à la ~** to be at/go to the beach

2. *AUTO* **~ arrière** back shelf

plaider [plede] <1> *vt* *JUR* **~ la cause de qn** to plead sb's case; **~ coupable/non-coupable** to plead guilty/not guilty

plaidoyer [plɛdwaje] *m* speech for the defence [*o* defense *Am*]

plaie [plɛ] *f* **1.** (*blessure*) wound **2.** (*malheur*) bad luck; **quelle ~!** *inf* what bad luck! **3.** *inf* (*personne*) nuisance

plaindre [plɛ̃dʀ] <irr> **I.** *vt* to pity; **je te plains sincèrement** I sincerely feel sorry for you **II.** *vpr* **1.** (*se lamenter*) **se ~ de qc** to moan about sth **2.** (*protester*) **se ~ de qn/qc à qn** to complain about sb/sth to sb

plaine [plɛn] *f* plain

plain-pied [plɛ̃pje] *m sans pl* **être de ~** to be on the same level

plainte [plɛ̃t] *f* **1.** (*gémissement*) moan; **des ~s** moaning **2.** *a.* *JUR* complaint

plaire [plɛʀ] <irr> **I.** *vi* **1.** (*être agréable*) **qc plaît à qn** sb likes sth; **~ aux spectateurs** to please the audience **2.** (*charmer*) **il lui plaît** she fancies him; **les brunes me plaisent davantage** I like brunettes better **3.** (*convenir*) **~ à qn** (*idée, projet*) to suit sb **II.** *vi impers* **1.** (*être agréable*) **il plaît à qn de faire qc** sb likes doing sth; **comme il te/vous plaira** as you like it **2. s'il te/vous plaît** please; *Belgique* (*voici*) here you are **III.** *vpr* **se ~ 1.** (*se sentir à l'aise*) **se ~ au Canada** to like being in Canada **2.** (*personnes*) to like each another

plaisanter [plɛzɑ̃te] <1> *vi* **1.** to joke; **je ne suis pas d'humeur à ~** I'm in no mood for jokes **2.** (*dire par jeu*) **ne pas ~ sur qc** to be strict about sth

plaisanterie [plɛzɑ̃tʀi] *f* **1.** joke; **~ de mauvais goût** joke in bad taste **2. les ~s les plus courtes sont les meilleures** brevity is the soul of wit

plaisir [pleziʀ] *m* **1.** pleasure; **~ de faire qc** pleasure of doing sth; **prendre un malin ~ à faire qc** to get a kick out of doing sth; **faire ~ à**

P
p

qn to please sb; **maintenant fais-moi le ~ de te taire!** now, do me a favour and shut up!; **souhaiter à qn bien du ~** *iron* to wish sb joy; **faire ~ à voir** to be a pleasure to see; **pour le ~** for pleasure **2.** (*jouissance sexuelle*) **se donner du ~** to pleasure each other **3.** *pl* (*sentiment agréable*) **menus ~s** entertainment; **les ~s de la table** the pleasures of the table **4. faire durer le ~** to make the pleasure last; **au ~!** *inf* see you soon!; **avec ~** with pleasure

plan [plɑ̃] *m* **1.** plan **2.** CINE, TV shot; **gros ~, ~ rapproché** close-up **3.** *inf* **j'ai un ~ d'enfer!** I have a great idea! **4.** (*niveau*) **sur le ~ national/régional** on a national/regional level; **passer au second ~** to drop into the background; **sur le ~ moral** morally (speaking) **5.** (*d'eau*) stretch; **~ de travail** work surface **6. laisser qc en ~** to drop sth

planche [plɑ̃ʃ] *f* **1.** (*pièce de bois*) plank; **~ à dessin/à repasser** drawing/ironing board **2.** (*scène*) **les ~s** the boards **3.** SPORT **~ à roulettes** skateboard; **~ à voile** (*objet*) sailboard; (*sport*) windsurfing

plancher [plɑ̃ʃe] *m* **1.** floor **2. débarrasser le ~** *inf* to beat it

planer [plane] <1> *vi* **1.** *a.* AVIAT to glide **2.** (*peser*) **~ sur qn/qc** (*danger, soupçons*) to hang over sb/sth; **laisser ~ le doute sur qc** to leave lingering doubt about sth

planétarium [planetaʀjɔm] *m* planetarium

planète [planɛt] *f* planet; **la ~ Terre** the planet Earth

planification [planifikasjɔ̃] *f* planning

planifier [planifje] <1> *vt* to plan

planning [planiŋ] *m* **1.** (*calendrier*) calendar **2.** (*planification*) planning

planque [plɑ̃k] *f* *inf* **1.** (*cachette*) hiding place **2.** (*travail tranquille*) easy work

planqué(e) [plɑ̃ke] *m(f)* *péj, inf* stashed away

planquer [plɑ̃ke] <1> *vt, vpr inf* (**se**) **~** to hide

plantation [plɑ̃tasjɔ̃] *f* (*exploitation agricole*) plantation

plante [plɑ̃t] *f* plant

planté(e) [plɑ̃te] *adj* **être/rester ~ là** to just stand there

planter [plɑ̃te] <1> **I.** *vt* **1.** (*mettre en terre*) to plant **2.** (*pieu, piquet*) to drive in; (*clou*) to hammer; **~ ses griffes dans le bras à qn** (*chat*) to sink one's claws into sb's arm **3.** (*tente*) to pitch **4.** *inf* (*abandonner*) **~ qn là** to drop sb **II.** *vpr* **1.** *inf* (*se tromper*) **se ~ dans qc** to screw up over sth; **se ~ à un examen** to screw up in an exam **2.** (*se mettre*) **se ~ une aiguille dans la main** to stick a needle in one's hand; **se ~ dans le mur** (*couteau, flèche*) to stick in the wall **3.** *inf* (*se poster*) **se ~ dans le jardin** to take up one's post in the garden; **se ~ devant qn** to position oneself in front of sb **4.** *inf* *a.* INFOR **se ~** to crash

plaque [plak] *f* **1.** sheet **2.** (*de chocolat*) slab **3.** MED patch **4.** (*d'une porte, rue*) plaque; (*d'un policier*) badge; **~ minéralogique** registration [*o* license *Am*] plate **5.** GASTR **~ électrique** hotplate **6. ~ tournante** turntable *fig*, nerve centre; **être à côté de la ~** *inf* to have got it all wrong

ℹ️ On French **plaques minéralogiques** the last two numbers indicate where the vehicle is from. So the 78 at the end of plate number 6785 MN 78 shows that a car is registered in the Yvelines (postal code 78…).

plaqué(e) [plake] *adj* **~ (en) argent/or** silver/gold-plated

plaquer [plake] <1> *vt* **1.** *inf* (*conjoint*) to dump; (*emploi*) to pack in; **tout ~** to pack it all in **2.** (*cheveux*) to plaster down **3.** (*serrer contre*) **~ qn contre le mur** to pin sb up against the wall **4.** SPORT to tackle

plastique [plastik] **I.** *m* plastic; **en ~**

plastic **II.** *adj inv* plastic

plat [pla] *m* **1.** (*récipient creux, contenu*) dish **2.** (*récipient plat*) plate **3.** (*mets, élément d'un repas*) course; ~ **principal** main course; ~ **du jour** dish of the day; **de bons petits ~s** tasty little dishes **4. mettre les petits ~s dans les grands** to lay on a grand meal; **faire tout un ~ de qc** *inf* to make a song and dance about sth

plat(e) [pla] *adj* **1.** flat; **à ~** flat **2.** (*fade*) dull

platane [platan] *m* plane tree

plateau [plato] <x> *m* **1.** (*support*) tray **2.** GASTR ~ **de fruits de mer** seafood platter; ~ **de fromages** cheeseboard **3.** (*d'une balance*) pan **4.** GEO plateau **5.** CINE, TV set; (*invités*) lineup

plâtre [platʀ] *m a.* MED plaster; **avoir un bras dans le ~** to have an arm in plaster [*o a cast Am*]

plâtrer [platʀe] <1> *vt* to plaster; (*trou, fissure*) to fill

plâtrier, -ière [platʀije] *m, f* plasterer

plausible [plozibl] *adj* plausible

play-back [plɛbak] *m inv* lip-synching

play-boy [plɛbɔj] <play-boys> *m* playboy

plein [plɛ̃] **I.** *adv* **1.** *inf* ~ **d'argent/ d'amis** loads of money/friends **2.** (*exactement*) **en ~ dans l'œil** right in the eye; **en ~ devant** straight ahead **3.** (*au maximum*) **à ~** (*tourner*) fully **4. mignon/gentil tout ~** *inf* just too cute/kind **II.** *prep* **de l'argent ~ les poches** tons of money **III.** *m* **1.** (*de carburant*) fill-up; **faire le ~** to fill the tank; **le ~, s'il vous plaît!** fill it up, please **2. battre son ~** to be in full swing

plein(e) [plɛ̃] *adj* **1.** (*rempli*) full; **à moitié ~** half-full; **être ~ à craquer** to be full to bursting **2.** (*sans réserve*) **à ~es mains** in handfuls; **mordre à ~es dents dans qc** to bite deeply into sth **3.** (*au maximum de*) **à ~ régime** at full power **4.** (*au plus fort de*) **en ~ été/~e nuit** in

the middle of summer/the night; **en ~ jour** in broad daylight; **en ~ soleil** in full sun **5.** (*au milieu de*) **en ~ travail** in the middle of working; **en ~e rue** out in the road; **être en ~ boum** to be rushed off one's feet **6.** (*trait*) continuous; (*bois, porte*) solid **7.** *antéposé* (*succès, confiance*) complete **8.** (*jour, mois*) whole

pleinement [plɛnmɑ̃] *adv* fully

pleurer [plœʀe] <1> **I.** *vi* **1.** (*personne, bébé*) to cry; (*œil*) to water; ~ **de rage** to cry with rage; ~ **de rire** to weep with laughter **2.** (*se lamenter*) ~ **sur qn/qc** to lament over sb/sth; ~ **sur son sort** to bemoan one's lot **3.** (*réclamer*) to whine; **aller ~ auprès de qn** to go moaning to sb; ~ **après qc** *inf* to go begging for sth **4.** (*extrêmement*) **triste à (faire)** ~ so sad you could cry **II.** *vt* **1.** (*regretter*) ~ **qn** to mourn for sb **2.** (*verser*) ~ **des larmes de joie/sang** the cry tears of joy/blood; ~ **toutes les larmes de son corps** to cry one's eyes out

pleurnicheur, -euse [plœʀniʃœʀ] **I.** *adj inf* **1.** (*qui pleure*) snivelling **2.** (*qui se lamente*) whining **II.** *m, f inf* **1.** (*qui pleure*) crybaby **2.** (*qui se lamente*) whiner

pleuvoir [pløvwaʀ] <irr> **I.** *vi impers* **il pleut de grosses gouttes** it's raining heavily **II.** *vi* (*coups, reproches*) to rain down

pli [pli] *m* **1.** (*pliure*) pleat; (*du papier*) fold; (*du pantalon*) crease; **jupe à ~s** pleated skirt **2.** (*mauvaise pliure*) (**faux**) ~ crease **3.** JEUX trick **4. prendre un mauvais ~** to get into a bad habit; **ça ne fait pas un ~** *inf* there is no doubt (about it); **prendre le ~ de faire qc** to get into the habit of doing sth

pliant(e) [plijɑ̃] *adj* folding

plier [plije] <1> **I.** *vt* **1.** (*papier, tissu*) to fold **2.** (*refermer*) to close; (*journal, carte routière*) to fold up **3.** (*bras, jambe*) to flex **4.** (*courber*) to bend **II.** *vi* (*se courber*) ~ **sous le poids de qc** to bend with the

weight of sth **III.** *vpr* **1.** (*être pliant*)
se ~ to fold **2.** (*se soumettre*) **se** ~ **à**
la volonté de qn to yield to sb's will

plisser [plise] <1> **I.** *vt* **1.** (*couvrir
de faux plis*) to crease **2.** (*front*) to
crease; (*bouche*) to pucker **II.** *vi* to
wrinkle; (*lin, tissu*) to crease

pliure [plijyʀ] *f* (*du bras, genou*)
bend

plomb [plɔ̃] *m* **1.** (*métal*) lead; **sans**
~ (*essence*) unleaded **2.** (*fusible*)
fuse **3.** (*pour la chasse*) lead shot *no
pl* **4.** (*à la pêche*) sinker **5. avoir du**
~ **dans la tête** to have some sense;
sommeil de ~ heavy sleep; **par un
soleil de** ~ under a blazing sun

plombage [plɔ̃baʒ] *m* (*d'une dent*)
filling

plombier [plɔ̃bje] *m* plumber

plongé(e) [plɔ̃ʒe] *adj* **1.** (*absorbé*)
immersed **2.** (*entouré*) ~ **dans
l'obscurité** surrounded by darkness

plongeant(e) [plɔ̃ʒɑ̃] *adj* (*décolleté*) plunging; **vue ~e sur le parc**
view from above over the park

plongée [plɔ̃ʒe] *f* SPORT ~ **sous-
marine** scuba diving; **faire de la** ~
to go scuba diving

plongeoir [plɔ̃ʒwaʀ] *m* diving
board

plongeon [plɔ̃ʒɔ̃] *m* **1.** SPORT dive
2. (*chute*) fall; **faire un** ~ to take a
nose-dive

plonger [plɔ̃ʒe] <2a> *vi* (*personne,
oiseau*) to dive; (*voiture*) to plunge

plongeur, -euse [plɔ̃ʒœʀ] *m, f*
1. SPORT diver **2.** (*dans un restaurant*)
dishwasher

plu¹ [ply] *part passé de* **plaire**

plu² [ply] *part passé de* **pleuvoir**

pluie [plɥi] *f* **1.** METEO rain; **saison
des ~s** rainy season; **sous la** ~ in the
rain **2. après la** ~ **le beau temps**
prov every cloud has a silver lining;
ne pas être né [*o* **tombé**] **de la
dernière** ~ not to have been born
yesterday

plume [plym] *f* **1.** (*penne*) feather
2. (*pour écrire*) quill **3. laisser** [*o*
perdre] **des ~s** to come off badly

plumer [plyme] <1> *vt* (*animal*) to
pluck; (*personne*) to fleece

plupart [plypaʀ] *f sans pl* **1. la** ~
des élèves most pupils; **la** ~
d'entre nous/eux/elles most of
us/them; **dans la** ~ **des cas** in
most cases; **la** ~ **du temps** most of
the time **2. pour la** ~ for the most
part

pluriel [plyʀjɛl] *m* plural

plus¹ [ply] *adv* **1.** (*opp: encore*) **il
n'est** ~ **très jeune** he's no longer
very young; **il ne l'a** ~ **jamais vu** he
has never seen him since; **il ne
pleut** ~ **du tout** it's completely
stopped raining; **il ne neige
presque** ~ it has nearly stopped
snowing; **il n'y a** ~ **personne/rien**
there's nobody/nothing left; **nous
n'avons** ~ **rien à manger** we have
nothing left to eat; **ils n'ont** ~ **d'ar-
gent/de beurre** they have no more
money/butter **2.** (*seulement encore*) **on n'attend** ~ **que vous**
we're only waiting for you now; **il
ne manquait** ~ **que ça** that was all
we needed **3.** (*pas plus que*) **non** ~
neither

plus² [ply(s)] **I.** *adv* **1.** (*davantage*)
être ~ **bête que lui** to be more stupid than him; **deux fois** ~ **âgé/cher
qu'elle** twice as old/expensive as
her; ~ **tard/tôt/près/lentement
qu'hier** later/earlier/nearer/slower
than yesterday **2.** (*dans une comparaison*) **je lis** ~ **que toi** I read more
than you; **ce tissu me plaît** ~ **que
l'autre** I like this fabric more than
the other one **3.** (*très*) **il est** ~
qu'intelligent he is extremely intelligent; **elle est** ~ **que contente** she
is more than happy **4.** ~ **ou jamais**
more than ever; ~ **ou moins** more
or less; **ni** ~ **ni moins** nothing more
nothing less **II.** *adv emploi superl*
1. le/la ~ **rapide/important(e)** the
fastest/most important; **le** ~ **intelligent des élèves** the most intelligent
pupil; **le** ~ **tard possible** as late as
possible; **le** ~ **possible de choses/
personnes** as many things/people
as possible; **il a pris le** ~ **de livres
qu'il pouvait** he took as many books
as he could **2. au** ~ **tôt/vite** as soon

as possible; **tout au** ~ at the very most

plus³ [plys] *adv* **1.** more; **pas** ~ no more; ~ **d'une heure/de 40 ans** more than one hour/40 years; **les enfants de** ~ **de 12 ans** children over 12 years old; **il est** ~ **de minuit** it's after midnight; ~ **qu'il n'en faut/de la moitié** more than enough/half; ~ **le temps passe,** **l'espoir diminue** as time passes, hope fades **2.** ~ **il réfléchit, (et)** **moins il a d'idées** the more he thinks, the fewer ideas he has; **de** ~ furthermore; **de** ~ (*jour, assiette*) another; **une fois de** ~ once more; **boire de** ~ **en** ~ to drink more and more; **de** ~ **en** ~ **vite** faster and faster; **en** ~ as well; **en** ~ **de qc** as well as sth; **sans** ~ and no more

plus⁴ [plys] **I.** *conj* **1.** (*et*) and; **2** ~ **2** **font 4** 2 and 2 make 4; **le loyer** ~ **les charges** rent plus charges **2.** (*quantité positive*) ~ **quatre** **degrés** plus four degrees **II.** *m* **1.** MAT plus sign **2.** (*avantage*) plus

plus⁵ [ply] *passé simple de* **plaire**

plusieurs [plyzjœʀ] **I.** *adj antéposé,* *pl* several **II.** *pron pl* **1.** people; ~ **m'ont dit que ...** several people have told me that ...; ~ **d'entre** **nous** several of us **2. à** ~ **ils ont pu** **...** several of them together were able to ...

plus-que-parfait [plyskəpaʀfɛ] <plus-que-parfaits> *m* pluperfect

plut [ply] *passé simple de* **pleuvoir**

plutôt [plyto] *adv* **1.** (*de préfé-* *rence*) **prendre** ~ **l'avion que le** **bateau** to take the plane rather than the boat; **cette maladie affecte** ~ **les enfants** this illness affects mainly children **2.** (*au lieu de*) ~ **que de parler,** **il vaudrait mieux** **...** rather than speaking, it would be better ... **3.** (*assez*) **être** ~ **gentil** to be quite kind; **c'est** ~ **bon signe** it is rather a good sign; ~ **mal/lente-** **ment** fairly badly/slowly **4.** (*plus ex-* *actement*) **ou** ~ or rather

PM [peɛm] *abr de* **post meridiem** p.m.

PNB [peɛnbe] *m abr de* **produit** **national brut** G.N.P.

pneu [pnø] *m* tyre *Brit,* tire *Am;* ~ **crevé** flat tyre

pneumatique [pnømatik] *adj* inflatable

poche [pɔʃ] *f* **1.** (*cavité, sac*) bag; ~ **de thé** *Québec* (*sachet de thé*) tea-bag **2.** (*compartiment*) pocket **3. se** **remplir les** ~**s** to fill one's pockets

pochette [pɔʃɛt] *f* **1.** (*de disque*) sleeve **2.** (*mouchoir de veste*) pocket handkerchief **3.** (*petit sac*) clutch bag

poêle¹ [pwal] *f* GASTR frying pan

poêle² [pwal] *m* stove; ~ **à ma-** **zout/à bois** oil/wood-burning stove

poème [pɔɛm] *m* poem

poésie [pɔezi] *f* poetry

poète [pɔɛt] *m* (*écrivain*) poet

poétique [pɔetik] *adj* poetic

poids [pwa] *m* **1.** (*mesure, objet,* *charge, responsabilité*) weight; **quel** ~ **faites-vous?** how much do you weigh?; **au** ~ by weight **2.** *sans pl* (*importance*) force; **un argument** **de** ~ a forceful argument **3.** AUTO ~ **lourd** heavy goods vehicle *Brit,* freight vehicle *Am* **4. avoir un** ~ **sur** **l'estomac** to have a weight on one's stomach; **faire le** ~ COM to make up the weight; **faire le** ~ **devant qn/** **qc** to be a match for sb/sth

poignard [pwaɲaʀ] *m* dagger

poignarder [pwaɲaʀde] <1> *vt* to stab

poigne [pwaɲ] *f* **1.** grip **2. avoir de** **la** ~ to have a strong grip

poignée [pwaɲe] *f* **1.** *a.* INFOR handle; (*dans le bus, la baignoire*) grab-handle **2.** (*quantité*) handful **3.** ~ **de main** handshake

poignet [pwaɲɛ] *m* wrist

poil [pwal] *m* **1.** ANAT hair **2.** ZOOL coat; **manteau en** ~ **de lapin/re-** **nard** rabbitskin/fox fur coat; **le chat** **perd ses** ~**s** the cat's moulting **3.** (*filament*) bristle **4.** *inf* (*un petit* *peu*) **un** ~ **de gentillesse** an ounce of kindness; **ne pas avoir un** ~ **de** **bon sens** to not have an iota of common sense **5. reprendre du** ~ **de la**

bête (*se rétablir*) to perk up again; **être de bon/mauvais** ~ *inf* to be in a good/bad mood; ~ **à gratter** itching powder; **à** ~ *inf* stark naked; **au** ~**!** *inf* great!

poilu(e) [pwaly] *adj* hairy

poing [pwɛ̃] *m* **1.** fist **2. envoyer** [*o* **mettre**] **son** ~ **dans la figure à qn** *inf* to punch sb in the face; **taper du** ~ **sur la table** to bang one's fist on the table; **dormir à** ~**s fermés** to sleep like a log

point [pwɛ̃] *m* **1.** *a.* GEO point; ~ **de vente** sales point; **sur tous les** ~**s** (*être d'accord*) on all points; ~ **culminant** peak **2.** (*ponctuation*) mark *Brit,* period *Am;* ~**s de suspension** suspension points; ~ **d'exclamation/d'interrogation** exclamation/question mark **3. mettre les** ~**s sur les i à qn** to dot the i's and cross the t's; ~ **de vue** point of view; **au** [*o* **du**] ~ **de vue de qc** from the point of view of sth; **c'est un bon/mauvais** ~ **pour qn/qc** it is a plus/minus for sb/sth; **jusqu'à un certain** ~ (*relativement*) to a certain extent; **avoir raison jusqu'à un certain** ~ to be right up to a point; ~ **commun** something in common; ~ **faible/fort** weak/strong point; **être mal en** ~ in a bad way; **être toujours au même** ~ to still be in the same situation; ~ **noir** (*comédon*) blackhead; **à** (**un**) **tel** ~ [*o* **à un** ~ **tel**] **que** to such an extent that; **être au** ~ (*procédé*) to be perfected; (*voiture*) to be tuned; **être sur le** ~ **de faire qc** to be just about to do sth; **faire le** ~ **de la situation** (*journal*) to give an update on the situation; **à** ~ (*viande*) medium; **légumes, pâtes** al dente; **au** ~ **que** to the point that

pointe [pwɛ̃t] *f* **1.** (*extrémité*) point; (*d'une île*) headland **2.** (*objet pointu*) spike **3.** (*de danse*) point; **faire des** ~**s** to dance on points **4.** (*de cannelle*) pinch; (*d'ironie, d'accent*) hint **5. faire des** ~**s** (**de vitesse**) **de** [*o* **à**] **200/230 km/heure** to hit 200/230 km/hr; **être à la** ~ **de qc**

to be at the forefront of sth; **vitesse de** ~ top speed; **heures de** ~ rush-hour; **de** ~ leading; (*technologie*) leading-edge; **marcher sur la** ~ **des pieds** to tiptoe

pointer [pwɛ̃te] <1> I. *vi* **1.** ECON (*aller*) ~ (*ouvrier, employé*) to clock in; (*chômeur*) to sign on **2.** (*au jeu de boules*) to aim for the jack **3.** INFOR ~ **sur une icône** to point on a icon II. *vt* ~ **qc sur/vers qn/qc** to train sth on sb/sth III. *vpr inf* **se** ~ to turn up

pointeur [pwɛ̃tœʀ] *m* INFOR ~ **de la souris** mouse pointer

pointillé [pwɛ̃tije] *m* dotted line; **en** ~(**s**) in outline

pointilleux, -euse [pwɛ̃tijø] *adj* **être** ~ **sur qc** to be particular about sth

pointu(e) [pwɛ̃ty] *adj* **1.** (*acéré*) razor sharp **2.** (*grêle et aigu*) shrill

pointure [pwɛ̃tyʀ] *f* (shoe) size; **quelle est votre** ~**?** what's your size?

point-virgule [pwɛ̃viʀgyl] <points-virgules> *m* semi-colon

poire [pwaʀ] *f* pear

poireau [pwaʀo] <x> *m* leek

poirier [pwaʀje] *m* **1.** pear tree **2. faire le** ~ to do a headstand

pois [pwa] *m* **1.** pea; ~ **chiche** chick pea; **petit** ~ petit pois **2. à** ~ spotted

poison [pwazɔ̃] *m* poison

poisse [pwas] *f* bad luck; **porter la** ~ **à qn** *inf* to be a jinx on sb; **quelle** ~**!** what bad luck!

poisseux, -euse [pwasø] *adj* sticky

poisson [pwasɔ̃] *m* **1.** ZOOL fish; ~ **rouge** goldfish **2. être comme un** ~ **dans l'eau** to be in one's element; **engueuler qn comme du** ~ **pourri** *inf* to call sb all the names under the sun; ~ **d'avril!** April fool!; **faire un** ~ **d'avril à qn** to play an April fool's joke on sb

---

ℹ️ On the first of April, people play practical jokes and the traditional children's **poisson d'avril** is to cut out paper fish and try to stick them on people's backs without being noticed.

---

poissonnerie [pwasɔnʀi] *f* (*boutique*) fish shop

poissonnier, -ière [pwasɔnje] *m, f* fish merchant, fishmonger *Brit*

Poissons [pwasɔ̃] *m* Pisces; *v. a.* **Balance**

Poitou [pwatu] *m* **le ~** Poitou

poitrine [pwatʀin] *f* **1.**(*d'un homme*) chest; (*d'une femme*) breast **2.** GASTR breast

poivre [pwavʀ] *m sans pl* pepper

poivré(e) [pwavʀe] *adj* **1.**(*épicé*) spicy **2.**(*parfum, menthe*) peppery

poivrer [pwavʀe] <1> *vi, vt* **~** (**qc**) to add pepper (to sth)

poivrière [pwavʀijɛʀ] *f* pepperpot; (*moulin*) pepper mill

poivron [pwavʀɔ̃] *m* sweet [*o* bell *Am*] pepper

poker [pɔkɛʀ] *m* poker

polaire [pɔlɛʀ] *adj* polar

pôle [pol] *m* pole; **~ Nord/Sud** North/South Pole

polémique [pɔlemik] *f* polemic

poli(e) [pɔli] *adj* polite

police¹ [pɔlis] *f* **1.** *sans pl* police; **~ judiciaire** ≈ Criminal Investigation Department; **~ secours** ≈ emergency services **2. faire la ~** to keep order

police² [pɔlis] *f* **~ d'assurance** insurance policy

policier, -ière [pɔlisje] **I.** *adj* **chien ~** police dog; **roman/film ~** detective novel/film; **femme ~** policewoman **II.** *m, f* police officer

poliment [pɔlimɑ̃] *adv* politely

politesse [pɔlitɛs] *f* **1.** *sans pl* (*courtoisie*) politeness; **faire qc par ~** to do sth out of politeness **2.** *pl* (*propos*) polite remarks

politicien(ne) [pɔlitisjɛ̃] *m(f)* politician

politique [pɔlitik] **I.** *adj* political **II.** *f* **1.** POL politics + *vb sing* **2.** (*ligne de conduite*) policy; **pratiquer la ~ de l'autruche** to stick one's head in the sand; **pratiquer la ~ du**

moindre effort to take the easy way out **III.** *mf* (*gouvernant*) politician

polluant(e) [pɔlɥɑ̃] *adj* polluting; **non ~** non-polluting

polluer [pɔlɥe] <1> *vt, vi* to pollute

pollution [pɔlysjɔ̃] *f* pollution; **~ de l'air/des eaux** atmospheric/ water pollution

polo [pɔlo] *m* **1.**(*chemise*) polo shirt **2.** SPORT polo

Pologne [pɔlɔɲ] *f* **la ~** Poland

polonais [pɔlɔnɛ] *m* Polish; *v. a.* **français**

polonais(e) [pɔlɔnɛ] *adj* Polish

Polonais(e) [pɔlɔnɛ] *m(f)* Pole

polonaise [pɔlɔnɛz] *f* MUS polonaise

Polynésie française [pɔline-zifʀɑ̃sɛz] *f* **la ~** French Polynesia

polyvalente [pɔlivalɑ̃t] *f* *Québec* (*école secondaire dispensant l'enseignement général et l'enseignement professionnel*) *secondary school providing normal and vocational education*

pommade [pɔmad] *f* ointment

pomme [pɔm] *f* **1.**(*fruit*) apple **2.** ANAT **~ d'Adam** Adam's apple **3.** BOT **~ de pin** pine cone **4. être haut comme trois ~s** to be knee-high to a grasshopper; **être/tomber dans les ~s** to have fainted/faint

pomme de terre [pɔmdətɛʀ] <pommes de terre> *f* potato

pommier [pɔmje] *m* apple tree

pompe [pɔ̃p] *f* **1.**(*machine*) pump; **~ à essence** petrol [*o* gas *Am*] pump; **~ à incendie** fire engine **2.** *inf* (*chaussure*) shoe **3.** *inf* SPORT press-ups, push-ups *Am*; **faire des ~s** to do press-ups **4. avoir un coup de ~** *inf* to feel suddenly exhausted; **être à côté de ses ~s** *inf* to be out of it

pomper [pɔ̃pe] <1> *vi* **1.**(*puiser*) to pump **2.** *inf* ECOLE **~ sur qn** to copy from sb

pompier [pɔ̃pje] *m* **1.** fireman **2. fumer comme un ~** to smoke like a chimney

pompiste [pɔ̃pist] *mf* petrol pump [*o* gas station *Am*] attendant

poncer [pɔ̃se] <2> *vt* to sand down

ponctualité [pɔ̃ktɥalite] *f* punctuality

ponctuation [pɔ̃ktɥasjɔ̃] *f* punctuation

ponctuel(le) [pɔ̃ktɥɛl] *adj* 1. (*exact*) punctual 2. (*momentané*) occasional

pondre [pɔ̃dʀ] <14> *vt, vi* to lay

poney [pɔnɛ] *m* pony

pont [pɔ̃] *m* 1. ARCHIT, NAUT bridge 2. (*vacances*) **faire le ~** to make it a long weekend (*by taking extra days off after or before a public holiday*) 3. **couper les ~s avec qn/qc** to burn one's bridges with sb/sth

pont-levis [pɔ̃l(ə)vi] <ponts-levis> *m* drawbridge

pop [pɔp] *adj inv* pop

pop-corn [pɔpkɔʀn] *m inv* popcorn

populaire [pɔpylɛʀ] *adj* 1. (*du peuple*) **république ~** people's republic 2. (*destiné à la masse*) popular; **bal ~** local dance 3. (*plébéien*) **classes ~s** working classes 4. (*qui plaît*) well-liked; (*personne*) popular

popularité [pɔpylaʀite] *f* popularity

population [pɔpylasjɔ̃] *f* population; **~ du globe** world population

porc [pɔʀ] *m* 1. ZOOL pig 2. (*chair*) pork 3. *péj, inf* swine

porcelaine [pɔʀsəlɛn] *f* 1. (*matière*) porcelain 2. (*vaisselle*) china

porcelet [pɔʀsəlɛ] *m* piglet

porche [pɔʀʃ] *m* porch

porcherie [pɔʀʃəʀi] *f* pigsty

porno [pɔʀno] *inf abr de* **pornographie, pornographique**

pornographie [pɔʀnɔgʀafi] *f* pornography

pornographique [pɔʀnɔgʀafik] *adj* pornographic

port¹ [pɔʀ] *m* 1. NAUT, INFOR port; **~ de pêche** fishing port 2. **arriver à bon ~** to arrive safe and sound

port² [pɔʀ] *m* 1. (*fait de porter*) wearing; **~ obligatoire de la ceinture de sécurité** seatbelts must be worn 2. COM carriage; **~ dû/payé** postage due/paid

portable [pɔʀtabl] I. *adj* portable II. *m* 1. TEL mobile (phone) 2. INFOR laptop (computer)

portail [pɔʀtaj] <s> *m* 1. (*porte*) gate 2. INFOR portal

portant(e) [pɔʀtɑ̃] *adj* **bien/mal ~** in good/poor health

portatif, -ive [pɔʀtatif] *adj* portable

porte [pɔʀt] *f* 1. door; (*plus grand*) gate; **~ de devant/derrière** front/back door; **~ de secours** emergency exit; **~ de service** tradesman's entrance; **~ d'embarquement** departure gate; **à la ~** at the door; *Belgique* (*dehors, à l'extérieur*) outside; **forcer la ~** to force the door open; **claquer** [*o* **fermer**] **la ~ au nez de qn** to slam the door in sb's face 2. **être aimable comme une ~ de prison** to be like a bear with a sore head; **enfoncer une ~ ouverte** [*o* **des ~s ouvertes**] to state the obvious; (*journée*) **~s ouvertes** open day; **écouter aux ~s** to eavesdrop; **frapper à la bonne ~** to come to the right person; **mettre** [*o* **foutre** *inf*] **qn à la ~** to kick sb out; **prendre la ~** to leave; **à la ~!** get out!; **à** [*o* **devant**] **ma ~** nearby; **ce n'est pas la ~ à côté!** it's a good way off!

porte-à-porte [pɔʀtapɔʀt] *m inv* door-to-door; **faire du ~** (*marchand ambulant*) to sell door-to-door

porte-bagages [pɔʀtbagaʒ] *m inv* 1. (*sur un deux-roues*) rack 2. (*dans un train*) luggage rack

porte-bonheur [pɔʀtbɔnœʀ] *m inv* good-luck charm **porte-clés** [pɔʀtəkle] *m inv* key ring [*o* chain *Am*] **porte-documents** [pɔʀtdɔkymɑ̃] *m inv* briefcase

portée [pɔʀte] *f* 1. (*distance*) range; **à ~ de la main** within reach; **hors de** (**la**) **~** (**de qn**) out of (sb's) reach 2. (*effet*) consequences *pl* 3. MUS stave 4. ZOOL litter 5. (*accessibilité*) **être à la ~ de qn** to be available to everyone; (*livre, discours*) to be suitable for sb; **à la ~ de toutes les bourses** suitable for all budgets

portefeuille [pɔʀtəfœj] *m* wallet

portemanteau [pɔʀtmɑ̃to] <x> *m*

hat stand; (*mobile*) coat-hanger; (*crochets au mur*) coat-rack

porte-monnaie [pɔʀtmɔnɛ] *m inv* purse **porte-parapluies** [pɔʀt-paʀaplɥi] *m inv* umbrella stand **porte-parole** [pɔʀtpaʀɔl] *m inv* (*personne*) spokesperson

porter [pɔʀte] <1> **I.** *vt* **1.** (*tenir*) to carry **2.** (*responsabilité*) to shoulder **3.** (*assistance, secours*) to give **4.** (*vêtement, lunettes*) to wear; (*nom, titre*) to carry **5.** (*inscrire*) **être porté disparu** to be reported missing **II.** *vi* **1.** (*avoir pour objet*) ~ **sur qc** to concern sth; (*action, effort*) to be concerned with sth; (*discours*) to be about sth; (*question, critique*) to revolve around sth; (*accent*) to fall on sth **2.** (*voix*) to carry **III.** *vpr* **se** ~ **1.** (*aller*) **se** ~ **bien**/**mal** to be well/unwell; **se** ~ **comme un charme** to be fighting fit **2.** (*se présenter comme*) **se** ~ **candidat** to come forward as a candidate; **se** ~ **volontaire** to volunteer **3.** (*se diriger*) **se** ~ **sur qn**/**qc** (*choix, soupçon*) to fall on sb/sth **4.** (*vêtement*) to be worn; **se** ~ **beaucoup en ce moment** to be fashionable at the moment

porteur, -euse [pɔʀtœʀ] *m, f* messenger

portier, -ière [pɔʀtje] *m, f* porter **portière** [pɔʀtjɛʀ] *f* CHEMDFER, AUTO door

portion [pɔʀsjɔ̃] *f* GASTR portion **portoricain(ne)** [pɔʀtɔʀikɛ̃] *adj* Puerto Rican

Portoricain(ne) [pɔʀtɔʀikɛ̃] *m(f)* Puerto Rican

Porto Rico [pɔʀtɔʀiko] Puerto Rico **portrait** [pɔʀtʀɛ] *m* **1.** ART, PHOT portrait **2.** (*description: d'une personne*) profile; (*d'une société*) portrait; **faire le** ~ **de qn** to paint a picture of sb **3.** **être tout le** ~ **de qn** to be the spitting image of sb

portugais [pɔʀtygɛ] *m* Portuguese; *v. a.* **français**

portugais(e) [pɔʀtygɛ] *adj* Portuguese

Portugais(e) [pɔʀtygɛ] *m(f)* Portuguese

portugaise [pɔʀtygɛz] *f* GASTR Portuguese oyster

Portugal [pɔʀtygal] *m* **le** ~ Portugal

pose [poz] *f* **1.** (*attitude*) posture **2.** ART, PHOT pose

poser [poze] <1> **I.** *vt* **1.** (*livre, main, bagages*) to put down; ~ **qc par terre** to put sth down on the ground **2.** MAT (*opération*) to write **3.** (*moquette*) to lay; (*rideau, tapisserie*) to hang; (*serrure*) to install **4.** (*devinette*) to set; (*question*) to ask; (*condition*) to lay down **5.** (*problème, question*) to put **II.** *vi* ~ **pour qn**/**qc** to pose for sb/sth **III.** *vpr* **se** ~ **1.** (*question, problème*) to arise; **il se pose la question si ...** he's wondering if ... **2.** (*insecte, oiseau, avion*) to land **3.** **se** ~ **facilement** (*moquette*) to be easy to lay; (*papier peint, rideau*) to be easy to hang

positif, -ive [pozitif] *adj* positive

position [pozisjɔ̃] *f* position; **arriver en première**/**dernière** ~ (*coureur, candidat*) to come in first place/last; **se mettre en** ~ **allongée**/**assise** to lie/sit down

posséder [pɔsede] <5> *vt* **1.** (*avoir*) to possess **2.** (*disposer de*) to have

possessif [pɔsesif] *m* possessive

possessif, -ive [pɔsesif] *adj* possessive

possession [pɔsesjɔ̃] *f* possession; **avoir qc en sa** ~ to have sth in one's possession

possibilité [pɔsibilite] *f* **1.** (*éventualité*) possibility **2.** *pl* (*moyens matériels*) means **3.** (*moyens intellectuels*) abilities

possible [pɔsibl] **I.** *adj* **1.** possible; **il est** ~ **qu'il vienne** he may come; **autant que** ~ as much as possible **2.** (*c'est*) **pas** ~! *inf* I don't believe it! **II.** *m* **faire** (**tout**) **son** ~ to do everything one can

postal(e) [pɔstal] <-aux> *adj* **carte** ~**e** postcard; **code** ~ postcode, zip

P p

code *Am*

poste¹ [pɔst] *f* **1.** post office; **par la ~** by post [*o* mail *Am*] **2.** **~ restante** poste restante *Brit*, general delivery *Am*

poste² [pɔst] *m* **1.** (*emploi*) job; **~ de diplomate/de directeur** diplomatic/managerial post; **~ de professeur** teaching job **2.** (*lieu de travail*) workplace **3.** (*appareil*) **~ de radio/de télévison** radio/television set **4.** (*lieu*) **~ de douane/de contrôle** customs/control post; **~ d'incendie** fire point; **~ de police** police station **5.** MIL post; **~ de commandement** headquarters **6.** INFOR **~ de travail** work station

poster¹ [pɔste] <1> *vt* to post

poster² [pɔstɛʀ] *m* poster

postillon [pɔstijɔ̃] *m* spit; **envoyer des ~s à qn** to splutter at sb

pot [po] *m* **1.** (*en terre, en plastique*) pot; (*de confiture, de miel*) jar; **petit ~** (*pour bébé*) jar of baby food; **mettre des plantes en ~** to pot plants **2.** *inf* (*chance*) **avoir du ~/ne pas avoir de ~** to be lucky/unlucky **3.** *inf* (*consommation*) drink; **prendre un ~** to have a drink **4.** (*pot de chambre*) chamberpot; (*pour enfant*) potty **5.** **~ de colle** *inf* leech; **payer les ~s cassés** to pick up the tab; **~ catalytique** catalytic converter; **~ d'échappement** exhaust pipe; **être sourd comme un ~** to be as deaf as a post; **tourner autour du ~** to beat about [*o* around] the bush

potable [pɔtabl] *adj* potable; (*eau*) drinking

potage [pɔtaʒ] *m* soup

potager [pɔtaʒe] *m* vegetable garden

potager, -ère [pɔtaʒe] *adj* vegetable

potasser [pɔtase] <1> *vt, vi inf* **~ pour un examen** *Brit*, to swot for an exam **Brit**, to cram for a test **Am**

pot-au-feu [pɔtofø] *m inv* GASTR beef stew

pote [pɔt] *m inf* mate *Brit*, buddy *Am*

poteau [pɔto] <x> *m* post; **~ électrique/télégraphique** electricity/telegraph pole

potelé(e) [pɔtle] *adj* chubby; (*bras*) plump

potentiel(le) [pɔtɑ̃sjɛl] *adj* potential

poterie [pɔtʀi] *f* pottery

potier, -ière [pɔtje] *m, f* potter

potion [posjɔ̃] *f* potion

potiron [pɔtiʀɔ̃] *m* pumpkin

pou [pu] <x> *m* **1.** louse **2.** **chercher des ~x à qn** to be out to make trouble for sb; **laid comme un ~** *inf* as ugly as sin

pouah [pwa] *interj* yuck!

poubelle [pubɛl] *f* **1.** (*dans la cuisine*) bin **2.** (*devant la porte*) dustbin *Brit*, garbage can *Am*

pouce [pus] **I.** *m* **1.** (*de la main*) thumb; (*du pied*) big toe **2.** (*mesure*) inch **3.** *Québec* (*auto-stop*) **faire du ~** to hitchhike **4.** **se tourner les ~s** *inf* to twiddle one's thumbs; **manger sur le ~** *inf* to eat on the run **II.** *interj* enfantin truce!

poudre [pudʀ] *f* **1.** (*fines particules*) powder; **sucre en ~** caster sugar **2.** (*produit cosmétique*) face powder **3.** **il n'a pas inventé la ~** *inf* he'll never set the world on fire

pouffer [pufe] <1> *vi* **~** (**de rire**) to burst out laughing

poulailler [pulaje] *m* henhouse

poulain [pulɛ̃] *m* foal

poule [pul] *f* **1.** (*femelle du coq*) hen **2.** (*poulet*) chicken **3.** **quand les ~s auront des dents** when pigs start to fly; **~ mouillée** wimp; **se coucher avec les ~s** to go to bed early

poulet [pulɛ] *m* chicken

pouls [pu] *m* pulse

poumon [pumɔ̃] *m* lung; **à pleins ~s** at the top of one's voice; (*respirer*) deeply

poupée [pupe] *f* doll

pour [puʀ] **I.** *prep* **1.** for; **être ~ faire qc** to be for doing sth; **remercier qn ~ avoir fait qc** to thank sb for having done sth **2.** (*quant à*) **~ moi** as for me **3.** (*comme*) as; **avoir**

Le corps

The Body

	le miroir	the mirror
	le front	the forehead
	les sourcils	the eyebrow
	l'œil	the eye
	le nez	the nose
	la joue	the cheek
	l'oreille	the ear
	la bouche	the mouth
	la tête	the head
	le coude	the elbow
	le bras	the arm
	le dos	the back
	la poitrine	the breast *Brit,* the chest *Am*
	la main	the hand
	le ventre	the stomach
	le nombril	the navel
	le derrière	the bottom, the backside
	la cuisse	the thigh
	le jarret	the back/hollow of the knee
	le mollet	the calf
	la cheville	the ankle
	le talon	the heel
	le pied	the foot
	la pantoufle	the slipper

25	le lavabo	the washbasin *Brit,* the sink *Am*
26	le robinet	the tap *Brit,* the faucet *Am*
27	le gant de toilette	the flannel *Brit,* the washcloth *Am*
28	la brosse à cheveux	the hairbrush
29	la brosse à dents	the toothbrush
30	le dentifrice	the toothpaste
31	les cotons-tiges	the cotton buds *Brit,* the Q-tips® *Am*
32	le rasoir électrique	the electric razor
33	le blaireau	the shaving brush
34	la mousse à raser	the shaving foam
35	le rasoir	the razor
36	le fer à friser (électrique)	the (electric) curling tongs *Brit,* the curling iron *Am*
37	l'interrupteur	the switch *Brit,* the socket *Am*
38	le sèche-cheveux	the hair dryer
39	l'étagère	the shelf
40	la serviette	the towel
41	le porte-serviettes	the towel rail *Brit,* the towel rack *Am*
42	le sol	the floor

~ **effet** to have as an effect **4.** (*dans le but de*) ~ **faire qc** (in order) to do sth; ~ **que tu comprennes** so that you understand; **il est trop jeune ~ comprendre** he's too young to understand **5. œil ~ œil, dent ~ dent** an eye for an eye, a tooth for a tooth **II.** *m* **le ~ et le contre** the pros and cons

pourboire [puʀbwaʀ] *m* tip

pourcentage [puʀsɑ̃ʒ] *m* **1.** *a.* COM ~ **sur qc** mark-up on sth; **au ~** (*travailler, être payé*) on a commission basis **2.** (*proportion pour cent*) percentage

pourchasser [puʀʃase] <1> *vt* to pursue

pourpre [puʀpʀ] *adj* purple

pourquoi [puʀkwa] **I.** *conj* **1.** why **2. c'est ~** that's why; **c'est ~?** *inf* why's that? **II.** *adv* why; **je me demande bien ~** I wonder why; ~ **pas?** [*o* **non?**] why not? **III.** *m inv* (*raison*) **le ~ de qc** the reason for sth

pourri [puʀi] *m* **1.** (*pourriture*) **ça sent le ~ dans cette pièce!** there's a rotten smell in this room! **2.** *péj* crook

pourri(e) [puʀi] *adj* **1.** rotten **2.** (*poisson, viande*) bad; (*cadavre*) rotting **3.** (*personne, société*) corrupt

pourrir [puʀiʀ] <8> **I.** *vi* **1.** *a. inf* to rot **2.** (*poisson*) to go bad; (*cadavre*) to decompose **II.** *vt* (*aliment*) to go bad; (*bois, végétaux, fruit*) to rot

pourriture [puʀityʀ] *f* rot

poursuite [puʀsɥit] *f* pursuit; **être à la ~ de qn** to be in pursuit of sb

poursuivre [puʀsɥivʀ] <irr> **I.** *vt* **1.** to pursue **2.** (*harceler*) to harass; (*souvenir, images*) to hound **3.** (*but*) to aim for **4.** (*continuer*) to continue **II.** *vi* **1.** (*continuer*) to continue a story **2.** (*persévérer*) to persevere **III.** *vpr* **se** ~ to continue; (*enquête, grève*) to carry on

pourtant [puʀtɑ̃] *adv* **1.** (*marque l'opposition, le regret*) however **2.** (*marque l'étonnement*) all the same; **c'est ~ facile!** it's easy

though!

pourvu [puʀvy] *conj* **1.** (*souhait*) just so long as; ~ **que nous ne manquions pas le train!** let's hope we don't miss the train! **2.** (*condition*) **pourvu que** +*subj* provided that

poussé(e) [puse] *adj* (*étude, technique*) advanced; (*discussion, enquête*) extensive; (*travail*) intensive

pousser [puse] <1> **I.** *vt* **1.** (*déplacer*) to push **2.** (*porte, fenêtre*) (*pour ouvrir*) to push open, to shut **3.** (*bousculer*) ~ **qn/qc du coude/pied** to nudge sb/sth with one's elbow/foot **4.** (*candidat, élève, cheval*) to urge on; ~ **un moteur** to work an engine hard **5.** (*inciter à*) ~ **qn à** +*infin* to push sb to +*infin;* (*envie, intérêt, ambition*) to drive sb to +*infin;* ~ **qn à la consommation** to encourage sb to consume **6.** (*cri, soupir*) to let out; ~ **des cris de joie** to shout with joy; ~ **des gémissements** to whimper **7.** (*exagérer*) ~ **qc à l'extrême/trop loin** to push sth to extremes/too far **8.** (*cultiver*) **faire** ~ (*fleurs, salades, légumes*) to grow **9.** (*grandir*) **se laisser** ~ **les cheveux/la barbe** to let one's hair/beard grow **II.** *vi* **1.** (*croître*) to grow; **sa première dent a poussé** his first tooth is out **2.** (*faire un effort*) to push **3.** (*aller*) ~ **jusqu'à Toulon** to press on as far as Toulon **4.** *inf* (*exagérer*) to overdo it **III.** *vpr* **se** ~ **1.** (*s'écarter*) to shift; **pousse-toi un peu!** (*sur un banc*) move up a bit!; (*pour laisser un passage*) out of the way! **2.** (*se bousculer*) to jostle each other

poussette [puset] *f* (*voiture d'enfant*) pushchair *Brit,* stroller *Am*

poussière [pusjɛʀ] *f* **1.** dust; **faire la ~** to do the dusting **2. 200 euros et des ~s** *inf* just over 200 euros

poussiéreux, -euse [pusjeʀø] *adj* dusty

poussin [pusɛ̃] *m* chick

poutre [putʀ] *f* beam

pouvoir[1] [puvwaʀ] <irr> **I.** *aux* **1.** (*être autorisé*) can, may; **tu peux aller jouer** you may go and play; **il**

P
p

ne peut pas venir he can't come; **puis-je fermer la fenêtre?** may I close the window? **2.** *(être capable de)* can, to be able to; **j'ai fait ce que j'ai pu** I did what I could **3.** *(éventualité)* **quel âge peut-il bien avoir?** how old can he be?; **c'est une chose qui peut arriver** it's something that happens **4.** *(suggestion)* **tu peux me prêter ton vélo?** could you please lend me your bike?; **tu aurais pu nous le dire plus tôt!** you could have told us sooner! **II.** *aux impers* **il pourrait pleuvoir** it might rain; **il aurait pu y avoir un accident** there could have been an accident **III.** *vt* **1.** *(être capable de)* ~ **quelque chose pour qn** to be able to do something for sb; **ne rien ~ faire pour qn** not to be able to do anything for sb **2. on ne peut mieux** it's the best there is; **n'en plus ~ de qc** not to be able to take any more of sth; **je n'y peux rien** *(ne peux y porter remède)* I can't do anything about it; *(ne suis pas responsable)* it's nothing to do with me; **le moins qu'on puisse dire** the least that can be said; **qu'est-ce que cela peut te faire?** what's that got to do with you? **IV.** *vpr impers* **cela se peut/pourrait** that is/could be possible; **il se pourrait qu'elle vienne** she might come

pouvoir² [puvwaʀ] *m* **1.** POL power; **prendre le ~** to seize power **2.** *(autorité, influence)* ~ **sur qn** power over sb **3.** ECON ~ **d'achat** purchasing power

prairie [pʀeʀi] *f* meadow

praline [pʀaline] *f* **1.** ~ **grillée** caramelized peanut **2.** *Belgique (bonbon au chocolat)* chocolate

pratique [pʀatik] **I.** *adj* **1.** practical; **dans la vie** ~ in real life; **travaux ~s** lab work **2.** *(commode)* handy **II.** *f* **1.** practice; **dans la** [*o* **en**] ~ in practice; **mettre en** ~ to put into practice **2.** *(expérience)* practical experience

pratiquement [pʀatikmɑ̃] *adv*

1. *(en réalité)* in practice **2.** *(presque)* practically

pratiquer [pʀatike] <1> **I.** *vt* to practise *Brit*, to practice *Am;* ~ **le tennis/golf** to play tennis/golf; ~ **le yoga** to do yoga **II.** *vi* MED, REL to practise *Brit*, to practice *Am*

pré [pʀe] *m* field

préau [pʀeo] <x> *m* courtyard; *(d'une école)* playground shelter

précaution [pʀekosjɔ̃] *f* **1.** *(disposition)* precaution **2.** *(prudence)* caution; **par ~** as a precaution

précédent(e) [pʀesedɑ̃] *adj* previous; **le jour** ~ the day before

précéder [pʀesede] <5> *vt* **1.** *(dans le temps, dans l'espace)* to precede **2.** *(devancer)* ~ **qn** to go in front of sb; *(en voiture)* to be in front of sb; **je vais vous ~ pour ...** I am going to drive on ahead of you to ...

prêcher [pʀeʃe] <1> *vt, vi* to preach

précieusement [pʀesjøzmɑ̃] *adv* carefully

précieux, -euse [pʀesjø] *adj* precious

précipice [pʀesipis] *m* precipice

précipitamment [pʀesipitamɑ̃] *adv* hurriedly; *(partir, s'enfuir)* in a rush

précipitation [pʀesipitasjɔ̃] *f* **1.** *(hâte)* haste; *(d'un départ, d'une décision)* hurry; **partir avec ~** to rush off **2.** *pl* METEO rainfall *no pl*

précipité(e) [pʀesipite] *adj* **1.** *(fuite, départ)* hurried; *(décision)* rushed **2.** *(accéléré)* rapid

précipiter [pʀesipite] <1> **I.** *vt* **1.** *(jeter)* ~ **qn de l'escalier** to throw sb down the stairs **2.** *(départ, décision)* to hasten; **il ne faut rien ~** we must not be hasty **II.** *vpr* **1.** *(s'élancer)* **se ~ de qc** to jump from sth; **se ~ dans le vide** to throw oneself into the void **2.** *(se jeter)* **se ~ à la porte/dans la rue** to dash to the door/into the street; **se ~ sur qn/dans les bras de qn** to rush up to sb/into sb's arms; **il s'est précipité à mon secours** he raced to my rescue **3.** *(s'accélérer)* **se ~** to speed up; **les événements se précipitent** the pace of events quickened **4.** (*se dépêcher*) **se ~** to hurry; **ne nous précipitons pas!** let's not be in too much of a hurry!

précis(e) [pʀesi] *adj* **1.** (*juste*) precise; **à 10 heures ~es** at exactly [*o* precisely] 10 o'clock **2.** (*net*) particular

précisément [pʀesizemɑ̃] *adv* precisely

préciser [pʀesize] <1> **I.** *vt* **1.** (*point, fait*) to state; (*intention, idée*) to make clear; (*date, lieu*) to specify **2.** (*souligner*) to point out **II.** *vpr* **se ~** to take shape

précision [pʀesizjɔ̃] *f* **1.** (*justesse*) preciseness; (*d'un geste, d'un instrument*) precision **2.** (*netteté*) distinctness

prédécesseur [pʀedesesœʀ] *m* predecessor

prédestiné(e) [pʀedɛstine] *adj* **être ~ à qc** to be predestined for sth

prédiction [pʀediksjɔ̃] *f* prediction

prédire [pʀediʀ] <irr> *vt* to predict

préface [pʀefas] *f* preface

préfecture [pʀefɛktyʀ] *f* prefecture; **~ de police** police headquarters

préféré(e) [pʀefeʀe] *adj, m(f)* favourite *Brit,* favorite *Am*

préférence [pʀefeʀɑ̃s] *f* **1.** preference; **avoir une ~ pour qn/qc** to have a preference for sb/sth **2.** **de ~** preferably

préférer [pʀefeʀe] <5> *vt* **~ qn/qc à qn/qc** to prefer sth/sb to sth/sb else; **je préfère que tu le fasses** I would prefer you to do it

préfet [pʀefɛ] *m* **1.** prefect; **~ de police** chief of police **2.** *Belgique* (*directeur d'athénée, de lycée*) principal

> ⓘ A **préfet** represents the government and state authorities in a département. He is supported by the police and has mayoral duties and is responsible for the decisions taken in the districts. Prefects were first introduced by Napoleon.

préfète [pʀefɛt] *f* **1.** prefect (woman) **2.** *Belgique* (*directrice d'athénée, de lycée*) principal

préfixe [pʀefiks] *m* prefix

préhistoire [pʀeistwaʀ] *f* prehistory

préhistorique [pʀeistɔʀik] *adj* HIST prehistoric

préjugé [pʀeʒyʒe] *m* prejudice; **avoir un ~ contre qn** to be prejudiced against sb

prélever [pʀel(ə)ve] <4> *vt* (*somme, pourcentage*) to take off; (*taxe*) to deduct; (*organe, tissu*) to remove; (*sang*) to take; **~ de l'argent sur le compte** to withdraw money from the account

premier [pʀəmje] *m* **1.** first **2.** **en ~** (*avant les autres*) first; (*pour commencer*) firstly

premier, -ière [pʀəmje] *adj* **1.** *antéposé* first; (*page, rang*) front; **les ~s soins** first aid; **~ venu** le the first to arrive; (*n'importe qui*) anybody; **dans les ~s temps** at the beginning; *v. a.* **cinquième 2.** (*besoins, rudiments*) basic; **au ~ plan** in the foreground; **être aux premières loges** to have a grandstand view; **de ~ choix** [*o* **première qualité**] top quality

première [pʀəmjɛʀ] *f* **1.** (*vitesse*) first gear **2.** ECOLE ≈ year twelve *Brit,* eleventh grade *Am* **3.** (*manifestation sans précédent*) first **4.** THEAT, CINE première **5.** AUTO first class

premièrement [pʀəmjɛʀmɑ̃] *adv* **1.** (*en premier lieu*) in the first place **2.** (*et d'abord*) firstly

prenant(e) [pʀənɑ̃] *adj* **1.** (*captivant*) absorbing **2.** (*travail, activité*) time-consuming

prendre [pʀɑ̃dʀ] <13> **I.** *vt avoir* **1.** to take; **~ qn par le bras** to take sb by the arm; **~ le volant** to drive **2.** (*absorber*) to have; (*médicament*) to take; **vous prendrez bien quelque chose?** will you have some-

P
p

thing? **3.** (*aller chercher*) to pick up **4.** (*gibier*) to shoot; (*poisson, mouches*) to catch; **se faire** ~ to be captured **5.** (*se laisser séduire*) **se laisser** ~ **par qn/à qc** to be taken in by sb/sth **6.** (*surprendre*) to catch; ~ **qn sur le fait** to catch sb red-handed; **on ne m'y prendra plus!** I won't be caught out next time! **7.** (*acheter*) to buy; (*chambre, couchette*) to take; ~ **de l'essence** to get petrol [*o* gas *Am*] **8.** (*adresse, nom*) to take down; (*rendez-vous*) to make; ~ **des nouvelles de qn** to ask about sb **9.** (*décision*) to make; (*air innocent*) to put on; (*ton menaçant*) to adopt **10.** (*couleur, goût de rance*) to acquire; ~ **du ventre** to get a bit of a paunch **11.** (*plaisir, repos*) to have **12.** (*coûter*) **ce travail me prend tout mon temps** this work takes up all my time **13.** (*commission, cotisation*) to charge **14.** *inf* (*recevoir, subir*) ~ **des coups** to be on the wrong end of a beating **15.** (*problème*) to deal with **16.** (*considérer comme*) **pour qui me prends-tu?** who do you take me for? **17.** (*assaillir*) to strike; (*colère, envie*) to come over **18.** LING **ce mot prend deux l** there are two ls in this word **19. c'est à** ~ **ou à laisser** take it or leave it; **qu'est-ce qui te/lui prend?** what's got into ou/him? **II.** *vi* **1.** (*réussir*) **avec moi, ça ne prend pas!** *inf* it won't wash with me! **2.** *avoir* (*feu*) to take hold **3.** *avoir o* être (*ciment, mayonnaise*) to set **4.** *avoir* ~ **à gauche/droite** (*personne*) to go left/right **5.** *avoir* (*faire payer*) ~ **beaucoup/peu** to charge a lot/little; ~ **cher/bon marché** to be expensive/cheap **III.** *vpr* **se** ~ **1.** (*s'accrocher*) **se** ~ **le doigt dans la porte** to catch one's finger in the door **2.** (*se considérer*) **se** ~ **trop au sérieux** to take oneself too seriously **3.** (*procéder*) **s'y** ~ **bien/mal avec qn** to deal with sb the right/wrong way; **s'y** ~ **bien/mal avec qc** to handle sth well/badly **4. s'en** ~ **à qn/qc** (*en vouloir*)

to blame sb/sth; (*s'attaquer*) to lay into sb/sth **5.** (*médicament*) to be taken

prénom [pʀenɔ̃] *m* first name

préoccupation [pʀeɔkypasjɔ̃] *f* **1.** (*souci*) worry **2.** (*occupation*) preoccupation

préoccupé(e) [pʀeɔkype] *adj* preoccupied; **avoir l'air** ~ to look worried

préoccuper [pʀeɔkype] <1> **I.** *vt* (*inquiéter*) to worry **II.** *vpr* **se** ~ **de qn/qc** to worry about sb/sth

préparatifs [pʀepaʀatif] *mpl* preparations

préparation [pʀepaʀasjɔ̃] *f* **1.** *a.* CHIM, MED preparation **2.** (*entraînement*) ~ **au Tour de France** training for the Tour de France

préparatoire [pʀepaʀatwaʀ] *adj* **1.** (*qui prépare*) preparatory **2.** ECOLE **cours** ~ *first year in primary school;* **classe** ~ *class preparing students for the entrance exams to the Grandes Ecoles*

préparer [pʀepaʀe] <1> **I.** *vt* **1.** to prepare **2.** (*chambre, voiture*) to get ready; (*gibier, poisson, volaille*) to dress **3.** (*fête, plan, voyage*) to plan **4.** (*bac, concours*) to prepare for **5.** (*réserver*) ~ **un rhume/une grippe** to be coming down with a cold/the flu; **que nous préparet-il?** what has he got in store for us? **II.** *vpr* **se** ~ **1.** (*personne*) to get ready **2.** (*faire en sorte d'être prêt*) **se** ~ **à un examen/une compétition** to prepare for an exam/a competition **3.** (*événement*) to near; (*orage*) to brew

près [pʀɛ] **I.** *adv* **1.** (*à une petite distance, dans peu de temps*) near **2. qn n'en est pas/plus à qc** ~ another sth's not going to make any difference to sb now/at this stage; **à cela** ~ **que** if is wasn't for the fact that; **à la minute** ~ to the minute; **de** ~ (*regarder*) closely; **voir qc de** ~ to see sth close up **II.** *prep* **1.** (*à côté de*) ~ **de** near (to); ~ **de chez qn** (*habiter*) near sb **2.** (*à peu de temps de*) **être** ~ **du but** to be near one's goal **3.** (*presque*) ~ **de** nearly **4. ne pas être** ~ **de faire qc** to have no intention of doing sth

présage [pʀezaʒ] *m* omen

prescrire [pʀɛskʀiʀ] <*irr*> *vt* MED ~ **qc à qn contre qc** to prescribe sb sth for sth

présence [pʀezɑ̃s] *f* **1.** presence **2.** ~ **d'esprit** presence of mind

présent [pʀezɑ̃] *m* **1.** present **2. à** ~ at present; **à** ~ **que** now that; **dès à** ~ here and now

présent(e) [pʀezɑ̃] **I.** *adj* **1.** (*personne*) present; **les personnes ~es** those present **2.** (*actuel*) current; **à la minute/l'heure ~e** at the present moment/time **II.** *m/f* (*personne*) person present

présentable [pʀezɑ̃tabl] *adj* presentable

présentateur, -trice [pʀezɑ̃tatœʀ] *m, f* (*du journal télévisé*) newsreader *Brit*, newscaster *Am*; (*d'une émission, discussion*) host

présentation [pʀezɑ̃tasjɔ̃] *f* **1.** presentation **2.** (*fait d'introduire qn*) **les** ~**s** the introductions

présenter [pʀezɑ̃te] <1> **I.** *vt* **1.** to present **2.** (*personne, programme*) to introduce **3.** (*décrire*) ~ **qn/qc comme qn/qc** to portray sb/sth as sb/sth **4.** (*soumettre*) to submit **5.** (*avoir*) to have **6.** (*offrir*) to offer **7.** (*addition, facture*) to submit; (*motion, demande*) to propose **II.** *vpr* **se** ~ **1.** (*décliner son identité*) **se** ~ **à qn** to introduce oneself to sb **2.** (*être candidat*) **se** ~ **à un examen** to take an exam; **se** ~ **pour un emploi** to apply for a job **3.** (*problème, difficulté, obstacle*) to arise; **se** ~ **à l'esprit de qn** to come to sb's mind; **ça se présente bien!** that bodes well!

préservatif [pʀezɛʀvatif] *m* condom

présidence [pʀezidɑ̃s] *f* presidency

président(e) [pʀezidɑ̃] *m/f* **1.** (*personne qui dirige*) chair; (*d'une université*) chancellor; (*d'un tribunal*) presiding judge; (*d'une entreprise*) president; (*d'une assem-*

blée) speaker **2.** *Suisse* (*maire dans les cantons de Valais et de Neuchâtel*) mayor

Président(e) [pʀezidɑ̃] *m/f* (*chef de l'État*) the President; **le** ~ **de la République française** the President of the French Republic

---

ⓘ The **Président de la République** is the French head of state and is elected directly by the people for an office of seven years ("le septennat") following a majority victory. The President and the government do not have to be from the same political party.

---

président-directeur général, **présidente-directrice générale** [pʀezidɑ̃diʀɛktœʀʒeneʀal] <présidents-directeurs généraux> *m, f* chairman and managing director *Brit*, chief executive officer *Am*

présidentiel(le) [pʀezidɑ̃sjɛl] *adj* presidential

présider [pʀezide] <1> **I.** *vt* to chair **II.** *vi* (*président*) to be in the chair

presque [pʀɛsk] *adv* nearly; **tout le monde ou** ~ everyone or nearly everyone; **je ne l'ai** ~ **pas entendu** I could hardly hear him; ~ **personne** hardly anyone; **il pleurait** ~ he was nearly crying

presqu'île [pʀɛskil] *f* peninsula

presse [pʀɛs] *f* press

pressé(e) [pʀese] *adj* ¹ **d'un pas** ~ in a hurry; ~ **d'arriver** in a hurry to arrive

pressé(e) ² [pʀese] *adj* (*citron, orange*) freshly-squeezed

pressentiment [pʀesɑ̃timɑ̃] *m* presentiment; **avoir le** ~ **que** to have the feeling that

presse-papiers [pʀɛspapje] *m inv* paperweight; INFOR clipboard

presser¹ [pʀese] <1> **I.** *vt* (*pas*) to speed up; (*affaire, personne*) to rush **II.** *vi* **1.** (*affaire*) to be urgent; **le temps presse** time is short **2. ça**

presse! *inf* it's urgent! **III.** *vpr* **se** ~
to hurry

presser² [pʀese] <1> **I.** *vt* to press;
(*fruit, jus, éponge*) to squeeze **II.** *vpr*
(*se bousculer*) **se** ~ **vers la sortie** to
rush for the exit

pression [pʀesjɔ̃] *f* **1.** *a.* MED, METEO,
PHYS pressure **2.** (*bouton*) press stud
3. (*bière*) **bière (à la)** ~ draught [*o*
draught *Am*] beer **4. sous** ~ under
pressure

prestige [pʀestiʒ] *m* prestige

prestigieux, -euse [pʀestiʒjø] *adj*
prestigious

présumé(e) [pʀezyme] *adj* (*auteur*)
presumed

prêt [pʀe] *m* **1.** (*action de prêter*)
lending **2.** (*crédit*) loan

prêt(e) [pʀe] *adj* ready; **fin** ~ *inf* all
set; **à vos marques;** ~**s? partez!**
one your marks, get set, go!

prêt-à-porter [pʀetapɔʀte] *m sans
pl* ready-to-wear

prétendre [pʀetɑ̃dʀ] <14> *vt*
1. (*affirmer*) to claim **2.** (*avoir la prétention de*) to seek

prétentieux, -euse [pʀetɑ̃sjø] *adj*
(*personne, ton*) pretentious

prétention [pʀetɑ̃sjɔ̃] *f* **1.** *sans pl*
(*vanité*) pretentiousness; **avoir/ne
pas avoir la** ~ **de** +*infin* to claim/
not claim to +*infin* **2.** *gén pl* (*ce à
quoi on prétend*) expectation

prêter [pʀete] <1> **I.** *vt* (*livre, voiture, parapluie*) to lend **II.** *vi*
1. (*donner matière à*) ~ **à
équivoque** to be ambiguous **2.** (*consentir un prêt*) ~ **à 8 %** to lend at 8 %
III. *vpr* **se** ~ **à qc 1.** (*consentir*) to
get involved in sth **2.** (*être adapté à*)
to lend itself to sth

prétexte [pʀetɛkst] *m* **1.** (*raison ap-
parente*) pretext **2.** (*excuse*) excuse;
sous aucun ~ on no account; **sous**
~ **de qc** using lack of sth

prétexter [pʀetɛkste] <1> *vt* to
give as an excuse

prêtre [pʀetʀ] *m* REL priest

preuve [pʀœv] *f* **1.** (*indice probant,
démonstration*) ~ **de qc** proof of
sth; **jusqu'à** ~ **du contraire** until
there is proof to the contrary **2.** MAT ~

par neuf casting out of the nines
3. faire ~ **de bonne volonté** to
show good will; **faire ses** ~**s** to
prove oneself/itself

prévenir [pʀev(ə)niʀ] <9> **I.** *vt*
1. (*aviser*) to tell; ~ **qn de qc** to inform sb of sth **2.** (*avertir*) to warn
II. *vi* to warn

préventif, -ive [pʀevɑ̃tif] *adj* pre-
ventative

prévention [pʀevɑ̃sjɔ̃] *f* prevention

prévisible [pʀevizibl] *adj* predictable

prévision [pʀevizjɔ̃] *f* prediction;
(*des dépenses, recettes*) forecast;
les ~**s météorologiques** the
weather forecast

prévoir [pʀevwaʀ] <irr> *vt* **1.** (*envisager ce qui va se passer*) to foresee; **laisser** ~ **un malheur** to warn
of an impending misfortune; **moins
cher que prévu** cheaper than ex-
pected **2.** (*projeter*) to plan **3.** (*envisager*) to arrange for; (*casse-croûte,
couvertures*) to provide; **c'est prévu**
it is planned

prier [pʀije] <1> **I.** *vt* **1.** REL to pray
2. (*inviter, solliciter*) ~ **qn de** +*infin*
to ask sb to +*infin;* **se faire** ~ to
have people beg; **sans se faire** ~
without waiting to be asked twice
**3. je vous prie d'agréer mes sin-
cères salutations/sentiments les
meilleurs** yours sincerely; **je t'en/
vous en prie** (*fais/faites donc*) go
ahead; (*il n'y a pas de quoi, après un
remerciement*) you're welcome
II. *vi* REL ~ **pour qn/qc** to pray for
sb/sth

prière [pʀijɛʀ] *f* **1.** REL prayer **2.** (*demande*) plea; ~ **d'essuyer ses
pieds!** please wipe your feet! **3. tu
peux faire ta** ~**!** *iron* say your
prayers!

primaire [pʀimɛʀ] **I.** *adj* primary
II. *m* ECOLE primary school

prime [pʀim] *f* **1.** (*allocation, en
complément du salaire*) bonus; ~ **de
fin d'année** Christmas bonus
2. (*d'assurance*) premium **3. en** ~
on top

primer [pʀime] <1> *vt* to award a prize; **film/livre primé** award-winning film/book

primevère [pʀimvɛʀ] *f* primrose

primitif, -ive [pʀimitif] *adj* **1.** original **2.** SOCIOL primitive

prince, princesse [pʀɛ̃s] *m, f* prince, princess *m, f*

principal [pʀɛ̃sipal] <-aux> *m* (*l'important*) **le ~** the main thing

principal(e) [pʀɛ̃sipal] <-aux> **I.** *adj* **1.** (*le plus important*) principal **2.** (*raison, proposition*) main; **les principaux intéressés** the ones most directly involved **II.** *m(f)* ECOLE principal

principale [pʀɛ̃sipal] *f* LING main clause

principalement [pʀɛ̃sipalmɑ̃] *adv* mainly

principauté [pʀɛ̃sipote] *f* principality

principe [pʀɛ̃sip] *m* **1.** *a.* PHYS, MAT principle; **avoir des ~s** to have scruples; **qn a pour ~ de** +*infin* it's a principle with sb to +*infin* **2.** (*hypothèse*) assumption **3. en ~** in principle [*o* theory]

printanier, -ière [pʀɛ̃tanje] *adj* spring

printemps [pʀɛ̃tɑ̃] *m* spring

prioritaire [pʀijɔʀitɛʀ] *adj* priority; **être ~** to have priority; (*automobiliste, route*) to have the right of way

priorité [pʀijɔʀite] *f* priority; **~ sur qn/qc** priority over sb/sth; **en ~** as a priority; **avoir la ~** to have priority; AUTO to have right of way; **il y a ~ à droite** vehicles coming from the right have the right of way

pris [pʀi] *passé simple, part passé de* **prendre**

pris(e) [pʀi] *adj* **1.** (*occupé*) **être ~** (*place*) to be taken; **avoir les mains ~es** to have one's hands full **2.** (*personne*) busy **3.** (*en proie à*) **être ~ de peur/de panique** to be stricken with fear/panic; **être ~ d'envie de faire qc** to get a great urge to do sth

prise [pʀiz] *f* **1.** (*action de prendre avec les mains*) hold **2.** (*poignée, objet que l'on peut empoigner*) grip;

lâcher ~ to let go **3.** (*animal capturé*) catch **4.** ELEC **~ de courant** electrical socket; **~ multiple** adaptor **5.** CINE shooting **6.** (*pincée*) pinch **7.** MED **~ de sang** blood sample **8.** (*action d'assumer*) **~ en charge** ADMIN acceptance of medical costs by Social Security

prison [pʀizɔ̃] *f* prison

prisonnier, -ière [pʀizɔnje] **I.** *adj* (*en détention*) **être ~** to be being held prisoner **II.** *m, f* prisoner

privatiser [pʀivatize] <1> *vt* to privatize

privé [pʀive] *m* **1.** (*vie privée*) private life; **dans le ~** in private; **en ~** private **2.** ECON private sector

privé(e) [pʀive] *adj* private

priver [pʀive] <1> **I.** *vt* **1.** (*refuser à*) **~ qn de liberté** to deprive sb of their freedom **2.** (*faire perdre à*) **~ qn de tous ses moyens** to leave sb completely helpless; **être privé d'électricité** to be without electricity **II.** *vpr* **1.** (*se restreindre*) **se ~ pour qn** to make sacrifices for sb **2.** (*renoncer*) **se ~ de qc** to deny oneself sth **3. ne pas se ~ de faire qc** to make sure one does sth

privilège [pʀivilɛʒ] *m* privilege

privilégié(e) [pʀivileʒje] **I.** *adj* (*avantagé*) privileged **II.** *m(f)* privileged person

privilégier [pʀivileʒje] <1> *vt* **1.** (*avantager*) to favour [*o* favor *Am*] **2.** (*donner la priorité*) **~ qc** to lay great stress on sth

prix [pʀi] *m* **1.** (*coût, contrepartie*) price; **~ d'ami/coûtant** special/cost price; **dernier ~** final offer; **à tout/aucun ~** not at any/at any price **2.** (*valeur*) **de ~** valuable; **ne pas avoir de ~** to be priceless **3.** *a.* SPORT prize; **~ Nobel** Nobel prize; (*personne*) Nobel prizewinner (for) **4. mettre la tête de qn à ~** to put a price on sb's head; **y mettre le ~** to pay what it costs

Prix [pʀi] *m* **Grand ~** (*automobile*) Grand Prix

pro [pʀo] *mf inf abr de* **professionnel** pro

P
p

probabilité [pRɔbabilite] *f* probability; **selon toute** ~ in all probability

probable [pRɔbabl] *adj* probable

probablement [pRɔbabləmã] *adv* probably

problématique [pRɔblematik] *adj* (*qui pose problème*) problematic

problème [pRɔblɛm] *m* problem; **enfant à** ~s *inf* problem child; (**y a**) **pas de** ~! *inf* no problem!

procédé [pRɔsede] *m* (*méthode*) process; ~ **de fabrication** manufacturing process

procéder [pRɔsede] <5> *vi* (*agir*) to proceed; ~ **par ordre** to do things in order

procédure [pRɔsedyR] *f* 1. (*marche à suivre*) procedure 2. JUR proceedings *pl*

procès [pRɔsɛ] *m* (*civil*) lawsuit; (*criminel*) trial; **être en** ~ **avec qn** to be involved in a lawsuit with sb

processus [pRɔsesys] *m* progress

procès-verbal [pRɔsɛvɛRbal] <procès-verbaux> *m* (*contravention*) parking ticket

prochain [pRɔʃɛ̃] *m* (*être humain*) neighbour *Brit*, neighbor *Am*

prochain(e) [pRɔʃɛ̃] I. *adj* 1. (*suivant*) next; **en août/l'an** ~ next August/year 2. *postposé* (*proche*) impending II. *m(f)* (*personne ou chose suivante*) next one

prochainement [pRɔʃɛnmã] *adv* soon

proche [pRɔʃ] I. *adj* 1. ~ **de qc** near sth; **un restaurant tout** ~ a nearby restaurant; **la ville la plus** ~ the nearest town; ~**s l'un de l'autre** near to one another 2. (*imminent*) imminent 3. *antéposé* (*cousin, parent*) close; **être** ~ **de qc** (*langue*) to be closely related to sth II. *mf* 1. (*ami intime*) close friend 2. *mpl* (*parents*) **les** ~**s de qn** sb's close relatives [*o* family]

Proche-Orient [pRɔʃɔRjã] *m* **le** ~ the Near East

proclamer [pRɔklame] <1> *vt* to proclaim; (*innocence*) to declare

procuration [pRɔkyRasjõ] *f* proxy;

COM power of attorney

procurer [pRɔkyRe] <1> I. *vt* ~ **qc à qn** to obtain sth for sb II. *vpr* **se** ~ **un travail** to get (oneself) a job

procureur [pRɔkyRœR] *m* JUR prosecutor

prodige [pRɔdiʒ] *m* 1. (*miracle*) miracle 2. (*merveille*) marvel; **faire des** ~s to work wonders 3. (*personne très douée*) prodigy

producteur, -trice [pRɔdyktœR] I. *adj* COM producing; ~ **de blé/pétrole** wheat-/oil-growing; ~ **de gaz naturel/charbon** natural gas-/coal-producing II. *m, f* 1. AGR grower 2. (*fabricant*) manufacturer 3. CINE, RADIO, TV producer

productif, -ive [pRɔdyktif] *adj* productive

production [pRɔdyksjõ] *f* 1. *a.* CINE, RADIO, TV production; ~ **d'électricité/énergie** electricity/energy generation 2. (*exploitation*) ~ **de blé/fruits** wheat-/fruit-growing

productivité [pRɔdyktivite] *f* 1. (*rendement*) productivity 2. (*rentabilité*) profitability

produire [pRɔdɥiR] <irr> I. *vt* 1. ECON to produce; (*électricité*) to generate 2. (*cultivateur, arbre*) to grow; (*pays, région, terre*) to yield II. *vi* FIN to return III. *vpr* **se** ~ 1. (*survenir*) to happen; (*changement*) to take place 2. (*se montrer en public/sur la scène*) to appear in public/on stage

produit [pRɔdɥi] *m* 1. ECON, CHIM, BIO, MAT product; ~ **alimentaire** foodstuff; ~**s de beauté** cosmetics 2. (*rapport, bénéfice*) ~ **brut/net** gross/net profit; ~ **intérieur/national brut** gross domestic/national product

prof *inf* v. **professeur**

profaner [pRɔfane] <1> *vt* to profane

professeur [pRɔfesœR] *mf* 1. ECOLE teacher; ~ **de lycée/de français** school/French teacher 2. UNIV (*avec chaire*) professor; (*sans chaire*) lecturer

profession [pRɔfesjõ] *f* profession

professionnalisme [pʀɔfesjɔnalism] *m* professionalism

professionnel (le) [pʀɔfesjɔnɛl] **I.** *adj* **1.** professional; (*cours, enseignement*) vocational; (*lycée*) technical **2.** (*compétent*) adept **II.** *m(f)* professional

profil [pʀɔfil] *m* **1.** (*relief*) outline; **de** ~ in outline **2.** *a.* INFOR profile; ~ **utilisateur** user profile

profit [pʀɔfi] *m* **1.** COM, FIN profit **2.** (*avantage*) advantage; **au** ~ **de qn/qc** (*concert*) in aid of sb/sth; (*activités*) for sb/sth

profiter [pʀɔfite] <1> *vi* **1.** (*tirer avantage de*) ~ **de qc** to take advantage of sth **2.** (*être utile à*) ~ **à qn** to benefit sb; (*repos, vacances*) to do sb good

profiteur ,**-euse** [pʀɔfitœʀ] *m, f* *péj* profiteer

profond (e) [pʀɔfɔ̃] **I.** *adj* **1.** deep **2.** (*très grand*) great; (*sentiment*) profound **3.** *postposé* (*cause*) underlying; **la France** ~**e** rural France **II.** *adv* (*creuser, planter*) deep

profondément [pʀɔfɔ̃demɑ̃] *adv* **1.** (*creuser, pénétrer*) deep **2.** (*respirer, aimer*) deeply; (*dormir*) soundly **3.** *antéposé* (*choqué, ému*) deeply, greatly; (*convaincu, différent*) profoundly

profondeur [pʀɔfɔ̃dœʀ] *f* **1.** (*distance*) depth; **50 m de** ~ a depth of 50 metres [*o* meters *Am*] **2.** (*d'une voix*) deepness; (*d'un regard*) depth

programmable [pʀɔgʀamabl] *adj* programmable

programmation [pʀɔgʀamasjɔ̃] *f* programming

programme [pʀɔgʀam] *m* **1.** programme *Brit*, program *Am;* ~ **de recherches** research programme **2.** (*objectif planifié*) plan **3.** CINE, TV guide **4.** ECOLE syllabus **5.** UNIV course **6.** **vaste** ~! *iron* that will take some doing!; **être au** ~ to be on the programme; CINE, TV to be on; **c'est tout un** ~ that's quite a business

programmer [pʀɔgʀame] <1> *vt* **1.** CINE, TV to schedule **2.** THEAT to show **3.** (*établir à l'avance*) to plan

4. TECH to program

progrès [pʀɔgʀɛ] *m* **1.** *a.* ECOLE progress *no pl;* **faire des** ~ **en qc** to make progress in sth **2.** **il y a du** ~ *inf* there's progress; **on n'arrête pas le** ~ *inf* progress never stops

progresser [pʀɔgʀese] <1> *vi* **1.** (*s'améliorer*) to progress; (*conditions de vie*) to improve **2.** (*s'étendre*) to spread **3.** (*avancer*) to advance

progressif , **-ive** [pʀɔgʀesif] *adj* gradual; (*développement*) progressive

progression [pʀɔgʀesjɔ̃] *f* **1.** (*amélioration*) progress **2.** (*augmentation*) increase **3.** (*extension, développement*) spread

progressivement [pʀɔgʀesivmɑ̃] *adv* progressively; (*procéder*) gradually

proie [pʀwɑ] *f* **1.** prey **2.** **en** ~ **à qc** plagued by sth

projecteur [pʀɔʒɛktœʀ] *m* (*de cinéma, diapositives*) projector

projectile [pʀɔʒɛktil] *m* projectile

projection [pʀɔʒɛksjɔ̃] *f* CINE, OPT projection; (*de diapositives, d'un film*) showing

projet [pʀɔʒɛ] *m* **1.** (*intention*) plan; ~ **de film** plan for a film; ~ **de construction** building project **2.** (*ébauche, esquisse*) draft; ~ **de loi** bill

projeter [pʀɔʒ(ə)te] <3> *vt* **1.** (*faire un projet*) to plan **2.** (*éjecter*) to throw

prolétaire [pʀɔletɛʀ] **I.** *adj* working-class, proletarian *form* **II.** *mf* proletarian

prolétariat [pʀɔletaʀja] *m* proletariat

prolongation [pʀɔlɔ̃gasjɔ̃] *f* **1.** (*d'un congé, délai*) extension **2.** SPORT extra time *Brit*, overtime *Am* **3.** **jouer les** ~**s** SPORT to play extra time [*o* in overtime *Am*]; *iron* to hang around

prolongé (e) [pʀɔlɔ̃ʒe] *adj* (*arrêt, séjour*) lengthy

prolonger [pʀɔlɔ̃ʒe] <2a> **I.** *vt* **1.** (*faire durer davantage*) to prolong

P p

2. (*rendre plus long*) to extend; (*rue*) to continue **II.** *vpr* se ~ **1.** (*durer*) to go on **2.** (*chemin, rue*) to continue

promenade [pʀɔm(ə)nad] *f* **1.** (*balade à pied*) walk; (*en bateau*) sail; ~ **en voiture** drive; ~ **à/en vélo** bike ride **2.** (*lieu où l'on se promène en ville*) promenade

promener [pʀɔm(ə)ne] <4> **I.** *vt* ~ **qn/un animal** to take sb/an animal for a walk **II.** *vpr* (**aller**) **se** ~ (*animal, personne*) to go for a walk; **se** ~ **en voiture/à** [*o* **en**] **vélo** to go for a drive/a bike ride

promeneur, **-euse** [pʀɔm(ə)nœʀ] *m, f* walker

promesse [pʀɔmɛs] *f* **1.** (*engagement*) promise **2.** ~ **en l'air** empty promise

prometteur, **-euse** [pʀɔmɛtœʀ] *adj* promising

promettre [pʀɔmɛtʀ] <irr> **I.** *vt* **1.** to promise; **ça je te le promets!** that I can promise you! **2. c'est promis juré** *inf* it's a promise **II.** *vi* **1.** to promise **2. ça promet!** *iron* that's promising! **III.** *vpr* **se** ~ **de** +*infin* to promise oneself to +*infin*

promis(**e**) [pʀɔmi] *adj* **être** ~ **à qn/qc** to be destined for sb/sth

promotion [pʀɔmosjɔ̃] *f* **1.** (*avancement*) promotion **2.** (*produit en réclame*) special offer

prompt(**e**) [pʀɔ̃(pt)] *adj antéposé* (*rétablissement*) rapid

prôner [pʀone] <1> *vt* to advocate

pronom [pʀɔnɔ̃] *m* pronoun

pronominal(**e**) [pʀɔnɔminal] <-aux> *adj* pronominal; (*verbe*) reflexive

prononcer [pʀɔnɔ̃se] <2> **I.** *vt* **1.** (*articuler*) to pronounce **2.** (*parole*) to say **II.** *vpr* **se** ~ **1.** (*lettre, mot, nom*) to be pronounced **2.** (*prendre position*) **se** ~ **pour/contre qn/qc** to pronounce oneself for/against sb/sth; **se** ~ **sur qc** to give an opinion on sth

prononciation [pʀɔnɔ̃sjasjɔ̃] *f* LING pronunciation

pronostic [pʀɔnɔstik] *m* forecast

propagande [pʀɔpagɑ̃d] *f* **1.** propaganda **2. faire de la** ~ **à/pour qn/qc** POL to campaign for sb/sth

propagation [pʀɔpagasjɔ̃] *f* **1.** (*extension*) propagation **2.** (*diffusion*) spreading

propager [pʀɔpaʒe] <2a> **I.** *vt* (*idée, nouvelle*) to spread **II.** *vpr* **se** ~ to spread

propice [pʀɔpis] *adj* favourable *Brit,* favorable *Am*

proportion [pʀɔpɔʀsjɔ̃] *f* **1.** (*rapport*) proportion **2.** *pl* (*taille, volume*) proportions; (*d'une recette*) quantities

proportionnel(**le**) [pʀɔpɔʀsjɔnɛl] *adj* proportional; **être** ~ **à qc** to be proportional to sth

proportionnelle [pʀɔpɔʀsjɔnɛl] *f* POL **la** ~ proportional representation

propos [pʀɔpo] *m* **1.** *gén pl* words **2. bien/mal à** ~ at the right/wrong time; **à** ~ **de tout et de rien** for no reason; **juger à** ~ **de** +*infin* to think it appropriate to +*infin;* **à ce** ~ in this connection; **à quel** ~? on what subject?; **à** ~ well-timed; **à** ~ **de qc** about sth

proposer [pʀɔpoze] <1> *vt* **1.** to propose **2.** (*idée*) to suggest; (*décret, loi*) to put forward **3.** (*offrir*) to offer **4.** (*présenter*) ~ **qn pour un poste/comme collaborateur** to put sb forward for a job/as a partner

proposition [pʀɔpozisjɔ̃] *f* **1.** (*offre*) offer **2.** *pl* (*avances*) **des** ~**s** a proposition **3.** MAT proposition

propre[1] [pʀɔpʀ] **I.** *adj* **1.** (*opp: sale*) clean **2.** (*soigné*) neat **3.** (*enfant*) toilet-trained; (*animal*) housetrained **4.** (*argent*) honest **5.** (*non polluant*) environmentally-friendly **II.** *m* **c'est du** ~**!** *inf* what a mess!; **mettre qc au** ~ to copy out sth neatly

propre[2] [pʀɔpʀ] **I.** *adj* **1.** *antéposé* (*à soi*) own **2.** *postposé* (*sens*) literal **3.** (*biens, capitaux*) separate **II.** *m* **1.** (*particularité*) particularity **2.** LING **au** ~ **et au figuré** literally and figuratively

proprement [pRɔpRəmã] *adv* (*avec soin*) cleanly; (*manger*) properly

propreté [pRɔpRəte] *f* 1. (*opp: saleté*) cleanliness 2. (*caractère non polluant*) cleanness

propriétaire [pRɔpRijetɛR] *mf* 1. (*possesseur*) owner; (*d'un animal*) master 2. (*opp: locataire*) landlord 3. (*bailleur*) lessor

propriété [pRɔpRijete] *f* 1. (*domaine, immeuble*) ownership 2. (*chose possédée*) property

prospectus [pRɔspɛktys] *m* prospectus

prospère [pRɔspɛR] *adj* flourishing

prostate [pRɔstat] *f* prostate

prostitué(e) [pRɔstitɥe] *m/f* prostitute

prostituer [pRɔstitɥe] <1> *vt, vpr* (**se**) ~ *a. fig* to prostitute (oneself)

prostitution [pRɔstitysjɔ̃] *f* prostitution

protecteur, -trice [pRɔtɛktœR] I. *adj* 1. protective; ECON, POL protectionist 2. (*air, ton*) patronizing II. *m, f* guardian

protection [pRɔtɛksjɔ̃] *f* 1. protection; ~ **de l'enfance** child welfare; ~ **de l'environnement** environmental protection 2. (*élément protecteur*) safety device 3. ~ **sociale** social welfare; **mesures de** ~ protective measure

protégé(e) [pRɔteʒe] I. *adj* protected; (*passage*) priority II. *m/f* (*favori*) protégé

protéger [pRɔteʒe] <2a, 5> I. *vt* ~ **qn/qc de/contre qn/qc** to protect sb from sb/sth II. *vpr* **se** ~ **contre qn/qc** to protect oneself from sb/sth

protestant(e) [pRɔtɛstã] *adj, m/f* Protestant

protestation [pRɔtɛstasjɔ̃] *f* protest

protester [pRɔtɛste] <1> *vi* to protest

prothèse [pRɔtɛz] *f* prosthesis

protocole [pRɔtɔkɔl] *m* protocol

prototype [pRɔtɔtip] *m* prototype

prouver [pRuve] <1> I. *vt* to prove;

il est prouvé que c'est vrai it's been proved to be true; **il n'est pas prouvé que ce soit vrai** it hasn't been proved to be true II. *vpr* **se** ~ (*personne*) to prove oneself

provenance [pRɔv(ə)nãs] *f* 1. origin 2. **en** ~ **de ...** from

provençale [pRɔvãsal] *f* GASTR **à la** ~ Provençale

Provence [pRɔvãs] *f* **la** ~ Provence

proverbe [pRɔvɛRb] *m* proverb; **comme dit le** ~ according to the proverb

province [pRɔvɛ̃s] *f* 1. province 2. **la Belle Province** Quebec

> [i] In Belgium, there are seven **provinces**, which are similar to the French Départements. They have some autonomy but are overseen by the Federal state, communities and regions.

provincial(e) [pRɔvɛ̃sjal] <-aux> I. *adj* 1. (*opp: parisien*) provincial 2. *Québec* (*opp: fédéral*) Provincial II. *m/f* Provincial

proviseur [pRɔvizœR] *m* 1. headteacher *Brit*, principal *Am* 2. *Belgique* (*adjoint du préfet* (*directeur de lycée*)) vice-principal

provision [pRɔvizjɔ̃] *f* 1. *pl* (*vivres*) provisions 2. (*réserve*) ~ **d'eau** water reserves

provisoire [pRɔvizwaR] *adj* 1. *a.* JUR provisional; (*solution, mesure, installation*) temporary 2. (*gouvernement*) interim

provocant(e) [pRɔvɔkã] *adj* provocative

provocateur, -trice [pRɔvɔkatœR] I. *adj* provocative II. *m, f* agitator

provocation [pRɔvɔkasjɔ̃] *f* provocation

provoquer [pRɔvɔke] <1> *vt* 1. (*causer*) to prompt; (*mort, accident, explosion*) to cause 2. (*énerver, aguicher*) to provoke

prudemment [pRydamã] *adv* (*avec précaution*) carefully

prudence [pRydãs] *f* caution

prudent(e) [pʀydɑ̃] *adj* (*personne*) careful; (*pas*) cautious

prune [pʀyn] *f* 1. plum 2. **pour des ~s** *inf* for nothing

pruneau [pʀyno] *m* 1. GASTR prune 2. *Suisse* (*quetsche*) plum

prunelle [pʀynɛl] *f* 1. ANAT pupil 2. **tenir à qc comme à la ~ de ses yeux** to treat sth as one's greatest treasure

prunier [pʀynje] *m* 1. plum tree 2. **secouer qn comme un ~** *inf* to shake sb hard

PS [peɛs] *m* 1. *abr de* **Parti socialiste** *French socialist party* 2. *abr de* **post-scriptum** P.S.

pseudonyme [psødɔnim] *m* pseudonym

psychanalyse [psikanaliz] *f* psychoanalysis

psychiatre [psikjatʀ] *mf* psychiatrist

psychiatrie [psikjatʀi] *f* psychiatry

psychiatrique [psikjatʀik] *adj* psychiatric

psychique [psiʃik] *adj* psychic

psychologie [psikɔlɔʒi] *f* psychology

psychologique [psikɔlɔʒik] *adj* psychological

psychologue [psikɔlɔg] I. *adj* perceptive II. *mf* psychologist

psychose [psikoz] *f* MED psychosis

PTT [petete] *mpl abr de* **Postes, Télégraphes, Téléphones** *French national postal and telecommunications company*

pu [py] *part passé de* **pouvoir**

pub¹ [pyb] *f inf abr de* **publicité**

pub² [pœb] *m* (*bar*) pub

puberté [pybɛʀte] *f* puberty

public [pyblik] *m* 1. (*assistance*) audience 2. (*spectateurs*) public; **le grand ~** the general public 3. (*tous*) public; **en ~** in public

public, -ique [pyblik] *adj* public; (*école*) state

publication [pyblikasjɔ̃] *f* publication

publiciste [pyblisist] *mf* publicist

publicitaire [pyblisitɛʀ] *adj* **pancarte ~** billboard

publicité [pyblisite] *f* 1. (*dans la* presse) advertising 2. (*à la radio, télé*) commercial; **une page de ~** a commercial break 3. (*réclame*) advertisement 4. *sans pl* (*métier*) advertising

publier [pyblije] <1> *vt* 1. (*faire paraître*) to publish 2. (*rendre public*) to publicize; (*communiqué*) to release

publiquement [pyblikmɑ̃] *adv* publicly

puce [pys] *f* 1. ZOOL flea 2. INFOR chip 3. (*terme d'affection*) **viens, ma ~!** come here, dear! 4. **mettre la ~ à l'oreille de qn** to get sb thinking; **secouer les ~s à qn** *inf* (*réprimander*) to tell sb off; (*dégourdir*) to wake sb up; **se secouer les ~s** to wake up

puceau, pucelle [pyso] <x> *adj, m, f inf* virgin

puceron [pys(ə)ʀɔ̃] *m* greenfly

pudeur [pydœʀ] *f* (*décence*) modesty

pudique [pydik] *adj* (*chaste*) modest

puer [pɥe] <1> I. *vi péj* to stink; **il pue des pieds** his feet stink II. *vt* 1. *péj* **~ le renfermé** to smell musty 2. *péj, inf* **~ le fric** to stink of money

puis¹ [pɥi] *adv* then; **et ~ après** [*o* quoi]? *inf* so what?; **et ~ quoi encore!?** *inf* and what now?; **et ~** (*en outre*) and anyway

puis² [pɥi] *indic prés de* **pouvoir**

puisque [pɥisk(ə)] <puisqu'> *conj* since; **mais puisqu'elle est malade!** but she's ill, for heaven's sake!; **puisqu'il le faut!** if we must!

puissance [pɥisɑ̃s] *f* power; (*des éléments, du vent*) strength; **grande ~** major power; **dix ~ deux** ten to the power of two

puissant(e) [pɥisɑ̃] *adj* 1. (*d'une grande force*) strong 2. (*qui a du pouvoir*) powerful 3. (*très efficace*) potent

puisse [pɥis] *subj prés de* **pouvoir**

puits [pɥi] *m* 1. (*pour l'eau*) well 2. (*d'une mine*) shaft; **~ de pétrole** oil well

pull [pyl] *m inf*, **pull-over**

[pylɔvœʀ] <pull-overs> *m* sweater

pulpeux ,**-euse** [pylpø] *adj* (*lèvres*) full

pulsion [pylsjɔ̃] *f* impulse

punaise [pynɛz] *f* 1. ZOOL bug 2. (*petit clou*) drawing pin

punch [pœnʃ] *m inv* drive

punir [pyniʀ] <8> *vt* ~ **qn de qc** to punish sb with sth

punition [pynisjɔ̃] *f* punishment

punk [pœnk] *adj inv, mf* punk

pupitre [pypitʀ] *m* 1. INFOR console 2. (*meuble*) desk

pur (**e**) [pyʀ] *adj* 1. (*air, eau*) pure 2. (*non mélangé*) neat 3. (*vérité*) plain; (*hasard, méchanceté*) sheer 4. ~ **et simple** pure and simple

purée [pyʀe] *f* purée

purement [pyʀmɑ̃] *adv* purely

pureté [pyʀte] *f* 1. (*opp: souillure*) purity 2. (*perfection*) flawlessness

purifier [pyʀifje] <1> I. *vt* to purify II. *vpr* **se** ~ **de qc** to cleanse oneself of sth

purin [pyʀɛ̃] *m* slurry

pur-sang [pyʀsɑ̃] <pur(s)-sang(s)> *m* thoroughbred

pus¹ [py] *m* pus

pus² [py] *passé simple de* **pouvoir**

putain [pytɛ̃] I. *f péj* 1. *vulg* whore; **faire la** ~ to walk the streets 2. *inf* ~ **de voiture** bloody car II. *interj inf* 1. (*exprime la colère*) bugger *Brit*, dammit *Am*; (*l'étonnement, l'incrédulité*) bugger me 2. *Midi* ~! god! 3. ~ (**de bordel**) **de merde** bloody hell *Brit*, goddamn (son of a bitch) *Am*

pute [pyt] *f péj, vulg* whore

putois [pytwa] *m* polecat *Brit*, skunk *Am*

putsch [putʃ] *m* putsch

puzzle [pœzl] *m* jigsaw (puzzle)

PV [peve] *m abr de* **procès-verbal** report

pyjama [piʒama] *m* pyjama; **en** ~(**s**) in pyjamas

pyramide [piʀamid] *f* pyramid

Pyrénées [piʀene] *fpl* **les** ~ the Pyrenees

Q , **q** [ky] *m inv* Q, q; ~ **comme Quintal** q for Queenie *Brit*, q for Queen *Am*

QCM [kyseɛm] *m abr de* **questionnaire à choix multiple** multiple choice question paper

QI [kyi] *m abr de* **quotient intellectuel** *inv* IQ

qu' [k] *v.* **que**

quadriller [kadʀije] <1> *vt* 1. MIL ~ **qc** to set up controls in sth 2. (*tracer des lignes*) to square off

quadruplés , **-ées** [k(w)adʀyple] *mpl, fpl* quadruplets

quai [ke] *m* 1. (*d'une gare, station de métro*) platform 2. (*pour accoster*) quay; **les** ~**s de la Seine** the banks of the Seine

qualificatif , **-ive** [kalifikatif] I. *adj* LING qualifying II. *m* (*expression*) qualifier

qualification [kalifikasjɔ̃] *f a.* SPORT qualification; **match de** ~ qualifier

qualifié (**e**) [kalifje] *adj* 1. (*personne*) qualified 2. (*formé*) skilled

qualifier [kalifje] <1> *vpr* SPORT **se** ~ **pour qc** to qualify for sth

qualitatif , **-ive** [kalitatif] *adj* qualitative

qualité [kalite] *f* quality

quand [kɑ̃] I. *adv* when; **jusqu'à** ~? till when?; **de** ~ **date ce livre?** when did this book come out? II. *conj* 1. *a. inf* when; **quand elle arrivera** when she arrives 2. (*exclamatif*) ~ **je pense que ...!** when I think that ...! 3. ~ **même** (*malgré cela*) still; *inf* (*tout de même*) all the same

quant [kɑ̃t] *prep* ~ **à qn/qc** as for sb/sth; ~ **à moi** as for me

quantitatif , **-ive** [kɑ̃titatif] *adj* quantitative

quantité [kɑ̃tite] *f* 1. (*nombre*) quantity 2. (*grand nombre*) (**une**) ~ **de personnes/choses** a large number of people/things; **en** ~ in large numbers

quarantaine [kaʀɑ̃tɛn] *f* **1.** (*environ quarante*) **une ~ de personnes/pages** about forty people/pages **2.** (*âge approximatif*) **avoir la ~** [*o* **une ~ d'années**] to be around forty **3.** MED quarantine; *v. a.* **cinquantaine**

quarante [kaʀɑ̃t] **I.** *adj* forty; **semaine de ~ heures** forty-hour week **II.** *m inv* **1.** (*cardinal*) forty **2.** (*taille de confection*) **faire du ~** to take a size forty **3. les Quarante** *the forty members of the Académie française; v. a.* **cinq, cinquante**

quarantième [kaʀɑ̃tjɛm] **I.** *adj antéposé* fortieth **II.** *mf* **le/la ~** the fortieth **III.** *m* (*fraction*) fortieth; *v. a.* **cinquième**

quart [kaʀ] *m* **1.** quarter; **~ de finale/de siècle** quarter final/of a century; **les trois ~s** de qc the best part of sth **2.** (*25 cl*) quarter litre [*o* liter *Am*] **3.** (*15 minutes*) quarter; **un ~ d'heure** quarter of an hour; **il est 3 heures et** [*o* **un**] **~/moins le ~** it's a quarter past three/to four **4. au ~ de poil** *inf* perfectly; **au ~ de tour** straight off; **passer un mauvais** [*o* **sale**] **~ d'heure** to have a miserable time

quartier [kaʀtje] *m* **1.** (*partie de ville*) district; (*résidentiel*) area; **le Quartier latin** the Latin Quarter **2.** (*lieu où l'on habite, habitants*) neighbourhood *Brit*, neighborhood *Am* **3.** *Suisse* (*banlieue*) **~ périphérique** suburb **4. avoir ~ libre** (*être autorisé à sortir*) to have time to oneself; **ne pas faire de ~** to give no quarter

quart-monde [kaʀmɔ̃d] <quarts-mondes> *m* (*pays les plus pauvres*) the Fourth World

quasi [kazi] *adv* nearly; **~ mort** as good as dead

quatorze [katɔʀz] **I.** *adj* fourteen **II.** *m inv* fourteen; *v. a.* **cinq**

quatorzième [katɔʀzjɛm] **I.** *adj antéposé* fourteenth **II.** *mf* **le/la ~** the fourteenth **III.** *m* (*fraction*) fourteenth; *v. a.* **cinquième**

quatre [katʀ(ə)] **I.** *adj* **1.** (*cardinal*) four **2. comme ~** (*manger*) like a wolf; (*boire*) like a fish; **un de ces ~** (*matins*) *inf* one of these days **II.** *m inv* four; *v. a.* **cinq**

quatre-heures [katʀœʀ] *m inv, inf* snack, tea *Brit*

quatre-vingt [katʀəvɛ̃] <quatre-vingts> **I.** *adj* **~s** eighty; **~ mille** eighty thousand **II.** *m* **~s** eighty; *v. a.* **cinq, cinquante**

quatre-vingt-dix [katʀəvɛ̃dis] **I.** *adj* ninety **II.** *m inv* ninety; *v. a.* **cinq, cinquante**

quatre-vingt-dixième [katʀəvɛ̃dizjɛm] <quatre-vingt-dixièmes> **I.** *adj antéposé* ninetieth **II.** *mf* **le/la ~** the ninetieth **III.** *m* (*fraction*) ninetieth; *v. a.* **cinquième**

quatre-vingtième [katʀəvɛ̃tjɛm] <quatre-vingtièmes> **I.** *adj antéposé* eightieth **II.** *mf* **le/la ~** the eightieth **III.** *m* (*fraction*) eightieth; *v. a.* **cinquième**

quatre-vingt-onze [katʀəvɛ̃ɔ̃z] **I.** *adj* ninety-one **II.** *m inv* ninety-one; *v. a.* **cinq, cinquante**

quatre-vingt-un, -une [katʀəvɛ̃œ̃] *adj, m inv* eighty-one; *v. a.* **cinq, cinquante**

quatre-vingt-unième [katʀəvɛ̃ynjɛm] **I.** *adj antéposé* eighty-first **II.** *mf* **le/la ~** the eighty-first **III.** *m* (*fraction*) eighty-first; *v. a.* **cinquième**

quatrième [katʀijɛm] **I.** *adj antéposé* fourth **II.** *mf* **le/la ~** the fourth **III.** *f* ECOLE fourth; *v. a.* **cinquième**

quatrièmement [katʀijɛmmɑ̃] *adv* fourthly

que [kə] <qu'> **I.** *conj* **1.** (*introduit une complétive*) that; **je ne crois pas qu'il vienne** I don't think (that) he'll come **2.** (*dans les formules de présentation*) **peut-être ~** perhaps **3.** (*dans des questions*) **qu'est-ce ~ c'est?** what is it?; **qu'est-ce que c'est ~ ça?** *inf* what's that?; **quand/où est-ce ~ tu pars?** when/where are you going? **4.** (*reprend une conjonction de subordination*) **si tu as le temps et qu'il fait beau** if you've got the time and the weather's nice **5.**(*introduit une proposition de temps*) **ça fait trois jours qu'il est là** he's been here for four days now **6.**(*introduit une proposition de but*) so (that); **taisez-vous qu'on entende l'orateur!** keep quiet so we can hear the speaker! **7.**(*pour comparer*) **plus/moins/autre …** ~ more/less/other than; (**tout**) **aussi …** ~ as … as; **autant de …** ~ as many [*o* much] … as; **tel** ~ such as **8.**(*seulement*) only; **il ne fait** ~ **travailler** all he does is work; **il n'est arrivé qu'hier** he only arrived yesterday; **la vérité, rien** ~ **la vérité** the truth and nothing but the truth **II.** *adv* (*comme*) (**qu'est-ce**) ~ **c'est beau!** how lovely it is! **III.** *pron rel* **1.**(*complément direct se rapportant à un substantif*) which, that; **ce** ~ what; **chose** ~ which; **quoi** ~ **tu dises** whatever you (may) say **2.**(*après une indication de temps*) **un jour que** one day when; **toutes les fois qu'il vient** every time he comes; **le temps** ~ **la police arrive, …** by the time the police arrive, … **IV.** *pron interrog* **1.**(*quelle chose?*) what?; **qu'est-ce** ~ **…?** what …?; **ce** ~ what **2.**(*attribut du sujet*) what; ~ **deviens-tu?** how are you doing? **3.**(*quoi*) What

Québec [kebɛk] *m* **1.**(*ville*) Quebec **2.**(*région*) **le** ~ Quebec

québécois(**e**) [kebekwa] *adj* Quebec

Québécois(**e**) [kebekwa] *m(f)* Quebecker

quel(**le**) [kɛl] **I.** *adj* **1.**(*dans une question*) what; ~**le heure est-il?** what's time is it?; ~ **est le plus grand des deux?** which (one) is bigger?; ~ **que soit son choix** whatever he chooses **2.**(*exclamation*) what; ~ **dommage!** what a shame! **II.** *pron* which

quelconque [kɛlkɔ̃k] *adj* **1.**(*n'importe quel*) **un …** ~ any **2.**(*ordinaire*) run-of-the-mill

quelque [kɛlk] **I.** *adj indéf, antéposé*

1. *pl* (*plusieurs*) some, a few; **à** ~**s pas d'ici** not far from here **2.** *pl* (*petit nombre*) **les** ~**s fois où …** the few times that … **II.** *adv* ~ **peu** somewhat; **et** ~(**s**) *inf,* **10 kg et** ~**s** just over ten kilograms; **cinq heures et** ~(**s**) just after five o'clock

quelque chose [kɛlkəʃoz] *pron* **1.**something; ~ **de beau** something beautiful; **c'est déjà** ~! that's something **2.**apporter un petit ~ à qn *inf* to bring sb a little something; **c'est** ~ (**tout de même**)! *inf*really!; **être pour** ~ **dans qc** to have something to do with sth; ~ **comme** something like

quelquefois [kɛlkəfwa] *adv* sometimes

quelque part [kɛlkpaʀ] *adv* somewhere

quelques-uns, -unes [kɛlkəzœ̃] *pron indéf* **1.**(*un petit nombre de personnes*) a few **2.**(*certaines personnes*) some people **3.**(*certains*) **quelques-unes des personnes/choses** some of the people/things; **j'en ai mangé** ~/**quelques-unes** I ate some

quelqu'un [kɛlkœ̃] *pron indéf*somebody, someone; ~ **d'autre** somebody else

qu'en-dira-t-on [kɑ̃diʀatɔ̃] *m inv* **se moquer du** ~ not to care about gossip [*o* what people say]

qu'est-ce que [kɛskə] *pron interrog* what

qu'est-ce qui [kɛski] *pron interrog* who

question [kɛstjɔ̃] *f* **1.**question; **la** ~ **est: …** the question is, …; **c'est une** ~ **de qc** it's a question of sth; **sans poser de** ~**s** without asking questions; (**re**)**mettre qc en** ~ to call sth into question **2.**il est ~ de **qn/qc** (*il s'agit de*) it's a matter of sb/sth; **il n'est pas** ~ **de qc** there's no question of sth; **hors de** ~ out of the question; **pas** ~! *inf*no way!; ~ **qc, …** *inf*as for sth, …

questionnaire [kɛstjɔnɛʀ] *m* **1.**(*formulaire*) question paper; ~ **à choix multiple** multiple choice question paper **2.** (*série de questions*) questionnaire

questionner [kɛstjɔne] <1> *vt* ~ **qn sur qc** to question sb about sth

quête [kɛt] *f* collection; **faire la** ~ to do a collection; (*chanteur des rues*) to pass the hat around

quetsche [kwɛtʃ] *f* **1.** (*fruit*) quetsche plum **2.** (*eau-de-vie*) plum brandy

queue [kø] *f* **1.** ZOOL tail **2.** BOT stalk **3.** (*manche*) handle; ~ **de billard** billiard [*o* pool *Am*] cue **4.** (*d'un train*) rear **5.** *inf* (*pénis*) cock **6.** (*file de personnes*) queue; **faire la** ~ to queue (up) *Brit,* to line up *Am;* **se mettre à la** ~ to get in the queue **7.** **être rond comme une** ~ **de pelle** *inf* to be blind drunk; **faire une** ~ **de poisson à qn** to cut sb up; **n'avoir ni** ~ **ni tête** to make no sense

qui [ki] **I.** *pron rel* **1.** (*comme sujet se rapportant à une chose*) which, that; **ce** ~ **se passe est grave** what's going on is serious; **chose** ~ **...** something which **...** **2.** (*comme sujet se rapportant à une personne*) who, that; **toi** ~ **sais tout** you who think you know it all; **le voilà** ~ **arrive** here he comes; **j'en connais** ~ **...** i know someone who **...**; **c'est lui/elle** ~ **l'a fait** he/she was the one that did it **3.** (*comme complément, remplace une personne*) **la dame à côté de** ~ **tu es assis/tu t'assois** the lady (that) you're sitting/you sit next to; **l'ami dans la maison de** ~ **...** the friend in whose house **...**; **la dame à** ~ **c'est arrivé** the lady it happened to **4.** (*celui qui*) whoever **5.** **c'est à** ~ **criera le plus fort** everyone was trying to shout louder than the others; ~ **que tu sois** whoever you are; ~ **que ce soit** anybody **II.** *pron interrog* **1.** (*qu'est-ce que*) ~ **...?** who **...**?; ~ **ça?** who's that **...**?; ~ **c'est qui est là?** who's there? **2.** (*question portant sur la personne complément direct*) ~ **...?** who, whom *form;* ~ **as-tu vu?** who did you see?; ~ **croyez-vous?** who

do you believe? **3.** (*question portant sur la personne complément indirect*) **à/avec** ~ **as-tu parlé?** who did you speak to/with?; **pour** ~ **as-tu voté?** who did you vote for?; **chez** ~ **est la réunion?** whose house is the meeting at? **4.** (*marque du sujet, personne ou chose*) **qui est-ce** ~ **...?** who **...**?; **qu'est-ce** ~ **...?** what **...**?

quiche [kiʃ] *f* ~ (**lorraine**) quiche (lorraine)

quiconque [kikɔ̃k] *pron rel indéf* anyone

qui est-ce que [kiɛskə] *pron interrog* ~ **...?** who, whom *form;* **avec/pour** ~ **tu l'as fait?** who did you do it with/for?

qui est-ce qui [kiɛski] *pron interrog* ~ **...?** who **...**?

quille [kij] *f* **1.** JEUX skittle *Brit,* ninepin *Am;* **jouer aux** ~**s** to play skittles **2.** *inf* (*fin du service militaire*) demob *Brit*

quincaillerie [kɛ̃kajʀi] *f* hardware store

quinquennal(e) [kɛ̃kenal] <-aux> *adj* quinquennial

quinte [kɛ̃t] *f* MED ~ **de toux** fit of coughing

quinzaine [kɛ̃zɛn] *f* **1.** (*environ quinze*) **une** ~ **de personnes/pages** around fifteen people/pages **2.** (*deux semaines*) **une** ~ (**de jours**) two weeks; **la première** ~ **de janvier** the first half [*o* two weeks] of January

quinze [kɛ̃z] **I.** *adj* fifteen; **tous les** ~ **jours** every two weeks **II.** *m inv* **1.** (*cardinal*) fifteen **2.** SPORT **le** ~ **d'Irlande** the Ireland team; *v. a.* **cinq**

quinzième [kɛ̃zjɛm] **I.** *adj antéposé* fifteenth **II.** *mf* **le/la** ~ the fifteenth **III.** *m* (*fraction*) fifteenth; *v. a.* **cinquième**

quitte [kit] *adj* **1.** (*sans dettes*) **être** ~ **de qc** to be clear of sth **2.** (*au risque de*) ~ **à faire qc** even if it means doing sth

quitter [kite] <1> *vt* **1.** to leave **2.** TEL **ne quittez pas** hold the line

3. (*ne plus rester sur*) **la voiture a quitté la route** the car went off the road **4.** INFOR to quit

quoi [kwa] **I.** *pron rel* **1.** (*annexe d'une phrase principale complète*) **..., ce à ~ il ne s'attendait pas ...,** which he didn't expect; **ce en ~ elle se trompait ...,** but she was mistaken there **2.** (*comme pronom relatif*) **à/de ~ ...** to/about which ...; **voilà de ~ je voulais te parler** that's what I wanted to talk to you about; **voilà à ~ je pensais** that's what I was thinking about **3.** (*cela*) **..., après ~ ... ...,** after which ... **4.** (*ce qui est nécessaire pour*) **as-tu de ~ écrire?** have you got something to write with?; **il est très fâché – il y a de ~!** he's really angry – he's every reason to be!; **il n'y a pas de ~ rire** it's nothing to laugh about **5.** **il n'y a pas de ~!** you're welcome; **avoir de ~** *inf* to have means; **~ que ce soit** anything; **si tu as besoin de ~ que ce soit, ...** if there's anything you need, ...; **qu'il en soit** be that as it may; **comme ~** *inf* (*pour dire*) saying; **comme ~ on peut se tromper!** which just goes to show you can make mistakes!; **~ que** whatever **II.** *pron interrog* **1.** + *prép* **à ~ penses-tu?** what are you thinking about?; **dites-nous à ~ cela sert** tell us what it's for; **de ~ a-t-elle besoin?** is there anything she needs?; **cette chaise est en ~?** *inf* what's this chair made of? **2.** *inf* (*qu'est-ce que*) what?; **c'est ~, ce truc?** what is this thing?; **tu sais ~?** you know what? **3.** (*qu'est-ce qu'il y a de ...?*) **~ de neuf?** what's new? **4.** *inf* (*comment?*) what? **5.** **de ~(, de ~)?** *inf* what's all this? **III.** *interj* **1.** (*marque la surprise*) **~!** what! **2.** *inf* (*en somme*) **..., ~! ...,** eh!

quoique [kwak(ə)] *conj* although

quota [k(w)ɔta] *m* quota

quotidien(ne) [kɔtidjɛ̃] **I.** *adj* daily; (*tâches*) everyday **II.** *m* **1.** (*journal*) daily (paper) **2.** (*vie quotidienne*) daily life; (*train-train*) everyday life

quotidiennement [kɔtidjɛnmã] *adv* daily

quotient [kɔsjã] *m* quotient

R r

R, r [ɛʀ] *m inv* R, r; **rouler les ~** to roll one's Rs; **~ comme Raoul** r for Robert [*o* Roger *Am*]

rab [ʀab] *m inf* **il y a du ~** there's some left over; **faire du ~** to do overtime

rabâcher [ʀabaʃe] <1> *vt* (*ressasser*) **~ la même chose à qn** to keep coming out with the same old thing (to sb)

rabaisser [ʀabese] <1> *vt* (*dénigrer*) to belittle

rabat-joie [ʀabaʒwa] *mf inv* killjoy

rabbin [ʀabɛ̃] *m* REL rabbi

rabot [ʀabo] *m* plane

raboter [ʀabɔte] <1> *vt* TECH to plane (down)

rabougri(e) [ʀabugʀi] *adj* (*personne*) stunted; (*plante*) shrivelled

rabrouer [ʀabʀue] <1> *vt* to snub

racaille [ʀakaj] *f* scum

raccommoder [ʀakɔmɔde] <1> **I.** *vt* (*linge*) to mend; (*chaussettes*) to darn **II.** *vpr inf* **se ~** to get back together

raccompagner [ʀakɔ̃paɲe] <1> *vt* **~ qn à la maison** (*à pied*) to walk sb home; (*en voiture*) to drive sb home

raccorder [ʀakɔʀde] <1> *vt* (*joindre*) to connect

raccourci [ʀakuʀsi] *m* (*chemin*) shortcut

raccourcir [ʀakuʀsiʀ] <8> **I.** *vt* (*texte, vêtement*) to shorten **II.** *vi* to get shorter; (*vêtement*) to shrink

raccrocher [ʀakʀɔʃe] <1> **I.** *vi* **1.** TEL to hang up **2.** *inf* SPORT to retire **II.** *vpr* **se ~ à qn/qc** to grab hold of sb/sth

race [ʀas] *f* 1.(*groupe ethnique*) race 2.(*espèce zoologique, sorte*) breed; **de ~** (*cheval*) thoroughbred; (*chien/chat*) pedigree

racheter [ʀaʃte] <4> *vt* 1.(*acheter en plus*) ~ **du vin** to buy some more wine 2.(*acheter d'autrui*) ~ **qc à qn** to buy sth from sb

rachitique [ʀaʃitik] *adj* 1.MED suffering from rickets 2.(*chétif*) puny

racine [ʀasin] *f* 1.*a.* BOT root 2.**prendre ~** to take root

racisme [ʀasism] *m* racism

raciste [ʀasist] *adj, mf* racist

raclée [ʀɑkle] *f inf* 1.(*volée de coups*) hiding 2.(*défaite*) thrashing

racler [ʀɑkle] <1> **I.** *vt* to scrape **II.** *vpr* **se ~ la gorge** to clear one's throat

raclette [ʀɑklɛt] *f* GASTR raclette (*cheese melted and served on potatoes*)

racoler [ʀakɔle] <1> *vt* (*électeurs, adeptes*) to canvass; ~ **des clients** to tout for customers; (*prostituée*) to solicit

racontar [ʀakɔ̃taʀ] *m gén pl, inf* piece of gossip; ~**s** gossip

raconter [ʀakɔ̃te] <1> *vt* 1.(*histoire*) to tell; (*voyage*) to relate 2.(*dire à la légère*) ~ **des histoires** to talk nonsense 3. ~ **sa vie à qn** *inf* to tell sb one's life story; **je te/vous raconte pas!** *inf* I'll spare you the details!

radar [ʀadaʀ] **I.** *m* radar **II.** *app* **contrôle-~** speed trap

radiateur [ʀadjatœʀ] *m* radiator

radical [ʀadikal] <-aux> *m* LING root

radical(e) [ʀadikal] <-aux> *adj* radical

radicaliser [ʀadikalize] <1> *vt* (*conflit*) to intensify; (*position*) to harden

radier [ʀadje] <1> *vt* (*candidat, nom*) to remove; (*médecin*) to strike off; (*avocat*) to disbar

radieux, -euse [ʀadjø] *adj* radiant

radin(e) [ʀadɛ̃] **I.** *adj inf* tightfisted **II.** *m(f) inf* skinflint, tightwad *Am*

radiner [ʀadine] <1> *vpr inf* **allez, radine-toi!** come on, get a move on!

radio [ʀadjo] *f* 1.radio 2.(*station*) radio station 3.MED X-ray; **passer une ~** to have an X-ray

radioactif, -ive [ʀadjoaktif] *adj* radioactive

radioactivité [ʀadjoaktivite] *f* radioactivity

radiographie [ʀadjɔgʀafi] *f* MED X-ray

radiologue [ʀadjɔlɔg] *mf* radiologist

radio-réveil [ʀadjoʀevɛj] <radios-réveils> *m* clock radio

radis [ʀadi] *m* radish

radoter [ʀadɔte] <1> *vi* 1.(*rabâcher*) to keep harping on 2.(*déraisonner*) to witter on

radoucir [ʀadusiʀ] <8> *vpr* **se ~** 1.(*personne*) to soften 2.METEO to get milder

RAF [ɛʀɑɛf] *f abr de* **Royal Air Force** RAF

rafale [ʀafal] *f* METEO gust; (*de neige*) flurry; **le vent souffle en ~s** it's blustery

raffermir [ʀafɛʀmiʀ] <8> *vpr* **se ~** (*voix*) to steady; (*peau, muscles*) to tone up; (*chair*) to firm up

raffiné(e) [ʀafine] *adj* (*délicat*) subtle; (*goût, cuisine, personne*) refined

raffiner [ʀafine] <1> *vt* to refine

raffinerie [ʀafinʀi] *f* ~ **de pétrole/ sucre** oil/sugar refinery

raffoler [ʀafɔle] <1> *vi* ~ **de qn/ qc** to be wild about sb/sth

raffut [ʀafy] *m inf* racket

rafistoler [ʀafistɔle] <1> *vt inf* to patch up

rafle [ʀafl] *f* raid

rafler [ʀafle] <1> *vt inf* (*voler*) to run off with

rafraîchir [ʀafʀeʃiʀ] <8> *vpr* **se ~** 1.(*air, temps, température*) to get colder 2.(*boire*) to have a cool drink 3.(*personne*) to freshen up

rafraîchissement [ʀafʀeʃismɑ̃] *m* (*boisson*) cold drink

rafting [ʀaftiŋ] *m* **faire du ~** to go white-water rafting

rage [ʀaʒ] *f* 1.rage; **être fou de ~** to

be absolutely furious **2.** MED **la ~**
rabies
ragoût [Ragu] *m* stew
raid [REd] *m* MIL raid
raide [REd] **I.** *adj* **1.** (*personne,
corps*) stiff; (*cheveux*) straight **2.** (*escalier, pente*) steep **3.** *inf* (*alcool*)
rough; (*café*) strong **II.** *adv* (*en
pente*) steeply
raie¹ [RE] *f* (*ligne*) line
raie² [RE] *indic et subj prés de* **rayer**
raierai [RERE] *fut de* **rayer**
raifort [REfɔR] *m* horseradish
rail [Raj] *m* CHEMDFER, TECH rail
raisin [REzɛ̃] *m* grape; **~s secs**
raisins
raison [REzɔ̃] *f* **1.** (*motif, sagesse*)
reason; **~ de vivre** reason for living;
ce n'est pas une ~ pour faire qc
that's no excuse for doing sth; **avoir
ses ~s** to have one's reasons **2.** (*fa-
cultés intellectuelles*) mind; **avoir
toute sa ~** to be in one's right mind
**3. la ~ du plus fort est toujours la
meilleure** *prov* might is right; **avoir
~ to be right**; **donner ~ à qn** to
agree that sb is right; **se faire une ~**
to resign oneself; **pour quelle ~?**
why?
raisonnable [REzɔnabl] *adj* (*sage*)
reasonable
raisonnement [REzɔnmɑ̃] *m* reasoning
raisonner [REzɔne] <1> *vi*
1. (*penser*) to think **2.** (*enchaîner
des arguments*) to reason
rajeunir [RaʒœniR] <8> **I.** *vt*
1. (*rendre plus jeune*) to rejuvenate
2. (*attribuer un âge plus moins a-
vancé à*) **vous me rajeunissez de
dix ans!** you're making me out to be
ten years younger than I really am!;
ça ne nous rajeunit pas! *iron*
doesn't make us any younger, does
it! **II.** *vi* **1.** (*se sentir plus jeune*) to
feel younger **2.** (*sembler plus jeune*)
to seem younger
rajouter [Raʒute] <1> *vt* **1. ~ qc à
qc** to add sth to sth; **il faut ~ du
sel/sucre** it needs salt/sugar **2. en
~ inf** to lay it on a bit thick
rajuster [Raʒyste] <1> *vt* to adjust

râlant [Rɑlɑ̃] *adj* **c'est ~** *inf* it's
enough to drive you mad
ralenti [Ralɑ̃ti] *m* **1.** CINE, TV **au ~** in
slow motion **2.** AUTO idling speed;
tourner au ~ to idle
ralentir [Ralɑ̃tiR] <8> **I.** *vt* to slow
down; (*zèle, activité*) to slacken
II. *vi* to slow down **III.** *vpr* **se ~
1.** (*allure, mouvement*) to slow
down **2.** (*production, croissance*) to
slacken off
ralentissement [Ralɑ̃tismɑ̃] *m*
1. (*perte de vitesse*) reduction in
speed **2.** (*diminution*) reduction
râler [Rɑle] <1> *vi* **~ contre qn/qc**
to moan about sb/sth; **faire ~ qn** to
make sb angry
rallonge [Ralɔ̃ʒ] *f* **1.** (*d'une table*)
leaf **2.** ELEC extension lead [*o* cord
Am]
rallonger [Ralɔ̃ʒe] <2a> *vt* to lengthen
rallumer [Ralyme] <1> *vt* (*feu,
cigarette*) to relight; (*lampe, lumière*) to switch on again
rallye [Rali] *m* rally
RAM [Ram] *f abr de* **Random Access Memory** RAM
ramadan [Ramadɑ̃] *m* Ramadan
ramassage [Ramasaʒ] *m* **1.** (*collecte*) collecting; **~ des vieux papiers** clearing litter **2.** PICKING UP **ser-
vice/car de ~** school bus/coach
ramasser [Ramase] <1> **I.** *vt*
1. (*collecter*) to gather; (*champignons*) to pick; (*ordures, copies*) to
collect; **~ pas mal d'argent** to make
quite a bit of money **2.** *inf* (*embarquer*) **se faire ~ par la police** to get
nabbed by the police **3.** (*relever une
personne, chose qui est tombée*) to
pick up **II.** *vpr* **se ~** *inf* (*tomber*) to
fall flat on one's face
rame [Ram] *f* (*aviron*) oar; **rejoindre la côte à la ~** to row back
to the coast
ramener [Ramne] <4> **I.** *vt* **1.** (*reconduire*) **~ qn chez soi** to take sb
back home **2.** (*faire revenir; amener
avec soi*) to bring back; **~ qn à la
raison** to bring sb back to their
senses **3. la ~** *inf* (*être prétentieux*)

R
r

to show off; (*vouloir s'imposer*) to stick one's oar in **II.** *vpr inf* **se** ~ to show up

ramer [Rame] <1> *vi* **1.** NAUT to row **2.** *inf* (*peiner*) to sweat

rami [Rami] *m* rummy

ramper [Rɑ̃pe] <1> *vi* (*animal, enfant*) to crawl

rancard [Rɑ̃kaR] *m inf* meeting

rance [Rɑ̃s] *adj, m* rancid

rançon [Rɑ̃sɔ̃] *f* **1.** (*rachat*) ransom **2.** (*du succès*) price

rancune [Rɑ̃kyn] *f* **1. garder** ~ **à qn de qc** to hold a grudge against sb for sth **2. sans** ~**!** no hard feelings!

rancunier ,**-ière** [Rɑ̃kynje] *adj* vindictive; **être** ~ to bear grudges

randonnée [Rɑ̃dɔne] *f* **faire une** ~ **à pied/bicyclette** to go for a hike/bicycle ride

rang [Rɑ̃] *m* **1.** (*suite de personnes ou de choses*) line; **en** ~ **par deux** in rows of two; **mettez-vous en** ~**!** line up! **2.** (*rangée de sièges*) row **3.** (*position dans une hiérarchie*) rank

rangée [Rɑ̃ʒe] *f* row

ranger [Rɑ̃ʒe] <2a> **I.** *vt* **1.** (*maison, tiroir*) to tidy up; (*objet, vêtements*) to put away **2.** (*classer*) to file (away) **II.** *vi* to tidy up **III.** *vpr* **se** ~ **1.** (*piéton*) to stand aside; (*véhicule*) to pull over **2.** (*se mettre en rang*) to line up **3.** (*devenir plus sérieux*) to settle down

ranimer [Ranime] <1> *vt* **1.** (*ramener à la vie*) to revive **2.** (*amour, feu*) to rekindle

rap [Rap] *m* rap

rapace [Rapas] **I.** *adj* rapacious **II.** *m* (*oiseau*) bird of prey

rapatrié ⒠) [Rapatrije] *m(f)* repatriate

rapatrier [Rapatrije] <1> *vt* to repatriate

râpé ⒠) [Rɑpe] *adj* **1.** (*carotte, fromage*) grated **2. c'est** ~ *inf* so much for that!

râper [Rɑpe] <1> *vt* to grate

rapiat ⒠) [Rapja] **I.** *adj inf* stingy **II.** *m(f) inf* skinflint, tightwad *Am*

rapide [Rapid] **I.** *adj* **1.** fast; (*progrès, réponse*) rapid; (*geste, personne*) quick; (*réaction*) speedy **2.** (*expéditif*) hasty; (*visite*) hurried **II.** *m* **1.** (*train*) express train **2.** (*cours d'eau*) rapid

rapidement [Rapidmɑ̃] *adv* quickly

rapidité [Rapidite] *f* (*vitesse*) speed

rapiécer [Rapjese] <2, 5> *vt* to patch up

rappel [Rapɛl] *m* **1.** (*remise en mémoire, panneau de signalisation*) reminder **2.** (*admonestation*) ~ **à l'ordre** call to order **3.** THEAT curtain call **4.** MED booster

rappeler [Rap(ə)le] <3> **I.** *vt* **1.** (*souvenir*) to remind; ~ **qn/qc à qn** to remind sb of sb/sth **2.** (*appeler pour faire revenir*) to call back **3.** TEL to phone back **II.** *vi* TEL to phone back **III.** *vpr* **se** ~ to remember

rapport [RapɔR] *m* **1.** (*lien*) link; ~ **entre deux ou plusieurs choses** connection between two or several things; ~ **de cause à effet** relation of cause and effect; ~ **qualité-prix** value for money **2.** (*relations*) relationship; **les** ~**s franco-allemands** Franco-German relations **3.** *pl* (*relations sexuelles*) (sexual) relations; **avoir des** ~**s avec qn** to have sex with sb **4.** (*compte rendu*) report; **rédiger un** ~ **sur qn/qc** to draw up a report on sb/sth **5. avoir** ~ **à qc** to be about sth; **sous tous les** ~**s** in every respect; **par** ~ **à qn/qc** (*en ce qui concerne*) regarding sb/sth; (*proportionnellement*) compared to sb/sth

rapporter [RapɔRte] <1> **I.** *vt* **1.** (*ramener, rendre*) ~ **qc à qn** to bring sth back to sb; ~ **un livre à la bibliothèque** to return a book to the library **2.** (*être profitable*) to yield; (*métier*) to bring in **3.** *péj* to report **II.** *vpr* (*être relatif à*) **se** ~ **à qc** to relate to sth

rapprocher [RapRɔʃe] <1> **I.** *vt* **1.** (*objets*) to bring closer; **rapproche ta chaise de la table/de moi!** move your chair closer to the table/me! **2.** (*réconcilier*) to reconcile; **ce drame nous a beaucoup**

rapprochés this tragedy brought us closer together **II.** *vpr* se ~ de qn/qc to approach sb/sth; **rapproche-toi de moi!** come closer!; **l'orage se rapproche de nous** the storm is getting closer (to us)

rapproprier [ʀapʀɔpʀije] <1> *vpr Belgique, Nord* (*mettre des vêtements propres*) **se** ~ to put clean things on

raquette [ʀakɛt] *f* **1.** SPORT bat; ~ **de tennis** tennis racket **2.** (*semelle pour la neige*) snowshoe

rare [ʀaʀ] *adj* **1.** (*opp: fréquent*) rare; **il est** ~ **qu'elle fasse des erreurs** she rarely makes mistakes **2.** (*exceptionnel*) unusual **3.** (*peu nombreux*) few **4. se faire** ~ to become scarce

rarement [ʀaʀmɑ̃] *adv* rarely

ras ‹e› [ʀa] *adj, adv* short

raser [ʀaze] <1> **I.** *vt* **1.** (*tondre*) to shave; (*cheveux*) to shave off; **rasé de près** close-shaven **2.** (*mur*) to hug; (*sol*) to skim **3.** (*détruire*) to raze **II.** *vpr* **se** ~ **la barbe** to shave off one's beard; **se** ~ **les jambes** to shave one's legs

ras-le-bol [ʀɑl(ə)bɔl] *m inv, inf* **en avoir** ~ **de qc** to be sick and tired of sth

rasoir [ʀɑzwaʀ] **I.** *m* razor **II.** *adj inf* **qu'il est** ~! what a bore he is!

rassembler [ʀasɑ̃ble] <1> **I.** *vt* **1.** (*réunir*) to collect **2.** (*personne*) to gather together **3.** (*forces, idées*) to gather; (*courage*) to summon **II.** *vpr* **se** ~ to gather; (*écoliers, soldats*) to assemble

rasseoir [ʀaswaʀ] <irr> *vpr* **se** ~ to sit down again; **va te** ~! go back to your seat!

rassis ‚rassie [ʀasi] *adj* (*pain, pâtisserie*) stale

rassurant ‹e› [ʀasyʀɑ̃] *adj* (*nouvelle*) reassuring; (*visage*) comforting

rassurer [ʀasyʀe] <1> **I.** *vt* to reassure; **ne pas être rassuré** to feel worried **II.** *vpr* **se** ~ to reassure oneself; **rassurez-vous!** don't worry!

rat [ʀa] *m* rat

ratatiner [ʀatatine] <1> *vt* (*fruit*) to shrivel; (*visage*) to wizen

rate [ʀat] *f* ANAT spleen

raté ‹e› [ʀate] *m(f)* failure

râteau [ʀɑto] <x> *m* rake

rater [ʀate] <1> **I.** *vt* **1.** (*manquer*) to miss **2.** (*mayonnaise*) to mess up; (*examen*) to fail; ~ **sa vie** to make a mess of one's life; **tu vas tout faire** ~! you're going to spoil everything!; **être raté** to be ruined; (*photos*) to be spoilt **3. il n'en rate pas une!** he's always putting his foot in it!; **ne pas** ~ **qn** to fix sb **II.** *vi* to fail **III.** *vpr* **se** ~ **1.** *inf* (*mal se suicider*) **il s'est raté** he bungled his suicide attempt **2.** (*ne pas se voir*) to miss one another

ratifier [ʀatifje] <1> *vt* to ratify

ration [ʀasjɔ̃] *f* ration; ~ **alimentaire** food intake

rationaliser [ʀasjɔnalize] <1> *vt* to rationalize

rationalité [ʀasjɔnalite] *f* rationality

rationnel ‹le› [ʀasjɔnɛl] *adj a.* MAT rational

rationner [ʀasjɔne] <1> *vt* to ration; ~ **qn** to put sb on rations

raton [ʀatɔ̃] *m* **1.** ~ **laveur** raccoon **2.** *Québec* (*chat sauvage*) wild cat

R.A.T.P. [ɛʀatepe] *f abr de* **Régie autonome des transports parisiens** *Paris public transport system*

rattacher [ʀataʃe] <1> *vt* (*renouer*) to retie; (*lacet, ceinture, jupe*) to do up again

rattraper [ʀatʀape] <1> **I.** *vt* **1.** (*rejoindre*) ~ **qn** to catch sb up **2.** (*retard*) to make up for; (*sommeil*) to catch up on **3.** (*retenir*) to catch hold of; ~ **qn par le bras** to grab hold of sb's arm **II.** *vpr* **1.** (*se raccrocher*) **se** ~ **à une branche** to grab hold of a branch **2.** (*compenser, réparer*) **se** ~ to make up

rature [ʀatyʀ] *f* crossing out

raturer [ʀatyʀe] <1> *vt* to cross out; (*corriger*) to make an alteration

rauque [ʀok] *adj* (*voix*) hoarse

ravagé ‹e› [ʀavaʒe] *adj inf* barmy *Brit*, nuts

Rᵣ

ravager [Ravaʒe] <2a> *vt* (*pays, ville*) to lay waste; (*cultures*) to devastate

ravages [Ravaʒ] *mpl* **1.** (*dégâts*) devastation + *vb sing* **2.** (*effets néfastes*) **la drogue fait des ~ dans ce quartier** drug abuse is rife in this district **3.** **faire des ~** to wreak havoc; **il fait des ~!** he's a real heartbreaker!

ravaler [Ravale] <1> *vt* **1.** (*retenir*) to hold back **2.** (*façade*) to restore

rave [Rɛv] *f* rave

ravi(e) [Ravi] *adj* delighted; **avoir l'air ~** to look pleased; **être ~ de** +*infin* to be delighted to +*infin*

ravigoter [Ravigɔte] <1> *vt inf* to buck up

ravin [Ravɛ̃] *m* ravine

raviser [Ravize] <1> *vpr* **se ~** to change one's mind

ravissant(e) [Ravisɑ̃] *adj* beautiful; (*femme*) ravishingly beautiful

ravisseur, -euse [Ravisœʀ] *m, f* kidnapper

ravitaillement [Ravitajmɑ̃] *m* **1.** (*approvisionnement*) supplying; **assurer le ~ de qn en qc** to supply sb with sth **2.** (*denrées alimentaires*) food supplies

ravitailler [Ravitaje] <1> **I.** *vt* **~ qn en qc** to supply sb with sth **II.** *vpr* **se ~ en qc** to get (fresh) supplies of sth

ravoir [RavwaR] <irr, défec> *vt toujours à l'infin* **1.** (*récupérer*) to get back **2.** *inf* (*détacher*) **~ qc** to get sth clean

rayé(e) [Reje] *adj* **1.** (*zébré*) striped; (*papier*) lined **2.** (*disque, vitre*) scratched

rayer [Reje] <7> *vt* **1.** (*disque, vitre*) to scratch **2.** (*mot, nom*) to cross out **3.** (*supprimer*) **~ qn/qc de la liste** to strike sb's name/sth off the list

rayon [Rɛjɔ̃] *m* **1.** (*faisceau*) ray; (*de lumière*) shaft; **~ laser** laser beam **2.** *pl* (*radiations*) radiation *no pl;* **~s X** X-rays **3.** (*étagère*) shelf **4.** COM department; **en ~** in stock **5.** (*distance*) radius **6.** (*d'une roue*) spoke **7.** **~ de soleil** ray of sunshine; **en connaître un ~ en qc** he really knows a thing or two about st

rayonner [Rɛjɔne] <1> *vi* **~ de joie** to be radiant with joy

raz-de-marée [Rɑdəmaʀe] *m inv* tidal wave

razzia [Ra(d)zja] *f* raid; **faire une ~ sur qc** to raid sth

R.D.A. [ɛRdea] *f* HIST *abr de* **République démocratique allemande** GDR

ré [Re] *m inv* MUS D

réacteur [Reaktœʀ] *m* AVIAT jet engine

réaction [Reaksjɔ̃] *f* reaction; **~ à qc** reaction to sth; **~ en chaîne** chain reaction

réactiver [Reaktive] <1> *vt* to revive; (*feu*) to rekindle

réadapter [Readapte] <1> *vt* **~ qn à la vie professionnelle** to help sb readjust to working life

réagir [Reaʒiʀ] <8> *vi a.* MED **~ à qc** to react to sth

réajuster [Reaʒyste] <1> *vt v.* **rajuster**

réalisable [Realizabl] *adj* feasible; (*rêve*) attainable

réalisateur, -trice [Realizatœʀ] *m, f* CINE, TV director

réalisation [Realizasjɔ̃] *f* **1.** (*exécution*) carrying out **2.** CINE, RADIO, TV directing

réaliser [Realize] <1> **I.** *vt* **1.** (*accomplir*) to carry out; (*rêve, désir*) to fulfil [*o* fulfill *Am*]; (*exploit*) to perform **2.** (*effectuer*) to make **3.** (*se rendre compte de*) to realize **4.** CINE, RADIO, TV to direct **II.** *vi* to realize **III.** *vpr* **se ~** (*rêve, vœu*) to come true

réalisme [Realism] *m* realism

réaliste [Realist] **I.** *adj* realistic **II.** *m, f* realist

réalité [Realite] *f* **1.** reality **2.** **en ~** in fact

réanimation [Reanimasjɔ̃] *f* **1.** (*technique*) resuscitation **2.** (*service*) **service de ~** intensive care unit; **être en ~** to be in intensive care

réanimer [Reanime] <1> *vt* to resuscitate

réapparaître [ReapaRɛtR] <irr> *vi*
avoir o être to reappear
réapprendre [ReapRɑ̃dR] <13> *vt*
to relearn; ~ **à marcher** to learn
how to walk again
rébarbatif, -ive [RebaRbatif] *adj*
(*air, mine*) forbidding
rebelle [Rəbɛl] *adj, mf* rebel
rebiffer [R(ə)bife] <1> *vpr inf* **se** ~
to rebel
rebiquer [R(ə)bike] <1> *vi inf* to
stick up
rebondir [R(ə)bɔ̃diR] <8> *vi* ~
contre qc to bounce off sth
rebondissement [R(ə)bɔ̃dismɑ̃]
m (*d'une affaire*) development
reboucher [R(ə)buʃe] <1> *vt* (*bouteille, récipient*) to recork; (*trou*) to
fill in again
rebours [R(ə)buR] **compter à** ~ to
count backwards
rébus [Rebys] *m* rebus; (*casse-tête*)
puzzle
recaler [R(ə)kale] <1> *vt inf* ECOLE
to fail
récapituler [Rekapityle] <1> *vt* to
recapitulate
recensement [R(ə)sɑ̃smɑ̃] *m* **faire
le** ~ **de la population** to take a census of the population
récent(e) [Resɑ̃] *adj* recent
réception [Resɛpsjɔ̃] *f a.* TV, RADIO
reception; **donner une** ~ to hold a
reception
réceptionner [Resɛpsjɔne] <1> *vt*
1. to receive **2.** SPORT to catch
réceptionniste [Resɛpsjɔnist] *mf*
receptionist
récession [Resesjɔ̃] *f* recession
recette [R(ə)sɛt] *f* **1.** *a. fig* recipe
2. *sans pl* COM takings *pl*
receveur, -euse [Rəs(ə)vœR] *m, f* ~
des impôts tax collector
recevoir [Rəs(ə)vwaR] <12> I. *vt*
1. to receive; **être bien/mal reçu** to
be well/badly received; **recevez,
cher Monsieur/chère Madame,
l'expression de mes sentiments
distingués/mes sincères salu-
tations** *form* yours faithfully **2.** (*cadeau, coup*) to get; ~ **une poupée
en cadeau** to be given a doll as a

present **3.** (*percevoir*) to be paid; (*salaire*) to get **4.** (*accueillir*) to welcome; ~ **qn à dîner** to have sb over
for dinner **5.** (*admettre*) **être reçu à
un examen** to pass an exam; **les
candidats reçus** the successful candidats reçus II. *vi* **1.** (*donner une réception*) to entertain **2.** SPORT **Lyon re-
çoit Montpellier** Lyon is playing
Montpellier at home
rechange [R(ə)ʃɑ̃ʒ] *m* change of
clothes
recharger [R(ə)ʃaRʒe] <2a> *vt*
(*arme*) to reload; (*briquet, stylo*) to
refill; (*accumulateurs, batterie*) to
recharge
réchaud [Reʃo] *m* stove; ~ **à gaz**
camping stove
réchauffement [Reʃofmɑ̃] *m*
warming up; ~ **des températures**
rise in temperatures; ~ **de la planète** global warming
réchauffer [Reʃofe] <1> I. *vt*
1. GASTR (**faire**) ~ **qc** to heat sth up
(again) **2.** (*corps, membres*) to warm
up II. *vpr* **se** ~ (*temps, température,
planète*) to get warmer; (*pieds,
mains*) to warm up
recherche [R(ə)ʃɛRʃ] *f* **1.** (*quête*)
search; **être à la** ~ **de qc/qn** to be
looking for sth/sb **2.** *gén pl* (*enquête*) investigation; **faire des** ~**s
sur qc** to carry out an investigation
into sth **3.** *sans pl* MED, ECOLE, UNIV research
recherché(e) [R(ə)ʃɛRʃe] *adj* **1.** (*demandé*) in great demand **2.** (*style*)
mannered; (*expression*) studied
rechercher [R(ə)ʃɛRʃe] <1> *vt*
1. (*chercher à trouver*) to look for;
(*terroriste*) to hunt for; ~ **où/
quand/comment/si** to try to determine where/when/how/if; **être recherché pour meurtre/vol** to be
wanted for murder/theft **2.** (*reprendre*) **aller** ~ **qn/qc** to go and
fetch sb/sth
rechigner [R(ə)ʃiɲe] <1> *vi* ~ **à**
+*infin* to be reluctant to +*infin;* **en
rechignant** with a sour face
rechute [R(ə)ʃyt] *f* MED relapse
rechuter [R(ə)ʃyte] <1> *vi a.* MED to

R

have a relapse

récidiver [ʀesidive] <1> *vi a.* MED to relapse

récidiviste [ʀesidivist] **I.** *adj* recidivist **II.** *mf* JUR habitual [*o* repeat] offender *Am*

récipient [ʀesipjɑ̃] *m* container

réciproque [ʀesipʀɔk] **I.** *adj* mutual; (*accord, aide*) reciprocal **II.** *f* reverse; **la ~ n'est pas toujours vraie** the converse is not always true

réciproquement [ʀesipʀɔkmɑ̃] *adv* each other

récit [ʀesi] *m* story; (*narration*) account; **~ d'aventures** adventure story

récital [ʀesital] <s> *m* recital

récitation [ʀesitasjɔ̃] *f* ECOLE recitation

réciter [ʀesite] <1> *vt* to recite

réclamation [ʀeklamasjɔ̃] *f* **1.** (*plainte*) complaint **2.** (*demande*) claim **3.** (*service*) **les ~s** complaints department; TEL the engineers [*o* repairs *Am*]

réclame [ʀeklam] *f* **1.** advertising; **faire de la ~ pour qn/qc** to advertise sth **2. en ~** on special offer

réclamer [ʀeklame] <1> *vt* **1.** (*argent*) to ask for; (*aide, silence*) to call for **2.** (*demander avec insistance*) to demand

reclasser [ʀ(ə)klase] <1> *vt* **1.** (*réaffecter*) to redeploy; (*chômeur*) to place **2.** (*fonctionnaire*) to regrade

réclusion [ʀeklyzjɔ̃] *f* imprisonment

recoiffer [ʀ(ə)kwafe] <1> *vpr* **se ~** to redo one's hair

recoin [ʀəkwɛ̃] *m* corner; **fouiller jusque dans les moindres ~s** to search every nook and cranny

recoller [ʀ(ə)kɔle] <1> *vt a. inf* to stick back

récoltant(**e**) [ʀekɔltɑ̃] **I.** *adj* viticulteur ~ wine-producer; **propriétaire ~** grower **II.** *m(f)* grower

récolte [ʀekɔlt] *f* **1.** (*activité*) harvest **2.** (*produits récoltés*) crop

récolter [ʀekɔlte] <1> *vt* **1.** AGR to harvest **2.** (*argent*) to collect; (*contraventions, coups, ennuis*) to get; (*points, voix*) to pick up **3. ~ ce qu'on a semé** to reap what one has sown

recommandable [ʀ(ə)kɔmɑ̃dabl] *adj* commendable; **un type très peu ~** a rather disreputable character

recommandation [ʀ(ə)kɔmɑ̃dasjɔ̃] *f* **1.** (*appui*) recommendation; **sur la ~ de qn** on sb's recommendation **2.** (*conseil*) advice

recommandé [ʀ(ə)kɔmɑ̃de] *m* **en ~** ≈ by recorded delivery *Brit*, ≈ by registered mail *Am*

recommander [ʀ(ə)kɔmɑ̃de] <1> *vt* **1.** (*conseiller*) **~ à qn de +***infin* to advise sb to +*infin;* **je recommande ce film** I recommend this film; **il est recommandé de +***infin* it is advisable to +*infin* **2.** (*candidat*) to recommend

recommencer [ʀ(ə)kɔmɑ̃se] <2> **I.** *vt* to start again; **~ qc depuis le début** to begin sth again at the beginning; **ne recommence jamais ça!** don't ever do that again! **II.** *vi* **1. il recommence à neiger/pleuvoir** it's starting to snow/rain again **2.** (*et voilà que*) **ça recommence!** here we go again!

récompense [ʀekɔ̃pɑ̃s] *f* **1.** (*matérielle*) reward **2.** (*prix*) award; **en ~ de qc** in return for

récompenser [ʀekɔ̃pɑ̃se] <1> *vt* **~ qn de qc** to reward sb for sth

réconcilier [ʀekɔ̃silje] <1> **I.** *vt* to reconcile **II.** *vpr* **se ~** (*personnes*) to make up; (*pays*) to be reconciled; **se ~ avec qn/qc** to be reconciled with sb/sth

reconduire [ʀ(ə)kɔ̃dɥiʀ] <irr> *vt* **~ qn chez lui** to see sb (back) home; **~ qn en voiture à la gare** to drive sb back to the station

réconfort [ʀekɔ̃fɔʀ] *m* comfort; **avoir besoin de ~** to need comforting

réconforter [ʀekɔ̃fɔʀte] <1> *vt* (*consoler*) to comfort; **cela m'a bien réconforté** it made me feel much better

reconnaissance [ʀ(ə)kɔnɛsɑ̃s] *f*

1. *a.* POL gratitude; **en ~ de qc** in appreciation of **2.** *(fait d'admettre les mérites de qn)* recognition **3.** *(de dette)* acknowledgement **4.** *(exploration, prospection)* reconnaissance

reconnaissant(e) [R(ə)kɔnɛsã] *adj* grateful

reconnaître [R(ə)kɔnɛtR] <irr> **I.** *vt* **1.** to recognize; **~ qn à qc** to recognize sb by sth; **savoir ~ qc de qc** to be able to tell sth from sth **2.** *(erreur, faute)* to admit; **il faut ~ que** we have to admit that **II.** *vpr* **se ~ à qc** to be recognizable by sth

reconnu(e) [Rəkɔny] *part passé de* **reconnaître**

reconstituer [R(ə)kɔ̃stitɥe] <1> *vt* *(faits)* to reconstruct; *(puzzle)* to piece together; *(scène, bataille)* to recreate; *(vieux quartier)* to restore

reconstitution [R(ə)kɔ̃stitysjɔ̃] *f* *(des faits)* reconstruction

reconstruire [R(ə)kɔ̃stRɥiR] <irr> *vt* to reconstruct

reconversion [R(ə)kɔ̃vɛRsjɔ̃] *f* **stage de ~ en informatique** IT-retraining course

reconvertir [R(ə)kɔ̃vɛRtiR] <8> **I.** *vt* **1.** *(adapter)* **~ qc en qc** to reconvert sth into sth; **être reconverti en qc** to be converted into sth **2.** *(personnel)* to retrain **II.** *vpr* **se ~** *(personne)* to retrain; *(usine)* to be put to a new use

recopier [R(ə)kɔpje] <1> *vt* **1.** *(transcrire)* to copy out **2.** *(mettre au propre)* to write up

record [R(ə)kɔR] **I.** *m a.* SPORT record **II.** *app inv* **vitesse ~** record speed; **en un temps ~** in record time

recoucher [R(ə)kuʃe] <1> **I.** *vt* *(personne)* to put back to bed **II.** *vpr* **se ~** to go back to bed

recoudre [R(ə)kudR] <irr> *vt* **1.** COUT to sew up (again); **~ un bouton** to sew a button back on **2.** MED to restitch

recouper [R(ə)kupe] <1> **I.** *vt* **1.** *(vêtement)* to recut; **~ un morceau à qn** to cut another piece for sb **2.** *(confirmer)* to confirm **II.** *vpr* **se ~** *(faits)* to tie

recours [R(ə)kuR] *m* **1.** *(utilisation)* **avoir ~ à qn** to turn to sb; **avoir ~ à qc** to have recourse to sth **2.** *(ressource, personne)* resort; **en dernier ~** as a last resort

recouvrir [R(ə)kuvRiR] <11> *vt* **1.** *(couvrir entièrement)* **~ de qc** to cover in sth **2.** *(couvrir à nouveau)* to recover; *(enfant)* to cover up

recracher [R(ə)kRaʃe] <1> *vt* **~ qc** to spit sth back out

récré [RekRe] *f inf,* **récréation** [RekReasjɔ̃] *f* ECOLE break *Brit,* recess *Am;* **être en ~** to have break

recroqueviller [R(ə)kRɔk(ə)vije] <1> *vpr* **se ~** to shrink; *(avec l'âge)* to shrivel up

recrudescence [R(ə)kRydesãs] *f* *(épidémie)* further outbreak; **une ~ de la criminalité** a new crime wave

recruter [R(ə)kRyte] <1> *vt, vi* to recruit

rectangle [Rɛktãgl] **I.** *m* rectangle **II.** *adj* *(triangle, trapèze)* right-angled

rectangulaire [RɛktãgylɛR] *adj* rectangular

rectificatif [Rɛktifikatif] *m* correction

rectifier [Rɛktifje] <1> *vt* **1.** *(corriger)* to correct **2.** *(redresser)* to straighten

rectiligne [Rɛktiliɲ] *adj* rectilinear

recto [Rɛkto] *m* front; **voir au ~** see other side; **~ verso** on both sides (of the page)

rectorat [RɛktɔRa] *m* **1.** *(fonction)* rectorate **2.** *(bureaux)* ≈ local education offices

reçu [R(ə)sy] *m* receipt

reçu(e) [R(ə)sy] **I.** *part passé de* **recevoir II.** *adj* ECOLE successful

recueil [Rəkœj] *m* collection; *(de poèmes)* anthology

recueillement [R(ə)kœjmã] *m* contemplation; *(religieux)* meditation

recueillir [R(ə)kœjiR] <irr> **I.** *vt* **1.** *(réunir)* to collect **2.** *(signatures)* to obtain **3.** *(accueillir)* to welcome; *(réfugiés)* to take in **II.** *vpr* **se ~** to gather one's thoughts; **se ~ sur une**

R

tombe to spend some moments in silence at a grave

recul [ʀ(ə)kyl] *m* **1.** distance **2.** (*réflexion*) **avec le ~** with the benefit of hindsight; **prendre du ~** to step back **3.** FIN fall

reculer [ʀ(ə)kyle] <1> **I.** *vi* **1.** (*véhicule*) to back up, to reverse *Brit*; (*personne*) to step back; **faire ~ qn** to force sb back; **faire ~ un animal** to move an animal back **2.** (*renoncer*) to shrink back; **il ne recule devant rien** he'll stop at nothing **3.** (*diminuer*) to come down **4.** **~ pour mieux sauter** to put off the inevitable **II.** *vt* (*meuble*) to move back; (*frontière*) to extend; (*véhicule*) to back up, to reverse *Brit*; (*rendez-vous*) to postpone; (*décision, échéance*) to put off **III.** *vpr* **se ~** to take a step back; **recule-toi!** get back!

reculons [ʀ(ə)kylɔ̃] **à ~** backwards; **avancer à ~** to be getting nowhere

récupérable [ʀekypeʀabl] *adj* reusable (*objets*) salvageable; (*heure, congé*) recoverable

récupération [ʀekypeʀasjɔ̃] *f* ECOL recycling; (*de la feraille*) salvage

récupérer [ʀekypeʀe] <5> **I.** *vi* to recuperate **II.** *vt* **1.** (*argent, biens*) to recover **2.** *inf* (*retrouver*) to get back **3.** *inf* (*aller chercher*) to pick up **4.** (*journée de travail*) to make up for; (*sous forme de congés*) to get back

recyclage [ʀ(ə)siklaʒ] *m* **1.** (*d'une entreprise*) reorientation; (*d'une personne*) retraining **2.** (*de l'air, l'eau*) recycling

recycler [ʀ(ə)sikle] <1> **I.** *vt* ECOL to recycle **2.** (*reconvertir*) to retrain; (*élève*) reorientate **II.** *vpr* **se ~** (*entreprise*) to readapt itself; **se ~ dans l'enseignement** to retrain as a teacher

rédacteur, -trice [ʀedaktœʀ] *m, f* writer; **~ en chef** editor

rédaction [ʀedaksjɔ̃] *f* **1.** (*écriture*) writing **2.** PRESSE editorial office; (*équipe*) editorial staff **3.** ECOLE composition

redémarrer [ʀ(ə)demaʀe] <1> *vi* **1.** (*repartir*) to start again **2.** *fig* (*entreprise*) to relaunch; **faire ~ l'économie** to restart the economy

redescendre [ʀ(ə)desɑ̃dʀ] <14> **I.** *vt avoir* **1.** (*vu d'en haut/d'en bas*) to go/come down; (*échelle*) to climb down; (*voiture*) to drive down **2.** (*porter vers le bas*) **~ qn/qc au marché** to take sb/sth down to the market; **~ qn/qc d'un arbre** to get sb/sth back down from a tree **II.** *vi être* (*baromètre, fièvre*) to fall again

redevance [ʀəd(ə)vɑ̃s] *f* TEL rental charge; **~ télé** ≈ licence [*o* license *Am*] fee

rédiger [ʀediʒe] <2a> *vt* to draft

redire [ʀ(ə)diʀ] <irr> *vt* **1.** to tell again; (*rapporter*) to repeat **2.** **trouver à ~ à qc** to find fault with sth

redonner [ʀ(ə)dɔne] <1> *vt* **1.** (*rendre*) to give back; **~ de l'espoir/des forces/courage** to restore hope/strength/courage **2.** (*donner à nouveau*) to give again; **~ du travail/à boire à qn** to give sb more work/to drink

redoubler [ʀ(ə)duble] <1> **I.** *vt* **1.** ECOLE to repeat **2.** (*accroître*) **~ d'efforts** to step up one's efforts **II.** *vi* to increase

redouter [ʀadute] <1> *vt* to dread

redresser [ʀ(ə)dʀese] <1> **I.** *vt* **1.** (*buste, corps*) to straighten; (*tête*) to lift up **2.** (*rétablir*) to put right; **~ l'économie** to get the economy back on its feet again **3.** (*voiture*) to straighten up **II.** *vpr* **se ~ 1.** (*se mettre droit/assis*) to stand/sit up straight; **redresse-toi!** (*personne debout/assise*) stand/sit up straight! **2.** (*pays, ville, économie*) to recover; (*situation*) to correct itself; (*avion*) to flatten out

réduction [ʀedyksjɔ̃] *f* **1.** (*diminution*) reduction; **~ d'impôts** tax cut **2.** (*rabais*) **de 5 % sur un manteau** 5 % off a coat; **faire une ~ à qn** to give sb a reduction

réduire [ʀeɥiʀ] <irr> *vt* **1.** *a.* GASTR to reduce; (*salaire, texte, personnel*) to cut; (*temps de travail, peine*) to shorten; (*chômage*) to bring down **2.**(*transformer*) ~ **qc en bouillie/au silence** to reduce sth to a pulp/to silence

réduit(e) [ʀedɥi] *adj* **1.**(*modèle*) small-scale **2.**(*prix*) cut; (*tarif*) reduced; (*vitesse*) low

rééducation [ʀeedykasjɔ̃] *f* (*d'un membre*) reeducation

réel [ʀeɛl] *m* **le** ~ reality

réel(le) [ʀeɛl] *adj* **1.**real; **fait** ~ fact **2.**(*salaire*) actual

réellement [ʀeɛlmɑ̃] *adv* really

refaire [ʀ(ə)fɛʀ] <irr> *vt* **1.**(*faire de nouveau*) to do again; (*plat, lit*) to make again **2.**(*travail*) to redo; (*faute*) to repeat; ~ **du sport** to do [*o* play] sport again; **c'est à** ~ it should be done again; **si c'était à** ~**, je ne ferais pas médecine** if I could start all over again, I wouldn't do medicine **3.**(*meuble*) to restore; (*chambre*) to redecorate; ~ **la peinture de qc** to repaint sth; **se faire** ~ **le nez** to have one's nose remodelled

réfectoire [ʀefɛktwaʀ] *m* (*d'une école*) dining hall

référence [ʀefeʀɑ̃s] *f* **1.**reference; (*en bas de page*) footnote; **faire** ~ **à qn/qc** to refer to sb/sth; **en** ~ **à qc** in reference to sth **2.**ADMIN, COM reference number **3.**(*modèle*) **être une** ~ to be a recommendation; **ouvrage de** ~ reference book; **lettre de** ~ testimonial

référendum [ʀefeʀɑ̃dɔm] *m* referendum

refermer [ʀ(ə)fɛʀme] <1> I. *vt* **1.**(*opp: ouvrir*) to close; (*porte*) to shut **2.**(*verrouiller*) ~ **qc à clé** to lock sth II. *vpr* **se** ~ to close; (*plaie*) to heal up; **se** ~ **sur qn** (*porte*) to close on sb

refiler [ʀ(ə)file] <1> *vt inf* ~ **qc à qn** to palm off sth on sb; (*grippe*) to give

réfléchi(e) [ʀefleʃi] *adj* **1.**(*action*) well thought-out **2.**LING reflexive

réfléchir [ʀefleʃiʀ] <8> *vi* **1.**to think **2.tout bien réfléchi** after

careful consideration; **c'est tout réfléchi** my mind is made up

reflet [ʀ(ə)flɛ] *m* reflection

refléter [ʀ(ə)flete] <5> I. *vt* to reflect II. *vpr* **se** ~ **dans l'eau** to be reflected in the water

réflexe [ʀeflɛks] *m* **1.**ANAT reflex **2.**(*réaction rapide*) reaction; **avoir de bons** ~**s** to have good reflexes; **il a eu le** ~ **de courir** instinctively he ran

réflexion [ʀeflɛksjɔ̃] *f* **1.**(*analyse*) thought; **après mûre** ~ after careful consideration **2.**(*remarque*) remark; **faire des** ~**s à qn sur qc** to make comments to sb about sth **3.**~ **faite** (*en fin de compte*) on reflection; (*changement d'avis*) on second thoughts

réforme [ʀefɔʀm] *f* **1.**ADMIN, POL reform **2.**MIL discharge **3.**HIST **la Réforme** the Reformation

réformé(e) [ʀefɔʀme] *m(f)* MIL discharged soldier

réformer [ʀefɔʀme] <1> *vt* **1.**(*modifier*) to reform **2.**MIL to discharge; (*appelé*) to declare unfit for service

refouler [ʀ(ə)fule] <1> *vt* **1.**(*repousser*) to push back; (*foule*) to drive back **2.**(*réprimer*) to hold back; (*pulsion*) to repress; (*souvenir*) to suppress; (*larmes*) to choke back

refrain [ʀ(ə)fʀɛ̃] *m* **1.**MUS chorus **2.**(*rengaine*) song

réfrigérateur [ʀefʀiʒeʀatœʀ] *m* refrigerator

refroidir [ʀ(ə)fʀwadiʀ] <8> I. *vt, vi* to cool down; (*devenir trop froid*) to get cold II. *vpr* **le temps s'est refroidi** it's getting colder

refuge [ʀ(ə)fyʒ] *m* **1.**(*abri, échappatoire*) refuge **2.**(*pour animaux*) sanctuary **3.**(*dans une rue*) traffic island

réfugié(e) [ʀefyʒje] *m(f)* refugee

réfugier [ʀefyʒje] <1> *vpr* **se** ~ **chez qn** to take refuge with sb

refus [ʀ(ə)fy] *m* refusal; ~ **de priorité** refusal to give way; **ce n'est pas de** ~ *inf* I wouldn't say no

R

refuser [ʀ(ə)fyze] <1> **I.** *vt* to refuse; (*invitation*) to decline; (*manuscrit*) to reject; **~ qc en bloc/tout net** to refuse sth outright/flatly; **elle m'a refusé la priorité** she didn't give way to me **II.** *vpr* **1.** (*se priver de*) **se ~ un plaisir** to deny oneself a pleasure; **elle ne se ~ rien!** *iron* she certainly does herself well! **2.** (*être décliné*) **se ~, ça ne se refuse pas** you can't say no to that

réfuter [ʀefyte] <1> *vt* to refute

regagner [ʀ(ə)ɡaɲe] <1> *vt* **1.** (*amitié, faveurs*) to regain **2.** (*aller de nouveau*) **~ sa place** to return to one's seat

régal [ʀeɡal] *m* delight; **mon grand ~, c'est la tarte aux pommes** I absolutely adore apple tart

régaler [ʀeɡale] <1> *vpr* **se ~** to have a delicious meal; **on va se ~** we'll really enjoy this

regard [ʀ(ə)ɡaʀ] *m* look; **dévorer qn/qc du ~** to look hungrily at sb; **fusiller qn du ~** to give sb a withering look; **lancer un ~/des ~s à qn** to look at sb

regarder [ʀ(ə)ɡaʀde] <1> **I.** *vt* **1.** (*contempler*) to look at **2.** (*observer, suivre des yeux avec attention*) to watch; **il la regarde faire** he's watching her do it **3.** (*consulter rapidement*) to look over; (*courrier*) to look through; **~ sa montre** to check one's watch **4.** (*vérifier*) to check **5.** (*situation*) to consider **6.** (*concerner*) **ça ne te regarde pas!** *iron* that's none of your business! **7.** **regardez-moi ça!** *inf* just look at that! **II.** *vi* (*s'appliquer à voir*) to look; **tu n'as pas bien <regardé>** you haven't looked properly **III.** *vpr* **se ~ 1.** (*se contempler*) **se ~ dans qc** to look at oneself in sth **2.** (*personnes*) to look at each other **3.** **tu (ne) t'es (pas) regardé!** *inf* you should take a good look at yourself!

régie [ʀeʒi] *f* **1.** CINE, THEAT, TV production team **2.** (*local*) control room

régime [ʀeʒim] *m* **1.** (*système*) system of government; (*capitaliste, militaire*) régime; **l'Ancien Régime**

HIST the Ancien Régime **2.** MED diet; **~ sec** alcohol-free diet; **être au ~** to be dieting; **mettre qn au ~** to put sb on a diet; **se mettre au ~** to go on a diet

régiment [ʀeʒimɑ̃] *m* **1.** MIL regiment **2.** (*quantité*) mass(es)

région [ʀeʒjɔ̃] *f a.* ADMIN region; **~ frontalière** frontier zone; **la ~ parisienne** the area around Paris, Greater Paris

régional(e) [ʀeʒjɔnal] <-aux> *adj* regional

régisseur, -euse [ʀeʒisœʀ] *m, f* **1.** CINE, TV assistant director **2.** THEAT stage manager

registre [ʀəʒistʀ] *m* **1.** *a.* LING register; **~ d'état civil** ≈ register of births, marriages and deaths **2.** MUS range; (*aigu, grave*) pitch **3.** INFOR **base de ~s** system registry

règle [ʀɛɡl] *f* **1.** *a.* JEUX rule; **échapper à la ~** to be an exception to the rule; **être en ~** to be in order; **en ~ générale** as a rule **2.** (*instrument*) ruler

règlement [ʀɛɡləmɑ̃] *m* **1.** (*discipline*) regulations *pl* **2.** (*meutre*) **~ de compte(s)** gangland killing **3.** (*paiement*) payment **4.** **~ intérieur** (*d'une entreprise*) company regulations; (*d'une école*) school rules

réglementaire [ʀɛɡləmɑ̃tɛʀ] *adj* (*taille, tenue*) regulation

réglementer [ʀɛɡləmɑ̃te] <1> *vt* to regulate

régler [ʀeɡle] <5> **I.** *vt* **1.** (*résoudre*) to settle; (*problème*) to sort out; (*conflit, différend*) to resolve **2.** (*payer*) to pay **3.** (*réguler*) to regulate; (*circulation*) to control **4.** (*fixer*) to decide on **II.** *vi* to pay

règles [ʀɛɡl] *fpl* period; **avoir ses ~** to have one's period

réglisse [ʀeɡlis] **I.** *f* (*plante*) liquorice, licorice *Am* **II.** *m o f* **1.** (*bonbon*) liquorice **2.** (*bâton*) stick of liquorice

règne [ʀɛɲ] *m* (*d'un roi*) reign

regonfler [ʀ(ə)ɡɔ̃fle] <1> *vt* (*ballon, chambre à air*) to reinflate; (*avec la bouche*) to blow up again; **~**

un pneu to pump a tyre [*o tire* *Am*] back up

régresser [ReGRese] <1> *vi* to regress

regret [R(ə)GRE] *m* **1.** regret; **avoir le ~ de faire qc** to regret to (have to) do sth **2. allez, sans ~!** come on now, no looking back!

regretter [R(ə)GRete] <1> **I.** *vt* **1.** to regret; **je regrette de ne pas être venu avec vous** I'm sorry that I didn't come with you **2.** (*déplorer l'absence de*) **~ qc** to be nostalgic for sth **II.** *vi* **je regrette** I'm sorry

regrouper [R(ə)GRupe] <1> **I.** *vt* to bring together; (*personnes*) to gather together **II.** *vpr* **se ~ autour de qn** to be grouped together around sb; **regroupez-vous pour la photo** gather together for the photo

régulariser [ReGylaRize] <1> *vt* to sort out; (*acte administratif*) to put in order; (*situation* (*de couple*)) to regularize

régulier, -ière [ReGylje] *adj* **1.** *a.* LING regular **2.** (*effort*) steady; (*résultats, vitesse*) consistent **3.** (*avion, train, ligne*) scheduled **4.** (*légal*) **être en situation régulière** to have one's papers in order

régulièrement [ReGyljεRmα̃] *adv* (*périodiquement*) regularly

réhabilitation [Reabilitasjɔ̃] *f* rehabilitation

réhabiliter [Reabilite] <1> **I.** *vt* **1.** JUR to clear; **~ qn dans ses fonctions** to reinstate sb **2.** (*réinsérer*) to rehabilitate **3.** (*remettre à l'honneur*) **~ la mémoire de qn** to clear sb's name **II.** *vpr* **se ~** to clear one's name

réhabituer [Reabitye] <1> **I.** *vt* **~ qn à qn/qc** to get sb used to sb/sth again **II.** *vpr* **se ~ à qn/qc** to get used to sb/sth again; **se ~ à faire qc** to get used to doing sth again

rein [Rɛ̃] *m* **1.** (*organe*) kidney **2.** *pl* (*bas du dos*) (lower) back; **j'ai mal aux ~s** my lower back hurts

réincarnation [Reɛ̃kaRnasjɔ̃] *f* reincarnation

reine [Rɛn] *f a.* JEUX queen

réinscrire [Reɛ̃skRiR] <irr> **I.** *vt* (**faire**) **~ qn/qc sur une liste** to put sb/sth back on a list **II.** *vpr* **se** (**faire**) **~ sur une liste** to put oneself back on a list; **se** (**faire**) **~ à l'université** ADMIN to reregister at university

réinsertion [Reɛ̃sεRsjɔ̃] *f* (*d'un délinquant*) rehabilitation

réintégrer [Reɛ̃teGRe] <5> *vt* **~ qn dans un groupe** to bring sb back into a group; **~ qn dans la société** to reintegrate sb into society

réitérer [ReiteRe] <5> *vt* to reiterate

rejet [R(ə)ʒε] *m a.* MED rejection

rejeter [Rəʒ(ə)te] <3> **I.** *vt* **1.** (*refuser*) to reject **2.** (*épaves*) to throw sth up **3.** (*se décharger de*) **~ une responsabilité sur qn/qc** to push a responsibility off on sb; **~ une faute sur qn/qc** to put the blame on sb/sth **4.** (*repousser*) **~ la tête** to throw one's head back **II.** *vpr* **se ~ la faute** (**l'un l'autre**) to blame each other

rejoindre [R(ə)ʒwε̃dR] <irr> *vt* **1.** (*retrouver: personne*) to meet again; (*domicile, lieu*) to return to **2.** (*déboucher*) **~ une route** (*route*) to rejoin a road; (*automobiliste*) to get back onto a road **3.** (*rattraper*) **~ qn** to catch up with sb

réjouir [ReʒwiR] <8> *vpr* **se ~ de** +*infin* to be delighted to +*infin;* **se ~ à l'idée de ...** to be thrilled at the idea of ...

relâche [Rəlɑʃ] *f* **un moment de ~** a moment's rest; **sans ~** (*travailler, harceler*) unremittingly

relâcher [R(ə)lɑʃe] <1> *vt* **1.** (*desserrer*) to loosen; (*muscles*) to relax **2.** (*libérer*) to free **3.** (*cesser de tenir*) to let go of

relais [R(ə)lε] *m* **1.** SPORT relay **2. prendre le ~ de qn/qc** to take over from sb/sth

relancer [R(ə)lɑ̃se] <2> *vt* **1.** (*mouvement*) to relaunch; (*idée*) to revive; (*économie, production*) to boost **2.** *inf* (*client, débiteur*) to chase up

relatif [R(ə)latif] *m* LING relative pronoun

R

relatif, -ive [ʀ(ə)latif] *adj* 1. *a.* LING relative 2. (*en liaison avec*) **être ~ à qn/qc** to relate to sb/sth; **~ à qn/qc** concerning sb/sth

relative [ʀ(ə)lativ] *f* LING relative clause

relation [ʀ(ə)lasjɔ̃] *f* 1. (*rapport*) relation 2. *pl* (*rapport entre personnes*) relationship; **avoir de bonnes/mauvaises ~s avec qn** to have a good/bad relationship with sb 3. (*lien logique*) relation; **~ de cause à effet** relation of cause and effect 4. (*personne de connaissance*) contact 5. **~s publiques** public relations; **en ~** in contact

relativement [ʀ(ə)lativmɑ̃] *adv* relatively

relativiser [ʀ(ə)lativize] <1> *vt* **~ qc** to put sth into perspective

relativité [ʀ(ə)lativite] *f* relativity

relaxer [ʀ(ə)lakse] <1> *vpr* **se ~** to relax

relayer [ʀ(ə)leje] <7> I. *vt* (*remplacer*) **~ qn** to take over from sb; **se faire ~ par qn** (*personne*) to hand over to sb II. *vpr* **se ~ pour faire qc** to do sth in turns

relent [ʀ(ə)lɑ̃] *m* stink

relève [ʀ(ə)lɛv] *f* relief; **prendre la ~** to take over

relevé [ʀəl(ə)ve] *m* 1. FIN **~ de compte** account statement; **~ d'identité bancaire** *slip giving bank account details* 2. (*liste, facture détaillée*) statement; **~ de notes** exam results

relevé(e) [ʀəl(ə)ve] *adj* GASTR spicy

relever [ʀəl(ə)ve] <4> I. *vt* 1. (*chaise, objet tombé*) to pick up; (*blessé*) to lift; **~ qn** to help sb back up 2. (*remonter*) **~ qc** to put sth up; (*store, chaussettes*) to pull sth up 3. (*noter*) to note; (*compteur*) to read II. *vi* (*dépendre de*) **~ de la compétence de qn** to fall in sb's sphere of competence III. *vpr* **se ~** to get up

relief [ʀəljɛf] *m* 1. relief 2. (*saillie*) **en ~** (*carte, impression*) relief; (*motif, caractères*) raised 3. **mettre qc en ~** to accentuate sth

relier [ʀəlje] <1> *vt* 1. (*réunir*) **~ qc à qc** to connect sth to sth 2. LING to link 3. (*livre*) to bind; **relié (en) cuir** leather-bound

religieuse [ʀ(ə)liʒjøz] I. *adj v.* **religieux** II. *f* 1. REL nun 2. GASTR cream puff

religieux [ʀ(ə)liʒjø] *m* religious; (*moine*) monk

religieux, -euse [ʀ(ə)liʒjø] *adj* REL religious; (*cérémonie, mariage, chant*) church

religion [ʀ(ə)liʒjɔ̃] *f* religion

relique [ʀəlik] *f* relic

relire [ʀ(ə)liʀ] <irr> I. *vt* to reread; (*passage*) to check II. *vpr* **se ~** to read over one's work

reluquer [ʀ(ə)lyke] <1> *vt inf* to eye

remâcher [ʀ(ə)maʃe] <1> *vt* 1. (*ressasser*) **~ qc** to brood over sth 2. ZOOL to ruminate

remanier [ʀ(ə)manje] <1a> *vt* 1. (*modifier*) to reorganize; (*manuscrit, pièce*) to revise 2. POL to reshuffle; (*constitution*) to revise

remarier [ʀ(ə)maʀje] <1> *vpr* **se ~ avec qn** to get remarried to sb

remarquable [ʀ(ə)maʀkabl] *adj* remarkable

remarque [ʀ(ə)maʀk] *f* remark; **faire une ~ à qn sur qc** to remark on sth to sb; **en faire la ~ à qn** to remark on it to sb

remarquer [ʀ(ə)maʀke] <1> I. *vt* to notice; **faire ~ qc à qn** to draw sb's attention to sth; **se faire ~** *péj* to draw attention to oneself; **sans se faire ~** without being noticed; **remarque, je m'en fiche!** mind you, I couldn't care less! II. *vpr* **se ~** to be noticeable

remballer [ʀɑ̃bale] <1> *vt, vi* to pack up

rembarrer [ʀɑ̃baʀe] <1> *vt inf* **~ qn** to tell sb where to get off; **se faire ~** to get told where to go

rembobiner [ʀɑ̃bɔbine] <1> *vt, vi* to rewind

rembourrer [ʀɑ̃buʀe] <1> *vt* 1. (*siège*) to stuff; **faire ~ des fauteuils** to have armchairs reuphol-

stered **2.** *fig* **être bien rembourré**
to be well-padded
remboursement [ʀɑ̃buʀsəmɑ̃] *m*
(*d'un emprunt, d'une dette*) repayment; (*des frais*) reimbursement;
contre ~ cash with order
rembourser [ʀɑ̃buʀse] <1> *vt* to
repay; **~ qc à qn** to repay sth to sb;
être remboursé (*médicament*) to
be reimbursed (*by the Sécurité Sociale*)*;* **je te rembourserai demain!** I'll pay you back tomorrow!;
remboursez! remboursez! *iron*
we want our money back!
remède [ʀ(ə)mɛd] *m* **1.** remedy;
(*d'un problème*) cure; **~ miracle**
miracle cure **2. ~ de cheval** drastic
remedy
remédier [ʀ(ə)medje] <1> *vi* **~ à
un problème** to remedy a problem
remerciement [ʀ(ə)mɛʀsimɑ̃] *m*
des ~s thanks *pl;* **avec tous mes/
nos ~s** with all my/our thanks;
lettre de ~ letter of thanks
remercier [ʀ(ə)mɛʀsje] <1> *vt* **~
qn/qc de qc** to thank sb/sth for sth
remettre [ʀ(ə)mɛtʀ] <irr> **I.** *vt*
1. (*replacer*) to put back; **~ qc debout** to stand sth up again; **~ qn sur
la bonne voie** to put sb back on the
right track **2.** (*rétablir*) **~ qn en liberté** to free sb; **~ qc en marche** to
restart sth; **~ qc en ordre** to sort sth
out; **~ qc à neuf** to restore sth; **~ sa
montre à l'heure** to set one's watch
right **3.** (*récompense, paquet*) to
give; (*démission, devoir*) to hand in
4. (*rajouter*) to put more; (*ingrédient*) to add (more) **5.** (*vêtement*)
to put back on **6.** (*confier*) **~ un enfant à qn** to entrust a child to sb
7. Belgique (*rendre la monnaie*) to
give change **8.** Belgique (*vendre,
céder*) to sell; **maison à ~** house for
sale **9. ~ ça** *inf* to do it all over again
II. *vpr* **1.** (*recouvrer la santé*) **se ~
de qc** to get over sth; **remettez-
vous maintenant!** get a grip on
yourself now! **2.** (*recommencer*) **se
~ au travail** to get back to work; **se
~ à faire qc** to start doing sth again
3. MÉTÉO **il se remet à pleuvoir** the

rain's starting again **4.** (*se replacer*)
se ~ debout/sur ses jambes to get
back up/to one's feet again **5.** (*se
réconcilier*) **se ~ avec qn** *inf* to get
back together with sb
remise [ʀ(ə)miz] *f* **1.** (*dépôt, attribution*) handing over; (*d'une décoration*) presentation; (*d'une lettre,
d'un paquet*) delivery **2.** (*dispense,
grâce*) reduction **3.** (*rabais*) discount; **faire une ~ de 5% à qn** to
give sb a 5% discount **4.** (*local*) shed
5. ~ en état restoration; **~ en forme**
getting back in shape
remonte-pente [ʀ(ə)mɔ̃tpɑ̃t] <re-
monte-pentes> *m* ski-lift
remonter [ʀ(ə)mɔ̃te] <1> **I.** *vi*
1. *être* (*monter à nouveau*) to go
back up; **~ à Paris** to go back to
Paris; **~ sur scène** to return to the
stage; **~ faire qc** (*vu d'en bas/d'en
haut*) to go/come back up to do sth
2. *être* (*reprendre place*) **~ à bicy-
clette/en voiture** to get back on
one's bicycle/in the car; **~ à bord** to
go back on board **3.** *avoir* (*s'élever
de nouveau*) to go back up **4.** *avoir*
(*s'améliorer*) **~ dans l'estime de
qn** to rise in sb's esteem **5.** *être*
(*jupe, vêtement*) to ride up; (*col*) to
stand up **6.** *avoir* (*dater de*) **~ au
mois dernier** (*événement, fait*) to
have occurred last month; **cela remonte au siècle dernier** that goes
back to the last century **II.** *vt avoir*
1. (*rue*) (*à pieds*) to go up; (*dans un
véhicule*) to drive up **2.** (*relever*) **~
qc** (*col*) to turn sth up; (*chaussettes,
pantalon, manches*) to pull sth up;
(*bas du pantalon*) to hitch sth up;
(*étagère, tableau, mur*) to raise sth
3. (*rapporter du bas*) **~ qc de la
cave** to bring sth up from the cellar
4. (*porter vers le haut*) **~ qc au grenier** to take sth up to the attic
5. (*mécanisme, montre*) to reset;
être remonté *iron* to be full of
beans; **être remonté contre qn**
(*fâché*) to be mad with sb **6.** (*appareil*) to put back together; (*roue,
robinet*) to put back on **7.** (*mur*) to
rebuild; **~ qn** (*physiquement*) to

R

make sb feel better; (*moralement*) to give sb a boost; ~ **le moral de qn** to cheer sb up

remords [ʀ(ə)mɔʀ] *m* des ~s remorse *no pl*; **avoir des** ~ to feel remorse; **pas de ~?** no regrets?

remorque [ʀ(ə)mɔʀk] *f* (*d'un véhicule*) trailer

remorquer [ʀ(ə)mɔʀke] <1> *vt* (*voiture*) to tow; **se faire** ~ to get a tow

rempart [ʀɑ̃paʀ] *m* rampart

rempiler [ʀɑ̃pile] <1> I. *vt* to pile up again II. *vi inf* ~ **pour trois ans** to re-enlist for three years

remplaçant(e) [ʀɑ̃plasɑ̃] *m(f)* 1. MED locum 2. ECOLE supply [*o* substitute *Am*] teacher 3. SPORT substitute

remplacement [ʀɑ̃plasmɑ̃] *m* (*intérim*) temping; **faire des** ~s to temp

remplacer [ʀɑ̃plase] <2> *vt* to replace; ~ **qn** to take over from sb

rempli(e) [ʀɑ̃pli] *adj* 1. full; ~ **de** full of 2. (*rond*) plump 3. (*emploi du temps*) busy

remplir [ʀɑ̃pliʀ] <8> I. *vt* 1. (*rendre plein*) ~ **qc de choses** to fill sth with things; ~ **une valise de vêtements** to pack a case full of clothes 2. (*occuper*) to fill 3. (*formulaire*) to fill in [*o* out *Am*]; (*chèque*) to write out 4. (*mission, contrat, conditions*) to fulfil [*o* fulfill *Am*] II. *vpr* **se** ~ **de personnes/liquide** to fill with people/liquid

remplumer [ʀɑ̃plyme] <1> *vpr inf* **se** ~ 1. (*grossir*) to fill out again 2. (*financièrement*) to improve one's bank balance

remporter [ʀɑ̃pɔʀte] <1> *vt* 1. (*reprendre*) to take back 2. (*gagner*) to win

remuer [ʀəmɥe] <1> I. *vi* (*bouger*) to move (around) II. *vt* 1. (*bouger*) to move; ~ **la queue** (*chien*) to wag its tail 2. (*mélanger*) to stir; (*salade*) to toss III. *vpr* **se** ~ (*faire des efforts*) to go to a lot of trouble

renaissance [ʀ(ə)nɛsɑ̃s] *f* 1. (*vie nouvelle*) rebirth 2. HIST, ART **la Re-**

naissance the Renaissance

renard [ʀ(ə)naʀ] *m* 1. fox 2. **vieux** ~ sly old devil

rencontre [ʀɑ̃kɔ̃tʀ] *f* 1. meeting; ~ **au sommet** summit meeting 2. SPORT fixture 3. **faire une mauvaise** ~ to have an unpleasant encounter; **aller/venir à la** ~ **de qn** to go/come to meet sb; **faire la** ~ **de qn** to meet sb

rencontrer [ʀɑ̃kɔ̃tʀe] <1> I. *vt* 1. *a.* SPORT to meet 2. (*être confronté à*) to encounter II. *vpr* **se** ~ to meet

rendement [ʀɑ̃dmɑ̃] *m* yield

rendez-vous [ʀɑ̃devu] *m inv* 1. (*rencontre officielle*) appointment; **prendre** ~ **avec/chez qn** to make an appointment with sb; **sur** ~ by appointment 2. (*rencontre avec un ami*) meeting; **avoir** ~ **avec qn** to be meeting sb; **se donner** ~ to arrange to meet; ~ **à 8 heures/à la gare** see you at 8 o'clock/at the station 3. (*rencontre entre amoureux*) date 4. **être au** ~ (*soleil*) to shine

rendre [ʀɑ̃dʀ] <14> I. *vt* 1. (*restituer*) to give back 2. (*donner en retour*) to return; ~ **la monnaie sur 100 euros** to give the change from a hundred euros 3. (*article défectueux*) to take back 4. (*devoir*) to hand in 5. (*faire devenir*) ~ **qn triste/joyeux** to make sb sad/happy; **c'est à vous** ~ **fou!** it'd drive you mad! 6. JUR to give 7. (*vomir*) ~ **qc** to bring sth back up II. *vpr* **se** ~ 1. (*capituler*) to surrender; **se** ~ **à l'évidence** *fig* to accept the obvious 2. (*aller*) to go

rendu(e) [ʀɑ̃dy] *part passé de* **rendre**

rêne [ʀɛn] *f* rein

renfermé(e) [ʀɑ̃fɛʀme] *adj* withdrawn

renfermer [ʀɑ̃fɛʀme] <1> I. *vt* to hold II. *vpr* **se** ~ **sur soi-même** to withdraw into oneself

renforcé(e) [ʀɑ̃fɔʀse] *adj* reinforced

renfort [ʀɑ̃fɔʀ] *m souvent pl* (*personnes*) helpers *pl*

renier [ʀənje] <1> *vt* (*personne,*

passé) to disown; **~ sa foi** to renounce one's faith

renifler [ʀ(ə)nifle] <1> *vi, vt* to sniff

renne [ʀɛn] *m* reindeer

renommée [ʀ(ə)nɔme] *f* **1.** *sans pl* (*célébrité*) renown **2.** (*réputation*) fame; **de ~ mondiale** world-famous

renoncer [ʀ(ə)nɔ̃se] <2> *vi* **1.** (*abandonner*) **~ à qc** to give sth up; **~ à fumer/boire** to give up smoking/drinking **2.** (*refuser un droit*) **~ à qc** to renounce sth

renouer [ʀ(ə)nwe] <1> *vi* **~ avec qn** to take up with sb again; **~ avec qc** (*habitude*) to take up sth again; (*tradition*) to revive sth

renouveler [ʀ(ə)nuv(ə)le] <3> *vt* to renew; **~ sa candidature** (*à un emploi*) to reapply; POL to stand again

rénover [ʀenɔve] <1> *vt* **1.** to renovate; (*meuble*) to restore **2.** (*moderniser*) **~ qc** to bring sth up to date

renseignement [ʀɑ̃sɛɲmɑ̃] *m* **1.** (*information*) **un ~** some [*o* a piece of] information **2.** TEL **les ~s** directory enquiries *Brit*, information *Am* **3.** MIL **les ~s généraux** Intelligence Service (*of the Police*)

renseigner [ʀɑ̃seɲe] <1> **I.** *vt* to inform **II.** *vpr* **se ~ sur qn/qc** to find out about sb/sth

rentabiliser [ʀɑ̃tabilize] <1> *vt* **~ qc** to make sth profitable

rentrée [ʀɑ̃tʀe] *f* **1.** ECOLE new term; **aujourd'hui, c'est la ~ (des classes)** the schools go back today **2.** UNIV start of the new academic year **3.** (*après les vacances d'été*) **à la ~** after the summer break; **la ~ politique** the return of parliament **4.** (*come-back*) comeback; **faire sa ~** to make one's comeback **5.** (*fait de rentrer*) return **6.** (*somme d'argent*) money coming in *no pl*; **~s** income

☐ **La rentrée** is the period after the two-month-long summer holidays, when the new school and university terms begin and political and cultural activity resumes.

rentrer [ʀɑ̃tʀe] <1> **I.** *vi être* **1.** (*retourner chez soi*) to go back, return; **comment rentres-tu?** how are you getting back?; **~ au pays natal** to return to the country where one was born **2.** (*repartir/revenir chez soi*) to go/come home; **~ de l'école** to come home from school; **elle est déjà rentrée?** is she back already? **3.** (*entrer à nouveau, vu de l'intérieur*) to come back in; (*vu de l'extérieur*) to go back in **4.** (*reprendre son travail*) to go back **5.** (*entrer*) **faire ~ qn** (*vu de l'intérieur*) to bring sb in; (*vu de l'extérieur*) to take sb in; **~ dans un café** to go into a café; **~ par la fenêtre** to get in by the window; **~ dans la maison** (*eau, voleur*) to get inside the house **6.** (*s'insérer*) **~ dans une valise/un tiroir** to fit in a suitcase/a drawer **7.** (*être inclus dans*) **~ dans qc** to go in sth; **faire ~ qc dans une catégorie** to put sth in a category **8.** (*devenir membre*) **~ dans la police/une entreprise** to join the police/a business; **~ dans les ordres/au couvent** to take orders/the veil; **faire ~ qn dans une entreprise** to take sb into a business; **~ en fac** (*commencer à étudier*) to start university [*o* college] *Am* **10.** (*percuter*) **~ dans qc** to hit sth; (*conducteur*) to run into sth **11.** COM, FIN to come in; **faire ~ des commandes** to bring in orders **12.** (*recouvrer*) **~ dans ses droits** to recover one's rights; **~ dans ses frais** to cover one's costs **13.** **je vais lui ~ dedans** *inf* I'm going to lay into him **II.** *vt avoir* **1.** (*ramener à l'intérieur*) to bring in; (*tête, ventre*) to pull back; **~ son chemisier dans la jupe** to tuck one's blouse into one's skirt; **~ la voiture au garage** to put the car in the garage **2.** (*refouler*) to hold in; (*déception*) to hide

renversant(e) [ʀɑ̃vɛʀsɑ̃] *adj inf* astonishing

renverse [ʀɑ̃vɛʀs] *f* **tomber à la ~** to fall backwards

renversement [ʀɑ̃vɛʀsəmɑ̃] *m* **1.** (*changement complet*) reversal; (*de tendance*) swing **2.** POL defeat; (*par un coup d'État*) overthrow **3.** (*mise à l'envers*) inversion

renverser [ʀɑ̃vɛʀse] <1> I. *vt* **1.** (*vase*) to knock over; (*piéton*) to run over **2.** (*répandre*) to spill **3.** POL to defeat **4.** (*tête*) to throw back; **~ le corps** to lean back **5.** (*inverser*) to invert; (*situation, image*) to reverse II. *vpr* **se ~** to spill

renvoi [ʀɑ̃vwa] *m* **1.** a. SPORT return **2.** (*licenciement*) dismissal **3.** ECOLE, UNIV expulsion **4.** (*indication*) **~ à qc** reference to sth **5.** (*rot*) belch; **avoir des ~s** to belch

renvoyer [ʀɑ̃vwaje] <6> *vt* **1.** a. SPORT to return **2.** (*envoyer à nouveau*) **~ une lettre à un client** to send a new letter to a customer **3.** (*licencier*) to dismiss **4.** ECOLE to expel **5.** JUR, POL **~ qc en cour de cassation** to refer sth to the appeals court

réorganiser [ʀeɔʀɡanize] <1> *vt*, *vpr* (**se**) **~** to reorganize

réorienter [ʀeɔʀjɑ̃te] <1> I. *vt* **1.** (*changer d'orientation*) to reorientate **2.** ECOLE **~ qn vers qc** to redirect sb towards sth II. *vpr* **se ~ vers qc** to turn to sth

réouverture [ʀeuvɛʀtyʀ] *f* reopening

repaire [ʀ(ə)pɛʀ] *m* den

répandre [ʀepɑ̃dʀ] <14> I. *vt* **1.** (*laisser tomber*) **~ qc par terre/ sur la table** to spread sth on the ground/the table; (*liquide*) to pour sth on the ground/the table **2.** (*être source de*) **~ qc** to give out sth; (*gaz*) to give off sth **3.** (*nouvelle, peur, eaux*) to spread II. *vpr* **se ~ 1.** (*s'écouler*) to spread; (*par accident*) to spill **2.** (*chaleur, fumée, odeur*) to spread

répandu(e) [ʀepɑ̃dy] I. *part passé de* **répandre** II. *adj* **1.** (*épars*) **~ sur qc** strewn over sth **2.** (*courant*)

widespread

reparaître [ʀ(ə)paʀɛtʀ] <irr> *vi* *avoir* to reappear

réparateur, -trice [ʀepaʀatœʀ] I. *adj* (*sommeil*) refreshing II. *m, f* repairer; (*d'appareils*) repairman, engineer *Brit*

réparation [ʀepaʀasjɔ̃] *f* **1.** *sans pl* repair; **être en ~** to be being repaired **2.** (*dédommagement*) reparation; **demander ~ à qn** to seek reparation from sb; **obtenir ~ de qc** to obtain reparation for sth **3.** **surface de ~** penalty area

réparer [ʀepaʀe] <1> *vt* **1.** (*remettre en état*) to repair **2.** (*rattraper*) **~ qc** to make up for sth

reparler [ʀ(ə)paʀle] <1> I. *vi* **1.** **~ de qn/qc** to speak about sth again; **~ à qn** to speak to sb again **2.** **on en reparlera** *inf* we'll talk about it another time II. *vpr* **se ~** to talk to each other again

repartie, répartie [ʀepaʀti] *f* **avoir de la ~** to have a sense of repartee

repartir [ʀ(ə)paʀtiʀ] <10> *vi être* **1.** (*se remettre à avancer*) to set off again **2.** (*s'en retourner*) to leave; **tu repars déjà?** you're leaving already? **3.** (*fonctionner à nouveau*) to start again; (*discussion, dispute*) to start up again **4.** **et c'est reparti (pour un tour)!** *inf* here we go again!

répartir [ʀepaʀtiʀ] <10> I. *vt* **1.** (*partager*) to divide up **2.** (*diviser*) **~ en groupes** to divide into groups **3.** (*troupes*) to place; (*choses, crème*) to spread II. *vpr* **se ~ 1.** (*se partager*) **ils se répartissent les élèves/la responsabilité** they divide the pupils/the resposbility among themselves **2.** (*se diviser*) **se ~ en groupes** to be divided into groups

répartition [ʀepaʀtisjɔ̃] *f* **1.** (*partage*) distribution **2.** (*de pièces, salles*) allocation

reparution [ʀ(ə)paʀysjɔ̃] *f* reappearance

repas [ʀ(ə)pɑ] *m* meal; **faire un bon ~** to have a good meal; **aimer**

les bons ~ to like to eat well; **c'est l'heure du ~** it's time to eat

repasser¹ [ʀ(ə)pɑse] <1> I. *vi, vt avoir* to iron II. *vpr* **bien/mal se ~** to be easy/hard to iron; **ne pas se ~** to be non-iron

repasser² [ʀ(ə)pɑse] <1> I. *vi être* 1. (*revenir*) to come by again; **ne pas ~ par la même route** not to go by the same way 2. (*plat*) to be passed round again; (*film*) to be showing again 3. (*revoir le travail de*) ~ **derrière qn** to check sb's work 4. (*retracer*) ~ **sur qc** to go over sth again II. *vt avoir* 1. (*franchir de nouveau*) ~ **qc** to cross sth again 2. (*examen*) to resit 3. (*remettre*) ~ **une couche de peinture sur qc** to give sth another coat of paint 4. (*plat, outil*) to hand back; ~ **le standard à qn** to return sb to the switchboard; **je te repasse papa** I'll give you back to Dad 5. (*rejouer*) ~ **qc** to put sth on again

repêchage [ʀ(ə)peʃaʒ] *m* ECOLE, UNIV passing (*borderline candidates*); (*examen*) second chance exam

repenser [ʀ(ə)pɑ̃se] <1> *vi* ~ **à qc** to think of sb again

repenti(e) [ʀ(ə)pɑ̃ti] *adj* (*buveur, fumeur*) reformed; (*malfaiteur, terroriste*) repentant

repentir [ʀ(ə)pɑ̃tiʀ] I. *m* repentance II.<10> *vpr* **se ~ de qc/d'avoir fait qc** to repent sth/doing sth

répercussion [ʀepɛʀkysjɔ̃] *f a.* PHYS repercussion

répercuter [ʀepɛʀkyte] <1> I. *vt* 1. (*réfléchir*) to reflect; (*son*) to send back 2. ECON, FIN ~ **qc sur qn** to pass sth on to sb; ~ **qc sur les prix** to put sth on to the cost II. *vpr* 1. (*être réfléchi*) **se ~** to be reflected 2. (*se transmettre à*) **se ~ sur qc** to be passed on to sth

repère [ʀ(ə)pɛʀ] I. *m* 1. (*signe*) marker 2. (*trait*) mark II. *app borne* ~ landmark; **des dates ~** landmark dates

repérer [ʀ(ə)peʀe] <5> I. *vt* 1. *inf* (*découvrir*) to spot; **se faire ~ par**

qn to be spotted by sb 2. CINE to scout for 3. MIL to locate II. *vpr inf* (*se retrouver, s'orienter*) to find one's way

répertoire [ʀepɛʀtwaʀ] *m* 1. index 2. (*carnet*) address book 3. THEAT repertoire 4. INFOR directory

répertorier [ʀepɛʀtɔʀje] <1> *vt* 1. (*inscrire dans un répertoire*) to list 2. (*classer*) to classify

répéter [ʀepete] <5> I. *vt* 1. (*redire*) to repeat; **répète après moi: ...** repeat after me: ...; ~ **à son fils de +***infin* to keep telling one's son to +*infin*; **je vous l'ai répété cent fois déjà** I've told you a hundred times already 2. (*rapporter*) to tell; **ne va pas le ~!** don't tell a soul! 3. (*refaire*) to do again 4. (*mémoriser*) to learn 5. THEAT, MUS to rehearse II. *vi* 1. (*redire*) **répète un peu!** say that again! 2. THEAT to rehearse III. *vpr* **se ~** 1. (*redire les mêmes choses*) to repeat oneself 2. (*histoire*) to be told 3. (*se redire la même chose*) **se ~ qc/que** to keep telling oneself sth/that

répétition [ʀepetisjɔ̃] *f* 1. (*redite*) repetition 2. (*d'un rôle, morceau*) learning 3. THEAT, MUS rehearsal; ~ **générale** dress rehearsal; **être en ~** to be in rehearsal

repeupler [ʀ(ə)pœple] <1> I. *vt* (*peupler à nouveau*) to repopulate; ~ **qc d'animaux** to renew the animal population of sth II. *vpr* **se ~** to be repopulated

repiquer [ʀ(ə)pike] <1> *vt* 1. BOT to bed out 2. CINE, TV to copy 3. PHOT to touch up

répit [ʀepi] *m* (*pause*) rest; **sans ~** non-stop

replacer [ʀ(ə)plase] <2> *vt* 1. (*remettre à sa place*) to replace 2. (*situer*) ~ **un événement dans son époque** to put an event into its historical context

replanter [ʀ(ə)plɑ̃te] <1> *vt* to replant

repli [ʀəpli] *m* 1. *pl* (*ondulations*) fold 2. (*retraite*) withdrawal

replier [ʀ(ə)plije] <1> I. *vt* 1. (*plier*

à *nouveau*) to refold **2.** (*bas de pantalon, manche, feuille*) to roll up; (*coin d'une page*) to fold down; (*mètre rigide*) to fold up **3.** (*jambes, pattes*) to fold; (*ailes, couteau, lame*) to fold away; (*couverture, drap*) to fold down **4.** MIL to withdraw **II.** *vpr* **se ~ 1.** (*faire retraite*) to fall back **2.** (*se protéger*) **se ~ sur qc** to fall back on sth **3.** (*se plier*) to fold **4.** (*se renfermer*) to withdraw; **se ~ sur soi-même** to withdraw into oneself

réplique [Replik] *f* **1.** (*réponse*) rejoinder; **avoir la ~ facile** to have an answer to everything **2.** THEAT cue **3.** ART replica **4. donner la ~ à qn** THEAT to give sb their cue

répliquer [Replike] <1> **I.** *vi* **1.** (*répondre*) to reply **2.** (*protester, répondre avec impertinence*) to retort **II.** *vt* **~ qc à qn** to answer sth back to sb

replonger [R(ə)plɔ̃ʒe] <2a> **I.** *vi* **~ dans la piscine** to dive back into the swimming pool **II.** *vt* **~ qc dans qc** to put sth back in sth **III.** *vpr* **se ~ dans qc** to reimmerse oneself in sth

répondeur [Repɔ̃dœR] *m* answering machine

répondre [Repɔ̃dR] <14> **I.** *vi* **1.** (*donner une réponse*) **~ à qc** to answer [*o* reply] to sth; **~ par qc** to answer with sth; **~ en souriant** to answer with a smile **2.** (*réagir*) **ne pas ~ au téléphone** not to answer the telephone **3.** (*être impertinent*) **~ à qn** to answer sb back **II.** *vt* **~ qc à qn** to reply sth to sb; **~ oui** to answer yes

réponse [Repɔ̃s] *f* **~ à qc** reply [*o* answer] to sth; **avoir ~ à tout** to have an answer to everything; **rester sans ~** to remain unanswered

reportage [R(ə)pɔRtaʒ] *m* report; **~ télévisé** television report

reporter¹ [R(ə)pɔRtɛR] *mf* reporter

reporter² [R(ə)pɔRte] <1> **I.** *vt* **~ qc à une date ultérieure** to postpone sth till a later date **II.** *vpr* (*se référer*) **se ~ à qc** to refer to sth

repos [R(ə)po] *m* **1.** (*détente*) rest;

prendre un peu de ~ to have a little rest **2.** (*congé*) **prendre une journée de ~** to take a day off **3. ce n'est pas de tout ~** (*fatigant*) it's no rest cure

reposer¹ [R(ə)poze] <1> **I.** *vt* **1.** (*poser à nouveau*) to put back **2.** (*question*) to ask again; (*problème*) to raise again **II.** *vi* (*être fondé sur*) **~ sur qc** to be based on sth

reposer² [R(ə)poze] <1> **I.** *vt* to relax; **il lit, ça le repose** he's reading, he finds it relaxing **II.** *vpr* **se ~** to rest

repousser¹ [R(ə)puse] <1> *vt* **1.** (*écarter*) to repel; (*coups, agresseur*) to ward off; (*foule*) to drive back; **~ des cartons** to push boxes out of the way **2.** (*écarter avec véhémence*) **~ qc** to push sth away; **~ qn sur le côté** to push sb aside **3.** (*refuser*) to ignore; (*demande*) to refuse **4.** (*remettre à sa place*) to push back **5.** (*différer*) to postpone

repousser² [R(ə)puse] *vi* (*croître de nouveau*) to grow back

reprendre [R(ə)prɑ̃dR] <13> **I.** *vt* **1.** (*récupérer*) to take back; (*place*) to go back to; **~ qn/qc** to pick up sb/sth; **~ le volant après un accident** to go back to driving after an accident **2.** (*retrouver*) **~ contact** to get back in touch; **~ ses habitudes** to get back into one's old habits; **~ son nom de jeune fille** to start using one's maiden name again; **~ confiance/espoir/courage** to get new confidence/hope/courage; **~ conscience** to regain consciousness; **~ des couleurs** to get some colour [*o* color *Am*] back in one's cheeks; **~ des forces** to get back one's strength back **3.** (*fonds de commerce, entreprise*) to take over **4.** (*poursuivre*) to go back to; (*promenade*) to continue; (*poste*) to return to; **~ la route** to get back on the road; **~ (le chemin de) l'école** to set off for school again; **~ son cours** (*conversation*) to pick up again; (*vie*) to go back to normal **5.** (*recommencer*) **tout ~ à**

zéro to start all over again from scratch **6.** (*article, chapitre*) to rework; (*élève*) to correct; (*faute*) to point out; (*travail*) to go back over **7.** COUT to alter **8.** (*se resservir de*) ~ **de la viande/du gâteau** to have some more meat/cake **9.** **ça me/le reprend** *iron* I'm/he's at it again; **que je ne t'y reprenne pas!** don't let me catch you doing that again!; **on ne m'y reprendra plus** I won't be caught out again **II.** *vi* **1.** (*affaires*) to pick up; (*vie*) to return to normal **2.** (*recommencer*) to start up again; (*classe, cours*) to start again **3.** (*enchaîner*) to go on **III.** *vpr* **se** ~ **1.** (*se corriger*) to correct oneself **2.** *soutenu* (*recommencer*) **se** ~ **à faire qc** to start doing sth again; **s'y** ~ **à deux fois pour faire qc** to have to make a second attempt before one manages to do sth **3.** (*se ressaisir*) to pull oneself together

représailles [ʀ(ə)pʀezaj] *fpl* reprisals; **en** ~ **à qc** for sth

représentant(e) [ʀ(ə)pʀezɑ̃tɑ̃] *m(f)* representative; ~ **de commerce** sales representative; **la Chambre des** ~**s** *Belgique* the House of Representatives (*the lower house of the Belgian Parliament*)

représentation [ʀ(ə)pʀezɑ̃tasjɔ̃] *f* **1.** (*description*) representation **2.** THEAT performance

représenter [ʀ(ə)pʀezɑ̃te] <1> **I.** *vt* to represent; ~ **qn comme qc** to make sb out to be sth **II.** *vpr* **se** ~ **1.** (*s'imaginer*) **se** ~ **qn/qc** to imagine sb/sth **2.** (*occasion*) to come up again

repris de justice [ʀ(ə)pʀid(ə)ʒystis] *m inv* ex-convict

reprise [ʀ(ə)pʀiz] *f* **1.** (*recommencement*) resumption **2.** COM upturn **3.** AUT acceleration **4.** COUT patch; (*d'une chaussette*) darn **5.** **à plusieurs** ~**s** several times

reproche [ʀ(ə)pʀɔʃ] *m* reproach; **faire un** ~ **à qn** to reproach sb

reprocher [ʀ(ə)pʀɔʃe] <1> **I.** *vt* ~ **qc à qn** to reproach sb with sth; ~ **à qn de faire qc** to reproach sb with

doing sth; **avoir qc à** ~ **à qn** to have sth to reproach sb with **II.** *vpr* **se** ~ **qc/de faire qc** to blame oneself for sth/for doing sth; **avoir qc à se** ~ to have done sth to feel guilty about

reproduction [ʀ(ə)pʀɔdyksjɔ̃] *f* (*copie*) reproduction

reproduire [ʀ(ə)pʀɔdɥiʀ] <irr> *vpr* **se** ~ to happen again

reptile [ʀɛptil] *m* reptile

républicain(e) [ʀepyblikɛ̃] *adj, m(f)* republican

république [ʀepyblik] *f* **1.** republic; **République démocratique allemande** German Democratic Republic; **République fédérale d'Allemagne** Federal Republic of Germany; **République française** French Republic; **République populaire de Chine** People's Republic of China **2.** **on est en** ~ it's a free country

> **i** The figure of Marianne, a woman with a red cap, symbolizes the **république** as opposed to the monarchy.

répugnant(e) [ʀepyɲɑ̃] *adj* repulsive

répugner [ʀepyɲe] <1> *vi* ~ **à qn** (*nourriture, personne*) to repel sb; **ça me répugne de le faire** I'm loath to do it

réputation [ʀepytasjɔ̃] *f* **1.** (*honneur*) repute **2.** (*renommée*) reputation; **la** ~ **de qn n'est plus à faire** *a. iron* sb's reputation is only too well known; **se faire une** ~ to earn a reputation (for oneself)

réputé(e) [ʀepyte] *adj* reputed; **il est** ~ **pour être sévère** he has a reputation for being strict

requête [ʀəkɛt] *f* INFOR search

requin [ʀəkɛ̃] *m* ZOOL shark

requinquer [ʀ(ə)kɛ̃ke] <1> *vt inf* to buck up; **être requinqué** to feel a lot better

requis(e) [ʀəki] *adj* required

réquisitionner [ʀekizisjɔne] <1> *vt* to requisition

R

R.E.R. [ɛʁøɛʁ] *m abr de* **réseau express régional** (*express train service for the Paris region*)

rescapé(e) [ʁɛskape] **I.** *adj* **personne** ~e survivor **II.** *m(f)* survivor

réseau [ʁezo] <x> *m a.* INFOR network; ~ **téléphonique/routier** telephone/road network

réservation [ʁezɛʁvasjɔ̃] *f* reservation

réserve [ʁezɛʁv] *f* **1.** (*provision*) reserve; **faire des** ~s to lay in reserves **2.** (*lieu protégé*) reserve; ~ **indienne** Indian reservation; ~ **de chasse** hunting preserve **3.** **avoir des** ~s *iron* to have reserves of fat to fall back on

réservé(e) [ʁezɛʁve] *adj* **1.** (*discret*) reserved **2.** (*limité à certains*) ~ **aux handicapés** reserved for the disabled

réserver [ʁezɛʁve] <1> **I.** *vt* **1.** (*garder*) to keep **2.** (*retenir*) to reserve; (*voyage, billet*) to book **II.** *vpr* **se** ~ **pour le dessert** to leave room for dessert; **se** ~ **pour plus tard** to save oneself for later

réservoir [ʁezɛʁvwaʁ] *m* (*cuve*) tank

résidence [ʁezidɑ̃s] *f* **1.** (*domicile*) residence **2.** (*maison pour les vacances*) holiday home **3.** (*immeuble*) ~ **universitaire** hall of residence *Brit,* dormitory *Am*

résident(e) [ʁezidɑ̃] *m(f)* (*étranger*) resident; **les** ~s **allemands en France** Germans residing in France

résider [ʁezide] <1> *vi* (*habiter*) to reside

résigner [ʁeziɲe] <1> *vpr* **se** ~ **à faire qc** to resign oneself to doing sth

résilier [ʁezilje] <1> *vt* to cancel

résine [ʁezin] *f* resin

résistance [ʁezistɑ̃s] *f* resistance; **la Résistance** HIST the Resistance

résistant(e) [ʁezistɑ̃] **I.** *adj* (*robuste*) resistant; (*étoffe*) hard-wearing; (*personne, plante, animal*) tough **II.** *m(f)* HIST member of the Resistance

résister [ʁeziste] <1> *vi* **1.** (*s'opposer*) ~ **à qn/qc** to resist sb/sth **2.** (*supporter*) **résister à qc** to withstand sth; ~ **au feu** to be fireproof

résolu(e) [ʁezɔly] **I.** *part passé de* **résoudre II.** *adj* (*air, personne*) determined; (*ton*) resolute; **être** ~ **à faire qc** to be determined to do sth

résolution [ʁezɔlysjɔ̃] *f* decision; **prendre des/de bonnes** ~s to make decisions/good resolutions; **prendre la** ~ **de faire qc** to resolve to do sth

résonance [ʁezɔnɑ̃s] *f* **1.** (*répercussion*) echo; **avoir une grande** ~ **dans l'opinion** to strike a chord in public opinion **2.** (*connotation*) overtones *pl*

résonner [ʁezɔne] <1> *vi* (*salle*) to resonate

résoudre [ʁezudʁ] <irr> **I.** *vt* **1.** (*conflit, problème*) to resolve; (*mystère*) to solve **2.** (*décider*) ~ **de** +*infin* to decide to +*infin* **II.** *vpr* **se** ~ **à faire qc** to reconcile oneself to doing sth

respect [ʁɛspɛ] *m* respect; ~ **de qn/ qc** respect for sb/sth; **devoir le** ~ **à qn** to owe sb respect; **manquer de** ~ **à qn** to fail to show sb respect; **par** ~ **pour qn/qc** out of respect for sb/sth

respecter [ʁɛspɛkte] <1> *vt* **1.** to respect; **être respecté** to be respected; **se faire** ~ **par qn** to get sb's respect **2.** (*engagement*) to stand by

respectif, -ive [ʁɛspɛktif] *adj* respective

respiration [ʁɛspiʁasjɔ̃] *f* breathing; ~ **artificielle** artificial respiration; **retenir sa** ~ to hold one's breath

respirer [ʁɛspiʁe] <1> *vi* **1.** (*inspirer*) to breathe **2.** (*se détendre*) to rest **3.** (*être rassuré*) to breathe easy

responsabiliser [ʁɛspɔ̃sabilize] <1> *vt* ~ **qn** to give sb a sense of responsibility

responsabilité [ʁɛspɔ̃sabilite] *f* **1.** *a.* JUR responsibility; ~ **civile** civil liability; **avoir une** ~ **dans qc** to share some responsibility for sth

2. (*charge de responsable*) ~ **de qc** responsibility for sth; **avoir/ prendre des ~s** to have/take on responsibilities; **avoir la ~ de qn/qc** to be responsible for sb/sth; **décliner/rejeter toute ~** to accept no responsibility; **sous la ~ de qn** under sb

responsable [ʀɛspɔ̃sabl] **I.** *adj* **1.** *a.* JUR **être ~ de qc** to be responsible for sth **2.** (*acte, personne*) responsible **II.** *mf* **1.** (*auteur*) person responsible; **les ~s** those responsible **2.** (*personne compétente*) person in charge

ressac [ʀəsak] *m* backwash

ressaisir [ʀ(ə)seziʀ] <8> *vpr* **se ~** to take hold of oneself

ressasser [ʀ(ə)sase] <1> *vt* to dwell on

ressemblance [ʀ(ə)sɑ̃blɑ̃s] *f* resemblance; **avoir une ~ avec qc** to bear a resemblance to sth

ressembler [ʀ(ə)sɑ̃ble] <1> **I.** *vi* **1.** ~ **à qn/qc** to resemble sb/sth; (*physiquement*) to look like sb/sth **2.** **à quoi ça ressemble!** *inf* what's this supposed to be? **II.** *vpr* **se ~ 1.** (*être semblables*) to be alike; (*physiquement*) to resemble each other **2.** **qui se ressemble s'assemble** birds of a feather flock together

ressentir [ʀ(ə)sɑ̃tiʀ] <10> *vt* to feel

resserrer [ʀ(ə)seʀe] <1> **I.** *vt* **1.** (*serrer plus fort*) to tighten **2.** (*fortifier*) to strengthen **II.** *vpr* **se ~ 1.** (*devenir plus étroit*) to narrow; (*personnes*) to close in; (*cercle d'amis, groupe*) to draw in **2.** (*se fortifier*) to grow stronger

resservir [ʀ(ə)seʀviʀ] <irr> **I.** *vt* to serve again **II.** *vi* (*revenir en usage*) to be used again; **ces emballages me resserviront** I can use the packing again in the future **III.** *vpr* **1.** (*reprendre*) **se ~ en/de qc** to have more of sth **2.** (*réutiliser*) **se ~ de qc** to reuse sth

ressort¹ [ʀ(ə)sɔʀ] *m* (*pièce métallique*) spring

ressort² [ʀ(ə)sɔʀ] *m* ADMIN, JUR ju-

risdiction; **en premier/dernier ~** on first/final appeal; **être du ~ de qn/qc** to be the responsibility of sb/ sth; **ce n'est pas de mon ~** it's outside my responsibility

ressortir [ʀ(ə)sɔʀtiʀ] <10> **I.** *vi* **être 1.** (*personne*) (*vu de l'intérieur/l'extérieur*) to go/come out again **2.** ~ **sur qc** to stand out against sth; **faire ~ qc** to bring sth out **II.** *vt avoir* ~ **qc** to get sth back out; ~ **un modèle** to bring back a model

ressortissant(e) [ʀ(ə)sɔʀtisɑ̃] *m(f)* national; **les ~s étrangers résidant en France** foreign nationals residing in France

ressource [ʀ(ə)suʀs] *f* **1.** *pl* (*moyens*) means; (*de l'État*) funds; **~s naturelles** natural resources; **sans ~s** with no means of support **2.** *sans pl* (*recours*) **en dernière ~** as a last resort; **sans ~** with nowhere to turn **3.** **avoir de la ~** to have strength in reserve

ressusciter [ʀesysite] <1> **I.** *vi être* REL **être ressuscité** to be risen **II.** *vt avoir* REL to raise

restant [ʀɛstɑ̃] *m* rest; ~ **de poulet/tissu** leftover chicken/cloth

restaurant [ʀɛstɔʀɑ̃] *m* restaurant; (*universitaire*) canteen; **aller au ~** to eat out; ~ **du cœur** *canteen run by volunteers for poor and homeless people during the winter*

restauration [ʀɛstɔʀasjɔ̃] *f* **1.** *a.* INFOR restoration **2.** (*hôtellerie*) catering; ~ **rapide** fast food

restaurer [ʀɛstɔʀe] <1> *vt* to restore

reste [ʀɛst] *m* **1.** rest; **tout le ~** all the rest **2.** MAT remainder **3.** *pl* (*d'un repas*) leftovers **4.** **avoir de beaux ~s** *iron* to still be a fine figure of a woman; **sans demander son ~** (*partir*) without making a fuss; **faire le ~** to do the rest; **du ~** besides; **pour le ~** as for the rest

rester [ʀɛste] <1> **I.** *vi être* **1.** to stay; ~ **au lit/chez soi/(à) dîner** to stay in bed/at home/for dinner; ~ **debout/assis toute la journée** to

R
r

be standing/sitting all day; ~ **immobile** to keep still **2.** (*subsister*) to remain; **ça m'est resté** I've never forgotten it **3.** ~ **sur un échec** never to get over a failure; **en ~ là** to stop there; **y ~** to meet one's end **II.** *vi impers être* **1.** (*être toujours là*) **il reste du vin** there's some wine left; **il n'est rien resté** there was nothing left; **il ne me reste (plus) que toi/cinquante euros** all I've got left is you/fifty euros **2.** (*ne pas être encore fait*) **je sais ce qu'il me reste à faire** I know what's left for me to do; **reste à savoir si ...** it remains to be decided if ...

restoroute® [ʀɛstoʀut] *f* roadside restaurant; (*de l'autoroute*) motorway restaurant *Brit*, truck stop *Am*

restreindre [ʀɛstʀɛ̃dʀ] <irr> **I.** *vt* to restrict; (*dépenses*) to cut **II.** *vpr* **se ~** to limit oneself; **se ~ sur la nourriture** to cut down on food

restructurer [ʀəstʀyktyʀe] <1> *vt* to restructure

résultat [ʀezylta] *m* **1.** result; (*d'un problème*) solution; (*d'une intervention*) outcome; **avoir de bons/mauvais ~s** to have good/bad results; **n'obtenir aucun ~** to achieve nothing **2. sans ~** to no effect

résulter [ʀezylte] <1> **I.** *vi* ~ **de qc** to arise from sth **II.** *vi impers* **il en résulte qc** this leads to sth

résumé [ʀezyme] *m* **1.** summary **2. en ~** in short; **en ~: ...** to put things briefly: ...

résumer [ʀezyme] <1> *vt* (*récapituler*) to summarize; ~ **qc en une page** to summarize sth in one page

résurrection [ʀezyʀɛksjɔ̃] *f* resurrection; **la Résurrection** the Resurrection

rétablir [ʀetabliʀ] <8> **I.** *vt* **1.** (*communication, courant*) to restore; (*contact, liaison*) to re-establish; **être rétabli** (*trafic*) to be moving again **2.** (*équilibre, ordre*) to restore; (*monarchie*) to re-establish; ~ **la vérité** to get back down to the truth **3.** MED **être rétabli** to be better **II.** *vpr* **se ~ 1.** (*guérir*) to recover

2. (*revenir*) to return; (*trafic*) to return to normal

rétablissement [ʀetablismɑ̃] *m* (*d'un malade*) recovery; **bon ~!** get well soon!

retaper [ʀ(ə)tape] <1> **I.** *vt* (*maison, voiture*) to fix up; (*lit*) to straighten **II.** *vpr inf* **se ~ à la mer/la montagne** to have a break at the seaside/in the mountains

retard [ʀ(ə)taʀ] *m* **1.** (*arrivée tardive*) late arrival; **avec une heure de ~** an hour late; **arriver en ~** to arrive late; **avoir du ~/deux minutes de ~** to be late/two minutes late; **être en ~ de dix minutes** to be ten minutes late **2.** (*réalisation tardive*) **avoir du ~ dans un travail/paiement** to be behind on a job/with a payment; **être en ~ d'un mois pour (payer) le loyer** to be a month late with the rent **3.** (*développement plus lent*) slow(er) progress; ECOLE lack of progress; **être en ~ sur son temps** to be behind the times

retardataire [ʀ(ə)taʀdatɛʀ] *mf* latecomer

retarder [ʀ(ə)taʀde] <1> **I.** *vt* **1.** (*mettre en retard*) to delay **2.** (*ralentir, empêcher*) to hold up **II.** *vi* ~ **d'une heure** (*montre, horloge*) to be an hour slow

retenir [ʀ(ə)təniʀ] <9> **I.** *vt* **1.** (*maintenir en place*) ~ **qn/qc** (*objet, bras, personne qui glisse*) to hold on to sb/sth **2.** (*empêcher d'agir*) ~ **qn** to hold sb back; **retiens/retenez-moi, ou ...** hold on to me or ...; **je ne sais pas ce qui me retient de le gifler** I don't know what's stopping me from slapping him **3.** (*garder*) to keep; **je ne te retiens pas plus longtemps** I won't keep you any longer; **j'ai été retenu** I was held up **4.** (*attention*) to claim **5.** (*réserver*) to reserve; (*table*) to book **6.** (*se souvenir de*) to remember; **retenez bien la date** don't forget that date **7.** (*réprimer*) to restrain; (*larmes, sourire*) to hold back; (*souffle*) to hold **8.** (*candidature, proposition*) to accept **9.** (*pré-*

lever) ~ **un montant sur le salaire** to withhold some money out of wages; ~ **les impôts sur le salaire** to stop tax out of wages **10. je te/le/la retiens!** *inf* I won't forget you/him/her in a hurry! **II.** *vpr* **se** ~ **1.** (*s'accrocher*) **se** ~ **à qn/qc pour** +*infin* to hold on to sb/sth to +*infin* **2.** (*s'empêcher*) to restrain oneself; **se** ~ **pour ne pas rire** to keep oneself from laughing **3.** (*contenir ses besoins naturels*) to hold on

retentissant(e) [ʀ(ə)tɑ̃tisɑ̃] *adj* (*cri, voix*) ringing; (*bruit, claque*) resounding

retentissement [ʀ(ə)tɑ̃tismɑ̃] *m* **1.** (*répercussion*) repercussions *pl* **2.** (*éclat*) impact

retenue [ʀət(ə)ny] *f* **1.** (*modération*) restraint; **sans** ~ without any restraint **2.** ECOLE detention; **mettre un élève en** ~ to keep a pupil in

réticence [ʀetisɑ̃s] *f* reluctance; **avec** ~ reluctantly

réticent(e) [ʀetisɑ̃] *adj* reluctant

rétine [ʀetin] *f* retina

retiré(e) [ʀ(ə)tiʀe] *adj* (*lieu, vie*) secluded

retirer [ʀ(ə)tiʀe] <1> **I.** *vt* **1.** (*enlever*) to take off; ~ **qc du commerce** to withdraw sth from sale; ~ **qc du catalogue/programme** to remove sth from the catalogue/the programme; ~ **son jouet à qn** to take sb's toy away from them **2.** (*permis de conduire*) to take away **3.** (*faire sortir*) ~ **qn/qc de qc** to take sb/sth out of sth; ~ **qn des décombres** to pull sb out from under the rubble **4.** (*argent*) to withdraw **5.** (*main, tête*) to move away **6.** (*annuler*) to withdraw **7.** (*faire un second tirage*) **faire** ~ **une photo** to get a reprint of a photo **II.** *vpr* **se** ~ **1.** (*partir, annuler sa candidature*) to withdraw; **se** ~ **à la campagne** to go off to live in the country; **se** ~ **de la vie publique** to leave public life **2.** (*prendre sa retraite*) to retire **3.** (*eau, mer*) to go out

retombée [ʀ(ə)tɔ̃be] *f* **1.** *pl* (*répercussions*) fallout + *vb sing*; **les** ~**s**

médiatiques de qc the media fallout from sth **2.** (*impact*) impact

retomber [ʀ(ə)tɔ̃be] <1> *vi être* **1.** (*tomber à nouveau*) to fall back; ~ **dans la délinquance/la drogue** to get back into delinquency/drugs **2.** (*tomber après s'être élevé*) to fall down again; (*ballon*) to come back down; (*capot*) to fall back down; **se laisser** ~ to drop back **3.** (*baisser*) to dwindle; (*fièvre, cote de popularité*) to fall; ~ **au niveau d'il y a trois ans** to fall back to the level of three years ago **4.** (*redevenir*) ~ **amoureux** to fall in love again; ~ **malade/enceinte** to get ill/pregnant again **5.** (*brouillard*) to come down again; **la pluie/la neige retombe** it's raining/snowing again **6.** (*échoir à*) ~ **sur qn** to fall on sb; **cela va me dessus** it's all going to land on me; **faire** ~ **la faute sur qn** to land sb with the blame for sth **7.** (*revenir, rencontrer*) ~ **au même endroit** to come back to the same place; ~ **sur qn** to come across sb again

rétorquer [ʀetɔʀke] <1> *vt* to retort

retouche [ʀ(ə)tuʃ] *f* COUT alteration; **faire une** ~ **à qc** to alter sth

retoucher [ʀ(ə)tuʃe] <1> **I.** *vt* **1.** (*vêtement*) to alter **2.** (*être remboursé*) ~ **mille euros** to get a thousand euros back **II.** *vi* ~ **à qc** to touch sth again

retour [ʀ(ə)tuʀ] **I.** *m* **1.** (*opp: départ*) return; (*voyage*) return journey; **prendre le chemin du** ~ to set off back; **au** ~ on the way back; **être de** ~ to be back **2.** (*à un état antérieur*) ~ **à qc** return to sth; ~ **au calme** return to a state of calm; ~ **en arrière** flashback **3.** (*réapparition*) **un** ~ **du froid** a new cold spell; ~ **en force** return in strength **4.** (*billet*) return (ticket); **aller et** ~ return **5.** CINE, TV **touche de** ~ **rapide** fast rewind button **6. c'est un juste** ~ **des choses** it's only fair; **par** ~ **du courrier** by return of post; ~ **à l'expéditeur!** return to sender!; ~ **éternel** eternal recurrence **II.** *app*

match ~ return match

retournement [ʀ(ə)tuʀnəmɑ̃] *m* **un ~ de la situation** turnround in the situation

retourner [ʀ(ə)tuʀne] <1> I. *vt avoir* 1. (*matelas, omelette, viande, cartes*) to turn over; (*caisse, tableau, verre*) to turn upside down 2. (*mettre à l'envers*) to turn inside out; (*manche, bas de pantalon*) to roll up; **être retourné** (*col*) to be turned up 3. (*orienter en sens opposé*) ~ **un compliment à qn** to return the compliment to sb; ~ **la situation en faveur de qn** to turn the situation back in sb's favour 4. (*lettre*) to return; (*marchandise*) to send back 5. *inf* (*maison, pièce*) to turn upside down; **j'en suis tout retourné** I'm all shaken (up) II. *vi être* 1. (*revenir*) to return; (*en partant*) to go back; (*en revenant*) to come back; ~ **sur ses pas** to retrace one's steps; ~ **chez soi** to go back home 2. (*aller de nouveau*) ~ **à la montagne/chez qn** to go back to the mountains/to sb's house; ~ **à son travail** to get back to work; (*après une maladie, des vacances*) to go back to [*o* return] work III. *vpr* **être se ~** 1. (*personne*) to turn over; (*voiture, bateau*) to overturn; **se ~ sans cesse dans son lit** to toss and turn in one's bed 2. (*tourner la tête*) to look back; **tout le monde se retournait sur leur passage** all heads turned as they went by; **se ~ vers qn/qc** to look back at sb/sth 3. (*prendre un nouveau cours*) **se ~ contre qn** (*acte, action*) to backfire on sb 4. (*se tordre*) **se ~ le doigt/bras** to twist one's finger/arm

rétracter [ʀetʀakte] <1> *vpr* **se ~** to retract

retrait [ʀ(ə)tʀɛ] *m* withdrawal; (*des bagages, d'un billet*) collection; ~ **du permis (de conduire)** driving ban

retraite [ʀ(ə)tʀɛt] *f* 1. (*cessation du travail*) retirement; ~ **anticipée** early retirement; **être à la ~** to be retired; **mettre qn à la ~** to retire sb;

prendre sa ~ to retire 2. (*pension*) pension 3. (*assurance*) ~ **complémentaire** pension (plan)

retraité(e) [ʀ(ə)tʀete] I. *adj* (*à la retraite*) retired II. *m(f)* retired person

retraitement [ʀ(ə)tʀɛtmɑ̃] *m* (*des déchets*) recycling; **centre/usine de ~ des déchets nucléaires** nuclear reprocessing plant/works

retrancher [ʀ(ə)tʀɑ̃ʃe] <1> *vt* 1. (*retirer*) ~ **une somme de qc** to deduct a sum from sth 2. **vivre retranché** to live cut off from others

retransmettre [ʀ(ə)tʀɑ̃smɛtʀ] <irr> *vt* to broadcast; (*émission*) to show

retransmission [ʀ(ə)tʀɑ̃smisjɔ̃] *f* broadcast; ~ **en différé** broadcast recording

retravailler [ʀ(ə)tʀavaje] <1> I. *vi* to go back to work II. *vt* (*discours, texte*) to rework

rétrécir [ʀetʀesiʀ] <8> I. *vt* to narrow; (*bague, jupe*) to take in II. *vi* ~ **au lavage** to shrink in the wash

rétro [ʀetʀo] *abr de* **rétrograde** I. *adj inv* (*démodé*) old-fashioned; (*mode*) retro II. *adv* (*s'habiller*) in retro clothing

rétrograder [ʀetʀoɡʀade] <1> *vi* AUTO ~ **en seconde** to change [*o* shift *Am*] down to second

rétroprojecteur [ʀetʀopʀɔʒɛktœʀ] *m* overhead projector

rétrospectif, -ive [ʀetʀɔspɛktif] *adj* (*examen, étude*) retrospective

rétrospective [ʀetʀɔspɛktiv] *f* 1. ART retrospective 2. CINE season 3. *Québec* (*retour en arrière dans un film*) flashback

retrousser [ʀ(ə)tʀuse] <1> *vt* (*manche, bas de pantalon*) to roll up; (*moustache, lèvres*) to curl; ~ **les babines** to bare one's teeth

retrouvailles [ʀ(ə)tʀuvaj] *fpl* reunion + *vb sing*

retrouver [ʀ(ə)tʀuve] <1> I. *vt* 1. (*récupérer*) to find; (*fonction, place*) to return to 2. (*rejoindre*) ~ **qn** to meet (up with) sb 3. (*recouvrer*) to get back; ~ **son calme** to calm down again; ~ **la santé** to return to health; ~ **le sourire/le sommeil** to be able to smile/sleep again **II.** *vpr* **se** ~ **1.** (*personnes*) to meet; **se** ~ **au bistro** to meet at the bistro **2.** (*occasion*) to turn up again **3.** (*être de nouveau*) **se** ~ **dans la même situation** to find oneself back in the same situation; **se** ~ **seul/désemparé** to find oneself alone/at a loss **4.** (*finir*) **se** ~ **en prison** to end up in prison **5.** (*voir clair*) **s'y** ~ to make sense of it; **je n'arrive pas à m'y** ~ I can't make any sense of all this; **s'y** ~ **dans ses calculs** to get one's sums to work out **6. comme on se retrouve!** it's a small world!; **on se retrouvera!** *inf* (*menace*) we'll meet again!

rétroviseur [ʀetʀɔvizœʀ] *m* rear view mirror

réunification [ʀeynifikasjɔ̃] *f* reunification; **la** ~ **de l'Allemagne** German reunification

réunifier [ʀeynifje] <1> *vt* to reunify; **l'Allemagne réunifiée** re-united Germany

réunion [ʀeynjɔ̃] *f* **1.** meeting; ~ **de famille** family gathering; ~ **d'information** briefing session; **être en** ~ to be in a meeting **2.** (*ensemble, rapprochement*) merging; (*d'États*) union

Réunion [ʀeynjɔ̃] *f* (**l'île de**) **la** ~ Reunion (Island)

réunir [ʀeyniʀ] <8> **I.** *vt* (*objets, papiers*) to gather; (*faits, preuves, arguments*) to collect; ~ **des personnes** to bring people together; ~ **toutes les conditions exigées** to meet all the requirements **II.** *vpr* **se** ~ (*personnes*) to gather

réussi(e) [ʀeysi] *adj* **1.** successful; (*examen*) with good results; **être vraiment** ~ to be a real success; **ne pas être très réussi** to be a bit of a flop **2. c'est** ~! *iron* well done!

réussir [ʀeysiʀ] <8> **I.** *vi* **1.** (*chose*) to be a success; ~ **bien/mal** to be/ not be a success **2.** (*parvenir au succès*) ~ **dans la vie** to succeed in life; ~ **à l'/un examen** to pass the/ an exam; **tout lui réussit** he makes

a success of everything **3.** *a. iron* ~ **à** +*infin* to manage to +*infin* **II.** *vt* **1.** (*bien exécuter*) to manage **2.** (*épreuve, examen*) to pass; ~ **sa vie** to make a success of one's life

réussite [ʀeysit] *f* success

revaloir [ʀ(ə)valwaʀ] <irr> *vt* **je te/lui revaudrai ça** (*en bien*) I'll make it up to you/him; (*en mal*) I'll get even with you/him

revanche [ʀ(ə)vɑ̃ʃ] *f* **1.** revenge; **prendre sa** ~ to get one's revenge **2. en** ~ (*par contre*) on the other hand; (*en contrepartie*) in exchange

rêve [ʀɛv] *m* **1.** dream; **faire un** ~ to have a dream; **fais de beaux ~s!** sweet dreams!; **voiture de** ~ dream car; **de mes ~s** of my dreams **2. prendre ses ~s pour des réalités** to confuse dreams and reality; **c'est le** ~ *inf* it's just perfect

rêvé(e) [ʀeve] *adj* perfect

réveil [ʀevɛj] *m* **1.** (*réveille-matin*) alarm clock; **mettre le** ~ **à 6 heures** to set the alarm for six o'clock **2.** (*retour à la réalité*) awakening

réveiller [ʀeveje] <1> **I.** *vt* ~ **qn** to wake sb up; **être réveillé** to be awake; **être bien réveillé** to be wide awake; **je suis mal réveillé** I haven't woken up properly; **être à moitié réveillé** to be still half asleep **II.** *vpr* **se** ~ **1.** (*sortir du sommeil*) to wake up **2.** (*douleur*) to return; (*souvenir*) to reawaken; (*volcan*) to awake

réveillon [ʀevɛjɔ̃] *m: night before Christmas or New Year, or a meal or party to celebrate it;* **fêter le** ~ **de Noël/du nouvel an** to celebrate Christmas Eve/New Year's Eve

réveillonner [ʀevɛjɔne] <1> *vi* to celebrate Christmas Eve/New Year's Eve

révéler [ʀevele] <5> *vt* (*divulguer*) to reveal; ~ **qc à qn** to reveal sth to sb

revenant [ʀəv(ə)nɑ̃] *m* ghost

revendication [ʀ(ə)vɑ̃dikasjɔ̃] *f* demand; JUR, POL claim

revendiquer [ʀ(ə)vɑ̃dike] <1> *vt* **1.** (*réclamer*) to demand **2.** (*as-*

R
r

sumer) **l'attentat a été revendiqué par la Maffia** the Mafia has claimed responsibilty for the attack

revendre [ʀ(ə)vɑ̃dʀ] <14> *vt* **1.** (*vendre d'occasion*) to sell **2.** *fig* **avoir de l'énergie à ~** to have bags of energy

revenir [ʀ(ə)vəniʀ] <9> *vi être* **1.** (*personne, lettre*) to come back; (*printemps*) to return **2.** (*rentrer*) to return; **~ en avion/en voiture/à pied** to fly/drive/walk back; **je reviens dans un instant** I'll be back in a moment **3.** (*réexaminer*) **~ sur un sujet/le passé** to go back over a subject/the past; **ne revenons pas là-dessus!** let's not go over that again! **4.** (*se dédire de*) **~ sur une opinion/décision** to change one's opinion/decision **5.** (*se présenter à nouveau à l'esprit*) **~ à qn** to come back to sb **6.** (*être déçu par*) **~ de ses illusions** to lose one's illusions **7.** (*équivaloir à*) **cela revient au même** it comes to the same thing; **cela revient à dire que** it's like saying **8.** (*cher*) to work out; **~ à 100 euros** to come to a hundred euros; **~ à 100 euros à qn** to cost sb a hundred euros **9.** GASTR **faire ~ qc** to brown sth **10. je n'en reviens pas ~ de qc** *inf* I can't get over sth; **elle revient de loin** it was a close thing (for her)

revenu [ʀ(ə)vəny] *m* income; **~ minimum d'insertion** basic income paid to the jobless

rêver [ʀɛve] <1> *vi* **~ de qn/qc** to dream about sb/sth; (*désirer*) to dream of sth/of doing sth; **te prêter de l'argent? tu rêves!** lend you money? in your dreams!

réverbère [ʀevɛʀbɛʀ] *m* (*éclairage*) streetlight

révérence [ʀeveʀɑ̃s] *f* **1.** (*d'un homme*) bow; (*d'une femme*) curtsey **2. tirer sa ~** *iron* to walk off

revers [ʀ(ə)vɛʀ] *m* **1.** (*dos*) back **2.** (*échec*) setback **3.** (*au tennis*) backhand **4.** (*repli*) turn-up; (*d'un manteau*) cuff; (*d'un col*) lapel **5. c'est le ~ de la médaille** that's

the other side of the coin

revêtement [ʀ(ə)vɛtmɑ̃] *m* covering; (*d'une route, poêle*) surface

revêtir [ʀ(ə)vetiʀ] <irr> *vt* (*poser un revêtement*) **~ une surface de qc** to cover a surface with sth

réviser [ʀevize] <1> *vt, vi* ECOLE to revise

révision [ʀevizjɔ̃] *f pl* ECOLE revision *no pl;* **faire ses ~s** to revise

revivre [ʀ(ə)vivʀ] <irr> **I.** *vi* (*être revigoré*) to come back to life **II.** *vt* (*vivre à nouveau*) to relive

révocation [ʀevɔkasjɔ̃] *f* (*d'un fonctionnaire*) dismissal; (*d'un contrat*) revocation

revoici [ʀ(ə)vwasi] *prep inf* **me/le ~** here I am/he is again

revoilà [ʀ(ə)vwala] *prep inf* **me/le ~** I'm/he's back

revoir [ʀ(ə)vwaʀ] <irr> **I.** *vt* **1.** (*voir à nouveau*) **~ qn/qc** to see sb/sth again; **au ~** goodbye **2.** (*regarder de nouveau*) **~ qc** to look at sth again **3.** (*se souvenir*) **je la revois** I can see her now **II.** *vpr* **se ~ 1.** (*se retrouver*) to meet up **2.** (*se souvenir de soi*) **se ~ jeune** to see oneself as young man (again)

révolte [ʀevɔlt] *f* (*émeute*) revolt

révolter [ʀevɔlte] <1> **I.** *vt* (*individu*) to disgust; (*crime, injustice*) to revolt **II.** *vpr* **se ~ 1.** (*s'insurger*) **~ contre qn/qc** to rebel against sb/sth **2.** (*s'indigner*) to be revolted by sb/sh

révolution [ʀevɔlysjɔ̃] *f* (*changement*) revolution

Révolution [ʀevɔlysjɔ̃] *f* HIST **la ~** the Revolution

révolutionnaire [ʀevɔlysjɔnɛʀ] *adj, mf* revolutionary

revolver [ʀevɔlvɛʀ] *m* revolver

revoyure [ʀ(ə)vwajyʀ] **à la ~!** *inf* bye for now!

revue [ʀ(ə)vy] *f* review; **~ de presse** press review

rez-de-chaussée [ʀed(ə)ʃose] *m inv* ground [*o* first *Am*] floor; **habiter au ~** to live on the ground floor

RF [ɛʀɛf] *f abr de* **République française** French Republic

RFA [ɛʀɛfa] *f abr de* **République fédérale d'Allemagne: la ~** Germany; (*avant 1989*) West Germany

rhabiller [ʀabije] <1> *vpr* **1. se ~** to get dressed (again) **2. tu peux aller te ~** *inf* forget it!

rhésus [ʀezys] *m* MED (**facteur**) ~ rhesus

Rhin [ʀɛ̃] *m* **le ~** the Rhine

rhinocéros [ʀinɔseʀɔs] *m* rhinoceros

Rhône [ʀon] *m* **le ~** the Rhône

rhubarbe [ʀybaʀb] *f* rhubarb

rhum [ʀɔm] *m* rum

rhumatisme [ʀymatism] *m* rheumatism *no pl*

rhume [ʀym] *m* **1.** (*coup de froid*) cold **2. ~ des foins** hay fever

ri [ʀi] *part passé de* **rire**

riais [ʀ(i)jɛ] *imparf de* **rire**

riant(e) [ʀ(i)jɑ̃] *part prés de* **rire**

ricaner [ʀikane] <1> *vi* **1.** (*avec mépris*) to snigger, snicker *Am* **2.** (*bêtement*) to giggle

riche [ʀiʃ] **I.** *adj* rich; ~ **en calories** rich [*o* high] in calories **II.** *mf* rich person

richesse [ʀiʃɛs] *f* **1.** (*fortune*) wealth *no pl* **2.** *pl* (*ressources*) wealth *no pl* **3.** (*bien*) blessing

ricocher [ʀikɔʃe] <1> *vi* **~ sur qc** to ricochet off sth; **faire ~ une pierre sur l'eau** to skim a stone on the water

ride [ʀid] *f* (*pli*) wrinkle

ridé(e) [ʀide] *adj* wrinkled

rideau [ʀido] <x> *m* **1.** *a.* THEAT curtain **2.** HIST **le ~ de fer** the Iron Curtain

ridicule [ʀidikyl] **I.** *adj* ridiculous **II.** *m* ridicule; (*d'une situation*) ridiculousness; **tourner qc en ~** to ridicule sth

ridiculiser [ʀidikylize] <1> **I.** *vt* to ridicule **II.** *vpr* **se ~** to make onself ridiculous

rie [ʀi] *subj prés de* **rire**

rien [ʀjɛ̃] **I.** *pron indéf* **1.** (*aucune chose*) nothing; **ça ne vaut ~** it's worthless; **~ d'autre** nothing else; **~ de nouveau/mieux/de tel** nothing new/better/like it **2.** (*seule-*

ment) ~ **que la chambre** the room alone; ~ **que d'y penser** just thinking about it **3.** (*quelque chose*) anything; **rester sans ~ faire** to do nothing **4. j'en ai ~ à cirer** *inf* I couldn't care less; **ce n'est ~** it's nothing; **comme si de ~ n'était** as if there was nothing the matter; **je n'y suis pour ~** it's nothing to do with me; **de ~!** my pleasure!; **blessure de ~ du tout** just a tiny scratch; ~ **du tout** nothing at all; ~ **que ça!** *iron* just that! **II.** *m.* **1.** (*très peu de chose*) trifle **2.** (*un petit peu*) tiny bit; (*de cognac*) drop **3. en un ~ de temps** in no time

rient [ʀi] *indic prés de* **rire**

rieur, -euse [ʀ(i)jœʀ] *adj* laughing

riez [ʀ(i)je] *indic prés et impératif de* **rire**

rions [ʀ(i)jɔ̃] *indic prés et impératif de* **rire**

rigide [ʀiʒid] *adj* rigid; (*carton*) stiff

rigolade [ʀigɔlad] *f inf* **1.** fun **2. c'est de la ~** (*c'est facile*) it's child's play; (*c'est pour rire*) it's just a bit of fun; **prendre qc à la ~** to make a joke of sth

rigole [ʀigɔl] *f* channel

rigoler [ʀigɔle] <1> *vi inf* **1.** (*rire*) to laugh **2.** (*s'amuser*) to have fun **3.** (*plaisanter*) ~ **avec qn/qc** to have a laugh with sb/sth; **pour ~** for a laugh; **je (ne) rigole pas!** it's no joke!

rigolo(te) [ʀigɔlo] **I.** *adj inf* funny **II.** *m(f) inf* (*homme amusant*) funny guy

rigoureux, -euse [ʀiguʀø] *adj* **1.** rigorous **2.** (*sévère*) strict

rigueur [ʀigœʀ] *f* **1.** (*sévérité*) strictness; (*d'une punition*) harshness; **avec ~** strictly **2.** (*austérité*) austerity; (*économique*) rigour *Brit,* rigor *Am* **3.** (*d'un climat*) rigour *Brit,* rigor *Am* **4. tenir ~ à qn de qc** to hold sth against sb; **à la ~** (*tout au plus*) at most; (*si besoin est*) at a pinch; **de ~** essential

rillettes [ʀijɛt] *fpl:* potted meat

rime [ʀim] *f* rhyme

rimer [ʀime] <1> *vi* **1.** to rhyme

2. ne ~ à rien to make no sense

rincer [Rɛ̃se] <2> **I.** *vt* (*laver*) to rinse **II.** *vpr* **se ~ la bouche** to rinse one's mouth

riposter [Ripɔste] <1> *vi* **1.** (*répondre*) to riposte **2.** MIL to counterattack

rire [RiR] <irr> **I.** *vi* **1.** to laugh; **faire ~ qn** to make sb laugh; **laisse(z)-moi ~!** *iron* don't make me laugh! **2.** (*se moquer*) **~ de qn/qc** to laugh at sb/sth **3.** (*s'amuser*) to have a laugh **4.** (*plaisanter*) to joke; **tu veux ~!** you're joking! **5. ~ dans sa barbe** to laugh up one's sleeve; **sans ~?** no kidding? **II.** *m* laugh; **des ~s** laughter *no pl*; **fou ~** giggling

ris [Ri] *indic prés et passé simple de* **rire**

risée [Rize] *f* **être la ~ du quartier** to be the laughing stock of the neighbourhood [*o* neighborhood *Am*]

risque [Risk] *m* **1.** (*péril*) risk; **courir un ~** to run a risk **2.** *pl* **les ~s du métier** *inf* the risks of the job **3. à mes/tes ~s et périls** at my/your own risk

risqué(e) [Riske] *adj* risky

risquer [Riske] <1> *vt* **1.** to risk **2.** (*tenter, hasarder*) to chance; **~ le coup** to chance it **3. ça (ne) risque pas!** *inf* not likely!; **ça ne risque pas de m'arriver** no fear of that happening to me

rissoler [Risɔle] <1> **I.** *vt* (*beignets*) to brown; (*pommes de terre*) to sauté **II.** *vi* (*pommes de terre, beignets*) to brown

ristourne [RistuRn] *f* (*sur achat*) reduction

rit [Ri] *indic prés de* **rire**

rital(e) [Rital] <s> *m péj, inf* wop *péj*

rituel [Rityɛl] *m* ritual

rivage [Rivaʒ] *m* shore

rival(e) [Rival] <-aux> *adj, m(f)* rival

rivaliser [Rivalize] <1> *vi* **~ avec qn** to vie with sb

rive [Riv] *f* bank

riverain(e) [Riv(ə)Rɛ̃] *m(f)* resident

rivière [RivjɛR] *f* (*cours d'eau*) river

riz [Ri] *m* rice; **~ au curry** curried rice; **~ au lait** ≈ rice pudding

R.M.I. [ɛRɛmi] *m abr de* **revenu minimum d'insertion**

RMIste, RMiste [ɛRɛmist] *v.* **érémiste**

R.N. [ɛRɛn] *f abr de* **route nationale**

R.N.I.S. [ɛRɛniɛs] *m abr de* **réseau de numérique à intégration de service** ISDN

roast-beef [Roːstbiːf] *m v.* **rosbif**

robe [Rɔb] *f* dress; **~ de plage/du soir** beach/evening dress

robe de chambre [Rɔb də ʃɑ̃bR] *f* dressing gown

robinet [Rɔbinɛ] *m* tap

robot [Rɔbo] *m* **1.** robot **2.** (*appareil ménager*) (food) processor

robotique [Rɔbɔtik] *f* robotics + *vb sing*

robotiser [Rɔbɔtize] <1> *vt* to automate

robuste [Rɔbyst] *adj* (*personne, plante*) hardy; (*appétit*) hearty; (*foi*) robust

roc [Rɔk] *m* **1.** rock **2. solide comme un ~** solid as a rock

rocade [Rɔkad] *f* communications line

roche [Rɔʃ] *f* GEO rock

rocher [Rɔʃe] *m* rock

Rocheuses [Rɔʃøz] *f pl* **les ~** the Rockies

rock [Rɔk] *adj* **concert de ~** rock concert

rock(-and-roll) [RɔkɛnRɔl] *m inv* rock('n roll)

rococo [Rɔkɔko] **I.** *adj* **1. style ~** rococo style **2.** *péj* outdated **II.** *m* rococo

rodéo [Rɔdeo] *m* (*des cowboys*) rodeo

roder [Rɔde] <1> *vt* (*moteur, engrenages*) to run [*o* break *Am*] in

rôder [Rode] <1> *vi* **~ dans les parages** to wander about

rogne [Rɔɲ] *f inf* **1.** anger **2. se mettre en ~ contre qn** *inf* to get into a blazing temper

rogner [Rɔɲe] <1> **I.** *vt* to trim **II.** *vi* **~ sur qc** to cut down on sth

rognon [ʀɔɲɔ̃] *m* GASTR kidney

roi [ʀwa] *m* 1. king 2. (*premier*) **le ~ des imbéciles** a prize oaf 3. **galette** [*o gâteau Midi*] **des Rois** Twelfth Night cake; **être plus royaliste que le ~** to be more Roman than the Pope; **tirer les ~s** to eat the Twelfth Night cake

i The **gâlette des Rois** is a flat cake full of marzipan. In the South of France the **gâteau des Rois** is a sweet ring with candied fruit. In both types, there is a small figure, the "fève", and whoever finds it becomes the 'king'.

rôle [ʀol] *m* 1. *a.* THEAT, CINE role; **premier ~** main role; **~ de composition** character part 2. **avoir le beau ~** to have it easy

roller [ʀɔlœʀ] *m* Rollerblade®; **paire de ~s** pair of rollerblades; **faire du ~** to blade

ROM [ʀɔm] *f inv abr de* **Read Only Memory** ROM

romain(e) [ʀɔmɛ̃] *adj* Roman
Romain(e) [ʀɔmɛ̃] *m(f)* Roman
roman [ʀɔmɑ̃] *m* 1. LIT novel 2. ARCHIT, ART Romanesque

roman(e) [ʀɔmɑ̃] *adj* ARCHIT, ART Romanesque

romanche [ʀɔmɑ̃ʃ] *adj* **langue ~** Romansh

romancier, -ière [ʀɔmɑ̃sje] *m, f* novelist

Romand(e) [ʀɔmɑ̃] *m(f)* French-speaking Swiss

romantique [ʀɔmɑ̃tik] *adj, mf* romantic

romarin [ʀɔmaʀɛ̃] *m* rosemary

Rome [ʀɔm] Rome

rompre [ʀɔ̃pʀ] <irr> I. *vt* (*silence*) to break; (*fiançailles, relations*) to break off II. *vi* (*se séparer*) **~ avec qn** to break it off with sb; **~ avec qc** to break with sth

ronce [ʀɔ̃s] *f pl* brambles

rond [ʀɔ̃] I. *m* 1. ring; **~s de fumée/de serviette** smoke/napkin ring 2. *inf* (*argent*) **n'avoir pas un ~** not to have a bean II. *adv* **tout ~** (*avaler*) whole

rond(e) [ʀɔ̃] *adj* 1. round 2. (*personne*) plump

rondelet(te) [ʀɔ̃dlɛ] *adj* (*rondouillard*) tubby

rondelle [ʀɔ̃dɛl] *f* GASTR slice; **concombre coupé en ~s** sliced cucumber

rondeur [ʀɔ̃dœʀ] *f* (*forme ronde*) plumpness; **~s** curves

rond-point [ʀɔ̃pwɛ̃] <rondspoints> *m* roundabout *Brit,* traffic circle *Am*

ronfler [ʀɔ̃fle] <1> *vi* 1. (*personne*) to snore 2. *inf* (*dormir*) to snore away

ronger [ʀɔ̃ʒe] <2a> I. *vt* 1. (*grignoter*) to gnaw 2. (*miner*) to sap; **être rongé de remords** to suffer the pangs of remorse II. *vpr* **se ~ les ongles** to bite one's nails

ronron [ʀɔ̃ʀɔ̃] *m* (*du chat*) purr(ing); (*d'une machine*) *inf* drone

ronronner [ʀɔ̃ʀɔne] <1> *vi* (*chat*) to purr

roquefort [ʀɔkfɔʀ] *m* roquefort (*blue cheese made with sheeps' milk*)

rosbif [ʀɔzbif] *m* GASTR roast beef

rose¹ [ʀoz] *f* 1. rose 2. **envoyer qn sur les ~s** *inf* to send sb packing

rose² [ʀoz] I. *adj* 1. (*rouge pâle*) pink 2. **téléphone ~** sex chatline II. *m* 1. pink; **~ bonbon** candy pink 2. **voir la vie en ~** to see life through rose-tinted glasses

rosé [ʀoze] *m* (*vin*) rosé (wine)
rosé(e) [ʀoze] *adj* rosé

roseau [ʀozo] <x> *m* reed

rosée [ʀoze] *f* dew

rossignol [ʀɔsiɲɔl] *m* 1. (*oiseau*) nightingale 2. (*passe-partout*) skeleton key

rotation [ʀɔtasjɔ̃] *f* 1. rotation; **~ du personnel/du capital** staff/capital turnover 2. AVIAT, NAUT roound trip

roter [ʀɔte] <1> *vi inf* to belch

rôti [ʀoti] *m* roast; **~ de bœuf/porc** roast beef/pork

R

rôtir [ʀotiʀ] <8> **I.** *vt* to roast **II.** *vi* GASTR to roast; **faire ~ qc** to roast sth

rotule [ʀɔtyl] *f* **1.** ANAT kneecap **2. je suis sur les ~s** *inf* my legs won't carry me

rouble [ʀubl] *m* rouble

roucouler [ʀukule] <1> **I.** *vi* **1.** ZOOL to coo **2.** *iron* to bill and coo **II.** *vt* *iron* to murmur

roue [ʀu] *f* **1.** wheel; **~ arrière/ avant** rear/front wheel; **~ de secours** spare wheel **2. être la cinquième ~ du carrosse** to be surplus to requirements

rouge [ʀuʒ] **I.** *adj* **1.** *a.* POL red; **~ de colère/comme une écrevisse** red with anger/as a lobster; **la braise est encore ~** the embers are still glowing red **2.** (*délicat*) **journée classée ~ pour le trafic routier** peak traffic day **II.** *m* **1.** (*couleur*) red **2.** *inf* (*vin*) red (wine); **gros ~** *inf* cheap red wine **3.** (*fard*) rouge; **~ à lèvres** lipstick **III.** *adv* **se fâcher tout ~** to get hot under the collar; **voir ~** to see red

rouge-gorge [ʀuʒgɔʀʒ] <rouges-gorges> *m* robin

rougeole [ʀuʒɔl] *f* measles

rougir [ʀuʒiʀ] <8> *vi* **1.** (*personne*) to blush; **~ de confusion** to blush with embarrassment **2.** (*avoir honte*) **~ de qn** to be ashamed of sb; **faire ~ qn** to make sb ashamed **3.** (*devenir rouge*) to go red

rouille [ʀuj] *f* rust

rouillé(e) [ʀuje] *adj* **1.** rusty **2.** (*muscles*) stiff

rouiller [ʀuje] <1> *vi* to rust

roulant(e) [ʀulɑ̃] *adj* **1.** CHEMDFER **personnel ~** train crews *pl* **2.** (*mobile*) moving

roulé(e) [ʀule] *adj* **bien ~** *inf* with a good figure

rouler [ʀule] <1> **I.** *vt* **1.** to roll **2.** (*parapluie, crêpe*) to roll up **3.** *inf* (*tromper*) to trick; **se faire ~ par qn** to be done by sb **4.** (*épaules*) to sway **II.** *vi* **1.** (*objet*) to roll; (*voiture*) to go; (*conducteur*) to drive; **on roulait vite** we were going fast; **~ en 2 CV** to drive a 2 CV **2. ~ sous la**

table (*personne*) to fall under the table **3. ça roule** *inf* everything's fine! **III.** *vpr* **se ~ par terre** to roll on the ground

roulette [ʀulɛt] *f* **1.** (*petite roue*) wheel **2.** (*jeu*) roulette **3. marcher comme sur des ~s** *inf* to go off without a hitch

roumain [ʀumɛ̃] *m* Romanian; *v. a.* français

roumain(e) [ʀumɛ̃] *adj* Romanian

Roumain(e) [ʀumɛ̃] *m(f)* Romanian

Roumanie [ʀumani] *f* **la ~** Romania

roupettes [ʀupɛt] *fpl* *inf* balls, goolies *Brit*

roupiller [ʀupije] <1> *vi* *inf* to snooze

roupillon [ʀupijɔ̃] *m* *inf* nap; **piquer un ~** to have a nap [*o* a snooze]

rouquin(e) [ʀukɛ̃] **I.** *adj* (*personne*) redheaded; (*cheveux*) red **II.** *m(f)* redhead

rouspéter [ʀuspete] <4> *vi* *inf* **~ contre qn/qc** to grumble about sb/ sth; **se faire ~** to get bawled out

roussi [ʀusi] *m* **ça sent le ~** (*sentir le brûlé*) there's a smell of burning; (*être suspect*) things look dodgy

routard(e) [ʀutaʀ] *m(f)* backpacker

route [ʀut] *f* **1.** (*voie*) road; **la ~ de Paris** the Paris road; **~ nationale/ départementale** major/secondary road **2.** (*voyage*) travel; **en ~ pour Paris** on the way to Paris; **bonne ~!** drive safely! **3.** (*itinéraire, chemin*) way; NAUT, AVIAT path; **demander sa ~** to ask one's way; **être sur la bonne ~** to be going the right way **4. faire fausse ~** to go the wrong way; (*se tromper*) to be on the wrong track; **faire de la ~** to be on the roads a lot; **en ~!** off we go!

routier, -ière [ʀutje] **I.** *adj* road; **prévention routière** road safety **II.** *m, f* lorry driver *Brit*, trucker *Am*

routine [ʀutin] *f* *a.* INFOR routine; **de ~** routine

rouvrir [ʀuvʀiʀ] <11> **I.** *vt, vi* to reopen **II.** *vpr* **se ~** (*porte*) to open again; (*plaie*) to be reopened

roux [ʀu] *m* **1.** (*couleur*) reddish brown **2.** GASTR roux

roux, rousse [ʀu] **I.** *adj* (*personne*) redheaded; (*cheveux*) red; (*barbe*) reddish **II.** *m, f* (*personne*) redhead

royalement [ʀwajalmɑ̃] *adv* **1.** (*vivre*) like a king **2.** *inf* **je m'en moque ~** I couldn't give a damn

royaume [ʀwajom] *m* (*monarchie*) kingdom

Royaume-Uni [ʀwajomyni] *m* **le ~** the United Kingdom

RPR [ɛʀpeɛʀ] *m abr de* **Rassemblement pour la république** *French political party of the right*

ruban [ʀybɑ̃] *m* ribbon; **~ adhésif** adhesive tape

rubéole [ʀybeɔl] *f* German measles

rubis [ʀybi] *m* (*pierre précieuse*) ruby

rubrique [ʀybʀik] *f* **1.** PRESSE page(s); **~ des spectacles** the entertainment section **2.** (*titre, catégorie*) heading

ruche [ʀyʃ] *f* hive

rude [ʀyd] *adj* **1.** (*pénible*) hard **2.** (*rugueux*) rough **3.** (*personne*) rough; (*manières*) rough and ready **4.** *antéposé* (*gaillard*) hearty

rudement [ʀydmɑ̃] *adv inf* (*sacrément*) awfully

rudimentaire [ʀydimɑ̃tɛʀ] *adj* (*sommaire*) basic

rue [ʀy] *f* **1.** (*artère*) street; **~ piétonne/à sens unique** pedestrian/one-way street; **dans la ~** in the street **2.** (*ensemble des habitants*) **toute la ~** the whole street **3.** **courir les ~s** (*personne*) to wander through the streets; (*chose*) to be perfectly ordinary; **ça ne court pas les ~s** you don't find a lot of them around

ruelle [ʀɥɛl] *f* lane

rugby [ʀygbi] *m* rugby

rugueux, -euse [ʀygø] *adj* rough

ruine [ʀɥin] *f* ruin; **en ~(s)** in ruins; **tomber en ~(s)** to go to ruin

ruiner [ʀɥine] <1> **I.** *vt* to ruin; **ça (ne) va pas te ~** *inf* it won't ruin you **II.** *vpr* **se ~ pour qn** to bankrupt oneself for sb

ruisseau [ʀɥiso] <x> *m* stream

rumeur [ʀymœʀ] *f* rumour *Brit,* rumor *Am;* **faire courir une ~** to spread a rumour

ruminer [ʀymine] <1> **I.** *vt* **1.** (*ressasser*) to ponder **2.** ZOOL to ruminate **II.** *vi* to chew the cud

rupin(e) [ʀypɛ̃] **I.** *adj inf* posh **II.** *m(f) inf* filthy rich guy

rupture [ʀyptyʀ] *f* **1.** (*cassure*) break **2.** (*déchirure*) breaking; (*d'un tendon, d'une veine*) severing **3.** (*de contrat*) breach **4.** (*séparation*) break-up

rural(e) [ʀyʀal] <-aux> *adj* country; (*exploitation, économie*) rural

ruse [ʀyz] *f* (*subterfuge*) ruse

rusé(e) [ʀyze] **I.** *adj* crafty **II.** *m(f)* crafty individual

ruser [ʀyze] <1> *vi* to use trickery

russe [ʀys] *adj, m* Russian; *v. a.* **français**

Russe [ʀys] *mf* Russian; **~ blanc** White Russian

Russie [ʀysi] *f* **la ~** Russia

rustique [ʀystik] *adj* rustic; (*personne, vie, coutumes*) country

rythme [ʀitm] *m* **1.** MUS rhythm **2.** (*allure, cadence*) rate; **ne pas pouvoir suivre le ~** not to be able to keep up; **au ~ de qc** at the rate of sth

rythmé [ʀitme] *adj* rhythmical

S₅

S, s [ɛs] *m inv* **1.** S, s; **~ comme Suzanne** s for Sugar **2.** **virage en S** zigzag bend

s *f inv abr de* **seconde** s

S *abr de* **sud**

s' *v.* **se**, **si**

sa [sa] <ses> *dét poss* (*d'un homme*) his; (*d'une femme*) her; (*d'une chose, d'un animal*) its; *v. a.* **ma**

SA [ɛsɑ] *f abr de* **société anonyme** limited company

sabbat [saba] *m* sabbath; **jour du ~** Sabbath day

sabbatique [sabatik] *adj* sabbatical

sable [sɑbl] *m* sand; **~s mouvants** quicksand

sablé [sɑble] *m* GASTR ≈ shortbread biscuit [*o* cookie *Am*]

sablé(e) [sɑble] *adj* GASTR **pâte ~e** rich shortcrust pastry

sabler [sɑble] <1> *vt* **1.** (*couvrir de sable*) to sand **2.** *fig* **~ le champagne** to crack open a bottle of champagne

sabot [sabo] *m* **1.** (*chaussure*) clog **2.** ZOOL hoof **3.** (*pour les véhicules*) **~ de Denver** wheel clamp *Brit,* Denver boot *Am*

sabotage [sabotaʒ] *m* sabotage

saboter [sabɔte] <1> *vt* **1.** *a. fig* to sabotage **2.** (*bâcler*) to botch

saboteur, -euse [sabɔtœʀ] *m, f* saboteur

sabrer [sɑbʀe] <1> *vt* **1.** (*biffer*) to strike out **2.** (*ouvrir*) **~ le champagne** to open the champagne, (traditionally by removing the cork with a blow from a sabre)

sac¹ [sak] *m* **1.** bag; **~ de couchage/ sport/voyage** sleeping/sport/travel bag; **~ à dos** rucksack, backpack; **~ à main** handbag *Brit,* purse *Am;* **~ à provisions** shopping bag **2.** *inf* (*dix francs ou mille anciens francs*) ten francs **3. ~ d'embrouilles** [*o* de nœuds] *inf* can of worms; **l'affaire est dans le ~** *inf* the thing's in the bag; **vider son ~** *inf* to get everything off one's chest

sac² [sak] *m* (*pillage*) sack; **mettre à ~** to sack

saccade [sakad] *f* jolt; **par ~s** jerkily

saccadé(e) [sakade] *adj* (*respiration, rire*) halting; (*bruit*) staccato

saccager [sakaʒe] <2a> *vt* to wreck; (*récolte*) to destroy

sacerdoce [sasɛʀdɔs] *m* **1.** REL priesthood **2.** (*vocation*) vocation

sachant [saʃɑ̃] *part prés de* **savoir**

sache [saʃ] *subj prés de* **savoir**

sachet [saʃɛ] *m* bag; **~ de lavende**

sachet of lavender

sacoche [sakɔʃ] *f* **1.** (*sac*) bag; **~ de cycliste** saddlebag **2.** *Belgique* (*sac à main* (*de femme*)) handbag

sacquer [sake] <1> *vt inf* **1.** (*renvoyer*) to fire; **se faire ~** to get fired **2.** (*noter sévèrement*) **~ qn** to give sb a lousy mark [*o* grade *Am*]; **se faire ~** to get a lousy mark **3.** (*détester*) **je ne peux pas la ~** I can't stand (the sight of) her

sacre [sakʀ] *m* **1.** (*cérémonie religieuse*) consecration **2.** (*du printemps*) rite

sacré [sakʀe] *m* sacred

sacré(e) [sakʀe] *adj* **1.** *a.* REL sacred; (*édifice*) holy **2.** *fig* holy **3.** antéposé, inf damned; (*farceur, gaillard, talent*) real; **avoir un ~ toupet** to have one hell of a nerve; **~ nom d'un chien!** hell!

sacrebleu [sakʀəblø] *interj* my goodness!

Sacré-Cœur [sakʀekœʀ] *m sans pl* Sacred Heart

sacrement [sakʀəmɑ̃] *m* sacrament; **derniers ~s** last rites; **saint ~** Blessed Sacrament

sacrément [sakʀemɑ̃] *adv inf* damned

sacrer [sakʀe] <1> *vt* **1.** (*introniser*) to consecrate **2.** (*déclarer*) **~ qn le meilleur acteur de sa génération** to hail sb as the best actor of his generation

sacrifice [sakʀifis] *m* sacrifice; **sens du ~** sense of sacrifice

sacrifier [sakʀifje] <1> **I.** *vt* **1.** (*renoncer à*) **~ qc pour** [*o* à] **qc/pour faire qc** to sacrifice sth for sth **2.** (*personnage, rôle*) to neglect **3.** COM to give away; (*prix*) to slash **4.** REL to sacrifice **II.** *vpr* **se ~ pour qn** to sacrifice oneself for sb

sacrilège [sakʀilɛʒ] *m a.* REL sacrilege

sacristie [sakʀisti] *f* sacristy

sadique [sadik] **I.** *adj* sadistic **II.** *mf* sadist

sadomaso [sadomazo] *inv, inf,* **sadomasochiste** [sadomazoʃist] **I.** *adj* sado-masochistic **II.** *mf* sadomasochist

safari [safaʀi] *m* safari

safari-photo [safaʀifɔto] <safaris-photos> *m* camera safari

safran [safʀɑ̃] *m* saffron

sagacité [sagasite] *f* sagacity

sage [saʒ] **I.** *adj* **1.** (*avisé*) wise **2.** (*écolier, enfant*) well-behaved **II.** *m* wise man; **conseil des ~s** advisory commission

sage-femme [saʒfam] <sages-femmes> *f* midwife

sagement [saʒmɑ̃] *adv* **1.** (*raisonnablement*) wisely **2.** (*docilement*) quietly

sagesse [saʒɛs] *f* **1.** wisdom; **avoir la ~ de** +*infin* to have the good sense to +*infin* **2.** **~ des nations** traditional wisdom

Sagittaire [saʒitɛʀ] *m* Sagittarius; *v. a.* **Balance**

Sahara [saaʀa] *m* **le ~** the Sahara

saharien(ne) [saaʀjɛ̃] *adj* Saharan

saharienne [saaʀjɛn] *f* safari jacket

Sahel [saɛl] *m* **le ~** the Sahel

saignant(e) [sɛɲɑ̃] *adj* (*bifteck, viande*) rare

saignement [sɛɲmɑ̃] *m* bleeding; **les ~s de nez** nosebleeds

saigner [seɲe] <1> **I.** *vi* **1.** to bleed; **~ du nez** to have a nosebleed **2.** **ça va ~!** the fur will fly! **II.** *vt* **1.** MED to bleed **2.** (*animal*) to kill; (*personne*) to bleed

sain(e) [sɛ̃] *adj* **1.** sound **2.** **~ et sauf** safe and sound

saindoux [sɛ̃du] *m* lard

saint(e) [sɛ̃] **I.** *adj* REL holy; **jeudi ~** Maundy Thursday **II.** *m(f)* **1.** REL saint; **~ patron** patron saint; **le ~ des saints** the Holy of Holies **2.** **ne pas savoir à quel ~ se vouer** not to know which way to turn

Saint(e) [sɛ̃] *adj* **la ~e Vierge** the Blessed Virgin; **les ~es Écritures** the Holy Scriptures

Saint-Barthélémy [sɛ̃baʀtelemi] *f sans pl* **la ~** the Saint Bartholomew's Day massacre **saint-bernard** [sɛ̃bɛʀnaʀ] <saint-bernard(s)> *m* **1.** (*chien*) St Bernard **2.** (*âme secourable*) good samaritan **saint-cy-**

rien(ne) [sɛ̃siʀjɛ̃] <saint-cyriens> *m(f)*: *military cadet from the St. Cyr academy* **Saint-Domingue** [sɛ̃dɔmɛ̃:g(ə)] Santo Domingo **Sainte-Catherine** [sɛ̃tkatʀin] *f sans pl* **elle coiffe ~** she's 25 and unmarried **Sainte-Hélène** [sɛ̃telɛn(ə)] GEO Saint Helena **Saint-Esprit** [sɛ̃tɛspʀi] *m sans pl* **le ~** the Holy Spirit **saint-frusquin** [sɛ̃fʀyskɛ̃] *m inv, inf* clobber **saint-glinglin** [sɛ̃glɛ̃glɛ̃] *f sans pl, inf* **à la ~** one fine day **Saint-Jean** [sɛ̃ʒɑ̃] *f sans pl* **la ~** Midsummer's Day

ℹ️ **La Saint-Jean-Baptiste** on 24 July is the national holiday of French Canada (more important for French Canadians than the Canadian national holiday, "Confederation Day" on 1 July) and there is dancing round high piles of logs.

Saint-Nicolas [sɛ̃nikɔla] *f sans pl* **la ~** St Nicholas's Day **Saint-Père** [sɛ̃pɛʀ] <Saints-Pères> *m* Holy Father **Saint-Pierre** [sɛ̃pjɛʀ] *m sans pl* Saint Peter's (Basilica) **Saint-Pierre-et-Miquelon** [sɛ̃pjɛʀemikəlɔ̃] *m* Saint Pierre and Miquelon **Saint-Sylvestre** [sɛ̃silvɛstʀ] *f sans pl* New Year's Eve

sais [sɛ] *indic prés de* **savoir**

saisie [sezi] *f* **1.** *a.* JUR seizure **2.** INFOR data entry

saisir [seziʀ] <8> **I.** *vt* **1.** (*prendre*) **~ qn par les épaules** to take hold of sb by the shoulders **2.** (*attraper*) to catch **3.** (*chance*) to grab; (*occasion*) to seize **4.** (*comprendre*) to catch **5.** (*impressionner*) to strike **6.** GASTR to seal **7.** (*confisquer*) to seize **8.** JUR **~ un tribunal d'une affaire** to refer a case to a tribunal **9.** INFOR to key in **II.** *vpr* **se ~ de qc** to seize sth

saisissant(e) [sezisɑ̃] *adj* (*qui surprend*) striking; (*froid*) biting

saison [sɛzɔ̃] *f* season; **en/hors ~**

S

in/out of season

saisonnier, **-ière** [sɛzɔnje] **I.** *adj* seasonal **II.** *m, f* seasonal worker

sait [sɛ] *indic prés de* **savoir**

salade [salad] *f* **1.** BOT lettuce **2.** GASTR salad; ~ **niçoise** salade niçoise; ~ **de tomates/fruits** tomato/fruit salad **3.** *pl, inf* (*mensonges*) fairy tales

saladier [saladje] *m* salad bowl

salaire [salɛʀ] *m* salary; (*d'un ouvrier*) pay; ~ **minimum interprofessionnel de croissance** minimum wage

salarial(e) [salaʀjal] <-aux> *adj* **politique** ~**e** pay policy

salarié(e) [salaʀje] *m(f)* salaried worker

salaud [salo] *m inf* bastard

sale [sal] **I.** *adj* **1.** (*opp: propre*) dirty **2.** *antéposé, inf* (*vilain, louche*) low; (*type, temps*) lousy; (*coup*) dirty **II.** *m inf* **être au ~** to be in the wash

salé [sale] *m* **petit ~** salt pork

salé(e) [sale] *adj* **1.** (*contenant du sel*) salted; (*eau*) salt; **trop ~** too salty **2.** (*opp: sucré*) savoury

salement [salmɑ̃] *adv* **manger ~** to be a sloppy eater; **travailler ~** to make a mess working

saler [sale] <1> **I.** *vi* **1.** GASTR to add salt **2.** TECH to salt [*o* grit *Brit*] the roads **II.** *vt* **1.** GASTR to salt **2.** (*route*) to salt [*o* grit *Brit*] **3.** *inf* (*addition*) to bump up

saleté [salte] *f* **1.** (*malpropreté*) dirtiness **2.** (*chose sale*) dirt *no pl*; **faire des ~s** to make a mess; (*animal*) to mess **3.** *sans pl* (*crasse*) filth **4.** *inf* (*maladie*) nasty bug **5.** (*obscénité*) filthy name **6.** ~ **d'ordinateur/de Maurice!** *inf* bloody computer/Maurice!

salière [saljɛʀ] *f* salt cellar

salir [saliʀ] <8> **I.** *vt* ~ **qc** to make sth dirty **II.** *vpr* **se** ~ to get dirty; **se** ~ **les mains** to get one's hands dirty

salive [saliv] *f* saliva

saliver [salive] <1> *vi* (*baver*) to salivate

salle [sal] *f* **1.** (*pièce*) room; ~ **à manger** dining room; ~ **d'attente/**

de jeux waiting/games room; ~ **de bains** bathroom; ~ **de cinéma** cinema; ~ **de classe** classroom; ~ **des fêtes/polyvalente** village/multiuse hall **2.** (*cinéma*) cinema; ~**s** obscures cinemas **3.** (*spectateurs*) audience **4.** **faire ~ comble** to have a full house

salmonelle [salmɔnɛl] *f* salmonella

salmonellose [salmɔneloz] *f* salmonellosis

salon [salɔ̃] *m* **1.** (*salle de séjour*) living room **2.** (*mobilier*) living-room suite; ~ **de jardin** set of garden furniture **3.** (*salle d'hôtel pour les clients*) lounge **4.** (*commerce*) ~ **de coiffure** hairdresser's; ~ **de thé** tearoom

salopard [salɔpaʀ] *m inf* bastard; **bande de ~s** bastards

salope [salɔp] *f* *vulg* (*débauchée*) slut, slag *Brit* **2.** *inf* (*garce*) bitch

saloper [salɔpe] <1> *vt inf* **1.** (*bâcler*) to botch **2.** (*salir*) to mess up

saloperie [salɔpʀi] *f inf* **1.** (*objet sans valeur*) piece of junk; **vendre de la ~** to sell junk **2.** *gén pl* (*saletés*) dirt **3.** (*mauvaise nourriture*) muck *no pl Brit*, garbage *no pl Am* **4.** (*maladie*) nasty bug **5.** (*méchanceté*) dirty trick; **faire une ~ à qn** to play a dirty trick on sb **6.** (*obscénité*) filthy remark **7.** **c'est de la ~** it's rubbish *Brit*, it's garbage *Am*; ~ **d'ordinateur/de bagnole** lousy computer/car

salopette [salɔpɛt] *f* (pair of) overalls

salsifis [salsifi] *m* GASTR salsify

salubre [salybʀ] *adj* healthy

salubrité [salybʀite] *f* healthiness

saluer [salɥe] <1> *vt* **1.** (*dire bonjour*) ~ **qn** to say hello to sb; ~ **qn de la main** to wave hello to sb; MIL to salute sb **2.** (*dire au revoir*) ~ **qn** to say goodbye to sb **3.** (*rendre hommage*) to salute

salut¹ [saly] **I.** *m* **1.** (*salutation*) greeting; **faire un ~ de la main** to wave a greeting **2.** MIL salute **II.** *interj inf* ~**!** (*bonjour*) hi!; (*au revoir*) ciao!

salut² [saly] *m* **1.** (*sauvegarde*) safety **2.** REL salvation

salutaire [salytɛʀ] *adj* salutary; **~ à qn/qc** beneficial to sb/sth

salutations [salytasjɔ̃] *fpl form* salutations; **je vous prie/nous vous prions d'agréer, Madame/Monsieur, mes/nos ~s distinguées** yours sincerely; **veuillez agréer, Madame la Présidente, mes respectueuses ~s** yours faithfully

samedi [samdi] *m* Saturday; *v. a.* **dimanche**

SAMU [samy] *m abr de* **Service d'aide médicale d'urgence** ambulance service; **appeler le ~** to call an ambulance

sanction [sɑ̃ksjɔ̃] *f* **1.** (*punition*) penalty **2.** ECOLE punishment; **mériter une ~** to deserve punishment **3.** ECON, POL sanction

sanctionner [sɑ̃ksjɔne] <1> *vt* to punish; ECON to levy sanctions on

sandwich [sɑ̃dwitʃ] <(e)s> *m* **1.** GASTR sandwich; **~ au jambon** ham sandwich **2. prendre qn en ~** *inf* to sandwich sb

sang [sɑ̃] *m* **1.** ANAT blood; **donner son ~** to give blood; **être en ~** to be covered in blood; **se gratter jusqu'au ~** to scratch oneself raw **2. ne pas avoir de ~ dans les veines** *inf* to be spineless; **avoir le ~ chaud** to be hot-blooded; **se faire du mauvais ~** to get in a state; **se ronger les ~s** *inf* to agonize

sang-froid [sɑ̃fʀwa] *m sans pl* **1.** (*maîtrise de soi*) sang-froid; **garder/perdre son ~** to keep/to lose one's head **2.** (*froideur*) cool; **de ~** in cold blood

sanglant(e) [sɑ̃glɑ̃] *adj* **1.** (*saignant*) bleeding **2.** (*violent*) cruel; (*rencontre, match*) bloody

sanglier [sɑ̃glije] *m* boar

sangloter [sɑ̃glɔte] <1> *vi* to sob

sangsue [sɑ̃sy] *f* leech

sanguin(e) [sɑ̃gɛ̃] *adj* **1.** ANAT blood **2.** (*coloré*) red; (*orange*) blood

sanitaire [sanitɛʀ] I. *adj* health; (*mesure*) sanitary; **les services ~s** public health services II. *m gén pl* bathroom installations

sans [sɑ̃] I. *prep* **1.** without; **~ but** aimless; **partir ~ faire qc/~ que tu le saches** to leave without doing sth/you knowing **2. ~ quoi** otherwise II. *adv inf* without; **il va falloir faire ~** we'll have to manage without

sans-abri [sɑ̃zabʀi] *m inv* homeless person **sans-culotte** [sɑ̃kylɔt] <sans-culottes> *m* sans-culotte

sans-emploi [sɑ̃zɑ̃plwa] *m inv* unemployed person **sans-faute** [sɑ̃fot] *m inv* clear round; SPORT faultless performance **sans-fil** [sɑ̃fil] *m inv* cordless phone **sans-gêne** [sɑ̃ʒɛn] I. *adj inv* inconsiderate II. *m sans pl* (*désinvolture*) lack of consideration III. *mf inv* (*personne désinvolte*) inconsiderate person **sans-logis** [sɑ̃lɔʒi] *mf inv, soutenu* homeless person **sans-papiers** [sɑ̃papje] *mf inv: immigrant without legal papers*

santé [sɑ̃te] *f* **1.** (*opp: malade*) health; **être bon pour la ~** to be healthy; **avoir une ~ de fer** to have a iron constitution; **être en bonne/mauvaise ~** to be in good/poor health **2.** ADMIN **la ~ publique** public health **3. se refaire une ~** *inf* to get one's health back; **respirer la ~** *inf* to exude good health; **à la ~ de qn** to sb's good health; **à ta ~!** good health!

santon [sɑ̃tɔ̃] *m* Christmas crib figure

saoudien(ne) [saudjɛ̃] *adj* Saudi Arabian

Saoudien(ne) [saudjɛ̃] *m(f)* Saudi Arabian

saoul(e) [su] *adj v.* **soûl**

saouler [sule] <1> *vt v.* **soûler**

sapeur-pompier [sapœʀpɔ̃pje] <sapeurs-pompiers> *m* firefighter; **femme ~** firewoman; **les sapeurs-pompiers** the fire brigade

saphir [safiʀ] *adj inv* sapphire

sapin [sapɛ̃] *m* fir tree; **~ de Noël** Christmas tree

saquer [sake] <1> *vt v.* **sacquer**

S s

sarbacane [saʁbakan] *f* peashooter

sarcasme [saʁkasm] *m* sarcasm

sarcastique [saʁkastik] *adj* sarcastic

Sardaigne [saʁdɛɲə] *f* la ~ Sardinia

sardine [saʁdin] *f* **1.** sardine **2. serrés comme des ~s** *inf* squashed together like sardines

SARL [ɛsɑɛʁɛl] *f abr de* **société à responsabilité limitée** limited liability company

sarment [saʁmɑ̃] *m* climbing stem

sarrasin [saʁazɛ̃] *m* buckwheat

sas [sɑs] *m* **1.** (*dans une écluse*) lock **2.** (*pièce intermédiaire*) double doorway (*for security*)

satané(e) [satane] *adj antéposé* (*maudit*) damned, bloody

satanique [satanik] *adj* satanic

satellite [satelit] *adj, m* satellite

satin [satɛ̃] *m* satin

satiné(e) [satine] *adj* satin-like

satire [satiʁ] *f* satire

satisfaction [satisfaksjɔ̃] *f* **1.** satisfaction; **à la ~ générale** to everybody's satisfaction **2. donner ~ à qn** to give sb satisfaction; **obtenir ~** to get satisfaction

satisfaire [satisfɛʁ] <irr> **I.** *vt* (*personne*) to satisfy **II.** *vi* **à une obligation** to fulfil [*o* fulfill *Am*] an obligation **III.** *vpr* **se ~ de qc** to be satisfied with sth

satisfait(e) [satisfɛ] *adj* **être ~ de qn/qc** to be satisfied with sb/sth

saturé(e) [satyʁe] *adj* **1.** (*route*) congested **2.** (*standard*) overloaded; (*marché*) saturated

saturer [satyʁe] <1> *vt* **1.** (*soûler*) to swamp **2.** (*surcharger*) to overload

Saturne [satyʁn] *f* Saturn

sauce [sos] *f* GASTR sauce; **~ vinaigrette** salad dressing; **viande en ~** meat in a sauce

saucée [sose] *f inf* downpour

saucer [sose] <2> *vt* **1.** (*essuyer*) **~ qc** to mop up the sauce from sth **2.** *inf* (*tremper*) **se faire ~** to get soaked

saucisse [sosis] *f* GASTR sausage

saucisson [sosisɔ̃] *m* GASTR sausage; **~ sec** dry sausage

sauf [sof] *prep* **1.** (*à l'exception de*) except; **~ que** except that **2.** (*à moins de*) ~ **avis contraire** unless advised otherwise

saugrenu(e) [sogʁəny] *adj* peculiar

saule [sol] *m* willow; **~ pleureur** weeping willow

saumon [somɔ̃] *adj inv, m* salmon

saumoné(e) [somɔne] *adj* **truite ~e** salmon trout

saumure [somyʁ] *f* brine

sauna [sona] *m* sauna

saupoudrer [sopudʁe] <1> *vt* GASTR **~ qc de qc** to sprinkle sth with sth

saurai [sɔʁe] *fut de* **savoir**

saut [so] *m* **1.** (*bond*) jump; **~ de la mort** leap of death; **~ de l'ange** swallow [*o* swan *Am*] dive **2.** SPORT **~ à la corde** skipping *Brit,* jumproping *Am;* **~ périlleux** somersault **3.** INFOR break **4. faire un ~ chez qn** *inf* to drop [*o* pop] round to see sb

saute [sot] *f* **~ d'humeur** mood swing

sauté [sote] *m* **~ de veau** sauté of veal

saute-mouton [sotmutɔ̃] *m inv* leapfrog

sauter [sote] <1> **I.** *vi* **1.** *a.* SPORT to jump (up); **~ par la fenêtre/d'un train** to jump out of the window/a train; **~ en parachute** to do a parachute jump; **~ à la corde** to skip *Brit,* to jump rope *Am* **2.** (*sautiller*) to hop **3.** (*se précipiter*) **~ sur l'occasion** to jump at the opportunity **4.** (*bouchon*) to pop (out); (*bouton*) to fly off; (*chaîne*) to snap **5.** (*exploser*) to blow up; **faire ~ qn/qc** to blow sb/sth up **6.** ELEC to blow **7.** GASTR **faire ~ qc** to sauté sth; **pommes de terre sautées** sauté potatoes **8.** (*image*) to flicker **9.** (*annuler*) **faire ~ une contravention** to cancel a fine **II.** *vt* **1.** (*franchir*) to leap over **2.** (*omettre*) to skip; (*mot*) to leave out

sauterelle [sotʁɛl] *f* grasshopper

sauteur, -euse [sotœʁ] *m, f* SPORT jumper

sautiller [sotije] <1> *vi* to hop

sauvage [sovaʒ] **I.** *adj* **1.** wild
2. (*camping*) unofficial **II.** *mf* **1.** (*solitaire*) recluse **2.** (*brute, indigène*) savage

sauvagement [sovaʒmã] *adv* savagely; (*frapper, traiter*) brutally

sauvegarde [sovgaʀd] *f* **1.** (*protection*) protection **2.** INFOR saving

sauvegarder [sovgaʀde] <1> *vt* **1.** (*protéger*) to protect **2.** INFOR to save

sauve-qui-peut [sovkipø] *m inv* panic

sauver [sove] <1> **I.** *vt* **1.** *a.* INFOR to save; ~ **qn/qc de qc** to save sb/sth from sth; ~ **la vie à qn** to save sb's life **2.** ~ **les meubles** to salvage what one can from the wreckage **II.** *vi* **1.** to save **2. sauve qui peut!** run for your life! **III.** *vpr* **se ~ 1.** (*s'enfuir*) to escape **2.** *inf* (*s'en aller*) to dash **3.** (*déborder*) to boil over

sauvetage [sov(ə)taʒ] *m* rescue

sauveteur [sov(ə)tœʀ] *m* rescuer

savant(e) [savã] **I.** *adj* **1.** (*érudit*) learned; **être ~ en histoire** to be a learned historian; **c'est trop ~ pour moi** it's all above my head **2.** (*dressé*) performing **II.** *m(f)* **1.** (*lettré*) scholar **2.** (*scientifique*) scientist

savate [savat] *f* worn-out; (*chaussure*) in old shoes

saveur [savœʀ] *f* (*goût*) flavour *Brit*, flavor *Am*

Savoie [savwa] *f* **la ~** Savoy

savoir [savwaʀ] <irr> **I.** *vt* **1.** to know; ~ **qc de** [*o* **sur**] **qn/qc** to know sth about sb/sth; **faire ~ à qn que** to let sb know that **2.** (*être capable de*) ~ **dire non** to be able to say no **3.** *Belgique, Nord* (*pouvoir*) **ne pas ~ venir à l'heure** not to be able to arrive on time **4.** ~ **y faire** *inf* to know how to handle things; **elle ne sait plus où se mettre** *inf* she doesn't know where to put herself; **je ne veux rien ~** I just don't want to know; **à ~ that** is; **on ne sait jamais** you never know; **en ~ qc** to know sth about the matter **II.** *vi* **1.** to know **2. pas que je sache** not that I know; **pour autant que je sache!** for all I know **III.** *vpr* (*être connu*) **se ~** to be known **IV.** *m* knowledge

savoir-faire [savwaʀfɛʀ] *m inv* savoir-faire **savoir-vivre** [savwaʀvivʀ] *m inv* manners *pl*

savon [savõ] *m* **1.** soap; ~ **de Marseille** household soap **2.** *inf* (*réprimande*) telling-off; **passer un ~ à qn** to give sb a good telling-off; **prendre un** (**bon**) ~ to get told off

savonner [savɔne] <1> *vt, vpr* (**se**) ~ to soap (oneself)

savonnette [savɔnɛt] *f* bar of soap

savourer [savuʀe] <1> *vt, vi* to savour *Brit*, savor *Am*

savoureux, -euse [savuʀø] *adj* delicious

saxe [saks] *m* Dresden china *no pl*

Saxe [saks] *f* **la ~** Saxony

saxo [sakso] **I.** *m* sax **II.** *mf* sax player

saxon [saksõ] *m* Saxon; *v. a.* **français**

saxon(ne) [saksõ] *adj* Saxon

Saxon(ne) [saksõ] *m(f)* Saxon

saxophone [saksɔfɔn] *m* saxophone

saxophoniste [saksɔfɔnist] *mf* saxophonist

scalp [skalp] *m* scalp

scalpel [skalpɛl] *m* scalpel

scalper [skalpe] <1> *vt* to scalp

scandale [skãdal] *m* **1.** (*éclat*) scandal; **presse à ~** gutter press **2.** (*indignation*) outrage **3.** (*tapage*) disturbance **4. faire ~** to cause a scandal

scandaleux, -euse [skãdalø] *adj* scandalous; (*prix, propos*) outrageous

scandaliser [skãdalize] <1> **I.** *vt* to shock **II.** *vpr* **se ~ de qc** to be shocked at sth

scander [skãde] <1> *vt* (*slogans*) to chant

scandinave [skãdinav] *adj* Scandinavian

Scandinave [skãdinav] *mf* Scandinavian

Scandinavie [skãdinavi] *f* **la ~**

Sₛ

Scandinavia

scanner [skane] <1> *vt* to scan

scanner [skanɛʀ] *m,* **scanneur** [skanœʀ] *m* scanner

scarabée [skaʀabe] *m* beetle

scarole [skaʀɔl] *f* escarole

sceau [so] <x> *m* seal

sceller [sele] <1> *vt* **1.** TECH to fix; (*pierre, barreaux*) to embed **2.** (*authentifier par un sceau*) to seal; (*engagement*) to confirm

scellés [sele] *mpl* seals; **sous ~** under seal

scénario [senaʀjo] <s> *m* **1.** (*d'un film*) screenplay; (*d'une pièce de théâtre*) script **2.** (*déroulement prévu*) scenario; **c'est toujours le même ~** it is always the same old routine

scénariste [senaʀist] *mf* scriptwriter

scène [sɛn] *f* **1.** scene **2.** (*de jalousie*) fit; **~ de ménage** domestic fight; **faire une ~ à qn** to have a big row with sb **3.** (*estrade*) stage; **entrer en ~** to come on stage; **mettre une histoire en ~** to stage a story; **mettre une pièce de théâtre en ~** to direct a play; **en ~!** on stage!

sceptique [sɛptik] **I.** *adj* sceptical *Brit,* skeptical *Am* **II.** *mf* sceptic *Brit,* skeptic *Am*

schéma [ʃema] *m* **1.** (*abrégé*) outline **2.** (*dessin*) diagram

schématique [ʃematik] *adj* **1.** *péj* oversimplified **2.** (*représentation*) schematic

schématiser [ʃematize] <1> *vt* to schematize

schilling [ʃiliŋ] *m* schilling

schizophrène [skizɔfʀɛn] *adj, mf* schizophrenic

schizophrénie [skizɔfʀeni] *f* schizophrenia

schlinguer [ʃlɛ̃ge] <1> *vi inf* to stink

schmolitz [ʃmɔlits] *m Suisse* **faire ~** to call each other "tu"

i **faire schmolitz** is a ritual in which people make the transition from calling each other "vous" to "tu". They link arms holding glasses and down their drinks in one.

schnaps [ʃnaps] *m* schnapps

schnock, schnoque [ʃnɔk] *m inf* **vieux ~** old fart

schuss [ʃus] *m* schuss; **descendre tout ~** *inf* to schuss down

sciatique [sjatik] *f* sciatica

scie [si] *f* saw

sciemment [sjamã] *adv* knowingly

science [sjãs] *f* **1.** (*domaine scientifique*) science **2.** (*disciplines scolaires*) **les ~s** the sciences; **faculté des ~s** science faculty **3.** (*savoir faire*) expertise **4.** (*érudition*) knowledge

science-fiction [sjãsfiksjɔ̃] *f inv* science fiction; **roman/film de ~** science fiction novel/film

scientifique [sjãtifik] **I.** *adj* scientific **II.** *mf* **1.** (*savant*) scientist **2.** (*élève*) science student

scientologie [sjãtɔlɔʒi] *f* scientology

scier [sje] <1> *vt* **1.** (*couper*) to saw; (*arbres*) to saw down **2.** *inf* (*estomaquer*) to bore; **être scié** to be bored rigid

scinder [sɛ̃de] <1> **I.** *vt* (*parti*) to split **II.** *vpr* **se ~ en qc** to split up into sth

scintiller [sɛ̃tije] <1> *vi* to sparkle

sclérose [skleʀoz] *f* **1.** (*encroûtement*) ossification **2.** MED sclerosis; **~ en plaques** multiple sclerosis

scléroser [skleʀoze] <1> *vt* (*personne*) to ossify

scolaire [skɔlɛʀ] *adj* school

scolariser [skɔlaʀize] <1> *vt* (*enfant*) to school

scolarité [skɔlaʀite] *f* schooling; (*période*) time at school

scoliose [skɔljoz] *f* scoliosis

scooter [skutœʀ] *m* scooter; **~ des mers/des neiges** jetski/snowmobile

score [skɔʀ] *m* score

scorpion [skɔʀpjɔ̃] *m* ZOOL scorpion

Scorpion [skɔʀpjɔ̃] *m* Scorpio; *v. a.* **Balance**

scotch® [skɔtʃ] *m sans pl* Sellotape®, Scotch tape®

scotcher [skɔtʃe] <1> *vt* to sellotape *Brit,* tape; (*pour fermer*) to tape [*o* sellotape] *Brit* down

scout(e) [skut] **I.** *adj* scout **II.** *m(f)* boy scout, girl scout *m, f*

script [skʀipt] *m* **1.** CINE, THEAT script **2.** (*écriture*) printing; **en** ~ printed

scrupule [skʀypyl] *m souvent pl* scruple; **avoir des ~s à faire qc** to have scruples about doing sth

scrupuleusement [skʀypyløzmã] *adv* scrupulously

scrupuleux, -euse [skʀypylø] *adj* scrupulous

scruter [skʀyte] <1> *vt* (*horizon*) to scan; (*pénombre*) to peer into

scrutin [skʀytɛ̃] *m* ballot; ~ **majoritaire** election on majority basis

sculpter [skylte] <1> **I.** *vt* to scuplt; (*bois*) to carve **II.** *vi* to scuplt

sculpteur [skyltœʀ] *m* sculptor; ~ **sur bois** woodcarver

sculpture [skyltyʀ] *f* sculpture

SDF [ɛsdeɛf] *m, f abr de* **sans domicile fixe** homeless person

SDN [ɛsdeɛn] *f abr de* **Société des Nations** League of Nations

se [sə] <*devant voyelle ou h muet* s'> *pron pers* **1.** himself/herself; **il/elle ~ regarde dans le miroir** he/she looks at himself/herself in the mirror; **il/elle ~ demande si** he/she asks if **2.** (*l'un l'autre*) each other; **ils/elles ~ suivent/font confiance** they follow/trust each other **3.** *avec les verbes pronominaux* **ils/elles ~ nettoient** they clean each themselves up; **il/elle ~ nettoie les ongles** he/she cleans his/her nails

séance [seãs] *f* **1.** CINE, THEAT showing **2.** (*période*) session; ~ **de spiritisme** séance **3.** (*réunion*) meeting; **lever la ~** to end the meeting; (*interrompre*) to suspend the meeting

seau [so] <x> *m* **1.** bucket **2.** **il pleut à ~x** *inf* it's bucketing down

SEBC [ɛsøbese] *m abr de* **Système européen de banques centrales**

ECBS

sec [sɛk] **I.** *adv* **1.** (*démarrer*) sharply; (*frapper*) hard **2.** *aussi* ~ *inf* (*répondre*) straight off **II.** *m* **1.** **étang à ~** dried-up pond; **mettre qc à ~** to drain sth; **au ~** (*mettre, tenir*) in a dry place **2.** **être à ~** to be flat broke

sec, sèche [sɛk] *adj* **1.** dry **2.** (*figue*) dried **3.** (*réponse*) terse; (*ton*) cold; **coup ~** snap **4.** (*whisky, gin*) neat; (*champagne, vin*) dry **5.** (*atout, valet*) singleton

sécession [sesesjɔ̃] *f* POL, HIST secession

sèche-cheveux [sɛʃʃəvø] *m inv* hair drier **sèche-linge** [sɛʃlɛ̃ʒ] *m inv* tumble-dryer **sèche-mains** [sɛʃmɛ̃] *m inv* hand-dryer

sèchement [sɛʃmã] *adv* (*refuser, répondre*) curtly

sécher [seʃe] <5> **I.** *vt* **1.** (*rendre sec*) to dry **2.** *inf* (*cours*) to skip **II.** *vi* **1.** (*devenir sec*) to dry **2.** (*se déshydrater*) to dry out; (*fleur, fruits*) to dry up **III.** *vpr* **se** ~ to dry oneself; **se ~ les mains/les cheveux** to dry one's hands/one's hair

sécheresse [seʃʀɛs] *f* dryness

sécheuse [seʃøz] *f* Québec (*sèche-linge*) tumble dryer

séchoir [seʃwaʀ] *m* dryer

second [s(ə)gɔ̃] *m* (*dans une charade*) second

second(e) [s(ə)gɔ̃] *adj a.* antéposé second; *v. a.* **cinquième**

secondaire [s(ə)gɔ̃dɛʀ] **I.** *adj* secondary **II.** *m* ECOLE **le ~** secondary education

seconde [s(ə)gɔ̃d] **I.** *adj v.* **second** **II.** *f* **1.** a. MAT, MUS, AUTO second **2.** ECOLE year eleven *Brit,* tenth grade *Am* **3.** AUTO second class

seconder [s(ə)gɔ̃de] <1> *vt* ~ **qn dans son travail** to aid sb in his/her work; **être secondé par qn** to be helped by sb

secouer [s(ə)kwe] <1> **I.** *vt* **1.** to shake **2.** (*explosion, bombardement*) to rock **II.** *vpr inf* **se ~ 1.** (*s'ébrouer*) to shake oneself **2.** (*réagir*) to get going

secourir [s(ə)kuʀiʀ] <irr> *vt* to

help

secourisme [s(ə)kuʀism] *m* first aid; **faire du ~** to do first aid

secouriste [s(ə)kuʀist] *mf* first-aider

secours [s(ə)kuʀ] *m* **1.** (*sauvetage*) help **2.** (*organisme*) aid organization; **les ~** the rescue services **3.** (*aide*) help; **appeler qn à son ~** to call to sb for help; **porter ~ à qn** to help sb; **au ~!** help!

secousse [s(ə)kus] *f* jolt; **par ~s** bumpily

secret [səkʀɛ] *m* **1.** secret; **garder un ~** to keep a secret **2.** **ne plus avoir de ~ pour qn** to hold no secrets for sb; **être dans le ~** to be in on the secret; **en grand ~** in great secrecy

secret, -ète [səkʀɛ] *adj* **1.** (*caché*) secret; **garder qc ~** to keep sth secret **2.** *soutenu* (*renfermé*) confidential

secrétaire [s(ə)kʀetɛʀ] **I.** *mf* secretary; **~ de direction** personal assistant; **~ de mairie** chief executive **II.** *m* secretary

secrétariat [s(ə)kʀetaʀja] *m* **1.** (*service administratif*) secretariat; **~ d'État** office of the secretary of state **2.** (*fonction officielle*) secretaryship **3.** (*emploi de secrétaire*) secretarial work **4.** (*bureau*) secretary's office

secrètement [səkʀɛtmɑ̃] *adv* secretly

secte [sɛkt] *f* sect

secteur [sɛktœʀ] *m* **1.** *a.* ECON sector **2.** *a.* ADMIN, POL, ELEC area; **panne de ~** area outage

section [sɛksjɔ̃] *f* **1.** ADMIN, POL department; (*d'une voie ferrée*) section; (*d'un parcours*) stretch **2.** JUR branch **3.** ECOLE course **4.** (*groupe*) **~ d'un syndicat** union group **5.** MIL section

sectionnement [sɛksjɔnmɑ̃] *m* severing

sectionner [sɛksjɔne] <1> **I.** *vt* **1.** (*couper*) to sever **2.** (*subdiviser*) to divide up **II.** *vpr* **se ~** to be severed

sécu [seky] *f abr de* **Sécurité sociale**
Social Security

séculaire [sekylɛʀ] *adj* age-old

sécularisation [sekylaʀizasjɔ̃] *f* secularization

secundo [səgɔ̃do] *adv* secondly

sécuriser [sekyʀize] <1> *vt* **~ qn** to give sb a feeling of security

sécurité [sekyʀite] *f* **1.** safety; (*au moyen de mesures organisées*) security; **conseils de ~** safety advice; **être en ~** to be safe **2.** (*sentiment*) security; **se sentir en ~** to feel secure **3.** POL, ECON **~ de l'emploi** job security; **~ civile** civil defence [*o* defense *Am*]; **~ publique** law and order **4.** **en toute ~** in complete safety

Sécurité [sekyʀite] *f* **~ sociale** social security

sédatif [sedatif] *m* sedative; (*qui calme la douleur*) painkiller

sédentaire [sedɑ̃tɛʀ] *adj* sedentary

séducteur, -trice [sedyktœʀ] **I.** *adj* seductive **II.** *m, f* seducer, seductress *m, f*

séduction [sedyksjɔ̃] *f* seduction; **succomber à la ~ de qn** to succumb to sb's charm

séduire [sedɥiʀ] <irr> **I.** *vt* **1.** (*tenter*) to charm **2.** (*personne*) to appeal to **II.** *vi* to charm

séduisant(e) [sedɥizɑ̃] *adj* seductive; (*personne*) charming; (*projet, proposition*) attractive

ségrégation [segʀegasjɔ̃] *f* segregation

ségrégationniste [segʀegasjɔnist] **I.** *adj* segregationist; (*politique, problème*) of segregation; (*troubles*) due to segregation **II.** *mf* segregationist

seigneur [sɛɲœʀ] *m* HIST lord

Seigneur [sɛɲœʀ] *m* REL **le ~** the Lord

seigle [sɛgl] *m* rye

sein [sɛ̃] *m* ANAT breast; **donner le ~ à un enfant, nourrir un enfant au ~** to breastfeed a child

Seine [sɛn] *f* **la ~** the Seine

séisme [seism] *m* *a. fig* earthquake

seize [sɛz] *adj* sixteen; *v. a.* **cinq**

seizième [sɛzjɛm] **I.** *adj antéposé*

sixteenth **II.** *m* (*fraction*) sixteenth

séjour [seʒuʀ] *m* **1.** (*fait de sé-journer*) stay **2.** (*vacances*) holiday *Brit,* vacation *Am;* **faire un ~ en Ita-lie** to go to Italy **3.** (*salon*) living room

séjourner [seʒuʀne] <1> *vi* to stay

sel [sɛl] *m* **1.** salt; **gros ~** rock salt; **~s de bain** bath salts **2.** (*d'une histoire*) wit **3. ne pas manquer de ~** to have a certain wit

sélectif, -ive [selɛktif] *adj* selective

sélection [selɛksjɔ̃] *f* selection; **cri-tères de ~** selection criteria; **match de ~** selection match; **épreuve de ~** trial; **faire une ~** to choose

sélectionné(e) [selɛksjɔne] *m(f)* SPORT selected player

sélectionner [selɛksjɔne] <1> *vt a.* INFOR to select

sélectionneur, -euse [selɛksjɔ-nœʀ] *m, f* selector

self-service [sɛlfsɛʀvis] <self-ser-vices> *m* **1.** (*magasin*) self-service shop **2.** (*restaurant*) self-service res-taurant

selle [sɛl] *f* **1.** *a.* GASTR saddle **2.** *pl* (*matières fécales*) stools

sellette [sɛlɛt] *f* **mettre qn sur la ~** to put sb in the hot seat

selon [s(ə)lɔ̃] *prep* **1.** (*conform-ément à*) **~ les instructions** in ac-cordance with the instructions **2.** (*en fonction de, d'après*) **~ mes moyens** according to my means; **c'est ~** *inf* it depends; **~ moi** in my opinion

semaine [s(ə)mɛn] *f* **1.** week; **la ~ de trente-cinq heures** the thirty-five hour week; **en ~** during the week **2. il le fera la ~ des quatre jeudis** *inf* he'll never do it in a month of Sundays

sémantique [semãtik] **I.** *adj* sem-antic **II.** *f* semantics + *vb sing*

semblable [sãblabl] **I.** *adj* **1.** (*pare-il*) similar; **rien de ~** nothing like it **2.** *antéposé* (*tel*) such **3.** (*ressem-blant*) **~ à qn/qc** like sb/sth **II.** *mf* **1.** (*prochain*) fellow being **2.** (*con-génère*) **lui et ses ~s** him and his kind

semblant [sãblã] *m* **1. un ~ de qc** a semblance of sth; **retrouver un ~ de calme** to find some sort of calm **2. faire ~ de dormir** to pretend to be asleep; **faire ~ de rien** *inf* to pre-tend to take no notice

sembler [sãble] <1> **I.** *vi* to seem; **tu me sembles nerveux** you seem nervous (to me) **II.** *vi impers* **1.** (*pa-raître*) **il semble que ...** it seems that ...; **il semblerait que ...** it would appear that ... **2.** (*avoir l'im-pression de*) **il me semble bien vous avoir déjà rencontré** I have the feeling I've already met you **3.** (*paraître*) **il me semble, à ce qu'il me semble** it seems to me; **semble-t-il** so it seems

semelle [s(ə)mɛl] *f* **1.** sole **2. être de la (vraie) ~** (*bifteck, escalope*) to be as tough as leather; **ne pas lâcher qn d'une ~** to stick to sb like a leech

semer [s(ə)me] <4> **I.** *vi* to sow **II.** *vt* **1.** *a.* AGR to sow **2.** (*joncher*) to strew **3.** (*terreur, panique*) to bring **4.** (*se débarrasser de*) to get rid of

semestre [s(ə)mɛstʀ] *m* half-year; UNIV semester

semestriel(le) [s(ə)mɛstʀijɛl] *adj* six-monthly; (*bulletin, revue*) bian-nual

séminaire [seminɛʀ] *m* seminary

sémite [semit] *adj* Semitic

semoule [s(ə)mul] **I.** *f* **1.** GASTR semolina **2. pédaler dans la ~** *inf* to flounder **II.** *app* (*sucre*) caster

sempiternel(le) [sãpitɛʀnɛl] *adj* antéposé eternal

sénat [sena] *m* POL, HIST senate

Sénat [sena] *m* **le ~** the Senate

S ₛ

---

i The **Sénat** is the upper house of the French Parliament and sits in the Palais de Luxembourg. There are 295 senators, elected for nine years. New laws can only be come in to force with the agreement of both chambers.

sénateur, **-trice** [senatœʀ] *m, f* senator

Sénégal [senegal] *m* le ~ Senegal

sénégalais(e) [senegalɛ] *adj* Senegalese

Sénégalais(e) [senegalɛ] *m(f)* Senegalese

sénile [senil] *adj* senile

senior [senjɔʀ] *adj*, *mf* senior

sens¹ [sɑ̃s] *m* (*signification*) meaning; **au ~ figuré** in a figurative sense; **n'avoir aucun ~** to have no meaning

sens² [sɑ̃s] *m* 1. (*direction*) direction; **dans le ~ de la longueur** lengthwise; **dans le ~ des aiguilles d'une montre** clockwise; **partir dans tous les ~** to go in all directions; **en ~ inverse** the other way; (*aller, rouler*) in the other direction 2. (*idée*) sense; **aller dans le même ~** to go the same way; **donner des ordres dans ce ~** to give orders along these lines 3. AUTO **~ giratoire** roundabout *Brit*, traffic circle *Am*; **~ unique/interdit** one-way street 4. **~ dessus dessous** upside-down; **en ce ~ que …** in the sense that …; **en un (certain) ~** in a way

sens³ [sɑ̃s] *m* 1. sense; **~ de l'humour** sense of humour [*o* humor *Am*]; **~ de la répartie** gift of repartee 2. **tomber sous le ~** to stand to reason; **à mon ~** to my mind

sensation [sɑ̃sasjɔ̃] *f* 1. sensation; (*émotion*) feeling; **avoir une ~ de chaleur** to get a feeling of warmth; **~ de brûlure** burning sensation; **avoir une ~ de malaise** to feel weak 2. **~s fortes** thrills; **faire ~** to create a sensation; **presse à ~** tabloid press

sensationnel(le) [sɑ̃sasjɔnɛl] *adj* sensational

sensé(e) [sɑ̃se] *adj* sensible

sensibiliser [sɑ̃sibilize] <1> *vt* **~ qn à** [*o* sur] **qc** to make sb aware of sth

sensibilité [sɑ̃sibilite] *f* 1. PSYCH sensitiveness; **être d'une grande ~** to be very sensitive 2. ANAT sensitivity

sensible [sɑ̃sibl] *adj* 1. sensitive; **être très ~ de la gorge** to have a very delicate throat 2. (*perceptible*) noticeable 3. PHILOS sensory; (*univers, monde*) physical

sensiblement [sɑ̃siblǝmɑ̃] *adv* noticeably

sensoriel(le) [sɑ̃sɔʀjɛl] *adj* (*vie, organe, nerf*) sense; (*éducation, information*) sensory

sensualité [sɑ̃sɥalite] *f* sensuality

sensuel(le) [sɑ̃sɥɛl] *adj* sensual

sentence [sɑ̃tɑ̃s] *f* 1. maxim 2. JUR sentence

senteur [sɑ̃tœʀ] *f soutenu* scent

sentier [sɑ̃tje] *m* 1. path; **~ de grande randonnée** long-distance footpath 2. **sortir des ~s battus** to go off the beaten track

sentiment [sɑ̃timɑ̃] *m* 1. (*émotion, impression*) feeling; **le ~ d'être un raté** the feeling of being a loser 2. (*sensibilité*) emotion 3. *pl* (*formule de politesse*) **mes meilleurs ~s** my best wishes 4. **partir d'un bon ~** to have good intentions; **prendre qn par les ~s** to appeal to sb's feelings

sentimental(e) [sɑ̃timɑ̃tal] <-aux> I. *adj* 1. *a. péj* sentimental 2. (*sensible*) romantic 3. (*problème, vie*) love II. *m(f)* sentimentalist

sentir [sɑ̃tiʀ] <10> I. *vt* 1. (*humer*) to smell 2. (*goûter*) to taste 3. (*ressentir, pressentir*) to feel 4. (*avoir une odeur*) **la fumée** to smell of smoke; **ça sent le brûlé** there's a smell of burning; **cette pièce sent le renfermé** this room smells musty 5. (*avoir un goût*) **l'ail/la vanille** to taste of garlic/vanilla 6. (*annoncer*) **ça sent la neige** there's snow in the air 7. (*rendre sensible*) **faire ~ à qn que** to make sb realize that 8. **je ne peux pas la ~** I can't stand her II. *vi* 1. (*avoir une odeur*) **~ bon** to smell good 2. (*puer*) to stink; **il sent des pieds** his feet stink III. *vpr* **ne pas se ~ bien** *inf* not to feel well; **se ~ bien/mal** to feel good/ill; **ils ne peuvent pas se ~** they can't stand each other

séparation [sepaʀasjɔ̃] *f* 1. *a.* POL

separation **2.** (*de biens*) separate ownership (*of property by marriage partners*); **~ de corps** legal separation **3.** (*cloison*) (**mur de**) **~** dividing wall

séparatiste [sepaʀatist] *adj, mf* separatist

séparé(e) [sepaʀe] *adj* separate

séparément [sepaʀemɑ̃] *adv* (*examiner*) separately; (*vivre*) apart

séparer [sepaʀe] <1> **I.** *vt* **1.** to separate; **~ qc en deux groupes** to divide sth into two groups; **~ un enfant de ses parents** to take a child away from his parents **2.** (*idées, théories, problèmes*) to distinguish between **II.** *vpr* **se ~ 1.** (*se défaire de*) **se ~ de qc** to part with sth; **se ~ de qn** to let sb go **2.** (*se diviser*) **se ~ en qc** (*rivière, route*) to split into sth; **nos routes se séparent** we're going our separate ways **3.** (*se disperser*) to disperse

sept [sɛt] *adj* seven; *v. a.* **cinq**

septante [sɛptɑ̃t] *adj Belgique, Suisse* (*soixante-dix*) seventy; *v. a.* **cinq, cinquante**

septantième [sɛptɑ̃tjɛm] *adj* antéposé, *Belgique, Suisse* (*soixante-dixième*) seventieth; *v. a.* **cinquième**

septembre [sɛptɑ̃bʀ] *m* September; *v. a.* **août**

septennat [sɛptena] *m* seven-year period; POL seven-year (presidential) mandate

septième [sɛtjɛm] *adj* antéposé seventh; *v. a.* **cinquième**

septièmement [sɛtjɛmmɑ̃] *adv* seventhly

septuagénaire [sɛptɥaʒenɛʀ] *adj, mf* septuagenarian

sépulture [sepyltyʀ] *f* (*tombeau*) tomb

séquelle [sekɛl] *f* after-effect

séquence [sekɑ̃s] *f* **1.** CINE, TV, LING sequence **2.** INFOR string

séquentiel(le) [sekɑ̃sjɛl] *adj* INFOR sequential

séquestration [sekɛstʀasjɔ̃] *f* (*de biens*) impoundment; **~ de personne** illegal confinement; **~ d'enfant** child kidnapping

séquestrer [sekɛstʀe] <1> *vt* (*personne*) to imprison; (*otage*) to hold

sera [səʀa], **serai** [səʀɛ], **seras** [səʀa] *fut de* **être**

serbe [sɛʀb] *adj, m* Serb(ian); *v. a.* **français**

Serbe [sɛʀb] *mf* Serb(ian)

Serbie [sɛʀbi] *f* **la ~** Serbia

serein(e) [səʀɛ̃] *adj* serene

sereinement [səʀɛnmɑ̃] *adv* serenely

sérénité [seʀenite] *f* serenity; **en toute ~** quite calmly

serez [səʀe] *fut de* **être**

sergent [sɛʀʒɑ̃] *m* sergeant

série [seʀi] *f* **1.** (*ensemble*) set **2.** (*succession*) string **3.** CINE, TV series **4.** COM **véhicule de ~** mass-produced vehicle **5.** **~ noire** (*roman*) crime thriller; (*succession de malheurs*) string of disasters; **fabriquer qc en ~** to mass-produce sth; **hors ~** outstanding

sérieusement [seʀjøzmɑ̃] *adv* **1.** (*vraiment, gravement*) seriously **2.** (*agir, travailler*) conscientiously; **vous parlez ~?** are you serious?

sérieux [seʀjø] *m* **1.** seriousness; **garder son ~** to keep a straight face **2.** (*fiabilité, conscience*) reliability; (*d'un employé*) conscientiousness **3.** **prendre qc au ~** to take sth seriously; **se prendre au ~** to take oneself seriously

sérieux, -euse [seʀjø] *adj* **1.** serious **2.** (*digne de confiance*) reliable; (*promesse*) genuine **3.** (*consciencieux*) conscientious **4.** *a.* antéposé (*différence, somme*) considerable **5.** (*sage*) earnest

seriner [s(ə)ʀine] <1> *vt inf* **~ qc à qc** to drum sth into sb

seringue [s(ə)ʀɛ̃g] *f* MED syringe

serment [sɛʀmɑ̃] *m* (*engagement solennel*) oath; **~ d'Hippocrate** MED Hippocratic oath; **prêter ~** to take an oath; **sous ~** under oath

sermon [sɛʀmɔ̃] *m* **1.** REL sermon **2.** *péj* lecture; **faire un ~ à qn** to lecture sb

séropositif, -ive [seʀopozitif] **I.** *adj* seropositive; (*en parlant du sida*)

HIV positive **II.** *m, f* person who is seropositive; (*atteint du sida*) person who is HIV positive

serpe [sɛʀp] *f* billhook

serpent [sɛʀpɑ̃] *m* **1.**(*reptile*) snake; ~ **à lunettes** Indian cobra; ~ **à sonnettes** rattlesnake **2.**(*personne mauvaise*) **langue de** ~ evil gossip

serpenter [sɛʀpɑ̃te] <1> *vi* (*chemin, rivière*) to meander

serpentin [sɛʀpɑ̃tɛ̃] *m* (*ruban*) streamer

serpillière [sɛʀpijɛʀ] *f* floorcloth; **passer la** ~ to clean up the floor

serre [sɛʀ] *f* AGR greenhouse; (*serre chauffée*) hothouse

serré [seʀe] *adv* **jouer** ~ to play a tight game; *fig* to play it tight

serré(e) [seʀe] *adj* **1.**(*café, alcool*) strong **2.**(*forêt, foule*) dense; **en rangs** ~**s** in serried ranks **3.**(*débat, discussion*) closely-argued; (*combat, course*) close

serrer [seʀe] <1> **I.** *vt* **1.**(*tenir en exerçant une pression*) to squeeze; ~ **qn/qc dans ses bras/contre soi** to hold sb/sth in one's arms/against oneself; ~ **qn à la gorge** to strangle sb **2.**(*contracter*) to clench; (*lèvres*) to tighten; **avoir la gorge serrée** to have a lump in one's throat; ~ **les fesses** *fig, inf* to be scared stiff **3.**(*ceinture, nœud*) to tighten **4.**(*se tenir près de*) ~ **qn/qc** to keep close behind sb/sth; ~ **qn/qc contre un mur** to wedge sb/sth against a wall **5.**(*invités*) to squeeze up; ~ **les lignes/les mots** to pack the lines/words closer together **II.** *vi* ~ **à droite/à gauche** to keep to the right/left **III.** *vpr* **se** ~ **1.**(*personnes*) to squeeze up; **se** ~ **contre qn** to squeeze up against sb **2.**(*se contracter*) **sa gorge se serre** his throat tightened **3. se** ~ **la ceinture** *inf* to tighten one's belt

serrure [seʀyʀ] *f* lock

serrurier, -ière [seʀyʀje] *m, f* locksmith

sérum [seʀɔm] *m* serum

serveur [sɛʀvœʀ] *m* INFOR server; ~

de courrier mail server

serveur, -euse [sɛʀvœʀ] *m, f* (*employé*) waiter

serviable [sɛʀvjabl] *adj* helpful

service [sɛʀvis] *m* **1.** *a.* ECON, GASTR, SPORT, REL service; **le** ~ **est assuré jusqu'à ...** meals are served until ...; ~ **compris** service charge included **2.**(*organisme officiel*) ~ **administratif** (*d'État*) administrative department; (*d'une commune*) administrative service; ~ **du feu** *Suisse* fire brigade *Brit*, fire department *Am*; **le** ~ **public** the public services *pl*; **entreprise du** ~ **public** national utility company; ~ **de santé** health service; **les** ~**s sociaux/secrets** social/secret services **3.** *a.* MED department; ~ **après-vente** after-sales service; ~ **du personnel** personnel department **4.** MIL national service; ~ **civil** non-military national service; **être bon pour le** ~ to be fit for military service; **faire son** ~ (*militaire*) to do one's national service **5.**(*activité professionnelle*) duty; **pendant le** ~ while on duty; **heures de** ~ hours on duty; **être de** ~ to be on duty **6.**(*faveur*) favour *Brit*, favor *Am*; **rendre** ~ **à qn** to do sb a favour; **qu'y a-t-il pour votre** ~**?** how can I help you? **7.**(*assortiment pour la table*) set; ~ **à fondue/raclette** fondue/raclette set **8. à ton/votre** ~**!** at your service!; **hors** ~ out of order

serviette [sɛʀvjɛt] *f* **1.**(*pour la toilette*) towel; ~ **de plage** /**de bain** beach/bath towel; ~ **hygiénique** sanitary towel [*o* napkin *Am*] **2.**(*serviette de table*) napkin; ~ **en papier** paper napkin **3.**(*attaché-case*) briefcase

servir [sɛʀviʀ] <irr> **I.** *vt* **1.** to serve; **on vous sert, Madame/Monsieur?** are you being served Madam/Sir?; **qu'est-ce que je vous sers?** what would you like? **2. on n'est jamais si bien servi que par soi-même** *prov* if you want a job done properly, do it yourself **II.** *vi* **1.**(*être utile*) to be useful; **ça**

me sert à faire la cuisine I use it for cooking; **à quoi cet outil peut-il bien ~?** what can this tool be used for?; **rien ne sert de t'énerver** it's no use getting annoyed **2.** (*tenir lieu de*) ~ **de guide à qn** to be a guide for sb; **ça te servira de leçon!** that'll teach you a lesson! **3.** (*être utilisable*) to be usable **4.** SPORT to serve **5. rien ne sert de courir, il faut partir à point** *prov* more haste, less speed **III.** *vpr* **1.** (*utiliser*) **se ~ de qn/qc pour** +*infin* to use sb/sth to +*infin*; **ne pas savoir se ~ de ses dix doigts** to be all thumbs **2.** (*prendre soi-même qc*) **se ~ des légumes** to help oneself to vegetables **3.** (*être servi*) **ce vin se sert frais** this wine should be served chilled

serviteur [sɛʁvitœʁ] *m* servant

ses [se] *dét poss v.* **sa, son**

sésame [sezam] *m* **1.** BOT sesame **2.** (*passe-partout*) key **3. Sésame, ouvre-toi** open Sesame

session [sesjɔ̃] *f* **1.** (*séance*) sitting; **~ d'examens** exam session **2.** INFOR session

set [sɛt] *m* **1.** SPORT set **2.** (*nécessaire*) **~ de rasage** shaving kit

seuil [sœj] *m* **1.** (*pas de la porte*) doorstep **2.** (*limite*) threshold; **~ de pauvreté** poverty line

seul(e) [sœl] **I.** *adj* **1.** (*sans compagnie*) alone; **tout ~** all alone; **parler à qn ~ à ~** to speak to sb privately; **eh vous, vous n'êtes pas ~!** there are other people here, you know!; **ça descend tout ~** *inf* it goes down a treat **2.** (*célibataire*) single **3.** *antéposé* (*unique*) single; **~ et unique** one and only; **une ~e fois** once; **pour la ~e raison que ...** for the single reason that ... **II.** *m(f)* **le/la ~(e)** the only one; **vous n'êtes pas le ~ à ...** you're not the only one to ...; **un/une ~(e)** only one

seulement [sœlmɑ̃] *adv* **1.** just **2. non ~ ..., mais** (**encore**) not only ..., but; **si ~** if only

sève [sɛv] *f* BOT sap

sévère [sevɛʁ] *adj* severe; (*concur-*

rence) strong; (*sélection*) rigorous

sévèrement [sevɛʁmɑ̃] *adv* (*durement*) severely; (*éduquer, juger*) harshly

sévérité [severite] *f* severity

sévices [sevis] *mpl* physical abuse

sexagénaire [sɛksaʒenɛʁ] *adj, mf* sixty-year-old

sexe [sɛks] *m* **1.** (*catégorie, sexualité*) sex **2.** (*organe*) sex organs

sexualité [sɛksɥalite] *f* sexuality

sexuel(le) [sɛksɥɛl] *adj* **1.** (*relatif à la sexualité*) sexual; (*éducation*) sex **2.** (*relatif au sexe*) sex

sexy [sɛksi] *adj inv, inf* sexy

Seychelles [seʃɛl(ə)] *fpl* **les ~** the Seychelles

shampo(o)ing [ʃɑ̃pwɛ̃] *m* shampoo; **~ colorant** wash-in hair dye; **faire un ~ à qn** to shampoo sb's hair

Shetland [ʃetlɑ̃:d] *fpl* **les Îles ~** the Shetland Islands

shooter [ʃute] <1> **I.** *vi* SPORT to shoot **II.** *vpr inf* **se ~ à qc** to shoot up with sth

short [ʃɔʁt] *m* shorts *pl*

> **!** short in French is singular. "J'ai un short bleu." (=I have a pair of blue shorts.)

si¹ [si] <*devant voyelle ou h muet* **s'**> *conj* **1.** if; **~ j'étais riche, ...** if I were rich, ...; **~ j'avais su!** if I'd only known! **2.** (*désir, regret*) if only; **~ seulement tu étais venu hier!** if only you'd come yesterday! **3. ~ ce n'est ...** if not ...

si² [si] *adv* **1.** (*dénégation*) yes; **il ne vient pas – mais ~!** he's not coming – yes he is!; **tu ne peux pas venir – mais ~!** you can't come – yes I can! **2.** (*tellement*) so; **ne parle pas ~ bas!** don't speak so quietly; **une ~ belle fille** such a pretty girl; **elle était ~ impatiente que** she was so impatient that **3.** (*aussi*) **~ ... que** as ... as **4. ~ bien que** so mush so that; **il viendra pas – (oh) que ~!** he won't come – (oh) yes he will!

si³ [si] *adv* (*interrogation indirecte*) if

si⁴ [si] *m inv* mus ti; *v. a.* **do**

siamois [sjamwa] *m (chat)* Siamese

siamois, es [sjamwa] *mpl, fpl des* ~(**es**) Siamese [*o* conjoined] twims

Sibérie [sibeʀi] *f* **la** ~ Siberia

sibérien(ne) [sibeʀjɛ̃] *adj* Siberian

Sibérien(ne) [sibeʀjɛ̃] *m(f)* Siberian

Sicile [sisil] *f* **la** ~ Sicily

sicilien [sisiljɛ̃] *m* Sicilian; *v. a.* **français**

sicilien(ne) [sisiljɛ̃] *adj* Sicilian

Sicilien(ne) [sisiljɛ̃] *m(f)* Sicilian

SIDA [sida] *m abr de* **syndrome d'immunodéficience acquise** AIDS

side-car [sidkaʀ] <side-cars> *m* motorbike and sidecar

sidérer [sideʀe] <5> *vt inf* to stagger

sidérurgie [sideʀyʀʒi] *f* steel industry

sidérurgique [sideʀyʀʒik] *adj* steel-manufacturing; *(usine, produit)* steel; *(bassin, groupe)* steel-producing

siècle [sjɛkl] *m* **1.** *(période de cent ans)* century; **au IIIᵉᵐᵉ** ~ **avant J.C.** in the 3rd century B.C. **2.** *(période remarquable)* **le** ~ **de Louis XIV** the age of Louis XIV **3.** *(période très longue)* **depuis des** ~**s** for ages **4. du** ~ *inf* of the century

siège [sjɛʒ] *m* **1.** *a.* pol seat; ~ **pour enfant** child seat **2.** *(d'une organisation)* headquarters; ~ **social** registered office

siéger [sjeʒe] <2a, 5> *vi* **1.** *(avoir un siège)* to sit **2.** *(tenir séance)* to be in session

sien(ne) [sjɛ̃] *pron poss* **1. le** ~/**la** ~**ne**/**les** ~**s** *(d'une femme)* hers; *(d'un homme)* his; *v. a.* **mien 2.** *pl (ceux de sa famille)* **les** ~**s** his/her family **3. faire des** ~**nes** *inf* to play up

sieste [sjɛst] *f* siesta

sifflement [sifləmɑ̃] *m* whistling; *(d'admiration)* whistle; *(du serpent, de la vapeur)* hissing

siffler [sifle] <1> **I.** *vi* to whistle; *(gaz, vapeur, serpent)* to hiss; **elle a les oreilles qui sifflent** there's a ringing in her ears **II.** *vt* **1.** to whistle; ~ **son copain/chien** to whistle for one's friend/dog; ~ **une fille** to whistle at a girl **2.** *(signaler en sifflant)* to blow the whistle; ~ **le départ de la course/la fin du match** to blow the starting/final whistle **3.** *(huer)* to boo; **se faire** ~ to be booed **4.** *inf (verre)* to knock back

sifflet [siflɛ] *m* whistle; **coup de** ~ blast on the whistle

siffloter [siflɔte] <1> *vt, vi* to whistle a tune

sigle [sigl] *m* abbreviation

signal [siɲal] <-aux> *m* signal; ~ **sonore/de détresse** sound/distress signal; ~ **d'alarme** alarm; **déclencher le** ~ **d'alarme** to set off the alarm

signalement [siɲalmɑ̃] *m* description

signaler [siɲale] <1> *vt* **1.** *(attirer l'attention sur)* to point out; *(fait nouveau, perte, vol)* to report **2.** *(marquer par un signal)* ~ **la direction à qn** to signpost the way for sb **3.** *(indiquer)* to show **4. rien à** ~ nothing to report

signalisation [siɲalizasjɔ̃] *f (d'un aéroport, port)* beaconing; *(d'une route)* roadsigns *pl; (au sol)* markings *pl;* **feux de** ~ traffic lights

signature [siɲatyʀ] *f* **1.** *(action)* signing **2.** *(marque d'authenticité)* signature; **apposer sa** ~ **au bas de qc** to sign at the bottom of sth

signe [siɲ] *m* **1.** *(geste, indice)* sign; ~ **de** (**la**) **croix** sign of the cross; ~ **de la main** a gesture; *(pour saluer)* wave; ~ **de tête affirmatif** nod; ~ **de tête négatif** shake of the head; **faire** ~ **à qn** *(pour signaler qc)* to give sb a sign; *(pour contacter qn)* to get in touch with sb; **faire** ~ **à son fils de** +*infin* to gesture to one's son to +*infin;* **faire** ~ **que oui/non** *(de la tête)* to nod/shake one's head; *(d'un geste)* to say yes/no with one's hand; ~ **avant-coureur** *a.* med early warning sign **2.** *(trait distinctif)* mark; ~**s particuliers: néant** distinguishing marks: none; ~**s exté-**

rieurs de richesse signs of conspicuous wealth 3. LING, MAT, ASTR sign; ~ de ponctuation punctuation mark; ~ d'égalité/de multiplication equals/multiplication sign 4. elle n'a pas donné ~ de vie there's been no sign of life from her; c'est bon/mauvais ~ it's a good/bad sign

signer [siɲe] <1> vt 1. to sign; ~ qc de son nom/de sa main to sign one's name on sth/sth in one's own hand 2. c'est signé qn inf it's got sb's fingerprint's all over it

signet [siɲɛ] m INFOR bookmark

significatif, -ive [siɲifikatif] adj significant; (geste, silence) meaningful

signification [siɲifikasjɔ̃] f (sens) meaning

signifier [siɲifje] <1> vt 1. (avoir pour sens) to mean; qu'est-ce que cela signifie? what does that mean? 2. qu'est-ce que ça signifie? what's that supposed to mean?

silence [silɑ̃s] m 1. sans pl silence; (calme) stillness; ~ de mort deathly hush; quel ~! how quiet it is!; ~! on tourne! quiet! action!; passer qc sous ~ not to mention sth 2. la parole est d'argent, mais le ~ est d'or prov (speech is silver,) silence is golden

silencieusement [silɑ̃sjøzmɑ̃] adv (sans bruit) silently

silencieux, -euse [silɑ̃sjø] adj silent; rester ~ to remain silent

silhouette [silwɛt] f 1. (allure, figure indistincte) figure 2. (contour) outline

silicone [silikon] m silicone

sillonner [sijɔne] <1> vt ~ une ville (personnes) to go to and fro across a town; ~ le ciel (avions, éclairs) to go back and forth across the sky

similaire [similɛʀ] adj similar

simili [simili] m imitation

similitude [similityd] f similarity

simple [sɛ̃pl] I. adj 1. simple; rien de plus ~ à réaliser! nothing simpler!; le plus ~, c'est … the simplest thing is to …; "sur ~ appel"

"just call" 2. (modeste) unaffected; (personne) modest 3. (non multiple) single II. m 1. SPORT singles; un ~ dames/messieurs a ladies'/men's singles match 2. (personne naïve) ~ d'esprit simple soul 3. passer du ~ au double to double

simplement [sɛ̃pləmɑ̃] adv 1. simply; (recevoir, se comporter) unpretentiously 2. tout ~ just

simplicité [sɛ̃plisite] f 1. (opp: complexité) simplicity; être de la plus grande ~ to be utterly simple 2. (naturel) plainness; parler avec ~ to speak plainly; recevoir qn en toute ~ to give sb a simple welcome

simplifier [sɛ̃plifje] <1> I. vt to simplify II. vpr se ~ la vie to simplify life (for oneself)

simpliste [sɛ̃plist] adj simplistic

simulation [simylasjɔ̃] f 1. (reconstitution) simulation 2. (action de simuler un sentiment) pretence Brit, pretense Am 3. (action de simuler une maladie) malingering

simuler [simyle] <1> vt 1. (feindre) to feign 2. (reconstituer) to simulate

simultané(e) [simyltane] adj simultaneous

simultanéité [simyltaneite] f simultaneity

simultanément [simyltanemɑ̃] adv simultaneously

sincère [sɛ̃sɛʀ] adj 1. honest 2. (condoléances) sincere; veuillez agréer mes plus ~s salutations yours sincerely

sincèrement [sɛ̃sɛʀmɑ̃] adv (franchement) honestly; (regretter) sincerely

sincérité [sɛ̃seʀite] f sincerity; en toute ~ quite sincerely

Singapour [sɛ̃gapuʀ] Singapore

singe [sɛ̃ʒ] m 1. ZOOL monkey; v. a. guenon 2. inf (personne qui imite) mimic; faire le ~ inf to monkey about [o around] 3. être poilu comme un ~ inf to be as hairy as an ape

singerie [sɛ̃ʒʀi] f pl, inf antics; faire des ~s inf to play the fool

singulariser [sɛ̃gylaʀize] <1> vpr

Sₛ

se ~ par qc to distinguish oneself by sth

singularité [sɛ̃gylaʀitɛ] *f* **1.** *sans pl* (*caractère original*) singularity; **présenter une ~** to have a distinct feature **2.** *pl* (*excentricité*) peculiarity

singulier [sɛ̃gylje] *m* singular

singulier, -ière [sɛ̃gylje] *adj* **1.** (*bizarre*) strange **2.** (*étonnant*) singular **3.** LING singular

sinistre [sinistʀ] **I.** *adj* **1.** (*lugubre*) gloomy; **avoir l'air ~** to look gloomy **2.** (*terrible*) gruesome **II.** *m* (*catastrophe*) disaster

sinistré(e) [sinistʀe] **I.** *adj* (*bâtiment*) disaster-stricken; (*zone, région*) disaster; **personnes ~es à la suite des inondations** flood disaster victims **II.** *m(f)* victim

sinon [sinɔ̃] *conj* **1.** (*dans le cas contraire*) otherwise **2.** (*si ce n'est*) **que faire ~ attendre?** what shall we do but wait?; **~ ... du** [*o* **au**] **moins** if not ... at least

sinusite [sinyzit] *f* sinusitis

sirène [siʀɛn] *f* **1.** (*signal*) siren **2.** (*femme poisson*) mermaid

sirop [siʀo] *m* **1.** *a.* MED syrup; **~ de fraise** strawberry syrup; **~ contre la toux** cough syrup **2.** (*boisson diluée*) cordial

siroter [siʀɔte] <1> *vt inf* to sip

sismique [sismik] *adj* **secousse ~** earth tremor

site [sit] *m* **1.** *a.* INFOR site; **~ (sur) Internet** website **2.** (*région*) area; **~ touristique** place of interest **3.** (*paysage*) place

sitôt [sito] **I.** *adv* **pas de ~** not for a while **II.** *conj* **1.** **~ arrivé** as soon as he arrived **2.** **~ dit, ~ fait** no sooner said than done

situation [sitɥasjɔ̃] *f* **1.** (*d'une personne*) position; (*sociale*) standing; **~ de famille** marital status; **dans ma ~** in my situation **2.** *a.* ECON, FIN situation **3.** (*emploi*) post; **se faire une ~** to work one's way into a good job

situé(e) [sitɥe] *adj* situated

situer [sitɥe] <1> **I.** *vt* (*lieu*) to lo-

cate **II.** *vpr* **se ~ 1.** (*se localiser dans l'espace*) to be situated **2.** (*se localiser à un certain niveau*) **se ~ entre 25 et 35 %** to fall between 25 and 35 %

six [sis] *adj* six; *v. a.* **cinq**

sixième [sizjɛm] **I.** *adj antéposé* sixth **II.** *f* ECOLE year seven *Brit,* sixth grade *Am; v. a.* **cinquième**

skate-board [skɛtbɔʀd] <skate-boards> *m* skateboard; **faire du ~** to go skateboarding

sketch [skɛtʃ] <(e)s> *m* sketch

ski [ski] *m* **1.** (*objet*) ski **2.** (*sport*) skiing; **~ de fond** [*o* **de randonnée**] cross-country skiing; **~ alpin/hors piste** Alpine/off-piste skiing; **~ nautique** water-skiing; **aller au ~** *inf,* **faire du ~** to go skiing; **chaussures de ~** ski boots; **station de ~** ski resort

skiable [skjabl] *adj* (*neige, piste*) skiable; (*domaine, saison*) skiing

skier [skje] <1> *vi* to ski

skieur, -euse [skjœʀ] *m, f* skier

skin(head) [skin(ɛd)] *m* skinhead

slalom [slalɔm] *m* **1.** (*épreuve de ski*) slalom **2.** (*parcours sinueux*) slalom; **en ~** dodging in and out

slalomer [slalɔme] <1> *vi* **1.** SPORT to slalom **2.** (*zigzaguer*) to weave in and out

slave [slav] *adj* Slavic

Slave [slav] *mf* Slav

slip [slip] *m* briefs *pl;* **~ (de bain)** swimming costume

slogan [slɔgɑ̃] *m* slogan

slovaque [slɔvak] *adj, m* Slovak; *v. a.* **français**

Slovaque [slɔvak] *mf* Slovak

Slovaquie [slɔvaki] *f* **la ~** Slovakia

slovène [slɔvɛn] *adj, m* Slovene; *v. a.* **français**

Slovène [slɔvɛn] *mf* Slovene

Slovénie [slɔveni] *f* **la ~** Slovenia

slow [slo] *m* slow dance

SME [ɛsɛmø] *m abr de* **Système monétaire européen** EMS

SMIC [smik] *m abr de* **salaire minimum interprofessionnel de croissance** minimum wage; **payé au ~** paid the minimum wage

i The **SMIC** came into force in 1970 to protect the purchasing power of job seekers. There is a minimum gross hourly wage for permanent staff. It increases annually by at least 50 % of the average wage raise.

smicard(e) [smikaʀ] *m(f) inf* minimum wage earner

SMIG [smig] *m abr de* **salaire minimum interprofessionnel garanti** guaranteed minimum wage

SNCF [ɛsɛnseɛf] *f abr de* **Société nationale des chemins de fer français** SNCF (*French national railway company*)

snob [snɔb] I. *adj* snobbish II. *mf* snob

sobre [sɔbʀ] *adj* sober

sociable [sɔsjabl] *adj* 1. (*aimable*) sociable 2. SOCIOL social

social [sɔsjal] <-aux> *m* 1. (*questions sociales*) social issues 2. (*politique*) social policy

social(e) [sɔsjal] <-aux> *adj* social; **avantage** ~ welfare benefit

social-démocrate, sociale-démocrate [sɔsjaldemɔkʀat] <sociaux-démocrates> *adj, m, f* Social Democrat

socialement [sɔsjalmɑ̃] *adv* socially

socialisation [sɔsjalizasjɔ̃] *f* POL collectivization; PSYCH socialization

socialiser [sɔsjalize] <1> *vt* POL to collectivize; PSYCH to socialize

socialisme [sɔsjalism] *m* socialism

socialiste [sɔsjalist] *adj, mf* socialist

sociétaire [sɔsjetɛʀ] *mf* member

société [sɔsjete] *f* 1. society; **la haute** ~ high society; **de consommation** consumer society 2. ECON company; ~ **à responsabilité limitée** limited liability company; ~ **anonyme** public limited company; ~ **civile** non-trading company

Société [sɔsjete] *f* POL ~ **des Nations** League of Nations

sociologie [sɔsjɔlɔʒi] *f* sociology

sociologique [sɔsjɔlɔʒik] *adj* sociological

sociologue [sɔsjɔlɔg] *mf* sociologist

socio-professionnel(le) [sɔsjopʀɔfesjɔnɛl] <socio-professionnels> *adj, m(f)* socio-professional

socle [sɔkl] *m* base; (*d'une statue, colonne*) plinth

socquette [sɔkɛt] *f* ankle sock

soda [sɔda] *m* soft drink

sodomie [sɔdɔmi] *f* sodomy

sodomiser [sɔdɔmize] <1> *vt* to sodomize

sœur [sœʀ] I. *f* 1. sister 2. REL nun; **ma** ~ Sister; **bonne** ~ *inf* nun; **se faire** (**bonne**) ~ to become a nun II. *adj* (*âme*) sister

SOFRES [sɔfʀɛs] *f abr de* **Société française d'enquêtes par sondages** French public opinion poll company

software [sɔftwɛʀ] *m* software

soi [swa] *pron pers* 1. *avec une préposition* oneself; **chez** ~ at home; **malgré** ~ despite oneself 2. **en** ~ in itself

soi-disant [swadizɑ̃] I. *adj inv, antéposé* so-called II. *adv* supposedly

soie [swa] *f* 1. (*tissu*) silk 2. (*poils*) bristle

soif [swaf] *f* 1. *a. fig* thirst; **avoir** ~ to be thirsty; **boire à sa** ~ to drink one's fill; ~ **de qc** thirst for sth; ~ **de vivre** zest for life 2. **mourir de** ~ to be dying of thirst; **boire jusqu'à plus** ~ *inf* to drink one's fill

soigner [swaɲe] <1> I. *vt* 1. (*médecin*) to treat; (*infirmier*) to look after; **se faire** ~ to get treatment 2. (*avoir soin de*) to look after; (*travail, repas, style, tenue*) to take care over II. *vpr* **se** ~ 1. (*essayer de se guérir*) to treat oneself; **se** ~ **tout seul** to look after oneself 2. *iron* to take good care of oneself 3. (*pouvoir être soigné*) **se** ~ **par** [*o* **avec**] **une thérapie** to be treatable by a therapy 4. **ça se soigne!** *inf* there's a cure for that!

soigneusement [swaɲøzmɑ̃] *adv* carefully; (*ranger*) neatly

soigneux, -euse [swaɲø] *adj* 1. (*appliqué*) meticulous 2. (*ordonné*)

Sₛ

neat **3.** (*soucieux*) **être ~ de ses affaires** to take care of one's belongings; **être ~ de sa personne** to take care over one's appearance

soi-même [swaɛm] *pron pers* oneself

soin [swɛ̃] *m* **1.** *sans pl* (*application*) care **2.** *pl* (*traitement médical*) treatment; **~s à domicile** home treatment; **donner des ~s à qn** to treat sb **3.** *pl* (*hygiène*) care + *vb sing* **4.** *sans pl* (*responsabilité*) **laisser à qn le ~ de** +*infin* to leave sb to +*infin* **5.** *pl* (*attention*) attention **6.** **être aux petits ~s pour qn** to wait on sb hand and foot

soir [swaʀ] **I.** *m* **1.** evening; **le ~ tombe** evening is falling; **pour le repas de ce ~** for this evening's meal; **le ~** in the evening; **un** (**beau**) **~** one (fine) evening; **l'autre ~** the other evening **2.** **être du ~** *inf* to be on night duty **II.** *adv* evening; **hier ~** yesterday evening; **mardi ~** Tuesday evening

soirée [swaʀe] *f* **1.** (*fin du jour*) evening; **en ~** in the evening; **demain en ~** tomorrow evening; **en fin de ~** at the end of the evening; **toute la ~** all evening; **dans la ~** in the evening; **lundi dans la ~** on Monday evening **2.** (*fête*) party; **~ dansante** dance ball

sois [swa] *subj prés de* **être**

soit **I.** [swat] *adv* (*d'accord*) very well **II.** [swa] *conj* **1.** (*alternative*) **~ ..., ~ ...** either ..., or ... **2.** (*c'est-à-dire*) that is

soixantaine [swasɑ̃tɛn] *f* **1.** (*environ soixante*) **une ~ de personnes/pages** about sixty people/pages **2.** (*âge approximatif*) **avoir la ~** about sixty years old; **approcher de la ~** to approach sixty

soixante [swasɑ̃t] *adj* sixty; **~ et un** sixty-one; **~ et onze** seventy-one; *v. a.* **cinq, cinquante**

soixante-dix [swasɑ̃tdis] *adj* seventy; *v. a.* **cinq, cinquante**

soixante-dixième [swasɑ̃tdizjɛm] <soixante-dixièmes> *adj antéposé* seventieth; *v. a.* **cinquième**

soixantième [swasɑ̃tjɛm] *adj antéposé* sixtieth; *v. a.* **cinquième**

soja [sɔʒa] *m* soya

sol¹ [sɔl] *m* **1.** (*terre, territoire*) soil **2.** (*croûte terrestre*) ground **3.** (*plancher*) floor

sol² [sɔl] *m inv* MUS so; *v. a.* **do**

solaire [sɔlɛʀ] *adj* solar; **huile ~** suntan oil

soldat [sɔlda] *m* soldier; **~ de plomb** tin soldier

soldate [sɔldat] *f inf* woman soldier

solde¹ [sɔld] *m* **1.** *pl* (*marchandises*) sale goods **2.** (*braderie*) sale; **en ~** on offer [*o* sale *Am*] **3.** FIN balance

solde² [sɔld] *f* (*d'un soldat, matelot*) pay

soldé(e) [sɔlde] *adj* reduced

solder [sɔlde] <1> **I.** *vt* **1.** COM to sell at cut price **2.** (*dette*) to settle; (*compte*) to close **II.** *vpr* **se ~ par qc** to end in sth

sole [sɔl] *f* sole

soleil [sɔlɛj] *m* **1.** ASTR sun; **au ~ couchant/levant** at sunset/sunrise **2.** (*rayonnement*) sunshine; **se mettre au ~** to go into the sunshine; **un coin au ~** a sunny corner; **il fait ~** it's sunny **3.** (*fleur*) (**grand**) **~** sunflower **4.** (*acrobatie*) somersault; **faire un ~** to somersault

solennel(le) [sɔlanɛl] *adj* solemn

solennité [sɔlanite] *f* solemnity; **avec ~** solemnly

solidaire [sɔlidɛʀ] *adj* (*lié*) **être ~ de** [*o* avec] **qn/de qc** to be behind sb/sth

solidariser [sɔlidaʀize] <1> *vpr* **se ~** to show solidarity

solidarité [sɔlidaʀite] *f* solidarity

solide [sɔlid] **I.** *adj* **1.** (*opp: liquide*) solid **2.** (*résistant*) sturdy; (*matériau*) strong; (*personne, santé*) robust **3.** (*connaissances*) sound; (*amitié, base*) firm; (*position*) strong **4.** (*robuste, vigoureux*) sturdy **5.** *antéposé, inf* (*appétit*) hearty **II.** *m* MAT, PHYS solid

solidement [sɔlidmɑ̃] *adv* (*fixer*) firmly; (*construire*) solidly

solidité [sɔlidite] *f a. fig* soundness; (*d'une machine, d'un meuble*) sturdiness; (*d'un tissu, vêtement*) strength; **être d'une grande ~** to be very sound

solitaire [sɔlitɛʀ] I. *adj* 1. (*vie*) solitary; (*vieillard*) lonely 2. (*isolé*) isolated 3. (*désert*) deserted II. *mf* 1. solitary person; (*ermite*) recluse 2. **en ~** alone; **tour du monde en ~** solo round-the-world trip III. *m* (*diamant, jeu*) solitaire

solitude [sɔlityd] *f* solitude; (*isolement*) loneliness

solliciter [sɔlisite] <1> *vt form* to seek

solo <s *o* soli> [sɔlo] *m* solo; **en ~** (*chanter, jouer*) solo

solstice [sɔlstis] *m* solstice

soluble [sɔlybl] *adj* (*substance*) soluble

solution [sɔlysjɔ̃] *f* 1. *a.* CHIM, MED solution; **~ à un** [*o* **d'un**] **problème** solution to a problem; **~ de facilité** easy way out 2. (*d'une énigme*) answer

solvable [sɔlvabl] *adj* solvent; **non ~** insolvent

sombre [sɔ̃bʀ] *adj* 1. dark 2. (*avenir, réalité, tableau*) dismal 3. (*visage*) grim; (*caractère, personne*) sombre

sombrer [sɔ̃bʀe] <1> *vi* to sink

sommaire [sɔmɛʀ] I. *adj* 1. (*court*) brief 2. (*examen*) cursory; (*réparation, repas*) quick 3. (*exécution, justice*) summary II. *m* 1. (*table des matières*) table of contents 2. (*résumé*) summary

sommairement [sɔmɛʀmɑ̃] *adv* (*brièvement*) briefly

sommation [sɔmasjɔ̃] *f* 1. *a.* JUR summons 2. MIL warning

somme¹ [sɔm] *f* 1. (*quantité d'argent*) sum 2. (*total*) total 3. **en ~, ~ toute** all in all

somme² [sɔm] *m* (*sieste*) nap; **piquer un ~** *inf* to take a nap

sommeil [sɔmɛj] *m* 1. (*fait de dormir*) sleep 2. (*envie de dormir*) sleepiness; **avoir ~** to be sleepy; **tomber de ~** to be asleep on one's feet 3. **dormir du ~ du juste** *iron* to sleep the sleep of the just

sommelier, -ière [sɔməlje] *m, f* sommelier, wine waiter

sommelière [sɔməljɛʀ] *f Suisse* (*serveuse de café ou de restaurant*) waitress

sommes [sɔm] *indic prés de* **être**

sommet [sɔmɛ] *m* 1. top; (*d'une montagne*) summit; (*d'une pente, vague*) crest; (*d'un crâne*) crown 2. (*apogée*) height; **être au ~ de la gloire** to be at the height one's fame 3. POL summit

somnambule [sɔmnɑ̃byl] I. *adj* sleepwalking II. *mf* sleepwalker

somnifère [sɔmnifɛʀ] *m* soporific; (*cachet, pilule*) sleeping pill

somnoler [sɔmnɔle] <1> *vi* (*dormir à moitié*) to doze

somptueux, -euse [sɔ̃ptɥø] *adj* magnificent; (*repas*) sumptuous

son¹ [sɔ̃] I. *m* sound; **au ~ de l'accordéon** to the accordeon II. *app* spectacle **~ et lumière** son et lumière show

son² [sɔ̃] <ses> *dét poss* 1. (*d'une femme*) her; (*d'un homme*) his; (*d'un objet, animal*) its; *v. a.* **mon** 2. *après un indéfini* one's, your; **c'est chacun ~ tour** everyone takes a turn

sondage [sɔ̃daʒ] *m* **~ d'opinion** opinion poll

sonde [sɔ̃d] *f* MED probe; (*cathéter*) catheter

sonder [sɔ̃de] <1> *vt* 1. (*intentions*) to poll; **~ l'opinion** to survey public opinion 2. (*interroger insidieusement*) to sound out

songer [sɔ̃ʒe] <2a> *vi* (*penser*) **~ à qn/qc** to think of sb/sth; **~ à faire qc** to think about doing sth

songeur, -euse [sɔ̃ʒœʀ] *adj* pensive

sonnant(e) [sɔnɑ̃] *adj* **à minuit ~/à 4 heures ~es** at the stroke of midnight/4 o'clock

sonné(e) [sɔne] *adj* 1. *inf* (*cinglé*) mad, crazy 2. *inf* (*groggy*) punch-drunk 3. **avoir cinquante ans bien ~s** *inf* to be on the wrong side of fifty

sonner [sɔne] <1> I. *vt* 1. (*cloche*) to ring; (*clairon*) to blow 2. *inf* (*étourdir, secouer*) to shake; (*coup, nouvelle*) to knock out; **être sonné**

S
s

to be groggy **3.on** (**ne**) **t'a pas sonné** *inf* nobody asked you **II.** *vi* **1.** to ring; (*angélus, trompette*) to sound **2.** (*produire un effet*) ~ **bien/faux** to sound good/false **3.** (*heure*) to strike; (*fin*) to come

sonnerie [sɔnʀi] *f* **1.** (*appel sonore*) ring **2.** (*mécanisme*) ring; (*électrique*) alarm

sonnette [sɔnɛt] *f* **1.** (*d'une porte d'entrée*) doorbell **2. tirer la ~ d'alarme** to sound the alarm bell

sonore [sɔnɔʀ] *adj* **1.** (*voix, rire*) ringing; (*gifle, baiser*) loud **2.** (*relatif au son*) **onde** ~ soundwave; **bande/piste** ~ soundtrack; **ambiance/fond** ~ background noise; **nuisances** ~**s** noise pollution *no pl* **3.** (*qui résonne*) echoing

sonorisation [sɔnɔʀizasjɔ̃] *f* (*d'un film*) adding the sound track; (*d'une salle*) fitting a sound system; (*équipement*) sound system

sont [sɔ̃] *indic prés de* **être**

sophistiqué(e) [sɔfistike] *adj* sophisticated

sorbet [sɔʀbɛ] *m* sorbet; ~ (**au**) **citron** lemon sorbet

sorcier, -ière [sɔʀsje] **I.** *adj* **ce n'est pas bien** ~ it is not really difficult **II.** *m, f* (*femme*) witch; (*homme*) sorcerer

sordide [sɔʀdid] *adj* **1.** (*quartier, ruelle*) squalid **2.** (*ignoble*) sordid

sort [sɔʀ] *m* **1.** (*condition*) lot **2.** (*destinée, hasard*) fate; **connaître le même** ~ **que** to suffer the same fate as; **abandonner qn à son triste** ~ to abandon sb to their fate; **tirer qn/qc au** ~ to draw lots for sb/sth numbers **3. le** ~ **en est jeté** the die is cast

sortable [sɔʀtabl] *adj inf* presentable

sortant(e) [sɔʀtɑ̃] *adj* **1.** (*en fin de mandat*) outgoing **2.** (*numéro*) which come up

sorte [sɔʀt] *f* **1.** type, sort; **plusieurs** ~**s de pommes** several types of apples; **toutes** ~**s de personnes/ choses** all sorts of people/things **2. en quelque** ~ in some way; **faire**

en ~ **que** +*subj* to ensure that; **de la** ~ of the sort

sortie [sɔʀti] *f* **1.** exit; ~ **de secours** emergency exit; ~ **des artistes** stage door **2.** (*de prison, d'hôpital*) getting out; ~ **de piste** coming off the track **3.** (*promenade*) walk; (*en voiture, à bicyclette*) ride; (*excursion*) outing; **être de** ~ (*personne*) to have a day off; **tu es de** ~ **aujourd'hui?** is it your day off today? **4.** (*fin*) end; ~ **du travail** end of the working day **5.** (*parution*) publication; (*d'un disque, d'un film*) release; (*d'un nouveau modèle*) launch **6.** (*exportation*) export **7.** INFOR output **8. attendre qn à la** ~ *inf* to wait for sb outside

sortir [sɔʀtiʀ] <10> **I.** *vi* **être 1.** (*partir/venir*) to go/come out; ~ **par la fenêtre** to leave through the window; ~ **faire les courses** to go out shopping; ~ **en boîte/en ville** to go to a nightclub/into town; **faire/laisser** ~ **qn** to make/let sb leave; **faire** ~ **un animal** to get an animal out **2.** (*quitter*) ~ **du magasin** to leave the shop; (*venir*) to come out of the shop; (**mais**) **d'où sors-tu?** (but) where did you come from?; ~ **de chez ses amis** to come out of one's friends' house; **à quelle heure sors-tu du bureau?** what time do you leave the office?; ~ **de prison** to get out of prison; ~ **du garage** (*voiture*) to leave the garage; ~ **de la piste/route** to leave the track/road **3.** *inf* (*avoir une relation amoureuse avec*) ~ **avec qn** to go out with sb **4.** (*en terminer avec*) ~ **d'une période difficile** to come through a difficult period; **ne pas être encore sorti d'embarras** not to be out of the woods yet; **être à peine sorti de convalescence** to hardly be through convalescence **5.** (*être tel après un événement*) ~ **indemne d'un accident** to come out of an accident unscathed **6.** (*faire saillie*) ~ **de qc** to stick out of sth; **les yeux lui sortaient de la tête** *fig* his eyes were popping out of their sockets **7.** (*capitaux, devises*) to leave **8.** (*s'écarter*) **ça m'était complètement sorti de l'esprit** it had gone completely out of my head **9.** SPORT ~ **en touche** to go into touch **10.** (*être issu de*) ~ **de qc** to come from sth **11.** (*bourgeons, plante*) to come up; (*dent*) to come through **12.** (*livre*) to be published; (*film, disque*) to be released; (*nouveau modèle*) to be launched; ~ **sur les écrans** to be released in the cinemas **13.** JEUX to come up **14. ne pas en** ~ *inf* not to be able to cope **II.** *vt avoir* **1.** (*mener/porter dehors*) to put/take out; **ça vous sortira** it'll get you out **2.** (*expulser*) to get rid of **3.** (*libérer*) ~ **qn de l'ordinaire** to get sb out of the everyday routine **4.** (*retirer d'un lieu*) to get out; **ne pas arriver à** ~ **qc** to be unable to get sth out; ~ **les mains de ses poches** to take one's hands out of one's pockets **5.** (*marchandises*) to take out; (*en fraude*) to smuggle out **6.** (*lancer sur le marché*) to launch **7.** *inf* (*débiter*) to come out with **8.** *inf* (*éliminer*) to knock out; **se faire** ~ **par qn** to get knocked out by sb **III.** *vpr être* **1.** (*se tirer*) **se** – **d'une situation** to get oneself out of a situation **2.** (*réussir*) **s'en** ~ to manage; (*survivre*) to pull through; **je ne m'en sors plus** (*fam*) I can't cope any more **IV.** *m* **au** ~ **du lit** when one gets out of bed; **au** – **d'une réunion** at the end of a meeting

SOS [εsɔεs] *m* **1.** (*appel*) S.O.S. **2.** (*organisation*) ~ **médecins** emergency doctors on call; ~ **Racisme/femmes battues** *organization for victims of racism/for battered women* **3. lancer un** ~ to put out an S.O.S.

sosie [sɔzi] *m* double

sottise [sɔtiz] *f* **1.** (*acte sot*) **faire une** ~ to do something stupid **2.** (*paroles niaises*) **dire une** ~/**des** ~**s** to say something stupid/talk nonsense

sou [su] *m* **1.** *pl, inf* money **2. ne pas avoir un** ~ **en poche** *inf* to be flat

broke; **être beau comme un** ~ **neuf** to be a picture; **de quatre** ~**s** cheap; **compter ses** ~**s** *inf* to count one's pennies; (*être avare*) to count the pennies; **un** ~ (**c'**)**est un** ~ *prov* every penny counts

souche [suʃ] *f* BOT stock

souci [susi] *m souvent pl* worry; **se faire du** ~ **pour qn/qc** to worry about sb/sth; **sans** ~ free of worry

soucier [susje] <1> *vpr* **se** – **de qn/ de qc** to worry about sb/sth; **se** ~ **de l'heure** to be worried about the time

soucieux, -euse [susjø] *adj* **1.** (*inquiet*) worried **2.** (*préoccupé*) **être** ~ **de qn/de qc** to be concerned about sb/sth

soucoupe [sukup] *f* **1.** saucer **2.** ~ **volante** flying saucer

soudain(e) [sudɛ̃] **I.** *adj* sudden; (*sentiment*) unexpected **II.** *adv* suddenly

soudainement [sudɛnmɑ̃] *adv* suddenly

Soudan [sudɑ̃] *m* **le** ~ Sudan

soudanais(e) [sudanε] *adj* Sudanese

Soudanais(e) [sudanε] *m(f)* Sudanese

souder [sude] <1> *vt* TECH to weld

souffle [sufl] *m* **1.** (*respiration*) breathing **2.** (*action, capacité pulmonaire*) breath; ~ **au cœur** heart murmur; **avoir le** ~ **court** to be short of breath **3.** (*déplacement d'air*) blast **4.** (*vent*) puff; (*d'air*) breath **5.** (*vitalité*) energy; **second** ~ second wind **6. avoir du** ~ to have a lot of breath; **couper le** ~ **à qn** to take sb's breath away; **ne pas manquer de** ~ to be long-winded; **reprendre son** ~ (*respirer*) to get one's breath back; (*se calmer*) to calm down; **d'un** ~ by a whisker [*o* hair *Am*]

soufflé [sufle] *m* GASTR soufflé; ~ **au fromage** cheese soufflé

souffler [sufle] <1> **I.** *vi* **1.** (*vent*) to blow; **ça souffle** it's blowing hard **2.** (*insuffler de l'air*) ~ **sur/dans qc** to blow on/into sth **3.** (*haleter*) to gasp **4.** (*se reposer*) to get one's breath back **II.** *vt* **1.** (*éteindre*) to blow out **2.** (*déplacer en soufflant*) to blow away **3.** *inf* (*pion*) to huff *Brit*, to jump *Am* **4.** (*détruire*) to blast **5.** (*dire discrètement*) ~ **qc à qn** to whisper sth to sb **6.** THÉAT to prompt **7.** TECH ~ **le verre** to blow glass

souffrance [sufʀɑ̃s] *f* suffering

souffrant(e) [sufʀɑ̃] *adj* unwell

souffre-douleur [sufʀədulœʀ] *mf inv* punch bag

souffrir [sufʀiʀ] <11> *vi* to suffer; **faire** ~ **qn** to make sb suffer; ~ **de l'estomac/des reins** to have stomach/kidney problems; ~ **du froid/de la faim** to suffer from the cold/with hunger

soufre [sufʀ] *m* sulphur *Brit*, sulfur *Am*

souhait [swɛ] *m* **1.** (*désir*) wish **2.** (*très, très bien*) **à** ~ (*joli*) extremely; (*marcher*) perfectly **3. à tes/vos** ~**s!** bless you!

souhaiter [swete] <1> *vt* **1.** (*désirer*) ~ **qc** to wish for sth; ~ **que** +*subj* to hope that **2.** (*espérer pour quelqu'un*) ~ **bonne nuit à qn** to bid sb goodnight; ~ **bien des choses à qn** to wish sb all the best

soûl [su] *m* **tout mon/ton** ~ as much as I/you can

soûl(e) [su] *adj inf* (*ivre*) drunk

soulagement [sulaʒmɑ̃] *m* relief

soulager [sulaʒe] <2a> **I.** *vt* to relieve **II.** *vpr* **1.** (*se défouler*) **se** ~ **en faisant qc** to find relief by doing sth **2.** *inf* **se** ~ to relieve oneself

soûler [sule] <1> **I.** *vt* **1.** (*enivrer*) ~ **qn à la bière** to get sb drunk on beer; **ça soûle!** that's strong stuff! **2.** (*tourner la tête*) ~ **qn** to make sb's head spin **II.** *vpr* (*s'enivrer*) **se** ~ **à qc** to get drunk on sth

soulever [sul(ə)ve] <4> *vt* **1.** (*poids*) to lift **2.** (*relever légèrement*) to lift up **3.** (*susciter*) to raise

souligner [suliɲe] <1> *vt* **1.** (*mot, importance de qc*) to underline **2.** (*accentuer, marquer*) to emphasize

soumettre [sumɛtʀ] <irr> **I.** *vt* **1.** (*asservir, faire subir*) ~ **qn à qn/qc** to subject sb to sb/sth **2.** (*présenter*) ~ **un projet à qn** to submit a project to sb **II.** *vpr* **se** ~ **à qc** to submit to sth

soumis(e) [sumi] **I.** *part passé de* **soumettre II.** *adj* (*docile*) dutiful

soupape [supap] *f* valve

soupçon [supsɔ̃] *m* **1.** (*suspicion*) suspicion; **être au-dessus de tout** ~ to be above all suspicion **2.** (*de sel, poivre*) pinch; (*d'ironie*) sprinkling

soupçonner [supsɔne] <1> *vt* ~ **qn de vol** to suspect sb of theft

soupe [sup] *f* **1.** (*potage*) soup; ~ **à l'oignon/de légumes** onion/vegetable soup; **à la** ~! *inf* come and get it! **2.** (*neige fondue*) slush **3.** (*organisme charitable*) ~ **populaire** soup kitchen **4. cracher dans la** ~ *inf* to bite the had that feeds you

soupir [supiʀ] *m* sigh; **pousser un** ~ **de soulagement** to give a sigh of relief

soupirant [supiʀɑ̃] *m iron* suitor

soupirer [supiʀe] <1> *vi* to sigh

souple [supl] *adj* **1.** supple; (*tissu*) soft **2.** (*adaptable*) flexible

souplesse [suplɛs] *f* flexibility; (*d'une personne*) suppleness

source [suʀs] *f* **1.** *a.* PHYS, OPT source; **prendre sa** ~ **en Suisse** to rise in Switzerland **2.** (*point d'eau*) spring **3.** (*origine*) **de** ~ **sûre/bien informée** from a reliable/well-informed source **4. couler de** ~ to come naturally

sourcil [suʀsi] *m* **1.** eyebrow **2. froncer les** ~**s** to knit one's brow

sourd(e) [suʀ] **I.** *adj* **1.** deaf; ~ **d'une oreille** deaf in one ear **2.** (*bruit*) muffled **II.** *m(f)* deaf person

sourd-muet, sourde-muette [suʀmɥɛ] <sourds-muets> *m, f* deaf-mute

souriant(e) [suʀjɑ̃] *adj* smiling

sourire [suʀiʀ] **I.** *m* smile; **faire un** ~ **à qn** to give sb a smile; **garder le** ~ to keep smiling **II.** <irr> *vi* ~ **à qn** to smile at sb

souris [suʀi] *f a.* INFOR mouse

sournois(e) [suʀnwa] *adj* sly

sous [su] *prep* 1. under 2. ~ **huitaine** within a week; ~ **peu** shortly

souscrire [suskʀiʀ] <irr> **I.** *vi* to subscribe; ~ **à qc** to subscribe to sth **II.** *vt* (*police d'assurance, abonnement*) to take out

sous-développé(e) [sudev(ə)lɔpe] <sous-développés> *adj* underdeveloped **sous-développement** [sudev(ə)lɔpmã] <sous-développements> *m* under-development **sous-directeur, -trice** [sudiʀɛktœʀ] <sous-directeurs> *m, f* deputy manager **sous-entendre** [suzãtãdʀ] <14> *vt* to imply **sous-entendu(e)** [suzãtãdy] <sous-entendus> *m* insinuation **sous-estimer** [suzɛstime] <1> *vt* to underestimate **sous-marin** [sumaʀɛ̃] <sous-marins> *m* submarine **sous-préfecture** [supʀefɛktyʀ] <sous-préfectures> *f* subprefecture **sous-préfet, Mme le sous-préfet** [supʀefɛ] <sous-préfets> *m, f* sub-prefect **sous-sol** [susɔl] <sous-sols> *m* basement **sous-titre** [sutitʀ] <sous-titres> *m* subtitle **sous-titrer** [sutitʀe] <1> *vt* to subtitle

soustraction [sustʀaksjɔ̃] *f* MAT subtraction

soustraire [sustʀɛʀ] <irr> **I.** *vi* to subtract **II.** *vpr* se ~ **à une obligation** to shirk an obligation

sous-vêtement [suvɛtmã] <sous-vêtements> *m* **des sous-vêtements** underwear *no pl*

soute [sut] *f* ~ **à bagages** baggage hold

soutenir [sut(ə)niʀ] <9> *vt* 1. (*porter, aider, prendre parti pour*) to support 2. (*maintenir debout, en bonne position*) to hold up 3. (*affirmer*) to maintain 4. (*regard*) to withstand

soutenu(e) [sut(ə)ny] **I.** *part passé de* **soutenir II.** *adj* 1. (*régulier*) sustained 2. (*style, langue*) formal

souterrain [suteʀɛ̃] *m* underpass

souterrain(e) [suteʀɛ̃] *adj* underground

soutien [sutjɛ̃] *m* 1. support; ~ **de famille** breadwinner 2. ECOLE **cours de** ~ remedial lessons *pl*

soutien-gorge [sutjɛ̃gɔʀʒ] <soutiens-gorge(s)> *m* bra

soutirer [sutiʀe] <1> *vt* ~ **de l'argent à qn** to get money out of sb

souvenir[1] [suv(ə)niʀ] <9> *vpr* se ~ **de qn/qc** to remember sb/sth; **il se souvient à qui il a parlé** he remembers who he spoke to

souvenir[2] [suv(ə)niʀ] *m* 1. memory; **en** ~ **de qc/qn** in memory of sth/sb 2. (*objet touristique*) souvenir

souvent [suvã] *adv* often; **le plus** ~ most often

souverain(e) [suv(ə)ʀɛ̃] *adj, m(f)* sovereign

souveraineté [suv(ə)ʀɛnte] *f* (*d'un État, peuple*) sovereignty

soviétique [sɔvjetik] *adj* Soviet; **l'Union** ~ the Soviet Union

Soviétique [sɔvjetik] *mf* Soviet; **les** ~**s** the Soviets

soyeux, -euse [swajø] *adj* 1. (*doux*) silky 2. (*brillant*) shiny

SPA [ɛspea] *f abr de* **Société protectrice des animaux** animal protection society

spacieux, -euse [spasjø] *adj* spacious

spaghettis [spageti] *mpl* spaghetti + *vb sing*

sparadrap [spaʀadʀa] *m* elastoplast® *Brit,* Band-Aid® *Am*

spatial(e) [spasjal] <-aux> *adj* space

spatule [spatyl] *f* (*ustensile*) spatula

spécial(e) [spesjal] <-aux> *adj* 1. (*opp: général*) special; (*équipement*) specialist 2. (*bizarre*) strange

spécialement [spesjalmã] *adv* 1. (*en particulier*) especially 2. (*tout exprès*) specially

spécialisation [spesjalizasjɔ̃] *f* specialization

spécialisé(e) [spesjalize] *adj* **être** ~ **dans qc** to be specialized in sth

spécialiser [spesjalize] <1> *vpr* se ~ **dans** [*o* **en**] **qc** to specialize in sth

spécialiste [spesjalist] *mf* 1. (*ex-*

pert) expert **2. a.** MED specialist

spécialité [spesjalite] *f* speciality

spécificité [spesifisite] *f* specificity

spécifier [spesifje] <1> *vt* to specify

spécifique [spesifik] *adj* specific

spécimen [spesimɛn] *m* (*exemplaire*) specimen

spectacle [spɛktakl] *m* **1.** (*ce qui s'offre au regard*) spectacle **2.** THEAT, CINE, TV show; **aller au** ~ to go to a show **3.** (*show-business*) **le monde du** ~ the entertainment world **4.** (*avec de gros moyens*) **à grand** ~ spectacular

spectaculaire [spɛktakylɛR] *adj* spectacular

spectateur, -trice [spɛktatœR] *m, f* **1.** THEAT, SPORT spectator **2.** (*observateur*) onlooker

spéculation [spekylasjɔ̃] *f* speculation

spéculer [spekyle] <1> *vi* FIN, COM ~ **sur qc** to speculate about sth

spéléologie [speleɔlɔʒi] *f* **1.** (*science*) speleology **2.** (*loisirs*) pot-holing *Brit,* spelunking *Am*

spéléologue [speleɔlɔg] *mf* potholer *Brit,* spelunker *Am*

spermatozoïde [spɛRmatɔzɔid] *m* sperm

sperme [spɛRm] *m* sperm

spermicide [spɛRmisid] *adj* spermicide

sphère [sfɛR] *f* sphere

spirale [spiRal] *f* spiral

spiritualité [spiRityalite] *f* spirituality

spirituel(le) [spiRityɛl] *adj* **1.** (*plein d'esprit*) witty **2. a.** REL spiritual

spleen [splin] *m* spleen

splendeur [splɑ̃dœR] *f a. iron* splendour *no pl Brit,* splendor *no pl Am*

splendide [splɑ̃did] *adj* splendid

sponsor [spɔ̃sɔR] *m* sponsor

sponsoriser [spɔ̃sɔRize] <1> *vt* to sponsor

spontané(e) [spɔ̃tane] *adj* spontaneous

spontanéité [spɔ̃taneite] *f* spontaneity

spontanément [spɔ̃tanemɑ̃] *adv* spontaneously

sporadique [spɔRadik] *adj* sporadic

sport [spɔR] **I.** *adj inv* (*coupe*) casual **II.** *m* sport; **faire du** ~ to do sport [*o* sports *Am*]; ~ **d'hiver** winter sport

sportif, -ive [spɔRtif] **I.** *adj* **1.** (*de sport*) **pages sportives** sports pages **2.** (*qui fait du sport*) athletic **3.** (*allure, démarche*) sporty **II.** *m, f* sportsman, sportswoman *m, f*

spot [spɔt] *m* **1.** (*lampe, projecteur*) light spot **2.** ~ **publicitaire** commercial

spray [spRɛ] *m* **1.** (*pulvérisation*) spray **2.** (*atomiseur*) aerosol

sprint [spRint] *m* sprint

sprinteur, -euse [spRintœR] *m, f* sprinter

squash [skwaʃ] *m* squash

squatter [skwate] <1> *vt* to squat

squelette [skəlɛt] *m* skeleton

squelettique [skəletik] *adj* **être** ~ to be skin and bone

Sri Lanka [sRilɑ̃ka] *m* **le** ~ Sri Lanka

stabiliser [stabilize] <1> *vt, vpr* (**se**) ~ to stabilize

stabilité [stabilite] *f* stability

stable [stabl] *adj* stable

stade [stad] *m* **1.** SPORT stadium; ~ **olympique** Olympic stadium **2.** (*phase*) stage

stage [staʒ] *m* **1.** (*en entreprise*) work experience **2.** (*séminaire*) course

stagiaire [staʒjɛR] *adj, mf* trainee

stagner [stagne] <1> *vi* to stagnate

stalactite [stalaktit] *f* stalactite

stalagmite [stalagmit] *f* stalagmite

stand [stɑ̃d] *m* **1.** (*dans une exposition*) stand **2.** (*dans une fête*) stall; ~ **de tir** shooting range **3.** SPORT ~ **de ravitaillement** pit

standard¹ [stɑ̃daR] *m* TEL switchboard

standard² [stɑ̃daR] *adj inv, m* standard

standardiser [stɑ̃daRdize] <1> *vt* to standardize

standardiste [stɑ̃daRdist] *mf* switchboard operator

star [staR] *f* star

starter [staRtɛR] *m* AUT choke;

mettre le ~ to pull the choke out
station [stasjɔ̃] *f* 1. TECH, REL, CINE, TV station; ~ **d'épuration** water-treatment plant; ~ (**d'**)**essence** petrol [*o gas Am*] station; ~ **de taxis** taxi rank 2. (*pour le tourisme*) ~ **balnéaire/de sports d'hiver** sea/winter sports resort; ~ **thermale** spa
stationnaire [stasjɔnɛʀ] *adj* stationary
stationnement [stasjɔnmɑ̃] *m* 1. (*fait de sationner*) parking; **voitures en** ~ parked cars; **ticket/disque de** ~ parking ticket/permit; ~ **payant/interdit** pay/no parking 2. *Québec* (*parc de stationnement*) car park *Brit*, parking lot *Am*
stationner [stasjɔne] <1> *vi* (*être garé*) to be parked
station-service [stasjɔ̃sɛʀvis] <stations-service(s)> *f* service station
statistique [statistik] *f* (*science*) statistics + *vb sing*
statue [staty] *f* statue; **la** ~ **de la Liberté** the Statue of Liberty
statu quo [statykwo] *m inv* status quo
statut [staty] *m a.* ADMIN status
sténodactylo [stenodaktilo] *mf* shorthand typist
sténographie [stenɔgʀafi] *f* shorthand
stéréo [steʀeo] I. *adj inv abr de* **stéréophonique: chaîne** ~ stereo II. *f abr de* **stéréophonie** stereo
stéréotype [steʀeɔtip] *m* stereotype
stérile [steʀil] *adj* sterile
stérilet [steʀilɛ] *m* IUD
stériliser [steʀilize] <1> *vt* to sterilize
stérilité [steʀilite] *f a. fig* sterility
stick [stik] *m* stick; ~ **à lèvres** lipstick
stimulant [stimylɑ̃] *m* 1. (*médicament*) stimulant 2. (*incitation*) stimulus
stimulant(e) [stimylɑ̃] *adj* stimulating
stimulateur [stimylatœʀ] *m* ~ **cardiaque** pacemaker

stimuler [stimyle] <1> *vt* to stimulate
stipuler [stipyle] <1> *vt* to stipulate
stock [stɔk] *m* 1. COM stock; **en** ~ in stock 2. (*réserve*) supply 3. *inf* **garde ce stylo, j'en ai tout un** ~ keep that pen, I've got lots
stocker [stɔke] <1> *vt* 1. to stock 2. INFOR to store
Stockholm [stɔk´ɔlm] Stockholm
stoïque [stɔik] *adj* stoic
stop [stɔp] I. *interj* stop; ~ **à l'inflation** end inflation II. *m* 1. (*panneau*) stop sign 2. AUTO brake light 3. *inf* (*auto-stop*) **faire du** ~ to hitchhike; **en** ~ hitchhiking
stopper [stɔpe] <1> *vt, vi* to stop
store [stɔʀ] *m* blind; (*rideau de magasin*) awning
strapontin [stʀapɔ̃tɛ̃] *m* flap seat
Strasbourg [stʀasbuʀ] Strasbourg
stratagème [stʀataʒɛm] *m* stratagem
stratégie [stʀateʒi] *f* strategy
stratégique [stʀateʒik] *adj* strategic
stress [stʀɛs] *m* stress
stressant(e) [stʀesɑ̃] *adj* stressful
stresser [stʀese] <1> I. *vt* to put under stress II. *vi* to stress
strict(e) [stʀikt] *adj* 1. strict 2. *antéposé* (*vérité*) exact
strictement [stʀiktəmɑ̃] *adv* strictly
strip-tease [stʀiptiz] <strip-teases> *m* striptease
strip-teaseur, -euse [stʀiptizœʀ] <strip-teaseurs> *m, f* stripper
strophe [stʀɔf] *f* verse
structure [stʀyktyʀ] *f* 1. (*organisation*) structure 2. ~ **d'accueil** welcome facilities
structurer [stʀyktyʀe] <1> *vt* to structure
studio [stydjo] *m a.* CINE, TV studio; **à vous, les** ~**s** now back to the studio
stupéfait(e) [stypefɛ] *adj* amazed
stupéfiant [stypefjɑ̃] *m* drug
stupéfiant(e) [stypefjɑ̃] *adj* amazing
stupéfié(e) [stypefje] *adj* amazed
stupéfier [stypefje] <1> *vt* to amaze

S
s

stupeur [stypœʀ] *f* amazement

stupide [stypid] *adj* stupid

stupidement [stypidmɑ̃] *adv* stupidly

stupidité [stypidite] *f* stupidity

style [stil] *m* **1.** a. ART, LIT, LING style; ~ **de vie** lifestyle **2.** (*genre*) type

styliste [stilist] *mf* stylist

stylo [stilo] *m* pen; ~ (**à**) **plume**/(**à**) **bille** fountain/ball-point pen

stylo-feutre [stiloføtʀ] <stylos-feutres> *m* felt-tipped pen

su [sy] *part passé de* **savoir**

subdiviser [sybdivize] <1> *vt* to subdivide

subir [sybiʀ] <8> *vt* **1.** to suffer **2.** (*opération, interrogatoire*) to undergo **3.** (*être l'objet de*) ~ **des modifications** to be modified

subjectif, -ive [sybʒɛktif] *adj* subjective

subjectivité [sybʒɛktivite] *f* subjectivity

subjonctif [sybʒɔ̃ktif] *m* subjunctive

subjuguer [sybʒyge] <1> *vt* to enthrall

sublime [syblim] *adj* (*admirable*) wonderful

submerger [sybmɛʀʒe] <2a> *vt* **1.** (*digue, rives*) to submerge; (*plaine, terres*) to flood **2.** (*envahir*) ~ **qn de qc** to swamp sb with sth

subordonné(e) [sybɔʀdɔne] *m(f)* subordinate

subordonnée [sybɔʀdɔne] *f* subordinate clause

subsister [sybziste] <1> *vi* **1.** to subsist **2.** (*doute, erreur*) to feed off

substance [sypstɑ̃s] *f* **1.** (*matière*) matter **2.** (*essentiel*) substance; **en** ~ in substance

substantif [sypstɑ̃tif] *m* noun

substituer [sypstitɥe] <1> *vt* ~ **qn/qc à qn/qc** to substitute sb/sth for sb/sth

substitut [sypstity] *m* **1.** (*remplacement*) ~ **de qn/qc** substitute for sb/sth **2.** JUR ~ **du procureur** deputy prosecutor

substitution [sypstitysjɔ̃] *f* substitution

subterfuge [syptɛʀfyʒ] *m* subterfuge

subtil(e) [syptil] *adj* subtle; (*personne*) discerning

subtilement [syptilmɑ̃] *adv* subtly

subtilité [syptilite] *f soutenu* subtlety

subvenir [sybvəniʀ] <9> *vi* ~ **à qc** to provide for sth

subvention [sybvɑ̃sjɔ̃] *f* grant

subventionner [sybvɑ̃sjɔne] <1> *vt* to subsidize

succéder [syksede] <5> I. *vi* ~ **à qc** to follow sth; ~ **à qn** to succeed sb II. *vpr* **se** ~ to follow one another

succès [syksɛ] *m* success; **avoir un** ~ **fou** *inf* to be a big hit; **avoir du** ~ **auprès de qn** to have success with sb; **couronné de** ~ crowned with success

successeur [syksesœʀ] *m* successor

successif, -ive [syksesif] *adj* successive

succession [syksesjɔ̃] *f* succession; **prendre la** ~ **de qn/qc** to succeed sb/sth

successivement [syksesivmɑ̃] *adv* successively

succomber [sykɔ̃be] <1> *vi* **1.** (*mourir*) ~ **à qc** to die of sth **2.** (*céder à*) ~ **à la tentation/au charme de qn/qc** to give in to the temptation/charm of sb/sth

succulent(e) [sykylɑ̃] *adj* succulent

succursale [sykyʀsal] *f* branch

sucer [syse] <2> *vt* to suck

sucette [sysɛt] *f* lollipop

sucre [sykʀ] *m* sugar; (*morceau*) sugar lump; ~ **candi** sugar candy; ~ **cristallisé/de canne** granulated/cane sugar; ~ **glace** icing [*o* powdered *Am*] sugar

sucré(e) [sykʀe] *adj* sweet

sucrer [sykʀe] <1> *vt* GASTR to sugar; (*thé, café*) to put sugar in

sucrerie [sykʀəʀi] *f* sweet

sucrette® [sykʀɛt] *f* sweetener

sud [syd] I. *m* south; **au** ~ **de qc** south of sth; **dans le** ~ **de** in the south of; **du** ~ southern II. *adj inv* south; (*banlieue, latitude*) southern

Sud [syd] *m* **du** ~ (*autoroute*) southern; **les gens du ~** the Southerners; **l'Afrique/l'Amérique du ~** South Africa/America

sud-africain(e) [sydafʀikɛ̃] <sud-africains> *adj* South African **Sud-Africain(e)** [sydafʀikɛ̃] <Sud-Africains> *m(f)* South African **sud-américain(e)** [sydameʀikɛ̃] <sud-américains> *adj* South American **Sud-Américain(e)** [sydameʀikɛ̃] <Sud-Américains> *m(f)* South American **sud-coréen(ne)** [sydkɔʀeɛ̃] <sud-coréens> *adj* South Korean **Sud-Coréen(ne)** [sydkɔʀeɛ̃] <Sud-Coréens> *m(f)* South Korean **sud-est** [sydɛst] *inv adj, m* south-east *Brit,* southeast *Am***sud-ouest** [sydwɛst] *adj, m* south-west *Brit,* southwest *Am***sud-vietnamien(ne)** [sydvjɛtnamjɛ̃] <sud-vietnamiens> *adj* HIST South Vietnamese **Sud-Vietnamien(ne)** [sydvjɛtnamjɛ̃] <Sud-Vietnamiens> *m(f)* HIST South Vietnamese

Suède [sɥɛd] *f* **la ~** Sweden

suédois [sɥedwa] *m* Swedish; *v. a.* **français**

suédois(e) [sɥedwa] *adj* Swedish **Suédois(e)** [sɥedwa] *m(f)* Swede

suée [sɥe] *f inf* sweat

suer [sɥe] <1> *vi* **1.** (*transpirer*) to sweat **2.** (*se donner beaucoup de mal*) **~ pour faire qc** to sweat doing sth

sueur [sɥœʀ] *f* **1.** sweat; **avoir des ~s** to be in a sweat; **être en ~** to be bathed in sweat **2. à la ~ de son front** by the sweat of one's brow; **avoir des ~s froides** to be in a cold sweat

suffire [syfiʀ] <irr> I. *vi* (*être assez*) to be enough II. *vi impers* **il suffit d'une fois** once is enough; **il suffit que vous soyez là pour qu'il se calme** you just have to be there for him to calm down; **ça suffit** (**comme ça!**) *inf* that's enough!

suffisamment [syfizamɑ̃] *adv* enough; **~ de temps/à boire** enough time/to drink

suffisant(e) [syfizɑ̃] *adj* sufficient,

enough; **ne pas être ~** not to be enough

suffixe [syfiks] *m* suffix

suffoquer [syfɔke] <1> I. *vt* **1.** (*étouffer*) to suffocate **2.** (*stupéfier*) to stun II. *vi* **1.** (*perdre le souffle*) to gasp for breath **2. ~ de colère** to choke with anger

suffrage [syfʀaʒ] *m* **1.** (*voix*) vote; **~ universel** universal suffrage **2.** *pl* (*approbation*) approval *no pl;* **remporter tous les ~s** to meet with universal approval

suggérer [sygʒeʀe] <5> *vt* to suggest

suggestion [sygʒɛstjɔ̃] *f* suggestion

suicidaire [sɥisidɛʀ] *adj* suicidal

suicide [sɥisid] *m* suicide

suicider [sɥiside] <1> *vpr* **se ~** to commit suicide

suis [sɥi] *indic prés de* **être**

suisse [sɥis] I. *adj* Swiss; **~ romand** Swiss French II. *m* **1.** (*gardien d'église*) verger **2. petit ~** GASTR fromage frais

Suisse [sɥis] I. *f* **la ~** Switzerland II. *mf* Swiss; **~ allemand/romand** German-/French-speaking Swiss

suite [sɥit] *f* **1.** (*d'une lettre, d'un roman*) rest; **attendre la ~** to wait for what is to follow **2.** (*d'événements*) sequence **3.** (*conséquence*) consequence; **sans ~** with no repercussions **4.** (*nouvel épisode*) next episode; **la ~ au prochain numéro** to be continued in the next issue **5.** (*cohérence*) coherence **6.** (*appartement*) suite **7.** INFOR **~ bureautique** office suite **8. ~ à qc** further to sth; **à la ~ de qc** following sth; **et ainsi de ~** and so on; **par la ~** afterwards

suivant [sɥivɑ̃] *prep* according to

suivant(e) [sɥivɑ̃] I. *adj* **1.** (*qui vient ensuite*) next **2.** (*ci-après*) following II. *m(f)* next one; **au ~!** next please!

suivi [sɥivi] *m* (*d'une affaire*) follow-up; **~ médical** aftercare

suivi(e) [sɥivi] *adj* steady; (*effort*) sustained

suivre [sɥivʀ] <irr> I. *vt* **1.** to follow; **~ la mode** to follow fashion; **faire ~**

qn to have sb followed **2.** (*hanter*) to shadow **3.** ECOLE to attend **4. être à ~** (*exemple*) to be followed **II.** *vi* **1.** to follow **2.** (*réexpédier*) **faire ~ qc** to forward sth **III.** *vpr* **se ~ 1.** (*se succéder*) to follow each other **2.** (*être cohérent*) to be in the right order

sujet [syʒɛ] *m* **1. a.** LING, PHILOS subject; (*d'un examen*) question **2.** (*individu*) subject; **mauvais ~** bad boy **3. c'est à quel ~?** *inf* what is it about?; **à ce ~** on this subject; **au ~ de qn/qc** about sb/sth

sujet(te) [syʒɛ] *adj* **être ~ à qc/à** +*infin* to be prone to sth/to +*infin*

super¹ [sypɛʀ] *m abr de* **supercarburant** four-star *Brit,* premium *Am*

super² [sypɛʀ] *adj inv, inf* super

superbe [sypɛʀb] *adj* superb; (*corps, enfant*) magnificent; **tu as une mine ~** you look great

superficie [sypɛʀfisi] *f* area

superficiel(le) [sypɛʀfisjɛl] *adj* superficial

superflu(e) [sypɛʀfly] *adj* superfluous

supérieur [sypeʀjœʀ] *m* higher education

supérieur(e) [sypeʀjœʀ] **I.** *adj* **1.** (*plus haut dans l'espace*) upper **2.** (*plus élevé dans la hiérarchie*) superior; (*cadre*) senior; (*enseignement, études*) higher; **d'ordre ~** higher **3.** (*de grande qualité*) superior **4.** (*en nombre*) greater; **être ~ à la moyenne** to be above average **II.** *m(f)* **a.** REL superior

supériorité [sypeʀjɔʀite] *f* **~ sur qn/qc** superiority over sb/sth; **complexe de ~** superiority complex

superlatif [sypɛʀlatif] *m* superlative

supermarché [sypɛʀmaʀʃe] *m* supermarket

superposé(e) [sypɛʀpoze] *adj* **lits ~s** bunk beds

superposer [sypɛʀpoze] <1> **I.** *vt* **1.** (*faire chevaucher*) to superimpose **2.** (*empiler*) to stack **II.** *vpr* **se ~** (*figures géométriques, images*) to be superimposed

superproduction [sypɛʀpʀɔ-

dyksjɔ̃] *f* spectacular

superstitieux, -euse [sypɛʀstisjø] *adj* superstitious

superstition [sypɛʀstisjɔ̃] *f* superstition

superviser [sypɛʀvize] <1> *vt* to supervise; (*travail*) to oversee

superviseur [sypɛʀvizœʀ] *m* INFOR supervisor

supplément [syplemã] *m* **1.** (*surplus*) **(en) ~ extra 2.** (*publication*) supplement **3.** (*somme d'argent à payer*) extra charge; CHEMDFER supplement

supplémentaire [syplemãtɛʀ] *adj* extra; **heures ~s** overtime + *vb sing*

supplice [syplis] *m* **1.** torture **2. être au ~** to be in agony

supplier [syplije] <1> *vt* **~ qn de** +*infin* to beg sb to +*infin*

support [sypɔʀ] *m* **1.** support **2.** INFOR **~ d'information** information medium

supportable [sypɔʀtabl] *adj* bearable

supporter [sypɔʀte] <1> **I.** *vt* **1. a.** SPORT to support **2.** (*physiquement*) to tolerate; (*douleur, opération*) to stand **3.** (*psychiquement*) to bear; **je ne peux pas le ~** I can't bear it **4.** (*subir*) to suffer **II.** *vpr* **se ~** to stand each other

supporteur, -trice [sypɔʀtœʀ] *m, f* supporter

supposer [sypoze] <1> *vt* **1.** (*imaginer*) to suppose; **supposons que** +*subj* let's suppose **2.** (*présumer*) to assume **3.** (*impliquer*) to presuppose

supposition [sypozisjɔ̃] *f* assumption

suppression [sypʀesjɔ̃] *f* **1.** removal; (*d'emplois*) cutting **2.** (*abrogation*) abolition

supprimer [sypʀime] <1> *vt* **1.** (*enlever*) to take away **2.** (*abolir*) to abolish **3.** (*faire disparaître*) to get rid of **4.** (*tuer*) to eliminate

suprématie [sypʀemasi] *f* supremacy

suprême [sypʀɛm] *adj* supreme; (*degré*) highest

sur [syʀ] *prep* **1.** on **2.** (*au-dessus de*)

over **3.** (*temporel*) ~ **le soir** towards the evening; ~ **le coup** (*immédiatement*) immediately; (*au début*) at first; ~ **ce** and now **4.** (*successif*) **coup** ~ **coup** shot after shot **5.** (*modal*) **ne me parle pas** ~ **ce ton!** don't speak to me like that!; ~ **l'air de ...** to the tune of ... **6.** (*au sujet de*) about **7.** (*proportionnalité, notation, dimension*) **neuf fois** ~ **dix** nine times out of ten; **un enfant** ~ **deux** one child in two; **faire 5 mètres** ~ **4** to measure 5 metres [*o* meters *Am*] by four

sûr(e) [syʀ] *adj* **1.** (*convaincu, certain*) ~ **de qn/qc** sure of sb/sth; **j'en suis** ~ I am sure (of it) **2.** (*sans danger*) safe; **en lieu** ~ in a safe place **3.** (*digne de confiance*) trustworthy **4. bien** ~ of course; **bien** ~ **que oui** *inf* of course; **bien** ~ **que non** *inf* of course not; ~ **et certain** absolutely sure; **le plus** ~ the safest thing; **c'est** ~ *inf* definitely

suralimentation [syʀalimɑ̃tasjɔ̃] *f* overeating

surcharge [syʀʃaʀʒ] *f* **1.** overloading **2.** (*excédent de poids*) excess load

surchargé(e) [syʀʃaʀʒe] *adj* **1.** (*trop chargé*) overloaded **2.** *fig* **être** ~ **de travail** to be overworked

surchauffer [syʀʃofe] <1> *vt* to overheat

surdité [syʀdite] *f* deafness

surdoué(e) [syʀdwe] **I.** *adj* (highly) gifted **II.** *m(f)* prodigy

sûrement [syʀmɑ̃] *adv* certainly

surenchérir [syʀɑ̃ʃeʀiʀ] <8> *vi* to bid higher; (*en rajouter*) to raise one's bid

surendetté(e) [syʀɑ̃dete] *adj* deeply in debt

sûreté [syʀte] *f* **1.** (*précision*) sureness **2.** (*sécurité*) safety; **pour plus de** ~ for greater security

surévaluer [syʀevalɥe] <1> *vt* to overvalue

surf [sœʀf] *m* **1.** (*sport*) surfing; (*sur la neige*) snowboarding; **faire du** ~ to go surfing; (*sur la neige*) to go snowboarding **2.** (*planche pour*

l'eau) surfboard; (*pour la neige*) snowboard **3.** INFOR surfing; **faire du** ~ **sur le Net** to surf (the Web)

surface [syʀfas] *f* **1.** (*aire*) area; (*d'un appartement*) surface area **2.** (*couche superficielle*) surface **3. grande** ~ hypermarket; **faire** ~ to surface; **en** ~ on the surface

surfer [sœʀfe] <1> *vi a.* INFOR to surf; ~ **sur le Web** to surf (the Web)

surfeur, -euse [sœʀfœʀ] *m, f* **1.** *a.* INFOR surfer **2.** (*sur la neige*) snowboarder

surgelés [syʀʒəle] *mpl* frozen foods

surgir [syʀʒiʀ] <8> *vi* to appear; (*difficulté*) to crop up

surhomme [syʀɔm] *m* superman

surhumain(e) [syʀymɛ̃] *adj* superhuman

sur-le-champ [syʀləʃɑ̃] *adv* on the spot

surligner [syʀliɲe] <1> *vt* INFOR to highlight

surmener [syʀməne] <4> **I.** *vt* to overwork **II.** *vpr* **se** ~ to be overworked

surmonter [syʀmɔ̃te] <1> **I.** *vt* to surmount **II.** *vpr* **se** ~ to control oneself

surnaturel(le) [syʀnatyʀɛl] *adj a.* REL supernatural

surnom [syʀnɔ̃] *m* **1.** (*sobriquet*) nickname **2.** (*qualificatif*) name

surnommer [syʀnɔme] <1> *vt* to nickname

surpasser [syʀpɑse] <1> *vpr* **se** ~ to excel oneself

surpayer [syʀpeje] <1> *vt* (*personne*) to overpay

surpeuplé(e) [syʀpœple] *adj* (*pays*) over-populated

surplomber [syʀplɔ̃be] <1> *vt* to overhang

surplus [syʀply] *m* surplus

surprenant(e) [syʀpʀənɑ̃] *adj* surprising

surprendre [syʀpʀɑ̃dʀ] <13> **I.** *vt* **1.** (*étonner*) to surprise; **être surpris de qc/que** +*subj* to be surprised about sth/that **2.** (*prendre sur le fait*) ~ **qn à faire qc** to catch sb doing sth **3.** (*conversation*) to over-

S
s

hear **4.** (*prendre à l'improviste*) **la pluie nous a surpris** the rain caught us by surprise **II.** *vpr* **se ~ à faire qc** to catch oneself doing sth

surpris(e) [syʀpʀi] *part passé de* **surprendre**

surprise [syʀpʀiz] *f* surprise; **faire la ~ à qn** to surprise sb; **avec/par ~** with/in surprise

surproduction [syʀpʀɔdyksjɔ̃] *f* overproduction

surréaliste [syʀʀealist] *adj, mf* surrealist

sursaut [syʀso] *m* **1.** (*haut-le-corps*) jump; **avoir un ~ de surprise** to jump in surprise **2.** start; **en ~** (*se réveiller*) with a start

sursauter [syʀsote] <1> *vi* to jump; **faire ~ qn** to startle sb

sursis [syʀsi] *m* **1.** (*délai*) postponement **2.** JUR reprieve

surtaxe [syʀtaks] *f* surcharge

surtout [syʀtu] *adv* **1.** (*avant tout*) above all **2.** *inf* (*d'autant plus*) **j'ai peur de lui, ~ qu'il est si fort** I'm scared of him, with him being so strong **3. ~ pas** definitely not

surveillance [syʀvɛjɑ̃s] *f* (*de la police*) surveillance; (*des travaux, études*) supervision

surveillant(e) [syʀvɛjɑ̃] *m(f)* supervisor; (*de prison*) warder *Brit,* prison guard *Am*

surveiller [syʀveje] <1> *vt* **1.** to watch **2.** (*enfant*) to watch over; (*malade*) to care for **3.** (*assurer la protection de*) to keep watch on **4.** (*élèves*) to supervise; (*examen*) to invigilate *Brit,* to proctor *Am*

survêtement [syʀvɛtmɑ̃] *m* overgarment; SPORT track suit

survie [syʀvi] *f* **1.** (*maintien en vie*) survival **2.** REL afterlife

survivant(e) [syʀvivɑ̃] *m(f)* survivor

survivre [syʀvivʀ] <irr> *vi* **~ à qc** to survive sth

survoler [syʀvɔle] <1> *vt* **1.** AVIAT to fly over **2.** (*article*) to skim through; (*question*) to skim over

susceptibilité [sysɛptibilite] *f* touchiness

susceptible [sysɛptibl] *adj* **1.** (*om-*

brageux) touchy **2.** (*en mesure de*) **il est ~ de +***infin* he could +*infin*

susciter [sysite] <1> *vt* to arouse

suspect(e) [syspɛ] **I.** *adj* suspect; **être ~ à qn** to be suspicious to sb **II.** *m(f)* suspect

suspecter [syspɛkte] <1> *vt* to suspect

suspendre [syspɑ̃dʀ] <14> *vt* **1.** (*accrocher*) **~ qc à qc** to hang sth on sth **2.** (*interrompre, destituer*) to suspend

suspens [syspɑ̃] **en ~** (*dossier*) that is pending

suspense [syspɛns] *m* suspense

suspension [syspɑ̃sjɔ̃] *f a.* ADMIN, AUT suspension

suture [sytyʀ] *f* MED, ANAT suture

svelte [svɛlt] *adj* svelte

SVP [ɛsvepe] *abr de* **s'il vous plaît**

sweat-shirt [switʃœʀt] <sweatshirts> *m* sweatshirt

syllabe [sil(l)ab] *f* syllable

symbiose [sɛ̃bjoz] *f* symbiosis

symbole [sɛ̃bɔl] *m a.* CHIM, MAT symbol

symbolique [sɛ̃bɔlik] *adj* **1.** symbolic **2.** (*très modique*) nominal

symboliser [sɛ̃bɔlize] <1> *vt* to symbolize

symétrie [simetʀi] *f* symmetry

symétrique [simetʀik] *adj* symmetrical

sympa [sɛ̃pa] *adj inf abr de* **sympathique**

sympathie [sɛ̃pati] *f* **~ pour qn/qc** liking sb/sth; **inspirer la ~** to be likeable

sympathique [sɛ̃patik] *adj* **1.** (*aimable*) friendly **2.** *inf* nice; (*accueil*) warm; (*ambiance*) pleasant

sympathisant(e) [sɛ̃patizɑ̃] *m(f)* sympathizer

sympathiser [sɛ̃patize] <1> *vi* **~ avec qn** to get on well with sb

symphonie [sɛ̃fɔni] *f* symphony

symphonique [sɛ̃fɔnik] *adj* (*orchestre*) symphonic

symptôme [sɛ̃ptom] *m* **1.** (*indice*) sign **2.** MED symptom

synagogue [sinagɔg] *f* synagogue

synchronisation [sɛ̃kʀɔnizasjɔ̃] *f*

synchronization

synchroniser [sɛ̃kʀɔnize] <1> *vt* to synchronize

syncope [sɛ̃kɔp] *f* fainting fit; **tomber en** ~ to faint

syndical(e) [sɛ̃dikal] <-aux> *adj* trade union

syndicaliste [sɛ̃dikalist] I. *adj* union II. *mf* (trade) unionist

syndicat [sɛ̃dika] *m* 1.(~ *de salariés*) trade union 2. ~ **d'initiative** tourist office

synonyme [sinɔnim] *m* synonym

syntaxe [sɛ̃taks] *f* 1. LING syntax 2. *Belgique* (*première année du secondaire supérieur*) *second-to-last year of secondary school*

synthèse [sɛ̃tɛz] *f* 1. synthesis; **faire la** ~ **de qc** to summarize sth 2. **de** ~ (*produit*) synthetic

synthétique [sɛ̃tetik] I. *adj* (*matériau*) artificial; (*fibres, caoutchouc*) synthetic II. *m* synthetic

synthétiseur [sɛ̃tetizœʀ] *m* MUS synthesizer

Syrie [siʀi] *f* **la** ~ Syria

systématique [sistematik] *adj* systematic

systématiquement [sistematikmɑ̃] *adv* systematically

système [sistɛm] *m* 1. system 2. *inf* way; ~ **D** *inf* resourcefulness 3. INFOR ~ **de gestion de base de données** database management system

Système européen de banques centrales *m* European Central Banking System

Système monétaire européen *m* European Monetary Systen

T

T, t [te] *m inv* T, t; **en t** T-shaped; ~ **comme Thérèse** t for Tommy [*o* Tare *Am*]

t *f abr de* **tonne** t.

t' *pron v.* **te, tu**

ta [ta] <tes> *dét poss* your; *v. a.* **ma**

tabac [taba] *m* 1. tobacco; ~ **à priser** snuff 2. *inf* (*magasin*) tobacconist('s shop) *Brit,* tobacco shop *Am* 3. **faire un** ~ *inf* to be a great success; **passer qn à** ~ *inf* to beat sb up

---

i In France, cigarettes are available only from a licenced distributor in a **tabac**, either a small shop or a counter in a cafe. They also sell stamps, car tax stickers, postal orders, bus and metro tickets etc.

---

tabagisme [tabaʒism] *m* nicotine addiction; ~ **passif** passive smoking

tabasser [tabase] <1> *inf* I. *vt* ~ **qn** to beat sb up II. *vpr* **se** ~ to beat each other up

table [tabl] *f* 1. table; **mettre la** ~ to lay [*o* set] the table; **être à** ~ to be having a meal; **à** ~! come and eat!; ~ **d'écoute** wire tapping apparatus; ~ **des matières** table of contents 2. (*nourriture*) food 3. ~ **ronde** round table; **se mettre à** ~ to sit down to eat

tableau [tablo] <x> *m* 1. (*peinture*) painting 2. (*scène, paysage*) scene 3. ECOLE board 4. *a.* INFOR table; ~ **de bord** (*d'une voiture*) dashboard; (*d'un bateau, avion*) instrument panel 5. (*présentation graphique*) chart 6. ~ **d'honneur** ECOLE roll of honour *Brit,* honor roll *Am*

tablette [tablɛt] *f* 1. (*plaquette*) block 2. (*planchette*) shelf; ~ **de chocolat** bar of chocolate 3. *Québec* (*bloc de papier à lettres*) writing pad

tableur [tablœʀ] *m* INFOR spreadsheet

tablier [tablije] *m* (*vêtement*) apron

tabou [tabu] *m* taboo

tabou(e) [tabu] *adj* taboo

tabouret [tabuʀɛ] *m* stool

tac [tak] *m* **répondre du** ~ **au** ~ to answer back smartly

tache [taʃ] *f* stain; ~ **de rousseur** freckle; ~ **de vin** (*sur la peau*) straw-

T t

berry birthmark

tâche [taʃ] *f* 1.(*besogne*) work 2.(*mission*) task 3.être dur à la ~ to be a hard worker; à la ~ (*selon le travail rendu*) on piecework rates

tacher [taʃe] I. *vi* to stain II. *vt* 1. to stain 2.(*souiller*) to sully

tâcher [taʃe] <1> *vi* ~ **de** +*infin* to endeavour [*o* endeavor *Am*] to +*infin*

tacite [tasit] *adj* tacit

taciturne [tasityʀn] *adj* taciturn

tact [takt] *m* tact; **avoir du/manquer de** ~ to have/lack tact

tactile [taktil] *adj* tactile; (*écran*) touch-sensitive

tactique [taktik] I. *adj* tactical II. *f* tactic

taffetas [tafta] *m* taffeta

tag [tag] *m* tag

taguer [tage] <1> *vi* to tag

tagueur, -euse [tagœʀ] *m, f* tagger

taie [tɛ] *f* (*d'un oreiller*) pillow case

taille [taj] *f* 1.(*d'une personne*) height 2.(*dimension, importance, pointure*) size; **de** ~ *inf* considerable; **la** ~ **en dessous** the next size down; **quelle** ~ **faites-vous?** what size are you? 3.(*partie du corps, d'un vêtement*) waist 4.être de ~ à faire qc to be capable of doing sth; **ne pas être à sa** ~ (*vêtement*) to be the wrong size

taillé(e) [taje] *adj* 1.(*bâti*) ~ **en qc** built like sth 2.(*destiné*) ~ **pour qc** to be made for sth

taille-crayon [tajkʀɛjɔ̃] <taille-crayon(s)> *m* pencil sharpener

tailler [taje] <1> I. *vt* 1.(*arbre*) to prune; (*crayon*) to sharpen; (*pierre*) to hew; (*diamant*) to cut; (*pièce de bois*) to carve 2.(*robe*) to cut out II. *vpr* se ~ **une place au soleil** to earn oneself a place in the sun

tailleur [tajœʀ] *m* 1.(*couturier*) tailor 2.(*tenue*) suit 3.être assis en ~ to be sitting cross-legged

tailleur, -euse [tajœʀ] *m, f* cutter; ~ **de pierre** stone cutter

tain [tɛ̃] *m* silvering; **glace sans** ~ two-way mirror

taire [tɛʀ] <irr> I. *vpr* se ~ to be si-

lent; **se** ~ **sur qc** to keep quiet about sth II. *vt* (*vérité*) to conceal III. *vi* **faire** ~ **qn** to shut sb up

Taiwan [tajwan] Taiwan

talent [talɑ̃] *m* talent; **avoir du** ~ to be talented

talkie-walkie [tokiwolki] <talkies-walkies> *m* walkie-talkie

Talmud [talmyd] *m* **le** ~ the Talmud

talon [talɔ̃] *m* 1. *a.* ANAT heel; ~ **aiguille** stiletto heel 2.(*bout*) crust; (*d'un jambon, fromage*) heel 3.(*partie non détachable d'une feuille de carnet*) stub 4. JEUX talon

talonner [talɔne] <1> *vt* (*suivre de près*) to pursue

talus [taly] *m* embankment

TAM [teaɛm] *f abr de* **toile d'araignée mondiale** WWW

tambour [tɑ̃buʀ] *m* 1. MUS, TECH, ARCHIT drum; (*d'une montre*) barrel 2.(*musicien*) drummer 3.(*tourniquet*) revolving door 4. ~ **battant** briskly

tambouriner [tɑ̃buʀine] <1> *vi* ~ **à/sur qc** to drum on sth

tamis [tami] *m* 1.(*crible*) sieve 2. SPORT strings *pl*

Tamise [tamiz] *f* **la** ~ the Thames

tamiser [tamize] <1> *vt* 1.(*passer au tamis*) to sieve 2.(*lumière*) to filter

tampon [tɑ̃pɔ̃] *m* 1.(*en coton*) wad 2.(*périodique*) tampon 3.(*à récurer*) scouring pad 4.(*cachet*) stamp, blotter

tamponner [tɑ̃pɔne] <1> *vt* 1.(*essuyer*) to mop up 2.(*plaie*) to dab 3.(*heurter*) ~ **qc** to crash into sth 4.(*timbrer*) to stamp

tam-tam [tamtam] <tam-tams> *m* MUS tomtom

tandem [tɑ̃dɛm] *m* tandem

tandis que [tɑ̃dikə] *conj* +*indic* while

Tanger [tɑ̃ʒe] Tangier

tangible [tɑ̃ʒibl] *adj* tangible

tanguer [tɑ̃ge] <1> *vi* NAUT to pitch

tanière [tanjɛʀ] *f* 1.(*d'un animal*) den; (*d'un malfaiteur*) lair 2.(*lieu retiré*) retreat

tank [tɑ̃k] *m* tank

tanner [tane] <1> *vt* (*peaux*) to tan

tanneur, -euse [tanœʀ] *m, f* tanner

tant [tɑ̃] *adv* **1.** (*tellement*) so much **2.** (*une telle quantité*) ~ **de choses/ fois** so many things/times; **une voiture comme il y en a** ~ a perfectly ordinary car **3.** (*autant*) ~ **qu'il peut** as much as he can; **ne pas en demander** ~ to not ask so much **4.** (*aussi longtemps que*) ~ **que** as long as; ~ **que j'y suis** while I'm here **5.** ~ **qu'à faire** *inf* might as well; **en** ~ **que** as; ~ **pis!** *inf* hard luck!

tante [tɑ̃t] *f* **1.** (*parente*) aunt **2.** *vulg* queer

tantôt [tɑ̃to] *adv* **1.** ~ ... ~ ... sometimes ..., sometimes ... **2.** *Belgique* (*tout à l'heure*) later

Tanzanie [tɑ̃zani] *f* **la** ~ Tanzania

tanzanien(ne) [tɑ̃zanjɛ̃] *adj* Tanzanian

Tanzanien(ne) [tɑ̃zanjɛ̃] *m(f)* Tanzanian

taon [tɑ̃] *m* ZOOL horsefly

tapage [tapaʒ] *m* **1.** (*vacarme*) racket **2.** (*publicité*) talk

tape [tap] *f* slap

taper [tape] <1> **I.** *vi* **1.** to beat; ~ **sur qn** to beat sb **2.** (*frapper*) ~ **dans le ballon** to kick the ball; ~ **des mains** to clap **3.** (*dactylographier*) to type **4.** *inf* (*soleil*) to beat down **II.** *vt* **1.** (*personne, animal*) to hit; (*amicalement*) to tap **2.** (*cogner*) ~ **le pied contre qc** to stub one's foot on sth **3.** (*frapper de*) ~ **la table du poing** to bang one's fist on the table **4.** (*dactylographier*) to type **5.** INFOR to enter **III.** *vpr* **1.** **c'est à se** ~ **la tête contre les murs!** it'd drive you up the wall! **2.** **je m'en tape** *inf* I couldn't care less

tapette [tapɛt] *f* **1.** (*petite tape*) tap **2.** (*ustensile pour les tapis*) carpet beater **3.** (*ustensile pour les mouches*) fly swatter **4.** (*piège*) trap

tapis [tapi] *m* **1.** (*textile protecteur*) rug **2.** JEUX baize **3.** (*vaste étendue*) carpet **4.** INFOR ~ (**pour**) **souris** mouse mat **5.** ~ **roulant** conveyor belt; (*pour bagages*) carousel; **envoyer qn au** ~ SPORT to floor sb; **mettre qc sur le** ~ to bring sth up for discussion

tapisser [tapise] <1> *vt* (*mur*) to wallpaper

tapisserie [tapisʀi] *f* (*revêtement*) wallpaper

tapoter [tapɔte] <1> *vt* (*joues*) to pat

taquin(e) [takɛ̃] *adj* teasing

taquiner [takine] <1> *vt* (*s'amuser à agacer*) to tease

tarabiscoté(e) [taʀabiskɔte] *adj* ornate; (*histoire*) convoluted

tarabuster [taʀabyste] <1> *vt* **1.** (*importuner*) to bother **2.** (*choses*) to worry

tard [taʀ] **I.** *adv* **1.** late; **le plus** ~ **possible** as late as possible; **au plus** ~ at the latest; **pas plus** ~ **que** ... no later than ... **2.** **mieux vaut** ~ **que jamais** *prov* better late than never **II.** *m* **sur le** ~ late in the day

tarder [taʀde] <1> *vi* **1.** (*traîner*) to be late; **sans** ~ without delay; ~ **à faire qc** to delay doing sth **2.** (*se faire attendre*) to take a long time; **tu ne vas pas** ~ **à t'endormir** you'll soon be asleep

tardif, -ive [taʀdif] *adj* **1.** (*qui vient, se fait tard*) belated **2.** AGR late

tare [taʀ] *f* **1.** (*défaut*) flaw **2.** MED defect

taré(e) [taʀe] *adj inf* (*idiot*) sick in the head

tari(e) [taʀi] *adj* dried up

tarif [taʀif] *m* rate; (*d'une réparation*) cost

tarification [taʀifikasjɔ̃] *f* COM pricing

tarir [taʀiʀ] <8> *vi, vt, vpr* to dry up

tarte [taʀt] **I.** *f* GASTR tart; ~ **aux cerises/prunes** cherry/plum tart **II.** *adj inf* daft

tartine [taʀtin] *f* **1.** GASTR ~ **grillée/ beurrée** piece of toast/bread and butter **2.** *péj, inf* **écrire des** ~**s** to write reams

tartiner [taʀtine] <1> *vt* GASTR to spread

T
t

tartre [taʀtʀ] *m* fur; (*des dents*) tartar

tas [tɑ] *m* **1.** (*amas*) heap **2.** *inf* (*de choses, personnes*) loads *pl*

Tasmanie [tasmani] *f* la ~ Tasmania

tasmanien(ne) [tasmanjɛ̃] *adj* Tasmanian

Tasmanien(ne) [tasmanjɛ̃] *m(f)* Tasmanian

tasse [tɑs] *f* **1.** (*contenu*) cup; ~ **de thé** cup of tea **2.** (*récipient*) ~ **à thé** teacup **3. ce n'est pas ma** ~ **de thé** *inf* it is not my cup of tea

tassé(e) [tɑse] *adj* **bien** ~ (*café, pastis*) good strong

tasser [tɑse] <1> **I.** *vt* to compress; (*paille, foin*) to pack; (*neige, sable, terre*) to pack down **II.** *vpr* **se** ~ **1.** (*s'affaisser*) to settle **2.** *inf* (*ennui, querelle*) to settle down

tâter [tɑte] <1> **I.** *vt* **1.** (*palper*) to feel **2.** (*sonder*) ~ **le terrain** to see how the land lies **II.** *vpr* **se** ~ *inf* (*hésiter*) to be in two minds

tatillon(ne) [tatijɔ̃] *adj* finicky

tâtonner [tɑtɔne] <1> *vi* to grope around

tâtons [tɑtɔ̃] *mpl* **chercher qc à** ~ to grope around for sth

tatouage [tatwaʒ] *m* tattoo

tatouer [tatwe] <1> *vt* to tattoo

tatoueur, -euse [tatwœʀ] *m, f* tattoo artist

taudis [todi] *m* slum

taupe [top] *f* zool mole

taupinière [topinjɛʀ] *f* molehill

taureau [tɔʀo] <x> *m* zool bull

Taureau [tɔʀo] <x> *m* Taurus; *v. a.* Balance

tauromachie [tɔʀɔmaʃi] *f* bullfighting

taux [to] *m* **1.** rate **2.** *a.* MED level; ~ **de cholestérol** cholesterol level

taverne [tavɛʀn] *f* **1.** (*gargote*) inn **2.** HIST tavern **3.** *Québec* (*débit de boissons réservé aux hommes*) tavern (*for men only*)

taxe [taks] *f* tax; ~ **de séjour** tourist tax; ~ **à la valeur ajoutée** value added tax; **toutes ~s comprises** tax included; **hors** ~**s** duty free; (*sans*

T.V.A.) V.A.T. free

taxer [takse] <1> *vt* (*imposer*) to tax

taxi [taksi] *m* **1.** (*véhicule*) taxi **2.** *inf* (*chauffeur*) cabby

taxiphone® [taksifɔn] *m* public telephone

Tchad [tʃad] *m* **le** ~ Chad

tchadien(ne) [tʃadjɛ̃] *adj* Chadian

Tchadien(ne) [tʃadjɛ̃] *m(f)* Chadian

tchador [tʃadɔʀ] *m* chador

tchao [tʃao] *interj* *inf* bye

tchat [tʃat] *m* INFOR chat

tchécoslovaque [tʃekɔslɔvak] *adj* HIST Czechoslovakian

Tchécoslovaque [tʃekɔslɔvak] *mf* HIST Czechoslovak

Tchécoslovaquie [tʃekɔslɔvaki] *f* HIST Czechoslovakia

tchèque [tʃɛk] **I.** *adj* Czech; **la République** ~ the Czech Republic **II.** *m* Czech; *v. a.* **français**

Tchèque [tʃɛk] *mf* Czech

te [tə] <*devant voyelle ou h muet* t'> *pron pers* you; *v. a.* **me**

technicien(ne) [tɛknisjɛ̃] *m(f)* technician

technico-commercial(e) [tɛknikokɔmɛʀsjal] <technico-commerciaux> **I.** *adj* technical sales **II.** *m(f)* COM technical sales advisor

technique [tɛknik] **I.** *adj* technical **II.** *f* technique

techniquement [tɛknikmɑ̃] *adv* technically

techno [tɛknɔ] *adj, f* techno

technologie [tɛknɔlɔʒi] *f* technology; ~ **de pointe** cutting-edge technology

teenager [tinɛdʒœʀ] *mf* teenager

tee-shirt [tiʃœʀt] <tee-shirts> *m* T-shirt

teigneux, -euse [tɛɲø] *adj* *inf* scabby

teindre [tɛ̃dʀ] *irr* **I.** *vt* to dye; (*bois*) to stain; ~ **qc en rouge** to dye sth red **II.** *vpr* **se** ~ **en brun** to dye one's hair brown

teint [tɛ̃] *m* **1.** complexion **2. grand** ~ colourfast *Brit,* colorfast *Am*

teint(e) [tɛ̃] *part passé de* **teindre**

teinte [tɛ̃t] *f* (*couleur*) shade

teinter [tɛ̃te] <1> *vt* to dye
teinture [tɛ̃tyʀ] *f* **1.** (*colorant*) dye **2.** MED tincture
teinturier, -ère [tɛ̃tyʀje] *m, f* **porter qc chez le ~** to take sth to the dry cleaner's
tel(le) [tɛl] *adj indéf* **1.** (*semblable, si fort/grand*) **un ~/une ~le ...** such a ...; **de ~(s) ...** such ... **2.** (*comme*) **~ que qn/qc** such as [*o* like] sb/sth; **un homme ~ que lui** a man like him **3.** (*un certain*) **~ jour et à ~le heure** on such a day at such a time **4.** en tant que **~** as such; **rendre qc ~ quel** *inf* to return sth as it is
télé [tele] *f inf abr de* **télévision** TV; **à la ~** on TV
téléachat [teleaʃa] *m* teleshopping
télécarte [telekaʀt] *f* phonecard
télécharger [teleʃaʀʒe] *vt* **~ qc vers l'aval/l'amont** to download/upload sth
Télécom [telekɔm] **France ~** France Telecom (*French national telecommunications company*)
télécommande [telekɔmɑ̃d] *f* remote control
télécommunication [telekɔmynikasjɔ̃] *f gén pl* telecommunication
télécoms [telekɔm] *fpl inf abr de* **télécommunications**
télécopie [telekɔpi] *f* fax
télécopieur [telekɔpjœʀ] *m* fax machine
téléfax [telefaks] *m* fax
téléfilm [telefilm] *m* television film *Brit,* TV movie *Am*
télégramme [telegʀam] *m* telegram
télégraphe [telegʀaf] *m* telegraph
télégraphier [telegʀafje] <1> *vt* **1.** to wire **2.** NAUT to telegraph
télégraphique [telegʀafik] *adj* **1.** TEL telegraph **2.** (*style*) telegraphic
téléguidé(e) [telegide] *adj* (*guidé à distance*) remote-controlled
téléinformatique [teleɛ̃fɔʀmatik] *f* remote access computing
téléobjectif [teleɔbʒɛktif] *m* telephoto lens
télépathie [telepati] *f* telepathy
téléphérique [telefeʀik] *m* cable car

téléphone [telefɔn] *m* telephone; **~ à touches** push-button phone; **~ sans fil** cordless phone; **~ portable** mobile (phone) *Brit,* cellphone *Am;* **~ à cartes** cardphone; **~ visuel** videophone; **~ arabe** *iron* grapevine; **appeler/avoir qn au ~** to call sb on the phone; **être au ~** to be on the phone
téléphoner [telefɔne] <1> **I.** *vi* to telephone; **~ à qn** to (tele)phone sb **II.** *vpr* **se ~** to (tele)phone each other
téléphonie [telefɔni] *f* **~ numérique mobile** digital mobile telephony
télescope [telɛskɔp] *m* telescope
télescoper [telɛskɔpe] <1> **I.** *vt* to crush **II.** *vpr* **se ~** to concertina (into each other)
télescopique [telɛskɔpik] *adj* telescopic
télésiège [telesjɛʒ] *m* chair lift
téléski [teleski] *m* ski lift
téléspectateur, -trice [telespɛktatœʀ] *m, f* (television) viewer
télésurveillance [telesyʀvɛjɑ̃s] *f* remote surveillance
Télétel® [teletɛl] *m: electronic telephone directory*
Télétex® [teletɛks] *m* ≈ Teletext®
téléthon [teletɔ̃] *m* telethon
télévente [televɑ̃t] *f* telemarketing, telesales
télévisé(e) [televize] *adj* televised; **journal ~** television news
téléviseur [televizœʀ] *m* television (set)
télévision [televizjɔ̃] *f* television; **regarder la ~** to watch television; **à la ~** on television; **~ par câble/satellite** cable/satellite television
télex [telɛks] *m inv* telex
tellement [tɛlmɑ̃] *adv* **1.** (*si*) so; **ce serait ~ mieux** it'd be so much better **2.** (*tant*) so much **3.** *inf* **pas/plus ~** (*venir, aimer*) not much/much now; (*boire, manger, travailler*) not that much/much any more; **~ d'amis/de courage** so many friends/so much courage **4.** (*parce que*) because

T t

téméraire [temeʀɛʀ] *adj* **1.**(*audacieux*) daring **2.**(*imprudent*) foolhardy

témérité [temeʀite] *f* temerity

témoignage [temwaɲaʒ] *m* **1.**(*déposition*) evidence *no pl Brit,* testimony *no pl Am;* **faire un faux ~** to lie under oath **2.**(*récit*) account; **selon divers ~s, ...** according to a number of witnesses, ... **3.**(*manifestation*) expression; **en ~ de ma reconnaissance** to express my gratitude

témoigner [temwaɲe] <1> **I.** *vi* **1.**(*déposer*) to testify **2.**(*faire un récit*) to give an account **II.** *vt* **~ avoir vu qn** to testify that one saw sb

témoin [temwɛ̃] **I.** *m* **1.** witness **2.** SPORT baton **II.** *app* **lampe ~** warning light

> ! Remember that the word **témoin** is always masculine, even if it refers to a woman. "Barbara était le seul témoin qui a vu l'accident." (=Barbara was the only witness who saw the accident.)

tempe [tɑ̃p] *f* temple

tempérament [tɑ̃peʀamɑ̃] *m* temperament

température [tɑ̃peʀatyʀ] *f* **1.** température **2. prendre la ~ de qn** to take sb's temperature

tempéré(e) [tɑ̃peʀe] *adj* **1.** *a.* METEO temperate **2.** MUS tempered

tempérer [tɑ̃peʀe] <5> *vt* **1.** METEO to moderate **2.**(*modérer*) to temper; (*ardeur*) to calm

tempête [tɑ̃pɛt] *f a. fig* storm; **~ de neige** snowstorm

temple [tɑ̃pl] *m* temple; (*protestant*) church

temporaire [tɑ̃pɔʀɛʀ] *adj* temporary; **à titre ~** for the time being

temporel(le) [tɑ̃pɔʀɛl] *adj* temporal

temporiser [tɑ̃pɔʀize] <1> *vi* to delay

temps¹ [tɑ̃] *m* **1.** time; **passer son ~ à faire qc** to spend one's time doing

sth; **avoir tout son ~** to have plenty of time; **~ libre** free time; **à plein ~/à ~ partiel** full time/part-time; **le bon vieux ~** the good old days **2.** *pl* (*époque*) times **3.**(*saison*) **le ~ des cerises/moissons** the cherry/harvest season **4.** LING tense **5.** TECH stroke **6.** MUS beat **7. le ~ c'est de l'argent** *prov* time is money; **en ~ et lieu** in due course; **le plus clair de mon/ton ~** the better part of my/your time; **ces derniers ~** lately; **trouver le ~ long** (*s'impatienter*) to find it hard to wait; **le ~ mort** slack period; SPORT injury time; **dans un premier/second ~** initially/subsequently; **il y a un ~ pour tout** there is a (right) time for everything; **il est (grand) ~ de +*infin*/que +*subj*** it is high time to +*infin*/that; **il était ~!** about time!; **passer le ~** to pass the time; **à ~** in time; **ces ~-ci** these days; **dans le ~** in the old days; **de ~ en ~** from time to time; **depuis le ~** it's been a such long time; **depuis le ~ que ...** considering how long ...; **depuis ce ~-là** since then; **en même ~** at the same time; **en ~ de** in times of; **en ~ de paix** in peacetime; **en ~ normal** under normal circumstances

temps² [tɑ̃] *m* **1.** METEO weather; **quel ~ fait-il?** what's the weather like? **2. un ~ à ne pas mettre un chien** [*o* **le nez**] **dehors** *inf* lousy weather; **par tous les ~** in all weathers

tenace [tǝnas] *adj* **1.** persistent; (*haine*) deep-seated; (*croyance*) deep-rooted **2.**(*obstiné*) tenacious

ténacité [tenasite] *f* **1.**(*obstination*) stubbornness **2.**(*persévérance*) tenacity

tenailler [tǝnɑje] <1> *vt* (*faim*) to gnaw at

tenailles [t(ǝ)nɑj] *fpl* pliers

tendance [tɑ̃dɑ̃s] *f* **1.**(*propension*) tendency **2.**(*opinion*) leaning **3.**(*orientation*) trend **4. avoir ~ à +*infin*** to tend to +*infin*

tendeur [tɑ̃dœʀ] *m* elastic strap

tendinite [tɑ̃dinit] *f* tendinitis

tendon [tɑ̃dɔ̃] *m* tendon
tendre[1] [tɑ̃dʀ] <14> I. *vt* 1. (*raidir*) to tighten 2. (*bras*) to stretch out; (*cou*) to crane; (*joue*) to offer 3. ~ **la main** to hold out one's hand; ~ **la main à qn** to give sb a hand II. *vpr* (*se raidir*) **se** ~ to tighten III. *vi* 1. (*aboutir à*) ~ **à** +*infin* to tend to +*infin* 2. (*viser à*) ~ **à qc** to aim for sth
tendre[2] [tɑ̃dʀ] *adj* 1. (*opp: dur*) soft; (*peau, viande*) tender 2. (*affectueux*) fond; (*ami*) loving
tendrement [tɑ̃dʀəmɑ̃] *adv* gently; (*aimer*) tenderly
tendresse [tɑ̃dʀɛs] *f sans pl* affection; (*douceur*) tenderness; **avec** ~ (*regarder*) tenderly
tendreté [tɑ̃dʀəte] *f* tenderness
tendu(e) [tɑ̃dy] I. *part passé de* **tendre** II. *adj* 1. (*nerveux*) tense 2. (*relations*) strained
ténèbres [tenɛbʀ] *fpl* REL tenebrae
teneur [tənœʀ] *f* 1. (*contenu exact*) contents 2. (*proportion*) ~ **en plomb/fer** lead/iron content
tenir [t(ə)niʀ] <9> I. *vt* 1. *a.* MUS to hold 2. (*maintenir dans la même position*) to keep 3. (*hôtel, magasin, maison*) to run; (*comptes*) to keep 4. ~ **une information de qn** to have information from sb 5. (*largeur, place*) to take up 6. (*être contraint*) **être tenu à qc** to be held to sth; **être tenu de faire qc** to be obliged to do sth 7. (*parole, promesse*) to keep 8. (*propos*) to make 9. ~ **lieu de qc** to act as sth II. *vi* 1. (*être attaché*) ~ **à qn** to care about sb 2. (*vouloir absolument*) ~ **à faire qc/à ce que** +*subj* to insist on doing sth/that 3. (*être fixé*) to stay up 4. (*être cohérent*) to stand up; (*histoire*) to hold water 5. (*être contenu dans*) ~ **en un mot** to come down to one word; ~ **dans une voiture** to fit in a car 6. (*durer*) to last 7. (*ressembler à*) ~ **de qn** to take after sb 8. ~ **bon** to hold out; **tiens/tenez** well!; **tiens! il pleut** hey! it's raining III. *vpr* **se** ~ 1. (*se prendre*) **se** ~ **par la main** to hold hands 2. (*s'ac-* *crocher*) **se** ~ **à qc** to hold on to sth 3. (*se comporter*) to behave 4. (*avoir lieu*) to be held 5. (*être cohérent*) to hold together 6. (*se limiter à*) **s'en** ~ **à qc** to confine oneself to sth 7. **se le** ~ **pour dit** to be warned

tennis [tenis] I. *m* tennis; **jouer au** ~ to play tennis; ~ **de table** table tennis II. *mpl o fpl* (*chaussures*) tennis shoes
tennisman [tenisman] <*s o* -men> *m* tennis player
ténor [tenɔʀ] *m* 1. (*soliste*) tenor 2. (*grande figure*) leading figure
tension [tɑ̃sjɔ̃] *f* 1. *a.* TECH, PHYS tension 2. ELEC voltage 3. MED pressure; **avoir** [*o* **faire**] **de la** ~ to have high blood pressure
tentacule [tɑ̃takyl] *m* ZOOL tentacle
tentation [tɑ̃tasjɔ̃] *f a.* REL temptation
tentative [tɑ̃tativ] *f* attempt; ~ **de meurtre/viol/vol** attempted murder/rape/robbery
tente [tɑ̃t] *f* tent; **monter une** ~ to put up a tent
tenter [tɑ̃te] <1> *vt* 1. (*allécher*) to tempt 2. (*essayer*) to try; ~ **de** +*infin* to try to +*infin*
tenu(e) [t(ə)ny] I. *part passé de* **tenir** II. *adj* **être bien/mal** ~ (*maison*) to be well/badly kept
ténu(e) [teny] *adj* 1. (*son, bruit*) faint; (*nuance, distinction*) fine 2. (*fin*) thin
tenue [t(ə)ny] *f* 1. (*comportement*) behaviour *Brit*, behavior *Am*; **un peu de** ~! manners, please! 2. (*vêtements*) outfit; ~ **de soirée** evening dress 3. MIL uniform 4. (*gestion*) running; **la** ~ **des livres de comptes** the bookkeeping 5. AUTO ~ **de route** road-holding
ter [tɛʀ] *adv* **habiter au 12** ~ to live at 12b
tergiverser [tɛʀʒivɛʀse] <1> *vi* 1. (*user de faux-fuyants*) to prevaricate 2. (*hésiter*) to vacillate
terme[1] [tɛʀm] *m* 1. (*fin*) end; **toucher à son** ~ to come to an end 2. (*date limite*) term; **à court/ moyen/long** ~ in the short/medi-

um/long term 3. (*échéance*) due date 4. **mettre un ~ à qc** to put an end to sth

terme² [tɛʀm] *m* 1. (*mot*) term 2. *pl* (*formule*) terms 3. **en d'autres ~s** in other terms

terminaison [tɛʀminɛzɔ̃] *f* ending

terminal [tɛʀminal] <-aux> *m* terminal

terminal(e) [tɛʀminal] <-aux> *adj* (*phase*) final

terminale [tɛʀminal] *f* ECOLE year 13 *Brit*, senior year *Am*

> ⓘ The final year of secondary education is called **terminale** in France and "rhétorique" in Belgium. Belgian students in this year are called "les rhétos".

terminer [tɛʀmine] <1> I. *vt* 1. (*finir*) to finish 2. (*soirée, vacances*) to end II. *vi* **de lire qc** to finish reading sth; **en ~ avec qc** to finish with sth; **pour ~, ...** to end with, ... III. *vpr* **se ~** to end

terminologie [tɛʀminɔlɔʒi] *f* terminology

terminus [tɛʀminys] *m* terminus

terne [tɛʀn] *adj* 1. (*sans éclat*) lifeless; (*teint, visage*) pale; (*couleur*) drab; (*miroir, glace*) dull 2. (*monotone*) dull

terni(e) [tɛʀni] *adj* (*couleur, coloris*) dull

ternir [tɛʀniʀ] <8> I. *vt* (*défraîchir*) to fade; (*métal*) to tarnish II. *vpr* **se ~** to go dull; (*métal, chandelier*) to become tarnished

terrain [tɛʀɛ̃] *m* 1. (*parcelle*) ground *no pl* 2. AGR land *no pl* 3. (*sol*) **un ~ vague** some wasteland; **tout ~** (*véhicule*) all-terrain 4. (*domaine*) field 5. **trouver ~ d'entente avec qn** to find common ground with sb; **être sur un ~ glissant** to be on shaky ground; **aller sur le ~** to go into the field; **céder du ~** *a. fig* to give ground; **de ~** (*homme, femme*) with direct experience

terrasse [tɛʀas] *f a.* GEO terrace

terrasser [tɛʀase] <1> *vt* 1. (*vaincre*) to bring down 2. (*mauvaise nouvelle*) to overwhelm; **être terrassé par un infarctus** to be struck down by an a coronary

terre [tɛʀ] *f* 1. *sans pl a.* ELEC earth; **être sur ~** to be on earth 2. *sans pl* (*croûte terrestre*) ground; **sous ~** underground 3. (*matière*) soil 4. AGR land; **~ battue** packed earth 5. *gén pl* (*propriété*) estate 6. (*contrée, pays*) country 7. (*continent*) **~ ferme** terra firma 8. *sans pl* (*argile*) clay; **~ cuite** terracotta 9. **redescendre sur ~** to come back down to earth; **par ~** on the ground; (*tomber*) to the ground

Terre [tɛʀ] *f sans pl* **la ~** (the) Earth

terre à terre [tɛʀatɛʀ] *adj inv* (*personne*) down-to-earth

terre-neuve [tɛʀ(ə)nœːv(ə)] *m* Newfoundland (dog)

Terre-neuve [tɛʀ(ə)nœːv(ə)] Newfoundland

terrer [tɛʀe] <1> *vpr* **se ~** (*animal*) to crouch down; (*fuyard, criminel*) to lie low; (*soldat*) to lie flat

terrestre [tɛʀɛstʀ] *adj* 1. (*espèce*) terrestrial; (*vie*) on earth 2. (*opp: aérien, maritime*) ground

terreur [tɛʀœʀ] *f* terror

terrible [tɛʀibl] I. *adj* 1. (*crime*) terrible; (*catastrophe*) dreadful; (*jugement, année*) awful 2. (*très intense*) tremendous 3. (*turbulent*) dreadful 4. *inf* (*super*) terrific II. *adv inf* fantastically

terriblement [tɛʀibləmɑ̃] *adv* dreadfully; (*dangereux, sévère*) terribly

terrien(ne) [tɛʀjɛ̃] I. *adj* **propriétaire ~** landowner II. *m(f)* (*habitant de la Terre*) earthling

terrier [tɛʀje] *m* (*de renard*) earth; (*de lapin*) burrow

terrifiant(e) [tɛʀifjɑ̃] *adj* incredible; (*nouvelle*) terrifying

terrifier [tɛʀifje] <1> *vt* to terrify

territoire [tɛʀitwaʀ] *m* territory; **~ d'outre-mer** overseas territory

territorial(e) [tɛʀitɔʀjal] <-aux> *adj* territorial

terroir [tɛʀwaʀ] *m* soil; **du ~** (*vin, accent*) country
terroriser [tɛʀɔʀize] <1> *vt* to terrorize
terrorisme [tɛʀɔʀism] *m* terrorism
terroriste [tɛʀɔʀist] *adj, mf* terrorist
tertiaire [tɛʀsjɛʀ] **I.** *adj* tertiary **II.** *m* **le ~** the tertiary sector
tertio [tɛʀsjo] *adv* thirdly
tes [te] *dét poss v.* **ta, ton**
Tessin [tesɛ̃] *m* **le ~** Ticino
test [tɛst] *m* test
testament [tɛstamɑ̃] *m* will
Testament [tɛstamɑ̃] *m* **l'Ancien/le Nouveau ~** the Old/New Testament
tester [tɛste] <1> *vt* to test
tétanos [tetanos] *m* **1.** (*maladie*) tetanus **2.** (*contraction du muscle*) lockjaw
tête [tɛt] *f* **1.** *a.* ANAT, BOT head; **baisser la ~** to lower one's head **2.** (*mémoire, raison*) **perdre la ~** to lose one's mind **3.** (*mine, figure*) **avoir une sale ~** *inf* (*avoir mauvaise mine*) to look awful; (*être antipathique*) to look unpleasant **4.** (*personne*) **~ de Turc** whipping boy **5.** (*première place*) **wagon de ~** leading wagon; **à la ~ de qc** at the top of sth **6.** (*d'un arbre*) top; **~ de lit** bedhead **7.** TECH **~ chercheuse** homing device; **~ de lecture** (*d'un magnétophone*) play-back head **8.** SPORT header **9.** **être à la ~ du client** *inf* to depend on who's paying; **avoir la ~ de l'emploi** *inf* (*acteur*) to look the part; **se jeter dans qc ~ baissée** to rush headlong into sth; **avoir la ~ dure** to be a blockhead; **garder la ~ froide** to keep a cool head; **avoir la grosse ~** *inf* to be big-headed; **à ~ reposée** with a clear head; **avoir toute sa ~** to have all one's wits about one; **ne plus avoir toute sa ~** not to be all there any more; **en avoir par-dessus la ~** *inf* to have had it up to here; **ne pas se casser la ~** not to go to much trouble; **faire la ~ à qn** *inf* to sulk at sb; **n'en faire qu'à sa ~** to just suit oneself; **se mettre dans la ~ que** *...* to get it into one's head that ...; **monter à la ~ de qn** (*vin, succès*) to go to sb's head; **se payer la ~ de qn** *inf* to make fun of sb; **piquer une ~ dans qc** *inf* to have a splash in sth; **il a une ~ qui ne me revient pas** *inf* I don't like the look of him; **ne pas savoir où donner de la ~** *inf* not to know where to turn; (**faire) tourner la ~ à qn** (*personne*) to turn sb's head; (*manège*) to make sb's head spin
tête-à-queue [tɛtakø] *m inv* **faire un ~** (*voiture*) to spin round **tête-à-tête** [tɛtatɛt] *m inv* (*entretien*) tête-à-tête **tête-de-nègre** [tɛtdənɛgʀ] *f* chocolate-covered meringue
tétée [tete] *f* (*repas*) feed; **donner la ~ à un bébé** to feed a baby
téter [tete] <5> **I.** *vt* (*chaton*) to suckle; **~ le sein** (*bébé*) to feed (at the breast) **II.** *vi* to feed
tétine [tetin] *f* **1.** (*biberon*) teat *Brit*, nipple *Am* **2.** (*sucette pour calmer*) dummy *Brit*, pacifier *Am*
téton [tetɔ̃] *m inf a.* TECH nipple
tétraplégie [tetrapleʒi] *f* quadriplegia
tétraplégique [tetrapleʒik] *adj, mf* quadriplegic
têtu(e) [tety] **I.** *adj* stubborn **II.** *m(f)* stubborn person
texte [tɛkst] *m* text
textile [tɛkstil] *adj, m* textile
textuel(le) [tɛkstɥɛl] *adj* exact
textuellement [tɛkstɥɛlmɑ̃] *adv* literally; (*répéter*) word for word
TF1 [teɛfœ̃] *f abr de* **Télévision Française 1ère chaîne** French private television channel
TGV [teʒeve] *m inv abr de* **train à grande vitesse** high speed train
thaï [taj] *m* Thai; *v. a.* **français**
thaï(e) [taj] *adj* **langues ~es** Thai languages
Thaï(e) [taj] *m(f)* Thai
thaïlandais(e) [tajlɑ̃dɛ] *adj* Thai
Thaïlandais(e) [tajlɑ̃dɛ] *m(f)* Thai
Thaïlande [tajlɑ̃d] *f* **la ~** Thailand
thé [te] *m* **1.** tea **2.** **prendre le ~ avec qn** to have tea with sb

théâtral(e) [teɑtʀal] <-aux> *adj* theatrical

théâtre [teɑtʀ] *m* **1.** theatre *Brit,* theater *Am* **2.** (*art dramatique*) drama **3.** (*œuvres*) plays **4.** (*lieu*) scene

théière [tejɛʀ] *f* teapot

théine [tein] *f* theine

thématique [tematik] **I.** *adj* thematic; (*soirée*) theme **II.** *f* themes *pl*

thème [tɛm] *m* **1.** a. mus theme **2.** (*d'une peinture*) subject **3.** ECOLE prose (*translation out of French*) **4.** ASTR ~ astral birth chart

théorème [teɔʀɛm] *m* theorem

théoricien(ne) [teɔʀisjɛ̃] *m/f* theorist

théorie [teɔʀi] *f* theory

théorique [teɔʀik] *adj* theoretical

théoriquement [teɔʀikmã] *adv* (*logiquement*) in theory

thérapeute [teʀapøt] *mf* therapist

thérapeutique [teʀapøtik] **I.** *adj* therapeutic **II.** *f* **1.** (*science*) therapeutics + *sing vb* **2.** (*traitement*) therapy

thérapie [teʀapi] *f* therapy; **être en ~** to be in therapy

thermes [tɛʀm] *mpl* **1.** (*dans une station thermale*) thermal baths **2.** HIST thermae

thermique [tɛʀmik] *adj* thermal

thermomètre [tɛʀmɔmɛtʀ] *m* (*instrument*) thermometer

thermonucléaire [tɛʀmonykleɛʀ] *adj* thermonuclear

thermos® [tɛʀmos] *m o f* Thermos®

thermostat [tɛʀmɔsta] *m* thermostat

thésard(e) [tezaʀ] *m/f* *inf* Ph.D. student

thèse [tɛz] *f* **1.** (*point de vue défendu*) argument **2.** UNIV thesis; (*soutenance*) viva

thon [tɔ̃] *m* tuna

thoracique [tɔʀasik] *adj* thoracic; **cage ~** ribcage

thorax [tɔʀaks] *m* thorax

thriller [sʀilœʀ] *m* thriller

thrombose [tʀɔ̃boz] *f* thrombosis

thuya [tyja] *m* thuja

thym [tɛ̃] *m* thyme

thyroïde [tiʀɔid] *adj, f* thyroid

tibia [tibja] *m* shin

tic [tik] *m* **1.** (*nerveux*) tic **2.** (*manie*) habit

ticket [tikɛ] *m* ticket; **~ de caisse** (till) receipt

tic-tac [tiktak] *m inv* ticking

tiède [tjɛd] *adj* (*gâteau, lit*) warm; (*eau, café, repas*) lukewarm

tiédeur [tjedœʀ] *f* mildness; (*de l'eau*) warmth

tiédir [tjediʀ] <8> *vi, vt* **1.** (*refroidir*) to cool down **2.** (*se réchauffer*) to warm up

tien(ne) [tjɛ̃] *pron poss* **1.** (*ce que l'on possède*) **le ~/la ~ne/les ~s** yours; *v. a.* **mien 2.** *pl* (*ceux de ta famille*) **les ~s** your family; (*tes partisans*) your friends **3.** **à la ~ne(, Étienne)!** *inf* cheers!

tiendrai [tjɛ̃dʀe] *fut de* **tenir**

tienne [tjɛn] *subj prés de* **tenir**

tiennent [tjɛn] *indic prés et subj prés de* **tenir**

tiens, tient [tjɛ̃] *indic prés de* **tenir**

tierce [tjɛʀs] *f* **1.** JEUX, SPORT tierce **2.** MUS third

tiercé [tjɛʀse] *m* SPORT French betting system: betters forecast the first three horses in a race; **le ~ gagnant de qc** the top three in sth

tiers [tjɛʀ] *m* **1.** (*fraction*) third **2.** (*tierce personne*) **un ~** a third person **3.** **~ payant** direct payment by insurers for medical treatment; **~ provisionnel** interim tax payment

> ⓘ The **tiers provisionnel** is due on 31 January and 30 April and amounts to a third of the previous year's income tax.

tiers, tierce [tjɛʀ] *adj* third

tiers-monde [tjɛʀmɔ̃d] *m sans pl* **le ~** the Third World

tige [tiʒ] *f* **1.** (*pédoncule*) stem **2.** (*partie mince et allongée*) rod

tignasse [tiɲas] *f inf* hair

tigre [tigʀ] *m* tiger; *v. a.* **tigresse**

tigresse [tigʀɛs] *f* tigress; *v. a.* **tigre**

tilleul [tijœl] *m* **1.** BOT linden tree **2.** (*infusion*) lime-blossom tea

tilt [tilt] *m* **1.** tilt **2. ça a fait ~ dans ma tête** the penny dropped

timbale [tɛ̃bal] *f* **1.** (*gobelet*) tumbler **2.** MUS kettledrum

timbre¹ [tɛ̃bʀ] *m* **1.** stamp; **~ fiscal** tax stamp **2.** MED research stamp

timbre² [tɛ̃bʀ] *m* (*qualité du son*) timbre; (*d'une flûte, voix*) tone

timbré(e) [tɛ̃bʀe] *adj inf* (*un peu fou*) cracked

timbrer [tɛ̃bʀe] <1> *vt* to stamp

timide [timid] **I.** *adj* **1.** shy **2.** (*sourire, voix*) timid; (*manières, air*) bashful **II.** *mf* timid person

timidement [timidmɑ̃] *adv* **1.** (*modestement*) shyly **2.** (*craintivement*) timidly

timidité [timidite] *f* timidity; (*d'une personne*) shyness

timonier [timɔnje] *m* NAUT helmsman

tinter [tɛ̃te] <1> *vi* (*cloche*) to ring; (*grelot, clochette*) to tinkle; (*verres, bouteilles*) to clink

tique [tik] *f* tick

tiquer [tike] <1> *vi inf* to raise an eyebrow

tir [tiʀ] *m* **1.** MIL fire; (*prolongé*) firing **2.** SPORT shot; **~ au but** goal shot; (*penalty*) penalty kick; **~ à l'arc** archery **3.** (*projectile tiré*) shot **4. rectifier le ~** to change tack

tirade [tiʀad] *f* **1.** *souvent péj* tirade **2.** THEAT monologue

tirage [tiʀaʒ] *m* **1. ~ au sort** draw **2.** TYP, ART, PHOT impression **3.** (*arrivée d'air*) draught *Brit*, draft *Am*

tiraillement [tiʀajmɑ̃] *m gén pl* (*sensation douloureuse*) gnawing pain

tirailler [tiʀaje] <1> *vt* (*harceler*) **être tiraillé entre deux choses** to be torn between two things

tiré(e) [tiʀe] *adj* **avoir les traits ~s** to look drawn

tire-au-flanc [tiʀoflɑ̃] *mf inv* layabout **tire-botte** [tiʀbɔt] <tirebottes> *m* **1.** (*planchette*) boot-jack **2.** (*crochet*) book-hook **tire-bouchon, tirebouchon** [tiʀbuʃɔ̃]

<tire-bouchons> *m* **1.** corkscrew **2. avoir des boucles en ~** to have ringlets; **queue en ~** curly tail **tire-d'aile** [tiʀdɛl] *adv* **à ~** swiftly **tire-fesses** [tiʀfɛs] *m inv, inf* ski-tow **tire-larigot** [tiʀlaʀigo] *adv* **à ~ inf** to one's heart's content

tirelire [tiʀliʀ] *f* moneybox

tirer [tiʀe] <1> **I.** *vt* **1.** to draw **2.** (*signal d'alarme, chasse d'eau, rideau*) to pull; (*jupe, manche*) (*vers le bas*) to pull down; (*drap, collant*) to smooth; (*corde, toile*) to tighten; (*sonnette*) to ring **3. ~ la porte** to pull the door to **4.** (*projectile, balle*) to fire **5.** (*faire sortir*) **~ qn du lit/ pétrin** to get sb out of bed/a mess; **~ une citation d'un roman** to take a quote from a novel **6.** PHOT, ART, TYP to print **7.** (*vin*) to decant **8. on ne peut rien ~ de qn** you can get nothing out of sb **II.** *vi* **1.** to pull; **~ sur qc** to pull on sth; (*couleur*) to verge on sth **2.** (*aspirer*) **~ sur sa pipe/ cigarette** to puff on one's pipe/cigarette **3.** (*avec une arme, au football*) to shoot **4.** TYP **~ à 2000 exemplaires** to have a circulation of 2000 **5.** (*cheminée, poêle*) to draw **III.** *vpr* **1.** *inf* (*s'en aller*) **se ~** to push off **2.** (*se sortir*) **se ~ d'embarras** to get out of trouble **3.** (*se blesser*) **se ~ une balle dans la tête** to put a bullet in one's head **4. il s'en tire bien** *inf* (*à la suite d'un accident*) he's all right; (*à la suite d'un ennui*) he's out of the woods; (*réussir*) he's managing pretty well

tiret [tiʀe] *m* **1.** (*dans un dialogue, au milieu d'une phrase*) dash **2.** (*à la fin, au milieu d'un mot*) hyphen

tireur, -euse [tiʀœʀ] *m, f* **1.** (*avec une arme*) marksman *m*, markswoman *f*; **~ d'élite** trained marksman **2.** (*au football*) striker **3.** (*au basket*) shooter; **~ à l'arc** archer

tiroir [tiʀwaʀ] *m* **1.** drawer **2. racler les fonds de ~(s)** to scrape one's last pennies together

tiroir-caisse [tiʀwaʀkɛs] <tiroirs-caisses> *m* cash till

tisane [tizan] *f* herbal tea; **~ de ver-**

T
t

veine verbena tea
tison [tizɔ̃] *m* brand
tisser [tise] <1> *vt* **1.** (*tapis, laine*) to weave **2.** (*araignée*) to spin
tisserand(e) [tisʀɑ̃] *m(f)* weaver
tissu [tisy] *m* **1.** *a.* BIO tissue **2.** (*textile*) fabric; ~ **éponge** towelling *Brit*, toweling *Am*
titanesque [titanɛsk] *adj* massive; (*travail*) titanic
titre [titʀ] *m* **1.** title; (*d'un chapitre*) heading; (*d'un article*) headline **2.** (*pièce justificative*) certificate; ~ **de transport** ticket **3.** (*valeur, action*) security **4. à juste** ~ rightly; **à ce** ~ as such; **à** ~ **de qc** as sth
titrer [titʀe] <1> *vt* ~ **qc sur cinq colonnes** (*journal*) to splash sth as a headline across five columns
titubant(e) [titybɑ̃] *adj* (*démarche*) unsteady; (*ivrogne*) staggering
tituber [titybe] <1> *vi* to stagger
titulaire [titylɛʀ] **I.** *adj* **1.** (*en titre*) with tenure **2.** (*d'un diplôme*) holder **II.** *mf* **1.** ECOLE, UNIV, ADMIN incumbent **2.** (*détenteur*) ~ **de la carte/du poste** cardholder/postholder
titulariser [titylaʀize] <1> *vt* (*fonctionnaire*) to appoint permanently; ~ **un professeur** to give a lecturer tenure
TNT [teɛnte] *m* TNT
toast [tost] *m* piece of toast
toboggan [tɔbɔɡɑ̃] *m* **1.** TECH chute **2.** (*piste glissante*) slide **3.** *Québec* (*traîneau sans patins, fait de planches minces recourbées à l'avant*) toboggan
toc [tɔk] *m inf* **du** ~ junk; **en** ~ fake
Togo [tɔɡo] *m* **le** ~ Togo
togolais(e) [tɔɡolɛ] *adj* Togolese
Togolais(e) [tɔɡolɛ] *m(f)* Togolese
tohu-bohu [tɔybɔy] *m inv, inf* confusion
toi [twa] *pron pers* **1.** *inf* (*pour renforcer*) you; **c'est** ~ **qui l'as dit** you're the one who said it; **il veut t'aider,** ~? he wants to help YOU? **2.** *avec un verbe à l'impératif* **regarde-**~ look at yourself; **imagine-**~ **en Italie** imagine yourself in Italy

3. *avec une préposition* **avec/sans** ~ with/without you **4.** *dans une comparaison* you; **comme** ~ I'm like you; **plus fort que** ~ stronger than you **5.** (*emphatique*) **c'est** ~? is that you?; **si j'étais** ~ if I were you; *v. a.* **moi**
toile [twal] *f* **1.** (*tissu*) cloth **2.** *fig* ~ **de fond** backdrop **3.** ART, NAUT canvas **4.** INFOR ~ (**d'araignée**) **mondiale** World Wide Web **5.** ~ **d'araignée** spider web; (*poussière*) cobweb
toilette [twalɛt] *f* **1.** (*soins corporels*) washing; **faire sa** ~ (*personne*) to have a wash; (*animal*) to wash itself **2.** (*vêtements*) outfit **3.** *pl* (*W.-C.*) toilet
toi-même [twamɛm] *pron pers* (*toi en personne*) yourself; *v. a.* **moi-même**
toiser [twaze] <1> *vt* ~ **qn** to look sb up and down
toison [twazɔ̃] *f* (*pelage*) coat
toit [twa] *m* roof
toiture [twatyʀ] *f* roof
Tokyo [tɔkjo] Tokyo
tôle [tol] *f* **1.** sheet metal **2.** AUTO bodywork
tolérance [tɔleʀɑ̃s] *f* tolerance
tolérant(e) [tɔleʀɑ̃] *adj* tolerant
tolérer [tɔleʀe] <5> *vt* to tolerate
tollé [tɔle] *m* outcry
TOM [tɔm] *mpl abr de* **territoire d'outre-mer** *French overseas territory*

> ℹ️ The **TOM** are the four corporate areas of the French Republic, which were established in 1946. They include Wallis and Futuna, French Polynesia, New Caledonia and the "Southern and Antarctic lands".

tomate [tɔmat] *f* tomato
tombal(e) [tɔ̃bal] <s *o* -aux> *adj* funerary
tombe [tɔ̃b] *f* grave
tombeau [tɔ̃bo] <x> *m* tomb
tombée [tɔ̃be] *f* ~ **de la nuit** [*o* **du jour**] nightfall

tomber [tɔ̃be] <1> *vi être* **1.** to fall; ~ (**par terre**) to fall **2.** (*être affaibli*) **je tombe de fatigue/sommeil** I'm ready to drop I'm so tired/sleepy **3.** (*cheveux, dent*) to fall out **4.** (*nouvelle, télex*) to arrive; **qc tombe un lundi** sth falls on a Monday **5.** (*foudre*) to strike **6.** (*dictateur, gouvernement*) to be brought down; (*record*) to be smashed **7.** (*vent*) to drop; (*colère, enthousiasme*) to fade **8.** (*pendre*) to hang **9.** *inf* ~ **enceinte** to become pregnant; ~ **d'accord** to agree **10.** (*être entraîné*) ~ **dans l'oubli** to sink into oblivion **11.** (*rencontrer, arriver par hasard*) ~ **sur qn** to happen to sb; ~ **sur un article** to come across an article **12.** (*abandonner*) **laisser** ~ **qc** to drop sth **13.** *inf* (*attaquer*) ~ **sur qn** to lay into sb **14.** **bien/mal** ~ to be a bit of good/bad luck; **ça tombe bien/mal** that's handy/a nuisance
tome [tɔm] *m* volume
tom(m)e [tɔm] *f* tomme (*hard cheese*)
ton[1] [tɔ̃] *m a.* MUS tone
ton[2] [tɔ̃] <tes> *dét poss* **1.** (*à toi*) your; *v. a.* **mon 2.** **ne fais pas** ~ **malin!** don't get clever!
tonalité [tɔnalite] *f* **1.** *a.* LING tone **2.** TEL dialling [*o* dial *Am*] tone
tondeuse [tɔ̃døz] *f* **1.** (*pour les cheveux, la barbe*) clippers *pl* **2.** (*pour le jardin*) ~ (**à gazon**) lawnmower
tondre [tɔ̃dʀ] <14> *vt* to shear; (*gazon*) to mow; (*haie*) to cut
tondu(e) [tɔ̃dy] **I.** *part passé de* **tondre II.** *adj* (*personne, tête, cheveux*) close-cropped
tong [tɔ̃g] *f* thong
tonifier [tɔnifje] <1> **I.** *vt* (*cheveux, peau*) to condition; (*organisme, personne, muscles*) to tone up **II.** *vi* to tone up
tonique [tɔnik] **I.** *adj* (*froid*) fortifying; (*boisson*) tonic **II.** *m* MED tonic
tonitruant(e) [tɔnitʀyɑ̃] *adj* thundering; (*voix*) booming
tonne [tɔn] *f* **1.** (*unité*) ton **2.** *inf* (*énorme quantité*) loads *pl* **3.** **en faire des** ~**s** *inf* to overdo it

tonneau [tɔno] <x> *m* **1.** (*récipient*) barrel **2.** (*accident de voiture*) somersault **3.** (*acrobatie aérienne*) barrel roll
tonnelier, -ière [tɔnəlje] *m, f* cooper
tonnelle [tɔnɛl] *f* bower
tonner [tɔne] <1> **I.** *vi* (*retentir*) to thunder **II.** *vi impers* **il tonne** it's thundering
tonnerre [tɔnɛʀ] *m* **1.** *a.* METEO thunder **2.** **du** ~ *inf* great
tonsure [tɔ̃syʀ] *f* REL tonsure
tonus [tɔnys] *m* (*dynamisme*) energy
top [tɔp] **I.** *adj inv, antéposé* ~ **model** supermodel **II.** *m* **1.** RADIO beep **2.** (*signal de départ*) ~ (**de départ**) starting signal **3.** SPORT get set **4.** *inf* **le** ~ the best
topo [tɔpo] *m inf* **1.** (*exposé*) piece **2.** *péj* spiel
topologie [tɔpɔlɔʒi] *f* topology
toque [tɔk] *f* (*coiffure*) cap; (*d'un cuisinier*) chef's hat
toqué(e) [tɔke] *adj inf* (*cinglé*) cracked
torche [tɔʀʃ] *f* **1.** (*flambeau*) (flaming) torch **2.** (*lampe électrique*) torch *Brit,* flashlight *Am*
torchon [tɔʀʃɔ̃] *m* **1.** (*tissu*) cloth **2.** *inf* (*mauvais journal*) rag
tord-boyaux [tɔʀbwajo] *m inv, inf* rotgut
tordre [tɔʀdʀ] <14> **I.** *vt* **1.** (*linge*) to wring; (*fils, bouche*) to twist **2.** (*plier*) to bend **II.** *vpr* **1.** **se** ~ **de douleur/rire** to double up with pain/laughter **2.** (*se luxer*) **se** ~ **un membre** to dislocate a limb
tordu(e) [tɔʀdy] **I.** *part passé de* **tordre II.** *adj inf* twisted
toréador [tɔʀeadɔʀ] *m* toreador
tornade [tɔʀnad] *f* tornado
torpeur [tɔʀpœʀ] *f* torpor
torpille [tɔʀpij] *f* MIL torpedo
torpiller [tɔʀpije] <1> *vt a.* MIL to torpedo
torréfier [tɔʀefje] <1> *vt* to roast
torrent [tɔʀɑ̃] *m* **1.** torrent; (*de larmes*) flood **2.** **il pleut à** ~**s** it's pouring down

torrentiel(le) [tɔʀɑ̃sjɛl] *adj* (*pluies*) torrential

torride [tɔʀid] *adj* burning; (*chaleur*) scorching

torsade [tɔʀsad] *f* twist

torsader [tɔʀsade] <1> *vt* to twist

torse [tɔʀs] *m* **1.** (*poitrine*) chest **2.** ANAT, ART torso

torsion [tɔʀsjɔ̃] *f* twisting

tort [tɔʀ] *m* **1.** (*erreur*) error; **avoir ~ de** +*infin* to be wrong to +*infin* **2.** (*préjudice*) wrong; **faire du ~ à qn/qc** to harm sb/sth **3.à ~ ou à raison** rightly or wrongly; **à ~ et à travers** anyhow

torticolis [tɔʀtikɔli] *m* stiff neck

tortiller [tɔʀtije] <1> **I.** *vt* to twiddle **II.** *vi* **1.~ des hanches/fesses** to wiggle one's hips/bottom **2.y a pas à ~** *inf* there's no two ways about it **III.** *vpr* se ~ (*personne*) to fidget; (*animal*) to squirm

tortionnaire [tɔʀsjɔnɛʀ] *mf* torturer

tortue [tɔʀty] *f* **1.** ZOOL tortoise; (*de mer*) turtle **2.** *inf* (*personne très lente*) slowcoach *Brit*, slowpoke *Am*

torture [tɔʀtyʀ] *f* **1.** (*supplice*) torture **2.** (*souffrance*) torment

torturer [tɔʀtyʀe] <1> *vt* **1.** (*supplicier*) to torture **2.** (*faire souffrir*) to torment

tôt [to] *adv* **1.** (*de bonne heure*) early **2.** (*à une date/heure avancée, vite*) soon; **plus ~** sooner **3.~ ou tard** sooner or later; **pas plus ~ ... que** no sooner ... than

total [tɔtal] <-aux> *m* **1.** total **2.faire le ~ de qc** to add sth up; **au ~** (*en tout*) all in all; (*somme toute*) in total

total(e) [tɔtal] <-aux> *adj* **1.** total **2.** (*absolu*) complete

totalement [tɔtalmɑ̃] *adv* totally; (*détruit, ruiné*) completely

totaliser [tɔtalize] <1> *vt* ~ **qc 1.** (*additionner*) to add sth up **2.** (*atteindre*) to total sth up

totalitaire [tɔtalitɛʀ] *adj* totalitarian

totalité [tɔtalite] *f* whole

touchant(e) [tuʃɑ̃] *adj* moving; (*situation, histoire*) touching

touche [tuʃ] *f* **1.** INFOR, MUS key **2.** (*coup de pinceau*) stroke **3.** (*à la pêche*) bite **4.** (*en escrime*) hit; (*au football, rugby: ligne*) touchline **5.faire une ~** *inf* to be a hit

touche-à-tout [tuʃatu] *mf inv, inf* **c'est un ~ 1.** (*enfant*) he can't keep his hands of anything **2.** (*personne aux activités multiples*) he's a jack of all trades **3.** (*personne aux talents multiples*) he dabbles in all sorts of things

toucher [tuʃe] <1> **I.** *vt* **1.** to touch **2.** (*être contigu à*) to adjoin **3.** (*frapper*) to hit; (*mesure, politique*) to affect **4.** (*concerner*) to concern **5.** (*émouvoir*) to affect; (*drame, deuil, scène*) to move **6.** (*recevoir*) to receive; (*chèque*) to cash **II.** *vi* ~ **à qc 1.** (*porter la main sur*) to touch sth **2.** (*se servir de*) ~ **à ses économies** to use one's savings **3.** (*modifier*) to change sth **4.** (*être proche de*) ~ **à sa fin** to near its end **III.** *vpr* se ~ (*personnes*) to touch; (*immeubles, localités, propriétés*) to be next to each other **IV.** *m* **1.** MUS, SPORT touch **2.au ~** by touch

touffe [tuf] *f* tuft

touffu(e) [tufy] *adj* thick; (*sourcils*) bushy; (*végétation*) dense

toujours [tuʒuʀ] *adv* **1.** always **2.** (*encore*) still **3.depuis ~** always

toupet [tupɛ] *m inf* (*culot*) nerve

tour¹ [tuʀ] *f* **1.** *a.* MIL tower; **la ~ Eiffel** the Eiffel tower **2.** (*immeuble*) tower block **3.** JEUX castle, rook

tour² [tuʀ] *m* **1.** (*circonférence*) outline; ~ **des yeux** eyeline; ~ **de cou/de hanches/poitrine** neck/hip/chest measurement **2.** (*brève excursion*) trip; **faire un ~** (*à pied/en voiture/à vélo*) to go for a walk/drive/ride; ~ **d'horizon** survey **3.** (*succession alternée*) **c'est au ~ de qn de faire qc** it's sb's turn to do sth **4.** (*rotation*) revolution **5.** (*duperie*) trick **6.** (*exercice habile*) stunt; ~ **de force** feat of strength; ~ **de magie** magic trick **7.** (*de scrutin*) round **8.faire le ~ du cadran** to sleep round the clock; **en un ~ de main**

in no time at all; **à ~ de rôle** in turn;
jouer un ~ à qn to play a trick on sb
tourbillon [tuʀbijɔ̃] *m* **1.** (*vent*)
whirlwind; (*de neige*) swirl; (*de
sable*) eddy **2.** (*masse d'eau*) whirlpool
tourbillonner [tuʀbijɔne] <1> *vi*
(*eaux, feuilles*) to eddy; (*fumée,
neige, poussière*) to swirl
tourisme [tuʀism] *m* tourism; **office de ~** tourist office
touriste [tuʀist] *mf* tourist
touristique [tuʀistik] *adj* tourist
tourmenté(e) [tuʀmɑ̃te] *adj* (*angoissé*) tormented; (*vie*) turbulent
tourmenter [tuʀmɑ̃te] <1> **I.** *vt*
1. (*ambition, jalousie*) to torment;
(*doute, remords*) to plague **2.** (*importuner*) **~ qn de qc** to harass sb
with sth **II.** *vpr* **se ~** to worry oneself
sick
tournage [tuʀnaʒ] *m* CINE shooting
tournant [tuʀnɑ̃] *m* **1.** (*virage*)
bend **2.** (*changement*) turning point
tournant(e) [tuʀnɑ̃] *adj* (*plaque,
scène*) revolving
tourné(e) [tuʀne] *adj* **1.** (*aigri*) off;
(*sauce, vin*) sour **2. bien/mal ~** (*article, lettre*) well/badly-written
tourne-disque   [tuʀnədisk]
<tourne-disques> *m* record player
tournée [tuʀne] *f* **1.** (*circuit*) tour;
être en ~ to be on tour **2.** *inf* (*au
café*) round
tourner [tuʀne] <1> **I.** *vt* **1.** to turn;
~ qc vers la gauche/le haut to
turn sth to the left/upwards; **~ le
dos à qn/qc** to turn one's back on
sb/sth **2.** (*disque, feuille*) to turn
over **3.** (*contourner, en voiture, à
vélo*) to round **4.** (*formuler*) to
phrase **5.** CINE to shoot **II.** *vi* **1.** to
turn; **la terre tourne autour du soleil** the earth revolves around the
sun **2. faire ~ un moteur** to run an
engine **3.** (*avoir trait à*) **la conversation tourne autour de qn/qc**
the conversation centred [*o* centered
Am] on sb/sth **4.** (*bifurquer*) to turn
off **5.** (*s'inverser*) to turn around;
(*vent*) to change **6.** (*évoluer*) **~ à/en
qc** to change to/into sth; (*évé-*

nement) to turn into sth; **le temps
tourne au beau** the weather's turning fine **7.** CINE to shoot **8. ~ autour
de qc** (*prix, nombre*) to be around
sth **9. ~ bien/mal** to turn out well/
badly **III.** *vpr* **se ~ vers qn/qc
1.** (*s'adresser à, s'orienter*) to turn
to sb/sth **2.** (*changer de position*) to
turn towards sb/to sth
tournesol [tuʀnəsɔl] *m* sunflower
tournevis [tuʀnəvis] *m* screwdriver
tourniquet [tuʀnikɛ] *m* **1.** (*barrière*) turnstile **2.** (*porte*) revolving
door
tournis [tuʀni] *m inf* dizziness
tournoi [tuʀnwa] *m* tournament
tournoyer [tuʀnwaje] <6> *vi* to
whirl
tournure [tuʀnyʀ] *f* **1.** (*évolution*)
development; **prendre bonne ~** to
take a turn for the better **2.** LING form
tourtereau [tuʀtəʀo] <x> *m pl,
iron* lovebird
tourterelle [tuʀtəʀɛl] *f* turtledove
tous [tu] *v.* **tout**
Toussaint [tusɛ̃] *f* **la ~** All Saints'
Day

> **i** In France **la Toussaint** is a pub-
> lic holiday. People visit cemeteries
> and lay flowers, usually chrysan-
> themums, on family graves.

tousser [tuse] <1> *vi* to cough
toussoter [tusɔte] <1> *vi* to have a
slight cough
tout [tu] **I.** *adv* **1.** (*simple, bête*)
quite; (*premier, dernier*) very
2. (*très, vraiment*) very; **~ autour
(de)** all around **3.** *inv* (*en même
temps*) **~ en faisant qc** while doing
sth **4.** (*en totalité*) completely **5. ~ à
fait** exactly; (*possible*) perfectly; **~
de suite** straight away; **c'est ~
comme** *inf* it's the same thing; **~ de
même** all the same; **le ~ Paris** the
whole of Paris society **II.** *m* **1.** (*totalité*) whole **2.** (*pas*) **du ~!** not at all!
tout(e) [tu] <tous, toutes> **I.** *adj
indéf* **1.** *sans pl* (*entier*) **~ l'argent/
ce bruit** all the money/this noise

2. *sans pl* (*tout à fait*) **c'est ~ le contraire** it's exactly the opposite **3.** *sans pl* (*seul, unique*) **c'est ~ l'effet que ça te fait** is that all it does to you? **4.** *sans pl* (*quel qu'il soit*) **~ homme** all men *pl* **5.** *pl* (*l'ensemble des*) **~es les places** all the seats; **de tous côtés** (*arriver*) from everywhere; **nous avons fait tous les cinq ce voyage** all five of us made the trip **6.** *pl* (*chaque*) **tous les jours/ans** every day/year **II.** *pron indéf* **1.** *sans pl* everything; **~ ce qui bouge** anything that moves **2.** *pl* everybody/everything; **nous tous** all of us; **tous/~es ensemble** all together **3.** **et c(e n)'est pas ~!** and that's not all!; **~ pour qn** to be everything to sb; **et ~** (**et ~**) *inf* and everything; **~ ou rien** all or nothing; **en ~** in all; **en ~ et pour ~** all in all

tout-à-l'égout [tutalegu] *m sans pl* mains sewer

toutefois [tutfwa] *adv* however

tout-petit [tup(ə)ti] <tout-petits> *m* small child

tout-puissant, toute-puissante [tupɥisɑ̃] <tout-puissants> *adj* omnipotent

tout-terrain [tuteʀɛ̃] <tout-terrains> **I.** *adj* all-terrain, four-wheel drive **II.** *m* all-terrain [*o* four-wheel drive] vehicle

toux [tu] *f* cough

toxicologique [tɔksikɔlɔʒik] *adj* toxicological

toxicologue [tɔksikɔlɔg] *mf* toxicologist

toxicomane [tɔksikɔman] **I.** *adj* addicted to drugs **II.** *mf* drug addict

toxicomanie [tɔksikɔmani] *f* drug addiction

toxique [tɔksik] *adj* toxic; (*gaz*) poisonous

trac [tʀak] *m inf* fear; **avoir le ~ to** have stage fright

tracas [tʀaka] *m* worry; **se faire du ~ to** worry

tracasser [tʀakase] <1> **I.** *vt* to worry; (*administration*) to harass **II.** *vpr* **se ~ pour qn/qc** to worry about sb/sth

trace [tʀas] *f* **1.** (*empreinte*) tracks *pl* **2.** (*marque laissée, quantité minime*) trace; **sans laisser de ~s** without a trace **3.** (*cicatrice*) mark **4.** (*voie tracée*) path **5. suivre qn à la ~** to follow sb's trail

tracé [tʀase] *m* **1.** (*parcours*) route **2.** (*plan, dessin*) layout **3.** (*graphisme*) line

tracer [tʀase] <2> *vt* **1.** (*dessiner*) to draw **2.** (*piste, route*) to open up **3.** (*décrire*) to paint

trachée(-artère) [tʀaʃeaʀtɛʀ] <trachées(-artères)> *f* windpipe

trachéite [tʀakeit] *f* tracheitis

tract [tʀakt] *m* handout

tracter [tʀakte] <1> *vt* to tow

tracteur [tʀaktœʀ] *m* tractor

traction [tʀaksjɔ̃] *f* **1.** TECH traction **2.** AUTO drive

tradition [tʀadisjɔ̃] *f* tradition

traditionnel(le) [tʀadisjɔnɛl] *adj* **1.** traditional **2.** (*habituel*) usual

traducteur [tʀadyktœʀ] *m* INFOR translator

traducteur, -trice [tʀadyktœʀ] *m, f* (*interprète*) translator

traduction [tʀadyksjɔ̃] *f* **~ en anglais** translation into English

traduire [tʀadɥiʀ] <irr> **I.** *vt* **1.** (*dans une autre langue*) **~ de l'anglais en français** to translate from English into French **2.** (*exprimer*) to express **II.** *vpr* **se ~ par qc** (*sentiment*) to be conveyed by sth

trafic [tʀafik] *m* **1.** (*circulation*) traffic **2.** *péj* trade; **~ de drogues** drug trafficking

traficoter [tʀafikɔte] <1> *vt inf* **1.** (*falsifier*) to fake; (*produit*) to doctor **2.** (*appareil*) to fix

trafiquant(e) [tʀafikɑ̃] *m(f)* trafficker

trafiquer [tʀafike] <1> *vt inf* **1.** (*comptes*) to fiddle; (*moteur, produit*) to tamper with **2.** (*bricoler*) to fix **3.** (*manigancer*) to plot

tragédie [tʀaʒedi] *f* tragedy

tragique [tʀaʒik] *adj* tragic

tragiquement [tʀaʒikmɑ̃] *adv*

La salle de bain

1	la pomme de douche	the shower head
2	la barre	the rail
3	le tuyau	the hose
4	le carreau	the tile
5	le robinet	the tap *Brit*, the faucet *Am*
6	l'éponge	the sponge
7	la baignoire	the bath(tub) *Brit*, the bathtub *Am*
8	la bonde	the plughole *Brit*, the drain *Am*
9	le savon	the bar of soap
10	le rideau de douche	the shower curtain
11	le panier à linge sale	the dirty clothes basket
12	la serviette de bain	the bath towel

The Bathroom

13	le tapis de bain	the bath mat
14	les pantoufles	the slippers
15	le tabouret	the stool
16	la brosse des toilettes	the toilet brush
17	la cuvette des toilettes	the toilet bowl
18	le siège des toilettes	the toilet seat
19	le couvercle	the lid
20	la chasse d'eau	the cistern *Brit*, the tank *Am*
21	le papier-toilette	the toilet paper
22	le peignoir de bain	the bathrobe
23	le talc	the talcum powder
24	le déodorant	the deodorant spray
25	le store	the blind

tragically

trahir [tʀaiʀ] <8> I. vt 1.(*tromper*) to betray 2.(*révéler*) to give away II. vpr se ~ par qc to give oneself away with sth

trahison [tʀaizɔ̃] f treachery

train [tʀɛ̃] m 1.CHEMDFER train; ~ **express/omnibus** express/slow train; ~ **à grande vitesse** high speed train; ~ **électrique/à vapeur** electric/steam train; **le ~ en direction/venant de Lyon** the train to/from Lyons; **prendre le ~** to take the train 2.(*allure*) pace; ~ **de vie** lifestyle 3.(*jeu*) train; ~ **d'atterrissage** landing gear 4.AUTO ~ **avant/arrière** front/rear axle unit 5.**prendre le ~ en marche** to climb on the bandwagon; **être en ~ de faire qc** to be doing sth

traînard(e) [tʀɛnaʀ] m(f) inf straggler

traîne [tʀɛn] f 1.COUT train 2.**à la ~** lagging behind

traîneau [tʀɛno] <x> m sleigh

traînée [tʀene] f 1.tracks 2.**comme une ~ de poudre** like wildfire

traîner [tʀene] <1> I. vt 1.(*tirer*) to pull; (*jambe*) to drag 2.(*emmener de force*) to drag 3.(*être encombré de*) to be unable to shake off; ~ **qc avec soi** to carry sth around with one II. vi 1.(*personne*) to lag behind; (*discussion, maladie, procès*) to drag on 2.(*vadrouiller*) to hang about [o around] 3.(*être en désordre*) to lie around 4.(*pendre à terre*) to drag III. vpr se ~ (*se déplacer difficilement*) to drag oneself around

training [tʀeniŋ] m training

train-train [tʀɛ̃tʀɛ̃] m sans pl, inf boring routine

traire [tʀɛʀ] <irr, défec> vt to milk

trait [tʀɛ] m 1.(*ligne*) line 2.(*caractéristique*) trait; (*distinctif, dominant*) characteristic 3.gén pl (*du visage*) feature 4.LING feature; ~ **d'union** hyphen 5.**avoir ~ à qc** to relate to sth; (*film, livre*) to deal with sth; **tirer un ~ sur qc** to draw a line

under sth; **d'un ~** in one go

traitant(e) [tʀɛtɑ̃] adj (*shampoing, lotion*) medicated; **votre médecin ~** the doctor treating you

traite [tʀɛt] f 1.(*achat à crédit*) ~ **de qc** instalment for sth 2.AGR milking 3.(*trafic*) trade; **la ~ des noirs/blanches** the slave/white slave trade 4.(**tout**) **d'une** (**seule**) ~ all in one go

traité [tʀete] m 1.POL treaty; ~ **de Maastricht** Maastricht Treaty 2.(*ouvrage*) treatise

traitement [tʀetmɑ̃] m 1.A, MED, TECH treatment; ~ **de faveur/choc** preferential/shock treatment 2.(*de l'eau, de déchets radioactifs*) processing 3.INFOR ~ **des données/de texte** data/word processing

traiter [tʀete] <1> I. vt 1.a. MED to treat 2.(*qualifier*) ~ **qn de fou/menteur** to call sb mad/a liar 3.(*dossier*) to process; (*affaire, question*) to deal with 4.(*déchets*) to process; (*eaux*) to treat; (*pétrole*) to refine; **non traité** (*orange*) unwaxed 5.INFOR to process II. vi 1.(*avoir pour sujet*) ~ **de qc** to deal with sth; (*film*) to be about sth 2.(*négocier*) to negotiate

traître, -esse [tʀɛtʀ] I. adj 1.treacherous 2.(*sournois*) underhand II. m, f 1.(*traitor*) ~ **à qn/qc** traitor to sb/sth 2.**en ~** underhandedly

traîtrise [tʀetʀiz] f 1.(*déloyauté*) treachery 2.(*acte perfide*) act of treachery

trajectoire [tʀaʒɛktwaʀ] f (*d'un véhicule*) path; (*d'un projectile*) trajectory; (*d'une planète*) orbit

trajet [tʀaʒɛ] m journey

tram [tʀam] m inf abr de **tramway**

trame [tʀam] f 1.(*ensemble de fils*) weft 2.(*base*) framework

tramer [tʀame] <1> vt 1.(*complot*) to hatch 2.(*tisser*) to weave

tramontane [tʀamɔ̃tan] f tramontana

tramway [tʀamwɛ] m tram

tranchant [tʀɑ̃ʃɑ̃] m 1.(*côté coupant*) cutting edge 2.**être à double ~** to be double-edged

T
t

tranchant(e) [tʀɑ̃ʃɑ̃] *adj* 1.(*coupant*) sharp 2.(*trop vif*) cutting

tranche [tʀɑ̃ʃ] *f* 1.(*portion*) slice 2.(*subdivision*) ~ **d'âge** age group; ~ **de revenus** salary bracket; ~ **de vie** slice of life 3.(*viande*) piece

tranché(e) [tʀɑ̃ʃe] *adj* sliced

tranchée [tʀɑ̃ʃe] *f a.* MIL trench

trancher [tʀɑ̃ʃe] <1> I. *vt* to cut II. *vi* (*décider*) to decide

tranquille [tʀɑ̃kil] I. *adj* 1.quiet 2.(*en paix*) **être** ~ (*personne*) to have peace; **laisser qn** ~ to leave sb alone 3.(*rassuré*) at ease 4. *iron, inf* **là, je suis** ~ I'm sure of that 5.**pouvoir dormir** ~ to be able to sleep easy; **se tenir** ~ to keep quiet II. *adv inf* 1.(*facilement*) easily 2.(*sans crainte*) with no worries

tranquillement [tʀɑ̃kilmɑ̃] *adv* 1.(*paisiblement*) peacefully; (*vivre*) quietly 2.(*sans risque*) safely 3.(*sans se presser*) calmly

tranquillisant [tʀɑ̃kilizɑ̃] *m* tranquilizer

tranquilliser [tʀɑ̃kilize] <1> I. *vt* to reassure II. *vpr* **se** ~ to put one's mind at ease

tranquillité [tʀɑ̃kilite] *f* 1.(*calme*) tranquility; (*d'un lieu*) calmness 2.(*sérénité*) peace; (*matérielle*) security 3.**en toute** ~ with complete peace of mind

transaction [tʀɑ̃zaksjɔ̃] *f* COM transaction

transalpin(e) [tʀɑ̃zalpɛ̃] *adj* transalpine

transat, transatlantique [tʀɑ̃zatlɑ̃tik] I. *adj* transatlantic II. *m* 1.(*paquebot*) (transatlantic) liner 2.(*chaise*) deskchair III. *f* transatlantic race

transborder [tʀɑ̃sbɔʀde] <1> *vt* (*marchandises*) to ship; (*personnes*) to transfer

transcendantal(e) [tʀɑ̃sɑ̃dɑ̃tal] <-aux> *adj* transcendental

transcription [tʀɑ̃skʀipsjɔ̃] *f* LING, MUS, BIO transcription

transcrire [tʀɑ̃skʀiʀ] <irr> *vt* to transcribe

transculturel(le) [tʀɑ̃skyltyʀɛl] *adj* intercultural

transe [tʀɑ̃s] *f* 1. *pl* (*affres*) agony + *vb sing* 2.(*état second*) trance

transept [tʀɑ̃sɛpt] *m* transept

transférer [tʀɑ̃sfeʀe] <5> *vt* 1. *a.* FIN to transfer; (*cendres, dépouille*) to translate; **nos bureaux ont été transférés** we have moved offices 2.JUR to convey

transfert [tʀɑ̃sfɛʀ] *m* transfer

transfigurer [tʀɑ̃sfigyʀe] <1> *vt* to transfigure; (*visage, réalité*) to transform

transfo [tʀɑ̃sfo] *m inf abr de* **transformateur**

transformable [tʀɑ̃sfɔʀmabl] *adj* **être** ~ **en qc** to be convertible into sth

transformateur [tʀɑ̃sfɔʀmatœʀ] *m* ELEC transformer

transformation [tʀɑ̃sfɔʀmasjɔ̃] *f* (*changement*) ~ **en qc** change into sth; (*de matières premières*) conversion

transformer [tʀɑ̃sfɔʀme] <1> I. *vt* 1.(*modifier*) to change; (*vêtement*) to alter; (*matière première*) to convert; ~ **qc en qc** to convert sth into sth 2.(*pénalité, penalty*) to score; (*essai*) to convert 3.MAT to transform II. *vpr* 1.(*changer*) **se** ~ to change 2.CHIM, PHYS **l'eau se transforme en glace** water is transformed into ice

transfusion [tʀɑ̃sfyzjɔ̃] *f* transfusion

transgresser [tʀɑ̃sgʀese] <1> *vt* (*loi*) to break

transi(e) [tʀɑ̃zi] *adj* ~ **de froid/peur** rigid with cold/fear

transiger [tʀɑ̃ziʒe] <2a> *vi* to compromise; ~ **sur un point** to compromise on a point

transistor [tʀɑ̃zistɔʀ] *m* RADIO, ELEC transistor

transit [tʀɑ̃zit] *m* 1.transit 2.**en** ~ in transit

transitaire [tʀɑ̃zitɛʀ] *adj* transit

transiter [tʀɑ̃zite] <1> *vi* ~ **par qc** to pass through sth in transit; (*en avion*) to fly through sth

transitif, -ive [tʀɑ̃zitif] *adj* transitive

transition [trɑ̃zisjɔ̃] *f* **1.** ~ de qc à qc transition from sth to sth; **sans** ~ suddenly **2. de** ~ transitional

transitoire [trɑ̃zitwar] *adj* transitory; (*période*) provisional

translation [trɑ̃slasjɔ̃] *f* MAT translation

translucide [trɑ̃slysid] *adj* translucid

transmanche [trɑ̃smɑ̃ʃ] *adj* cross-Channel

transmetteur [trɑ̃smetœr] *m* transmitter

transmettre [trɑ̃smɛtr] <irr> **I.** *vt* **1.** *a.* RADIO, TEL, TV to transmit **2.** (*message*) to transmit; (*renseignement, ordre, maladie*) to pass on **3.** (*léguer*) to hand down **II.** *vpr* se ~ (*secret, maladie*) to be passed on; (*métier*) to be taught

transmissible [trɑ̃smisibl] *adj* **1.** MED transmitted **2.** JUR transmissible

transmission [trɑ̃smisjɔ̃] *f* **1.** (*passation*) handing on **2.** (*d'informations*) passing on; ~ **de données/pensée** data/thought transmission **3.** RADIO, TEL, TV broadcasting **4.** BIO, MED, TECH, AUTO transmission

transmutation [trɑ̃smytasjɔ̃] *f* PHYS, CHIM transmutation

transparaître [trɑ̃sparɛtr] <irr> *vi* to show through

transparence [trɑ̃sparɑ̃s] *f* **1.** (*du cristal, verre*) transparency; (*de l'air, de l'eau*) clearness **2.** (*absence de secret*) openness

transparent [trɑ̃sparɑ̃] *m* transparency; (*pour rétroprojecteur*) overhead

transparent(e) [trɑ̃sparɑ̃] *adj* **1.** transparent **2.** (*papier*) see-through **3.** (*sans secret*) open **4.** (*limpide*) limpid

transpercer [trɑ̃spɛrse] <2> *vt* (*regard, balle*) to pierce; (*pluie*) to soak through; (*froid*) to go through

transpiration [trɑ̃spirasjɔ̃] *f* (*sueur*) perspiration; (*soudaine*) sweat

transpirer [trɑ̃spire] <1> *vi* to perspire

transplantation [trɑ̃splɑ̃tasjɔ̃] *f* **1.** BIO, MED transplant **2.** AGR transplantation

transplanter [trɑ̃splɑ̃te] <1> *vt* BIO, MED, AGR to transplant

transport [trɑ̃spɔr] *m* **1.** (*acheminement*) transport; (*d'énergie*) carrying **2.** *pl* **les** ~**s** transport *Brit*, transportation *Am*; ~**s aériens/routiers** air/road transport **3. entreprise de** ~ haulage [*o* trucking *Am*] company; ~**s en commun** public transport [*o* transportation *Am*]

transportable [trɑ̃spɔrtabl] *adj* (*marchandise*) transportable; (*blessé, malade*) fit to be moved

transporter [trɑ̃spɔrte] <1> *vt* **1.** (*acheminer*) to transport **2.** (*énergie, son*) to carry **3.** (*transférer*) to bring

transporteur [trɑ̃spɔrtœr] *m* **1.** TECH conveyor **2.** (*entreprise*) haulage [*o* trucking *Am*] company

transposer [trɑ̃spoze] <1> *vt* **1.** (*transférer*) to adapt **2.** MUS to transpose

transsexuel(le) [trɑ̃(s)sɛksɥɛl] *adj, m/f* transsexual

transvaser [trɑ̃svɑze] <1> *vt* to decant

transversal(e) [trɑ̃svɛrsal] <-aux> *adj* transversal; **rue** ~**e** road running across

trapèze [trapɛz] *m* **1.** MAT trapezium **2.** SPORT trapeze **3.** ANAT trapezius

trapéziste [trapezist] *mf* trapeze artist

trappe [trap] *f* **1.** hatch; (*dans le plancher*) trap door **2.** (*piège*) trap

trappeur [trapœr] *m* trapper

trapu(e) [trapy] *adj* squat

traque [trak] *f* (*du gibier*) tracking; (*d'un malfaiteur*) tracking down

traquenard [traknar] *m* trap

traquer [trake] <1> *vt* (*abus, injustices*) to hunt down; (*voleur*) to track down; (*vedette*) to hound

traumatiser [tromatize] <1> *vt* **1.** (*choquer*) to traumatize **2.** MED ~ **qn** to cause sb trauma

T t

traumatisme [tʀomatism] *m* trauma

travail [tʀavaj] <-aux> *m* 1. work 2. (*tâche*) task 3. (*activité professionnelle*) job; ~ (**au**) **noir** undeclared work; ~ **à la chaîne** assembly-line work; **travaux d'utilité collective** paid community work; ~ **d'équipe** team work 4. *pl* **travaux domestiques/ménagers** housework 5. ECON labour *Brit*, labor *Am* 6. (*façonnage*) working 7. (*de l'érosion, la fermentation*) process 8. ADMIN **travaux publics** civil engineering; **travaux!** work in progress! 9. HIST **travaux forcés** hard labour [*o* labor *Am*] 10. **mâcher le ~ à qn** to do all the hard work for sb; **se tuer au ~** to work oneself to death

travailler [tʀavaje] <1> I. *vi* 1. to work; ~ **à son compte** to work for oneself 2. (*s'exercer*) to practise; (*sportif*) to train 3. (*viser un but*) ~ **à/sur qc** to work on sth II. *vt* 1. to work 2. (*phrase, style*) to work on; **travaillé à la main** hand-made 3. (*s'entraîner à*) to train; (*morceau de musique*) to practise [*o* practice] *Am* 4. (*tourmenter*) to worry 5. (*opp: chômer*) **jours travaillés** working days; **les jours non travaillés** holidays

travailleur, -euse [tʀavajœʀ] I. *adj* hard-working II. *m, f* 1. (*salarié*) worker 2. (*personne laborieuse*) hard worker

travailliste [tʀavajist] I. *adj* **parti ~** Labour Party II. *mf* **les ~s** Labour + *vb sing*

travelling [tʀavliŋ] *m* CINE dolly

travers [tʀavɛʀ] *m* 1. failing 2. **à ~ champs** across fields; **regarder qn de ~** to give sb a dirty look; **à ~ qc, au ~ de qc** (*en traversant*) across sth; (*par l'intermédiaire de*) through sth; **à ~ les siècles** down the centuries; **de ~** (*en biais*) crooked; (*mal*) wrong; **en ~** across

traversée [tʀavɛʀse] *f* ~ **du désert** wilderness years *pl*

traverser [tʀavɛʀse] <1> *vt* 1. to cross; ~ **qc à pied/en voiture/à vélo** to walk/drive/ride across sth; ~ **qc à la nage** to swim across sth; **faire ~ qn** to help sb across 2. (*transpercer*) to pierce; (*clou*) to go through; **cette idée lui traverse l'esprit** the idea crosses her mind 3. (*fendre*) to slice through

traversier [tʀavɛʀsje] *m Québec* (*bac*) ferry

traversier, -ière [tʀavɛʀsje] *adj* running across; (*flûte*) transverse

traversin [tʀavɛʀsɛ̃] *m* bolster

travesti [tʀavɛsti] *m* (*homosexuel*) transvestite

travestir [tʀavɛstiʀ] <8> *vt* 1. (*falsifier*) to misrepresent; (*voix*) to disguise 2. (*déguiser*) ~ **qn en fée** to dress sb up as a fairy

trayeuse [tʀɛjøz] *f* (*machine*) milking machine

trébucher [tʀebyʃe] <1> *vi* ~ **sur qc** to stumble over sth

trèfle [tʀɛfl] *m* 1. BOT clover 2. JEUX clubs *pl*

treille [tʀɛj] *f* 1. (*tonnelle*) vine arbour [*o* arbor *Am*] 2. (*vigne*) climbing vine

treize [tʀɛz] I. *adj* thirteen II. *m inv* thirteen; *v. a.* **cinq**

treizième [tʀɛzjɛm] I. *adj* antéposé thirteenth II. *mf* **le/la ~** the thirteenth III. *m* (*fraction*) thirteenth; *v. a.* **cinquième**

tréma [tʀema] I. *m* dieresis II. *app* **a/o/u ~** (*en allemand*) a/o/u umlaut

tremblant(e) [tʀɑ̃blɑ̃] *adj* trembling

tremblement [tʀɑ̃bləmɑ̃] *m* 1. (*frissonnement*) shiver; (*d'une lumière, flamme*) flickering; ~**s de fièvre** feverish shivering + *vb sing* 2. (*vibration*) shaking; (*des feuilles*) trembling; **avec des ~ dans la voix** with a trembling voice 3. ~ **de terre** earthquake

trembler [tʀɑ̃ble] <1> *vi* 1. (*frissonner*) to shiver; (*flamme, lumière*) to flicker; ~ **de colère** to shake with rage 2. (*vibrer*) to tremble; (*voix*) to quaver 3. (*avoir* *peur*) to tremble; **faire ~ qn** to make sb tremble

trembloter [tʀɑ̃blɔte] <1> *vi* (*de peur, froid*) to shiver a bit; (*de vieillesse*) to shake a bit

trémousser [tʀemuse] <1> *vpr* **se ~** (*danseur*) to wiggle; (*enfant*) to wriggle

trempe [tʀɑ̃p] *f* **1.** (*fermeté*) stature **2.** *inf* (*correction*) hiding

trempé(e) [tʀɑ̃pe] *adj* **1.** (*mouillé*) soaked; **~ de sueur** dripping with sweat **2.** (*acier, verre*) tempered

tremper [tʀɑ̃pe] <1> **I.** *vt* **1.** (*mouiller*) to soak; (*sol*) to wet **2.** (*plonger*) **~ qc dans son café** to dunk sth in one's coffee **II.** *vi* **laisser ~** to soak

tremplin [tʀɑ̃plɛ̃] *m* SPORT diving-board; (*au ski*) ski-jump

trentaine [tʀɑ̃tɛn] *f* **1.** (*environ trente*) **une ~ de personnes/pages** about thirty people/pages **2.** (*âge approximatif*) **avoir la ~** to be about thirty years old

trente [tʀɑ̃t] **I.** *adj* thirty **II.** *m inv* thirty; *v. a.* **cinq, cinquante**

trente-six [tʀɑ̃tsis] **I.** *adj* **1.** (*chiffre*) thirty-six; *v. a.* **cinq 2.** *inf* (*une grande quantité*) loads **3.** **voir ~ chandelles** to see stars **II.** *m inf* **tous les ~ du mois** once in a blue moon

trentième [tʀɑ̃tjɛm] **I.** *adj antéposé* thirtieth **II.** *mf* **le/la ~** the thirtieth **III.** *m* (*fraction*) thirtieth; *v. a.* **cinquième**

trépider [tʀepide] <1> *vi* to vibrate

trépied [tʀepje] *m* **1.** (*siège*) (three-legged) stool **2.** (*support*) trivet; (*d'un appareil photo*) tripod

trépigner [tʀepiɲe] <1> *vi* **~ d'impatience** to stamp one's feet with impatience

très [tʀɛ] *adv* very

trésor [tʀezɔʀ] *m* **1.** (*richesse enfouie*) treasure **2.** *pl* (*richesses*) treasures **3.** ADMIN, FIN **Trésor (public)** Treasury Department

trésorerie [tʀezɔʀʀi] *f* **1.** (*budget*) finances **2.** (*gestion*) accounts **3.** ADMIN, FIN accounts

trésorier, -ière [tʀezɔʀje] *m, f* treasurer

tressaillir [tʀesajiʀ] <irr> *vi* to quiver; (*cœur*) to flutter

tressauter [tʀesote] <1> *vi* **1.** (*personne*) to be jolted; (*dans un véhicule*) to be tossed about **2.** (*sursauter*) to jump; (*dans son sommeil, ses pensées*) to start

tresse [tʀɛs] *f* plait *Brit*, braid *Am*

tresser [tʀese] <1> *vt* to plait [*o* braid *Am*]

tréteau [tʀeto] <x> *m* (*support*) trestle

treuil [tʀœj] *m* winch

trêve [tʀɛv] *f* **1.** (*répit*) respite **2.** (*arrêt des hostilités*) truce **3. ~ de plaisanteries!** seriously now!

tri [tʀi] *m* sorting; **faire le ~ de qc** to sort sth

triade [tʀijad] *f* triad

triangle [tʀijɑ̃gl] *m* triangle

triangulaire [tʀijɑ̃gylɛʀ] *adj* triangular

tribal(e) [tʀibal] <-aux> *adj* tribal

tribord [tʀibɔʀ] *m* starboard

tribu [tʀiby] *f* **1.** SOCIOL tribe **2.** *iron* clan

tribunal [tʀibynal] <-aux> *m* **1.** (*juridiction*) court; **~ fédéral** *Suisse* (*cour suprême de la Suisse*) supreme court; **~ de grande instance** ≈ Crown court **2.** (*bâtiment*) court building *Brit*, courthouse *Am*

tribune [tʀibyn] *f* **1.** (*estrade*) platform; POL rostrum **2.** (*galerie surélevée*) gallery; SPORT (grand)stand **3.** (*lieu d'expression*) forum; (*dans un journal*) opinion page

tribut [tʀiby] *m* **1.** HIST tribute **2.** (*sacrifice*) price

tributaire [tʀibytɛʀ] *adj* tributary

tricentenaire [tʀisɑ̃tnɛʀ] **I.** *adj* three-hundred-year-old **II.** *m* tercentenary

tricher [tʀiʃe] <1> *vi* to cheat; **~ aux cartes/à l'examen** to cheat at cards/in an exam

tricheur, -euse [tʀiʃœʀ] *m, f* swindler; (*au jeu, à l'examen*) cheat; (*aux cartes*) card sharp

tricolore [tʀikɔlɔʀ] **I.** *adj* **1.** (*bleu,*

T
t

blanc, rouge) red, white and blue **2.** (*succès*) French **3.** (*de trois couleurs*) three-coloured [*o* -colored *Am*] **II.** *mpl* les ~s the French team

tricot [tʀiko] *m* **1.** (*vêtement*) sweater **2.** (*gilet tricoté*) cardigan **3.** (*action*) knitting

tricoter [tʀikɔte] <1> **I.** *vt* to knit **II.** *vi* to knit

tricycle [tʀisikl] *m* tricycle

trident [tʀidɑ̃] *m* **1.** (*à la pêche*) fish-spear **2.** AGR three-pronged fork **3.** HIST trident

trier [tʀije] <1> *vt* to sort; (*choisir*) to select

trilingue [tʀilɛ̃g] **I.** *adj* trilingual **II.** *mf* trilingual person

trimaran [tʀimaʀɑ̃] *m* trimaran

trimbal(l)er [tʀɛ̃bale] <1> *inf* **I.** *vt* ~ qc to cart sth around **II.** *vpr* se ~ **dans les rues** to wander the streets

trimer [tʀime] <1> *vi* to slave away

trimestre [tʀimɛstʀ] *m* quarter; ECOLE term

trimestriel(le) [tʀimɛstʀijɛl] *adj* quarterly

tringle [tʀɛ̃gl] *f* rod

Trinité [tʀinite] *f* **1.** REL la Sainte ~ the Holy Trinity **2.** GEO (**l'île de**) la ~ Trinidad

trinquer [tʀɛ̃ke] <1> *vi* ~ à la **santé de qn** to drink to sb's health

trio [tʀijo] *m a.* MUS trio

triomphal(e) [tʀijɔ̃fal] <-aux> *adj* triumphal; (*accueil*) triumphant

triomphalement [tʀijɔ̃falmɑ̃] *adv* triumphantly

triomphe [tʀijɔ̃f] *m* triumph

triompher [tʀijɔ̃fe] <1> *vi* to triumph

tripartite [tʀipaʀtit] *adj* tripartite; (*gouvernement*) three-party

tripe [tʀip] *f* **1.** *pl* GASTR tripe **2.** *pl, inf* (*boyau, ventre de l'homme*) guts

triple [tʀipl] **I.** *adj* triple **II.** *m* le ~ **du prix** three times the price; **le ~ de temps** three times as long

tripler [tʀiple] <1> *vt, vi* to triple

triplés, -ées [tʀiple] *mpl, fpl* triplets

tripoter [tʀipɔte] <1> **I.** *vt* (*fruits*) to finger; ~ qc to fiddle with sth **II.** *vpr* se ~ to play with oneself; **se ~**

la barbe to fiddle with one's beard

trique [tʀik] *f* **1.** (*gourdin*) cudgel **2.** être sec comme un coup de ~ to be as skinny as a rake

trisomie [tʀizɔmi] *f* Down's syndrome

triste [tʀist] *adj* **1.** *a.* antéposé sad; **avoir l'air** ~ to look sad **2.** antéposé, *péj* (*époque*) dreadful; (*affaire*) sorry **3.** ne pas être ~ *inf* (*personne*) to be a laugh a minute; (*soirée, voyage*) to be eventful

tristement [tʀistəmɑ̃] *adv* **1.** (*regarder*) sorrowfully; (*raconter*) sadly **2.** (*de façon lugubre*) gloomily

tristesse [tʀistɛs] *f* **1.** (*état de mélancolie*) sadness **2.** (*chagrin*) sorrow

triton [tʀitɔ̃] *m* ZOOL newt

triturer [tʀityʀe] <1> *vt* **1.** (*broyer*) to crush; (*aliments, médicament, sel*) to grind (up) **2.** (*mouchoir*) to twist

trivial(e) [tʀivjal] <-aux> *adj* **1.** (*vulgaire*) crude **2.** (*ordinaire*) mundane **3.** (*évident*) trite

trivialité [tʀivjalite] *f* **1.** (*vulgarité*) crudeness **2.** (*banalité*) mundaneness

troc [tʀɔk] *m* **1.** (*échange*) swap **2.** (*système économique*) le ~ barter

troglodyte [tʀɔglɔdit] *m* **1.** (*habitant d'une grotte*) cave dweller, troglodyte **2.** (*oiseau*) wren

trogne [tʀɔɲ] *f inf* mug

trognon [tʀɔɲɔ̃] *m* core

trois [tʀwa] **I.** *adj* **1.** three **2.** en ~ **mots** in a word **II.** *m inv* three; *v. a.* **cinq**

trois-étoiles [tʀwazetwal] *adj inv* three-star **trois-huit** [tʀwaɥit] *mpl inv* faire les ~ to operate three eight-hour shifts

troisième [tʀwazjɛm] **I.** *adj* antéposé third **II.** *mf* le/la ~ the third **III.** *f* ECOLE year ten *Brit*, eighth grade *Am; v. a.* **cinquième**

troisièmement [tʀwazjɛmmɑ̃] *adv* thirdly **trois-pièces** [tʀwapjɛs] *m inv* **1.** (*appartement*) three-room flat [*o* apartment *Am*] **2.** (*costume*) three-piece

trolleybus [tʀɔlɛbys] *m* trolley bus

trombe [tʀɔ̃b] *f* **1.** (*forte averse*) cloudburst **2.** METEO whirlwind **3. en ~** *inf* at top speed; **passer en ~** to race by

trombone [tʀɔ̃bɔn] **I.** *m* **1.** MUS trombone **2.** (*attache*) paper clip **II.** *mf* trombonist

trompe [tʀɔ̃p] *f* **1.** MUS trumpet **2.** AUTO horn **3.** ZOOL snout; (*d'un insecte*) proboscis **4.** *souvent pl* ANAT tube

trompe-l'œil [tʀɔ̃plœj] *m inv* trompe-l'œil

tromper [tʀɔ̃pe] <1> **I.** *vt* **1.** (*duper*) to trick; **~ qn sur le prix** to overcharge sb **2.** (*être infidèle à*) **~ qn avec qn** to cheat on sb with sb **3.** (*déjouer*) **~ qc** to escape from sth; (*faim, soif*) to stave off sth **4.** (*décevoir*) to disappoint **II.** *vi* to deceive **III.** *vpr* **1.** (*faire erreur*) **se ~** to make a mistake **2.** (*confondre*) **se ~ de direction** to take the wrong direction; **se ~ de numéro** to get the wrong number

tromperie [tʀɔ̃pʀi] *f* deception

trompette [tʀɔ̃pɛt] **I.** *f* **1.** MUS trumpet **2. en ~** (*nez*) turned-up **II.** *m* **1.** MUS trumpet player **2.** MIL bugler

trompettiste [tʀɔ̃petist] *mf* trumpet player

trompeur, -euse [tʀɔ̃pœʀ] *adj* deceptive; (*ressemblance*) illusory; (*discours*) misleading

tronc [tʀɔ̃] *m* BOT, ANAT trunk

tronçon [tʀɔ̃sɔ̃] *m* **1.** (*partie*) section; (*d'une voie ferrée, route*) stretch **2.** (*morceau coupé*) segment; (*d'une colonne*) section

tronçonner [tʀɔ̃sɔne] <1> *vt* **1.** (*diviser en tronçons*) to divide up **2.** (*découper*) to cut up **3.** (*scier*) to saw up

tronçonneuse [tʀɔ̃sɔnøz] *f* chain saw

trône [tʀon] *m* throne

trôner [tʀone] <1> *vi* to sit enthroned

tronquer [tʀɔ̃ke] <1> *vt* to cut out; (*texte, citation*) to abridge; (*données*) to cut down

trop [tʀo] *adv* **1.** too; (*manger, faire*) too much **2.** (*en quantité excessive*) **~ de temps/travail** too much time/work **3.** (*pas tellement*) **ne pas ~ aimer qc** not to like sth much; **ne pas ~ savoir** not to be too sure; **je n'ai pas ~ envie** I don't really feel like it **4. c'est ~!** it's too much

trophée [tʀɔfe] *m* trophy

tropical(e) [tʀɔpikal] <-aux> *adj* tropical

tropique [tʀɔpik] *m* tropic

Tropique [tʀɔpik] *m* **~ du Cancer/ du Capricorne** Tropic of Cancer/of Capricorn **trop-plein** [tʀoplɛ̃] <trop-pleins> *m* **1.** TECH overflow **2.** (*surplus*) surplus

troquer [tʀɔke] <1> *vt* to swap

trot [tʀo] *m* **1.** (*allure*) trot **2. course de ~ attelé** trotting race

trotte [tʀɔt] *f inf* quite a way

trotter [tʀɔte] <1> *vi* **1.** *inf* (*animal*) to scamper; (*personne*) to scurry **2.** (*cheval*) to trot

trotteur, -euse [tʀɔtœʀ] *m, f* (*cheval*) trotter

trotteuse [tʀɔtøz] *f* (*sweep*) second hand

trottiner [tʀɔtine] <1> *vi* to jog along; (*enfant*) to toddle about

trottinette [tʀɔtinɛt] *f* toy scooter

trottoir [tʀɔtwaʀ] *m* pavement *Brit*, sidewalk *Am*

trou [tʀu] *m* **1.** gap; **~ de mémoire** memory lapse **2.** (*cavité*) hole; (*d'une aiguille*) eye; **~ de la serrure** keyhole

troublant(e) [tʀublɑ̃] *adj* **1.** (*déconcertant*) disconcerting; (*élément*) troubling **2.** (*événement, fait*) perturbing **3.** (*étrange*) unsettling **4.** (*qui inspire le désir*) arousing

trouble¹ [tʀubl] **I.** *adj* **1.** (*image, vue*) blurred; (*liquide*) cloudy **2.** (*période*) dismal **II.** *adv* **voir ~** to have blurred vision

trouble² [tʀubl] *m* **1.** *pl* MED disorder; (*psychiques, mentaux*) distress *no pl* **2.** *pl* (*politiques, sociaux*) unrest **3.** (*désarroi*) confusion **4.** (*agitation*) turmoil

trouble-fête [tʀubləfɛt] <trouble-

fêtes> *mf* spoilsport

troubler [tʀuble] <1> **I.** *vt* **1.** *a.* MED to disrupt **2.** (*perturber*) to bother **3.** (*émouvoir*) to unsettle; (*sexuellement*) to arouse **4.** (*atmosphère, ciel*) to cloud; ~ **l'eau** to make the water cloudy **II.** *vpr* **se** ~ to become cloudy; (*mémoire*) to become blurred

troué(e) [tʀue] *adj* (*chaussettes*) with holes in

trouer [tʀue] <1> *vt* ~ **qc 1.** (*faire un trou*) to make a hole in sth **2.** (*faire plusieurs trous*) to make holes in sth

trouillard(e) [tʀujaʀ] *m(f)* *inf* coward

trouille [tʀuj] *f inf* **flanquer la** ~ **à qn** to scare the hell out of sb

troupe [tʀup] *f* **1.** MIL troop **2.** THEAT troupe

troupeau [tʀupo] <x> *m* herd

trousse [tʀus] *f* **1.** case; ~ **à outils** toolkit; ~ **d'écolier** pencil case; ~ **de toilette** toilet bag **2. être aux** ~**s de qn** to be hot on sb's heels

trousseau [tʀuso] <x> *m* **1.** (*clés*) bunch of keys **2.** (*d'une mariée*) trousseau

trouvaille [tʀuvaj] *f* find

trouver [tʀuve] <1> **I.** *vt* **1.** to find; ~ **étrange que** +*subj* to find it strange that **2.** (*voir*) ~ **du plaisir à faire qc** to take pleasure in doing sth; **aller**/**venir** ~ **qn** to go/come and find sb **II.** *vpr* **1.** (*être situé*) **se** ~ to be **2.** (*être*) **se** ~ **bloqué**/**coincé** to find oneself stuck **3.** (*se rencontrer*) **un bon job se trouve toujours** one can always find a good job **III.** *vpr impers* **1.** (*par hasard*) **il se trouve que je suis libre** it so happens I'm free **2. si ça se trouve, il va pleuvoir** *inf* it may well rain

truand [tʀyɑ̃] *m* crook

truander [tʀyɑ̃de] <1> *vt inf* to swindle

truc [tʀyk] *m inf* **1.** (*chose*) thingummyjig **2.** (*combine*) trick **3. c'est mon** ~ it's my thing

trucage [tʀykaʒ] *m* **1.** (*falsification*) doctoring; (*des élections*) fixing

2. CINE, PHOT effect

trucider [tʀyside] <1> *vt inf* ~ **qn** to knock sb off

truelle [tʀyɛl] *f* trowel

truffe [tʀyf] *f* **1.** BOT, GASTR truffle **2.** (*museau*) nose

truffé(e) [tʀyfe] *adj* **1.** (*garni de truffes*) truffled **2.** *fig* **être** ~ **de qc** to be crammed with sth

truie [tʀyi] *f* sow

truite [tʀyit] *f* trout

truquage [tʀykaʒ] *m v.* **trucage**

truquer [tʀyke] <1> *vt* to fix; (*comptes*) to fiddle

trust [tʀœst] *m* ECON trust

tsar [tsaʀ] *m* tsar, czar

tsarine [tsaʀin] *f* tsarina, czarina

TSF [teɛsɛf] *f abr de* **télégraphie sans fil** wireless telegraphy

t-shirt [tiʃœʀt] *m abr de* **tee-shirt**

tsigane [tsigan] *adj, mf* Hungarian gypsy

tsvp *abr de* **tournez s'il vous plaît** PTO

TTC [tetese] *abr de* **toutes taxes comprises** inc.

tu [ty] <*inf, devant voyelle ou h muet* t'> **I.** *pron pers* you **II.** *m* **dire** ~ **à qn** to use "tu" with sb

tu(e) [ty] *part passé de* **taire**

tuba [tyba] *m* **1.** MUS tuba **2.** SPORT snorkel

tube [tyb] *m inf* (*chanson*) hit

tubercule [tybɛʀkyl] *m* BOT tubercle

tuberculeux, -euse [tybɛʀkylø] *adj* tuberculous

tuberculose [tybɛʀkyloz] *f* tuberculosis

tubulaire [tybylɛʀ] *adj* tubular

TUC [tyk] *m abr de* **travail d'utilité collective**

tucard(e) [tykaʀ] *m(f)* paid community worker

tuciste [tysist] *m, f v.* **tucard**

tuer [tɥe] <1> **I.** *vt* to kill; (*gibier*) to shoot; **se faire** ~ to get killed **II.** *vi* to kill **III.** *vpr* **se** ~ **1.** (*être victime d'un accident*) to get killed **2.** (*se donner la mort*) to kill oneself **3.** (*se fatiguer*) **se** ~ **à faire qc** to wear oneself out doing sth

tuerie [tyʀi] *f* slaughter

tue-tête [tytɛt] *adv* **à** ~ at the top of one's voice

tueur, -euse [tɥœʀ] *m, f* killer

tuile [tɥil] *f* **1.** (*d'un toit*) tile **2.** *inf* (*événement fâcheux*) stroke of bad luck

tulipe [tylip] *f* tulip

tuméfié(e) [tymefje] *adj* swollen

tumeur [tymœʀ] *f* tumour *Brit,* tumor *Am*

tumulte [tymylt] *m* (*d'une foule*) commotion; (*des passions*) turmoil; (*de la rue, de la ville*) hustle and bustle

tumultueux, -euse [tymyltɥø] *adj* (*passion*) tumultuous; (*période, vie*) stormy; (*discussion*) agitated

tuner [tynœʀ] *m* tuner

tunique [tynik] *f* **1.** (*vêtement ample*) smock **2.** MIL tunic

Tunisie [tynizi] *f* **la** ~ Tunisia

tunisien(ne) [tynizjɛ̃] *adj* Tunisian

Tunisien(ne) [tynizjɛ̃] *m(f)* Tunisian

tunnel [tynɛl] *m* tunnel

turban [tyʀbɑ̃] *m* turban

turbine [tyʀbin] *f* turbine

turbo [tyʀbo] *adj inv* turbo

turbocompresseur [tyʀbokɔ̃-pʀesœʀ] *m* turbocharger

turbulence [tyʀbylɑ̃s] *f a.* PHYS, MÉTÉO turbulence

turbulent(e) [tyʀbylɑ̃] *adj* (*agité*) turbulent

turc [tyʀk] *m* Turkish; *v. a.* **français**

turc(que) [tyʀk] *adj* Turkish

Turc(que) [tyʀk] *m(f)* Turk

turfiste [tyʀfist] *mf* racing fan, racegoer

turque [tyʀk] W.-C. **à la** ~ stand-up toilet; *v. a.* **turc**

Turquie [tyʀki] *f* **la** ~ Turkey

turquoise [tyʀkwaz] *adj inv, m* turquoise

tus [ty] *passé simple de* **taire**

tutelle [tytɛl] *f* **1.** (*protection abusive*) tutelage **2.** JUR guardianship **3.** ADMIN, POL protection; **sous** ~ under protection **4. prendre qn sous sa** ~ JUR to become the guardian of sb; (*protéger*) to take sb under one's wing

tuteur [tytœʀ] *m* (*support*) stake

tuteur, -trice [tytœʀ] *m, f* **1.** JUR guardian **2.** ÉCOLE, UNIV tutor

tutoiement [tytwamɑ̃] *m* use of "tu"

tutorat [tytɔʀa] *m* tutorial system

tutoyer [tytwaje] <6> I. *vt* ~ **qn** to use "tu" with sb II. *vpr* **se** ~ to call each other "tu"

tutu [tyty] *m* tutu

tuyau [tɥijo] <x> *m* **1.** (*tube rigide*) pipe; (*souple*) tube; ~ **d'arrosage** garden hose; ~ **d'échappement** exhaust (pipe) **2.** *inf* (*conseil*) tip

tuyauterie [tɥijotʀi] *f* piping

TV [teve] *f abr de* **télévision** TV

TVA [teveɑ] *f abr de* **taxe à la valeur ajoutée** V.A.T

tympan [tɛ̃pɑ̃] *m* ANAT eardrum

type [tip] I. *m* **1.** (*archétype, modèle*) type **2.** (*genre*) sort **3.** (*individu quelconque*) guy II. *app inv* typical

typé(e) [tipe] *adj* typical-looking

typhoïde [tifɔid] *adj, f* typhoid

typhon [tifɔ̃] *m* typhoon

typhus [tifys] *m* typhus fever

typique [tipik] *adj* typical

typographe [tipɔgʀaf] *mf* typographer

typographie [tipɔgʀafi] *f* typography

typographique [tipɔgʀafik] *adj* typographical

tyran [tiʀɑ̃] *m* tyrant

tyrannie [tiʀani] *f* tyranny

tyrannique [tiʀanik] *adj* tyrannical

tyranniser [tiʀanize] <1> *vt* to bully

tyrolienne [tiʀɔljɛn] *f* MUS yodel

tzar [tsaʀ] *m v.* **tsar**

tzarine [tsaʀin] *f v.* **tsarine**

tzigane [tsigan] *adj v.* **tsigane**

Tₜ

U u

U, u [y] *m inv* 1. U, u; ~ **comme Ursule** u for Uncle 2. **en u** U-shaped
UCT [ysete] *f abr de* **Unité Centrale de Traitement** CPU
UEFA [yefa] *f abr de* **Union of European Football Associations** UEFA
UEM [yøɛm] *f abr de* **Union économique et monétaire** EMU
UHT [yaʃte] *abr de* **ultra-haute température** UHT
Ukraine [ykʀɛn] *f* l'~ Ukraine
ukrainien [ykʀɛnjɛ̃] *m* Ukrainian; *v. a.* **français**
ukrainien(ne) [ykʀɛnjɛ̃] *adj* Ukrainian
Ukrainien(ne) [ykʀɛnjɛ̃] *m(f)* Ukrainian
ulcère [ylsɛʀ] *m* ulcer
ulcérer [ylseʀe] <5> *vt* to sicken
ULM [yɛlɛm] *m abr de* **ultra-léger motorisé** microlight
ultérieur(e) [ylteʀjœʀ] *adj* later
ultérieurement [ylteʀjœʀmɑ̃] *adv* later
ultimatum [yltimatɔm] *m* ultimatum
ultime [yltim] *adj* a. antéposé ultimate; (*ironie*) final
ultramoderne [yltʀamɔdɛʀn] *adj* ultra-modern
ultrarapide [yltʀaʀapid] *adj inf* high-speed
ultrason [yltʀasɔ̃] *m* ultrasound
ultraviolet [yltʀavjɔlɛ] *m* ultraviolet; **les ~s** ultraviolet rays
ultraviolet(te) [yltʀavjɔlɛ] *adj* ultraviolet
UME [yɛmø] *f abr de* **Union monétaire européenne** EMU
un [œ̃] **I.** *adj* 1. one 2. **ne faire qu'~** to be as one **II.** *m inv* one **III.** *adv* firstly; **~, je suis fatigué, deux, j'ai faim** for one thing I'm tired, for another I'm hungry; *v. a.* **cinq**
un(e) [œ̃] **I.** *art indéf* 1. a, an 2. (*intensif*) **il y a ~ (de ces) bruit** it's so noisy **II.** *pron* 1. (*chose/personne*

parmi d'autres) one; **en connaître ~ qui …** to know somebody who …; **être l'~ de ceux qui …** to be one of those who … 2. (*chose/personne opposée à une autre*) **les ~s … et les autres …** some people … and others …; **ils sont assis en face l'~ de l'autre** they're sitting opposite each other; **ils sont aussi menteurs l'~ que l'autre** one's as big a liar as the other; **s'injurier l'~ l'autre** to insult each other 3. **l'~ dans l'autre** by and large; **l'~ ou l'autre** one or the other; **comme pas ~** extremely; **et d'~!** *inf* and that's that!; **~ par ~** one after the other
unanime [ynanim] *adj* unanimous
unanimement [ynanimmɑ̃] *adv* unanimously
unanimité [ynanimite] *f* 1. unanimity 2. **à l'~** unanimously
une [yn] **I.** *art v.* **un II.** *f* PRESSE front page
UNESCO [ynɛsko] *f abr de* **United Nations Educational, Scientific and Cultural Organization** UNESCO
uni(e) [yni] *adj* (*unicolore*) self-coloured [*o* -colored *Am*]
UNICEF [ynisɛf] *m abr de* **United Nations International Children's Emergency Fund** UNICEF
unième [ynjɛm] *adj* **vingt et ~** twenty first
unifier [ynifje] <1 a> **I.** *vt* 1. (*unir*) to unify; (*partis*) to unite 2. (*programmes*) to standardize **II.** *vpr* **s'~** to unite
uniforme [ynifɔʀm] *adj, m* uniform
uniformiser [ynifɔʀmize] <1> *vt* to standardize
uniformité [ynifɔʀmite] *f* (*similitude*) uniformity
unijambiste [yniʒabist] **I.** *adj* one-legged **II.** *mf* one-legged man *m,* one-legged woman *f*
unilatéral(e) [ynilateʀal] <-aux> *adj* unilateral
union [ynjɔ̃] *f* 1. union 2. **~ syndicale** federation of trade unions
Union européenne [ynjɔ̃ øʀɔ-

pɛn] *f* European Union

Union monétaire [ynjɔ̃ mɔnetɛʀ] *f* monetary union

unique [ynik] *adj* **1.** only; (*monnaie*) single; **à sens ~** (*rue*) one-way **2.** (*exceptionnel*) unique

uniquement [ynikmɑ̃] *adv* **1.** (*exclusivement*) exclusively **2.** (*seulement*) only

unir [yniʀ] <8> I. *vt* **1.** (*associer*) to unite **2.** (*marier*) **~ deux personnes** to join two people in matrimony **3.** (*combiner*) to combine II. *vpr* **s'~ 1.** (*s'associer*) to unite **2.** (*se marier*) to marry

unisexe [ynisɛks] *adj* unisex

unisson [ynisɔ̃] *m a.* MUS unison

unitaire [ynitɛʀ] *adj* (*simple*) unitary

unité [ynite] *f* **1.** *a.* POL unity; (*d'un texte*) cohesion **2.** MAT, MIL unit **3.** INFOR, TECH **~ de stockage/sortie** storage/output device **4.** COM **prix à l'~** unit price

univers [ynivɛʀ] *m* **1.** ASTR universe **2.** (*milieu*) world

universaliser [ynivɛʀsalize] <1> *vt* to universalize

universalité [ynivɛʀsalite] *f* universality

universel(le) [ynivɛʀsɛl] *adj* **1.** universal **2.** (*exposition*) world **3.** (*remède*) all-purpose; **clé ~le** adjustable spanner [*o* wrench *Am*]

universitaire [ynivɛʀsitɛʀ] I. *adj* university; (*titre*) academic; **diplôme ~** degree II. *mf* academic

université [ynivɛʀsite] *f* university; **~ d'été** summer school

uranium [yʀanjɔm] *m* uranium

Uranus [yʀanys] *f* Uranus

urbain(e) [yʀbɛ̃] *adj* urban

urbaniser [yʀbanize] <1> *vt* (*région, zone*) to urbanize

urbanisme [yʀbanism] *m* town [*o* city *Am*] planning

urée [yʀe] *f* urea

urgence [yʀʒɑ̃s] *f* **1.** urgency; **il y a ~** it's urgent; **d'~** immediately **2.** (*cas urgent*) matter of urgency **3.** MED emergency; **les ~s** the casualty department *Brit,* the emergency room

Am

urgent(e) [yʀʒɑ̃] *adj* urgent; **~!** it's urgent!

urine [yʀin] *f* urine

uriner [yʀine] <1> *vi* to urinate

urinoir [yʀinwaʀ] *m* urinal

urne [yʀn] *f* **1.** (*boîte*) ballot box **2.** (*vase funéraire*) (funeral) urn

URSS [yɛʀɛsɛs] *f* HIST *abr de* **Union des républiques socialistes soviétiques** USSR

urticaire [yʀtikɛʀ] *f* **1.** hives **2. donner de l'~ à qn** *inf* to drive sb mad

us [ys] *mpl* **~ et coutumes** habits and customs

USA [yɛsɑ] *mpl abr de* **United States of America** USA

usage [yzaʒ] *m* **1.** *a.* JUR use; **hors d'~** unusable; **d'~ courant** in common use **2.** (*coutume*) custom; **c'est contraire aux ~s** it's against common practice

usagé(e) [yzaʒe] *adj* worn; (*pile*) used

usager, -ère [yzaʒe] *m, f* user

usé(e) [yze] *adj* worn; (*semelles*) worn-down

user [yze] <1> I. *vt* **1.** (*détériorer, épuiser*) to wear out **2.** (*consommer*) to use II. *vi* **~ d'un droit** to exercise a right III. *vpr* **s'~** to wear out

usine [yzin] *f* factory

ustensile [ystɑ̃sil] *m* (*de cuisine*) utensil; (*de jardinage*) tool

usuel(le) [yzɥɛl] *adj* usual; (*emploi*) normal; (*mot*) common; (*objet*) everyday

usure [yzyʀ] *f* **1.** (*détérioration*) wear and tear **2.** (*état*) wear **3.** (*érosion*) wearing away **4.** (*affaiblissement*) wearing out **5. avoir qn à l'~** *inf* to wear sb down

usurper [yzyʀpe] <1> *vt* to usurp

ut [yt] *m inv* MUS C

utérus [yteʀys] *m* womb

utile [ytil] I. *adj* useful II. *m* **joindre l'~ à l'agréable** to combine business with pleasure

utilisation [ytilizasjɔ̃] *f* use

utiliser [ytilize] <1> *vt* **1.** to use

U
u

2.(*avantage*) to make use of; (*moyen, mot*) to use

utilitaire [ytilitɛʀ] **I.** *adj* utilitarian; (*véhicule*) commercial **II.** *m* **1.** INFOR utility **2.** AUTO commercial vehicle

utilité [ytilite] *f* **1.**(*aide*) use **2.**(*caractère utile*) usefulness; **association reconnue d'~ publique** ≈ non-profit-making organization

utopique [ytɔpik] *adj* utopian

UV [yve] *mpl abr de* **ultraviolets** UV rays

V, v [ve] *m inv* **1.** V, v; **~ comme Victor** v for Victor **2.** décolleté en **V** V-neck

va [va] *indic prés de* **aller**

vacance [vakɑ̃s] *f* **1.** *pl* holiday *Brit*, vacation *Am;* **~s scolaires** school holidays; **partir/être en ~s** to go/ be on holiday; **bonnes ~s!** have a good holiday! **2.**(*poste*) vacancy

---

i In France the **vacances scolaires** are staggered by one week according to area. The country is divided into three zones (A, B and C) running from north to south.

---

vacancier, -ière [vakɑ̃sje] *m, f* holidaymaker *Brit*, vacationer *Am*

vacant(e) [vakɑ̃] *adj* vacant

vacarme [vakaʀm] *m* racket

vaccin [vaksɛ̃] *m* vaccine; **~ contre le tétanos** tetanus vaccine

vaccination [vaksinasjɔ̃] *f* vaccination

vacciner [vaksine] <1> *vt* MED to vaccinate

vache [vaʃ] **I.** *f* **1.** ZOOL cow **2.**(*cuir*) cowhide **3. la ~!** *inf* hell! **II.** *adj inf* mean

vachement [vaʃmɑ̃] *adv inf*

damned, bloody *Brit*

vacherie [vaʃʀi] *f inf* nastiness *no pl;* **des ~s** lousy tricks

vacherin [vaʃʀɛ̃] *m* **1.**(*fromage*) vacherin cheese **2.**(*dessert*) vacherin

vaciller [vasije] <1> *vi* (*personne*) to stagger; (*poteau*) to sway; (*lumière*) to flicker

vacuité [vakɥite] *f* emptiness

vadrouille [vadʀuj] *f* **être en ~** *inf* to be roaming around

va-et-vient [vaevjɛ̃] *m inv* **1.** comings and goings *pl* **2.** ELEC two-way switch

vagabond(e) [vagabɔ̃] **I.** *adj* **1.**(*errant*) roving **2.**(*sans règles*) roaming **II.** *m(f)* vagrant

vagabonder [vagabɔ̃de] <1> *vi* to roam

vagin [vaʒɛ̃] *m* vagina

vague¹ [vag] **I.** *adj* **1.** *a. antéposé* vague **2.** *antéposé* (*lointain*) faraway **3.**(*ample*) loose **II.** *m* vagueness; **rester dans le ~** to be terribly vague

vague² [vag] *f* GEO, METEO wave

vaguement [vagmɑ̃] *adv* vaguely

vaillant(e) [vajɑ̃] *adj* brave

vaille [vaj] *subj prés de* **valoir**

vain(e) [vɛ̃] *adj* **1.** vain **2.** en **~** in vain

vaincre [vɛ̃kʀ] <irr> *soutenu* **I.** *vi* to prevail **II.** *vt* **1.**(*adversaire*) to defeat **2.**(*surmonter*) to overcome

vaincu(e) [vɛ̃ky] **I.** *part passé de* **vaincre II.** *adj* defeated **III.** *m(f)* **les ~s** the defeated; SPORT the losers

vainement [vɛnmɑ̃] *adv* vainly

vainqueur [vɛ̃kœʀ] **I.** *adj* victorious **II.** *m* **1.** MIL, POL victor **2.** SPORT winner

vais [vɛ] *indic prés de* **aller**

vaisseau [vɛso] <x> *m* **1.** NAUT, ANAT vessel **2.** AVIAT **~ spatial** spacecraft

vaisselier [vɛsəlje] *m* dresser

vaisselle [vɛsɛl] *f* **1.**(*service de table*) crockery, dishes *pl* **2.**(*objets à nettoyer*) dishes *pl*, washing-up *Brit;* **faire** [*o* **laver**] **la ~** to do the dishes

valable [valabl] *adj* valid

Valais [valɛ] *m* **le ~** the Valais

valdinguer [valdɛ̃ge] <1> *vi inf* **~ contre qc** to smash into sth

valence [valɑ̃s] *f* CHIM valency *Brit*, valence *Am*

valériane [valeʁjan] *f* valerian

valet [valɛ] *m* 1. (*domestique*) valet 2. JEUX jack

valeur [valœʁ] *f* 1. *a*. FIN, ECON value; **de ~** of value; **mettre qn en ~** to show sb to advantage; **mettre qc en ~** to show sth off 2. (*titre*) security 3. (*équivalent*) **la ~ d'un litre** a litre's [*o* liter's *Am*] worth

validation [validasjɔ̃] *f a*. INFOR validation

valide [valid] *adj* 1. (*personne*) able-bodied 2. (*papier*) valid

valider [valide] <1> *vt a*. INFOR to validate

validité [validite] *f* validity

valise [valiz] *f* suitcase

vallée [vale] *f* valley

vallon [valɔ̃] *m* small valley

vallonné(e) [valɔne] *adj* undulating

valoir [valwaʁ] <irr> I. *vi* (*coûter*) to be worth; **combien ça vaut?** how much is it worth? II. *vt* 1. *a*. JEUX to be worth; **ne pas ~ grand-chose** not to be worth much; **rien ne vaut …** there's nothing like … 2. (*être valable*) to apply 3. (*mériter*) to deserve; **cette ville vaut le détour** this town is worth going out of your way to see 4. (*avoir pour conséquence*) **~ qc à qn** to earn sb sth III. *vpr* **se ~** (*être comparable*) to be the same

valorisant(e) [valɔʁizɑ̃] *adj* enriching

valoriser [valɔʁize] <1> *vt* (*région*) to develop

valse [vals] *f* waltz

valser [valse] <1> *vi* to waltz

valve [valv] *f* valve

valves [valv] *fpl* Belgique (*tableau d'affichage, généralement sous vitrine*) notice board

vampire [vɑ̃piʁ] *m* vampire

vandale [vɑ̃dal] *mf* vandal

vandalisme [vɑ̃dalism] *m* vandalism

vanille [vanij] *f* vanilla

vanité [vanite] *f* vanity

vaniteux, -euse [vanitø] *adj* vain

vanne [van] *f* 1. NAUT sluice 2. *inf* (*plaisanterie*) **lancer des ~s à qn** to make digs at sb

vanné(e) [vane] *adj inf* (*personne*) dead-beat

vantard(e) [vɑ̃taʁ] I. *adj* boastful II. *m(f)* boaster

vantardise [vɑ̃taʁdiz] *f* boasting

vanter [vɑ̃te] <1> I. *vt* to praise II. *vpr* **se ~ de qc** to boast of sth

vapes [vap] *fpl* **être dans les ~** *inf* to be in a daze

vapeur [vapœʁ] *f* 1. steam; **à ~** (*machine*) steam-driven; **bateau à ~** steamboat 2. *pl* (*d'essence*) fumes 3. **renverser la ~** to backpedal

vaporisateur [vapɔʁizatœʁ] *m* spray

vaporiser [vapɔʁize] <1> *vt* to spray

vaquer [vake] <1> *vi* **~ à ses occupations** to attend to one's affairs

varappe [vaʁap] *f* rock-climbing

varech [vaʁɛk] *m* kelp

vareuse [vaʁøz] *f* (*blouse*) pea jacket

variable [vaʁjabl] I. *adj* 1. variable 2. METEO changeable II. *f* variable

variante [vaʁjɑ̃t] *f* variant

varice [vaʁis] *f souvent pl* varicose vein

varicelle [vaʁisɛl] *f* chickenpox

varié(e) [vaʁje] *adj* 1. varied 2. (*arguments*) various

varier [vaʁje] <1> I. *vi* 1. (*évoluer*) to change 2. (*être différent*) to vary II. *vt* to vary

variété [vaʁjete] *f* 1. *a*. ZOOL, BOT variety 2. *pl* THEAT, CINE, TV variety

variole [vaʁjɔl] *f* smallpox

Varsovie [vaʁsɔvi] Warsaw

vas [va] *indic prés de* **aller**

vasculaire [vaskylɛʁ] *adj* vascular

vase¹ [vaz] *m* vase

vase² [vaz] *f* mud

vaseline [vazlin] *f* Vaseline®

vaseux, -euse [vazø] *adj* 1. (*boueux*) muddy 2. *inf* (*mal en point*) dazed

vasistas [vazistɑs] *m* ARCHIT opening window

vasque [vask] *f* basin

vassal(e) [vasal] <-aux> *m(f)* HIST vassal

vaste [vast] *adj antéposé* **1.** immense; *(appartement, organisation)* vast **2.** *(vêtement)* huge

Vatican [vatikã] *m* **le** ~ the Vatican

vaudrai [vodʀɛ] *fut de* **valoir**

vaudou [vodu] *m inv* voodoo

vau-l'eau [volo] *adv* **aller à** ~ to be going downhill fast

vaurien(ne) [voʀjɛ̃] *m(f)* good-for-nothing

vaut [vo] *indic prés de* **valoir**

vautour [votuʀ] *m* vulture

vautrer [votʀe] <1> *vpr* **se** ~ to sprawl

vaux [vo] *indic prés de* **valoir**

va-vite [vavit] *adv inf* **à la** ~ in a rush

veau [vo] <x> *m* **1.** ZOOL calf **2.** GASTR veal

vecteur [vɛktœʀ] *m* **1.** MAT vector **2.** *(support)* ~ **de qc** vehicle for sth

vécu [veky] *m* **le** ~ real life

vécu(e) [veky] **I.** *part passé de* **vivre II.** *adj* **1.** *(réel)* true-life **2.** *(éprouvé)* **bien** ~ happy; **mal** ~ traumatic

vécus [veky] *passé simple de* **vivre**

vedette [vədɛt] *f* star

végétal [veʒetal] <-aux> *m* vegetable

végétal(e) [veʒetal] <-aux> *adj* vegetable

végétarien(ne) [veʒetaʀjɛ̃] *adj, m(f)* vegetarian

végétation [veʒetasjɔ̃] *f* **1.** BOT vegetation **2.** *pl* MED adenoids

végéter [veʒete] <5> *vi* *(plante)* to grow; *(personne)* to vegetate

véhémence [veemɑ̃s] *f* vehemence

véhément(e) [veemɑ̃] *adj* vehement

véhicule [veikyl] *m a.* AUTO vehicle

véhiculer [veikyle] <1> *vt* **1.** AUTO to transport **2.** *(transmettre)* to transmit

veille [vɛj] *f* **1.** *(jour précédent)* day before; **la** ~ **au soir** the evening of the day before; **la** ~ **de Noël** Christmas Eve **2.** *a.* INFOR standby **3.** **à la** ~ **de qc** on the eve of sth

veillée [veje] *f* *(soirée)* evening

veiller [veje] <1> **I.** *vi* **1.** *(faire attention à)* ~ **à qc** to attend to sth; ~ **à** + *infin* to be sure to + *infin* **2.** *(surveiller)* to be on watch; ~ **sur qn/qc** to watch over sb/sth **3.** *(ne pas dormir)* to stay awake **II.** *vt* ~ **qn** to watch over sb

veilleur [vɛjœʀ] *m* ~ **de nuit** night watchman

veilleuse [vɛjøz] *f* **1.** *(petite lampe)* nightlight **2.** *pl* *(feu de position)* sidelights **3.** *(flamme)* pilot light; **mettre la flamme en** ~ to turn the heat right down **4.** **se mettre en** ~ to put one's sidelights on

veinard(e) [vɛnaʀ] *m(f)* inf lucky devil

veine [vɛn] *f* **1.** ANAT vein **2.** *inf (chance)* luck

velcro® [vɛlkʀo] *m* Velcro®

véliplanchiste [veliplɑ̃ʃist] *mf* windsurfer

velléitaire [veleitɛʀ] *adj* indecisive

vélo [velo] *m* **1.** bicycle; **à** [*o* **en** *inf*] ~ by bike **2.** *(activité)* cycling

vélocité [velɔsite] *f* velocity

vélodrome [velodʀom] *m* velodrome

vélomoteur [velomɔtœʀ] *m* moped

véloski [veloski] *m* skibob

velours [v(ə)luʀ] *m* velvet; ~ **côtelé** corduroy

velouté [vəlute] *m* *(d'une peau)* velvet; *(d'un vin)* smoothness; *(d'un potage)* creaminess

velouté(e) [vəlute] *adj* **1.** *(doux au toucher)* velvet-soft **2.** GASTR smooth **3.** *(teint)* velvety

velu(e) [vəly] *adj* hairy

vénal(e) [venal] <-aux> *adj* venal; *péj* mercenary

venant [vənɑ̃] *m* **à tout** ~ to everybody

vendable [vɑ̃dabl] *adj* saleable

vendange [vɑ̃dɑ̃ʒ] *f souvent pl* grape harvest + *vb sing*

vendanger [vɑ̃dɑ̃ʒe] <2a> **I.** *vi* to pick grapes **II.** *vt* *(raisin)* to pick

vendangeur, -euse [vɑ̃dɑ̃ʒœʀ] *m, f* grape-picker

Vendée [vɑ̃de] *f* **la** ~ the Vendée

vendetta [vɑ̃deta] *f* vendetta

vendeur, -euse [vɑ̃dœʀ] *m, f*
1. (*opp: acheteur*) seller **2.** (*marchand dans un magasin*) (sales) assistant
vendre [vɑ̃dʀ] <14> I. *vi* COM to sell;
être à ~ to be for sale II. *vt* to sell
III. *vpr* **se ~** to be sold; **se ~ bien/mal** to sell well/badly
vendredi [vɑ̃dʀədi] *m* Friday; **~ saint** Good Friday; *v. a.* **dimanche**
vendu(e) [vɑ̃dy] I. *part passé de* **vendre** II. *adj* (*corrompu*) traitor
vénéneux, -euse [venenø] *adj* poisonous
vénérable [veneʀabl] *adj* venerable
vénération [veneʀasjɔ̃] *f* veneration
vénérer [veneʀe] <5> *vt* to revere
vénérien(ne) [veneʀjɛ̃] *adj* venereal
vénézolan(e) [venezɔlɑ̃] *adj* Venezuelan
Vénézolan(e) [venezɔlɑ̃] *m(f)* Venezuelan
Venezuela [venezɥɛla] *m* **le ~** Venezuela
vengeance [vɑ̃ʒɑ̃s] *f* vengeance
venger [vɑ̃ʒe] <2a> I. *vt* to avenge
II. *vpr* **se ~ de qn/qc** to take revenge on sb/for sth
vengeur, -geresse [vɑ̃ʒœʀ] *adj* vengeful
venimeux, -euse [vənimø] *adj* poisonous
venin [vənɛ̃] *m* venom
venir [v(ə)niʀ] <9> I. *vi être* **1.** to come; **~ d'Angleterre** to come from England; **viens avec moi!** come with me!; **à ~** to come **2.** (*parvenir, étendre ses limites*) **~ jusqu'à qn/qc** to reach sb/sth **3.** (*arriver*) to arrive; **alors, ça vient?** *inf* ready yet? **4.** (*aboutir à*) **où veut-il en ~?** what is he getting at? II. *aux être* **1.** (*se déplacer pour*) **je viens manger** I'm coming to dinner **2.** (*avoir juste fini*) **je viens (juste/à peine) d'avoir fini** I've (just/only just) finished **3.** (*être conduit à*) **s'il venait à passer par là** if he should go that way; **elle en vint à penser que …** she got to the stage of thinking …

Venise [v(ə)niz] Venice
vent [vɑ̃] *m* **1.** *a.* MÉTÉO, NAUT wind; **il y a du ~** it's windy **2.** (*tendance*) **dans le ~** fashionable **3.** **quel bon ~ vous/t'amène?** *iron* what brings you here?; **avoir eu ~ de qc** to have wind of sth
vente [vɑ̃t] *f* **1.** (*action*) sale; **~ par correspondance** mail order; **mettre qc en ~** to put sth on sale **2.** (*service*) sales **3.** *pl* (*chiffre d'affaires*) sales **4.** (*réunion où l'on vend*) **~ aux enchères** auction
venter [vɑ̃te] <1> *vi impers* **il vente** it's windy
ventilateur [vɑ̃tilatœʀ] *m* fan
ventilation [vɑ̃tilasjɔ̃] *f* (*aération*) ventilation
ventiler [vɑ̃tile] <1> *vt* (*aérer*) to ventilate
ventouse [vɑ̃tuz] *f* **1.** (*dispositif*) suction pad; **faire ~** to adhere **2.** ZOOL, BOT sucker **3.** MÉD cupping glass
ventre [vɑ̃tʀ] *m* **1.** stomach; **prendre du ~** to get a paunch [*o* gut] **2.** **courir ~ à terre** to go at top speed
ventricule [vɑ̃tʀikyl] *m* ventricle
ventriloque [vɑ̃tʀilɔk] *mf* ventriloquist
ventru(e) [vɑ̃tʀy] *adj* potbellied
venu(e) [v(ə)ny] I. *part passé de* **venir** II. *adj* timely; **mal ~** unwelcome III. *m(f)* **nouveau ~** newcomer
venue [v(ə)ny] *f* arrival
vêpres [vɛpʀ] *fpl* REL vespers
ver [vɛʀ] *m* **1.** worm; **~ de terre** earthworm; **~ luisant** glow-worm; **~ solitaire** tapeworm; **~ à soie** silkworm **2.** **tirer les ~s du nez à qn** to worm information out of sb; **nu comme un ~** *inf* as naked as the day one was born
véracité [veʀasite] *f* truth
verbal(e) [vɛʀbal] <-aux> *adj* verbal
verbaliser [vɛʀbalize] <1> *vt* to book
verbe [vɛʀb] *m* verb
verdâtre [vɛʀdɑtʀ] *adj* greenish

V
v

verdeur [vɛʀdœʀ] *f* tartness; (*d'un vin*) acidity

verdict [vɛʀdikt] *m* verdict

verdir [vɛʀdiʀ] <8> *vi* (*nature*) to turn green

verdure [vɛʀdyʀ] *f* **1.** (*végétation*) greenery **2.** (*légumes*) greens *pl*

véreux, -euse [veʀø] *adj* **1.** (*fruit*) worm-eaten **2.** (*douteux*) corrupt

verge [vɛʀʒ] *f* **1.** ANAT penis **2.** (*baguette*) rod

verger [vɛʀʒe] *m* orchard

verglacé(e) [vɛʀglase] *adj* icy

verglas [vɛʀgla] *m* black ice

vergogne [vɛʀgɔɲ] *f* **sans ~** shameless

véridique [veʀidik] *adj* (*information*) genuine; (*histoire*) true

vérificateur [veʀifikatœʀ] *m* INFOR **~ orthographique** spell checker

vérification [veʀifikasjɔ̃] *f* verification

vérifier [veʀifje] <1> *vt* **1.** (*contrôler*) to verify **2.** (*confirmer*) to confirm

véritable [veʀitabl] *adj* **1.** *a.* postposé (*cuir, perles*) real **2.** antéposé (*vrai*) true

véritablement [veʀitabləmɑ̃] *adv* **1.** (*réellement*) genuinely **2.** (*à proprement parler*) truly

vérité [veʀite] *f* **1.** truth **2.** *sans pl* (*réalisme*) realism **3.** *sans pl* (*sincérité*) truthfulness **4. il n'y a que la ~ qui blesse** *prov* the truth hurts; **en ~** in fact

verlan [vɛʀlɑ̃] *m* backslang

vermeil [vɛʀmɛj] *m* vermilion

vermeil(le) [vɛʀmɛj] *adj* (*tein*) rosy

vermicelle [vɛʀmisɛl] *m* vermicelli

vermillon [vɛʀmijɔ̃] *adj inv, m* vermilion

vermine [vɛʀmin] *f sans pl* vermin

vermoulu(e) [vɛʀmuly] *adj* worm-eaten

vermout(h) [vɛʀmut] *m* vermouth

vernir [vɛʀniʀ] <8> **I.** *vt* (*bois, peinture*) to varnish **II.** *vpr* **se ~ les ongles** to put nail varnish on

vernis [vɛʀni] *m* (*laque*) varnish

vernissage [vɛʀnisaʒ] *m* (*inauguration*) preview

vérole [veʀɔl] *f inf* **petite ~** smallpox

verrai [veʀɛ] *fut de* **voir**

verre [vɛʀ] *m* glass; **deux ~s de vin** two glasses of wine; **prendre un ~** to have a drink

verrée [veʀe] *f Suisse* (*moment d'une réunion où l'on offre à boire*) drinks *pl*

verrerie [vɛʀʀi] *f* (*fabrique*) glassworks + *vb sing*

verrier [vɛʀje] *m* glassworker

verrière [vɛʀjɛʀ] *f* (*toit*) glass roof

verrou [veʀu] *m* **1.** (*loquet*) bolt **2.** (*serrure*) lock

verrouiller [veʀuje] <1> *vt* **1.** *a.* INFOR to lock **2.** POL, SPORT to block

verrue [veʀy] *f* MED wart

vers¹ [vɛʀ] *prep* **1.** (*en direction de*) **~ qn/qc** towards [*o* toward *Am*] sb/sth **2.** (*aux environs de: lieu*) around **3.** (*temps*) **~ midi** about midday

vers² [vɛʀ] *m* verse *no pl;* **faire des ~** to write verse

versant [vɛʀsɑ̃] *m* slope; (*d'un toit*) side

versatile [vɛʀsatil] *adj* (*personne, caractère*) fickle; (*humeur*) changeable

verse [vɛʀs] *f* **il pleut à ~** it's pouring

Verseau [vɛʀso] <x> *m* Aquarius; *v. a.* **Balance**

versement [vɛʀsəmɑ̃] *m* payment

verser [vɛʀse] <1> **I.** *vt* **1.** (*faire couler*) to pour **2.** (*payer*) to pay **II.** *vi* (*basculer*) to overturn

verset [vɛʀsɛ] *m* REL verse

verseur, -euse [vɛʀsœʀ] *adj* **bec ~** pouring spout

versifier [vɛʀsifje] <1> *vi* to write verse

version [vɛʀsjɔ̃] *f* **1.** *a.* MUS, THEAT, CINE version; **en ~ originale sous-titrée** in the original language with sub-titles **2.** (*modèle*) model **3.** ECOLE unseen (*translation into French*)

verso [vɛʀso] *m* back

vert [vɛʀ] *m* green; **~ pâle/tendre** pale/soft green

vert(e) [vɛʀ] **I.** *adj* **1.** green **2.** (*blême*) **~ de jalousie** green with envy **3.** (*fruit*) unripe; (*vin*) young **II.** *m(f)* (*écologiste*) green

vertèbre [vɛʀtɛbʀ] *f* vertebra

vertébré [vɛʀtebʀe] *m* vertebrate

vertement [vɛʀtəmɑ̃] *adv* sharply

vertical(e) [vɛʀtikal] <-aux> *adj* vertical

verticale [vɛʀtikal] *f* vertical line

vertige [vɛʀtiʒ] *m* **1.** *sing* vertigo **2.** (*malaise*) dizzy spell; **donner le ~ à qn** to make sb dizzy

vertigineux, -euse [vɛʀtiʒinø] *adj* breathtaking

vertu [vɛʀty] *f* **1.** (*qualité*) virtue **2.** *sans pl* (*moralité*) virtue **3.** (*pouvoir*) power **4. en ~ de** by virtue of

vertueux, -euse [vɛʀtɥø] *adj* virtuous

verve [vɛʀv] *f* eloquence; **être en ~** to be in top form

verveine [vɛʀvɛn] *f* verbena

vésicule [vezikyl] *f* **1.** ANAT vesicle; **~ biliaire** gall-bladder **2.** MED blister

vespasienne [vɛspazjɛn] *f* urinal

vessie [vesi] *f* bladder

veste [vɛst] *f* **1.** (*vêtement court, veston*) jacket **2.** (*gilet*) cardigan

vestiaire [vɛstjɛʀ] *m* cloakroom *Brit*, coat check *Am*

vestibule [vɛstibyl] *m* (*d'un appartement*) lobby

vestige [vɛstiʒ] *m souvent pl* trace

vestimentaire [vɛstimɑ̃tɛʀ] *adj* (*dépenses*) on clothes

veston [vɛstɔ̃] *m* jacket

vêtement [vɛtmɑ̃] *m* garment; **des ~s** clothes

vétéran(e) [veteʀɑ̃] *m(f)* **1.** MIL veteran **2.** (*personne expérimentée*) old hand

vétérinaire [veteʀinɛʀ] *mf* vet *Brit*, veterinarian *Am*

vétille [vetij] *f* trifle

vêtir [vetiʀ] <irr> *vpr soutenu* **se ~** to dress oneself; **se ~ de qc** to dress in sth

veto [veto] *m inv* veto

vêtu(e) [vety] **I.** *part passé de* **vêtir** **II.** *adj* dressed; **~ de qc** wearing sth

veuf, veuve [vœf] **I.** *adj* widowed **II.** *m, f* widower, widow *m, f*

veuille [vœj] *subj prés de* **vouloir**

veulent [vœl], **veut** [vœ] *indic prés de* **vouloir**

veuve [vœv] *v.* **veuf**

veux [vœ] *indic prés de* **vouloir**

vexant(e) [vɛksɑ̃] *adj* (*blessant*) hurtful

vexer [vɛkse] <1> **I.** *vt* to offend **II.** *vpr* **se ~ de qc** to be offended by sth

via [vja] *prep* via

viabiliser [vjabilize] <1> *vt* (*terrain*) to service

viabilité [vjabilite] *f* **1.** (*d'une route*) practicability **2.** (*d'un terrain*) availability of services **3.** (*aptitude à vivre*) viability

viable [vjabl] *adj* viable

viaduc [vjadyk] *m* viaduct

viager [vjaʒe] *m* life annuity

viager, -ère [vjaʒe] *adj* life

viande [vjɑ̃d] *f* meat

viander [vjɑ̃de] <1> *vpr inf* **se ~** to get smashed up

vibrant(e) [vibʀɑ̃] *adj* vibrating

vibration [vibʀasjɔ̃] *f* (*d'une voix, corde*) resonance; (*d'un moteur*) vibration

vibrer [vibʀe] <1> *vi* (*voix, corde*) to resonate; (*mur, moteur*) to vibrate; **~ de colère** to shake with anger

vibromasseur [vibʀomasœʀ] *m* **1.** MED massager **2.** (*objet érotique*) vibrator

vicaire [vikɛʀ] *m* curate

vice [vis] *m* defect

vice-consul [viskɔ̃syl] <vice-consuls> *m* vice-consul

vice-président(e) [vispʀezidɑ̃] <vice-présidents> *m(f)* vice-president

vice versa [vis(e)vɛʀsa] *adv* **et ~** and vice versa

vicieux, -euse [visjø] **I.** *adj* **1.** (*obsédé sexuel*) lecherous **2.** *inf* (*vache, tordu*) devious **3.** (*cheval, cercle*) vicious **II.** *m, f* (*cochon*) pervert

vicomte, -esse [vikɔ̃t] *m, f* viscount *m*, viscountess *f*

victime [viktim] *f* **1.** (*blessé, mort*) casualty **2.** (*personne/chose qui subit*) victim

V
v

❗ Remember that the word **victime** is always feminine, even if it refers to a man. "La victime était un homme âgé de 45 ans." (=The victim was a 45 year-old man.)

victoire [viktwaʀ] *f* ~ **sur qn/qc** victory over sb/sth

victorieux, -euse [viktɔʀjø] *adj* victorious

victuailles [viktɥaj] *fpl* food + *vb sing*

vidange [vidɑ̃ʒ] *f* **1.** (*d'un circuit*) emptying; AUTO oil change **2.** *Belgique* (*verre consigné*) returns *pl*

vidanger [vidɑ̃ʒe] <2a> *vt* **1.** AUTO **faire ~ une voiture** to change the oil in a car **2.** (*vider*) to drain

vide [vid] **I.** *adj* **1.** (*opp: plein*) empty **2.** (*opp: occupé*) vacant **II.** *m* **1.** *sans pl* (*abîme, néant*) void **2.** PHYS vacuum; **emballé sous ~** vacuum-packed **3.** (*espace vide*) gap **4. faire le ~** (*débarrasser*) to clear everything away; (*évacuer ses soucis*) to empty one's mind; **parler dans le ~** to waste one's breath

vidéo [video] *adj inv, f* video

vidéoclip [videoklip] *m* video

vide-ordures [vidɔʀdyʀ] *m inv* waste disposal

vidéothèque [videotɛk] *f* video (rental) shop

vider [vide] <1> **I.** *vt* **1.** to empty **2.** (*substance liquide*) to drain **3.** (*verre*) to drain **4.** *inf*(*expulser*) to throw out **5.** *inf* **être vidé** to be exhausted **6.** GASTR to clean **II.** *vpr* **se ~** (*bouteille*) to be emptied; (*ville*) to empty; (*eaux usées*) to drain

vie [vi] *f* **1.** life; **en ~** alive; **sans ~** lifeless; **c'est la ~!** that's life! **2. refaire sa ~ avec qn** to make a new life with sb; **à ~** for life

vieil [vjɛj] *v.* **vieux**

vieillard [vjɛjaʀ] *m* old man

vieille [vjɛj] *v.* **vieux**

vieilleries [vjɛjʀi] *fpl* old-fashioned things

vieillesse [vjɛjɛs] *f* **1.** (*opp: jeunesse*) old age **2.** *sans pl* **la ~** the elderly *pl*

vieillir [vjɛjiʀ] <8> **I.** *vi* (*personne*) to grow old; (*chose*) to age; (*fromage, vin*) to mature **II.** *vt* (*coiffure, vêtements*) to date

vieillissement [vjɛjismɑ̃] *m* (*de la population*) ageing *Brit,* aging *Am*

vieillot(te) [vjɛjo] *adj* quaint

viendrai [vjɛ̃dʀe] *fut de* **venir**

vienne [vjɛn] *subj prés de* **venir**

Vienne [vjɛn] Vienna

viennent [vjɛn] *indic prés de* **venir**

viens, vient [vjɛ̃] *indic prés de* **venir**

vierge [vjɛʀʒ] *adj* **1.** virgin **2.** (*disquette, page*) blank; (*film*) unexposed **3.** (*laine*) new

Vierge [vjɛʀʒ] *f* **1.** REL **la Sainte ~** the Blessed Virgin **2.** ASTR Virgo; *v. a.* **Balance**

Viêt-nam, Vietnam [vjɛtnam] *m* **le ~ (du Nord/Sud)** (North/South) Vietnam

vietnamien [vjɛtnamjɛ̃] *m* Vietnamese; *v. a.* **français**

vietnamien(ne) [vjɛtnamjɛ̃] *adj* Vietnamese

Vietnamien(ne) [vjɛtnamjɛ̃] *m(f)* Vietnamese

vieux [vjø] *adv* old; **faire ~** to look old

vieux, vieille [vjø] <*devant un nom masculin commençant par une voyelle ou un h muet* vieil> **I.** *adj antéposé* **1.** *a.* inf old **2. se faire ~** to make oneself look old; **vivre ~** to live to a ripe old age **II.** *m, f* **1.** old person **2.** *inf* (*père/mère*) old man *m*/girl *f*; **mes ~** my folks **3. mon (petit) ~!**/ *inf* my friend!

vif [vif] *m* **le ~ du sujet** the heart of the matter; **sur le ~** from real life

vif, vive [vif] *adj* **1.** (*personne*) lively **2.** (*rapide*) fast; **avoir l'esprit ~** to be quick-witted **3.** (*douleur*) sharp; (*soleil*) brilliant; (*froid*) biting; (*couleur*) vivid; (*lumière*) bright **4.** *antéposé* (*intérêt*) deep; (*souvenir*) vivid; (*impression*) lasting **5.** (*vivant*) alive; (*eau*) running **6. à ~** (*plaie*) open

vigie [viʒi] *f* **1.** (*en marine*) look-out **2.** (*surveillance*) watch
vigilance [viʒilɑ̃s] *f* vigilance
vigilant(e) [viʒilɑ̃] *adj* vigilant
vigile [viʒil] *mf* security guard
vigne [viɲ] *f* **1.** BOT vine **2.** (*vignoble*) vineyard **3.** *sans pl* (*activité viticole*) winegrowing
vigneron(ne) [viɲ(ə)ʀɔ̃] *m(f)* winegrower
vignette [viɲɛt] *f* **1.** (*timbre fiscal*) tax sticker **2.** (*attestant un paiement*) label **3.** (*image*) illustration

> **i** In France vehicles must display a **vignette** on the windscreen, showing payment of registration tax for the year. These stickers can be bought in a "tabac" or tax office.

vignoble [viɲɔbl] *m* (*terrain*) vineyard
vigoureux, -euse [viguʀø] *adj* **1.** (*fort*) strong **2.** (*coup, mesure*) vigorous
vigueur [vigœʀ] *f* **1.** (*énergie*) strength; **sans ~** feeble **2.** (*véhémence*) force; (*d'une réaction*) strength; **avec ~** vigorously **3. en ~** in force
Viking [vikiɲ] *m* Viking
vilain(e) [vilɛ̃] *adj* **1.** (*laid*) ugly **2.** *antéposé* (*mot, coup, tour*) nasty **3.** *antéposé, enfantin* naughty
vilebrequin [vilbʀəkɛ̃] *m* AUTO crankshaft
villa [villa] *f* villa
village [vilaʒ] *m* village
villageois(e) [vilaʒwa] *m(f)* villager
ville [vil] *f* **1.** town; (*plus grande*) city; **~ jumelée** twin town **2.** (*opp: la campagne*) **la ~** the city **3. en ~** in town
villégiature [vi(l)leʒjatyʀ] *f* holiday *Brit*, vacation *Am*
vin [vɛ̃] *m* **1.** wine **2. quand le ~ est tiré, il faut le boire** *prov* as you make your bed, you must lie in it; **cuver son ~** *inf* to sleep it off
vinaigre [vinɛgʀ] *m* **1.** vinegar **2. tourner au ~** to turn sour

vinaigrette [vinɛgʀɛt] *f* vinaigrette
vindicatif, -ive [vɛ̃dikatif] *adj* vindictive
vineux, -euse [vinø] *adj* (*couleur*) of wine
vingt [vɛ̃] **I.** *adj* **1.** (*cardinal*) twenty **2.** (*dans l'indication des époques*) **les années ~** the twenties **II.** *m inv* twenty; *v. a.* **cinq**
vingtaine [vɛ̃tɛn] *f* **1.** (*environ vingt*) **une ~ de personnes/pages** about twenty people/pages **2.** (*âge approximatif*) **avoir la ~** [*o* **une ~ d'années**] to be about twenty
vingt-et-un [vɛ̃teœ̃] *inv* **I.** *adj* twenty-one; *v. a.* **cinq II.** *m* JEUX **quatre cent ~** blackjack
vingtième [vɛ̃tjɛm] **I.** *adj antéposé* twentieth **II.** *mf* **le/la ~** the twentieth **III.** *m* (*fraction, siècle*) twentieth; *v. a.* **cinquième**
vinicole [vinikɔl] *adj* (*région*) wine-producing
vinifier [vinifje] <1> *vt, vi* to vinify
vînmes [vɛ̃m], **vinrent** [vɛ̃ʀ], **vins** [vɛ̃], **vint** [vɛ̃], **vîntes** [vɛ̃t] *passé simple de* **venir**
viol [vjɔl] *m* rape
violation [vjɔlasjɔ̃] *f* **1.** (*trahison*) violation **2.** (*effraction*) **~ de domicile** forced entry
viole [vjɔl] *f* viol
violemment [vjɔlamɑ̃] *adv* violently
violence [vjɔlɑ̃s] *f* violence; **par la ~** violently
violent(e) [vjɔlɑ̃] *adj* violent
violenter [vjɔlɑ̃te] <1> *vt* to sexually assault
violer [vjɔle] <1> *vt* **1.** (*abuser de*) to rape; **se faire ~ par qn** to be raped by sb **2.** (*transgresser*) to violate
violet [vjɔlɛ] *m* purple
violet(te) [vjɔlɛ] *adj* purple
violette [vjɔlɛt] *f* BOT violet
violeur, -euse [vjɔlœʀ] *m, f* rapist
violon [vjɔlɔ̃] *m* violin
violoncelle [vjɔlɔ̃sɛl] *m* cello
violoncelliste [vjɔlɔ̃selist] *mf* cellist
violoniste [vjɔlɔnist] *mf* violinist

V
v

vipère [vipɛʀ] *f* viper

virage [viʀaʒ] *m* **1.** (*tournant*) turn **2.** (*changement*) U-turn

virée [viʀe] *f inf* spin

virement [viʀmɑ̃] *m* FIN transfer (of money)

virer [viʀe] <1> **I.** *vi* (*véhicule*) to turn; (*temps, visage, couleur*) to change; (*personne*) to turn around **II.** *vt* **1.** FIN to transfer **2.** *inf* (*renvoyer*) to fire **3.** *inf* (*se débarrasser de*) to get rid of

virevolter [viʀvɔlte] <1> *vi* to twirl

Virginie [viʀʒini] *f* la ~ Virginia

virginité [viʀʒinite] *f* virginity

virgule [viʀgyl] *f* comma

viril(e) [viʀil] *adj* virile

virilité [viʀilite] *f* **1.** ANAT masculinity **2.** (*caractère viril*) virility

virtuel(le) [viʀtɥɛl] *adj* **1.** (*possible*) possible; (*réussite*) potential **2.** INFOR virtual

virtuose [viʀtɥoz] *mf* MUS virtuoso

virtuosité [viʀtɥozite] *f* (*d'un pianiste*) virtuosity

virulence [viʀylɑ̃s] *f* **1.** (*véhémence*) viciousness **2.** MED virulence

virulent(e) [viʀylɑ̃] *adj* **1.** (*véhément*) vicious **2.** (*microbe*) virulent; (*poison*) potent

virus [viʀys] *m* virus

vis¹ [vis] *f* screw

vis² [vi] *indic prés de* **vivre**

vis³ [vi] *passé simple de* **voir**

visa [viza] *m* visa

visage [vizaʒ] *m* face; **à ~ humain** with a human face

Visage [vizaʒ] *m* ~ **pâle** paleface

visagiste® [vizaʒist] *mf* stylist

vis-à-vis [vizavi] **I.** *prep* ~ **de qn/qc 1.** (*en face de*) opposite sb/sth **2.** (*envers*) towards sb/sth **II.** *m inv* (*personne*) person opposite; (*immeuble*) building opposite

viscéral(e) [viseʀal] <-aux> *adj* **1.** (*peur*) deep-rooted **2.** ANAT visceral

viscère [visɛʀ] *f* organ; **les ~s** the intestines

visée [vize] *f pl* (*dessein*) ~s **sur qc** designs on sth

viser¹ [vize] <1> **I.** *vi* **1.** (*avec une arme*) to take aim **2.** (*avoir pour but*) ~ **à qc** to aim for sth **II.** *vt* **1.** (*tireur*) to aim **2.** (*carrière*) to aim at **3.** (*concerner*) ~ **qn/qc** (*remarque*) to be directed at sb/sth; (*mesure*) to be aimed at sb/sth **4.** (*chercher à atteindre*) to set one's sights on

viser² [vize] <1> *vt* (*document*) to initial; ~ **un passeport** to put a visa in a passport

viseur [vizœʀ] *m* sight

visibilité [vizibilite] *f* visibility

visible [vizibl] *adj* **1.** (*qui peut être vu*) visible **2.** (*évident*) obvious

visiblement [vizibləmɑ̃] *adv* evidently

visière [vizjɛʀ] *f* eyeshade; (*d'une casquette*) peak

vision [vizjɔ̃] *f* **1.** (*faculté, action de voir qc*) sight **2.** (*conception, perception avec appareil*) view **3.** (*apparition*) vision

visionnaire [vizjɔnɛʀ] *mf a.* REL visionary

visionner [vizjɔne] <1> *vt* (*film, diapositives*) to view

visionneuse [vizjɔnøz] *f a.* INFOR viewer

visite [vizit] *f* **1.** visit; ~ **guidée** guided tour; **rendre ~ à qn** to visit sb; **en ~** on a visit **2.** (*inspection*) inspection **3.** MED consultation; (*médicale*) check-up

visiter [vizite] <1> **I.** *vt* **1.** to visit **2.** MED to call on **II.** *vi* to visit

visiteur, -euse [vizitœʀ] *m, f* visitor

vison [vizɔ̃] *m* mink

visqueux, -euse [viskø] *adj* (*liquide*) viscous; (*peau*) sticky

visser [vise] <1> **I.** *vt, vi* to screw on **II.** *vpr se* ~ to be screwed on

visualiser [vizɥalize] <1> *vt* to visualize; (*écran*) to display

visuel(le) [vizɥɛl] *adj* visual

vit¹ [vi] *indic prés de* **vivre**

vit² [vi], **vîtes** [vit] *passé simple de* **voir**

vital(e) [vital] <-aux> *adj* vital

vitalité [vitalite] *f* vitality

vitamine [vitamin] *f* vitamin

vite [vit] *adv* fast; **faire ~** to hurry

vitesse [vitɛs] *f* **1.** speed; ~ **maximale** speed limit **2.** (*promptitude*) quickness **3.** AUTO gear **4. à la ~ grand V** *inf* at top speed; **à toute ~** as fast as possible; **en (quatrième) ~** *inf* at top speed

> **i** On French motorways, the **vitesse maximale** is 130 kilometres per hour. In villages and towns it is 50, on dual carriageways 110, and on country roads 90.

viticole [vitikɔl] *adj* **production ~** wine production

viticulteur, -trice [vitikyltœʀ] *m, f* winegrower

viticulture [vitikyltyʀ] *f* winegrowing

vitrage [vitʀaʒ] *m* windows *pl*

vitrail [vitʀaj] <-aux> *m* stained-glass window

vitre [vitʀ] *f* **1.** (*carreau*) pane of glass **2.** (*fenêtre*) window

vitré(e) [vitʀe] *adj* glass

vitreux, -euse [vitʀø] *adj* (*yeux*) glassy

vitrier [vitʀije] *m* glazier

vitrifier [vitʀifje] <1> *vt* (*parquet*) to varnish

vitrine [vitʀin] *f* **1.** (*étalage*) (shop) window **2.** (*armoire vitrée*) display cabinet

vitupérer [vitypeʀe] <5> *vi* to inveigh

vivable [vivabl] *adj* (*personne*) that one can live with; (*monde*) fit to live in

vivace [vivas] *adj* **1.** BOT hardy **2.** (*foi*) steadfast; (*haine*) undying

vivacité [vivasite] *f* **1.** (*promptitude*) vivacity **2.** (*brusquerie*) sharpness **3.** (*d'une couleur*) vividness

vivant [vivã] *m* **1.** (*personne en vie*) living person; **bon ~** bon viveur **2.** REL **les ~s** the living **3.** **du ~ de qn** in sb's lifetime

vivant(e) [vivã] *adj* (*en vie*) living

vivat [viva] *m gén pl* cheer

vive [viv] **I.** *adj v.* vif **II.** *interj* **~ la mariée/la liberté!** long live the bride/freedom!

vivement [vivmã] **I.** *adv* (*inté-*

resser) keenly; (*regretter*) deeply **II.** *interj* (*souhait*) **~ les vacances!** I can't wait for the holidays! [*o* until vacation! *Am*]

vivier [vivje] *m* **1.** (*étang*) fishpond **2.** (*bac*) fish-tank

vivifiant(e) [vivifjã] *adj* invigorating

vivipare [vivipaʀ] *adj* ZOOL viviparous

vivisection [vivisɛksjɔ̃] *f* vivisection

vivoir [vivwaʀ] *m Québec* (*salon*) living room

vivoter [vivɔte] <1> *vi inf* to struggle along; (*avec des petits moyens*) to live from hand to mouth

vivre [vivʀ] <irr> **I.** *vi* **1.** to live; **elle vit encore** she's still alive **2.** (*subsister*) **~ de qc** to live on sth; **faire ~ qn** to support sb **3. il faut bien ~** you have to live **II.** *vt* **1.** (*moment*) to spend; (*vie*) to live **2.** (*événement*) to live through; (*époque*) to live in **III.** *mpl* **1.** supplies **2. couper les ~s à qn** to cut off sb's allowance

vizir [viziʀ] *m* vizier

vlan [vlã] *interj inf* bang!

VO [veo] *f abr de* **version originale** original language version

vocabulaire [vɔkabylɛʀ] *m* vocabulary

vocal(e) [vɔkal] <-aux> *adj* vocal

vocalise [vɔkaliz] *f* singing exercise

vocation [vɔkasjɔ̃] *f* **1.** (*disposition*) calling **2.** (*destination*) destiny **3.** REL vocation; **avoir la ~** to have a vocation

vociférer [vɔsifeʀe] <5> **I.** *vi* to give a cry of anger; **~ contre qn** to scream at sb **II.** *vt* to scream

vodka [vɔdka] *f* vodka

vœu [vø] <x> *m* **1.** (*désir*) wish **2.** *pl* (*souhaits*) wishes **3.** REL vow

vogue [vɔg] *f* vogue; **en ~** fashionable

voici [vwasi] **I.** *adv* here is/are **II.** *interj soutenu* **1.** (*réponse*) here you are **2.** (*présentation*) here's, here are

voie [vwa] *f* **1.** (*passage*) way; **~ sans issue** no through road **2.** (*file*) lane; **~ d'eau** (*brèche*) leak **3.** CHEMDFER **~ ferrée** railway [*o* railroad *Am*] track **4.** (*moyen de trans-*

port) **par ~ aérienne** by air **5.** (*filière*) means **6.** (*ligne de conduite*) path **7.** ANAT tract; **~s respiratoires** airways **8.** ASTR **~ lactée** Milky Way **9.** **être en ~ de guérison** to be on one's way to recovery

voilà [vwala] **I.** *adv* **1.** (*opp: voici*) there is/are **2.** (*pour désigner*) **~ pour toi** that's for you; **~ pourquoi/où ...** that's why/where ...; **et ~ tout** and that's all; **en ~ une histoire!** what a story!; **me ~/te ~** here I am/you are **3.** *explétif* **et le ~ qui recommence** there he goes again; **en ~ assez!** that's enough! **4. ~ ce que c'est de faire qc** *inf* that's what comes of doing sth; **nous y ~** here we are **II.** *prep* **1.** (*il y a*) **~ quinze ans que son enfant a fait qc** it's been fifteen years since her child did sth **2.** (*depuis*) **~ bien une heure que j'attends** I've been waiting for over an hour now **III.** *interj* **1.** (*réponse*) there you are **2.** (*présentation*) this is **3.** (*naturellement*) **et ~!** so there!

voile¹ [vwal] *m* **1.** *a. fig* veil **2.** (*tissu fin, pour cacher*) net **3.** PHOT fog **4.** MED shadow

voile² [vwal] *f* **1.** NAUT sail; **bateau à ~s** sailing boat *Brit,* sailboat *Am* **2.** SPORT **la ~** sailing; **faire de la ~** to go sailing

voilé(e)¹ [vwale] *adj* (*femme, statue, allusion*) veiled

voilé(e)² [vwale] *adj* (*planche*) warped; (*roue*) buckled

voiler¹ [vwale] <1> *vpr* **se ~ 1.** (*se dissimuler*) to hide one's face; (*avec un voile*) to wear a veil **2.** (*regard*) to mist over; (*voix*) to become husky

voiler² [vwale] <1> **I.** *vpr* **se ~** (*roue*) to buckle **II.** *vt* (*roue, étagère*) to buckle

voilette [vwalɛt] *f* (hat) veil

voilier [vwalje] *m* NAUT sailing boat *Brit,* sailboat *Am*

voir [vwaʀ] <irr> **I.** *vt* **1.** to see; **~ qn/qc faire qc** to see sb/sth do sth; **faire ~ à qn que** to show sb that; **aller/venir ~ qn** to go/come and see sb; **je vois ça (d'ici)!** *inf* I can

just imagine! **2.** (*montrer*) **fais-moi donc ~ ce que tu fais!** show me what you're doing! **3.** **je voudrais bien t'y/vous y ~** *inf* I'd like to see you in the same position; **on aura tout vu!** *inf* isn't that the limit!; **n'avoir rien à ~ avec ça** to have nothing to do with it; **~ qc venir** to see sth coming **II.** *vi* **1.** to see **2.** (*prévoir*) to think **3.** *inf* (*donc*) **essaie/ regarde ~!** just try/look! **4. à toi de ~** it's up to you; **pour ~** to see (what happens) **III.** *vpr* **se ~ 1.** (*être visible*) **se ~ bien la nuit** (*couleur*) to stand out at night **2.** (*se rencontrer*) to saw each other **3.** (*phénomène*) to happen; **ça ne s'est jamais vu** it's unheard of **4.** (*constater*) **se ~ mourir** to realize one is dying **5.** (*s'imaginer*) **se ~ faire qc** to see oneself doing sth

voire [vwaʀ] *adv* **~ (même)** not to say

voirie [vwaʀi] *f* **1.** (*entretien des routes*) road maintenance **2.** (*service administratif*) highway department

voisin(e) [vwazɛ̃] **I.** *adj* (*maison*) neighbouring *Brit,* neighboring *Am;* (*pièce*) adjoining; **être ~ de qc** to be next to sth **II.** *m(f)* neighbour *Brit,* neighbor *Am;* **passe à ton ~!** pass it on to the person next to you!

voisinage [vwazinaʒ] *m* **1.** (*voisins*) neighbourhood *Brit,* neighborhood *Am;* **des relations de bon ~** neighbourly [*o* neighborly *Am*] terms **2.** (*proximité*) nearness **3.** (*environs*) vicinity

voiture [vwatyʀ] *f* **1.** AUTO car; **~ de course** racing car *Brit,* racecar *Am; ~* **de location/d'occasion** hire/ second-hand car *Brit,* rental/used car *Am* **2.** CHEMDFER carriage *Brit,* (railroad) car *Am* **3.** (*véhicule attelé*) cart **4.** (*véhicule utilitaire*) vehicle **5. en ~!** all aboard!

voiture-balai [vwatyʀbalɛ] <voitures-balais> *f* SPORT support car

voix [vwa] *f* **1.** *a.* MUS, LING voice; **à ~ basse** in a low voice; **à une/deux ~** in one/two parts **2.** (*d'un instrument, du vent*) sound **3.** POL vote

4. de vive ~ personally

vol¹ [vɔl] *m* **1.** ZOOL, AVIAT flight; (*formation*) flock; ~ **libre** hang-gliding **2.** SPORT ~ **à voile** gliding **3. à** ~ **d'oiseau** as the crow flies; **en** ~ **plané** gliding; **au** ~ (*rattraper*) in midair

vol² [vɔl] *m* (*larcin*) theft; ~ **à main armée** armed robbery; ~ **avec effraction** burglary

volaille [vɔlɑj] *f* poultry

volant [vɔlɑ̃] *m* **1.** AUTO steering wheel; **être/prendre le** ~ to be behind/take the wheel **2.** TECH flywheel **3.** (*garniture*) flounce **4.** SPORT shuttlecock

volant(e) [vɔlɑ̃] *adj* flying

volatil(e) [vɔlatil] *adj* volatile

volatile [vɔlatil] *m* fowl

volatiliser [vɔlatilize] <1> *vpr* **se** ~ **1.** CHIM to volatilize **2.** (*disparaître*) to vanish

vol-au-vent [vɔlovɑ̃] *m inv* vol-au-vent

volcan [vɔlkɑ̃] *m* volcano

volcanique [vɔlkanik] *adj* volcanic

volcanologue [vɔlkanɔlɔg] *mf* vulcanologist

volée [vɔle] *f* **1.** (*d'oiseaux*) flock **2.** (*de projectiles, coups*) volley **3.** SPORT volley; **monter à la** ~ to come up to the net

voler¹ [vɔle] <1> *vi* to fly

voler² [vɔle] <1> *vt, vi* (*dérober*) to steal

volet [vɔlɛ] *m* **1.** (*persienne*) shutter **2.** (*feuillet*) section **3.** (*panneau*) wing **4.** AVIAT, TECH, AUTO flap **5.** (*d'un plan*) point

voleur, -euse [vɔlœʀ] *m, f* **1.** thief; ~ **de grand chemin** highwayman **2. au** ~! stop thief!; **filer comme un** ~ to sneak away

volière [vɔljɛʀ] *f* aviary

volley(-ball) [vɔlɛ(bal)] *m sans pl* volleyball

volontaire [vɔlɔ̃tɛʀ] **I.** *adj* **1.** (*voulu*) deliberate **2.** (*non contraint*) voluntary; **engagé** ~ volunteer **II.** *mf a.* MIL volunteer

volontairement [vɔlɔ̃tɛʀmɑ̃] *adv* **1.** *a.* JUR deliberately **2.** (*de son plein gré*) voluntarily

volontariat [vɔlɔ̃taʀja] *m* **1.** (*bénévolat*) voluntary service **2.** MIL volunteering

volonté [vɔlɔ̃te] *f* **1.** (*détermination*) will **2.** (*désir*) wish **3.** (*énergie*) willpower **4. à** ~ as desired

volontiers [vɔlɔ̃tje] *adv* **1.** (*avec plaisir*) willingly **2.** (*souvent*) readily

volt [vɔlt] *m* volt

voltage [vɔltaʒ] *m* ELEC voltage

volte-face [vɔltəfas] *f inv* about-turn *Brit*, about-face *Am*

voltige [vɔltiʒ] *f* **1.** (*au cirque*) **numéro de haute** ~ acrobatics routine **2.** AVIAT aerobatics **3.** (*équitation*) stunt riding

voltiger [vɔltiʒe] <2a> *vi* to flit about

volubile [vɔlybil] *adj* voluble

volubilité [vɔlybilite] *f* volubility

volume [vɔlym] *m* volume

volumineux, -euse [vɔlyminø] *adj* voluminous; (*paquet*) bulky

volupté [vɔlypte] *f* **1.** (*plaisir sexuel*) sexual pleasure **2.** (*plaisir intellectuel*) delight

voluptueusement [vɔlyptɥøzmɑ̃] *adv* voluptuously

voluptueux, -euse [vɔlyptɥø] *adj* voluptuous

volute [vɔlyt] *f* (*spirale*) curl

vomir [vɔmiʀ] <8> *vt, vi* to vomit

vomissement [vɔmismɑ̃] *m* (*action*) vomiting

vomitif [vɔmitif] *m* MED emetic

vont [vɔ̃] *indic prés de* **aller**

vorace [vɔʀas] *adj* voracious

voracité [vɔʀasite] *f* voracity

vos [vo] *dét poss v.* **votre**

Vosges [voʒ] *fpl* **les** ~ the Vosges

votant(e) [vɔtɑ̃] *m(f)* voter

votation [vɔtasjɔ̃] *f Suisse* (*vote*) vote

vote [vɔt] *m* **1.** *a.* POL vote; ~ **par correspondance** postal vote *Brit*, absentee ballot *Am* **2.** (*adoption*) voting; (*d'un projet de loi*) passing

voter [vɔte] <1> **I.** *vi* to vote; ~ **à main levée** to vote by a show of hands **II.** *vt* (*crédits*) to vote; (*loi*) to pass

V **v**

votre [vɔtʀ] <vos> *dét poss* (*à une/ plusieurs personne(s) vouvoyée(s), à plusieurs personnes tutoyées*) your; **à ~ avis** in your opinion; *v. a.* **ma, mon**

vôtre [votʀ] *pron poss* **1.le/la ~** yours; *v. a.* **mien 2.** *pl* (*ceux de votre famille*) **les ~s** your family; (*vos partisans*) your friends; *v. a.* **mien 3.à la** (**bonne**) **~!** *inf* here's to you!

vouer [vwe] <1> **I.** *vt* **1.** (*condamner*) **~ qn/qc à l'échec** to doom sb/sth to fail **2.** REL **~ qc à un saint** to devote sth to a saint **II.** *vpr* **se ~ à qn/qc** to dedicate oneself to sb/sth

vouloir [vulwaʀ] <irr> **I.** *vt* **1.** (*exiger*) to want; **que lui voulez-vous?** what do you want from him? **2.** (*souhaiter*) **il veut/voudrait qc/faire qc** he wants/would like sth/to do sth **3.** (*consentir à*) **veux-tu/voulez-vous prendre place** (*poli*) would you like to take a seat; (*impératif*) please take a seat **4.** (*attendre*) to expect; **que veux-tu que je te dise?** what am I supposed to say? **5.** (*faire en sorte*) **le hasard a voulu qu'il parte ce jour-là** as fate would have it he left that day **6. bien ~ que** +*subj* to be quite happy for; **il l'a voulu!** he asked for it! **II.** *vi* **1.** (*être disposé*) to be willing **2.** (*souhaiter*) to wish **3.** (*accepter*) to want **4.** (*avoir des griefs envers*) **en ~ à qn de qc** to hold sth against sb **5.** (*moi,*) **je veux bien** (*volontiers*) I'd love to; (*concession douteuse*) I don't mind; **en ~** *inf* to play to win; **de l'argent/des cadeaux en veux-tu, en voilà!** money/presents galore! **III.** *vpr* **s'en ~ de qc** to feel bad about sth

voulu(e) [vuly] **I.** *part passé de* **vouloir II.** *adj* **1.** (*effet*) desired; (*moment*) required; **en temps ~** in due course **2.** (*délibéré*) deliberate; **c'est ~** *inf* it's all on purpose

vous [vu] **I.** *pron pers, 2.pers. pl, pers, forme de politesse* **1.** you; **~ voici** [*o* **voilà**]! here you are!; **plus fort que ~** stronger than you **2.** *avec les verbes pronominaux* **vous ~ nettoyez** (**les ongles**) you clean your nails; **vous vous voyez dans le miroir** you see yourself in the mirror **3.** *inf* (*pour renforcer*) **~, vous n'avez pas ouvert la bouche** YOU haven't opened your mouth; **c'est ~ qui l'avez dit** you're the one who said it; **il veut ~ aider, ~?** he wants to help YOU? **4.** *avec une préposition* **avec/sans ~** with/without you; **à ~ deux** (*parler, donner*) to both of you; (*faire qc*) between the two of you; **la maison est à ~?** is the house yours?; **c'est à ~!** it's your turn! **II.** *pron* **1.** (*on*) you **2.** ((*à*) *quelqu'un*) **des choses qui ~ gâchent la vie** things which ruin your life **III.** *m* **dire ~ à qn** to call sb "vous"

vous-même [vumɛm] <vous-mêmes> *pron pers, 2.pers. pl, pers, forme de politesse* **1.** (*toi et toi en personne*) **~ n'en saviez rien** YOU know nothing about it; **vous êtes venus de vous-mêmes** you came of your own free will **2.** (*toi et toi aussi*) yourself; **vous-mêmes** yourselves; *v. a.* **nous-même**

voûte [vut] *f* ARCHIT vault

voûté(e) [vute] *adj* **1.** (*salle*) vaulted **2.** (*courbé*) round-shouldered

vouvoiement [vuvwamɑ̃] *m* calling sb "vous"

vouvoyer [vuvwaje] <6> **I.** *vt* **~ qn** to call sb "vous" **II.** *vpr* **se ~** to call each other "vous"

voyage [vwajaʒ] *m* **1.** (*le fait de voyager*) travel **2.** (*trajet*) journey

voyager [vwajaʒe] <2a> *vi* to travel

voyageur, -euse [vwajaʒœʀ] *m, f* **1.** traveller *Brit,* traveler *Am* **2.** (*dans un avion/sur un bateau*) passenger

voyais [vwajɛ] *imparf de* **voir**

voyance [vwajɑ̃s] *f* (*occultisme*) clairvoyance

voyant [vwajɑ̃] *m* indicator light

voyant(e) [vwajɑ̃] **I.** *part prés de* **voir II.** *m(f)* **1.** (*devin*) visionary **2.** (*opp: aveugle*) sighted person

voyelle [vwajɛl] *f* vowel

voyeur, -euse [vwajœʀ] *m, f*

voyeur
voyeurisme [vwajœrism] *m*
1. voyeurism **2.** (*curiosité*) curiosity
voyez [vwaje], **voyons** [vwajɔ̃]
indic prés et impératif de **voir**
voyou [vwaju] *m* **1.** (*délinquant*)
lout **2.** (*garnement*) brat
vrac [vrak] *m* en ~ loose
vrai [vrɛ] *m* **1.** le ~ the truth; **il y a
du** ~ there's some truth **2.** à **dire** ~
[*o* à ~ **dire**] in fact; **pour de** ~ *inf* for
real II. *adv* dire [*o* parler] ~ to speak
the truth; **faire** ~ to look real
vrai(e) [vrɛ] *adj* **1.** true **2.** *postposé*
(*personnage, tableau*) true to life
3. *antéposé* (*authentique*) real;
(*cause*) true **4.** *antéposé* (*digne de
ce nom*) true **5.** *antéposé* (*méthode,
moyen*) proper **6.** pas ~? *inf* right?;
~ **de** ~ *inf* the real thing; ~! true!; ~?
is that so?
vraiment [vrɛmɑ̃] *adv* really
vraisemblable [vrɛsɑ̃blablə] *adj*
1. (*plausible*) convincing **2.** (*probable*) likely
vraisemblance [vrɛsɑ̃blɑ̃s] *f*
1. (*crédibilité*) plausibility **2.** (*probabilité*) likelihood
vrille [vrij] *f* **1.** TECH gimlet **2.** AVIAT
spin **3.** BOT tendril **4.** en ~ in a spin
vrombir [vrɔ̃bir] <8> *vi* to throb
VRP [veɛrpe] *mf abr de* **voyageurs,
représentants, placiers** *inv* rep
vs *prep abr de* **versus** vs.
VTT [vetete] *m abr de* **vélo tout-terrain** **1.** (*vélo*) mountain bike
2. (*sport*) mountain biking
vu [vy] I. *prep* in view of II. *conj* ~
que ... since ... III. *m* c'est du déjà
~ we've seen it all before; **c'est du
jamais** ~ it's unheard of IV. *adv* ni ~
ni connu no one any the wiser
vu(e) [vy] I. *part passé de* **voir** II. *adj*
1. pas de forme féminine all right;
c'est ~? *inf* is it OK? **2.** (*observé*)
bien/mal ~ judicious/careless
3. (*apprécié*) être **bien/mal** ~ **de
qn** to be well-thought-of/disap-
proved of by sb **4.** c'est tout ~! *inf*
it's a foregone conclusion
vue [vy] *f* **1.** view; ~ **d'ensemble** *fig*
overview; **les ~s de qn** sb's views

2. (*sens*) eyesight **3.** (*regard, spectacle*) sight; **perdre qn/qc de** ~ to
lose sight of sb/sth **4.** (*visées*) **avoir
qn/qc en** ~ to have sb/sth in one's
sights **5.** à ~ **de nez** *inf* roughly; à ~
d'œil before one's eyes; **garder qn à**
~ to detain sb; **en** ~ in view; **en** ~
de (**faire**) **qc** with a view to (doing)
sth
vulgaire [vylgɛr] *adj* **1.** (*grossier*)
vulgar **2.** *antéposé* (*quelconque*)
common **3.** *postposé* (*populaire*)
popular
vulgairement [vylgɛrmɑ̃] *adv*
1. (*grossièrement*) vulgarly **2.** (*couramment*) commonly
vulgariser [vylgarize] <1> I. *vt* to
popularize II. *vpr* se ~ to become
popularized
vulgarité [vylgarite] *f* (*d'un langage*) vulgarity; (*d'une personne*)
coarseness
vulnérable [vylnerablə] *adj* vulnerable
vulve [vylv] *f* vulva

W, w [dublǝvǝ] *m inv* W, w; ~
comme William w for William
wagon [vagɔ̃] *m* CHEMDFER carriage
wagon-citerne [vagɔ̃sitɛrn] <wa-
gons-citernes> *m* tank wagon
wagon-lit [vagɔ̃li] <wagons-lits>
m sleeping car
wagon-restaurant [vagɔ̃rɛstɔrɑ̃]
<wagons-restaurants> *m* restaur-
ant car
walkie-talkie [wokitoki] *m v.*
talkie-walkie
wallon(ne) [walɔ̃] I. *adj* Walloon
II. *m* le ~ Walloon; *v. a.* **français**
Wallon(ne) [walɔ̃] *m(f)* Walloon
Wallonie [walɔni] *f* la ~ Wallonia
WAP [wap] *adj* WAP
warning [warniŋ] *m* warning

Washington [waʃiŋtɔn] *m* **1.** (*État*) **le ~** Washington **2.** (*ville*) Washington DC.

water-polo [watɛʀpɔlo] <water-polos> *m* water polo

watt [wat] *m* watt

wattheure [watœʀ] *m* watt-hour

W.-C. [vese] *mpl abr de* **water-closet(s)** WC

Web, WEB [vɛb] *m* **le ~** the Web

Webcam [vɛbkam] *f* web camera

Webmane [vɛbman] *mf* webmaniac

Webmestre [vɛbmɛstʀ] *m* webmaster

webnaute [vɛbnot] *mf* (web) surfer

week-end [wikɛnd] <week-ends> *m* weekend

welsch(e) [vɛlʃ] *adj* Suisse, iron French-speaking (*from Switzerland*)

Welsch(e) [vɛlʃ] *m(f)* Suisse, iron French-speaker, *from Switzerland*

western [wɛstɛʀn] *m* western

white-spirit [wajtspiʀit] *m inv* white spirit

World Wide Web *m* World Wide Web

Xx

X, x [iks] *m inv* **1.** (*lettre*) X, x; **~ comme Xavier** X for Xmas [*o* X *Am*] **2.** *inf* (*plusieurs*) **x fois** Heaven knows how many times **3.** (*Untel*) X; **contre X** against persons unknown **4.** CINE **film classé X** ≈ 18 film *Brit*, X-rated movie *Am*

xénophobe [gzenɔfɔb] **I.** *adj* xenophobic **II.** *mf* xenophobe

xylophone [ksilɔfɔn] *m* xylophone

Yy

Y, y [igʀɛk] *m inv* Y, y; **~ comme Yvonne** y for Yellow [*o* Yoke *Am*]

y [i] **I.** *adv* there **II.** *pron pers* (*à/sur cela*) **s'y entendre** to manage; **ne pas y tenir** not to be very keen

yacht [jɔt] *m* yacht

yaourt [jauʀt] *m* yoghurt

Yémen [jemɛn] *m* **le ~** Yemen

yen [jɛn] *m* yen

yeux [jø] *mpl v.* **œil**

yiddish [jidiʃ] **I.** *adj inv* Yiddish **II.** *m* **le ~** Yiddish; *v. a.* **français**

yog(h)ourt [jɔguʀt] *m v.* **yaourt**

yougoslave [jugɔslav] *adj* Yugoslav

Yougoslave [jugɔslav] *mf* Yugoslav

Yougoslavie [jugɔslavi] *f* **la ~** Yugoslavia; **République fédérale de ~** Federal Republic of Yugoslavia

youpi, youppie [jupi] *interj* yippee

Zz

Z, z [zɛd] *m inv* Z, z; **~ comme Zoé** z for Zebra

Zaïre [zaiʀ] *m* HIST **le ~** Zaïre

zaïrois(e) [zairwa] *adj* HIST Zaïrean

Zaïrois(e) [zairwa] *m(f)* HIST Zaïrean

Zambie [zãbi] *f* **la ~** Zambia

zambien(ne) [zãbjɛ̃] *adj* Zambian

Zambien(ne) [zãbjɛ̃] *m(f)* Zambian

zapper [zape] <1> *vi* to zap

zèbre [zɛbʀ] *m* ZOOL zebra

zébré(e) [zebʀe] *adj* **1.** (*rayé*) striped **2.** (*marqué*) streaked

zèle [zɛl] *m* zeal; **faire du ~** *péj* to go over the top

zélé(e) [zele] *adj* zealous

zénith [zenit] *m a. fig* zenith

Z.E.P. [zɛp] *f abr de* **zone d'éducation prioritaire** ≈ education action zone

zéro [zeʀo] I. *adj* 1. *antéposé* (*aucun*) no 2. *inf* (*nul*) useless II. *m* 1. *inf* (*nombre*) nought *Brit,* naught *Am* 2. *fig a.* METEO, PHYS zero 3. ECOLE **avoir ~ sur dix/sur vingt** nought [*o* zero *Am*] out of ten/twenty 4. (*rien*) nothing 5. (*personne incapable*) dead loss

zeste [zɛst] *m a. fig* zest

zézayer [zezeje] <7> *vi* to lisp

zieuter [zjøte] <1> *vt inf* to eye

zigouiller [ziguje] <1> *vt inf* (*tuer*) to waste

zigzag [zigzag] *m* zigzag

zigzaguer [zigzage] <1> *vi* to zig-zag

Zimbabwe [zimbabwe] *m* **le ~** Zimbabwe

zimbabwéen(ne) [zimbabweɛ̃] *adj* Zimbabwean

Zimbabwéen(ne) [zimbabweɛ̃] *m(f)* Zimbabwean

zinc [zɛ̃g] *m* 1. zinc 2. *inf* (*comptoir*) counter 3. *inf* (*avion*) plane

zingueur [zɛ̃gœʀ] *m* zinc worker

zinzin [zɛ̃zɛ̃] *adj inf* loopy

zip® [zip] *m* zip *Brit,* zipper *Am*

zizi [zizi] *m enfantin, inf* willy *Brit,* peter *Am*

zodiaque [zɔdjak] *m* zodiac

zonard(e) [zonaʀ] I. *adj inf* inner-city II. *m(f) péj, inf* (*marginal*) drop-out

zone [zon] *f* 1. *a.* GEO zone; **~ d'in-fluence** sphere of influence 2. (*mon-étaire*) area; **~ euro** eurozone 3. INFOR **~ de dialogue** dialogue zone

zoo [z(o)o] *m* zoo

zoologique [zɔɔlɔʒik] *adj* zoologi-cal; **parc ~** zoo

zozoter [zɔzɔte] <1> *vi inf* to lisp

zut [zyt] *interj inf* drat

X x
Y y
Z z

Supplément I

Supplement I

► CORRESPONDANCE
CORRESPONDENCE

► **What do I write, when I want to apply for work experience?**

Ann Roberts
65 Rogers Road
Rickland
GN8 4BY

Ets Casserole
11, rue du Colombier
45032 Orléans

Rickland, le 11 mars 2002

Objet: lettre de candidature pour une place de stagiaire

Mesdames, Messieurs,

Par la présente je voudrais proposer ma candidature à une place de stagiaire dans votre usine d'Orléans.

Je suis en terminale dans un lycée anglais avec français et mathématiques en options renforcées. Après le baccalauréat, je voudrais étudier la construction mécanique.

Je désire employer les prochaines grandes vacances (du 20 juillet au 30 août) à approfondir mes connaissances en français en même temps qu'à découvrir le monde du travail.

Dans le cas d'une réponse positive de votre part, je serais très heureuse si vous pouviez m'aider dans la recherche d'un logement.

Je vous remercie d'avance de bien vouloir considérer ma demande avec bienveillance.

Veuillez agréer mes salutations distinguées.

Ann Roberts

pièces jointes :   curriculum vitæ
photocopies certifiées conformes (certificat de fin de classe de première)

Note: French writers put both their name and address at the top left of the page, with the name and address of the other person below and to the left.

▶ **Comment faut-il m'exprimer quand je veux rédiger une lettre de candidature pour une place de stagiaire?**

Hubert Besset
6, rue Suzanne Valadon
87000 Limoges

11 March 2002

British Airways
PO Box 12345
London W12 3PT

Application for work experience

Dear Sir or Madam,

This is an application to undertake a period of work experience at your factory/plant/offices in London.

I am at present in Year 12 of the local Grammar School, specializing in English and Mathematics. After my A-levels I intend to study mechanical engineering.

I would like to use the period from July 20th to August 30th of the summer holidays before Year 13 and my A-level exams to improve my English and experience a little of the world of work.

Should you offer me a place, I would be very grateful if you could help me to find accommodation.

Thank you in advance for taking the trouble to read my application.

Yours sincerely,

Hubert Besset

Enclosures: CV
                     certified copies of reports

A noter: Les Anglais mettent rarement le nom de famille en haut de la lettre. L'adresse de l'expéditeur est en haut à droite, celle du destinataire à gauche. On signera «John Roberts» ou «J. Roberts», mais jamais «Roberts» tout court.

▶ **Curriculum Vitae**

Ann Roberts
65 Rogers Road,
Rickland
GN8 4BY

Née le 28.3.1982
Nationalité britannique
Célibataire

FORMATION

1989–1993: école primaire à Rickland
1993–2002: lycée à Rickland
            (baccalauréat prévu pour juillet 2002)

TRILINGUE (ANGLAIS, FRANÇAIS, ALLEMAND)

anglais et français, parlés et écrits couramment

DIVERS

connaissances en informatique Windows 95, Word
intérêt pour les langues étrangères et le sport automobile

▶ **Curriculum Vitæ**

Hubert Besset
10, rue St. Léonard
17000 La Rochelle
Tel. 46 43 12 83

Date of Birth: 28/03/1982
French
Single

SCHOOLS
1989–1993   Primary School in La Rochelle
1993–2002   Grammar School in La Rochelle
             (A-levels expected July 2002)

LANGUAGES
Fluent spoken and written French and English

HOBBIES
Foreign languages, Motor racing

▶ What do I write, when I want to apply for an au pair job?

Objet: lettre de candidature comme jeune fille au pair

Chers Madame et Monsieur Dupont,

J'ai lu votre annonce dans « Le Monde » du 28.3.2002 et je désire par la présente poser ma candidature à la place de jeune fille au pair dans votre foyer.

Actuellement je suis en classe de troisième dans un collège anglais et j'apprends le français depuis quatre ans. J'achèverai ma scolarité en juillet avec l'équivalent du brevet des collèges. C'est pourquoi je serais heureuse pouvoir m'occuper de vos deux enfants pendant un mois, à partir du 1er août.

Je suis l'aînée d'un frère (10 ans) et d'une sœur (6 ans) que je suis régulièrement chargée de surveiller, car mes parents ont tous deux une activité professionnelle. Mon père travaille dans une banque et ma mère travaille à mi-temps dans un magasin.

Nous passons presque toujours nos vacances d'été à Aix-en-Provence où je connais déjà beaucoup de personnes avec lesquelles je m'entends bien. Malheureusement, je n'ai encore jamais eu la possibilité de vivre dans une famille française pour une période plus longue.

Je serais très heureuse d'être autorisée à m'occuper de vos enfants tout en apprenant à mieux connaître le mode de vie français qui me plaît vraiment beaucoup.

Je vous prie de m'écrire bientôt.
Recevez mes sincères salutations.

Ann Roberts

▶ Comment faut-il m'exprimer quand je veux me proposer comme jeune fille au pair?

Application for the post of au pair

Dear Mr and Mrs Arnold,

I read your advertisement in the 28/3/02 edition of the „Times" and would like to apply for the post of au pair with you.

At present I am in Year 10 of the local Grammar School and have been learning English for five years. I expect to leave school in July with my school leaving certificate (equivalent of GCSEs). I would therefore be delighted to be allowed to look after your two children for one month from August 1st.

I have one younger brother (10) and one sister (6) whom I regularly have to look after because our parents both work. My father works in a bank and my mother works part-time in a boutique.

I would very much like to be allowed to look after your children and at the same time learn more about the British way of life, which I find very attractive.

Please let me know soon.

Yours sincerely

Chantal Leroy

► **What do I say, when I want to find out about a holiday language course?**

Objet: votre cours de langue à Toulon pendant les vacances

Mesdames, Messieurs,

Des informations sur votre institut m'ont été fournies par mon professeur de français et l'année prochaine j'aimerais participer à un cours de langue à Toulon au mois d'août.

Je suis en classe de troisième dans un collège anglais et j'apprends le français depuis trois ans. Cependant, comme mes notes ne sont pas spécialement bonnes, je serais heureuse de recevoir votre documentation détaillée concernant vos cours. Ce qui m'intéresse en particulier, c'est de savoir si je dois passer une épreuve de classement. De plus j'aimerais savoir combien durent les cours chaque jour et à quel moment ils ont lieu. Mon professeur m'a dit que vous vous occupiez de l'hébergement. Me serait-il possible d'habiter dans une famille ayant une fille du même âge que moi?

J'espère avoir très bientôt de vos nouvelles.

Recevez mes salutations distinguées.

Ann Roberts

► Comment faut-il m'exprimer quand je veux obtenir des informations concernant un cours de langue pendant les vacances?

Your holiday language course in Brighton

Dear Sir or Madam,

I have received some information about your institute from my English teacher and would like to attend a language course in Brighton in August of next year.

I am in Year 9 of the local Grammar School and have been learning English for three years. My marks in English are not particularly good however.

Please send me detailed information on your courses. I would particularly like to know if I will have to take an assessment test. I would also like to know how much tuition there is each day and at what time. My teacher has told me that you will arrange accommodation. Would it be possible to live with a family with a daughter of my own age?

I hope to hear from you soon.

Yours sincerely

Chantal Leroy

▶ What do I say, when I write to a pen friend for the first time?

Chère Elisabeth,

Je m'appelle Ann et j'ai 16 ans. Mon professeur de français nous a donné hier pendant le cours une liste de garçons et de filles de France qui cherchent un correspondant ou une correspondante en Angleterre. Je t'ai choisie parce que nous avons presque le même âge et que tu as les mêmes passe-temps que moi.

J'habite avec mes parents et mon petit frère Mark à Rickland. Mon père est ingénieur et ma mère est femme au foyer. Mon frère Mark n'a que huit ans et il va encore à l'école primaire. Moi, je suis en seconde et je n'apprends le français que depuis la classe de cinquième. Mes matières préférées sont le français bien sûr, le sport et les maths. En quelle classe es-tu et quelles sont tes matières préférées? As-tu aussi des frères et des sœurs et quelle est la profession de tes parents? Mes passe-temps favoris sont comme pour toi écouter de la musique, surfer sur Internet et faire du roller.

J'espère que tu vas m'écrire bientôt, car il y a tellement de choses que je veux savoir sur toi et sur la France, comme le genre de musique tu aimes écouter et ce que tu fais avec tes amies, par exemple le week-end.

A bientôt!

Ann Roberts

▶ Comment faut-il m'exprimer quand j'écris pour la première fois à une nouvelle correspondante?

Dear Elisabeth,

My name is Chantal and I am 16 years old. Yesterday in class my English teacher gave us a list of boys and girls from Britain who are looking for pen friends in France. I picked you out because we are almost exactly the same age and have the same hobbies.

I live with my parents and my younger brother Marc in Montluçon. My father works as an engineer and my brother Marc is only eight and still goes to primary school. I am in Year 10 and have been learning English since Year 5. My favourite subjects are English (of course), Sport and Maths. What Year are you in and what are your favourite subjects? Do you have any brothers or sisters and what do your parents do? Like you, my hobbies are listening to music, surfing the net and in-line skating.

I hope you write back soon, as I want to know sooo much about you and Britain, e.g. what sort of music you like and what you and your friends do at weekends.

With love from,

Chantal Leroy

▶ What do I write, when I want to write a thank-you letter to my hosts?

Chers Madame et Monsieur Dupont,
Chère Elisabeth,

Je voudrais vous remercier une fois encore de tout cœur pour l'agréable séjour passé chez vous. Je suis un peu triste que le temps ait passé si vite en votre compagnie.

Ce qui m'a particulièrement plu, c'est le week-end que nous avons passé ensemble dans votre maison de vacances. Je vous envoie quelques-unes des photos que j'ai prises.

Mon professeur de français a dit que j'avais vraiment fait de grands progrès pendant ces deux semaines. En classe, elle a conseillé aux autres de participer aussi un jour à un échange de ce genre.

Maintenant, j'attends avec impatience le mois d'avril qu'Elisabeth vienne à Rickland. Mes parents et moi, nous avons déjà fait des projets concernant ce que nous comptons entreprendre avec elle. J'espère qu'elle se plaira ici tout autant que je me suis plue chez vous.

Pourriez-vous aussi spécialement saluer de ma part Anne et Lucie? J'espère les revoir très bientôt.

Avec toutes mes amitiés.

Ann

▶ Comment faut-il m'exprimer quand je veux écrire une lettre de
remerciements à ma famille d'accueil?

Dear Mr and Mrs Seaton, dear Elisabeth,

I'd like to thank you once again for the really lovely time I
spent with you. I am a little sad that it all went so quickly.

I especially liked the weekend we spent together at your
holiday home. I enclose a few of the photos I took there.

My English teacher said that I had really made great progress
in those two weeks. She suggested the rest of the class should
go on an exchange too.

I'm already looking forward to April, when Elisabeth comes
over to Limoges. My parents and I have already planned
where we want to go with her. I hope she will like it here as
much as I did with you.

Please give my regards to Jenny and Kate too. I hope to see
you again soon.

With love from

Chantal

▶ FORMULES COURANTES DANS LA CORRESPONDANCE
USEFUL EXPRESSIONS IN LETTERS

▶ L'APPEL
AT THE BEGINNING OF A LETTER

Tu écris …	When you're writing …
… à une bonne connaissance ou à des amis	**… to someone you know or to a friend**
• Dear Mark,	• Mon cher Louis,
• Dear Janet,	• Ma chère Caroline,
	• Bien chers tous,
Many thanks for your letter.	Merci beaucoup pour ta lettre.
I was really glad/delighted to hear from you..	J'ai été très content(e) d'avoir de tes nouvelles.
I apologize/I'm sorry for not having written for so long.	Excuse-moi/Je suis désolé(e) d'être resté(e) si longtemps sans écrire.
… à une ou plusieurs personnes que tu connais (très) bien	**… to someone you know (very) well**
• Dear Mark and Janet,	• Cher Marc, chère Jeanne,
• Dear Norman,	• Chère Chantal,
• Dear Mrs Arnold,	• Chère Madame Dupont,
• Dear Mr Arnold,	• Cher Monsieur Dupont,
… à une société ou à une personne dont tu ne connais ni le nom ni le sexe	**… to companies or organizations**
• Dear Sir or Madam,	• Madame, Monsieur,
• Dear Sirs,	• Messieurs,
	• Mesdames, Messieurs,
I wonder if you could let me know whether …	Je voudrais me renseigner sur …
I would like to enquire whether …	Je voudrais me renseigner pour savoir si …
Would you be so kind as to/please send me …?	Pourriez-vous m'envoyer …, je vous prie?
… à une personne dont tu connais le titre	**… to someone whose title you know**
• Dear Sir,	• Madame le Professeur,
• Dear Madam,	• Monsieur le Professeur,
• Dear Doctor, *(pour un médecin)*	• Docteur, *(to a doctor)*

▶ **LA FORMULE DE POLITESSE**
  ENDING A LETTER

Très amical :	Very informally :
(With) Warmest regards,	Affectueuses pensées.
Love,	• Bons baisers. • Grosses bises. • Je t'embrasse bien fort/de tout cœur/affectueusement.
Bye!	Salut!
Cheerio!	Tchao!
Amical:	**Informally:**
With best wishes,	Soyez assuré(e) de ma sincère amitié.
Yours ever,	• Sincèrement à toi. • Bien à vous.
(With) kind regards,	(Avec) Toutes mes amitiés.
Regards,	Amicalement.
Yours,	Avec mon amical souvenir.
Yours with best wishes,	Je t'adresse mes amicales pensées.
… sends his/her fondest regards to you all, too.	Mes cordiales salutations à vous tous, ainsi que celles de …
Please also give my regards to …	Dis bien des choses de ma part à … .
I'd love to hear from you again soon.	Je serais très heureux(-euse) d'avoir bientôt de tes/vos nouvelles.
Give … my love.	Salue … de ma part.
Write again soon.	Écris-moi donc bientôt.
Look forward to hearing from you again soon.	J'espère avoir bientôt de tes nouvelles
See you soon!	A bientôt!

Formel mais amical:	Formal:
• Yours sincerely, *(Si la lettre commence par „Dear Mr/Mrs ...")* • Yours faithfully, *(Si la lettre commence par „Dear Sir/ Madam")*	• Nous vous prions de croire, ..., à l'assurance de nos sentiments distingués. • Nous vous prions d'agréer, ..., l'expression de nos sentiments distingués. *(A woman should avoid using „sentiments" when addressing a man!)* • Nous vous prions d'agréer/de recevoir, ..., nos salutations distinguées. • Veuillez agréer, ..., nos salutations distinguées. • Agréez, ..., nos salutations distinguées. *(This ending is fairly formal on account of the imperative!)*
Très respectueux:	**When you do not know the name of the person you are writing to:**
Yours faithfully,	• Je vous prie d'agréer, ..., l'assurance de ma respectueuse considération. • Nous vous prions de croire, ..., à l'expression de nos sentiments respectueux/les plus dévoués. • Je vous prie d'agréer, ..., les assurances de ma haute/ respectueuse considération. • Veuillez accepter/Je vous prie d'agréer, Madame, l'expression de mes respectueux hommages/ l'hommage de mon respect. *(only of a man to a woman)*

▶ USEFUL PHRASES
EXPRESSIONS UTILES

What do I say, when I want to greet someone?	Comment faut-il m'exprimer quand je désire saluer quelqu'un?
Good morning! Good afternoon!	Bonjour!
Good evening!	Bonsoir!
Hello! Hi (there)!	Salut!
How are you?	Comment allez-vous/vas-tu?
How are things?	Comment ça va?

What do I say, when I want to say good bye to someone?	Comment faut-il m'exprimer quand je désire prendre congé de quelqu'un?
Goodbye!	Au revoir!
Bye!/Cherrio!	Salut!/Tchao!
See you tomorrow!	A demain!
See you later!	A tout à l'heure!
Have fun!	Amusez-vous/Amuse-toi bien!
Good night!	Bonne nuit!
Give Marion my regards.	Saluez/Salue Marion de ma part.

What do I say, when I want to ask for something or express my thanks?	Comment faut-il m'exprimer quand je désire formuler une demande ou présenter mes remerciements?
Yes, please.	Oui, s'il te/vous plaît.
No, thank you.	Non, merci.
Yes please!	Merci, très volontiers!
Thank you, (and) the same to you!	Merci, vous de même!
Can you help me, please?	Pourriez-vous m'aider, s'il vous plaît?
Not at all./You're welcome.	Je vous en prie./Il n'y a pas de quoi.

| Thanks a lot. | Merci bien/beaucoup. |
| Don't mention it. | Il n'y a pas de quoi. |

What do I say, when I want to apologise or express my regrets?	**Comment faut-il m'exprimer quand je désire présenter des excuses ou exprimer mes regrets?**
Sorry!/Excuse me!	Pardon!/Pardonnez-moi!
I must/I'd like to apologize.	Je dois/voudrais vous/te présenter mes excuses.
I'm sorry (about it).	Je suis désolé(e).
It wasn't meant like that.	Ce n'est pas ce que j'ai voulu dire.
Pity!/Shame!	Dommage!

What do I say, when I want to congratulate someone or wish someone good luck?	**Comment faut-il m'exprimer quand je désire féliciter quelqu'un ou souhaiter à quelqu'un de réussir?**
Congratulations!	Toutes mes félicitations!
Good luck!	Bonne chance!
(Hope you) get well soon!	Je vous/te souhaite un prompt rétablissement!
Have a nice holiday!	Bonnes vacances!
Happy Easter!	Joyeuses Pâques!
Merry Christmas and a Happy New Year!	Joyeux Noël et bonne année!
Happy Birthday!	Joyeux anniversaire!
Many happy returns of the day!	Mes meilleurs vœux d'anniversaire!
I'll keep my fingers crossed for you.	Je croise les doigts (pour toi).

What do I say, when I want to say something about myself?	**Comment faut-il m'exprimer quand je désire parler un peu de moi-même?**
My name is ...	Je m'appelle ...
I'm French./I'm from France.	Je suis française./Je viens de France.
I live in Aix.	J'habite à Aix.

That's near ...	C'est près de ...
That's north/south/west/ east of ...	C'est au nord/sud/à l'ouest/ à l'est de ...
I'm on holiday here.	Je passe mes vacances ici.
I'm doing a language course here.	Je suis un cours de langue ici.
I'm on a school exchange.	Je participe à un échange scolaire.
I'm with the/my football club here.	Je suis ici avec le/mon club de foot(ball).
I'm staying for a day/for five days/for a week/or two weeks.	Je suis ici pour une journée/cinq jours/une semaine/deux semaines.
During my time here I'm staying in/ at/with ...	Pour la durée de mon séjour, je suis hébergé(e) à/chez ...
My father is a(n) .../works (as a(n) ...) at ...	Mon père est .../travaille (comme ...) chez ...
My mother is ...	Ma mère est ...
I've got a/one sister/two sisters (and a/one brother/two brothers).	J'ai une sœur/deux sœurs (et un frère/deux frères).
I go to ... secondary school/grammar school (in ...).	Je fréquente le collège/lycée à ...
I'm in Year ...	Je suis en (classe de) ...
I'm ... (years old).	J'ai ... ans.
I like playing football./I like chess.	J'aime jouer au foot(ball)/aux échecs.

What do I say, when I want to find out something about other people?	**Comment faut-il m'exprimer quand je désire apprendre quelque chose sur quelqu'un d'autre?**
What's your name?	Comment t'appelles-tu?
Where do you come from?	D'où est-ce que tu viens?/D'où es-tu?
Where do you live?	Où habites-tu?
Where is that?	Où est-ce que cela se trouve?/Où est-ce?
What are you doing/do you do here?	Qu'est-ce que tu fais ici?
How long are you staying (here)?	Tu es ici pour combien de temps?
Where are you staying?	Où est-ce que tu habites ici?

What does your father do? Where does he work?	Que fait ton père? Où travaille-t-il?
What does your mother do? Where does she work?	Que fait ta mère? Où travaille-t-elle?
Have you got/Do you have any brothers or sisters?	Est-ce que tu as des frères ou des sœurs?
What year are you in?/What school do you go to?	En quelle classe es-tu?/A quelle école vas-tu?
What year are you in?	En quelle classe es-tu?
How old are you?	Quel âge as-tu?
What do you like doing?	Qu'est-ce que tu aimes faire?
What are your hobbies?	Quels sont tes passe-temps préférés?

What do I say, when I agree?	**Comment faut-il m'exprimer quand je partage la même opinion?**
(That's) right!/Exactly!	C'est vrai!/C'est ça!/Exactement!
Me too!/I do too!/So do I!	Moi aussi!
Nor me!/Neither do I!	Moi non plus!
Yes, I think it's good/brilliant/great/ace too!	Oui, moi aussi je trouve ça bien/extra/épatant/génial!

What do I say, when I disagree?	**Comment faut-il m'exprimer quand je suis d'un avis différent?**
That's not right (at all)!/That's (all) wrong!/That's not true!	Ce n'est pas (du tout) vrai!
No!	Non!
Yes I am/was/will/can/could/do/did!	Si!
No, I think it's silly/stupid/revolting!	Non, je trouve ça idiot/débile/barbant!

What do I say, when I want to say what I think?	**Comment faut-il m'exprimer quand je veux donner mon avis?**
I believe/think that ...	Je crois/pense/trouve que ...
I don't believe/think that ...	Je ne crois/pense/trouve pas que + *subj*

| In my opinion ... | A mon avis ... |

What do I say, when I want to show that I'm listening?	**Comment faut-il m'exprimer quand je veux montrer à mon interlocuteur que je l'écoute?**
Really?	C'est vrai?
Honestly?	Vraiment?

What do I say, when I want to ask the way?	**Comment faut-il m'exprimer quand je veux demander mon chemin?**
Where is the (nearest) ...?	Où est le (prochain)/la (prochaine) ...?
How do I get to the (nearest) ...?	Quel est le chemin pour aller au (prochain)/à la (prochaine) ...?
Could you tell me where the (nearest) ... is?	Pouvez-vous me dire/m'expliquer où se trouve le (prochain)/la (prochaine) ...?

What do I say, when I want to say that I'm feeling good?	**Comment faut-il m'exprimer quand je veux dire que je vais bien?**
I feel really good!	Je suis en pleine forme!
I'm in a really good mood!	J'ai la pêche/frite!
I feel great/fantastic!	Je me sens super bien!

What do I say, when I want to say that I'm not feeling well?	**Comment faut-il m'exprimer quand je veux dire que je vais mal?**
I don't feel/I'm not feeling well!	Je ne vais pas bien!
I feel really terrible!	Je vais vraiment mal!
I'm in a foul/really bad mood!	Je suis vanné(e)/claqué(e)!
I feel really lousy!	Je me sens patraque/mal fichu(e)!

What do I say, when I want to say that I like something?	Comment faut-il m'exprimer quand je veux dire que quelque chose me plaît?
It's really brilliant/ace/great/exciting!	Ça, c'est vraiment super/génial/épatant/passionnant!

What do I say, when I want to say that I don't like something?	Comment faut-il m'exprimer quand je veux dire que quelque chose ne me plaît pas?
It's really silly/stupid/boring/revolting!	Ça, c'est vraiment idiot/débile/ennuyeux/barbant!

What do I say, when I ring/phone a friend?	Comment faut-il m'exprimer quand je téléphone à un ami/une amie?
Hello, it's ... here/speaking.	Salut, c'est ...
Hello, it's me, ...	Salut, c'est moi.
OK then, see you later/tomorrow/at ... (o'clock)!	Alors à demain/à tout à l'heure/on se retrouve à ... heure(s)!
Bye!/Cheerio!	Salut!/Tchao!

What do I say, when I speak to adults on the phone?	Comment faut-il m'exprimer quand je parle à des adultes au téléphone?
Good morning/afternoon, Mr/Mrs ..., it's ... here/speaking.	Bonjour, Monsieur/Madame ..., c'est ... à l'appareil.
Could I speak to ... ?	Est-ce que je pourrais parler à ..., s'il vous plaît?
Is ... there/at home?	Est-ce que ... est là/à la maison?
(Can I give her/him a message?)	(Est-ce que je dois lui transmettre un message?)
No, thank you. That's OK.	Non, merci. Ce n'est pas nécessaire.
I'll ring/try again later.	Je rappellerai plus tard.
Yes, could you please tell him/her that/to ...	Oui, s'il vous plaît, pourriez-vous lui dire que ...
Many thanks! Goodbye!	Merci beaucoup! Au revoir!

What do I say, when I have to speak to an answering machine?	Comment faut-il m'exprimer quand il faut que je parle sur un répondeur téléphonique?
Good morning/afternoon./Hello! This is … (speaking).	Bonjour./Salut! C'est …
I (just) wanted to ask if …/say that …	Je voulais (seulement) vous/te demander si/dire que …
You can reach me (until … o'clock) on … [number].	On peut me joindre (jusqu'à … heures) au numéro suivant: …
Thanks, bye!	Merci et salut!

What do I say, when I want to give somebody my E-mail/ Internet address?	Comment faut-il m'exprimer quand je veux communiquer à quelqu'un mon adresse électronique/sur l'Internet?
My e-mail address is: tom.robert@aol.com (say: tom dot robert at a o l dot com)	Voici mon adresse électronique: tom.robert@aol.com (prononcer: tom point robert arobas a o l point com)
My homepage address is: http:// www.aol.com/~robert (say: h t t p colon forward slash forward slash w w w dot a o l dot com forward slash tilde robert)	Voici l'adresse de ma page Web: http://www.aol.com/~robert (prononcer: h t t p deux points deux barres obliques w w w point a o l point com barre oblique tilde robert)

A, a [eɪ] <-'s o -s> n **1.** (letter) A, a m **2.** MUS do m **3.** SCHOOL très bonne note **4.** (place, position) **to go from A to B** aller d'un point à l'autre

a [ə] indef art (+ consonant) (single, not specified) un(e); **I'm a photographer/beginner** je suis photographe/débutant

AAA n abbr of **Amateur Athletics Association** fédération d'athlétisme britannique

aback [ə'bæk] adv **to be taken ~** être sidéré

abandon [ə'bændən] I. vt abandonner II. n no pl abandon m

abashed [ə'bæʃt] adj décontenancé

abate [ə'beɪt] I. vi form se calmer II. vt form (lessen) atténuer

abattoir ['æbətwɑːʳ] n abattoir m

abbey ['æbi] n abbaye f

abbot ['æbət] n REL abbé m

abbreviate [ə'briːvɪeɪt] vt abréger

abbreviation [ə,briːvɪ'eɪʃn] n abréviation f

ABC [,eɪbiː'siː] n pl, Am **1.** (alphabet) ABC m; **as easy as ~** simple comme bonjour **2.** (rudiments) b, a, ba m

abdicate ['æbdɪkeɪt] I. vi abdiquer II. vt (give up) renoncer à; **to ~ the throne/a right** renoncer au trône/à un droit; **to ~ a responsibility** refuser une responsabilité

abdomen ['æbdəmən] n abdomen m

abduct [æb'dʌkt] vt enlever

aberration [,æbə'reɪʃn] n aberration f

abeyance [ə'beɪəns] n no pl **to be in ~** en suspens

abhor [ab'hɔːʳ, Am: æb'hɔːr] <-rr-> vt abhorrer

abide [ə'baɪd] I. vt supporter II. <-d o abode, -d o abode> vi (respect) **to ~ by a rule/an agreement** respecter un règlement/un accord

ability [ə'bɪləti] <-ies> n **1.** no pl (capability) capacité f **2.** no pl (tal-

ent) aptitude f **3.** pl (skills) compétences fpl

abject [ə'bleɪz] adj **1.** (humble) servile; **an ~ apology** de plates excuses **2.** (extreme) abject; **~ misery** misère noire

ablaze [ə'bleɪz] adj en feu

able ['eɪbl] adj **1.** <more o better ~, most o best ~> (having the ability) capable; **to be ~ to** +infin pouvoir +infin, savoir +infin Belgique; **to be ~ to swim/drive** savoir nager/conduire **2.** <abler, ablest o more ~, most ~> (clever) apte

abnormal [æb'nɔːml, Am: -'nɔːr-] adj anormal

aboard [ə'bɔːd, Am: ə'bɔːrd] I. adv à bord II. prep à bord de

abode [ə'bəʊd, Am: ə'boʊd] I. pt, pp of **abide** II. n iron, form demeure f; **of no fixed ~** sans domicile fixe

abolish [ə'bɒlɪʃ, Am: -ɑːl-] vt abolir

abolition [æbəl'ɪʃn] n no pl abolition f

abominable [ə'bɒmɪnəbl, Am: ə'bɑːm-] adj abominable

Aborigine [,æbə'rɪdʒɪni] n Aborigène mf

abort [ə'bɔːt, Am: ə'bɔrt] I. vt **1.** MED **to ~ a pregnancy** interrompre une grossesse **2.** (call off) annuler II. vi MED avorter

abortion [ə'bɔːʃn, Am: ə'bɔr-] n MED avortement m; **to have an ~** se faire avorter

abortive [ə'bɔːtɪv, Am: ə'bɔːrt̬ɪv] adj (attempt, coup) manqué

abound [ə'baʊnd] vi abonder; **to ~ with sth** abonder de qc

about [ə'baʊt] I. prep **1.** (on subject of) à propos de; **a book ~ sth** (un livre sur qc), **to talk ~ cinema** parler de cinéma **2.** (surrounding) **round ~ sb/sth** tout autour de qn/qc **3.** **to go ~ (doing) sth** aller (faire qc); **don't go ~ telling everybody** ne va pas raconter à tout le monde; **how** [o **what**] **~ him?** et lui?; **how** [o **what**] **~ doing sth?** et si nous faisions qc?; **what ~ sth?** et qc?; **what ~ the taxes?** et les impôts? II. adv **1.** (around) **all ~** tout autour; **to**

leave things lying ~ somewhere laisser traîner des affaires quelque part **2.** (*approximately*) at ~ **3:00** vers 3 h; ~ **5 years ago** il y a environ 5 ans; ~ **twenty** une vingtaine; ~ **my size** à peu près ma taille **3.** (*almost*) presque; **to be** (**just**) ~ **ready to** +*infin* être presque prêt à +*infin*

about-face [əˈbaʊtfeɪs] *n* Am, Aus, **about-turn** [əˈbaʊtɜːn, Am: -tɜːrn] *n* Aus, Brit **1.** demi-tour *m* **2.** *fig* revirement *m*

above [əˈbʌv] **I.** *prep* **1.** (*over*) au-dessus de **2.** (*greater than, superior to*) those ~ **the age of 70** ceux de plus de 70 ans **3.** (*more important than*) ~ **all** par-dessus tout **II.** *adv* (*on top of*) **up** ~ ci-dessus **III.** *adj* (*previously mentioned*) précité; **the words** ~ les mots ci-dessus

aboveboard *adj* honnête

abrasive [əˈbreɪsɪv] *adj* **1.** (*scratching*) abrasif **2.** (*not polite*) caustique

abreast [əˈbrest] *adv* **1.** (*side by side*) côte à côte **2.** (*up to date*) **to keep** ~ **of sth** se tenir au courant de qc

abroad [əˈbrɔːd, Am: əˈbrɑːd] *adv* à l'étranger

abrupt [əˈbrʌpt] *adj* **1.** (*sudden*) soudain **2.** (*brusque*) brutal

abscess [ˈæbses] *n* MED abcès *m*

abscond [əbˈskɒnd, Am: -ˈskɑːnd] *vi* prendre la fuite

abseil [ˈæbsaɪl] *vi* Aus, Brit SPORT **to** ~ (**down sth**) descendre qc en rappel

absence [ˈæbsəns] *n no pl* absence *f*

absent [ˈæbsənt] *adj* absent

absentee [ˌæbsənˈtiː] *n* absent(e) *m(f)*

absent-minded [ˌæbsəntˈmaɪndɪd] *adj* distrait

absolute [ˈæbsəluːt] *adj* a. POL, MAT absolu

absolutely *adv* absolument

absolve [əbˈzɒlv, Am: -ˈzɑːlv] *vt form* **to** ~ **sb of sth** absoudre qn de qc

absorb [əbˈsɔːb, Am: -ˈsɔːrb] *vt* **1.** (*take into itself*) absorber **2.** (*understand*) assimiler **3.** (*engross*) absorber

absorbent [əbˈsɔːbənt, Am: -ˈsɔːrb-] *adj* absorbant

absorption [əbˈsɔːpʃn] *n no pl* absorption *f*

abstain [əbˈsteɪn] *vi* s'abstenir

abstemious [əbˈstiːmɪəs] *adj* frugal

abstention [əbˈstenʃn] *n* abstention *f*

abstract [ˈæbstrækt] **I.** *adj* a. ART abstrait **II.** *n* **1.** PHILOS **the** ~ l'abstrait *m* **2.** (*summary*) résumé *m* **3.** ART œuvre *f* abstraite

absurd [əbˈsɜːd, Am: -ˈsɜːrd] *adj* absurde

abundant [əˈbʌndənt] *adj* abondant

abuse¹ [əˈbjuːs] *n* **1.** *no pl* (*insolent language*) injure *f* **2.** *no pl* SOCIOL comportement *m* abusif; **child** ~ sévices *mpl* sur les enfants **3.** *no pl* (*misuse*) abus *m*

abuse² [əˈbjuːz] *vt* **1.** (*misuse*) abuser de **2.** (*mistreat*) maltraiter; (*child*) exercer des sévices sur **3.** (*verbally*) injurier

abusive [əˈbjuːsɪv] *adj* injurieux

abysmal [əˈbɪzməl] *adj* abominable

abyss [əˈbɪs] *n* abîme *m*

AC *n* ELEC *abbr of* **alternating current** CA *m*

academic [ˌækəˈdemɪk] **I.** *adj* **1.** SCHOOL scolaire **2.** UNIV universitaire; (*person*) studieux **3.** (*theoretical*) théorique **II.** *n* UNIV universitaire *mf*

academy [əˈkædəmɪ] <-ies> *n* **1.** (*institution*) école *f* **2.** Am, Scot (*school*) collège *m*

ACAS [ˈeɪkæs] *n* Brit *abbr of* **Advisory, Conciliation, and Arbitration Service** service traitant des problèmes entre employés et employeurs

accelerate [əkˈseləreɪt] *vi* **1.** AUTO accélérer **2.** *fig* s'accélérer

acceleration [əkˌseləˈreɪʃn] *n no pl* a. PHYS accélération *f*

accelerator [əkˈseləreɪtəʳ, Am: -eɪt̬ɚ] *n* a. PHYS accélérateur *m*

accent [ˈæksənt, Am: -sent] *n* accent *m*

accept [əkˈsept] *vt* **1.** (*take*) accepter

2. (*believe*) admettre **3.** (*resign one-self to*) se résigner; **to ~ one's fate** se soumettre à son destin **4.** (*welcome*) accepter

acceptable *adj* acceptable

acceptance [ək'septəns] *n* acceptation *f*

access ['ækses] **I.** *n no pl a.* INFOR accès *m* **II.** *vt* INFOR accéder

accessible [ək'sesəbl] *adj* **1.** (*easy to get to*) accessible **2.** (*approachable*) abordable

accessory [ək'sesərɪ] <-ies> *n* **1.** (*for outfit, toy*) accessoire *m* **2.** LAW complice *mf*

accident ['æksɪdənt] *n* accident *m*; **by ~** (*accidentally*) accidentellement; (*by chance*) par hasard

accidental [ˌæksɪ'dentl, *Am:* -t̬l] *adj* accidentel

accidentally *adv* accidentellement; (*by chance*) par hasard

acclaim [ə'kleɪm] **I.** *vt* acclamer **II.** *n no pl* acclamations *fpl*

acclimate ['æklɪmeɪt, *Am:* -lə-] *vt, vi Am s.* **acclimatize**

acclimatize [ə'klaɪmətaɪz] *vi* s'acclimater

accommodate [ə'kɒmədeɪt, *Am:* -'kɑː-] *vt* héberger

accommodating *adj* accommodant

accommodation [əˌkɒmə'deɪʃn, *Am:* -kɑː-] *n* **1.** *no pl, Aus, Brit* (*place to stay*) logement *m* **2.** *pl, Am* (*lodgings*) logement *m*

accompany [ə'kʌmpənɪ] <-ie-> *vt* accompagner

accomplice [ə'kʌmplɪs, *Am:* -'kɑːm-] *n* complice *mf*

accomplish [ə'kʌmplɪʃ, *Am:* -'kɑːm-] *vt* accomplir

accomplishment *n* **1.** *no pl* (*completion*) accomplissement *m* **2.** (*skill*) talent *m* **3.** (*achievement*) **what an ~!** c'est une réussite!

accord [ə'kɔːd, *Am:* -'kɔːrd] **I.** *n* **1.** accord *m* **2.** **of one's own ~** de soi-même **II.** *vt form* **to ~ sb sth** accorder qc à qn **III.** *vi* **to ~ with sth** s'accorder avec qc

accordance [ə'kɔːdəns, *Am:* -'kɔːrd-] *prep* **in ~ with** en accord avec

accordingly [ə'kɔːdɪŋlɪ, *Am:* -'kɔːrd-] *adv* **1.** (*appropriately*) de façon appropriée **2.** (*therefore*) donc

according to *prep* **1.** (*as told by*) **~ her/what I read** d'après elle/ce que j'ai lu; **sth goes ~ plan** qc se passe comme prévu **2.** (*depending on*) en fonction de; **to classify ~ size** classer par taille

accordion [ə'kɔːdɪən, *Am:* -'kɔːrd-] *n* accordéon *m*

accost [ə'kɒst, *Am:* -'kɑːst] *vt form* accoster

account [ə'kaʊnt] *n* **1.** FIN compte *m* **2.** (*description*) compte-rendu *m* **3.** (*cause*) **on ~ of sth** *no pl* en raison de qc; **on no ~** en aucun cas **4.** *no pl* (*consideration*) **to take sth into ~** prendre qc en considération; **to take no ~ of sth** ne pas tenir compte de qc

◆ **account for** *vt* **1.** (*situation, difference*) expliquer; (*spending, conduct*) justifier; (*missing things or people*) retrouver **2.** (*constitute*) représenter

accountable *adj* **to be ~ to sb for sth** être responsable de qc envers qn

accountancy [ə'kaʊntənsɪ, *Am:* -'kaʊnt̬nsɪ] *n no pl* comptabilité *f*

accountant [ə'kaʊntənt] *n* comptable *mf*

accrue [ə'kruː] *vi form* FIN s'accumuler

accumulate [ə'kjuːmjʊleɪt] **I.** *vt* accumuler **II.** *vi* s'accumuler

accuracy ['ækjərəsɪ, *Am:* -jɚəsɪ] *n no pl* **1.** (*correct aim*) précision *f* **2.** (*of report*) justesse *f*; (*of data*) exactitude *f*

accurate ['ækjərət, *Am:* -jɚət] *adj* **1.** (*on target*) précis **2.** (*correct*) exact

accusation [ˌækjuː'zeɪʃn] *n* accusation *f*

accuse [ə'kjuːz] *vt* accuser

accused *n* LAW prévenu(e) *m(f)*

accustomed *adj* **to be ~ to sth/doing sth** être habitué à qc/à faire qc

ace [eɪs] *n* (*card*) as *m*

ache [eɪk] I. *n* douleur *f* II. *vi* 1. (*patient*) souffrir; (*part of body*) faire mal 2. *fig* **to be aching for sth/to** +*infin* mourir d'envie de qc/de +*infin*

achieve [ə'tʃiːv] *vt* (*aim*) atteindre; (*promotion, independence*) obtenir; (*ambition*) réaliser

achievement *n* (*feat*) exploit *m*

acid ['æsɪd] I. *n* 1. CHEM acide *m* 2. *no pl, inf* (*LSD*) acide *m* II. *adj a.* CHEM acide

acknowledge [ək'nɒlɪdʒ, *Am:* -'naːlɪdʒ] *vt* 1. (*admit*) admettre; (*mistake*) avouer; **to ~ that …** reconnaître que … 2. (*reply to*) répondre à; **to ~ receipt of sth** accuser réception de qc

acknowledgement, acknowledgment *n* 1. *no pl* (*admission, recognition*) reconnaissance *f*; (*of guilt*) aveu *m* 2. (*reply*) accusé *m* de réception

acne ['ækni] *n no pl* acné *f*

acorn ['eɪkɔːn, *Am:* 'eɪkɔrn] *n* gland (de chêne) *m*

acoustic [ə'kuːstɪk] I. *adj* acoustique II. *npl* acoustique *f*

acquaint [ə'kweɪnt] *vt* **to ~ sb with sth** mettre qn au courant de qc; **to become ~ed with sb** faire la connaissance de qn

acquaintance [ə'kweɪntəns] *n* (*person*) connaissance *f*

acquiescent [ˌækwɪ'esnt] *adj form* consentant

acquire [ə'kwaɪər, *Am:* -'kwaɪə-] *vt* acquérir

acquisitive [ə'kwɪzətɪv, *Am:* -ətɪv] *adj pej* avide

acquit [ə'kwɪt] <-tt-> *vt* 1. LAW acquitter 2. (*perform*) **to ~ oneself well/badly** bien/mal s'en tirer

acquittal [ə'kwɪtl, *Am:* -'kwɪt̬-] *n* LAW *no pl* acquittement *m*

acre ['eɪkər, *Am:* 'eɪkə-] *n* acre *f*

acrid ['ækrɪd] *adj* 1. âcre 2. (*tone*) acerbe

acrimonious [ˌækrɪ'məʊnɪəs, *Am:* -'moʊni-] *adj* acrimonieux

acrobat ['ækrəbæt] *n* acrobate *mf*

across [ə'krɒs, *Am:* ə'kraːs] I. *prep* 1. (*on other side of*) ~ **sth** de l'autre côté de qc; **just ~ the street** juste en face 2. (*from one side to other*) **to walk ~ the bridge** traverser le pont 3. (*find unexpectedly*) **to come** [*o* **run**] ~ **sb/sth** tomber sur qn/qc II. *adv* 1. (*one side to other*) **to run/ swim ~** traverser en courant/à la nage 2. (*from one to another*) **to get sth ~ to sb** faire comprendre qc à qn

act [ækt] I. *n* 1. (*action*) acte *m* 2. (*performance*) numéro *m* 3. *fig* **it's all an ~** c'est du cinéma 4. THEAT acte *m* 5. LAW, POL loi *f* 6. **get one's ~ together** *inf* faire un effort II. *vi* 1. (*take action*) agir 2. *inf* (*behave*) se comporter 3. THEAT jouer 4. (*pretend*) jouer la comédie III. *vt* 1. THEAT tenir le rôle de 2. (*pretend*) **to ~ a part** jouer un rôle

◆**act on** *vt* (*advice, instructions*) agir selon; (*information*) agir à partir de

acting I. *adj* suppléant II. *n no pl* (*interpretation*) interprétation *f*

action ['ækʃn] *n* 1. *no pl* (*deed*) **to put a plan into ~** mettre un projet à exécution; **out of ~** hors service 2. LAW procès *m*

activate ['æktɪveɪt] *vt* 1. (*system, machine*) actionner 2. CHEM activer

active ['æktɪv] *adj* actif; (*volcano*) en activité

activity [æk'tɪvətɪ, *Am:* -ət̬ɪ] <-ies> *n* 1. *no pl* (*opp: passivity*) activité *f* 2. *pl* (*pursuit*) occupation *f*

actor ['æktər, *Am:* -tə-] *n* acteur, actrice *m, f*

actress ['æktrɪs] *n* actrice *f*

actual ['æktʃʊəl] *adj* réel; **in ~ fact** en fait

actually ['æktʃʊlɪ] *adv* 1. (*in fact*) en fait, vraiment 2. (*used politely*) à vrai dire

acumen ['ækjʊmən, *Am:* ə'kjuː-] *n no pl* sagacité *f*

acupuncture ['ækjʊpʌŋktʃər, *Am:* -tʃə-] *n no pl* acupuncture *f*

acute [ə'kjuːt] *adj* 1. (*illness, pain*) aigu; (*difficulties*) grave; (*nervousness, anxiety*) vif 2. (*sense*) fin; (*observation*) perspicace 3. (*clever*) avisé **4.** (*angle, accent*) aigu

ad [æd] *n inf abbr of* **advertisement**

AD *adj abbr of* **Anno Domini** ap JC

adamant ['ædəmənt] *adj* inflexible

Adam's apple *n* ANAT pomme *f* d'Adam

adapt [ə'dæpt] **I.** *vt* adapter **II.** *vi* s'adapter

adaptable *adj* adaptable

adapter, adaptor [ə'dæptə^r, *Am:* -ə^r] *n* ELEC adaptateur *m*

add [æd] *vt* ajouter

◆ **add up** *vt* additionner

adder ['ædə^r, *Am:* 'ædə^r] *n* vipère *f*

addict ['ædɪkt] *n* **1.** intoxiqué(e) *m(f)*; **drug ~** toxicomane *mf* **2.** *fig* fana *mf*

addicted *adj* adonné

addiction [ə'dɪkʃən] *n no pl* dépendance *f*; **drug ~** toxicomanie *f*

addictive [ə'dɪktɪv] *adj* qui crée une dépendance

adding-machine ['ædɪŋmə'ʃiːn] *n* machine *f* à calculer

addition [ə'dɪʃn] *n* **1.** *no pl a.* MAT addition *f* **2.** (*added thing*) ajout *m* **3.** (*as well*) **in ~** de plus; **in ~ to sth** en plus de qc

additional [ə'dɪʃənl] *adj* additionnel

additionally [ə'dɪʃənəlɪ] *adv* en outre

additive ['ædɪtɪv, *Am:* -ət̬ɪv] *n* additif *m*

address¹ [ə'dres, *Am:* 'ædres] *n* **1.** (*place of residence*) *a.* INFOR adresse *f* **2.** (*speech*) discours *m*

address² [ə'dres] *vt* **1.** (*write address on*) adresser **2.** (*speak to*) **to ~ sb** adresser la parole à qn **3.** (*problem*) aborder

address book *n* carnet *m* d'adresses

adenoids ['ædɪnɔɪdz, *Am:* 'ædnɔɪdz] *npl* ANAT végétations *fpl*

adept [ə'dept] *adj* habile

adequate ['ædɪkwət] *adj* (*supply*) suffisant

adhere [əd'hɪə^r, *Am:* -'hɪr] *vi* adhérer; **to ~ to** (*surface, religion*) adhérer à; (*rules*) observer

adhesive [əd'hiːsɪv] **I.** *adj* adhésif; **~**

tape *Am* sparadrap *m*; *Brit* ruban *m* adhésif **II.** *n no pl* (*glue*) colle *f*

adjacent [ə'dʒeɪsnt] *adj* **1.** (*next to each other*) attenant **2.** *a.* MAT adjacent

adjective ['ædʒɪktɪv] *n* adjectif *m*

adjoining *adj* contigu

adjourn [ə'dʒɜːn, *Am:* -'dʒɜːrn] **I.** *vt* ajourner **II.** *vi* s'arrêter; (*court, parliament*) lever la séance

adjust [ə'dʒʌst] **I.** *vt* TECH régler; (*size*) ajuster **II.** *vi* **to ~ to sth** (*person*) s'adapter à qc; (*machine*) se régler sur qc

adjustable *adj* réglable

adjustment *n* **1.** (*mental*) adaptation *f* **2.** (*mechanical*) réglage *m*

administer [əd'mɪnɪstə^r, *Am:* -stə^r] *vt* **1.** (*city*) administrer; (*affairs, business*) gérer **2.** (*dispense*) donner; (*law*) appliquer; (*medicine, sacrament*) administrer

administration [əd,mɪnɪ'streɪʃn] *n no pl* administration *f*

administrative [əd'mɪnɪstrətɪv] *adj* administratif

admirable ['ædmərəbl] *adj* admirable

admiral ['ædmərəl] *n* amiral *m*

admiration [,ædmə'reɪʃn] *n no pl* admiration *f*

admire [əd'maɪə^r, *Am:* əd'maɪə^r] *vt* admirer

admirer [əd'maɪərə^r, *Am:* -ə^r] *n* admirateur, -trice *m, f*

admission [əd'mɪʃn] *n* **1.** (*act of entering, entrance, entrance fee*) entrée *f*; (*into school, college*) inscription *f* **2.** (*acknowledgement*) aveu *m*

admit [əd'mɪt] <-tt-> *vt* **1.** (*acknowledge*) avouer; (*defeat, error*) reconnaître; **to ~ one's guilt** s'avouer coupable; **to ~ having done sth** avouer avoir fait qc **2.** (*person*) admettre; **she was ~ted to hospital** elle a été hospitalisée

admittance [əd'mɪtns] *n no pl* accès *m*; **no ~** accès interdit

admittedly [əd'mɪtɪdlɪ, *Am:* -'mɪt̬ɪdlɪ] *adv* **~ it's not easy** il faut reconnaître que ce n'est pas facile

admonish [əd'mɒnɪʃ] *vt form* admonester

adolescence [ˌædə'lesns] *n no pl* adolescence *f*

adolescent [ˌædə'lesnt] I. *adj* 1. (*boys, girls*) adolescent; (*behaviour, fantasy*) d'adolescent 2. *pej* puéril II. *n* adolescent(e) *m(f)*

adopt [ə'dɒpt, *Am:* -'dɑːpt] *vt* adopter

adoption [ə'dɒpʃn, *Am:* -'dɑː.p-] *n* LAW adoption; **to have a child by** ~ avoir un enfant adoptif

adore [ə'dɔːʳ, *Am:* -'dɔːr] *vt a.* REL adorer

adrenalin(e) [ə'drenəlɪn] *n no pl* adrénaline *f*

adrift [ə'drɪft] *adv* **to be** ~ (*boat, sailor*) à la dérive; (*student, tourist*) perdu

adult ['ædʌlt, *Am:* ə'dʌlt] I. *n* adulte *mf* II. *adj* adulte; (*film*) pour adultes

adultery [ə'dʌltəri, *Am:* -t̬ɚi] *n no pl* adultère *m*

advance [əd'vɑːns, *Am:* -'væːns] I. *vi* avancer II. *vt* 1. (*cause, interest*) faire avancer; (*video, tape*) avancer 2. (*idea, suggestion*) avancer III. *n* 1. (*progress, forward movement*) progrès *m* 2. FIN avance *f* 3. *pl* (*sexual flirtation*) avances *fpl* 4. **to do sth in** ~ faire qc à l'avance

advanced *adj* avancé

advantage [əd'vɑːntɪdʒ, *Am:* -'væːnt̬ɪdʒ] *n a.* SPORT avantage *m*

advent ['ædvənt] *n no pl* (*coming*) arrivée *f*

adventure [əd'ventʃəʳ, *Am:* -tʃɚ] *n* aventure *f*

adventure playground *n Brit* terrain *m* de jeu

adventurous [əd'ventʃərəs] *adj* aventureux

adverb ['ædvɜːb, *Am:* -vɜːrb] *n* adverbe *m*

adverse ['ædvɜːs, *Am:* -vɜːrs] *adj* défavorable

advert ['ædvɜːt, *Am:* -vɜːrt] *n Brit* 1. (*on TV, radio, in print*) pub *f* 2. (*classified ad*) petite annonce *f*

advertise ['ædvətaɪz, *Am:* -vɚ-] I. *vt* 1. (*product, event*) faire de la publicité pour 2. (*announce*) annoncer II. *vi* mettre une annonce

advertisement [əd'vɜːtɪsmənt, *Am:* ˌædvɚ'taɪzmənt] *n* publicité *f*; (*in newspaper*) (petite) annonce *f*

advertiser ['ædvətaɪzəʳ, *Am:* -vɚ-taɪzɚ] *n* annonceur, -euse *m, f*

advertising *n* publicité *f*

advice [əd'vaɪs] *n no pl* conseil *m*; **some** [*o* **a piece of**] ~ un conseil; **to ask for** ~ **on sth** demander conseil au sujet de qc; **to give** [*o* **offer**] **sb** ~ donner un conseil à qn

❗ **advice** avec c est un substantif et ne s'emploie jamais au pluriel: "a piece of advice, some advice". **advise** avec s est un verbe: "Jane advised him to go to Oxford."

advisable *adj* conseillé

advise [əd'vaɪz] I. *vt* 1. (*give advice to*) **to** ~ **sb to** +*infin* conseiller à qn de +*infin*; **to** ~ **sb against sth** déconseiller qc à qn 2. (*inform*) **to** ~ **sb of sth** aviser qn de qc II. *vi* donner (un) conseil; **to** ~ **against sth** déconseiller qc

adviser, advisor [əd'vaɪzəʳ, *Am:* -zɚ] *n* conseiller, -ère *m, f*

advisory [əd'vaɪzəri] *adj* consultatif

advocate¹ ['ædvəkeɪt] *vt* préconiser

advocate² ['ædvəkət] *n* 1. POL partisan(e) *m(f)* 2. LAW avocat(e) *m(f)*

Aegean [iː'dʒiːən] *n* **the** ~ la mer Égée

aerial ['eərɪəl, *Am:* 'erɪ-] I. *adj* aérien II. *n* antenne *f*

aerobics [eə'rəʊbɪks, *Am:* er'oʊ-] *n* + *sing v* aérobic *f*

aerodynamic [ˌeərəʊdaɪ'næmɪk, *Am:* ˌeroʊ-] *adj* aérodynamique

aerodynamics *n* + *sing v* aérodynamique *f*

aeroplane ['eərəpleɪn, *Am:* 'erə-] *n Aus, Brit* avion *m*

aerosol ['eərəsɒl, *Am:* 'erəsɑːl] *n* aérosol *m*

aesthetic [iːs'θetɪk(l), *Am:* es'θet̬-] *adj* esthétique

afar [ə'fɑːʳ, *Am:* -'fɑːr] *adv* **from** ~

de loin

affable [ˈæfəbl] *adj* affable

affair [əˈfeəʳ, *Am:* -ˈfer] *n* **1.** (*matter, business*) affaire *f* **2.** (*sexual relationship*) liaison *f*

affect [əˈfekt] *vt* **1.** (*change*) affecter; (*concern*) toucher **2.** (*move*) affecter **3.** *pej, form* (*simulate*) feindre

affection [əˈfekʃn] *n* affection *f*

affectionate [əˈfekʃənət] *adj* affectueux

affirm [əˈfɜːm, *Am:* -ˈfɜːrm] *vt* affirmer

affix [ˈæfɪks] *vt* **1.** (*attach*) attacher **2.** (*stick on*) coller

afflict [əˈflɪkt] *vt* affliger; **to be ~ed with sth** souffrir de qc

affluence [ˈæfluəns] *n no pl* (*wealth*) richesse *f*

affluent [ˈæfluənt] *adj* aisé

afford [əˈfɔːd, *Am:* -ˈfɔːrd] *vt* **1.** (*have money or time for*) **to be able to ~** (**to do**) **sth** pouvoir se permettre (de faire) qc; **I can't ~ it** je n'en ai pas les moyens **2.** (*provide*) donner

affront [əˈfrʌnt] **I.** *n* offense *f* **II.** *vt* offenser

Afghan [ˈæfgæn] **I.** *adj* afghan **II.** *n* **1.** (*person*) Afghan(e) *m(f)* **2.** LING afghan *m; s. a.* **English**

Afghanistan [æfˈgænɪstæn, *Am:* -ə-] *n* l'Afghanistan *m*

afield [əˈfiːld] *adv* **far** ~ très loin

afloat [əˈfləʊt, *Am:* -ˈfloʊt] *adj* **to be ~** être à flot

afoot [əˈfʊt] *adj* **there's mischief/ something** ~ il se trame/prépare quelque chose

afraid [əˈfreɪd] *adj* (*scared, frightened*) effrayé; **to feel [o to be]** ~ avoir peur; **to be ~ of doing [o to do] sth** avoir peur de faire qc; **to be ~ that** craindre que +*subj*

afresh [əˈfreʃ] *adv* de [o à] nouveau; **to start ~** repartir à zéro

Africa [ˈæfrɪkə] *n no pl* l'Afrique *f*

African [ˈæfrɪkən] **I.** *adj* africain **II.** *n* Africain(e) *m(f)*

after [ˈɑːftəʳ, *Am:* ˈæftɚ] **I.** *prep* **1.** après; ~ **two days** deux jours plus tard; (**a**) **quarter** ~ **six** *Am* six heures et quart; **the day** ~ **tomorrow** après-demain **2.** (*behind*) **to run** ~ **sb** courir après qn **3.** (*following*) **D comes** ~ **C** le D suit le C **4.** (*trying to get*) **to be** ~ **sb/sth** chercher qn/qc **II.** *adv* après **III.** *conj* après (que)

aftereffect [ˈɑːftərɪˌfekt, *Am:* ˈæftɚ-] *n* répercussion *f*

afterlife [ˈɑːftəlaɪf, *Am:* ˈæftɚ-] *n no pl* vie *f* après la mort

aftermath [ˈɑːftəmæθ, *Am:* ˈæftɚmæθ] *n no pl* conséquences *fpl*

afternoon [ˌɑːftəˈnuːn, *Am:* ˌæftɚ-] *n* après-midi *m o f;* **this** ~ cet(te) après-midi; **in the** ~ (dans) l'après-midi; **4 o'clock in the** ~ 4 heures de l'après-midi; **good** ~! bonjour!

aftershave [ˈɑːftəʃeɪv, *Am:* ˈæftɚ-] *n* lotion *f* après-rasage

afterthought [ˈɑːftəθɔːt, *Am:* ˈæftɚθɑːt] *n sing* pensée *f* après coup

afterward [ˈɑːftəwəd, *Am:* ˈæftɚwɚd] *adv Am*, **afterwards** [ˈɑːftəwədz, *Am:* ˈæftɚwɚdz] *adv* (*later*) après

again [əˈgen] *adv* **1.** (*as a repetition*) encore; (*one more time*) de nouveau; **never** ~ plus jamais; **once** ~ une fois de plus; **yet** ~ encore une fois; **not** ~! encore!; ~ **and** ~ plusieurs fois **2.** (*anew*) **to start** ~ recommencer à zéro **3.** **then** ~ d'un autre côté

against [əˈgenst] **I.** *prep* contre **II.** *adv a.* POL **to be for or** ~ être pour ou contre

age [eɪdʒ] **I.** *n* **1.** (*length of life*) âge *m;* **to be 16 years of** ~ avoir 16 ans; **to be under** ~ être mineur; **old** ~ vieillesse *f;* **at my** ~ à mon âge **2.** *no pl* (*long existence*) âge *m* **3.** (*era*) époque *f;* **the digital** ~ l'ère informatique **4.** *pl* (*a long time*) des siècles **II.** *vt, vi* vieillir

aged¹ [ˈeɪdʒɪd] **I.** *adj* (*old*) vieux **II.** *n* **the** ~ *pl* les personnes âgées *fpl*

aged² [eɪdʒd] *adj* (*with an age of*) **children** ~ **8 to 12** enfants âgés de

8 à 12 ans

age group *n* tranche *f* d'âge

agency ['eɪdʒənsɪ] <-ies> *n* **1.** agence *f* **2.** ADMIN organisme *m*

agenda [ə'dʒendə] *n* (*list*) ordre *m* du jour

agent ['eɪdʒənt] *n* agent *m*

aggravate ['ægrəveɪt] *vt* **1.** (*make worse*) aggraver **2.** *inf* (*irritate*) exaspérer

aggregate ['ægrɪgɪt] **I.** *n* FIN, ECON total *m* **II.** *adj* FIN, ECON total

aggressive [ə'gresɪv] *adj* agressif

aggrieved [ə'griːvd] *adj* blessé

aghast [ə'gɑːst, *Am:* -'gæst] *adj* atterré

agile ['ædʒaɪl, *Am:* 'ædʒl] *adj* (*in moving*) agile

agitate ['ædʒɪteɪt] **I.** *vt* **1.** (*make nervous*) inquiéter **2.** (*shake*) agiter **II.** *vi* to ~ for/against sth faire campagne pour/contre qc

AGM *n abbr of* **annual general meeting** assemblée *f* générale annuelle

ago [ə'gəʊ, *Am:* -'goʊ] *adv* that was a long time ~ c'était il y a longtemps; **a minute/a year** ~ il y a une minute/un an

agonizing *adj* (*causing anxiety*) angoissant

agony ['ægənɪ] <-ies> *n* douleur *f* atroce; **to be in** ~ souffrir le martyre; **the** ~ **of sth** l'angoisse *f* de qc

agree [ə'griː] **I.** *vi* **1.** (*share, accept idea*) **to** ~ **with sb** être d'accord avec qn; **to** ~ **on sth** se mettre d'accord sur qc; **to** ~ **to sth** consentir à qc **2.** (*endorse*) **to** ~ **with sth** approuver qc **3.** (*be good for*) **to** ~ **with sb** être bon pour qn **4.** (*match up*) concorder **5.** LING s'accorder **II.** *vt* **1.** (*concur*) convenir de; **it is** ~**d** that il est convenu que +*subj* **2.** (*accept view, proposal*) **I** ~ **that it's expensive, it's expensive, I** ~ c'est cher, je suis d'accord

agreeable [ə'griːəbl] *adj* **1.** (*acceptable*) **to be** ~ **to sb** convenir à qn **2.** (*pleasant*) agréable **3.** (*consenting*) **to be** ~ **to sth** être d'accord pour qc

agreement *n* **1.** *no pl* (*state of ac-*

cord) **to be in** ~ **with sb** être d'accord avec qn **2.** *a.* LING accord *m* **3.** (*promise*) engagement *m;* **an** ~ **to** +*infin* un engagement à +*infin*

agricultural [ˌægrɪ'kʌltʃərəl] *adj* agricole

agriculture ['ægrɪkʌltʃəʳ, *Am:* -tʃəʳ] *n no pl* agriculture *f*

agrotourism ['ægrəʊtʊərɪzəm] *n* agrotourisme *m*

aground [ə'graʊnd] *adv* NAUT **to go** [*o* **run**] **~ on sth** s'échouer sur qc

aha [ɑː'hɑː] *interj* ah ah

ahead [ə'hed] *adv* **1.** (*in front*) **straight** ~ droit devant; **to send sth on** ~ envoyer qc en avance; **to be** ~ (*party, team*) mener **2.** (*for the future*) à venir; **to look** ~ penser à l'avenir

ahead of *prep* **1.** (*in front of*) **to walk** ~ **sb** marcher devant qn **2.** (*before*) **way** ~ **sb/sth** longtemps avant qn/qc **3.** (*more advanced than*) **to be way** ~ **sb/sth** être très en avance sur qn/qc

aid [eɪd] **I.** *n* aide; **with the** ~ **of** (*person*) avec l'aide de; (*thing*) à l'aide de **II.** *vt* **to** ~ **sb with sth** aider qn à faire qc

AIDS [eɪdz] *n no pl abbr of* **Acquired Immune Deficiency Syndrome** SIDA

ailing ['eɪlɪŋ] *adj* mal en point

ailment ['eɪlmənt] *n* maladie *f*

aim [eɪm] **I.** *vi* **1.** (*point a weapon*) viser **2.** (*plan to achieve*) **to** ~ **at** [*o* **for**] **sth** viser qc; **to** ~ **at doing** [*o* **to do**] **sth** avoir l'intention de faire qc **II.** *vt* **1.** (*point a weapon*) **to** ~ **sth at sb/sth** (*gun, launcher*) pointer qc sur qn/qc **2.** (*direct at*) **to** ~ **sth at sb** (*criticism, remark*) destiner qc à qn **III.** *n* **1.** *no pl* (*plan to shoot*) manière de viser; **to take** ~ viser **2.** (*goal*) but *m*

aimless ['eɪmlɪs] *adj* sans but

air [eəʳ, *Am:* er] **I.** *n* **1.** *a.* MUS air; **by** ~ par avion **2.** *no pl* TV, RADIO **to be off/on (the)** ~ être hors antenne/à l'antenne **II.** *vt* **1.** TV, RADIO diffuser **2.** (*expose to air*) aérer **3.** (*let know*) faire connaître **III.** *vi* s'aérer

airbag *n* airbag *m*

airborne ['eəbɔːn, *Am:* 'erbɔːrn] *adj* **1.** (*by wind*) emporté par le vent **2.** (*by aircraft*) aéroporté **3.** (*in the air*) **to be ~** être en vol

air-conditioned ['eəkən'dɪʃnd, *Am:* 'erkən,dɪʃnd] *adj* climatisé

air conditioning ['eəkən'dɪʃnɪŋ, *Am:* 'erkən,dɪʃnɪŋ] *n no pl* climatisation *f*

aircraft ['eəkrɑːft, *Am:* 'erkræft] <-> *n* avion *m*

aircraft carrier *n* porte-avions *m*

air fare *n* tarif *m* des vols

airfield ['eəfiːld, *Am:* 'er-] *n* terrain *m* d'aviation

air force *n* armée *f* de l'air

airgun *n* fusil *m* à air comprimé

airline *n* compagnie *f* aérienne

airliner ['eəlaɪn, *Am:* 'er-] *n* avion *m* de ligne

airmail ['eəmeɪl, *Am:* 'er-] *n no pl* poste *f* aérienne; **to send sth (by) ~** envoyer qc par avion

airplane ['eəpleɪn, *Am:* 'er-] *n Am* avion *m*

air travel *n* voyages *mpl* par avion

airport ['eəpɔːt, *Am:* 'erpɔːrt] *n* aéroport *m* **air raid** *n* bombardement *m* aérien

airsick ['eəsɪk, *Am:* 'er-] *adj* **to get ~** attraper le mal de l'air

airspace ['eəspeɪs, *Am:* 'er-] *n no pl* espace *m* aérien

airstrip ['eəstrɪp, *Am:* 'er-] *n* piste *f*

airtight ['eətaɪt, *Am:* 'er-] *adj* hermétique

air traffic controller *n* aiguilleur, -euse *m, f* du ciel

airy ['eəri, *Am:* 'er-] *adj* **1.** (*spacious*) clair **2.** (*light*) léger **3.** (*lacking substance*) chimérique

aisle [aɪl] *n* allée *f*; (*of a church*) allée *f* centrale

ajar [ə'dʒɑːʳ, *Am:* -'dʒɑːr] *adj* entrouvert

a.k.a. *abbr of* **also known as** alias

akin [ə'kɪn] *adj* **to be ~ to sth** être semblable à qc

alarm [ə'lɑːm, *Am:* -'lɑːrm] **I.** *n* **1.** *no pl* (*worry*) inquiétude *f*; (*fright*) frayeur *f* **2.** (*warning, warning device*) alarme *f* **II.** *vt* (*worry*) inquiéter

alarm clock *n* réveil *m*

alarming *adj* **1.** (*worrying*) inquiétant **2.** (*frightening*) alarmant

alas [ə'læs] *interj* hélas

Albania [æl'beɪnɪə] *n* l'Albanie *f*

Albanian **I.** *adj* albanais **II.** *n* **1.** (*person*) Albanais(e) *m(f)* **2.** LING albanais *m; s. a.* **English**

albeit [ɔːl'biːɪt] *conj* quoique

albino [æl'biːnəʊ, *Am:* -'baɪnoʊ] **I.** *adj* albinos **II.** *n* albinos *mf*

album ['ælbəm] *n* album *m*

alcohol ['ælkəhɒl, *Am:* -hɑːl] *n no pl* alcool *m*

alcoholic [ˌælkə'hɒlɪk, *Am:* -'hɑːlɪk] **I.** *n* alcoolique *mf* **II.** *adj* alcoolisé

alcove ['ælkəʊv, *Am:* -koʊv] *n* alcôve *f*

ale [eɪl] *n* bière *f*

alert [ə'lɜːt, *Am:* -'lɜːrt] **I.** *adj* (*attentive*) alerte; (*watchful*) vigilant; (*wide-awake*) éveillé; **to be ~ to sth** être conscient de qc **II.** *n* **1.** (*alarm*) alerte *f* **2. to be on the ~ for sth** être en état d'alerte concernant qc *m* **III.** *vt* alerter; **to ~ sb to sth** avertir qn de qc

i Le **A level** ("Advanced Level") est un examen de fin d'année que passent les élèves de la sixième classe (l'équivalent de la terminale) au lycée. La plupart du temps, les élèves choisissent trois matières principales sur lesquelles ils seront examinés. Mais il est aussi possible de ne choisir qu'une seule matière. Après l'obtention du "A level", les élèves peuvent accéder à une université si les notes sont acceptables.

algae ['ælg] *n pl* algues *fpl*

algebra ['ældʒɪbrə] *n no pl* algèbre *f*

Algeria [æl'dʒɪərɪə, *Am:* -'dʒɪ-] *n* l'Algérie *f*

alias ['eɪlɪəs] I. *n* faux nom *m*
II. *prep* alias

alibi ['ælɪbaɪ] *n* alibi *m*

alien ['eɪlɪən] I. *adj* 1. (*foreign*)
étranger 2. (*strange*) étrange; ~ **to
sb** étranger à qn II. *n* 1. *form*
(*foreigner*) étranger, -ère *m, f*
2. (*extra-terrestrial creature*) extraterrestre *m*

alienate ['eɪlɪəneɪt] *vt* 1. éloigner;
to ~ sb from sb/sth éloigner qn de
qn/qc 2. LAW aliéner

alight[1] [ə'laɪt] *adj* allumé

alight[2] [ə'laɪt] *vi* **to ~ from a vehicle** descendre d'un véhicule

align [ə'laɪn] *vt* (*move into line*)
aligner

alike [ə'laɪk] I. *adj* (*similar*) semblable II. *adv* de la même façon

alimony ['ælɪmənɪ, *Am:* -moʊ-] *n*
no pl pension *f* alimentaire

alive [ə'laɪv] *adj* 1. (*not dead*) vivant
2. (*active*) actif; **to come ~** (*city*)
s'éveiller

alkali ['ælkəlaɪ] *n* alcali *m*

all [ɔːl] I. *adj* tout(e) *m(f)*, tous *mpl*,
toutes *fpl;* ~ **the butter/my life**
tout le beurre/toute ma vie; ~ **the
children/my cousins** tous les en-
fants/mes cousins II. *pron* 1. (*everybody*) tous *mpl*, toutes *fpl;* **they ~
refused** ils ont tous refusé; **he's got
four daughters, ~ blue-eyed** il a
quatre filles, toutes aux yeux bleus;
once and for ~ une fois pour toutes
2. (*everything*) tout; **most of ~** surtout; **for ~ I know** autant que je
sache 3. (*the whole quantity*) tout;
they took/drunk it ~ ils ont tout
pris/bu; ~ **of France** toute la
France; **it's ~ nonsense** c'est complètement absurde 4. (*the only
thing*) tout; ~ **I want is ...** tout ce
que je veux, c'est ... 5. **not at ~**
(*you're welcome*) il n'y a pas de
quoi; (*in no way*) pas du tout; **nothing at ~** rien du tout III. *adv* tout;
it's ~ wet/dirty c'est tout mouillé/
sale; ~ **the same** quand même; **two
~** SPORT deux partout

all-around *adj Am s.* **all-round**

all-clear [ˌɔːl'klɪər, *Am:* -'klɪr] *n* si-

gnal *m* de fin d'alerte

allegation [ˌælɪ'geɪʃn] *n* allégation *f*

allege [ə'ledʒ] *vt* prétendre

alleged *adj form* (*attacker, attack*)
présumé

allegedly *adv* **he ~ did sth** il a pré-
tendument fait qc

allegiance [ə'liːdʒəns] *n* allégeance
f

allergic [ə'lɜːdʒɪk, *Am:* -'lɜːr-] *adj a.
fig* allergique

allergy ['ælədʒɪ, *Am:* -ɚ-] <-ies> *n*
allergie *f*

alleviate [ə'liːvɪeɪt] *vt* atténuer

alley ['ælɪ] *n* 1. (*narrow street*)
ruelle *f* 2. (*path in garden*) allée *f*

alliance [ə'laɪəns] *n* alliance *f*

allied ['ælaɪd] *adj* allié

alligator ['ælɪgeɪtər, *Am:* -ʈɚ] *n* alligator *m*

allot [ə'lɒt, *Am:* -'lɑːt] <-tt-> *vt* al-
louer

allotment *n* 1. (*assignment*) attribution *f* 2. *Brit* (*plot of land*) lopin *m*
de terre

all-out [ˌɔːl'aʊt] *adj* (*attack, commitment*) total

allow [ə'laʊ] *vt* 1. (*permit*) permettre; **to ~ sb sth** (*officially*) autoriser qc à qn; **to ~ sb in/out** laisser
entre/sortir qn 2. (*allocate*) accorder; (*when planning*) prévoir
3. (*concede*) **to ~ that ...** reconnaître que ...

◆ **allow for** *vi* tenir compte de

allowance [ə'laʊəns] *n* 1. (*per-
mitted amount*) allocation *f*
2. (*money*) indemnité *f; Am* (*to
child*) argent *m* de poche 3. (*prepare
for*) **to make ~(s) for sth** prendre
qc en considération; **to make ~s for
sb** être indulgent envers qn

alloy ['ælɔɪ] *n* alliage *m*

all right I. *adj* 1. (*o.k.*) d'accord
2. (*good*) pas mal; **I feel ~** je me
sens bien 3. (*normal*) **I feel ~** ça va;
is everything ~? tout va bien? II. *interj* 1. (*expressing agreement*) d'accord 2. *inf* (*after thanks or excuse*)
it's ~ de rien III. *adv* **to get on ~
with sb** bien s'entendre avec qn

all-round [ˌɔːl'raʊnd] *adj* polyvalent; (*sportsman*) complet

allude [ə'luːd] *vi* ~ **to** sth faire allusion à qc

alluring [ə'lʊərɪŋ, *Am:* -'lʊrɪŋ] *adj* attrayant

allusion [ə'luːʒn] *n* allusion *f*

ally [ə'laɪ] I.<-ies> *n* allié(e) *m(f)* II.<-ie-> *vt* **to** ~ **oneself with** [*o* to] **sb** s'allier avec qn

almighty [ɔːl'maɪtɪ, *Am:* -t̬ɪ] *adj inf* terrible

almond ['ɑːmənd] *n* (*nut*) amande *f*

almost ['ɔːlməʊst, *Am:* -moʊst] *adv* presque; I ~ **fell asleep** j'ai failli m'endormir

alone [ə'ləʊn, *Am:* -'loʊn] I. *adj* seul II. *adv* tout seul

along [ə'lɒŋ, *Am:* -'lɑːŋ] I. *prep* **1.** (*on*) **all** ~ **sth** tout le long de qc **2.** (*in addition to*) ~ **with** sth/sb en plus de qc/qn II. *adv* **1.** (*going forward*) **to walk** ~ marcher **2.** (*to a place*) **to come** ~ venir; **are you coming** ~? tu viens?, tu viens avec? *Belgique;* **he'll be** ~ **in an hour** il viendra dans une heure

alongside [ə'lɒŋ'saɪd, *Am:* ə'lɑːŋsaɪd] I. *prep* **1.** *a.* NAUT **to stop** ~ **a quay** stopper le long d'un quai **2.** (*next to*) ~ **sth** à côté de qc II. *adv* NAUT bord à bord

aloof [ə'luːf] *adj* distant

aloud [ə'laʊd] *adv* (*read, think*) à voix haute; (*laugh*) fort

alphabet ['ælfəbet] *n* alphabet *m*

alphabetical [ˌælfə'betɪkl] *adj* alphabétique

Alps [ælps] *npl* **the** ~ les Alpes

already [ɔːl'redɪ] *adv* déjà

alright [ɔːl'raɪt] *s.* **all right**

Alsatian [æl'seɪʃn] *n* (*large dog*) berger *m* allemand

also ['ɔːlsəʊ, *Am:* 'ɔːlsoʊ] *adv* aussi

altar ['ɔːltər, *Am:* -t̬ər] *n* autel *m*

alter ['ɔːltər, *Am:* -t̬ər] *vt*, *vi* changer

alteration [ˌɔːltə'reɪʃn, *Am:* -t̬ə-] *n* changement *m;* **an** ~ **to** sth une modification à qc

alternate [ɔːl'tɜːnət, *Am:* -'tɜːr-] I. *vi*, *vt* alterner II. *adj* **1.** (*by turns*) alterné; **on** ~ **days** un jour sur deux **2.** *Am* (*different, alternative*) alter-

natif

alternative [ɔːl'tɜːnətɪv, *Am:* -'tɜːrnət̬ɪv] I. *n* alternative *f* II. *adj* alternatif

alternatively *adv* sinon

alternator ['ɔːltəneɪtər, *Am:* -t̬ə- neɪt̬ər] *n* alternateur *m*

although [ɔːl'ðəʊ, *Am:* -'ðoʊ] *conj* bien que, quoique; **he is late** ~ **he left early** il est en retard bien qu'il soit parti à temps

altimeter ['æltɪmiːtər, *Am:* æl'tɪmət̬ər] *n* altimètre *m*

altitude ['æltɪtjuːd, *Am:* -tuːd] *n* altitude *f*

alto ['æltəʊ, *Am:* -toʊ] *n* **1.** (*woman*) contralto *m*, alto *f* **2.** (*viola or man*) alto *m*

altogether [ˌɔːltə'geðər, *Am:* -ər] *adv* **1.** (*completely*) entièrement **2.** (*in total*) globalement

aluminium [ˌæljʊ'mɪnɪəm] *n*, **aluminum** [ə'luːmɪnəm] *n Am no pl* aluminium

always ['ɔːlweɪz] *adv* toujours

am [əm] *1st pers sing of* **be**

a.m. *adv abbr of* **ante meridiem** *avant midi*

amalgamate [ə'mælgəmeɪt] I. *vt* **1.** CHEM amalgamer **2.** (*merge*) fusionner II. *vi* **1.** CHEM s'amalgamer **2.** (*merge*) fusionner

amass [ə'mæs] *vt* amasser

amateur ['æmətər, *Am:* -t̬ər] I. *n a. pej* amateur *m* II. *adj* amateur

amaze [ə'meɪz] *vt* stupéfier

amazement *n no pl* stupéfaction *f*

amazing *adj* très surprenant

Amazon ['æməzən, *Am:* -zɑːn] *n* (*river*) **the** (**river**) ~ l'Amazone *f;* **the** ~ **rain forest** la forêt amazonienne

ambassador [æm'bæsədər, *Am:* -dər] *n* ambassadeur, -drice *m, f*

amber ['æmbər, *Am:* -bər] I. *n* ambre *m* II. *adj* ambré; **the traffic light is at** ~ *Brit* le feu est à l'orange; *s. a.* **blue**

ambidextrous [ˌæmbɪ'dekstrəs] *adj* ambidextre

ambiguous [æm'bɪgjʊəs] *adj* ambigu

ambition [æm'bɪʃn] *n* ambition *f*
ambitious [æm'bɪʃəs] *adj* ambitieux
amble ['æmbl] *vi* aller tranquillement
ambulance ['æmbjʊləns] *n* ambulance *f*
ambush ['æmbʊʃ] I. *vt* tendre une embuscade à II. <-es> *n* embuscade *f*
amenable [ə'miːnəbl] *adj* (*pupil, dog*) docile; **to be ~ to suggestion** être ouvert aux suggestions
amend [ə'mend] *vt* modifier; (*law*) amender
amendment *n* (*change, changed words*) modification *f*; (*to a bill*) amendement *m*
amenities [ə'miːnətɪz, *Am:* -'menətɪz] *n pl* équipement *m*
America [ə'merɪkə] *n* l'Amérique *f*
American [ə'merɪkən] I. *adj* américain II. *n* Américain(e) *m(f)*
amiable ['eɪmɪəbl] *adj* aimable
amicable ['æmɪkəbl] *adj* amical
amid [ə'mɪd(st)] *prep* au milieu de
amiss [ə'mɪs] I. *adj* **something is ~** il y a quelque chose qui ne va pas II. *adv* **to take sth ~** mal prendre qc
ammonia [ə'məʊnɪə, *Am:* -'moʊnjə] *n no pl* (*solution*) ammoniaque *f*
ammunition [ˌæmjʊ'nɪʃn, *Am:*-jə-] *n no pl* **1.** (*for firearms*) munitions **2.** (*in debate*) armes *fpl*
amnesia [æm'niːzɪə, *Am:* -ʒə] *n no pl* amnésie *f*
amnesty ['æmnəstɪ] <-ies> *n* amnistie *f*
amok [ə'mɒk, *Am:* -'mʌk], *adv* **to run ~** être pris de folie furieuse
among [ə'mʌŋ(st)] *prep* parmi; **~ other things** entre autres choses
amoral [ˌeɪ'mɒrəl, *Am:* -'mɔːr-] *adj* amoral
amorous ['æmərəs] *adj* amoureux
amount [ə'maʊnt] I. *n* quantité *f*; **any ~ of** *inf* des tas de II. *vi* **1.** (*add up to*) **to ~ to sth** s'élever à qc **2.** (*mean*) revenir à qc
amp. [æmp] *n abbr of* **ampere** A *m*
ampere ['æmpeəʳ, *Am:* -pɪr] *n form*

ampère *m*
amphibious [æm'fɪbɪəs] *adj* amphibie
ample ['æmpl] <-r, -st> *adj* largement assez de; **~ evidence** des preuves abondantes
amplifier ['æmplɪfaɪəʳ, *Am:* -ɚ] *n* amplificateur *m*
amputate ['æmpjʊteɪt] I. *vt* **to ~ sb's right foot** amputer qn du pied droit II. *vi* amputer
amuse [ə'mjuːz] *vt* **1.** amuser **2.** (*occupy*) divertir
amusement *n* **1.** *no pl* (*state*) amusement *m* **2.** (*pleasure*) divertissement *m*
amusement arcade *n Brit* galerie *f* de jeux **amusement park** *n* parc *m* d'attractions
amusing *adj* amusant
an [ən] *indef art* (+ *vowel*) un(e)

> ⚠ **an** s'emploie devant les mots commençant par les voyelles a, e, i, o, u : "an apple", "an egg", "an ice-cream", "an oyster", "an umbrella" et devant h quand il n'est pas prononcé: "an hour", "an honest man". Cependant, quand un u se prononce [ju], alors on emploie l'article **a** devant le mot: "a unit", "a university".

anaemic [ə'niːmɪk] *adj* **1.** MED anémique **2.** (*weak*) faible
anaesthetic [ˌænɪs'θetɪk, *Am:* -'θeţ-] *n* anesthésique *m*; **under ~** sous anesthésie
analog ['ænəlɒg] *n Am s.* **analogue**
analogy [ə'nælədʒɪ] <-ies> *n* analogie *f*
analyse ['ænəlaɪz] *vt Aus, Brit s.* **analyze**
analysis [ə'næləsɪs] <-ses> *n* analyse *f*
analyst ['ænəlɪst] *n* analyste *mf*
analytical [ˌænə'lɪtɪkl, *Am:* -'lɪţ-] *adj* analytique
analyze ['ænəlaɪz] *vt* analyser

anarchist ['ænəkɪst, *Am:* -ɚ-] I. *n* anarchiste *mf* II. *adj* anarchiste
anarchy ['ænəkɪ, *Am:* -ɚ-] *n no pl* anarchie *f*
anatomy [ə'nætəmɪ, *Am:* -'næt̬-] *n no pl* ANAT anatomie *f*
ancestor ['ænsestəʳ, *Am:* -sestɚ] *n* ancêtre *mf*
anchor ['æŋkəʳ, *Am:* -kɚ] I. *n* ancre *f*; **to drop/weigh ~** jeter/lever l'ancre II. *vt* 1. (*fix firmly*) ancrer 2. TV, RADIO présenter III. *vi* mouiller
anchovy ['æntʃˌleˌvɪ, *Am:* -tʃoʊ-] <-ies> *n* anchois *m*
ancient ['eɪnʃənt] *adj* 1. (*old*) ancien 2. HIST antique 3. *inf* (*very old*) très vieux
ancillary [æn'sɪlərɪ, *Am:* 'ænsəlerɪ] *adj* auxiliaire
and [ən] *conj* 1. (*also*) et 2. MAT plus; **four hundred ~ twelve** quatre cent douze 3. (*then*) **to go ~ open the window** aller ouvrir la fenêtre 4. **wait ~ see** on verra; **~ so on** et ainsi de suite
Andes ['ændiːz] *npl* **the ~** les Andes
Andorra [æn'dɔːrə] *n* Andorre *f*
anecdote ['ænɪkdəʊt, *Am:* -doʊt] *n* anecdote *f*
anemic *adj Am s.* **anaemic**
anesthetic *n Am s.* **anaesthetic**
angel ['eɪndʒl] *n a.* REL ange *m*
anger ['æŋgəʳ, *Am:* -gɚ] I. *n no pl* colère *f* II. *vt* mettre en colère
angina [æn'dʒaɪnə] *n* MED angine *f*; **~ pectoris** angine de poitrine
angle ['æŋgl] I. *n* MAT angle *m*; **at an ~ to sth** en biais par rapport à qc II. *vt* (*mirror, light*) orienter
angler ['æŋgləʳ, *Am:* -glɚ] *n* pêcheur *m*
Anglican ['æŋglɪkən] I. *adj* anglican II. *n* Anglican(e) *m(f)*
angling *n no pl* pêche *f* (à la ligne)
Angola [æŋ'gəʊlə, *Am:* -'goʊ-] *n* Angola *m*
Angolan [æŋ'gəʊlən, *Am:* -'goʊ-] I. *adj* angolais II. *n* Angolais(e) *m(f)*
angry ['æŋgrɪ] *adj* en colère; **to be/get ~ with** [*o at*] **sb** être/se mettre en colère contre qn
anguish ['æŋgwɪʃ] *n no pl* angoisse

f
angular ['æŋgjʊləʳ, *Am:* -lɚ] *adj* anguleux
animal ['ænɪml] *n* 1. ZOOL animal *m* 2. (*person*) brute *f*
animate ['ænɪmeɪt] *vt* animer
animated *adj* animé
aniseed ['ænɪsiːd] *n no pl* anis *m*
ankle ['æŋkl] *n* cheville *f*
ankle boots *pl n* bottines *fpl* **ankle sock** *n Brit* socquette *f*
annex¹ [ə'neks] *vt* annexer
annex² ['æneks] *n Am s.* **annexe**
annihilate [ə'naɪəleɪt] *vt* anéantir
anniversary [ˌænɪ'vɜːsərɪ, *Am:* -'vɜːr-] <-ies> *n* anniversaire *m*
announce [ə'naʊns] *vt* annoncer
announcement *n* annonce *f*
announcer [ə'naʊnsəʳ, *Am:* -sɚ] *n* présentateur, -trice *m, f*
annoy [ə'nɔɪ] *vt* embêter
annoyance *n no pl* (*state*) mécontentement *m*
annoying *adj* énervant
annual ['ænjʊəl] I. *adj* annuel II. *n* 1. TYP publication *f* annuelle 2. BOT plante *f* annuelle
annul [ə'nʌl] <-ll-> *vt* annuler
anomaly [ə'nɒməlɪ, *Am:* -'nɑː-] <-ies> *n* anomalie *f*
anonymous [ə'nɒnɪməs, *Am:* -'nɑːnə-] *adj* anonyme
anorexia [ˌænə'reksɪə] *n no pl* anorexie *f*
anorexic I. *adj* anorexique II. *n* anorexique *mf*
another [ə'nʌðəʳ, *Am:* -ɚ] I. *pron* 1. (*one more*) un(e) autre; **many ~** bien d'autres 2. (*mutual*) **one ~** l'un l'autre II. *adj* un(e) autre; **~ cake?** encore un gâteau?; **not that cake, ~ one** pas ce gâteau-là, un autre
answer ['ɑːnsəʳ, *Am:* 'æːnsɚ] I. *n* 1. (*reply*) réponse *f*; **there was no ~** (*at door*) il n'y avait personne; (*to letter, on phone*) il n'y a pas eu de réponse 2. (*solution*) solution *f* II. *vt* répondre à; **to ~ the telephone** répondre au téléphone; **to ~ the door**(**bell**) ouvrir la porte (au coup de sonnette) III. *vi* donner une réponse

◆**answer back** *vi* répondre (avec insolence)

◆**answer for** *vt* to ~ sb/sth répondre de qn/qc

answerable *adj* (*accountable*) **to be ~ to sb** être responsable devant qn

answering machine *n* répondeur *m*

ant [ænt] *n* fourmi *f*

antagonise *vt Aus, Brit s.* **antagonize**

antagonism [æn'tægənɪzəm] *n no pl* antagonisme *m*

antagonize [æn'tægənaɪz] *vt* contrarier

Antarctic [æn'tɑːktɪk, *Am:* -'tɑːrk-] *n* **the ~** l'Antarctique *m*

antelope ['æntɪləʊp, *Am:* -t̬loʊp] <-s *o* -> *n* antilope *f*

antenatal [ˌæntɪ'neɪtl, *Am:* -t̬ɪ-] *adj* prénatal

antenna¹ [æn'tenə] <-nae> *n* BIO antenne *f*

antenna² [æn'tenə] <-s> *n Am, Aus* (*aerial*) antenne *f*

anthem ['ænθəm] *n a.* REL hymne *m o f*

anthology [æn'θɒlədʒɪ, *Am:* -θɑːlə-] <-ies> *n* anthologie *f*

antibiotic [ˌæntɪbaɪ'ɒtɪk, *Am:* -t̬ɪbaɪ'ɑːt̬ɪk] I. *n* antibiotique *m* II. *adj* antibiotique

antibody ['æntɪbɒdɪ, *Am:* -t̬ɪbɑːdɪ] <-ies> *n* anticorps *m*

anticipate [æn'tɪsɪpeɪt, *Am:* -ə-] *vt* 1.(*expect, foresee*) prévoir 2.(*look forward to*) savourer à l'avance 3.(*act in advance of*) anticiper

anticipation [ænˌtɪsɪ'peɪʃn, *Am:* ænˌtɪsə-] *n no pl* 1.plaisir *m* anticipé 2.(*expectation*) attente *f;* **in ~ of sth** dans l'attente de qc

anticlimax [ˌæntɪ'klaɪmæks, *Am:* -t̬ɪ-] <-es> *n* déception *f*

anticlockwise [ˌæntɪ'klɒkwaɪz, *Am:* -t̬ɪ'klɑːk-] *adv Aus, Brit* dans le sens inverse des aiguilles d'une montre

antics ['æntɪks, *Am:* -t̬ɪks] *n pl* pitreries *fpl pej*

anticyclone [ˌæntɪ'saɪkləʊn, *Am:* ˌænt̬ɪ'saɪkloʊn] *n* anticyclone *m*

antidepressant [ˌæntɪdɪ'presənt,

Am: -t̬ɪ-] *n* antidépresseur *m*

antidote ['æntɪdəʊt, *Am:* -t̬ɪdoʊt] *n* **an ~ for sth** un antidote à qc

antifreeze ['æntɪfriːz, *Am:* -t̬ɪ-] *n no pl* antigel *m*

antihistamine [ˌæntɪ'hɪstəˌmiːn, *Am:* -t̬ɪ-] *n* antihistaminique *m*

antiperspirant [ˌæntɪ'pɜːspərənt, *Am:* -t̬ɪ'pɜːrspɚ-] *n* déodorant *m* anti-transpirant

antiquated ['æntɪkweɪtɪd, *Am:* -t̬əkweɪt̬ɪd] *adj pej* vétuste

antique [æn'tiːk] I. *n* antiquité *f;* ~ **dealer** antiquaire *mf* II. *adj* ancien

anti-Semitic [ˌæntɪsɪ'mɪtɪk, *Am:* -t̬ɪsə'mɪt̬-] *adj pej* antisémite

antiseptic [ˌæntɪ'septɪk, *Am:* -t̬ə-] I. *n* 1. *no pl* (*agent*) antiseptique *m* 2.(*drugs*) produit *m* antiseptique II. *adj* (*free from infection*) aseptique

anti-social [ˌæntɪ'səʊʃl, *Am:* -t̬ɪ'soʊ-] *adj* 1.(*harmful to society*) antisocial 2.(*not sociable*) asocial

antler ['æntlə, *Am:* -lɚ] *n* **the ~s** les bois *mpl*

anus ['eɪnəs] *n* anus *m*

anvil ['ænvɪl, *Am:* -vl] *n* enclume *f*

anxiety [æŋ'zaɪətɪ, *Am:* -t̬ɪ] *n* 1.(*concern*) anxiété *f* 2.(*desire*) ~ **to** +*infin* impatience à +*infin*

anxious ['æŋkʃəs] *adj* 1.(*concerned*) anxieux 2.(*eager*) **to be ~ to** +*infin* tenir (beaucoup) à +*infin*

any ['enɪ] I. *adj* 1.(*some*) **do they have ~ money/more soup?** ont-ils de l'argent/encore de la soupe? 2.(*not important which*) ~ **glass will do** n'importe quel verre ira; **come at ~ time** viens/venez n'importe quand 3.(*that may exist*) ~ **faults/trouble should be reported to me** tout problème/incident doit m'être signalé II. *adv* 1.(*not*) **he doesn't come ~ more** il ne vient plus; **I can't make it ~ simpler** je ne peux pas le simplifier davantage; **does he feel ~ better?** se sent-il mieux? 2. *Am* (*at all*) **it doesn't help him ~** cela ne lui sert à rien III. *pron* 1.(*some*) **do ~ of you know?** l'un d'entre vous; **if you**

want ~, **take some/one** si tu en veux, prends-en **2.** (*indefinite*) **buy ~ you see** achète ce que tu verras

anybody ['enɪbɒdɪ, *Am:* -baːdɪ] *indef pron, sing* **1.** (*someone*) **if ~ knows** si quelqu'un sait; **I've not seen ~ like that** je n'ai vu personne de tel **2.** (*whoever*) **~ can apply** n'importe qui peut postuler

anyhow ['enɪhaʊ] *adv* **1.** (*in any case*) de toute façon **2.** (*in a disorderly way*) n'importe comment

anyone ['enɪwʌn] *pron s.* **anybody**

anything ['enɪθɪŋ] *indef pron, sing* **1.** (*something*) **does she know ~?** est-ce qu'elle sait quelque chose?; **I don't know ~** je ne sais rien; **not ~ much** pas grand chose; **hardly ~** presque rien; **is there ~ new?** quoi de neuf?; **~ else** quelque chose d'autre **2.** (*whatever*) tout; **they can choose ~ they like** ils peuvent choisir ce qu'ils veulent; **it is ~ but funny** cela n'a rien de drôle; **~ and everything** tout et n'importe quoi **3.** **to be as hard/dry/loud as ~** être qc comme tout

anyway ['enɪweɪ] *adv*, **anyways** ['enɪweɪz] *adv Am, inf* (*in any case*) de toute façon

anywhere ['enɪweə', *Am:* -wer] *adv* **1.** (*in any place*) n'importe où; **~ in France** partout en France **2.** (*some place*) **have you looked ~ else?** est-ce que tu as cherché ailleurs?; **you won't hear this ~ else** tu n'entendras cela nulle part ailleurs

---

ⓘ L'**Anzac Day** ("Australian and New Zealand Armed Corps"), le 25 avril, est en Australie et en Nouvelle-Zélande une journée nationale de deuil, célébrée par un service religieux et des marches funéraires, en commémoration du débarquement des "Anzacs" sur l'île turque de Gallipoli, lors de la Première Guerre mondiale, le 25 avril 1915, qui furent vaincus par la suite. L'importance symbolique de ce jour réside dans le fait que les Australiens ont combattu pour la première fois ouvertement hors de leur territoire en tant qu'unités de guerre australiennes.

---

apart [ə'paːt, *Am:* -'paːrt] *adv* **1.** (*separated*) écarté **2.** (*separated from sb*) **when we're ~** lorsque nous sommes séparés **3.** (*into pieces*) **to come ~** se démonter

apart from *prep* **1.** (*except for*) **~ that** à part cela **2.** (*in addition to*) outre, en plus **3.** (*separate from*) **to live ~ sb** être séparé de qn

apartheid [ə'paːtheɪt, *Am:* -'paːrteɪt] *n no pl* apartheid *m*

apartment [ə'paːtmənt, *Am:* -'paːrt-] *n* appartement *m*

apartment building *n*, **apartment house** *n Am* (*block of flats*) immeuble *m* (locatif), conciergerie *f* Québec

apathy ['æpəθɪ] *n no pl* **~ about sth** apathie *f* vis-à-vis de qc

ape [eɪp] **I.** *n* ZOOL grand singe *m* **II.** *vt* singer

aperture ['æpətʃə', *Am:* -ətʃʊr] *n* PHOT ouverture *f*

apex ['eɪpeks] <-es *o* apices> *n* sommet *m*

apiece [ə'piːs] *adv* **to cost £2 ~** coûter £2 pièce; **I gave them £2 ~** je leur ai donné £2 chacun

apocalypse [ə'pɒkəlɪps, *Am:* -'paːkə-] *n no pl* (*disaster*) apocalypse *f*

apologetic [ə,pɒlə'dʒetɪk, *Am:* -,paːlə'dʒet̮-] *adj* **to be ~ about sth** s'excuser de qc

apologize [ə'pɒlədʒaɪz, *Am:* -'paːlə-] *vi* **to ~ to sb for sth** s'excuser de qc auprès de qn

apology [ə'pɒlədʒɪ, *Am:* -'paːlə-] <-ies> *n* excuses *fpl*

apostle [ə'pɒsl, *Am:* -'paːsl] *n* apôtre *m*

apostrophe [ə'pɒstrəfɪ, *Am:* -'paːstrə-] *n* apostrophe *f*

appal [ə'pɔːl] <-ll-> vt offusquer

appall [ə'pɔːl] vt Am s. **appal**

appallingly adv **1.** (shockingly) effroyablement **2.** (terribly) épouvantablement

apparatus [ˌæpə'reɪtəs, Am: -ə'ræt̬-] n **1.** no pl (equipment) équipement m **2.** (machine) appareil m

apparel [ə'pærəl, Am: -'per-] n no pl, form (clothing) vêtements mpl

apparent [ə'pærənt, Am: -'pernt] adj **1.** (clear) évident; it is ~ that ... il est clair que...; **to be ~ to** sb être clair pour qn **2.** (seeming) apparent

apparently adv apparemment

appeal [ə'piːl] I. vi **1.** (attract) **to ~ to** sb/sth plaire à qn/qc; **to ~ to the emotions/senses** faire appel aux émotions/sens **2.** LAW **to ~ against sth** faire appel contre qc **3.** (plead, call upon) **to ~ to** sb **for sth** lancer un appel auprès de qn pour qc II. n **1.** (attraction) attrait m **2.** LAW appel m **3.** (request) demande f

appealing adj (idea, smile) attrayant

appear [ə'pɪəʳ, Am: -'pɪr] vi **1.** (become visible) apparaître; (on page, screen) paraître **2.** (seem) paraître; **to ~ to be** ... sembler être ...; **it ~s to me that** ... il me semble que ... **3.** (as witness defendant) comparaître **4.** (perform) **to ~ in a film** jouer dans un film **5.** (be published) sortir

appearance [ə'pɪərəns, Am: -'pɪrəns] n **1.** (instance of appearing) apparition f **2.** LAW comparution f **3.** (looks) apparence f

appease [ə'piːz] vt form apaiser

append [ə'pend] vt form **to ~ sth to** sth joindre qc à qc

appendicitis [əˌpendɪ'saɪtɪs] n no pl appendicite f

appendix [ə'pendɪks] n <-es> ANAT appendice m

appetite ['æpɪtaɪt, Am: -ə-] n appétit m

appetizer ['æpɪtaɪzəʳ, Am: -ətaɪzə] n (snack) amuse-gueule m

appetizing ['æpɪtaɪzɪŋ, Am: -ə-] adj appétissant

applaud [ə'plɔːd, Am: -'plɑːd] vi, vt applaudir

applause [ə'plɔːz, Am: -'plɑːz] n no pl applaudissements mpl

apple ['æpl] n pomme f

appliance [ə'plaɪəns] n appareil m

applicable ['æplɪkəbl] adj ~ **to** sb/ sth applicable à qn/qc

applicant ['æplɪkənt] n **1.** (for job, admission) candidat(e) m(f) **2.** ADMIN demandeur, -euse m, f

application [ˌæplɪ'keɪʃn] n **1.** (for job, membership) candidature f; **job ~** demande f d'emploi; **to send off an ~** envoyer une candidature **2.** ADMIN demande f **3.** INFOR application f

application form n (for job, admission) formulaire m de candidature

applied adj appliqué

apply [ə'plaɪ] I. vi **1.** (request) **to ~ to** sb/sth **for a job/passport** faire une demande d'emploi/de passeport auprès de qn/qc; **he applied to join the army** il a posé sa candidature pour entrer dans l'armée **2.** (submit an application) **to ~ in writing** faire une demande écrite **3.** (pertain) s'appliquer; **to ~ to** sb concerner qn II. vt appliquer; **to ~ the brakes** freiner

appoint [ə'pɔɪnt] vt **1.** (select) **to ~ sb/sth to** +infin nommer qn/qc pour +infin **2.** form (designate) **to ~ a date** fixer une date

appointment n **1.** (selection) **the ~ of** sb **as sth** la nomination de qn comme qc **2.** (meeting, arrangement) rendez-vous m; **to make an ~ with** sb prendre rendez-vous avec qn

appraisal [ə'preɪzl] n évaluation f

appreciable [ə'priːʃəbl] adj appréciable; (difference) sensible

appreciate [ə'priːʃɪeɪt] I. vt **1.** (value) apprécier **2.** (understand) **to ~ the danger** être conscient du danger; **to ~ that** ... se rendre compte que ... **3.** (be grateful for) être reconnaissant pour II. vi monter; **to ~ (in value) by 25 %**

prendre 25 % de valeur

appreciation [ə,pri:ʃɪˈeɪʃn] *n no pl*
1. (*gratitude*) appréciation *f*
2. (*understanding*) compréhension *f*
3. FIN hausse *f*

appreciative [əˈpri:ʃɪətɪv] *adj*
1. (*appreciating*) sensible **2.** (*grateful*) reconnaissant

apprehensive [ˌæprɪˈhensɪv] *adj*
d'appréhension; **to be ~ about sth**
appréhender qc

apprentice [əˈprentɪs, *Am:* -t̬ɪs] *n*
apprenti(e) *m(f)*

apprenticeship [əˈprentɪʃɪp, *Am:*
-t̬əsʃɪp] *n* apprentissage *m*

approach [əˈprəʊtʃ, *Am:* -ˈproʊtʃ]
I. *vt* **1.** (*get close(r) to*) s'approcher
de **2.** (*talk to*) je vais m'adresser au
président; **to ~ sb/sth about sth**
aborder qn/qc à propos de qc
3. (*deal with*) aborder **II.** *vi* s'approcher **III.** *n* **1.** (*coming, way of
handling*) approche *f* **2.** (*onset*) **the**
~ of retirement l'approche de la retraite **3.** (*proposition*) proposition *f*

approachable *adj* accessible

appropriate [əˈprəʊprɪət, *Am:*
-ˈproʊ-] **I.** *adj* (*suitable*) approprié
II. [əˈprəʊprɪeɪt, *Am:* -ˈproʊ-] *vt
form* **1.** (*take*) s'approprier **2.** FIN **to ~
funds for sth** affecter des fonds à qc

approval [əˈpru:vl] *n no pl* approbation *f*; **on ~** ECON à l'essai

approve [əˈpru:v] **I.** *vi* (*like*) approuver; **to ~ of sb** apprécier qn
II. *vt* approuver

approximate [əˈprɒksɪmət, *Am:*
-ˈprɑ:k-] *adj* approximatif

approximately *adv* approximativement

apricot [ˈeɪprɪkɒt, *Am:* -kɑ:t] *n* a-
bricot *m*

April [ˈeɪprəl] *n* avril *m*

April Fool's Day *n no pl* le 1ᵉʳ avril

apron [ˈeɪprən] *n* (*clothing*) tablier
m

apt [æpt] *adj* **1.** (*remark*) juste; (*moment*) bon **2.** (*likely*) ~ **to** +*infin* enclin à +*infin*

aptitude [ˈæptɪtjuːd, *Am:* -tuːd] *n*
aptitude *f*; **to have an ~ for sth**
avoir un don pour qc

aqualung, **Aqua lung**®
[ˈækwəlʌŋ] *n* scaphandre *m* autonome

aquarium [əˈkweərɪəm, *Am:*
-ˈkwerɪ] <-s *o* -ria> *n* aquarium *m*

Aquarius [əˈkweərɪəs, *Am:*
-ˈkwerɪ] *n* Verseau *m*; **to be (an) ~**
être (du) Verseau

aquatic [əˈkwætɪk, *Am:* -ˈkwæt̬-]
adj **1.** aquatique **2.** SPORT nautique

aqueduct [ˈækwɪdʌkt] *n* aqueduc
m

Arab [ˈærəb, *Am:* ˈer-] **I.** *adj* arabe
II. *n* Arabe *mf*

arabesque [ˌærəˈbesk, *Am:* ˌer-] *n*
arabesque *f*

Arabian [əˈreɪbɪən] *adj* arabe; **the ~
peninsula** la péninsule arabique

Arabic [ˈærəbɪk, *Am:* ˈer-] *n* LING
arabe *m*; *s. a.* **English**

arable [ˈærəbl, *Am:* ˈer-] *adj* arable

arbitrary [ˈɑ:bɪtrərɪ, *Am:*
ˈɑ:rbətrerɪ] *adj* arbitraire

arbitration [ˌɑ:bɪˈtreɪʃn, *Am:*
ˌɑ:rbə-] *n no pl* arbitrage *m*; **to go
to ~** s'en remettre à un arbitrage

> **i** Aux USA, on plante des arbres
> pour l'**Arbor Day**. Dans certains
> États, ce jour est férié. La date
> exacte de l'"Arbor Day" diffère
> selon les États, étant donné que la
> bonne période pour planter des
> arbres peut varier selon leur situ-
> ation géographique.

arcade [ɑ:ˈkeɪd, *Am:* ɑ:r-] *n* ARCHIT
arcade *f*; (*for shopping*) galerie *f*
marchande

arch [ɑ:tʃ, *Am:* ɑ:rtʃ] **I.** *n* arche *f*; ~
of the foot voûte *f* plantaire **II.** *vi*
former une voûte **III.** *vt* cintrer

archaeologist *n* archéologue *mf*

archaeology [ˌɑ:kɪˈɒlədʒɪ] *n no pl*
archéologie *f*

archaic [ɑ:ˈkeɪɪk, *Am:* ɑ:r-] *adj* archaïque

archbishop [ˌɑ:tʃˈbɪʃəp, *Am:* ˌɑ:rtʃ-]
n archevêque *m*

archdiocese [ˌɑ:tʃˈdaɪəsɪs, *Am:*

ˌɑːrtʃ-] n archidiocèse m

arch-enemy [ˌɑːṭˌsˌ'en.ɪ.mli, Am: ˌɑːrṭˌsˌ-] <-ies> n ennemi(e) m(f) juré

archeology [ˌɑːrkɪ'ɑːlədʒɪ] n Am s. **archaeology**

archer ['ɑːtʃəʳ, Am: 'ɑːrtʃəʳ] n archer, -ère m, f

archery ['ɑːtʃɪ, Am: 'ɑːr-] n no pl tir m à l'arc

architect ['ɑːkɪtekt, Am: 'ɑːrkə-] n a. fig architecte mf

architecture ['ɑːkɪtektʃəʳ, Am: 'ɑːrkətektʃəʳ] n no pl architecture f

archive(s) ['ɑːkaɪvz, Am: 'ɑːr-] n a. INFOR archive f

archway ['ɑːtʃweɪ, Am: 'ɑːrtʃ-] n arche f

Arctic ['ɑːktɪk, Am: 'ɑːrk-] n the ~ l'Arctique m

ardent ['ɑːdnt, Am: 'ɑːr-] adj ardent

arduous ['ɑːdjʊəs, Am: 'ɑːrdʒu-] adj ardu

are [əʳ] vi s. **be**

area ['eərɪə, Am: 'erɪ-] n 1. (in town) zone f; (in country) région f; (in office, home) espace m 2. (field) domaine m 3. (land surface) superficie f

area code n Am, Aus s. **dialling code**

arena [ə'riːnə] n a. fig arène f

Argentina [ˌɑːdʒən'tiːnə, Am: ˌɑːr-] n l'Argentine f

Argentinian [ˌɑːdʒən'tɪnɪən, Am: ˌɑːr-] I. adj argentin II. n Argentin(e) m(f)

arguably ['ɑːgjuːəblɪ, Am: 'ɑːrg-] adv sans doute

argue ['ɑːgjuː, Am: 'ɑːrg-] I. vi 1. (have argument) to ~ about sth with sb se disputer avec qn au sujet de qc 2. (discuss) to ~ with sb about sth débattre avec qn de qc 3. (reason) argumenter II. vt (debate) discuter; to ~ that ... alléguer que ...

argument ['ɑːgjʊmənt, Am: 'ɑːrgjə-] n 1. (disagreement) dispute f; to have an ~ se disputer 2. (discussion) débat m 3. (reasons) argument m

argumentative [ˌɑːgjʊ'mentətɪv, Am: ˌɑːrgjə'ment̪ət̪ɪv] adj pej ergoteur

arid ['ærɪd, Am: 'er-] adj aride

Aries ['eəriːz, Am: 'eriːz] n Bélier m; s. a. **Aquarius**

arise [ə'raɪz] <arose, -n> vi (come about) se produire; (difficulty) surgir; (doute) apparaître

aristocrat ['ærɪstəkræt, Am: ə'rɪs-] n aristocrate mf

arithmetic [ə'rɪθmətɪk, Am: ˌerɪθ-'metɪk] n no pl arithmétique f

ark [ɑːk, Am: ɑːrk] n no pl REL arche f

arm¹ [ɑːm] n 1. ANAT, GEO a. fig bras m 2. (sleeve) manche f 3. to keep sb at ~'s length tenir qn à distance; to twist sb's ~ forcer la main à qn

arm² [ɑːm, Am: ɑːrm] MIL I. vt armer II. n pl armes fpl; to lay down one's ~s déposer les armes; take up ~s against sb/sth partir en guerre contre qn/qc

armament ['ɑːməmənt, Am: 'ɑːr-] n armement m

armchair ['ɑːmˌtʃeəʳ, Am: 'ɑːrmˌtʃer] n fauteuil m

armed adj a. fig armé

armed forces npl the ~ les forces fpl armées

Armenia [ɑːmiːnɪə, Am: ɑːr-] n l'Arménie f

armhole ['ɑːmhəʊl, Am: 'ɑːrmhoʊl] n emmanchure f

armor n Am, Aus, **armour** ['ɑːməʳ, Am: 'ɑːrməʳ] n no pl 1. ZOOL cuirasse f 2. MIL armure f

armoured adj Brit blindé

armpit ['ɑːmpɪt, Am: 'ɑːrm-] n aisselle f

armrest ['ɑːmrest, Am: 'ɑːrm-] n accoudoir m

arms control n MIL contrôle m des armements

army ['ɑːmɪ, Am: 'ɑːr-] <-ies> n armée f

aroma [ə'rəʊmə, Am: -'roʊ-] n arôme m

arose [ə'rəʊz, Am: ə'roʊz] pt of **arise**

around [ə'raʊnd] I. prep Am, Aus s.

round II. *adv* 1. (*round about*) autour 2. (*in circumference*) **for miles ~** à des lieues à la ronde 3. (*aimlessly*) **to walk ~** se balader 4. (*near by*) dans les parages; **is he ~?** est-il (par) là? 5. (*in existence*) **she's been ~ for years** elle est là depuis toujours; **he's still ~** il est encore en vie 6. **to have been ~** *inf* n'être pas né d'hier

arouse [ə'raʊz] *vt* exciter

arrange [ə'reɪndʒ] *vt a.* MUS arranger; (*event, meeting*) organiser; **I'll ~ everything** je m'occuperai de tout

arrangement *n a.* MUS arrangement *m;* (*placing*) disposition *f;* **to come to an ~ with sb** se mettre d'accord avec qn

array [ə'reɪ] I. *n* (*display*) étalage *m* II. *vt* (*display*) **to be ~ed** s'étaler

arrears [ə'rɪəz, *Am:* -'rɪrz] *npl* FIN arriéré *m;* **in ~** en retard (de paiement)

arrest [ə'rest] I. *vt a.* LAW arrêter II. *n* LAW **to place under ~** mettre en état d'arrestation

arrival [ə'raɪvl] *n* arrivée *f*

arrive [ə'raɪv] *vi* arriver; **to ~ at a conclusion** parvenir à une conclusion

arrogant ['ærəgənt, *Am:* 'er-] *adj* arrogant

arrow ['ærəʊ, *Am:* 'eroʊ] *n* flèche *f*

arse [ɑːs, *Am:* ɑːrs] *n Aus, Brit, vulg* cul *m*

arsenal ['ɑːsənl, *Am:* 'ɑːr-] *n* arsenal *m*

arsenic ['ɑːsnɪk, *Am:* 'ɑːr-] *n no pl* arsenic *m*

arson ['ɑːsn, *Am:* 'ɑːr-] *n* incendie *m* criminel

art [ɑːt, *Am:* ɑːrt] *n* 1. art *m* 2. *pl* UNIV sciences *fpl* humaines; **~s faculty** faculté *f* des lettres, faculté des arts *Québec*

artefact ['ɑːtɪfækt] *n* artefact *m*

artery ['ɑːtəri, *Am:* 'ɑːrt̬ə] <-ies> *n* artère *f*

art gallery *n* (*public*) musée *m;* (*selling work*) galerie *f* d'art

arthritis [ɑː'θraɪtɪs, *Am:* ɑːr'θraɪt̬əs] *n no pl* arthrite *f*

artichoke ['ɑːtɪtʃəʊk, *Am:* 'ɑːrt̬ətʃoʊk] *n* artichaut *m*

article ['ɑːtɪkl, *Am:* 'ɑːrtɪ-] *n* article *m*

articulate I. [ɑː'tɪkjʊlət, *Am:* ɑːr'tɪkjə-] *adj* 1. (*person*) éloquent 2. (*speech*) clair II. [ɑː'tɪkjʊleɪt, *Am:* ɑːr'tɪkjə-] *vt form* 1. (*express clearly*) exposer clairement; **to ~ an idea** formuler une idée 2. *a.* LING articuler

articulated lorry *n* semi-remorque *m*

artifact ['ɑːrt̬əfækt] *n Am s.* **artefact**

artificial [ˌɑːtɪ'fɪʃl, *Am:* ˌɑːrt̬ə-] *adj a. pej* artificiel

artillery [ɑː'tɪləri, *Am:* ɑːr-] *n no pl* artillerie *f*

artist ['ɑːtɪst, *Am:* 'ɑːrt̬əst-] *n* artiste *mf*

artiste [ɑː'tiːst, *Am:* ɑːr-] *n* artiste *mf*

artistic [ɑː'tɪstɪk, *Am:* ɑːr-] *adj* artistique

artistry ['ɑːtɪstri, *Am:* 'ɑːrt̬ə-] *n no pl* talent *m* artistique

artless ['ɑːtlɪs, *Am:* 'ɑːrt-] *adj* naturel

as [əz] I. *prep* comme; **dressed ~ a clown** habillé en clown; **he's described as a hero** il est décrit comme un héros; **the king, ~ such** le roi, en tant que tel; **~ a baby, I was ...** quand j'étais bébé, j'étais ... II. *conj* 1. (*in comparison*) **the same name ~ sth/sb** le même nom que qc/qn 2. (*like*) comme; **~ it is** tel quel; **I came ~ promised** je suis venu comme promis 3. (*because*) puisque 4. (*while*) pendant que 5. (*although*) **(~) fine ~ the day is, ...** si belle que soit la journée, ... III. *adv* **~ well** aussi; **~ long as** long temps que; **~ long ~ he's at home** (*provided*) tant qu'il est à la maison; **~ soon as** aussitôt que; **~ for you/the music** quant à toi/à la musique

a.s.a.p. *abbr of* **as soon as possible** dès que possible

asbestos [æz'bestɒs, *Am:* -təs] *n no pl* amiante *f*

ascend [ə'send] *vi, vt* monter
ascertain [ˌæsə'teɪn, *Am:* -ə-] *vt form* établir

---

i Ascot est un village dans le Berkshire où se trouve un hippodrome construit en 1711 sur l'ordre de la reine Anne. Le "Royal Ascot" est une course étalée sur quatre jours. Elle a lieu tous les ans en juin et la reine s'y rend la plupart du temps. L'"Ascot Gold Cup" est une course hippique de 4 km à laquelle participent des chevaux ayant plus de trois ans. Le "Royal Ascot" est aussi célèbre pour la mode extravagante qui s'affiche durant ces 4 jours.

---

ascribe [ə'skraɪb] *vt* to ~ sth to sb/ sth attribuer qc à qn/qc
ash[1] [æʃ] *n no pl* (*powder*) cendre *f*
ash[2] [æʃ] *n* (*tree*) frêne *m*
ashamed [ə'feɪmd] *adj* to feel ~ avoir honte; **to be ~ of sb/sth** avoir honte de qn/qc; **to be ~ to** +*infin* avoir honte de +*infin*
ashore [ə'ʃɔːʳ] *adv* à terre
ashtray ['æʃˌtreɪ] *n* cendrier *m*
Ash Wednesday *n* mercredi *m* des Cendres
Asia ['eɪʃə, *Am:* -ʒə] *n no pl* l'Asie *f*
Asian ['eɪʃn, *Am:* -ʒn], **Asiatic** [ˌeɪʃiˈætɪk, *Am:* -ʒiˈæt̬-] I. *adj* (*from Asia*) asiatique II. *n* (*from Asia*) asiatique *mf*
aside [ə'saɪd] I. *n* aparté *m* II. *adv* 1. (*put, move, look*) de côté 2. (*ignoring*) **sth** ~ qc mis à part
aside from *prep* (*except for*) à part
ask [ɑːsk, *Am:* æsk] *vt* 1. (*request*) demander; ~ **your sister** demande à ta sœur; **to ~ sb a question about sth** poser à qn une question sur qc; **to ~ for advice** demander conseil; **to ~ sb to** +*infin* demander à qn de +*infin* 2. (*expect*) **to ~ too much of sb** en demander trop à qn; **I'm asking £50 for it** j'en demande £50

3. (*invite*) inviter II. *vi* 1. (*request information*) **to ~ about sth** se renseigner sur qc 2. (*make a request*) demander; **to ~ to** +*infin* demander à +*infin*
◆**ask after** *vt insep* **to ~ sb** demander des nouvelles de qn
◆**ask for** *vt* 1. (*food, object*) demander 2. *inf* **to be asking for it** chercher qc
askance [ə'skæns] *adv* **to look ~ at sb/sth** jeter un regard désapprobateur sur qn/qc
askew [ə'skjuː] *adj* de travers
asking price *n* prix *m* demandé
asleep [ə'sliːp] *adj* endormi; **to fall ~** s'endormir
asparagus [ə'spærəgəs, *Am:* -'sper-] *n no pl* asperge *f*
aspect ['æspekt] *n* 1. (*point of view, feature*) aspect *m* 2. (*direction*) **with a southern ~** orienté sud
aspersion [ə'spɜːʃn, *Am:* -'spɜːrʒn] *n form* **to cast ~s on sb/sth** dénigrer qc/qn
asphalt ['æsfælt, *Am:* -fɑːlt] I. *n* asphalte *m* II. *vt* asphalter
asphyxiate [əs'fɪksɪeɪt] *vi, vt form* asphyxier
aspiration [ˌæspə'reɪʃn] *n* aspiration *f*
aspire [ə'spaɪəʳ, *Am:* -'spaɪɚ] *vi* **to ~ to sth** aspirer à qc
ass [æs] <-es> *n* âne *m*; **to make an ~ of oneself** se ridiculiser
assassin [ə'sæsɪn, *Am:* -ən] *n* assassin *m*
assassinate [ə'sæsɪneɪt] *vt* assassiner
assassination [əˌsæsɪ'neɪʃn] *n* assassinat *m*
assault [ə'sɔːlt] I. *n* 1. MIL assaut *m* 2. (*physical attack*) agression *f* II. *vt* 1. MIL attaquer 2. (*physically*) agresser
assemble [ə'sembl] I. *vi* se rassembler II. *vt* assembler
assembly [ə'semblɪ] <-ies> *n* 1. *a.* POL assemblée *f* 2. *no pl* TECH assemblage *m*
assembly line *n* chaîne *f* de montage

assent [ə'sent] *n no pl, form* consentement *m;* **to give one's ~ to sth** consentir à qc

assert [ə'sɜːt, *Am:* -'sɜːrt] *vt* affirmer; (*authority, rights*) faire valoir

assertive [ə'sɜːtɪv, *Am:* -'sɜːrt̬ɪv] *adj* assuré

assertiveness *n no pl* assurance *f*

assess [ə'ses] *vt* évaluer

assessment *n* évaluation *f*

assessor [ə'sesə', *Am:* -'sesɚ] *n* expert(e) *m(f)*

asset ['æset] *n* **1.** (*of value*) atout *m* **2.** FIN liquidités *fpl*

assign [ə'saɪn] *vt* **1.** (*appoint*) **to ~ sb to duties, ~ duties to sb** assigner des responsabilités à qn **2.** (*send elsewhere*) **to ~ sb to a post** affecter qn à un poste **3.** (*give*) **to ~ the blame for sth to sth** rejeter la responsabilité de qc sur qc

assignment *n* **1.** (*task*) mission *f* **2.** *no pl* (*attribution*) affectation *f* **3.** SCHOOL, UNIV devoir *m*

assimilate [ə'sɪmɪleɪt] *vt* assimiler

assist [ə'sɪst] *vt* aider; **to ~ sb with sth** assister qn dans qc

assistance [ə'sɪstəns] *n no pl* aide *f;* **to be of ~ to sb/sth** être une aide pour qn/qc

assistant [ə'sɪstənt] I. *n* **1.** (*helper*) aide *mf* **2.** *Brit* (*person*) (**shop** [*o* **sales**]) **~** vendeur, -euse *m, f* **3.** INFOR assistant *m* II. *adj* adjoint

associate I. [ə'səʊʃɪət, *Am:* -'soʊ-ʃɪɪt] *n* associé(e) *m(f)* II. [ə'səʊ-ʃɪeɪt, *Am:* -'soʊ-] *vt* **to ~ sb/sth with sth** associer qn/qc à qc; **to be ~d with sth** être associé à qc III. *vi* **to ~ with sb** fréquenter qn

association [ə,səʊsɪ'eɪʃn, *Am:* -,soʊ-] *n* association *f*

assorted [ə'sɔːtɪd, *Am:* -'sɔːrt̬ɪd] *adj* assorti

assortment [ə'sɔːtmənt, *Am:* -'sɔːrt-] *n* assortiment *m*

assume [ə'sjuːm, *Am:* -'suːm] *vt* **1.** (*regard as true*) supposer **2.** (*adopt*) adopter; (*air, pose*) prendre; (*role*) endosser; **to ~ massive proportions** prendre des proportions

assumption [ə'sʌmpʃn] *n* supposition *f*

assurance [ə'ʃʊərəns, *Am:* 'ʃʊrns] *n* assurance *f*

assure [ə'ʃʊə', *Am:* -'ʃʊr] *vt* assurer

assured *adj* (*person, style*) plein d'assurance

asterisk ['æstərɪsk] *n* astérisque *m*

astern [ə'stɜːn, *Am:* -'stɜːrn] *adv* NAUT en poupe

asthma ['æsmə, *Am:* 'æz-] *n no pl* asthme *m*

astonish [ə'stonɪʃ, *Am:* -'stɑːnɪʃ] *vt* étonner

astonishment *n no pl* étonnement *m;* **to sb's ~** à la surprise de qn; **to do sth in ~** faire qc avec étonnement

astound [ə'staʊnd] *vt, vi* stupéfier

astray [ə'streɪ] *adv* **to go ~** s'égarer; **to lead sb ~** (*morally*) détourner qn du droit chemin

astride [ə'straɪd] I. *prep* **to sit ~ a chair** être assis à cheval sur une chaise II. *adv* à califourchon

astrology [ə'strɒlədʒɪ, *Am:* -'strɑːlə-] *n no pl* astrologie *f*

astronaut ['æstrənɔːt, *Am:* -nɑːt] *n* astronaute *mf*

astronomical [,æstrə'nɒmɪkl, *Am:* -'nɑːmɪkl] *adj* astronomique

astronomy [ə'strɒnəmɪ, *Am:* -'strɑːnə-] *n no pl* astronomie *f*

astute [ə'stjuːt, *Am:* -'stuːt] *adj* astucieux

asylum [ə'saɪləm] *n* asile *m*

at [ət] *prep* **1.** (*in location of*) à; **~ home/school** à la maison/l'école; **~ the office** au bureau; **~ the window** devant la fenêtre; **~ the dentist's** chez le dentiste **2.** (*expressing time*) **~ the same time** en même temps; **the/no time** à ce moment-là/aucun moment; **~ noon/midnight/3 o'clock** à midi/minuit/3 heures; **~ night** (*durant*) la nuit **3.** (*towards*) **he ran ~ me** il a foncé sur moi; **to rush ~ sth/sb** se ruer sur qc/qn **4.** (*in an amount of*) **to buy sth ~ a pound** acheter qc pour une livre; **to sell sth ~ £10 a kilo** vendre qc 10£ le kilo **5.** (*in a* *state of)* **I'm not ~ my best/most alert** je ne suis pas vraiment en forme/très éveillé; **~ war/peace** en guerre/paix **6.** (*in ability to*) **to be good/bad ~ French** être bon/mauvais en français **7.** (*repetition, persistence*) **to tug ~ the rope** tirer sur la corde; **to be on ~ sb to** +*infin* harceler qn pour +*infin* **8.** **~ all** *often not translated*, **do you know her husband ~ all?** est-ce que vous connaissez son mari?; **thank you ~ – not ~ all!** merci – je vous en prie!; **not angry ~ all** pas du tout fâché

> ⚠ **at** s'emploie pour indiquer la situation précise de quelqu'un/quelque chose: "Sam lives at 248 Main Street; Vera works at Winther's Chemist's Shop". **in** s'emploie pour indiquer la région où se trouve quelqu'un/quelque chose: "Douglas lives in Edinburgh/in Scotland; Steve works in Kensington".

ate [et] *pt of* **eat**

atheist ['eɪθɪɪst] **I.** *n* athée *mf* **II.** *adj* athée

Athens ['æθənz] *n* Athènes

athlete ['æθliːt] *n* athlète *mf*

athletic [æθ'letɪk, *Am:* -'let̬-] *adj* (*sport, body*) athlétique

athletics *n* + *sing v, Brit* athlétisme *m*

Atlantic [ət'læntɪk, *Am:* -t̬ɪk] **I.** *n no pl* **the ~** l'Atlantique **II.** *adj* atlantique

atlas ['ætləs] <-es> *n* atlas *m*

atmosphere ['ætməsfɪər, *Am:* -fɪr] *n* atmosphère *f*

atmospheric [,ætməs'ferɪk] *adj* atmosphérique

atom ['ætəm, *Am:* 'æt̬-] *n* **1.** PHYS atome *m* **2.** (*tiny amount*) brin *m*

atomic [ə'tɒmɪk, *Am:* -'tɑːmɪk] *adj* atomique

atomic bomb *n* bombe *f* atomique

atomizer ['ætəmaɪzər, *Am:* 'æt̬əmaɪzɚ] *n* atomiseur *m*

atone [ə'təʊn, *Am:* -'toʊn] *vi* **to ~**

for sth expier qc

atrocious [ə'trəʊʃəs, *Am:* -'troʊ-] *adj* atroce

atrocity [ə'trɒsəti] <-ies> *n* atrocité *f*

at-sign *n* INFOR ar(r)obas *m*

attach [ə'tætʃ] *vt* **1.** (*fix*) **to ~ sth to sth** attacher qc à qc **2.** *form* (*send as enclosure*) **to ~ sth to sth** joindre qc à qc; **to ~ a file** INFOR envoyer un fichier en attaché

attaché case *n* attaché-case *m*

attached *adj* **to be ~ to sb/sth** être attaché à qc/qn

attachment *n* **1.** (*fondness*) affection *f* **2.** (*attached device*) accessoire *m*

attack [ə'tæk] **I.** *n* **1.** *a.* MIL, SPORT attaque *f* **2.** MED crise *f* **3.** **~ is the best form of defence** *prov* l'attaque est la meilleure défense **II.** *vt* **1.** attaquer **2.** (*problem, food*) s'attaquer à **III.** *vi* attaquer

attain [ə'teɪn] *vt* atteindre

attainment *n* **1.** *pl, form* (*results*) résultats *mpl* **2.** *pl, form* (*knowledge*) aquis *mpl*

attempt [ə'tempt] **I.** *n* **1.** (*try*) tentative *f*; **to make an ~ to** +*infin* essayer de +*infin* **2.** **an ~ on sb's life** une atteinte à la vie de qn **II.** *vt* tenter

attend [ə'tend] **I.** *vt* (*be present at*) assister à; **to ~ church** aller à l'église **II.** *vi* **1.** (*be present*) être présent **2.** *form* (*listen carefully*) être attentif

attendance [ə'tendəns] *n* **1.** *no pl* (*being present*) présence *f*; **~ at classes** participation *f* aux cours **2.** (*people*) assistance *f*

attendant [ə'tendənt] **I.** *n* **1.** (*official*) employé(e) *m(f)* **2.** (*servant*) serviteur *m* **II.** *adj* **~ on sth** résultant de qc

attention [ə'tenʃn] *n no pl* **1.** attention *f*; **for the ~ of sb** à l'attention de qn; **to attract sb's ~** attirer l'attention de qn; **to pay ~** faire attention **2.** (*care*) soins *mpl* **3.** MIL **to stand to ~** être au garde-à-vous; **~! garde-à-vous!**

attentive [ə'tentɪv, *Am:* -t̬ɪv] *adj* **to**

be ~ **to sb/sth** être attentif à qn/qc

attic ['ætɪk, *Am:* 'æt̬-] *n* grenier *m*

attitude ['ætɪtjuːd, *Am:* 'æt̬ətuːd] *n* **1.** (*manner*) attitude *f* **2.** (*opinion*) opinion *f* **3.** (*position*) posture *f*

attorney [ə'tɜːnɪ, *Am:* -'tɜːr-] *n Am* avocat(e) *m(f)*

Attorney-General *n Am* ≈ ministre *m* de la justice

attract [ə'trækt] *vt* attirer

attraction [ə'trækʃn] *n* **1.** (*force, place of enjoyment*) attraction *f* **2.** *no pl* (*appeal*) attrait *m*

attractive [ə'træktɪv] *adj* **1.** (*good-looking*) *a. fig* séduisant **2.** (*pleasant*) intéressant

attribute [ə'trɪbjuːt] *vt* attribuer

aubergine ['əʊbəʒiːn, *Am:* 'oʊbɚ-] **I.** *n* aubergine *f* **II.** *adj* aubergine

auburn ['ɔːbən, *Am:* 'ɑːbɚn] *adj* auburn

auction ['ɔːkʃn, *Am:* 'ɑːkʃn] **I.** *n* vente *f* aux enchères, mise *f Suisse*; **to put sth up for** ~ mettre qc aux enchères **II.** *vt* **to** ~ **sth** (**off**) vendre qc aux enchères

auctioneer [ˌɔːkʃə'nɪəʳ, *Am:* ˌɑːkʃə'nɪr] *n* commissaire-priseur *m*

audacious [ɔː'deɪʃəs, *Am:* ɑː-] *adj* (*bold*) audacieux

audible ['ɔːdəbl, *Am:* 'ɑː-] *adj* audible

audience ['ɔːdɪəns, *Am:* 'ɑː-] *n* **1.** *sing or pl vb* (*people*) public *m;* TV téléspectateurs *mpl;* THEAT, CINE spectateurs *mpl* **2.** (*formal interview*) audience *f*

audiovisual [ˌɔːdɪəʊ'vɪʒuəl, *Am:* ˌɑːdɪoʊ'vɪʒju-] *adj* audiovisuel

audit ['ɔːdɪt, *Am:* 'ɑː-] **I.** *n* audit *m* **II.** *vt* (*accounts*) vérifier

audition [ɔː'dɪʃn, *Am:* ɑː-] *n* audition *f*

auditor ['ɔːdɪtəʳ, *Am:* 'ɑːdət̬ɚ] *n* **1.** COM commissaire *m* au comptes **2.** *Am* UNIV **external** ~ auditeur *m* externe

auditorium [ˌɔːdɪ'tɔːrɪəm, *Am:* ˌɑːdə-] <-s *o* auditoria> *n* (*hall*) salle *f* (de spectacle)

augur ['ɔːgəʳ, *Am:* 'ɑːgɚ] *vi* au-

gurer; **to** ~ **badly/well for sb/sth** s'annoncer mal/bien pour qn/qc

August ['ɔːgəst, *Am:* 'ɑː-] *n* août *m; s. a.* **April**

aunt [ɑːnt, *Am:* ænt] *n* tante *f*

aura ['ɔːrə] *n* aura *f*

aural ['ɔːrəl] *adj* auditif

auspices ['ɔːspɪsɪz, *Am:* 'ɑː-] *n pl* **under the** ~ **of sb** sous l'égide de qn

austere [ɔː'stɪəʳ, *Am:* ɑː'stɪr] *adj* austère

austerity [ɔː'sterətɪ, *Am:* ɑː'sterət̬ɪ] <-ies> *n* austérité *f*

Australia [ɒ'streɪlɪə, *Am:* ɑː'streɪlʒə] *n* l'Australie *f*

i L'**Australia day** est un jour férié national célébré le 26 janvier en souvenir de la fondation de la première colonie britanique en 1788 à Sydney Cove. Pour les "Aborigènes", les premiers habitants de l'Australie, ce jour marque la date de l'invasion de leur pays. A cette occasion, on organise de nombreuses manifestations culturelles dans le but de rassembler les populations noires et blanches d'Australie.

Australian [ɒ'streɪlɪən, *Am:* ɑː'streɪlʒən] **I.** *adj* australien **II.** *n* **1.** (*person*) Australien(ne) *m(f)* **2.** LING australien *m; s. a.* **English**

Austria ['ɒstrɪə, *Am:* 'ɑː-] *n* l'Autriche *f*

Austrian ['ɒstrɪən, *Am:* 'ɑː-] **I.** *adj* autrichien **II.** *n* Autrichien(ne) *m(f)*

authentic [ɔː'θentɪk, *Am:* ɑː'θen̬t̬ɪk] *adj* authentique

author ['ɔːθəʳ, *Am:* 'ɑːθɚ] *n* auteur *m*

authoritarian [ˌɔːˌθɒrɪ'teərɪən, *Am:* əˌθɔːrə'terɪ-] *adj* autoritaire

authoritative [ɔː'θɒrɪtatɪv, *Am:* ə'θɔːrətəɪt̬ɪv] *adj* autoritaire

authority [ɔː'θɒrətɪ, *Am:* əˈθɔːrət̬ɪ] <-ies> *n* **1.** *no pl* (*right to control*) autorité *f;* **to be in** ~

avoir l'autorité **2.** *no pl* (*permission*) autorisation *f* **3.** (*specialist*) autorité *f*; **to be an ~ on sth** être une autorité sur qc **4.** (*organization*) administration *f*; **the authorities** les autorités

authorize ['ɔːθəraɪz, *Am*: 'ɑː-] *vt* autoriser

auto ['ɔːtəʊ, *Am*: 'ɑːtoʊ] *adj Am* automobile

autobiography [ˌɔːtəbaɪ'ɒgrəfɪ, *Am*: ˌɑːtəbaɪ'ɑːgrə-] *n* autobiographie *f*

autocratic [ˌɔːtə'krætɪk, *Am*: ˌɑːtə'kræt̬-] *adj* autocratique

autograph ['ɔːtəgrɑːf, *Am*: 'ɑːtəgræf] **I.** *n* autographe *m* **II.** *vt* signer

automate ['ɔːtəmeɪt, *Am*: 'ɑːt̬ə-] *vt* automatiser

automatic [ˌɔːtə'mætɪk, *Am*: ˌɑːt̬ə'mæt̬-] **I.** *n* **1.** (*machine*) machine *f* automatique **2.** (*car*) voiture *f* automatique **3.** (*rifle*) automatique *m* **II.** *adj* automatique

automation [ˌɔːtə'meɪʃn, *Am*: ˌɑːt̬ə-] *n no pl* automatisation *f*

automobile ['ɔːtəməbiːl, *Am*: 'ɑːtəmoʊ-] *n Am* automobile *f*

autonomy [ɔː'tɒnəmɪ, *Am*: ɑː'tɑːnə-] *n no pl* autonomie *f*

autopsy ['ɔːtɒpsɪ, *Am*: 'ɑːtɑːp-] <-ies> *n* autopsie *f*

autumn ['ɔːtəm, *Am*: 'ɑːt̬əm] *n* automne *m*

auxiliary [ɔːg'zɪlɪərɪ, *Am*: ɑːg'zɪljrɪ] <-ies> **I.** *n* auxiliaire *m* **II.** *adj* auxiliaire

avail [ə'veɪl] **I.** *n* **to no ~** en vain **II.** *vt* **to ~ oneself of sth** profiter de qc

available *adj* **1.** disponible **2.** *fig* libre

avalanche ['ævəlɑːnʃ, *Am*: -æntʃ] *n a.* *fig* avalanche *f*

avarice ['ævərɪs] *n no pl* cupidité *f*

avenge [ə'vendʒ] *vt* venger; **to ~ an insult** se venger d'une insulte; **to ~ oneself on sb** se venger de qn

avenue ['ævənjuː, *Am*: -nuː] *n* (*street*) avenue *f*

average ['ævərɪdʒ] **I.** *n* moyenne *f* **II.** *adj* moyen **III.** *vt* **1.** (*have a gen-*

eral value) **to ~ £15 000 per year** gagner en moyenne 15 000£ par an **2.** (*calculate*) faire la moyenne de

aversion [ə'vɜːʃn, *Am*: -'vɜːrʒn] *n* aversion *f*

avert [ə'vɜːt, *Am*: -'vɜːrt] *vt* **1.** (*prevent*) éviter **2.** (*avoid*) **to ~ one's eyes from sth** détourner les yeux de qc

aviary ['eɪvɪərɪ, *Am*: -er-] *n* volière *f*

avid ['ævɪd] *adj* **to be ~ for sth** être avide de qc

avocado [ˌævə'kɑːdəʊ, *Am*: -doʊ] <-s *o* -es> *n* BOT avocat *m*

avoid [ə'vɔɪd] *vt* éviter; **to ~ doing sth** éviter de faire qc

avoidance *n no pl* prévention *f*

await [ə'weɪt] *vt* attendre

awake [ə'weɪk] <awoke, awoken *o* -d, awoken *Am*> **I.** *vi* **1.** se réveiller **2.** *fig* **to ~ to sth** prendre conscience de qc **II.** *vt* **1.** (*person*) réveiller **2.** (*passion*) raviver **III.** *adj* éveillé

awakening *n no pl* réveil *m*

award [ə'wɔːd, *Am*: -'wɔːrd] **I.** *n* (*prize*) prix *m* **II.** *vt* (*prize*) décerner; (*damages*, *grant*) accorder

aware [ə'weər, *Am*: -'wer] *adj* **1.** (*knowing*) **to be ~ that ...** être bien conscient que ...; **as far as I'm ~** autant que je sache **2.** (*sense*) **to be ~ of sth** être conscient de qc

awareness *n no pl* conscience *f*

away [ə'weɪ] *adv* **1.** (*elsewhere*) **~ on holiday** parti en vacances **2.** (*in distance, opposite direction*) **to be miles ~** être très loin; **to limp/swim ~** s'éloigner en boitant/en nageant **3.** (*in future time*) **it's a week ~** c'est dans une semaine **4.** (*continuously*) **to write ~** écrire sans s'arrêter

awe [ɔː, *Am*: ɑː] *n no pl* crainte mêlée de respect; **to hold sb in ~, to stand in ~ of sb** craindre qn

awesome ['ɔːsəm, *Am*: 'ɑː-] *adj* impressionnant

awful ['ɔːfl, *Am*: 'ɑː-] *adj* **1.** (*bad*) affreux **2.** (*great*) **an ~ lot (of)** énormément (de)

awfully *adv* **1.** (*badly*) affreusement **2.** (*very*) vraiment

awkward ['ɔːkwəd, *Am:* 'ɑːkwəd] *adj* **1.** (*difficult*) difficile **2.** (*not skilful*) maladroit **3.** (*silence*) gêné; (*question*) gênant

awning ['ɔːnɪŋ, *Am:* 'ɑː-] *n* store *m;* (*of caravan*) auvent *m*

awoke [ə'wəʊk, *Am:* -'woʊk] *pt of* **awake**

awoken [ə'wəʊkən, *Am:* -'woʊ-] *pp of* **awake**

awry [ə'raɪ] *adj* de travers; **to go ~** aller de travers

ax *n*, *vt Am*, **axe** [æks] **I.** *n* hache *f* **II.** <**axing**> *vt* (*projects*) abandonner; (*job*) supprimer

axis ['æksɪs] *n* MAT, POL axe *m*

axle ['æksl] *n* essieu *m*

aye [aɪ] *interj Brit, Scot* oui

Ayes [aɪz] *n* POL **the ~** les voix pour

azalea [ə'zeɪlɪə, *Am:* -'zeɪljə] *n* azalée *f*

Azerbaijan [ˌæzəbaɪ'dʒɑːn, *Am:* ˌɑːzɚ-] *n* l'Azerbaïdjan *m*

B b

B, b [biː] <-'s *o* -s> *n* **1.** (*letter*) B, b *m* **2.** MUS si *m*

BA *n abbr of* **Bachelor of Arts** ≈ licence *f* (*lettres et sciences humaines*)

babble ['bæbl] **I.** *n no pl* babillage *m* **II.** *vi* babiller

baboon [bə'buːn, *Am:* bæb'uːn] *n* babouin *m*

baby ['beɪbi] *n* **1.** (*child, childish person*) bébé *m* **2.** (*suckling*) nourisson *m* **3.** *inf* (*affectionate address*) chéri(e) *m(f)*

babysitter ['beɪbɪˌsɪtəʳ, *Am:* -ˌsɪt̬ɚ] *n* babysitter *mf*

bachelor ['bætʃələʳ, *Am:* -lə-] *n* **1.** (*man*) célibataire *m* **2.** UNIV licencié(e) *m(f)*

---

i Un **Bachelor's degree** est le plus souvent un premier diplôme universitaire que les étudiants obtiennent après trois ans d'études (voire quatre ou cinq ans dans certaines matières). Les diplômes les plus importants sont le "BA" ("Bachelor of Arts") pour des études en sciences humaines, le "BSc" ("Bachelor of Science") pour des études en sciences naturelles, le "BEd" ("Bachelor of Education") pour des études de pédagogie, le "LLB" ("Bachelor of Laws") pour des études de droit et le "BMus" ("Bachelor of Music") pour des études de musicologie.

---

back [bæk] **I.** *n* **1.** (*opp: front*) arrière *m;* (*of envelope*) dos *m;* (*of cupboard*) fond *m;* **in the ~ of a car** à l'arrière d'une voiture; **~ to front** à l'envers; **at the ~ of sth, in ~ of sth** *Am* derrière qc; **at the ~** (*of a house*) derrière **2.** ANAT dos *m;* **to be on one's ~** être étendu sur le dos; **to turn one's ~** tourner le dos **3.** SPORT arrière *m* **4. to have sth at the ~ of one's mind** avoir qc derrière la tête; **to have one's ~ against the wall** être au pied du mur; **in the ~ of beyond** dans un coin perdu **II.** *adj* **1.** (*rear*) arrière; **on the ~ page** sur la dernière page **2.** (*late*) **~ payments** paiements en retard; **~ tax** arriérés *mpl* d'impôt **III.** *adv* **1.** (*to previous place, situation*) en arrière; **to bring ~ memories** rappeler des souvenirs; **to be ~** être de retour; **to come ~** revenir; **we're ~ where we started** nous retournons à la case départ; **to come ~ into fashion** redevenir à la mode **2.** (*to the rear, behind*) vers l'arrière; **5 km ~** il y a 5 kilomètres; **to go ~ and forth between A and B** aller et venir entre A et B; **to lie ~** s'installer confortablement; **to look ~** regarder en arrière **3.** (*in return*) en retour; **to hit sb** ~ rendre les coups; **to hit** ~ (**against sb**) riposter **IV.** *vt* **1.** (*support*) soutenir; (*with money*) financer; (*with arguments, facts*) soutenir **2.** (*bet on*) parier sur **3.** (*reverse*) **to** ~ **a car round the corner/into a space** faire marche arrière dans un tournant/pour se garer

◆ **back down** *vi* descendre à reculons

◆ **back up I.** *vi* faire marche arrière **II.** *vt* **1.** (*reverse*) faire reculer **2.** INFOR faire une sauvegarde de

backbone ['bækbəʊn, *Am:* -boʊn] *n* **1.** ANAT colonne *f* vertébrale **2.** (*of an organization*) pilier *m*

backfire [ˌbæk'faɪəʳ, *Am:* -'faɪɚ] *vi* mal tourner; **his plans** ~**d on him** ses projets se sont retournés contre lui

background ['bækgraʊnd] **I.** *n* fond *m*; **in the** ~ à l'arrière-plan **II.** *adj* (*knowledge*) de base; **background music** musique *f* d'ambiance

backing *n no pl* **1.** (*aid*) soutien *m* **2.** FASHION renfort *m*

backlog ['bæklɒg, *Am:* -lɑ:g] *n* arriéré *m* de travail

backpack ['bækpæk] *n Am* sac *m* à dos

backstage [bæk'steɪdʒ] **I.** *adj* dans les coulisses **II.** *adv* derrière la scène

backup ['bækʌp] *n* **1.** (*support*) renforts *mpl*; **the** ~ **team** les renforts *mpl* **2.** (*reserve*) **to have sth as a** ~ avoir un qc de secours **3.** INFOR (*fichier m de*) sauvegarde *f*; ~ **disk** copie *f* sur disque

backward ['bækwəd, *Am:* -wɚd] *adj* **1.** (*directed to the rear*) rétrograde **2.** (*slow in learning*) lent **3.** (*underdeveloped*) arriéré

backwards ['bækwədz, *Am:* -wɚdz] *adv* **1.** (*towards the back*) en arrière; **to go** ~ **and forwards** (*machine part*) aller d'avant en arrière **2.** (*in reverse*) à reculons **3.** (*into past*) **to look** ~ remonter dans le passé **4. to know sth** ~ con-

naître qc comme le dos de sa main

bacon ['beɪkən] *n* lard *m*

bacterium [bæk'tɪərɪəm] <-ria> *n* bactérie *f*

bad [bæd] <worse, worst> **I.** *adj* **1.** (*opp: good*) mauvais; **sb's** ~ **points** les défauts de qn; ~ **luck** malchance *f*; **a** ~ **cheque** un chèque en bois; ~ **at history/tennis** mauvais en histoire/tennis; **to go from** ~ **to worse** aller de mal en pis **2.** (*harmful*) **to be** ~ **for sth/sb** ne pas être bon pour qc/qn **3.** (*spoiled*) pourri **4.** MED grave; **to have a** ~ **cold** avoir un bon rhume; **I have a** ~ **leg/back** j'ai des problèmes avec ma jambe/mon dos **II.** *adv inf* mal; **to feel** ~ se sentir mal **III.** *n no pl* mal *m*; **the** ~ les méchants

badge [bædʒ] *n* insigne *m*; (*with slogan*) badge *m*

badger ['bædʒəʳ, *Am:* -ɚ] *n* blaireau *m*

badly <worse, worst> *adv* **1.** (*poorly*) mal; **you didn't do too** ~ tu ne t'es pas trop mal débrouillé **2.** (*very much*) vraiment; **to be** ~ **in need of sth** avoir grand besoin de qc **3.** (*affected*) gravement; ~ **defeated** battu à plate(s) couture(s)

baffle ['bæfl] *vt* déconcerter

bag [bæg] **I.** *n* **1.** sac *m* **2.** (*luggage*) sac *m* de voyage; **to pack one's** ~**s** faire ses bagages **3.** *pl, Aus, Brit, inf* **to have** ~**s of** avoir plein de **4. a** ~ **of bones** un sac d'os; **the whole** ~ **of tricks** tout le bataclan **II.** *vt* <-gg-> **1.** (*put in bag*) mettre en sac **2.** *inf* (*obtain*) **to** ~ **sb sth** [*o* **sth for sb**] retenir qc pour qn

baggage ['bægɪdʒ] *n no pl* bagages *mpl*; **excess** ~ excédent *m* de bagages

baggy ['bægi] *adj* trop ample; (*trousers*) trop grand

bail [beɪl] *n* caution *f*; **to put up** ~ **for sb** se porter garant de qn; **to release sb on** ~ relâcher qn sous caution

bailiff ['beɪlɪf] *n* huissier *m*

bait [beɪt] **I.** *n* appât *m* **II.** *vt* **1.** (*put bait on*) amorcer **2.** (*harass*) harceler

bake [beɪk] I. *vi* (*meat, cake*) cuire au four; **I hardly ever** ~ je fais rarement des gâteaux II. *vt* cuire; **~d potato** pomme de terre en robe des champs

baker ['beɪkəʳ, *Am:* -kɚ] *n* boulanger, -ère *m, f*

bakery ['beɪkəri] *n* boulangerie *f*

baking *adj* cuit

balance ['bælənts] I. *n* 1. (*device*) balance *f* 2. *no pl, a. fig* équilibre *m;* **to lose one's** ~ perdre l'équilibre 3. (*state of equality*) équilibre *m;* **to hold the** ~ **of power** être en position d'inverser l'équilibre des forces; **to upset the** ~ perturber l'équilibre II. *vi* se tenir en équilibre III. *vt* 1. (*compare*) **to** ~ **two things against each other** comparer les avantages de deux choses 2. (*keep in a position*) maintenir en équilibre; **to** ~ **each other** s'équilibrer **balance sheet** *n* bilan *m*

balcony ['bælkəni] *n* balcon *m*

bald [bɔːld] *adj* 1. (*hairless*) chauve; **to go** ~ se dégarnir 2. (*blunt*) simple

bale [beɪl] *n* ballot *m*

Balearic Islands *n* **the** ~ les Iles *fpl* Baléares

balk [bɔːk] *vi* hésiter; **to** ~ **at sth** hésiter devant qc

ball [bɔːl] *n* 1. (*for tennis, golf*) balle *f;* (*for football, rugby*) ballon *coll m* 2. (*round form*) boule *f;* **a** ~ **of string/wool** une pelote de ficelle/de laine 3. (*dance*) bal *m* 4. **the** ~ **is in his court** la balle est dans son camp; **to play** ~ jouer le jeu

balloon [bə'luːn] *n* 1. GAMES ballon *m* 2. (*for flying*) montgolfière *f*

ballot ['bælət] I. *n* 1. (*process*) scrutin *m* 2. (*election*) vote *m;* **to put sth to the** ~ soumettre qc au vote II. *vi* voter

ballpoint (pen) [ˌbɔːlpɔɪnt (pen)] *n* stylo *m* (à) bille

ballroom ['bɔːlrʊm] *n* salle *f* de bal

bamboo [bæm'buː] *n no pl* bambou *m*

ban [bæn] I. *n* ban *m* II. *vt* <-nn-> (*person*) bannir; (*practice*) interdire

banana [bə'nɑːnə, *Am:* -'nænə] *n* banane *f*

band[1] [bænd] *n* MUS orchestre *m;* (*pop group*) groupe *m;* **brass** ~ fanfare *f*

band[2] [bænd] *n* 1. (*strip*) bande *f;* **hat** ~ ruban *m;* **head** ~ bandeau *m* 2. (*range*) tranche *f;* **tax** ~ tranche d'imposition 3. (*ring*) anneau *m;* **wedding** ~ alliance *f*

bandage ['bændɪdʒ] I. *n* pansement *m* II. *vt* mettre un pansement à

bandit ['bændɪt] *n* bandit *m*

bandwagon *n* **to climb on the** ~ prendre le train en marche

bang [bæŋ] I. *n* 1. (*explosion*) bang *m* 2. (*blow*) coup *m* violent 3. *pl, Am* (*fringe*) frange *f* 4. **to go with a** ~ *inf* être un grand succès II. *adv* (*exactly*) **slap** ~ **into sth** en plein dans qc; ~ **on** en plein dans le mille III. *interj* bang! bang! IV. *vi* claquer; **to** ~ **at the door** frapper à la porte V. *vt* 1. (*hit*) **to** ~ **the receiver down** raccrocher brutalement; **to** ~ **one's knee/elbow** se cogner le genou/le coude 2. (*cut hair*) **to** ~ **one's hair** *Am* se faire une frange 3. *vulg* (*have sex with*) baiser

Bangladesh [ˌbæŋglə'deʃ] I. *n* le Bangladesh II. *adj* bangladais

bank[1] [bæŋk] I. *n* banque *f;* **to pay sth into the** ~ déposer qc à la banque; **blood/data** ~ banque du sang/de données II. *vi* **to** ~ **with ...** avoir un compte à ... III. *vt* (*deposit*) **to** ~ **money/valuables** déposer de l'argent/des objets de valeur

bank[2] [bæŋk] I. *n* 1. (*of river*) bord *m;* (*of land*) talus *m;* **the river broke its** ~**s** la rivière est sortie de son lit 2. (*elevation in water*) banc *m* 3. AVIAT virage *m* incliné II. *vt* (*cover*) **to** ~ **the fire** couvrir le feu

bank account *n* compte *m* bancaire

bank book *n* livret *m* (de banque)

banker ['bæŋkəʳ, *Am:* -kɚ] *n* banquier, -ère *m, f*

bank holiday *n Brit* jour *m* férié

banking *n* banque *f*

bankrupt ['bæŋkrʌpt] I. *vt* mettre en faillite II. *adj* (*firm*) en faillite; **to go** ~ faire faillite

bankruptcy ['bæŋkrəptsi] <-ies> *n* faillite *f*

banner ['bænər, *Am:* -ər] *n* bannière *f*

baptise [bæp'taɪz] *vt Aus, Brit s.* **baptize**

baptize [bæp'taɪz, *Am:* 'bæp-] *vt* baptiser; **to be ~d a Protestant/ Catholic** être baptisé protestant/ catholique

bar¹ [bɑːʳ, *Am:* bɑːr] **I.** *n* **1.** (*of steel*) barre *f*; (*of chocolate*) tablette *f*; (*of soap*) savonnette *f* **2.** (*of cage*) barreau *m* **3.** GASTR bar *m*; (*counter*) comptoir *m* **4.** LAW **to be called to the Bar** être inscrit au barreau **5.** MUS mesure *f*; **beats to** [*o* **in**] **the ~** temps par mesure; **~ line** barre *f* de mesure **II.** *vt* <-rr-> **1.** (*fasten*) verrouiller **2.** (*obstruct*) barrer; **to ~ the way** bloquer le passage; **to ~ the way to sth** faire obstacle à qc

bar² [bɑːʳ, *Am:* bɑːr] *prep* excepté; **~ sb/sth** excepté qn/qc

barb [bɑːb, *Am:* bɑːrb] *n* ardillon *m*

barbaric [bɑː'bærɪk, *Am:* bɑːr'bər-] *adj* barbare

barber ['bɑːbəʳ, *Am:* 'bɑːrbər] *n* coiffeur *m*

bare [beəʳ, *Am:* ber] **I.** *adj* **1.** (*uncovered*) nu; **with my ~ hands** avec mes mains nues **2.** (*empty*) vide; **stripped ~** (*room*) complètement vide; **to be ~ of sth** être dépouillé de qc **3.** (*fact*) brut **II.** *vt* **to ~ one's head** se découvrir la tête; **to ~ one's heart/soul to sb** dévoiler son cœur/son âme à qn

barely ['beər-] *adv* à peine

bargain ['bɑːgɪn, *Am:* 'bɑːr-] **I.** *n* **1.** (*agreement*) marché *m*; **to drive a hard ~** marchander dur; **to strike a ~** conclure un marché **2.** (*item*) affaire *f*; **a real ~** une bonne affaire **II.** *vi* (*negotiate*) **to ~ for sth** négocier pour qc

barge [bɑːdʒ, *Am:* bɑːrdʒ] *n* péniche *f*

bark¹ [bɑːk, *Am:* bɑːrk] **I.** *n* aboiement *m* **II.** *vi, vt* aboyer

bark² [bɑːk, *Am:* bɑːrk] *n no pl* BOT écorce *f*

barley ['bɑːli, *Am:* 'bɑːr-] *n no pl* orge *f*

barmaid ['bɑːmeɪd, *Am:* 'bɑːr-] *n* serveuse *f*

barman ['bɑːmən, *Am:* 'bɑːr-] *n* barman *m*

barn [bɑːn, *Am:* bɑːrn] *n* grange *f*

baron ['bærən, *Am:* 'ber-] *n* baron *m*

barracks *n pl* caserne *f*

barrel ['bærəl, *Am:* 'ber-] **I.** *n* **1.** (*container*) tonneau *m* **2.** (*measure*) baril *m* **3.** (*part of gun*) canon *m* **II.** *vi* <-ll- *Brit o* -l- *Am*> *inf* (*drive fast*) foncer

barren ['bærən, *Am:* 'ber-] *adj* stérile; (*landscape*) aride

barricade [,bærɪ'keɪd, *Am:* ,berə-] **I.** *n* barricade *f* **II.** *vt* barricader

barrier ['bærɪəʳ, *Am:* 'berɪə-] *n* barrière *f*

barring ['bɑːrɪŋ] *prep* excepté; **~ error/the unexpected** sauf erreur/imprévu

barrister ['bærɪstəʳ, *Am:* 'berɪstə-] *n Aus, Brit* avocat(e) *m(f)*

barrow ['bærəʊ, *Am:* 'beroʊ] *n* brouette *f*

bartender ['bɑːtendəʳ, *Am:* 'bɑːrtendə-] *n* barman *m*, barmaid *f*

base¹ [beɪs] **I.** *n* (*headquarters*) base *f*; (*of statue*) socle *m*; (*of tree*) pied *m* **II.** *vt* **1.** (*place, support*) baser; **a Brighton-based firm** une société basée à Brighton **2.** (*develop using sth*) **to ~ sth on sth** baser qc sur qc; **the theory is ~d on evidence** sa théorie est construite sur des preuves

base² [beɪs] *adj* (*not honourable*) indigne; (*behaviour*) ignoble

baseball ['beɪsbɔːl] *n* base-ball *m*

bash [bæʃ] **I.** *n* (*blow*) coup *m* **II.** *vt* (*hit hard*) **to ~ sth against sth** cogner qc contre qc

bashful ['bæʃfl] *adj* timide

basic *adj* **1.** (*fundamental*) fondamental; (*needs*) premier; **to be ~ to sth** être essentiel à qc; **the ~ idea is to ...** l'idée essentielle est de; **the ~ facts** les faits principaux **2.** (*lowest in level*) rudimentaire; **to have a ~**

command of English avoir des connaissances de base en anglais; ~ **vocabulary** vocabulaire *m* de base

basically *adv* en fait

basil ['bæzəl, *Am:* 'beɪzəl] *n* basilic *m*

basin ['beɪsn] *n* **1.** (*bowl*) cuvette *f* **2.** (*sink*) lavabo *m*

basis ['beɪsɪs] *n* <bases> base *f;* **to be the ~ for** (*agreement, discussion, progress*) être le point de départ de; **on the ~ of sth** sur la base de qc

bask [bɑːsk, *Am:* bæsk] *vi* (*warm oneself*) **to ~ in the sun** se prélasser au soleil

basket ['bɑːskɪt, *Am:* 'bæskət] *n* panier *m*

basketball ['bɑːskɪtbɔːl, *Am:* 'bæskətbɔːl] *n* basket-ball *m*

bass[1] [beɪs] *n* (*instrument, voice*) basse *f;* **to sing ~** chanter la basse

bass[2] [bæs] *n* bar *m*

bastard ['bɑːstəd, *Am:* 'bæstəd] *n* *fig, pej, vulg* salaud *m;* **to be a real ~ to sb** être un vrai salaud envers qn; **you ~!** salaud!

bat[1] [bæt] *n* ZOOL chauve-souris *f*

bat[2] [bæt] *vt* **to ~ one's eyelids at sb** battre des paupières pour qn

bat[3] [bæt] **I.** *n* batte *f* **II.** *vi* <-tt-> être à la batte

batch [bætʃ] <-es> *n* (*from oven*) fournée *f;* (*of items, material*) lot *m;* (*of people*) groupe *m*

bath [bɑːθ, *Am:* bæθ] **I.** *n* **1.** (*water, wash*) bain *m;* ~ **oil** huile *f* pour le bain; **to give sb/sth a ~** baigner qn/ qc; **to have** [*o* take] **a ~** prendre un bain **2.** (*tub*) baignoire *f* **II.** *vi* se baigner

bathe [beɪð] **I.** *vi* **1.** (*swim*) se baigner **2.** *Am* (*bath*) prendre un bain **II.** *vt* baigner; **to ~ one's eyes** se rincer les yeux; **to ~ one's feet** prendre un bain de pieds

bathroom *n* **1.** (*room with bath*) salle *f* de bain **2.** *Am, Aus* (*lavatory*) toilettes *fpl* **bathtub** *n Am* baignoire *f*

batsman ['bætsmən] *n* batteur, -euse *m, f*

batter ['bætər, *Am:* 'bætə·] **I.** *n* pâte *f* **II.** *vt* battre **III.** *vi* **to ~ at the door** tambouriner à la porte

battered [-əd] *adj* **1.** (*injured*) battu **2.** (*car*) cabossé; (*furniture*) délabré

battery ['bætəri, *Am:* 'bæt̬-] <-ies> *n* **1.** ELEC pile *f;* ~**-operated** (qui fonctionne) à piles **2.** (*large amount*) batterie *f*

battle ['bætl, *Am:* 'bæt̬-] **I.** *n* bataille *f;* ~ **of wits/words** joute *f* verbale/ oratoire; **to do ~** s'opposer; ~ **against/for sth** lutte *f* contre/pour qc; **to fight a ~ for sth** se battre pour qc **II.** *vi* **1.** (*fight*) **to ~ over sth** se battre pour qc **2.** *fig* **to ~ against/ for sth** lutter contre/pour qc

battlefield, battleground *n a. fig* champ *m* de bataille

bawl [bɔːl, *Am:* bɑːl] **I.** *vi* brailler; **to ~ at sb** hurler contre qn **II.** *vt* **to ~ one's eyes out** pleurer toutes les larmes de son corps

bay[1] [beɪ] *n* GEO baie *f*

bay[2] [beɪ] *n* BOT laurier *m*

bay[3] [beɪ] *n* (*marked-off space*) emplacement *m;* **loading ~** aire *f* de chargement

bay[4] [beɪ] *n* (*horse*) cheval *m* bai

BBC *n abbr of* **British Broadcasting Corporation** BBC *f*

BC **I.** *n abbr of* **British-Columbia** **II.** *adv abbr of* **before Christ** av JC

be [biː] <was, been> **I.** *vi + adj or n* **1.** (*expresses identity, position, place*) **he's ~ English/a dentist** il est anglais/dentiste; **it's a key** c'est une clef; **to ~ in Spain** être en Espagne **2.** (*expresses a state, situation*) **I'm cold/hungry** j'ai froid/ faim; **how are you? – I'm fine** comment vas-tu/allez-vous? – je vais bien **3.** (*expresses calculation, price*) **two and two is four** deux et deux font quatre; **this book is 50p** ce livre fait 50 pence **4.** (*indicates age*) **how old is he? – he's twenty** quel âge a-t-il? – il a vingt ans **5.** (*exist*) **there is/are ...** il y a ...; **let her ~!** laisse-la tranquille! **6.** (*impersonal use*) **what is it?** qu'est-ce que c'est?; **it's three** il est trois heures; **it's cold/windy** il fait froid/du vent; **it's rainy** il pleut **7.** ~ **that as it may** malgré cela; **so** ~ **it soit II. aux 1.** (*expresses continuation*) **she's still sleeping** elle est encore en train de dormir; **it's raining** il pleut **2.** (*expresses possibility*) **can it** ~ **that ...?** *form* est-ce possible que +*subj*?; **the exhibition is to** ~ **seen at the gallery** on peut voir l'exposition à la galerie **3.** (*expresses passive*) **to** ~ **discovered by sb** être découvert par qn; **to** ~ **left speechless** rester bouche bée **4.** (*expresses future*) **she's leaving tomorrow** elle part demain; **you are to wait here** vous devez attendre ici **5.** (*in conditionals*) **if he were to work harder, he'd get better grades** s'il travaillait plus, il aurait de meilleures notes

beach [bi:tʃ] *n* plage *f*

beacon ['bi:kən] *n* **1.** (*light*) signal *m* lumineux **2.** (*signal*) balise *f* **3.** (*lighthouse*) phare *m*

bead [bi:d] *n a. fig* perle *f*

beak [bi:k] *n* bec *m*

beam [bi:m] **I.** *n* **1.** (*stream of light*) rayon *m;* PHYS faisceau *m* (lumineux); **full** ~ AUTO pleins phares *mpl* **2.** *a.* SPORT poutre *f* **3.** (*big smile*) grand sourire *m* **II.** *vt* (*transmit*) diffuser **III.** *vi* **to** ~ **down on sth/sb** rayonner sur qc/qn

bean [bi:n] *n* **1.** (*seed*) haricot *m;* **runner/green** [*o* French] ~s haricots plats/verts; **baked** ~s *haricots blancs à la sauce tomate* **2.** (*pod*) cosse *f*

bear¹ [beəʳ, *Am:* ber] *n* ZOOL ours *m;* **a she** ~ une ourse

bear² [beəʳ, *Am:* ber] <bore, borne> **I.** *vt* **1.** (*carry, display*) porter; **he bore himself with dignity** il s'est montré digne **2.** (*letter, news*) porter **3.** (*endure, deal with*) **to** ~ **hardship** endurer des épreuves; **to** ~ **the blame** endosser la responsabilité; **I can't** ~ **the idea** l'idée m'est insupportable; **it doesn't** ~ **close examination** ça ne résiste pas à l'examen **4.** (*keep*) **to** ~ **sth/sb in mind** penser à qn/qc **5.** <born> *pp in passive* (*give birth to*) **to** ~ **a baby** donner naissance à un enfant; **to** ~ **sb a child** donner un enfant à qn **II.** *vi* (*move*) **to** ~ **left/right** prendre à gauche/droite

◆**bear up** *vi* ne pas se laisser abattre; ~! courage!

beard [bɪəd, *Am:* bɪrd] *n* barbe *f;* **to grow a** ~ se laisser pousser une barbe; **to have a** ~ porter la barbe

bearer ['beərəʳ, *Am:* 'berəʳ] *n* (*of title, cheque*) porteur, -euse *m, f;* (*of passport, licence*) titulaire *mf*

beast [bi:st] *n* **1.** (*animal*) bête *f;* ~ **of burden** bête de somme; **the king of the** ~s le roi des animaux **2.** *inf* (*person*) sale bête *f;* **to be a** ~ **to sb** être une peste envers qn

beat [bi:t] <beat, -en> **I.** *n* **1.** (*pulsation*) battement *m* **2.** MUS temps *m;* (*rhythm*) rythme *m;* **a strong** ~ un temps fort; **to dance to the** ~ **of the music** danser au rythme de la musique **3.** *sing* (*police working area*) secteur *m;* **he's on the** ~ faire une patrouille à pied **II.** *vt* **1.** (*strike*) battre; **to** ~ **sb to death** battre qn à mort; **to** ~ **sb black and blue** rouer qn de coups **2.** (*mix food*) **to** ~ **eggs** battre des œufs **3.** (*defeat*) battre; **to comfortably** ~ **sb/sth** battre qn/qc haut la main; **to** ~ **sb/sth fair and square** battre qn/qc loyalement **4.** *inf* (*be better than*) **to** ~ **sth/sb** être meilleur que qc/qn; **nothing** ~s **sth** rien ne vaut qc **5. to** ~ **one's brains out** *inf* se creuser la cervelle; **to** ~ **the pants off sb** [*o* **sb hollow** *Brit*] *inf* battre qn à plate(s) couture(s); **it** ~s **me** ça me dépasse **III.** *vi* battre

beating ['bi:tɪŋ] *n* (*getting hit*) **to give sb a** ~ rouer qn de coups

beautiful ['bju:tɪfl, *Am:* -ţə-] *adj* **1.** (*attractive*) beau **2.** (*excellent*) magnifique

beauty ['bju:ti, *Am:* -ţi] <-ies> *n* beauté *f;* **to be a (real)** ~ être d'une grande beauté

beaver ['bi:vəʳ, *Am:* -vəʳ] **I.** *n* castor *m* **II.** *vi inf* **to** ~ **away at sth** travailler d'arrache-pied à qc

became [bɪ'keɪm] *pt of* **become**

because [bɪ'kɒz, *Am:* -'kɑːz] **I.** *conj* parce que; ~ **I said that, I had to leave** j'ai dû partir pour avoir dit cela; ~ **it's snowing** à cause de la neige **II.** *prep* ~ **of me** à cause de moi; ~ **of the fine weather** en raison du beau temps

beckon ['bekən] **I.** *vt* to ~ **sb over** faire signe à qn de venir **II.** *vi* (*signal*) **to** ~ **to sb** faire signe à qn

become [bɪ'kʌm] <became, become> **I.** *vi* + *adj or n* devenir; **to** ~ **angry** s'énerver; **to** ~ **convinced that ...** se laisser gagner par la conviction que ...; **to** ~ **interested in sth/sb** commencer à s'intéresser à qc/qn **II.** *vt* (*dress*) aller à

bed [bed] *n* **1.** (*furniture*) lit *m*; **to get out of** ~ se lever; **to go to** ~ aller au lit **2.** (*related to sexuality*) **good in** ~ bon au lit; **to go to** ~ **with sb** coucher avec qn **3.** (*flower patch*) parterre *m* **4.** (*bottom*) **sea** ~ fond *m* de la mer; **river** ~ lit *m* de la rivière

BEd [biː'ed] *n abbr of* **Bachelor of Education** diplôme *m* universitaire de pédagogie

bed and breakfast *n* ≈ chambre *f* d'hôtes

bedding *n no pl* literie *f*

bedrock ['bedrɒk, *Am:* -rɑːk] *n no pl* soubassement *m*

bedroom ['bedrʊm, *Am:* -ruːm] *n* chambre *f* à coucher; **guest** ~ chambre d'amis; **a three-~ house** une maison avec trois chambres

bedside ['bedsaɪd] *n no pl* chevet *m*

bedtime ['bedtaɪm] *n no pl* heure *f* du coucher; **it's (way) past my** ~ je devrais déjà être au lit

bee [biː] *n* **1.** (*zool*) abeille *f*; **worker** ~s abeilles ouvrières; **to be stung by a** ~ être piqué par une abeille **2.** *Am, Aus* (*group*) cercle *m* de personnes ayant une activité commune

beech [biːtʃ] *n* hêtre *m*; **a** ~ **table** une table en (bois de) hêtre

beef [biːf] **I.** *n no pl* (*meat*) bœuf *m*;

minced ~ bœuf haché; **roast** ~ rôti *m* de bœuf **II.** *vi* **to** ~ **about sth** râler à cause de qc

beefburger ['biːfˌbɜːgəʳ, *Am:* -ˌbɜːrgɚ] *n* steack *m* haché

beehive ['biːhaɪv] *n* ruche *f*

been [biːn, *Am:* bɪn] *pp of* **be**

beep [biːp] *n* bip *m*

beer [bɪəʳ, *Am:* bɪr] *n* bière *f*

beetle ['biːtl, *Am:* -t̬l] *n* scarabée *m*

beetroot ['biːtruːt] *n* betterave *f*, carotte *f* rouge *Suisse*

before [bɪ'fɔːʳ, *Am:* -'fɔːr] **I.** *prep* **1.** (*earlier*) avant; ~ **doing sth** avant de faire qc; **to wash one's hands** ~ **meals** se laver les mains avant de manger **2.** (*in front of*) devant; ~ **our eyes** sous nos yeux **3.** (*preceding*) avant; **just** ~ **the bus stop** juste avant l'arrêt du bus **4.** (*having priority*) **to put sth** ~ **sth else** donner la priorité à qc sur qc d'autre **II.** *adv* **1.** (*previously*) **I've seen it** ~ je l'ai déjà vu; **I've not seen it** ~ je ne l'ai jamais vu; **the day** ~ la veille **2.** (*in front*) **this word and the one** ~ ce mot et le précédent **III.** *conj* **1.** (*at previous time*) avant (que); **he had a drink** ~ **he went** il a pris un verre avant de partir **2.** (*rather than*) **he'd die** ~ **he'd tell the truth** il mourrait plutôt que de dire la vérité **3.** (*until*) **it was a week** ~ **he came** il s'est passé une semaine avant qu'il ne vienne

beforehand [bɪ'fɔːhænd, *Am:* -'fɔːr-] *adv* à l'avance

befriend [bɪ'frend] *vt* **to** ~ **sb** se lier d'amitié avec qn

beg [beg] <-gg-> **I.** *vt* **1.** (*seek charity*) quémander; **to** ~ **sb's pardon** s'excuser auprès de qn; **I** ~ **your pardon?** je vous demande pardon? **2.** (*humbly request*) implorer; **to** ~ **sb to** +*infin* supplier qn de +*infin*; **I** ~ **to inform you that...** il me faut vous informer que... **II.** *vi* **1.** (*seek charity*) mendier; **to** ~ **for sth** mendier qc **2.** (*humbly request*) implorer; **I** ~ **of you to** +*infin* je vous supplie de +*infin*; **to** ~ **for mercy** demander grâce **3.** (*dog*) faire le beau

began [bɪˈɡæn] *pt of* **begin**

beggar [ˈbeɡəʳ, *Am:* -ɚ] **I.** *vt* ruiner; **to ~ oneself** se ruiner **II.** *n* **1.** (*poor person*) mendiant(e) *m(f)* **2.** (*rascal*) voyou *m*

begin [bɪˈɡɪn] <-n-, began, begun> **I.** *vt* commencer; **to ~ a conversation** engager la conversation; **to ~ to count** [*o* counting] commencer à compter **II.** *vi* commencer; **to ~ with** premièrement; **to ~ with a song** commencer par une chanson

beginner [bɪˈɡɪnəʳ, *Am:* -ɚ] *n* débutant(e) *m(f)*; **absolute ~** novice *mf*

beginning *n* commencement *m;* **at the ~** au début; **from ~ to end** du début à la fin

begun [bɪˈɡʌn] *pp of* **begin**

behalf [bɪˈhɑːf, *Am:* -ˈhæf] *n no pl* **on ~ of** au nom [*o* de la part] de

behave [bɪˈheɪv] **I.** *vi* **1.** (*people*) se comporter; (*object, substance*) réagir; **to ~ calmly in a crisis** garder son calme pendant une crise; **to ~ strangely** se conduire bizarrement **2.** (*act in proper manner*) bien se tenir; **to ~ well/badly** se tenir bien/mal; **~!** (*to child*) tiens-toi bien!; *Brit* (*to adult*) un peu de tenue! **II.** *vt* **to ~ oneself** se tenir bien

behavior *n Am, Aus,* **behaviour** [bɪˈheɪvjəʳ, *Am:* -vjɚ] *n Aus, Brit no pl* comportement *m*

behind [bɪˈhaɪnd] **I.** *prep* **1.** (*at the back of*) derrière; **right ~ sb/sth** juste derrière qn/qc; **~ the wheel** au volant **2.** (*hidden by*) **a face ~ a mask** un visage caché sous un masque **3.** (*responsible for*) **who is ~ that scheme?** qui se cache derrière ce projet?; **there is sth ~ this** il y a qc là-dessous **4.** (*late*) **~ time** en retard; **to be/get ~ schedule** être en/prendre du retard **II.** *adv* **1.** (*at the back*) derrière; **the seat ~** le siège derrière; **to stay ~** rester en arrière; **to fall ~** prendre du retard **2.** (*late*) en arrière; **to get ~ in sth**

prendre du retard dans qc; **my watch is an hour ~** ma montre retarde d'une heure **III.** *n* (*buttocks*) postérieur *m*

beige [beɪʒ] *adj, n* beige; *s. a.* **blue**

being I. *present participle of* **be II.** *n* être *m;* **~ from another planet** créature *f* extraterrestre

belated [bɪˈleɪtɪd, *Am:* -ˈtɪd] *adj* tardif

Belgian [ˈbeldʒən] **I.** *adj* belge **II.** *n* Belge *mf*

belief [bɪˈliːf] *n* **1.** (*conviction*) conviction; **it is my firm ~ that …** j'ai l'intime conviction que …; **to the best of my ~** pour autant que je sache (*subj*); **to be beyond ~** dépasser l'imagination **2.** REL foi *f;* **religious ~s** croyances *fpl* religieuses

believe [bɪˈliːv] *vt* **1.** (*presume true*) croire; **~ you me!** crois-moi/croyezmoi!; **to make ~ (that)** … prétendre que … **2.** (*show surprise*) **not to ~ one's eyes/ears** ne pas en croire ses yeux/oreilles

believer [bɪˈliːvəʳ, *Am:* -vɚ] *n* REL croyant(e) *m(f)*

bell [bel] *n* **1.** (*object*) cloche *f;* (*bicycle, door*) sonnette *f* **2.** (*signal*) timbre *m*

bellow [ˈbeləʊ, *Am:* -oʊ] **I.** *vi* **1.** (*animal*) mugir **2.** (*person*) hurler **II.** *n* hurlement *m*

belly [ˈbeli] <-ies> *n inf* ventre *m*

belong [bɪˈlɒŋ, *Am:* -ˈlɑːŋ] *vi* **1.** (*be the property*) **~ to sb** appartenir à qn **2.** (*be in right place*) se ranger; **this doesn't ~ here** cela n'a rien à faire ici; **to ~ to the family** faire partie de la famille; **to ~ to a club/ church** appartenir à un club/une église

belongings *npl* affaires *fpl*

beloved [bɪˈlʌvd] *adj* bien-aimé; **to be ~ by sb** être chéri de qn

below [bɪˈləʊ, *Am:* -ˈloʊ] **I.** *prep* **1.** (*lower than, underneath*) **~ the table/surface** sous la table/surface; **~ us/sea level** au-dessous de nous/ du niveau de la mer; **the sun sinks ~ the horizon** le soleil disparaît à l'horizon **2.** (*less than*) **it's 4 de-**

grees ~ **zero** il fait moins 4;
children ~ **the age of twelve** les
enfants de moins de douze ans **3.** (*inferior to*) **to be** ~ **sb in rank** être
d'un rang inférieur à qn; **to work** ~
sb être subordonné à qn **II.** *adv*
1. (*lower down*) **the family** ~ la
famille du dessous; **the river** ~ la rivière en contre-bas; **there is sth** ~
en bas [*o* plus bas], il y a qc
2. (*further in text*) **see** ~ voir ci-dessous

belt [belt] **I.** *n* **1.** *a.* SPORT, AUTO ceinture *f;* **a blow below the** ~ un coup
bas **2.** TECH sangle *f* **3.** (*area*) zone *f*
4. to tighten one's ~ se serrer la
ceinture **II.** *vt* **1.** (*secure*) sangler
2. *inf* (*hit*) flanquer un coup à

bemused [br'mju:zd] *adj* perplexe

bench [bentʃ] *n* **1.** (*seat*) banc *m*
2. SPORT **the** ~ la touche **3.** *pl, Brit* POL
the government/opposition ~**es**
les bancs de la majorité/de l'opposition **4.** (*workbench*) établi *m*

bend [bend] <bent, bent> **I.** *n*
1. (*curve*) courbe *f;* **to take a** ~ AUTO
prendre un virage **2.** *pl, inf* (*illness*)
mal *m* des caissons **II.** *vi* (*wood*) fléchir; (*path*) tourner; (*body*) courber;
(*arm, leg*) se replier **III.** *vt* (*make sth
change direction*) **to** ~ **one's arms/
knees** plier les bras/genoux; **to be
bent double** être plié en deux

beneath [br'ni:θ] **I.** *prep* sous, au-
dessous de; *s.* **below** *II.* *adv* (*lower
down*) (au-)dessous, en bas

benefactor ['benɪfæktəʳ] *n* bienfaiteur *m;* (*patron*) mécène *m*

beneficiary [ˌbenɪ'fɪʃəri] <-ies> *n*
bénéficiaire *mf*

benefit ['benɪfɪt] **I.** *n* **1.** (*profit*) a-
vantage *m;* ~ **of independence** a-
vantage *m* de l'indépendance; **to derive** (**much**) ~ **from sth** tirer profit
de qc; **for the** ~ **of sb** pour qn
2. (*welfare payment*) aide sociale;
housing/maternity ~ allocation *f*
logement/assurance *f* maternité; **to
be on** ~ toucher des allocations
II. <-t- *o* -tt-> *vi* **to** ~ **from sth**
profiter de qc **III.** <-t- *o* -tt-> *vt*
profiter à

bent [bent] **I.** *pt, pp of* **bend II.** *adj*
1. (*determined*) **to be** ~ **on sth** être
déterminé à (faire) qc **2.** (*twisted*)
tordu

bequeath [br'kwi:ð] *vt* **to** ~ **sth to
sb** léguer qc à qn

bequest [br'kwest] *n* legs *m*

bereavement [br'ri:vmənt] *n* deuil
m; **to suffer a** ~ vivre un deuil

bereft [br'reft] *adj form* dépourvu; ~
of hope sans aucun espoir

berry ['beri] <-ies> *n* baies *fpl*

berth [bɜːθ, *Am:* bɜːrθ] *n* RAIL couchette *f*

beset [br'set] <-tt-, beset, beset> *vt*
1. (*trouble*) ~ **by sth** assailli par qc;
~ **by worries** accablé de soucis
2. MIL assiéger

beside [br'saɪd] *prep* **1.** (*next to*)
auprès de; **right** ~ **sb/sth** juste à
côté de qn/qc **2.** (*together with*) **to
work** ~ **sb** travailler aux côtés de qn

besides [br'saɪdz] **I.** *prep* (*in addition to*) outre; ~ **sth/sb** en plus de
qc/sans compter qn **II.** *adv* **1.** (*in addition*) en outre; **many more** ~ bien
d'autres encore **2.** (*else*) **nothing** ~
rien de plus

besiege [br'si:dʒ] *vt* **1.** *a. fig* assiéger
2. (*assail*) assaillir

best [best] **I.** *adj superl of* **good**
meilleur; ~ **wishes** meilleurs vœux;
~ **friend** meilleur(e) ami(e); **to want
what is** ~ vouloir ce qu'il y a de
mieux; **it's** ~ **to** +*infin* il est préférable de +*infin* **II.** *adv superl of* **well**
mieux; **we'd** ~ **be going now** on ferait mieux d'y aller; **to do as** ~ **one
can** faire de son mieux **III.** *n no pl*
1. (*the finest*) **the** ~ le meilleur, la
meilleure *m, f;* **all the** ~! *inf* (*as
toast*) santé!; (*wishing luck*) bonne
chance!; **to turn out for the** ~ bien
finir; **for the** ~ pour le mieux; **to be
the** ~ **of friends** être les meilleurs
amis du monde; **to be in the** ~ **of
health** être en pleine santé **2.** (*perspective*) **at** ~ au mieux; **this is
journalism at its** ~ ça c'est du vrai
journalisme; ~ **of luck with your
exams!** bonne chance pour ton examen! **3. make the** ~ **of a bad bar-**

gain *Am* [*o* **job** *Brit*] [*o* **situation**], **make the ~ of things** faire contre mauvaise fortune bon cœur

bet [bet] <-tt-, bet *o* -ted, bet *o* -ted> I. *n* pari *m;* **it's a safe ~ that ...** c'est sûr que ...; **to place a ~ on sth** parier sur qc; **to make a ~ with sb** parier avec qn II. *vt* 1. parier; **to ~ sb anything he/she likes** *inf* parier à qn tout ce qu'il/elle veut 2. (**how much**) **do you want to ~?** tu paries (combien)?; **I'll ~!** *inf* et comment! III. *vi* parier; **to ~ on a horse** miser sur un cheval; **don't ~ on it!** *inf* ne compte pas dessus!

betray [bɪ'treɪ] *vt* trahir

better[1] ['betər, *Am:* 'beṯə·] I. *adj comp of* **good** 1. (*finer, superior*) meilleur; **far ~** beaucoup mieux; **to be ~ at sth** être meilleur à qc; **to be ~ at singing than sb** chanter mieux que qn; **to be ~ for sb/sth** être mieux pour qn/qc 2. (*healthier*) **to be a bit ~** aller un peu mieux; **to get ~** (*improve*) aller mieux; (*be cured*) être guéri 3. **~ late than never** *prov* mieux vaut tard que jamais *prov;* **~ safe than sorry** *prov* mieux vaut prévenir que guérir *prov;* **to go one ~** faire mieux II. *adv comp of* **well** 1. (*manner*) mieux; **~ dressed/written** mieux habillé/écrit; **to do much ~** faire beaucoup mieux; **to like sth much ~ than sth** aimer qc beaucoup plus que qc 2. (*degree*) plus; **to be ~-known for sth than sth** être surtout connu pour qc plutôt que pour qc III. *n no pl* 1. mieux *m;* **to change for the ~** changer en mieux; **to expect ~ of sb** s'attendre à mieux de qn; **the sooner, the ~** le plus tôt sera le mieux; **so much the ~** encore mieux 2. *pl, fig* **sb's ~s** ceux qui sont supérieurs à qn IV. *vt* 1. (*time*) améliorer 2. (*go further than*) renchérir sur

better[2] *n* parieur, -euse *m, f*

between [bɪ'twiːn] I. *prep* 1. (*in middle of, within*) entre; **~ times** entre-temps 2. (*in time*) **to wait ~ planes** attendre entre deux avions; **~ now and tomorrow** d'ici (à) de-

main 3. (*interaction*) **a match ~ them** un match les opposant; **~ ourselves** entre nous II. *adv* au milieu, dans l'intervalle

beverage ['bevərɪdʒ] *n form* boisson *f;* **alcoholic ~s** boissons alcoolisées

beware [bɪ'weər, *Am:* 'wer] *vi* être prudent; **~ of pickpockets!** méfiezvous des pickpockets!; **~ of the dog** attention, chien méchant; **to ~ of doing sth** prendre garde de ne pas faire qc

bewilder [bɪ'wɪldər, *Am:* -də·] *vt* dérouter

bewildered *adj* déconcerté

beyond [bɪ'jɒnd, *Am:* -'ɑːnd] I. *prep* 1. (*other side of*) **~ the mountain** au-delà de la montagne; **don't go ~ the line!** ne dépasse pas la ligne!; **~ the sea** outre-mer 2. (*further than*) **to see/go (way) ~ sth** voir/aller (bien) au-delà de qc; **it goes ~ a joke** ça n'a plus rien de drôle; **~ the reach of sb** hors de la portée de qn; **~ belief** incroyable 3. (*too difficult for*) **it's ~ me** ça me dépasse; **it's ~ my abilities** c'est au-delà de mes compétences 4. (*more than*) **to live ~ one's income** vivre au-dessus de ses moyens 5. *with neg or interrog* (*except for*) **~ sth** à part qc II. *adv* (*past*) **the mountains ~** les montagnes au loin III. *n* **the ~** REL l'au-delà *m*

bias ['baɪəs] I. *n* 1. (*prejudice*) préjugé *m;* **their ~ against/in favour of sb/sth** leurs prejugés contre/en faveur de qn/qc 2. *no pl* (*one-sidedness*) partialité *f;* **~ against sb/sth** parti pris contre qn/qc 3. *no pl* (*of clothes*) biais *m;* **on the ~** en biais II. <-ss- *Brit o* -s- *Am*> *vt* influencer

biased *adj Am,* **biassed** *adj Brit* (*report*) tendancieux; (*judge*) partial

Bible ['baɪbl] *n* Bible *f*

bibliography [ˌbɪblɪ'ɒgrəfi, *Am:* -'ɑːgrə-] <-ies> *n* bibliographie *f*

bicycle ['baɪsɪkl] *n* vélo *m;* **to get on one's ~** monter à vélo; **to ride a ~** rouler à vélo

bid¹ [bɪd] <-dd-, bid o bade, bid o -den> vt form **1.** (greet) **to ~ sb good morning** dire bonjour à qn; **to ~ sb welcome** souhaiter la bienvenue à qn **2.** (command) **to ~ sb to** +infin ordonner à qn de +infin
bid² [bɪd] **I.** n offre f **II.** <-dd-, bid, bid> vi faire une offre **III.** <-dd-, bid, bid> vt offrir
big [bɪg] <-ger, -gest> adj **1.** (large) grand; (oversized) gros; **to be a ~ spender** inf dépenser beaucoup; **a ~ tip** un gros pourboire; **the ~ toe** le gros orteil; **a ~ budget film** un film à gros budget; **the ~ger the better** plus c'est gros, meilleur c'est **2.** (grown-up) a. fig grand; **~ boy/ brother** grand garçon/frère **3.** (important) grand; **he's ~ in his country** il est célèbre dans son pays; **a ~ shot** inf un gros bonnet; **a ~ day** un grand jour **4.** **~ deal!** inf et alors!; **no ~ deal** inf c'est rien; **what's the ~ idea?** iron, inf qu'est-ce que ça veut dire?; **to make it ~** inf avoir du succès
Big Apple n **the ~** New York

> [i] **Big Ben** était à l'origine le surnom donné à la grande cloche de la tour de la "Houses of Parliament" coulée en 1856, surnom hérité du "Chief Commissionner of Works" de l'époque, Sir Benjamin Hall. De nos jours, ce nom est utilisé pour désigner la grande horloge et la tour. Le carillon de "Big Ben" sert de sonal à certains journaux télévisés et radiophoniques.

big business n les grandes entreprises fpl; **to be ~** être du business
bike [baɪk] n inf vélo m; **to get on a ~** monter à vélo; **to ride a ~** rouler à vélo; **by ~** à vélo
bikini [bɪ'ki:ni] n bikini m
bilingual [baɪ'lɪŋgwəl] adj bilingue
bill¹ [bɪl] **I.** n **1.** (invoice) facture f; (for meal) addition f; **to put it on sb's ~** le mettre sur la note de qn; **to**

run up a ~ avoir une facture **2.** Am (bank-note) billet m **3.** LAW projet m de loi **4.** (poster) affiche f **II.** vt facturer; **to ~ sb for sth** facturer qc à qn
bill² [bɪl] n bec m
billboard ['bɪlbɔ:d, Am: -bɔ:rd] n Am, Aus s. **hoarding** panneau m d'affichage
billfold ['bɪlfəʊld, Am: -foʊld] n Am porte-feuille m
billiards ['bɪliədz, Am: '-jɚdz] n no pl billard m
billion ['bɪliən, Am: -jən] n milliard m
bimbo ['bɪmbəʊ, Am: -boʊ] <-es o -s> n pej, inf minette f
bin [bɪn] n Aus, Brit, a. fig poubelle f; **to throw sth in the ~** jeter qc à la poubelle
bind [baɪnd] **I.** n inf **it's a ~** c'est casse-pieds mf; **to be in a bit of a ~** inf être un peu dans le pétrin **II.** <bound, bound> vi lier **III.** <bound, bound> vt **1.** (tie) attacher; **to ~ sb/sth to sth** attacher qn/qc à qc; **to be bound to sb** être attaché à qn **2.** (unite) **to ~ (together)** lier ensemble **3.** (commit) **to ~ sb to** +infin obliger qn à +infin
binding **I.** n no pl TYP reliure f **II.** adj obligatoire; **a ~ agreement** un accord qui engage
binge [bɪndʒ] inf **I.** n **shopping ~** fringale f d'achats; **to go on a ~** faire la bringue **II.** vi se gaver
bingo ['bɪŋgəʊ, Am: -goʊ] **I.** n no pl bingo m **II.** interj inf **~!** et voilà!
biochemical [ˌbaɪəʊ'kemɪkl, Am: -oʊ-] adj biochimique
biography [baɪ'ɒgrəfi, Am: -'ɑːgrə-] <-ies> n biographie f
biological [ˌbaɪə'lɒdʒɪkəl, Am: -'lɑːdʒɪ-] adj biologique
biology [baɪ'ɒlədʒi, Am: -'ɑːlə-] n no pl biologie f
birch [bɜːtʃ, Am: bɜːrtʃ] n bouleau m
bird [bɜːd, Am: bɜːrd] n **1.** (animal) oiseau m; **~-like** d'oiseau; **migrating ~** oiseau migrateur **2.** inf (person) type m; **a strange ~** un drôle

d'oiseau **3.** *Aus, Brit, inf*(*girl*) nana *f*; **old ~** *inf*vieille peau *f* **4. to kill two ~s with one stone** faire d'une pierre deux coups *prov*; **to feel free as a ~** se sentir libre comme l'air **birdcage** *n* cage *f* à oiseaux

bird's-eye view *n no pl* vue *f* aérienne

birth [bɜ:θ, *Am*: bɜ:rθ] *n* naissance *f*; **at/from ~** *no pl*à la/de naissance; **date/place of ~** date/lieu de naissance **birth control** *n* contrôle *m* des naissances **birthday** ['bɜ:θdeɪ, *Am*: 'bɜ:rθ-] *n* anniversaire *m*; **happy ~!** joyeux anniversaire! **birthplace** *n* lieu *m* de naissance **biscuit** ['bɪskɪt] *n Aus, Brit* biscuit *m*, bonbon *m Belgique*

---

i Le **Biscuits and gravy** qui est un plat originaire des États du Sud, se mange fréquemment au petit déjeuner aux USA. Les "Biscuits" sont une sorte de petits pains plats que l'on sert avec du "gravy" (une sauce de rôti). Dans certaines régions, on ne trouve les "biscuits and gravy" que dans les "truck stops" (les restaurants routiers).

---

bishop ['bɪʃəp] *n* évêque *m*
bishopric ['bɪsəprɪk] *n* évêché *m*
bit[1] [bɪt] *n* **1.** *inf* (*fragment*) morceau *m*; **a ~ of meat/cloth/land** un bout de viande/de tissu/terrain; **to fall to ~s** tomber en morceaux; **~ by ~** petit à petit **2.** (*some*) **a ~** un peu; **a ~ of sth** un peu de qc; **not a ~** pas du tout
bit[2] [bɪt] *pt of* **bite**
bit[3] [bɪt] *n* (*for horses*) mors *m*
bit[4] [bɪt] *n* INFOR *abbr of* **BInary digiT** bit *m*
bitch [bɪtʃ] *n* **1.** ZOOL chienne *f* **2.** *inf* (*woman*) garce *f*
bite [baɪt] **I.**<bit, bitten> *vt* mordre; (*insect*) piquer; **to ~ one's nails** se ronger les ongles; **to ~ sth off** arracher qc avec les dents **II.**<bit, bitten> *vi* **1.** (*when eating,*

attacking) mordre; (*insect*) piquer; **to ~ into/through sth** mordre dans/à travers qc; **sb/sth won't ~ (you)** *iron* qn/qc ne va pas te mordre **2.** (*in angling*) mordre **III.** *n* **1.** (*of dog, snake*) morsure *f*; (*of insect*) piqûre *f*; (*of speech*) mordant *m*; (*of taste*) piquant *m* **2.** (*food*) bouchée *f*; **to have a ~ to eat** manger un morceau; **to take a big ~ of sth** prendre une grosse bouchée de qc

bitten ['bɪtn] *pp of* **bite**
bitter ['bɪtər, *Am*: 'bɪtər] <-er, -est> *adj* **1.** (*acrid*) a. *fig* amer; **it's a ~ pill to swallow** la pilule est dure à avaler **2.** (*cold*) rude; (*wind*) glacial; (*fight*) féroce; (*dispute*) âpre; **to the ~ end** jusqu'au bout
bitterness *n no pl* a. GASTR amertume *f*
bizarre [bɪ'zɑ:ʳ, *Am*: -'zɑ:r] *adj* bizarre
black [blæk] **I.** *adj* noir; **~ art** art *m* nègre; **~ arts** magie *f* noire; **~ tea** thé sans lait **II.** *n* **1.** (*colour*) noir *m* **2.** (*person*) Noir *m*
   ◆**black out I.** *vi* s'évanouir **II.** *vt* obscurcir
blackberry *n* mûre *f* **blackbird** *n* merle *m* **blackboard** *n* tableau *m* noir **blackcurrant** *n* cassis *m*
blacken ['blækən] *vt, vi* noircir
black eye *n* œil *m* au beurre noir **blacklist I.** *n* liste *f* noire **blackmail I.** *n* chantage *m* **II.** *vt* faire chanter **black market** *n* marché *m* noir **blackness** *n* **1.** (*colour*) noir *m* **2.** (*darkness*) obscurité *f* **blackout** ['blækaʊt] *n* **1.** TV, RADIO interruption *f* **2.** ELEC panne *f* de courant **3.** (*lapse of memory*) trou *m* de mémoire **black pudding** *n Brit* boudin *m* noir **Black Sea** *n* the ~ la Mer Noire **blacksmith** *n* forgeron *m*
bladder ['blædəʳ, *Am*: -əʳ] *n* vessie *f*
blade [bleɪd] *n* lame *f*; (*of wipers*) balai *m*; **~ of grass** brin *m* d'herbe
blame [bleɪm] **I.** *vt* **to ~ sb/sth for sth** reprocher qc à qn; **I ~ myself** je m'en veux **II.** *n no pl* reproches *mpl*;

to put the ~ on sb else rejeter la faute sur qn d'autre
blameless ['bleɪmlɪs] *adj* irréprochable
blank [blæŋk] **I.** *adj* **1.** (*empty*) blanc; (*tape*) vierge; **~ cheque** chèque *m* en blanc; **~ page** page *f* blanche; **a ~ space** un blanc **2.** (*expression look*) absent **II.** *n* **1.** (*space*) blanc *m* **2.** (*cartridge*) balle *f* à blanc
blanket ['blæŋkɪt] **I.** *n* couverture *f*; (*of snow*) couche *f* **II.** *adj* global
blare [bleaʳ, *Am:* bler] *vi* retentir
blast [blɑːst, *Am:* blæst] **I.** *vt a. fig* faire sauter **II.** *n* **1.** (*detonation*) détonation *f* **2.** (*noise*) bruit *m* soudain; **the radio was at full ~** la radio était à fond **3.** *inf* (*fun*) **it was a ~!** c'était génial! **III.** *interj inf* **~ it!** merde alors!
blasted *adj inf* sacré; **a ~ idiot** une espèce d'idiot
blatant ['bleɪtnt] *adj pej* flagrant
blaze [bleɪz] **I.** *n* **1.** (*for warmth*) feu *m*; (*out of control*) incendie *m* **2.** (*conflagration*) embrasement *m* **II.** *vi* flamber **III.** *vt a. fig* **to ~ a trail** montrer la voie
blazer ['bleɪzəʳ, *Am:* -zɚ] *n* blazer *m*
blazing *adj* (*fire*) vif; (*heat, sun*) plein; (*building*) en feu
bleach [bliːtʃ] **I.** *vt* blanchir; (*hair*) décolorer; (*spot*) javelliser **II.** *n* agent *m* blanchissant
bleak [bliːk] *adj* morne
bled [bled] *pt, pp of* **bleed**
bleed [bliːd] <bled, bled> *vi* saigner
bleep [bliːp] TECH **I.** *n* bip *m* **II.** *vi* faire bip **III.** *vt* appeler par bip
blemish ['blemɪʃ] **I.** *n* imperfection *f*; **without ~** *a. fig* sans tache **II.** *vt* tacher; **~ed skin** peau *f* à problèmes
blend [blend] **I.** *n* mélange *m* **II.** *vt* mélanger **III.** *vi* se mélanger; **to ~ with sth** se marier avec qc
bless [bles] *vt* bénir; **~ you!** (*after sneeze*) à vos souhaits!; (*in thanks*) c'est tellement gentil!
blessed *adj* béni

blessing *n* bénédiction *f*
blew [bluː] *pt of* **blow**
blimey ['blaɪmi] *interj Brit, inf* zut alors!
blind [blaɪnd] **I.** *n* **1.** (*window shade*) store *m* **2.** *pl* (*people*) **the ~** les aveugles *mpl* **II.** *vt a. fig* aveugler; **to ~ sb to sth** aveugler qn devant qc **III.** *adj* **1.** (*unable to see*) aveugle; **~ in one eye** borgne; **to be ~ to sth** *a. fig* être aveugle à qc **2.** (*hidden*) sans visibilité; (*door*) dérobé **3.** **as ~ as a bat** myope comme une taupe; **love is ~** l'amour est aveugle
blind alley <-s> *n a. fig* impasse *m*
blindfold ['blaɪndfəʊld, *Am:* -foʊld] **I.** *n* bandeau *m* **II.** *vt* bander les yeux à
blind-man's buff *n* colin-maillard *m*
blink [blɪŋk] **I.** *vt* **to ~ one's eyes** cligner des yeux; **to ~ back tears** refouler ses larmes **II.** *vi* cligner des yeux **III.** *n* battement *m* des paupières; **in the ~ of an eye** *fig* en un clin d'œil
bliss [blɪs] *n* béatitude *f*; **it's ~!** c'est le paradis!
blissful ['blɪsfl] *adj* **1.** REL bienheureux **2.** *a. fig* extrêmement heureux
blister ['blɪstəʳ, *Am:* -tɚ] **I.** *n* **1.** (*on skin*) ampoule *f* **2.** (*on paint*) cloque *f* **II.** *vi* (*paint, metal*) cloquer; (*skin*) avoir des ampoules
blizzard ['blɪzəd] *n* tempête *f* de neige
bloated ['bləʊtɪd, *Am:* 'bloʊtɪd] *adj a. fig* gonflé; **~ with pride** bouffi d'orgueil
blob [blɒb, *Am:* blɑːb] *n* goutte *f*
block [blɒk, *Am:* blɑːk] **I.** *n* **1.** (*solid lump of sth*) bloc *m*; (*of wood*) tronçon *m* **2.** (*for executions*) billot *m*; **to go to the ~** monter à l'échafaud **3.** INFOR bloc *m* **4.** ARCHIT pâté *m* de maisons; **~ of flats** *Brit*, **apartment ~** *Am* immeuble *m* **5.** (*barrier*) *a. fig* entrave *f*; **a ~ to sth** un obstacle à qc; **mental ~** PSYCH blocage *m* **II.** *vt* (*road*) bloquer
◆ **block off** *vt* (*road*) barrer
blockade [blɒ'keɪd, *Am:* blɑː'keɪd] **I.** *n* blocus *m* **II.** *vt* bloquer

bloke [bləʊk] *n Brit*, *inf* type *m*

blond(e) [blɒnd, *Am:* blɑːnd] I. *adj* (*hair*) blond II. *n* blond(e) *m(f)*; **a natural** ~ un(e) vrai(e) blond(e)

blood [blʌd] *n no pl*, *a*. *fig* sang *m*; **to give** ~ donner son sang **blood bank** *n* banque *f* du sang **blood pressure** *n no pl* tension *f* artérielle; **high** ~ hypertension *f;* **low** ~ hypotension *f* **bloodshed** *n* effusion *f* de sang **bloodstained** *adj* taché de sang **bloodstream** *n* système *m* sanguin **blood test** *n* analyse *f* de sang

bloody ['blʌdi] <-ier, -iest> *adj* 1. *fig* sanglant 2. *Aus, Brit, inf* sacré; ~ **book** foutu bouquin

bloom [bluːm] I. *n* fleur *f;* **to be in full** ~ être en fleur(s) II. *vi a*. *fig* fleurir

blossom ['blɒsəm, *Am:* 'blɑːsəm] I. *n* fleur *f* II. *vi* 1. (*flower*) fleurir 2. *fig* to ~ (**out**) s'épanouir

blot [blɒt, *Am:* blɑːt] I. *n a*. *fig* tache *f* II. *vt* 1. (*mark*) tacher 2. (*dry*) sécher au buvard

blouse [blaʊz] *n* chemisier *m*

blow¹ [bləʊ, *Am:* bloʊ] I. <blew, -n> *vi* souffler; (*whistle*) retentir; **to** ~ **in the wind** s'agiter dans le vent II. *vt* 1. (*expel air*) **to** ~ **air into a tube** souffler de l'air dans un tube; **the paper was ~n over the wall** le vent a soulevé le papier par-dessus le mur; **to** ~ **one's nose** se moucher 2. (*trumpet*) souffler dans III. *n* souffle *m;* (*wind*) coup *m* de vent; **to give a** ~ souffler

blow² [bləʊ, *Am:* bloʊ] I. *n a*. *fig* coup *m;* **at one** ~ d'un coup; **to come to** ~**s** en venir aux mains II. <blew, -n> *vi* exploser; (*tyre*) éclater; (*fuse*) sauter III. *vt* 1. (*fuse*) faire sauter 2. *inf* (*spend*) claquer 3. **to** ~ **a fuse** *inf* péter les plombs; ~ **it!** *inf* zut!

◆ **blow away** *vt* 1. (*remove*) souffler 2. *inf* (*kill*) **to blow sb away** flinguer qn 3. (*disappear*) s'envoler

◆ **blow out** I. *vt* (*extinguish*) éteindre II. *vi* 1. (*be extinguished*) s'éteindre 2. (*explode*) exploser; (*tyre*) éclater

◆ **blow up** I. *vi a*. *fig* éclater II. *vt* 1. (*fill with air*) gonfler 2. *PHOT* agrandir 3. (*destroy*) faire exploser

blown [bləʊn, *Am:* 'bloʊn] *pp of* **blow**

blue [bluː] I. *adj* 1. (*colour*) bleu; **a light/dark/bright/strong** ~ **skirt** une jupe bleu clair/foncé/vif/soutenu; **to turn** ~ bleuir 2. *fig* **to feel** ~ broyer du noir II. *n* bleu *m;* **sky** ~ bleu ciel; **the door is painted** ~ la porte est peinte en bleu

blueberry ['bluːbəri, *Am:* -ˌber-] <-ies> *n* myrtille *f*

blueprint ['bluːprɪnt] *n a*. *fig* plan *m*

bluff [blʌf] I. *vi* bluffer II. *vt* **to** ~ **sb into doing sth** bluffer pour que qn fasse qc (*subj*) III. *n* bluff *m*

blunder ['blʌndə', *Am:* -də-] I. *n* gaffe *f* II. *vi* faire une gaffe

blunt [blʌnt] I. *adj* 1. (*blade*) émoussé 2. *fig* brusque II. *vt a*. *fig* émousser

bluntly *adv* brusquement; **to put it** ~, ... pour parler franchement, ...

blur [blɜːr, *Am:* blɜːr] I. *vi* <-rr-> s'estomper II. *vt* <-rr-> *a*. *fig* brouiller III. *n no pl* flou *m*

blurred [blɜːrd] *adj* flou

blush [blʌʃ] I. *vi* rougir II. *n* rougeur *f*

bluster ['blʌstər, *Am:* -tə-] *vi* 1. (*blow wind*) souffler en rafales 2. (*speak*) tempêter

boar [bɔːr, *Am:* bɔːr] *n* sanglier *m*

board [bɔːd, *Am:* bɔːrd] I. *n* 1. (*wood*) planche *f* 2. (*blackboard*) tableau *m* 3. (*notice board*) panneau *m* d'affichage 4. (*for chess*) échiquier *m;* (*for draughts*) damier *m* 5. *ADMIN* conseil *m;* ~ **of directors** conseil d'administration 6. (*in hotels*) **half** ~ demi-pension *f;* **full** ~ pension *f* complète; ~ **and lodging** *Brit,* **room and** ~ *Am* le gîte et le couvert 7. *NAUT, AVIAT* **to get on** ~ monter à bord II. *vt* 1. (*cover*) **to** ~ **sth up** couvrir qc de planches 2. (*plane, boat*) monter à bord de; (*bus*) monter dans, embarquer dans

Québec **III.** *vi* (*in hotel*) être en pension; (*in school*) être pensionnaire
boarding school *n* pensionnat *m*
boardwalk *n Am* promenade *f* (en planches)

---

i La **Boardwalk** est une promenade sur berge dans la région d'Atlantic City. Plus des deux tiers de la promenade s'étendent dans Atlantic City même et le reste dans la région avoisinante au sud, Ventnor City. "The Boardwalk" est bordée d'hôtels, de restaurants, de magasins et de théâtres. La "Miss America Pageant" (l'élection de Miss America) a lieu tous les ans au mois de septembre dans le "Convention Center" situé sur "The Boardwalk".

---

boast [bəʊst, *Am:* boʊst] **I.** *vi* se vanter; **to ~ about** [*o* **of**] **sth** se vanter de qc **II.** *vt* **1.to ~ that …** se vanter que … **2.** (*university*) s'enorgueillir de **III.** *n* **it's just a ~** c'est de la frime
boat [bəʊt, *Am:* boʊt] *n* **1.** bateau *m* **2.to be in the same ~** être dans la même galère
boating ['boʊʈɪŋ] *n no pl* canotage *m*
bob¹ [bɒb, *Am:* bɑːb] *n* coupe *f* au carré
bob² [bɒb, *Am:* bɑːb] <-bb-> **I.** *vi* s'agiter; **to ~ up and down on water** danser sur l'eau **II.** *vt* **to ~ one's head** faire un signe de tête **III.** *n* (*movement*) petit coup *m*
bob³ [bɒb, *Am:* bɑːb] *n Brit, inf* shilling *m*; **to earn/have a ~ or two** gagner/avoir des sous
bobby ['bɒbi, *Am:* 'bɑːbi] <-ies> *n Brit* flic *m*
body ['bɒdi, *Am:* 'bɑːdi] <-ies> *n* **1.** (*physical structure*) corps *m*; (*of hair*) volume *m* **2.** (*group*) organisme *m*; **legislative ~** corps législatif **3.** (*car*) carrosserie *f* **4.over my**

dead ~! plutôt mourir!; **just enough to keep ~ and soul together** tout juste de quoi subsister
bodyguard *n* garde *mf* du corps
bog [bɒg, *Am:* bɑːg] *n* **1.** (*wet ground*) marécage *m* **2.** *Aus, Brit, inf* (*toilet*) chiottes *fpl*
boggle ['bɒgl, *Am:* 'bɑːgl] **I.** *vi* **the mind ~s** on croit rêver **II.** *vt* **to ~ the mind** être époustouflant
boggy ['bɒgi, *Am:* 'bɑːgi] <-ier, -iest> *adj* marécageux
boil [bɔɪl] **I.** *n* **1.** *no pl, no art* ébullition *f*; **to be on the ~** être en ébullition; **to go off the ~** cesser de bouillir **2.** *MED* furoncle *m* **II.** *vi* bouillir; **to let sth ~ dry** laisser le contenu de qc s'évaporer **III.** *vt* **1.** (*bring to boil*) faire bouillir **2.** (*cook in water*) bouillir; **~ed egg** œuf à la coque
◆ **boil down to** *vi* revenir à
◆ **boil over** *vi* (*rise and flow over*) déborder
boiler ['bɔɪlə', *Am:* -lə] *n* chaudière *f*
boiling *adj* bouillant; **to be ~ with rage** *fig* bouillir de rage
boisterous ['bɔɪstərəs] *adj* énergique; (*wind*) violent
bold¹ [bəʊld, *Am:* boʊld] <-er, -est> *adj* (*brave*) audacieux
bold² [bəʊld, *Am:* boʊld] *n INFOR, TYP* **in ~** en caractères gras
Bolivia [bə'lɪvɪə] *n* la Bolivie
bolster ['bəʊlstə', *Am:* 'boʊlstə] **I.** *n* traversin *m* **II.** *vt* **to ~ sb/sth** (**up**) soutenir qn/qc
bolt [bəʊlt, *Am:* boʊlt] **I.** *vt* **1.** (*eat*) **to ~** (**down**) **one's food** engloutir sa nourriture **2.** (*lock*) verrouiller **II.** *n* **1.** (*for locking*) verrou *m* **2.** (*screw*) boulon *m* **3.** (*lightning*) éclair *m*; **~ of lightning** coup *m* de foudre
bomb [bɒm, *Am:* bɑːm] **I.** *n* **1.** (*explosive*) bombe *f*; **the Bomb** la bombe atomique; **to drop a ~** larguer une bombe; **to go like a ~** *Brit, inf, a. fig* très bien marcher **2.** *Am, inf* (*flop*) fiasco *m* **II.** *vt* bombarder **III.** *vi* **to ~** *inf* faire un flop
bombardment [bɑːm'bɑːrd-] *n a. fig* bombardement *m*

bomber ['bɒməʳ, *Am:* 'bɑːmɚ] *n* **1.** (*plane*) bombardier *m* **2.** (*person*) poseur *m* de bombes

bombing *n* **1.** MIL bombardement *m* **2.** (*by terrorist*) attentat *m* à la bombe

bona fide [ˌbəʊnəˈfaɪdi, *Am:* ˌboʊ-] *adj* **1.** (*genuine*) authentique **2.** (*serious*) sérieux

bond [bɒnd, *Am:* bɑːnd] I. *n* **1.** (*emotional connection*) lien *m;* **the ~s of marriage** les liens du mariage **2.** (*certificate of debt*) obligation *f* **3.** (*written agreement*) engagement *m* II. *vt* **1.** (*unite*) **to ~ two things/people together** unir deux choses/personnes entre elles **2.** (*stick or bind*) coller

bone [bəʊn, *Am:* boʊn] I. *n* os *m;* (*of fish*) arête *f* II. *vt* (*meat*) désosser; (*fish*) retirer les arêtes de

bonfire ['bɒnfaɪəʳ, *Am:* 'bɑːnfaɪɚ] *n* feu de joie

bonnet ['bɒnɪt, *Am:* 'bɑːnɪt] *n* **1.** (*hat*) bonnet *m* **2.** *Aus, Brit* AUTO capot *m*

bonus ['bəʊnəs, *Am:* 'boʊ-] *n* **1.** (*money*) prime *f* **2.** (*advantage*) avantage *m*

bony ['bəʊni, *Am:* 'boʊ-] *adj* <-ier, -iest> **1.** (*with prominent bones*) osseux **2.** (*fish*) plein d'arêtes

boo [buː] I. *interj inf* hou II. *vi, vt* <-s, -ing, -ed> huer

book [bʊk] I. *n* **1.** (*for reading*) livre *m;* (*of stamps, tickets*) carnet *m* **2. to be in sb's good ~s** être dans les petits papiers de qn; **in my ~** d'après moi II. *vt, vi* (*reserve*) réserver

♦ **book in** I. *vi* s'enregistrer II. *vt* **to book sb in** réserver une chambre à qn

bookcase *n* bibliothèque *f* **booking** *n* (*for room, seat*) réservation *f* **bookkeeping** *n no pl* comptabilité *f* **booklet** *n* brochure *f* **bookmark** *n a.* INFOR signet *m* **bookseller** *n* libraire *mf* **bookshelf** *n* étagère *f* **bookshop** *n* librairie *f* **bookstall** *n* kiosque *m* **bookstore** *n Am s.* **bookshop**

boom[1] [buːm] I. *vi* être en pleine croissance II. *n* essor *m; a* **construction** ~ un boom dans la construction

boom[2] [buːm] I. *n* grondement *m* II. *vi* **to ~ (out)** résonner

boon [buːn] *n* bienfait *m*

boost [buːst] I. *n* **to give a ~ to sth** donner un coup de fouet à qc II. *vt* (*economy, sales*) relancer; (*hopes, chances*) accroître; (*speed*) augmenter

booster [buːstəʳ, *Am:* -stɚ] *n* **1.** (*improvement*) regain *m* **2.** MED rappel *m* **3.** RADIO amplificateur *m*

boot [buːt] *n* **1.** (*calf-length*) botte *f;* (*short*) boot *m* **2.** INFOR amorce *f;* **warm/cold** ~ démarrage *m* à chaud/froid **3. to get the** ~ se faire virer II. *vt* **1.** *inf* (*kick*) **to ~ sth somewhere** envoyer qc quelque part (d'un coup de pied) **2.** INFOR **to ~** amorcer

booth [buːð] *n* (*cubicle*) cabine *f;* **polling** ~ isoloir *m*

bootlace *n* lacet *m* de botte

booze [buːz] I. *n inf* alcool *m* II. *vi inf* picoler

border ['bɔːdəʳ, *Am:* 'bɔːrdɚ] I. *n* (*of country*) frontière *f;* (*of estate*) limite *f; a* ~ **post** un poste frontalier II. *vt* border

♦ **border on** *vt* (*country*) avoir pour pays limitrophe

borderline ['bɔːdəlaɪn, *Am:* 'bɔːrdɚ-] *n* ligne *f* de séparation

bore[1] [bɔːʳ, *Am:* bɔːr] I. *n* **1.** (*thing*) barbe *f* **2.** (*person*) raseur, -euse *m, f* II. <-d> *vt* ennuyer

bore[2] [bɔːʳ, *Am:* bɔːr] I. *n* calibre *m* II. *vt* forer

bored *adj* (*look*) plein d'ennui; ~ **children** des enfants qui s'ennuient

boredom ['bɔːdəm, *Am:* 'bɔːr-] *n no pl* ennui *m*

boring ['bɔːrɪŋ] *adj* ennuyeux, ennuyant *Québec*

born [bɔːn, *Am:* bɔːrn] *adj a. fig* né; **to be** ~ naître

borough ['bʌrə, *Am:* 'bɜːroʊ] *n* municipalité *f*

borrow ['bɒrəʊ, *Am:* 'bɑːroʊ] *vt* emprunter

Bosnia and Herzegovina *n* la Bosnie-Herzégovine

bosom ['bʊzəm] *n* 1. poitrine *f* 2. **in the ~ of one's family** *iron* au sein de sa famille

boss [bɒs, *Am:* bɑːs] I. *n a. inf* chef *m* II. *vt pej, inf* **to ~ sb about** donner des ordres à qn

bossy ['bɒsi, *Am:* 'bɑːsi] <-ier, -iest> *adj pej* despotique

botanical [bə'tænɪkəl] *adj* botanique

botany ['bɒtəni, *Am:* 'bɑːtni] *n* botanique *f*

both [bəʊθ, *Am:* boʊθ] *adj, pron* tous (les) deux; **~ of them** l'un et l'autre; **~ of us** nous deux; **~ (the) brothers** les deux frères; **on ~ sides** de part et d'autre

bother ['bɒðəʳ, *Am:* 'bɑːðəʳ] I. *n* 1. (*trouble*) ennui *m;* **to have some ~** avoir des ennuis 2. (*annoyance*) **it's such a ~** c'est tellement embêtant; **it's no ~** il n'a pas de problème II. *vi* **not to ~ about sth** ne pas s'inquiéter de qc; **don't ~ to ring** ce n'est pas la peine de téléphoner III. *vt* ennuyer

bottle ['bɒtl, *Am:* 'bɑːtl] I. *n* 1. (*container*) bouteille *f;* **a baby's ~** un biberon 2. *Brit, inf* (*courage*) courage *m* II. *vt* mettre en bouteilles

bottled ['bɑːtld] *adj* en bouteille(s); **~ water** eau minérale

bottom ['bɒtəm, *Am:* 'bɑːtəm] I. *n* 1. (*lowest part*) bas *m;* (*of pyjamas*) pantalon *m;* (*of the sea*) fond *m;* **from top to ~** de haut en bas 2. (*of street*) bout *m;* **to be (at the) ~ of one's class** être le dernier de sa classe; **to start at the ~** commencer en bas de l'échelle 3. (*buttocks*) derrière *m* 4. **to mean sth from the ~ of one's heart** dire qc du fond du cœur II. *adj* (*level*) d'en bas; **bottom end** partie *f* inférieure; **the ~ of the table** le bout de la table

bought [bɔːt, *Am:* bɑːt] *pt of* **buy**

boulder ['bəʊldəʳ, *Am:* 'boʊldəʳ] *n* bloc *m* de pierre

bounce [baʊnts] I. *n* 1. (*springing action, rebound*) rebond *m* 2. *no pl* (*spring*) bond *m* 3. *no pl* (*of hair, bed*) ressort *m* II. *vi* 1. (*spring into the air, rebound*) rebondir 2. (*jump up and down*) bondir III. *vt* 1. (*cause to rebound*) faire rebondir 2. *inf* COM **to ~ a cheque** refuser un chèque en bois

bouncer ['baʊntsəʳ, *Am:* -səʳ] *n* videur, -euse *m, f*

bound¹ [baʊnd] *n* bond *m;* **with one ~** d'un bond

bound² [baʊnd] *n pl* limites *fpl;* **to be within the ~s of the law** être légal

bound³ [baʊnd] *adj* **~ for** en route pour

bound⁴ [baʊnd] I. *pt, pp of* **bind** II. *adj* 1. (*sure*) **sth is ~ to happen** qc va certainement se produire; **he's ~ to come** c'est sûr qu'il viendra 2. (*obliged*) **to be ~ to** +*infin* être obligé de +*infin*

boundary ['baʊndri] <-ies> *n* (*line, division*) limite *f*

bout [baʊt] *n* 1. (*period*) crise *f;* **drinking ~** beuverie *f* 2. SPORT combat *m*

bow¹ [bəʊ, *Am:* boʊ] *n* 1. (*weapon*) arc *m* 2. MUS archet *m* 3. (*slip-knot*) nœud *m*

bow² [baʊ] *n* NAUT proue *f*

bow³ [baʊ] I. *n* salut *m;* **to give [o make] a ~ to sb** saluer qn II. *vi* **to ~ to sb/sth** saluer qn/qc III. *vt* (*one's head*) baisser

bowel ['baʊəl] *n* MED intestin *m*

bowl¹ [bəʊl, *Am:* boʊl] *n* bol *m;* (*for mixing*) saladier *m*

bowl² [bəʊl, *Am:* boʊl] SPORT I. *n* 1. (*in bowling*) boule *f* 2. *pl* (*game*) boules *fpl* II. *vi* 1. (*roll*) faire rouler la balle 2. (*play skittles*) jouer au bowling

bowler ['bəʊləʳ, *Am:* 'boʊləʳ] *n* 1. (*in cricket*) serveur *m* 2. (*in bowls*) joueur, -euse *m, f* de boules; (*in tenpin bowling*) joueur, -euse *m, f* de bowling

bowling *n no pl* 1. (*tenpins*) bowling *m;* (*outdoor*) boules (anglaises) *fpl* 2. (*in cricket*) service *m* de la balle

bow tie *n* nœud *m* papillon

box¹ [bɒks, *Am:* bɑːks] *n* **1.** (*container*) boîte *f;* (*of large format*) caisse *f;* **a** (**cardboard**) ~ un carton; **chocolate** ~ boîte de chocolats **2.** (*rectangular space*) case *f* **3.** THEAT loge *f* **4.** *Aus, Brit* SPORT coquille *f* **5.** *inf* (*television*) **the** ~ la télé
box² [bɒks, *Am:* bɑːks] **I.** *n* gifle *f* **II.** *vi* SPORT faire de la boxe **III.** *vt* SPORT boxer
◆ **box in** *vt* coincer
boxer ['bɒksə', *Am:* 'bɑːksə·] *n* **1.** (*dog*) boxer *m* **2.** (*person*) boxeur, -euse, *m, f*
boxing ['bɑːksɪŋ] *n no pl* boxe *f*

ⓘ Le **Boxing Day** est le 26 décembre. Ce nom date d'une époque où les apprentis collectaient après le premier jour de Noël un pourboire dans des "boxes" (boîtes) auprès des clients de leur maître. Autrefois, on appelait aussi l'argent que l'on donnait pour Noël aux livreurs ou aux employés le "Christmas Box".

---

box office *n* guichet *m*
boy [bɔɪ] **I.** *n* garçon *m* **II.** *interj* oh ~! bon sang!
boycott ['bɔɪkɒt, *Am:* -kɑːt] **I.** *vt* boycotter **II.** *n* boycott *m*
boyfriend ['bɔɪfrend] *n* petit ami *m*
boyhood ['bɔɪhʊd] *n no pl* enfance *f;* (*as a teenager*) adolescence *f*
bra [brɑː] *n* soutien-gorge *m*
brace [breɪs] **I.** *vt* (*prepare*) **to** ~ **oneself for sth** se préparer à qc **II.** *n* *Brit* **1.** (*for teeth*) appareil *m* dentaire **2.** (*for back*) corset *m*
bracelet ['breɪslɪt] *n* bracelet *m*
bracken ['brækn] *n no pl* fougère *f*
bracket ['brækɪt] **I.** *n* **1.** *pl* TYP parenthèses *fpl;* **in** (**round**) ~**s** entre parenthèses; **square** ~**s** crochets *mpl* **2.** (*category*) **age** ~ tranche *f* d'âge; **income/tax** ~ fourchette *f* de salaire/d'imposition **II.** *vt* TYP mettre entre parenthèses
brag [bræg] <-gg-> *vi pej, inf* **to** ~

about sth se vanter de qc
braid [breɪd] **I.** *n* *Am* tresse *f* **II.** *vt* *Am* tresser
brain [breɪn] **I.** *n* **1.** (*organ*) cerveau *m;* **use your** ~(**s**)! réfléchis! **2.** (*intelligence*) intelligence *f;* **to have** ~**s** [*o* **a good** ~] être intelligent **3.** *inf* (*person*) cerveau *m;* **the best** ~**s** les meilleurs talents **II.** *vt inf* assommer
brainchild *n no pl* idée *f*
brake [breɪk] **I.** *n* frein *m;* **to apply** [*o* **put on**] **the** ~**s** freiner; **to release the** ~ desserrer le frein; **to slam on the** ~(**s**) *inf* piler **II.** *vi* freiner
bramble ['bræmbl] *n* **1.** (*bush*) ronce *f* **2.** (*berry*) mûre *f*
bran [bræn] *n no pl* (*of grain*) son *m*
branch [brɑːntʃ, *Am:* bræntʃ] **I.** *n* **1.** *a.* BOT branche *f* **2.** *Am* (*of a road*) embranchement *m* **3.** (*of company*) succursale *f* **4.** (*of organization*) branche *f* **II.** *vi* se ramifier
◆ **branch off** *vi* (*fork*) bifurquer
brand [brænd] **I.** *n* **1.** (*trade name*) marque *f* **2.** (*type*) genre *m;* **do you like his** ~ **of humour?** est-ce que tu aimes son humour? **II.** *vt* (*label*) **to be** ~**ed** (**as**) **sth** être catalogué comme qc
brandish ['brændɪʃ] *vt* brandir
brand-new [ˌbrænd'njuː] *adj* flambant neuf
brandy ['brændi] <-ies> *n* eau *f* de vie
brass [brɑːs, *Am:* bræs] *n* **1.** (*metal*) laiton *m* **2.** (*brass engraving*) cuivres *mpl* **3.** + *sing/pl vb, no pl* MUS **the** ~ les cuivres *mpl*
brat [bræt] *n pej, inf* sale gosse *mf*
brave [breɪv] **I.** *adj* courageux, -euse; **to give a** ~ **smile** sourire bravement **II.** *vt* braver
bravery ['breɪvəri] *n no pl* bravoure *f*
brawl [brɔːl, *Am:* brɑːl] *n* bagarre *f*
bray [breɪ] *vi* braire
brazen ['breɪzn] *adj* éhonté
Brazil [brə'zɪl] *n* le Brésil
breach [briːtʃ] **I.** *n* **1.** (*infraction*) rupture *f;* ~ **of** [*o* **in**] **an agreement** rupture d'un accord; ~ **of confidence** [*o* **faith**] abus *m* de confiance;

~ **of the law** violation *f* de la loi **2.** (*estrangement*) brouille *f* **II.** *vt* rompre

bread [bred] *n* pain *m;* **a loaf of** ~ un pain; **to bake** ~ faire du pain

bread and butter *n* gagne-pain *m*

breadth ['bretθ] *n no pl, a. fig* largeur *f;* ~ **of learning** étendue *f* des connaissances

break [breɪk] **I.** *n* **1.** (*gap*) trou *m;* (*crack*) fêlure *f;* **a** ~ **in the clouds** une brèche dans les nuages **2.** (*in conversation*) pause *f;* **commercial** ~ pause de publicité; **to take a** ~ prendre une pause; **to need a** ~ **from doing sth** avoir besoin de se reposer de qc **3.** SCHOOL récréation *f* **4.** ~ **of day** lever *m* du jour **5.** SPORT ~ (**of serve**) break *m* **6. give me a** ~! fiche-moi la paix! **II.** <broke, broken> *vt* **1.** (*shatter*) casser; **to** ~ **a nail/one's arm** se casser un ongle/le bras **2.** (*damage*) endommager **3.** AVIAT **to** ~ **the sonic** [*o* **sound**] **barrier** passer le mur du son **4.** (*interrupt*) **to** ~ (**off**) **sth** rompre qc **5.** (*record*) battre; **to** ~ **sb of a habit** faire passer une habitude à qn; **to** ~ **the suspense** [*o* **tension**] mettre fin au suspense; **to** ~ **the peace** troubler la tranquillité; **to** ~ **sb's spirit** [*o* **will**] briser la résistance [*o* volonté] de qn **6.** SPORT **to** ~ **a tie** prendre l'avantage; **to** ~ **sb's serve** (*in tennis*) faire le break **7.** (*law*) enfreindre; (*treaty*) rompre; **to** ~ **a promise to sb** ne pas tenir sa parole envers qn **8.** (*make public*) annoncer; **to** ~ **the news to sb** apprendre la nouvelle à qn **9. to** ~ **the bank** *iron* faire sauter la banque; **to** ~ **bread** REL rompre le pain; **to** ~ **sb's heart** briser le cœur de qn; **to** ~ **the ice** *inf* rompre la glace **III.** <broke, broken> *vi* **1.** (*shatter*) se casser; **she broke under torture/the strain** *fig* elle a craqué sous la torture/le stress **2.** (*interrupt*) **shall we** ~ (**off**) **for lunch?** si on faisait une pause pour le déjeuner? **3.** (*strike*) se briser; **the wave broke on the shore** la vague s'est brisée sur le rivage **4.** (*storm, scandal*) éclater **5. to** ~ **free** s'évader; **to** ~ **loose** s'échapper

◆ **break away** *vi* **1.** (*move*) **to** ~ **from sb** s'éloigner de qn **2.** (*split off*) **to** ~ **from sb** se désolidariser de qn

◆ **break down I.** *vi* **1.** (*stop working*) tomber en panne; (*plan*) s'effondrer **2.** (*dissolve*) décomposer **3.** (*lose control emotionally*) craquer **II.** *vt* **1.** (*force to open*) enfoncer **2.** (*resistance*) vaincre **3.** CHEM dissoudre

◆ **break in I.** *vi* entrer par effraction **II.** *vt* **1.** (*make comfortable*) **to break one's shoes in** faire ses chaussures **2.** *Am* AUTO roder

◆ **break into** *vi* **1.** (*enter*) **to** ~ **sth** s'introduire dans qc; **to** ~ **a car** forcer la portière d'une voiture **2.** (*start doing*) **to** ~ **laughter/tears** éclater de rire/en sanglots **3.** (*note, new packet*) entamer

◆ **break off I.** *vt* casser **II.** *vi* **1.** (*not stay attached*) se détacher **2.** (*stop speaking*) s'interrompre

◆ **break out** *vi* **1.** (*escape*) s'évader **2.** (*epidemic, fire*) se déclarer; (*storm*) éclater

◆ **break up I.** *vt* **1.** (*forcefully end*) **to** ~ **sth** interrompre **2.** (*coalition*) disperser; (*family*) désunir; (*organization*) diviser **II.** *vi* **1.** (*end a relationship*) se séparer **2.** (*marriage*) se désagréger **3.** (*disperse*) se disperser **4.** *Brit* SCHOOL être en vacances

breakdown ['breɪkdaʊn] *n* **1.** (*collapse*) échec *m* **2.** TECH panne *f* **3.** PSYCH dépression *f*

breakfast ['brekfəst] *n* petit déjeuner *m*

breakthrough ['breɪkθruː] *n* MIL percée *f;* (*in science*) tournant *m*

breakup ['breɪkʌp] *n* (*of marriage*) échec *m;* (*of company*) division *f*

breast [brest] *n* **1.** ANAT sein *m* **2.** GASTR blanc *m*

breath [breθ] *n* **1.** (*air*) souffle *m;* **to be out of** ~ être à bout de souffle; **to be short of** ~ être essoufflé; **to catch one's** ~, **to get one's** ~ **back**

reprendre son souffle **2.**(*air exhaled*) haleine *f* **3.**(*break*) **to go out for a ~ of fresh air** sortir prendre l'air **4.**(*wind*) **a ~ of air** un souffle d'air

breathe [briːð] **I.** *vi* respirer; **to ~ through one's nose** respirer par le nez **II.** *vt* **1.**(*exhale*) **to ~ air into sb's lungs** insuffler de l'air dans les poumons de qn **2.**(*whisper*) chuchoter **3.**(*let out*) **to ~ a sigh of relief** soupirer de soulagement **4.to ~ (new) life into sth** redonner de la vie à qc

breather ['briːðə', *Am:* -ðɚ] *n* pause *f*

breathing *n no pl* respiration *f*

breathless *adj* à bout de souffle

breathtaking *adj* stupéfiant

bred [bred] *pt, pp of* **breed**

breed [briːd] **I.**<bred, bred> *vt* **1.**(*grow*) faire pousser **2.**(*raise*) élever **II.**<bred, bred> *vi* zool se reproduire **III.** *n* **1.**zool race *f* **2.** inf (*type of person*) race *f*

breeder ['briːdə', *Am:* -dɚ] *n* éleveur, -euse *m, f*

breeze [briːz] **I.** *n* **1.**(*wind*) brise *f* **2.***Am, inf* (*easy task*) **it's a ~** c'est un jeu d'enfant **II.** *vi* **to ~ in/past** entrer/passer avec nonchalance

brew [bruː] **I.** *n* **1.**(*beer*) bière *f* **2.**(*tea*) infusion *f*; **let's have a ~** *inf* on se fait du thé **II.** *vi* **1.**(*boil*) infuser **2.**(*storm*) se préparer **III.** *vt* **to ~ coffee/tea for sb** préparer du café/thé pour qn

brewery ['bruəri, *Am:* 'bruːɚi] <-ies> *n* brasserie *f*

bribe [braɪb] **I.** *vt* soudoyer **II.** *n* pot *m* de vin

bribery ['braɪbəri] *n no pl* corruption *f*

brick [brɪk] *n* **1.**(*block*) brique *f* **2.**(*house*) **to invest in ~s and mortar** investir dans la pierre

♦ **brick up** *vt* murer

bricklayer *n* maçon *m*

bride ['braɪd] *n* **1.**(*fiancée*) future mariée *f* **2.**(*married*) jeune mariée *f*

bridegroom *n* **1.**(*fiancé*) futur marié *m* **2.**(*married*) jeune marié *m*

bridge [brɪdʒ] **I.** *n* **1.**ARCHIT, NAUT a.

fig pont *m*; **suspension ~** pont suspendu **2.** *no pl* ANAT arête *f* du nez **3.** *no pl* GAMES bridge *m* **II.** *vt* construire un pont sur

bridle ['braɪdl] **I.** *n* bride *f* **II.** *vi* **to ~ at sth** s'indigner devant qc

brief [briːf] **I.**<-er, -est> *adj* bref, brève **II.** *n* **1.**(*instructions*) instructions *fpl* **2.** *pl* (*underpants*) slip *m* **3.in ~** en bref **III.** *vt form* (*inform*) briefer; **to ~ sb on sth** mettre qn au courant de qc

briefcase ['briːfkeɪs] *n* serviette *f*

briefing *n* briefing *m*; **to conduct a ~** tenir un briefing

brigade [brɪ'geɪd] *n* MIL brigade *f*

bright [braɪt] *adj* **1.**(*light*) vif, vive; (*room*) clair; (*clothes*) de couleur(s) vive(s) **2.**(*shining*) brillant; (*day*) radieux **3.**(*intelligent*) intelligent; (*idea*) bon **4.**(*promising*) brillant; **to look ~ for sb/sth** l'avenir s'annonce bien pour qn/qc

brightness *n no pl* **1.** *a.* TV luminosité *f* **2.**(*shining*) éclat *m*

brilliant ['brɪliənt, *Am:* -jənt] **I.** *adj* **1.**(*clever*) brillant **2.***Brit, inf* (*excellent*) super; **~ at swimming/cooking** excellent en natation/cuisine **II.** *interj Brit, inf* super

brim [brɪm] *n* bord *m* **II.**<-mm-> *vi* **to ~ with sth** déborder de qc

brine [braɪn] *n no pl* eau *f* salée

bring [brɪŋ] <brought, brought> *vt* **1.**(*things*) apporter; **I brought the box into the house** j'ai rentré la boîte dans la maison **2.**(*people*) amener; **the road ~s you to the village** la route vous mène au village; **this ~s me to the question of money** cela me conduit au sujet argent **3.**(*cause to have or happen*) **to ~ sth to sb, to ~ sb sth** apporter qc à qn; **to ~ sth on oneself** s'attirer qc **4.**LAW **to ~ a suit against sb** intenter un procès à qn; **to ~ a complaint against sb** porter plainte contre qn **5.to ~ sth to sb's knowledge** porter qc à la connaissance de qn; **to ~ sth to life** donner vie à qc; **to ~ to light** révéler; **to ~ sth to mind** rappeler qc; **to ~ sb to his/**

her senses ramener qn à la raison

◆ **bring about** vt provoquer

◆ **bring back** vt 1.(*reintroduce*) ramener 2.(*return*) rapporter

◆ **bring down** vt 1.(*opp: bring up*) descendre 2.(*topple*) renverser 3.(*make sad*) décourager 4.**to ~ the house** (*with laughter*) faire rire tout le monde

◆ **bring in** vt 1.(*introduce*) introduire; **to ~ a topic** lancer un sujet 2.(*call in, reap*) faire rentrer 3.(*earn*) rapporter; **to ~ a profit** rapporter du bénéfice

◆ **bring on** vt 1.MED causer 2.(*cause to occur*) provoquer

◆ **bring out** vt 1.Aus, Brit (*encourage*) **to bring sb out** faire sortir qn 2.(*product*) lancer; (*book, film*) sortir

◆ **bring to** vt always sep ranimer

◆ **bring up** vt 1.(*opp: bring down*) monter 2.(*rear*) **to bring sb up** élever qn 3.(*mention*) parler de 4. inf (*vomit*) rendre

brink [brɪŋk] n no pl bord m; **to drive sb to the ~** pousser qn à bout; **to be on the ~ of bankruptcy/war** être au bord de la faillite/à deux doigts de la guerre

brisk [brɪsk] <-er, -est> adj vif, vive; (*walk*) rapide; **business is ~** les ventes vont bon train

bristle ['brɪsl] I. n poil m II. vi se hérisser

British ['brɪtɪʃ, Am: 'brɪt-] I. adj britannique II. n pl **the ~** les Anglais

brittle ['brɪtl, Am: 'brɪt-] adj cassant; (*layer of ice*) fragile

broad [brɔːd, Am: brɑːd] <-er, -est> adj 1.(*wide*) large 2.(*spacious*) vaste 3.(*general*) grand; (*description*) large; **to be in ~ agreement** être d'accord sur presque tout 4.**in ~ daylight** en plein jour; **it's as ~ as long** c'est du pareil au même

broad bean n fève f

broadcast ['brɔːdkɑːst, Am: 'brɑːdkæst] I. n 1. no pl (*process*) diffusion f 2.(*programme*) émission II.<broadcast, broadcast o -ed,

-ed> vt Am 1.(*transmit*) diffuser 2. fig, inf (*rumour*) répandre

broaden ['brɔːdn, Am: 'brɑː-] I. vi s'élargir II. vt élargir

broadly adv 1.(*generally*) d'une manière générale 2.(*widely*) largement

> ⓘ **Broadway** est une grande rue dans New York City. C'est dans cette rue que se situe le célèbre quartier des théâtres qui porte le même nom. "Broadway" est synonyme du grand art théâtral américain et pratiquement toutes les pièces de théâtre de quelque importance y ont été jouées. Celles qui ne sont pas jouées dans ce quartier sont souvent des productions expérimentales ou à petit budget et on les appelle des "off-Broadway plays".

broccoli ['brɒkəli, Am: 'brɑːkl-] n no pl brocoli m

brochure ['brəʊʃər, Am: broʊ'ʃʊr] n brochure f

broke [brəʊk, Am: broʊk] I. pt of **break** II. adj inf 1. fauché 2. **to go ~** faire faillite

broken ['brəʊkən, Am: 'broʊ-] I. pp of **break** II. adj 1.(*damaged*) cassé 2.(*defeated, crushed*) brisé 3.LING **in ~ Italien** en mauvais italien

broker ['brəʊkər, Am: 'broʊkər] n courtier m

bronze [brɒnz, Am: brɑːnz] n bronze m

brooch [brəʊtʃ, Am: broʊtʃ] n broche f

brood [bruːd] I. n couvée f II. vi 1.(*ponder*) broyer du noir 2.(*hatch*) couver

brook [brʊk] n ruisseau m

broom [bruːm] n 1.(*brush*) balai m 2. no pl BOT genêt m

broth [brɒθ, Am: brɑːθ] n no pl bouillon m

brother ['brʌðər, Am: -ɚ] n frère m

brotherhood ['brʌðəhʊd, *Am:* '-ə-] *n + sing/pl vb* fraternité *f*

brother-in-law ['brʌðərɪnlɔ:, *Am:* -əʳɪnlɑ:] <brothers-in-law *o* -s *Brit*> *n* beau-frère *m*

brought [brɔ:t, *Am:* brɑ:t] *pp, pt of* **bring**

brow [braʊ] *n* **1.** (*forehead*) front *m* **2.** (*eyebrow*) sourcil *m* **3.** (*top*) sommet *m*

brown [braʊn] **I.** *adj* brun, marron; (*hair*) chatain; *s. a.* **blue II.** *vi* (*leaves*) roussir; (*person*) bronzer **III.** *vt* brunir; (*meat*) faire dorer

brownie ['braʊni] *n Am* brownie *m* (*friandise*)

browse [braʊz] *vi* **1.** (*skim*) **to ~ through sth** feuilleter qc **2.** (*look around*) regarder

browser ['braʊzə, *Am:* -əʳ] *n* INFOR logiciel *m* de navigation

bruise [bru:z] **I.** *n* **1.** MED bleu *m* **2.** (*on fruit*) meurtrissure *m* **II.** *vt* **1.** (*injure outside of*) **to ~ one's arm** se faire un bleu au bras **2.** (*fruit*) meurtrir

brunch [brʌntʃ] *n* brunch *m*

brush [brʌʃ] **I.** *n* **1.** (*for hair*) brosse *f* **2.** (*broom*) balai *m* **3.** (*for painting*) pinceau *m* **4.** *no pl* (*brushwood*) broussailles *fpl* **II.** *vt* **1.** (*clean*) brosser; **to ~ one's teeth/hair** se brosser les dents/cheveux **2.** (*remove*) **to ~ sth off** enlever qc à la brosse/au balai

◆**brush aside** *vt* (*move*) balayer (d'un seul geste)

◆**brush off** *vt* repousser

brutal ['bru:təl, *Am:* -t̬əl] *adj* violent

brute [bru:t] **I.** *n* brute *f* **II.** *adj* brutal; **by ~ force** par la force

BSc *n abbr of* **Bachelor of Science** licencié(e) *m(f)* ès sciences

BSE *n no pl abbr of* **bovine spongiform encephalopathy** ESB *f*

bubble ['bʌbl] **I.** *n* bulle *f*; **to blow a ~** faire une bulle **II.** *vi* bouillonner **bubble gum** *n* chewing-gum *m* (*qui fait des bulles*)

buck¹ [bʌk] *n Am, Aus, inf* dollar *m*

buck² [bʌk] *n no pl, inf* **to pass the**

~ faire porter le chapeau à qn d'autre

buck³ [bʌk] <-(s)> **I.** *n* **1.** (*male*) mâle *m* **2.** (*kick*) ruade *f* **II.** *vi* lancer une ruade

bucket ['bʌkɪt] *n* **1.** (*pail*) seau *m*; **champagne ~** seau à champagne **2.** *pl, inf* (*a lot*) beaucoup; **to weep ~s** pleurer toutes les larmes de son corps

Buckingham Palace [,bʌkɪŋəm-] *n* le palais de Buckingham

> **i** **Buckingham Palace** est la résidence londonienne du monarque britannique. Le palais possède 600 pièces et fut construit de 1821 à 1830 par John Nash pour le roi George IV. Ce bâtiment fut inauguré en 1837 à l'occasion de l'intronisation de la reine Victoria.

buckle ['bʌkl] **I.** *n* boucle *f* **II.** *vt* boucler; (*belt*) attacher **III.** *vi* **1.** (*fasten*) s'attacher **2.** (*bend*) se déformer

bud¹ [bʌd] *n* BOT bourgeon *m*

bud² [bʌd] *n Am, inf* mon pote *m*

budding *adj* naissant

buddy ['bʌdi] *n Am, inf* pote *m*

budge [bʌdʒ] **I.** *vi* bouger **II.** *vt* faire bouger

budget ['bʌdʒɪt] **I.** *n* budget *m*; **a ~ deficit** un déficit budgétaire **II.** *vt* **1.** prévoir dans le budget **2.** *Am* **to ~ one's time** planifier son temps **III.** *vi* préparer un budget; **to ~ for sth** prévoir qc dans le budget

buffalo ['bʌfələʊ, *Am:* -əloʊ] <-(es)> *n* buffle *m*

buffet¹ ['bʊfeɪ, *Am:* bə'feɪ] *vt* secouer

buffet² ['bʌfɪt] *n* buffet *m*

bug [bʌg] **I.** *n* **1.** ZOOL punaise *f* **2.** *inf* (*insect*) insecte *m* **3.** MED microbe *m* **4.** INFOR bogue *m* **5.** TEL table *f* d'écoute; **to plant a ~** installer des micros **II.** <-gg-> *vt* **1.** (*tap*) brancher sur table d'écoute **2.** *inf* (*annoy*) casser les pieds à

build [bɪld] **I.** *n* charpente *f*

II.<built, built> vt 1.(construct) bâtir; (car) construire; (memorial) édifier 2.(company) établir; (system) créer; to ~ a case against sb constituer un dossier contre qn III.<built, built> vi (construct) construire

◆build up I.vt 1.(reserves) accumuler; (collection) développer; to ~ speed gagner de la vitesse 2.(strengthen) développer; to ~ sb's hopes donner de l'espoir à qn II.vi s'accumuler; (traffic) augmenter; (pressure) monter; (business) se développer

builder ['bɪldə', Am: -də] n maçon m; we've got the ~s in on a des ouvriers à la maison

building n 1.(place) bâtiment m; (for offices, apartments) immeuble m 2.(industry) le bâtiment

build-up ['bɪldʌp] n montée f; (of waste, toxins) accumulation f; (of troops) rassemblement m; a traffic ~ un engorgement

built [bɪlt] I.pp, pt of build II.adj construit; well-~ (house) bien construit; slightly ~ fluet

built-in ['bɪltɪn, Am: 'bɪltɪn] adj encastré

bulb [bʌlb] n 1.BOT bulbe m 2.ELEC ampoule f

bulge [bʌldʒ] I.vi (pocket) être bourré; (clothes) faire des bourrelets; her eyes ~d in surprise ses yeux étaient grand ouverts d'étonnement II.n 1.(swelling) gonflement m 2.ECON hausse f à court terme

bulk [bʌlk] n 1.no pl (mass) masse f 2.no pl (quantity) volume m; in ~ (buy) en quantité; (deliver) en vrac 3.no pl (size) grandeur f; ships of great ~ des vaisseaux de grandes dimensions

bulky ['bʌlki] <-ier, iest> adj volumineux; (person) corpulent

bull¹ [bʊl] n 1.(male bovine) taureau m 2.(male animal) mâle m

bull² [bʊl] n 1.no pl, inf(nonsense) foutaise f 2.Brit SPORT centre m de la cible

bulldog ['bʊldɒg, Am: -dɑ:g] n bouledogue m

bulldozer ['bʊldəʊzə', Am: -doʊzə-] n bulldozer m

bullet ['bʊlɪt] n 1.MIL balle f 2.TYP, INFOR puce f

bulletin ['bʊlətɪn, Am: -ətɪn] n 1.TV (news) ~ actualités fpl télévisées 2.(newsletter) bulletin m d'informations

bullfight ['bʊlfaɪt] n combat m de taureaux

bullock ['bʊlək] n bœuf m

bully I.<-ies> n tyran m; (child) brute f II.<-ie-> vt victimiser; to ~ sb into doing sth contraindre qn par la menace à faire qc III.interj ~ for you! inf tant mieux pour toi/vous!; iron bravo!

bum [bʌm] I.n 1.(lazy person) bon-à-rien m, bonne-à-rien f 2.Am (tramp) clochard(e) m(f) 3.Aus, Brit, inf (bottom) derrière m II.<-mm-> vt to ~ a ride faire de l'auto-stop

bumblebee ['bʌmblbi:] n bourdon m

bump [bʌmp] I.n 1.(swelling) bosse f 2.(protrusion) protubérance f 3.inf(blow) léger coup m 4.(collision) léger accrochage m II.vt (one's head) se cogner III.vi to ~ along cahoter; to ~ up and down être secoué de tous côtés

◆bump into vt insep 1.(collide with) rentrer dans 2.(meet) tomber sur

bumper¹ ['bʌmpə', Am: -pə-] n AUTO pare-chocs m

bumper² ['bʌmpə', Am: -pə-] adj (crowd, crop) record; (year, issue) exceptionnel

bumpy ['bʌmpi] <-ier, iest> adj 1.(jarring) cahoteux; (road) défoncé 2.fig difficile; (life) mouvementé

bun [bʌn] n 1.(pastry) petit pain m au lait 2.(knot of hair) chignon m

bunch [bʌntʃ] <-es> n 1.(group of similar objects) ensemble m; (of radishes) botte f; (of flowers) bouquet m; (of grapes) grappe f; (of keys) trousseau m 2.(group of people) groupe m; (of idiots, thieves) bande

Bb

f **3.** *Am* (*lot*) **a ~ of problems** un tas de problèmes **4. the best of the ~** le meilleur de tous

bundle ['bʌndl] *n* **1.** (*pile*) tas *m*; (*wrapped up*) paquet *m*; (*of papers, banknotes*) liasse *f*; **wrapped in a ~** empaqueté **2. a ~ of nerves** un paquet de nerfs

bungalow ['bʌŋgələʊ, *Am:* -oʊ] *n* petit pavillon *m*

bunk [bʌŋk] *n* **1.** NAUT couchette *f* **2.** *inf* (*rubbish*) bêtises *fpl*

buoyant ['bɔɪənt, *Am:* -jənt] *adj* **1.** (*able to float*) flottable **2.** (*cheerful*) plein d'entrain; **to be in a ~ mood** être d'humeur gaie

burden ['bɜːdən, *Am:* 'bɜːr-] **I.** *n* **1.** (*load*) charge *f* **2.** *fig* fardeau *m*; **the ~ of debt/taxation** le fardeau de la dette/de l'impôt; **the ~ of proof** la charge de la preuve **II.** *vt* **1.** (*load*) charger **2.** *fig* surcharger

bureau ['bjʊərəʊ, *Am:* 'bjʊroʊ] <-x *o* -s *Am, Aus*> *n* **1.** *Am* (*government department*) service *m* gouvernemental **2.** (*office*) bureau *m*; **information ~** bureau *m* d'information

bureaucracy [bjʊə'rɒkrəsi, *Am:* bjʊ'rɑːkrə-] *n pej* bureaucratie *f*

burger ['bɜːgər, *Am:* 'bɜːrgər] *n inf* biftek haché

burglar ['bɜːglər, *Am:* 'bɜːrglər] *n* cambrioleur, -euse *m, f*

burglary ['bɜːgləri, *Am:* 'bɜːr-] <-ies> *n* cambriolage *m*

burial ['berɪəl] *n* enterrement *m*

Burma ['bɜːmə, *Am:* 'bɜːr-] *n* la Birmanie

burn [bɜːn, *Am:* bɜːrn] **I.** *n* brûlure *f* **II.** <-t *o* -ed, -t *o* -ed> *vi* **1.** (*be in flames*) brûler **2.** (*light*) être allumé **3.** (*with fever*) brûler; **I ~ easily** je prends des coups de soleil; **my eyes are ~ing** mes yeux piquent **4.** (*feel an emotion*) **to be ~ing with desire** brûler de désir; **his face was ~ing with shame/anger** son visage était rouge de honte/colère **5. my ears are ~ing** mes oreilles sifflent **III.** <-t *o* -ed, -t *o* -ed> *vt* **1.** (*consume*) brûler; **to be ~ed to the**

ground être complètement détruit par le feu **2.** (*meat, pan*) laisser brûler; **to ~ sth to a crisp** carboniser qc **3.** (*skin*) brûler; **to ~ one's tongue** se brûler la langue **4.** (*consume as fuel*) **to ~ gas** se chauffer au gaz

♦ **burn down I.** *vt* incendier **II.** *vi* brûler complètement

burning ['bɜːnɪŋ] *adj* **1.** (*candle*) allumé; (*building*) en feu **2.** (*hot*) brûlant; (*desire*) ardent **3. a ~ sensation** une sensation de brûlure

> ℹ️ La **Burns Night**, le 25 janvier, jour anniversaire du poète écossais Robert Burns (1759–96), est célébrée dans le monde entier par les Écossais et autres admirateurs du poète. A l'occasion de cette fête, il existe un repas spécial, le "Burns Supper", constitué d'un "Haggis" (une sorte de rôti de viande hâchée épicée à base de tripes de mouton, mélangée avec de l'avoine et des oignons, qui est cuite dans l'estomac du mouton, puis rôtie au four), de "neeps" (navets) et de "mashed tatties" (purée de pommes de terre).

burnt [bɜːnt, *Am:* 'bɜːrnt] *adj* **1.** (*scorched*) roussi **2.** (*consumed*) calciné

burp [bɜːp, *Am:* bɜːrp] **I.** *n* renvoi *m*; (*from baby*) rot *m* **II.** *vi* roter; (*baby*) faire un rot

burrow ['bʌrəʊ, *Am:* 'bɜːroʊ] **I.** *n* terrier *m* **II.** *vt* creuser **III.** *vi* **to ~ through sth** creuser un tunnel à travers qc

burst [bɜːst, *Am:* bɜːrst] **I.** *n* **1.** (*hole in pipe*) tuyau *m* éclaté **2.** (*brief period*) **a ~ of laughter** un éclat de rire; **a ~ of activity** un regain d'activité; **a ~ of applause** une salve d'applaudissement **II.** <-, – *o* -ed, -ed *Am*> *vi* **1.** (*explode*) exploser; (*bag, bal-*

loon) éclater; **I'm** ~**ing** *inf* (*after meal*) je vais éclater **2.** (*be eager*) **to be** ~**ing to** +*infin* mourir d'envie de +*infin*; **he is** ~**ing with happiness/confidence/pride** il déborde de santé/de confiance en lui/de fierté **3. to be** ~**ing at the seams** *inf* être plein à craquer, être paqueté *Québec;* (*room*) être bondé
◆ **burst in** *vi* faire irruption
◆ **burst out** *vi* **1.** (*speak*) s'écrier **2.** (*suddenly begin*) **to** ~ **laughing** éclater de rire

bury ['beri] <-ie-> *vt* **1.** (*put under-ground*) enterrer; **to be buried alive** être enterré vivant; **buried under the snow** enseveli sous la neige **2.** (*attend a burial*) **to** ~ **sb** assister à l'enterrement de qn **3.** (*hide*) dissimuler; **to** ~ **one's pain** cacher sa douleur

bus [bʌs] I. <-es *o* -ses *Am*> *n* **1.** (*vehicle*) autobus *m;* **school** ~ **car** *m* de ramassage scolaire **2.** INFOR bus *m* II. <-ss- *o* -s- *Am*> *vt* transporter en car

bush [buʃ] *n* **1.** <-es> BOT buisson *m* **2.** *no pl* (*land*) **the** ~ la brousse

bushy ['buʃi] <-ier, -iest> *adj* brous-sailleux

business ['bɪznɪs] *n* **1.** *no pl* (*trade*) affaires *fpl;* **I'm here on** ~ je suis ici pour affaires; **to do** ~ **with sb** faire des affaires avec qn **2.** *no pl* (*commerce*) commerce *m* **3.** <-es> (*profession*) métier *m;* **what line of** ~ **are you in?** que faites-vous/fais-tu dans la vie? **4.** <-es> (*firm*) société *f;* **small** ~**es** les petites entreprises **5. to mind one's own** ~ *inf* se mêler de ses affaires; **to mean** ~ ne pas plaisanter

businessman *n* homme *m* d'affaires **businesswoman** *n* femme *f* d'af-faires

bus stop *n* arrêt *m* d'autobus

bust[1] [bʌst] *n* **1.** (*statue*) buste *m* **2.** (*bosom*) poitrine *f* (de femme); ~ **size** tour *m* de poitrine

bust[2] [bʌst] I. *adj inf* **1.** (*broken*) cassé **2.** (*bankrupt*) **to go** ~ faire faillite II. <-, – *o* -ed, -ed *Am*> *vt inf*

casser

bustle ['bʌsl] I. *vi* **to** ~ **about** s'ac-tiver II. *n no pl* tourbillon *m* d'activi-té; **hustle and** ~ remue-ménage *m*

busy ['bɪzi] <-ier, -iest> *adj* **1.** (*occu-pied*) occupé; **I'm very** ~ **this week** je suis très pris cette semaine; **to be** ~ **with sth** être occupé à faire qc **2.** (*period, week*) très actif; (*street*) animé; **it's our busiest day** c'est notre journée la plus chargée **3.** (*hectic*) **a** ~ **time** une période mouvementée **4.** *Am* TEL occupé

busybody ['bɪzi,bɒdi, *Am:* -,bɑ:di] <-ies> *n pej, inf* mouche *f* du coche; **he is a** ~ il se mêle de ce qui ne le re-garde pas

but [bʌt] I. *conj* mais II. *prep* sauf; **he's nothing** ~ **a liar** il n'est rien d'autre qu'un menteur III. *adv form* seulement; **she's a young girl** elle n'est qu'une petite fille

butcher ['bʊtʃə', *Am:* -ə] I. *n* boucher *m* II. *vt* **1.** (*animal*) abattre **2.** (*murder*) massacrer **3.** SPORT **they** ~**ed the other team** ils ont écrasé l'autre équipe

butler ['bʌtlə', *Am:* -lə] *n* major-dome *m*

butt [bʌt] *n* **1.** (*of tree*) souche *f;* (*of rifle*) crosse *f* **2.** (*cigarette*) mégot *m* **3.** (*person*) **to be the** ~ **of sb's jokes** être la risée de qn **4.** *inf* (*bot-tom*) cul *m*

butterfly ['bʌtəflaɪ, *Am:* 'bʌtə-] <-ies> *n* **1.** ZOOL *a. fig* papillon *m* **2. to have butterflies in one's stomach** avoir l'estomac noué

buttock ['bʌtək, *Am:* 'bʌt̬-] *n pl* fesses *fpl*

buy [baɪ] I. *n* achat *m* II. <bought, bought> *vt* **1.** acheter **2.** *inf* (*be-lieve*) **I don't** ~ **that** je ne marche pas
◆ **buy in** *vt Brit* s'approvisionner en

buyer ['baɪə', *Am:* -ə] *n* acheteur, -euse *m, f*

buzz [bʌz] I. *vi* **1.** (*make a low sound*) vrombir; (*buzzer*) sonner; (*bee*) bourdonner **2.** *Am, inf* (*be tipsy*) être éméché II. *vt inf* TEL ap-peler III. *n* **1.** (*humming noise*) bourdonnement *m;* (*of doorbell*) sonnerie *f;* **the ~ of conversation** le brouhaha **2.** *inf* TEL coup *m* de fil; **to give sb a ~** passer un coup de fil à qn

buzzard ['bʌzəd, *Am:* -əd] *n* Brit busard *m,* buse *f*

buzzer ['bʌzəʳ, *Am:* -ə] *n* avertisseur *m* sonore; **door ~** sonnette *f*

by [baɪ] **I.** *prep* **1.** (*near*) **to stand/ lie/be ~ sth/sb** être près [*o* à côté] de qc/qn; **close** [*o* **near**] **~ sb/sth** tout près de qn/qc **2.** (*during*) **~ day/night** le [*o* de] jour/la [*o* de] nuit; **~ moonlight** au clair de lune **3.** (*at latest time*) **~ tomorrow** d'ici demain; **~ midnight** avant minuit; **by now** à l'heure qu'il est **4.** (*showing agent, cause*) **a novel ~ Joyce** un roman de Joyce; **killed ~ sth/sb** tué par qc/qn; **surrounded ~ dogs** entouré de chiens **5.** (*using*) **~ rail/ plane/tram** en train/par avion/ avec le tram; **~ means of sth** au moyen de qc **6.** (*through*) **~ chance/mistake** par hasard/erreur; **what does he mean ~ that?** que veut-il dire par là? **7.** (*past*) **to walk ~ the post-office** passer devant la poste **8.** (*in measurement*) **to buy ~ the kilo/dozen** acheter au kilo/à la douzaine; **to multiply/divide ~ 4** multiplier/diviser par 4; **4 metres ~ 6** de 4 à 6 mètres **II.** *adv* **1.** (*in reserve*) **to put/lay sth ~** mettre qc de côté **2.** (*gradually*) **~ and ~** peu à peu **3.** (*past*) **to go/ pass ~** passer

bye [baɪ] *interj inf* salut

by-election ['baɪɪəlekʃən] *n* Brit élection *f* partielle

bygone ['baɪgɒn, *Am:* -gɑːn] **I.** *adj* passé; **in a ~ age** [*o* **era**] autrefois **II.** *n* **to let ~s be ~s** oublier le passé

---

i Un **BYO-restaurant** ("Bring Your Own") est en Australie un restaurant ne possédant pas de licence l'autorisant à vendre de l'alcool et où, de ce fait, les clients

---

peuvent apporter leurs propres boissons alcoolisés.

bystander ['baɪstændəʳ, *Am:* -dɚ] *n* spectateur, -trice *m, f*

byte [baɪt] *n* INFOR octet *m*

Cc

C, c [siː] *n* C, c *m*

cab [kæb] *n* taxi *m*

cabaret ['kæbəreɪ, *Am:* ˌkæbəˈreɪ] *n* cabaret *m*

cabbage ['kæbɪdʒ] *n* chou *m*

cabin ['kæbɪn] *n* **1.** (*on a vehicle*) cabine *f* **2.** (*house*) cabane *f*

cabinet ['kæbɪnɪt] *n* **1.** (*storage place*) meuble *m;* **filing ~** classeur *m;* **medicine ~** armoire *f* à pharmacie **2.** (*glass-fronted*) vitrine *f* **3.** + *sing/pl vb* (*group of advisers*) cabinet *m*

cabinet maker *n* ébéniste *m*

cable ['keɪbl] **I.** *n a.* TEL câble *m* **II.** *vt* câbler

cable car *n* **1.** (*suspended transport system*) téléphérique *m* **2.** (*carriage on railway*) funiculaire *m*

cache [kæʃ] *n* **1.** (*storage place*) cachette *f;* (*of weapons*) cache *f* **2.** INFOR cache *f*

cache memory *n* INFOR mémoire *f* cache, antémémoire *f*

cackle ['kækl] **I.** *vi a. fig* glousser **II.** *n a. pej* gloussement *m*

cactus ['kæktəs] <-es *o* cacti> *n* cactus *m*

caddie, caddy ['kædi] *n* SPORT caddie® *m*

cadence ['keɪdns] *n* **1.** (*rising and falling sound*) cadence *f* **2.** MUS, LING rythme *m*

cadet [kəˈdet] *n* **1.** (*military*) élève *mf* d'une école militaire **2.** (*police*) élève *mf* policier

cadge [kædʒ] I. *vt pej, inf* taxer II. *vi pej, inf* taxer

cadger *n pej* taxeur, -euse *m, f inf*

cadre ['kɑːdəʳ, *Am:* 'kædriː] *n* cadre *m*

Caesarean, Caesarean section *n* césarienne *f*

cafe, café ['kæfeɪ, *Am:* kæf'eɪ] *n* café *m*

cafeteria [ˌkæfɪˈtɪəriə, *Am:* -ˈtɪri-] *n* cafétéria *f*

caffeine ['kæfiːn, *Am:* kæf'iːn] *n no pl* caféine *f*

cage [keɪdʒ] I. *n a. fig* cage *f* II. *vt* enfermer dans une cage

cagey ['keɪdʒi] <-ier, -iest> *adj inf* cachottier; **to be ~ about sth** être cachottier à propos de qc

cahoots [kəˈhuːts] *npl inf* to be in ~ **with sb** être de mèche avec qn

cajole [kəˈdʒəʊl, *Am:* -ˈdʒoʊl] *vt* cajoler; **to ~ sb out of/into doing sth** persuader qn de ne pas faire/de faire qc

cake [keɪk] I. *n* (*sweet*) gâteau *m* II. *vt* **to be ~d with sth** être couvert de qc

calamity [kəˈlæməti, *Am:* -əɪ̯i] <-ties> *n* calamité *f*

calcium ['kælsɪəm] *n no pl* calcium *m*

calculate ['kælkjʊleɪt, *Am:* -kjə-] *vt* calculer

calculated *adj* calculé; (*crime*) prémédité

calculating *adj* calculateur

calculation *n* calcul *m;* **to make ~s** effectuer des calculs

calculator *n* calculatrice *f*

calculus ['kælkjʊləs, *Am:* -kjə-] *n no pl* calcul *m*

calendar ['kælɪndəʳ, *Am:* -dəʳ] *n* calendrier *m*

calf¹ [kɑːf, *Am:* kæf] <calves> *n* ZOOL veau *m*

calf² [kɑːf, *Am:* kæf] <calves> *n* ANAT mollet *m*

caliber ['kælɪbəʳ] *n Am,* **calibre** ['kælɪbəʳ] *n Brit, a. fig* calibre *m*

calico ['kælɪkəʊ, *Am:* -koʊ] *n no pl* calicot *m*

call [kɔːl] I. *n* 1. TEL appel *m;* **a tele-**

phone ~ un appel téléphonique 2. (*visit*) visite *f;* **to pay a ~ on sb** rendre visite à qn 3. (*shout*) cri *m;* **a ~ for help** un appel au secours 4. **to have no ~ for sth** ne pas avoir besoin de qc II. *vt* 1. (*address as, summon, telephone*) appeler; **to be ~ed sth** s'appeler qc; **to ~ sb a liar** considérer qn comme menteur 2. (*shout*) crier 3. (*meeting*) appeler; **to ~ a strike** lancer un appel à la grève 4. **to ~ sth to mind** rappeler qc III. *vi* 1. (*telephone*) téléphoner 2. (*drop by*) passer 3. (*shout*) crier 4. (*summon*) appeler

◆**call back** *vt* TEL rappeler; (*visit*) repasser

◆**call for** *vt* 1. (*make necessary*) appeler à 2. (*person*) appeler; (*object, doctor*) faire venir 3. (*ask*) appeler; **to ~ help** appeler à l'aide 4. (*food, attention*) demander

◆**call in** I. *vt* (*ask to come*) faire venir II. *vi* 1. (*pay a visit*) rendre visite; **to ~ on sb** passer chez qn 2. (*phone*) appeler

◆**call off** *vt* 1. (*cancel*) annuler 2. (*order back*) rappeler

◆**call on** *vt insep* 1. (*appeal to*) demander à 2. (*visit*) rendre visite à 3. *fig* avoir recours à

◆**call out** I. *vt* 1. (*shout*) appeler 2. (*yell*) crier 3. (*summon*) faire venir II. *vi* 1. (*shout*) appeler 2. (*yell*) crier

◆**call up** *vt* 1. *Am* (*telephone*) appeler 2. INFOR, MIL appeler 3. (*memories*) évoquer

call box *n* cabine *f* téléphonique

caller *n* 1. (*person on the telephone*) correspondant(e) *m(f)* 2. (*visitor*) visiteur, -euse *m, f*

calling *n form* vocation *f*

callous ['kæləs] *adj* cruel

call sign *n* indicatif *m*

callus ['kæləs] <-es> *n* durillon *m*

calm [kɑːm] I. *adj* calme; **to keep ~** rester tranquille II. *vt* calmer; **to ~ oneself** se calmer

◆**calm down** I. *vi* se calmer II. *vt* calmer

calmly *adv* calmement

calmness *n no pl* calme *m*

calorie ['kæləri] *n* calorie *f*

cam [kæm] *n* TECH came *f*

camber ['kæmbə', *Am:* -bə'] *n* bombement *m*

camcorder ['kæmkɔdə'] *n* caméscope *m*

came [keɪm] *vi pt of* **come**

camel ['kæml] *n* chameau *m*

cameo ['kæmɪəʊ, *Am:* -oʊ] *n* **1.** (*carved stone*) camée *m* **2.** THEAT, CINE figurant(e) *m(f)*

camera ['kæmərə] *n* **1.** (*photography*) appareil *m* photo **2.** (*television*) caméra *f* **cameraman** *n* CINE cadreur *m*

camouflage ['kæmə,flɑːʒ] **I.** *n no pl* camouflage *m*; **II.** *vt* camoufler; **to ~ oneself** se camoufler

camp¹ [kæmp] **I.** *n* camp *m* **II.** *vi* camper; **to ~ out** camper; **to go ~ing** faire du camping

camp² [kæmp] *adj* **1.** (*theatrical*) affecté **2.** (*effeminate*) efféminé

campaign [kæm'peɪn] **I.** *n* campagne *f* **II.** *vi* faire campagne; **to ~ for sb/sth** faire campagne en faveur de qn/qc

campaigner *n* militant(e) *m(f)*

camp bed *n Brit, Aus* lit *m* de camp

camper *n* **1.** (*person*) campeur, -euse *m, f* **2.** (*vehicle*) camping-car *m*

camping *n no pl* camping *m*; **to go ~** faire du camping; **~ equipment** équipement *m* de camping

camp site *n* **1.** (*place to camp*) terrain *m* de camping **2.** *Am* (*place for a tent*) place *f* pour camper

campus ['kæmpəs] *n* campus *m*

can¹ [kæn] **I.** *n* (*of food, beer, paint*) boîte *f*; (*of petrol*) bidon *m* **II.** *vt* (*put in cans*) mettre en boîte

can² [kən] <could, could> *aux* **1.** (*be able or allowed to*) pouvoir **2.** (*have knowledge*) savoir

Canada ['kænədə] *n* le Canada

Canadian I. *adj* canadien **II.** *n* Canadien(ne) *m(f)*

canal [kə'næl] *n* canal *m*

canary [kə'neəri, *Am:* -'neri] *n* ZOOL canari *m*

cancel ['kænsl] <-ll- *o Am* -l-> **I.** *vt* **1.** (*annul*) annuler **2.** (*a stamp*) oblitérer; (*ticket*) composter **II.** *vi* se décommander

cancellation [,kænsə'leɪʃən] *n* annulation *f*; (*of a contract*) résiliation *f*

cancer ['kænsə', *Am:* -sə'] *n* MED cancer *m*

Cancer ['kænsə', *Am:* -sə'] *n* Cancer *m; s. a.* **Aquarius**

candid ['kændɪd] *adj* franc; **~ camera** caméra *f* invisible; **a ~ picture** une photo instantanée

candidacy ['kændɪdəsi] *n no pl* candidature *f*

candidate ['kændɪdət] *n* candidat(e) *m(f)*

candle ['kændl] *n* bougie *f*

candor *n Am, Aus,* **candour** ['kændə', *Am:* -ə'] *n no pl, Brit, Aus, form* franchise *f*

candy ['kændi] **I.** *n* **1.** (*crystallized sugar*) sucre *m* candi **2.** *Am* (*sweets*) bonbon *m*; **~ stick** sucette *f* **II.** *vt* glacer **candyfloss** *n no pl, Brit* barbe *f* à papa

cane [keɪn] *n* canne *f*

canine ['keɪnaɪn] **I.** *n* canine *f* **II.** *adj* canin

canister ['kænɪstə', *Am:* -əstə'] *n* boîte *f*

cannabis ['kænəbɪs] *n no pl* cannabis *m*

canned [kænd] *adj* (*food*) en conserve; (*beer*) en boîte

cannibal ['kænɪbl] *n* cannibale *mf*

cannibalism ['kænɪbəlɪzəm] *n no pl* cannibalisme *m*

cannibalize ['kænɪbəlaɪz] *vt* récupérer les pièces de

cannon ['kænən] *n* MIL canon *m*

cannonball *n* MIL boulet *m* de canon

cannot ['kænɒt, *Am:* -ɑːt] *aux* (*can not*) *s.* **can**

canny ['kæni] <-ier, -iest> *adj* (*clever*) rusé

canoe [kə'nuː] *n* **1.** (*boat*) canot *m* **2.** *Brit* (*kayak*) canoë *m*

can opener *n* ouvre-boîtes *m*

canopy ['kænəpi] *n* **1.** (*cloth*) auvent *m* **2.** ARCHIT *a. fig* voûte *f*

can't [kɑːnt, *Am:* kænt] = **can** + **not** *s.* **can**

cantankerous [kæn'tæŋkərəs] *adj* acariâtre

canteen [kæn'tiːn] *n* cantine *f*

canvas ['kænvəs] *n no pl* (*type of cloth*) toile *f*

canvass ['kænvəs] I. *vt* 1. (*gather opinion*) sonder; (*customers*) prospecter; **to ~ opinions** sonder l'opinion 2. (*solicit*) solliciter 3. POL **to ~ sb** solliciter la voix de qn 4. *Brit, Aus, inf* (*propose for discussion*) discuter II. *vi* 1. POL faire campagne 2. ECON faire du démarchage

canvassing *n* 1. ECON démarchage *m* 2. POL démarchage *m* électoral

canyon ['kænjən] *n* canyon *m*

cap [kæp] I. *n* 1. (*hat*) casquette *f* 2. (*cover*) couvercle *m*; (*of a bottle*) bouchon *m*; (*of a pen, lens*) capuchon *m* 3. (*limit*) plafond *m* II. <-pp-> *vt* 1. (*limit*) limiter 2. (*cover*) coiffer; (*bottle*) capsuler; (*a tooth*) recouvrir d'émail 3. (*outdo*) surpasser; **to ~ it all** pour couronner le tout

capability [ˌkeɪpə'bɪləti, *Am:* -ţi] *n* capacité *f*

capable ['keɪpəbl] *adj* 1. (*competent*) compétent 2. (*able*) capable; **to be ~ of doing sth** être capable de faire qc

capacity [kə'pæsəti, *Am:* -ţi] *n* 1. <-ties> (*amount*) capacité *f*; (*of container*) contenance *f*; **seating ~** nombre *m* de places assises 2. *no pl* (*ability*) aptitude *f* 3. (*output*) rendement *m*; **at full ~** à plein rendement 4. (*position*) fonction *f*

cape¹ [keɪp] *n* GEO cap *m*

cape² [keɪp] *n* FASHION cape *f*

caper¹ I. *n* 1. (*skip*) cabriole *f* 2. (*dubious activity*) arnaque *f* II. *vi* (*leap about*) gambader

caper² *n* GASTR câpre *f*

capillary [kə'pɪləri, *Am:* 'kæpələr-] <-ries> I. *n* capillaire *f* II. *adj* capillaire

capital¹ ['kæpɪtl, *Am:* -əţl] I. *n* 1. (*principal city*) *a. fig* capitale *f* 2. (*letter form*) lettre *f* capitale; **in** (**large**) **~s** en capitales II. *adj* 1. (*error, city*) principal 2. (*letter*)

capital

capital² ['kæpɪtl, *Am:* -əţl] *n* FIN capital *m*; **to make ~ (out) of sth** tirer profit de qc

capitalism ['kæpɪtəlɪzəm, *Am:* 'kæpəţ-] *n no pl* capitalisme *m*

capitalist I. *n a. pej* capitaliste *mf* II. *adj* capitaliste

capital letter *n* lettre *f* capitale; **in ~s** en lettres capitales **capital punishment** *n no pl* peine *f* capitale

capitulate [kə'pɪtʃuleɪt, *Am:* -'pɪtʃə-] *vi* MIL *a. fig* capituler; **to ~ to sb/sth** capituler face à qn/qc

capitulation *n* capitulation *f*

cappuccino [ˌkæpʊ'tʃiːnəʊ, *Am:* ˌkæpə'tʃiːnoʊ] *n* cappuccino *m*

Capricorn ['kæprɪkɔːn, *Am:* -rəkɔːrn] *n* Capricorne *m*; *s. a.* **Aquarius**

capsize [kæp'saɪz, *Am:* 'kæpsaɪz] NAUT I. *vt* (*make turn over*) faire chavirer II. *vi* (*turn over*) chavirer

capsule ['kæpsjuːl, *Am:* -sl] *n* capsule *f*

captain ['kæptɪn] *n a. fig* capitaine *m*

caption ['kæpʃən] *n* 1. TYP, PUBL légende *f* 2. CINE, TV sous-titres *mpl*

captivate ['kæptɪveɪt, *Am:* -tə-] *vt* captiver

captive ['kæptɪv] I. *n* captif, -ive *m, f* II. *adj* captif

captivity [kæp'tɪvəti, *Am:* -ţi] *n no pl* captivité *f*

capture ['kæptʃə^r, *Am:* -tʃɚ] I. *vt* 1. (*take prisoner*) capturer 2. (*city, control*) prendre; **to ~ sth** s'emparer de qc 3. (*atmosphere, attention*) captiver 4. INFOR saisir II. *n* 1. (*act of capturing*) capture *f* 2. INFOR saisie *f*

car [kaː^r, *Am:* kaːr] *n* voiture *f*; **by ~** en voiture

carafe ['kærəf] *n* carafe *f*

caramel ['kærəmel, *Am:* 'kaːrml] *n* caramel *m*

carat ['kærət, *Am:* 'ker-] <-(s)> *n* carat *m*

caravan ['kærəvæn, *Am:* 'ker-] *n* caravane *f*

carbohydrate [ˌkaːbəʊ'haɪdreɪt, *Am:* ˌkaːrboʊ-] *n* CHEM hydrate *m* de carbone

carbon ['kɑːbən, *Am:* 'kɑːr-] *n no pl* carbone *m* **carbon dating** *n no pl* datation *f* au carbone **carbon dioxide** *n no pl* CHEM gaz *m* carbonique

car boot sale *n Brit* ≈ braderie *f*

carburetor *Am,* **carburettor** [ˌkɑːbjəˈretəʳ, *Am:* 'kɑːrbəreɪtəʳ] *n Brit* carburateur *m*

carcass ['kɑːkəs, *Am:* 'kɑːr-] <-es> *n a. inf* carcasse *f*

card [kɑːd, *Am:* kɑːrd] *n* **1.** *no pl* (*cardboard*) carton *m* **2.** GAMES carte *f*; **to play** ~s jouer aux cartes **3.** (*piece of stiff paper*) carte *f* **4.** (*means of payment*) carte *f*

cardboard ['kɑːdbɔːd, *Am:* 'kɑːrdbɔːrd] *n no pl* (*thick card*) carton *m*

cardiac ['kɑːdɪæk, *Am:* 'kɑːr-] *adj* MED cardiaque

cardigan ['kɑːdɪgən, *Am:* 'kɑːr-] *n* cardigan *m*

cardinal ['kɑːdɪnl, *Am:* 'kɑːr-] **I.** *n* cardinal *m* **II.** *adj* capital

cardphone *n* publiphone *m*

care [keəʳ, *Am:* ker] **I.** *n* **1.** (*looking after*) soin *m;* **to take good** ~ **of sb/ sth** prendre bien soin de qn/qc; **to take** ~ **of sth** s'occuper de qc; **take** ~! fais attention (à toi)!; (*goodbye*) salut! **2.** (*carefulness*) prudence *f;* **to take** ~ **with sth/to** +*infin* prendre soin de qc/de +*infin;* **to take** ~ **that** veiller à ce que +*subj* **3.** (*worry*) souci *m* **II.** *vi* **1.** (*be concerned*) se faire du souci; **to** ~ **about sb/sth** se soucier de qn/qc; **not to** ~ **about sb/sth** se moquer de qn/qc; **I don't** ~ ça m'est égal **2.** (*feel affection*) aimer; **to** ~ **about sb** aimer qn **3.** (*want*) vouloir; **to** ~ **to** +*infin* vouloir +*infin;* **to** ~ **for sth** vouloir qc

career [kəˈrɪəʳ, *Am:* -ˈrɪr] **I.** *n* carrière *f* **II.** *vi* aller à toute vitesse

carefree ['keəfriː, *Am:* 'ker-] *adj* insouciant

careful *adj* **1.** (*cautious*) prudent; **to be** ~ **doing sth** être prudent en faisant qc; **to be** ~ **with money** être regardant **2.** (*showing attention*) attentif; **to be** ~ **with/of/about sth** faire attention à qc; **to be** ~ **(that)** veiller à ce que +*subj;* **to be** ~ **to** +*infin* veiller à +*infin* **3.** (*worker*) soigneux; (*work*) soigné

caregiver *n Am s.* **carer**

careless *adj* **1.** (*driver*) imprudent; (*remark*) irréfléchi; (*work*) négligé **2.** (*inattentive*) inattentif; **a** ~ **error** une erreur d'inattention; **to be** ~ **with money** ne pas être regardant **3.** (*not worried*) insouciant

carer *n* aide *f* à domicile

caress [kəˈres] <-es> **I.** *n* caresse *f* **II.** *vt* caresser

caretaker *n* **1.** *Brit* (*janitor*) concierge *mf* **2.** (*temporary*) **a** ~ **government** un gouvernement intérimaire

car ferry *n* NAUT ferry *m*

cargo ['kɑːgəʊ, *Am:* 'kɑːrgoʊ] *n* cargaison *f* **cargo boat** *n* NAUT cargo *m* **cargo plane** *s.* **cargo aircraft**

car hire *n Brit* location *f* de voitures

Caribbean **I.** *n no pl* **the** ~ les Caraïbes **II.** *adj* **1.** (*pertaining to the Caribbean*) des Caraïbes **2.** (*from the Caribbean*) caribéen

caricature ['kærɪkətjʊəʳ, *Am:* 'kerəkətjʊr] **I.** *n a. pej* caricature *f* **II.** *vt* LIT caricaturer

caring **I.** *adj* (*person*) généreux; (*society*) humain **II.** *n no pl* travail *m* social

carnage ['kɑːnɪdʒ, *Am:* 'kɑːr-] *n no pl* carnage *m*

carnation [kɑːˈneɪʃən, *Am:* kɑːr-] *n* œillet *m*

carnival ['kɑːnɪvl, *Am:* 'kɑːrnə-] *n* carnaval *m*

carol ['kærəl, *Am:* 'ker-] *n* chant

carousel [ˌkærəˈsel] *n* **1.** (*merry-go-round*) manège *m* **2.** (*rotating machine*) carrousel *m*

carp¹ [kɑːp, *Am:* kɑːrp] *n* <-(s)> ZOOL, GASTR carpe *f*

carp² [kɑːp, *Am:* kɑːrp] *vi* (*complain*) se plaindre; **to** ~ **about sb/ sth** se plaindre de qn/qc

car park *n Brit, Aus* parking *m*

carpenter ['kɑːpəntəʳ, *Am:*

'kɑːrpntə'] *n* menuisier *m*

carpet ['kɑːpɪt, *Am:* 'kɑːrpət] **I.** *n* **1.** (*floor covering*) *a. fig* tapis *m;* **a ~ of flowers** un tapis de fleurs **2.** *no pl* ((*fitted*) ~) moquette *f* **II.** *vt* (*cover a floor*) **to ~ sth** recouvrir qc d'un tapis; (*with fitted carpet*) moquetter qc

carpet sweeper *n* balai *m* mécanique

carpool *n Am* ≈ covoiturage *m* **car radio** *n* auto-radio *m*

carriage ['kærɪdʒ, *Am:* 'ker-] *n* **1.** (*horse-drawn vehicle*) voiture *f* **2.** *Brit* (*train wagon*) voiture *f* **3.** *no pl, Brit* (*transport costs*) port *m* **carriageway** *n Brit* chaussée *f*

carrier ['kærɪə'] *n* **1.** (*person*) porteur *m* **2.** (*transport company*) compagnie *f* de transport **3.** AVIAT transporteur *m;* NAUT transport *m*

carrot ['kærət, *Am:* 'ker-] *n* (*vegetable*) carotte *f*

carry ['kæri, *Am:* 'ker-] <-ies, -ied> **I.** *vt* **1.** (*transport*) porter **2.** (*transport*) transporter **3.** (*have on one's person*) avoir sur soi **4.** (*disease*) transmettre **5.** (*bill*) voter **II.** *vi* **1.** (*be audible*) porter **2.** (*fly*) voler

◆**carry away** *vt* **1.** (*remove*) enlever **2.** (*make excited*) **to get carried away** se laisser emporter; **don't get carried away!** reste calme!

◆**carry on** *vi* **1.** (*continue*) poursuivre; **to ~ doing sth** continuer à faire qc **2.** *inf* (*make a fuss*) faire des histoires

◆**carry out** *vt* réaliser; (*threat, plan*) mettre à exécution; (*attack*) conduire; (*reform, test*) effectuer; (*orders*) exécuter

carryall *n* fourre-tout *m* **carrycot** *n* porte-bébé *m*

cart [kɑːt, *Am:* kɑːrt] **I.** *n* **1.** (*vehicle*) voiture *f* à bras; **horse ~** charrette *f* **2.** *Am* (*trolley*) chariot *m* **II.** *vt* **to ~ sth** (**around**) trimballer qc

cartilage ['kɑːtɪlɪdʒ, *Am:* 'kɑːrṭlɪdʒ] *n* MED *no pl* cartilage *m*

carton ['kɑːtn, *Am:* 'kɑːr-] *n* **1.** (*box*) carton *m* **2.** (*packaging*) boîte *f;* (*of milk, juice*) brique *f;* (*of cigarettes*) cartouche *f;* (*of yoghurt, cream*) pot *m*

cartoon [kɑː'tuːn, *Am:* kɑːr-] *n* **1.** (*drawing*) dessin *m* humoristique **2.** CINE dessin *m* animé

cartridge ['kɑːtrɪdʒ, *Am:* 'kɑːr-] *n* cartouche *f*

carve [kɑːv, *Am:* kɑːrv] **I.** *vt* **1.** (*cut a figure*) sculpter; (*with a chisel*) ciseler; **to be ~d out of stone** être taillé dans la pierre **2.** (*cut*) tailler; (*meat*) découper **II.** *vi* sculpter

car wash *n* lavage *m* de voitures

cascade [kæ'skeɪd] **I.** *n* cascade *f* **II.** *vi* tomber en cascade

case¹ [keɪs] *n* **1.** *a.* MED, LING cas *m;* **in any ~** en tout cas; **in ~ it rains** au cas où il pleuvrait **2.** LAW affaire *f;* **to make out a ~ for sth** exposer ses arguments en faveur de qc

case² [keɪs] *n* **1.** *Brit* (*suitcase*) valise *f* **2.** (*chest*) coffre *m* **3.** (*container*) boîte *f;* (*bottles*) caisse *f;* (*vegetables*) cageot *m;* (*silverware, jewels*) écrin *m;* (*spectacles, cigarettes, flute*) étui *m;* **glass ~** vitrine *f*

cash [kæʃ] **I.** *n no pl* liquide *m;* **to pay in ~** payer comptant **II.** *vt* (*exchange for money*) toucher; (*cheque*) encaisser

◆**cash in** *vi* **to ~ on sth** tirer profit de qc **cash dispenser** *n Brit* distributeur *m* automatique de billets

cashew ['kæʃuː], **cashew nut** *n* noix *f* de cajou

cash flow *n* cash-flow *m*

cashier [kæ'ʃɪə', *Am:* kæʃ'ɪr] *n* caissier, -ière *m, f*

cashmere ['kæʃmɪə, *Am:* 'kæʒmɪr] *n* cachemire *m* **cash register** *n* caisse *f* enregistreuse

casing ['keɪsɪŋ] *n* enveloppe *f;* (*of a machine*) coquille *f*

casino [kə'siːnəʊ, *Am:* -noʊ] *n* casino *m*

cask [kɑːsk, *Am:* kæsk] *n* barrique *f;* (*of wine*) fût *m*

casket ['kɑːskɪt, *Am:* 'kæskɪt] *n* **1.** (*box*) coffret *m* **2.** *Am* (*coffin*) cercueil *m*

casserole ['kæsərəʊl, *Am:* -əroʊl] **I.** *n* (*stew*) ragoût *m* (en cocotte)

II. *vt* cuire à la cocotte

cassette [kə'set] *n* cassette *f;* **audio ~** cassette audio; **video ~** cassette vidéo **cassette recorder** *n* magnétophone *m* à cassettes

cast [kɑst, *Am:* kæst] **I.** *n* **1.** THEAT, CINE acteurs *mpl;* (*list*) distribution *f* **2.** (*moulded object*) moule *m* **3.** MED plâtre *m* **II.**<cast, cast> *vt* **1.** (*throw*) jeter; (*a line, spear*) lancer **2.** (*doubt, a shadow*) jeter; **to ~ light on sth** éclaircir qc; **to ~ an eye over sth** balayer qc du regard **3.** (*allocate roles*) distribuer les rôles de; **to ~ sb as sb** donner le rôle de qn à qn **4.** (*give*) **to ~ one's vote** voter

◆ **cast off I.** *vt* (*reject*) rejeter **II.** *vi* NAUT larguer les amarres

castanets [kæstə'nets] *npl* castagnettes *fpl*

castaway ['kɑːstəweɪ, *Am:* 'kæstə-] *n* **1.** (*ship survivor*) naufragé(e) *m(f)* **2.** (*discarded object*) rebut *m*

caste [kɑːst, *Am:* kæst] *n no pl* caste *f*

cast iron I. *n no pl* fonte *f* **II.** *adj* **1.** (*metal*) en fonte **2.** (*alibi, case*) irréfutable

castle ['kɑːsl, *Am:* 'kæsl] *n* château *m*

castor ['kɑːstə', *Am:* 'kæstə'] *n* roulette *f* **castor sugar** *n Brit* sucre *m* en poudre

castrate [kæ'streɪt] *vt* châtrer

casual ['kæʒʊəl, *Am:* 'kæʒu:-] *adj* **1.** (*relaxed*) décontracté **2.** (*not permanent*) occasionnel; (*work, worker*) temporaire; (*relation*) de passage; (*sex*) sans lendemain **3.** (*careless, not serious*) désinvolte; (*glance*) superficiel; (*chance*) fortuit **4.** (*clothes*) sport

casually *adv* **1.** (*glance, remark*) en passant; (*meet*) par hasard **2.** (*walk*) avec décontraction; (*dressed*) sport **3.** (*treat*) avec désinvolture

casualty ['kæʒʊəlti, *Am:* 'kæʒu:-] <-ies> *n* **1.** (*accident victim*) victime *f* d'un accident; (*injured person*) blessé(e) *m(f)*; (*dead person*) perte *f* humaine **2.** *pl* (*victims*) vic-

times *fpl;* MIL pertes *fpl* **3.** *no pl, no art* (*hospital department*) service *m* des urgences

cat [kæt] *n* chat(te) *m(f)*

catalog, catalogue ['kætəlɒg, *Am:* 'kætəlɑːg] **I.** *n* **1.** (*book*) catalogue *m;* **mail order ~** catalogue de vente par correspondance **2.** (*repeated events*) suite *f* **II.** *vt* cataloguer

catalyst ['kætəlɪst, *Am:* 'kæt̬-] *n* CHEM *a. fig* catalyseur *m*

catapult ['kætəpʌlt, *Am:* 'kæt̬-] **I.** *n* **1.** (*device*) catapulte *f* **2.** *Brit* (*toy*) fronde *f* **II.** *vt* catapulter

cataract ['kætərækt, *Am:* 'kæt̬ərækt] *n* **1.** MED cataracte *f* **2.** (*waterfall*) cascade *f*

catarrh [kə'tɑː', *Am:* kə'tɑːr] *n no pl* MED catarrhe *m*

catastrophe [kə'tæstrəfi] *n* (*terrible thing*) catastrophe *f*

catastrophic *adj* catastrophique

catch [kætʃ] <-es> **I.** *n* **1.** SPORT prise *f* au vol **2.** (*fishing*) prise *f;* **to have a good ~** faire une bonne prise **3.** (*device*) loquet *m;* (*of jewel*) fermoir *m* **4.** *inf* (*suitable partner*) (bon) parti *m* **5.** (*trick*) truc *m;* **~-22** (*situation*) cercle *m* vicieux **II.**<*pp, pt* caught> *vt* **1.** (*intercept and hold*) *a.* MED attraper **2.** (*grasp*) saisir **3.** (*capture*) attraper; (*atmosphere*) rendre; **to get caught** se faire prendre; **to ~ sb doing sth** surprendre qn en train de faire qc **4.** (*attract*) attirer; (*attention*) retenir **5.** (*train, bus*) (*not miss*) attraper; (*be on time*) prendre; (*sounds*) saisir; (*film*) voir; **to ~ sight of sb/sth** apercevoir qn/qc **6.** (*become entangled*) **to get caught (up) in sth** être pris dans qc; **to ~ one's feet** se prendre les pieds; **to ~ one's dress** faire un accroc à sa robe **7.** (*missile, blow*) atteindre **8.** (*start burning*) **to ~ fire** prendre feu **III.** *vi* **1.** (*fire*) prendre **2.** (*be stuck*) **to ~ on sth** s'accrocher à qc

◆ **catch on** *vi* **1.** (*be popular*) avoir du succès **2.** *inf* (*understand*) piger

◆ **catch out** *vt* **1.** (*take by surprise*) surprendre **2.** (*trick*) piéger

◆**catch up** I. *vt* rattraper; **to be/ get caught up in sth** être entraîné/ se laisser entraîner dans qc II. *vi* rattraper son retard; **to ~ with sb/sth** rattraper qn/qc; **to ~ on work** rattraper son travail

catching *adj a. fig, inf* contagieux

catchphrase *n* rengaine *f* **catchword** *n* slogan *m*

catchy ['kætʃi] <-ier, -iest> *adj* facile à retenir; (*tune*) entraînant

categorical *adj* catégorique

categorize ['kætəgəraɪz, *Am*: 'kætəgəraɪz] *vt* classer

category ['kætəgəri, *Am*: 'kætəgɔ:r-] <-ies> *n* catégorie *f*

cater ['keɪtəʳ, *Am*: -țəʳ] I. *vi* s'occuper de la restauration II. *vt* **to ~ a party** s'occuper de la restauration d'une soirée

◆**cater for** *vt* (*audience*) s'adresser à; (*children*) proposer des activités pour

caterer *n* traiteur *m*

catering *n no pl* 1. (*providing of food and drink*) restauration *f* 2. (*service*) (service) *m* traiteur *m*

caterpillar ['kætəpɪləʳ, *Am*: 'kætəpɪlə-ʳ] *n* chenille *f*

cathedral [kə'θi:drəl] *n* cathédrale *f*

catholic ['kæθəlɪk] I. *n* Catholic catholique *mf* II. *adj* (*roman catholic*) catholique

cat's eye *n* 1. (*stone*) œil *m* de chat 2. catseye® cataphote® *m*

cattle ['kætl, *Am*: 'kæț-] *npl* bétail *m*

! **cattle** (=le bétail) est un pluriel en anglais: "the cattle are in the field."

Caucasian [kɔ:'keɪziən, *Am*: ka:'keɪʒən] *form* I. *n* 1. (*white person*) blanc, he *m*, *f* 2. (*of white descent*) caucasien(ne) *m(f)* II. *adj* 1. (*light-skinned*) blanc 2. (*of white descent*) caucasien

caucus ['kɔ:kəs, *Am*: 'ka:-] *n* <-es> 1. *Am, NZ* (*political meeting*) comité *m* électoral 2. *Brit* (*controlling group*) comité *m*

caught [kɔ:t, *Am*: ka:t] *pt, pp of* **catch**

cauliflower ['kɒlɪflaʊəʳ, *Am*: 'ka:lɪˌflaʊə-ʳ] *n* chou-fleur *m*

cause [kɔ:z] I. *n* 1. (*origin*) cause *f* 2. *no pl* (*motive*) raison *f* 3. *no pl* (*objective, movement*) cause *f* II. *vt* provoquer; (*trouble, delay*) causer; **to ~ sb harm** faire du tort à qn; **to ~ sb to cry** faire pleurer qn

causeway ['kɔ:zˌweɪ, *Am*: 'ka:z-] *n* chaussée *f*

caution ['kɔ:ʃən, *Am*: 'ka:-] I. *n no pl* 1. (*carefulness*) prudence *f* 2. (*warning*) avertissement *m* 3. *Brit* (*legal warning*) réprimande *f* II. *vt form* 1. (*warn*) mettre en garde 2. *Brit* (*warn officially*) **to ~ sb** donner un avertissement à qn

cautious ['kɔ:ʃəs, *Am*: 'ka:-] *adj* prudent

cavalry ['kævəlri] *n no pl + pl vb* cavalerie *f*

cave [keɪv] I. *n* 1. (*hole*) grotte *f* 2. MIN affaissement *m* II. *vi* faire de la spéléologie

◆**cave in** *vi a. fig* céder

caver *n Brit, Aus* spéléologue *mf*

cavern ['kævən, *Am*: -ə-n] *n* caverne *f*

caviar(e) ['kævɪɑ:ʳ, *Am*: -ɑ:r] *n no pl* œufs *mpl* de lump; (*of sturgeon*) caviar *m*

caving *n no pl* spéléologie *f*

cavity ['kævɪti, *Am*: -ți] <-ties> *n* 1. ANAT cavité *f* 2. (*hollow space*) creux *m* 3. (*in a tooth*) carie *f*

CD *n abbr of* **compact disc** CD *m*

CD-player *n abbr of* **compact disc player** lecteur *m* de CD **CD-R** *n abbr of* **Compact Disc Recordable** CD-R *m* (enregistrable)

CD-ROM *n abbr of* **compact disc read-only memory** INFOR CD-ROM *m*, cédérom *m*

CD-ROM drive *n* INFOR lecteur *m* de CD-ROM **CD-ROM writer** *n* graveur *m* de CD-ROM

CD-RW *n abbr of* **Compact Disc Rewritable Unit** CD-RW *m* (réenregistrable)

cease [si:s] *form* I. *vi* cesser II. *vt*

(*fire*) cesser; (*payment*) interrompre

cease-fire *n* cessez-le-feu *m*

ceaseless *adj* incessant; (*effort*) soutenu

cedar ['siːdər, *Am:* -dɚ] *n* (*tree*) cèdre *m*

cede [siːd] *vt* céder

ceiling ['siːlɪŋ] *n* plafond *m*

celebrate ['selɪbreɪt] I. *vi* faire la fête II. *vt a.* REL célébrer; (*anniversary of death*) commémorer; (*deal*) fêter

celebrated *adj* (*famous*) célèbre

celebration *n* 1. (*party*) fête *f* 2. (*ceremony*) célébration *f*

celebrity [sɪ'lebrəti, *Am:* sə'lebrəți] *n* célébrité *f*

celery ['seləri] *n no pl* céleri *m*

cell [sel] *n* 1. (*room*) *a.* BIO, POL cellule *f* 2. (*compartment*) case *f*

cellar ['selər, *Am:* -ɚ] *n* cave *f*

cellist *n* violoncelliste *mf*

cello ['tʃeləʊ, *Am:* -oʊ] <-s *o* -li> *n* violoncelle *m*

cellophane® ['seləfeɪn] *n* cellophane® *f*

cellphone ['selfəʊn] *n Am* téléphone *m* portable

cellulite ['seljəlaɪt] *n no pl* cellulite *f*

celluloid ['seljʊlɔɪd] *n no pl* celluloïd *m*

cellulose ['seljʊləʊs, *Am:* -loʊs] *n no pl* cellulose *f*

Celt [kelt] *n* Celte *mf*

Celtic ['keltɪk] I. *adj* celte, celtique II. *n* celtique *m*; *s. a.* **English**

cement [sɪ'ment] I. *n no pl* ciment *m* II. *vt* cimenter; **to ~ a friendship** *fig* sceller une amitié

cement mixer *n* bétonnière *f*

cemetery ['semətri, *Am:* -teri] <-ries> *n* cimetière *m*

censor ['sensər, *Am:* -sɚ] I. *n* censeur *m* II. *vt* censurer

censorship ['sensəʃɪp, *Am:* -sɚ-] *n no pl* censure *f*

censure ['senʃər] I. *n* critiques *fpl* II. *vt* blâmer

census ['sensəs] *n* recensement *m*

cent [sent] *n* cent *m*

centenary [sen'tiːnəri, *Am:* 'sentnər-] <-ries> *n* 1. *Brit* siècle *m* d'existence 2. *Am, Aus* centième anniversaire *m*

centennial [sen'tenɪəl] I. *adj* centenaire II. *n* centenaire *m*

center ['sentɚ] *s.* **centre centilitre** *n* centilitre *m* **centimeter** *n Am,* **centimetre** *n Brit, Aus* centimètre *m* **centipede** *n* mille-pattes *m*

central ['sentrəl] *adj* central **Central America** *n* l'Amérique *f* centrale

centralize ['sentrəlaɪz] *vt* POL, INFOR centraliser

central processing unit *n* INFOR unité *f* centrale

centre ['sentər] I. *n* centre *m* II. *vt* centrer

century ['sentʃəri] <-ies> *n* siècle *m*

CEO [-'oʊ] *n abbr of* **chief executive officer**

ceramic [sɪ'ræmɪk, *Am:* sə-] *adj inv* céramique

ceramics *n + sing vb* céramique *f*

cereal ['sɪərɪəl, *Am:* 'sɪrɪ-] *n* céréale *f*

ceremonial [ˌserɪ'məʊnɪəl, *Am:* -ə'moʊ-] *n form* cérémonial *m*

ceremony ['serɪməni, *Am:* -əmoʊ-] <-nies> *n* cérémonie *f*

certain ['sɜːtn, *Am:* 'sɜːr-] I. *adj* certain; **to be ~ about sth** être certain de qc II. *pron* ~ **of her students** certains de ses étudiants

certainly *adv* 1. (*surely*) certainement; **she ~ is right!** elle a raison, c'est sûr ! 2. (*gladly*) bien sûr

certainty ['sɜːtənti, *Am:* 'sɜːr-] *n* certitude *f*

certificate [sə'tɪfɪkət, *Am:* sɚ-] *n* (*document*) certificat *m*; **birth ~** extrait *m* de naissance; **death/marriage ~** acte *m* de décès/mariage

certify ['sɜːtɪfaɪ, *Am:* -ţə-] <-ie-> *vt* certifier

cervical ['sɜːvɪkl, *Am:* 'sɜːrvɪ-] *adj inv* 1. (*of the neck*) cervical 2. (*cancer*) du col (de l'utérus)

cervix ['sɜːvɪks, *Am:* 'sɜːr-] <-es *o* -vices> *n* ANAT col *m* de l'utérus

Cesarean *n s.* **Caesarean**

cessation [se'seɪʃən] *n no pl, form* 1. (*end*) cessation *f* 2. (*pause*) interruption *f*; (*of hostilities*) trêve *f*

cesspit ['sespɪt], **cesspool** n fosse f d'aisances

CET n abbr of **Central European Time** heure f de l'Europe centrale

CFC n abbr of **chlorofluorocarbon** CFC m

chaffinch ['tʃæfɪntʃ] <-es> n pinson m

chagrin ['ʃægrɪn, Am: ʃə'grɪn] n dépit m

chain [tʃeɪn] I. n 1. (set of related things) chaîne f; **fast food ~** chaîne de fast-food; **~ of mishaps** série f de malheurs 2. (rings to hold captive) entraves fpl; **to be in ~s** être enchaîné II. vt enchaîner; **to be ~ed to a desk** fig être rivé à son bureau **chain-smoke** vi fumer cigarette sur cigarette

chair [tʃeəʳ, Am: tʃer] I. n 1. (seat) chaise f; (with arms) fauteuil m 2. UNIV chaire f 3. (of a committee) président(e) m(f) II. vt présider

chair lift n télésiège m **chairman** n président m **chairperson** n président(e) m(f)

chalet ['ʃæleɪ, Am: ʃæl'eɪ] n chalet m

chalk [tʃɔːk] n no pl craie f

chalkboard n tableau m

chalky ['tʃɔːki] <-ier, -iest> adj 1. (made of chalk) calcaire 2. (chalk-like) crayeux

challenge ['tʃælɪndʒ] I. n défi m II. vt 1. (ask to compete) défier; **to ~ sb to** +infin défier qn de +infin 2. (question) contester 3. (stimulate) stimuler

challenger n concurrent(e) m(f)

challenging adj stimulant

chamber ['tʃeɪmbəʳ, Am: -bɚ] n chambre f; (of the heart) cavité f **chambermaid** n femme f de chambre **chamber music** n no pl musique f de chambre

chameleon [kə'miːliən] n caméléon m

chamois ['ʃæmwɑ, Am: 'ʃæmi] <-> n chamois m

champagne [ʃæm'peɪn] n no pl champagne m

champion ['tʃæmpiən] I. n 1. SPORT

champion m 2. (supporter or defender) défenseur m II. vt défendre

championship n (competition) championnat m

chance [tʃɑːns, Am: tʃæns] I. n 1. no pl (random) hasard m; **by any ~** à tout hasard 2. no pl (likelihood) chance f 3. (opportunity) occasion f; **to take a ~** tenter le coup m II. vi **they ~ed to be there** il se trouve qu'ils étaient là III. vt tenter

chancellor ['tʃɑːnsələʳ, Am: 'tʃæn-] n 1. POL chancelier m; **Chancellor of the Exchequer** ministre mf des Finances britannique 2. (university head) recteur m

chancy ['tʃɑːnsi, Am: 'tʃæn-] <-ier, -iest> adj risqué

change ['tʃeɪndʒ] I. n 1. (alteration) changement m; **to have to make four ~s** devoir changer quatre fois; **for a ~** pour changer; **a ~ of clothes** des vêtements de rechange 2. no pl (fluctuation) évolution f 3. no pl (coins) monnaie f; **to have the correct ~** avoir le bon appoint II. vi 1. (alter) passer; **the traffic light ~d back to red** le feu est repassé au rouge 2. (swap trains) changer 3. (put on different clothes) se changer; **I'll ~ into a dress** je me change pour mettre une robe III. vt 1. (alter) changer 2. (give coins for) faire la monnaie de 3. (swap) échanger

changeable adj instable

changeover n sing passage m

channel ['tʃænl] I. n 1. (wavelength) fréquence f 2. TV chaîne f; RADIO station f; **on ~ one/five** sur la une/cinq 3. (waterway) canal m; **The (English) Channel** la Manche II. <Brit -ll- o Am -l-> vt canaliser

Channel Islands n les îles fpl Anglo-Normandes **Channel Tunnel** n no pl tunnel m sous la Manche

chant [tʃɑːnt, Am: tʃænt] I. n 1. REL incantation f 2. (utterance) chant m II. vt 1. REL psalmodier 2. (repeat without pause) scander

chaos ['keɪɒs, Am: -ɑːs] n no pl 1. (confusion) chaos m 2. fig pagaille f; **to cause ~** semer la pagaille;

the room was in a total ~ la pièce
était sens dessus dessous

chaotic [keɪˈɒtɪk, Am: -ˈɑ:t̬ɪk] adj
chaotique

chap¹ [tʃæp] <-pp-> I. vi se gercer
II. vt gercer III. n gerçure f

chap² [tʃæp] n Brit, inf(man) type m

chapel [ˈtʃæpl] n chapelle f

chaperone [ˈʃæpərəʊn, Am:
-əroʊn] I. n chaperon m II. vt cha-
peronner

chapter [ˈtʃæptər, Am: -tər] n
1.(section of a book) chapitre m
2.(episode) épisode m

char [tʃɑ:ʳ, Am: tʃɑ:r] <-rr-> vt carboniser

character [ˈkærəktər, Am:
ˈkerəktər] n **1.** no pl (set of
qualities) a. INFOR, TYP caractère m
2.(person) personnage m

characteristic [ˌkærəktəˈrɪstɪk, Am:
ˌkerək-] I. n caractéristique f II. adj caractéristique

characterize [ˈkærəktəraɪz, Am:
ˈkerək-] vt caractériser

charade [ʃəˈrɑːd, Am: -ˈreɪd] n
1.(farce) mascarade f **2.** pl (game)
charades fpl mimées

charcoal [ˈtʃɑːkəʊl, Am: ˈtʃɑːrkoʊl]
I. n no pl **1.**(hard black fuel) charbon m de bois **2.** ART fusain m II. adj
1.(of charcoal) ~ **fire** feu au charbon de bois; ~ **drawing** dessin au fusain **2.**(dark grey) ~ **grey** gris-noir

charge [tʃɑːdʒ, Am: tʃɑːrdʒ] I. n
1.(cost) frais mpl; **free of** ~ gratuit
2. JUR accusation f; **to be arrested
on a ~ of murder** être arrêté pour
meurtre; **to bring ~s against sb**
porter des accusations contre qn
3. MIL charge f **4.** no pl (authority) **to
be in** ~ être responsable; **to take ~
of sth** prendre qc en charge; **to have
~ of sb** avoir qn à charge **5.** no pl
ELEC **to put a battery on** ~ recharger
une batterie II. vi **1.** FIN faire payer;
to ~ **for admission** faire payer l'entrée **2.**(lunge, attack) charger; **to** ~
at sb charger qn **3.**(battery) se
(re)charger III. vt **1.** FIN faire payer;
(interests, commission) prélever; **to**
~ **sth to sb's account** mettre qc sur

le compte de qn **2.**(accuse) accuser;
to be ~d with sth être accusé de qc
3.(order) ordonner; **to** ~ **sb with
sth** confier qc à qn **4.** ELEC, MIL
(re)charger **5.**(attack) charger

charge account n Am compte m
courant **charge card** n carte f de
crédit

charged adj a. fig chargé; (atmosphere) tendu

charisma [kəˈrɪzmə] n charisme m

charitable [ˈtʃærɪtəbl, Am: ˈtʃer-]
adj **1.**(with money) généreux; (with
kindness) altruiste **2.**(concerning
charity) charitable; (foundation)
caritatif

charity [ˈtʃærəti, Am: ˈtʃerəti] n
1. no pl (generosity) charité f **2.**(organization) association f caritative;
~ **work** bonnes œuvres fpl; **to give
sth to** ~ donner qc aux œuvres fpl
de charité

charity shop n magasin dont les
profits vont à un organisme caritatif

charlatan [ˈʃɑːlətən, Am:
ˈʃɑːrlətən] n charlatan m

charm [tʃɑːm, Am: tʃɑːrm] I. n
1. no pl (quality) charme m **2.**(characteristic) attraits mpl **3.**(pendant)
amulette f **4.**(talisman) talisman m;
lucky ~ porte-bonheur m II. vt séduire; **to** ~ **sb into doing sth** obtenir qc de qn par le charme

charming adj a. pej charmant

chart [tʃɑːt, Am: tʃɑːrt] I. n
1.(table) graphique m; **medical** ~
courbe f; **weather** ~ carte f **2.** pl
MUS hit-parade m II. vt **1.**(represent)
représenter; (progress) observer
2.(examine) examiner **3.** Am (plan)
planifier

charter I. n **1.**(written document)
charte f **2.** no pl AVIAT, NAUT affrète-
ment m; **place that has boats for** ~
un endroit où des bateaux sont à affréter **3.**(special service) charter m
II. vt affréter

charter company <-nies> n compagnie f charter

charter flight n vol m charter

chase [tʃeɪs] I. n **1.**(pursuit) poursuite f; **to give** ~ **to sb** chasser qn

2. (*hunt*) chasse *f* **II.** *vi* **to ~ around** [*o* **about**] courir dans tout les sens **III.** *vt* poursuivre
- **chase after** *vt* courir après
- **chase off** *vt* faire partir
- **chase up** *vt* Brit, inf (*customer*) relancer; (*information*) retrouver

chasm ['kæzəm] *n* gouffre *m*

chassis ['ʃæsi] <-> *pl* *n* châssis *m*

chaste [tʃeɪst] *adj* chaste

chastity ['tʃæstəti, Am: -təti] *n* no *pl* chasteté *f*

chat [tʃæt] **I.** *n* **1.** (*conversation*) conversation *f*; **to have a ~ with sb about sth** discuter avec qn au sujet de qc **2.** no pl (*inconsequential talk*) bavardage *m* **3.** INFOR chat **II.** *vi* <-tt-> bavarder; **to ~ with** [*o* **to**] **sb about sb/sth** discuter avec qn de qn/qc

chat room *n* chat-room *m* **chat show** *n* Brit talk-show *m*

chatter I. *n* conversation *f* **II.** *vi* bavarder

chauffeur ['ʃəʊfəʳ, Am: 'ʃɑːfəʳ] **I.** *n* chauffeur *m* **II.** *vt* conduire

cheap [tʃiːp] *adj* **1.** (*inexpensive*) bon marché; (*ticket*) économique; **dirt ~** très bon marché **2.** (*joke, success*) facile; **to feel ~** avoir honte **3.** (*goods*) de pacotille; **to buy something on the ~** acheter à prix réduit; **to get sth on the ~** obtenir qc au rabais

cheaply *adv* (à) bon marché; (*to live, travel*) à peu de frais

cheat [tʃiːt] **I.** *n* **1.** (*trickster*) tricheur, -euse *m*, *f* **2.** (*deception*) tromperie *f* **II.** *vi* tricher; **to be caught ~ing** se faire surprendre en train de tricher **III.** *vt* tromper; **to ~ sb out of sth** escroquer qn de qc; **to feel ~ed** se sentir dupé

check [tʃek] **I.** *n* **1.** (*inspection*) vérification *f*; **security ~** inspection *f* de sécurité; **to take a quick ~** jeter un coup d'œil **2.** (*search for information*) enquête *f*; **background ~** investigation *f* de fond; **to run a ~ on sb** vérifier les antécédents de qn **3.** Am (*money order*) chèque *m*; **a ~ for …** un chèque pour la somme de

… **4.** Am (*ticket for deposit*) reçu *m* **5.** (*pattern*) carreaux *mpl* **6.** Am (*intersection*) intersection *f* **7.** Am, Scot (*bill*) addition *f* **8.** GAMES échec *m*; **to be in ~** être (en) échec **II.** *adj* (*shirt*) à carreaux **III.** *vt* **1.** (*inspect*) vérifier; **to ~ through** [*o* **over**] **sth** passer qc en revue; **to double-~ sth** revérifier qc **2.** (*person, ticket, work*) contrôler **3.** (*halt*) faire échec à; (*crisis*) enrayer; (*tears*) refouler **4.** (*deposit*) mettre en consigne **5.** AVIAT enregistrer **6.** GAMES **to ~ sb's king** mettre le roi en échec **IV.** *vi* **1.** (*examine*) vérifier; **to ~ on sth** vérifier qc; **to ~ on sb** examiner qn; **to ~ with sb/sth** vérifier auprès de qn/qc **2.** (*ask*) demander; **to ~ with sb** demander à qn 3. (*halt*) s'arrêter **4.** Am (*be in accordance with*) **to ~ with sth** être en harmonie avec qc
- **check in I.** *vi* (*at airport*) se présenter à l'enregistrement; (*at hotel*) signer le registre **II.** *vt* enregistrer
- **check off** *vt* cocher (sur une liste)
- **check on** *vt* surveiller
- **check out I.** *vi* quitter l'hôtel **II.** *vt* **1.** (*investigate*) enquêter sur **2.** (*verify*) vérifier
- **check through** *vt* contrôler
- **check up** *vi* vérifier

checkbook *n* Am carnet *m* de chèques

checked *adj* FASHION à carreaux

checkerboard *n* Am échiquier *m*

checkered *adj* Am **1.** (*patterned*) à carreaux **2.** (*inconsistent*) irrégulier

checkers *n* GAMES jeu *m* de dames

check-in *n* enregistrement *m*

check-in counter, check-in desk *n* bureau *m* d'enregistrement

checking account *n* Am compte *m* courant

checklist *n* liste *f* de contrôle **checkmate I.** *n* no pl (*in chess*) échec *m* et mat **II.** *vt* **1.** (*in chess*) mettre en échec **2.** (*defeat*) vaincre

checkout *n* caisse *f*

checkpoint *n* point *m* de contrôle **check room** *n* Am **1.** (*cloakroom*) vestiaire *m* **2.** (*luggage deposit*) consigne *f* **check-up** *n* bilan *m* de santé

cheek [tʃiːk] *n* 1.(*face*) joue *f* 2. *no pl* (*impertinence*) culot *m*; **to give sb ~** être impertinent envers qn

cheeky ['tʃiːki] <-ier, -iest> *adj* effronté

cheer [tʃɪəʳ, *Am:* tʃɪr] I. *n* 1.(*shout*) acclamation *f* 2. *no pl* (*joy*) gaieté *f* II. *vi* pousser des acclamations III. *vt* 1.(*applaud*) acclamer 2.(*~ up*) remonter le moral à

◆ **cheer on** *vt* encourager

◆ **cheer up** I. *vt* (*person*) remonter le moral à; (*room*) égayer II. *vi* reprendre courage; **~!** courage!

cheerful *adj* 1.(*happy*) joyeux; **to be ~ about sth** être gai à propos de qc 2.(*positive attitude*) optimiste 3.(*bright*) lumineux; (*colour*) vif; (*tune*) gai 4.(*willing*) de bonne grâce

cheerio [ˌtʃɪərɪ'əʊ, *Am:* ˌtʃɪrɪ'oʊ] *interj Brit, inf* salut!

cheerleader ['tʃɪəˌliːdəʳ, *Am:* 'tʃɪrˌliːdəʳ] *n Am* ≈ majorette *f*

cheery ['tʃɪəri, *Am:* 'tʃɪr-] <-ier, -iest> *adj* gai

cheese [tʃiːz] *n no pl* fromage *m*

cheeseburger *n* hamburger *m* au fromage **cheesecake** *n* gâteau *m* au fromage **cheesecloth** *n no pl* étamine *f*

cheetah ['tʃiːtə, *Am:* -t̬ə] *n* guépard *m*

chef [ʃef] *n* chef *m*

chemical ['kemɪkl] I. *n* produit *m* chimique II. *adj* chimique

chemist ['kemɪst] *n* 1.(*pharmacist*) chimiste *mf* 2. *Brit, Aus* (*pharmacist*) pharmacien(ne) *m(f)*

chemistry ['kemɪstri] *n no pl* (*study of chemicals*) chimie *f*

chemotherapy [ˌkiːmə'θerəpi, *Am:* ˌkiːmoʊ-] *n no pl* chimiothérapie *f*

cheque [tʃek] *n Brit, Aus* chèque *m*

cheque book *n Brit, Aus* chéquier *m* **cheque guarantee card** *n Brit, Aus:* carte obligatoire lorsque le paiement s'effectue par chèque

chequered ['tʃekəd, *Am:* -əd] *adj Brit, Aus s.* **checkered**

cherish ['tʃerɪʃ] *vt* 1.(*protect*) aimer 2.(*remember fondly*) chérir

cherry ['tʃeri] <-ries> *n* cerise *f*

chess [tʃes] *n no pl* échecs *mpl*

chessboard *n* échiquier *m* **chessman** *n* pièce *f* d'échiquier

chest [tʃest] *n* 1. ANAT poitrine *f* 2.(*breasts*) poitrine *f* 3.(*trunk*) armoire *f*; **medicine ~** pharmacie *f*

chestnut *n* (*brown nut*) marron *m*; **horse ~** châtaigne *f*

chew [tʃuː] *vt, vi* mâcher

chewing gum ['tʃuːɪŋɡʌm] *n no pl* (*gum*) chewing-gum *m*

chic [ʃiːk] I. *n* élégance *f* II. *adj* élégant

chick [tʃɪk] *n* poussin *m*

chicken ['tʃɪkɪn] *n* poulet *m* **chickenpox** *n* varicelle *f*

chickpea ['tʃɪkpiː] *n* pois *m* chiche

chicory ['tʃɪkəri] *n no pl* 1.(*vegetable*) endive *f* 2.(*powder*) chicorée *f*

chief [tʃiːf] I. *n* chef *m* II. *adj* 1.(*top*) premier 2.(*major*) principal **chief executive officer** *n* président-directeur *m* général **chief justice** *n Am* ~ **of the Supreme Court** Président *m* de la Cour Suprême

chiefly *adv* principalement

chilblain ['tʃɪlbleɪn] *n* engelure *f*

child [tʃaɪld] <children> *n* enfant *m*; **two-year-old ~** enfant de deux ans

child abuse *n no pl* mauvais *mpl* traitements à enfants; (*sexual*) sévices *mpl* sexuels **childhood** *n no pl* enfance *f*

childish *adj pej* immature

childless *adj* sans enfant

childlike *adj* enfantin **childminder** *n Brit* nourrice *f*

children ['tʃɪldrən] *n pl of* **child**

Chile ['tʃɪli] *n* le Chili

Chilean I. *adj* chilien II. *n* Chilien(ne) *m(f)*

chili ['tʃɪli] <-es> *n Am s.* **chilli**

chill [tʃɪl] I. *n* 1.(*coldness*) fraîcheur *f* 2.(*shivering*) frisson *m*; **to send a ~ down someone's spine** faire frissonner qn de peur 3.(*cold*) coup *m* de froid; **to catch a ~** attraper froid II. *vt* 1.(*make cold*) *a. fig* refroidir 2. GASTR mettre au frais

chilli ['tʃɪli] <-es> n piment m
chilly ['tʃɪli] <-ier, -iest> adj frais; **to feel ~** avoir froid; **if you feel ~ …** si vous avez froid …
chime [tʃaɪm] I. n carillon m; **wind ~s** clochettes fpl II. vt, vi sonner
chimney ['tʃɪmni] n (pipe) cheminée f; (of stove) tuyau m
chimpanzee [ˌtʃɪmpæn'ziː, Am: tʃɪm'pænziː] n chimpanzé m
chin ['tʃɪn] n menton m
china ['tʃaɪnə] n no pl porcelaine f
China ['tʃaɪnə] n la Chine
Chinese I. adj chinois II. n 1. (person) Chinois(e) m(f) 2. LING chinois m; s. a. **English**
chink [tʃɪŋk] I. n 1. (opening) déchirure f 2. (noise) tintement m II. vi tinter
chip [tʃɪp] I. n 1. (flake) fragment m 2. (place where piece is missing) ébréchure f 3. pl, Brit (deep-fried potato) pommes frites fpl 4. pl, Am (potato snack) chips fpl 5. INFOR puce f électronique 6. (money token) jeton m II. vt <-pp-> fragmenter III. vi <-pp-> s'ébrécher
chiropodist [kɪ'rɒpədɪst, Am: kɪ'rɑːpə-] n podologue mf
chiropody [kɪ'rɒpədi, Am: kɪ'rɑːpə-] n no pl podologie f
chiropractic ['kaɪrəpræktɪk, Am: ˌkaɪroupræktə˞] n no pl chiropractie f
chiropractor n chiropracticien(ne) m(f)
chirp [tʃɜːp, Am: tʃɜːrp] I. n pépiement m II. vi pépier
chirpy <-ier, -iest> adj enthousiaste
chisel ['tʃɪzl] I. n ciseau m II. <-ll- o Am -l-> vt 1. (cut) découper 2. Am, pej, inf (get by trickery) rouler; **to ~ sth out of sb** rouler qn de qc
chit [tʃɪt] n Brit 1. (document) bulletin m 2. (receipt) reçu m
chit-chat ['tʃɪt.tʃæt] I. n no pl, inf bavardage m II. vi inf bavarder
chivalrous ['ʃɪvlrəs] adj galant
chivalry ['ʃɪvlri] n no pl (behaviour) galanterie f
chives [tʃaɪvz] npl ciboulette f
chloride ['klɔːraɪd] n no pl chlorure m

chlorine ['klɔːriːn] n no pl chlore m
chloroform ['klɒrəfɔːm, Am: 'klɔːrəfɔːrm] I. n no pl chloroforme m II. vt chloroformer
chlorophyll ['klɒrəfɪl, Am: 'klɔːrə-] n no pl chlorophylle f
choc ice n glace enrobée de chocolat
chock [tʃɒk, Am: 'tʃɑːk] n cale f
chock-a-block adj plein à craquer
chock-full adj rempli; (of calories) plein; **~ of people** bondé
chocolate ['tʃɒklət, Am: 'tʃɑː-k-] n chocolat m; **bar of ~** tablette f de chocolat
choice [tʃɔɪs] I. n 1. no pl (selection) choix m; **he has no ~ but to …** il n'a pas d'autre moyen que de… 2. no pl (range) **a wide ~** une large sélection II. adj (top quality) de choix
choir ['kwaɪə˞, Am: 'kwaɪə˞] n chorale f
choke [tʃəʊk, Am: tʃoʊk] I. n no pl starter m II. vi étouffer; **to ~ on sth** s'étouffer avec qc III. vt 1. (deprive of air) étouffer 2. (block) boucher; (with leaves) bloquer
cholera ['kɒlərə, Am: 'kɑːlə-] n no pl choléra m
cholesterol [kə'lestərɒl, Am: kə'lestərɑːl] n no pl cholestérol m
choose [tʃuːz] <chose, chosen> vt, vi choisir
choos(e)y ['tʃuːzi] <-ier, -iest> adj **to be ~ about sth** être difficile quant à qc
chop [tʃɒp, Am: tʃɑːp] I. vt <-pp-> 1. (cut) couper; (herbs) hacher; **to ~ into pieces** couper en morceaux 2. (reduce) réduire II. n 1. (meat) côtelette f 2. (blow) coup m 3. Brit, Aus **to get the ~** se faire virer; **to be for the ~** être bon pour le licenciement
 ◆ **chop down** vt abattre
 ◆ **chop off** vt trancher
chopper n (tool) hachette f
choppy ['tʃɒpi, Am: 'tʃɑːpi] <-ier, -iest> adj NAUT agité
chopsticks npl baguettes fpl
choral ['kɔːrəl] adj choral

chord ['kɔːd, *Am:* 'kɔːrd] *n* accord *m*

chore [tʃɔːʳ, *Am:* tʃɔːr] *n* **1.**(*task*) travail *m* de routine; **household ~** tâche *f* ménagère **2.**(*tedious task*) corvée *f*

choreography [ˌkɒrɪ'ɒgrəfi, *Am:* ˌkɔːrɪ'ɑːgrə-] *n no pl* chorégraphie *f*

chorus ['kɔːrəs, *Am:* 'kɔːrəs] *n* **1.**(*refrain*) refrain *m* **2.** + *sing/pl vb* (*singers*) chœur *m*

chose [tʃəʊz, *Am:* tʃoʊz] *pt of* **choose**

chosen *pp of* **choose**

christen ['krɪsən] *vt* **1.**(*baptise*) baptiser **2.**(*nickname*) surnommer

Christian ['krɪstʃən] **I.** *n* chrétien(ne) *m/f* **II.** *adj* chrétien

Christianity [ˌkrɪstɪ'ænəti, *Am:* -tʃɪ'ænəti] *n no pl* christianisme *m*

Christian name *n Brit* nom *m* de baptême

Christmas ['krɪstməs, *Am:* 'krɪs-] <-es *o* -ses> *n no pl, no art* Noël *m*; **at ~** à (la) Noël; **Happy** [*o* **Merry**] **~** Joyeux Noël **Christmas Day** *n* Noël *m* **Christmas Eve** *n no pl* soir *m* de Noël **Christmas tree** *n* sapin *m* de Noël

chrome [krəʊm, *Am:* kroʊm] *adj* chromé; **~-plated** recouvert de chrome

chromosome ['krəʊməsəʊm, *Am:* 'kroʊməsoʊm] *n* chromosome *m*

chronic ['krɒnɪk, *Am:* 'krɑːnɪk] *adj* **1.**(*long-lasting*) chronique; (*alcoholic*) invétéré **2.** *Brit, Aus, inf* (*terrible*) atroce

chronicle ['krɒnɪkl, *Am:* 'krɑːnɪ-] *n* (*recording*) chronique *f*

chronological *adj* chronologique

chronology [krə'nɒlədʒi, *Am:* krə'nɑːlə-] *n* chronologie *f*

chrysanthemum [krɪ'sænθəməm] *n* chrysanthème *m*

chubby ['tʃʌbi] <-ier, -iest> *adj* potelé; (*child*) dodu; (*legs*) grassouillet; (*face*) joufflu

chuck [tʃʌk] *vt* **1.** *inf* (*throw*) jeter **2.** *inf* (*end relationship with*) plaquer

◆ **chuck away** *vt inf* balancer

◆ **chuck out** *vt* **1.**(*throw away*) jeter **2.**(*make leave*) flanquer à la porte

chuckle ['tʃʌkl] **I.** *n* gloussement *m* **II.** *vi* glousser

chum [tʃʌm] *n inf* copain *m*, copine *f*

chummy ['tʃʌmi] <-ier, -iest> *adj inf* (*friendly*) amical; **to get ~ with sb** devenir bon copain avec qn

chunk [tʃʌŋk] *n* **1.**(*of food*) gros morceau *m*; (*of stone*) bloc *m* **2.** *inf* (*large part*) grosse partie *f*

chunky ['tʃʌŋki] <-ier, -iest> *adj* **1.**(*thick*) épais **2.**(*stocky*) massif; **to be ~** être trapu

church [tʃɜːtʃ, *Am:* tʃɜːrtʃ] *n* église *f* **churchyard** *n* cimetière *m*

churlish ['tʃɜːlɪʃ, *Am:* 'tʃɜːr-] *adj pej* grossier

churn [tʃɜːn, *Am:* tʃɜːrn] **I.** *n* (*for milk*) bidon *m*; (*for butter*) baratte *f* **II.** *vt* **1.**(*butter, cream*) battre **2.**(*agitate*) agiter

chute [ʃuːt] *n* **1.**(*tube*) glissière *f*; **rubbish** *Brit* [*o Am* **garbage**] **~** vide-ordures *m* **2.** AVIAT **emergency ~** toboggan *m* d'évacuation **3.** *s.* **parachute**

chutney ['tʃʌtni] *n* condiment en sauce fait à partir de fruits

CIA *n Am abbr of* **Central Intelligence Agency** CIA *f*

CID *n Brit abbr of* **Criminal Investigation Department** police *f* criminelle

cider ['saɪdəʳ, *Am:* -dəʳ] *n no pl, no art* **1.**(*alcoholic drink*) cidre *m* **2.** *Am* jus *m* de pommes

cigar [sɪ'gɑːʳ, *Am:* -gɑːr] *n* cigare *m*

cigarette [ˌsɪgə'ret] *n* cigarette *f*

cinder ['sɪndəʳ, *Am:* -dəʳ] *n* cendre *f*

cine-camera ['sɪniˌkæmərə] *n* caméra *f*

cinema ['sɪnəmə] *n* cinéma *m*

cinnamon ['sɪnəmən] *n no pl, no art* cannelle *f*

cipher *n* **1.**(*code*) chiffre *m*; **in ~** codé **2.**(*message*) message *m* codé

circle ['sɜːkl, *Am:* 'sɜːr-] **I.** *n* **1.**(*round, group*) cercle *m*; **to go round in ~s** faire des cercles **2.**(*professionals*) milieu *m* **3.** *no pl* (*in* *auditorium*) balcon *m* II. vt 1. (*move round*) tourner autour de 2. (*surround*) entourer III. vi tourner

circuit ['sɜːkɪt, *Am:* 'sɜːr-] *n* circuit *m*

circuit breaker *n* disjoncteur *m*

circular ['sɜːkjʊləʳ, *Am:* 'sɜːrkjələ] I. *adj* circulaire II. *n* circulaire *f*

circulate ['sɜːkjʊleɪt, *Am:* 'sɜːrkjə-] I. *vt* faire circuler; (*card*) mettre en circulation II. *vi* circuler

circulation *n no pl* 1. (*bloodflow*) circulation *f* sanguine 2. (*copies sold*) tirage *m* 3. (*currency*) circulation *f*; **to be out of ~** *inf* ne plus être en circulation

circumcise ['sɜːkəmsaɪz, *Am:* 'sɜːr-] vt circoncire

circumcision *n* circoncision *f*

circumference [sə'kʌmfərəns, *Am:* sə-] *n* circonférence *f*

circumspect ['sɜːkəmspekt, *Am:* 'sɜːr-] *adj* circonspect

circumstance ['sɜːkəmstəns, *Am:* 'sɜːrkəmstæns] *n* 1. (*situation*) circonstance *f*; **in no ~s** en aucun cas; **in the ~s** dans ces conditions 2. (*fact*) **by force of ~** par la force des choses

circumstantial *adj* circonstanciel

circus ['sɜːkəs, *Am:* 'sɜːr-] *n* (*show*) cirque *m*; **a ~ ring** une piste de cirque

cistern ['sɪstən, *Am:* -tən] *n* citerne *f*; (*of toilet*) chasse d'eau *f*

citadel ['sɪtədəl, *Am:* 'sɪt-] *n* citadelle *f*

citation [saɪ'teɪʃən] *n* citation *f*

cite [saɪt] *vt* citer

citizen ['sɪtɪzn, *Am:* 'sɪt-] *n* citoyen(ne) *m(f)*

citizenship *n no pl* citoyenneté *f*

citrus ['sɪtrəs] <citrus *o* citruses> *n* agrume *m*

citrus fruit *n* agrume *m*

city ['sɪti, *Am:* 'sɪt-] <-ies> I. *n* ville *f*; **capital ~** capitale *f* II. *adj* urbain; (*life*) citadin

civic ['sɪvɪk] <inv> *adj* civique; (*building, authorities*) municipal; (*centre*) administratif

civil ['sɪvl] *adj* 1. <inv> (*of citizens*) civil 2. (*courteous*) poli **civil engineer** *n* ingénieur *m* des travaux publics

civilian [sɪ'vɪliən, *Am:* -jən] <inv> I. *n* civil *m* II. *adj* civil

civilization *n* civilisation *f*

civilize ['sɪvəlaɪz] *vt* civiliser

civilized *adj* civilisé

civil law *n* droit *m* civil **civil rights** *npl* droits *mpl* civils **civil servant** *n* fonctionnaire *mf* **civil service** *n* fonction *f* publique **civil war** *n* guerre *f* civile

claim [kleɪm] I. *n* 1. (*demand*) revendication *f*; **to make no ~ to be sth** n'avoir aucune prétention à être qc 2. (*money demand*) réclamation *f*; **~ for benefit/a refund** demande *f* d'allocation/de remboursement; **to make a ~ on one's insurance** réclamer des dommages à son assurance 3. (*assertion*) déclaration *f* 4. (*right*) droit *m* II. *vt* 1. (*demand*) revendiquer 2. (*assert*) **to ~ to be sth** prétendre être qc 3. (*declare*) **to ~ that ...** déclarer que ...; **to ~ responsibility for an attack** revendiquer un attentat; **to ~ ownership of a property** se déclarer propriétaire d'un bien 4. (*require*) demander; (*time*) prendre 5. (*luggage*) récupérer 6. (*cause sb's death*) **to ~ sb's life** causer la mort de qn

claimant ['kleɪmənt] *n* (*for unemployment benefit*) demandeur, -resse *m, f*; (*to a title, throne*) prétendant(e) *m(f)*

clairvoyant [ˌkleə'vɔɪən, *Am:* ˌkler-] I. *n* voyant(e) *m(f)* II. *adj* clairvoyant

clam [klæm] *n* palourde *f*

♦ **clam up** <-mm-> *vi* se taire

clamber ['klæmbəʳ, *Am:* -bə] *vi* grimper; **to ~ over sth** escalader qc; **to ~ up sth** gravir qc

clammy ['klæmi] <-ier, -iest> *adj* froid et moite

clamor *Am*, **clamour** ['klæməʳ, *Am:* -ə] I. *vi* 1. (*demand*) **to ~ for sth** réclamer qc à grands cris; **to ~ to do sth** réclamer à faire qc à cor et à cri 2. (*protest*) vociférer; **to ~ against**

sth vociférer contre qc II. n 1. (complaint) tollé m 2. (noise) clameur f

clamp [klæmp] I. n 1. (fastener) a-grafe f; ELEC attache f 2. AUTO sabot m de Denver II. vt 1. (fasten) fixer 2. AUTO mettre un sabot à

◆**clamp down** I. vi to ~ on sth sévir contre qc II. vt fixer

clan [klæn] n + sing/pl vb clan m

clandestine [klæn'destɪn] adj form clandestin; (affair) secret

clap [klæp] I. <-pp-> vt 1. (hit) to ~ one's hands frapper dans ses mains 2. (applaud) applaudir 3. (place) jeter; (lid) remettre II. <-pp-> vi 1. (slap palms together) frapper des mains 2. (applaud) applaudir III. n 1. (applause) to give sb a ~ applaudir qn 2. (of thunder) coup m

claptrap n no pl, pej, inf baratin m

claret ['klærət, Am: 'kler-] n (wine) bordeaux m rouge

clarification n no pl (explanation) éclaircissement m

clarify ['klærɪfaɪ, Am: 'kler-] <-ie-> I. vt 1. (make clearer) clarifier 2. (sb's mind, opinion) éclaircir; (question) élucider II. vi se clarifier

clarinet [ˌklærɪ'net, Am: ˌkler-] n clarinette f

clarity ['klærəti, Am: 'klerəti] n no pl clarté f; (of a photo) netteté f

clash [klæʃ] I. vi 1. (fight, argue) s'affronter 2. (contradict) être incompatible; to ~ with sth être en contradiction avec qc 3. Brit, Aus (coincide) tomber en même temps 4. (make harsh noise) résonner bruyamment II. n 1. (hostile encounter) affrontement m 2. (argument) querelle f

clasp [klɑːsp, Am: klæsp] I. n agrafe f II. vt étreindre; to ~ one's hands joindre les mains; to ~ sb/sth in one's arms serrer qn/qc dans ses bras

class [klɑːs, Am: klæs] I. n 1. (student, social group, grade) classe f 2. (lesson) cours m 3. Am UNIV promotion f II. <inv> adj de classe III. vt classer; to ~ sb as sth considérer qn à qc

classic ['klæsɪk] I. adj classique II. n classique m

classical adj classique

classification [ˌklæsɪfɪ'keɪʃən, Am: ˌklæsə-] n classification f

classified <inv> adj classé; the ~ advertisements les petites annonces

classify ['klæsɪfaɪ] <-ie-> vt classer

classroom n salle f de classe

classy ['klɑːsi, Am: 'klæsi] <-ier, -iest> adj qui a de la classe

clatter ['klætər, Am: 'klæt̬ə] I. vi 1. (rattle) cliqueter 2. (walk) marcher bruyamment II. n fracas m

clause [klɔːz, Am: klɑːz] n 1. LING proposition f 2. LAW clause f

claustrophobia [ˌklɔːstrə'fəʊbɪə, Am: ˌklɑːstrə'foʊ-] n claustrophobie f

claustrophobic adj claustrophobe

claw [klɔː, Am: klɑː] I. n 1. (nail) griffe f 2. (pincer) pince f II. vt griffer

clay [kleɪ] n no pl 1. (earth) argile f 2. SPORT terre f battue

clean [kliːn] I. adj 1. (free of dirt) a. fig propre; (air) pur 2. (clear, sharp) net II. adv complètement; to ~ forget that ... bel et bien oublier que ... III. vt 1. (remove dirt) nettoyer; to ~ sth from [o off] sth enlever qc de qc; to ~ one's teeth se brosser les dents 2. (fish) vider IV. vi faire le ménage

◆**clean up** I. vt nettoyer II. vi 1. (make clean) a. fig nettoyer 2. (wash) se laver

cleaner n 1. (person) agent m de service; (woman) femme f de ménage 2. no pl (substance) produit m d'entretien

cleaning I. n no pl nettoyage m; to do the ~ faire le ménage II. adj de ménage

cleanliness n no pl propreté f

cleanly adv 1. (neatly) de façon bien nette 2. (honestly) dans les règles

cleanse ['klenz] vt 1. (clean) nettoyer 2. (morally) purifier

cleanser n 1. (substance) détergent m 2. no pl (make-up remover) démaquillant *m*

clean-shaven *adj* rasé de près

cleansing cream *n no pl, no art* lotion *f* démaquillante

clean-up *n* **1.**(*clean*) nettoyage *m* **2.**(*making legal*) épuration *f*

clear [klɪəʳ, *Am:* klɪr] **I.** *adj* **1.**(*lucid, understandable*) clair; **to have a ~ head** avoir les idées claires; **to make oneself ~** bien se faire comprendre; **to make sth ~ to sb** bien faire comprendre qc à qn **2.**(*lead, majority, advantage*) net **3.**(*sky, road*) dégagé; **on a ~ day** par temps clair **II.** *adv* **to move/get ~ of sth** s'éloigner de qc **III.** *vt* **1.**(*road, area*) dégager; **to ~ one's throat** s'éclaircir la voix **2.**(*remove doubts*) clarifier; **to ~ one's head** s'éclaircir les idées **3.**(*acquit*) disculper; **to ~ one's name** blanchir son nom **4.**(*drawer, building*) vider; (*table, room*) débarrasser **5.**(*crowd*) disperser; (*fog, smoke*) dissiper; **to ~ the air** aérer; *fig* détendre l'atmosphère **6.**(*give permission*) approuver; **to ~ sth with sb** avoir l'accord de qn **7.**(*get over*) franchir **IV.** *vi* **1.**(*become transparent*) a. *fig* s'éclaircir **2.**(*fog, smoke*) se dissiper **3.** FIN être viré

◆**clear out** *vt* **1.**(*empty*) vider **2.**(*tidy*) ranger

◆**clear up** **I.** *vt* **1.**(*tidy*) ranger **2.**(*resolve*) dissiper **II.** *vi* **1.**(*tidy*) ranger; **to ~ after sb** passer derrière qn **2.**(*stop raining*) s'éclaircir

clearance ['klɪərəns, *Am:* 'klɪr-] *n no pl* **1.**(*act of clearing*) dégagement *m* **2.**(*space*) espace *m* libre **3.**(*permission*) autorisation *f*

clearance sale *n* liquidation *f* **clear-headed** *adj* **to be ~** avoir les idées claires

clearing *n* clairière *f*

clearly *adv* **1.**(*distinctly*) clairement **2.**(*well*) distinctement **3.**(*obviously*) manifestement

clearness *n* clarté *f*

clear-sighted *adj* lucide

cleavage ['kliːvɪdʒ] *n no pl* (*between breasts*) décolleté *m*

clef [klef] *n* clé *f*

cleft [kleft] **I.**<inv> *adj* **1.** fendu **2. to be caught in a ~ stick** être dans une impasse **II.** *n* fissure *f*

clematis ['klemətɪs, *Am:* 'klemətəs] <clematis> *n* clématite *f*

clemency ['klemənsi] *n no pl, form* clémence *f*

clement ['klemənt] *adj form* clément

clench [klentʃ] *vt* serrer dans les mains; **to ~ one's fist** serrer les poings

clergy ['klɜːdʒi, *Am:* 'klɜːr-] *n + pl vb* clergé *m*

clergyman *n* ecclésiastique *m*

clerical <inv> *adj* **1.**(*clergy*) clérical **2.**(*offices*) administratif

clerk [klɑːk, *Am:* klɜːrk] *n Am* (*receptionist*) réceptionniste *mf*; **sales ~** vendeur, -euse *m, f*

clever ['klevəʳ, *Am:* -ɚ] *adj* **1.**(*intelligent*) intelligent **2.**(*skilful*) habile; (*trick*) astucieux; **to be ~ with one's hands** être adroit avec ses mains **3.**(*quick-witted*) futé; **too ~ by half** un petit malin

cleverness *n no pl* **1.**(*quick-wittedness*) intelligence *f* **2.**(*skill*) habileté *f* **3.**(*intelligent design*) ingéniosité *f*

cliché ['kliːʃeɪ, *Am:* kliːʃeɪ] *n* **1.**(*platitude*) cliché *m* **2.** *no pl, no art* (*worn-out phrase*) phrase *f* toute faite

click [klɪk] **I.** *n* **1.** déclic *m*; (*of heels*) claquement *m* **2.** INFOR clic *m* **II.** *vi* **1.**(*make short sound*) cliqueter **2.**(*friendly*) **to ~ with sb** se découvrir des atomes crochus avec qn **3.**(*clear*) faire un déclic **4.** INFOR cliquer; **to double-~ on the icon** cliquer deux fois de suite sur l'icône **III.** *vt* **1.**(*one's fingers*) claquer **2.** INFOR cliquer sur

client ['klaɪənt] *n* client(e) *m(f)*

clientele [ˌkliːɒn'tel, *Am:* ˌklaɪən-] *n + sing/pl vb* clientèle *f*

cliff [klɪf] *n* falaise *f*

cliffhanger ['klɪfˌhæŋəʳ, *Am:* -ɚ] *n* (*situation*) moment *m* de suspense; (*film*) film *m* à suspense

climate ['klaɪmɪt] n climat m
climatic [klaɪ'mætɪk] adj climatique
climax ['klaɪmæks] I. n 1. (*highest point*) apogée f; **to reach a ~** atteindre son paroxysme 2. (*orgasm*) orgasme m II. vi 1. (*reach high point*) atteindre son paroxysme 2. (*orgasm*) jouir
climb [klaɪm] I. n 1. (*ascent*) montée f; (*of mountain*) ascension f; **a ~ up/down** une montée/descente 2. (*steep part*) côte f II. vt grimper; (*mountain*) faire l'ascension de; (*wall*) escalader; (*tree*) grimper à; (*stairs*) monter III. vi 1. (*ascend*) grimper; **to ~ over a wall** escalader un mur 2. (*increase*) augmenter 3. (*rise*) monter 4. (*get into*) **to ~ into sth** monter dans qc 5. (*get out*) **to ~ out of sth** se hisser hors de qc
♦ **climb down** vi 1. (*go down*) descendre 2. *fig* revenir sur sa position
climbdown n recul m
climber n 1. (*mountains*) alpiniste mf 2. (*rock faces*) varappeur, -euse m, f 3. (*plant*) plante f grimpante
climbing I. n 1. (*mountains*) alpinisme m; **to go ~** faire de l'alpinisme 2. (*rock faces*) varappe f II. <inv> adj 1. (*of plants*) grimpant 2. (*for going up mountains*) de montagne
clinch [klɪntʃ] I. n 1. (*embrace*) étreinte f 2. (*grasp*) corps m à corps II. vt (*arrange*) conclure
cling [klɪŋ] <clung, clung> vi 1. (*hold tightly*) **to ~ (on) to sth** se cramponner à qc; **to ~ to sb** (*be dependent on*) s'accrocher à qn 2. (*persist*) être tenace
cling film n no pl, no art, Brit film m alimentaire
clinging adj 1. (*tight*) collant; (*dress*) moulant 2. (*dependent*) **to be ~** être un pot de colle inf
clinic ['klɪnɪk] n 1. (*hospital*) clinique f 2. (*hospital department*) service m
clinical adj 1. MED clinique 2. (*hospital-like*) austère 3. (*emotionless*) froid
clinician [klɪ'nɪʃən] n clinicien(ne) m(f)

clink [klɪŋk] I. vt **to ~ glasses** trinquer II. vi tinter III. n no pl (*ringing*) tintement m
clip¹ [klɪp] I. n 1. (*fastener*) trombone m; **hair/bicycle ~** pince f à cheveux/vélo 2. (*jewelry*) clip m 3. (*gun part*) chargeur m 4. (*film extract*) extrait, m II. <-pp-> vt **to ~ sth together** attacher qc
clip² [klɪp] <-pp-> I. vt (*trim*) couper; (*hedge*) tailler II. n (*extract*) clip m
clipping n coupure f de presse
clique [kliːk] n + *sing/pl* vb, *pej* clique f
cloak [kləʊk, *Am:* kloʊk] I. n grande cape f II. vt masquer
cloakroom n 1. (*coat deposit*) vestiaire m 2. Brit (*toilet*) toilettes fpl
clobber ['klɒbəʳ, *Am:* 'klɑːbəʳ] I. vt 1. inf (*harm*) tabasser 2. inf (*defeat*) écraser II. n no pl, no art, Brit, Aus, inf frusques fpl
clock [klɒk, *Am:* klɑːk] n 1. (*pendule f*; **alarm ~** réveil m; **round the ~** 24 heures sur 24 2. AUTO compteur m
♦ **clock in** vi pointer
♦ **clock out** vi pointer (à la sortie)
♦ **clock up** vt insep faire **clockwise** adj dans le sens des aiguilles d'une montre **clockwork** n no pl mécanisme m; **to go like ~** fig aller comme sur des roulettes
clog [klɒg, *Am:* klɑːg] I. n sabot m II. <-gg-> vi se boucher III. <-gg-> vt boucher
clone [kləʊn, *Am:* kloʊn] I. n clone m II. vt cloner
cloning n clonage m
close¹ [kləʊs, *Am:* kloʊs] I. adj 1. (*near*) proche; (*resemblance*) fort; **at ~ quarters** de très près m 2. (*intimate*) proche 3. (*careful*) minutieux 4. (*airless*) étouffant; (*weather*) lourd II. adv 1. (*near in location*) près 2. (*near in time*) proche; **to get ~** (s')approcher 3. *fig* proche
close² [kləʊz, *Am:* kloʊz] I. n no pl fin f; **to come to a ~** prendre fin II. vt 1. (*shut*) fermer 2. (*end*) mettre fin à; (*bank account*) fermer;

(*deal*) conclure **III.** *vi* **1.** (*shut*) fermer; (*eyes, door*) se fermer **2.** (*end*) prendre fin
◆ **close down** *vt, vi* fermer définitivement

closed *adj* fermé; **behind ~ doors** à l'abri des regards indiscrets

closely *adv* **1.** (*intimately*) étroitement **2.** (*watch*) de près; **a ~ guarded secret** un secret bien gardé

closeness *n* **1.** *no pl, no art* (*nearness*) proximité *f* **2.** *no pl* (*intimacy*) intimité *f*

closet ['klɒzɪt, *Am:* 'klɑːzɪt] **I.** *n Am* placard *m* **II.** *adj* caché **III.** *vt* enfermer

close to *prep, adv* **1.** (*near*) près de **2.** (*almost*) presque; (*tears*) au bord de; (*death*) au seuil de; **~ doing sth** sur le point de faire qc **3.** *fig* **to be/ to get ~ sb** être proche/se rapprocher de qn

close-up *n* gros plan *m*

closing <inv> *adj* final; (*speech*) de clôture

closure ['kləʊʒəʳ, *Am:* 'kloʊʒɚ] *n* fermeture *f*

clot [klɒt, *Am:* klɑːt] **I.** *n* **1.** (*lump*) caillot *m* **2.** *Brit, inf* (*idiot*) imbécile *mf* **II.** <-tt-> *vi* coaguler

cloth [klɒθ, *Am:* klɑːθ] *n* **1.** *no pl, no art* (*material*) tissu *m* **2.** (*duster*) chiffon *m*

clothe [kləʊð, *Am:* kloʊð] *vt* vêtir

clothes *npl* vêtements *mpl*

⚠ Le mot **clothes** (=les vêtements) n'a pas de singulier: "Susan's clothes are always smart."

clothes hanger *n* cintre *m* **clothes line** *n* corde *f* à linge **clothes peg** *n* *Brit*, **clothes pin** *n* *Am* pince *f* à linge **clothes rack** *n* *Am* portant *m*

clothing *n* *form* vêtements *mpl*

⚠ **clothing** (=les vêtements) ne s'emploie jamais au pluriel: "in winter we wear warm clothing."

cloud [klaʊd] **I.** *n* *a. fig* nuage *m* **II.** *vt* **1.** (*darken*) *a. fig* obscurcir **2.** (*make less clear*) rendre trouble
◆ **cloud over** *vi* se couvrir

cloudburst *n* averse *f*

cloudless *adj* sans nuages

cloudy <-ier, -iest> *adj* **1.** (*overcast*) nuageux **2.** (*liquid*) trouble

clout [klaʊt] **I.** *n* **1.** *inf* (*hit*) taloche *f* **2.** *no pl, inf* (*power*) **to have ~** avoir de l'influence **II.** *vt inf* flanquer une taloche à

clove[1] [kləʊv, *Am:* kloʊv] *n* (*plant part*) gousse *f*

clove[2] [kləʊv, *Am:* kloʊv] *n* (*spice*) clou *m* de girofle

clover *n* *no pl* trèfle *m*

clown [klaʊn] **I.** *n* *a. fig* clown *m* **II.** *vi* **to ~ around** faire le clown

cloying [klɔɪɪŋ] *adj* écœurant

club [klʌb] **I.** *n* **1.** (*group*) *a.* SPORT club *m*; **to join a ~** adhérer à un club; **tennis ~** club de tennis **2.** (*stick*) club *m*; **golf ~** club de golf **3.** (*weapon*) gourdin *m* **4.** GAMES trèfle *m* **5.** (*disco*) boîte *f* **II.** <-bb-> *vt* frapper avec un gourdin; **to ~ sb/ an animal to death** frapper qn/un animal à mort
◆ **club together** *vi* se cotiser

clubbing *vi* **to go ~** aller en boîte

club class *n* classe *f* affaires **club sandwich** *n* sandwich *m* mixte

cluck [klʌk] **I.** *n* *a. fig* gloussement *m* **II.** *vi* *a. fig* glousser

clue [kluː] *n* **1.** (*hint*) indice *m* **2.** (*secret*) secret *m* **3.** (*idea*) **not to have a ~** ne pas avoir la moindre idée

clued-up *adj* *Aus, Brit, inf* **to be ~ on sth** être calé en qc

clump [klʌmp] *n* (*of bushes, trees*) massif *m*; (*of persons*) groupe *m*; (*of earth*) motte *f*

clumsiness *n* maladresse *f*

clumsy ['klʌmzi] <-ier, -iest> *adj* *a. fig* maladroit

clunk [klʌŋk] *n* bruit *m* sourd

cluster ['klʌstəʳ, *Am:* -tɚ] **I.** *n* (*group*) groupe *m*; (*of fruit*) grappe *f*; (*of flowers, trees*) bouquet *m* **II.** *vi* **to ~ together** se regrouper

clutch [klʌtʃ] **I.** *vi* **to ~ at sth** se

cramponner à qc **II.** *vt* saisir **III.** *n* **1.** *sing* AUTO embrayage *m* **2.** (*of eggs*) couvée *f*

clutter ['klʌtər, *Am:* 'klʌt̬ər] **I.** *n no pl* encombrement *m* **II.** *vt* encombrer

cluttered *adj* encombré; **to be ~ with sth** être encombré de qc

Co. *n* **1.** *no pl abbr of* **company** Cie *f* **2.** *Am, Brit* GEO *abbr of* **county** conté *m*

c/o *abbr of* **care of** chez

coach [kəʊtʃ, *Am:* koʊtʃ] **I.** *n* **1.** (*bus*) car *m* **2.** (*carriage*) carrosse *m* **3.** (*railway carriage*) voiture *f* **4.** (*teacher*) professeur *m* particulier **5.** SPORT entraîneur *m* **II.** *vt* **1.** (*give private teaching*) donner des cours de soutien à **2.** SPORT entraîner; (*professionally*) coacher

coach station *n Brit* gare *f* routière

coachwork *n Brit no pl* AUTO carrosserie *f*

coagulate [kəʊ'ægjʊleɪt, *Am:* koʊ'ægjə-] **I.** *vi* se coaguler **II.** *vt* coaguler

coal [kəʊl, *Am:* koʊl] *n* charbon *m*

coalesce [kəʊə'les, *Am:* koʊə-] *vi* **to ~ into sth** fusionner en qc

coalition [ˌkəʊə'lɪʃən, *Am:* ˌkoʊə-] *n* POL coalition *f*

coal mine *n* mine *f* de charbon **coal miner** *n* mineur *m*

coarse [kɔːs, *Am:* kɔːrs] <-r, -st> *adj* a. *fig* grossier; (*salt, sand*) gros; (*skin, surface*) rugueux; (*features*) rude

coast [kəʊst, *Am:* koʊst] **I.** *n* **1.** côte *f* **2. the ~ is clear** la voie est libre **II.** *vi* **1.** (*move easily*) avancer en roue libre **2.** (*make progress*) avancer sans difficulté

coastal *adj* côtier

coaster *n* **1.** (*boat*) caboteur *m* **2.** (*protector*) dessous *m* de verre

coastguard *n* garde-côte *m* **coastline** *n no pl* littoral *m*

coat [kəʊt, *Am:* koʊt] **I.** *n* **1.** (*garment*) manteau *m* **2.** (*animal's hair*) pelage *m* **3.** (*layer*) couche *f* **II.** *vt* couvrir; **to ~ sth with sth** couvrir qc de qc

coated *adj* **to be ~ in sth** être recouvert de qc

coat hanger *n* cintre *m*

coating *n* couche *f*

coax [kəʊks, *Am:* koʊks] *vt* enjôler; **to ~ sb to do sth** enjôler qn pour qu'il fasse qc +*subj*

cobalt ['kəʊbɔːlt, *Am:* 'koʊbɔːlt] *n no pl* cobalt *m*

cobble ['kɒbl, *Am:* 'kɑːbl] **I.** *n* (*stone*) pavé *m* **II.** *vt* paver
  ◆ **cobble together** *vt* bricoler

cobbler *n* cordonnier, -ière *m, f*

cobblestone *n* pavé *m*

cobra ['kəʊbrə, *Am:* 'koʊbrə] *n* cobra *m*

cobweb ['kɒbweb, *Am:* 'kɑːb-] *n* toile *f* d'araignée

cocaine [kəʊ'keɪn, *Am:* koʊ-] *n no pl* cocaïne *f*

cock [kɒk, *Am:* kɑːk] **I.** *n* coq *m* **II.** *vt* (*gun*) armer

cockatoo [ˌkɒkə'tuː, *Am:* 'kɑːkə-] <-(s)> *n* cacatoès *m*

cockchafer ['kɒktʃeɪfər, *Am:* 'kɑːktʃeɪfər] *n* hanneton *m*

cockerel ['kɒkərəl, *Am:* 'kɑːkə-] *n* coquelet *m*

cocker spaniel *s.* **cocker**

cock-eyed *adj* **1.** *inf* (*not straight*) de traviole **2.** (*idea, plan*) absurde

cockle ['kɒkl, *Am:* 'kɑːkl] *n* coque *f*

cockpit ['kɒkpɪt, *Am:* 'kɑːk-] *n* **1.** (*pilot's area*) cockpit *m* **2.** *sing* (*area of fighting*) arène *f*

cockroach ['kɒkrəʊtʃ, *Am:* 'kɑːkroʊtʃ] *n* cafard *m*

cocktail ['kɒkteɪl, *Am:* 'kɑːk-] *n* cocktail *m*

cock-up *n inf* bordel *m*; **to make a ~ of sth** faire foirer qc

cocky ['kɒki, *Am:* 'kɑːki] <-ier, -iest> *adj inf* culotté

cocoa ['kəʊkəʊ, *Am:* 'koʊkoʊ] *n no pl* cacao *m*

coconut ['kəʊkənʌt, *Am:* 'koʊ-] *n* noix *f* de coco

cocoon [kə'kuːn] *n* cocon *m*

cod [kɒd, *Am:* kɑːd] <-(s)> *n* **1.** (*fish*) morue *f* **2.** (*fresh fish*) cabillaud *m*

COD *n abbr of* **cash on delivery** livraison *f* contre remboursement

coddle ['kɒdl, *Am:* 'kɑːdl] *vt* **1.** (*cook gently*) cuire à feu doux **2.** (*treat tenderly*) dorloter

code [kəʊd, *Am:* koʊd] **I.** *n* code *m* **II.** *vt* coder

codeine [kəʊdiːn, *Am:* koʊ-] *n no pl* codéine *f*

code name *n* nom *m* de code

codify ['kəʊdɪfaɪ, *Am:* 'kɑː-] *vt* codifier

coed *inf*, **co-educational** *adj* mixte

coefficient *n* MAT coefficient *m*

coerce [kəʊˈɜːs, *Am:* koʊˈɜːrs] *vt form* contraindre

coercion [kəʊˈɜːʃən, *Am:* koʊˈɜːrʒən] *n no pl, form* coercition *f*

coexist *vi* coexister **coexistence** *n no pl* coexistence *f*

coffee ['kɒfi, *Am:* 'kɑːfi] *n* café *m* **coffee break** *n* pause *f* café **coffee pot** *n* cafetière *f* **coffee shop** *n* café *m* **coffee table** *n* table *f* basse

coffer ['kɒfər, *Am:* 'kɑːfər] *n* **1.** (*storage place*) coffre *m* **2.** **the ~s** *pl* (*money*) les caisses *fpl*

coffin ['kɒfɪn, *Am:* 'kɔːfɪn] *n Aus, Brit* cercueil *m*

cog [kɒg, *Am:* kɑːg] *n* **1.** (*tooth-like part of wheel*) dent *f* **2.** (*wheel*) roue *f*; **to be a ~ in a machine** *fig* n'être qu'un rouage de la machine

cogent ['kəʊdʒənt, *Am:* 'koʊ-] *adj* convaincant

cognac ['kɒnjæk, *Am:* 'koʊnjæk] *n* cognac *m*

cohabit [kəʊˈhæbɪt, *Am:* koʊ-] *vi form* cohabiter

coherence *n no pl* cohérence *f*

coherent ['kəʊˈhɪərənt, *Am:* 'koʊ-'hɪr-] *adj* cohérent

cohesion [kəʊˈhiːʒən, *Am:* koʊ-] *n no pl* cohésion *f*

coil [kɔɪl] **I.** *n* **1.** (*wound spiral*) rouleau *m* **2.** (*of rope*) pli *m* **2.** MED stérilet *m* **II.** *vi* (*snake*) **to ~ around sth** s'enrouler autour de qc **III.** *vt* enrouler; **to ~ oneself around sth** s'enrouler autour de qc

coin [kɔɪn] *n* pièce *f*

coinage ['kɔɪnɪdʒ] *n no pl* (*coins*) monnaie

coincide [ˌkəʊɪnˈsaɪd, *Am:* ˌkoʊ-] *vi* coïncider

coincidence *n* coïncidence *f*

coincidental *adj* fortuit

coincidentally *adv* par coïncidence

coke [kəʊk, *Am:* koʊk] *n no pl* **1.** (*fuel*) coke *m* **2.** *inf* (*cocaine*) coke *f*

cola ['kəʊlə, *Am:* 'koʊ-] *n* **1.** BOT cola *f* **2.** (*coke*) coca *m*

colander ['kɒləndər, *Am:* 'kʌləndər] *n* passoire *f*

cold [kəʊld, *Am:* koʊld] **I.** *adj* <-er, -est> (*not warm*) *a. fig* froid; **to be ~** (*weather*) faire froid; (*person*) avoir froid; **a ~ beer** une bière fraîche; **to go ~** (*soup, coffee*) se refroidir **II.** *n* **1.** (*low temperature*) froid *m* **2.** MED rhume *m*; **to catch a ~** attraper froid

cold-blooded *adj* **1.** ZOOL à sang froid **2.** (*extremely evil*) sans pitié **cold cream** *n* cold-cream *m* **cold cuts** *npl* assiette *f* anglaise **cold-hearted** *adj* sans cœur

coldly *adv* froidement; (*to look at*) avec froideur

coldness *n no pl* froideur *f* **cold sore** *n* MED herpès *m* **cold sweat** *n* sueur *f* froide; **to put sb in a ~** donner des sueurs froides à qn

coleslaw ['kəʊlslɔː, *Am:* 'koʊlslɑː] *n no pl* salade *f* de chou

coley ['kəʊli, *Am:* 'koʊ-] <-(s)> *n* colin *m*

colic ['kɒlɪk, *Am:* 'kɑːlɪk] *n no pl* colique *f*

collaborate [kəˈlæbəreɪt] *vi* collaborer; **to ~ on sth** collaborer à qc

collaboration *n* collaboration *f*

collaborator *n* collaborateur, -trice *m, f*

collage ['kɒlaːʒ, *Am:* kəlaːʒ] *n* collage *m*

collagen ['kɒlədʒən, *Am:* 'kɑːlə-] *n no pl* collagène *m*

collapse [kəˈlæps] **I.** *vi a. fig* s'effondrer; (*government*) tomber; **to ~ with laughter** s'effondrer de rire **II.** *n a. fig* effondrement *m*; (*of government*) chute *f*

collapsible *adj* pliant
collar ['kɒləʳ, *Am:* 'kɑːlɚ] **I.** *n*
1. (*neck*) col *m* **2.** (*band*) collier *m*
II. *vt* **1.** *inf* saisir au collet **2.** *fig* retenir
collar bone *n* clavicule *f*
collate [kə'leɪt] *vt* collationner
collateral [kə'lætərəl, *Am:* -'læt̬-]
I. *n* FIN nantissement *m* **II.** *adj* collatéral
colleague ['kɒliːɡ, *Am:* 'kɑːliːɡ] *n*
collègue *mf*
collect [kə'lekt, *Am:* 'kɑːl-] **I.** *vi*
1. (*gather*) **to ~** (**together**) (*crowd*)
se rassembler; (*dust, dirt*) s'amasser
2. (*gather money*) faire la quête **II.** *vt*
1. (*gather*) rassembler; (*money,
taxes*) percevoir; (*water, news*) recueillir; **to call ~** *Am* appeler en PCV
2. (*stamps, antiques*) collectionner
3. (*pick up*) aller chercher **4.** *form*
(*regain control*) reprendre; **to ~
oneself** se reprendre; **to ~ one's
thoughts** rassembler ses idées
collected *adj* (*people*) serein
collection [kə'lekʃən] *n* **1.** (*money
gathered*) collecte *f* **2.** (*objects collected*) *a.* FASHION collection *f* **3.** (*of
rubbish*) ramassage *m*
collective [kə'lektɪv] **I.** *adj* collectif
II. *n* coopérative *f*
collector *n* **1.** (*one who gathers objects*) collectionneur, -euse *m, f*
2. (*one who collects payments*) collecteur, -trice *m, f*; **a tax ~** un percepteur
college ['kɒlɪdʒ, *Am:* 'kɑːlɪdʒ] *n*
1. *Brit* (*private school*) établissement
m d'enseignement secondaire privé
2. (*university*) université *f*; **to go to
~** aller à l'université; **~ education**
études *fpl* supérieures **3.** *Brit* (*collegiate group*) collège *m*
collide [kə'laɪd] *vi* **to ~ with sb/sth**
se heurter à qn/qc; **to ~ into sth**
heurter qc
collision [kə'lɪʒən] *n* collision *f*; **to
come into ~** entrer en collision
colloquial [kə'ləʊkwɪəl, *Am:*
-'loʊ-] *adj* familier
colloquialism *n* expression *f* familière

collusion [kə'luːʒən] *n no pl* collusion *f*
colon ['kəʊlən, *Am:* 'koʊ-] *n* **1.** ANAT
colon *m* **2.** LING deux-points *mpl*
colonel ['kɜːnl, *Am:* 'kɜːr-] *n* colonel
m
colonial [kə'ləʊnɪəl, *Am:* -'loʊ-]
I. *adj* colonial **II.** *n* colonial(e) *m(f)*
colonialism [kə'ləʊnɪəlɪzəm, *Am:*
-'loʊ-] *n no pl* colonialisme *m*
colonialist I. *n* colonialiste *mf* **II.** *adj*
colonialiste
colonist *n* colon *m*
colonization *n no pl* colonisation *f*
colonize ['kɒlənaɪz, *Am:* 'kɑːlə-] *vt*
coloniser
colony ['kɒləni, *Am:* 'kɑːlə-] *n* colonie *f*
color ['kʌləʳ, *Am:* -ɚ] *Am, Aus* **I.** *n*
1. (*appearance*) *a. fig* couleur *f*
2. (*dye*) colorant *m*; (*for hair*) coloration *f* **II.** *vt* **1.** (*change colour*) colorer; **to ~ one's hair** se teindre les
cheveux **2.** (*distort*) déformer
colossal [kə'lɒsl, *Am:* -'lɑːsl] *adj* colossal
colour ['kʌləʳ, *Am:* -ɚ] *Brit, Aus s.*
color colo(u)r blind *adj* daltonien
colo(u)red *adj* coloré; (*pencil,
people*) de couleur
colo(u)r fast *adj* grand teint
colo(u)rful *adj* **1.** (*full of colour*) coloré **2.** (*part of town*) pittoresque;
(*description*) intéressant
colo(u)ring *n no pl* **1.** (*complexion*)
complexion *f* **2.** (*chemical*) **artificial ~s** couleurs *fpl* artificielles
colo(u)rless *adj* **1.** (*having no colour*) incolore **2.** (*bland*) fade; (*city*)
ennuyeux
colt [kəʊlt, *Am:* koʊlt] *n* (*young
horse*) poulain *m*
column ['kɒləm, *Am:* 'kɑːləm] *n*
1. (*pillar*) *a. fig* colonne *f* **2.** (*article*)
rubrique *f*
columnist *n* chroniqueur, -euse *m, f*
coma ['kəʊmə, *Am:* 'koʊ-] *n* coma
m
comb [kəʊm, *Am:* koʊm] **I.** *n*
peigne *m* **II.** *vt* **1.** (*tidy with a comb*)
to ~ one's hair se peigner
2. (*search*) chercher minutieuse-

ment; (*book*) décortiquer; **to ~ the apartment for clues** passer l'appartement au peigne fin

combat ['kɒmbæt, *Am:* 'kɑ:m-] I. *n* combat *m* II. *vt* combattre

combatant ['kɒmbətənt, *Am:* kəm'bæt-] *n* combattant(e) *m(f)*

combination [ˌkɒmbɪ'neɪʃən, *Am:* ˌkɑ:mbə-] *n* 1. (*mixture of things*) mélange *m* 2. (*arrangement*) arrangement *m*; (*of circumstances*) concours *m* 3. (*number sequence*) combinaison *f* de nombres

combine [kəm'baɪn, *Am:* 'kɑ:mbaɪn] I. *vt* mélanger; **to ~ business with pleasure** joindre l'utile à l'agréable II. *vi* s'unir

combined *adj* mélangé; (*efforts*) conjugué

combustion [kəm'bʌstʃən] *n no pl* combustion *f*

come [kʌm] <came, come, coming> *vi* 1. (*arrive*) arriver; **to ~ towards sb** venir vers qn; **the year to ~** l'année à venir; **to ~ from a rich family** être issu d'une famille riche 2. (*exist*) **to ~ in a size/colour** être disponible en une taille/une couleur 3. (*become*) **to ~ loose** se desserrer; **to ~ open** s'ouvrir 4. **how ~?** comment ça se fait?

◆**come about** *vi* arriver

◆**come across** I. *vt* (*photos*) tomber sur; (*problem, obstacle*) rencontrer II. *vi* faire une impression; **to ~ well/badly** bien/mal passer

◆**come apart** *vi* 1. (*fall to pieces*) tomber en morceaux 2. (*detach*) se défaire

◆**come away** *vi* partir; **to ~ from sth** se détacher de qc

◆**come back** *vi* revenir; **it'll ~ to me** ça me reviendra

◆**come down** *vi* 1. (*move down*) descendre; (*curtain*) baisser 2. (*land*) atterrir 3. (*prices*) baisser

◆**come in** *vi* (*enter*) entrer; (*tide, sea*) monter

◆**come off** *vi* 1. *inf* (*succeed*) réussir 2. (*end up*) **to ~ well/badly** s'en tirer bien/mal 3. (*become detached*) se détacher

◆**come on** *vi* 1. (*exhortation*) ~! **you can do it!** allez! tu peux le faire!; ~! **will you stop bothering me!** ça suffit! arrête un peu de m'ennuyer! 2. (*improve*) faire des progrès 3. (*lights*) s'allumer

◆**come out** *vi* (*appear, go out*) sortir; (*sun, star*) apparaître; (*flowers*) éclore

◆**come round** *vi* 1. (*change one's mind*) changer d'avis; **to ~ sb's way of thinking** se rallier à l'opinion de qn 2. (*regain consciousness*) revenir à soi 3. (*visit*) passer

◆**come through** I. *vi* 1. *Aus, Brit* (*arrive*) arriver 2. (*survive*) survivre II. *vt* (*war, injuries*) survivre à

◆**come to** I. *vt* 1. (*reach*) atteindre; (*decision*) en venir à; (*conclusion*) arriver à 2. (*amount to*) s'élever à II. *vi* revenir à soi

◆**come up** *vi* 1. (*go up*) monter 2. (*problem, situation*) se présenter; **to ~ against a problem** se heurter à un problème; **to ~ with a solution** trouver une solution

comeback ['kʌmbæk] *n* 1. (*return*) retour *m*; **to make a ~** faire son retour; *fig* faire une rentrée (théâtrale) 2. (*retort*) réplique *f*

comedian [kə'mi:diən] *n* comique *mf*

comedown *n no pl, inf* 1. (*anticlimax*) déception *f* 2. (*decline in status*) déclin *m*

comedy ['kɒmədi, *Am:* 'kɑ:mə-] *n* 1. CINE, THEAT, LIT comédie *f* 2. (*funny situation*) farce *f*

comet ['kɒmɪt, *Am:* 'kɑ:mɪt] *n* comète *f*

comeuppance [kʌm'ʌpənts] *n inf* **to get one's ~** avoir ce qu'on mérite

comfort ['kʌmfət, *Am:* -fət] I. *n* 1. (*ease*) confort *m* 2. (*consolation*) réconfort *m* 3. *pl* (*pleasurable things*) commodités *fpl* II. *vt* réconforter

comfortable *adj* 1. (*offering comfort*) confortable 2. (*at ease*) à l'aise

comfortably *adv* 1. (*sit, lie*) confortablement 2. (*financially stable*) **to be ~ off** être à l'aise financièrement

comforter *n Am* (*duvet*) édredon *m*

comforting *adj* consolant

comfy ['kʌmfi] <-ier, -iest> *adj inf* confortable

comic ['kɒmɪk, *Am:* 'kɑ:mɪk] **I.** *n* **1.** (*comedian*) comique *mf* **2.** *Am* (*cartoon*) bande *f* dessinée **II.** *adj* comique

comical *adj* comique

comic book *n Am* bande *f* dessinée **comic strip** *n* bande *f* dessinée

coming I. *adj* **1.** (*next*) prochain **2.** (*approaching*) à venir **II.** *n* venue *f*; ~s **and goings** les allées et venues *fpl*

comma ['kɒmə, *Am:* 'kɑ:mə] *n* virgule *f*

command [kə'mɑ:nd, *Am:* -'mænd] **I.** *vt* **1.** (*order*) **to ~ sb** ordonner à qn **2.** MIL commander **3.** (*respect*) imposer **II.** *n* **1.** (*order*) ordre *m*; **to have sth at one's ~** avoir la responsabilité de qc **2.** (*control*) maîtrise *f*; **to be in ~ of sth** avoir le contrôle de qc **3.** MIL commandement *m*; **to take ~** prendre le commandement **4.** INFOR commande *f* **5.** *no pl* (*of a language*) maîtrise *f*

commandeer [ˌkɒmən'dɪəʳ, *Am:* ˌkɑ:mən'dɪr] *vt* réquisitionner

commander *n* **1.** MIL chef *m* **2.** *Brit* MIL, NAUT capitaine *m*

commanding *adj* **1.** (*authoritative*) autoritaire **2.** (*dominant*) dominant

command key *n* INFOR touche *f* de commande **command line** *n* INFOR ligne *f* de commande

commandment *n* commandement *m*

commando [kə'mɑ:ndəʊ, *Am:* -'mændoʊ] <-s *o* -es> *n* MIL commando *m*

commemorate [kə'meməreɪt] *vt* commémorer

commemoration *n no pl* commémoration *f*

commemorative [kə'memərətɪv, *Am:* -ţɪv] *adj* commémoratif

commence [kə'ments] *vi form* commencer

commencement [kə'mentsmənt] *n form* **1.** (*beginning*) commencement *m* **2.** *Am* (*graduation ceremony*) remise *f* des diplômes

commend [kə'mend] *vt* **1.** (*praise*) louer; **this film was highly ~ed** ce film a été comblé de louanges **2.** (*recommend*) recommander

commendable *adj* louable

commendation *n* **1.** (*praise*) éloge *m* **2.** (*honour*) honneur *m*

commensurate [kə'menʃərət, *Am:* -sə-] *adj form* **to be ~ with sth** être proportionnel à qc

comment ['kɒment, *Am:* 'kɑ:ment] **I.** *n* commentaire *m* **II.** *vi* **to ~** (**on sth**) faire des commentaires (sur qc)

commentary ['kɒməntəri, *Am:* 'kɑ:mənter-] *n* commentaire *m*

commentate ['kɒmənteɪt, *Am:* 'kɑ:mən-] *vi* TV, RADIO faire le commentaire; **to ~ on sth** commenter qc

commentator *n* TV, RADIO commentateur, -trice *m, f*

commerce ['kɒmɜ:s, *Am:* 'kɑ:mɜ:rs] *n* commerce *m*

commercial I. *adj* commercial **II.** *n* publicité *f*

commercialism [kə'mɜ:ʃəlɪzəm, *Am:* -'mɜ:r-] *n* mercantilisme *m*

commercialization *n no pl, Am* commercialisation *f*

commercialize [kə'mɜ:ʃəlaɪz, *Am:* -'mɜ:r-] *vt Am* commercialiser

commiserate [kə'mɪzəreɪt] *vi* **to ~ with sb** témoigner de la sympathie à qn

commiseration *n no pl* commisération *f*

commission [kə'mɪʃən] **I.** *vt* **1.** (*order*) commander; **to ~ sb to** +*infin* charger qn de +*infin* **2.** MIL mettre en service; **to ~ sb as sth** nommer qn à qc **II.** *n* commission *f*

commissionaire [kəˌmɪʃə'neəʳ, *Am:* -'er] *n Brit* commissionnaire *m*

commissioner *n* commissaire *m*

commit [kə'mɪt] <-tt-> *vt* **1.** (*carry out*) commettre **2.** (*bind*) engager; **to ~ oneself** s'engager **3.** (*prisoner*) incarcérer; (*patient*) interner **4.** (*entrust*) confier; **to ~ sth to sb** confier qc à qn; **to** ~ **to memory** apprendre par cœur

commitment *n* engagement *m*

committed *adj* engagé

committee [kə'mɪti, *Am:* -'mɪt̬-] *n* comité *m*; **to be on a** ~ être membre d'un comité

commodity [kə'mɒdəti, *Am:* -'mɑːdət̬i] <-ties> *n* **1.** (*product*) denrée *f* **2.** (*raw material*) matière *f* première

common ['kɒmən, *Am:* 'kɑːmən] **I.** *adj* **1.** (*ordinary*) courant **2.** (*disease*) répandu; **it is** ~ **knowledge that…** il est de notoriété publique que…; **to be** ~ **practice** être d'usage **3.** *inv* (*shared*) commun; **to have sth in** ~ **with sb/sth** avoir qc en commun avec qn/qc **II.** *n* terrain *m* communal

commonplace I. *adj* banal **II.** *n* lieu *m* commun **common sense** *n no pl* bon sens *m*

commotion [kə'məʊʃən, *Am:* -'moʊ-] *n* agitation *f*

communal *adj* commun; (*facilities*) à usage collectif; (*living, life*) communautaire

commune [kə'mjuːn] *n* + *pl/sing vb* **1.** (*group*) communauté *f* **2.** ADMIN commune *f*

communicate [kə'mjuːnɪkeɪt] **I.** *vt* communiquer; (*illness*) transmettre **II.** *vi* communiquer

communication *n* communication *f*; **means of** ~ moyens *mpl* de communication

communicative [kə'mjuːnɪkətɪv, *Am:* -nəkeɪt̬ɪv] *adj* communicatif

communion [kə'mjuːnɪən, *Am:* -njən] *n* communion *f*

communiqué [kə'mjuːnɪkeɪ, *Am:* kə,mjuːnɪ'keɪ] *n* communiqué *m*

communism ['kɒmjʊnɪzəm, *Am:* 'kɑːmjə-] *n no pl* communisme *m*

communist I. *n* communiste *mf* **II.** *adj* communiste; **Communist Party** Parti *m* Communiste

community [kə'mjuːnəti, *Am:* -nət̬i] <-ties> *n* communauté *f*

community centre *n* centre *m* culturel **community service** *n* LAW travail *m* d'intérêt général **community worker** *n* animateur, trice *m, f* socioculturel(le)

commute [kə'mjuːt] *vi* **to** ~ **to work** faire la navette entre son domicile et son travail

commuter *n* banlieusard(e) *m(f)*

compact ['kɒmpækt, *Am:* 'kɑːm-] **I.** *adj* compact **II.** *vt form* compacter **III.** *n* **1.** *Am, Aus* AUTO voiture *f* de petit modèle **2.** (*container*) boite *f* à poudre

companion [kəm'pænjən] *n* compagnon *m*, compagne *f*

companionship *n no pl* compagnie *f*

company ['kʌmpəni] <-ies> *n* compagnie *f*; **to be in good** ~ être en bonne compagnie; **in (the)** ~ **of sb** en compagnie de qn

comparable *adj* comparable; ~ **to** [*o* **with**] **sth** comparable à qc

comparative [kəm'pærətɪv, *Am:* -'perət̬ɪv] **I.** *n* comparatif *m* **II.** *adj inv* comparatif

comparatively *adv* **1.** (*by comparison*) en comparaison **2.** (*relatively*) relativement

compare [kəm'peəʳ, *Am:* -'per] **I.** *vt* comparer **II.** *vi* être comparable

comparison [kəm'pærɪsn, *Am:* -'per-] *n* comparaison *f*; **by** [*o* **in**] ~ **with sb/sth** en comparaison avec qn/qc

compartment [kəm'pɑːtmənt, *Am:* -'pɑːrt-] *n* compartiment *m*

compass ['kʌmpəs] <*pl* -es> *n* **1.** (*direction-finder*) boussole *f* **2.** TECH compas *m*

compassion [kəm'pæʃən] *n no pl* compassion *f*

compassionate [kəm'pæʃənət] *adj* compatissant

compatibility [kəm,pætə'bɪləti, *Am:* -,pæt̬ə'bɪlət̬i] *n no pl* compatibilité *f*

compatible [kəm'pætəbl, *Am:* -'pæt̬-] *adj* compatible

compel [kəm'pel] <-ll-> *vt* contraindre

compelling *adj* (*speech*) convaincant; (*film*) fascinant

compensate ['kɒmpənseɪt, *Am:*

'ka:m-] **I.** *vt* dédommager **II.** *vi* **to ~ for sth** compenser qc

compensation *n no pl* **1.** (*money*) dédommagement *m;* **~ claim** demande *f* d'indemnisation **2.** (*recompense*) compensation *f;* **in ~** en compensation

compere ['kɒmpeəʳ, *Am:* 'ka:mper] *Brit, inf* **I.** *n* animateur, -trice *m, f* **II.** *vt* (*a show*) animer

compete [kəm'pi:t] *vi* **1.** (*strive*) rivaliser; **to ~ with sb** être en compétition avec qn **2.** SPORT être en compétition; **to ~ for sth** se disputer qc

competence, competency *n no pl* compétence *f*

competent ['kɒmpɪtənt, *Am:* 'ka:mpɪt̪ənt] *adj* (*capable*) compétent

competition [ˌkɒmpə'tɪʃən, *Am:* ˌka:m-] *n* **1.** (*competing*) compétition *f* **2.** (*contest*) concours *m;* SPORT compétition *f*

competitive [kəm'petətɪv, *Am:* -'pet̪ətɪv] *adj* compétitif; (*spirit, sports*) de compétition

competitor *n* compétiteur, -trice *m, f*

compilation *n* compilation *f*

compile [kəm'paɪl] *vt* compiler

compiler *n* **1.** (*person*) compilateur, -trice *m, f* **2.** INFOR compilateur *m*

complacency *n no pl, pej* suffisance *f*

complacent [kəm'pleɪsənt] *adj pej* suffisant

complain [kəm'pleɪn] *vi* se plaindre; **to ~ about/of sth** se plaindre de qc

complaint [kəm'pleɪnt] *n* **1.** (*problem*) réclamation *f;* **to make a ~ to sb** faire une réclamation auprès de qn **2.** (*accusation, charge*) plainte *f* **3.** (*illness*) souffrance *f*

complement ['kɒmplɪmənt, *Am:* 'ka:m-] *vt* compléter; **to ~ each other** se compléter

complementary [ˌkɒmplɪ'mentəri, *Am:* ˌka:mplə'ment̪ə˞i] *adj* complémentaire

complete [kəm'pli:t] **I.** *vt* **1.** (*add what is missing*) compléter **2.** (*finish*) achever **3.** (*fill out*) remplir **II.** *adj* (*whole*) **a ~ fool/stranger** un

parfait idiot/étranger

completely *adv* complètement

completion [kəm'pli:ʃən] *n no pl* achèvement *m*

complex ['kɒmpleks, *Am:* 'ka:m-] **I.** *adj* complexe **II.** <*pl* -xes> *n* complexe *m*

complexion [kəm'plekʃən] *n* teint *m*

complexity [kəm'pleksəti, *Am:* -səti̪] *n* complexité *f*

compliance *n no pl* conformité *f*

complicate ['kɒmplɪkeɪt, *Am:* 'ka:mplə-] *vt* compliquer

complicated *adj* compliqué

complication *n* complication *f*

compliment ['kɒmplɪmənt, *Am:* 'ka:mplə-] **I.** *n* compliment *m;* **to pay sb a ~** adresser un compliment à qn **II.** *vt* **to ~ sb on sth** complimenter qn pour qc

complimentary [ˌkɒmplɪ'mentəri, *Am:* ˌka:mplə'ment̪ə˞i] *adj* **1.** (*flattering*) élogieux **2.** (*free*) gratuit

comply [kəm'plaɪ] *vi form* **to ~ with sth** se conformer à qc; **to refuse to ~** refuser de se plier

component [kəm'pəʊnənt, *Am:* -'poʊ-] *n* **1.** (*part*) constituant *m;* (*of a system*) élément *m* **2.** TECH pièce *f*

compose [kəm'pəʊz, *Am:* -'poʊz] **I.** *vi* composer **II.** *vt* **1.** (*write, make up*) composer; (*letter*) rédiger; **to be ~d of sth** être composé de qc **2.** (*calm*) **to ~ oneself** se ressaisir

composed *adj* imperturbable

composer *n* compositeur, -trice *m, f*

composition [ˌkɒmpə'zɪʃən, *Am:* ˌka:m-] *n* composition *f*

compost ['kɒmpɒst, *Am:* 'ka:mpoʊst] **I.** *n no pl* compost *m* **II.** *vt* composter

composure [kəm'pəʊʒəʳ, *Am:* -'poʊʒə˞] *n no pl* calme *m*

compound ['kɒmpaʊnd, *Am:* 'ka:m-] **I.** *vt* (*problem*) aggraver **II.** *n* **1.** (*enclosed area*) enceinte *f* **2.** LING mot *m* composé **III.** *adj* composé

comprehend [ˌkɒmprɪ'hend, *Am:* ˌka:m-] *vi, vt* comprendre

comprehensible [ˌkɒmprɪ-

'hensəbl, *Am:* ˌkɑ:m-] *adj* compréhensible

comprehension [ˌkɒmprɪ'hen∫ən, *Am:* ˌkɑ:m-] *n no pl* compréhension *f*

comprehensive [ˌkɒmprɪ'hensɪv, *Am:* ˌkɑ:mprə-] **I.** *adj* intégral; (*coverage*) total; (*list*) complet **II.** *n Brit* école *f* publique du secondaire

compress¹ [kəm'pres] *vt* comprimer

compress² <-es> *n* compresse *f*

compressed *adj* (*air*) comprimé

compression [kəm'pre∫ən] *n* compression *f*

compressor *n* compresseur *m* (d'air)

comprise [kəm'praɪz] *vt form* **1.** (*consist of*) consister en **2.** (*make up*) constituer

compromise ['kɒmprəmaɪz, *Am:* 'kɑ:m-] **I.** *n* compromis *m* **II.** *vi* transiger **III.** *vt* compromettre

compromising *adj* compromettant

compulsion [kəm'pʌl∫ən] *n no pl* **1.** (*urge*) compulsion **2.** (*force*) contrainte *f*; **to be under ~ to** +*infin* être dans l'obligation de +*infin*

compulsive [kəm'pʌlsɪv] *adj* compulsif; (*liar*) incorrigible; (*smoker*) invétéré; **~ reading** lecture captivante

compulsory [kəm'pʌlsəri] *adj* obligatoire

compunction [kəm'pʌŋk∫ən] *n no pl* **to have** (a) **~ about sth** avoir des scrupules pour qc

computer *n* INFOR ordinateur *m* **computer game** *n* jeu *m* informatique; (*on games console*) jeu *m* vidéo **computer graphics** *n* + *sing/pl vb* infographie *f*

computerization *n no pl* **1.** (*storage*) stockage *m* informatique **2.** (*use of computers*) informatisation *f*

computerize [kəm'pju:təraɪz, *Am:* -ṭəraɪz] *vt* **1.** (*store*) stocker sur ordinateur **2.** (*equip or do with computers*) informatiser **computer science** *n* informatique *f* **computer scientist** *n* informaticien(ne) *m(f)*

computing *n* informatique *f*

comrade ['kɒmreɪd, *Am:* 'kɑ:mræd] *n* camarade *mf*

comradeship *n no pl* camaraderie *f*

con [kɒn, *Am:* kɑ:n] <-nn-> **I.** *vt* **to ~ sb out of £10** escroquer qn de £10 **II.** *n inf* arnaque *f*

concave ['kɒnkeɪv, *Am:* kɑ:n-] *adj* concave

conceal [kən'si:l] *vt* cacher

concealment *n no pl* dissimulation *f*

concede [kən'si:d] **I.** *vt* concéder; **to ~ that ...** admettre que ... **II.** *vi* céder

conceit [kən'si:t] *n no pl* suffisance *f*

conceited *adj pej* suffisant

conceivable *adj* concevable

conceive [kən'si:v] **I.** *vt* concevoir **II.** *vi* concevoir; **to ~ of sb/sth as sth** percevoir qn/qc comme qc

concentrate ['kɒnsəntreɪt, *Am:* 'kɑ:n-] **I.** *vi* **1.** (*focus one's thoughts*) se concentrer **2.** (*gather*) se rassembler **II.** *vt* concentrer **III.** *n* (*not diluted liquid*) concentré *m*

concentrated *adj* concentré

concentration *n no pl* concentration *f*

concept ['kɒnsept, *Am:* 'kɑ:n-] *n* concept *m*

conception [kən'sep∫ən] *n* conception *f*

conceptual [kən'sept∫uəl] *adj* conceptuel

concern [kən's3:n, *Am:* -'s3:rn] **I.** *vt* **1.** (*involve*) concerner; **to be ~ed with sth** être concerné par qc **2.** (*worry*) inquiéter **II.** *n* **1.** (*interest*) **it was no ~ of hers!** ça ne la regardait absolument pas!; **to be of ~ to sb** intéresser qn **2.** (*worry*) inquiétude *f*; **~ for sth** inquiétude à propos de qc **3.** (*business*) entreprise *f*

concerned *adj* **1.** (*involved*) concerné; **as far as I'm ~** en ce qui me concerne **2.** (*worried*) inquiet

concerning *prep* en ce qui concerne

concert ['kɒnsət, *Am:* 'kɑ:nsət] *n* concert *m*; **~ hall** salle *f* de concert

concerted *adj* concerté

concertina [ˌkɒnsə'ti:nə, *Am:*

ˌkaːnsɚ-] n concertina m

concertmaster n Am MUS premier violon m

concerto [kənˈtʃeətəʊ, Am: -ˈtʃerˌtoʊ] <-s o -ti> n MUS concerto m

concession [kənˈseʃən] n concession f

conciliation n no pl, form conciliation f

conciliatory [kənˈsɪlɪətəri, Am: -tɔːri] adj conciliant

concise [kənˈsaɪs] adj (answer) concis; (edition) abrégé

concision n no pl concision f

conclude [kənˈkluːd] vi, vt conclure

concluding adj dernier

conclusion [kənˈkluːʒən] n conclusion f; **to come to a ~** parvenir à une conclusion

conclusive [kənˈkluːsɪv] adj concluant

concoct [kənˈkɒkt, Am: -ˈkaːkt] vt concocter

concoction n (dish, drink) mixture f

concourse [ˈkɒŋkɔːs, Am: ˈkaːnkɔːrs] n hall m

concrete [ˈkɒnkriːt, Am: ˈkaːn-] n no pl béton m; **reinforced ~** béton armé II. vt bétonner

concrete mixer n s. **cement mixer**

concuss [kənˈkʌs] vt **to be ~ed** être commotionné

concussion [kənˈkʌʃən] n no pl commotion f; **brain ~** commotion cérébrale

condemn [kənˈdem] vt condamner

condemnation n condamnation f

condensation n no pl condensation f

condense [kɒnˈdens] I. vt condenser II. vi se condenser

condescend [ˌkɒndɪˈsend, Am: ˌkaːn-] vi **to ~ to** +infin condescendre à +infin

condescending adj condescendant

condescension [ˌkɒdɪˈsenʃən, Am: ˌkaːn-] n condescendance f

condition [kənˈdɪʃən] I. n 1. (state) état m 2. (circumstance, stipulation) condition f; **on ~ that ...** à condition que ... 3. (disease) maladie f II. vt conditionner; **to ~ one's hair** utiliser de l'après-shampooing

conditional I. adj conditionnel II. n LING **the ~** le conditionnel

conditionally adv à titre conditionnel

conditioned adj 1. (trained) conditionné 2. (accustomed) habitué

conditioner n no pl 1. (for hair) après-shampooing m 2. (for clothes) adoucissant m

conditioning n conditionnement m

condolence(s) n condoléances fpl

condom [ˈkɒndəm, Am: ˈkaːn-] n préservatif m

condominium [ˌkɒndəˈmɪnɪəm, Am: ˌkaːn-] n Am 1. (apartment building with shared areas) appartement m en copropriété 2. (unit of apartment building) immeuble m en copropriété

condone [kənˈdəʊn, Am: -ˈdoʊn] vt (violence) tolérer

conduct [kənˈdʌkt, Am: ˈkaːn-] I. vt 1. (negotiations, meeting) mener 2. (business, orchestra) diriger 3. (guide, lead) conduire; **a ~ed tour** une visite guidée 4. ELEC, PHYS être conducteur de II. vi MUS diriger III. n no pl comportement m

conductor n 1. MUS chef m d'orchestre 2. PHYS, ELEC conducteur m 3. (on bus) receveur m; Am (on train) chef m de train

cone [kəʊn, Am: koʊn] n 1. MAT cône m; **traffic ~** balise f de signalisation 2. (cornet for ice cream) cornet m 3. BOT pomme f de pin

confectionery n no pl 1. (sweets) confiserie f 2. (cakes and pastries) pâtisserie f

confederation [kənˌfedəˈreɪʃən] n confédération f

confer [kənˈfɜːʳ, Am: -ˈfɜːr] <-rr-> I. vi se consulter II. vt **to ~ sth on sb** conférer qc à qn

conference [ˈkɒnfərəns, Am: ˈkaːnfɚ-] n conférence f

confess [kənˈfes] I. vi 1. (admit) **to ~ to sth** avouer qc 2. REL se confesser II. vt 1. (admit) avouer 2. REL confesser

confession [kənˈfeʃən] n 1. (admis-

sion) aveu *m* **2.** (*admission of a crime*) aveux *mpl* **3.** REL confession *f*

confetti [kən'feti, *Am:* -'fet̬-] *n no pl* confettis *mpl*

confide [kən'faɪd] *vt* confier

confidence ['kɒnfɪdəns, *Am:* 'kɑ:nfə-] *n* **1.** *no pl* (*secrecy*) confidence *f*; **in ~** en confidence **2.** (*trust*) confiance *f* **3.** *pl* (*secrets*) confidences *fpl* **4.** *no pl* (*self assurance*) confiance *f* en soi

confident ['kɒnfɪdənt, *Am:* 'kɑ:nfə-] *adj* **1.** (*sure*) sûr; **to be ~ about sth** être sûr de qc **2.** (*self-assured*) sûr de soi

confidential *adj* confidentiel

confidentially *adv* confidentiellement

configuration [kən,fɪgə'reɪʃən, *Am:* kən,fɪgjə'-] *n* configuration *f*

confine ['kɒnfaɪn, *Am:* 'kɑ:n-] **I.** *vt* **1.** (*limit*) limiter **2.** (*imprison, keep indoors*) enfermer **II.** *n* the **~s** les limites *fpl*

confined *adj* (*space*) restreint

confinement *n no pl* **1.** (*act of being confined*) internement *m* **2.** (*imprisonment*) détention *f*

confirm [kən'fɜːm, *Am:* -'fɜ:rm] *vt, vi* confirmer

confirmation [,kɒnfə'meɪʃən, *Am:* ,kɑ:nfə-] *n a.* REL confirmation *f*

confirmed *adj* (*champion*) confirmé; (*bachelor*) endurci; (*alcoholic*) invétéré

confiscate ['kɒnfɪskeɪt, *Am:* 'kɑ:nfə-] *vt* **to ~ sth from sb** confisquer qc à qn

conflict ['kɒnflɪkt, *Am:* 'kɑ:n-] **I.** *n* conflit *m*; **~ of interests** conflit d'intérêts **II.** *vi* **to ~ with sb/sth** être en conflit avec qn/qc

conflicting *adj* (*ideas, claim, evidence*) contradictoire; (*interest, advice*) contraire

conform [kən'fɔ:m, *Am:* -'fɔ:rm] *vi* **to ~ to sth** être conforme à qc

conformist *n* conformiste *mf*

conformity [kən'fɔ:mɪti, *Am:* -'fɔ:rmət̬i] *n no pl* conformité *f*

confound [kən'faʊnd] *vt* déconcerter

confront [kən'frʌnt] *vt* (*danger, enemy*) affronter; **to be ~d by** se retrouver face à une armée de journalistes

confrontation *n* **1.** *no pl* (*encounter*) confrontation *f* **2.** (*clash*) affrontement *m*

confuse [kən'fju:z] *vt* **1.** (*perplex*) troubler **2.** (*matters*) compliquer **3.** (*mix up*) confondre

confused *adj* **1.** (*perplexed*) embrouillé; **to get ~** s'embrouiller **2.** (*mixed up*) confus

confusing *adj* confus

confusion [kən'fju:ʒən] *n* **1.** *no pl* (*mix up*) confusion *f* **2.** (*disorder*) désordre *m*

congeal [kən'dʒi:l] *vi* se figer

congenial [kən'dʒi:nɪəl, *Am:* -njəl] *adj* agréable

congenital [kən'dʒenɪtəl, *Am:* -ət̬əl] *adj* congénital

congested *adj* **1.** (*overcrowded*) encombré **2.** MED congestionné

congestion [kən'dʒestʃən] *n no pl* **1.** (*overcrowding*) encombrement *m* **2.** (*blockage*) congestion *f*

conglomerate [kən'glɒmərət, *Am:* -'glɑ:mə-] *n* conglomérat *m*

congratulate [kən'grætʃʊleɪt, *Am:* -'græt̬ə-] *vt* féliciter

congratulations *n* félicitations *fpl*

> ⚠ **congratulations** (=félicitations) s'emploie toujours au pluriel: "Congratulations on passing the exam!"

congregate ['kɒngrɪgeɪt, *Am:* 'kɑ:ŋ-] *vi* s'assembler

congregation *n* congrégation *f*

congress ['kɒngres, *Am:* 'kɑ:ŋ-] *n* congrès *m*

congressional *adj* du Congrès

congressman *n Am* membre *m* du Congrès **congresswoman** *n Am* membre *m* du Congrès

conical ['kɒnɪkl, *Am:* 'kɑ:nɪ-] *adj* conique

conifer ['kɒnɪfər, *Am:* 'kɑ:nəfə-] *n* conifère *m*

conjectural *adj* conjectural

conjecture [kən'dʒektʃəʳ, *Am:* -tʃəʳ] I. *n* conjecture *f* II. *vt* conjecturer; **to ~ that ...** supposer que ...

conjugal ['kɒndʒʊgl, *Am:* 'kɑːndʒə-] *adj form* conjugal

conjugate ['kɒndʒʊgeɪt, *Am:* 'kɑːndʒə-] I. *vi* se conjuguer II. *vt* conjuguer

conjugation *n* conjugaison *f*

conjunction [kən'dʒʌŋkʃən] *n* **1.** LING conjonction *f* **2.** (*of circumstances*) concours *m*; **in ~ with sb/sth** conjointement avec qn/qc

conjunctivitis [kən,dʒʌŋktɪ'vaɪtɪs, *Am:* -tə'vaɪtɪs] *n* conjonctivite *f*

♦ **conjure up** *vt* évoquer

conjurer *n* prestidigitateur, -trice *m, f*

con man *n* escroc *m*

connect [kə'nekt] I. *vi* être relié; (*cables, wires*) être connecté; (*rooms*) communiquer; (*train, plane*) assurer la correspondance; **to ~ to the Internet** se connecter sur Internet II. *vt* **1.** (*join*) relier; **to ~ sth to sth** relier qc à qc **2.** ELEC brancher; INFOR connecter **3.** (*link*) lier; **to be ~ed to sb/with sth** être lié à qn/qc **4.** (*associate*) **to ~ sb/sth with sth** associer qn/qc à qc **5.** (*join by telephone*) mettre en communication

connecting *adj* de connexion; (*room*) communiquant; **a ~ flight** une correspondance

connection *n* **1.** (*association, logical link*) rapport *f*; **in ~ with sth** au sujet de qc **2.** (*personal link*) lien *m* **3.** *pl* (*contacts*) relations *fpl* **4.** ELEC branchement *m* **5.** TEL communication *f* **6.** INFOR connexion *f* **7.** (*of pipes*) raccordement *m* **8.** (*in travel*) correspondance *f*

connector *n* ELEC, INFOR connecteur *m*

connivance [kə'naɪvəns] *n* connivence *f*

connive [kə'naɪv] *vi* **to ~ with sb** être de connivence avec qn

connoisseur [ˌkɒnə'sɜːʳ, *Am:* ˌkɑːnə'sɜːr] *n* connaisseur, -euse *m, f*

connotation [ˌkɒnə'teɪʃən, *Am:* ˌkɑːnə-] *n* connotation *f*

conquer ['kɒŋkəʳ, *Am:* 'kɑːŋkəʳ] *vt* conquérir; (*problem*) surmonter

conqueror *n* conquérant(e) *m(f)*

conquest ['kɒŋkwəst, *Am:* 'kɑːn-] *n no pl* MIL conquête *f*

conscience ['kɒnʃəns, *Am:* 'kɑːn-] *n* conscience *f*

conscientious *adj* consciencieux

conscientiousness *n no pl* conscience *f*

conscientious objector *n* objecteur *m* de conscience

conscious ['kɒnʃəs, *Am:* 'kɑːn-] *adj* **1.** (*deliberate*) conscient; (*decision*) délibéré **2.** (*aware*) conscient; **fashion ~** qui suit la mode; **to be ~ of sth** être conscient de qc

consciousness *n no pl* **1.** MED connaissance *f* **2.** (*awareness*) conscience *f*

conscript [kən'skrɪpt, *Am:* 'kɑːn-] I. *n* conscrit *m* II. *vt* enrôler

conscription [kən'skrɪpʃən] *n no pl* conscription *f*

consecrate ['kɒnsɪkreɪt, *Am:* 'kɑːnsə-] *vt* consacrer

consecutive [kən'sekjʊtɪv, *Am:* -jətɪv] *adj* consécutif

consecutively *adv* consécutivement

consensus [kən'sensəs] *n no pl* consensus *m*

consent [kən'sent] I. *n* permission *f* II. *vi* **to ~ to** +*infin* consentir à +*infin*

consequence ['kɒntsɪkwənts, *Am:* 'kɑːnt-] *n* conséquence *f*

consequently *adv* par conséquent

conservation [ˌkɒntsə'veɪʃən, *Am:* ˌkɑːntsə-] *n* conservation *f*; **wildlife ~** protection *f* de la vie sauvage

conservationist *n* défenseur, -euse *m, f* de l'environnement

conservative [kən'sɜːvətɪv, *Am:* -'sɜːrvət̬ɪv] *adj* conservateur

conservatory *n* **1.** MUS conservatoire *m* **2.** ARCHIT véranda *f*

conserve [kən'sɜːv, *Am:* -sɜːrv] *vt* conserver; (*one's strength*) économiser; **to ~ energy** faire des économies d'énergie

consider [kən'sɪdəʳ, *Am:* -əʳ] *vt*

1. (*think about*) considérer; **to ~ sb as sth** considérer qn comme qc **2.** (*look at*) examiner **3.** (*show regard for*) prendre en considération
considerable *adj* considérable
considerate [kən'sɪdərət] *adj* prévenant
consideration *n no pl* **1.** (*careful thought*) considération *f*; **to take sth into ~** prendre qc en considération **2.** (*thoughtfulness*) égard *m*; **to show ~ for sb** montrer de la considération à qn
considering **I.** *prep* étant donné **II.** *adv inf* tout compte fait **III.** *conj* **~ (that)** étant donné que
consign [kən'saɪn] *vt* consigner
consignment *n* **1.** (*instance of consigning*) envoi *m* **2.** ECON arrivage *m* de marchandises
consist [kən'sɪst] *vi* **to ~ of sth** consister en qc
consistency *n no pl* **1.** (*degree of firmness*) consistance *f* **2.** (*being consistent*) cohérence *f*
consistent [kən'sɪstənt] *adj* cohérent
consolation [ˌkɒnsə'leɪʃən, *Am:* ˌkɑːn-] *n no pl* consolation *f*
consolation prize *n* prix *m* de consolation
console¹ ['kɒnsəʊl, *Am:* 'kɑːnsoʊl] *vt* consoler
console² [kən'səʊl, *Am:* -'soʊl] *n* console *f*
consolidate [kən'sɒlɪdeɪt, *Am:* -'sɑːlə-] **I.** *vi* **1.** (*become stronger*) se consolider **2.** (*unite*) s'unir **II.** *vt* consolider
consolidation *n no pl* **1.** (*strengthening*) consolidation *f* **2.** ECON unification *f*
consommé [kən'sɒmeɪ, *Am:* ˌkɑːn'səˈmeɪ] *n no pl* bouillon *m*
consonant *n* consonne *f*
consort [kən'sɔːt, *Am:* -'sɔːrt] *vi* s'associer
consortium [kən'sɔːtɪəm, *Am:* -'sɔːrt̪-] <-s *o* -tia> *n* consortium *m*
conspicuous [kən'spɪkjʊəs] *adj* voyant
conspiracy [kən'spɪrəsi] *n no pl*

conspiration *f*
conspire [kən'spaɪəʳ, *Am:* -'spaɪɚ] *vi* conspirer; **to ~ to** +*infin* comploter pour +*infin*
constable ['kʌnstəbl, *Am:* 'kɑːn-] *n Brit* agent *m* de la police
constant ['kɒnstənt, *Am:* 'kɑːn-] **I.** *n* constante *f* **II.** *adj* **1.** (*continuous*) constant **2.** (*love*) durable; (*temperature*) constant **3.** (*use*) fréquent
constantly *adv* constamment; (*bicker*) continuellement
constellation [ˌkɒnstə'leɪʃən, *Am:* ˌkɑːn-] *n* constellation *f*
consternation [ˌkɒnstə'neɪʃən, *Am:* ˌkɑːnstɚ-] *n no pl* consternation *f*
constipated *adj* constipé
constipation *n* constipation *f*
constituency *n* circonscription *f* électorale
constituent [kən'stɪtjuənt, *Am:* -'stɪtʃu-] **I.** *n* **1.** (*voter*) électeur, -trice *m, f* **2.** CHEM, PHYS composant *m* **II.** *adj* constituant
constitute ['kɒnstɪtjuːt, *Am:* 'kɑːnstətuːt] *vt* constituer
constitution *n* **1.** CHEM composition *f* **2.** POL, MED constitution *f*
constitutional *adj* POL constitutionnel
constraint *n* contrainte *f*
constrict [kən'strɪkt] *vt* resserrer
constriction *n* **1.** (*tightness*) rétrécissement *m* **2.** (*limitation*) restriction *f*
construct [kən'strʌkt] **I.** *n* construction *f* **II.** *vt* construire
construction *n* **1.** (*act of building, word arrangement*) construction *f* **2.** (*interpretation*) interprétation *f*
constructive [kən'strʌktɪv] *adj* constructif
construe [kən'struː] *vt* **to ~ sth as sth** interpréter qc comme étant qc
consul ['kɒnsl, *Am:* 'kɑːn-] *n* consul *m*
consular ['kɒnsjʊləʳ, *Am:* 'kɑːn-] *adj* consulaire
consulate ['kɒnsjʊlət, *Am:* 'kɑːn-] *n* consulat *m*

consult [kən'sʌlt] I. *vi* consulter II. *vt* consulter

consultant [kən'sʌltənt] *n* 1. ECON expert *m* conseil; **computer** ~ expert conseil en informatique 2. *Brit* MED spécialiste *mf*

consultation *n* consultation *f*

consultative [kən'sʌltətɪv, *Am:* -țəțɪv] *adj* consultatif

consume [kən'sju:m, *Am:* -'su:m] *vt* 1. (*eat, use*) consommer 2. (*destroy*) consumer 3. (*fill with*) **to be ~d** (*by anger, greed, hatred*) être dévoré

consumer *n* consommateur, -trice *m, f mpl*

consumerism [kən'sju:mərɪzəm, *Am:* -'su:məɪ-] *n* 1. (*consumer protection*) défense *f* du consommateur 2. *pej* consommation *f* excessive

consummate ['kɒnsəmeɪt, *Am:* 'kɑ:n-] *adj* consommé; (*athlete*) accompli

consumption [kən'sʌmpʃən] *n* consommation *f*

contact ['kɒntækt, *Am:* 'kɑ:n-] I. *n* 1. (*communication, touching*) a. ELEC contact *m;* **to lose ~ with sb** perdre le contact avec qn; **to make ~ with sb** prendre contact avec qn 2. (*connection*) **business ~s** relations *fpl* d'affaires II. *vt* contacter

contact lens *n* lentille *f* de contact

contagious *adj* 1. contagieux 2. (*enthusiasm, laugh*) communicatif

contain [kən'teɪn] *vt* contenir; (*anger*) retenir

container *n* 1. (*box*) récipient *m* 2. (*for transport*) conteneur *m*

containerize [kən'teɪnəraɪz] *vt* mettre en conteneur

container ship *n* navire *m* porte-conteneurs

contaminate [kən'tæmɪneɪt] *vt* contaminer

contamination *n no pl* contamination *f*

contemplate ['kɒntempleɪt, *Am:* 'kɑ:nțem-] I. *vi* méditer II. *vt* 1. (*gaze at*) contempler 2. (*consider*) considérer 3. (*intend*) **to ~ doing sth** penser faire qc

contemplation *n no pl* 1. (*act of looking*) contemplation *f* 2. (*deep thought*) recueillement *m*

contemporary [kən'tempərəri, *Am:* -pərer-] I. *n* contemporain(e) *m(f)* II. *adj* contemporain

contempt [kən'tempt] *n no pl* mépris *m*

contemptible *adj* méprisable

contemptuous [kən'temptʃuəs] *adj* méprisant; (*look*) hautain

contend [kən'tend] I. *vi* 1. (*compete*) être en compétition 2. (*cope with*) **to ~ with sth** affronter qc II. *vt* soutenir

contender *n* concurrent(e) *m(f)*; (*for election, job*) candidat(e) *m(f)*

content[1] ['kɒntent, *Am:* 'kɑ:n-] *n* contenu *m;* **fat ~** teneur en matières grasses

content[2] [kən'tent] I. *vt* satisfaire; **to ~ oneself with sth** se contenter de qc II. *adj* satisfait

contented *adj* satisfait

contention [kən'tenʃən] *n no pl* 1. (*opinion*) affirmation *f* 2. (*competition*) compétition *f*

contentious *adj* contesté

contentment *n no pl* contentement *m*

contents *n pl* 1. (*things held in sth*) contenu *m* 2. PUBL (**table of**) ~ table *f* des matières

contest [kən'test, *Am:* 'kɑ:n-] I. *n* 1. (*competition*) concours *m* 2. (*dispute*) combat *m* II. *vt* 1. (*challenge*) contester 2. (*compete for*) disputer

contestant [kən'testənt] *n* concurrent(e) *m(f)*

context ['kɒntekst, *Am:* 'kɑ:n-] *n* contexte *m*

contextual *adj form* contextuel

continent ['kɒntɪnənt, *Am:* 'kɑ:ntnənt] *n* continent *m*

continental *adj* continental

contingency *n* contingence *f*

contingent [kən'tɪndʒənt] I. *n* contingent *m* II. *adj* **to be ~ on sth** dépendre de qc

continual [kən'tɪnjuəl] *adj* continuel

continually *adv* continuellement

continuation n no pl continuation f; (in space) prolongement m

continue [kən'tɪnju:] I. vi continuer; **to ~ doing sth** continuer à faire qc II. vt continuer; (work) poursuivre

continuity [ˌkɒntɪ'nju:əti, Am: ˌka:ntən'u:əṭi] n continuité f

continuous adj continu

contort [kən'tɔ:t, Am: -'tɔ:rt] vt **to ~ oneself** se contorsionner

contortion [kən'tɔ:ʃən, Am: -'tɔ:r-] n contorsion f

contour ['kɒntʊər, Am: 'ka:ntʊr] n contour m

contraband ['kɒntrəbænd, Am: 'ka:n-] n no pl contrebande f

contraception [ˌkɒntrə'sepʃən, Am: ˌka:n-] n no pl contraception f

contraceptive [ˌkɒntrə'septɪv, Am: ˌka:n-] n contraceptif m

contract[1] ['kɒntrækt, Am: 'ka:n-] n contrat m

contract[2] [kən'trækt] I. vi se contracter II. vt contracter

contraction n contraction f

contractor n entrepreneur m; **building ~** entrepreneur de construction

contradict [ˌkɒntrə'dɪkt, Am: ˌka:n-] vt contredire

contradiction n contradiction f

contradictory [ˌkɒntrə'dɪktəri, Am: ˌka:n-] adj contradictoire

contralto [kən'træltəʊ, Am: -'trælt̬oʊ] n no pl contralto mf

contraption [kən'træpʃən] n inf truc m

contrary ['kɒntrəri, Am: 'ka:ntrə-] I. n no pl contraire m; **on the ~** au contraire II. adj contrariant

contrary to prep contrairement à

contrast [kən'trɑ:st, Am: -'træst] I. n contraste m; **in ~ to sth** en contraste avec qc II. vt comparer III. vi contraster

contrasting adj contrasté

contravene [ˌkɒntrə'vi:n, Am: ˌka:n-] vt contrevenir à

contravention [ˌkɒntrə'venʃən, Am: ˌka:n-] n infraction f

contribute [kən'trɪbju:t] I. vi **to ~ towards sth** contribuer à qc II. vt

1. (give towards an aim) **to ~ sth to/towards sth** offrir qc à qc **2.** (submit for publication) **to ~ sth to sth** écrire qc pour qc

contribution n **1.** (something contributed) contribution f **2.** (text for publication) article m

contributor n collaborateur, -trice m, f

contrive [kən'traɪv] vt **1.** (plan with cleverness) inventer **2.** (manage) parvenir

contrived adj forcé

control [kən'trəʊl, Am: -'troʊl] <-ll-> I. n **1.** (power of command) a. ECON, FIN contrôle m; **to be in ~ of sth** contrôler qc **2.** (self-restraint) maîtrise f **3.** pl (switches) commandes fpl; **board/panel** tableau m de bord/commande II. vt <-ll-> **1.** (restrain, curb) maîtriser **2.** (run) contrôler

controller n **1.** (person) contrôleur, -euse m, f **2.** TECH, INFOR contrôleur m

control tower n tour f de contrôle

controversial [ˌkɒntrə'vɜ:ʃəl, Am: ˌka:ntrə'vɜ:r-] adj controversé

controversy ['kɒntrəvɜ:si, Am: 'ka:ntrəvɜ:r-] <-sies> n controverse f

contusion [kən'tju:ʒən, Am: -'tu:-] n contusion f

convalesce [ˌkɒnvə'les, Am: ˌka:n-] vi **to ~ from sth** se remettre de qc

convalescence n convalescence f

convalescent [ˌkɒnvə'lesnt, Am: ˌka:n-] adj convalescent

convection [kən'vekʃən] n convection f

convector [kən'vektər, Am: -tə-], **convector heater** n convecteur m

convene [kən'vi:n] I. vi se réunir II. vt convoquer

convenience [kən'vi:nɪəns, Am: -'vi:njəns] n no pl commodité f; **at your ~** comme cela vous convient

convenience food n no pl aliments mpl tout prêts **convenience store** n Am épicerie f de quartier

convenient [kən'vi:nɪənt, Am: -'vi:njənt] adj commode; (moment) opportun; **to be ~ for sth** (*near*) être bien situé pour qc

convent ['kɒnvənt, *Am:* 'kɑːn-] *n* couvent *m*

convention [kən'venʃən] *n* convention *f*

conventional *adj* conventionnel

converge [kən'vɜːdʒ, *Am:* -'vɜːrdʒ] *vi* converger

convergence *n* convergence *f*

conversant [kən'vɜːsnt, *Am:* -'vɜːr-] *adj* **to be ~ with sth** être familiarisé avec qc

conversation [ˌkɒnvə'seɪʃən, *Am:* ˌkɑːnvɚ-] *n* conversation *f*

conversational *adj* de conversation

converse¹ [kən'vɜːs, *Am:* -'vɜːrs] *vi form* converser

converse² ['kɒnvɜːs, *Am:* 'kɑːnvɜːrs] I. *n* inverse *m* II. *adj form* inverse

conversely *adv* inversement

conversion [kən'vɜːʃən, *Am:* -'vɜːrʒən] *n* **1.** (*changing*) conversion *f* **2.** (*of house, city*) aménagement *m*

convert [kən'vɜːt, *Am:* -'vɜːrt] I. *n* converti(e) *m(f)* II. *vi* **to ~ to sth** se convertir à qc III. *vt* **to ~ sth into sth** convertir qc en qc

converter *n* convertisseur *m*

convertible I. *n* décapotable *f* II. *adj* convertible

convex ['kɒnveks, *Am:* 'kɑːn-] *adj* convexe

convey [kən'veɪ] *vt* **1.** (*transport*) transporter **2.** (*communicate*) transmettre; (*a feeling, idea*) évoquer; **to ~ sth to sb** faire comprendre qc à qn

conveyor belt *n* tapis *m* roulant

convict ['kɒnvɪkt, *Am:* 'kɑːn-] I. *n* détenu(e) *m(f)* II. *vi* rendre un verdict de culpabilité III. *vt* **to ~ sb of sth** reconnaître qn coupable de qc

conviction [kən'vɪkʃən] *n* **1.** (*act of finding guilty*) condamnation *f* **2.** (*firm belief*) conviction *f*

convince [kən'vɪnts] *vt* convaincre

convincing *adj* convaincant

convoluted *adj* compliqué

convoy ['kɒnvɔɪ, *Am:* 'kɑːn-] *n* convoi *m*

convulse [kən'vʌls] *vt* secouer; **to be ~d with laughter** se tordre de rire

convulsion [kən'vʌlʃən] *n* convulsion *f*

coo [kuː] *vi* (*bird*) roucouler

cook [kʊk] I. *n* cuisinier, -ière *m, f* II. *vi* **1.** (*prepare food*) cuisiner **2.** (*be cooked*) cuire III. *vt* **1.** (*prepare food*) cuisiner **2.** (*prepare food using heat*) cuire

cooker *n* Brit cuisinière *f*

cookery *n no pl* cuisine *f*

cookie ['kʊki] *n* Am **1.** (*sweet biscuit*) biscuit *m* **2.** *inf* (*person*) type *m*, nana *f*; **a tough ~** un dur à cuire **3.** INFOR cookie *m*

cooking *n no pl* cuisine *f*

cool [kuːl] I. *adj* **1.** (*cold*) frais **2.** (*calm*) tranquille; *inf* cool; **to keep a ~ head** garder la tête froide **3.** (*unfriendly, cold*) froid **4.** *inf* (*fashionable*) cool II. *interj inf* cool! III. *n no pl* **1.** (*coolness*) fraîcheur *f* **2.** (*calm*) sang-froid *m*; **to keep one's ~** garder son calme IV. *vi* se refroidir V. *vt* (*make cold*) refroidir

cooler *n* **1.** (*box*) glacière *f* **2.** (*cool drink*) rafraîchissement *m*

coolheaded *adj* **to remain ~** garder la tête froide

cooling *adj* rafraîchissant

cooling tower *n* refroidisseur *m*

coolly ['kuːli] *adv* **1.** (*calmly*) avec calme **2.** (*coldly*) froidement

coolness *n no pl* **1.** (*coldness*) fraîcheur *f* **2.** *fig* froideur *f* **3.** (*calmness*) sang-froid *m*

coop [kuːp] *n* poulailler *m*

co-op ['kəʊɒp, *Am:* 'koʊɑːp] *n* coopérative *f*

cooperate [kəʊ'ɒpəreɪt, *Am:* koʊ'ɑːpəreɪt] *vi* **to ~ in sth** coopérer à qc

cooperation *n* coopération *f*; **~ in sth** coopération à qc

cooperative [kəʊ'ɒpərətɪv, *Am:* koʊ'ɑːpət̬ɪv] I. *n* coopérative *f* II. *adj* coopératif

coordinate [ˌkəʊ'ɔːdɪneɪt, *Am:* ˌkoʊ'ɔːr-] I. *n* coordonnée *f* II. *vi* **to ~ with sth** aller avec qc III. *vt* coordonner

coordination *n no pl* coordination *f*

coordinator *n* coordinateur, -trice *m, f*

cop [kɒp, *Am:* kɑːp] *n inf* flic *m*

cope [kəʊp, *Am:* koʊp] *vi* **1.** (*master a situation*) **to ~ with** sth faire face à qc **2.** (*deal with*) **to ~ with** sth supporter qc

copier ['kɒpiəʳ, *Am:* 'kɑːpiəʳ] *n* photocopieuse *f*

co-pilot *n* copilote *mf*

copious ['kəʊpiəs, *Am:* 'koʊ-] *adj* copieux; (*notes*) abondant

copper ['kɒpəʳ, *Am:* 'kɑːpəʳ] *n* **1.** *no pl* (*metal*) cuivre *m* **2.** *Brit, inf* (*police officer*) flic *mf* **3.** *pl, Brit, inf* (*coins*) petite monnaie *f*

copy ['kɒpi, *Am:* 'kɑːpi] I. <-pies> *n* **1.** (*facsimile*) copie *f* **2.** PHOT épreuve *f* **3.** (*of a book*) exemplaire *m* II. <-ie-> *vt, vi a. fig* copier **copyright** I. *n* droits *mpl* d'auteur II. *vt* déposer **copywriter** *n* rédacteur, -trice *m, f* publicitaire

coral ['kɒrəl, *Am:* 'kɔːr-] I. *n no pl* corail *m* II. *adj* **1.** (*reddish*) corail **2.** (*of ~*) de corail

cord [kɔːd, *Am:* kɔːrd] *n* **1.** (*rope*) corde *f* **2.** (*string*) ficelle *f* **3.** ELEC fil *m* électrique

cordial ['kɔːdɪəl, *Am:* 'kɔːrdʒəl] I. *adj* (*friendly*) chaleureux; (*relations*) cordial II. *n* **1.** *Brit, Aus* cordial *m* **2.** *Am* liqueur *f*

cordiality *n* cordialité *f*

cordless *adj* sans fil

cordon ['kɔːdn, *Am:* 'kɔːr-] *n* cordon *m*

cords *n pl* pantalon *m* en velours côtelé

corduroy ['kɔːdərɔɪ, *Am:* 'kɔːr-] *n* **1.** *no pl* (*material*) velours *m* côtelé **2.** *pl* (*pants*) pantalon *m* en velours côtelé

core [kɔːʳ, *Am:* kɔːr] I. *n* **1.** (*centre*) partie *f* centrale **2.** (*centre with seeds*) noyau *m*; **an apple/pear ~** un trognon de pomme/poire II. *adj* (*issue*) central III. *vt* évider **core subject** *n* matière *f* principale

coriander [ˌkɒri'ændəʳ, *Am:* 'kɔːriædəʳ] *n* coriandre *f*

cork [kɔːk, *Am:* kɔːrk] I. *n* **1.** *no pl* liège *m* **2.** (*stopper*) bouchon *m* II. *vt* (*bottle*) boucher

corkscrew ['kɔːkskruː, *Am:* 'kɔːrk-] *n* tire-bouchon *m*

corn¹ [kɔːn, *Am:* kɔːrn] *n* **1.** *Brit* (*cereal*) blé *m* **2.** *Am* (*maize*) maïs *m*

corn² [kɔːn, *Am:* kɔːrn] *n* MED cor *m*

corncob *n* épi *m* de maïs

cornea ['kɔːnɪə, *Am:* 'kɔːr-] *n* cornée *f*

corner ['kɔːnəʳ, *Am:* 'kɔːrnəʳ] I. *n* **1.** (*place*) coin *m*; AUTO virage *m* **2.** SPORT corner *m* II. *vt* **1.** (*hinder escape*) attraper; *iron* coincer **2.** (*market*) accaparer III. *vi* (*auto*) **to ~ well** prendre bien les virages **corner shop** *n* magasin *m* du quartier

cornerstone *n* pierre *f* angulaire

cornet ['kɔːnɪt, *Am:* 'kɔːr'net] *n* **1.** (*brass instrument*) cornet *m* à piston **2.** (*wafer cone*) cornet *m*

cornflakes *npl* cornflakes *mpl* **cornflour** *n no pl, Brit, Aus* farine *f* de maïs **cornflower** I. *n* bleuet *m* II. *adj* (*blue*) vif

cornice ['kɔːnɪs, *Am:* 'kɔːr-] *n* ARCHIT corniche *f*

corny ['kɔːni, *Am:* 'kɔːr-] <-ier, -iest> *adj inf* banal

corollary [kər'ɒləri, *Am:* 'kɔːrələr-] <-ries> *n* corollaire *m*

coronary ['kɒrənəri, *Am:* 'kɔːrənər-] *n inf* infarctus *m*

coronation [ˌkɒrə'neɪʃən, *Am:* ˌkɔːr-] *n* couronnement *m*

coroner ['kɒrənəʳ, *Am:* 'kɔːrənəʳ] *n* coroner *m*

corporal ['kɔːpərəl, *Am:* 'kɔːr-] I. *n* MIL caporal *m* II. *adj form* corporel

corporate ['kɔːpərət, *Am:* 'kɔːr-] *adj* **1.** COM de l'entreprise; **~ identity** image *f* de marque de l'entreprise **2.** (*collective*) commun

corporation *n* **1.** (*business*) société *f*; **multinational ~** multinationale *f* **2.** *Brit* (*local council*) municipalité *f* **corporation tax** *n* impôt *m* sur les sociétés

corps [kɔːʳ, *Am:* kɔːr] *n* corps *m*

corpse [kɔːps, *Am:* kɔːrps] *n* cadavre *m*

corral [kə'rɑːl, *Am:* -'ræl] **I.** *n Am* corral *m* **II.** <-ll-> *vt* enfermer dans un corral

correct [kə'rekt] **I.** *vt* (*put right*) corriger **II.** *adj* **1.** (*accurate*) juste **2.** (*proper*) correct

correction [kə'rekʃən] *n* **1.** (*change*) rectification *f* **2.** *no pl* (*process*) correction *f*

correction fluid *n* correcteur *m* liquide

correctly *adv* correctement

correlate ['kɒrəleɪt, *Am:* 'kɔːrə-] **I.** *vt* corréler **II.** *vi* (*relate*) **to ~ with sth** être en corrélation avec qc

correlation *n* **1.** (*connection*) corrélation *f* **2.** (*relationship*) lien *m*

correspond [ˌkɒrɪ'spɒnd, *Am:* ˌkɔːrə-] *vi* **1.** (*be equal to*) correspondre; **to ~ with** [*o* **to**] **sth** correspondre à qc **2.** (*write*) correspondre; **to ~ with sb** correspondre avec qn

correspondence [ˌkɒrɪ'spɒndəns, *Am:* ˌkɔːrə'spaːn-] *n no pl* correspondance *f*

correspondent *n* correspondant(e) *m(f)*

corresponding *adj* (*same*) semblable

corridor ['kɒrɪdɔːʳ, *Am:* 'kɔːrədə·] *n* **1.** (*passage*) corridor *m* **2.** RAIL, AUTO, AVIAT couloir *m*

corroborate [kə'rɒbəreɪt, *Am:* -'rɑːbə-] *vt* confirmer

corrode [kə'rəʊd, *Am:* -'roʊd] **I.** *vi* se corroder **II.** *vt* corroder

corrosion [kə'rəʊʒən, *Am:* -'roʊ-] *n no pl* (*deterioration*) corrosion *f*

corrosive [kə'rəʊsɪv, *Am:* -'roʊ-] *adj* destructif; (*acid*) corrosif

corrugated iron ['kɒrəgeɪtɪd, *Am:* -ˌtɪd] *n* tôle *f* ondulée

corrupt [kə'rʌpt] **I.** *vt* **1.** (*debase*) dépraver **2.** (*bribe*) corrompre **3.** INFOR altérer **II.** *adj* corrompu

corruption *n* (*bribery*) corruption *f*

corset ['kɔːsɪt, *Am:* 'kɔːr-] *n* corset *m*

cos lettuce ['kɒsˌletɪs, *Am:* 'kɑːsˌleṯ-] *n Brit, Aus* laitue *f* romaine

cosmetic [kɒz'metɪk, *Am:* kɑːz'meṯ-] **I.** *n* cosmétique *m*; **~s** produits *mpl* de beauté **II.** *adj* (*related to beauty*) cosmétique; (*surgery*) esthétique; *pej* superficiel

cosmic ['kɒzmɪk, *Am:* 'kɑːz-] *adj* cosmique

cosmonaut ['kɒzmənɔːt, *Am:* 'kɑːzmənɑːt] *n* spationaute *mf*

cosmopolitan [ˌkɒzmə'pɒlɪtən, *Am:* ˌkɑːzmə'pɑːlɪ-] **I.** *adj* cosmopolite **II.** *n* cosmopolite *mf*

cosmos ['kɒzmɒs, *Am:* 'kɑːzmoʊs] *n no pl* cosmos *m*

cost [kɒst, *Am:* kɑːst] **I.** *vt* **1.** <cost, cost> (*amount to*) *a. fig* coûter; **to ~ £40** coûter 40 livres **2.** <costed, costed> (*calculate price*) évaluer le coût de **II.** *n* (*price*) prix; **at great personal ~** en faisant de gros sacrifices; **to learn sth to one's ~** apprendre qc aux dépens de qn; **at all ~(s)** à n'importe quel prix; **~s** LAW frais *mpl* d'instance et dépens

co-star *n* covedette *f*

costly ['kɒstli, *Am:* 'kɑːst-] <-ier, -iest> *adj* cher; (*mistake*) qui coûte cher

cost price *n* prix *m* coûtant

costume ['kɒstjuːm, *Am:* 'kɑːstuːm] *n* costume *m*; **to wear a clown ~** porter un déguisement de clown

cosy ['kəʊzi, *Am:* 'koʊ-] **I.** <-ier, -iest> *adj* **1.** (*comfortable*) *a. fig* douillet **2.** (*intimate*) intime **II.** <-sies> *n* **tea ~** couvre-théière *m*

cot [kɒt, *Am:* kɑːt] *n* **1.** (*baby's bed*) lit *m* d'enfant **2.** *Am* (*camp bed*) lit *m* de camp

cottage *n* cottage *m*

cottage cheese *n no pl* cottage *m* (*fromage blanc à gros caillots, légèrement salé*) **cottage industry** *n* industrie *f* à domicile

cotton ['kɒtn, *Am:* 'kɑːtn] *n* **1.** coton *m* **2.** (*thread*) fil, m

cotton bud *n* coton-tige *m* **cotton candy** *n s.* **candyfloss cotton wool** *n* coton *m* hydrophile

couch [kaʊtʃ] I. *n* canapé *m* II. *vt* formuler

couchette [kuːˈʃet] *n* couchette *f*

couch potato *n inf* **to be a** ~ passer sa vie devant la télé

cough [kɒf, *Am:* kɑːf] I. *n* toux *f* II. *vi* tousser
  ◆ **cough up** I. *vt a. fig* cracher II. *vi inf* casquer

could [kʊd] *pt, subj of* **can**

council [ˈkaʊntsəl] *n* ADMIN conseil *m* **council house** *n Brit* maison *f* à loyer modéré

councillor *n Brit, Aus* conseiller, -ère *m, f*

council tax *n Brit* impôts *mpl* municipaux

counsel [ˈkaʊntsəl] I. <*Brit* -ll- *o Am* -l-> *vt* (*advise*) conseiller II. *n* 1. *no pl, form* (*advice*) conseil *m* 2. (*lawyer*) avocat(e) *m(f)*

counsel(l)ing *n no pl* assistance *f*

counsel(l)or *n* 1. PSYCH conseiller, -ère *m, f* 2. *Am* (*lawyer*) avocat(e) *m(f)*

count¹ [kaʊnt] *n* (*aristocrat*) conte *m*

count² [kaʊnt] I. *n* 1. (*totalling up*) compte *m*; **to keep/to lose** ~ **of sth** tenir/perdre le compte de qc 2. (*measured amount*) dénombrement *m* 3. LAW chef *m* d'accusation II. *vt* 1. (*number*) compter 2. (*consider*) **to** ~ **sb as a friend** considérer qn comme un ami III. *vi* 1. (*number*) compter 2. (*be considered*) **to** ~ **as sth** être considéré comme qc 3. (*be of value*) compter; **that's what** ~**s** c'est ce qui compte

countenance [ˈkaʊntɪnəns, *Am:* -tənəns] I. *n no pl* (*expression*) expression *f* du visage II. *vt form* (*approve*) approuver

counter [ˈkaʊntəʳ, *Am:* -t̬əʳ] I. *n* 1. (*service point*) comptoir *m* 2. (*disc*) jeton *m* II. *vt* contrer III. *vi* 1. (*oppose*) riposter; **to** ~ **with sth** riposter par qc 2. (*react by scoring*) parer un coup IV. *adv* **to run** ~ **to sth** aller à l'encontre de qc; **to act** ~ **to sth** agir de façon contraire à qc

counteract [ˌkaʊntərˈækt, *Am:* -t̬əʳ-] *vt* contrarier; (*effect*) contrer

counterattack I. *n* contre-attaque *f* II. *vt* contre-attaquer III. *vi* 1. (*attack in return*) riposter 2. SPORT contre-attaquer **counterbalance** I. *n* contrepoids *m* II. *vt* faire contrepoids à **counterclockwise** *adj Am* dans le sens inverse des aiguilles d'une montre **counterfeit** I. *adj* faux II. *vt* contrefaire III. *n* contrefaçon *f* **counterfoil** *n Brit* FIN talon *m* de chèque **countermand** *vt* annuler **countermeasure** *n* mesure *f* défensive **counterpart** *n* 1. (*system*) équivalent *m* 2. (*person*) homologue *mf* **counterproductive** *adj* **to prove** ~ se révéler inefficace **countersign** *vt* contresigner

countess [ˈkaʊntɪs, *Am:* -t̬ɪs] *n* comtesse *f*

countless *adj* innombrable

country [ˈkʌntri] *n* 1. *no pl* (*rural area*) campagne *f* 2. (*political unit*) pays *m* 3. (*area of land*) région *f* 4. MUS country *f* **countryman** *n* (*fellow*) ~ compatriote *m* **countryside** *n no pl* campagne *f* **countrywide** I. *adj* qui touche l'ensemble du pays II. *adv* dans l'ensemble du pays

county [ˈkaʊnti, *Am:* -t̬i] <-ies> *n* comté *m*

coup [kuː] <coups> *n* 1. (*unexpected achievement*) coup *m* inespéré 2. POL coup *m* d'état

coupé [ˈkuːpeɪ] *n* coupé *m*

couple [ˈkʌpl] I. *n* 1. *no pl* (*a few*) quelque; **a** ~ **of ...** quelques ... 2. + *sing/pl vb* (*two people*) couple *m* II. *vt* joindre

coupon [ˈkuːpɒn, *Am:* -pɑːn] *n* 1. (*voucher*) bon *m* 2. (*return-slip*) bulletin-réponse *m*

courage [ˈkʌrɪdʒ] *n* courage *m*

courageous [kəˈreɪdʒəs] *adj* courageux

courgette [kʊəˈʒet, *Am:* kʊr-] *n* courgette *f*

courier [ˈkʊrɪəʳ, *Am:* ˈkʊrɪəʳ] *n* 1. (*guide*) guide *mf* touristique 2. (*messenger*) messager *m*; **motorcycle/bike** ~ coursier, -ière *m, f*

course [kɔːs, *Am:* kɔːrs] *n* 1. (*direc-*

tion) cours *m;* **to change ~** changer de direction; *fig* prendre une autre voie **2.** (*of time*) cours *m;* **in due ~** dans les temps voulus; **during the ~ of sth** au cours de qc; **of ~** bien sûr **3.** (*classes*) cours *m;* (*for training*) stage *m* **4.** (*treatment*) traitement *m* **5.** SPORT **golf ~** parcours *m* de golf **6.** (*part of meal*) plat *m*

court [kɔːt, *Am:* kɔːrt] **I.** *n* **1.** (*room, body*) tribunal *m;* **to go to ~** aller en justice **2.** SPORT court *m* **II.** *vt* **1.** (*try to attract*) courtiser; (*woman*) faire la cour à **2.** (*have a relationship*) fréquenter **3.** (*seek*) rechercher

courteous ['kɜːtɪəs, *Am:* 'kɜːrṭɪ-] *adj* courtois

courtesy ['kɜːtəsi, *Am:* 'kɜːrṭə-] <-ies> *n* courtoisie *f;* (**by**) **~ of sth** avec l'autorisation de qc; (*because of*) grâce à qc

courtesy bus *n* bus *m* mis à la disposition des clients

courthouse *n Am* palais *m* de justice

court martial *n* cour *f* martiale **court-martial** *vt* traduire en cour martiale **courtroom** *n* salle *f* d'audience **court shoe** *n Brit* escarpin *m* **courtyard** *n* cour *f* intérieure

cousin ['kʌzn] *n* cousin(e) *m(f)*

cover ['kʌvəʳ, *Am:* -ɚ] **I.** *n* **1.** (*top*) couverture *f;* (*on pot*) couvercle *m;* (*on furniture*) housse *f* **2.** PUBL couverture *f* **3.** *pl* (*sheets*) **the ~s** les draps *mpl* **4.** (*means of concealing*) couverture *f;* **under ~ of darkness** sous le couvert de la nuit **5.** (*shelter*) abri *m;* **to break ~** sortir de l'abri; **to run for ~** se mettre à l'abri **6.** (*insurance*) couverture *f* **II.** *vt* **1.** (*put over*) couvrir; (*surface, wall, sofa*) recouvrir; (*one's costs*) couvrir **2.** (*extend over*) s'étendre sur **3.** (*deal with*) traiter de **4.** (*include*) inclure

◆**cover up I.** *vt* **1.** (*conceal*) dissimuler **2.** (*protect*) recouvrir **II.** *vi* **1.** (*wear sth*) se couvrir **2.** (*protect*) **to ~ for sb** couvrir qn

coverage ['kʌvərɪdʒ] *n a. fig* couverture *f*

coveralls *n Am pl* bleu *m* de travail

covering *n* couverture *f;* **floor ~** revêtement *m* de sol

covert ['kʌvət, *Am:* 'koʊvɜːrt] *adj* caché; (*glance*) dérobé

cover-up *n* couverture *f*

covet ['kʌvɪt] *vt* convoiter

cow [kaʊ] *n* vache *f*

coward ['kaʊəd, *Am:* 'kaʊɚd] *n* lâche *mf*

cowardice ['kaʊədɪs, *Am:* 'kaʊɚ-] *n* lâcheté *f*

cowardly *adj* **1.** (*fearful*) peureux **2.** (*attack*) lâche

cowboy ['kaʊbɔɪ] *n* **1.** (*cattle hand*) cow-boy *m* **2.** *pej, inf* arnaqueur *m*

cower *vi* se cacher

co-worker *n* collègue *mf*

cowshed ['kaʊʃed] *n* étable *f*

cowslip ['kaʊslɪp] *n* primevère *f*

cox ['kɒks, *Am:* 'kɑːks], **coxswain** *n form* barreur *m*

coy [kɔɪ, *Am:* -ɚ] <-er, -est> *adj* **1.** (*secretive*) évasif **2.** (*shy*) faussement timide

cozy ['kəʊzi, *Am:* 'koʊ-] *adj Am s.* **cosy**

crab [kræb] *n* crabe *m*

crab apple *n* pomme *f* aigre

crabby *adj inf* grognon

crack [kræk] **I.** *n* **1.** (*fissure*) fissure *f* **2.** (*sound*) craquement *m;* (*of a rifle, whip*) claquement *m* **3.** *inf* (*cocaine*) crack *m* **4.** *inf* (*joke*) plaisanterie *f* **5.** *inf* (*attempt*) **to have a ~ at sth** tenter qc **II.** *adj* <inv> d'élite **III.** *vt* **1.** (*make a ~ in*) fêler; (*nuts*) casser; **to ~ sth open** ouvrir qc **2.** (*problem*) résoudre; (*code*) déchiffrer **3. to ~ a joke** dire une plaisanterie **IV.** *vi* **1.** (*become ~ed*) se fêler; (*skin, lips*) se gercer; (*paint*) se craqueler **2.** (*break down*) craquer **3.** (*make a sharp noise*) craquer; (*whip*) claquer

◆**crack down** *vi* sévir; **to ~ on sb/sth** sévir contre qn/qc

◆**crack up** *vi inf* craquer

cracked *adj inf* fêlé

cracker *n* **1.** (*dry biscuit*) biscuit *m* sec **2.** (*device*) pétard *m*

crackle ['krækl] **I.** *vi* crépiter **II.** *n* crépitement *m*

cradle ['kreɪdl] I. n berceau m II. vt bercer

craft [krɑːft, Am: kræft] inv I. n **1.** (means of transport) embarcation f **2.** no pl (skill) métier m **3.** (trade) artisanat m; (of glass-blowing, acting) art m II. vt créer

craftiness n finesse f

craftsman n artisan m

crafty ['krɑːfti, Am: 'kræf-] <-ier, -iest> adj rusé

crag [kræg] n rocher m à pic

cram [kræm] <-mm-> I. vt inf fourrer; **to ~ sb's head with sth** bourrer la tête de qn de qc II. vi bûcher

cramp [kræmp] n Brit, Aus crampe f

cramped adj exigu

crampon ['kræmpɒn, Am: -pɑːn] n crampon m

cranberry ['krænbəri, Am: -ˌber-] <-ies> n canneberge f

crane [kreɪn] I. n grue f II. vt **to ~ one's neck** tendre le cou

crank[1] ['kræŋk] I. n dingue mf II. adj inf dingue

crank[2] [kræŋk] n manivelle f

cranky <-ier, -iest> adj Am, Aus, inf grincheux

cranny ['kræni] <-ies> n **nooks and crannies** coins et recoins mpl

crash [kræʃ] I. n **1.** (accident) accident m **2.** (noise) fracas m **3.** ECON krach m **4.** INFOR plantage m II. vi **1.** (have an accident) avoir un accident; (plane) s'écraser; **to ~ into sb/sth** rentrer dans qn/qc **2.** (make loud noise) faire du fracas **3.** ECON s'effondrer **4.** INFOR se planter **5.** inf (go to sleep) **to ~ out** s'écrouler III. vt (damage) **to ~ the car** avoir un accident de voiture

crash barrier n Brit, Aus barrière f de sécurité **crash course** n cours m intensif **crash helmet** n casque m de protection

crass [kræs] adj **1.** (gross) évident **2.** (coarse) grossier

crate [kreɪt] n caisse f

crater ['kreɪtəʳ, Am: -t̬əʳ] n cratère m

cravat [krə'væt] n foulard m

crave [kreɪv] vt avoir des envies de

craving n envie f

crawfish n Am écrevisse f

crawl [krɔːl, Am: krɑːl] I. vi **1.** (move slowly) ramper; (baby) marcher à quatre pattes **2.** inf (be obsequious) fayoter II. n SPORT crawl m

crayon ['kreɪən, Am: -ɑːn] n crayon m

craze [kreɪz] n engouement m

crazed adj halluciné

crazy adj fou; **to be ~ about sb/sth** être dingue de qn/qc

creak [kriːk] I. vi grincer; (bones, floor) craquer II. n grincement m; (of floor, bones) craquement m

creaky <-ier, -iest> adj grinçant

cream [kriːm] I. n crème f II. adj (off-white) crème

cream cheese n crème f de fromage à tartiner

creamy <-ier, -iest> adj (smooth, rich) crémeux

crease [kriːs] I. n (fold) pli m II. vt (wrinkle) froisser III. vi se froisser

create [kriː'eɪt] vt créer; (tension) provoquer; (impression) faire

creation n création f

creative [kriː'eɪtɪv, Am: -t̬ɪv] adj créatif; (artist) créateur

creator n créateur, -trice m, f

creature ['kriːtʃəʳ, Am: -tʃəʳ] n créature f

creche [kreɪʃ] n Brit, Aus crèche f

credentials [krɪ'denʃlz] npl références fpl

credibility [ˌkredɪ'brɪləti, Am: -ə'brɪlət̬i] n no pl crédibilité f

credible ['kredəbl] adj crédible

credit ['kredɪt] I. n **1.** (praise) mérite m; **to sb's ~** à l'honneur de qn **2.** FIN crédit m; **to be in ~** avoir un compte créditeur; **on ~** à crédit **3.** pl (list of participants) générique m **4.** UNIV unité f de valeur II. vt **1.** (money) virer; **to ~ sb/an account with a sum** créditer qn/un compte d'une somme **2.** (believe) croire

creditable adj estimable **credit card** n carte f de crédit **credit note** n Aus, Brit avoir m

creditor *n* créancier *m*

credit rating *n* degré *m* de solvabilité

creditworthy *adj* solvable

credulous ['kredjʊləs, *Am:* 'kredʒə-] *adj* crédule

creek [kriːk] *n* 1. *Brit* (*narrow bay*) crique *f* 2. *Am, Aus* (*stream*) ruisseau *m*

creep [kriːp] I. *n* (*unpleasant person*) saligaud; **to give sb the ~s** donner la chair de poule à qn II. <crept, crept> *vi* ramper

creeper [-pɚ] *n* plante *f* grimpante

creepy *adj inf* qui donne la chair de poule

cremate [krɪ'meɪt, *Am:* kriː'meɪt] *vt* incinérer

cremation *n* incinération *f*

crematorium [ˌkremə'tɔːriəm, *Am:* ˌkriːmə'tɔːri-] <-s o -ria> *n* crématorium *m*

Creole ['kriːəʊl, *Am:* 'kriːoʊl] I. *n* 1. (*person*) Créole *mf* 2. LING créole *m; s. a.* **English** II. *adj* créole

crêpe [kreɪp] *n* 1. GASTR crêpe *f* 2. (*fabric*) crêpe *m*

crept [krept] *pp, pt of* **creep**

crescendo [krɪ'ʃendəʊ, *Am:* -doʊ] *n* crescendo *m*

crescent ['kresnt] *n* croissant *m*

cress [kres] *n no pl* cresson *m*

crest [krest] *n* 1. ZOOL crête *f* 2. (*top*) *a. fig* crête *f* 3. (*insignia*) armoiries *fpl*

Creutzfeldt-Jacob disease *n* maladie *f* de Creutzfeldt-Jacob

crevasse ['krɪvæs, *Am:* krə'væs] *n* crevasse *f*

crevice ['krevɪs] *n* fissure *f*

crew [kruː] *n* + *pl/sing vb* 1. (*working team*) NAUT, AVIAT équipage *m;* RAIL équipe *f* 2. *pej, inf* (*gang*) bande *f*

crew cut *n* coupe *f* en brosse **crewmember** *n* membre *mf* d'équipage

crib [krɪb] I. *n* 1. (*baby's bed*) lit *m* d'enfant 2. REL crèche *f* II. <-bb-> *vt pej, inf* plagier III. <-bb-> *vi pej, inf* **to ~ from sb** copier sur qn

cricket¹ ['krɪkɪt] *n no pl, n* SPORT cricket *m*

cricket² ['krɪkɪt] *n* (*insect*) criquet *m*

crime [kraɪm] *n* crime *m*

criminal ['krɪmɪnl] I. *n* criminel(le) *m(f)* II. *adj* criminel

crimp [krɪmp] *vt* crêper

crimson ['krɪmzn] I. *n no pl* cramoisi *m* II. *adj* cramoisi

cringe [krɪndʒ] *vi* 1. (*physically*) avoir un mouvement de recul 2. *inf* (*with embarrassment*) avoir envie de rentrer sous terre

crinkle ['krɪŋkl] I. *vt* froisser II. *vi* (*skin*) se rider; (*paper*) se froisser

cripple ['krɪpl] I. *n* infirme *mf* II. *vt* 1. (*leave physically disabled*) estropier 2. (*paralyze*) paralyser

crippling *adj a. fig* paralysant

crisis ['kraɪsɪs] <-ses> *n* crise *f*

crisp [krɪsp] I. *adj* 1. (*hard and brittle*) croustillant 2. (*firm and fresh*) croquant 3. (*air*) vif II. *n pl, Brit* chips *fpl*

crispy <-ier, -iest> *adj* croustillant

criss-cross ['krɪskrɒs, *Am:* -krɑːs] I. *vt* entrecroiser II. *vi* s'entrecroiser III. *adj* entrecroisé

criterion [kraɪ'tɪəriən, *Am:* -'tɪri-] <-ria> *n* critère *m*

critic ['krɪtɪk, *Am:* 'krɪt̬-] *n* 1. (*reviewer*) critique *m* 2. (*censurer*) détracteur *m*

critical *adj* critique

criticism ['krɪtɪsɪzəm, *Am:* 'krɪt̬-] *n* critique *f*

criticize ['krɪtɪsaɪz, *Am:* 'krɪt̬-] *vt, vi* critiquer

croak [krəʊk, *Am:* kroʊk] I. *vi* 1. (*crow, person*) croasser; (*frog*) coasser 2. *inf* (*die*) crever II. *n* (*crow, person*) croassement *m;* (*frog*) coassement *m*

crochet ['krəʊʃeɪ, *Am:* kroʊ'ʃeɪ] I. *n no pl* 1. (*act*) crochet *m* 2. (*work*) ouvrage *m* au crochet II. *vt* faire au crochet

crockery ['krɒkəri, *Am:* 'krɑːkɚ-] *n no pl* vaisselle *f*

crocodile ['krɒkədaɪl, *Am:* 'krɑːkə-] <-(s)> *n* crocodile *m*

crocus ['krəʊkəs, *Am:* 'kroʊ-] *n* crocus *m*

croissant [ˈkrwɑːsɒŋ, *Am:* kwɑːˈs_a-ˌ] *n* croissant *m*

crony [ˈkrəʊni, *Am:* ˈkroʊ-] *n pej, inf* pote *m*

crook [krʊk] I. *n* 1. *inf* (*rogue*) escroc *m* 2. (*curve*) courbe *f* II. *adj Aus, inf* 1. (*ill*) mal fichu 2. (*furious*) furieux 3. (*unsatisfactory*) mauvais III. *vt* plier

crooked *adj* 1. *inf* (*dishonest*) malhonnête 2. (*not straight*) courbé; (*nose*) crochu

crooner [ˈkruːnəʳ, *Am:* -ɚ] *n* chanteur *m* de charme

crop [krɒp, *Am:* krɑːp] *n* 1. (*plant*) culture *f*; (*cereal*) moisson *f*; (*harvest*) récolte *f* 2. (*group*) foule *f*
◆ **crop up** *vi inf* survenir

croquet [ˈkrəʊkeɪ, *Am:* kroʊˈkeɪ] *n no pl* croquet *m*

cross [krɒs, *Am:* krɑːs] I. *n* 1. (*gen*) croix *f* 2. (*mixture*) croisement *m* II. *adj* maussade; **to get ~ with sb** se fâcher contre qn III. *vt* 1. (*go across*) traverser; **to ~ sb's mind** venir à l'esprit de qn 2. (*one's arms, legs*) croiser 3. (*oppose*) contrecarrer 4. *Aus, Brit* (*cheque*) barrer IV. *vi* 1. (*intersect*) se croiser 2. (*go across*) passer
◆ **cross off** *vt*, **cross out** *vt* rayer
cross-check *vt* vérifier par recoupement **cross-country** I. *adj* (*race*) de cross; (*skier*) de fond II. *n* 1. (*running*) cross *m* 2. (*ski*) ski *m* de fond **cross-eyed** *adj* qui louche

crossing *n* 1. (*place to cross*) passage *m*; **pedestrian ~** passage clouté 2. (*journey across area*) traversée *f* **cross purposes** *npl* **to be (talking) at ~** mal se comprendre **cross reference** *n* renvoi *m* **crossroads** *n* carrefour *m* **cross-section** *n* 1. (*transverse cut*) coupe *f* transversale 2. (*representative mixture*) échantillon *m* **crossword (puzzle)** *n* mots *mpl* croisés

crotch [krɒtʃ, *Am:* krɑːtʃ] *n* entrejambe *m*

crotchet [ˈkrɒtʃɪt, *Am:* ˈkrɑːtʃət] *n* noire *f*

crotchety [ˈkrɒtʃɪti, *Am:* ˈkrɑːtʃəti]

adj inf (*child*) grognon

crouch [kraʊtʃ] *vi* s'accroupir

crow [krəʊ, *Am:* kroʊ] *n* corneille *f*

crowd [kraʊd] I. *n* + *pl, sing vb* foule *f* II. *vt* 1. (*fill*) remplir 2. *inf* (*pressure*) pousser

crowded *adj* bondé

crown [kraʊn] I. *n* 1. (*round ornament*) couronne *f* 2. (*top part*) sommet *m* II. *vt* couronner

crown court *n Brit* ≈ cour *f* d'assises

crow's feet *npl* pattes *fpl* d'oie

crucial [ˈkruːʃl] *adj* crucial

crucifix [ˌkruːsɪˈfɪks] *n* crucifix *m*

crucifixion *n* crucifixion *f*

crucify [ˈkruːsɪfaɪ] *vt* crucifier

crude [kruːd] I. *adj* 1. (*rudimentary*) rudimentaire; (*unsophisticated*) grossier 2. (*vulgar*) vulgaire II. *n* pétrole *m* brut

cruel [krʊəl] *adj* cruel

cruelty *n* cruauté *f*

cruise [kruːz] I. *n* croisière *f* II. *vi* (*ship*) croiser; (*plane*) planer; (*car*) rouler

cruiser *n* 1. (*warship*) croiseur *m* 2. (*boat*) yacht *m* de croisière

cruise ship *n* bateau *m* de croisière

crumb [krʌm] *n* miette *f*

crumble [ˈkrʌmbl] I. *vt* 1. (*break into crumbs*) émietter 2. (*break into bits*) effriter II. *vi* 1. (*break into crumbs*) s'émietter 2. *fig* s'effriter

crumbly <-ier, -iest> *adj* friable

crumpet [ˈkrʌmpɪt] *n Brit* crumpet *m* (*petit pain rond spongieux à toaster*)

crumple [ˈkrʌmpl] I. *vt* froisser II. *vi* 1. (*be dented*) se plier 2. (*wrinkle*) se friper; (*face*) se décomposer

crunch [krʌntʃ] I. *vt* croquer II. *vi* (*gravel, snow*) craquer III. *n* 1. (*crushing sound*) craquement *m* 2. **when it comes to the ~** *inf* au moment critique

crunchy *adj* (*food*) croustillant

crusade [kruːˈseɪd] I. *n* croisade *f* II. *vi* **to ~ for/against sth** partir en croisade pour/contre qc

crush [krʌʃ] I. *vt* 1. (*compress*) *a. fig* écraser; (*hopes*) détruire 2. (*cram*) entasser 3. (*grind*) broyer 4. (*papers,* *dress*) froisser **II.** *n* **1.** *no pl* (*crowd of people*) cohue *f* **2.** *inf* (*infatuation*) béguin *m*

crust [krʌst] *n* a. GEO croûte *f*

crustacean [krʌˈsteɪʃən] *n* crustacé *m*

crusty [ˈkrʌsti] <-ier, -iest> *adj* **1.** (*bread*) croustillant **2.** (*surly*) hargneux

crutch [krʌtʃ] *n* **1.** MED béquille *f* **2.** (*support*) soutien *m*

crux [krʌks] *n no pl* cœur *m*

cry [kraɪ] **I.** *n* **1.** *no pl* (*tears*) to have a ~ pleurer un coup **2.** (*shout, call*) cri *m* **3.** (*appeal*) appel *m;* a ~ for help un appel au secours **II.** *vi* pleurer; **to ~ for joy** pleurer de joie **III.** *vt* **1.** (*shed tears*) pleurer **2.** (*exclaim*) crier

◆**cry off** *vi inf* se décommander

◆**cry out I.** *vi* **1.** (*let out a shout*) pousser des cris **2.** (*say crying*) s'écrier; **to ~ for sth** réclamer qc à grands cris **II.** *vt* crier

crybaby *n inf* pleurnichard(e) *m(f)*

crying I. *n no pl* **1.** (*weeping*) pleurs *mpl* **2.** (*yelling*) cris *mpl* **II.** *adj* (*need*) urgent

crypt [krɪpt] *n* crypte *f*

cryptic [ˈkrɪptɪk] *adj* mystérieux

crystal [ˈkrɪstl] **I.** *n* cristal *m* **II.** *adj* (*crystalline*) a. *fig* cristallin

crystallize [ˈkrɪstəlaɪz] **I.** *vi* se cristalliser **II.** *vt* cristalliser

cub [kʌb] *n* ZOOL petit *m*

cubbyhole *n* cagibi *m*

cube [kjuːb] *n* cube *m;* **ice ~** glaçon *m;* **~ root** racine *f* cubique

cubic [ˈkjuːbɪk] *adj* cubique

cubicle [ˈkjuːbɪkl] *n* **1.** (*changing room*) cabine *f* **2.** (*sleeping compartment*) box *m*

cuckoo [ˈkʊkuː, *Am:* ˈkuːkuː] *n* ZOOL coucou *m*

cucumber [ˈkjuːkʌmbəʳ, *Am:* -bɚ] *n* concombre *m*

cuddle [ˈkʌdl] **I.** *vt* câliner **II.** *vi* se câliner **III.** *n* câlin *m;* **to give sb a ~** câliner qn

cuddly *adj* mignon

cue [kjuː] *n* **1.** THEAT réplique *f* **2.** SPORT queue *f*

cuff [kʌf] **I.** *n* **1.** (*end of sleeve*) manchette *f* **2.** *Am, Aus* (*on trousers*) revers *m* **3.** *pl, inf* (*handcuffs*) menottes *fpl* **4. off the ~** à l'improviste **II.** *vt* gifler

cufflink *n* bouton *m* de manchette

cuisine [kwɪˈziːn] *n no pl* cuisine *f*

cul-de-sac [ˈkʌldəsæk] *n* a. *fig* impasse *f*

culinary [ˈkʌlɪneri, *Am:* -əner-] *adj* culinaire

cull [kʌl] **I.** *vt* **1.** (*kill*) abattre **2.** (*choose*) to ~ sth from sth choisir qc parmi qc **II.** *n* ZOOL abattage *m*

culminate [ˈkʌlmɪneɪt] *vi* to ~ in sth se terminer par qc

culmination *n no pl* point *m* culminant

culprit [ˈkʌlprɪt] *n* coupable *mf*

cult [kʌlt] *n* culte *m*

cultivate [ˈkʌltɪveɪt, *Am:* -tə-] *vt* a. *fig* cultiver

cultivated *adj* a. *fig* cultivé

cultivation *n no pl* AGR culture *f*

cultural *adj* culturel

culture [ˈkʌltʃəʳ, *Am:* -tʃɚ] *n* a. BIO culture *f*

cultured *adj* cultivé

cum *prep* **a study-~-bedroom** une chambre-bureau

cumbersome [ˈkʌmbəsəm, *Am:* -bɚ-] *adj* (*unwieldly*) encombrant

cumin [ˈkʌmɪn] *n no pl* BOT cumin *m*

cumulative [ˈkjuːmjʊlətɪv, *Am:* -mjələt̬ɪv] *adj* **1.** (*increasing*) cumulatif **2.** (*increased*) cumulé

cunning [ˈkʌnɪŋ] **I.** *adj* **1.** (*person*) rusé; (*plan*) astucieux **2.** *Am* (*baby, little child*) mignon **II.** *n no pl* ingéniosité *f*

cup [kʌp] *n* **1.** (*drinking container*) tasse *f* **2.** SPORT coupe *f*

cupboard [ˈkʌbəd, *Am:* -ɚd] *n* placard *m*

cupful <-s *o* cupsful> *n* tasse *f*

curable *adj* guérissable

curator *n* conservateur *m*

curb [kɜːb, *Am:* kɜːrb] **I.** *vt* **1.** (*emotion*) refréner; (*inflation*) limiter **2.** (*hinder*) freiner **II.** *n* **1.** (*control*) frein *m;* **to put a ~ on sth** mettre un frein à qc **2.** *Am* s. **kerb**

curd [kɜːd, *Am:* kɜːrd] *n no pl* GASTR lait *m* caillé; **lemon ~** ≈ crème *f* de citron

curdle [kɜːdl, *Am:* kɜːr-] I. *vi* (se) cailler II. *vt* GASTR cailler

cure ['kjʊə', *Am:* 'kjʊr] I. *vt* 1. MED *a. fig* guérir 2. GASTR (*smoke*) fumer; (*salt*) saler; (*dry*) sécher II. *n a. fig* remède *m*

cure-all *n* panacée *f*

curfew *n* LAW couvre-feu *m*

curiosity [ˌkjʊərɪˈɒsəti, *Am:* ˌkjʊ-rɪˈɑːsəti] *n* curiosité *f*

curious ['kjʊərɪəs] *adj* curieux

curl [kɜːl, *Am:* kɜːrl] I. *n* 1. (*loop of hair*) boucle *f*; (*tight*) frisette *f* 2. (*of smoke*) volute *f* II. *vi* 1. (*wave*) boucler; (*in tight curls*) friser 2. (*wind itself*) **to ~ round sth** s'enrouler autour de qc III. *vt* 1. (*make curly*) **to ~ one's hair** boucler ses cheveux; (*tightly*) friser ses cheveux 2. (*wrap*) enrouler

curler *n* bigoudi *m*

curly ['kɜːli, *Am:* 'kɜːr-] <-ier, -iest> *adj* bouclé; (*tightly*) frisé

currant ['kʌrənt, *Am:* 'kɜːr-] *n* raisin *m* de Corinthe

currency ['kʌrənsi, *Am:* 'kɜːr-] *n* 1. (*money*) devise *f* 2. *no pl* (*acceptance*) **to gain ~** se répandre

current ['kʌrənt, *Am:* 'kɜːr-] I. *adj* 1. (*present*) actuel; (*year*) en cours 2. (*common*) courant 3. (*fashion*) dernier II. *n a. fig* courant *m*

current account *n Brit* compte *m* courant **current affairs**, **current events** *n* POL actualité *f*

currently *adv* actuellement

curriculum vitae [kəˌrɪkjələm-ˈviːtaɪ] <-s *o* curricula vitae> *n* ECON curriculum vitae *m*

curry[1] ['kʌri, *Am:* 'kɜːr-] *n* curry *m*

curry[2] ['kʌri, *Am:* 'kɜːr-] *vt* **to ~ favour with sb** *pej* s'insinuer auprès de qn

curse [kɜːs, *Am:* kɜːrs] I. *vi* jurer II. *vt* maudire III. *n* 1. (*oath*) juron *m* 2. (*magic spell*) sort *m* 3. (*cause of evil*) fléau *m*

cursed *adj* maudit

cursor *n* INFOR curseur *m*

cursory ['kɜːsəri, *Am:* 'kɜːr-] *adj* superficiel

curt [kɜːt, *Am:* kɜːrt] <-er, -est> *adj pej* sec

curtail [kɜːˈteɪl, *Am:* kə-] *vt* 1. (*limit*) diminuer 2. (*shorten*) raccourcir

curtain ['kɜːtn, *Am:* 'kɜːrtn] *n* rideau *m*

curts(e)y ['kəːtsi, *Am:* 'kɜːrt-] I. *vi* **to ~ to sb** faire une révérence à qn II. *n* révérence *f*

curve [kɜːv, *Am:* kɜːrv] I. *n* courbe *f*; (*on road*) virage *m* II. *vi* se courber

cushion ['kʊʃən] I. *n* coussin *m* II. *vt a. fig* amortir; **to ~ sb/sth from sth** protéger qn/qc de qc

cushy ['kʊʃi] *adj pej, inf* (*very easy*) pépère; **a ~ job** une planque

custard ['kʌstəd, *Am:* -təd] *n no pl* crème *f* anglaise

custodian [kʌˈstəʊdɪən, *Am:* kʌsˈtoʊ-] *n a. fig* gardien(ne) *m(f)*

custody ['kʌstədi] *n no pl* 1. (*guardianship*) garde *f* 2. (*detention*) garde *f* à vue

custom ['kʌstəm] *n* 1. (*tradition*) coutume *f* 2. (*clientele*) clientèle *f*

customary ['kʌstəməri, *Am:* -mer-] *adj* 1. (*traditional*) coutumier; **as is ~** comme de coutume 2. (*usual*) habituel

custom-built *adj* fait sur commande

customer *n* ECON 1. (*buyer*) client(e) *m(f)* 2. *pej, inf* (*person*) type *m*

customize ['kʌstəmaɪz] *vt* personnaliser

custom-made *adj* fait sur commande

customs *n pl* ECON, FIN douane *f* **customs officer**, **customs official** *n* douanier *m*

cut [kʌt] I. *n* 1. (*cutting, wound*) coupure *f*; (*on object, wood*) entaille *f* 2. (*slice*) tranche *f*; (*of meat*) morceau *m* 3. (*of clothes, hair*) coupe *f* 4. (*share*) part *f* 5. (*decrease*) réduction *f*; (*in interest, production*) baisse *f*; (*in staff, spending*) compression *f* II. *adj* 1. (*sliced, incised*) coupé 2. (*shaped*) taillé 3. (*reduced*) réduit III. <cut, cut, -tt-> *vt* 1. (*make an opening, slice, remove*) couper; **to ~ sth out of sth** découper qc dans qc **2.**(*shape*) tailler; (*nails*) couper; (*grass*) tondre **3.**FIN, ECON réduire; (*costs, prices*) diminuer **IV.**<cut, cut, -tt-> *vi* **1.**(*make an incision*) couper; (*slice*) trancher **2.**(*move*) **to ~ across sth** couper à travers qc

◆ **cut back on** *vt* réduire

◆ **cut down** *vt* **1.**(*a tree*) abattre **2.**(*wastage*) réduire

◆ **cut in** *vi* **1.**(*interrupt*) intervenir; **to ~ on sb** couper la parole à qn **2.**AUTO se rabattre; **to ~ in front of sb** faire une queue de poisson à qn

◆ **cut off** *vt* **1.**(*slice away*) couper **2.**TEL, ELEC couper

◆ **cut out** *vt* **1.**(*shape*) découper **2.**(*remove*) enlever

◆ **cut up** *vt* (*slice*) couper; (*herbs*) hacher

cut-and-dried *adj* **1.**(*decided*) déjà décidé **2.**(*easy*) très clair **cut and paste I.** *n* couper-coller *m* **II.** *vt* couper-coller

cutaway *adj* écorché

cutback *n* réduction *f*

cute [kjuːt] <-r, -st> *adj* mignon

cuticle ['kjuːtɪkl, *Am:* -t̬ə-] *n* cuticule *f*

cutlery ['kʌtləri] *n no pl* couverts *mpl*

cutlet ['kʌtlɪt] *n* côtelette *f*

cut-off I. *n* embargo *m* **II.** *adj* **1.**(*with a limit*) limite; **a ~ point** une limite **2.**(*isolated*) isolé **cutout I.** *n* **1.**(*shape*) découpage *m* **2.**(*safety device*) disjoncteur *m* **II.** *adj* découpé **cut-price, cut-rate** *adj* à prix réduit **cut-sheet feed** *n* INFOR chargeur *m*

cutter ['kʌtər, *Am:* 'kʌt̬ər] *n* (*tool*) couteau *m*; (*for paper*) cutter *m*

cutting I. *n* **1.**(*article*) coupure *f* **2.**BOT bouture *f* **II.** *adj* **1.**(*that cuts*) tranchant **2.**(*remark*) blessant

cutting edge *n* tranchant *m*

cuttlefish ['kʌtlfɪʃ, *Am:* 'kʌt̬-] <-(es)> *n* ZOOL seiche *f*

CV *n abbr of* **curriculum vitae** CV *m*

cyanide ['saɪənaɪd] *n no pl* CHEM cyanure *m*

cybercafé ['saɪbə,kæfeɪ] *n* INFOR cybercafé *m*

cybernaut *n* INFOR cybernaute *mf*, internaute *mf* **cybernetics** *n no pl* INFOR, MED cybernétique *f* **cyberspace** *n* INFOR cyberespace *m*

cyclamen ['sɪkləmən, *Am:* 'saɪklə-] *n* BOT cyclamen *m*

cycle¹ ['saɪkl] SPORT **I.** *n abbr of* **bicycle** vélo *m* **II.** *vi abbr of* **bicycle** faire du vélo

cycle² ['saɪkl] *n* cycle *m*

cycle way *n* piste *f* cyclable

cyclic(al) *adj* cyclique

cycling *n no pl* cyclisme *m*; **~ shorts** short *m* de cycliste

cyclist *n* cycliste *mf*

cyclone ['saɪkləʊn, *Am:* -kloʊn] *n* METEO cyclone *m*

cylinder ['sɪlɪndər, *Am:* -də] *n* **1.**MAT cylindre *m* **2.**TECH joint *m* de culasse

cylinder block *n* TECH bloc-cylindres *m*

cylindrical [sɪ'lɪndrɪkl] *adj* cylindrique

cymbal ['sɪmbl] *n* MUS cymbale *f*

cynic ['sɪnɪk] *n pej* cynique *mf*

cynical *adj pej* cynique

cynicism ['sɪnɪsɪzəm] *n no pl* cynisme *m*

cypress ['saɪprəs] *n* BOT cyprès *m*

cyst [sɪst] *n* MED kyste *m*

cystic fibrosis *n* mucoviscidose *f*

cystitis [sɪs'taɪtɪs, *Am:* -t̬ɪs] *n no pl* MED cystite *f*

czar [zɑːr, *Am:* zɑːr] *n Am s.* **tsar**

czarina ['zɑːriːnə] *n Am s.* **tsarina**

Czech [tʃek] **I.** *adj* tchèque **II.** *n* **1.**(*person*) Tchèque *mf* **2.**LING tchèque *m*; *s. a.* **English**

Czechoslovak [,tʃekəʊ'sləʊvæk, *Am:* -oʊ'sloʊvɑːk] **I.** *n* Tchécoslovaque *mf* **II.** *adj* tchécoslovaque

Czechoslovakia *n* Tchécoslovaquie *f*

Czech Republic *n* la République tchèque

Dd

D, **d** [di:] <-'s> *n* 1. D, d *m*; **D day** jour *m* J 2. MUS ré *m*

dab¹ [dæb] I. <-bb-> *vt* tamponner; (*cream*) appliquer II. *n* **a ~ of sth** un petit peu de qc; (*of paint*) une touche de qc

dab² [dæb] *n* (*fish*) limande *f*

dabble ['dæbl] <-ling> *vi* **to ~ in** [*o* **with**] **sth** tâter de qc

dad ['dæd] *n inf* papa *m*

daddy ['dædi] *n inf* papa *m*

daemon ['di:mən] *n s.* **demon**

daffodil ['dæfədɪl] *n* BOT jonquille *f*

daft [dɑːft, *Am:* dæft] *adj* Brit, *inf* bête

dagger ['dægə', *Am:* -ɚ] *n* 1. dague *f* 2. **to be at ~s drawn with sb** être à couteaux tirés avec qn

dahlia ['deɪliə, *Am:* 'dæljə] *n* BOT dahlia *m*

daily I. *adj* quotidien; (*rate, wage, allowance*) journalier; **on a ~ basis** tous les jours II. *adv* quotidiennement III. <-ies> *n* quotidien *m*

dainty ['deɪnti, *Am:* -t̬i] <-ier, -iest> *adj* délicat

dairy ['deəri, *Am:* 'deri] I. *n* 1. (*building for milk production*) crémerie *f* 2. (*shop*) laiterie *f* II. *adj* laitier

dairyman *n* laitier *m*

dairy produce *n* produits *mpl* laitiers

dais ['deɪɪs] *n* estrade *f*

daisy ['deɪzi] <-sies> *n* BOT marguerite *f*; (*smaller*) pâquerette *f*

dam [dæm] I. *n* barrage *m* II. <-mm-> *vt* (*river*) endiguer; (*emotions*) contenir

damage ['dæmɪdʒ] I. *vt* 1. (*harm*) endommager 2. *fig* nuire à II. *n no pl* 1. (*physical harm*) dégâts *mpl* 2. (*harm*) tort *m*; **to do ~ to sb/sth** causer du tort à qn/qc; **the ~ is done** le mal est fait 3. *pl* LAW dommages *mpl* et intérêts

damn [dæm] I. *interj inf* zut!; ~

you! tu m'emmerdes!; **~ it!** merde! II. *adj* fichu; **~ all** Brit que dalle III. *vt* 1. (*lay the guilt for*) condamner 2. (*curse*) maudire 3. REL damner IV. *adv inf* sacrément V. *n no pl, inf* **to not give a ~ about sb/sth** ne rien avoir à foutre de qn/qc

damnation *n no pl* damnation *f*

damned I. *adj* 1. *inf* (*cursed*) foutu 2. REL damné II. *npl* **the ~** les damnés *mpl* III. *adv inf* sacrément

damning *adj* accablant

damp [dæmp] METEO I. *adj* humide II. *n no pl* humidité *f* III. *vt* humecter

dampen ['dæmpən] *vt* 1. (*make wet*) humecter 2. (*enthusiasm*) étouffer

dance [dɑːnts, *Am:* dænts] DANCE I. <-cing> *vi, vt* danser II. *n* 1. (*art form*) danse *f*; **to have a ~ with sb** danser avec qn 2. (*social function*) soirée *f* dansante

dancer *n* danseur, -euse *m, f*

dancing *n no pl* danse *f* **dancing partner** *n* cavalier *m*

dandelion ['dændɪlaɪən, *Am:* -də-] *n* BOT pissenlit *m*

dandruff ['dændrʌf, *Am:* -drəf] *n no pl* MED pellicule *f*

dandy ['dændi] <-ies> *n pej* dandy *m*

Dane [deɪn] *n* Danois(e) *m(f)*

danger ['deɪndʒə', *Am:* -dʒɚ] *n* 1. (*dangerous situation*) danger *m*; **to be out of ~** être hors de danger 2. *no pl* (*chance*) risque *m*

danger area *n* zone *f* de danger

dangerous ['deɪndʒərəs] *adj* dangereux

dangle ['dæŋgl] I. <-ling> *vi* pendre II. <-ling> *vt* laisser pendre

Danish ['deɪnɪʃ] I. *adj* danois II. *n* danois *m*; *s. a.* **English**

dank [dæŋk] *adj* froid et humide

Danube ['dænjuːb] *n* GEO Danube *m*

dapper ['dæpə', *Am:* -ɚ] *adj* alerte

dapple ['dæpl] *vt* tacheter

dare [deə', *Am:* der] I. <daring> *vt* 1. (*risk doing*) oser; (*danger, death*) braver 2. (*challenge*) défier 3. **don't**

you ~! tu n'as pas intérêt à faire ça!; **how ~ you do this** comment osez-vous faire cela **II.**<daring> *vi* oser **III.** *n* (*challenge*) défi *m*

daredevil *n inf* casse-cou *m*

daring I. *adj* audacieux **II.** *n no pl* audace *f*

dark [dɑːk, *Am:* dɑːrk] **I.** *adj* **1.** (*opp. light*) *a. fig* sombre; **to have a ~ side** avoir une face cachée **2.** (*not light-coloured*) foncé; (*dark-haired*) brun; (*dark-skinned*) basané **II.** *n no pl* **the ~** le noir *f*; **to be afraid of the ~** avoir peur du noir; **to do sth before/after ~** faire qc avant que la nuit tombe *subj*; **to be (completely) in the ~** ignorer tout de qc

darken ['dɑːkən, *Am:* 'dɑːr-] **I.** *vi a. fig* s'assombrir **II.** *vt a. fig* assombrir

darkness *n no pl* pénombre *f*

dark-room *n* PHOT chambre *f* noire

darling ['dɑːlɪŋ, *Am:* 'dɑːr-] **I.** *n* **1.** (*beloved*) amour *mf* **2.** (*form of address*) chéri(e) *m(f)* **II.** *adj* adorable

darn¹ [dɑːn, *Am:* dɑːrn] **I.** *vt* repriser **II.** *n* reprise *f*

darn² [dɑːn, *Am:* dɑːrn] *interj inf* **~ it!** merde!

dart [dɑːt, *Am:* dɑːrt] **I.** *n* **1.** (*type of weapon*) flèche *f* **2.** *pl* (*pub game*) fléchettes *fpl* **II.** *vi* se précipiter

dartboard *n* cible *f* (de jeu de fléchettes)

dash [dæʃ] **I.**<-es> *n* **1.** (*rush*) précipitation *f*; **a mad ~** une course folle; **to make a ~ for sth** se précipiter vers qc **2.** (*wine*) goutte *f*; (*colour*) pointe *f*; (*salt, pepper*) pincée *f* **3.** (*punctuation*) tiret *m* **II.** *vi* se précipiter; **to ~ around** courir; **to ~ out of sth** sortir en courant de qc **III.** *vt* **1.** (*throw with force*) projeter **2.** (*destroy, discourage*) anéantir

dashboard *n* tableau *m* de bord

dashing *adj* fringant

DAT [dæt] *n abbr of* **digital audio tape** cassette *f* numérique

data ['deɪtə, *Am:* 'deɪt̬ə] *npl* donnée *f*

data bank *n* INFOR banque *f* de données **database** *n* INFOR base *f* de données **database administrator** *n* INFOR administrateur *m* de base de données **data processing** *n no pl* traitement *m* de données

date¹ [deɪt] **I.** *n* **1.** (*calendar day*) date *f*; **to ~** jusqu'à présent; **to be up to/out of ~** être actuel/dépassé **2.** (*appointment*) rendez-vous *m* **3.** *Am* (*person*) petit ami *m*, petite amie *f* **II.** *vt* **1.** (*give a date*) dater **2.** (*have a relationship*) sortir avec **III.** *vi* dater

date² [deɪt] *n* datte *f*

dated *adj* dépassé

dative ['deɪtɪv, *Am:* -t̬ɪv] *n no pl* datif *m*

daub [dɔːb, *Am:* dɑːb] *vt* **to ~ sth with sth** barbouiller qc de qc

daughter ['dɔːtər, *Am:* 'dɑːt̬ər] *n* fille *f*

daughter-in-law <daughters-in-law> *n* belle-fille *f*

daunting *adj* intimidant

dawdle ['dɔːdl, *Am:* 'dɑː-] *vi* traîner

dawn [dɔːn, *Am:* dɑːn] *n a. fig* aube *f*; **at ~** à l'aube; **from ~ to dusk** du matin au soir

day [deɪ] *n* (*24 hours*) jour *m*; (*duration*) journée *f*; **~ by ~** jour après jour; **have a nice ~!** bonne journée!, bonjour! *Québec;* **that ~** ce jour-là; **(on) the following ~** le lendemain; **some ~** un jour ou l'autre; **every other ~** tous les deux jours; **during the ~** pendant la journée; **8-hour ~** journée de 8 heures; **~ off** jour de congé [*o* repos]

daybreak *n* aube *f*

daycare *n* (*for children*) garderie *f*; (*for the elderly, handicapped*) centre *m* d'accueil de jour

day center *n* centre *m* d'accueil de jour

daydream I. *vi* rêvasser **II.** *n* rêverie *f*

daylight *n no pl* (lumière *f* du) jour *m;* **in broad ~** au grand jour

day nursery <-ries> *n* garderie *f* **day return** *n Brit:* billet aller-retour valable une journée **day shift** *n* **1.** (*period of time*) poste *m* de jour

2. (*workers*) équipe *f* de jour **daytime** I. *n* journée *f* II. *adj* (*cream, flight*) de jour **day-to-day** *adj* quotidien **day trip** *n* excursion *f*

daze [deɪz] I. *n no pl* **to be in a ~** être abasourdi II. *vt* abasourdir

dazed *adj* abasourdi

dazzle ['dæzl] *vt* éblouir

dazzling *adj* éblouissant

DC *n* **1.** *abbr of* **direct current** courant *m* continu **2.** *abbr of* **District of Columbia** DC *m*

deacon ['diːkən] *n* diacre *m*

deaconess *n* diaconesse *f*

dead [ded] I. *adj* **1.** (*no longer alive*) *a. fig* mort; **to be shot ~** être abattu **2.** (*broken*) mort; (*battery*) à plat; **to go ~** ne plus fonctionner **3.** (*numb*) engourdi **4. over my ~ body** il faudra me passer sur le corps II. *n pl* **the ~** les morts *mpl*; **to come back from the ~** revenir à la vie III. *adv inf* complètement; **~ certain** sûr et certain; **~ good** super bon; **~ straight** tout droit

deaden ['dedən] *vt* **1.** (*numb*) diminuer **2.** (*diminish*) amortir

dead end *n* impasse *f* **dead heat** *n* **to be/to end in a ~** être/arriver exæquo

deadline *n* date *f* limite

deadlock *n no pl* impasse *f*

deadly I. <-ier, -iest> *adj* mortel; (*look*) tueur II. <-ier, -iest> *adv* terriblement

deadpan *adj* pince-sans-rire

deaf [def] I. *adj* **1.** (*unable to hear anything*) sourd **2.** (*hard of hearing*) malentendant **3. to turn a ~ ear** faire la sourde oreille; **to fall on ~ ears** tomber dans l'oreille d'un sourd; **to be** (as) **~ as a post** être sourd comme un pot; **to be ~ to sth** rester sourd à qc II. *npl* **the ~** les malentendants *mpl*

deafen ['defən] *vt* assourdir

deaf-mute *n* sourd-muet *m*, sourde-muette *f*

deafness *n no pl* surdité *f*

deal¹ [diːl] *n no pl* **a** (**great**) **~ of sth** beaucoup de qc

deal² [diːl] <dealt, dealt> I. *n*

---

1. (*agreement*) marché *m* **2.** (*bargain*) affaire *f* **3. what's the big ~?** *Am, inf* où est le problème?; **to get a raw ~** se faire avoir II. *vi* **1.** (*make business*) faire des affaires **2.** (*sell drugs*) dealer III. *vt* **1.** (*cards*) distribuer **2.** (*give*) donner; **to ~ sb a blow** porter un coup à qn **3.** (*drugs*) revendre

dealership ['diːləʃɪp, *Am:* -lɚ-] *n* concession *f*

♦ **deal out** *vt* distribuer

♦ **deal with** *vi* **1.** (*problem*) se charger de **2.** (*subject*) traiter de **3.** (*partner*) traiter avec

dealer *n* **1.** (*one who sells*) marchand(e) *m(f)* **2.** (*drug ~*) dealer *m*

dealing *n* transactions *fpl*; (*of drugs*) trafic *m*

dealings *n pl* relations *fpl*; **to have ~ with sb** traiter avec qn

dealt [delt] *pt, pp of* **deal**

dean [diːn] *n* doyen(ne) *m(f)*

dear [dɪəʳ, *Am:* dɪr] I. *adj* cher; **to be ~ to sb** être cher à qn; **to do sth for ~ life** faire qc désespérément II. *adv* (*cost*) cher III. *interj* **~ me!**, **oh ~!** mon Dieu! IV. *n* **1.** (*sweet person*) **my ~** mon chéri/ ma chérie, mon cher/ma chère **2.** *no pl, inf* (*friendly address*) mon chou

dearie ['dɪəri, *Am:* 'dɪri] *n* chéri(e) *m(f)*

dearly *adv* cher

dearth [dɜːθ, *Am:* dɜːrθ] *n no pl, form* pénurie *f*

deary *s.* **dearie**

death [deθ] *n* **1.** mort *f*; **frightened to ~** mort de peur **2. to be the ~ of sb** être la fin de qn; **to catch one's ~** (*of cold*) attraper la mort; **to ~** à mort

deathbed *n* lit *m* de mort **death blow** *n* coup *m* fatal

deathly *adj* de mort

death penalty *n* **the ~** la peine de mort **death rate** *n* taux *m* de mortalité **death row** *n Am* quartier *m* des condamnés à mort; **to be on ~** attendre d'être exécuté **death sentence** *n* condamnation *f* à mort **death squad** *n pej* escadron *m* de

la mort **death trap** n danger m
mortel

debase [dɪ'beɪs] vt **1.** (person) avilir
2. ECON a. fig dévaloriser

debate [dɪ'beɪt] I. n no pl débat m
II. vt débattre III. vi to ~ about sth
débattre de qc; to ~ whether ...
s'interroger si ...

debauchery [dɪ'bɔːtʃəri, Am:'bɑ:-]
n pej no pl débauche f

debilitate [dɪ'bɪlɪteɪt] vt affaiblir

debilitating adj débilitant

debility [dɪ'bɪləti, Am: dɪ'bɪləţi] n
no pl faiblesse f

debit ['debɪt] I. n débit m; to be in
~ avoir un solde débiteur II. vt to ~
sth from sth porter qc au débit de
qc

debit card n carte f de débit

debris ['deɪbriː, Am: də'briː] n no
pl débris m

debt [det] n a. fig dette f, pouf m Belgique; to be in ~ to sb être redevable de qc à qn

debtor n débiteur, -trice m, f

debug [ˌdiː'bʌg] <-gg-> vt INFOR dé-
boguer

debunk [diː'bʌŋk] vt démythifier; (a
myth) détruire

debut ['deɪbjuː, Am: -'-] n débuts
mpl

decade ['dekeɪd] n décennie f

decadence ['dekədəns] n no pl
décadence f

decadent adj décadent

decaf(f) ['diː'kæf] n inf déca m

decaffeinated [ˌdiː'kæfɪneɪtɪd] adj
décaféiné

decanter n décanteur m

decapitate [dɪ'kæpɪteɪt] vt décapiter

decathlon [dɪ'kæθlən, Am: -lɑ:n]
n décathlon m

decay [dɪ'keɪ] I. n no pl **1.** (deterioration) délabrement m; (of environment) dégradation f **2.** (decline) a.
fig déclin m; (of civilization) décadence f; (moral) déchéance f **3.** (rotting) décomposition f **4.** MED carie f
II. vi **1.** (deteriorate) se détériorer;
(tooth) se carier **2.** BIO se décomposer

decease [dɪ'siːs] I. n no pl, form
décès m II. vi décéder

deceased I. n the ~ le défunt, la dé-
funte; (pl) les défunt(e)s II. adj dé-
cédé

deceit [dɪ'siːt] n tromperie f

deceitful adj trompeur

deceive [dɪ'siːv] vt tromper

deceiver n pej trompeur, -euse m, f

decelerate [diː'seləreɪt] vt, vi ralentir

December [dɪ'sembər, Am: -bə·] n
décembre m; s. a. **April**

decency ['diːsəntsi] n décence f

decent ['diːsənt] adj décent

deception [dɪ'sepʃən] n tromperie f

deceptive [dɪ'septɪv] adj trompeur

decibel ['desɪbel] n décibel m

decide [dɪ'saɪd] I. vi se décider II. vt
décider

◆**decide on** vi se décider pour

decided adj **1.** (definite) incontestable **2.** (clear) décidé

decimal ['desɪml] n décimale f

decimate ['desɪmeɪt] vt décimer

decipher [dɪ'saɪfər, Am: -fə·] vt déchiffrer

decision [dɪ'sɪʒən] n décision f

decision maker n décideur m

decisive [dɪ'saɪsɪv] adj décisif; (person, tone, manner) décidé

deck [dek] n **1.** (walking surface of a
ship) pont m **2.** (level on a bus) impériale f **3.** to clear the ~s tout dé-
blayer

deckchair ['dektʃeər, Am: -tʃer] n
chaise f longue

declaration n déclaration f

declare [dɪ'kleər, Am: dɪ'kler] I. vt
déclarer II. vi se déclarer

decline [dɪ'klaɪn] I. n no pl **1.** (deterioration) déclin m **2.** (decrease)
baisse f; to be on/in the ~ être en
baisse II. vi **1.** (diminish) baisser
2. (refuse) décliner **3.** (deteriorate)
être sur le déclin III. vt décliner; to ~
to +infin refuser de +infin

decode [ˌdiː'kəud, Am: -'koud] vt
décoder

decoder n décodeur m

decolonization [ˌdiːˌkɒlɪnaɪ-
'zeɪʃən, Am: -ˌkɑːlənɪ'-] n no pl dé-

colonisation *f*

decompose [ˌdiːkəmˈpəʊz, *Am:* -ˈpoʊz] **I.** *vi* se décomposer **II.** *vt* décomposer

decomposition *n no pl* décomposition *f*

decompression *n no pl* décompression *f*

decompression chamber *n* chambre *f* de décompression

decontaminate [ˌdiːkənˈtæmɪneɪt] *vt* ECOL, CHEM décontaminer

decontamination *n no pl* ECOL, CHEM décontamination *f*

decorate [ˈdekəreɪt] *vt* décorer

decoration *n* décoration *f*

decorative [ˈdekərətɪv, *Am:* -ṭɪv] *adj* décoratif

decorator *n* décorateur, -trice *m, f*

decoy [ˈdiːkɔɪ] **I.** *n* leurre *m; to use sb as a ~* utiliser qn comme appât **II.** *vt to ~ sb into doing sth* leurrer qn pour qu'il fasse qc

decrease [dɪˈkriːs, *Am:* ˈdiːkriːs] **I.** *vi, vt* baisser **II.** *n* baisse *f; to be on the ~* être en baisse

decree [dɪˈkriː] **I.** *n form* décret *m* **II.** *vt* décréter

decrepit [dɪˈkrepɪt] *adj (building)* délabré; *(person)* décrépit

dedicate [ˈdedɪkeɪt] *vt* **1.** *(life, time)* consacrer **2.** *(do in sb's honour)* dédier **3.** *(sign on)* dédicacer

dedicated *adj (person)* dévoué; *(fan)* enthousiaste

dedication *n* **1.** *(devotion)* dévouement *m* **2.** *(statement in sb's honour)* dédicace *f*

deduce [dɪˈdjuːs, *Am:* dɪˈduːs] *vt* déduire

deduct [dɪˈdʌkt] *vt* déduire

deduction *n* déduction *f*

deductive [dɪˈdʌktɪv] *adj* par déduction

deed [diːd] *n* acte *m; to do a good ~* faire une bonne action

deejay [ˈdiːdʒeɪ] *n* DJ *m*

deem [diːm] *vt form* juger; *to be ~ed sth* considérer qn comme ayant fait qc

deep [diːp] **I.** *adj a. fig* profond; *how ~ is the sea?* quelle est la profon-

deur de la mer?; *it is 30-metres ~* elle a 30 mètres de profondeur; *to let out a ~ sigh* pousser un grand soupir; *to be in ~ trouble* avoir de gros ennuis; *to be in ~ concentration* être très concentré; *to be in ~ thought* être très absorbé **II.** *adv a. fig* profondément; *~ inside* dans mon for intérieur; *~ in my heart* tout au fond de moi; *~ in the forest* loin dans la forêt

deepen [ˈdiːpən] **I.** *vt* **1.** *(make deeper)* creuser **2.** *(increase)* augmenter; *(knowledge)* approfondir; *(crisis)* aggraver **II.** *vi* devenir plus profond; *(feeling)* augmenter; *(crisis)* s'aggraver

deep freeze *n* congélateur *m* **deep-frozen** *adj* surgelé **deep-fry** *vt* faire cuire dans la friture

deeply *adv* profondément

deer [dɪəʳ, *Am:* dɪr] *n* chevreuil *m*

deface [dɪˈfeɪs] *vt (building, wall)* dégrader; *(poster)* gribouiller

defamation *n no pl, form* diffamation *f*

defamatory [dɪˈfæmətəri, *Am:* -tɔːri] *adj form* diffamatoire

default [dɪˈfɔːlt, *Am:* dɪˈfɑːlt] **I.** *n* défaut *m; in ~ of sth* faute de qc **II.** *vi* manquer à ses engagements; *to ~ on one's payments* être en défaut de paiement

defeat [dɪˈfiːt] **I.** *vt* vaincre; *(hopes)* anéantir; *(proposal)* rejeter **II.** *n* défaite *f*

defect [ˈdiːfekt] **I.** *n* **1.** *(imperfection)* défaut *m* **2.** TECH vice *m* **3.** MED problème *m* **II.** *vi to ~ to sth* passer à qc; *to ~ from the army* quitter l'armée

defective [dɪˈfektɪv] *adj* défectueux

defence [dɪˈfents] *n Aus, Brit* défense *f*

defenceless *adj* sans défense

defence minister *n* ministre *mf* de la Défense

defend [dɪˈfend] *vt, vi* défendre

defendant [dɪˈfendənt] *n* LAW défendeur, -deresse *m, f*

defense [dɪˈfents] *n Am s.* **defence**

defenseless *adj* sans défense

defensive [dɪˈfentsɪv] I. *adj* défensif
II. *n* défensive *f*

defer [dɪˈfɜːʳ, *Am:* dɪˈfɜːr] <-rr-> I. *vi*
to ~ to sb's judgement s'en remettre au jugement de qn II. *vt* différer

deferential [ˌdefəˈrentʃəl] *adj* respectueux

defiance [dɪˈfaɪənts] *n no pl* défi *m*;
in ~ of sth au mépris de qc

defiant *adj* provocateur; (*stand*) de
défi; **to remain ~** faire preuve de
provocation

deficiency [dɪˈfɪʃəntsi] *n* 1.(*shortage*) manque *m* 2.(*weakness*) faiblesse *f* 3. MED carence *f*; **~ disease**
maladie par carence

deficient [dɪˈfɪʃənt] *adj* incomplet;
to be ~ in sth manquer de qc

deficit [ˈdefɪsɪt] *n* déficit *m*, mali *m*
Belgique

defile [dɪˈfaɪl] *vt form* salir

define [dɪˈfaɪn] *vt* définir; (*limit, extent*) déterminer; (*eyes, outlines*)
dessiner

definite [ˈdefɪnət] *adj* 1.(*clearly
stated*) défini; (*plan, amount*) précis; (*opinion, taste*) bien arrêté
2.(*clear, unambiguous*) net; (*reply*)
clair et net; (*evidence*) évident
3.(*firm*) ferme; (*refusal*) catégorique
4.(*sure*) sûr; **to be ~ about sth** être
sûr de qc 5.(*asset, advantage*) évident

definite article *n* article *m* défini

definitely *adv* 1.(*without doubt*)
sans aucun doute; **I will ~ be there**
je serai là à coup sûr; **I will ~ do it** je
le ferai sans faute; **is she coming? ?
– yes, ~** est-ce qu'elle va venir? –
oui, c'est sûr 2.(*decided, sure*) cat-
égoriquement

definition [ˌdefɪˈnɪʃən] *n* définition
f

definitive [dɪˈfɪnətɪv, *Am:* -t̬ɪv] *adj*
définitif

deflate [dɪˈfleɪt] I. *vt* dégonfler II. *vi*
se dégonfler

deforest [ˌdiːˈfɒrɪst, *Am:* -ˈfɔːr-] *vt*
déboiser

deform [dɪˈfɔːm, *Am:* dɪˈfɔːrm] *vt,
vi* déformer

deformation *n no pl* déformation *f*

deformed *adj* malformé

defraud [dɪˈfrɔːd, *Am:* dɪˈfrɑːd] *vt*
(*person, company*) escroquer; (*tax
office, authority*) frauder

defrost [ˌdiːˈfrɒst, *Am:* -ˈfrɑːst] *vt, vi*
(*food*) décongeler; (*fridge, windscreen*) dégivrer

deft [deft] *adj* adroit

defunct [dɪˈfʌŋkt] *adj form* défunt

defuse [ˌdiːˈfjuːz] *vt* désamorcer

defy [dɪˈfaɪ] *vt* défier

degenerate [dɪˈdʒenəreɪt] I. *vi* dégénérer II. *adj* dégénéré III. *n form*
dégénéré(e) *m(f)*

degeneration *n no pl* dégénéres-
cence *f*

degrade [dɪˈɡreɪd] I. *vt* dégrader
II. *vi* se dégrader

degree [dɪˈɡriː] *n* 1.(*amount*) a.
MAT, METEO degré *m* 2.(*extent*) mesure *f*; **to a certain ~** dans une certaine mesure; **by ~s** par étapes
3.(*course of study*) diplôme *m* universitaire; **master's ~** maîtrise *f*

dehydrated *adj* (*food*) déshydraté

de-ice [ˌdiːˈaɪs] *vt* dégeler

deign [deɪn] *vi pej* **to ~ to** +*infin*
daigner +*infin*

dejected *adj* abattu

delay [dɪˈleɪ] I. *vt* retarder II. *vi*
tarder III. *n* retard *m*

delayed *adj* retardé

delectable *adj* délicieux

delegate [ˈdelɪɡət] I. *n* délégué(e)
m(f) II. *vt* déléguer; **to ~ sb to**
+*infin* déléguer qn pour +*infin* III. *vi*
déléguer

delegation *n* délégation *f*

delete [dɪˈliːt] I. *vt* 1.(*cross out*)
rayer; **~ as appropriate** rayer la
mention inutile 2. INFOR effacer II. *vi*
INFOR effacer III. *n* INFOR **~ key**
touche *f* d'effacement

deli [ˈdeli] *n inf abbr of* **delicatessen**

deliberate [dɪˈlɪbərət] I. *adj* (*act,
movement*) délibéré; (*decision*)
voulu II. *vi* délibérer

deliberately *adv* intentionnellement

delicacy [ˈdelɪkəsi] *n* 1.(*fine food*)
mets *m* raffiné 2. *no pl* (*fragility*)

délicatesse *f*

delicate ['delɪkət] *adj* **1.** (*fragile*) délicat **2.** (*highly sensitive*) sensible

delicatessen [ˌdelɪkə'tesən] *n* épicerie *f* fine

delicious [dɪ'lɪʃəs] *adj* délicieux

delight [dɪ'laɪt] **I.** *n* délice *m;* **to take ~ in sth** prendre plaisir à qc **II.** *vt* enchanter

delighted [dɪ'laɪtɪd] *adj* ravi

delightful *adj* (*people*) charmant; (*evening, place*) délicieux

delinquency [dɪ'lɪŋkwənsi] *n* LAW délinquance *f*

delinquent [dɪ'lɪŋkwənt] **I.** *n* LAW délinquant(e) *m(f);* **a juvenile ~** un jeune délinquant **II.** *adj* délinquant

delirious [dɪ'lɪriəs] *adj* délirant; **to be ~** délirer

delirium [dɪ'lɪriəm] *n no pl* délire *m*

deliver [dɪ'lɪvər, *Am:* dɪ'lɪvɚ] *vt* **1.** (*goods*) livrer; (*newspaper, mail*) distribuer **2.** (*lecture, speech*) faire; (*verdict*) prononcer **3.** (*give birth*) mettre au monde **4.** (*promise*) tenir **5.** (*hand over*) remettre **6.** *Am* (*a vote*) obtenir **7.** **to ~ the goods** *inf* tenir ses promesses

delivery [dɪ'lɪvəri] *n* **1.** (*act of distributing goods*) livraison *f;* (*of newspaper, mail*) distribution *f;* **on ~** à la livraison; **to take ~ of sth** se faire livrer qc **2.** (*manner of speaking*) élocution *f* **3.** (*birth*) accouchement *m*

delta ['deltə, *Am:* -t̬ə] *n* GEO delta *m*

delude [dɪ'luːd] *vt* tromper

delusion [dɪ'luːʒən] *n* illusion *f*

de luxe [də'lʌks, *Am:* dɪ'lʌks] *adj* de luxe

delve [delv] *vi* fouiller

demand [dɪ'mɑːnd, *Am:* dɪ'mænd] **I.** *vt* **1.** (*request, require*) demander **2.** (*request forcefully*) exiger; (*payment*) réclamer **3.** (*require*) exiger; (*time, skills*) demander **II.** *n* **1.** (*request*) demande *f* **2.** (*pressured request*) exigence *f* **3.** ECON demande *f;* **to be in ~** être demandé; **on ~** à la demande **4.** *Brit* (*request for payment*) réclamation *f*

demanding *adj* exigeant; (*task, job*) astreignant

demean [dɪ'miːn] *vt* **to ~ oneself** s'abaisser

demeaning *adj* avilissant

demeanor *n Am, Aus,* **demeanour** *n Brit, Aus no pl, form* attitude *f*

demented *adj inf* dément

demilitarize [ˌdiː'mɪlɪtəraɪz, *Am:* -t̬əraɪz] *vt* démilitariser

demise [dɪ'maɪz] *n no pl, form* mort *f*

demister *n Brit* AUTO dispositif *m* antibuée

demo ['deməʊ, *Am:* -oʊ] *n abbr of* **demonstration 1.** (*uprising*) manif *f* **2.** (*tape*) maquette *f*

demobilize [ˌdiː'məʊbəlaɪz, *Am:* -'moʊbəlaɪz] **I.** *vt* démobiliser **II.** *vi* être démobilisé

democracy [dɪ'mɒkrəsi, *Am:* dɪ'mɑː-] *n* démocratie *f*

democrat ['deməkræt] *n* démocrate *mf*

democratic *adj* démocratique

demographic [ˌdeməʊ'græfɪk, *Am:* ˌdemə'-] *adj* démographique

demography [dɪ'mɒgrəfi, *Am:* dɪ'mɑː-] *n* démographie *f*

demolish [dɪ'mɒlɪʃ, *Am:* dɪ'mɑːlɪʃ] *vt* démolir

demon ['diːmən] **I.** *n* démon *m* **II.** *adj inf* démoniaque

demoniac [dɪ'məʊniæk, *Am:* dɪ'moʊ-], **demonic** *adj* démoniaque

demonstrate ['demənstreɪt] **I.** *vt* démontrer; (*authority, bravery*) faire preuve de; (*enthusiasm, knowledge*) montrer **II.** *vi* manifester

demonstration *n* **1.** (*act of showing*) démonstration *f;* **as a ~ of sth** en signe de qc **2.** (*march or parade*) manifestation *f*

demonstrative [dɪ'mɒntstrətɪv, *Am:* dɪ'mɑːnstrət̬ɪv] *adj* démonstratif

demonstrator *n* **1.** (*person who demonstrates a product*) démonstrateur, -trice *m, f* **2.** (*person who takes part in protest*) manifestant(e) *m(f)*

demoralize [dɪ'mɒrəlaɪz, *Am:*

Dd

-'mɔːr-] *vt Am* démoraliser

demure [dɪ'mjʊəʳ, *Am:* -'mjʊr] *adj* modeste

den [den] *n* tanière *f*

denial [dɪ'naɪəl] *n* 1. (*act of refuting*) déni *m* 2. *no pl* (*refusal*) dénégation *f*

denigrate ['denɪgreɪt] *vt* dénigrer

denim ['denɪm] *n* jean *m;* **a pair of** ~**s** un jean

Denmark ['denmɑːk, *Am:* 'denmɑːrk] *n* le Danemark

denomination [dɪˌnɒmɪ'neɪʃən, *Am:* -ˌnɑːmə-] *n* 1. (*religious group*) confession *f* 2. (*unit of value*) valeur *f*

denominator [dɪ'nɒmɪneɪtəʳ, *Am:* -'nɑːməneɪtɚ] *n* dénominateur *m*

denote [dɪ'nəʊt, *Am:* -'noʊt] *vt* dénoter

denounce [dɪ'naʊnts] *vt* dénoncer

dense [dents] <-r, -st> *adj* 1. (*thick, compact*) dense 2. *inf* (*stupid*) limité

density ['dentsɪti, *Am:* -səti] *n* densité *f*

dent [dent] **I.** *n* bosse *f* **II.** *vt* cabosser

dental ['dentəl] *adj* dentaire

dental practitioner, **dental surgeon**, **dentist** *n* dentiste *mf*

dentures ['dentʃəz, *Am:* 'dentʃɚz] *npl* dentier *f*

deny [dɪ'naɪ] *vt* (*accusation*) dénier; (*family*) renier; **to** ~ **doing sth** dénier avoir fait qc; **to** ~ **oneself** se renier (soi-même)

deodorant [di'əʊdərənt, *Am:* -'oʊ-] *n* déodorant *m*

depart [dɪ'pɑːt, *Am:* dɪ'pɑːrt] *vi* (*person, train, ship*) partir; (*plane*) décoller; **to** ~ **from sth** partir de qc

department *n* 1. (*section*) département *m;* (*of an organization*) service *m* 2. ADMIN, POL ministère *m* 3. *fig, inf* (*domain*) domaine *m*

department store *n* grand magasin *m*

departure [dɪ'pɑːtʃəʳ, *Am:* dɪ'pɑːrtʃɚ] *n* 1. (*act of vehicle leaving*) départ *m* 2. (*deviation*) déviation *f* 3. (*new undertaking*) changement *m*

departure gate *n* porte *f* d'embarquement **departure lounge** *n* salle *f* d'embarquement **departure time** *n* heure *f* de départ

depend [dɪ'pend] *vi* 1. (*rely on*) **to** ~ **on** dépendre de 2. (*rely (on)*) **to** ~ **on sb/sth** compter sur qn/qc

dependable *adj* fiable

dependence [dɪ'pendənts] *n no pl* confiance *f*

dependent *adj* 1. (*contingent*) **to be** ~ **on sth** dépendre de qc 2. (*in need of*) dépendant; **to be** ~ **on sth** être dépendant de qc

depending on *prep* selon

depict [dɪ'pɪkt] *vt* représenter

depilatory cream *n* crème *f* dépilatoire

deplete [dɪ'pliːt] *vt* épuiser

deplorable *adj* déplorable

deplore [dɪ'plɔːʳ, *Am:* -'plɔːr] *vt* déplorer

deploy [dɪ'plɔɪ] *vt* déployer

depopulate [ˌdiː'pɒpjəleɪt, *Am:* -'pɑː.pjə-] *vt pass* dépeupler

deport [dɪ'pɔːt, *Am:* dɪ'pɔːrt] *vt* déporter

deportation [ˌdiːpɔː'teɪʃən, *Am:* -pɔːr'-] *n* déportation *f*

deportee [ˌdiːpɔː'tiː, *Am:* -pɔːr'-] *n* déporté(e) *m(f)*

depose [dɪ'pəʊz, *Am:* dɪ'poʊz] *vt* déposer

deposit [dɪ'pɒzɪt, *Am:* dɪ'pɑːzɪt] **I.** *vt* déposer **II.** *n* 1. (*sediment*) dépôt *m* 2. (*payment made as first instalment*) provision *f* 3. (*security*) caution *f;* (*on a bottle*) consigne *f*

deposit account *n Brit* compte *m* de dépôt

depot ['depəʊ, *Am:* 'diːpoʊ] *n* dépôt *m*

depreciate [dɪ'priːʃieɪt] *vi* se déprécier

depress [dɪ'pres] *vt* 1. (*sadden*) déprimer 2. (*prices*) déprécier; (*the economy*) décourager

depressed *adj* 1. (*sad*) déprimé 2. (*affected by depression*) en déclin

depressing *adj* déprimant

depression *n* dépression *f*

depressive [dɪ'presɪv] *adj* dépressif

deprivation [ˌdeprɪ'veɪʃən] *n* manque *m*

deprive [dɪ'praɪv] *vt* priver

deprived *adj* défavorisé

depth [depθ] *n a. fig* profondeur *f*; **in the ~ of winter** en plein hiver; **in the ~s of despair** dans le plus grand désespoir

deputation [ˌdepjə'teɪʃən] *n* + *pl/sing vb* députation *f*

deputise *vi Aus, Brit*, **deputize** ['depjətaɪz] *vi* **to ~ for sb** représenter qn

deputy ['depjəti, *Am:* -t̬i] **I.** *n* député(e) *m(f)* **II.** *adj inv* suppléant; ~ **manager** vice-président(e) *m(f)*

derail [dɪ'reɪl] **I.** *vt* **1.** (*cause to leave tracks*) faire dérailler **2.** (*negotiation*) faire déraper **II.** *vi* dérailler

derange [dɪ'reɪndʒ] *vt* déranger

derelict ['derəlɪkt] **I.** *adj* (*building*) délabré; (*site*) en ruine; ~ **car** épave *f* **II.** *n form* épave *f*

deride [dɪ'raɪd] *vt form* railler

derision [dɪ'rɪʒən] *n no pl* dérision *f*

derisory [dɪ'raɪsəri] *adj* dérisoire

derivative [dɪ'rɪvətɪv, *Am:* dɪ'rɪvət̬ɪv] **I.** *adj pej* dérivatif **II.** *n* dérivé *m*

derive [dɪ'raɪv] **I.** *vt* **to ~ sth from sth** tirer qc de qc **II.** *vi* **to ~ from sth** (*a word*) dériver de qc; (*custom*) venir de qc

dermatologist *n* dermatologue *mf*

derogate ['derəʊgeɪt, *Am:* 'derə-] *vi form* **to ~ from sth** déroger à qc

derogatory [dɪ'rɒgətəri, *Am:* dɪ'rɑːgətɔːri] *adj* dédaigneux

descend [dɪ'send] **I.** *vi* **1.** (*go down*) descendre **2.** (*darkness*) tomber **3.** (*deteriorate*) **to ~ into sth** tomber en qc **4.** (*lower oneself*) s'abaisser **5.** **to ~ from sb/sth** provenir de qn/qc **II.** *vt* descendre

descendant [dɪ'sendənt] *n* descendant(e) *m(f)*

descent [dɪ'sent] *n* **1.** (*movement*) descente *f* **2.** (*decline*) déclin *m* **3.** *no pl* (*ancestry*) descendance *f*

describe [dɪ'skraɪb] *vt* décrire

description [dɪ'skrɪpʃən] *n* description *f*

descriptive [dɪ'skrɪptɪv] *adj* descriptif

desensitize [ˌdiː'sensɪtaɪz] *vt Am a.* MED désensibiliser

desert[1] [dɪ'zɜːt, *Am:* -'zɜːrt] *vi, vt* déserter

desert[2] ['dezət, *Am:* -ət] *n a. fig* désert *m*

deserted *adj* désert

desert island *n* île *f* déserte

deserts [dɪ'zɜːts, *Am:* dɪ'zɜːrts] *npl* **to get one's (just) ~** recevoir ce que l'on mérite

deserve [dɪ'zɜːv, *Am:* dɪ'zɜːrv] *vt* mériter

deserving *adj* (*person*) méritant; (*action*) méritoire

design [dɪ'zaɪn] **I.** *vt* **1.** (*conceive*) concevoir **2.** (*draw*) dessiner **II.** *n* **1.** (*plan or drawing*) concept *m* **2.** (*art of creating designs*) design *m* **3.** (*pattern*) motif *m* **4.** *no pl* (*intention*) intention *f*; **to do sth by ~** faire qc exprès **III.** *adj inv* (*fault, feature*) de style; (*chair, table*) de design

designate ['dezɪgneɪt] **I.** *vt* désigner **II.** *adj after n* désigné

designer **I.** *n* **1.** (*draughtsman*) dessinateur, -trice *m, f* **2.** (*creator*) désigner *mf* **3.** FASHION styliste *mf* **4.** THEAT décorateur, -trice *m, f* **II.** *adj* (*furniture*) de créateur; (*clothing*) de marque

desirable *adj* **1.** (*sought-after*) souhaitable **2.** (*sexually attractive*) désirable

desire [dɪ'zaɪər, *Am:* dɪ'zaɪər] **I.** *vt* désirer + *subj* **II.** *n* désir *m*

desist [dɪ'sɪst] *vi form* renoncer; **to ~ from doing sth** renoncer à faire qc

desk [desk] *n* bureau *m*

desolate ['desələt] *adj* désolé

desolation [ˌdesə'leɪʃən] *n no pl* désolation *f*

despair [dɪ'speər, *Am:* dɪ'sper] **I.** *n no pl* désespoir *m*; **to be in ~ about sth** être désespéré par qc; **to the ~ of sb** au désespoir de qn **II.** *vi* désespérer

despairing *adj pej* désespéré

despatch [dɪ'spætʃ] *s.* **dispatch**

D d

desperate ['despərət] *adj* désespéré; **to be ~ for sth** être prêt à tout pour qc

desperation *n no pl* désespoir *m*

despicable *adj* méprisable

despise [dɪ'spaɪz] *vt* mépriser

despite [dɪ'spaɪt] *prep* malgré; **~ having done sth** bien qu'ayant fait qc

despondent [dɪ'spɒndənt, *Am:* -'spɑ:n-] *adj* découragé

dessert [dɪ'zɜ:t, *Am:* -'zɜ:rt] *n* dessert *m*

dessertspoon *n* cuillère *f* à dessert

destination [ˌdestɪ'neɪʃən] *n* destination *f*

destiny ['destɪni] *n* destin *m*

destitute ['destɪtju:t, *Am:* -tu:t] *adj* sans ressources

destroy [dɪ'strɔɪ] *vt* détruire

destruction [dɪ'strʌkʃən] *n no pl* destruction *f*

destructive [dɪ'strʌktɪv] *adj* destructeur

detach [dɪ'tætʃ] *vt* détacher

detached *adj* détaché; (*house*) individuel

detachment *n* détachement *m*

detail ['di:teɪl, *Am:* dɪ'teɪl] **I.** *n* détail *m;* **in ~** en détail; **to go into ~** entrer dans les détails **II.** *vt* détailler

detain [dɪ'teɪn] **I.** *vi* retenir **II.** *vt* **1.** (*hold as prisoner*) détenir; **to ~ sb without trial** être emprisonné sans jugement **2.** *form* (*delay*) retarder

detect [dɪ'tekt] *vt* détecter

detection *n no pl* détection *f*

detective [dɪ'tektɪv] *n* **1.** (*police*) inspecteur *m* de police **2.** (*private*) détective *m* privé

detective inspector *n* inspecteur *m* de police judiciaire **detective novel** *n* roman *m* policier

detention [dɪ'tenʃən] *n* **1.** (*act*) détention *f* **2.** (*school punishment*) retenue *f*

deter [dɪ'tɜ:ʳ, *Am:* -'tɜ:r] <-rr-> *vt* dissuader

detergent [dɪ'tɜ:dʒənt, *Am:* -'tɜ:r] *n* détergent *m*

deteriorate [dɪ'tɪərɪəreɪt, *Am:* -'tɪrɪ-] *vi* se détériorer

determination *n no pl* détermination *f*

determine [dɪ'tɜ:mɪn, *Am:* -'tɜ:r-] *vt* déterminer

determined *adj* déterminé

detest [dɪ'test] *vt* détester

detonate ['detəneɪt] **I.** *vi* détoner **II.** *vt* faire détoner

detour ['di:tʊəʳ, *Am:* 'di:tʊr] *n* détour *m*

detract [dɪ'trækt] *vi* **to ~ from sth** diminuer qc

detriment ['detrɪmənt] *n no pl* détriment *m;* **to the ~ of sth** au détriment de qc

detrimental *adj* néfaste

deuce [dju:s, *Am:* du:s] *n* égalité *f*

devaluate [ˌdi:'væluert] *vt s.* **devalue**

devaluation *n* dévaluation *f*

devastate ['devəsteɪt] *vt* dévaster; (*person*) bouleverser; (*hopes*) anéantir

devastating *adj* **1.** (*causing destruction*) dévastateur **2.** (*powerful*) puissant **3.** (*with great effect*) ravageur

develop [dɪ'veləp] **I.** *vi* **1.** (*grow, evolve*) *a. fig* se développer; **to ~ into sth** devenir qc **2.** (*become apparent*) se manifester; (*event*) se produire; (*illness*) se déclarer **II.** *vt* **1.** (*grow, expand*) *a. fig* développer **2.** (*acquire*) acquérir; (*infection, habit*) contracter; (*flu, cold*) attraper **3.** (*improve*) développer; (*city*) aménager **4.** PHOT, MAT développer

developed *adj* développé

developing country *n* pays *m* en voie de développement

development *n* développement *m*

deviate ['di:vieɪt] *vi* **to ~ from sth 1.** (*depart from norm*) s'écarter de qc **2.** (*go in another direction*) dévier de qc

device [dɪ'vaɪs] *n* **1.** (*mechanism*) machine *f* **2.** (*method*) moyen *m*

devil ['devəl] *n* diable *m;* **be a ~** *inf* être malin; **why the ~…?** pourquoi diable…?

devious ['di:viəs] *adj* **1.** (*dishonest*) malhonnête **2.** (*winding*) détourné

devise [dɪ'vaɪz] *vt* élaborer

devoid [dɪˈvɔɪd] *adj* **to be ~ of sth** être dénué de qc

devote [dɪˈvəʊt, *Am:* -ˈvoʊt] *vt* consacrer

devoted *adj* dévoué

devotee [ˌdevəˈtiː, *Am:* -əˈtiː] *n* **1.** (*supporter*) partisan *m* **2.** (*admirer*) passionné(e) *m(f)*

devotion [dɪˈvəʊʃən, *Am:* dɪˈvoʊ-] *n no pl* **1.** (*loyalty*) fidélité *f* **2.** (*great attachment*) dévouement *m* **3.** (*religious attachment*) dévotion *f*

devour [dɪˈvaʊəʳ, *Am:* dɪˈvaʊɚ] *vt a. fig* dévorer

devout [dɪˈvaʊt] *adj* dévot

dew [djuː, *Am:* duː] *n no pl* rosée *f*

diabetes [ˌdaɪəˈbiːtiːz, *Am:* -təs] *n no pl* diabète *m*

diabetic [ˌdaɪəˈbetɪk, *Am:* -ˈbet̬-] **I.** *n* diabétique *m* **II.** *adj* diabétique

diabolic [ˌdaɪəˈbɒlɪk, *Am:* -ˈbɑːlɪk], **diabolical** *adj Am* diabolique

diadem [ˈdaɪədem] *n* diadème *m*

diagnose [ˈdaɪəgnəʊz, *Am:* ˌdaɪəgˈnoʊs] *vt* diagnostiquer

diagnosis [ˌdaɪəgˈnəʊsɪs, *Am:* -ˈnoʊ-] <-ses> *n* diagnostic *m*

diagonal [daɪˈæɡənl] **I.** *n* diagonale *f* **II.** *adj* diagonal

diagram [ˈdaɪəgræm] *n* diagramme *m*

dial [ˈdaɪəl] **I.** *n* cadran *m* **II.** <*Brit* -ll- *o Am* -l-> *vt* (*a number*) composer; (*a country, a person*) avoir

dialect [ˈdaɪəlekt] *n* dialecte *m*

dialog *n Am*, **dialogue** [ˈdaɪəlɒg, *Am:* -lɑːg] *n* dialogue *m*

dialysis [daɪˈæləsɪs] *n no pl* dialyse *f*

diameter [daɪˈæmɪtəʳ, *Am:* -ətɚ] *n* diamètre *m*

diamond [ˈdaɪəmənd] *n* **1.** (*precious stone*) diamant *m* **2.** (*rhombus*) losange *m*

diaper [ˈdaɪəpəʳ, *Am:* -pɚ] *n Am* (*nappy*) couche *f*

diaphragm [ˈdaɪəfræm] *n* diaphragme *m*

diarrhea, **diarrhoea** [ˌdaɪəˈrɪə, *Am:* -ˈriːə] *n no pl* diarrhée *f*

diary [ˈdaɪəri] *n* **1.** (*journal*) journal *m* intime; **to keep a ~** avoir un journal intime **2.** (*planner*) agenda *m*

dice [daɪs] **I.** *n* **1.** (*cubes with spots*) dé *m* **2.** (*game with dice*) dés *mpl* **3.** (*food in small cubes*) cube *m* **II.** *vt* couper en dés

dick [dɪk] *n vulg* **1.** (*penis*) bite *f* **2.** (*stupid person*) connard *m*

dictate [ˈdɪkteɪt] **I.** *vt* dicter **II.** *n* ordre *m*

dictation *n* dictée *f*

dictator *n* dictateur *m*

dictatorship *n* dictature *f*

diction [ˈdɪkʃən] *n no pl* diction *f*

dictionary [ˈdɪkʃənəri, *Am:* -eri] *n* dictionnaire *m*

did [dɪd] *pt of* **do**

didactic [dɪˈdæktɪk, *Am:* daɪ-] *adj* didactique

didn't [dɪdənt] = **did not** *s.* **do**

die [daɪ] **I.** *n* dé *m* **II.** <dying, died> *vi a. fig* mourir; **to ~ for a drink** mourir de soif; **to ~ to do sth** mourir d'envie de faire qc; **to be dying for sth** avoir très envie de qc
♦ **die away** *vi* disparaître; (*sound*) s'éteindre; (*wind, anger*) s'estomper
♦ **die down** *vi* baisser; (*sound*) s'éteindre; (*wind, emotion*) se calmer
♦ **die out** *vt* s'éteindre

diehard [ˈdaɪhɑːd, *Am:* -hɑːrd] *n pej* invétéré

diesel [ˈdiːzəl, *Am:* -səl] *n no pl* diesel *m*

diesel engine *n* moteur *m* diesel **diesel oil** *n* diesel *m*

diet [ˈdaɪət] **I.** *n* **1.** (*what one eats and drinks*) alimentation *f* **2.** (*to lose weight*) régime *m* **II.** *vi* suivre un régime

differ [ˈdɪfəʳ, *Am:* -ɚ] *vi* **1.** (*be unlike*) **to ~ from sth** différer de qc **2.** (*disagree*) **to ~ with sb** être en désaccord avec qn

difference [ˈdɪfərənts] *n* différence *f*

different *adj* différent

differentiate [ˌdɪfəˈrentʃieɪt] **I.** *vi* faire la différence **II.** *vt* différencier

difficult [ˈdɪfɪkəlt] *adj* difficile

difficulty <-ties> *n* difficulté *f*; **to encounter ~ties** faire face à des

D d

problèmes; **to have ~ doing sth**
avoir de la peine à faire qc
diffident ['dɪfɪdənt] *adj* 1.(*shy*)
timide 2.(*modest*) modeste
diffuse [dɪ'fju:z] *vt, vi* 1.(*disperse*)
a. PHYS diffuser 2.(*spread*) répandre
diffusion *n no pl* diffusion *f*
dig [dɪg] I. *n* 1.(*poke*) coup *m* (de
coude) 2.(*excavation*) fouilles *fpl*
3. *inf* (*sarcastic remark*) pique *f*; **to
have ~s at sb** lancer des piques à qn
II.<-gg-, dug, dug> *vi* 1.(*turn
over ground*) creuser 2.(*search*) a.
fig fouiller III. *vt* 1.(*hole, tunnel*)
creuser; (*garden*) bêcher 2.(*site*)
fouiller
♦ **dig out** *vt a. fig* déterrer
♦ **dig up** *vt a. fig* déterrer
digest ['daɪdʒest] I. *n* condensé *m*
II. *vi, vt* digérer
digestion *n* digestion *f*
digestive I. *adj* digestif II. *n* gâteau
m sablé
digit ['dɪdʒɪt] *n* 1.(*number from 0
to 9*) chiffre *m* 2.(*finger*) doigt *m*
3.(*toe*) orteil *m*
digital *adj* numérique
digital mobile telephony *n* téléphonie *f* numérique mobile
digitize ['dɪdʒɪtaɪz] *vt* numériser
dignified *adj* digne
dignify ['dɪgnɪfaɪ] <-ie-> *vt* honorer
dignity ['dɪgnəti, *Am:* -ṭi] *n no pl*
dignité *f*
dike [daɪk] *n* fossé *m*
dilapidated *adj* délabré
dilate [daɪ'leɪt, *Am:* 'daɪleɪt] I. *vi* se
dilater II. *vt* dilater
dilemma [dɪ'lemə] *n* dilemme *m*
dill [dɪl] *n no pl* aneth *m*
dilute [daɪ'lju:t, *Am:* -'lu:t] I. *vt*
1.(*add liquid*) diluer 2.(*reduce*)
édulcorer II. *adj* dilué
dim [dɪm] I.<-mm-> *vi, vt* baisser
II.<-mm-> *adj* 1.(*not bright*)
sombre; (*light*) faible 2.(*view*)
faible; (*memory*) vague 3.(*stupid*)
borné
dime [daɪm] *n* pièce *f* de dix cents
dimension [ˌdaɪ'mentʃən, *Am:* dɪ-
'mentʃən] *n a. fig* dimension *f*

diminish [dɪ'mɪnɪʃ] I. *vi* diminuer;
(*influence*) baisser II. *vt* diminuer
diminution [ˌdɪmɪ'nju:ʃən, *Am:*
-ə'nu:-] *n* diminution *f*
diminutive [dɪ'mɪnjʊtɪv, *Am:*
-jəṭɪv] I. *n* diminutif *m* II. *adj* minuscule
dimple ['dɪmpl] *n* fossette *f*
din [dɪn] *n no pl* vacarme *m*
dine [daɪn] *vi form* dîner
diner ['daɪnəʳ, *Am:* -ɚ] *n* 1.(*person*) dîneur, -euse *m, f* 2. *Am* (*restaurant*) petit restaurant *m*
dinghy ['dɪŋgi, *Am:* 'dɪŋi] *n*
<-ghies> canot *m* pneumatique
dingy ['dɪndʒi] <-ier, -iest> *adj* miteux
dining room *n* salle *f* à manger
dinner ['dɪnəʳ, *Am:* -ɚ] *n* dîner *m*,
café *m* complet *Suisse*, souper *m*
Belgique, Québec, Suisse
dinner jacket *n* smoking *m* **dinner
party** *n* dîner *m* **dinner service,
dinner set** *n* service *m* (de table)
dinner table *n* table *f* (de salle à
manger) **dinner time** *n no pl* heure
f du dîner; **at ~** à l'heure du dîner
dinosaur ['daɪnəsɔ:ʳ, *Am:* -sɔ:r] *n*
dinosaure *m*
dint [dɪnt] *n* **by ~ of sth** à force de
qc
dip [dɪp] I. *n* 1.(*instance of dip-
ping*) trempage *m* 2.(*swim*) bain *m*
3. GASTR sauce *f* II. *vi* 1.(*road*) descendre 2.(*rates*) baisser 3.(*submerge and re-emerge*) plonger
III. *vt* 1.(*immerse*) tremper; **to ~
sth in sth** plonger qc dans qc
2.(*dim*) **to ~ one's headlights** se
mettre en code
diploma [dɪ'pləʊmə, *Am:* -'ploʊ-]
n (*certificate*) diplôme *m*
diplomacy *n no pl* diplomatie *f*
diplomat ['dɪpləmæt] *n* diplomate
mf
diplomatic *adj* diplomatique
dipstick ['dɪpstɪk] *n* jauge *f*
dire ['daɪəʳ, *Am:* 'daɪɚ] *adj* 1.(*terrible*) terrible 2. **to be in ~ straits**
être dans une mauvaise passe
direct [dɪ'rekt] I. *vt* 1.(*company*) diriger; (*traffic*) régler 2.(*command*)

ordonner; **to ~ sb to** +*infin* ordonner à qn de +*infin;* **as ~ed** selon les instructions **3.** (*aim in a direction*) diriger; **to ~ sth towards sth** diriger qc vers qc; **to ~ sb the way to sth** indiquer le chemin de qc à qn **4.** (*address*) adresser; **to ~ a remark against sb** faire une remarque à l'intention de qn **5.** CINE réaliser **6.** THEAT mettre en scène **7.** MUS diriger **II.** *adj* direct; (*danger, cause*) immédiat; (*refusal*) catégorique; **in ~ sunlight** en plein soleil; **the ~ opposite of sth** tout le contraire de qc **III.** *adv* directement; (*broadcast*) en direct

direct current *n no pl* courant *m* continu

direction [dɪˈrekʃən] *n* **1.** (*supervision*) direction *f* **2.** *pl* ~**s** instructions *fpl*

directly **I.** *adv* **1.** (*immediately*) immédiatement **2.** (*shortly*) tout de suite **3.** (*right after*) tout de suite après **4.** (*frankly*) franchement **II.** *conj* aussitôt que

director [dɪˈrektər] *n* **1.** ECON directeur, -trice *m, f* **2.** CINE, THEAT metteur *mf* en scène

directory [dɪˈrektəri] *n* **1.** (*book*) annuaire *m;* **address ~** répertoire *m* d'adresses **2.** INFOR répertoire *m*

dirt [dɜːt, *Am:* dɜːrt] *n no pl* **1.** (*unclean substance*) saleté **2.** (*earth*) terre *f* **3.** (*bad language*) obscénité *f*

dirt cheap *adj inf* vraiment pas cher

dirty [ˈdɜːti, *Am:* ˈdɜːrti] **I.** *vt* salir **II.** <-ier, -iest> *adj* **1.** (*unclean*) sale **2.** (*causing to be dirty*) salissant **3.** (*mean*) sale **4.** (*movie, book*) cochon; (*old man*) lubrique; ~ **words** obscénités *fpl* **5.** (*colour*) sale; **a ~ grey colour** une couleur grisâtre

disability [ˌdɪsəˈbɪləti, *Am:* -əti] *n* handicap *m*

disabled **I.** *npl* **the ~** les handicapés **II.** *adj* handicapé

disadvantage [ˌdɪsədˈvɑːntɪdʒ, *Am:* -ˈvæntɪdʒ] **I.** *n* inconvénient *m* **II.** *vt* désavantager

disadvantaged *adj* défavorisé

disagreement *n no pl* **1.** (*lack of agreement*) désaccord *m* **2.** (*argu-*

ment) différend *m*

disallow [ˌdɪsəˈlaʊ] *vt* **1.** *a.* LAW rejeter **2.** SPORT refuser

disappear [ˌdɪsəˈpɪər, *Am:* -ˈpɪr] *vi* disparaître

disappearance *n no pl* disparition *f*

disappoint [ˌdɪsəˈpɔɪnt] *vt* décevoir

disappointed *adj* déçu; **to be ~ in sb/sth** être déçu par qn /qc

disappointing *adj* décevant

disappointment *n* déception *f;* **to be a ~ to sb** décevoir qn

disapproval *n* désapprobation *f*

disapprove [ˌdɪsəˈpruːv] *vi* ne pas être d'accord; **to ~ of sth** désapprouver qc

disarm [dɪsˈɑːm, *Am:* -ˈɑːrm] *vi, vt* désarmer

disarmament *n no pl* désarmement *m*

disarming *adj* désarmant

disarray [ˌdɪsəˈreɪ] *n no pl* confusion *f;* **in a state of ~** en plein désarroi

disaster [dɪˈzɑːstər, *Am:* dɪˈzæstər] *n* désastre *m;* ~ **area** région *f* sinistrée; **natural/global ~** catastrophe *f* naturelle/mondiale

disastrous [dɪˈzɑːstrəs, *Am:* dɪˈzæstrəs] *adj* désastreux

disband [dɪsˈbænd] **I.** *vt* dissoudre **II.** *vi* se dissoudre

disbelief [ˌdɪsbɪˈliːf] *n no pl* incrédulité *f*

disc [dɪsk] *n* disque *m*

discard *vt* se débarrasser de

discern [dɪˈsɜːn, *Am:* dɪˈsɜːrn] *vt form* discerner

discerning *adj form* judicieux

discharge [ˈdɪstʃɑːdʒ, *Am:* ˈdɪstʃɑːrdʒ] **I.** *n no pl* **1.** (*release*) autorisation *f* (de sortie) **2.** (*firing off*) décharge *f* **3.** (*emission*) émission *f* **4.** (*liquid discharged*) écoulement *m* **5.** (*performing of a duty*) exécution *f* **6.** (*energy release*) décharge *f* **II.** *vt* **1.** (*release*) renvoyer; LAW libérer **2.** (*dismiss*) congédier; MIL démobiliser **3.** (*let out, emit*) dégager; (*water*) déverser **4.** (*one's duty*) accomplir; (*debt*) régler **5.** (*release* *charge*) décharger

disciple [dɪˈsaɪpl] *n* disciple *mf*

discipline [ˈdɪsəplɪn] **I.** *n* discipline *f* **II.** *vt* **1.** (*control*) discipliner **2.** (*punish*) punir

disc jockey *n* disc-jockey *m*

disclaim [dɪsˈkleɪm] *vt* nier

disclose [dɪsˈkləʊz, *Am:* -ˈkloʊz] *vt* révéler

disclosure [dɪsˈkləʊʒəʳ, *Am:* -ˈkloʊ-ʒɚ] *n form* révélation *f*

disco [ˈdɪskəʊ, *Am:* -koʊ] *n* **1.** (*place*) discothèque *f* **2.** *no pl* (*music*) disco *m*

discomfort [dɪsˈkʌmpfət, *Am:* -fɚt] *n* **1.** *no pl* (*slight pain*) douleur *f* **2.** *no pl* (*uneasiness*) malaise *m*

disconcert [ˌdɪskənˈsɜːt, *Am:* -ˈsɜːrt] *vt* déconcerter

disconnect [ˌdɪskəˈnekt] *vt* **1.** (*electricity, gas, telephone*) couper **2.** (*break connection of*) débrancher **3.** INFOR *a. fig* déconnecter

disconsolate [dɪsˈkɒntsələt, *Am:* -ˈkɑːnt-] *adj* inconsolable

discontent [ˌdɪskənˈtent] **I.** *n no pl* mécontentement *m* **II.** *adj* mécontent

discontented *adj* mécontent

discontentment *n no pl s.* **discontent**

discontinue [ˌdɪskənˈtɪnjuː] *vt form* **1.** (*cease*) cesser **2.** (*give up*) interrompre

discord [ˈdɪskɔːd, *Am:* -kɔːrd] *n no pl, form* **1.** (*disagreement*) désaccord *m* **2.** (*lack of harmony*) dissonance *f*

discotheque [ˈdɪskətek] *n* discothèque *f*

discount [ˈdɪskaʊnt] **I.** *n* remise *f* **II.** *vt* ne pas tenir compte de; (*a possibility*) écarter

discount store *n* solderie *f*

discourage [dɪsˈkʌrɪdʒ, *Am:* -ˈskɜːr-] *vt* décourager; **to ~ sb from doing sth** dissuader qn de faire qc

discouraging *adj* décourageant

discover [dɪsˈkʌvəʳ, *Am:* -ɚ] *vt* découvrir

discovery [dɪsˈkʌvəri] <-ries> *n* découverte *f*

discredit [dɪsˈkredɪt] **I.** *n no pl, form* discrédit *m* **II.** *vt* discréditer

discreet [dɪsˈkriːt] *adj* discret

discrepancy [dɪsˈkrepəntsi] <-cies> *n form* divergence *f*

discretion [dɪsˈkreʃən] *n no pl* **1.** (*tact*) discrétion *f* **2.** (*good judgement*) jugement *m;* **the age of ~** LAW l'âge de raison **3.** (*freedom to do sth*) discrétion *f;* **at the ~ of sb** à la discrétion de qn

discriminate [dɪˈskrɪmɪneɪt] *vi* **1.** (*see a difference*) distinguer; **to ~ between sth and sth** faire la distinction entre qc et qc **2.** (*make judgement*) **to ~ against sb** faire de la discrimination envers qn

discrimination *n no pl* **1.** (*unfair treatment*) discrimination *f* **2.** (*discernment*) discernement *m*

discus [ˈdɪskəs] *n* disque *m;* **the ~** le lancer du disque

discuss [dɪˈskʌs] *vt* discuter de; **to ~ how ...** discuter comment ...; **to ~ doing sth** parler de faire qc

discussion *n* discussion *f*

disdain [dɪsˈdeɪn] **I.** *n no pl* dédain *m* **II.** *vt* dédaigner

disease [dɪˈziːz] *n a. fig* maladie *f*

diseased *adj a. fig* malade

disembark [ˌdɪsɪmˈbɑːk, *Am:* -ˈbɑːrk] *vi* débarquer

disenchanted *adj* désabusé; **to become ~** perdre ses illusions

disengage [ˌdɪsɪnˈgeɪdʒ] **I.** *vi* **1.** (*become detached*) se détacher **2.** (*make a fencing move*) dégager (le fer) **II.** *vt* dégager; **to ~ a clutch** débrayer

disfavor *Am, Aus,* **disfavour** [dɪsˈfeɪvəʳ, *Am:* -vɚ] **I.** *n no pl* désapprobation *f* **II.** *vt* défavoriser

disfigure [dɪsˈfɪgəʳ, *Am:* -jɚ] *vt* défigurer

disgrace [dɪsˈgreɪs] **I.** *n no pl* **1.** (*loss of honour*) disgrâce *f;* **to bring ~ on sb** déshonorer qn **2.** (*shameful thing or person*) honte *f* **II.** *vt* déshonorer

disgraceful *adj* honteux; (*conduct*) scandaleux

disgruntled *adj* mécontent

The car

1	the boot *Brit*, the trunk *Am*	le coffre
2	the rear bumper	le pare-chocs arrière
3	the number plate *Brit*, the license plate *Am*	la plaque minéralogique
4	the rear light *Brit*, the tail light *Am*	le feu arrière
5	the indicator *Brit*, the turn signal *Am*	le clignotant
6	the exhaust pipe *Brit*, the tailpipe *Am*	le pot d'échappement
7	the wing *Brit*, the fender *Am*	l'aile
8	the hubcap	l'enjoliveur
9	the tyre *Brit*, the tire *Am*	le pneu
0	the door	la portière
1	the wing mirror *Brit*, the side mirror *Am*	le rétroviseur extérieur

La voiture

12	the aerial *Brit*, the antenna *Am*	l'antenne
13	the bonnet *Brit*, the hood *Am*	le capot
14	the rear-view mirror	le rétroviseur intérieur
15	the windscreen *Brit*, the windshield *Am*	le pare-brise
16	the steering wheel	le volant
17	the gear lever/stick *Brit*, the gearshift *Am*	le levier de changement de vitesses
18	the handbrake *Brit*, the emergency brake *Am*	le frein à main
19	the driver's seat	le siège conducteur
20	the headrest	l'appuie-tête

disguise [dɪsˈgaɪz] I. *n* déguisement *m;* **to be in ~** être déguisé II. *vt* déguiser

disgust [dɪsˈgʌst] I. *n no pl* dégoût *m* II. *vt* dégoûter; **to be ~ed with oneself** se dégoûter soi-même

disgusting *adj* dégoûtant

dish [dɪʃ] <-es> *n* 1. (*container*) plat *m;* **oven-proof ~** plat à four 2. *pl* **the ~es** la vaisselle *f;* **to do the ~es** faire la vaisselle 3. *Am* (*plate*) assiette *f* 4. (*food*) plat *m;* **favorite ~** plat *m* favori; **~ of the day** plat du jour 5. (*equipment*) parabole *f*

◆ **dish out** *vt* 1. (*distribute too liberally*) distribuer 2. (*serve*) servir

◆ **dish up** *vt always sep, inf* servir

dish aerial *n Brit* antenne *f* parabolique

dishcloth [ˈdɪʃklɒθ, *Am:* -klɑːθ] *n* torchon (à vaisselle) *m*

dishearten [dɪsˈhɑːtən, *Am:* -ˈhɑːr-] *vt* décourager

disheveled *adj Am*, **dishevelled** *adj* négligé; (*hair*) en bataille

dishonest [dɪsˈɒnɪst, *Am:* -ˈsɑːnɪst] *adj* malhonnête; **morally ~** de mauvaise foi

dishonor *Am* I. *n no pl, form* déshonneur *m* II. *vt* déshonorer

dishonour [dɪsˈɒnəʳ, *Am:* -ˈsɑːnəʳ] *s.* **dishonor**

dishwasher *n* lave-vaisselle *m*

disillusioned *adj* désabusé; **to be ~ with sb/sth** perdre ses illusions sur qn/qc

disinfect [ˌdɪsɪnˈfekt] *vt* désinfecter

disinfectant *n no pl* désinfectant *m*

disinherit [ˌdɪsɪnˈherɪt] *vt* déshériter

disintegrate [dɪsˈɪntɪgreɪt, *Am:* -tə-] *vi a. fig* désintégrer; (*marriage*) dissoudre; (*into chaos*) dégénérer

disinterested *adj* 1. (*impartial*) désintéressé 2. (*uninterested*) indifférent

disjointed *adj* décousu

disk [dɪsk] *n* INFOR disque *m;* **hard ~** disque dur; **floppy ~** disquette *f*

disk drive *n* unité *f* de disque(tte)

diskette [dɪsˈkæt] *n* disquette *f*

dislike [dɪsˈlaɪk] I. *vt* ne pas aimer

II. *n* aversion *f*

dislocate [ˈdɪsləkeɪt, *Am:* dɪˈsloʊ-] *vt* 1. (*put out of place*) déplacer 2. MED luxer 3. (*disturb the working of*) perturber

dislodge [dɪˈslɒdʒ, *Am:* -ˈslɑːdʒ] *vt* 1. (*extract*) extraire 2. MIL expulser (manu militari)

disloyal [dɪsˈlɔɪəl] *adj* déloyal

dismal [ˈdɪzməl] *adj* 1. (*expression*) lugubre; (*outlook*) sinistre 2. *inf* (*failure*) terrible; (*truth*) horrible; (*weather*) épouvantable

dismantle [dɪsˈmæntl, *Am:* dɪˈsmæntl̩] *vt* démanteler

dismay [dɪsˈmeɪ] I. *n no pl* consternation *f* II. *vt* consterner

dismiss [dɪsˈmɪs] *vt* 1. (*not consider*) déprécier; (*idea, thought*) dénigrer 2. (*send away*) prendre congé de; **to ~ sth from sth** ôter qc de qc 3. (*fire from work*) licencier; **to be ~ from one's job** être démis de ses fonctions 4. (*appeal*) rejeter; (*court, indictment, charge*) récuser

dismissal *n no pl* 1. (*disregarding*) dévalorisation *f* 2. (*firing from a job*) licenciement *m* 3. (*removal from high position*) destitution *f*

dismount [dɪsˈmaʊnt] *vi* descendre

disobedience [ˌdɪsəʊˈbiːdɪənts, *Am:* -əˈ-] *n no pl* désobéissance *f*

disobedient *adj* désobéissant

disobey [ˌdɪsəʊˈbeɪ, *Am:* -əˈ-] I. *vt* désobéir à II. *vi* désobéir

disorder [dɪsˈɔːdəʳ, *Am:* -ˈsɔːrdəʳ] *n* 1. *no pl* (*lack of order*) désordre *m* 2. (*disease*) troubles *mpl;* **kidney/mental ~** troubles rénaux/mentaux 3. *no pl* (*upheaval*) désordre *m*

disorderly *adj* 1. (*untidy*) en désordre 2. (*unruly*) indiscipliné; (*conduct*) ivre et incohérent

disorganized *adj* désorganisé

disorient [dɪsˈɔːriənt, *Am:* -ent] *vt Am*, **disorientate** *vt* désorienter

disown [dɪsˈəʊn, *Am:* dɪˈsoʊn] *vt* désavouer

disparaging *adj* désobligeant

disparate [ˈdɪspərət] *adj form* disparate

dispassionate [dɪˈspæʃənət] *adj*

détaché

dispatch [dɪ'spætʃ] **I.** <-es> *n*
1. (*something sent*) expédition *f*; (*of clothing*) envoi *m* **2.** (*press report*) dépêche *f* **II.** *vt a. iron* expédier

dispel [dɪ'spel] <-ll-> *vt* chasser; (*fear, rumour*) dissiper; (*myth*) détruire

dispensary [dɪ'spensəri] *n* officine *f*

dispense [dɪ'spens] *vt* **1.** (*give out*) distribuer; (*advice, wisdom*) prodiguer; **to ~ sth to sb/sth** distribuer qc à qn/qc **2.** (*give out medicine*) préparer
♦**dispense with** *vi* **1.** (*manage without*) se passer de **2.** (*give exemption*) abandonner

dispenser *n* distributeur *m*

disperse [dɪ'spɜːs, *Am:* -'spɜːrs] **I.** *vt* disperser **II.** *vi* se disperser

displace [dɪs'pleɪs] *vt* **1.** (*force from place*) déplacer **2.** PHYS dévier **3.** (*take the place of*) remplacer

display [dɪ'spleɪ] **I.** *vt* **1.** (*arrange*) exposer; (*on a noticeboard*) afficher **2.** (*show*) laisser paraître **II.** *n* **1.** (*arrangement of things*) étalage *m*; **to be on ~** être en vitrine **2.** *no pl* (*demonstration*) démonstration *f* **3.** INFOR écran *m*

displease [dɪ'spliːz] *vt* mécontenter; **to be ~d by sth** être contrarié par qc

displeasure [dɪ'spleʒəʳ, *Am:* -ə·] *n no pl* mécontentement *m*

disposable *adj* **1.** (*being thrown away after use*) jetable **2.** (*person*) remplaçable **3.** (*assets, funds*) disponible

disposal *n* **1.** *no pl* (*getting rid of*) enlèvement *f* **2.** (*arrangement*) disposition *f*; **to be at sb's ~** être à la disposition de qn

dispose [dɪ'spəʊz, *Am:* -'spoʊz] *vt form* disposer
♦**dispose of** *vt* se débarrasser de; (*of evidence*) détruire

disposed *adj form* **to be ~ to** +*infin* être disposé à +*infin*

disposition [ˌdɪspə'zɪʃən] *n* tempérament *m*

dispossess [ˌdɪspə'zes] *vt form* ex-proprier; **to ~ sb of sth** déposséder qn de qc

disprove [dɪ'spruːv] *vt* réfuter

disputable *adj* discutable; (*point*) controversé

dispute [dɪ'spjuːt] **I.** *vt* contester **II.** *vi* se quereller **III.** *n* **1.** (*argument*) querelle *f*; **to have a ~ with sb** se quereller avec qn **2.** POL, ECON conflit *m* **3.** (*debate*) controverse *f*; **to be open to ~** être contestable

disqualify [dɪ'skwɒlɪfaɪ, *Am:* dɪ'skwɑːlə-] <-ie-> *vt* **1.** (*debar*) rendre inapte; **to ~ sb from sth** rendre qn inapte à qc; **to be ~ied from driving** avoir un retrait de permis **2.** SPORT, GAMES disqualifier

disquiet [dɪ'skwaɪət] *n no pl, form* inquiétude *f*

disregard [ˌdɪsrɪ'gɑːd, *Am:* -rɪ'gɑːrd] **I.** *vt* **1.** (*ignore*) ignorer **2.** (*despise*) mépriser **II.** *n no pl* **1.** (*deliberate ignorance*) indifférence *f* **2.** (*contempt*) mépris *m*

disrepair [ˌdɪsrɪ'peəʳ, *Am:* -rɪ'per] *n no pl* dégradation *f*; **state of ~** état *m* de délabrement

disreputable *adj* peu recommandable

disrupt [dɪs'rʌpt] *vt* perturber

dissatisfaction [dɪsˌsætɪs'fækʃən, *Am:* ˌdɪssæt̬əs'-] *n no pl* mécontentement *m*

dissatisfied *adj* mécontent; **to be ~ with sth** être mécontent de qc

dissect [dɪ'sekt] *vt* disséquer

dissection *n no pl* dissection *f*

disseminate [dɪ'semɪneɪt] **I.** *vt* propager **II.** *vi* se propager

dissension [dɪ'sentʃən] *n form* dissension *f*

dissent [dɪ'sent] **I.** *n no pl* désaccord *m* **II.** *vi* **to ~ from sth** être en désaccord avec qc

dissertation [ˌdɪsə'teɪʃən, *Am:* -ə·'-] *n* dissertation *f*

dissimilar [ˌdɪs'sɪmɪləʳ, *Am:* -lə·] *adj* dissemblable; **to be not ~** ne pas différer

dissipate ['dɪsɪpeɪt] **I.** *vi* **1.** (*disappear*) se dissiper **2.** *fig* s'évanouir **II.** *vt* **1.** (*cause to disappear*) dissiper

2. *fig* éclaircir

dissociate [dɪ'səʊʃieɪt, *Am:* -'soʊ-] *vt* dissocier

dissolve [dɪ'zɒlv, *Am:* -'zɑːlv] **I.** *vi a. fig* se dissoudre **II.** *vt a. fig* dissoudre

dissuade [dɪ'sweɪd] *vt form* dissuader

distance ['dɪstənts] *n* distance *f;* **at a ~** avec du recul; **in the ~** au loin

distant ['dɪstənt] *adj* **1.** (*far away*) éloigné; (*shore, memory*) lointain **2.** (*not closely related*) éloigné **3.** (*person*) distant

distaste [dɪ'steɪst] *n no pl* répugnance *f*

distend [dɪ'stend] *vi* se distendre

distil <-ll-> *vt,* **distill** [dɪ'stɪl] *vt Am, Aus, a. fig* distiller

distillery *n* distillerie *f*

distinct [dɪ'stɪŋkt] *adj* **1.** (*obviously separate*) distinct **2.** (*words*) clair **3.** (*lack*) évident

distinction *n* distinction *f*

distinctive *adj* caractéristique

distinguish [dɪ'stɪŋgwɪʃ] **I.** *vi* faire la distinction **II.** *vt* distinguer; **to ~ sb/sth from sb/sth** distinguer qn/qc de qn/qc; **to ~ oneself in sth** se distinguer dans qc

distinguished *adj* distingué

distort [dɪ'stɔːt, *Am:* -'stɔːrt] *vt* déformer; (*facts, truth*) altérer

distract [dɪ'strækt] *vt* distraire; (*attention*) détourner

distracted *adj* distrait

distraction *n* distraction *f;* **to be a ~ from sth** détourner l'attention de qc

distraught [dɪ'strɔːt, *Am:* -'strɑːt] *adj* **to be ~ with sth** être bouleversé par qc

distress [dɪ'stres] **I.** *n no pl* **1.** (*extreme pain*) souffrance *f* **2.** (*state of danger*) détresse *f;* **in ~** en détresse **II.** *vt* affliger

distressed *adj* **1.** (*unhappy*) affligé **2.** (*in difficulties*) en détresse

distressed area *n* zone *f* sinistrée

distressful *adj Am,* **distressing** *adj* **1.** (*causing great worry*) affligeant **2.** (*painful*) douloureux

distribute [dɪ'strɪbjuːt] *vt* **1.** (*share*) *a.* ECON distribuer

2. (*spread over space*) répartir; **to ~ sth evenly** étaler uniformément

distribution *n no pl* **1.** (*giving out*) distribution *f* **2.** (*spread*) répartition *f*

distributor [dɪ'strɪbjətər, *Am:* -ṭər] *n* distributeur *m*

district ['dɪstrɪkt] *n* **1.** (*in city*) quartier *m;* (*in country*) région *f* **2.** ADMIN district *m*

distrust [dɪ'strʌst] **I.** *vt* se méfier de **II.** *n no pl* méfiance *f*

disturb [dɪ'stɜːb, *Am:* -'stɜːrb] *vt* **1.** (*bother, disarrange*) déranger **2.** (*peace, sleep*) troubler **3.** (*worry*) inquiéter

disturbance [dɪ'stɜːbənts, *Am:* -'stɜːr-] *n* **1.** (*nuisance*) dérangement *m;* **to cause a ~** semer le désordre **2.** (*unorderly public incident*) troubles *mpl;* **to cause a ~** troubler l'ordre public **3.** METEO perturbation *f*

disturbed *adj* **1.** (*not peaceful*) agité **2.** (*mentally upset*) perturbé

disturbing *adj* perturbant

disuse [dɪ'sjuːs] *n no pl* **to fall into ~** tomber en désuétude

disused *adj* non utilisé; (*railway lines*) désaffecté

ditch [dɪtʃ] **I.** <-es> *n* fossé *m* **II.** *vt* **1.** (*stolen car*) abandonner; (*proposal*) laisser tomber **2.** *inf* (*stop dating*) laisser tomber

dither ['dɪðər, *Am:* -ə-] *vi pej* tergiverser

ditto ['dɪtəʊ, *Am:* 'dɪṭoʊ] *adv* idem; **~ for me** *Am* idem pour moi

dive [daɪv] **I.** *n* **1.** (*plunge*) *a. fig* plongeon *m;* **to take a ~** plonger **2.** AVIAT piqué *m* **3.** *inf* (*undesirable establishment*) bouge *m* **II.** *vi* <dived *o Am* dove, dived *o Am* dove> **1.** (*plunge*) *a. fig* plonger; **to ~ for sth** se ruer vers qc **2.** (*plane*) descendre en piqué

diver *n* plongeur, -euse *m, f*

diverge [daɪ'vɜːdʒ, *Am:* -'vɜːrdʒ] *vi a. fig* diverger; (*roads*) se séparer

diverse [daɪ'vɜːs, *Am:* dɪ'vɜːrs] *adj* **1.** (*varied*) divers **2.** (*not alike*) différent

diversify [daɪ'vɜ:sɪfaɪ, *Am:* dɪ,vɜ:r-] <-ie-> **I.** *vi* se diversifier **II.** *vt* diversifier

diversion [daɪ'vɜ:ʃən, *Am:* dɪ'vɜ:r-] *n* **1.** *no pl* (*changing of direction*) déviation *f* **2.** (*distraction*) diversion *f* **3.** (*entertainment*) distraction *f*

diversity [daɪ'vɜ:səti, *Am:* dɪ'vɜ:rsəti] *n no pl* diversité *f*

divert [daɪ'vɜ:t, *Am:* dɪ'vɜ:rt] *vt* **1.** (*change the direction of*) dévier **2.** (*attention*) détourner **3.** (*amuse*) divertir

divide [dɪ'vaɪd] **I.** *vt* **1.** (*split*) *a. fig* diviser **2.** (*food, work, time*) partager **3.** (*wall, mountain*) séparer **4.** MAT to ~ **six by two** diviser six par deux **II.** *vi* **1.** (*split*) *a. fig* se diviser; (*road*) bifurquer; (*train, group*) se séparer; **our paths ~d** nos routes se sont séparées **2.** MAT **to ~ by a number** être divisible par un nombre **3. to ~ and rule** diviser pour régner

divided *adj* **1.** (*undecided*) partagé **2.** (*in disagreement*) divisé

dividend ['dɪvɪdend] *n* dividende *m*

divine [dɪ'vaɪn] *adj* divin

diving *n no pl* **1.** (*jumping*) plongeon *m* **2.** (*swimming*) plongée *f*

diving board *n* plongeoir *m* **diving suit** *n* scaphandre *m*

divinity [dɪ'vɪnəti, *Am:* -əti] *n no pl* divinité *f*

divisible [dɪ'vɪzəbl] *adj* divisible

division [dɪ'vɪʒən] *n* **1.** *a. fig* division *f* **2.** (*separation*) séparation *f*

divorce [dɪ'vɔ:s, *Am:* -'vɔ:rs] **I.** *n* divorce *m* **II.** *vt, vi* divorcer

divorced *adj* divorcé

divorcee, divorcé(e) *n* homme *m* divorcé, femme *f* divorcée

divulge [daɪ'vʌldʒ, *Am:* dɪ-] *vt* divulguer

DIY *n no pl, Brit, Aus abbr of* **do-it-yourself** bricolage *m*

dizzy ['dɪzi] <-ier, -iest> *adj* pris de vertiges

Djibouti [dʒɪ'bu:ti] *n* Djibouti

DNA *n no pl abbr of* **deoxyribonucleic acid** ADN *m*

do [du:] **I.** *n* **1.** *Brit, Aus, inf* (*party*) fête *f* **2. the ~s and don'ts** ce qu'il faut faire et ce qu'il ne faut pas faire **II.** <does, did, done> *aux* **1.** (*word used to form questions*) ~ **you have a dog?** avez-vous un chien ? **2.** (*to form negatives*) **Freddy doesn't like olives** Freddy n'aime pas les olives **3.** (*to form negative imperatives*) **don't go!** n'y vas pas ! **4.** (*for emphasis*) **I ~ like her** je l'aime vraiment bien; ~ **you (now)?** ah, oui, vraiment?!; ~ **come to our party!** venez à notre fête, vraiment! **5.** (*to replace a repeated verb*) **she runs faster than he does** elle court plus vite que lui; **so** – **I** moi aussi; **"I don't smoke." "neither** – **I."** "je ne fume pas." "moi non plus." **6.** (*in tag questions and replies*) **I saw him yesterday** – **did you?** je l'ai vu hier – **vraiment?; you like beef, don't you?** tu aimes le bœuf, n'est-ce pas?; **who did that?** – **I did** qui a fait ça? – **moi; should I come?** – **no, don't** dois-je venir – **non, surtout pas III.** <does, did, done> *vt* **1.** (*carry out*) **faire; to ~ sth again** refaire qc; **what** – **you** – **for a living?** qu'est-ce que tu fais comme travail?; **what is he ~ing ...?** que fait-il?; **what can I ~ for you?** que puis-je (faire) pour vous?; **what I am going to ~ with you/this cake** qu'est-ce que je vais bien pouvoir faire de toi/de ce gâteau **2.** (*place somewhere*) **what have you done with my coat?** qu'est-ce que tu as fait de mon manteau? **3.** (*help*) **can you ~ anything for my back?** pouvez-vous faire qc pour mon dos, docteur?; **this medication does nothing** ce médicament ne fait aucun effet **4.** (*act*) **to ~ right** bien faire; **to ~ sb well** bien agir envers qn **5.** (*learn*) **to ~ Chinese** faire du chinois **6.** (*make neat*) **to ~ the dishes** faire la vaisselle; **to ~ one's teeth** se laver les dents; **to get one's hair done** se faire coiffer; **to ~ flowers** arranger les fleurs **7.** (*cover a distance*) **to ~ Paris to Bordeaux in five hours** faire Paris-Bordeaux en cinq heures; **to ~ ... miles/per hour** faire du ... miles à l'heure; **did you ~ India?** est-ce que tu as fait l'Inde ? **8.** (*be satisfactory*) **"I only have bread – will that ~ you?"** "je n'ai que du pain – ça te va ?" **9.** (*cause*) **to ~ sb credit** avantager qn; **will you ~ me a favour?** tu veux me faire plaisir ?; **to ~ sb good/harm** faire du bien/du mal à qn; **to ~ sb the honour of ~ing sth** *form* faire l'honneur à qn de faire qc **10. what's done cannot be undone** *prov* ce qui est fait est fait **IV.** <does, did, done> *vi* **1.** (*act*) faire; **you did right** tu as bien fait; **~ as you like** fais comme tu veux **2.** (*be satisfactory*) convenir; **that book will ~** ce livre fera l'affaire; **thank you, that will ~** merci, ça me suffit **3.** (*manage*) **to ~ well** (*person*) s'en tirer bien; (*business*) marcher bien; **how are you ~ing?** bonjour, ça va ?; **to be ~ing well** aller bien **4.** (*finish with*) **to be done with sb/sth** en avoir terminé [*o* fini] avec qn/qc **5. ~ or die** marche ou crève

◆**do away with** *vi inf* se débarrasser de

◆**do up I.** *vt* **1.** (*fasten*) fermer; (*hair, shoes*) attacher; **to ~ sb's buttons** boutonner qn **2.** (*wrap*) emballer **3.** (*dress in an impressive way*) **to be done up** être sur son trente et un; **to do oneself up** se faire beau **II.** *vi* se fermer

◆**do with** *vt* **1.** (*be related to*) **to have to ~ sth** avoir à voir avec qc; **to have to ~ sb** avoir à faire avec qn; **that has nothing to do with it** cela n'a rien à voir **2.** *Brit, inf* (*need*) avoir besoin de **3.** (*finish*) **to be done with** être fini; **to be done with sth** en avoir fini avec qc

◆**do without** *vt* se passer de

domesticated *adj* casanier

donut ['dəʊnʌt, *Am:* 'doʊ] *n Am s.* **doughnut**

doomed *adj* voué à l'échec

docile ['dəʊsaɪl, *Am:* 'dɑ:səl] *adj* docile

dock[1] [dɒk, *Am:* dɑ:k] **I.** *n* **1.** (*wharf*) dock *m*; **dry ~** cale *f* sèche; **in ~** en réparation **2.** *Am* (*pier*) jetée *f* **II.** *vi* arriver à quai

dock[2] [dɒk, *Am:* dɑ:k] *n* BOT *no pl* patience *f*

docker *n inf* docker *m*

dockyard *n* chantier *m* naval

doctor ['dɒktəʳ, *Am:* 'dɑ:ktə] **I.** *n* **1.** (*physician*) médecin *m* **2.** (*person with a doctorate*) docteur *m* **II.** *vt pej* falsifier

doctorate *n* doctorat *m*

> **i** Un **doctorate** ou un "doctor's degree" dans une matière est le grade académique le plus élevé normalement attribué par une université pour la soutenance d'une thèse. Les "doctorates" les plus courants sont un "Ph.D." ou un "D.Phil." ("Doctor of Philosophy") pour une thèse de troisième cycle; il en existe d'autres tels que le "D.Mus." ("Doctor of Music"), le "MD" ("Doctor of Medicine"), le "LL D" ("Doctor of Laws"). Par exemple, un "D.Litt." ("Doctor of Letters") ou un "D.Sc." ("Doctor of Science") peuvent être accordés par une université à une personnalité exceptionnelle pour ses publications d'articles ou autres travaux importants.

doctrine ['dɒktrɪn, *Am:* 'dɑ:k-] *n* doctrine *f*

document ['dɒkjəmənt, *Am:* 'dɑ:-] *n* document *m*

documentary [ˌdɒkjə'mentəri, *Am:* ˌdɑ:kjə'mentəi] **I.** <-ries> *n* documentaire *m* **II.** *adj* communautaire

dodge [dɒdʒ, *Am:* dɑ:dʒ] **I.** *vt* esquiver; (*question*) éluder; (*work*) fuir; (*person*) éviter **II.** *vi* s'esquiver **III.** *n inf* combine *f*

dodgy <-ier, -iest> *adj Brit, Aus, inf*

douteux

doe [dəʊ, *Am:* doʊ] *n* **1.**(*deer*) biche *f* **2.**(*rabbit*) lapine *f*

does [dʌz] *he does, she does, it does s.* **do**

doeskin ['dəʊskɪn, *Am:* 'doʊ-] *n* daim *m*

doesn't *s.* does not *s.* do

dog [dɒg, *Am:* dɑ:g] **I.** *n* **1.**(*animal*) chien *m;* **hunting ~** chien de chasse **2.**(*nasty man*) **the (dirty) ~!** quelle peau de vache! **3. to live a ~'s life** mener une vie de chien; **~ eat ~** *prov* les loups ne se font pas de cadeaux **II.**<-gg-> *vt* suivre à la trace; **to ~ sb with questions** harceler qn de questions

dog collar *n* collier *m* de chien **dog-eared** *adj* corné

dogged *adj* tenace

dogsbody *n Brit, Aus, inf* homme *m* à tout faire, boniche *f*

doing *n* action *f;* **to be (of) sb's ~** être l'œuvre de qn

do-it-yourself *n no pl* bricolage *m*

doldrums ['dɒldrəmz, *Am:* 'doʊl-] *npl* **to be in the ~** (*feel depressed*) broyer du noir; FIN être dans le marasme

dole [dəʊl, *Am:* doʊl] **I.** *n* allocation *f* chômage; **to be on the ~** être au chômage **II.** *vt* **to ~ sth out** distribuer qc

doleful *adj* triste

doll [dɒl, *Am:* dɑ:l] *n* poupée *f*

dollar ['dɒləʳ, *Am:* 'dɑ:lɚ] *n* dollar *m*, piastre *f Québec*

dollop ['dɒləp, *Am:* 'dɑ:-] *n* portion *f*

dolly <-ies> *n* petite poupée *f*

dolphin ['dɒlfɪn, *Am:* 'dɑ:l-] *n* dauphin *m*

domain [dəʊ'meɪn, *Am:* doʊ-] *n a.* POL, INFOR domaine *m*

dome [dəʊm, *Am:* doʊm] *n* dôme *m*

domestic [də'mestɪk] **I.** *adj* **1.**(*appliance, commitments*) ménager; (*situation, life, bliss*) familial; (*violence, dispute*) conjugal; (*fuel*) domestique; **a ~ worker** un(e) employé(e) de maison; **to do ~ work**

faire les ménages **2.**(*animal*) domestique **3.**(*market, flight, affairs*) intérieur; (*products, economy, currency*) national; (*crisis, issue*) de politique intérieure; (*wines*) du pays; **gross ~ product** produit *m* national brut **II.** *n* domestique *mf*

domicile ['dɒmɪsaɪl, *Am:* 'dɑ:mə-] *n form* LAW domicile *m*

dominant *adj* dominant

dominate ['dɒmɪneɪt, *Am:* 'dɑ:mə-] *vt, vi* dominer

domination *no pl n* domination *f*

domineering *adj pej* autoritaire

Dominican Republic *n* République *f* dominicaine

domino ['dɒmɪnəʊ, *Am:* 'dɑ:mənoʊ] <-noes> *n* domino *m*

domino effect *no pl n* effet *m* boule de neige

donate [dəʊ'neɪt, *Am:* 'doʊ-] **I.** *vt* faire un don de **II.** *vi* faire un don

donation *n* don *m*

done *pp of* do

donkey ['dɒŋki, *Am:* 'dɑ:ŋ-] *n* âne *m*

donor ['dəʊnəʳ, *Am:* 'doʊnɚ] *n* donateur, -trice *m, f;* **blood/organ ~** donneur, -euse *m, f* de sang/d'organes

don't = do not *s.* do

donut *n Am s.* doughnut

doodle ['du:dl] **I.** *vi* gribouiller **II.** *n* gribouillage *m*

doom [du:m] **I.** *n* fatalité *f* **II.** *vt* condamner

door [dɔ:ʳ, *Am:* dɔ:r] *n* porte *f*

doorframe *n* chambranle *m* **doorkeeper** *n s.* doorman **doorknob** *n* bouton *m* de porte **doorman** *n* portier *m* **doormat** *n a. pej* paillasson *m* **doorstep** *n* pas *m* de porte **door-to-door** *adj* à domicile; **~ selling** porte-à-porte *m* **doorway** *n* entrée *f*

dope [dəʊp, *Am:* doʊp] **I.** *n* **1.** *no pl, inf* MED dope *f* **2.** *inf* (*stupid person*) gourde *f* **II.** *vt* doper

dopey *adj* <-ier, -iest> hébété

dopy *adj s.* dopey

dormant ['dɔ:mənt, *Am:* 'dɔ:r-] *adj* (*volcano*) endormi

dormitory ['dɔːmɪtəri, *Am:* 'dɔːrmətɔːri] *n* **1.** (*sleeping quarters*) dortoir *m* **2.** *Am* (*for students*) cité *f* universitaire

Dormobile® ['dɔːməbiːl, *Am:* 'dɔːr-] *n* camping-car *m*

DOS [dɒs, *Am:* dɑːs] *n no pl, no art abbr of* **disk operating system** DOS *m*

dose [dəus, *Am:* dous] *n* dose *f*

dosser *n Brit, pej, inf* clochard(e) *m(f)*

dosshouse *n Brit, inf* bouge *m*

dot [dɒt, *Am:* dɑːt] **I.** *n* **a.** TYP point *m;* **to be on the** ~ être à la minute près **II.** <-tt-> *vt* parsemer; **to be ~ted with sth** être criblé de qc

dote [dəut, *Am:* dɑːt] *vi* **to** ~ **on sb/sth** adorer qn/qc

double ['dʌbl] **I.** *adj* double **II.** *adv* **1.** (*twice*) deux fois **2.** (*in two*) en deux; **to start seeing** ~ commencer à voir (en) double **III.** *vt, vi* doubler **IV.** *n* double *m;* ~ **or nothing** [*o* **quits**] quitte ou double

double bed *n* lit *m* à deux places **double-check** *vt* revérifier **double chin** *n* double menton *m* **double-click** *vi* INFOR double-cliquer **double-cross** **I.** *vt* doubler **II.** <-es> *vt* **double-crosser** *n pej* faux jeton *m* **double-decker** *n* autobus *m* à impériale **double Dutch** *no pl n inf* baragouin *m* **double glazing** *no pl n* double vitrage *m* **double-park** **I.** *vi* se garer en double file **II.** *vt* garer en double file

doubles *npl* SPORT double *m*

doubly *adv* deux fois

doubt [daut] *no pl* **I.** *n* doute *m;* **to be in** ~ avoir des doutes; **no** ~ incontestablement **II.** *vt* douter de; **to** ~ **whether** douter que *+subj*

doubtful *adj* douteux

doubtless *adv* sans aucun doute

dough [dəu, *Am:* dou] *n* **1.** GASTR pâte *f* **2.** *Am, inf* (*money*) pognon *m*

doughnut ['dəunʌt, *Am:* 'dou-] *Am* beignet *m*, beigne *m Québec*

douse [daus] *vt* **1.** (*drench*) plonger **2.** (*extinguish*) éteindre

dove¹ [dʌv] *n* colombe *f*

dove² [dəuv, *Am:* douv] *Am pt of* **dive**

Dover ['dəuvər, *Am:* 'douvɚ] *n* Douvres

dovetail ['dʌvteɪl] *vi, vt* concorder

dowdy ['daudi] *adj* <-ier, -iest> *pej* débraillé

down¹ [daun] *n* duvet *m*

down² [daun] *n* collines *fpl*

down³ [daun] **I.** *adv* **1.** (*with movement*) en bas, vers le bas; **to come** [*o* **go**] ~ descendre; **to fall** ~ tomber; **to lie** ~ s'allonger; **on the way** ~ **from London** en venant de Londres; **to go** ~ **to Brighton/the sea** descendre à Brighton/aller à la mer **2.** (*less intensity*) **the price is** ~ le prix a baissé; **the wind died** ~ le vent s'apaisa; **the tyres are** ~/**right** ~ les pneus sont dégonflés/à plat **3.** (*position*) en bas; ~ **there**/**here** là-bas/ici; **further** ~ plus bas; ~ **South** dans le Sud; **to hit sb when he is** ~ frapper qn à terre **4.** (*temporal*) ~ **to here** jusqu'ici; **from grandfather** ~ **to granddaughter** du grand-père à la petite-fille **5. head** ~ tête baissée; **the sun is** ~ le soleil s'est couché; **to be** ~ **on sb** en vouloir à qn; ~ **with sb/sth!** à bas qn/qc! **II.** *prep* **to go** ~ **the stairs** descendre l'escalier; **to live** ~ **the street** habiter plus bas dans la rue **III.** *adj* **1.** (*depressed*) **to feel** ~ être déprimé **2.** INFOR, TECH en panne

down and out, down-and-out **I.** *adj* sans le sou **II.** *n* clochard(e) *m(f)* **downcast** *adj* abattu; (*eyes*) baissé **downfall** *n* **1.** (*fall from power*) effondrement *m* **2.** (*cause of sb's fall*) ruine *f* **downhearted** *adj* abattu **downhill** **I.** *adv* (*toward the bottom of a hill*) en descendant **II.** *adj* descendant

Downing Street *n Brit:* résidence officielle du Premier ministre britannique située au numéro 10.

download [ˌdaun'ləud, *Am:* 'daunloud] INFOR **I.** *vt* télécharger **II.** *n* téléchargement *m* **down payment** *n* acompte *m* **downpour** *n* averse *f*, drache *f Belgique* **downright** I. *adj* **1.** (*utter*) pur; **it is a ~ disgrace** c'est vraiment une honte **2.** (*frank*) franc II. *adv* vraiment **downsizing** *n* ECON suppression *f* d'emplois **downstairs** I. *adv* en bas de l'escalier II. *adj* au rez-de-chaussée III. *n no pl* rez-de-chaussée *m* **downstream** *adv* dans le sens du courant **down-to-earth** *adj* terre-à-terre **downtown** I. *n no pl, no art* centre *m* II. *adv Am* dans/vers le centre ville III. *adj Am* du centre ville **downturn** *n* fléchissement *m* **downward** I. *adj* **1.** (*going down*) descendant **2.** (*decreasing*) en baisse II. *adv Am s.* **downwards downwards** *adv* vers le bas **dowry** ['dauəri] <-ries> *n* trousseau *m*

doz. *n abbr of* **dozen** douzaine *f*
doze [dəuz, *Am:* douz] I. *vi* somnoler II. *n* somme *f*; **to fall into a ~** s'assoupir
dozen ['dʌzn] *n* douzaine *f*
dozy ['dəuzi, *Am:* 'dou-] *adj* <-ier, -iest> **1.** (*drowsy*) somnolent **2.** *Brit, inf* (*stupid*) lent
Dr *n abbr of* **Doctor** Dr *m*
drab [dræb] *adj* <drabber, drabbest> terne
draconian [drə'kəunɪən, *Am:* -'kou-] *adj* draconien
draft [drɑːft, *Am:* dræft] I. *n* **1.** (*preliminary version*) ébauche *f* **2.** *no pl, Am* MIL **the ~** l'incorporation *f* militaire *m* **3.** *Brit* FIN, ECON lettre *f* de change **4.** *Am s.* **draught** II. *vt* **1.** (*prepare a preliminary version*) esquisser; (*a plan*) ébaucher **2.** *Am* MIL recruter
draftsman ['drɑːftsmən, *Am:* 'dræfts-] *n Am, Aus* TECH *s.* **draughtsman**
drafty ['dræfti] *adj Am s.* **draughty**
drag [dræg] I. *n* **1.** *no pl* (*force*) résistance *f* **2.** *no pl* (*impediment*) obstacle *m* **3.** *no pl, inf* (*a bore*) raseur, -euse *m, f* **4.** *no pl, inf* SOCIOL **to be in ~** être en travesti **5.** *inf* (*cigarette smoke*) bouffée *f* II. <-gg-> *vt* **1.** (*pull*) a. *fig* traîner; **to ~ one's**

feet traîner les pieds; **to ~ sb out of bed** tirer qn de son lit; **to ~ oneself to sth** se traîner jusqu'à qc **2.** INFOR faire glisser III. *vi* traîner; (*time, speech*) traîner en longueur
◆**drag** *adv* *vt* **1.** (*pull*) traîner **2.** (*refer to*) faire allusion à
◆**drag on** *vi pej* s'éterniser
dragon ['drægən] *n* dragon *m*
dragonfly ['drægənflaɪ] <-flies> *n* libellule *f*
drag queen *n* drag queen *m*
drain [dreɪn] I. *vt* **1.** *a.* BOT, AGR, MED drainer **2.** *form* (*empty by drinking*) vider **3.** (*tire out*) épuiser II. *vi* **1.** (*flow away*) s'écouler **2.** BOT, AGR être drainé **3.** (*vanish gradually*) se vider III. *n* **1.** TECH drain *m* **2.** *pl* canalisation *f* **3.** (*constant expenditure*) *a. fig* fuite *f*
drainage ['dreɪnɪdʒ] *n no pl* drainage *m*
drainpipe ['dreɪnpaɪp] *n* TECH collecteur *m*
drake [dreɪk] *n* canard *m* (mâle)
dram [dræm] *n Scot* gorgée *f*
drama ['drɑːmə] *n* **1.** drame *m* **2.** (*theater*) théâtre *m*
drama school *n* école *f* de théâtre
dramatic [drə'mætɪk, *Am:* -'mæt̬-] *adj* dramatique
dramatist *n* dramaturge *mf*
dramatize ['dræmətaɪz, *Am:* 'drɑːmə-] *vt* **1.** THEAT, CINE, TV adapter **2.** (*exaggerate*) dramatiser
drank [dræŋk] *pt of* **drink**
drape [dreɪp] I. *vt* draper; **to be ~d in sth** être drapé de qc II. *n pl* ~**s** rideaux *mpl*
drastic ['dræstɪk] *adj* drastique; (*measure, cuts*) draconien; (*change*) radical; (*action*) énergique
draught [drɑːft, *Am:* dræft] *n* **1.** (*air current*) courant *m* d'air **2.** GASTR pression *f*; **on ~** à la pression **3.** *Brit* GAMES dames *fpl*; **to play ~** jouer aux dames
draughtsman *n* dessinateur, -trice *m, f*
draughty ['drɑːfti, *Am:* 'dræf-] *adj* <-ier, -iest> plein de courants d'air
draw [drɔː, *Am:* drɑː] I. *n* **1.** (*sb/sth*

attractive) attraction *f* **2.**(*power to attract attention*) séduction *f* **3.**SPORT match *m* nul **4.**(*lottery*) tirage *m* **II.**<drew, drawn> *vt* **1.**a. *fig* tirer **2.**(*make picture*) dessiner; (*a line*) tirer; (*a picture*) faire **3.**(*pull*) tirer; **to ~ sb aside** mettre qn à l'écart **4.**(*attract*) attirer **5.**(*a confession*) soutirer; (*a criticism*) provoquer **6.**(*formulate*) faire; (*a conclusion*) tirer **III.**<drew, drawn> *vi* **1.**ART dessiner **2.**(*move*) se diriger; **to ~ near** s'approcher; (*time*) approcher; **to ~ apart** se séparer; **to ~ away** s'éloigner **3.**(*draw lots*) effectuer un tirage au sort **4.**GAMES faire match nul

◆ **draw back I.** *vi* **1.**(*recoil*) reculer **2.**(*chose not to do sth*) faire marche arrière **II.** *vt* **1.**(*table, chair*) tirer; (*curtains*) ouvrir **2.**(*attract*) **my mother drew me back** ma mère m'a poussé à revenir; **to be drawn back to sth** être attiré par qc

◆ **draw down** *vt* (a)baisser

◆ **draw in I.** *vi* **1.**RAIL, AUTO arriver **2.**(*days*) raccourcir; (*nights*) rallonger **II.** *vt* **1.**(*involve*) impliquer **2.**(*reins*) tirer; (*claws*) rentrer **3.**(*inhale*) aspirer

◆ **draw off** *vt* retirer; (*a beer*) tirer

◆ **draw on I.** *vt* **1.**(*use*) se servir de **2.**(*cigarette, pipe*) tirer sur **3.**(*put on*) mettre; (*boots, gloves*) enfiler **II.** *vi* **1.**(*continue*) s'avancer; (*time*) avancer **2.***form* (*approach* (*in time*)) s'approcher

◆ **draw out I.** *vt* **1.**(*bring out*) a. *fig* sortir; (*money*) retirer; **to draw sth out of sth** sortir qc de qc; **to draw sth out of sb** faire parler qn; **to draw sb out of oneself** faire sortir qn de sa réserve **2.**(*prolong*) prolonger; (*vowels*) allonger; (*situation, meeting*) faire traîner; (*meal*) prolonger **3.**(*stretch*) étirer **4.**(*feelings, memories*) faire ressortir **5.**(*make angry*) pousser à bout **II.** *vi* **1.**RAIL, AUTO partir **2.**(*days*) rallonger

◆ **draw up I.** *vt* **1.**(*a document, contract, programme*) dresser; (*a plan*) élaborer **2.**(*pull*) tirer; **to**

draw oneself up se dresser **II.** *vi* (*a vehicle*) s'arrêter; (*train*) arriver en gare; (*troops*) faire (une) étape

drawback ['drɔ:bæk, *Am:* 'drɑ:-] *n* inconvénient *m*

drawbridge *n* pont-levis *m*

drawer ['drɔ:ʳ, *Am:* 'drɔ:r] *n* tiroir *m*; **a chest of ~s** une commode

drawing *n* dessin *m*

drawing board *n* planche *f* à dessin
drawing pin *n Brit, Aus* punaise *f*
drawing room *n form* salon *m*

drawl [drɔ:l, *Am:* drɑ:l] *n* voix *f* traînante

drawn [drɔ:n, *Am:* drɑ:n] *pp of* **draw**

dread [dred] **I.** *vt* appréhender **II.** *n no pl* terreur *f*; **to live/be in ~ of doing sth** vivre/être dans l'angoisse de faire qc

dreadful *adj* (*mistake*) terrible; (*accident*) atroce

dreadfully *adv* terriblement

dream [dri:m] **I.** *n* rêve *m*; **to have a ~** faire un rêve; **to have a ~ about sth** rêver de qc; **in your ~s!** tu rêves! **II.** *adj* de rêve **III.**<dreamt, dreamt *o* dreamed, dreamed> *vi* rêver; **to ~ about** [*o* **of**] **sb/sth** rêver de qn/qc; **~ on!** tu peux toujours y compter!; **to ~ of doing sth** s'imaginer faire qc **IV.**<dreamt, dreamt *o* dreamed, dreamed> *vt* **1.**PYSCH rêver **2.**(*imagine*) imaginer

◆ **dream up** *vt* imaginer

dreamer *n* rêveur, -euse *m, f*

dreamt [dremt] *pt, pp of* **dream**

dreamy ['dri:mi] *adj* **1.**(*fantisizing*) rêveur **2.***inf* (*delightful*) fabuleux

dreary ['drɪəri, *Am:* 'drɪr-] *adj* ennuyeux

dredge¹ [dredʒ] **I.** *n* dragueur *m* **II.** *vt* draguer

dredge² [dredʒ] *vt* GASTR saupoudrer

dregs [dregz] *npl* a. *fig* lie *f*

drench [drentʃ] *vt* tremper

dress [dres] **I.** *n* **1.**<-es> (*woman's garment*) robe *f* **2.***no pl* (*clothing*) tenue *f* **II.** *vi* s'habiller **III.** *vt* **1.**(*put on clothing*) habiller **2.**(*greens, salad*) assaisonner; (*vegetables,* *dish*) accommoder

◆**dress up** I. *vi* **1.** FASHION (bien) s'habiller **2.** (*disguise*) se déguiser II. *vt* **to dress oneself up** s'habiller

dressed *adj* habillé

dresser *n* GASTR buffet *m* (de cuisine)

dressing *n* **1.** *no pl* FASHION habillement *m* **2.** GASTR assaisonnement *m;* **French** ~ vinaigrette *f*

dressing gown *n* robe *f* de chambre **dressing room** *n* dressing(-room) *m* **dressing table** *n* coiffeuse *f*

dressmaker *n* couturier, -ière *m, f*

dressmaking *no pl n* couture *f*

dressy ['dresi] *adj* <-ier, -iest> habillé

drew [dru:] *pt of* **draw**

dribble ['drɪbl] I. *vi* **1.** (*drool*) baver **2.** (*trickle*) dégouliner **3.** SPORT dribbler II. *n* **1.** *no pl* (*saliva*) bave *f* **2.** (*small droplet*) gouttelette *f* **3.** SPORT drib(b)le *m*

dried I. *pt, pp of* **dry** II. *adj* (*having been dried*) séché; (*fruit, vegetables*) sec; (*mushroom*) déshydraté; (*milk*) en poudre

drier *adj s.* **dryer**

drift [drɪft] I. *n* **1.** (*slow movement*) mouvement *m;* (*of ship*) dérive *f;* (*of current*) sens *m;* (*of events*) cours *m* **2.** (*mass blown together*) amoncellement *m;* (*of sand*) dune *f;* (*of snow*) congère *f* **3.** (*central meaning*) sens *m* général II. *vi* **1.** (*be moved*) *a. fig* dériver **2.** (*sand*) s'entasser; (*of snow*) former des congères

◆**drift apart** *vi* (*friends*) se perdre de vue

driftwood *no pl n* bois *m* de flottage

drill[1] [drɪl] I. *n* TECH perceuse *f;* **dentist's** ~ fraise *f* II. *vt* (*a hole*) percer; (*a well*) forer; (*a tooth*) fraiser III. *vi* forer

drill[2] [drɪl] I. *n* entraînement *m* II. *vt* entraîner III. *vi* s'entraîner

drink [drɪŋk] I. *n* **1.** GASTR boisson *f;* **soft** ~ boisson sans alcool **2.** *no pl* (*alcoholic beverage*) verre *m* II. <drank, drunk> *vi* boire; **to** ~ **sb/sth** boire à la santé de qn/à qc; **to** ~ **and drive** conduire sous l'emprise de l'alcool; **to** ~ **like a fish**

boire comme un trou III. <drank, drunk> *vt* boire; **to** ~ **a toast** porter un toast

drinkable *adj* **1.** (*safe to drink*) potable **2.** (*easy to drink*) buvable

drinker *n* GASTR buveur, -euse *m, f*

drinking I. *n* **1.** *no pl* GASTR **1.** (*beverage*) boire *m* **2.** (*alcohol*) alcool *m;* **her** ~ **destroyed their marriage** son alcoolisme a détruit leur mariage II. *adj* GASTR à boire; (*water*) potable

drinking fountain *n* fontaine *f* à boissons

drip [drɪp] I. <-pp-> *vi* goutter II. <-pp-> *vt* faire (s'é)goutter III. *n* **1.** (*drop*) goutte *f* **2.** MED perfusion *f;* **to be on a** ~ être sous perfusion

drip-dry *adj* ne nécessitant aucun repassage

drive [draɪv] I. *n* **1.** (*act of driving*) conduite *f;* **to go for a** ~ aller faire un tour en voiture **2.** (*distance driven*) trajet *m;* **it's ten minute's** ~ **from here** en voiture d'ici **3.** *no pl* TECH propulsion *f;* **front-wheel** ~ traction *f* avant; **a four wheel** ~ un véhicule à quatre roues motrices **4.** *no pl* PSYCH dynamisme *m* **5.** (*campaign*) campagne *f* **6.** (*small road*) allée *f* **7.** INFOR **hard disk** ~ unité *f* de disque II. <drove, driven> *vt* **1.** AUTO conduire; **to** ~ **10 km** rouler 10 km; **to** ~ **the car in the garage** rentrer la voiture dans le garage **2.** (*urge*) conduire; (*a herd, the economy*) mener **3.** (*propel*) entraîner **4.** (*impel*) obliger; **to** ~ **sb to drink**/**to suicide** pousser qn à la boisson/au suicide **5.** (*render*) rendre; **to** ~ **crazy** rendre fou III. <drove, driven> *vi* AUTO conduire; **to** ~ **into sth** rentrer dans qc; **to** ~ **away** partir en voiture

drive-in *n Am, Aus* drive-in *m,* cinéparc *m Québec* **drive-in cinema,** **drive-in movie** *n Am, Aus* drive-in *m Québec,* ciné-parc *m*

driven ['drɪvən] *pp of* **drive**

driver *n* conducteur, -trice *m, f;* (*for lorry, truck, taxi*) chauffeur *m*

driver's license *n Am* permis *m* de conduire

i Les **Drive through bottle shops** se trouvent partout en Australie. Souvent, ils appartiennent à des hôtels et ressemblent à un garage ouvert ou à une grange (on les appelle souvent aussi des "liquor barns"). On peut y entrer en voiture et, sans avoir besoin d'en descendre, on peut y acheter du vin, de la bière et des spiritueux servis directement par la fenêtre du véhicule.

driveway ['draɪvweɪ] *n* allée *f*
driving I. *n* conduite *f* II. *adj* 1. AUTO, TECH de conduite 2. (*related to engine*) moteur 3. (*rain*) battant; ~ **snow** tempête *f* de neige 4. (*powerful*) puissant
driving force *no pl n* force *f* directrice **driving instructor** *n* moniteur, ·trice *m, f* d'auto-école **driving lessons** *npl* leçons *fpl* de conduite **driving licence** *n Brit* permis *m* de conduire **driving school** *n* auto-école *f* **driving test** *n* permis *m* de conduire
drizzle ['drɪzl] I. *n no pl* bruine *f* II. *vi* bruiner
droll [drəʊl, *Am:* drovl] *adj* drôle; (*expression*) amusé
dromedary ['drɒmədəri, *Am:* 'drɑ:mədər-] <-ries> *n* dromadaire *m*
drone [drəʊn, *Am:* droʊn] *n no pl* 1. (*of engine*) ronronnement *m;* (*of insects*) bourdonnement *m* 2. ZOOL abeille *f* mâle
drool [dru:l] I. *vi* baver II. *n no pl* bave *f*
◆**drool over** *vt* s'extasier devant
droop [dru:p] *vi* 1. (*sag*) s'affaisser 2. (*feel depressed*) être déprimé
drop [drɒp, *Am:* drɑ:p] I. *n* 1. (*liquid form*) a. *fig* goutte *f;* (*of alcohol*) doigt *m;* ~ **by** ~ goutte à goutte 2. (*fall*) a. *fig* chute *f;* (*from aircraft*) parachutage *m* 3. (*decrease*) baisse *f* 4. (*important*

height/slope) chute *f* 5. (*length, vertical distance*) hauteur *f* 6. (*difference in level*) écart *m* 7. (*boiled sweet*) bonbon *m* II. <-pp-> *vt* 1. (*allow to fall*) lâcher; (*bomb*) larguer; (*anchor*) jeter; (*from airplane*) parachuter; (*by accident*) laisser tomber 2. (*lower*) baisser 3. (*abandon*) abandonner; (*person*) laisser tomber 4. *inf* (*express*) laisser échapper; **to** ~ **a hint about sth** faire une allusion à qc 5. (*leave out*) laisser; (*scene, word*) sauter 6. (*dismiss*) renvoyer 7. (*give a lift*) déposer 8. **to let it** ~ **that ...** laisser entendre que ...; **to** ~ **sb like a hot brick** laisser tomber qn comme une vieille chaussette III. <-pp-> *vi* 1. (*fall*) tomber; (*deliberately*) se laisser tomber 2. (*go lower*) baisser
◆**drop in** *vi inf* **to** ~ **on sb** (*briefly*) faire un saut chez qn; (*unexpectedly*) passer voir qn
◆**drop off** I. *vt inf* déposer II. *vi* 1. (*descend*) tomber 2. (*decrease*) baisser 3. *inf* (*fall asleep*) s'assoupir; **to** ~ **to sleep** s'endormir
◆**drop out** *vi* (*give up membership*) se retirer; (*of school*) abandonner
drop-down menu *n* INFOR menu *m* déroulant
droplet ['drɒlət, *Am:* 'drɑ:p-] *n* gouttelette *f*
dropout ['drɒpaʊt, *Am:* 'drɑ:p-] *n* étudiant(e) qui abandonne ses études
droppings ['drɒpɪŋz, *Am:* 'drɑ:pɪŋz] *npl* crottes *fpl*
drought [draʊt] *n* sécheresse *f*
drove [drəʊv, *Am:* droʊv] *pt of* **drive**
drown [draʊn] I. *vt* noyer; **to** ~ **oneself** se noyer; **like a** ~**ed rat** *inf* mouillé jusqu'aux os II. *vi* se noyer
drowning *n* noyade *f*
drowse [draʊz] *vi* somnoler
drowsy <-ier, -iest> *adj* somnolent
drudgery ['drʌdʒəri] *n no pl* corvée *f*
drug [drʌg] I. *n* 1. (*medicine*) médicament *m* 2. (*narcotic*) drogue *f*

II. <-gg-> vt droguer

drug addict n drogué(e) m(f) **drug addiction** n toxicomanie f **drug dealer** n dealer m **drug pusher** n pej revendeur, -euse m, f (de drogue)

drugstore ['drʌgstɔːʳ, Am: -stɔːr] n Am drugstore m

drum [drʌm] I. n 1. (percussion) tambour m 2. pl batterie f 3. (object) bidon m II. <-mm-> vi 1. (play percussion) battre du tambour 2. (tap) a. fig tambouriner III. vt tambouriner

drummer n batteur m

drumstick ['drʌmstɪk] n baguette f de tambour

drunk [drʌŋk] I. adj ivre II. n pej alcoolo mf III. pp of **drink**

drunkard ['drʌŋkəd, Am: -kəd] n pej ivrogne m

drunken ['drʌŋkən] adj pej ivre; (quarrel) d'ivrogne

dry [draɪ] I. <-ier, -iest o -er, est> adj 1. (not wet) sec 2. (having no butter) sans beurre 3. (with soft drinks) sans alcool; (bar) qui ne sert pas d'alcool 4. (sherry, martini) sec; (champagne) brut II. <-ie-> vt sécher; (skin) dessécher; (the dishes) essuyer; (clothes) faire sécher; **to ~ one's hair** se sécher les cheveux III. <-ie-> vi sécher; (skin) se dessécher

◆ **dry out** vi sécher; (skin) se dessécher

◆ **dry up** I. vi 1. (become dry) s'assécher 2. (dry the dishes) essuyer II. vt assécher

dry-clean vt nettoyer à sec **dry cleaner's** n no pl teinturier m **dry cleaning** n nettoyage m à sec

dryer n séchoir m; **hair ~** sèche-cheveux m

dual ['djuːəl, Am: 'duː-] adj double

dubbed adj post-synchronisé

dubious ['djuːbɪəs, Am: 'duː-] adj 1. (doubtful) douteux 2. (ambiguous) suspect 3. (hesitating) hésitant

duchess ['dʌtʃɪs] n duchesse f

duchy ['dʌtʃi] n duché m

duck [dʌk] I. n 1. canard m 2. like a

~ **to water** inf comme un poisson dans l'eau II. vi 1. (dip head) se baisser 2. (hide quickly) s'esquiver III. vt 1. (lower head) baisser 2. (avoid) esquiver

duckling ['dʌklɪŋ] n caneton m

duct [dʌkt] n conduit m

dud [dʌd] I. n 1. (useless object) toc m 2. (bomb) bombe f non éclatée 3. (person) nul(le) m(f) 4. (failure) échec m II. adj (forged) faux; (cheque) en blanc

dude [djuːd] n Am, inf type m

due [djuː, Am: duː] I. adj 1. (owing) dû; (debt, tax) exigible; **a bill ~ on 1st January** un effet payable le 1er janvier; **to be ~ sth** devoir qc; **to be ~ sth (to) sb** être redevable de qc à qn 2. (appropriate) **at the ~ time** en temps voulu; **with ~ caution** avec la prudence qui convient; **after ~ consideration** après mûre réflexion; **with (all) ~ respect** sauf votre respect 3. (expected) **to be ~ to** +infin devoir +infin; **to be ~ in** devoir arriver; **the baby is ~ in May** le bébé doit arriver en mai II. n 1. (right, what is owed) dû m 2. (fair treatment) **to give sb their ~** rendre justice à qn 3. pl (obligatory payment) droits mpl; (of membership) cotisation f III. adv ~ **north** plein nord; **to go ~ west** aller droit vers l'ouest

duel ['djuːəl, Am: 'duː-] I. n duel m II. vi <Brit -ll- o Am -l-> se battre en duel

duet [djuːet, Am: duː-] n duo m

due to prep en raison de; **to be ~ sth** être dû à qc

duffel coat n duffel-coat m

dug [dʌg] pt, pp of **dig**

duke [djuːk, Am: duːk] n duc m

dull [dʌl] I. adj 1. (tedious) monotone; **deadly ~** mortel 2. (not bright) terne; (sky, light) sombre 3. (muffled) sourd II. vt 1. (make dull) ternir 2. (alleviate) soulager 3. (blunt) émousser III. vi 1. (become dull) se ternir 2. (become less sharp) s'émousser

duly adv 1. (appropriately) dûment

2. (*punctually*) en temps voulu

dumb [dʌm] *adj* **1.** (*mute*) muet; **deaf and ~** sourd-muet **2.** *pej, inf* (*unintelligent*) con

dumbfound [ˌdʌmˈfaʊnd, *Am:* ˈdʌmfaʊnd] *vt* abasourdir

dumbstricken [ˈdʌmˌstrɪkən], **dumbstruck** *adj* stupéfait

dumfound [ˌdʌmˈfaʊnd, *Am:* ˈdʌmfaʊnd] *vt s.* **dumbfound**

dummy [ˈdʌmi] I.<-mmies> *n* **1.** (*mannequin*) mannequin *m* **2.** (*duplicate*) factice *m* **3.** *Brit, Aus* (*artificial teat*) tétine *f* **4.** (*fool*) idiot(e) *m(f)* II. *adj* **1.** (*duplicate*) factice **2.** (*false*) faux

dump [dʌmp] I. *n* **1.** (*area*) décharge *f* **2.** (*messy place*) dépotoir *m* **3.** (*storage place*) dépôt *m* II. *vt* **1.** (*throw away*) jeter **2.** (*project*) abandonner **3.** *inf* (*end relationship suddenly*) larguer **4.** (*save new computer data*) vider

dumping *n* décharge *f* **dumping ground** *n* dépotoir *m*

dumpling [ˈdʌmplɪŋ] *n* quenelle *f*

dumpy <-ier, -iest> *adj* boulot

dunce [dʌns] *n* cancre *m*

dune [djuːn, *Am:* duːn] *n* dune *f*

dung [dʌŋ] *n no pl* bouse *f*

dungarees [ˌdʌŋɡəˈriːz] *npl* **1.** *Brit* (*overall*) salopette *f* **2.** *Am* (*denim clothes*) bleu *m* (de travail)

dungeon [ˈdʌndʒən] *n* donjon *m*

dunghill [ˈdʌŋhɪl] *n* fumier *m*

duo [ˈdjuːəʊ, *Am:* ˈduːoʊ] *n* duo *m*

duplex [ˈdjuːpleks, *Am:* ˈduː-] *n* duplex *m*

duplicate [ˈdjuːplɪkət, *Am:* ˈduː-] I. *vt* faire un double de; (*of document*) (photo)copier; (*of cassette, object*) copier II. *adj* en double; **a ~ key** un double de clé III. *n* double *m;* (*of cassette, object*) copie *f*

durability [ˌdjʊərəˈbɪləti, *Am:* ˌdʊrəˈbɪləti] *n no pl* résistance *f*

durable *adj* **1.** (*hard-wearing*) résistant **2.** (*long-lasting*) durable

duration [djʊˈreɪʃən, *Am:* dʊ-] *n no pl* durée *f;* **for the ~** provisoirement

duress [djʊˈres, *Am:* dʊ-] *n no pl,*

form contrainte *f*

during [ˈdjʊərɪŋ, *Am:* ˈdʊrɪŋ] *prep* pendant; **~ work** pendant le travail; **it happened ~ the night** c'est arrivé au cours de la nuit

dusk [dʌsk] *n a. fig* crépuscule *m,* brunnante *f Québec*

dusky <-ier, iest> *adj* (*dark*) *a. pej* foncé

dust [dʌst] I. *n no pl* poussière *f* II. *vt* dépoussiérer; **to ~ sth with sth** saupoudrer qc de qc III. *vi* épousseter

dustbin [ˈdʌstbɪn] *n Brit* poubelle *f*

duster [ˈdʌstər, *Am:* -tə-] *n* chiffon *m,* patte *f Suisse*

dustman [ˈdʌstmən] *n Brit* éboueur *m*

dustpan *n* pelle *f* à poussière, ramasse-poussière *m Belgique, Nord*

dusty <-ier, -ies> *adj* **1.** (*covered in dust*) poussiéreux **2.** (*of greyish colour*) cendré

Dutch [dʌtʃ] I. *adj* néerlandais, hollandais II. *n* **1.** (*people*) **the ~** les Néerlandais [*o* Hollandais] **2.** LING néerlandais *m* **3.** **it's double ~ to me** c'est de l'hébreu pour moi; *s. a.* **English** III. *adv* **to go ~** partager l'addition

Dutchman *n* Néerlandais *m,* Hollandais *m* **Dutchwoman** *n* Néerlandaise *f,* Hollandaise *f*

dutiful [ˈdjuːtɪfəl, *Am:* ˈduːt̬ɪ-] *adj* soumis

duty [ˈdjuːti, *Am:* ˈduːt̬i] <-ties> *n* **1.** (*obligation*) devoir *m;* **to do sth out of ~** faire qc par devoir **2.** (*task*) fonction *f;* **to be on/off ~** reprendre/quitter son travail **3.** (*revenue*) taxe *f*

duty-free [ˌdjuːtiˈfriː, *Am:* ˌduːt̬i-] *adj* hors taxe

duvet [ˈdjuːveɪ, *Am:* duːˈveɪ] *n Brit* couette *f*

DVD *n inv* INFOR *abbr of* **Digital Versatile Disk** DVD *m*

DVD drive *n* INFOR lecteur *m* de DVD **DVD writer** *n* INFOR graveur *m* de DVD

dwarf [dwɔːf, *Am:* dwɔːrf] I. <-s *o* -ves> *n* nain(e) *m(f)* II. *vt* **1.** (*make* *smaller*) rapetisser **2.** *fig* écraser

dwell [dwel] <dwelt *o* -ed, dwelt *o* -ed> *vi form* résider

♦**dwell on** *vi* **1.** (*pay attention to*) s'étendre sur **2.** (*do sth at length*) s'attarder sur

dweller *n form* résidant(e) *m(f)*

dwelling *n form* résidence *f*

dwelt [dwelt] *pp, pt of* **dwell**

dwindle ['dwɪndl] *vi* to ~ to sth diminuer de qc

dye [daɪ] **I.** *vt* teindre **II.** *n* teinture *f*; (*for hair*) coloration *f*

dying *adj* **1.** (*process of death*) mourant; to my ~ **day** à ma mort **2.** (*ceasing*) moribond; the ~ **moments of sth** les derniers moments de qc

dyke [daɪk] *n* **1.** (*wall*) digue *f* **2.** (*channel*) fossé *m*

dynamic [daɪ'næmɪk] *adj* dynamique

dynamite ['daɪnəmaɪt] *n no pl* dynamite *f*

dynamo ['daɪnəməʊ, *Am:* -moʊ] <-s> *n* dynamo *f*

dynasty ['dɪnəsti, *Am:* 'daɪnə-] <-ies> *n* dynastie *f*

dyslexic [dɪ'sleksɪk] *adj* dyslexique

E_e

E, e [i:] <-'s *o* -s> *n* **1.** (*letter*) E, e *m* **2.** MUS mi *m* **3.** SCHOOL mauvaise note

E *n abbr of* **east** E *m*

each [i:tʃ] **I.** *adj* chaque; ~ **one of you** chacun de vous; ~ **month** tous les mois **II.** *pron* **1.** (*every person*) chacun; ~ **of them** chacun d'entre eux; **£70** ~ 70£ par tête; **we all did 3 hours** ~ nous avons tous fait 3 heures chacun **2.** (*every thing*) **£10** ~ 10£ pièce; **one kilo/three of** ~ un kilo/trois de chaque

each other *reciprocal pron, after verb* l'un l'autre; **made for** ~ faits l'un pour l'autre

eager ['i:gəʳ, *Am:* -gɚ] <more ~, most ~> *adj* **1.** (*keen*) avide; **to be** ~ **for sth** être avide de qc **2.** (*enthusiastic*) enthousiaste **3.** (*impatient*) **with** ~ **anticipation** avec beaucoup d'impatience; **to be** ~ **to** +*infin* être impatient de +*infin*

eager beaver *n inf* **to be an** ~ être quelqu'un de zélé

eagerness *n no pl* impatience *f*; ~ **to succeed** ardent désir de réussir; **to show** ~ **for sth** se montrer enthousiaste pour qc

eagle ['i:gl] *n* aigle *m*

ear¹ [ɪəʳ, *Am:* ɪr] *n* **1.** oreille *f*; **to smile from** ~ **to** ~ sourire jusqu'aux oreilles; ~, **nose and throat specialist** oto-rhino-laryngologiste *mf* **2.** to be up to one's ~s in debt/ **work** avoir des dettes/du travail jusqu'au cou; **to have a good** ~ **for sth** avoir de l'oreille pour qc; **to be all** ~s être tout ouïe; **to be out on one's** ~ se faire sortir; **sb's** ~s **are burning** qn a les oreilles qui sifflent; **sb's** ~s **are flapping** qn tend l'oreille; **to have sb's** ~ avoir de l'influence sur qn; **to go in one** ~ **and out the other** rentrer par une oreille et sortir par l'autre; **to have an** ~ **for music** avoir l'oreille musicale

ear² [ɪəʳ, *Am:* ɪr] *n* BOT épi *m*

earache ['ɪəreɪk, *Am:* 'ɪr-] *n* mal *m* d'oreille(s); **to have (an)** ~ avoir mal à l'oreille **earbashing** *n inf* **to give sb an** ~ passer un savon à qn **eardrum** *n* tympan *m* **ear infection** *n* otite *f*

earl [ɜ:l, *Am:* ɜ:rl] *n* comte *m*

earlobe ['ɪələʊb] *n* lobe *m* de l'oreille

early ['ɜ:li, *Am:* 'ɜ:r-] **I.** <-ier, -iest *o* more ~, most ~> *adj* **1.** (*at beginning of day*) matinal; **the** ~ **hours** les premières heures; **in the** ~ **morning** de bon matin **2.** (*close to beginning of period*) premier; **in the** ~ **afternoon** en début d'après-midi; **in the** ~ **15th century** au début du XVème siècle **3.** *form* (*prompt*) **to give an** ~ **answer** donner une réponse rapide **4.** (*ahead of expected* *time*) anticipé; **to be ~** être en a-vance **II.** *adv* **1.**(*in day*) de bonne heure; **to get up ~** se lever tôt **2.**(*ahead of time*) en avance **3.**(*close to beginning of period*) au début de; **~ in life** dans la jeunesse

earmark ['ɪəmɑːk, *Am:* 'ɪrmɑːrk] *vt* assigner; **the money is ~ed for sth** l'argent est affecté à qc

earn [ɜːn, *Am:* ɜːrn] *vt* **1.**(*be paid*) gagner; **to ~ a living/one's daily bread** gagner sa vie/son pain **2.** *fig* **to ~ sb nothing but criticism** ne rapporter que des critiques à qn **3.**(*deserve*) mériter

earnest ['ɜːnɪst, *Am:* 'ɜːr-] **I.** *adj* (*serious*) consciencieux **II.** *n no pl* **in ~** sérieusement

earnings ['ɜːnɪŋz, *Am:* 'ɜːr-] *npl* salaire *m*

earphones ['ɪəfəʊnz, *Am:* 'ɪrfoʊnz] *npl* RADIO, TV casque *m* **earplug** *n pl* boule *f* Quiès® **earring** *n* boucle *f* d'oreille **earshot** *n no pl* **to be in/out of ~** être à/hors de portée de voix

earth [ɜːθ, *Am:* ɜːrθ] **I.** *n no pl* **1.** *a.* ELEC terre *f;* **who/where/why on ~ ...** *inf* qui/où/pourquoi donc ... **2. to cost the ~** coûter les yeux de la tête **II.** *vt Brit* ELEC mettre à la terre

earthenware ['ɜːθnweəʳ, *Am:* 'ɜːrθnwer] *n no pl* poterie *f*

earthquake ['ɜːθkweɪk, *Am:* 'ɜːrθ-] *n* tremblement *m* de terre

earwig ['ɪəwɪɡ, *Am:* 'ɪr-] *n* perce-oreille *m*

ease [iːz] **I.** *n* **1.**(*opp: effort*) facilité *f;* **to do sth with ~** faire qc avec aisance **2.**(*comfort*) aisance *f;* **to feel ill at ~** se sentir mal à l'aise **3.**(*relaxed attitude*) aisance *f* **II.** *vt* (*situation*) améliorer; (*pain*) adoucir; **to ~ sth into/out of sth** aider qc à entrer dans/à sortir de qc **III.** *vi* s'atténuer

◆**ease off, ease up** *vi* (*activity*) diminuer; (*pain*) s'estomper

easel ['iːzl] *n* chevalet *m*

easily ['iːzəlɪ] *adv* **1.**(*without difficulty*) facilement **2.**(*clearly*) **to be ~ the best** être de loin le meilleur

3.(*probably*) **you could ~ go** tu pourrais y aller sans problème

east ['iːst] **I.** *n* **1.**(*cardinal point*) est *m* **2.** GEO est *m* **II.** *adj* d'est, oriental, est

East End *n Brit::* quartiers est de Londres

Easter ['iːstəʳ, *Am:* -stəʳ] *n no pl* REL Pâques *fpl;* **at/over ~** à Pâques

Easter egg *n* œuf *m* de Pâques

easterly ['iːstəlɪ, *Am:* -stəʳ-] *adj* **1.**(*in the east*) à l'est **2.**(*towards east*) vers l'est **3.**(*from east*) de l'est

eastern ['iːstən, *Am:* -stəʳn] *adj* d'est

eastward ['iːstwəd, *Am:* -wəʳd] **I.** *adj* est; **in an ~ direction** en direction de l'est **II.** *adv s.* **eastwards**

eastwards ['iːstwədz, *Am:* -wəʳdz] *adv* vers l'est

easy ['iːzɪ] <-ier, -iest *o* more ~, most ~> **I.** *adj* **1.**(*simple*) facile **2.**(*comfortable, carefree*) confortable **II.** *adv* **1.** avec précaution; **to go ~ on sth** *inf* être prudent avec qc; **to go ~ on sb** *inf* y aller doucement avec qn **2. take things ~** n'en fais pas trop; **take it ~!** du calme! **easy chair** *n* fauteuil *m* **easy-going** *adj* (*person*) facile à vivre; (*attitude*) complaisant

eat [iːt] <ate, eaten> *vt* manger

◆**eat away** *vt* (*metal, wood*) ronger; (*savings*) entamer

◆**eat up** *vt* (*meal*) finir de manger; (*time, savings*) dévorer

eaten ['iːtn, *Am:* -ʈən] *pp of* **eat**

eaves [iːvz] *npl* avant-toit *m*

eavesdrop ['iːvzdrɒp, *Am:* -drɑːp] <-pp-> *vi* **to ~ on sth/sb** écouter indiscrètement qc/qn

ebb [eb] **I.** *vi* (*tide*) baisser **II.** *n no pl* reflux *m*

ebony ['ebənɪ] *n* ébène *m*

EC *n abbr of* **European Community** CE *f*

e-cash *n* INFOR *abbr of* **electronic cash** monnaie *f* électronique

ECB *n abbr of* **European Central Bank** BCE *f*

eccentric [ɪk'sentrɪk] **I.** *n* excentrique *mf* **II.** *adj* excentrique; (*behav-*

iour) bizarre

echo ['ekəʊ, *Am:* -oʊ] **I.**<-es> *n a.*
fig écho *m* **II.**<-es, -ing, -ed> *vi*
faire écho **III.**<-es, -ing, -ed> *vt*
1. répéter **2.** *fig* rappeler

eclipse [ɪˈklɪps] **I.** *n* éclipse *f;* **lunar/
solar** ~ éclipse de lune/du soleil
II. *vt* éclipser

ecological [ˌiːkəˈlɒdʒɪkl, *Am:*
-ˈlɑːdʒɪ-] *adj* écologique

ecology [iːˈkɒlədʒɪ, *Am:* -ˈkɑːlə-] *n*
no pl écologie *f*

e-commerce *n* commerce *m* électronique

economic [ˌiːkəˈnɒmɪk, *Am:*
-ˈnɑːmɪk] *adj* économique

economical [ˌiːkəˈnɒmɪkl, *Am:*
-ˈnɑːmɪ-] *adj* économe; *pej* avare

economics [ˌiːkəˈnɒmɪks, *Am:*
-ˈnɑːmɪks] *npl* **1.** + *sing vb* (*discipline*) économie *f* **2.** + *pl vb*
(*matter*) aspects *mpl* économiques

Eden ['iːdn] *n no pl* l'Eden *m;* **the
garden of** ~ le Paradis terrestre

edge [edʒ] **I.** *n* **1.** (*limit*) *a. fig* bord
m; (*of road*) bordure *f* **2.** (*cutting
part of blade*) tranchant *m* **3.** **to
have the** ~ **over sb/sth** avoir un
léger avantage *m* sur qn/qc
II.<-ging> *vi* **to** ~ **forward** s'avancer doucement

edgeways ['edʒweɪz], **edgewise**
adv (*sideways*) latéralement; (*place,
push*) de côté

edgy ['edʒɪ] <-ier, -iest> *adj inf*
énervé

edible ['edɪbl] *adj* comestible

edict ['iːdɪkt] *n form* édit *m*

Edinburgh ['edɪnbrə, *Am:* -bʌrə] *n*
Edimbourg

ⅰ Depuis 1947 à Edimbourg, la
capitale de l'Écosse, l'**Edinburgh
International Festival** est organisé tous les ans à partir de la mi-
août et dure trois semaines. Il présente de nombreuses représentations théâtrales, des concerts,
des opéras et des ballets. Parallèlement se déroulent aussi un grand

"Film Festival", un "Jazz Festival"
et un "Book Festival". En marge du
"Festival" officiel s'est développé
un très grand "festival fringe", vivant et innovatif, qui propose plus
de 1000 manifestations différentes.

---

edit ['edɪt] *vt* **1.** (*correct*) réviser
2. (*be responsible for publications*)
diriger **3.** (*film*) monter **4.** INFOR
éditer

edition [ɪˈdɪʃn] *n* TYP édition *f*

editor ['edɪtə', *Am:* -tə-] *n* **1.** (*of
newspaper, magazine*) rédacteur,
-trice *m, f* en chef **2.** (*person editing
texts*) éditeur, -trice *m, f* **3.** CINE
monteur, -euse *m, f* **4.** INFOR éditeur
m

editorial [ˌedɪˈtɔːrɪəl, *Am:* -ə'-] **I.** *n*
éditorial *m* **II.** *adj* de la rédaction; ~
staff rédaction *f*

EDP *n abbr of* **electronic data processing** informatique *f*

educate ['edʒʊkeɪt] *vt* **1.** (*bring up*)
éduquer **2.** (*teach*) instruire

education [ˌedʒʊˈkeɪʃn] *n no pl*
1. (*system*) enseignement *m*
2. (*training*) formation *f* **3.** UNIV
sciences *fpl* de l'éducation

educational [ˌedʒʊˈkeɪʃənl] *adj*
1. SCHOOL scolaire; (*film*) éducatif;
(*system*) d'enseignement **2.** (*instructive*) instructif

EEC *n no pl* HIST *abbr of* **European
Economic Community** CEE *f*

eel [iːl] *n* anguille *f*

eerie ['ɪərɪ, *Am:* 'ɪrɪ] <-r, -st>, **eery**
<-ier, -iest> *adj* sinistre

efface [ɪˈfeɪs] *vt* effacer

effect [ɪˈfekt] **I.** *n* **1.** (*consequence*)
effet *m;* **the** ~ **this had on the
children** l'effet que cela a eu sur les
enfants; **to take** ~ (*change*) entrer
en vigueur; (*drug*) commencer à agir
2. *no pl* (*impression*) effet *m;* **the
overall** ~ l'effet général; **for** ~ *pej*
pour faire de l'effet **3.** *pl* (*artist's
tricks*) effets *mpl* **II.** *vt* (*accomplish,
cause*) effectuer

effective [ɪ'fektɪv] *adj* 1. (*measures, medicine*) efficace; (*person*) compétent 2. (*law*) en vigueur

effectiveness *n no pl* efficacité *f*

effeminate [ɪ'femɪnət] *adj pej* efféminé

effervescent [ˌefə'vesnt, *Am:* -ɚ'-] *adj* effervescent; (*drink*) gazeux

efficiency [ɪ'fɪʃnsɪ] *n no pl* 1. (*competence*) bon fonctionnement *m;* (*of a method*) efficacité *f;* (*of a person*) compétence *f* 2. TECH rendement *m*

efficient [ɪ'fɪʃnt] *adj* efficace

effluent ['efluənt] *n* effluent *m*

effort ['efət, *Am:* -ɚt] *n* 1. (*work*) effort *m;* **to be worth the ~** valoir la peine 2. (*attempt*) tentative *f; my* **~s to communicate** mes efforts pour communiquer

effortless ['efətləs, *Am:* -ɚt-] *adj* 1. (*easy*) facile 2. (*painless*) sans effort; **an ~ gesture** un geste naturel

effusive [ɪ'fjuːsɪv] *adj form* exubérant; (*welcome*) chaleureux

e.g. *abbr of* (**exempli gratia**) for example par ex.

egg [eg] *n* œuf *m*

egg on *vt* bousculer

egg cup, eggcup *n* coquetier *m*

eggplant *n Am, Aus s.* **aubergine**

eggshell *n* coquille *f* d'œuf **egg yolk** *n* jaune *m* d'œuf

ego ['egəʊ, *Am:* 'iːgoʊ] *n* <-s> 1. PSYCH ego *m* 2. (*self-esteem*) vanité *f*

egoism ['egəʊɪzəm, *Am:* 'iːgoʊ-] *n no pl, pej* égoïsme *m*

egoistic [ˌegəʊ'ɪstɪk, *Am:* ˌiːgoʊ-] *adj* égoïste

egotistic [ˌegə'tɪstɪk, *Am:* ˌiːgoʊ'-], **egotistical** *adj pej* égotiste

Egypt ['iːdʒɪpt] *n* l'Égypte *f*

Egyptian [ɪ'dʒɪpʃn] I. *adj* égyptien II. *n* Égyptien(ne) *m(f)*

eiderdown ['aɪdədaʊn, *Am:* -dɚ-] *n* édredon *m,* fourre *f Suisse*

eight [eɪt] I. *adj* huit; **he is ~** il a huit ans II. *n* (*number*) huit *m;* **~ o'clock** huit heures; **it's ~** il est huit heures; **~ twenty hours** huit heures vingt

eighteen [ˌeɪ'tiːn] *adj* dix-huit; *s. a.*

eight

eighth [eɪtθ] I. *adj* huitième II. *n no pl* 1. (*order*) **the ~** le(la) huitième 2. (*date*) **the ~ of June,** June the **~** le huit juin

eighty ['eɪtɪ, *Am:* -t̬ɪ] I. *adj* quatre-vingts, huitante *Suisse,* octante *Belgique, Suisse* II. *n* (*number*) quatre-vingts *m; s. a.* **eight**

Eire ['eərə, *Am:* 'erə] *n* République *f* d'Irlande

either ['aɪðəʳ, *Am:* 'iːðɚ] I. *adj* 1. (*one of two*) **~ method will work** n'importe laquelle des deux méthodes marchera; **I didn't see either film** je n'ai vu ni l'un ni l'autre film 2. (*both*) **on ~ foot** sur chaque pied II. *pron* **which one? –** **~** lequel? – n'importe lequel; **~ of you can go** l'un ou l'autre peut y aller III. *adv* (*in alternatives*) **~ ... or** soit ... soit; **it's good with ~ meat or fish** c'est bon avec de la viande ou du poisson; *after neg* non plus; **if he doesn't go, I won't go ~** s'il ne part pas, moi non plus IV. *conj* **~ ... or ...** soit ... soit ...; **~ buy it or rent it** achetez-le ou (bien) louez-le

eject [ɪ'dʒekt] *vt* (*person*) éjecter

eke out [iːk aʊt] *vt* (*money, food*) faire durer

elaborate [ɪ'læbərət] I. *adj* 1. (*complicated*) compliqué 2. (*plan*) minutieux II. *vi* **to ~ on sth** s'étendre sur qc

elapse [ɪ'læps] *vi* s'écouler

elastic [ɪ'læstɪk] I. *adj a. fig* élastique II. *n* (*band*) élastique *m*

elated *adj* au comble de la joie

elbow ['elbəʊ, *Am:* -boʊ] *n a. fig* coude *m*

elder¹ ['eldəʳ, *Am:* -dɚ] I. *n* 1. (*older person*) aîné(e) *m(f)* 2. HIST, REL ancien(ne) *m(f)* II. *adj* aîné

⚠ on peut employer **elder, eldest** à la place de **older, oldest** devant les substantifs désignant les membres d'une famille: "Bob has two elder brothers and his eldest

brother is six years older than
him."

---

elder² ['eldə', *Am:* -də-] *n* BOT su-
reau *m*
elderly ['eldəlɪ, *Am:* -də-] I. *adj*
assez âgé II. *n no pl* the ~ les personnes âgées
eldest ['eldɪst] *adj* aîné
elect [ɪ'lekt] I. *vt* 1. (*by voting*) élire
2. (*decide*) to ~ to ~ to +*infin* choisir de
+*infin* II. *n no pl* REL the ~ les élus
mpl
election [ɪ'lekʃn] *n* élection *f*; to call
an ~ appeler aux urnes
election campaign *n* campagne *f*
électorale **election day, Election
Day** *n* journée *f* électorale
electioneering [ɪ,lekʃə'nɪərɪŋ, *Am:*
-'nɪr-] *n no pl* campagne *f* électorale
elector [ɪ'lektə', *Am:* -t̬ə-] *n* électeur, -trice *m, f*
electorate [ɪ'lektərət] *n* électorat *m*
electric [ɪ'lektrɪk] *adj* électrique;
(*fence*) électrifié; ~ **blanket** couverture *f* chauffante
electrical [ɪ'lektrɪkl] *adj* électrique
electrician [ɪ,lek'trɪʃn] *n* électri-
cien(ne) *m(f)*
electricity [ɪ,lek'trɪsətɪ] *n no pl*
électricité *f*
electrify [ɪ'lektrɪfaɪ] *vt* 1. ELEC élec-
trifier 2. *fig* électriser
electrocute [ɪ'lektrəkjuːt] *vt* électrocuter
electrolysis [ɪ,lek'trɒləsɪs, *Am:*
-'traːlə-] *n no pl* électrolyse *f*
electron [ɪ'lektrɒn, *Am:* -traːn] *n*
électron *m*
electronic [,ɪlek'trɒnɪk, *Am:* ɪ,lek-
'traːnɪk] *adj* électronique
electronics [,ɪlek'trɒnɪks, *Am:* ɪ,lek-
'traːnɪks] *npl* 1. + *sing vb* (*science*)
électronique *f* 2. + *pl vb* (*electronic
circuits*) circuits *mpl* électroniques
elegant ['elɪgənt, *Am:* '-ə-] *adj* é-
légant
element ['elɪmənt, *Am:* '-ə-] *n* 1. *a.*
CHEM, MAT élément *m* 2. ELEC résistance *f* 3. (*amount*) **an ~ of luck**
une part de chance 4. *pl* (*rudiments*)

rudiments *mpl* 5. *pl* METEO **the ~s**
les éléments
elementary [,elɪ'mentərɪ, *Am:*
-ə'ment̬ə-] *adj* élémentaire
elephant ['elɪfənt] *n* éléphant *m*
elevate ['elɪveɪt] *vt a. fig, form* élever
elevator ['elɪveɪtə', *Am:* -t̬ə-] *n Am*
(*lift*) ascenseur *m*
eleven [ɪ'levn] *adj* onze; *s. a.* **eight**
elevenses [ɪ'levnzɪz] *npl Brit, inf::*
pause-café vers 11 heures
eleventh [ɪ'levnθ] *adj* onzième; *s. a.*
eighth
elicit [ɪ'lɪsɪt] *vt form* 1. (*information*)
obtenir 2. (*criticism*) susciter
eligible ['elɪdʒəbl] *adj* éligible; **to
be ~ for sth** avoir droit à qc; **to be ~
to vote** être en droit de voter
eliminate [ɪ'lɪmɪneɪt] *vt a.* ANAT éliminer
elite [eɪ'liːt] I. *n* élite *f* II. *adj* d'élite
elitist [ei'liːtɪst] *adj pej* élitiste
elk [elk] <-(s)> *n* (*in Europe*) élan *m*
elm [elm] *n* orme *m*
elocution [,elə'kjuːʃn] *n no pl* élocution *f*
elope [ɪ'ləʊp, *Am:* -'loʊp] *vi* faire
une fugue amoureuse
eloquent ['eləkwənt] *adj* éloquent
El Salvador [el'sælvə,dɔːr, *Am:*
-dɔːr] *n* Salvador *m*
else [els] *adv* 1. (*in addition*) **everybody** ~ tous les autres; **everything**
~ tout le reste; **someone** ~ quelqu'un d'autre; **anyone** ~ toute autre
personne; **why ~?** pour quelle autre
raison?; **what/who** ~? quoi/qui
d'autre? 2. (*different*) **something** ~
autre chose 3. (*otherwise*) **go now
or ~ you'll miss him** vas-y maintenant ou bien tu vas le rater; **do that
or ~!** fais ça, sinon tu vas voir!
elsewhere [,els'weə', *Am:* 'elswer]
adv ailleurs
elusive [ɪ'luːsɪv] *adj* 1. (*answer*)
évasif 2. (*difficult to obtain*) insaisis-
sable
emaciated [ɪ'meɪʃɪeɪtɪd, *Am:* -t̬ɪd]
adj form 1. (*face*) émacié 2. (*body*)
décharné
e-mail, email, E-mail ['iːmeɪl] *n*

INFOR *abbr of* **electronic mail** courrier *m* électronique; (*as an abbreviation*) Mél. *m*

emanate ['emənet] *vi form* **1.** (*originate*) provenir **2.** (*radiate*) émaner

emancipate [ɪ'mænsɪpeɪt] *vt a.* POL émanciper; (*slave*) affranchir

embankment [ɪm'bæŋkmənt, *Am:* em-] *n* (*of road*) talus *m*; (*of river*) berge *f*; (*of canal*) digue *f*; **railway ~** remblai *m*

embark [ɪm'bɑ:k, *Am:* em'bɑ:rk] *vi* s'embarquer

embarkation [ˌembɑ:'keɪʃn, *Am:* -bɑ:r'-] *n* embarquement *m*

embarrass [ɪm'bærəs, *Am:* em'ber-] *vt* embarrasser

embarrassed *adj* embarrassé

embarrassing *adj* embarrassant

embarrassment *n* gêne *f*

embassy ['embəsɪ] <-assies> *n* ambassade *f*

embellish [ɪm'belɪʃ, *Am:* em-] *vt* embellir; (*story*) enjoliver

ember ['embər, *Am:* -bər] *n* braise *f*

embezzle [ɪm'bezl] <-ling> *vt* détourner

embezzler [ɪm'bezlər, *Am:* em'be-zlər] *n* escroc *m*

embitter [ɪm'bɪtər, *Am:* em'bɪt̮ər] *vt* aigrir

emblem ['embləm] *n* emblème *m*

embody [ɪm'bɒdɪ, *Am:* em'bɑ:dɪ-] *vt* **1.** (*idea*) incarner **2.** (*personify*) personnifier

emboss [ɪm'bɒs, *Am:* em'bɑ:s] *vt* (*metal*) travailler en relief; (*leather*) repousser

embrace [ɪm'breɪs, *Am:* em-] **I.** *vt a. fig* embrasser **II.** *n* embrassade *f*

embroider [ɪm'brɔɪdər, *Am:* em-'brɔɪdər] **I.** *vi* broder **II.** *vt* **1.** broder **2.** *fig* enjoliver

embroidery [ɪm'brɔɪdərɪ, *Am:* em-] *n* broderie *f*

embryo ['embrɪəʊ, *Am:* -oʊ] *n* embryon *m*

emerald ['emərəld] **I.** *n* (*stone*) émeraude *f* **II.** *adj* vert émeraude

emerge [ɪ'mɜ:dʒ, *Am:* -'mɜ:rdʒ] *vi* **1.** (*come out*) surgir; (*from the sea*)

émerger **2.** (*problem*) se faire jour; (*ideas*) ressortir; (*facts, leader*) apparaître; (*theory*) naître

emergence [ɪ'mɜ:dʒəns, *Am:* -'mɜ:r-] *n no pl* émergence *f*

emergency [ɪ'mɜ:dʒənsɪ, *Am:* -'mɜ:r-] **I.** <-ies> *n a.* MED urgence *f*; **to be used only in emergencies** à n'utiliser qu'en cas d'urgence **II.** *adj* (*landing*) forcé; (*measures*) d'exception; (*exit, brake*) de secours

emergency services *n pl:* services d'urgence, regroupant les pompiers, la police et les ambulances

emery board *n* lime *f* à ongles

emigrant ['emɪgrənt] *n* émigrant(e) *m(f)*

emigrate ['emɪgreɪt] *vi* émigrer

eminent ['emɪnənt] *adj* éminent

emission [mɪʃn] *n* émission *f*

emit [ɪ'mɪt] <-tt-> *vt* émettre

emotion [ɪ'məʊʃn, *Am:* -'moʊ-] *n* **1.** (*affective state*) émotion *f* **2.** (*feeling*) sentiment *m*

emotional [ɪ'məʊʃnl, *Am:* -'moʊ-] *adj* émotionnel; (*ceremony*) émouvant; (*decision*) impulsif; (*reaction*) émotif

emperor ['empərər, *Am:* -ər] *n* empereur *m*

emphasis ['emfəsɪs] <emphases> *n* (*when explaining*) insistance *f*; **to lay** [*o* **place**] [*o* **put**] **great ~ on sth** mettre l'accent sur qc

emphasize ['emfəsaɪz] *vt* (*insist on*) souligner; (*fact*) insister sur

emphatic [ɪm'fætɪk, *Am:* em'fæt̮-] *adj* (*forcibly expressive*) emphatique; (*assertion*) catégorique

empire ['empaɪər, *Am:* -paɪər] *n a. fig* empire *m*

employ [ɪm'plɔɪ, *Am:* em-] *vt* employer; **he is ~ed in the travel industry** il travaille dans l'industrie du tourisme

employee [ˌɪmplɔɪ'i:, *Am:* 'em-] *n* employé(e) *m(f)*

employer [ɪm'plɔɪər, *Am:* em-'plɔɪər] *n* employeur, -euse *m, f*

employment *n no pl* emploi *m*; **~ agency** agence *f* de placement

empower [ɪm'paʊər, *Am:* em-]

'paʊəʳ] *vt* (*authorize*) autoriser

empress ['emprɪs] *n* impératrice *f*

empty ['emptɪ] I. <-ier, -iest> *adj*
1. (*with nothing inside*) vide; (*stomach*) creux 2. (*gesture*) futile; (*words*) vain II. <-ies> *n pl* bouteilles *fpl* vides, vidanges *fpl Belgique*
III. <-ie-> *vt* vider IV. <-ie-> *vi* se vider

empty-handed *adj* 1. les mains vides 2. *fig* bredouille

EMS *n abbr of* **European Monetary System** SME *m*

EMU *n abbr of* **economic and monetary union** UEM *f*

emulate ['emjʊleɪt] *vt* imiter

emulsion [ɪ'mʌlʃn] *n* (*paint*) peinture *f* mate

enable [ɪ'neɪbl] *vt* (*give the ability, make possible*) to ~ **sb to** +*infin* donner à qn la possibilité de +*infin*

enact [ɪ'nækt] *vt* 1. (*carry out*) effectuer 2. (*act out*) représenter 3. POL décréter; (*law*) promulguer

enamel [ɪ'næml] *n* émail *m*

encampment *n* campement *m*

encase [ɪn'keɪs, *Am:* en-] *vt* to ~ **sth in sth** recouvrir qc de qc

enchanted *adj* enchanté

enchanting *adj* charmant

encircle [ɪn'sɜːkl, *Am:* en'sɜːr-] *vt* 1. encercler 2. MIL cerner

enclose [ɪn'kləʊz, *Am:* en'kləʊz] *vt* 1. (*surround*) cerner 2. (*include in same envelope*) joindre

enclosure [ɪn'kləʊʒəʳ, *Am:* en'kləʊ-ʒəʳ] *n* 1. (*area*) enceinte *f* 2. (*for animals*) enclos *m* 3. (*enclosed item*) pièce *f* jointe

encompass [ɪn'kʌmpəs, *Am:* en-] *vt* 1. (*surround*) entourer 2. (*include*) englober

encore ['ɒŋkɔːʳ, *Am:* 'ɑːnkɔːr] *n* bis *m*

encounter [ɪn'kaʊntəʳ, *Am:* en-'kaʊntəʳ] I. *vt* rencontrer II. *n* rencontre *f*

encourage [ɪn'kʌrɪdʒ, *Am:* en'kɜːr-] *vt* 1. (*give confidence to*) encourager; to ~ **sb to** +*infin* encourager qn à +*infin* 2. (*support*) favoriser

encouragement *n no pl* encouragement *m*

encroach [ɪn'krəʊtʃ, *Am:* en'krəʊtʃ] *vi* to ~ **on** [*o* **upon**] empiéter sur

encyclop(a)edia [ɪnˌsaɪklə'piːdɪə, *Am:* en-] *n* encyclopédie *f*

end [end] I. *n* 1. (*finish*) fin *f*; to come to an end se terminer; to put an ~ to sth mettre fin à qc 2. (*last point physically*) bout *m*; at the ~ of the corridor au bout du couloir 3. (*small left over piece*) bout *m*; (*cigarette*) mégot *m* 4. in the ~ [*o* at the ~ of the day *Aus, Brit*] au bout du compte II. *vt* 1. (*finish*) finir 2. (*bring to a stop*) mettre un terme à III. *vi* 1. (*result in*) to ~ **in sth** se terminer en qc 2. (*finish*) finir; to ~ **with sth** s'achever par qc

◆ **end up** *vi* to ~ **in love with sb** finir par tomber amoureux de qn; to ~ **a rich man** finir par devenir riche; to ~ **doing sth** finir par faire qc

endanger [ɪn'deɪndʒəʳ, *Am:* en-'deɪndʒəʳ] *vt* mettre en danger

endearing *adj* engageant

endeavour [ɪn-'devəʳ, *Am,* **endeavour** [ɪn-'devəʳ *Am:* en'devəʳ] Brit I. *vi* to ~ **to** +*infin* tenter tout son possible pour +*infin* II. *n* tentative *f*

ending ['endɪŋ] *n* fin *f*

endive ['endɪv, *Am:* 'endaɪv] *n* 1. *Am* (*chicory*) endive *f*, chicon *m* Belgique 2. *Brit* (*lettuce*) chicorée *f*

endless ['endlɪs] *adj* 1. TECH sans fin 2. (*infinite*) infini 3. (*going on too long*) interminable

endorse [ɪn'dɔːs, *Am:* en'dɔːrs] *vt* 1. (*declare approval for*) appuyer 2. (*product*) approuver 3. (*cheque*) endosser

endorsement *n* 1. (*support*) appui *m* 2. (*recommendation*) approbation *f* 3. *Brit* LAW sanction *f* portée sur le permis de conduire

endow [ɪn'daʊ, *Am:* en-] *vt* to be ~ed with sth être doté de qc

endurance [ɪn'djʊərəns, *Am:* en-'dʊrəns] *n no pl* endurance *f*

endure [ɪn'djʊəʳ, *Am:* en'dʊr] I. *vt* 1. (*tolerate*) tolérer 2. (*suffer*) endurer **II.** *vi form* durer

enemy ['enəmɪ] **I.** *n* ennemi(e) *m(f)* **II.** *adj* MIL ennemi

energetic [,enə'dʒetɪk, *Am:* -ə'dʒet̬-] *adj* énergique

energy ['enədʒɪ, *Am:* -ə-] <-ies> *n* a. PHYS énergie *f*

enforce [ɪn'fɔːs, *Am:* en'fɔːrs] *vt* mettre en application; (*law*) faire respecter

engage [ɪn'geɪdʒ, *Am:* en-] *vt* **1.** *form* (*hold interest of*) attirer; (*sb's attention*) éveiller **2.** *Brit, form* (*employ*) engager

◆ **engage in** *vt* (*discussion, activity*) prendre part à

engaged *adj* **1.** (*occupied*) occupé; **to be ~ in doing sth** être en train de faire qc **2.** (*before wedding*) **~ to be married** fiancé

engagement *n* **1.** (*appointment*) rendez-vous *m* **2.** (*agreement to marry*) fiançailles *fpl*

engagement ring *n* bague *f* de fiançailles

engaging *adj* engageant

engender [ɪn'dʒendər, *Am:* en'dʒendə] *vt form* engendrer

engine ['endʒɪn] *n* **1.** (*motor*) moteur *m* **2.** RAIL locomotive *f*

engineer [,endʒɪ'nɪər, *Am:* -'nɪr] *n* **1.** (*person qualified in engineering*) ingénieur *m* **2.** a. RAIL mécanicien *m* **3.** TECH technicien *m* **4.** *Am* RAIL conducteur *m* de locomotive

engineering [,endʒɪ'nɪərɪŋ, *Am:* -'nɪr-] *n no pl* ingénierie *f*

England ['ɪŋglənd] *n* l'Angleterre *f*

English ['ɪŋglɪʃ] **I.** *adj* anglais **II.** *n* **1.** *pl* (*people*) **the ~** les Anglais **2.** LING anglais *m*

English Channel *n* **the ~** la Manche

Englishman *n* Anglais *m* **Englishwoman** *n* Anglaise *f*

engrave [ɪn'greɪv, *Am:* en-] *vt* graver

engraving *n* gravure *f*

engross [ɪn'grəʊs, *Am:* en'groʊs] *vt* (*interest*) absorber

engulf [ɪn'gʌlf, *Am:* en-] *vt* engloutir

enhance [ɪn'hɑːns, *Am:* -'hæns] *vt*

(*chances*) améliorer

enjoy [ɪn'dʒɔɪ, *Am:* en-] *vt* **1.** (*get pleasure from*) **I ~ed the meal/coffee** j'ai bien aimé le repas/le café; **to ~ doing sth** aimer faire qc; **to ~ oneself** s'amuser **2.** (*have as advantage*) jouir de

enjoyable *adj* agréable

enjoyment *n no pl* plaisir *m*

enlarge [ɪn'lɑːdʒ, *Am:* en'lɑːrdʒ] *vt* a. PHOT agrandir

◆ **enlarge on** *vt* développer

enlargement *n* agrandissement *m*

enlighten [ɪn'laɪtn, *Am:* en-] *vt* éclairer

enlightened *adj* éclairé

enlightenment *n no pl* (*information*) éclaircissement *m*

enlist [ɪn'lɪst, *Am:* en-] **I.** *vi* MIL **to ~ in the army** s'engager dans l'armée **II.** *vt* **1.** MIL recruter **2. to ~ sb's support/help** s'assurer le soutien/l'aide de qn

enmity ['enmətɪ] <-ies> *n* inimitié *f*

enormity [ɪ'nɔːmətɪ, *Am:* -'nɔːrmət̬ɪ] <-ies> *n no pl* (*of damage*) ampleur *f*; (*of task, mistake*) énormité *f*

enormous [ɪ'nɔːməs, *Am:* -'nɔːr-] *adj* énorme

enough [ɪ'nʌf] **I.** *adv* suffisamment; **is this hot ~?** est-ce assez chaud?; **funnily/curiously ~, I ...** le plus drôle/curieux, c'est que ... **II.** *adj* suffisant; **~ eggs/water** assez d'œufs/d'eau **III.** *pron* **I know ~ about it** j'en sais assez; **I've had ~** (*to eat*) ça me suffit; (*when angry*) j'en ai marre; **that's ~!** ça suffit!

enquire [ɪn'kwaɪər, *Am:* en'kwaɪə] **I.** *vi* **to ~ about sth** se renseigner sur qc **II.** *vt* **to ~ whether/when ...** demander si/quand ...

enquiry [ɪn'kwaɪərɪ, *Am:* en'kwaɪrɪ] <-ies> *n* **1.** (*investigation of facts*) recherches *fpl*; **to make an ~ into sth** faire une enquête sur qc **2.** LAW investigation *f*

enraged *adj* furieux

enrol, enroll *Am, Aus* **I.** *vi* (*register*) **to ~ on a course** s'inscrire à un cours **II.** *vt* immatriculer

ensue [ɪnˈsjuː, *Am:* enˈsuː] *vi form* s'ensuivre

ensure [ɪnˈʃʊəʳ, *Am:* enˈʃʊr] *vt* garantir

ENT *n abbr of* **ear, nose and throat** ORL *f*

entail [ɪnˈteɪl, *Am:* en-] *vt* entraîner

enter [ˈentəʳ, *Am:* -ţəʳ] **I.** *vt* **1.** (*room, phase*) entrer dans **2.** (*write down*) inscrire; INFOR entrer **3.** (*college, school*) entrer à **II.** *vi a.* THEAT entrer

◆ **enter for** *vt* (*competition, exam*) s'inscrire à

◆ **enter into** *vt* **1.** (*alliance*) conclure **2.** (*conversation*) engager; (*negotiations*) entamer

enter key *n* INFOR touche *f* entrée

enterprise [ˈentəpraɪz, *Am:* -ţɚ-] *n* entreprise *f*

enterprising *adj* entreprenant

entertain [ˌentəˈteɪn, *Am:* -ţɚ-] *vt* **1.** (*amuse*) amuser **2.** (*offer hospitality to guests*) recevoir **3.** (*doubts*) concevoir

entertainer [ˌentəˈteɪnəʳ, *Am:* -ţɚˈteɪnɚ] *n* artiste *mf*

entertaining *adj* divertissant

entertainment *n* divertissement *m*, fun *m Québec;* **the ~ business** l'industrie du spectacle

enthral <-ll-> *vt*, **enthrall** [ɪnˈθrɔːl] *vt Am* captiver

enthrone [ɪnˈθrəʊn, *Am:* enˈθroʊn] *vt form* introniser

enthusiasm [ɪnˈθjuːzɪæzəm, *Am:* enˈθuː-] *n* enthousiasme *m*

enthusiast [ɪnˈθjuːzɪæst, *Am:* enˌθuː-] *n* enthousiaste

enthusiastic [ɪnˌθjuːzɪˈæstɪk, *Am:* enˌθuː-] *adj* enthousiaste

entice [ɪnˈtaɪs, *Am:* en-] *vt* attirer

entire [ɪnˈtaɪəʳ, *Am:* enˈtaɪɚ] *adj* (*whole*) tout; **an ~ country** un pays entier

entirely *adv* entièrement

entirety [ɪnˈtaɪəʳətɪ, *Am:* enˈtaɪrəţɪ] *n no pl, form* intégralité *f*

entitle [ɪnˈtaɪtl, *Am:* enˈtaɪţl] *vt a.* LAW **to ~ sb to sth** donner à qn le droit à qc; **to be ~ed to** +*infin* avoir le droit de +*infin*

entitled *adj* autorisé

entitlement *n no pl* droit *m*

entrance [ˈentrəns] *n* **1.** *a.* THEAT entrée *f* **2.** (*right to enter*) admission *f*

entrance examination *n* examen *m* d'entrée **entrance fee** *n* droit *m* d'entrée [*o* d'inscription]

entrant [ˈentrənt] *n* participant(e) *m(f)*

entrepreneur [ˌɒntrəprəˈnɜːʳ, *Am:* ˌɑːntrəprəˈnɜːr] *n* entrepreneur *m*

entrust [ɪnˈtrʌst, *Am:* en-] *vt* **to ~ sth to sb** confier qc à qn; **to ~ sb with sth** charger qn de qc

entry [ˈentrɪ] <-ies> *n* **1.** (*act of entering*) entrée *f* **2.** (*in dictionary*) entrée *f;* (*in accounts*) écriture *f* **3.** (*exam, competition*) inscription *f*

entry form *n s.* **entrance form entryphone** *n Brit* interphone *m*

envelop [ɪnˈveləp, *Am:* en-] *vt* envelopper

envelope [ˈenvələʊp, *Am:* -loʊp] *n* enveloppe *f*

envious [ˈenvɪəs] *adj* envieux

environment [ɪnˈvaɪərənmənt, *Am:* enˈvaɪ-] *n* environnement *m*

environmental [ɪnˌvaɪərənˈmentl, *Am:* enˌvaɪrənˈmenţl] *adj* environnemental

envisage [ɪnˈvɪzɪdʒ, *Am:* en-] *vt*, **envision** *vt Am* envisager; **to ~ doing sth** envisager de faire qc

envoy [ˈenvɔɪ, *Am:* ˈaːn-] *n* envoyé(e) *m(f)*

envy [ˈenvɪ] **I.** *n no pl* envie *f* **II.** <-ie-> *vt* envier; **to ~ sb sth** envier qc chez qn

epic [ˈepɪk] **I.** *n* LIT épopée *f* **II.** *adj* LIT *a. fig* épique

epidemic [ˌepɪˈdemɪk, *Am:* -əˈ-] *n* épidémie *f*

epileptic [ˌepɪˈleptɪk] **I.** *n* épileptique *mf* **II.** *adj* épileptique

epilog *n Am*, **epilogue** [ˈepɪlɒg, *Am:* -əlɑːg] *n Brit* épilogue *m*

episode [ˈepɪsəʊd, *Am:* -əsoʊd] *n* épisode *m*

epistle [ɪˈpɪsl] *n* LIT épître *f*

epitaph [ˈepɪtɑːf, *Am:* -ətæf] *n* épitaphe *f*

epitome [ɪˈpɪtəmɪ, *Am:* -ˈpɪţ-] *n*

sing (*of ridiculousness*) comble *m;* **the ~ of beauty** la beauté incarnée [*o* même]

epitomise *vt Aus, Brit,* **epitomize** [ɪ'pɪtəmaɪz, *Am:* ɪ'pɪt-] *vt* incarner

epoch [ˈiːpɒk, *Am:* ˈepək] *n* époque *f;* **glacial ~** période *f* glaciaire

equable [ˈekwəbl] *adj* égal

equal [ˈiːkwəl] **I.** *adj* **1.** (*the same*) égal **2.** (*able to do*) **to be ~ to a task** être à la hauteur d'une tâche **II.** *n* égal(e) *m(f)* **III.** <-ll- *Brit o* -l- *Am*> *vt* **1.** MAT être égal à **2.** (*amount, record*) égaler

equality [ɪ'kwɒlətɪ, *Am:* -'kwɑːlət̬ɪ] *n no pl* égalité *f*

equalize [ˈiːkwəlaɪz] **I.** *vt* égaliser **II.** *vi Aus, Brit* SPORT égaliser

equalizer [ˈiːkwəlaɪzəʳ, *Am:* -zɚ] *n Aus, Brit* SPORT but *m* égalisateur

equally *adv* **~ good** aussi bien; **to divide sth ~** diviser qc en parts égales; **but ~, we know that ...** mais de même, nous savons que ...

equal opportunities *npl Brit,* **equal opportunity** *n Am* égalité *f* des chances

equanimity [ˌekwəˈnɪmətɪ, *Am:* -ət̬ɪ] *n no pl* sérénité *f*

equate [ɪ'kweɪt] *vt* **he ~s sth with sth** pour lui, qc équivaut à qc

equation [ɪ'kweɪʒn] *n* équation *f*

equator [ɪ'kweɪtəʳ, *Am:* -t̬ɚ] *n no pl* **the ~** l'équateur

equilibrium [ˌiːkwɪ'lɪbrɪəm] *n no pl* équilibre *m*

equip [ɪ'kwɪp] <-pp-> *vt* équiper

equipment *n no pl* équipement *m*

equity¹ [ˈekwətɪ, *Am:* -t̬ɪ] *n* <-ies> FIN *pl* (*shares*) actions *fpl* ordinaires

equity² *n no pl, form* (*fairness*) équité *f*

equivalent [ɪ'kwɪvələnt] **I.** *adj* **~ to sth** équivalent à qc **II.** *n* équivalent *m*

era [ˈɪərə, *Am:* ˈɪrə] *n* ère *f*

eradicate [ɪ'rædɪkeɪt] *vt* éradiquer

erase [ɪ'reɪz, *Am:* -'reɪs] *vt* **1.** *a.* INFOR, FIN effacer **2.** *Am* (*blackboard*) effacer

eraser [ɪ'reɪzəʳ, *Am:* -'reɪsɚ] *n Am* gomme *f,* efface *f Québec*

erect [ɪ'rekt] **I.** *adj* **1.** (*upright*) droit **2.** (*penis*) en érection **II.** *vt* **1.** (*build*) construire **2.** (*put up*) installer

erection [ɪ'rekʃn] *n a.* ANAT érection *f*

ermine [ˈɜːmɪn, *Am:* ˈɜːr-] *n* hermine *f*

erode [ɪ'rəʊd, *Am:* -'roʊd] **I.** *vt* éroder **II.** *vi* s'éroder

erosion [ɪ'rəʊʒn, *Am:* -'roʊ-] *n no pl* érosion *f*

erotic [ɪ'rɒtɪk, *Am:* -'rɑːt̬ɪk] *adj* érotique

err [ɜːʳ, *Am:* ɜːr] *vi form* commettre une erreur

errand [ˈerənd] *n* course *f;* **to run an ~** faire une course

erratic [ɪ'rætɪk, *Am:* -'ræt̬-] *adj* (*performance*) inégal; (*pulse*) irrégulier

error [ˈerəʳ, *Am:* -ɚ] *n* erreur *f;* **to do sth in ~** faire qc par erreur

error message *n* INFOR message *m* d'erreur

erupt [ɪ'rʌpt] *vi* (*volcano*) entrer en éruption

eruption [ɪ'rʌpʃn] *n* éruption *f*

escalate [ˈeskəleɪt] *vi* (*increase*) s'intensifier; (*incidents, problem*) s'aggraver

escalator [ˈeskəleɪtəʳ, *Am:* -t̬ɚ] *n* escalier *m* mécanique

escapade [ˌeskə'peɪd] *n* escapade *f*

escape [ɪ'skeɪp] **I.** *vi* **1.** (*prisoner*) s'évader; (*animal*) s'échapper **2.** INFOR **to ~ from a program** quitter une application **II.** *vt* (*avoid*) **to ~ sth** échapper à qc **III.** *n* (*act of fleeing*) évasion *f*

escapism [ɪ'skeɪpɪzəm] *n no pl, pej* évasion *f*

escort [ˈeskɔːt, *Am:* -kɔːrt] **I.** *vt* **to ~ sb to safety** escorter qn en lieu sûr **II.** *n* **1.** *no pl* (*guard*) escorte *f* **2.** (*social companion*) compagnon *m,* hôtesse *f*

Eskimo [ˈeskɪməʊ, *Am:* -kəmoʊ] <-s> *n* **1.** (*person*) Esquimau(de) *m(f)* **2.** *no pl* LING eskimo *m; s. a.* English

especially [ɪ'speʃəlɪ] *adv* surtout; **I was ~ happy to meet them** j'étais particulièrement content de les rencontrer

E
e

espionage [ˈespɪənɑːʒ] *n no pl* espionage *m*

esplanade [ˌespləˈneɪd, *Am:* ˈesplənɑːd] *n* esplanade *f*

Esquire [ɪˈskwaɪə, *Am:* ˈeskwaɪə] *n Brit (special title)* Monsieur *m*

essay [eˈseɪ] *n* 1. SCHOOL rédaction *f* 2. UNIV dissertation *f* 3. LIT essai *m*

essence¹ [ˈesns] *n no pl (central point)* essence *f*

essence² [ˈesns] *n (fragrance, in food)* essence *f*

essential [ɪˈsenʃl] I. *adj (component, difference)* essentiel II. *n pl* **the ~s** l'essentiel

essentially [ɪˈsenʃəlɪ] *adv* essentiellement

establish [ɪˈstæblɪʃ] *vt* établir

establishment *n* 1. *(business)* établissement *m*; **business ~** maison *f* de commerce; **family ~** entreprise *f* familiale 2. *(setting up)* création *f*

estate [ɪˈsteɪt] *n* 1. *(land)* propriété *f*; **country ~** domaine *m* 2. LAW biens *mpl* 3. *Brit* ARCHIT **a council ~** un lotissement HLM; **housing ~** lotissement *m*; **industrial ~** zone *f* industrielle

estate agent *n Brit* agent *m* immobilier **estate car** *n Brit* break *m*

esteem [ɪˈstiːm] I. *n no pl (respect)* estime *f* II. *vt* estimer

estimate [ˈestɪmeɪt, *Am:* -mɪt] I. *vt (cost, increase)* estimer II. *n* 1. *(assessment)* estimation *f* 2. *(quote)* devis *m*

estimation [ˌestɪˈmeɪʃn] *n no pl* estimation *f*

Estonia [esˈtəʊnɪə, *Am:* esˈtoʊ-] *n* l'Estonie *f*

Estonian [esˈtəʊnɪən, *Am:* esˈtoʊ-] I. *adj* estonien II. *n* 1. *(person)* Estonien(ne) *m(f)* 2. LING estonien *m*; *s. a.* English

estuary [ˈestʃʊərɪ, *Am:* ˈestʃuːerɪ] <-ies> *n* estuaire *m*

etc. *adv abbr of* et cetera etc.

etching *n* gravure *f* à l'eau-forte

eternal [ɪˈtɜːnl, *Am:* -ˈtɜːr-] *adj* 1. *(lasting forever)* éternel 2. *(incessant)* constant

eternity [ɪˈtɜːnətɪ, *Am:* -ˈtɜːrnətɪ] *n* *no pl* éternité *f*

ethical [ˈeθɪkl] *adj* éthique

ethics [ˈeθɪks] *n pl + sing vb* éthique *f*

Ethiopia [ˌiːθɪˈəʊpɪə, *Am:* -ˈoʊ-] *n no pl* l'Éthiopie *f*

Ethiopian [ˌiːθɪˈəʊpɪən, *Am:* -ˈoʊ-] I. *adj* éthiopien II. *n* Éthiopien(ne) *m(f)*

ethnic [ˈeθnɪk] *adj* ethnique

ethos [ˈiːθɒs, *Am:* -θɑːs] *n no pl* esprit *m*

etiquette [ˈetɪket, *Am:* ˈetɪkɪt] *n no pl* étiquette *f*

EU *n abbr of* European Union UE *f*

Eucharist [ˈjuːkərɪst] *n no pl* REL **the ~** l'Eucharistie *f*

eulogy [ˈjuːlədʒɪ] <-ies> *n (high praise)* éloge *m*

euphemism [ˈjuːfəmɪzəm] *n* euphémisme *m*

euphoria [juːˈfɔːrɪə] *n no pl* euphorie *f*

EUR *n abbr of* Euro EUR

euro [ˈjʊərəʊ, *Am:* ˈjʊroʊ] *n* euro *m*; **changeover to the ~** [*o* ~ **changeover**] passage *m* à l'euro

euro area *n* zone *f* euro **euro cent** *n* euro centime *m* **eurocurrency** *n* eurodevise *f*

Europe [ˈjʊərəp, *Am:* ˈjʊrəp] *n no pl* l'Europe *m*

European [ˌjʊərəˈpɪən, *Am:* jʊrə-] I. *adj* européen II. *n* Européen(ne) *m(f)*

European Community *n* Communauté *f* européenne **European Monetary System** *n* Système *m* monétaire européen **European Parliament** *n* Parlement *m* européen

euro zone *n s.* **euro area**

euthanasia [ˌjuːθəˈneɪzɪə, *Am:* -ʒə] *n no pl* euthanasie *f*

evacuate [ɪˈvækjʊeɪt] *vt* évacuer

evade [ɪˈveɪd] *vt (question)* esquiver; *(police)* échapper à

evaluate [ɪˈvæljʊeɪt] *vt* évaluer

evaporate [ɪˈvæpəreɪt] *vi* s'évaporer; *fig* se volatiliser

evasion [ɪˈveɪʒn] *n* 1. *no pl (of responsibility)* fuite *f*; *(of question)* dérobade *f* 2. *(false answer)* faux-fuyant *m*

evasive [ɪ'veɪsɪv] *adj* évasif
eve [iːv] *n no pl* veille *f*
Eve [iːv] *n no art* Eve *f*
even ['iːvn] I. *adv* 1. (*used to intensify*) même; **not** ~ même pas; ~ **as a child, she …** même lorsqu'elle était enfant, elle … 2. (*despite*) ~ **if …** même si …; ~ **so …** tout de même …; ~ **then he …** et alors, il … 3. *with comparative* ~ **more/less/ better/worse** encore plus/moins/ mieux/pire II. *adj* 1. (*level*) nivelé; (*temperature*) constant 2. (*equal*) égal; **an** ~ **contest** une compétition équilibrée; **to get** ~ **with sb** se venger de qn 3. (*constant, regular*) régulier 4. MAT pair
◆ **even out** I. *vi* (*prices*) s'équilibrer II. *vt* égaliser
evening ['iːvnɪŋ] *n* soir *m*; (*as period, event*) soirée *f*
evening class *n* cours *m* du soir
evening dress *n* tenue *f* de soirée
evening meal *n* dîner *m*
event [ɪ'vent] *n* 1. (*happening*) événement *m*; **the athletics** ~**s** les épreuves d'athlétisme 2. (*case*) cas *m*; **in the** ~ en l'occurrence; **in either** ~ dans un cas comme dans l'autre
eventful [ɪ'ventfl] *adj* plein d'événements
eventual [ɪ'ventʃʊəl] *adj* (*final*) final
eventuality [ɪˌventʃʊ'ælətɪ, *Am:* -t̬ɪ] <-ies> *n inv* éventualité *f*
eventually *adv* finalement
ever ['evə', *Am:* -ə'] *adv* 1. (*on any occasion*) **never** ~ jamais; *inf* jamais de la vie; **if you ever meet her** si jamais tu la rencontres; **have you ~ met her?** est-ce que tu l'as déjà rencontrée? 2. (*always*) toujours; **as** ~ comme toujours; **harder than ever** plus difficile que jamais; ~ **since …** depuis que … 3. (*for emphasis*) **I'm** ~ **so pleased** je suis si contente
evergreen ['evəgriːn, *Am:* -ə'-] I. *n* (*tree*) arbre *m* à feuilles persistantes II. *adj* à feuilles persistantes
everlasting [ˌevə'lɑːstɪŋ, *Am:*

-ə'læstɪŋ] *adj* éternel
every ['evrɪ] *adj* 1. (*each*) ~ **child/ cat/pencil/call** chaque enfant/ chat/crayon/appel; ~ **time** (à) chaque fois 2. (*repeated*) ~ **other day** un jour sur deux; ~ **now and then** [*o* **again**] de temps en temps
everybody ['evrɪˌbɒdi, *Am:* -ˌbɑːdi] *indef pron, sing* tout le monde

> ! **everybody** et **everyone** (=tout le monde) s'emploient toujours au singulier: "Everybody enjoys a sunny day; as everyone knows."

everyday ['evrɪdeɪ] *adj* quotidien
everyone ['evrɪwʌn] *pron s.* **everybody**
everything ['evrɪθɪŋ] *indef pron, sing* tout
everywhere ['evrɪweə', *Am:* -wer] *adv* partout
evict [ɪ'vɪkt] *vt* **to** ~ **sb from their home** expulser qn de chez lui
evidence ['evɪdəns] *n no pl* 1. (*from witness*) témoignage *m*; (*physical proof*) preuve *f*; **to give** ~ témoigner 2. (*indications*) évidence *f*; **to be much in** ~ être bien en évidence
evident ['evɪdənt] *adj* évident
evil ['iːvl] I. *adj* mauvais II. *n pej* mal *m*
evoke [ɪ'vəʊk, *Am:* -'voʊk] *vt* évoquer
evolution [ˌiːvə'luːʃn, *Am:* ˌevə-] *n no pl* évolution *f*
evolve [ɪ'vɒlv, *Am:* -'vɑːlv] I. *vi* évoluer II. *vt* développer
ewe [juː] *n* brebis *f*
ex- *adj* ancien
exacerbate [ɪg'zæsəbeɪt, *Am:* -ə'-] *vt* exacerber
exact [ɪg'zækt] I. *adj* exact II. *vt* exiger
exacting *adj* (*teacher*) exigeant; (*job*) astreignant
exactly *adv* exactement
exaggerate [ɪg'zædʒəreɪt] I. *vt* exagérer; (*situation*) grossir II. *vi* exagérer
exaggerated [ɪg'zædʒəreɪtɪd, *Am:*

-ţɪd] *adj* exagéré

exaggeration [ɪɡˌzædʒəˈreɪʃn] *n* exagération *f*

exalted [ɪɡˈzɔːltɪd, *Am:* -ţɪd] *adj* (*elevated*) élevé

exam [ɪɡˈzæm] *n* examen *m;* **to take/pass an** ~ passer/réussir un examen

examination [ɪɡˌzæmɪˈneɪʃn] *n* examen *m*

examine [ɪɡˈzæmɪn] *vt* **1.**(*test*) examiner **2.**(*study, scan*) étudier **3.** LAW interroger

examiner [ɪɡˈzæmɪnəʳ, *Am:* -əʳ] *n* examinateur, -trice *m, f*

example [ɪɡˈzɑːmpl, *Am:* ɪɡˈzæm-] *n* exemple *m;* **for** ~ par exemple

exasperate [ɪɡˈzɑːspəreɪt] *vt* exaspérer

exasperation [ɪɡˌzɑːspəˈreɪʃn] *n no pl* exaspération *f*

excavate [ˈekskəveɪt] *vt* **1.**(*expose by digging*) déterrer **2.**(*hollow by digging*) creuser

exceed [ɪkˈsiːd] *vt* dépasser

exceedingly *adv form* excessivement

excel [ɪkˈsel] <-ll-> *vi* exceller; **to ~ at chess** exceller aux échecs; **to ~ in French** être excellent en français

excellence [ˈeksələns] *n no pl* excellence *f*

excellent [ˈeksələnt] *adj* excellent

except [ɪkˈsept] **I.** *prep* sauf; ~ **for sb/sth** à l'exception de qn/qc **II.** *conj* ~ **that** sauf que

excepting *prep, conj* excepté

exception [ɪkˈsepʃn] *n* **1.**(*special case*) exception *f;* **with a few ~s** à part quelques exceptions **2.**(*objection*) **to take ~ to sth** s'élever contre

exceptional [ɪkˈsepʃənl] *adj* exceptionnel

excerpt [ˈeksɜːpt, *Am:* -sɜːrpt] *n* extrait *m*

excess [ɪkˈses] **I.** <-es> *n* **1.** *no pl* (*overindulgence*) excès *m* **2.**(*surplus amount*) excédent *m* **II.** *adj* excédentaire

excess baggage *n* excédent *m* de bagage

excessive [ɪkˈsesɪv] *adj* excessif

exchange [ɪksˈtʃeɪndʒ] **I.** *vt* (*trade for the equivalent*) **to ~ sth for sth** échanger qc contre qc **II.** *n* **1.**(*interchange, trade*) échange *m;* **in ~ for sth** en échange de qc **2.** TEL (*telephone*) ~ central *m* téléphonique

exchange rate *n* ECON, FIN taux *m* de change

exchequer [ɪksˈtʃekəʳ, *Am:* -əʳ] *n no pl, Brit* ministère *m* des finances

excise [ˈeksaɪz] *n no pl* taxe *f*

excite [ɪkˈsaɪt] *vt* exciter

excited [ɪkˈsaɪtɪd, *Am:* -ţɪd] *adj* excité

excitement *n* excitation *f*

exciting *adj* passionnant

exclaim [ɪkˈskleɪm] **I.** *vi* s'exclamer **II.** *vt* **to ~ that …** s'écrier que …

exclamation [ˌekskləˈmeɪʃn] *n* exclamation *f*

exclamation mark *n* point *m* d'exclamation

exclude [ɪkˈskluːd] *vt* exclure

excluding *prep* à l'exclusion de; ~ **sb/sth** sans compter qn/qc

exclusive [ɪksˈkluːsɪv] **I.** *adj* **1.**(*debarring*) **two things are mutually ~** deux choses s'excluent mutuellement **2.**(*only, sole, total*) exclusif **3.**(*restaurant*) de luxe **II.** *n* (*in media*) exclusivité *f*

excrement [ˈekskrəmənt] *n form* excrément *m*

excruciating [ɪkˈskruːʃɪeɪtɪŋ, *Am:* -ţɪŋ] *adj* atroce

excursion [ɪkˈskɜːʃn, *Am:* -ˈskɜːrʒn] *n* excursion *f*, course *f Suisse*

excuse [ɪkˈskjuːz] **I.** *vt* **1.**(*justify*) excuser; **to ~ sb's lateness** excuser le retard de qn **2.**(*allow not to attend*) **he was ~d (from) sport** il a été dispensé de sport **3.** ~ **me** (*calling for attention, apologizing*) excuse(z)-moi; (*please repeat*) pardon; (*indignantly*) je m'excuse **II.** *n* excuse *f*

ex-directory [ˌeksdɪˈrektərɪ] *adj Aus, Brit* TEL **to be ~** être sur la liste rouge

execute [ˈeksɪkjuːt] *vt a.* LAW exécuter

execution [ˌeksɪˈkjuːʃn] *n no pl* exécution *f*

executioner [ˌeksɪˈkjuːʃnərˌ Am: -ɚ] n bourreau m

executive [ɪgˈzekjʊtɪv, Am: -ṭɪv] I. n 1.(manager) cadre mf 2.+ sing/pl vb POL (pouvoir m) exécutif m; (of organization) comité m exécutif II. adj POL exécutif

executor [ɪgˈzekjʊtərˌ Am: -ṭɚ] n exécuteur m testamentaire

exempt [ɪgˈzempt] I. vt exempter; to ~ sb from doing sth dispenser qn de faire qc II. adj exempt

exercise [ˈeksəsaɪz, Am: -sɚ-] I. vt exercer II. vi faire de l'exercice III. n exercice m

exercise book n cahier m d'exercice

exert [ɪgˈzɜːt, Am: -ˈzɜːrt] vt 1.(control, pressure) exercer 2.(make an effort) to ~ oneself se donner du mal

exertion [ɪgˈzɜːʃn, Am: -ˈzɜːr-] n effort m

exhale [eksˈheɪl] I. vt exhaler II. vi expirer

exhaust [ɪgˈzɔːst, Am: -ˈzɑː-] I. vt épuiser II. n 1. no pl (gas) gaz mpl d'échappement 2.(pipe) pot m déchappement

exhausted adj épuisé

exhausting adj épuisant

exhaustion [ɪgˈzɔːstʃn, Am: -ˈzɑː-] n no pl épuisement m

exhaustive [ɪgˈzɔːstɪv, Am: -ˈzɑː-] adj exhaustif

exhibit [ɪgˈzɪbɪt] I. n 1.(display) pièce f exposée 2. LAW pièce f à conviction II. vt 1.(show) exposer 2.(character traits) manifester III. vi ART exposer

exhibition [ˌeksɪˈbɪʃn] n 1. ART exposition f 2.to make an ~ of oneself pej se donner en spectacle

exhilarating [ɪgˈzɪlɘreɪtɪŋ, Am: -tɪŋ] adj exaltant

exile [ˈeksaɪl] I. n 1. no pl (banishment) exil m 2.(person) exilé(e) m(f) II. vt to ~ sb to Siberia/to an island exiler qn en Sibérie/sur une île

exist [ɪgˈzɪst] vi exister

existence [ɪgˈzɪstəns] n existence f; to be in ~ exister; to come into ~

naître

existing adj actuel

exit [ˈeksɪt] I. n sortie f II. vi sortir

exodus [ˈeksədəs] n sing exode m

exonerate [ɪgˈzɒnəreɪt, Am: -ˈzɑːnə-] vt form to ~ sb from sth disculper qn de qc

exorbitant [ɪgˈzɔːbɪtənt, Am: -ˈzɔːrbəṭənt] adj exorbitant

exotic [ɪgˈzɒtɪk, Am: -ˈzɑːṭɪk] adj exotique

expand [ɪkˈspænd] I. vi 1.(increase) augmenter 2.(city) s'étendre; (metal, gas) se dilater; (business, economy) se développer II. vt (make bigger) augmenter
   ◆ **expand on** vt développer

expanse [ɪkˈspæns] n étendue f

expansion [ɪkˈspænʃn] n 1. no pl (spreading out) expansion f; (of gas) dilatation f 2. no pl (of population) accroissement m; (of business) développement m

expect [ɪkˈspekt] vt 1.(think likely) s'attendre à; to ~ to +infin s'attendre à +infin; to ~ sb to +infin s'attendre à ce que +subj; I ~ he'll refuse je suppose qu'il va refuser 2.(require) attendre; to ~ sth from sb attendre qc de qn; I ~ you to +infin j'attends de vous que vous +subj 3.(wait for) attendre; to be ~ing (a baby) attendre un bébé

expectancy [ɪkˈspektəntsi] n no pl attente f

expectant [ɪkˈspektənt] adj qui est dans l'attente

expectation [ˌekspekˈteɪʃn] n attente f

expedient [ɪkˈspiːdɪənt] I. adj opportun II. n expédient m

expedition [ˌekspɪˈdɪʃn] n expédition f

expel [ɪkˈspel] <-ll-> vt (pupil) renvoyer; to ~ sb from a country expulser qn d'un pays

expenditure [ɪkˈspendɪtʃərˌ Am: -tʃɚ] n no pl (act of spending) dépense f

expense [ɪkˈspens] n 1.(cost) dépense f; at sb's ~ aux frais de qn 2. pl (money) frais mpl 3.(disadvan-

tage) **a joke at my ~** une plaisanterie à mes dépens

expense account *n* note *f* de frais

expensive [ɪk'spensɪv] *adj* cher

experience [ɪk'spɪərɪəns, *Am:* -'spɪrɪ-] I. *n no pl* expérience *f* II. *vt* connaître; (*loss*) subir; (*sensation*) ressentir

experienced *adj* expérimenté

experiment [ɪk'sperɪmənt] I. *n* expérience *f;* **to conduct an ~** faire une expérience II. *vi* **to ~ with drugs** essayer des drogues

expert ['ekspɜːt, *Am:* -spɜːrt] I. *n* expert(e) *m(f)* II. *adj* expert

expertise [ˌekspɜː'tiːz, *Am:* -spɜːr-] *n no pl* compétence *f*

expiration [ˌekspɪ'reɪʃn, *Am:* -spə-] *n no pl* expiration *f*

expire [ɪk'spaɪər, *Am:* -'spaɪə-] *vi* expirer

expiry [ɪk'spaɪərɪ, *Am:* -'spaɪ-] *n no pl s.* **expiration**

explain [ɪk'spleɪn] I. *vt* expliquer II. *vi* s'expliquer

explanation [ˌeksplə'neɪʃn] *n* explication *f*

explicit [ɪk'splɪsɪt] *adj* (*clear*) **to be ~ about sth** être explicite sur qc

explode [ɪk'spləʊd, *Am:* -'sploʊd] I. *vi a. fig* exploser II. *vt* (*blow up*) faire exploser

exploit ['eksplɔɪt] I. *vt a. pej* exploiter II. *n* exploit *m*

exploitation [ˌeksplɔɪ'teɪʃn] *n no pl* exploitation *f*

exploration [ˌeksplə'reɪʃn, *Am:* -splɔː'-] *n* exploration *f*

explore [ɪk'splɔːr, *Am:* -'splɔːr] I. *vt* explorer II. *vi* **to ~ for sth** aller à la recherche de qc

explorer [ɪk'splɔːrər, *Am:* -ə-] *n* explorateur, -trice *m, f*

explosion [ɪk'spləʊʒn, *Am:* -'sploʊ-] *n* explosion *f*

explosive [ɪk'spləʊsɪv, *Am:* -'sploʊ-] I. *adj* explosif II. *n* explosif *m*

exponent [ɪk'spəʊnənt, *Am:* -'spoʊ-] *n* (*of idea*) représentant(e) *m(f)*

export [ɪk'spɔːt, *Am:* -'spɔːrt] I. *vt*

exporter II. *n* exportation *f; ~* **goods** biens *mpl* d'exportation

exporter [ɪk'spɔːtər, *Am:* -'spɔːrtə-] *n* exportateur *m*

expose [ɪk'spəʊz, *Am:* -'spoʊz] *vt* (*uncover*) découvrir; (*part of body*) montrer, révéler; (*scandal, problem, weakness*) révéler; (*person*) dénoncer

exposed *adj* exposé

exposure [ɪk'spəʊʒər, *Am:* -'spoʊ-ʒə-] *n* 1. a. PHOT exposition *f* 2. *no pl* MED **to die of ~** mourir de froid 3. *no pl* (*media coverage*) couverture *f*

express [ɪk'spres] I. *vt* exprimer II. *adj* 1. RAIL express 2. LAW exprès 3. **by ~ delivery** en exprès III. *n* 1. RAIL express *m* 2. *no pl* (*delivery service*) **by ~** en exprès IV. *adv* (*intentional*) exprès

expression [ɪk'spreʃn] *n* expression *f*

expressive [ɪk'spresɪv] *adj* expressif

expressly *adv* expressément

expressway [ɪk'spresweɪ] *n Am, Aus* autoroute *f*

exquisite ['ekskwɪzɪt] *adj* exquis

extend [ɪk'stend] I. *vi* 1. **to ~ for/beyond sth** s'étendre sur/au-delà de qc 2. *fig* **to ~ to sth/doing sth** aller jusqu'à qc/faire qc II. *vt* 1. (*increase*) étendre; **to ~ one's house** agrandir sa maison 2. (*prolong*) prolonger 3. (*stretch*) étendre; (*neck*) tendre 4. (*offer*) **to ~ sth to sb** offrir qc à qn; **to ~ one's thanks to sb** présenter ses remerciements à qn

extension [ɪk'stenʃn] *n* 1. (*increase*) augmentation *f* 2. (*continuation*) prolongement *m* 3. (*lengthening of deadline*) prolongation *f* 4. (*added piece*) **~ (cord)** rallonge *f* 5. TEL poste *m*

extensive [ɪk'stensɪv] *adj* vaste; (*research*) approfondi; (*changes*) profond; (*repairs*) important; (*damage*) considérable

extent [ɪk'stent] *n no pl* étendue *f;* **to some ~** dans une certaine mesure; **to a greater ~** en grande partie; **to the ~ that** dans la mesure où; **to what ~?** dans quelle mesure?

exterior [ɪk'stɪərɪəʳ, *Am:* -'stɪrɪə]
I. *n* extérieur *m* II. *adj* extérieur
exterminate [ɪk'stɜ:mɪneɪt, *Am:*
-'stɜ:r-] *vt* exterminer
external [ɪk'stɜ:nl, *Am:* -'stɜ:r-] *adj*
a. MED, INFOR externe
extinct [ɪk'stɪŋkt] *adj* éteint; **to become ~** disparaître
extinguish [ɪk'stɪŋgwɪʃ] *vt* éteindre
extinguisher [ɪk'stɪŋgwɪʃəʳ, *Am:*
-əʳ] *n* extincteur *m*
extol [ɪk'stəʊl, *Am:* -'stoʊl] <-ll-> *vt
form* louer
extort [ɪk'stɔ:t, *Am:* -'stɔ:rt] *vt* **to ~
money from sb** extorquer de l'ar-
gent à qn
extortionate [ɪk'stɔ:ʃənət, *Am:*
-'stɔ:r-] *adj pej* exorbitant
extra ['ekstrə] I. *adj* supplémentaire
II. *adv* **1.** (*more*) en plus **2.** (*very*) ~
thick/strong super épais/fort III. *n*
1. ECON supplément *m* **2.** AUTO option
f **3.** CINE figurant(e) *m(f)*
extract [ɪk'strækt] I. *vt* **1.** extraire;
to ~ sth from sth extraire qc de qc;
to have a tooth ~ed se faire arracher une dent **2.** *fig* **to ~ a confession from sb** arracher un aveu à qn;
**to ~ a piece of information from
sb** tirer une information de qn II. *n*
extrait *m*
extradite ['ekstrədaɪt] *vt* **to ~ sb
from Canada to France** extrader
qn du Canada vers la France
extramarital [ˌekstrə'mærɪtl, *Am:*
-'merət̬l] *adj* extraconjugal
extraordinary [ɪk'strɔ:dnrɪ, *Am:*
-'strɔ:r-] *adj* extraordinaire
extravagance [ɪk'strævəgəns] *n no
pl* extravagance *f*
extravagant [ɪk'strævəgənt] *adj*
1. (*exaggerated*) extravagant **2.** (*luxurious*) luxueux; ~ **tastes** des goûts
dispendieux
extreme [ɪk'stri:m] I. *adj* a. METEO
extrême II. *n* (*limit*) extrême *m*
extremely *adv* extrêmement
extremist *n* extrémiste *m*
extricate ['ekstrɪkeɪt] *vt form* dégager; **to ~ oneself from sth** s'extirper de qc
extrovert ['ekstrəvɜ:t, *Am:* -vɜ:rt]

I. *n* extraverti(e) *m(f)* II. *adj* extraverti
exuberance [ɪg'zju:bərəns, *Am:*
-'zu:-] *n no pl* exubérance *f*
exultant [ɪg'zʌltənt] *adj form*
joyeux
eye [aɪ] I. *n* **1.** ANAT œil *m* **2.** (*hole of
needle*) chas *m* **3. not to be able to
take one's ~s off sb/sth** *inf* ne pas
lâcher qn/qc du regard; **as far as
the ~ can see** à perte de vue; **not to
believe one's ~s** ne pas en croire
ses yeux; **to clap ~s on sb/sth** *inf*
voir qn/qc; **to keep an ~ on sb/sth**
inf surveiller qn/qc; **to keep an ~
out for sb/sth** *inf* essayer de repérer
qn/qc; **to see ~ to ~ on sth** avoir la
même opinion sur qc; **in** [*o* to] **sb's
~s** selon qn; **to be up to one's ~s in
sth** *inf* en avoir jusqu'au cou II. <-d,
-d, -ing *o* eying *Am*> *vt* **1.** (*look at
carefully*) observer; (*warily*) examiner **2.** *inf* (*look with longing*) reluquer

eyeball I. *n* globe *m* occulaire II. *vt
Am, inf* observer **eyebrow** *n* sourcil
m **eyelash** *n* cil *m* **eyelid** *n* paupière *f* **eyeliner** *n no pl* eye-liner *m*
eye-opener *n* révélation *f* **eye
shadow** *n* fard *m* à paupières **eyesight** *n no pl* vue *f* **eyesore** *n* horreur *f* **eyestrain** *n no pl* fatigue *f*
oculaire **eyewitness** *n* témoin *m*
oculaire
e-zine ['i:zi:n] *n* magazine *m* électronique

F f

F, f [ef] <-'s *o* -s> *n* **1.** (*letter*) F, f *m*
2. MUS fa *m*
F *n abbr of* **Fahrenheit** F
fable ['feɪbl] *n* fable *f*
fabric ['fæbrɪk] *n* **1.** *no pl* FASHION
tissu *m* **2.** *no pl* (*structure*) a. *fig*
structure *f*

fabricate ['fæbrɪkeɪt] *vt* fabriquer

fabulous ['fæbjʊləs, *Am:* -jə-] *adj* fabuleux

facade [fə'sɑːd] *n* façade *f*

face [feɪs] **I.** *n* **1.** ANAT *a. fig* visage *m;* **to tell sth to sb's** ~ dire qc à qn en face **2.** (*expression*) mine *f;* **to make ~s at sb** [*o* **pull**] faire des grimaces à qn **3.** (*surface*) surface *f;* (*of mountain*) versant *m;* (*of clock*) cadran *m* **4.** (*appearance*) face *f;* **to lose/save** ~ perdre/sauver la face **II.** *vt* **1.** (*person, audience*) faire face à; (*room, house*) donner sur **2.** (*problems, danger*) faire face à; (*rival, team*) affronter

◆ **face up to** *vt* faire face à

facecloth *n* ≈ gant *m* de toilette **face cream** *n no pl* crème *f* pour le visage **facelift** *n* lifting *m* **face powder** *n no pl* poudre *f* de riz

facet ['fæsɪt] *n* facette *f*

facetious [fə'siːʃəs] *adj* facétieux **face value** *n* **1.** ECON valeur *f* nominale **2. to take sth at** ~ (*uncritically*) prendre qc pour argent comptant; (*literally*) prendre qc au premier degré

facility [fə'sɪləti, *Am:* -ti] <-ies> *n* **1.** (*building*) établissement *m* **2.** *pl* (*equipment*) équipement *m* **3.** *pl* (*amenities*) installations *fpl*

facsimile [fæk'sɪməli] *n* **1.** (*duplicate*) fac-similé *m* **2.** TEL télécopie *f*

fact [fækt] *n* **1.** fait *m;* ~ **and fiction** le réel et l'imaginaire **2. the ~s of life** *inf* les choses *fpl* de la vie; **in** ~ en fait

factor ['fæktər, *Am:* -tər] *n* facteur *m*

factory ['fæktəri, *Am:* -tər] <-ies> *n* usine *f;* **shoe** ~ fabrique *f* de chaussures

fact sheet *n* fiche *f* d'informations

factual ['fæktʃʊəl, *Am:* -tʃuːəl] *adj* factuel; (*account, information*) basé sur les faits

faculty ['fæklti, *Am:* -ti] <-ies> *n* **1.** UNIV faculté *f* **2.** *no pl, Am* (*staff*) corps *m* enseignant

fad [fæd] *n pej, inf* folie *f*

fade [feɪd] **I.** *vi* **1.** (*lose colour*) se décolorer; (*inscription*) s'effacer **2.** (*disappear*) *a. fig* disparaître;

(*light, popularity*) baisser **II.** *vt* (*cause to lose colour*) décolorer

fag¹ [fæg] *n Aus, Brit, inf* (*cigarette*) clope *f*

fag² [fæg] *n Am, pej, vulg* (*homosexual*) pédé *m*

fail [feɪl] **I.** *vi* **1.** (*not succeed*) échouer **2.** (*not to do sth one should do*) **to** ~ **to** +*infin* (*by neglect*) négliger de +*infin* **3.** SCHOOL, UNIV être recalé **4.** (*brakes*) lâcher **5.** (*kidneys, heart*) lâcher; (*health*) se détériorer **6. if all else ~s** en dernier recours **II.** *vt* **1.** (*not pass*) rater **2.** (*student, candidate*) recaler **3. his nerve ~ed him** ses nerfs ont lâché; **you've never ~ed me** tu ne m'as jamais déçu

failing *adj* défaillant

failure ['feɪljər, *Am:* 'feɪljər] *n* **1.** *no pl* (*being unsuccessful*) échec *m* **2.** (*unsuccessful person*) raté(e) *m(f)* **3.** *no pl* (*not doing sth*) **his** ~ **to inform us** le fait qu'il ne nous a pas informés; ~ **to follow the instructions will result ...** le non-respect des instructions entraînera ... **4.** (*breakdown*) défaillance *f* **5.** *no pl* MED, PHYSIOL insuffisance *f*

faint [feɪnt] **I.** *adj* **1.** (*sound, murmur*) faible; (*light, odour, mark, smile*) léger **2.** (*resemblance, possibility, suspicion*) léger; **not to have the ~est** (**idea**) ... *inf* ne pas avoir la moindre idée ... **3.** (*weak*) faible **II.** *vi* s'évanouir

fair¹ [feər, *Am:* fer] **I.** *adj* **1.** (*price, society, trial, wage*) juste; (*deal*) équitable **2.** (*comment, point, question*) légitime; (*fight, contest*) en règle; **it's not** ~ **that** ce n'est pas juste que +*subj;* ~ **enough** (*OK*) d'accord **3.** (*amount, number, size*) assez grand **4.** (*chance, possibility, prospect*) bon **5.** (*skin, hair*) clair **6.** (*weather*) agréable **II.** *adv* (*in an honest way*) **to play** ~ jouer franc jeu

fair² [feər, *Am:* fer] *n* **1.** (*funfair*) fête *f* foraine **2.** AGR foire *f*

fairly *adv* **1.** (*quite, rather*) relativement **2.** (*treat, deal with, share out*) équitablement

fairness *n no pl* (*fair treatment, justice*) équité *f*; (*of decision, election, treatment*) impartialité *f* **fair trade** *n no pl* commerce *m* équitable

fairy ['feəri, *Am:* 'feri] <-ries> *n* fée *f* **fairy tale I.** *n* (*for children*) conte *m* de fée **II.** *adj* a ~ **wedding** un mariage comme dans un conte de fée

faith [feɪθ] *n* **1.** *no pl* (*confidence, trust*) confiance *f* **2.** (*belief*) foi *f*

faithful *adj* fidèle; (*service, support*) loyal

faithfully *adv* fidèlement; **Yours ~** *Brit, Aus* veuillez agréer, Madame/ Monsieur mes sentiments distingués

fake [feɪk] **I.** *n* **1.** (*counterfeit object*) faux *m* **2.** (*impostor*) imposteur *m* **II.** *adj* faux **III.** *vt* **1.** (*make a counterfeit copy*) contrefaire **2.** (*pretend to feel*) **to ~ it** faire semblant **IV.** *vi* faire semblant

falcon ['fɔːlkən, *Am:* 'fæl-] *n* faucon *m*

Falkland Islands ['fɔːkləd͵aɪləndz], **Falklands** *npl* **the ~** les (îles) Malouines *fpl*

fall [fɔːl] <fell, fallen> **I.** *vi* **1.** (*drop down from a height*) tomber; **to ~ to the ground** tomber par terre; **to ~ flat** s'étaler; *fig* tomber à plat **2.** (*demand, numbers, prices*) baisser; (*dramatically*) chuter **3.** (*city, government, dictator*) tomber; **to ~ from power** être déchu **4. to ~ on a Monday** tomber un lundi **5.** (*become*) **to ~ asleep** s'endormir; **to ~ prey to sb/sth** devenir la proie de qn/qc **6.** (*enter a particular state*) **to ~ in love with sb/sth** tomber amoureux de qn/qc **II.** *n* **1.** (*act of falling*) chute *f* **2.** *Am* (*autumn*) automne *m* **3.** *pl* (*waterfall*) chutes *fpl*

fall apart *vi a.* *fig* se désintégrer

◆ **fall behind I.** *vi* (*child, company, country*) prendre du retard **II.** *vt* **1.** (*become slower than*) prendre du retard sur **2.** (*fail to keep to sth*) **to ~ schedule** prendre du retard

◆ **fall for** *vt inf* **1.** (*be attracted to*) tomber amoureux de **2.** (*be deceived by*) se laisser prendre à

◆ **fall in** *vi* **1.** (*collapse*) s'effondrer **2.** (*soldiers*) former les rangs

◆ **fall off I.** *vi* (*become detached*) tomber **II.** *vt* (*of table, roof*) tomber de

◆ **fall out** *vi* **1.** (*drop out*) tomber **2.** *inf* (*quarrel*) se brouiller **3.** (*soldiers*) rompre les rangs

◆ **fall over I.** *vi* **1.** (*drop to the ground*) tomber par terre **2.** (*drop on its side*) se renverser **II.** *vt* (*trip*) trébucher sur

◆ **fall through** *vi* (*sale, agreement*) échouer

fallacy ['fæləsi] *n* <-cies> (*false belief or argument*) erreur *f*

fallout *n no pl* retombées

fallout shelter *n* abri *m* antiatomique

fallow ['fæləʊ, *Am:* -oʊ] *adj* AGR **to leave land ~** laisser un terrain en jachère

false [fɔːls] *adj* a. *fig* faux; **a ~ alarm** une fausse alerte **false teeth** *n pl* fausses dents *m*

falsify ['fɔːlsɪfaɪ] *vt* falsifier

falter ['fɔːltəʳ, *Am:* -t̬əʳ] *vi* (*person, voice*) hésiter

fame [feɪm] *n no pl* **1.** (*being famous*) célébrité *f* **2.** (*reputation*) renommée *f*

familiar [fə'mɪliəʳ, *Am:* -jəʳ] *adj* **1.** (*well-known to oneself*) familier **2.** (*acquainted*) **to be ~ with sb/ sth** connaître qn/qc

familiarity [fə͵mɪli'ærəti, *Am:* -'erət̬i] *n no pl* **1.** (*informal manner*) familiarité *f* **2.** (*knowledge*) connaissance *f*

familiarize [fə'mɪliəraɪz, *Am:* -jəraɪz] *vt* familiariser

family ['fæməli] *n* **1.** <-lies> + *sing/pl vb* (*group*) famille *f* **2.** *no pl* (*relations, family members*) famille *f*; **to be ~** être de la famille

---

⚠ **family** s'emploie au singulier et au pluriel: "Maria's family comes from Italy; Are your family all well?"

F **f**

family doctor n médecin m de famille **family planning** n no pl planning m familial

famine ['fæmɪn] n famine f

famished ['fæmɪʃt] adj inf **to be ~** être affamé

famous ['feɪməs] adj célèbre

fan¹ [fæn] n **1.** (hand-held cooling device) éventail m **2.** (electrical cooling device) ventilateur m

fan² [fæn] n (admirer) fan mf
♦ **fan out** vi (crowd, roads) partir dans différentes directions

fanatic [fə'nætɪk, Am: -'næt̬ɪk] n (obsessed believer) fanatique mf

fancy ['fæntsi] I. <-ie-> vt **1.** Brit (want, like) avoir envie de **2.** Brit (be attracted to) être attiré par **3.** (imagine) s'imaginer II. n **1.** no pl (liking) **to take a ~ to sb/sth** s'enticher de qn/qc **2.** <-cies> (whimsical idea) fantaisie f; **an idle ~** une lubie III. adj <-ier, -iest> inf (expensive) chic

fancy dress n no pl, Brit, Aus déguisement m

fanfare ['fænfeə', Am: -fer] n fanfare f

fang [fæŋ] n (long sharp upper teeth) croc m

fantastic [fæn'tæstɪk] adj **1.** (unreal, magical) fantastique **2.** (unbelievable, bizarre) incroyable

fantasy ['fæntəsi, Am: -t̬ə-] <-ies> n **1.** (wild, pleasant fancy) fantasme m **2.** **the idea is pure ~** l'idée est du pur délire

fao abbr of **for the attention of** à l'attention de

far [fɑː', Am: fɑːr] <farther, farthest o further, furthest> I. adv **1.** (a long distance) a. fig loin; **how ~ is London from here?** Londres est à quelle distance d'ici?; **as ~ as the bridge** jusqu'au pont; **~ away** loin **2.** (distant in time) **~ away** loin dans le passé; **it goes as ~ back as ...** cela remonte jusqu'à ...; **so ~** jusqu'à présent **3.** (in progress, degree) **to not get very ~ with sth** ne pas aller très loin dans qc **4.** **by ~** de loin; **~ and away** de loin II. adj **1.** in

the ~ distance au loin **2.** (more distant) **in the ~ end** à l'autre bout **3.** (extreme) **the ~ left/right of a party** l'extrême gauche/droite d'un parti

faraway ['fɑːrəweɪ] adj lointain

farce [fɑːs, Am: fɑːrs] n farce f

fare [feə', Am: fer] n **1.** (price for journey) tarif m; (bus) prix m du ticket **2.** no pl (food) cuisine f

Far East n **the ~** l'Extrême-Orient m

farewell [ˌfeə'wel, Am: ˌfer-] I. interj form adieu! II. n adieu m

farm [fɑːm, Am: fɑːrm] I. n ferme f II. vt exploiter III. vi être agriculteur

farmer n agriculteur, -trice m, f **farmhouse** n ferme f

farming n no pl agriculture f **farm worker** n ouvrier m agricole **farmyard** n cour f de ferme **far-reaching** adj (consequences) d'un impact considérable **far-sighted** adj **1.** Brit, Aus (person) prévoyant; (policy) à long terme **2.** Am, Aus (long-sighted) hypermétrope

fart [fɑːt, Am: fɑːrt] I. n inf (gas) pet m II. vi inf péter

farther ['fɑːðə', Am: 'fɑːrðə'] adv comp of **far** (at/to a greater distance) **~ away from sth** plus loin que qc

farthest ['fɑːðɪst, Am: 'fɑːr-] adv superl of **far** (to/at greatest distance) **the ~ along/away** le plus loin

fascinate ['fæsɪneɪt, Am: -əneɪt] vt fasciner

fascinating adj fascinant

fascism, Fascism ['fæʃɪzəm] n no pl fascisme m

fashion ['fæʃən] I. n **1.** (popular style) mode f; **to be in ~** être à la mode **2.** (manner) manière II. vt form (make using hands) **to ~ sth out of sth** fabriquer qc en qc

fashionable adj à la mode; (area, night-club, restaurant) branché **fashion show** n défilé m de mode

fast¹ [fɑːst, Am: fæst] I. <-er, -est> adj **1.** (opp: slow) rapide **2.** (clock) en avance II. adv **1.** (quickly) vite **2.** (deeply) profondément

fast² [fɑːst, *Am:* fæst] *vi* jeûner
fasten ['fɑːsən, *Am:* 'fæsən] **I.** *vt* **1.** (*attach*) attacher **2.** (*fix*) fixer **II.** *vi* (*do up*) s'attacher
fastener *n* fermeture *f*
fast food *n no pl* fast-food *m*
fastidious [fə'stɪdɪəs] *adj* (*person*) méticuleux
fat [fæt] **I.** <fatter, fattest> *adj* **1.** (*fleshy*) gros; **to get ~** grossir **2.** (*containing fat*) gras **II.** *n* **1.** *no pl* (*body tissue*) graisse *f* **2.** (*for cooking, in food*) matière *f* grasse
fatal ['feɪtəl, *Am:* -təl] *adj* fatal
fatality [fə'tæləti, *Am:* -ți] <-ties> *n* fatalité *f*
fate [feɪt] *n sing* destin *m*
fateful *adj* fatal
father ['fɑːðə', *Am:* -ðə-] *n* père *m*
Father Christmas *n* le père Noël
father-in-law *n* beau-père *m*
fatherly *adj* paternel
fathom ['fæðəm] **I.** *n* NAUT brasse *f* **II.** *vt* saisir
fatigue [fə'tiːg] *n no pl* épuisement *m*
fatten ['fætən] *vt* engraisser
fattening *adj* **to be ~** faire grossir
fatty ['fæti, *Am:* 'fæt-] *adj* gras; (*tissue*) graisseux
faucet ['fɔːsɪt, *Am:* 'fɑː-] *n Am* robinet *m*
fault [fɔːlt] *n* **1.** *no pl* (*guilt, mistake*) faute *f* **2.** (*character weakness, defect*) défaut *m* **3.** (*crack in earth's surface*) faille *f*
faultless *adj* impeccable
faulty *adj* (*having a defect*) défectueux
fauna ['fɔːnə, *Am:* 'fɑː-] *n no pl, + sing/pl vb* faune *f*
favor ['feɪvə', *Am:* -və-] *Am, Aus s.* **favour**
favorable *adj Am, Aus s.* **favourable**
favorite ['feɪvərɪt] *Am, Aus s.* **favourite**
favoritism *n Am, Aus s.* **favouritism**
favour ['feɪvə', *Am:* -və-] *Brit, Aus* **I.** *n* **1.** *no pl* (*approval*) faveur *f*; **to be in ~ of sth** être en faveur de [*o* pour] qc; **to be in ~ with sb** être bien vu de qn **2.** (*helpful act*) **to do sb a ~** rendre un service à qn **II.** *vt* **1.** (*prefer*) préférer; (*method, solution*) être pour **2.** (*give advantage or benefit to*) favoriser
favourable *adj* favorable
favourite ['feɪvərɪt] **I.** *adj* préféré **II.** *n* préféré *mf*
fawn [fɔːn, *Am:* fɑːn] *n* (*young deer*) faon *m*
fax [fæks] **I.** *n* (*message*) fax *m*; **a ~ (machine)** un télécopieur **II.** *vt* faxer *m*
FBI *n Am abbr of* **Federal Bureau of Investigation** police *f* judiciaire fédérale
fear [fɪə', *Am:* fɪr] **I.** *n* **1.** *no pl* (*state of being afraid*) peur *f*; **for ~ of doing sth** par crainte de faire qc **2.** (*worry*) inquiétude *f* **II.** *vt* avoir peur de
fearful *adj* (*anxious*) craintif; **to be ~ of sth** avoir peur de qc
fearless *adj* hardi
feasible ['fiːzəbl] *adj* (*achievable*) réalisable
feast [fiːst] **I.** *n* (*meal*) *a. fig* festin *m* **II.** *vi* **to ~ on sth** se délecter de qc **III.** *vt* régaler
feat [fiːt] *n* exploit *m*
feather ['feðə', *Am:* -ə-] *n* plume *f*
feature ['fiːtʃə', *Am:* -tʃə-] **I.** *n* **1.** (*distinguishing attribute*) particularité *f* **2.** *pl* (*facial attributes*) traits *mpl* (du visage) **3.** PUBL article *m* **II.** *vt* **1.** (*have as aspect, attribute*) présenter **2.** (*have as performer, star*) avoir pour vedette **III.** *vi* figurer
February ['februəri, *Am:* -eri] *n* février *m*; *s. a.* **April**
federal ['fedərəl] *adj* (*republic, state*) fédéral
federation *n* fédération *f*
fed up *adj inf* **to be ~ with sb/sth** en avoir marre de qn/qc
fee [fiː] *n* (*of doctor, lawyer, artist*) honoraires *mpl*; **school ~s** frais *mpl* de scolarité; **admission ~** droit *m* d'entrée
feeble ['fiːbl] *adj* faible
feed [fiːd] <fed> **I.** *n* (*food*) nourri-

F f

ture f **II.** vt **1.** (give food to) nourrir; **to ~ the cat** donner à manger au chat **2.** (machine) alimenter **III.** vi manger

feedback ['fi:dbæk] n no pl, a. fig réaction f; (in sound system) retour m

feeding bottle n biberon m

feel [fi:l] **I.** n **1.** no pl (act of touching) toucher m **2.** no pl (impression) impression f **II.**<felt> vi **1.** (have a sensation or emotion) se sentir; **to ~ hot/cold** avoir chaud/froid; **to ~ like sth/doing sth** avoir envie de qc/faire qc **2.** (seem) paraître **3.** (use hands to search) **to ~ around** tâter autour de soi **III.**<felt> vt **1.** (pain, pressure, touch) sentir **2.** (experience) ressentir **3.** (touch) toucher **4.** (think, believe) penser; **she ~s nobody listens to her** elle a l'impression que personne ne l'écoute

feeler n zool antenne f

feeling n **1.** (emotion, sensation) sentiment m; **to hurt sb's ~s** blesser qn dans ses sentiments **2.** (impression, air) **to get the ~ that ...** avoir l'impression que ... **3.** no pl (physical sensation) sensation f

feet [fi:t] n pl of **foot**

feign [feɪn] vt (ignorance, emotion) feindre

fell [fel] pt of **fall**

fellow ['feləʊ, Am: -oʊ] **I.** n **1.** inf (guy) type m **2.** (comrade) camarade mf **II.** adj ~ **student** camarade mf

fellowship n **1.** no pl (comradely feeling) camaraderie f **2.** (association) association f **3.** univ bourse f

felony ['feləni] <-nies> n Am crime m

felt[1] [felt] pt, pp of **feel**

felt[2] [felt] n no pl feutre f

felt-tip (**pen**) [,felt'tɪp (pen)] n feutre m

female ['fi:meɪl] **I.** adj **1.** (related to females) féminin **2.** tech femelle **II.** n a. pej femelle f

feminine ['femənɪn] **I.** adj a. ling féminin **II.** n ling **the ~** le féminin

feminist n féministe mf

fence [fens] **I.** n (barrier) barrière f **II.** vt (close off) clôturer

fencing n no pl sport escrime f
◆**fend for** vt **to ~ oneself** se débrouiller tout seul
◆**fend off** vt repousser

fender ['fendə', Am: -də'] n **1.** (frame of fire-place) pare-feu m **2.** Am auto s. **wing**

ferment [fə'ment, Am: fə'-] vi (change chemically) fermenter

fern [fɜ:n, Am: fɜ:rn] n bot fougère f

ferocious [fə'rəʊʃəs, Am: -'roʊ-] adj féroce

ferret ['ferɪt] n zool furet m

ferry ['feri] <-ies> n ferry m; (smaller) bac m

fertile ['fɜ:taɪl, Am: 'fɜ:rtl] adj fertile

fertilizer n engrais m

fervent ['fɜ:vənt, Am: 'fɜ:r-] adj (devoted and enthusiastic) fervent

fester ['festə', Am: -tə'] vi med suppurer

festival ['festɪvəl] n (special event) festival m

festive ['festɪv] adj festif; **the ~ season** les fêtes de fin d'année

festivity [fe'stɪvəti, Am: -ti] <-ies> n pl festivités fpl

fetch [fetʃ] vt (bring back) aller chercher

fetish ['fetɪʃ, Am: 'fet-] n a. psych fétiche m

fetus ['fi:təs, Am: -təs] n Am s. **foetus**

feud [fju:d] **I.** n querelle f **II.** vi **to ~ with sb over sth** se quereller avec qn à cause de qc

feudal ['fju:dəl] adj féodal

fever ['fi:və', Am: -və'] n fièvre f

feverish adj a. med fébrile

few [fju:] **I.**<fewer, fewest> adj peu de; **to be ~ and far between** être rare **II.** pron peu; **~ of us** peu d'entre nous **III.** n a ~ quelques uns; **quite a ~ people** pas mal de gens

fewer ['fju:ə', Am: -ə'] adj, pron moins de

fewest ['fju:ɪst] adj le moins de

fiancé [fɪ'ɒnseɪ, Am: ,fi:ɑ:n'seɪ] n fiancé m

fiancée [fɪ'ɒnseɪ, Am: ,fi:ɑ:n'seɪ] n

fiancée f
fiasco [fɪ'æskəʊ, *Am*: -koʊ] <-cos *o* -coes> *n* fiasco *m*
fib [fɪb] <-bb-> *inf* **I.** *vi* raconter des boniments **II.** *n* boniments *mpl*
fiber ['fɪbər, *Am*: -ər] *n Am*, **fibre** *n* fibre *f*
fibreglass *n* fibre *f* de verre **fibre optics** *n sing* fibre *f* optique
fickle ['fɪkl] *adj* inconstant
fiction ['fɪkʃən] *n no pl* fiction *f*
fictional *adj* fictif
fictitious [fɪk'tɪʃəs] *adj* (*fictional*) fictif
fiddle ['fɪdl] **I.** *vt Brit, inf* truquer **II.** *vi* (*fidget with*) **to ~ with sth** tripoter qc **III.** *n* **1.** *Brit, inf* (*fraud, racket*) combine *f* **2.** *inf* (*violin*) violon *m*
fidget ['fɪdʒɪt] *vi* (*be impatient*) s'agiter
field [fiːld] *n* **1.** champ *m* **2.** (*sphere of activity*) domaine *m* **3.** SPORT terrain *m*
field day *n inf* **to have a ~**, bien s'amuser **field sports** *n* activités *fpl* de plein air **fieldwork** *n* travaux *mpl* sur le terrain
fiend [fiːnd] *n* **1.** (*brute*) monstre *m* **2.** *inf* (*fan*) mordu(e) *m(f)*
fierce [fɪəs, *Am*: fɪrs] *adj* <-er, -est> (*untamed*) féroce
fiery ['faɪəri, *Am*: 'faɪri] <-ier, -iest> *adj* **1.** (*with fire in it*) brûlant **2.** (*passionate*) fougueux
fifteen [ˌfɪf'tiːn] *adj* quinze; *s. a.* **eight**
fifth [fɪfθ] *adj* cinquième; *s. a.* **eighth**
fifty ['fɪfti] *adj* cinquante; *s. a.* **eight, eighty**
fifty-fifty *adj* **a ~ chance** cinquante pour cent de chances
fig [fɪg] *n* figue *f*
fight [faɪt] **I.** <fought, fought> *vi* **1.** (*exchange blows*) se battre **2.** (*wage war, do battle*) se battre **3. to ~ over sth** se disputer pour qc **4.** (*struggle*) **to ~ against sth** lutter contre qc **II.** *vt* (*enemy, crime*) combattre; (*person*) se battre contre **III.** *n* **1.** (*violent confrontation*) ba-

garre *f*; **to get into a ~ with sb** se bagarrer avec qn **2.** (*quarrel*) dispute *f* **3.** (*battle*) combat *m* **4.** (*struggle, campaign*) lutte *f*
♦ **fight back I.** *vi* se défendre **II.** *vt* (*fight*) combattre
fighter *n* **1.** (*person who fights*) combattant(e) *m(f)* **2.** (*military plane*) chasseur *m*
fighting *n no pl* combats *mpl*
figment ['fɪgmənt] *n* **a ~ of sb's imagination** le fruit de l'imagination de qn
figurative ['fɪgjərətɪv, *Am*: -jəətɪv] *adj* figuré
figure ['fɪgər, *Am*: -jər] **I.** *n* **1.** (*outline of body*) silhouette *f* **2.** (*personality*) personnalité *f* **3.** (*digit*) chiffre *m* **4.** (*diagram, representation*) figure *f* **II.** *vt* penser **III.** *vi* (*appear*) figurer
♦ **figure out** *vt* (*understand*) (arriver à) comprendre
figurehead *n a. fig* figure *f* de proue
Fiji ['fiːdʒiː] *n* **~ Islands** îles *fpl* Fidji
file¹ [faɪl] **I.** *n* **1.** (*dossier*) dossier *m* **2.** INFOR fichier **II.** *vt* (*arrange*) classer **III.** *vi* (*request*) **to ~ for sth** faire une demande de qc
file² [faɪl] *n* lime *f*
file manager *n* INFOR gestionnaire *m* de fichiers **file name** *n* INFOR nom *m* de fichier
filing cabinet *n* armoire *f* de classement
Filipino [fɪlɪ'piːnəʊ, *Am*: -noʊ] *n* Philippin(ne) *m(f)*
fill [fɪl] **I.** *vt* **1.** (*make full*) remplir **2.** (*a hole*) boucher **II.** *vi* se remplir
♦ **fill in I.** *vt* **1.** (*complete*) remplir **2.** (*inform*) **to ~ sb on the details** mettre qn au courant des détails **II.** *vi* **to ~ for sb** remplacer qn
♦ **fill out** *vt* remplir
♦ **fill up I.** *vt* remplir **II.** *vi* **to ~ with sth** se remplir de qc
fillet ['fɪlɪt] *n* filet *m*
filling I. *n* **1.** (*for tooth*) plombage *m* **2.** (*for sandwich*) garniture *f* **II.** *adj* (*food*) nourrissant
filling station *n* station-service *f*
film [fɪlm] **I.** *n* film *m*; (*for camera*)

pellicule *f* II. *vt, vi* filmer **film star** *n* vedette *f* de cinéma

filter ['fɪltə', *Am:* -t̬ɚ] I. *n* filtre *m* II. *vi* (*pass*) filtrer **filter tip** *n* cigarette *f* filtre

filth [fɪlθ] *n no pl* 1. (*dirt*) saleté *f* 2. (*obscenity*) obscénités *fpl*

filthy *adj* sale

fin [fɪn] *n* ZOOL nageoire *f*

final ['faɪnl] I. *adj* 1. (*last*) final 2. (*decisive*) définitif II. *n* 1. SPORT finale *f* 2. *pl, Brit* UNIV les examens de dernière année 3. *pl, Am* SCHOOL les examens de fin d'année scolaire

finale [fɪ'nɑːli, *Am:* -'næli] *n sing* finale *m*

finalize ['faɪnəlaɪz] *vt* mettre au point

finally ['faɪnəli] *adv* enfin

finance ['faɪnænts] I. *vt* financer II. *n pl* (*funds*) finances *fpl*

financial *adj* financier

find [faɪnd] I. <found, found> *vt* trouver; **to ~ sb/sth** (**to be**) **sth** trouver que qn/qc est qc II. *vi* LAW **to ~ for/against sb** se prononcer en faveur de/contre qn III. *n* trouvaille *f*
  ◆ **find out** I. *vt* (*uncover, detect, discover*) découvrir II. *vi* apprendre; **to ~ about sth** apprendre à propos de qc

finding *n pl* (*conclusion*) conclusions *fpl*

fine¹ [faɪn] I. *adj* 1. (*excellent*) excellent 2. (*acceptable*) (**that's**) **~**! c'est bien! 3. (*nuance*) subtil II. *adv* (*acceptable*) bien; **to feel ~** se sentir bien

fine² [faɪn] *n* amende *f*

fine arts *n* beaux-arts *mpl*

finger ['fɪŋgə', *Am:* -gɚ] *n* doigt *m* **fingernail** *n* ongle *m* **fingerprint** *n* empreinte *f* digitale **fingertip** *n* bout *m* du doigt

finicky ['fɪnɪki] *adj pej* tatillon

finish ['fɪnɪʃ] I. *vi* 1. (*cease*) se terminer 2. SPORT finir II. *vt* **to ~ doing sth** finir de faire qc III. *n* 1. SPORT arrivée *f* 2. (*conclusion*) fin *f*
  ◆ **finish up** *vi, vt* finir

finishing line *n* ligne *f* d'arrivée

finite ['faɪnaɪt] *adj* fini

Finland ['fɪnlənd] *n* la Finlande

Finn [fɪn] *n* Finlandais(e) *m(f)*

Finnish ['fɪnɪʃ] I. *adj* 1. (*of Finnish descent*) finnois 2. (*from Finland*) finlandais II. *n* (*language*) finnois *m*

fir [fɜː', *Am:* fɜːr] *n* sapin *m*

fire ['faɪə', *Am:* 'faɪɚ] I. *n* 1. (*element*) feu *m;* **to catch ~** prendre feu 2. (*burning*) incendie *m;* **to set sth on ~** mettre le feu à qc II. *vt* 1. (*rocket*) lancer; (*shot*) tirer 2. (*worker*) licencier III. *vi* **to ~ at sb/sth** tirer sur qn/qc

fire alarm *n* alerte *f* au feu **firearm** *n* arme *f* à feu **fire brigade** *n* Brit (sapeurs-)pompiers *mpl* **fire department** *n* Am (sapeurs-)pompiers *mpl* **fire engine** *n* voiture *f* de pompiers **fire extinguisher** *n* extincteur *m* **firefighter** *n* (sapeur-)pompier *m* **fireman** *n* pompier *m* **fireplace** *n* cheminée *f* **fireside** *n* **by the ~** autour du feu **firewoman** *n* femme *f* pompier **firewood** *n no pl* bois *m* de chauffage **fireworks** *n pl* feu *m* d'artifice

firing ['faɪərɪŋ, *Am:* 'faɪɚ-] *n* tir *m* **firing squad** *n* peloton *m* d'exécution

firm¹ [fɜːm, *Am:* fɜːrm] I. *adj* 1. (*hard*) ferme 2. (*steady*) solide 3. (*resolute*) ferme II. *adv* ferme; **to stand ~** *a. fig* rester ferme

firm² [fɜːm, *Am:* fɜːrm] *n* entreprise *f*

first [fɜːst, *Am:* fɜːrst] I. *adj* 1. premier; **for the ~ time** pour la première fois; **to do sth ~ thing** faire qc en premier 2. **in the ~ place** d'abord; **~ things ~** *inf* une chose après l'autre II. *adv* en premier; **~ of all** *inf* tout d'abord III. *n* 1. (*coming before*) premier, -ère *m, f* 2. UNIV ≈ une mention très bien IV. *pron* le premier/la première; *s. a.* **eighth**

first aid *n* premiers secours *mpl* **first class** *adj* first-class (*hotel, ticket*) de première classe; (*restaurant*) excellent **first-hand** *adj, adv* de première main **first lady** *n* Am **the ~** *femme du président des États-Unis* **first name** *n* prénom *m* **first-**

year student n étudiant(e) m(f) de première année

fish [fɪʃ] I. <-(es)> n poisson m II. vi (catch fish) pêcher III. vt to ~ **the sea** pêcher en mer **fisherman** n pêcheur m

fish farm n établissement m de pisciculture

fishing n no pl pêche f **fishing rod** n canne f à pêche

fishmonger n poissonnier, -ière m, f

fishy ['fɪʃi] <-ier, -iest> adj 1. (tasting of fish) qui a un goût de poisson 2. inf (dubious) louche

fist [fɪst] n poing m

fit¹ [fɪt] I. <-tter, -ttest> adj 1. (suitable) bon; ~ **to eat** mangeable; **as you see** ~ comme bon vous semble 2. (healthy) en forme; **to keep** ~ rester en forme II. <-fitting, -tt- o Am -> vt 1. (correct size) aller à 2. (correct position/shape) adapter 3. (match) correspondre à III. vi <-fitting, -tt- o Am -> 1. (be correct size) aller 2. (be appropriate) s'adapter IV. n no pl coupe f; **the dress is a perfect** ~ la robe est à la bonne taille

◆ **fit in** I. vi 1. (fit) aller; **we will all** ~ il y aura de la place pour tout le monde 2. (with group, background) s'intégrer II. vt **to fit sb/sth in somewhere** caser qn/qc quelque part

fit² [fɪt] n a. fig crise f; (of anger) accès m

fitful adj irrégulier

fitness n no pl (good health) forme f

fitted ['fɪtɪd, Am: 'fɪt̬-] adj 1. (suitable) **to be** ~ **for sth** être fait pour qc 2. (garment) ajusté; (wardrobe) encastré

fitting I. n 1. pl (fixtures) installations fpl 2. pl, Brit, Aus (movable furnishing items) accessoires mpl II. adj approprié

five [faɪv] adj cinq; s. a. **eight**

fix [fɪks] I. vt 1. (decide, arrange) fixer 2. (repair) réparer 3. Am, inf (meal) préparer 4. (race, election) truquer II. n 1. sing, inf (dilemma) **to be in a** ~ être dans le pétrin 2. inf

(dosage of narcotics) dose f

◆ **fix up** vt 1. (supply with) **to fix sb up with sth** trouver qc pour qn 2. (arrange, organize) arranger

fixed adj fixe

fixture ['fɪkstʃəʳ, Am: -tʃɚ] n 1. (immovable object) équipement m 2. Brit, Aus SPORT rencontre f

fizz [fɪz] vi pétiller

fizzle ['fɪzl] vi pétiller

◆ **fizzle out** vi (plan, match) partir en eau de boudin

flabbergast ['flæbəgɑːst, Am: -əgæst] vt inf souffler

flabby ['flæbi] <-ier, -iest> adj pej mou

flag [flæg] n (national symbol) a. INFOR drapeau m

◆ **flag down** vt (taxi) héler

flagpole n hampe f

flagrant ['fleɪgrənt] adj flagrant

flair [fleəʳ, Am: fler] n no pl flair m

flake [fleɪk] I. vi (skin) peler; (paint, wood) s'écailler II. n (peeling) pellicule f; (of paint, metal) écaille f

flamboyant [flæm'bɔɪənt] adj (style, personality) haut en couleur

flame [fleɪm] n a. fig flamme f; **to go up in** ~**s** monter en flammes

flamingo [flə'mɪŋgəʊ, Am: -goʊ] <-s o -es> n flamant m

flammable ['flæməbl] adj inflammable

flank [flæŋk] n a. MIL flanc m

flap [flæp] I. <-pp-> vt **to** ~ **one's wings** battre des ailes II. <-pp-> vi (fly by waving wings) battre des ailes III. n 1. rabat m 2. inf (panic) affolement m

flapjack n 1. Am (pancake) crêpe f 2. Brit (biscuit) biscuit aux flocons d'avoine

flare [fleəʳ, Am: fler] I. n (signal) signal m (lumineux) II. vi (burn up) a. fig s'enflammer III. vt évaser

◆ **flare up** vi 1. (burn up) s'enflammer 2. (dispute) éclater

flash [flæʃ] I. vt (signal) envoyer; **to** ~ **one's headlights** faire un appel de phares II. vi 1. (shine briefly) a. fig briller; (headlights) clignoter 2. (move swiftly) **to** ~ **by** filer

F
f

comme un éclair **III.** *n* **1.** (*burst of light*) éclair *m* **2.** PHOT *a. fig* flash *m*

flashback *n* CINE, LIT, THEAT flash-back *m* **flashlight** *n* *Am* lampe *f* torche

flashy <-ier, -iest> *adj* inf tape-à-l'œil

flask [flɑːsk, *Am:* flæsk] *n* (*bottle*) flacon *m*

flat[1] [flæt] **I.** *adj* **1.**<-ter, -test> (*smooth and level, boring*) *a.* ANAT, MED plat **2.** (*tyre, battery*) à plat **3.** (*refusal*) clair et net **4.** (*rate*) forfaitaire **5.** MUS bémol; *pej* faux **II.** *adv* **1.** (*in a position*) à plat **2.** (*sing*) faux **3.** *inf* (*exactly*) exactement

flat[2] [flæt] *n* *Aus, Brit* appartement *m*

flatten ['flætn] *vt* aplatir

flatter *vt* flatter

flattering *adj* flatteur

flaunt [flɔːnt, *Am:* flɑːnt] *vt* (*show off*) fanfaronner

flavo(u)r ['fleɪvəʳ, *Am:* -vəʳ] **I.** *n* (*taste*) goût *m*; (*of ice cream*) parfum *m* **II.** *vt* GASTR assaisonner

flaw [flɔː, *Am:* flɑː] *n* défaut *m*

flawless *adj* parfait

flax [flæks] *n no pl* lin *m*

flea [fliː] *n* puce *f* **flea market** *n* marché *m* aux puces

fled [fled] *pp of* **flee**

flee [fliː] <fled> *vt, vi* fuir

fleece [fliːs] *n* (*woolly covering*) toison *f*

fleet [fliːt] *n* flotte *f*

fleeting *adj* fugitif

Flemish ['flemɪʃ] **I.** *adj* flamand **II.** *n* **1.** (*people*) **the ~** les Flamands *mpl* **2.** (*language*) flamand *m*; *s. a.* **English**

flesh [fleʃ] *n no pl* **1.** chair *f* **2. in the ~** en chair et en os **flesh wound** *n* écorchure *f*

flew [fluː] *pp, pt of* **fly**

flex [fleks] **I.** *vt, vi* fléchir **II.** *n* (*electrical cord*) câble *m*

flexible ['fleksəbl] *adj* flexible

flexitime ['fleksɪtaɪm] *n no pl* horaire *m* à la carte

flick [flɪk] **I.** *vt* (*jerk*) **to ~ sth** donner une tape à qc **II.** *vi* **I ~ed through the book** j'ai feuilleté le livre **III.** *n* (*hit*) **at the ~ of a switch** par une simple pression sur un bouton

flicker *vi* (*candle*) vaciller; (*eyes*) cligner

flight [flaɪt] *n* **1.** (*act of flying*) vol *m* **2.** (*escape*) *a. fig* fuite *f* **3.** (*series*) **~** (*of stairs*) escalier *m*

flight attendant *n* (*woman*) hôtesse *f* de l'air **flight deck** *n* poste *m* de pilotage

flimsy ['flɪmzi] <-ier, -iest> *adj* **1.** (*dress, blouse*) léger **2.** (*construction, structure*) peu solide

flinch [flɪntʃ] *vi* tressaillir

fling [flɪŋ] <flung> **I.** *vt a. fig* jeter **II.** *n* (*affair*) aventure *m*

flip [flɪp] <-pp-> **I.** *vt* (*turn over*) **to ~ sth** (**over**) retourner qc; **to ~ a coin** lancer une pièce; **to ~ a switch** pousser un bouton **II.** *vi* **1.** (*turn quickly*) **to ~ over** tourner **2.** *inf* (*go mad*) péter les plombs **III.** *n* salto *m*

flip-flop ['flɪpflɒp, *Am:* -flɑːp] *n* FASHION **~s** tongs *fpl*

flippant *adj* désinvolte

flipper *n* **1.** ZOOL aileron *m* **2.** (*swimming aid*) palme *f*

flirt [flɜːt, *Am:* flɜːrt] **I.** *n* dragueur, -euse *m, f* **II.** *vi* **to ~ with sb** flirter avec qn

flit [flɪt] <-tt-> *vi* (*fly*) voleter

float [fləʊt, *Am:* floʊt] **I.** *vi* (*on water, air*) *a. fig* flotter **II.** *vt* (*keep afloat*) faire flotter **III.** *n* (*buoyant device*) flotteur *m*

flock [flɒk, *Am:* flɑːk] *n* (*group*) troupeau *m*

flog [flɒg, *Am:* flɑːg] <-gg-> *vt* **1.** (*punish*) fouetter **2.** *Brit, inf* (*sell*) fourguer

flood [flʌd] **I.** *vt* (*overflow*) *a. fig* inonder **II.** *n* **1.** (*overflow*) inondation *f* **2.** (*outpouring*) flot *m*; (*of mail, calls*) déluge *m* **floodlight** *n* projecteur *m*

floor [flɔːʳ, *Am:* flɔːr] **I.** *n* **1.** (*surface*) sol *m*; (*wooden*) plancher *m* **2.** (*level of a building*) étage *m* **3.** (*bottom*) fond *m* **4. to have the ~** avoir la parole **II.** *vt* (*knock down*) terrasser

floorboard *n* lame *f* de parquet

flop [flɒp, *Am:* flɑːp] *n* inf flop *m*

floppy <-ier, -iest> *adj* (*hat, hair*) mou; (*ears*) pendant

floppy (**disk**) *n* disquette *f*

flora ['flɔːrə] *n no pl* flore *f*

florist ['flɒrɪst, *Am:* 'flɔːr-] *n* fleuriste *mf*

flotsam (**and jetsam**) *n no pl, a. fig* épave *f*

flounder ['flaʊndər, *Am:* -dər] *vi* patauger

flour ['flaʊər, *Am:* -ər] *n no pl* farine *f*

flourish ['flʌrɪʃ, *Am:* 'flɜːr-] *vi* (*children*) s'épanouir; (*company, school*) prospérer

flout [flaʊt] *vt* dédaigner

flow [fləʊ, *Am:* floʊ] I. *vi a. fig* couler; (*stream, blood*) circuler; (*air*) passer II. *n sing* 1. écoulement *m*; (*of capital, tide*) flux *m* 2. **to go with the** ~ suivre le courant

flow chart, flow diagram *n* organigramme *m*

flower ['flaʊər, *Am:* 'flaʊər] I. *n* fleur *f* II. *vi a. fig* fleurir **flower bed** *n* parterre *m* de fleurs

flower pot *n* pot *m* de fleurs

flowery <-ier, -iest> *adj a. pej* fleuri

flown [fləʊn, *Am:* floʊn] *pp of* **fly**

flu [fluː] *n no pl* grippe *f*

fluctuate ['flʌktʃʊeɪt] *vi* fluctuer

fluency ['fluːəntsi] *n no pl* aisance *f*

fluent *adj* **to be** ~ **in Portuguese** parler couramment le portugais

fluff [flʌf] *n no pl* 1. (*down*) duvet *m* 2. (*dust*) moutons *mpl* de poussière

fluffy <-ier, -iest> *adj* (*of or like fluff*) duveteux

fluid ['fluːɪd] I. *n* fluide *m* II. *adj* fluide

flung [flʌŋ] *pp/pt of* **fling**

flunk [flʌŋk] *vt Am, inf* se faire recaler en

fluorescent *adj* fluorescent

fluoride ['flʊəraɪd, *Am:* 'flɔːraɪd] *n no pl* CHEM fluor *m*

flurry ['flʌri, *Am:* 'flɜːr-] <-ies> *n a. fig* bourrasque *f*

flush¹ [flʌʃ] I. *vi* 1. (*blush*) rougir 2. (*operate toilet*) tirer la chasse d'eau II. *vt* 1. (*cleanse*) **to** ~ **the toilet** tirer la chasse 2. (*redden*) faire rougir

flush² *adj* (*level or flat*) de niveau

fluster ['flʌstər, *Am:* -tər] *vt* **to** ~ **sb** rendre qn nerveux

flute [fluːt] *n* MUS flûte *f*

flutter ['flʌtər, *Am:* 'flʌţər] I. *n* 1. (*of wings, lashes*) battement *m* 2. (*nervousness*) agitation *f* II. *vi* 1. (*fly*) voleter 2. (*flag*) flotter

flux [flʌks] *n no pl* flux *m*

fly¹ [flaɪ] *n* (*trouser zip*) braguette *f*

fly² [flaɪ] <flew, flown> I. *vi* voler II. *vt* 1. (*pilot*) piloter 2. (*kite*) faire voler; **to** ~ **the UN flag** faire flotter le drapeau des Nations Unies

fly³ *n* (*small insect*) mouche *f*

♦ **fly away** *vi* s'envoler

flying I. *n no pl* vol *m;* **to be afraid of** ~ avoir peur de l'avion II. *adj* (*able to move*) volant **flying saucer** *n* soucoupe *f* volante **flying start** *n* **get off to a** ~ avoir un très bon départ **flyover** *n* 1. *Brit* (*elevated road*) pont *m* routier 2. *Am s.* **flypast fly-past** *n* MIL défilé *m* aérien

FM *n abbr of* **frequency modulation** FM *f*

foal [fəʊl, *Am:* foʊl] *n* poulain *m*

foam [fəʊm, *Am:* foʊm] I. *n no pl* mousse *f* II. *vi* écumer; (*soap, beer*) mousser **foam rubber** *n* caoutchouc *m* mousse

focal point *n* 1. (*focus*) foyer *m* 2. (*central point*) point *m* central

focus ['fəʊkəs, *Am:* 'foʊ-] <-es *o* foci> I. *n* 1. (*of interest, attention*) centre *m*; (*of unrest, discontent*) foyer *m* 2. PHYS *a. fig* foyer *m;* **to be in** ~ être net; **to be out of** ~ être flou II. <-s- *o* -ss-> *vi* 1. (*see clearly*) régler; **to** ~ **on sth** regarder fixement qc 2. (*concentrate*) **to** ~ **on sth** focaliser sur qc III. *vt* (*bring into focus*) focaliser; (*lens*) mettre au point

fodder ['fɒdər, *Am:* 'faːdər] *n no pl* fourrage *m*

foe [fəʊ, *Am:* foʊ] *n form* ennemi *mf*

foetus ['fiːtəs, *Am:* -ţəs] *n* fœtus *m*

fog [fɒg, *Am:* faːg] *n a. fig* brouillard *m*

foggy ['fɒgi, *Am:* 'faːgi] <-ier, -iest> *adj* brumeux

F f

foghorn *n* corne *f* de brume **fog lamp**, **fog light** *n* phare *m* antibrouillard

foil¹ [fɔɪl] *n* (*wrap*) papier *m* d'aluminium

foil² [fɔɪl] *vt* faire échouer

fold¹ [fəʊld, *Am:* foʊld] *n* **1.** (*sheep pen*) parc *m* à moutons **2.** (*home*) **the** ~ le bercail

fold² [fəʊld, *Am:* foʊld] **I.** *vt* **1.** (*bend over upon self*) plier **2.** (*wrap*) envelopper; **to** ~ **one's arms** croiser les bras **II.** *vi* **1.** (*bend over upon self*) se plier **2.** (*fail*) mettre la clé sous le paillasson **III.** *n* pli *m*

♦ **fold up** **I.** *vt* plier **II.** *vi* se plier

folder *n* **1.** (*cover, holder*) chemise *f* **2.** INFOR classeur *m*

folding *adj* pliant

foliage ['fəʊlɪɪdʒ, *Am:* foʊ-] *n no pl* feuillage *m*

folk [fəʊk, *Am:* foʊk] **I.** *n* **1.** *pl* (*specific group of people*) gens *mpl* **2.** *no pl* MUS folk *m* **II.** *adj* MUS folklorique; (*hero, tale*) populaire

folklore ['fəʊklɔːʳ, *Am:* foʊklɔːr] *n no pl* folklore *m*

follow ['fɒləʊ, *Am:* ˈfɑːloʊ] **I.** *vt* (*come, go after*) *a. fig* suivre **II.** *vi* **1.** (*take same route*) suivre **2.** (*result*) s'ensuivre

♦ **follow up** **I.** *vt* (*lead, suggestion*) donner suite à **II.** *vi* **to** ~ **on a question** ajouter quelque chose sur un point

follower *n* (*supporter*) disciple *mf*

following **I.** *n sing* (*supporters*) **the programme has quite a** ~ l'émission a beaucoup de fidèles **II.** *adj inv* (*next or listed*) suivant **III.** *prep* après

folly ['fɒli, *Am:* ˈfɑːli] *n* folie *f*

fond [fɒnd, *Am:* fɑːnd] <-er, -est> *adj* (*liking*) **to be** ~ **of sb/sth** aimer beaucoup qn/qc

fondle ['fɒndl, *Am:* ˈfɑːn-] <-ling> *vt* caresser

font [fɒnt, *Am:* fɑːnt] *n* TYP, INFOR police *f* de caractères

food [fuːd] *n* nourriture *f* **food poisoning** *n no pl* intoxication *f* alimentaire **food processor** *n* robot *m* **foodstuff** *n* produit *m* alimentaire

fool [fuːl] **I.** *n* (*silly person*) idiot(e) *m(f)* **II.** *vt* duper **III.** *vi* **to** ~ **about** [*o* **around**] faire l'imbécile

foolish *adj* bête

foolproof *adj* très simple à utiliser

foot [fʊt] **I.** <feet> *n* **1.** (*of person, object*) pied *m*; **on** ~ à pied; **to get to one's feet** se lever **2.** (*unit*) pied *m* **3.** (*lower part*) **at the** ~ **of the page** au bas de la page **4. to put your** ~ **in it** [*o* **one's** ~ **in one's mouth**] mettre les pieds dans le plat; **to set** ~ **in sth** mettre les pieds dans qc **II.** *vt* **to** ~ **the bill** payer la facture

footage ['fʊtɪdʒ, *Am:* fʊt̬-] *n no pl* (*sequence*) séquences *fpl*

foot-and-mouth disease *n* fièvre *f* aphteuse

football ['fʊtbɔːl] *n no pl* **1.** (*soccer*) football *m* **2.** *Am* (**American**) ~ football *m* américain **3.** (*ball*) ballon *f* de football

footballer *n* footballeur, -euse *m, f*

foot brake *n* pédale de frein

footer *n* INFOR pied *m* de page

foothills *n* contreforts *mpl* **foothold** *n* prise *f*; **to gain a** ~ *fig* prendre pied

footing *n no pl* **1.** (*grip*) **to lose one's** ~ perdre pied **2.** (*basis*) **on an equal** ~ sur un pied d'égalité **footnote** *n* note *f* (de bas de page) **footpath** *n* sentier *m* **footprint** *n* empreinte *f* de pied

footstep *n* **1.** pas *m* **2. to follow in sb's** ~**s** suivre les traces de qn **footwear** *n no pl* chaussures *fpl*

for [fɔːʳ, *Am:* fɔːr] **I.** *prep* **1.** pour **2.** (*to give to*) pour; **to do sth** ~ **sb** faire qc pour qn **3.** (*as purpose*) ~ **sale/rent** à vendre/louer; **it's time** ~ **lunch** c'est l'heure du déjeuner; **to go** ~ **a walk** aller se promener; **what** ~? pour quoi faire?; **what's that** ~? à quoi ça sert?; ~ **this to be possible** pour que cela soit possible *subj* **4.** (*to acquire*) **to search** ~ **sth** chercher qc; **to apply** ~ **a job** faire

une demande d'emploi; **to shout ~
help** appeler à l'aide **5.** (*towards*)
the train ~ **Glasgow** le train pour
Glasgow **6.** (*distance of*) **to walk ~
8 km** marcher pendant 8 km
7. (*amount of time*) **~ now** pour l'instant;
~ a while/a time pendant un
moment/un certain temps; **I'm
going to be here ~ three weeks** je
suis ici pour trois semaines **8.** (*on
date of*) **to have sth finished ~
Sunday** avoir fini qc pour dimanche;
to set the wedding ~ May 4 fixer
le mariage au 4 mai **9.** (*in support
of*) **is he ~ or against it?** est-il pour
ou contre?; **to fight ~ sth** lutter en
faveur de qc **10.** (*employed by*) **to
work ~ a company** travailler pour
une firme **11.** (*the task of*) **it's ~
him to** +*infin* c'est à lui de +*infin*
12. (*in substitution*) **the substitute
~ the teacher** le remplaçant du professeur;
say hello ~ me dites bonjour
de ma part **13.** (*as price of*) **a
check ~ £100** un chèque de 100£
14. (*concerning*) **as ~ me** quant à
moi; **too hard ~ me** trop dur pour
moi; **sorry ~ doing sth** désolé
d'avoir fait qc **15.** (*in reference to*) **I
~ Italy** I comme Italie **16.** (*as cause*)
excuse me ~ being late excusez-
moi d'être en retard; **~ lack of sth** à
cause d'un manque de qc **17.** (*as reason*)
to do sth ~ love faire qc par
amour; **~ fear of doing sth** de peur
de faire qc **II.** *conj form* car

forage ['fɒrɪdʒ, *Am:* 'fɔːr-] *vi* fourrager

foray ['fɒreɪ, *Am:* 'fɔːr-] *n a. fig* incursion *f*

forbad(e) [fə'bæd, *Am:* fɚ-] *pt of*
forbid

forbid [fə'bɪd, *Am:* fɚ-] <forbade,
forbidden> *vt* interdire

forbidden I. *adj* interdit **II.** *pp of* **forbid**

force [fɔːs, *Am:* fɔːrs] **I.** *n a.* PHYS
force *f*; **to be in ~** être en vigueur
II. *vt* forcer; **to ~ sb/oneself to**
+*infin* forcer qn/se forcer à +*infin*;
the changes were ~d on us on
nous a imposé les changements

force-feed *vt* nourrir de force

forceful *adj* énergique

forceps ['fɔːseps, *Am:* 'fɔːr-] *npl* MED
forceps *mpl*

fore [fɔːˈ, *Am:* fɔːr] **I.** *adj, adv* à
l'avant **II.** *n no pl* **to bring sb/sth to
the ~** mettre qn/qc en avant

forearm *n* avant-bras *m* **forecast
I.** *n* **1.** (*prediction*) pronostics *mpl*
2. (*weather prediction*) prévisions
fpl météo **II.** *vt* prévoir

foreclose [fɔːˈkləʊz, *Am:*
fɔːrˈkloʊz] **I.** *vt* (*prevent redemption of*) saisir **II.** *vi* FIN **to ~ on sb** saisir
qn **forefinger** *n* index *m* **fore-
front** *n no pl* premier rang *m*

forego [fɔːˈgəʊ, *Am:* fɔːrˈgoʊ]
<forewent, foregone> *vt s.* **forgo**

foregone I. *pp of* **forego II.** *adj* **it's a
~ conclusion** c'est inévitable

foreground *n no pl* premier plan *m*
forehand *n* coup *m* droit **forehead** *n* front *m*

foreign ['fɒrɪn, *Am:* 'fɔːr-] *adj*
1. (*from another country*) étranger
2. (*trade, policy*) extérieur

foreign affairs *npl* Affaires *fpl* étrangères

foreigner *n* étranger, -ère *m, f*

Foreign Office *n no pl, Brit* ministère *m* des Affaires étrangères
Foreign Secretary *n Brit* ministre
mf des Affaires étrangères **foreman**
n **1.** (*head workman*) contremaître
m **2.** (*head of jury*) président *m*
foremost I. *adj* plus important
II. *adv* **first and ~** avant tout

forensic [fə'rensɪk] *adj* légal **forerunner** *n* (*earlier version*) précurseur
m **foresee** *irr vt* prévoir

foreseeable *adj* prévisible; **in the ~
future** dans un avenir immédiat

foreshadow *vt* annoncer **foresight**
n prévoyance *f*

forest ['fɒrɪst, *Am:* 'fɔːr-] *n a. fig*
forêt *f*

forestry ['fɒrɪstri, *Am:* 'fɔːr-] *n no pl*
sylviculture *f*

foretaste *n sing* avant-goût *m* **fore-
tell** *vt* prédire

forever, for ever [fə'revəˈ, *Am:*
fɔːrˈevɚ] *adv* toujours; **to take ~ to**

F *f*

+*infin* *inf* prendre des heures pour +*infin*

forewarn *vt* prévenir

foreword *n* avant-propos *m*

forfeit ['fɔːfɪt, *Am:*'fɔːr-] *vt* **1.**(*lose*) perdre **2.**(*give up*) renoncer à

forgave [fə'geɪv, *Am:* fə-] *n pt of* **forgive**

forge [fɔːdʒ, *Am:* fɔːrdʒ] *vt* **1.**(*document*) falsifier **2.**(*metal*) forger
♦ **forge ahead** *vi* (*take the lead*) prendre de l'avance

forgery ['fɔːdʒəri, *Am:*'fɔːr-] <-ies> *n* contrefaçon *f*

forget [fə'get, *Am:* fə-] <forgot, forgotten> **I.** *vt* oublier; **to ~ to** +*infin* oublier de +*infin;* **~ it!** laisse tomber! **II.** *vi* oublier; **to ~ about** **sb**/**sth** oublier qn/qc

forgetful *adj* (*unable to remember*) distrait

forgive [fə'gɪv, *Am:* fə-] <forgave, forgiven> *vt* (*cease to blame*) pardonner; **to ~ sb** (**for**) **sth** pardonner qc à qn

forgo [fɔː'gəʊ, *Am:* fɔːr'goʊ] *irr vt iron, form* renoncer à

forgot [fə'gɒt, *Am:* fə'gɑːt] *pt of* **forget**

forgotten *pt of* **forget**

fork [fɔːk, *Am:* fɔːrk] **I.** *n* **1.**(*eating tool*) fourchette *f* **2.**(*garden tool*) fourche *f* **3.**(*Y-shaped division*) embranchement *m* **II.** *vi* bifurquer
♦ **fork out** *vt, vi* payer

fork-lift *n* chariot *m* élévateur

forlorn [fə'lɔːn, *Am:* fɔːr'lɔːrn] *adj* **1.**(*sad and alone*) délaissé **2.**(*place*) abandonné

form [fɔːm, *Am:* fɔːrm] **I.** *n* **1.**(*type, variety*) **in the ~ of sth** dans la forme de qc **2.**(*outward shape*) *a.* LING forme *f;* **to take ~** prendre forme **3.**(*document*) formulaire *m* **4.** *no pl* (*condition*) **to be in** [*o Brit* **on**] **good**/**excellent ~** être en bonne/excellente forme **5.** *Brit* (*class*) classe *f* **II.** *vt* (*make the shape of*) former

formal ['fɔːməl, *Am:*'fɔːr-] *adj* **1.**(*proper, well-organised*) formel

2.(*language*) soutenu **3.**(*official*) officiel

formality [fɔː'mæləti, *Am:* -ţi] <-ties> *n* formalité *f*

format ['fɔːmæt, *Am:*'fɔːr-] **I.** *n* format *m* **II.** <-tt-> *vt* INFOR formater

formation [fɔː'meɪʃən, *Am:* fɔːr-] *n* formation *f*

formatting *n* INFOR formatage *m*

former *adj* **1.**(*first*) premier; **I prefer the ~** je préfère le premier **2.**(*earlier, older*) ancien

formerly *adv* avant; (*long ago*) anciennement

formidable ['fɔːmɪdəbl, *Am:* 'fɔːrmə-] *adj* redoutable

formula ['fɔːmjʊlə] <-s *o* -lae> *pl pl* *n* formule *f*

formulate ['fɔːmjʊleɪt, *Am:*'fɔːr-] *vt* formuler

forsake [fə'seɪk, *Am:* fɔːr-] *vt* <forsook, forsaken> abandonner

fort [fɔːt, *Am:* fɔːrt] *n* fort *m*

forte ['fɔːteɪ, *Am:* fɔːrt] *n sing* not to be sb's ~ ne pas être le fort de qn

forth [fɔːθ, *Am:* fɔːrθ] *adv form* en avant

forthcoming *adj* **1.**(*happening soon*) prochain **2.**(*film, book*) qui va sortir

forthright *adj* franc

fortified *adj* (*with fortification*) fortifié

fortify ['fɔːtɪfaɪ, *Am:* 'fɔːrţə-] <-ie-> *vt* (*equip with defences*) fortifier

fortnight ['fɔːtnaɪt, *Am:*'fɔːrt-] *n sing, Brit, Aus* quinzaine *f*

fortnightly **I.** *adj* bimensuel **II.** *adv* tous les quinze jours

fortress ['fɔːtrɪs, *Am:*'fɔːr-] *n* forteresse *f*

fortunate ['fɔːtʃənət, *Am:*'fɔːr-] *adj* chanceux; **to be ~ to do** [*o doing*] **sth** avoir la chance de faire qc

fortunately *adv* heureusement

fortune ['fɔːtʃuːn, *Am:*'fɔːrtʃən] *n* **1.**(*a lot of money*) fortune *f* **2.** *no pl, form* (*luck*) chance *f;* **to tell sb's ~** dire la bonne aventure à qn **fortune teller** *n* diseur , -euse *m, f* de bonne aventure

forty ['fɔːti, *Am:* 'fɔːrt̬i] *adj* quarante; *s. a.* **eight, eighty**

forward ['fɔːwəd, *Am:* 'fɔːrwəd] **I.** *adv* (*towards the front*) *a. fig* en avant; **to go** ~ avancer **II.** *adj* **1.** (*position*) avant **2.** (*towards the front*) en avant **III.** *n* SPORT avant *m* **IV.** *vt* (*mail*) faire suivre

forwarding address *n* adresse *f* de réexpédition

forwards *adv s.* **forward**

forwent [fɔː'went, *Am:* fɔːr-] *pt of* **forgo**

fossil ['fɒsəl, *Am:* 'faːsəl] *n* fossile *m*

foster ['fɒstəʳ, *Am:* 'faːstə·] **I.** *vt* **1.** (*look after*) garder **2.** (*place with a new family*) placer **3.** (*encourage*) encourager **II.** *adj* adoptif

fought [fɔːt, *Am:* faːt] *pt,pp of* **fight**

foul [faʊl] **I.** *adj* **1.** (*dirty and disgusting*) infect **2.** (*mood*) infâme **II.** *n* SPORT faute *f* **III.** *vt* **1.** (*make dirty*) souiller **2.** SPORT commettre une faute contre

found¹ [faʊnd] *pt, pp of* **find**

found² [faʊnd] *vt* (*create*) fonder

foundation [faʊn'deɪʃən] *n* **1.** *pl* (*base of a building*) fondation *f* **2.** (*basis*) base *f* **3.** *no pl* (*evidence to support sth*) fondement *m* **4.** (*organization*) fondation *f*

founder *n* fondateur, -trice *m, f*

foundry ['faʊndri] <-dries> *n* fonderie *f*

fountain ['faʊntɪn, *Am:* -tən] *n* (*water jet*) fontaine *f*

fountain pen *n* stylo *m* à encre

four [fɔːʳ, *Am:* fɔːr] **I.** *adj* quatre **II.** *n* **1.** quatre *m* **2. to be on all** ~**s** être à quatre pattes; *s. a.* **eight four-letter word** *n* (*swearword*) gros mot *m*

fourteen [ˌfɔː'tiːn, *Am:* ˌfɔːr-] *adj* quatorze; *s. a.* **eight**

fourth [fɔːθ, *Am:* fɔːrθ] **I.** *adj* quatrième **II.** *n* (*quarter*) quart *m; s. a.* **eighth**

ⓘ Le **Fourth of July** ou "Independence Day" est en Amérique le jour férié laïque le plus important.

Il commémore la "Declaration of Independence" (déclaration d'indépendance), dans laquelle les colonies américaines, le 4 juillet 1776, ont déclaré leur indépendance vis-à-vis de la Grande-Bretagne. On se rencontre pour pique-niquer, se retrouver en famille ou assister à des matchs de baseball professionnels. Pour couronner cette journée, on organise de grands feux d'artifice dans tout le pays.

---

four-wheel drive *n* quatre roues motrices *m*

fowl [faʊl] <-(s)> *n* volaille *f*

fox [fɒks, *Am:* faːks] *n* (*animal*) renard *m*

foyer ['fɔɪeɪ, *Am:* -ə·] *n* hall *m* d'entrée

fracas ['fræka:, *Am:* 'freɪkəs] <-(ses)> *n Am* (*noisy fight*) fracas *m*

fraction ['frækʃən] *n* fraction *f*

fracture ['fræktʃəʳ, *Am:* -tʃə·] **I.** *vt* fracturer **II.** *n a. fig* fracture *f*

fragile ['frædʒaɪl, *Am:* -əl] *adj* fragile

fragment ['frægmənt, *Am:* 'frægment] *n a. fig* fragment *m*

fragrance ['freɪɡrəns] *n* parfum *m*

frail [freɪl] *adj* (*not strong*) *a. fig* fragile

frame [freɪm] **I.** *n* **1.** (*for picture*) *a.* INFOR cadre *m* **2.** (*of door, window*) châssis *m* **3.** *pl* (*rim surrounding spectacles*) monture *f* **4.** (*structure*) charpente *f* **II.** *vt* **1.** (*put in a frame*) encadrer **2.** *inf* (*falsely incriminate*) monter un coup contre

framework *n fig* cadre *m*

franc [fræŋ] *n* franc *m*

France [fraːns, *Am:* fræns] *n* la France

frank [fræŋk] *adj* franc

frantic ['fræntɪk, *Am:* -t̬ɪk] *adj* (*hurried and confused*) effréné

fraternity [frə'tɜːnəti, *Am:* -'tɜːrnət̯i] <-ties> *n a. fig* fraternité *f*

fraud [frɔːd, *Am:* frɑːd] *n* **1.** *no pl* LAW fraude *f* **2.** (*deceiver*) imposteur *m*

fraught [frɔːt, *Am:* frɑːt] *adj* (*full*) **to be ~ with hatred** être chargé de haine

fray [freɪ] *vi* **1.** (*become worn*) s'effilocher **2.** *fig* **tempers ~** les gens s'énervent

freak [friːk] I. *n* **1.** (*abnormal thing*) phénomène *m* **2.** (*abnormal person, animal*) monstre *m* **3.** (*fanatical enthusiast*) fana *mf* II. *adj* anormal III. *vi* **to ~ (out)** devenir fou

freckle ['frekl] *n pl* tache *f* de rousseur

free [friː] I. <-r, -est> *adj* **1.** (*not restricted, not occupied*) a. *fig* libre; **to set sb/sth ~** libérer qn/qc; **to be ~ of sb** être débarrassé de qn **2.** (*costing nothing*) gratuit **3.** (*without*) **~ of** [*o* from] **sth** sans; **sugar-~** sans sucre II. *adv* **1.** (*in freedom*) en (toute) liberté **2.** (*costing nothing*) gratuitement; **~ of charge** gratuit III. *vt* **1.** (*release*) **~ sb/sth from sth** libérer qn/qc de qc **2.** (*relieve*) **to ~ sb/sth from sth** soulager qn/qc de qc

freedom ['friːdəm] *n* liberté *f;* **~ of action/movement/speech** liberté d'action/de mouvement/d'expression **free-for-all** *n* mêlée *f* générale **free kick** *n* SPORT coup *m* franc **freelance** I. *n* free-lance *mf* II. *adj* free-lance

freely *adv* **1.** (*unrestrictedly*) librement **2.** (*generously*) généreusement

Freemason ['friːˌmeɪsən] *n* franc-maçon(ne) *m(f)* **freestyle** *n no pl* SPORT nage *f* libre **free trade** *n no pl* libre-échange *m Am, Aus* autoroute *f* **free will** *n no pl* libre arbitre *m;* **to do sth of one's own ~** faire qc de son propre chef

freeze [friːz] <froze, frozen> I. *vi* geler; **to ~ to death** mourir de froid II. *vt* **1.** (*turn to ice*) geler; (*food*) congeler **2.** (*account*) bloquer III. *n* gel *m*

freeze-dried *adj* lyophylisé

freezer *n* congélateur *m*

freezing I. *adj* glacial; (*person*) gelé II. *n no pl* **to be above/below ~** être au-dessus/au-dessous de zéro **freezing point** *n* point *m* de congélation

freight [freɪt] *n inv* (*goods*) fret *m*

freight train *n Am* RAIL train *m* de marchandises

French [frentʃ] I. *adj* français II. *n* **1.** (*people*) **the ~** les Français **2.** LING français *m*

French bean *n Brit s.* green bean **French dressing** *n no pl* (*salad dressing*) vinaigrette *f* **French fried potatoes, French fries** *npl* (pommes) frites *fpl* **Frenchman** *n* Français *m* **Frenchwoman** *n* Française *f*

frenzy ['frenzi] *n no pl* frénésie *f*

frequency ['friːkwəntsi] <-ies> *n* fréquence *f*

frequent ['friːkwənt] I. *adj* (*happening often*) fréquent II. *vt* fréquenter

fresh [freʃ] *adj* **1.** (*new*) frais; **to make a ~ start** repartir à zéro **2.** (*recently made*) frais **3.** (*clean, cool, not stale*) frais; (*air*) pur

freshen ['freʃən] *vt* (*make newer*) rafraîchir

◆**freshen up** *vi* faire un brin de toilette

fresher *n Brit, inf s.* freshman

freshman *n* **1.** *Am* (*newcomer*) nouveau venu, nouvelle venue *m, f* **2.** UNIV étudiant(e) *m(f)* de première année

[i] Un **Freshman** est aux USA un élève en classe de troisième, un "Sophomore" est un élève en classe de seconde, un "Junior", un élève de première et un "Senior" un élève de terminale. Ce sont les termes en usage au cours des années de "High School", même si celle-ci ne débute dans beaucoup de régions qu'à partir de la classe

de seconde. Ces notions sont aussi utilisées pour désigner les étudiants des quatre premières années du "College".

freshness *n no pl* fraîcheur *f* **freshwater** *adj* d'eau douce
fret [fret] <-tt-> *vi* s'inquiéter
friar ['fraɪəʳ, *Am:* -ə-] *n* REL frère *m*
friction ['frɪkʃən] *n no pl* friction *f*
Friday ['fraɪdɪ] *n* vendredi *m*
fridge [frɪdʒ] *n* frigo *m*
fried chicken *n* poulet *m* frit **fried egg** *n* œuf *m* au plat
friend [frend] *n* (*person*) ami(e) *m(f)*; **a ~ of mine/theirs** l'un de mes/leurs amis; **to make ~s with sb** se lier d'amitié avec qn
friendly <-ier, -iest> *adj* **1.** (*showing friendship*) amical; (*attitude*) aimable **2.** (*neigbourhood, school*) sympathique **3.** (*match*) amical
friendship *n* amitié *f*
fright [fraɪt] *n sing* (*feeling*) peur *f*
frighten ['fraɪtən] I. *vt* effrayer; **to ~ sb to death** faire mourir qn de peur II. *vi* prendre peur
frigid ['frɪdʒɪd] *adj* frigide
frill [frɪl] *n* **1.** FASHION volant *m* **2.** *pl, fig, inf* petits luxes *mpl*
fringe [frɪndʒ] *n* **1.** *Aus, Brit* (*hair*) frange *f* **2.** (*edging*) bordure *f* **3.** (*of bushes*) lisière *f*
fringe benefits *n pl* avantages *mpl* sociaux
frisk [frɪsk] *vt* fouiller
frisky ['frɪski] *-ier, -iest adj* (*lively*) sémillant
fritter ['frɪtəʳ, *Am:* 'frɪt̬ə-] *n* beignet *m*
frivolous ['frɪvələs] *adj* (*person*) frivole
frizzy ['frɪzi] *adj* crépu
fro [frəʊ, *Am:* froʊ] *adv* **to go to and ~** faire des va-et-vient
frog [frɒg, *Am:* frɑːg] *n* **1.** grenouille *f* **2.** **to have a ~ in one's throat** avoir un chat dans la gorge
frolic ['frɒlɪk, *Am:* 'frɑːlɪk] <-ck-> *vi* s'ébattre
from [frɒm, *Am:* frɑːm] *prep* **1.** de

2. (*as starting point*) where is he **~?** d'où est-il?; **the flight ~ London** le vol (en provenance) de Londres **3.** (*temporal*) **~ time to time** de temps en temps; **~ the age of 7 upwards** dès l'âge de 7 ans **4.** (*at distance to*) **100 metres ~ the river** à 100 mètres du fleuve **5.** (*source, origin*) **a card ~ Dad** une carte de papa; **toys ~ China** jouets venant de Chine; **translated ~ the English** traduit de l'anglais; **tell her ~ me** dites-lui de ma part **6.** (*in reference to*) **what I heard** d'après ce que j'ai entendu (dire); **~ my point of view** *a. fig* de mon point de vue **7.** (*caused by*) **weak ~ hunger** affaibli par la faim; **to die ~ thirst** mourir de soif **8.** (*expressing removal, separation*) **to steal sth ~ sb** voler qc à qn; **to tell good ~ evil** distinguer le bien du mal; **4 (subtracted) ~ 7 equals 3** MAT 4 ôté de 7 égale 3
front [frʌnt] I. *n* **1.** *sing* (*side*) avant *m* **2.** (*of building, vehicle*) devant *m* **3.** (*of magazine, book*) couverture *f* **4.** (*ahead of sb/sth*) **to send sb on in ~** envoyer qn devant; **to be two points in ~** mener par deux points **5.** (*facing*) **in ~ of sb/sth** en face de qn/qc **6.** MIL, POL, METEO front *m* II. *adj* (*in front*) de devant **front door** *n* porte *f* d'entrée
frontier [frʌn'tɪəʳ, *Am:* frʌn'tɪr] *n* (*limit*) frontière *f* **front-page** *adj* à la une **front runner** *n* favori *m*
frost [frɒst, *Am:* frɑːst] *n no pl* gel *m*
frostbite ['frɒstbaɪt, *Am:* 'frɑːst-] *n no pl* gelure *f*
frosty ['frɒsti, *Am:* 'frɑːsti] <-ier, -iest> *adj* (*cold*) glacial
froth [frɒθ, *Am:* frɑːθ] *n inv* écume *f*
frown [fraʊn] *vi* froncer les sourcils
froze [frəʊz, *Am:* froʊz] *pt of* **freeze**
frozen I. *pp of* freeze II. *adj* **1.** (*icy*) gelé **2.** (*frozen*) congelé
frugal ['fruːgl] *adj* frugal
fruit [fruːt] *n no pl* fruit *m*
fruitcake *n no pl* cake *m*

Ff

fruiterer *n Brit* marchand(e) *m(f)* de fruits

fruitful *adj* fructueux

fruition [fruː'ɪʃən] *n no pl* **to come to ~** se réaliser

fruitless *adj* stérile

fruit machine *n* machine *f* à sous

fruit salad *n no pl* salade *f* de fruits

frustrate [frʌs'treɪt, *Am:* 'frʌstreɪt] <-ting-> *vt* **1.** (*annoy*) énerver **2.** (*foil*) contrecarrer

frustrated *adj* frustré

frustration *n* frustration *f*

fry [fraɪ] <-ie-> I. *vt* faire frire II. *vi* (*be cooked*) frire

frying pan *n* poêle *f* (à frire)

ft *n abbr of* **foot or feet** pd

fuck [fʌk] I. *vt vulg* baiser; ~ **off!** va te faire foutre! II. *vi vulg* baiser

fudge [fʌdʒ] *n no pl* (*sweet*) caramel *m*

fuel ['fjuːəl] I. *n* **1.** *no pl* (*power source*) combustible *m* **2.** (*petrol*) carburant *m* II. <-ll- *o* -l- *Am*> *vt a. fig* alimenter

fugitive ['fjuːdʒətɪv, *Am:* -tɪv] *n* fugitif, -ive *m, f*

fulfil <-ll-> *vt Brit*, **fulfill** [fʊl'fɪl] *vt Am, Aus* **1.** (*satisfy*) accomplir **2.** (*prophecy*) réaliser

full [fʊl] I. <-er, -est> *adj* **1.** (*opp: empty*) plein; (*person*) rassasié; (*room*) comble **2.** (*list, hotel*) complet **3.** (*day*) bien rempli; (*member*) à part entière **4.** (*maximum*) plein **5.** (*lips*) charnu II. *adv* complètement; **I know ~ well that ...** je sais parfaitement que ... III. *n* **in ~** intégralement **full board** *n* pension *f* complète **full-fledged** *adj* (*qualified*) diplômé; (*member*) à part entière **full moon** *n* pleine lune *f* **full-scale** *adj* **1.** (*at the same size*) grandeur nature **2.** (*action*) de grande envergure **full stop** *n Aus, Brit* (*punctuation mark*) point *m* **full-time** I. *adj* (*opp: part-time*) à plein temps II. *adv* à plein temps

fully ['fʊli] *adv* (*completely*) entièrement

fully-fledged *adj Brit s.* **full-fledged**

fumble ['fʌmbl] *vi* **1.** (*look for something*) **to ~ around** fouiller **2.** (*feel for something*) **to ~ around** tâtonner

fume [fjuːm] *vi a. fig* fulminer

fumes *n pl* émanations *fpl*

fumigate ['fjuːmɪɡeɪt] *vt* fumiger

fun [fʌn] *n* amusement *m*; **for ~** pour s'amuser; **to be ~** être amusant; **to make ~ of sb** se moquer de qn

function ['fʌŋkʃən] I. *n* **1.** (*purpose*) *a.* MAT fonction *f* **2.** (*formal social event*) réception *f* II. *vi* fonctionner

functional *adj* **1.** (*serving a function*) *a.* MED fonctionnel **2.** (*operational, working*) opérationnel

fund [fʌnd] I. *n* fonds *m* II. *vt* financer

fundamental [ˌfʌndə'mentəl, *Am:* -ţəl] *adj* fondamental

funeral ['fjuːnərəl] *n* funérailles *fpl*

funfair ['fʌnfeəʳ, *Am:* -fer] *n Brit* fête *f* foraine

fungus ['fʌŋɡəs] *n* <fungi> champignon *m*

funnel ['fʌnəl] *n* (*implement*) entonnoir *m*

funny ['fʌni] <-ier, -iest> *adj* **1.** (*amusing*) drôle **2.** (*odd, peculiar*) curieux; (*thing*) bizarre

fur [fɜːʳ, *Am:* fɜːr] *n* fourrure *f*

furious ['fjʊərɪəs, *Am:* 'fjʊrɪ-] *adj* **1.** (*very angry*) furieux **2.** (*argument, storm*) violent

furnace ['fɜːnɪs, *Am:* 'fɜːr-] *n* fourneau *m*

furnish ['fɜːnɪʃ, *Am:* 'fɜːr-] *vt* **1.** (*supply*) fournir **2.** (*provide furniture*) meubler

furnishings *npl* ameublement *m*

furniture ['fɜːnɪtʃəʳ, *Am:* 'fɜːrnɪtʃəʳ] *n no pl* meubles *mpl*; **piece of ~** meuble *m*

⚠ **furniture** (=meubles) ne s'emploie jamais au pluriel: "Their furniture was rather old."

---

furry ['fɜːri] <-ier, -iest> *adj* **1.** (*covered with fur*) à poil **2.** (*toy*) en peluche

further ['fɜːðəʳ, *Am:* 'fɜːrðəʳ] **I.** *adj comp of* **far 1.** (*greater distance*) a. *fig* plus éloigné **2.** (*additional*) **until ~ notice** jusqu'à nouvel ordre **II.** *adv comp of* **far 1.** (*greater distance*) a. *fig* plus loin; **~ away** plus loin **2.** (*more*) de plus **III.** *vt* faire avancer

further education *n* enseignement appliqué après le collège, souvent destiné aux adultes

furthermore *adv* en outre

furthest ['fɜːðɪst, *Am:* 'fɜːr-] **I.** *adj superl of* **far** a. *fig* le plus éloigné **II.** *adv superl of* **far** a. *fig* le plus loin

fury ['fjʊəri, *Am:* 'fjʊri] *n no pl* fureur *f*

fuse [fjuːz] **I.** *n* **1.** (*electrical safety device*) fusible *m;* **to blow a ~** faire sauter un plomb **2.** (*string*) mèche *f* **3. to blow one's ~** péter les plombs **II.** *vi* **1.** (*melt*) fondre **2.** (*join*) a. *fig* fusionner **II.** *vt* **1.** ELEC faire sauter; **to ~ the lights** faire sauter les plombs **2.** (*melt*) fondre **3.** (*join together*) faire fusionner

fuse box <-xes> *n* boîte *f* à fusibles

fuselage ['fjuːzəlɑːʒ, *Am:* -səlɑːʒ] *n* fuselage *m*

fuss [fʌs] **I.** *n no pl* (*trouble*) histoires *f;* **to make a ~** faire des histoires pour qc **II.** *vi* (*make a fuss*) faire des histoires

fussy ['fʌsi] <-ier, -iest> *adj* (*over-particular*) méticuleux

futile ['fjuːtaɪl, *Am:* -ţəl] *adj* (*vain*) vain

future ['fjuːtʃəʳ, *Am:* -tʃəʳ] **I.** *n* **1.** (*the time to come*) avenir *m;* **in (the) ~** à l'avenir **2.** LING futur *m* **II.** *adj* futur

fuze [fjuːz] *s.* **fuse**

fuzzy *adj* **1.** (*image*) flou **2.** (*confused*) confus

G g

G *n,* **g** [dʒiː] <-'s *o* -s> *n* G, g *m*

gabardine [ˌgæbə'diːn, *Am:* 'gæbədiːn] *n no pl* gabardine *f*

gabble ['gæbl] **I.** *vi, vt* bredouiller; **to ~ away** baragouiner **II.** *n no pl* bredouillement *m*

gable ['geɪbl] *n* pignon *m*

gadget ['gædʒɪt] *n* gadget *m*

gadgetry ['gædʒɪtri] *n no pl* gadgets *mpl*

Gaelic ['geɪlɪk] **I.** *adj* gaélique **II.** *n* Gaélique *m; s. a.* **English**

gaffe [gæf] *n* gaffe *f*

gag¹ [gæg] **I.** *n* (*cloth*) bâillon *m* **II.** <-gg-> *vt* a. *fig* bâillonner **III.** <-gg-> *vi* avoir des haut-le-cœur

gag² *n* (*joke*) vanne *f*

gaiety ['geɪəti, *Am:* -ţi] <-ies> *n no pl* gaieté *f*

gaily ['geɪli] *adv* **1.** (*happily*) joyeusement; **~ coloured** aux couleurs gaies **2.** (*without thinking*) allègrement

gain [geɪn] **I.** *n* **1.** (*profit*) gain *m* **2.** (*increase*) a. *fig* une augmentation de qc **II.** *vt* **1.** (*obtain*) obtenir; (*confidence*) gagner; (*experience*) acquérir; (*victory, success*) remporter **2.** (*increase*) gagner; (*weight, velocity*) prendre **III.** *vi* **1.** (*benefit*) **to ~ by sth** bénéficier de qc **2.** (*clock, watch*) avancer; **to ~ in confidence** prendre de l'assurance

gainful *adj inv* lucratif; (*employment*) rémunéré

gait [geɪt] *n* démarche *f*

gala ['gɑːlə, *Am:* 'geɪ-] *n* (*social event*) gala *m*

galaxy ['gæləksi] <-ies> *n* galaxie *f*

gale [geɪl] *n* tempête *f*

gall [gɔːl] **I.** *n* **1.** (*bile*) bile *f* **2.** (*bold behavior*) toupet *m* **II.** *vt* irriter

gallant ['gælənt] *adj* **1.** (*chivalrous*) galant **2.** (*brave*) vaillant

gallantry ['gæləntri] *n* **1.** *no pl* (*chivalry*) galanterie *f* **2.** *no pl* (*courage*) vaillance *f*

gall bladder *n* vésicule *f* biliaire

gallery ['gæləri] <-ies> *n* galerie *f*

galley ['gæli] *n* 1.(*boat*) galère *f* 2.(*kitchen*) cuisine *f*

Gallic ['gælɪk] *adj* 1.(*of Gaul*) gaulois 2.(*French*) français

galling *adj* humiliant

gallon ['gælən] *n* 1.(*unit*) gallon *m* (≈ *4,55 litres en Grande-Bretagne et* ≈ *3,79 litres aux Etats-Unis*) 2.(*lots*) ~**s of sth** litres *mpl* de qc

gallop ['gæləp] I. *vi* galoper II. *n sing* galop *m*

gallows ['gæləʊz, *Am:* -oʊz] *n* + *sing vb* **the** ~ la potence

gallstone ['gɔːlstəʊn, *Am:* -stoʊn] *n* calcul *m* biliaire

galore [gə'lɔːʳ, *Am:* -'lɔːr] *adj inv* à profusion

galvanize ['gælvənaɪz] *vt a. fig* galvaniser; **to** ~ **sb into action** pousser qn à agir

gambit ['gæmbɪt] *n* (*in chess*) gambit *m;* **opening** ~ *fig* manœuvre *f* d'approche

gamble ['gæmbl] I. *n* risque *m* II. *vi* (*bet*) jouer (de l'argent); **to** ~ **on sth** compter sur qn/qc III. *vt* jouer; **to** ~ **everything on sth** *fig* tout miser sur qc

gambler *n* joueur, -euse *m, f*

gambling *n no pl* jeu *m*

game[1] [geɪm] I. *n* 1.(*play, amusement*) jeu *m* 2.(*board game, chess*) partie *f;* (*football, rugby*) match *m* II. *adj inf* (*willing*) partant

game[2] [geɪm] *n no pl* gibier *m*

gamekeeper *n* garde-chasse *m*

game show *n* jeu *m* télévisé

gammon ['gæmən] *n no pl, Brit* jambon *m*

gamut ['gæmət] *n* gamme *f*

gang [gæŋ] I. *n* 1.(*group*) bande *f;* (*of workers*) équipe *f* 2.(*criminal group*) gang *m* II. *vi pej* **to** ~ **up on sb** se liguer contre qn

gangling ['gæŋglɪŋ] *adj* dégingandé

gangrene ['gæŋgriːn] *n no pl* gangrène *f*

gangster ['gæŋstəʳ, *Am:* -stɚ] *n* gangster *m*

gangway ['gæŋweɪ] *n* 1.NAUT, AVIAT passerelle *f* 2.*Brit* (*aisle*) allée *f*

gantry ['gæntri] <-tries> *n* portique *m*

gaol [dʒeɪl] *n s.* **jail**

gap [gæp] *n* 1.(*opening*) trou *m;* (*in text*) blanc *m;* (*in knowledge*) lacune *f* 2.(*space*) espace *m* 3.*fig* créneau *m* 4.(*break in time*) intervalle *m* 5.(*difference*) écart *m*

gape [geɪp] *vi* to ~ **at sb/sth** regarder qn/qc bouche bée

gaping *adj* béant

garage ['gærɑːʒ, *Am:* gə'rɑːʒ] I. *n* garage *m* II. *vt* rentrer (dans le garage)

garbage ['gɑːbɪdʒ, *Am:* 'gɑːr-] *n no pl* 1.*Am, Aus, Can* (*rubbish*) ordures *fpl* 2.(*nonsense*) âneries *fpl*

garbage can *n Am, Can* poubelle *f* **garbage disposal, garbage disposer** *n Am, Can* broyeur *m* à ordures

garble ['gɑːbl, *Am:* 'gɑːr-] *vt* déformer

garden ['gɑːdn, *Am:* 'gɑːr-] I. *n* jardin *m* II. *vi* jardiner **garden centre** *n* jardinerie *f*

gardener *n* jardinier, -ière *m, f*

gardening *n no pl* jardinage *m*

garden party <-ties> *n* gardenparty *f*

gargle ['gɑːgl, *Am:* 'gɑːr-] I. *vi* se gargariser II. *n* gargarisme *m*

garish ['geərɪʃ, *Am:* 'ger-] *adj* criard

garland ['gɑːlənd, *Am:* 'gɑːr-] I. *n* guirlande *f* II. *vt* orner de guirlandes

garlic ['gɑːlɪk, *Am:* 'gɑːr-] *n no pl* ail *m*

garlic press <-es> *n* presse-ail *m*

garment ['gɑːmənt, *Am:* 'gɑːr-] *n form* vêtement *m*

garnish ['gɑːnɪʃ, *Am:* 'gɑːr-] I. *vt* garnir II. <-shes> *n* garniture *f*

garret ['gærət, *Am:* 'ger-] *n* 1.ARCHIT combles *fpl* 2.(*attic room*) mansarde *f*

garrison ['gærɪsn, *Am:* 'gerə-] *n* garnison *f*

garrulous ['gærələs, *Am:* 'ger-] *adj* bavard

garter ['gɑːtəʳ, *Am:* 'gɑːrt̬ɚ] *n* (*for*

stockings) jarretière _f;_ Am (_for socks_) jarretelle _f_

garter belt _n_ porte-jarretelles _m_

gas [gæs] I. <-es> _n_ **1.** _a._ CHEM gaz _m;_ a ~ **grill/oven** un grill/four à gaz **2.** _no pl, inf_ MED anesthésie _f_ **3.** _no pl, Am, Can_ (_petrol_) essence _f_ II. <-ss-> _vt_ (_by accident_) asphyxier; (_deliberately_) gazer

gash [gæʃ] I. <-shes> _n_ (_cut, wound_) entaille _f;_ (_on face_) balafre _f_ II. _vt_ entailler; (_face_) balafrer

gasket ['gæskɪt] _n_ AUTO joint _m_ de culasse **gas mask** _n_ masque _m_ à gaz

gasolene ['gæsəliːn], **gasoline** _n Am, Can_ essence _f_

gasp [gɑːsp, _Am:_ gæsp] I. _vi_ haleter; **to be ~ing for sth** _Brit, inf_ mourir d'envie de qc II. _n_ sursaut _m_ **gas station** _n Am, Can_ station-service _f_

gastric ['gæstrɪk] _adj_ MED gastrique

gastronomy [gæ'strɒnəmi, _Am:_ -'strɑːnə-] _n no pl_ gastronomie _f_

gate [geɪt] _n_ **1.** (_of field_) barrière _f;_ (_of garden, property_) portail _m_ **2.** AVIAT porte _f_

gatecrash _vt_ **to ~ a party** aller à une soirée sans y être invité **gatecrasher** _n_ resquilleur, -euse _m, f_ **gateway** _n_ **1.** (_entrance_) entrée _f_ **2.** (_means of access_) porte _f_ **3.** INFOR passerelle _f_

gather ['gæðər, _Am:_ -ɚ] I. _vt_ **1.** (_things, information_) rassembler; (_berries, herbs, flowers_) cueillir; (_information_) recueillir **2.** (_increase_) **to ~ speed** prendre de la vitesse **3.** (_accumulate_) **to ~ courage** rassembler son courage; **to ~ dust** ramasser la poussière **4.** (_infer_) conclure; (_from other people_) comprendre II. _vi_ (_people_) se rassembler; (_clouds_) s'amasser

gathering I. _n_ rassemblement _m; a_ **family** ~ une réunion de famille II. _adj_ (_darkness, speed_) croissant; (_storm_) menaçant

gaudy ['gɔːdi, _Am:_ 'gɑː-] <-ier, -iest> _adj_ (_colours_) tape-à-l'œil; (_display_) de mauvais goût

gauge [geɪdʒ] I. _n_ **1.** (_size_) calibre _m_ **2.** RAIL écartement _m_ **3.** (_instrument_) jauge _f_ II. _vt_ évaluer

gaunt [gɔːnt, _Am:_ gɑːnt] _adj_ (_face_) décharné

gauntlet ['gɔːntlɪt, _Am:_ 'gɑːnt-] _n_ **to run the ~ of sth** subir qc

gauze [gɔːz, _Am:_ gɑːz] _n no pl_ gaze _f_

gave [geɪv] _pt of_ **give**

gawky _adj_ dégingandé

gay [geɪ] I. _adj_ **1.** (_homosexual_) gay **2.** (_cheerful_) gai II. _n_ gay _mf_

gaze [geɪz] I. _vi_ regarder fixement II. _n_ regard _m_

gazelle [gə'zel] _n_ gazelle _f_

gazette [gə'zet] _n_ **1.** _Am_ (_newspaper_) gazette _f_ **2.** (_official newspaper_) journal _m_ officiel

GB _n no pl_ **1.** _abbr of_ **Great Britain** GB _f_ **2.** INFOR _abbr of_ **gigabyte** Go _m_

gear [gɪər, _Am:_ gɪr] I. _n_ **1.** AUTO vitesse _f;_ **to be in neutral** [_o stand of_] ~ être au point mort **2.** TECH ~(**s**) engrenage _m_ **3.** (_toothed wheel_) roue _f_ dentée **4.** _no pl, inf_ (_equipment_) attirail _m;_ (_clothes_) tenue _f_ II. _vt_ **to ~ sth to sth** adapter qc à qc

gearbox <-xes>, **gearcase** _n_ boîte _f_ de vitesses

gearing _n no pl_ **1.** AUTO embrayage _m_ **2.** (_set of gears_) engrenage _m_

gear lever _n Brit, Aus,_ **gearshift** _n Am,_ **gear stick** _n Brit_ levier _m_ de vitesses

geese _n pl of_ **goose**

gel [dʒel] _n_ gel _m_

gelatin _n Am, Aus,_ **gelatine** [dʒə'ləti:n] _n no pl_ gélatine _f_

gem [dʒem] _n_ pierre _f_ précieuse

Gemini ['dʒemɪni] _n_ Gémeaux _mpl_

gender ['dʒendər, _Am:_ -dɚ] _n_ **1.** (_sexual identity_) sexe _m_ **2.** LING genre _m_

gene [dʒiːn] _n_ gène _m_

genealogy [ˌdʒiːnɪ'ælədʒi] _n_ généalogie _f_

gene pool _n_ patrimoine _m_ génétique

general ['dʒenrəl] I. _adj_ général; **in ~** en général II. _n_ MIL général _m_ **general election** _n_ élections _fpl_ législatives

generalization _n_ généralisation _f_

G g

generalize ['dʒenərəlaɪz] *vt*, *vi* généraliser

generally ['dʒenrəli] *adv* généralement **general practitioner** *n* Brit, Aus, Can médecin *m* généraliste **general store** *n* Am, Can magasin *m* d'alimentation générale

generate ['dʒenəreɪt] *vt* (energy) produire; (reaction, feeling) susciter

generation [,dʒenə'reɪʃən] *n* **1.** (people) génération *f* **2.** (production) production *f*

generator *n* ELEC groupe *m* électrogène

generosity [,dʒenə'rɒsəti, Am: -'rɑːsəti] *n no pl* générosité *f*

generous ['dʒenərəs] *adj* généreux

gene therapy *n sing* thérapie *f* génique

genetic [dʒɪ'netɪk, Am: -'neţɪk] *adj* génétique

genetics *n + sing vb* génétique *f*

genial ['dʒiːnɪəl] *adj* cordial

genius ['dʒiːnɪəs] *n* génie *m*

genocide ['dʒenəsaɪd] *n no pl* génocide *m*

genre ['ʒɑ̃ːnrə] *n* genre *m*

gent [dʒent] *n* Brit, Aus, inf **1.** (gentleman) gentleman *m* **2.** *pl* **Gents** toilettes *fpl* pour hommes

genteel [dʒen'tiːl] *adj* distingué

gentle ['dʒentl] *adj* **1.** (kind, moderate) doux **2.** (hint, reminder) discret **gentleman** *n* monsieur *m;* (polite) gentleman *m*

genuine ['dʒenjʊɪn] *adj* **1.** (not fake) authentique **2.** (real, sincere) sincère

geographic(al) *adj* géographique **geography** [dʒɪ'ɒgrəfi, Am: -'ɑːgrə-] *n no pl* géographie *f*

geological *adj* géologique

geology [dʒɪ'ɒlədʒi, Am: -'ɑːlə-] *n no pl* géologie *f*

geometric(al) *adj* géométrique **geometry** [dʒɪ'ɒmətri, Am: -'ɑːmətri] *n no pl* géométrie *f*

geranium [dʒə'reɪnɪəm] *n* géranium *m*

geriatric [,dʒeri'ætrɪk] *adj* gériatrique

germ [dʒɜːm, Am: dʒɜːrm] *n*

1. (embryo) a. fig germe *m* **2.** MED microbe *m*

German ['dʒɜːmən, Am: 'dʒɜːr-] **I.** *adj* allemand **II.** *n* **1.** (person) Allemand(e) *m(f)* **2.** LING allemand *m; s. a.* English

German measles *n* rubéole *f* **German shepherd** *n* berger *m* allemand

Germany ['dʒɜːməni, Am: 'dʒɜːr-] *n* l'Allemagne *f*

germinate ['dʒɜːmɪneɪt, Am: 'dʒɜːrmə-] **I.** *vi* germer **II.** *vt* faire germer

germination *n no pl* germination *f*

gesticulate [dʒe'stɪkjʊleɪt, Am: -jə-] *vi* gesticuler

gesticulation *n* gesticulation *f*

gesture ['dʒestʃəʳ, Am: -tʃɚ] **I.** *n* geste *m* **II.** *vi* exprimer par gestes

get [get] **I.** <got, got *o* Am, Aus gotten> *vt inf* **1.** (obtain) obtenir; **to ~ sb sth** (bring) apporter qc à qn; (offer) offrir qc à qn **2.** (idea, job) trouver **3.** (catch) attraper **4.** (fetch) aller chercher **5.** (buy) acheter **6.** *inf* (understand) piger; **to ~ it** piger **7.** (cause to be) **to ~ sb to do sth** faire faire qc à qn; **to ~ sth finished/typed** finir/taper qc **II.** *vi* **1.** (become) devenir; **to ~ upset** se fâcher; **to ~ to be sth** devenir qc; **to ~ to like sth** commencer à aimer qc; **to ~ married** se marier **2.** (have opportunity) **to ~ to** +*infin* avoir l'occasion de +*infin* **3.** (travel) **to ~ somewhere** parvenir quelque part; **to ~ home** rentrer chez soi

◆ **get about** *vi* se déplacer

◆ **get across I.** *vt* faire traverser; (a message) faire passer **II.** *vi* **1.** (go across) traverser **2.** (communicate) **to ~ to sb/sth** communiquer avec qn/qc

◆ **get along** *vi* **1.** (progress) avancer **2.** (be on good terms) s'entendre bien

◆ **get at** *vt insep, inf* **1.** (suggest) **to ~ sth** en venir à qc **2.** (reach) atteindre

◆ **get away** *vi* s'en aller

◆ **get back I.** *vt* récupérer **II.** *vi*

(*come back*) revenir

◆**get by** *vi* 1.(*manage*) se débrouiller 2.(*pass*) passer

◆**get down** I. *vt* (*disturb*) **to get sb down** déprimer qn II. *vi* (*go down*) descendre

◆**get in** *vi* 1.(*become elected*) se faire élire 2.(*enter*) entrer

◆**get into** *vt* (*school*) rentrer dans; (*car*) monter dans

◆**get off** *vi* 1.(*exit*) descendre 2.(*depart*) partir

◆**get on** *vi* 1.(*like each other*) s'entendre 2.(*manage*) s'en sortir

◆**get out** *vi* 1.(*leave*) sortir 2.(*avoid*) **to ~ of doing sth** éviter de faire qc

◆**get over** *vt* (*illness, shock*) se remettre de; (*difficulty*) surmonter

◆**get round** *vt* 1.(*avoid*) contourner 2. *Brit* (*persuade*) convaincre

◆**get through** I. *vi* TEL **to ~ to sb/ sth** avoir qn/qc (en ligne) II. *vt* (*finish*) finir

◆**get up** *vi* 1.(*wake up, stand up*) se lever 2.(*climb*) monter

getaway ['getəweɪ, *Am:* 'geṭ-] *n inf* fuite *f*

get-together *n inf* réunion *f* **get-up** *n inf* accoutrement *m*

geyser ['giːzəʳ, *Am:* -zɚ] *n* 1.(*hot spring*) geyser *m* 2. *Brit* (*water heater*) chauffe-eau *m*

ghastly ['gɑːstli, *Am:* 'gæst-] <-ier, -iest> *adj inf* horrible

gherkin ['gɜːkɪn, *Am:* 'gɜːr-] *n* cornichon *m*

ghetto ['getəʊ, *Am:* 'geṭoʊ] <-s *o* -es> *n* ghetto *m*

ghost [gəʊst, *Am:* goʊst] *n* fantôme *m*

giant ['dʒaɪənt] I. *n* géant *m* II. *adj* géant

gibberish *n no pl* charabia *m*

giblets ['dʒɪblɪts] *npl* abats *mpl*

Gibraltar [dʒɪ'brɔːltəʳ, *Am:* -'brɑːltɚ] *n* Gibraltar

giddy ['gɪdi] *adj s.* **dizzy**

gift [gɪft] *n* 1.(*present*) cadeau *m* 2.(*talent*) don *m*

gifted *adj* doué; (*child*) surdoué

gig [gɪg] *n inf* concert *m*

gigabyte ['gɪgəbaɪt] *n* INFOR gigaoctet *m*

gigantic [dʒaɪ'gæntɪk, *Am:* -ṭɪk] *adj* gigantesque

giggle ['gɪgl] I. *vi* rire bêtement II. *n* 1.(*laugh*) petit rire *m* nerveux 2. *pl* (*laugh attack*) fou rire *m*

gild [gɪld] *vt* dorer

gill [gɪl] *n* (*0.142 litres*) quart *m* de pinte

gills *n pl* branchies *fpl*

gilt [gɪlt] I. *adj* doré II. *n* dorure *f*

gilt-edged *adj* FIN d'Etat

gimmick ['gɪmɪk] *n* 1.(*trick*) truc *m* 2.(*attention-getter*) astuce *f*

gin [dʒɪn] *n* gin *m*

ginger ['dʒɪndʒəʳ, *Am:* -dʒɚ] I. *n no pl* (*root spice*) gingembre *m* II. *adj* roux

ginger ale, **ginger beer** *n* limonade au gingembre **gingerbread** *n no pl* ≈ pain *m* d'épice **ginger-haired** *adj* roux

gingerly *adv* précautionneusement

ginseng ['dʒɪnseŋ] *n no pl* ginseng *m*

gipsy ['dʒɪpsi] *n Brit s.* **gypsy**

giraffe [dʒɪ'rɑːf, *Am:* dʒə'ræf] <-(s)> *n* girafe *f*

girder ['gɜːdəʳ, *Am:* 'gɜːrdɚ] *n* poutre *f*

girdle ['gɜːdl, *Am:* 'gɜːr-] *n* 1.(*belt*) ceinture *f* 2.(*corset*) gaine *f*

girl [gɜːl, *Am:* gɜːrl] *n* fille *f* **girlfriend** *n* petite amie *f*

girlish *adj* de jeune fille

giro ['dʒaɪrəʊ, *Am:* -roʊ] *n Brit* 1. *no pl* (*credit transfer system*) virement *m* bancaire 2.(*cheque*) mandat *m* postal

girth [gɜːθ, *Am:* gɜːrθ] *n* 1.(*circumference*) circonférence *f* 2.(*obesity*) tour *m* de taille

gist [dʒɪst] *n* substance *f*; **to give sb the ~ of sth** résumer qc pour qn

give [gɪv] I. *vt* <gave, given> 1.(*hand over, offer, provide*) donner; **to ~ sth to sb** [*o* **to ~ sb sth**] donner qc à qn; **to ~ sb a smile** faire un sourire à qn; **to ~ sb a strange look** jeter un regard étrange

G **g**

à qn; **to ~ sth a push** pousser qn; **to ~ sb a call** passer un coup de fil à qn **2.** (*pass on*) *a.* TEL **to ~ sb sth** passer qc à qn **II.** *vi* <gave, given> **1.** (*offer*) donner **2.** (*alter in shape*) se détendre

◆**give away** *vt* **1.** (*reveal*) révéler **2.** (*offer for free*) distribuer

◆**give back** *vt* rendre

◆**give in** *vi* (*surrender*) se rendre

◆**give off** *vt* (*smell, heat*) dégager

◆**give out** **I.** *vi* **1.** (*run out*) s'épuiser **2.** (*stop working*) lâcher **II.** *vt* (*distribute*) distribuer

◆**give over** *vi Brit, inf* **1.** (*cease*) **to ~ doing sth** arrêter de faire qc **2.** ~! ça suffit!

◆**give up** **I.** *vt* **1.** (*resign*) abandonner **2.** (*quit*) **to ~ doing sth** arrêter de faire qc **3. to give oneself up** se rendre **II.** *vi* **1.** (*quit*) abandonner **2.** (*cease trying to guess*) donner sa langue au chat *inf*

give-and-take *n* concessions *fpl*

given ['gɪvn] **I.** *adj* (*time, place*) donné; **to be ~ to doing sth** être enclin à faire qc **II.** *prep* étant donné que **III.** *pp of* **give**

given name *n Am* nom *m* de baptême

glacier ['glæsiəʳ, *Am:* 'gleɪʃəʳ] *n* glacier *m*

glad [glæd] *adj* content

gladden ['glædn] *vt* réjouir

gladly *adv* avec plaisir

glamor ['glæməʳ, *Am:* -əʳ] *n no pl, Am, Aus s.* **glamour**

glamorize *vt, vt* rendre attrayant

glamorous *adj Am s.* **glamourous**

glamour ['glæməʳ, *Am:* -əʳ] *n no pl, Aus, Brit* glamour *m*

glamourous *adj* chic

glance [glɑːns, *Am:* glæns] **I.** *n* coup *m* d'œil **II.** *vi* **to ~ at sb/sth** jeter un coup d'œil sur qn/qc

gland [glænd] *n* glande *f*

glare [gleəʳ, *Am:* gler] **I.** *n* **1.** (*mean look*) regard *m* furieux **2.** *no pl* (*bright reflection*) éclat *m* de lumière **II.** *vi* **1.** (*look*) **to ~ at sb** lancer un regard furieux à qn **2.** (*shine*) briller avec éclat

glaring *adj* **1.** (*shining*) éblouissant **2.** (*obvious*) flagrant

glass [glɑːs, *Am:* glæs] *n* **1.** (*material, holder, drink*) verre *m* **2.** (*mirror*) miroir *m*

glasses *n* **1.** *pl* (*device to improve vision*) lunettes *fpl* **2.** *pl* (*binoculars*) jumelles *fpl*

glass fibre *n s.* **fibreglass**

glaze [gleɪz] **I.** *n* vernis *m* **II.** *vt* **1.** (*make shiny*) lustrer; (*paper*) glacer **2.** (*fit with glass*) vitrer

gleam [gliːm] **I.** *n* lueur *f* **II.** *vi* briller

glean [gliːn] *vt* glaner

glee [gliː] *n no pl* jubilation *f*

gleeful *adj* jubilant

glen [glen] *n* vallée *f*

glib [glɪb] *adj* désinvolte

glide [glaɪd] **I.** *vi* **1.** (*move smoothly*) glisser **2.** (*fly*) planer **II.** *n* (*sliding movement*) glissé *m*

glider *n* planeur *m*

glimmer ['glɪməʳ, *Am:* -əʳ] *n* lueur *f*

glimpse [glɪmps] **I.** *vt* apercevoir **II.** *n* aperçu *m*; **to catch a ~ of sb** entrevoir qc

glint [glɪnt] **I.** *vi* luire **II.** *n* trait *m* de lumière

glisten ['glɪsn] *vi* scintiller

glitch [glɪtʃ] *n inf* pépin *m*

glitter ['glɪtəʳ, *Am:* 'glɪt̬əʳ] **I.** *vi* scintiller **II.** *n no pl* **1.** (*sparkling*) scintillement *m* **2.** (*shiny material*) paillettes *fpl*

gloat [gləʊt, *Am:* gloʊt] *vi* exulter; **to ~ over sth** jubiler à l'idée de qc

global ['gləʊbl, *Am:* 'gloʊ-] *adj* (*worldwide*) mondial; **~ warming** réchauffement *m* de la planète

globe [gləʊb, *Am:* gloʊb] *n* **1.** (*map*) globe *m* **2.** (*ball-shaped object*) sphère *f*

gloom [gluːm] *n no pl* **1.** (*depression*) morosité *f* **2.** (*darkness*) obscurité *f*

gloomy ['gluːmi] *adj* **1.** (*dismal*) lugubre **2.** (*dark*) sombre

glorify ['glɔːrɪfaɪ, *Am:* ˌglɔːrə-] <-ie-> *vt a.* REL glorifier

glorious ['glɔːriəs] *adj* **1.** (*illustrious*) glorieux **2.** (*splendid*) splendide

glory ['glɔːri] *n no pl* gloire *f*

gloss [glɒs, *Am:* glɑːs] *n no pl* **1.** (*shine or shiny substance*) vernis *m* **2.** (*moisturizer*) brillant *m* à lèvres

glossary ['glɒsəri, *Am:* 'glɑːsər-] <-ries> *n* glossaire *m*

gloss paint *n no pl* laque *f*

glossy ['glɒsi, *Am:* 'glɑːsi] I. *adj* brillant II. <-ssies> *n* **1.** *Am, Aus* PHOT cliché *m* sur papier glacé **2.** PUBL magazine *m* féminin

glove [glʌv] *n* gant *m*

glovebox, **glove compartment** *n* AUTO boîte *f* à gants

glow [gləʊ, *Am:* gloʊ] I. *n* (*of light*) lueur *f*; (*of colours, face*) éclat *m*; (*from heat*) rougeoiement *m* II. *vi* **1.** (*illuminate or look radiant*) rayonner **2.** (*be red and hot*) rougeoyer

glowing *adj* **1.** (*burning*) incandescent **2.** *fig* chaleureux; (*report, reviews*) élogieux

glucose ['gluːkəʊs, *Am:*-koʊs] *n no pl* glucose *m*

glue [gluː] I. *n no pl* colle *f* II. *vt* coller; **to be ~d to sth** *fig* être collé à qc

glum [glʌm] *adj* contrarié

glut [glʌt] *n* excédent *m*

glutton [glʌtn] *n* glouton(ne) *m(f)*

gluttonous ['glʌtənəs] *adj* **1.** (*eating excessively*) glouton **2.** (*excessively greedy*) insatiable

gluttony ['glʌtəni] *n no pl* gloutonnerie *f*

glycerin ['glɪsərɪn] *n Am,* **glycerine** *n Brit, Aus,* **glycerol** *n no pl* CHEM, MED glycérine *f*

gnarled [nɑːld, *Am:* nɑːrld] *adj* noueux

gnash [næʃ] *vt* **to ~ one's teeth** *a. fig* grincer des dents

gnat [næt] *n* moucheron *m*

gnaw [nɔː, *Am:* nɑː] I. *vi a. fig* ronger; **to ~ on sth/at sb** ronger qc/qn II. *vt a. fig* ronger

gnome [nəʊm, *Am:* noʊm] *n* LIT gnome *m*; **garden ~** nain *m* de jardin

go [gəʊ, *Am:* goʊ] I. <went, gone> *vi* **1.** aller; **ready, steady** [*o Am* **set**], **~ attention**, prêts, partez **2.** (*travel, leave*) partir; **to ~ on a cruise/holiday/a trip** partir en croisière/vacances/voyage **3.** (*do*) **to ~ doing sth** aller faire qc; **to ~ biking/jogging** aller faire du vélo/du jogging **4.** (*become*) devenir; **to ~ bald/haywire** devenir chauve/fou; **to ~ red** rougir; **to ~ bad** se gâter; **to ~ hungry/thirsty** avoir faim/soif **5.** (*pass*) passer **6.** (*begin*) commencer **7.** (*work*) marcher **8.** (*be sold*) être vendu II. <-es> *n* **1.** (*turn*) tour *m* **2.** (*attempt*) essai *m* **3.** (*a success*) succès *m* **4.** (*energy*) énergie *f* **5.** **to be on the ~** être à la bourre; **to have a ~** essayer

◆**go ahead** *vi* avancer; (*begin*) commencer; **~! allez-y!**

◆**go away** *vi* s'en aller

◆**go back** *vi* **1.** (*move backwards*) reculer **2.** (*return, date back*) (retourner) en arrière

◆**go by** *vi* (*pass by*) passer

◆**go down** *vi* (*get down*) descendre; ASTR se coucher

◆**go for** *vi* **1.** (*fetch*) **to ~ sth** aller chercher qc **2.** (*try to achieve*) **to ~ sth** essayer d'avoir qc **3.** (*attack*) **to ~ sb** s'en prendre à qn **4.** *inf* (*like*) **to ~ sb/sth** aimer qn/qc

◆**go in** *vi* **1.** (*enter*) entrer **2.** *inf* (*like*) **to ~ sth** aimer qc

◆**go into** *vi* entrer dans; **to ~ detail** entrer dans les détails

◆**go off** *vi* **1.** (*leave*) partir **2.** (*go out*) s'éteindre **3.** (*explode*) exploser **4.** *Brit, Aus* (*decrease in quality*) se détériorer; (*food*) se gâter **5.** (*stop liking*) **to ~ sb/sth** se détacher de qn/qc **6.** (*happen*) **to ~ badly/well** bien/mal se passer

◆**go on** *vi* **1.** (*go further, continue*) continuer; **~! allez-y! 2.** (*happen*) se passer

◆**go out** *vi* **1.** *a. Brit a.* SPORT sortir **2.** (*stop burning*) s'éteindre

◆**go over** *vt* (*examine*) vérifier

◆**go through** *vi* **1.** (*experience*) **~ sth** passer par qc **2.** (*look through*)

to ~ **sth** examiner qc

◆**go under** *vi* **1.** NAUT sombrer **2.** ECON faire faillite

◆**go up** *vi* (*move higher, northwards*) monter

◆**go without** *vt, vi* to ~ (**sth**) faire (qc) sans

goad [gəʊd] *vt* **1.** (*spur*) to ~ **sb/ sth to sth** inciter qn/qc à qc **2.** (*tease*) exciter

go-ahead I. *n no pl* feu *m* vert II. *adj* Aus, Brit plein d'allant

goal [gəʊl] *n a.* SPORT but *m*

goalkeeper *n* SPORT gardien *m* de but **goalpost** *n* poteau *m*

goat [gəʊt, *Am:* goʊt] *n* chèvre *f*

goatee [gəʊ'tiː, *Am:* goʊt-] *n* bouc *m*

gobble ['gɒbl, *Am:* 'gɑː-] *vi, vt inf* bouffer

go-between *n* intermédiaire *m*

goblet ['gɒblət, *Am:* 'gɑː-] *n* coupe *f*

goblin ['gɒblɪn, *Am:* 'gɑː-] *n* lutin *m*

god [gɒd, *Am:* gɑːd] *n* dieu *m* **godchild** *n* filleul(e) *m(f)* **goddaughter** *n* filleule *f* **goddess** *n* déesse *f* **godfather** *n* REL *a. fig* parrain *m* **god-forsaken** *adj* perdu **godmother** *n* REL marraine *f* **godparent** *n* REL parrain, marraine *m, f* **godsend** *n inf* cadeau *m* du ciel **godson** *n* REL filleul *m*

goes *3ʳᵈ pers sing of* **go**

go-getter *n* homme, femme *m, f* d'action **go-getting** *adj* dynamique

goggle ['gɒgl, *Am:* 'gɑː-] I. *vi inf* to ~ **at sb/sth** reluquer qn/qc II. *n* regard *m* fixe

goggles *npl* lunettes *fpl* protectrices

going I. *n* **1.** (*act of leaving*) départ *m* **2.** (*conditions*) **while the ~ is good** tant que les conditions sont bonnes; **to be hard ~** être dur II. *adj* **1.** (*available*) disponible **2.** (*in action*) en marche **3.** (*current*) actuel III. *vi aux* to **be ~ to** +*infin* **goings-on** *npl* **1.** (*unusual events*) choses *fpl* extraordinaires **2.** (*activities*) affaires *fpl*

goiter *n Am*, **goitre** ['gɔɪtə'', *Am:* - țɚ] *n Brit, Aus no pl* MED goitre *m*

go-kart *n* kart *m*

gold [gəʊld, *Am:* goʊld] I. *n or m* II. *adj* **1.** (*ring, tooth, watch*) en or; (*medal, record, coin*) d'or **2.** (*colour*) doré

golden *adj* **1.** (*made of gold, very good*) en or **2.** (*concerning gold*) d'or **3.** (*colour of gold*) doré **goldfish** *n* poisson *m* rouge **goldmine** *n* mine *f* d'or **goldsmith** *n* orfèvre *mf*

golf [gɒlf, *Am:* gɑːlf] *n no pl* golf *m*

golf ball *n* balle *f* de golf **golf club** *n* SPORT club *m* de golf **golf course** *n* SPORT terrain *m* de golf

golfer *n* SPORT golfeur, -euse *m, f*

gondola ['gɒndələ, *Am:* 'gɑː-] *n* gondole *f*

gondolier *n* gondolier, -ère *m, f*

gone [gɒn, *Am:* gɑːn] I. *pp of* **go** II. *adj* **1.** (*no longer there*) parti **2.** (*dead*) disparu

gong [gɒŋ, *Am:* gɑːŋ] *n* gong *m*

good [gʊd] I. <better, best> *adj* bon; (*weather*) beau; (*child*) sage; **to be ~ with one's hands** être adroit de ses mains; **to be/sound too ~ to be true** être/paraître trop beau pour être vrai; **to be ~ for business** être bon pour les affaires; **all in ~ time** chaque chose en son temps; **to be as ~ as new** être comme neuf; **it's no ~** (*bad*) ça ne vaut rien; (*pointless*) ça ne ser à rien II. *n no pl* **1.** bien *m*; **to do sb ~** to +*infin* faire du bien à qn de +*infin*; **for one's own ~** pour son bien **2.** **for ~** pour toujours; **for ~ (and all)** une fois pour toute III. *interj* **1.** (*said to express approval*) bien **2.** (*said as greeting*) ~ **evening!** bonsoir!; ~ **morning!** bonjour!; **good afternoon** (*meeting*) bonjour!; (*parting*) au revoir! **3.** *Brit* (*said to accept order*) **very ~!** d'accord! **goodbye** I. *interj* au revoir! II. *n* au revoir *m* **good-for-nothing** I. *n* bon(ne) *m(f)* à rien II. *adj pej* bon à rien **Good Friday** *n no pl* REL Vendredi *m* saint **good-looking** *adj* beau **good looks** *n no pl* belle allure *f*

goodness *n no pl* **1.**(*kindness*) bonté *f* **2.**GASTR qualités *fpl* nutritives **3.**(*said for emphasis*) **for ~'sake** pour l'amour de Dieu; **~knows ...** Dieu sait …

goodnight *interj* bonne nuit!

goods *npl* **1.**(*freight*) marchandises *fpl* **2.**(*belongings*) biens *mpl*

good-sized *adj* assez grand

good-tempered *adj* aimable **goodwill** *n no pl* **1.**(*willingness*) bonne volonté *f* **2.**ECON goodwill *m*

goody I.<-dies> *n* **1.**GASTR friandise *f* **2.**pl THEAT, CINE **the goodies** les bons *mpl* II.*interj childspeak* bien

gooey ['gu:i] *adj* **1.**(*sticky*) collant **2.**(*overly sentimental*) à la guimauve

goof [gu:f] *vi Am, inf* faire des conneries

goose [gu:s] *n* oie *f*

gooseberry ['guzbəri, Am: 'gu:sberi] <-ries> *n* groseille *f*

goosebumps *n Am*, **gooseflesh** *n no pl*, **goose pimples** *npl* chair *f* de poule

gore [gɔːʳ, Am: gɔːr] I.*n* MED sang *m* II.*vt* transpercer

gorge [gɔːdʒ, Am: gɔːrdʒ] I.*n* GEO gorge *f* II.*vi, vt* **to ~ (oneself) on sth** se gaver de qc

gorgeous *adj a. fig* merveilleux

gorilla [gə'rɪlə] *n* gorille *m*

gormless ['gɔːmlɪs, Am: 'gɔːrm-] *adj Brit, inf* stupide

gory ['gɔːri] <-rier, -riest> *adj* sanglant

go-slow *n Brit* ECON grève *f* du zèle

gospel ['gɒspl, Am: 'gɑːs-] *n* **1.**REL **Gospel** Évangile *m* **2.**MUS gospel *m* **3.**(*principle*) évangile *m*

gossip ['gɒsɪp, Am: 'gɑːsəp] I.*n* **1.** *no pl*(*rumour*) potins *mpl* **2.**(*person*) commère *f* II.*vi* **to ~ (about sb)** faire des commérages (sur qn)

got [gɒt, Am: gɑːt] *Brit pt, pp of* **get**

Gothic ['gɒθɪk, Am: 'gɑːθɪk] I.*adj* gothique II.*n no pl* gothique *m*

gotten ['gɒtən, Am: 'gɑːtən] *Am, Aus pp of* **got**

gouge [gaʊdʒ] *vt* **1.**(*pierce*) **to ~**

sth in(to) sth percer qc à travers qc **2.**Am, inf (*overcharge*) surcharger

goulash ['gu:læʃ, Am: -lɑːʃ] *n no pl* goulache *m of*

gourmet ['gʊəmeɪ, Am: 'gʊr-] GASTR I.*n* gourmet *m* II.*adj* (*restaurant*) gastronome

gout [gaʊt] *n no pl* MED goutte *f*

govern ['gʌvn, Am: -ən] *vt, vi* gouverner

governess ['gʌvənɪs, Am: -ənəs] <-es> *n* gouvernante *f*

governing *adj* gouvernant; (*coalition*) au pouvoir

government ['gʌvənmənt, Am: -ən-] *n* gouvernement *m*

governmental *adj* gouvernemental

governor ['gʌvənəʳ, Am: -ənəʳ] *n* gouverneur *m*

gown [gaʊn] *n* robe *f*

GP [ˌdʒiː'piː] *n Brit, Aus* MED généraliste *mf*

grab [græb] <-bb-> I.*vt* saisir II.*vi* **to ~ at sth** se saisir de qc; **to ~ at sb** s'agripper à qn

grace [greɪs] *n a.* REL grâce *f*

graceful *adj* gracieux

gracious ['greɪʃəs] *adj* **1.**(*courteous*) affable **2.**(*elegant*) gracieux

gradation [grə'deɪʃən, Am: greɪ'-] *n* gradation *f*

grade [greɪd] I.*n* **1.**(*rank*) rang *m*; (*on scale*) échelon *m* **2.**(*type, quality*) qualité *f* **3.**Am (*level in school*) classe *f* **4.**Am (*marks in school*) note *f* **5.**(*level*) niveau *m* **6.**Am GEO pente *f* II.*vt* **1.**SCHOOL, UNIV noter **2.**(*categorize*) classer **3.**Am (*reduce slope*) niveler

grade crossing *n Am* RAIL passage *m* à niveau **grade school** *n Am* école *f* primaire

gradient ['greɪdɪənt] *n* pente *f*

gradual ['grædʒʊəl] *adj* **1.**(*not sudden*) graduel **2.**(*not steep*) doux

gradually *adv* graduellement

graduate ['grædʒʊət] I.*n* **1.**UNIV diplômé(e) *m(f)* **2.**Am SCHOOL bachelier, -ière *m, f* II.*vi* UNIV obtenir son diplôme; SCHOOL avoir son bac; **to ~ from sth to sth** passer de qc à qc III.*vt* **1.**Am SCHOOL, UNIV remettre un diplôme à **2.** (*arrange in a series, mark out*) graduer

graduate school *n* UNIV ≈ troisième *m* cycle

graduation [ˌgrædʒʊˈeɪʃən, *Am:* ˌgrædʒʊˈ-] *n* **1.** SCHOOL, UNIV remise *f* des diplômes **2.** (*calibration*) graduation *f*

graffiti [grəˈfiːti, *Am:* -ṭi] *n no pl* ART graffiti *m*

graft[1] [grɑːft, *Am:* græft] **I.** *n* greffe *f* **II.** *vt a. fig* greffer

graft[2] [grɑːft, *Am:* græft] **I.** *n Brit, inf* boulot *m* de forçat **II.** *vi Brit, inf* bosser dur

graft[3] [grɑːft, *Am:* græft] POL **I.** *n* corruption *f* **II.** *vi* (*receive*) recevoir des pots de vin; (*give*) verser des pots de vin

grain [greɪn] *n* **1.** AGR, GASTR, PHOT grain *m* **2.** (*of wood*) veinure *f*; (*of meat*) fibre *f*

grammar [ˈgræmər, *Am:* -ɚ] *n* grammaire *f*

grammar school *n Brit* ≈ lycée *m*; *Am* ≈ école *f* primaire

grammatical [grəˈmætɪkl, *Am:* -ˈmæṭɪ-] *adj* grammatical

gram(me) [græm] *n* gramme *m*

grand [grænd] *adj* magnifique

grandad *n inf* papi *m* **grandchild** *n* petit-fils *m*, petite-fille *f* **granddaughter** *n* petite-fille *f*

grandeur [ˈgrændʒər, *Am:* -dʒɚ] *n no pl* grandeur *f*

grandfather *n* grand-père *m*

grandiose [ˈgrændɪəʊs, *Am:* -oʊs] *adj* grandiose

grandly *adv* grandement

grandma *n inf* mamie *f* **grandmother** *n* grand-mère *f* **grandpa** *n inf* papi *m* **grandparents** *n* grands-parents *mpl* **grand piano** *n* MUS piano *m* à queue **grandson** *n* petit-fils *m* **grandstand** *n* SPORT premières tribunes *fpl*

granite [ˈgrænɪt] *n no pl* granit *m*

granny [ˈgræni] <-nies> *n inf* mamie *f*

grant [grɑːnt, *Am:* grænt] **I.** *n* **1.** (*for education*) bourse *f* **2.** (*from authority*) subvention *f* **II.** *vt*

1. (*allow*) **to ~ sb sth** accorder qc à qn; **to ~ sb a request** accéder à la demande de qn **2.** (*admit to*) reconnaître; **to ~ that ...** admettre que ... **3. to take sth for ~ed** considérer qc comme allant de soi

granulated [ˈgrænjʊleɪtɪd, *Am:* -jələṭɪd] *adj* (*sugar*) cristallisé

granule [ˈgrænjuːl] *n* grain *m*

grape [greɪp] *n* grain *m* de raisin; **some ~s** du raisin

grapefruit <-s> *n* pamplemousse *m*

graph [grɑːf, *Am:* græf] *n* graphique *m*

graphic *adj* **1.** (*using a graph*) graphique **2.** (*vividly descriptive*) vivant

graphics *npl* **1.** (*drawings*) *a.* INFOR graphique *m* **2.** (*presentation*) art *m* graphique

graphite [ˈgræfaɪt] *n* graphite *m*

grapple [ˈgræpl] *vi* **1.** (*fight*) lutter **2.** *fig* **to ~ with sth** se débattre avec qc

grasp [grɑːsp, *Am:* græsp] **I.** *n no pl* **1.** (*grip*) prise *f* **2.** (*attainability*) **to be within sb's ~** être à la portée de qn **3.** (*understanding*) compréhension *f* **II.** *vt* **1.** (*take firm hold*) empoigner **2.** (*understand*) saisir

grasping *adj* cupide

grass [grɑːs, *Am:* græs] *n* **1.** <-es> BIO herbe *f* **2.** (*lawn*) gazon *m*

grasshopper *n* sauterelle *f* **grass roots** *npl* **1.** (*ordinary people*) peuple *m* **2.** (*of a party, organization*) base *f*

grassy *adj* herbeux

grate[1] [greɪt] *n* **1.** (*grid in fireplace*) grille *f* de foyer **2.** (*fireplace*) foyer *m*

grate[2] [greɪt] **I.** *vi* agacer; **to ~ on sb** taper sur les nerfs de qn **II.** *vt* râper

grateful *adj* reconnaissant

grater *n* râpe *f*

gratify [ˈgrætɪfaɪ, *Am:* ˈgræṭə-] <-ie-> *vt* **1.** (*please*) **to be ~ied at sth** être content de qc **2.** (*satisfy*) satisfaire

gratifying *adj* agréable

grating I. *n* grille *f* **II.** *adj* grinçant

gratis [ˈgreɪtɪs, *Am:* ˈgræṭəs] **I.** *adj* gratuit **II.** *adv* gratuitement

gratitude [ˈgrætɪtjuːd, *Am:* ˈgrætəṭuːd] *n no pl, form* gratitude *f*

gratuitous [grəˈtjuːɪtəs, *Am:* -ˈtuːəṭəs] *adj* gratuit

gratuity [grəˈtjuːɪti, *Am:* -ˈtuːəṭi] <-ties> *n form* (*tip*) pourboire *m*

grave[1] [greɪv] *n* (*burial place*) tombe *f*

grave[2] [greɪv] *adj* grave

grave-digger, gravedigger *n* fossoyeur *m*

gravel [ˈgrævəl] *n* (*small stones*) gravier *m*

gravestone *n* pierre *f* tombale **graveyard** *n* cimetière *m*

gravitate [ˈgrævɪteɪt] *vi* to ~ towards sb/sth être attiré par qn/qc

gravitation [ˌgrævɪˈteɪʃən] *n no pl* gravitation *f*

gravity [ˈgrævəti, *Am:* -ṭi] *n no pl* gravité *f*

gravy [ˈgreɪvi] *n no pl* jus *m* de viande

gray [greɪ] *adj Am s.* **grey**

graze[1] [greɪz] **I.** *n* égratignure *f* **II.** *vt* **1.** (*injure surface skin*) écorcher **2.** (*touch lightly*) effleurer

graze[2] [greɪz] **I.** *vi* **1.** (*eat grass*) paître **2.** *inf* (*eat*) grignoter **II.** *vt* faire paître

grease [griːs] **I.** *n* graisse *f* **II.** *vt* graisser

greasepaint *n* fard *m* gras **greaseproof paper** *n* papier *m* sulfurisé **greasy** [ˈgriːsi] *n* gras

great [greɪt] **I.** *n* grand **II.** *adj* **1.** (*very big, famous and important*) grand; **a ~ deal of** time/money beaucoup de temps/d'argent; **a ~ many people** beaucoup de gens **2.** (*wonderful*) merveilleux

great-aunt *n* grand-tante *f* **Great Britain** *n* la Grande-Bretagne

great-grandchild *n* arrière-petit-fils *m*, arrière-petite-fille *f* **great-grandparents** *n pl* arrière-grands-parents *mpl*

greatly *adv* très; (*a lot*) beaucoup **greatness** *n no pl* grandeur *f*

Greece [griːs] *n* la Grèce

greed [griːd] *n no pl* (*desire for more*) avidité *f*; (*for food*) gloutonnerie *f*

greedy *adj* **1.** (*wanting food*) gourmand **2.** (*wanting too much*) avide

Greek [griːk] **I.** *adj* grec **II.** *n* **1.** (*person*) Grec, que *m, f* **2.** LING grec *m*

green [griːn] **I.** *adj* vert **II.** *n* **1.** *no pl* (*colour*) vert *m* **2.** *pl* (*green vegetables*) légumes *mpl* verts **3.** (*member of Green Party*) écologiste *mf;* **the Greens** les Verts *mpl* **4.** SPORT green *m* **green belt** *n* zone *f* verte **green card** *n* **1.** *Brit* (*car insurance document*) carte *f* verte **2.** *Am* (*permit*) carte *f* de séjour

greenery [ˈgriːnəri] *n no pl* verdure *f*

green fingers *n pl, inf* to have ~ avoir la main verte **greengage** *n* reine-claude *f* **greengrocer** *n Brit* marchand(e) *m(f)* de fruits et légumes **greenhouse** *n* serre *f*

green pepper *n* poivron *m* vert **green thumb** *n Am, fig* to have a ~ avoir la main verte

greet [griːt] *vt* **1.** (*welcome by word or gesture*) saluer **2.** (*receive*) accueillir

greeting *n* **1.** (*welcome*) salut *m* **2.** *pl* (*goodwill*) vœux *mpl*

greeting(s) card *n* carte *f* de vœux

grenade [grɪˈneɪd] *n* grenade *f*

grew [gruː] *pt of* **grow**

grey [greɪ] *adj* gris

greyhound *n* lévrier *m*

grid [grɪd] *n* **1.** (*grating*) grille *f* **2.** SPORT ligne *f* de départ **3.** ELEC the ~ le réseau électrique national

grief [griːf] *n no pl* (*extreme sadness*) chagrin *m;* to come to ~ échouer; (*have an accident*) avoir un accident

grievance [ˈgriːvns] *n* **1.** (*complaint*) doléance *f* **2.** (*sense of injustice*) grief *m*

grieve [griːv] **I.** *vi* **1.** (*be sad*) être peiné **2.** (*mourn*) être en deuil *m;* to ~ for sb/sth pleurer qn/qc **II.** *vt* **1.** (*distress*) affliger **2.** (*make sad*) chagriner

grill [grɪl] **I.** *n* **1.** (*part of cooker*) gril *m* **2.** (*food*) grillade *f* **3.** *Am* (*restaur-*

G_g

ant) restaurant grill *m* **II.** *vt* **1.** (*cook*) faire griller **2.** *inf* (*interrogate*) cuisiner

grille [grɪl] *n* grille *f*

grim [grɪm] *adj* **1.** (*very serious*) grave **2.** (*unpleasant*) désagréable **3.** (*horrible*) terrible

grimace [grɪ'meɪs, *Am:* 'grɪməs] **I.** *n* grimace *f* **II.** *vi* faire la grimace

grime [graɪm] *n* saleté *f*

grimy ['graɪmi] *adj* crasseux

grin [grɪn] **I.** *n* sourire *m* **II.** *vi* faire un large sourire

grind [graɪnd] **I.** *n inf* the daily ~ le train-train quotidien **II.** <ground, ground> *vt* **1.** (*corn, pepper, coffee*) moudre; *Am* (*meat*) hacher **2.** (*crush*) écraser; to ~ one's teeth grincer des dents **III.** *vi* (*move noisily*) grincer; to ~ to a halt s'immobiliser

grip [grɪp] **I.** *n* **1.** (*hold*) prise *f* **2.** (*bag*) sac *m* de voyage **II.** <-pp-> *vt* **1.** (*hold firmly*) empoigner **2.** (*interest deeply*) captiver **III.** *vi* adhérer

gripe [graɪp] **I.** *n inf* plainte *f* **II.** *vi inf* ronchonner

gripping *adj* passionnant

grisly ['grɪzli] *adj* **1.** (*repellant*) repoussant **2.** *fig, inf* macabre

grit [grɪt] **I.** *n* **1.** *no pl* (*small stones*) gravillon *m* **2.** *no pl* (*courage*) cran *m* **II.** <-tt-> *vt* **1.** (*scatter*) sabler **2.** (*press together*) *a. fig* to ~ one's teeth serrer les dents

grizzle ['grɪzl] *vi inf* **1.** (*cry continually*) pleurnicher **2.** (*complain*) ronchonner

groan [grəʊn, *Am:* groʊn] **I.** *n* gémissement *m* **II.** *vi* **1.** (*floorboards, hinges*) grincer; (*people*) gémir; ~ in pain gémir de douleur **2.** *inf* (*complain*) grogner

grocer ['grəʊsəʳ, *Am:* 'groʊsɚ] *n* (*shopkeeper*) épicier, -ière *m, f*

grocery ['grəʊsəri, *Am:* 'groʊ-] <-ies> *n* épicerie *f*

grog [grɒg, *Am:* grɑːg] *n* grog *m*

groggy ['grɒgi, *Am:* 'grɑːgi] <-ier -iest> *adj* groggy

groin [grɔɪn] *n* aine *f*

groom [gruːm] **I.** *n* **1.** (*for horses*) palefrenier *m* **2.** (*bridegroom*) marié *m* **II.** *vt* **1.** (*animal*) faire la toilette de; (*horse*) panser **2.** (*prepare*) to ~ sb for sth préparer qn à qc

groove [gruːv] *n* **1.** (*long narrow indentation*) rainure *f* **2.** MUS sillon *m*

grope [grəʊp, *Am:* groʊp] **I.** *n* tâtonnement *m*; *inf* (*sexual*) pelotage *m* **II.** *vi* **1.** to ~ for sth chercher qc à tâtons **2.** *fig* tâtonner **III.** *vt* **1.** to ~ one's way avancer à tâtons **2.** *inf* (*touch sexually*) peloter

gross [grəʊs, *Am:* groʊs] **I.** *adj* **1.** JUR grave **2.** (*pay, amount*) brut **3.** *Am* (*revolting*) dégueulasse **II.** *vt* FIN gagner brut

grossly *adv* **1.** (*unfair*) profondément **2.** (*in a gross manner*) grossièrement

grotesque [grəʊ'tesk, *Am:* groʊ-] *adj* grotesque

grotto ['grɒtəʊ, *Am:* 'grɑːt̬oʊ] <-tto(e)s> *n* grotte *f*

grouch [graʊtʃ] **I.** *n* **1.** (*grudge*) rouspéteur, -euse *m, f* **2.** (*grumpy person*) grincheux, -euse *m, f* **II.** *vi* ronchonner

grouchy *adj* grognon

ground¹ [graʊnd] **I.** *n no pl* **1.** (*surface*) terre *f*; on the ~ par terre **2.** (*soil*) sol *m* **3.** (*area of land*) domaine *m* **4.** SPORT terrain *m* **5.** *Am* ELEC prise *f* de terre **6.** (*area of knowledge*) common ~ un terrain d'entente **7.** (*reason*) raison *f*; ~s for divorce motifs *mpl* de divorce **II.** *vt* **1.** (*base*) baser **2.** AVIAT (*unable to fly*) empêcher de voler; (*forbid*) interdire de vol; to be ~ed rester au sol **3.** (*unable to move*) to be ~ed être incapable de bouger; *inf* (*teenager*) être consigné

ground² [graʊnd] **I.** *pt of* **grind** **II.** *n pl* sédiment *m*; coffee ~s marc *m* de café

ground beef *n no pl* hachis *m* de bœuf **ground control** *n* contrôle *m* au sol **ground floor** *n* rez-de-chaussée *m*

grounding *n no pl* rudiments *mpl*

groundless *adj* sans fondement

ground-breaking *adj* novateur

ground rules *n pl* règles *fpl* de base
groundsheet *n* tapis *m* de sol
groundswell *n no pl* lame *f* de fond; **a ~ of public opinion** *fig* un grand mouvement d'opinion publique **groundwork** *n no pl* travail *m* préparatoire
group [gruːp] **I.** *n* groupe *m* **II.** *vt* grouper **III.** *vi* se grouper
grouping *n* groupement *m*
grouse[1] [graʊs] *n* (*bird*) tétras *m*
grouse[2] [graʊs] **I.** *n* **1.** (*complaint*) grief *m* **2.** (*complaining person*) râleur, -euse *m, f* **II.** *vi* ronchonner
grove [grəʊv, *Am:* groʊv] *n* bocage *m*; **orange ~** orangeraie *f*; **olive ~** oliveraie *f*
grovel ['grɒvl, *Am:* 'grɑːvl] <*Brit* -ll- o *Am* -l-> *vi* ramper
grow [grəʊ, *Am:* groʊ] <grew, grown> **I.** *vi* **1.** (*trees, plants, hair*) pousser; (*child, animal*) grandir **2.** (*increase*) croître; **to ~ by 2 %** augmenter de 2 % **3.** (*become, get*) devenir; **to ~ worse** s'empirer; **to ~ to like sth** finir par aimer qc **II.** *vt* **1.** (*tomatoes, maize*) cultiver; (*flowers*) faire pousser **2.** (*a beard, moustache*) se laisser pousser **3.** ECON développer
♦**grow into** *vt* devenir
♦**grow up** *vi* **1.** (*become adult*) devenir adulte; **when I ~** quand je serai grand **2.** (*develop*) développer
grower *n* cultivateur, -trice *m, f*
growing *adj* **1.** (*boy, girl*) en pleine croissance **2.** ECON en pleine expansion **3.** (*increasing*) qui augmente
growl [graʊl] **I.** *n* grognement *m* **II.** *vi* (*dog*) grogner; (*person*) gronder
grown [grəʊn, *Am:* groʊn] **I.** *pp of* **grow II.** *adj* grand
grown-up I. *n* adulte *mf* **II.** *adj* adulte
growth [grəʊθ, *Am:* groʊθ] *n* **1.** *no pl* (*increase in size*) croissance *f* **2.** (*stage of growing*) développement *m* **3.** (*caused by disease*) tumeur *f*
growth industry *n* ECON industrie *f* en expansion
grub [grʌb] *n* **1.** (*larva*) larve *f* **2.** *inf*

(*food*) bouffe *f*
grubby *adj inf* crasseux
grudge [grʌdʒ] **I.** *n* rancune *f*; **to have a ~ against sb** avoir une dent contre qn **II.** *vt* **to ~ sb sth** donner qc à qn à contrecœur
grudging *adj* fait à contrecœur
grudgingly *adv* de mauvaise grâce
gruelling *adj* épuisant
gruesome ['gruːsəm] *adj* horrible
gruff [grʌf] *adj* bourru; (*voice*) gros
grumble ['grʌmbl] **I.** *n* (*complaint*) grognement *m* **II.** *vi* grommeler
grumpy ['grʌmpi] *adj inf* grincheux; (*temporarily*) grognon
grunt [grʌnt] **I.** *n* grognement *m* **II.** *vi* grogner
guarantee [ˌgærənˈtiː, *Am:* ˌger-] **I.** *n* garantie *f* **II.** *vt* garantir
guaranteed *adj* garanti
guard [gɑːd, *Am:* gɑːrd] **I.** *n* **1.** (*person*) garde *m*; **prison ~** *Am* gardien(ne) *m(f)* de prison; **to be on ~** être de faction **2.** *Brit* (*railway official*) chef *m* de train **II.** *vt* garder; **to ~ sb/sth against sb/sth** protéger qn/qc de qn/qc
♦**guard against** *vt* se protéger contre; **to ~ doing sth** se garder de faire qc
guard dog *n* chien *m* de garde
guarded *adj* prudent
guardian ['gɑːdɪən, *Am:* 'gɑːr-] *n* **1.** (*responsible person*) tuteur, -trice *m, f* **2.** *form* (*protector*) protecteur, -trice *m, f*
guer(r)illa [gəˈrɪlə] *n* guérillero *m*; **~ warfare** guérilla *f*
guess [ges] **I.** *n* supposition *f*; **to have** [*o Am* **take**] **a ~** deviner **II.** *vi* **1.** (*conjecture*) deviner **2.** *Am* (*believe, suppose*) supposer **III.** *vt* **1.** (*conjecture*) deviner **2.** (*suppose*) supposer
guesswork *n no pl* estimation *f*
guest [gest] *n* **1.** (*invited*) invité *m* **2.** (*customer*) client(e) *m(f)*
guest house *n* pension *f* de famille
guest room *n* chambre *f* d'amis
guffaw [gəˈfɔː, *Am:* -ˈfɑː] **I.** *n* gros éclat *m* de rire **II.** *vi* rire bruyamment

G
g

guidance ['gaɪdns] *n no pl* **1.** (*help and advice*) conseil *m* **2.** (*direction*) direction *f*

guide [gaɪd] **I.** *n* **1.** (*person, book*) guide *m* **2.** (*girl ~*) éclaireuse *f* **II.** *vt a. fig* guider

guidebook *n* guide *m*

guided *adj* **1.** (*led by a guide*) guidé **2.** (*automatic*) téléguidé

guide dog *n* chien *m* d'aveugle

guideline *n* directive *f*

guild [gɪld] *n* guilde *f*

guile [gaɪl] *n no pl, form* ruse *f*

guillotine ['gɪləti:n] *n* **1.** HIST guillotine *f* **2.** Aus, Brit (*paper cutter*) massicot *m*

guilt [gɪlt] *n no pl* culpabilité *f*

guilty ['gɪlti, Am: - t̬i] <-ier, -iest> *adj* coupable; (*secret*) inavouable

guinea fowl *n* pintade *f*

guinea pig *n* **1.** ZOOL cochon *m* d'Inde **2.** *fig* cobaye *m*

guise [gaɪz] *n no pl* apparence *f*

guitar [gɪ'tɑːʳ, Am:-'tɑːr] *n* guitare *f*

guitarist *n* guitariste *mf*

gulch [gʌltʃ] *n Am* ravin *m*

gulf [gʌlf] *n* **1.** (*area of sea*) golfe *m* **2.** (*chasm*) *a. fig* gouffre *m*

gull [gʌl] *n* mouette *f*

gullet ['gʌlɪt] *n* gosier *m*

gullible ['gʌləbl] *adj* crédule

gully <-llies> *n* **1.** (*narrow gorge*) petit ravin **2.** (*channel*) couloir *m*

gulp [gʌlp] **I.** *n* bouchée *f*; (*of a drink*) gorgée *f* **II.** *vt* engloutir **III.** *vi* avoir la gorge nouée

gum¹ [gʌm] *n* ANAT gencive *f*

gum² [gʌm] **I.** *n* **1.** (*soft sticky substance*) gomme *f* **2.** (*glue*) colle *f* **3.** (*chewing ~*) chewing-gum *m* **II.** *vt* coller

gumboil ['gʌmbɔɪl] *n* inflammation *f* des gencives

gumption ['gʌmpʃən] *n no pl, inf* **1.** (*courage*) cran *m* **2.** (*intelligence*) jugeote *f*

gun [gʌn] *n* **1.** (*weapon*) arme *f* à feu; (*heavy*) canon *m* **2.** (*handgun*) revolver *m*

◆**gun down** *vt* to gun sb down abattre qn **gunfire** *n* **1.** (*shots*) coups *m* de feu **2.** MIL canonnade *f*

gunman *n* malfaiteur *m* armé

gunner *n* artilleur *m*

gunpoint *n* at ~ sous la menace d'une arme **gunpowder** *n no pl* poudre *f* à canon **gunshot** *n no pl* coup *m* de feu

gurgle ['gɜːgl, Am: 'gɜːr-] **I.** *n* **1.** (*happy noise*) gargouillis *m* **2.** (*noise of water*) gargouillement *m* **II.** *vi* (*baby*) babiller; (*water*) gargouiller

guru ['goru, Am: 'gu:ru:] *n* gourou *m*

gush [gʌʃ] **I.** *n* jaillissement *m* **II.** *vi* **1.** (*liquid*) jaillir **2.** (*praise*) se répandre en compliments

gust [gʌst] *n* (*of wind*) rafale *f*; a ~ of laughter un éclat de rire

gusto ['gʌstəʊ, Am: -toʊ] *n no pl* with ~ avec plaisir

gut [gʌt] **I.** *n* **1.** (*intestine*) intestin *m*; (*of animal*) boyau *m*; a ~ reaction une réaction viscérale **2.** (*belly*) ventre *m* **3.** *pl* (*courage*) cran *m* **II.**<-tt-> *vt* **1.** (*remove the innards*) vider **2.** (*destroy*) ravager

gutter ['gʌtəʳ, Am: 'gʌt̬ɚ] *n* (*at the roadside*) caniveau *m*; (*on the roof*) gouttière *f*

guttural ['gʌtərəl, Am: 'gʌt̬-] *adj* **1.** (*throaty*) rauque **2.** LING guttural

guy [gaɪ] *n inf* **1.** (*man*) type *m* **2.** *pl, Aus, Am* (*people*) ami(e)s *pl*

guzzle ['gʌzl] *inf* **I.** *vt* **1.** (*eat*) *a. fig* bouffer **2.** (*drink*) siffler **II.** *vi* (*food*) s'empiffrer; (*drink*) se pinter

gym [dʒɪm] *n* **1.** *abbr of* **gymnastics** **2.** *abbr of* **gymnasium** **3.** *Am abbr of* **physical education**

gymnasium [dʒɪm'neɪzɪəm] *n* gymnase *m*

gymnast ['dʒɪmnæst] *n* gymnaste *mf*

gymnastic *adj* gymnastique

gymnastics *npl* (*physical exercises*) gymnastique *f*

gynaecologist *n* gynécologue *mf*

gynaecology *n no pl* gynécologie *f*

gynecologist *n Am, Aus s.* **gynaecologist**

gynecology [ˌgaɪnə'kɒlədʒi, Am: -'kɑːlə-] *n Am, Aus s.* **gynaecology**

gypsy ['dʒɪpsi] <-sies> n (from Spain) gitan(e) m(f); (from Eastern Europe) tzigane mf
gyrate [ˌdʒaɪˈreɪt] vi 1. (revolve) tourner 2. (dance) tournoyer
gyration n (movement) giration f

H h

H, h [eɪtʃ] <-'s> n H, h m
ha [hɑː] interj iron ah!; ~~! ha, ha!
haberdashery n Brit mercerie f
habit ['hæbɪt] n 1. (repeated action) habitude f; out of ~ par habitude; to break a ~ changer une habitude; to make a ~ of sth prendre l'habitude de qc 2. (clothing) habit m
habitat ['hæbɪtæt, Am: '-ə-] n habitat m
habitation [ˌhæbɪˈteɪʃən] n no pl habitation f
habitual [həˈbɪtʃuəl] adj 1. (occurring often, as a habit) habituel; to become ~ devenir une habitude 2. (act by force of habit) invétéré
hack¹ [hæk] I. n 1. (cut) entaille f 2. (blow) coup m II. vt tailler III. vi to ~ (at sth) taillader (qc)
◆ **hack off** vt trancher
hack² [hæk] vt INFOR pirater
hack³ [hæk] n (bad journalist) gratte-papier m
hacker [hækəʳ, Am: -ə-] n Am INFOR pirate m (informatique)
hackneyed adj pej rebattu
hacksaw ['hæksɔː, Am: -sɑː] n scie f à métaux
had [həd, stressed: hæd] pt, pp of **have**
haddock ['hædək] inv n aiglefin m
hadn't ['hædnt] = had not s. **have**
haemoglobin [ˌhiːməˈɡləʊbɪn, Am: 'hiːməɡloʊ-] n no pl, Brit, Aus hémoglobine f
haemophiliac n Brit, Aus hémophile

mf
haemorrhage ['hemərɪdʒ, Am: -ə·ɪdʒ] n Brit, Aus hémorragie f
haemorrhoids ['hemərɔɪdz] npl hémorroïdes fpl
haggard ['hægəd, Am: -ə·d] adj égaré; (look) hagard
haggis ['hægɪs] n no pl, Scot GASTR panse de brebis farcie
haggle ['hægl] vi marchander
hail¹ [heɪl] I. n grêle f II. vi grêler
hail² [heɪl] vt (person) saluer; (a taxi) héler
hair [heəʳ, Am: her] n 1. (~ of head, locks) cheveux mpl; to do one's ~ se coiffer les cheveux 2. no pl (single ~) cheveu m 3. (single locks on head and body) poil m 4. (furry covering on plant) duvet m
hairbrush n brosse f à cheveux
haircut n 1. (cut) coupe f de cheveux; to get a ~ aller se faire couper les cheveux 2. (hairstyle) coiffure f
hairdo n iron, inf coiffure f **hairdresser** n coiffeur, -euse m, f; to go to the ~'s aller chez le coiffeur **hairdressing** n coiffure f **hairdressing salon** n salon m de coiffure **hair drier**, **hair dryer** n sèche-cheveux m, foehn m Suisse
hairless adj chauve
hairline n racine f des cheveux
hairnet n filet m **hairpin** n épingle f à cheveux **hair-raising** adj inf effrayant **hair remover** n crème f épilatoire **hair slide** n barrette f **hairspray** n laque f **hairstyle** n coiffure f
hairy ['heəri, Am: 'heri] adj 1. (having much hair) poilu 2. (pleasantly risky/scaring) effrayant
Haiti ['heɪti, Am: -ti] n Haïti m
hake [heɪk] <-(s)> n colin m
half [hɑːf, Am: hæf] I. <-halves> n 1. (equal part, fifty per cent) moitié f; in ~ en deux; to cut sth into halves couper qc en deux; a pound and a ~ une livre et demie; ~ an hour/a dozen une demi-heure/demi-douzaine; ~ (of) the time la moitié du temps; at ~ past nine à neuf heures et demie

2. SPORT mi-temps *f* **3.** *Brit, inf* (*half pint of beer*) demi *m* **4.** *Brit* (*child's ticket*) ~ (**fare**) demi-tarif *m* **5.** ~ **and** ~ moitié-moitié; **to go halves on sth** partager qc; **to not do things by halves** ne pas faire les choses à moitié; **in** ~ **a second** en moins d'une seconde **II.** *adj* demi; **a** ~ **glass** un demi-verre; **two and a** ~ **cups** deux tasses et demie; ~ **man,** ~ **beast** mi-homme, mi-animal; **the second** ~ **century** la seconde moitié du siècle **III.** *adv* (*asleep, naked*) à moitié; ~ **as tall again** moitié moins grand; **not** ~**!** et comment!

half board *n no pl* demi-pension *f* **half-brother** *n* demi-frère *m* **half-dozen** *n* demi-douzaine *f* **half-empty** *adj* à moitié vide **half-fare** *n* demi-tarif *m* **half-full** *adj* à moitié plein **half-hearted** *adj* sans enthousiasme; (*attempt*) hésitant **half-mast** *n* **at** ~ en berne **half-moon** *n* demi-lune *f* **half-price** *n* demi-tarif *m* **half-sister** *n* demi-sœur *f* **half-time** *n* SPORT mi-temps *f* **halfway I.** *adj* milieu *m*; ~ **point** point *m* à mi-chemin **II.** *adv* **1.** (*in the middle of a point*) à mi-chemin; ~ **through the year** au milieu de l'année **2.** (*partly*) à peu près **half-yearly I.** *adj* semestriel **II.** *adv* tous les six mois

halibut ['hælɪbət] <-(s)> *n* flétan *m*, elbot *m Belgique*

hall [hɔːl] *n* **1.** (*room by front door*) entrée *f*; (*of public building, hotel*) hall *m*, allée *f Suisse* **2.** (*corridor*) couloir *m* **3.** (*large public room*) salle *f*, aula *f Suisse* **4.** UNIV, SCHOOL réfectoire *m*

hallelujah [ˌhælɪˈluːjə] *interj* alléluia!

hallmark ['hɔːlmɑːk, *Am:* -mɑːrk] *n* **1.** (*engraved identifying mark*) poinçon *m* **2.** (*identifying symbol*) marque *f*

hallo [həˈləʊ, *Am:* -ˈloʊ] <-s> *interj Brit s.* **hello**

Halloween, Hallowe'en *n no pl* Halloween *m*

---

hallucinate [həˈluːsɪneɪt] *vi* avoir des hallucinations

hallucination *n no pl* hallucination *f*

halo ['heɪləʊ, *Am:* -loʊ] <-s *o* -es> *n* **1.** (*light*) auréole *f* **2.** (*light circle on moon*) halo *m*

halogen ['hælədʒen, *Am:* 'hæloʊ-] *n* halogène *m*

halt [hɒlt, *Am:* hɔːlt] **I.** *n no pl* **1.** (*standstill, stoppage*) arrêt *m*; **to bring sth to a** ~ faire marquer un temps d'arrêt; **to call a** ~ arrêter; **to come to a** ~ s'interrompre momentanément **2.** (*interruption*) interruption *f*; **to have a** ~ faire une pause **II.** *vt* arrêter **III.** *vi* s'arrêter

halter-neck *adj* dos nu

halve [hɑːv, *Am:* hæv] *vt* **1.** (*lessen by 50 per cent*) diminuer de moitié **2.** (*cut in two equal pieces*) diviser en deux

ham [hæm] *n* jambon *m*

hamburger ['hæmbɜːgəʳ, *Am:* -bɜːrgɚ] *n* GASTR hamburger *m*

hamlet ['hæmlət] *n* hameau *m*

hammer ['hæməʳ, *Am:* -ɚ]. I. *n* marteau *m* II. *vt* 1.(*hit with tool*) marteler; **to ~ a nail into sth** enfoncer un clou dans qc 2. *inf* (*beat easily in sports*) **to ~ sb** battre qn à plates coutures III. *vi* marteler; **to ~ on a door** frapper à la porte

◆ **hammer in** *vt* enfoncer à coups de marteau

◆ **hammer out** *vt* parvenir à

hammerhead *n* requin *m* marteau

hammock ['hæmək] *n* hamac *m*

hamper[1] ['hæmpəʳ, *Am:* -pɚ] *vt* gêner

hamper[2] ['hæmpəʳ, *Am:* -pɚ] *n* panier *m* à pique-nique

hamster ['hæmstəʳ, *Am:* -stɚ] *n* hamster *m*

hamstring ['hæmstrɪŋ] *n* tendon *m* du jarret

hand [hænd] I. *n* 1.(*limb joined to arm*) main *f;* **to do sth by ~** faire qc à la main; **to shake ~s with sb** serrer la main de qn; **to take sb by the ~** prendre qn par la main; **get your ~s off!** ne me touche pas!; **~ in ~** main dans la main; **Hands up!** Hauts les mains! 2.(*responsibility, control*) **to have sth in ~** avoir qc sous contrôle; **to take sb in ~** prendre qn en main; **to get out of ~** échapper au contrôle; **to be in good ~s** être en de bonnes mains; **to put sth into the ~s of sb/sth** confier qc à qn 3.(*reach*) **to be at ~** être à portée de la main; **to have sth to ~** avoir quelque chose sous la main; **to keep sth close at ~** garder qc à portée de main; **in** [*o* on] **~** (*available to use*) à disposition 4. **in** [*o Am* **at**] **~** (*in progress*) en cours; **the problem in ~** le problème en question 5.(*pointer on clock/watch*) aiguille *f* 6.(*manual worker*) ouvrier, -ère *m, f* 7.(*skilful person*) personne *f* habile 8.(*assistance with work*) aide *f;* **to give sb a ~** donner un coup de

main à qn 9. **a bird in the ~** (*is worth two in the bush*) un tiens vaut mieux que deux tu l'auras; **I only have one pair of ~s** je n'ai que deux mains; **at first ~** à première vue; **to keep one's ~ in** garder la main; **on the one ~ ... on the other** (~) ... d'une part ... d'autre part ...; **to go ~ in ~ with sth** aller de pair avec qc II. *vt* **to ~ sb sth** passer qc à qn

◆ **hand back** *vt* rendre

◆ **hand down** *vt* transmettre

◆ **hand in** *vt* remettre

◆ **hand out** *vt* distribuer

◆ **hand over** *vt* remettre

◆ **hand round** *vt* faire circuler

handbag *n* sac *m* à main, sacoche *f Belgique* **handball** *n* hand-ball *m* **handbook** *n* guide *m;* (*for students*) manuel *m* **handbrake** *n* frein *m* à main **handcuff** I. *vt* passer les menottes à II. *n* **~s** *pl* menottes *fpl* **handful** *n no pl* poignée *f* **handgun** *n* revolver *m*

handicap ['hædɪkæp] *n a. fig* handicap *m*

handicapped *adj* handicapé

handicraft ['hændɪkrɑːft, *Am:* -kræft] *n Am* artisanat *m*

handiwork ['hændɪwɜːk, *Am:* -wɜːrk] *n no pl* travail *m* manuel

handkerchief <-s> *n* mouchoir *m*

handle ['hændl] I. *n* manche *m;* (*for door*) poignée *f,* clenche *f Belgique* II. *vt* 1.(*feel/grasp an object*) toucher 2.(*move/operate*) manipuler 3.(*deal with, direct, manage*) s'occuper de 4.(*discuss*) traiter 5. *Brit* (*deal in, trade in*) négocier

handlebars *npl* guidon *m*

handler *n* 1.(*person who carries*) porteur *m* 2.(*dog trainer*) maître-chien *m*

handling *n no pl* manipulation *f;* (*of tool*) maniement *m*

hand luggage *n* bagage *m* à main

handmade *adj* fait à la main

handout *n* 1.(*leaflet*) prospectus *m* 2.(*goods/money for needy*) aumône *f* 3. UNIV polycopié *m*

handrail *n* main *f* courante

H
h

handshake n poignée f de main
handsome adj a. fig beau; (apology) bon
hands-on adj (experience, training) pratique **hand-to-mouth** adj, adv au jour le jour **handwork** n travail m manuel **handwriting** n no pl écriture f **handwritten** adj écrit à la main
handy adj **1.** (useful) pratique; **to come in** ~ être utile **2.** (nearby) à portée de main **3.** (skilful) adroit
handyman n homme m à tout faire
hang [hæŋ] **I.** <hung, hung> vi **1.** (be suspended) pendre; (from hook) être accroché; (from above) être suspendu **2.** (clothes, curtain, hair) tomber; (arm) pendre **3.** (die by execution) être pendu **4. to** ~ **by a hair** ne tenir qu'à un cheveu **II.** vt **1.** <hung, hung> (from above) suspendre; (from hook) accrocher; (washing) étendre; (wallpaper) poser; **to** ~ **sth on/from sth** accrocher qc à qc **2.** <hung, hung> (droop) **to** ~ **one's head** baisser la tête **3.** <hung, hung o -ed, -ed> (execute through suspension) pendre **III.** n no pl **to get the** ~ **of sth** fig, inf piger qc; **to not give a** ~ inf s'en foutre
hang about, hang around I. vi traîner **II.** vt **to** ~ **the bars** traîner dans les bars
◆ **hang on I.** vi **1.** (wait briefly) patienter; ~! TEL ne quittez pas! **2.** (hold on to) a. fig se cramponner; **to** ~ **to sth** ne pas lâcher qc **3.** inf (remain firm) tenir bon **II.** vt **1.** (fasten onto) se cramponner à **2.** (rely on, depend on) dépendre de **3. to** ~ **sb's word** être pendu aux lèvres de qn
◆ **hang out I.** vt pendre (au dehors); (the washing) étendre; (a flag) sortir **II.** vi **1.** inf (spend time) traîner **2.** (hang loosely) dépasser
◆ **hang round** vi, vt Brit s. **hang around**
◆ **hang together** vi se tenir
◆ **hang up I.** vi raccrocher; **to** ~ **on sb** raccrocher au nez de qn **II.** vt a.

fig accrocher
hangar ['hæŋgəʳ, Am: -ə˞] n hangar m
hanger n cintre m
hang-gliding n deltaplane m
hangover n gueule f de bois
hang-up n inf complexe m
hanker after vt, **hanker for** vt se languir de
hankie, hanky n inf abbr of **handkerchief** mouchoir m
haphazard [ˌhæp'hæzəd] adj pej mal organisé
hapless adj infortuné
happen ['hæpən] **I.** vi **to** ~ **(to sb)** arriver (à qn); **to** ~ **again** se reproduire **II.** vt **it** ~**s that ...** il se trouve que ...; **to** ~ **to do sth** faire qc par hasard; **I** ~ **to do sth** il se trouve que je fais qc
happening n événement m
happily adv **1.** (contentedly, fortunately) heureusement; ~ **married** être heureux en ménage **2.** (willingly) de bon cŒur
happiness n no pl bonheur m
happy ['hæpi] <-ier, -iest o more ~, most ~> adj heureux; **a** ~ **birthday** un joyeux anniversaire; **to be** ~ **about/with sth** être heureux de qc
happy-go-lucky adj insouciant
happy medium n juste milieu m
harass [həˈræs] vt harceler
harassment n harcèlement m
harbor Am, Aus, **harbour** ['hɑːbəʳ, Am: 'hɑːrbə˞] **I.** n port m **II.** vt **1.** (resentments, suspicions) nourrir **2.** (keep in hiding) héberger
hard [hɑːd, Am: hɑːrd] **I.** adj **1.** (firm, rigid) a. fig dur; ~ **left/ right** extrême gauche/droite f **2.** (difficult, complex) difficile; **to be** ~ **of hearing** être dur d'oreille **3.** (fight, winter, work) rude; **to be a** ~ **worker** travailler dur; **to be** ~ **on sb/sth** malmener qn/qc; **to give sb a** ~ **time** donner du fil à retordre à qn **4.** (drinking, person) fort; (drugs) dur **5. no** ~ **feelings!** sans rancune!; ~ **luck!** pas de chance! **II.** adv **1.** (solid, rigid) dur; ~ **boiled** dur **2.** (play, study, try, work) sé-

rieusement; (*press, pull*) fort
3. (*painfully, severely*) durement
4. (*closely*) **to follow ~ (up)on sb/
sth** suivre qn/qc de près
hardback *n* livre *m* relié
hard-boiled *adj* **1.** (*cooked*) **~ egg**
œuf *m* dur **2.** *fig, inf* dur à cuire
hard cash *n* argent *m* liquide **hard
copy** *n* INFOR copie *f* sur papier **hard
core** *n* noyau *m* dur **hard disk** *n*
INFOR disque *m* dur
harden I. *vt* **1.** (*make more solid/
firmer*) durcir **2.** (*make tougher*) endurcir **II.** *vi* **1.** (*become more solid/
firmer*) (se) durcir **2.** (*become less
flexible/conciliatory*) s'endurcir
hard-headed *adj* réaliste **hard-
hearted** *adj pej* insensible **hard labour** *n no pl* travaux *mpl* forcés
hard line *n* POL ligne *f* dure
hardly *adv* à peine; **~ ever/anybody**
presque jamais/personne
hardness *n no pl* dureté *f*
hardship *n* détresse *f*
hard shoulder *n Brit* bande *f* d'arrêt
d'urgence
hardware *n no pl* **1.** (*things for
house/garden*) articles *mpl* de quincaillerie **2.** INFOR hardware *m*
hard-wearing *adj* résistant **hard-
working** *adj* travailleur
hardy *adj a.* BOT résistant
hare [heəʳ, *Am:* her] <-(s)> *n* lièvre
m
harelip *n* bec-de-lièvre *m*
harm [hɑːm, *Am:* hɑːrm] **I.** *n* mal
m; **to do sb/sth ~** faire du mal à qn;
there's no ~ in asking il n'y a pas
de mal à demander **II.** *vt* **1.** (*hurt*)
faire du mal à **2.** (*damage*) endommager
harmful *adj* nuisible
harmless *adj* **1.** (*causing no harm*)
inoffensif **2.** (*banal*) anodin
harmonic [hɑːˈmɒnɪk, *Am:*
hɑːrˈmɑː-] *adj* harmonique
harmonica *n* harmonica *m*
harmonious *adj* harmonieux
harmonize [ˈhɑːmənaɪz, *Am:*
ˈhɑːr-] **I.** *vt a.* MUS harmoniser **II.** *vi*
s'harmoniser
harmony [ˈhɑːməni, *Am:* ˈhɑːr-] *n*

harmonie *f*
harness [ˈhɑːnɪs, *Am:* ˈhɑːr-] **I.** *n*
harnais *m* **II.** *vt* **1.** (*secure*) harnacher **2.** (*make productive, exploit*)
exploiter
harp [hɑːp, *Am:* hɑːrp] *n* harpe *f*
harpoon [ˌhɑːˈpuːn, *Am:* ˌhɑːr-] *n*
harpon *m*
harpsichord [ˈhɑːpsɪkɔːd, *Am:*
ˈhɑːrpsɪkɔːrd] *n* clavecin *m*
harrowing *adj* terrible
harsh [hɑːʃ, *Am:* hɑːrʃ] *adj* rude;
(*colours*) cru; (*voice*) perçant
harvest [ˈhɑːvɪst, *Am:* ˈhɑːr-] **I.** *n a.
fig* récolte *f* **II.** *vt* récolter
has [hæz] *3rd pers. sing of* **have**
has-been *n pej, inf* ringard *m*
hash[1] [hæʃ] *n* **1.** (*chopped meat,
vegetable dish*) hachis *m* **2.** *no pl,
inf* **to make a ~ of sth** faire un beau
gâchis de qc
hash[2] [hæʃ] *n inf abbr of* **hashish**
hasch *m*
hashish [ˈhæʃɪʃ] *n no pl* haschisch *m*
hasn't = **has not** *s.* **have**
hassle [ˈhæsl] **I.** *n inf* emmerdement
m; **to be such a ~** être tellement
emmerdant **II.** *vt inf* emmerder
haste [heɪst] *n no pl* hâte *f*; **to make
~** se hâter
hasten I. *vt form* hâter **II.** *vi* se hâter
hasty *adj* rapide; (*decisions, conclusions*) précipité
hat [hæt] *n* chapeau *m*
hatch[1] [hætʃ] **I.** *vi* couver **II.** *vt*
1. ZOOL couver **2.** (*plan*) tramer **III.** *n*
1. ZOOL couvée *f* **2.** GASTR passe-plat
m
hatch[2] [hætʃ] *vt* hachurer
hatchet [ˈhætʃɪt] *n* hachette *f*
hate [heɪt] **I.** *n* haine *f* **II.** *vt* détester
hateful *adj* haineux
hatred *n no pl* haine *f*
haughty [ˈhɔːti, *Am:* ˈhɑːti] <-ier,
iest> *adj pej* hautain
haul [hɔːl] **I.** *vt* **1.** (*pull with effort*)
tirer, haler *Québec* **2.** (*tow*) remorquer **II.** *n* **1.** (*distance*) trajet *m*
2. (*quantity caught*) prise *f*; (*of
stolen goods*) butin *m*
haulage [ˈhɔːlɪdʒ] *n no pl* transport
m routier

haunch [hɔːntʃ] <-es> n 1. ANAT hanche f 2. (cut of meat) morceau m d'aloyau

haunt [hɔːnt] I. vt hanter II. n repaire m

Havana [həˈvænə] n La Havane

have [hæv] I. <has, had, had> aux, vt 1. avoir; **to ~ to** +infin avoir à +infin; **to ~ got sth** Brit, Aus avoir qc; **to ~ sth to do** avoir qc à faire; **to ~ the time** avoir le temps; **to ~ a walk** se promener; **to ~ a talk with sb** avoir une discussion avec qn; **to ~ a bath/shower** prendre un bain/ une douche; **to ~ a try** essayer; **to be had** (to get) à avoir 2. **to ~ had it with sb/sth** inf en avoir marre de qn/qc; **to ~ sb** inf avoir qn; **to be had** inf se faire avoir II. n pl, inf **the ~s** les richards mpl

◆ **have back** vt recevoir en retour

◆ **have on** vt 1. (wear, carry) porter 2. Brit, inf (fool sb to believe) **to have sb on** rouler qn 3. (plan) avoir en tête

◆ **have out** vt 1. inf (remove) retirer; (tooth) extraire; **to have one's appendix out** se faire enlever l'appendice 2. inf (argue, discuss strongly) **to have it out with sb** s'expliquer avec qn

haven [ˈheɪvən] n refuge m

have-not n sans-le-sou mf

haven't [ˈhævənt] = have + not s. have

havoc [ˈhævək] n no pl ravages mpl

haw [hɔː] I. interj hum! II. vi **to hum/hem and ~** tourner autour du pot

hawk [hɔːk] n faucon m

hay [heɪ] n no pl foin m

haycock n botte f de foin **hay fever** n rhume m des foins **hayrick** n s. **haystack haystack** n 1. tas m de foin 2. **a needle in a ~** une aiguille dans une motte de foin

haywire adj inf **to go/be ~** être perturbé/s'emballer

hazard [ˈhæzəd, Am: -əˈd] I. n risque m; **to be a ~ to sb/sth** être un risque pour qn/qc II. vt risquer

hazardous adj hasardeux

hazard (warning) lights npl AUTO feux mpl de détresse

haze [heɪz] n a. fig brume f

hazel [ˈheɪzəl] adj noisette

hazelnut I. n noisette f II. adj noisette

hazy <-ier, -iest> adj a. fig brumeux

he [hiː] pers pron il; **~'s** [o ~ is] **my father** c'est mon père; **~'s gone away but ~'ll be back soon** il est parti mais il va revenir; **here ~ comes** le voilà; **her baby is a ~** son bébé est un garçon

head [hed] I. n 1. a. fig tête f; **to win by a ~** gagner d'une tête d'avance; **to need a clear ~ to** +infin avoir besoin d'être à tête reposée pour +infin 2. no pl (letter top) en-tête m 3. (coin face) côté m pile; **~s or tails?** pile ou face? 4. (person in charge) chef m; Brit SCHOOL directeur, -trice m, f 5. **to have one's ~ buried in a book** avoir la tête plongée dans un livre; **to have one's ~ in the clouds** avoir la tête dans les nuages; **to have a good ~ for figures** avoir la bosse des maths; **to keep a cool ~** garder la tête froide; **to go to sb's ~** monter à la tête de qn II. vt 1. (lead) être à la tête de 2. SPORT **to ~ the ball** faire une tête III. vi aller; **to ~ home** aller à la maison IV. adj principal

◆ **head for** vt se diriger vers; **to ~ disaster/the exit** aller au désastre/ vers la sortie

headache [ˈhedeɪk] n a. fig maux mpl de tête

headband n bandeau m

header n 1. SPORT tête f 2. INFOR haut m de page

headfirst adv la tête la première

headhunter n chasseur m de tête

heading n en-tête m

headlamp n phare m **headlight** s. **headlamp headline** I. n gros titre m; **the ~s** la une des journaux II. vt **to ~ sth** mettre qc à la une **headlong** adv Am, Aus la tête la première **headmaster** n directeur m **headmistress** n directrice f **head office** n centrale f **head of state** n chef m d'État **head-on I.** *adj* de front; (*collision*) frontal **II.** *adv* de plein front **headphones** *npl* écouteurs *mpl* **headquarters** *npl*, + *sing*, *pl vb* MIL quartier *m* général; (*of firms, companies*) maison *f* mère; (*of the police*) direction *f* **headrest** *n* appuie-tête *m* **headset** *n* casque *m* **headship** *n* **1.** ADMIN chef *m* de service **2.** *Brit* SCHOOL chef *m* d'établissement **head start** *n* avance *f*; **to give sb a** ~ donner de l'avance à qn **headstrong** *adj* qui a la tête dure **head teacher** *n* directeur, -trice *m*, *f* **head waiter** *n* maître *m* d'hôtel **headwater** *n* eau *f* de source **headway** *n no pl* **to make** ~ faire des progrès

heady ['hedi] <-ier, -iest> *adj* enivrant

heal [hi:l] *vt*, *vi* guérir

health [helθ] *n no pl* santé *f*; **to be in good/bad** ~ être en bonne/mauvaise santé; **to drink to sb's** ~ boire à la santé de qn

health care *n no pl* soins *mpl* médicaux **health centre** *n* centre *m* médical **health certificate** *n* certificat *m* médical **health food** *n* alimentation *f* diététique **health insurance** *n* assurance-maladie *f* **health resort** *n Am* (*health farm*) station *f* thermale **Health Service** *n Brit* santé *f* (publique)

healthy <-ier, -iest> *adj* a. FIN sain **heap** [hi:p] **I.** *n* **1.** tas *m*; **to pile sth into** ~**s** entasser qc **2. a** (*whole*) ~ **of work** beaucoup de travail **II.** *vt* entasser

hear [hɪəʳ, *Am:* hɪr] <heard, heard> *vt*, *vi* **1.** (*perceive with ears*) entendre **2.** (*be told about*) entendre dire

heard [hɜːd, *Am:* hɜːrd] *pt, pp of* **hear**

hearing *n no pl* ouïe *f*; **to be hard of** ~ être dur d'oreille

hearing aid *n* appareil *m* auditif **hearsay** ['hɪəseɪ, *Am:* 'hɪr-] *n no pl* on-dit *m*

hearse [hɜːs, *Am:* hɜːrs] *n* corbillard *m*

heart [hɑːt, *Am:* hɑːrt] *n* **1.** a. *fig* cœur *m*; **to have a weak** [*o* **bad**] ~ être cardiaque; **to have a good** ~ avoir bon cœur; **to be at the** ~ **of sth** être au cœur de qc **2. from the bottom of the/one's** ~ de tout cœur; **with all one's** ~ de tout cœur; **to know by** ~ savoir par cœur

heartache ['hɑːteɪk, *Am:* 'hɑːrt-] *n no pl* peine *f* de cœur **heart attack** *n* crise *f* cardiaque **heartbeat** *n* battement *m* du cœur **heartbreak** *n no pl* **1.** (*distress*) déchirement *m* **2.** (*romantic distress*) chagrin *m* d'amour **heartbreaking** *adj* déchirant **heartbroken** *adj* **to be** ~ avoir le cœur brisé **heartburn** *n* brûlures *fpl* d'estomac **heart disease** *n* maladie *f* cardiovasculaire **heart failure** *n* arrêt *m* cardiaque **heartfelt** ['hɑːtfelt, *Am:* 'hɑːrt-] *adj* sincère

hearth [hɑːθ, *Am:* hɑːrθ] *n* âtre *m* **heartless** *adj* sans cœur

heart murmur *n* souffle *m* au cœur **heartwarming** *adj* encourageant **hearty** ['hɑːti, *Am:* 'hɑːrt̬i] <-ier, -iest> *adj* **1.** (*congratulations, welcome*) chaleureux **2.** (*appetite, breakfast*) gros; **to have a** ~ **dislike for sth** détester profondément qc

heat [hi:t] **I.** *n no pl* **1.** (*warmth, high temperature*) chaleur *f*; **to turn down the** ~ baisser le chauffage **2.** (*emotional state*) feu *m* **3.** *no pl* (*ready to breed*) **to be in** ~ être en chaleur **4. the** ~ **is on** la machine est lancée; **to put the** ~ **on sb** faire pression sur qn **II.** *vt*, *vi* chauffer
♦ **heat up** *vt* chauffer

heated *adj* **1.** (*made warm*) chaud; (*pool*) chauffé; (*blanket*) chauffant **2.** (*debate*) passionné

heater *n* radiateur *m*

heath [hi:θ] *n* lande *f*

heathen ['hi:ðn] **I.** *n* (*not religious*) païen(ne) *m(f)* **II.** *adj* païen

heather ['heðəʳ, *Am:* -ɚ] *n* bruyère *f* **heating** *n* chauffage *m*

heat-resistant, heat-resisting *adj* thermorésistant **heat stroke** *n* coup

Hh

m de chaleur **heatwave** *n* vague *f* de chaleur

heave [hiːv] **I.** *vt* **1.** (*pull*) tirer **2.** (*push*) pousser **3.** (*lift*) (sou)lever **4.** (*drag*) traîner **5.** (*throw*) lancer **II.** *vt* **1.** (*move up and down*) se soulever **2.** (*pull*) tirer **3.** (*push*) pousser **4.** (*vomit*) avoir des haut-le-cœur

heaven ['hevən] *n* paradis *m*; **to go to** ~ aller au ciel; **to be** ~ **on earth** être merveilleux; **to be in** ~ être aux anges; **to move** ~ **and earth to** +*infin* remuer ciel et terre pour +*infin*; **why in** ~**'s name** pourquoi diable; **for** ~**s sake!** bon sang!; **good** ~**s!** bonté divine!; **thank** ~**s** Dieu merci

heavenly <-ier, -iest> *adj* **1.** (*of heaven*) céleste **2.** (*pleasure-giving*) divin

heavily *adv* **1.** (*to walk, fall*) lourdement; (*to sleep*) profondément **2.** (*considerably*) fortement; **to drink/smoke** ~ boire/fumer beaucoup; **it's raining** ~ il pleut à verse

heavy ['hevi] **I.** *adj* <-ier, -iest> **1.** (*weighing a lot*) lourd; **how** ~ **is it?** combien ça pèse? **2.** (*work, breathing*) pénible; (*schedule, day*) chargé; (*book, film*) difficile **3.** (*rainfall, accent*) fort; (*blow*) violent; (*cold*) gros; (*sleep*) profond **4.** (*applause, frost, gale*) fort; (*crop, investment*) gros; (*period*) abondant; **to be** ~ **with sth** être rempli de qc **5.** (*features*) grossier; (*step, style*) lourd **6.** (*fine, sea*) gros; (*casualties, losses*) lourd **7.** (*responsibility, sky, perfume*) lourd; (*smell*) fort **8.** (*drinker, smoker*) gros; **to be a** ~ **sleeper** avoir le sommeil lourd **9.** (*beard, clouds, shoes*) gros **10.** **to do sth with a** ~ **hand** faire qc en utilisant la manière forte; **things got really** ~ les choses se sont gâtées; **to be** ~ **on sb** être dur avec qn **II.** *adv* **to weigh** ~ peser lourd; **to be** ~**-going** être ardu **III.** *n* <-ies> *inf* dur *m*

heavy goods vehicle *n* poids *m* lourd **heavy-handed** *adj* (*style, reaction*) musclé **heavy-hearted**

adj **to be** ~ avoir le cœur gros **heavyweight** **I.** *adj* poids lourd **II.** *n* poids *m* lourd

Hebrew [hiːˈbruː] **I.** *n* hébreu *m*; *s. a.* **English II.** *adj* hébreu

heckle ['hekl] *vt* apostropher

hectic ['hektɪk] *adj* (*week*) mouvementé; (*pace*) effréné

he'd [hiːd] = **he had**/**he would** *s.* **have**/**will**

hedge [hedʒ] **I.** *n* **1.** (*line of bushes*) haie *f* **2.** (*protection*) barrière *f* **II.** *vi* se réserver

hedgehog *n* hérisson *m*

heed [hiːd] **I.** *vt form* (*advice, warning*) tenir compte de **II.** *n* **to pay** ~ **to sth** tenir compte de qc

heedless *adj* **to be** ~ **of sth** ne pas tenir compte de qc

heel [hiːl] **I.** *n* **1.** (*back of foot, sock, shoe*) talon *m* **2.** **to come to** ~ (*dog*) venir aux pieds **II.** *interj* au pied!

hefty ['hefti] <-ier, -iest> *adj* **1.** (*person*) corpulent **2.** (*hardback, price rise*) énorme

heifer ['hefəʳ, *Am:* -ə-] *n* génisse *f*

height [haɪt] *n* **1.** (*of a person*) taille *f*; (*of a thing*) hauteur *f*; **to be afraid of** ~**s** avoir le vertige **2.** *pl* (*hill*) les hauteurs *fpl* **3.** (*strongest point*) sommet *m*; (*of career, glory*) apogée *m*

heighten ['haɪtn] *vt* **1.** (*elevate*) rehausser **2.** (*increase*) augmenter

heir [eəʳ, *Am:* er] *n* héritier *m*

heiress ['eərɪs, *Am:* 'erɪs] *n* héritière *f*

heist [haɪst] *n* *inf* casse *m*

held [held] *pt, pp of* **hold**

helicopter ['helɪkɒptəʳ, *Am:* -kɑːptɚ] *n* hélicoptère *m*

helium ['hiːlɪəm] *n no pl* hélium *m*

hell [hel] *n* *no pl* **1.** (*Devil's residence*) *a. fig* enfer *m*; **to go to** ~ aller en enfer **2.** (*very much*) **it's as cold as** ~ il fait un froid de canard; **I suffered like** ~ j'ai souffert comme c'est pas permis; **go to** ~! *vulg* va te faire voir!; **what the** ~ **are you doing?** mais qu'est-ce que tu fous?

he'll [hiːl] = **he will** *s.* **will**

hell-bent [ˌhel'bent, *Am:* '-ˌ-] *adj* acharné

hellish *adj* infernal

hello [hə'ləʊ, *Am:* -'loʊ] I.<-s> *n* bonjour *m;* **to give sb a ~** donner le bonjour à qn II.*interj* 1.(*said in greeting*) bonjour! 2.(*beginning of phone call*) allo! 3.(*attract attention*) il y a quelqu'un?

helm [helm] *n* barre *f*

helmet ['helmɪt] *n* casque *m*

help [help] I.*vi* aider; **that doesn't ~** cela n'avance à rien II.*vt* 1.(*assist*) aider; **to ~ the pain** soulager la douleur 2.(*prevent*) **I can't ~ it** je n'y peux rien; **it can't be ~ed** on n'y peut rien; **to not be able to ~** (**doing**) **sth** ne pas pouvoir s'empêcher de faire qc 3.(*serve*) servir; **to ~ oneself to sth** se servir de qc III.*n no pl* aide *f;* **to be of ~** rendre service IV.*interj* ~! au secours!
  ◆ **help out** *vt, vi* aider

helper *n* assistant(e) *m(f)*

helpful *adj* 1.(*willing to help*) serviable 2.(*useful*) utile

helping *n* 1.(*food*) portion *f* 2.*fig* part *f*

helpless *adj* impuissant

helpline ['helplaɪn] *n* assistance *f* téléphonique

hem [hem] I. *n* ourlet *m* II.<-mm-> *vt* faire un ourlet à
  ◆ **hem about** *vt,* **hem in** *vt* entourer

hemisphere ['hemɪsfɪər, *Am:* -sfɪr] *n* hémisphère *m*

hemline ['hemlaɪn] *n* ourlet *m*

hemoglobin *Am s.* **haemoglobin**

hemophiliac *Am s.* **haemophiliac**

hemorrhage *Am s.* **haemorrhage**

hemorrhoids *Am s.* **haemorrhoids**

hemp [hemp] *n no pl* chanvre *m*

hen [hen] *n* poule *f*

hence [hens] *adv* 1.(*therefore*) d'où 2.(*from now*) d'ici

henceforth [ˌhens'fɔːθ, *Am:* -'fɔːrθ], **henceforward** *adv* dorénavant

henchman ['hentʃmən] *n* sbire *m*

henna ['henə] *n* henné *m*

her [hɜːr, *Am:* hɜːr] I. *poss adj* (*of a she*) son, sa *m, f,* ses *pl; s. a.* **my** II. *pers pron* 1.(*she*) elle; **it's ~** c'est elle; **older than ~** plus vieux qu'elle; **if I were ~** si j'étais elle 2.*objective pron direct* la, l' + *vowel; indirect* lui; *after prep* elle; **look at ~** regarde/regardez-la; **I saw ~** je l'ai vue; **he told ~ that ...** il lui a dit que ...; **it's for/from ~** c'est pour/d' elle

herald ['herəld] I. *vt* annoncer II. *n* 1.(*sign*) signe *m* 2.(*bringer of news*) héraut *m*

herb [hɜːb] *n* herbe *f*

herd [hɜːd, *Am:* hɜːrd] I. *n* troupeau *m* II. *vt* mener

here [hɪər, *Am:* hɪr] I. *adv* 1.(*in, at, to this place*) ici; **over ~** ici; **give it ~** donne-le-/-la moi; **~ and there** ça et là 2.(*indicating presence*) **Paul is ~** Paul est là; **~ you are** te voilà; **~ is sb/sth** voici qn/qc; **my colleague ~** mon/ma collègue que voici 3.(*now*) ~**, I am referring to sth** là, je veux parler de qc; **we can stop ~** on peut s'arrêter là; **~ goes** *inf* allons-y; **~ we go** (*cheer*) nous voilà; (*annoyance*) c'est reparti 4.~ **and now** immédiatement; **~ today and gone tomorrow** c'est un vrai courant d'air II. *interj* hé!; ~**, take it!** viens, prends-le!; (*at roll-call*) présent!

hereabouts *adv* par ici

hereditary [hɪ'redɪtri, *Am:* hə'redɪter-] *adj* héréditaire

heredity [hɪ'redəti, *Am:* hə'redɪ-] *n no pl* hérédité *f*

heresy ['herəsi] *n* hérésie *f*

herewith *adv form* ci-joint

heritage ['herɪtɪdʒ, *Am:* -t̬ɪdʒ] *n no pl* héritage *m*

hermetic [hɜː'metɪk, *Am:* hə'met̬-] *adj* hermétique

hermit ['hɜːmɪt, *Am:* 'hɜːr-] *n* ermite *m*

hernia ['hɜːnɪə, *Am:* 'hɜːr-] *n* hernie *f*

hero ['hɪərəʊ, *Am:* 'hɪroʊ] <-es> *n* héros *m*

heroic [hɪ'rəʊɪk, *Am:* hɪ'roʊ-] *adj*

Hh

héroïque

heroin ['herəʊɪn, *Am:* -oʊ-] *n no pl* héroïne *f*

heroine ['herəʊɪn, *Am:* -oʊ-] *n* héroïne *f*

heroism ['herəʊɪzəm, *Am:* -oʊ-] *n* héroïsme *m*

heron ['herən] <-(s)> *n* héron *m*

herring ['herɪŋ] <-(s)> *n* hareng *m*

hers [hɜːz, *Am:* hɜːrz] *poss pron (belonging to her)* le sien, la sienne, les sien(ne)s; **it's not my bag, it's** ~ ce n'est pas mon sac, c'est le sien; **this house is** ~ cette maison est la sienne; **this glass is** ~ ce verre est à elle; **a book of** ~ (l')un de ses livres

herself [hɜː'self, *Am:* hə-] *pers pron* **1.** *reflexive* se, s' + *vowel*; **she hurt** ~ elle s'est blessée **2.** *emphatic* elle-même **3.** *after prep* elle(-même); **she's proud of** ~ elle est fière d'elle; **she lives by** ~ elle vit seule; **she told** ~ **that ...** elle s'est dit que ...; *s. a.* **myself**

he's [hiːz] **1.** = he is *s.* **he 2.** = he has *s.* **have**

hesitant ['hezɪtənt] *adj* hésitant

hesitate ['hezɪteɪt] *vi* hésiter

hesitation *n* hésitation *f*

heterogeneous [ˌhetərə'dʒiːnɪəs, *Am:* ˌhetəroʊ'-] *adj* hétérogène

heterosexual [ˌhetərə'sekʃʊəl, *Am:* ˌhetəroʊ'-] **I.** *n* hétérosexuel(le) *m(f)* **II.** *adj* hétérosexuel

hexagon ['heksəgən, *Am:* -gɑːn] *n* hexagone *m*

hey [heɪ] *interj inf* **1.** *(said to attract attention)* hep! **2.** *(expressing surprise)* oh!

heyday ['heɪdeɪ] *n* âge *m* d'or; **in sb's** ~ dans ses beaux jours

HGV *n Brit abbr of* **heavy goods vehicle** PL *m*

hi [haɪ] *interj* salut!

hibernate ['haɪbəneɪt, *Am:* -bə-] *vi* hiberner

hiccough ['hɪkʌp], **hiccup I.** *n* hoquet *m;* **to have the** ~s avoir le hoquet **II.** *vi* <-pp- *o* -p-> avoir le hoquet

hid [hɪd] *vt, vi s.* **hide**

hidden ['hɪdn] **I.** *pp of* **hide II.** *adj*

caché

hide¹ [haɪd] *n* peau *f*

hide² [haɪd] <hid, hidden> **I.** *vi* se cacher **II.** *vt* cacher; **to** ~ **sth from sb** cacher qc à qn **III.** *n Brit, Aus* cachette *f*

♦ **hide away I.** *vt* **to hide sth away** cacher qc **II.** *vi* se cacher

hide-and-seek [ˌhaɪdn'siːk] *n* cache-cache *m;* **to play** ~ jouer à cache-cache

hideaway *n* cachette *f*

hideous ['hɪdɪəs] *adj* **1.** *(ugly)* hideux **2.** *(unpleasant)* horrible

hideout *n* cachette *f*

hiding¹ *n inf, a. fig* raclée *f*

hiding² *n no pl* **1.** *(hide)* **to be in** ~ se tenir caché; **to go into** ~ se cacher **2.** *inf* **to give sb a** ~ donner une raclée à qn

hierarchy ['haɪərɑːki, *Am:* 'haɪrɑː-r-] *n* hiérarchie *f*

hieroglyphics *n* + *sing vb* hiéroglyphes *mpl*

hi-fi ['haɪfaɪ] *n abbr of* **high-fidelity** hi-fi *f*

high [haɪ] **I.** *adj* **1.** *(elevated)* haut; **thirty meters** ~ trente mètres de haut; **shoulder/waist-**~ à hauteur d'épaule/à la taille **2.** *(above average)* élevé; *(technology, opinion, quality)* haut; *(secretary)* de haut niveau; *(hopes)* grand; *(calibre)* gros; *(explosive)* de forte puissance **3.** MED élevé **4.** *(priest)* grand; *(treason, rank)* haut; **to have friends in** ~ **places** avoir des amis bien placés; **an order from on** ~ un ordre venant de haut **5.** *(intoxicated by drugs)* shooté **6. to be** ~ être sur un petit nuage; **the** ~ **summer** le cœur de l'été; **with one's head held** ~ (avec) la tête haute; **come hell or** ~ **water** qu'il vente ou qu'il pleuve; ~ **days and holidays** grandes occasions *fpl;* **to be** ~ **time to** + *infin* être grand temps de + *infin* **II.** *adv* **1.** *a. fig* haut; **the sea/tide runs** ~ la mer/la marée monte vite **2. to hold one's head** ~ tenir la tête haute **III.** *n* **1.** *(high(est) point/level/amount)* sommet *m;* **an all-time** ~ un niveau jamais atteint; ~**s and lows** des hausses *fpl* et des baisses; *fig* des hauts *mpl* et des bas **2.** (*euphoria caused by drugs*) **to be on a** ~ planer

highbrow *pej* **I.** *adj* intello *inf* **II.** *n* intello *mf inf* **high-class** *adj* de grande classe **high court** *n Brit* LAW tribunal *m* civil; **the High Court** la Haute cour; *Am* Cour *f* suprême

higher education *n* études *fpl* supérieures

ⅈ En Écosse, le **Higher Grade** est un examen que les élèves passent à la fin de leur cinquième année scolaire (un an après le "GCSE"). Il est possible d'être examiné dans une seule matière, mais la plupart des élèves essaient de passer environ cinq "Highers".

---

high fidelity *n* haute fidélité *f* **high heels** *n* talons *mpl* aiguilles **highjack** *vt s.* **hijack high-level** *adj* de haut niveau

highlight I. *n* **1.** (*most interesting part*) meilleur moment *m* **2.** *pl* (*bright tint in hair*) mèches *fpl* **II.** *vt* **1.** (*draw attention*) souligner **2.** (*mark with pen*) surligner *m*

highlighter *n* surligneur *m*

highly *adv* hautement; ~-**educated** très instruit; ~-**skilled** très doué; **to speak** ~ **of someone** dire beaucoup de bien de qn

highness *n* **1.** (*title*) altesse *f*; **His/Her Highness** Son Altesse **2.** (*level*) hauteur *f*

high-pitched *adj* (*tone*) aigu **high point** *n* point *m* culminant **high-powered** *adj* très puissant **high-ranking** *adj* de haut rang **high-rise** *n* tour *f* **high-risk** *adj* à haut risque **high school** *n* **1.** *Brit, Aus* établissement *m* d'enseignement secondaire **2.** *Am* lycée *m*

ⅈ En Grande-Bretagne le nom de **high school** était autrefois em-

---

ployé pour désigner une "grammar school" (≈ lycée), mais de nos jours il désigne une "secondary school" (≈ collège).

---

high seas *n pl* haute mer *f*; **on the** ~ en haute mer **high season** *n* haute saison *f*; **at** ~ à haute saison **high society** *n* haute société *f* **high-speed train** *n* train *m* à grande vitesse **high spot** *n inf* clou *m* **high street** *n no pl* grand-rue *f* **high-tech** *adj* high-tech **high tide** *n* **1.** GEO marée *f* haute **2.** *fig* point *m* culminant

highway *n Am* autoroute *f* **Highway Code** *n* code *m* de la route

hijack ['haɪdʒæk] **I.** *vt* détourner **II.** *n* détournement *m*

hijacker *n* pirate *mf* (de l'air)

hike [haɪk] **I.** *n* **1.** (*long walk with backpack*) randonnée *f*; **to go on a** ~ faire une randonnée **2.** *Am, inf* (*increase*) augmentation *f* **II.** *vi, vt* augmenter

hiker *n* randonneur, -euse *m, f*

hiking *n* randonnée *f*

hilarious [hɪ'leərɪəs, *Am:* -'lerɪ-] *adj* hilarant

hill [hɪl] *n* **1.** (*small mountain*) *a. fig* colline *f* **2.** (*hillside*) coteau *m*; **the** ~**s** (*grapevine*) les coteaux **3.** (*steep slope*) côte *f*

hillside *n* flanc *m* de la colline

hilly <-ier, -iest> *adj* vallonné

hilt [hɪlt] *n* poignée *f*

him [hɪm] *pers pron* **1.** (*he*) lui; **it's** ~ c'est lui; **older than** ~ plus vieux que lui; **if I were** ~ si j'étais lui **2.** *objective pron direct* le, l' + *vowel; indirect, after prep* lui; **look at** ~ regarde/regardez-le; **I saw** ~ je l'ai vu; **she told** ~ **that ...** elle lui a dit que ...; **he'll give sth to** ~ il va lui donner qc; **it's for/from** ~ c'est pour/de lui

Himalayas [ˌhɪmə'leɪəz] *npl* **the** ~ l'Himalaya *m*

himself [hɪm'self] *pers pron* **1.** *reflexive* se, s' + *vowel; he hurt* ~ il s'est blessé **2.** (*emphatic*) lui-même **3.** *after prep* lui(-même); **he's proud**

H h

of ~ il est fier de lui; **he lives by** ~ il vit seul; **he told** ~ **that ..** il s'est dit que ...; *s.* **myself**

hind¹ [haɪnd] *adj* de derrière

hind² [haɪnd] <-(s)> *n* ZOOL biche *f*

hinder ['hɪndəʳ, *Am:* -dɚ] *vt* entraver; (*progress*) freiner; **to ~ sb from doing sth** empêcher qn de faire qc

Hindi ['hɪndi:] I. *n* hindi *m; s. a.* **English** II. *adj* hindi

hindrance ['hɪndrəns] *n* obstacle *m*

hindsight ['haɪndsaɪt] *n* recul *m;* **in ~, with** (**the benefit of**) ~ avec du recul

Hindu ['hɪnduː] I. *n* hindou(e) *m(f)* II. *adj* hindou

hinge [hɪndʒ] I. *n* charnière *f* II. *vi* *a. fig* **to ~** (**up**)**on sb/sth** tourner autour de qn/qc; (*depend on*) dépendre de qn/qc

hint [hɪnt] I. *n* 1. (*slight amount*) soupçon *m* 2. (*allusion*) allusion *f* II. *vt* **to ~ sth to sb** insinuer qc à qn III. *vi* **to ~ at sth** faire une allusion à qc

hip¹ [hɪp] *n* hanche *f*

hip² [hɪp] I. *adj* *inf* branché II. *interj* ~ ~ **hooray!** hip hip hourra!

hip hop *n* hip-hop *m*

hippie ['hɪpi] *n* hippie *mf*

hippopotamus [ˌhɪpə'pɒtəməs, *Am:* -'pɑːtə-] <-es *o* -mi> *n* hippopotame *m*

hippy ['hɪpi] <-pies> *s.* **hippie**

hire ['haɪəʳ, *Am:* 'haɪr] I. *n no pl* location *f;* **to be on ~** être à louer; **"for ~"** "à louer"; **a car ~ business** une location de voiture; **a ~ purchase** un achat à crédit II. *vt* 1. (*rent*) louer 2. *Am* (*employ*) engager

his [hɪz] I. *poss adj* (*of a he*) son, sa, ses *pl;* **he lost ~ head** il a perdu la tête; *s. a.* **my** II. *poss pron* le sien, la sienne, les sien(ne)s; **a friend of ~** un ami à lui; **this glass is ~** ce verre est à lui; *s. a.* **hers**

Hispanic [hɪs'pænɪk] I. *adj* *Am* latino-américain II. *n* *Am* latino-américain(e) *m(f)*

hiss [hɪs] I. *vi, vt* siffler II. *n* sifflement *m*

historic(**al**) *adj* historique

history ['hɪstəri] *n* histoire *f*

hit [hɪt] I. *n* 1. (*blow, stroke*) *a. fig* coup *m;* **to take a direct ~** être frappé 2. SPORT coup *m;* (*in fencing*) touche *f* 3. (*success*) succès *m* II. <-tt-, hit, hit> *vt* 1. (*strike*) *a. fig* frapper; **to ~ one's head** se cogner la tête; **I don't know what ~ him** je ne sais pas ce qu'il lui est arrivé 2. (*crash into*) percuter 3. (*reach*) *a. fig* atteindre; **to be ~** être touché 4. (*a ball*) frapper; (*person*) toucher 5. (*affect negatively*) toucher 6. (*arrive at*) arriver à 7. (*encounter, come up against*) **to ~ a bad patch** prendre un mauvais tour; **to ~ a lot of resistance** se heurter à beaucoup de résistance 8. (*key, button*) appuyer sur 9. **to ~ the bottle** picoler; **to ~ the ceiling** sortir de ses gonds; **to ~ home** frapper les esprits; **to ~ the jackpot** toucher le jackpot; **to ~ the road** s'en aller III. *vi* 1. (*strike*) frapper 2. (*collide*) **to ~ at sb/sth** se heurter à qn/qc 3. (*attack*) **to ~ at sth** attaquer qc

◆ **hit back** *vi* riposter

◆ **hit off** *vt* *always sep* **to hit it off with sb** bien s'entendre avec qn

◆ **hit out** *vi* **to ~ at sb** attaquer qn

◆ **hit on** *vi* trouver

hit-and-run [ˌhɪtən'rʌn] *n* délit *m* de fuite

hitch [hɪtʃ] I. *n* anicroche *f;* **without a ~** sans accroc II. *vt* 1. (*fasten*) **to ~ sth to sth** attacher qc à qc 2. *inf* (*hitchhike*) **to ~ a lift** faire du stop III. *vi* *inf* faire du stop

◆ **hitch up** *vt* remonter

hitcher *n* *s.* **hitch-hiker**

hitch-hike *vi* faire de l'auto-stop, faire du pouce *Québec* **hitch-hiker** *n* auto-stoppeur, -euse *m, f* **hitch-hiking** *n* auto-stop *m*

hi-tech [ˌhaɪ'tek] *adj* hi-tech

hit-or-miss *adj* au petit bonheur la chance

HIV *n no pl abbr of* **human immuno-deficiency virus** HIV *m*

hive [haɪv] *n* ruche *f*

HMG *n Brit abbr of* **Her/His Majesty's Government** le gouvernement de Sa Majesté

ho [həʊ, *Am:* hoʊ] *interj inf* **1.** (*to express scorn, surprise*) ha ha! **2.** (*to attract attention*) hé ho!

hoard [hɔːd, *Am:* hɔːrd] **I.** *n* réserves *fpl* **II.** *vt* amasser

hoarding *n Brit, Aus* panneau *m* d'affichage

hoar frost *n* givre *m*

hoarse [hɔːs, *Am:* hɔːrs] *adj* enroué

hoax [həʊks, *Am:* hoʊks] *n* canular *m*

hob [hɒb, *Am:* hɑːb] *n Brit* plaque *f* chauffante

hobble ['hɒbl, *Am:* 'hɑːbl] *vi* boiter

hobby ['hɒbi, *Am:* 'hɑːbi] <-bies> *n* passe-temps *m*

hobby-horse *n* **1.** (*stick with horse's head*) cheval *m* à bascule **2.** (*favourite topic*) dada *m*

hock [hɒk, *Am:* hɑːk] *n* jarret *m*

hockey ['hɒki, *Am:* 'hɑːki] *n* hockey *m*

hocus-pocus [ˌhəʊkəs'pəʊkəs, *Am:* ˌhoʊkəs'poʊ-] *n* **1.** (*meaningless talk*) blabla *m* **2.** (*formula for tricks*) abracadabra

hoe [həʊ, *Am:* hoʊ] *n* houe *f*

hog [hɒg, *Am:* hɑːg] **I.** *n* porc *m* châtré **II.** <-gg-> *vt inf* monopoliser

Hogmanay ['hɒgməneɪ, *Am:* 'hɑːg-] *n no pl, Scot s.* **New Year's Eve**

hoist [hɔɪst] *vt* hisser

hold [həʊld, *Am:* hoʊld] **I.** *n* **1.** (*grasp, grip*) *a.* SPORT prise *f;* **to take ~ of sb/sth** saisir qn/qc; **to get ~ of sb/sth** se procurer qn/qc; **to have a strong ~** serrer avec force; **to keep ~ of sth** maintenir qc; **to lose ~ of sth** lâcher prise qc **2.** (*intentional delay*) **to be on ~** être en suspens; TEL être en attente; **to put sb on ~** faire attendre qn **3.** (*control*) emprise *f* **4.** (*understanding*) **to get ~ of sth** saisir qc; **to have a ~ of sth** comprendre qc **II.** <held, held> *vt* **1.** (*grasp*) tenir; **to ~ hands** se tenir la main; **to ~ sb in one's arms** prendre qn dans ses bras; **to ~ sb/sth tight** serrer qn/qc (dans ses bras) **2.** (*keep, maintain*) maintenir; **to ~ oneself in readiness** se maintenir prêt; **to ~ (on to) the lead** maintenir la tête; **to ~ one's head high** garder sa tête haute; **to ~ oneself straight** se tenir droit; **to ~ the road** tenir la route **3.** (*interest, attention*) retenir; (*room*) réserver; (*prisoner*) détenir; **to be held** être en garde à vue; **to ~ sb prisoner/hostage** maintenir qn prisonnier/en otage **4.** (*delay, stop*) retarder; **~ it!** arrête(z) tout!; **to ~ one's fire** MIL *a. fig* arrêter les hostilités; **to ~ sb's phone calls** suspendre les appels **5.** (*contain*) contenir; **to ~ no interest** ne présenter aucun intérêt; **what the future ~s** ce que réserve l'avenir; **sth ~s many surprises** qc réserve bien des surprises **6.** (*possess, own*) avoir **7.** (*negotiations*) mener; (*conversation, conference*) tenir; (*party, tournament*) organiser; **the election is held on Monday** l'élection a lieu lundi **8.** (*believe*) considérer; **sb is held in great respect** qn est tenu en grand respect; **to ~ sb responsible for sth** tenir qn pour responsable de qc **9.** **to ~ sb at bay** tenir qn à distance; **~ the line!** ne quittez pas!, gardez la ligne! *Québec;* **to ~ one's own** tenir bon; **to ~ the reins** tenir les rênes; **~ your tongue!** tais-toi!; **there's no ~ing her/him (back)** rien ne peut la/le retenir **III.** *vi* **1.** (*remain*) *a. fig* tenir; **~ tight** tenez bon!; **to ~ still** ne pas bouger; **to ~ true** être vrai **2.** (*continue*) durer; (*weather*) se maintenir **3.** (*believe*) croire **4.** (*contain, promise*) **... what the future ~s** ... ce que le futur réserve

◆**hold against** *vt* **to hold it against sb** en vouloir à qn

◆**hold back** *vt* retenir; (*tears, anger*) contenir; **there's no holding me (back)** rien ne peut me retenir

◆**hold down** *vt* maintenir; (*person*) maîtriser; (*job*) garder

H h

◆**hold off** vt **1.** (*keep distant*) tenir à distance **2.** (*postpone, delay*) remettre à plus tard

◆**hold on** vi **1.** (*affix, attach*) maintenir **2.** (*keep going*) **to ~** (*tight*) tenir bon **3.** (*wait*) attendre

◆**hold out** I. vt **1.** (*stretch out*) tendre **2.** (*offer*) offrir II. vi **1.** (*resist*) tenir bon **2.** (*supplies*) durer **3.** (*not do/tell*) **to ~ on sb** cacher qc à qn **4.** (*hope*) **to ~ for sth** espérer qc

◆**hold onto** vt **1.** (*grasp*) a. fig s'accrocher à **2.** (*keep, not throw away*) garder

◆**hold to** vt s'en tenir à

◆**hold together** I. vi tenir ensemble II. vt maintenir ensemble

◆**hold up** vt **1.** (*put in the air; raise*) lever; **to be held up by** (**means of**)/**with sth** être maintenu par qc **2.** (*delay*) retarder **3.** (*rob*) attaquer **4.** (*offer as example*) **to hold sb up as sth** présenter qn comme qc; **to hold sth up to ridicule** considérer comme ridicule

holdall ['həʊldɔ:l, Am: 'hoʊld-] n fourre-tout m

holder n **1.** (*device for holding objects*) support m **2.** (*owner*) détenteur, -trice m, f; **office-~** propriétaire mf; **~ of shares** actionnaire mf

holding n **1.** (*tenure of land or property*) propriété f **2.** pl (*property in stocks or bonds*) fonds mpl

holding company n holding m

hold-up n **1.** (*act of robbing*) hold-up m **2.** (*delay*) retard m

hole [həʊl, Am: hoʊl] n **1.** a. inf (*cavity*) trou m **2.** (*of fox, rabbit*) terrier m

◆**hole up** vi inf se terrer

holiday ['hɒlədeɪ, Am: 'hɑ:lə-] I. n **1.** Brit, Aus (*vacation*) vacances fpl; **to be** (**away**) **on ~** être en vacances; **to take ~** prendre des vacances **2.** (*public day off*) jour m férié II. vi être en vacances

holiday camp n camp m de vacances **holiday house** n maison f de vacances **holidaymaker** n vacancier, -ière m, f **holiday resort** n

lieu m de vacances

holiness ['həʊlɪnɪs, Am: 'hoʊ-] n sainteté f

Holland ['hɒlənd, Am: 'hɑ:lənd] n la Hollande

holler ['hɒləʳ, Am: 'hɑ:lə-] vi Am, inf gueuler

hollow ['hɒləʊ, Am: 'hɑ:loʊ] I. adj a. fig, pej creux; (*promise*) vain; (*laughter*) faux II. n creux m

holly ['hɒli, Am: 'hɑ:li] n houx m

holocaust ['hɒləkɔ:st, Am: 'hɑ:ləkɑ:st] n holocauste m

holster ['həʊlstəʳ, Am: 'hoʊlstə-] n étui m (de revolver)

holy ['həʊli, Am: 'hoʊ-] <-ier, -iest> adj a. fig saint **Holy Spirit** n Saint-Esprit m

homage ['hɒmɪdʒ, Am: 'hɑ:mɪdʒ] n hommage m

home [həʊm, Am: hoʊm] I. n maison f; **at ~** no pl à la maison; **to make oneself at ~** no pl se mettre à l'aise II. adv chez soi III. adj (*life*) de famille; (*cooking*) familial; (*market*) intérieur; (*product*) national; (*match*) à domicile

home address n adresse f (à la maison) **home affairs** npl Brit POL affaires fpl intérieures **home-baked** adj fait maison **home banking** n home banking m, banque f à domicile

---

---

home help n aide f familiale **homeland** n pays m natal

homeless I. adj sans abri II. n + pl vb **the ~** les sans-abri

homely <-ier, -iest> adj **1.** Brit, Aus (*plain*) simple **2.** Am, Aus (*ugly, not*) *good looking*) laid

home-made *adj* fait maison **home-maker** *n* femme *f* au foyer **Home Office** *n* Brit ministère *m* de l'Intérieur

homeopathy [ˌhəʊmiˈɒpəθi, Am: ˌhoʊmiˈɒpə-] *n* homéopathie *f*

homeowner *n* propriétaire *mf* **homepage** *n* INFOR page *f* d'accueil **Home Secretary** *n* Brit ministre *mf* de l'Intérieur **homesick** *adj* **to feel ~** avoir le mal du pays **home town** *n* ville *f* natale **homeward** I. *adv* vers la maison II. *adj* de retour **homewards** *adv* s. **homeward**

homework *n* 1. (*work after school*) devoirs *mpl* 2. (*paid work done at home*) travail *m* à domicile

homey [ˈhəʊmi, Am: ˈhoʊ-] *adj* s. **homely**

homicide [ˈhɒmɪsaɪd, Am: ˈhɑːmə-] *n* Am, Aus, form LAW homicide *m*

homoeopathy *n* MED s. **homeo-pathy**

homogeneous *adj* homogène **homogenize** [həˈmɒdʒənaɪz, Am: həˈmɑːdʒə-] *vt* homogénéiser

homogenous s. **homogeneous**

homophobia [ˌhɒməˈfəʊbiə, Am: ˌhoʊməˈfoʊ-] *n* homophobie *f*

homosexual [ˌhɒməˈsekʃʊəl, Am: ˌhoʊmoʊ-] *adj* homosexuel

homosexuality *n no pl* homosexualité *f*

Honduras [hɒnˈdjʊərəs, Am: hɑːnˈdʊr-] *n* le Honduras

hone [həʊn, Am: hoʊn] *vt a. fig* aiguiser

honest [ˈɒnɪst, Am: ˈɑːnɪst] *adj* honnête

honestly I. *adv* 1. (*truthfully, with honesty*) honnêtement 2. (*with certainty*) franchement II. *interj* vraiment!

honesty [ˈɒnɪsti, Am: ˈɑːnɪ-] *n* honnêteté *f*

honey [ˈhʌni] *n* 1. (*sweet liquid from bees*) miel *m* 2. (*darling*) chéri(e) *m(f)*

honeycomb *n* rayon *m* (de miel) **honeymoon** *n* lune *f* de miel

honeysuckle *n* chèvrefeuille *m*

honk [hɒŋk, Am: hɑːŋk] I. *vi*, *vt* 1. ZOOL cacarder 2. (*make a sound with a car horn*) klaxonner II. *n* AUTO coup *m* de klaxon

honor [ˈɑːnə·] *n* Am, Aus s. **honour**

honorary [ˈɒnərəri, Am: ˈɑːnərer-] *adj* honorifique

honour [ˈɒnə·] I. *n* Brit, Aus honneur *m* II. *vt* honorer

hono(u)rable *adj* honorable

hood [hʊd] *n* (*on jacket*) capuche *f*; (*of pram, car*) capote *f*

hood³ [hʊd] *n* Am, inf abbr of **neighborhood** quartier *m*

hoodlum [ˈhuːdləm] *n* truand *m*

hoof [huːf, Am: hʊf] <hooves *o* hoofs> *n* sabot *m*

hook [hʊk] I. *n a.* SPORT crochet *m*; (*for coats*) patère *f*; (*for fish*) hameçon *m* II. *vt* accrocher; (*a fish*) hameçonner; **to ~ sth to sth** accrocher qc à qc III. *vi* s'agrafer

♦ **hook up** *vt* 1. (*hang, fix*) accrocher; (*dress, bra*) agrafer 2. (*connect, link up*) raccorder; (*computers*) connecter

hooked *adj* 1. (*curved like a hook*) crochu 2. (*addicted to, dependent on*) accroché

hooky *n* Am, Aus, inf **to play ~** sécher l'école

hooligan [ˈhuːlɪɡən] *n* hooligan *m*

hoop [huːp] *n* anneau *m*

hoot [huːt] I. *vi* (*horn*) klaxonner; (*train*) siffler II. *vt* **to ~ one's horn** klaxonner III. *n* 1. (*owl's sound*) hululement *m* 2. (*of horn*) coup *m* de klaxon; (*of train*) sifflement *m*

hooter *n* klaxon *m*

Hoover® [ˈhuːvə·, Am: -və·] I. *n* Brit, Aus aspirateur *m* II. *vt* aspirer III. *vi* passer l'aspirateur

hop¹ [hɒp, Am: hɑːp] I. *vi* sauter; **to ~ in a car** grimper dans une voiture; **to ~ out of sth** sauter de qc II. *vt* **~ it!** Brit, inf dégage! III. *n* saut *m*

hop² [hɒp, Am: hɑːp] *n* houblon *m*

hope [həʊp, Am: hoʊp] I. *n* espoir *m* II. *vi* **to ~ for sth** espérer qc III. *vt* espérer; **I ~ not** j'espère que non

hopeful adj plein d'espoir

hopefully adv plein d'espoir

hopeless adj désespéré

hopelessly adv désespérément

hopscotch n no pl marelle f

horde [hɔːd, Am: hɔːrd] n horde f

horizon [hə'raɪzn] n a. fig horizon m

horizontal adj horizontal

hormone ['hɔːməʊn, Am: 'hɔːrmoʊn] n hormone f

horn [hɔːn, Am: hɔːrn] n 1. ZOOL corne f 2. no pl (material) corne f 3. (receptacle, shape) corne f 4. (honk) klaxon m 5. MUS cor m

hornet ['hɔːnɪt, Am: 'hɔːr-] n frelon m

horny <-ier, -iest> adj 1. (made of horn) en corne 2. inf (sexually excited, lustful) lustful

horoscope ['hɒrəskəʊp, Am: 'hɔːrəskoʊp] n horoscope m

horrendous [hɒ'rendəs, Am: hɔːr'ren-] adj 1. (awful, horrible) épouvantable 2. (exaggerated) monstrueux

horrible ['hɒrəbl, Am: 'hɔːr-] adj horrible

horrid ['hɒrɪd, Am: 'hɔːr-] adj atroce

horrific [hə'rɪfɪk, Am: hɔːr'rɪf-] adj horrifiant

horrify ['hɒrɪfaɪ, Am: 'hɔːr-] <-ied> vt horrifier

horror ['hɒrəʳ, Am: 'hɔːrəʳ] n horreur f; a ~ **film** un film d'épouvante

horror-stricken, **horror-struck** adj frappé d'horreur

horse [hɔːs, Am: hɔːrs] n cheval m

horseback I. n on ~ à cheval; police on ~ police f montée II. adj ~ riding équitation f III. adv à cheval **horseman** n cavalier m **horsepower** inv n cheval-vapeur m **horse-race** n course f de chevaux **horse racing** n hippisme m **horseradish** n raifort m **horse riding** n équitation f **horseshoe** n fer m à cheval **horsewoman** n cavalière f

horticulture ['hɔːtɪkʌltʃəʳ, Am: 'hɔːrtəkʌltʃəʳ] n horticulture f

hose [həʊz, Am: hoʊz] n tuyau m

hosepipe ['həʊzpaɪp, Am: hoʊz-] n Brit s. **hose**

hospice ['hɒspɪs, Am: 'hɑːspɪs] n hospice m

hospitable adj hospitalier

hospital ['hɒspɪtəl, Am: 'hɑːspɪtəl] n hôpital m

hospitality [ˌhɒspɪ'tæləti, Am: ˌhɑːspɪ'tæləti] n no pl hospitalité f

host [həʊst, Am: hoʊst] I. n 1. (person who receives) hôte, -esse m, f; (in hotel) hôtelier, -ière m, f; 2. TV animateur, -trice m, f 3. INFOR serveur m II. adj 1. (family, city) d'accueil 2. INFOR serveur III. vt 1. (party) organiser 2. TV animer

hostage ['hɒstɪdʒ, Am: 'hɑːstɪdʒ] n otage m

host country n pays m d'accueil

hostel ['hɒstl, Am: 'hɑːstl] n foyer m; **youth** ~ auberge f de jeunesse

hosteller n hôte, -esse m, f

hostess ['həʊstɪs, Am: 'hoʊ-] n hôtesse f

hostile ['hɒstaɪl, Am: 'hɑːstl] adj hostile

hostility [hɒ'stɪləti, Am: hɑː'stɪləti] <-ies> n hostilité f

hot [hɒt, Am: hɑːt] <-ter, -test> adj 1. (very warm) chaud; **it's** ~ il fait chaud 2. (spicy) fort 3. inf (skilful) fort; **to be** ~ **at sth** être fort en qc 4. inf (demanding) **to be** ~ **on sth** être dingue de qc 5. (dangerous) brûlant; **to be too** ~ **to handle** être un sujet brûlant 6. inf (sexually attractive) chaud 7. (music, news, party) chaud

hot-air balloon n montgolfière f **hot-blooded** n fougueux **hot dog** n hot-dog m

hotel [həʊ'tel, Am: hoʊ-] n hôtel m **hotelkeeper** n directeur, -trice m, f d'hôtel

hotheaded adj irascible **hothouse** n serre f **hotline** n 1. POL téléphone m rouge 2. TEL hotline f

hotly adv ardemment

hotplate n plaque f chauffante **hot potato** n inf sujet m brûlant **hotshot** n Am, Aus, inf as m **hot-tempered** adj irascible **hot-water bottle** n bouillotte f

hound [haʊnd] **I.** *n* chien *m* de chasse **II.** *vt* pourchasser

hour ['aʊəʳ, *Am:* 'aʊr] *n* heure *f;* **to be paid by the ~** être payé à l'heure; **at any ~** à toute heure; **to keep late ~s** se coucher à pas d'heure; **at all ~s of the day and night** *pej* à n'importe quelle heure du jour ou de la nuit, heures *fpl* d'ouverture; **sb's ~ has come** l'heure de qn est venue

hour hand *n* grande aiguille *f*

hourly *adv* toutes les heures

house [haʊs] **I.** *n* **1.** (*building*) maison *f* **2.** POL chambre *f* **3.** THEAT salle *f* **4.** MUS house *f* **II.** *vt* **1.** (*give place to live*) héberger **2.** (*contain*) contenir

house arrest *n* maison *f* d'arrêt **houseboat** *n* péniche *f* **housebreaking** *n no pl* cambriolage *m* **housecoat** *n* robe *f* de chambre **household I.** *n* ménage *m* **II.** *adj* ménager **householder** *n* **1.** (*owner*) propriétaire *mf* de maison **2.** (*tenant*) locataire, -trice *m, f* **household waste** *n* ordures *fpl* ménagères **housekeeper** *n* intendant(e) *m(f)* **housekeeping** *n no pl* **1.** (*management*) ménage *m* **2.** (*money*) argent *m* du ménage **housekeeping money** *n no pl* argent *m* du ménage **housemaid** *n* employée *f* de maison **houseman** *n Brit* assistant *m* médical **house martin** *n* hirondelle *f* de fenêtre **house music** *n* house *f* music **houseplant** *n* plante *f* d'appartement **house rules** *npl* règlement *m* intérieur **Houses of Parliament** *n Brit* Parlement *m* **house-to-house** *adj* de porte en porte **house-warming** *n no pl* crémaillère *f* **housewife** *n* femme *f* au foyer **housework** *n* travaux *mpl* ménagers

housing *n* logement *m*

housing benefit *n Brit* aide *f* au logement **housing estate** *n Brit* lotissement *m*

hovel ['hɒvl, *Am:* 'hʌv-] *n pej* taudis *m*

hover ['hɒvəʳ, *Am:* 'hʌvɚ] *vi* **1.** (*stay in air*) planer **2.** (*wait near*) guetter;

to ~ around sb rôder autour de qn **3.** (*hesitate*) hésiter

hovercraft <-(s)> *n* aéroglisseur *m* **hoverport** *n* port *m* pour aéroglisseurs **hovertrain** *n* chemin *m* de fer suspendu

how [haʊ] **I.** *adv* **1.** (*in what way*) comment; **to know ~ to** +*infin* savoir +*infin;* **~?** *inf* quoi?; **~ come** [*o* so]? comment ça? **2.** (*asking about condition*) comment; **~ are you?** comment vas-tu/allez-vous? **3.** (*exclamation*) comme, que; **~ nice!** comme c'est gentil; **~ kind she is!** comme elle est gentille! **4.** (*that*) que; **he told me ~ he had seen her there** il m'a dit qu'il l'avait vue là-bas **5.** **~ do you do?** bonjour!, enchanté! **II.** *n* comment *m;* **to know the ~(s) and why(s) of sth** savoir le pourquoi et le comment de qc

however [haʊ'evəʳ, *Am:* -ɚ] **I.** *adv* **1.** (*in whatever way*) de quelque manière que +*subj;* **~ you look at it** de quelque manière qu'on envisage la chose **2.** (*to whatever extent*) si … que +*subj;* **~ small** si petit qu'il/que ce soit; **~ intelligent she is** si intelligente qu'elle soit; **~ hard I try** j'ai beau essayer; **~ much it rains** même s'il pleut des cordes **II.** *conj* **1.** (*in whichever way*) cependant **2.** (*nevertheless*) néanmoins

howl [haʊl] **I.** *vi* **1.** (*cry*) hurler **2.** *inf* (*laugh*) hurler de rire **II.** *n* hurlements *mpl*

HP, hp *n abbr of* **horsepower** CV *m*

HQ *n abbr of* **headquarters** QG *m*

HRH *n abbr of* **Her/His Royal Highness** Son Altesse Royale

HST *n abbr of* **high-speed train** ≈ TGV *m*

ht *n abbr of* **height** hauteur *f*

HTML *n abbr of* **Hypertext Markup Language** INFOR HTML *m*

http *n no pl* http *m*

hub [hʌb] *n* **1.** (*middle part of a wheel*) moyeu *m* **2.** *fig* milieu *m*

hubbub ['hʌbʌb] *n no pl, a. fig* brouhaha *m*

hubcap ['hʌbkæp] *n* enjoliveur *m*

huddle ['hʌdl] **I.** *vi* se blottir **II.** *n*

H h

petit groupe m

hue [hju:] n no pl, a. fig couleur f

hug [hʌg] I. <-gg-> vt 1. (hold close to body) embrasser 2. fig (cling firmly to) se tenir à II. vi s'embrasser III. n embrassement m

huge [hju:dʒ] adj énorme

hulk [hʌlk] n 1. (large person) colosse m 2. (disused ship) épave f

hull [hʌl] n NAUT coque f

hullo [hə'ləʊ, Am: -'loʊ] interj Brit s. **hello**

hum¹ [hʌm] <-mm-> I. vi 1. (bee) bourdonner; (machine) vrombir; (person) fredonner 2. (be full of activity) bourdonner d'activité II. vt fredonner

hum² [hʌm] interj hmm!

human ['hju:mən] adj humain

humane [hju:'meɪn] adj humain

humanity [hju:'mænəti, Am: -ṭi] n humanité f

human resources n ressources fpl humaines **human rights** npl droits mpl de l'homme

humble ['hʌmbl] I. adj humble II. vt humilier

humbug ['hʌmbʌg] n 1. no pl (nonsense) ineptie f 2. (fraud) escroquerie f 3. Brit bonbon m

humdrum ['hʌmdrʌm] adj monotone

humid ['hju:mɪd] adj humide

humidity [hju:'mɪdəti, Am: -ṭi] n no pl humidité f

humiliate [hju:'mɪlieɪt] vt humilier

humiliating adj humiliant

humiliation n humiliation f

humility [hju:'mɪləti, Am: -ṭi] n no pl humilité f

humor n Am, Aus, **humour** ['hju:mər, Am: -məʳ] n no pl 1. (capacity for amusement) humour m 2. (mood) humeur f; **in (a) good/bad** ~ de bonne/mauvaise humeur

humo(u)rous adj humoristique

hump [hʌmp] n bosse f

humpback ['hʌmpbæk] n bosse f

humpbacked adj bossu

humph [hʌmpf, mm] interj mmmh!

hunch [hʌntʃ] I. n intuition f II. vi

faire le dos rond III. vt bomber; **to** ~ **one's back** faire le dos rond

hunchback ['hʌntʃbæk] n 1. (rounded back) dos m rond 2. (person) bossu(e) m(f)

hundred ['hʌndrəd] <-(s)> adj cent; s. a. **eight, eighty**

hundredfold ['hʌndrədfəʊld, Am: -foʊld] n centième mf

hundredth adj centième; s. a. **eighth**

hundredweight <-> n demi-quintal m

hung [hʌŋ] I. pt, pp of **hang** II. adj suspendu

Hungary ['hʌŋgəri] n la Hongrie

hunger ['hʌŋgər, Am: -gʳ] n no pl 1. (pain from lack of food) faim f 2. (desire) soif f; **for knowledge** soif f de savoir

hungry ['hʌŋgri] <-ier, -iest> adj 1. (desiring food) affamé 2. (want badly) assoiffé; **to be** ~ **for sth** être assoiffé de qc

hunk [hʌŋk] n gros morceau m

hunt [hʌnt] I. vt, vi 1. (chase to kill) chasser 2. (search) rechercher; **to** ~ **through sth** fouiller dans qc; **to** ~ **high and low for sth** remuer ciel et terre pour trouver qc II. n 1. (hunting action, place) chasse f; **to go on a** ~ partir pour la chasse 2. (search) recherche f; **to be on the** ~ **for sb** rechercher qn; **to be on the** ~ **for sth** être en quête de qc

hunter n chasseur m

hunting n no pl chasse f

hunting licence n permis m de chasse **hunting season** n saison f de chasse

huntsman ['hʌntsmən] n chasseur m

hurdle ['hɜːdl, Am: 'hɜːr-] I. n 1. (fence) haie f 2. pl (hurdle race) course f de haies 3. (obstacle, impediment) obstacle m II. vi courir une course de haies III. vt 1. (jump over) sauter 2. fig franchir

hurl [hɜːl, Am: hɜːrl] vt lancer

hurrah [hə'rɑː], **hurray** interj hourra!

hurricane ['hʌrɪkən, Am: 'hɜːrɪkeɪn] *n* ouragan *m*

hurried *adj* précipité

hurry [ˈhʌri, *Am:* ˈhɜːr-] <-ied> **I.** *vi* se dépêcher **II.** *vt* presser **III.** *n* précipitation *f*; **to do sth in a** ~ faire qc à toute allure; **to leave in a** ~ partir précipitamment

◆ **hurry up I.** *vi* se dépêcher **II.** *vt* **to hurry sb up** faire presser qn; **to hurry sth up** activer qc

hurt [hɜːt, *Am:* hɜːrt] **I.** <hurt, hurt> *vi* faire mal; **my knee/stomach** ~**s** mon genou me fait mal/j'ai mal à l'estomac **II.** *vt* **1.** (*cause pain*) blesser **2.** (*sb's feelings, pride*) heurter; **to** ~ **sb** blesser qn; **to** ~ **sth** abîmer qc **III.** *adj* blessé **IV.** *n* **1.** (*pain*) douleur *f* **2.** (*injury*) blessure *f* **3.** (*offence*) offense *f*

hurtful *adj* blessant

husband [ˈhʌzbənd] *n* mari *m*

hush [hʌʃ] **I.** *n no pl* silence *m* **II.** *interj* chut! **III.** *vi* se taire **IV.** *vt* **1.** (*make quiet*) faire taire **2.** (*soothe*) calmer

hush-hush [ˌhʌʃˈhʌʃ] *adj inf* top secret

husk [hʌsk] *n* enveloppe *f*

husky¹ [ˈhʌski] <-ier, -iest> *adj* rauque

husky² [ˈhʌski] *n* husky *m* (sibérien)

hustle [ˈhʌsl] **I.** *vt* **1.** (*push*) pousser; **to** ~ **sb away** emmener qn de force; **to** ~ **sb into sth** pousser qn dans qc; **to** ~ **sb into doing sth** pousser qn à faire qc **2.** (*hurry*) presser **3.** (*jostle*) bousculer **II.** *vi* se presser **III.** *n* effervescence *f*

hut [hʌt] *n* cabane *f*

hutch [hʌtʃ] *n* cage *f*; (*for rabbits*) clapier *m*

hyacinth [ˈhaɪəsɪnθ] *n* jacinthe *f*

hyaena [haɪˈiːnə] *n s.* **hyena**

hybrid [ˈhaɪbrɪd] *n* hybride *m*

hydrangea [haɪˈdreɪndʒə] *n* hortensia *m*

hydrant [ˈhaɪdrənt] *n* bouche *f* d'incendie

hydrate [ˈhaɪdreɪt] *n* hydrate *m*

hydrogen [ˈhaɪdrədʒən] *n no pl* hy-

drogène *m* **hydrogen peroxide** *n* eau *f* oxygénée

hyena [haɪˈiːnə] *n* hyène *f*

hygiene [ˈhaɪdʒiːn] *n no pl* hygiène *f*

hygienic [haɪˈdʒiːnɪk, *Am:* ˌhaɪdʒiˈenɪk] *adj* hygiénique

hymn [hɪm] *n* hymne *m*

hype [haɪp] **I.** *n no pl* battage *m* publicitaire **II.** *vt* faire du battage publicitaire pour

hyperactive *adj* hyperactif

hyperbola [haɪˈpɜːbələ, *Am:* -ˈpɜːr-] *n* MAT hyperbole *f*

hyperbole [haɪˈpɜːbəli, *Am:* -ˈpɜːr-] *n no pl* LIT hyperbole *f* **hyperlink** *n* INFOR hyperlien *m* **hypermarket** *n* hypermarché *m* **hypertext** *n* INFOR hypertexte *m*

hyphen [ˈhaɪfn] *n* **1.** (*short line between two words*) trait *m* d'union **2.** (*short line at the end of a line*) tiret *m*

hypnosis [hɪpˈnəʊsɪs, *Am:* -ˈnoʊ-] *n no pl* hypnose *f*

hypnotic [hɪpˈnɒtɪk, *Am:* -ˈnɑːt̬ɪk] *adj* hypnotique

hypnotist *n* hypnotiseur *m*

hypnotize [ˈhɪpnətaɪz] *vt* hypnotiser

hypochondriac I. *n* hypocondriaque *mf* **II.** *adj* hypocondriaque

hypocrisy [hɪˈpɒkrəsi, *Am:* -ˈpɑːkrə-] *n no pl* hypocrisie *f*

hypocrite [ˈhɪpəkrɪt] *n* hypocrite *mf*

hypocritical *adj* hypocrite

hypotenuse [ˌhaɪˈpɒtənjuːz, *Am:* -ˈpɑːtənuːs] *n* MAT hypoténuse *f*

hypothesis [haɪˈpɒθəsɪs, *Am:* -ˈpɑːθə-] <-ses> *n* hypothèse *f*

hypothetical [ˌhaɪpəˈθetɪkl, *Am:* -poʊˈθet̬-] *adj* hypothétique; (*question*) théorique

hysteria [hɪˈstɪərɪə, *Am:* -ˈsterɪ-] *n no pl* hystérie *f*

hysteric [hɪˈsterɪk] **I.** *adj* hystérique **II.** *n* hystérique *mf*

hysterical *adj* surexcité

Hz *n abbr of* **hertz** Hz *m*

H h

I

I, i [aɪ] <-'s> n I, i m

I pers pron (1st person sing) je, j' + vowel; **she and ~** elle et moi

ice [aɪs] **I.** n **1.** (frozen water) glace f; (on road) verglas m **2.** (~ cube) glaçons mpl **3.** (~ cream) glace f **II.** vt glacer

ice age n période f glaciaire **ice axe** n piolet m

iceberg n iceberg m

icebox n **1.** (chilled box) glacière f **2.** Brit (freezer in fridge) freezer m

ice-cold adj glacé **ice cream** n crème f glacée **ice cube** n glaçon m

iced adj **1.** (frozen) gelé **2.** (cold, covered with icing) glacé

ice hockey n hockey m sur glace

Iceland ['aɪslənd] n l'Islande f

ice lolly n Brit esquimau m (glacé) **ice pick** n pic m à glace **ice rink** n patinoire f **ice skate I.** n patin m à glace **II.** vi **ice-skate** patiner (sur la glace) **ice skating** n patinage m sur glace **ice tea** n thé m glacé

icicle ['aɪsɪkl] n **1.** (directed upwards) stalagmite f **2.** (directed downwards) stalactite f

icing n glaçage m

icing sugar n sucre m glace

icon ['aɪkɒn, Am: -kɑːn] n icône f

icy ['aɪsi] adj **1.** (of ice, covered with ice) glacé; (road) verglacé; (ground) gelé **2.** (wind) glacial; (feet, water) glacé **3.** (unfriendly) glacial

I'd [aɪd] = I would s. would

ID n pièce f d'identité; **~ card** carte f d'identité

idea [aɪ'dɪə, Am: -'diːə] n **1.** (notion, plan) idée f **2.** (purpose) but m; **with the ~ of doing sth** dans le but de faire qc

ideal [aɪ'dɪəl, Am: -'diː-] adj idéal

ideally adv idéalement

identical [aɪ'dentɪkl, Am: -ṭə-] adj identique; (twins) vrai

identification [aɪˌdentɪfɪ'keɪʃən, Am: -ṭə-] n no pl **1.** (determination) identification f **2.** (ID) pièce f d'identité

identification papers npl papiers mpl d'identité

identify [aɪ'dentɪfaɪ, Am: -ṭə-] <-ied> **I.** vt identifier; (car, house) reconnaître **II.** vi s'identifier; **to be ~ied with sth** être assimilé à qc

identikit® [aɪ'dentɪkɪt, Am: -ṭə] n Brit, Aus ~ (**picture**) portrait-robot m

identity [aɪ'dentəti, Am: -ṭəṭi] n identité f

identity card n carte f d'identité

ideology [ˌaɪdɪ'ɒlədʒi, Am: -'ɑːlə-] <-ies> n idéologie f

idiot ['ɪdɪət] n idiot(e) m(f)

idiotic adj idiot

idle ['aɪdl] **I.** adj **1.** (lazy, doing nothing) oisif **2.** (person) inactif; (period) d'inactivité **3.** (person) désœuvré; (factory, machine) à l'arrêt **4.** (pointless, without purpose) inutile; (curiosity) simple **II.** vi **1.** (willingly do nothing) paresser **2.** (having nothing to do) être inactif **3.** (engine, machine) tourner au ralenti; (computer, disk drive, screen) être en veille

idol ['aɪdl] n idole f

idyll ['ɪdɪl, Am:'aɪdəl] n a. fig idylle f

i.e. abbr of **id est** c-à-d.

if [ɪf] **I.** conj si; **~ it snows** s'il neige; **~ not** sinon; **I'll stay, ~ only for a day** je reste, ne serait-ce qu'un jour **II.** n si m; **no ~s and buts!** pas de si et de mais!

igloo ['ɪgluː] n igloo m

ignite [ɪg'naɪt] **I.** vi a. fig s'enflammer **II.** vt form **1.** (cause to burn) a. fig enflammer **2.** (cause to break out) provoquer

ignition [ɪg'nɪʃən] n no pl allumage m **ignition key** n clé f de contact

ignorance ['ɪgnərəns] n no pl ignorance f

ignorant adj ignorant

ignore [ɪg'nɔːʳ, Am: -'nɔːr] vt ignorer

iguana [ɪ'gwɑːnə] n iguane m

ill [ɪl] **I.** adj **1.** (sick) malade; **to fall ~**

tomber malade **2.**(*bad, harmful*) mauvais; (*effects*) néfaste; ~ **fortune** malchance *f* **II.** *adv* mal; **to be ~-chosen/-prepared** être mal choisi/préparé; **to speak/think ~ of sb** dire/penser du mal de qn; **to feel ~ at ease** se sentir mal à l'aise **III.** *n* **1.**(*problem*) mal *m*; **the ~s of society** les maux de la société **2.** *pl* (*sick people*) **the** ~ les malades *mpl* **3.** *no pl* (*evil*) mal *m*

I'll [aɪl] = **I will** *s.* **will**

ill-advised *adj* (*person*) malavisé; **to be ~ to** +*infin* ne pas avoir intérêt à +*infin* **ill at ease** *adj* mal à l'aise **ill-bred** *adj* mal élevé

illegal [ɪˈliːgəl] *adj* illégal; (*immigrant*) clandestin

illegitimate [ˌɪlɪˈdʒɪtɪmət, *Am:* -ˈdʒɪtə-] *adj* illégitime

illicit [ɪˈlɪsɪt] *adj* illicite

illiteracy [iˈlɪtərəsi, *Am:* -ˈlɪt̬-] *n no pl* illettrisme *m*

illiterate [ɪˈlɪtərət, *Am:* -ˈlɪt̬-] **I.** *adj* **1.**(*unable to read or write*) analphabète **2.**(*uneducated*) inculte **II.** *n* analphabète *mf*

illness *n* maladie *f*

illogical [ɪˈlɒdʒɪkl, *Am:* -ˈlɑːdʒɪ-] *adj* illogique

ill-timed *adj* inopportun **ill-treat** *vt* maltraiter

illuminate [ɪˈluːmɪneɪt, *Am:* -mə-] *vt a. fig* éclairer

illuminating *adj a. fig* éclairant

illumination *n* **1.** *no pl, form* (*light*) éclairage *m* **2.** *pl* (*light decoration*) illuminations *fpl* **3.** *no pl* (*clarification*) éclaircissement *m*

illusion [ɪˈluːʒən, *Am:* -ˈluː-] *n* illusion *f*

illustrate [ˈɪləstreɪt] *vt* illustrer

illustration *n* illustration *f*

illustrious [ɪˈlʌstriəs] *adj* illustre

ill will *n* malveillance *f*

I'm [aɪm] = **I am** *s.* **am**

image [ˈɪmɪdʒ] *n* image *f*

imaginary [ɪˈmædʒɪnəri, *Am:* -əner-] *adj* imaginaire

imagination [ɪˌmædʒɪˈneɪʃən] *n* imagination *f*

imaginative [ɪˈmædʒɪnətɪv, *Am:*

-t̬ɪv] *adj* ingénieux

imagine [ɪˈmædʒɪn] *vt* imaginer

imbalance [ˌɪmˈbæləns] *n* déséquilibre *m*

IMF *n no pl abbr of* **International Monetary Fund** FMI *m*

imitate [ˈɪmɪteɪt] *vt* imiter

imitation **I.** *n* imitation *f* **II.** *adj* faux

imitator [ˈɪmɪteɪtər, *Am:* -t̬ə-] *n* imitateur, -trice *m, f*

immaculate [ɪˈmækjʊlət] *adj* immaculé

immaterial [ˌɪməˈtɪəriəl, *Am:* -ˈtɪri-] *adj* insignifiant

immature [ˌɪməˈtjʊər, *Am:* -ˈtʊr] *adj* (*people, animals*) immature; (*fruit*) vert

immediate [ɪˈmiːdɪət, *Am:* -dɪt] *adj* **1.**(*instant*) immédiat; (*danger*) imminent **2.**(*nearest*) proche; (*area, vicinity*) immédiat **3.**(*cause*) direct

immediately **I.** *adv* immédiatement; ~ **after** aussitôt après **II.** *conj* Brit dès que

immense [ɪˈmens] *adj* immense

immerse [ɪˈmɜːs, *Am:* -ˈmɜːrs] *vt* **1.** PHYS immerger **2.** *fig* **to be ~d in sth** être absorbé dans qc

immersion [ɪˈmɜːʃən, *Am:* -ˈmɜːr-] *n no pl* **1.** PHYS immersion *f* **2.** *fig* absorption *f*

immigrant [ˈɪmɪgrənt] *n* immigrant(e) *m(f)*; ~ **family** famille *f* immigrée

immigrate [ˈɪmɪgreɪt] *vi* immigrer

immigration *n no pl* immigration *f*

imminent *adj* imminent

immobile [ɪˈməʊbaɪl, *Am:* -ˈmoʊbl] *adj* immobile

immobility [ˌɪməˈbɪləti, *Am:* -moʊˈbɪlət̬i] *n no pl* immobilité *f*

immoral [ɪˈmɒrəl, *Am:* -ˈmɔːr-] *adj* immoral

immortal [ɪˈmɔːtl, *Am:* -ˈmɔːrt̬l] **I.** *adj* immortel **II.** *n* immortel(le) *m(f)*

immortality [ˌɪmɔːˈtæləti, *Am:* -ɔːrˈtælət̬i] *n no pl* immortalité *f*

immovable *adj* **1.**(*immobile*) fixe **2.**(*invariable*) inébranlable

immune [ɪˈmjuːn] *adj* **1.**(*person*) immunisé; (*system, deficiency, reac-*

tion) immunitaire **2.** (*protected, exempt*) **to be ~ from sth** être à l'abri de qc

impact ['ɪmpækt] **I.** *n no pl, a. fig* impact *m;* **on ~** à l'arrivée **II.** *vt Am, Aus* **1.** (*hit*) heurter **2.** *fig* avoir un impact sur **III.** *vi Am, Aus* **to ~ on sb/sth** avoir un impact sur qn/qc

impair [ɪm'peəʳ, *Am:* -'per] *vt* (*health, abilities*) détériorer; (*hearing*) affaiblir; (*mind, strength*) diminuer; (*chance, relations*) compromettre

impart [ɪm'pɑːt, *Am:* -'pɑːrt] *vt* donner; (*knowledge*) transmettre

impartial [ɪm'pɑːʃl, *Am:* -'pɑːr-] *adj* impartial

impassable *adj a. fig* infranchissable

impatience [ɪm'peɪʃns] *n no pl* impatience *f*

impatient *adj* impatient

impeccable [ɪm'pekəbl] *adj* impeccable

impede [ɪm'piːd] *vt* gêner

impediment [ɪm'pedɪmənt] *n* obstacle *m*

impel [ɪm'pel] <-ll-> *vt* inciter; **to feel ~led to** +*infin* se sentir obligé de +*infin*

impending [ɪm'pendɪŋ] *adj* imminent

imperative [ɪm'perətɪv, *Am:* -tɪv] **I.** *adj a.* LING impératif **II.** *n* impératif *m*

imperfect [ɪm'pɜːfɪkt, *Am:* -'pɜːr-] **I.** *adj* imparfait **II.** *n no pl* LING **the ~** l'imparfait *m*

imperial [ɪm'pɪəriəl, *Am:* -'pɪr-] *adj* impérial

imperil [ɪm'perəl] <-ll- *Aus, Brit,* -l- *Am*> *vt form* mettre en péril

impermeable [ɪm'pɜːmɪəbl, *Am:* -'pɜːr-] *adj* imperméable

impersonal [ɪm'pɜːsənl, *Am:* -'pɜːr-] *adj* impersonnel

impersonate [ɪm'pɜːsəneɪt, *Am:* -'pɜːr-] *vt* se faire passer pour

impertinent [ɪm'pɜːtɪnənt, *Am:* -'pɜːrtn̩-] *adj* impertinent

impetuous [ɪm'petʃʊəs, *Am:* -'petʃu-] *adj* impétueux

impetus ['ɪmpɪtəs, *Am:* -t̬əs] *n no*

pl élan *m;* **commercial ~** essor *m* commercial

impinge [ɪm'pɪndʒ] *vi* **to ~ on sb** affecter qn

implant [ɪm'plɑːnt, *Am:* -'plænt] **I.** *n* implant *m* **II.** *vt* greffer

implement¹ ['ɪmplɪmənt] *n* outil *m*

implement² ['ɪmplɪment] *vt* **1.** (*put into effect*) exécuter; (*plan, law, agreement*) mettre en application **2.** INFOR implémenter

implication *n* implication *f*

implicit [ɪm'plɪsɪt] *adj* implicite

implore [ɪm'plɔːʳ, *Am:* -'plɔːr] *vt* implorer

imply [ɪm'plaɪ] <-ie-> *vt* **1.** (*suggest*) sous-entendre **2.** (*mean*) impliquer

impolite [ˌɪmpə'laɪt] *adj* impoli

import [ɪm'pɔːt, *Am:* -'pɔːrt] **I.** *vt* importer **II.** *n* importation *f*

importance [ɪm'pɔːtəns, *Am:* -'pɔːr-] *n no pl* importance *f*

important *adj* important

importation [ˌɪmpɔː'teɪʃən, *Am:* -pɔːr'-] *n no pl* importation *f*

impose [ɪm'pəʊz, *Am:* -'poʊz] **I.** *vt* imposer **II.** *vi* **to ~ on sb's patience** abuser de la patience de qn

imposition [ˌɪmpə'zɪʃən] *n* imposition *f;* **it's an ~** c'est abuser de ma bonté

impossible [ɪm'pɒsəbl, *Am:* -'pɑːsə-] *adj a. fig* impossible

imposter, impostor [ɪm'pɒstəʳ, *Am:* -'pɑːstəʳ] *n* imposteur *m*

impotent *adj* impuissant

impound [ɪm'paʊnd] *vt* confisquer

impoverished *adj* appauvri

impractical [ɪm'præktɪkl] *adj* pas pratique

impress [ɪm'pres] **I.** *vt* **1.** (*affect*) impressionner **2.** (*make realize*) **to ~ sth on sb** faire comprendre qc à qn **II.** *vi* faire impression

impression [ɪm'preʃən] *n* **1.** (*idea, effect*) impression *f* **2.** (*imitation*) imitation *f* **3.** TYP impression *f*

impressive [ɪm'presɪv] *adj* impressionnant

imprison [ɪm'prɪzən] *vt* emprisonner

imprisonment *n no pl* emprisonnement *m*

improbable [ɪmˈprɒbəbl, *Am:* -ˈprɑːbə-] *adj* improbable

improper [ɪmˈprɒpəʳ, *Am:* -ˈprɑːpəʳ] *adj* **1.** (*not suitable*) impropre **2.** (*not correct*) incorrect; (*use*) abusif; **to make ~ use of sth** faire mauvais usage de qc **3.** (*indecent*) indécent

improve [ɪmˈpruːv] **I.** *vt* améliorer **II.** *vi* s'améliorer

♦**improve on** *vt* améliorer

improvement *n* amélioration *f*

improvisation *n* improvisation *f*

improvise [ˈɪmprəvaɪz] *vt, vi* improviser

imprudent [ɪmˈpruːdnt] *adj* imprudent

impudent *adj* impertinent

impulse [ˈɪmpʌls] *n* impulsion *f*

impulsive [ɪmˈpʌlsɪv] *adj* impulsif

impurity <-ies> *n* impureté *f*

impute [ɪmˈpjuːt] *vt* **to ~ sth to sb** imputer qc à qn

in [ɪn] **I.** *prep* **1.** (*inside, into*) dans; **to be ~ bed** être au lit; **sitting ~ the window** assis devant la fenêtre; **~ town/jail** en ville/prison; **~ the country/hospital** à la campagne/l'hôpital; **~ France/Tokyo** en France/à Tokyo; **~ Peru/the West Indies** au Pérou/aux Antilles **2.** (*within*) **~ sb's face the picture** sur le visage de qn/l'image; **~ the snow/sun** sous la neige/au soleil; **to find sth ~ Joyce** trouver qc chez Joyce; **to find a friend ~ sb** trouver un ami en qn **3.** (*position of*) **~ the beginning/end** au début/à la fin; **right ~ the middle** en plein milieu **4.** (*during*) **~ the twenties** dans les années vingt; **to be ~ one's thirties** avoir la trentaine; **~ the reign of Caesar** sous le règne de César; **~ those days** à cette époque-là; **~ May/spring** en mai/au printemps; **~ the afternoon** (dans) l'après-midi; **at 11 ~ the morning** à 11 h du matin **5.** (*at later time*) **~ a week/three hours** dans une semaine/trois

heures; **~ (the) future** à l'avenir **6.** (*within a period*) **to do sth ~ 4 hours** faire qc en 4 heures **7.** (*for*) **he hasn't done that ~ years/a week** il n'a pas fait ça depuis des années/de toute une semaine **8.** (*in situation, state, manner of*) **~ fashion** à la mode; **~ search of sb/sth** à la recherche de qn/qc; **~ this way** de cette manière; **~ anger** sous l'effet de la colère; **to be ~ a hurry** être pressé; **to be/fall ~ love with sb** être/tomber amoureux de qn; **~ alphabetical order** par ordre alphabétique; **dressed ~ red** vêtu de rouge **9.** (*concerning*) **deaf ~ one ear** sourd d'une oreille; **to be interested ~ sth** s'intéresser à qc; **to have faith ~ God** croire en Dieu; **to have a say ~ the matter** avoir voix au chapitre; **a rise ~ prices** une augmentation des prix; **it's rare ~ apes** c'est rare chez les singes **10.** (*by*) **~ saying sth** en disant qc; **to spend one's time ~ doing sth** passer son temps à faire qc **11.** (*taking the form of*) **to speak ~ French** parler (en) français **12.** (*made of*) **~ wood/stone** en bois/pierre **13.** (*sound of*) **~ a whisper** en chuchotant; **to speak ~ a loud/low voice** parler à voix haute/basse **14.** (*aspect of*) **2 metres ~ length/height** 2 mètres de long/haut; **~ every respect** à tous points de vue **15.** (*ratio*) **two ~ six** deux sur six; **to buy sth ~ twos** acheter qc par deux; **once ~ ten years** une fois tous les dix ans; **~ part** en partie; **~ tens** par dizaines **16.** (*substitution of*) **~ sb's place** à la place de qn; **~ lieu of sth** en guise de qc **17.** (*as consequence of*) **~ return/reply** en échange/réponse **18.** **~ heaven's name!** au nom du Ciel!; **~ all** (*all together*) en tout; **all ~ all** en général **II.** *adv* **1.** (*to a place*) **to be ~** être là; (*at home*) être à la maison; (*in jail*) être en prison **2. to be ~ for sth** *inf* être bon pour qc; **~ on sth** au courant de qc **III.** *adj* dans le vent; **to be ~** être à la mode **IV.** *n* **the ~s and outs** les tenants et les aboutissants

in[ɪn] *n abbr of* **inch** pouce *m*

inability [ˌɪnəˈbɪləti, *Am:* -ţi] *n no pl* incapacité *f*

inaccessible [ˌɪnækˈsesəbl] *adj* inaccessible

inaccurate [ɪnˈækjərət, *Am:* -jəˈət] *adj* inexact

inactive [ɪnˈæktɪv] *adj* inactif

inadequate [ɪnˈædɪkwət] *adj* insuffisant

inadvisable *adj* déconseillé

inane [ɪˈneɪn] *adj* bête

inanimate [ɪnˈænɪmət] *adj* inanimé

inappropriate [ˌɪnəˈprəupriət, *Am:* -ˈprou-] *adj* inapproprié

inapt [ɪnˈæpt] *adj* inapte

inarticulate [ˌɪnɑːˈtɪkjʊlət, *Am:* -ɑːrˈ-] *adj* **1.** (*unable to express oneself*) **to be** ~ être incapable de s'exprimer **2.** (*unclear*) incompréhensible

inasmuch as [ˌɪnəzˈmʌtʃ əz] *conj form* **1.** (*because*) puisque **2.** (*to the extent that*) étant donné que

inaudible [ɪnˈɔːdəbl, *Am:* -ˈɑː-] *adj* inaudible

inauguration *n* inauguration *f*

in-between *adj* intermédiaire

inborn [ˌɪnˈbɔːn, *Am:* ˈɪnbɔːrn] *adj* inné

in-box [ˈɪnbɒks, *Am:* -bɑːks] *n* INFOR boîte *f* de réception

in-built [ˈɪnbɪlt] *s.* **built-in**

Inc. [ɪŋk] *adj abbr of* **Incorporated** SA

incapable *adj* incapable

incarcerate [ɪnˈkɑːsəreɪt, *Am:* -ˈkɑːr-] *vt* incarcérer

incendiary [ɪnˈsendɪəri, *Am:* -eri] *adj* incendiaire

incense [ˈɪnsents] **I.** *n no pl* encens *m* **II.** *vt* mettre en colère

incentive [ɪnˈsentɪv, *Am:* -ţɪv] *n* **1.** FIN, ECON prime *f* **2.** *no pl* (*cause for action*) motivation *f*

incessant [ɪnˈsesnt] *adj pej* incessant

incest [ˈɪnsest] *n no pl* inceste *m*

inch [ɪntʃ] **I.** <-es> *n* pouce *m*; **every** ~ chaque centimètre; ~ **by** ~ petit à petit **II.** *vi* + *directional adv* **to**

~ **along** [*o* **forward**] avancer à petits pas **III.** *vt* **to** ~ **oneself/sth** s'avancer/avancer qc d'un pouce

incidence [ˈɪntsɪdənts] *n* taux *m*

incident *n* incident *m*

incidental *adj* secondaire

incidentally *adv* à propos

incinerate [ɪnˈsɪnəreɪt] *vt* incinérer

incisive [ɪnˈsaɪsɪv] *adj* incisif

incite [ɪnˈsaɪt] *vt* inciter, instiguer *Belgique*

inclination [ˌɪnklɪˈneɪʃən] *n* **1.** (*tendency*) tendance *f* **2.** (*liking*) penchant *m* **3.** (*slope*) inclinaison *f*

incline¹ [ɪnˈklaɪn] **I.** *vi* **to** ~ **to(wards) sth** tendre vers qc **II.** *vt* incliner

incline² [ˈɪnklaɪn] *n* inclinaison *f*

inclined *adj* enclin

inclose [ɪnˈkləuz, *Am:* -ˈklouz] *vt s.* **enclose**

include [ɪnˈkluːd] *vt* comprendre

including *prep* (y) compris; **not** ~ **tax** taxe non comprise; **ten books** ~ **two novels** dix livres dont deux romans; **up to and** ~ **6th June** jusqu'au 6 juin inclus

inclusive [ɪnˈkluːsɪv] *adj* compris; **all-**~ tout compris; **from Monday to Thursday** ~ du lundi au jeudi inclus

incoherent [ˌɪnkəʊˈhɪərənt, *Am:* -koʊˈhɪrənt] *adj* incohérent

income [ˈɪŋkʌm, *Am:* ˈɪn-] *n* revenu *m*

income tax *n* impôt *m* sur le revenu

incompatible [ˌɪnkəmˈpætəbl, *Am:* -ˈpæţ-] *adj* incompatible

incompetent I. *adj pej* incompétent **II.** *n pej* incapable *mf*

incomplete [ˌɪnkəmˈpliːt] *adj* incomplet

incomprehensible [ˌɪnˌkɒmprɪˈhensəbl, *Am:* ˌɪnkɑːm-] *adj* incompréhensible

inconceivable *adj* inconcevable

incongruous [ɪnˈkɒŋgrʊəs, *Am:* -ˈkɑːŋ-] *adj* incongru

inconsequential *adj* sans conséquence

inconsiderable *adj* insignifiant

inconsiderate [ˌɪnkənˈsɪdərət] *adj*

pej **to be ~ to sb** manquer d'égards envers qn

inconsistency [ˌɪnkənˈsɪstəntsi] <-ies> *n* inconsistance *f*

inconsistent *adj* inconsistant

inconspicuous [ˌɪnkənˈspɪkjʊəs] *adj* discret; **to try to look ~** essayer de passer inaperçu

inconvenience [ˌɪnkənˈviːnɪəns] **I.** *n* désagrément *m* **II.** *vt* déranger

inconvenient *adj* inopportun

incorporate [ɪnˈkɔːpəreɪt, *Am:* -ˈkɔːr-] *vt* **1.** (*integrate*) incorporer **2.** (*include*) comprendre

incorrect [ˌɪnkəˈrekt] *adj* incorrect

incorrigible [ɪŋˈkɒrɪdʒəbl, *Am:* ɪnˈkɔːrə-] *adj* incorrigible

incorruptible [ˌɪnkəˈrʌptəbl] *adj* incorruptible

increase¹ [ɪnˈkriːs] *vi, vt* augmenter; **to ~ tenfold/threefold** décupler/tripler

increase² [ˈɪnkriːs] *n* augmentation *f;* **~ in sth** augmentation de qc; **tax ~** hausse *f* de l'impôt; **to be on the ~** être en augmentation

increasing *adj* croissant

increasingly *adv* de plus en plus

incredible [ɪnˈkredɪbl] *adj* incroyable

incredulous [ɪnˈkredjʊləs, *Am:* -ˈkredʒʊ-] *adj* incrédule

increment [ˈɪŋkrəmənt] *n* augmentation *f*

incriminate [ɪnˈkrɪmɪneɪt] *vt* incriminer

incubation *n no pl* incubation *f*

incubator *n* **1.** MED couveuse *f* **2.** BIO incubateur *m*

incumbent [ɪŋˈkʌmbənt] **I.** *adj* **it is ~ on sb to** +*infin* il incombe à qn de +*infin* **II.** *n* titulaire *mf*

incur [ɪnˈkɜːʳ, *Am:* -ˈkɜːr] <-rr-> *vt* encourir; (*losses*) subir; (*debt*) contracter

indebted [ɪnˈdetɪd, *Am:* -ˈdeṭ-] *adj* **1.** (*obliged*) **to be ~ to sb for sth** être redevable à qn de qc **2.** FIN endetté

indecent *adj* indécent

indecent assault *n* LAW attentat *m* à la pudeur **indecent exposure** *n*

LAW outrage *m* public à la pudeur

indecisive [ˌɪndɪˈsaɪsɪv] *adj* indécis

indeed [ɪnˈdiːd] *adv* **1.** (*as was suspected*) en effet **2.** (*emphasizing*) vraiment; **it's very sad ~** c'est vraiment triste

indefinite [ɪnˈdefɪnət, *Am:* -ənət] *adj* indéfini

indemnity [ɪnˈdemnəti, *Am:* -ṭi] *n* indemnité *f*

indent [ɪnˈdent] **I.** *vt* **1.** (*notch*) denteler **2.** TYP mettre en retrait **II.** *n* **1.** *Aus, Brit* COM commande *f* **2.** TYP alinéa *m*

independence [ˌɪndɪˈpendəns] *n no pl* indépendance *f*

Independence Day *n* aux États-Unis, le 4 juillet est célébré en souvenir du jour de 1776 où les 13 colonies ont déclaré leur indépendance vis-à-vis de l'Angleterre.

independent *adj a.* LING indépendant

in-depth [ˈɪndepθ] *adj* approfondi

indestructible [ˌɪndɪˈstrʌktəbl] *adj* indestructible

indeterminate [ˌɪndɪˈtɜːmɪnət, *Am:* -ˈtɜːr-] *adj* indéterminé

index [ˈɪndeks] **I.** *n* **1.** <-es> (*alphabetical list*) index *m* **2.** <-ices *o* -es> (*figure, indication*) *a.* ECON, MAT indice *m* **II.** *vt* indexer

index finger *n* index *m*

India [ˈɪndɪə] *n* l'Inde *f*

Indian I. *adj* **1.** GEO indien, de l'Inde **2.** HIST des Indes **II.** *n* Indien(ne) *m(f)*

indicate [ˈɪndɪkeɪt] **I.** *vt* indiquer **II.** *vi Brit* AUTO **to ~ left/right** mettre son clignotant à gauche/droite

indication *n a.* MED indication *f;* **there is every/no ~ that ...** tout/rien ne porte à croire que ...

indicative [ɪnˈdɪkətɪv, *Am:* -ṭɪv] **I.** *adj* indicatif **II.** *n* LING indicatif *m*

indicator *n a.* TECH indicateur *m*

indices [ˈɪndɪsiːz] *n pl of* **index**

indict [ɪnˈdaɪt] *vt* LAW **to ~ sb on sth** inculper qn de qc

indictment *n* LAW acte *m* d'accusation

indifference [ɪnˈdɪfrəns] *n no pl* in-

différence f
indifferent adj indifférent
indigestion [ˌɪndɪ'dʒəstʃən] n no pl indigestion f
indignant [ɪn'dɪgnənt] adj indigné
indignity [ɪn'dɪgnɪti, Am: -nəţi] n humiliation f
indirect [ˌɪndɪ'rekt] adj a. LING indirect
indiscreet [ˌɪndɪ'skriːt] adj indiscret
indiscriminate [ˌɪndɪ'skrɪmɪnət] adj 1. (unthinking) sans distinction; (revenge) aveugle 2. (uncritical) dépourvu d'esprit critique 3. (random) général
indispensable [ˌɪndɪ'spensəbl] adj indispensable
indisputable adj indéniable
individual [ˌɪndɪ'vɪdʒuəl] I. n individu m II. adj (case) individuel; (attention) particulier; (needs, style) personnel
indivisible [ˌɪndɪ'vɪzəbl] adj indivisible
indoctrination n no pl, no indef art endoctrinement m
Indonesia [ˌɪndəʊ'niːzɪə, Am: -də'niːʒə] n l'Indonésie f
indoor ['ɪndɔːʳ, Am: ˌɪn'dɔːr] adj d'intérieur; (sports) en salle; (pool, court) couvert; ~ **activities** activités fpl qui se pratiquent en intérieur
indoors adv à l'intérieur
induce [ɪn'djuːs, Am: -'duːs] vt 1. (persuade) inciter 2. (cause) provoquer
inducement n incitation f
induction n 1. (installation) installation f 2. (initiation) initiation f 3. no pl, no indef art PHILOSOS, PSYCH, ELEC, PHYS induction f
indulge [ɪn'dʌldʒ] I. vt 1. (allow oneself to enjoy) céder à 2. (spoil) gâter; **to ~ oneself** se faire plaisir II. vi se laisser tenter; **to ~ in sth** s'offrir qc
indulgence [ɪn'dʌldʒəns] n 1. (treat) gâterie f 2. no pl, no indef art (leniency) indulgence f 3. no pl (in a passion, hobby) abandon m; (in food) gourmandise f; **to be one's ~** être son péché mignon

indulgent adj indulgent
industrial [ɪn'dʌstriəl] adj industriel
industrialist n industriel(le) m(f)
industrialization n no pl, no indef art industrialisation f
industrial tribunal n conseil m des prud'hommes
industrious [ɪn'dʌstrɪəs] adj actif
industry ['ɪndəstri] n industrie f
inedible [ɪn'edəbl] adj immangeable; (mushroom) non comestible
ineffective [ˌɪnɪ'fektɪv] adj inefficace
ineffectual [ˌɪnɪ'fektʃuəl] adj form inefficace; (efforts) vain; **to be ~ at doing sth** ne pas être capable de faire qc
inefficiency [ˌɪnɪ'fɪʃənsi] n no pl, no indef art inefficacité f
inefficient adj non rentable; (person, organization) incompétent
ineligible [ɪn'elɪdʒəbl] adj inéligible; **to be ~ to** +infin ne pas avoir le droit de +infin; **to be ~ for sth** ne pas avoir droit à qc
inept [ɪ'nept] adj 1. (clumsy) inepte 2. (unskilled) inapte
inequality [ˌɪnɪ'kwɒləti, Am: -'kwɑːləti] n inégalité f
inequitable [ɪn'ekwɪtəbl, Am: -wəţə-] adj form inéquitable
inert [ɪ'nɜːt, Am: -'nɜːrt] adj a. fig, pej inerte
inertia [ɪ'nɜːʃə, Am: ˌɪn'ɜːr-] n no pl, no indef art a. PHYS inertie f
inevitable adj inévitable
inexact [ˌɪnɪg'zækt] adj inexact
inexpensive [ˌɪnɪk'spensɪv] adj bon marché
inexperience [ˌɪnɪk'spɪərɪənts] n no pl inexpérience f
inexperienced adj inexpérimenté
inexplicable adj inexplicable
infamous ['ɪnfəməs] adj 1. (notorious) infamant 2. (abominable) infâme
infamy ['ɪnfəmi] n infamie f
infancy ['ɪnfəntsi] n a. fig enfance f
infant n enfant m; **a newborn ~** un nouveau-né **infant mortality** n mortalité f infantile

infantry ['ɪnfəntri] n no pl, no indef art MIL **the ~** + sing/pl vb infanterie f

infant school n école f maternelle

infatuated adj **to be ~ with sb/sth** être entiché de qn/qc

infatuation n toquade f

infect [ɪn'fekt] vt **1.** (contaminate) infecter; **to ~ sb with sth** transmettre qc à qn **2.** (one's laugh, good humour) communiquer

infection n infection f

infectious adj contagieux

infer [ɪn'fɜːʳ, Am: -'fɜːɹ] <-rr-> vt déduire

inferior [ɪn'fɪərɪəʳ, Am: -'fɪrɪɚ] **I.** adj inférieur **II.** n subalterne mf

inferiority [ɪnˌfɪərɪ'ɒrəti, Am: -ˌfɪri'ɔːrəti] n no pl, no indef art infériorité f

inferno [ɪn'fɜːnəʊ, Am: -'fɜːrnoʊ] n brasier m

infertile [ɪn'fɜːtaɪl, Am: -'fɜːrt̬l] adj **1.** (sterile) stérile **2.** AGR infertile

infest [ɪn'fest] vt a. pej, fig infester

infighting n no pl, no indef art conflit m interne

infiltrate ['ɪnfɪltreɪt, Am: ɪn'fɪl-] **I.** vt infiltrer **II.** vi s'infiltrer

infinite ['ɪnfɪnət, Am: -fənɪt] adj infini

infinitive [ɪn'fɪnətɪv, Am: -tɪv] LING **I.** n infinitif m **II.** adj infinitif

infinity [ɪn'fɪnəti, Am: -ti] n infini m

infirm [ɪn'fɜːm, Am: -'fɜːrm] adj infirme

infirmary [ɪn'fɜːməri, Am: -'fɜːr-] n hôpital m

infirmity [ɪn'fɜːməti, Am: -'fɜːrməti] n a. form infirmité f

inflame [ɪn'fleɪm] vt enflammer

inflammable adj inflammable

inflammation [ˌɪnflə'meɪʃən] n inflammation f

inflatable adj gonflable

inflate [ɪn'fleɪt] **I.** vt gonfler **II.** vi se gonfler

inflation [ɪn'fleɪʃən] n inflation f

inflationary adj FIN inflationniste

inflict [ɪn'flɪkt] vt **to ~ sth on sb** infliger qc à qn

influence ['ɪnfluəns] **I.** n influence f; **to be/fall under sb's ~** pej être/tomber sous l'influence de qn; **to be under the ~** (drunk) être sous l'effet de l'alcool **II.** vt influencer

influential adj influent

influenza [ˌɪnflu'enzə] n no pl MED grippe f

inform [ɪn'fɔːm, Am: -'fɔːrm] vt **to ~ sb** (**about sth**) informer qn (de qc)

informal adj informel; (meeting, invitation) non-officiel; (manner, style, person) simple

informant [ɪn'fɔːmənt, Am: -'fɔːr-] n informateur, -trice m, f

information [ˌɪnfə'meɪʃən, Am: -fɚ'-] n information f

> [!] **information** ne s'emploie jamais au pluriel: "any/some information" signifie informations.

information science(s) npl informatique f **information storage** n no pl INFOR sauvegarde f **information superhighway** n autoroute f de l'information

informative [ɪn'fɔːmətɪv, Am: -'fɔːrmət̬ɪv] adj informatif

informed adj informé

informer n indicateur, -trice m, f

infrared ['ɪnfrə'red] adj infrarouge

infrastructure ['ɪnfrəˌstrʌktʃəʳ, Am: -tʃɚ] n infrastructure f

infringe [ɪn'frɪndʒ] vt (a law) enfreindre; (sb's right) violer

infringement n **1.** LAW violation f **2.** SPORT infraction f

infuriate [ɪn'fjʊərɪeɪt, Am: -'fjʊrɪ-] vt **to ~ sb** rendre qn furieux

infuse [ɪn'fjuːz] **I.** vt (tea, herbs) laisser infuser **II.** vi infuser

infusion n **1.** (input) ECON investissement m **2.** (brew) infusion f

ingenious [ɪn'dʒiːnɪəs, Am: -njəs] adj ingénieux

ingenuity [ˌɪndʒɪ'njuːəti, Am: -ti] n no pl, no indef art ingéniosité f

ingenuous [ɪn'dʒenjʊəs] adj form ingénu

ingest [ɪn'dʒest] vt ingérer

ingoing ['ɪnˌgəʊɪŋ, Am: -goʊ-] adj

entrant

ingratitude [ɪnˈgrætɪtjuːd, *Am:* -ˈgrætətuːd] *n no pl, no indef art* ingratitude *f*

ingredient [ɪnˈgriːdɪənt] *n* ingrédient *m*

inhabit [ɪnˈhæbɪt] *vt* habiter (dans)

inhabitant [ɪnˈhæbɪtənt] *n* habitant(e) *m(f)*

inhale [ɪnˈheɪl] *vt, vi* inhaler

inhaler *n* inhalateur *m*

inherent [ɪnˈhɪərənt, *Am:* -ˈhɪr-] *adj* inhérent

inherit [ɪnˈherɪt] *vt, vi* hériter

inheritance [ɪnˈherɪtəns] *n* héritage *m*

inhibit [ɪnˈhɪbɪt] *vt* **1.** (*prevent*) empêcher **2.** (*hinder, impair*) inhiber

inhibition *n* inhibition *f*

inhospitable *adj pej* inhospitalier

in-house [ˈɪnhaʊs] COM **I.** *adj* interne **II.** *adv* sur place

inhuman [ɪnˈhjuːmən] *adj* inhumain

initial [ɪˈnɪʃəl] **I.** *n* initiale *f* **II.** *adj* initial **III.** *<Brit* -ll- *o Am, Aus* -l-*> vt* parapher

initialise *vt*, **initialize** [ɪˈnɪʃəlaɪz] *vt Am* INFOR initialiser

initially *adv* initialement

initiate [ɪˈnɪʃieɪt] *vt* initier

initiation [ɪˌnɪʃiˈeɪʃən] *n* initiation *f*

initiative [ɪˈnɪʃətɪv, *Am:* -t̬ɪv] *n* initiative *f*

inject [ɪnˈdʒekt] *vt* injecter

injection *n* injection *f*

injure [ˈɪndʒəʳ, *Am:* -dʒɚʳ] *vt* **1.** (*wound*) blesser **2.** *form* (*do wrong to*) causer du tort à

injured *adj* blessé

injury [ˈɪndʒəri] *<*-ries*> n* blessure *f*

injustice [ɪnˈdʒʌstɪs] *n* injustice *f*

ink [ɪŋk] *n* encre *f* **ink-jet printer** *n* imprimante *f* à jet d'encre

inkling [ˈɪŋklɪŋ] *n* **to have an ~ of sth** avoir une petite idée de qc

inland [ˈɪnlənd] **I.** *adj* intérieur **II.** *adv* (*to go*) vers l'intérieur; (*to live*) dans les terres

in-laws [ˈɪnlɔːz, *Am:* -lɑːz] *npl* belle-famille *f*

in-line skate *n* patin *m* en ligne **in-line skating** *n no pl* patin *m* en ligne

inmate [ˈɪnmeɪt] *n* pensionnaire *mf*

inn [ɪn] *n* auberge *f*

innate [ɪˈneɪt] *adj* inné

inner [ˈɪnəʳ, *Am:* -ɚʳ] *adj* **1.** (*inside, internal*) intérieur; **in the ~ London area** dans le centre de Londres **2.** (*private*) intime **inner city I.** *n* quartiers *mpl* défavorisés **II.** *adj* **inner-city** des quartiers défavorisés; **~ areas** quartiers *mpl* défavorisés

innermost *adj* le/la/les plus intime(s); **the ~ feelings/thoughts** les sentiments/les pensées les plus intimes; **in sb's ~ being** dans le for intérieur de qn

innocence [ˈɪnəsns] *n no pl* innocence *f*

innocent I. *adj* innocent **II.** *n* innocent(e) *m(f)*

innocuous [ɪˈnɒkjʊəs, *Am:* -ˈnɑːk-] *adj* inoffensif

innovate [ˈɪnəveɪt] *vi* innover

innovation *n* innovation *f*

innovative [ˈɪnəvətɪv, *Am:* -veɪt̬ɪv] *adj* innovateur

innovator *n* innovateur, -trice *m, f*

innuendo [ˌɪnjuːˈendəʊ, *Am:* -doʊ] *<*-s *o* -es*> n* insinuation *f*

innumerable *adj* innombrable

inoculate [ɪˈnɒkjʊleɪt, *Am:* -ˈnɑːkjə-] *vt* inoculer

inoffensive [ˌɪnəˈfensɪv] *adj* inoffensif

in-patient [ˈɪnpeɪʃnt] *n* patient *m* hospitalisé, patiente *f* hospitalisée

input [ˈɪnpʊt] **I.** *n* **1.** *no pl, no indef art* (*sth put into a system*) apport *m* **2.** (*contribution*) contribution *f* **3.** ELEC entrée *f* **4.** INFOR saisie *f* (de données) **II.** *<*-tt-*> vt* INFOR entrer

inquest [ˈɪnkwest] *n* enquête *f*

inquire [ɪnˈkwaɪəʳ, *Am:* -ˈkwaɪr] *vt, vi s.* **enquire**

inquiry *n Brit, Am s.* **enquiry**

inroads *n pl* **to make ~s into sth** pénétrer qc

insane [ɪnˈseɪn] *adj* **1.** *inf* MED malsain **2.** *inf* (*crazy*) fou

insanity [ɪnˈsænəti, *Am:* -t̬i] *n no pl, no indef art* folie *f*

insatiable *adj* insatiable

inscription [ɪn'skrɪpʃən] *n*
1. (*handwritten dedication in book*)
dédicace *f* **2.** (*inscribed words*) inscription *f*

insect ['ɪnsekt] *n* insecte *m*

insecticide [ɪn'sektɪsaɪd] *n* insecticide *m*

insecure [ˌɪnsɪ'kjʊəʳ, *Am:* -'kjʊr] *adj*
1. (*lacking confidence*) **to be ~**
manquer d'assurance **2.** (*unstable*)
incertain; (*job*) précaire

inseminate [ɪn'semɪneɪt] *vt* insé-
miner

insensible [ɪn'sensəbl] *adj form* insensible

insensitive [ɪn'sensətɪv, *Am:* -ţɪv]
adj a. pej insensible

insert [ɪn'sɜːt, *Am:* -'sɜːrt] **I.** *vt* insérer **II.** *n* insertion *f*

insertion *n* insertion *f*

inshore [ˌɪn'ʃɔːʳ, *Am:* -'ʃɔːr] **I.** *adj*
(*near coast*) côtier **II.** *adv* (*towards
coast*) vers la côte

inside [ɪn'saɪd] **I.** *adj inv, a. fig* intérieur **II.** *n* **1.** *no pl* (*internal part or
side*) intérieur *m;* **to turn sth ~ out**
retourner qc; *fig* mettre qc sens dessus dessous; **to know a place ~ out**
connaître un endroit comme sa
poche **2.** *pl* (*entrails*) entrailles *fpl*
III. *prep* **1.** (*within*) à l'intérieur de;
from ~ sth de l'intérieur de qc; **~**
oneself en soi-même **2.** (*within time
of*) **~ (of) sth** en moins de qc **IV.** *adv*
1. (*within something*) à l'intérieur de;
to go ~ entrer **2.** *inf* (*in jail*) en taule

insider *n* initié(e) *m(f)*

insight ['ɪnsaɪt] *n* **1.** *no pl, no indef
art* (*capacity for understanding*)
perspicacité *f* **2.** (*glimpse*) aperçu *m*

insignificant *adj* insignifiant

insinuate [ɪn'sɪnjʊeɪt] *vt* insinuer

insipid [ɪn'sɪpɪd] *adj* insipide

insist [ɪn'sɪst] *vi, vt* insister

insistence [ɪn'sɪstəns] *n no pl, no
indef art* insistance *f*

insistent *adj* insistant

insofar as [ˌɪnsəʊ'fɑːr əz, *Am:*
-soʊ'fɑːr əz] *adv* dans la mesure où

insole ['ɪnsəʊl, *Am:* -soʊl] *n* semelle
f (intérieure)

insolence ['ɪnsələns] *n* insolence *f*

insolent *adj* insolent

insolvent [ɪn'sɒlvənt, *Am:* -'sɑːl-]
adj insolvable

insomnia [ɪn'sɒmnɪə, *Am:* -'sɑːm-]
n no pl, no indef art insomnie *f*

insomniac I. *n* insomniaque *mf*
II. *adj* insomniaque

inasmuch as *adv s.* **inasmuch as**

inspect [ɪn'spekt] *vt* **1.** (*examine
carefully*) *a.* MIL inspecter **2.** (*examine officially*) contrôler

inspection *n* inspection *f;* **on closer
~** vu de plus près

inspector *n* inspecteur, -trice *m, f*

inspiration [ˌɪnspə'reɪʃən] *n* inspiration *f*

inspire [ɪn'spaɪəʳ, *Am:* -'spaɪr] *vt*
inspirer; **to ~ sth in sb** inspirer qc à
qn

in spite of *prep* en dépit de; **~ one-**
self malgré soi; **~ everyone** envers
et contre tous

install(l) [ɪn'stɔːl] *vt* installer

installation [ˌɪnstə'leɪʃən] *n* installation *f*

instal(l)ment *n* **1.** RADIO, TV épisode
m **2.** COM acompte *m*

instance ['ɪnstəns] *n* exemple *m;*
for ~ par exemple

instant I. *n* instant *m;* **at the same ~**
au même instant **II.** *adj* instantané

instantly *adv* immédiatement

instant replay *n* ralenti *m*

instead of [ɪn'sted ɒv, *Am:* -ɑːv]
prep **~ sb/sth** à la place de qn/qc; **~**
doing sth au lieu de faire qc

instigate ['ɪnstɪgeɪt] *vt* être à l'origine de

instil <-ll-> *vt,* **instill** [ɪn'stɪl] *vt Am*
to ~ sth into sb apprendre qc à qn

instinct ['ɪnstɪŋkt] *n* instinct *m*

instinctive *adj* instinctif

institute ['ɪnstɪtjuːt, *Am:* -tuːt] **I.** *n*
institut *m* **II.** *vt* instituer

institution *n a. inf* institution *f*

institutional *adj* institutionnel

instruct [ɪn'strʌkt] *vt* instruire

instruction *n* **1.** (*order, teaching*)
instruction *f* **2.** *pl* mode *m* d'emploi

instructor *n* instructeur, -trice *m, f*

instrument ['ɪnstrʊmənt, *Am:*

-strə-] *n a. fig* instrument *m*

instrumental *adj* instrumental; **to be ~ in sth** contribuer à qc

insubordinate [ˌɪnsəˈbɔːdɪnət, *Am:* -ˈbɔːrdənɪt] *adj pej* insubordonné

insufficient *adj* insuffisant

insular [ˈɪntsjələr, *Am:* -sələr] *adj* 1. GEO insulaire 2. (*narrow-minded*) borné

insulate [ˈɪntsjəleɪt, *Am:* -sə-] *vt* isoler

insulating *adj* isolant

insulation *n no pl* isolation *f*

insulin [ˈɪntsjʊlɪn, *Am:* -sə-] *n no pl, no indef art* insuline *f*

insult¹ [ɪnˈsʌlt] *vt* insulter

insult² [ˈɪnsʌlt] *n* insulte *f*

insurance [ɪnˈʃʊərəns, *Am:* -ˈʃʊrəns] *n* 1. *no pl, no indef art* (*financial protection*) assurance *f;* **life ~** assurance vie 2. (*protection*) protection *f*

insure [ɪnˈʃʊər, *Am:* -ˈʃʊr] *vt* assurer

insurer *n* assureur *m*

insurrection [ˌɪnsəˈrekʃən, *Am:* -səˈrek-] *n* insurrection *f*

intact [ɪnˈtækt] *adj a. fig* intact

intake [ˈɪnteɪk] *n* 1. (*action of taking in*) prise *f;* (*of food, drink*) consommation *f* 2. (*amount taken in*) apport *m;* **daily ~** ration *f* journalière 3. (*recruitment of people*) admission *f*

integer [ˈɪntɪdʒər, *Am:* -dʒər] *n* MAT entier *m*

integral [ˈɪntɪgrəl, *Am:* -tə-] *adj* intégral

integrate [ˈɪntɪgreɪt, *Am:* -tə-] I. *vt* intégrer II. *vi* s'intégrer

integration *n no pl* intégration *f*

integrity [ɪnˈtegrəti, *Am:* -ti] *n no pl* intégrité *f;* **a man/a woman of ~** un homme/une femme intègre

intellect [ˈɪntəlekt, *Am:* -tə-] *n no pl* 1. (*faculty*) intelligence *f;* **man/ woman of ~** homme/femme intelligent(e) 2. (*thinker, intellectual*) intellectuel(le) *m(f)*

intellectual [ˌɪntəˈlektʃʊəl, *Am:* -tə-] I. *n* intellectuel(le) *m(f)* II. *adj* intellectuel

intelligence [ɪnˈtelɪdʒəns] *n no pl* 1. (*alertness, brain power*) *a.* INFOR intelligence *f* 2. + *sing/pl vb* (*inside information, low-down*) informations *fpl* 3. (*department gathering inside knowledge*) service *m* de renseignements **intelligence quotient** *n* quotient *m* intellectuel

intelligent *adj* intelligent

intend [ɪnˈtend] *vt* 1. (*aim for, plan*) **to ~ doing/to +** *infin* avoir l'intention de + *infin;* **what I ~ is …** mon intention est …; **to be ~ed as sth** être censé être qc 2. (*earmark, destine*) **to be ~ed for sb/sth** être destiné à qn/qc; **to be ~ed to +** *infin* être destiné à + *infin*

intended *adj* prévu; (*mistake, effect*) voulu

intense [ɪnˈtents] *adj* 1. (*extreme, strong*) intense 2. (*passionate*) véhément

intensify [ɪnˈtentsɪfaɪ] I. *vt* intensifier II. *vi* s'intensifier

intensity [ɪnˈtentsəti, *Am:* -ṭi] *n no pl* intensité *f*

intensive *adj* intensif

intent [ɪnˈtent] I. *n* intention *f* II. *adj* 1. (*absorbed, concentrated, occupied*) absorbé; **to be ~ on sb/ sth** être tout entier à qn/qc 2. (*hellbent, set*) **to be/seem ~ on sth** être enclin à qc

intention [ɪnˈtentʃən] *n* intention *f*

intentional *adj* intentionnel

interact [ˌɪntərˈækt, *Am:* ɪntərˈækt] *vi* interagir

interaction *n* interaction *f*

interactive *adj* interactif

intercede [ˌɪntəˈsiːd, *Am:* -ṭərˈ-] *vi* intercéder

intercept [ˌɪntəˈsept, *Am:* -ṭərˈ-] *vt* intercepter

interception *n* interception *f*

interchange [ˌɪntəˈtʃeɪndʒ, *Am:* -ṭə-] I. *n* 1. *form* échange *m* 2. (*road junction*) échangeur *m* (d'autoroute) II. *vt* échanger III. *vi* s'interchanger

interchangeable *adj* interchangeable

intercity [ˌɪntəˈsɪti] *n Brit* service *m*

interurbain

intercom ['ɪntəkɒm, *Am:* -t̬ɚka:m] *n* interphone *m*

intercontinental [ˌɪntəˌkɒntɪ'nentl, *Am:* -t̬ɚˌka:ntə'nent̬l] *adj* intercontinental

intercourse ['ɪntəkɔːs, *Am:* -t̬ɚkɔːrs] *n no pl* rapports *mpl;* **sexual** ~ relations *fpl* sexuelles

interest ['ɪntrəst, *Am:* -trɪst] I. *n a.* ECON intérêt *m;* **to take an** ~ **in sth** s'intéresser à qc; **to be of** ~ être intéressant; **to be in sb's** ~ être dans l'intérêt de qn; **at 5 %** ~ à un intérêt de 5 % II. *vt* intéresser

interested *adj* intéressé; **to be** ~ **in sb/sth** être intéressé par qn/qc

interesting *adj* intéressant

interface ['ɪntəfeɪs, *Am:* -t̬ɚ-] *n a.* INFOR interface *f*

interfere [ˌɪntə'fɪə', *Am:* -t̬ɚ'fɪr] *vi* **1.** (*become involved*) **to** ~ **in sth** s'immiscer dans qc **2.** (*hinder*) **to** ~ **with sth** gêner qc **3.** (*disturb*) **to** ~ **with sb/sth** déranger qn/qc

interference [ˌɪntə'fɪərəns, *Am:* -t̬ɚ'fɪr-] *n no pl* **1.** (*interfering*) ingérence *f;* (*in sb's privacy*) intrusion *f* **2.** RADIO, TECH interférences *fpl*

interim ['ɪntərɪm, *Am:* -t̬ɚ-] I. *n no pl* intérim *m* II. *adj inv* intérimaire

interior [ɪn'tɪərɪə', *Am:* -'tɪrɪə'] I. *adj inv* intérieur; (*decorator, scene*) d'intérieur II. *n* intérieur *m*

interjection *n* interjection *f*

interloper ['ɪntələʊpə', *Am:* -t̬ɚloʊpə'] *n pej* intrus(e) *m(f)*

interlude ['ɪntəluːd, *Am:* -t̬ɚluːd] *n* intermède *m;* **musical** ~ interlude *m* musical

intermediary [ˌɪntə'miːdɪəri, *Am:* -t̬ɚ'miːdɪər-] <-ries-> I. *n* intermédiaire *mf* II. *adj* intermédiaire

intermediate [ˌɪntə'miːdɪət, *Am:* -t̬ɚ-] *adj* intermédiaire

intermittent [ˌɪntə'mɪtnt, *Am:* -t̬ɚ-] *adj* intermittent

intern [ɪn'tɜːn, *Am:* -'tɜːrn] I. *vt* interner II. *n Am* **1.** MED interne *mf* **2.** (*trainee*) stagiaire *mf*

internal *adj* intérieur; (*affairs, bleeding*) interne

international [ˌɪntə'næʃənəl, *Am:* -t̬ɚ-] *adj* international

internaut *n* internaute *mf*

internee [ˌɪntɜː'niː, *Am:* -tɜːr'-] *n* interné(e) *m(f)*

internet ['ɪntənet, *Am:* -t̬ɚ-] *n* Internet *m;* **to access the** ~ accéder à Internet

internet access *n* branchement *m* Internet **internet café** *n* cybercafé *m* **internet search engine** *n* chercheur *m* web

internship *n Am* **1.** MED internat *m* **2.** (*traineeship*) stage *m*

interpret [ɪn'tɜːprɪt, *Am:* -'tɜːrprət] I. *vt* interpréter II. *vi* faire l'interprète

interpretation *n* interprétation *f*

interpreter *n* interprète *mf*

interracial *adj* interracial

interrelated *adj* en corrélation

interrogate [ɪn'terəgeɪt] *vt* interroger

interrogation *n* interrogation *f*

interrogation mark, interrogation point *n* point *m* d'interrogation

interrogative [ˌɪntə'rɒgətɪv, *Am:* -t̬ɚ'ra:gət̬ɪv] I. *n* LING interrogatif *m* II. *adj* interrogatif

interrupt [ˌɪntə'rʌpt, *Am:* -t̬ɚ-] *vt* interrompre

interruption *n* interruption *f*

intersect [ˌɪntə'sekt] I. *vt* couper II. *vi* s'entrecouper

intersection *n* intersection *f*

intersperse [ˌɪntə'spɜːs, *Am:* -t̬ɚ'spɜːrs] *vt* entremêler

interstate [ˌɪntə'steɪt, *Am:* 'ɪntə'-] *n Am* autoroute *f*

interurban [ˌɪntə'ɜːbən, *Am:* -t̬ɚ'ɜːr-] *adj Am* interurbain

interval ['ɪntəvl, *Am:* -t̬ɚ-] *n* **1.** (*period*) intervalle *m;* **sunny** ~**s** éclaircies *fpl* ensoleillées **2.** THEAT, MUS entracte *m*

intervene [ˌɪntə'viːn, *Am:* -t̬ɚ-] *vi* **1.** (*involve oneself to help*) intervenir **2.** (*meddle unhelpfully*) interférer **3.** (*come to pass between*) s'écouler

intervening *adj inv* intervenant

intervention [ˌɪntəˈvenʃən, *Am:* -t̬ɚ-] *n* intervention *f*

interview [ˈɪntəvjuː, *Am:* -t̬ɚ-] **I.** *n* **1.** (*formal talk for job*) entretien *m* **2.** PUBL, RADIO, TV interview *f* **II.** *vt* **1.** (*question for a job*) faire passer un entretien à **2.** (*suspect*) interroger **3.** PUBL, RADIO, TV interviewer

interviewee [ˌɪntəvjuːˈiː, *Am:* -t̬ɚ-] *n* interviewé(e) *m(f)*

interviewer *n* interviewer *m*

intestine [ɪnˈtestɪn] *n pl* intestin *m*

intimacy [ˈɪntɪməsi, *Am:* -t̬ə-] <-cies> *n* **1.** *no pl* (*closeness*) intimité *f* **2.** *pl* (*intimate relations*) relations *fpl* intimes **3.** *pl* (*intimate remarks*) familiarités *fpl*

intimate¹ [ˈɪntɪmət, *Am:* -t̬ə-] **I.** *adj* **1.** (*close*) intime **2.** (*very detailed*) approfondi **II.** *n* intime *mf*

intimate² [ˈɪntɪmeɪt, *Am:* -t̬ə-] *vt* signifier

intimidate [ɪnˈtɪmɪdeɪt] *vt* intimider

intimidating *adj* intimidant

intimidation *n no pl* intimidation *f*

into [ˈɪntʊ, *Am:* -t̬ə] *prep* **1.** dans **2.** (*movement to inside*) **to come/ go ~ a place** entrer dans un lieu; **to put sth ~ it/place** mettre qc dedans/en place; **to get/let sb ~ a car** monter/faire monter qn en voiture **3.** (*movement towards*) **to walk** [*o* **drive**] **~ a tree** percuter un arbre; **to run** [*o* **bump**] **~ sb/sth** tomber sur qn/qc **4.** (*through time of*) **to work late ~ the night** travailler tard dans la nuit **5.** (*change to*) **to put sth ~ English** traduire qc en anglais; **to change notes ~ coins** changer des billets contre des pièces; **to force sb ~ doing sth** forcer qn à faire qc **6.** (*begin*) **to burst ~ tears/laughter** éclater en sanglots/de rire **7.** (*make smaller*) **3 ~ 6 goes twice** 6 divisé par 3 donne 2; **to cut sth ~ two/slices** couper qc en deux/ tranches **8.** *inf* (*interested in*) **to be ~ sb/sth** être un dingue de qn/qc

intolerable *adj* intolérable; (*place*) insupportable

intolerance [ɪnˈtɒlərəns, *Am:* -ˈtɑːlə-] *n no pl* intolérance *f*

intolerant *adj* intolérant

intonation [ˌɪntəˈneɪʃən, *Am:* -toʊ-] *n sing* intonation *f*

intoxicate [ɪnˈtɒksɪkeɪt, *Am:* -ˈtɑːk-] *vt, vi* **1.** (*cause drunkenness*) enivrer **2.** (*excite*) griser

intranet *n* intranet *m*

intransitive [ɪnˈtrænsətɪv, *Am:* -t̬ɪv] LING **I.** *adj* intransitif **II.** *n* intransitif *m*

intravenous [ˌɪntrəˈviːnəs] *adj* intraveineux

intrepid [ɪnˈtrepɪd] *adj* intrépide

intricate [ˈɪntrɪkət] *adj* compliqué

intrigue¹ [ɪnˈtriːɡ] *vt, vi* intriguer

intrigue² [ˈɪntriːɡ] *n* intrigue *f*

intriguing *adj* mystérieux

intrinsic [ɪnˈtrɪnsɪk] *adj* intrinsèque

introduce [ˌɪntrəˈdjuːs, *Am:* -ˈduːs] *vt* **1.** (*acquaint*) présenter; **to ~ sb to sb** présenter qn à qn **2.** (*raise interest in subject*) **to ~ sb to sth** faire connaître qc à qn **3.** (*bring in*) introduire; (*law, controls*) établir; (*products*) lancer **4.** (*insert*) introduire

introduction [ˌɪntrəˈdʌkʃən] *n* **1.** (*preliminary section*) introduction *f* **2.** (*making first acquaintance*) présentation *f*; **a letter of ~** une lettre de recommandation **3.** (*establishment, insertion*) introduction *f*; **~ into the market** lancement *m* sur le marché

introductory [ˌɪntrəˈdʌktəri] *adj* d'introduction; (*price*) de lancement

introspection [ˌɪntrəˈspekʃən, *Am:* -troʊ-] *n no pl* introspection *f*

introspective [ˌɪntrəˈspektɪv, *Am:* -troʊ-] *adj* introspectif

introvert [ˈɪntrəvɜːt, *Am:* -troʊˈvɜːrt] *n* introverti(e) *m(f)*

introverted *adj* recueilli

intrude [ɪnˈtruːd] *vi* s'immiscer; **to ~ on sb** faire intrusion auprès de qn

intruder *n* intrus(e) *m(f)*

intrusive [ɪnˈtruːsɪv] *adj* importun

intuition [ˌɪntjuːˈɪʃən, *Am:* -tuːˈ-] *n no pl* intuition *f*

intuitive [ɪnˈtjuːɪtɪv] *adj* intuitif

inundate [ˈɪnʌndeɪt, *Am:* -ən-] *vt* **1.** (*flood*) inonder **2.** *fig* **to be ~d**

with sth être débordé par qc
inundation *n no pl* **1.** (*flooding*) inondation *f* **2.** *fig* invasion *f*
invade [ɪn'veɪd] *vt* **1.** (*make invasion*) *a. fig* envahir **2.** (*disturb*) violer
invader *n* envahisseur *m*
invalid¹ ['ɪnvəlɪd] *n* invalide *mf*
invalid² [ɪn'vælɪd] *adj* **1.** (*not legally binding*) non valide **2.** (*unsound*) nul et non avenu
invaluable *adj* inestimable
invariably *adj* invariablement
invasion [ɪn'veɪʒən] *n* **1.** MIL invasion *f* **2.** *no pl* (*interference*) intrusion *f*
invent [ɪn'vent] *vt* inventer
invention *n* invention *f*
inventive *adj* inventif
inventor *n* inventeur, -trice *m, f*
inventory ['ɪnvəntri, *Am:* -tɔːr-] <-ies> *n* inventaire *m*
inverse [ɪn'vɜːs, *Am:* -'vɜːrs] I. *adj* inverse II. *n no pl, inf* inverse *m*
inversion *n no pl, form* inversion *f*
invert [ɪn'vɜːt, *Am:* -'vɜːrt] *vt* retourner
invertebrate [ɪn'vɜːtɪbrət, *Am:* -'vɜːrt̬əbrɪt] I. *n* invertébré *m* II. *adj* invertébré
invest [ɪn'vest] *vt, vi* investir
investigate [ɪn'vestɪgeɪt] *vt* enquêter sur; **to ~ how/whether/why ...** rechercher comment/si/pourquoi ...
investigation *n* enquête *f*
investigative *adj* investigateur
investigator *n* enquêteur, -trice *m, f*
investment *n* investissement *m*
investor *n* investisseur *m*
inveterate [ɪn'vetərət, *Am:* -'vet̬-] *adj* invétéré
invidious [ɪn'vɪdɪəs] *adj* **1.** (*position, task*) peu enviable **2.** (*comparison, choice*) inéquitable
invigilate [ɪn'vɪdʒɪleɪt] *vt Brit, Aus* surveiller
invigilator *n Brit, Aus* SCHOOL, UNIV surveillant(e) *m(f)*
invigorating *adj* **1.** (*physically fortifying, rejuvenating*) revigorant **2.** (*stimulating, heartening*) stimu-

lant
invincible [ɪn'vɪnsəbl] *adj* invincible
invisible [ɪn'vɪzəbl] *adj* invisible
invitation [ˌɪnvɪ'teɪʃən] *n* invitation *f*
invite [ɪn'vaɪt] I. *vt* **1.** (*request to attend*) inviter; **to ~ sb for/to sth** inviter qn à qc **2.** (*provoke, tempt reaction*) encourager II. *n* invitation *f*
inviting *adj* (*look, prospect, smile*) aguichant
invoice ['ɪnvɔɪs] I. *vt* (*goods*) facturer; (*a client*) envoyer une facture à II. *n* facture *f*
invoke [ɪn'vəʊk, *Am:* -'voʊk] *vt* **1.** (*cite*) évoquer **2.** (*call on*) invoquer
involuntary [ɪn'vɒləntəri, *Am:* -'vɑːlənter-] *adj* involontaire
involve [ɪn'vɒlv, *Am:* -'vɑːlv] *vt* **1.** (*concern*) toucher **2.** (*include*) inclure **3.** (*necessitate*) nécessiter
involved *adj* **1.** (*knotty, tangled*) embrouillé **2.** (*implicated, mixed up*) impliqué; **to be ~ in sth** être mêlé à qc
involvement *n* **1.** (*commitment*) engagement *m* **2.** (*participation*) participation *f*
inward ['ɪnwəd, *Am:* -wəd] I. *adj* intérieur; (*investment, trade*) interne II. *adv* **1.** (*in direction of centre*) vers l'intérieur **2.** (*towards personal centre*) à l'intérieur
inwards *adv* vers l'intérieur
I/O *n* INFOR *abbr of* **input**/**output** E/S *f*
IQ *n abbr of* **intelligence quotient** QI *m*
IRA *n no pl abbr of* **Irish Republican Army** IRA *f*
Iran [ɪ'rɑːn, *Am:* -'ræn] *n* l'Iran *m*
Iraq [ɪ'rɑːk] *n* l'Irak *m*
Ireland ['aɪələnd, *Am:* 'aɪr-] *n* l'Irlande *f*; **Republic of ~** République *f* d'Irlande
iris ['aɪərɪs, *Am:* 'aɪ-] <-es> *n* a. BOT iris *m*
Irish ['aɪərɪʃ, *Am:* 'aɪ-] I. *adj* irlandais II. *n* **1.** (*people*) **the ~** les Irlandais **2.** LING irlandais *m; s. a.* **English**

Irishman *n* Irlandais *m* **Irish-woman** *n* Irlandaise *f*

irksome ['ɜːksəm, *Am:* 'ɜːrk-] *adj* irritant

iron ['aɪən, *Am:* 'aɪɚn] I. *n* 1. *no pl* (*metal*) fer *m* 2. (*device for pressing clothes*) fer *m* à repasser II. *vt, vi* repasser

ironic, ironical *adj* ironique

ironing *n no pl* repassage *m*

ironing board *n* table *f* à repasser

ironmonger *n Brit* quincaillier, -ière *m, f*; ~'s quincaillerie *f*

irony ['aɪərəni, *Am:* 'aɪ-] *n no pl* ironie *f*

irreconcilable *adj* inconciliable

irregular [ɪ'regjələ', *Am:* -lɚ] *adj* irrégulier

irregularity <-ies> *n* irrégularité *f*

irrelevant *adj* insignifiant

irreparable *adj* irréparable

irreplaceable *adj* irremplaçable

irrepressible [ˌɪrɪ'presəbl] *adj* irrépressible

irresistible [ˌɪrɪ'zɪstəbl] *adj* irrésistible

irrespective of *prep* sans tenir compte de

irresponsible [ˌɪrɪ'spɒnsəbl, *Am:* -'spɑː-] *adj pej* irresponsable

irrigate ['ɪrɪgeɪt] *vt* irriguer

irrigation *n no pl* irrigation *f*

irritable *adj pej* irritable

irritate ['ɪrɪteɪt] *vt a.* MED irriter

irritating *adj a.* MED irritant

irritation *n a.* MED irritation *f*

is [ɪz] *3rd pers sing of* **to be**

Islam [ɪz'lɑːm] *n no art, no pl* l'Islam *m*

Islamic [ɪz'læmɪk, *Am:* -'lɑː-] *adj* REL, HIST islamique

island ['aɪlənd] *n a. fig* île *f*

islander *n* insulaire *mf*

isn't ['ɪznt] = **is not**

isolate ['aɪsəleɪt] *vt* isoler

isolated *adj* isolé

isolation *n no pl* isolement *m*

Israel ['ɪzreɪl, *Am:* -riəl] *n* Israël *m*

issue ['ɪʃuː] I. *n* 1. (*problem, topic*) question *f*; at ~ en question; to **make an ~ of sth** faire tout un problème de qc 2. (*single publication*) numéro *m* 3. FIN, ECON émission *f* II. *vt* 1. (*put out*) délivrer; **to ~ sb with sth** délivrer qc à qn 2. (*a bank notes, statement*) émettre; (*a communiqué, newsletter*) rendre public; (*book*) publier

it [ɪt] I. *dem pron* ce, c' + *vowel;* **who was ~?** qui était-ce?; ~ **is ...** c'est ..., ça est *Belgique;* ~ **all** tout cela; ~'**s Paul who did that** c'est Paul qui a fait ça II. *pers pron* il, elle; **your pen/card?** ~ **is on my desk** ton stylo/ta carte? il/elle est sur mon bureau III. *impers pron* il; **what time is ~?** quelle heure est-il?; ~'**s cold, ~'s snowing** il fait froid, il neige; ~ **is said that ...** on dit que ... IV. *objective pron* 1. (*direct object*) le, la, l' + *vowel;* **your card? I took ~?** ta carte? je l'ai prise; **I can do ~** je peux le/la faire 2. (*indirect object*) lui; **give ~ something to eat** donne-lui à manger 3. (*prepositional object*) **I heard of/about ~** j'en ai entendu parler; **I'm just coming back from ~** j'en reviens; **I'm afraid of ~** j'en ai peur; **I fell into ~** j'y suis tombé; **I went to ~** j'y suis allé; **think of ~** pensez-y; **put the glass on/beside ~** mets le verre dessus/à côté 4. (*non-specific object*) en; **to have ~ in for sb** en avoir après qn 5. **that's ~!** ça y est!; (*in anger*) ça suffit!; **this is ~!** nous y sommes!

italic [ɪ'tælɪk] I. *adj* italique II. *n pl* INFOR, TYP italiques *mpl*

Italy ['ɪtəli, *Am:* 'ɪt̬-] *n* l'Italie *f*

itch [ɪtʃ] I. *vi a. inf* démanger II. *n* démangeaison *f*

itchy <-ier, -iest> *adj* irritant

item ['aɪtəm, *Am:* -t̬əm] *n* 1. (*point, thing*) *a.* INFOR article *m*; ~ **of news** nouvelle *f* 2. *inf* (*couple in relationship*) couple *m*

itinerary [aɪ'tɪnərəri, *Am:* -ərer-] <-ies> *n* itinéraire *m*

it'll ['ɪtl, *Am:* 'ɪt̬l] = **it will**

its [ɪts] *poss adj* (*of sth*) son, sa, ses *pl;* **the cat hurt ~ head** le chat s'est blessé à la tête

it's [ɪts] = **it is**

itself [ɪt'self] *reflex pron* **1.** *after verbs* se, s' + *vowel* **2.** (*specifically*) lui-même, elle-même; **the plan in ~** le plan en soi; **to do sth by ~** faire qc tout seul; *s. a.* **myself**

I've [aɪv] = **I have**

ivory ['aɪvəri] <-ies> **I.** *n* ivoire *m* **II.** *adj* (*cream, not white*) ivoire

Ivory Coast *n* la Côte d'Ivoire **ivory tower** *n fig* tour *f* d'ivoire

ivy ['aɪvi] <-ies> *n* lierre *m*

J j

J, j [dʒeɪ] <-'s *o* -s> *n* J, j *m*

jab [dʒæb] **I.** *n* **1.** (*shove*) coup *m* **2.** SPORT direct *m* **3.** *Aus, Brit, inf* MED piqûre *f;* **a flu ~** un vaccin contre la grippe **II.** <-bb-> *vt* planter

jabber ['dʒæbəʳ, *Am:* -əʳ] *pej* **I.** *vi* baragouiner **II.** *vt* **to ~ (out) sth** bredouiller qc

jack [dʒæk] *n* **1.** AUTO cric *m* **2.** (*card*) valet *m*

♦**jack up** *vt* **1.** (*raise*) soulever à l'aide d'un cric **2.** *fig, inf* (*prices, rent*) faire grimper

Jack [dʒæk] *n inf* **every man ~ of them** absolument tout le monde; **I'm all right ~** *inf* ça roule pour moi

jackal ['dʒækɔ:l, *Am:* -əl] *n* chacal *m*

jackdaw ['dʒækdɔ:, *Am:* -dɑ:] *n* choucas *m*

jacket ['dʒækɪt] *n* **1.** veste *f* **2.** (*of book*) couverture *f* **3.** *Am, Aus* MUS pochette *f*

jacket potato *n* pomme de terre *f* en robe des champs

jackknife ['dʒæknaɪf] **I.** *n* couteau *m* de poche **II.** *vi* AUTO se mettre en portefeuille

jackpot ['dʒækpɒt, *Am:* -pɑ:t] *n* jackpot *m*

jaded ['dʒeɪdɪd] *adj* **to be ~ with sth** être las de qc

jag [dʒæg] *n Am* soûlerie *f*

jagged ['dʒægɪd] *adj* déchiqueté

jail [dʒeɪl] **I.** *n* prison *f;* **to put sb in ~** incarcérer qn **II.** *vt* emprisonner

⚠ L'orthographe **gaol** pour **jail** (=prison) ne s'emploie plus que dans les textes officiels rédigés en anglais britannique: "the criminal spent ten years in gaol."

jailer ['dʒeɪləʳ, *Am:* -ləʳ] *n* gardien(ne) *m(f)* de prison

jailor ['dʒeɪləʳ, *Am:* -ləʳ] *n s.* **jailer**

jam¹ [dʒæm] *n* confiture *f*

jam² [dʒæm] **I.** *n* **1.** *inf* (*awkward situation*) pétrin *m* **2.** *no pl* (*crowd*) cohue *f;* AUTO embouteillage *m* **II.** <-mm-> *vt* **1.** coincer; **to ~ sth open** maintenir qc ouvert **2.** (*cram*) **to ~ sth into sth** fourrer qc dans qc **3.** RADIO brouiller **III.** <-mm-> *vi* (*become stuck*) se coincer; (*brakes, photocopier*) se bloquer

Jamaica [dʒə'meɪkə] *n* la Jamaïque

Jamaican I. *adj* jamaïcain, jamaïquain **II.** *n* Jamaïquain(e) *m(f); s. a.* **English**

jam-packed [,dʒæm'pækt] *adj inf* bondé

jangle ['dʒæŋgl] **I.** *vt* (*keys*) faire cliqueter; (*bells*) agiter **II.** *vi* tinter

janitor ['dʒænɪtəʳ, *Am:* -əţəʳ] *n Am, Scot* concierge *mf*

January ['dʒænjʊəri, *Am:* -jueri] *n* janvier *m; s. a.* **April**

Japan [dʒə'pæn] *n* le Japon

Japanese [,dʒæpə'ni:z] **I.** *adj* japonais **II.** *n* **1.** (*person*) Japonais(e) *m(f)* **2.** LING japonais *m; s. a.* **English**

jar¹ [dʒɑ:ʳ, *Am:* dʒɑ:r] *n* pot *m*

jar² [dʒɑ:ʳ, *Am:* dʒɑ:r] **I.** <-rr-> *vt* ébranler **II.** <-rr-> *vi* **to ~ on sb** froisser qn

jargon ['dʒɑ:gən, *Am:* 'dʒɑ:r-] *n no pl* jargon *m*

jaundice ['dʒɔ:ndɪs, *Am:* 'dʒɑ:n-] *n no pl* MED jaunisse *f*

jaundiced ['dʒɔ:ndɪst, *Am:* 'dʒɑ:n-] *adj* **1.** MED qui a la jaunisse **2.** *fig, form* amer

jaunt [dʒɔːnt, *Am:* dʒɑːnt] *n* excursion *f*

jaunty ['dʒɔːntɪ, *Am:* 'dʒɑːnţɪ] <-ier, -iest> *adj* enjoué; (*step*) vif

javelin ['dʒævlɪn] *n* javelot *m*

jaw [dʒɔː, *Am:* dʒɑː] **I.** *n* mâchoire *f* **II.** *vi inf* papoter

jawbone ['dʒɔːbəʊn, *Am:* 'dʒɑːboʊn] *n* mâchoire *f*

jay [dʒeɪ] *n* geai *m*

jaywalker ['dʒeɪwɔːkə^r, *Am:* -wɑːkə^r] *n* piéton(ne)ne respectant pas le code la route

jazz [dʒæz] *n no pl* jazz *m*

♦ **jazz up** *vt inf* **1.** MUS adapter pour le jazz **2.** (*brighten or enliven*) égayer

jazzy ['dʒæzɪ] <-ier, -iest> *adj inf* (*flashy*) tapageur

jealous ['dʒeləs] *adj* jaloux

jealousy ['dʒeləsɪ] <-ies> *n* jalousie *f*

jeans [dʒiːnz] *npl* jean(s) *m;* **a pair of** ~ une paire de jeans

jeep® [dʒiːp] *n* jeep *f*

jeer [dʒɪə^r, *Am:* dʒɪr] **I.** *vt* huer **II.** *vi* railler; **to** ~ **at sb** se moquer de qn

Jehovah's Witness *n* Témoin *m* de Jéhovah

jell [dʒel] *vi s.* **gel**

jelly ['dʒelɪ] <-ies> *n* **1.** (*substance, spread*) gelée *f* **2.** *Aus, Brit* (*dessert*) dessert de gélatine au goût et à la couleur de fruit

jellyfish ['dʒelifɪʃ] <-es> *n* méduse *f*

jeopardise *vt Aus, Brit,* **jeopardize** ['dʒepədaɪz, *Am:* '-ə-] *vt* mettre en danger

jeopardy ['dʒepədɪ, *Am:* -ə-] *n no pl* **in** ~ en danger

jerk [dʒɜːk, *Am:* dʒɜːrk] **I.** *n* **1.** (*movement*) secousse *f;* (*pull*) coup *m* sec **2.** *Am, inf* (*stupid person*) pauvre crétin(e) *m(f)* **II.** *vi* tressaillir **III.** *vt* donner une secousse à

jerkin ['dʒɜːkɪn, *Am:* 'dʒɜːr-] *n* blouson *m*

jersey ['dʒɜːzɪ, *Am:* 'dʒɜːr-] *n* **1.** (*garment*) tricot *m* **2.** *no pl* (*cloth*) jersey *m*

Jersey ['dʒɜːzɪ, *Am:* 'dʒɜːr-] *n* (l'île *f* de) Jersey

jest [dʒest] *n form* plaisanterie *f;* **to say sth in** ~ dire qc pour rire

Jesuit ['dʒezjʊɪt] **I.** *n* jésuite *m* **II.** *adj* jésuite

Jesus ['dʒiːzəs] *n no art, no pl* Jésus *m;* ~ **Christ** Jésus-Christ *m*

jet¹ [dʒet] *n* **1.** (*plane*) avion *m* à réaction **2.** (*stream*) jet *m* **3.** (*hole*) gicleur *m*

jet² [dʒet] *n no pl* (*stone*) jais *m*

jet engine *n* moteur *m* à réaction **jet fighter** *n* chasseur *m* à réaction **jet-foil** *n* hydroglisseur *m* **jet lag** *n* décalage *m* horaire

jetsam ['dʒetsəm] *n no pl s.* **flotsam**

jettison ['dʒetɪsn, *Am:* 'dʒeţə-] *vt* **1.** (*reject*) abandonner **2.** (*throw*) jeter par-dessus bord

jetty ['dʒetɪ, *Am:* 'dʒeţ-] *n* jetée *f*

Jew [dʒuː] *n* Juif *m*, Juive *f*

jewel ['dʒuːəl] *n* **1.** (*stone*) pierre *f* précieuse **2.** (*watch part*) rubis *m* **3.** *a. fig* joyau *m*

jeweler ['dʒuːələ^r] *n Am,* **jeweller** ['dʒuːələ^r] *n* bijoutier, -ière *m, f;* **a** ~**'s** (**shop**) une bijouterie

jewellery *n,* **jewelry** ['dʒuːəlrɪ] *n Am no pl* bijouterie *f*

Jewess ['dʒuːes, *Am:* -ɪs] *n* Juive *f*

Jewish ['dʒuːɪʃ] *adj* juif

Jewry ['dʒuːrɪ] *n no pl, form* communauté *f* juive

jib [dʒɪb] *n* **1.** (*sail*) foc *m* **2.** (*arm of crane*) flèche *f*

jibe [dʒaɪb] *n* raillerie *f;* **to make a** ~ lancer une moquerie

jiffy bag® *n* enveloppe *f* matelassée

jig [dʒɪg] *n* gigue *f*

jigsaw (**puzzle**) *n a. fig* puzzle *m*

jilt [dʒɪlt] *vt* plaquer

jimmy ['dʒɪmɪ] *n, vt Am s.* **jemmy**

jingle ['dʒɪŋgl] **I.** *vi* tinter **II.** *vt* faire tinter **III.** *n* **1.** *no pl* (*noise*) tintement *m* **2.** (*in advertisements*) jingle *m*

jinx [dʒɪŋks] *n no pl* porte-malheur *m*

jitters ['dʒɪtəz, *Am:* 'dʒɪţə·z] *npl inf* frousse *f;* **to give sb the** ~ flanquer la frousse à qn

Joan of Arc *n* Jeanne d'Arc *f*

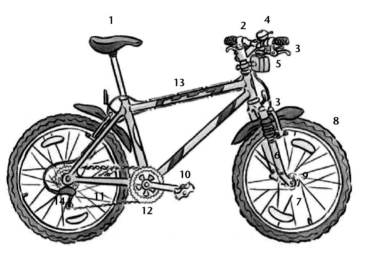

The Bicycle

1	the saddle *Brit*, the seat *Am*	la selle
2	the handlebars	le guidon
3	the brake	le frein
4	the bell	la sonnette
5	the front light	le feu avant
6	the fork	la fourche
7	the spoke	le rayon

Le vélo

8	the tyre *Brit*, the tire *Am*	le pneu
9	the hub	le moyeu
10	the pedal	la pédale
11	the chain	la chaîne
12	the sprocket	le dérailleur
13	the crossbar	la barre transversale
14	the gear lever *Brit*, the gear *Am*	le levier du dérailleur

job [dʒɒb, *Am:* dʒɑ:b] *n* **1.**(*work*) emploi *m* **2.**(*piece of work*) tâche *f*; **to make a good ~ of sth** se surpasser dans qc **3.** *no pl* (*duty*) travail *m* **4.** **to have a ~ doing sth** avoir du mal à faire qc; **that's just the ~** *inf* c'est tout à fait ce qu'il faut **Job Centre** *n Brit* agence *f* pour l'emploi **job creation** *n* création *f* d'emplois **job cuts** *npl* réductions *fpl* d'emplois **job description** *n* profil *m* du poste

jobless ['dʒɒblɪs, *Am:* 'dʒɑ:b-] **I.** *adj* sans emploi **II.** *npl* chômeurs *mpl*

job market *n* **the ~** le marché de l'emploi **job sharing** *n Brit* partage *m* des fonctions

jockey ['dʒɒkɪ, *Am:* 'dʒɑ:kɪ] **I.** *n* jockey *m* **II.** *vi* **to ~ for position** jouer des coudes

jog [dʒɒg, *Am:* dʒɑ:g] **I.** *n no pl* **to go for a ~** faire du jogging **II.** <-gg-> *vi* faire du jogging **III.** <-gg-> *vt* secouer; **to ~ sb's elbow** pousser le coude de qn

jogging ['dʒɒgɪŋ, *Am:* 'dʒɑ:gɪŋ] *n no pl* jogging *m*

john [dʒɒn, *Am:* dʒɑ:n] *n Am, Aus, inf* (*toilet*) cabinets *mpl*

johnny ['dʒɒnɪ, *Am:* 'dʒɑ:-] *n Brit, inf* (*condom*) capote *f*

join [dʒɔɪn] **I.** *vt* **1.**(*connect*) joindre; (*towns, roads*) relier **2.**(*go and be with*) rejoindre; **to ~ a plane/train** monter dans un avion/train; **to ~ the line** *Am*, **to ~ the queue** *Brit* prendre la queue **3.**(*club, party*) adhérer à; (*sect, company*) entrer dans; **to ~ the army** s'engager dans l'armée **II.** *vi* **1.**(*connect*) se joindre **2.**(*become a member*) adhérer **III.** *n* raccord *m*
◆**join in** *vi* participer
◆**join up I.** *vi* MIL s'engager **II.** *vt* relier

joiner ['dʒɔɪnəʳ, *Am:* -nɚ] *n* menuisier *m*

joinery ['dʒɔɪnərɪ] *n no pl* menuiserie *f*

joint [dʒɔɪnt] **I.** *adj* commun **II.** *n* **1.** ANAT articulation *f*; (*in wood*) as-

semblage *m*; (*in pipe*) jointure *f* **2.**(*meat*) rôti *m* **3.** *inf* (*place*) endroit *m* **4.** *inf* (*of drug*) joint *m*

joint account *n* compte *m* joint **jointly** ['dʒɔɪntlɪ] *adv* conjointement **joint venture** *n* coentreprise *f*

joke [dʒəʊk, *Am:* dʒoʊk] **I.** *n* **1.**(*sth funny*) plaisanterie *f*; **to tell a ~** raconter une blague; **to play a ~ on sb** jouer un tour à qn **2.** *inf* (*sth very easy*) **this is a ~** ça, c'est de la tarte **3.** *inf* (*ridiculous thing or person*) risée *f* **II.** *vi* plaisanter; **to ~ about sth** se moquer de qc

joker ['dʒəʊkəʳ, *Am:* 'dʒoʊkɚ] *n* **1.**(*one who jokes*) blagueur, -euse *m, f* **2.**(*card*) joker *m*

jokingly *adv* en plaisantant

jolly ['dʒɒlɪ, *Am:* 'dʒɑ:lɪ] **I.** <-ier, -iest> *adj* jovial **II.** *adv Brit, inf* drôlement

jolt [dʒəʊlt, *Am:* dʒoʊlt] **I.** *n* **1.**(*jerk*) secousse *f* **2.**(*shock*) choc *m* **II.** *vt a. fig* secouer

Jordan ['dʒɔ:dn, *Am:* 'dʒɔ:r-] *n* **1.**(*country*) la Jordanie **2.**(*river*) le Jourdain

Jordanian [dʒɔ:'deɪnɪən, *Am:* dʒɔ:r-] **I.** *adj* jordanien **II.** *n* Jordanien(ne) *m(f)*

josh [dʒɒʃ, *Am:* dʒɑ:ʃ] *inf* **I.** *vt* taquiner **II.** *vi* blaguer

jostle ['dʒɒsl, *Am:* 'dʒɑ:sl] **I.** *vt* bousculer **II.** *vi* se bousculer

jot [dʒɒt, *Am:* dʒɑ:t] <-tt-> *vt* **to ~ sth (down)** noter qc

jotter ['dʒɒtəʳ, *Am:* 'dʒɑ:t̬ɚ] *n Aus, Brit ~* (**pad**) bloc-notes *m*

journal ['dʒɜ:nl, *Am:* 'dʒɜ:r-] *n* **1.**(*periodical*) revue *f* **2.**(*diary*) journal *m*; **to keep a ~** tenir un journal

journalism ['dʒɜ:nlɪzəm, *Am:* 'dʒɜ:r-] *n no pl* journalisme *m*

journalist ['dʒɜ:nlɪst, *Am:* 'dʒɜ:r-] *n* journaliste *mf*

journalistic [ˌdʒɜ:nə'lɪstɪk, *Am:* ˌdʒɜ:r-] *adj* journalistique

journey ['dʒɜ:nɪ, *Am:* 'dʒɜ:r-] *n a. fig* voyage *m*

jovial ['dʒəʊvɪəl, *Am:* 'dʒoʊ-] *adj* jovial

J

jowl [dʒaʊl] n ~[s] bajoues fpl
joy [dʒɔɪ] n joie f
joyful ['dʒɔɪfl] adj joyeux
joyride ['dʒɔɪraɪd] n virée f
joystick ['dʒɔɪstɪk] n 1. AVIAT levier m de commande 2. INFOR joystick m, manette f de jeu
JP n Brit abbr of **Justice of the Peace** juge m de paix
Jr n abbr of **Junior** junior m
jubilant ['dʒuːbɪlənt] adj enchanté
jubilee ['dʒuːbɪliː] n jubilé m
Judaism ['dʒuːdeɪɪzəm] n no pl judaïsme m
judge [dʒʌdʒ] I. n juge m; (in contest) arbitre m II. vi (decide) juger; **to ~ by** [o **from**] **sth** juger d'après qc III. vt 1. (decide) juger; (contest) arbitrer 2. (estimate) estimer
judg(e)ment ['dʒʌdʒmənt] n jugement m
judicial [dʒuː'dɪʃl] adj judiciaire
judiciary [dʒuː'dɪʃərɪ, Am: -ɪerɪ] <-ies> n (judges) magistrature f
judicious [dʒuː'dɪʃəs] adj judicieux
judo ['dʒuːdəʊ, Am: -doʊ] n no pl judo m
jug [dʒʌg] n Aus, Brit (container) cruche f
juggernaut ['dʒʌgənɔːt, Am: -ənɑːt] n poids m lourd
juggle ['dʒʌgl] vt **to ~ (with) sth** jongler avec qc
juggler ['dʒʌglər, Am: -lə] n jongleur, -euse m, f
juice [dʒuːs] n a. fig jus m
juicy ['dʒuːsɪ] <-ier, -iest> adj juteux
jukebox ['dʒuːkbɒks, Am: -baːks] n juke-box m
Juliet ['dʒuːliət, Am: -liet] n **Romeo and ~** Roméo et Juliette
July [dʒuː'laɪ] n juillet m; **the Fourth of ~** Am le quatre juillet; s. a. **April**
jumble ['dʒʌmbl] I. n no pl, a. fig fouillis m II. vt mélanger
jumbo ['dʒʌmbəʊ, Am: -boʊ] I. adj géant II. n inf jumbo-jet m
jump [dʒʌmp] I. vi 1. (leap) sauter 2. (jerk) sursauter; **to make sb ~** faire sursauter qn 3. (increase suddenly) faire un bond 4. **to ~ for joy** bondir de joie II. vt 1. (leap across or over) sauter par-dessus 2. Am (attack) **to ~ sb** sauter sur qn III. n 1. (leap) saut m; **parachute ~** saut en parachute 2. (hurdle) obstacle m
◆ **jump at** vi **to ~ an opportunity** sauter sur une occasion
◆ **jump on** vt (blame) s'en prendre à
jumper ['dʒʌmpər, Am: -pə] n 1. Aus, Brit (pullover) pull m 2. Am (pinafore dress) robe-tablier f
jump leads n pl câbles mpl de démarrage
jump rope n Am corde f à sauter
jump-start ['dʒʌmpstaːt, Am: -staːrt] vt (car) faire démarrer avec des câbles
jumpy ['dʒʌmpɪ] <-ier, -iest> adj inf nerveux
junction ['dʒʌŋkʃn] n (roads) intersection f; (for trains) nœud m ferroviaire
juncture ['dʒʌŋktʃər, Am: -tʃə] n no pl, form **at this ~** à ce moment précis
June [dʒuːn] n juin m; s. a. **April**
jungle ['dʒʌŋgl] n jungle f
junior ['dʒuːnɪər, Am: -njə] I. adj 1. (younger) junior 2. SPORT minime 3. Am (lower level of education) ~ **college** université f de premier cycle; ~ **high school** collège m 4. Brit (for 7–11 year-olds) ~ **school** école f primaire II. n 1. no pl, Am (son) junior m 2. (low-ranking person) subordonné(e) m(f) 3. Brit SCHOOL élève mf du primaire 4. Am SCHOOL étudiant(e) m(f) de premier cycle
juniper ['dʒuːnɪpər, Am: -pə] n genévrier m
junk¹ [dʒʌŋk] n 1. no pl (jumble) brocante f 2. (rubbish) vieilleries fpl; ~ (**food**) nourriture f industrielle; ~ **mail** réclame f 3. Am, inf (narcotic drugs) came f
junk² [dʒʌŋk] n (vessel) jonque f
junkie ['dʒʌŋkɪ] n inf (drug addict) camé(e) m(f)

junta [ˈdʒʌntə, *Am:* ˈhʊntə] *n* junte *f*

Jupiter [ˈdʒuːpɪtəʳ, *Am:* -t̬əʳ] *n* ASTR Jupiter *f*

jurisdiction [ˌdʒʊərɪsˈdɪkʃn, *Am:* ˌdʒʊrɪs-] *n no pl* juridiction *f*

jurist [ˈdʒʊərɪst, *Am:* ˈdʒʊrɪst] *n* juriste *mf*

juror [ˈdʒʊərəʳ, *Am:* ˈdʒʊrəʳ] *n* juré(e) *m(f)*

jury [ˈdʒʊərɪ, *Am:* ˈdʒʊrɪ] *n* jury *m*

just [dʒʌst] **I.** *adv* **1.** (*at that moment*) juste; **to be ~ doing sth** être juste en train de faire qc; **to have ~ done sth** venir de faire qc; **he ~ left** *Am* il vient de partir; **I saw him ~ now** je viens juste de le voir; **~ then** juste à ce moment-là **2.** (*only*) juste; **~ for fun** juste pour s'amuser **3.** (*barely*) tout juste; **~ in time** juste à temps **4. I'm ~ about ready** je suis prêt tout de suite; **~ as well!** heureusement! **II.** *adj* juste

justice [ˈdʒʌstɪs] *n a.* LAW justice *f*

justifiable [ˌdʒʌstɪˈfaɪəbl, *Am:* ˈdʒʌstə-] *adj* justifiable

justification [ˌdʒʌstɪfɪˈkeɪʃn, *Am:* -tə-] *n no pl* justification *f*

justify [ˈdʒʌstɪfaɪ] *vt* justifier

justly [ˈdʒʌstlɪ] *adv* avec raison

jut [dʒʌt] <-tt-> *vi* **to ~ out of sth** dépasser de qc

juvenile [ˈdʒuːvənaɪl, *Am:* -nl] *adj* **1.** *form* (*young*) juvénile **2.** (*childish*) puéril

juxtapose [ˌdʒʌkstəˈpəʊz, *Am:* ˈdʒʌkstəpoʊz] *vt* juxtaposer

juxtaposition [ˌdʒʌkstəpəˈzɪʃn] *n no pl* juxtaposition *f*

K k

K, k [keɪ] <-'s> *n* K, k *m*

K *n* INFOR *abbr of* **kilobyte** Ko *m*

kaleidoscope [kəˈlaɪdəskəʊp, *Am:* -skoʊp] *n* kaléidoscope *m*

kangaroo [ˌkæŋgəˈruː] <-(s)> *n* kangourou *m*

Kansas [ˈkænzəs] **I.** *n* le Kansas **II.** *adj* du Kansas

karaoke [ˌkæriˈəʊki, *Am:* ˌkeriˈoʊ-] *n* karaoké *m*

karate [kəˈrɑːtɪ, *Am:* kæˈrɑːt̬ɪ] *n no pl* karaté *m*

kayak [ˈkaɪæk] *n* kayak *m*

KB, kbyte *n* INFOR *abbr of* **kilobyte** Ko *m*

kebab [kəˈbæb, *Am:* -ˈbɑːb] *n* kébab *m*

keel [kiːl] *n* NAUT quille *f*

keel over *vi* s'évanouir

keen [kiːn] *adj* **1.** (*eager*) enthousiaste; (*sportswoman*) passionné; **to be ~ on** (*project, policy*) tenir à; (*artist, food, boyfriend, sport*) adorer; **to be ~ on doing sth** (*want to do it*) tenir à faire qc; (*do it a lot*) adorer faire qc; **to be ~ to leave** avoir hâte de partir; **I'm not ~ on her/going** *inf* elle ne me plaît pas/ça ne m'emballe pas de partir **2.** (*mind, eye*) vif; (*hearing, awareness*) fin; (*eyesight*) perçant **3.** (*interest, desire*) vif; (*competition*) acharné

keep [kiːp] <kept, kept> **I.** *vt* **1.** (*property*) garder; (*visitor*) retenir, avoir la garde des enfants; **~ this to yourself** garde ça pour toi/gardez ça pour vous **2.** (*store*) ranger; **I ~ a bottle in the fridge** j'ai une bouteille au frigo **3.** (*maintain in a given state*) **to ~ sb/sth under control** maîtriser qn/qc; **to ~ sb awake/in suspense** empêcher qn de dormir/ laisser qn dans l'expectative; **to ~ food/a child warm** garder un plat/ enfant au chaud; **to ~ sb waiting** faire attendre qn **4.** (*look after*) **to ~ house** tenir la maison **5.** (*rules, conditions*) respecter; (*promise*) tenir; (*appointment*) se rendre à **6.** (*record, accounts*) tenir **7.** (*for security*) **to ~ watch over sth** surveiller qc **8.** (*prevent*) **to ~ sb from doing sth** empêcher qn de faire qc **9.** (*help or force to continue*) **to ~ sb doing sth** obliger qn à continuer à faire qc;

here's an apple/$50 to ~ you going voilà une pomme pour tenir le coup/50$ pour voir venir **10.** to ~ **one's balance** [*o* **feet**] garder son équilibre; **to ~ oneself to oneself** garder ses distances (*to*); **to ~ a secret** garder un secret **II.**<kept, kept> *vi* **1.** (*stay fresh*) se conserver **2.** (*stay*) **to ~ calm** garder son calme; **to ~ left** rester sur la gauche; **to ~ warm** se protéger du froid; **to ~ quiet** rester tranquille **3.** (*continue*) **to ~ doing sth** continuer à faire qc; **he ~s pestering me** il n'arrête pas de me harceler **4. how are you ~ing?** *Brit* comment allez-vous/vas-tu?

◆ **keep back I.** *vi* (*stay away*) **to ~ from sb/sth** garder ses distances de qn/qc **II.** *vt* **1.** (*hold away*) **to keep sb/sth back from sb/sth** empêcher qn/qc de s'approcher de qn/qc **2.** (*money*) retenir; (*information*) cacher

◆ **keep from** *vt always sep* **1.** (*prevent*) **to keep sb from doing sth** empêcher qn de faire qc **2.** (*retain information*) **to keep sth from sb** cacher qc à qn

◆ **keep in** *vt* **to keep sb in** retenir qn; (*pupil*) garder en retenue

◆ **keep off** *vt* (*stay off*) '**~ the grass'** pelouse interdite

◆ **keep on** *vi* **1.** (*continue*) **to ~ doing sth** continuer à faire qc **2.** (*pester*) **to ~ at sb about sth** harceler qn au sujet de qc

◆ **keep out I.** *vi* rester (en) dehors **II.** *vt always sep* empêcher d'entrer

◆ **keep to** *vi* **1.** (*stay*) **~ the path** rester sur le chemin **2.** (*respect*) **~ sth** suivre scrupuleusement qc

◆ **keep up** *vt* **to ~ appearances** garder les apparences

◆ **keep up with** *vi* (*runner, driver*) aller à la même vitesse que; (*other pupils*) arriver à suivre

keeper ['kiːpər, *Am:* -pɚ] *n* gardien(ne) *m(f)*

keep-fit *n* gymnastique *f* d'entretien

keeping ['kiːpɪŋ] *n* **1.** (*guarding*) garde *mf*; **to leave sb/sth in sb's ~** confier qn/qc à qn **2.** (*respecting*) to

be in/out of ~ with (*policy*) être en accord/désaccord avec

keg [keg] *n* baril *m*

kennel ['kenl] *n* **1.** (*dog shelter*) niche *f* **2.** *pl* + *sing or pl verb, Brit* (*boarding for dogs*) chenil *m*

Kenya ['kenjə] *n* le Kenya

Kenyan ['kenjən] **I.** *adj* kényan **II.** *n* Kényan(ne) *m(f)*

kept [kept] *pt, pp of* **keep**

kerb [kɜːb, *Am:* kɜːrb] *n Aus, Brit* bordure *f* du trottoir

kernel ['kɜːnl, *Am:* 'kɜːr-] *n a. fig* noyau *m*

kerosene ['kerəsiːn] *n no pl, Am, Aus* (*for jet engines*) kérosène *m*; *no pl*

ketchup ['ketʃəp] *n no pl* ketchup *m*

kettle ['ketl, *Am:* 'ket̮-] *n* bouilloire *f*

key [kiː] **I.** *n* **1.** (*locking device*) clé [*o* clef] *f* **2.** *no pl* (*essential point*) **the ~ to sth** la clé de qc **3.** (*of symbols*) légende *f*; (*of answers*) solutions *fpl* **4.** MUS ton *m* **5.** INFOR touche *f*, piton *m Québec* **II.** *adj* (*factor, question, figure*) clé [*o* clef]

◆ **key up** *vt* **to be keyed up** être excité

keyboard ['kiːbɔːd, *Am:* -bɔːrd] *n* MUS, INFOR clavier *m*

keyboarder *n* claviste *mf*

keyhole ['kiːhəʊl, *Am:* -hoʊl] *n* trou *m* de serrure

keynote ['kiːnəʊt, *Am:* -noʊt] *n* tonique *m*

keynote address *n* discours *m* programme **keynote speech** *s.* **keynote address**

keypad ['kiːpæd] *n* INFOR pavé *m*; **numeric ~** pavé numérique

key ring *n* porte-clé *m* **keystone** *n* clé *f* de voute **key word** *n* **1.** (*cipher*) code *m* **2.** (*important word*) mot-clé *m*

kg *n abbr of* **kilogram** kg *m*

khaki ['kɑːkɪ, *Am:* 'kækɪ] **I.** *n no pl* kaki *m* **II.** *adj* kaki

kick [kɪk] **I.** *n* **1.** (*blow with foot*) coup *m* de pied **2.** (*excited feeling*) **to get a ~ out of sth** prendre plaisir à qc; **to do sth for ~s** faire qc pour s'amuser **II.** *vt* **1.** donner un coup de

pied dans; **to ~ oneself** s'en vouloir **2.** **to ~ the bucket** casser sa pipe
◆ **kick about** *vi inf* traîner
◆ **kick around** *s.* **kick about**
◆ **kick in** *vt* enfoncer à coup de pied
◆ **kick off** *vi* donner le coup d'envoi
◆ **kick out** *vt* **to kick sb/sth out** jeter qc/qn dehors; **to be kicked out of school** être renvoyé de l'école

kickback ['kɪkbæk] *n* pot-de-vin *m*
kid [kɪd] **I.** *n* **1.** (*child*) gosse *mf* **2.** *Am, Aus* (*young person*) gamin(e) *m(f)*; **~ sister** *Am* petite sœur; **~ brother** *Am* petit frère **3.** (*young goat*) chevreau *m*, chevrette *f* **II.** <-dd-> *vi* raconter des blagues; **no ~ding** sans rire **III.** *vt* faire marcher; **to ~ oneself** se faire des illusions

kidnap ['kɪdnæp] <-pp-> *vt* kidnapper
kidnapper [-ɚ] *n* kidnappeur, -euse *m, f*
kidnapping ['kɪdnæpɪŋ] *n* enlèvement *m*
kidney ['kɪdnɪ] *n* **1.** ANAT rein *m* **2.** (*food*) rognon *m*
kidney bean *n* haricot *m* rouge
kill [kɪl] **I.** *n no pl* mise *f* à mort **II.** *vi* tuer **III.** *vt* **1.** (*cause to die*) tuer **2.** (*destroy*) supprimer
killer ['kɪlɚ, *Am:* -ɚ] *n* tueur, -euse *m, f*
killing ['kɪlɪŋ] *n* massacre *m*
killjoy ['kɪldʒɔɪ] *n pej* rabat-joie *m*
kiln ['kɪln] *n* four *m*
kilo ['kiːləʊ, *Am:* -oʊ] *n* kilo *m*
kilobyte ['kɪləbaɪt, *Am:* -oʊ-] *n* kilo-octet *m*
kilogram(me) ['kɪləʊɡræm, *Am:* '-oʊ-, '-ə-] *n* kilogramme *m*
kilometer [kɪ'lɑːmətɚ] *n Am,* **kilometre** [kɪ'lɒmɪtəʳ] *n* kilomètre *m*
kilowatt ['kɪləwɒt, *Am:* -oʊwɑːt] *n* kilowatt *m*
kilt [kɪlt] *n* kilt *m*

ⓘ Le **kilt** ou "Highland dress" d'un Écossais date du 16ème siècle et était autrefois constitué d'une seule pièce d'étoffe. Au 17ème siècle, on en fit deux vêtements séparés: le "kilt" et le "plaid". C'est aussi de cette époque que date le "sporran" (une bourse attachée à la ceinture). Ce n'est qu'au 18ème siècle que les différents "tartans" (motifs écossais) furent créés pour des familles ou des clans spécifiques. Pour des occasions particulières ou des mariages, beaucoup d'hommes portent encore le "kilt" de nos jours.

kimono [kɪ'məʊnəʊ, *Am:* kə'moʊnə] *n* kimono *m*
kin [kɪn] *n* parents *mpl*
kind¹ [kaɪnd] *adj* gentil, fin *Québec*
kind² [kaɪnd] **I.** *n* **1.** (*group*) genre *m;* **it's some ~ of insect/map** c'est une espèce d'insect/de carte; **what ~ of day/book is it?** quel genre de jour/livre est-ce?; **a ~ of** une sorte de **2.** (*payment*) **to pay sb in ~** payer qn en nature **II.** *adv Am, inf* **~ of difficult/angry** plutôt difficile/coléreux
kindergarten ['kɪndəɡɑːtn, *Am:* -dɚɡɑːr-] *n* école *f* maternelle
kind-hearted *adj* ayant bon cœur
kindle ['kɪndl] *vt* **1.** (*fire*) allumer **2.** (*imagination*) éveiller **3.** (*desire*) enflammer
kindly ['kaɪndlɪ] **I.** *adj* (*person*) aimable; (*smile, voice*) doux **II.** *adv* gentiment
kindness ['kaɪndnɪs] *n no pl* (*manner*) gentillesse *f*
kindred ['kɪndrɪd] *adj* **1.** (*related by blood*) apparenté **2.** (*similar*) semblable
kinetic [kɪ'netɪk, *Am:* -'net̬-] *adj* PHYS cinétique
king [kɪŋ] *n* roi *m*
kingdom ['kɪŋdəm] *n* **1.** (*country*) royaume *m* **2.** (*domain*) **animal/ plant ~** règne *m* animal/végétal

kingfisher ['kɪŋˌfɪʃəʳ, *Am:* -ɚ] *n* martin-pêcheur *m*

king-size ['kɪŋsaɪz] *adj* (*bed, duvet*) très grand; (*packet, bottle*) géant

kinky ['kɪŋkɪ] <-ier, -iest> *adj* (*unusual*) bizarre

kinship ['kɪnʃɪp] *n* parenté *f*

kiosk ['ki:ɒsk, *Am:* -ɑ:sk] *n* 1. (*stand*) kiosque *m* 2. *Brit* (**telephone**) ~ cabine *f* téléphonique

kipper ['kɪpəʳ, *Am:* -ɚ] *n* hareng *m* fumé

Kiribati [ˌkirəˈbæs, *Am:* 'kɪ-] *n* Kiribati *f*

kirk [kɜːk, *Am:* kɜːrk] *n Scot* église *f*

kiss [kɪs] I. *n* bise *f*, baise *f Belgique*; **give me a** ~ donne/donnez-moi un baiser; **love and ~es** (*in a letter*) grosses bises *fpl* II. *vi* s'embrasser III. *vt* donner un baiser à, donner un bec *Belgique, Québec, Suisse*

kit [kɪt] *n* 1. (*set*) trousse *f*; **tool** ~ (*for activity*) kit *m* 2. (*components*) pièces *fpl* détachées 3. *Brit* (*clothes*) tenue *f*

kitchen ['kɪtʃɪn] *n* cuisine *f*

kitchen sink *n* évier *m* **kitchen unit** *n* élément *m* de cuisine

kite [kaɪt] *n* cerf-volant *m*

kith [kɪθ] *n* ~ **and kin** amis et parents *mpl*

kitsch [kɪtʃ] *n no pl, pej* kitsch *m*

kitten ['kɪtn] *n* 1. chaton *m* 2. **to have ~s about sth** piquer une crise à cause de qc

kitty ['kɪtɪ, *Am:* 'kɪt̬-] *n* 1. *childspeak* (*cat*) minou *m* 2. (*money*) caisse *f*

kiwi ['ki:wi:] *n* 1. (*bird*) kiwi *m* 2. GASTR ~ (**fruit**) kiwi *m* 3. *inf* (*New Zealander*) Néo-Zélandais(e) *m(f)*

km *n abbr of* **kilometre** km *m*

km/h *n abbr of* **kilometres per hour** km/h *m*

knack [næk] *n no pl* (*skill*) tour *m* de main; **to have the** ~ **of doing sth** avoir le don de faire qc

knackered ['nækəd, *Am:* -ɚd] *adj Aus, Brit, inf* foutu

knapsack ['næpsæk] *n Am, Brit* sac *m* à dos

knead [ni:d] *vt* pétrir

knee [ni:] *n* genou *m*

kneecap *n* rotule *f*

kneel [ni:l] <knelt *o* -ed *Am*, knelt *o* -ed *Am*> *vi* **to** ~ (**down**) s'agenouiller

knelt [nelt] *pt of* **kneel**

knew [nju:, *Am:* nu:] *pt of* **know**

knickers ['nɪkəz, *Am:* -ɚz] *npl Brit* slip *m* (de femme)

knife [naɪf] <knives> I. *n* couteau *m* II. *vt* poignarder

knight [naɪt] I. *n* 1. (*man*) chevalier *m* 2. (*chess figure*) cavalier *m* II. *vt* faire chevalier

knighthood ['naɪthʊd] *n* chevalerie *f*

i En Grande-Bretagne, les gens qui ont rendu de grands services à leur pays sont élevés au rang de **knighthood** et acquièrent le titre de "Sir" précédant leur nom, comme par exemple "Sir John Smith" (on dit: Sir John). La femme d'un "Sir" a le titre de "Lady", tel que "Lady Smith" (et c'est ainsi qu'on s'adresse à elle). Ensemble, il faudrait les appeler "Sir John and Lady Smith". Depuis 1917 il est aussi possible pour une femme d'obtenir le titre de "Dame" pour services rendus à la nation; par exemple, "Dame Mary Smith" (on dit: Dame Mary).

knit [nɪt] <-ted *o* knit , -ted *o* knit *Am*> I. *vi* 1. (*connect wool*) tricoter 2. (*bones*) se souder 3. (*join*) lier II. *vt* (*make with wool*) tricoter

knitting ['nɪtɪŋ, *Am:* 'nɪt̬ɪŋ] *n* (*material*) tricot *m*

knitting needle *n* aiguille *f* à tricoter

knitwear ['nɪtweəʳ, *Am:* -wer] *n no pl* tricots *mpl*

knob [nɒb, *Am:* nɑ:b] *n* (*round handle*) bouton *m*

knock [nɒk, *Am:* nɑ:k] I. *n* coup *m*

II. *vi a.* TECH cogner; **to ~ at the door** frapper à la porte **III.** *vt* **1.**(*hit*) frapper **2.** *inf* (*criticize*) dire du mal de; **I'm not ~ing the idea** je ne rejette pas cette idée

◆ **knock down** *vt* **1.**(*cause to fall*) renverser **2.**(*building*) détruire

◆ **knock off** *vt* **1.**(*cause to fall off*) **to knock sb/sth off sth** faire tomber qn/qc de qc **2.** *inf* (*reduce*) **to knock 10% off the price** faire un rabais de 10% sur le prix

◆ **knock out** *vt* **1.**(*stun*) assommer **2.**(*eliminate*) *a.* SPORT éliminer

knocker ['nɒkəʳ, *Am:* 'nɑ:kɚ] *n* heurtoir *m*

knock-kneed [,nɒk'ni:d, *Am:* 'nɑ:k-] *adj* aux genoux cagneux

knock-on effect *n Brit* répercussions *fpl*

knockout ['nɒkaʊt, *Am:* 'nɑ:k-] *n* **1.** SPORT K.-O. *m* **2.**(*attractive person or thing*) merveille *f*

knoll [nəʊl, *Am:* noʊl] *n* tertre *m*

knot[1] [nɒt, *Am:* nɑ:t] **I.** *n* nœud *m* **II.**<-tt-> *vt* nouer; **to ~ a tie** faire un nœud de cravate **III.**<-tt-> *vi* (*muscles, stomach*) se nouer

knot[2] *n* NAUT nœud *m*

knotty ['nɒtɪ, *Am:* 'nɑ:tɪ] *adj* (*problem*) épineux

know [nəʊ, *Am:* noʊ] **I.**<knew, -n> *vt* **1.**(*have knowledge*) savoir; (*facts*) connaître; **she ~s all about them** (*has heard about*) elle sait tout d'eux; **to ~ sth by heart** savoir qc sur par cœur **2.**(*be familiar with*) connaître; **I ~ the man who lives here** je connais l'homme qui habite ici; **she ~s all about it** (*is an expert on*) elle sait tout là-dessus; **~ing her, ...** telle que je la connais, ...; **to get to ~ sb/sth** faire la connaissance de qn/apprendre qc **3.**(*recognize*) **to ~ sb/sth by sth** reconnaître qn/qc à qc **4. you ~ something** [*o* **what**]? *inf* tu sais/vous savez quoi? **II.**<knew, -n> *vi* **1.** savoir; **as far as I ~** autant que je sache **2.** *inf* (*understand*) comprendre; **you ~** tu vois/ vous voyez **III.** *n* **to be in the ~ about sth** être au courant de qc

know-all ['nəʊɔ:l, *Am:* 'noʊ-, -ɑ:l] *n Aus, Brit, pej, inf* je-sais-tout *mf*

know-how ['nəʊhaʊ, *Am:* 'noʊ-] *n no pl, no indef art* savoir-faire *m*

knowing ['nəʊɪŋ, *Am:* 'noʊ-] *adj* informé; (*look, smile*) entendu

knowingly ['nəʊɪŋli, *Am:* 'noʊ-] *adv* sciemment

know-it-all ['nəʊɪtɔ:l, *Am:* 'noʊɪt̬-, -ɑ:l] *n Am s.* **know-all**

knowledge ['nɒlɪdʒ, *Am:* 'nɑ:lɪdʒ] *n no pl, no indef art* connaissance *f*; **to have no ~ of sth** tout ignorer de qc; **to have some ~ of sth** avoir quelques connaissances sur qc; **to my ~** à ma connaissance; **not to my ~** pas que je sache

knowledgeable ['nɒlɪdʒəbl, *Am:* 'nɑ:-] *adj* bien informé

known [nəʊn, *Am:* noʊn] *pp of* **know**

knuckle ['nʌkl] *n* **1.** ANAT articulation *f* **2.** GASTR jarret *m*

knuckle-duster ['nʌkldʌstəʳ, *Am:* -tɚ] *n* coup-de-poing *m* américain

KO *n abbr of* **knockout** K.-O.

koala [kəʊ'ɑ:lə, *Am:* koʊ-], **koala bear** *n* koala *m*

Koran [kə'rɑ:n, *Am:* -'ræn] *n no pl, no indef art* **the ~** le Coran

Korea [kə'rɪə] *n* la Corée; **North/ South ~** la Corée du Nord/Sud

Korean [kə'rɪən] **I.** *adj* coréen **II.** *n* **1.**(*person*) Coréen(ne) *m(f)* **2.** LING coréen *m*; *s. a.* **English**

kosher ['kəʊʃəʳ, *Am:* 'koʊʃɚ] *adj* **1.** REL casher **2.** *inf* (*legitimate*) O.-K.; **not quite ~** pas très catholique

Kremlin ['kremlɪn] *n no pl* **the ~** le Kremlin

Kurd [kɜ:d, *Am:* kɜ:rd] *n* Kurde *mf*

Kurdish [,kɜ:dɪʃ, *Am:* ,kɜ:r-] **I.** *adj* kurde **II.** *n* kurde *m*; *s. a.* **English**

Kurdistan [,kɜ:dɪ'stɑ:n, *Am:* ,kɜ:rdɪ'stæn] *n* le Kurdistan

Kuwait [kʊ'weɪt] *n* le Koweït [*o* Kuwait]

Kuwaiti [kʊ'weɪti] **I.** *adj* koweïtien **II.** *n* Koweïtien(ne) *m(f)*

kW *n abbr of* **kilowatt** kW *m*

K *k*

L

L, l [el] <-s> n L, l m
lab [læb] n labo m
label ['leɪbəl] **I.** n a. INFOR étiquette f; **designer** ~ griffe f **II.** vt <-ll o -l Am>, vt a. fig étiqueter
labor ['leɪbəʳ] n Am, Aus s. **labour**
laboratory [lə'bɒrətəri, Am: 'læbrəˌtɔːri] <-ies> pl n laboratoire m
laborious [lə'bɔːrɪəs] adj laborieux
laborer n manœuvre m
labour ['leɪbəʳ, Am: -bəʳ] **I.** n **1.**(work) a. MED travail m **2.** no pl (workers) main-d'œuvre **II.** vi travailler dur **III.** vt to ~ a point insister lourdement
labourer n manœuvre m; **farm** ~ ouvrier, -ière m, f agricole **Labour Party** n no pl, Aus, Brit POL the ~ le parti travailliste
Labrador ['læbrədɔːr (rɪ'triːvəʳ), Am: -dɔːr (-əʳ)] n labrador m
labyrinth ['læbərɪnθ, Am: -əʳ-] n labyrinthe m
lace [leɪs] **I.** n **1.** no pl (cloth) dentelle f **2.**(cord) lacet m **II.** vt **1.**(fasten) lacer **2.**(add) **to** ~ **a drink** corser une boisson
lacerate ['læsəreɪt] vt a. fig lacérer
lace-ups npl chaussures fpl à lacets
lack [læk] **I.** n no pl manque m **II.** vt manquer de
lackadaisical [ˌlækə'deɪzɪkl] adj indolent
lackey ['læki] n pej larbin m
lackluster adj Am, **lacklustre** ['lækˌlʌstəʳ, Am: -əʳ] adj Aus, Brit terne
laconic [lə'kɒnɪk, Am: -'kɑːnɪk] adj laconique
lacquer ['lækəʳ, Am: -əʳ] **I.** n laque f **II.** vt laquer
lad [læd] n infgars m
ladder ['lædəʳ, Am: -əʳ] **I.** n **1.**(device) a. fig échelle f **2.** Aus, Brit (in stocking) maille f filée **II.** vt, vi (stockings) filer

laden ['leɪdn] adj ~ (with sth) chargé (de qc)
ladle ['leɪdl] n louche f
lady ['leɪdi] <-ies> n dame f
ladybird n Aus, Brit coccinelle f **ladybug** n Am s. **ladybird ladylike** adj distingué
lag¹ [læg] **I.** n **1.**(lapse of time) décalage m **2.**(delay) retard m **II.** <-gg-> vi être à la traîne
lag² [læg] <-gg-> vt Brit isoler
lager ['lɑːgəʳ, Am: -gəʳ] n bière f blonde
lagoon [lə'guːn] n lagune f
laid [leɪd] pt, pp of **lay**
laid-back [ˌleɪd'bæk] adj décontracté
lain [leɪn] pp of **lie**
lair [leəʳ, Am: ler] n a. fig tanière f
laity ['leɪəti] n no pl REL the ~ les laïques mpl
lake [leɪk] n lac m
lamb [læm] n agneau m **lamb's lettuce** n no pl, no indef art mâche f **lambswool** n laine f d'agneau
lame [leɪm] adj boiteux
lament [lə'ment] **I.** n MUS, LIT complainte f **II.** vt déplorer
lamentable adj lamentable
laminated adj **1.**(bonded in layers) laminé **2.**(covered with plastic) plastifié
lamp [læmp] n lampe f
lamppost n réverbère m **lampshade** n abat-jour m
LAN [læn] n INFOR abbr of **local area network** réseau m local
lance [lɑːns, Am: læns] **I.** n lance f **II.** vt MED inciser
lancet ['lɑːnsɪt, Am: 'lænsɪt] n lancette f
land [lænd] **I.** n **1.** no pl a. AGR terre f **2.**(area of ground) terrain m **3.**(nation) pays m **II.** vi **1.** AVIAT atterrir **2.** NAUT débarquer **3.**(end up) a. SPORT retomber **III.** vt **1.**(plane) faire atterrir **2.**(unload) décharger **3.**(contract) décrocher; (fish) prendre; (job) dégoter
landing n **1.** ARCHIT palier m **2.** AVIAT atterrissage m **3.** NAUT débarquement m **landing stage** n débarcadère m

landing strip *n* piste *f* d'atterrissage

landlady *n* propriétaire *f* **landlord** *n* propriétaire *m* **landmark** *n* **1.** (*feature of a landscape*) repère *m* **2.** *fig* événement *m* décisif **landmine** *n* mine *f* terrestre

landscape ['lændskeɪp] **I.** *n* paysage *m* **II.** *vt* aménager

landslide *n* **1.** GEO glissement *m* de terrain **2.** POL raz-de-marée *m* électoral **landslip** *n* Brit s. **landslide**

lane [leɪn] *n* **1.** (*road*) petite route *f* **2.** (*street*) ruelle *f* **3.** SPORT couloir *m* **4.** (*route*) **air** ~ couloir *f* aérien; **shipping** ~ route *f* de navigation

language ['læŋgwɪdʒ] *n* **1.** *no pl* (*system of communication*) langage *m*; **bad** ~ grossièretés *fpl* **2.** (*idiom*) langue *f* **language laboratory** *n* laboratoire *m* de langues

languid ['læŋgwɪd] *n* **1.** (*very slow*) alangui *f* **2.** (*pleasantly slow*) langoureux

languish *vi* (se) languir

lank [læŋk] *adj* (*hair*) raide et terne; (*person*) élancé

lanky *adj* dégingandé

lanolin ['lænəlɪn] *n* lanoline *f*

lantern ['læntən, *Am:* -ʈən] *n* lanterne *f*

lap¹ [læp] *n* giron *m*; **on sb's** ~ sur les genoux de qn

lap² [læp] SPORT **I.** *n* tour *m* de piste **II.** <-pp-> *vt* **to** ~ **sb** prendre un tour d'avance sur qn **III.** *vi* (*complete one circuit*) boucler un circuit

lap³ [læp] **I.** *vt* laper **II.** *vi* **to** ~ **against sth** clapoter contre qc

◆**lap up** *vt* **1.** (*drink*) laper **2.** *inf* (*accept eagerly*) s'empresser d'accepter

lapel [lə'pel] *n* revers *m*

lapse [læps] **I.** *n* **1.** *no pl* (*period*) intervalle *m*; (*of time*) laps *m* **2.** (*temporary failure*) faute *f*; (*of judgement*) erreur *f*; (*of memory*) trou *m*; (*in behaviour*) écart *m*; (*in concentration, standards*) baisse *f* **II.** *vi* **1.** (*make worse*) faire une erreur; (*standards, concentration*) baisser

2. (*end*) se périmer; (*contract*) expirer; (*subscription*) prendre fin **3.** (*revert to*) **to** ~ **into sth** tomber dans qc

laptop ['læptɒp, *Am:* -tɑːp] *n* (ordinateur *m*) portable *m*

larceny ['lɑːsəni, *Am:* 'lɑːr-] *n no pl* larcin *m*

lard [lɑːd, *Am:* lɑːrd] *n no pl* saindoux *m*

larder *n* garde-manger *m*

large [lɑːdʒ, *Am:* lɑːrdʒ] *adj* (*number*) grand; (*audience*) nombreux; **to be at** ~ être en liberté; **by and** ~ en gros

largely *adv* en grande partie

large-scale *adj* **1.** (*in large proportions*) à grande échelle **2.** (*extensive*) grand

lark¹ [lɑːk, *Am:* lɑːrk] *n* alouette *f*

lark² [lɑːk, *Am:* lɑːrk] **I.** *n* Brit, inf (*joke*) blague *f*; **for a** ~ pour rigoler **II.** *vi* Brit, inf **to** ~ **about** faire des farces

larva ['lɑːvə] <-vae> *n* larve *f*

laryngitis [ˌlærɪn'dʒaɪtɪs, *Am:* ˌlerɪn'dʒaɪtɪs] *n* laryngite *f*

larynx ['lærɪŋks, *Am:* 'ler-] <-ynxes *o* -ynges> *n* larynx *m*

lasagne [lə'zænjə, *Am:* -'zɑːnjə] *n no pl* lasagne *f*

lascivious [lə'sɪvɪəs] *adj* lascif

laser ['leɪzəʳ, *Am:* -zɚ] *n* laser *m*

laser beam *n* rayon *m* laser **laser printer** *n* imprimante *f* laser

lash¹ [læʃ] <-shes> *n* cil *m*

lash² [læʃ] **I.** <-shes> *n* **1.** (*whip*) fouet *m* **2.** (*flexible part of a whip*) lanière *f* **3.** (*stroke of a whip*) coup *m* de fouet **II.** *vt* (*whip*) fouetter **III.** *vi* (*beat*) **to** ~ **at sth** frapper qc d'un grand coup de fouet; **to** ~ **against the windows** fouetter les vitres

◆**lash out** *vi* **1.** (*attack physically*) envoyer des coups; **to** ~ **at sb** *fig* bombarder qn de paroles blessantes **2.** (*spend money*) **to** ~ **on sth** faire des folies

lashings *n pl*, Brit beaucoup

lass [læs] <-sses> *n*, **lassie** *n* Brit, Scot, inf (*girl or young woman*) fille *f*

lasso [læ'su:, *Am:* 'læsoʊ] I.<-os *o* -oes> *n* lasso *m* II. *vt* prendre au lasso

last¹ [lɑ:st, *Am:* læst] I. *n* the ~ le(la) dernier(-ère); **that's the ~ of sth** voici ce qui reste de qc II. *adj* dernier; **for the ~ 2 years** depuis 2 ans; **to be on one's ~ legs** être à bout; **to be the ~ straw** être la goutte d'eau III. *adv* 1. (*most recently*) la dernière fois 2. (*coming after everyone/everything*) en dernier; **at (long) ~** enfin

last² [lɑ:st, *Am:* læst] *vi* 1. (*continue*) durer 2. (*remain good*) se maintenir 3. (*be enough*) être suffisant 4. (*to endure*) endurer

last-ditch *adj*, **last-gasp** *adj* ultime

lasting *adj* continu(e); (*damage*) permanent(e); (*peace*) durable

lastly *adv* en dernier lieu

last-minute *adj* de dernière minute

last name *n* nom *m* de famille

latch [lætʃ] *n* loquet *m*

late [leɪt] I. *adj* 1. en retard; (*arrival, frost*) tardif; (*train*) retardé; **to be one hour ~** avoir une heure de retard; **it's getting ~** il se fait tard; **in ~ summer** vers la fin de l'été 2. (*deceased*) feu 3. (*recent*) récent II. *adv* 1. (*after usual time*) en retard 2. (*at an advanced time*) ~ **at night** tard dans la nuit 3. **of ~** récemment

latecomer ['leɪtˌkʌmər, *Am:* -ɚ] *n* retardataire *mf*

lately *adv* (*recently*) dernièrement

lateness *n* retard *m*

latent ['leɪtnt] *adj* latent

later ['leɪtər] I. *adj comp of* **late** (*at future time*) ultérieur II. *adv comp of* **late** ensuite; **no ~ than nine o'clock** pas plus tard que neuf heures; ~ **on** un peu plus tard

lateral ['lætərəl, *Am:* 'læt̬ərəl] *adj* latéral

latest ['leɪtɪst] I. *adj superl of* **late** (*most recent*) **the ~ …** le(la) tout(e) dernier(-ère) … II. *n* **at the (very) ~** au plus tard

lathe [leɪð] *n* tour *m*

lather I. *n no pl* mousse *f* de savon II. *vi* mousser III. *vt* savonner

Latin ['lætɪn, *Am:* -ən] I. *adj* 1. LING, GEO latin 2. *Am* latino-américain II. *n* 1. (*person*) Latin(e) *m(f)* 2. *Am* Latino-américain(e) *m(f)* 3. LING latin *m*; *s. a.* **English**

Latin America *n* l'Amérique *f* latine

latino [lə'ti:əʊ, *Am:* -noʊ] *n* latino *mf*

latitude ['lætɪtju:d, *Am:* 'læt̬ətu:d] *n* latitude

latrine [lə'tri:n] *n* latrines *fpl*

latter ['lætər, *Am:* 'læt̬ɚ] *adj* 1. (*second of two*) second(e) 2. (*near the end*) dernier, -ière

latterly *adv* vers la fin

lattice ['lætɪs, *Am:* 'læt̬-] *n* treillis *m*

laudable ['lɔ:dəbl, *Am:* 'lɑ:-] *adj form* louable

laugh [lɑ:f] I. *n* rire *m* II. *vi* rire

laughable *adj* comique

laughter ['lɑ:ftər, *Am:* 'læftɚ] *n* rire *m*

launch¹ [lɔ:ntʃ, *Am:* lɑ:ntʃ] *n* (*boat*) vedette *f*

launch² I. *n a. fig* lancement *m* II. *vt* 1. (*send out*) lancer; **to ~ a boat** mettre un bateau à l'eau 2. (*attack*) déclencher; (*campaign*) lancer; (*product*) promouvoir
◆ **launch into** *vt* se lancer dans

launchpad *n* 1. (*starting area*) plate-forme *f* de lancement 2. (*starting point*) point *m* de départ

launder ['lɔ:ndər, *Am:* 'lɑ:ndɚ] *vt* 1. (*wash*) laver 2. (*money*) blanchir

launderette [lɔ:n-'dret, *Am:* lɑ:ndə'ret] *n*, **Landromat** *n Am* laverie *f* automatique

laundry ['lɔ:ndri, *Am:* 'lɑ:n-] *n* 1. (*dirty clothes*) linge *m* (sale) 2. (*freshly washed clothes*) linge *m* propre 3. (*place for washing clothes*) blanchisserie *f*

laurel ['lɒrəl, *Am:* 'lɔ:r-] *n* laurier *m*

lava ['lɑ:və] *n* lave *f*

lavatory ['lævətri, *Am:* -tɔ:ri] *n* toilettes *fpl*

lavender ['lævəndər, *Am:* -dɚ] I. *n* lavande *f* II. *adj* bleu lavande

lavish ['lævɪʃ] I. *adj* (*luxurious*) somptueux; (*person*) prodigue; (*reception*) grandiose II. *vt* **to ~ sth on**

sb couvrir qn de qc

law [lɔː, *Am:* lɑː] *n* **1.** (*rule, set of rules*) loi *f*; ~ **and order** ordre *m* public **2.** (*legislation*) droit *m*

law-abiding *adj* respectueux de la loi **lawbreaker** *n* personne *f* qui transgresse la loi **law court** *n* tribunal *m*

lawful *adj form* (*legal*) légal

lawless *adj* sans loi

lawn [lɔːn, *Am:* lɑːn] *n* pelouse *f*

lawnmower *n* tondeuse *f* **lawn tennis** *n form* tennis *m* sur gazon **lawsuit** *n* procès *m*

lawyer ['lɔːjəʳ, *Am:* 'lɑːjɚ] *n* avocat(e) *m(f)*

lax [læks] *adj* **1.** (*lacking care*) négligent **2.** (*lenient*) indulgent

laxative ['læksətɪv, *Am:* -t̬ɪv] *n* laxatif *m*

laxity ['læksəti, *Am:* -t̬i] *n no pl* négligence *f*

lay¹ [leɪ] <laid, laid> *vt* **1.** (*place, arrange*) poser; **to** ~ **the table** mettre la table **2.** (*render*) **to** ~ **sth bare** mettre qc à nu **3.** (*egg*) pondre **4.** (*wager*) parier

◆ **lay aside** *vt a. fig* mettre de côté

◆ **lay down** *vt* **1.** (*place on a surface*) déposer **2.** (*relinquish*) quitter **3.** (*rule, principle*) établir

◆ **lay off** *vt* **1.** (*fire*) licencier; (*temporarily*) mettre au chômage technique **2.** *inf* (*stop*) arrêter **3.** *inf* (*leave alone*) ficher la paix à

◆ **lay on** *vt* organiser; (*food, drinks*) fournir

◆ **lay out** *vt* **1.** (*organize*) planifier **2.** (*spread out*) étaler; **to lay money out on sth** *inf* mettre beaucoup d'argent dans qc

◆ **lay up** *vt* (*stock*) stocker

lay² [leɪ] *adj* REL laïc

lay³ [leɪ] *pt of* **lie**

layabout *n inf* flemmard(e) *m(f)* **lay-by** *n Brit* AUTO aire *f* de repos

layer *n* couche *f*

layman *n* **1.** (*amateur*) profane *m* **2.** REL laïc, -que *m, f*

lay-off *n* licenciement *m*

layout *n* **1.** (*design, plan*) plan *m* **2.** TYP mise *f* en page

layover *n Am s.* **stopover**

laywoman *n* **1.** (*amateur*) profane *f* **2.** REL laïque *f*

laze [leɪz] <-zing> *vi* paresser

laziness ['leɪzɪnɪs] *n no pl* paresse *f*

lazy ['leɪzi] *adj* paresseux

LCD screen *n* écran *m* à cristaux liquides

lead¹ [liːd] I. <led, led> *vt* **1.** (*be in charge of*) diriger; (*discussion, inquiry*) mener **2.** (*guide*) mener **3.** (*cause to have/do sth*) **to** ~ **sb to** +*infin* amener qn à +*infin* **4.** COM, SPORT **to** ~ **sb** être en avance sur qn **5.** (*life*) mener II. <led, led> *vi* **1.** (*direct*) mener; **to** ~ **to/onto sth** mener à/sur qc **2.** (*be ahead*) mener **3.** (*cause to develop, happen*) **to** ~ **to sth** aboutir à qc III. *n* **1.** *no pl* (*front position*) tête *f*; **to take the** ~ prendre la tête **2.** (*advantage*) avance *f* **3.** (*example*) exemple *m* **4.** (*clue*) indice *m* **5.** (*leading role*) rôle *m* principal **6.** (*connecting wire*) câble *m* **7.** *Brit, Aus* (*rope for pet*) laisse *f*

◆ **lead away** *vt* emmener

◆ **lead up to** *vt* **1.** (*slowly introduce*) **to** ~ **sth** en venir à qc **2.** (*precede*) conduire à

lead² [led] *n* **1.** *no pl* (*metal*) plomb *m* **2.** (*in pencil*) mine *f* de crayon

leaden ['ledn] *adj pej, fig* **1.** (*dark and heavy*) chargé; **a** ~ **sky** un ciel de plomb **2.** (*unimaginative*) lourd

leader ['liːdəʳ, *Am:* -dɚ] *n* **1.** (*of party*) leader *m*; (*of country*) dirigeant(e) *m(f)* **2.** *Brit* MUS premier violon *m* **3.** *Am s.* **conductor** **4.** *Brit s.* **editorial**

leadership *n no pl* **1.** (*leading position, action*) direction *f* **2.** (*leaders*) dirigeants *mpl*

leading ['liːdɪŋ] *adj* principal **leading-edge** *adj* (*technology*) de pointe **leading question** *n* question *f* insinuante

lead time *n* temps *m* de procuration **lead-up** *n* prélude *m*

leaf [liːf] <leaves> *n* **1.** *a.* BOT. TECH feuille *f* **2.** (*table part*) rallonge *f*

leaflet ['liːflɪt] *n* prospectus *m*

leafy ['liːfi] <-ier, iest> *adj* vert

league [liːg] *n* ligue *f*; **to be in ~ with sb** être de mèche avec qn

leak [liːk] I. *n* fuite *f* II. *vi* fuir III. *vt* 1. (*let escape*) laisser passer 2. *fig* **to ~ sth to sb** divulguer qc à qn

leakage ['liːkɪdʒ] *n* fuite *f*

leaky *adj* qui fuit

lean¹ [liːn] <leant, leant *o Am* leaned, leaned> I. *vi* 1. (*be inclined*) pencher; **to ~ against sth** s'appuyer contre qc 2. (*tend towards*) **to ~ to the left/right** avoir des tendances de gauche/droite II. *vt* appuyer

◆ **lean on** *vi* **to ~ sb** 1. (*rely on*) se reposer sur qn 2. *inf* (*exert pressure*) faire pression sur qn

◆ **lean out** *vi* **to ~ of sth** se pencher à l'extérieur de qc

◆ **lean over** *vi* **to ~ to sb** se pencher vers qn

lean² [liːn] *adj* maigre

leaning *n* **a ~** (*for sth*) avoir un penchant pour qc; **political ~s** tendances *fpl* politiques

leant [lent] *vt, vi pt, pp of* **lean**

lean-to ['liːntuː] *n* appentis *m*

leap [liːp] I. <leapt, leapt *o Am* leaped, leaped> *vi* sauter II. <leapt, leapt *o Am* leaped, leaped> *vt* sauter par-dessus III. *n a. fig* bond *m*

◆ **leap at** *vt a. fig* **to ~ sb/sth** se jeter sur qn/qc

leapfrog I. *n no pl* saute-mouton *m* II. <-gg-> *vt* 1. (*surpass*) **to ~ sb/sth** aller plus loin que qn/qc 2. (*skip*) sauter III. <-gg-> *vi* **to ~ over sb** passer par-dessus qn

leapt [lept] *vt, vi pt, pp of* **leap**

leap year *n* année *f* bissextile

learn [lɜːn, *Am:* lɜːrn] <learnt, learnt *o Am* learned, learned> *vt, vi* apprendre

learned *adj* érudit

learner *n* élève *mf*

learning *n no pl* 1. (*process*) formation *f* 2. (*knowledge*) érudition *f*

learnt [lɜːnt, *Am:* lɜːrnt] *vt, vi pt, pp of* **learn**

lease [liːs] I. *vt* louer II. *n* bail *m*

leash [liːʃ] *n* laisse *f*

leasing ['liːsɪŋ] *n no pl* leasing *m*

least [liːst] I. *adv* moins; **the ~ difficult** le moins difficile II. *adj* moindre; **the ~ of sth** le moins de qc III. *n* le moins; **at ~** au moins

leather ['leðər] *n no pl* cuir *m*

leave¹ [liːv] I. <left, left> *vt* 1. (*let*) laisser; **to ~ sb sth** laisser qc à qn; **to ~ sb alone** laisser qn tranquille 2. (*home, wife*) quitter II. <left, left> *vi* partir III. *n* **to take (one's) ~ of sb** prendre congé de qn

◆ **leave behind** *vt* laisser (derrière soi)

◆ **leave out** *vt* (*omit*) omettre

◆ **leave over** *vt* **to be left over from sth** rester de qc

leave² [liːv] *n* 1. *no pl* (*permission*) permission *f* 2. *no pl* (*vacation*) congé *m*; MIL persission *f*

lecher ['letʃər, *Am:* -ər] *n pej* vicieux *m*

lecherous *adj* vicieux

lectern ['lektən, *Am:* -tərn] *n* pupitre *m*

lecture ['lektʃər, *Am:* -tʃər] I. *n* 1. (*formal speech*) discours *m* 2. (*talk*) conférence *f* 3. UNIV cours *m* magistral 4. (*criticism*) sermon *m* II. *vt* **to ~ sb on sth** 1. (*reprove*) faire la morale à qn sur qc 2. (*advise*) donner un bon conseil à qn sur qc

lecturer *n* 1. (*person giving talks*) conférencier, -ière *m, f* 2. (*teacher*) chargé(e) *m(f)* de cours

led [led] *pt, pp of* **lead**

LED [ˌeliːˈdiː] *n s.* **light-emitting diode** diode *f* électroluminescente

ledge [ledʒ] *n* rebord *m*

ledger *n* COM grand livre *m*

lee [liː] *n* côté *m* sous le vent

leech [liːtʃ] <-es> *n* sangsue *f*

leek [liːk] *n* poireau *m*

leer [lɪər, *Am:* lɪr] I. *vi* **to ~ at sb** loucher sur qn II. *n* regard *m* équivoque

leeway ['liːweɪ] *n no pl* (*flexibility*) marge *f*

left¹ [left] I. *n* gauche *f* II. *adj* gauche III. *adv* à gauche

left² [left] *pt, pp of* **leave**

left-hand I. *adj* gauche; ~ **drive** conduite *f* à gauche **II.** *n* gauche *f* **left-handed** *adj* (*person*) gaucher; (*tool*) pour gaucher **left-hander** *n* gaucher, -ère *m, f*

leftist ['leftɪst] **I.** *adj* gauchiste **II.** *n* gauchiste *mf*

leftover ['left‚əʊvə, *Am:* -‚oʊvə] **I.** *adj* ~ **food** un reste de nourriture **II.** *n pl* restes *mpl*

left wing *n* + *sing/pl vb* POL aile *f* gauche **left-wing** *adj* POL gauchiste **left-winger** *n* POL gauchiste *mf*

leg [leg] *n* **1.** ANAT, FASHION jambe *f*; ZOOL patte *f* **2.** (*support*) pied *m* **3.** (*of a competition*) manche *f*; (*of journey*) étape *f*

legacy ['legəsi] <-ies> *n* héritage *m*

legal ['li:gl] *adj* légal

legality [li:'gæləti, *Am:* -t̬i] *n no pl* légalité *f*

legalization *n no pl* légalisation *f*

legalize ['li:gəlaɪz] *vt* légaliser

legally ['li:gəli] *adv* légalement

legend ['ledʒənd] *n* légende *f*

legendary ['ledʒəndri, *Am:* -der-] *adj* légendaire

leggings ['legɪŋz] *npl* caleçons *mpl* longs

legible ['ledʒəbl] *adj* lisible

legion ['li:dʒən] *n* légion *f*

legislate ['ledʒɪsleɪt] *vi* légiférer

legislation *n no pl* législation *f*

legislative ['ledʒɪslətɪv, *Am:* -sleɪt̬ɪv] *adj form* législatif

legislator *n* législateur, -trice *m, f*

legislature ['ledʒɪsleɪtʃə', *Am:* -sleɪtʃə'] *n* législature *f*

legitimacy [lɪ'dʒɪtɪməsi, *Am:* lə'dʒɪt̬ə-] *n no pl* légitimité *f*

legitimate [lɪ'dʒɪtɪmət, *Am:* lə'dʒɪt̬ə-] *adj* légitime

legitimise *vt Brit, Aus,* **legitimize** [lɪ'dʒɪtəmətaɪz, *Am:* lə'dʒɪt̬ə-] *vt* légitimer

leisure ['leʒə', *Am:*'li:ʒə'] *n no pl* loisir(s) *m[pl]*; **at one's** ~ au bon loisir de qn

leisure centre *n* centre *m* de loisirs

leisurely *adj* paisible; **at a** ~ **pace** tranquillement

lemon ['lemən] *n* citron *m*

lemonade [‚lemə'neɪd] *n* limonade *f*

lend [lend] <lent, lent> *vt* **1.** (*give for a short time*) prêter **2.** (*impart, grant*) **to** ~ **sb/sth** donner qc à qn/qc **3.** (*accommodate*) **to** ~ **oneself to sth** se prêter à qc

lender *n* **1.** (*person*) prêteur, -euse *m, f* **2.** (*organization*) organisme *m* prêteur

lending *n* prêt *m*

length [leŋθ] *n* longueur *f*; **to be x metres in** ~ faire x mètres de long + *infin*

lengthen ['leŋθən] **I.** *vt* **1.** (*cause time extension*) prolonger **2.** (*make longer*) rallonger **II.** *vi* s'allonger

lengthways, lengthwise *adv, adj* dans le sens de la longueur

lengthy <-ier, -iest> *adj* long

lenience ['li:niənts] *n,* **leniency** *n no pl* indulgence *f*

lenient *adj* indulgent

lens [lenz] <-ses> *n* lentille *f*; (*of glasses*) verre *m*; (*of camera*) objectif *m*

lent [lent] *pt of* **lend**

Lent [lent] *n no pl, no art* carême *m*

lentil ['lentl, *Am:* -t̬l] *n* BOT lentille *f*

Leo ['li:əʊ, *Am:* -oʊ] *n* Lion *m; s. a.* **Aquarius**

leopard ['lepəd, *Am:* -əd] *n* léopard *m*

leotard ['li:ətɑːd, *Am:* -tɑːrd] *n* **1.** (*fashion*) body *m* **2.** SPORT justaucorps *m*

leper ['lepə', *Am:* -ə'] *n a. fig* lépreux, -euse *m, f*

leprosy ['leprəsi] *n no pl* lèpre *f*

lesbian ['lezbɪən] **I.** *n* lesbienne *f* **II.** *adj* lesbien

lesion ['li:ʒən] *n* lésion *f*

less [les] **I.** *adj comp of* **little** moins de **II.** *adv* moins; ~ **and less** de moins en moins **III.** *pron* moins; ~ **and** ~ de moins en moins; ~ **than 10** moins de 10; **to have** ~ **than sb** en avoir moins que qn **IV.** *prep* ~ **5 %** moins 5 %

⚠ **less** (=moins de) s'emploie pour les quantités: "In your glass there

L

is less juice than in my glass; Lisa has eaten less than her brother"; **fewer** s'emploie pour des personnes ou des choses dénombrables: "There are fewer pages in this book than in that one."

lessen ['lesn] **I.** vi (fever) diminuer; (pain, enthusiasm) se calmer; (noise, symptoms) s'atténuer **II.** vt (risk) diminuer; (cost) réduire

lesser ['lesəʳ, Am: -ɚ] adj moindre

lesson ['lesn] n leçon f; **driving ~** cours m de conduite

let [let] **I.** n Brit location f **II.** <let, let> vt **1.** (give permission) laisser; **to ~ sb** +infin laisser qn +infin **2.** (allow) laisser; **to ~ sb know sth** faire savoir à qn **3.** (in suggestions) **~'s go** on y va; **~'s pray** prions; **~'s see** voyons; **~ me think** attends (un moment) **4.** (giving a command) **~ sb do sth** que qn fasse qc subj **5. ~ alone** et encore moins; **to ~ fly** balancer

◆ **let down** vt **1.** (window) baisser; (object) faire descendre; (hair) détacher **2.** (fail, disappoint) décevoir

◆ **let in** vt laisser entrer; **to let oneself in for sth** mettre les pieds dans qc

◆ **let off** vt **1.** (punish only mildly) **to let sb off** faire grâce à qn **2.** (a bomb) faire exploser; (fireworks) tirer; (a gun) décharger

◆ **let out** vt **1.** (release) laisser sortir; (air, cry) laisser échapper **2.** (make wider) élargir

◆ **let up** vi **1.** (become weaker or stop) cesser; (rain) se calmer **2.** (go easy on) **to ~ on sb** pardonner qc à qn

lethal ['li:θl] adj (blow) létal; (weapon) mortel

lethargic [lɪ'θɑ:dʒɪk, Am: lɪ'θɑ:r-] adj léthargique

lethargy ['leθədʒi, Am: -ɚ-] n no pl léthargie f

letter ['letəʳ, Am: 'leṭɚ] n lettre f

letter bomb n lettre f piégée **letter-**

box n Brit, Aus boîte f à lettres **letterhead** n **1.** (top of letter) en-tête m **2.** (paper with address) papier m à en-tête

lettering n no pl inscription f

letter-quality adj qualité courrier

lettuce ['letɪs, Am: 'leṭ-] n laitue f

leukaemia n, **leukemia** n Am leucémie f

level ['levəl] **I.** adj **1.** (horizontal, flat) plat; (flight) horizontal **2.** (having the same height, amount) **to be ~ with sth** être au niveau de qc **3.** Brit, Aus (having the same position) à égalité **II.** adv droit; **to draw ~ with sth** arriver à la même hauteur que qc **III.** n niveau m; (of alcohol, inflation) taux m **IV.** <Brit -ll- o Am -l-> vt **1.** (make level) niveler **2.** (smoothen and flatten) aplanir **3.** (demolish completely) raser **4.** (point) **to ~ sth at sb** (gun, pistol, rifle) diriger qc sur qn **V.** vi <Brit -ll- o Am -l-> inf **to ~ with sb** parler franchement avec qn

◆ **level off** vi, **level out** vi **1.** (cease to fall or rise) se stabiliser **2.** (cease to slope) s'aplanir

level crossing n Brit, Aus passage m à niveau **level-headed** adj réfléchi

lever ['li:vəʳ, Am: 'levɚ] **I.** n (bar controlling a machine) levier m **II.** vt + adv/prep **to ~ sth (up)** soulever qc avec un levier

leverage ['li:vərɪdʒ, Am: 'levɚ-] n no pl **1.** (action of using lever) a. ECON, FIN effet m de levier **2.** fig influence f

levy ['levi] **I.** n taxe f **II.** <-ie-> vt **to ~ a tax on sth** percevoir une taxe sur qc

lewd [lju:d, Am: lu:d] adj lubrique

liability [ˌlaɪə'bɪləti, Am: -ṭi] n no pl responsabilité f; pej poids m

liable ['laɪəbl] adj **1.** (prone) enclin; **to be ~ to sth** être enclin à qc **2.** LAW responsable; **to be ~ for sth** être responsable de qc; **to be ~ to sth** Brit, Aus être soumis à qc

liaise [lɪ'eɪz] vi **to ~ with sb/sth** être en contact avec qn/qc

liaison [li'eɪzn, Am: 'li:əzɑ:n] n no

pl **1.**(*contact*) liaison *f* **2.** *Am* (*sb who connects groups*) agent *f* de liaison

liar [ˈlaɪər, *Am:* -ər] *n* menteur, -euse *m, f*

libel [ˈlaɪbl] **I.** *n* diffamation *f* **II.**<*Brit* -ll- *o Am* -l-> *vt* diffamer

liberal [ˈlɪbərəl] **I.** *adj* **1.**(*tolerant*) libéral **2.**(*generous*) généreux **3.**(*interpretation*) libre **II.** *n* libéral(e) *m(f)*

liberate [ˈlɪbəreɪt] *vt* libérer

liberation *n no pl* libération *f*

liberator *n* libérateur, -trice *m, f*

liberty [ˈlɪbəti, *Am:* -ə ̯ti] *n no pl* liberté *f;* **to be at** ~ être libre; **to take liberties with sb/sth** prendre des libertés avec qn/qc

libido [lɪˈbiːdəʊ, *Am:* -doʊ] *n* libido *f*

Libra [ˈliːbrə] *n* Balance *f; s. a.* **Aquarius**

librarian [laɪˈbreərɪən, *Am:* -ˈbrer-] *n* bibliothécaire *mf*

library [ˈlaɪbrəri, *Am:* -brer-] <-ies> *n* **1.**(*books or media collection*) bibliothèque *f* **2.**(*serial publication*) collection *f*

libretto [lɪˈbretəʊ, *Am:* -ˈbretoʊ] *n* livret *m*

lice [laɪs] *n pl of* **louse**

licence [ˈlaɪsənts] *n* **1.**(*document*) permis *m* **2.**(*maker's permission*) licence *f* **3.** *no pl* (*freedom*) licence *f*

license [ˈlaɪsənts] **I.** *vt* **to** ~ **sb to** +*infin* donner à qn la licence de +*infin* **II.** *n Am s.* **licence**

licensed *adj* sous licence

licentious [laɪˈsenʃəs] *adj* licencieux

lichen [ˈlaɪkən] *n* lichen *m*

lick [lɪk] **I.** *n* lèchement *m;* (*of paint*) touche *f* **II.** *vt* **1.**(*with tongue*) lécher **2.** *inf* (*defeat*) écraser

licorice [ˈlɪkərɪs, *Am:* -ə ̯ɪʃ] *n no pl, Am s.* **liquorice**

lid [lɪd] *n* couvercle *m*

lido [ˈliːdəʊ, *Am:* -doʊ] *n Brit* piscine *f* en plein air

lie¹ [laɪ] **I.**<-y-> *vi* mentir **II.**<-ie-> *n* mensonge *m;* **to give the** ~ **to sth** démentir qc

lie² [laɪ] **I.**<-y-, lay, lain> *vi* **1.**(*be horizontal*) être couché **2.**(*exist, be positioned*) être **3.** *form* (*be buried somewhere*) reposer **II.** *n no pl, Brit, Aus* configuration *f*

◆ **lie down** *vi* se coucher

◆ **lie in** *vi inf* traîner au lit

lieu [luː] *n no pl* **in** ~ **of sth** à la place de qc

lieutenant [lefˈtenənt, *Am:* luː-] *n* lieutenant *m*

life [laɪf] <lives> *n* vie *f* **life assurance** *n no pl s.* **life insurance life-belt** *n* bouée *f* de sauvetage **lifeboat** *n* bateau *m* de sauvetage **life cycle** *n* cycle *m* de vie **lifeguard** *n* maître-nageur *m* **life insurance** *n* assurance *f* vie **life jacket** *n* gilet *m* de sauvetage

lifeless *adj* **1.**(*dead*) mort **2.**(*without activity*) qui manque de vie; (*without energy*) dépourvu d'énergie

lifelike *adj* fidèle à la réalité

lifelong *adj* à vie **life preserver** *n Am* **1.**(*life belt*) ceinture *f* de sauvetage **2.**(*life buoy*) bouée *f* de sauvetage **3.**(*life jacket*) gilet *m* de sauvetage **life-size** *adj,* **life-sized** *adj* grandeur nature **lifestyle** *n* style *m* de vie **life-support system** *n* respirateur *m* artificiel **lifetime** *n* vie *f;* **in sb's** ~ de la vie de qn

lift [lɪft] **I.** *n Brit* **1.**(*elevator*) ascenseur *m* **2.**(*for goods*) monte-charge *m;* (*for skiers*) téléski *m* **3.**(*car ride*) **to give sb a** ~ prendre qn en voiture **4.** *no pl* (*positive feeling*) **to give sb a** ~ donner du courage à qn **II.** *vi* se lever; (*fog*) se dissiper **III.** *vt* (*move upwards*) lever; (*weights*) soulever; **to** ~ **one's eyes** *fig* lever les yeux au ciel

◆ **lift off** *vi* décoller

lift-off *n* AVIAT, TECH décollage *m*

ligament [ˈlɪgəmənt] *n* ligament *m*

light¹ [laɪt] *adj* **1.** GASTR *a. fig* léger **2.**(*breeze, rain*) petit

light² [laɪt] **I.** *n* **1.** *no pl* (*brightness, lamp*) *a. fig* lumière *f;* (*faint*) lueur *f;* **to cast** ~ **on sth** jeter la lumière sur qc; **to bring sth to** ~ faire la lumière

L

sur qc; **to come to** ~ éclater au grand jour; **in the** ~ **of sth,** *Am* **in** ~ **of sth** compte tenu de qc **2.** *no pl* (*flame for igniting*) feu *m* **II.** *adj* clair **III.** *vt* <lit, lit *o a. Am* lighted, lighted> **1.** (*illuminate*) *a. fig* éclairer **2.** (*cigarette, pipe*) allumer **IV.** *vi* <lit, lit *o a. Am* lighted, lighted> s'allumer

◆ **light up I.** *vt* **1.** (*make illuminated*) éclairer **2.** (*ignite*) allumer **II.** *vi* **1.** (*become bright*) *a. fig* s'éclairer **2.** (*start smoking*) allumer une cigarette

light bulb *n* ampoule *f* électrique

lighten¹ I. *vi* s'éclairer; (*sky*) s'éclaircir **II.** *vt* éclairer; (*colour*) éclaircir

lighten² *vt* alléger

lighter ['laɪtəʳ, *Am:* -t̬ə] *n* briquet *m* **light-headed** *adj* **1.** (*faint*) étourdi **2.** (*silly*) écervelé **light-hearted** *adj* (*person*) de bonne humeur; (*speech, remark*) léger

lighthouse *n* phare *m*

lighting *n* éclairage *m*

lightly *adv* légèrement; **not to take sth** ~ ne pas prendre qc à la légère

lightness *n no pl* **1.** (*opp: heaviness*) *a. fig* légèreté *f* **2.** (*brightness*) clarté *f*

lightning ['laɪtnɪŋ] *n no pl* foudre *f;* **a flash of** ~ un éclair **light pen** *n* **1.** (*reader for bar codes*) stylo *m* optique **2.** (*computer input device*) photostyle *m*

lightweight I. *adj* **1.** (*of light weight*) léger **2.** (*sport*) poids léger **3.** *pej, fig* qui manque d'envergure **II.** *n* SPORT poids *m* léger

light year *n* année *f* lumière

likable *adj* Am, Aus s. **likeable**

like¹ [laɪk] **I.** *vt* aimer; **to** ~ **doing sth** aimer faire qc; **sb would** ~ **sth** qn aimerait qc; **would you** ~ **...?** aimeriez-vous ...? **II.** *vi* vouloir; **if you** ~ si vous voulez **III.** *n pl* préférences *fpl;* **sb's** ~**s and dislikes** ce que qn aime et n'aime pas

like² [laɪk] **I.** *adj inv* semblable **II.** *prep* **1.** (*similar to*) **to be** ~ **sb/ sth** être semblable à qn/qc; **to look**

~ **sth** ressembler à qc; **what was it** ~? comment était-ce? **2.** (*in the manner of*) comme **3.** (*such as*) tel que **III.** *conj* comme; **he doesn't do it** ~ **I do** il ne le fait pas comme moi **IV.** *n* **he and his** ~ lui et ses semblables

likeable ['laɪkəbl] *adj* sympathique

likelihood ['laɪklɪhʊd] *n no pl* probabilité *f*

likely ['laɪkli] **I.** *adj* probable **II.** *adv* probablement; **not** ~! jamais de la vie!

like-minded *adj* sympathisant

liken ['laɪkən] *vt* **to** ~ **sb/sth to sb/ sth** comparer qn/qc à qn/qc

likeness <-es> *n* ressemblance *f*

likewise ['laɪkwaɪz] *adv* de même

liking ['laɪkɪŋ] *n no pl* penchant *m;* **to be to sb's** ~ être au goût de qn

lilac ['laɪlək] **I.** *n* lilas *m* **II.** *adj* lilas

lily ['lɪli] <-lies> *n* lys *m*

limb [lɪm] *n* ANAT membre *m;* (*of tree*) branche *f*

◆ **limber up** *vi* **1.** (*get prepared*) se préparer **2.** SPORT s'échauffer

limbo ['lɪmbəʊ, *Am:* -boʊ] *n no pl* **to be in** ~ être en suspens

lime¹ [laɪm] *n* citron *m* vert

lime² [laɪm] *n no pl* (*white deposit*) chaux *f*

lime³ [laɪm] *n* (*linden tree*) tilleul *m*

limelight ['laɪmlaɪt] *n no pl* **to be in the** ~ être sous les projecteurs

limerick ['lɪmərɪk, *Am:* -ə-] *n* épigramme *m*

limit ['lɪmɪt] **I.** *n* limite *f* **II.** *vt* limiter

limitation [ˌlɪmɪ'teɪʃən] *n* **1.** *no pl* (*control*) limitation *f* **2.** *pl* (*shortcomings*) limites *fpl*

limited *adj* limité

limited company *n* société *f* à responsabilité limitée

limitless *adj* illimité

limousine ['lɪməziːn] *n* limousine *f*

limp¹ [lɪmp] **I.** *vi* boîter **II.** *n no pl* boitement *m*

limp² [lɪmp] *adj* **1.** (*floppy, loose*) mou **2.** (*exhausted*) crevé

limpid ['lɪmpɪd] *adj* limpide

linden ['lɪndən] *n Am* tilleul *m*

line¹ [laɪn] <-ning> *vt* (*cover*) doubler; **to ~ one's pockets** *pej* se mettre de l'argent plein les poches
line² [laɪn] I. *n* 1. (*mark*) ligne *f*; (*of poem*) vers *m*; **hold the ~!** TEL ne quittez pas!; **to go on ~** INFOR se mettre en ligne 2. (*drawn line*) trait *m* 3. (*row*) file *f*; (*of trees*) rangée *f*; **to stand in ~** *Am* faire la queue 4. *Am* (*path without curves, arcs*) ligne *f* droite 5. (*cord*) corde *f*; (*for fishing*) ligne *f* II.<-ning> *vt* **to ~ sth** faire des lignes sur qc; **to ~ the route** border la route; **to become ~d** se rider
◆ **line up** I. *vt* 1. (*put in a row facing*) aligner 2. (*plan, organize*) planifier II. *vi* 1. (*stand in a row*) se mettre en ligne 2. *Am* (*wait one behind another*) faire la queue 3. (*rally*) **to ~ against/behind sb/sth** se mettre contre/derrière qn/qc
linear ['lɪnɪə', *Am*: -ə'] *adj* linéaire
linen ['lɪnɪn] *n no pl* 1. (*cloth*) linge *m*; **bed ~** draps *mpl* 2. (*flax*) lin *m*
liner ['laɪnə', *Am*: -nə'] *n* 1. (*removable lining*) fond *m*; **bin ~** *Brit* sac *m* à poubelle 2. (*material used for lining a cloth*) doublure *f* 3. (*ship*) paquebot *m*
linesman ['laɪnzmən] *n* arbitre *m* de touche
line-up *n* 1. SELECTION sélection *f* 2. (*row*) file *f*; **police ~** séance *f* d'identification
linger ['lɪŋgə', *Am*: -gə'] *vi* traîner
lingerie ['lænʒəri:, *Am*: ˌlɑːnʒə'reɪ] *n* lingerie *f*
lingering ['lɪŋgərɪŋ] *adj* 1. (*remaining*) persistant 2. (*death*) lent
linguist ['lɪŋgwɪst] *n* linguiste *mf*
linguistic *adj* linguistique
linguistics *n* + *sing vb* linguistique *f*
lining ['laɪnɪŋ] *n* doublure *f*
link [lɪŋk] I. *n* 1. (*ring in a chain*) maillon *m* 2. (*connection between two units*) a. INFOR lien *m*; **radio/satellite/telephone ~** liaison *f* radio/par satellite/téléphonique II. *vt* 1. (*connect*) **to ~ things together** relier des choses entre elles 2. (*associate*) **to ~ sth to sth** asso-

cier qc à qc
links [lɪŋks] *n* + *sing vb* parcours *m* de golf
link-up *n* connexion *f*; (*of a spacecraft*) arrimage *m*
linoleum [lɪ'nəʊlɪəm, *Am*: -'noʊ-] *n no pl* linoléum *m*
lint [lɪnt] *n no pl* 1. *Brit* MED compresse *f* 2. *Am* fibres *fpl* de coton
lion ['laɪən] *n* lion *m*; **the ~'s share** la part du lion
lioness [laɪə'nes] <-sses> *n* lionne *f*
lip [lɪp] *n* 1. lèvre *f* 2. (*rim*) bord *m*
lip gloss *n* brillant *m* à lèvres
liposuction ['laɪpəʊˌsʌkʃən, *Am*: 'lɪpoʊ-] *n* liposuccion *f*
lip-read *vt, vi* lire sur les lèvres **lip salve** *n no pl* baume *m* pour les lèvres **lip service** *n no pl* **to give ~ to sb** faire du lèche-botte à qn
lipstick *n no pl* tube *m* de rouge à lèvres
liquefy ['lɪkwəfaɪ] <-ie-> I. *vt* liquéfier II. *vi* se liquéfier
liqueur [lɪ'kjʊə', *Am*: -'kɜːr] *n* liqueur *f*
liquid ['lɪkwɪd] I. *n* liquide *m* II. *adj* liquide
liquidate ['lɪkwɪdeɪt] *vt* liquider
liquidation *n* liquidation *f*
liquidity [lɪ'kwɪdəti, *Am*: -t̬i] *n no pl* CHEM, ECON liquidité *f*
liquidize ['lɪkwɪdaɪz] *vt* passer au mixeur
liquidizer *n Aus, Brit* mixeur *m*
liquor ['lɪkə', *Am*: -ə'] *n no pl, Am, Aus* spiritueux *m*
liquorice ['lɪkərɪs, *Am*: -ə-] *n no pl* réglisse *f*
lira ['lɪərə, *Am*: 'lɪrə] *n* lire *f*
lisp [lɪsp] I. *n no pl* zézaiement *m* II. *vi* avoir un cheveu sur la langue
list [lɪst] I. *n* liste *f*; **to make a ~ of sth** dresser la liste de qc II. *vt* 1. (*make a list*) répertorier 2. (*enumerate*) énumérer 3. FIN coter
listen ['lɪsən] *vi* **to ~ to sb/sth** écouter qn/qc
◆ **listen in** *vi* 1. RADIO écouter 2. (*to conversation*) **to ~ to [***o* **on] sth** écouter qc discrètement
listener ['lɪsnə', *Am*: -ə'] *n* auditeur,

-trice *m, f*

listless *adj* mou

lit [lɪt] *pt, pp of* **light**

litany ['lɪtəni] <-nies> *n* litanie *f*

litchi ['laɪtʃiː, *Am:* 'liː-] *n s.* **lychee**

liter ['liːtəʳ, *Am:* -təʳ] *n Am s.* **litre**

literacy ['lɪtərəsi, *Am:* 'lɪtə-] *n no pl* degré *m* d'alphabétisation; **computer** ~ compréhension *f* de l'informatique

literal ['lɪtərəl, *Am:* 'lɪtə-] *adj* littéral; (*sense*) propre; (*translation*) mot à mot

literally *adv* littéralement; **to take sth** ~ prendre qc au pied de la lettre

literary ['lɪtərəri, *Am:* 'lɪtərer-] *adj* littéraire

literate ['lɪtərət, *Am:* 'lɪtə-] *adj* alphabétisé; **to be computer** ~ s'y connaître en informatique

literature ['lɪtrətʃəʳ, *Am:* 'lɪtərətʃəʳ] *n no pl* **1.** (*works*) littérature *f* **2.** (*papers*) documentation *f*

lithe [laɪð] *adj* **1.** (*supple*) agile **2.** (*slim*) svelte

litigation *n no pl* LAW litige *m*

litre ['liːtəʳ, *Am:* -təʳ] *n* litre *m*

litter ['lɪtəʳ, *Am:* 'lɪtəʳ] I. *n* **1.** *no pl* (*refuse*) détritus *mpl*; **a** ~ **bin** une poubelle **2.** ZOOL portée *f* **3.** *no pl* (*bedding for cats*) litière *f* II. *vt* **to be ~ed with sth** être recouvert de qc

little ['lɪtl] I. *adj* **1.** (*small*) petit; **the** ~ **ones** les petits **2.** (*not enough*) peu de II. *pron* peu; **a** ~ **more** encore un peu; **as** ~ **as possible** le moins possible III. *adv* peu; ~ **by** ~ peu à peu; **a** ~ **more/less than ...** un peu plus/moins que ...; **to be** ~ **better** être à peine meilleur

liturgy ['lɪtədʒi, *Am:* 'lɪtə-] <-gies> *n* liturgie *f*

live¹ [laɪv] I. *adj* **1.** (*living*) vivant **2.** RADIO, TV en direct **3.** ELEC conducteur **4.** MIL amorcé II. *adv* RADIO, TV en direct

live² [lɪv] I. *vi* **1.** (*be alive*) vivre **2.** (*reside*) habiter; **to** ~ **together** vivre ensemble II. *vt* vivre; **to** ~ **a lie** vivre dans le mensonge

◆ **live down** *vt* (*one's past*) faire

oublier

◆ **live off, live on** *vt* **to** ~ **sth** vivre de qc; **to** ~ **sb** vivre aux crochets de qn

◆ **live up to** *vt* (*expectations*) répondre à; (*promises*) tenir

livelihood ['laɪvlɪhʊd] *n* moyens *mpl* d'existence

liveliness *n no pl* entrain *m*

lively ['laɪvli] *adj* vif; (*party, conversation*) animé; (*imagination*) fertile

liven up I. *vt* animer; (*person, food*) égayer II. *vi* s'animer; (*person*) s'égayer

liver ['lɪvəʳ, *Am:* -əʳ] *n* foie *m*

livestock ['laɪvstɒk, *Am:* -stɑːk] *n* + *sing vb* bétail *m*

livid ['lɪvɪd] *adj* **1.** (*discoloured*) livide **2.** (*furious*) furieux

living ['lɪvɪŋ] I. *n* **1.** *no pl* (*livelihood*) vie *f*; **to make one's** ~ gagner sa vie **2.** *no pl* (*way of life*) vie *f*; **standard of** ~ niveau *m* de vie **3.** + *pl vb* (*people who are still alive*) **the** ~ les vivants *mpl* II. *adj* vivant

living conditions *npl* conditions *fpl* de vie **living room** *n* séjour *m*

lizard ['lɪzəd, *Am:* -əd] *n* lézard *m*

llama ['lɑːmə] *n* lama *m*

load [ləʊd, *Am:* loʊd] I. *n* **1.** (*amount carried*) charge *f* **2.** (*burden*) poids *m*; **to lighten the** ~ rendre la vie plus facile **3.** *inf* (*lots*) **a** ~ **of sth** un tas de qc II. *vt* **1.** AUTO, INFOR, MIL charger **2.** (*burden*) **to** ~ **sb with sth** accabler qn de qc **3.** (*film , software*) charger; (*camera*) armer; (*cassette*) insérer III. *vi* se charger; (*lorry*) prendre un chargement

loaded *adj* **1.** (*with bullets*) chargé **2.** (*question*) insidieux; **to be** ~ **in favour of sb/sth** avoir un parti pris pour qn/qc **3.** *inf* (*rich*) cousu d'or

loaf [ləʊf, *Am:* loʊf] <loaves> *n* pain *m*

loaf about, loaf around *vi* traînasser

loafer *n* **1.** (*person who avoids work*) fainéant(e) *m(f)* **2.** FASHION mocassin *m*

loam [ləʊm, *Am:* loʊm] *n no pl* terreau *m*

loan [ləʊn, *Am:* loʊn] **I.** *vt* prêter; **to ~ sth to sb, to ~ sb sth** prêter qc à qn **II.** *n* **1.** (*borrowed money*) emprunt *m* **2.** (*act of lending*) prêt *m*

loath [ləʊθ, *Am:* loʊθ] *adj form* **to be ~ to** +*infin* répugner à +*infin*

loathe [ləʊð, *Am:* loʊð] *vt* détester

loathing *n no pl* répugnance *f*

loathsome *adj* répugnant

lob [lɒb, *Am:* lɑ:b] <-bb-> *vt* **1.** jeter; **to ~ sth over sb/sth** envoyer qc par dessus qn/qc **2.** (*in tennis*) lober

lobby ['lɒbi, *Am:* 'lɑ:bi] **I.** <-bbies> *n* **1.** ARCHIT entrée *f*; (*of hotel*) hall *m*; (*of theatre*) foyer *m* **2.** (*influential group*) lobby *m* **II.** <-ie-> *vi* exercer une pression; **to ~ to have sth done** faire pression pour obtenir qc; **to ~ against sth** exercer une pression contre qc **III.** <-ie-> *vt* faire pression sur

lobbyist *n* membre *m* d'un groupe de pression

lobe [ləʊb, *Am:* loʊb] *n* lobe *m*

lobster ['lɒbstər, *Am:* 'lɑ:bstɚ] *n* homard *m*

local ['ləʊkəl, *Am:* 'loʊ-] **I.** *adj* local; (*school*) du quartier **II.** *n* **1.** *pl* (*inhabitant of a place*) habitants *mpl* de la région **2.** *Am* (*bus*) bus *m* urbain **3.** *Brit* (*neighborhood pub*) bistro *m* du coin **4.** *Am* (*local branch of a trade union*) branche *f* syndicale locale **local area network** *n* réseau *m* local **local authority** *n* autorité *f* locales

local government *n no pl* **1.** (*government of towns*) administration *f* communale **2.** (*government of counties*) administration *f* départementale

locality [ləʊ'kæləti, *Am:* loʊ'kæləti] <-ties> *n* localité *f*

localize ['ləʊkəlaɪz, *Am:* 'loʊ-] *vt* localiser

locate [ləʊ'keɪt, *Am:* 'loʊ-] **I.** *vi* s'installer **II.** *vt* **1.** (*situate*) situer; **to be ~d at/in/near/on sth** être situé à/dans/à côté de/sur qc **2.** (*find*) localiser

location *n* **1.** (*particular place*) emplacement *m* **2.** (*positioning*) localisation *f* **3.** CINE **on ~** en extérieur

lock¹ [lɒk, *Am:* lɑ:k] *n* mèche *f* de cheveux

lock² [lɒk, *Am:* lɑ:k] **I.** *n* **1.** (*fastening device*) serrure *f* **2.** (*unit of a canal*) écluse *f* **3.** *Aus, Brit* AUTO antivol *m* **II.** *vt* **1.** (*fasten with a lock*) fermer à clef **2.** (*be held fast*) **to be ~ed** être bloqué; (*be jammed*) être coincé **III.** *vi* se bloquer

♦ **lock in** *vt* enfermer à clef

♦ **lock out** *vt* **to lock sb out** enfermer qn dehors; **she locked herself out of the car** elle a laissé les clefs de sa voiture à l'intérieur

♦ **lock up I.** *vt* (*person*) enfermer; (*documents*) mettre en sûreté **II.** *vi* fermer

locker ['lɒkər, *Am:* 'lɑ:kɚ] *n* casier *m*

locker room *n Am* vestiaire *m*

locket ['lɒkɪt, *Am:* 'lɑ:kɪt] *n* médaillon *m*

locksmith ['lɒksmɪθ, *Am:* 'lɑ:k-] *n* serrurier *m*

loco ['ləʊkəʊ, *Am:* 'loʊkoʊ] *adj inf* dingue

locomotion [ˌləʊkə'məʊʃən, *Am:* ˌloʊkə'moʊ-] *n no pl* locomotion *f*

locomotive [ˌləʊkə'məʊtɪv, *Am:* ˌloʊkə'moʊt̬ɪv] *n* locomotive *f*

lodge [lɒdʒ, *Am:* lɑ:dʒ] **I.** *vi* **1.** (*stay*) loger; **to ~ with sb** loger chez qn **2.** (*become fixed*) se loger **II.** *vt* **1.** (*accommodate*) loger **2.** LAW **to ~ an appeal/objection** faire appel/objection; **to ~ a complaint** porter plainte **3.** *Brit* (*deposit for security*) **to ~ sth with sb** déposer qc chez qn **III.** *n* **1.** (*small house*) pavillon *m*; **hunting/ski ~** gîte *m*; (*for porter, caretaker*) loge *f* **2.** *Brit* (*entrance room*) loge *f*

lodger *n* locataire *mf*

lodging *n* ~(**s**) logement *m*; **board and ~** pension *f* complète

loft [lɒft, *Am:* lɑ:ft] *n* **1.** (*space under a roof*) grenier *m* **2.** (*living space*) loft *m*

lofty ['lɒfti, *Am:* 'lɑ:f-] *adj* **1.** (*noble*,

exalted) noble **2.** *pej* hautain

log¹ [lɒg, *Am:* lɑːg] *n* (*piece of wood*) rondin *m*; (*for fire*) bûche *f*; **a ~ fire** un feu de bois

log² [lɒg, *Am:* lɑːg] **I.** *n* registre *m*; **~** (*book*) NAUT journal *m* de bord; AUTO carnet *m* de route; AVIAT carnet *m* de vol **II.** *vt* enregistrer **III.** *vi* INFOR **to ~ into sth** se connecter à qc
◆ **log on** *vi* se connecter

logbook *n s.* **log**

logger [ˈlɒgəʳ, *Am:* ˈlɑːgə˞] *n* bûcheron *m*

loggerheads *npl* **to be at ~ with sb/over sth** être en désaccord avec qn/concernant qc

logic [ˈlɒdʒɪk, *Am:* ˈlɑːdʒɪk] *n no pl* logique *f*

logical *adj* logique

login *n* INFOR ouverture *f* d'une session, connexion *f*

logistics [ləˈdʒɪstɪks, *Am:* loʊˈ-] *n* + *sing vb* logistique *f*

logo [ˈlɒgəʊ, *Am:* ˈloʊgoʊ] *n* logo *m*

logoff *n* INFOR clôture *f* de session

logon *s.* **login**

loin [lɔɪn] *n* filet *m*

loincloth [ˈlɔɪnklɒθ, *Am:* ˈ-klɑːθ] *n* pagne *m*

loiter [ˈlɔɪtəʳ, *Am:* -ţə˞] *vi* **1.** (*linger*) flâner **2.** (*hang about idly*) **to ~ about** traîner

loll [lɒl, *Am:* lɑːl] *vi* **1.** (*sit, lie lazily*) se prélasser **2.** (*hang loosely*) **to ~ out** pendre

lollipop [ˈlɒlipɒp, *Am:* ˈlɑːlipɑːp] *n* sucette *f*

London [ˈlʌndən] *n* Londres

Londoner I. *adj* londonien **II.** *n* Londonien(ne) *m(f)*

lone [ləʊn, *Am:* loʊn] *adj* **1.** (*solitary*) solitaire **2.** (*single*) seul

loneliness [ˈləʊnlɪnɪs, *Am:* ˈloʊn-] *n no pl* solitude *f*

lonely [ˈləʊnli, *Am:* ˈloʊn-] *adj* **1.** (*unhappy because alone*) seul **2.** (*solitary*) solitaire **3.** (*isolated*) isolé

loner [ˈləʊnəʳ, *Am:* ˈloʊnə˞] *n* solitaire *mf*

lonesome [ˈləʊnsəm, *Am:* ˈloʊn-] *adj Am* **1.** (*lonely*) seule **2.** (*isolated*) isolé

long¹ [lɒŋ, *Am:* lɑːŋ] **I.** *adj* long; **to be a ~ way from sth** être loin de qc **II.** *adv* **1.** (*a long time*) depuis longtemps; **~ ago** il y a longtemps; **before ~** avant bien longtemps; **at ~ last** enfin **2.** (*for the whole duration*) **all day/night ~** toute la journée/nuit **3.** ((*but*) *only if*) **as ~ as ...** seulement si ... **4.** (*no more*) **to no ~er** +*infin* ne plus +*infin* **5.** (*goodbye*) **so ~** à bientôt

long² [lɒŋ, *Am:* lɑːŋ] *vi* avoir envie; **to ~ for sb/sth** désirer qn/qc; **to ~ to** +*infin* avoir envie de +*infin* **long-distance** *adj* **1.** (*flight*) long-courrier; (*train*) grande ligne **2.** (*separated by a great distance*) à distance; (*call*) longue distance **3.** (*race, runner*) de fond

longing *n* envie *f*; **a ~ for sb/sth** une envie de qn/qc

longitude [ˈlɒŋgɪtjuːd, *Am:* ˈlɑːndʒətuːd] *n* longitude *f*

long jump *n* SPORT **the ~** le saut en longueur **long-life** *adj* (*food, milk*) longue conservation; (*battery*) longue durée **long-lost** *adj* perdu depuis longtemps **long-range** *adj* **1.** (*across a long distance*) longue portée **2.** (*long-term*) à long terme **long-sighted** *adj* **1.** (*having long sight*) hypermétrope **2.** *Am* (*having foresight*) prévoyant **long-standing** *adj* de longue date **long-suffering** *adj* d'une patience à toute épreuve **long-term** *adj* **1.** (*effective on a longer period*) à long terme **2.** (*lasting long*) de longue durée **long vacation** *n Brit* grandes vacances *fpl* **long wave I.** *n* grandes ondes *fpl* **II.** *adj* **long-wave** longues ondes **longways** *adv* en longueur **long-winded** *adj* prolixe

loo [luː] *n Aus, Brit, inf* toilettes *fpl*

look [lʊk] **I.** *n* **1.** (*act of looking, examining*) regard *m*; **to have a ~ at sth** jeter un coup d'œil à qc; **to have a ~ for sb/sth** chercher qn/qc **2.** (*appearance, expression*) air *m*; **by the ~ of things** selon toute apparence; **sb's** ~**s** l'allure *f* de qn **3.** (*specified style*) look *m* **II.** *interj* regarde(z)! **III.** *vi* **1.** (*use one's sight*) **to ~ at sb/sth** regarder qn/qc; **to ~ out of the window** regarder par la fenêtre **2.** + *adj or n* (*appear, seem, resemble*) avoir l'air; **to ~ like sb/ sth** ressembler à qn/qc **3.** (*regard, consider*) **to ~ at sb** considérer qc; **to ~ ahead** se tourner vers l'avenir

◆**look after** *vt* s'occuper de; **to ~ oneself** prendre soin de soi

◆**look around** *vi s.* **look round**

◆**look back** *vi* regarder derrière soi; **to ~ on sth** revenir sur qc

◆**look down on** *vt* mépriser

◆**look for** *vt* **1.** (*seek*) chercher **2.** (*expect*) s'attendre à

◆**look forward** *vi* **to ~ to sth** attendre qc avec impatience; **to ~ to seeing sb** être impatient de revoir qn

◆**look in** *vi Brit, Aus* **to ~ on sb** passer voir qn; **to ~ at the office** passer au bureau

◆**look into** *vi* examiner; (*reasons*) étudier

◆**look out** *vi* **1.** (*watch out, be careful*) faire attention; **to ~ for sb/ sth** se méfier de qn/qc **2.** (*look for*) **to ~ for sb/sth** rechercher qn/qc

◆**look round** **I.** *vi* **1.** (*turn around to look*) se retourner **2.** (*look in all directions*) regarder autour de soi **II.** *vt* (*inspect*) faire le tour de; (*house*) visiter

◆**look up** **I.** *vt* **1.** (*consult a reference work*) chercher **2.** (*look for and visit*) aller voir **II.** *vi* **1.** (*raise one's eyes upward*) *a. fig* **to ~ from sth** lever les yeux de qc; **to ~ at sb/sth** lever les yeux vers qn/qc **2.** (*improve*) s'améliorer **3.** (*see as role model*) **to ~ to sb** avoir de l'admiration pour qn

lookalike *n* double *m*

lookout *n* **1.** (*observation post*) guet *m* **2.** (*person*) guetteur *m;* **to be on the ~ for sb/sth** être à la recherche de qn/qc

loom[1] [luːm] *n* métier *m* à tisser

loom[2] [luːm] *vi* **1.** (*come threaten-*

ingly into view) apparaître **2.** (*be near*) surgir

loony ['luːni] **I.** *adj inf* cinglé **II.** <-nies> *n inf* cinglé(e) *m(f)*

loop [luːp] **I.** *n* **1.** (*curve*) *a.* INFOR boucle *f* **2.** ELEC circuit *m* fermé **3.** (*contraceptive coil*) stérilet *m* **II.** *vt* **to ~ sth** faire une boucle avec qc

loophole ['luːphəʊl, *Am:* -hoʊl] *n* échappatoire *f*

loose [luːs] **I.** *adj* **1.** (*knot, rope, screw*) desserré; (*clothing*) ample; ~ **connection** mauvais contact *m* **2.** (*partly detached*) détaché; **to get ~** se détacher **3.** (*release*) **to let sth ~** lâcher qc **4.** (*not exact*) vague; (*translation*) approximatif **II.** *n* **to be on the ~** être en cavale

loosely *adv* **1.** (*not fixed*) lâchement **2.** (*not tightly*) sans serrer **3.** (*not exactly*) approximativement

loosen ['luːsn] *vt* **1.** (*untie*) défaire **2.** (*unfasten*) desserrer

loot [luːt] **I.** *n no pl* butin *m* **II.** *vt* piller

looting *n no pl* pillage *m*

lop [lɒp, *Am:* lɑːp] <-pp-> *vt* **to ~ (off)** élaguer

lopsided [ˌlɒp'saɪdɪd, *Am:* ˌlɑːp-] *adj* (*picture*) de travers; (*grin*) en coin

lord [lɔːd, *Am:* lɔːrd] *n* **1.** *Brit* (*British peer*) lord *m* **2.** (*powerful man*) seigneur *m* **3.** REL **the Lord** le Seigneur

lore [lɔːr, *Am:* lɔːr] *n no pl* **1.** (*traditional knowledge*) tradition *f* **2.** (*legends*) légende *f*

lorry ['lɒri, *Am:* 'lɔːr-] <-ies> *n Brit* camion *m;* ~ **driver** camionneur *m*

lose [luːz] <lost, lost> **I.** *vt* perdre; **to ~ one's way** s'égarer **II.** *vi* perdre; **to ~ to sb/sth** se faire battre par qn/qc

loser *n* **1.** (*defeated person, group*) perdant(e) *m(f)* **2.** (*unsuccessful person*) loser *m*

losing *adj* perdant; (*battle*) perdu d'avance

loss [lɒs, *Am:* lɑːs] <-es> *n* perte *f;* **to be at a ~ to** +*infin* être embar-

L

rassé pour +*infin*

lost [lɒst, *Am:* lɑ:st] **I.** *pt, pp of* **lose** **II.** *adj* (*opportunity*) manqué; **to be ~** être perdu; **to get ~** s'égarer; **lost property** (**office**) objets *mpl* trouvés

lot [lɒt, *Am:* lɑ:t] *n* **1.** (*much/many*) **a ~/~s** beaucoup; **a ~ of people/ rain** beaucoup de gens/pluie; **to do a ~ of travelling** voyager beaucoup **2.** (*group of people*) groupe *m;* **my ~** les miens **3.** (*everything*) **the ~** le tout **4.** (*fate, in a lottery*) sort *m* **5.** *Am, Aus* (*plot of land*) terrain *m* **6.** (*unit in an auction*) lot *m*

lotion ['ləʊʃən, *Am:* 'loʊ-] *n no pl* lotion *f*

lottery ['lɒtəri, *Am:* 'lɑ:t̬ə-] <-ies> *n* loterie *f*

loud [laʊd] **I.** *adj* **1.** (*very audible*) fort **2.** (*garish*) criard **3.** (*aggressively noisy*) bruyant; **~ mouth** *inf* grande gueule *f* **II.** *adv* bruyamment; (*to laugh out, to speak*) fort

loudhailer [ˌlaʊd'heɪləʳ, *Am:* -lə-] *n Brit, Aus* porte-voix *m*

loudspeaker *n* **1.** (*megaphone*) haut-parleur *m* **2.** (*radio, hi-fi speaker*) enceinte *f*

lounge [laʊndʒ] **I.** *n* salon *m* **II.** *vi* **1.** (*recline in a relaxed way*) se prélasser **2.** (*be, stand idly*) paresser

lounge suit *n* complet *m*

louse [laʊs] **I.** *n* **1.** <lice> (*insect*) pou *m* **2.** <-es> *inf* (*contemptible person*) salaud, salope *m, f* **II.** *vt inf* **to ~ sth up, to ~ up sth** foutre qc en l'air

lousy *adj inf* **1.** (*of poor quality*) nul; **to feel ~** se sentir mal foutu **2.** (*infested with lice*) pouilleux

lout [laʊt] *n inf* brute *f*

lovable *adj* adorable

love [lʌv] **I.** *vt* aimer; **to ~ to** +*infin* adorer +*infin* **II.** *n* **1.** *no pl* (*strong affection or passion*) amour *m;* **to be in ~ with sb** être amoureux de qn; **to make ~ to sb** faire l'amour à qn **2.** *no pl, Brit* (*endearing form of address*) mon chéri, ma chérie **3.** *no pl* SPORT zéro *m*

love affair *n* liaison *f* **love life** *n inf* vie *f* amoureuse

lovely ['lʌvli] *adj* beau

lover *n* (*for a woman*) amant *m;* (*for a man*) maîtresse *f;* **a nature/opera ~** *fig* un amoureux de la nature/ l'opéra

lovesick *adj* **to be ~** avoir un chagrin d'amour **love story** *n* histoire *f* d'amour

loving *adj* tendre

low [ləʊ, *Am:* loʊ] **I.** *adj* bas; (*neckline*) plongeant; **to be ~ in cholesterol** être peu riche en cholestérol; **to be ~ in calories** être hypocalorique **II.** *adv* bas **III.** *n* **1.** (*low level*) **record ~** baisse *f* record; **to reach an all-time ~** atteindre son niveau le plus bas **2.** (*difficult moment*) **the highs and ~s** les hauts et les bas **3.** METEO zone *f* de basse pression **low-calorie** *adj* hypocalorique **low-cut** *adj* décolleté **low-down** *adj inf* abject

lower¹ ['ləʊəʳ, *Am:* 'loʊə-] *vt* **1.** (*let down*) baisser; (*landing gear, lifeboat*) descendre; **to ~ oneself to** +*infin* s'abaisser pour +*infin* **2.** (*reduce, decrease*) *a. fig* baisser

lower² ['ləʊəʳ, *Am:* 'loʊə-] *adj* inférieur

low-fat *adj* allégé **low-key** *adj* (*debate, speech*) modéré; **to take a ~ approach to sth** aborder qc en toute discrétion **lowland** *n* plaine *f*

lowly ['ləʊli, *Am:* 'loʊ-] *adj* modeste

low profile *n* profil *m* bas

loyal ['lɔɪəl] *adj* loyal

loyalty ['lɔɪəlti, *Am:* -t̬i] <-ties> *n* loyauté *f*

lozenge ['lɒzɪndʒ, *Am:* 'lɑ:zəndʒ] *n* losange *m;* **throat/cough ~s** pastille *f* pour la gorge/toux

LP [ˌel'pi:] *n* 33 tours *m*

Ltd ['lɪmɪtɪd, *Am:* -ət̬ɪd] *n abbr of* **limited** ≈ SARL *f*

lubricant ['lu:brɪkənt] *n no pl* lubrifiant *m*

lubricate ['lu:brɪkeɪt] *vt* lubrifier; (*with oil, grease*) graisser

lubrication *n no pl* graissage *m*

lucid ['lu:sɪd] *adj* lucide; (*moment*) de lucidité

luck [lʌk] *n no pl* ((*good*) *fortune*)

chance *f;* **bad ~!** pas de chance!; **to wish sb good ~** souhaiter bonne chance à qn

lucky *adj* (*person*) chanceux; (*number*) porte-bonheur; **it's ~ that ...** heureusement que ...

lucky dip *n* GAMES ≈ jeu *m* de pêche

lucrative ['lu:krətɪv, *Am:* -t̬ɪv] *adj* lucratif

ludicrous ['lu:dɪkrəs] *adj* ridicule

lug [lʌg] *vt* <-gg-> *inf* **to ~ sth (around)** trimbaler qc

luggage ['lʌgɪdʒ] *n no pl* bagages *mpl*

luggage rack *n* 1. (*on train, bus, bicycle*) porte-bagages *m* 2. (*on car roof*) galerie *f*

lugubrious [lə'gu:brɪəs] *adj* lugubre

lukewarm [ˌlu:k'wɔ:m, *Am:* -'wɔ:rm] *adj* tiède

lull [lʌl] I. *vt a. fig* endormir; **to ~ sb into a false sense of security** donner une fausse impression de sécurité à qn II. *n* pause *f;* (*in fighting*) accalmie *f*

lullaby ['lʌləbaɪ] *n* berceuse *f*

lumbago [lʌm'beɪgəʊ, *Am:* -goʊ] *n no pl* lumbago *m*

lumber¹ ['lʌmbə', *Am:* -bɚ] *vi* (*person, animal*) avancer à pas lourds; (*tanks, cart, wagon*) rouler lourdement

lumber² ['lʌmbə', *Am:* -bɚ] *vt Aus, Brit, inf* **to get ~ed with sth** se coltiner qc

lumber³ ['lʌmbə', *Am:* -bɚ] *n no pl, Am, Aus* 1. (*unuseful items*) bric-à-brac *m* 2. (*wood*) bois *m* de construction

lumberjack *n* bûcheron(ne) *m(f)*

luminous ['lu:mɪnəs, *Am:* 'lu:mə-] *adj* fluorescent

lump [lʌmp] I. *n* 1. (*of coal, sugar*) morceau *m;* (*of clay*) motte *f;* (*in cooking*) grumeau *m* 2. (*abnormal growth*) grosseur *f* II. *vt* regrouper **lump sum** *n* somme *f* forfaitaire

lumpy *adj* (*custard, sauce*) grumeleux; (*surface*) irrégulier

lunacy ['lu:nəsi, *Am:* 'lu:-] *n no pl* folie *f*

lunar ['lu:nə', *Am:* 'lu:nɚ] *adj* lunaire

lunatic ['lu:nətɪk] *n* fou, folle *m, f*

lunch [lʌntʃ] I. *n* déjeuner *m* II. *vi* déjeuner

lunch break *n* pause *f* de midi

luncheon ['lʌntʃən] *n form* déjeuner *m*

luncheon meat *n* pâté *m* de viande **luncheon voucher** *n Brit* ticket-repas *m* **lunchtime** *n* heure *f* du déjeuner

lung [lʌŋ] *n* poumon *m*

lunge [lʌndʒ] I. *vi* **to ~ at sb** se précipiter sur qn II. *n* **to make a ~ at sb/sth** se précipiter sur qn/qc

lupin *n,* **lupine** ['lu:pɪn] *n* lupin *m*

lurch [lɜ:tʃ, *Am:* lɜ:rtʃ] I. *vi* (*crowd, person*) tituber; (*train, ship*) tanguer; (*car*) faire une embardée II. *n* embardée *f;* **to leave sb in the lurch** laisser qn en plan

lure [lʊə', *Am:* lʊr] I. *n* 1. (*attraction*) attrait *m* 2. (*bait*) leurre *m* II. *vt* appâter; **to ~ sb away from sth** entraîner qn loin de qc

lurid ['lʊərɪd, *Am:* 'lʊrɪd] *adj pej* 1. (*terrible*) atroce 2. (*vivid*) flamboyant

lurk [lɜ:k, *Am:* lɜ:rk] *vi* (*hide*) **to ~ (about)** se tapir; **to ~ beneath the surface** *fig* traîner à la surface

luscious ['lʌʃəs] *adj* succulent

lush [lʌʃ] I. *adj* luxuriant II. *n Am, inf* alcoolo *mf*

lust [lʌst] *n* 1. (*sin*) luxure *f* 2. (*desire*) désir *m* sexuel; **~ for money** soif d'argent

luster *Am,* **lustre** ['lʌstə, *Am:* -tɚ] *n Aus, Brit* (*glow*) éclat *m*

lusty ['lʌsti] *adj* plein d'énergie; (*voice*) puissant

lute [lu:t] *n* luth *m*

Lutheran ['lu:θərən] I. *adj* luthérien II. *n* luthérien(ne) *m(f)*

Luxembourg ['lʌksəmbɜ:g, *Am:* -bɜ:rg] *n* le Luxembourg

luxuriant [lʌg'ʒʊərɪənt, *Am:* -'ʒʊrɪ-] *adj* luxuriant

luxurious [lʌg'ʒʊərɪəs, *Am:* -'ʒʊrɪ-] *adj* luxueux

luxury ['lʌkʃəri, *Am:* -ʃɚ-] I. <-ies>

L

n pl luxe *m* **II.** *adj* (*goods*) de luxe
lychee ['laɪtʃiː, *Am:* 'liːtʃiː] *n* litchi *m*
lying ['laɪɪŋ] **I.** *present participle of*
lie II. *adj* menteur
lynch [lɪntʃ] *vt* lyncher
lynx [lɪŋks] <-(es)> *n* lynx *m*
lyric ['lɪrɪk] **I.** *adj* (*poet, poetry*) lyrique **II.** *n pl* (*words for song*) paroles *fpl*
lyrical *adj* lyrique
lyricism ['lɪrɪˌsɪzəm] *n no pl* lyrisme
m
lyricist *n* parolier, -ière *m, f*

M m

M, m [em] <-'s> *n* M, m *m*
MA *n abbr of* **Master of Arts** ≈ maîtrise *f* de lettres
mac [mæk] *n Brit, inf* imper *m*
macabre [mə'kɑːbrə] *adj* macabre
macaroni [ˌmækə'rəʊni, *Am:*
-ə'roʊ-] *n no pl* macaroni *m*
Mach [mɑːk] *n no pl* PHYS Mach; **at ~**
1 à Mach 1
machete [mə'ʃeti, *Am:* -'ʃet-] *n* ma-
chette *f*
machine [mə'ʃiːn] **I.** *n* machine *f*
II. *vt* **1.** (*operate on a machine*)
usiner **2.** (*hem*) coudre
machine gun *n* mitrailleuse *f* **machine operator** *n* opérateur, -trice
m, f **machine-readable** *adj* INFOR
lisible par ordinateur
machinery [mə'ʃiːnəri] *n no pl*
1. (*machines*) machines *fpl*
2. (*working parts of machine*) mécanisme *m*
machine tool *n* machine-outil *f* **machine-washable** *adj* lavable en machine
machinist *n* **1.** (*operator of a machine*) opérateur, -trice *m, f* **2.** *Brit*
(*operator of a sewing machine*) piqueur, -euse *m, f*
macho ['mætʃəʊ, *Am:* 'mɑːtʃoʊ]

I. *n* macho *m* **II.** *adj inf* macho
mackerel ['mækrəl] <-(s)> *n*
maquereau *m*
mackintosh ['mækɪntɒʃ, *Am:* -tɑːʃ]
n Brit imperméable *m*
macro ['mækrəʊ, *Am:* -roʊ] *n* INFOR
macro *f*
macrobiotic [ˌmækrəʊbaɪ'ɒtɪk,
Am: -roʊbaɪ'ɑːtɪk] *adj* macrobio-
tique
macrocosm ['mækrəʊkɒzəm, *Am:*
-roʊkɑːzəm] *n* macrocosme *m*
mad [mæd] *adj* **1.** *a. inf* (*insane,
frantic*) fou; (*animal*) enragé; **to go
~** devenir fou; **to drive sb ~** rendre
qn fou; **I ran/searched like ~** j'ai
couru/cherché comme un fou **2.** *inf*
(*angry*) furieux; **to be/get ~ at sb**
être/devenir furieux contre qn **3.** *inf*
(*enthusiastic*) dingue; **to be ~
about sb/sth** être dingue de qn/qc
madam ['mædəm] *n* madame *f*
madden ['mædən] *vt* exaspérer
maddening *adj* exaspérant
made [meɪd] *pp, pt of* **make**
made to measure *adj* (*suit*) sur mesure
made-up *adj* **1.** (*wearing make-up*)
maquillé **2.** (*untrue*) faux **3.** (*in-
vented*) inventé
madhouse *n inf* maison *f* de fous
madly *adv* **1.** (*frantically*) comme un
fou **2.** (*very much*) follement
madman *n* fou *m*
madness *n no pl* folie *f*
madwoman *n* folle *f*
magazine [ˌmægə'ziːn, *Am:*
'mægəziːn] *n* **1.** (*publication*)
magazine *m* **2.** MIL magasin *m*
maggot ['mægət] *n* asticot *m*
magic ['mædʒɪk] **I.** *n no pl* magie *f*;
(**as if**) **by ~** comme par magie **II.** *adj*
magique; (*show*) de magie
magical *adj* magique; (*evening, surroundings*) fabuleux
magician [mə'dʒɪʃən] *n* magi-
cien(ne) *m(f)*
magistrate ['mædʒɪstreɪt] *n* magis-
trat(e) *m(f)*
magnanimity [ˌmægnə'nɪməti,
Am: -t̬i] *n no pl, form* magnanimité *f*
magnanimous [mæg'nænɪməs,

Am: -əməs] *adj form* magnanime

magnate ['mægneɪt] *n* magnat *m*

magnesia [mæg'niːʃə, *Am:* -ʒə] *n no pl* magnésie *f*

magnesium [mæg'niːzɪəm] *n no pl* magnésium *m*

magnet ['mægnɪt] *n* (*metal*) aimant *m*

magnetic *adj a. fig* magnétique

magnetism ['mægnətɪzəm, *Am:* -ṭɪ-] *n no pl* magnétisme *m*

magnetize ['mægnətaɪz] *vt, vi* magnétiser

magnification [ˌmægnɪfɪ'keɪʃən] *n no pl* grossissement *m*

magnificence [mæg'nɪfɪsəns] *n no pl* magnificence *f*

magnificent *adj* magnifique

magnify ['mægnɪfaɪ] *vt* 1. (*make bigger*) grossir 2. (*make worse*) aggraver

magnifying glass *n* loupe *f*

magnitude ['mægnɪtjuːd, *Am:* -tuːd] *n no pl* 1. (*great size*) *a. fig* ampleur *f* 2. ASTR magnitude *f*

magnolia [mæg'nəʊlɪə, *Am:* -'noʊljə] I. *n* 1. BOT magnolia *m* 2. (*colour*) blanc *m* cassé II. *adj* blanc cassé

magpie ['mægpaɪ] *n* pie *f*

mahogany [mə'hɒɡəni, *Am:* -'hɑːɡən-] *n no pl* acajou *m*

maid [meɪd] *n* domestique *f*

maiden ['meɪdən] I. *n* jeune *f* fille II. *adj* premier **maiden name** *n* nom *m* de jeune fille

mail¹ [meɪl] I. *n no pl a.* INFOR courrier *m* II. *vt* expédier

mail² [meɪl] *n no pl* (*armour*) maille *f* **mailbox** *n Am* boîte *f* aux lettres; INFOR boîte *f* (aux lettres) électronique

mailing *n* mailing *m*

mailing list *n* fichier *m* d'adresses

mailman *n Am* (*postman*) facteur *m* **mail order** *n* vente *f* par correspondance **mailshot** *n Brit* mailing *m*

maim [meɪm] *vt* mutiler

main [meɪn] I. *adj* principal II. *n* 1. TECH conduite *f* 2. *Brit* (*sewage*) égout *m;* (*water*) canalisation *f;*

(*electricity*) secteur *m;* **to be on the ~s** être sur secteur; **turn the electricity off at the ~s** coupez le courant au compteur

mainframe ['meɪnfreɪm] *n* INFOR 1. (*computer*) macroordinateur *m* 2. (*central unit*) unité *f* centrale

mainland ['meɪnlənd] *n no pl* **the ~** le continent

mainline ['meɪnlaɪn] *n* les grandes lignes *fpl*

mainly *adv* 1. (*primarily*) principalement 2. (*mostly*) surtout

main road *n* route *f* principale **mainspring** *n* 1. (*spring*) ressort *m* 2. *fig* mobile *m* **mainstay** *n* pilier *m* **mainstream** I. *n no pl* courant *m* dominant II. *adj* dominant; (*film, product*) grand public

maintain [meɪn'teɪn] *vt* 1. (*order*) maintenir 2. (*machine*) entretenir 3. (*assert*) soutenir; (*one's innocence*) clamer

maintenance ['meɪntənəns] *n no pl* 1. (*keeping*) maintien *m* 2. (*of buildings, machines*) entretien *m* 3. (*alimony*) pension *f* alimentaire

maisonette [ˌmeɪzə'net] *n Brit* duplex *m*

maize [meɪz] *n no pl* maïs *m*

majestic *adj* majestueux

majesty ['mædʒəsti] *n* majesté *f*

major ['meɪdʒəʳ, *Am:* -dʒɚ] I. *adj* majeur II. *n* 1. MIL major *m* 2. *Am, Aus* (*primary subject*) matière *f* principale III. *vi Am, Aus* **to ~ in history** faire histoire comme matière principale

Majorca [mə'jɔːkə, *Am:* -jɔːr-] *n* Majorque *f*

majority [mə'dʒɒrəti, *Am:* -'dʒɔːrəṭi] *n* majorité *f*

make [meɪk] I.<made, made> *vt* 1. (*do*) faire; (*phone call*) passer; (*decision*) prendre; **to ~ sth (out) of sth** faire qc à partir de qc; **made of plastic/paper** en plastic/papier 2. (*create, change*) **to ~ sb curious/ill** rendre qn curieux/malade, rendre qc facile/public; **to ~ oneself heard/understood** se faire entendre/comprendre 3. (*money, en-*

M m

emies) se faire **4.** (*force, cause*) **to ~ sb/sth do sth** faire faire qc à qn **5.** *inf* (*get to, reach*) **to ~ it** y arriver; **to ~ it to sth** arriver à qc **6.** (*calculate, decide*) **I ~ it 5000** je trouve 5000; **we'll ~ it Friday/$30** disons vendredi/30$ **II.** *vi* **to ~ do with sth** faire avec qc; **to ~ as if to** +*infin form* sembler vouloir +*infin* **III.** *n* marque *f*

◆ **make believe** *vt* faire semblant

◆ **make for** *vt* **1.** (*head for*) se diriger vers **2.** (*result in*) conduire à

◆ **make of** *vt* (*understand, think of*) **to make sth of sb/sth** penser qc de qn/qc; **what do you ~ it?** qu'est-ce que tu en penses?; **can you make anything of it?** tu y comprends quelque chose?

◆ **make off** *vi inf* se tirer; **to ~ with sth** partir avec qc

◆ **make out I.** *vi inf* (*succeed, cope*) s'en sortir **II.** *vt* **1.** *inf* (*claim*) prétendre **2.** (*understand with difficulty*) distinguer; (*writing*) déchiffrer; *fig* discerner **3.** (*a cheque*) faire

◆ **make over** *vt* (*transfer ownership*) céder

◆ **make up I.** *vt* **1.** (*deficit, loss*) combler; (*time*) rattraper **2.** (*a sum, team*) compléter **3.** (*comprise*) composer; **to be made up of** (*people*) être composé de; (*things*) contenir **4.** (*invent*) inventer **5.** (*decide*) **to ~ one's mind** se décider **II.** *vi* se maquiller

◆ **make up for** *vt* compenser; **to ~ lost time** rattraper le temps perdu

◆ **make up to** *vt Aus, Brit* flatter

make-believe *n no pl* illusion *f*

make-over *n* **1.** (*beauty treatment*) soin *m* de beauté **2.** (*redecoration*) transformation *f*

maker *n* fabricant(e) *m(f)*; (*of a film*) réalisateur, -trice *m, f*

makeshift I. *adj* de fortune **II.** *n* solution *f* provisoire

make-up *n* **1.** (*constitution*) constitution *f* **2.** (*character*) caractère *m* **3.** *no pl* (*cosmetics*) maquillage *m*; **to put on ~** se maquiller

making *n* **1.** **to be in the ~** être en cours de fabrication **2.** *pl* (*essential qualities*) étoffe *f*; **to have all the ~s of sth** avoir tous les ingrédients pour qc

maladjusted [ˌmælə'dʒʌstɪd] *adj* PSYCH inadapté

maladministration [ˈmælədˌmɪn ɪ'streɪʃən] *n no pl, form* mauvaise gestion *f*

malaise [mæ'leɪz] *n no pl* malaise *m*

malaria [mə'leərɪə, *Am:* -'lerɪ-] *n no pl* malaria *f*

male [meɪl] **I.** *adj* (*animal*) mâle; (*person*) masculin **II.** *n* mâle *m*

malediction [ˌmælɪ'dɪkʃən, *Am:* -ə'-] *n* malédiction *f*

malformation [ˌmælfɔː'meɪʃən] *n* MED malformation *f*

malfunction [ˌmæl'fʌŋkʃən] **I.** *vi* mal fonctionner **II.** *n* défaillance *f*

malice ['mælɪs] *n no pl* malveillance *f*

malicious *adj* malveillant

malign [mə'laɪn] **I.** *adj* pernicieux **II.** *vt* calomnier

malignancy [mə'lɪgnənsi] *n* **1.** MED malignité *f* **2.** *fig* malveillance *f*

malignant *adj* **1.** MED malin **2.** *fig* malveillant

malinger [mə'lɪŋgər, *Am:* -gɚ] *vi* jouer aux malades

malingerer *n pej* faux malade *m*, fausse malade *f*

mall [mɔːl] *n* centre *m* commercial

malleable ['mælɪəbl] *adj* malléable

mallet ['mælɪt] *n* maillet *m*

malnutrition [ˌmælnjuː'trɪʃən, *Am:* -nuː'-] *n no pl* malnutrition *f*

malpractice [ˌmæl'præktɪs] *n* faute *f* professionnelle

malt [mɔːlt] *n no pl* **1.** (*grain*) malt *m* **2.** *s.* **malt whisky**

Malta ['mɔːltə, *Am:* -tə] *n* Malte *f*

Maltese [ˌmɔːl'tiːz] **I.** *adj* maltais **II.** *n* Maltais(e) *m(f)*

maltreat [ˌmæl'triːt] *vt form* maltraiter

maltreatment *n no pl* mauvais traitement *m*

malt whisky *n* (whisky *m*) pur malt *m*

mammal ['mæməl] *n* mammifère *m*

mammoth ['mæməθ] **I.** *adj* monstre; (*undertaking*) gigantesque **II.** *n* mammouth *m*

man [mæn] <men> **I.** *n* **1.** (*male human*) homme *m* **2.** *no pl* (*human race*) l'homme *m* **3.** (*object in games*) pion *m* **II.** *vt* <-nn-> prendre la responsabilité de; **to ~ a ship** être membre de l'équipage d'un navire

manage ['mænɪdʒ] **I.** *vt* **1.** (*accomplish*) **to ~ to** +*infin* arriver à +*infin*; **how did you ~ that?** comment tu as fait?; **can you ~ six o'clock** six heures, ça vous va? **2.** (*deal with*) gérer **II.** *vi* (*cope*) s'en tirer; (*achieve aim*) réussir

manageable *adj* (*task*) faisable; (*vehicle*) manœuvrable

management *n* ECON gestion *f*; (*managers*) la direction

management buyout *n* rachat *m* d'entreprise (*par ses cadres*) **management consultant** *n* conseiller, -ère *m, f* en gestion d'entreprise

manager *n* **1.** (*head*) manager *mf* **2.** (*of shop, project*) gérant(e) *m(f)* **3.** (*of artist*) manager *mf* **4.** SPORT entraîneur *mf*

manageress *n* gérante *f*

managerial *adj* directorial; **~ skills** qualités *fpl* de gestionnaire

managing director *n* Brit directeur *m* général

mandarin ['mændərɪn, *Am:* -dɚ-] *n* (*fruit*) mandarine *f*

mandate ['mændeɪt] *n* mandat *m*

mandatory ['mændətri, *Am:* -tɔːri] *adj* obligatoire

mane [meɪn] *n* crinière *f*

maneuver [mə'nuːvəʳ, *Am:* -vɚ] *n, vt, vi Am s.* **manoeuvre**

maneuverable [mə'nuːvərəbl] *adj Am s.* **manoeuvrable**

mangetout [mɑ̃ːʒ'tuː] *n Brit* mange-tout *m*

mangle¹ ['mæŋgl] *vt* **1.** (*person, limb*) mutiler; (*meat*) charcuter; (*clothes*) déchirer **2.** *fig* massacrer

mangle² ['mæŋgl] *n Brit* **1.** (*for clothes*) essoreuse *f* (à rouleaux)

2. *Am* (*ironing machine*) repasseuse *f*

mango ['mæŋgəʊ, *Am:* -goʊ] *n* <-go(e)s> mangue *f*

manhandle ['mænhændl] *vt* **1.** (*handle roughly*) brutaliser; **they ~d him into the car** ils l'ont forcé à entrer dans la voiture **2.** (*lift*) **to ~ sth somewhere** transporter qc quelque part à la force des bras

manhole ['mænhəʊl, *Am:* -hoʊl] *n* regard *m*

manhood ['mænhʊd] *n no pl* (*age*) l'âge *m* d'homme; (*manliness*) virilité *f*

mania ['meɪnɪə] *n* **1.** PSYCH manie *f* **2.** (*obsession*) manie *f*

maniac *n* **1.** *inf* fou *m*, folle *f* **2.** (*obsessive*) maniaque *mf*

manic ['mænɪk] *adj* **1.** PSYCH maniaque **2.** *inf* (*activity, laughter*) fou

manic depression *n* psychose *f* maniaco-dépressive **manic-depressive** *adj* maniaco-dépressif

manicure ['mænɪkjʊəʳ, *Am:* -kjʊr] **I.** *n* manucure *f* **II.** *vt* manucurer; **to ~ one's nails** se faire les ongles

manicurist *n* manucure *mf*

manifest ['mænɪfest] **I.** *adj* manifeste **II.** *vt* révéler

manifestation *n* manifestation *f*

manifesto [ˌmænɪ'festəʊ, *Am:* -toʊ] <-sto(e)s> *n* manifeste *m*

manifold ['mænɪfəʊld, *Am:* -foʊld] *n* TECH, AUTO tubulure *f*

manipulate [mə'nɪpjʊleɪt, *Am:* -jə-] *vt* manipuler

manipulation *n* manipulation *f*

manipulative *adj pej* manipulateur

mankind [ˌmæn'kaɪnd] *n no pl* humanité *f*

manly *adj* viril

man-made *adj* artificiel; (*fibres*) synthétique

manned [mænd] *adj* AVIAT habité

mannequin ['mænɪkɪn] *n* mannequin *m*

manner ['mænəʳ, *Am:* -ɚ] *n no pl* **1.** (*style*) manière *f* **2.** *pl* (*social behaviour*) manières *fpl* **3.** (*way of behaving*) façon *f* d'être **4.** *form* (*kind, type*) sorte *f*

M
m

mannerism ['mænərɪzəm] *n* particularité *f*

manoeuvrable [mə'nu:vrəbl] *adj* manœuvrable

manoeuvre [mə'nu:vər, *Am:* -vər] I. *n* 1. *pl* (*military exercises*) manœuvres *fpl* 2. **to have room for** ~ avoir de la marge (de manœuvre) II. *vt* 1. (*vehicle*) manœuvrer; (*furniture*) déplacer 2. (*pressure*) **to** ~ **sb into doing sth** forcer qn à faire qc III. *vi* manœuvrer

manor ['mænər, *Am:* -ər], **manor house** *n* (*house*) manoir *m*

manpower ['mænpaʊər, *Am:* -ər] *n no pl* main-d'œuvre *f*

mansion ['mænʃən] *n* manoir *m*

manslaughter ['mænslɔːtər, *Am:* -slɑːtər] *n no pl* homicide *m* involontaire

mantelpiece ['mæntlpiːs] *n* dessus *m* de cheminée

manual ['mænjʊəl] I. *adj* manuel II. *n* 1. (*book*) manuel *m* 2. (*car*) voiture *f* à vitesses manuelles

manufacture [,mænjʊ'fæktʃər, *Am:* -tʃər] I. *vt* manufacturer II. *n no pl* fabrication *f*

manufacturer *n* fabricant *m*; (*of cars*) constructeur *m*

manure [mə'njʊər, *Am:* -'nʊr] *n no pl* engrais *m*

manuscript ['mænjʊskrɪpt] *n* manuscrit *m*

many ['meni] <more, most> I. *adj* beaucoup de; **how** ~ **glasses?** combien de verres? II. *pron* beaucoup

> ⚠ **many** s'emploie pour des personnes, des animaux ou des choses dénombrables: "many people make that mistake." **much** s'emploie pour des quantités et des choses qu'on ne peut pas compter: "Norman has eaten too much ice-cream."

map [mæp] I. *n* (*of a country*) carte *f*; (*of a town*) plan *m* II. <-pp-> *vt* (*region*) dresser une carte de

◆ **map out** *vt* (*process, policy*) faire le plan de; (*future, career*) prévoir

maple ['meɪpl] *n* (*tree*) érable *m*

mar [mɑːr, *Am:* mɑːr] <-rr-> *vt* gâcher

marathon ['mærəθən, *Am:* 'merəθɑːn] I. *n* marathon *m* II. *adj* marathon

marble ['mɑːbl, *Am:* 'mɑːr-] *n* 1. *no pl* (*stone*) marbre *m* 2. (*for games*) bille *f*

march [mɑːtʃ, *Am:* mɑːrtʃ] I. <-ches> *n* 1. MIL, MUS marche *f* 2. (*political action*) manifestation *f* II. *vi* 1. MIL marcher en rang 2. *fig* **he** ~**ed up to me** il a marché sur moi 3. (*to express opinions*) manifester III. *vt* **to** ~ **sb off** emmener qn

March [mɑːtʃ, *Am:* mɑːrtʃ] *n* mars *m*; *s. a.* **April**

mare ['meər] *n* jument *f*

margarine [,mɑːdʒəriːn, *Am:* ,mɑːrdʒərɪn] *n no pl* margarine *f*

margin ['mɑːdʒɪn, *Am:* 'mɑːr-] *n* marge *f*

marginal *adj* marginal; (*interest, element*) mineur; (*constituency*) Brit, Aus localité *f* disputée

marginalize ['mɑːdʒɪnəlaɪz, *Am:* 'mɑːr-] *vt* marginaliser

marginally *adv* légèrement

marihuana, marijuana [,mærɪ'wɑːnə, *Am:* ,merɪ'-] *n no pl* marijuana *f*

marina [mə'riːnə] *n* port *m* de plaisance

marinade [,mærɪ'neɪd, *Am:* ,mer-] *n* GASTR marinade *f*

marinate ['mærɪneɪt, *Am:* 'mer-] *vt* mariner

marine [mə'riːn] I. *adj* 1. (*concerning sea life*) marin 2. (*concerning shipping matters*) maritime II. *n* 1. MIL marine *m* 2. (*navy*) marine *f*

marionette [,mærɪə'net, *Am:* ,mer-] *n* marionnette *f*

marital ['mærɪtəl, *Am:* 'merɪtəl] *adj* matrimonial; ~ **status** situation *f* de famille

maritime ['mærɪtaɪm, *Am:* 'mer-] *adj* maritime

marjoram ['mɑːdʒərəm, *Am:*

'maːrdʒəʳəm] *n no pl* marjolaine *f*
mark[1] [mɑːk, *Am:* mɑːrk] *n* (*currency*) mark *m*
mark[2] [mɑːk, *Am:* mɑːrk] **I.** *n*
1. (*spot, stain*) tache *f*; **finger** ~ trace *f* de doigt; **the** ~ **of genius** *fig* le signe du génie **2.** (*scratch*) marque *f* **3.** SCHOOL note *f* **II.** *vt* **1.** (*clothes*) tacher; (*body*) faire des marques sur; (*wood, glass*) marquer **2.** (*beginning, end*) indiquer; (*turning point*) marquer **3.** (*occasion*) marquer **4.** (*homework*) noter **III.** *vi* (*stain*) tacher
◆ **mark out** *vt* **1.** (*distinguish*) distinguer **2.** *Brit* (*indicate a boundary*) délimiter
marked *adj* **1.** (*apparent, clear*) marqué **2.** (*striking*) frappant
markedly *adv* nettement
marker *n* **1.** (*sign, symbol*) *a. fig* marque *f* **2.** (*sign to indicate position*) balise *f* **3.** (*examiner*) correcteur, -trice *m, f* **4.** INFOR marqueur *m* **5.** ~ (**pen**) marqueur *m* **6.** SPORT marqueur, -euse *m, f*
market ['mɑːkɪt, *Am:* 'mɑːr-] **I.** *n* marché *m*; **on the** ~ sur le marché **II.** *vt* commercialiser **market economy** *n* économie *f* de marché **market forces** *n pl* les forces *fpl* du marché
marketing *n no pl* **1.** (*selling operations*) marketing *m* **2.** *Am* (*grocery shopping*) courses *fpl* **marketplace** *n* **1.** (*place for market*) place *f* du marché **2.** (*commercial arena*) arène *f* commerciale **market price** *n* prix *m* du marché **market research** *n* étude *f* de marché **market share** *n* part *f* de marché **market value** *n* valeur *f* marchande
markings *n pl* **1.** (*identifying marks*) marques *fpl*; (*on animals*) taches *fpl* **2.** (*on vehicle*) insignes *mpl*; (*on roads*) signalisation *f*
marksman *n* tireur *m* d'élite
marmalade ['mɑːməleɪd, *Am:* 'mɑːr-] *n no pl* confiture *f* d'oranges
maroon[1] [mə'ruːn] **I.** *n* **1.** *no pl* (*colour*) bordeaux *m* **2.** (*firework*) fusée *f* de détresse **II.** *adj* bordeaux

maroon[2] [mə'ruːn] *vt* abandonner
marquee [mɑː'kiː, *Am:* mɑːr-] *n* *Brit, Aus* **1.** (*tent*) grande tente *f* **2.** *Am* (*canopy*) auvent *m*
marriage ['mærɪdʒ, *Am:* 'mer-] *n* mariage *m*
married *adj* (*couple*) marié; (*life*) conjugal
marrow ['mærəʊ, *Am:* 'meroʊ] *n* **1.** *Brit, Aus* (*vegetable*) courge *f* **2.** MED moelle *f*
marry ['mæri, *Am:* 'mer-] **I.** *vt* **1.** (*wed*) épouser **2.** (*officiate at ceremony*) marier **II.** *vi* se marier
marsh [mɑːʃ, *Am:* mɑːrʃ] <-shes> *n* marais *m*
marshal ['mɑːʃl, *Am:* 'mɑːr-] **I.** <*Brit* -ll- *o Am* -l-> *vt* rassembler **II.** *n* **1.** (*at demonstration*) membre *m* du service d'ordre **2.** *Am* (*state officer*) officier *m* de la police fédérale
marshmallow ['mɑːʃmæləʊ, *Am:* 'mɑːrʃ-] *n* guimauve *f*
marshy ['mɑːʃi, *Am:* 'mɑːr-] <-ier, -iest> *adj* marécageux
martial ['mɑːʃəl, *Am:* 'mɑːr-] *adj* martial
martyr ['mɑːtəʳ, *Am:* 'mɑːrtʳə] **I.** *n* martyr(e) *m(f)* **II.** *vt* martyriser
marvel ['mɑːvl, *Am:* 'mɑːr-] **I.** *n* merveille *f* **II.** <*Brit* -ll- *o Am* -l-> *vi* s'émerveiller
marvellous, marvelous *adj Am* merveilleux
Marxism ['mɑːksɪzm, *Am:* 'mɑːrk-] *n no pl* marxisme *m*
Marxist **I.** *n* marxiste *mf* **II.** *adj* marxiste
marzipan ['mɑːzɪpæn, *Am:* 'mɑːr-] *n no pl* pâte *f* d'amandes
mascara [mæ'skɑːrə, *Am:* -'skerə] *n no pl* mascara *m*
mascot ['mæskət, *Am:* -kɑːt] *n* mascotte *f*
masculine ['mæskjəlɪn] **I.** *adj* masculin **II.** *n* masculin *m*
masculinity *n no pl* masculinité *f*
mash [mæʃ] **I.** *n Brit, inf* purée *f* de pommes de terre **II.** *vt* écraser
mashed potato *n* purée *f* de pommes de terre

M m

mask [mɑːsk, *Am:* mæsk] **I.** *n a. fig* masque *m* **II.** *vt* masquer

masochism ['mæsəkɪzəm] *n no pl* masochisme *m*

masochist *n* masochiste *mf*

mason ['meɪsn] *n* **1.** (*stoneworker*) tailleur *m* de pierre **2.** (*Freemason*) franc-maçon *m*

masonic [mə'sɒnɪk, *Am:* -'sɑːnɪk] *adj* maçonnique

masonry *n no pl* **1.** (*trade, stones*) maçonnerie *f* **2.** (*Freemasonry*) franc-maçonnerie *f*

masquerade [ˌmɑːskə'reɪd] **I.** *n* mascarade *f* **II.** *vi* to ~ **as** sth se déguiser en qc

mass [mæs] **I.** *n* **1.** *no pl* masse *f*; ~**es of** sth des tonnes de qc **II.** *vi* se masser **III.** *adj* (*large*) massif; (*widespread*) de masse

massacre ['mæsəkəʳ, *Am:* -kɚ] **I.** *n* massacre *m* **II.** *vt* massacrer

massage ['mæsɑːdʒ, *Am:* mə'-] **I.** *n* massage *m* **II.** *vt* (*rub*) masser

massive ['mæsɪv] *adj* **1.** (*heavy, solid*) massif **2.** (*huge*) énorme **mass media** *n* + *sing/pl vb* **the** ~ les mass-médias *mpl* **mass-produce** *vt* produire en série **mass production** *n* production *f* en série

mast [mɑːst, *Am:* mæst] *n* **1.** NAUT mât *m* **2.** RADIO, TV pylône *m*

master I. *n* maître *m* **II.** *vt* **1.** (*have knowledge, control of*) maîtriser **2.** (*overcome*) surmonter

master key *n* passe-partout *m*

masterly *adj* magistral

mastermind I. *n* cerveau *m* **II.** *vt* orchestrer **Master of Arts** *n* **1.** (*university degree*) ≈ maîtrise *f* de lettres **2.** (*person*) ≈ maître *m* ès lettres **masterpiece** *n* chef-d'œuvre *m* **masterstroke** *n* tour *m* de main

mastery ['mɑːstəri, *Am:* 'mæstɚ-] *n no pl* maîtrise *f*

masturbate ['mæstəbeɪt, *Am:* -tɚ-] **I.** *vi* se masturber **II.** *vt* masturber

masturbation *n no pl* masturbation *f*

mat [mæt] *n* **1.** (*floor protection*) tapis *m* **2.** (*doormat*) paillasson *m*

match¹ [mætʃ] <-tches> *n* allumette *f*

match² [mætʃ] **I.** *n* **1.** (*one of a pair*) pendant *m*; **to be a good** ~ **for** sth être bien coordonné avec qc **2.** (*partner*) **to make a good** ~ être un bon parti **3.** (*competitor*) adversaire *mf* (valable); **to be a** ~ **for** sb être au niveau de qn **4.** SPORT match *m* **II.** *vi* (*clothes, colours*) être assortis; (*blood types*) correspondre **III.** *vt* **1.** (*clothes*) être assorti à; (*blood type, specification, need*) correspondre à **2.** (*clothes*) trouver quelque chose d'assorti à; (*blood type, evidence*) faire correspondre à; (*specification, need*) satisfaire **3.** (*rival*) être à la hauteur de; (*achievement*) égaler

matchbox <-xes> *n* boîte *f* d'allumettes

matching *adj* correspondant; FASHION assorti

mate¹ [meɪt] **I.** *n* **1.** *Brit, Aus, inf* (*friend*) copain, -ine *m, f* **2.** BIO partenaire *mf* **3.** (*assistant*) aide *mf* **II.** *vi* s'accoupler

mate² [meɪt] **I.** *n* GAMES mat *m* **II.** *vt* faire échec et mat à

material [mə'tɪəriəl, *Am:* -'tɪri-] **I.** *n* **1.** (*for making things, doing jobs*) *a. fig* matériau *m*; **raw** ~**s** matières *fpl* premières **2.** (*cloth*) tissu *m* **3.** (*documentation, sources*) matière *f* **4.** *pl* (*equipment*) matériel *m* **II.** *adj* **1.** (*relating to the physical*) matériel **2.** (*important*) essentiel

materialistic *adj* matérialiste

materialize *vi* **1.** (*become fact*) se matérialiser; (*hope, dream*) se réaliser **2.** (*appear suddenly*) surgir

maternal [mə'tɜːnəl, *Am:* -'tɜːr-] *adj* maternel **maternity hospital** *n* maternité *f* **maternity leave** *n* congé *m* (de) maternité

math [mæθ] *n Am* maths *fpl*

mathematical *adj* mathématique

mathematician *n* mathématicien(ne) *m(f)*

mathematics [ˌmæθə'mætɪks, *Am:* -'mæt̬-] *n* + *sing vb* mathématiques *fpl*

maths *n* + *sing vb, Brit, Aus, inf*

maths *fpl*

matinee ['mætɪneɪ, *Am:* ˌmætən'eɪ] *n* matinée *f*

mating *n* ZOOL accouplement *m*

mating season *n* ZOOL la saison des amours

matrimony ['mætrɪməni, *Am:* -rəmoʊ-] *n no pl* mariage *m*

matrix ['meɪtrɪks] <-ixes *o* -ices> *n* (*mould*) *a.* MAT matrice *f*

matt [mæt], **matte** *adj Am* mat

matted *adj* enchevêtré; (*hair*) emmêlé

matter ['mætər, *Am:* 'mæt̬ər] I. *n* 1. *no pl* (*substance*) *a. fig* matière *f* 2. (*subject*) sujet *m* 3. (*affair*) affaire *f*; **as a ~ of fact** en fait 4. *pl* (*the situation*) choses *fpl*; **what's the ~ (with you)?** qu'y a-t-il? 5. (*importance*) **no ~!** peu importe!; **no ~ what** peu importe ce que +*subj* II. *vi* importer; **it doesn't ~ if ...** cela n'a pas d'importance si ...

mattress ['mætrɪs] *n* matelas *m*

mature [mə'tjʊər, *Am:* -'tʊr] I. *adj* mûr; (*animal, tree*) adulte II. *vi* 1. (*become physically adult*) devenir adulte 2. (*develop fully*) mûrir III. *vt* 1. GASTR affiner 2. (*make more adult*) faire mûrir

mature student *n Brit* étudiant(e) *m(f)* plus âgé

maturity *n no pl* maturité *f*

maul [mɔ:l, *Am:* mɑ:l] *vt* 1. blesser grièvement 2. (*criticize*) démolir

mauve [məʊv, *Am:* moʊv] *adj* mauve

maverick ['mævərɪk, *Am:* 'mævər-] *n* non-conformiste *mf*

maxim ['mæksɪm] *n* maxime *f*

maximize *vt* maximiser

maximum ['mæksɪməm] I. <-ima *o* -imums> *n* maximum *m* II. *adj* maximum

may [meɪ] <3rd pers sing may, might, might> *aux* 1. *form* (*be allowed*) ~ **I come in ?** puis-je entrer ? 2. (*possibility*) I ~ **go/finish** je pourrais partir/finir

! **may** signifie pouvoir, avoir la permission: "May I finish the

pudding, please?" **can** signifie pouvoir, être capable: "Can you tell me the time, please?"

May [meɪ] *n* (*month*) mai *m*; *s. a.* **April**

maybe *adv* peut-être

May Day *n no pl* (*May 1*) 1er mai *m*

mayhem ['meɪhem] *n no pl* désordre *m*

mayonnaise [ˌmeɪə'neɪz] *n* mayonnaise *f*

mayor [meər, *Am:* meɪər] *n* maire *m*

mayoress [meə'res, *Am:* 'meɪərɪs] <-sses> *n* mairesse *f*

maze [meɪz] *n* dédale *m*

me [mi:] *objective pron* me, m' + *vowel*, moi *tonic form*; **it's** ~ c'est moi; **look at** ~ regarde/regardez-moi

meadow ['medəʊ, *Am:* -oʊ] *n* pré *m*

meager *adj Am*, **meagre** ['mi:gər, *Am:* -gər] *adj* maigre

meal[1] [mi:l] *n* repas *m*

meal[2] [mi:l] *n* 1. (*coarsely ground grain*) semoule *f* 2. (*flour*) farine *f*

mealy-mouthed *adj* mielleux

mean[1] [mi:n] *adj* 1. (*miserly*) avare 2. (*unkind, aggressive*) méchant 3. (*wretched*) misérable

mean[2] [mi:n] <meant, meant> *vt* 1. (*express meaning*) signifier; **it ~s "hello" in Arabic** ça veut dire "salut" en arabe 2. (*refer to*) parler de 3. (*result in*) impliquer 4. (*intend, suppose*) **to** ~ **to** +*infin* avoir l'intention de +*infin*; **to be ~t to be sth** être destiné à qc; **you were** ~ **to be here** tu étais supposé être là

mean[3] [mi:n] I. *n* 1. (*middle*) milieu *m* 2. MAT moyenne *f* II. *adj* moyen

meaning *n* 1. (*signification*) signification *f* 2. (*significance, value*) sens *m*

meaningful *adj* pertinent; (*relationship*) sérieux

meaningless *adj* dépourvu de sens

meanness *n no pl* 1. (*lack of generosity*) avarice *f* 2. (*unkindness*)

M m

méchanceté f

means n **1.** (method) moyen m; **a ~ of persuading people** un moyen de persuader les gens **2.** pl (income) moyens mpl

meant [ment] pt, pp of **mean**

meantime n **for the ~** pour l'instant; **in the ~** pendant ce temps(-là) **meanwhile** adv entre-temps

measles ['mi:zlz] n + sing vb rougeole f

measly ['mi:zli] adj minable

measurable adj mesurable

measure ['meʒər, Am: -ə˞] I. n **1.** (measurement, unit, action) mesure f **2.** (instrument) mètre m II. vt, vi mesurer

◆ **measure up to** vt **to ~ sb/sth** être à la hauteur de qn/qc

measured adj mesuré

measurement n **1.** no pl (measuring) mesure f **2.** pl (size details) mensurations fpl; **to take sb's ~s** prendre les mesures de qn

meat [mi:t] n viande f

meatball n boulette f de viande **meatloaf** n gâteau m de viande

meaty adj **1.** (consisting of meat) de viande **2.** (full of substance) a. fig substantiel

mechanic [mɪ'kænɪk] n mécanicien(ne) m(f)

mechanical adj (relating to machines) mécanique; **~ engineering** la mécanique

mechanics n + sing vb, a. fig rouages mpl

mechanism ['mekənɪzəm] n mécanisme m

mechanize ['mekənaɪz] vt mécaniser

medal ['medl] n médaille f

medalist n Brit, **medallist** n Am médaillé(e) m(f)

medallion [mɪ'dæliən, Am: mə'dæljən] n médaillon m

meddle ['medl] vi intervenir; **to ~ in sth** se mêler de qc

meddlesome ['medlsəm] adj indiscret

media ['mi:diə] I. n **the ~** les médias mpl II. adj des médias; (cover-age) médiatique

mediaeval [ˌmedi'i:vəl] adj s. **medieval**

median ['mi:diən] adj médian

mediate ['mi:dɪeɪt] vi **to ~ between sb and sb** servir de médiateur entre qn et qn

mediation [ˌmi:dɪ'eɪʃən] n no pl médiation f

mediator n médiateur, -trice m, f

medical ['medɪkəl] I. adj médical II. n inf visite f médicale

medication [ˌmedɪ'keɪʃən] <-(s)> n médication f

medicinal adj médicinal

medicine ['medsən, Am: 'medɪsən] n **1.** (drug) médicament m **2.** no pl (science, practice) médecine f

medieval [ˌmedɪ'i:vl, Am: ˌmi:dɪ-] adj médiéval

mediocre [ˌmi:dɪ'əukər, Am: -'oukə˞] adj médiocre

mediocrity [ˌmi:dɪ'ɒkrəti, Am: -'ɑ:krəti] n no pl médiocrité f

meditate ['medɪteɪt] vi méditer

meditation n no pl méditation f

Mediterranean [ˌmedɪtə'reɪniən] I. adj méditerranéen II. n **the ~** la Méditerranée

medium ['mi:diəm] I. adj moyen II. n **1.** <-s o media> (a means) moyen m **2.** (middle state, midpoint) milieu m **3.** (art material, form) matériau m **4.** PUBL, TV média m **5.** <-s> (spiritualist) médium m **6.** INFOR support m

medley ['medli] n **1.** (mixture) mélange m **2.** (mixture of tunes) potpourri m

meek [mi:k] adj doux

meet [mi:t] <met, met> I. vt **1.** (encounter) rencontrer; (by arrangement) retrouver; (for the first time) faire la connaissance de **2.** (standard, need) répondre à; (costs) prendre en charge; (deadline) respecter II. vi **1.** (encounter) se rencontrer; (by arrangement) se retrouver; (for the first time) faire connaissance **2.** (assemble) se réunir **3.** SPORT, MIL s'affronter III. n Am (sporting event) rencontre *f*

meeting [ˈ] *n* **1.** (*organized gathering*) réunion *f* **2.** *Brit* (*sporting event*) rencontre *f*

megabyte [ˈmegəbaɪt] *n* INFOR méga-octet *m*

megalomania [ˌmegələˈmeɪnɪə, *Am:* -oʊˈ-] *n no pl* mégalomanie *f*

megalomaniac *n* mégalomane *mf*

megaphone [ˈmegəfəʊn, *Am:* -foʊn] *n* mégaphone *m*

melancholic *adj* mélancolique

melancholy [ˈmelənkɒli, *Am:* -kɑːli] I. *n* mélancolie *f* II. *adj* mélancolique

mellow [ˈmeləʊ, *Am:* -loʊ] I. *adj* **1.** (*not harsh*) doux **2.** (*character*) mûri II. *vi* s'adoucir III. *vt* adoucir

melodious [mɪˈləʊdɪəs, *Am:* məˈloʊ-] *adj* mélodieux

melodrama [ˈmelədrɑːmə, *Am:* -oʊ-] *n* mélodrame *m*

melodramatic [ˌmelədrəˈmætɪk, *Am:* -oʊdrəˈmæt̬-] *adj* mélodramatique

melody [ˈmelədi] <-odies> *n* mélodie *f*

melon [ˈmelən] *n* melon *m*

melt [melt] I. *vi* fondre II. *vt a. fig* fondre **melting pot** *n fig* melting-pot *m*

member [ˈmembəʳ, *Am:* -bɚ] *n* membre *m*; ~ of **Parliament/Congress** membre du Parlement/du Congrès

membership *n* **1.** + *sing/pl vb* (*people*) membres *mpl* **2.** (*state of belonging*) adhésion *f*

membrane [ˈmembreɪn] *n* membrane *f*

memento [mɪˈmentəʊ, *Am:* məˈmentoʊ] <-s *o* -es> *n* mémento *m*

memo [ˈmeməʊ, *Am:* -oʊ] *n* mémo *m*

memoir [ˈmemwɑːʳ, *Am:* -wɑːr] *n* mémoire *m*

memorable [ˈmemərəbl] *adj* mémorable

memorandum [ˌmeməˈrændəm] <-s *o* -anda> *n* **1.** *form* (*message*) note *f* **2.** (*document*) mémorandum

m

memorial [məˈmɔːrɪəl] *n* mémorial *m*

memorize [ˈmeməraɪz] *vt* mémoriser

memory [ˈmeməri] *n* **1.** *a.* INFOR mémoire *f* **2.** (*remembered event*) souvenir *m*

men [men] *n pl of* **man**

menace [ˈmenəs] I. *n* menace *f* II. *vt form* menacer

menacing *adj* menaçant

mend [mend] I. *n* **1.** raccommodage *m* **2.** *inf* **to be on the ~** aller mieux II. *vt* **1.** (*repair*) réparer; (*socks*) repriser **2.** (*improve*) corriger

menial [ˈmiːnɪəl] *adj* servile

meningitis [ˌmenɪnˈdʒaɪtɪs, *Am:* -t̬ɪs] *n no pl* méningite *f*

menopause [ˈmenəpɔːz, *Am:* -pɑːz] *n no pl* ménopause *f*

menstrual [ˈmenstrʊəl, *Am:* -strəl] *adj form* menstruel

menstruation *n no pl, form* menstruation *f*

mental [ˈmentəl, *Am:* -t̬əl] *adj* mental

mental block *n* blocage *m* **mental hospital** *n* hôpital *m* psychiatrique

mentality [menˈtæləti, *Am:* -t̬i] *n* mentalité *f*

mentally *adv* mentalement

mentally handicapped *adj* handicapé mental

mention [ˈmenʃən] I. *n* mention *f* II. *vt* mentionner; **don't ~ it!** il n'y a pas de quoi!

mentor [ˈmentɔːʳ, *Am:* -tɚ] *n* mentor *m*

menu [ˈmenjuː] *n* GASTR, INFOR menu *m*

MEP *n abbr of* **Member of the European Parliament** député(e) *m(f)* au Parlement européen

mercenary [ˈmɜːsɪnəri, *Am:* ˈmɜːrsəner-] I. *n* <-aries> mercenaire *m* II. *adj* mercenaire

merchandise [ˈmɜːtʃəndaɪz, *Am:* ˈmɜːr-] *n no pl, form* marchandises *fpl*

merchandizing *n* merchandising *m*

merchant [ˈmɜːtʃənt, *Am:* ˈmɜːr-] *n*

M m

1. (*trader*) négociant(e) *m(f)* **2.** (*retailer*) commerçant(e) *m(f)*

merchant bank *n* banque *f* d'affaires

merciful ['mɜːsɪfəl, *Am:* 'mɜːr-] *adj* miséricordieux

merciless ['mɜːsɪlɪs, *Am:* 'mɜːr-] *adj* impitoyable

mercury ['mɜːkjʊri, *Am:* 'mɜːrkjəri] *n no pl* mercure *m*

mercy ['mɜːsi, *Am:* 'mɜːr-] *n no pl* pitié *f*; REL miséricorde *f*; **to be at the ~ of sb** être à la merci de qn

mere [mɪəʳ, *Am:* mɪr] *adj* simple

merely ['mɪəli, *Am:* 'mɪr-] *adv* simplement

merge [mɜːdʒ, *Am:* mɜːrdʒ] **I.** *vi* **1.** ECON fusionner **2.** (*blend*) **to ~ into/with sth** se mêler à qc **II.** *vt* **1.** (*unify*) unifier **2.** ECON fusionner

merger *n* ECON fusion *f*

meridian [məˈrɪdɪən] *n* méridien *m*

meringue [məˈræŋ] *n* meringue *f*

merit ['merɪt] **I.** *n* mérite *m* **II.** *vt form* mériter

merriment ['merɪmənt] *n no pl* gaieté *f*

merry ['meri] *adj* joyeux

merry-go-round *n* manège *m*

mesh [meʃ] *n no pl* (*net*) maille *f*; **wire ~** treillis *m*

mesmerize ['mezməraɪz] *vt* hypnotiser

mess [mes] **I.** *n* **1.** (*not tidy*) bazar *m*; **to make a ~** faire un chantier **2.** (*trouble*) **to make a ~ of sth** massacrer qc **3.** *Brit* MIL mess *m* **II.** *vt inf* **1.** (*make untidy*) **to ~ sth (up)** mettre du désordre dans qc **2.** (*botch up*) **to ~ sth (up)** gâcher qc

◆ **mess about, mess around** *vi* (*have fun*) s'amuser; **to ~ with sth** faire l'imbécile avec qc

◆ **mess with** *vt* (*tools, machinery*) faire l'imbécile avec; (*drugs*) toucher à

message ['mesɪdʒ] *n a.* INFOR message *m*

messenger ['mesɪndʒəʳ, *Am:* -dʒɚ] *n* messager, -ère *m, f*; (*in offices*) coursier, -ière *m, f*

messy ['mesi] <-ier, -iest> *adj*

1. (*room*) désordonné; (*presentation*) brouillon **2.** (*dirty*) sale

met [met] *pt of* **meet**

metabolic *adj* métabolique

metabolism [mɪˈtæbəlɪzəm] *n* métabolisme *m*

metal ['metl, *Am:* 'met-] *n* métal *m*

metal detector *n* détecteur *m* de métaux

metallic [mɪˈtælɪk, *Am:* məˈ-] *adj* (*metal like*) métallique; (*paint*) métallisé

metallurgy [mətˈælədʒi, *Am:* 'metəlɜːr-] *n no pl* métallurgie *f*

metamorphosis [ˌmetəˈmɔːfəsɪs, *Am:* ˌmet̮əˈmɔːrfə-] <-oses> *n* métamorphose *f*

metaphor ['metəfəʳ, *Am:* 'met̮əfɔːr] *n* métaphore *f*

metaphorical *adj* métaphorique

mete out *vt* infliger

meteor ['miːtɪəʳ, *Am:* -t̮ɪɚ] *n* météore *f*; **~ shower** averse *f* météorique

meteorite ['miːtɪəraɪt, *Am:* -t̮i-] *n* météorite *m o f*

meteorological *adj* météorologique

meteorologist *n* météorologiste [*o* météorologue] *mf*

meteorology [ˌmiːtɪəˈrɒlədʒi, *Am:* -əˈrɑːlə-] *n no pl* météorologie *f*

meter[1] ['miːtəʳ, *Am:* -t̮ɚ] **I.** *n* compteur *m*; (**parking**) **~** parcmètre *m* **II.** *vt* (*gas, water*) mesurer au compteur

meter[2] ['miːtəʳ, *Am:* -t̮ɚ] *Am s.* **metre**

method ['meθəd] *n* méthode *f*

methodical *adj* méthodique

Methodist **I.** *n* méthodiste *mf* **II.** *adj* méthodiste

methodology [ˌmeθəˈdɒlədʒi, *Am:* -ˈdɑːlə-] *n* méthodologie *f*

methylated spirits *n no pl, Aus, Brit* alcool *m* à brûler

meticulous [mɪˈtɪkjʊləs] *adj* méticuleux

metre ['miːtəʳ, *Am:* -t̮ɚ] *n* **1.** (*unit*) mètre *m*; **cubic/square ~** mètre *m* cube/carré **2.** (*poetic rhythm*) mesure *f*

metric ['metrɪk], **metrical** *adj* métrique

metro ['metrəʊ, *Am:* -roʊ] *n* métro *m*

metropolis [mə'trɒpəlɪs, *Am:* -'trɑːpəl-] *n form* métropole *f*

metropolitan [ˌmetrə'pɒlɪtən, *Am:* -'pɑːlə-] *adj* métropolitain

mettle ['metl, *Am:* 'meṭ-] *n no pl, form* courage *m*

mew [mjuː] I. *n* miaulement *m* II. *vi* miauler

Mexican I. *adj* mexicain II. *n* Mexicain(e) *m(f)*

Mexico ['meksɪkəʊ, *Am:* -koʊ] *n* le Mexique

miaow [miːˈaʊ] I. *n* miaulement *m* II. *vi* miauler

mice [maɪs] *n pl of* **mouse**

mickey ['mɪki] *n Aus, Brit, inf* **to take the ~ out of sb** se payer la tête de qn

microbe ['maɪkrəʊb, *Am:* -kroʊb] *n* microbe *m* **microchip** *n* puce *f* (électronique) **micro climate** *n* microclimat *m* **microcosm** *n* microcosme *m* **microfilm** *n* microfilm *m*

micron *n s.* **micrometre**

microphone ['maɪkrəfəʊn, *Am:* -foʊn] *n* microphone *m*

microprocessor *n INFOR* microprocesseur *m*

microscope ['maɪkrəskəʊp, *Am:* -skoʊp] *n* microscope *m*

microscopic *adj* microscopique

microwave ['maɪkrəʊweɪv, *Am:* -kroʊ-] I. *n* 1.(*oven*) micro-ondes *m* 2.(*short wave*) micro-onde *f* II. *vt* faire cuire au micro-ondes

microwave oven *n* four *m* à micro-ondes

mid [mɪd] **in ~-spring** au milieu de l'été; **she's in her ~ sixties** elle a autour de soixante-cinq ans

midair *n* **in ~** en l'air; **a ~ collision** une collision aérienne

midday [ˌmɪd'deɪ] *n* midi *m;* **at ~** à midi

middle [mɪdl] I. *n sing* (*centre*) *a. fig* milieu *m;* **in the ~ of sth** au milieu de qc II. *adj* 1.(*in the middle*) du milieu 2.(*intermediate*) moyen

middle age *n* ≈ cinquantaine *f*

middle-aged *adj* d'une cinquantaine d'années **Middle Ages** *n* **the ~ le** Moyen-lge **middle-class** *adj* de classe moyenne; *pej* bourgeois

middle class, **middle classes** *npl* **the ~** classe *f* moyenne **Middle East** *n* **the ~ le** Moyen-Orient **middleman** *n* intermédiaire *m*

middling ['mɪdlɪŋ] *adj inf* moyen

midge [mɪdʒ] *n* moustique *m*

midget ['mɪdʒɪt] I. *adj* miniature II. *n* nain(e) *m(f)*

midnight *n no pl* minuit *m* **midriff** *n* taille *f*

midst [mɪdst] *n no pl* **in the ~ of** au milieu de qc **midway** *adv* à mi-chemin **midwife** *n* sage-femme *f*

might¹ [maɪt] I. *pt of* **may** II. *aux* 1.(*expressing possibility*) **sb/sth ~ +infin** qn/qc pourrait +*infin;* **you ~ as well do sth** tant qu'à faire, tu devrais faire qc 2. *Brit, form* (*polite form of may*) **~ I ...?** pourrais-je ...?

might² [maɪt] *n no pl* 1.(*authority*) pouvoir *m* 2.(*strength*) *MIL* force *f*

mighty *adj* puissant

migraine ['miːgreɪn, *Am:* 'maɪ-] <-(s)> *n* migraine *f*

migrant ['maɪgrənt] I. *n* migrant(e) *m(f); ZOOL* oiseau *m* migrateur II. *adj* (*worker*) migrant

migrate [maɪ'greɪt, *Am:* '-] *vi* (*animals, things*) migrer; (*persons*) émigrer

migration <-(s)> *n* migration *f*

mike [maɪk] *n inf abbr of* **microphone** micro *m*

mild [maɪld] *adj* (*climate*) modéré; (*asthma, infection*) sans gravité; (*cigarette, criticism*) léger; (*curry, flavour*) doux; (*in character*) doux

mildew ['mɪldjuː, *Am:* -duː] *n no pl* mildiou *m*

mile [maɪl] *n* mile *m;* **for ~s and ~s** sur des kilomètres

mileage ['maɪlɪdʒ] *n no pl* 1.(*travelling expenses*) frais *fpl* de déplacement 2.(*distance traveled*) distance *f* parcourue en miles

milestone ['maɪlstəʊn, *Am:* -stoʊn] *n* 1.(*marker*) borne *f* kilométrique 2.(*event*) événement

M m

m marquant

militant ['mɪlɪtənt] **I.** *adj* militant **II.** *n* militant(e) *m(f)*

military ['mɪlɪtri, *Am:* -ter-] **I.** *n* the ~ l'armée *f* **II.** *adj* militaire

militate *vi* to ~ **against sth** devenir un obstacle à

militia [mɪ'lɪʃə] *n* milice *f*

milk [mɪlk] **I.** *n no pl* lait *m* **II.** *vt* **1.** (*extract milk*) traire **2.** (*exploit*) tirer avantage de **milkman** *n Brit* laitier *m* **milk product** *n* produit *m* laitier **milkshake** *n* milk-shake *m*; **strawberry** ~ un milk-shake à la fraise

milky *adj* laiteux

Milky Way *n no pl* the ~ la voie lactée

mill [mɪl] **I.** *n* **1.** (*building, machine*) moulin *m* **2.** (*factory*) usine *f* **II.** *vt* (*grind*) mouliner **III.** *vi* to ~ (**about** [*o* **around**]) fourmiller

millennium [mɪ'leniəm] <-s *o* -ennia> *n* millénaire *m*

millet ['mɪlət] *n no pl* millet *m* **milligram(me)** *n* milligramme *m* **milliter** *n Am*, **millilitre** *n* millilitre *m* **millimeter** *n Am*, **millimetre** *n* millimètre *m*

million ['mɪliən, *Am:* '-jən] <-(s)> *n* (*a thousand thousand*) million *m*; **eight** ~ **people** huit millions de personnes; ~**s of times** des milliers de fois

> ⚠ **million** ne s'emploie pas au pluriel lorsqu'il se trouve après un chiffre: "Fifty million people watched the World Cup Final."

millionaire [ˌmɪliə'neəʳ, *Am:* -'ner] *n* millionnaire *mf* **millstone** *n* **1.** meule *f* **2.** to be a ~ **around sb's neck** être un fardeau pour qn

mime [maɪm] **I.** *n* **1.** (*movements*) mime *m* **2.** (*artist*) mime *mf* **II.** *vi* faire des mimiques **III.** *vt* mimer

mimic ['mɪmɪk] <-ck-> **I.** *vt* imiter **II.** *n* imitateur, -trice *m, f*

mimicry ['mɪmɪkri] *n no pl* imitation *f*; BIO mimétisme *m*

mince [mɪns] **I.** *vt* **1.** hacher **2.** not to ~ **one's words** ne pas mâcher ses mots **II.** *n no pl, Aus, Brit* viande *f* hachée

mincemeat *n no pl* **1.** *Brit:* hachis de *fruits secs en compote* **2.** *inf* **to make** ~ **of sb** faire de qn de la chair à saucisses **mince pie** *n* tartelette *farcie de mincemeat, consommée à Noël*

mincer *n* hachoir *m*

mind [maɪnd] **I.** *n* **1.** (*brain, thought*) esprit *m*; **bear in** ~ **that ...** n'oubliez pas que ... **2.** (*consciousness*) esprits *mpl*; **to be out of one's** ~ avoir perdu la raison; **there's something on my** ~ je suis préoccupé **3.** *sing* (*opinion*) avis *m*; **to change one's** ~ changer d'avis; **to make up one's** ~ décider **II.** *vt* **1.** (*be careful of*) faire attention à **2.** (*look after*) garder **3.** (*object*) **to** ~ **sb/sth** être gêné par qn/qc; **I don't** ~ **sb/sth** qn/qc ne me gêne pas; **I don't** ~ **doing sth** ça ne me dérange pas de faire qc; **would you** ~ **doing sth?** pourriez-vous faire qc? **III.** *vi* **to** ~ **about sth** se soucier de qc; **do you** ~ **if ...?** est-ce que cela vous ennuie si ...?; **I don't** ~**!** ça m'est égal!

mindful *adj form* (*careful*) attentif **mindless** *adj* stupide

mine[1] [maɪn] *poss pron* (*belonging to me*) le mien, la mienne; **this glass is** ~ ce verre est à moi

mine[2] [maɪn] **I.** *n* mine *f* **II.** *vt* (*coal, iron*) extraire; (*area*) exploiter

mine[3] [maɪn] **I.** *n* MIL mine *f* **II.** *vt* miner **minefield** *n a. fig* champ *m* de mines

miner *n* mineur *m*

mineral ['mɪnərəl] **I.** *n* CHEM minéral *m* **II.** *adj* minéral **mineral water** *n* eau *f* minérale

minesweeper *n inf* démineur *m*

mingle ['mɪŋgl] **I.** *vt* mêler **II.** *vi* se mêler

mini ['mɪni] *adj* mini

miniature ['mɪnɪtʃəʳ, *Am:* -iətʃəʳ] **I.** *adj* miniature **II.** *n* miniature *f*

minibus ['mɪnɪbʌs] *n* minibus *m*

minicab ['mɪnɪkæb] *n Brit* radiotaxi *m*

minim [ˈmɪnɪm] *n Aus, Brit* MUS blanche *f*

minimal [ˈmɪnɪml] *adj* minimal

minimize [ˈmɪnɪmaɪz] *vt* minimiser

minimum [ˈmɪnɪməm] **I.** <-s *o* minima> *n* minimum *m* **II.** *adj* minimum

miniskirt [ˈmɪnɪskɜːt, *Am:* -skɜːrt] *n* minijupe *f*

minister [ˈmɪnɪstəʳ, *Am:* stəʳ] *n* **1.** POL ministre *mf* **2.** REL pasteur *m*

ministerial [ˌmɪnɪˈstɪəriəl, *Am:* -ˈstɪri-] *adj* ministériel

ministry [ˈmɪnɪstri] <-ies> *n a.* POL, REL ministère *m*

mink [mɪŋk] *n no pl* vison *m*

minor [ˈmaɪnəʳ, *Am:* -nəʳ] **I.** *adj* mineur **II.** *n* mineur(e) *m(f)*

minority [maɪˈnɒrəti, *Am:* -ˈnɔːrəti] **I.** <-ities> *n* minorité *f* **II.** *adj* minoritaire

mint¹ [mɪnt] *n* **1.** *a.* BOT menthe *f* **2.** *(confectionery)* bonbon *m* à la menthe

mint² [mɪnt] **I.** *n* **1.** *(coin factory)* Hôtel *m* de la Monnaie **2.** *inf (sum of money)* fortune *f* **II.** *vt (coin)* frapper **III.** *adj* neuf; **to be in ~ condition** être comme neuf

minus [ˈmaɪnəs] **I.** *prep* moins; *inf* sans **II.** *adj* négatif **III.** *n* moins *m*

minute¹ [ˈmɪnɪt] *n* **1.** *(sixty seconds)* minute *f* **2.** *pl (record)* procès-verbal *m*

minute² [maɪˈnjuːt, *Am:* -ˈnuːt] *adj* minuscule; **in ~ detail** dans le moindre détail

miracle [ˈmɪrəkl] *n* miracle *m*

miraculous [mɪˈrækjʊləs, *Am:* -jə-] *adj* miraculeux

mirage [ˈmɪrɑːʒ] *n a. fig* mirage *m*

mirror [ˈmɪrəʳ, *Am:* -əʳ] **I.** *n a. fig* miroir *m*; **(rear-view) ~** rétroviseur *m* **II.** *vt* refléter

mirth [mɜːθ, *Am:* mɜːrθ] *n no pl* gaieté *f*

misadventure *n* mésaventure *f*; **death by ~** mort *f* accidentelle **misapprehension** *n* malentendu *m*

misbehave *vi* mal se comporter

misbehavior *n Am, Aus,* **misbe-**

haviour *n no pl, Brit* mauvais comportement *m*

miscalculate *vt* mal calculer **miscalculation** *n* mauvais calcul *m*

miscarriage *n* ~ **1.** MED fausse couche *f* **2.** LAW ~ **of justice** erreur *f* judiciaire **miscarry** *vi* MED avoir une fausse couche

miscellaneous [ˌmɪsəˈleɪniəs] *adj* divers

mischief *n* bêtises *fpl*

mischievous [ˈmɪstʃɪvəs, *Am:* -tʃə-] *adj* **1.** *(mocking)* malicieux **2.** *(mean)* malveillant **misconception** *n* idée *f* fausse **misconduct** *n no pl (bad behaviour)* mauvaise conduite *f*; **professional ~** faute *f* professionnelle **miscount I.** *n* erreur *f* de calcul **II.** *vt* mal compter **misdeed** *n* méfait *m*

misdemeanor [ˌmɪsdɪˈmiːnəʳ, *Am:* -nəʳ] *n Am,* **misdemeanour** *n* délit *m*

misdirect *vt (give wrong directions)* envoyer à la mauvaise adresse

miser [ˈmaɪzəʳ, *Am:* -zəʳ] *n* avare *mf*

miserable [ˈmɪzrəbl] *adj* **1.** *(unhappy)* malheureux **2.** *(poor, wretched)* misérable **3.** *(unpleasant)* épouvantable

miserly *adj (attitude)* mesquin

misery [ˈmɪzəri] *n* **1.** *(suffering)* souffrance *f* **2.** *(distress)* misère *f* **3.** *(sadness)* tristesse *f* **4.** *(person)* grincheux, -euse *m, f*

misfire *vi* **1.** *(weapon)* faire long feu; *(engine)* avoir des ratées **2.** *(plan)* échouer

misfit [ˈmɪsfɪt] *n* marginal(e) *m(f)*

misfortune *n* **1.** *no pl (bad luck)* malchance *f* **2.** *(mishap)* malheur *m*

misgiving *n* doute *m* **misguided** *adj (idea)* mal avisé **mishap** *n* incident *m*

misinform *vt* **to ~ sb about sth** mal informer qn sur qc **misinterpret** *vt* mal interpréter **misjudge** *vt* se tromper sur **misjudgement** *n* erreur *f* de jugement

mislay [ˌmɪsˈleɪ] *vt irr* égarer

mislead *vt irr* **1.** *(by accident)* induire en erreur **2.** *(persuade)* tromper

misleading *adj* trompeur **mismanage** *vt* mal gérer **mismanagement** *n* mauvaise gestion *f* **misnomer** *n* terme *m* inapproprié

misplace *vt form* égarer **misplaced** *adj* mal placé; *(fear)* mal fondé **misprint** *n* coquille *f* **misread** *vt irr* 1.*(read badly)* mal lire 2.*fig* mal interpréter **misrepresent** *vt* *(facts)* déformer; **to ~ sb as sth** faire passer à tort qn pour qc

miss[1] [mɪs] *n* *(form of address)* mademoiselle *f*

miss[2] [mɪs] I.<-sses> *n* *(not hit)* coup *m* manqué II. *vi* 1.*(not hit sth)* a. SPORT rater 2.*(misfire)* avoir des ratés III. *vt* 1.*(target, bus)* rater 2.*(deadline)* dépasser 3.*(avoid)* échapper à 4.*(page)* sauter; *(stop)* rater 5.*(not hear)* ne pas entendre 6.*(be absent: school, class)* manquer 7.*(regret absence)* **she ~es them** ils lui manquent

◆**miss out** I. *vt* 1.*(omit)* omettre 2.*(overlook)* oublier II. *vi* rater quelque chose

misshapen [ˌmɪsˈʃeɪpən] *adj* difforme

missile [ˈmɪsaɪl, *Am:* ˈmɪsəl] *n* 1.*(weapon)* missile *m* 2.*(object thrown)* projectile *m*

missing [ˈmɪsɪŋ] *adj* 1.*(lost or stolen)* disparu; **to go ~** disparaître 2.*(absent, not present)* a. *fig* absent 3.*(left out)* manquant

mission [ˈmɪʃən] *n* mission *f*

missionary [ˈmɪʃənəri, *Am:* -əner-] <-ries> *n* missionnaire *m*

misspell *vt irr* mal orthographier

mist [mɪst] *n* 1.*(light fog)* brume *f* 2. *Brit* *(condensation)* buée *f*

mistake [mɪˈsteɪk] I. *n* erreur *f*; **by ~** par erreur II. *vt irr* **I mistook you for your brother** je t'ai pris pour ton frère

mistaken I. *pp of* **mistake** II. *adj* **to be ~ about sb/sth** se tromper à propos de qn/qc; **in the ~ belief that ...** croyant à tort que ...

mister [ˈmɪstəʳ, *Am:* -təʳ] *n* monsieur *m*

mistletoe [ˈmɪsltəʊ, *Am:* -toʊ] *n*

gui *m*

mistook [mɪˈstʊk] *pt of* **mistake**

mistreat *vt* maltraiter

mistress [ˈmɪstrɪs] *n* maîtresse *f*

mistrust [ˌmɪsˈtrʌst] I. *n no pl* méfiance *f* II. *vt* se méfier de

misty [ˈmɪsti] *adj* 1.*(slightly foggy)* brumeux 2.*(eyes)* embué

misunderstand *vt*, *vi irr* mal comprendre **misunderstanding** *n* malentendu *m*

misuse[1] [ˌmɪsˈjuːs] *n* 1.*(wrong use)* mauvais emploi *m* 2.*(excess use)* abus *m*

misuse[2] [ˌmɪsˈjuːz] *vt* *(tool, product)* mal employer; *(power, position)* abuser de

mitigate [ˈmɪtɪgeɪt, *Am:* -ˈmɪt̬-] *vt* atténuer

mitigating circumstances *n* LAW circonstances *fpl* atténuantes

mitten [ˈmɪtn] *n* 1.*(with bare fingers)* moufle *f* 2.*(fingerless)* mitaine *f*

mix [mɪks] I. *n* *(combination)* mélange *m* II. *vi* *(combine)* se mélanger; **the people you ~ with** les gens que tu fréquentes III. *vt* mélanger

◆**mix up** *vt* 1.*(confuse)* confondre; **I mix you up with your brother** je te confonds avec ton frère 2.*(put in wrong order)* mélanger

mixed *adj* 1.*(assorted)* assorti 2.*(marriage)* mixte

mixer *n* 1.*(machine)* mixeur *m*; *(for cement)* bétonnière *f* 2.*(friendly person)* **to be a ~** être sociable

mixer tap *n* mélangeur *m*

mixture [ˈmɪkstʃəʳ, *Am:* -tʃəʳ] *n* 1.*(combination)* mélange *m* 2.*(in cooking)* préparation *f*

mix-up *n* 1.*(confusion)* confusion *f* 2.*(misunderstanding)* malentendu *m*

moan [məʊn, *Am:* moʊn] I. *n* gémissement *m* II. *vi* 1.*(person, wind)* gémir 2.*(complain)* se plaindre

moat [məʊt, *Am:* moʊt] *n* douve *f*

mob [mɒb, *Am:* mɑːb] I. *n* *(crowd)* foule *f* II.<-bb-> *vt* assaillir

mobile ['məʊbaɪl, Am: 'moʊbəl]
I. n 1. (telephone) portable m
2. (work of art) mobile m II. adj mobile; (shop, library) ambulant; **to be ~** (own a car) être motorisé
mobile home n mobile home m
mobile phone n téléphone m portable
mobility [məʊ'bɪləti, Am: moʊ'bɪləti] n no pl mobilité f
mobilization n mobilisation f
mobilize ['məʊbɪlaɪz, Am: -bə-] vt mobiliser
moccasin ['mɒkəsɪn, Am: 'mɑːkəsən] n mocassin m
mock [mɒk, Am: mɑːk] I. adj faux II. vt se moquer de
mockery n 1. (ridicule) moquerie f; **to make a ~ of sb/sth** tourner qc/ qc en dérision 2. (insulting failure) parodie f
mode ['məʊd, Am: 'moʊd] n 1. (style, state) mode m 2. no pl (fashion) mode f
model ['mɒdəl, Am: 'mɑːdəl] I. n 1. (representation) maquette f 2. (example, creation, version) a. ART modèle m 3. (mannequin) mannequin m II. adj 1. (ideal) modèle 2. (small) miniature III. <-ll-> vt 1. (produce) a. fig modeler 2. (clothes) présenter
modem ['məʊdem, Am: 'moʊdəm] n INFOR modem m
moderate ['mɒdərət, Am: 'mɑːdə-] I. n POL modéré(e) m(f) II. adj 1. (size, ability) moyen 2. (avoiding extremes) a. POL modéré; (climate) tempéré III. vt (make less extreme) modérer IV. vi se modérer
moderately adv (good, big) raisonnablement; (reply, react) avec modération
moderation n modération f; **in ~** avec modération
modern ['mɒdən, Am: 'mɑːdən] adj moderne; **~ children** les enfants d'aujourd'hui
modernize ['mɒdənaɪz, Am: 'mɑːdə-] vt moderniser
modest ['mɒdɪst, Am: 'mɑːdɪst]

adj modeste; (in dress) pudique
modesty n modestie f; (of dress) pudeur f
modicum ['mɒdɪkəm, Am: 'mɑːdɪ-] n no pl minimum m
modification [ˌmɒdɪfɪ'keɪʃən, Am: ˌmɑːdɪ-] n modification f
modify ['mɒdɪfaɪ, Am: 'mɑːdɪ-] <-ie-> vt modifier
modular ['mɒdjʊləʳ, Am: 'mɑːdʒələʳ] adj modulaire
modulate ['mɒdjʊleɪt, Am: 'mɑːdʒə-] vt moduler
modulation n modulation f
module ['mɒdjuːl, Am: 'mɑːdʒuːl] n module m
mohair ['məʊheəʳ, Am: 'moʊher] n mohair m
moist [mɔɪst] adj humide; (cake) moelleux
moisten ['mɔɪsn] vt (cloth) humidifier; (skin) hydrater
moisture ['mɔɪstʃəʳ, Am: -tʃəʳ] n humidité f
moisturize ['mɔɪstʃəraɪz] vt hydrater
moisturizer n crème f hydratante
molar ['məʊləʳ, Am: 'moʊləʳ] n molaire f
molasses [məʊ'læsɪz, Am: moʊ-] n no pl mélasse f
mold [məʊld, Am: moʊld] vi Am s. **mould**
molder ['moʊldəʳ] vi Am s. **moulder**
molding n Am s. **moulding**
moldy ['moʊldi] adj Am s. **mouldy**
mole¹ [məʊl, Am: moʊl] n (animal, spy) taupe f
mole² [məʊl, Am: moʊl] n ANAT grain m de beauté
molecule ['mɒlɪkjuːl, Am: 'mɑːlɪ-] n molécule f
molest [mə'lest] vt agresser; (sexually) agresser sexuellement
mollusc n, **mollusk** ['mɒləsk, Am: 'mɑːləsk] n Am mollusque m
mollycoddle ['mɒlɪkɒdl, Am: 'mɑːlɪkɑːdl] vt inf couver
molt [məʊlt, Am: moʊlt] n, vt, vi Am s. **moult**
molten ['məʊltən, Am: 'moʊl-] adj

(*metal*) en fusion

mom [mɒm, *Am:* mɑːm] *n* maman *f*

moment ['məʊmənt, *Am:* 'moʊ-] *n* moment *m*

momentarily ['məʊməntrəli, *Am:* ˌmoʊmən'ter-] *adv* **1.** (*briefly*) momentanément **2.** *Am* (*soon*) dans une minute

momentary ['məʊməntri, *Am:* 'moʊmənter-] *adj* momentané

momentous [mə'mentəs, *Am:* moʊ'menţəs] *adj* capital

momentum [mə'mentəm, *Am:* moʊ'menţəm] *n no pl, a. fig* élan *m*

monarch ['mɒnək, *Am:* 'mɑːnɚk] *n* monarque *mf*

monarchy <-chies> *n* monarchie *f*

monastery ['mɒnəstri, *Am:* 'mɑːnəster-] <-ries> *n* monastère *m*

monastic [mə'næstɪk] *adj* monastique

Monday ['mʌndi] *n* lundi *m; s. a.* **Friday**

monetary ['mʌnɪtəri, *Am:* 'mɑːnəteri] *adj* monétaire

money ['mʌni] *n no pl* argent *m* **money box** *n Brit* tirelire *f* **money-maker** *n* affaire *f* lucrative **money order** *n Am, Aus* mandat *m* postal **money-spinner** *n* mine *f* d'or

mongrel ['mʌŋgrəl, *Am:* 'mɑː-ŋ-] *n inf* bâtard(e) *m(f)*

monitor ['mɒnɪtəʳ, *Am:* 'mɑːnɪţɚ] **I.** *n* **1.** (*screen*) moniteur *m* **2.** (*apparatus*) appareil *m* de contrôle **3.** (*observer*) observateur, -trice *m, f* **II.** *vt* **1.** (*check, observe*) contrôler **2.** (*watch*) surveiller

monk [mʌŋk] *n* moine *m*

monkey ['mʌŋki] *n* singe *m* **monkey wrench** *n Am* clé *f* anglaise

monogram ['mɒnəgræm, *Am:* 'mɑːnə-] *n* monogramme *m*

monolithic [ˌmɒnə'lɪθɪk, *Am:* ˌmɑːnə-] *adj* monolithique

monologue ['mɒnəlɒg, *Am:* 'mɑːnəlɑːg] *n* monologue *m*

monopolize [mə'nɒpəlaɪz, *Am:* -'nɑːpəlaɪz] *vt* monopoliser

monopoly [mə'nɒpəli, *Am:* -'nɑːpəl-] <-lies> *n* monopole *m*

monotonous *adj* monotone

monotony [mə'nɒtəni, *Am:* -'nɑːtən-] *n no pl* monotonie *f*

monsoon [mɒn'suːn, *Am:* mɑːn-] *n* mousson *f*

monster ['mɒnstəʳ, *Am:* 'mɑːnstɚ] **I.** *n* monstre *m* **II.** *adj inf* monstre

monstrosity [mɒn'strɒsəti, *Am:* mɑːn'strɑːsəţi] <-ties> *n* monstruosité *f*

monstrous ['mɒnstrəs, *Am:* 'mɑːn-] *adj* monstrueux

month [mʌnθ] *n* mois *m*

monthly I. *adj* mensuel **II.** *adv* mensuellement **III.** *n* mensuel *m*

monument ['mɒnjʊmənt, *Am:* 'mɑːnjə-] *n* monument *m*

monumental *adj* monumental

moo [muː] **I.** <-s> *n* meuglement *m* **II.** *vi* meugler

mood [muːd] *n* **1.** (*feeling*) humeur *m;* **in a good/bad ~** de bonne/mauvaise humeur **2.** (*atmosphere*) ambiance

moody ['muːdi] *adj* **1.** (*changeable*) lunatique **2.** (*depressive*) mal luné

moon [muːn] *n no pl* lune *f* **moonlight I.** *n no pl* clair *m* de lune **II.** *vi* <-ghted> *inf* travailler au noir **moonlit** *adj* éclairé par la lune

moor¹ [mɔːʳ, *Am:* mʊr] *n* (*open area*) lande *f*

moor² [mɔːʳ, *Am:* mʊr] *vt* NAUT amarrer

mooring ['mʊərɪŋ, *Am:* 'mʊrɪŋ] *n* NAUT mouillage *m;* ~**s** amarres *fpl*

moose [muːs] *n* élan *m*

moot point *n* it's a ~ ça se discute

mop [mɒp, *Am:* mɑːp] **I.** *n* **1.** ((*floor*) ~) balai *m* à laver **2.** (~ *of hair*) tignasse *f* **II.** <-pp-> *vt* **1.** (*clean with mop*) essuyer **2.** (*wipe sweat from*) s'essuyer

♦ **mop up** *vt* **1.** (*clean*) essuyer **2.** (*absorb*) éponger

mope [məʊp, *Am:* moʊp] *vi* se morfondre

moped *n* mobylette® *f*

moral ['mɒrəl, *Am:* 'mɔːr-] **I.** *adj* moral **II.** *n* **1.** (*moral message*) morale f **2.** pl (*standards*) moralité f

morale [mə'rɑːl, Am: -'ræl] n no pl moral m

morality [mə'rælɪti, Am: mɔːˈrælət̬i] <-ties> n moralité f

moratorium [ˌmɒrə'tɔːriəm, Am: ˌmɔːr-] <-s o -ria> n moratoire m

morbid ['mɔːbɪd, Am: 'mɔːr-] adj morbide

more [mɔːʳ, Am: mɔːr] I. adj comp of **much, many** plus de; ~ **wine/ nuts** davantage de vin/noix; **no ~ wine at all** plus du tout de vin II. adv comp of **much, many** plus III. pron plus; **there is nothing ~ to do** il n'y a plus rien à faire; ~ **or less** plus ou moins

moreover [mɔːˈrəʊvəʳ, Am: -'roʊvɚ] adv de plus

morgue [mɔːg, Am: mɔːrg] n morgue f

moribund ['mɒrɪbʌnd, Am: 'mɔːr-] adj moribond

morning ['mɔːnɪŋ, Am: 'mɔːr-] n matin m; (*as unit of time*) matinée f

Moroccan I. adj marocain **II.** n Marocain(e) m(f)

Morocco [mə'rɒkəʊ, Am: -'rɑːkoʊ] n le Maroc

moron ['mɔːrɒn, Am: 'mɔːrɑːn] n inf débile mf

morose [mə'rəʊs, Am: -'roʊs] adj morose

morphine ['mɔːfiːn, Am: 'mɔːr-] n morphine f

morsel ['mɔːsl, Am: 'mɔːr-] n **1.** (*food*) bouchée f **2.** (*tiny amount*) brin m

mortal ['mɔːtl, Am: 'mɔːrtl̩] I. adj mortel II. n mortel, -le m, f

mortality [mɔːˈtæləti, Am: mɔːrˈtælət̬i] n no pl mortalité f

mortar ['mɔːtəʳ, Am: 'mɔːrtɚ] n mortier m

mortgage ['mɔːgɪdʒ, Am: 'mɔːr-] I. n crédit m immobilier II. vt hypothéquer

mortician [mɔːˈtɪʃən, Am: mɔːr-] n Am entrepreneur m de pompes funèbres

mortify ['mɔːtɪfaɪ, Am: 'mɔːrt̬ə-] vt mortifier; **I was mortified!** j'étais

humilié!

mortuary ['mɔːtʃəri, Am: 'mɔːrtʃuer-] n mortuaire m

mosaic [məʊ'zeɪɪk, Am: moʊ-] n mosaïque f

Moslem ['mɒzləm, Am: 'mɑːzlem] adj, n s. **Muslim**

mosque [mɒsk, Am: mɑːsk] n mosquée f

mosquito [mə'skiːtəʊ, Am: -ˈt̬oʊ] <-es o -s> n moustique m

moss [mɒs, Am: mɑːs] <-es> n mousse f

mossy <-ier, -iest> adj moussu

most [məʊst, Am: moʊst] I. adj superl of **many, much** le plus de; **for the ~ part** en majeure partie; ~ **people** la plupart des gens II. adv superl of **many, much** le plus; **what I want ~** ce que je désire le plus III. pron ~ **were good** la plupart étaient bons; ~ **was wasted** la grande partie était gâchée; ~ **of them/the time** la plupart d'entre eux/du temps; **at the very ~** au grand maximum; **to make the ~ of sth/oneself** tirer le meilleur parti de qc/soi-même

mostly adv **1.** (*usually*) la plupart du temps **2.** (*nearly all*) pour la plupart **3.** (*in the majority*) principalement

motel [məʊ'tel, Am: moʊ-] n motel m

moth [mɒθ, Am: mɑːθ] n mite f

mothball n boule f de naphtaline

moth-eaten adj mité

mother ['mʌðəʳ, Am: -ɚ] I. n mère f II. vt materner

motherboard n INFOR carte f mère

motherhood n maternité f

mother-in-law <mothers- o -laws> n Brit belle-mère f

motherly adj maternel

mother-of-pearl n nacre f

Mother's Day n fête f des Mères

motif [məʊ'tiːf, Am: moʊ-] n motif m

motion ['məʊʃən, Am: 'moʊ-] I. n **1.** (*movement*) mouvement m **2.** (*proposal*) motion f II. vt **to ~ sb to** +infin faire signe à qn de +infin

motionless adj immobile

M
m

motivate ['məʊtɪveɪt, *Am:* 'moʊt̬ə-] *vt* motiver

motivation *n* motivation *f*

motive ['məʊtɪv, *Am:* 'moʊt̬ɪv] *n* (*for the murder*) mobile *m*

motley ['mɒtli, *Am:* 'mɑ:t-] *adj* (*crowd*) bigarré

motor ['məʊtə^r, *Am:* 'moʊt̬ə] **I.** *n* **1.** (*engine*) *a. fig* moteur *m* **2.** *Brit, inf* (*car*) bagnole *f* **II.** *adj Brit, Aus* automobile

motorbike *n inf* moto *f* **motorboat** *n* bateau *m* à moteur **motor car** *n Brit* auto *f* **motorcycle** *n form* motocyclette *f* **motorcyclist** *n* motocycliste *mf*

motorist *n* automobiliste *mf*

motorize ['məʊtəraɪz, *Am:* 'moʊt̬ə-] *vt* motoriser **motorway** *n Brit* autoroute *f*

mottled ['mɒtld, *Am:* 'mɑ:t̬ld] *adj* tacheté; (*skin*) marbré

motto ['mɒtəʊ, *Am:* 'mɑ:t̬oʊ] *n* <-s *o* -es> devise *f*

mould¹ [məʊld, *Am:* moʊld] *n no pl* BIO moisissure *f*

mould² [məʊld, *Am:* moʊld] **I.** *n* moule *m* **II.** *vt* (*clay*) mouler; (*character*) former

moulding *n* moulure *f*

mouldy *adj* moisi

moult [məʊlt, *Am:* moʊlt] *vi* (*bird*) perdre ses plumes; (*snake, insect*) muer

mound [maʊnd] *n* (*of objects*) tas *m;* **a burial** ~ un monticule funéraire

mount¹ [maʊnt] *n* mont *m*

mount² [maʊnt] **I.** *n* **1.** (*backing, setting frame*) marie-louise *f;* (*of a gem*) monture *f* **2.** (*support*) support *m* **3.** (*horse*) monture *f* **II.** *vt* **1.** (*bicycle*) monter sur; (*ladder*) grimper à; (*stairs*) monter **2.** (*attack, campaign*) lancer; (*operation*) monter

◆ **mount up** *vi* augmenter

mountain ['maʊntɪn, *Am:* -t̬ən] *n* montagne *f*

mountain bike *n* vélo *m* tout terrain **mountaineer** *n* **1.** (*climber*) alpiniste *mf* **2.** *Am* montagnard *m*

mountaineering *n no pl* alpinisme *m*

mourn [mɔːn, *Am:* mɔːrn] *vi, vi* to ~ (**for**) sb/sth pleurer qn/qc

mournful *adj* **1.** (*melancholic*) mélancolique **2.** (*gloomy*) sinistre

mourning *n no pl* deuil *m*

mouse [maʊs] <mice> *n* ZOOL, INFOR souris *f* **mousetrap** *n* piège *m* à souris

mousse [muːs] *n* mousse *f*

moustache [ma'stɑːʃ, *Am:* 'mʌstæʃ] *n* moustache *f*

mousy ['maʊsi] *adj* **1.** (*shy*) timide **2.** (*colour*) terne

mouth [maʊθ] *n* **1.** ANAT bouche *f* **2.** ZOOL gueule *f*

mouthful *n* bouchée *f*

mouth organ *n* harmonica *m* **mouthpiece** *n* **1.** (*of a telephone*) microphone *m;* (*of a musical instrument, pipe*) embout *m* **2.** POL porte-parole *m* **mouthwash** *n* bain *m* de bouche **mouthwatering** *adj* appétissant

movable *adj* mobile; (*heavy object, article*) transportable

move [muːv] **I.** *n* **1.** (*movement*) mouvement *m;* **to be on the** ~ (*travelling*) être parti; (*working*) être en déplacement **2.** (*act*) action *f;* (*in game*) coup *m* **3.** (*of home, premises*) déménagement *m* **II.** *vi* **1.** (*position*) bouger **2.** (*walk, run*) se déplacer **3.** (*act*) agir; (*in games*) avancer **4.** (*to new home, premises*) déménager **III.** *vt* **1.** (*object*) bouger; (*passengers, troops*) transporter; ~ **that bag** bouge ce sac **2.** (*meeting*) déplacer **3.** (*to new address*) déménager; (*to new job*) muter **4.** (*arms, legs*) bouger; (*branches*) agiter **5.** (*cause emotions*) toucher **6.** (*suggest at meeting*) proposer

◆ **move forward I.** *vt* faire avancer **II.** *vi* avancer

◆ **move in** *vi* emménager

◆ **move over** *vi* (*make room*) se pousser

movement ['muːvmənt] *n* mouvement *m*

movie ['muːvi] *n* film *m*

movie camera *n* caméra *f* **movie theater** *n* *Am* cinéma *m*

moving *adj* **1.** (*vehicle*) en mouvement; (*part*) mobile **2.** (*touching*) émouvant

mow [məʊ, *Am:* moʊ] <mowed, mown *o* mowed> *vt* tondre; (*a field*) faucher

♦ **mow down** *vt* faucher

mower *n* tondeuse *f* à gazon

mown [məʊn, *Am:* moʊn] *pp of* **mow**

MP [ˌemˈpiː] *n* *Brit, Can* POL député(e) *m(f)*

Mr [ˈmɪstəʳ, *Am:* -tɚ] *n abbr of* **Mister** M.

Mrs [ˈmɪsɪz] *n abbr of* **Mistress** Mme

Ms [mɪz] *n abbr of* **Miss** *terme d'adresse pour une femme qui évite la distinction entre Miss et Mrs*

much [mʌtʃ] <more, most> **I.** *adj* beaucoup de; **as ~ water as** autant d'eau que **II.** *adv* très; ~ **better** beaucoup mieux **III.** *pron* beaucoup; ~ **of the criticism** beaucoup de critiques

muck [mʌk] *n* *Brit* **1.** *no pl, inf* (*dirt*) saleté *f* **2.** *no pl, inf* AGR fumier *m*

♦ **muck about** *vi inf* **1.** (*have fun*) s'amuser **2.** (*be silly*) faire l'imbécile

♦ **muck in** *vi* (*help*) y mettre du sien

♦ **muck up** *vt Brit, inf* (*spoil*) foutre en l'air

mucky *adj* (*dirty*) sale

mucus [ˈmjuːkəs] *n* mucus *m*

mud [mʌd] *n no pl* boue *f*

muddle [ˈmʌdl] *n* **1.** (*confused situation*) embrouille *f* **2.** (*untidy state*) désordre *m*

♦ **muddle through** *vi* se débrouiller

♦ **muddle up** *vt* **1.** (*make sb confused*) embrouiller **2.** (*disorganize*) embrouiller **3.** (*confuse sth with sth*) confondre

muddy *adj* sale; (*ground*) boueux

mudguard *n* garde-boue *m*

muff [mʌf] *n* FASHION manchon *m*

muffin [ˈmʌfɪn] *n* **1.** *Am* GASTR muffin *m* (*petit gâteau*) **2.** *Brit* muffin *m* (*petit pain rond*)

muffle [ˈmʌfl] *vt* étouffer

muffler *n* **1.** *Am* AUTO silencieux *m* **2.** (*scarf*) écharpe *f*

mug [mʌg] **I.** *n* **1.** (*drinking vessel*) grande tasse *f* **2.** *Brit, inf* (*foolish person*) idiot(e) *m(f)* **3.** (*face*) tronche *f* **II.** <-gg-> *vt* agresser

mugger *n* agresseur, -euse *m, f*

mugging *n* agression *f*

muggy *adv* lourd

mule¹ [mjuːl] *n* mule *f*

mule² [mjuːl] *n* **1.** (*woman's shoe*) mule *f* **2.** (*house shoe*) pantoufle *f*

mulled wine *n* vin chaud et épicé

♦ **mull over** *vt* retourner dans sa tête

multicolo(u)red *adj* multicolore

multicultural *adj* multiculturel

muiltidisciplinary *adj* multidisciplinaire **multifunctional** *adj* polyvalent **multilateral** *adj* POL multilatéral **multimedia I.** *adj* multimédia **II.** *n* multimédia *m* **multinational I.** *adj* multinational **II.** *n* multinationale *f*

multiple [ˈmʌltɪpl, *Am:* -ṭə-] *adj* multiple **multiple sclerosis** *n* sclérose *f* en plaques

multiplex [ˈmʌltɪpleks, *Am:* -ṭə-] *n* complexe *m* multisalles

multiplication [ˌmʌltɪplɪˈkeɪʃən, *Am:* -ṭə-] *n* multiplication *f*

multiply [ˈmʌltɪplaɪ, *Am:* -ṭə-] **I.** *vt* multiplier **II.** *vi* se multiplier

multipurpose *adj* (*tool*) à utilisation multiple; (*building*) polyvalent **multistor(e)y** *adj* à plusieurs niveaux **multitasking** *n* INFOR traitement *m* multitâche

multitude [ˈmʌltɪtjuːd, *Am:* -ṭətuːd] *n* multitude *f*

mum¹ [mʌm] *n* (*mother*) maman *f*

mum² [mʌm] *adj* **to keep ~** *inf* se taire

mumble [ˈmʌmbl] *vt, vi* marmonner

mummy¹ [ˈmʌmi] <-mies> *n* (*mother*) maman *f*

mummy² [ˈmʌmi] <-mies> *n* (*body*) momie *f*

mumps [mʌmps] *n + sing vb* MED oreillons *mpl*

munch [mʌntʃ] *vt, vi* mastiquer

M m

mundane [mʌn'deɪn] *adj* banal

municipal [mju:'nɪsɪpl, *Am:* -əpl] *adj* municipal

municipality *n* municipalité *f*

munitions [mju:'nɪʃənz] *n* munitions *fpl*

mural ['mjʊərəl, *Am:* 'mjʊrəl] *n* fresque *f*

murder ['mɜ:də', *Am:* 'mɜ:rdə'] I. *n* meurtre *m* II. *vt* 1. (*kill*) assassiner 2. *fig* massacrer

murderer *n* meurtrier *m*

murderous *adj a. fig* meurtrier

murky ['mɜ:ki, *Am:* 'mɜ:r-] *adj a. fig* obscur; (*water*) trouble; **it's a ~ business** c'est louche

murmur ['mɜ:mə', *Am:* 'mɜ:rmə'] I. *vi, vt* murmurer II. *n* murmure *m*

muscle ['mʌsl] *n* muscle *m*
♦ **muscle in** *vi* s'imposer; **to ~ on sth** s'imposer dans qc

muscular ['mʌskjʊlə', *Am:* -kjələ'] *adj* 1. ANAT musculaire 2. (*strong*) musclé

muscular dystrophy *n* myopathie *f*

muse¹ [mju:z] *n* muse *f*

muse² [mju:z] *vi* **to ~ on sth** méditer sur qc

museum [mju:'zɪəm] *n* musée *m*

mush [mʌʃ] *n no pl, inf* bouillie *f*

mushroom ['mʌʃrʊm, *Am:* -ru:m] I. *n a. fig* champignon *m* II. *vi* pousser comme des champignons

mushy ['mʌʃi] *adj* en bouillie; (*film, story*) à l'eau de rose

music ['mju:zɪk] *n inv* musique *f*

musical ['mju:zɪkəl] I. *adj* musical; **to be ~** être musicien; **a ~ instrument** un instrument de musique II. *n* comédie *f* musicale

musician [mju:'zɪʃən] *n* musicien(ne) *m(f)*

musk [mʌsk] *n no pl* musc *m*

Muslim ['mʊzlɪm, *Am:* 'mʌzləm] I. *n* musulman(ne) *m(f)* II. *adj* musulman

muslin ['mʌzlɪn] *n* mousseline *f*

mussel ['mʌsl] *n* moule *f*

must [mʌst] I. *aux* devoir; **you ~ go now** il faut que tu partes maintenant *subj*; **he ~ be late** il doit être en retard II. *n inf* must *m*

mustache ['mʌstæʃ] *n Am* moustache *f*

mustard ['mʌstəd, *Am:* -tə·d] *n inv* moutarde *f*

muster ['mʌstə', *Am:* -tə·] I. *vt* rassembler II. *vi* (*come together*) se rassembler III. *n* rassemblement *m*

mustn't ['mʌsnt] = **must not** *s.* **must**

musty ['mʌsti] *adj* (*smell, taste*) de moisi; (*room, book*) qui sent le moisi

mutant ['mju:tənt] I. *n* mutant(e) *m(f)* II. *adj* mutant

mutation [mju:'teɪʃən] *n* mutation

mute [mju:t] I. *n* 1. (*person*) muet(te) *m(f)* 2. MUS sourdine *f* II. *adj* muet

muted *adj* (*reaction, support*) tiède; (*criticism*) voilé

mutilate ['mju:tɪleɪt, *Am:* -t̬əl-] *vt* mutiler

mutilation *n* mutilation *f*

mutinous ['mju:tɪnəs, *Am:* -t̬n-] *adj* mutin

mutiny ['mju:tɪni] I. *n no pl* mutinerie *f* II. *vi* se mutiner

mutter ['mʌtə', *Am:* 'mʌt̬ə·] *vi, vt* marmonner

mutton ['mʌtən] *n inv* mouton *m*

mutual ['mju:tʃʊəl] *adj* mutuel; (*friend*) commun

mutually *adv* mutuellement

muzzle ['mʌzl] I. *n* 1. (*animal mouth*) museau *m* 2. (*mouth covering*) muselière *f* II. *vt* museler

my [maɪ] *poss adj* mon *m*, ma *f*

myopic [maɪ'ɒpɪk, *Am:* -'ɑ:pɪk] *adj* myope

myself [maɪ'self] *reflex pron* 1. *after verbs* me, m' + *vowel*; **I injured/corrected ~** je me suis blessé/corrigé 2. (*I or me*) moi-même 3. *after prep* **I said to ~ ...** je me suis dit ...

mysterious [mɪ'stɪərɪəs, *Am:* -'stɪrɪ-] *adj* mystérieux

mystery ['mɪstəri] <-ies> *n* mystère *m*

mystic ['mɪstɪk] I. *n* mystique *mf* II. *adj* mystique

mystical *adj* mystique

mystify ['mɪstɪfaɪ] *vt* **to ~ sb** laisser qn perplexe

mystique [mɪs'ti:k] *inv n form* mystique *f*
myth [mɪθ] *n* mythe *m*
mythical ['mɪθɪkl] *adj* mythique
mythological *adj* mythologique
mythology [mɪ'θɒlədʒi, *Am:* -'θɑ:lə-] *n* mythologie *f*

N, n [en] <-'s> *n* N, n *m*
nab [næb] <-bb-> *vt inf* choper; **to ~ sb doing sth** choper qn en train de faire qc
nag² [næg] **I.** <-gg-> *vi* faire des remarques incessantes **II.** <-gg-> *vt* harceler
nagging I. *n* remarques *fpl* **II.** *adj* **1.** (*person*) râleur **2.** (*continuous*) tenace
nail [neɪl] **I.** *n* **1.** (*metal fastener*) clou *m* **2.** (*finger/toe end*) ongle *m* **II.** *vt* (*fasten*) **to ~ sth to sth** clouer qc à qc **nail brush** *n* brosse *f* à ongles **nail clippers** *npl* coupe-ongles *m* **nail file** *n* lime *f* à ongles **nail varnish** *n* vernis *m* à ongles
naive, naïve [naɪ'i:v, *Am:* naː'-] *adj pej* naïf
naked ['neɪkɪd] *adj* (*uncovered*) a. *fig* nu; **to the ~ eye** à l'œil nu
name [neɪm] **I.** *n* **1.** (*what one is called*) nom *m*; **what's your ~?** comment t'appelles-tu? **2.** (*reputation*) réputation *f* **II.** *vt* **1.** (*call*) nommer, appeler **2.** (*appoint*) nommer **3.** (*list*) citer **4.** (*specify*) désigner, fixer
namely *adv* à savoir **namesake** *n* homonyme *m*
nanny ['næni] *n* nurse *f*
nanny goat *n* bique *f*
nap [næp] **I.** *n* sieste *f;* **to have a ~** faire une sieste **II.** <-pp-> *vi* faire une sieste; **to be caught ~ping** être pris au dépourvu

nape [neɪp] *n* nuque *f*
napkin ['næpkɪn] *n* serviette *f*
nappy ['næpi] <-ies> *n* couche *f*
narcotic [nɑː'kɒtɪk, *Am:* nɑːr'kɑ:t̬-] *n* **1.** *Am* (*illegal drug*) stupéfiant *m* **2.** MED narcotique *m*
narrate [nə'reɪt, *Am:* 'nereɪt] *vt* raconter
narration [nə'reɪʃən, *Am:* ner'eɪʃən] *n no pl* narration *f*
narrative ['nærətɪv, *Am:* 'nerət̬ɪv] **I.** *n* récit *m* **II.** *adj* narratif
narrator [nə'reɪtəʳ, *Am:* 'nereɪt̬ɚ] *n* narrateur, -trice *m, f*
narrow ['nærəʊ, *Am:* 'neroʊ] **I.** <-er, -est> *adj a. fig* étroit; (*victory*) de justesse; **to have a ~ escape** l'échapper belle **II.** *vi* **1.** (*become narrow*) se rétrécir **2.** (*gap*) se réduire **III.** *vt* réduire; (*possibilities*) limiter
◆ **narrow down** *vt* (*activities*) limiter; (*choices, possibilities*) restreindre
narrowly *adv* **1.** (*just*) de peu **2.** (*closely*) de près
narrow-minded *adj* (*person*) à l'esprit étroit; (*opinions, views*) étroit
nasal ['neɪzl] *adj* nasal
nastiness ['nɑːstɪnəs, *Am:* 'næsti-] *inv n* **1.** (*being unpleasant*) caractère *m* désagréable; (*of a smell*) mauvaise odeur *f;* (*of a taste*) mauvais goût *m* **2.** (*being bad*) méchanceté *f*
nasty ['nɑːsti, *Am:* 'næsti] <-ier, -iest> *adj* **1.** (*unpleasant*) désagréable **2.** (*spiteful*) méchant; **to turn ~** devenir méchant **3.** (*accident, habit*) vilain
nation ['neɪʃən] *n* (*country, state*) nation *f;* **the whole ~** le pays entier
national ['næʃənəl] **I.** *adj* national **II.** *n pl* ressortissant(e) *m(f)*
nationalism ['næʃnəlɪzəm] *n no pl, pej* nationalisme *m*
nationalist ['næʃnəlɪst] **I.** *adj* nationaliste **II.** *n* nationaliste *mf*
nationality [ˌnæʃə'næləti] <-ties> *n* nationalité *f*
nationalize ['næʃənəlaɪz] *vt* nationaliser **nationwide I.** *adv* à

l'échelle nationale; (*opinion*) national **II.** *adj* au niveau national; (*be known*) dans tout le pays

native ['neɪtɪv, *Am:* -t̬ɪv] **I.** *adj* **1.** (*born in or local to place*) natif; (*plant*) aborigène **2.** (*of place of origin*) de naissance; (*country*) d'origine **3.** (*indigenous*) indigène **II.** *n* **1.** (*born, living in a place*) autochtone *mf* **2.** (*indigene*) indigène *mf*

natter ['nætə', *Am:* 'næt̬ə'] *vi inf* bavarder; **to ~ away for hours** bavarder pendant des heures

natural ['nætʃərəl, *Am:* -əl] **I.** *adj* naturel **II.** *n inf* **to be a ~ for sth** être doué pour qc **natural history** *n* histoire *f* naturelle

naturalist I. *n* naturaliste *mf* **II.** *adj* naturaliste

naturalistic [ˌnætʃərəl'ɪstɪk, *Am:* -əˈəl-] *adj* naturaliste

naturalization [ˌnætʃərələɪ'zeɪʃən, *Am:* -əˈəlɪ'-] *n* naturalisation *f*

naturalize ['nætʃərəlaɪz, *Am:* -əˈəl-] **I.** *vt* naturaliser **II.** *vi* BOT s'acclimater

naturally *adv* naturellement; **she's ~ generous** elle est d'un naturel généreux **natural science, natural sciences** *npl* sciences *fpl* naturelles

nature ['neɪtʃə', *Am:* -tʃə'] *n* nature *f*; **things of this ~** les choses de ce genre; **by ~** de nature

naughty ['nɔːti, *Am:* 'nɑːt̬i] <-ier, -iest> *adj a. iron* vilain

nausea ['nɔːsɪə, *Am:* 'nɑːzɪə] *n no pl* nausée *f*; **to suffer from ~** avoir mal au cœur

nauseate ['nɔːsɪeɪt, *Am:* 'nɑːzɪ-] *vt a. fig* écœurer

nauseating *adj* **1.** (*physically*) nauséabond **2.** *fig, pej* dégoûtant

nauseous ['nɔːsɪəs, *Am:* 'nɑːʃəs] *adj* nauséeux; **to be** [*o* **feel**] **~** avoir des nausées

nautical ['nɔːtɪkəl, *Am:* 'nɑːt̬ɪ-] *adj* nautique

naval ['neɪvəl] *adj* naval; (*officer*) de marine

nave [neɪv] *n* nef *f*

navel ['neɪvl] *n* nombril *m*

navigate ['nævɪgeɪt] **I.** *vt* **1.** NAUT

naviguer; (*ocean, river*) naviguer sur **2.** (*steer, pilot*) gouverner **II.** *vi* **1.** NAUT, AVIAT naviguer **2.** AUTO diriger

navigation [ˌnævɪ'geɪʃən] *n no pl* navigation *f*

navigator ['nævɪgeɪtə', *Am:* -t̬ə'] *n* **1.** NAUT navigateur, -trice *m, f* **2.** AUTO assistant(e) *m(f)* du pilote

navy ['neɪvi] **I.** <-vies> *n* **1.** (*military fleet*) **the Navy** la Marine **2.** (*colour*) marine **II.** *adj* bleu marine

near [nɪə', *Am:* nɪr] **I.** *adj* proche; **the ~est thing to sth** ce qui se rapproche le plus de qc; **to the ~est pound** à une livre près **II.** *adv* **1.** (*in space or time*) près; **to be ~** (*building*) être à proximité; (*event*) être imminent; **to come ~** s'approcher; **how ~ is the post office?** à quelle distance se trouve la poste?; **to live quite ~** habiter tout près; **~ at hand** à portée de (la) main; **to come ~er to sb/sth** se rapprocher de qn/qc **2.** (*almost*) presque; **a ~ perfect murder** un meurtre presque parfait **3.** **~ to** (*person*) proche de; (*building, town*) près de; **to be ~ to tears** *fig* être au bord des larmes; **to be ~ to doing sth** être sur le point de faire qc **III.** *prep* **1.** (*in proximity to*) **~ sb/sth** près de qn/qc; **~ the end/ top of the page** vers la fin/le haut de la page; **to be nowhere ~ sth** être loin de qc **2.** (*almost*) **it's ~/nowhere ~ midnight** il est presque/ loin d'être minuit **IV.** *vt* s'approcher de; **it's ~ing completion** c'est presque achevé; **to be ~ing one's goal** toucher au but

nearby ['nɪəbaɪ, *Am:* ˌnɪr'-] **I.** *adj* proche; **there are a few shops ~** il y a quelques magasins tout près d'ici **II.** *adv* à proximité; **is it ~?** est-ce que c'est tout près d'ici?

Near East *n* **the ~** le Proche-Orient

nearly ['nɪəli, *Am:* 'nɪr-] *adv* presque; **~ certain** à peu près certain; **not ~ enough** loin d'être suffisant; **to be not ~ as bad as sth** loin d'être aussi mauvais que qc; **to be ~ there** être presque arrivé; **he very ~ lost his life** il a failli perdre la vie

near miss <-es> *n* **1.** (*attack*) **it was a** ~ cela a raté de peu **2.** (*accident*) accident *m* évité de justesse; **to have a** ~ y échapper de justesse; **that was a** ~ il s'en est fallu de peu **nearside** *Brit*, *Aus* **I.** *n* côté *m* gauche **II.** *adj* (*lane*) de gauche **near-sighted** *adj* *Am* myope

neat [ni:t] *adj* **1.** (*orderly, well-ordered*) ordonné; (*room*) bien rangé; (*handwriting, appearance*) soigné; ~ **and tidy** propre et bien rangé **2.** (*skilful*) adroit; (*answer*) bien formulé **3.** (*undiluted, pure*) sec **4.** *Am*, *Aus*, *inf* (*bike*) super; (*guy*) formidable

neatly *adv* **1.** (*carefully*) soigneusement **2.** (*cleverly*) adroitement

neatness *n no pl* (*of person*) apparence *f* soignée; (*of house, dress*) netteté *f*

necessarily ['nesəsərəli] *adv* **1.** (*as a necessary result*) nécessairement **2.** (*inevitably*) inévitablement **3.** (*perforce*) forcément

necessary ['nesəsəri, *Am:* -ser-] *adj* nécessaire; **to make the** ~ **arrangements** prendre les dispositions utiles; **it is** ~ **that** il faut que +*subj*; **it is** ~ **for him to do it** il faut qu'il le fasse +*subj*; **to do what is** ~ faire ce qu'il faut

necessitate [nɪ'sesɪteɪt, *Am:* nə'-] *vt form* nécessiter; **to** ~ **sb's doing sth** obliger qn à faire qc

necessity [nɪ'sesəti, *Am:* nə'sesəţi] <-ties> *n* **1.** *no pl* (*the fact of being necessary*) nécessité *f* **2.** (*need*) besoin *m*; **in case of** ~ en cas de besoin; **when the** ~ **arises** quand le besoin se fait sentir; ~ **for sb to** +*infin* besoin pour qn de +*infin* **3.** (*basic need*) besoin *m*; **to be a** ~ être indispensable; **the bare necessities** le strict nécessaire

neck [nek] *n* **1.** (*body part*) cou *m* **2.** (*nape*) nuque *f* **3.** (*area below head*) encolure *f* **4.** (*cleavage*) décolleté *m*

necklace *n* collier *m* **neckline** *n* encolure *f*; **low** ~ décolleté *m* **necktie**

nectar ['nektər, *Am:* -tə-] *n* nectar *m*

nectarine ['nektərɪn, *Am:* ˌnetə'riːn] *n* nectarine *f*

need [niːd] **I.** *n* (*want, requirement, lack*) besoin *m*; **the** ~ **for vigilance** la nécessité d'être vigilant; **if** ~ **be** en cas de besoin; **there's no** ~ **to buy it** il n'est pas nécessaire de l'acheter **II.** *vt* **1.** (*require*) avoir besoin de; **all you** ~ **is a pen** tu n'as besoin que d'un stylo; **I** ~ **time to think** il me faut du temps pour réfléchir **2.** (*must, have to*) **to** ~ +*infin* être obligé de +*infin*; **he** ~**s to improve** il faut qu'il s'améliore; **you** ~ **to read these books** il est nécessaire que tu lises ces livres; **they** ~ **to be tested** ils doivent être testés **3.** **that's all we** ~! il ne manquait plus que ça! **III.** *aux* ~ **I come?** faut-il vraiment que je vienne?; **you** ~**n't worry** *inf* tu n'as pas à t'inquiéter; **to** ~ **not** +*infin* ne pas avoir à +*infin*; **you** ~**n't have done all this work** *Brit* il n'était pas nécessaire que vous fassiez tout ce travail; **you** ~**n't take your car** ce n'est pas la peine que vous preniez votre voiture

needle ['niːdl] **I.** *n* aiguille *f* **II.** *vt* **1.** *inf* (*annoy*) agacer **2.** (*prick*) piquer

negative ['negətɪv, *Am:* -ţɪv] **I.** *adj* négatif **II.** *n* **1.** (*rejection, refusal*) négative *f*; **in the** ~ par la négative **2.** (*photographic image*) négatif *m*

negatively *adv* négativement

neglect [nɪ'glekt] **I.** *vt* négliger; (*garden, building*) laisser à l'abandon; (*duties*) oublier; (*opportunity*) laisser échapper; **to** ~ **to** +*infin* omettre de +*infin* **II.** *n* **1.** (*not caring*) négligence *f*; **to happen through** ~ être dû à la négligence **2.** (*poor state*) manque *m* d'entretien; **to be in a state of** ~ être à l'abandon

neglected *adv* négligé; (*building*) mal entretenu

negligence ['neglɪdʒənts] *n no pl* négligence *f*

negligent *adj* négligent; (*attitude,*

N n

air) nonchalant; **to be ~ of sth** négliger qc

negligible ['neglɪdʒəbl] *adj* négligeable

negotiable *adj* **1.** (*can be negotiated*) négociable **2.** (*able to be traversed*) franchissable; (*road*) praticable **3.** (*transferable*) transférable; ~ **securities** fonds *mpl* négociables

negotiate [nɪ'gəʊʃieɪt, *Am:* -'goʊ-] **I.** *vt* **1.** (*discuss, bargain*) négocier; **to be ~d** à débattre **2.** (*obstacle*) franchir; (*bend*) négocier **3.** (*problems, difficulties*) surmonter **II.** *vi* négocier

negotiation [nɪ,gəʊʃi'eɪʃən, *Am:* -,goʊ-] *n* négociation *f;* **to be in ~ with sb** être en pourparlers avec qn

negotiator *n* négociateur, -trice *m, f*

neigh [neɪ] **I.** *n* hennissement *m* **II.** *vi* hennir

neighbor ['neɪbər] *n Am, Aus* **1.** (*person living next-door*) voisin(e) *m(f)* **2.** (*adjacent country*) pays *m* limitrophe **3.** (*fellow-citizen*) prochain *m*

neighborhood ['neɪbərhʊd] *n Am, Aus* **1.** (*quarter*) quartier *m;* **the library is in my ~** la bibliothèque est près de chez moi; ~ **shops** commerces *mpl* de proximité **2.** (*people of the quarter*) voisinage *m* **3.** (*vicinity*) environs *mpl;* **in the ~ of sth** *fig* aux alentours de qc

neighboring *adj Am, Aus* **1.** (*nearby, not far away*) avoisinant **2.** (*bordering*) limitrophe; (*country*) frontalier

neighborly ['neɪbərli] *adj Am, Aus* (*relations, visit*) de bon voisinage; (*person*) amical; **to be ~ people** être de bons voisins

neighbour *Brit, Aus s.* **neighbor**

neighbourhood *n Brit, Aus s.* **neighborhood**

neighbouring *adj Brit, Aus s.* **neighboring**

neighbourly *adj Brit, Aus s.* **neighborly**

neither ['naɪðər, *Am:* 'niːðər] **I.** *pron* aucun (des deux); **which one? – ~** (**of them**) lequel? – ni l'un ni l'autre **II.** *adv* ni; ~ **... nor ...** ni ... ni ...; **he is ~ hurt nor dead** il n'est ni blessé ni mort; **sth is ~ here nor there** qc importe peu **III.** *conj* non plus; **if he won't eat, ~ will I** s'il ne mange pas, moi non plus **IV.** *adj* aucun des deux; **in ~ case** ni dans un cas ni dans l'autre; ~ **book is good** ces deux livres ne sont bons ni l'un ni l'autre

neon ['niːɒn, *Am:* -ɑːn] *n* néon *m;* ~ **sign** enseigne *f* au néon

nephew ['nevjuː, *Am:* 'nef-] *n* neveu *m*

nerve [nɜːv, *Am:* nɜːrv] **I.** *n* **1.** ANAT nerf *m;* **to be a bundle of ~s** être un paquet de nerfs; **to calm one's ~s** se calmer; **to get on sb's ~s** *inf* agacer qn **2.** *no pl, inf* (*audacity*) culot *m;* **to have the ~ to** +*infin* avoir le culot de +*infin* **3.** *no pl* (*courage*) courage *m;* **to keep/lose one's ~** avoir/perdre son sang-froid **II.** *vt* **to ~ oneself** (**up**) +*infin Brit* s'armer de courage pour +*infin*

nerve-racking, nerve-wrecking *adj* éprouvant

nervous ['nɜːvəs, *Am:* 'nɜːr-] *adj* **1.** (*agitated, excited*) nerveux; **to be a ~ wreck** être à bout de nerfs; **to be ~ about doing sth** être nerveux à l'idée de faire qc **2.** (*tense, anxious*) angoissé; **to make sb ~** rendre qn nerveux; **to feel ~** avoir les nerfs en boule; **to be ~ about doing sth** avoir peur de faire qc **3.** (*timid*) timide; **to make sb ~** mettre qn mal à l'aise; **to be ~** (*for performance, test*) avoir le trac

nervous breakdown *n* dépression *f* nerveuse

nervously *adv* nerveusement

nervousness *n no pl* **1.** (*nervous condition*) nervosité *f* **2.** (*fearfulness, anxiety*) trac *m*

nest [nest] **I.** *n* nid *m* **II.** *vi* se nicher

nest egg *n* pécule *m*

nestle ['nesl] *vi* (*child*) se blottir; **to ~ up to sb** se nicher contre qc; **a village nestling in the hills** un village niché sur la colline

net¹ [net] **I.** *n* **1.** *a. fig* filet *m;* **to slip**

through the ~ passer à travers les mailles du filet **2.** *no pl* (*material*) tulle *f* **II.** <-tt-> *vt* **1.** (*catch*) attraper **2.** SPORT **to** ~ **sth** envoyer qc dans le filet

net² [net] **I.** *adj* **1.** (*after deduction*) net **2.** (*final*) final **II.** *vt* (*profit*) rapporter net; (*salary*) gagner net

Net [net] *n* INFOR **the** ~ le Net; **a** ~ **surfer** un internaute

netball ['netbɔ:l] *n Brit no pl* netball *m*

net curtain *n* voilage *m*

Netherlands ['neðələndz, *Am:* -ə'ləndz] *n* **the** ~ les Pays-Bas *mpl*

nettle ['netl, *Am:* 'neṭ-] **I.** *n* ortie *f* **II.** *vt* agacer

network ['netwɜ:k, *Am:* -wɜ:rk] **I.** *n* **1.** (*system*) réseau *m;* ~ **card** INFOR carte *f* réseau **2.** (*number, variety*) ensemble *m* **II.** *vt* **1.** (*link together*) relier; INFOR, TECH connecter **2.** (*broadcast*) diffuser **III.** *vi* tisser un réseau de relations

neuralgia [njʊə'rældʒə, *Am:* nʊ'-] *n no pl* névralgie *f*

neuron ['njʊərɒn, *Am:* 'nʊrɑ:n], **neurone** *n* neurone *m*

neurosis [njʊə'rəʊsɪs, *Am:* nʊ'roʊ-] <neuroses> *n* névrose *f*

neurotic [njʊə'rɒtɪk, *Am:* nʊ'rɑ:t̬ɪk] **I.** *n* névrosé(e) *m(f)* **II.** *adj* névrosé

neuter ['nju:tər, *Am:* 'nu:t̬ər] **I.** *adj* neutre **II.** *vt* **1.** (*males*) castrer **2.** (*sterilize*) châtrer **3.** (*weaken, neutralize*) neutraliser

neutral ['nju:trəl, *Am:* 'nu:-] **I.** *adj* neutre **II.** *n* **1.** (*non-combatant*) neutre *m* **2.** AUTO point *m* mort

neutrality [nju:'træləti, *Am:* nu:'trælət̬i] *n no pl* neutralité *f*

neutralize ['nju:trəlaɪz, *Am:* 'nu:-] *vt* neutraliser

neutron ['nju:trɒn, *Am:* 'nu:trɑ:n] *n* neutron *m*

never ['nevər, *Am:* -ər] *adv* jamais; I ~ **eat meat** je ne mange jamais de viande; ~ **again!** plus jamais!; **he** ~ **told me that!** *inf* il ne m'a pas dit ça!; ~ **mind** ça ne fait rien; ~ **mind that/him** ne fais pas attention à ça/

lui

nevertheless [ˌnevəðə'les, *Am:* ˌnevər-] *adv* néanmoins

new [nju:, *Am:* nu:] **I.** *adj* **1.** (*just made*) neuf; **brand** ~ tout neuf; **what's** ~? quoi de neuf? **2.** (*latest, replacing former one*) nouveau; **this place is** ~ **to me** je ne connais pas cet endroit; **we're** ~ **to London** nous venons d'arriver à Londres **II.** *adv* récemment **newborn** *adj* nouveau-né **newcomer** *n* **1.** (*freshly arrived person*) nouveau venu *m*, nouvelle venue *f* **2.** (*beginner*) débutant(e) *m(f)*

new-laid *adj* (*egg*) fraîchement pondu

newly *adv* **1.** (*recently*) nouvellement; ~-**discovered documents** documents découverts récemment **2.** (*freshly*) de frais

newly-wed *n* jeune marié(e) *m(f)*

news [nju:z, *Am:* nu:z] *n no pl* **1.** (*fresh information*) nouvelle(s) *f(pl);* **a piece of** ~ une nouvelle; **the latest** ~ les dernières nouvelles; **to break the** ~ **to sb** annoncer la nouvelle à qc; **to have got** ~ **for sb** avoir du nouveau à annoncer à qc; **that's** ~ **to me** je ne savais pas **2.** TV, RADIO **the** ~ les informations *fpl;* **on the** ~ aux informations

> ⚠ **news** s'emploie au singulier: "the news is good; Is there any news of Norman?"

news agency *n* agence *f* de presse **newsagent** *n Brit, Aus* **1.** (*shop*) maison *f* de la presse **2.** (*person*) marchand(e) *m(f)* de journaux **news bulletin** *n Brit* bulletin *m* d'informations **newscaster** *n* présentateur, -trice *m, f* **newsgroup** *n* INFOR infogroupe *m*, forum *m* **newsletter** *n* bulletin *m*

newspaper *n* journal *m;* **daily** ~ quotidien *m*

newt [nju:t, *Am:* nu:t] *n* triton *m* **new year** *n* nouvel an *m;* **Happy New Year!** bonne année! **New**

Year's Day n no pl le jour de l'an **New Year's Eve** n no pl la Saint-Sylvestre **New Zealand** I. n la Nouvelle-Zélande II. adj néo-zélandais **New Zealander** n Néo-Zélandais(e) m(f)

next [nekst] I. adj 1. (after this one) prochain; ~ **month** le mois prochain; **you're** ~ c'est votre tour; **she's** (**the**) ~ **to** +infin c'est à son tour de +infin 2. (following) suivant; **the** ~ **day** le lendemain 3. (house) voisin; **on the** ~ **floor up/down** à l'étage plus haut/bas; **at the** ~ **table** à la table d'à-côté; **I need the** ~ **size** il me faut une taille au-dessus II. adv 1. (afterwards) ensuite; **David left** ~ David est ensuite parti 2. (in a moment) maintenant 3. (second) après; **the** ~ **oldest is John** c'est John qui est ensuite le plus âgé 4. (again) la prochaine fois; **when I** ~ **come** quand je reviendrai III. pron **the** ~ le prochain; **the** ~ **to leave was David** ensuite, c'est David qui est parti; **from one minute to the** ~ d'une minute à l'autre; **I'm in London one day, Paris the** ~ je suis à Londres un jour, à Paris le lendemain

next door I. adv à côté; **the woman/man** ~ la dame/le monsieur d'à-côté II. adj (in or at the next place) d'à-côté **next of kin** n plus proche parent m

next to adv 1. (beside) à côté de; ~ **the skin** à même la peau 2. (almost) presque; **to cost** ~ **nothing** coûter trois fois rien; **it takes** ~ **no time** c'est très rapide; ~ **last** avant-dernier

nib [nɪb] n plume f

nibble ['nɪbl] I. n 1. (small bite) morceau m 2. pl, Brit, inf (snack) amuse-gueule m II. vt, vi (eat with small bites) grignoter

nice [naɪs] adj 1. (pleasant, agreeable) agréable; ~ **weather** beau temps 2. (kind, friendly) gentil; **a** ~ **chap/guy** un bon gars; **be** ~ **to your sister!** sois gentil avec ta sœur!; **it was** ~ **of you to call** c'est gentil que tu aies appelé 3. (beauti-

ful, unpleasant) joli 4. (person) sympathique

nicely adv 1. (well) bien 2. (politely) poliment

nicety ['naɪsəti, Am: -ti] <-ties> n 1. no pl (subtle, finer point) subtilité f 2. (social conventions) convenances fpl; **social** ~**ties** mondanités fpl

niche [niːʃ, Am: nɪtʃ] n 1. (in wall) niche f 2. (suitable position) créneau m

nick [nɪk] I. n 1. (cut) entaille f 2. no pl, Brit, inf (prison) taule f 3. no pl, Brit, inf (police station) poste m 4. **in the** ~ **of time** juste à temps II. vt 1. (cut) entailler; **to** ~ **oneself** se couper 2. Brit, Aus, inf (steal) piquer

nickel ['nɪkl] n 1. no pl (metal) nickel m 2. Am (coin) pièce f de cinq cents

nickname ['nɪkneɪm] I. n surnom m II. vt surnommer

nicotine ['nɪkətiːn] n no pl nicotine f

niece [niːs] n nièce f

niggle ['nɪgl] I. vi pinailler; **to** ~ **over sth** trouver à redire au sujet de qc II. vt **there's something niggling me** il y a quelque chose qui me travaille

night [naɪt] I. n 1. (end of day) soir m; **last** ~ hier soir; **10** (**o'clock**) **at** ~ 10 heures du soir 2. (opp: day) nuit f; **good** ~! bonne nuit!; **last** ~ cette nuit 3. (evening spent for activity) soirée f; **a girls'** ~ **out** une soirée entre filles II. adj de nuit **nightclub** n boîte f de nuit **nightdress** n chemise f de nuit

nightlife n no pl vie f nocturne **night light** n veilleuse f

nightly I. adj 1. (done each night) de tous les soirs 2. (nocturnal) nocturne II. adv tous les soirs

nightmare n cauchemar m; **the worst** ~ la pire hantise; ~ **scenario** scénario m catastrophe **night school** n cours mpl du soir **night shift** n équipe f de nuit; **to work on the** ~ être de nuit **nightwatch-**

man *n* veilleur *m* de nuit

nil [nɪl] *n no pl* **1.** (*nothing*) néant *m* **2.** *Brit* (*no score*) zéro *m*

nimble ['nɪmbl] <-r, -est> *adj* (*agile*) agile

nine [naɪn] *adj* neuf; *s. a.* **eight**

nineteen [ˌnaɪn'tiːn] *adj* dix-neuf; *s. a.* **eight**

nineteenth *adj* dix-neuvième; *s. a.* **eighth**

ninetieth *adj* quatre-vingt-dixième; *s. a.* **eghth**

ninety ['naɪnti, *Am:* -ţi] *adj* quatre-vingt-dix, nonante *Belgique, Suisse*; *s. a.* **eight, eighty**

ninny ['nɪni] *n inf* gourde *f*

ninth [naɪnθ] **I.** *adj* neuvième **II.** *n* **1.** (*position*) neuvième *mf* **2.** (*fraction*) neuvième *m* **3.** (*date*) **the ~ of July** le neuf juillet

nip [nɪp] **I.** <-pp-> *vt* **1.** (*bite*) mordre; **to ~ sth off** couper qc avec les dents **2.** (*pinch*) pincer; **to ~ sth in the bud** étouffer qc dans l'œuf **II.** <-pp-> *vi* **1.** (*bite*) mordre **2.** *Brit, Aus, inf* (*move quickly*) filer; **to ~ off** se sauver; **to ~ into a shop** faire un saut dans un magasin **III.** *n* **1.** (*pinch*) pincement *m* **2.** (*bite*) morsure *f* **3.** (*cold*) **there's a ~ in the air** il fait frisquet

nipple ['nɪpl] *n* **1.** (*part of breast*) mamelon *m* **2.** (*teat for bottle*) tétine *f*

nitrate ['naɪtreɪt] *n* nitrate *m*

nitrogen ['naɪtrədʒən] *n no pl* azote *m*

nitty-gritty [ˌnɪti'grɪti, *Am:* ˌnɪţɪ'grɪţ-] *n no pl, inf* **the ~** la dure réalité; **to get down to the ~** passer aux choses sérieuses

no [nəʊ, *Am:* noʊ] **I.** *adj* **1.** (*not any*) **to have ~ time/money/pen** ne pas avoir le temps/d'argent/de stylo; **to be ~ friend** ne pas être un ami; **to be of ~ importance/interest** n'avoir aucune importance/aucun intérêt; **~ doctor would do it** aucun médecin ne le ferait; **there is ~ way of getting out** il est impossible de sortir **2.** (*prohibition*) **~ smoking/entry** défense de fumer/d'entrer; **~**

parking stationnement interdit **3. by ~ means** aucunement; **in ~ time** en un rien de temps; **in ~ way** aucunement; **~ way!** pas question! **II.** *adv* **I'm ~ great singer** je ne suis pas un grand chanteur; **I ~ longer work** je ne travaille plus; **to be ~ better** (*patient*) ne pas aller mieux; **~ more than 30** pas plus de 30; **~ less** rien que ça *inf* **III.** *interj* non!; **oh ~!** oh non!

nobility [nəʊ'bɪləti, *Am:* noʊ'bɪ-ləţi] *n no pl* noblesse *f*

noble ['nəʊbl, *Am:* 'noʊ-] **I.** *adj* noble **II.** *n* noble *mf*

nobly *adv* noblement

nobody ['nəʊbədi, *Am:* 'noʊbɑːdi] **I.** *pron indef pron, sing* personne; **~ spoke** personne n'a parlé; **we saw ~ else** nous n'avons vu personne d'autre; **he told ~** il ne l'a dit à personne **II.** *n inf* zéro *m;* **those people are nobodies** ces gens sont des moins que rien

no-claim(s) bonus *n Brit, Aus* bonus *m*

nocturnal [nɒk'tɜːnəl, *Am:* nɑːk'tɜːr-] *adj form* nocturne

nod [nɒd, *Am:* nɑːd] **I.** *n* signe *m* de la tête; **to give sb a ~** faire un signe de la tête à qn; **to give sb the ~** donner le feu vert à qn; **to ~ one's head** dire oui d'un signe de la tête; **to ~ (one's) agreement** donner son accord d'un signe de tête **II.** <-dd-> *vi* **to ~ to sb** saluer qn d'un signe de tête

◆ **nod off** <-dd-> *vi inf* s'endormir

nohow ['nəʊhaʊ, *Am:* 'noʊ-] *adv Am* en aucun cas

noise [nɔɪz] *n* bruit *m;* **to make ~** faire du bruit

noisily *adv* bruyamment

noisy ['nɔɪzi] <-ier, -iest> *adj* bruyant; **to be ~** (*person*) faire du bruit

nomad ['nəʊmæd, *Am:* 'noʊ-] *n* nomade *mf*

nomadic [nəʊ'mædɪk, *Am:* noʊ-] *adj* nomade; (*existence*) de nomade

nominal ['nɒmɪnl, *Am:* 'nɑːmə-] *adj* **1.** (*in name*) de nom **2.** (*small*) nominal

nominate ['nɒmɪneɪt, *Am:* 'nɑːmə-] *vt* **1.** (*propose*) proposer; (*for award*) sélectionner; **to ~ sb for a post** désigner qn à un poste **2.** (*appoint*) nommer

nomination [ˌnɒmɪ'neɪʃən, *Am:* ˌnɑːmə-] *n* **1.** (*proposal*) proposition *f*; **an Oscar ~** une nomination pour l'oscar **2.** (*appointment*) nomination *f* **non-alcoholic** *adj* non alcoolisé **non-aligned** *adj* non-aligné **nonconformist I.** *n* non-conformiste *mf* **II.** *adj* non-conformiste

none [nʌn] **I.** *pron* **1.** (*nobody*) personne; **~ but sb** seulement qn; **~ other than sb** nul autre que qn **2.** (*not any*) aucun; **~ of the wine** pas une goutte de vin; **I have some money but she has ~** j'ai de l'argent, mais elle n'en a pas; **~ of that!** ça suffit! **3.** *pl* (*not any*) **~** (**at all**) pas un seul; **~ of them** aucun d'entre eux; **~ of my letters arrived** aucune de mes lettres n'est arrivée **II.** *adv* **1.** (*not*) **~ the less** néanmoins; **to feel ~ the worse** ne se sentir pas plus mal **2.** (*not very*) **it's ~ too soon/sure** ce n'est pas trop tôt/si sûr; **it's ~ too warm** il ne fait pas si chaud que ça

> ⚠ **None** peut être utilisé comme un singulier tout comme un pluriel: "None of my friends smoke(s)."

non-essential I. *adj* non essentiel **II.** *n pl* **~s** accessoires *mpl* **nonetheless** *adv* néanmoins **non-existent** *adj* inexistant **non-flammable** *adj* ininflammable **non-productive** *adj* non productif **non-profit, non-profit-making** *adj Am* à but non lucratif **non-proliferation I.** *n no pl* POL non-prolifération *f* **II.** *adj* POL de non-prolifération **non-refundable** *adj* non remboursable

nonsense *n no pl* absurdité *f*; **~!** quelle bêtise!; **to talk ~** dire des absurdités; **it is ~ to say that ... il est** absurde de dire que ...; **what's all this ~?** qu'est-ce que c'est que ces bêtises?

nonsensical *adj* absurde

non-shrink *adj* irrétrécissable **non-skid** *adj* antidérapant **non-smoker** *n* non-fumeur, -euse *m, f* **non-smoking** *adj* non-fumeurs **non-stick** *adj* anti-adhérent; **~ pan** poêle *f* antiadhésive **non-stop I.** *adj* **1.** (*without stopping*) sans arrêt; (*flight*) sans escale; (*train*) direct **2.** (*uninterrupted*) ininterrompu **II.** *adv* non-stop

noodle ['nuːdl] *n pl* nouilles *fpl*

nook [nʊk] *n* coin *m*

noon [nuːn] *n* midi *m*; **at/about ~** à/vers midi

no one ['nəʊwʌn, *Am:* 'noʊ-] *pron s.* **nobody**

noose [nuːs] *n* nœud *m*

nor [nɔːʳ, *Am:* nɔːr] *conj* **1.** (*and also not*) **~ do I/we** moi/nous non plus; **it's not funny, ~** (**is it**) **clever** c'est ni drôle, ni intelligent **2.** (*not either*) ni

norm [nɔːm, *Am:* nɔːrm] *n* norme *f* **normal** ['nɔːml, *Am:* 'nɔːr-] **I.** *adj* **1.** (*conforming standards*) normal; **in the ~ way** normalement **2.** (*doctor*) habituel; **as** (**is**) **~** comme d'habitude **II.** *n no pl* normale *f*; **to return to ~** retourner à la normale

normalcy ['nɔːməlsi, *Am:* 'nɔːr-] *n Am,* **normality** *n Brit no pl* normalité *f*

normally ['nɔːməli, *Am:* 'nɔːr-] *adv* normalement

north [nɔːθ, *Am:* nɔːrθ] **I.** *n* nord *m*; **to lie 5 km to the ~ of sth** être à 5 km au nord de qc; **a ~-facing window** une fenêtre exposée au nord **II.** *adj* nord; **~ wind** vent *m* du nord; **a ~ wall** un mur exposé au nord; **in ~ Paris** dans le nord de Paris **III.** *adv* au nord; (*travel*) vers le nord **North America** *n* l'Amérique *f* du Nord **north-east** *n* nord-est *m*; *s.a.* **north north-easterly** *adj* nord-est; *s.a.* **northerly north-eastern** *adj* du nord-est

northerly *adj* **1.** (*of or in the north-*

 ern part) au nord **2.** (*towards the north*) vers le nord; **in a ~ direction** vers le nord **3.** (*from the north*) du nord

northern ['nɔːðən, *Am:* 'nɔːrðə-n] *adj* du nord, septentrional; ~ **hemisphere** hémisphère *m* nord; ~ **Scotland** le nord de l'Écosse

northerner *n* nordiste *mf*

Northern Ireland *n* l'Irlande *f* du Nord **North Pole** *n* the ~ le pôle Nord **North Sea** *n* the ~ la mer du Nord

northward I. *adj* au nord II. *adv* vers le nord **northwards** *adv* vers le nord

north-west *n* nord-ouest *m; s. a.* **north north-westerly** *adj* nord-ouest; **s. a. northerly north-western** *adj* du nord-ouest

Norway ['nɔːweɪ, *Am:* 'nɔːr-] *n* la Norvège

Norwegian [nɔː'wiːdʒən, *Am:* nɔːr'-] I. *adj* norvégien II. *n* **1.** (*person*) Norvégien(ne) *m(f)* **2.** LING norvégien *m; s. a.* **English**

nose [nəʊz, *Am:* noʊz] I. *n* nez *m;* **to have a runny ~** avoir le nez qui coule; **under sb's ~** sous le nez de qn II. *vi* **1.** (*move*) **to ~ forwards** s'avancer **2.** *inf* (*search*) **to ~ about** [*o* **around**] fouiner; **to ~ into sth** fouiller dans qc **nosebleed** *n* saignement *m* de nez; **to have a ~** saigner du nez

nosey <-ier, -iest> *adj s.* **nosy**

nostalgia [nɒ'stældʒə, *Am:* nɑː'-] *n no pl* nostalgie *f*

nostalgic [nɒ'stældʒɪk, *Am:* nɑː'-] *adj* nostalgique

nostril ['nɒstrəl, *Am:* 'nɑːstrəl] *n* narine *f*

nosy ['nəʊzi, *Am:* 'noʊ-] <-ier, -iest> *adj pej* curieux

not [nɒt, *Am:* nɑːt] *adv* **1.** (*expressing the opposite*) ne … pas; **he's ~ here** il n'est pas ici; **it's red ~ blue** c'est rouge et pas bleu; **of course ~** bien sûr que non; ~ **so fast** pas si vite; **I hope ~** j'espère que non; ~ **at all** (pas) du tout; **thanks − ~ at all** merci − de rien **2.** (*in tags*) **isn't it?,**

won't they? n'est-ce pas? **3.** (*less than*) **to be ~ a mile away** être à à peine un mile **4.** (*expressing an opposite*) pas; ~ **always** pas toujours; ~ **much** pas beaucoup; ~ **that …** pas que …

notable ['nəʊtəbl, *Am:* 'noʊtə-] *adj* **1.** (*eminent*) remarquable; **to be ~ for sth** être connu pour qc **2.** (*remarkable*) notable; **with a few ~ exceptions** à part quelques exceptions

notch [nɒtʃ, *Am:* nɑːtʃ] I. *vt* (*cut*) entailler II. *n* **1.** (*V-shaped indentation*) entaille *f* **2.** (*degree, hole in a belt*) cran *m*

◆ **notch up** *vt* remporter

note [nəʊt, *Am:* noʊt] I. *n* **1.** (*letter*) mot *m;* **to write sb a ~** écrire un mot à qn **2.** (*reminder*) note *f;* **to make/take a ~ of sth** noter qc **3.** LIT commentaire *m* **4.** MUS note *f* **5.** (*mood*) note *f;* **to strike the right ~** sonner juste **6.** *Brit, Aus* (*money*) billet *m* **7.** *form* (*important*) **of ~** d'importance; **nothing of ~** rien d'important II. *vt form* **1.** (*write down*) noter **2.** (*mention, observe*) remarquer

notebook *n* **1.** (*book*) carnet *m* **2.** (*laptop*) notebook *m*

noted *adj* célèbre; **to be ~ for sth** être célèbre pour qc

notepad *n* bloc-notes *m* **notepaper** *n no pl* papier *m* à lettres **noteworthy** *adj form* notable

nothing ['nʌθɪŋ] I. *indef pron, sing* **1.** (*not anything*) rien; ~ **happened** rien ne s'est passé; **we saw ~ else/more** nous n'avons rien vu d'autre/de plus; ~ **new** rien de neuf; ~ **came of it** cela n'a rien donné; **to make ~ of it** ne rien y comprendre; ~ **much** pas grand-chose **2.** (*not important*) **that's ~!** ce n'est rien du tout!; **time is ~ to me** le temps ne compte pas pour moi **3.** (*only*) ~ **but sth** seulement qc; **he is ~ if not strict** il est strict avant tout **4. to look like ~ on earth** avoir l'air de n'importe quoi; **it's ~ to do with me** ça ne me regarde pas; **it's (got)** ~

to do with sth ça n'a rien à voir avec qc **II.** *adv* **it's ~ less than sth** être ni plus ni moins qc; **it's ~ more than a joke** ça n'est rien de plus qu'une plaisanterie; **he's ~ like me** il ne me ressemble pas du tout **III.** *n* **1.** (*non-existence*) rien *m* **2.** MAT, SPORT zéro *m*; **three to ~** *Am* trois à zéro **3.** (*person*) nullité *f*

notice ['nəʊtɪs, *Am:* 'noʊt̬ɪs] **I.** *vt, vi* remarquer; **to ~ sb/sth do sth** remarquer que qn/qc fait qc **II.** *n* **1.** (*in paper*) annonce *f*; (*for birth, marriage*) avis *m*; (*on board*) affiche *f*; (*review*) critique *f* **2.** *no pl* (*attention*) attention *f*; **to take ~ of sb/sth** faire attention à qn/qc; **take no ~ of sb/sth** ne pas prêter attention à qn/qc **3.** *no pl* (*warning*) avis *m*; **to give sb ~ of sth** prévenir qn de qc; **at a moment's ~** immédiatement; **until further ~** jusqu'à nouvel ordre **4.** *no pl* (*when ending contract*) avis *m*; **to give** (**in**) **one's ~** donner sa démission

noticeable *adj* perceptible

notice board *n Aus, Brit* panneau *m* d'affichage

notification [ˌnəʊtɪfɪ'keɪʃən, *Am:* ˌnoʊt̬ə-] *n* notification *f*; **to get ~ of sth** être notifié de qc

notify ['nəʊtɪfaɪ, *Am:* 'noʊt̬ə-] <-ie-> *vt* notifier; **to ~ sb of sth** aviser qn de qc

notion ['nəʊʃən, *Am:* 'noʊ-] *n* idée *f*; **to have no ~ of sth** n'avoir aucune idée de qc

notoriety [ˌnəʊtə'raɪəti, *Am:* ˌnoʊt̬ə'raɪət̬i] *n no pl* notoriété *f*

notorious [nəʊ'tɔːriəs, *Am:* noʊ'tɔːri-] *adj* notoire; **to be ~ for sth** être tristement célèbre pour qc

notwithstanding [ˌnɒtwɪθ-'stændɪŋ, *Am:* ˌnɑːt-] *form* **I.** *prep* en dépit de **II.** *adv* néanmoins

nougat ['nuːgɑː, *Am:* 'nuːgət] *n no pl* nougat *m*

nought [nɔːt, *Am:* nɑːt] *n* zéro *m*

noun [naʊn] *n* nom *m*

nourish ['nʌrɪʃ, *Am:* 'nɜːr-] *vt* (*feed*) nourrir

nourishing ['nʌrɪʃɪŋ, *Am:* 'nɜːr-] *adj*

nourrissant

novel[1] ['nɒvl, *Am:* 'nɑːvl] *n* roman *m*

novel[2] ['nɒvl, *Am:* 'nɑːvl] *adj* nouveau; (*idea, concept*) original

novelist ['nɒvəlɪst, *Am:* ˌnɑːvə-] *n* romancier, -ère *m, f*

novelty ['nɒvəlti, *Am:* 'nɑːvlt̬i] <-ies> *n* **1.** *no pl* (*newness, originality*) nouveauté *f* **2.** (*trinket*) fantaisie *f*

November [nəʊ'vembər, *Am:* noʊ-'vembə-] *n* novembre *m*; *s. a.* **April**

novice ['nɒvɪs, *Am:* 'nɑːvɪs] *n* novice *mf*

now [naʊ] **I.** *adv* **1.** (*at the present time, shortly*) maintenant; **she's coming ~** elle vient tout de suite; **I'll call her** (**right**) **~** je vais l'appeler immédiatement; **she called just ~** elle vient d'appeler juste à l'instant; **as of ~** dès à présent; **by ~ she was very angry** à ce moment-là, elle était très en colère **2.** (*involving the listener*) **~, you need good equipment** écoute, il te faut un bon équipement; **~ that changes everything!** ah, voilà qui change tout!; **be careful ~!** fais attention!; **well ~!** eh bien!; **~, ~** voyons, voyons; (*warning*) allons allons; **~ then, stop arguing** allons, arrêter de vous disputer **3.** (*every*) **~ and then** de temps en temps **II.** *conj* **~** (**that**) … maintenant que … **III.** *adj inf* actuel

nowadays ['naʊədeɪz] *adv* de nos jours

nowhere ['nəʊweər, *Am:* 'noʊwer] *adv a. fig* nulle part; **to be getting ~** ne pas y arriver; **to be ~ near a place** être loin d'un endroit

nozzle ['nɒzl, *Am:* 'nɑːzl] *n* embout *m*; (*of hose*) jet *m*; (*of a petrol pump*) pistolet *m*; (*of a vacuum cleaner*) suceur *m*

nuance ['njuːɑːns, *Am:* 'nuː-] *n* nuance *f*

nuclear ['njuːkliər, *Am:* 'nuːkliə-] *adj* nucléaire

nucleus ['njuːkliəs, *Am:* 'nuː-] <-ei *o* -es> *n* noyau *m*

nude [njuːd, *Am:* nuːd] **I.** *adj* nu

II. *n* **1.** ART nu *m* **2.** (*naked*) **in the ~** tout nu

nudge [nʌdʒ] **I.** *vt* (*push with the elbow*) pousser du coude; **to ~ sb into doing sth** *fig* pousser qn à faire qc **II.** *n* coup *m* du coude; **to give sb a ~** donner un coup de coude à qn; (*encourage*) pousser qn

nudist ['njuːdɪst, *Am:* 'nuː-] *n* nudiste *mf*

nuisance ['njuːsns, *Am:* 'nuː-] *n* (*annoyance*) ennui *m*; **she's a ~** elle est pénible; **that's such a ~** c'est vraiment embêtant; **what a ~!** que c'est embêtant!; **to make a ~ of oneself** embêter le monde

null [nʌl] *adj* LAW caduque

nullify ['nʌlɪfaɪ] <-ie-> *vt* annuler

numb [nʌm] **I.** *adj* (*deprived of sensation*) engourdi; (*nerve*) insensible; **to go ~** s'engourdir; **I felt ~** *fig* j'étais sous le choc **II.** *vt* **1.** (*limbs*) engourdir **2.** (*desensitize*) désensibiliser **3.** (*pain*) endormir

number ['nʌmbə^r, *Am:* -bə·] **I.** *n* **1.** (*arithmetical unit*) nombre *m*; **a small/large ~ of sth** un petit/grand nombre de qc; **any ~ of friends/books** de nombreux amis/livres **2.** (*written symbol*) chiffre *m* **3.** (*on numbered item*) numéro *m*; **my mobile ~** mon numéro de portable; **a wrong ~** un faux numéro **II.** *vt* **1.** (*assign a number to*) numéroter **2.** (*be sth in number*) compter; **to be ~ed amongst sth** compter parmi qc

number plate *n Brit* plaque *f* minéralogique

numeral ['njuːmərəl, *Am:* 'nuː-] *n* chiffre *m*

numerical [njuː'merɪkl, *Am:* nuː-] *adj* numérique

numerous ['njuːmərəs, *Am:* 'nuː-] *adj* nombreux

nun [nʌn] *n* religieuse *f*

nurse [nɜːs, *Am:* nɜːrs] **I.** *n* **1.** (*health worker*) infirmier, -ère *m, f* **2.** (*nanny*) nurse *f* **II.** *vt* **1.** (*care for*) soigner **2.** (*breast-feed*) allaiter **III.** *vi* téter

nursery ['nɜːsəri, *Am:* 'nɜːr-] <-ies>

n **1.** ((*day*) ~) crèche *f*; **to go to (a) ~** aller à la crèche **2.** (*bedroom*) chambre *f* d'enfants **3.** BOT pépinière *f*

nursery rhyme *n* comptine *f*

nursing home *n* clinique *f*; (*for the elderly*) maison *f* de retraite

nut [nʌt] *n* **1.** (*hard edible fruit*) noix *f*; (*of hazel*) noisette *f* **2.** TECH écrou *m* **3.** *inf* (*crazy*) cinglé(e) *m(f)*

nutcracker *n* casse-noix *m* **nutmeg** *n* GASTR **1.** (*hard fruit*) noix *f* muscade **2.** *no pl* (*spice*) muscade *f*

nutrient ['njuːtriənt, *Am:* 'nuː-] **I.** *n* aliment *m* **II.** *adj* nutritif

nutrition [njuː'trɪʃən, *Am:* nuː-] *n no pl* nutrition *f*

nutritional *adj* nutritionnel; (*value*) nutritif

nuts [nʌts] *adj* cinglé; **to go ~** voir rouge; **to be ~ about sb/sth** être dingue de qn/qc

nutshell ['nʌtʃel] *n no pl* **1.** coquille *f* de noix **2. to put it in a ~** pour résumer; **in a ~** en bref

nutty ['nʌti, *Am:* 'nʌt̬-] <-ier, -iest> *adj* **1.** (*full of nuts*) aux noix; (*chocolate*) aux noisettes **2.** (*like nuts*) de noix; (*like hazelnut*) de noisette **3.** *inf* (*crazy, eccentric*) dingue

nuzzle ['nʌzl] *vi* fouiner; **to ~ (up) against sb/sth** fourrer son nez dans qn/qc; **to ~ at sb's shoulder** se blottir contre l'épaule de qn

nylon ['naɪlɒn, *Am:* -lɑːn] *n* nylon *m*

O o

O, o [əʊ, *Am:* oʊ] <-'s> *n* **1.** (*letter*) O, o *m* **2.** (*zero*) zéro *m*

oak [əʊk, *Am:* oʊk] *n* **1.** (*tree*) chêne *m* **2.** *no pl* (*wood*) chêne *m*; **~ cupboard** armoire *f* en chêne

OAP *n Brit abbr of* **old-age pensioner** retraité(e) *m(f)*

oar [ɔːʳ, *Am:* ɔːr] *n* rame *f*

oasis [əʊˈeɪsɪs, *Am:* oʊ-] <-ses> *pl* *n* oasis *f*

oath [əʊθ, *Am:* oʊθ] *n* LAW serment *m*

oatmeal [ˈəʊtmiːl, *Am:* ˈoʊt-] *n* **1.** *no pl* (*flour*) farine *f* d'avoine **2.** *no pl* (*porridge*) bouillie *f* d'avoine

oats [ˈəʊts, *Am:* ˈoʊts] *n pl* avoine *f*

obedience [əˈbiːdɪəns, *Am:* oʊˈ-] *n no pl* obéissance *f*

obedient [əˈbiːdɪənt, *Am:* oʊˈ-] *adj* obéissant

obey [əʊˈbeɪ, *Am:* oʊˈ-] **I.** *vt* obéir à; (*law*) se conformer à **II.** *vi* obéir

object [ˈɒbdʒɪkt, *Am:* ˈɑːb-] **I.** *n* **1.** (*thing*) *a. fig* objet *m* **2.** (*purpose, goal*) but *m* **3.** *form* (*subject*) objet *m* **4.** (*of verb*) complément *m* d'objet **II.** *vi* faire objection **III.** *vt* objecter; **to ~ that ...** faire valoir que ...

◆**object to** *vt* (*plan, policy*) s'opposer à; (*behaviour, mess*) se plaindre de; **to ~ sb doing sth** s'opposer à ce que qn fasse qc *subj*

objection [əbˈdʒekʃən] *n* objection *f*; **to raise ~s to sth** soulever des objections à qc

objective [əbˈdʒektɪv] **I.** *n* objectif *m* **II.** *adj* objectif

obligation [ˌɒblɪˈgeɪʃən, *Am:* ˌɑːbləˈ-] *n no pl* obligation *f*; **to be under an ~ to** +*infin* être dans l'obligation de +*infin*

obligatory [əˈblɪgətəri, *Am:* -tɔːri] *adj* obligatoire

oblige [əˈblaɪdʒ] *vt* **1.** (*compel*) obliger; **to ~ sb to** +*infin* obliger qn à +*infin* **2.** (*perform a service for*) **to be ~d to sb** être reconnaissant envers qn

oblique [əˈbliːk, *Am:* oʊˈ-] <-r, -st> *adj* **1.** (*indirect*) indirect; (*road*) détourné **2.** (*slanting*) *a.* MAT oblique; (*look*) en biais

oblong [ˈɒblɒŋ, *Am:* ˈɑːblɑːŋ] **I.** *n* rectangle *m* **II.** *adj* MAT oblong

oboe [ˈəʊbəʊ, *Am:* ˈoʊboʊ] *n* MUS hautbois *m*

obscene [əbˈsiːn] *adj* **1.** (*indecent*) obscène **2.** (*shocking*) scandaleux

obscenity [əbˈsenəti, *Am:* -ţi] <-ties> *n* obscénité *f*

obscure [əbˈskjʊəʳ, *Am:* -ˈskjʊr] **I.** <-r, -st> *adj* obscur **II.** *vt* **1.** (*make difficult*) obscurcir **2.** *hide* cacher

obscurity [əbˈskjʊərəti, *Am:* -ˈskjʊrəţi] *n no pl* obscurité *f*

observation [ˌɒbzəˈveɪʃən, *Am:* ˌɑːbzɚˈ-] *n a.* LAW, MED observation *f*; **under ~** en observation

observe [əbˈzɜːv, *Am:* -ˈzɜːrv] *vt, vi* observer; (*rule*) respecter

observer *n* (*watcher*) observateur, -trice *m, f*

obsess [əbˈses] *vt* obséder

obsessed *adj* obsédé

obsession [əbˈseʃən] *n a.* MED obsession *f*

obsessive [əbˈsesɪv] *adj* (*secrecy*) obsessionnel; (*type*) obsessif

obsolete [ˈɒbsəliːt, *Am:* ˌɑːb-] *adj* désuet; (*word, technique*) obsolète; (*design, form*) démodé; (*method*) dépassé

obstacle [ˈɒbstəkl, *Am:* ˈɑːbstə-] *n* obstacle *m*

obstacle course *n* **1.** MIL parcours *m* d'obstacles **2.** *fig* parcours *m* du combattant

obstetrician [ˌɒbstəˈtrɪʃən, *Am:* ˌɑːbstəˈtrɪʃ-] *n* obstétricien(ne) *m(f)*

obstinacy [ˈɒbstɪnəsi, *Am:* ˈɑːbstə-] *n no pl* (*characteristic*) obstination *f*

obstinate [ˈɒbstɪnət, *Am:* ˈɑːbstə-] *adj* (*person, refusal*) obstiné; (*weed*) tenace; (*cold, pain, problem*) persistant

obstruct [əbˈstrʌkt] *vt* **1.** (*intestines, path*) obstruer; (*progress, traffic*) bloquer **2.** LAW, SPORT faire obstruction à

obstruction [əbˈstrʌkʃən] *n a.* LAW, SPORT obstruction *f*

obstructive [əbˈstrʌktɪv] *adj* (*attitude, tactic*) obstructionniste

obtain [əbˈteɪn] *vt form* obtenir; **to ~ sth from sb** obtenir qc de qn

obtainable *adj* disponible

obtrusive [əbˈtruːsɪv] *adj* (*question, person*) indiscret; (*smell*) pénétrant

obviate ['ɒbvɪeɪt, *Am:* 'ɑːb-] *vt form* (*eliminate*) obvier à; **to ~ the necessity of sth** prévenir la nécessité de qc

obvious ['ɒbvɪəs, *Am:* 'ɑːb-] *adj* évident; (*stain*) voyant

obviously I. *adv* manifestement II. *interj* évidemment!

occasion [ə'keɪʒən] I. *n* occasion *f*; **on that ~** en cette occasion; **on ~** à l'occasion II. *vt form* **to ~ sb sth** occasionner qc à qn

occasional *adj* occasionnel

occasionally *adv* de temps en temps

occult [ɒ'kʌlt, *Am:* ə'-] I. *adj* occulte II. *n no pl* **the ~** l'occulte *m*

occupant ['ɒkjəpənt, *Am:* 'ɑːkjə-] *n form* occupant(e) *m(f)*

occupation [ˌɒkjə'peɪʃən, *Am:* 'ɑːkjə-] *n a. form a.* MIL occupation *f*

occupational *adj* professionnel **occupational therapy** *n* ergothérapie *f*

occupied *adj* occupé

occupier *n* occupant(e) *m(f)*

occupy ['ɒkjʊpaɪ, *Am:* 'ɑːkjuː-] *vt* occuper; **to ~ oneself** s'occuper

occur [ə'kɜːʳ, *Am:* -'kɜːr] <-rr-> *vi* 1. (*event, accident*) avoir lieu; (*change, explosion, mistake*) se produire; (*symptom*) apparaître; (*problem, opportunity*) se présenter 2. (*be found*) se trouver 3. (*come to mind*) **it ~s to me that ...** il me semble que ...

occurrence [ə'kʌrəns, *Am:* -'kɜːr-] *n* 1. (*event*) fait *m*; **an everyday ~** un fait quotidien 2. *no pl* (*incidence*) incidence *f*

ocean ['əʊʃən, *Am:* 'oʊ-] *n* océan *m*

o'clock [ə'klɒk, *Am:* -'klɑːk] *adv* **it's 2 ~** il est deux heures

octagon ['ɒktəgən, *Am:* 'ɑːktəgɑːn] *n* octogone *m*

octane ['ɒkteɪn, *Am:* 'ɑːk-] *n* octane *m*

octave ['ɒktɪv, *Am:* 'ɑːk-] *n* MUS octave *f*

October [ɒk'təʊbəʳ, *Am:* ɑːk'toʊbəʳ] *n* octobre *m*; *s. a.* **April**

octopus ['ɒktəpəs, *Am:* 'ɑːk-] <-es *o* -pi> *n* octopode *m*

oculist ['ɒkjʊlɪst, *Am:* 'ɑːkjə-] *n s.* **ophthalmologist**

odd [ɒd, *Am:* ɑːd] *adj* <-er, -est> 1. (*strange*) bizarre 2. (*socks*) dépareillé 3. (*number*) impair 4. (*and more*) et quelques; **50 ~ people** une cinquantaine de personnes 5. (*occasional*) occasionnel; **to have the ~ drink** prendre un verre de temps en temps; **at ~ times** de temps en temps; **~ jobs** petits travaux *mpl* 6. **the ~ man out** l'intrus *m*

oddity ['ɒdəti, *Am:* 'ɑːdəti] *n* bizarrerie *f*

oddly *adv* bizarrement

oddment *n* reste *m*

odds *npl* 1. (*probability*) chances *fpl*; (*for betting*) cote *f*; **against all (the) ~** contre toute espérance 2. **to be at ~ with sb/sth** être en désaccord avec qn/qc; **~ and ends** *Aus, Brit, inf* bricoles *fpl*; **it makes no ~** cela n'a pas d'importance

odds-on [ˌɒdz'ɒn, *Am:* ˌɑːdz'ɑːn] *adj* **it's ~ that** il y a toutes les chances pour que +*subj*

odious ['əʊdɪəs, *Am:* 'oʊ-] *adj form* odieux

odometer [ɒ'dɒmɪtəʳ, *Am:* oʊ'dɑːmətəʳ] *n* 1. *Am* (*mileometer*) odomètre *m* 2. *Aus, Brit s.* **mileometer**

odor ['əʊdəʳ, *Am:* 'oʊdəʳ] *n Am, form*, **odour** *n Aus, Brit, form* odeur *f*

odo(u)rless *adj form* inodore

of [əv, *stressed:* ɒv] *prep* 1. (*belonging to*) de; **the works ~ Joyce** les œuvres de Joyce; **a friend ~ mine/theirs** un de mes/leurs amis; **a drawing ~ Paul's** (*he owns it*) un dessin appartenant à Paul; (*he drew it*) un dessin fait par Paul; **a drawing ~ Paul** un portrait de Paul 2. (*describing*) **a man ~ courage/no importance** un homme courageux/sans importance; **80 years ~ age** âgé de 80 ans; **it's kind ~ him** c'est gentil de sa part 3. (*dates and time*) **the 4th ~ May** le 4 mai; **a quarter ~ two** *Am* deux heures moins le

O o

quart **4.** (*nature, content*) **to smell/ taste** ~ **cheese** sentir un goût de fromage; ~ **itself, it's not important** en soi, ce n'est pas important **5.** (*among*) **one** ~ **the best** un des meilleurs; **I know two** ~ **them** j'en connais deux d'entre eux; **he knows the five** ~ **them** il les connaît tous les cinq; **many** ~ **them came** beaucoup d'entre eux sont venus

off [ɒf, *Am:* ɑ:f] **I.** *prep* **1.** (*apart from*) **to be one metre** ~ **sb/sth** être à un mètre de qn/qc; **the top is** ~ **the jar** le couvercle n'est pas sur le bocal **2.** (*away from*) **her street is** ~ **the avenue** sa rue part de l'avenue; **to take sth** ~ **the shelf/wall** prendre qc sur l'étagère/enlever qc du mur; **keep** ~ **the grass** pelouse interdite **3.** (*down from*) **to fall/ jump** ~ **a ladder** tomber/sauter d'une échelle; **to get** ~ **the train** descendre du train **4.** (*from*) **to eat** ~ **a plate** manger dans une assiette; **to wipe the water** ~ **the bench** essuyer l'eau du banc **5.** (*stop liking*) **to go** ~ **sb/sth** cesser d'aimer qn/ qc; **to be** ~ **drugs** être désintoxiqué **II.** *adv* **1.** (*not on*) **to switch/turn sth** ~ éteindre/arrêter qc **2.** (*away*) **the town is 8 km** ~ la ville est à 8 km; **not far/some way** ~ pas très loin/à quelque distance; **to go/run** ~ partir/partir en courant; **it's time I was** ~ il est temps que je m'en aille *subj* **3.** (*removed*) **there's a button** ~ il manque un bouton; **the lid's** ~ le couvercle n'est pas dessus **4.** (*free from work*) **to get** ~ **at 4:00** sortir du travail à 4 h; **to get a day** ~ avoir un jour de congé **5.** COM **5 %** ~ 5 % de rabais **6. straight** [*o* **right**] ~ tout de suite; ~ **and on** [*o* **on and** ~] de temps en temps **III.** *adj inv* **1.** (*light*) éteint; (*tap*) fermé; (*water, electricity*) coupé; (*concert*) annulé; (*engagement*) rompu **2.** (*day*) mauvais; (*milk*) tourné; (*food*) avarié **3.** (*free from work*) **to be** ~ **at 5 o'clock** terminer à 5 h; **I'm** ~ **on Mondays** je ne suis pas là le lundi

offal [ˈɒfəl, *Am:* ˈɑːfəl] *n no pl* abats *mpl* **off-chance** *n* **on the** ~ à tout hasard

offence [əˈfents] *n* **1.** (*crime*) délit *m* **2.** *no pl* (*upset feelings*) offense *f*; **to cause** ~ **to sb** offenser qn; **to take** ~ **at sth** s'offenser de qc

offend [əˈfend] **I.** *vi* LAW commettre un délit **II.** *vt* (*upset sb's feelings*) offenser

offender *n* LAW délinquant(e) *m(f)*; **a first** ~ un délinquant primaire

offense [əˈfens] *n Am s.* **offence**

offensive [əˈfensɪv] **I.** *adj* **1.** (*remark, smell*) offensant; (*language*) insultant **2.** (*attack*) offensif **II.** *n* MIL offensive *f*; **to go on the** ~ passer à l'offensive

offer [ˈɒfəʳ, *Am:* ˈɑːfə] **I.** *vt* **1.** (*give*) offrir; **to** ~ **sb sth** offrir qc à qn **2.** (*give choice of having*) **to** ~ **sb sth** proposer qc à qn **3.** (*volunteer*) **to** ~ **to** +*infin* proposer de +*infin* **4.** (*information, excuse, reward*) donner; **to** ~ **resistance** offrir de la résistance **II.** *n a.* ECON offre *f*; **to be on special** ~ *Aus, Brit* être en promotion

offering *n* **1.** (*thing offered*) offre *f* **2.** REL offrande *f*

offhand [ˌɒfˈhænd, *Am:* ˌɑːf-] **I.** *adj* désinvolte **II.** *adv* de but en blanc

office [ˈɒfɪs, *Am:* ˈɑːfɪs] *n* **1.** (*room*) bureau *m*; **a doctor's** ~ *Am* un cabinet de médecin **2.** (*position*) fonction *f* **office building** *n* complexe *m* de bureaux **office equipment** *n* équipement *m* de bureau

officer *n* (*person in army, police*) officier *m*

official [əˈfɪʃl] **I.** *n* **1.** ADMIN officiel(le) *m(f)* **2.** *Am* (*referee*) arbitre *mf* **II.** *adj* officiel

officially *adv* officiellement

offing [ˈɒfɪŋ, *Am:* ˈɑːfɪŋ] *n no pl* **to be in the** ~ être en vue **off-licence** *n Brit* (*shop*) magasin *m* de vins et de spiritueux **off-line** *adj* INFOR horsligne; **to be** ~ être déconnecté **offload** *vt* **1.** (*unload*) décharger; (*passengers*) débarquer **2.** (*get rid of*) refourguer; **to** ~ **sth on to sb** se décharger de qc sur qn **off-peak** *adv, adj* **1.** (*outside peak hours*) aux heures creuses **2.** (*off season*) en basse saison **off-putting** *adj* **1.** (*disconcerting*) peu engageant **2.** (*extremely unpleasant*) désagréable **offset** *vt* (*compensate*) compenser; **to ~ sth by sth** compenser qc par qc **offshore I.** *adj* **1.** (*at sea*) au large; (*fishing, waters*) côtier **2.** (*wind*) de terre **3.** (*drilling, company*) offshore **II.** *adv* au large **offside I.** *adj* **1.** SPORT hors-jeu **2.** AUTO côté conducteur **II.** *adv* SPORT hors-jeu **III.** *n* **1.** SPORT hors-jeu *m* **2.** *Brit* the ~ la place du conducteur **offspring** *n* (*young animal, child*) progéniture *f* **offstage** THEAT. **I.** *adj* en coulisses **II.** *adv* derrière les coulisses **off-white** *n* blanc *m* cassé

often ['ɒfən, *Am:* 'ɑ:fən] *adv* souvent; **how ~** combien de fois; **as ~ as not** la plupart du temps

ogle ['əʊgl, *Am:* 'oʊ-] *vt* lorgner

ogre ['əʊgəʳ, *Am:* 'oʊgəʳ] *n* (*monster*) ogre *m*

oh [əʊ, *Am:* oʊ] **I.** *interj* oh!; ~ **dear!** mon dieu!; ~ **really?** ah oui? **II.** *n* oh *m*

oil [ɔɪl] **I.** *n* **1.** (*lubricant, for cooking*) huile *f*; **to change the ~** faire la vidange; **to check the ~** contrôler le niveau d'huile **2.** *no pl* (*petroleum*) pétrole *m* **3.** (*oil-based colours*) **~s** *pl* huiles *fpl* **II.** *vt* huiler **oilcan** *n* bidon *m* d'huile **oil change** *n* AUTO vidange *f* **oil company** *n* compagnie *f* pétrolière **oilfield** *n* champ *m* pétrolifère **oil painting** *n* peinture *f* à l'huile **oilrig** *n* plate-forme *f* de forage **oil slick** *n* nappe *f* de pétrole **oil tanker** *n* NAUT pétrolier *m*

oily ['ɔɪli] <-ier, -iest> *adj* **1.** (*oil-like*) huileux **2.** (*greasy*) graisseux

ointment ['ɔɪntmənt] *n* MED onguent *m*

OK, okay [əʊ'keɪ, *Am:* ˌoʊ-] *inf* **I.** *adj* **1.** (*fine*) O.K.; **to be ~** aller bien; **that's ~** ça va; **is it ~ to go now?** est-ce que je peux m'en aller maintenant? **2.** (*not bad*) pas mal **II.** *interj* O.K.!, d'accord!

III. <OKed, okayed> *vt* approuver **IV.** *adv* bien; **to go ~** aller bien

okra ['əʊkrə, *Am:* 'oʊ-] *n* okra *m*

old [əʊld, *Am:* oʊld] **I.** *adj* <-er, -est> **1.** (*not young, new*) vieux; **to grow ~er** vieillir **2.** (*denoting an age*) âgé; **how ~ is she?** quel âge a-t-elle?; **she is six years ~** elle a six ans **3.** (*former*) ancien; **an old boy/ girl** (*of a school*) un(e) ancien(ne) élève **4.** (*friend*) de longue date **II.** *n* (*elderly people*) **the ~** *pl* les vieux *mpl*

old age *n* vieillesse *f* **old-age pension** *n* retraite *f* **old-age pensioner** *n* retraité(e) *m(f)* **old-fashioned** *adj pej* **1.** (*clothes, views*) démodé **2.** (*traditional*) d'autrefois **old people's home** *n* maison *f* de retraite

olive ['ɒlɪv, *Am:* 'ɑ:lɪv] *n* olive *f* **olive oil** *n* huile *f* d'olive

Olympic [ə'lɪmpɪk, *Am:* oʊ'-] *adj* olympique

ombudsman ['ɒmbʊdzmən, *Am:* 'ɑ:mbədz-] *n* POL médiateur *m*

omelet(te) ['ɒmlɪt, *Am:* 'ɑ:mlət] *n* omelette *f*

omen ['əʊmen, *Am:* 'oʊ-] *n* augure *m*; **to be a good/bad ~ for sth** être de bon/mauvais augure pour qc

ominous ['ɒmɪnəs, *Am:* 'ɑ:mə-] *adj* **1.** (*announcing sth bad*) de mauvais augure **2.** (*threatening*) menaçant

omission [ə'mɪʃən, *Am:* oʊ'-] *n* omission *f*

omit [ə'mɪt, *Am:* oʊ'-] <-tt-> *vt* omettre

on [ɒn, *Am:* ɑ:n] **I.** *prep* **1.** (*in contact with top*) sur; ~ **the table** sur la table; **a table with a glass ~ it** une table avec un verre dessus; ~ **the ground** par terre **2.** (*in contact with*) **a fly ~ the wall/ceiling** une mouche sur la table/le mur/au plafond; **a cut ~ one's finger** une coupure au doigt; **a bottle with a label ~ it** une bouteille avec une étiquette dessus; **I have the money ~ me** j'ai l'argent sur moi **3.** (*by means of*) **to go there ~ the train/bus** y aller en train/bus; ~ **foot/a bike** à pied/

O o

vélo; **to keep a dog ~ a lead** tenir un chien en laisse **4.** (*source of*) **to run ~ gas** fonctionner au gaz; **to be ~ £2,000 a month** gagner 2.000£ par mois **5.** MED **to be ~ drugs** se droguer; **to be ~ cortisone** être sous cortisone **6.** (*spatial*) **~ the right/left** à droite/gauche; **~ the corner/back of sth** au coin/dos de qc **7.** (*temporal*) **~ Sunday/Fridays** dimanche/le vendredi; **~ May the 4th** le 4 mai **8.** (*at time of*) **~ sb's death/arrival** à la mort/l'arrivée de qn; **~ arriving there** en arrivant là-bas **9.** (*about*) **a lecture ~ Joyce** un cours sur Joyce; **to speak ~ unemployment** parler du chômage **10.** (*through medium of*) **~ TV** à la télé; **~ video** en vidéo; **~ CD** sur CD; **to speak ~ the radio/phone** parler à la radio/au téléphone; **to work ~ a computer** travailler sur ordinateur **11.** (*involvement*) **to be ~ the committee** faire partie de la commission; **two ~ each side** deux de chaque côté II. *adv* **1.** (*wearing*) **to have nothing ~** être nu; **I put a hat ~** j'ai mis un chapeau; **what he has ~** ce qu'il porte **2.** (*forwards*) **to go/move ~** continuer/avancer; **to talk/work ~** continuer de parler/travailler **3.** (*aboard*) **to get ~** monter III. *adj* **1.** (*light*) allumé; (*tap*) ouvert; **to be ~** (*machine*) être en marche; **the top is ~** le couvercle est mis; **the concert is still ~** (*not cancelled*) le concert n'est pas annulé; (*not over*) le concert n'est pas fini **2.** (*happening*) **I've got something ~ tonight** j'ai quelque chose de prévu ce soir; **I've got a lot ~ at the moment** j'ai beaucoup à faire en ce moment; **what's ~?** (*films, TV*) qu'est-ce qu'il y a à la télé/au cinéma?; **you're ~** THEAT, TV c'est à toi

once [wʌnts] I. *adv* **1.** (*a single time*) une fois; **~ a week** une fois par semaine; **~ upon a time there was ...** il était une fois; **he was on time for ~** pour une fois, il était à l'heure **2.** (*formerly*) autrefois II. *conj* **1.** (*as soon as*) une fois que; **but ~ I'd ar-**

rived, ... mais une fois arrivé, ... **2. at ~** (*immediately*) tout de suite; **all at ~** soudain

oncoming ['ɒnkʌmɪŋ, *Am:* 'ɑ:n-] *adj* (*vehicle*) venant en sens inverse

one [wʌn] I. *I num* un *m;* **to be ~ and sth (all) in ~** être à la fois qc et qc II. *adj* **1.** *numeral* un; **~ hundred** cent; **as ~ man** comme un seul homme; **a ~-bedroom flat** un deux pièces **2.** *indef* un; **we'll meet ~ day** on se verra un de ces jours; **~ winter night** par une nuit d'hiver **3.** (*sole, single*) seul; **her ~ and only hope** son seul et unique espoir **4.** (*same*) même; **they're ~ and the same person** c'est une seule et même personne; *s. a.* **eight** III. *pron* **1.** *impers pron* on; **~'s** son; **to wash ~'s face** se laver le visage **2.** *indef pron* (*particular thing, person*) un; **~ of them** l'un d'entre eux **3.** *dem pron* **this ~** celui-là; **which ~?** lequel?; **any ~** n'importe lequel; **to be the only ~** être le seul; **the little ~s** les petits; **the ~ on the table** celui qui est sur la table

one another *reciprocal pron s.* **each other**

oneself [wʌn'self] *reflex pron* **1.** *after verbs* se, s' + *vowel*, soi *tonic form;* **to deceive/express ~** se tromper/s'exprimer **2.** (*same person*) soi-même; *s. a.* **myself**

one-sided *adj* (*view*) partial **one-way street** *n* sens *m* unique **one-way ticket** *n* aller *m* simple

ongoing ['ɒngəʊɪŋ, *Am:* 'ɑ:ngoʊ-] *adj* **1.** (*happening now*) en cours; **~ state of affairs** l'état actuel des choses **2.** (*continuing*) continuel; (*process*) continu

onion ['ʌnɪən] *n* oignon *m*

online *adj, adv* INFOR en ligne; **to go ~** se connecter

onlooker ['ɒnlʊkər, *Am:* 'ɑ:nlʊkə·] *n* spectateur, -trice *m, f*

only ['əʊnli, *Am:* 'oʊn-] I. *adj* seul; (*son, child*) unique; **the ~ thing is ...** seulement ... II. *adv* seulement; **not ~ ... but** non seulement ... mais; **he has ~ two** il n'en a que deux **III.** *conj* (*but*) seulement; **it's lovely** ~ **it's too big** c'est mignon mais un peu trop grand

onset ['ɒnset, *Am:* 'ɑːn-] *n no pl* début *m*

on-site *adj, adv* sur place

onslaught ['ɒnslɔːt, *Am:* 'ɑːnslɑːt] *n a. fig* attaque *f*

onto, **on to** ['ɒntu:, *Am:* 'ɑːntu:] *prep* **1.** (*in direction of*) sur; **to step** ~ **the pavement** monter sur le trottoir **2.** (*progress to*) **to come** ~ **a subject** aborder un sujet **3.** (*connection*) **to be** ~ **sb/sth** soupçonner qn/qc; **to be** ~ **something** être sur une piste

onward ['ɒnwəd, *Am:* 'ɑːnwəd] **I.** *adj* (*connection, flight*) en avant **II.** *adv s.* **onwards**

onwards *adv* en avant; **from tomorrow** ~ à partir de demain

ooze [uːz] **I.** *vi* (*seep out*) dégouliner **II.** *vt* **1.** (*seep out*) suinter **2.** *fig* déborder de

opal ['əʊpl, *Am:* 'oʊ-] *n* opale *f*

opaque [əʊ'peɪk, *Am:* oʊ-] *adj a. fig* opaque

open ['əʊpən, *Am:* 'oʊ-] **I.** *n* (*outdoors, outside*) (**out**) **in the** ~ dehors; (*in the country*) en plein air **II.** *adj* **1.** (*room, box, arms*) ouvert; (*letter*) décacheté; **to have an** ~ **mind** *fig* avoir l'esprit large **2.** (*available, free*) ~ **to sb** (*course, club*) ouvert à qn; **to keep one's options** ~ envisager toutes les possibilités; **to leave the date** ~ ne pas fixer de date **3.** (*unrestricted*) libre; (*view, road*) dégagé; **to be in the** ~ **air** être au grand air **III.** *vi* (*change from closed*) s'ouvrir; (*shop*) ouvrir; (*flower*) éclore **IV.** *vt* **1.** (*opp: close*) ouvrir **2.** (*start, set up*) commencer; (*negotiations*) engager

open-air *adj* (*concert, market*) en plein air; (*swimming pool*) découvert **open-ended** *adj* (*question, discussion*) ouvert; (*commitment, offer*) flexible; (*contract, credit*) à durée indéterminée; (*period*) indéterminé

opener *n* (*for bottles*) décapsuleur

m; (*for tins*) ouvre-boîtes *m*

open-heart surgery *n* chirurgie *f* à cœur ouvert

opening *n* **1.** (*gap, hole*) ouverture *f;* (*breach*) brèche *f* **2.** (*opportunity*) occasion *f;* (*of work*) poste *m* **3.** (*ceremony*) inauguration *f*

openly *adv* **1.** (*frankly, honestly*) franchement **2.** (*publicly*) publiquement **open-minded** *adj* **1.** (*accessible to new ideas*) qui a l'esprit large; **to be** ~ avoir l'esprit large **2.** (*unprejudiced*) sans préjugés

open-plan *adj* sans cloison

opera ['ɒprə, *Am:* 'ɑːpr-] *n* opéra *m*

operate ['ɒpəreɪt, *Am:* 'ɑːpər-] **I.** *vi* **1.** (*machine, system*) fonctionner **2.** (*perform surgery*) opérer **3.** COM, MIL opérer **II.** *vt* (*machine*) faire fonctionner

◆**operate on** *vt* **to** ~ **sb for sth** opérer qn de qc; **to be operated on** (*person*) se faire opérer

operating costs *n pl* frais *mpl* d'exploitation **operating room** *n Am s.* **operating theatre operating system** *n* système *m* d'exploitation **operating theatre** *n* salle *f* d'opération

operation [ˌɒpə'reɪʃən, *Am:* ˌɑːpə-] *n* **1.** (*way of working*) fonctionnement *m* **2.** (*functioning state*) **to be in** ~ être en marche; **to come into** ~ (*machines*) commencer à fonctionner; (*system, rules*) entrer en application **3.** MIL, MAT, MED, COM opération *f;* **to have an** ~ subir une opération

operational *adj* **1.** (*related to operations*) opérationnel **2.** (*working*) en état de marche

operative ['ɒpərətɪv, *Am:* 'ɑːpəətɪv] **I.** *n* ouvrier, -ère *m, f* **II.** *adj* **1.** MED opératoire **2.** (*functioning*) **to be** ~ fonctionner **3.** (*rule, system*) en vigueur

operator ['ɒpəreɪtə', *Am:* 'ɑːpəreɪtə'] *n* **1.** (*person*) opérateur, -trice *m, f* **2.** TEL standardiste *mf* **3.** (*company*) opérateur *m*

operetta [ˌɒpə'retə, *Am:* ˌɑːpə're̬t-] *n* MUS opérette *f*

ophthalmologist [,ɒpθə'mɒləd-ʒɪst, *Am:* ,ɑːfθæl'mɑːlə-] *n* ophtalmologue *mf*

opinion [ə'pɪnjən] *n* 1. (*belief, assessment*) opinion *f* 2. (*view*) avis *m*; **in my** ~ à mon avis; **to have a high** ~ **of sb** estimer qn

opinionated [ə'pɪnjəneɪtɪd, *Am:* -tɪd] *adj* dogmatique

opinion poll *n* sondage *m* d'opinion

opium ['əʊpiəm, *Am:* 'oʊ-] *n no pl* opium *m*

opponent [ə'pəʊnənt, *Am:* -'poʊ-] *n* 1. POL opposant(e) *m(f)*; ~ **of sth** opposant à qc 2. SPORT adversaire *mf*

opportune ['ɒpətjuːn, *Am:* ,ɑːpə'tuːn] *adj* opportun

opportunist [,ɒpə'tjuːnɪst, *Am:* ,ɑːpə'tuː-] I. *n* opportuniste *mf* II. *adj* opportuniste

opportunity [,ɒpə'tjuːnəti, *Am:* ,ɑːpə'tuːnət̬i] <-ties> *n* (*convenient occasion*) occasion *f*; **an** ~ **to** +*infin* une occasion de +*infin*

oppose [ə'pəʊz, *Am:* -'poʊz] *vt* s'opposer à; **to be ~d to sth** être contre qc

opposing *adj* opposé; (*team*) adverse

opposite ['ɒpəzɪt, *Am:* 'ɑːpə-] I. *n* contraire *m* II. *adj* 1. (*tendency, character, side*) opposé; (*opinion*) contraire 2. (*facing*) d'en face; ~ [*o* **from**] **sth** face à qc III. *adv* (*facing*) **the building** ~ l'immeuble d'en face IV. *prep* en face de

opposition [,ɒpə'zɪʃən, *Am:* ,ɑːpə-] *n* opposition *f*; ~ **to sth** opposition à qc

oppress [ə'pres] *vt* 1. (*force into submission*) opprimer 2. (*overburden*) accabler

oppression [ə'preʃən] *n no pl* oppression *f*

oppressor *n* oppresseur *m*

opt [ɒpt, *Am:* ɑːpt] *vi* opter; **to** ~ **to** +*infin* choisir de +*infin*

optical *adj* optique; (*illusion*) d'optique

optician [ɒp'tɪʃən, *Am:* ɑːp-] *n* opticien(ne) *m(f)*

optimal ['ɒptɪml, *Am:* 'ɑːp-] *adj* optimal

optimism ['ɒptɪmɪzəm, *Am:* 'ɑːptə-] *n no pl* optimisme *m*

optimist ['ɒptɪmɪst, *Am:* 'ɑːptə-] *n* optimiste *mf*; **to be a born** ~ être un optimiste né

optimistic *adj* optimiste

optimize ['ɒptɪmaɪz, *Am:* 'ɑːptə-] *vt* optimiser

optimum ['ɒptɪməm, *Am:* 'ɑːptə-] I. *n* optimum *m* II. *adj* (*choice*) optimal

option ['ɒpʃən, *Am:* 'ɑːp-] *n* 1. (*choice*) a. COM, INFOR option *f* 2. (*possibility*) choix *m*

optional *adj* facultatif

or [ɔːʳ, *Am:* ɔːr] *conj* ou; **either ...** ~ **...** ou (bien) ... ou (bien) ...; **to ask whether** ~ **not sb is coming** demander si oui ou non qn vient; **I can't read** ~ **write** je ne sais ni lire ni écrire

oral ['ɔːrəl] *adj* oral

orange ['ɒrɪndʒ, *Am:* 'ɔːrɪndʒ] I. *adj* orange II. *n* 1. (*fruit*) orange *f* 2. (*colour*) orange *m*; *s. a.* **blue**

orang-(o)utang [ɔː,ræɲuː'tæn, *Am:* ɔː'ræŋətæn] *n* orang-outan *m*

orbit ['ɔːbɪt, *Am:* 'ɔːr-] I. *n* orbite *f* II. *vi* être en orbite III. *vt* décrire une orbite autour de

orbital I. *n* périphérique *m* II. *adj* orbital; (*road*) périphérique

orchard ['ɔːtʃəd, *Am:* 'ɔːrtʃə-d] *n* verger *m*

orchestra ['ɔːkɪstrə, *Am:* 'ɔːrkɪstrə] *n* orchestre *m*

orchestral *adj* orchestral

orchid ['ɔːkɪd, *Am:* 'ɔːr-] *n* orchidée *f*

ordain [ɔː'deɪn, *Am:* ɔːr'-] *vt* 1. REL ordonner 2. (*decree, order*) décréter

ordeal [ɔː'diːl, *Am:* ɔːr'-] *n* épreuve *f*

order ['ɔːdəʳ, *Am:* 'ɔːrdə-] I. *n* (*tidiness, sequence, command*) ordre *m*; (*for goods*) commande *f*; **in working/running** ~ en état de marche; **to be out of** ~ être hors service; **in** ~ **to** +*infin* afin de +*infin* II. *vt* (*command*) ordonner; (*goods*) commander; **to** ~ **sb to** +*infin* donner l'ordre à qn de +*infin*

orderly I. *n* 1. (*hospital attendant*)

aide-infirmier, -ère *m, f* **2.**MIL planton *m* **II.** *adj* **1.**(*methodically arranged*) méthodique **2.**(*tidy*) ordonné; (*room*) en ordre **3.**(*well-behaved*) discipliné

ordinary ['ɔːdənəri, *Am:* 'ɔːrdənɚ-] *adj* ordinaire

ore [ɔːʳ, *Am:* ɔːr] *n* minerai *m*

organ ['ɔːgən, *Am:* 'ɔːr-] *n* **1.**MUS orgue *f* **2.**ANAT organe *m*

organic [ɔːˈgænɪk, *Am:* ɔːr'-] *adj* **1.**BIO organique **2.**(*natural*) biologique

organism ['ɔːgənɪzəm, *Am:* 'ɔːr-] *n* organisme *m*

organization [ˌɔːgənaɪˈzeɪʃən, *Am:* ˌɔːrgənɪ'-] *n* organisation *f*

organizational *adj* d'organisation

organize ['ɔːgənaɪz, *Am:* 'ɔːr-] **I.** *vt* **1.**(*arrange*) organiser; (*taxi, snack*) s'occuper de; **to get ~d** s'organiser **2.**Am (*bring into a trade union*) syndiquer **II.** *vi* **1.**(*arrange*) s'organiser **2.**Am (*form a trade union*) se syndiquer

organizer *n* **1.**(*person*) organisateur, -trice *m, f* **2.**(*diary*) organisateur *m* **3.**INFOR agenda *m* électronique

orgasm ['ɔːgæzəm, *Am:* 'ɔːr-] *n* orgasme *m*

orgy ['ɔːdʒi, *Am:* 'ɔːr-] <-gies> *n* orgie *f*

Orient ['ɔːriənt] *n* **the ~** l'Orient *m*

orient *vt Am* orienter

oriental [ˌɔːriˈentəl] **I.** *n* Oriental(e) *m(f)* **II.** *adj* oriental; (*carpet*) d'Orient

orientate ['ɔːriənteɪt, *Am:* 'ɔːrien-] *vt* orienter

orientation [ˌɔːriənˈteɪʃən, *Am:* ˌɔːrien'-] *n no pl* orientation *f*

orienteering [ˌɔːriənˈtɪərɪŋ, *Am:* ˌɔːrien'tɪr-] *n no pl* exercice *m* d'orientation sur le terrain

orifice ['ɒrɪfɪs, *Am:* 'ɔːrə-] *n* orifice *m*

origin ['ɒrɪdʒɪn, *Am:* 'ɔːrədʒɪn] *n* origine *f*

original **I.** *n* original *m* **II.** *adj* **1.**(*initial*) originel; **the ~ condition** l'état d'origine **2.**(*new, novel, unique*) original

originality [əˌrɪdʒənˈæləti, *Am:* əˌrɪdʒɪ'næləti] *n no pl* originalité *f*

originally *adv* **1.**(*first condition*) à l'origine **2.**(*at first*) au départ

originate [əˈrɪdʒəneɪt, *Am:* əˈrɪdʒɪ-] **I.** *vi* **1.**(*begin*) voir le jour; (*fire, disease*) se déclarer; **to ~ in sth** (*habit, river*) prendre sa source dans qc **2.**(*come from*) **to ~ from sth** provenir de qc; (*person*) être originaire de qc **II.** *vt* être à l'origine de

ornament ['ɔːnəmənt, *Am:* 'ɔːr-] **I.** *n* **1.**(*decoration, adornment*) ornement *m* **2.**(*small object*) bibelot *m* **3.**MUS fioriture *f* **II.** *vt* ornementer

ornamental *adj* ornemental

ornate [ɔːˈneɪt, *Am:* ɔːr'-] *adj* (*elaborately decorated*) orné richement

ornithologist *n* ornithologiste *mf*

ornithology [ˌɔːnɪˈθɒlədʒi, *Am:* ˌɔːrnəˈθɑːlə-] *n no pl* ornithologie *f*

orphan ['ɔːfn, *Am:* 'ɔːr-] **I.** *n* orphelin(e) *m(f)* **II.** *vt* **to be ~ed** devenir orphelin

orthodox ['ɔːθədɒks, *Am:* 'ɔːrθədɑːks] *adj* orthodoxe

orthopaedic [ˌɔːθəˈpiːdɪk, *Am:* ˌɔːrθoʊ'-] *adj Brit* orthopédique

orthopaedist *n Brit* orthopédiste *mf*

orthopedic *adj Am s.* **orthopaedic**

orthopedics *npl Am s.* **orthopaedics**

orthopedist *n Am s.* **orthopaedist**

oscillate ['ɒsɪleɪt, *Am:* 'ɑːsleɪt] *vi* osciller

ostentatious [ˌɒstenˈteɪʃəs, *Am:* ˌɑːstən'-] *adj* **1.**(*pretentious*) prétentieux **2.**(*done for display*) ostentatoire

osteopath ['ɒstiəupɑːθ, *Am:* 'ɑːstioʊpæθ] *n* MED ostéopathe *mf*

ostrich ['ɒstrɪtʃ, *Am:* 'ɑːstrɪtʃ] *n* (*bird*) autruche *f*

other ['ʌðəʳ, *Am:* -ɚ] **I.** *adj* autre; **the ~ one/three** l'autre/les trois autres; **some ~ time** une autre fois; **every ~ day/week** un jour/une semaine sur deux; **every ~ week** toutes les deux semaines; **any ~ questions?** encore une question?

II. *pron* **1.** (*different ones*) autre; **the ~s** les autres; **none ~ than Paul** nul autre que Paul; **each ~** l'un l'autre; **some eat, ~s drink** les uns mangent, d'autres boivent **2.** *sing* (*either/or*) **to choose one or the ~** choisir l'un ou l'autre **3.** (*being vague*) **someone/something or ~** quelqu'un/quelque chose **III.** *adv* autrement; **somehow or ~** d'une manière ou d'une autre

other than *prep* (*besides*) **~ sb/sth** à part qn/qc; **he can't do anything ~ pay** il ne peut que payer

otherwise ['ʌðəwaɪz, *Am:* '-ə-] **I.** *adj form* autre **II.** *adv* **1.** (*differently*) autrement; **married or ~** marié ou non **2.** (*in other respects*) par ailleurs **III.** *conj* sinon

otter ['ɒtər, *Am:* 'ɑːtər] *n* loutre *f*

ouch [aʊtʃ] *interj* aïe!

ought [ɔːt, *Am:* ɑːt] *aux* **he ~ to tell her** il devrait lui dire; **you ~ not to do that** tu ne devrais pas faire cela

ounce [aʊns] *n* **1.** once *f* **2. not a ~ of sth** pas du tout de qc

our ['aʊər, *Am:* 'aʊə-] *poss adj* notre *mf*, nos *pl*; *s. a.* **my**

ours ['aʊəz, *Am:* 'aʊə-z] *poss pron* (*belonging to us*) le , la nôtre; **it's not their bag, it's ~** ce n'est pas leur sac, c'est le nôtre; **this table is ~** cette table est à nous; **a book of ~** (l')un de nos livres

ourselves [aʊə'selvz, *Am:* aʊə-] *poss pron* **1.** *after verbs* nous; **we hurt ~** nous nous sommes blessés **2.** (*we or us*) nous-mêmes; *s. a.* **myself**

oust [aʊst] *vt* évincer

out [aʊt] **I.** *prep inf s.* **out of II.** *adv* **1.** (*not inside*) dehors; **to go ~** sortir; **get ~!** dehors!; **to find one's way ~** trouver la sortie **2.** (*outside*) dehors; **keep ~!** défense d'entrer! **3.** (*distant, away*) loin; **~ at sea** au large; **she's ~ in front** loin devant; **~ in California** en Californie **4.** (*available*) **the best one ~** le meilleur sur le marché **5.** (*unconscious*) **to be ~ cold** être assommé **III.** *adj* **1.** (*ab-*

sent, released, published) sorti **2.** (*fire, light*) éteint

outback *n no pl, Aus* intérieur *m* des terres **outbid** *vt irr* surenchérir sur **outboard** (**motor**) *n* **1.** (*motor*) moteur *m* hors-bord **2.** (*boat*) hors-bord *m* **outbreak** *n* **1.** (*of war*) déclenchement *m*; (*of spots, of violence*) éruption *f*; (*of fever*) accès *m* **2.** (*epidemic*) épidémie *f* **outburst** *n* accès *m* **outcast** *n* proscrit(e) *m(f)*; **a social ~** un paria **outclass** *vt* surclasser **outcome** *n* résultat *m* **outcrop** *n* GEO éminence *f*; **an ~ of rocks** une protubérance rocheuse **outcry** *n* tollé *m*; **a public ~** une clameur de protestation **outdated** *adj* **1.** (*old*) désuet; (*word*) vieilli **2.** (*out of fashion*) démodé **outdistance** *vt* distancer **outdo** *vt irr* surpasser **outdoor** *adj* extérieur; (*swimming pool*) découvert; (*sports, activity*) de plein air **outdoors** *adv* dehors

outer ['aʊtər, *Am:* -ṱər] *adj* extérieur **outer space** *n no pl* l'espace *m* **outfield** *n no pl* touche *f* **outfit** *n* **1.** (*set of clothes*) tenue *f* **2.** (*firm*) boîte *f* **outgoing** *adj* **1.** (*sociable*) sociable **2.** (*extrovert*) extraverti **outgrow** *vt irr* **1.** (*grow too big for*) devenir trop grand pour; **to ~ sth** (*habit, taste, interest*) passer l'âge de faire qc **2.** (*become bigger or faster than*) dépasser **outhouse** *n* **1.** (*small building*) dépendance *f* **2.** *Am* (*toilet*) toilettes *fpl* extérieures

outing *n* (*walk*) sortie *f*; **to go on an ~** faire une sortie **outlast** *vt* survivre à **outlaw I.** *n* hors-la-loi *m* **II.** *vt* interdire **outlay** *n* dépenses *fpl* **outlet** *n* **1.** (*exit*) sortie *f*; (*of a river*) embouchure *f* **2.** (*means of expression*) exutoire *m* **3.** (*store or business*) point *m* de vente **4.** *Am* ELEC prise *f* de courant **outline I.** *n* **1.** (*general plan*) plan *m*; **the main ~** les grandes lignes *fpl* **2.** (*rough plan*) ébauche *f*; **in ~** en gros **3.** (*contour*) contour *m* **4.** (*summary*) résumé *m* **II.** *vt* **1.** (*draw* *outer line of*) esquisser; **to be ~d against the horizon** se dessiner à l'horizon **2.** (*summarize*) résumer **outlive** *vt* survivre à **outlook** *n* **1.** (*future prospect*) perspective *f;* **the weather** ~ prévisions *fpl* météorologiques **2.** (*general view, attitude*) attitude *f* **outlying** *adj* éloigné **outmoded** *adj* démodé **outnumber** *vt* être supérieur en nombre à; **to be ~ed** être en minorité

out of *prep* **1.** (*towards outside from*) hors de, en dehors de; **to go ~ the door/room** sortir par la porte/ de la pièce; **~ water/sight/reach** hors de l'eau/de vue/d'atteinte; **to drink ~ a glass** boire dans un verre **2.** (*away from*) **to be ~ town/the office** ne pas être en ville/au bureau; **to get ~ the rain** se mettre à l'abri de la pluie **3.** (*without*) **to be ~ sth** ne plus avoir qc; **to be ~ work** être sans emploi **4.** (*from*) **made ~ wood/a blanket** fait en bois/avec une couverture; **to get sth ~ sb** soutirer qc à qn **5.** (*because of*) **to do sth ~ politeness** faire qc par politesse **6.** **in 3 cases ~ 10** dans 3 cas sur 10 **out-of-date** *adj* **1.** (*expired*) périmé **2.** (*no more in use*) obsolète; (*word*) vieilli **out-of-the-way** *adj* à l'écart **out-of-work** *adj* sans emploi **outpatient** *n* patient(e) *m(f)* en consultation externe; **~s'** (**department**) service *m* des soins externes **outpost** *n* **1.** MIL avant-poste *m* **2.** (*base*) bastion *m* **output** *n no pl* **1.** (*productivity*) rendement *m* **2.** (*production*) production *f* **3.** (*power, energy*) puissance *f* **4.** INFOR sortie *f* **output data** *n* **1.** INFOR données *fpl* en sortie **2.** ECON résultats *mpl* fournis **outrage** ['aʊtreɪdʒ] I. *n* **1.** (*cruelty*) atrocité *f* **2.** (*indignation*) indignation *f;* **a sense of ~** un sentiment de révolte **3.** (*action*) scandale *m* II. *vt* **to be ~d by sth** être indigné par qc **outrageous** [aʊt'reɪdʒəs] *adj* **1.** (*cruel*) atroce **2.** (*shocking, bold*)

scandaleux

outright I. *adj* **1.** (*complete, total*) absolu **2.** (*clear, direct*) parfait; (*victory*) total II. *adv* **1.** (*completely*) à fond; (*reject*) en bloc **2.** (*immediately*) sur le coup **outrun** *vt irr* **1.** (*go faster than*) distancer **2.** (*escape from*) échapper à **outset** *n no pl* commencement *m; at the ~* au départ *m*

outside I. *adj* **1.** (*door*) extérieur; (*call, world, help*) extérieur **2.** (*possibility, chance*) faible **3.** (*highest*) maximum **4.** *Brit, Aus* AUTO **~ lane** voie *f* de droite; *Am* voie *f* de gauche II. *n* **1.** *no pl* (*external part or side*) a. *fig* extérieur *m* **2.** (*at most*) **at the** (**very**) ~ tout au plus **3.** *Brit, Aus* AUTO **to overtake on the ~** dépasser à droite; *Am* dépasser à gauche III. *prep* **1.** (*not within*) à l'extérieur de; **from ~** à l'extérieur de qc **2.** (*next to*) **~ sb's window** sous la fenêtre de qn; **to wait ~ the door** attendre devant la porte **3.** (*not during*) **~ business hours** en dehors des heures de travail IV. *adv* **1.** (*outdoors*) dehors; **to go ~** sortir **2.** (*not inside*) à l'extérieur **3.** (*beyond*) au-delà **outside of** *prep Am, inf s.* **outside**

outsider *n* **1.** (*stranger*) étranger, -ère *m, f* **2.** SPORT outsider *m* **outsize** *adj* a. *fig* énorme; (*clothes*) grande taille **outskirts** *npl* périphérie *f* **outspoken** *adj* franc **outstanding** *adj* **1.** (*excellent, extraordinary*) exceptionnel **2.** (*debt, amount*) impayé; (*issue, invoice*) en suspens; (*invoice*) en souffrance; (*problems*) non résolu **outstay** *vt* rester plus longtemps que; **I've ~ my welcome** j'ai abusé de votre hospitalité **outstretched** *adj* **1.** (*extended to the maximum*) tendu **2.** (*lying*) allongé **outstrip** *vt irr* **1.** (*go faster, leave behind*) devancer **2.** (*be better than, surpass*) surpasser **outward** I. *n no pl* extérieur *m* II. *adj* **1.** (*exterior*) extérieur **2.** (*going out*) vers l'extérieur; **the ~ journey** l'aller **3.** (*apparent*) apparent III. *adv s.* **out-**

wards **outwardly** adv apparemment **outwards** adv vers l'extérieur **outweigh** vt 1.(win) l'emporter sur 2.(exceed) dépasser **outwit** vt se montrer plus malin que **outworker** n travailleur, -euse m, f à domicile

oval ['əʊvəl, Am: 'oʊ-] I. n ovale m II. adj ovale

ovary ['əʊvəri, Am: 'oʊ-] <-ries> n ovaire m

ovation [əʊ'veɪʃən, Am: oʊ-] n ovation f; **to give sb an ~** faire une ovation à qn

oven ['ʌvən] n four m

over ['əʊvəʳ, Am: 'oʊvə·] I. prep 1.(above) sur; **to hang the picture ~ the desk** accrocher le tableau au-dessus du bureau; **the bridge ~ the motorway** le pont traversant l'autoroute 2.(on) **to hit sb ~ the head** frapper qn à la tête; **to spread a cloth ~ it/the table** mettre une nappe dessus/sur la table 3.(across) **to go ~ the bridge** traverser le pont; **to live ~ the road** vivre de l'autre côté de la route; **~ the page** sur la page suivante 4.(during) **~ the winter** pendant l'hiver; **~ a two-year period** sur une période de deux ans 5.(more than) **~ $50** plus de 50$; **to be ~ an amount/a point** dépasser une somme/un point 6.(through) **I heard it ~ the radio** je l'ai entendu à la radio; **to hear sth ~ the noise** entendre qc par-dessus le bruit 7.(superior to) **he's ~ me** il est mon supérieur 8.(about) au sujet de II. adv 1.(at a distance) **it's ~ here/there** c'est ici/là-bas 2.(moving across) **to come ~ here** venir (par) ici; **to go ~ there** aller là-bas; **call her ~** appelle-la 3.(on a visit) **come ~ tonight** passe ce soir 4.(go, jump) par-dessus 5.(completely) **that's her all ~** c'est bien d'elle; **to look for sb all ~** chercher qn partout 6.(again) **to count them ~ again** les recompter encore une fois; **to do sth all ~** Am refaire qc entièrement 7.(more) **children of 14 and ~** les enfants de 14 ans et plus

8.(too) trop; **that's a bit ~ optimistic** c'est un peu trop optimiste 9.(sb's turn) **it's ~ to him** c'est son tour; **"~"** RADIO, AVIAT "à vous" III. adj inv 1.(finished) fini; **it's all ~** tout est fini 2.(remaining) de reste; **there are three left ~** il en reste trois **overactive** adj trop actif **overage** adj trop âgé **overall** I. n 1.(protective clothing) blouse f 2. pl (suit) combinaison f 3. Am (working trousers) pl salopette f II. adj (commander, pattern) général; (results) global; **~ winner** grand gagnant m III. adv dans l'ensemble

overbalance vi se déséquilibrer **overbearing** adj pej arrogant **overboard** adv par-dessus bord; **to go ~** s'emballer **overbook** vt surréserver **overbooking** n surréservation f **overburden** vt surcharger **overcapacity** n surcapacité f **overcast** adj (sky) chargé; (weather) couvert **overcharge** vt faire payer trop cher à **overcoat** n pardessus m **overcome** vt (enemies) vaincre; (obstacle, fear) surmonter; **to be ~ with sth** être gagné par qc **overconfident** adj trop sûr de soi **overcooked** adj trop cuit **overcrowded** adj (room, train) bondé; (prison, city) surpeuplé; (class) surchargé **overcrowding** n surpeuplement m; (of classroom) surchargement m **overdo** vt 1.(exaggerate) exagérer; **don't ~ it!** (irony, salt) n'en rajoute pas!; (work) n'en fait pas trop! 2.(use too much) exagérer sur 3.(cook too long) cuire trop longtemps **overdone** adj 1.(make-up) exagéré 2.(cooked too long) trop cuit **overdose** I. n overdose f; **to take an ~ of sth** faire une overdose de qc II. vi **to ~ on sth** être en overdose de qc; fig avoir une overdose de qc **overdraft** n FIN découvert m bancaire **overdrawn** adj **to be ~** être à découvert **overdrive** n no pl AUTO, TECH surrégime m **overdue** adj (work, book) en retard; (bill) impayé **over easy** adj Am: œufs au plat grillés des deux côtés **overemphasize**

vt insister trop sur **overestimate**
I. *n* surestimation *f* II. *vt* surestimer
overexcited *adj* surexcité **overex-
pose** *vt* PHOT surexposer **overflow**
I. *n* 1. (*pipe*) trop-plein *m* 2. (*surplus*) surplus *m* II. *vi a. fig* déborder;
to ~ with sth déborder de qc **overgrown** *adj* envahi **overhanging**
adj en surplomb **overhaul** I. *n* révision *f* II. *vt* 1. (*examine and repair*)
réviser 2. *fig* remanier **overhead**
I. *n* 1. (*running costs of business*)
~(s) frais *mpl* généraux 2. *inf* ~
(**projector**) rétroprojecteur *m*
3. (*transparency*) transparent *m*
II. *adj* 1. (*above head level*) aérien; ~
cable ligne *f* à haute tension; ~
lighting éclairage *m* au plafond
2. (*taken from above*) en l'air III. *adv*
en l'air **overhear** *irr vt* **to ~ sth** entendre qc par hasard; **to ~ sb** entendre ce que dit qn **overheat** I. *vt*
a. fig surchauffer; **to get ~ed**
s'échauffer II. *vi* 1. (*get too hot*) trop
chauffer; (*engine*) chauffer 2. (*economy*) être en surchauffe **overindulgent** *adj* **to be ~** être trop indulgent
overjoyed *adj* fou de joie **overkill**
n no pl **it's ~** c'est exagéré **overland**
adj, adv par route **overlap** I. *n* che-
vauchement *m* II. <irr> *vi* se chevaucher III. <irr> *vt* chevaucher
overleaf *adv* au verso **overload** *vt*
a. fig surcharger **overlook** *vt*
1. (*have a view of*) donner sur
2. (*not notice*) négliger 3. (*disregard*) laisser passer

overly *adv* extrêmement **overmuch**
I. *adv, pron* trop II. *adj* trop de **overnight** I. *adj* 1. (*during the night*) de
nuit 2. (*stay*) d'une nuit 3. (*sudden*)
du jour au lendemain II. *adv* 1. (*for a
night*) la nuit; **to stay ~** passer la
nuit 2. (*very quickly*) du jour au lendemain III. *n* nuit *f* **overnight bag**
n sac *m* de voyage **overpass** *n* (*for
roads*) autopont *m*; (*for railway line*)
pont *m* ferroviaire **overpay** *irr vt*
surpayer **overpower** *vt* 1. (*overcome*) maîtriser 2. (*defeat*) vaincre
3. (*by music, fumes*) accabler **over-
powering** *adj* bouleversant **over-**

rated *adj* surestimé **overreact** *vi* **to
~ to sth** réagir à outrance à qc **over-
reaction** *n* réaction *f* excessive
override *vt* 1. (*not accept*) passer
outre à 2. (*be more important*) avoir
la priorité sur 3. (*by manual control*)
interrompre le contrôle automatique
de **overriding** *adj* primordial **over-
rule** *vt a.* LAW rejeter; (*decision*) annuler **overrun** I. *vt* 1. (*occupy, invade*) envahir; **to be ~ with sth** être
envahi de qc; (*be infested*) être in-
festé de qc 2. (*time, budget*) dépasser II. *vi* 1. (*exceed allotted time*)
durer plus longtemps que prévu
2. (*exceed allotted money*) dépasser
le budget prévu **overseas** I. *adj*
1. (*colony, person*) d'outre-mer;
(*trade, aid*) extérieur 2. (*trip*) à
l'étranger; (*student*) étranger II. *adv*
1. (*to a foreign country*) à l'étranger
2. (*across the sea*) outre-mer **oversee** *irr vt* surveiller **overseer** *n* sur-
veillant(e) *m(f)* **overshadow** *vt*
1. (*cast a shadow over*) ombrager
2. *fig* **to ~ sb/sth** (*cast gloom over*)
jeter une ombre sur qn/qc; (*appear
more important*) faire de l'ombre à
qn/qc **overshoot** *irr vt* 1. dépasser
2. **to ~ the mark** dépasser les
bornes **oversight** *n* oubli *m*; **by an
~** par oubli **oversimplify** *vt* **to ~
sth** simplifier qc à l'excès **oversize**
adj, **oversized** *adj Am* de grande
taille **oversleep** *irr vi* se réveiller
trop tard **overspend** I. *vi* dépenser
trop; **to ~ on a budget** dépasser son
budget II. *vt* dépasser III. *n* dépas-
sement *m* budgétaire **overstate** *vt*
exagérer **overstay** *vt* **to ~ one's
time** rester plus longtemps que
prévu; **to ~ a visa** dépasser la durée
de péremption d'un visa **overstep**
irr vt **to ~ the mark** dépasser les
bornes

overt ['əʊvɜ:t, *Am:* 'oʊvɜ:rt] *adj* déclaré

overtake *irr* I. *vt* 1. (*car, country,
competitor, level*) dépasser
2. (*happen to*) rattraper; **to be ~n
by events** être rattrapé par les événements; **to ~ sb** s'emparer de qn

O
o

II. vi dépasser **overthrow I.** n POL renversement m **II.**<irr> vt renverser **overtime** n **1.**(extra work) heures fpl supplémentaires; **to do ~** faire des heures supplémentaires **2.** Am SPORT prolongations fpl **overtone** n (implication) sous-entendu m; **an ~ of sth** une pointe de qc **overture** ['əʊvətjʊəʳ, Am: 'oʊvət-ʃəʳ] n a. fig ouverture f

overturn I. vi basculer; (car) se renverser; (boat) chavirer **II.** vt a. fig renverser; (boat) faire chavirer **overview** n vue f d'ensemble **overweight I.** n excès m de poids **II.** adj trop lourd; (person) trop gros **overwhelm** vt **1.**(defeat) écraser **2.**(bury, inundate) submerger; **to be ~ed with sth** (letters) être submergé de qc; (work) être accablé de qc **3.**(have emotional effect) bouleverser; **to be ~ed by grief** être accablé de chagrin **overwhelming** adj (majority, argument, victory) écrasant; (support) massif; (grief, heat) accablant; (joy) immense; (desire, need) irrésistible **overwork I.** n no pl surmenage m **II.** vi se surmener **III.** vt (person, body) surmener **overwrought** adj surexcité **ow** interj aïe!

owe [əʊ, Am: oʊ] vt a. fig devoir; **to ~ sb sth** devoir qc à qn

owing to prep form en raison de

owl [aʊl] n chouette f

own [əʊn, Am: oʊn] **I.** pron **1.** my ~ le mien; **to have problems of one's ~** avoir ses propres problèmes; **a room of one's ~** une chambre à soi **2.** to come into one's ~ révéler ses qualités; **to get one's ~ back on sb** inf prendre sa revanche sur qn; **(all) on one's ~** (tout) seul **II.** adj propre; **to use one's ~ car/brush** utiliser sa propre voiture/brosse; **in one's ~ time** (outside working hours) en dehors des heures de travail de qn; (setting one's own speed) à son propre rythme **III.** vt posséder
◆ **own up** vi avouer; **to ~ to sth** avouer qc
owner n propriétaire mf

ownership ['əʊnəʃɪp, Am: 'oʊnə-] n no pl propriété f

ox [ɒks, Am: ɑːks] <oxen> n bœuf m

oxygen ['ɒksɪdʒən, Am: 'ɑːksɪ-] n no pl oxygène m

oyster ['ɔɪstəʳ, Am: -stəʳ] n huître f

ozone ['əʊzəʊn, Am: 'oʊzoʊn] n no pl **1.**CHEM ozone m **2.** inf (clean air) air m pur **ozone layer** n couche f d'ozone

P

P, p [piː] <-'s> n **1.** P, p m **2.** Brit (penny) pence

PA n **1.**(assistant to a superior) abbr of **personal assistant 2.**(loudspeaker) abbr of **public address system 3.** Am abbr of **Pennsylvania**

pa¹ n inf (father) papa m

pa² adv abbr of per annum par an

pace [peɪs] **I.** n **1.**(step) pas m **2.**(speed) pas m; **to keep ~ with sb/sth** a. fig suivre qn/qc **II.** vi marcher; **to ~ up and down** marcher de long en large

pacemaker ['peɪsˌmeɪkəʳ, Am: -kəʳ] n **1.**SPORT meneur, -euse m, f **2.**(heart rhythm regulator) stimulateur m cardiaque

Pacific I. n the ~ le Pacifique **II.** adj pacifique

Pacific Ocean n océan m Pacifique

pacifier ['pæsɪfaɪəʳ, Am: -əfaɪəʳ] n Am tétine f

pacifist I. n pacifiste mf **II.** adj pacifiste

pacify ['pæsɪfaɪ, Am: 'pæsə-] <-ie-> vt **1.**(establish peace) pacifier **2.**(calm) calmer

pack [pæk] **I.** n **1.** Am (of cigarettes) paquet m; (of beer) pack m **2.**(rucksack) sac m à dos **3.**(group) groupe

m; (of wolves, hounds) meute f **4.** SPORT mêlée f **5.** (set of cards) jeu m **II.** vi (prepare travel luggage) faire ses bagages **III.** vt **1.** (put into) ranger dans une valise; **to ~ one's bags** a. fig faire ses valises **2.** (wrap) emballer **3.** (fill) **to ~ sth with sth** remplir qc de qc **4.** (cram) entasser
◆ **pack in** vt inf (stop) **to pack sb/ sth in** plaquer qn/qc; **pack it in!** laisse(z) tomber!
◆ **pack off** vt inf expédier
package ['pækɪdʒ] **I.** n **1.** (packet) paquet m **2.** (set) ensemble m **II.** vt emballer; (for sale) conditionner
package deal n contrat m forfaitaire
package holiday n Am voyage m à forfait **package tour** s. **package holiday**
packaging n no pl (wrapping materials) conditionnement m
packed lunch n panier-repas m
packet ['pækɪt] n Brit, Aus, a. inf paquet m
packing n no pl **1.** (putting things into cases) emballage m **2.** INFOR compression f
pact [pækt] n pacte m
pad [pæd] **I.** n **1.** (piece of material, rubber) tampon m; **cotton wool ~** coton m; (sanitary) ~ serviette f périodique **2.** (book of blank paper) bloc m **3.** (sole of an animal) coussinet m **4.** inf (house or flat) piaule f **II.** <-dd-> vt matelasser
padding n no pl **1.** (material) rembourrage m **2.** (adding information) remplissage m
paddle¹ ['pædl] **I.** n (oar) pagaie f **II.** vi (row) pagayer
paddle² ['pædl] **I.** n promenade f dans l'eau **II.** vi patauger
paddling pool n pataugeoire f
paddock ['pædək] n enclos m; (at racecourse) paddock m
paddy field n rizière f
padlock ['pædlɒk, Am: -lɑːk] **I.** n cadenas m **II.** vt cadenasser
paediatrics n no pl pédiatrie f
pagan ['peɪgən] **I.** n païen(ne) m(f) **II.** adj païen
page¹ [peɪdʒ] n a. INFOR page f;

home ~ (on site) page f d'accueil; (individual) page f personnelle
page² [peɪdʒ] vt appeler
pageant ['pædʒənt] n reconstitution f historique
pageantry n no pl faste m
pager n radio-messagerie f
paid [peɪd] **I.** pt, pp of **pay II.** adj **~ holiday** Am [o **vacation**] congés mpl payés
pail [peɪl] n Am seau m
pain [peɪn] n **1.** (physical suffering) douleur f; **to be in ~** souffrir **2.** pl (great care) peine f **3.** **to be a ~** (in the neck) inf être /casse-pieds
pained adj peiné
painful adj **1.** (causing physical pain) douloureux **2.** (upsetting, embarrassing) pénible
painkiller n analgésique m
painless adj **1.** (not painful) indolore **2.** fig facile
painstaking ['peɪnzˌteɪkɪŋ] adj méticuleux
paint [peɪnt] **I.** n a. pej peinture f; **oil ~s** couleurs à l'huile **II.** vi peindre **III.** vt peindre **paintbrush** n pinceau m
painter n peintre mf
painting n **1.** (activity) peinture f **2.** (picture) tableau m
paint stripper n no pl décapant m
paintwork n no pl peintures fpl
pair [peəʳ, Am: per] n **1.** (two) paire f; **a ~ of trousers** un pantalon; **in ~s** par deux **2.** (couple) couple m
pajamas [pə'dʒɑːməz] npl Am s. **pyjamas**
Pakistan [ˌpɑːkɪ'stɑːn, Am: 'pækɪstæn] n le Pakistan
Pakistani I. adj pakistanais **II.** n Pakistanais(e) m(f)
pal [pæl] n inf pote mf
palace ['pælɪs, Am: -əs] n palais m
palatable adj **1.** (food) mangeable; (drink) buvable **2.** (easy to accept) acceptable
palate ['pælət] n palais m
palaver [pə'lɑːvəʳ, Am: -'lævəʳ] n inf histoire f
pale [peɪl] adj pâle; **to look ~** être pâle

P
p

Palestine ['pælɪstaɪn, *Am:* -ə-] *n* la Palestine

Palestinian I. *adj* palestinien **II.** *n* Palestinien(ne) *m(f)*

palette ['pælɪt] *n* palette *f*

pall¹ [pɔːl] *vi* devenir lassant

pall² [pɔːl] *n* **1.** *Am* (*a coffin* (*at a funeral*)) cercueil *m* **2.** (*covering smoke cloud*) voile *m*

pallet ['pælɪt] *n* palette *f*

pallor ['pælər, *Am:* -ɚ] *n* pâleur *f*

palm [pɑːm] *n* paume *f*
♦ **palm off** *vt* **to palm sth off on sb** refiler qc à qn

Palm Sunday *n* Dimanche *m* des Rameaux **palm** (**tree**) *n* palmier *m*

palpable ['pælpəbl] *adj* évident

paltry ['pɔːltri] <-ier, -iest> *adj* dérisoire

pamper ['pæmpər, *Am:* -pɚ] *vt* dorloter; **to ~ oneself** se dorloter

pamphlet ['pæmflɪt] *n* pamphlet *m*

pan¹ [pæn] *n* **1.** (*saucepan*) casserole *f*; (*for frying*) poêle *f* **2.** *Am* (*for cakes*) moule *m*

pan² [pæn] *vi* CINE faire un panoramique

pan³ [pæn] *vt inf* (*criticize*) démolir

panacea [ˌpænə'sɪə] *n* panacée *f*

Panama Canal *n* Canal *m* de Panama

pancake ['pænkeɪk] *n* crêpe *f*

Pancake Day, Pancake Tuesday *n* *Brit, inf* mardi *m* gras

panda ['pændə] *n* panda *m*

pandemonium [ˌpændə'məʊniəm, *Am:* -də'moʊ-] *n* charivari *m*

pander *vi pej* **to ~ to sb/sth** céder face à qn/qc

pane [peɪn] *n* vitre *f*

panel ['pænəl] *n* **1.** (*wooden sheet*) panneau *m* **2.** (*team*) panel *m*; (*of experts*) comité **3.** (*instrument board*) tableau *m* de bord

paneling *n Am*, **panelling** *no pl n* boiseries *fpl*

pang [pæŋ] *n* (*pain*) élancement *m*

panic ['pænɪk] **I.** *n* panique *f*; **to get in/into a ~** paniquer **II.** <-ck-> *vi* paniquer

panicky <-ier, iest> *adj* affolé

panic-stricken *adj* pris de panique

panorama [ˌpænə'rɑːmə, *Am:* -'ræmə] *n* panorama *m*

pansy ['pænzi] <-sies> *n* BOT pensée *f*

pant [pænt] *vi* haleter

panther ['pænθər, *Am:* -θɚ] *n* panthère *f*

panties ['pæntɪz, *Am:* -ṭɪz] *npl* culotte *f*

pantihose *n s.* **pantyhose**

pantomime ['pæntəmaɪm, *Am:* -ṭə-] *n Brit* (*Christmas entertainment*) spectacle *m* de Noël

pantry ['pæntri] <-tries> *n* placard *m* à provisions

pants *npl* **1.** *Brit* (*underpants*) slip *m* **2.** *Am* (*trousers*) pantalon *m*

pantyhose *npl Am, Aus* (*tights*) collant *m*

paper ['peɪpər, *Am:* -pɚ] **I.** *n* **1.** *no pl* (*writing material*) papier *m*; **to get sth down on ~** mettre qc par écrit **2.** (*newspaper*) journal *m* **3.** (*official documents in general*) document *m*; **~s** papiers *mpl* (d'identité) **4.** *no pl* (*set of exam questions*) épreuve *f* **II.** *vt* tapisser

paperback *n* livre *m* de poche **paper clip** *n* trombone *m* **paperknife** *n* coupe-papier *m* **paperweight** *n* presse-papiers *m* **paperwork** *n no pl* paperasserie *f*

paprika ['pæprɪkə, *Am:* pæp'riː-] *n no pl* paprika *m*

par [pɑːr, *Am:* pɑːr] *n no pl* (*equality*) **to be on a ~ with sb** être au même niveau que qn

parable *n* parabole *f*

parachute ['pærəʃuːt, *Am:* 'per-] **I.** *n* parachute *m* **II.** *vi* sauter en parachute

parade [pə'reɪd] **I.** *n* **1.** (*procession*) parade *f* **2.** (*military procession*) défilé *m* **II.** *vi* défiler **III.** *vt* (*show off*) faire étalage de; *pej, fig* étaler

paradise ['pærədaɪs, *Am:* 'per-] *n* paradis *m*

paradox ['pærədɒks, *Am:* 'perədɑːks] <-xes> *n no pl* paradoxe *m*

paradoxically *adv* paradoxalement

paraffin ['pærəfɪn, *Am:* 'per-] *n no*

pl **1.** *Brit* (*fuel*) pétrole *m* **2.** (*wax made from petroleum*) paraffine *f* solide

paragraph ['pærəgrɑ:f, *Am:* 'perəgræf] *n* paragraphe *m*

Paraguay ['pærəgwaɪ, *Am:* 'perəgweɪ] *n* Paraguay *m*

Paraguayan I. *n* Paraguayen(ne) *m(f)* II. *adj* paraguayen

parallel ['pærəlel, *Am:* 'per-] I. *n* **1.** *a. fig* parallèle *m*; **in** ~ en parallèle **2.** MAT parallèle *f* II. *adj a. fig* ~ [to sth] parallèle [à qc]

paralyse ['pærəlaɪz, *Am:* 'per-] *vt Brit, Aus s.* **paralyze**

paralysis [pə'ræləsɪs] <-yses> *n* paralysie *f*

paralyze ['pærəlaɪz, *Am:* 'per-] *vt* paralyser

paramedic [ˌpærə'medɪk, *Am:* ˌper-] *n* auxiliaire *mf* médical

parameter [pə'ræmɪtər, *Am:* -əˈt̬ə] *n pl* paramètre *m*

paramount ['pærəmaʊnt, *Am:* 'per-] *adj form* suprême; (*importance*) crucial

paranoid ['pærənɔɪd, *Am:* 'perənɔɪd] I. *adj* paranoïaque II. *n* paranoïaque *mf*

paraphernalia [ˌpærəfə'neɪlɪə, *Am:* ˌperəfə'neɪljə] *n + sing vb, a. pej* attirail *m*

parasite ['pærəsaɪt, *Am:* 'per-] *n* parasite *m*

parasol ['pærəsɒl, *Am:* 'perəsɔ:l] *n* ombrelle *f*

paratrooper *n* parachutiste *mf*

parcel ['pɑ:səl, *Am:* 'pɑ:r-] *n* paquet *m*

◆ **parcel up** *vt* empaqueter

parch [pɑ:tʃ, *Am:* pɑ:rtʃ] *vt* dessécher; **I'm ~ed** je meurs de soif

parchment *n* parchemin *m*

pardon ['pɑ:dn, *Am:* 'pɑ:r-] I. *vt* **1.** (*excuse*) pardonner; **to ~ sb for sth** pardonner qc à qn **2.** LAW grâcier II. *interj* **1.** (*said to excuse oneself*) excusez-moi! **2.** (*indignantly*) pardon! III. *n* **1.** LAW grâce *f* **2.** *form* (*said to request repetition*) **I beg your ~?** pardon?; **I beg your ~!** je vous demande pardon!

parent ['peərənt, *Am:* 'perənt] *n* père *m*, mère *f*; ~**s** les parents *mpl*

parental *adj* parental

parenthesis [pə'rentθəsɪs] <-theses> *n pl* parenthèse *f*

parish ['pærɪʃ, *Am:* 'per-] *n* paroisse *f*

Parisian [pə'rɪzɪən, *Am:* -'rɪʒ-] I. *n* Parisien(ne) *m(f)* II. *adj* parisien

parity ['pærəti, *Am:* 'perət̬i] *n no pl* parité *f*

park [pɑ:k, *Am:* pɑ:rk] I. *n* parc *m* II. *vt* AUTO garer III. *vi* se garer

parking *n no pl* **1.** AUTO stationnement *m* **2.** (*space to park*) la place *f*

parking lot *n Am* parking *m*, stationnement *m Québec* **parking meter** *n* parcmètre *m* **parking ticket** *n* procès *m* verbal (*pour stationnement illégal*)

parlance ['pɑ:lənts, *Am:* 'pɑ:r-] *n no pl, form* langage *m*

parliament ['pɑ:ləmənt, *Am:* 'pɑ:rlə-] *n* parlement *m*; **the Parliament** le Parlement

---

i Le **Parliament** est composé selon la constitution britannique des deux "Houses of Parliament" et de la reine. Les deux "Houses of Parliament" siègent dans le "Palace of Westminster" à Londres. La Chambre basse, élue par le peuple et composée par la plupart des ministres, s'appelle "House of Commons". Ses membres sont les "members of parliament" ou "MPs". La Chambre haute, "House of Lords", peut voter exceptionnellement des lois. Les députés, "peers of the realm", se divisent en trois groupes. Certains ont de par leur fonction, soit en tant que juges, les "law lords", soit en tant qu'évêques de l'église anglicane, la "Church of England", un siège dans la Chambre haute. D'autres

P p

sont élus à vie en tant que "life peers" et d'autres encore ont obtenu leur siège de par leur titre de noblesse héréditaire. Une commission de juges de la "House of Lords" intervient dans la plupart des affaires en tant qu'instance juridique suprême du Royaume-Uni.

parliamentary adj parlementaire

parlor n Am, **parlour** ['pɑːlə', Am: 'pɑːrlə'] n **1.** (room where people can talk) parloir m **2.** (shop providing specific service, living room) salon m

parochial [pə'rəʊkiəl, Am: -'roʊ-] adj paroissial

parody ['pærədi, Am: 'per-] I. <-dies> n a. pej parodie f II. <-ie-> vt parodier

parole [pə'rəʊl, Am: -'roʊl] n no pl libération f conditionnelle; **to be released** ~ être mis en liberté conditionnelle

parrot ['pærət, Am: 'per-] n perroquet m

parry ['pæri, Am: 'per-] <-ie-> vt **1.** (blow) parer **2.** (problem) éluder

parsley ['pɑːsli, Am: 'pɑːr-] n no pl persil m

parson ['pɑːsən, Am: 'pɑːr-] n prêtre m

part [pɑːt, Am: pɑːrt] I. n **1.** (not the whole) partie f; **for the most** ~ pour la plupart **2.** (component of machine) pièce f **3.** (area, region) région f **4.** (measure) mesure f **5.** (role, involvement) participation f **6.** (episode in media serial) épisode m **7.** CINE, THEAT rôle m **8.** Am (parting of hair) raie f, ligne f des cheveux Belgique II. adv en partie III. vt séparer; **to** ~ **one's hair** se faire une raie IV. vi se diviser; (curtains) s'entrouvrir; (people) se quitter; **to** ~ **with sb/sth** se séparer de

part exchange n reprise f; **in** ~ en reprise

partial ['pɑːʃəl, Am: 'pɑːr-] adj **1.** (only in part) partiel **2.** (biassed) partial **3.** (fond of) **to be** ~ **to sth** avoir un faible pour qc

participant [pɑː'tɪsɪpənt, Am: pɑːr'tɪsə-] n participant(e) m(f)

participate [pɑː'tɪsɪpeɪt, Am: pɑːr'tɪsə-] vi **to** ~ **[in sth]** participer [à qc]

participation n no pl participation f

participle ['pɑːtɪsɪpl, Am: 'pɑːrtɪsɪ-] n participe m

particle ['pɑːtɪkl, Am: 'pɑːrṭə-] n particule f

particular [pə'tɪkjələ', Am: pə-'tɪkjələ'] I. adj **1.** (indicating sth individual) particulier; **in** ~ en particulier **2.** (demanding, fussy) exigeant II. n pl, form (details) détails mpl

particularly adv particulièrement

parting ['pɑːtɪŋ, Am: 'pɑːrṭɪŋ] n **1.** (separation, saying goodbye) séparation f **2.** Brit, Aus (line in hair) raie f, ligne f des cheveux Belgique

partisan [ˌpɑːtɪ'zæn, Am: 'pɑːr-ṭɪzən] I. adj a. POL partisan II. n partisan m

partition [pɑː'tɪʃən, Am: pɑːr'-] I. n (structural division in building) cloison f II. vt **1.** (divide buildings, rooms) cloisonner **2.** (divide countries into nations) diviser

partly adv en partie

partner ['pɑːtnə', Am: 'pɑːrtnə'] I. n **1.** (part owner of company) associé(e) m(f) **2.** (in game, project) partenaire mf II. vt être le partenaire de

partnership n **1.** (condition of being partner) association f **2.** (firm owned by partners) société f

partridge ['pɑːtrɪdʒ, Am: 'pɑːr-] <-(dges)> n perdrix f

part-time adj, adv à temps partiel

party ['pɑːti, Am: 'pɑːrṭi] I. n <-ties> **1.** (social gathering) fête f **2.** (reception) réception f; **to have a** ~ faire une soirée **3.** (political) parti m **4.** (of visitors) groupe m II. <-ie-> vi faire la fête **party line** n **1.** (shared phone connection) ligne f téléphonique partagée **2.** (policy on *particular questions*) politique *f* du parti

pass [pɑːs, *Am:* pæs] **I.**<-es> *n* **1.** (*mountain road*) col *m* **2.** SPORT passe *f* **3.** (*movement*) passage *m* **4.** *no pl* (*sexual advances, overture*) avance *f*; **to make a ~ at sb** faire des avances à qn **5.** *Brit* SCHOOL, UNIV réussite *f*; **to get/obtain a ~ in an exam** être reçu à un examen **6.** (*authorisation permitting entry*) laisser-passer *m*; **a bus ~** un abonnement **7.** *Am* UNIV, SCHOOL permission *f* **II.** *vt* **1.** (*go past*) passer devant; AUTO dépasser **2.** (*exceed*) dépasser **3.** (*hand to*) **to ~ sth to sb** passer qc à qn **4.** (*exam, test*) réussir **5.** (*occupy*) passer; **to ~ the time** passer le temps **6.** (*bill, law*) adopter **7.** (*utter, pronounce*) émettre; (*comment, remark*) faire **III.** *vi* **1.** passer **2.** (*overtake*) dépasser **3.** (*transfer*) **to ~ from sth to sth** passer de qc à qc **4.** SPORT faire une passe **5.** (*qualify*) être reçu **6.** (*not know the answer*) passer

◆ **pass away** *vi* (*die*) décéder
◆ **pass by** *vi* (*go past*) passer (à côté)
◆ **pass for** *vt* passer pour
◆ **pass on I.** *vi* **1.** (*continue moving*) passer son chemin **2.** (*die of natural cause*) décéder **II.** *vt* faire passer; **to pass sth on to sb** transmettre qc à qn
◆ **pass out** *vi* **1.** (*become unconscious*) perdre connaissance **2.** *Brit, Aus* (*graduate as an officer*) sortir
◆ **pass over** *vt* **to pass sb over** ignorer qn; **to ~ sth** passer qc sous silence
◆ **pass up** *vt* laisser passer

passable *adj* **1.** franchissable; (*roads*) praticable **2.** (*average, fair*) passable

passage ['pæsɪdʒ] *n* **1.** *a. fig* passage *m*; **~ from sth to sth** passage de qc à qc **2.** NAUT traversée *f* **3.** (*corridor*) couloir *m*

passageway *n* passage *m*

passbook *n* livret *m* de caisse d'épargne

passenger ['pæsəndʒəʳ, *Am:* -əndʒɚ] *n* passager, -ère *m, f*

passer-by <passers-by> *n* passant(e) *m(f)*

passing *adj* **1.** (*going past*) qui passe **2.** (*brief, fleeting, short-lived*) passager **3.** (*remark, thought*) en passant

passion ['pæʃən] *n* passion *f*; **to have a ~ for sth** avoir la passion de qc

passionate ['pæʃənət, *Am:* -ənɪt] *adj* **to be ~ about sth** être passionné de qc

passive ['pæsɪv] **I.** *n no pl* LING passif *m* **II.** *adj a.* LING passif

Passover ['pɑːsəʊvəʳ, *Am:* 'pæs,oʊvɚ] *n no pl, no art* Pâque *f* juive

passport ['pɑːspɔːt, *Am:* 'pæspɔːrt] *n* passeport *m*

passport control *n* contrôle *m* des passeports

password *n a.* INFOR mot *m* de passe

past [pɑːst, *Am:* pæst] **I.** *n a.* LING passé *m* **II.** *adj* **1.** (*being now over*) passé; **the ~ week** la semaine dernière **2.** LING **~ tense** temps *m* du passé; **~ simple** prétérit *m*; **~ perfect** plus-que-parfait *m*; **~ participle** participe *m* passé **III.** *prep* **1.** (*temporal*) plus de; **ten/quarter ~ two** deux heures dix/et quart **2.** (*spatial*) plus loin que **3.** (*beyond*) au-delà de **IV.** *adv* devant; **to run ~** passer en courant

pasta ['pæstə, *Am:* 'pɑːstə] *n no pl* pâtes *fpl*

paste [peɪst] **I.** *n no pl* **1.** *a.* GASTR pâte *f* **2.** (*adhesive substance*) colle *f* **II.** *vt a.* INFOR coller

pastel ['pæstəl, *Am:* pæ'stel] *n* pastel *m*

pasteurize ['pæstʃəraɪz] *vt* pasteuriser

pastime ['pɑːstaɪm, *Am:* 'pæs-] *n* passe-temps *m*

pastor ['pɑːstəʳ, *Am:* 'pæstɚ] *n* pasteur *m*

pastry ['peɪstri] <-ries> *n* **1.** *no pl* (*cake dough*) pâte *f* **2.** (*cake*) pâtisserie *f*

pasty¹ ['pæsti] *n* pâté *m*

pasty² ['peɪsti] <-ier, -iest> *adj pej*

pâteux

pat [pæt] I.<-tt-> *vt* to ~ **sb on the head** tapoter la tête de qn II. *n* 1. (*gentle stroke, tap*) petite tape *f* 2. (*of butter*) noisette *f*

patch [pætʃ] I. *n* 1. **a fog** ~ une nappe de brouillard; **an ice** ~ une plaque de gel 2. *Brit, inf* (*phase*) période *f* 3. (*repair piece*) pièce *f* 4. (*cover for eye*) cache *m* II. *vt* rapiécer

♦**patch up** *vt* 1. rafistoler 2. (*settle*) régler

patchwork ['pætʃwɜ:k, *Am:* -wɜ:rk] I. *n no pl. a. fig* patchwork *m* II. *adj* en patchwork

patchy ['pætʃi] <-ier, -iest> *adj* inégal

pâté ['pæteɪ, *Am:* pɑ:'teɪ] *n* (*of meat*) pâté *m;* (*of fish*) mousse *f*

patent ['peɪtənt, *Am:* 'pætənt] I. *n* LAW brevet *m;* **to take out a** ~ **on sth** faire breveter qc II. *adj* 1. (*protected under a patent*) breveté 2. *form* (*evident, unmistakable*) manifeste III. *vt* breveter

patent leather *n* cuir *m* verni

paternal *adj* paternel

path [pɑ:θ, *Am:* pæθ] *n* 1. *a.* INFOR chemin *m* 2. (*of a bullet, missile*) trajectoire *f*

pathetic [pə'θetɪk, *Am:* -'θeţ-] *adj* 1. (*sad*) pathétique 2. (*not good*) lamentable

pathological *adj* pathologique

pathology [pə'θɒlədʒi, *Am:* -'θɑ:lə-] *n a. fig* pathologie *f*

pathos ['peɪθɒs, *Am:* -θɑ:s] *n* pathétique *m*

pathway ['pɑ:θweɪ, *Am:* 'pæθ-] *n a. fig* sentier *m*

patience ['peɪʃns] *n no pl* 1. (*tolerance*) patience *f;* **to lose one's** ~ perdre patience 2. *Brit, Aus* GAMES jeu *m* de patience

patient I. *adj* patient II. *n* MED patient(e) *m(f)*

patio ['pætɪəʊ, *Am:* 'pæţɪoʊ] <-s> *n* patio *m*

patriotic *adj* patriotique; (*person*) patriote

patrol [pə'trəʊl, *Am:* -'troʊl]

I.<-ll-> *vi, vt* patrouiller II. *n* patrouille *f*

patrol car *n* voiture *f* de police **patrolman** *n Am* agent *m* de police

patron ['peɪtrən] *n* 1. *form* (*customer*) client(e) *m(f)* 2. (*benefactor of charity*) patron(ne) *m(f);* ~ **of the arts** mécène *m*

patronize ['pætrənaɪz, *Am:* 'peɪtrən-] *vt Am, pej* to ~ **sb** traiter qn avec condescendance

patronizing *adj pej* condescendant

patter¹ ['pætə², *Am:* -ţə²] *n no pl* (*clever, fast talk*) baratin *m*

patter² ['pætə², *Am:* -ţə²] I. *n no pl* (*of rain*) crépitement *m* II. *vi* 1. (*walk lightly using small steps*) trottiner 2. (*rain*) crépiter

pattern *n* 1. (*identifiable structure*) schéma *m;* **a** ~ **of living** un mode de vie 2. FASHION patron *m* 3. *no pl* (*example, model, norm*) modèle *m*

paunch [pɔ:ntʃ, *Am:* pɑ:ntʃ] *n* panse *f*

pauper ['pɔ:pə², *Am:* 'pɑ:pə²] *n* indigent(e) *m(f)*

pause [pɔ:z, *Am:* pɑ:z] I. *n* pause *f* II. *vi* faire une pause

pave [peɪv] *vt a. fig* paver

pavement *n* 1. (*paved footway beside roads*) trottoir *m* 2. *Am, Aus* (*highway covering*) chaussée *f*

pavilion [pə'vɪljən] *n* pavillon *m*

paving stone *n Brit* pavé *m*

paw [pɔ:, *Am:* pɑ:] *n a.* iron patte *f*

pawn¹ *n a. fig* pion *m*

pawn² *vt* to ~ **sth** mettre qc en gage

pawnbroker *n* prêteur, -euse *m, f* sur gages **pawnbroker's shop**, **pawn shop** *n* mont-de-piété *m*

pay [peɪ] I. *n* paie *f* II. *vt* <paid, paid> 1. (*give money*) payer; (*loan*) rembourser; **to** ~ **sb $500** payer qn 500$; **to** ~ **five dollars an hour** payer cinq dollars de l'heure 2. (*benefit, be worthwhile, repay*) **to** ~ [**sb sth**] rapporter [qc à qn] 3. (*give*) **to** ~ **attention to sth** prêter attention à qc; **to** ~ **a call on sb, to** ~ **sb a call** rendre visite à qn; **to** ~ **sb a compliment** faire un compliment à qn III. <paid, paid> *vi*

1. (*settle, recompense*) payer **2.** (*benefit, be worthwhile*) rapporter
♦ **pay back** *vt* **1.** (*return money*) **to pay sb sth back** rembourser qc à qn **2.** (*get revenge*) **to pay sb back for sth** faire payer qc à qn
♦ **pay off** I. *vt* **1.** (*pay*) rembourser **2.** (*make redundant*) licencier II. *vi fig* payer
♦ **pay up** *vi* payer
payable *adj* payable; ~ **to sb/sth** à l'ordre de qn/qc **paycheck** *n Am*, **paycheque** *n Brit* chèque *m* de fin de mois **payday** *n no pl* jour *m* de paie
payee [per'i:] *n* bénéficiaire *mf*
payment *n* paiement *m* **pay phone** *n* téléphone *m* à pièces **payroll** *n* effectif *m* **payslip** *n* feuille *f* de paie
PC *n* **1.** *abbr of* **Police Constable** agent *m* de police **2.** INFOR *abbr of* **Personal Computer** PC *m*
p. c. *abbr of* **per cent** pour cent
PE *no pl n abbr of* **physical education** EPS *f*
pea [pi:] *n* petit pois *m*
peace [pi:s] *n no pl, a. fig* paix *f;* **to make one's ~ with sb** faire la paix avec qn; **I'd like a bit of ~ now** je voudrais un peu de calme maintenant
peaceable, peaceful *adj* **1.** (*non-violent*) pacifique **2.** (*quiet*) paisible **peacetime** *n no pl* temps *m* de paix
peach [pi:tʃ] <-es> *n* (*sweet, yellow fruit*) pêche *f;* ~ **tree** pêcher *m*
peacock ['pi:kɒk, *Am:* -ka:k] *n* paon *m*
peak [pi:k] I. *n* **1.** *a. fig* sommet *m* **2.** *Brit* (*hat part*) visière *f* II. *vi* (*rates, production*) atteindre son niveau maximum III. *adj* (*speed, capacity*) maximal; (*season*) haut
peak hours *npl* heures *fpl* de pointe
peal [pi:l] I. *n* (*of bells*) carillon *m;* (*of thunder*) grondement *m;* ~**s of laughter** éclats *mpl* de rire II. *vi* (*thunderstorm*) gronder; (*bells*) carillonner; **to ~ with laughter** éclater de rire
peanut ['pi:nʌt] *n* cacahuète *f*, pinotte *f Québec;* ~ **oil/butter** huile *f*/beurre *m* de cacahuètes

pear [peə^r, *Am:* per] *n* poire *f;* ~ **tree** poirier *m*
pearl [pɜ:l, *Am:* pɜ:rl] *n a. fig* perle *f;* **cultured ~s** perles de culture
peasant ['pezənt] *n* paysan(ne) *m(f)*
peat [pi:t] *n no pl* tourbe *f*
pebble ['pebl] *n* galet *m*
peck [pek] I. *n* **1.** (*bite made by a beak*) coup *m* de bec **2.** (*quick kiss*) bisou *m* II. *vt* **1.** (*bite, eat with a beak*) becqueter; (*food*) picorer **2.** (*kiss quickly*) faire un bisou
pecking order *n* ordre *m* hiérarchique
peckish ['pekɪʃ] *adj Brit, Aus* **to feel rather ~** avoir une petite faim
peculiar [pɪ'kju:lɪə^r, *Am:* -'kju:ljə^r] *adj* **1.** (*strange, unusual*) étrange **2.** (*sick, nauseous*) bizarre; **to feel a little ~** se sentir un peu bizarre **3.** (*belonging to, special*) **to be ~ to sb** être particulier à qn
peculiarity [pɪˌkju:lɪ'ærəti, *Am:* -'erəti] <-ties> *n* **1.** (*strangeness*) étrangeté *f* **2.** (*strange habit*) bizarrerie *f* **3.** (*idiosyncrasy*) particularité *f*
pedal ['pedəl] I. *n* pédale *f* II. <*Brit, Aus* -ll- *o Am* -l-> *vi* pédaler
pedantic *adj pej* pédant
peddle ['pedl] *vt pej* colporter; **to ~ drugs** faire du trafic de drogue
pedestal ['pedɪstəl] *n* piédestal *m*
pedestrian *n* piéton(ne) *m(f)* **pedestrian crossing** *n* passage *m* piéton
pediatrics *n Am s.* **paediatrics**
pedigree ['pedɪgri:] *n* (*of an animal*) pedigree *m;* (*of a person*) ascendance *f;* ~ **dog** chien *m* de race
pedlar ['pedlə^r, *Am:* -lə^r] *n Brit, Aus, pej* colporteur, -euse *m, f*
pee [pi:] *inf* I. *n no pl* pipi *m* II. *vi* faire pipi
peek [pi:k] I. *n* coup *m* d'œil II. *vi* jeter un coup d'œil furtif
peel [pi:l] I. *n* pelure *f* II. *vt* peler; (*fruit, vegetables*) éplucher III. *vi* (*skin*) peler; (*paint*) s'écailler; (*wall-*

paper) se décoller

peelings *npl* épluchures *fpl*

peep¹ [piːp] *n* (*answer, utterance*) bruit *m*

peep² [piːp] **I.** *n* coup *m* d'œil **II.** *vi* **to ~ at sb/sth** jeter un coup d'œil sur qn/qc

peephole ['piːphəʊl, *Am:* -hoʊl] *n* judas *m*

peer¹ [pɪəʳ, *Am:* pɪr] *vi* **to ~ into the distance** scruter au loin

peer² [pɪəʳ, *Am:* pɪr] *n* pair *m; ~* **group** pairs *mpl;* **to have no ~s** être hors pair

peerage ['pɪərɪdʒ, *Am:* 'pɪrɪdʒ] *n no pl, Brit* noblesse *f;* **to be given a ~** recevoir le titre de pair

peeved [piːvd] *adj inf* **to be ~ at sb for sth** être en rogne envers qn à cause de qc

peevish ['piːvɪʃ] *adj* grincheux

peg [peg] **I.** *n* (*small hook*) piquet *m;* (*for clothes*) pince *f* à linge; (*of a violin, guitar*) cheville *f* **II.** <-gg-> *vt* (*fix*) fixer (avec des piquets)

pejorative *adj form* péjoratif

pelican ['pelɪkən] *n* pélican *m*

pellet ['pelɪt] *n* **1.** (*small, hard ball*) boulette *f;* (*of animal feed*) granulé *m* **2.** (*gunshot*) plomb *m*

pelt¹ [pelt] *n* **1.** (*animal skin*) peau *f* **2.** (*fur*) fourrure *f*

pelt² [pelt] **I.** *vt* **to ~ sb with sth** bombarder qn de qc **II.** *vi* **1.** *impers* **it's ~ing down** il pleut des cordes **2.** (*run, hurry*) courir à toutes jambes

pen¹ [pen] *n* (*writing instrument*) stylo *m*

pen² [pen] **I.** *n* parc *m* **II.** <-nn-> *vt* parquer

penal ['piːnəl] *adj* (*code*) pénal; (*institution*) pénitentiaire

penalize ['piːnəlaɪz] *vt* sanctionner

penalty ['penəlti, *Am:* -ţi] <-ties> *n* **1.** (*punishment*) pénalité *f* **2.** (*fine, extra charge*) amende *f* **3.** SPORT penalty *m*

penance ['penəns] *n no pl* pénitence *f;* **to do ~ for sth** faire pénitence de qc

pence [pens] *n pl of* **penny**

penchant ['pɑːnʃɑːn, *Am:* 'pentʃənt] *n pej* penchant *m;* **a ~ for sth** un faible pour qc

pencil ['pentsəl] **I.** *n* (*writing instrument*) crayon *m;* **in ~** au crayon **II.** <*Brit* -ll- *o Am* -l-> *vt* écrire au crayon **pencil case** *n* trousse *f* **pencil sharpener** *n* taille-crayon *m*

pendant ['pendənt] *n* pendentif *m*

pending ['pendɪŋ] **I.** *adj* **1.** (*awaiting*) en suspens **2.** LAW en instance **II.** *prep form* en attendant

pendulum ['pendjələm, *Am:* -dʒələm] *n* pendule *m*

penetrate ['penɪtreɪt] *vt* pénétrer

penfriend *n* correspondant(e) *m(f)*

penguin ['peŋgwɪn] *n* pingouin *m*

penicillin [ˌpenɪ'sɪlɪn] *n* pénicilline *f*

peninsula [pə'nɪnsjʊlə, *Am:* -sələ] *n* péninsule *f*

penis ['piːnɪs] <-nises *o* -nes> *n* pénis *m*

penitentiary [ˌpenɪ'tentʃəri] *n Am* pénitencier *m*

penknife ['pennaɪf] <-knives> *n* canif *m*

pen name *n* nom *m* de plume

pennant ['penənt] *n* fanion *m*

penniless *adj* sans le sou

penny ['peni] <-ies *o* pence> *n* **1.** <pence> (*value*) penny *m* **2.** <-ies> (*coin*) penny *m*

> [!] Le pluriel de **penny** est pence: "the newspaper costs 50 pence"; mais si on parle des pièces de monnaie, on dit **pennies**: "There are ten pennies in my purse."

pen pal *n s.* **penfriend**

pension ['pentʃən] *n* **1.** (*payment*) pension *f* **2.** (*retirement money*) retraite *f;* **to draw a ~** toucher une retraite

pensioner *n Brit* retraité(e) *m(f)*

pensive ['pentsɪv] *adj* pensif

pentagon ['pentəgən, *Am:* -təgaːn] *n* pentagone *m;* **the Pentagon** le Pentagone

Pentecost ['pentəkɒst, *Am:* -ţɪkaːst] *n no pl* Pentecôte *f*

penthouse ['penthaʊs] *n* appartement luxueux au dernier étage d'un imeuble

pent-up *adj* refoulé

people ['piːpl] I. *npl* 1. (*persons*) gens *fpl*; **homeless ~** les sans-abris 2. (*persons comprising a nation*) peuple *m* II. *vt* **to be ~d by sth** être peuplé de qc

pep [pep] *n no pl, inf* punch *m*; **to be full of ~** avoir du punch

pep up <-pp-> *vt* remonter le moral de qn; **to pep sb up with sth** donner du tonus à qn avec qc; **to pep sth up with sth** donner du piquant à qc avec qc

pepper ['pepər, *Am:* -ə-] I. *n* 1. *no pl* (*hot spice*) poivre *m* 2. (*vegetable*) poivron *m* II. *vt* (*add pepper to*) poivrer **peppermint** *n* 1. *no pl* (*mint plant*) menthe *f* (poivrée) 2. (*candy*) bonbon *m* à la menthe

per [pɜːr, *Am:* pɜːr] *prep* par; **100 km ~ hour** 100 km à l'heure

per capita *adj, adv* (*income*) par habitant

perceive [pəˈsiːv, *Am:* pə-ˈ-] *vt* (*see, sense, regard*) percevoir; **to ~ that ...** s'apercevoir que ...

per cent *Brit*, **percent** [pəˈsent, *Am:* pə-] *Am* I. *n* pour cent *m* II. *adv* pour cent; **25/50 ~ of sth** 25/50 pour cent de qc

percentage [pəˈsentɪdʒ, *Am:* pə-ˈsentɪdʒ] *n* pourcentage *m*

perception [pəˈsepʃən, *Am:* pə-ˈ-] *n* perception *f*

perceptive [pəˈseptɪv, *Am:* pə-ˈ-] *adj* (*analysis, remark*) pertinent; (*observer*) perspicace

perch¹ [pɜːtʃ, *Am:* pɜːrtʃ] I. <-es> *n* perchoir *m* II. *vi* se percher

perch² [pɜːtʃ, *Am:* pɜːrtʃ] <-(es)> *n* (*fish*) perche *f*

percolator *n* percolateur *m*

percussion [pəˈkʌʃən, *Am:* pə-ˈ-] *n no pl* percussion *f*; **to play ~** jouer des percussions

perennial [pərˈeniəl, *Am:* pəˈren-] I. *n* vivace *f* II. *adj* 1. (*living several years, not annual*) vivace 2. (*happening repeatedly, constantly*) per-

pétuel; (*beauty, hope*) éternel

perfect¹ ['pɜːfɪkt, *Am:* 'pɜːr-] I. *adj* (*ideal*) parfait II. *n* parfait *m*

perfect² [pəˈfekt, *Am:* pɜːr-] *vt* perfectionner

perfection [pəˈfekʃən, *Am:* pə-ˈ-] *n no pl* perfection *f*; **to do sth to ~** faire qc à la perfection

perfectionist *n* perfectionniste *mf*

perfectly *adv* parfaitement

perforate ['pɜːfəreɪt, *Am:* 'pɜːr-] *vt* perforer

perforation *n* (*set of holes*) pointillés *mpl*

perform [pəˈfɔːm, *Am:* pə-ˈfɔːrm] I. *vt* 1. (*act, sing or play in public*) interpréter; (*play*) jouer 2. (*do, accomplish*) accomplir; (*function, task*) remplir II. *vi* 1. (*give an artistic performance*) jouer 2. (*system, machine*) fonctionner; **to ~ well/ badly** avoir de bons/mauvais résultats

performance [pəˈfɔːməns, *Am:* pə-ˈfɔːr-] *n* 1. *a.* SPORT performance *f*; **her ~ in exams** ses résultats aux examens 2. (*execution on stage, staging*) représentation *f*; (*of an artist, actor*) interprétation *f* 3. (*accomplishing*) exécution *f*

performer *n* interprète *mf*

perfume ['pɜːfjuːm, *Am:* 'pɜːr-] *n* parfum *m*

perfunctory [pəˈfʌŋktəri, *Am:* pə-ˈ-] *adj* rapide

perhaps [pəˈhæps, *Am:* pə-ˈ-] *adv* peut-être

peril ['perəl] *n form* péril *m*; **at one's ~** à ses risques et périls

perimeter [pəˈrɪmɪtər, *Am:* pəˈrɪmətə-] *n* 1. (*edge, border*) bordure *f* 2. (*length of edge*) périmètre *m*

period ['pɪəriəd, *Am:* 'pɪri-] I. *n* 1. *a.* GEO, ECON période *f* 2. (*lesson, class session*) classe *f* 3. (*menstruation*) règles *fpl*; **to get/have one's ~** avoir ses règles 4. *Am* LING point *m* II. *adj* (*furniture, instruments*) d'époque

periodic *adj* périodique

periodical I. *adj* périodique II. *n*

périodique m

peripheral adj a. INFOR périphérique; **to be ~ to** sth être accessoire à qc; ~ (**unit**) INFOR périphérique m

perish ['perɪʃ] vi 1. (die) périr 2. Aus, Brit (deteriorate, spoil) se détériorer; (vegetables) se gâter

perishable adj périssable

perjury ['pɜːdʒəri, Am: 'pɜːr-] n faux serment m

perk [pɜːk, Am: pɜːrk] n (advantage) avantage m
♦ **perk up** vi (cheer up) se ragaillardir

perky adj gai

perm [pɜːm, Am: pɜːrm] n abbr of **permanent wave** permanente f

permanent I. adj permanent; (ink) indélébile II. n permanente f

permeate ['pɜːmieɪt, Am: 'pɜːr-] I. vt form pénétrer II. vi form **to ~ into** sth pénétrer qc; **to ~ through** sth s'infiltrer dans qc

permissible adj acceptable

permission [pə'mɪʃən, Am: pɚ'-] n no pl permission f

permissive adj permissif

permit ['pɜːmɪt, Am: 'pɜːr-] I. n permis m II. <-tt-> vt permettre; **to ~ sb to** +infin autoriser qn à +infin; **to ~ oneself** sth se permettre qc

pernicious [pə'nɪʃəs, Am: pɚ'-] adj 1. form (harmful) nocif 2. MED pernicieux

pernickety [pə'nɪkəti, Am: pɚ'nɪkəti] adj Brit (overly exact or fussy) **to be ~ about** sth être pointilleux à propos de qc

perpendicular [ˌpɜːpən'dɪkjʊlər, Am: ˌpɜːrpən'dɪkjuːlɚ] I. adj **to be ~ to** sth être perpendiculaire à qc II. n perpendiculaire f

perpetrate ['pɜːpɪtreɪt, Am: 'pɜːrpə-] vt form (crime) perpétrer; (error) commettre

perpetual [pə'petʃʊəl, Am: pə'petʃuː-] adj perpétuel

perplex [pə'pleks, Am: pɚ'-] vt laisser perplexe

persecute ['pɜːsɪkjuːt, Am: 'pɜːrsɪ-] vt 1. (subject to hostility) persécuter 2. (harass) harceler

perseverance n no pl persévérance f

persevere [ˌpɜːsɪ'vɪər, Am: ˌpɜːrsə'vɪr] vi **to ~ in** (doing) sth persévérer à faire qc

Persian I. adj persan, perse II. n 1. (person) Persan(e) m(f), Perse mf 2. LING persan m, perse m; s. a. **English**

persist [pə'sɪst, Am: pɚ'-] vi persister; **to ~ in doing** sth persister à faire qc

persistence [pə'sɪstəns, Am: pɚ'-] n no pl obstination f

persistent adj 1. (continuous, constant) continuel; (demand, rain) constant 2. (determined, persevering) déterminé; **to be ~ in** sth être persévérant dans qc

person ['pɜːsən, Am: 'pɜːr-] <-s o people> n a. LING personne f; **to have** sth **about** (one's) ~ avoir qc sur soi; **in ~** en personne

personable adj agréable

personal adj 1. (of a particular person, individual) personnel; (estate, property) privé; ~ **data** coordonnées fpl; **in ~** en personne 2. (offensive) offensant; **to get ~** devenir offensant

personal assistant n assistant(e) m(f) **personal computer** n ordinateur m personnel

personality <-ties> n personnalité f

personally adv personnellement

personal organizer n agenda m

personify [pə'sɒnɪfaɪ, Am: pɚ'sɑːnɪ-] vt personnifier

personnel [ˌpɜːsən'el, Am: ˌpɜːr-] n pl personnel m

perspective [pə'spektɪv, Am: pɚ'-] n perspective f; **a ~ on** sth un point de vue sur qc; **in ~** en perspective

perspiration [ˌpɜːspə'reɪʃən, Am: ˌpɜːr-] n no pl transpiration f; **dripping with ~** en nage

persuade [pə'sweɪd, Am: pɚ'-] vt persuader; **to ~ sb to** +infin convaincre qn de +infin

persuasion n 1. (convincing) persuasion f 2. (conviction) croyance f; **to be of the Catholic/Protestant ~** être de croyance catholique/protestante

persuasive *adj* persuasif
pert [pɜːt, *Am:* pɜːrt] *adj* **1.** (*sexually attractive, cheeky*) coquin **2.** (*impudent*) effronté
◆ **pertain to** *vt form* se rapporter à
pertinent ['pɜːtɪnənt, *Am:* 'pɜːrtnənt] *adj form* pertinent
perturb [pə'tɜːb, *Am:* pəˈtɜːrb] *vt* perturber; **I'm very ~ed** je suis très troublé
Peru [pəˈruː] *n* le Pérou
peruse [pə'ruːz] *vt form* lire; (*document*) étudier
Peruvian I. *adj* péruvien **II.** *n* Péruvien(ne) *m(f)*
pervade [pə'veɪd, *Am:* pəˈ-] *vt form* (*morally*) pénétrer; (*physically*) envahir
perverse [pə'vɜːs, *Am:* pəˈvɜːrs] *adj pej* pervers
perversion *n pej* **1.** (*abnormal behavior*) perversion *f* **2.** (*of the truth*) déformation *f*
pervert ['pɜːvɜːt, *Am:* 'pɜːrvɜːrt] **I.** *n pej* pervers(e) *m(f)* **II.** *vt* **to ~ sb** pervertir qn; **to ~ sth** déformer qc
pessimist *n* pessimiste *mf*
pessimistic *adj* pessimiste
pest [pest] *n* **1.** (*animal*) animal *m* nuisible; (*insect*) insecte *m* nuisible **2.** *inf* (*annoying person*) casse-pieds *mf*
pester *vt* **to ~ sb for sth** harceler qn pour obtenir qc
pet [pet] **I.** *n* **1.** (*house animal*) animal *m* domestique **2.** (*favorite person*) chouchou(te) *m(f)* **II.** *adj* (*favorite*) favori; **to be sb's ~ hate** être la bête noire de qn **III.** *vt* chouchouter
petal ['petl, *Am:* 'peţl] *n* pétale *m*
peter ['piːtə', *Am:* -ţə'] *vi* **to ~ out** (*food*) s'épuiser
petite [pə'tiːt] *adj* menu
petition [prˈtɪʃən, *Am:* pə'-] *n* (*signed document*) pétition *f*
petrify ['petrɪfaɪ] *vt* pétrifier
petrol ['petrəl] *n Aus, Brit no pl* essence *f*; **unleaded ~** essence sans plomb
petrol can *n Aus, Brit* bidon *m* d'essence
petroleum [pɪ'trəʊliəm, *Am:*

pə'troʊ-] *n* pétrole *m* **petrol pump** *n Aus, Brit* pompe *f* à essence
petrol station *n Aus, Brit* station-service *f* **petrol tank** *n Aus, Brit* réservoir *m* d'essence
petticoat ['petɪkəʊt, *Am:* 'peţɪkoʊt] *n* jupon *m*
petty ['peti, *Am:* 'peţ-] <-ier, -iest> *adj pej* **1.** (*narrow-minded*) mesquin **2.** (*trivial*) insignifiant
petty cash *n* petite caisse *f*
petulant ['petjələnt, *Am:* 'petʃə-] *adj* irrité
pew [pjuː] *n* banc *m* (d'église)
pewter ['pjuːtə', *Am:* -ţə'] *n no pl* étain *m*; **a ~ plate** une assiette en étain
phantom ['fæntəm, *Am:* -ţəm] **I.** *n* fantôme *m* **II.** *adj* fantôme
pharmaceutical *adj* pharmaceutique
pharmacist *n* pharmacien(ne) *m(f)*
pharmacy ['fɑːməsi, *Am:* 'fɑːr-] <-cies> *n* pharmacie *f*
phase [feɪz] *n* phase *f*
◆ **phase in** *vt* introduire progressivement
◆ **phase out** *vt* retirer progressivement
PhD *n abbr of* **Doctor of Philosophy** doctorat *m*; **a ~ in sth** un doctorat en qc; **to be a ~** être titulaire d'un doctorat
pheasant ['fezənt] <-(s)> *n* faisant *m*
phenomenal *adj* phénoménal
phenomenon [frˈnɒmɪnən, *Am:* fə'nɑːmənɑːn] <phenomena *o* -s> *n* phénomène *m*
phial ['faɪəl] *n Brit* fiole *f*
philanthropist *n* philanthrope *mf*
philately [frˈlætəli, *Am:* -'læţ-] *n no pl* philatélie *f*
Philippine *adj* philippin
Philippines ['fɪlɪpiːnz, *Am:* 'fɪlə-] *npl* **the ~** les Philippines
philosopher *n* philosophe *mf*
philosophical *adj* **1.** (*concerning philosophy*) philosophique **2.** (*calm*) philosophe
philosophy [frˈlɒsəfi, *Am:* -'lɑːsə-] *n no pl* philosophie *f*

phlegm [flem] *n no pl* (*calmness, calm temperament*) flegme *m*

phlegmatic [fleg'mætɪk, *Am:* -'mæt-] *adj* flegmatique

phobia ['fəʊbɪə, *Am:* 'foʊ-] *n* phobie *f;* ~ **about sth** phobie de qc

phone [fəʊn, *Am:* foʊn] **I.** *n* téléphone *m;* **to answer the** ~ répondre au téléphone; **to be on the** ~ *Brit* être au téléphone **II.** *vi* téléphoner **III.** *vt* téléphoner à

♦ **phone up** *vt* téléphoner à

phone booth, phone box *n* cabine *f* téléphonique **phonecard** *n* carte *f* téléphonique **phone-in** *n* émission *f* de radio interactive

phonetics *n* + *sing vb* phonétique *f*

phoney ['fəʊni, *Am:* 'foʊ-] **I.** <-ier, -iest> *adj inf* **to be as** ~ **as a two-dollar bill** *Am* (*person*) être un faux jeton; (*story, tears*) être du bidon **II.** *n* (*impostor*) imposteur *m*

phosphorus ['fosfərəs, *Am:* 'fɑ:s-] *n no pl* phosphore *m*

photo ['fəʊtəʊ, *Am:* 'foʊtoʊ] <-s> *n inf abbr of* **photograph** photo *f*

photocopier *n* photocopieur *m*

photocopy ['fəʊtəʊˌkɒpi, *Am:* 'foʊtoʊˌkɑ:pi] **I.** <-ies> *n* photocopie *f* **II.** *vt* photocopier

photograph ['fəʊtəɡrɑ:f, *Am:* 'foʊtoʊɡræf] **I.** *n* photo(graphie) *f;* **to take a** ~ **of sb/sth** prendre une photo de qn/qc **II.** *vt* photographier

photographer *n* photographe *mf*

photography [fə'tɒɡrəfi, *Am:* -'tɑ:ɡrə-] *n no pl* photographie *f*

phrasal verb [ˌfreɪzəl'vɜ:b, *Am:* ˌfreɪzəl'vɜ:rb] *n* LING verbe *m* composé

phrase [freɪz] **I.** *n* expression *f* **II.** *vt* formuler

phrase book *n* guide *m* de conversation

physical I. *adj* physique **II.** *n* MED visite *f* médicale

physical education *n* éducation *f* physique

physically *adv* physiquement

physician [fɪ'zɪʃən] *n* (*doctor*) médecin *m*

physicist ['fɪzɪsɪst] *n* (*scientist*) physicien(ne) *m(f)*

physics ['fɪzɪks] *n* + *sing vb* physique *f*

physiotherapy [ˌfɪzɪəʊ'θerəpi, *Am:* -oʊ'-] *n no pl* kinésithérapie *f*

physique [fɪ'zi:k] *n* physique *m*

pianist ['pɪənɪst, *Am:* 'pi:nɪst] *n* pianiste *mf*

piano ['pjɑ:nəʊ, *Am:* pi'ænoʊ] <-s> *n* piano *m;* **to play the** ~ [*o Am* **to play** ~] jouer du piano

pick¹ [pɪk] *n* (*tool*) pioche *f*

pick² [pɪk] **I.** *vt* **1.** (*select*) choisir; (*team*) sélectionner **2.** (*harvest*) cueillir **3.** (*remove*) to ~ **sth from/out of sth** retirer qc de qc; **to** ~ **one's nose/teeth** se curer le nez/les dents **4.** (*lock*) crocheter **II.** *n* **1. to take one's** ~ faire son choix **2.** *inf* (*the best*) **the** ~ le meilleur

♦ **pick out** *vt* **1.** (*select*) choisir **2.** (*recognize*) reconnaître

♦ **pick up I.** *vt* **1.** (*learn*) apprendre **2.** (*stop for, collect*) aller chercher **3.** (*detect*) relever; (*radio signal*) intercepter; (*broadcast, signal*) capter **4.** (*continue, resume*) reprendre **5.** (*lift*) prendre; (*from the ground*) ramasser **6.** (*lift up*) relever **II.** *vi* (*improve*) reprendre

pickax *n Am*, **pickaxe** *n* pioche *f*

picket ['pɪkɪt] **I.** *n* (*strike action*) piquet *m* de grève **II.** *vt* (*factory*) former un piquet de grève face à **picket line** *n* piquet *m* de grève

pickle ['pɪkl] **I.** *n* **1.** (*relish*) pickle *m* (*condiment de légumes conservés dans du vinaigre*) **2.** *Am* (*gherkin*) ≈ cornichon *m* **3. to be in a** (**pretty**) ~ *inf* être dans le pétrin **II.** *vt* **to** ~ **sth** conserver qc dans le vinaigre

pickpocket ['pɪkpɒkɪt, *Am:* -ˌpɑ:kɪt] *n* pickpocket *m*

pickup *n* **1.** (*part of gramophone*) lecteur *m* **2.** (*truck*) camionnette *f*

picnic ['pɪknɪk] **I.** *n* pique-nique *m;* **to go on a** ~ faire un pique-nique **II.** <-ck-> *vi* pique-niquer

pictorial [pɪk'tɔ:rɪəl] *n* magazine *m* illustré

picture ['pɪktʃər, *Am:* -tʃər] **I.** *n* **1.** image *f* **2.** (*photos*) photo *f;* wedding ~ photo de mariage **3.**(*film*) film *m* **4.**(*painting*) tableau *m*; (*drawing*) dessin *m* **5.**(*account, depiction*) tableau *m* **II.** vt **1.**(*represent*) représenter **2.**(*imagine*) **to ~ oneself** s'imaginer; **to ~ sb doing sth** s'imaginer qn en train de faire qc

picture book *n* livre *m* illustré

picturesque [ˌpɪktʃəˈresk] *adj* pittoresque

pie [paɪ] *n* **1.**(*savoury*) tourte *f* **2.** ~ **in the sky** *inf* des châteaux en Espagne

piece [piːs] *n* **1.**(*bit*) morceau *m*; **in** ~**s** en morceaux; **in one** ~ en un seul morceau; *fig* (*person*) intact; **to take to** ~**s** *Brit* démonter **2.**(*item, one of set*) ~ **of clothing** un vêtement; **a ~ of furniture** un meuble; **a ~ of advice** un conseil; **a ~ of information** une information **3.**(*chess*) pion *m* **4.**(*coin*) pièce *f*; **a 50p** ~ une pièce de 50 pence **5. to give sb a ~ of sb's mind** *inf* dire ses quatre vérités à qn; **to say one's** ~ dire ce qu'on a à dire

piece together vt (*assemble*) rassembler

piecemeal I. *adv* petit à petit **II.** *adj* (*approach, reforms*) par étapes successives **piecework** *n no pl* travail *m* à la pièce; **to do** ~ travailler à la tâche

pie chart *n* camembert *m*

pier [pɪəˀ, *Am:* pɪr] *n* (*boardwalk*) jetée *f*

pierce [pɪəs, *Am:* pɪrs] vt a. fig percer; **to have one's ears** ~**d** se faire percer les oreilles

piercing *adj* **1.**(*biting*) glacial **2.**(*sharp, penetrating*) perçant

pig [pɪg] *n* **1.**(*animal*) cochon *m* **2.**(*swinish person*) porc *m* **3.** *inf* (*overeater*) goinfre *m* **4. to buy a** ~ **in a poke** acheter les yeux fermés; **and** ~**s might fly** *Brit* quand les poules auront des dents

pigeon [ˈpɪdʒən] *n* pigeon *m* **pigeon-hole I.** *n* (*box*) casier *m* **II.** vt **1.**(*classify*) classer **2.**(*label*) étiqueter **piggy bank** *n* tirelire *f* (*en forme de cochon*) **pig-headed**

adj pej têtu comme une mule

pigment [ˈpɪgmənt] *n* pigment *m* **pigskin** *n* peau *f* de porc **pigsty** *n a. fig, pej* porcherie *f*, boiton *m Suisse* **pigtail** [ˈpɪgteɪl] *n* natte *f*

pike[1] [paɪk] *n* ZOOL brochet *m*

pike[2] [paɪk] *n* (*weapon*) pique *m*

pile[1] [paɪl] **I.** *n* (*heap*) pile *f* **II.** vt empiler

◆ **pile in** *vi* s'entasser

◆ **pile up I.** *vi* s'accumuler **II.** vt (*pile*) entasser

pile[2] [paɪl] *n no pl* poil *m*

piles *npl inf* hémorroïdes *fpl*

pile-up *n inf* (*car crash*) carambolage *m*

pilfer [ˈpɪlfəˀ, *Am:* -fɚ] **I.** vt piquer **II.** *vi* voler; **to ~ from** sb voler à qn

pilgrim [ˈpɪlgrɪm] *n* pèlerin(e) *m(f)*

pilgrimage *n a. fig* pèlerinage *m*

pill [pɪl] *n* **1.**(*medicinal tablet*) pilule *f* **2.**(*contraceptive tablet*) **the** ~ la pilule; **to be on the** ~ prendre la pilule

pillage [ˈpɪlɪdʒ] vt, vi form piller

pillar [ˈpɪləˀ, *Am:* -ɚ] *n a. fig* pilier *m* **pillar box** *n Brit* boîte *f* aux lettres

pillion [ˈpɪlɪən, *Am:* ˈpɪljən] *Brit, Aus* **I.** *n* (*motorbike's seat*) siège *m* arrière **II.** *adv* **to ride/sit** ~ monter/ être assis derrière

pillow [ˈpɪləʊ, *Am:* -oʊ] *n* oreiller *m*, coussin *m Belgique*

pillowcase, pillowslip *n* taie *f* d'oreiller

pilot [ˈpaɪlət] **I.** *n a.* TEL pilote *m* **II.** vt piloter

pilot light *n* veilleuse *f* **pilot study** *n* enquête *f* pilote

pimp [pɪmp] *n* maquereau *m*

pimple [ˈpɪmpl] *n* bouton *m*

pin [pɪn] **I.** *n* **1.**(*needle*) épingle *f*; **a safety** ~ une épingle de nourrice **2.** MIL goupille *f* **II.**<-nn-> vt **1.**(*fix with pin*) épingler **2.**(*immobilize*) bloquer **3.** *inf* (*accuse*) **they'll** ~ **it on me** ils vont me coller ça sur le dos

◆ **pin down** vt **1.**(*define exactly*) identifier **2.**(*pressure sb to decide*) coincer

pinafore [ˈpɪnəfɔːˀ, *Am:* -fɔːr] *n*

1. (*apron*) tablier *m* 2. *Brit, Aus* robe-chasuble *f*

pinball ['pɪnbɔːl] *n* flipper *m*

pincers *n pl* 1. ZOOL pinces *fpl* 2. (*tool*) tenailles *fpl*

pinch [pɪntʃ] I. *vt* 1. (*nip, tweak*) pincer 2. (*grip hard*) serrer; **the shoes ~ my feet** les chaussures me font mal aux pieds 3. *inf* (*steal*) piquer II. *n* 1. (*nip*) pincement *m*; **to give sb a ~** pincer qn 2. (*minute/small quantity*) pincée *f*

pincushion ['pɪnˌkʊʃən] *n* pelote *f* à épingles

pine¹ [paɪn] *n* 1. (*tree*) pin *m* 2. (*wood*) (bois *m* de) pin *m*

pine² [paɪn] *vi* se languir; **to ~ for sb/sth** languir après qn/qc

pineapple ['paɪnæpl] *n* ananas *m*

ping [pɪŋ] *n* tintement *m*

Ping-Pong® *n no pl, inf* ping-pong *m*

pink [pɪŋk] I. *n* (*colour*) rose *m* II. *adj* rose; **to turn ~** (*person, face*) rougir; *s. a.* **blue**

pinnacle ['pɪnəkl] *n* sommet *m*

pinpoint ['pɪnpɔɪnt] *vt* 1. (*place*) localiser 2. (*identify*) mettre le doigt sur

pinstripe ['pɪnstraɪp] *n no pl* petite rayure *f*; **a ~(d) shirt** une chemise à fines rayures

pint [paɪnt] *n a. inf* pinte *f*

pioneer [ˌpaɪəˈnɪəʳ, *Am:* -ˈnɪr] I. *n* pionnier, -ière *m, f* II. *vt* être le pionnier de

pious ['paɪəs] *adj* REL *a. iron* pieux

pip¹ [pɪp] *n* BOT pépin *m*

pip² [pɪp] *n pl, Brit* bip *m*

pipe [paɪp] *n* 1. *a.* TECH tuyau *m* 2. (*for smoking*) pipe *f* 3. MUS **the ~s** la cornemuse 4. **put that in your ~ and smoke it** *inf* mets-toi ça bien dans le crâne

◆ **pipe down** *vi inf* fermer sa gueule

◆ **pipe up** *vi* se faire entendre

pipe cleaner *n* cure-pipe *m* **pipe dream, pipedream** *n* château *m* en Espagne

pipeline ['paɪplaɪn] *n* pipeline *m*

piper ['paɪpəʳ, *Am:* -pɚ] *n* flûtiste *mf*

piping hot *adj* (*drink*) bouillant; (*food*) brûlant

pique [piːk] *n no pl* ressentiment *m*

pirate ['paɪərət, *Am:* 'paɪrət] I. *n* pirate *mf* II. *adj* (*copy, video*) pirate III. *vt* pirater

pirouette [ˌpɪrʊˈet, *Am:* -uˈet] I. *n* pirouette *f* II. *vi* faire une pirouette

Pisces ['paɪsiːz] *n* Poissons *mpl*; *s. a.* **Aquarius**

piss [pɪs] *vulg* I. *n no pl* pisse *f*; **to need a ~** avoir envie de pisser II. *vi* (*urinate*) pisser

pissed *adj inf* 1. *Brit, Aus* bourré 2. *Am* furax

pistol ['pɪstəl] *n* pistolet *m*

pit¹ [pɪt] I. *n* 1. (*in ground*) fosse *f* 2. INFOR, TECH creux *m* 3. (*mine*) mine *f* 4. THEAT, MUS orchestra – fosse *f* d'orchestre 5. (*in motor racing*) stand *m* II. *vt* **to ~ sb against sb** opposer qn contre qn

pit² [pɪt] <-tt-> *n Am* noyau *m*

pitch [pɪtʃ] I. *n* 1. *Brit, Aus* SPORT terrain *m* 2. *Brit* (*place for camping*) emplacement *m* 3. *Am* (*baseball*) centre *m* du terrain 4. MUS, LING tonalité *f* 5. (*sales talk*) baratin *m* II. *vt* 1. (*throw*) faire tomber 2. SPORT lancer 3. (*tent*) planter; (*camp*) établir III. *vi* 1. (*suddenly thrust*) tomber; **to ~ forward** tomber en avant 2. SPORT lancer

pitch-black, pitch-dark *adj* noir comme dans un four

pitched battle *n* bataille *f* rangée

pitcher¹ *n Am* (*jug*) cruche *f*

pitcher² *n* SPORT lanceur *m*

pitchfork ['pɪtʃfɔːk, *Am:* -fɔːrk] *n* fourche *f*

piteous ['pɪtiəs, *Am:* 'pɪt̬-] *adj* pitoyable

pitfall ['pɪtfɔːl] *n* écueil *m*

pith [pɪθ] *n no pl* BOT pulpe *f*; (*part of plants*) moelle *f*

pithy ['pɪθi] <-ier, -iest> *adj* 1. (*succinct, concise*) succinct 2. (*fruit*) pulpeux

pitiless *adj* impitoyable

pittance ['pɪtənts] *n sing, pej* salaire *m* de misère

pity ['pɪti, *Am:* 'pɪt̬-] I. *n no pl*

1. (*compassion*) pitié *f*; **in ~** par pitié; **to take ~ on sb** prendre qn en pitié **2.** (*unfortunate matter*) **it's a ~!** c'est dommage!; **what a ~** quel dommage **II.** <-ies, -ied> *vt* avoir de la peine pour

pivot ['pɪvət] *n a. fig* pivot *m*

pizza ['piːtsə] *n* pizza *f*

placard ['plækɑːd, *Am:* -ɑːrd] *n* pancarte *f*; (*on wall*) affiche *f*

placate [pləˈkeɪt, *Am:* ˈpleɪkeɪt] *vt* apaiser

place [pleɪs] **I.** *n* **1.** (*location, area*) endroit *m*; (*of birth, death, work*) form lieu *m* **2.** (*house*) maison *f*; (*flat*) appartement *m*; **at Paul's ~** chez Paul **3.** (*position, seat*) place *f*; **is this ~ taken?** cette place est-elle libre?; **to be in one's/its ~** être à sa place; **in ~ of sb/sth** à la place de qn/qc; **out of ~** déplacé; **to be in ~** être en place; **in the first/second ~** en premier/second lieu **4.** MAT **to three decimal ~s** avec trois décimales **5. all over the ~** partout **II.** *vt* **1.** (*position, put*) placer; (*comma*) mettre **2.** (*situate*) situer; **to be well ~d** être bien situé **3.** (*bet*) faire; (*order*) passer **place mat** *n* set *m* de table

placement *n* placement *m*

placid ['plæsɪd] *adj* placide

plagiarize ['pleɪdʒəraɪz] *vt, vi* plagier

plague [pleɪg] **I.** *n* **1. the ~** la peste **2.** (*infesting of animals*) fléau *m* **II.** *vt* tourmenter

plaice [pleɪs] *inv n* carrelet *m*

plaid [plæd] *n no pl, Am* FASHION plaid *m*

plain [pleɪn] **I.** *adj* **1.** (*one colour*) uni **2.** (*yoghurt*) nature **3.** (*uncomplicated*) tout simple **4.** (*clear, obvious*) clair; **it's ~ that ...** il est clair que ... **II.** *adv inf* (*downright*) vraiment **III.** *n* GEO plaine *f*

plain clothes *n* LAW vêtements *mpl* de civil; **in ~** en civil

plainly *adv* **1.** (*simply*) simplement **2.** (*clearly*) clairement **3.** (*obviously*) franchement **4.** (*undeniably*) indéniablement

plaintiff ['pleɪntɪf, *Am:* -ṭɪf] *n* plaignant(e) *m(f)*

plait [plæt] *Brit* **I.** *n* tresse *f* **II.** *vt* tresser

plan [plæn] **I.** *n* **1.** (*detailed scheme, programme*) plan *m*; **to go according to ~** se dérouler comme prévu; **to make ~s for sth** planifier qc **2.** (*vaguer intention, aim*) projet *m* **II.** <-nn-> *vt* **1.** (*work out in detail*) planifier; **to ~ to do/on doing sth** projeter de faire qc **2.** (*design, make a plan*) faire le plan de **III.** *vi* faire des projets; **we need to ~ ahead** nous devons prévoir à l'avance

plane[1] [pleɪn] **I.** *n* **1.** *a. fig* niveau *m* **2.** MAT plan *m* **II.** *adj a.* MAT plat

plane[2] [pleɪn] *n* (*tool*) rabot *m*

plane[3] [pleɪn] *n* (*aircraft*) avion *m*

plane[4] [pleɪn] *n* BOT (*tree*) platane *m*

planet ['plænɪt] *n* planète *f*; **~ Earth** planète *f* Terre

plank [plæŋk] *n* **1.** (*long board*) planche *f* **2.** (*important element*) point *m*

planning *n no pl* planification *f*

planning permission *n* permis *m* de construire

plant [plɑːnt, *Am:* plænt] **I.** *n* **1.** BIO plante *f* **2.** (*factory*) usine *f* **3.** *no pl* (*machinery for companies*) équipement *m* **II.** *vt a. fig* planter; (*bomb*) poser

plantation [plænˈteɪʃən] *n* plantation *f*

plaque [plɑːk, plæk, *Am:* plæk] *n* **1.** (*plate identifying building*) plaque *f* **2.** *no pl* MED plaque *f* dentaire

plaster ['plɑːstəʳ, *Am:* ˈplæstəʳ] **I.** *n* **1.** *a.* MED plâtre *m*; **in ~** dans le plâtre **2.** *Brit* (*tape for wound*) sparadrap *m* **II.** *vt a. inf* plâtrer; **~ed with sth** couvert de qc **plaster cast** *n a.* ART plâtre *m*

plastered *adj inf* bourré

plasterer *n* plâtrier *m*

plastic ['plæstɪk] *n* plastique *m*

Plasticine® ['plæstəsiːn, *Am:* -tɪ-] *n Brit no pl* pâte *f* à modeler

plastic surgery *n* chirurgie *f* plastique

plate [pleɪt] I. *n* 1. *a.* AUTO plaque *f*
2. (*dish, dinner plate*) assiette *f*
II. *vt* (*with gold, silver*) plaquer;
silver-plated plaqué argent

plateau ['plætəʊ, *Am:* plæt'oʊ] <-x
Brit o Am, Aus -s> *n* GEO plateau *m*

platform ['plætfɔːm, *Am:* -fɔːrm] *n*
1. (*raised surface*) plateforme *f*
2. *Brit, Aus* RAIL quai *m* 3. (*stage*) estrade *f*

platinum ['plætɪnəm, *Am:*
'plætnəm] *n no pl* platine *m*

platoon [plə'tuːn] *n* + *sing/pl vb*
MIL section *f*

platter ['plætəʳ, *Am:* 'plætəʳ] *n Brit*
plateau *m*

plausible ['plɔːzəbl, *Am:* 'plɑː-] *adj*
plausible

play [pleɪ] I. *n* 1. *no pl* (*games*) jeu
m; **to be at** ~ être en train de jouer;
to be in/out of ~ être en/hors-jeu
2. (*theatrical piece*) pièce *f* de théâtre 3. **to make a** ~ **for sb** draguer
qn II. *vi* 1. jouer; (*radio*) marcher
2. **to** ~ **to the gallery** amuser la
galerie III. *vt* 1. GAMES jouer; **to** ~
bridge/cards/golf jouer au bridge/
aux cartes/au golf; **to** ~ **Germany**
SPORT jouer contre l'Allemagne; **to** ~
a joke on sb faire une blague à qn
2. (*symphony, role*) interpréter;
(*flute, guitar*) jouer de 3. **to** ~ **ducks
and drakes with money** jeter l'argent par les fenêtres; **to** ~ **footsie
with sb** *inf* faire du pied à qn; **to** ~
gooseberry *Brit* tenir la chandelle;
to ~ **it cool** rester calme; **to** ~ **it
safe** rester prudent
◆ **play along** *vi* (*accept plans*)
marcher avec qn
◆ **play down** *vt* minimiser
◆ **play up** I. *vt* (*exaggerate*) exagérer II. *vi Brit* (*cause trouble*) faire
des siennes

play-act *vi* jouer la comédie

playboy *n pej* play-boy *m*

player *n* 1. (*participant, performer*)
joueur, -euse *m, f;* **tennis player**
joueur de tennis, -euse *m, f* 2. (*stage
actor*) acteur, -trice *m, f* 3. (*device*)
lecteur *m*

playful *adj* (*person, animal*) joueur,

jouette *Belgique*

playground *n* cour *f* de récréation
playgroup *n* jardin *m* d'enfants
playing card *n* carte *f* à jouer **playing field** *n* terrain *m* de sports
playmate ['pleɪmeɪt] *n* (*childhood
playfellow*) copain, copine *m, f*
play-off *n* belle *f*
playpen ['pleɪpen] *n* parc *m* (pour
bébé) **playschool** *n Brit* jardin *m*
d'enfants **plaything** *n fig, pej* jouet
m **playtime** *n* récréation *f* **play-
wright** *n* dramaturge *mf*

plc *n Brit abbr of* **public limited
company** ≈ SARL *f*

plea [pliː] *n* 1. (*entreaty, appeal*)
appel *m* 2. (*formal statement by a
defendant*) défense *f*

plead [pliːd] <pleaded, pleaded>
I. *vi* 1. (*implore, beg*) **to** ~ implorer
qc; **to** ~ **with sb to** +*infin* implorer
qn de +*infin* 2. + *adj* (*answer to a
charge in court*) **to** ~ **guilty** plaider
coupable II. *vt* (*cause*) défendre;
(*insanity*) plaider; (*ignorance*) invoquer

pleasant ['plezənt] *adj* (*weather,
person*) agréable; **to be** ~ **to sb** être
agréable avec qn

pleasantry ['plezəntri] <-tries> *n*
plaisanterie *f;* **polite pleasantries**
amabilités *fpl*

please [pliːz] I. *vt* faire plaisir à; ~
yourself *inf* fais comme tu voudras
II. *vi* 1. (*be agreeable*) faire plaisir
2. (*think fit, wish*) **if you** ~ s'il te/
vous plaît; **to do as one** ~s faire à sa
guise III. *interj* (*with a request*) s'il
te/vous plaît; ~ **close the gate**
merci de fermer la porte

pleased *adj* **to be** ~ **with sb** être
content de qn; **I am** ~ **to inform
you that ...** j'ai le plaisir de vous informer que ...; ~ **to meet you** enchanté

pleasing *adj* agréable

pleasure ['pleʒəʳ, *Am:* -əʳ] *n no pl*
plaisir *m;* **it's a** ~ je vous en prie; **to
take** ~ **in sth/in doing sth** prendre
plaisir à qc/faire qc

pleat [pliːt] *n* pli *m*

pledge [pledʒ] I. *n* 1. (*solemn*

promise) promesse *f*; **to give a ~ to** +*infin* promettre de +*infin* **2.** (*pawned object, token*) gage *m* **II.** *vt* **to ~ to** +*infin* promettre de +*infin*

plentiful *adj* (*supply*) abondant

plenty ['plenti, *Am:* -ti] **I.** *n* (*abundance*) abondance *f* **II.** *adv* bien assez; **~ good/bad** *Am, inf* très bon/mauvais **III.** *pron* **~ of money/time** beaucoup d'argent/de temps

pliable *adj* **1.** (*material*) souple **2.** (*person*) influençable

pliers ['plaɪəz, *Am:* 'plaɪɚz] *npl* pince *f*

plight [plaɪt] *n* détresse *f*

plimsoll ['plɪmpsəl] *n Brit* tennis *f*, espadrille *f Québec*

PLO [ˌpiːel'əʊ, *Am:* -'oʊ] *n no pl s* **Palestine Liberation Organization the** ~ l'OLP *f*

plod [plɒd, *Am:* plɑːd] <-dd-> *vi* **1.** (*walk slowly and heavily*) marcher péniblement **2.** (*work without enthusiasm, slowly*) **to ~ along** trimer

plodder ['plɒdə', *Am:* 'plɑːdɚ] *n* bûcheur, -euse *m, f*

plonk¹ [plɒŋk, *Am:* plʌŋk] *n Brit, Aus, inf* (*wine*) piquette *f*

plonk² [plɒŋk, *Am:* plʌŋk] *vt inf* poser bruyamment

plot [plɒt, *Am:* plɑːt] **I.** *n* **1.** (*conspiracy, secret plan*) complot *m* **2.** (*story line*) intrigue *f* **3.** (*small piece of land*) parcelle *f* **II.** <-tt-> *vt* **1.** (*conspire*) comploter **2.** (*story line*) écrire **3.** (*curve*) tracer **III.** <-tt-> *vi* comploter

plotter ['plɒtə', *Am:* 'plɑːtɚ] *n* (*person*) conspirateur, -trice *m, f*

plough [plaʊ] **I.** *n* charrue *f* **II.** *vt* **1.** (*till*) labourer **2.** *fig* **to ~ one's way through sth** (*move through*) avancer péniblement dans qc **III.** *vi* (*till ground*) labourer

ploughman's *n Brit, Aus,* **ploughman's lunch** <-es> *n Brit, Aus:* assiette de crudités avec du pain et du fromage ou du jambon

plow [plaʊ] *n Am s.* **plough**

ploy [plɔɪ] *n* ruse *f*

pluck [plʌk] **I.** *n* cran *m*; **to have ~**

avoir du cran **II.** *vt* **1.** (*remove by picking away*) cueillir **2.** (*remove quickly*) arracher **3.** (*chicken*) plumer; **to ~ one's eyebrows** s'épiler les sourcils **4.** (*strings of instrument*) pincer

plucky <-ier, -iest> *adj* courageux

plug [plʌg] **I.** *n* **1.** (*connector, socket*) prise *f* de courant; (*of peripheral, phone*) fiche *f* **2.** (*stopper*) bonde *f* **II.** <-gg-> *vt* **1.** (*hole*) boucher; (*leak*) arrêter **3.** *inf* (*publicize*) faire de la pub pour

◆ **plug in** *vt, vi* [se] brancher

plughole ['plʌghəʊl, *Am:* -hoʊl] *n* trou *m* d'écoulement

plug-in *n* INFOR module *m* d'extension, plugiciel *m*

plum [plʌm] **I.** *n* (*fruit*) prune *f* **II.** *adj* (*job, part*) en or

plumb [plʌm] **I.** *vt* sonder **II.** *adv inf* **1.** (*exactly*) en plein **2.** *Am* (*completely*) complètement

plumber *n* plombier *m*

plumbing *n no pl* plomberie *f*; **the ~ work** la plomberie

plume [pluːm] *n* **1.** (*large feather*) plume *f* **2.** (*ornament of feathers*) plumet *m* **3.** (*cloud*) nuage *m*

plummet ['plʌmɪt] *vi* tomber à la verticale; (*prices, profits*) s'effondrer

plump [plʌmp] **I.** *adj* **1.** (*chicken*) dodu *f* **2.** (*fat*) potelé **II.** *vt* **to ~ (up)** (*cushions*) remettre en forme **III.** *vi* **to ~ for sb/sth** opter pour qn/qc

plunder ['plʌndə', *Am:* -dɚ] **I.** *vt* piller **II.** *n no pl* **1.** (*stolen goods, booty*) butin *m* **2.** (*act of plundering*) pillage *m*

plunge [plʌndʒ] **I.** *n* **1.** (*sharp decline*) chute *f* **2.** (*swim*) plongeon *m* **3. to take the ~** se jeter à l'eau **II.** *vi* (*fall suddenly or dramatically*) plonger; (*prices, profits*) s'effondrer **III.** *vt a. fig* **to ~ sb/sth into sth** plonger qn/qc dans qc

plunger *n* ventouse *f*

pluperfect ['pluːˌpɜːfɪkt, *Am:* -ˌpɜːr-] *n* LING **the ~** le plus-que-parfait

plural ['plʊərəl, *Am:* 'plʊrəl] **I.** *n* **the ~** le pluriel **II.** *adj* LING pluriel

P **p**

plus [plʌs] I. *prep a.* MAT plus; **5 ~ 2 equals 7** 5 plus 2 égalent 7 II. *adj* (*more*) plus; **to have 200 ~** en avoir plus de 200 III. *n* **1.** (*sign*) plus *m* **2.** *fig* atout *m*

plush [plʌʃ] *adj* (*restaurant*) de luxe

plutonium [pluː'təʊniəm, *Am:* -'toʊ-] *n no pl* plutonium *m*

ply¹ [plaɪ] *n no pl* **1.** (*thickness of cloth or wood*) épaisseur *f* **2.** (*of wool*) fil *m*

ply² [plaɪ] <-ie-> I. *vt* **1. to ~ one's trade** faire son travail **2.** (*supply continuously*) **to ~ sb with food** ne pas cesser de servir à manger à qn II. *vi* (*travel*) faire la navette

plywood ['plaɪwʊd] *n no pl* contreplaqué *m*

pm, p.m. *adv abbr of* post meridiem **1.** (*in the afternoon*) de l'après-midi **2.** (*in the evening*) du soir

PM *n Brit abbr of* **Prime Minister** premier ministre *m*

PMT *n abbr of* **pre-menstrual tension** syndrome *m* prémenstruel

pneumatic [njuː'mætɪk, *Am:* nuː'mæṭ-] *adj* pneumatique

pneumatic drill *n* marteau-piqueur *m*

pneumonia [njuː'məʊnɪə, *Am:* nuː'moʊnjə] *n no pl* MED pneumonie *f*

poach¹ [pəʊtʃ] *vt* pocher

poach² [pəʊtʃ] I. *vt* **1.** (*animals*) braconner **2.** (*ideas*) s'approprier II. *vi* (*catch illegally*) braconner

poacher *n* braconnier, -ière *m, f*

poaching *n no pl* braconnage *m*

PO Box <-es> *n abbr of* **Post Office Box** BP *f*

pocket ['pɒkɪt, *Am:* 'pɑːkɪt] I. *n* **1.** poche *f*; **from one's ~** de sa poche **2. to have deep ~s** avoir beaucoup d'argent; **to be out of ~** ne pas rentrer dans ses frais; **to line one's ~s** se remplir les poches II. *adj* de poche III. *vt* **1.** empocher **2. to ~ one's pride** ravaler sa fierté

pocketbook *n* **1.** *Am* (*woman's handbag*) sac *m* à main **2.** *Am* (*paperback book*) livre *m* de poche

pocketknife *n* couteau *m* de poche

pocket money *n no pl* argent *m* de poche

pod [pɒd, *Am:* pɑːd] *n* **1. pea ~** cosse *f* de pois **2.** (*container under an aircraft*) nacelle *f*

podgy ['pɒdʒi, *Am:* 'pɑːdʒi] *adj pej* grassouillet

podium ['pəʊdiəm, *Am:* 'poʊ-] <-dia> *n* podium *m*

poem ['pəʊɪm, *Am:* poʊəm] *n* poème *m*

poet ['pəʊɪt, *Am:* poʊət] *n* poète *m*

poetic [pəʊ'etɪk, *Am:* poʊ'eṭ-] *adj* poétique

poetry ['pəʊɪtri, *Am:* 'poʊə-] *n no pl* poésie *f*

poignant ['pɔɪnjənt] *adj* (*sight*) poignant

point [pɔɪnt] I. *n* **1.** (*sharp end*) pointe *f*; **knife/pencil ~** pointe d'un couteau/crayon **2.** (*particular place*) endroit *m* **3.** (*particular time*) moment *m*; **to be at the ~ of death** être à l'article de la mort; **the ~ of no return** le point de non-retour; **up to a ~** jusqu'à un certain point **4.** (*sth expressed, main idea*) point *m*; **that's a good ~** ça, c'est un point intéressant; **to make a ~** faire une remarque; **to be beside the ~** être hors sujet; **to get to the ~** aller à l'essentiel; **to miss the ~** ne pas comprendre qc; **to make one's ~** dire ce qu'on a à dire **5.** (*purpose*) intérêt *m*; **what's the ~ of sth/ of doing sth?** quel est l'intérêt de qc/ de faire qc? **6.** (*aspect*) **a weak/ strong ~** un point faible/fort **7.** (*unit of counting or scoring*) point *m* **8.** MAT virgule *f*; **two ~ three** deux virgule trois **9.** (*dot*) point *m* **10.** *Brit, Aus* (*socket*) prise *f* (de courant) **11.** *pl, Brit* (*rail switch*) aiguillage *m* **12. to make a ~ of doing sth** tenir absolument à faire qc II. *vi* **1.** (*show with one's finger*) **to ~ at sb/sth** montrer du doigt qn/ qc **2.** (*indicate*) **to ~ to sth** indiquer qc **3.** INFOR **to ~ to an icon** pointer sur une icône III. *vt* (*aim*) **to ~ sth at sb/sth** diriger qc sur qn/qc; **to ~ the finger at sb** montrer qn du doigt

♦ **point out** vt 1.(*show*) montrer 2.(*say*) to ~ that ... faire remarquer que ...

point-blank adv 1.(*to fire*) à bout portant 2.(*bluntly, directly*) de but en blanc

pointed adj 1.(*tapering to a point, having a point*) pointu 2.(*penetrating*) lourd de sous-entendus

pointer n 1.(*long piece of metal, rod*) baguette f 2. pl, inf(*advice, tip*) tuyau m 3. a. INFOR pointeur m

pointless adj it's ~ ça n'a pas de sens; it's ~ to +*infin* ça ne sert à rien de +*infin* **point of view** n point m de vue

poise [pɔɪz] n no pl to lose/regain one's ~ perdre/retrouver son sang-froid

poised adj (*person*) calme

poison ['pɔɪzən] I. n poison m; to take ~ s'empoisonner II. vt a. fig empoisonner

poisoning n no pl empoisonnement m

poisonous adj (*mushroom, plant*) vénéneux; (*snake*) venimeux; (*gas*) toxique

poke [pəʊk, Am: poʊk] I. vt 1.(*prod*) pousser avec le doigt; to ~ one's finger in sb's eye mettre le doigt dans l'œil de qn 2.(*extend, make a thrust*) enfoncer; to ~ one's tongue out tirer la langue 3. to ~ one's nose into sb's business inf fourrer son nez dans les affaires de qn; to ~ (up) a fire tisonner le feu II. vi sortir; to ~ out from sth dépasser de qc

poker¹ n (*card game*) poker m; a game of ~ un jeu de poker

poker² n (*tool*) tisonnier m

pok(e)y adj (*small*) exigu

Poland ['pəʊlənd, Am: 'poʊ-] n la Pologne

polar ['pəʊləʳ, Am: 'poʊləʳ] adj GEO polaire

Pole [pəʊl, Am: poʊl] n (*person*) Polonais(e) m(f)

pole¹ [pəʊl, Am: poʊl] n poteau m; (*for skiing*) bâton m

pole² [pəʊl, Am: poʊl] n GEO, ELEC pôle m **pole vault** n saut m à la perche

police [pə'liːs] I. n pl the ~ (*in town*) la police; (*outside towns*) la gendarmerie II. vt (*officially control and guard*) maintenir l'ordre dans

⚠ **police** s'emploie au pluriel: "the police are coming."

police car n voiture f de police **police force** n 1. no pl (*body of police*) forces fpl de l'ordre 2.(*administrative unit*) the ~ la police **policeman** n policier m **police officer** n agent mf de police **police record** n casier m judiciaire **police station** n poste m de police **policewoman** n femme f policier

policy¹ ['pɒləsi, Am: 'pɑːlə-] <-cies> n a. POL politique f

policy² ['pɒləsi, Am: 'pɑːlə-] <-cies> n (*insurance*) police f d'assurance

polio [ˌpəʊliəʊ, Am: ˌpoʊlioʊ] n polio f

polish ['pɒlɪʃ, Am: 'pɑːlɪʃ] I. n 1.(*substance to polish things*) cirage m; **furniture** ~ cire f 2.(*sophisticated or refined style*) raffinement m II. vt (*shoes, floor, furniture*) cirer; (*silver, brass*) astiquer

♦ **polish off** vt (*finish completely*) finir

Polish ['pəʊlɪʃ, Am: 'poʊ-] I. adj polonais II. n LING polonais m; s. a. **English**

polished adj 1.(*showing sophisticated style*) raffiné 2.(*showing great skill*) accompli; (*performance*) parfait

polite [pə'laɪt] adj (*courteous*) poli

politic ['pɒlɪtɪk, Am: 'pɑːlə-] adj to think it ~ to +*infin* trouver plus adroit de +*infin*

political adj politique

politician n politicien(ne) m(f)

politics n + sing vb (*activities*) politique f; to be into ~ faire de la politique; what are your ~? vous êtes de quel parti?

polka ['pɒlkə, *Am:* 'poʊl-] *n* polka *f*
polka dot *n* pois *m*
poll [pəʊl, *Am:* poʊl] I. *n* 1. (*results of a vote*) scrutin *m* 2. (*number of votes cast*) voix *fpl* 3. **to go to the ~s** aller aux urnes II. *vt* 1. (*record the opinion*) interroger 2. (*votes*) obtenir
pollen ['pɒlən, *Am:* 'pɑːlən] *n no pl* pollen *m*
polling booth *n Brit, Aus* isoloir *m*
polling day *n Brit, Aus* jour *m* des élections
pollute [pə'luːt] *vt* (*contaminate, make impure*) polluer
pollution *n no pl* pollution *f*; **air/ water ~** pollution de l'air/de l'eau
polo ['pəʊləʊ, *Am:* 'poʊloʊ] *n* SPORT, FASHION polo *m*
polo neck *n* col *m* roulé
Polynesia [ˌpɒlɪ'niːʒə, *Am:* ˌpɑːlə'niːʒə] *n* la Polynésie
polystyrene [ˌpɒlɪ'staɪəriːn, *Am:* ˌpɑːlɪ-] *n no pl, Brit, Aus* polystyrène *m*
polytechnic [ˌpɒlɪ'teknɪk, *Am:* ˌpɑːlɪ-] *n Brit* ≈ Institut *m* universitaire de technologie
polythene ['pɒlɪθiːn, *Am:*'pɑːlɪ-] *n no pl, Brit* polyéthylène *m*
polythene bag *n Brit, Aus* sachet *m* en plastique
pomegranate ['pɒmɪɡrænɪt, *Am:* 'pɑːmˌɡræn-] *n* grenade *f*
pomp [pɒmp, *Am:* pɑːmp] *n no pl* pompe *f*; **~ and circumstance** grand apparat *m*
pompous ['pɒmpəs, *Am:* 'pɑːm-] *adj pej* pompeux
pond [pɒnd, *Am:* pɑːnd] *n* (*still water*) mare *f*; (*larger*) étang *m*
ponder *vt* réfléchir à
ponderous *adj pej* 1. (*heavy and awkward*) lourd 2. (*tediously laborious or dull*) pesant
pong [pɒŋ, *Am:* pɑːŋ] *n Brit, Aus, pej* puanteur *f*
pontoon [pɒn'tuːn, *Am:* pɑːn-] *n* 1. (*floating device*) flotteur *m* 2. *no pl, Brit* (*blackjack*) vingt-et-un *m*
pony ['pəʊni, *Am:*'poʊ-] *n* poney *m*
ponytail *n* queue *f* de cheval **pony-**

trekking *n Brit* randonnée *f* en poney
poodle ['puːdl] *n* ZOOL caniche *m*
pool¹ [puːl] *n* 1. (*body of any liquid*) mare *f*; (*of water, rain, blood, light*) flaque *f* 2. (*swimming ~*) piscine *f*
pool² [puːl] I. *n* 1. SPORT billard *m* américain; **to shoot ~** *Am, inf* jouer au billard américain 2. **the ~s** *Brit* ≈ loto sportif; **to do the ~s** jouer au loto *m* sportif II. *vt* mettre en commun
poor [pʊəʳ, *Am:* pʊr] I. *adj* 1. (*lacking money*) pauvre 2. (*of inadequate quality*) mauvais; **to be ~ in sth** être médiocre en qc; **to give a ~ account of oneself** faire mauvaise impression; **to be in ~ health** être en mauvaise santé 3. **to take a ~ view of sb/sth** avoir une mauvaise opinion de qn/qc II. *n* **the ~** *pl* les pauvres *mpl*
poorly I. *adv* (*inadequately, badly*) mal; **to think ~ of sb/sth** avoir une mauvaise opinion de qn/qc II. *adj* souffrant; **to feel ~** être malade
pop¹ [pɒp, *Am:* pɑːp] I. *n* 1. *inf* boisson *f* gazeuse 2. (*noise*) pan *m* II. *vi* (*cork*) sauter; (*balloon, corn*) éclater III. *vt* 1. (*cork*) faire sauter; (*balloon*) faire éclater 2. (*put*) mettre
♦ **pop in** *vi* (*to shop*) entrer rapidement; (*to friend's house*) passer
♦ **pop up** *vi* surgir
pop² [pɒp, *Am:* pɑːp] *n no pl* (*pop music*) pop *f* **pop concert** *n* concert *m* pop **pop group** *n* groupe *m* pop
pop³ [pɒp, *Am:* pɑːp] *n Am* (*father*) papa *m*
popcorn ['pɒpkɔːn, *Am:* 'pɑːpkɔːrn] *n no pl* pop-corn *m*
pope [pəʊp, *Am:* poʊp] *n* (*Bishop of Rome*) pape *m*
poplar ['pɒpləʳ, *Am:* 'pɑːplə-] *n* peuplier *m*
poppy ['pɒpi, *Am:*'pɑːpi] <-ppies> *n* coquelicot *m*; (*for drugs*) pavot *m*
populace ['pɒpjʊləs, *Am:* 'pɑːpjələs] *n no pl* **the ~** le peuple
popular ['pɒpjʊləʳ, *Am:* 'pɑːpjələ-]

adj populaire; (*brand*) courant; **to be** ~ être apprécié de tous

popularize ['pɒpjʊləraɪz, *Am:* 'pɑːpjə-] *vt* **1.** (*make known or liked*) rendre populaire **2.** (*make understood by many*) populariser

population *n* population *f*

porcelain ['pɔːsəlɪn, *Am:* 'pɔːr-] *n no pl* porcelaine *f*; ~ **plate** assiette *f* en porcelaine

porch [pɔːtʃ, *Am:* pɔːrtʃ] *n* **1.** (*roofed part*) porche *m* **2.** *Am* (*veranda*) véranda *f*

porcupine ['pɔːkjʊpaɪn, *Am:* 'pɔːr-] *n* porc-épic *m*

pore [pɔːʳ, *Am:* pɔːr] *n* pore *m*
◆ **pore over** *vi* étudier de près

pork [pɔːk, *Am:* pɔːrk] *n no pl* porc *m*; ~ **meat** viande *f* de porc

pork pie *n Brit* pâté *m* en croûte

pornography [pɔː'nɒgrəfi, *Am:* pɔːr'nɑːgrə-] *n* pornographie *f*

porous ['pɔːrəs] *adj* (*permeable*) poreux

porridge ['pɒrɪdʒ, *Am:* 'pɔːr-] *n no pl* bouillie *f* d'avoine

port¹ [pɔːt, *Am:* pɔːrt] *n* **1.** (*harbour*) port *m*; ~ **of call** NAUT escale *f* **2.** INFOR port *m*

port² [pɔːt, *Am:* pɔːrt] *n no pl* AVIAT, NAUT bâbord *m*

port³ [pɔːt, *Am:* pɔːrt] *n no pl* (*wine*) porto *m*

port⁴ [pɔːt, *Am:* pɔːrt] *vt* INFOR transférer

portable *adj* portatif; **a ~ telephone** un téléphone portable, un cellulaire *Québec*, un natel *Suisse*

porter ['pɔːtəʳ, *Am:* 'pɔːrtə-] *n* **1.** (*person who carries*) porteur *m* **2.** *Brit* (*doorkeeper*) concierge *mf*; **hall/hotel ~** portier *m* **3.** *Am* (*train attendant*) employé(e) *m(f)* des wagons-lits

portfolio [pɔːt'fəʊlɪəʊ, *Am:* pɔːrt'foʊlɪoʊ] *n* **1.** (*case*) serviette *f* **2.** (*examples of drawings, designs*) portfolio *m*

porthole ['pɔːthəʊl, *Am:* 'pɔːrthoʊl] *n* hublot *m*

portion ['pɔːʃən, *Am:* 'pɔːr-] *n* **1.** (*part*) partie *f*; **to accept one's ~**

of the blame accepter sa part de responsabilité **2.** GASTR portion *f*

portly <-ier, -iest> *adj* corpulent

portrait ['pɔːtrɪt, *Am:* 'pɔːrtrɪt] *n a. fig* portrait *m*

portray [pɔː'treɪ, *Am:* pɔːr'-] *vt* dépeindre; **the actor ~ing the king** l'acteur qui incarne le roi

Portugal ['pɔːtjʊgəl, *Am:* 'pɔːrtʃəgəl] *n* le Portugal

Portuguese [ˌpɔːtjʊ'giːz, *Am:* ˌpɔːrtʃə'-] **I.** *adj* portugais **II.** *n* **1.** (*person*) Portugais(e) *m(f)* **2.** LING portugais *m*; *s. a.* **English**

pose¹ [pəʊz, *Am:* poʊz] *vt* **1.** (*problem*) poser; (*threat*) présenter **2.** (*question*) poser

pose² [pəʊz, *Am:* poʊz] **I.** *vi* **1.** (*person*) poser **2.** (*pretend to be*) **to ~ as sb/sth** se faire passer pour qn/qc **II.** *n* **1.** (*bodily position*) pose *f* **2.** (*pretence*) affectation *f*

posh [pɒʃ, *Am:* pɑːʃ] *adj inf* **1.** (*stylish*) chic **2.** *Brit* (*upper-class*) B.C.B.G.

position [pə'zɪʃən] **I.** *n* **1.** *a.* SPORT, MIL position *f*; **to be in a different ~** être dans une position différente; **to put sb/sth into ~** mettre qn/qc en place **2.** (*job*) emploi *m*; **to apply for a ~** poser sa candidature pour un emploi **3.** (*situation*) situation *f*; **to be in no ~ to help/criticize** être mal palcé pour aider/critiquer **II.** *vt* (*arrange, adjust*) mettre en position; (*object*) mettre en place

positive ['pɒzətɪv, *Am:* 'pɑːzətɪv] *adj* **1.** *a.* MED, MAT, ELEC positif; **to think ~** voir les choses de façon positive **2.** (*certain*) certain; **to be ~ about sth** être sûr de qc **3.** (*miracle, outrage*) véritable

posse ['pɒsi, *Am:* 'pɑːsi] *n* troupe *f*; (*of reporters, armed policemen*) détachement *m*

possess [pə'zes] *vt a. fig* posséder; **what ~ed you?** qu'est-ce qui vous a pris?

possession *n* **1.** *no pl* (*having*) possession *f*; **it's** [*o* **I have it**] **in my ~** c'est en ma possession **2.** *pl* (*something owned*) biens *mpl*

possessive *adj* possessif
possibility [ˌpɒsəˈbɪləti, *Am:* ˌpɑːsəˈbɪlət̬i] *n* **1.** <-ties> (*feasible circumstance or action*) possibilité *f* **2.** *no pl* (*likelihood*) éventualité *f*
possible [ˈpɒsəbl, *Am:* ˈpɑːsə-] *adj* (*that can be done*) possible; **as clean/good as** ~ aussi propre/bon que possible; **as soon as/if** ~ dès que/si possible
possibly *adv* **1.** (*by any means*) **he did all he** ~ **could to land the plane** il a fait tout ce qui était dans son possible pour atterrir **2.** (*adding emphasis*) **how can you** ~ **say that?** comment peux-tu dire une chose pareille?; **I can't** ~ **accept it** je ne peux vraiment pas accepter **3.** (*perhaps*) peut-être; **very** ~ très probablement
post¹ [pəʊst, *Am:* poʊst] **I.** *n no pl, Brit* **1.** (*mail*) courrier *m* **2.** (*postal system*) poste *f;* **by** ~ par la poste **II.** *vt Brit, Aus* poster
post² [pəʊst, *Am:* poʊst] **I.** *n* **1.** (*job/place where someone works*) poste *m;* **to take up a** ~ entrer en fonction **2.** MIL poste *m* **II.** *vt* poster; **to** ~ **oneself somewhere** se poster quelque part; **to be** ~**ed somewhere** être affecté quelque part
post³ [pəʊst, *Am:* poʊst] *n a.* SPORT poteau *m*
postage [ˈpəʊstɪdʒ, *Am:* ˈpoʊ-] *n no pl* affranchissement *m*
postal [ˈpəʊstəl, *Am:* ˈpoʊ-] *adj* postal **postbox** *n Brit, Aus* boîte *f* aux lettres **postcard** *n* carte *f* postale **postcode** *n Brit* code *m* postal **postdate** *vt* postdater
poster *n* affiche *f;* (*in home*) poster *m*
poste restante [ˈpəʊstˈrestɑːnt, *Am:* ˌpoʊstresˈtɑːnt] *n Brit* poste *f* restante
posterior [pɒˈstɪərɪəʳ, *Am:* pɑːˈstɪrɪəʳ] **I.** *adj form* (*later in time*) postérieur **II.** *n* postérieur *m* **postgraduate I.** *n* étudiant(e) *m(f)* de troisième cycle **II.** *adj* de troisième cycle **posthumous** *adj form* posthume **postman** *n* facteur, -trice *m, f*

postmark I. *n* cachet *m* de la poste **II.** *vt* oblitérer **postmaster** *n* receveur, -euse *m, f* des postes **post meridiem** *adv s.* **p.m. post-mortem** *n* MED autopsie *f* **Post Office** *n* **the** ~ la Poste **post office** *n* bureau *m* de poste
postpone [pəʊstˈpəʊn, *Am:* poʊstˈpoʊn] *vt* (*delay*) différer, postposer *Belgique;* **to** ~ **sth till a certain time** renvoyer qc à une date ultérieure
postscript [ˈpəʊstskrɪp, *Am:* ˈpoʊs-] *n* (*at the end of a letter*) post-scriptum *m*
posture [ˈpɒstʃəʳ, *Am:* ˈpɑːstʃəʳ] *n* **1.** *no pl* (*habitual position of the body*) posture *f* **2.** (*pose*) pose *f;* **in a very awkward** ~ dans une très fâcheuse posture **3.** *no pl* (*attitude*) attitude *f*
post-war *adj* d'après-guerre
posy [ˈpəʊzi, *Am:* ˈpoʊ-] <-sies> *n* petit bouquet *m*
pot¹ [pɒt, *Am:* pɑːt] *n no pl, inf* herbe *f*
pot² [pɒt, *Am:* pɑːt] **I.** *n* **1.** (*container*) pot *m;* (*for cooking*) marmite *f;* ~**s and pans** casseroles *fpl;* **coffee** ~ cafetière *f;* **a** ~ **of tea** une théière **2.** *inf* (*a lot*) ~**s of sth** des tas de qc; **to have** ~**s of money** rouler sur l'or **II.** <-tt-> *vt* **to** ~ **sth (up)** [*o to* ~ **(up) sth**] (*plants*) mettre en pot qc
potassium [pəˈtæsiəm] *n no pl* potassium *m*
potato [pəˈteɪtəʊ, *Am:* -t̬oʊ] <-es> *n* pomme *f* de terre **potato peeler** *n* économe *m*
potent *adj* puissant; MED viril; (*drink*) très fort
potential I. *adj* potentiel **II.** *n no pl* potentiel *m;* **to have** ~ offrir des possibilités *fpl*
potentially *adv* potentiellement
pothole [ˈpɒtˌhəʊl, *Am:* ˈpɑːtˌhoʊl] *n* **1.** (*hole in road surface*) nid *m* de poule **2.** (*underground hole*) caverne *f*
potion [ˈpəʊʃən, *Am:* ˈpoʊ-] *n* (*drink*) breuvage *m;* **love/magic** ~ philtre *m* d'amour/magique

pot luck *n no pl* **to take** ~ (*choose at random*) choisir au hasard; (*take what is available*) prendre ce qu'il y a

potshot ['pɒtʃɒt, *Am:* 'pɑ:tʃɑ:t] *n* **to take a ~ at sb/sth** tirer à l'aveuglette sur qn/qc

potted ['pɒtɪd, *Am:* 'pɑ:t̬ɪd] *adj* (*plant*) en pot; (*food*) en conserve

potter ['pɒtə', *Am:* 'pɑ:t̬ə'] *n* potier *m*

pottery ['pɒtəri, *Am:* 'pɑ:t̬ə-] *n* poterie *f*

potty ['pɒti, *Am:* 'pɑ:t̬i] <-ier, -iest> *adj Brit, inf* **to be ~ about sb/sth** être fou de qn/qc; **it's ~ to do that!** c'est idiot de faire ça!

pouch [paʊtʃ] *n* **1.** (*a small bag*) petit sac *m*; **a tobacco ~** une blague à tabac **2.** (*animal's pocket*) poche *f*

poultry ['pəʊltri, *Am:* 'poʊl-] *n* **1.** *pl* (*birds*) volaille *f* **2.** *no pl* (*meat*) volaille *f*

◆ **pounce on** *vt* (*prey*) bondir sur; (*victim, suspect*) se jeter sur; (*opportunity*) sauter sur

pound[1] [paʊnd] *n* (*unit of weight, currency*) livre *f*; **a ~ coin** une pièce d'une livre

pound[2] [paʊnd] *n* (*place for stray animals, cars*) fourrière *f*

pound[3] [paʊnd] I. *vt* **1.** (*hit repeatedly*) frapper; **to ~ the table** *fig* frapper du poing sur la table **2.** (*crush*) piler; **to ~ into pieces** réduire en miettes II. *vi* **1.** (*beat on noisily*) frapper; **to ~ on a locked door** marteler une porte fermée à clef **2.** (*heart*) battre fort; **my head is ~ing** j'ai des élancements dans la tête

pour [pɔ:', *Am:* pɔ:r] I. *vt* **1.** (*cause to flow*) verser; **to ~ sb sth** servir qc à qn **2.** **to ~ money down the drain** jeter l'argent par les fenêtres II. *vi* **1.** (*flow in large amounts*) couler à flots; **the crowd ~ed into the theatre** la foule entrait en masse dans le théâtre **2.** (*rain*) **it's ~ing** (**with rain**) il pleut à verse

◆ **pour in** *vi* se déverser; (*letters, messages*) affluer

◆ **pour out** *vt* (*liquids*) verser

pout [paʊt] *vi* faire la moue

poverty ['pɒvəti, *Am:* 'pɑ:və-t̬i] *n no pl* pauvreté *f*; **to live in** (**abject**) ~ vivre dans le besoin **poverty-stricken** *adj* frappé par la misère

powder ['paʊdə', *Am:* -də'] I. *n* **1.** *no pl* poudre *f*; **curry ~** curry en poudre **2.** *no pl* (*snow*) poudreuse *f* II. *vt* saupoudrer; **to ~ one's nose** *a. iron* se poudrer le nez; **to be ~ed with sth** être saupoudré de qc

powdered *adj* **1.** (*in powder form*) en poudre; (*coffee*) instantané **2.** (*covered with powder*) poudré **powder puff** *n* houppette *f* **powder room** *n* toilettes *fpl* pour dames

power ['paʊə', *Am:* 'paʊə'] I. *n* **1.** *no pl* pouvoir *m*; **the party in** ~ le parti au pouvoir; **to seize** ~ prendre le pouvoir **2.** (*country, organization, person*) puissance *f* **3.** (*right*) pouvoir *m*; **to be in one's** ~ **to** +*infin* être en son pouvoir de +*infin* **4.** *no pl* (*electricity*) énergie *f* **5.** *no pl* MAT puissance *f*; **three to the** ~ **two** trois puissance deux **6.** **to do sb a** ~ **of good** faire un bien fou à qn; **the ~s that be** les autorités *fpl* II. *vt* (*engine, rocket*) propulser **powerboat** *n* hors-bord *m* **power cut** *n Brit, Aus* coupure *f* de courant

powerful *adj* **1.** puissant **2.** (*having great physical strength*) vigoureux **3.** (*wind, storm*) violent; (*drug, voice, emotions*) fort; (*argument*) solide

powerless *adj* impuissant; **to be ~ to** +*infin* ne pas pouvoir +*infin* **power point** *n Brit, Aus* prise *f* de courant **power station** *n* centrale *f* électrique **power steering** *n* AUTO direction *f* assistée

pp *n abbr of* **pages** pp. *fpl*

PR *n no pl* **1.** *abbr of* **proportional representation** représentation *f* proportionnelle **2.** *abbr of* **public relations** relations *fpl* publiques

practicable *adj form* faisable; (*idea*) réalisable

practical ['præktɪkl] I. *adj* pratique;

it is ~ **to do sth** qc est faisable **II.** *n* épreuve *f* pratique

practicality *n no pl* (*suitability*) fonctionnalité *f*

practically *adv* pratiquement; **to be ~ minded** avoir l'esprit pratique

practice ['præktɪs] **I.** *n* **1.** *no pl* (*action, performance*) pratique; **in ~** en pratique; **to put sth into ~** mettre qc en pratique **2.** (*normal procedure*) pratique *f*; **to make a ~ of sth** prendre l'habitude de qc **3.** (*training session*) entraînement *m*; **to be out of/in ~** être rouillé/entraîné **4.** (*of a doctor*) cabinet *m* **5.** *no pl* (*work*) exercice *m* **II.** *vt Am s.* **practise**

practise ['præktɪs] *Brit, Aus* **I.** *vt* **1.** (*do, carry out*) pratiquer **2.** (*improve skill*) s'exercer à; (*flute, one's English*) travailler; **to ~ doing sth** s'entraîner à faire qc **3.** (*work in*) exercer **II.** *vi* **1.** (*train*) s'exercer **2.** SPORT s'entraîner **3.** (*work in a profession*) exercer

practising *adj Brit, Aus* (*catholic*) pratiquant; (*doctor*) en exercice

practitioner [præk'tɪʃənə', *Am:* -ə'] *n form* praticien(ne) *m(f)*

prairie ['preəri, *Am:* 'preri] *n* (*area of flat land*) plaine *f*

praise [preɪz] **I.** *vt* **1.** (*express approval*) faire l'éloge de; **to ~ sb for sth** féliciter qn pour qc **2.** (*God*) louer **II.** *n no pl* **1.** (*expression of approval*) éloge *m* **2.** *form* (*worship*) louange *f*; **~ be** (**to God**)! Dieu soit loué!

praiseworthy ['preɪzˌwɜːði, *Am:* -ˌwɜːr-] *adj* digne d'éloges

pram [præm] *n Brit, Aus* landau *m*

prance [prɑːns, *Am:* præns] *vi* **1.** **to ~ around/about** virevolter; (*children*) gambader **2.** (*horse*) caracoler

prank [præŋk] *n* canular; **to play a ~ on sb** jouer un tour à qn

prawn [prɔːn, *Am:* prɑːn] *n* crevette *f* rose

pray [preɪ] *vt, vi* prier

prayer [preə', *Am:* prer] *n* prière *f*; **to answer sb's ~** exaucer la prière de qn

prayer book *n* livre *m* de prières

preach [priːtʃ] **I.** *vi* **1.** (*give a sermon*) **to ~ to sb** prêcher qn **2.** (*lecture*) **to ~ to sb** sermonner qn **II.** *vt* prêcher; **to ~ a sermon** faire un sermon

preacher *n* pasteur *m*

precarious [prɪ'keəriəs, *Am:* -'keri-] *adj* précaire

precaution [prɪ'kɔːʃən, *Am:* -'kɑː-] *n* précaution *f*

precede [prɪ'siːd] *vt* précéder

precedence ['presɪdəns, *Am:* 'presə-] *n no pl* **1.** (*priority*) priorité *f*; **to give ~ to sb/sth** laisser la priorité à qn/qc **2.** *form* (*order of priority*) préséance *f*; **to take ~ over sb** prendre le pas sur qn

precedent *n* précédent *m*

precinct ['priːsɪŋkt] *n* **1.** (*enclosed area*) enceinte *f* **2.** *Brit* (*shopping area*) (**shopping**) ~ zone *f* commerçante; (**pedestrian**) ~ zone *f* piétonne **3.** *Am* (*electoral district*) circonscription *f* électorale

precious ['preʃəs] *adj* **1.** (*of great value*) précieux **2.** (*affected*) affecté

precipice ['presɪpɪs, *Am:* 'presə-] *n* (*steep side*) précipice *m*; **to stand at the edge of the ~** *fig* être au bord du précipice

precipitate¹ [prɪ'sɪpɪteɪt] *vt form a.* CHEM précipiter

precipitate² [prɪ'sɪpɪtət, *Am:* -tɪt] *adj form* (*marriage*) hâtif; (*return*) précipité

precise [prɪ'saɪs] *adj* (*accurate, exact*) précis

precisely *adv* (*exactly*) précisément; **at ~ midnight** à minuit précis; **to do ~ that** faire exactement cela

precision [prɪ'sɪʒən] *n no pl* précision *f*

preclude [prɪ'kluːd] *vt form* empêcher; (*possibility*) exclure; **to ~ sb from doing sth** empêcher qn de faire qc

precocious [prɪ'kəʊʃəs, *Am:* -'koʊ-] *adj* (*developing early*) précoce

preconceived [ˌpriːkən'siːvd] *adj pej* préconçu

precondition [ˌpriːkənˈdɪʃən] *n* condition *f* préalable

predator [ˈpredətəʳ, *Am:* -t̬əʳ] *n* (*animal*) prédateur *m*; (*bird*) rapace *m*

predecessor [ˈpriːdɪsesəʳ, *Am:* ˈpredəsesəʳ] *n* prédécesseur *m*

predicament [prɪˈdɪkəmənt] *n form* situation *f* difficile; **to be in a ~** être dans une impasse

predict [prɪˈdɪkt] *vt* prédire

predictable *adj* (*able to be predicted*) prévisible

prediction *n* prédiction *f*

predispose [ˌpriːdɪˈspəʊz, *Am:* -ˈspoʊz] *vt form* **to ~ sb to** +*infin* prédisposer qn à +*infin*

predominant *adj* prédominant; (*characteristic*) dominant

predominantly *adv* (*European, hostile*) majoritairement **pre-empt** *vt form* (*person*) devancer; (*action, choice*) anticiper **pre-emptive** *adj* préventif

preen [priːn] *vt* 1. (*feathers*) lisser 2. (*groom*) **to ~ oneself** se pomponner

prefab [ˈpriːfæb] *n inf* préfabriqué *m*

preface [ˈprefɪs] *n* préface *f*; (*of a speech*) introduction *f*

prefect [ˈpriːfekt] *n* 1. (*official*) préfet *m* 2. *Brit, Aus* SCHOOL élève plus âgé chargé de la discipline

prefer [prɪˈfɜːʳ, *Am:* priːˈfɜːr] <-rr-> *vt* préférer; **to ~ sth to sth** préférer qc à qc; **I would ~ you to do sth** je préférerais que tu fasses qc *subj*

preferable *adj* préférable

preferably *adv* de préférence

preference [ˈprefrəns] *n no pl* préférence *f*; **for ~** de préférence

preferential *adj* préférentiel

prefix [ˈpriːfɪks, *Am:* ˈpriːfɪks] <-es> *n* LING préfixe *m*

pregnancy [ˈpregnəntsi] *n no pl* grossesse *f*

pregnant *adj* (*woman*) enceinte; **to be ~ by sb** être enceinte de qn; **to become ~ by sb** tomber enceinte de qn

prehistoric *adj a. pej* préhistorique

prejudice [ˈpredʒʊdɪs] **I.** *n* 1. (*preconceived opinion*) préjugé *m* 2. *no pl* (*bias*) parti *m* pris; **without ~ to sth** sans porter atteinte à qc **II.** *vt* (*chances*) compromettre; (*cause, outcome, result*) préjuger de; (*witness, jury*) influencer

prejudiced *adj pej* préconçu

prejudicial *adj form* néfaste; **~ to sth** préjudiciable à qc

preliminary [prɪˈlɪmɪnəri, *Am:* prɪˈlɪmənər-] **I.** *adj* préliminaire **II.** <-ries> *n* préliminaire *m*; SPORT épreuve *f* éliminatoire

prelude [ˈpreljuːd] *n a.* MUS prélude *m*; **a ~ to sth** un prélude de qc

premarital [ˌpriːˈmærɪtl, *Am:* -ˈmerət̬l] *adj* avant le mariage

premature [ˈpremətʃəʳ, *Am:* ˌpriːməˈtʊr] *adj* prématuré

premeditated [ˌpriːˈmedɪteɪtɪd, *Am:* -teɪt̬ɪd] *adj* prémédité

premier [ˈpremiəʳ, *Am:* prɪˈmɪr] **I.** *n Can, Aus* premier ministre *m* **II.** *adj* le plus important

première [ˈpremieəʳ, *Am:* prɪˈmɪr] *n* première *f*

premise [ˈpremɪs] *n* prémisse *f*

premises *n pl* locaux *mpl*; **on the premises** sur place

premium [ˈpriːmiəm] *n* 1. (*sum, amount*) prime *f* 2. **to be at a ~** valoir cher

premium bond *n Brit* obligation *f* d'État

premonition [ˌpriːməˈnɪʃən] *n* prémonition *f*

preoccupied *adj* préoccupé; **to be ~ with sb/sth** se faire du souci pour qn/qc

prepaid [ˌpriːˈpeɪd] *adj* prépayé; (*envelope, postcard*) préaffranchi

preparation [ˌprepəˈreɪʃən] *n* 1. *no pl* (*getting ready*) préparation *f* 2. *pl* (*measures*) préparatifs *mpl*; **to make (one's) ~s for sth/to** +*infin* se préparer à qc/à +*infin*

preparatory [prɪˈpærətəri, *Am:* -ˈperətɔːr-] *adj* préparatoire; (*sketch, report*) préliminaire

preparatory school *n Brit* école *f* primaire privée; *Am* lycée *m* privé

prepare [prɪˈpeəʳ, *Am:* -ˈper] **I.** *vt*

P p

préparer; (*way*) ouvrir; **to ~ sb for sth/to** +*infin* préparer qn à qc/à +*infin* **II.** *vi* **to ~ for sth** se préparer à qc

prepared *adj* **1.** prêt; **to be ~ to** +*infin* être prêt à +*infin* **2.** (*made*) préparé

preposition [ˌprepəˈzɪʃən] *n* préposition *f*

preposterous [prɪˈpɒstərəs, *Am:* -ˈpɑːstə-] *adj* extravagant; (*accusation, idea*) absurde

prerequisite [ˌpriːˈrekwɪzɪt] *n form* condition *f* préalable

prerogative [prɪˈrɒgətɪv, *Am:* -ˈrɑːgətɪv] *n form* **1.** (*right*) prérogative *f* **2.** (*privilege*) privilège *m*

Presbyterian I. *n* presbytérien(ne) *m(f)* **II.** *adj* presbytérien

preschool I. *n Am, Aus* maternelle *f* **II.** *adj* préscolaire

prescribe [prɪˈskraɪb] *vt* **1.** **to ~ sth for sb** prescrire qc à qn **2.** (*order*) dicter; **internationally ~d standards** normes *fpl* internationales

prescription [prɪˈskrɪpʃən] *n* (*doctor's order*) ordonnance *f*

prescriptive *adj pej* normatif

presence [ˈprezənts] *n* présence *f*; **in sb's ~** en la présence de qn

presence of mind *n* présence *f* d'esprit

present[1] [ˈprezənt] **I.** *n no pl* **the ~** le présent; **at ~** à présent, à cette heure *Belgique* **II.** *adj* **1.** (*current*) actuel; **at the ~ moment/time** en ce moment **2.** LING présent *m* **3.** (*in attendance, existing*) présent; **all those ~** tous ceux qui sont présents

present[2] [ˈprezənt] **I.** *n* (*gift*) cadeau *m*; **birthday/wedding ~** cadeau d'anniversaire/de mariage; **to get sth as a ~** recevoir qc en cadeau **II.** *vt* **1.** (*give*) présenter; **to ~ sth to sb, to ~ sb with sth** remettre qc à qn; (*gift*) offrir qc à qn; **to ~ sb with (the) facts** exposer les faits à qn **2.** (*concert, show*) donner **3.** **to ~ oneself** se présenter

presentable *adj* présentable

presentation [ˌprezənˈteɪʃən] *n* **1.** (*act of presenting*) présentation *f*;

to give a ~ on sth faire un exposé sur qc **2.** (*of a medal, gift*) remise *f*

present-day *adj* actuel; **~ London** le Londres d'aujourd'hui

presently *adv* **1.** (*soon*) bientôt **2.** (*now*) à présent

preservation [ˌprezəˈveɪʃən, *Am:* -əʳ-] *n no pl* **1.** (*upkeep*) conservation *f* **2.** (*maintenance*) entretien *m* **3.** (*protection*) protection *f*

preservative *n* conservateur *m*; **free from artificial ~s** sans conservateurs

preserve [prɪˈzɜːv, *Am:* -ˈzɜːrv] **I.** *vt* (*maintain, keep*) conserver; (*peace, status quo*) maintenir **II.** *n* (*specially conserved fruit*) conserve *f*; **apricot/strawberry ~** conserve d'abricots/de fraises

president [ˈprezɪdənt] *n* président(e) *m(f)*; **the ~ of the United States** le président des États-Unis; **Mr President** M. le Président; **Madam President** Madame la Présidente

presidential *adj* présidentiel

press [pres] **I.** *n* **1.** (*push*) pression *f* **2.** (*instrument for pressing*) presse *f* **3.** *pl* (*media*) presse *f*; **~ reports** reportages *mpl* **II.** *vt* **1.** (*push*) appuyer sur; **to ~ sth open** ouvrir qc en appuyant dessus **2.** (*squeeze*) serrer **3.** (*iron*) repasser **4.** (*force, insist*) faire pression sur; **to ~ sb to** +*infin* presser qn de +*infin* **III.** *vi* **1.** (*push*) appuyer; **to ~ against sth** presser contre qc **2.** (*be urgent*) presser; **time is ~ing** le temps presse

◆ **press for** *vt* faire pression pour obtenir

pressed *adj* pressé; **to be ~ for time** manquer de temps

pressing *adj* urgent **press release** *n* communiqué *m* de presse **press stud** *n Aus, Brit* bouton-pression *m* **press-up** *n Brit* traction *f*

pressure [ˈpreʃəʳ, *Am:* -əʳ] *n* **1.** (*force*) pression *f*; **to put ~ on sth** exercer une pression sur qc; **to be under ~** être sous pression **2.** *no pl* (*stress*) pression *f*; **to have ~** être sous pression

pressure cooker *n* autocuiseur *m*
pressure group *n* groupe *m* de pression
pressurize ['preʃəraɪz] *vt Am* **1.** (*control air pressure*) pressuriser **2.** (*persuade by force*) **to ~ sb to do sth** faire pression sur qn pour qu'il fasse qc *subj*
prestige [pre'stiːʒ] *n no pl* prestige *m*
presumably *adv* sans doute
presume [prɪ'zjuːm, *Am:* prɪ'zuːm] *vt* présumer
presumption [prɪ'zʌmpʃən] *n* présomption *f*
presumptuous *adj* présomptueux
pretence [prɪ'tents, *Am:* 'priːtents] *n no pl* comédie *f;* **to make no ~ of sth/doing sth** ne pas feindre qc/de faire qc; **under the ~ of sth/of doing sth** sous prétexte de qc/de faire qc
pretend [prɪ'tend] **I.** *vt* prétendre; **to ~ that one is asleep** faire semblant de dormir **II.** *vi* **to ~** [**to** +*infin*] faire semblant [de +*infin*]
pretense [prɪ'tents, *Am:* 'priːtents] *n no pl, Am s.* **pretence**
pretension [prɪ'tentʃən] *n* prétention *f;* **to have ~s to doing sth** avoir la prétention de faire qc
pretentious [prɪ'tentʃəs] *adj pej* prétentieux
preterit(e) ['pretərɪt, *Am:* 'pretərɪt] *n* LING **1.** (*in English*) prétérit *m* **2.** (*in French*) passé *m* simple
pretext ['priːtekst] *n* prétexte *m;* **on the ~ of doing sth** sous prétexte de faire qc
pretty ['prɪti, *Am:* 'prɪt̮-] **I.** *adj* <-ier, -iest> **1.** joli **2. a ~ penny** une coquette somme **II.** *adv* assez; (*certain*) presque; **~ much** à peu près
prevail [prɪ'veɪl] *vi* **1.** (*triumph*) l'emporter **2.** (*be widespread*) prédominer
♦ **prevail (up)on** *vt* **to ~ sb to** +*infin* persuader qn de +*infin*
prevailing *adj* actuel; **under ~ law** dans le cadre de la loi en vigueur
prevalent *adj* (*common*) courant; (*opinion*) général

prevent [prɪ'vent] *vt* empêcher; (*disaster*) éviter; **to ~ sb/sth (from** *Am*) **doing sth** empêcher qn/qc de faire qc
preventive *adj* préventif
preview ['priːvjuː] *n* (*show*) avant-première *f*
previous ['priːviəs] *adj* précédent; **on the ~ day** la veille; **the ~ evening** la veille au soir
previously *adv* **1.** (*beforehand*) avant **2.** (*formerly*) par le passé
prewar [ˌpriː'wɔːʳ, *Am:* -'wɔːr] *adj* d'avant-guerre
prey [preɪ] *n no pl* **1.** proie *f* **2. to be ~ to all sorts of fears** être en proie à toutes les peurs
♦ **prey on** *vt* **1.** (*attack*) chasser **2.** (*worry*) **to ~ sb's mind** préoccuper qn
price [praɪs] **I.** *n* **1.** prix *m;* **computer ~s** le prix des ordinateurs; **to make/name a ~** fixer/donner un prix **2. to pay a heavy ~, to pay the ~** payer le prix; **at any ~** à n'importe quel prix **II.** *vt* (*set value*) fixer le prix de; **to be reasonably ~** être abordable
priceless *adj* inestimable
pricey ['praɪsi] <pricier, priciest> *adj inf* chérot
prick [prɪk] *vt* piquer; **to ~ (one's) sth** (se) piquer qc
♦ **prick up** *vt* (*ears*) dresser
prickle ['prɪkl] **I.** *n* **1.** (*thorn*) épine *f* **2.** (*tingle*) picotement *m* **II.** *vi* picoter
prickly <-ier, -iest> *adj* **1.** (*thorny*) épineux **2.** *inf* (*easily offended*) irritable
pride [praɪd] **I.** *n* **1.** *no pl* fierté *f;* **to feel great ~** être très fier; **to take ~ in sb/sth** être fier de qn/qc **2.** (*self-respect*) orgueil *m;* **to swallow one's ~** ravaler son orgueil **II.** *vt* **to ~ oneself on sth** être fier de qc
priest [priːst] *n* prêtre *m*
priestess ['priːstes, *Am:* -stɪs] *n* prêtresse *f*
priesthood *n no pl* (*position, office*) sacerdoce *m*
prig [prɪg] *n pej* **to be a ~** se

P
p

prendre pour un saint

prim [prɪm] <-mer, -mest> *adj pej*
prude

primarily *adv* essentiellement

primary ['praɪməri, *Am:* -mer-]
I. *adj* principal; (*colour, school*) primaire; (*meaning, importance*) premier II.<-ies> *n Am* POL primaire *f*

primate ['praɪmeɪt, *Am:* -mɪt] *n*
1. ZOOL primate *m* 2. REL primat *m*

prime [praɪm] I. *adj* 1.(*main*) premier 2.(*quality*) premier; (*food*) de
premier choix II. *n no pl* apogée *m*;
in the ~ of life dans la fleur de l'âge
III. *vt* 1.(*bomb, gun, pump*)
amorcer; (*wood, surface*) apprêter
2.(*inform*) informer

prime minister *n* premier ministre
m

primer ['praɪmə^r, *Am:* -mə·] *n* base
f

primitive ['prɪmɪtɪv, *Am:* -t̬ɪv] *adj*
primitif

primrose ['prɪmrəʊz, *Am:* -roʊz],
primula *n* primevère *f*

primus® ['praɪməs] *n* réchaud *m*
de camping

prince [prɪnts] *n* prince *m*

princess [prɪn'ses, *Am:* 'prɪntsɪs] *n*
princesse *f*

principal ['prɪntsəpl] I. *adj* (*main*)
principal II. *n* (*director of college*)
directeur, -trice *m, f*, préfet, -ète *m, f*
Belgique

principle ['prɪntsəpl] *n* principe *m*;
on ~ par principe

print [prɪnt] I. *n* 1.(*printed lettering or writing*) caractères *mpl*
2.(*photo*) épreuve *f* 3.(*fingerprint*)
empreinte *f* 4.(*pattern on fabric*)
imprimé *m* 5.(*engraving*) gravure *f*
6.**to be in/out of ~** être en stock/
épuisé II. *vt* 1.(*produce, reproduce*)
imprimer 2.(*write*) écrire en lettres
d'imprimerie III. *vi* (*produce*) imprimer

◆ **print out** *vt* imprimer

printer *n* 1.(*person*) imprimeur *m*
2. INFOR imprimante *f*

printing *n* 1. *no pl* (*act*) impression *f*
2.(*business*) imprimerie *f*

printout *n* INFOR sortie *f* d'imprim-

ante

prior ['praɪə^r, *Am:* 'praɪə·] I. *adv*
form ~ **to sth/doing sth** avant qc/
de faire qc II. *adj form* précédent;
(*arrest, conviction*) antérieur III. *n*
prieur *m*

priority [praɪ'ɒrəti, *Am:* -'ɔːrət̬i] *n*
priorité *f*; **to have ~ over sb** avoir la
priorité sur qn

prise [praɪz] *vt Brit, Aus* **to ~ sth off**
[*o* ~ **off sth**] retirer qc à l'aide
d'un levier; **to ~ sth open** ouvrir qc
à l'aide d'un levier; **to ~ sth out of
sth** extirper qc de qc

prison ['prɪzən] *n* (*jail*) prison *f*; **to
go to ~** aller en prison

prisoner *n* prisonnier, -ère *m, f*; **to
take sb ~** faire qn prisonnier

privacy ['prɪvəsi, *Am:* 'praɪ-] *n no pl*
intimité *f*

private ['praɪvɪt, *Am:* -vət] I. *adj*
1.(*not public*) privé 2.(*personal*)
personnel 3.(*confidential*) confidentiel 4.(*for personal use*) privé;
(*house, lesson*) particulier 5.(*not
social*) réservé II. *n* 1. *no pl* (*privacy*) **in ~** en privé 2.(*lowest-rank-
ing army soldier*) soldat *m* de deuxième classe **private enterprise** *n*
entreprise *f* privée

privately *adv* 1.(*in private, not publicly*) en privé; (*celebrate*) dans
l'intimité 2.(*secretly*) en secret
3. **~-owned** (*business*) du secteur
privé **private school** *n* école *f* privée

privatize ['praɪvɪtaɪz, *Am:* -və-] *vt*
privatiser

privilege ['prɪvəlɪdʒ] *n* privilège *m*;
to have the ~ of doing sth avoir le
privilège de faire qc

privy ['prɪvi] *adj form* **to be ~ to sth**
avoir connaissance de qc

prize [praɪz] I. *n* (*thing to be won*)
prix *m* II. *adj* 1. *inf* (*first-rate*) de
premier ordre; (*idiot*) fini 2.(*prize-
winning*) primé III. *vt* priser **prize-
giving** *n* distribution *f* des prix
prizewinner *n* (*of a game*) ga-
gnant(e) *m(f)*; (*of an exam*) lau-
réat(e) *m(f)*

pro¹ [prəʊ, *Am:* proʊ] *n inf* pro *mf*;

The computer

1	the screen	l'écran
2	the keyboard	le clavier
3	the mouse	la souris
4	the mousemat *Brit*,	le tapis pour souris
	the mousepad *Am*	
5	the desktop	le bureau
6	the swivel chair	le fauteuil pivotant
7	the joystick	la manette (de jeu)

L'ordinateur

8	the scanner	le scanneur
9	the processor *Brit*,	le processeur
	the computer *Am*	
10	the web camera	la Webcam
11	the printer	l'imprimante
12	the speaker	les baffles
13	the disks	les disquettes

a tennis ~ un pro du tennis
pro² [prəʊ, *Am:* proʊ] *n* pour *m;*
the ~s and cons of sth le pour et le
contre de qc
probability [ˌprɒbəˈbɪləti, *Am:*
ˌprɑːbəˈbɪləʈi] *n* probabilité *f;* **in all**
~ selon toute probabilité
probable *adj* probable
probably *adv* probablement
probation *n no pl* période *f* d'essai
probe [prəʊb, *Am:* proʊb] **I.** *vt a.*
MED sonder **II.** *n* **1.** (*thorough examination, investigation*) enquête *f*
2. MED, AVIAT sonde *f*
problem [ˈprɒbləm, *Am:*
ˈprɑːbləm] *n* problème *m;* **to have**
a drinking ~ avoir un problème
d'alcoolisme
procedure [prəˈsiːdʒəʳ, *Am:* -dʒəʳ]
n procédure *f*
proceed [prəˈsiːd, *Am:* proʊˈ-] *vi*
form **1.** (*progress*) continuer; **to ~**
with sth poursuivre qc **2.** (*continue*
walking, driving) avancer **3.** (*debate,*
work) se poursuivre **4.** (*start, begin*)
to ~ to +*infin* se mettre à +*infin*
proceeding *n* **1.** (*action*) procédé *m*
2. *pl* LAW poursuites *fpl* judiciaires
3. *pl, form* (*debates*) débats *mpl*
proceeds *n pl* bénéfices *mpl*
process [ˈprəʊses, *Am:* ˈprɑː-] **I.** *n*
1. (*series of actions, steps*) process-
sus *m;* **to be in the ~ of doing sth**
être en train de faire qc **2.** (*method*)
procédé *m* **3. in the ~** en même
temps **II.** *vt a.* INFOR traiter; (*raw materials*) transformer
processing *n no pl* traitement *m;* (*of*
food) préparation *f* industrielle
procession [prəˈseʃən] *n* **1.** *a. fig*
cortège *m* **2.** REL procession *f*
processor *n* INFOR processeur *m*
proclaim [prəˈkleɪm, *Am:* proʊˈ-]
vt form proclamer
procrastinate [prəʊˈkræstɪneɪt,
Am: proʊˈkræstə-] *vi* atermoyer
procure [prəˈkjʊəʳ, *Am:* proʊˈkjʊr]
vt form (*acquire, obtain*) [se] procurer
prod [prɒd, *Am:* prɑːd] <-dd-> *vt*
a. fig pousser; **to ~ sb into doing**
sth pousser qn à faire qc

prodigal [ˈprɒdɪgl, *Am:* ˈprɑːdɪ-]
adj form prodigue
prodigy [ˈprɒdɪdʒi, *Am:* ˈprɑːdə-]
n prodige *mf*
produce¹ [prəˈdjuːs, *Am:* -ˈduːs] *vt*
1. produire **2.** (*opera, play*) mettre
en scène; **a beautifully ~d bi-**
ography une biographie merveil-
leusement présentée **3.** (*cause, bring*
about) entraîner; (*effect*) provoquer;
(*illusion*) créer
produce² [ˈprɒdjuːs, *Am:*
ˈprɑːduːs] *n no pl* (*agricultural*
products) produits *mpl*
producer *n* producteur, -trice *m, f;*
(*of a play*) metteur *m* en scène
product [ˈprɒdʌkt, *Am:* ˈprɑːdʌkt]
n a. fig produit *m*
production *n no pl* **1.** production *f*
2. THEAT mise *f* en scène **produc-**
tion line *n* chaîne *f* de fabrication
productive *adj* **1.** productif; (*land,*
soil) fertile **2.** (*accomplishing much*)
fructueux
productivity *n no pl* (*productive-*
ness) productivité *f*
profane [prəˈfeɪn, *Am:* proʊˈ-] *adj*
(*blasphemous*) blasphématoire
profession [prəˈfeʃən] *n* profession
f
professional I. *adj* professionnel; **he**
looks ~! il a l'air d'être du métier!
II. *n* professionnel(le) *m(f)*
professor [prəˈfesəʳ, *Am:* -əʳ] *n* professeur *mf*
proficiency [prəˈfɪʃnsi] *n no pl* compétence *f;* **~ in sth** compétence en
qc
profile [ˈprəʊfaɪl, *Am:* ˈproʊ-] *n*
(*outline*) profil *m;* **in ~** de profil
profit [ˈprɒfɪt, *Am:* ˈprɑːfɪt] **I.** *n*
profit *m;* **to make a ~** faire un bénéfice **II.** *vi* **to ~ from/by sth** tirer
profit de qc
profitability *n no pl* rentabilité *f*
profitable *adj* **1.** (*business*) rentable;
(*investment*) lucratif **2.** (*advantage-*
ous, beneficial) avantageux
profiteering *n no pl, pej* affairisme
m
profound [prəˈfaʊnd] *adj* profond;
(*knowledge*) approfondi

P
p

profusion *n no pl, form* profusion *f;* **in** ~ à profusion
progeny ['prəʊdʒəni, *Am:* 'prɑːdʒə-] *n pl, form* progéniture *f*
prognosis [prɒg'nəʊsɪs, *Am:* prɑːg'noʊ-, -] *n form* pronostic *m*
program ['prəʊgræm, *Am:* 'proʊ-] **I.** *n* (*computer instructions*) programme *m* **II.** <-mm-> *vt* programmer
programme ['prəʊgræm, *Am:* 'proʊ-] *Am, Aus* **I.** *n* **1.** (*broadcast*) émission *f* **2.** (*presentation, guide, list of events*) programme *m* **II.** <-mm-> *vt* programmer
programmer *n* (*person*) programmeur, -euse *m, f*
programming *n a.* INFOR programmation *f*
progress ['prəʊgres, *Am:* 'prɑː-] **I.** *n no pl* progrès *mpl;* **to make** ~ faire des progrès; **to be in** ~ être en cours; **to make slow** ~ avancer lentement **II.** *vi* progresser; **to** ~ **towards sth** s'acheminer vers qc
progressive [prə'gresɪv] *adj* **1.** *a.* LING progressif **2.** (*favouring social progress*) progressiste
prohibit [prə'hɪbɪt, *Am:* proʊ'-] *vt* (*forbid*) interdire; **to** ~ **sb from doing sth** interdire à qn de faire qc
project[1] ['prɒdʒekt, *Am:* 'prɑː-] *n* projet *m*
project[2] [prəʊ'dʒekt, *Am:* prə-] **I.** *vt* **1.** projeter **2.** (*forecast*) prévoir; **the** ~**ed increase** l'augmentation prévue **II.** *vi* (*protrude*) avancer; ~**ing teeth** dents en avant
projectile [prəʊ'dʒektaɪl, *Am:* prə'dʒektəl] *n* projectile *m*
projection [prəʊ'dʒekʃən, *Am:* prə-] *n* **1.** (*forecast*) estimation *f* **2.** (*protrusion*) avancée *f* **3.** *no pl* CINE, PSYCH projection *f*
projector [prə'dʒektəʳ, *Am:* -'dʒektɚ] *n* projecteur *m*
proletariat [ˌprəʊlɪ'teərɪət, *Am:* ˌproʊlə'terɪ-] *n no pl* prolétariat *m*
prolific [prə'lɪfɪk, *Am:* proʊ'-] *adj* prolifique
prolog *n a. Am,* **prologue** ['prəʊlɒg, *Am:* 'proʊlɑːg] *n Brit, a. fig* prologue *m*
prolong [prə'lɒŋ, *Am:* proʊ'lɑːŋ] *vt* prolonger
prom [prɒm, *Am:* prɑːm] *n* **1.** *Am* (*formal school dance*) bal *m* des écoliers **2.** *Brit* (*concert*) concert *m* **3.** *Brit* (*seaside walkway*) promenade *f*
promenade [ˌprɒmə'nɑːd, *Am:* ˌprɑːmə'neɪd] *n Brit, a. form* promenade *f*
prominent *adj* **1.** (*chin*) saillant; (*teeth*) en avant **2.** (*musician*) éminent; **a** ~ **figure in the movement** un personnage important dans le mouvement
promiscuous [prə'mɪskjuəs] *adj pej* aux nombreux partenaires sexuels
promise ['prɒmɪs, *Am:* 'prɑːmɪs] **I.** *vt* promettre; **to** ~ **sb sth** promettre qc à qn; **to** ~ **sb to** +*infin* promettre à qn de +*infin* **II.** *vi* promettre **III.** *n* promesse *f;* **to break/keep one's** ~ **to sb** manquer à/tenir sa promesse à qn
promising *adj* (*career, work*) prometteur
promontory ['prɒməntəri, *Am:* 'prɑːməntɔːr-] <-ries> *n* GEO promontoire *m*
promote [prə'məʊt, *Am:* -'moʊt] *vt* promouvoir; **to** ~ **sb to sth** promouvoir qn au rang de qc; **to** ~ **a new book** faire la promotion d'un nouveau livre
promoter *n* promoteur, -trice *m, f*
promotion *n a.* COM promotion *f*
prompt [prɒmpt, *Am:* prɑːmpt] **I.** *vt* **1.** (*spur*) encourager **2.** THEAT souffler le texte à **II.** *adj* (*quick*) prompt; (*action, delivery*) rapide; **to be** ~ **in doing sth** être prompt à faire qc **III.** *n* **1.** INFOR message *m* **2.** THEAT souffleur, -euse *m, f,* to give sb a ~, souffler son texte à qn
promptly *adv* (*quickly*) promptement
prone [prəʊn, *Am:* proʊn] *adj* **1.** (*disposed*) **to be** ~ **to** (*behaviour*) être enclin à qc; (*illness*) être sujet à qc **2.** (*likely, liable*) **to be** ~ **to** +*infin*

avoir tendance à +*infin* **3.** (*lying flat*) sur le ventre

prong [prɒŋ, *Am:* prɑːŋ] *n* (*of fork*) dent *f*

pronoun ['prəʊnaʊn, *Am:* 'prou-] *n* LING pronom *m*

pronounce [prə'naʊnts] *vt* **1.** LING prononcer **2.** (*declare*) déclarer

♦ **pronounce on** *vt* se prononcer sur

pronounced *adj* prononcé

pronouncement *n* (*declaration*) déclaration *f*

pronunciation [prə,nʌntsɪ'eɪʃən] *n* prononciation *f*

proof [pruːf] I. *n* **1.** *no pl a.* LAW, MAT preuve *f;* **to have/be ~ of sth** avoir/être la preuve de qc **2.** TYP, PHOT épreuve *f* II. *adj* (*degree of strength*) *indique la teneur en alcool pur des spiritueux*

prop [prɒp, *Am:* prɑːp] *n* **1.** (*support*) support *m* **2.** *pl* THEAT, CINE accessoires *mpl*

prop up *vt* soutenir

propaganda [,prɒpə'gændə, *Am:* ,prɑːpə'-] *n no pl, no indef art, pej* propagande *f*

propel [prə'pel] <-ll-> *vt* faire avancer

propeller *n* hélice *f*

propelling pencil *n Brit, Aus* porte-mine *m*

propensity [prə'pensəti, *Am:* -ţi] *n no pl, form* **to have a ~ to do/for sth** avoir une propension à faire/à qc

proper ['prɒpəʳ, *Am:* 'prɑːpə] *adj* **1.** (*real*) vrai **2.** (*method, training, place*) convenable; **the ~ time for sth** le moment qui convient pour qc

properly *adv* (*correctly*) correctement; (*pronounce*) comme il faut; **~ speaking** à proprement parler

proper noun *n* nom *m* propre

property ['prɒpəti, *Am:* 'prɑːpɚti] *n* **1.** *no pl* (*possession*) bien *m* **2.** *no pl* (*buildings and land*) biens *mpl* immobiliers **3.** (*house*) propriété *f* **4.** <-ties> (*attribute*) propriété *f*

property owner *n* propriétaire *mf* foncier

prophecy ['prɒfəsi, *Am:* 'prɑːfə-]

<-ies> *n* prophétie *f*

prophesy ['prɒfɪsaɪ, *Am:* 'prɑːfə-] <-ie-> *vt* prophétiser

prophet ['prɒfɪt, *Am:* 'prɑːfɪt] *n a.* REL prophète *m*

proportion [prə'pɔːʃən, *Am:* -'pɔːr-] *n* **1.** (*comparative part*) proportion *f;* **in ~ to sth** proportionnellement à qc **2.** **relative importance, to have/keep a sense of ~** avoir/garder le sens de la mesure; **to be in/out of ~ to sth** être proportionné/disproportionné par rapport à qc

proportional *adj* proportionnel

proportional representation *n no pl* représentation *f* proportionnelle

proportionate [prə'pɔːʃənət, *Am:* -'pɔːrʃənɪt] *adj s.* **proportional**

proposal *n* proposition *f;* **a marriage ~** une demande en mariage

propose [prə'pəʊz, *Am:* -'poʊz] I. *vt* **1.** (*suggest*) proposer; (*toast*) porter **2.** (*intend*) **to ~ to do/doing sth** projeter de faire qc II. *vi* **to ~ to sb** faire une demande en mariage à qn

proposition [,prɒpə'zɪʃən, *Am:* ,prɑːpə'-] *n* proposition *f*

proprietor *n* propriétaire *m*

propriety [prə'praɪəti, *Am:* -ţi] *n* bienséance *f*

pro rata [,prəʊ'rɑːtə, *Am:* ,proʊ'reɪtə] I. *adj form* proportionnel II. *adv form* au prorata

prose [prəʊz, *Am:* proʊz] *n no pl, no indef art* LIT prose *f*

prosecute ['prɒsɪkjuːt, *Am:* 'prɑːsɪ-] I. *vt a.* LAW poursuivre II. *vi* engager des poursuites judiciaires

prosecution *n no pl* LAW **1.** (*court proceedings*) poursuites *fpl* **2.** (*the prosecuting party*) **the ~** l'accusation *f*

prosecutor *n* LAW accusateur, -trice *m, f*

prospect ['prɒspekt, *Am:* 'prɑːspekt] I. *n* **1.** (*likely future*) perspective *f;* **I find that a worrying ~** je trouve que cette éventualité préoccupante; **in ~** en perspective **2.** (*chance of sth*) chance *f;* **there is**

P p

no ~ of that happening il n'y a aucun risque que ça arrive *subj* **II.** *vi* MIN prospecter; **to ~ for gold** prospecter de l'or

prospective *adj* éventuel

prospector *n* MIN prospecteur *m*

prospectus [prə'spektəs] *n* prospectus *m*

prosper ['prɒspə', *Am:* 'prɑːspə'] *vi* prospérer

prosperity [prɒ'sperəti, *Am:* prɑː'sperəˌti] *n no pl* prospérité *f*

prosperous *adj* prospère

prostitute ['prɒstɪtjuːt, *Am:* 'prɑːstətuːt] *n* prostitué(e) *m(f)*

prostrate ['prɒstreɪt, *Am:* 'prɑːstreɪt] *adj* **1.** (*lying face downward*) prosterné **2.** (*overcome*) prostré; **to be ~ with grief** être prostré de douleurs

protagonist [prə'tægənɪst, *Am:* prou'-] *n* protagoniste *mf*

protect [prə'tekt] *vt* protéger; **to ~ oneself against sth** se protéger de qc

protection *n no pl* protection *f*

protective *adj* **1.** (*affording protection*) de protection **2.** (*wishing to protect*) protecteur

protein ['prəʊtiːn, *Am:* 'prou-] *n* protéine *f*

protest ['prəʊtest, *Am:* 'proutest] **I.** *n* protestation *f;* **to do sth under ~** faire qc en protestant **II.** *vi* protester; **to ~ about/against sth** protester contre qn/qc **III.** *vt* **1.** (*solemnly affirm*) assurer **2.** *Am* (*show dissent*) protester contre

Protestant ['prɒtɪstənt, *Am:* 'prɑːt̬ə-] *n* REL protestant(e) *m(f);* **the ~ church** l'église protestante

protester *n* protestataire *mf*

protest march *n* marche *f* de protestation

protocol ['prəʊtəkɒl, *Am:* 'prout̬əkɔːl] *n no pl* (*system of rules*) protocole *m*

prototype ['prəʊtətaɪp, *Am:* 'prout̬ə-] *n* prototype *m*

protracted *adj* prolongé

protrude [prə'truːd, *Am:* prou'-] *vi* **to ~ [from sth]** saillir [de qc]

protuberance [prə'tjuːbərəns, *Am:* prou'tuː-] *n form* protubérance *f*

proud [praʊd] *adj* fier; **to be ~ to +infin** être fier de +*infin;* **as ~ as a peacock** fier comme un coq

prove [pruːv] <proved *o Am* proven> **I.** *vt* prouver **II.** *vi* s'avérer; **to ~ (to be) impossible** s'avérer impossible

proven ['pruːvən] **I.** *Am pp of* **prove II.** *adj* (*remedy*) efficace

proverb ['prɒvɜːb, *Am:* 'prɑːvɜːrb] *n* proverbe *m*

provide [prəʊ'vaɪd, *Am:* prə-] *vt* fournir; (*security, access*) offrir; **to ~ sth for sb/sth, to ~ sb/sth with sth** fournir qc à qn/qc
◆ **provide for** *vt* (*emergency, possibility*) prévoir; (*one's family*) subvenir aux besoins de

provided (that) *conj* pourvu que +*subj*

provider *n a.* INFOR fournisseur *m*

providing *conj* pourvu que +*subj*

province ['prɒvɪnts, *Am:* 'prɑːvɪnts] *n* **1.** (*area*) province *f;* **the ~s** la province **2.** *no pl* (*branch of a subject*) matière *f*

provincial I. *adj a. pej* provincial; (*city*) de province **II.** *n a. pej* provincial(e) *m(f)*

provision [prəʊ'vɪʒən, *Am:* prə-] *n* **1.** (*act of providing*) ~ **of sth** approvisionnement *m* en qc **2.** *pl* (*food*) provisions *fpl* **3.** (*preparation, prior arrangement*) dispositions *fpl;* **to make ~ for sb/sth** prendre des dispositions pour qn/qc **4.** (*stipulation in a document*) disposition *f*

provisional *adj* provisoire

proviso [prə'vaɪzəʊ, *Am:* prə'vaɪzou] <-s> *n* clause *f;* **with/on the ~ that** sous condition que +*subj*

provocative [prə'vɒkətɪv, *Am:* -'vɑːkət̬ɪv] *adj* provocant

provoke [prə'vəʊk, *Am:* -'vouk] *vt* provoquer

prow [praʊ] *n* NAUT proue *f*

prowess ['praʊɪs] *n no pl, form* prouesse *f*

prowl [praʊl] **I.** *n* **to be on the ~**

rôder **II.** *vt* rôder dans **III.** *vi* rôder
prowler *n* rôdeur, -euse *m, f*
proxy ['prɒksi, *Am:* 'prɑːk-] <-ies>
n (*authority*) procuration *f*
prudent ['pruːdnt] *adj* prudent
prudish ['pruːdɪʃ] *adj pej* prude
prune¹ [pruːn] *vt* (*trim*) **to ~ sth**
(**down**) tailler qc
prune² [pruːn] *n* (*dried plum*)
prune *f*
pry [praɪ] <pries, pried> *vi* **to ~
into sth** fouiner dans qc
PS *n abbr of* **postscript** PS *m*
psalm [sɑːm] *n* REL psaume *m*
pseudonym ['sjuːdənɪm, *Am:* 'suː-]
n pseudonyme *m*
psyche ['saɪki] *n* psyché *m*
psychiatric *adj* psychiatrique
psychiatrist *n* psychiatre *mf*
psychiatry [saɪˈkaɪətri] *n no pl* psychiatrie *f*
psychic ['saɪkɪk] **I.** *n* voyant(e) *m(f)*
II. *adj* **1.** (*concerning occult
powers*) parapsychologique **2.** (*of
the mind*) psychique
psychoanalysis [ˌsaɪkəʊəˈnæləsɪs,
Am: -koʊəˈ-] *n no pl* psychanalyse *f*
psychological *adj* psychologique
psychologist *n* psychologue *mf*
psychology [saɪˈkɒlədʒi, *Am:*
-ˈkɑːlə-] <-ies> *n* psychologie *f*
psychopath ['saɪkəʊpæθ, *Am:*
-kəpæθ] *n* psychopathe *mf*
psychotic [saɪˈkɒtɪk, *Am:* -ˈkɑːtɪk]
I. *adj* psychotique **II.** *n* psychotique
mf
PT *n no pl* SCHOOL *abbr of* **physical
training** EPS *f*
pt *n* **1.** *abbr of* **pint** pinte *f* **2.** *abbr of*
point point *m*
PTO *abbr of* **please turn over** TSVP *f*
pub [pʌb] *n Aus, Brit, inf abbr of*
public-house pub *m*
puberty ['pjuːbəti, *Am:* -bɚ̩ti] *n no
pl* puberté *f*
pubic ['pjuːbɪk] *adj* pubien
public ['pʌblɪk] **I.** *adj* public; **in the
~ interest** dans l'intérêt général **II.** *n
no pl,* + *sing/pl vb* public *m;* **in ~** en
public **public address, public address system** *n* système *m* de haut-
parleurs

publican *n Aus, Brit* patron (ne) *m(f)*
d'un pub
publication [ˌpʌblɪˈkeɪʃən] *n* publication *f* **public bar** *n Brit* bar *m*
public company *n Brit* société *f*
anonyme **public convenience** *n
Aus, Brit, form* toilettes *fpl* publiques
public holiday *n* jour *m* férié **public house** *n Brit, form s.* **pub**
publicity [pʌbˈlɪsəti, *Am:* -t̩i] *n no
pl* publicité *f*
publicize ['pʌblɪsaɪz] *vt* (*event*) annoncer; **don't ~ it** ne le crie pas sur
les toits **public limited company**
n s. **public company public-
minded** *adj* social **public opinion**
n opinion *f* publique **public prosecutor** *n* avocat *m* général **public
relations** *npl* relations *fpl* publiques
public school *n* **1.** *Brit* (*private
school*) école *f* privée **2.** *Am, Aus*
(*state funded school*) école *f* publique **public-spirited** *s.* **public-
minded public transport** *n*, **public transportation** *n Am* transports *mpl* public
publish ['pʌblɪʃ] *vt* publier
publisher *n* éditeur, -trice *m, f*
publishing *n no pl, no art* l'édition *f*
pucker *vt* **to ~ sth** (**up**) froncer qc
pudding ['pʊdɪŋ] *n* **1.** (*steamed
dish*) pudding *m* **2.** *Brit* (*sweet
course*) dessert *m*
puddle ['pʌdl] *n* flaque *f* d'eau
puff [pʌf] **I.** *vi* **1.** (*smoke*) **to ~ at/
on a cigarette** fumer une cigarette
2. (*be out of breath*) haleter **II.** *vt*
(*cigar, cigarette*) tirer sur **III.** *n* **1.** *inf*
(*of air, smoke*) bouffée *f* **2.** *Am, Can*
(*stuffed quilt*) édredon *m,* fourre *f
Suisse* **3.** *no pl, Brit, inf* (*breath*)
souffle *m;* **to be out of ~** être à bout
de souffle
◆ **puff out** *vt* (*cause to swell*)
gonfler
puffin ['pʌfɪn] *n* ZOOL macareux *m*
puff pastry *n* pâte *f* feuilletée
puffy <-ier, -iest> *adj* bouffi
pugnacious [pʌgˈneɪʃəs] *adj form*
pugnace
pull [pʊl] **I.** *vt* **1.** (*exert force, tug,
draw*) tirer; **to ~ sth open** ouvrir qc

P
p

en tirant **2.** (*tooth, plant*) arracher; (*gun, knife*) sortir; **to ~ sb out of sth** extraire qn de qc **3.** (*muscle, tendon*) se déchirer **4.** (*attract*) attirer **II.** *vi* **to ~ at sth** tirer qc **III.** *n* **1.** (*act of pulling*) coup *m;* **to give sth a ~** tirer sur qc **2.** *no pl, inf* (*influence*) influence *f*

◆**pull apart** *vt* **1.** (*break into pieces, dismantle*) **to pull sth apart** démonter qc **2.** (*separate using force*) **to pull sb/sth apart** séparer qn/qc avec force

◆**pull away** *vi* (*train*) partir; (*car*) démarrer

◆**pull down** *vt* (*demolish*) démolir

◆**pull in** *vi* AUTO se rabattre; (*to park*) s'arrêter

◆**pull off** *vt* **1.** (*take off*) enlever **2.** *inf* (*succeed in difficult task*) **to pull [it] off** réussir

◆**pull out** **I.** *vi* **1.** (*drive onto a road*) déboîter **2.** (*leave station*) partir **3.** (*withdraw*) **to ~ [of sth]** se retirer [de qc] **II.** *vt* (*leave*) retirer

◆**pull over** *vi* (*car, driver*) s'arrêter

◆**pull through** *vi* s'en sortir

◆**pull together** *vt* **to pull oneself together** se ressaisir

◆**pull up** **I.** *vt a. fig* remonter; (*chair*) prendre **II.** *vi* s'arrêter

pulley ['pʊli] <-eys> *n* poulie *f*

pullover ['pʊləʊvəʳ, *Am:* -oʊvɚ] *n* *Brit* pullover *m*

pulp [pʌlp] *n* **1.** (*of fruit*) pulpe *f* **2.** *fig* **to beat sb to a ~** réduire qn en bouillie

pulpit ['pʊlpɪt] *n* REL chaire *f*

pulsate [pʌl'seɪt, *Am:* 'pʌlseɪt] *vi* battre; (*music*) vibrer

pulse[1] [pʌls] **I.** *n* (*heartbeat*) pouls *m* **II.** *vi* battre

pulse[2] [pʌls] *n* GASTR légume *m* sec

pummel ['pʌml] *vt* rouer de coups

pump[1] [pʌmp] *n* *Am, Aus* (*high-heeled shoe*) escarpin *m*

pump[2] **I.** *n* pompe *f;* **fuel ~** pompe à essence *f* **II.** *vt* **1.** (*use pump on*) pomper; **to ~ into a tyre** pomper de l'air dans une roue **2.** (*interrogate*) tirer les vers du nez à

pumpkin ['pʌmpkɪn] *n* citrouille *f*

pun [pʌn] *n* calembour *m*

punch[1] [pʌntʃ] **I.** *vt* (*hit*) **to ~ sb** donner un coup de poing à qn; **to ~ sb unconscious** assommer qn **II.** <-ches> *n* (*hit*) coup *m* de poing

punch[2] [pʌntʃ] **I.** *vt* **1.** (*paper*) perforer **2.** (*stamp*) poinçonner; (*ticket*) composter **II.** <-ches> *n* (*tool for puncturing*) poinçonneuse *f*

punch[3] [pʌntʃ] *n* (*drink*) punch *m*

Punch (and Judy) *n* Guignol *m*

punch card *n* carte *f* perforée

punch line *n* chute *f* (*d'une histoire drôle*) **punch-up** *n* *Brit* bagarre *f;* **to have a ~** se bagarrer

punctual ['pʌŋktʃuəl] *adj* à l'heure; (*person*) ponctuel

punctuation *n* *no pl* ponctuation *f*

punctuation mark *n* signe *m* de ponctuation

puncture ['pʌŋktʃəʳ, *Am:* -tʃɚ] **I.** *vt* percer; (*tyre*) crever **II.** *n* (*tyre*) crevaison *f*

pundit ['pʌndɪt] *n a. pej* expert(e) *m(f)*

pungent ['pʌndʒənt] *adj* **1.** (*strong, unpleasant*) fort **2.** (*critical*) mordant

punish ['pʌnɪʃ] *vt* punir; **to ~ sb with a fine** frapper qn d'une amende

punishing *adj* (*trying*) épuisant

punishment *n* **1.** (*punishing*) punition *f* **2.** (*penalty*) sanction *f*

punk [pʌŋk] **I.** *n* **1.** *Am, inf* (*worthless person*) vaurien *m* **2.** (*anarchist*) punk *m* **II.** *adj* punk

punter *n* *Brit, inf* **1.** (*gambler*) parieur, -euse *m, f* **2.** (*customer*) client(e) *m(f)*

puny ['pjuːni] <-nier, -niest> *adj* (*person*) chétif; (*hand, arm*) frêle

pup [pʌp] *n* (*dog*) chiot *m*

pupil[1] ['pjuːpl] *n* (*school child*) élève *mf*

pupil[2] ['pjuːpl] *n* ANAT pupille *f*

puppet ['pʌpɪt] *n a. pej* marionnette *f*

puppy ['pʌpi] <-ppies> *n* chiot *m*

purchase ['pɜːtʃəs, *Am:* 'pɜːrtʃəs] **I.** *vt form* acheter **II.** *n form* achat *m*

purchaser *n* (*buyer*) acheteur, -euse

m, f **purchasing power** *n* pouvoir *m* d'achat

pure [pjʊəʳ, *Am:* pjʊr] *adj* pur

purée ['pjʊəreɪ, *Am:* pjʊ'reɪ] *n* purée *f*

purely *adv* purement

purge ['pɜːdʒ, *Am:* 'pɜːrdʒ] I. *vt a. fig* purger; (*opponents*) éliminer II. *n a. fig* purge *f*

purify ['pjʊərɪfaɪ, *Am:* 'pjʊrə-] *vt a. fig* purifier

purist *n* puriste

puritan ['pjʊərɪtən, *Am:* 'pjʊrɪ-] I. *n* puritain(e) *m(f)* II. *adj* puritain

purity ['pjʊərəti, *Am:* 'pjʊrɪt̬i] *no pl n* pureté *f*

purl [pɜːl, *Am:* pɜːrl] I. *n* maille *f* à l'envers II. *vt, vi* tricoter à l'envers

purple ['pɜːpl, *Am:* 'pɜːr-] I. *adj* 1. (*blue and red mixed*) violet 2. (*red*) pourpre; **to become ~** (*in the face*) rougir II. *n no pl* 1. (*blue and red mixed*) violet *m* 2. (*crimson*) pourpre *m; s. a.* **blue**

purport ['pɜːpət, *Am:* pɜːr'pɔːrt] *vi form* **to ~** *+infin* prétendre *+infin*

purpose ['pɜːpəs, *Am:* 'pɜːrpəs] *n* but *m;* **for that very ~** pour cette raison; **to be to no ~** être inutile; **on ~** exprès

purr [pɜːʳ, *Am:* pɜːr] *vi* ronronner

purse [pɜːs, *Am:* pɜːrs] I. *n* 1. *Am* (*handbag*) sac *m* (à main) 2. *Brit* (*wallet*) porte-monnaie *m*, bourse *f Belgique* II. *vt* **to ~ one's lips** pincer les lèvres

pursue [pə'sjuː, *Am:* pəʳ'suː] *vt* 1. *a. fig* poursuivre 2. (*way, line*) suivre; **to ~ a matter any further** s'étendre sur un sujet

pursuer *n* (*chaser*) poursuivant(e) *m(f)*

pursuit [pə'sjuːt, *Am:* pəʳ'suːt] *n* 1. (*action of pursuing*) poursuite *f;* **to be in ~ of sb/sth** être à la poursuite [*o* recherche] de qn/qc 2. (*activity*) activité *f*

pus [pʌs] *n no pl* pus *m*

push [pʊʃ] I. *vt* 1. *a. fig* pousser; **to ~ a door open** ouvrir une porte en la poussant; **to ~ one's head through the window** passer sa tête par la fe-

nêtre 2. (*persuade*) **to ~ sb into doing sth** pousser qn à faire qc 3. (*force, be demanding*) pousser; **to ~ oneself** se forcer 4. (*button, bell*) appuyer sur 5. *inf* (*promote*) faire la pub de II. *vi* pousser; ~ (*on door*) poussez III. <-shes> *n* 1. (*shove*) *a. fig* poussée *f;* **to give sb/sth a ~** *a. fig* pousser qn/qc 2. (*strong action*) effort *m;* **to make a ~ for sth** faire un effort pour qc

◆ **push about, push around** *vt inf* **to push sb around** marcher sur les pieds à qn

◆ **push in** *vt* (*cut in line*) resquiller

◆ **push off** *vi inf* (*leave*) se casser; ~! dégage!

◆ **push on** *vi* **to ~** [**with sth**] continuer [qc]

◆ **push through** *vt* (*proposal, measure*) fairer passer **pushchair** *n Brit* poussette *f*

pusher *n* (*drug ~*) dealer *m*

pushover *n inf* (*easy success*) **to be a ~** être du gâteau **push-up** *n Am* traction *f;* **to do ~s** faire des pompes

pushy ['pʊʃi] *adj pej* ambitieux

puss [pʊs] <-sses> *inf,* **pussy** ['pʊsi] *n* <-ssies> *inf* minou *m*

put [pʊt] <-tt-, put, put> *vt* 1. (*place*) mettre; **to ~ sth on/in/around sth** mettre qc sur/dans/autour de qc 2. (*direct*) mettre; **to ~ the emphasis on sth** mettre l'accent sur qc 3. (*invest*) placer; **to ~ money into sth** investir de l'argent dans qc 4. (*cause to be*) mettre; **to ~ sb in a good mood/at ease** mettre qn de bonne humeur/à l'heure; **to ~ sb to bed/to death** mettre qn au lit/à mort; **to ~ sb in a rage** mettre qn en colère; **to ~ sth right** arranger qc 5. (*express*) dire; (*question*) poser; **I couldn't have ~ it better** on ne saurait mieux le formuler 6. (*estimate*) estimer; **to ~ sb/sth at sth** estimer qn/qc à qc

◆ **put across** <-tt-> *vt irr* **to put sth across** faire comprendre qc

◆ **put aside** <-tt-> *vt irr* mettre de côté

◆ **put away** <-tt-> *vt irr* 1. (*clean*

up) ranger **2.** *inf* (*in prison, hospital*) enfermer

◆ **put back** <-tt-> *vt irr* **1.** (*return to its place*) **to put sth back** remettre qc (à sa place) **2.** (*postpone*) remettre **3.** (*delay*) retarder

◆ **put by** <-tt-> *vt irr* mettre de côté

◆ **put down** <-tt-> *irr vt* **1.** (*set down*) poser **2.** (*drop off*) **to put sb down** déposer qn **3.** (*write*) inscrire; **I'll put it down** je vais le noter **4.** (*attribute*) **to ~ sth to sb/sth** mettre qc sur le compte de qn/qc **5.** (*rebellion*) réprimer **6.** (*have killed*) abattre; (*dog*) faire piquer

◆ **put forward** <-tt-> *vt irr* **1.** (*submit, offer*) avancer; (*candidate, plan*) proposer **2.** (*advance*) avancer

◆ **put in** <-tt-> *irr vt* **1.** (*invest, devote*) investir **2.** (*present*) présenter

◆ **put off** <-tt-> *vt irr* **1.** (*light, tv*) éteindre **2.** (*postpone, delay*) repousser; **to put sth off for a week** remettre qc à une semaine; **to put sb off** décommander qn **3.** (*repel*) dégoûter **4.** (*dissuade*) **to put sb off doing sth** dissuader qn de faire qc **5.** (*distract*) déconcentrer

◆ **put on** <-tt-> *vt irr* **1.** (*wear*) porter; **to put clean things on** mettre des vêtements propres, se rapproprier *Belgique, Nord* **2.** (*turn on*) allumer; **I'll put the kettle on** je vais faire bouillir de l'eau **3.** (*CD, film*) passer; (*play, concert*) monter **4.** (*assume, pretend*) affecter; (*air, accent*) prendre **5.** (*increase, add*) augmenter; **to ~ weight/speed** prendre du poids/de la vitesse **6.** (*extra trains, flights*) mettre en service **7.** (*bet*) **to put sth on sth** miser qc sur qc

◆ **put out** <-tt-> *irr vt* **1.** (*take outside*) sortir; **to ~ one's tongue** tirer la langue **2.** (*bother*) déranger **3.** (*disconcert*) contrarier; **to be ~ by sth** être déconcerté par qc **4.** (*ex-*

tinguish, turn off) éteindre; (*gas, water*) fermer **5.** (*dislocate*) démettre; **to put one's shoulder out** se démettre l'épaule

◆ **put through** <-tt-> *vt irr* TEL **to put sb through** mettre qn en ligne; **to put sb through to sb** passer qn à qn

◆ **put up** <-tt-> *irr* **I.** *vt* **1.** (*build, install*) ériger; (*tent*) dresser; (*umbrella*) ouvrir **2.** *Brit* (*price*) augmenter **3.** (*give shelter*) **to put sb up** héberger qn **4.** (*submit, present*) présenter; **to ~ a struggle** opposer une résistance; **to put sb up as sth** proposer qn comme qc **5.** (*money*) fournir **6.** (*poster*) accrocher **II.** *vi inf* **to ~ with sb/sth** supporter qn/qc

putrid ['pju:trɪd] *adj form* putride

putt [pʌt] SPORT **I.** *vt, vi* putter **II.** *n* putt *m*

putting green *n* SPORT green *m*

putty *n no pl* mastic *m*

puzzle ['pʌzl] **I.** *vt* intriguer **II.** *vi* **to ~ about** [*o* **over**] **sth** chercher à comprendre qc **III.** *n* **1.** (*analytical game*) devinette *f* **2.** (*mechanical game*) casse-tête *m* **3.** (*mystery*) mystère *m*

◆ **puzzle out** *vt* deviner

puzzling *adj* déroutant

pyjamas [pə'dʒɑːməz] *npl* pyjama *m*; **a pair of ~** un pyjama

> ❗ **pyjamas** s'emploie au pluriel: "Where are my pyjamas?" Mais **a pair of pyjamas** s'emploie au singulier: "Is this my pair of pyjamas?"

pylon ['paɪlɒn, *Am:* -lɑːn] *n* pylône *m*

pyramid ['pɪrəmɪd] *n* pyramide *f*

Pyrex® ['paɪəreks] *n* pyrex® *m*

python ['paɪθən, *Am:* -θɑːn] <-(ons)> *n* python *m*

Q, q [kju:] <-'s> n Q, q m
quack¹ [kwæk] n (duck's sound) coin-coin m
quack² [kwæk] n (fake doctor) charlatan m
quad [kwɒd, Am: kwɑ:d] n s. **quadrangle**
quadrangle ['kwɒdræŋgl, Am: 'kwɑ:dræŋ-] n cour f intérieure
quadruple ['kwɒdru:pl, Am: 'kwɑ:dru:-] I. vt, vi quadrupler II. adj quadruple
quadruplet ['kwɒdru:plət, Am: kwɑ:'dru:plɪt] n quadruplé(e) m(f)
quagmire ['kwægmaɪə(r), Am:-ə-] n bourbier m
quail¹ [kweɪl] <-(s)> n (small bird) caille f
quail² [kweɪl] vi (feel fear) trembler; **to ~ with fear** trembler de peur; **to ~ before sb/sth** trembler devant qn/qc
quaint [kweɪnt] adj (charming) pittoresque
quake [kweɪk] I. n tremblement m de terre II. vi (earth, person) trembler; **to ~ with sth** trembler de qc
Quaker ['kweɪkə(r), Am: -kə-] n quaker, -resse m, f
qualification [ˌkwɒlɪfɪ'keɪʃn, Am: ˌkwɑ:lɪ-] n 1. a. SPORT, LING qualification f 2. (document, exam) diplôme m 3. (limiting criteria) réserve f
qualified adj 1. (competent) qualifié 2. (trained) diplômé; **I'm not ~ to answer this question** je ne suis pas compétent pour répondre à cette question 3. (limited) mitigé
qualify ['kwɒlɪfaɪ, Am: 'kwɑ:lɪ-] <-ie-> I. vt 1. (give credentials, make eligible) qualifier 2. (add reservations to) nuancer 3. (give the right) donner droit à II. vi 1. SPORT se qualifier 2. (meet standards) **to ~ for sth** remplir les conditions

requises pour qc 3. (be eligible) **to ~ for sth** avoir droit à qc 4. (complete training) **to ~** [as an engineer] obtenir son diplôme [d'ingénieur]
quality ['kwɒləti, Am: 'kwɑ:ləti] I. <-ies> n qualité f; **high/low ~** bonne/mauvaise qualité II. adj de qualité
qualm [kwɑ:m] n (scruple) scrupule m; **to have no ~s about doing sth** ne pas avoir de scrupules à faire qc
quandary ['kwɒndəri, Am: 'kwɑ:n-] n dilemme m; **to be in a real ~** ne pas savoir du tout quoi faire
quantify [ˌkwɒntɪfaɪ, Am: ˌkwɑ:nt̬ə-] vt quantifier
quantity ['kwɒntəti, Am: 'kwɑ:nt̬əti] <-ies> n quantité f; **in ~** en grande quantité **quantity surveyor** n Brit métreur, -euse m, f
quarantine ['kwɒrənti:n, Am: 'kwɔ:rən-] I. n quarantaine f II. vt **to ~ sb/an animal** mettre qn/un animal en quarantaine
quark [kwɑ:k, Am: kwɑ:rk] n PHYS quark m
quarrel ['kwɒrəl, Am: 'kwɔ:r-] I. n dispute f; **a ~ over sth** une dispute à propos de qc II. <-ll-> vi se disputer; **to ~ about sth** se disputer à propos de qc
quarrelsome ['kwɒrəlsəm, Am: 'kwɔ:r-] adj querelleur
quarry ['kwɒri, Am: 'kwɔ:r-] n 1. (mine) carrière f 2. fig proie f
quart [kwɔ:t, Am: kwɔ:rt] n 1. Brit: 1,136 litres, pinte f Québec 2. Am: 0,946 litres
quarter ['kwɔ:tə(r), Am: 'kwɔ:rt̬ə-] n 1. (one fourth) quart m; **three ~s** trois quarts; **a ~ of an hour** un quart d'heure 2. (15 minutes) **a ~ to three** trois heures moins (le) quart; **a ~ past** [o Am **after**] **three** trois heures et quart 3. (1/4 of year, school term) trimestre m 4. Am (25 cents coin) pièce f de 25 cents 5. (neighbourhood) quartier m; **at close ~s** de près; **from all ~s** de tous côtés

Qq

quarterfinal *n* quart *m* de finale

quarterly ['kwɔːtəlɪ, *Am:* 'kwɔːrṭəˈlɪ] **I.** *adv* par trimestre **II.** *adj* (*magazine*) trimestriel

quartermaster *n* MIL intendant(e) *m(f)*

quartet, quartette [kwɔːˈtet, *Am:* kwɔːr-] *n* MUS quatuor *m*

quartz [kwɔːts, *Am:* kwɔːrts] *n no pl* quartz *m* ▸ **quartz watch** montre *f* à quartz

quash [kwɒʃ, *Am:* kwɑːʃ] *vt* **1.** (*rebellion*) écraser; (*suggestion, objection*) balayer; (*rumours*) faire taire; (*dreams, hopes, plans*) anéantir **2.** LAW casser; (*law, bill, writ*) annuler

quasi- ['kwɑːsɪ, *Am:* 'kweɪsaɪ] *in compounds* quasi

quaver ['kweɪvə(r), *Am:* -vəʳ] **I.** *vi* chevroter **II.** *n* **1.** (*shake*) tremblement *m;* **a ~ in one's voice** un tremblement dans la voix **2.** *Aus, Brit* MUS croche *f*

quay [kiː] *n* quai *m*

queasy ['kwiːzɪ] *adj* (*nauseous*) **to feel ~** avoir mal au cœur; **to have a ~ stomach** avoir des haut-le-cœur

Quebec [kwɪˈbek, *Am:* kwiːˈbek] *n* **1.** (*province*) le Québec **2.** (*town*) Québec

queen [kwiːn] *n* **1.** *a. fig* reine *f* **2.** GAMES dame *f;* **~ of hearts** dame de cœur

Queen Mother *n* reine *f* mère

queer [kwɪə(r), *Am:* kwɪr] **I.** <-er, -est> *adj* **1.** (*ideas*) bizarre; **to feel rather ~** ne pas se sentir bien **2.** *pej* pédé **II.** *n pej* pédé *m*

quell [kwel] *vt* **1.** (*put an end*) réprimer; (*emotions*) apaiser **2.** (*silence, subdue*) faire taire

quench [kwentʃ] *vt* (*satisfy*) **to ~ sb's thirst** étancher la soif de qn

querulous ['kwerʊləs, *Am:* 'kwerjə-] *adj* geignard; **in a ~ voice** d'un ton geignard

query ['kwɪərɪ, *Am:* 'kwɪrɪ] **I.** <-ies> *n* question *f;* **there's a ~ over sth** il y a des doutes sur qc **II.** <-ie-> *vt* demander; **to ~ whether …** (se) demander si …

quest [kwest] *n* recherche *f;* **in ~ of**

sb/sth à la recherche de qn/qc; **the ~ for truth** la quête de la vérité; **our ~ to save lives** notre mission de sauver des vies

question ['kwestʃən] **I.** *n* **1.** (*inquiry*) question *f;* **to ask sb a ~** poser une question à qn **2.** *no pl* (*doubt*) **without ~** sans aucun doute; **to be beyond ~** ne pas faire de doute; **to call sth into ~** mettre qc en doute **3.** (*issue*) question *f;* **to be a ~ of time/money** être une question de temps/d'argent; **to be out of the ~** être hors de question; **there's no ~ of sb doing sth** il est hors de question que qn fasse qc (*subj*); **the time/place in ~** le lieu en question **II.** *vt* **1.** (*ask*) questionner **2.** (*doubt*) mettre en doute

questionable *adj* discutable

question mark *n* point *m* d'interrogation

questionnaire [ˌk(w)estʃəˈneə(r), *Am:* ˌkwestʃəˈner] *n* questionnaire *m*

queue [kjuː] **I.** *n* *Aus, Brit* **1.** (*line*) queue *f;* (*in traffic*) file *f;* **to be in a ~ for sth** faire la queue pour qc; **to join a ~** se mettre à la queue; **to jump the ~** passer devant tout le monde **2.** INFOR file *f* d'attente **II.** *vi* **1.** (*wait*) faire la queue; **to ~ for sth/to** +*infin* faire la queue pour qc/pour +*infin* **2.** INFOR être en file d'attente

quibble ['kwɪbl] **I.** *n* chicane *f* **II.** *vi* chicaner

quiche [kiːʃ] *n* quiche *f*

quick [kwɪk] **I.** <-er, -est> *adj* **1.** (*fast*) rapide; **~ as lightning** rapide comme l'éclair; **the ~est way** le chemin le plus rapide **2.** (*smart*) vif; **to have a ~ mind** être vif d'esprit; **~ thinking** rapidité d'esprit **II.** <-er, -est> *adv* vite; **as ~ as possible** aussi vite que possible

quicken ['kwɪkən] **I.** *vt* (*pace*) accélérer **II.** *vi* **1.** (*increase speed*) accélérer **2.** (*become alive*) s'éveiller

quickly *adv* vite; **the report was ~ written** le rapport a été écrit rapidement

quicksand ['kwɪksænd] *n no pl* sables *mpl* mouvants **quick-witted** *adj* vif

quid [kwɪd] *n Brit, inf (pounds)* livre *f*

quiet ['kwaɪət] **I.** *n no pl* **1.** *(silence)* silence *m* **2.** **on the ~** en douce **II.** *adj* **1.** *(not loud)* doux; *(voice)* bas **2.** *(silent)* tranquille; **be ~** tais-toi **3.** *(secret)* **to keep sth ~, keep ~ about sth** garder qc pour soi **4.** *(wedding)* intime **5.** *(calm)* calme

quieten ['kwaɪətn] *vi, vt* **1.** *(calm)* calmer **2.** *(allay)* apaiser

◆**quieten down I.** *vi (calm)* se calmer **II.** *vt* **1.** *(silence)* calmer **2.** *(calm (down))* apaiser

quietly *adv* **1.** *(silently)* silencieusement **2.** *(play)* sagement **3.** *(speaking)* doucement **4.** *(peacefully)* paisiblement **5.** *(discreetly)* discrètement

quilt [kwɪlt] *n* édredon *m;* **continental ~** couette *f*

quinine [kwɪ'niːn, *Am:* 'kwaɪnaɪn] *n no pl* quinine *f*

quintet(te) [kwɪn'tet] *n* MUS quintette *m*

quintuplet ['kwɪntjuːplet, *Am:* kwɪn'tʌplɪt] *n* quintuplé(e) *m(f)*

quip [kwɪp] *n* bon mot *m*

quirk [kwɜːk, *Am:* kwɜːrk] *n* **1.** *(habit)* excentricité *f* **2.** *(oddity)* bizarrerie *f*

quit [kwɪt] **I.** *vt* **1.** *a.* INFOR quitter; **to ~ one's job** démissionner **2.** *(stop)* abandonner; **~ bothering me** arrête de m'embêter **II.** *vi* **1.** *(give up)* abandonner **2.** *(resign)* démissionner

quite [kwaɪt] **I.** *adv* **1.** *(fairly)* assez; **~ a distance** assez loin; **~ a lot of money/letters** vraiment beaucoup d'argent/de lettres **2.** *(completely)* complètement; *(different)* tout à fait **3.** *(exactly)* tout à fait; **that's not ~ right** ce n'est pas tout à fait exact; **I don't ~ understand** je n'ai pas tout à fait compris **4.** *(really)* véritable; **it was ~ a struggle** c'était vraiment difficile **II.** *interj* c'est ça!

quits [kwɪts] *adj* **to be ~ with sb**

être quitte envers qn; **to call it ~** en rester là

quiver[1] ['kwɪvə(r), *Am:* -ə·] **I.** *n (excitement, fear)* frisson *m* **II.** *vi* frémir; **to ~ with rage** trembler de colère

quiver[2] ['kwɪvə(r), *Am:* -ə·] *n* carquois *m*

quiz [kwɪz] **I.** <-es> *n* **1.** *(game)* jeu-concours *m* **2.** *Am (short test)* contrôle-surprise *m* **II.** *vt* questionner

quizzical ['kwɪzɪkl] *adj (teasing)* moqueur

quota ['kwəʊtə, *Am:* 'kwoʊtə] *n (allowance)* quota *m*

quotation [kwəʊ'teɪʃn, *Am:* kwoʊ'-] *n* **1.** *(words)* citation *f* **2.** *(estimate)* devis *m*

quotation marks *npl* guillemets *mpl*

quote [kwəʊt, *Am:* kwoʊt] **I.** *n* **1.** *inf (quotation)* citation *f* **2.** *inf (estimate)* devis *m* **3. ~ … unquote** je cite … fin de citation **II.** *vt* **1.** *(repeat)* citer; **the press ~d him as saying sth** selon les journaux, il aurait dit qc **2.** *(price)* établir **III.** *vi* citer

quotient ['kwəʊʃnt, *Am:* 'kwoʊ-] *n* quotient *m*

R r

R, r [ɑːʳ, *Am:* ɑːr] <-'s o -s> *n* R, r *m*

rabbi ['ræbaɪ] *n* rabbin *m*

rabbit ['ræbɪt] *n* lapin *m*

rabbit hutch *n* clapier *m*

rabble ['ræbl] *n no pl (mob)* cohue *f*

rabies ['reɪbiːz] *n + sing vb* la rage

RAC *n Brit abbr of* **Royal Automobile Club** *organisme britannique d'assistance pour les automobilistes*

race[1] [reɪs] **I.** *n* **1.** SPORT **a 100-metre ~** un cent mètres **2.** *(contest)* course *f* **II.** *vi* **1.** *(compete)* courir; **to ~ against sb** faire la course avec qn **2.** *(rush)* aller à toute

allure; (*heart, engine*) s'emballer **3.** (*hurry*) se dépêcher **III.** *vt* **1.** (*compete with*) faire la course avec **2.** (*enter for races*) faire courir
race² [reɪs] *n no pl* SOCIOL race *f*
racecourse *n* champ *m* de courses
racehorse *n* cheval *m* de course
racing *n* (*horses*) les courses *fpl*
racing car *n* voiture *f* de course **racing driver** *n* pilote *mf* automobile
racism ['reɪsɪzəm] *n no pl* racisme *m*
racist I. *n* raciste *mf* **II.** *adj* raciste
rack [ræk] *n* (*frame, shelf*) étagère *f*; (*for oven*) grille *f*; (*for dishes*) égouttoir *m*
racket ['rækɪt] *n* **1.** SPORT raquette *f* **2.** *no pl, inf* (*noise*) vacarme *m* **3.** (*dishonest scheme*) escroquerie *f*
racy ['reɪsɪ] <-ier, -iest> *adj* émoustillant
radar ['reɪdɑː', *Am:* -dɑːr] *n no pl* radar *m*
radiant ['reɪdɪənt] *adj* **1.** (*shining*) rayonnant **2.** (*happy*) radieux
radiate ['reɪdɪeɪt] **I.** *vi* **1.** (*emit rays*) rayonner **2.** (*emotion*) émaner; (*paths*) diverger **II.** *vt* **1.** (*emit*) émettre **2.** (*display*) répandre
radiation *n no pl* (*waves*) radiation *f*
radiator ['reɪdɪeɪtə', *Am:* -t̬ə-] *n* radiateur *m*
radical ['rædɪkl] **I.** *n* (*person*) radical(e) *m(f)* **II.** *adj* radical
radicle ['rædɪkl] *n* radical *m*
radio ['reɪdɪəʊ, *Am:* -oʊ] **I.** *n* radio *f*; **on the** ~ à la radio **II.** *vt* (*call*) contacter par radio; (*send*) envoyer par radio
radioactive [ˌreɪdɪəʊˈæktɪv, *Am:* -oʊ'-] *adj* radioactif
radio alarm, radio alarm clock *n* radio-réveil *m*
radio-controlled *adj* télécommandé
radiography [ˌreɪdɪˈɒgrəfɪ, *Am:* -ˈɑːgrə-] *n* radiographie *f*
radiology [ˌreɪdɪˈɒlədʒɪ, *Am:* -ˈɑːlə-] *n no pl* radiologie *f*
radiotherapy *n no pl* radiothérapie *f*
radish ['rædɪʃ] <-es> *n* radis *m*
radius ['reɪdɪəs] <-dii> *n* **1.** MAT rayon *m* **2.** ANAT radius *m*

RAF [ˌaːr-] *n abbr of* **Royal Air Force** *armée de l'air britannique*
raffle ['ræfl] **I.** *n* tombola *f* **II.** *vt* mettre en tombola
raft [rɑːft, *Am:* ræft] *n* (*flat vessel*) radeau *m*
rafter *n* ARCHIT chevron *m*
rag [ræg] *n* **1.** (*cloth*) lambeau *m* **2.** *pl* (*old clothes*) guenilles *fpl* **3.** *Am* (*duster*) chiffon *m* à épousseter
rage [reɪdʒ] **I.** *n* **1.** (*anger*) colère *f*; **to be in a** ~ être furieux **2. to be all the** ~ faire fureur **II.** *vi* **1.** (*express fury*) **to** ~ **at sb/sth** fulminer contre qn/qc **2.** (*battle*) faire rage **3.** (*wind*) souffler en tempête
ragged *adj* **1.** (*torn*) en lambeaux; (*clothes*) en haillons **2.** (*children*) en guenilles; (*appearance*) négligé
raid [reɪd] **I.** *n* **1.** (*attack*) raid *m* **2.** (*robbery*) hold-up *m* **3.** (*search*) descente *f* **II.** *vt* **1.** (*attack*) lancer un raid contre **2.** (*search*) faire une descente dans **3.** (*rob*) attaquer
rail [reɪl] *n* **1.** (*for trains*) rail *m*; **by** ~ en train **2.** (*fence*) barre *f*; (*for protection*) garde-fou *m*
railcard *n Brit:* carte de réduction d'une compagnie ferroviaire
railing *n pl* grille *f*
railroad *n Am* **1.** (*track*) voie *f* ferrée **2.** (*system*) chemin *m* de fer
railroad crossing *n* passage *m* à niveau **railroad embankment** *n* remblai *m* **railroad schedule** *n* horaire *m* des chemins de fer **railroad strike** *n* grève *f* des employés des chemins de fer **railroad track** *n* voie *f* ferrée
railway *n Brit* **1.** (*train tracks*) voie *f* ferrée **2.** (*rail system*) chemin *m* de fer
railway line *n* **1.** (*track*) voie *f* ferrée **2.** (*system*) ligne *f* de chemin de fer **railwayman** *n* cheminot *m* **railway track** *n* voie *f* ferrée
rain [reɪn] **I.** *n no pl* pluie *f* **II.** *vi* pleuvoir
rainbow ['reɪnbəʊ, *Am:* -boʊ] *n a. fig* arc-en-ciel *m*
raincheck *n* **I'll take a** ~ ça sera

pour une autre fois **raincoat** *n* imperméable *m* **raindrop** *n* goutte *f* de pluie **rainfall** *n no pl* **1.** (*period*) chute *f* de pluie **2.** (*quantity*) pluviosité *f* **rainforest** *n* forêt *m* tropicale

rainy <-ier, -iest> *adj* pluvieux

raise [reɪz] **I.** *n Am, Aus* augmentation *f* **II.** *vt* **1.** (*lift*) lever; (*blinds, curtain*) monter; (*flag*) hisser; (*eyebrows*) soulever **3.** (*increase*) augmenter; **to ~ one's voice** élever la voix **4.** (*improve*) améliorer; (*standard of living*) augmenter **5.** (*issue, question*) soulever; **I'll ~ this with him** je lui en parlerai **6.** (*funds*) rassembler; (*money*) se procurer **7.** *form* (*monument*) ériger **8.** (*children, family*) élever **9.** (*cultivate*) cultiver; (*cattle*) élever

raisin ['reɪzn] *n* raisin *m* sec

rake¹ [reɪk] *n pej* débauché *m*

rake² [reɪk] **I.** *n* (*tool*) râteau *m* **II.** *vt* ratisser

rally ['rælɪ] **I.** <-ies> *n* **1.** (*car race*) rallye *m* **2.** (*in tennis*) echange *m* **3.** (*meeting*) rassemblement *m* **II.** <-ies, -ied> *vi* (*improve*) aller mieux; **shares rallied** les cours sont remontés

◆ **rally round I.** *vt* venir à l'aide de **II.** *vi* se rallier

RAM [ræm] *n* INFOR *abbr of* **Random Access Memory** RAM *f*

ram [ræm] **I.** *n* (*male sheep*) bélier *m* **II.** <-ming, -med> *vt* (*door*) défoncer; (*car*) emboutir

ramble ['ræmbl] **I.** *n* randonnée *f* **II.** *vi* **1.** (*hike*) se balader **2.** (*talk incoherently*) divaguer

rambler *n* (*walker*) randonneur, -euse *m, f*

rambling *adj* **1.** (*building, town*) construit au hasard **2.** (*speech*) décousu

ramp [ræmp] *n* **1.** (*incline*) rampe *f* **2.** (*speed deterrent*) ralentisseur *m*

rampage [ræm'peɪdʒ, *Am:* 'ræmpeɪdʒ] *n* **to go on the ~** tout saccager

rampant ['ræmpənt] *adj* endémique

rampart ['ræmpɑːt, *Am:* -pɑːrt] *n* rempart *m*

ramshackle ['ræmʃækl] *adj* branlant

ran [ræn] *pt of* **run**

ranch [rɑːntʃ, *Am:* ræntʃ] <-es> *n* ranch *m*

rancher *n* propriétaire *m* de ranch

rancid ['rænsɪd] *adj* rance

rancor *n Am, Aus s.* **rancour**

rancour ['ræŋkər, *Am:* -kər] *n no pl* rancœur *f*

random ['rændəm] **I.** *n no pl* **at ~** au hasard **II.** *adj* fait au hasard; (*sample*) prélevé au hasard; (*error*) aléatoire

random access memory *n* INFOR mémoire *f* vive

randy ['rændɪ] <-ier, -iest> *adj Brit, inf* en chaleur

rang [ræŋ] *pt of* **ring**

range [reɪndʒ] **I.** *n no pl* **1.** (*of weapon*) portée *f*; **at close ~** à bout portant **2.** (*of vision, hearing*) champ *m* **3.** (*of products, colours*) gamme *f*; (*products, sizes, patterns*) choix *m*; (*of prices, jobs, possibilities*) éventail *m* **4.** (*of buildings*) rangée *f*; (*of mountains*) chaîne *f* **5.** (*shooting ~*) champ *m* de tir **II.** *vi* **1.** (*vary*) **to ~ between sth and sth** varier entre qc et qc; **to ~ from sth to sth** aller de qc à qc **2.** (*deal with*) **to ~ over sth** couvrir qc **III.** *vt* aligner

ranger *n* garde *m* forestier

rank¹ [ræŋk] **I.** *n* **1.** *no pl* (*position*) rang *m* **2.** MIL rang *m* **3.** (*members of a group*) rang *m* **4.** (*row*) rangée *f* **II.** *vi* se classer; **to ~ as sb/sth** être reconnu comme qn/qc **III.** *vt* classer; **to ~ sb among sb/sth** compter qn parmi qn/qc

rank² [ræŋk] *adj* **1.** (*absolute*) parfait **2.** (*smelling unpleasantly*) nauséabond

ransack ['rænsæk] *vt* **1.** (*search*) fouiller **2.** (*plunder*) mettre à sac

ransom ['rænsəm] *n* rançon *f*; **to hold sb/sth to ~** mettre qn/qc à rançon; *fig* exercer un chantage sur qn/qc

rant [rænt] *vi* déblatérer

rap [ræp] **I.** *n* **1.** (*sharp knock*) coup

R

m sec **2.** *no pl* (*music style*) rap *m*
II. <-ping, -ped> *vt* **1.** (*hit sharply*)
frapper à **2.** (*criticize*) réprouver
rape [reɪp] **I.** *n* **1.** *no pl* (*sexual attack*) viol *m* **2.** BOT colza *m* **II.** *vt* violer
rapid ['ræpɪd] *adj* rapide
rapist ['reɪpɪst] *n* violeur *m*
rapport [ræ'pɔːʳ, *Am:* -'pɔːr] *n no pl* relation *f*
rapture ['ræptʃəʳ, *Am:* -tʃɚ] *n no pl* ravissement *m*
rapturous *adj* frénétique
rare [reəʳ, *Am:* rer] *adj* **1.** (*uncommon*) rare **2.** (*undercooked*) saignant
rarely ['reəlɪ, *Am:* 'rer-] *adv* rarement
rarity ['reərətɪ, *Am:* 'rerətɪ] <-ies> *n no pl* rareté *f*
rascal ['rɑːskl, *Am:* 'ræskl] *n* polisson(ne) *m(f)*
rash [ræʃ] **I.** *n* rougeur *f* **II.** *adj* irréfléchi
rasher *n* tranche *f* de bacon
rasp [rɑːsp, *Am:* ræsp] *n* (*harsh sound*) grincement *m*
raspberry ['rɑːzbrɪ, *Am:* 'ræz‚ber-] <-ies> *n* (*fruit*) framboise *f*
rat [ræt] *n* **1.** (*rodent*) rat *m* **2.** *inf* (*bad person*) ordure *f*
ratable *adj s.* **rateable**
rate [reɪt] **I.** *n* **1.** (*ratio*) taux *m* **2.** (*speed*) vitesse *f* **3.** (*charge*) taux *m* **4.** *pl, Aus, Brit* (*local tax*) impôts *mpl* locaux **5. at this ~** à ce compte-là; **at any ~** en tout cas **II.** *vt* **1.** (*consider*) considérer; **a highly ~d journalist** un journaliste très estimé **2.** (*deserve*) mériter
rather ['rɑːðəʳ, *Am:* 'ræðɚ] *adv* **1.** (*preferably*) plutôt; **~ than** +*infin* plutôt que de +*infin*; **I would ~ do sth/that you did sth** je préférerais faire qc/que tu fasses qc (*subj*); **I'd ~ not** j'aime mieux pas **2.** (*more exactly*) plus exactement; **~ ... than ...** plutôt ... que ... **3.** (*somewhat*) assez; **he answered the telephone ~ sleepily** il répondit au téléphone quelque peu endormi
ratify ['rætɪfaɪ, *Am:* 'ræt̬ə-] <-fies,

-fied> *vt* ratifier
ratio ['reɪʃɪəʊ, *Am:* -oʊ] <-os> *n* proportion *f*
ration ['ræʃn] **I.** *n* ration *f* **II.** *vt* rationner
rational *adj* logique
rationale [‚ræʃə'nɑːl, *Am:* -'næl] *n* raisonnement *m*
rationalize ['ræʃnəlaɪz] *vi, vt* rationaliser
rat race *n* foire *f* d'empoigne
rattle ['rætl, *Am:* 'ræt̬-] **I.** *n* **1.** *no pl* (*noise*) bruit *m;* (*of gun fire*) crépitement *m;* (*of keys, coins*) cliquetis *m* **2.** (*toy*) hochet *m* **II.** <-ling, -led> *vi* (*make noises*) s'entrechoquer **III.** *vt* **1.** (*bang together*) agiter **2.** (*make nervous*) déranger
rattlebrain ['rætlbreɪn] *n inf* écervelé(e) *m(f)*
rattlesnake ['rætlsneɪk, *Am:* 'ræt̬-] *n* serpent *m* à sonnette
raucous ['rɔːkəs, *Am:* 'rɑː-] *adj* **1.** (*loud*) rauque **2.** (*noisy*) bruyant
ravage ['rævɪdʒ] *vt* saccager
rave [reɪv] **I.** *n* **1.** *Brit, inf* rave *f* **2.** *no pl* (*music*) - rave *f* **II.** *adj* élogieux **III.** *vi* **1.** (*talk wildly, incoherently*) délirer; **to ~ about sb/sth** divaguer à propos de qn/qc **2.** (*praise*) s'extasier; **to ~ about sb/sth** faire l'éloge de qn/qc
raven ['reɪvn] *n* corbeau *m*
ravenous *adj* vorace
ravine [rə'viːn] *n* ravin *m*
raving ['reɪvɪŋ] *adj* (*angry*) furieux; **~ mad** complètement fou
ravioli [‚rævi'əʊli, *Am:* -'oʊ-] *n no pl* raviolis *mpl*
ravishing *adj* ravissant
raw [rɔː, *Am:* rɑː] *adj* **1.** (*unprocessed*) brut; **raw material** *a. fig* matière *f* première **2.** (*uncooked*) cru **3.** (*beginner*) total; **a ~ recruit** un bleu **4.** (*sore*) à vif **5.** (*chilly*) âpre **6. to get a ~ deal** se faire avoir
ray [reɪ] *n* **1.** (*light*) rayon *m* **2.** (*trace*) **a ~ of hope** une lueur d'espoir
rayon® ['reɪɒn, *Am:* -ɑːn] *n* rayonne *f*
raze [reɪz] *vt* raser

razor ['reɪzə', *Am:* -zə'] *n* rasoir *m*

razor blade *n* lame *f* de rasoir

razzle ['ræzl] *n no pl, Brit* **to be/go (out) on the** ~ faire la bringue

RC [ˌɑː-r] *adj abbr of* **Roman Catholic** catholique

Rd *n abbr of* **road** r. *f*

re [reɪ] *prep* concernant

RE *n Brit abbr of* **religious education** éducation *f* religieuse

reach [riːtʃ] I. <-es> *n* 1. *no pl* (*accessibility*) portée *f*; **within arm's** ~ à portée de main; **within easy** ~ **of schools and shops** avec écoles et boutiques à proximité; **to be beyond sb's** ~ être hors de portée de qn 2. SPORT allonge *f* II. *vt* 1. (*arrive at*) atteindre; (*person*) parvenir à 2. (*agreement*) aboutir à; (*conclusion*) arriver à 3. (*colleague*) joindre; (*market, public*) toucher III. *vi* s'étendre; **I can't** ~ **it** je n'y arrive pas; **to** ~ **to sth** s'étendre jusqu'à qc; **to** ~ **for sth** (étendre le bras pour) saisir qc

react [rɪ'ækt] *vi a.* MED, CHEM réagir

reaction [rɪ'ækʃn] *n a.* MED, PHYS, CHEM réaction *f*

reactionary [rɪ'ækʃənrɪ, *Am:* -erɪ] *adj* POL réactionnaire

reactor [rɪ'æktə', *Am:* -tə'] *n* PHYS réacteur *m*

read¹ [red] *adj* lu

read² [riːd] I. *vt* <read, read> 1. (*decipher words*) lire 2. (*music*) lire 3. (*situation*) analyser 4. *Brit, form* UNIV étudier 5. (*show information*) indiquer II. *vi* lire
◆ **read out** *vt* 1. lire à voix haute 2. INFOR afficher
◆ **read up** *vi* **to** ~ **on sb/sth** lire sur qn/qc

readable *adj* (*worth reading*) qui mérite d'être lu

reader *n* (*person who reads*) lecteur, -trice *m, f*

readership *n no pl* lectorat *m*

readily ['redɪlɪ] *adv* 1. (*willingly*) volontiers 2. (*easily*) facilement

reading *n* 1. *no pl* (*activity, material*) lecture *f* 2. (*interpretation*) interprétation *f* 3. TECH relevé *m*

readjust [ˌriːə'dʒʌst] I. *vt a.* TECH régler; (*tie, glasses*) rajuster II. *vi* **to** ~ **to sth** se réadapter à qc

read only memory *n* INFOR mémoire *f* morte **read/write head** *n* INFOR tête *f* de lecture-écriture

ready ['redɪ] I. <-ier, -iest> *adj* 1. (*prepared*) prêt; **to get** ~ **for sth** se préparer à qc, être fin prêt; **to be** ~ **to** +*infin* être disposé à +*infin* 2. (*quick*) prêt; (*mind*) vif II. *vt* <-ie-> préparer

ready-made *adj* (*clothing*) de prêt-à-porter; (*excuse*) tout fait **ready-to-wear** *adj* de prêt-à-porter

reafforest [ˌriːə'fɒrɪst, *Am:* -'fɔːr-] *vt Brit, Aus* ECOL *s.* **reforest**

real [rɪəl, *Am:* riːl] I. *adj* 1. (*actual*) vrai; (*threat*) véritable; **in** ~ **life** dans la vie réelle 2. (*genuine*) véritable II. *adv Am, inf* (*really*) vachement

real estate *n no pl, Am, Aus* (*land and property*) biens *mpl* immobiliers

realism ['rɪəlɪzəm, *Am:* 'riːlɪ-] *n no pl a.* ART, LIT réalisme *m*

realistic *adj a.* ART, LIT réaliste

reality [rɪ'ælətɪ, *Am:* -t̬ɪ] *n no pl* réalité *f*

realization *n* réalisation *f*

realize ['rɪəlaɪz, *Am:* 'riːə-] *vt* 1. (*fact, situation*) réaliser 2. (*achieve*) réaliser

really ['rɪəlɪ, *Am:* 'riːə-] I. *adv* vraiment II. *interj* 1. (*surprise*) c'est vrai? 2. (*annoyance*) vraiment!

realm [relm] *n* 1. (*kingdom*) royaume *m* 2. (*area of interest*) domaine *m*

realtor ['rɪəltə', *Am:* 'riːəltə'] *n Am, Aus* (*estate agent*) agent *m* immobilier

reap [riːp] *vt* 1. (*harvest*) moissonner 2. (*get as reward*) récolter

reappear [ˌriːə'pɪə', *Am:* -'pɪr] *vi* réapparaître

rear¹ [rɪə', *Am:* rɪr] I. *adj* arrière II. *n* 1. (*back part*) **the** ~ l'arrière; **to bring up the** ~ fermer la marche 2. *inf* (*buttocks*) derrière *m*

rear² [rɪə', *Am:* rɪr] I. *vt* (*bring up*) élever II. *vi* (*horse*) se cabrer

R **r**

rearm [ˌriːˈɑːm, *Am:* -ˈɑːrm] *vi, vt* réarmer

rearmost [ˈrɪəməʊst, *Am:* ˈrɪrmoʊst] *adj* **the ~ ...** le(la) tout(e) dernière

rearrange [ˌriːəˈreɪndʒ] *vt* réarranger; (*schedule*) modifier

rear-view mirror *n* rétroviseur *m*

reason [ˈriːzn] I. *n* 1. (*ground*) raison *f*; **the ~ for sth** la raison de qc; **sb's ~ for doing sth** la raison pour laquelle qn fait qc; **for no particular ~** pour aucune raison particulière; **to have good/no ~ to** +*infin* avoir de bonnes raisons/ n'avoir aucune raison de +*infin*; **by ~ of sth** pour cause de qc 2. (*judgment*) raison *f*; **to see ~** entendre raison; **to be beyond all ~** dépasser la raison 3. (*sanity*) raison *f*; **to lose one's ~** perdre la raison II. *vt* **to ~ that ...** calculer que ...; **to ~ sth out** résoudre qc; **to ~ out that ...** déduire que ... III. *vi* raisonner

◆ **reason with** *vi* discuter avec

reasonable *adj* raisonnable

reasonably *adv* 1. (*with reason*) raisonnablement 2. (*acceptably*) assez

reasoned *adj* raisonné

reasoning *n no pl* raisonnement *m*

reassurance [ˌriːəˈʃʊərəns, *Am:* -ˈʃʊrəns] *n* 1. *no pl* (*relieving of worry*) assurance *f* 2. (*giving reassurance*) réconfort *m*

reassure [ˌriːəˈʃʊəʳ, *Am:* -ˈʃʊr] *vt* rassurer

reassuring *adj* rassurant

rebate [ˈriːbeɪt] *n* (*discount*) rabais *m*

rebel [ˈrebl] I. *n a. fig* rebelle *mf* II. <-ll-> *vi a. fig* se rebeller

rebellion [rɪˈbelɪən, *Am:* -ˈbeljən] *n* rébellion *f*

rebellious *adj* rebelle

reboot [ˌriːˈbuːt] INFOR I. *vt, vi* redémarrer II. *n* redémarrage *m*

rebound [rɪˈbaʊnd, *Am:* riːˈ-] I. *vi* rebondir II. *n no pl* SPORT rebond *m*

rebuff [rɪˈbʌf] *n* refus *m*; **to meet with a ~** essuyer une rebuffade

rebuild [ˌriːˈbɪld] *vt irr; a. fig* reconstruire

rebuke [rɪˈbjuːk] I. *vt* réprimander II. *n* réprimande *f*

rebuttal [rɪˈbʌtl, *Am:* -ˈbʌt̬-] *n* réfutation *f*

recall [rɪˈkɔːl] I. *vt* 1. (*remember*) se rappeler 2. (*call back*) rappeler II. *n* (*memory*) mémoire *f*

recant [rɪˈkænt] *vi* se rétracter; REL abjurer

recap [ˈriːkæp] I. *vi, vt* <-pp-> *abbr of* **recapitulate** récapituler II. *n abbr of* **recapitulation** récapitulation *f*

recapitulate [ˌriːkəˈpɪtʃʊleɪt, *Am:* -ˈpɪtʃə-] *vi, vt* récapituler

recapitulation *n* récapitulation *f*

recede [rɪˈsiːd] *vi* 1. (*tide*) s'éloigner 2. (*diminish*) s'estomper

receding *adj* (*chin*) fuyant

receipt [rɪˈsiːt] *n* 1. (*document*) reçu *m* 2. *pl* (*amount of money*) recettes *fpl* 3. (*act of receiving*) réception *f*

receive [rɪˈsiːv] *vt* 1. *a.* TECH recevoir 2. (*endure*) subir 3. (*greet*) accueillir

receiver *n* 1. (*on telephone*) combiné *m* 2. TECH récepteur *m* 3. (*official*) administrateur *m* judiciaire 4. LAW receleur, -euse *m, f*

recent [ˈriːsnt] *adj* récent

recently *adv* récemment

receptacle [rɪˈseptəkl] *n* récipient *m*

reception [rɪˈsepʃn] *n* 1. *no pl* (*welcome*) accueil *m* 2. *no pl a.* RADIO, TV réception *f*

reception desk *n* réception *f*

receptionist *n* réceptionniste *mf*

recess [rɪˈses, *Am:* ˈriːses] <-es> *n* 1. POL vacances *fpl* parlementaires 2. *Am, Aus* SCHOOL récréation *f* 3. (*alcove*) renfoncement *m*

recession [rɪˈseʃn] *n* ECON récession *f*

recipe [ˈresəpɪ] *n* recette *f*

recipient [rɪˈsɪpɪənt] *n* (*of welfare, money*) bénéficiaire *mf*; (*of mail, gift*) destinataire *mf*; (*of an award*) lauréat(e) *m(f)*

reciprocal *adj* réciproque

recital [rɪˈsaɪtl, *Am:* -t̬l] *n* récital *m*

recite [rɪˈsaɪt] *vt* 1. (*repeat*) réciter 2. (*list*) énoncer

reckless ['reklɪs] *adj* imprudent
reckon ['rekən] *vt* **1.** (*calculate*) calculer **2.** (*consider*) penser
♦ **reckon on** *vt insep* compter sur
♦ **reckon with** *vt insep* (*expect*) s'attendre à
reckoning *n* (*calculating, estimating*) calculs *mpl*
reclaim [rɪ'kleɪm] *vt* **1.** (*claim back*) récupérer **2.** (*land*) assainir
recline [rɪ'klaɪn] *vi* (*lean back*) s'allonger
recluse [rɪ'kluːs, *Am:* 'rekluːs] *n* reclus(e) *m(f)*
recognition [,rekəg'nɪʃn] *n no pl* reconnaissance *f;* **to change beyond** ~ devenir méconnaissable; **in** ~ **of sth** en reconnaissance de qc
recognizable *adj* reconnaissable
recognize ['rekəgnaɪz] *vt* reconnaître
recoil [rɪ'kɔɪl] **I.** *vi* reculer **II.** *n* recul *m*
recollect [,rekə'lekt] *vt* se rappeler
recollection [,rekə'lekʃn] *n* souvenir *m*
recommend [,rekə'mend] *vt* recommander
recompense ['rekəmpens] **I.** *n no pl* (*reward*) récompense *f* **II.** *vt* (*reward*) récompenser
reconcile ['rekənsaɪl] *vt* **1.** (*make friends again*) réconcilier **2.** (*make compatible*) concilier **3.** (*accept*) **to** ~ **oneself to sth** se faire à l'idée de qc
reconnaissance [rɪ'kɒnɪsns, *Am:* -'kɑːnə-] *n* MIL reconnaissance *f*
reconnoitre *Am,* **reconnoitre** [,rekə'nɔɪtər, *Am:* ,riːkə'nɔɪt̬ər] **I.** *vt* MIL reconnaître **II.** *vi* MIL effectuer une reconnaissance
reconsider [,riːkən'sɪdər, *Am:* -ər] *vt, vi* reconsidérer
reconstruct [,riːkən'strʌkt] *vt* **1.** (*build*) reconstruire **2.** (*assemble evidence*) reconstituer
record¹ ['rekɔːd, *Am:* -əd] **I.** *n* **1.** (*account*) rapport *m* **2.** (*file*) dossier *m;* **public** ~**s** archives *fpl* **3.** (*music disc*) disque *m* **4.** (*achievement*) *a.* SPORT record *m* **II.** *adj* re-

cord
record² [rɪ'kɔːd, *Am:* -'kɔːrd] *vt* **1.** (*make a recording of*) enregistrer **2.** (*event*) rapporter; LAW prendre acte de
record company *n* maison *f* de disques
recorded delivery *n Brit* envoi *m* recommandé
recorder *n* (*instrument*) flûte *f* à bec
record holder *n* détenteur, -trice *m, f* d'un record
recording *n* enregistrement *m*
record player *n* tourne-disque *m*
recount [rɪ'kaʊnt] **I.** *vt* **1.** (*count again*) recompter **2.** (*narrate*) raconter **II.** *n* recomptage *m;* POL nouveau dépouillement *m* du scrutin
recoup [rɪ'kuːp] *vt* récupérer
recourse [rɪ'kɔːs, *Am:* 'riːkɔːrs] *n no pl, form* **to have** ~ **to sb** avoir recours à qn
recover [rɪ'kʌvər, *Am:* -ər] **I.** *vt* (*property*) récupérer; (*balance, composure*) retrouver; (*consciousness*) reprendre **II.** *vi* **1.** (*regain health*) se remettre **2.** (*return to normal*) se rétablir
recovery [rɪ'kʌvəri, *Am:* -əɪ] *n* **1.** *no pl* MED rétablissement *m* **2.** (*of company, market*) reprise *f;* (*of shares, prices*) remontée *f* **3.** <-ies> (*of costs*) récupération *f*
recreation *n* récréation *f*
recrimination *n pl* récrimination *f*
recruit [rɪ'kruːt] **I.** *vt* (*soldiers*) enrôler; (*members*) recruter; (*employees*) embaucher **II.** *vi* recruter **III.** *n a.* MIL recrue *f*
recruitment *n no pl* recrutement *m;* (*of employees*) embauche *f*
rectangle ['rektæŋgl] *n* rectangle *m*
rectangular [rek'tæŋgjʊlər, *Am:* -gjələr] *adj* rectangulaire
rectify ['rektɪfaɪ, *Am:* -tə-] <-ie-> *vt* (*make right*) rectifier
rector ['rektər, *Am:* -tər] *n* **1.** *Brit* REL pasteur *m* **2.** *Scot* (*university official*) représentant élu par les étudiants
rectory ['rektəri] <-ies> *n* presbytère *m*

Rᵣ

recuperate [rɪˈkuːpəreɪt] *vi* se remettre

recur [rɪˈkɜːʳ, *Am:* -ˈkɜːr] *vi* (*words*) revenir; (*symptoms*) réapparaître; (*event*) se reproduire

recurrence [rɪˈkʌrəns, *Am:* -ˈkɜːr-] *n* (*of symptoms*) réapparition *f;* (*of event*) récurrence

recurrent *adj* récurrent

recycle [rɪˈsaɪkl] *vt* recycler

red [red] I. *adj* rouge; (*hair*) roux II. *n* 1. (*colour*) rouge *m;* (*hair*) roux *m* 2. **in the** ~ à découvert; *s. a.* **blue**

red card *n* carton *m* rouge **red carpet** I. *n no pl* tapis *m* rouge II. *adj* **to be given the** ~ **treatment** être traité en prince **Red Cross** *n no pl* **the** ~ la Croix-Rouge

redcurrant [ˈredˌkʌrənt] *n* groseille *f*

redden [ˈredn] *vt, vi* rougir

redecorate [ˌriːˈdekəreɪt] I. *vt* repeindre et retapisser II. *vi* refaire la peinture et la tapisserie

redeem [rɪˈdiːm] *vt* 1. (*reputation*) sauver 2. (*convert into money, goods*) convertir; (*wealth*) réaliser

redeeming *adj* **the only** ~ **feature of sb/sth** la seule chose qui rattrape qn/qc

redeploy [ˌriːdɪˈplɔɪ] *vt* redéployer

red-faced *adj* embarrassé **red-haired** *adj* roux **red-handed** *adj* **to catch sb** ~ (sur)prendre qn la main dans le sac **redhead** *n* roux *m*, rousse *f* **red herring** *n fig* diversion *f* **red-hot** *adj* 1. (*heated*) chauffé au rouge 2. *fig* ardent 3. (*extremely hot*) brûlant

redirect [ˌriːdɪˈrekt] *vt* (*visitor*) réorienter; (*letter*) réexpédier; (*on internet*) réorienter

red light *n* feu *m* rouge **red-light district** *n* quartier *m* chaud

redo [ˌriːˈduː] *vt irr* refaire

redolent [ˈredələnt] *adj form* 1. (*smelling*) **to be** ~ **of sth** dégager un parfum de qc 2. (*suggestive*) **sth** ~ **of sth** qc qui évoque qc

redouble [rɪˈdʌbl] *vt* redoubler

redraft [ˌriːˈdrɑːft, *Am:* -ˈdræft] *vt* rédiger à nouveau

redress [rɪˈdres] *n* LAW réparation *f*

Red Sea *n no pl* **the** ~ la Mer Rouge

red tape *n no pl, pej* paperasserie *f*

reduce [rɪˈdjuːs, *Am:* -ˈduːs] I. *vt* réduire; ~**d to tears** en larmes; **to be reduced to doing sth** être réduit à faire qc II. *vi Am* (*diet*) maigrir

reduction [rɪˈdʌkʃn] *n* réduction *f;* (*in traffic*) diminution *f;* (*in wages*) baisse *f*

redundancy [rɪˈdʌndənsɪ] *n* 1. *no pl, Brit, Aus* (*losing a job*) licenciement *m* 2. (*not working*) chômage *m* 3. LING redondance *f*

redundant [rɪˈdʌndənt] *adj* 1. (*superfluous*) excessif 2. *Brit, Aus* (*out of a job*) licencié; **to make sb** ~ licencier qn

reed [riːd] *n* 1. BOT roseau *m* 2. MUS anche *f*

reef [riːf] *n* GEO récif *m*

reek [riːk] I. *vi* puer; **to** ~ **of sth** puer qc II. *n* relent *m*

reel [riːl] I. *n* 1. (*bobbin*) bobine *f* 2. (*for fishing line*) moulinet *m* II. *vi* (*move unsteadily*) tituber
  ◆ **reel in** *vt* remonter
  ◆ **reel off** *vt* débiter

ref [ref] *n* 1. *inf abbr of* **referee** arbitre *mf* 2. *abbr of* **reference** (*code*) réf. *f*

refectory [rɪˈfektərɪ] <-ies> *n* (*at school*) cantine *f;* (*at university*) restaurant *m* universitaire

refer [rɪˈfɜːʳ, *Am:* -ˈfɜːr] <-rr-> *vt* 1. (*direct*) renvoyer; (*in a hospital, to a doctor*) envoyer 2. (*a problem, matter*) soumettre, remettre qc à qc
  ◆ **refer to** *vt* 1. (*allude to*) faire allusion à 2. (*apply to*) s'appliquer à 3. (*consult, turn to*) consulter

referee [ˌrefəˈriː] I. *n* 1. (*umpire*) arbitre *mf* 2. (*for employment*) référence *f* II. <-d> *vt, vi* arbitrer

reference [ˈrefrəns] *n* 1. (*allusion*) référence *f;* **with** ~ **to ...** à propos de ce que ... 2. (*responsibilities*) **terms of** ~ mandat *m* 3. (*consultation*) **without** ~ **to sb** sans passer par qn 4. (*in text*) renvoi *m* 5. (*recommendation*) référence *f*

reference book *n* ouvrage *m* de référence **reference number** *n* numéro *m* de référence

referendum [ˌrefəˈrendəm] <-s *o* -da> *n form* POL référendum *m*

refill [ˌriːˈfɪl] I. *n* recharge *f* II. *vt* recharger

refine [rɪˈfaɪn] *vt* raffiner

refined *adj* 1.(*purified*) raffiné 2.(*sophisticated*) sophistiqué

refinement *n* 1.(*improvement*) raffinement *m* 2. *no pl* (*good manners*) raffinement *m*

reflect [rɪˈflekt] I. *vt* 1.(*heat*) renvoyer; (*light*) réfléchir 2.(*reveal*) refléter 3. *vi* (*contemplate*) réfléchir

reflection [rɪˈflekʃn] *n* 1.(*reflecting*) réflexion *f* 2.(*mirror image*) reflet *m* 3.(*thought*) réflexion *f* 4.(*criticism*) atteinte *f*

reflector *n* réflecteur *m*

reflex [ˈriːfleks] <-es> *n* réflexe *m*

reflexive [rɪˈfleksɪv] *adj* LING réfléchi

reforest [ˌriːˈfɒrɪst, *Am:* -ˈfɔːr-] *vt* reboiser

reform [rɪˈfɔːm, *Am:* -ˈfɔːrm] I. *vt* réformer II. *vi* se corriger III. *n* réforme *f*

re-form, reform [ˌriːˈfɔːm, *Am:* -ˈfɔːrm] I. *vt* reformer II. *vi* MIL reformer les rangs

Reformation [ˌrefəˈmeɪʃn, *Am:* -əˈ-] *n* REL **the** ~ la Réforme

reformatory [rɪˈfɔːmətrɪ, *Am:* -ˈfɔːrmətɔːrɪ] <-ies> *n Am* (*detention centre*) centre *m* de détention pour mineurs

reformer *n* réformateur *m*

refrain¹ [rɪˈfreɪn] *vi form* s'abstenir; **kindly** ~ **from smoking** prière de s'abstenir de fumer

refrain² [rɪˈfreɪn] *n* refrain *m*

refresh [rɪˈfreʃ] *vt* 1.(*cool*) rafraîchir 2. INFOR réactualiser

refresher course [rɪˈfreʃəʳ, *Am:* -ɚ] *n* cours *m* de révision

refreshing *adj* 1.(*cooling*) rafraîchissant 2.(*idea*) vivifiant

refreshment *n* 1. *form* (*rest*) repos *m* 2. *pl* (*food and drink*) collation *f* 3. *pl* (*drinks*) rafraîchissements *mpl*

refrigerator *n* réfrigérateur *m*

refuel [ˌriːˈfjuːəl] <-ll- *o* -l-> I. *vi* se

ravitailler en carburant II. *vt* ravitailler en carburant

refuge [ˈrefjuːdʒ] *n a. fig* refuge *m*; **to take ~ in sth** chercher refuge dans qc

refugee [ˌrefjʊˈdʒiː] *n* réfugié(e) *m(f)*

refund [rɪˈfʌnd, *Am:* riːˈ-] I. *vt* rembourser II. *n* remboursement *m*

refurbish [ˌriːˈfɜːbɪʃ, *Am:* -ˈfɜːrbɪʃ] *vt form* rénover

refusal [rɪˈfjuːzl] *n* refus *m*

refuse¹ [reˈfjuːz, *Am:* rɪˈfjuːz] I. *vi* refuser II. *vt* refuser

refuse² [ˈrefjuːs] *n no pl* déchets *mpl*

refuse collection *n* ramassage *m* des ordures

refute [rɪˈfjuːt] *vt* réfuter

regain [rɪˈgeɪn] *vt* (*recover*) recouvrer; (*lost ground, control, territory*) regagner

regal [ˈriːgl] *adj* royal

regalia [rɪˈgeɪlɪə, *Am:* -ˈgeɪljə] *n no pl,* + *sing/pl vb* (*insignia*) insignes *mpl*

regard [rɪˈgɑːd, *Am:* -ˈgɑːrd] I. *vt* 1.(*consider*) considérer; **a highly ~ed doctor** un docteur hautement estimé 2.(*concern*) **as ~s the house/your son** en ce qui concerne la maison/votre fils II. *n form* 1.(*consideration*) considération *f* 2.(*esteem*) estime *f* 3.(*aspect*) **in this** ~ à cet égard

regarding *prep* concernant

regardless *adv* tout de même

regardless of *prep* sans se soucier de

regime, régime [reɪˈʒiːm, *Am:* rəˈ-] *n* régime *m*

regiment [ˈredʒɪmənt, *Am:* -əmənt] *n* + *sing/pl vb* régiment *m*

region [ˈriːdʒən] *n* 1. région *f* 2. **in the ~ of** aux environs de

regional *adj* régional

register [ˈredʒɪstəʳ, *Am:* -stɚ] I. *n* (*list*) registre *m* II. *vt* 1.(*record*) inscrire; (*birth, death*) déclarer 2.(*record mail*) envoyer en recommandé III. *vi* (*record officially*) **to ~ as sth** s'inscrire comme qc; **to ~ for a course** s'inscrire à un cours; **to ~ with sb/sth** s'inscrire auprès de qn/

R
r

qc

registered *adj* **1.** (*recorded*) enregistré **2.** (*qualified*) agréé; (*voter*) inscrit sur les listes

registered letter *n* lettre *f* recommandée

register office *n Brit* bureau *m* d'état civil

registered trademark *n* marque *f* déposée

registrar [ˌredʒɪˈstrɑːʳ, *Am:* ˈredʒɪstrɑːr] *n* **1.** (*official*) officier *m* d'état civil **2.** *Brit* (*university administrator*) responsable *mf* administratif **3.** *Brit, Aus* (*hospital doctor*) interne *mf*

registration [ˌredʒɪˈstreɪʃn] *n* **1.** (*action of registering*) a. SCHOOL, UNIV inscription *f*; (*of births, deaths*) déclaration *f* **2.** (*for vehicles*) immatriculation *f*

registration document *n Brit* certificat *m* d'inscription **registration fee** *n* cotisation *f*; (*club*) droit *m* d'inscription **registration number** *n* numéro *m* d'immatriculation

registry office *n s.* **register office**

regret [rɪˈɡret] I. <-tt-> *vt* regretter II. <-tt-> *vi* regretter; I ~ **to have to inform you that …** *form* je suis désolé de devoir vous annoncer que …; **to** ~ **having done sth** regretter d'avoir fait qc III. *n* regret *m*

regretfully *adv* avec regret

regrettable *adj* regrettable

regroup [ˌriːˈɡruːp] *vi* se regrouper

regular [ˈreɡjʊləʳ, *Am:* -jəlɚ] I. *adj* **1.** (*harmonious, steady*) régulier; **a** ~ **customer** un(e) habitué(e) **2.** (*normal*) normal; (*procedure, doctor*) habituel; (*size*) standard **3.** *inf*(*real*) vrai; **a** ~ **guy** *Am* un type sympa II. *n* habitué(e) *m(f)*

regularly *adv* régulièrement

regulate [ˈreɡjʊleɪt] *vt* régler

regulation I. *n* **1.** (*rule*) règlement *m* **2.** *no pl* ADMIN réglementation *m* II. *adj* réglementaire

rehabilitate [ˌriːəˈbɪlɪteɪt, *Am:* -əteɪt] *vt* **1.** (*restore reputation*) réhabiliter **2.** (*restore to health*) rééduquer

rehearsal [rɪˈhɜːsl, *Am:* -ˈhɜːrsl] *n* THEAT répétition *f*

rehearse [rɪˈhɜːs, *Am:* -ˈhɜːrs] *vt* répéter

reign [reɪn] I. *vi* régner II. *n* règne *m*

reimburse [ˌriːɪmˈbɜːs, *Am:* -ˈbɜːrs] *vt form* **to** ~ **sb for sth** rembourser qn de qc

rein [reɪn] *n* **1.** rêne *f* **2. to give sb a free** ~ laisser à qn la bride sur le cou

reindeer [ˈreɪndɪəʳ, *Am:* -dɪr] *n inv* renne *m*

reinforce [ˌriːɪnˈfɔːs, *Am:* -ˈfɔːrs] *vt* (*strengthen*) renforcer; (*argument, demand*) appuyer

reinforced concrete *n* béton *m* armé

reinforcement *n* **1.** *no pl* (*of building*) armature *f* **2.** *pl* (*fresh troops*) a. *fig* renforts *mpl*

reinstate [ˌriːɪnˈsteɪt] *vt form* **1.** (*return sb to job*) réintégrer **2.** (*restore to former state*) rétablir

reiterate [riːˈɪtəreɪt, *Am:* riˈɪt̬-] *vt form* réitérer

reject [rɪˈdʒekt] I. *vt* (*decline*) rejeter II. *n* (*sub-standard product*) rebut *m*

rejection [rɪˈdʒekʃn] *n a.* MED rejet *m*; **a** ~ **letter** une lettre de refus

rejoice [rɪˈdʒɔɪs] *vi form* **to** ~ **at sth** se réjouir de qc

rejuvenate [riːˈdʒuːvəneɪt] *vt* rajeunir

relapse [rɪˈlæps] I. *n form* rechute *f* II. *vi* rechuter

relate [rɪˈleɪt] I. *vt* **1.** (*establish connection*) relier **2.** *form* (*tell*) relater II. *vi* **1.** (*concern*) **to** ~ **to sb/sth** se rapporter à qn/qc **2.** (*identify with*) **to** ~ **to sb** s'identifier à qn

related *adj* lié

relation [rɪˈleɪʃn] *n* **1.** *no pl* (*link*) relation *f*; **in** ~ **to** en relation avec **2.** (*relative*) parent, -e *m, f* **3.** *pl* (*dealings between people*) relations *fpl*

relationship *n* **1.** (*link*) relation *f* **2.** (*family connection*) lien *m* de parenté **3.** (*between people*) relation *f*

relative [ˈrelətɪv, *Am:* -t̬ɪv] I. *adj form* relatif II. *n* parent(e) *m(f)*

relatively *adv* relativement

relativity [ˌrelə'tɪvəti, *Am:* -ti] *n no pl* relativité *f*

relax [rɪ'læks] **I.** *vi* se détendre **II.** *vt* relâcher

relaxation [ˌriːlæk'seɪʃn] *n* 1.(*recreation*) relaxation *f*; **for ~** pour se détendre 2.(*liberalising*) assouplissement *m*

relaxed *adj* décontracté

relaxing *adj* relaxant

relay ['riːleɪ] **I.** *vt* relayer **II.** *n* SPORT course *f* de relais

release [rɪ'liːs] **I.** *vt* 1.(*free*) libérer 2. LAW libérer 3.(*free from suffering*) délivrer 4.(*move sth*) dégager; (*brake*) lâcher 5.(*shutter*) déclencher **II.** *n no pl* 1.(*act of freeing*) libération *f*; (*from prison*) sortie *f* 2.(*handle*) manette *f* de déblocage; (*of brake, clutch*) desserrage *m* 3.(*act of releasing*) déblocage *m*; (*of handbrake*) desserrage *m* 4.(*escape of gases*) échappement *m* 5.(*public relations info*) communiqué *m* 6.(*new CD, film*) sortie *f*

relegate ['relɪgeɪt, *Am:* 'relə-] *vt* reléguer

relent [rɪ'lent] *vi* (*people*) se radoucir; (*wind, rain*) se calmer

relentless *adj* implacable

relevant *adj* 1.(*appropriate*) pertinent; (*documents*) d'intérêt 2.(*important*) important

reliable [rɪ'laɪəbl] *adj* 1.(*dependable*) fiable 2.(*evidence*) solide 3.(*trustworthy*) de confiance

reliant *adj* **to be ~ on sb/sth to** +*infin* dépendre de qn/qc pour +*infin*

relic ['relɪk] *n* 1.(*from past*) vestige *m* 2. REL *a. pej* relique *f*

relief [rɪ'liːf] *n* 1.(*after sth bad*) soulagement *m* 2. *no pl* (*help*) aide *f*

relieve [rɪ'liːv] *vt* 1.(*take worries from*) soulager 2.(*famine*) lutter contre; (*symptoms*) soulager 3.(*take away*) **to ~ sb of sth** débarrasser qn de qc; *iron* délester qn de qc

religion [rɪ'lɪdʒən] *n a. fig* religion *f*

religious [rɪ'lɪdʒəs] *adj* religieux

relinquish [rɪ'lɪŋkwɪʃ] *vt form* (*give*

up) abandonner; (*post*) quitter

relish ['relɪʃ] **I.** *n* 1. *no pl* (*enjoyment*) plaisir *m* 2.(*sauce*) condiment *m* **II.** *vt* aimer; **to ~ the thought that ...** se réjouir à la pensée que ...

relocate [ˌriːləʊ'keɪt, *Am:* -'loʊkeɪt] **I.** *vi* déménager **II.** *vt* (*person*) transférer; (*object*) déplacer

reluctance [rɪ'lʌktəns] *n no pl* réticence *f*

reluctant *adj* réticent

rely [rɪ'laɪ] <-ie-> *vi* 1.(*trust*) **to ~ on sb for sth** compter sur qn pour qc 2.(*depend on*) **to ~ on sb/sth** dépendre de qn/qc

remain [rɪ'meɪn] *vi* rester; **to ~ silent** garder le silence; **much ~s to be done** il reste beaucoup à faire; **the fact ~s that ...** il n'empêche que ...

remainder *n no pl* reste *m*

remaining *adj* qui reste

remains *npl* 1.(*leftovers*) restes *mpl* 2. HIST vestiges *mpl*

remand [rɪ'mɑːnd, *Am:* -'mænd] **I.** *vt* renvoyer; **to ~ in custody** placer en détention provisoire **II.** *n no pl* renvoi *m*; **to be on ~** être en détention préventive; (*on bail*) être en liberté provisoire

remark [rɪ'mɑːk, *Am:* -'mɑːrk] **I.** *vt* faire remarquer **II.** *n* remarque *f*

remarkable *adj* remarquable

remarry [ˌriː'mæri, *Am:* -'mer-] <-ie-> *vi* se remarier

remedial [rɪ'miːdɪəl] *adj form* (*action*) de correction; (*class*) de rattrapage; MED de rétablissement

remedy ['remədi] <-ies> *n* (*treatment*) remède *m* **II.** *vt form* remédier à

remember [rɪ'membər, *Am:* -bəʳ] **I.** *vt* se souvenir de; **a ~ to ~** une nuit inoubliable **II.** *vi* se souvenir

remembrance [rɪ'membrəns] *n form* souvenir *m*; **in ~ of sb** en souvenir de qn

R

ℹ️ Le **Remembrance Day**, "Remembrance Sunday" ou "Poppy

Day" est le deuxième dimanche de novembre (en souvenir de l'armistice du 11 novembre 1918), jour au cours duquel tous les soldats tombés pendant les deux guerres mondiales sont honorés par un service religieux et une cérémonie. Les gens portent partout un coquelicot rouge en tissu, symbole des champs de bataille de Flandre qui étaient fleuris de coquelicots après la Première Guerre mondiale. A 11 heures, on observe ce jour-là deux minutes de silence.

remind [rɪ'maɪnd] *vt* rappeler; **to ~ sb of sb/sth** faire penser qn à qn/qc
reminder *n* **1.**(*making sb remember*) aide-mémoire *m* **2.**(*sth awakening memories*) rappel *m*
reminisce [ˌremɪ'nɪs, *Am:* -əˈ-] *vi* évoquer le passé; **to ~ about sth** évoquer qc
reminiscent *adj* **to be ~ of sth** rappeler qc
remiss [rɪ'mɪs] *adj form* négligent
remit [rɪ'mɪt] **I.**<-tt-> *vt form* (*mail money*) envoyer **II.** *n no pl* attributions *fpl*
remittance [rɪ'mɪtns] *n form* versement *m*
remnant ['remnənt] *n* **1.**(*remaining part*) reste *m;* (*of cloth*) coupon *m* **2.***fig* vestige *m*
remorse [rɪ'mɔːs, *Am:*-'mɔːrs] *n no pl, form* remords *m*
remorseful *adj form* repentant
remorseless *adj form* implacable
remote [rɪ'məʊt, *Am:* -'moʊt] <-er, -est *o* more ~, most ~> *adj* **1.**(*distant*) lointain **2.**(*far from towns*) isolé **3.**(*distant in time*) éloigné
remote control *n* télécommande *f*
remotely *adv* d'aucune façon
remould ['riːməʊld, *Am:* -moʊld] *n* pneu *m* rechapé
removable *adj* amovible
removal [rɪ'muːvl] *n* **1.**no pl, Brit

(*to new home*) déménagement *m* **2.**(*of people*) déplacement *m;* (*of objects*) enlèvement *m*
removal van *n* fourgon *m* de déménagement
remove [rɪ'muːv] *vt* **1.**(*take away*) enlever; (*difficulty*) écarter; (*make-up, stain*) ôter **2.**(*clothes*) retirer; (*tie*) enlever **3.**(*from job*) renvoyer
remuneration *n form* rémunération *f*
Renaissance [rɪ'neɪsns, *Am:* ˌrenə'sɑːns] *n* **the ~** la Renaissance
render *vt form* **1.**(*make*) rendre **2.**(*give*) donner
rendering ['rendərɪŋ] *n* (*performance of art work*) interprétation *f*
rendezvous ['rɒndɪvuː, *Am:* 'rɑːndeɪ-] *n inv* rendez-vous *m*
renegade ['renɪgeɪd, *Am:* 'renə-] *n pej, form* renégat(e) *m(f)*
renew [rɪ'njuː, *Am:* -'nuː] *vt* **1.**(*promise, agreement*) renouveler; (*friendship, relationship*) renouer **2.**(*replace*) changer
renewable *adj* renouvelable
renewal *n* renouvellement *m*
renounce [rɪ'naʊns] *vt form* renoncer à
renovate ['renəveɪt] *vt* rénover
renowned *adj form* réputé
rent [rent] **I.** *n* loyer *m* **II.** *vt* louer
rental I. *n* location *f* **II.** *adj* de location; *Am* (*library*) payant
renter *n* locataire *mf*
renunciation [rɪˌnʌnsɪ'eɪʃn] *n no pl* renonciation *f*
reorganize [riːˈɔːgənaɪz, *Am:* -'ɔːrgən-] *vt* réorganiser
rep [rep] *n* **1.** *inf* (*travelling salesperson*) *abbr of* **representative** VRP *mf* **2.** *inf abbr of* **repertory company** compagnie *f* théâtrale de répertoire
repair [riːˈpeəʳ, *Am:* -'per] **I.** *vt* **1.**(*restore*) réparer; (*road*) rénover **2.**(*set right*) réparer **II.** *vi* **to ~ somewhere** se rendre quelque part **III.** *n* **1.**(*mending*) réparation *f;* **to be in need of ~** avoir besoin d'une réparation; **beyond ~** irréparable; **to be under ~** être en cours de répa-

ration **2.**(*state*) état *m;* **to be in good/bad** ~ être en bon/mauvais état

repair kit *n* trousse *f* de réparation

repartee [ˌrepɑːˈtiː, *Am:* -ɑːrˈ-] *n no pl* répartie *f*

repatriate [riːˈpætrɪeɪt, *Am:* -ˈpeɪtrɪ-] *vt* rapatrier

repay [rɪˈpeɪ] <repaid> *vt* rembourser

repayment *n* remboursement *m*

repeal [rɪˈpiːl] I. *vt* abroger II. *n no pl* abrogation *f*

repeat [rɪˈpiːt] I. *vt* **1.**(*say again*) répéter **2.**(*do again*) refaire **3.**(*class, year*) redoubler, doubler *Belgique* II. *n* **1.**(*sth happening again*) répétition *f* **2.** TV rediffusion *f*

repeatedly *adv* à plusieurs reprises

repel [rɪˈpel] <-ll-> *vt* repousser

repellent [rɪˈpelənt] I. *n* (*lotion for insects*) insecticide *m;* **mosquito** ~ lotion *f* antimoustique II. *adj* repoussant

repent [rɪˈpent] I. *vi form* se repentir II. *vt* regretter

repentance [rɪˈpentənts] *n no pl* repentir *m*

repercussion [ˌriːpəˈkʌʃn, *Am:* -pɚˈ-] *pl n* répercussion *f*

repertoire [ˈrepətwɑːʳ, *Am:* -ɚtwɑːr] *n* répertoire *m*

repertory [ˈrepətɪ, *Am:* -ɚtɔːri] *n no pl* répertoire *m*

repetition [ˌrepɪˈtɪʃn, *Am:* -ɚˈ-] *n* répétition *f*

repetitious, repetitive *adj pej* répétitif

replace [rɪˈpleɪs] *vt* **1.**(*take the place of*) remplacer **2.**(*put back*) replacer; **to ~ the receiver** raccrocher

replacement I. *n* remplacement *m* II. *adj* de remplacement

replay [ˌriːˈpleɪ] I. *vt* **1.**(*melody, match*) rejouer **2.**(*recording*) repasser II. *n* (*replayed match*) nouvelle rencontre *f*

replenish [rɪˈplenɪʃ] *vt form* remplir

replica [ˈreplɪkə] *n* réplique *f*

reply [rɪˈplaɪ] I.<-ied> *vi* répondre II.<-ies> *n* réponse *f*

reply coupon *n* bulletin-réponse *m*

report [rɪˈpɔːt, *Am:* -ˈpɔːrt] I. *n* **1.**(*account*) rapport *m* **2.**(*shorter account*) compte rendu *m* **3.** TV, RADIO reportage *m* **4.** SCHOOL bulletin *m* II. *vt* **1.**(*casualties, facts*) rapporter; TV, RADIO faire un reportage sur **2.**(*make public*) annoncer **3.**(*inform*) signaler; **to be ~ed missing** être porté disparu III. *vi* **1.**(*write a report*) faire un rapport; **to ~ on sth to sb** faire un rapport a qn sur qc **2.**(*in journalism*) faire un reportage **3.**(*present oneself formally*) se présenter; **to ~ to sb/a place** se présenter a qn/un endroit

report card *n Am* bulletin *m* scolaire

reportedly *adv* à ce qu'on dit

reporter *n* journaliste *mf*

repose [rɪˈpəʊz, *Am:* -ˈpoʊz] *n no pl, form* calme *m*

repossess [ˌriːpəˈzes] *vt* saisir

repost *vt* INFOR réafficher

represent [ˌreprɪˈzent] *vt* représenter

representation *n* **1.** représentation *f* **2. to make ~s about sth** *form* exprimer des inquiétudes au sujet de qc auprès de qn

representative I. *adj a.* POL représentatif II. *n a.* ECON, POL représentant(e) *m(f)*

repress [rɪˈpres] *vt* réprimer

repression *n no pl* répression *f;* PSYCH refoulement *m*

reprieve [rɪˈpriːv] *n* **1.** LAW grâce *f* **2.** *fig* délai *m*

reprimand [ˈreprɪmɑːnd, *Am:* -rəmænd] I. *vt* réprimander II. *n* réprimande *f*

reprisal [rɪˈpraɪzl] *n* représailles *fpl*

reproach [rɪˈprəʊtʃ, *Am:* -ˈproʊtʃ] I. *vt* **to ~ sb for doing sth** reprocher à qn d'avoir fait qc II. *n* reproche *m*

reproachful *adj* réprobateur

reproduce [ˌriːprəˈdjuːs, *Am:* -ˈduːs] I. *vi* se reproduire II. *vt* reproduire

reproduction [ˌriːprəˈdʌkʃn] *n* reproduction *f*

reproof [rɪˈpruːf] *n form* réprimande *f*

reprove [rɪˈpruːv] *vt form* répri-

R

mander

reptile ['reptail] *n* reptile *m*

republic [rɪ'pʌblɪk] *n* république *f*

republican I. *n* républicain(e) *m(f)* II. *adj* républicain

repudiate [rɪ'pju:dɪeɪt] *vt form* (*accusation, claim*) récuser; (*suggestion*) rejeter

repulse [rɪ'pʌls] *vt a.* MIL repousser

repulsion *n no pl a.* PHYS répulsion *f*

repulsive *adj* répulsif

reputable *adj* de bonne réputation

reputation [,repju'teɪʃn] *n* réputation *f*

repute [rɪ'pju:t] *n form no pl* renom *m;* **of ill/good ~** de mauvaise/bonne renommée

reputed *adj* réputé

reputedly *adv* à ce qu'on dit

request [rɪ'kwest] I. *n* demande *f;* **at sb's ~** à la demande de qn; **on ~** sur demande II. *vt* demander; **to ~ sb to** +*infin* prier qn de +*infin*

request stop *n* Brit arrêt *m* facultatif

require [rɪ'kwaɪəʳ, *Am:* -'kwaɪɚ] *vt* 1. (*need*) nécessiter; **to be ~d for sth** être nécessaire pour qc 2. (*demand*) demander; **to be ~d of sb** être requis de qn

requirement *n* exigence *f*

requisition *vt* **to ~ sth from sb** requisitionner qc de qn

rerun [,ri:'rʌn] I. *vt irr* 1. (*series*) rediffuser 2. (*race, election*) recommencer II. *n* 1. CINE, TV rediffusion *f* 2. (*repeat*) répétition *f*

rescind [rɪ'sɪnd] *vt form* LAW abroger; (*contract*) annuler

rescue ['reskju:] I. *vt* sauver; (*hostage, prisoner*) libérer II. *n* sauvetage *m;* (*of a hostage, prisoner*) libération *f*

rescuer *n* sauveteur *m*

research [rɪ'sɜ:tʃ, *Am:* -'sɜ:rtʃ] I. *n* 1. (*investigation*) recherche *f;* **to carry out ~ into sth** faire de la recherche sur qc 2. (*texts*) travaux *mpl* II. *vi* (*carry out research*) faire de la recherche III. *vt* faire des recherches

research and development *n* recherche *f* et développement *m*

researcher *n* UNIV chercheur *m*

resemblance [rɪ'zembləns] *n no pl* ressemblance *f*

resemble [rɪ'zembl] *vt* ressembler à, tirer sur *Belgique, Nord*

resent [rɪ'zent] *vt* (*person*) en vouloir à; (*situation, attitude*) avoir du ressentiment contre

resentful *adj* mécontent

resentment *n* rancœur *f;* **to feel (a) ~ against sb** en vouloir à qn

reservation [,rezə'veɪʃn, *Am:* -ɚ'-] *n* 1. (*hesitation, doubt*) réserve *f;* **with/without ~(s)** sous/sans réserve 2. (*booking*) réservation *f* 3. (*area of land*) réserve *f*

reserve [rɪ'zɜ:v, *Am:* -'zɜ:rv] I. *n* 1. *no pl, a. form* réserve *f;* **with/without ~** sous/sans réserve; **to have/keep sth in ~** avoir/mettre qc en réserve 2. SPORT remplaçant(e) *m(f)* II. *vt* 1. (*leftovers, rest*) garder 2. (*save*) **to ~ sth for sb/sth** mettre qc de côté pour qn/qc 3. (*room, seat, ticket*) réserver

reserved *adj* réservé

reservoir ['rezəvwɑ:ʳ, *Am:* -ɚvwɑ:r] *n a. fig* réservoir *m*

reset [,ri:'set] *irr vt* 1. (*clock, timer*) remettre à l'heure; (*meter*) remettre à zéro 2. INFOR réinitialiser

reset button *n* INFOR, ELEC touche *f* reset

reshuffle [,ri:'ʃʌfl] I. *vt* POL remanier II. *n* POL remaniement *m* ministériel

reside [rɪ'zaɪd] *vi form* résider

residence ['rezɪdəns] *n a. form* résidence *f*

residence permit *n* permis *m* de séjour

resident I. *n a.* POL résident(e) *m(f)* II. *adj* domicilié

residential *adj* résidentiel; **~ course** stage *m* avec logement sur place

residential school *n* internat *m*

resident permit *n* permis *m* de séjour

residue ['rezɪdju:, *Am:* -ədu:] *n a. form* résidu *m*

resign [rɪ'zaɪn] I. *vi* 1. (*leave one's job*) démissionner 2. GAMES abandonner II. *vt* 1. (*post*) abandonner

2. to ~ oneself to sth/doing sth se résigner à qc/à faire qc

resignation [,rezɪg'neɪʃn] *n* **1.** (*official letter*) (lettre *f* de) démission *f* **2.** *no pl* (*act of resigning*) démission *f* **3.** *no pl* (*acceptance*) résignation *f*

resigned *adj* résigné

resilient *adj* **1.** (*able to keep shape*) élastique **2.** (*able to survive setbacks*) résistant

resin ['rezɪn] *n no pl* résine *f*

resist [rɪ'zɪst] *vt* résister à

resistance [rɪ'zɪstəns] *n* résistance *f*

resit ['riːsɪt] I. *vt irr*; *Brit* (*examination*) repasser II. *n Brit* SCHOOL, UNIV seconde session *f*

resolute ['rezəluːt] *adj form* résolu

resolution *n* résolution *f*

resolve [rɪ'zɒlv, *Am*: -'zɑːlv] I. *vt* **1.** (*decide*) **to ~ that ...** décider que ...; **to ~ to** +*infin* se résoudre à +*infin* **2.** (*settle*) régler; **to ~ one's differences** régler un différend **3.** (*solve*) résoudre II. *n form* résolution *f*

resort [rɪ'zɔːt, *Am*: -'zɔːrt] *n* **1.** (*place for holidays*) lieu *m* de villégiature **2.** *no pl* **without ~ to sth** sans recours à qc; **as a last ~** en dernier recours

◆ **resort to** *vt* **to ~ sth/doing sth** recourir à qc/à faire qc

resound [rɪ'zaʊnd] *vi* résonner

resounding *adj a. fig* retentissant

resource [rɪ'sɔːs, *Am*: 'riːsɔːrs] *n* ressource *f*

resourceful *adj* (*person*) ingénieux

respect [rɪ'spekt] I. *n* **1.** *no pl* (*esteem or consideration*) respect *m*; **to earn the ~ of sb** gagner le respect de qn; **out of ~ for sb/sth** par respect pour qn/qc **2.** *pl, form* (*polite greetings*) **to pay one's ~s to sb** présenter ses hommages à qn **3.** **in many/some ~s** à beaucoup d'égards/à certains égards; **in this ~** à cet égard II. *vt* respecter

respectable *adj* respectable; (*area, person, behaviour*) décent

respectful *adj* respectueux

respective *adj* respectif

respectively *adv* respectivement

respite ['respaɪt, *Am*: -pɪt] *n no pl, form* répit *m*

resplendent [rɪ'splendənt] *adj form* resplendissant

respond [rɪ'spɒnd, *Am*: -'spaːnd] *vi* **to ~ to sth** répondre à qc

response [rɪ'spɒns, *Am*: -'spaːns] *n* réponse *f*

responsibility [rɪ,spɒnsə'bɪlətɪ, *Am*: -,spaːnsə'bɪləṭɪ] *n* responsabilité *f*

responsible [rɪ'spɒnsəbl, *Am*: -'spaːn-] *adj* responsable; (*job, task*) à responsabilité; **to be ~ for sth/sb** être responsable de qc/qn

responsibly *adv* de façon responsable

responsive [rɪ'spɒnsɪv, *Am*: -'spaːn-] *adj a.* MED réceptif

rest [rest] I. *vt* **1.** (*repose*) reposer **2.** (*support*) reposer; **to ~ sth against/(up)on sth** appuyer qc contre/sur qc II. *vi* **1.** (*cease activity*) se reposer **2.** (*be supported*) reposer; **to ~ on sth** s'appuyer sur qc **3.** **you can ~ assured that ...** vous pouvez être assuré(s) que ... III. *n* **1.** (*repose*) repos *m*; (*at work*) pause *f*; **to have a ~** se reposer **2.** (*support*) support *m* **3.** *no pl, + sing/pl verb* (*remainder*) **the ~** le reste; **the ~ of the people/books** les autres personnes/livres

restaurant ['restrɒnt, *Am*: -təraːnt] *n* restaurant *m*

restaurant car *n Brit* wagon-restaurant *m*

restful *adj* reposant

rest home *n* maison *f* de repos

restive ['restɪv] *adj* agité

restless *adj* agité

restoration *n* **1.** *no pl* (*act of restoring*) restauration *f* **2.** *no pl* (*re-establishment*) rétablissement *f*

restore [rɪ'stɔː*, *Am*: -'stɔːr] *vt* **1.** (*return to original state*) restaurer **2.** (*re-establish*) rétablir **3.** (*return to former state*) ramener; INFOR réafficher

restrain [rɪ'streɪn] *vt* **1.** (*troublemaker*) retenir; **to ~ oneself from doing sth** se retenir de faire qc

2. (*dog, horse*) maîtriser
restrained *adj* **1.** (*calm*) contenu **2.** (*not emotional*) sobre
restraint [rɪˈstreɪnt] *n* **1.** *no pl* (*self-control*) mesure *f* **2.** (*restriction*) contrainte *f*
restrict [rɪˈstrɪkt] *vt* restreindre
restriction *n* (*limit*) restriction *f*; (*of speed*) limitation *f*
restrictive *adj pej* restrictif
rest room [ˈrestruːm] *n Am* toilettes *fpl*
result [rɪˈzʌlt] **I.** *n* (*consequence*) résultat *m*; **as a ~ of sth** par suite de qc; **as a ~** en conséquence **II.** *vi* résulter; **to ~ in sth** avoir qc pour résultat; **to ~ in sb('s) doing sth** avoir pour résultat que qn fait qc
resume [rɪˈzjuːm, *Am:* -ˈzuːm] **I.** *vt* reprendre **II.** *vi form* reprendre
résumé [ˈrezjuːmeɪ, *Am:* ˈrezʊmeɪ] *n* **1.** (*summary*) résumé *m* **2.** *Am, Aus* (*curriculum vitae*) *s.* **CV**
resumption [rɪˈzʌmpʃn] *n* reprise *f*
resurgence [rɪˈsɜːdʒəns, *Am:* -ˈsɜːrdʒəns] *n no pl, form* réapparition *f*
resurrection *n no pl* résurrection *f*
retail [ˈriːteɪl] COM **I.** *n no pl* détail *m* **II.** *adv* au détail
retailer *n* commerçant(e) *m(f)*
retail price *n* prix *m* de détail
retain [rɪˈteɪn] *vt* conserver
retainer *n* (*fee*) avance *f*
retaliate [rɪˈtælɪeɪt] *vi* riposter
retaliation *n no pl* riposte *f*
retarded *adj* retardé
retch [retʃ] *vi* avoir la nausée
retentive [rɪˈtentɪv, *Am:* -t̬ɪv] *adj* (*memory*) bon
reticent [ˈretɪsnt, *Am:* ˈret̬əsnt] *adj* réticent; **to be ~ about doing sth** avoir des réticences à faire qc
retina [ˈretɪnə, *Am:* ˈret̬nə] <-s *o* -nae> *n* ANAT rétine *f*
retinue [ˈretɪnjuː, *Am:* ˈret̬nuː] *n* suite *f*
retire [rɪˈtaɪəʳ, *Am:* -ˈtaɪə-] *vi* **1.** (*stop working*) prendre sa retraite **2.** *form* (*withdraw*) se retirer **3.** *form* (*go to bed*) se coucher
retired *adj* retraité

retirement *n* retraite *f*
retiring *adj* réservé
retort [rɪˈtɔːt, *Am:* -ˈtɔːrt] **I.** *vi* répliquer **II.** *n* réplique *f*
retrace [riːˈtreɪs] *vt* **to ~ one's steps** revenir sur ses pas
retract [rɪˈtrækt] **I.** *vt* (*withdraw*) rétracter; (*statement*) revenir sur; (*wheels*) rentrer **II.** *vi* **1.** (*withdraw words*) se rétracter **2.** (*be drawn out of sight*) rentrer
retrain [riːˈtreɪn] *vt* recycler
retread [ˌriːˈtred, *Am:* -ˈtrɑːd] *n* pneu *m* rechapé
retreat [rɪˈtriːt] **I.** *vi* **1.** MIL *a. fig* battre en retraite **2.** (*withdraw*) se retirer **II.** *n* MIL retraite *f*
retribution [ˌretrɪˈbjuːʃn, *Am:* -rə-] *n no pl, form* châtiment *m*
retrieve [rɪˈtriːv] *vt* **1.** (*get sth back*) récupérer **2.** (*fetch*) rapporter
retriever *n* chien *m* d'arrêt
retroactive [ˌretrəʊˈæktɪv, *Am:* -roʊ-] *adj* rétroactif
retrograde [ˈretrəɡreɪd] *adj* rétrograde
retrospect [ˈretrəspekt] *n no pl* **in ~** rétrospectivement
retrospective *adj* **1.** (*looking back*) rétrospectif **2.** *Brit, form* LAW *s.* **retroactive**
retry [ˌriːˈtraɪ] *vt* INFOR relancer
return [rɪˈtɜːn, *Am:* -ˈtɜːrn] **I.** *n* **1.** (*coming, going back*) retour *m* **2.** (*giving back*) retour *m* **3.** (*sending back*) renvoi *m* **4.** *Brit, Aus* (*ticket, fare*) aller-retour *m* **5.** (*stroke hit*) renvoi *m* **6.** (*profit*) bénéfice *m* **7.** *no pl* INFOR touche *f* de retour **8.** **many happy ~s (of the day)** bon anniversaire; **in ~ for sth** en retour de qc **II.** *vi* **1.** (*go back*) retourner **2.** (*person, symptoms*) revenir; **to ~ home** rentrer **III.** *vt* **1.** (*give back*) rendre; **to ~ goods** retourner des marchandises **2.** (*put back*) remettre **3.** *Brit* (*elect*) élire **4.** SPORT renvoyer
return flight *n* vol *m* retour
return ticket *n Aus, Brit* aller-retour *m*
reunification [riːˌjuːnɪfɪˈkeɪʃn, *Am:* -nəfɪ-] *n no pl* réunification *f*

reunion [ˌriːˈjuːnɪən, *Am:* -ˈjuːnjən] *n* réunion *f*

reunite [ˌriːjuːˈnaɪt] *vt* **to be ~d with sb** retrouver qn

rev [rev] **I.** *n pl abbr of* **revolution** tour *m* minute **II.** *vt* <-vv-> **to ~ (up) the engine** emballer le moteur **III.** *vi* <-vv-> s'emballer

revamp [ˌriːˈvæmp] *vt inf* **1.** (*reorganize*) remanier; (*method*) réorganiser **2.** (*redecorate*) retaper

reveal [rɪˈviːl] *vt* révéler

revealing *adj* **1.** (*interesting*) révélateur **2.** (*low-cut*) décolleté

reveille [rɪˈvælɪ, *Am:* ˈrevlɪ] *n no pl, no art* MIL réveil *m*

revel [ˈrevəl] *vi* se réjouir; **to ~ in sth/doing sth** se délecter de qc/à faire qc

revelation *n* révélation *f*

revenge [rɪˈvendʒ] **I.** *n no pl* vengeance *f*; **to take (one's) ~ on sb for sth** se venger sur qn pour qc **II.** *vt* venger

revenue [ˈrevənjuː, *Am:* -ənuː] *n* revenu *m*

reverberate [rɪˈvɜːbəreɪt, *Am:* -ˈvɜːrbəreɪt] *vi* (*echo*) résonner

reverberation *n* réverbération *f*

revere [rɪˈvɪəʳ, *Am:* -ˈvɪr] *vt form* révérer

reverence [ˈrevərəns] *n no pl* révérence *f*

Reverend [ˈrevərənd] *n* révérend *m*

reversal *n* **1.** (*of policy*) revirement *m* **2.** (*of fortune*) revers *m*

reverse [rɪˈvɜːs, *Am:* -ˈvɜːrs] **I.** *vt* **1.** *Aus, Brit* (*move backwards*) **to ~ a vehicle out of somewhere** sortir un véhicule de quelque part **2.** (*turn the other way*) retourner **3.** (*change to opposite, exchange*) inverser; **to ~ the charges** *Brit, Can* TEL demander une communication en PCV **II.** *vi Aus, Brit* faire marche arrière; **to ~ into/out of the garage** rentrer dans le/sortir du garage en marche arrière **III.** *n* **1.** *no pl* (*opposite*) contraire *m* **2.** (*gear*) marche *f* arrière **3.** (*back*) revers *m*; (*of a coin*) envers *m*; (*of a document*) verso *m* **IV.** *adj* inverse

reverse-charge *adj Brit* (*call*) en PCV

revert [rɪˈvɜːt, *Am:* -ˈvɜːrt] *vi* **to ~ to sth** revenir à qc

review [rɪˈvjuː] **I.** *vt* **1.** (*consider*) revoir **2.** (*reconsider*) reconsidérer **3.** (*revise*) réviser; (*notes*) revoir **4.** (*write about*) faire la critique de **5.** *Am* (*study again*) *s.* **revise II.** *n* **1.** (*examination*) examen *m*; (*of situation*) bilan *m* **2.** (*reconsideration*) révision *f* **3.** (*criticism*) critique *f*

reviewer *n* critique *mf*

revise [rɪˈvaɪz] **I.** *vt* **1.** (*reread*) réviser **2.** (*reconsider*) revoir; (*opinion*) changer **3.** *Brit, Aus* (*study again*) réviser **II.** *vi Aus, Brit* **to ~ for sth** faire des révisions pour qc

revision [rɪˈvɪʒn] *n* révision *f*

revitalise *vt Aus, Brit,* **revitalize** [riːˈvaɪtəlaɪz, *Am:* -ˌtəl-] *vt* ranimer; (*trade*) relancer

revival *n* **1.** MED réanimation *m* **2.** (*rebirth*) renaissance *f*; (*of interest*) réveil *m*; **an economic ~** une reprise économique

revive [rɪˈvaɪv] **I.** *vt* **1.** (*patient*) réanimer **2.** (*tired person*) ranimer; (*hopes, interest*) faire renaître; (*economy, custom, fashion*) relancer **II.** *vi* **1.** MED reprendre connaissance **2.** (*tired person*) retrouver ses esprits; (*hopes, interest*) renaître; (*economy, business*) reprendre

revolt [rɪˈvəʊlt, *Am:* -ˈvoʊlt] POL **I.** *vi* se révolter **II.** *vt* (*disgust*) révolter **III.** *n* révolte *f*

revolution [ˌrevəˈluːʃn] *n* **1.** (*revolt*) révolution *f* **2.** (*rotation*) tour *m*

revolutionary [ˌrevəˈluːʃənrɪ, *Am:* -ʃənerɪ] **I.** <-ies> *n* révolutionnaire *mf* **II.** *adj* révolutionnaire

revolve [rɪˈvɒlv, *Am:* -ˈvɑːlv] *vi* (*turn*) tourner

revolver [rɪˈvɒlvəʳ, *Am:* -ˈvɑːlvər] *n* revolver *m*

revolving *adj* en rotation

revolving door *n* porte *f* à tambour

revue [rɪˈvjuː] *n* revue *f*

revulsion [rɪˈvʌlʃn] *n no pl* dégoût *m*

R

reward [rɪˈwɔːd, *Am:* ˈwɔːrd] I. *n* récompense *f* II. *vt* récompenser

rewarding *adj* gratifiant

rewind [ˌriːˈwaɪnd] *irr vt* rembobiner; (*watch*) remonter

rewire [ˌriːˈwaɪəʳ, *Am:* -ˈwaɪəˠ] *vt* (*building*) refaire l'installation électrique de

reword [ˌriːˈwɜːd, *Am:* -ˈwɜːrd] *vt* reformuler

rewrite [ˌriːˈraɪt] *irr vt* récrire

rhapsody [ˈræpsədɪ] <-ies> *n* **1.** rhapsodie *f* **2. to go into rhapsodies about sth** s'extasier sur qc

rhetoric [ˈretərɪk, *Am:* ˈreṭ-] *n no pl* rhétorique *f*

rhetorical *adj* rhétorique; **a ~ question** une question de pure forme

rheumatism [ˈruːmətɪzəm] *n no pl* MED rhumatisme *m*

Rhine [raɪn] *n* **the ~** le Rhin

rhino *inf*, **rhinoceros** [raɪˈnɒsərəs, *Am:* -ˈnɑːsəˠ-] <-(es)> *n* rhinocéros *m*

rhododendron [ˌrəʊdəˈdendrən, *Am:* ˌroʊ-] *n* rhododendron *m*

rhubarb [ˈruːbɑːb, *Am:* -bɑːrb] *n no pl* rhubarbe *f*

rhyme [raɪm] I. *n* **1.** (*sound*) rime *f*; **in ~** en vers **2.** (*children's poem*) comptine *f* II. *vi* rimer

rhythm [ˈrɪðəm] *n* rythme *m*

rib [rɪb] *n* **1.** (*bone*) côte *f* **2.** (*meat joint*) côte *f* **3.** (*in structure*) armature *f*; (*in umbrella*) baleine *f*

ribbon [ˈrɪbən] *n* ruban *m*

rice [raɪs] *n no pl* riz *m*

ricefield *n* rizière *f* **rice growing** *n no pl* riziculture *f* **ricepaper** *n* papier *m* de riz **rice pudding** *n* riz *m* au lait

rich [rɪtʃ] I. <-er, -est> *adj* **1.** *a.* GEO riche **2.** (*harvest*) abondant **3.** (*plenty*) **to be ~ in sth** être riche en qc II. *n* **1. the ~** *pl* les riches *mpl* **2. the ~s** les richesses *fpl*

richly *adj* (*dressed, decorated*) richement

richness *n no pl* richesse *f*

rickets [ˈrɪkɪts] *n no pl* rachitisme *m*

rickety [ˈrɪkətɪ, *Am:* -ṭɪ] *adj* branlant

ricochet [ˈrɪkəʃeɪ] I. *vi* ricocher II. *n* ricochet *m*

rid [rɪd] <rid *o* ridded, rid> *vt* **1.** (*free from*) **to rid sb/sth of sth** débarrasser qn/qc de qc **2. to get ~ of sb/sth** se débarrasser de qn/qc

ridden [ˈrɪdn] *pp of* **ride**

riddle [ˈrɪdl] *n* énigme *f*

ride [raɪd] I. <rode, ridden> *vt* **1.** (*sit on*) **to ~ a bike/horse** faire du vélo/cheval **2.** (*roundabout, bus, train*) prendre **3.** (*a distance*) faire II. <rode, ridden> *vi* **1.** (*ride a horse*) monter à cheval **2.** (*travel*) aller à dos d'animal III. *n* **1.** (*journey*) trajet *m*; (*on a bike*) tour *m*; (*on horse*) promenade *f* **2.** (*fairground trip*) tour *m* **3. to take sb for a ~** *inf* faire marcher qn

rider *n* (*on horse*) cavalier, -ière *m, f*; (*on bike*) cycliste *mf*; (*on motorbike*) motocycliste *mf*

ridge [rɪdʒ] *n* **1.** GEO crête *f* **2.** (*of roof*) arête *f* **3.** (*on surface*) strie *f*

ridicule [ˈrɪdɪkjuːl] I. *n no pl* ridicule *m* II. *vt* ridiculiser

ridiculous *adj* ridicule; **don't be ~!** ne dis pas n'importe quoi!

riding [ˈraɪdɪŋ] *n no pl* équitation *f*

riding school *n* école *f* d'équitation

rife [raɪf] *adj form* très répandu

riffraff [ˈrɪfræf] *n pl, pej* racaille *f*

rifle [ˈraɪfl] *n* fusil *m*

rifle range *n* champ *m* de tir; (*in funfair*) stand *m* de tir

rift [rɪft] *n* **1.** (*fissure*) fissure *f* **2.** (*quarrel*) division *f*

rig [rɪg] <-gg-> I. *vt* (*election*) truquer II. *n* (*oil industry*) derrick *m*

rigging *n no pl* **1.** (*manipulation of results*) trucage *m* **2.** (*ropes on ships*) gréement *m*

right [raɪt] I. *adj* **1.** (*policy, attitude*) bon; (*distribution, punishment*) juste; **to do the ~ thing** bien agir **2.** (*answer, method, suspicion*) bon; **to be ~ about sth** avoir raison à propos de qc **3.** (*best, appropriate*) bon; **the ~ way to do things** la manière convenable de faire les choses; **is this the ~ way to the post office?** est-ce que c'est le bon chemin pour la poste? **4.** (*direction*) droit; **to**

make a ~ turn tourner à droite **5.** *inf* (*complete*) vrai; (*idiot*) véritable **II.** *n* **1.** (*civil privilege*) droit *m;* **you've no ~ to do that** vous n'avez aucun droit de faire ça **2.** *no pl* (*morality*) bien *m;* **I'm in the ~** j'ai raison **3.** *pl* (*copyright*) droits *mpl;* **all ~s reserved** tous droits réservés **4.** (*right side*) droite *f;* **on the ~** à droite **III.** *adv* **1.** (*answer*) correctement **2.** (*work*) bien **3.** (*in rightward direction*) à droite; **to turn right** tourner à droite **IV.** *vt* **1.** (*mistake*) rectifier **2.** (*set upright*) redresser **V.** *interj* **1.** (*states accord*) d'accord! **2.** (*attracts attention*) bon!

right angle *n* angle *m* droit

righteous ['raɪtʃəs] *adj form* **1.** (*virtuous*) vertueux **2.** (*rightful*) justifié

rightful *adj* (*share, owner*) légitime

right-hand *adj* droit; **on the ~ side** du côté droit **right-hand drive** *adj* avec la conduite à droite **right-handed** *adj* droitier **right-hand man** *n* bras droit *m*

rightly *adv* correctement **right of way** *n* **1.** (*footpath*) passage *m* **2.** (*on road*) **to have ~** avoir la priorité **right-wing** *adj* (*attitudes, party*) de droite

rigid ['rɪdʒɪd] *adj* **1.** (*material*) rigide **2.** (*censorship, rules*) strict

rigmarole ['rɪgmərəʊl, *Am:* -məroʊl] *n no pl, pej* comédie *f*

rigor *n Am, Aus s.* **rigour**

rigorous ['rɪgərəs] *adj* rigoureux

rigour ['rɪgəʳ, *Am:* -ɚ] *n Brit, Aus* rigueur *f*

rile [raɪl] *vt inf* énerver

rim [rɪm] *n* **1.** (*brim*) bord *m;* (*of wheel*) jante *f* **2.** (*of crater, lake*) bord *m*

rind [raɪnd] *n no pl* (*of lemon*) écorce *f;* (*of bacon*) couenne *f;* (*of cheese*) croûte *f,* couenne *f Suisse*

ring¹ [rɪŋ] **I.** *n* **1.** (*circle*) anneau *m;* (*drawn*) cercle *m* **2.** (*stain*) tache *f;* (*under eyes*) cerne *f* **3.** (*circle of people*) cercle *m;* (*of spies, criminals*) réseau *m* **4.** (*jewellery*) bague *f* **5.** (*for boxing*) ring *m* **II.** *vt* **1.** (*encircle*) encercler **2.** *Brit* (*on paper*)

entourer

ring² [rɪŋ] **I.** *n* **1.** *no pl, Brit* (*telephone call*) coup *m* de fil; **to give sb a ~** passer un coup de fil à qn **2.** (*sound*) sonnerie *f* **II.** <rang, rung> *vt* **1.** *Brit* (*call on telephone*) appeler **2.** (*bell*) faire sonner **III.** <rang, rung> *vi* **1.** *Brit* (*call on telephone*) appeler **2.** (*telephone, bell*) sonner

◆ **ring back** *vt* rappeler

◆ **ring off** *vi Brit* raccrocher

◆ **ring up** *vt* (*telephone*) téléphoner à

ringing *n no pl* sonnerie *f;* (*in ears*) tintement *m*

ringing tone *n* tonalité *f* de sonnerie

ringleader *n pej* meneur, -euse *m, f*

ringlet ['rɪŋlɪt] *n pl* (*in hair*) boucle *f*

ring road *n Brit, Aus* boulevard *m* de ceinture

rink [rɪŋk] *n* (*for ice-skating*) patinoire *f;* (*for roller-skating*) piste *f*

rinse [rɪns] *vt* rincer

riot ['raɪət] **I.** *vi* se soulever **II.** *adv* **to run ~** *fig* se déchaîner

rioter *n* émeutier, -ière *m, f*

riotous *adj* **1.** (*crowd*) violent **2.** (*boisterous*) déchaîné; (*party*) délirant

riot squad *n* ≈ CRS *mpl*

rip [rɪp] **I.** *n* accroc *m* **II.** <-pp-> *vi* se déchirer **III.** <-pp-> *vt* déchirer; **to ~ sth out** arracher qc

RIP *abbr of* **rest in peace** ici repose

ripe [raɪp] *adj* mûr

ripen ['raɪpən] **I.** *vt* faire mûrir **II.** *vi* mûrir

rip-off *n inf* arnaque *f*

ripple ['rɪpl] **I.** *n* (*in water*) ride *f;* (*of applause*) vague *f* **II.** *vt* faire ondoyer

rise [raɪz] **I.** *n no pl* **1.** (*in status, power*) montée *f* **2.** (*increase*) hausse *f;* (*pay*) **~** *Brit* augmentation *f* de salaire **3. to give ~ to sth** donner lieu à qc **II.** <rose, risen> *vi* **1.** (*person in chair or bed*) se lever; (*smoke*) s'élever **2.** (*in status*) s'élever; **to ~ to power** arriver au pouvoir; **to ~ to the challenge** relever le défi; **to ~ to the occasion** se montrer à la hauteur de la situation; ~ **to fame** devenir célèbre **3.** (*road, river*) monter; (*temperature, prices*) augmenter **4.** (*trees, buildings*) s'élever **5.** (*rebel*) se soulever

risen [ˈrɪzn] *pp of* **rise**

rising I. *n* soulèvement *m* **II.** *adj* **1.** (*fame*) grandissant; (*politician*) qui monte **2.** (*temperature, prices*) en hausse

risk [rɪsk] **I.** *n* risque *m;* **to run the ~ of doing sth** courir le risque de faire qc; **at one's own ~** à ses risques et périls; **to be at ~** être en danger **II.** *vt* **1.** risquer **2. to ~ life and limb** risquer sa peau

risky [ˈrɪskɪ] <-ier, -iest> *adj* risqué

risqué [ˈriːskeɪ, *Am:* rɪˈskeɪ] *adj* (*joke*) risqué

rissole [ˈrɪsəʊl, *Am:* -oʊl] *n* croquette *f*

rite [raɪt] *n pl* rite *m*

ritual [ˈrɪtʃʊəl, *Am:* -uəl] **I.** *n* rituel *m* **II.** *adj* rituel

rival [ˈraɪvl] **I.** *n* rival(e) *m(f)* **II.** *adj* rival **III.** <-ll- *o Am* -l-> *vt* rivaliser avec

rivalry [ˈraɪvlrɪ] *n* rivalité *f*

river [ˈrɪvəʳ, *Am:* -ɚ] *n* rivière *f*; (*to the sea*) fleuve *m*

riverbed *n* lit *m* de la rivière **riverside** *n no pl* rive *f*

rivet [ˈrɪvɪt] **I.** *n* rivet *m* **II.** *vt* **1.** (*joined*) riveter **2.** (*interest*) fasciner; **to be ~ed by a film** être captivé par un film

road [rəʊd, *Am:* roʊd] *n* **1.** (*linking places*) route *f*; **by ~** par la route **2.** (*in residential area*) rue *f* **3. to get sth on the ~** *inf* commencer qc; **to be on the ~ to recovery** être sur la voie de la guérison

roadblock *n* barrage *m* routier **road hog** *n pej, inf* chauffard *m* **road map** *n* carte *f* routière **road rage** *n* furie *f* au volant, agressivité *f* des automobilistes **road safety** *n no pl* sécurité *f* routière **roadside** *n* bord *m* de la route **road sign** *n* panneau *m* de signalisation **road traffic** *n no pl* circulation *f* (routière) **roadway** *n no pl* chaussée *f* **roadwork** *Am*

no pl, **roadworks** *npl Brit, Aus* travaux *mpl* d'entretien du réseau routier **roadworthy** *adj* en bon état

roam [rəʊm, *Am:* roʊm] **I.** *vi* errer **II.** *vt* errer dans

roar [rɔːʳ, *Am:* rɔːr] **I.** *vi* hurler; (*lion*) rugir; (*motorbike*) gronder; **to ~ with laughter** hurler de rire **II.** *n* **1.** (*growl*) rugissement *m* **2.** *no pl* (*loud noise*) grondement *m*

roaring *adj* hurlant; **a ~ fire** une belle flambée; **to be a ~ success** *inf* avoir un succès fou

roast [rəʊst, *Am:* roʊst] **I.** *vt* rôtir; (*coffee*) torréfier **II.** *n* rôti *m*

roast beef *n* rosbif *m*

rob [rɒb, *Am:* rɑːb] <-bb-> *vt* (*person*) voler; (*bank*) dévaliser

robber [ˈrɒbəʳ, *Am:* ˈrɑːbɚ] *n* voleur, -euse *m, f*

robbery [ˈrɒbərɪ, *Am:* ˈrɑːbɚɪ] <-ies> *n* vol *m*

robe [rəʊb, *Am:* roʊb] *n* **1.** (*formal*) robe *f* **2.** (*dressing gown*) robe *f* de chambre

robin [ˈrɒbɪn, *Am:* ˈrɑːbɪn] *n* rouge-gorge *m*

robot [ˈrəʊbɒt, *Am:* ˈroʊbɑːt] *n* robot *m*

robust [rəʊˈbʌst, *Am:* roʊ-] *adj* robuste

rock[1] [rɒk, *Am:* rɑːk] *n* **1.** (*substance*) roche *f* **2.** (*stone*) rocher *m* **3.** *Am, Aus* (*lump of stone*) pierre *f* **4.** *no pl* (*solid sweet*) ≈ sucre *m* d'orge **5. on the ~s** (*experiencing difficulties*) en pleine débâcle; (*with ice*) avec des glaçons

rock[2] [rɒk, *Am:* rɑːk] **I.** *vt* **1.** (*swing*) balancer; (*a baby*) bercer **2.** (*person, house*) secouer **II.** *vi* se balancer, danser le rock'n'roll **III.** *n* MUS rock *m*

rock-and-roll *n no pl* rock and roll *m* **rock bottom** *n* **to be at ~** être au plus bas; (*person*) avoir le moral à zéro; **to hit ~** toucher le fond

rockery [ˈrɒkrɪ, *Am:* ˈrɑːkɚɪ] <-ies> *n* rocaille *f*

rocket [ˈrɒkɪt, *Am:* ˈrɑːkɪt] **I.** *n* (*vehicle, firework*) fusée *f* **II.** *vi* **to ~ (up)** monter en flèche

rocket launcher *n* MIL lance-fusées *m*

rocking ['rɒkɪŋ, *Am:* 'rɑːk-] *n* balancement *m*

rocking chair *n* fauteuil *m* à bascule, chaise *f* berçante, berçante *f Québec* **rocking horse** *n* cheval *m* à bascule

rock'n'roll *s.* **rock-and-roll**

rocky¹ ['rɒkɪ, *Am:* 'rɑːkɪ] <-ier, -iest> *adj* rocheux

rocky² ['rɒkɪ, *Am:* 'rɑːkɪ] <-ier, -iest> *adj* (*weak*) patraque

Rocky Mountains *n* **the** ~ les montagnes Rocheuses

rod [rɒd, *Am:* rɑːd] *n* **1.** (*of wood*) baguette *f*; (*of metal*) tige *f* **2.** (*fishing rod*) canne *f* à pêche

rode [rəʊd, *Am:* roʊd] *pt of* **ride**

rodent ['rəʊdnt, *Am:* 'roʊ-] *n* rongeur *m*

rodeo ['rəʊdɪəʊ, *Am:* 'roʊdɪoʊ] <-s> *n* rodéo *m*

roe¹ [rəʊ, *Am:* roʊ] *n* (*fish eggs*) œufs *mpl* de poisson

roe² [rəʊ, *Am:* roʊ] <-(s)> *n* (*deer*) chevreuil *m*

rogue [rəʊg, *Am:* roʊg] *n* **1.** (*villain*) crapule *f* **2.** (*mischievous person*) coquin *m*

role, rôle [rəʊl, *Am:* roʊl] *n* rôle *m*

roll [rəʊl, *Am:* roʊl] **I.** *vt* **1.** (*push circular object*) faire rouler **2.** (*move in circles*) rouler **II.** *vi* (*move around an axis*) rouler; (*car*) faire un tonneau; **eyes** rouler **III.** *n* **1.** (*movement*) roulement *m* **2.** (*cylinder*) rouleau *m* **3.** (*of drum, thunder*) roulement *m* **4.** (*names*) liste *f* **5.** (*bread*) petit pain *m*

◆ **roll over** *vi* se retourner

◆ **roll up** **I.** *vi inf* se pointer **II.** *vt* **1.** (*string*) enrouler **2.** (*fold up*) *a. fig* retrousser

roll call, roll-call *n* appel *m*

roller ['rəʊləʳ, *Am:* 'roʊləʳ] *n* rouleau *m*

Rollerblade® ['rəʊləbleɪd, *Am:* 'roʊlə-] *n* patin *m* en ligne, roller *m*

roller coaster *n* montagnes *fpl* russes

roller skate *n* patin *m* à roulettes

roll-on ['rəʊlɒn, *Am:* 'roʊlɑːn] *adj* (*deodorant*) à bille

ROM [rɒm, *Am:* rɑːm] *n no pl* INFOR *abbr of* **Read Only Memory** ROM *m*

Roman ['rəʊmən, *Am:* 'roʊ-] **I.** *adj* romain **II.** *n* Romain, -e *m, f*

Roman Catholic I. *n* catholique *mf* **II.** *adj* catholique

romance [rəʊ'mæns, *Am:* roʊ'-] *n* **1.** (*love affair*) liaison *f* **2.** (*love story*) roman *m* d'amour **3.** (*glamour*) charme *m*

Romania [rə'meɪnɪə, *Am:* roʊ'-] *n* la Roumanie

Romanian I. *adj* roumain **II.** *n* **1.** (*person*) Roumain(e) *m(f)* **2.** LING roumain *m; s. a.* **English**

romantic [rəʊ'mæntɪk, *Am:* roʊ'mænt̬ɪk] *adj* romantique

Rome ['rəʊm, *Am:* 'roʊm] *n* Rome

romp [rɒmp, *Am:* rɑːmp] **I.** *n* ébats *mpl* **II.** *vi* s'ébattre

rompers ['rɒmpəʳz, *Am:* 'rɑːmpəz] *npl Am* (*romper suit*) barboteuse *f*

roof [ruːf] <-s> *n* **1.** toit *m*; (*of cave, mouth*) voûte *f* **2.** **to hit the** ~ sortir de ses gonds

roofing *n no pl* toiture *f*

roof rack *n Brit* galerie *f* (de voiture)

rooftop *n* toit *m*

rook [rʊk] *n* **1.** (*bird*) freux *m* **2.** (*chess piece*) tour *f*

rookie ['rʊkɪ] *n Am, Aus, inf* bleu *m*

room [ruːm] *n* **1.** (*in house*) pièce *f*, place *f Belgique, Nord*; (*bedroom*) chambre *f*; (*classroom, meeting room*) salle *f* **2.** *no pl* (*space*) place *f*

rooming house ['ruːmɪŋˌhaʊs] *n Am* (*boarding house*) maison *f* de rapport

roommate *n* camarade *mf* de chambre **room service** *n* service *m* des chambres

roomy ['ruːmɪ] <-ier, -iest> *adj* spacieux

roost [ruːst] **I.** *n* perchoir *m* **II.** *vi* se percher

rooster *n Am, Aus* (*cockerel*) coq *m*

root [ruːt] *n a. fig* racine *f*; **to take** ~ *a. fig* prendre racine

◆ **root for** vt Am, inf soutenir

◆ **root out** vt éliminer

rope [rəʊp, Am: roʊp] I. n 1. corde f 2. **to know the ~s** connaître son affaire sur le bout des doigts II. vt 1. (fasten) attacher 2. SPORT **to ~ sb** (**together**) encorder qn

◆ **rope in** vt inf (get help from) forcer un peu

rosary ['rəʊzərɪ, Am: 'roʊ-] <-ies> n 1. (prayer beads) chapelet m 2. (prayers) rosaire f

rose[1] [rəʊz, Am: roʊz] I. n BOT rose f II. adj rose; s. a. **blue**

rose[2] [rəʊz, Am: roʊz] pt of **rise**

rosebud n bouton m de rose **rose bush** n rosier m

rosemary ['rəʊzmərɪ, Am: 'roʊzmer-] n no pl romarin m

rosette [rəʊ'zet, Am: roʊ'-] n rosette f

roster ['rɒstər, Am: 'rɑːstər] n no pl, Am, Aus rota m

rostrum ['rɒstrəm, Am: 'rɑːs-] <-s o rostra> n tribune f

rosy ['rəʊzɪ, Am: 'roʊ-] <-ier, -iest> adj rose

rot [rɒt, Am: rɑːt] I. n no pl pourriture f II. <-tt-> vi (decay) pourrir III. vt décomposer

rota ['rəʊtə, Am: 'roʊt̬ə] n Brit tableau m de service

rotary ['rəʊtərɪ, Am: 'roʊt̬ə-] adj rotatif

rotate [rəʊ'teɪt, Am: 'roʊteɪt] I. vt faire tourner II. vi **to ~ around sth** tourner autour de qc

rotation n (action of rotating) rotation f

rote [rəʊt, Am: roʊt] n no pl, pej **by ~** par cœur

rotten ['rɒtn, Am: 'rɑːtn] adj 1. (putrid) pourri 2. (nasty) méchant

rouge [ruːʒ] n no pl rouge m à joues

rough [rʌf] I. adj 1. (surface, material) rugueux; (ground, road) raboteux 2. (poorly made) brut 3. (guess) approximatif 4. (harsh) brutal 5. (sea) agité; (weather) mauvais 6. Brit, inf (unwell) **to feel ~** se sentir mal II. n 1. (sketch) ébauche f 2. (in golf) rough m 3. (unfinished) in ~ au brouillon III. vt **to ~ it** inf vivre a la dure

roughage ['rʌfɪdʒ] n no pl fibres fpl alimentaires

rough-and-ready adj de façon grossière

roughly adv 1. (crudely) grossièrement 2. (approximately) approximativement 3. (aggressively) rudement

roulette [ruː'let] n no pl roulette f

round [raʊnd] I. n 1. (of guard) ronde f; (of a postman) tournée f; **to do the ~s** (illness, story) circuler 2. (of golf) partie f; (of championship) manche f; (in horsejumping) parcours m 3. (of bread) tranche f; (of ammunition) cartouche f; **a ~ of applause** des applaudissements 4. (of drinks) tournée f; (of applications, interviews) série f II. adj rond III. adv autour; **the long way ~** le chemin le plus long; **come ~ tomorrow** passez demain; **all (the) year ~** tout au long de l'année IV. prep 1. (surrounding) autour de; **all ~ sth** tout autour de qc; **to put sth ~ sb** envelopper qn de qc 2. (circling) **to go ~ sth** faire le tour de [o contourner] qc; **to swim/run ~ sth** nager/courir autour de qc 3. (to other side of) **to go ~ the corner** tourner au coin; **just ~ the corner** fig a deux pas d'ici 4. (visit) **to go ~ the hotels** faire le tour des hôtels; **to show sb ~ a place** visiter un lieu a qn; **to drive ~ France** parcourir la France V. vt (go round) contourner; (bend) prendre

◆ **round off** vt terminer

◆ **round up** vt 1. MAT arrondir au chiffre supérieur 2. (gather together) rassembler

roundabout I. n Aus, Brit 1. (junction) rond-point m 2. Brit (ride) manège m II. adj indirect

rounders n + sing vb, Brit: jeu ressemblant au baseball

roundly adv fer/ièrement sévèrement

round-shouldered adj vouté

roundup n (of news) résumé m

rouse [raʊz] vt 1. (waken) réveiller 2. (activate) stimuler; **to ~ sb to**

+*infin* pousser qn à +*infin*

rousing *adj* (*cheer, welcome*) enthousiaste; (*speech, chant*) vibrant

roustabout ['raʊstəbaʊt] *n* manœuvre *m*

rout [raʊt] I. *vt a. fig* mettre en déroute II. *n* déroute *f*

route [ruːt, *Am:* raʊt] I. *n* 1. (*way*) itinéraire *m* 2. *fig* voie *f* II. *vt* faire passer

routine [ruːˈtiːn] I. *n a.* INFOR routine *f* II. *adj* 1. (*regular*) ordinaire 2. (*uninspiring*) routinier

row¹ [rəʊ, *Am:* roʊ] *n* (*of trees, houses*) rangée *f*; (*of seats, people*) rang *m*; (*of cars*) file *f*; **in ~s** en rang; **in a ~** d'affilée

row² [raʊ] I. *n Aus, Brit* 1. (*quarrel*) querelle *f*, bringue *f Suisse;* **to have a ~ with sb** se disputer avec qn 2. (*noise*) vacarme *m* II. *vi Brit, inf* **to ~ about sth** s'engueuler à cause de qc

row³ [rəʊ, *Am:* roʊ] I. *vi* ramer II. *vt* **to ~ sb/sth** transporter qn/qc en canot III. *n* tour *m* de canot

rowan [rəʊən, *Am:* roʊən] *n* sorbier *m*

rowboat ['rəʊbəʊt, *Am:* 'roʊboʊt] *n Am* canot *m* (à rames)

rowdy ['raʊdɪ] <-ier, -iest> *adj pej* tapageur

rowing *n no pl* aviron *m*

rowing boat *n* canot *m*

royal ['rɔɪəl] I. *adj a. fig* royal II. *n inf* membre *mf* de la famille royale

---

Royal Navy *n Brit* MIL ≈ marine *f* nationale

rpm *n abbr of* **revolutions per minute** tr/min *m*

RSPCA *n Brit abbr of* **Royal Society for the Prevention of Cruelty to Animals** ≈ SPA *f*

RSVP *abbr of* **répondez s'il vous plaît** RSVP

Rt Hon. *n abbr of* **Right Honourable** très honorable

rub [rʌb] I. *n* frottement *m* II. <-bb-> *vt* 1. frotter; **to ~ sth clean** nettoyer qc (en frottant) 2. **to ~ shoulders** [*o* **elbows** *Am*] **with sb** *inf* côtoyer qn; **to ~ sb** (**up** *Aus, Brit*) **the wrong way** prendre qn à rebrousse-poil III. <-bb-> *vi* se frotter

◆ **rub in** *vt* (*spread on skin*) faire pénétrer

◆ **rub off** I. *vi* 1. (*become clean*) s'effacer 2. (*affect*) ~ **on sb** déteindre sur qn II. *vt* effacer

◆ **rub out** *vt* (*erase*) effacer

rubber ['rʌbəʳ, *Am:* -ɚ] *n* 1. (*elastic substance*) caoutchouc *m* 2. *Aus, Brit* (*eraser*) gomme *f*, efface *f Québec* 3. *Am, inf* (*condom*) capote *f* 4. (*in bridge*) partie *f*

rubber band *n* élastique *m* **rubber plant** *n* caoutchouc *m* **rubber-stamp** I. *vt pej* approuver II. *n* tampon *m*

rubbish ['rʌbɪʃ] I. *n no pl, Brit* 1. *inf* (*waste*) déchets *mpl* 2. *inf* (*nonsense*) bêtises *fpl* 3. *inf* (*junk, goods on sale*) camelote *f* II. *vt Aus, Brit, inf* débiner

rubbish bin *n* poubelle *f* **rubbish dump** *n* décharge *f* publique

rubble ['rʌbl] *n no pl* décombres *mpl*

ruby ['ruːbɪ] <-ies> *n* rubis *m*

rucksack ['rʌksæk] *n Brit* sac *m* à dos

rudder ['rʌdə^r, *Am:* -ə[.]] *n* gouvernail *m*

ruddy ['rʌdɪ] <-ier, -iest> *adj* 1. (*red*) rouge; (*complexion*) rougeaud 2. *Aus, Brit, inf* (*bloody*) sacré

rude [ruːd] *adj* 1. (*impolite*) impoli; **to be ~ to sb** être impoli envers qn 2. (*coarse*) grossier 3. (*sudden*) soudain; (*shock*) rude; **I had a ~ awakening** j'ai eu un choc

rudimentary [ˌruːdɪ'mentrɪ, *Am:* -də[.]-] *adj form* rudimentaire

rueful ['ruːfəl] *adj* attristé

ruffian ['rʌfɪən] *n* voyou *m*

ruffle ['rʌfl] *vt* 1. (*disturb*) agiter 2. (*upset*) troubler 3. **to ~ sb's feathers** froisser qn

rug [rʌg] *n* carpette *f*

rugby ['rʌgbɪ] *n no pl* rugby *m*

rugged ['rʌgɪd] *adj* 1. (*cliff, mountains*) découpé; (*country, coast, bank*) accidenté 2. (*vehicle, constitution*) robuste

ruin ['ruːɪn] I. *vt* 1. (*destroy*) *a. fig* ruiner; (*dress*) abemer 2. (*day, plan, house*) gâcher II. *n* ruine *f*

rule [ruːl] I. *n* 1. (*principle*) règle *f*; **the school ~s** le règlement scolaire 2. *no pl* (*control*) autorité *f*; **under Conservative ~** sous les conservateurs 3. (*ruler*) règle *f* 4. **as a general ~** en règle générale; **to be the ~** être la règle II. *vt* 1. (*govern*) gouverner 2. (*control*) mener 3. (*decide*) décider; *LAW* déclarer III. *vi* (*control*) régner

◆ **rule off** *vt* tirer

◆ **rule out** *vt* exclure; **to ~ doing sth** décider de ne pas faire qc

ruler *n* 1. (*person*) dirigeant(e) *m(f)* 2. (*device*) règle *f*

ruling I. *adj* au pouvoir II. *n* décision *f*

rum [rʌm] *n* rhum *m*

Rumania *n s.* **Romania**

Rumanian *n, adj s.* **Romanian**

rumble ['rʌmbl] I. *n no pl* grondement *m* II. *vi* gronder

rummage ['rʌmɪdʒ] *vi* fouiller

rumor *Am,* **rumour** ['ruːmə^r, *Am:* -mə[.]] *n Brit, Aus* rumeur *f*

rump [rʌmp] *n* 1. (*meat*) ~ (**steak**) rumsteck *m* 2. (*of animal, person*) croupe *f*

run [rʌn] I. *n* 1. (*jog*) course *f*; **to break into a ~** se mettre a courir; **to go for a ~** (aller) courir 2. (*excursion*) tour *m* 3. (*journey*) trajet *m* 4. (*series*) série *f*; (*of cards*) suite *f*; **to have a ~ of good/bad luck** être/ne pas être en veine 5. (*period*) période *f*; (*of events*) cours *m*; **in the long ~** a la longue; **in the short ~** a court terme; **to have a long ~** *THEAT* tenir longtemps l'affiche 6. (*demand*) ruée *f*; **a ~ on sth** une forte demande de qc 7. (*for animals*) enclos *m*; (*for skiing*) piste *f* 8. *SPORT* point *m* 9. (*hole in stocking*) maille *f* filée II. *vi* <ran, run> 1. courir; **to ~ in/out** entrer/sortir en courant; **to ~ for help/the bus** courir pour chercher de l'aide/attraper le bus 2. (*operate*) fonctionner; (*wheel, engine*) tourner; **to ~ off the mains** se brancher sur secteur; **to ~ on diesel** rouler au diesel 3. (*go*) filer; **I have to ~** je dois filer 4. (*last*) durer 5. (*water, nose*) couler; (*eyes*) pleurer; (*ink, paint*) baver 6. *Am POL* **to ~ for President** être candidat a la présidence 7. (*follow route*) passer; **the bus ~s past the church to the city centre** le bus va au centre-ville en passant devant l'église vers 1 8. *SPORT* faire du jogging III. *vt* <ran, run> 1. (*race, distance*) courir 2. (*drive*) conduire; **to ~ sb home/to the station** conduire qn a la maison/a la gare 3. (*operate*) faire fonctionner; (*car*) entretenir; (*train*) faire circuler; (*motor, programme*) faire tourner 4. (*manage, govern*) gérer; (*firm, government, theatre*) diriger; (*household, store, hotel*) tenir 5. (*tap, water*) faire couler 6. (*an article*) publier; (*series, a film*) passer

◆ **run across** *vt* tomber sur

◆ **run away** *vi* s'enfuir

◆ **run down** I. *vt inf* 1. (*criticize*) dénigrer 2. *Brit* (*factory*) fermer progressivement; (*production*) réduire progressivement 3. (*person*) renverser II. *vi* 1. *Brit* (*output*) baisser

2. (*clock*) s'arrêter; (*battery*) se décharger

◆ **run into** *vt* **1.** (*meet by chance*) rencontrer par hasard **2.** AUTO entrer en collision avec

◆ **run off** **I.** *vi inf* s'enfuir **II.** *vt* (*reproduce*) tirer des exemplaires de

◆ **run out** *vi* expirer

◆ **run over** **I.** *vi a. fig* déborder **II.** *vt* (*person*) renverser

◆ **run through** *vt* **1.** (*a speech, an act*) répéter **2.** (*read or repeat quickly*) repasser sur

◆ **run to** *vt* **1.** (*amount to*) s'élever à; (*include*) comprendre **2.** (*make affordable*) permettre **3.** (*showing a tendency*) être enclin à **4.** (*bill*) laisser accumuler

◆ **run up against** *vt* se heurter à

runaway **I.** *adj* **1.** (*train, car*) fou; (*horse*) emballé **2.** (*from an institution*) en fuite; (*from home*) fugueur **3.** (*success*) immense; (*inflation*) galopant **II.** *n* fugueur, -euse *m, f*; (*from prison*) fugitif, -ive *m, f*

rundown¹ *n* **1.** (*report, account, summary*) résumé *m* **2.** *no pl* (*reduction, cut*) compression *f*

run-down² *adj* **1.** (*dilapidated*) décrépit; (*facilities*) défectueux **2.** (*worn out*) à bout

rung [rʌŋ] **I.** *pp* of **ring** **II.** *n* **1.** (*ladder step*) échelon *m* **2.** (*level*) niveau *m*

runner ['rʌnəʳ, *Am:* -ɚ] *n* **1.** (*person that runs*) coureur, -euse *m, f* **2.** (*racing horse*) cheval *m* partant **3.** (*messenger*) messager *m* **4.** (*smuggler*) trafiquant(e) *m(f)* **5.** (*blade*) patin *m* **6.** (*rod to slide on*) glissière *f*

runner bean *n Brit* haricot *m* à rames **runner-up** *n* second(e) gagnant(e) *m(f)*

running **I.** *n no pl* **1.** (*action of a runner*) course *f* **2.** (*operation*) fonctionnement *m* **3. to be in/out of the** ~ être/ne pas être dans la course **II.** *adj* **1.** (*in a row, consecutive*) de suite **2.** (*commentary*) simultané **3.** (*operating*) en marche **4.** (*flowing*) courant

running costs *npl* coûts *mpl* d'entretien

runny ['rʌnɪ] <-ier, -iest> *adj* (*nose*) qui coule; (*sauce*) liquide

run-of-the-mill *adj* courant **run-up** *n* **1.** SPORT course *f* **2.** *Brit* (*prelude, final stage*) dernière étape *f*; **the ~ to sth** la phase précédant qc

runway *n* piste *f*

rupture ['rʌptʃəʳ, *Am:* -tʃɚ] *n* rupture *f*

rural ['rʊərəl, *Am:* 'rʊrəl] *adj* rural

ruse [ruːz] *n* ruse *f*

rush [rʌʃ] **I.** *n* **1.** (*hurry*) précipitation *f*; **to be in a** ~ être pressé **2.** (*charge, attack*) ruée *f* **3.** (*surge*) afflux *m*; (*of air*) bouffée *f* **II.** *vi* se précipiter; **to ~ in/out** se ruer dedans/dehors; **to ~ up to sb** arriver en courant vers qn **III.** *vt* **1.** (*job*) faire à la hâte **2.** (*transport*) emmener d'urgence **3.** (*person*) bousculer **4.** (*attack*) prendre d'assaut; (*person*) attaquer

◆ **rush into** **I.** *vi* se lancer aveuglément dans **II.** *vt always sep* **to rush sb into doing sth** pousser qn à faire qc

rush hour *n* heure *f* de pointe **rusk** [rʌsk] *n* biscotte *f* **Russia** ['rʌʃə] *n* la Russie **Russian** **I.** *adj* russe **II.** *n* **1.** (*person*) Russe *mf* **2.** LING russe *m; s. a.* **English**

rust [rʌst] **I.** *n no pl* rouille *f* **II.** *vi* **to ~ (away/through)** se rouiller **rustic** ['rʌstɪk] *adj* rustique **rustle** ['rʌsl] **I.** *vi* (*leaves*) bruire **II.** *vt* **1.** (*crackle*) froisser **2.** *Am, Aus* (*steal*) voler

rustler *n Am, Aus* (*cattle thief*) voleur, -euse *m, f* de bétail

rusty ['rʌstɪ] <-ier, -iest> *adj* rouillé **rut** [rʌt] *n* (*track*) sillon *m*; **to be (stuck) in/get out of a** ~ s'enfoncer dans le/sortir du train-train

ruthless ['ruːθlɪs] *adj* impitoyable **RV** *n Am abbr of* **recreational vehicle** camping-car *m*

Rwanda [rʊˈændə, *Am:* -ˈɑːn-] *n* le Ruanda [*o* Rwanda]

Rwandan **I.** *adj* rwandais **II.** *n* Rwandais(e) *m(f)*

R

rye [raɪ] *n no pl* seigle *m*
rye bread *n no pl* pain *m* de seigle

S ₅

S [es] *n*, **s** [es] <-'s> *n* S, s *m*
Sabbath ['sæbəθ] *n* 1. (*Jewish*) sabbat *m* 2. (*Christian*) dimanche *m*
sabbatical [sə'bætɪkl, *Am:* -'bæt-] I. *n* congé *m* sabbatique II. *adj* sabbatique
saber ['seɪbər, *Am:* -bə] *n Am s.* **sabre**
sabotage ['sæbətɑːʒ] I. *vt* saboter II. *n* sabotage *m*
saboteur [ˌsæbə'tɜːr, *Am:* -'tɜːr] *n* saboteur, -euse *m, f*
sabre ['seɪbər, *Am:* -bə] *n Aus, Brit* sabre *m*
saccharin ['sækərɪn] *n no pl* saccharine *f*
saccharine ['sækəriːn, *Am:* -əɪn] *adj pej* mielleux
sachet ['sæʃeɪ, *Am:* -'-] *n* sachet *m*
sack¹ [sæk] I. *n* 1. (*bag*) sac *m* 2. *no pl, inf* (*bed*) **to hit the ~** se pieuter 3. *no pl, inf* (*dismissal*) **to get the ~** se faire virer; **to give sb the ~** virer qn II. *vt* virer
sack² [sæk] I. *n no pl* (*pillaging*) pillage *m* II. *vt* mettre à sac
sacking *n* 1. (*dismissal*) licenciement *m* 2. (*sackcloth*) grosse toile *f* 3. (*plundering*) pillage *m*
sacrament ['sækrəmənt] *n* sacrement *m*
sacred ['seɪkrɪd] *adj* sacré
sacrifice ['sækrɪfaɪs, *Am:* -rə-] I. *vt a. fig* sacrifier II. *n a. fig* sacrifice *m*
sacrilege ['sækrɪlɪdʒ, *Am:* -rə-] *n* sacrilège *m*
sacrilegious *adj* sacrilège
sad [sæd] *adj* 1. (*unhappy*) triste 2. (*deplorable*) navrant
sadden ['sædən] *vt* attrister
saddle ['sædl] I. *n* selle *f* II. *vt*

1. (*put a ~ on*) seller 2. *inf* (*burden*) **to ~ sb with sth** mettre qc sur les bras de qn
sadism ['seɪdɪzəm, *Am:* 'sædɪ-] *n no pl* sadisme *m*
sadist *n* sadique *mf*
sadistic *adj* sadique
sadness *n no pl, form* tristesse *f*
safari [sə'fɑːri] *n* safari *m* **safari park** *n* réserve *f* d'animaux
safe [seɪf] I. *adj* 1. (*out of danger*) en sécurité 2. (*person*) hors de danger; (*object*) intact 3. (*secure*) sûr; **to feel ~** se sentir en sécurité; **to keep sth in a ~ place** conserver qc dans un lieu sûr; **to put sth somewhere ~** mettre qc en lieu sûr 4. (*streets*) sûr; (*roof, building*) solide; (*meat, product*) sans danger; **not to be ~** être dangereux 5. (*not taking risks, not risky*) sûr; (*choice, driver*) prudent; **to be on the ~ side** par précaution II. *n* coffre-fort *m*, coffresforts *mpl* **safeguard** I. *vt* protéger II. *n* garantie *f* **safe keeping** *n no pl* **to give sth to sb for ~** confier qc à la garde de qn
safety ['seɪfti] *n no pl* sécurité *f*
safety belt *n* ceinture *f* de sécurité **safety net** *n* 1. (*net*) filet *m* de sécurité 2. *fig* mesure *f* de sûreté **safety pin** *n* épingle *f* de nourrice **safety valve** *n* 1. TECH soupape *f* de sûreté 2. *fig* soupape *f*
saffron ['sæfrən] *n no pl* safran *m*
sag [sæg] *vi* 1. (*drop*) s'affaisser 2. (*sink*) baisser
saga ['sɑːgə] *n a. pej* saga *f*
sage [seɪdʒ] *n no pl* sauge *f*
Sagittarius [ˌsædʒɪ'teəriəs, *Am:* -ə'teri-] *n no art* Sagittaire *m; s. a.* **Aquarius**
Sahara [sə'hɑːrə, *Am:* -'herə] *n* **the ~** le Sahara
said [sed] I. *pp, pt of* **say** II. *adj inv* cité
sail [seɪl] I. *n* voile *f*; **to set ~** prendre la mer II. *vi* 1. SPORT faire de la voile 2. (*ship, tanker*) naviguer; **to ~ away** partir en bateau 3. (*move smoothly*) voler; **to ~ by** [*o past*] passer; **to ~ on to victory** voler vers

la victoire III. *vt* 1. (*navigate*) manœuvrer; (*ship*) commander 2. (*seas*) parcourir

sailboard *n* planche *f* à voile **sailboarding** *n* planche *f* à voile **sailboat** *n Am* voilier *m*

sailing *n* 1. (*act of travelling on water*) navigation *f* 2. SPORT voile *f* 3. (*departure by ship/boat*) appareillage *m*

sailing boat *n Aus, Brit* voilier *m* **sailing ship, sailing vessel** *n* voilier *m*

sailor *n* marin *m;* **to be a good ~** avoir le pied marin

saint [seɪnt] *n a. fig* saint(e) *m(f)* **saintly** *adj* de saint

sake [seɪk] *n* 1. (*purpose*) **for the ~ of** [*o* for sth's ~] **sth** pour qc 2. (*advantage, benefit*) **for the ~ of** [*o* for sb's ~] **sb** faire qc pour le bien de qn

salable ['seɪləbl] *adj Am s.* **saleable**

salad ['sæləd] *n* salade *f* **salad dressing** *n* vinaigrette *f*

salami [sə'lɑːmi] *n no pl* salami *m*

salaried *adj* salarié; (*job*) rémunéré

salary ['sæləri] *n* salaire *m*

sale [seɪl] *n* 1. (*act of selling*) vente *f;* **to put sth up for ~** mettre qc en vente; **for ~** à vendre 2. *pl* (*amount sold*) chiffre *m* d'affaires 3. *pl* (*special selling event*) **the ~s** les soldes

saleable *adj* vendable **sales clerk** *n Am* (*sales assistant*) vendeur, -euse *m, f* **sales force** *n* force *f* de vente **salesman** *n* 1. (*in shop*) vendeur *m* 2. (*representative*) représentant *m* **salesmanship** *n no pl* technique *f* de vente **salesperson** *n* 1. (*in shop*) vendeur, -euse *m, f* 2. (*representative*) représentant(e) *m(f)*

salient ['seɪlɪənt, *Am:* 'seɪljənt] *adj* saillant

saline ['seɪlaɪn, *Am:* -liːn] I. *adj* salin II. *n* solution *f* saline; MED sérum *m* physiologique

saliva [sə'laɪvə] *n no pl* salive *f*

sallow ['sæləʊ, *Am:* -oʊ] *adj* jaunâtre

salmon ['sæmən] *n* saumon *m*

salmonella [ˌsælmə'nelə] *n no pl* salmonelle *f*

salmon trout *n* truite *f* saumonée

salon ['sælɒn, *Am:* se'lɑːn] *n* salon *m;* **hairdressing ~** salon de coiffure/beauté

saloon [sə'luːn] *n* 1. *Brit* (*car*) berline *f* 2. *Am* (*public bar*) bar *m*

salt [sɔːlt] I. *n a. fig* sel *m* II. *vt* saler III. *adj* (*with salt*) salé **salt water** *n no pl* 1. (*sea water*) eau *f* de mer 2. (*water with salt*) eau *f* salée

salty *adj a. fig* salé

salutary ['sæljətəri, *Am:* -ter-] *adj* salutaire

salute [sə'luːt] I. *vt a.* MIL saluer II. *vi* MIL faire le salut militaire III. *n* MIL salut *m*

salvage ['sælvɪdʒ] I. *vt a. fig* sauver II. *n no pl* 1. (*retrieval*) récupération *f* 2. (*sth salvaged*) sauvetage *m*

salvage operation *n* opération *f* de sauvetage

salvation [sæl'veɪʃən] *n no pl a.* REL salut *m*

Salvation Army *n no pl* Armée *f* du Salut

salvo ['sælvəʊ, *Am:* -voʊ] <-s *o* -es> *n a. fig* salve *f*

same [seɪm] I. *adj, pron* (*exactly similar*) même; **the ~ as sb/sth** le même que qn/qc; **the ~ way as sb** de la même manière que qn; **at the ~ time** au même moment II. *adv* **to think/do the ~** penser/faire de même

sample ['sɑːmpl, *Am:* 'sæm-] I. *n* 1. (*small representative unit*) échantillon *m;* MED prélèvement *m* 2. (*music extract*) sample *m* II. *vt* 1. (*try*) essayer 2. (*survey*) sonder 3. MED prélever 4. MUS sampler

sanatorium [ˌsænə'tɔːrɪəm] <-s *o* -ria> *n* sanatorium *m*

sanctify ['sæŋktɪfaɪ] <-ie-> *vt* 1. REL sanctifier 2. *form* consacrer

sanctimonious [ˌsæŋktɪ'məʊnɪəs, *Am:* -'moʊ-] *adj pej* moralisateur

sanction ['sæŋkʃən] I. *n* sanction *f* II. *vt* sanctionner

sanctity ['sæŋktəti, *Am:* -t̬i] *n no pl* REL 1. (*sacredness*) caractère *m*

S
ₛ

sacré **2.** (*holiness*) sainteté *f*

sanctuary ['sæŋktʃʊəri, *Am:* -tʃueri] *n* <-ries> *a. fig* sanctuaire *m;* (*for animals*) réserve *f*

sand [sænd] **I.** *n* **1.** *no pl* (*granular substance*) sable *m* **2.** *pl* (*large expanse of sand*) banc *m* de sable **II.** *vt* sabler

sandal ['sændl] *n* sandale *f*

sandbag *n* sac *m* de sable **sandbank, sandbar** *n* banc *m* de sable **sandcastle** *n* château *m* de sable **sandpaper I.** *n no pl* papier *m* de verre **II.** *vt* poncer **sandpit** *n Brit* sablière *f* **sandstone** *n no pl* grès *m*

sandwich ['sænwɪdʒ, *Am:* 'sændwɪtʃ] **I.** <-es> *n* sandwich *m* **II.** *vt* coincer; **to be ~ed** être pris en sandwich

sandwich bar *n* sandwicherie *f* **sandwich course** *n Brit* UNIV formation *f* alternée

sandy *adj* <-ier, -iest> **1.** (*containing sand*) sableux **2.** (*with sand texture*) de sable **3.** (*with sand colour*) sable

sane [seɪn] *adj* **1.** (*of sound mind*) sain **2.** (*sensible*) raisonnable

sang [sæŋ] *pt of* **sing**

sanitarium [ˌsænɪ'teərɪəm, *Am:* -'terɪ-] <-s *o* -ria> *n Am* MED *s.* **sanatorium**

sanitary ['sænɪtəri, *Am:* -teri] *adj* sanitaire; (*pad, towel*) hygiénique

sanitation [ˌsænɪ'teɪʃən] *n no pl* hygiène *f*

sanity ['sænəti, *Am:* -t̬i] *n no pl* **1.** (*mental health*) santé *f* mentale **2.** (*sensibleness*) bon sens *m*

sank [sæŋk] *pt of* **sink**

Santa Claus [ˌsæntə'klɔːz, *Am:* 'sæntəˌklɑːz] *n* père *m* Noël

sap[1] [sæp] *n no pl, a. fig* sève *f*

sap[2] [sæp] <-pp-> *vt* miner

sapling ['sæplɪŋ] *n* jeune arbre *m*

sapphire ['sæfaɪəʳ, *Am:* -aɪɚ] *n* saphir *m*

sarcasm ['sɑːkæzəm, *Am:* 'sɑːr-] *n no pl* sarcasme *m*

sarcastic [sɑː'kæstɪk, *Am:* sɑːr'-] *adj* sarcastique

sardine [sɑː'diːn, *Am:* sɑːr'-] *n* sardine *f*

sardonic [sɑː'dɒnɪk, *Am:* sɑːr'dɑːnɪk] *adj* sardonique

sari ['sɑːri] *n* sari *m*

sash [sæʃ] <-es> *n* écharpe *f*

sash window *n* fenêtre *f* à guillotine

sat [sæt] *pt, pp of* **sit**

satanic [sə'tænɪk] *adj* satanique

satchel ['sætʃəl] *n* sacoche *f*

satellite ['sætəlaɪt, *Am:* 'sæt̬-] *n* satellite *m* **satellite dish** *n* parabole *f*

satin ['sætɪn, *Am:* 'sætn] *n* satin *m*

satire ['sætaɪəʳ, *Am:* -aɪɚ] *n* satire *f*

satirical [sə'tɪrɪkl] *adj* satirique

satirist *n* satiriste *mf*

satisfaction [ˌsætɪs'fækʃən, *Am:* ˌsæt̬-] *n no pl* satisfaction *f*

satisfactory [ˌsætɪs'fæktəri, *Am:* ˌsæt̬-] *adj* satisfaisant

satisfy ['sætɪsfaɪ, *Am:* -əs-] <-ie-> *vt* **1.** (*hunger, need*) satisfaire **2.** (*conditions*) satisfaire à **3.** (*convince*) convaincre; **to ~ oneself of sth** s'assurer de qc

satisfying *adj* satisfaisant

saturate ['sætʃəreɪt] *vt* **1.** (*make completely wet*) imprégner **2.** (*fill*) saturer

Saturday ['sætədeɪ, *Am:* 'sæt̬ɚ-] *n* samedi *m; s. a.* **Friday**

sauce [sɔːs, *Am:* sɑːs] *n* **1.** (*liquid*) sauce *f* **2.** *inf* (*impudence, impertinence*) culot *m* **saucepan** *n* casserole *f*

saucer ['sɔːsəʳ, *Am:* 'sɑːsɚ] *n* soucoupe *f*

saucy ['sɔːsi, *Am:* 'sɑː-] *adj inf* **1.** (*impudent*) culotté **2.** *Brit* (*suggestive*) coquin

Saudi Arabia [ˌsaʊdiə'reɪbiə] *n* l'Arabie *f* saoudite

Saudi (Arabian) I. *adj* saoudien **II.** *n* Saoudien(ne) *m(f)*

sauna ['sɔːnə, *Am:* 'saʊ-] *n* sauna *m;* **to have a ~** faire un sauna

saunter ['sɔːntəʳ, *Am:* 'sɑːnt̬ɚ] *vi* flâner

sausage ['sɒsɪdʒ, *Am:* 'sɑːsɪdʒ] *n* saucisse *f;* (*dried*) saucisson *m*

savage ['sævɪdʒ] **I.** *adj* **1.** (*wild*) sauvage **2.** (*fierce*) *a. fig* cruel **II.** *n pej* sauvage *mf* **III.** *vt* **1.** (*attack*) attaquer sauvagement **2.** *fig* attaquer violemment

savageness, **savagery** *n no pl* férocité *f*

savanna(h) [sə'vænə] *n* savane *f*

save [seɪv] **I.** *vt* **1.** (*rescue*) sauver; **to ~ sb from falling** empêcher qn de tomber; **to ~ sb from sth** protéger qn de qc **2.** (*keep for future use*) mettre de côté; (*money*) épargner **3.** (*avoid wasting*) économiser; **to ~ time** gagner du temps **4.** INFOR sauvegarder **5.** (*a goal*) arrêter **II.** *vi* économiser

save [seɪv] *prep form* excepté

saver *n* épargnant(e) *m(f)*

saving I. *n* **1.** (*economy*) économie *f* **2.** (*rescue*) sauvetage *m* **II.** *prep* sauf

savior *n Am*, **saviour** ['seɪvjəʳ, *Am:* -ɚ] *n Brit, Aus* sauveur *m*

savo(u)r ['seɪvəʳ] **I.** *n* saveur *f* **II.** *vt* savourer

savo(u)ry I. *adj* **1.** (*salty*) salé **2.** (*spicy*) épicé **3.** (*appetizing*) savoureux **II.** *n Brit* canapé *m*

saw¹ [sɔː, *Am:* sɑː] *pt of* **see**

saw² [sɔː, *Am:* sɑː] **I.** *n* scie *f* **II.** *vt, vi* <-ed, sawn *o* -ed, -ed> scier

sawdust ['sɔːdʌst, *Am:*'sɑː-] *n no pl* sciure *f*

sawn [sɔːn, *Am:* sɑːn] *pp of* **saw**

saxophone ['sæksəfəʊn, *Am:* -foʊn] *n* saxophone *m*

say [seɪ] **I.** <said, said> *vt* **1.** (*express*) dire **2.** (*watch, device*) indiquer **II.** <said, said> *vi* dire **III.** *n no pl* parole *f;* **to have a ~ in sth** avoir son mot à dire dans qc

saying *n* proverbe *m*

scab [skæb] *n* **1.** (*over a wound*) croûte *f* **2.** *pej, inf* (*strike-breaker*) jaune *mf*

scaffold ['skæfə(ʊ)ld, *Am:* 'skæfld] *n* **1.** HIST échafaud *m* **2.** *s.* **scaffolding**

scaffolding *n no pl* échafaudage *m*

scald [skɔːld, *Am:* skɑːld] **I.** *vt* **1.** (*burn*) ébouillanter; **~ing hot** brûlant **2.** (*heat*) faire chauffer (sans bouillir) **II.** *n* MED brûlure *f*

scale¹ [skeɪl] **I.** *n* **1.** ZOOL écaille *f* **2.** *no pl* (*mineral coating*) calcaire *m;* (*of a boiler*) tartre *m* **II.** *vt* dé-

tartrer

scale² [skeɪl] **I.** *n* **1.** (*system of gradations*) *a.* ECON échelle *f;* (*of thermometer*) graduation *f;* **to be in ~** être à l'échelle; **a sliding ~** une échelle mobile; **on a large/small ~** à grande/petite échelle **2.** ~(**s**) (*weighing device*) balance *f;* **a bathroom ~** un pèse-personne **3.** *no pl* (*great size*) étendue *f* **4.** MUS gamme *f* **II.** *vt* escalader

◆**scale down** *vt* réduire **scale model** *n* modèle *m* réduit

scallion ['skæljən] *n Am* échalote *f*

scallop ['skɒləp, *Am:* 'skɑːləp] *n* coquille *f* Saint-Jacques

scalp [skælp] *n* cuir *m* chevelu

scalpel ['skælpəl] *n* scalpel *m*

scam [skæm] *n inf* arnaque *f*

scamper *vi* trottiner

scan [skæn] **I.** <-nn-> *vt* **1.** (*scrutinize*) scruter **2.** (*newspaper, text*) parcourir; (*magazine*) feuilleter **3.** MED passer au scanner; **to ~ the brain** faire à qc un scanner cérébral **4.** INFOR scanner **5.** (*verse*) scander **II.** *n* **1.** MED scanner *m;* (**ultrasound**) ~ échographie *f* **2.** INFOR scannage *m*

scandal ['skændl] *n* **1.** (*causing outrage*) scandale *m* **2.** *no pl* (*gossip*) ragot *m*

scandalize ['skændəlaɪz] *vt* scandaliser

scandalous *adv* **1.** (*causing scandal*) scandaleux **2.** (*disgraceful*) honteux

Scandinavia [ˌskændɪ'neɪvɪə] *n* la Scandinavie

Scandinavian I. *adj* scandinave **II.** *n* Scandinave *mf*

scanner ['skænəʳ, *Am:* -ɚ] *n* **1.** INFOR scanneur *m;* **hand-held ~** scanneur à main; **flat-bed ~** scanneur à plat **2.** MED scanner *m*

scant [skænt] *adj* maigre

scantily *adv* insuffisamment; **~ dressed** légèrement vêtu

scanty *adj* **1.** (*very small*) menu; (*bathing suit*) minuscule **2.** (*barely sufficient*) à peine suffisant

scapegoat ['skeɪpgəʊt, *Am:* -goʊt] *n* bouc *m* émissaire

scar [skɑːʳ, *Am:* skɑːr] **I.** *n* **1.** (*mark*

S_s

on skin) cicatrice *f* **2.** (*from a blade*) balafre *f* **3.** (*emotional, psychological*) traumatisme *m* **II.** <-rr-> *vt* MED **to be ~red by sth** garder les traces de qc **III.** *vi* **to ~** (**over**) se cicatriser

scarce [skeəs, *Am:* skers] *adj* rare; **to make oneself ~** s'éclipser

scarcely *adv* **1.** (*barely*) à peine **2.** (*certainly not*) pas du tout

scarcity ['skeəsəti, *Am:* 'skersəti] *n no pl* (*lack*) pénurie *f*

scare [skeəʳ, *Am:* sker] **I.** *vt* effrayer; **to be ~d** avoir peur **II.** *vi* prendre peur **III.** *n* **1.** (*sudden fright*) frayeur *f;* **to give sb a ~** faire une frayeur à qn **2.** (*public panic*) panique *f;* **bomb ~** alerte *f* à la bombe

scarecrow ['skeəkrəʊ, *Am:* 'skerkroʊ] *n* épouvantail *m*

scarf [skɑːf, *Am:* skɑːrf] <scarves *o* -s> *n* foulard *m;* (*for neck*) écharpe *f*

scarlet ['skɑːlət, *Am:* 'skɑːr-] **I.** *n no pl* écarlate *f* **II.** *adj* écarlate

scarlet fever *n no pl* MED scarlatine *f*

scary ['skeəri, *Am:* 'skeri] *adj* <-ier, -iest> effrayant

scathing ['skeɪðɪŋ] *adj* cinglant

scatter ['skætəʳ, *Am:* 'skæt̬əʳ] **I.** *vt* disperser; (*seeds*) semer **II.** *vi* se disperser **scatterbrained** *adj* étourdi

scattered *adj* **1.** (*strewn about*) éparpillé **2.** (*widely separated*) dispersé **3.** (*sporadic*) rare

scavenge ['skævɪndʒ] **I.** *vi* faire de la récupération **II.** *vt* **1.** (*collect*) récupérer **2.** *fig* glaner

scavenger *n* **1.** ZOOL charognard(e) *m(f)* **2.** (*person*) éboueur *m*

scenario [sɪ'nɑːrɪəʊ, *Am:* sə'nerɪoʊ] *n* scénario *m*

scene [siːn] *n* **1.** THEAT, CINE *a. fig* scène *f;* **to do sth behind the ~s** *fig* faire qc dans les coulisses **2.** (*place*) lieu *m;* **on the ~** sur les lieux **3.** (*view*) vue *f* **4. to make a ~** faire une scène

scenery ['siːnəri] *n no pl* **1.** (*landscape*) paysage *m* **2.** THEAT, CINE décor *m*

scenic ['siːnɪk] *adj* (*landscape*) pittoresque; (*railway, route*) panoramique

scent [sent] **I.** *n* **1.** (*aroma*) odeur *f* **2.** *no pl, Brit* (*perfume*) parfum *m* **II.** *vt* **1.** (*person*) sentir **2.** (*animal*) flairer **3.** (*apply scent*) parfumer

scepter ['septəʳ] *n Am s.* **sceptre**

sceptic ['skeptɪk] *n* sceptique *mf*

sceptical *adj* sceptique

scepticism ['skeptɪsɪzəm] *n no pl* scepticisme *m*

sceptre ['septəʳ, *Am:* -t̬əʳ] *n* sceptre *m*

schedule ['ʃedjuːl, *Am:* 'skedʒuːl] **I.** *n* **1.** (*timetable*) emploi *m* du temps; (*of a bus, train*) horaire *m* **2.** (*plan*) **according to ~** selon les prévisions *fpl* **II.** *vt* **1.** (*plan*) prévoir **2.** (*arrange*) programmer

scheduled *adj* prévu; (*building*) classé; (*flight, service*) régulier

scheme [skiːm] **I.** *n* **1.** (*programme*) plan *m* **2.** (*deceitful plot*) complot *m* **II.** *vi, vt pej* comploter

schemer *n pej* intrigant(e) *m(f)*

scheming *adj pej* intrigant

schism ['sɪzəm] *n* schisme *m*

schizophrenia [ˌskɪtsəʊ'friːnɪə, *Am:* -sə'-] *n no pl* schizophrénie *f*

schizophrenic **I.** *adj* PSYCH, MED **1.** (*suffering from schizophrenia*) schizophrène **2.** (*behaviour*) schizoïde **II.** *n* PSYCH, MED schizophrène *mf*

scholar ['skɒləʳ, *Am:* 'skɑːləʳ] *n* **1.** (*academic*) universitaire *mf* **2.** (*educated person*) érudit(e) *m(f)* **3.** (*holder of a scholarship*) boursier, -ière *m, f*

scholarly *adj* UNIV **1.** (*article*) savant **2.** (*erudite*) érudit **3.** (*learned*) instruit

scholarship *n* **1.** *no pl* (*learning*) érudition *f* **2.** (*award*) bourse *f*

school¹ [skuːl] **I.** *n* **1.** (*institution*) école *f;* **secondary ~** collège *m* **2.** *no pl* (*school session*) cours *m* **II.** *vt* dresser **III.** *adj* scolaire

school² [skuːl] *n* (*of fish*) banc *m* **schoolchild** *n* écolier, -ière *m, f* **schoolhouse** *n* école *f* **schooling** *n no pl* **1.** (*for people*) scolarité *f* **2.** (*for animals*) dressage *m* **schoolroom** *n* salle *f* de classe **schoolteacher** *n* enseignant(e) *m(f)*

schooner ['skuːnəʳ, *Am:* -nɚ] *n*
1. NAUT goélette *f* **2.** *Am, Aus* (*beer glass*) grand verre *m* à bière

sciatica [saɪ'ætɪkə, *Am:* -'æt̬-] *n no pl* sciatique *f*

science ['saɪənts] *n* science *f*

science fiction I. *n no pl* LIT, CINE science-fiction *f* **II.** *adj* de science-fiction

scientific [ˌsaɪən'tɪfɪk] *adj* scientifique

scientist ['saɪəntɪst, *Am:* -t̬ɪst] *n* scientifique *mf*

scintillating ['sɪntɪleɪtɪŋ, *Am:* -t̬leɪt̬ɪŋ] *adj a. fig* brillant

scissors ['sɪzəz, *Am:* -ɚz] *npl* (*tool*) ciseaux *mpl;* **a pair of** ~ une paire de ciseaux *mpl*

scoff [skɒf, *Am:* skɑːf] *vi* (*mock*) **to** ~ **at sb/sth** se moquer de qn/qc

scold [skəʊld, *Am:* skoʊld] *vt* gronder

scone [skɒn, *Am:* skoʊn] *n* petit pain sucré servi avec du beurre

scoop [skuːp] **I.** *n* **1.** (*food utensil*) pelle *f;* (*smaller*) cuillère *f* **2.** (*ice-cream portion*) boule *f* **3.** (*piece of news*) exclusivité *f* **II.** *vt* **1.** (*pick up*) *a. fig* **to** ~ (**up**) **sth** ramasser qc (à la pelle/à la cuillère) **2.** (*make a hole*) enlever; **to** ~ **sth out** creuser

scoot [skuːt] *vi inf* mettre les gaz

scooter ['skuːtəʳ, *Am:* -t̬ɚ] *n* **1.** (*child's toy*) trottinette *f* **2.** (*motorcycle*) scooter *m*

scope [skəʊp, *Am:* skoʊp] *n no pl* **1.** (*extent of area*) étendue *f;* (*of person*) compétences *fpl;* (*of undertaking, plan*) envergure *f* **2.** (*possibility*) possibilité *f*

scorch [skɔːtʃ, *Am:* skɔːrtʃ] *vt* **1.** (*burn*) brûler **2.** (*dry*) dessécher

Scorpio ['skɔːpiəʊ, *Am:* 'skɔːrpioʊ] *n* Scorpion *m; s. a.* **Aquarius**

scorpion ['skɔːpiən, *Am:* 'skɔːr-] *n* scorpion *m*

Scot *n* (*person*) Écossais *m*

scotch [skɒtʃ, *Am:* skɑːtʃ] *vt* mettre fin à

Scotch [skɒtʃ, *Am:* skɑːtʃ] **I.** *n no pl* scotch *m* **II.** *adj* écossais

scot-free [ˌskɒt'friː, *Am:* ˌskɑːt'-] *adv* impunément; **to get away** ~ partir en toute impunité

Scotland ['skɒtlənd, *Am:* 'skɑːt-] *n* l'Écosse *f*

Scots *adj* écossais

Scotsman *n* Écossais *m* **Scotswoman** *n* Écossaise *f*

Scottish ['skɒtɪʃ, *Am:* 'skɑːt̬ɪʃ] **I.** *adj* écossais **II.** *npl* **the** ~ les Écossais

scoundrel ['skaʊndrəl] *n pej* crapule *f*

scour [skaʊəʳ, *Am:* skaʊɚ] *vt* **1.** (*scrape clean*) récurer **2.** (*search*) ratisser; **to** ~ **sth for sb/sth** fouiller qc pour trouver qn/qc

scourer *n* éponge *f* métallique

scourge [skɜːdʒ, *Am:* skɜːrdʒ] *n* fléau *m*

Scout, scout [skaʊt] *n* **1.** (*boy*) scout *m* **2.** (*girl*) jeannette *f*

scowl [skaʊl] **I.** *n* air *m* renfrogné **II.** *vi* **to** ~ **at sb** regarder qn de travers

scraggy <-ier, -iest> *adj* maigre

scram [skræm] <-mm-> *vi inf* se casser

scramble ['skræmbl] **I.** <-ling> *vi* **1.** (*clamber*) grimper **2.** (*rush*) se précipiter; **to** ~ **for sth** se ruer vers qc **3.** (*struggle*) **to** ~ **for sth** se battre pour qc **II.** <-ling> *vt* brouiller **III.** *n* **1.** *no pl* (*clambering*) escalade *f* **2.** *no pl* (*rush, struggle*) bousculade *f*

scrambled eggs *n* œufs *mpl* brouillés

scrap¹ [skræp] **I.** *n* **1.** (*small piece*) morceau *m;* (*of paper, cloth*) bout *m;* (*of information*) bribe *f* **2.** *pl* (*leftovers*) restes *mpl* **3.** *no pl* (*metal*) ferraille *f* **II.** <-pp-> *vt* **1.** (*get rid of*) se débarrasser de **2.** (*plan*) abandonner **3.** (*use for scrap metal*) apporter à la casse

scrap² [skræp] **I.** *n inf* empoignade *f* **II.** <-pp-> *vi* s'empoigner

scrapbook *n* album *m* de collection **scrap dealer** *n* ferrailleur, -euse *m, f*

scrape [skreɪp] **I.** *vt* gratter; (*one's shoes*) frotter; (*one's knee*) s'écorcher; (*car*) érafler **II.** *vi* **1.** (*make a scraping sound*) grincer

2. (*scratch*) gratter **III.** *n* **1.** *no pl* (*sound*) grincement *m* **2.** (*graze on skin*) égratignure *f* **3. to be in a ~** *inf* être dans le pétrin

♦ **scrape through** *vt, vi* réussir de justesse

scraper *n* racloir *m*

scrap heap *n* tas *m* de ferraille

scrap iron *n no pl* ferraille *f*

scrappy <-ier, -iest> *adj* **1.** (*work*) inégal, (*film*) décousu **2.** *Am, inf* (*brawler*) bagarreur

scratch [skrætʃ] **I.** *n* (*cut*) égratignure *f;* **to come up to ~** correspondre à une attente; **to start** (*again*) **from ~** recommencer depuis le début **II.** *adj* improvisé **III.** *vt* **1.** (*cut slightly*) égratigner **2.** (*relieve an itch*) gratter **IV.** *vi* (*scrape a surface*) gratter

scratchy <-ier, -iest> *adj* **1.** (*record*) rayé **2.** (*irritating to skin*) irritant

scrawl [skrɔ:l, *Am:* skrɑ:l] **I.** *vt, vi* gribouiller **II.** *n* gribouillage *m*

scrawny ['skrɔ:ni, *Am:* 'skrɑ:-] <-ier, -iest> *adj* sec

scream [skri:m] **I.** *n* (*cry*) hurlement *m;* **to be a ~** être à mourir de rire **II.** *vi* hurler

scree [skri:] *n no pl* éboulis *m*

screech [skri:tʃ] **I.** *n* cri *m;* **a ~ of laughter** un éclat de rire **II.** *vt, vi* **to ~ with delight/pain** crier de joie/douleur

screen [skri:n] **I.** *n* **1.** TV, INFOR écran *m* **2.** (*panel*) cloison *f;* (*decorative*) paravent *m;* (*for protection*) écran *m* **II.** *vt* **1.** (*hide*) cacher **2.** (*protect*) protéger **3.** (*examine*) examiner **4.** TV passer à l'écran; CINE projeter

screening *n* **1.** CINE projection *f* **2.** TV diffusion *f* **3.** *no pl* (*test*) *a.* MED examen *m* **screen saver** *n* économiseur *m* d'écran

screw [skru:] **I.** *n* vis *f* **II.** *vt* **1.** (*fasten*) **to ~** (**on**) visser **2.** (*fasten by twisting*) serrer

♦ **screw up** *vt* **1.** (*fasten*) visser; **to ~ one's eyes** plisser les yeux **2.** *inf* foutre en l'air **screwdriver** *n* tournevis *m*

screwy <-ier, iest> *adj inf* dingue

scribble ['skrɪbl] **I.** *vt, vi* griffonner **II.** *n* gribouillage *m*

script [skrɪpt] *n* (*of film*) script *m;* (*of play*) texte *m*

scripture ['skrɪptʃər, *Am:* -tʃɚ] *n no pl* (*Bible*) ~(**s**) Écritures *fpl*

scriptwriter ['skrɪptraɪtər, *Am:* -tɚ] *n* CINE, TV scénariste *mf*

scroll [skrəʊl, *Am:* skroʊl] **I.** *n* **1.** (*roll of paper*) rouleau *m* **2.** (*scroll-shaped ornament*) volute *f* **II.** *vi* INFOR dérouler; **to ~ up/down** faire défiler vers le haut/le bas

scroll bar *n* INFOR barre *f* de défilement

scrounge [skraʊndʒ] **I.** *vt inf* **to ~ sth off sb** taper qc à qn **II.** *vi pej, inf* **to ~ off sb** taxer qn **III.** *n pej or iron, inf* resquille *f*

scrounger ['skraʊndʒər, *Am:* -ɚ] *n pej, inf* tapeur, -euse *m, f*

scrub¹ [skrʌb] <-bb-> **I.** *vt* **1.** (*clean by rubbing*) frotter **2.** (*cancel*) rayer **II.** *vi* (*clean by rubbing*) frotter

scrub² [skrʌb] *n* broussaille *f*

scruffy <-ier, -iest> *adj* mal entretenu

scrum ['skrʌm] *n* SPORT mêlée *f*

scruple ['skru:pl] *n* scrupule *m*

scrupulous ['skru:pjʊləs] *adj* scrupuleux

scrutinize ['skru:tɪnaɪz, *Am:* -tə-] *vt* **1.** (*examiner*) scruter **2.** (*inspect closely*) examiner

scrutiny ['skru:tɪni, *Am:* -təni] *n no pl* examen *m* minutieux

scuba diving *n* plongée *f;* **to go ~** faire de la plongée

scuff [skʌf] *vt* élimer

scuffle ['skʌfl] *n* bagarre *f*

sculpt [skʌlpt] *vt, vi* sculpter

sculptor *n* sculpteur *m*

sculpture ['skʌlptʃər, *Am:* -tʃɚ] *n* sculpture *f*

scum [skʌm] *n no pl* **1.** (*material floating on liquid*) mousse *f* **2.** (*worthless people*) rebut *m*

scurf [skɜ:f, *Am:* skɜ:rf] *n no pl* pellicules *fpl*

scurrilous ['skʌrɪləs, *Am:* 'skɜ:rɪ-] *adj pej* calomnieux

scurry ['skʌri, *Am:* 'skɜ:ri] <-ie-> *vi*

trottiner

scuttle[1] ['skʌtl, *Am:* 'skʌt̬-] *vi* courir

scuttle[2] ['skʌtl, *Am:* 'skʌt̬-] *vt* 1. (*ship*) couler 2. (*put an end to*) mettre un terme à

scythe [saɪð] *n* faux *f*

sea [si:] *n no pl, a. fig* mer *f*; **to be at ~** être au large; **by ~** par voie maritime

sea air *n no pl* air *m* marin **seaboard** *n sing* côte *f* **seafood** *n* fruits *mpl* de mer **sea front** *n sing* front *m* de mer **seagull** *n* mouette *f*

seal[1] [si:l] *n* phoque *m*

seal[2] [si:l] **I.** *n* 1. (*wax mark*) sceau *m* 2. (*stamp*) cachet *m* 3. (*safety device*) cachet *m*; (*on door*) fermoir *m* 4. (*airtight or watertight joint*) joint *m* **II.** *vt* 1. (*put a seal on*) cacheter 2. (*make airtight or watertight*) colmater 3. (*frontier, port*) fermer

◆ **seal off** *vi* sceller **sea level** *n no pl* niveau *m* de la mer

sealing wax *n no pl* cire *f* à cacheter

sea lion *n* otarie *f*

seam [si:m] *n* 1. (*in fabric*) couture *f* 2. (*between rocks*) veine *f*

seaman ['si:mən] *n* 1. (*sailor*) marin *m* 2. (*rank*) matelot *m*

sea mile *n* mile *m* marin

seamless *adj* 1. (*without seam*) sans coutures 2. *fig* continu; (*transition*) sans accrocs

seaplane *n* hydravion *m* **seaport** *n* port *m* maritime

search [sɜːtʃ, *Am:* sɜːrtʃ] **I.** *n* 1. (*act of searching*) recherches *fpl*; **in ~ of sth** à la recherche de qc 2. (*of a building*) perquisition *f*; (*of a person*) fouille *f* 3. INFOR recherche *f* **II.** *vi* (*make a search*) faire des recherches; **to ~ for sb/sth** chercher qn/qc **III.** *vt* 1. (*look in*) fouiller; (*place, street*) ratisser 2. INFOR rechercher dans 3. (*conscience*) examiner

searching *adj* (*look*) inquisiteur; (*question*) approfondi

searchlight *n* projecteur *m* **search party** *n* expédition *f* de secours **search warrant** *n* mandat *m* de perquisition

searing *adj* 1. (*scorching*) brûlant 2. (*pain*) cuisant **seashell** *n* coquillage *m* **seashore** *n no pl* 1. (*beach*) plage *f* 2. (*land near sea*) littoral *m* **seasick** *adj* **to be ~** avoir le mal de mer **seaside** *n no pl* bord *m* de mer

season ['si:zən] **I.** *n* saison *f*; (*of concerts, films*) Brit festival *m* **II.** *vt* assaisonner

seasonal *adj* saisonnier

seasoned *adj* 1. (*experienced*) expérimenté 2. (*wood*) sec 3. (*spiced*) assaisonné

seasoning *n* assaisonnement *m*

season ticket *n* 1. THEAT, SPORT abonnement *m* 2. AUTO carte *f* d'abonnement

seat [si:t] **I.** *n* (*furniture*) siège *m*; (*in train, theatre*) place *f*; POL siège *m* **II.** *vt* 1. (*place on seat*) asseoir 2. (*hold*) contenir

seat belt *n* ceinture *f* de sécurité

seating *n no pl* capacité *f* d'accueil **seawater** *n no pl* eau *f* de mer **seaweed** *n no pl* algues *fpl* **seaworthy** *adj* (*boat*) en état de naviguer

secateurs [ˌsekəˈtɜːz, *Am:* 'sekətɚz] *npl* sécateur *m*

secede [sɪˈsiːd] *vi* **to ~ from sth** faire sécession de qc

secession [sɪˈseʃən] *n no pl* sécession *f*

secluded [sɪˈkluːdɪd] *adj* retiré

seclusion [sɪˈkluːʒən] *n no pl* (*separate*) isolement *m*

second[1] ['sekənd] **I.** *adj* deuxième; (*if no third*) second **II.** *n* 1. Brit (*degree*) licence avec mention bien 2. *no art, no pl* (*second gear*) seconde *f* 3. *pl* (*extra helping*) supplément *m* 4. (*imperfect item*) article *m* de deuxième choix **III.** *adv* deuxième **IV.** *vt* 1. (*support*) appuyer 2. Brit, Aus MIL détacher

second[2] ['sekənd] *n* seconde *f*

secondary ['sekəndəri, *Am:* -deri] *adj* secondaire **secondary school** *n* école *f* secondaire

second best *adj* **to settle for ~** se rabattre sur un deuxième choix

second class **I.** *n* deuxième classe *f* **II.** *adv* 1. (*travel*) en deuxième classe

S
s

2. *Brit* (*by second-class mail*) en tarif lent **III.** *adj* **second-class 1.** (*in second class*) de deuxième classe **2.** (*inferior*) de deuxième rang **second-hand I.** *adj* **1.** (*clothes, shop*) d'occasion **2.** (*news*) de seconde main **II.** *adv* **1.** (*buy*) d'occasion **2.** (*hear*) d'un tiers **second hand** *n* aiguille *f* des secondes

secondly *adv* deuxièmement

secondment *n Brit, Aus no pl* (*transfer*) détachement *m* **second-rate** *adj* de deuxième rang

secrecy ['si:krəsi] *n no pl* (*act*) secret *m*

secret ['si:krɪt] **I.** *n* secret *m* **II.** *adj* **1.** (*known to few*) secret **2.** (*door*) dérobé

secret agent *n* agent *m* secret

secretarial *adj* de secrétariat

secretariat [ˌsekrə'teəriət, *Am:* -'teri-] *n* secrétariat *m*

secretary ['sekrətəri, *Am:* -rəteri] <-ries> *n* **1.** (*office assistant*) secrétaire *mf* **2.** (*assistant head*) **company** ~ secrétaire *mf* général

secrete [sɪ'kri:t] *vt* (*of gland*) secréter

secretion *n* sécrétion *f*

secretive ['si:krətɪv, *Am:* -t̬ɪv] *adj* (*behaviour*) secret; (*person*) cachottier

sect [sekt] *n* secte *f*

sectarian [sek'teəriən, *Am:* -'teri-] *adj* sectaire

section ['sekʃən] *n* **1.** (*part*) partie *f*; (*of a document*) chapitre *m*; **the sports** ~ les pages sportives **2.** (*department*) service *m*

sector ['sektə', *Am:* -t̬ə'] *n* secteur *m*

secular ['sekjʊlə', *Am:* -lə'] *adj* (*education*) laïque

secure [sɪ'kjʊə', *Am:* -'kjʊr] **I.** *adj* **1.** (*base, ladder*) sûr **2.** (*unworried*) en sécurité; ~ **in the knowledge that ...** sûr que ... **3.** (*guarded*) protégé **II.** *vt* **1.** (*release, loan*) obtenir **2.** (*doors, windows*) bien fermer; (*position*) assurer; (*house*) protéger **3.** (*seatbelt*) attacher **4.** (*loan*) garantir

security [sɪ'kjʊərəti, *Am:* 'kjʊrət̬i] <-ties> *n* **1.** *no art, no pl* (*measures, safety*) sécurité *f* **2.** *no art, no pl* (*personnel*) service *m* de sécurité **3.** *sing* (*payment guarantee*) garantie *f* **4.** *pl* (*investments*) valeurs *fpl* (boursières) **security forces** *npl* forces *fpl* de sécurité **security guard** *n* gardien(ne) *m(f)*

sedan [sɪ'dæn] *n Am, Aus* berline *f*

sedate [sɪ'deɪt] **I.** *adj* (*pace, person*) calme **II.** *vt* donner un sédatif à

sedation *n no pl* sédation *f*

sedative ['sedətɪv, *Am:* -t̬ɪv] **I.** *adj* sédatif **II.** *n* sédatif *m*

sedentary ['sedəntəri, *Am:* -teri] *adj* sédentaire

sediment ['sedɪmənt, *Am:* 'sedə-] *n* **1.** *no pl* (*deposit*) dépôt *m* **2.** (*substance*) sédiment *m*

sedition [sɪ'dɪʃən] *n no pl, form* sédition *f*

seduce [sɪ'dju:s, *Am:* -'du:s] *vt* séduire

seducer *n* séducteur, -trice *m, f*

seduction [sɪ'dʌkʃən] *n* séduction *f*

seductive [sɪ'dʌktɪv] *adj* **1.** (*sexy*) séducteur **2.** (*argument*) séduisant

see¹ [si:] *n* diocèse *m;* **the Holy See** le Saint-Siège

see² [si:] <saw, seen> **I.** *vt* voir; ~ **you!** *inf* à bientôt; **I'll** ~ **you to the door** je t'accompagne jusqu'à la porte; **to** ~ (**that**) ... s'assurer que ... **II.** *vi a. fig* voir

◆ **see about** *vt inf* s'occuper de

◆ **see off** *vt* **1.** (*accompany*) **to see sb off** accompagner qn **2.** (*drive away*) faire fuir

◆ **see through** *vt* **1.** (*lies*) déceler **2.** (*continue to end*) faire jusqu'au bout

◆ **see to** *vt* **1.** (*attend to*) s'occuper de **2.** (*ensure*) **to** ~ **it that** faire en sorte que +*subj*

seed [si:d] *n* **1.** (*plant grain*) graine *f*; (*of fruit*) pépin *m* **2.** (*beginning*) germe *m* **3.** *sport* tête *f* de série

seedbed *n* **1.** (*area of ground*) semoir *m* **2.** (*place in which things develop*) vivier *m*

seedling *n* plant *m*

seedy ['si:di] <-ier, -iest> *adj* **1.** (*du-*

bious) sordide **2.**(*unwell*) patraque
seeing *conj* ~ **that** ... sachant que ...
seek [si:k] <sought> **I.** *vt* **1.** *form*
(*look for*) chercher **2.**(*happiness, revenge*) rechercher; (*asylum, one's
fortune*) chercher; (*justice, damages*) demander **3.**(*advice, permission*) demander **II.** *vi* **1.** *form*
(*search*) chercher **2.** *form* (*attempt*)
to ~ to +*infin* essayer de +*infin*
seeker *n* chercheur, -euse *m, f;* **an
asylum ~** un demandeur d'asile
seem [si:m] *vi* **1.**(*appear to be*)
sembler **2.**(*appear*) **it ~s as if ...** on
dirait que ...
seeming *adj form* apparent
seemingly *adv* apparemment
seen [si:n] *pp of* **see**
seep [si:p] *vi* filtrer; **to ~ into sth**
s'infiltrer dans qc
seepage ['si:pɪdʒ] *n no pl* infil-
tration *f*
see-saw **I.** *n* **1.**(*game*) bascule *f*
2. *fig* va-et-vient *m* **II.** *vi* osciller
seethe [si:ð] *vi* **1.**(*bubble up*) *a. fig*
bouillonner; **to ~ with anger** bouillir de colère **2.**(*be crowded*) grouiller; **to be ~ing with sth** grouiller de
qc
see-through *adj* transparent
segment ['segmənt] **I.** *n* partie *f;* (*of
orange, circle*) quartier *m;* (*of a
worm*) segment *m* **II.** *vt* (*market,
population*) segmenter **III.** *vi* se segmenter
segregate ['segrɪgeɪt, *Am:* -rə-] *vt*
1.(*isolate*) isoler **2.**(*separate*) séparer
segregation *n no pl* ségrégation *f*
seize [si:z] *vt* **1.**(*grasp*) saisir; **to ~
hold of sth** saisir qc **2.**(*capture*)
capturer; (*hostage, power*) prendre;
(*city, territory*) s'emparer de
3.(*drugs*) saisir
◆ **seize on** *vt* sauter sur
◆ **seize up** *vi* (*machine, programme*) se bloquer; (*engine*) se
gripper
seizure ['si:ʒəʳ, *Am:* -ʒɚ] *n MED* crise
f
seldom ['seldəm] *adv* rarement
select [sɪ'lekt, *Am:* sə'-] **I.** *vt*

1.(*choose*) choisir **2.** SPORT, INFOR sélectionner **II.** *adj* **1.**(*exclusive*) sélect
2.(*chosen*) choisi
selection *n* **1.** *no pl*(*choosing*) choix
m **2.** *sing* (*range*) sélection *f*
3.(*extracts*) morceaux *mpl* choisis
selective *adj* sélectif
self [self] *n* **1.**<selves> **to find
one's true ~** trouver sa véritable
personnalité; **to be one's old ~** être
de nouveau soi-même **2.** *no pl, form*
PSYCH **the ~** le moi **self-adhesive**
adj autocollant **self-assurance** *n no
pl* assurance *f* **self-assured** *adj* sûr
de soi **self-catering** *Aus, Brit* **I.** *adj*
en location **II.** *n no pl* (*tourism*) location *f* **self-cent(e)red** *adj pej* égo-
centrique **self-colo(u)red** *adj* uni
self-confessed *adj* avoué **self-confidence** *n no pl* confiance *f* en soi
self-conscious *adj* embarrassé **self-
contained** *adj* **1.**(*self-sufficient*)
autosuffisant **2.**(*apartment*) indépendant **self-control** *n no pl* sang-
froid *m* **self-defence** *n no pl, Aus,
Brit* **1.**(*protection*) légitime défense
f **2.**(*skill*) autodéfense *f* **self-denial**
n no pl sacrifice *m* de soi **self-discipline** *n no pl* autodiscipline *f* **self-
employed** **I.** *adj* indépendant; **a ~
builder** un artisan maçon **II.** *n pl*
the ~ les libéraux **self-esteem** *n no
pl* estime *f* de soi **self-evident** *adj*
évident **self-explanatory** *adj* qui
s'explique de soi-même **self-help
group** *n* groupe *m* de discussion
self-indulgent *adj* complaisant
self-interest *n no pl* intérêt *m* personnel
selfish ['selfɪʃ] *adj* égoïste
selfishness *n no pl, pej* égoïsme *m*
selfless *adj* altruiste; **in a ~ way** de
façon désintéressée **self-portrait** *n*
autoportrait *m* **self-possessed** *adj*
posé **self-reliant** *adj* indépendant
self-respect *n no pl* dignité *f;* **to
take away sb's ~** avilir qn **self-re-
specting** *adj* qui se respecte **self-
righteous** *adj pej* persuadé d'avoir
raison **self-sacrifice** *n no pl* dévouement *m* **self-satisfied** *adj pej* content de soi; **to look ~** avoir l'air suf-

fisant **self-seeking I.** *n* égoïsme *m*
II. *adj* égoïste **self-service I.** *n* libre-
service *m* **II.** *adj* en libre service; **a ~
laundry** une laverie automatique; **a
~ restaurant** un self-service **self-
sufficiency** *n no pl* **1.** (*autarky*)
autosuffisance *f* **2.** (*feeling of pride*)
suffisance *f* **self-sufficient** *adj* autosuffisant; **to be ~ in food** subvenir à
ses besoins en alimentation **self-
willed** *adj pej* volontaire
sell [sel] **I.** *vt* <sold, sold> vendre
II. *vi* <sold, sold> se vendre
 ◆ **sell off** *vt* liquider
 ◆ **sell out I.** *vi* **1.** (*sell everything*)
vendre jusqu'à épuisement des
stocks; **to ~ of goods/a brand**
liquider des marchandises/une
marque **2.** (*betray cause*) **to ~ on sb**
vendre qn **II.** *vt* **1.** (*have none left*)
to be sold out être épuisé **2.** *pej, inf*
(*betray*) vendre
 ◆ **sell up** *vi Aus, Brit* tout vendre
sell-by date *n Brit* date *f* de péremption
seller *n* vendeur, -euse *m, f* **selling
price** *n* prix *m* de vente
Sellotape® ['seləʊteɪp, *Am:* -oʊ-]
n no pl, Brit Scotch® *m*
sell-out *n* (*betrayal*) trahison *f*
selves [selvz] *pl of* **self**
semantic [sɪ'mæntɪk, *Am:*
sə'mæntɪk] *adj* LING sémantique **semantics** *npl* LING sémantique *f*
semblance ['sembləns] *n no pl,
form* semblant *m*
semen ['siːmən] *n no pl* semence *f*
semester [sɪ'mestər, *Am:* sə'mes-
tər] *n* semestre *m*
semi ['semi] *n* **1.** *Aus, Brit, inf*
(*house*) *s.* **semi-detached 2.** *Am,
Aus, inf* (*kind of truck*) *s.* **articulated truck 3.** *inf* SPORT *s.* **semi-
final**
semibreve *n Aus, Brit* MUS ronde *f*
semicircle *n* demi-cercle *m* **semi-
circular** *adj* semi-circulaire **semi-
colon** *n* point-virgule *m* **semicon-
ductor** *n* ELEC semi-conducteur *m*
semi-detached I. *adj* (*house*) ju-
melé **II.** *n* maison *f* jumelée **semi-
final** *n* SPORT demi-finale *f* **semi-fi-**

nalist *n* SPORT demi-finaliste *mf*
seminar ['semɪnɑːr, *Am:* -ənɑːr] *n*
1. UNIV séminaire *m* **2.** (*workshop*)
stage *m*
seminary ['semɪnəri, *Am:* -ner-] *n*
séminaire *m*
semi-precious *adj* (*stone*) semi-pré-
cieux
semiquaver ['semɪˌkweɪvər, *Am:*
-vər] *n Aus, Brit* MUS double croche *f*
semiskilled [ˌsemɪ'skɪld] *adj* spécialisé
Semite ['siːmaɪt, *Am:* 'semaɪt] *n* Sémite *mf*
semitic *adj* sémitique
semitone *n* demi-ton *m* **semi-
trailer** *n* semi-remorque *m*
semolina [ˌseməˈliːnə] *n no pl* semoule *f*
senate ['senɪt] *n* **the ~** le Sénat
senator ['senətər, *Am:* -ţər] *n* sénateur, -trice *m, f*
send [send] *vt* <sent, sent> envoyer
 ◆ **send away I.** *vi* **to ~ for sth** demander qc par courrier **II.** *vt* **to send
sb away** renvoyer qn
 ◆ **send back** *vt* renvoyer
 ◆ **send for** *vt* **1.** (*summon*) envoyer
chercher; **to ~ help** envoyer
chercher de l'aide **2.** (*request*) demander par courrier
 ◆ **send off** *vt* **1.** (*post*) expédier;
(*letter*) poster **2.** *Aus, Brit* SPORT expulser; **to get sent off** se faire expulser
 ◆ **send up** *vt* **1.** *Am* (*put in prison*)
incarcérer **2.** *inf* (*parody*) caricaturer
sender *n* expéditeur, -trice *m, f*
send-off *n* **to give sb a ~** dire au revoir à qn **send-up** *n inf* caricature *f*
senile ['siːnaɪl] *adj* sénile
senility [sɪ'nɪləti, *Am:* sə'nɪləţi] *n
no pl* sénilité *f*
senior ['siːniər, *Am:* -njər] **I.** *adj*
1. (*older*) aîné; **to be three years ~**
avoir trois ans de plus que qn
2. (*pupil*) de terminale; (*student*) de
dernière année **3.** (*high-ranking*)
supérieur; (*employee*) de grade
supérieur; **to be ~ to sb** être au-dessus de qn; (*longer in service*) avoir

plus d'ancienneté que qn **4.** (*related to the elderly*) du troisième âge **II.** *n* **1.** (*older person*) aîné(e) *m(f)*; **to be sb's** ~ être l'aîné de qn **2.** (*person of higher rank*) supérieur(e) *m(f)* **3.** *Am* (*pupil*) étudiant(e) *m(f)* de dernière année **4.** SPORT, SCHOOL the ~s les grand(e)s **5.** (*elderly person*) personne *f* du troisième âge

senior citizen *n* personne *f* du troisième âge **senior high school** *n Am* lycée *m*

seniority [ˌsiːniˈɒrəti, *Am:* siːˈnjɔːrəti] *n no pl* **1.** (*older*) âge *m* **2.** (*higher in rank*) ancienneté *f*

sensation [senˈseɪʃən] *n* **1.** PHYSIOL sensation *f* **2.** (*feeling*) impression *f* **3.** (*strong excitement*) sensation *f*

sensational *adj* (*excited feeling*) sensationnel

sense [sents] **I.** *n* **1.** *no pl* (*common sense*) sens *m* **2.** *pl* (*judgement*) raison *f*; **to bring sb to his/her ~s** ramener qn à la raison **3.** MED, PHYSIOL sens *m* **4.** (*meaning*) sens *m*; **in a ~** dans un certain sens; **sth doesn't make (any) ~** qc ne rime à rien **II.** *vt* sentir

senseless *adj* **1.** (*foolish, pointless*) insensé; (*killing*) gratuit; **it is ~ to** +*infin* ça n'a aucun sens de +*infin* **2.** (*unconscious*) inanimé

sensibility [ˌsentsɪˈbɪləti, *Am:* -səˈbɪləti] *n no pl* ART, SOCIOL **1.** (*sensitiveness*) sensibilité *f* **2.** *pl* (*feelings*) susceptibilité *f*

sensible [ˈsentsɪbl, *Am:* -sə-] *adj* raisonnable

sensibly *adv* **1.** (*with rationally*) raisonnablement **2.** (*suitably*) correctement

sensitive [ˈsentsɪtɪv, *Am:* -səṭɪv] *adj* **1.** (*understanding*) compréhensif; **to be ~ to sth** être sensible à qc **2.** (*touchy*) sensible

sensitiveness, sensitivity *n a. fig* sensibilité *f*

sensitize [ˈsentsɪtaɪz, *Am:* -sə-] *vt Am* (*make aware of*) sensibiliser

sensor [ˈsentsər, *Am:* -sə-] *n* TECH, ELEC capteur *m*

sensory [ˈsentsəri] *adj* sensoriel

sensual [ˈsentsjʊəl, *Am:* -ʃuəl] *adj* sensuel

sensuality [ˌsentsjuˈæləti, *Am:* -ʃuˈæləṭi] *n no pl* sensualité *f*

sensuous [ˈsentsjʊəs, *Am:* -ʃuəs] *adj* sensuel

sent [sent] *pp, pt of* **send**

sentence [ˈsentəns, *Am:* -ṭəns] **I.** *n* **1.** (*group of words*) phrase *f* **2.** LAW condamnation *f* **II.** *vt* **to ~ sb to sth** condamner qn à qc

sentiment [ˈsentɪmənt, *Am:* -ṭə-] *n* sentiment *m*

sentimental *adj* sentimental

sentimentality [ˌsentɪmenˈtæləti, *Am:* -ṭəmenˈtæləṭi] *n no pl* sentimentalité *f*

sentry [ˈsentri] *n* sentinelle *f*

separable [ˈsepərəbl] *adj* séparable

separate¹ [ˈseprət, *Am:* ˈsepəɪt] *adj* **1.** (*not joined*) séparé **2.** (*distinct*) distinct

separate² [ˈsepəreɪt] **I.** *vt* séparer; **to ~ sb/sth from sb/sth else** séparer qn/qc de qn/qc **II.** *vi* se séparer

separates *n pl* coordonnés *mpl*

separation *n* séparation *f*

September [sepˈtembər, *Am:* -bə-] *n* septembre *m*; *s. a.* **April**

septic [ˈseptɪk] *adj* infecté

sequel [ˈsiːkwəl] *n* suite *f*

sequence [ˈsiːkwəns] *n* **1.** (*order*) suite *f* **2.** (*part of film*) séquence *f*

sequin [ˈsiːkwɪn] *n* paillette *f*

serenade [ˌserəˈneɪd] **I.** *vt* chanter la sérénade à **II.** *n* sérénade *f*

serene [sɪˈriːn, *Am:* səˈ-] <-r, -st> *adj* serein

serenity [sɪˈrenəti, *Am:* səˈrenəṭi] *n no pl* sérénité *f*

sergeant [ˈsɑːdʒənt, *Am:* ˈsɑːrdʒənt] *n* **1.** (*officer*) sergent *m* **2.** *Brit* (*policeman*) brigadier *m*

serial [ˈsɪəriəl, *Am:* ˈsɪri-] **I.** *n* feuilleton *m* **II.** *adj* en série

series [ˈsɪəriːz, *Am:* ˈsɪriːz] *inv n* série *f*; **in ~** en série

> ! Avec un verbe, **a series** s'emploie au singulier: "A new television series begins today."

serious ['sɪərɪəs, *Am:* 'sɪri-] *adj* **1.** (*not funny, sincere*) sérieux **2.** (*solemn*) grave

seriously *adv* sérieusement; (*wounded*) grièvement; **to take sb/ sth** ~ prendre qn/qc au sérieux

seriousness *n no pl* **1.** (*truthfulness*) sérieux *m* **2.** (*serious nature*) gravité *f*

sermon ['sɜːmən, *Am:* 'sɜːr-] *n* sermon *m*

serpent ['sɜːpənt, *Am:* 'sɜːr-] *n* serpent *m*

serrated [sɪ'reɪtɪd, *Am:* 'sereɪtɪd] *adj* en dents de scie

serum ['sɪərəm, *Am:* 'sɪrəm] *n* sérum *m*

servant ['sɜːvənt, *Am:* 'sɜːr-] *n* serviteur *m*, servante *f*

serve [sɜːv, *Am:* sɜːrv] **I.** *vt* **1.** (*help*) servir **2.** (*work for*) être au service de **3.** (*transport people to*) desservir **4.** SPORT servir **II.** *vi a.* SPORT servir **III.** *n* service *m*
♦ **serve up** *vt* servir

server ['sɜːvəʳ, *Am:* 'sɜːrvɚ] *n* INFOR serveur *m*

service ['sɜːvɪs, *Am:* 'sɜːr-] **I.** *n* **1.** (*set, assistance*) service *m*; **to be of ~ to sb** être utile à qn **2.** REL service *m* **3.** TECH entretien *m*; AUTO révision *f* **4.** MIL **the ~s** l'armée *f* **II.** *vt* entretenir; (*car*) réviser

serviceable *adj* utilisable

service area *n* aire *f* de services **service charge** *n* service *m* **service entrance** *n* porte *f* de service **service industry** *n* prestataire *m* de service **serviceman** *n* militaire *m* **service road** *n* voie *f* d'accès **service station** *n* station-service *f*

serviette [ˌsɜːvɪ'et, *Am:* ˌsɜːr-] *n Brit* serviette *f*

servile ['sɜːvaɪl, *Am:* 'sɜːrvl] *adj* servile

session ['seʃən] *n* **1.** (*formal sitting or meeting*) *a.* INFOR session *f* **2.** (*period for specific activity*) séance *f* **3.** *Am, Scot* (*period for classes*) cours *m* **4.** UNIV année *f* universitaire

set [set] **I.** *n* **1.** (*scenery*) scène *f*; (*in film, tv*) plateau *m;* **on** ~ sur le plateau **2.** (*hair arrangement*) mise *f* en plis **3.** (*group or collection*) *a.* INFOR jeu *m;* (*of stamps, numbers, books*) série *f;* **a tea** ~ un service à thé **4.** (*group of people*) groupe *m* **5.** (*group*) ensemble *m* **6.** (*television apparatus*) poste *m* **7.** SPORT set *m* **II.** *adj* **1.** (*ready, prepared*) prêt; **to be (all)** ~ **for sth** être prêt pour qc; **to get** ~ se tenir prêt **2.** (*fixed*) fixe; (*expression*) figé; (*date, idea*) arrêté **3.** (*resolute*) **to be** ~ **on doing sth** être résolu à faire qc **4.** (*assigned*) obligatoire; (*book, subject*) au programme; (*task*) assigné **III.** *vt* <set, set> **1.** (*place, put in some place*) poser **2.** (*situated*) *a.* CINE, LIT, THEAT situer **3.** (*cause to be*) mettre; **to** ~ **sth on fire** mettre le feu à qc; **to** ~ **sth in motion** mettre qc en route **4.** (*clock, timer*) régler; (*trap*) tendre **5.** (*stage*) préparer; **to** ~ **the table** mettre la table **6.** (*price, date*) fixer **7.** (*arrange*) **to** ~ **sb's hair** se faire une mise en plis **8.** (*jewel*) sertir **9.** TYP composer **10.** *Aus, Brit* (*cause to start*) **to** ~ **to** +*infin* se mettre à +*infin;* **to** ~ **sb to do/doing sth** faire faire qc à qn; **to** ~ **sb to work** mettre qn au travail; **to** ~ **homework** donner des devoirs **11.** (*provide with music*) **to** ~ **sth to music** mettre qc en musique **IV.** *vi* **1.** (*go down, sink*) se coucher **2.** (*become firm*) durcir; (*jelly, cement*) prendre; (*bone*) se ressouder **3.** *fig* se durcir
♦ **set about** *vt* **1.** (*begin, start work upon*) **to** ~ **doing sth** se mettre à faire qc **2.** *inf* (*attack*) attaquer
♦ **set against** *vt* **1.** (*offset*) **to set sth against sth** déduire qc de qc **2.** (*make oppose*) **to set sb against sb/sth** dresser qn contre qn/qc; **to be dead ~ sb/sth** être résolument opposé à qn/qc
♦ **set aside** *vt a. fig* **to set sth aside** mettre qc de côté; (*time*) réserver qc
♦ **set back** *vt* **1.** (*delay, hold up*) retarder **2.** (*position or place away from*) mettre en retrait de **3.** *inf* (*cost*) **to set sb back** coûter à qn

◆ **set in** *vi* survenir
◆ **set off** I. *vi* se mettre en route II. *vt* 1. (*detonate*) déclencher 2. (*cause sb to do or start sth*) **to set sb off doing sth** faire faire qc à qn 3. (*enhance*) rehausser
◆ **set out** I. *vt a. fig* exposer II. *vi* 1. *s.* **set off** 2. (*intend/have the intention, aim*) **to ~ to** +*infin* avoir l'intention de +*infin*
◆ **set up** *vt* 1. (*place in position or view*) dresser; (*camp*) établir; **to set sth up again** relever qc 2. (*establish*) créer; **to ~ sb in business** lancer qn dans les affaires 3. (*organize*) organiser 4. *inf* (*deceive, frame*) piéger

setback *n* revers *m*

setsquare ['setskweəʳ, *Am:* -skwer] *n Aus, Brit* équerre *f*

settee [se'tiː] *n* canapé *m*

setting *n* 1. (*location, scenery*) cadre *m* 2. (*position*) réglage *m* 3. (*frame for jewel*) monture *f* 4. MUS arrangement *m*

settle ['setl, *Am:* 'set̬-] I. *vi* 1. (*get comfortable*) s'installer 2. (*calm down*) se calmer 3. *form* (*pay*) régler 4. (*live*) s'établir II. *vt* 1. (*calm down*) calmer 2. (*resolve, pay*) régler
◆ **settle down** *vi* 1. (*get comfortable*) s'installer 2. (*calm down*) se calmer 3. (*start a quiet life*) se ranger
◆ **settle for** *vt* accepter
◆ **settle in** *vi* s'installer
◆ **settle on** *vt* décider de
◆ **settle up** *vi* régler

settlement *n* 1. (*agreement*) arrangement *m;* **to reach a ~** trouver un arrangement 2. FIN, ECON règlement *m*

settler *n* colon *m*

set-to *n inf* bagarre *f* **set-up** *n* 1. (*way things are arranged*) situation *f* 2. (*arrangement*) arrangement *m* 3. *inf* (*conspiracy*) coup monté *m*

seven ['sevn] *adj* sept; *s. a.* **eight**

seventeen [ˌsevn'tiːn] *adj* dix-sept; *s. a.* **eight**

seventeenth *adj* dix-septième; *s. a.*

eight

seventh *adj* septième

seventieth *adj* soixante-dixième

seventy ['sevnti, *Am:* -t̬i] *adj* soixante-dix

sever ['sevəʳ, *Am:* 'sevɚ] *vt* 1. (*cut*) *a. fig* **to ~ sth from sth** sectionner qc de qc 2. (*put an end*) *a. fig* rompre

several ['sevərəl] I. *adj* (*some*) plusieurs II. *pron* plusieurs

severe [sɪ'vɪəʳ, *Am:* sə'vɪr] *adj* sévère; (*illness, wound*) grave; (*weather, test*) rigoureux; (*pain*) violent

severity [sɪ'verəti, *Am:* sə'verət̬i] *n no pl* sévérité *f;* (*of illness, wound*) gravité *f;* (*of climate*) rigueur *f;* (*pain*) violence *f*

sew [səʊ, *Am:* soʊ] <sewed, sewn *o* sewed> *vt, vi* coudre

sewage ['suːɪdʒ] *n no pl* eaux *fpl* usées

sewer ['səʊəʳ, *Am:* 'soʊɚ] *n* égout *m*

sewerage ['sʊərɪdʒ, *Am:* 'suːɪdʒ] *n no pl* égout *m*

sewing *n no pl* couture *f* **sewing machine** *n* machine *f* à coudre

sewn [səʊn, *Am:* soʊn] *pp of* **sew**

sex [seks] <-es> *n* sexe *m;* **to have ~** avoir des rapports sexuels

sexism ['seksɪzəm] *n no pl, pej* sexisme *m*

sexist I. *adj pej* sexiste II. *n* sexiste *mf*

sexual ['seksʊəl, *Am:* -ʃʊəl] *adj* sexuel

sexuality [ˌseksʊ'æləti, *Am:* -ʃʊ'æləti] *n no pl* sexualité *f*

sexy ['seksi] <-ier, -iest> *adj inf* (*person, dress*) sexy; (*film*) érotique

shabby ['ʃæbi] <-ier, -iest> *adj* miteux; (*excuse*) minable

shack [ʃæk] *n* cabane *f*

shackle ['ʃækl] *vt* enchaîner

shade [ʃeɪd] I. *n* 1. *no pl* (*protected from sunlight*) *a. fig* ombre *f* 2. (*covering for light bulb*) abat-jour *m* 3. *pl, Am* (*blind*) store *m* 4. (*variation*) *a. fig* nuance *f* II. *vt* 1. (*protect from brightness*) ombrager; (*eyes*) protéger 2. (*darken parts*) ombrer

shaded *adj* ombragé

shadow [ˈʃædəʊ, *Am:* -oʊ] **I.** *n* (*darker space*) **a.** *fig* ombre *f* **II.** *vt* filer **III.** *adj Brit, Aus* fantôme

shadowy *adj* **1.** (*dark*) **a.** *fig* sombre **2.** (*vague*) vague

shady [ˈʃeɪdi] *adj* **1.** (*protected from light*) ombragé **2.** *inf* (*dubious*) louche

shaft [ʃɑːft, *Am:* ʃæft] *n* **1.** (*handle*) manche *m* **2.** (*piston*) essieu *m* **3.** (*ray*) trait *m* **4.** MIN puits *m* **5.** (*extended passage*) lift [*o Am* **elevator**] ~ cage *f* d'ascenseur

shaggy [ˈʃægi] *adj* **1.** (*with rough hair*) touffu **2.** (*unkempt*) ébouriffé

shake [ʃeɪk] **I.** *n* **1.** (*wobble*) secousse *f*; ~ **of one's head** hochement *m* de la tête **2.** *Am, inf* (*milk shake*) milk-shake *m* **II.** <shook, shaken> *vt* **1.** (*joggle, agitate*) secouer; **to** ~ **hands with sb** serrer la main à qn **2.** (*unsettle*) secouer **III.** <shook, shaken> *vi* trembler
◆ **shake off** *vt* se débarrasser de
◆ **shake up** *vt* **1.** (*agitate*) secouer **2.** (*upset*) bouleverser

shaken I. *pp* of **shake II.** *adj* secoué

shake-up *n inf* bouleversement *m*

shaky *adj* (*voice, hand*) tremblotant; (*chair*) branlant; (*person*) faible

shall [ʃæl] *aux* **I** ~ **do** ... je ferai ...

shallot [ʃəˈlɒt, *Am:* -ˈlɑːt] *n* échalote *f*

shallow [ˈʃæləʊ, *Am:* -oʊ] *adj* **1.** (*not deep*) peu profond **2.** (*superficial*) superficiel

sham [ʃæm] *pej* **I.** *n* **1.** (*fake*) imitation *f* **2.** (*imposter*) imposteur *m* **3.** (*lie*) imposture *f* **4.** *no pl* (*pretence*) comédie *f* **II.** *adj* **1.** (*false*) faux **2.** (*pretending*) simulé **III.** <-mm-> *vt* simuler

shambles *n sing vb, inf* pagaille *f*

shame [ʃeɪm] **I.** *n no pl* **1.** (*humiliation*) honte *f* **2.** (*pity*) **it's a great** ~ (**that**) c'est vraiment dommage (que) +*subj* **II.** *vt* (*discredit*) discréditer

shamefaced *adj* honteux

shameful *adj pej* honteux

shameless *adj pej* **1.** (*unashamed*) éhonté **2.** (*insolent*) effronté

shampoo [ʃæmˈpuː] **I.** *n* shampooing *m* **II.** *vt* shampooiner

shandy [ˈʃændi] <-dies> *n Brit, Aus* panaché *m*

shanty [ˈʃænti, *Am:* -t̪i] <-ties> *n* baraque *f*

shanty town *n* bidonville *m*

shape [ʃeɪp] **I.** *n* (*outline*) forme *f*; **to take** ~ prendre forme; **in bad/great** ~ en mauvaise/super forme **II.** *vt* (*form*) modeler; (*wood, stone*) tailler

shapeless *adj* informe

shapely *adj* bien fait

share [ʃeaʳ, *Am:* ʃer] **I.** *n* **1.** (*part*) part *f* **2.** FIN action *f* **II.** *vi, vt* partager; **to** ~ (**common**) **characteristics** avoir des caractéristiques communes

shareholder *n* actionnaire *mf*

shareware *n no pl* INFOR partagiciel *m*

shark [ʃɑːk, *Am:* ʃɑːrk] <-(s)> *n* requin *m*

sharp [ʃɑːp, *Am:* ʃɑːrp] **I.** *adj* **1.** (*pointed*) tranchant; (*pencil*) bien taillé; (*edge, angle*) aigu **2.** (*stabbing*) violent **3.** (*look, eyes*) perçant; (*rebuke, reprimand*) sévère; (*tongue*) acéré **4.** ~ **practice** pratique *f* malhonnête **5.** (*sudden*) brusque; (*deterioration, drop*) soudain **6.** (*abrupt*) abrupt **7.** (*mind*) vif **II.** *adv* **at twelve o'clock** ~ à midi pile **III.** *n* dièse *m*

sharpen *vt* aiguiser; (*pencil*) tailler

sharpener *n* (*for pencil*) taille-crayon *m*; (*for knife*) aiguisoir *m*

shatter I. *vt* briser en morceaux **II.** *vi* se briser en morceaux

shave [ʃeɪv] **I.** *n* rasage *m*; **to have a close** ~ l'échapper de justesse **II.** *vi* se raser **III.** *vt* (*remove body hair*) raser

shaven *adj* rasé

shaver *n* rasoir *m*

shaving *adj* **a** ~ **cream/foam** une crème/mousse à raser; ~ **brush** blaireau *m*

shawl [ʃɔːl, *Am:* ʃɑːl] *n* châle *m*

she [ʃiː] **I.** *pers pron* elle **II.** *prefix* **a** ~-**cat** une chatte

sheaf [ʃiːf] <sheaves> *n* (*of corn,*

wheat) gerbe *f*; (*of papers*) liasse *f*

shear [ʃɪəʳ, *Am:* ʃɪr] <sheared, sheared *o* shorn> *vt* **1.** (*cut*) tondre **2.** *fig* **to be shorn of sth** être dépouillé de qc

◆ **shear off** *vi* se détacher

shears [ʃɪəz, *Am:* ʃɪrz] *npl* **1.** (*pair of scissors*) cisailles *fpl* **2.** (*for sheep*) tondeuse *f*

sheath [ʃiːθ] *n* **1.** (*tightly fitting layer*) gaine *f* **2.** (*knife covering*) étui *m* **3.** *Brit* (*condom*) préservatif *m*

shed [ʃed] *n* abri *m*

sheet [ʃiːt] *n* **1.** (*for bed*) drap *m* **2.** (*paper*) *a.* INFOR feuille *f*

shelf [ʃelf] <-ves> *n* **1.** (*storage*) étagère *f* **2.** (*rock*) rebord *m*

shelf life *n no pl* durée *f* de conservation avant vente

shell [ʃel] **I.** *n* **1.** (*exterior*) coquille *f*; (*crab, tortoise*) carapace *f* **2.** *no pl* (*rigid exterior*) caisse *f* **3.** (*basic structure*) carcasse *f* **4.** (*gun explosives*) cartouche *f*; (*artillery*) obus *m* **II.** *vt* **1.** (*nuts*) décortiquer; (*peas*) écosser **2.** (*fire*) bombarder **shellfish** *n* crustacé *m*

shelter [ʃeltəʳ, *Am:* -t̬ɚ] **I.** *n* **1.** (*building*) refuge *m*; (*from rain, bombs*) abri *m* **2.** *no pl* protection, refuge *m* **II.** *vi* (*find protection*) s'abriter **III.** *vt* **1.** (*from weather*) abriter **2.** (*fugitive*) accueillir

sheltered *adj* protégé

shelve [ʃelv] *vt* (*project*) mettre en suspens; (*elections, meeting*) ajourner

shelving *n no pl* rayonnage *m*

shepherd [ʃepəd, *Am:* -ɚd] **I.** *n* berger *m* **II.** *vt* **1.** (*sheep*) garder **2.** (*animal, herd*) mener; (*people*) guider

shepherd's pie *n* hachis *m* parmentier

sherbet [ʃɜːbət, *Am:* ʃɜːr-] *n* **1.** *no pl, Brit, Aus* (*powder*) poudre acidulée consommée en confiserie ou en boisson **2.** *Am* (*sorbet*) sorbet *m*

sheriff [ʃerɪf] *n Am* shérif *m*

sherry [ʃeri] <-rries> *n* xérès *m*

shield [ʃiːld] **I.** *n* **1.** (*defence*) bouclier *m* **2.** (*protective layer*) protec-

tion *f* **II.** *vt* protéger; **to ~ sb from sth** protéger qn de qc

shift [ʃɪft] **I.** *vt* **1.** (*rearrange*) changer de place; (*blame*) rejeter **2.** *Am* (*gears, lanes*) changer de **II.** *vi* **1.** (*rearrange position*) changer de place **2.** *inf* (*move over*) se pousser **3.** *inf* (*move very fast*) aller très vite **III.** *n* **1.** (*alteration*) modification *f* **2.** (*period of work*) poste *m*; **night/day ~** poste de jour/de nuit **3.** (*team*) équipe *f*

shift key *n* touche *f* de majuscule

shiftless *adj* fainéant

shift work *n no pl* travail *m* posté **shift worker** *n* travailleur, -euse *m*, *f* posté(e)

shifty [ʃɪfti] *adj* fourbe

Shiite [ʃiːaɪt] **I.** *adj* chiite **II.** *n* Chiite *mf*

shimmer [ʃɪməʳ, *Am:* -ɚ] **I.** *vi* chatoyer **II.** *n no pl* scintillement *m*

shin [ʃɪn] *n* **1.** (*below knee*) tibia *m* **2.** *no pl* (*beef*) jarret *m*

shine [ʃaɪn] <shone *o* shined, shone *o* shined> **I.** *vi* (*emit, reflect light*) briller **II.** *vt* **1.** (*point light*) braquer une lumière sur **2.** (*shoes*) faire briller

shingle [ʃɪŋgl] *n* **1.** *no pl* (*pebble*) caillou *m*; (*beach*) plage *f* de galets **2.** (*tile*) bardeau *m*

shingles *n no pl* MED zona *m*

shiny *adj* brillant; (*metal*) luisant

ship [ʃɪp] **I.** *n* navire *m* **II.** *vt* <-pp-> **1.** (*send by boat*) expédier par bateau; (*freight*) charger **2.** (*transport*) transporter **shipbuilding** *n no pl* construction *f* navale

shipment *n* **1.** (*freight*) chargement *m* **2.** *no pl* (*action*) fret *m*

shipowner *n* propriétaire *mf* de bateau

shipper *n* **1.** (*transportation*) affréteur *m* **2.** (*organisation*) expéditeur, -trice *m*, *f*

shipping *n no pl* **1.** (*ships*) navires *mpl* **2.** (*freight*) expédition *f*

shipshape [ʃɪpʃeɪp] *adj inf* bien rangé **shipwreck I.** *n* **1.** (*accident*) naufrage *m* **2.** (*remains*) épave *f* **II.** *vt* (*sink*) faire couler; **to be ~ed**

Sₛ

faire naufrage

shirk [ʃɜːk, *Am:* ʃɜːrk] I. *vt* (*duty, obligation*) manquer à; **to ~ doing sth** se défiler devant qc II. *vi* **to ~ from sth** se débiner devant qc

shirker *n* flemmard(e) *m(f)*

shirt [ʃɜːt, *Am:* ʃɜːrt] *n* chemise *f;* **to be in ~ sleeves** être en bras de chemise

shiver ['ʃɪvəʳ, *Am:* -ɚ] I. *n* frisson *m* II. *vi* frissonner

shoal [ʃəʊl, *Am:* ʃoʊl] *n* (*fish*) banc *m* de poissons

shock [ʃɒk, *Am:* ʃɑːk] I. *n* 1.(*surprise*) *a.* MED choc 2.(*electricity*) décharge *f* II. *vt* choquer

shock absorber *n* amortisseur *m*

shocking *adj* 1.(*scandalous*) choquant 2.(*very bad*) atroce

shoddy *adj* de mauvaise qualité

shoe [ʃuː] I. *n* chaussure *f;* (*for horse*) fer *m;* **~ size** pointure *f* II.<shod *o Am* shoed, shod *o Am* shoed> *vt* (*horse*) ferrer **shoestring** *n* **to do sth on a ~** *inf* faire qc avec très peu d'argent

shone [ʃɒn, *Am:* ʃoʊn] *pt, pp of* **shine**

shoo [ʃuː] I. *interj inf* ouste! II. *vi inf* chasser

shook [ʃʊk] *n pt of* **shake**

shoot [ʃuːt] I. *n* 1. PHOT séance *f* photo 2.(*buds*) pousse *f* II.<shot, shot> *vi* 1.(*fire a bullet*) tirer 2.(*move rapidly*) filer; **to ~ in/out of the house** se précipiter dans/hors de la maison III.<shot, shot> *vt* 1.(*person*) tirer sur; (*animal*) chasser; **to ~ sb dead** tuer qn 2.(*film*) tourner
 ◆ **shoot down** *vt* abattre
 ◆ **shoot out** *vi* (*flame, water*) jaillir; (*person, car*) partir en trombe
 ◆ **shoot up** *vi* 1.(*grow rapidly*) pousser vite 2.(*increase rapidly*) monter en flèche; (*rocket, skyscraper*) s'élever

shooting *n no pl* 1.(*act, killing*) fusillade *f* 2.(*firing*) tirs *mpl* **shooting range** *n* champ *m* de tir **shooting star** *n a. fig* étoile *f* filante

shop [ʃɒp, *Am:* ʃɑːp] I. *n* 1.(*store*) magasin *m;* **record ~** magasin de disques 2.(*manufacturing area*) atelier *m* II.<-pp-> *vi* faire ses courses

shop assistant *n Brit* vendeur, -euse *m, f* **shopbreaking** *n* acte de vandalisme commis contre les magasins **shopfitter** *n* agenceur *m* de magasins **shop floor** *n* 1.(*factory*) atelier *m* 2.(*workers*) ouvriers *mpl* **shop front** *n* vitrine *f* de magasin **shopkeeper** *n* commerçant(e) *m(f)* **shoplifter** *n* voleur, -euse *m, f* à l'étalage **shoplifting** *n* vol *m* à l'étalage

shopper *n* personne *f* qui fait ses courses

shopping *n no pl* 1.(*purchasing*) courses *fpl* 2.(*items purchased*) achats *mpl* **shopping bag** *n* 1. Brit (*for goods*) sac *m* à provisions 2. Am (*carrier bag*) grand sac *m* **shopping cart** *n Am* chariot *m* de supermarché **shopping centre** *n* centre *m* commercial **shopping mall** *n Am, Aus* (*shopping centre*) grand centre *m* commercial **shopping trolley** *n Brit* chariot *m* de supermarché

shop-soiled *adj Brit, Aus* defraîchi **shop steward** *n* délégué(e) *m(f)* syndical(e) **shop window** *n* (*display*) vitrine *f*

shore [ʃɔːʳ, *Am:* ʃɔːr] *n* 1.(*coast*) côte *f* 2.(*beach*) plage *f*

shorn [ʃɔːn, *Am:* ʃɔːrn] *pp of* **shear**

short [ʃɔːt, *Am:* ʃɔːrt] I. *adj* 1.(*not long*) court 2.(*not tall*) petit 3.**in the ~ term** à court terme; **to be ~ of sth** manquer de qc; **to be ~ of time** ne pas avoir assez de temps II. *n* 1. CINE court métrage *m* 2. ELEC court-circuit *m* III. *adv* (*stop*) net; **to stop ~ of doing sth** se retenir de faire qc; **to cut ~** abréger; **to cut sb ~** couper la parole à qn; **to go ~ of sth** manquer de qc; **to run ~ of sth** se trouver à court de qc; **in ~** en bref

shortage ['ʃɔːtɪdʒ, *Am:* 'ʃɔːrtɪdʒ] *n* pénurie *f*

shortbread, shortcake *n no pl* sablé *m* **short-change** *vt* 1.(*return insufficient change*) ne pas rendre assez de monnaie à **2.** *inf* **to be ~d** être dupé **short circuit I.** *n* court-circuit *m* **II.** *vi* se mettre en court-circuit **III.** *vt* **to short-circuit** court-circuiter **shortcoming** *n* défaut *m* **short cut** *n* INFOR raccourci *m*

shorten ['ʃɔːtən, *Am:* 'ʃɔːr-] *vt* raccourcir; (*story*) abréger

shortfall *n* FIN déficit *m*

shorthand *n no pl*, *Brit*, *Aus*, *Can* sténo(graphie) *f*

short-handed *adj* **to be ~** être en sous-effectif **shorthand typist** *n Aus*, *Brit* sténo(graphe) *mf* **shortlist** *vt* sélectionner **short-lived** *adj* (*happiness*) de courte durée

shortly *adv* dans peu de temps

shorts *npl* **1.** (*short trousers*) short *m*; **a pair of ~** un short **2.** *Am* (*underpants*) caleçon *m*

> **!** **shorts** s'emploie toujours au pluriel: "Where are my blue shorts?" Mais **a pair of shorts** s'emploie au singulier: "This is Peter's pair of shorts."

short-sighted *adj* **1.** (*myopic*) myope **2.** (*not prudent*) imprévoyant **short-staffed** *adj Aus*, *Brit* **to be ~** être en sous-effectif **short story** *n* nouvelle *f* **short-term** *adj* à court terme **short wave** *n* ondes *fpl* courtes *fpl*

shot [ʃɒt, *Am:* ʃɑːt] **I.** *n* **1.** (*firing weapon*) coup *m* (de feu) **2.** SPORT poids *m*; **to put the ~** lancer le poids **3.** (*attempt at scoring*) tir *m* **4.** (*throw*) lancement *m* **5.** *no pl* (*ammunition*) plomb *m* **6.** (*photograph*) photo *f* **7.** CINE plan *m* **8.** *inf* MED piqûre *f* **9.** *inf* (*try*) **to have a ~ at sth** essayer qc **II.** *pp*, *pt of* **shoot**

shotgun *n* fusil *m* de chasse **shot-put** *n* **the ~** le lancer du poids

should [ʃʊd] *aux* **1.** (*advisability, expectation*) **I/you ~** je/tu devrais **2.** (*might*) **if I ~ fall** au cas où je tomberais **3.** *form* (*would*) **I ~ like …** je voudrais …

shoulder ['ʃəʊldəʳ, *Am:* 'ʃoʊldə-]

I. *n* épaule *f* **II.** *vt* **1.** (*place on shoulders*) porter sur ses épaules **2.** (*responsibility*) endosser

shoulder bag *n* sac *m* à bandoulière **shoulder blade** *n* omoplate *f* **shoulder pad** *n* épaulette *f*

shout [ʃaʊt] **I.** *n* cri *m* **II.** *vi* **to ~ at sb** crier après qn; **to ~ for help** crier à l'aide **III.** *vt* (*slogan, warning*) crier

◆ **shout down** *vt* faire taire qn en criant plus fort

shove [ʃʌv] **I.** *n* poussée *f*; **to give sth a ~** pousser qc **II.** *vt* pousser; **to ~ sb around** bousculer qn; **to ~ sth in sth** fourrer qc dans qc **III.** *vi* **to ~ along/over** se pousser

◆ **shove off** *vi inf* se casser

shovel ['ʃʌvəl] **I.** *n* pelle *f* **II.** <*Brit* -ll- o *Am* -l-> *vt* pelleter; (*food into one's mouth*) enfourner

show [ʃəʊ, *Am:* ʃoʊ] **I.** *n* **1.** (*demonstration*) démonstration *f* **2.** (*false demonstration*) semblant *m*; **just for ~** pour impressionner **3.** (*of fashion*) défilé *m*; (*of photographs*) exposition *f*; **to be on ~** être exposé **4.** (*play*) spectacle *m* **5.** TV, RADIO émission *f*; CINE séance *f* **II.** <showed, shown> *vt* **1.** (*flag, way*) montrer; **to ~ one's work** ART exposer ses œuvres; **to ~ sb how to** +*infin* montrer à qn comment +*infin* **2.** (*bias, enthusiasm*) montrer; (*courage*) faire preuve de; **to ~ sb respect** montrer du respect pour qn **3.** (*film, TV drama*) passer **III.** *vi* <showed, shown> (*be visible*) se voir

◆ **show in** *vt* faire entrer

◆ **show off I.** *vt* exhiber **II.** *vi* frimer

◆ **show out** *vt* raccompagner

◆ **show up** *vi* **1.** (*appear*) ressortir **2.** *inf* (*arrive*) venir **showdown** *n* confrontation *f*

shower ['ʃaʊəʳ, *Am:* 'ʃaʊə-] **I.** *n* **1.** (*of rain, snow, hail*) averse *f* **2.** (*washing device*) douche *f* **II.** *vt* (*cover*) a. *fig* couvrir; **to ~ sb with sth** couvrir qn de qc **III.** *vi* (*have a shower*) prendre une douche

showery ['ʃaʊəri, *Am:* 'ʃaʊə-i] *adj*

pluvieux

showjumping *n no pl* concours *m* de saut d'obstacles

shown [ʃəʊn, *Am:* ʃoʊn] *pp of* **show**

show-off *n* vantard(e) *m(f)* **show-piece** I. *n* modèle *m* II. *adj* modèle

showroom *n* salle *f* d'exposition

showy ['ʃəʊi, *Am:* 'ʃoʊ-] *adj* tape-à-l'œil

shrank [ʃræŋk] *pt of* **shrink**

shrapnel ['ʃræpn(ə)l] *n no pl* éclat *m* d'obus

shred [ʃred] I.<-dd-> *vt* (*document*) déchiqueter; (*meat*) couper en lamelles II. *n* 1.(*of paper, fabric*) lambeau *m;* (*of meat*) lamelle *f;* **to rip sth to ~s** déchiqueter qc 2. *no pl* (*of hope*) lueur *f*

shredder ['ʃredəʳ, *Am:* -ɚ] *n* déchiqueteuse *f*

shrew [ʃru:] *n* 1.(*animal*) musaraigne *f* 2. *pej* mégère *f*

shrewd *adj* (*comment*) fin; (*person*) astucieux

shriek [ʃri:k] I. *n* cri *m* perçant II. *vi* crier

shrift [ʃrɪft] *n* **to give short ~ to sb** envoyer promener qn

shrill [ʃrɪl] *adj* suraigu

shrimp [ʃrɪmp] *n* <-(s)> (*crustacean*) crevette *f*

shrine [ʃraɪn] *n* 1.(*for relics*) reliquaire *m* 2.(*site*) lieu *m* de pèlerinage

shrink [ʃrɪŋk] I. *n inf* psy *mf* II.<shrank *o Am* shrunk, shrunk *o a. Am* shrunken> *vt* (*sweater*) faire rétrécir; (*costs*) réduire III.<shrank *o Am* shrunk, shrunk *o a. Am* shrunken> *vi* 1.(*sweater*) rétrécir; (*number, audience*) se réduire 2.(*be reluctant to*) **to ~ from doing sth** être réticent à faire qc

shrinkage ['ʃrɪŋkɪdʒ] *n no pl* (*of sweater*) rétrécissement *m*

shrink-wrap ['ʃrɪŋkræp] I. *n* film *m* plastique (thermoformé) II. *vt* emballer sous film plastique (thermoformé)

shrivel ['ʃrɪvəl] <*Brit* -ll- *o Am* -l-> *vi* (*wrinkle*) se flétrir

shroud [ʃraʊd] I. *n* linceul *m* II. *vt* 1.(*wrap*) entourer; (*in darkness, fog*) envelopper 2.(*in mystery, secrecy*) entourer

Shrove Tuesday [ʃrəʊv'tju:zdeɪ, *Am:* ʃroʊv'tu:zdeɪ] *n no art* mardi *m* gras

shrub [ʃrʌb] *n* arbuste *m*

shrubbery ['ʃrʌbəri] *n no pl* massif *m* d'arbustes

shrug [ʃrʌg] I. *n* haussement *m* d'épaules II.<-gg-> *vt, vi* **to ~** (*one's shoulders*) hausser les épaules

◆ **shrug off** *vt* 1.(*dismiss*) ignorer 2.(*get rid of*) faire fi de

shrunk [ʃrʌŋk] *pp, pt of* **shrink**

shudder ['ʃʌdəʳ, *Am:* -ɚ] I. *vi* (*tremble*) frissonner; **to ~ to a halt** s'arrêter en tremblant II. *n* frisson *m*

shuffle ['ʃʌfl] I. *n Am, Aus, Can* (*shake-up*) **cabinet ~** remaniement *m* ministériel II. *vt* 1.(*mix thoroughly*) brasser; (*cards*) battre 2.(*move around*) déplacer 3.(*drag*) **to ~ one's feet** traîner les pieds III. *vi* **to ~ along** traîner

shun [ʃʌn] <-nn-> *vt* (*publicity*) fuir

shunt [ʃʌnt] *vt* (*train*) aiguiller

shush [ʃʊʃ] I. *interj* chut! II. *vt inf* faire taire

shut [ʃʌt] I. *adj* (*door*) fermé; (*curtains*) tiré II.<shut, shut, -tt-> *vt* fermer; (*book*) refermer III.<shut, shut, -tt-> *vi* 1.(*close*) se fermer 2.(*stop operating*) fermer

◆ **shut down** I. *vt* fermer II. *vi* (*factory*) fermer; (*engine*) s'arrêter

◆ **shut in** *vt* enfermer

◆ **shut out** *vt* 1.(*light*) bloquer; (*memory*) supprimer 2.(*exclude*) exclure

◆ **shut up** I. *vt* 1.(*confine*) enfermer 2. *Aus, Brit* (*close*) fermer; (*stop business*) mettre la clé sous la porte 3. *inf* (*cause to stop talking*) faire taire; **to shut sb up for good** refroidir qn II. *vi* 1. *Aus, Brit* (*close*) fermer 2. *inf* (*stop talking*) se taire

shutdown *n* fermeture *f*

shutter *n* 1. PHOT déclencheur *m* 2.(*window cover*) volet *m*

shuttle ['ʃʌtl, *Am:* 'ʃʌt̬-] I. *n*

1. (*transport*) navette *f* **2.** (*bobbin*) canette *f* **II.** *vi* to ~ from sth to sth faire la navette de qc à qc

shuttle bus *n* navette *f* **shuttlecock** *n* SPORT volant *m* **shuttle service** *n* service *m* de navette

shy [ʃaɪ] **I.** *adj* (*person, smile*) timide; (*child, animal*) craintif **II.** <-ie-> *vi* (*horse*) se cabrer

Siamese twins *n* frères siamois *mpl*, sœurs siamoises *fpl*

sick [sɪk] *adj* **1.** (*ill*) a. *fig* malade **2.** (*nauseous*) to be ~ vomir **3.** to be ~ of sb/sth en avoir marre de qn/qc

sicken ['sɪkən] *vt* (*upset*) choquer; to be ~ed at sth être écœuré de qc

sickening *adj* (*repulsive*) écœurant

sick leave ['sɪkliːv] *n* MED to be on ~ être en congé de maladie

sickly *adj* **1.** (*not healthy*) maladif **2.** (*causing nausea*) écœurant

sickness *n* **1.** *no pl* (*illness*) maladie *f* **2.** (*vomiting*) vomissements *mpl* **3.** *fig* écœurement *m*

sick pay *n* ADMIN, MED indemnité *f* de maladie **sickroom** *n* chambre *f* de malade

side [saɪd] *n* **1.** (*surface*) côté *m*; (*of record*) face *f*; (*of mountain*) flanc *m*; the right ~ l'endroit *m*; the wrong ~ l'envers *m*; at the ~ of sth à côté de qc; on all ~(s) de tous les côtés **2.** (*edge*) bord *m* **3.** (*group*) côté *m* **4.** (*aspect*) aspect *m*; (*of story*) version *f* **5.** (*team*) équipe *f* **sideboard** ['saɪdbɔːd, *Am:* -bɔːrd] *n* **1.** (*buffet*) buffet *m* **2.** *pl, Brit, inf* (*sideburns*) favoris *mpl*

sideburns ['saɪdbɜːnz, *Am:* -bɜːrnz] *n* favoris *mpl*

sidecar *n* AUTO side-car *m* **side effect** *n* MED effet *m* secondaire **sidelight** *n* Brit AUTO feu *m* de position **sideline** **I.** *n* **1.** (*secondary activity*) activité *f* secondaire **2.** *Am* SPORT ligne *f* de touche; on the ~s *a. fig* sur la touche **II.** *vt* **1.** (*keep from playing*) remplacer **2.** (*ignore*) mettre sur la touche **side show** *n* attraction *f* **sidestep** *vt* éviter **side street** *n* petite rue *f* **sidetrack** *vt*

to be ~ed se laisser distraire **sidewalk** *n* Am s. **pavement** **sideward**, **sideways** **I.** *adv* (*facing a side*) de côté **II.** *adj* (*lateral*) latéral

siding ['saɪdɪŋ] *n* voie *f* de garage

sidle ['saɪdl] *vi* se glisser

siege [siːdʒ] *n* MIL siège *m*

sieve [sɪv] **I.** *n* tamis *m* **II.** *vt* tamiser

sift [sɪft] *vt* **1.** (*pass through sieve*) tamiser **2.** (*examine closely*) passer au crible

sigh [saɪ] **I.** *n* soupir *m* **II.** *vi* soupirer

sight [saɪt] **I.** *n* **1.** *no pl* (*sense, view*) vue *f*; to be out of sb's ~ être hors de vue de qn **2.** *pl* (*attractions*) attractions *fpl* touristiques **3.** (*on gun*) mire *f* **II.** *vt* (*see*) apercevoir

sightseeing ['saɪt.siːɪŋ] *n no pl* tourisme *m*

sightseer ['saɪt.siːəʳ, *Am:* -ɚ] *n* touriste *mf*

sign [saɪn] **I.** *n* **1.** (*gesture*) geste *m* **2.** (*signpost*) panneau *m* **3.** (*signboard*) enseigne *f* **4.** (*symbol*) signe *m* **5.** (*indication*) indication *f* **II.** *vt* (*write signature on*) signer **III.** *vi* **1.** (*write signature*) signer **2.** (*gesticulate*) faire un signe

◆ **sign on** *vi* **1.** (*agree to take work*) to ~ as sth s'engager comme qc **2.** *Brit* ADMIN s'inscrire au chômage

◆ **sign up** **I.** *vi* s'engager **II.** *vt* to **sign sb up for sth** inscrire qn à qc

signal ['sɪgnəl] **I.** *n* (*particular gesture*) a. INFOR signal *m* **II.** <-l(l)-> *vt* **1.** (*indicate*) signaler; to ~ that ... indiquer que ... **2.** (*gesticulate*) faire signe

signatory ['sɪgnətəri, *Am:* -tɔːr-] *n* signataire *mf*

signature ['sɪgnətʃəʳ, *Am:* -nətʃɚ] *n* signature *f*

signboard ['saɪnbɔːd, *Am:* -bɔːrd] *n* enseigne *f*

signet ring ['sɪgnɪt.rɪŋ] *n* chevalière *f*

significance [sɪgˈnɪfɪkəns, *Am:* -ˈnɪfə-] *n no pl* **1.** (*importance*) importance *f* **2.** (*meaning*) signification *f*

significant *adj* **1.** (*considerable*) considérable **2.** (*important*) impor-

tant **3.** (*meaningful*) significatif
signify ['sɪgnɪfaɪ, *Am:* -nə-] <-ie-> *vt* signifier
signpost I. *n* **1.** (*post*) poteau *m* indicateur **2.** *fig* indication *f* II. *vt* signaliser
silence ['saɪləns] I. *n* silence *m* II. *vt* réduire au silence
silencer *n* silencieux *m*
silent ['saɪlənt] *adj* silencieux; ~ **film** film *m* muet
silently *adv* silencieusement
silhouette [ˌsɪluˈet] I. *n* silhouette *f* II. *vt* to be ~**d against sth** se profiler sur qc
silicon ['sɪlɪkən] *n no pl* CHEM silicium *m*
silicone ['sɪlɪkəʊn, *Am:* -koʊn] *n no pl* CHEM silicone *f*
silk [sɪlk] *n* soie *f*
silky ['sɪlki] <-ier, -iest> *adj* soyeux
sill [sɪl] *n* CONSTR **1.** (*base of door*) seuil *m* **2.** (*base of window*) rebord *m*
silly ['sɪli] *adj* bête
silo ['saɪləʊ, *Am:* -loʊ] *n* silo *m*
silt [sɪlt] *n no pl* limon *m*
silver ['sɪlvəʳ, *Am:* -vɚ] CHEM I. *n no pl* **1.** (*precious metal*) argent *m* **2.** (*coins*) pièces *fpl* d'argent **3.** (*cutlery*) **the** ~ l'argenterie *f* II. *adj* **1.** (*made of silver*) en argent **2.** (*silver-coloured*) argenté **silver wedding anniversary** *n* noces *fpl* d'argent
similar ['sɪmɪləʳ, *Am:* -əlɚ] *adj* semblable
similarity [ˌsɪməˈlærəti, *Am:* -əˈlerət̬i] *n* ressemblance *f*
simile ['sɪmɪli, *Am:* -əli] *n* comparaison *f*
simmer ['sɪməʳ, *Am:* -ɚ] I. *vi* **1.** GASTR mijoter **2.** (*about to boil*) frémir II. *vt* faire mijoter
♦**simmer down** *vi inf* se calmer
simper ['sɪmpəʳ, *Am:* -pɚ] I. *vi* minauder II. *n* sourire *m* affecté
simple ['sɪmpl] *adj* **1.** (*gen*) simple **2.** (*foolish*) bête **simple-minded** *adj* **1.** *inf* (*dumb*) simplet **2.** *inf* (*naive*) naïf
simplicity [sɪmˈplɪsəti, *Am:* -ti̬] *n*

no pl simplicité *f*
simplification [ˌsɪmplɪfɪˈkeɪʃən, *Am:* -plə-] *n* simplification *f*
simplify ['sɪmplɪfaɪ, *Am:* -plə-] *vt* simplifier
simplistic [sɪmˈplɪstɪk] *adj* simpliste
simply ['sɪmpli] *adv* **1.** (*gen*) simplement **2.** (*absolutely*) absolument
simulate ['sɪmjʊleɪt] *vt* simuler
simulation *n* simulation *f*
simultaneous [ˌsɪmlˈteɪnɪəs, *Am:* ˌsaɪmlˈteɪnjəs] *adj* simultané
sin [sɪn] I. *n* péché *m* II. *vi* <-nn-> pécher
since [sɪns] I. *adv, prep* depuis II. *conj* **1.** (*because*) puisque **2.** (*from time that*) depuis que; **it's a week now** ~ **I came back** il y a maintenant une semaine que je suis revenu

---

⚠ **since** s'emploie pour les indications de temps précises: "Vivian has been waiting since two o'clock; We have lived here since 1998"; **for** au contraire, s'emploie pour la durée: "Vivian has been waiting for two hours; We have lived here for three years."

---

sincere [sɪnˈsɪəʳ, *Am:* sɪnˈsɪr] *adj* sincère
sincerely *adv* **1.** (*in a sincere manner*) sincèrement **2.** *Am* (*way to end letter*) (**yours**) ~ veuillez agréer, Madame/Monsieur, l'expression de mes sentiments les meilleurs
sincerity [sɪnˈserəti, *Am:* sɪnˈserət̬i] *n no pl* sincérité *f*
sinew ['sɪnjuː] *n* tendon *m*
sinful ['sɪnfəl] *adj* **1.** (*immoral*) licencieux **2.** (*deplorable*) déplorable
sing <sang *o a. Am* sung, sung> I. *vi* **1.** (*make music*) chanter **2.** (*kettle*) siffler; (*wind*) hurler II. *vt* chanter
singe [sɪndʒ] *vt* (*burn*) roussir; (*slightly*) brûler légèrement
singer ['sɪŋəʳ, *Am:* -ɚ] *n* chanteur,

-euse m, f

single ['sɪŋgl] **I.** adj **1.** (one only) seul **2.** (bed) à une place; (room) simple **3.** (currency) unique **4.** (unmarried) célibataire; (parent) isolé; **a ~-parent family** une famille monoparentale **II.** n **1.** Brit, Aus (one-way ticket) aller m (simple) **2.** (record) single m **3.** (single room) chambre f individuelle **4.** pl SPORT simple m
◆**single out** vt identifier **single-handed I.** adv tout seul **II.** adj sans aide **single-minded** adj tenace

singlet ['sɪŋglɪt] n Brit, Aus maillot m

singly ['sɪŋgli] adv individuellement

sing-song I. n (singing session) chœur m; **to speak in a ~** parler d'une voix chantante **II.** adj chantant

singular ['sɪŋgjələʳ, Am: -lɚ] **I.** adj **1.** LING au singulier **2.** form (odd) singulier **II.** n no pl LING singulier m

singularly adv form **1.** (extraordinarily) singulièrement **2.** (strangely) étrangement

sinister ['sɪnɪstəʳ, Am: -stɚ] adj sinistre

sink [sɪŋk] <sank o sunk, sunk> **I.** n **1.** (washing area) évier m **2.** Am (washbasin) lavabo m **II.** vi **1.** (not float) couler **2.** (to the bottom) sombrer **3.** (drop down) s'effondrer; **to ~ to one's knees** tomber à genoux; (heart) s'assombrir **III.** vt **1.** (cause to submerge) couler **2.** (ruin) ruiner
◆**sink in** vi (be understood) rentrer (dans la tête de qn)

sinner ['sɪnəʳ, Am: -ɚ] n pécheur, -eresse m, f

sinuous ['sɪnjuəs] adj sinueux

sinus ['saɪnəs] n ANAT sinus m

sip [sɪp] **I.** <-pp-> vt, vi boire à petites gorgées **II.** n petite gorgée f; **to have a ~** boire une gorgée

siphon ['saɪfən] n siphon m
◆**siphon off** vt **1.** (remove by siphoning) siphonner **2.** (money) détourner

sir [sɜːʳ, Am: sɜːr] n Monsieur m

siren ['saɪərən, Am: 'saɪərən] n si-

rène f

sirloin ['sɜːlɔɪn, Am: 'sɜːr-] n no pl aloyau m

sissy ['sɪsi] pej **I.** <-sies> n inf poule f mouillée **II.** adj inf de nana

sister ['sɪstəʳ, Am: -ɚ] n sœur f; MED infirmière f **sister-in-law** n belle-sœur f

sit [sɪt] <-tt-, sat, sat> **I.** vi **1.** (be seated) être assis **2.** (take up sitting position) s'asseoir **3.** (assembly, court) siéger **II.** vt **1.** (put on seat) asseoir **2.** (place) placer **3.** Brit (exam) passer
◆**sit down** vi (take a seat) s'asseoir
◆**sit in** vi (attend) **to ~ on sth** assister à qc
◆**sit up** vi **1.** (sit erect) se redresser; **to ~ straight** se tenir droit **2.** (not go to bed) veiller **3.** inf (pay attention) faire attention

site [saɪt] **I.** n **1.** (place) site m; (of building) emplacement m; (of events) lieux mpl **2.** (building land) chantier m; **on ~** sur (le) site **3.** INFOR site m **II.** vt construire

sit-in ['sɪtɪn, Am: 'sɪt-] n sit-in m

sitting n service m de repas **sitting room** n Brit salon m

situate ['sɪtʃueɪt, Am: 'sɪtʃueɪt] vt **1.** form (locate) situer **2.** form (place in context) localiser

situated adj (located) situé

situation [ˌsɪtʃu'eɪʃən, Am: ˌsɪtʃu'-] n situation f

six [sɪks] **I.** adj six **II.** n six m

sixteen [sɪk'stiːn] adj seize; s. a. eight

sixteenth adj seizième; s. a. eighth

sixth adj sixième; s. a. eighth

sixtieth adj soixantième; s. a. eighth

sixty ['sɪksti] adj soixante; s. a. eight, eighty

size [saɪz] n (of person, clothes) taille f; (of shoes) pointure f; (of building, room) dimension f; (of country, area) étendue f; (of paper, books) format m; (of an amount) montant m; (of problems) importance f
◆**size up** vt évaluer; (problem) mesurer (l'ampleur de)

sizable, **sizeable** adj considérable

sizzle ['sɪzl] **I.** vi grésiller **II.** n no pl grésillement m

skate¹ [skeɪt] n raie f

skate² [skeɪt] **I.** n **1.** (ice) patin m à glace **2.** (roller) patin m à roulettes **3.** (skateboard) planche f à roulettes, skate-board m **II.** vi **1.** (on ice) patiner **2.** (on roller skates) faire du patin à roulettes **3.** (on roller-blades) faire du roller **4.** (ride on a skateboard) faire du skate-board

skateboard ['skeɪtbɔːd, Am: -bɔːrd] n planche f à roulettes, skate-board m

skateboarder n skateur, -euse m, f

skater n **1.** (person doing skating) patineur, -euse m, f; **figure ~** patineur artistique; **speed ~** patineur de vitesse **2.** (person riding on a skateboard) skater, -euse m, f

skating rink n **1.** (ice skating) patinoire f **2.** (roller skating) piste f de patin à roulettes

skeleton ['skelɪtən, Am: '-ə-] n **1.** (body framework, thin person) squelette m **2.** (of a boat, plane) carcasse f; (of a building) charpente f **skeleton service** n service m minimum

skeptic(al) n Am, Aus sceptique

skepticism ['skeptɪsɪzəm] n no pl, Am, Aus scepticisme m

sketch [sketʃ] **I.** n **1.** (drawing) esquisse f **2.** (text) saynète f **II.** vt esquisser

◆ **sketch out** vt faire l'ébauche de

sketchbook, sketch pad n carnet m de croquis

sketchy ['sketʃi] adj vague

skew [skjuː] **I.** adj en biais **II.** adv de travers **III.** n **on the ~** de travers

skewer ['skjʊər, Am: 'skjuːər] **I.** n **1.** (for small pieces of meat) brochette f **2.** (for joint) broche f **II.** vt **1.** (meat) mettre à la broche **2.** (pierce) embrocher

ski [skiː] **I.** n ski m **II.** vi skier **skibob** n véloski m

skid [skɪd] **I.** n <-dd-> vi **1.** AUTO déraper **2.** (slide) **to ~ along/across sth** passer/traverser qc en glissant **II.** n dérapage m

skier ['skiːər, Am: -ə-] n skieur, -euse m, f **ski jump** n saut m à ski

skilful ['skɪlfəl] adj Brit, Aus adroit

ski lift n remonte-pente m

skill [skɪl] n **1.** no pl expertise f **2.** (ability) talent m **3.** (technique) technique f

skilled adj **1.** (trained) qualifié **2.** (requiring skills) habile

skillful adj Am s. skilful

skim [skɪm] <-mm-> **I.** vt **1.** (move above) frôler; (over water) raser **2.** (stones) faire ricocher **3.** (read) parcourir **4.** GASTR écumer; (milk) écrémer **II.** vi survoler

skimmed milk n no pl lait m écrémé

skimp [skɪmp] vi **to ~ on sth** lésiner sur qc

skimpy <-ier, -iest> adj minuscule; (meal) frugal

skin [skɪn] **I.** n peau f, peau f **II.** <-nn-> vt **1.** (fruits, vegetables) peler; (animal) dépouiller **2.** (graze) faire une écorchure à **skin-deep** adj superficiel **skin diving** n no pl plongée f sous-marine **skinhead** n skinhead mf

skinny ['skɪni] <-ier, -iest> adj maigrelet

skint [skɪnt] adj Brit, inf fauché

skintight [skɪn'taɪt] adj moulant

skip¹ [skɪp] **I.** <-pp-> vi **1.** (take light steps) sautiller **2.** Brit, Aus (with rope) sauter à la corde **3.** (jump, leave out) sauter **II.** <-pp-> vt a. fig sauter **III.** n saut m

skip² [skɪp] n Brit, Aus (large container) benne f

ski pants npl fuseau m (de ski)

skipper ['skɪpər, Am: -ə-] **I.** n **1.** NAUT, SPORT capitaine m **2.** AVIAT commandant m **3.** (form of address) chef m **II.** vt avoir la responsabilité de; (ship, aircraft) commander; (team) diriger

skipping rope n Brit, **skip rope** n Am corde f à sauter

skirmish ['skɜːmɪʃ, Am: 'skɜːr-] n **1.** MIL altercation f **2.** (argument) prise f de bec

skirt [skɜːt, Am: skɜːrt] **I.** n jupe f

II. *vt* **1.** (*path*) contourner **2.** (*avoid*) esquiver

skirting, skirting board *n Brit, Aus* plinthe *f*

skit [skɪt] *n* (*on sb*) pastiche *m;* (*on sth*) parodie *f*

skittle ['skɪtl, *Am:* 'skɪt̬-] *n* **1.** (*target*) quille *f* **2.** *pl* (*game*) jeu *m* de quilles

skive [skaɪv] *vi Brit, inf* tirer au flanc

skiver *n Brit, inf* tire-au-cul *mf*

skivvy ['skɪvi] <-vies> *n* **1.** *Brit* (*servant*) bonne *f* à tout faire **2.** *pl, Am, inf* (*men's underwear*) sous-vêtements *mpl* masculins **3.** *Aus* (*poloneck*) sous-pull *m*

skulk [skʌlk] *vi* **1.** (*lurk*) se terrer **2.** (*move furtively*) rôder

skull *n* crâne *m*

skunk [skʌŋk] *n* **1.** (*animal*) mouffette *f* **2.** *inf* (*bad person*) salaud *m*, salope *f*

sky [skaɪ] <-ies> *n* ciel *m*

sky-blue **I.** *adj* bleu ciel **II.** *n no pl* bleu ciel *m*

skylight ['skaɪlaɪt] *n* lucarne *f*

skyscraper *n* gratte-ciel *m*

slab [slæb] *n* dalle *f*

slack [slæk] **I.** *adj* **1.** (*not taut*) lâche **2.** (*demand, business*) calme **II.** *n no pl* mou **III.** *vi* **1.** (*become loose*) *a. fig* se relâcher **2.** (*be lazy*) lambiner

slacken **I.** *vt* **1.** (*reins, rope*) déserrer **2.** (*pace*) ralentir **II.** *vi* se relâcher

slacker *n inf* lambin *m*

slacks *npl* pantalon *m*

slag [slæg] *n* **1.** *no pl* (*waste*) scories *fpl* **2.** *Brit, pej, inf* traînée *f*

slag heap *n* dépôt *m* de scories

slalom ['slɑːləm] *n* slalom *m*

slam¹ [slæm] **I.** <-mm-> *vt* **1.** (*close noisily*) claquer **2.** *inf* (*criticize severely*) descendre en flamme **3.** (*put down violently*) **to ~ sth down** balancer qc **II.** <-mm-> *vi* **1.** (*shut noisily*) claquer **2.** (*hit hard*) **to ~ against sth** cogner contre qc; **to ~ into sth** cogner qc **III.** *n* bruit *m* de choc

slam² [slæm] *n* **1.** SPORT, GAME chelem *m* **2.** LIT slam *m*

slander ['slɑːndə^r, *Am:* 'slændə-] **I.** *n* LAW diffamation *f* **II.** *vt* diffamer

slanderous ['slɑːndərəs, *Am:* 'slændə-] *adj* diffamatoire

slang [slæŋ] **I.** *n no pl* argot *m* **II.** *adj* argotique

slangy <-ier, -iest> *adj inf* (*expression*) familier

slant [slɑːnt, *Am:* slænt] **I.** *vi* pencher **II.** *vt* **1.** (*lean*) incliner **2.** (*present*) fausser **III.** *n* **1.** *no pl* (*slope*) inclinaison *f* **2.** (*perspective*) point *m* de vue

slanting *adj* (*roof*) incliné

slap [slæp] **I.** *n* **1.** (*blow*) tape *f* **2.** (*noise*) coup *m* **II.** <-pp-> *vt* (*hit with open hand*) taper; (*face*) donner une claque à

slapdash ['slæpdæʃ] *adj pej, inf* bâclé

slap-up *adj Brit, Aus, inf* super

slash [slæʃ] **I.** *vt* **1.** (*cut deeply*) taillader; (*one's wrists*) s'entailler **2.** (*reduce drastically*) réduire **II.** *n* **1.** (*cut*) entaille *f* **2.** (*blow*) grand coup *m* **3.** (*opening*) fente *f* **4.** (*punctuation*) barre *f* oblique

slat [slæt] *n* latte *f*

slate [sleɪt] **I.** *n* **1.** (*rock, board*) ardoise *f* **2.** *Am, Aus* POL liste *f* électorale **II.** *vt Brit, Aus, inf* (*criticize*) descendre en flammes

slaughter ['slɔːtə^r, *Am:* 'slɑːt̬ə-] **I.** *vt a. fig* abattre **II.** *n no pl* **1.** (*killing*) *a. fig* massacre *m* **2.** (*for food*) abattage *m*

slaughterhouse *n* abattoir *m*

Slav [slɑːv] **I.** *n* Slave *mf* **II.** *adj* slave

slave [sleɪv] **I.** *n a. fig* esclave *mf* **II.** <-ving> *vi* travailler comme un esclave

slave driver *n inf* négrier *m*

slavery ['sleɪvəri] *n no pl* esclavage *m*

Slavonic [slə'vɒnɪk, *Am:* -'vɑːnɪk] *s.* **Slav**

sleazy ['sliːzi] <-ier, -iest> *adj* miteux

sled [sled] *Am s.* **sledge**

sledge [sledʒ] *n* luge *f*

sledgehammer ['sledʒˌhæmə^r, *Am:* -ə-] *n* marteau *m*

S

sleek [sli:k] *adj* 1.(*smooth*) lisse 2.(*smoothly shaped*) profilé 3.(*prosperous*) bien entretenu

sleep [sli:p] I. *n no pl* sommeil *m; to get to ~* [*o go*] s'endormir II.<slept, slept> *vi* dormir; *to ~ with sb* coucher avec qn
◆ **sleep in** *vi* (*stay in bed*) dormir tard

sleeper *n* 1.(*person*) dormeur, -euse *m, f* 2.(*train*) wagon-lit *m; Brit, Aus* (*on track*) traverse *f* **sleeping bag** *n* sac *m* de couchage **sleeping car** *n* wagon-lit *m* **sleeping pill** *n* somnifère *m*

sleepless *adj* **a ~ night** une nuit blanche **sleepwalker** *n* somnambule *mf*

sleepy ['sli:pi] *adj* 1.(*drowsy*) somnolent 2.(*quiet*) tranquille

sleet [sli:t] I. *n no pl* neige *f* fondue II. *vi* **it is ~ing** il tombe de la neige fondue

sleeve [sli:v] *n* 1.(*arm*) *a. fig* manche *f* 2.(*tube-shaped cover*) manchon *m* 3.(*for record*) pochette *f* de disque

sleeveless *adj* sans manches

sleigh [slei] *n* traîneau *m*

sleight of hand [ˌslaitɒfˈhænd, *Am:* -ɑːf-] *n no pl, a. fig* tour *m* de passe-passe

slender ['slendəʳ, *Am:* -dɚ] *adj* mince

slept [slept] *pt, pp of* **sleep**

slew [slu:] I. *vt* faire pivoter II. *vi* pivoter

slice [slais] I. *n* 1.(*of bread, meat, lemon*) tranche *f*; (*of cake, pizza*) morceau *m*; (*of profits, market*) part *f* 2.(*utensil*) pelle *f* II. *vt* 1.(*cut in slices*) couper en tranches; **~d bread** pain en tranches 2.(*the ball*) couper

slick [slik] I. *adj* 1.(*skilful*) habile; **a ~ talker** un beau parleur 2.(*superficial*) superficiel 3.(*hair*) lisse II. *n s.* **oil slick**

slide [slaid] I.<slid, slid *o* sliding> *vi* 1.glisser 2.(*move quietly*) **to ~ somewhere** se glisser quelque part II.<slid, slid *o* sliding> *vt* pousser

III. *n* 1.(*act of sliding*) glissade *f* 2.(*on ice*) patinoire *f* 3.(*in playground*) toboggan *m* 4.GEO glissement *m* 5.PHOT diapositive *f* **slide rule** *n* règle *f* à calcul

sliding *adj* coulissant

slight [slait] I. *adj* 1.(*chance, possibility*) infime 2.(*slim*) frêle II. *n* (*snub*) offense *f* III. *vt* offenser

slightly *adv* un peu

slim [slim] I.<slimmer, slimmest> *adj* 1.(*attractively thin*) mince 2.(*not thick*) léger 3.(*chance, possibility*) maigre II.<-mm-> *vi* maigrir

slime [slaim] *n no pl, n no pl* substance *f* gluante

slimy ['slaimi] <-ier, -iest> *adj a. pej* visqueux

sling [slin] <slung, slung> I. *vt* jeter II. *n* 1.MED écharpe *f* 2.(*for baby*) écharpe *f* porte-bébé 3.(*catapult*) fronde *f*
◆ **sling out** *vt* 1.*inf* (*dismiss*) jeter 2.*inf* (*throw away*) balancer

slingshot ['slinʃɒt, *Am:* -ʃɑːt] *n Am, Aus* fronde *f*

slip¹ [slip] *n* (*of paper*) bout *m; a* **salary ~** un bulletin de paie

slip² <-pp-> I. *vi* 1.(*slide*) glisser 2.(*move quietly*) se glisser; **to ~ into one's jeans** enfiler son jeans 3.(*let out*) **to let sth ~** laisser échapper qc; (*one's concentration*) relâcher qc 4.(*decline*) baisser 5.(*make a mistake*) faire une erreur II. *vt* 1.(*put smoothly*) glisser; **to ~ sb money** glisser de l'argent à qn; **to ~ a shirt on** enfiler une chemise 2.(*escape from*) **to ~ sb's mind** échapper à qn III. *n* 1.(*act of sliding*) glissement *m* 2.(*fall*) *a. fig* chute *f* 3.(*trip*) faux pas *m* 4.(*mistake*) erreur *f*; **a ~ of the tongue** un lapsus 5.(*petticoat*) combinaison *f*
◆ **slip away** *vi* s'éclipser
◆ **slip up** *vi inf* se tromper

slipper ['slipəʳ, *Am:* -ɚ] *n* chausson *m*

slippery ['slipəri] <-ier, -iest> *adj* glissant; *pej* douteux

slip road *n Brit* bretelle *f* d'accès

slipshod ['slipʃɒd, *Am:* -ʃɑːd] *adj*

sale; (*work*) bâclé **slip-up** *n* gaffe *f*

slit [slɪt] **I.**<slitting, slit> *vt* couper en deux **II.** *n* fente *f*

slither ['slɪðər, *Am:* -ər] *vi* glisser

sliver ['slɪvər, *Am:* -ər] *n* petit morceau *m;* (*of glass*) éclat *m;* (*of wood*) copeau *m*

slob [slɒb, *Am:* slɑ:b] *n inf* souillon *mf*

slobber *vi* baver

slog [slɒg, *Am:* slɑ:g] **I.** *n no pl* **1.** *inf* (*hard effort*) gros effort *m* **2.** *inf* (*hike*) marathon *m* **II.**<-gg-> *vi inf* vadrouiller

♦ **slog away** *vi inf* trimer

slogan ['sləʊgən, *Am:* 'sloʊ-] *n* slogan *m*

slop [slɒp, *Am:* slɑ:p] <-pp-> **I.** *vt inf* (*spill*) renverser **II.** *vi inf* **to** ~ **out of sth** déborder de qc **III.** *n pl* ~s **1.** (*liquid food waste*) eaux *fpl* sales **2.** *pej, inf* (*food*) lavasse *f*

slope [sləʊp, *Am:* sloʊp] **I.** *n* pente *f;* **ski** ~ piste *f* de ski **II.** *vi* **1.** (*be on a slope*) **to** ~ **down** être en pente; **to** ~ **up** monter **2.** (*lean*) pencher **III.** *vt* incliner

sloping *adj* (*roof, ground*) en pente; (*writing*) penché

sloppy *adj* **1.** (*careless*) négligé **2.** (*sentimental*) à l'eau de rose **3.** (*too wet*) trempé; (*food, porridge*) en bouillie

slosh [slɒʃ, *Am:* slɑ:ʃ] **I.** *vt* **1.** *inf* (*pour liquid carelessly*) renverser **2.** *Brit, inf* (*hit*) cogner **II.** *vi* **to** ~ (**about**) **1.** (*move through water*) patauger **2.** (*make a splashing sound*) clapoter

slot [slɒt, *Am:* slɑ:t] **I.** *n* **1.** (*narrow opening*) fente *f* **2.** INFOR fenêtre *f* **3.** TV tranche *f* horaire **II.** *vi* **to** ~ **in** s'intégrer; **to** ~ **together** s'assembler **III.** *vt* **to** ~ **in** insérer; **to** ~ **together** assembler

sloth [sləʊθ, *Am:* slɑ:θ] *n* **1.** *no pl* (*laziness*) paresse *f* **2.** (*animal*) paresseux *m*

slot machine *n* distributeur *m* automatique

slouch [slaʊtʃ] **I.** *vi* **1.** (*slump*) se tenir de travers **2.** (*shamble*) **to** ~

along déambuler **II.** *n* avachissement *m*

slough [slaʊ, *Am:* slu:] *vt* ZOOL muer

slovenly ['slʌvənli] *adj* débraillé

slow [sləʊ, *Am:* sloʊ] **I.** *adj a. fig* lent; **to be 10 minutes** ~ être en retard de 10 minutes **II.** *vi, vt* ralentir

slowcoach *n Brit, Aus, inf* lambin, -e *m, f*

slowly *adv* lentement; ~ **but surely** lentement, mais sûrement

slow motion *n no pl* CINE ralenti *m;* **in** ~ au ralenti

slowness *n no pl* **1.** (*lack of speed*) lenteur *f* **2.** (*lack of intelligence*) lourdeur *f*

sludge [slʌdʒ] *n no pl* vase *f*

slue *vt, vi Am s.* **slew**

slug¹ [slʌg] *n* (*animal*) limace *f*

slug² [slʌg] <-gg-> **I.** *vi inf* (*hit*) tabasser; **to** ~ **it out** se tabasser **II.** *n* **1.** *inf* (*bullet*) balle *f* **2.** *Am* (*blow*) coup *m* violent

sluggish *adj* paresseux

sluice [slu:s] *n* écluse *f*

slum [slʌm] *n* quartier *m* pauvre

slump [slʌmp] **I.** *n* ECON **1.** (*decline*) effondrement *m* **2.** (*recession*) crise *f* **II.** *vi a.* FIN s'effondrer

slung [slʌŋ] *pt, pp of* **sling**

slunk [slʌŋk] *pt, pp of* **slink**

slur [slɜːr, *Am:* slɜːr] <-rr-> **I.** *vt* (*pronounce unclearly*) mal articuler **II.** *n* insulte *f*

slush [slʌʃ] *n no pl* neige *f* fondue

slush fund *n pej* caisse *f* noire

slushy *adj* détrempé par la neige

slut [slʌt] *n* **1.** (*promiscuous*) salope *f* **2.** (*lazy*) souillon *f*

sly [slaɪ] *adj* rusé; (*smile*) espiègle; **on the** ~ en cachette

smack [smæk] **I.** *vt* **1.** (*slap*) frapper; **to** ~ **sb's bottom** donner une fessée à qn **2.** (*slap noisily*) claquer **II.** *n inf* (*slap*) claque *f;* (*on the bottom*) fessée *f* **III.** *adv* en plein

small [smɔːl] **I.** *adj* petit **II.** *n no pl* **the** ~ **of the back** la chute des reins

small ad *n* petite annonce *f* **small business** *n* petite entreprise *f* **small change** *n no pl* petite monnaie *f*

Ss

small-minded adj pej étroit d'esprit

smallpox n no pl variole f **small print** n no pl texte m en petits caractères **small-scale** adj réduit **small talk** n no pl bavardages mpl sans importance **small-time** adj insignifiant

smarmy ['smɑːmi, Am: 'smɑːr] adj pej doucereux

smart [smɑːt, Am: smɑːrt] I. adj 1. (clever) intelligent 2. (stylish) élégant 3. (quick) vif II. vi brûler **smart card** n INFOR carte f intelligente

smarten ['smɑːtn, Am: 'smɑːr-] I. vt to ~ **sth up** arranger qc II. vi to ~ **up** se faire beau

smash [smæʃ] I. n 1. (noise) fracas m 2. (blow) coup m 3. (collision) accident m 4. SPORT smash m II. vt 1. (shatter) fracasser 2. (strike) to ~ **sth against sth** heurter qc contre qc avec violence 3. (opponent, army) écraser 4. (a record) pulvériser III. vi 1. (shatter) éclater 2. (strike against sth) ~ **into sth** s'écraser violemment contre qc
♦ **smash up** vt démolir

smash-up n destruction f complète

smattering ['smætərɪŋ, Am: 'smæt̬-] n légère connaissance f

smear [smɪəʳ, Am: smɪr] I. vt 1. (spread) barbouiller; to ~ **with sth** enduire de qc 2. (reputation) salir II. n 1. (blotch) tâche f 2. (public accusations) diffamation f **smear test** n MED frottis m

smell [smel] <smelt, smelt Brit, Aus o -ed, -ed Am, Aus> I. n 1. (odour) odeur f; (bad) puanteur f 2. (sense) odorat m II. vi 1. (use one's smell) sentir 2. (have an odour) sentir; (unpleasantly) sentir mauvais; **to** ~ **of sth** sentir qc III. vt a. fig sentir

smelly ['smeli] adj <-ier, -iest> pej malodorant

smelt[1] [smelt] Brit, Aus pt, pp of **smell**

smelt[2] [smelt] vt (metal) fondre

smile [smaɪl] I. n sourire m II. vi, vt sourire

smiley ['smaɪli] n INFOR smiley m

smiling adj souriant

smirk [smɜːk, Am: smɜːrk] I. vi sourire d'un air moqueur II. n petit sourire m supérieur

smith [smɪθ] n forgeron m

smithereens [ˌsmɪðə'riːnz] npl to **smash sth to** ~ réduire qc en éclats

smock [smɒk, Am: smɑːk] n blouse f

smog [smɒg, Am: smɑːg] n no pl smog m

smoke [sməʊk, Am: smoʊk] I. n no pl (dirty air) fumée f II. vt, vi fumer

smoked adj fumé

smoke detector n détecteur m de fumée

smokeless adj sans fumée

smoker n fumeur, -euse m, f

smoky ['sməʊki, Am: 'smoʊ-] adj enfumé

smolder ['sməʊldəʳ] vi Am s. **smoulder**

smooth [smuːð] I. adj 1. (not rough) lisse 2. (sea, flight) calme II. vt 1. (make smooth) lisser; (sheet) défroisser 2. (rub even) égaliser

smother ['smʌðəʳ, Am: -ə-] vt 1. (suffocate) étouffer 2. (cover) emmitoufler

smoulder ['sməʊldəʳ, Am: 'smoʊldəʳ] vi brûler lentement sans flamme

smudge [smʌdʒ] I. vt (smear) barbouiller II. vi s'étaler III. n tâche f

smug [smʌg] adj suffisant

smuggle ['smʌgl] vt faire passer

smuggler n contrebandier, -ière m, f

smuggling n no pl contrebande f

smut [smʌt] n 1. no pl (obscenity) cochonneries fpl 2. (dirt) parcelle f de suie

smutty adj grossier

snack [snæk] n (light meal) casse-croûte m

snack bar n snack-bar m

snag [snæg] n 1. (problem) obstacle m caché; **there's a** ~ il y a un problème 2. (on fabric) accroc m

snail [sneɪl] n escargot m; **at a** ~**'s pace** à la vitesse d'un escargot

snail mail n INFOR courrier m postal

snake [sneɪk] I. n serpent m II. vi

serpenter

snap [snæp] <-pp-> I. *n* 1. (*sound*) claquement *m;* **with a ~ of the fingers** en claquant des doigts 2. (*photograph*) instantané *m* 3. *Am* (*snap-fastener*) bouton-pression *m* 4. METEO **a cold ~** une vague de froid 5. *no pl, Brit* GAMES bataille *f* II. *adj* hâtif III. *vi* 1. (*make a sound*) claquer 2. (*break suddenly*) se casser 3. (*spring*) **to ~ shut** se fermer avec un bruit sec 4. (*bite*) **to ~ at sb** essayer de mordre qn 5. (*speak sharply*) **to ~ at sb** s'adresser à qn d'un ton sec IV. *vt* 1. (*break suddenly and cleanly*) casser; (*a ruler*) briser; **to ~ sth off** [*o* **to ~ off sth**] arracher qc 2. (*make a snapping sound*) faire claquer; **to ~ your fingers** claquer ses doigts; **to ~ sth shut** fermer qc brusquement

♦ **snap up** *vt* 1. (*seize*) saisir 2. (*buy*) rafler

snappy *adj* 1. *inf* (*smart*) chic 2. (*quick*) vif; **to make it ~** se dépêcher 3. (*eye-catching*) dynamique

snare [sneəʳ, *Am:* sner] *n* 1. (*animal trap*) lacet *m* 2. (*pitfall*) collet *m*

snarl [snɑːl, *Am:* snɑːrl] I. *vi* grogner; **to ~ at sb** gronder contre qn II. *n* grondement *m*

♦ **snarl up** *vi* bouchonner

snarl-up *n* bouchon *m*

snatch [snætʃ] I. <-es> *n* 1. (*grab*) mouvement *m* 2. (*theft*) vol *m* à l'arraché 3. (*fragment*) fragment *m* II. *vt* 1. (*grab quickly*) saisir; **to ~ sth out of sb's hand** arracher qc de la main de qn 2. (*steal*) voler 3. (*kidnap*) kidnapper 4. (*take advantage of*) saisir

sneak [sniːk] <-ed *o* snuck> *Am* I. *vi* (*move stealthily*) **to ~ somewhere** se glisser quelque part II. *vt* **to ~ sb/sth in/out** faire entrer/sortir qn/qc furtivement III. *n Brit, childspeak, inf* rapporteur, -euse *m, f*

sneakers *n pl, Am* baskets *fpl*

sneaky *adj* sournois

sneer [snɪəʳ, *Am:* snɪr] I. *vi* ricaner; **to ~ at sb** se moquer de qn II. *n* sourire *m* de mépris

sneeze [sniːz] I. *vi* éternuer II. *n* éternuement *m*

snide [snaɪd] *adj* sarcastique

sniff [snɪf] I. *n* reniflement *m* II. *vi, vt* renifler

snigger ['snɪgəʳ, *Am:* -ɚ] I. *vi* ricaner II. *n* ricanement *m*

snip [snɪp] I. *vt* couper II. *n* 1. (*cut*) entaille *f* 2. *Brit, inf* (*cheap item*) bonne affaire *f*

snipe [snaɪp] *vi* MIL *a. fig* tirer

sniper *n* MIL tireur *m* embusqué, sniper *m;* **~ fire** tir *m* d'embuscade

snippet ['snɪpɪt] *n* 1. (*of cloth, paper*) bout *m* 2. (*bit of information*) bribes *fpl*

snivel ['snɪvəl] <-ll- *o Am* -l-> *vi* pleurnicher

snob [snɒb, *Am:* snɑːb] *n* snob *mf*

snobbery ['snɒbəri, *Am:* 'snɑːbɚ-] *n* snobisme *m*

snobbish <more, most> *adj* snob

snooker *n* snooker *m*

snoop [snuːp] *vi inf* fouiller; **to ~ around** fouiner

snooper *n inf* fouineur, -euse *m, f*

snooty ['snuːti, *Am:* -ṭi] *adj inf* snobinard

snooze [snuːz] *inf* I. *vi* faire un somme II. *n* petit somme *m;* **to have a ~** faire un somme

snore [snɔːʳ, *Am:* snɔːr] I. *vi* ronfler II. *n* ronflement *m*

snorkel ['snɔːkəl, *Am:* 'snɔːr-] *n* tuba *m*

snort [snɔːt, *Am:* snɔːrt] I. *vi* (*make a sudden sound*) grogner; (*horse*) s'ébrouer II. *n* grognement *m*

snotty *adj inf* morveux

snout [snaʊt] *n* museau *m*

snow [snəʊ, *Am:* snoʊ] I. *n* neige *f* II. *vi* neiger

♦ **snow under** *vt* **to be snowed under with sth** être submergé de qc

snowball I. *n* boule *f* de neige II. *vi* lancer des boules de neige; *fig* faire boule de neige **snowboard** *n* snowboard *m* **snowbound** *adj* bloqué par la neige **snowdrift** *n* congère *f*, banc *m* de neige **snowdrop** *n* perce-neige *m* **snowfall** *n* METEO chute *f* de neige **snowmobile** *n* motoneige m **snowplough** n Brit, **snowplow** n Am chasse-neige m **snowshoe** n raquette f **snowstorm** n tempête f de neige

snowy adj (region, country) neigeux; (street) enneigé

snub [snʌb] I.<-bb-> vt snober II. n rebuffade f

snuffle ['snʌfl] vi renifler

snug [snʌg] adj 1. (cosy) confortable 2. (warm) douillet 3. (tight) ajusté

snuggle ['snʌgl] I. vi se blottir II. vt blottir

so [səʊ, Am: soʊ] I. adv 1. (in the same way) ainsi; ~ to speak pour ainsi dire 2. (also) ~ did/do/have/am I moi aussi 3. (like that) is that ~? vraiment?; I hope/think ~ je l'espère/le pense 4. (to such a degree) tellement; ~ late si tard 5. (in order that) I bought the book ~ that I could/he would read it j'ai acheté le livre pour le lire/afin qu'il le lise 6. (as a result) ~ that he did sth de sorte [o si bien] qu'il a fait qc 7. ~ long! à un de ces jours!; Mr So-and-~ M. Untel; and ~ on et ainsi de suite; or ~ à peu près II. conj 1. (therefore) donc 2. (summing up) alors; ~ what? et alors?

soak [səʊk, Am: soʊk] I. vt 1. GASTR faire tremper 2. (make wet) tremper II. vi (beans, peas) tremper
◆**soak in** vi (become absorbed) pénétrer
◆**soak up** vt a. fig absorber; (atmosphere) s'imprégner de

soaking adj ~ (wet) trempé

so-and-so n inf type m

soap [səʊp, Am: soʊp] I. n 1. no pl (cleaner) savon m 2. TV s. soap opera II. vt savonner **soap opera** n TV feuilleton m **soap powder** n no pl lessive f en poudre

soapy ['səʊpi, Am: 'soʊp-] adj savonneux

soar [sɔːʳ, Am: sɔːr] vi 1. (rise) a. fig s'élever 2. (increase) monter en flèche

sob [sɒb, Am: sɑːb] I. n sanglot m II.<-bb-> vi sangloter

sober ['səʊbəʳ, Am: 'soʊbəʳ] adj 1. (not drunk) sobre 2. (mood) sérieux 3. (clothes, colour) sobre
◆**sober up** I. vi se dégriser II. vt dégriser

so-called adj pej soi-disant

soccer ['sɒkəʳ, Am: 'sɑːkəʳ] n no pl football m

sociable ['səʊʃəbl, Am: 'soʊ-] adj sociable

social ['səʊʃəl, Am: 'soʊ-] SOCIOL I. adj social II. n Brit soirée f

socialism ['səʊʃəlɪzəm, Am: 'soʊ-] n no pl socialisme m

socialist n POL socialiste mf

social science n science f sociale **social security** n no pl, Brit sécurité f sociale **social services** n services mpl sociaux **social studies** n sciences fpl sociales **social worker** n assistant m social, assistante f sociale

society [sə'saɪəti, Am: -ţi] n société f

sociological adj sociologique

sociologist n sociologue mf

sociology [ˌsəʊʃi'ɒlədʒi, Am: ˌsoʊsi'ɑːlə-] n no pl sociologie f

sock¹ [sɒk, Am: sɑːk] n chaussette f

sock² [sɒk, Am: sɑːk] vt inf mettre une beigne à

socket ['sɒkɪt, Am: 'sɑːkɪt] n 1. ELEC prise f de courant 2. (cavity) cavité f

soda ['səʊdə, Am: 'soʊ-] n GASTR 1. no pl s. soda water 2. (sodium) soude f **soda water** n no pl 1. (water) eau f de Seltz 2. (sweet drink) soda m

sodden ['sɒdn, Am: 'sɑːdn] adj (soaked) trempé; (field) détrempé

sodium ['səʊdɪəm, Am: 'soʊ-] n no pl sodium m

sofa ['səʊfə, Am: 'soʊ-] n sofa m

sofa bed n canapé-lit m

soft [sɒft, Am: sɑːft] adj 1. (ground, sand) mou; (pillow, chair) moelleux; (wood, rock) tendre; (contact lenses) souple 2. (ice cream, butter) ramolli 3. (cloth, skin) doux; (leather) souple 4. (weak) faible 5. (colour, music) doux 6. (lenient) indulgent; (heart) tendre; to be ~ on sb/sth se montrer indulgent

The fruit and vegetables

1	the apple	la pomme
2	the pear	la poire
3	the peach	la pêche
4	the strawberry	la fraise
5	the grapes	le raisin
6	the cherries	les cerises
7	the orange	l'orange
8	the lemon	le citron
9	the mandarin, the tangerine	la mandarine
10	the banana	la banane
11	the potato	la pomme de terre
12	the tomato	la tomate
13	the Brussels sprouts	le chou de Bruxelles

Les fruits et légumes

14	the cabbage	le chou
15	the celery	le céleri
16	the garlic	l'ail
17	the onion	l'oignon
18	the cauliflower	le chou-fleur
19	the cucumber	le concombre
20	the aubergine *Brit*, the eggplant *Am*	l'aubergine
21	the carrot	la carotte
22	the leek	le poireau
23	the corn cob *Brit*, the corn *Am*	l'épi de maïs

envers qn/qc **soft drink** n boisson f non alcoolisée

soften I. vi **1.** (butter, ice-cream) se ramollir; (skin, colour) s'adoucir; (leather) s'assouplir **2.** (become less severe) s'attendrir **II.** vt **1.** (butter, margarine) ramollir; (skin) adoucir; (leather) assouplir **2.** (sound, colour) adoucir **3.** (make emotional) attendrir **4.** (pain, anger) atténuer; (blow) amortir

softener n (for clothes) adoucissant m; (for water) adoucisseur m

soft furnishings n Aus, Brit, **soft goods** npl Am textiles mpl **soft-hearted** adj au cœur tendre

softly adv doucement

softness n no pl **1.** (not hardness) mollesse f **2.** (skin, material, climate) douceur f; (leather) souplesse f **3.** (light, outline) douceur f **soft toy** n Brit peluche f

software ['sɒftweə', Am: 'sɑ:ftwer] n INFOR logiciel m

softwood ['sɒftwʊd, Am: 'sɑ:ft-] n **1.** no pl (wood) bois m résineux **2.** (tree) résineux m

soggy ['sɒgi, Am: 'sɑ:gi] adj **1.** (wet and soft) trempé; (field, ground) détrempé **2.** (mushy) ramolli

soil¹ [sɔɪl] vt souiller; (clothing) salir **soil²** [sɔɪl] n no pl **1.** (ground) sol m **2.** (earth) terre f

solar ['səʊlə', Am: 'soʊlə'] adj solaire

sold [səʊld, Am: soʊld] pt, pp of **sell**

solder ['sɒldə', Am: 'sɑ:də'] **I.** vt souder **II.** n no pl soudure f

soldering iron n fer m à souder **soldier** ['səʊldʒə', Am: 'soʊldʒə'] n MIL soldat m

sole¹ [səʊl, Am: soʊl] adj **1.** (only) unique **2.** (right) exclusif

sole² [səʊl, Am: soʊl] n **1.** (shoe bottom) semelle f **2.** ANAT plante f du pied

sole³ [səʊl, Am: soʊl] n ZOOL sole f **solely** ['səʊli, Am: 'soʊli] adv uniquement

solemn ['sɒləm, Am: 'sɑ:ləm] adj solennel

solemnity [sə'lemnəti, Am: -ţi] n solennité f

solicitor n **1.** Aus, Brit (lawyer) avocat(e) m(f) **2.** Am POL ≈ juriste mf

solid ['sɒlɪd, Am: 'sɑ:lɪd] **I.** adj **1.** (strong, hard) solide **2.** (not hollow) plein; (silver, gold) massif **II.** adv **1.** (completely) complètement **2.** (continuously) d'affilée **III.** n **1.** (solid object, substance) solide m **2.** pl GASTR aliments mpl solides

solidarity [ˌsɒlɪ'dærəti, Am: ˌsɑːlə'derəţi] n no pl solidarité f

solidify [sə'lɪdɪfaɪ, Am: -əfaɪ] <-ie-, -ying> **I.** vi (become solid) se solidifier **II.** vt (make solid) solidifier

solidity [sə'lɪdəti, Am: -ţi] n no pl solidité f

solidly adv solidement; **to be ~ behind sb** soutenir qn à l'unanimité **solid state** PHYS **I.** n solide m **II.** adj **solid-state** relatif aux substances solides; (conductor, device) à semi-conducteurs

soliloquy [sə'lɪləkwi] n soliloque m **solitary** ['sɒlɪtəri, Am: 'sɑːləteri] adj (single) seul; **to go for a ~ walk** se promener en solitaire

solitude ['sɒlɪtjuːd, Am: 'sɑːlətuːd] n no pl solitude f

solo ['səʊləʊ, Am: 'soʊloʊ] **I.** adj solo; ~ **performance** interprétation f en solo **II.** adv (single-handed) solo; **to go ~** partir en solitaire **III.** n MUS solo m

solstice ['sɒlstɪs, Am: 'sɑːl-] n solstice m

soluble ['sɒljəbl, Am: 'sɑːl-] adj soluble

solution [sə'luːʃən] n solution f **solve** [sɒlv, Am: sɑːlv] vt résoudre **solvent** ['sɒlvənt, Am: 'sɑːl-] **I.** n solvant m **II.** adj FIN solvable

somber adj Am s. **sombre**

sombre ['sɒmbə', Am: 'sɑːmbə'] adj sombre

some [sʌm] **I.** indef adj **1.** pl (several) quelques; ~ **people think ...** il y a des gens qui pensent ... **2.** sing (imprecise) (at) ~ **time** à un moment quelconque; ~ **time ago** il y a

S
s

quelques temps **3.** (*amount*) un peu;
to have ~ money avoir un peu d'argent **II.** *indef pron* **1.** *pl* (*several*)
quelques-un(e)s; **I would like ~** j'en
voudrais quelques-uns; **~ like it,
others don't** certains l'aiment,
d'autres pas **2.** *sing* (*part of it*) en; **I
would like ~** j'en voudrais un peu
III. *adv* (*about*) environ; **~ more
nuts/wine** encore quelques noix/
un peu de vin

somebody ['sʌmbədi, *Am:* -ˌbɑːdi]
indef pron (*some person*) quelqu'un

someday, some day *adv* un jour

somehow ['sʌmhaʊ] *adv*
1. (*through unknown methods*)
d'une façon ou d'une autre **2.** (*for an
unclear reason*) pour une raison ou
une autre **3.** (*come what may*) coûte
que coûte

someone ['sʌmwʌn] *pron s.* **somebody**

someplace ['sʌmpleɪs] *adv Am*
quelque part

somersault ['sʌməsɔːlt, *Am:*
-ɚsɑːlt] **I.** *n* **1.** (*movement*) *a. fig*
culbute *f* **2.** SPORT saut *m* périlleux
II. *vi* **1.** (*make a movement*) faire des
culbutes; (*vehicle, car*) faire des tonneaux **2.** SPORT faire un saut périlleux

something ['sʌmθɪŋ] **I.** *indef pron,
sing* (*some object or concept*) quelque chose **II.** *n* **a little ~** un petit
quelque chose **III.** *adv* (*about*) un
peu

sometime ['sʌmtaɪm] **I.** *adv* un jour
ou l'autre **II.** *adj* ancien

sometimes *adv* quelquefois

somewhat ['sʌmwɒt, *Am:* -waːt]
adv quelque peu

somewhere ['sʌmweəʳ, *Am:* -wer]
adv quelque part; **~ else** ailleurs

son [sʌn] *n* fils *m*

sonar ['səʊnɑːʳ, *Am:* 'soʊnɑːr] *n no
pl abbr of* **sound navigation and
ranging** sonar *m*

sonata [sə'nɑːtə, *Am:* -t̬ə] *n* sonate
f

song [sɒŋ, *Am:* sɑːŋ] *n* chanson *f*;
(*of bird*) chant *m*

sonic ['sɒnɪk, *Am:* 'sɑːnɪk] *adj* sonique; (*wave*) sonore

son-in-law <sons-in-law *o* son-in-
laws> *n* beau-fils *m*

sonnet ['sɒnɪt, *Am:* 'sɑːnɪt] *n* sonnet *m*

sonny ['sʌni] *n no pl, inf* fiston *m*

soon [suːn] *adv* (*shortly*) bientôt; **~
after sth** peu après qc; **how ~** dans
combien de temps; **as ~ as** dès que

sooner ['suːnəʳ, *Am:* -ɚ] *adv comp
of* **soon** plus tôt; **~ or later** tôt ou
tard

soot [sʊt] *n no pl* suie *f*

soothe [suːð] *vt* calmer

soothing *adj* reposant; (*ointment*)
apaisant

sooty ['sʊti, *Am:* 'sʊt̬-] *adj* couvert
de suie

sophisticated [sə'fɪstɪkeɪtɪd, *Am:*
-t̬əkeɪt̬ɪd] *adj* sophistiqué; (*taste*)
raffiné

sophomore ['sɒfəmɔːʳ, *Am:*
'sɑːfəmɔːr] *n Am* UNIV étudiant(e)
m(f) (en deuxième année)

soporific [ˌsɒpə'rɪfɪk, *Am:* ˌsɑːpə-]
adj soporifique

sopping ['sɒpɪŋ, *Am:* 'sɑːpɪŋ] *adj
inf* trempé

soppy ['sɒpi, *Am:* 'sɑːpi] *adj inf* fleur
bleue

soprano [sə'prɑːnəʊ, *Am:*
-'prænoʊ] *n* soprano *f*

sorbet ['sɔːbeɪ, *Am:* 'sɔːr-] *n* sorbet
m

sordid ['sɔːdɪd, *Am:* 'sɔːr-] *adj* sordide

sore [sɔːʳ, *Am:* sɔːr] **I.** *adj* **1.** (*painful*) douloureux; **to have a ~ throat**
avoir mal à la gorge; **a ~ point** un
sujet délicat **2.** *inf* (*angry*) en rogne
II. *n* **1.** MED plaie *f* **2.** *fig* blessure *f*

sorely ['sɔːli, *Am:* 'sɔːr-] *adv form*
grandement; **to be ~ missed** manquer terriblement

sorrow ['sɒrəʊ, *Am:* 'sɑːroʊ] *n*
chagrin *m*; (*of a film, music*) tristesse *f*

sorrowful *adj* triste

sorry ['sɒri, *Am:* 'sɑːr-] **I.** *adj*
1. (*apologizing*) désolé; **to be ~ that**
être désolé que +*subj*; **to say ~** s'excuser **2.** (*said before refusing*) désolé
3. (*wretched*) piteux; (*sight*) triste

II. *interj* **1.** (*apology*) ~! désolé! **2.** (*prefacing refusal*) non, désolé **3.** (*requesting repetition*) ~? pardon?

sort [sɔːt, *Am:* sɔːrt] **I.** *n* **1.** (*type*) sorte *f* **2.** *inf* (*kind of*) **to be ~ of embarrassing** être plutôt gênant **3.** *inf* (*type of person*) **I know his ~** je connais les gens de son espèce **II.** *vt* **1.** (*select*) *a.* INFOR trier **2.** (*tidy up*) ranger **3.** Brit, *inf* (*repair*) réparer **III.** *vi* trier; **to ~ through sth** faire le tri dans qc

◆ **sort out** *vt* **1.** (*organize, tidy up*) ranger; (*files*) classer **2.** (*fix*) arranger **3.** (*problem*) régler

sorting office *n* centre *m* de tri

SOS [ˌesəʊˈes, *Am:* -oʊˈ-] *n* appel *m* au secours

so-so *inf* **I.** *adj* moyen **II.** *adv* comme ci, comme ça

sought [sɔːt, *Am:* sɑːt] *pt, pp of* **seek**

sought-after *adj* recherché

soul [səʊl, *Am:* soʊl] *n* âme *f* **soul-destroying** *adj* Brit, *pej* abrutissant

soulful *adj* sentimental

sound¹ [saʊnd] **I.** *n* **1.** (*tone*) son *m* **2.** (*noise*) bruit *m* **II.** *vi* **1.** (*bell*) sonner; (*alarm, siren*) retentir **2.** (*appear*) sembler; **to ~ as though ...** on dirait que ... **III.** *vt* (*bell*) sonner; (*buzzer*) déclencher; (*the siren*) faire retentir; **to ~ the (car) horn** klaxonner

sound² [saʊnd] **I.** *adj* **1.** (*person*) en bonne santé; (*body*) sain **2.** (*in good condition*) en bon état **3.** (*trustworthy*) solide; (*advice*) judicieux; (*reasoning*) valable **II.** *adv* **to be ~ asleep** être profondément endormi

sound³ [saʊnd] *vt* NAUT sonder

sound bite *n* extrait *m* d'une interview

soundly *adv* **1.** (*solidly*) solidement **2.** (*sleep*) profondément; (*beat*) à plates coutures

◆ **sound out** *vt* sonder **sound barrier** *n* mur *m* du son; **to break the ~** franchir le mur du son **sound card** *n* INFOR carte *f* son **sound effects** *n* effets *mpl* sonores

soundproof **I.** *vt* insonoriser **II.** *adj* insonorisé **sound system** *n* sono *f* **soundtrack** *n* **1.** (*recorded sound*) bande *f* sonore **2.** (*film music*) bande *f* originale

soup [suːp] *n* *no pl* soupe *f*

sour [ˈsaʊər, *Am:* ˈsaʊɚ] **I.** *adj* aigre **II.** *vt* **1.** GASTR faire tourner **2.** *fig* aigrir **III.** *vi* **1.** GASTR tourner **2.** *fig* s'aigrir

source [sɔːs, *Am:* sɔːrs] *n* source *f*

sour cream *n* crème *f* aigre

south [saʊθ] **I.** *n* sud *m* **II.** *adj* (*side, coast*) sud; **~ wind** vent *m* du sud **III.** *adv* au sud; (*to travel*) vers le sud **South Africa** *n* Afrique *f* du Sud **South African** **I.** *adj* sud-africain **II.** *n* Sud-africain(e) *m(f)* **South America** *n* Amérique *f* du Sud **South American** **I.** *adj* sud-américain **II.** *n* Sud-américain(e) *m(f)* **south-east** **I.** *n* *no pl* sud-est *m* **II.** *adj* du sud-est **III.** *adv* au sud-est; (*to travel*) vers le sud-est; *s. a.* **south south-easterly** *adj* du sud-est **south-eastern** *adj* du sud-est **south-eastwards** *adv* vers le sud-est

southerly **I.** *adj* vers le sud **II.** *adv* sud **III.** *n* sud *m*

southern *adj* du sud **southerner** *n* habitant(e) *m(f)* du sud **southward** **I.** *adj* au sud **II.** *adv* vers le sud **southwards** *adv* vers le sud **southwest** **I.** *n* *no pl* sud-ouest *m* **II.** *adj* du sud-ouest **III.** *adv* au sud-ouest; (*to travel*) vers le sud-ouest; *s. a.* **south south-westerly** **I.** *adj* du sud-ouest **II.** *adv* vers le sud-ouest **south-western** *adj* du sud-ouest **south-westward(s)** *adv* vers le sud-ouest

souvenir [ˌsuːvəˈnɪər, *Am:* -ˈnɪr] *n* souvenir *m*

sovereign [ˈsɒvrɪn, *Am:* ˈsɑːvrən] **I.** *n* souverain(e) *m(f)* **II.** *adj* souverain

sovereignty [ˈsɒvrənti, *Am:* ˈsɑːvrənt̬i] *n* *no pl* souveraineté *f*

soviet [ˈsəʊviət, *Am:* ˈsoʊviet] **I.** *n* HIST soviet *m* **II.** *adj* soviétique

Soviet Union *n* Union *f* soviétique

Sₛ

sow [səʊ, *Am:* soʊ] <sowed, *o* sowed sown> *vt, vi* semer

sown [səʊn, *Am:* soʊn] *pp of* **sow**

soy [sɔɪ] *n Am,* **soya** *n* soja *m*

soya bean *n* soja *m* **soya sauce** *n* sauce *f* soja

soybean *n Am s.* **soya bean soy sauce** *n Am s.* **soya sauce**

spa [spɑ:] *n* station *f* thermale

space [speɪs] I. *n* 1. (*area, gap*) a. INFOR, TYP espace *m;* (*outer*) ~ l'espace 2. *no pl* (*room*) place *f;* **parking** ~ place de parking II. *vt* espacer III. *adj* spatial **space bar** *n* barre *f* d'espacement **spacecraft** *n* vaisseau *m* spatial **space-saving** *adj* peu encombrant **spaceship** *n* vaisseau *m* spatial

spacing ['speɪsɪŋ] *n no pl* espacement *m*

spacious ['speɪʃəs] *adj* spacieux

spade [speɪd] *n* 1. (*garden device*) bêche *f* 2. (*card*) pique *m*

spadework *n no pl* gros *m* du travail

spaghetti [spə'geti, *Am:* -'geţ-] *n pl* spaghettis *mpl*

Spain [speɪn] *n* Espagne *f*

span [spæn] I. *n sing* 1. (*extent*) a. *fig* étendue *f* 2. (*space in time*) durée *f;* (*of time*) espace *m* 3. (*wingspan*) envergure *f* 4. (*between two points*) portée *f;* (*bridge*) travée *f* II. <-nn-> *vt* 1. (*extend*) enjamber 2. (*cover, include*) couvrir 3. *pt of* **spin**

Spaniard ['spænjəd, *Am:* -jərd] *n* Espagnol(e) *m(f)*

spaniel ['spænjəl, *Am:* -jəl] *n* épagneul *m*

Spanish ['spænɪʃ] I. *adj* espagnol II. *n* 1. (*people*) **the** ~ les Espagnols 2. LING espagnol *m; s. a.* **English**

Spaniard *n* (*person*) Espagnol(e) *m(f)*

spank [spæŋk] *vt* fesser

spanking *n* fessée *f*

spanner ['spænər, *Am:* -ər] *n Brit, Aus* clé *f;* **adjustable** ~ clé anglaise

spar [spɑ:r, *Am:* spɑːr] <-rr-> *vi* 1. (*box*) s'entraîner 2. (*row*) se quereller

spare [speər, *Am:* sper] I. *vt* 1. (*be merciful to*) épargner 2. (*refrain from doing*) épargner; (*efforts, strength*) ménager 3. (*do without*) **to** ~ (**the**) **time** avoir le temps; **to not have time to** ~ ne pas avoir le temps II. *adj* 1. (*key, clothes*) de rechange 2. (*seat, room, cash*) disponible III. *n* (*item*) pièce *f* de rechange; ~**s** pièces *fpl* détachées **spare ribs** *npl* travers *mpl* de porc **spare time** *n no pl* temps *m* libre **spare tire** *n Am,* **spare tyre** *n* roue *f* de secours

sparing *adj* modéré

sparingly *adv* en petite quantité

spark [spɑ:k, *Am:* spɑːrk] I. *n* (*fire*) a. *fig* étincelle *f* II. *vt* a. *fig* déclencher

sparkle ['spɑ:kl, *Am:* 'spɑːr-] I. *n no pl* 1. (*flash of light*) étincelle *f* 2. (*vivacity*) éclat *m* II. *vi* a. *fig* étinceler

sparkler *n* 1. (*firework*) bougie *f* magique 2. *inf* (*diamond*) diam *m*

sparkling *adj* a. *fig* étincelant; (*drink*) pétillant

spark plug *n* bougie *f*

sparrow ['spærəʊ, *Am:* 'speroʊ] *n* moineau *m*

sparse [spɑ:s, *Am:* spɑːrs] *adj* clairsemé

spartan ['spɑ:tən, *Am:* 'spɑːr-] *adj* spartiate

spasm ['spæzəm] *n* spasme *m;* (*of anger, coughing*) accès *m*

spasmodic [spæz'mɒdɪk, *Am:* -'mɑːdɪk] *adj* intermittent; MED spasmodique

spat [spæt] *pt, pp of* **spit**

spate [speɪt] *n no pl* (*large number*) avalanche *f*

spatter ['spætər, *Am:* 'spæţər] *vt* éclabousser

spatula ['spætjʊlə, *Am:* 'spæţʃə-] *n* spatule *f*

spawn [spɔ:n, *Am:* spɑːn] I. *n no pl* frai *m* II. *vt* 1. (*lay*) pondre 2. *fig* engendrer III. *vi* frayer

speak [spi:k] <spoke, spoken> I. *vi* parler; ~**ing of sth** à propos de qc II. *vt* (*say*) dire; (*language*) parler
♦ **speak up** *vi* parler fort

speaker *n* 1. (*of a language*) locuteur, -trice *m, f* **2.** (*orator*) orateur, -trice *m, f* **3.** *Brit, Can* POL président de l'Assemblée **4.** (*in sound system*) enceinte *f*

spear [spɪəʳ, *Am:* spɪr] *n* lance *f*

spearhead I. *vt* être le fer de lance de **II.** *n* (*driving force*) fer *m* de lance

spearmint ['spɪəmɪnt, *Am:* 'spɪr-] **I.** *n no pl* menthe *f* **II.** *adj* à la menthe

special ['speʃəl] **I.** *adj* spécial **II.** *n* **1.** TV, RADIO spécial *m* **2.** *Am,* (*meal*) plat *m* du jour **3.** *pl, Am* (*goods offered at reduced prices*) offres *fpl* spéciales **special effects** *pl n* effets *mpl* spéciaux

specialist I. *n* spécialiste *mf* **II.** *adj* spécialisé

speciality [ˌspeʃɪˈæləti, *Am:* -ți] <-ies> *n* spécialité *f*

specialize ['speʃəlaɪz] *vi* se spécialiser

specialized *adj* spécialisé

specially *adv* **1.** (*specifically*) spécialement **2.** (*in particular*) particulièrement

specialty ['speʃəlti, *Am:* -ți] <-ies> *n Am, Aus* s. **speciality**

species ['spiːʃiːz] *inv n* espèce *f*; **bird ~** espèce d'oiseau; **extinct ~** espèce en voie d'extinction; **to be a rare ~** *fig, iron, inf* être un drôle d'oiseau

specific [spəˈsɪfɪk] *adj* **1.** (*distinguishing*) spécifique **2.** (*clearly defined*) précis

specifically *adv* **1.** (*expressly*) spécifiquement **2.** (*clearly*) expressément

specification [ˌspesɪfɪˈkeɪʃən, *Am:* -əfɪˈ-] *n* spécification *f;* **~s** caractéristiques *fpl*

specify ['spesɪfaɪ, *Am:* -əfaɪ] <-ie-> *vt* spécifier; (*time, date*) préciser

specimen ['spesɪmɪn, *Am:* -əmən] *n* **1.** (*example*) spécimen *m* **2.** (*sample*) échantillon *m;* MED prélèvement

speck [spek] *n* **1.** (*spot*) petite *f* tache **2.** (*small particle*) grain *m*

speckled *adj* tacheté

specs [speks] *npl inf abbr of* **spectacles**

spectacle ['spektəkl] *n* spectacle *m*

spectacles *n pl* lunettes *fpl*

spectacular [spekˈtækjʊləʳ, *Am:* -lɚ] *adj* spectaculaire

spectator [spekˈteɪtəʳ, *Am:* - țɚ] *n* spectateur, -trice *m, f*

specter *Am,* **spectre** ['spektəʳ, *Am:* -tɚ] *n* spectre *m*

spectrum ['spektrəm] <-ra *o* -s> *n* PHYS spectre *m;* **the political ~** *fig* l'éventail politique

speculate ['spekjʊleɪt] *vi* **to ~ about sth** spéculer sur qc

speculation *n a.* FIN spéculation *f*

speculator *n* spéculateur, -trice *m, f*

speech [spiːtʃ] <-es> *n* **1.** *no pl* (*act of speaking*) parole *f* **2.** THEAT texte *m* **3.** (*talk*) discours *m*

speechless *adj* muet

speed [spiːd] **I.** *n* **1.** (*velocity*) vitesse *f* **2.** (*quickness*) rapidité *f* **3.** (*gear on bicycle*) vitesse *f* **II.** *vi* AUTO aller trop vite

◆ **speed up I.** *vt* accélérer; (*person*) presser **II.** *vi* aller plus vite

speedboat *n* hors-bord *m* **speed bump** *n* ralentisseur *m*

speeding *n no pl* excès *m* de vitesse

speed limit *n* limite *f* de vitesse

speedometer [spiːˈdɒmɪtəʳ, *Am:* -ˈdɑːməțɚ] *n* compteur *m* de vitesse

speedy ['spiːdi] *adj* rapide

spell[1] [spel] *n* formule *f* magique; **to put a ~ on sb** jeter un sort à qn

spell[2] [spel] *n* (*period*) période *f*

spell[3] [spel] <spelled, spelled *o a.* Brit spelt, spelt> **I.** *vt* (*form using letters*) épeler **II.** *vi* connaître l'orthographe

◆ **spell out** *vt* **1.** (*spell*) épeler **2.** (*explain*) expliquer clairement

spell checker *n* INFOR correcteur *m* orthographique

spelling *n no pl* orthographe *f*

spelt [spelt] *pp, pt of* **spell**

spend [spend] <spent, spent> *vt* **1.** (*money*) dépenser **2.** (*time, night*) passer

spending *n no pl* dépense *f*

spendthrift ['spendθrɪft] **I.** *adj* dépensier **II.** *n* dépensier, -ière *m, f*

spent [spent] **I.** *pp, pt of* **spend**

S_s

II. *adj* (*used*) usagé; (*bullet*) perdu

sperm [spɜːm, *Am:* spɜːrm] <-(s)> *n* **1.** (*male cell*) spermatozoïde *m* **2.** (*semen*) sperme *m*

spew [spjuː] **I.** *vt* (*sewage*) déverser **II.** *vi* **1.** (*flow out*) jaillir **2.** (*vomit*) vomir

sphere [sfɪəʳ, *Am:* sfɪr] *n* sphère *f*

spherical ['sferɪkl, *Am:* 'sfɪr-] *adj* sphérique

spice [spaɪs] *n* **1.** GASTR épice *f* **2.** *no pl* (*excitement*) piment *m*

spick and span [ˌspɪkən'spæn] *adj inf* impeccable

spicy *adj* **1.** (*seasoned*) épicé **2.** (*sensational*) croustillant

spider ['spaɪdəʳ, *Am:* -dɚ] *n* araignée *f*

spiderweb *n Am, Aus s.* **cobweb**

spiel [ʃpiːl] *n inf* baratin *m*

spike [spaɪk] **I.** *n* **1.** (*pointed object*) pointe *f* **2.** (*cleat on shoes*) crampon *m* **3.** *pl* (*running shoes*) pointes *fpl* **4.** *pl, Am s.* **stiletto heels II.** *vt* **1.** (*put on spike*) transpercer **2.** (*add alcohol*) relever

spiky ['spaɪki] *adj* piquant; (*hair*) en brosse

spill [spɪl] **I.** *n* (*act of spilling*) déversement *m;* **oil ~** déversement d'hydrocarbure **II.** <spilt, spilt *o Am, Aus* spilled, spilled> *vt* renverser **III.** <spilt, spilt *o Am, Aus* spilled, spilled> *vi* **1.** (*flow*) couler **2.** (*spread*) **to ~ into sth** se déverser dans qc

spilt [spɪlt] *pp, pt of* **spill**

spin [spɪn] **I.** *n* **1.** (*rotation*) tournoiement *m;* (*of wheel*) tour *m* **2.** (*spin-drying*) essorage *m* **3.** *no pl, inf* (*attitude*) **to put a positive ~ on sth** montrer qc sous un jour positif **4.** (*trip*) **to go for a ~** aller faire un tour **II.** <spun *o a. Brit* span, spun> *vi* (*rotate*) tourner; (*dancer, top*) tournoyer; **to ~ out of control** faire un tête-à-queue **III.** <spun *o a. Brit* span, spun> *vt* **1.** (*rotate*) faire tourner; **to ~ a coin** jouer à pile ou face **2.** (*make thread out of*) filer **3.** (*clothes*) essorer

◆ **spin out** *vt* faire durer

spinach ['spɪnɪtʃ] *n no pl* épinards *mpl*

spinal ['spaɪnəl] *adj* vertébral; (*nerve*) spinal

spinal column *n* colonne *f* vertébrale

spindle ['spɪndl] *n* fuseau *m*

spindly *adj* maigrichon

spin doctor *n inf:* conseiller en communication **spin-drier** *n s.* **spin-dryer spin-dry** *vt* essorer (à la machine)

spine [spaɪn] *n* **1.** (*spinal column*) colonne *f* vertébrale **2.** (*spike*) épine *f* **3.** (*book part*) dos *m*

spineless *adj* faible **spinning wheel** *n* rouet *m*

spin-off *n* **1.** (*by-product*) produit *m* **2.** (*derived work*) retombée *f*

spinster ['spɪnstəʳ, *Am:* -stɚ] *n* vieille fille *f*

spiral ['spaɪərəl, *Am:* 'spaɪ-] **I.** *n* spirale *f* **II.** *adj* en spirale **III.** <-ll-> *vi* **1.** (*travel in a spiral*) tourner en spirale; (*smoke*) faire des volutes **2.** (*increase*) **to ~ upwards** monter en flèche; **to ~ downwards** chuter

spire [spaɪəʳ, *Am:* -ɚ] *n* (*of church*) flèche *f*

spirit ['spɪrɪt] *n* **1.** *no pl* (*nature*) esprit *m* **2.** *no pl* (*courage*) courage *m* **3.** *pl* (*mood*) moral *m*

spirited *adj* (*discussion*) animé; (*reply*) vif

spirit level *n* niveau *m* (à bulle d'air)

spiritual ['spɪrɪtʃuəl] **I.** *adj* spirituel **II.** *n* negro-spiritual *m*

spit¹ [spɪt] *n* **1.** (*rod for roasting*) broche *f* **2.** (*point of land*) pointe *f* (de terre)

spit² [spɪt] **I.** *n inf* crachat *m* **II.** <spat, *a. Am* spat *o* spit, spit> *vi* (*expel saliva*) cracher; **it is ~ting** (**with rain**) *inf* il fait du crachin; **to be the ~ting image of sb** être le portrait craché de qn

spite [spaɪt] **I.** *n no pl* **1.** (*desire to hurt*) méchanceté *f* **2.** (*despite*) **in ~ of sth/sb** malgré qc/qn **II.** *vt* contrarier

spiteful *adj pej* méchant

spittle ['spɪtl, *Am:* 'spɪṭ-] *n s.* **spit**

splash [splæʃ] I. n 1. (sound) plouf m 2. (small amount) touche f II. vt (scatter liquid) éclabousser III. vi to ~ onto sth éclabousser qc
◆ **splash out** vi Aus, Brit, inf faire des folies; **to ~ on sth** se payer qc

spleen [spliːn] n rate f

splendid ['splendɪd] adj 1. (magnificent) splendide 2. (fine) fantastique

splendo(u)r ['splendər, Am: -dər] n no pl (grandness) splendeur f

splint [splɪnt] n attelle f

splinter I. n (of wood) écharde f; (of glass) éclat m II. vi (split) faire éclater; **to ~ into small groups** éclater en petits groupes

splinter group, splinter party n POL groupe m de scission

split [splɪt] I. n 1. (crack) fissure f 2. (tear) déchirure f 3. (division) scission f; (in relationship) rupture f 4. SPORT **the ~(s)** le grand écart II. <split, split> vt 1. (cut) fendre; **to ~ one's head open** s'ouvrir le crâne 2. (tear) déchirer 3. (divide) diviser; (money, shares) partager 4. (party) diviser III. <split, split> vi 1. (crack) se fendre; (material, dress) se déchirer 2. (divide) se scinder
◆ **split up** vi se séparer; **to ~ with sb** se séparer de qn **split second** n fraction f de seconde

splurge [splɜːdʒ, Am: splɜːrdʒ] inf **to ~ (out) on sth** claquer son argent dans qc

splutter ['splʌtər, Am: 'splʌtər] vi 1. (speak) bafouiller 2. (make noise) crachoter

spoil [spɔɪl] I. n pl ~s butin m; **to divide the ~s** se répartir le butin II. <spoilt, spoilt o Am spoiled, spoiled> vt 1. (ruin) gâcher 2. (treat well) gâter III. <spoilt, spoilt o Am spoiled, spoiled> vi s'abîmer

spoilsport n pej, inf rabat-joie mf

spoilt I. pp, pt of **spoil** II. adj (child) gâté

spoke¹ [spəʊk, Am: spoʊk] n rayon m

spoke² [spəʊk, Am: spoʊk] pt of **speak**

spoken pp of **speak**

spokesman n porte-parole m **spokesperson** n porte-parole m **spokeswoman** n porte-parole m

sponge [spʌndʒ] I. n 1. (foam cloth) éponge f 2. (soft cake) gâteau m mousseline II. vt 1. (absorb liquid) éponger 2. (clean by rubbing) frotter
◆ **sponge on** vt pej, inf vivre aux crochets de

sponge bag n Aus, Brit trousse f de toilette **sponge cake** n s. **sponge**

sponger n pej pique-assiette m

spongy adj spongieux

sponsor ['spɒnsər, Am: 'spɑːntsər] I. vt parrainer; (team, event) sponsoriser II. n 1. ECON, SPORT sponsor m 2. (supporter) parrain m, marraine f

sponsorship n no pl 1. (financial support) parrainage m 2. SPORT sponsoring m

spontaneity ['spɒntə'neɪəti, Am: ˌspɑːntə'neɪəti] n no pl spontanéité f

spontaneous [spɒn'teɪniəs, Am: spɑːn'-] adj spontané

spoof [spuːf] I. n parodie f II. vt inf parodier

spool [spuːl] n bobine f

spoon [spuːn] n (utensil for eating) cuillère f

spoon-feed vt 1. (feed using spoon) nourrir à la cuillère 2. pej **to ~ sb with sth** mâcher le travail à qn

spoonful <-s o spoonsful> n cuillerée f

sporadic [spə'rædɪk] adj sporadique

spore [spɔːr, Am: spɔːr] n spore m

sport [spɔːt, Am: spɔːrt] I. n sport m II. vt (wear) arborer

sports car n voiture f de sport **sports jacket** n blouson m **sportsman** n sportif m **sportsmanship** n no pl esprit m sportif **sportswear** n no pl vêtements mpl de sport **sportswoman** n sportive f

sporty adj 1. (athletic) sportif 2. (car) de sport

spot [spɒt, Am: spɑːt] I. n 1. (of blood, grease) tache f 2. (pattern)

S s

pois *m* **3.** *Brit* (*skin blemish*) bouton *m* **4.** *Brit* (*little bit*) **a ~ of sth** un (petit) peu de qc **5.** (*place*) endroit *m*; **on the ~** sur place, sur le champ; (*immediately*) à chaud **II.** <-tt-> *vt* (*see*) apercevoir; **to ~ why/what ...** entrevoir pourquoi/ce que ...

spot check *n* contrôle *m* surprise

spotless *adj* impeccable

spotlight I. *n* THEAT, CINE projecteur *m* **II.** <spotlighted, spotlighted *o* spotlit, spotlit> *vt* mettre en lumière

spotted *adj* (*dog*) tacheté; **to be ~ with sth** être taché de qc

spotty ['spɒti, *Am:* 'spɑːt̬i] *adj* **1.** *Aus, Brit* (*having pimples*) boutonneux **2.** *Am, Aus* (*sales*) frauduleux

spouse [spaʊz] *n form* **1.** (*husband*) époux *m* **2.** (*wife*) épouse *f*

spout [spaʊt] **I.** *n* **1.** (*tube-shape*) bec *m* **2.** (*gush*) jet *m* **II.** *vt* **1.** (*utter*) dégoiser **2.** (*liquid*) faire couler **III.** *vi* **1.** (*speechify*) pérorer **2.** (*gush*) jaillir

sprain [spreɪn] **I.** *vt* se fouler **II.** *n* foulure *f*

sprang [spræŋ] *vi, vt pt of* **spring**

sprawl [sprɔːl, *Am:* sprɑːl] *pej* **I.** *vi* **1.** (*spread limbs*) s'affaler **2.** (*expand*) s'étendre **II.** *n* **1.** (*sprawled position*) position *f* avachie **2.** (*expanse*) étendue *f*

spray¹ [spreɪ] **I.** *n* **1.** (*of perfume, water*) pulvérisation *m*; (*of seawater*) embruns *mpl*; (*of bullets*) salve *f* **2.** (*of perfume*) vaporisateur *m*; (*for hair, paint*) bombe *f* **II.** *vt* (*perfume, product*) vaporiser; (*water*) arroser; **to ~ sb with sth** asperger qn de qc

spray² [spreɪ] *n* (*of flowers*) gerbe *f*

spread [spred] **I.** *n* **1.** (*act of spreading*) déploiement *m* **2.** (*range*) gamme *f* **3.** *Aus, Brit, inf* (*meal*) banquet *m* **II.** <spread, spread> *vi* **1.** (*propagate*) se propager **2.** (*stretch*) s'étirer **3.** (*cover a surface*) s'étendre **III.** <spread, spread> *vt* **1.** (*cause to expand*) déployer; (*one's legs*) allonger; (*virus, disease*) répandre; (*panic*) semer

2. (*cover*) étaler; **to ~ toast with jam** tartiner un toast avec de la confiture **3.** (*distribute*) distribuer **4.** (*tell others*) répandre; (*the word*) faire passer

spreadsheet *n* INFOR **1.** (*software*) tableur *m* **2.** (*workscreen*) feuille *f* de calcul

sprig [sprɪg] *n* **1.** (*blade of grass*) brin *m* (d'herbe) **2.** (*twig*) brindille *f*

sprightly ['spraɪtli] *adj* alerte

spring [sprɪŋ] **I.** *n* **1.** (*season*) printemps *m*; **in** (**the**) **~** au printemps **2.** (*curved device*) ressort *m* **3.** (*elasticity*) élasticité *f* **4.** (*source of water*) source *f* **II.** <sprang *o Am, a. Aus* sprung, sprung> *vi* **1.** (*move quickly*) se précipiter; **to ~ to one's feet** bondir sur ses pieds **2.** (*to mind*) surgir **III.** *vt* (*produce*) **to ~ sth on sb** faire qc à qn par surprise

springboard *n* tremplin *m*

spring clean I. *n* nettoyage *m* de printemps **II.** *vt* **to spring-clean** nettoyer à fond

spring onion *n Aus, Brit* oignon *m* blanc

sprinkle ['sprɪŋkl] *vt* arroser

sprinkler *n* (*for lawn*) arroseur *m*

sprinkling *n* **1.** (*light covering*) fine couche *f* **2.** (*small amount*) pincée *f*

sprint [sprɪnt] SPORT **I.** *vi* sprinter **II.** *n* course *f* de vitesse; **to break into a ~** partir en sprint

sprinter *n* SPORT sprinteur, -euse *m, f*

sprout [spraʊt] **I.** *n* **1.** (*plant part*) pousse *f*; (*of seeds, bulb*) germe *m* **2.** *Brit* s. **brussels sprout II.** *vi* **1.** (*grow*) pousser; (*seed, bulb*) germer **2.** *fig* germer **III.** *vt* (*shoots, hair*) faire; (*moustache*) se laisser pousser

spruce¹ [spruːs] *n* épicéa *m*

spruce² [spruːs] *adj* soigné

sprung [sprʌŋ] **I.** *adj Brit* à ressort(s) **II.** **1.** *pp of* **spring 2.** *Am pt of* **spring**

spry [spraɪ] *adj* plein d'allant

spud [spʌd] *n inf* patate *f*

spun [spʌn] *pp, pt of* **spin**

spur [spɜːʳ, *Am:* spɜːr] **I.** <-rr-> *vt* (*encourage*) encourager **II.** *n* **1.** (*encouragement*) encouragement *m*

2. (*sharp object*) éperon *m* **3. on the ~ of the moment** *inf* dans le feu de l'action

spurious ['spjʊərɪəs, *Am:* 'spjʊrɪ-] *adj* fallacieux

spurn [spɜːn, *Am:* spɜːrn] *vt* repousser

spurt [spɜːt, *Am:* spɜːrt] **I.** *n* **1.** (*fast stream*) torrent *m* **2.** (*of effort*) surcroît *m;* (*of speed*) pointe *f;* **growth ~** poussée *f* de croissance **II.** *vi* jaillir

spy [spaɪ] **I.** *n* espion(ne) *m(f)* **II.** *vi* **to ~ on sb/sth** espionner qn/qc **III.** *vt* remarquer

squabble ['skwɒbl, *Am:* 'skwɑː.bl] **I.** *n* querelle *f* **II.** *vi* se disputer

squad [skwɒd, *Am:* skwɑːd] *n* **1.** (*sports team*) équipe *f* **2.** MIL escouade *f*

squadron ['skwɒdrən, *Am:* 'skwɑː.drən] *n* **1.** MIL escadron *m* **2.** AVIAT, NAUT escadrille *f*

squalid ['skwɒlɪd, *Am:* 'skwɑː.lɪd] *adj* **1.** (*dirty*) crasseux **2.** (*immoral*) crapuleux

squall [skwɔːl] *n* **1.** (*gust of wind*) bourrasque *f* **2.** (*shriek*) hurlement *m*

squalor ['skwɒlər, *Am:* 'skwɑː.lər] *n no pl* misère *f*

squander ['skwɒndər, *Am:* 'skwɑː.ndər] *vt* gaspiller

square [skweər, *Am:* skwer] **I.** *n* **1.** MAT carré *m* **2.** (*part of town*) square *m* **3.** (*marked space*) case *f* **4.** (*tool*) équerre *f* **II.** *adj* carré; **a ~ meal** un repas solide; **to be all ~** être quitte; SPORT être à égalité **III.** *vt* **1.** *inf* (*settle*) arranger; (*a matter*) régler **2.** MAT élever au carré

square bracket *n* crochet *m*

squarely *adv* carrément **square root** *n* racine *f* carrée

squash¹ [skwɒʃ, *Am:* skwɑːʃ] *n Am* (*vegetable*) courge *f*

squash² [skwɒʃ, *Am:* skwɑːʃ] **I.** *n* **1.** (*dense pack*) entassement *m* **2.** *no pl* (*racket game*) squash *m* **3.** *Aus, Brit* (*drink*) sirop *m* **II.** *vt* (*crush*) écraser; (*rumour*) étouffer

squat [skwɒt, *Am:* skwɑːt] **I.** <-tt-> *vi* **1.** (*crouch down*) **to ~ down** s'ac-

croupir; **to be ~ting** être accroupi **2.** (*live without permission*) squatter **II.** *n* **1.** (*position*) position *f* accroupie **2.** (*shelter*) squat *m* **III.** *adj* trapu

squatter ['skwɒtər, *Am:* 'skwɑː.ṭər] *n* (*in house*) squatter *m; Aus* (*on land*) exploitant(e) *m(f)* illégitime

squawk [skwɔːk, *Am:* skwɑːk] **I.** *vi* **1.** (*poultry*) glousser **2.** *fig, inf* cancaner **II.** *n* **1.** (*sharp cry*) glapissement *m* **2.** *inf* (*complaint*) cri *m*

squeak [skwiːk] **I.** *n* grincement *m* **II.** *vi* émettre un grincement strident

squeaky *adj* grinçant

squeal [skwiːl] **I.** *n* cri *m* perçant; (*of brakes, tyres*) crissement **II.** *vi* **1.** (*pig, brakes, car*) couiner **2.** *inf* brailler

squeamish ['skwiːmɪʃ] *adj* impressionnable

squeegee [ˌskwiːˈdʒiː, *Am:* 'skwiː.dʒiː] *n* raclette *f*

squeeze [skwiːz] **I.** *n* **1.** (*obtained by squeezing*) pression *f;* **to give sth a ~** presser qc **2.** (*on spending*) restriction *f* **II.** *vt* **1.** (*firmly press*) presser; (*cloth*) essorer; (*sb's hand*) serrer; (*trigger*) appuyer sur **2.** (*force into*) **to ~ sth into sth** faire entrer qc dans qc **3.** (*extort*) soutirer

squid [skwɪd] <-(s)> *n* cal(a)mar *m*

squiggle ['skwɪgl] *n* gribouillis *m*

squint [skwɪnt] **I.** *vi* **1.** MED loucher **2.** (*close partly one's eyes*) plisser les yeux **II.** *n* MED strabisme *m*

squire ['skwaɪər, *Am:* 'skwaɪɚ] *n* propriétaire *m* terrien

squirm [skwɜːm, *Am:* skwɜːrm] *vi* se tortiller

squirrel ['skwɪrəl, *Am:* 'skwɜːr.-] *n* écureuil *m*

squirt [skwɜːt, *Am:* skwɜːrt] **I.** *vt* **1.** (*make flow out*) faire gicler; (*perfume, deodorant*) vaporiser **2.** (*shower*) asperger **II.** *vi* jaillir **III.** *n* (*liquid*) pulvérisation *f*

stab [stæb] **I.** <-bb-> *vt* poignarder; **to ~ sth with sth** donner un coup de qc **II.** *n* coup *m* de couteau; **to have a ~ at doing sth** s'essayer à faire qc

stability [stəˈbɪləti, *Am:* -ṭi] *n no pl*

stabilité *f*

stabilize ['sterbəlarz] I. *vt* stabiliser II. *vi* se stabiliser

stabilizer *n* stabilisateur *m*

stable¹ ['sterbl] *adj* 1. (*firm*) a. fig stable 2. (*well-balanced*) équilibré

stable² ['sterbl] *n* écurie *f*

stack [stæk] I. *vt* (*arrange in a pile*) empiler II. *n* (*pile*) pile *f;* ~s of sth des tas de qc

stadium ['sterdɪəm] <-s *o* -dia> *n* stade *m*

staff [stɑːf, *Am:* stæf] I. *n* 1. (*employees*) personnel *m* 2. MIL état-major *m* 3. (*stick*) bâton *m* II. *vt* (*provide personnel*) pourvoir en personnel; **to be ~ed by sb** être composé de qn

stag [stæg] *n* cerf *m*

stage [sterdʒ] I. *n* 1. (*period in a process*) stade *m* 2. (*of journey, race*) étape *f* 3. THEAT scène *f* II. *vt* 1. (*produce on stage*) mettre en scène 2. (*organize*) monter **stage door** *n* entrée *f* des artistes **stage fright** *n* no *pl* trac *m* **stagehand** *n* machiniste *m* **stage-manage** *vt* 1. (*act as stage manager*) mettre en scène 2. (*orchestrate*) orchestrer **stage manager** *n* chef *m* de plateau

stagger ['stægəʳ, *Am:* -ə-] I. *vi* (*move unsteadily*) chanceler II. *vt* 1. (*flabbergast*) stupéfier 2. (*arrange at differing times*) échelonner

staggering *adj* renversant

stagnant ['stægnənt] *adj* a. fig stagnant

stagnate [stæg'neɪt, *Am:* 'stægneɪt] *vi* stagner

stagnation *n* no *pl* stagnation *f*

stag night, stag party *n* Brit enterrement *m* de la vie de garçon

staid [sterd] *adj* sérieux

stain [steɪn] I. *vt* 1. (*discolour*) tacher 2. (*dye*) teindre 3. (*blemish*) ternir II. *vi* se tacher III. *n* 1. (*discoloration*) tache *f* 2. (*for dyeing*) teinture *f*

stained glass *n* vitraux *mpl*

stainless steel *n* acier *m* inoxydable

stain remover *n* détachant *m*

stair [steaʳ, *Am:* ster] *n* 1. (*step in a staircase*) marche *f* 2. *pl* (*a set of steps*) escalier *m*

staircase, stairway *n* escalier *m*

stake¹ [sterk] I. *n* (*sharpened stick*) piquet *m;* (*wooden*) pieu *m* II. *vt* 1. (*plants*) tuteurer 2. **to ~ a claim** faire valoir ses droits

stake² [sterk] *n* 1. (*share*) intérêt *m;* **to have a ~ in sth** avoir des intérêts dans qc 2. (*amount at risk*) enjeu *m;* GAMES mise *f;* **to be at ~** être en jeu

stale [sterl] *adj* 1. (*not fresh*) pas frais; (*bread*) rassis; (*air*) vicié 2. (*old*) usé; **to get ~** s'user

stalemate ['sterlmeɪt] *n* impasse *f*

stalk¹ [stɔːk] *n* 1. (*plant stem*) queue *f* 2. (*stem*) pédoncule *m*

stalk² [stɔːk] I. *vt* traquer II. *vi* **to ~ in/out** entrer/sortir d'un air arrogant

stalker *n* fig:: personne harcelante

stall [stɔːl] I. *n* 1. (*for an animal*) stalle *f* 2. (*compartment within a room*) cabine *f* 3. **the ~s** *pl*, Brit, Aus THEAT fauteuils *mpl* d'orchestre 4. (*stand*) stand *m* II. *vi* 1. (*motor, vehicle*) caler 2. *inf* (*delay*) essayer de gagner du temps III. *vt* 1. (*a car, motor*) caler 2. *inf* (*keep waiting*) faire poireauter 3. (*delay*) repousser

stallholder *n* marchand(e) *m(f)*

stallion ['stælɪən, *Am:* -jən] *n* étalon *m*

stalwart ['stɔːlwət, *Am:* -wət] I. *adj* fidèle II. *n* form fidèle *mf*

stamina ['stæmɪnə, *Am:* -ənə] *n* no *pl* résistance *f*

stammer ['stæməʳ, *Am:* -ə-] I. *vi, vt* bégayer II. *n* bégaiement *m*

stamp [stæmp] I. *n* 1. (*postage stamp*) timbre *m* 2. (*implement*) tampon *m;* **rubber ~** tampon *m* II. *vt* 1. (*place a postage stamp*) timbrer 2. (*mark with*) tamponner; (*on metal*) poinçonner 3. (*stomp*) trépigner III. *vi* trépigner

stamp collecting *n* philatélie *f*

stampede [stæm'piːd] I. *n* ruée *f* II. *vi* se ruer

stance [stɑːnts, *Am:* stænts] *n* a. fig position *f*

stand [stænd] I. n 1. (position) a. fig position f; **to take a ~ on sth** prendre position sur qc 2. (for spectators) tribune f 3. (support) support m 4. (stall) stand m; **a news ~** un kiosque à journaux 5. **the ~** Am (witness box) barre f (des témoins) II. <stood, stood> vi 1. (be upright) se tenir debout; **to ~ (up)** se lever 2. (be located) se trouver 3. (have a position) a. fig **to ~ on an issue** avoir un point de vue sur un sujet 4. (remain valid) tenir; **it still ~s** cela tient encore; **to ~ to reason** aller sans dire 5. (be candidate) être candidat III. <stood, stood> vt 1. (place in an upright position) placer 2. (bear) supporter 3. **to ~ trial for sth** passer en jugement pour qc; **to ~ a chance of doing sth** inf avoir de bonnes chances de faire qc

◆ **stand back** vi (move back) reculer

◆ **stand by** I. vi (without being involved) se tenir là; (ready to take action) se tenir prêt II. vt soutenir; (decision) maintenir

◆ **stand down** vi (resign) se retirer

◆ **stand for** vt 1. (represent) signifier 2. Brit, Aus (be a candidate) se présenter à 3. (tolerate) supporter

◆ **stand in** vi **to ~ for sb** remplacer qn

◆ **stand out** vi 1. (project) ressortir 2. (easily noticeable, better) se détacher

◆ **stand up** vi se lever; **to ~ for sth** défendre qc

standard ['stændəd, Am: -dəd] I. n 1. (level of quality) niveau m 2. (for evaluating) norme f 3. (flag) étendard m II. adj (normal) standard; (procedure, practice) ordinaire

standardize ['stændədaɪz, Am: -dər-] vt standardiser

standby I. n (reserve) réserve f; **to be on ~** être en attente II. adj de réserve **stand-in** n remplaçant(e) m(f)

standing I. n 1. (position) rang m 2. (duration) durée f II. adj 1. (upright) debout 2. (permanent) fixe

standoffish [ˌstænd'ɒfɪʃ, Am: -'ɑːfɪʃ] adj inf distant

standpoint ['stændpɔɪnt] n point m de vue

standstill ['stændstɪl] n no pl **to be at a ~** être immobile; **to come to a ~** s'immobiliser

stank [stæŋk] pt of **stink**

stanza ['stænzə] n strophe f

staple¹ ['steɪpl] I. n aliment m de base II. adj de base

staple² ['steɪpl] I. n agrafe f II. vt agrafer

stapler n agrafeuse f

star [stɑːʳ, Am: stɑːr] I. n 1. ASTR étoile f 2. (celebrity) star f II. vi <-rr-> THEAT, CINE **to ~ in a film** être la vedette d'un film

starboard ['stɑːbəd, Am: 'stɑːrbəd] n tribord m

starch [stɑːtʃ, Am: stɑːrtʃ] I. n 1. no pl (stiffening agent) amidon m 2. (carbohydrates) fécule f II. vt amidonner

starchy adj 1. (food) riche en féculent 2. (cloth) amidonné 3. pej, inf guindé

stardom ['stɑːdəm, Am: 'stɑːr-] n no pl célébrité f

stare [steəʳ, Am: ster] I. vi regarder fixement; **to ~ at sb/sth** fixer qn/qc du regard II. n regard m

starfish ['stɑːfɪʃ, Am: 'stɑːr-] <-(es)> n étoile f de mer

stark [stɑːk, Am: stɑːrk] I. adj 1. (landscape) désolé; (room) austère 2. (contrast, reality) brutal II. adv complètement

starling ['stɑːlɪŋ, Am: 'stɑːr-] n étourneau m

starlit ['stɑːˌlɪt, Am: 'stɑːr-] adj étoilé

starry ['stɑːri] adj étoilé

starry-eyed adj naïf

start [stɑːt, Am: stɑːrt] I. vi 1. (begin) commencer; **to ~ to do** commencer à faire qc 2. (begin a journey) partir 3. (vehicle, motor) démarrer 4. (make a sudden move-

S

ment) sursauter **5.** SPORT prendre le départ **II.** *vt* **1.** (*begin*) commencer; (*a family*) fonder; **to ~ doing sth** commencer à faire qc **2.** (*conversation, bottle*) entamer; (*trend, rumor*) lancer **3.** (*machine*) mettre en marche; (*motor, car*) démarrer **4.** COM lancer; **to ~ sb in sth** lancer qn dans qc **5.** *inf* (*cause sb to do sth*) **to ~ sb/sth doing sth** faire faire qc à qn/qc **III.** *n* **1.** (*beginning*) commencement *m*; **to make a ~ on sth** commencer qc; **for a ~, ...** pour commencer **2.** SPORT départ *m* **3.** (*sudden movement*) sursaut *m*
♦ **start up** *vt* (*business*) lancer; (*restaurant*) ouvrir

Start button *n* INFOR bouton *m* Démarrer

starter *n* **1.** (*horse, athlete*) partant(e) *m(f)* **2.** SPORT starter *m* **3.** *Brit, inf* GASTR entrée *f*

starting point *n* point *m* de départ

startle ['stɑːtl, *Am:* 'stɑːrtl̩] *vt* effrayer

startling *adj* effrayant

start-up *n* (*business*) start-up *f*

starvation [stɑːˈveɪʃən, *Am:* stɑːrˈ-] *no pl n* famine *f*

starve [stɑːv, *Am:* stɑːrv] **I.** *vi* souffrir de la faim; **to be starving** mourir de faim **II.** *vt* **1.** (*let die*) faire mourir de faim **2.** *fig* **to ~ sb of sth** priver qn de qc

stash [stæʃ] *vt* planquer

state [steɪt] **I.** *n* état *m*; **affairs of ~** affaires *fpl* d'État **II.** *adj* **1.** (*national*) POL d'État; (*sector, school*) public **2.** (*american states*) de l'État **III.** *vt* **1.** (*declare*) **to ~ (that)** ... déclarer que ... **2.** (*express*) formuler **3.** (*specify*) fixer

stateless *adj* apatride

stately *adj* majestueux

statement ['steɪtmənt] *n* **1.** (*act of expressing*) *a. fig* déclaration *f* **2.** (*bank statement*) relevé *m* de compte

state of mind *n* état *m* d'esprit

state-of-the-art, state of the art *adj* dernier cri; (*technology*) de pointe

States *n pl, inf* **the ~** les États-Unis

statesman *n* homme *m* d'État

statesmanlike *adj* diplomatique

static ['stætɪk, *Am:* 'stætl̩-] *adj* statique

station ['steɪʃən] **I.** *n* **1.** (*railroad stop*) gare *f*; **underground ~** *Brit, Aus* station *f* de métro **2.** (*building*) poste *m* **3.** (*for broadcasting*) station *f* **4.** (*position*) poste *m* **5.** (*social position*) position *f* **II.** *vt* (*troops*) poster

stationary ['steɪʃənəri, *Am:* 'steɪʃənɚ-] *adj* immobile; (*prices*) stationnaire

stationer ['steɪʃənəʳ, *Am:* -ʃənɚ] *n* *Brit* **1.** (*person*) papetier *m* **2.** (*shop*) papeterie *f*

stationery ['steɪʃənəri, *Am:* 'steɪʃənɚ-] *n no pl* papeterie *f*

statistic I. *n* statistique *f* **II.** *adj* statistique

statistical *adj* statistique

statistician *n* statisticien(ne) *m(f)*

statistics [stəˈtɪstɪks] *npl* **1.** + *sing vb* (*science*) statistique *f* **2.** (*numerical data*) statistiques *fpl*

statue ['stætʃuː] *n* statue *f*

stature ['stætʃəʳ, *Am:* -ɚ] *n* (*height*) *a. fig* stature *f*

status ['steɪtəs, *Am:* -təs] *n no pl* statut *m* **status quo** *n no pl* statu quo *m* **status symbol** *n* signe *m* extérieur de richesse

statute ['stætjuːt, *Am:* 'stætʃuːt] *n* loi *f*

statute book *n* code *m*

statutory ['stætjətəri, *Am:* 'stætʃətɔːr-] *adj* statutaire

staunch [stɔːntʃ] *adj* loyal; (*refusal*) ferme

stave [steɪv] *n* portée *f*

stay [steɪ] **I.** *vi* **1.** (*remain present*) rester; **to ~ put** *inf* ne pas bouger **2.** (*temporarily*) séjourner; **to ~ overnight** passer la nuit **II.** *n* séjour *m*; **an overnight ~** une nuit; **a ~ with one's family** un séjour dans sa famille
♦ **stay away** *vi* **to ~ from sth** ne pas s'approcher de qc
♦ **stay behind** *vi* rester plus tard

◆ **stay in** vi rester à la maison

◆ **stay up** vi rester debout

staying power n no pl endurance f

stead [sted] n no pl **to stand sb in good ~** être très utile à qn

steadfast ['stedfɑ:st, Am: -fæst] adj ferme

steady I. adj **1.** (stable) stable; (nerves) solide; **a ~ hand** une main sûre **2.** (regular) régulier; (temperature) constant **II.** vt (things) maintenir; (people, nerves) calmer

steak [steɪk] n steak m

steal [sti:l] <stole, stolen> vt (take illegally) a. fig voler

stealth [stelθ] n no pl ruse f

stealthy adj furtif

steam [sti:m] **I.** n no pl vapeur f **II.** vt cuire à la vapeur

steamer ['sti:mər, Am: -ɚ] n **1.** (boat) bateau m à vapeur **2.** (cooking implement) cuit-vapeur m

steam iron n fer m à vapeur **steamroller** n **1.** (road machinery) rouleau m compresseur **2.** (forceful person) dictateur m **steamship** n bateau m à vapeur

steamy <-ier, -iest> adj **1.** (full of steam) plein de vapeur **2.** (torrid) torride

steel [sti:l] **I.** n acier m **II.** vt **to ~ oneself to** +infin s'armer de courage pour +infin **steel industry** n sidérurgie f

steep¹ [sti:p] adj (sloping) raide; (hill) escarpé

steep² [sti:p] vt faire tremper; **to be ~ed in sth** fig être imprégné de qc

steeple ['sti:pl] n clocher m

steer¹ [stɪər, Am: stɪr] **I.** vt **1.** (direct) conduire **2.** guider; (discussion) diriger **II.** vi (direct a vehicle) conduire; **to ~ clear of sb/ sth** éviter qn/qc; (stay away from) se tenir à l'écart de qn/qc

steer² [stɪər, Am: stɪr] n bœuf m **steering wheel** n volant m

stem [stem] **I.** n **1.** (flower) tige f; (leaf) queue f **2.** (glass part) pied m **II.** <-mm-> vt contenir **III.** <-mm-> vi **to ~ back to sth** provenir de qc

stench [stentʃ] n no pl (odour) puanteur f

stencil ['stensl] **I.** n pochoir m **II.** vt peindre au pochoir

stenographer n sténographe mf

stenography [stə'nɒgrəfi, Am: -'nɑ:grə-] n no pl sténographie f

step [step] **I.** n **1.** (foot movement) pas m **2.** (stair) marche f **3.** (stage in a process) pas m **4.** (measure) mesure f; **to take ~s to** +infin prendre des mesures pour +infin **5.** pl, Brit (stepladder) escabeau m **II.** <-pp-> vi marcher

◆ **step down** vi **to ~ from sth** se retirer de qc

◆ **step in** vi intervenir

◆ **step up** vt augmenter

stepbrother n beau-frère m **stepchild** n beau-fils m, belle-fille f **stepdaughter** n belle-fille f **stepfather** n beau-père m

stepladder n escabeau m

stepmother n belle-mère f

stepsister n belle-sœur f **stepson** n beau-fils m

stereo ['steriəʊ, Am: 'sterioʊ] **I.** n stéréo f; (hi-fi unit) chaîne f **II.** adj stéréo

stereophonic adj stéréophonique

stereotype ['steriətaɪp] **I.** n stéréotype m **II.** vt pej stéréotyper

sterile ['steraɪl, Am: 'sterəl] adj stérile

sterility [stə'rɪləti, Am: -t̬i] n no pl, a. fig stérilité f

sterilize ['sterəlaɪz] vt stériliser

sterling ['stɜ:lɪŋ, Am: 'stɜ:r-] **I.** n sterling m **II.** adj **1.** (pure) fin **2.** (good) admirable

stern¹ [stɜ:n, Am: stɜ:rn] adj sévère

stern² [stɜ:n, Am: stɜ:rn] n NAUT poupe f

steroid ['stɪərɔɪd, Am: 'sterɔɪd] n stéroïde m

stethoscope ['steθəskəʊp, Am: -skoʊp] n stéthoscope m

stew [stju:, Am: stu:] **I.** n ragoût m **II.** vt faire mijoter **III.** vi (simmer slowly) GASTR mijoter

steward ['stjʊəd, Am: 'stu:ɚd] n **1.** (flight attendant) steward m **2.** (official) organisateur m **3.** (man-

S s

ager) intendant *m*

stewardess [ˌstjʊəˈdes, *Am:* 'stuːɚdɪs] <-es> *n* hôtesse *f* de l'air

stick¹ [stɪk] *n* bâton *m;* **walking ~** canne *f*

stick² [stɪk] <stuck, stuck> **I.** *vi* **1.** (*fix*) coller **2.** (*endure*) rester **3.** (*jam*) se coincer **II.** *vt* **1.** (*affix*) coller **2.** (*put*) mettre; **to ~ sth into sth** enfoncer qc dans qc **3.** (*not be able to do sth*) **to be stuck** être coincé; **to be stuck with sb** ne pas pouvoir se débarrasser de qn
◆ **stick at** *vt* persévérer dans
◆ **stick out I.** *vt* tendre **II.** *vi* **1.** (*protrude*) dépasser **2.** (*be obvious*) se voir
◆ **stick to** *vt* **1.** (*adhere*) coller à **2.** (*keep to*) s'en tenir à; (*promises*) tenir
◆ **stick up for** *vt* défendre

sticker ['stɪkəʳ, *Am:* -ɚ] *n* étiquette *f* adhésive; **price ~** étiquette de prix **sticking plaster** *n Brit* MED sparadrap *m*

stickler ['stɪkləʳ, *Am:* -lɚ] *n* **to be a ~ about sth** être très à cheval sur qc

stick-on *adj* autocollant

sticky ['stɪki] *adj* **1.** (*adhesive*) collant **2.** (*sweaty*) poisseux

stiff *adj* **1.** (*hard*) raide **2.** (*alcohol, wind*) fort; (*sentence*) sévère

stiffen ['stɪfn] **I.** *vi* se raidir **II.** *vt* raidir

stifle ['staɪfl] *vi, vt* étouffer

stifling *adj* étouffant

stigma ['stɪɡmə] *n* honte *f*

stigmatize ['stɪɡmətaɪz] *vt* stigmatiser

stile [staɪl] *n* échalier *m*

still¹ [stɪl] **I.** *n* calme *m* **II.** *adj* **1.** (*not moving*) immobile **2.** (*peaceful*) calme **3.** (*water*) plat **III.** *adv* sans bouger; **to stand ~** ne pas bouger; (*to sit ~*) rester tranquille

still² [stɪl] *adv* encore

still³ [stɪl] *n* alambic *m* **stillborn** *adj* MED mort-né **still life** *n* nature *f* morte

stilt [stɪlt] *n* **1.** CONSTR pilotis *m* **2.** (*for walking on*) échasse *f*

stilted *adj pej* coincé

stimulant ['stɪmjələnt] *n* stimulant *m*

stimulate ['stɪmjəleɪt] *vt* stimuler; (*conversation*) animer

stimulating *adj* stimulant

stimulation *n no pl* stimulation *f*

stimulus ['stɪmjələs] <-li> *n* **1.** (*boost*) coup *m* de fouet **2.** BIO, MED stimulus *m*

sting [stɪŋ] **I.** *n* **1.** (*part of an insect*) dard *m* **2.** (*injury*) piqûre **3.** (*pain*) brûlure *f* **II.** <stung, stung> *vi, vt* piquer

stingy ['stɪndʒi] <-ier, -iest> *adj inf* radin

stink [stɪŋk] **I.** *n* (*unpleasant smell*) puanteur *f* **II.** <stank *o Am,* a. *Aus* stunk, stunk> *vi* **to ~ of sth** puer qc

stinker *n inf* saleté *f*

stint¹ [stɪnt] *n* période *f*

stint² [stɪnt] *vt, vi* **to ~ (on)** lésiner (sur); **to ~ oneself** se priver

stipulate ['stɪpjəleɪt] *vt* stipuler

stipulation *n* stipulation *f*

stir [stɜːʳ, *Am:* stɜːr] **I.** *n* **1.** **to give sth a ~** remuer qc **2.** (*excitement*) **to cause a ~** faire du bruit **II.** <-rring, -red> *vt* **1.** (*agitate*) remuer **2.** (*person*) émouvoir; (*imagination*) stimuler **III.** *vi* bouger

stirrup ['stɪrəp, *Am:* 'stɜːr-] *n* étrier *m*

stitch [stɪtʃ] **I.** <-es> *n* point *m;* **to be in ~es** être plié de rire **II.** *vi, vt* coudre

stoat [stəʊt, *Am:* stoʊt] *n* hermine *f*

stock [stɒk, *Am:* stɑːk] **I.** *n* **1.** (*reserves*) réserves *fpl* **2.** COM, ECON stock *m;* **to be out of ~** être en rupture de stock; **to take ~** faire l'inventaire; *fig* faire le point **3.** *pl, Brit* FIN, ECON fonds *mpl* **4.** *Am* (*share*) action *f* **5.** (*farm animals*) bétail *m* **6.** *no pl* (*line of descent*) origine *f*; (*breeding line*) souche *f* **7.** GASTR bouillon *m* **II.** *adj* (*expression*) commun; (*character*) stéréotypé **III.** *vt* **1.** (*keep in supply*) stocker **2.** (*shop*) approvisionner **3.** (*shelves*) remplir

stockbroker ['stɒkˌbrəʊkəʳ, *Am:* 'stɑːkˌbroʊkɚ] *n* agent *m* de change

stockholder *n Am* actionnaire *mf*

stocking ['stɒkɪŋ, *Am:* 'stɑːkɪŋ] *n* bas *m*

stockist ['stɒkɪst, *Am:* 'stɑːkɪst] *n Aus, Brit* distributeur, -trice *m, f*

stock market *n* marché *m* boursier

stockpile ['stɒkpaɪl, *Am:* 'stɑːk-] **I.** *n* réserves *fpl* **II.** *vt* faire des réserves de

stockroom ['stɒkrʊm, *Am:* 'stɑːkruːm] *n* COM réserve *f*

stocky ['stɒki, *Am:* 'stɑːki] *adj* râblé

stodge [stɒdʒ, *Am:* stɑːdʒ] *n Brit, Aus, pej, inf* étouffe-chrétien *m*

stodgy ['stɒdʒi, *Am:* 'stɑːdʒi] <-ier, -iest> *adj* **1.** (*food*) bourratif **2.** (*dull*) barbant

stoic ['stəʊɪk, *Am:* 'stoʊ-] *n* stoïque *mf*

stoical *adj* stoïque

stoicism ['stəʊɪsɪzəm, *Am:* 'stoʊɪ-] *n no pl* stoïcisme *m*

stoke [stəʊk, *Am:* stoʊk] *vt a. fig* entretenir

stole[1] [stəʊl, *Am:* stoʊl] *pt of* **steal**

stole[2] [stəʊl, *Am:* stoʊl] *n* étole *f*

stolen **I.** *pp of* **steal** **II.** *adj* volé

stomach ['stʌmək] **I.** *n* MED, ANAT **1.** (*organ*) estomac *m* **2.** (*abdomen*) ventre *m* **II.** *vt inf* supporter

stomach ache *n no pl* maux *mpl* d'estomac

stone [stəʊn, *Am:* stoʊn] **I.** *n* **1.** *no pl* GEO pierre *f*; (*smaller*) caillou *m* **2.** (*seed*) noyau *m* **3.** *Brit* (*14 lbs*) 6,348 kg **II.** *vt* **1.** (*throw stones at*) lancer des cailloux sur; **to ~ to death** lapider à mort **2.** (*remove the kernels*) dénoyauter **stone-cold** *adj* complètement froid

stoned *adj inf* défoncé **stone-deaf** *adj* complètement sourd **stonemason** *n* tailleur *m* de pierre **stonewall** *vt* faire obstruction à

stony ['stəʊni, *Am:* 'stoʊ-] <-ier, -iest> *adj* **1.** (*with many stones*) rocailleux **2.** (*unfeeling*) de pierre

stood [stʊd] *pt, pp of* **stand**

stooge [stuːdʒ] *n* **1.** (*assistant*) larbin *m* **2.** THEAT comparse *mf* **3.** *Am, inf* (*informer*) balance *f*

stool [stuːl] *n* tabouret *m*

stoop [stuːp] **I.** *n no pl* dos *m* rond **II.** *vi* **1.** (*bend the body*) **to ~ down** se baisser; **to ~ to doing sth** *pej* s'abaisser à faire qc **2.** (*to have a bad posture*) se voûter

stop [stɒp, *Am:* stɑːp] **I.** *n* arrêt *m;* (*full*) **~** *Brit* point *m* **II.** <- ping, -ped> *vt* (*bleeding, machine*) arrêter; (*payment*) cesser; (*gap, hole*) boucher **III.** <- ping, -ped> *vi* **1.** (*halt, cease*) s'arrêter; **to ~ doing sth** arrêter de faire qc **2.** *Brit* (*stay*) rester

◆ **stop off** *vi* s'arrêter

◆ **stop over** *vi* s'arrêter

◆ **stop up** **I.** *vi Brit* veiller **II.** *vt* (*hole, gap*) boucher

stopcock *n* robinet *m* d'arrêt **stopgap** **I.** *n* bouche-trou *m* **II.** *adj* provisoire **stoplight** *n Am* feu *m* rouge

stopover *n* (*by plane*) escale *f*; (*by car, train*) halte *f*

stoppage ['stɒpɪdʒ, *Am:* 'stɑːpɪdʒ] *n* **1.** (*stop*) arrêt *m* **2.** (*cessation of work*) interruption *f* de travail **3.** *pl* FIN, ECON déductions *fpl* de salaire

stopper ['stɒpə[r], *Am:* 'stɑːpə[r]] **I.** *n* bouchon *m* **II.** *vt* boucher **stop sign** *n* stop *m* **stopwatch** *n* chronomètre *m*

storage ['stɔːrɪdʒ] *n no pl a.* INFOR stockage *m* **storage heater** *n Brit* chauffage *m* à accumulation **storage space** *n* rangement *m*

store [stɔː[r], *Am:* stɔːr] **I.** *n* **1.** (*shop*) magasin *m;* **department ~** grand magasin **2.** (*supply*) provision *f*; **in ~** en réserve **3.** (*place for keeping supplies*) entrepôt *m* **4. to set great ~ on/by sth** accorder beaucoup d'importance à qc **II.** *vt* INFOR mémoriser; **~** (**away**) mettre en réserve; (*furniture, possessions*) mettre en dépôt **storefront** *n* devanture *f* de magasin **storehouse** *n* **1.** magasin *m* **2.** *fig, form* mine *f* **storekeeper** *n Am* commerçant(e) *m(f)* **storeroom** *n* réserve *f*

storey ['stɔːri] *n Brit, Aus* étage *m*

stork [stɔːk, *Am:* stɔːrk] *n* cigogne *f*

storm [stɔːm, *Am:* stɔːrm] **I.** *n* METEO tempête *f* **II.** *vi* **1.** *Am* METEO

tempêter **2.** (*speak angrily*) fulminer
III. *vt* prendre d'assaut

stormy ['stɔːmi, *Am:* 'stɔːr-] *adj*
orageux

story ['stɔːri] <-ries> *n* **1.** (*tale*) histoire *f* **2.** (*news report*) reportage *m*
3. *Am s.* **storey storyteller** *n* conteur, -euse *m, f*

stout¹ [staut] *n* stout *f* (*bière brune et amère*)

stout² *adj* solide

stove [stəuv, *Am:* stouv] *n*
1. (*heater*) poêle *m* **2.** (*cooker*) cuisinière *f*

◆ **stow away I.** *vt* ranger **II.** *vi* **1.** (*be stored*) se ranger **2.** (*travel*) voyager clandestinement

stowaway *n* passager, -ère *m, f* clandestin(e)

straddle ['strædl] *vt* (*moped, horse*)
enfourcher; (*a river*) enjamber

straggle ['strægl] *vi* traîner

straggler *n* traînard(e) *m(f)*

straight [streit] **I.** *n* **1.** SPORT ligne *f*
droite **2.** *inf* (*not homosexual*) hétéro *mf* **II.** *adj* **1.** (*without bend*)
droit; (*hair*) raide; (*route, train*) direct **2.** (*honest*) honnête; (*answer*)
franc **3.** *inf* (*not homosexual*) hétéro **III.** *adv* **1.** droit; **to put sth** ~ redresser qc **2.** (*at once*) directement;
to get ~ **to the point** aller droit au but **3.** *inf* (*honestly*) directement

straightaway *adv* directement

straighten *vt* **1.** (*make straight*) redresser **2.** (*room*) ranger; (*tie*)
ajuster

◆ **straighten out I.** *vi* (*become straight*) devenir droit **II.** *vt* **1.** (*make straight*) redresser **2.** (*put in order*)
arranger **3.** *fig* arranger; (*problems*)
résoudre

straightforward *adj* **1.** (*honest*)
franc **2.** (*easy*) simple **straight-out**
adj Am, inf direct

strain¹ [strein] **I.** *n no pl* **1.** *no pl*
(*pressure*) *a.* PHYS tension *f;* **to put a**
~ **on sb/sth** exercer une pression
sur qn/qc **2.** (*pulled muscle*) entorse
f **II.** *vi* **to** ~ **to** +*infin* peiner pour
+*infin* **III.** *vt* **1.** MED, SPORT se fouler;
(*muscle, ligament*) se froisser

2. (*pressure*) mettre à rude épreuve;
to ~ **one's ears** tendre l'oreille
3. (*coffee*) passer; (*vegetables*) égoutter

strain² [strein] *n* **1.** (*characteristic inherited*) disposition *f* **2.** (*line of breed*) espèce *f*

strained *adj* (*relations*) tendu;
(*smile*) forcé

strainer *n* passoire *f*

strait [streit] *n* **1.** GEO détroit *m* **2.** *pl*
to be in dire ~**s** être en grande difficulté

straitjacket ['streit,dʒækit] *n* camisole *f*

straitlaced [,streit'leist, *Am:*
'streitleist] *adj* collet monté

strand [strænd] *n* **1.** (*wool, cloth, cable*) fil *m;* (*of pearls*) rang *m*
2. (*lock of hair*) mèche *f*

strange [streindʒ] *adj* **1.** (*extraordinary*) étrange **2.** (*not known*)
étranger; (*face*) inconnu

strangely *adv* bizarrement; ~
enough chose *f* étrange

stranger *n* **1.** (*unknown person*) inconnu(e) *m(f)* **2.** (*from another place*) étranger, -ère *m, f*

strangle ['stræŋgl] *vt* étrangler

strap [stræp] **I.** *n* sangle *f;* (*watch*)
bracelet *m;* (*bra, top*) bretelle *f*
II. <-pping, -pped> *vt* **to** ~ **sb/sth**
to sth attacher qn/qc à qc

stratagem ['strætədʒəm, *Am:*
'strætə-] *n* stratagème *m*

strategic [strə'tiːdʒik] *adj* stratégique

strategist *n* stratège *m*

strategy ['strætədʒi, *Am:* 'strætə-]
<-ies> *n* stratégie *f*

stratum ['streitəm, *Am:* 'streitəm]
<strata> *n* **1.** GEO strate *f* **2.** (*division*) couche *f*

straw [strɔː, *Am:* strɑː] *n* **1.** *no pl*
(*dry cereal stems*) paille *f* **2.** (*drinking tube*) paille *f*

strawberry ['strɔːbəri, *Am:*
'strɑː,beri] <-rries> *n* fraise *f*

stray [strei] **I.** *n* animal *m* errant
II. *adj* **1.** (*homeless*) errant **2.** (*not expected*) isolé **III.** *vi* **1.** (*to go far*)
a. fig s'éloigner **2.** (*to get lost*)

s'égarer

streak [stri:k] **I.** *n* **1.** (*striped mark*) trace *f* **2.** (*hair*) mèche *f* **3.** (*tendency*) tendance *f* **4.** (*run of fortune*) **lucky** ~ période *f* de chance **II.** *vt* strier; **to have one's hair ~ed** se faire des mèches **III.** *vi* **to** ~ **off/out/past** passer/sortir/passer à toute allure

streaky *adj* **1.** (*with different colors*) strié **2.** *Brit* GASTR ~ **bacon** lard *m*

stream [stri:m] **I.** *n* **1.** (*small river*) ruisseau *m* **2.** (*current*) a. *fig* courant *m* **3.** (*flow*) a. *fig* flot *m* **4.** *Brit, Aus* SCHOOL groupe *m* de niveau **II.** *vi* (*flow in liquid*) a. *fig* ruisseler; (*nose, eyes*) couler; **to** ~ **(with) blood/tears** ruisseler de sang/larmes

streamer *n* banderole *f*

streamline ['stri:mlaɪn] *vt* **1.** (*shape aerodynamically*) caréner **2.** (*improve efficiency*) rationaliser

street [stri:t] *n* rue *f* **streetcar** *n Am* tramway *m* **streetlamp**, **streetlight** *n* réverbère *m*

strength [streŋθ] *n* (*effort, good quality*) a. *fig* force *f*; **on the** ~ **of sth** en vertu de qc

strengthen ['streŋθn] *vt* renforcer; (*wall*) fortifier; (*one's muscles*) développer

strenuous ['strenjʊəs, *Am:* -jʊəs] *adj* fatigant; (*opposition, efforts*) acharné

stress [stres] **I.** *n no pl* **1.** (*mental strain*) tension *f* **2.** MED stress *m* **3.** (*importance*) insistance *f*; **to lay** ~ **on sth** insister sur qc **4.** LING accent *m* tonique **II.** *vt* **1.** (*emphasize*) insister sur **2.** (*pronounce forcibly*) accentuer

stressful *adj* stressant

stretch [stretʃ] **I.** <-es> *n* **1.** *no pl* (*elasticity*) élasticité *f* **2.** (*muscle extension*) **to have a** ~ s'étirer **3.** GEO étendue *f*; (*of land*) bande *f*; (*of road*) section *f* **4.** (*period*) période *f*; **at a** ~ d'affilée **II.** *vi* **1.** (*rubber, elastic*) s'étendre; (*clothes*) se détendre **2.** (*extend the muscles*) s'étirer **3.** (*cover an area*) s'étendre;

to ~ **across/along sth** s'étendre à travers/le long de qc **III.** *vt* **1.** (*extend*) étirer; (*hand, arm*) tendre **2.** (*elastic band*) tendre; (*clothes*) détendre **3.** (*demand a lot of*) a. *fig* mettre à rude épreuve **4. to** ~ **it a bit** y aller un peu fort

stretcher *n* brancard *m*

strew [stru:] <strewn, strewn *o* stewed> *vt* **1.** (*scatter*) répandre **2.** *fig* joncher

strict [strɪkt] *adj* strict

strictly *adv* strictement

stride [straɪd] **I.** *vi* marcher à grandes enjambées **II.** *n* (*long step*) enjambée *f*

strident ['straɪdnt] *adj* strident

strife [straɪf] *n no pl* conflit *m*

strike [straɪk] **I.** *n* **1.** (*withdrawal of labour*) grève *f*; **on** ~ en grève **2.** (*sudden attack*) attaque *f* **3.** (*blow*) coup *m* **4.** (*discovery*) découverte *f* **II.** <struck, struck> *vt* **1.** (*hit hard*) frapper **2.** (*a match*) craquer **3.** (*achieve*) atteindre; (*a balance*) trouver **4.** (*discover deposits*) découvrir **5.** (*engender feelings*) **to** ~ **fear into sb** remplir qn d'effroi **III.** <struck, struck> *vi* **1.** (*hit hard*) frapper fort **2.** (*attack*) attaquer **3.** (*withdraw labour*) se mettre en grève

♦ **strike off** *vt Brit, Aus* (*person*) radier; (*name*) rayer; **to strike sb off the register** rayer qn du registre

♦ **strike up** *vt* (*start*) commencer; (*a conversation*) entamer; (*a relationship*) se lancer dans

striker *n* **1.** SPORT buteur *m* **2.** (*worker*) gréviste *mf*

striking *adj* frappant

string [strɪŋ] **I.** *n* **1.** (*twine*) ficelle *f*; (*on instrument*) corde *f*; (*of pearls*) collier *m*; (*of names*) suite *f*; **~s** MUS instruments *mpl* à cordes **2.** INFOR suite *f*; **to pull ~s** tirer les ficelles **II.** <strung, strung> *vt* enfiler

♦ **string out** *vt* faire traîner **string bean** *n Am, Aus* haricot *m* vert **stringed instrument** *n* instrument *m* à cordes

stringent ['strɪndʒənt] *adj* rigou-

S

reux

stringy ['strɪŋi] *adj* filandreux

strip [strɪp] I. *vt* 1. (*lay bare*) enlever 2. (*unclothe*) déshabiller 3. (*dismantle*) défaire II. *vi* se déshabiller III. *n* 1. (*narrow piece*) bande *f*; (*of metal*) lame *f*; (*of land*) bande *f* 2. Brit, Aus SPORT couleurs *fpl* 3. (*striptease*) strip-tease *m* 4. (*long commercial road*) voie *f*

strip cartoon *n* Brit bande *f* dessinée

stripe [straɪp] *n* 1. (*coloured band*) rayure *f* 2. MIL galon *m*

striped *adj* à raies; (*shirt*) à rayures

strip light *n* Brit lampe *f*

stripper *n* 1. (*female*) strip-teaseuse *f* 2. (*male*) strip-teaseur *m* 3. (*solvent*) décapant *m* **striptease** *n* striptease *m*

strive [straɪv] <strove, striven *o* strived, strived> *vi* to ~ to +*infin* s'efforcer de +*infin*

strode [strəʊd, Am: stroʊd] *pt of* **stride**

stroke [strəʊk, Am: stroʊk] I. *vt* caresser II. *n* 1. (*caress*) caresse *f* 2. (*blow*) a. *fig* coup *m*; (*of a pen*) trait *m*; **a ~ of genius** un trait de génie; **at a** (*single*) ~ d'un seul coup 3. MED attaque *f* 4. (*swimming method*) nage *f* 5. (*oblique*) barre *f*

stroll [strəʊl, Am: stroʊl] I. *n* petite promenade *f* II. *vi* flâner

stroller *n* 1. (*person*) promeneur, -euse *m, f* 2. Am, Aus (*pushchair*) poussette *f*

strong [strɒŋ, Am: strɑːŋ] *adj* 1. (*powerful*) fort 2. (*sturdy*) solide **strongbox** *n* coffre-fort *m* **stronghold** ['strɒŋhəʊld, Am: 'strɑːŋhoʊld] *n* bastion *m*

strongly *adv* 1. (*solidly*) a. *fig* solidement 2. (*powerfully*) fortement; (*establish, believe*) fermement

strong-minded *adj* résolu **strong-groom** *n* chambre *f* forte **strong-willed** *adj* to be ~ avoir de la volonté

strove [strəʊv, Am: stroʊv] *pt of* **strive**

struck [strʌk] *pt, pp of* **strike**

structural *adj* 1. (*of organisation*)

structurel 2. (*state of buildings*) de construction

structure ['strʌktʃə', Am: -tʃə] I. *n* 1. structure *f* 2. (*building*) bâtiment *m* II. *vt* structurer

struggle ['strʌgl] I. *n* 1. (*great effort*) lutte *f* 2. (*skirmish*) conflit *m* II. *vi* 1. (*exert oneself*) lutter; **to ~ to one's feet** se lever avec difficulté; **to ~ to** +*infin* avoir de la difficulté à +*infin* 2. (*fight*) se débattre; **to ~ with sb/sth** être aux prises avec qn/qc; *fig* avoir des difficultés avec qn/qc

strum [strʌm] <-mm-> *vt* gratter

strung [strʌŋ] *pt, pp of* **string**

strut [strʌt] I. <-tt-> *vi* parader II. *n* support *m*

stub [stʌb] I. *n* 1. (*counterfoil*) talon *m* 2. (*cigarette but*) mégot *m* 3. (*short pencil*) bout *m* de crayon II. <-bb-> *vt* to ~ **one's toes** se cogner le pied

stubble ['stʌbl] *n no pl* 1. (*beard*) barbe *f* de plusieurs jours 2. (*straw*) chaume *m*

stubborn ['stʌbən, Am: -ən] *adj* têtu; (*problem, stain*) tenace

stubby ['stʌbi] I. *adj* (*finger*) boudiné II. *n* Aus petite bouteille *f* de bière

stuck [stʌk] *pt, pp of* **stick**

stuck-up *adj pej, inf* prétentieux

stud¹ [stʌd] *n* 1. (*horses*) étalon *m* 2. (*establishment*) haras *m* 3. *inf* (*man*) tombeur *m*

stud² [stʌd] *n* 1. (*metal item*) clou *m* pour ornement 2. Brit, Aus (*on shoes*) caboche *f* 3. (*attaching device*) bouton *m* de chemise

student ['stjuːdənt, Am: 'stuː-] *n* étudiant(e) *m(f)*

studied ['stʌdɪd] *adj* étudié; (*answer, politeness*) calculé

studio ['stjuːdiəʊ, Am: 'stuːdioʊ] <-s> *n* 1. (*workroom*) atelier *m* 2. (*apartment*) studio *m* a. TV, MUS studio *m*

studious ['stjuːdiəs, Am: 'stuː-] *adj* 1. (*scholarly*) studieux 2. (*careful*) appliqué

study ['stʌdi] I. *vt* étudier II. *vi* faire des études III. <-ies> *n* 1. (*investi-*

gation) étude f **2.** pl (learning) les études fpl **3.** (room) bureau m de travail

stuff [stʌf] **I.** n **1.** no pl, inf (things) trucs mpl; **to know one's** ~ s'y connaître **2.** (belongings) affaires fpl **II.** vt **1.** (fill) a. fig remplir; (cushion) rembourrer; (animals) empailler; **to** ~ **sth into sth** fourrer qc dans qc **2.** inf (eat greedily) **to** ~ **oneself** s'empiffrer **3.** GASTR farcir

stuffing n no pl **1.** (padding) rembourrage m **2.** (food mixture) farce f

stuffy adj pej **1.** (stodgy) collet monté **2.** (unventilated) mal ventilé

stumble ['stʌmbl] vi **1.** (trip) trébucher; **to** ~ **in/out** entrer/sortir en trébuchant **2.** (falter during talking) **to** ~ **over sth** buter sur qc

stumbling block n obstacle m

stump [stʌmp] **I.** n **1.** (tree end) souche f **2.** (arm) moignon m **II.** vt déconcerter

stun [stʌn] <-nn-> vt **1.** (shock) stupéfier **2.** (make unconscious) assommer

stung [stʌŋ] pp, pt of **sting**

stunk [stʌŋk] pt, pp of **stink**

stunned adj surpris

stunning adj **1.** (that stuns) bouleversant **2.** (dazzling) sensationnel

stunt¹ [stʌnt] n **1.** CINE cascade f **2.** (for publicity) coup m de pub

stunt² [stʌnt] vt ralentir

stunted adj rabougri

stunt artist n cascadeur, -euse m, f

stupefy ['stju:pɪfaɪ, Am: 'stu:pə-] <-ie-> vt stupéfier

stupendous [stju:'pendəs, Am: stu:-] adj prodigieux

stupid ['stju:pɪd, Am:'stu:-] adj stupide

stupidity [stju:'pɪdəti, Am: stu:'pɪdət̬i] n no pl stupidité f

stupor ['stju:pər, Am: 'stu:pə·] n sing stupeur f

sturdy ['stɜ:di, Am: 'stɜ:r-] adj robuste

stutter ['stʌtər, Am: 'stʌt̬ə·] **I.** vt, vi bégayer **II.** n bégaiement m

stutterer n bègue mf

sty¹ [staɪ] n (pigsty) porcherie f

sty², **stye** [staɪ] n MED orgelet m

style [staɪl] **I.** n **1.** style m; ~ **of living** style de vie; **to do things in** ~ faire les choses bien **2.** (fashion) mode f; **in** ~ à la mode **3.** fig, inf genre m; **not to be sb's** ~ ne pas être le genre de qn **II.** vt dessiner; **to** ~ **hair** coiffer ses cheveux

stylish adj qui a du style

stylist n styliste mf; **hair** ~ coiffeur, -euse m, f

stylistic adj stylistique

stylize ['staɪəlaɪz, Am: 'staɪlaɪz] vt styliser

stymie ['staɪmi] <-ing o stymying> vt coincer; (sb's efforts) stopper

sub [sʌb] n **1.** Brit, Aus, inf abbr of **substitute 2.** inf abbr of **submarine 3.** Am, inf abbr of **submarine sandwich** (long sandwich) ≈ sandwich m baguette **4.** Brit, Aus, inf abbr of **subscription subconscious I.** n no pl subconscient m **II.** adj subconscient **subcontinent** n sous-continent m **subcontract** vt sous-traiter **subcontractor** n sous-traitant m **subdivide** vt sous-diviser

subdue [səb'dju:, Am: -'du:] vt (get under control) maîtriser; (person) assujettir

subdued adj (person) calme; (colour, light) doux

subject¹ ['sʌbdʒɪkt] **I.** n sujet m; SCHOOL, UNIV matière f **II.** adj **1.** (dominated) soumis **2.** (exposed to sth) sujet; ~ **to sth** sous réserve de qc

subject² [səb'dʒekt] vt assujettir

subjection [səb'dʒekʃən] n no pl POL soumission f

subjective [səb'dʒektɪv] adj subjectif

subjunctive [səb'dʒʌŋktɪv] n no pl subjonctif m **sublet I.** vt sous-louer **II.** n sous-location f

sublime [sə'blaɪm] adj sublime

submarine I. n sous-marin m **II.** adj sous-marin

submerge [səb'mɜ:dʒ, Am: -'mɜ:rdʒ] vt **1.** (put under water) a. fig immerger **2.** (inundate) a. fig submerger

S s

submission [səbˈmɪʃən] *n no pl* soumission *f*

submissive [səbˈmɪsɪv] *adj* soumis

submit [səbˈmɪt] <-tt-> I. *vt* soumettre II. *vi* to ~ to sb/sth se soumettre à qn/qc **subordinate** I. *n* subordonné(e) *m(f)* II. *vt* subordonner III. *adj* 1. (*secondary*) subordonné 2. (*lower in rank*) subalterne

subpoena [səˈpiːnə] LAW I. *vt* assigner à comparaître II. *n* assignation *f*

subscribe [səbˈskraɪb] *vt* verser
◆**subscribe to** *vt* (*idea*) souscrire à; (*magazine*) s'abonner à

subscriber *n* abonné(e) *m(f)*

subscription *n* abonnement *m* **subsequent** *adj* 1. (*following*) ultérieur 2. (*resulting*) consécutif **subsequently** *adv* par la suite; ~ to sth à la suite de qc

subside [səbˈsaɪd] *vi* 1. (*abate*) diminuer 2. (*cave in*) s'affaisser

subsidence [səbˈsaɪdns] *n no pl* affaissement *m*

subsidiary [səbˈsɪdiəri, *Am:* -əri] I. *adj* subsidiaire; ~ **company** filiale *f* II. <-ies> *n* ECON filiale *f*

subsidize [ˈsʌbsɪdaɪz, *Am:* -sə-] *vt* subventionner

subsidy [ˈsʌbsədi, *Am:* -sə-] <-ies> *n* subvention *f*

subsist [səbˈsɪst] *vi form* subsister

subsistence *n form* subsistance *f*

substance [ˈsʌbstəns] *n* substance *f*

substandard *adj* de qualité inférieure

substantial [səbˈstænʃl] *adj* 1. (*important*) substantiel 2. (*real, general*) tangible

substantially *adv* considérablement

substantiate [səbˈstænʃieɪt] *vt form* corroborer

substantive [ˈsʌbstəntɪv, *Am:* -t̬ɪv] *n* substantif *m*

substitute [ˈsʌbstɪtjuːt, *Am:* -stətuːt] I. *vt* remplacer; **to** ~ **sb/ sth for sb/sth** [*o* **with**] remplacer qn/qc par qn/qc II. *vi* **to** ~ **for sb/ sth** remplacer qn/qc III. *n* 1. (*equivalent*) produit *m* de substitution; ~ **for sth** succédané *m* de qc 2. (*per-*

son) remplaçant(e) *m(f)*

substitution *n* 1. (*replacing*) remplacement *m* 2. LAW substitution *f*

subterfuge [ˈsʌbtəfjuːdʒ, *Am:* -tə-] *n* subterfuge *m*

subterranean *adj a. fig* souterrain

subtitle I. *vt* sous-titrer II. *n* sous-titre *m*

subtle [ˈsʌtl, *Am:* ˈsʌt̬-] *adj* subtil

subtlety [ˈsʌtlti, *Am:* ˈsʌt̬lt̬i] <-ies> *n* subtilité *f*

subtotal *n* sous-total *m*

subtract [səbˈtrækt] *vt* **to** ~ **sth from sth** soustraire qc de qc

subtraction *n no pl* soustraction *f*

suburb [ˈsʌbɜːb, *Am:* -ɜːrb] *n* banlieue *f*

suburban [səˈbɜːbən, *Am:* -ˈbɜːr-] *adj* de banlieue

subversive [səbˈvɜːsɪv, *Am:* -ˈvɜːr-] *adj form* subversif

subvert [sʌbˈvɜːt, *Am:* -ˈvɜːrt] *vt* renverser

subway *n* 1. Brit, Aus (*walkway*) passage *m* souterrain 2. Am (*railway*) métro *m*

succeed [səkˈsiːd] I. *vi* 1. (*achieve one's purpose*) réussir; ~ **in doing sth** réussir à faire qc 2. (*follow*) **to** ~ **to sth** succéder à qc II. *vt* **to** ~ **sb as sth** succéder à qn en tant que qc

success [səkˈses] *n* succès *m*

successful *adj* qui a du succès; (*book, film, artist*) à succès; (*business, season*) prospère; **to be** ~ avoir du succès; **to be** ~ **in doing sth** réussir à faire qc

successfully *adv* avec succès

succession [səkˈseʃən] *n no pl* succession *f*; **in** ~ successivement

successive [səkˈsesɪv] *adj* successif

successively *adv* successivement

successor *n* successeur *m*

succinct [səkˈsɪŋkt] *adj* succinct

succulent [ˈsʌkjʊlənt] *adj* succulent

succumb [səˈkʌm] *vi form* succomber; **to** ~ **to sb/sth** succomber à qn/qc

such [sʌtʃ] I. *adj* tel; ~ **an idiot** un tel idiot; **there is no** ~ **things as this** cela n'existe pas; **in** ~ **a situation** dans une situation pareille; **fruit** ~

as apples des fruits comme des pommes II. *pron* ~ is life ainsi va la vie; people ~ as him des gens comme lui; as ~ en tant que tel; ... and ~ ... et des autres choses de ce genre III. *adv* si; ~ great weather/a good book un si beau temps/bon livre; ~ a lot of problems tant de problèmes

such-and-such *adj inf* tel; to arrive at ~ a time arriver à telle heure

suchlike *pron* de ce genre

suck [sʌk] *vt* 1.(*water, air*) aspirer 2.(*lollipop, thumb*) sucer; (*breast*) téter

◆ **suck in** *vt* (*draw*) aspirer; (*with mouth*) sucer; (*cheeks*) creuser

sucker ['sʌkəʳ, *Am:* -ɚ] *n* 1.(*sticking device*) ventouse *f* 2. *pej, inf* (*gullible person*) nigaud(e) *m(f)*

suction ['sʌkʃən] *n no pl* 1.(*act of sucking*) succion *f* 2. PHYS aspiration *f*

sudden ['sʌdən] *adj* soudain; all of a ~ tout d'un coup

suddenly *adv* soudainement

suds [sʌdz] *npl* mousse *f*

sue [sjuː, *Am:* suː] <suing> *vt* to ~ sb for sth poursuivre qn (en justice) pour qc

suede [sweɪd] *n* daim *m*

suet ['suːɪt] *n no pl* graisse *f* de rognon

suffer ['sʌfəʳ, *Am:* -ɚ] I. *vi* souffrir; to ~ from sth MED souffrir de qc; *fig* subir les conséquences de qc II. *vt* subir

sufferer ['sʌfərəʳ, *Am:* -ɚɚ] *n* malade *mf*

suffering *n* souffrance *f*

suffice [səˈfaɪs] *vi* suffire

sufficient *adj* suffisant; ~ money/evidence/food to +*infin* suffisamment d'argent/de preuves/de nourriture pour +*infin*

suffix ['sʌfɪks] *n* LING suffixe *m*

suffocate ['sʌfəkeɪt] *a. fig* I. *vi* suffoquer II. *vt a. fig* étouffer

suffocating *adj a. fig* étouffant

suffrage ['sʌfrɪdʒ] *n no pl, no indef art* droit *m* de vote

sugar ['ʃʊgəʳ, *Am:* -ɚ] I. *n* (*swee-*

tener) sucre *m* II. *vt* sucrer

sugary ['ʃʊgəri] *adj* sucré

suggest [səˈdʒest, *Am:* səgˈ-] *vt* suggérer

suggestion [səˈdʒestʃən, *Am:* səgˈdʒes-] *n* suggestion *f*

suggestive [səˈdʒestɪv, *Am:* səgˈ-] *adj* suggestif

suicidal [ˌsjuːɪˈsaɪdl, *Am:* ˌsuːəˈ-] *adj* a. *fig* suicidaire

suicide ['sjuːɪsaɪd, *Am:* 'suːə-] *n* suicide *m*; to commit ~ se suicider

suit [suːt] I. *vt* 1.(*be convenient*) convenir à 2.(*look attractive*) aller (bien) à II. *n* 1.(*jacket and trousers*) costume *m*; (*for women*) tailleur *m* 2.(*card sort*) couleur *f* 3. *fig* to follow ~ faire de même

suitable ['suːtəbl, *Am:* -t̬əbl] *adj* adéquat; (*clothes, answer*) approprié; to be ~ for sb convenir à qn

suitcase ['suːtkeɪs] *n* valise *f*

suite [swiːt] *n* 1.(*set of rooms*) suite *f* 2.(*set of furniture*) mobilier *m* 3. MUS suite *f*

suitor ['suːtəʳ, *Am:* 'suːt̬ɚ] *n* 1.(*man in love*) soupirant *m* 2. ECON acquéreur *m* potentiel

sulfur ['sʌlfəʳ] *n Am s.* **sulphur**

sulk [sʌlk] *vi* bouder

sulky ['sʌlki] *adj* boudeur

sullen ['sʌlən] *adj* renfrogné; (*sky, clouds*) maussade

sulphur ['sʌlfəʳ, *Am:* -fɚ] *n no pl* CHEM soufre *m*

sultan ['sʌltən] *n* sultan *m*

sultana [sʌlˈtɑːnə, *Am:* -ˈtænə] *n* raisin *m* de Smyrne

sultry ['sʌltri] *adj* 1.(*humid*) lourd 2.(*sexy*) sensuel

sum [sʌm] *n* 1.(*amount*) somme *f* 2. MAT calcul *m*

summarize ['sʌməraɪz] *vt* résumer

summary ['sʌməri] I. *n* résumé *m* II. *adj* sommaire

summer ['sʌməʳ, *Am:* -ɚ] I. *n* été *m*; in (the) ~ en été II. *adj* d'été **summertime** *n s.* **summer**

summery ['sʌməri] *adj* estival

summit ['sʌmɪt] *n* sommet *m*

summon ['sʌmən] *vt* 1.(*call*) appeler 2.(*council, person*) convoquer

S
s

3. LAW citer à comparaître
summon up *vt* rassembler
summons *n* **1.** (*call*) sommation *f* **2.** LAW citation *f* à comparaître
sump [sʌmp] *n* **1.** (*pit*) fosse *f* **2.** AUTO carter *m*
sumptuous ['sʌmptʃʊəs] *adj* somptueux
sun [sʌn] **I.** *n* soleil *m* **II.** <-nn-> *vt* **to ~ oneself** prendre un bain de soleil **sunbathe** *vi* prendre un bain de soleil **sunblock** *n* protection *f* solaire **sunburn** *n* coup *m* de soleil **sunburned, sunburnt** *adj* **1.** (*reddened skin*) **to be/get ~** avoir/attraper un coup de soleil **2.** (*suntanned skin*) **to be ~** être bronzé
sundae ['sʌndeɪ, *Am:* -di] *n* sundae *m*
Sunday ['sʌndeɪ] *n* dimanche *m*
sundial *n* HIST cadran *m* solaire
sundown *n Am, Aus s.* **sunset**
sundry ['sʌndri] *adj* divers; **all and ~** *inf* tout le monde et n'importe qui
sunflower *n* tournesol *m*
sung [sʌŋ] *pp of* **sing**
sunglasses ['sʌnˌɡlɑːsɪz, *Am:* 'sʌnˌɡlæsɪs] *npl* lunettes *fpl* de soleil
sunk [sʌŋk] *pp of* **sink**
sunken ['sʌŋkən] *adj* **1.** (*submerged*) immergé **2.** (*garden*) en contrebas; (*bath*) encastré **3.** (*cheeks, eyes*) creux **sunlight** *n no pl, no indef art* soleil *m*
sunlit ['sʌnlɪt] *adj* ensoleillé
sunny ['sʌni] *adj* ensoleillé; **to have a ~ disposition** être d'un naturel enjoué
sunrise ['sʌnraɪz] *n* lever *m* du soleil
sunroof *n* toit *m* ouvrant **sunscreen** *n* écran *m* solaire
sunset ['sʌnset] *n* coucher *m* du soleil
sunshade *n* **1.** (*umbrella*) ombrelle *f* **2.** *Am* (*awning*) parasol *m* **sunshine** *n no pl, no indef art* (*light and heat*) *a. fig* soleil *m* **sunstroke** *n no pl, no indef art* insolation *f*
suntan ['sʌntæn] *n* bronzage *m*
sun-tanned *adj* bronzé

super¹ ['suːpər, *Am:* -pɚ] *adj, adv inf* super
super² ['suːpər, *Am:* -pɚ] *n* AUTO super *m*
super³ ['suːpər, *Am:* -pɚ] *n abbr of* **superintendent**
superb [suːˈpɜːb, *Am:* səˈpɜːrb] *adj* superbe
supercilious ['suːpəˈsɪlɪəs, *Am:* ˌsuːpɚˈsɪlɪəs] *adj* hautain
superficial [ˌsuːpəˈfɪʃl, *Am:* ˌsuːpɚˈ-] *adj a. fig* superficiel
superficiality [ˌsuːpəˌfɪʃɪˈæləti, *Am:* -pɚˌfɪʃɪˈæləti] *n no pl* superficialité *f*
superfluous [suːˈpɜːfluəs, *Am:* -ˈpɜːr-] *adj* superflu
superglue® *n* superglu® *f* **superhighway** *n* **1.** *Am s.* **dual carriageway 2.** INFOR autoroute *f* de l'information **superhuman** *adj* surhumain **superimpose** *vt* superposer **superintendent** *n* **1.** (*caretaker*) concierge *mf* **2.** (*police officer*) commissaire *mf*
superior [suːˈpɪəriər, *Am:* səˈpɪriɚ] **I.** *adj a. pej* supérieur **II.** *n* supérieur(e) *m(f)*
superiority [suːˌpɪəriˈɒrəti, *Am:* səˌpɪriˈɔːrəti] *n no pl* supériorité *f*
superlative [suːˈpɜːlətɪv, *Am:* səˈpɜːrlətɪv] **I.** *adj* **1.** (*good*) sans pareil **2.** LING superlatif **II.** *n* LING superlatif *m*
superman *n* (*superior man*) PSYCH surhomme *m* **supermarket** *n* supermarché *m* **supermodel** *n* top model *m* **supernatural I.** *adj* surnaturel **II.** *n* **the ~** le surnaturel **superpower** *n* POL superpuissance *f*
supersede [ˌsuːpəˈsiːd, *Am:* -pɚˈ-] *vt* remplacer
supersonic [ˌsuːpəˈsɒnɪk, *Am:* -pɚˈsɑːnɪk] *adj* supersonique
superstar *n* superstar *f*
superstition [ˌsuːpəˈstɪʃən, *Am:* -pɚˈ-] *n* superstition *f*
superstitious *adj* superstitieux
superstore *n* hypermarché *m* **supertanker** *n* pétrolier *m* géant
supervise ['suːpəvaɪz, *Am:* -pɚ-] *vt* surveiller
supervision *n no pl* surveillance *f*

supervisor *n* **1.** (*person in charge*) chef *m*; (*in a department*) chef *m* de service; (*in shop*) chef *m* de rayon **2.** (*teacher*) directeur, -trice *m, f*

supervisory *adj* de surveillance

supper ['sʌpəʳ, *Am:* -ɚ] *n* souper *m*

supple ['sʌpl] <-r, -st> *adj* souple

supplement ['sʌplɪmənt, *Am:* -lə-] **I.** *n* supplément *m* **II.** *vt* **1.** (*increase*) augmenter **2.** (*add to*) compléter

supplemental *adj Am*, **supplementary** *adj* **1.** (*in addition to*) supplémentaire **2.** (*complementary*) complémentaire

supplier [sə'plaɪəʳ, *Am:* -ɚ] *n* fournisseur *m*

supply [sə'plaɪ] **I.** <-ied> *vt* fournir; (*an answer*) donner; **to ~ sb/sth with food** approvisionner qn/qc en nourriture **II.** *n* **1.** (*provision*) provision *f*; **electricity/water supplies** alimentation *f* en électricité/eau; **food supplies** vivres *mpl* **2.** *pl* (*equipment*) matériel *m*; (*of an office*) fournitures *fpl* **3.** *no pl, no indef art* (*action of making available*) ~ **and demand** l'offre et la demande

supply teacher *n Brit, Aus* remplaçant(e) *m(f)*

support [sə'pɔːt, *Am:* -'pɔːrt] **I.** *vt* **1.** (*hold up*) maintenir; (*theory*) appuyer **2.** (*bear*) supporter **3.** (*provide with money*) entretenir **4.** (*party*) soutenir; (*team*) supporter **II.** *n* **1.** (*act of supporting*) appui *m* **2.** (*object*) support *m* **3.** (*garment*) maintien *m* **4.** *no pl* (*help*) soutien *m*

supporter *n* (*of an idea, right*) défenseur *m*; (*of a campaign, party*) partisan(e) *m(f)*; *Brit* (*of a team*) supporter, -trice *m, f*

supportive *adj* **to be ~** être d'un grand soutien

suppose [sə'pəʊz, *Am:* -'poʊz] *vt* supposer; **I ~ so** je suppose que oui; **~ (that) we do sth** et si on faisait qc

supposed *adj* **1.** (*regarded as sth*) présumé **2.** (*so-called*) soi-disant

supposedly *adv* soi-disant

supposing *conj* à supposer que +*subj*

supposition [ˌsʌpə'zɪʃən] *n* supposition *f*

suppository [sə'pɒzɪtəri, *Am:* -'pɑːzətɔːri] <-ies> *n* MED suppositoire *m*

suppress [sə'pres] *vt* **1.** (*terrorism, revolution*) réprimer **2.** (*report, effect*) supprimer **3.** (*grin, information*) étouffer; (*emotions*) réprimer

suppression [sə'preʃən] *n no pl, no indef art* **1.** (*of an uprising, a revolution*) répression *f* **2.** (*disappearing*) suppression *f* **3.** (*of anger, emotion*) refoulement *m*; (*of evidence*) dissimulation *f*

supremacy [sʊ'preməsi, *Am:* sə'-] *n no pl* suprématie *f*

supreme [suː'priːm, *Am:* sə'-] *adj* suprême

supreme court, **Supreme Court** *n* Cour *f* suprême

surcharge ['sɜːtʃɑːdʒ, *Am:* 'sɜːrtʃɑːrdʒ] *n* supplément *m*; (*on tax bills*) surtaxe *f*

sure [ʃʊəʳ, *Am:* ʃʊr] **I.** *adj* sûr; **to make ~ (that) …** s'assurer que …; **to be ~ of oneself** être sûr de soi **II.** *adv* vraiment; **~ enough** en effet

surely ['ʃɔːli, *Am:* 'ʃʊrli] *adv* sûrement

surety ['ʃʊərəti, *Am:* 'ʃʊrəti] <-ies> *n* garantie *f*

surf [sɜːf, *Am:* sɜːrf] **I.** *n* surf *m* **II.** *vi* **1.** (*ride waves on board*) faire du surf **2.** SPORT *s.* **windsurf III.** *vt* INFOR naviguer

surface ['sɜːfɪs, *Am:* 'sɜːr-] **I.** *n* surface *f*; **on the ~** en apparence **II.** *vi* **1.** (*come to top*) faire surface **2.** (*become obvious*) apparaître **III.** *vt* revêtir **IV.** *adj* **1.** (*worker*) de surface **2.** (*fleet*) de surface **3.** (*superficial*) superficiel **surface mail** *n* courrier *m* de surface

surfboard *n* **1.** (*for riding waves*) surf *m* **2.** SPORT *s.* **windsurfboard**

surfboarder *n* SPORT *s.* **surfer**

surfeit ['sɜːfɪt, *Am:* 'sɜːr-] *n no pl, form* excès *m*

surfer, **surfie** *n Aus, inf* **1.** (*person*)

S $_s$

a. INFOR surfeur, -euse *m, f* **2.** SPORT *s.* **windsurfer**

surfing *n no pl, no indef art* **1.** (*riding the waves*) surf *m* **2.** SPORT *s.* **windsurfing**

surge [sɜːdʒ, *Am:* sɜːrdʒ] **I.** *vi* **1.** (*move strongly forward*) se précipiter **2.** (*water*) monter **3.** (*anger*) monter **II.** *n* **1.** (*sudden increase*) montée *f* **2.** (*forward movement*) poussée *f* **3.** (*upward movement*) élan *m*

surgeon ['sɜːdʒən, *Am:* 'sɜːr-] *n* MED chirurgien(ne) *m(f)*

surgery ['sɜːdʒəri, *Am:* 'sɜːr-] *n* **1.** Brit, Aus MED cabinet *m* médical; **to hold a** ~ consulter **2.** *no pl, no indef art* MED chirurgie *f*

surgical ['sɜːdʒɪkl, *Am:* 'sɜːr-] *adj* MED chirurgical; (*corset, boot*) orthopédique **surgical spirit** *n* Brit alcool *m* à 90

surly ['sɜːli, *Am:* 'sɜːr-] *adj* bourru

surmise ['sɜːmaɪz, *Am:* sə'maɪz] **I.** *vt form* supposer **II.** *n form* (*guess*) supposition *f*

surmount [sə'maʊnt, *Am:* sə'-] *vt* (*challenge*) surmonter

surname ['sɜːneɪm, *Am:* 'sɜːr-] *n* nom *m* de famille

surpass [sə'pɑːs, *Am:* sə'pæs] *vt* surpasser

surplus ['sɜːpləs, *Am:* 'sɜːr-] **I.** *n* **1.** (*extra amount*) surplus *m* **2.** *no pl* (*in production*) excédent *m* **II.** *adj* **1.** (*extra*) en trop **2.** ECON excédentaire

surprise [sə'praɪz, *Am:* sə'-] **I.** *n* surprise *f* **II.** *vt* surprendre **III.** *adj* surprise

surprised *adj* surpris

surprising *adj* surprenant

surprisingly *adv* étonnamment

surrender [sə'rendə', *Am:* -də] **I.** *vi* **to** ~ **to sb/sth** se rendre à qn/ qc **II.** *vt* **to** ~ **sth to sb** remettre qc à qn **III.** *n* **1.** (*act of admitting defeat*) reddition *f* **2.** *no pl, form* (*giving up*) remise *f* **3.** MIL capitulation *f*

surreptitious [ˌsʌrəp'tɪʃəs, *Am:* ˌsɜːr-] *adj* subreptice

surround [sə'raʊnd] **I.** *vt* **1.** (*en-close*) entourer **2.** (*encircle*) encercler **II.** *n* **1.** (*border*) encadrement *m;* (*of fireplace, window, door*) chambranle *m* **2.** *pl* (*of an area*) environs *mpl*

surrounding *adj* (*area*) environnant

surroundings *n* **1.** (*environment*) environnement *m* **2.** (*of city*) environs *mpl*

surveillance [sɜː'veɪləns, *Am:* sə'-] *n no pl, no indef art* surveillance *f*

survey [sə'veɪ, *Am:* sə'-] **I.** *vt* **1.** (*study*) étudier **2.** (*look at*) scruter **3.** (*examine*) inspecter; (*house*) faire l'expertise de **4.** GEO relever **II.** *n* **1.** (*study*) étude *f;* (*for market research*) enquête *f;* (*for opinions*) sondage *m* **2.** (*inspection*) inspection *f;* (*of house*) expertise *f* **3.** (*description*) tour *m* d'horizon **4.** GEO relevé *m*

surveyor *n* **1.** GEO géomètre *mf* **2.** Brit (*property assessor*) expert(e) *m(f);* **a quantity** ~ un métreur

survival [sə'vaɪvl, *Am:* sə'-] *n* **1.** *no pl, no indef art* (*not dying*) survie *f* **2.** *no pl, no indef art* (*continuing*) vestige *m*

survive [sə'vaɪv, *Am:* sə'-] **I.** *vi a. fig* survivre **II.** *vt a. fig* survivre à; (*accident, illness*) réchapper à

survivor *n* survivant, -e *m, f*

susceptibility *n* **1.** (*touchy*) susceptibilité *f* **2.** (*sensitivity*) sensibilité *f* **3.** MED prédisposition *f*

susceptible [sə'septəbl] *adj* **1.** (*touchy*) susceptible **2.** MED **to be** ~ **to sth** être prédisposé à qc

sushi ['suːʃi] *n* sushi *m*

suspect [sə'spekt] **I.** *vt* **1.** (*think likely, consider guilty*) soupçonner **2.** (*doubt*) douter de **II.** *n* suspect *m* **III.** *adj* suspect

suspend [sə'spend] *vt* **1.** (*stop temporarily, hang*) suspendre; SCHOOL, UNIV renvoyer **2.** (*a sentence*) surseoir à

suspender belt *n* Brit, Aus FASHION porte-jarretelles *m*

suspenders *n pl* **1.** (*for stockings*) jarretelles *fpl* **2.** Am (*braces*) bretelles *fpl*

suspense [səˈspens] *n* suspense *m*

suspension [səˈspentʃən] *n* suspension *f*

suspicion [səˈspɪʃən] *n* **1.** (*belief*) soupçon *m* **2.** *no pl, no indef art* (*mistrust*) méfiance *f*

suspicious [səˈspɪʃəs] *adj* **1.** (*causing suspicion*) suspect **2.** (*having suspicions*) soupçonneux

sustain [səˈsteɪn] *vt* **1.** *form* (*suffer*) subir **2.** (*life*) maintenir **3.** (*support*) soutenir

sustainable *adj* viable; (*development*) durable

sustenance [ˈsʌstɪnənts, *Am:* -tnəns] *n no pl, no indef art* **1.** (*food*) nourriture *f* **2.** (*nutritious value*) valeur *f* nutritive

swab [swɒb, *Am:* swɑːb] I. *n* **1.** MED compresse *f* **2.** (*test*) prélèvement *m* II. <-bb-> *vt* **1.** MED nettoyer **2.** NAUT lessiver

swagger [ˈswæɡəʳ, *Am:* -ɚ] *vi* (*walk*) se pavaner

swallow[1] [ˈswɒləʊ, *Am:* ˈswɑːloʊ] *vt, vi* avaler
◆ **swallow up** *vt* engloutir

swallow[2] [ˈswɒləʊ, *Am:* ˈswɑːloʊ] *n* ZOOL hirondelle *f*

swam [swæm] *pt of* **swim**

swamp [swɒmp, *Am:* swɑːmp] I. *n* **1.** (*area*) marécage *m* **2.** *no pl, no indef art* (*land*) marais *m* II. *vt a. fig* inonder

swampy *adj* marécageux

swan [swɒn, *Am:* swɑːn] *n* ZOOL cygne *m*

swank [swæŋk] I. *vi inf* frimer II. *n no pl, no indef art, inf* frime *f*

swansong *n* chant *m* du cygne

swap [swɒp, *Am:* swɑːp] I. *vt, vi* <-pp-> échanger II. *n* (*exchange*) échange *m*

swarm [swɔːm, *Am:* swɔːrm] I. *vi* essaimer; **to be ~ing with sth** *fig* grouiller de qc II. *n* **1.** ZOOL, BIO essaim *m* **2.** (*group*) nuée *f*

swarthy [ˈswɔːði, *Am:* ˈswɔːr-] *adj* basané

swat [swɒt, *Am:* swɑːt] <-tt-> *vt* écraser

sway [sweɪ] I. *vi* se balancer II. *vt*

(*persuade*) influencer

swear [sweəʳ, *Am:* swer] <swore, sworn> I. *vi* **1.** (*curse*) dire des jurons **2.** LAW prêter serment II. *vt* jurer
◆ **swear at** *vt* injurier
◆ **swear by** *vt inf* jurer par

swearing *n no pl* jurons *mpl*

swear word *n* gros mot *m*

sweat [swet] I. *n* **1.** *no pl, no indef art* (*perspiration*) transpiration *f* **2.** *pl* FASHION survêtement *m* II. *vi* (*perspire*) transpirer

sweatband *n* bandeau *m* en éponge

sweater *n* pull *m*

sweatshirt [ˈswetʃɜːt, *Am:* -ʃɜːrt] *n* sweat-shirt *m*

sweaty [ˈsweti, *Am:* ˈsweṯ-] *adj* (*covered in perspiration*) en sueur; (*palms*) moite

swede [swiːd] *n Brit, Aus* rutabaga *m*

Swede [swiːd] *n* (*person*) Suédois(e) *m(f)*

Sweden [ˈswiːdn] *n* la Suède

Swedish I. *adj* suédois II. *n* LING suédois *m*

sweep [swiːp] <swept, swept> I. *n* **1.** *no pl* (*clean with a brush*) coup *m* de balai **2.** *s.* **chimney sweep** **3.** (*movement*) large mouvement *m* **4.** (*curve*) courbe *f* II. *vt* **1.** (*floor*) balayer; (*chimney*) ramonner **2.** (*take*) emporter **3.** *Am, inf* (*win*) remporter III. *vi* **1.** (*clean*) balayer **2.** (*move*) **to ~ past sb** passer fièrement devant qn
◆ **sweep out** I. *vt* balayer II. *vi* sortir fièrement
◆ **sweep up** *vt* **1.** (*brush and gather*) balayer **2.** (*gather*) ramasser

sweeper *n* **1.** (*industrial device*) balayeuse *f* **2.** (*carpet ~*) balai *m* **3.** (*person*) balayeur, -euse *m, f* **4.** SPORT libero *m*

sweeping *adj* **1.** (*changes, cuts*) radical; (*power*) plein; (*generalization*) abusif **2.** (*movement, gesture*) large

sweet [swiːt] I. *adj* **1.** (*containing sugar*) sucré **2.** (*pleasant*) doux; (*perfume*) suave **3.** (*wine*) doux **4.** (*endearing*) mignon **5.** (*kind*) gentil II. *n* **1.** *Brit, Aus* (*candy*) bonbon

S_s

m **2.** *Brit, Aus* (*dessert*) dessert *m*

sweet-and-sour *adj* GASTR aigre-doux

sweetcorn *n Am* GASTR maïs *m*

sweeten ['swiːtən] *vt* (*make sweet*) sucrer; *fig* adoucir

sweetener *n* édulcorant *m*

sweetheart *n* **1.** (*kind person*) amour *m* **2.** (*term of endearment*) mon cœur

sweetly *adv* gentiment; (*sing*) d'une voix douce

sweetness *n no pl, a. fig* douceur *f*

sweet pea *n* pois *m* de senteur **sweet potato** *n* patate *f* douce **sweet tooth** *n fig* to have a ~ adorer les sucreries

swell [swel] <swelled, swollen *o* swelled> **I.** *vt a. fig* gonfler **II.** *vi* **1.** (*get bigger*) se gonfler; (*wood*) gonfler; (*ankle, arm*) enfler; (*sea*) se soulever **2.** (*get louder*) monter **III.** *n no pl, no indef art* **1.** (*increase in sound*) crescendo *m* **2.** (*movement of sea*) houle *f*

swelling *n* **1.** MED grosseur *f* **2.** *no pl, no indef art* (*lump*) bosse *f*

swelter ['sweltə^r, *Am:* -t̬ə^r] *vi* étouffer

sweltering *adj* (*heat*) écrasant

swept [swept] *pt of* **sweep**

swerve [swɜːv, *Am:* swɜːrv] *vi* faire un écart

swift¹ [swɪft] *adj* rapide

swift² [swɪft] *n* martinet *m*

swiftly *adv* rapidement

swiftness *n no pl* rapidité *f*

swig [swɪg] **I.** <-gg-> *vt inf* descendre **II.** *n inf* coup *m*

swill [swɪl] **I.** *n no pl* (*feed*) pâtée *f* **II.** *vt* **1.** (*rinse*) to ~ (out) laver à grande eau **2.** *inf* (*drink fast*) boire d'un trait

swim [swɪm] **I.** <swam *o a. Aus* swum, swum, -mm-> *vi* nager; to **make sb's head** ~ faire tourner la tête à qn **II.** <swam *o a. Aus* swum, swum, -mm-> *vt* **1.** (*cross*) traverser à la nage **2.** (*do*) to ~ **a few strokes** faire quelques brasses **III.** *n* baignade *f;* to go for a ~, to have a ~ aller nager

swimmer *n* nageur *m,* -euse *m, f;* to be

a **strong** ~ être un bon nageur

swimming *n no pl* **1.** (*act*) nage *f* **2.** SPORT natation *f*

swimming bath *n* piscine *f* **swimming costume** *n Brit, Aus* maillot *m* de bain **swimming pool** *n* piscine *f* **swimming trunks** *n* caleçon *m* de bain

swimsuit *n* maillot *m* de bain

swindle ['swɪndl] **I.** *vt* escroquer **II.** *n* escroquerie *f*

swindler *n* escroc *m*

swine [swaɪn] *n* <-(s)> porc *m; pej, inf* salaud *m*

swing [swɪŋ] **I.** *n* **1.** (*movement*) balancement *m;* to **get into the** ~ of **things** *fig, inf* se mettre dans le bain **2.** (*punch*) volée *f* **3.** (*hanging seat*) balançoire *f* **4.** (*sharp change*) revirement *m;* **mood** ~ saute *f* d'humeur **II.** <swung, swung> *vi* **1.** (*move back and forth*) se balancer **2.** (*move circularly*) to ~ (**round**) se retourner; to ~ **into action** se mettre au boulot **III.** <swung, swung> *vt* **1.** (*move back and forth*) balancer **2.** (*to turn round*) tourner **3.** *inf* to ~ **it** arranger les choses

swingeing ['swɪndʒɪŋ] *adj Brit* considérable

swipe [swaɪp] *inf* **I.** *vt* **1.** *Brit* (*hit with a sweeping motion*) envoyer une volée à **2.** *inf* (*steal*) braquer **3.** (*pass a magnetic card*) passer **II.** *n* volée *f;* to **take a** ~ **at sb/sth** envoyer une volée à qn/qc

swipe card *n* carte *f* à bande magnétique

swirl [swɜːl, *Am:* swɜːrl] **I.** *vi* tourbillonner **II.** *vt* faire tourbillonner **III.** *n* tourbillon *m*

swish [swɪʃ] **I.** *vi* **1.** (*make a hissing noise*) siffler **2.** (*make a rustling noise*) bruisser **II.** *adj a. pej, inf* chic

Swiss [swɪs] **I.** *adj* suisse; ~ **German/French** suisse allemand/romand **II.** *n* Suisse *m,* Suissesse *f*

switch [swɪtʃ] **I.** <-es> *n* **1.** (*control*) interrupteur *m* **2.** (*substitution*) remplacement *m* **3.** (*alteration*) revirement *m* **II.** *vi* changer;

to ~ (over) to sth passer à qc; **to ~ from sth to sth** passer de qc à qc **III.** *vt* **1.** (*change*) changer de; **to ~ one's attention to sth** reporter son attention sur qc **2.** (*adjust settings*) régler; (*train*) aiguiller **3.** (*exchange*) échanger
◆ **switch off I.** *vt* éteindre **II.** *vi* **1.** (*turn off*) éteindre **2.** (*lose attention*) décrocher
◆ **switch on I.** *vt* allumer **II.** *vi* s'allumer
switchboard ['swɪtʃbɔːd, *Am*: -bɔːrd] *n* **1.** ELEC tableau *m* de distribution **2.** TEL standard *m*
Switzerland ['swɪtsələnd, *Am*: -sələnd] *n* la Suisse
swivel ['swɪvəl] <*Brit, Aus* -ll- *o Am* -l-> *vt* faire pivoter
swivel chair *n* chaise *f* pivotante
swollen ['swəʊlən, *Am*: 'swoʊ-] **I.** *pp of* **swell II.** *adj* enflé; **a ~ head** *péj* une grosse tête
swoon [swuːn] *vi* (*adore*) se pâmer
swoop [swuːp] **I.** *n* **1.** (*dive in the air*) piqué *m* **2.** *inf* (*surprise attack*) descente *f* **II.** *vi* **1.** (*dive through the air*) plonger en piqué **2.** *inf* (*police*) faire une descente
swop [swɒp, *Am*: swaːp] <-pp-> *vt, vi Brit, Can s.* **swap**
sword [sɔːd, *Am*: sɔːrd] *n* épée *f*
swore [swɔː, *Am*: swɔːr] *pt of* **swear**
sworn [swɔːn, *Am*: swɔːrn] **I.** *pp of* **swear II.** *adj inv* (*witness*) sous serment; **~ enemy** ennemi *m* juré
swot [swɒt, *Am*: swaːt] <-tt-> *vi Brit, Aus, inf* bûcher
swum [swʌm] *pp, a. Aus pt of* **swim**
swung [swʌŋ] *pt, pp of* **swing**
sycamore ['sɪkəmɔːʳ, *Am*: -mɔːr] *n* sycomore *m*
syllable ['sɪləbl] *n a. fig* syllabe *f*
syllabus ['sɪləbəs] <-es *o form* syllabi> *n* programme *m*
symbol ['sɪmbl] *n* symbole *m*
symbolic(al) *adj* symbolique
symbolism ['sɪmbəlɪzəm] *n no pl* symbolisme *m*
symbolize ['sɪmbəlaɪz] *vt* symboliser

symmetrical [sɪ'metrɪkl] *adj* symétrique
symmetry ['sɪmətri] *n no pl* symétrie *f*
sympathetic [ˌsɪmpə'θetɪk, *Am*: -'θeṱ-] *adj* **1.** (*understanding*) compatissant **2.** (*supporting*) POL solidaire
sympathize ['sɪmpəθaɪz] *vi* **1.** (*show understanding*) compatir **2.** (*agree with*) être d'accord
sympathizer *n* sympathisant(e) *m(f)*
sympathy ['sɪmpəθi] *n no pl* **1.** (*compassion*) compassion *f* **2.** (*feeling of agreement*) solidarité *f*; **to be in ~ with sb/sth** être solidaire de qn/qc
symphonic [sɪm'fɒnɪk, *Am*: -'faːnɪk] *adj* symphonique
symphony ['sɪmfəni] *n* symphonie *f*
symposium [sɪm'pəʊziəm, *Am*: -'poʊ-] <-s *o* -sia> *n* symposium *m*
symptom ['sɪmptəm] *n* **1.** (*sign of a disease*) symptôme *m* **2.** (*indicator or sign*) indice *m*
symptomatic [ˌsɪmptə'mætɪk, *Am*: -'mæṱ-] *adj* symptomatique
synagogue ['sɪnəgɒg, *Am*: -gaːg] *n* synagogue *f*
sync [sɪŋk] **I.** *n* synchro *f* **II.** *vt* synchroniser
synchronize ['sɪŋkrənaɪz] *vt* synchroniser
syndicate ['sɪndɪkət, *Am*: -dəkɪt] *n* syndicat *m*
syndrome ['sɪndrəʊm, *Am*: -droʊm] *n a. fig* syndrome *m*
synonym ['sɪnənɪm] *n* synonyme *m*
synonymous [sɪ'nɒnɪməs] *adj* synonyme
synopsis [sɪ'næpsɪs] <-ses> *n* synopsis *m*
syntax ['sɪntæks] *n no pl* syntaxe *f*
synthesis ['sɪntθəsɪs] <-theses> *n* synthèse *f*
synthesize ['sɪnθəsaɪz] *vt* synthétiser
synthesizer *n* synthétiseur *m*
synthetic [sɪn'θetɪk, *Am*: -'θeṱ-] *adj* (*artificial*) synthétique; (*product, sweeteners*) de synthèse; (*flavourings*) artificiel

S
s

syphilis [ˈsɪfɪlɪs, *Am:* ˈsɪflɪs] *n no pl* syphilis *f*

syphon [ˈsaɪfn] *n s.* **siphon**

syringe [sɪˈrɪndʒ, *Am:* səˈ-] *n* seringue *f*

syrup [ˈsɪrəp] *n no pl* sirop *m*

syrupy [ˈsɪrəpi] *adj a. pej* sirupeux

system [ˈsɪstəm] *n a. pej a.* INFOR, MAT système *m;* **a ~ error/analysis** une erreur/analyse de système

systematic [ˌsɪstəˈmætɪk, *Am:* -ˈmæt̬-] *adj* systématique

systematize [ˈsɪstəmətaɪz] *vt* systématiser

system operator *n* INFOR opérateur *m* du système

T t

T, t [tiː] <-'s *o* -s> *n* T, t *m*

ta [taː] *interj Brit, inf* (*thanks*) merci!

tab [tæb] *n* **1.** (*flap, strip*) étiquette *f* **2.** (*strip for recording device*) languette *f* **3.** *Am, Aus, inf* (*bill*) douloureuse *f* **4.** INFOR tabulation *f;* (*key*) touche *f* de tabulation **5. to keep ~s on sb/sth** garder un œil sur qn/qc

tabby [ˈtæbi] *adj ~* (*cat*) chat *m* tigré

table [ˈteɪbl] I. *n* **1.** (*piece of furniture*) table *f* **2.** (*collection of information*) *a.* INFOR tableau *m* II. *vt* présenter

tablecloth *n* nappe *f* **table linen** *n* linge *m* de table **table manners** *n* bonnes manières *fpl* **table mat** *n* **1.** (*for plates*) set *m* de table **2.** (*for hot dishes*) dessous-de-plat *m* **tablespoon** *n* cuiller *f* à soupe, cuiller *f* à table *Québec*

tablet [ˈtæblɪt] *n* **1.** (*pill*) comprimé *m;* **sleeping ~** somnifère *m* **2.** (*with inscription*) plaque *f* commémorative **3.** *Brit* (*~ of soap*) savonnette *f* **4.** *Am* (*pad of paper*) bloc *m*

table tennis *n* tennis *m* de table **table wine** *n* vin *m* de table

tabloid [ˈtæblɔɪd] *n* tabloïd *m;* **the ~ press, the ~s** la presse à scandale

taboo [təˈbuː], **tabu** I. *n* tabou *m* II. *adj* tabou

tachycardia [ˌtækɪˈkɑːdiə, *Am:* -ˈkɑːr-] *n* tachycardie *f*

taciturn [ˈtæsɪtɜːn, *Am:* -ətɜːrn] *adj* taciturne

tack [tæk] I. *n* **1.** (*short nail*) clou *m* **2.** (*drawing pin*) punaise *f* **3.** (*approach*) tactique *f* II. *vt* clouer; (*with a drawing pin*) punaiser

tackle [ˈtækl] I. *vt* **1.** (*to get ball*) intercepter **2.** (*person, problem*) aborder; (*job*) s'attaquer à II. *n no pl* **1.** SPORT interception *f;* (*by bringing player down*) plaquage *m* **2.** (*gear*) équipement *m;* **fishing ~** articles *mpl* de pêche

tacky [ˈtæki] <-ier, -iest> *adj* **1.** (*sticky*) collant **2.** *pej, inf* (*bad taste*) plouc

tact [tækt] *n no pl* tact *m*

tactful *adj* plein de tact; **be ~!** sois délicat!

tactic [ˈtæktɪk] *n* tactique *f*

tactical *adj* tactique

tactless *adj* **to be ~** être dépourvu de tact

tadpole [ˈtædpəʊl, *Am:* -poʊl] *n* têtard *m*

tag [tæg] I. *n* **1.** (*label*) étiquette *f;* (*of metal*) plaque *f* **2.** *no pl* (*children's game*) jeu *m* du chat perché **3.** (*phrase*) citation *f* II. <-gg-> *vt a. fig* étiqueter

◆ **tag along** *vi inf* suivre

tail [teɪl] I. *n* **1.** (*on animal*) queue *f* **2.** (*side of a coin*) face *f;* **heads or ~s? – ~s** pile ou face? – pile *f* II. *vt* pister; **to be ~ed** être suivi

◆ **tail off** *vt* diminuer

tailback *n Brit* bouchon *m*

tail end *n* bout *m*

tailgate *n* hayon *m*

taillight *n* AUTO feu *m* arrière

tailor [ˈteɪləʳ, *Am:* -lə-] I. *n* tailleur *m* II. *vt* **1.** (*suit*) faire **2.** (*adapt*) adapter

tailor-made *adj* fait sur mesure

tailpiece *n* appendice *m*

tainted *adj* (*reputation*) souillé

Taiwan [ˌtaɪˈwɑːn] *n* Taiwan *f*
take [teɪk] **I.** *n* CINE prise *f* de vue
II.<took, taken> *vt* **1.**(*hold and
move*) prendre; **he took me in his
arms** il m'a pris dans ses bras; ~ **six
from ten** MAT dix moins six **2.**(*so as
to have with one*) prendre; (*person*)
emmener; (*things*) emporter
3.(*guest, friend*) prendre; (*present,
letter*) apporter **4.**(*job, responsibility, payment*) prendre; (*cash, applicant*) accepter; (*advice*) suivre; **I
can't ~ the pressure/the boredom** je ne supporte pas le stress/
l'ennui **5.**(*train, bus, route*) prendre
6.(*medicine, sugar*) prendre
7.(*people*) (pouvoir) contenir; (*traffic*) recevoir **8.**(*skills, patience, effort*) demander; (*time*) prendre
9.(*city, position*) s'emparer de;
(*prisoners*) capturer; (*game*) gagner;
(*award*) remporter; **to ~ hold of
sb/sth** s'emparer de qn/qc
10.(*letter, notes, photos*) prendre
11.(*use*) prendre **12.**(*with specific objects*) **to ~ a
rest** se reposer; **to ~ a walk** se pro-
mener; **to ~ office** entrer en fonction; **to ~ an interest in sb/sth**
s'intéresser à qn/qc; **to ~ the score**
Brit noter le score; **to ~an exam**
passer un examen **13. point ~n** très
juste; ~ **my word for it** croyez-moi;
what do you ~ me for? pour qui tu
me prends?; ~ **it from me** croyez-
moi sur parole; ~ **my children, for
example** regardez mes enfants, par
exemple **III.**<took, taken> *vi*
prendre

♦ **take aback** *vt* surprendre
♦ **take after** *vi* ressembler à
♦ **take along** *vt* emmener
♦ **take apart** *vt* **1.**(*disassemble*)
défaire; (*machine*) démonter **2.**(*person, team, book*) démolir
♦ **take away** *vt* **1.**(*remove*) enlever
2. GASTR emporter; **two coffees to ~**
deux cafés à emporter **3.**(*subtract
from*) soustraire **4.to take sb's**

breath away couper le souffle de qn
♦ **take back** *vt* **1.**(*borrowed book,
faulty goods*) rapporter **2.**(*accept
back*) reprendre; (*spouse*) se remettre avec **3.**(*accompany a person*) raccompagner **4.**(*retract*) retirer
♦ **take down** *vt* **1.**(*bring lower*) descendre **2.**(*remove*) enlever **3.**(*disassemble*) démonter **4.**(*write*) noter
♦ **take in** *vt* **1.**(*visitor*) faire entrer;
to ~ a cabaret/film aller au ca-
baret/cinéma **2.**(*student*) recevoir;
(*orphan, stray cat*) recueillir **3.**(*deceive*) tromper **4.**(*understand*) saisir; (*death*) accepter **5.**(*absorb*) absorber; *fig* s'imprégner de **6.**(*include*) comprendre
♦ **take off I.** *vt* **1.**(*clothes*) enlever;
(*hat, glasses*) retirer **2.**(*product,
film*) retirer; **to take sb off a list** éliminer qn d'une liste **3.**(*not work*) **to
take a day/a week off** (**work**)
prendre un jour/une semaine de vacances **4.**(*subtract*) déduire **5.** *Brit*
(*imitate*) imiter **II.** *vi* **1.**(*plane*) décoller; (*bird*) s'envoler **2.** *inf* (*leave*)
déguerpir **3.**(*have success*) se développer; **his business is really taking off** son affaire est en plein essor
♦ **take on I.** *vt* **1.**(*job, quality*)
prendre **2.**(*put to work*) recruter
3.(*enemy, rival*) s'attaquer à; SPORT
jouer contre **II.** *vi* s'en faire
♦ **take out** *vt* **1.**(*remove*) enlever;
(*teeth*) extraire **2.**(*chairs, washing*)
sortir **3.** *Am* GASTR emporter; **pizzas
to ~** pizzas à emporter **4.**(*children,
friend*) sortir; **to take sb out to
dinner** inviter qn à dîner
♦ **take over I.** *vt* (*company, post*)
reprendre; (*country*) prendre le contrôle **II.** *vi* prendre le pouvoir; **I'm
tired of driving, you ~** je suis fatigué de conduire, tu me remplaces
♦ **take to** *vi* **1.**(*person*) se mettre à
aimer; (*hobby, activity*) prendre goût
à **2.**(*begin as a habit*) **to ~ doing
sth** se mettre à faire qc **3.**(*forest,
hills*) se réfugier dans; **to ~ one's
bed** s'aliter
♦ **take up** *vt* **1.**(*bring up*) faire

T
t

monter **2.** (*pick up*) ramasser **3.** (*post*) commencer; (*hobby, language*) se mettre à **4.** (*discuss*) parler de; (*matter, question*) aborder **5.** (*challenge*) relever; (*offer*) accepter; (*opportunity*) saisir; (*case*) se charger de **6.** (*attitude*) adopter; (*habit*) prendre **7.** (*anecdote, slogan*) reprendre **8.** (*time, energy*) prendre

takeaway *n* **1.** *Brit, Aus* (*restaurant*) restaurant ou snack qui propose des plats à emporter **2.** (*meal*) plat *m* à emporter; **a ~ coffee/pizza** un café/une pizza à emporter

taken *pp of* **take**

take-off *n* décollage *m*

takeout *n Am s.* **takeaway**

takeover *n* rachat *m*

taking *n* **1.** (*action of taking*) prise *f* **2.** *pl* (*receipts*) recette *f*

taking-over *n no pl* prise *f* de contrôle

talc [tælk], **talcum** (**powder**) *n no pl* talc *m*

tale [teɪl] *n* **1.** (*story*) histoire *f* **2.** LIT conte *m* **3.** (*true story*) récit *m*; **to tell ~s** *péj* raconter des histoires

talent ['tælənt] *n* talent *m*

talented *adj* talentueux

talk [tɔːk] **I.** *n* **1.** (*discussion*) discussion *f*; **there's ~ of a new school** on parle d'une nouvelle école **2.** (*conversation*) conversation *f* **3.** (*lecture*) conférence *f* **4.** *no pl* (*things said*) bavardages *mpl*; **to make small ~** parler de choses et d'autres **5.** *pl* négociations *fpl*; (*for peace*) pourparlers *mpl* **II.** *vi* **1.** (*speak*) parler; **to ~ to oneself** se parler à soi-même; **to ~ about sth** parler de qc **2.** (*gossip*) jaser **III.** *vt* parler; **to ~ nonsense** [*o* **rubbish**] *Brit, pej* dire n'importe quoi; **to ~ sb into/out of doing sth** convaincre qn de faire qc/de ne pas faire qc
◆ **talk over** *vt* parler de

talkative ['tɔːkətɪv, *Am:* -t̬ɪv] *adj* loquace

talking book *n* livre *m* enregistré
talking point *n* sujet *m* de discussion

talk show *n* talk-show *m*

tall [tɔːl] *adj* grand; (*grass, building*) haut; **to grow ~(er)** grandir; **to stand ~** se tenir droit; **to be over six feet ~** faire plus de d'1m 80 (de haut)

tallow ['tæləʊ, *Am:* -oʊ] *n no pl* suif *m*

tally ['tæli] **<-ie->** **I.** *vi* **to ~ with sth** correspondre à qc **II.** **<-ies>** *n sing* compte *m*

talon ['tælən] *n* **1.** (*claw*) serre *f* **2.** *fig* griffe *f*

tambourine [ˌtæmbə'riːn] *n* tambourin *m*

tame [teɪm] **I.** *adj* **1.** (*animals*) apprivoisé; *fig* docile **2.** (*unexciting, dull*) plat **II.** *vt* (*animal*) apprivoiser; (*person*) dresser

tamper with *vt* **1.** (*rig, manipulate*) toucher à **2.** (*balance-sheet, documents*) falsifier; **her drink had been tampered with** on avait mis quelque chose dans son verre

tampon ['tæmpən, *Am:* -pɑːn] *n* tampon *m*

tan [tæn] **I.** **<-nn->** *vi, vt* bronzer **II.** *n* bronzage; **to get a ~** bronzer

tandem ['tændəm] *n* tandem *m*

tang [tæŋ] *n* goût *m* fort

tangent ['tændʒənt] *n* MAT *a. fig* tangente *f*

tangerine [ˌtændʒə'riːn] *n* mandarine *f*

tangible ['tændʒəbl] *adj* tangible

Tangier ['tændʒɪə', *Am:* tæn'dʒɪr] *n* Tanger

tangle ['tæŋgl] **I.** *n* **1.** (*mass of entwined threads*) enchevêtrement *m* **2.** (*confusion, muddle*) **to get in a ~ with lies** s'embrouiller dans les mensonges; **in a ~** embrouillé **II.** *vt* emmêler; **I got ~d (up) in the ropes** je me suis pris dans les cordes **III.** *vi* **1.** (*knot up*) s'emmêler **2.** (*quarrel*) s'embrouiller

tango ['tæŋgəʊ, *Am:* -goʊ] *n* tango *m*

tank [tæŋk] *n* **1.** (*container*) *a.* AUTO réservoir *m*; **fish ~** aquarium *m* **2.** MIL tank *m*

tank up *vi* faire le plein

tanker ['tæŋkə^r, *Am:* -ə^r] *n* **1.** (*boat*) pétrolier *m* **2.** (*lorry*) camion-citerne *m*

tank top *n* débardeur *m*

tanned *adj* bronzé

tanning *n* bronzage *m*

Tannoy® *n Brit* ≈ haut-parleurs *mpl*

tantalizing *adj* tentant; (*smell*) alléchant; (*smile*) énigmatique

tantamount ['tæntəmaʊnt, *Am:* -t̬ə-] *adj* **to be ~ to sth** revenir à qc

tantrum ['tæntrəm] *n* caprice *m;* **to have** [*o* **throw**] **a ~** faire un caprice

Tanzania [ˌtænzə'nɪə, *Am:* -'niːə] *n* la Tanzanie

tap¹ [tæp] **I.** *n* robinet *m* **II.** <-pp-> *vt* **1.** TEL mettre sur écoute téléphonique; **to ~ a phone/line** placer un téléphone/une ligne sur écoute **2.** (*make use of, utilize*) exploiter; **to ~ sb for money** taper de l'argent à qn

tap² [tæp] **I.** *n* tape *f* **II.** <-pp-> *vt* tapoter

tap dance ['tæpˌdɑːnts, *Am:* -ˌdænts] *n* claquettes *fpl*

tape [teɪp] **I.** *n* **1.** (*strip*) ruban *m* **2.** (*adhesive strip*) ruban *m* adhésif **3.** (*for recording*) cassette *f* **II.** *vt* **1.** (*fasten with tape*) **to ~ sth** (**up**) scotcher qc **2.** (*record*) enregistrer

tape measure *n* mètre *m* ruban

taper *vi* s'effiler; (*trousers*) être en fuseau

tape recorder *n* magnétophone *m*

tapestry ['tæpɪstri, *Am:* -əstri] *n* tapisserie *f*

tapeworm ['teɪpwɜːm, *Am:* -wɜːrm] *n* ténia *m*

tapir ['teɪpə^r, *Am:* -pə^r] *n* tapir *m*

tap water *n* eau *f* du robinet

tar [tɑː^r, *Am:* tɑːr] **I.** *n no pl* goudron *m* **II.** <-rr-> *vt* goudronner

target ['tɑːgɪt, *Am:* 'tɑːr-] **I.** *n* **1.** (*mark aimed at*) *a. fig* cible *f* **2.** (*objective*) objectif *m* **II.** <*Brit* -tt-*o Am* -t-> *vt* **1.** (*aim at*) viser; (*market, group*) cibler **2.** (*direct*) diriger

tariff ['tærɪf, *Am:* 'ter-] *n* **1.** Brit, *form* (*list of charges*) tarif *m* **2.** (*import, export duty*) droit *m* de douane

tarmac® ['tɑːmæk, *Am:* 'tɑːr-], **tarmacadam**® *n no pl* macadam *m*

tarnish I. *vi* se ternir **II.** *vt a. fig* ternir

tarragon ['tærəgən, *Am:* 'terəgɑːn] *n no pl* estragon *m*

tart [tɑːt, *Am:* tɑːrt] **I.** *n* (*type of pastry*) tarte *f* **II.** *adj* **1.** (*sharp, acid in taste*) acide **2.** *fig* acerbe; (*wit*) caustique

tart up *vt Brit, inf* **1.** (*dress, make oneself up*) **to tart oneself up** se pomponner **2.** (*renovate, refurbish*) retaper

tartan ['tɑːtn, *Am:* 'tɑːrtn] **I.** *n no pl* tartan *m* **II.** *adj* écossais

tartar ['tɑːtə^r, *Am:* 'tɑːrt̬ə^r] *n no pl* tartre *m*

tartar(e) sauce *n no pl* sauce *f* tartare

task [tɑːsk, *Am:* tæsk] **I.** *n* tâche *f* **II.** *vt passive* **to be ~ed with sth** être chargé de qc

Tasmania [tæz'meɪnɪə] *n* la Tasmanie

tassel ['tæsl] *n* gland *m*

taste [teɪst] **I.** *n* **1.** *no pl* (*sensation*) goût *m* **2.** (*liking*) goût *m;* **to have** (**good**) **~** avoir bon goût **3.** *no pl* (*short encounter, experience*) **to have a ~ of sth** *a. fig* goûter à qc; **to give sb a ~ of army life** faire goûter qn à la vie militaire **II.** *vt a. fig* goûter à **III.** *vi* + *adj* **to ~ bitter/salty/sweet** avoir un goût amer/salé/sucré; **to ~ of sth** avoir un goût de qc, goûter qc *Belgique, Québec*

tasteful *adj* de bon goût

tasteless *adj* **1.** (*without flavour*) fade **2.** (*showing bad taste, unstylish*) de mauvais goût

tasty *adj* appétissant; **to be ~** être appétissant, goûter *Belgique, Québec*

tatters *n pl* **to be in ~** être en lambeaux

tattered *adj* **1.** (*clothes*) en lambeaux **2.** (*reputation*) ruiné

tattoo [tə'tuː, *Am:* tæt'uː] **I.** *n* tatouage *m* **II.** *vt* tatouer

tatty ['tæti, *Am:* 'tæt̬-] <-ier, -iest> *adj pej* minable

taught [tɔːt, *Am:* tɑːt] *pt, pp of*

T t

teach

taunt [tɔːnt, *Am:* tɑːnt] **I.** *vt* railler **II.** *n* raillerie *f*

Taurus ['tɔːrəs] *n* Taureau *m; s. a.* **Aquarius**

taut [tɔːt, *Am:* tɑːt] *adj* **1.** (*pulled tight*) tendu **2.** (*concise*) concis

tavern ['tævən, *Am:* -ən] *n* taverne *f*

tawdry ['tɔːdri, *Am:* 'tɑː-] <-ier, -iest> *adj pej* vulgaire

tax [tæks] **I.** <-es> *n* (*direct*) impôt *m;* (*indirect*) taxe *f; ~* **on income** impôt sur le revenu; **a ~ form** une feuille d'impôts; **a ~ problem/advice** un problème/conseil fiscal; **after/before ~** après/avant imposition **II.** *vt* **1.** (*levy a tax on*) taxer; (*person*) imposer **2.** (*make demands on, strain*) **to ~ sb/sb's patience** mettre qn/la patience de qn à l'épreuve; **to ~ sb's memory** faire appel à la mémoire de qn **3.** (*accuse*) **to ~ sb with sth** taxer qn de qc; **to ~ sb with doing sth** accuser qn de faire qc

taxable *adj* imposable

taxation [tæk'seɪʃən] *n no pl* **1.** (*levying*) imposition *f* **2.** (*money*) impôts *mpl;* **direct/indirect ~** *Brit* impôts *mpl* directs/indirects

tax collector *n* percepteur, -trice *m, f* **tax-deductible** *adj Am, Aus* déductible des impôts **tax disc** *n Brit* vignette *f* automobile **tax evader** *n* fraudeur, -euse *m, f* **tax-free** *adj* non-taxé

taxi ['tæksi] **I.** *n* taxi *m* **II.** *vi* rouler

taxi driver *n* chauffeur *m* de taxi

taxi rank *n Brit,* **taxi stand** *n Am* station *f* de taxis

taxman ['tæksmæn] *n no pl* percepteur *m;* **the ~** le fisc

taxpayer *n* contribuable *mf* **tax return** *n* déclaration *f* d'impôts **tax year** *n* année *f* fiscale

tbs. *n abbr* de **tablepoon(ful)** cuillerée *f* à soupe

tea [tiː] *n* **1.** (*drink*) thé *m;* **mint ~** thé à la menthe **2.** *Brit* (*late afternoon meal*) goûter *m* **3.** *Brit, Aus* (*early evening cooked meal*) dîner *m*

tea bag *n* sachet *m* de thé, poche *f* de thé *Québec* **tea break** *n Brit* pause-café *f*

teach [tiːtʃ] <taught, taught> **I.** *vt* **1.** (*subject, students*) enseigner; **to ~ history to children** enseigner l'histoire aux enfants; **to ~ sb to fish** apprendre à qn à pêcher **2.** **that'll ~ you a lesson** ça t'apprendra **II.** *vi* enseigner

teacher ['tiːtʃə, *Am:* -tʃə] *n* (*in primary education*) instituteur, -trice *m, f;* (*in secondary education*) professeur *mf;* **the ~s** les enseignants *mpl*

teaching *n* enseignement *m*

teaching hospital *n* CHU *m* **teaching method** *n* méthode *f* pédagogique **teaching staff** *n* corps *m* enseignant

tea cloth *n Brit* torchon *m* de cuisine **teacup** *n* tasse *f* à thé

teak [tiːk] *n no pl* teck *m*

team [tiːm] *n + sing/pl vb* équipe *f* **teammate** *n* coéquipier, -ère *m, f* **teamwork** *n* travail *m* d'équipe

teapot *n* théière *f*

tear[1] [tɪə, *Am:* tɪr] *n* larme *f*

tear[2] [teə, *Am:* ter] **I.** *n* déchirure *f* **II.** <tore, torn> *vt a. fig* déchirer; **to ~ a hole in sth** faire un trou dans qc (en le déchirant); **to ~ sth into shreds** mettre qc en lambeaux **III.** <tore, torn> *vi* **1.** (*rip, come asunder*) se déchirer **2.** (*rush wildly*) foncer; **to ~ in** entrer à toute allure; **to ~ off** partir à toute allure

◆ **tear apart** *vt* **1.** (*package, machine*) mettre en pièces **2.** (*party, family*) déchirer

◆ **tear down** *vt* (*poster*) arracher; (*building*) détruire

◆ **tear off** *vt* détacher; (*roughly*) arracher; **to ~ one's clothes** se déshabiller prestement

◆ **tear up** *vt a. fig* déchirer

teardrop *n* larme *f*

tearful *adj* en larmes

tear gas *n* gaz *m* lacrymogène

tearoom, tea room *n* salon *m* de thé

tease [tiːz] **I.** *vt* taquiner **II.** *n* taquin(e) *m(f)*

tea service, tea set *n* service *m* à thé **tea shop** *n Brit* s. **tearoom tea-spoon** *n* cuillère *f* à café, cuillère *f* à thé *Québec* **teaspoonful** *n* cuillère *f* à café

teat [tiːt] *n* **1.** (*nipple of beast*) mamelon *m* **2.** (*artificial nipple*) tétine *f*

teatime *n sing, Brit* l'heure *m* du thé **tea towel** *n Brit* torchon *m*, drap *m* de maison *Belgique*, patte *f Suisse* **tea tray** *n* plateau *m* **tea trolley** *n*, **tea wagon** *n Am* chariot *m*

technical ['tɛknɪkəl] *adj* technique

technical college *n* ≈ établissement *m* d'enseignement technique

technicality [ˌtɛknɪ'kæləti, *Am:* -nə'kælət̬i] <-ies> *n* **1.** (*technical aspect*) technicité *f* **2.** (*trivial matter*) détail *m*

technician [tɛk'nɪʃən] *n* technicien(ne) *m(f)*

technique [tɛk'niːk] *n* technique *f*

technological *adj* technologique

technology [tɛk'nɒlədʒi, *Am:* -'nɑːlə-] *n* technologie *f*

teddy ['tɛdi] <-ies> *n* nounours *m*

teddy bear *n* ours *m* en peluche

tedious ['tiːdiəs] *adj* ennuyeux

teem [tiːm] *vi* **1.** METEO it is ~ing (with rain) il pleut des cordes **2.** *fig* to be ~ing with (*shoppers, insects, birds*) grouiller de

teenage, teenaged *adj* adolescent; (*crime*) juvénile

teenager ['tiːneɪdʒəʳ, *Am:* -dʒɚ] *n* adolescent(e) *m(f)*

teens [tiːnz] *npl* adolescence *f*; **to be in one's** ~ être un adolescent

tee shirt ['tiːʃɜːt, *Am:* -ʃɜːrt] *n* tee-shirt *m*

teeter ['tiːtəʳ, *Am:* -t̬ɚ] *vi* **1.** (*sway back and forth*) chanceler **2.** *fig* to ~ between sth and sth hésiter entre qc et qc

teeth [tiːθ] *n pl of* tooth

teethe [tiːð] *vi* faire ses dents

teething *adj* dentition *f*

teetotaler *n Brit, Aus*, **teetotaller** *n Am: personne qui ne boit jamais d'alcool*

tel. *n abbr of* **telephone** tél. *m*

telecommunications ['tɛlɪkəˌmjuːnɪ'keɪʃnz] *npl* télécommunications *fpl*

telegram ['tɛlɪgræm] *n* télégramme *m*

telegraph ['tɛlɪgrɑːf, *Am:* -græf] *n no pl* télégraphe *m*

telepathy [tɪ'lepəθi, *Am:* tə'-] *n no pl* télépathie *f*

telephone ['tɛlɪfəʊn, *Am:* -əfoʊn] **I.** *n* téléphone *m*; **by** ~ par téléphone; **on the** ~ au téléphone; **to pick up the** ~ prendre le téléphone **II.** *vt* appeler **III.** *vi* téléphoner; **to** ~ **long-distance** faire un appel longue distance

telephone book *n* annuaire *m* **telephone booth, telephone box** *n Am* cabine *f* téléphonique **telephone call** *n* appel *m* téléphonique; **to make a** ~ passer un appel **telephone directory** *n* s. **telephone book telephone number** *n* numéro *m* de téléphone **telephone operator** *n Am* standardiste *mf*

telephonist *n Brit* s. **telephone operator**

telescope ['tɛlɪskəʊp, *Am:* -əskoʊp] *n* télescope *m*

teleshopping *n no pl* INFOR téléachat *m*

teletext ['tɛlɪtɛkst, *Am:* '-ə-] *n no pl* télétexte *m*

televise ['tɛlɪvaɪz, *Am:* 'telə-] *vt* téléviser

television ['tɛlɪˌvɪʒən, *Am:* 'telə-] *n* télévision *f*; **on** ~ à la télévision

television station *n* chaîne *f* de télévision **television viewer** *n* téléspectateur, -trice *m, f*

teleworking *n no pl* télétravail *m*

telex ['tɛlɛks] *n* télex *m*

tell [tɛl] **I.** <told, told> *vt* **1.** (*giving information*) dire; **to** ~ **sb about** [*o* **of**] **sth** parler de qc à qn; **to** ~ **sb** (**that**) ... dire à qn que ...; **we were told that** ... on nous a dit que ...; **to** ~ **sb about a change** informer qn d'un changement; **don't** ~ **anyone** ne le dis à personne; **I wasn't told**

T_t

on ne m'a rien dit; **to ~ sb the time** donner l'heure à qn; **to ~ the future** prédire l'avenir **2.** (*narrate*) raconter; **to ~ (sb) sth** raconter qc (à qn) **3.** (*command*) **to ~ sb to** +*infin* dire à qn de +*infin* **4.** (*make out*) discerner; **to ~ the difference** faire la différence; **you can never ~** on ne peut jamais savoir **5.** (*count*) compter; **all told** en tout **6. I'll ~ you what** tu sais quoi; **there's no ~ling** Dieu seul sait; **that would be ~ing** *inf* ça c'est mon affaire; **I told you so** je te l'avais bien dit; **what did I ~ you?** *inf* je te l'avais bien dit; **~ me another (one)** *inf* à d'autres; **you're ~ing me!** *inf* à qui le dis-tu? **II.** <told, told> *vi* parler

◆ **tell apart** *vt* différencier

◆ **tell off** *vt* (*child*) gronder; (*employee*) faire des reproches à

◆ **tell on** *vt* **1.** (*affect negatively*) affecter **2.** (*inform on sb*) dénoncer

telling *adj* révélateur

telltale ['teltˌeɪl], **tell-tale I.** *n pej* rapporteur, -euse *m, f* **II.** *adj* révélateur

telly ['teli] *n Brit, Aus, inf* télé *f*

temp [temp] *inf* **I.** *n* employé(e) *m(f)* temporaire **II.** *vi* travailler en intérim

temper ['tempə'ʳ, *Am:* -pə'] **I.** *n* **1.** (*angry state*) colère *f*; **a fit of ~** un accès de colère; **to be in a ~** être en colère **2.** (*characteristic mood*) humeur *f*; **to be in a good/bad ~** être de bonne/mauvaise humeur; **to have a very bad ~** avoir très mauvais caractère **II.** *vt* tempérer

temperament ['tempərəmənt] *n* tempérament *m*

temperate ['tempərət] *adj* METEO tempéré; (*in character*) modéré

temperature ['temprətʃə'ʳ, *Am:* -pə'ətʃə'] *n* température *f*

temple[1] ['templ] *n* (*monument*) temple *m*

temple[2] ['templ] *n* BIO tempe *f*

tempo ['tempəʊ, *Am:* -poʊ] <-s *o* -pi-> *n* tempo *m*

temporarily *adv* temporairement

temporary ['temprəri, *Am:* 'tem-

pəreri] *adj* temporaire; (*job, worker*) intérimaire; (*solution, building*) provisoire

tempt [tempt] *vt* tenter; **to let oneself be ~ed** se laisser tenter; **to ~ sb into doing sth** inciter qc à faire qc

temptation [temp'teɪʃən] *n* tentation *f*

tempting *adj* tentant

ten [ten] *adj* dix; **to be ~ a penny** *fig* se ramasser à la pelle; *s. a.* **eight**

tenable ['tenəbl] *adj* défendable

tenacious [tɪ'neɪʃəs, *Am:* tə'-] *adj* tenace

tenacity [tɪ'næsəti, *Am:* tə'næsəti] *n no pl* ténacité *f*

tenancy ['tenənsi] *n* location *f*

tenant ['tenənt] *n* locataire *mf*

tend[1] [tend] *vi* (*be likely*) **to ~ to** +*infin* avoir tendance à +*infin*; **to ~ to(wards) sth** tendre vers qc

tend[2] [tend] (*care for*) **I.** *vt* s'occuper de **II.** *vi* **to ~ to sth** s'occuper de qc

tendency ['tendənsi] <-ies> *n* tendance *f*

tender[1] ['tendə'ʳ, *Am:* -də'] *adj* **1.** (*not tough*) *a. fig* tendre **2.** (*easily damaged by cold*) délicat **3.** (*painful*) sensible

tender[2] ['tendə'ʳ, *Am:* -də'] **I.** *n* offre *f*; **to invite ~s** faire un appel d'offres **II.** *vt* (*form*) offrir; (*resignation, apologies*) présenter

tender-hearted *adj* au cœur tendre

tenderloin ['tendəlɔɪn, *Am:* -də'-] *n no pl* filet *m*

tenderness *n no pl* tendresse *f*

tendon ['tendən] *n* tendon *m*

tenement ['tenəmənt] *n* immeuble *m*

tenement house *n Am, Scot* immeuble *m*

tenfold ['tenfəʊld, *Am:* -foʊld] **I.** *adj* décuple **II.** *adv* au décuple

tennis ['tenɪs] *n no pl* tennis *m*

tennis court *n* court *m* de tennis **tennis player** *n* joueur, -euse *m, f* de tennis **tennis shoe** *n* tennis *f*, espadrille *f* de tennis *Québec*

tenor ['tenə'ʳ, *Am:* -ə'] *n* ténor *m*

tense[1] [tents] **I.** *adj a. fig* tendu;

(*muscles*) contracté **II.** *vt* tendre **III.** *vi* se tendre

tense² [tents] *n* LING temps *m*

tension ['tentʃən] *n* a. *fig* tension *f*

tent [tent] *n* tente *f*

tentacle ['tentəkl, *Am:* -tə-] *n* a. *fig, pej* tentacule *f*

tentative ['tentətɪv, *Am:* -tətɪv] *adj* **1.** (*provisional*) provisoire **2.** (*hesitant*) timide

tenterhooks ['tentəhʊks, *Am:* -tə-] *npl* **to be on** ~ être sur des charbons ardents

tenth [tenθ] *adj* dixième; *s. a.* **eighth**

tent peg *n* piquet *m* de tente

tenuous ['tenjʊəs] *adj* ténu

tenure ['tenjʊəʳ, *Am:* -jə-] *n no pl, form* **1.** (*official occupancy*) bail *m* **2.** (*in post*) **to have** ~ être titulaire

tepid ['tepɪd] *adj a. fig* tiède

term [tɜ:m, *Am:* tɜ:rm] **I.** *n* **1.** (*word*) terme *m* **2.** (*period*) terme *m;* UNIV, SCHOOL trimestre *m;* ~ **of office** mandat *m;* ~ **of imprisonment** durée *f* d'emprisonnement; **in the long/short** ~ à long/court terme **3.** *pl* (*conditions*) conditions *fpl;* **to be on good** ~s être en de bons termes; **to come to** ~s arriver à un compromis; **to come to** ~s **with** (*arriver à*) accepter **II.** *vt* désigner

terminal ['tɜ:mɪnl, *Am:* 'tɜ:r-] **I.** *adj* terminal; (*patient, illness*) incurable **II.** *n a.* INFOR terminal *m*

terminate ['tɜ:mɪneɪt, *Am:* 'tɜ:r-] *form* **I.** *vt* terminer; (*project, contract*) mettre un terme à; (*pregnancy*) interrompre **II.** *vi* se terminer

terminus ['tɜ:mɪnəs, *Am:* 'tɜ:r-] <-es *o* -i> *n* terminus *m*

terrace ['terəs] *n* **1.** (*level*) terrasse *f* **2.** *Brit, Aus* (*row of adjoining houses*) maisons *fpl* mitoyennes

terraced *adj* **1.** (*house*) mitoyen **2.** (*roof*) en terrasse(s)

terracotta [ˌterəˈkɒtə, *Am:* -ˈkɑ:tə] *n no pl* terre *f* cuite

terrain [te'reɪn] *n* terrain *m*

terrible ['terəbl] *adj* terrible; (*crime, struggle, experience*) horrible; (*weather, film*) affreux; **she looked**

~ elle avait une mine affreuse

terribly *adv* terriblement

terrier ['terɪəʳ, *Am:* -ə-] *n* terrier *m*

terrific [təˈrɪfɪk] *adj inf* **1.** (*party*) génial; **to feel** ~ se sentir en pleine forme; **you look** ~ **in that dress** tu es superbe dans cette robe **2.** (*very great*) incroyable

terrified *adj* terrifié

terrifying *adj* terrifiant

territory ['terɪtəri, *Am:* 'terətɔ:ri] <-ies> *n* **1.** (*land*) a. *fig* territoire *m;* **forbidden** ~ zone *f* interdite **2.** (*field of activity, knowledge*) a. *fig* domaine *m*

terror ['terəʳ, *Am:* -ə-] *n a. inf* terreur *f*

terrorism ['terərɪzəm] *n no pl* terrorisme *m*

terrorist *n* terroriste *mf*

terrorize ['terəraɪz] *vt* terroriser

terror-stricken, terror-struck *adj* frappé de terreur

terry ['teri], **terry cloth, terry towelling** *n no pl* (tissu *m*) éponge *f*

terse [tɜ:s, *Am:* tɜ:rs] *adj* sec

tertiary ['tɜ:ʃəri, *Am:* 'tɜ:rʃɪeri] **I.** *adj* tertiaire **II.** <-ies> *n* tertiaire *m*

test [test] **I.** *n* **1.** (*examination*) test *m;* SCHOOL examen *m;* **a** ~ **of skill** une épreuve d'adresse **2.** (*scientific examination*) examen *m;* **blood** ~ analyse *f* de sang; **pregnancy** ~ test *m* de maternité; **urine** ~ analyse *f* d'urine **3.** (*challenge*) épreuve *f;* **to put sth to the** ~ mettre qc à l'épreuve **II.** *vt* **1.** (*examine knowledge of*) tester **2.** (*machine*) essayer; (*system*) tester **3.** (*examine*) analyser; **to** ~ **sb's blood** faire une analyse de sang; **to** ~ **sb for AIDS** faire un test de dépistage du sida **4.** (*measure*) mesurer **5.** (*by touching*) toucher; (*by tasting*) goûter **6.** (*try to the limit*) **to** ~ **sb/sth** mettre qn/qc à l'épreuve

testament ['testəmənt] *n form, a. fig* testament *m*

tester *n* **1.** (*person*) contrôleur, -euse *m, f* **2.** (*sample*) échantillon *m*

testicle ['testɪkl] *n* testicule *m*

T *t*

testify ['testɪfaɪ] <-ie-> vi, vt témoigner; **to ~ to having done sth** déclarer avoir fait qc; **to ~ to sth** attester qc

testimony ['testɪməni, Am: -moʊni] <-ies> n a. fig témoignage m

testing adj éprouvant

test tube n éprouvette f; **~ baby** bébé m éprouvette

tether ['teðəʳ, Am: -ɚ] I. n **to be at the end of one's ~** être au bout du rouleau II. vt attacher

text [tekst] n texte m

textbook I. n manuel m II. adj **1.** (demonstration) exemplaire f **2.** (usual) typique

textile ['tekstaɪl] n pl textile m

texture ['tekstʃəʳ, Am: -tʃɚ] n texture f

Thailand ['taɪlənd] n la Thaïlande

than [ðən, ðæn] conj que; **she is taller ~ he** (is) [o him inf] il est plus grande que lui; **no sooner sb has done sth, ~ ...** à peine qn a-t-il fait qc que ...

thank [θæŋk] vt **1.** remercier; **to ~ sb for doing sth** remercier qn d'avoir fait qc **2.** **~ goodness!** Dieu merci!

thankful adj **1.** (pleased) ravi **2.** (grateful) reconnaissant

thankless adj ingrat

thanks I. n pl remerciements mpl; **to give ~ to sb** remercier qn; **~ to sb** grâce à qn II. interj merci!

thank you n merci m

that [ðæt, ðət] I. dem pron, pl: those **1.** (sth shown) cela, ça, ce; **what's ~?** qu'est-ce que c'est (que ça)?; **~'s a shame** c'est dommage; **those are two good ideas** ce sont (là) deux bonnes idées **2.** (countable) ~ celui-là, celle-là; **those** ceux-là, celles-là **3.** **... and all ~** et tout ça; **~'s it** (good idea) voilà; (I've had enough) ça suffit comme ça II. dem adj, pl: those ce, cette m, f, cet + vowel m; **~ dog/child/bottle** ce chien/cet enfant/cette bouteille; **those people** ces gens(-là); **~ car of yours** votre voiture; **~ car you saw** la voiture que vous avez vue; (on) **~ Monday** ce lundi-là III. adv **1.** (so) tellement; **I was ~ pleased** j'ai été si heureux; **it's not ~ far/warm** ce n'est pas si loin/chaud que ça **2.** (showing an amount or degree) **it's ~ big/high** c'est grand/haut comme ça; **why does it cost ~ much?** pourquoi est-ce que ça coûte autant? IV. rel pron **1.** subject qui; **the man ~ told me ...** l'homme qui m'a dit ...; **the day ~ he arrived** le jour où il est arrivé **2.** object que, qu' + vowel; **the parcel ~ I sent** le paquet que j'ai envoyé; **the box ~ he told me about** la boîte dont il m'a parlé; **the day ~ I met you** le jour où je t'ai rencontré V. conj que, qu' + vowel; **I said ~ I'd come** j'ai dit que je viendrais; **oh ~ I could!** si seulement je pouvais!; **in order ~ I can go** de façon à ce que je puisse partir subj; **given ~ he's gone** étant donné qu'il est parti

thatch [θætʃ] n no pl chaume m

thaw [θɔː, Am: θɑː] I. n a. fig amélioration f II. vi 1. (snow, ice) fondre; (food) se décongeler 2. (become friendlier) se dérider III. vt (snow, ice) faire fondre; (food) décongeler

the [ðə, stressed, before vowel ði:] def art le, la m, f, l' mf + vowel, les pl; of [o from] ~ **garden** du jardin; of [o from] ~ **window** de la fenêtre; of [o from] ~ **rooms** des chambres; at [o to] ~ **office** au bureau; at [o to] ~ **window** à la fenêtre; at [o to] ~ **hotel** à l'hôtel; at [o to] ~ **doors** aux portes; **to play** ~ **flute** jouer de la flûte; ~ **Charles** ~ **Seventh** Charles sept; **I'll do it in** ~ **winter** je le ferai cet hiver; ~ **Martins** les Martin; **THE James Martin** le fameux James Martin; ~ **more one tries,** ~ **less one succeeds** plus on essaie, moins on réussit; ~ **sooner** ~ **better** le plus tôt sera le mieux; **all** ~ **better** tant mieux; ~ **hottest day** le jour le plus chaud

theatre ['θɪətər, Am: 'θiːətər] n Brit, Aus 1. (building) théâtre m 2. Am, Aus, NZ (cinema) salle f de cinéma m; **at the** ~ au cinéma 3. (lecture ~) amphithéâtre m 4. Brit MED salle f d'opération 5. no pl (dramatic art) théâtre m

theatrical [θɪˈætrɪkl] adj 1. (relating to the theatre) de théâtre 2. (over-acted) théâtral

theft [θeft] n vol m

their [ðeər, Am: ðer] poss adj leur(s); s. a. **my**

theirs [ðeəz, Am: ðerz] poss pron (belonging to them) le leur, la leur; **they aren't our bags, they are** ~ ce ne sont pas nos sacs, ce sont les leurs; **this house is** ~ cette maison est la leur; **a book of** ~ (l')un de leurs livres; **this table is** ~ cette table est à eux/elles

them [ðem, ðəm] pers pron pl 1. (they) eux, elles; **older than** ~ plus âgé qu'eux/elles; **if I were** ~ si j'étais eux/elles 2. objective pron les direct, leur indirect, eux, elles after prep; **look at** ~ regarde/regardez-les; **I saw** ~ je les ai vus; **he told** ~ **that ...** il leur a dit que ...; **he'll**

give sth to ~ il va leur donner qc; **it's for** ~ c'est pour eux; **all of** ~ **went** ils y sont tous allés; **some of** ~ **went** il y en a qui y sont allés

theme [θiːm] n a. MUS thème m

theme music n générique m

themselves [ðəmˈselvz] reflex pron 1. after verbs se, s' + vowel; **the girls hurt** ~ les filles se sont blessées 2. (they or them) eux-mêmes mpl, elles-mêmes fpl; s. a. **myself**

then [ðen] I. adv 1. (afterwards) puis, ensuite; **what** ~? et après?; ~ **the door opened** et puis la porte s'est ouverte; **there and** ~ ici et maintenant 2. (at that time) alors; **I was younger** ~ j'étais plus jeune en ce temps là; **why did you leave** ~? pourquoi est-ce que tu es parti à ce moment-là?; **by** ~ d'ici là; **before** ~ auparavant; **until** ~ jusqu'alors; **since** ~ depuis (ce moment-là); **(every) now and** ~ de temps à autre 3. (logical link) alors; ~ **I'll leave** dans ce cas je m'en vais; ~ **he must be there** alors il doit être là; **OK** ~, **let's go** c'est bon, on y va II. adj d'alors; **the** ~ **king** le roi de l'époque

theorem ['θɪərəm, Am: 'θiːərəm] n théorème m

theory ['θɪəri, Am: 'θiːə-] <-ies> n théorie f

therapist n thérapeute mf

therapy ['θerəpi] <-ies> n thérapie f

there [ðeər, Am: ðer] I. adv 1. (in, at, to place/position) a. fig là; **in** ~ là-dedans; **over** ~ là-bas; **up** ~ là-haut; **we went** ~ nous sommes allés là-bas; ~ **you are!** te voilà!; **I don't agree with you** ~ je ne suis pas d'accord sur ce point-là 2. (indicating existence) ~ **is/are ...** il y a ... 3. **to be all** ~ être malin; ~ **again** d'un autre côté; ~ **you go again** ça recommence; **I've been** ~ je sais ce que c'est II. interj 1. (expressing sympathy) ~ ~ allez, allez! 2. (expressing satisfaction, annoyance) voilà!

thereabouts adv 1. (place) par là 2. (time, amount) à peu près **there-**

after *adv* par la suite; **shortly ~** peu de temps après **thereby** *adv form* ainsi **therefore** *adv* par conséquent

thermometer [θəˈmɒmɪtəʳ, *Am:* θəˈmɑːmət̬əʳ] *n* thermomètre *m*

Thermos® **bottle** *Am*, **Thermos®** **flask** [ˈθəːmɒs-, *Am:* ˈθəːrməs-] *n* thermos *m o f*

thesaurus [θɪˈsɔːrəs] <-es *o form* -ri> *n* dictionnaire *m* des synonymes

these [ðiːz] *pl of* **this**

thesis [ˈθiːsɪs] <-ses> *n* thèse *f*

they [ðeɪ] *pers pron* 1. (*3rd person pl*) ils *mpl*, elles *fpl*; ~**'re** [*o* ~ **are**] **my parents/sisters** ce sont mes parents/sœurs; **to be as rich as ~ are** être aussi riche qu'eux/elles 2. *inf* (*he or she*) **somebody just rang: what do ~ want?** on a sonné: qu'est-ce qu'elle/il veut? 3. (*people in general*) on; ~ **say that ...** ils disent que ...

they'll [ðeɪl] = **they will** *s.* **will**

they're [ðeɪr, *Am:* ðer] = **they are** *s.* **be**

they've [ðeɪv] = **they have** *s.* **have**

thick [θɪk] I. *n no pl, inf* **to be in the ~ of sth** être en plein qc; **through ~ and thin** contre vents et marées II. *adj* 1. (*not thin*) épais; **sth 2 cm ~** qc d'une épaisseur de 2 cm 2. (*dense*) dense; **it was ~ with dust/fog** il y avait une poussière/un brouillard à couper au couteau; **it was ~ with people/insects** *fig* ça grouillait de monde/d'insectes 3. (*accent*) fort 4. *pej, inf* (*mentally slow*) bête 5. *inf* **that's a bit ~** c'est un peu fort

thicken [ˈθɪkən] I. *vt* épaissir II. *vi a. fig* s'épaissir

thicket [ˈθɪkɪt] *n* taillis *m*

thickness *n* épaisseur *f*

thickset *adj* trapu

thick-skinned *adj* dur

thief [θiːf, *s* ˈθiːvz] <thieves> *n* voleur, -euse *m, f*

thigh [θaɪ] *n* cuisse *f*

thigh bone *n* fémur *m*

thin [θɪn] <-nn-> *adj* 1. (*opp. thick*) *a. fig* mince; (*layer*) fin; (*liquid*) peu épais 2. (*population*) clairsemé;

(*crowd*) épars; **to be ~ on top** se dégarnir 3. (*not dense*) fin; (*mist*) léger 4. **out of ~ air** comme par magie; **to disappear into ~ air** disparaître comme par magie; **to be ~-skinned** être susceptible; **to wear ~** s'épuiser

thing [θɪŋ] *n* 1. (*object*) chose *f; inf* machin *m;* **my swimming ~s** mes affaires de bain; **sweet ~s** sucreries *fpl* 2. (*abstract use*) chose *f; inf* truc *m;* **it's a good ~ I had the car** heureusement que j'avais la voiture; **the ~ to remember is ...** ce qu'il faut se rappeler c'est; **to do sth first/last ~** faire qc de bon matin/en fin de journée; **to forget the whole ~** tout oublier; **and another ~** et en plus; **the only ~ is that ...** le seul problème est que ...; **~s are going well** tout va bien; **how are ~s?** comment ça va?; **that's a ~ of the past** c'est du passé; **all ~s considered** quoi qu'il en soit; **for one ~** tout d'abord; **to know a ~ or two** s'y connaître 3. (*the best*) **it was the real ~** c'était pour de vrai; **that's the real ~** *inf* c'est du vrai de vrai; **to be the** (**latest**) ~ être le dernier cri 4. (*person, animal*) créature *f;* **the poor ~** le pauvre 5. **to be a close ~** être juste; **it's just one of those ~s** il y a des jours comme ça; **to do one's own ~** *inf* faire ses trucs; **to have a ~ about sth** *inf* avoir un problème avec qc

think [θɪŋk] <thought, thought> I. *vi* 1. (*use one's mind*) penser; **to ~ to oneself** se dire; **just ~!** imagine! 2. (*consider a question*) **to ~ about sth/how to** +*infin* réfléchir à qc/à comment +*infin*; ~ **about it** penses-y 3. (*believe, imagine*) croire; **it can happen sooner than you ~** ça peut se produire plus tôt que ce que tu penses II. *vt* 1. (*use one's mind, have ideas*) penser; **I'll ~ what I can do** je penserai à ce que je peux faire; **I can't ~ how to do it** je ne vois pas comment faire 2. (*believe*) croire; **I ~ she's a genius** je pense que c'est un génie; **who does**

she ~ she is? elle se prend pour qui?
3. (*consider*) juger; **I thought him a
good player** je pensais que c'était
un bon joueur; **to not ~ much of
sb/sth** ne pas avoir une bonne
opinion de qn/qc **4.** (*remember*) **to
~ to** +*infin* penser à +*infin*; **can you
~ where you saw it last?** pouvez-
vous vous rappeler quand vous
l'avez vue pour la dernière fois?

◆ **think ahead** *vi* réfléchir à deux
fois

◆ **think back** *vi* se souvenir; **to ~ to
sth** repenser à qc

◆ **think of** *vt* **1.** (*solution, date,
suitable candidate*) penser à; **~ a
number!** pensez à un nombre; **we
were thinking of moving** on pense
peut-être déménager; **I simply
wouldn't ~ inviting them** ça ne me
viendrait pas à l'idée de les inviter;
don't even ~ it! ne va même pas
l'imaginer!; **can you ~ his name?**
tu te souviens de son nom?; **we've
thought of a name for him** on a
trouvé un nom pour lui **2.** (*value, regard*) **to ~ highly of sb/sth** penser
le plus grand bien de qn/qc **3.** (*factor, reputation*) **~ of the cost!** pense
à ce que ça va coûter!; **I was ~ing of
my family** je pensais à ma famille

◆ **think over** *vt* réfléchir à

◆ **think through** *vt* bien réfléchir à

◆ **think up** *vt* *inf* inventer

think tank *n* *fig* groupe *m* d'experts
third [θɜːd, *Am:* θɜːrd] I. *n* **1.** (*3rd
day of month*) trois *m* **2.** (*fraction*)
troisième *m* **3.** (*after second*) troisième *m* **4.** (*fraction*) tiers *m*
5. (*gear*) troisième *f* **6.** *Brit* UNIV ≈
licence *f* avec mention passable
II. *adj* troisième
thirdly *adv* troisièmement
third party *n* un tiers *m* **third rate**
adj de qualité très inférieure **Third
World** *n* the ~ le Tiers-Monde
thirst [θɜːst, *Am:* θɜːrst] *n* soif *f*
thirsty <-ier, -iest> *adj* *a.* *fig* **to be ~
(for sth)** avoir soif (de qc)
thirteen [ˌθɜːˈtiːn, *Am:* θɜːrˈ-] *adj*
treize; *s.* *a.* **eight**
thirteenth [ˌθɜːˈtiːnθ, *Am:* θɜːrˈ-]

adj treizième; *s. a.* **eighth**
thirtieth [ˈθɜːtɪəθ, *Am:* ˈθɜːrt̬ɪ-] *adj*
trentième; *s. a.* **eighth**
thirty [ˈθɜːti, *Am:* ˈθɜːrt̬i] *adj* trente;
s. a. **eight**
this [ðɪs] I. *dem pron* **1.** (*sth shown*)
ceci, ce; **what is ~?** qu'est-ce (que
c'est)?; **~ is Paul** voilà Paul; **~ is difficult** c'est difficile **2.** (*countable*) ~
(**one**) celui-ci *m*, celle-ci *f*; **these**
(**ones**) ceux-ci *mpl*, celles-ci *fpl*
II. *dem adj* ce *m*, cette *f*, cet *m* +
vowel; **~ time** cette fois(-ci) III. *adv*
to be ~ high être haut comme ça; **~
far** jusque là; **to be ~ bad** être si
mauvais; **is it always ~ loud?** est-ce
que c'est toujours aussi fort?
thorax [ˈθɔːræks] <-es *o* -aces> *n*
thorax *m*
thorn [θɔːn, *Am:* θɔːrn] *n* épine *f*
thorny <-ier, -iest> *adj* épineux
thorough [ˈθʌrə, *Am:* ˈθɜːroʊ] *adj*
1. (*complete*) complet **2.** (*detailed*)
détaillé **3.** (*careful*) minutieux
thoroughbred I. *n* animal *m* de race
II. *adj* de race; **a ~ horse** un pur-
sang
thoroughfare *n* voie *f* publique
thoroughly *adv* **1.** (*in detail*) en détail **2.** (*completely*) complètement; ~
miserable très malheureux
those [ðəʊz, *Am:* ðoʊz] *pl of* **that**
though [ðəʊ, *Am:* ðoʊ] I. *conj*
1. bien que +*subj*; **even ~ I'm tired**
même si je suis fatigué **2.** **as ~**
comme si; **it looks as ~ it's raining**
il semble qu'il pleuve II. *adv* pourtant
thought [θɔːt, *Am:* θɑːt] I. *pp pt of*
think II. *n* **1.** *no pl* (*thinking*) pensée *f* **2.** (*idea*) idée *f*; **at the ~ of it,
...** rien qu'à l'idée ...; **I have no
~(s) of retiring** je n'ai aucune intention de partir à la retraite
thoughtful *adj* **1.** (*mentally occupied*) pensif **2.** (*approach*) réfléchi;
(*article*) bien pensé **3.** (*considerate*)
prévenant
thoughtless *adj* **1.** (*without thinking*) irréfléchi **2.** (*inconsiderate*) indifférent
thousand [ˈθaʊznd] I. *n* **1.** (*1000*)

T
t

mille *m* **2.** *no pl* (*quantity*) millier *m;*
in ~**s** par milliers **II.** *adj* mille; *s. a.*
eight

⚠ Placé après un chiffre, **thousand** s'emploie sans s à la fin: "five
thousand inhabitants."

thousandth *adj* millième; *s. a.*
eighth
thrash [θræʃ] **I.** *vt* **1.** (*beat*) battre
2. *inf* (*defeat*) **to ~ sb** battre qn à
plate(s) couture(s) **II.** *vi* battre
  ◆ **thrash out** *vt inf* arriver à régler
thread [θred] **I.** *n* **1.** *no pl* (*for sewing*) a. *fig* fil *m* **2.** (*groove of screw*)
filet *m* **II.** *vt* **1.** (*needle*) passer un fil
dans **2.** (*beads*) enfiler
threadbare ['θredbeəʳ, *Am:* -ber]
adj a. *fig* usé
threat [θret] *n* a. *fig* menace *f*
threaten ['θretən] *vt, vi* menacer; **to
~ to** +*infin* menacer de +*infin*
threatening *adj* (*behaviour*) menaçant; (*letter*) de menaces
three [θriː] *adj* trois; *s. a.* **eight**
three-D *adj inf* en 3D **three-dimen-
sional** *adj* à trois dimensions **three-
fold I.** *adj* triple **II.** *adv* trois fois autant **three-piece I.** *adj* **1.** (*suit*)
trois-pièces; **a ~ suite** un canapé et
deux fauteuils **2.** (*three people*) à
trois **II.** *n* trois-pièces *m* **three-ply**
adj à trois fils **three-quarter** *adj*
trois-quarts
thresh [θreʃ] *vt* battre
threshold ['θreʃhəʊld, *Am:*
-hoʊld] *n* a. *fig* seuil *m*
threw [θruː] *pt of* **throw**
thrifty ['θrɪfti] <-ier, -iest> *adj*
économe
thrill [θrɪl] **I.** *n* **1.** (*feeling*) frisson *m*
2. (*exciting experience*) plaisir *m;*
it's real ~ to meet her c'est vraiment super de la rencontrer **II.** *vt*
transporter; **to be ~ed to do sth/
with sth** être ravi de faire qc/de qc
thriller ['θrɪləʳ, *Am:* -ə] *n* **1.** (*novel*)
roman *m* à suspens **2.** (*film*) thriller
m
thrilling *adj* palpitant

thrive [θraɪv] <thrived *o* throve,
thrived *o* thriven> *vi* **1.** (*business*)
se développer; (*child, garden*)
pousser **2.** *fig* **to ~ on sth** s'épanouir
dans qc
thriving *adj* florissant; (*company*)
qui prospère; (*children*) bien portant
throat [θrəʊt, *Am:* θroʊt] *n* gorge *f*
throb [θrɒb, *Am:* θrɑːb] **I.** *n* (*of engine*) vibration *f;* (*of a heart*) pulsation *f* **II.** <-bb-> *vi* battre fort; (*engine*) vibrer
throes [θrəʊz, *Am:* θroʊz] *npl*
1. death ~ les affres *mpl* de la mort;
fig l'agonie *f* **2.** *fig* **to be in the ~ of
war** être en pleine guerre
throne [θrəʊn, *Am:* θroʊn] *n* trône
m
throng [θrɒŋ, *Am:* θrɑːŋ] **I.** *n* foule
f **II.** *vt* remplir; **to be ~ed with
people** être noir de monde
throttle ['θrɒtl, *Am:* 'θrɑːt̬l] **I.** *n* accélérateur *m;* **at full/half ~** (à plein
gaz/au ralenti; **at full ~** à fond
II. <-ll-> *vt* **1.** (*engine*) réduire
2. (*strangle*) étrangler
through [θruː] **I.** *prep* **1.** (*across*) à
travers; **to go ~ sth** traverser qc
2. (*spatial*) à travers; **to walk/drive
~ a town** traverser une ville (à pied/
en voiture) **3.** (*temporal*) **~ the
week** pendant la semaine; **all ~ my
life** toute ma vie **4.** *Am* (*up until*)
jusqu'à; **open Monday ~ Friday**
ouvert du lundi au vendredi **5.** (*divided by*) à travers; **~ the noise** par-
dessus le bruit **6.** *Am* MAT **6 ~ 3 is 2**
6 divisé par 3 égale 2 **7.** (*by means
of*) par; **~ the post** par la poste; **~
hard work** grâce à un dur travail
II. *adv* **1.** (*to a destination*) à travers;
to swim/run ~ traverser à la nage/
en courant; **to let sb/get ~** laisser
passer qn/passer; **to get ~ to the
final** arriver en finale **2.** TEL **to get ~**
contacter son correspondant; **to put
sb you** passer un correspondant à qn
3. (*from beginning to end*) d'un
bout à l'autre **4.** (*completely*) complètement; **wet ~** trempé jusqu'aux
os **III.** *adj inv* terminé; **we are ~**
c'est fini entre nous

throughout [θruːˈaʊt] **I.** *prep* **1.** (*spatial*) à travers; ~ **the town** dans toute la ville **2.** (*temporal*) ~ **his stay** pendant tout son séjour **II.** *adv* **1.** (*spatial*) partout **2.** (*temporal*) tout le temps

throve [θrəʊv, *Am:* θroʊv] *pt of* **thrive**

throw [θrəʊ, *Am:* θroʊ] **I.** *n* **1.** (*act of throwing*) jet *m* **2.** SPORT lancer *m* **II.** <threw, thrown> *vt* **1.** (*propel*) jeter; (*ball*) lancer; (*kiss*) envoyer; **I threw the book across the room** j'ai lancé le livre à travers la pièce; ~ **me a towel** passe-moi une serviette; **to ~ oneself into sth** se lancer à corps perdu dans qc **2.** (*horse rider*) faire tomber **3. to ~ light on sth** *a. fig* éclairer qc; **to ~ a shadow across sth** faire passer une ombre sur qc; **to ~ suspicion on sb** faire peser des soupçons sur qn; **to ~ a window/door open** ouvrir une fenêtre/une porte d'un grand coup
♦ **throw away** *vt* **1.** (*discard*) jeter **2.** (*discard temporarily*) se débarrasser de **3.** (*waste*) gaspiller **4.** (*speak casually*) laisser tomber
♦ **throw back** *vt* **1.** (*return*) rejeter; (*ball*) renvoyer **2.** (*curtains*) retirer
♦ **throw out** *vt* **1.** (*fling outside*) mettre à la porte **2.** (*get rid of*) jeter **3.** (*case, proposal*) rejeter
♦ **throw up** *vi inf* vomir

throwaway *adj* **1.** (*disposable*) jetable **2.** (*spoken as if unimportant*) dit en passant

throw-in *n* SPORT mise *f* en jeu

thrown *pp of* **throw**

thru [θruː] *Am s.* **through**

thrust [θrʌst] **I.** <-, -> *vt* **to ~ sth into sth** enfoncer qc dans qc; **to ~ one's way** se frayer un passage; **to ~ sb/sth aside** pousser qn/qc sur le côté **II.** *n* **1.** (*lunge*) *a. fig* coup *m* **2.** *no pl* (*gist*) idée *f* **3.** *no pl* TECH poussée *f*

thud [θʌd] **I.** <-dd-> *vi* faire un bruit sourd **II.** *n* bruit *m* sourd

thug [θʌg] *n* voyou *m*

thumb [θʌm] **I.** *n* pouce *m*; ~**s up!** *inf* bravo! **II.** *vt* **1.** (*press*) appuyer

sur **2.** (*hitchhike*) **to ~ a lift/a ride** faire de l'auto-stop **3.** (*book*) feuilleter

thumbtack *n Am, Aus* punaise *f*

thump [θʌmp] **I.** *vt* cogner; (*door*) cogner à; (*table*) cogner sur **II.** *vi* cogner; (*heart*) battre très fort **III.** *n* **1.** (*blow*) coup *m* de poing **2.** (*deadened sound*) bruit *m* sourd

thunder ['θʌndəʳ, *Am:* -dɚ] **I.** *n no pl* **1.** METEO tonnerre *m* **2.** (*booming sound*) vacarme *m* **3.** (*criticism*) foudres *fpl* **II.** *vi a. fig* tonner

thunderbolt *n fig* coup *m* de tonnerre **thunderclap** *n* coup *m* de tonnerre **thunderstorm** *n* orage *m*

Thursday ['θɜːzdeɪ, *Am:* 'θɜːrz-] *n* jeudi *m*; *s. a.* **Friday**

thus [ðʌs] *adv* ainsi; ~ **far** jusque-là

thwart [θwɔːt, *Am:* θwɔːrt] *vt* contrecarrer; (*attack, plotters*) déjouer; (*decision*) faire échouer

thyme [taɪm] *n no pl* thym *m*

Tibet [tɪ'bet] *n* le Tibet

tibia ['tɪbɪə] <-iae> *n* tibia *m*

tic [tɪk] *n* tic *m*

tick¹ [tɪk] *n* ZOOL tique *f*

tick² **I.** *n* **1.** (*quick clicking sound*) cliquetis *m* **2.** (*mark*) encoche *f* **II.** *vi* (*clock*) faire tic tac **III.** *vt* cocher
♦ **tick off** *vt* **1.** (*mark with a tick*) cocher **2.** *Brit, Aus, inf* (*scold*) engueuler
♦ **tick over** *vi* **1.** (*operate steadily*) tourner à vide **2.** (*function at minimum level*) tourner au ralenti

ticket ['tɪkɪt] *n* **1.** (*paper, card*) billet *m*; (*of subway, bus*) ticket *m* **2.** (*receipt*) ticket *m* **3.** (*price tag*) étiquette *f* **4.** AUTO contravention *f*

ticket collector *n* contrôleur, -euse *m, f* **ticket machine** *n* distributeur *m* automatique de tickets **ticket office** *n* guichet *m*

tickle ['tɪkl] **I.** *vi* chatouiller **II.** *vt* **1.** (*touch lightly*) *a. fig* chatouiller **2.** (*amuse*) amuser

ticklish *adj* chatouilleux

tidal ['taɪdəl] *adj* (*system*) des marées; (*river*) sujet aux marées **tidal wave** *n a. fig* raz *m* de marée

tidbit ['tɪdbɪt] *n Am s.* **titbit**

Tₜ

tiddlywinks n pl jeu m de puce

tide [taɪd] n 1. (fall and rise of sea) marée f; **the ~ is out/in** la marée est basse/haute 2. (main trend of opinion) courant m (de pensée); **to go against the ~** aller à contre-courant 3. (powerful trend) vague f

tidy ['taɪdi] I. <-ier, -iest> adj 1. (room, cupboard) bien rangé; (person) net 2. inf (considerable) coquet II. vt (room) ranger; (hair) arranger; **~ (up) sth** mettre de l'ordre dans qc

tie [taɪ] I. n 1. (necktie) cravate f 2. (cord, relation) lien m 3. SPORT égalité f; **there was a ~** (after game) il y a eu match nul; (after race) ils sont arrivés en même temps II. <-y; -d, -d> vi 1. (fasten) faire un nœud 2. (come equal in ranking) être à égalité III. <-y-; -d, -d> vt (fasten together) lier; (hair, horse) attacher; (knot) nouer; (laces, tie) nouer; **to ~ sb by/to sth** lier qn par/à qc; **to be ~d hand and foot** être pieds et poings liés

◆ **tie down** vt 1. (tie) attacher 2. fig coincer

◆ **tie in with** vt to tie sth in with sb/sth faire concorder qc avec qn/qc

◆ **tie up** vt 1. (bind) attacher; (package) faire 2. (delay) **to be tied up by sth** être retenu par qc 3. **to be tied up** (be busy) être occupé 4. (money) immobiliser 5. Brit (connect with) **to tie sth up with sth** mettre qc en rapport avec qc

tiebreak n, **tiebreaker** n Brit SPORT tie-break m

tie clip n épingle f de cravate

tiepin ['taɪpɪn] n s. **tie clip**

tier [tɪəʳ, Am: tɪr] n 1. (row) rang m; (of sitting) gradin m 2. (level) niveau m

tiff [tɪf] n inf prise f de bec

tiger ['taɪgəʳ, Am: -gɚ] n tigre m

tight [taɪt] I. adj 1. a. fig serré; (shoes) étroit 2. (taunt) tendu 3. (circle) fermé 4. (bend) étroit; (budget) restreint; **money is ~** le budget est juste; **in a ~ corner** dans

une situation difficile 5. inf (drunk) bourré 6. inf (mean) radin II. adv fermement; **hold (on) ~** tiens-toi bien; **sleep ~** dors bien

tighten I. vt 1. (make tighter) resserrer; (rope) tendre; **to ~ one's belt** se serrer la ceinture 2. (one's control) renforcer; (security, regulations) renforcer; **to ~ one's grip on power** s'accrocher au pouvoir II. vi se resserrer; **to ~** se tendre

◆ **tighten up** I. vt (regulations, security) renforcer; (performance, defence) rendre plus vif II. vi to ~ **on** (offenders) être plus dur avec; (discipline, efficiency) être plus dur sur

tightrope ['taɪtrəʊp, Am: -roʊp] n corde f raide

tights [taɪts] npl collants mpl

tigress ['taɪgrɪs] n tigresse f

tile [taɪl] n 1. (for walls, floors) carreau m; **the ~s** le carrelage 2. (roof ~) tuile f

till[1] [tɪl] I. prep jusqu'à II. conj jusqu'à ce que +subj

till[2] [tɪl] n caisse f

tilt [tɪlt] I. n 1. (position) inclinaison f 2. (movement of opinion) inclination f 3. **to have a ~ at a title/championship** tenter sa chance pour un titre/à un championnat; **at full ~** à toute vitesse II. vt incliner; **to ~ sth back** pencher qc vers l'arrière III. vi s'incliner; **to ~ towards sb/sth** s'incliner en direction de qn/qc; fig pencher pour qn/qc

timber ['tɪmbəʳ, Am: -bɚ] n 1. no pl, Brit (wood) bois m de construction 2. (large beam) poutre f

time [taɪm] I. n 1. (chronological dimension) temps m; **for a short/long period of ~** pour une courte/longue période 2. no pl (period of time) temps m; (of journey) durée f; **in one week's ~** dans une semaine; **a long ~ ago** il y a longtemps; **it takes a long/short ~** ça prend beaucoup/peu de temps; **some ~ ago** il y a quelque temps; **for the ~ being** pour le moment 3. (in schedule, day) moment m; (on clock) heure f; (of train) horaires mpl;

what's the ~? quelle heure est-il?; **arrival**/**departure** ~ heure *f* d'arrivée/de départ; **this ~ tomorrow**/ **next month** demain/le mois prochain à la même heure; **at all ~s** toujours; **at the ~ I didn't understand** sur le moment je n'ai pas compris; **at any ~** à n'importe quelle heure; **at the present ~** à cette heure; **at the same ~** en même temps; **from ~ to ~** de temps en temps; **it's (about) ~** il est l'heure; **ahead of ~** *Am* en avance; **by the ~ she'd found them** le temps qu'elle les trouve **4.** (*experience*) **my ~ in Alaska** ma vie en Alaska; **my ~ as a teacher** la période où j'ai été enseignant; **what sort of ~ did you have?** comment ça s'est passé?; **to have a good ~** passer un bon moment; **I had a hard ~ finding them** j'ai eu du mal à les trouver; **to give sb a hard ~** *inf* en faire voir à qn **5.** (*opportunity, leisure*) temps *m;* **to have the ~** avoir le temps **6.** (*incident*) fois *f;* **each ~** chaque fois; **three ~s champion** *Brit, Aus,* **three ~ champion** *Am* trois fois champion; **for the hundredth ~** *no pl* pour la centième fois; **~ after ~** à de nombreuses reprises **7.** (*epoch*) temps *m;* **at the ~ of sth** *no pl* à l'époque de qc; **in my ~** de mon temps; **in medieval ~s** au Moyen Age; **in ~s past** à des temps révolus; **the old ~s** le bon vieux temps; **to be ahead of** [*o before*] **one's ~** *Brit* être en avance sur son temps **8.** *no pl* MUS mesure *f* **9.** to do ~ *Brit, inf* faire de la taule II.*vt* **1.** (*runner*) chronométrer; (*journey*) mesurer la durée de **2.** (*wedding, meeting, comment*) choisir le meilleur moment pour; **to be ~d to embarrass the government** arriver au meilleur moment pour embarrasser le gouvernement **3.** (*schedule*) prévoir

time difference *n* décalage *m* horaire **time lag** *n* décalage *m* **time limit** *n* (*for applications*) date *f* limite; (*for test, visit*) heure *f* limite

timely *adj* <-ier, -iest> (*arrival*) à

temps; (*remark*) opportun

time-out *n* temps *m* mort

timer ['taɪmə^r, *Am:* -ə-] *n* minuterie *f*

time sheet *n* feuille *f* de présence **timetable** I. *n* **1.** (*schedule*) emploi *m* du temps; (*of transport*) horaire *m;* (*for negotiations*) calendrier *m* **2.** *Brit, Aus* (*school schedule*) emploi *m* du temps II.*vt* fixer l'heure de **time zone** *n* fuseau *m* horaire **timid** ['tɪmɪd] *adj* timide

timidity [tɪ'mɪdəti, *Am:* -ti] *n no pl* timidité *f*

timing *n no pl* **1.** (*time control*) timing *m;* **the ~ of the strike**/**visit** le moment choisi pour la grève/la visite; **he showed bad ~** il a mal choisi son moment **2.** (*rhythm*) sens *m* du rythme

timpani ['tɪmpəni] *npl* MUS timbales *fpl*

tin [tɪn] I. *n* **1.** *no pl* (*metal*) étain *m* **2.** (*tinplate*) fer-blanc *m* **3.** (*can*) boîte *f* (de conserve) **4.** (*container*) boîte *f;* **biscuit ~** boîte à biscuits; **a ~ of paint** un pot de peinture **5.** (*container for baking*) moule *m;* **cake ~** moule à gâteau II. *vt* mettre en conserve

tin can *n* boîte *f* de conserve

tin foil *n* papier *m* d'aluminium

tinge [tɪndʒ] *n a. fig* teinte *f*

tingle ['tɪŋgl] *vi* picoter

tinker ['tɪŋkə^r, *Am:* -kə-] I. *n pej* romaniche(le) *m(f)* II. *vi* **to ~ with sth** bricoler qc

tinkle ['tɪŋkl] *vi* tinter

tinned *adj Brit, Aus* en boîte

tin opener *n Brit, Aus* ouvre-boîte *m*

tinplate *n no pl* fer-blanc *m*

tinsel ['tɪnsl] *n no pl* guirlandes *fpl*

tint [tɪnt] *n* **1.** (*hue*) teinte *f* **2.** (*dye colouring*) colorant *m*

tiny ['taɪni] *adj* <-ier, -iest> tout petit; **a ~ bit hard** un petit peu dur

tip^1 [tɪp] I. *n* bout *m;* **on the ~s of one's toes** sur la pointe des pieds; **on the ~ of one's tongue** sur le bout de la langue; **the ~ of the iceberg** la partie visible de l'iceberg II.<-pp-> *vt* **to be ~ped with sth**

T
t

avoir un embout de qc

tip² [tɪp] I. n 1. Brit (garbage dump) décharge f 2. Brit, inf (mess) chantier m II.<-pp-> vt 1. Brit, Aus (empty out) déverser 2. (cause to tilt) faire basculer; **to ~ the scales** fig faire pencher la balance
◆**tip over** I. vt renverser II. vi se renverser
◆**tip up** I. vt incliner II. vi s'incliner

tip³ I. n 1. (money) pourboire m 2. (hint) tuyau m II.<-pp-> vt donner un pourboire à

tip-off n inf tuyau m

tiptoe ['tɪptəʊ, Am: -toʊ] I. n on ~(s) sur la pointe des pieds II. vi marcher sur la pointe des pieds

tip-top adj inf excellent

tire¹ ['taɪər, Am: 'taɪɚ] n Am pneu m

tire² ['taɪər, Am: 'taɪɚ] I. vt fatiguer; **to ~ sb out** mettre qn à plat II. vi se fatiguer; **to ~ of sth** se lasser de qc

tired adj fatigué; **to be ~ of sth** en avoir assez de qc; **to get ~ of sth** se lasser de qc

tired out adj épuisé

tireless adj infatigable

tiresome ['taɪəsəm, Am: 'taɪɚ-] adj pej pénible

tiring adj fatigant

tissue ['tɪʃuː] n 1. (handkerchief) mouchoir m en papier 2. BIO a. fig tissu m

tit¹ [tɪt] n mésange f

tit² [tɪt] n vulg nichon m

titbit ['tɪtbɪt] n Brit 1. (delicacy) morceau m de choix 2. pl (piece of news) potin m

titillate ['tɪtɪleɪt, Am: -əleɪt] vt titiller

title ['taɪtl, Am: -tl̩] n 1. (name, position, right) titre m 2. pl (credits of a film) générique m

titleholder n tenant(e) m(f) du titre **title page** n page f de titre **title track** n morceau éponyme d'un album

titter ['tɪtər, Am: 'tɪtɚ] vi glousser

to [tuː] I. prep 1.a 2. (direction, location) ~ **France/Alaska** en France/Alaska; ~ **Japan/Peru** au Japon/Pérou; ~ **Oxford/Oslo** à Ox-

ford/Oslo; ~ **town** en ville; ~ **the dentist('s)/my parents'** chez le dentiste/mes parents; **the flight ~ London** le vol à destination de Londres; ~ **the left/right** à gauche/droite; ~ **the north/south** au nord/sud; **I go ~ school/church** je vais à l'école/l'église; **close ~ sth** près de qc 3. (before) **a quarter ~ five** cinq heures moins le quart; **still four days ~ the holiday** encore quatre jours avant les vacances 4. (until) **I count ~ 10** je compte jusqu'à 10; ~ **date** jusqu'à ce jour; **from 10 ~ 25** de 10 à 25 5. (with indirect objects) **I talk ~ sb** je parle à qn; **it belongs ~ me** cela m'appartient 6. (expressing a relation) **he is kind/nasty ~ sb** il est gentil/méchant avec qn; **it's important ~ me** c'est important pour moi; ~ **them it's vital/silly** pour eux c'est crucial/idiot; **it's a lot of money ~ us** ça représente beaucoup d'argent pour nous; **how many francs ~ the euro?** combien de francs dans un euro?; **3 goals ~ 1** 3 buts à 1; **the odds are 3 ~ 1** la cote est à 3 contre 1 7. (expressing a reaction) **much ~ my surprise** à ma grande surprise; ~ **the rhythm** au rythme de la musique 8. (by) **known ~ sb** connu de qn 9. (expressing a connection) **the top ~ this jar** le couvercle de ce bocal; **secretary ~ the boss** secrétaire du patron II. infinitive particle 1. (infinitive) ~ **do/walk/put** faire/marcher/mettre; **he comes ~ see me** il vient me voir; **he wants me ~ tell him a story** il veut que je lui raconte une histoire; **I know what ~ do/where ~ go/how ~ say it** je sais quoi faire/où aller/comment le dire; **the last ~ leave** le dernier à partir; **it is easy ~ +infin** il est facile de +infin 2. (in ellipsis) **he doesn't want ~ drink, but I want ~** il ne veut pas boire, mais moi oui; **I shouldn't, but I want ~** je ne devrais pas, mais je voudrais le faire

toad [təʊd, Am: toʊd] n crapaud m

toadstool n champignon m vénéneux

to and fro I. *adj* (*movement*) de va-et-vient II. *adv* **to walk ~** faire les cent pas

toast [təʊst, *Am:* toʊst] I. *n* 1. *no pl* (*bread*) pain *m* grillé; **a piece of ~** un toast 2. (*act of drinking*) toast *m;* **to drink a ~ to sb/sth** porter un toast à qn/qc II. *vt* 1. (*cook over heat*) faire griller 2. (*drink to health*) porter un toast à

toaster *n* grille-pain *m*

toastie *n* sandwich *m* toasté

tobacco [təˈbækəʊ, *Am:* -oʊ] *n no pl* tabac *m*

tobacconist *n* bureau *m* de tabac, tabagie *f Québec*

to-be [təˈbiː] *adj* futur; **a mother-~** une future maman

toboggan [təˈbɒɡən, *Am:* -ˈbɑːɡən] *n* luge *f*

today [təˈdeɪ] *adv* 1. (*present day*) aujourd'hui; **early ~** ce matin de bonne heure; **a week (from) ~** aujourd'hui en huit 2. (*nowadays*) de nos jours

toddler *n* enfant *m* en âge de marcher

toddy [ˈtɒdi, *Am:* ˈtɑːdi] <-ies> *n* grog *m*

toe [təʊ, *Am:* toʊ] I. *n* 1. (*part of foot*) orteil *m* 2. (*part of shoe, sock*) bout *m* II. *vt* **to ~ the line** se mettre au pas **toenail** *n* ongle *m* de pied

toffee [ˈtɒfi, *Am:* ˈtɑːfi] *n* caramel *m*

together [təˈɡeðə^r, *Am:* -ə-] *adv* ensemble; **she's richer than all of us put ~** elle est plus riche que nous tous réunis; **to bring people closer ~** rapprocher les gens

together with *prep* ainsi que

Togo [ˈtəʊɡəʊ, *Am:* ˈtoʊɡoʊ] *n* le Togo

toil [tɔɪl] I. *n no pl* labeur *m* II. *vi* travailler dur

toilet [ˈtɔɪlɪt] *n* toilettes *fpl*, cour *f Belgique;* **to go to the ~** aller aux toilettes

toilet bag *n* trousse *f* de toilette **toilet paper** *n* papier *m* hygiénique **toiletries** [ˈtɔɪlɪtriz] *npl* articles *mpl* de toilette

toiletries bag *n Am* trousse *f* de toilette

toilet roll *n Brit, Aus* rouleau *m* de papier hygiénique **toilet water** *n* eau *f* de toilette

token [ˈtəʊkən, *Am:* ˈtoʊ-] I. *n* 1. (*sign*) signe *m* 2. *Brit, Aus* (*voucher*) chèque-cadeau *m* 3. (*money substitute*) jeton *m* 4. **by the same ~** pareillement II. *adj* symbolique

told [təʊld, *Am:* toʊld] *pt, pp of* **tell**

tolerable *adj* tolérable

tolerance [ˈtɒlərəns, *Am:* ˈtɑːlə-] *n no pl, a. fig* tolérance *f*

tolerant *adj* tolérant

tolerate [ˈtɒləreɪt, *Am:* ˈtɑːləreɪt] *vt a. fig* tolérer

toll¹ [təʊl, *Am:* toʊl] *n* 1. (*transport levy*) péage *m* 2. (*number*) nombre *m*

toll² [təʊl, *Am:* toʊl] *vt, vi* sonner

tollbooth *n* cabine *f* de péage **toll-free** *adj* (*call*) gratuit **toll road** route *f* à péage

tomato [təˈmɑːtəʊ, *Am:* -ˈmeɪtoʊ] <-oes> *n* tomate *f*

tomato juice *n* jus *m* de tomate **tomato ketchup** *n* ketchup *m* **tomato soup** *n* soupe *f* à la tomate

tomb [tuːm] *n* tombe *f*

tombola [tɒmˈbəʊlə, *Am:* ˈtɑːmblə] *n Brit, Aus* tombola *f*

tomboy [ˈtɒmbɔɪ, *Am:* ˈtɑːm-] *n* garçon *m* manqué

tombstone [ˈtuːmstəʊn, *Am:* ˈtuːmstoʊn] *n* pierre *f* tombale

tomcat [ˈtɒmkæt, *Am:* ˈtɑːm-] *n* matou *m*

tome [təʊm, *Am:* toʊm] *n a. iron* tome *m*

tomorrow [təˈmɒrəʊ, *Am:* -ˈmɑːroʊ] I. *adv* demain; **see you ~!** à demain! II. *n* demain *m;* **the day after ~** après-demain; **a week from ~** demain en huit

tom-tom [ˈtɒmtɒm, *Am:* ˈtɑːmtɑːm] *n* tam-tam *m*

ton [tʌn] <-(s)> *n* tonne *f*

tone [təʊn, *Am:* toʊn] *n* 1. *a. fig* ton *m* 2. *no pl* (*healthy condition*) toni-

T_t

cité f 3. TEL tonalité f
◆ **tone down** vt a. fig adoucir
◆ **tone up** vt raffermir
tone-deaf adj to be ~ ne pas avoir l'oreille
toner ['təʊnəʳ, Am: 'toʊnɚ] n INFOR, PHOT toner m
tongs [tɒŋz, Am: tɑ:ŋz] n (a pair of) ~ une pince
tongue [tʌŋ] n a. fig langue f; (of a shoe) languette f; to stick one's ~ out at sb tirer la langue à qn; to be on the tip of one's ~ être sur le bout de la langue
tongue-tied adj muet
tonic¹ ['tɒnɪk, Am: 'tɑ:nɪk] n tonique m
tonic² ['tɒnɪk, Am: 'tɑ:nɪk], **tonic water** n tonique m
tonight [tə'naɪt] adv (evening) ce soir; (night) cette nuit
tonsillitis [ˌtɒnsɪ'laɪtɪs, Am: ˌtɑ:nsə'laɪtɪs] n no pl angine f
tonsils ['tɒntsəlz, Am: 'tɑ:-] npl MED amygdales fpl
too [tu:] adv 1. (overly) trop; ~ much trop; ~ many children trop d'enfants; to be ~ good to be true être trop beau pour être vrai 2. (very) très 3. (also) aussi; me ~! inf moi aussi! 4. (moreover) de plus
took [tʊk] pt of **take**
tool [tu:l] n 1. (implement) a. fig outil m 2. (instrument) instrument m
tool bag n trousse f à outils **tool box**, **tool chest** n caisse f à outils **tool kit** n trousse f à outils
toot [tu:t] I. n coup m de klaxon II. vi klaxonner
tooth [tu:θ] <teeth> n dent f
toothache n mal m de dent; to have a ~ avoir mal aux dents **toothbrush** n brosse f à dents **tooth decay** n no pl carie f dentaire **toothpaste** n no pl dentifrice m **toothpick** n cure-dent m
top [tɒp, Am: tɑ:p] I. n 1. (highest part) haut m; (of a tree, mountain) sommet m; from ~ to bottom de haut en bas; at the ~ of the picture en haut de l'image; at the ~ of my

list au sommet de ma liste 2. (upper surface) dessus m; on ~ of sth au-dessus de qc 3. no pl (highest rank) sommet m 4. (clothing) haut m; from ~ to toe de pied en cap 5. (head end) bout m; at the ~ of a street au bout de la rue 6. (lid) couvercle m; (of pen) capuchon m 7. no pl (in addition to) on ~ of sth en plus de qc 8. to be over the ~ être exagéré; to feel on ~ of the world être aux anges II. adj 1. (highest, upper) du haut; (floor, layer) dernier 2. (hotels, job) meilleur; (scientists, executives) de pointe; (prize) premier; (university) coté; to give ~ priority to sth donner absolue priorité à qc; she wants the ~ job elle veut le poste de chef 3. (maximum) maximal; to get ~ marks for sth avoir la meilleure note pour qc III. <-pp-> vt 1. (list, ratings) être en tête de 2. (place on top of) couvrir; (cake) garnir 3. (surpass) surpasser 4. (exceed) dépasser 5. Brit, inf (kill) buter; to ~ oneself se foutre en l'air 6. (remove top) étêter; to ~ and tail sth éplucher qc
◆ **top up** vt remplir; to top sb up inf resservir qn
top-class adj de première classe **top hat** n chapeau m haut-de-forme
top-heavy adj pej mal équilibré
topic ['tɒpɪk, Am: 'tɑ:pɪk] n sujet m
topical adj d'actualité
topless adj (person) aux seins nus; (beach) seins nus
top-level adj au plus haut niveau **top-notch** adj inf classe **top-of-the-range** adj haut de gamme
topper ['tɒpəʳ, Am: 'tɑ:pɚ] n inf s. **top hat**
topping n garniture f
topple ['tɒpl, Am: 'tɑ:pl] I. vt renverser II. vi a. fig basculer
top-quality adj de qualité supérieure **top-ranking** adj de haut rang; (university) coté **top secret** adj top secret
topsy-turvy [ˌtɒpsi'tɜ:vi, Am: ˌtɑ:psɪ'tɜ:r-] inf I. adj sens dessus dessous II. adv à l'envers

torch [tɔːtʃ, *Am:* tɔːrtʃ] <-es> *n*
1. *Aus, Brit (electric light)* lampe *f*
électrique **2.** *(burning stick)* torche *f*

tore [tɔːʳ, *Am:* tɔːr] *pt of* **tear**

torment ['tɔːment, *Am:* tɔːr-] I. *n*
tourment *m*; **to be in** ~ être tourmenté II. *vt* tourmenter

torn [tɔːn, *Am:* tɔːrn] *pp of* **tear**

tornado [tɔːˈneɪdəʊ, *Am:* tɔːrˈneɪdoʊ] <-s *o* -es> *n* tornade *f*

torpedo [tɔːˈpiːdəʊ, *Am:* tɔːrˈpiːdoʊ] <-es> *n* torpille *f*

torrent ['tɒrənt, *Am:* tɔːr-] *n a. fig* torrent *m*

torrid ['tɒrɪd, *Am:* tɔː-] *adj* torride

torsion ['tɔːʃən, *Am:* tɔːr-] *n no pl* torsion *f*

torso ['tɔːsəʊ, *Am:* tɔːrsoʊ] *n* torse *m*

tortoise ['tɔːtəs, *Am:* tɔːrt̬əs] *n* tortue *f*

tortoiseshell *n no pl* écaille *f* de tortue

tortuous ['tɔːtjʊəs, *Am:* tɔːrtʃuəs] *adj a. fig* tortueux

torture ['tɔːtʃəʳ, *Am:* tɔːrtʃɚ] I. *n* torture *f* II. *vt* torturer

Tory ['tɔːri] <-ies> *n* POL tory *m*

toss [tɒs, *Am:* tɑːs] I. *vt* **1.** *(throw)* lancer; *(pancake)* faire sauter; *(salad)* mélanger; **to** ~ **one's head** faire un mouvement de la tête **2.** *(flip in air)* jeter en l'air; **to** ~ **a coin** jouer à pile ou face II. *vi* **to** ~ **for sth** jouer qc à pile ou face; **to** ~ **and turn** se remuer dans tous les sens
 ◆ **toss up** *vi* tirer à pile ou face; **to** ~ **for sth** jouer qc à pile ou face

tot [tɒt, *Am:* tɑːt] *n* **1.** *inf (small child)* bambin *m* **2.** *(drink)* goutte *f*

total ['təʊtl, *Am:* toʊt̬l] I. *n* total *m*; **in** ~ au total II. *adj* **1.** *(complete)* total **2.** *(absolute)* complet; *(stranger)* parfait III. *vt* <*Brit* -ll- *o Am* -l-> **1.** *(add up)* additionner **2.** *(add up to)* s'élever à

totality [təʊˈtælət i, *Am:* toʊˈtælət̬i] *n no pl* totalité *f*, entièreté *f Belgique*

totally *adv* totalement

tote bag *n* fourre-tout *m*

totem ['təʊtəm, *Am:* toʊt̬əm] *n* totem *m*

totter ['tɒtəʳ, *Am:* tɑːt̬ɚ] *vi* chanceler

toucan ['tuːkæn] *n* toucan *m*

touch [tʌtʃ] I. *n* **1.** *no pl (ability to feel, sense)* toucher *m*; **to do sth by** ~ faire qc au toucher; **to the** ~ au toucher **2.** *no pl (communication)* **to lose** ~ **with sb** perdre qn de vue; **to be/keep in** ~ **with sb** être/rester en contact avec qn **3.** *no pl (skill)* touche *f*; **to lose one's** ~ perdre la main **4.** *no pl (small amount)* a. *fig* pointe *f* II. *vt* **1.** *(feel with fingers)* toucher **2.** *(come in contact with)* a. *fig* toucher à **3.** *(eat, drink)* toucher à **4.** *(move emotionally)* toucher III. *vi* se toucher
 ◆ **touch down** *vi* atterrir
 ◆ **touch on** *vt* aborder
 ◆ **touch upon** *vt s.* **touch on**

touch-and-go *adj* hasardeux; **it was** ~ **whether** ce n'était pas certain que +*subj*

touchdown *n* atterrissage *m*

touched *adj* **1.** *(emotionally moved)* touché **2.** *inf (crazy)* timbré

touching *adj* touchant

touchy ['tʌtʃi] <-ier, -iest> *adj inf* *(person)* susceptible; *(problem, situation)* délicat

tough [tʌf] *adj* **1.** *(material, covering)* solide **2.** *(person, time)* dur **3.** *(soldiers, players, plants)* costaud **4.** *inf (unfortunate)* dur; **to be** ~ **on sb** être dur avec qn; ~ **(luck)!** pas de chance!

toughen ['tʌfən] *vt* **1.** *(make stronger)* endurcir; *(sanctions, laws)* renforcer **2.** *(make hard to cut)* durcir

tour [tʊəʳ, *Am:* tʊr] I. *n* **1.** *(journey)* voyage *m* **2.** *(short trip)* visite *f* **3.** *(journey for performance)* tournée *f*; **to be on** ~ être en tournée **4.** *(spell of duty)* tournée *f* II. *vt* **1.** *(visit)* visiter **2.** *(perform in)* **to** ~ **France** être en tournée en France III. *vi* **1.** *(travel)* voyager **2.** *(perform)* être en tournée

tourism ['tʊərɪzəm, *Am:* tʊrɪ-] *n no pl* tourisme *m*

tourist *n* touriste *mf*

T t

tourist agency *n* agence *f* de tourisme **tourist class** *n* classe *f* touriste **tourist guide** *n* **1.** (*book*) guide *m* touristique **2.** (*person*) guide *mf* touristique **tourist** (**information**) **office** *n* office *m* de tourisme **tourist season** *n* saison *f* touristique

tournament ['tɔːnəmənt, *Am:* 'tɜːr-] *n* tournoi *m*

tour operator *n* tour-opérateur *m*

tousle ['taʊzl] *vt* ébouriffer

tout [taʊt] **I.** *n pej* revendeur, -euse *m*, *f* **II.** *vt* **1.** (*sell*) revendre **2.** (*advertise*) essayer de vendre **III.** *vi* racoler

tow [təʊ, *Am:* toʊ] **I.** *n* remorquage *m* **II.** *vt* remorquer

toward(**s**) [tə'wɔːd(z), *Am:* tɔːrd(z)] *prep* **1.** (*in direction of*) *a.* *fig* vers **2.** (*directed at*) envers **3.** (*for*) pour **4.** (*time, stage*) vers

towel ['taʊəl] **I.** *n* serviette *f*, drap *m* *Belgique* **II.** *vt* <-ll-> essuyer

towel(**l**)**ing** *n no pl* (tissu *m*) éponge *f*

towel rack *n Am*, **towel rail** *n Brit, Aus* porte-serviettes *m*

tower ['taʊəʳ, *Am:* 'taʊɚ] *n* tour *f* **tower block** *n Brit* tour *f*

towering *adj* imposant

town [taʊn] *n* ville *f*; **to be in ~** être en ville

town centre *n Brit* **the ~** le centreville **town council** *n Brit* conseil *m* municipal, conseil *m* communal *Belgique* **town hall** *n* POL mairie *f*, maison *f* communale *Belgique* **town planning** *n no pl, no indef art* urbanisme *m* **township** *n Am, Can* commune *f* **town twinning** *n no pl* jumelage *m*

tow truck *n Am* remorqueuse *f*

toxic ['tɒksɪk, *Am:* 'tɑːk-] *adj* toxique

toy [tɔɪ] *n* jouet *m* **toyshop** *n* magasin *m* de jouets

toy with *vt* **1.** (*play with*) *a.* *fig* jouer avec **2.** (*idea*) caresser

trace [treɪs] **I.** *n* trace *f*; **without** (**a**) **~** sans laisser de traces **II.** *vt* **1.** (*locate, track back*) retrouver; **to ~ sth to sth** établir le lien entre qc et qc

2. (*describe*) retracer **3.** (*draw outlines*) tracer

tracing paper *n* papier *m* calque

track [træk] **I.** *n* **1.** (*path*) chemin *m* **2.** (*rails*) voie *f* ferrée **3.** (*mark*) trace *f*; **to lose ~ of sb** perdre qn de vue; **to keep ~ of changes/the situation** suivre les changements/la situation **4.** (*course followed*) *a.* *fig* piste *f*; **on sb's ~** sur la piste de qn; **to be on the wrong ~** faire fausse route **5.** (*career path*) voie *f* **6.** SPORT piste *f* **7.** (*song*) morceau *m* **II.** *vt* **1.** (*animal*) pister; (*fugitive*) traquer **2.** (*airplane, missile*) suivre la trajectoire de **3.** (*trace*) rechercher

track down *vt* (*relative*) retrouver; (*article*) dénicher

trackball *n* INFOR boule *f* de commande

track record *n* résultats *mpl*

tracksuit *n* survêtement *m*

tract¹ [trækt] *n* (*pamphlet*) tract *m*

tract² [trækt] *n* (*big piece of land*) étendue *f*

traction ['trækʃən] *n no pl* traction *f*

tractor *n* tracteur *m*

trade [treɪd] **I.** *n* **1.** *no pl* (*buying and selling*) commerce *m*; **balance of ~** balance *f* commerciale **2.** (*type of business*) commerce *m*; **the building ~** la construction **3.** (*handicraft*) métier *m* **II.** *vi* **1.** (*do business*) faire du commerce **2.** (*be bought and sold*) s'échanger **III.** *vt* échanger; **to ~ sth for sth** échanger qc contre qc

trade in *vt* échanger

trade agreement *n* accord *m* commercial **trade balance** *n s.* **balance of trade** **trade fair** *n* COM foire *f* **trade-in** *n* COM reprise *f* **trademark** *n* marque *f*; **registered ~** marque déposée **trade name** *n s.* **brand name**

trader ['treɪdəʳ, *Am:* -ɚ] *n* (*small business*) commerçant(e) *m(f)*; (*bigger business*) négociant(e) *m(f)*

tradesman <tradesmen> *n* (*small business*) commerçant(e) *m(f)*; (*bigger business*) négociant(e) *m(f)*

trade union *n* syndicat *m* (professionnel) **trade unionist** n syndicaliste mf **trade wind** n alizé m

trading n no pl commerce m

tradition [trəˈdɪʃən] n tradition f

traditional adj traditionnel

traffic [ˈtræfɪk] I. n no pl 1. (transport movement) circulation f 2. (trade, dealings) trafic m II. <trafficked, trafficked> vi pej to ~ in sth faire du trafic de qc

traffic accident n accident m de la circulation **traffic island** n refuge m pour piétons **traffic jam** n embouteillage m

trafficker [ˈtræfɪkəʳ, Am: -ə-] n pej trafiquant(e) m(f)

traffic lights n pl feu m (de circulation) **traffic warden** n Brit contractuel(le) m(f)

tragedy [ˈtrædʒədi] n tragédie f

tragic [ˈtrædʒɪk] adj tragique

trail [treɪl] I. n 1. (path) chemin m 2. (track) piste f 3. (trace) traînée f II. vt 1. (follow) suivre 2. (drag) traîner; (car) remorquer III. vi traîner

◆ **trail away** vi s'estomper

trailer n 1. (wheeled container) remorque f 2. Am s. **caravan** 3. (advertisement) bande f annonce

train [treɪn] I. n train m; (in subway) métro m; **to come by** ~ venir en train; **to be on a** ~ être dans un train; **to set sth in** ~ mettre qc en train II. vi 1. MIL, SPORT s'entraîner 2. (for a job) recevoir une formation III. vt 1. (teach) former; (animal) dresser; **to** ~ **sb** to +infin former qn à +infin 2. MIL, SPORT entraîner **train driver** n conducteur m de train

trained adj (staff) formé; (animal) dressé; (dancer) diplômé

trainee [treɪˈniː] n stagiaire mf

trainer n 1. (sb who trains others) formateur, -trice m, f 2. SPORT entraîneur, -euse m, f 3. pl, Brit (shoes) chaussures fpl de sport

training n no pl 1. (education) formation f 2. SPORT, MIL entraînement m

training college n Brit lycée m professionnel **training course** n

formation f

traipse [treɪps] vi inf se trimballer

trait [treɪt] n trait m

traitor n traître, -esse m, f

trajectory [trəˈdʒektəri, Am: -təri] n trajectoire f

tram [træm] n Brit, Aus tramway m

tramp [træmp] I. vi 1. (walk heavily) marcher lourdement 2. (go on foot) marcher II. vt parcourir à pied III. n clochard(e) m(f)

trample [ˈtræmpl] I. vt piétiner II. vi **to** ~ **on** [o over] sth piétiner qc

trampoline [ˈtræmpəliːn] n trampoline m

tramway [ˈtræmweɪ] n tramway m

trance [trɑːns, Am: træns] n transe f

tranquil [ˈtræŋkwɪl] adj tranquille

tranquilizer n Am s. **tranquillizer**

tranquillizer n tranquillisant m

transaction [trænˈzækʃən] n COM transaction f

transalpine [trænˈzælpaɪn] adj transalpin

transatlantic, **trans-Atlantic** [ˌtrænzətˈlæntɪk, Am: ˌtrænsætˈ-] adj transatlantique

transcendent [trænˈsendənt] adj transcendant

transcript [ˈtrænskrɪpt] n transcription f

transfer [trænsˈfɜː, Am: -ˈfɜːr] I. <-rr-> vt 1. (move, sell) transférer 2. (house, property) céder; (power) transmettre 3. (office) transférer; (employee) muter 4. TEL mettre en ligne; **I'm ~ring you now** je vous passe votre correspondant II. vi être transféré III. n 1. (process of moving) transfert m; (of money) virement m 2. (distributing) transmission f 3. (when travelling) correspondance f 4. (on skin) décalcomanie f; (on a t-shirt) transfert m **transfer(red) charge call** n Brit appel m en PCV

transfix [trænsˈfɪks] vt (with fear) pétrifier; (with amazement) stupéfier

transform [trænsˈfɔːm, Am: trænsˈfɔːrm] vt transformer

transfuse [trænts'fju:z] *vt* transfuser

transfusion *n* transfusion *f*

transistor [træn'zɪstər, *Am:* træn'zɪstə·] *n* transistor *m*

transistor radio *n* transistor *m*

transit ['træntsɪt] *n no pl* transit *m*

transition [træn'zɪʃən] *n* transition *f*

transitive ['træntsətɪv, *Am:* 'træntsəṭɪv] LING I. *adj* transitif II. *n* transitif *m*

transitory ['træntsɪtəri, *Am:* 'træntsətɔːri] *adj* transitoire

transit passenger *n* passager, -ère *m, f* en transit

translate [trænz'leɪt, *Am:* træn'sleɪt] *vt* traduire

translation *n* traduction *f*

translator *n* traducteur, -trice *m, f*

translucent [trænz'lu:sənt, *Am:* træn'slu:-], **translucid** *adj* translucide

transmission [trænz'mɪʃən, *Am:* træn'smɪʃ-] *n* transmission *f*

transmit [trænz'mɪt, *Am:* træn'smɪt] <-tt-> I. *vt* transmettre II. *vi* émettre

transmitter *n* émetteur *m*

transparency [træn'spærəntsi, *Am:* træn'sperənt-] *n* 1. *no pl, a. fig* transparence *f* 2. <-ies> (*of photos*) diapositive *f*; (*of documents for OHP*) transparent *m*

transparent *adj* transparent

transpire [træn'spaɪər, *Am:* træn'spaɪə·] *vi* se passer; **it ~d that ...** il est apparu que ...

transplant [træn'splɑːnt, *Am:* træn'splænt] I. *vt* transplanter II. *n* transplantation *f*

transport[1] [træn'spɔːt, *Am:* træn'spɔːrt] *vt* transporter

transport[2] ['træntspɔːt, *Am:* 'træntspɔːrt] *n* transport *m*; **public ~** transports *mpl* publics

transportation *n no pl* transport *m*; **public ~** *Am* transports *mpl* en commun

transvestite [træns'vestaɪt, *Am:* 'trænts-] *n* travesti(e) *m(f)*

trap [træp] I. *n* piège *m* II. *vt* <-pp-> prendre au piège

trapeze [trə'pi:z, *Am:* træp'i:z] *n* trapèze *m*

trapezium [trə'pi:ziəm] <-s *o* -zia> *n Brit, Aus,* **trapezoid** *n Am* MAT trapèze *m*

trapper ['træpər, *Am:* -ə·] *n* trappeur *m*

trappings ['træpɪŋz] *npl* signes *mpl* extérieurs

trash [træʃ] *n Am* 1. *no pl* (*rubbish*) ordures *fpl* 2. *no pl, pej, inf* (*worthless people*) racaille *f* 3. *no pl, inf* (*low-quality goods*) pacotille *f*

trashcan, trash can ['træʃkæn] *n Am s.* **dustbin**

trauma ['trɔːmə, *Am:* 'trɑːmə] *n* traumatisme *m*

traumatic [trɔː'mætɪk, *Am:* trɑː'mæṭ-] *adj* traumatisant

traumatise *vt Brit, Aus,* **traumatize** ['trɔːmətaɪz, *Am:* 'trɑː-] *vt* traumatiser

travel ['trævəl] I. <-ll- *o Am* -l-> *vi* 1. (*make a journey*) voyager; **to ~ to America** aller en Amérique; **he's ~ling on business** il est en voyage d'affaires 2. (*move*) aller II. <-ll- *o Am* -l-> *vt* parcourir III. *n* voyage *m*

travel agency *n* agence *f* de voyages

traveled *adj Am s.* **travelled**

traveler *n Am s.* **traveller**

travel expenses *n pl* frais *mpl* de déplacement

traveling *adj Am s.* **travelling**

travel insurance *n* assurance *f* voyage

travelled *adj* **well-/little-travelled** (*person*) qui a beaucoup/peu voyagé; (*road*) très/peu fréquenté

traveller *n* voyageur, -euse *m, f*; **commercial ~** *Brit* représentant(e) *m(f)*

traveller's cheque *n* chèque *m* de voyage

travelling *adj no pl* 1. (*bag*) de voyage; (*expenses*) de déplacement 2. (*mobile*) ambulant **travelling salesman** *n* VRP *m*

travel-sick *adj* malade dans les transports

traverse ['trævɜːs, *Am:* -ə·s] *vt* traverser

travesty ['trævəsti, *Am:* -Isti] <-ies> *n* parodie *f*

tray [treɪ] *n* 1. (*for carrying*) plateau *m*, cabaret *m Québec* 2. (*container for papers*) corbeille *f*

treacherous ['tretʃərəs] *adj* traître

tread [tred] I. <trod, trodden *o a. Am* treaded, trod> *vi* marcher II. *vt* marcher sur; (*streets*) marcher dans III. *n* 1. (*manner of walking*) pas *m* 2. (*step*) giron *m*

treason ['triːzn] *n no pl* trahison *f*

treasure ['treʒə', *Am:* -ə'] I. *n a. fig* trésor *m* II. *vt* chérir; (*gift*) tenir beaucoup à

treasury ['treʒəri] <-ies> *n* 1. (*place, funds*) trésorerie *f* 2. *no pl* (*government department*) **the Treasury** le ministère des Finances **Treasury Secretary** *n Am* ministre *m* des Finances

treat [triːt] I. *vt* 1. *a.* FIG traiter; **to ~ badly** maltraiter 2. (*pay for*) **to ~ sb to sth** offrir qc à qn II. *vi* traiter III. *n* 1. (*indulgence*) plaisir *m*; (*to eat or drink*) gourmandise *f*; **to give sb a ~** offrir une gâterie à qn; **it's my ~** c'est moi qui offre 2. **to work a ~** *inf* marcher à merveille

treatise ['triːtɪz, *Am:* -ṭɪs] *n* traité *m*

treatment *n a. fig* traitement *m*

treaty ['triːti, *Am:* -ṭi] <-ies> *n* traité *m*

treble [trebl] I. *adj* 1. (*three times greater*) triplé; **~ what I earn** trois fois ce que je gagne 2. (*high-pitched*) soprano; **a ~ voice** une voix de soprano II. *vt, vi* tripler III. *n* 1. MUS soprano *m* 2. (*sound range*) aigus *mpl* **treble clef** *n* clé *f* de sol

tree [triː] *n* arbre *m*

tree frog *n* rainette *f* **treetop** *n pl* cime *f*

trek [trek] <-kk-> *n* randonnée *f*

tremble ['trembl] I. *vi* trembler; **to ~ with sth** trembler de qc II. *n* tremblement *m*

tremendous [trɪ'mendəs] *adj* 1. (*enormous*) énorme 2. *inf* (*extremely good*) génial

tremor ['tremə', *Am:* -ə'] *n* tremble-ment *m*

trench [trentʃ] <-es> *n* tranchée *f*

trenchant ['trentʃənt] *adj* tran-chant; (*criticism, remark, wit*) incisif

trend [trend] *n* tendance *f*

trendy ['trendi] <-ier, -iest> *adj* à la mode

trespass ['trespəs] <-es> *vi* **to ~ on sb's land** s'introduire sans autori-sation sur les terres de qn

trespasser *n* intrus(e) *m(f)*; **~s will be prosecuted** défense d'entrer sous peine de poursuites

trestle ['tresl] *n* tréteau *m*

trial ['traɪəl] *n* 1. (*judicial process*) procès *m*; **to stand ~** passer en juge-ment; **to put sb on ~** faire passer qn devant les tribunaux 2. (*experimen-tal test*) essai *m*; **have sth on ~** avoir qc à l'essai 3. (*source of prob-lems*) épreuve *f* **trial period** *n* pé-riode *f* d'essai

triangle ['traɪæŋgl] *n* MAT, MUS triangle *m*

triangular [traɪ'æŋgjʊlə', *Am:* -lə'] *adj* triangulaire

tribal ['traɪbl] *adj* tribal

tribe [traɪb] *n a. pej* tribu *f*

tribunal [traɪ'bjuːnl] *n* tribunal *m*

tribune ['trɪbjuːn] *n* tribune *f*

tribute ['trɪbjuːt] *n* hommage *m*; **to pay ~ to sb/sth** rendre hommage à qn/qc

trice [traɪs] *n* **in a ~** en un tour de mains

trick [trɪk] I. *n* 1. (*ruse, joke*) tour *m*; **a magic ~** un tour de magie; **to play a ~ on sb** jouer un tour à qn 2. (*technique for doing sth*) truc *m*; **that will do the ~** ça fera l'affaire II. *vt* 1. (*deceive*) duper; **to ~ sb into doing sth** ruser pour amener qn à faire qc 2. (*swindle*) rouler

trickery ['trɪkəri] *n no pl* ruse *f*

trickle ['trɪkl] I. *vi* couler lentement; **to ~ in/out** entrer/sortir petit à petit; **information ~d through** l'in-formation a filtré II. *n* filet *m*

tricky ['trɪki] <-ier, -iest> *adj* 1. (*awkward*) difficile; (*question, problem*) compliqué; **it's a bit ~** c'est un peu compliqué; **to be ~ to**

T t

do ne pas être facile à faire **2.** (*deceitful*) malin

tricycle ['traɪsɪkl] *n* tricycle *m*

tried [traɪd] *pt, pp of* **try**

trifle ['traɪfəl] *n* **1.** (*insignificant thing*) broutille *f* **2.** (*small amount*) bagatelle *f* **3.** (*slightly*) **a ~ big** un peu gros

trifling *adj* insignifiant; (*matter*) sans importance

trigger ['trɪgəʳ, *Am:* -ɚ] **I.** *n* **1.** gâchette *f* **2.** *fig* to be a ~ **for sth** être le déclencheur de qc **II.** *vt* to ~ **sth** (**off**) déclencher qc

trigger finger *n* index *m*

trill [trɪl] **I.** *n* trille *m* **II.** *vi, vt* triller

trim [trɪm] **I.** *adj* **1.** (*neat*) soigné; (*lawn*) net **2.** (*attractively thin*) mince **II.** <-mm-> *vt* **1.** (*cut*) tailler; **to ~ one's beard** se tailler la barbe; **my hair needs ~ing** mes cheveux ont besoin d'une coupe d'entretien **2.** (*decorate*) orner; (*tree*) décorer **3.** (*reduce*) réduire

trinket ['trɪŋkɪt] *n* babiole *f*

trio ['triːəʊ, *Am:* -oʊ] *n a.* MUS trio *m*

trip [trɪp] **I.** *n* **1.** (*journey*) voyage *m*; **round ~** aller-retour *m* **2.** (*shorter*) excursion *f*; **to go on a ~** faire une excursion **3.** *inf* (*hallucination*) trip *m* **II.** <-pp-> *vi* **1.** (*stumble*) trébucher **2.** (*move lightly*) to ~ **along** aller d'un pas léger **3.** (*be on drug*) faire un trip **III.** <-pp-> *vt* (*activate*) déclencher

◆ **trip over** *vi* trébucher sur

◆ **trip up I.** *vt* **1.** (*cause to stumble*) faire trébucher **2.** (*cause to fail*) jouer un mauvais tour à **II.** *vi* **1.** (*fall*) trébucher **2.** (*make a mistake*) to ~ **on sth** buter sur qc

tripe [traɪp] *n no pl* **1.** GASTR tripes *fpl* **2.** *pej, inf* (*nonsense*) conneries *fpl*

triple ['trɪpl] **I.** *adj* triple **II.** *adv* trois fois **III.** *vt, vi* tripler

triplet ['trɪplɪt] *n* triplé(e) *m(f)*

trite [traɪt] *adj pej* banal

triumph ['traɪʌmf] **I.** *n* (*great success*) triomphe *m* **II.** *vi* to ~ **over sb/sth** triompher de qn/qc

trivial *adj* insignifiant

trod [trɒd, *Am:* trɑːd] *pt, pp of* **tread**

trodden ['trɒdn, *Am:* 'trɑːdn] *pp of* **tread**

trolley ['trɒli, *Am:* 'trɑːli] *n* **1.** *Brit, Aus* (*small cart*) chariot *m*; **luggage ~** chariot à bagages; **shopping ~** caddie® *m* **2.** *Am s.* **trolleycar**

trolleybus *n* trolleybus *m* **trolleycar** *n Am* tramway *m*

trombone [trɒm'bəʊn, *Am:* trɑːm'boʊn], **trombonist** *n* trombone *m*

troop [truːp] **I.** *n* troupe *f* **II.** *vi* to ~ **down the road** descendre la rue en groupe

trophy ['trəʊfi, *Am:* 'troʊ-] <-ies> *n* trophée *m*

tropic ['trɒpɪk, *Am:* 'trɑːpɪk] *n* tropique *m*

tropical *adj* tropical

trot [trɒt, *Am:* trɑːt] **I.** *n* **1.** (*horse's gait*) trot *m*; **to go at a ~** aller au trot **2.** *pl, inf* (*diarrhoea*) courante *f* **3. on the ~** d'affilée **II.** *vi* trotter

trouble ['trʌbl] **I.** *n* **1.** (*difficulty*) problème *m*, ennui *m*; **to have ~ doing sth** avoir du mal à faire qc; **to be in ~** avoir des ennuis; **to be no ~ at all** ne poser aucun problème; **to go to the ~ of doing sth** se donner la peine de faire qc **2.** *no pl* (*malfunction*) ennuis *mpl*; **knee ~** un problème de genou; **to have back ~** avoir mal au dos; **stomach ~** troubles *mpl* digestifs; **engine ~** ennuis *mpl* de moteur **3.** (*conflicts, arguments*) troubles *mpl*; **at the first sign of ~** aux premiers signes de troubles; **to look for ~** chercher des ennuis **II.** *vt* **1.** *form* (*cause inconvenience*) déranger; **can I ~ you to stand up?** puis-je vous demander de vous lever? **2.** (*make an effort*) to ~ **oneself about sth/to** +*infin* se soucier de qc/de +*infin* **3.** (*cause worry to*) inquiéter **4.** (*cause problems to*) ennuyer; **my back's troubling me** j'ai des problèmes de dos

troubled *adj* **1.** (*marriage, relationship*) orageux; (*situation, times*) agité **2.** (*feeling worried*) inquiet

troublemaker *n* fauteur, -trice *m*, *f* de troubles **troubleshooter** *n* médiateur, -trice *m*, *f* **troublesome** *adj* **1.** (*difficult*) pénible **2.** (*embarrassing*) gênant

trough [trɒf, *Am:* trɑːf] *n* **1.** (*receptacle*) auge *f*; **drinking** ~ abreuvoir *m* **2.** (*low point between two crests*) creux *m* **3.** (*low pressure area*) dépression *f*

troupe [truːp] *n* troupe *f*

trouser clip *n* pince *f* à pantalon

trousers ['traʊzəz, *Am:* -zɚz] *npl* **1.** (*pair of*) ~ pantalon *m* **2.** *fig* to **wear the** ~ porter le pantalon

trouser suit *n Brit* tailleur-pantalon *m*, tailleurs-pantalons *pl*

trout [traʊt] *n* <-(s)> truite *f*

trowel ['traʊəl] *n* **1.** (*for masonry*) truelle *f*; (*for gardening*) déplantoir *m*

truant ['truːənt] I. *n* élève *mf* absentéiste; **to play** ~ *Brit, Aus* faire l'école buissonnière II. *vi Brit, Aus* faire l'école buissonnière

truce [truːs] *n* trêve *f*

truck [trʌk] *n* camion *m*; (*long-distance*) poids *m* lourd **truck driver**, **trucker** *n Brit, Am* camionneur *m*; (*long-distance*) routier *m*

truculent *adj* agressif

trudge [trʌdʒ] I. *vi* se traîner; **to** ~ **off/out** partir/sortir en traînant des pieds II. *vt* **to** ~ **the streets** traîner dans les rues

true [truː] *adj* **1.** (*not false*) vrai; **to be** ~ **of sb/sth** être vrai pour qn/qc; **to turn out to be** ~ se révéler vrai; **to hold** ~ **for sb/sth** être de même pour qn/qc **2.** (*genuine*) véritable; **to come** ~ se réaliser **3.** (*faithful*) fidèle; ~ **to form, he …** fidèle à lui-même, … **4.** (*positioned accurately*) exact

true-blue *adj* véritable **true-life** *adj* vrai

truffle ['trʌfl] *n* truffe *f*

truly *adv* **1.** (*accurately*) vraiment **2.** (*genuinely*) véritablement **3.** (*sincerely*) sincèrement; **yours** ~ *Am* mes salutations

trump [trʌmp] *n* ~(s) atout *m*; **to**

play a ~/~**s** jouer un atout/l'atout

trumpet ['trʌmpɪt, *Am:* -pət] *n* trompette *f*

trumpeter *n* trompettiste *mf*

truncheon ['trʌntʃən] *n Brit, Aus* matraque *f*

trundle ['trʌndl] *vi* **to** ~ (**on**) avancer lentement

trundle bed *n* lit *m* gigogne

trunk [trʌŋk] *n* **1.** (*stem, part of body*) tronc *m* **2.** (*elephant's nose*) trompe *f* **3.** (*large strong case*) malle *f* **4.** *Am* (*boot*) coffre *m*

trunks *n pl* caleçon *m* de bain

trust [trʌst] I. *n* **1.** *no pl* (*belief in reliability*) confiance *f*; **to place one's** ~ **in sb/sth** faire confiance à qn/qc; **to take sth on** ~ croire qc sur parole **2.** *no pl* (*responsibility*) charge *f*; **to have sth in** ~ avoir la charge de qc **3.** (*organization*) fondation *f* **4.** ECON trust *m* II. *vt* **1.** (*place trust in*) faire confiance à **2.** (*place reliance on*) se fier à; **to** ~ **sth to sb, to** ~ **sb with sth** confier qc à qn **3.** (*hope*) **to** ~ **that …** espérer que … III. *vi* **to** ~ **in sb/sth** se fier à qn/qc

trusted *adj* de confiance

trustee [trʌsˈtiː] *n* administrateur, -trice *m*, *f*; **board of** ~**s** conseil *m* d'administration

trustful *adj* confiant

trusting *s.* **trustful**

trustworthy ['trʌstˌwɜːði, *Am:* -ˌwɜːr-] *adj* (*person*) digne de confiance; (*data, information*) fiable

trusty <-ier, -iest> *adj* fidèle

truth [truːθ] *n* vérité *f*; **in** ~ en vérité

truthful *adj* sincère

truthfully *adv* sincèrement

try [traɪ] I. *n a.* SPORT essai *m*; **to have a** ~ **at sth, to give sth a** ~ essayer qc II. <-ie-> *vt* **to** ~ **and** +*infin* inf essayer de +*infin*; **to** ~ **for sth** essayer d'obtenir qc III. <-ie-> *vt* **1.** (*attempt to do sth*) essayer; **to** ~ **to** +*infin* essayer de +*infin*; **to** ~ **one's luck** tenter sa chance; **I tried my best** j'ai fait de mon mieux **2.** (*test*) essayer; (*sauce*) goûter **3.** (*judge*) juger **4.** (*cause annoyance*) mettre à l'épreuve

T
t

◆ **try on** *vt* (*clothes*) essayer

◆ **try out** *vt* (*computer, idea, person*) essayer

trying *adj* pénible

tsetse fly ['tetsɪˌflaɪ, *Am:* 'tsetsɪˌflaɪ] *n* mouche *f* tsé-tsé

T-shirt ['tiːʃɜːt, *Am:* -ʃɜːrt] *n* t-shirt *m*

tub [tʌb] *n* **1.** (*large*) bac *m*; (*small*) pot *m* **2.** (*bathtub*) baignoire *f*

tuba ['tjuːbə] *n* tuba *m*

tubby ['tʌbi] <-ier, -iest> *adj inf* rondelet

tube [tjuːb, *Am:* tuːb] *n* **1.** (*cylinder*) tube *m*; (*bigger diameter*) tuyau *m* **2.** *no pl, Brit, inf* (*London's subway*) **the** ~ le métro **3.** *no pl, inf* (*television*) **the** ~ la télé

tuberculosis [tjuːˌbɜːkjʊˈləʊsɪs, *Am:* tuːˌbɜːrkjəˈloʊ-] *n no pl* tuberculose *f*

tube station *n* station *f* de métro

tuck [tʌk] *vt* ranger; **to be ~ed away** être mis de côté; **to ~ sth into sth** rentrer qc dans qc; **be ~ed** (**away**) être niché

◆ **tuck in** I. *vt* (*sheet, child*) border II. *vi inf* (*eat*) bouffer

◆ **tuck up** *vt* border

Tuesday ['tjuːzdeɪ, *Am:* 'tuːz-] *n* mardi *m*; **Shrove** ~ mardi gras; *s. a.* **Friday**

tuft [tʌft] *n* touffe *f*

tug [tʌg] I. *n* **1.** (*pull*) petit coup *m*; **to give sth a** ~ tirer sur qc **2.** (*boat*) remorqueur *m* II. <-gg-> *vt* tirer sur III. <-gg-> *vi* **to** ~ **at sth** tirer qc

tuition [tjuːˈɪʃən] *n no pl, Brit* cours *mpl*

tuition fees *n Brit* frais *mpl* de scolarité

tulip ['tjuːlɪp, *Am:* 'tuː-] *n* tulipe *f*

tumble ['tʌmbl] I. *n a. fig* chute *f* II. *vi* **1.** (*fall*) tomber (par terre) **2.** (*price*) chuter

◆ **tumble down** *vi* s'écrouler

tumbledown *adj* en ruine(s)

tumble drier, tumble dryer *n* sèche-linge *m*, sécheuse *f Québec*

tumbler ['tʌmblə', *Am:* -blə'] *n* gobelet *m*

tummy ['tʌmi] <-ies> *n childspeak, inf* ventre *m*

tumor *n Am, Aus,* **tumour** ['tjuːmə', *Am:* 'tuːmə'] *n Brit, Aus* tumeur *f*

tuna ['tjuːnə, *Am:* 'tuː-] *n* thon *m*

tune [tjuːn, *Am:* tuːn] I. *n* **1.** (*melody*) air *m* **2.** *no pl* (*pitch*) accord *m*; **to be in** ~ être accordé; **to be out of** ~ être désaccordé **3.** *Brit* AUTO, TECH réglage *m* II. *vt* **1.** MUS accorder **2.** TECH régler; **to be ~ed to the BBC** être branché sur la BBC

◆ **tune in** *vt* **to** ~ **to sth** se brancher sur qc

◆ **tune up** I. *vi* s'accorder II. *vt* **1.** AUTO, TECH régler **2.** MUS accorder

tuneful *adj* MUS mélodieux

tuner *n* **1.** (*radio*) tuner *m* **2.** MUS accordeur *m*

tune-up *n* AUTO, TECH réglage *m*

tunic ['tjuːnɪk, *Am:* 'tuː-] *n* tunique *f*

tuning fork *n* diapason *m*

Tunisia [tjuːˈnɪzɪə, *Am:* tuːˈniːʒə] *n* la Tunisie

tunnel ['tʌnl] I. *n* tunnel *m* II. <-l-, *Am* -ll-> *vi* **to** ~ **through/under sth** creuser un tunnel dans/sous qc

tuppence ['tʌpəns] *n no pl, Brit, inf s.* **twopence**

turban ['tɜːbən, *Am:* 'tɜːr-] *n* turban *m*

turbine ['tɜːbaɪn, *Am:* 'tɜːrbɪn] *n* turbine *f*

turbo ['tɜːbəʊ, *Am:* 'tɜːrboʊ] *n* turbo *m*

turbo diesel *n* turbodiesel *m* **turbo engine** *n* moteur *m* turbo **turbojet** *n* turboréacteur *m*

turbulence ['tɜːbjʊləns, *Am:* 'tɜːr-] *n a. fig* turbulence *f*

turf [tɜːf, *Am:* tɜːrf] <-s *o Brit* turves> *n* **1.** *no pl* (*grassy earth*) gazon *m* **2.** (*cut square*) motte *f* de gazon

turgid ['tɜːdʒɪd, *Am:* 'tɜːr-] *adj* **1.** (*swollen*) gonflé **2.** (*pompous*) ampoulé

turkey ['tɜːki, *Am:* 'tɜːr-] *n* dinde *f*

Turkey ['tɜːki, *Am:* 'tɜːr-] *n* la Turquie

turmoil ['tɜːmɔɪl, *Am:* 'tɜːr-] *n no pl* agitation *f*; **to be in** ~ être en ébullition

turn [tɜːn, *Am:* tɜːrn] **I.** *n* **1.** (*change of direction*) *a.* *fig* tournant *m;* **to take a ~** tourner; **a left/right ~** un tournant à gauche/à droite; **a ~ of fate** un caprice du destin **2.** (*rotation*) tour *m* **3.** (*walk*) tour *m;* **to take a ~** faire un tour **4.** (*changing condition*) tournure *f;* **to take a ~ for the worse/better** s'aggraver/s'améliorer **5.** (*allotted time*) tour *m;* **to be sb's ~ to** +*infin* être le tour de qn de +*infin;* **to take ~s at doing sth** faire qc à tour de rôle; **in ~** à tour de rôle **6.** MED crise *f;* **to have ~s** avoir des nausées **7.** (*stage performance*) numéro *m* **8. at every ~** à tout bout de champ; **to do sb a bad ~** jouer un mauvais tour à qn; **to do sb a good ~** rendre service à qn **II.** *vi* **1.** (*rotate*) tourner **2.** (*turn round*) se retourner; AUTO faire demi-tour; **to ~ to(wards) sb/sth** se tourner vers qn/qc **3.** (*switch direction*) tourner; (*tide*) changer; **to ~ left** tourner à gauche; **to ~ to religion/drugs** se tourner vers la religion/la drogue **4.** (*become*) devenir; **to ~ cold** commencer à faire froid; **to ~ seven** (*child*) venir d'avoir sept ans; (*time*) être sept heures passé **5. to ~ (over) in one's grave** se retourner dans sa tombe **III.** *vt* **1.** (*page, handle*) tourner; **to ~ somersaults** faire des sauts périlleux **2.** (*cause to rotate*) faire tourner **3.** (*turn round*) retourner; **to ~ sth upside down** retourner qc **4.** (*switch direction*) tourner; **to ~ the corner** tourner au coin de la rue **5.** (*direct*) *a.* *fig* diriger; **to ~ one's anger on sb** reporter sa colère sur qn **6.** (*transform*) **to ~ sb/sth into sth** transformer qn/qc en qc **7.** **to ~ one's back on sb** tourner le dos à qn; **to ~ one's stomach** soulever le cœur

◆ **turn about** *vi* se retourner
◆ **turn around** **I.** *vt* **1.** (*twist*) retourner **2.** (*ship, plane*) faire faire demi-tour à **3.** (*situation*) renverser **II.** *vi* tourner; (*person*) se retourner
◆ **turn away** **I.** *vi* se détourner **II.** *vt* refuser

◆ **turn back** **I.** *vi* faire demi-tour **II.** *vt* **1.** (*send back*) renvoyer **2.** (*fold*) replier
◆ **turn down** *vt* **1.** (*reject*) refuser **2.** (*reduce*) baisser
◆ **turn in** **I.** *vt* remettre **II.** *vi inf* aller se pieuter
◆ **turn into** **I.** *vi* se transformer en **II.** *vt* **to turn sb/sth into sth** transformer qn/qc en qc
◆ **turn off** **I.** *vt* **1.** ELEC, TECH éteindre; (*car engine*) arrêter **2.** (*gas, water, tap*) fermer; (*water, electricity*) couper **3.** (*leave*) quitter **II.** *vi* **to ~ at sth** tourner à qc
◆ **turn on** **I.** *vt* **1.** ELEC, TECH allumer; (*gas, tap, water*) ouvrir **2.** *inf* (*attract*) brancher **3.** (*attack*) s'attaquer à **II.** *vi* s'allumer
◆ **turn out** **I.** *vi* **1.** (*end up*) finir; **it'll ~ all right** ça va bien se passer **2.** (*prove to be*) se révéler; **she turned out to be my aunt** il s'est avérée qu'elle était ma tante **3.** (*go to*) **to ~ for sth** se rendre à qc; **to ~ to vote** se rendre aux urnes **II.** *vt* **1.** (*electric device*) éteindre; (*gas, water*) fermer **2.** (*kick out*) expulser; **to turn sb out of somewhere** expulser qn de quelque part; **to turn sb out on the street** mettre qn à la rue
◆ **turn over** **I.** *vi* **1.** (*face different direction*) se retourner **2.** (*turn page*) tourner la page **3.** (*engine*) tourner **4.** *Brit* TV changer de chaîne **II.** *vt* **1.** (*change the side*) *a.* *fig* retourner; (*page*) tourner **2.** (*car engine*) faire tourner **3.** (*give in*) remettre **4.** (*change function*) **to turn sth over to sth** transformer qc en qc
◆ **turn round** *vi, vt* *s.* **turn around**
◆ **turn up** **I.** *vi* **1.** (*arrive*) arriver; **when the job turned up, I took it** quand le job s'est présenté, je l'ai pris **2.** (*be found*) réapparaître **II.** *vt* **1.** (*increase*) mettre plus fort **2.** (*shorten clothing*) relever

turncoat *n* renégat(e) *m(f)*
turndown *n* **1.** (*refusal*) refus *m*

2. (*decline*) fléchissement *m*

turning *n* embranchement *m;* **to take the first ~ to the right** prendre la première à droite

turning point *n* tournant *m*

turnip ['tɜːnɪp, *Am:* 'tɜːr-] *n* navet *m*

turnout *n* **1.** (*amount of people*) assistance *f* **2.** (*amount of people who vote*) nombre *m* de votants

turnover *n* **1.** (*rate of employee renewal*) rotation *f* du personnel **2.** (*total earnings*) chiffre *m* d'affaires **3.** GASTR chausson *m,* gosette *f* Belgique

turnpike ['tɜːnpaɪk, *Am:* 'tɜːrn-] *n Am* autoroute *f* à péage

turnstile ['tɜːnstaɪl, *Am:* 'tɜːrn-] *n* tourniquet *m*

turntable ['tɜːnˌteɪbl, *Am:* 'tɜːrn-] *n* MUS platine *f*

turn-up *n* **1.** *Brit* (*on trousers*) revers *m* **2.** *Brit* **to be a ~ for the book(s)** être une sacrée surprise

turpentine ['tɜːpəntaɪn, *Am:* 'tɜːr-] *n no pl* térébenthine *f*

turquoise ['tɜːkwɔɪz, *Am:* 'tɜːr-] **I.** *n* **1.** (*stone*) turquoise *f* **2.** (*colour*) turquoise *m* **II.** *adj* **1.** (*made of this stone*) en turquoises **2.** (*colored*) turquoise

turret ['tʌrɪt, *Am:* 'tɜːr] *n* tourelle *f*

turtle ['tɜːtl, *Am:* 'tɜːrt̬l] <-(s)> *n* tortue *f*

turtleneck *n* col *m* roulé

tusk [tʌsk] *n* ZOOL défense *f*

tussle ['tʌsl] **I.** *vi* (*physically*) se battre; (*verbally*) se disputer **II.** *n a. fig* lutte *f*

tutor ['tjuːtər, *Am:* 'tuːt̬ɚ] *n* **1.** (*person helping students*) directeur, -trice *m, f* d'études **2.** (*private teacher*) professeur *m* particulier

tutorial [tjuːˈtɔːrɪəl, *Am:* tuːˈ-] *n* SCHOOL, UNIV travaux *mpl* dirigés

tuxedo [tʌkˈsiːdəʊ, *Am:* -doʊ] *n Am* smoking *m*

TV *n* TV, ELEC *abbr of* **television** télé *f*

TV guide *n* programme *m* télé

twaddle ['twɒdl, *Am:* 'twɑːdl] *n no pl, inf* âneries *fpl*

twang [twæŋ] **I.** *n* **1.** (*jarring sound*) son *m* vibrant; **to give sth a ~** faire vibrer qc **2.** (*nasal accent*) nasillement *m* **II.** *vt* faire vibrer; (*strings*) pincer **III.** *vi* vibrer

tweak [twiːk] **I.** *vt* **1.** (*pull*) tirer **2.** (*twist*) tordre **3.** (*pinch*) pincer **4.** (*adjust*) régler **II.** *n* **to give sth a ~ 1.** (*pull*) tirer qc **2.** (*twist*) tordre qc **3.** (*pinch*) pincer qc **4.** (*adjust*) régler qc

twee [twiː] *adj Brit, pej* mièvre

tweezers ['twiːzəz, *Am:* -zɚz] *npl* **(a pair of) ~** une pince à épiler

twelfth [twelfθ] *adj* douzième; *s. a.* **eight**

Twelfth Night *n* fête *f* des Rois

twelve [twelv] *adj* douze; *s. a.* **eight**

twentieth ['twentɪəθ, *Am:* -t̬ɪ-] *adj* vingtième; *s. a.* **eighth**

twenty ['twenti, *Am:* -t̬i] *adj* vingt; *s. a.* **eight**

twerp [twɜːp, *Am:* twɜːrp] *n pej, inf* andouille *f*

twice [twaɪs] *adv* deux fois

twice-yearly *adj* bi-annuel

twiddle ['twɪdl] **I.** *vt* **1.** tripoter **2. to ~ one's thumbs** se tourner les pouces **II.** *vi* **to ~ with sth** tripoter qc

twig [twɪg] *n a. pej* brindille *f*

twilight ['twaɪlaɪt] *n* (*opp: dawn*) *a. fig* crépuscule *m*

twin [twɪn] **I.** *n a. fig* jumeau, jumelle *m, f* **II.** *adj* PHYSIOL, MED, BIO *a. fig* jumeau; **a ~ brother** un frère jumeau **III.** *vt* <-nn-> jumeler

twin beds *n pl* lits *mpl* jumeaux

twine [twaɪn] **I.** *vi* **to ~ around sth** s'enrouler autour de qc **II.** *vt* **1.** (*twist around*) enrouler **2.** (*weave*) *a. fig* entrelacer **III.** *n no pl* ficelle *f*

twinge [twɪndʒ] *n* **1.** (*stab*) MED élancement *m* **2.** *fig* **a ~ of conscience** un remords

twinkle ['twɪŋkl] **I.** *vi* scintiller; (*eyes*) pétiller **II.** *n* scintillement *m;* (*eyes*) pétillement *m;* **in a ~** en un clin d'œil; **to have a ~ in one's eye** avoir une étincelle dans le regard

twinkling *n no pl* **1.** scintillement *m;* (*eyes*) pétillement *m* **2. to do sth in the ~ of an eye** faire qc en un clin d'œil

twin town *n Brit* ville *f* jumelée

twirl [twɜ:l, *Am:* twɜ:rl] **I.** *vi* DANCE, ART tournoyer **II.** *vt* **1.** (*spin*) faire tournoyer; (*twist*) **2.** (*twist*) tortiller **III.** *n* **1.** (*spin*) pirouette *f* **2.** (*shape*) *a. fig* volute *f*

twist [twɪst] **I.** *vt* **1.** (*metal, cloth*) tordre; (*handle, lid*) tourner; **to ~ one's ankle** se fouler la cheville; **I ~ed the top off the jar** j'ai dévissé le couvercle du pot; **to ~ sth out of shape** déformer qc en tordant; **to ~ sth into a knot** former un nœud en tordant qc; **he ~ed his face into an ugly smile** *fig* son visage se déforma en un vilain sourire **2.** (*wind around*) enrouler; **to ~ sth together** (*strands, hands*) entrelacer qc **3.** (*words*) déformer; **to ~ sth into sth** transformer qc en qc **4.** *inf* (*cheat*) rouler **5. to ~ sb's arm** forcer la main à qn; **to ~ sb round one's (little) finger** mener qn par le bout du nez **II.** *vi* **1.** (*turn round*) se (re)tourner **2.** (*squirm around*) s'enrouler; **to ~ and turn** s'agiter dans tous les sens **3.** (*contort*) *a.* MED se tordre **4.** (*path*) serpenter; **to ~ and turn** faire des zigzags **5.** (*change*) se transformer **6.** (*dance*) twister **7. to be left ~ing in the wind** être laissé dans l'incertitude **III.** *n* **1.** (*turn*) tour *m;* **to give sth a ~** tourner qc; **with a ~ of sth** d'un tour de qc **2.** (*rotation*) rotation *f;* MED entorse *f* **3.** (*action*) torsion *f* **4.** (*sharp curve*) tournant *m;* **~s and turns** tours et détours **5.** (*changing point*) tournant *m;* **to take a new ~** prendre un nouveau tournant **6.** (*change*) tournure *f;* **to give sth a ~** donner une nouvelle tournure à qc; **a surprise ~ to the story** une tournure surprenante dans l'histoire **7.** (*hair*) torsade *f;* (*lemon*) zeste *m;* (*ribbon*) tortillon *m;* (*thread*) torsade *f* **8.** (*dance*) twist *m;* **to do the ~** danser le twist **9. to be in a ~** être à bout; **to go round the ~** *Brit, inf* devenir cinglé

twisted *adj a. fig* tordu; (*ankle*) foulé; (*path, river*) tortueux

twisty *adj* <-ier, -iest> *inf* (*road*) tortueux

twit [twɪt] *n pej, inf* andouille *f*

twitch [twɪtʃ] **I.** *vi* **1.** (*muscle*) se contracter; (*person*) avoir un tic **2.** (*move nervously*) s'agiter **II.** *vt* **1.** (*jerk*) contracter; (*nose, tail*) remuer **2.** (*tug quickly*) tirer d'un coup sec; **to ~ sth out of sth** arracher qc de qc **III.** <-es> *n* **1.** (*small spasm*) tic *m* **2.** (*quick pull*) coup *m* sec

twitter ['twɪtə', *Am:* 'twɪtə] **I.** *vi* **1.** ZOOL, BIO gazouiller **2.** (*talk*) jacasser **II.** *n* ZOOL, BIO gazouillis *mpl*

two [tu:] **I.** *adj* **1.** deux; **to be ~ of a kind** être de la même espèce; **to have ~ of sth** avoir qc en double **2. to be in ~ minds** être indécis; **that makes ~ of us** *inf* on est deux **II.** *n* **1.** deux *m* **2. ~'s company three's a crowd** *prov* nous ne serions pas plus mal seuls; **to put ~ and ~ together** *inf* tirer ses conclusions; **it takes ~ to tango** *prov* chacun a sa part de responsabilité; *s. a.* **eight**

two-dimensional *adj* **1.** (*flat*) bidimensionnel **2.** *fig, pej* superficiel

two-door *n* AUTO deux-portes *f*

two-edged *adj a. fig* à double tranchant **two-faced** *adj* hypocrite **twofold** **I.** *adv* doublement **II.** *adj* double **two-part** *adj* en deux parties **twopence** *n Brit* **1.** FIN deux pence *mpl* **2.** *inf* (*worthless thing*) deux sous *mpl;* **to be worth ~** valoir des tripettes **3. to not care ~ about sth** se moquer royalement de qc **two-piece** **I.** *n* FASHION **1.** (*jacket and trousers*) (costume *m*) deux pièces *m* **2.** (*bikini*) (maillot *m*) deux pièces *m* **II.** *adj* deux pièces **two-seater** *n* AUTO deux places *m* **two-some** *n* couple *m* **two-way** *adj* à double sens; (*exchange*) bilatéral; **~ radio** poste *m* émetteur-récepteur

tycoon [taɪ'ku:n] *n* FIN magnat *m*

type [taɪp] **I.** *n* **1.** (*sort*) type *m;* **people of every ~** personnes de toutes sortes; **do you like that ~ of thing?** tu aimes ce genre de choses? **2.** BIO espèce *f;* **blood ~** groupe *m* sanguin **3.** (*sort of person*) genre *m;* he's not the ~ **to forget** il n'est pas du genre à oublier; **he's not my** ~ il n'est pas mon genre; **he's a sporty** ~ *inf* c'est le genre sportif **4.** TYP, PUBL caractère *m;* **in large/small** ~ en gros/petits caractères **II.** *vt* **1.** (*typewriter*) taper; (*computer*) saisir **2.** (*categorize*) classifier; **to** ~ **blood** déterminer le groupe sanguin **3.** (*typecast*) **to be ~d** être cantonné dans un rôle **III.** *vi* (*typewriter*) taper (à la machine)

◆ **type out**, **type up** *vt* (*typewriter*) taper (à la machine); (*computer*) saisir

typecast ['taɪpkɑːst, *Am:* -kæst] <typecast, typecast> *vt* CINE, THEAT **to be ~ as sth** être enfermé dans le rôle de qc

typeface ['taɪpfeɪs] *n no pl* TYP, PUBL police *f* de caractère

typescript ['taɪpskrɪpt] *n* manuscrit *m* dactylographié

typewriter ['taɪpˌraɪtə', *Am:* -t̬ə] *n* machine *f* à écrire, dactylographe *m* Québec

typewritten *adj* dactylographié

typhoon [taɪ'fuːn] *n* METEO typhon *m*

typical ['tɪpɪkəl] **I.** *adj* typique; **the** ~ **American** l'américain type; **it is** ~ **of him/her** c'est bien lui/elle **II.** *interj inf* ~! ça ne m'étonne pas!

typically *adv* typiquement

typist *n* dactylo *mf*

tyranny ['tɪrəni] *n a. fig* tyrannie *f*

tyrant ['taɪərənt, *Am:* 'taɪrənt] *n a. fig* tyran *m*

tyre ['taɪə', *Am:* 'taɪə] *n Aus, Brit* pneu *m*

tzar [zɑː', *Am:* zɑːr] *n* POL *s.* **tsar**

tzetze fly ['tetsiˌflaɪ] *n* BIO *s.* **tsetse fly**

U u

U, u [juː] <-'s> *n* U, u *m*

U [juː] *adj Brit* (*film*) tous publics

UAE *n* GEO *abbr of* **United Arab Emirates** EAU *mpl*

udder ['ʌdə', *Am:* -ə-] *n* mamelle *f*

UFO ['juːfəʊ, *Am:* juːeɪ'foʊ] <(')s> *n abbr of* **unidentified flying object** ovni *m*

Uganda [juː'gændə] *n* l'Ouganda *m*

ugh [ɜːh] *interj inf* pouah!

ugliness *n no pl* laideur *f*

ugly ['ʌglɪ] <-ier, iest> *adj* laid; **to be ~ as sin** être laid comme un pou

UK *n abbr of* **United Kingdom the** ~ le Royaume-Uni

Ukraine [juː'kreɪn] *n* l'Ukraine *f*

ulcer ['ʌlsə', *Am:* -sə-] *n* ulcère *m*

ulcerate ['ʌlsəreɪt] *vi* s'ulcérer

ulterior [ʌl'tɪərɪə', *Am:* -'tɪrɪə-] *adj* ultérieur; ~ **motive** arrière-pensée *f*

ultimate ['ʌltɪmət, *Am:* -t̬əmɪt] **I.** *adj* ultime **II.** *n* **the** ~ **in sth** le summum de qc

ultimately *adv* finalement

ultimatum [ˌʌltɪ'meɪtəm, *Am:* -t̬ə'meɪt̬əm] <ultimata *o* -tums> *n* ultimatum *m*

ultralight *adj* ultra-léger **ultrasound** *n* **1.** (*sound, vibrations*) ultrasons *mpl* **2.** (*scan*) échographie *f* **ultrasound scan** *n* échographie *f*

ultraviolet *n* ultraviolet *m* **ultraviolet rays** *n* rayons *mpl* ultraviolets

Ulysses ['juːlɪsiːz, *Am:* juː'lɪs-] *n* Ulysse *m*

umbilical cord [ʌm'bɪlɪkl] *n* cordon *m* ombilical

umbrella [ʌm'brelə] *n a. fig* parapluie *m;* (*fixed*) parasol *m* **umbrella stand** *n* porte-parapluies *m*

umpire ['ʌmpaɪə', *Am:* -paɪə-] SPORTS **I.** *n* arbitre *mf* **II.** *vt* arbitrer

umpteen ['ʌmptiːn] *adj, pron inf* des tas de

umpteenth *adj* énième

UN *n abbr of* **United Nations the** ~

l'ONU f

unabated *form* I. *adj* inchangé
II. *adv* sans faiblir

unable *adj* to be ~ to do sth (*attend, reach*) ne pas pouvoir faire qc; (*swim, read*) ne pas savoir faire qc

unacceptable *adj* inacceptable

unaccompanied *adj* (*passenger*) non accompagné; (*voice, violin*) sans accompagnement

unaccounted for *adj* to be ~ manquer

unaccustomed *adj* to be ~ to doing sth ne pas être habitué à faire qc

unadulterated *adj* 1. (*not changed*) simple 2. (*pure*) a. *fig* pur

unanimity [ˌjuːnəˈnɪmətɪ, *Am:* -t̬ɪ] *n no pl, form* unanimité *f*

unanimous [juːˈnænɪməs, *Am:* -əməs] *adj* unanime

unanimously *adv* à l'unanimité

unanswered *adj* sans réponse

unappetizing *adj* GASTR peu appétissant

unarmed *adj* (*person*) non armé; (*combat*) sans armes

unashamed *adj* (*joy, relief*) non dissimulé; (*liar, lie, nationalism*) éhonté

unassuming *adj* modeste

unattached *adj* libre; (*journalist, worker*) indépendant

unattended *adj* sans surveillance

unattractive [ˌʌnəˈtræktɪv] *adj* 1. (*quite ugly*) peu attrayant 2. (*unpleasant*) déplaisant

unauthorized *adj* non autorisé

unavailable *adj* indisponible

unavoidable *adj* inévitable

unavoidably *adv* inévitablement

unaware [ˌʌnəˈweəʳ, *Am:* -ˈwer] *adj* to be ~ of sth ne pas être conscient de qc; (*not informed*) ignorer qc

unawares *adv* inconsciemment; (*to take, catch*) au dépourvu

unbalanced *adj* 1. (*uneven*) mal équilibré 2. (*biased*) partial 3. PSYCH déséquilibré

unbearable *adj* insupportable

unbeaten [ˌʌnˈbiːtn] *adj* (*team, person*) invaincu; (*record*) qui n'a pas encore été battu

unbeknown(st) [ˌʌnbɪˈnəʊn(st),

Am: -ˈnoʊn] *adv form* ~ to me/her à mon/son insu

unbelievable *adj* incroyable

unbelieving *adj* incrédule

unbend [ˌʌnˈbend] I. *vt* redresser; (*arm, leg*) déplier II. *vi irr* 1. (*straighten out*) se redresser 2. (*relax*) se détendre

unbending *adj form* inflexible

unbias(s)ed *adj* impartial

unborn [ˌʌnˈbɔːn, *Am:* -ˈbɔːrn] *adj* 1. (*not born*) à naître 2. (*future*) à venir

unbroken [ˌʌnˈbrəʊkən, *Am:* -broʊ-] *adj* 1. (*not broken or damaged*) intact 2. (*continuous*) ininterrompu 3. (*record*) qui n'a pas été battu 4. (*land*) vierge

unburden [ˌʌnˈbɜːdn, *Am:* -ˈbɜːr-] *vt* soulager

unbutton [ˌʌnˈbʌtn] *vt* déboutonner

uncalled-for *adj pej* déplacé

uncanny [ˌʌnˈkænɪ] *adj* <-ier, -iest> étrange; (*likeness*) troublant

uncared for *adj* négligé; (*garden*) laissé à l'abandon

unceasing *adj form* incessant

unceremonious [ˌʌnˌserɪˈməʊnɪəs, *Am:* -ˈmoʊ-] *adj pej* brusque

uncertain [ˌʌnˈsɜːtn, *Am:* -ˈsɜːr-] *adj* incertain; to be ~ whether ... ne pas être certain si ...

uncertainty <-ies> *n* incertitude *f*

unchanged *adj* inchangé

unchecked *adj* 1. (*unrestrained*) incontrôlé; (*enthusiasm, anger*) non contenu 2. (*not examined*) non vérifié

uncle [ˈʌŋkl] *n* oncle *m*

unclear [ˌʌnˈklɪəʳ, *Am:* -ˈklɪr] *adj* incertain; to be ~ about sth ne pas être sûr de qc

uncomfortable *adj* (*shoes, chair*) inconfortable; (*silence, situation*) gênant; to be ~ on a chair être mal assis sur une chaise; to feel ~ about sth être mal à l'aise à propos de qc; (*embarrassed*) se sentir gêné par qc

uncommon [ˌʌnˈkɒmən, *Am:* -ˈkɑːmən] *adj* rare

uncompromising *adj* intransigeant

U
u

unconcerned *adj* indifférent; **to be ~ about/with/by sth** être indifférent à qc

unconditional [ˌʌnkənˈdɪʃənl] *adj* sans condition

unconscious [ʌnˈkɒnʃəs, *Am:* -ˈkɑːn-] I. *adj a. fig* inconscient; **the ~ mind** l'inconscient; **to be ~ of sth** *form* ne pas avoir conscience de qc; **to knock sb ~** assommer qn II. *n no pl* PSYCH **the ~** l'inconscient

unconsciously *adv* inconsciemment

unconsciousness *n no pl* inconscience *f*

unconstitutional [ˈʌnˌkɒnstɪˈtjuːʃənl, *Am:* -ˌkɑːnstəˈtuː-] *adj* inconstitutionnel

uncontrollable *adj* incontrôlable

unconventional [ˌʌnkənˈvəntʃənəl] *adj* peu conventionnel

unconvincing *adj* peu convaincant

uncooperative [ˌʌnkəʊˈɒpərətɪv, *Am:* -koʊˈɑːpəətɪv] *adj pej* peu coopératif

uncork [ʌnˈkɔːk, *Am:* -ˈkɔːrk] *vt* déboucher

uncouth [ʌnˈkuːθ] *adj pej* grossier

uncover [ʌnˈkʌvəʳ, *Am:* -ˈkʌvɚ] *vt* 1. (*lay bare*) découvrir 2. (*expose*) dévoiler

undamaged *adj* intact

undecided *adj* indécis

undeniable *adj* indéniable

under [ˈʌndəʳ, *Am:* -dɚ] I. *prep* 1. (*below*) sous; **~ the table/water** sous la table/l'eau; **~ there** là-dessous; **to live ~ sb** habiter au-dessous de qn 2. (*less than*) moins de; **~ £10** moins de 10£ 3. (*governed by*) sous; **~ Henry II** sous Henri II; **I am ~ orders to say nothing** j'ai reçu l'ordre de ne rien dire 4. (*in state of*) **~ these conditions** dans ces conditions; **~ the circumstances** vu les circonstances; **~ repair/observation** en réparation/observation 5. (*according to*) selon 6. **to be ~ way** être en route II. *adv* 1. (*beneath*) en dessous; **as ~** comme ci-dessous 2. (*less*) au-dessous

underage, under age [ˌʌndərˈeɪdʒ, *Am:* -dɚ-] *adj* mineur

underarm [ˌʌndərˈɑːm, *Am:* ˌʌndɚˈɑːrm] *n* aisselles *fpl*

underbelly [ˈʌndəˌbeli, *Am:* -dɚ-] *n* 1. (*abdomen*) bas-ventre *m* 2. (*vulnerable area*) point *m* faible

undercharge [ˌʌndəˈtʃɑːdʒ, *Am:* ˈʌndɚˈtʃɑːrdʒ] *vt* ne pas faire payer assez à

underclass [ˈʌndəklɑːs, *Am:* -dɚklæs] *n no pl* sous-prolétariat *m*

underclothes [ˈʌndəkləʊðz, *Am:* -dɚkloʊ-] *npl form* sous-vêtements *mpl*

undercover [ˌʌndəˈkʌvəʳ, *Am:* -dɚˈkʌvɚ] I. *adj* secret II. *adv* clandestinement

undercurrent [ˈʌndəkʌrənt, *Am:* -dɚkɜːr-] *n* 1. (*current in sea*) courant *m* sous-marin 2. *fig* relent *m*

undercut [ˌʌndəˈkʌt, *Am:* -dɚ-] *irr vt* vendre moins cher que

underdeveloped *adj* sous-développé

underdog [ˈʌndədɒg, *Am:* -dɚdɑːg] *n* opprimé(e) *m(f)*

underdone [ˌʌndəˈdʌn, *Am:* -dɚ-] *adj* pas assez cuit; (*steak*) saignant

underemployed *adj* sous-employé

underestimate [ˌʌndərˈestɪmeɪt, *Am:* -dɚˈestə-] I. *vt* sous-estimer II. *n* sous-estimation *f*

underexpose [ˌʌndərɪkˈspəʊz, *Am:* -dɚɪkˈspoʊz] *vt* sous-exposer

underfed [ˌʌndəˈfed, *Am:* -dɚ-] *n* sous-alimenté

underfoot [ˌʌndəˈfʊt, *Am:* -dɚ-] *adv* sous les pieds

undergo [ˌʌndəˈgəʊ, *Am:* -dɚˈgoʊ] *irr vt* subir; (*treatment*) suivre

undergraduate [ˌʌndəˈgrædʒʊət, *Am:* -dɚˈgrædʒuət] *n* étudiant(e) *m(f)* (de premier cycle)

underground [ˈʌndəgraʊnd, *Am:* -dɚ-] I. *adj* 1. (*below earth surface*) souterrain 2. (*clandestine*) clandestin II. *adv* 1. (*beneath the ground*) sous terre 2. (*secretly*) clandestinement III. *n* 1. *no pl, Brit* (*trains*) métro *m* 2. (*clandestine movement*) **the ~** le mouvement clandestin

undergrowth [ˈʌndəgrəʊθ, *Am:*

-də'groʊθ] *n no pl* sous-bois *m*

underhand ['ʌndəhænd, *Am:* ˌʌndə'-] **I.** *adj* **1.** *Brit, pej* sournois **2.** *Am s.* **underarm II.** *n Am s.* **underarm**

underlay [ˌʌndə'leɪ, *Am:* -dəʳ-] *pt of* **underlie**

underline [ˌʌndə'laɪn, *Am:* -dəʳ-] *vt a. fig* souligner

underlying *adj* sous-jacent

undermine [ˌʌndə'maɪn, *Am:* -dəʳ-] *vt a. fig* saper

underneath [ˌʌndə'niːθ, *Am:* -dəʳ-] **I.** *prep* sous, au-dessous de **II.** *adv* (en) dessous **III.** *adj* d'en dessous **IV.** *n* dessous *m*

underpaid [ˌʌndə'peɪd, *Am:* -dəʳ-] *adj* sous-payé

underpants ['ʌndəpænts, *Am:* -dəʳ-] *npl* slip *m*

underpass ['ʌndəpɑːs, *Am:* -dəʳpæs] <-es> *n* passage *m* souterrain

underpay [ˌʌndə'peɪ, *Am:* -dəʳ-] *irr vt* sous-payer

underprivileged I. *adj* défavorisé **II.** *n pl* the ~ les défavorisés *mpl*

underrate [ˌʌndə'reɪt, *Am:* -dəʳ-] *vt* sous-estimer

underscore [ˌʌndə'skɔːʳ, *Am:* -dəʳ'skɔːr] *vt a. fig* souligner

undersell [ˌʌndə'sel, *Am:* -dəʳ-] *irr vt* **1.** (*offer goods cheaper*) to ~ sb vendre moins cher que qn **2.** (*undervalue*) sous-estimer

undershirt ['ʌndəʃɜːt, *Am:* -dəʳʃɜːrt] *n Am* maillot *m* de corps

underside ['ʌndəsaɪd, *Am:* -dəʳ-] *n* dessous *m*

underskirt ['ʌndəskɜːt, *Am:* -dəʳskɜːrt] *n* jupon *m*

understand [ˌʌndə'stænd, *Am:* -dəʳ-] *irr* **I.** *vt* **1.** (*perceive meaning*) comprendre; **to make oneself understood** se faire comprendre **2.** (*believe, infer*) **it is understood that** ... il est entendu que ...; **I ~ that** ... je crois comprendre que ... **II.** *vi* comprendre; **to ~ about sb/sth** comprendre qn/qc; **I ~ from the letter that** ... j'ai cru comprendre en lisant la lettre que ...

understandable *adj* compréhensible

understanding I. *n* **1.** *no pl* (*comprehension*) compréhension *f*; **my ~ was that** ... j'ai compris que ... **2.** (*agreement*) entente *f*; **to come to an ~** s'entendre **II.** *adj* compréhensif

understate [ˌʌndə'steɪt, *Am:* -dəʳ-] *vt* minimiser

understatement *n* euphémisme *m*

understood [ˌʌndə'stʊd, *Am:* -dəʳ-] *pt, pp of* **understand**

understudy ['ʌndəstʌdɪ, *Am:* -dəʳ-] THEAT **I.** <-ies> *n* doublure *f* **II.** <-ie-> *vt* doubler

undertake [ˌʌndə'teɪk, *Am:* -dəʳ-] *irr vt* **1.** (*set about, take on*) entreprendre; (*a role, responsibility*) assumer **2.** *form* (*commit oneself to*) **to ~ (that)** ... promettre que ...; **to ~ to** +*infin* s'engager à +*infin*

undertaker *n* entrepreneur *m* des pompes funèbres

undertaking *n* **1.** (*professional project*) entreprise *f* **2.** (*pledge, formal promise*) promesse *f*

undertone ['ʌndətəʊn, *Am:* -dəʳtoʊn] *n* **1.** *no pl* (*low voice*) voix *f* basse **2.** (*insinuation*) note *f*

undervalue [ˌʌndə'væljuː, *Am:* -dəʳ-] *vt* sous-estimer

underwater ['ʌndəwɔːtəʳ, *Am:* -dəʳ'wɑːt̬əʳ] **I.** *adj* sous-marin **II.** *adv* sous l'eau

underwear ['ʌndəweəʳ, *Am:* -dəʳwer] *n no pl* sous-vêtements *mpl*

underworld ['ʌndəwɜːld, *Am:* -dəʳwɜːrld] *n* **1.** *no pl* (*criminal world*) **the ~** le milieu **2.** (*world of the dead*) **the ~** les enfers *mpl*

underwriter *n* **the ~** les assureurs

undeveloped *adj* non exploité

undid [ʌn'dɪd] *pt of* **undo**

undies ['ʌndɪz] *npl inf* lingerie *f*

undiscovered *adj* inconnu

undisputed *adj* incontesté

undo [ʌn'duː] *irr vt* **1.** (*unfasten*) défaire **2.** (*cancel*) annuler

undoing *n no pl, form* perte *f*

U

undone [ˌʌnˈdʌn] I. *pp of* **undo**
II. *adj* 1. (*not fastened*) défait 2. (*uncompleted*) inachevé

undoubted *adj* incontestable

undoubtedly *adv* indubitablement

undreamed of, undreamt of *adj* insoupçonné

undress [ʌnˈdres] I. *vt a. fig* déshabiller II. *vi* se déshabiller

undrinkable *adj* imbuvable

undue [ˌʌnˈdjuː, *Am:* -ˈduː] *adj form* excessif

undulate [ˈʌndjʊleɪt, *Am:* -djə-] *vi form* onduler

unduly [ˌʌnˈdjuːlɪ, *Am:* -ˈduː-] *adv* excessivement

unearth [ʌnˈɜːθ, *Am:* -ˈɜːrθ] *vt* 1. (*dig up*) déterrer 2. (*truth*) découvrir; (*person*) dénicher

unearthly *adj* <-ier, -iest> 1. (*noise, scream*) inhumain 2. *pej, inf* **at an ~ hour** à une heure indue

unease [ʌnˈiːz] *n no pl* malaise *m*

uneasy *adj* <-ier, -iest> (*person, feeling*) mal à l'aise; (*silence*) gêné; (*sleep*) agité; (*relationship, compromise*) difficile

uneatable *adj* immangeable

uneconomic(al) [ˈʌnˌiːkəˈnɒmɪk(l), *Am:* -ˌekəˈnɑːmɪk-] *adj* non rentable

uneducated *adj* 1. (*having not studied*) **to be ~** ne pas avoir fait d'études 2. *pej* inculte

unemployed I. *n* **the ~** *pl* les chômeurs *mpl* II. *adj* au chômage

unemployment *n no pl* chômage *m*

unemployment benefit *n* allocation *f* de chômage **unemployment insurance** *n Am* assurance *f* chômage

unequal [ˌʌnˈiːkwəl] *adj* inégal

unequaled *adj Am*, **unequalled** *adj Brit* inégalé

unequivocal [ˌʌnɪˈkwɪvəkl] *adj* sans équivoque; (*success*) incontestable

unerring *adj* infaillible

UNESCO [juːˈneskəʊ, *Am:* -koʊ] *n no pl abbr of* **United Nations Educational, Scientific and Cultural Organization** UNESCO *f*

uneven [ʌnˈiːvn] *adj* 1. (*not flat or level*) *a.* MED irrégulier 2. (*unequal*) inégal

unexpected I. *adj* inattendu II. *n no pl* **the ~** l'inattendu *m*

unexplained *adj* inexpliqué

unfair [ˌʌnˈfeəʳ, *Am:* -ˈfer] *adj* injuste

unfaithful [ˌʌnˈfeɪθfʊl] *adj* infidèle

unfamiliar [ˌʌnfəˈmɪlɪəʳ, *Am:* -ˈmɪljəʳ] *adj* 1. (*sound, face, place*) peu familier; (*ideas, situation*) inhabituel; (*author*) peu connu 2. (*unacquainted*) **to be ~ with sth** mal connaître qc

unfashionable *adj* démodé

unfasten [ˌʌnˈfɑːsn, *Am:* -ˈfæsn] I. *vt* défaire II. *vi* se défaire

unfavorable *adj Am, Aus*, **unfavourable** *adj Brit, Aus* défavorable

unfeeling *adj pej* insensible

unfinished *adj* inachevé

unfit [ˌʌnˈfɪt] *adj* <-tt-> 1. (*unhealthy*) **to be ~** ne pas être en forme; **to be ~ to travel/work** ne pas être en état de voyager/travailler 2. (*person*) inapte; **to be ~ for work** être inapte au travail 3. (*unsuitable*) impropre; **to be ~ for consumption** impropre à la consommation

unfold [ʌnˈfəʊld, *Am:* -ˈfoʊld] I. *vt* 1. (*open out*) ouvrir 2. *form* (*make known*) dévoiler II. *vi* 1. (*develop*) se dérouler 2. (*become revealed*) se révéler 3. (*become unfolded*) s'ouvrir

unforeseeable *adj* imprévisible

unforeseen [ˌʌnfɔːˈsiːn, *Am:* -fɔːrˈ-] *adj* imprévu

unforgettable *adj* inoubliable

unforgivable *adj pej* impardonnable

unfortunate [ʌnˈfɔːtʃʊnət, *Am:* -ˈfɔːrtʃnət] I. *adj* 1. (*luckless*) malchanceux; **the ~ man** le pauvre homme 2. *pej, form* (*regrettable*) malencontreux II. *n* pauvre *mf*

unfortunately *adv* malheureusement

unfounded *adj* infondé

unfriendly [ˌʌnˈfrendlɪ] *adj* <-ier, -iest> (*person*) peu sympathique; (*tone, attitude*) peu amical; (*action, climate*) hostile

unfurnished *adj* non meublé

ungainly [ʌnˈgeɪnlɪ] *adj* <-ier, -iest> gauche

ungodly [ʌnˈgɒdlɪ, *Am:* -ˈgɑːd-] *adj* <-ier, -iest> **at this ~ hour** *inf* à une heure impossible

ungrateful [ʌnˈgreɪtfl] *adj* ingrat

unhappy [ʌnˈhæpɪ] *adj* <-ier, -iest> **1.** (*sad, unfortunate*) triste; **to make sb ~** rendre qn malheureux **2.** (*worried*) inquiet

unhealthy [ʌnˈhelθɪ] *adj* <-ier, -iest> malsain

unheard [ʌnˈhɜːd, *Am:* -ˈhɜːrd] *adj* **1.** (*not heard*) non entendu **2.** (*ignored*) **to go ~** passer inaperçu

unheard-of *adj* **1.** (*incredible*) inouï **2.** (*ignored*) inconnu; **to go ~** passer inaperçu

unhook [ʌnˈhʊk] *vt* enlever

unhoped-for *adj* inespéré

unhurt [ʌnˈhɜːt, *Am:* -ˈhɜːrt] *adj* indemne

unhygienic *adj* non hygiénique

UNICEF [ˈjuːnɪsef] *n no pl abbr of* United Nations International Children Fund UNICEF *m*

unidentified *adj* non identifié

unidentified flying object *n* objet *m* volant non identifié

unification [ˌjuːnɪfɪˈkeɪʃn] *n no pl* unification *f*

uniform [ˈjuːnɪfɔːm, *Am:* -nəfɔːrm] **I.** *n* uniforme *m* **II.** *adj* uniforme

uniformity [ˌjuːnɪˈfɔːmətɪ, *Am:* -nəˈfɔːrmətɪ] *n no pl, a. pej* uniformité *f*

unify [ˈjuːnɪfaɪ, *Am:* -nə-] *vt* unifier

unilateral [ˌjuːnɪˈlætrəl, *Am:* -nəˈlæt̬-] *adj* unilatéral

unimaginable *adj* inimaginable

unimportant [ˌʌnɪmˈpɔːtənt, *Am:* -ˈpɔːr-] *adj* sans importance

uninhabited *adj* inhabité

unintelligent [ˌʌnɪnˈtelɪdʒənt] *adj* inintelligent

unintentional [ˌʌnɪnˈtenʃənl] *adj* involontaire

unintentionally *adv* involontairement

uninteresting *adj* inintéressant

uninterrupted *adj* ininterrompu

union [ˈjuːnɪən, *Am:* -njən] *n* **1.** (*act of becoming united*) union *f;* **in perfect ~** en parfaite harmonie **2.** (*trade ~*) syndicat *m; ~* **demands** revendications *fpl* syndicales; **to be in the ~** être syndiqué **3.** *Brit* UNIV association *f*

unionist *n* syndicaliste *mf*

Union Jack *n* (*British national flag*) **the ~** l'union Jack *m*

unique [juːˈniːk] *adj* unique

unisex [ˈjuːnɪseks, *Am:* -nə-] *adj* unisexe

unison [ˈjuːnɪsn, *Am:* -nə-] *n no pl* unisson *m;* **in ~** à l'unisson

unit [ˈjuːnɪt] *n* **1.** (*measuring quantity*) unité *f* **2.** (*organized group*) unité *f;* **the family ~** le noyau familial **3.** (*element, part*) élément *m* **4.** (*chapter*) unité *f*

unite [juːˈnaɪt] **I.** *vt* unir **II.** *vi* s'unir

united *adj* uni; *~* **Germany** l'Allemagne réunifiée; *~* **we stand, divided we fall** l'union fait la force

United Arab Emirates *npl* **the ~** les Émirats *mpl* arabes unis **United Kingdom** *n no pl* **the ~** le Royaume-Uni **United Nations** *n pl* **the ~** Les Nations *fpl* Unies **United States** *n* **the ~ of America** les États-Unis *mpl* d'Amérique

unit price *n* prix *m* unitaire

unity [ˈjuːnətɪ, *Am:* -t̬ɪ] *n no pl* unité *f*

universal [ˌjuːnɪˈvɜːsl, *Am:* -nəˈvɜːr-] *adj* universel

universe [ˈjuːnɪvɜːs, *Am:* -nəvɜːrs] *n no pl* **the ~** l'Univers *m*

university [ˌjuːnɪˈvɜːsətɪ, *Am:* -nəˈvɜːrsət̬ɪ] <-ies> **I.** *n* université *f* **II.** *adj* (*library, town*) universitaire; *~* **students** étudiants *mpl* à l'université

university education *n no pl* études *fpl* (universitaires)

unjust [ˌʌnˈdʒʌst] *adj* injuste

unjustified *adj pej* injustifié

unkempt [ˌʌnˈkempt] *adj* négligé; (*hair*) en bataille; (*lawn*) mal entretenu

unkind [ʌnˈkaɪnd] *adj* méchant;

U

(*critic*) mauvais

unknown [ˌʌnˈnəʊn, *Am:* -ˈnoʊn] *adj* inconnu

unlawful [ˌʌnˈlɔːfʊl, *Am:* -ˈlɑː-] *adj* illégal

unleaded *adj* sans plomb

unleash [ʌnˈliːʃ] *vt* **1.** (*dog*) lâcher **2.** (*passion*) déchaîner

unless [ənˈles] *conj* à moins que +*subj*; **I don't say anything ~ I'm sure** je ne dis rien sans en être sûr; **he won't come ~ he has time** il ne viendra que s'il a le temps; **don't ring me ~ there's a problem** ne m'appelez qu'en cas de problème

unlike [ˌʌnˈlaɪk] **I.** *prep* **1.** (*different from*) différent de **2.** (*in contrast to*) contrairement à **3.** (*not characteristic of*) **to be ~ sb/sth** ne pas ressembler à qn/qc **II.** *adj* différent

unlikely <-ier, -iest> *adj* **1.** (*improbable*) **it's ~ that** c'est peu probable que +*subj* **2.** (*unconvincing*) invraisemblable

unlimited *adj* illimité; (*coffee, food*) à volonté

unlisted *adj* TEL sur liste rouge

unload [ʌnˈləʊd, *Am:* -ˈloʊd] *vt*, *vi* décharger

unlock [ˌʌnˈlɒk, *Am:* -ˈlɑːk] *vt* ouvrir

unlucky [ʌnˈlʌkɪ] *adj* **1.** (*unfortunate*) malchanceux; (*day*) de malchance; (*event*) malencontreux **2.** (*bringing bad luck*) qui porte malheur; **it is ~ to** +*infin* ça porte malheur de +*infin*

unmarried [ˌʌnˈmærɪd, *Am:* -ˈmer-] *adj* (*person*) célibataire; (*couple*) non marié

unmask [ʌnˈmɑːsk, *Am:* -ˈmæsk] *vt* démasquer

unmistak(e)able *adj* caractéristique

unmitigated *adj* total

unnatural [ʌnˈnætʃrəl, *Am:* -ˈnætʃəˌrəl] *adj* **1.** (*not normal*) anormal; **it's ~ that ...** ce n'est pas normal que +*subj* **2.** (*artificial*) peu naturel

unnecessary [ʌnˈnesəsrɪ, *Am:* -serɪ] *adj* inutile

unnerving *adj* troublant

unnoticed *adj* inaperçu

UNO [ˈjuːnəʊ, *Am:* -noʊ] *n abbr of* **United Nations Organization** ONU *f*

unobtainable *adj* impossible à obtenir

unobtrusive [ˌʌnəbˈtruːsɪv] *adj* discret

unoccupied *adj* (*house*) inhabité; (*territory*) non occupé; (*chair*) libre

unofficial [ˌʌnəˈfɪʃl] *adj* non officiel; (*information*) officieux

unoriginal *adj* qui manque d'originalité

unorthodox [ʌnˈɔːθədɒks, *Am:* -ˈɔːrθədɑːks] *adj* peu orthodoxe

unpack [ˌʌnˈpæk] **I.** *vt* déballer **II.** *vi* défaire ses valises

unpaid [ˌʌnˈpeɪd] *adj* (*job*) non rémunéré; (*debt*) impayé

unpalatable *adj* **1.** (*not tasty*) mauvais **2.** (*unpleasant*) désagréable; (*truth*) désagréable à entendre; (*criticism*) dur à digérer

unparalleled *adj form* inégalé

unpleasant [ʌnˈpleznt] *adj* désagréable

unplug [ˌʌnˈplʌg] <-gg-> *vt* débrancher

unpolluted *adj* non pollué

unpopular [ˌʌnˈpɒpjʊləʳ, *Am:* -ˈpɑːpjələʳ] *adj* impopulaire

unprecedented *adj* sans précédent

unpredictable *adj* imprévisible

unpremeditated *adj* LAW non prémédité

unprofessional [ˌʌnprəˈfeʃənl] *adj* **to be ~** ne pas être professionnel

unprovided for *adj* sans moyens

unqualified *adj* **1.** (*without qualifications*) non qualifié **2.** (*unlimited*) total; (*love*) sans réserve

unquestionable *adj* incontestable

unquestioning *adj* (*obedience, faith*) aveugle; (*trust*) absolu

unquote [ʌnˈkwəʊt, *Am:* -ˈkwoʊt] *adv* fermez les guillemets

unravel [ʌnˈrævl] <-ll- *o Am* -l-> *vt* **1.** (*undo*) défaire **2.** (*untangle*) démêler **3.** (*solve*) résoudre

unreal [ʌnˈrɪəl, *Am:* -ˈriːl] *adj* irréel

unrealistic [ˌʌnˌrɪəˈlɪstɪk] *adj* irréaliste

unreasonable *adj* déraisonnable
unrelated *adj* sans rapport; *(people)* sans lien de parenté
unrelenting *adj* implacable
unreliable *adj* peu fiable
unremitting *adj* constant
unrequited *adj (love)* non partagé
unreserved *adj* sans réserve
unresolved *adj* non résolu
unrest [ʌn'rest] *n no pl* troubles *mpl*
unrestricted *adj* non restreint; *(access)* libre
unrivaled *adj Am*, **unrivalled** *adj Brit* inégalé
unroll [ʌn'rəʊl, *Am:* -'roʊl] I. *vt* dérouler II. *vi* se dérouler
unruly [ʌn'ruːlɪ] *adj (children)* indiscipliné; *(crowd)* incontrôlé; *(hair)* en bataille
unsafe [ʌn'seɪf] *adj* 1. *(dangerous)* dangereux 2. *(in danger)* en danger
unsaid [ʌn'sed] I. *pt, pp of* **unsay** II. *adj form* **to leave sth** ~ passer qc sous silence
unsatisfactory ['ʌnˌsætɪs'fæktrɪ, *Am:* -ˌsæt̬-] *adj* peu satisfaisant
unsavory *adj Am, Aus*, **unsavoury** [ʌn'seɪvərɪ] *adj Brit, Aus* 1. *(unpleasant)* déplaisant 2. *(disgusting)* dégoûtant 3. *(socially offensive)* louche
unscrew [ʌn'skruː] *vt* dévisser
unscrupulous [ʌn'skruːpjʊləs, *Am:* -pjə-] *adj pej* peu scrupuleux
unsettled *adj* 1. *(changeable)* instable 2. *(troubled)* troublé 3. *(issue)* en suspens 4. *(stomach)* perturbé
unshak(e)able *adj* inébranlable
unshaved, unshaven [ʌn'ʃeɪvn] *adj* pas rasé
unsightly [ʌn'saɪtlɪ] <-ier, -iest *o* more ~, most ~> *adj* disgracieux
unskilled *adj* non qualifié
unsociable *adj* sauvage
unsocial [ʌn'səʊʃl, *Am:* -'soʊ-] *adj* sauvage; **to work** ~ **hours** travailler à des heures indues
unsound [ʌn'saʊnd] *adj* 1. *(not robust)* a. *fig* peu solide 2. *(unreliable)* peu fiable 3. *(not valid)* mal fondé; *(decision, opinion)* peu judicieux
unspeakable *adj* indescriptible

unspoken [ʌn'spəʊkən, *Am:* -'spoʊ-] *adj* tacite
unstable *adj a. fig* instable
unsteady [ʌn'stedi] *adj* 1. *(not steady)* instable; *(steps)* chancelant; *(hand, voice)* mal assuré 2. *(not irregular)* irrégulier
unstuck [ʌn'stʌk] *adj* 1. *(not stuck)* décollé 2. *inf (fail)* **to come** ~ échouer
unsuccessful [ˌʌnsək'sesfl] *adj (attempt)* vain; *(campaign)* infructueux; *(candidate, affair)* malheureux; *(film, business)* sans succès
unsuitable *adj* inapproprié; *(moment)* inopportun; **to be** ~ **for sth** ne pas convenir à qc
unsure [ʌn'ʃʊəʳ, *Am:* -'ʃʊr] *adj* peu sûr; **to be** ~ **about sth** ne pas être (très) sûr de qc
untam(e)able *adj a. fig* indomptable
untangle [ʌn'tæŋgl] *vt* 1. *(string, hair)* démêler 2. *fig* dénouer
untapped *adj* inexploité
unthinkable *adj* impensable
untidy [ʌn'taɪdɪ] <-ier, -iest> *adj (person)* peu soigné; *(room)* en désordre; *(dress)* négligé
untie [ʌn'taɪ] <-y-> *vt* défaire; *(boat)* démarrer
until [ən'tɪl] I. *prep* jusqu'à; ~ **then** jusque-là; **not** ~ pas avant II. *conj* jusqu'à ce que +*subj*; **to not do sth** ~ ne pas faire qc avant que +*subj*
untimely [ʌn'taɪmlɪ] *adj* 1. *(premature)* prématuré 2. *(inopportune)* inopportun
unto ['ʌntuː] *prep s.* **to, until**
untold [ʌn'təʊld, *Am:* -'toʊld] *adj* 1. *(immense)* incalculable 2. *(not told)* indicible
untoward [ˌʌntə'wɔːd, *Am:* ˌʌn'tɔːrd] *adj form* fâcheux
untrue [ˌʌn'truː] *adj* faux
unused¹ [ʌn'juːzd] *adj* 1. *(not in use)* inutilisé; *(property)* inoccupé; *(talent)* inexploité 2. *(clothes)* neuf
unused² [ʌn'juːst] *adj (not accustomed)* peu habitué; **to be** ~ **to doing sth** ne pas être habitué à faire qc
unusual [ʌn'juːʒl, *Am:* -'juːʒuəl] *adj*

U
u

(*noise, event*) inhabituel; (*case, job*) peu commun; **to be ~/not ~ for sb to do sth** être/ne pas être rare que qn fasse qc *subj*

unusually *adv* exceptionnellement

unveil [ʌn'veɪl] *vt a. fig* dévoiler

unwanted *adj* (*goods, clothes, hair*) superflu; (*child*) non désiré; (*visitor*) indésirable

unwelcome *adj* (*guests, visit*) importun; (*news*) fâcheux

unwell [ʌn'wel] *adj* souffrant

unwieldy [ʌn'wiːldɪ] *adj* **1.** (*cumbersome*) encombrant **2.** (*difficult to manage*) peu maniable

unwilling *adj* **to be ~ to** +*infin* ne pas être disposé à +*infin*

unwind [ˌʌn'waɪnd] *irr* I. *vt* dérouler II. *vi* (*relax*) se détendre

unwise [ʌn'waɪz] *adj* (*decision, investment*) peu judicieux; (*person*) imprudent

unwitting *adj* involontaire

unworkable *adj* impraticable

unwrap [ˌʌn'ræp] <-pp-> *vt* déballer

unwritten [ˌʌn'rɪtn] *adj* **1.** (*rule*) tacite; (*agreement*) verbal **2.** (*not written*) non écrit; (*tradition*) oral

unzip [ˌʌn'zɪp] <-pp-> *vt* ouvrir la fermeture éclair de

up [ʌp] I. *adv* **1.** (*to be*) en haut; (*to go*) vers le haut; **on the way ~** en montant; **~ North** dans le nord; **~ there** là-bas; **to look ~** les yeux; **to walk ~ and down** faire des avec des va-et-vient **2.** (*more intensity*) **to be ~** (*river, temperature*) être monté; (*price*) avoir augmenté **3.** (*flag*) hissé; (*curtains, picture*) accroché; (*notice*) affiché; (*person*) debout **4.** (*state*) **to be ~ at the top of sth** être en tête de qc; **to feel ~ to sth** se sentir capable de qc **5.** (*limit*) **from the age of 18 ~** à partir de 18 ans; **~ to here** jusqu'ici; **time's ~!** c'est fini! **6.** INFOR, TECH en service **7.** (*wrong*) **what's ~?** qu'est-ce qu'il y a?; **something is ~** quelque chose ne va pas; **what's ~ with him?** qu'est-ce qu'il a? II. *prep* **1.** (*higher*) **to go ~ the stairs** monter l'escalier

2. (*at top of*) **to be/climb ~ a tree** être/grimper sur un arbre **3.** (*along*) **to go/drive ~ the street** remonter la rue **4.** (*increase*) **to turn the sound/heat ~ a notch** monter le son/chauffage d'un cran **5.** (*to point of*) **~ until** [*o* till] **midnight/yesterday** [*o* to] jusqu'à minuit/hier **6. ~ and down sth** aux quatre coins de qc III. *n* **~s and downs** des hauts et des bas *mpl* IV. *vi inf* se lever brusquement; **to ~ and go** se tirer V. *vt inf* augmenter VI. *adj* **1.** (*out of bed*) levé **2.** (*towards a higher place*) **to be ~** augmenter **3.** (*healthy*) en forme; **to be ~ and about** [*o* around] être sur pied **4.** (*ready*) **to be ~ for doing sth** être partant pour faire qc

up-and-coming *adj* prometteur

upbeat ['ʌpbiːt] *adj inf* optimiste

upbringing *n* éducation *f*

upcoming *adj Am* prochain

update [ʌp'deɪt] I. *vt a.* INFOR mettre à jour II. *n a.* INFOR mise *f* à jour

upfront ['ʌpfrʌnt] I. *adj inf* franc II. *adv* (*to pay*) d'avance

upgrade[1] [ʌp'greɪd] *vt* **1.** (*improve quality*) améliorer **2.** INFOR optimiser; (*software*) installer la nouvelle version de **3.** (*worker*) promouvoir; (*job*) revaloriser; (*passenger*) surclasser

upgrade[2] ['ʌpgreɪd] *n* **1.** *Am* (*slope*) montée *f*; **to be on the ~** (*prices*) augmenter; (*business*) reprendre **2.** INFOR, TECH extension *f* **3.** (*updated version*) nouvelle version *f* **4.** (*passenger*) surclassement *m*

upheaval [ʌp'hiːvl] *n* **1.** (*change*) bouleversement *m* **2.** GEO soulèvement *m*

uphill [ʌp'hɪl] I. *adv* (*to go ~*) monter II. *adj* **1.** (*sloping upward*) qui monte **2.** (*difficult*) ardu

uphold [ʌp'həʊld, *Am:* -'hoʊld] *irr vt* **1.** (*support*) soutenir; (*law*) faire respecter **2.** (*verdict*) confirmer

upholstery [ʌp'həʊlstərɪ, *Am:* -'hoʊl-] *n no pl* **1.** (*padding*) rembourrage *m* **2.** (*art of upholstering*) tapisserie *f*

upkeep ['ʌpkiːp] *n no pl* entretien *m*

uplift¹ [ʌp'lɪft] *vt* élever

uplift² ['ʌplɪft] *n* soulèvement *m*

uplifting *adj* édifiant

upload *vt* INFOR télécharger vers l'amont, uploader

upmarket [ʌp'maːkɪt, *Am:* 'ʌp,maːr-] *adj Brit* haut de gamme

upon [ə'pɒn, *Am:* -'paːn] *prep form* sur; ~ **this** là-dessus; ~ **sb's arrival** dès l'arrivée de qn; **once ~ a time** il était une fois

upper ['ʌpəʳ, *Am:* -ɚ] I. *adj* supérieur II. *n* 1.(*part of shoe*) empeigne *f* 2. *inf*(*drugs*) amphète *f*

upper case I. *n no pl* majuscule *f* II. *adj* **upper-case** majuscule **upper class** *n* aristocratie *f* **upper-class** *adj* aristocratique **upper deck** *n* pont *m* supérieur **Upper Egypt** *n* la Haute-Égypte

uppermost ['ʌpəməʊst, *Am:* -ɚmoʊst] I. *adj* le(la) plus haut(e); **to be ~ in one's mind** être au premier rang de ses pensées II. *adv* en dessus

upright ['ʌpraɪt] I. *adj, adv a. fig* droit II. *n* 1.(*piano*) piano *m* droit 2.(*perpendicular*) montant *m*

uprising *n* soulèvement *m*

uproar ['ʌprɔːʳ, *Am:* -rɔːr] *n no pl* 1.(*reaction*) tumulte *m* 2.(*protest*) indignation *f*

uproot [ʌp'ruːt] *vt a. fig* déraciner

upset¹ [ʌp'set] I. *vt irr* 1.(*remark, friend*) faire de la peine à; (*event, scene*) bouleverser 2.(*overturn*) renverser; (*boat, canoe*) faire chavirer 3.(*plans, schedule*) bouleverser 4.(*stomach*) déranger II. *adj* 1.(*unhappy*) bouleversé; **to be/feel ~ about sth** être bouleversé par qc 2. *inf*(*bilious*) dérangé; **to have an ~ stomach** être dérangé

upset² ['ʌpset] *n* 1.(*upheaval*) bouleversement *m* 2.(*unhappy feeling*) peine *f* 3. SPORT revers *m* 4. **to have a stomach ~** avoir l'estomac dérangé

upsetting *adj* bouleversant

upshot ['ʌpʃɒt, *Am:* -ʃaːt] *n no pl* résultat *m*

upside down [ʌpsaɪd 'daʊn] I. *adj* 1.(*reversed*) à l'envers 2.(*room, plans*) sens dessus dessous II. *adv* 1.(*in inverted position*) à l'envers; **to turn sth ~** retourner qc 2.(*in disorder*) a. *fig* **to turn sth ~** mettre qc sens dessus dessous; **to turn sb ~** bouleverser la vie qn

upstairs [ʌp'steəz, *Am:* -'sterz] I. *adj* d'en haut; (*room*) à l'étage II. *adv* en haut; (*room*) à l'étage; **to live ~ from sb** vivre au-dessus de chez qn III. *n no pl* **the ~** l'étage *m*

upstart ['ʌpstaːt, *Am:* -staːrt] *n pej* parvenu(e) *m(f)*

upstream [ʌp'striːm] I. *adj* d'amont II. *adv* en amont

upsurge ['ʌpsɜːdʒ, *Am:* -sɜːrdʒ] *n* recrudescence *f*

uptake ['ʌpteɪk] *n no pl* **to be quick on the ~** *inf* saisir vite; **to be slow on the ~** *inf* être long à la détente

uptight [ʌp'taɪt] *adj inf* tendu

up to [ʌptə] *prep* 1.(*as far as*) jusqu'à; **to drive at speeds of ~ 90 mph** atteindre les 90 km à l'heure; **I'm ~ chapter 5** je suis au chapitre 5 2.(*capable*) **to be ~ (doing) sth** être capable de faire qc 3.(*depending*) **it's ~ you** comme tu veux/vous voulez 4.(*secretly doing*) **to be ~ sth** manigancer qc; **what is he ~?** qu'est-ce qu'il fabrique? 5.(*be responsible*) **to be ~ sb to +infin** être à qn de +*infin*

up-to-date *adj* 1.(*contemporary*) actuel 2.(*latest*) récent; ~ **news on sth** les dernières nouvelles de qc 3.(*updated*) à jour 4.(*informed*) au courant; **to bring sth ~** mettre qc à jour **up-to-the-minute** *adj* dernier cri

uptown [ʌp'taʊn, *Am:* 'ʌptaʊn] *Am* I. *adj* des beaux quartiers II. *n* beaux quartiers *mpl*

uptrend ['ʌptrend] *n Am* recrudescence *f*

upturn ['ʌptɜːn, *Am:* -tɜːrn] *n* reprise *f*

upward ['ʌpwəd, *Am:* -wɚd] I. *adj*

U ᵤ

qui monte; (*movement, mobility*) ascendant; (*trend*) à la hausse **II.** *adv Am* **1.** (*to a higher position*) vers le haut; **to put sth face ~** mettre qc à l'endroit; **to lie face ~** être couché sur le dos **2.** (*more than*) au-dessus; **$100 and ~** cent dollars et plus; **~ of 100 persons** plus de cent personnes; **from 1 dollar/eight ~** à partir d'un dollar/de huit ans

upwards *adv s.* **upward**

uranium [jʊˈreɪnɪəm] *n no pl* CHEM uranium *m*

Uranus [jʊˈreɪnəs] *n* ASTRON Uranus *m*

urban [ˈɜːbən, *Am:* ˈɜːr-] *adj* urbain

urbane [ɜːˈbeɪn, *Am:* ɜːrˈ-] *adj* courtois

urchin [ˈɜːtʃɪn, *Am:* ˈɜːr-] *n* garnement *m*

urethra [jʊəˈriːθrə, *Am:* jʊˈ-] <-s *o* -e> *n* urètre *m*

urge [ɜːdʒ, *Am:* ɜːrdʒ] **I.** *n* forte envie *f* **II.** *vt* **1.** (*push*) pousser **2.** (*encourage*) encourager **3.** (*seriously recommend*) conseiller
◆ **urge on** *vt* (*friend*) encourager; **to urge sb on to** +*infin* pousser qn à +*infin*

urgency [ˈɜːdʒənsi, *Am:* ˈɜːr-] *n no pl* urgence *f*

urgent [ˈɜːdʒənt, *Am:* ˈɜːr-] *adj* (*appeal*) urgent; (*need, voice*) pressant

urinal *n* urinoir *m*

urinate [ˈjʊərɪneɪt, *Am:* ˈjʊrə-] *vi* uriner

urine [ˈjʊərɪn, *Am:* ˈjʊrɪn] *n no pl* urine *f*

URL *n abbr of* **Uniform Resource Locator** INFOR adresse *f* universelle

urn [ɜːn, *Am:* ɜːrn] *n* **1.** (*vase*) urne *f* **2.** (*drink container*) fontaine *f*; **a tea/coffee ~** une fontaine à thé/café

Uruguay [ˈjʊərəɡwaɪ, *Am:* ˈjʊrəɡweɪ] *n* Uruguay *m*

us [əs, ʌs] *pers pron* (*1st person pl*) nous; **it's ~** c'est nous; **older than ~** plus vieux que nous; **all/both of ~** nous tous/tous les deux

US *n abbr of* **United States** USA *mpl*

USA *n no pl abbr of* **United States of America** USA *mpl*

usable *adj* utilisable

usage [ˈjuːzɪdʒ] *n no pl* **1.** (*use*) utilisation *f* **2.** (*habitual practice*) usage *m*

use¹ [juːs] *n* **1.** (*using*) emploi *m;* **in/not in ~** en/hors service; **out of ~** hors service; **directions for ~** mode *m* d'emploi; **to make ~ of sth** se servir de qc **2.** (*possibility of applying*) usage *m;* **external ~ only** usage externe; **to lose the ~ of an arm** perdre l'usage d'un bras **3.** *no pl* (*usefulness*) utilité *f;* **to be of ~ to sb** être utile à qn; **to be no ~ doing sth** être inutile de faire qc; **I'm no ~ at history** *inf* je suis nul en histoire **4.** (*consumption*) usage *m;* (*of drugs*) consommation *f;* **ready for ~** prêt à l'emploi **5.** LING usage *m* **6.** (*custom*) coutume *f*

use² [juːz] **I.** *vt* utiliser; (*tool, machine*) se servir de; (*blackmail, violence*) faire usage de; **I could ~ some help** *inf* j'ai besoin d'aide **II.** *vt aux* I **~d to do sth** je faisais qc; **it ~d to be calm** c'était calme; **there ~d to be a market here** il y avait un marché ici
◆ **use up** *vt* **1.** (*use*) consommer; (*money*) dépenser **2.** (*tire*) épuiser; **to be used up** être épuisé

used¹ [juːzd] *adj* **1.** (*already been used*) usé **2.** (*second-hand*) d'occasion

used² [juːst] *adj* habitué; **to be ~ to sth/doing sth** avoir l'habitude de qc/de faire qc

useful *adj* utile

useless *adj* **1.** (*futile*) inutile **2.** (*unusable*) inutilisable **3.** *inf* (*incompetent*) nul; **~ at sth** être nul en qc

user [ˈjuːzər] *n* **1.** (*person who uses sth*) utilisateur, -trice *m, f;* (*of gas, electricity*) usager, -ère *m, f* **2.** INFOR utilisateur *m* **3.** *inf* (*addict*) consommateur, -trice *m, f*

user-friendly *adj* INFOR convivial

user identification *n* INFOR identifiant *m* d'utilisateur **user interface**, **user-interface** *n* INFOR interface *f* (utilisateur) **user name** *n* INFOR nom *m* d'utilisateur **user program** *n* INFOR programme *m* utilisateur **user software** *n* INFOR logiciel *m* utilisateur **user surface** *n* INFOR surface *f* de travail

usher ['ʌʃəʳ, *Am:* -ɚ] **I.** *n* placeur *m* **II.** *vt* **1.** (*guide, show*) **to ~ sb into the hall/room** faire entrer qn dans le hall/la pièce; **to ~ sb to his/her table/seat** conduire qn à sa table/à son siège **2.** (*mark the start*) **to ~ sth in** introduire qc

usherette [ˌʌʃə'ret] *n* ouvreuse *f*

usual ['juːʒl, *Am:* -ʒuəl] *adj* habituel; **as ~** comme d'habitude

usually *adv* d'habitude; **more than ~** plus que d'habitude

usurp [juːˈzɜːp, *Am:* -ˈsɜːrp] *vt* usurper

utensil [juːˈtensl] *n* ustensile *m*

uterus ['juːtərəs, *Am:* -t̬ə-] <-ri *o* -es> *n* utérus *m*

utilise ['juːtɪlaɪz, *Am:* -t̬laɪz] *vt Aus, Brit* utiliser

utilitarian [juːˌtɪlɪ'teərɪən, *Am:* -ə'teri-] *adj* PHIL utilitaire

utility [juːˈtɪlɪ, *Am:* -t̬i] <-ies> **I.** *n* **1.** *form* (*usefulness*) utilité *f* **2.** (*public service*) (**public**) **~ service** *m* public **3.** INFOR utilitaire *m* **II.** *adj* utilitaire

utility expenses *npl* dépenses *fpl* publiques **utility program** *n* INFOR (programme *m*) utilitaire **utility room** *n* buanderie *f*

utilize ['juːtɪlaɪz, *Am:* -t̬laɪz] *s.* **utilise**

utmost ['ʌtməʊst, *Am:* -moʊst] **I.** *adj* **the ~** le(la) plus grand(e) **II.** *n no pl* **the ~** le maximum; **to live life to the ~** vivre sa vie à l'extrême; **to try one's ~** essayer tout son possible

utter¹ ['ʌtəʳ, *Am:* 'ʌt̬ɚ] *adj* complet **utter**² ['ʌtəʳ, *Am:* 'ʌt̬ɚ] *vt* (*word, name*) prononcer; (*cry, grunt*) pousser

utterly *adv* complètement

uttermost ['ʌtəməʊst, *Am:* 'ʌt̬ɚmoʊst] **I.** *n s.* utmost **II.** *adj s.* utmost

U-turn ['juːtɜːn, *Am:* -tɜːrn] *n* **1.** AUTO demi-tour *m* **2.** *fig* volte-face

f

UV *n abbr of* **ultraviolet** UV *m*

Uzbekistan [ʌz'bekɪstən, *Am:* -ˌbe-kɪ'stæn] *n* Ouzbékistan *m*

V, v [viː] <-'s *o* -s> *n* V, v *m*

vacancy ['veɪkəntsi] <-ies> *n* **1.** (*unoccupied room*) chambre *f* à louer; **'vacancies'** chambres *fpl* disponibles; **'no vacancies'** (hôtel) complet **2.** (*employment opportunity*) poste *m* vacant

vacant ['veɪkənt] *adj* **1.** (*empty*) vide **2.** (*room*) inoccupé; (*seat, chair*) libre; (*post*) vacant **3.** (*expressionless*) vide

vacate [vəˈkeɪt, *Am:* 'veɪkeɪt] *vt* quitter

vacation [vəˈkeɪʃən, *Am:* veɪ-] *n Am* vacances *fpl*

vacationer *n Am* vacancier, -ère *m, f*

vaccinate ['væksɪneɪt, *Am:* -sənɪt-] *vt* vacciner

vaccination [ˌvæksɪ'neɪʃən, *Am:* -sə'neɪ-] *n* vaccination *f*

vaccine ['væksiːn, *Am:* væk'siːn] *n* vaccin *m*

vacuum ['vækjuːm] **I.** *n* **1.** (*space*) *a. fig* vide *m* **2.** (**~ cleaner**) aspirateur *m* **II.** *vt* (*carpet*) passer l'aspirateur sur; (*room*) passer l'aspirateur dans

vacuum bottle *n Am* thermos® *m o f* **vacuum cleaner** *n* aspirateur *m* **vacuum-packaged**, **vacuum-packed** *adj* emballé sous vide

vagina [vəˈdʒaɪnə] *n* vagin *m*

vagrant ['veɪgrənt] *n* vagabond(e) *m(f)*

vague [veɪg] *adj* **1.** (*imprecise*) vague **2.** (*absent-minded*) distrait

vaguely *adv* vaguement

vain [veɪn] *adj* **1.** (*conceited*) vaniteux 2. (*futile*) vain; **in** ~ en vain

valentine ['væləntaɪn] *n* carte de vœux pour la Saint-Valentin

Valentine's Day *n no pl* (*Feb 14*) la Saint-Valentin

valet ['væleɪ, *Am:* 'vælɪt] *n* valet *m* de chambre

valiant ['væliənt, *Am:* -jənt] *adj* vaillant

valid ['vælɪd] *adj* valable; (*ticket, passport*) valide

valley ['væli] *n* vallée *f*

valor *n no pl, Am, Aus,* **valour** ['vælər, *Am:* -ə-] *n no pl, Brit, Aus, form* bravoure *f*

valuable I. *adj a. fig* précieux II. *n pl* ~**s** objets *mpl* de valeur

valuation [,vælju'eɪʃən] *n* 1. (*estimation*) estimation *f* 2. *no pl* (*financial value*) valeur *f* estimée

value ['vælju:] I. *n* valeur *f* II. *vt* estimer

value-added tax *n Brit* taxe *f* à la valeur ajoutée

valve [vælv] *n* soupape *f*; (*on tyre*) valve *f*

vampire ['væmpaɪər, *Am:* -paɪə-] *n* vampire *m*

van [væn] *n* 1. *Brit* (*vehicle*) camionnette *f* 2. *Brit* (*rail carriage*) fourgon *m*

vandal ['vændəl] *n* vandale *mf*

vandalise ['vændəlaɪz] *vt Aus, Brit* saccager

vandalism ['vændəlɪzəm] *n no pl* vandalisme *m*

vandalize ['vændəlaɪz] *vt s.* **vandalise**

vanguard ['vængɑːd, *Am:* -gɑːrd] *n no pl, a. fig* avant-garde *f*

vanilla [və'nɪlə] I. *n no pl* BOT vanille *f* II. *adj* à la vanille

vanilla pod *n no pl* gousse *f* de vanille **vanilla sugar** *n no pl* sucre *m* vanillé

vanish ['vænɪʃ] *vi* disparaître

vanity ['vænəti, *Am:* -əti] *n no pl* vanité *f*

vantage point *n* point *m* de vue; **from the** ~ **of sb/sth** du point de vue de qn/qc

vapor ['veɪpər, *Am:* -pə-] *n Am, Aus*

s. **vapour**

vaporisation *n Brit, Aus s.* **vaporization**

vaporise *n Brit, Aus s.* **vaporize**

vaporiser *n s.* **vapourizer**

vaporization [,veɪpəraɪ'zeɪʃən, *Am:* -ɪ'-] *n* vaporisation *f*

vaporize ['veɪpəraɪz] I. *vt* vaporiser II. *vi* s'évaporer

vapour ['veɪpər, *Am:* -pə-] *n* vapeur *f*

variable *adj* variable

variance ['veəriənts, *Am:* 'veri-] *n no pl* **to be at** ~ **with sth** *form* être en désaccord avec qc

variation [,veəri'eɪʃən, *Am:* ,veri'-] *n no pl* variation *f*

varicose veins ['værɪkəʊs, *Am:* 'verəkoʊs] *n* varices *fpl*

varied *adj* varié

variety [və'raɪəti, *Am:* -ti] *n* 1. (*diversity*) variété *f*; **for a** ~ **of reasons** pour diverses raisons 2. THEAT variétés *fpl* **variety show** *n* émission *f* de variétés

various ['veəriəs, *Am:* 'veri-] *adj* divers

varnish ['vɑːnɪʃ, *Am:* 'vɑːr-] I. *n* vernis *m* II. *vt* vernir

vary ['veəri, *Am:* 'veri] <-ie-> *vi, vt* varier

vase [vɑːz, *Am:* veɪs] *n* vase *m*

vast [vɑːst, *Am:* væst] *adj* vaste

vat [væt] *n* bac *m*

VAT *n no pl, Brit abbr of* **value added tax** TVA *f*

Vatican ['vætɪkən, *Am:* 'væt̬-] *n no pl* **the** ~ le Vatican

vault [vɔːlt, *Am:* vɑːlt] I. *n* 1. (*type of arch*) voûte *f* 2. (*secure room*) chambre *f* forte 3. (*chamber*) caveau *m* 4. (*jump*) saut *m* II. *vt, vi* sauter

VCR *n Am abbr of* **video cassette recorder** magnétoscope *m*

VD *n abbr of* **veneral disease** MST *f*

veal [viːl] *n no pl* (viande *f* de) veau *m*

veer [vɪər, *Am:* vɪr] *vi* virer

veg [vedʒ] *inv n Brit, inf abbr of* **vegetable** légume *m*

vegan ['viːgən] I. *n* végétalien(ne) *m(f)* II. *adj* végétalien

vegetable ['vedʒtəbl] I. *n a. pej* légume *m* II. *adj* (*oil*) végétal; (*soup, dish*) de légumes

vegetable garden *n* potager *m*

vegetarian [ˌvedʒɪ'teəriən, *Am:* -ə'teri-] I. *n* végétarien(ne) *m(f)* II. *adj* végétarien

vegetation [ˌvedʒɪ'teɪʃən, *Am:* -ə'-] *n no pl* végétation *f*

veggie ['vedʒi] I. *n inf* 1. (*vegetarian*) végétarien(ne) *m(f)* 2. (*vegetables*) légume *m* II. *adj inf* végétarien

vehement *adj* véhément

vehicle ['vɪəkl, *Am:* 'viː-ə-] *n a. fig* véhicule *m*

veil [veɪl] I. *n a. fig* voile *m* II. *vt* voiler

vein [veɪn] *n* veine *f*; (*of leaf*) nervure *f*

velocity [vɪ'lɒsəti, *Am:* və'lɑːsəti̯] *n* vitesse *f*

velvet ['velvɪt] *n no pl* velours *m*

vendetta [ven'detə, *Am:* -'det̬-] *n* vendetta *f*

vending machine *n* distributeur *m* automatique

vendor ['vendɔːr, *Am:* -dər] *n* marchand(e) *m(f)*

veneer [və'nɪər, *Am:* -'nɪr] *n* 1. (*layer covering surface*) placage *m* 2. *no pl* (*facade*) façade *f*

venereal [və'nɪəriəl, *Am:* və'nɪri-] *adj* vénérien

venetian blind *n* store *m* vénitien

Venezuela [ˌvenɪ'zweɪlə, *Am:* -ə'zweɪ-] *n* le Vénézuela

vengeance ['vendʒənts] *n no pl* vengeance *f*; **with a** ~ de plus belle

Venice ['venɪs] *n* Venise *f*

venison ['venɪsən] *n no pl* chevreuil *m*

venom ['venəm] *n no pl, a. fig* venin *m*

venous ['viːnəs] *adj* veineux

vent [vent] I. *n* 1. (*opening*) conduit *m* 2. FASHION fente *f* 3. **to give ~ to sth** donner libre cours à qc; **to give ~ to anger** laisser exploser sa colère II. *vt* laisser libre cours à

ventilate ['ventɪleɪt, *Am:* -t̬əleɪt-] *vt* aérer

ventilator ['ventɪleɪtər, *Am:* -t̬əleɪt̬ər] *n* ventilateur *m*

venture ['ventʃər, *Am:* -tʃər] I. *n* entreprise *f* II. *vt* **to ~ to** +*infin* se risquer à +*infin*; **nothing ~, nothing gained** *prov* qui ne risque rien n'a rien III. *vi* s'aventurer

venue ['venjuː] *n* lieu *m*; (*in hall*) salle *f*; (*for match*) terrain *m*; **the ~ for the match/concert will be at ...** le match/concert aura lieu à ...

Venus ['viːnəs] *n no pl* Vénus *f*

veranda, verandah [və'rændə] *n* véranda *f*

verb [vɜːb, *Am:* vɜːrb] *n* verbe *m*

verbal ['vɜːbəl, *Am:* 'vɜːr-] *adj a.* LING verbal

verbatim [vɜː'beɪtɪm, *Am:* vɜ-'beɪtɪm] I. *adj* textuel II. *adv* textuellement

verdict ['vɜːdɪkt, *Am:* 'vɜːr-] *n* verdict *m*

verge [vɜːdʒ, *Am:* vɜːrdʒ] *n* 1. (*physical edge*) bord *m* 2. *Brit* (*on road*) bas-côté *m*; **grass ~** bordure *f* 3. **to be on the ~ of tears** être au bord des larmes

verge on *vt* friser

verify ['verɪfaɪ, *Am:* '-ə-] <-ie-> *vt* vérifier

veritable ['verɪtəbl, *Am:* -ət̬ə-] *adj* véritable

vermin ['vɜːmɪn, *Am:* 'vɜːr-] *npl pej, a. fig* vermine *f*

vermouth ['vɜːməθ, *Am:* və-'muːθ] *n no pl* vermouth *m*

versatile ['vɜːsətaɪl, *Am:* 'vɜːrsət̬əl] *adj* polyvalent

verse [vɜːs, *Am:* vɜːrs] *n* vers *m*; (*of song*) couplet *m*; (*of bible*) verset *m*

versed *adj form* **to be (well) ~ in sth** être versé dans qc

version ['vɜːʃən, *Am:* 'vɜːrʒən] *n* version *f*

versus ['vɜːsəs, *Am:* 'vɜːr-] *prep* 1. (*in comparison*) par opposition [*o* rapport] à 2. SPORT, LAW contre

vertebra ['vɜːtɪbrə, *Am:* 'vɜːrt̬ə-] <-brae> *n* vertèbre *f*

vertebral ['vɜːtɪbrəl, *Am:* 'vɜːrt̬ə-] *adj* vertébral

vertebrate ['vɜːtɪbreɪt, *Am:*

V
v

'vɜːrtəbrɪt] I. n vertébré m II. adj vertébré

vertical ['vɜːtɪkəl, *Am:* 'vɜːrtə-] *adj* vertical

verve [vɜːv, *Am:* vɜːrv] *n no pl* verve *f*

very ['veri] I. *adv* très; ~ **much** beaucoup; **to feel ~ much at home** se sentir vraiment chez soi; **we're ~ much in love** nous sommes très amoureux; **the ~ best of friends** le meilleur des amis; ~ **best quality** toute première qualité; **to do the ~ best one can** vraiment faire tout son possible II. *adj* même; **this ~ day** aujourd'hui même; **from the ~ beginning** depuis le tout début; **the ~ thought of sth** rien que de penser à qc

vessel ['vesəl] *n* 1. (*boat*) vaisseau *m* 2. (*container*) récipient *m*

vest [vest] *n* 1. *Brit* (*undergarment*) maillot *m* de corps 2. *Am, Aus* (*waistcoat*) gilet *m* 3. SPORT maillot *m*

vested interest *n* intérêts *mpl* personnels

vestibule ['vestɪbjuːl, *Am:* -tə-] *n form* vestibule *m*

vestige ['vestɪdʒ] *n* vestige *m*

vest-pocket *adj* de poche

vestry ['vestrɪ] *n* sacristie *f*

vet [vet] *n* (*animal doctor*) vétérinaire *mf*

veteran ['vetərən, *Am:* 'veţəʳən] I. *n* vétéran *m* II. *adj* aguerri

ⓘ Le **Veteran Day**, le 11 novembre, fut instauré à l'origine en souvenir de l'armistice de 1918 conclu entre l'Allemagne et les États-Unis d'Amérique. Ce jour férié rend honneur à tous les vétérans des guerres américaines.

veterinarian [ˌvetərɪ'neərɪən, *Am:* -'neri-] *n Am* vétérinaire *mf*

veterinary ['vetərɪnəri, *Am:* -ner-] I. *adj* vétérinaire II. *n* vétérinaire *mf*

veto ['viːtəʊ, *Am:* -ţoʊ] I. <-es> *n*

veto *m* II. *vt* <vetoed> opposer son veto à

vex [veks] *vt* contrarier

vexed *adj* contrarié; (*question*) épineux

v. g. *adj abbr of* **very good** TB

via ['vaɪə] *prep* par; ~ **a courier** par courrier; ~ **London** via Londres

viable *adj* viable

vibes [vaɪbz] *npl inf* ambiance *f*

vibrate [vaɪ'breɪt, *Am:* 'vaɪbreɪt] *vi* vibrer

vicar ['vɪkəʳ, *Am:* -əʳ] *n* pasteur *m*

vicarage ['vɪkərɪdʒ] *n* presbytère *m*

vicarious [vɪ'keərɪəs, *Am:* -'keri-] *adj* indirect; **to take ~ pleasure from sth** retirer indirectement du plaisir de qc

vice¹ [vaɪs] *n* vice *m*

vice² [vaɪs] *n* (*tool*) étau *m*

vice-chair, **vice-chairman** *n* vice-président(e) *m(f)* **Vice President**, **vice-president** *n* vice-président(e) *m(f)*

vice versa [ˌvaɪsi'vɜːsə, *Am:* -sə'vɜːr-] *adv* vice versa

vicinity [vɪ'sɪnəti, *Am:* və'sɪnəţi] *n* voisinage *m*; **in the ~ of sth** dans les alentours de qc; **in the immediate ~** à proximité

vicious ['vɪʃəs] *adj* 1. (*malicious*) malveillant 2. (*cruel*) violent

vicious circle *n* cercle *m* vicieux

victim ['vɪktɪm] *n* victime *f*

victor ['vɪktəʳ, *Am:* -təʳ] *n* vainqueur *m*

ⓘ La **Victoria Cross** ("VC") fut créée en 1856, pendant la guerre de Crimée, par la reine Victoria, et représente la plus haute distinction militaire du "Commonwealth". Elle est attribuée pour "un courage remarquable"; et son inscription indique: "For valour".

Victorian [vɪk'tɔːrɪən] *adj* victorien

victorious [vɪk'tɔːrɪəs] *adj* victorieux

victory ['vɪktəri] *n* victoire *f*

video ['vɪdiəʊ, *Am:* -oʊ] **I.** *n*
1. (*film*) vidéo *f* **2.** (*tape*) cassette
vidéo *f* **3.** (*recorder*) magnétoscope
m **II.** *vt* enregistrer sur cassette vidéo
video camera *n* caméra *f* vidéo
video cassette *n* cassette *f* vidéo
video clip *n* clip *m* vidéo **video
game** *n* jeu *m* vidéo **video recorder** *n* magnétoscope *m* **video-
tape** **I.** *n* cassette *f* vidéo **II.** *vt* enregistrer sur une cassette vidéo
video tape recorder *n* magnétoscope *m*
vie [vaɪ] *vi* rivaliser; **to ~ for sth** se
disputer qc
Vienna [vi'enə] *n* Vienne *f*
Viet Nam, Vietnam [ˌvjet'nɑːm,
Am: ˌviːet-] *n* le Viêt-nam [*o* Viet-
nam]
Vietnamese [ˌvjetnə'miːz, *Am:*
viˌet-] **I.** *adj* vietnamien **II.** *n* **1.** (*person*) Vietnamien(ne) *m(f)* **2.** LING
vietnamien *m; s. a.* **English**
view [vjuː] **I.** *n* **1.** (*opinion, idea*)
opinion *f;* **in sb's ~** d'après qn
2. (*sight, ability to see*) vue *f* **3.** to
have sth in ~ avoir qc en vue; **in ~
of** étant donné; **with a ~ to doing
sth** dans le but de faire qc **II.** *vt*
1. (*consider*) considérer **2.** (*envisage*) envisager **3.** (*watch*) examiner;
(*house*) visiter; **to ~ television** regarder la télévision
viewer *n* **1.** TV téléspectateur, -trice
m, f **2.** (*device for slides*) *a.* INFOR visionneuse *f*
viewpoint *n* point *m* de vue
vigil ['vɪdʒɪl, *Am:* 'vɪdʒəl] *n* **1.** (*eve*)
veille *f* **2.** (*ceremony*) veillée *f;* **to
keep ~** veiller
vigilant ['vɪdʒɪlənt] *adj* vigilant; **a ~
eye** un œil attentif
vigor *n no pl, Am, Aus s.* **vigour**
vigorous ['vɪgərəs] *adj* vigoureux
vigour ['vɪgəʳ, *Am:* -ɚ] *n no pl*
1. (*intensity*) vigueur *f* **2.** (*forceful-
ness*) fermeté *f*
vile [vaɪl] <-r, -st> *adj* **1.** (*very bad*)
exécrable; (*smell, taste*) infect
2. (*morally bad*) vil
villa ['vɪlə] *n* villa *f*
village ['vɪlɪdʒ] **I.** *n* village *m* **II.** *adj*

de/du village
villager *n* villageois(e) *m(f)*
villain ['vɪlən] *n* **1.** (*evil person*)
méchant(e) *m(f)* **2.** (*bad guy*) bandit
m; **a small-time ~** un petit voyou
vinaigrette [ˌvɪnɪ'gret, *Am:* -ə'-] *n
no pl* vinaigrette *f*
vindicate ['vɪndɪkeɪt, *Am:* -də-] *vt*
1. (*justify*) justifier; (*rights*) faire valoir; **to ~ sb** donner raison à qn
2. (*person*) disculper
vindictive [vɪn'dɪktɪv] *adj* vindicatif
vine [vaɪn] *n* **1.** (*grape plant*) vigne *f*
2. (*climbing plant*) plante *f* grimpante
vinegar ['vɪnɪgəʳ, *Am:* -əgɚ] *n no
pl* vinaigre *m*
vineyard ['vɪnjəd, *Am:* -jɚd] *n* vignoble *m*
vintage ['vɪntɪdʒ, *Am:* -t̬ɪdʒ] **I.** *n*
1. (*wine*) cru *m* **2.** (*year*) millésime
m **II.** *adj* **1.** GASTR de grand cru; **a ~
year** une grande année **2.** (*car, clothes*) d'époque
vinyl ['vaɪnəl] *n no pl* vinyle *m*
violate ['vaɪəleɪt] *vt* violer; (*a tomb*)
profaner
violence ['vaɪələnts] *n no pl* violence *f*
violent ['vaɪələnt] *adj* violent
violet ['vaɪələt, *Am:* -lɪt] **I.** *n* **1.** BOT
violette *f* **2.** *no pl* (*colour*) violet *m*
II. *adj* violet; *s. a.* **blue**
violin [ˌvaɪə'lɪn] *n* violon *m*
violinist *n* violoniste *mf*
VIP *n abbr of* **very important person** VIP *mf*
viper ['vaɪpəʳ, *Am:* -pɚ] *n* vipère *f*
viral ['vaɪərəl] *adj* viral
virgin ['vɜːdʒɪn, *Am:* 'vɜːr-] **I.** *n*
(*woman*) vierge *f;* (*man*) puceau *m
inf;* **to be a ~** être vierge **II.** *adj*
vierge
virginal *n* virginal *m*
virginity [və'dʒɪnəti, *Am:* vɚ'dʒɪ-
nət̬i] *n no pl* virginité *f*
Virgo ['vɜːgəʊ, *Am:* 'vɜːrgoʊ] *n*
Vierge *f; s. a.* **Aquarius**
virile ['vɪraɪl, *Am:* -əl] *adj* viril
virility [vɪ'rɪləti, *Am:* və'rɪlət̬i] *n no
pl* virilité *f*
virtual ['vɜːtʃʊəl, *Am:* 'vɜːrtʃu-] *adj*

V
v

1. (*as described*) quasi-; **the ~ totality** la quasi-totalité; **it's a ~ impossibility** c'est quasiment impossible **2.** INFOR virtuel

virtually *adv* **1.** (*nearly*) pratiquement; **~ unknown** quasiment inconnu **2.** INFOR virtuellement

virtue ['vɜːtjuː, *Am:* 'vɜːrtʃuː] *n* **1.** (*good moral quality*) vertu *f* **2.** (*advantage*) mérite *m* **3. to make a ~** (out) **of sth** faire de qc une vertu; **by ~ of** *form* en vertu de

virtuous ['vɜːtʃuəs, *Am:* 'vɜːrtʃu-] *adj* vertueux

virus ['vaɪərəs, *Am:* 'vaɪ-] *n* virus *m*

visa ['viːzə] *n* visa *m*

vis-à-vis [ˌviːzɑːˈviː, *Am:* ˌviːzəˈviː] *prep form* par rapport à

viscera ['vɪsərə] *npl* viscères *mpl*

visceral *adj a. fig* viscéral

viscose ['vɪskəʊs, *Am:* -koʊs] *n no pl* viscose *f*

viscous ['vɪskəs] *adj* visqueux

vise [vaɪs] *n Am* étau *m*

visibility [ˌvɪzəˈbɪləti, *Am:*-əbɪləti] *n no pl* visibilité *f*

visible ['vɪzəbl] *adj* visible

vision ['vɪʒən] *n* **1.** *no pl* (*sight*) vue *f* **2.** (*dream, hope*) vision *f*

visit ['vɪzɪt] **I.** *n* visite *f*; **to pay a ~ to sb** rendre visite à qn; **a ~ to the library** un tour chez le libraire **II.** *vt* (*town, museum*) visiter; (*person*) aller voir **III.** *vi* être en visite; **to ~ with sb** aller voir qn

visiting card *n* carte *f* de visite **visiting hours** *npl* heures *fpl* de visite

visitor ['vɪzɪtər, *Am:* -t̬ər] *n* **1.** (*guest*) invité(e) *m(f)*; **to have ~s** avoir de la visite **2.** (*tourist*) visiteur, -euse *m, f*

visitor centre *n* centre *m* d'accueil **visitors' book** *n Brit* (*in hotel*) registre *m*; (*in exhibition*) livre *m* d'or

visor ['vaɪzər, *Am:* -zər] *n* visière *f*

vista ['vɪstə] *n* vue *f*

visual ['vɪʒuəl] **I.** *adj* visuel; (*nerve*) optique **II.** *n pl* **~s** images *fpl*

visual display unit *n* écran *m* de visualisation

visualize ['vɪʒuəlaɪz] *vt* visualiser

vital ['vaɪtəl, *Am:* -t̬əl] *adj*

1. (*necessary*) primordial; (*food, medicine*) vital **2.** *form* (*energetic*) énergique

vitality [vaɪˈtæləti, *Am:*-əti] *n no pl* vitalité *f*

vitally *adv* absolument

vital statistics *n pl* mensurations *fpl*

vitamin ['vɪtəmɪn, *Am:* 'vaɪtə-] *n* vitamine *f*

viva *n Brit* UNIV oral *m*

vivacious [vɪˈveɪʃəs] *adj* enjoué

vivacity [vɪˈvæsəti, *Am:* -əti] *n no pl* vivacité *f*

vivid ['vɪvɪd] *adj a. fig* vif; (*memory, picture*) net; (*description, language*) vivant

vividly *adv* (*describe*) de façon très vivante; (*recall*) de façon très nette; (*glow*) avec éclat

vivisection [ˌvɪvɪˈsekʃən, *Am:*-ə'-] *n no pl* vivisection *f*

vixen ['vɪksən] *n* **1.** (*female fox*) renarde *f* **2.** *pej* mégère *f*

vocabulary [vəʊˈkæbjələri, *Am:* voʊˈkæbjəler-] *n* vocabulaire *m*

vocal ['vəʊkəl, *Am:* 'voʊ-] **I.** *adj* **1.** (*related to the voice*) vocal **2.** (*outspoken*) **to be/become ~** se faire entendre **II.** *n* **~(s)** chant *m*

vocal cords *n pl* cordes *fpl* vocales

vocalist *n* chanteur, -euse *m, f*

vocation [vəʊˈkeɪʃən, *Am:* voʊ'-] *n* vocation *f*

vocational *adj* professionnel

vociferate [vəʊˈsɪfəreɪt, *Am:* voʊ'-] *vi, vt* vociférer

vociferous [vəʊˈsɪfərəs, *Am:* voʊ'-] *adj* véhément

vodka ['vɒdkə, *Am:* 'vɑːd-] *n no pl* vodka *f*

vogue [vəʊg, *Am:* voʊg] *n* vogue *f*; **in ~** en vogue; **out of ~** démodé; **to become the ~** devenir à la mode

voice [vɔɪs] **I.** *n a. fig* voix *f*; **with one ~** d'une voix **II.** *vt* exprimer

voicemail *n no pl* boîte *f* vocale

voice-over *n* TV, CINE voix *f* off

void [vɔɪd] **I.** *n a. fig* vide *m* **II.** *adj* **1.** (*invalid*) nul; **to declare sth ~** annuler qc **2.** (*empty*) vide; **~ of sth** dépourvu de qc **III.** *vt* **1.** (*declare not valid*) annuler **2.** (*drain away*) évacuer

volatile ['vɒlətaɪl, *Am:* 'vɑːlə̯təl] *adj* **1.**(*changeable*) versatile **2.**(*explosive*) explosif **3.**(*easily vapourized*) volatile

volcano [vɒl'keɪnəʊ, *Am:* vɑːl'keɪnoʊ] <-es *o* -s> *n* volcan *m*

volition [vəʊ'lɪʃən, *Am:* voʊ'-] *n no pl, form* volonté *f;* **to do sth (out) of one's own ~** faire qc de son propre gré

volley ['vɒli, *Am:* 'vɑːli] I. *n* **1.**(*salvo*) volée *f;* (*gunfire*) salve *f* **2.**(*onslaught*) torrent *m* **3.**SPORT volée *f* II. *vi* SPORT effectuer une volée III. *vt* SPORT **to ~ a ball** effectuer une volée

volleyball ['vɒlibɔːl, *Am:* 'vɑːli-] *n no pl* volley-ball *m*

volt [vəʊlt, *Am:* voʊlt] *n* volt *m*

voltage ['vəʊltɪdʒ, *Am:* 'voʊltɪdʒ] *n* voltage *m*

voluble ['vɒljəbl, *Am:* 'vɑːl-] *adj form* volubile

volume ['vɒljuːm, *Am:* 'vɑːljuːm] *n* volume *m*

voluntary ['vɒləntəri, *Am:* 'vɑːlənteri] *adj* **1.**(*of one's free will*) volontaire **2.**(*without payment*) bénévole

voluntary organization *n* organisation *f* de bénévoles

volunteer [ˌvɒlən'tɪəʳ, *Am:* ˌvɑːlən'-tɪr] I. *n* **1.**(*unpaid worker*) bénévole *mf* **2.**(*person willing to do*) volontaire *mf* II. *vt* **to ~ oneself for sth** se proposer pour qc; **to ~ sb to** +*infin* proposer à qn de +*infin* III. *vi* **to ~ to** +*infin* offrir volontairement ses services pour +*infin;* **to ~ for sth** se proposer pour qc

vomit ['vɒmɪt, *Am:* 'vɑːmɪt] I. *vi, vt* vomir II. *n no pl* vomi *m*

vote [vəʊt, *Am:* voʊt] I. *n* **1.** *a.* POL vote *m;* **10% of the ~** 10% des voix **2.**(*right to elect*) droit *m* de vote II. *vi* voter III. *vt* **1.**(*elect*) élire **2.**(*propose*) **to ~ that** proposer que +*subj*

◆ **vote down** *vt* rejeter

◆ **vote in** *vt* (*person*) élire; (*law*) adopter

◆ **vote out** *vt* (*person*) ne pas réélire; (*bill*) rejeter

voter *n* électeur, -trice *m, f*

voting I. *adj* votant II. *n* vote *m*

voting booth *n* isoloir *m* **voting box** *n* urne *f*

vouch [vaʊtʃ] *vt* **to ~ that ...** garantir que ...

◆ **vouch for** *vt* se porter garant de

voucher ['vaʊtʃəʳ, *Am:* -tʃɚ] *n Aus, Brit* **1.**(*coupon*) bon *m* **2.**(*receipt*) reçu *m*

vow [vaʊ] I. *vt* jurer; **to ~ to** +*infin* jurer de +*infin* II. *n* vœu *m;* **to take a ~** faire un vœu

vowel ['vaʊəl] *n* voyelle *f*

voyage ['vɔɪɪdʒ] I. *n a. fig* voyage *m* II. *vi* voyager

vs ['vɜːsəs] *abbr of* **versus** contre

VSO *n abbr of* **Voluntary Service Overseas** coopération *f* à l'étranger

vulgar ['vʌlgəʳ, *Am:* -gɚ] *adj a. pej* vulgaire

vulgarity [vʌl'gærəti, *Am:* -'gerəti] *n no pl* vulgarité *f*

vulnerable ['vʌlnərəbl, *Am:* 'vʌlnɚ-ə-] *adj* vulnérable; (*spot*) faible; **to be ~ to sth** être sensible à qc

vulture ['vʌltʃəʳ, *Am:* -tʃɚ] *n a. fig* vautour *m*

vulva ['vʌlvə] <-s *o* -e> *n* ANAT vulve *f*

vying ['vaɪɪŋ] *pp of* **vie**

W

W, w ['dʌbljuː] <-'s> *n* W, w *m*

w *n abbr of* **watt** W

W *n s.* **west, western**

wad [wɒd, *Am:* wɑːd] *n* **1.**(*ball*) tampon *m;* (*of gum*) boule *f* **2.**(*bundle*) liasse *f*

waddle ['wɒdl, *Am:* 'wɑːdl] *vi* se dandiner

wade [weɪd] I. *vi* 1. *(cross water)* passer à gué 2. *Am (walk in water)* marcher dans l'eau II. *vt* passer à gué
◆ **wade through** *vt* venir à bout de
wafer ['weɪfəʳ, *Am:* -fə̩] *n (sweet biscuit)* gaufrette *f*
waffle[1] ['wɒfl, *Am:* 'wɑːfl] I. *vi pej* **to ~ on** bavasser II. *n no pl, pej* blabla *m*
waffle[2] ['wɒfl, *Am:* 'wɑːfl] *n (thin cake)* gaufre *f*
wag [wæg] I.<-gg-> *vt* remuer; *(one's head)* agiter II.<-gg-> *vi* remuer
wage[1] [weɪdʒ] *vt form (campaign)* mener; **to ~ war** faire la guerre
wage[2] [weɪdʒ] *n ~(s)* salaire *m*
wage earner *n* salarié(e) *m(f)* **wage packet** *n Aus, Brit* paie *f*
wager ['weɪdʒəʳ, *Am:* -dʒə̩] *n* pari *m*
waggle ['wægl] *vt, vi* remuer
wag(g)on ['wægən] *n* 1. *(four-wheeled cart)* chariot *m* 2. *Aus, Brit (carriage for freight)* wagon *m*
wail [weɪl] I. *vi* gémir II. *n* gémissement *m*
waist [weɪst] *n* taille *f*
waistcoat ['weɪstkəʊt, *Am:* 'weskət] *n Brit* gilet *m*
waistline ['weɪstlaɪn] *n* taille *f*
wait [weɪt] I. *n no pl* attente *f* II. *vi* 1. *(stay)* attendre; **to ~ for sb/sth** attendre qn/qc; **~ and see** attends de voir 2. **~ a bit** un instant; **I can't ~ to do sth** j'ai hâte de faire qc
◆ **wait on** *vt (serve)* servir
◆ **wait up** *vi (not go to bed)* ne pas aller se coucher

waiter ['weɪtəʳ, *Am:* -t̬ə̩] *n* serveur *m*

waiting list *n* liste *f* d'attente **waiting room** *n* salle *f* d'attente
waitress ['weɪtrɪs] *n* serveuse *f*
waive [weɪv] *vt form* renoncer à
wake[1] [weɪk] *n* NAUT a. *fig* sillage *m*
wake[2] [weɪk] <woke *o* waked, woken *o* waked *o* Am woke> I. *vi* se réveiller II. *vt* a. *fig* réveiller
◆ **wake up** I. *vi (stop sleeping)* a. *fig* se réveiller II. *vt* réveiller
waken ['weɪkən] *vi form* se réveiller II. *vt* réveiller
Wales ['weɪlz] *n* pays *m* de Galles
walk [wɔːk, *Am:* wɑːk] I. *n* 1. *(going on foot)* marche *f* 2. *(gait)* démarche *f* 3. *(stroll)* promenade *f*; **to go for a ~** aller se promener II. *vt* 1. *(go on foot)* parcourir (à pied) 2. *(accompany)* **to ~ sb somewhere** emmener qn quelque part; **to ~ sb home** raccompagner qn à la maison 3. *(dog)* sortir III. *vi* 1. *(go on foot)* marcher 2. *(stroll)* se promener
◆ **walk out** *vi* 1. *(leave room)* sortir 2. *(leave to express dissatisfaction)* partir; **her husband walked out** son mari l'a quittée 3. *(go on strike)* se mettre en grève
walker ['wɔːkəʳ, *Am:* 'wɑːkə̩] *n* 1. *(person who walks)* marcheur, -euse *m, f* 2. *(person walking for pleasure)* promeneur, -euse *m, f*
walkie-talkie [ˌwɔːki'tɔːki, *Am:* ˌwɑːki'tɑː-] *n* talkie-walkie *m*
walking ['wɔːkɪŋ, *Am:* 'wɑːk-] *n no pl* 1. *(act of walking)* marche *f* 2. *(stroll)* promenade *f*
walking shoes *n* chaussures *fpl* de marche **walking stick** *n* canne *f*
Walkman® ['wɔːkmən, *Am:* 'wɑːk-] <Walkmans> *n* baladeur *m*
walkout ['wɔːkaʊt, *Am:* 'wɑːk-] *n (strike)* grève *f* surprise
walkover ['wɔːkəʊvəʳ, *Am:* 'wɑːkoʊvə̩] *n* victoire *f* facile
walkway ['wɔːkweɪ, *Am:* 'wɑːk-] *n* passage *m* (pour piétons)
wall [wɔːl] *n* 1. *(division structure)* a. *fig* mur *m* 2. *(climbing wall, natural structure)* paroi *f* 3. ANAT paroi *f*
wallchart ['wɔːltʃɑːt, *Am:* -tʃɑːrt] *n* panneau *m* mural

wallet ['wɒlɪt, *Am:* 'wɑːlɪt] *n* porte-feuille *m*

wallflower ['wɔːlˌflaʊəʳ, *Am:* -ˌflaʊɚ] *n* **1.** (*plant*) giroflée *f* **2.** *inf* (*shy woman*) **to be a** ~ faire tapisserie

wallop ['wɒləp, *Am:* 'wɑːləp] *vt* **1.** *inf* (*hit hard*) rosser **2.** *fig, inf* (*beat in competition*) infliger une raclée

wallow ['wɒləʊ, *Am:* 'wɑːloʊ] *vi* (*lie in earth, water*) patauger

wallpaper ['wɔːlˌpeɪpəʳ, *Am:* -pɚ] **I.** *n* papier *m* peint **II.** *vt* tapisser

Wall Street *n* Wall Street (*Bourse et centre financier de New York*)

walnut ['wɔːlnʌt] *n* **1.** (*nut*) noix *f* **2.** (*tree*) noyer *m*

walrus ['wɔːlrəs] <walruses *o* walrus> *n* morse *m*

waltz [wɔːls, *Am:* wɔːlts] <watzes> **I.** *n* valse *f* **II.** *vi* valser

wand [wɒnd, *Am:* wɑːnd] *n* (*conjuror's stick*) baguette *f*

wander ['wɒndəʳ, *Am:* 'wɑːndɚ] *vi* **1.** (*walk*) **to** ~ (**around/about**) se promener au hasard **2.** (*roam*) errer **3.** (*not concentrate*) s'égarer

wane [weɪn] *vi* décroître

wangle ['wæŋgl] *vt inf* se débrouiller pour obtenir

want [wɒnt, *Am:* wɑːnt] **I.** *n* **1.** (*need*) besoin *m* **2.** *no pl, no indef art* (*lack*) manque *m*; **for** ~ **of sth** faute de qc **II.** *vt* **1.** (*wish*) vouloir; **to** ~ **to do sth** vouloir faire qc; **to** ~ **sb to do sth** vouloir que qn fasse qc +*subj* **2.** (*need*) avoir besoin de

wanton ['wɒntən, *Am:* 'wɑːntn] *adj form* (*violence*) gratuit; (*destruction, disregard*) injustifié

war [wɔːʳ, *Am:* wɔːr] *n* guerre *f*

ward [wɔːd, *Am:* wɔːrd] *n* **1.** (*part of hospital*) salle *f* (d'hôpital) **2.** (*political area*) circonscription *f* électorale **3.** (*child*) pupille *mf*

◆ **ward off** *vt* écarter

warden ['wɔːdn, *Am:* 'wɔːr-] *n* **1.** (*supervisor*) gardien(ne) *m(f)* **2.** *Brit, Aus* (*head of a college*) directeur, -trice *m, f* **3.** *Am* (*prison governor*) directeur, -trice *m, f*

warder ['wɔːdəʳ, *Am:* 'wɔːrdɚ] *n*

gardien(ne) *m(f)*

wardrobe ['wɔːdrəʊb, *Am:* 'wɔːrdroʊb] *n* **1.** (*cupboard*) armoire *f* **2.** *no pl, no indef art* (*collection*) garde-robe *f*

warehouse ['weəhaʊs, *Am:* 'wer-] *n Brit, Aus* entrepôt *m*

wares [weəz, *Am:* werz] *npl* marchandise *f*

warfare ['wɔːfeəʳ, *Am:* 'wɔːrfer] *n no pl, no indef art* guerre *f*

warhead ['wɔːhed, *Am:* 'wɔːr-] *n* ogive *f*

warily ['weərɪlɪ, *Am:* 'wer-] *adv* avec prudence

warm [wɔːm, *Am:* wɔːrm] **I.** *adj* **1.** (*quite hot*) chaud; **I'm** ~ j'ai chaud; **it's** ~ il fait chaud **2.** (*greeting, welcome*) chaleureux **II.** *vt a. fig* réchauffer

◆ **warm to, warm towards** *vt* **to** ~ **sb** ressentir de la sympathie pour qn; **to** ~ **sth** se laisser séduire par qc

◆ **warm up I.** *vi* **1.** (*become hot*) se réchauffer **2.** (*engine, machine*) chauffer **3.** (*limber up*) s'échauffer **II.** *vt* **1.** (*make hot*) réchauffer **2.** (*engine*) faire chauffer

warm-hearted [ˌwɔːmˈhɑːtɪd, *Am:* ˌwɔːrmˈhɑːrtɪd] *adj* chaleureux

warmly *adv* (*to recommend, be dressed*) chaudement; (*to welcome*) chaleureusement

warmth [wɔːmθ, *Am:* wɔːrmθ] *n no pl, no indef art, a. fig* chaleur *f*

warn [wɔːn, *Am:* wɔːrn] *vt* avertir; **I'm ~ing you!** je te préviens!; **to** ~ **sb against/about sth** mettre qn en garde contre qc; **to** ~ **sb of a danger** avertir qn d'un danger; **to** ~ **sb not to do sth** déconseiller à qn de faire qc

warning ['wɔːnɪŋ, *Am:* 'wɔːr-] *n* avertissement *m*

warp [wɔːp, *Am:* wɔːrp] **I.** *vi* se gondoler **II.** *vt* **1.** (*bend, twist*) gondoler **2.** (*damage psychologically*) pervertir

warrant ['wɒrənt, *Am:* 'wɔːr-] **I.** *n* (*official document*) mandat *m* **II.** *vt* **1.** (*justify*) justifier **2.** (*guarantee*) garantir

warranty ['wɒrəntɪ,   *Am:* 'wɔːrəntɪ] *n* garantie *f*

warren ['wɒrən, *Am:* 'wɔːr-] *n* garenne *f*

Warsaw ['wɔːsɔː, *Am:* 'wɔːrsɑː] *n* Varsovie

Warsaw Pact, **Warsaw Treaty** *n* HIST pacte *m* de Varsovie

warship ['wɔːʃɪp, *Am:* 'wɔːr-] *n* navire *m* de guerre

wart [wɔːt, *Am:* wɔːrt] *n* verrue *f*

warthog ['wɔːthɒg,   *Am:* 'wɔːrthɑːg] *n* phacochère *m*

wartime ['wɔːtaɪm, *Am:* 'wɔːr-] *n no pl, no indef art* **in ~** en temps de guerre

wary ['weərɪ, *Am:* 'wer-] <-ier, -iest> *adj* prudent; **to be ~ of sb/sth** se méfier de qn/qc

was [wɒz, *Am:* wɑːz] *pt of* **be**

wash [wɒʃ, *Am:* wɑːʃ] I. *n* 1. (*cleaning with water*) **to have a ~** se laver 2. (*laundering*) lessive *f* 3. **the ~** *no pl* (*clothes for cleaning*) le linge sale 4. *Am s.* **washing-up** 5. (*boat's wake*) remous *m* II. *vt* (*clean with water*) laver; **to ~ a car** nettoyer une voiture; **to ~ one's hair** se laver les cheveux III. *vi* (*clean oneself*) se laver

◆ **wash away** *vt* (*carry away*) emporter

◆ **wash up** I. *vi* 1. (*clean dirty dishes*) faire la vaisselle 2. *Am s.* **wash** II. *vt* (*to clean*) **to ~ the dishes** laver la vaisselle

washable ['wɒʃəbl, *Am:* 'wɑːʃ-] *adj* lavable

washbasin ['wɒʃˌbeɪsn, *Am:* 'wɑːʃ-] *n* lavabo *m*

washcloth ['wɒʃklɒθ,   *Am:* 'wɑːʃklɑːθ] *n Am* gant *m* de toilette

washer ['wɒʃəʳ, *Am:* 'wɑːʃəʳ] *n* 1. *Am s.* **washing machine** 2. (*plastic ring*) joint *m*

wash-hand basin *n s.* **washbasin**

washing ['wɒʃɪŋ, *Am:* 'wɑːʃɪŋ] *n no pl, no indef art* 1. (*act of cleaning clothes*) lessive *f* 2. (*clothes*) linge *m*

washing line *n* corde *f* à linge
washing machine *n* machine *f* à laver **washing powder** *n Brit* lessive *f*

Washington (**D.C.**) ['wɒʃɪŋtən, *Am:* 'wɑːʃɪŋ-] *n* Washington

---

ℹ **Washington's Birthday** est un jour férié légal aux USA. Bien que George Washington soit né en fait le 22 février 1732, on a pris l'habitude depuis quelques années de fêter son anniversaire le troisième lundi de février, afin d'avoir un week-end prolongé.

---

washing-up [ˌwɒʃɪŋˈʌp,   *Am:* ˌwɑːʃɪŋ-] *n Brit, Aus* vaisselle *f*

washing-up liquid *n* liquide *m* de vaisselle

washout ['wɒʃaʊt, *Am:* 'wɑːʃ-] *n no pl, inf* catastrophe *f*

washroom ['wɒʃrʊm,   *Am:* 'wɑːʃruːm] *n Am* toilettes *fpl*

wasn't [wɒznt, *Am:* wɑːznt] = **was not** *s.* **be**

wasp [wɒsp, *Am:* wɑːsp] *n* guêpe *f*

wastage ['weɪstɪdʒ] *n no pl, no indef art* gaspillage *m*

waste [weɪst] I. *n* 1. *no pl* (*misuse*) gaspillage *m*; **it's a ~ of money** c'est de l'argent gaspillé; **it's a ~ of time** c'est une perte de temps 2. *no pl, no indef art* (*unwanted matter*) déchets *mpl* 3. (*desert*) **~(s)** désert *m* II. *vt* gaspiller; (*time*) perdre

wastebasket ['weɪstbɑːskɪt, *Am:* -bæskət] *n Am*, **waste bin** *n Brit, Aus* poubelle *f* **waste-disposal** *n* **~ (unit)** broyeur *m* d'ordures

wasteful ['weɪstfl] *adj* **to be ~ of sth** être du gaspillage de qc

waste ground *n*, **waste land** *n no pl, a. fig* terrain *m* vague

wastepaper basket, **wastepaper bin** *n s.* **wastebasket**, **waste bin**

watch [wɒtʃ, *Am:* wɑːtʃ] I. *n* 1. *no pl* (*act of observation*) surveillance *f*; **to keep (a) close ~ on/over sb/sth** surveiller qn/qc de près 2. (*guard*) garde *f* 3. (*clock worn on wrist*) montre *f* II. *vt* 1. (*look at*) regarder **2.**(*observe*) observer; (*suspects*) surveiller **3.**(*children*) surveiller **4.**(*be careful about*) faire attention à **III.** *vi* regarder

◆ **watch out** *vi* faire attention

watchdog ['wɒtʃdɒg, *Am:* 'wɑːtʃdɑːg] *n* **1.** *Am s.* **guard dog 2.**(*person*) contrôleur, -euse *m, f*; (*organization*) organisme *m* de contrôle

watchful ['wɒtʃfl, *Am:* 'wɑːtʃ-] *adj* vigilant

watchman ['wɒtʃmən, *Am:* 'wɑːtʃ-] *n* gardien(ne) *m(f)*

water ['wɔːtər, *Am:* 'wɑːtər] **I.** *n* (*liquid*) eau *f* **II.** *vt* (*plants*) arroser; (*cows, horses*) faire boire **III.** *vi* **1.**(*produce tears*) pleurer **2.**(*salivate*) saliver

◆ **water down** *vt* **1.**(*beer, milk*) diluer **2.**(*weaken*) atténuer

water-bomber *n Can* canadair *m*

water bottle *n* bouteille *f* d'eau; (*for soldiers, travellers*) gourde *f* **water closet** *n* cabinets *mpl* **watercolor** *n Am, Aus*, **watercolour** *n Brit, Aus* aquarelle *f*

watercress ['wɔːtəkres, *Am:* 'wɑːtər-] *n* cresson *m* de fontaine

waterfall ['wɔːtəfɔːl, *Am:* 'wɑːtər-] *n* cascade *f*

water heater *n* chauffe-eau *m* **water hole** *n* point *m* d'eau

watering can *n* arrosoir *m*

water level *n* niveau *m* de l'eau **water lily** *n* nénuphar *m* **waterlogged** *adj* détrempé

water main *n* conduite *f* principale d'eau

watermark ['wɔːtəmɑːk, *Am:* 'wɑːtərmɑːrk] *n* (*on paper*) filigrane *m*

watermelon ['wɔːtəmelən, *Am:* 'wɑːtər-] *n* pastèque *f*

water polo *n* water-polo *m* **waterproof I.** *adj* étanche; (*clothes*) imperméable **II.** *vt* imperméabiliser

watershed *n* **1.** GEO ligne *f* de partage des eaux **2.** *fig* tournant *m* décisif

water shortage *n* pénurie *f* d'eau **water-skiing** *n* ski *m* nautique

water tank *n* citerne *f*

watertight ['wɔːtətaɪt, *Am:* 'wɑːtər-] *adj* **1.**(*sealed*) étanche **2.**(*unquestionable*) inattaquable

waterway ['wɔːtəweɪ, *Am:* 'wɑːtər-] *n* voie *f* navigable

waterworks ['wɔːtəwɜːks, *Am:* 'wɑːtərwɜːrks] *n pl* (*water storage*) station *f* hydraulique

watery ['wɔːtəri, *Am:* 'wɑːtər-] <more, most *o* -ier, -iest> *adj* (*bland*) fade; (*coffee*) dilué; (*soup*) trop clair; (*colour*) délavé

watt [wɒt, *Am:* wɑːt] *n* watt *m*

wave [weɪv] **I.** *n* **1.**(*surge of water*) *a. fig* vague *f* **2.**(*hand movement*) signe *m* (de la main) **3.** PHYS onde *f* **4.**(*hairstyle*) cran *m* **II.** *vi* **1.**(*make hand movement*) faire un signe (de la main) **2.**(*flag*) flotter **III.** *vt* **1.**(*move hand to signal*) faire un signe (de la main) **2.**(*wand, flag*) agiter

waveband ['weɪvbænd] *n* bande *f* de fréquence **wavelength** *n a. fig* longueur *f* d'ondes; **to be on the same ~** être sur la même longueur d'ondes

waver ['weɪvər, *Am:* -və-] *vi* vaciller; *fig* hésiter

wavy ['weɪvi] <-ier, -iest> *adj* onduleux; (*hair*) ondulé

wax [wæks] **I.** *n* cire *f*; (*in ears*) cérumen *m*; **a ~ candle** un cierge **II.** *vt* (*polish*) cirer

wax paper ['wækspeɪpər, *Am:* -pə-] *n* papier *m* sulfurisé

waxwork ['wækswɜːk, *Am:* -wɜːrk] *n* figure *f* en cire; **a ~s** (**museum**) un musée de cire

way [weɪ] **I.** *n* **1.**(*route, path*) chemin *m*; **the ~ to the station** le chemin de la gare; **to ask sb the ~** demander son chemin à qn; **to make one's ~ somewhere** se rendre quelque part; **to be on the ~** être sur le chemin; **to be on the ~ back** être sur le chemin du retour; **on the ~ home** en rentrant; **to lose one's ~** se perdre; **to be under ~** être en route, être en route; **to give ~** (*agree*) céder; AUT céder le passage;

Ww

to give ~ **to temptation** céder à la tentation **2.** (*facing direction*) direction *f;* **it's the other ~ round** c'est dans l'autre sens; *fig* c'est le contraire; **the wrong ~ round** sens dessus dessous; **this ~** par ici **3.** (*respect*) égard *m;* **in that ~** à cet égard; **in many ~s** à bien des égards; **in a ~** dans une certaine mesure **4.** (*distance*) distance *f;* **all the ~** (*the whole distance*) tout le long du chemin; (*completely*) jusqu'au bout; **all the ~ here** jusqu'ici; **to be a long ~ off** (*remote*) être loin **5.** (*manner*) façon *f;* **this ~** de cette façon; **in no ~** en aucune façon; **the ~ to do sth** la manière de faire qc; **to get one's own ~** arriver à ses fins; **no ~!** *inf* (*impossible*) impossible!; (*definitely no!*) pas question! **6.** *no pl* (*space for movement*) **to be in sb's ~** barrer le passage de qn; **to get out of the/sb's ~** s'écarter du chemin/du chemin de qn **7. to go out of one's ~ to do sth** se donner du mal pour faire qc; **to go out of one's/the ~** se donner du mal; **you can't have it both ~s** tu dois choisir; **to be (well) on the ~ to doing sth** être en passe de faire qc **II.** *adv inf* bien; **to be ~ ahead of sb/sth** *inf* être bien en avance sur qn/qc

waylay [ˌweɪˈleɪ, *Am:* ˈweɪleɪ] <waylaid, waylaid> *vt* (*attack*) **to ~ sb** attaquer qn par surprise

way out [ˌweɪˈaʊt] *n* sortie *f*

wayward [ˈweɪwəd, *Am:* -wɚd] *adj* capricieux

wc *n Brit abbr of* **water closet** WC *mpl*

we [wiː] *pers pron* nous; **as ~ say** comme on dit

weak [wiːk] *adj* **1.** (*not strong*) *a. fig* faible **2.** (*drink*) léger

weaken [ˈwiːkən] **I.** *vi* **1.** (*become less strong*) s'affaiblir **2.** (*become less resolute*) faiblir **II.** *vt* affaiblir

weakling [ˈwiːklɪŋ] *n pej* personne *f* chétive

weakness [ˈwiːknɪs] <-es> *n* **1.** *no pl* (*being irresolute*) faiblesse *f* **2.** (*area of vulnerability*) faiblesse *f*

3. (*strong liking*) **to have a ~ for sth** avoir un faible pour qc

wealth [welθ] *n no pl* **1.** (*money*) richesse *f* **2.** (*large amount*) abondance *f*

wealthy [ˈwelθɪ] <-ier, -iest> *adj* riche

wean [wiːn] *vt a. fig* sevrer

weapon [ˈwepən] *n a. fig* arme *f*

weaponry [ˈwepənrɪ] *n no pl* armement *m*

wear [weəʳ, *Am:* wer] <wore, worn> **I.** *n* **1.** (*clothing*) vêtements *mpl* **2.** (*amount of use*) usure *f;* **~ and tear** usure *f;* **to have had a lot of ~ and tear** être très usé **II.** *vt* **1.** (*have on body*) *a. fig* porter **2.** (*damage*) user; **to ~ holes in sth** trouer qc **III.** *vi* s'user

 ◆ **wear away** **I.** *vi irr* s'user **II.** *vt* user

 ◆ **wear down** *vt irr, a. fig* user; **to ~ sb's resistance** épuiser la résistance de qn

 ◆ **wear off** **I.** *vi irr* s'effacer; (*pain*) disparaître **II.** *vt* effacer

 ◆ **wear out** **I.** *vi irr* s'user; *fig* s'épuiser **II.** *vt* user; *fig* épuiser

weary [ˈwɪərɪ, *Am:* ˈwɪrɪ] <-ier, -iest> *adj* **1.** (*very tired*) fatigué **2.** (*bored*) las; **to be/grow ~ of sth** se lasser de qc

weasel [ˈwiːzl] *n* belette *f*

weather [ˈweðəʳ, *Am:* -ɚ] **I.** *n* **1.** *no pl* temps *m* **2. to make heavy ~ of sth** faire toute une affaire de qc; **to be under the ~** être patraque **II.** *vt* **to ~ the storm** surmonter la crise

weather-beaten *adj* (*face*) tanné

weather cock *n* girouette *f*

weather forecast *n* météo *f*

weatherman [ˈweðəmæn, *Am:* ˈweðɚ-] *n* présentateur, -trice *m, f* météo

weave [wiːv] **I.** <wove *o a. Am* weaved, woven> *vt* (*produce cloth*) tisser **II.** <wove *o a. Am* weaved, woven> *vi* **1.** (*produce cloth*) tisser **2.** (*move*) **to ~ between sth** se faufiler entre qc

weaver [ˈwiːvəʳ, *Am:* -vɚ] *n* tisserand(e) *m(f)*

web [web] *n* **1.** (*spider's trap*) toile *f* (d'araignée); **to spin a** ~ tisser une toile **2.** (*network*) tissu *m* **3.** ANAT palmure *f*

Web, WEB [web] **I.** *n* INFOR Web *m*; (**World Wide**) ~ web *m* **II.** *adj inv* INFOR Web

Web addict *n* INFOR Webmane *m* **Web browser** *n* INFOR explo(rateur) *m* Web **web camera** *n* INFOR Webcam *f* **webmaster** *n* INFOR Webmestre *m*, administrateur *m* de site **webpage** *n* INFOR page *f* Web [*o* sur la toile]; ~ **wizard** assistant *m* pages Web **website** *n* INFOR site *m* internet

wed [wed] <wedded, wedded *o* wed, wed> *form* **I.** *vt* épouser **II.** *vi* se marier

we'd [wiːd] **1.** = **we had** *s.* **have 2.** = **we would** *s.* **will**

wedding ['wedɪŋ] *n* mariage *m*

wedding anniversary *n* anniversaire *m* de mariage **wedding cake** *n* gâteau *m* de mariage **wedding night** *n* nuit *f* de noces

wedge [wedʒ] **I.** *n* **1.** (*for door*) cale *f* **2.** (*piece*) morceau *m* **II.** *vt* caler

Wednesday ['wenzdɪ, *Am:* -deɪ] *n* mercredi *m*; **Ash** ~ mercredi des Cendres; *s. a.* **Friday**

wee [wiː] **I.** *adj Scot, a. inf* petit; **a** ~ **bit** un tout petit peu **II.** *n no pl, inf* pipi *m* **III.** *vi inf* faire pipi

weed [wiːd] **I.** *n* **1.** (*wild plant*) mauvaise herbe *f* **2.** *Brit, pej, inf* (*feeble person*) mauviette *f* **II.** *vt, vi* désherber

weedkiller ['wiːdkɪlə', *Am:* -ɚ] *n no pl* désherbant *m*

weedy ['wiːdɪ] <-ier, iest> *adj Brit, pej, inf* (*very thin*) malingre

week [wiːk] *n* semaine *f*

weekday ['wiːkdeɪ] *n* jour *m* de la semaine **weekend** *n* week-end *m*; **at the** ~(s) *Brit, Aus,* **on the** ~(s) *Am, a. Aus* le week-end **weekly** **I.** *adj* hebdomadaire **II.** *adv* une fois par semaine **III.** *n* hebdomadaire *m*

weep [wiːp] **I.** *vi* <wept, wept> **to** ~ **over sb/sth** pleurer sur qn/qc **II.** *vt* <wept, wept> **to** ~ **tears of joy** verser des larmes de joie

weeping willow *n* saule *m* pleureur

weigh [weɪ] **I.** *vi* peser **II.** *vt* **1.** (*measure weight*) peser; **to be weighed down by sth** plier sous le poids de qc; *fig* être accablé de qc **2.** NAUT **to** ~ **anchor** lever l'ancre

◆ **weigh up** *vt* **1.** (*calculate and compare*) évaluer **2.** (*judge, assess*) juger

weight [weɪt] *n* **1.** *no pl* (*heaviness*) poids *m*; **to put on** [*o* **gain**] ~ prendre du poids **2.** *no pl* (*value*) poids *m*; **to attach** ~ **to sth** attacher de l'importance à qc; **to carry** ~ avoir du poids

weighting ['weɪtɪŋ, *Am:* -tɪŋ] *n no pl, Brit* indemnité *f*

weightlifting ['weɪtlɪftɪŋ] *n no pl* haltérophilie *f*

weighty ['weɪtɪ, *Am:* -tɪ] <-ier, -iest> *adj* (*important*) important; (*issue*) sérieux

weir [wɪə', *Am:* wɪr] *n* barrage *m*

weird [wɪəd, *Am:* wɪrd] *adj* bizarre

welcome ['welkəm] **I.** *vt* accueillir **II.** *n a. fig* accueil *m* **III.** *adj* **1.** bienvenu **2. you're** ~! de rien!, bienvenue! *Québec* **IV.** *interj* bienvenue!

weld [weld] **I.** *vt a. fig* souder **II.** *n* soudure *f*

welfare ['welfeə', *Am:* -fer] *n no pl* **1.** (*state of well-being*) bien-être *m* **2.** (*state aid or relief*) aide *f* sociale; ~ **system** système *m* d'aides sociales

welfare state *n* état *m* providence

we'll [wiːl] = **we will** *s.* **will**

well¹ [wel] **I.** <better, best> *adj* **to be/feel/get** ~ aller bien; **all is** ~ tout va bien; **to look** ~ avoir l'air d'aller bien **II.** <better, best> *adv* **1.** (*in a good manner*) bien; ~ **done!** bravo! **2.** (*thoroughly*) bien; **to be pretty** ~ **paid** être plutôt bien payé; ~ **and truly** complètement; **to be** ~ **pleased with sth** être satisfait de qc **3. to be all** ~ **and good, that's all very** ~, **c'est certes bien, as** ~ aussi; **as** ~ **as** ainsi que; **it is just as** ~ **that** heureusement que **III.** *interj* (*exclamation*) eh bien!; ~, ~! eh bien!; **oh** ~! oh!

well² [wel] I. *n* puits *m;* **oil** ~ puits de pétrole II. *vi* **to** ~ **(up) out of sth** (*water*) remonter de qc

well-advised *adj form* **to be** ~ **to do sth** avoir tout intérêt à faire qc **well-behaved** *adj* sage **well-being** *n no pl* bien-être *m* **well-done** *adj* (*meat*) bien cuit **well-dressed** *adj* bien habillé **well-earned** *adj* bien mérité **well-heeled** *adj inf* riche

wellington (**boot**) ['welɪŋtən (bu:t)] *n Brit* (botte *f* en) caout-chouc *m* **well kept** *adj* bien entretenu **well-known** *adj* connu **well-mannered** *adj* bien élevé **well-meaning, well-meant** *adj* bien intentionné **well-nigh** *adv* presque **well-off** *adj* 1. (*wealthy*) riche 2. (*having much*) **to be** ~ **for sth** être bien pourvu en qc **well-read** *adj* (*knowledgeable*) cultivé **well-timed** *adj* opportun **well-to-do** *adj inf* riche **well-wisher** *n* supporter *mf*

Welsh [welʃ] I. *adj* gallois II. *n* 1. (*people*) **the** ~ les Gallois 2. LING gallois *m; s. a.* **English**

Welshman ['welʃmən] *n* gallois *m*
Welshwoman ['welʃwʊmən] *n* galloise *f*

went [went] *pt of* **go**

wept [wept] *pt, pp of* **weep**

were [wɜːʳ, *Am:* wɜːr] *pt of* **be**

we're [wɪəʳ, *Am:* wɪr] = **we are** *s.* **be**

weren't [wɜːnt, *Am:* wɜːrnt] = **were not** *s.* **be**

west [west] I. *n* 1. (*cardinal point*) ouest *m;* **in the** ~ **of France** dans l'ouest de la France; **to lie 5 km to the** ~ **of sth** être à 5 km à l'ouest de qc; **to go/drive to the** ~ aller/rouler vers l'ouest 2. POL occident *m* II. *adj* GEO ouest; ~ **wind** vent *m* d'ouest; ~ **coast** côte *f* ouest **West Bank** *n* **the** ~ (**of the Jordan**) la Cisjordanie

West End *n Brit: centre-ville de Londres*

westerly ['westəlɪ, *Am:* -təˑlɪ] *adj* 1. (*of western part*) à l'ouest; ~ **part** partie *f* ouest 2. (*towards the west*) vers l'ouest 3. (*from the west*) d'ouest

western ['westən, *Am:* -tərn] I. *adj* 1. GEO de l'ouest 2. POL occidental II. *n* CINE western *m* **West Germany** *n* HIST l'Allemagne *f* de l'Ouest **West Indian** I. *n* Antillais(e) *m(f)* II. *adj* antillais **West Indies** *n* les Antilles *fpl*

Westminster [west'mɪntstəʳ, *Am:* -əˑ] *n* Westminster

westward ['westwəd, *Am:* -wəd] I. *adj* à l'ouest II. *adv* vers l'ouest

westwards ['westwədz, *Am:* -wəˑdz] *adv* vers l'ouest

wet [wet] I. <wetter, wettest> *adj* 1. (*soaked*) mouillé 2. (*damp*) a. METEO humide; (*weather*) pluvieux 3. (*weak*) **to be** ~ être une lavette II. <wet, wet, -tt- *o* wetted, wetted, -tt-> *vt* mouiller **wet blanket** *n inf* trouble-fête *mf* **wet suit** *n* combinaison *f* de plongée

we've [wiːv] = **we have** *s.* **have**

whack [wæk] I. *vt* donner un grand coup à II. *n* 1. (*sharp hit*) grand coup *m* 2. *no pl* (*share, part*) part *f*

whale [weɪl] *n* baleine *f*

wharf [wɔːf, *Am:* wɔːrf] <-ves> *n* quai *m*

what [wɒt, *Am:* wʌt] I. *interrog adj* quel(le); ~ **kind of book?** quel genre de livre?; ~ **time is it?** quelle heure est-il?; ~ **schools is he talking about?** de quelles écoles parle-t-il?; ~ **one does he like?** lequel, laquelle aime-t-il? II. *pron* 1. *interrog* que, qu + *vowel*, quoi *tonic form;* ~ **can I do?** que puis-je faire?; ~ **does it matter?** qu'est-ce que ça fait?; ~**'s up?** *inf* qu'est-ce qui se passe?; ~ **for?** pourquoi?; ~**'s his name?** comment s'appelle-t-il?; ~ **about a walk?** et si on faisait une balade?; ~ **if it snows?** *inf* et s'il neige? 2. *rel use* ce + *rel pron;* ~ **I like is** ~ **he says/is talking about** ce qui me plaît, c'est ce qu'il dit/ce dont il parle III. (*exclamation*) ~ **an idiot!** quel idiot!; ~ **a fool I am!** que je suis bête! IV. *interj* ~! quoi!; **so** ~? et alors?

whatever [wɒtˈevəʳ, *Am:* wʌtˈevəʳ]
I. *pron* ~ **you do** quoi que tu fasses
(*subj*); **take** ~ **you want** prends ce
que tu veux II. *adj, adv* quel que soit;
give me ~ **money you have**
donne-moi tout ce que tu as comme
argent; **to have no idea** ~ ne pas
avoir la moindre idée; **nothing** ~ absolument rien

whatsoever [ˌwɒtsəʊˈevəʳ, *Am:*
ˌwʌtsoʊˈevəʳ] *adv* s. **whatever**

wheat [wiːt] *n no pl* blé *m*

wheel [wiːl] I. *n* 1. (*circular object*)
roue *f* 2. AUTO volant *m* II. *vt* pousser
◆ **wheel** (a **round** *vi* se retourner

wheelbarrow [ˈwiːlˌbærəʊ, *Am:*
-ˌberoʊ] *n* brouette *f*

wheelchair [ˈwiːlˌtʃeə, *Am:* -tʃer] *n*
fauteuil *m* roulant

wheel clamp *n Brit, Aus* sabot *m* (de
Denver)

wheeze [wiːz] I. <-zing> *vi* respirer
avec peine II. *n* (*rasping breath*) respiration *f* difficile

when [wen] I. *adv* quand II. *conj*
1. (*at which time*) quand; ~ **you arrive, call me** appelle-moi quand tu
arrives; **in the days** ~ ... à l'époque
où ... 2. (*during the time*) lorsque
3. (*every time*) chaque fois que
4. (*considering that*) **how can I
listen** ~ **I can't hear?** comment é-
couter si je n'entends rien? 5. (*although*) **he's buying it** ~ **he could
borrow it** il l'achète alors qu'il pourrait l'emprunter

whenever [wenˈevəʳ, *Am:*-əʳ] I. *adv*
~ **did I say that?** (mais) quand donc
ai-je dit cela?; **I can do it tomorrow
or** ~ je peux le faire demain ou n'importe quand II. *conj* 1. (*every time*)
quand; ~ **I can** chaque fois que je
peux 2. (*at any time*) **he can come**
~ **he likes** il peut venir quand il veut

where [weəʳ, *Am:* wer] I. *adv* où; ~
is he going (to)? où va-t-il?; ~ **did
you get that idea?** d'où te vient
cette idée? II. *conj* (là) où; **from** ~
d'où; **I'll tell him** ~ **to go** je lui dirai
où il faut aller

whereabout(s)[1] [ˈweərəbaʊts, *Am:*
ˈwerə-] *n* **sb/sth's exact** ~ le lieu

exact où se trouve qn/qc

whereabout(s)[2] [ˌweərəˈbaʊts,
Am: ˌwerə-] *adv info* où

whereas [weərˈæz, *Am:* werˈ-] *conj*
alors que

whereby [weəˈbaɪ, *Am:* wer-] *adv*
par quoi

whereupon [ˌweərəˈpɒn, *Am:*
ˈwerəˌpɑːn] *conj* après quoi

wherever [ˌweərˈevəʳ, *Am:*
ˌwerˈevəʳ] I. *adv* ~ **did she find
that?** mais où donc a-t-elle trouvé
ça? II. *conj* 1. (*in every place*) ~
there is sth partout où il y a qc
2. (*in any place*) ~ **he likes** où il
veut

wherewithal [ˈweəwɪðɔːl, *Am:*
ˈwer-] *n no pl* **the** ~ l'argent *m*
nécessaire

whet [wet] <-tt-> *vt* (*sharpen*) aiguiser

whether [ˈweðəʳ, *Am:* -əʳ] *conj*
1. (*if*) si 2. (*no matter if*) que +*subj*;
~ **it rains or not** qu'il pleuve ou non

which [wɪtʃ] I. *interrog adj* quel(le);
~ **one?** lequel, laquelle?; ~ **ones?**
lesquel(le)s?; ~ **games do you
play?** à quels jeux joues-tu? II. *pron*
1. *interrog* ~ **is his?** lequel, laquelle
est à lui? 2. *rel use* **the book** ~ **I
read** le livre que j'ai lu; **the book of**
~ **I'm speaking** le livre dont je
parle; **she agreed,** ~ **surprised me**
elle est tombée d'accord, ce qui m'a
surpris

whichever [wɪtʃˈevəʳ, *Am:* -əʳ]
I. *pron* celui (celle) qui; **take** ~ **you
like best** prends celui que tu préfè-
res II. *adj* 1. (*any*) n'importe
quel(le); **take** ~ **book you like**
choisis le livre que tu veux 2. (*no
matter which*) quel(le) que soit; ~
way I take quel que soit le chemin
que je prenne

whiff [wɪf] *n* 1. (*scent*) odeur *f*
2. (*hint*) parfum *m*

while [waɪl] I. *n* moment *m*; **a short**
~ un instant; **quite a** ~ assez longtemps; **once in a** ~ de temps en
temps II. *conj* 1. (*during which
time*) pendant que; **I was dreaming**
~ **I was doing sth** je rêvais en fai-

sant qc **2.** (*although*) ~ **I agree with you** bien que je sois d'accord avec toi **3.** (*whereas*) **my wife's a vegetarian,** ~ **I eat meat** ma femme est végétarienne alors que je mange de la viande

while away *vt* **to while away the time** tuer le temps

whilst [waɪlst] *conj s.* **while**

whim [wɪm] *n* caprice *m*

whimper ['wɪmpəʳ, *Am:* -pɚ] *vi* gémir

whimsical ['wɪmzɪkl] *adj* (*fanciful*) curieux; (*choice, story*) saugrenu

whine [waɪn] *vi* gémir

whinge [wɪndʒ] <whingeing *o* whinging> *vi* Brit, Aus, pej, inf pleurnicher

whip [wɪp] **I.** *n* **1.** (*lash*) fouet *m* **2.** POL chef *mf* de file **II.** <-pp-> *vt* fouetter

◆ **whip out** *vt* (*take out quickly*) sortir rapidement

whipped cream *n* crème *f* fouettée **whipping top** *n* toupie *f*

whip-round *n* Brit, inf **to have a** ~ **for sb** organiser une collecte en faveur de qn

whirl [wɜːl, *Am:* wɜːrl] **I.** *vi* tournoyer **II.** *vt* faire tournoyer; **to** ~ **sb** (**a**)**round** faire tourner qn **III.** *n* tourbillon *m*

whirlpool ['wɜːlpuːl, *Am:* 'wɜːr-] *n* (*in sea*) remous *m*

whirlwind ['wɜːlwɪnd, *Am:* 'wɜːrl-] **I.** *n* tourbillon *m* **II.** *adj* enivrant; **a** ~ **tour** une visite éclair

whirr [wɜːʳ, *Am:* wɜːr] *vi* (*engine*) ronfler

whisk [wɪsk] **I.** *vt* **1.** (*cream*) fouetter; (*eggs*) battre **2.** (*take*) enlever rapidement **II.** *n* GASTR fouet *m*

whisker ['wɪskə, *Am:* -kɚ] *n pl* (*on people*) favoris *mpl*; (*on cat*) moustaches *fpl*

whiskey ['wɪskɪ] *n* Am, irish, **whisky** ['wɪskɪ] <-ies> *n* Brit, Aus no pl whisky *m*

whisper ['wɪspəʳ, *Am:* -pɚ] *vi, vt* chuchoter

whistle ['wɪsl] **I.** <-ling> *vi, vt* siffler **II.** *n* **1.** no pl (*sound*) sifflement *m*

2. (*device*) sifflet *m*

white [waɪt] **I.** *adj* blanc **II.** *n* **1.** (*colour, of egg, eye*) blanc *m* **2.** (*person*) Blanc, he *m, f; s. a.* blue **white-collar** *adj* **a** ~ **worker** un col blanc **white coffee** *n* café *m* au lait **white elephant** *n* chose *f* sans utilité **Whitehall** *n* **1.** (*offices of Britain's government*) Administration *f* britannique **2.** (*government of Britain*) Gouvernement *m* britannique **White House** *n* **the** ~ la Maison-Blanche **white lie** *n* pieux mensonge *m*

whiteness *n* blancheur *f* **white paper** *n* Brit, Aus POL livre *m* blanc **white sauce** *n* sauce *f* béchamel **white spirit** *n* no pl, Brit white-spirit *m*

whitewash ['waɪtwɒʃ, *Am:* -wɑːʃ] **I.** *n* **1.** no pl (*solution*) blanc *m* de chaux **2.** (*cover-up*) blanchiment *m* **II.** *vt* blanchir à la chaux

whitewater ['waɪtwɔːtə, *Am:* -wɑːt̬ɚ] *n* no pl eau *f* vive

white-water rafting *n* no pl descente *f* en eau vive **white wedding** *n* mariage *m* en blanc

whither ['wɪðəʳ, *Am:* -ɚ] *adv* form où

Whitsun ['wɪtsn] *n* no pl Pentecôte *f*

whittle ['wɪtl, *Am:* 'wɪt̬-] <-ling> *vt* parer

whizz [wɪz] *vi* **to** ~ **along/past** passer à toute allure

whiz(z) kid *n* jeune prodige *mf*

who [huː] *interrog or rel pron* qui

whodunit, **whodunnit** [ˌhuː'dʌnɪt] *n* inf: film ou roman policier

whoever [huː'evəʳ, *Am:* -ɚ] *pron* quiconque

whole [həʊl, *Am:* hoʊl] **I.** *adj* **1.** (*entire, intact*) entier **2.** inf **it's a** ~ **lot better** c'est vraiment beaucoup mieux **II.** *n* **1.** (*complete thing*) totalité *f*; **as a** ~ dans sa totalité; **on the** ~ dans l'ensemble **2.** no pl **the** ~ le tout; **the** ~ **of Charleston** toute la ville de Charleston **III.** *adv* **a** ~ **new way of doing sth** une manière tout à fait nouvelle de faire qc

wholefood ['həʊlfuːd, *Am:* 'hoʊl-] *n Brit no pl*, **wholefoods** *npl* aliments *mpl* complets

whole-hearted [ˌhəʊl'hɑːtɪd, *Am:* ˌhoʊl'hɑːrtɪd] *adj (completely sincere)* sans réserve

wholemeal bread ['həʊlmiːl'bred, *Am:* 'hoʊl-] *n no pl*, *Brit* pain *m* complet

wholesale ['həʊlseɪl, *Am:* 'hoʊl-] **I.** *adj (sales in bulk)* de gros **II.** *adv* **1.** *(by bulk)* en gros **2.** *(in bulk)* en bloc

wholesaler ['həʊlseɪlər, *Am:* 'hoʊl-seɪlə-] *n* grossiste *mf*

wholesome ['həʊlsəm, *Am:* 'hoʊl-] *adj* salubre

wholewheat *n Am* blé *m* entier; ~ **bread** pain *m* complet

who'll [huːl] = **who will** *s.* **will**

wholly ['həʊlɪ, *Am:* 'hoʊ-] *adv* tout à fait

whom [huːm] *interrog or rel pron* ~ **did he see?** qui a-t-il vu?; **those** ~ **I love** ceux que j'aime; **the person of** ~ **I spoke** la personne dont j'ai parlé

whooping cough ['huːpɪŋkɒf, *Am:* -kɑːf] *n no pl* **the** ~ la coqueluche

whopping ['wɒpɪŋ, *Am:* 'wɑːpɪŋ] *inf* **I.** *adj* énorme; **a** ~ **great lie** un mensonge monumental **II.** *n Am* **1.** *(beating)* rossée *f* **2.** *(defeat)* raclée *f*

whore [hɔːr, *Am:* hɔːr] *n vulg* putain *f*

who's [huːz] **1.** = **who is** *s.* **is 2.** = **who has** *s.* **has**

whose [huːz] **I.** *poss adj* ~ **book is this?** à qui est ce livre?; ~ **son is he?** de qui est-il le fils?; ~ **car did you take?** tu as pris la voiture de qui?; **the girl** ~ **brother I saw** la fille dont j'ai vu le frère **II.** *poss pron* ~ **is this pen?** à qui est ce stylo?; ~ **can I borrow?** je peux prendre lequel?

why [waɪ] **I.** *adv* pourquoi; ~ **not?** pourquoi pas?; ~ **not ring her?** pourquoi ne pas l'appeler? **II.** *interj Am* tiens!

wick [wɪk] *n* mèche *f*

wicked ['wɪkɪd] *adj* **1.** *(person)* méchant **2.** *(smile, sense of hu-*

mour) malicieux

wicker ['wɪkər, *Am:* -ə-] *n no pl* osier *m*

wicker basket *n* panier *m* en osier

wickerwork ['wɪkəwɜːk, *Am:* -ə-wɜːrk] *n no pl s.* **wicker**

wicket ['wɪkɪt] *n Brit* SPORT guichet *m*

wide [waɪd] **I.** <-r, -st> *adj* **1.** *(broad)* large; **to be two metres** ~ faire deux mètres de large **2.** *(very big)* immense; *(gap)* considérable **3.** *(varied)* ample; *(experience, range)* étendu **II.** <-r, -st> *adv* largement; **to open** ~ ouvrir en grand; **to be** ~ **open** être grand ouvert; **to be** ~ **open to criticism** prêter le flanc à la critique

wide-angle lens *n* PHOT objectif *m* grand angulaire **wide-awake** *adj* bien éveillé

widely *adv* **1.** *(broadly)* largement; **to gesture** ~ faire de grands gestes; ~ **spaced** très espacé **2.** *(known, admired, used)* très **3.** *(vary)* énormément

widen ['waɪdn] *vt* élargir; *(discussion)* étendre

wide-ranging *adj* *(investigation, survey)* de grande portée; *(subject)* vaste

widespread ['waɪdspred] *adj* répandu

widow ['wɪdəʊ, *Am:* -oʊ] *n* veuve *f*

widowed ['wɪdəʊd, *Am:* -oʊd] *adj* veuf

widower ['wɪdəʊər, *Am:* oʊə-] *n* veuf *m*

width [wɪdθ] *n no pl* largeur *f*

wield [wiːld] *vt* **1.** *(hold)* manier **2.** *(influence, power)* exercer

wife [waɪf] <wives> *n* épouse *f*

wig [wɪg] *n* perruque *f*

wiggle ['wɪgl] *vt* remuer

wild [waɪld] **I.** *adj* **1.** *(animal)* sauvage **2.** *(person)* dissipé; *(life)* dissolu; *(scheme, promises)* insensé; *(weather, conditions)* très mauvais **3.** *(keen)* **to be** ~ **about sth** être un fana de qc **4.** *(punch, shot)* au hasard **5.** *inf (angry)* fou; **to go** ~ devenir fou de rage **II.** *adv* **1.** sauvage; **to**

W w

grow/live ~ pousser/vivre à l'état sauvage **2. to run** ~ se déchaîner **III.** n **1.** no pl (natural environment) **in the** ~ à l'état sauvage **2.** pl (remote places) **in the** ~s **of Africa** au fin fond de l'Afrique

wilderness ['wɪldənɪs, Am: -dɚ-] n no pl **1.** (unpopulated area) désert m **2.** (overgrown area) jungle f **wild goose chase** n (hopeless search) fausse piste f

wildlife ['waɪldlaɪf] n no pl faune f et flore

wildly adv **1.** (in uncontrolled way) frénétiquement **2.** (haphazardly) au hasard **3.** inf (very) extrêmement

wilful ['wɪlfl] adj Brit **1.** (deliberate) intentionnel; (disobedience) volontaire **2.** (self-willed) têtu

will¹ [wɪl] <would, would> aux **1.** (expressing future) I/we ~ [o **I'll/we'll**] **do sth** je ferai/nous ferons qc; **you won't be late,** ~ **you?** tu ne seras pas en retard, n'est-ce pas? **2.** (polite form) ~ **you please follow me?** voulez-vous me suivre, s'il vous plaît? **3.** (wish, agree) vouloir; **say what you** ~ dis ce que tu veux; ~ **you wait?** veux-tu attendre?; **the engine won't start** le moteur ne veut pas démarrer **4.** (emphatic) **he** ~ **leave the door open** il persiste à laisser la porte ouverte; **I** ~ **succeed in spite of you** je persévérerai malgré toi **5.** (explaining a procedure) **they'll give you an anaesthetic** on te fera une anesthésie **6.** (conjecture) devoir; **that** ~ **be the doctor** cela doit être le médecin

will² [wɪl] **I.** n **1.** no pl (faculty) volonté f **2.** LAW testament m **II.** vt (make happen) **to** ~ **sb to do sth** faire faire qc à qn

willful ['wɪlfl] adj Am s. **wilful**

William ['wɪljəm] n HIST ~ **Tell** Guillaume Tell m; ~ **the Conqueror** Guillaume le Conquérant

willing ['wɪlɪŋ] adj **1.** (not opposed) disposé; **to be** ~ **to do sth** être prêt à faire qc **2.** (enthusiastic) enthousiaste

willingly adv volontiers

willow ['wɪləʊ, Am: -oʊ], **willow tree** n BOT saule m

willpower ['wɪlpaʊəʳ, Am: -paʊɚ] n no pl volonté f

willy-nilly [ˌwɪli'nɪli] adv (like it or not) bon gré mal gré

wilt [wɪlt] vi **1.** (plants) se faner **2.** (person) se sentir faible

wily ['waɪli] <-ier, -iest> adj rusé

wimp [wɪmp] n inf lavette f

win [wɪn] **I.** n victoire f **II.** <won, won> vt, vi gagner

◆ **win over** vt (change mind of) convaincre

◆ **win round** vt s. **win over**

wince [wɪns] vi grimacer

winch [wɪntʃ] n treuil m

wind¹ [wɪnd] n **1.** (current of air) vent m **2.** no pl (breath) souffle m **3.** no pl, Brit, Aus (flatulence) gaz m **II.** vt (make breathless) couper le souffle à

wind² [waɪnd] <wound, wound> **I.** vt **1.** (film) rembobiner **2.** (wool) enrouler **3.** (clock) remonter **II.** vi serpenter

◆ **wind down I.** vt **1.** (lower) baisser **2.** (reduce) réduire **II.** vi (relax) se détendre

◆ **wind up I.** vt **1.** (bring to an end) terminer **2.** Brit, Aus (company) liquider **3.** (raise) monter **4.** (tension a spring) remonter **5.** Brit, inf (tease) faire marcher **6.** Brit, Aus, inf (annoy) énerver **II.** vi **1.** (end) se terminer **2.** inf (end up) se retrouver; **to** ~ **doing sth** finir par faire qc

windfall ['wɪndfɔːl] n fig aubaine f

wind farm n centrale f éolienne

winding ['waɪndɪŋ] adj sinueux

wind instrument ['wɪnd 'ɪnstrəmənt] n instrument m à vent

windmill ['wɪndmɪl] n moulin m à vent

window ['wɪndəʊ, Am: -doʊ] n **1.** (glass) fenêtre f; (of shop) vitrine f; (of vehicle) vitre f **2.** INFOR fenêtre f

window box n jardinière f **window cleaner** n (person) laveur m de carreaux **window pane** n vitre f

window-shopping n no pl lèche-vitrines m; **to go** ~ faire du lèche-vitrines

windowsill ['wɪndəʊsɪl, *Am:* -doʊ-] *n* appui *m* de fenêtre; (*outside*) rebord *m* de fenêtre

windpipe ['wɪndpaɪp] *n* trachée *f*

windscreen ['wɪndskriːn] *n* *Brit, Aus* pare-brise *m*

windscreen wiper *n* essuie-glace *m*

windsurfer ['wɪndsɜːfəʳ, *Am:* -sɜːrfɚ] *n* véliplanchiste *mf*

windswept ['wɪndswept] *adj* balayé par les vents

windy ['wɪndɪ] <-ier, -iest> *adj* venteux; **it was a ~ day** [*o* **it was ~**] il a fait beaucoup de vent

wine [waɪn] *n* GASTR vin *m*

wine bar *n* bar *m* à vin(s) **wine cellar** *n* cave *f* à vin **wine glass** *n* verre *m* à vin **wine list** *n* carte *f* des vins **wine merchant** *n* négociant(e) *m(f)* en vins **wine tasting** *n* *no pl* dégustation *f* de vin **wine waiter** *n* sommelier *m*

wing [wɪŋ] *n* 1. ZOOL aile *f* 2. *pl* THEAT coulisses *fpl*

winger ['wɪŋəʳ, *Am:* -ɚ] *n* SPORT ailier *m*

wink [wɪŋk] I. *n* clin *m* d'œil II. *vi* (*close one eye*) faire un clin d'œil

winner ['wɪnəʳ, *Am:* -ɚ] *n* (*person who wins*) gagnant(e) *m(f)*

winning ['wɪnɪŋ] I. *adj* gagnant II. *n pl* (*money*) gains *mpl*

winning post *n* SPORT poteau *m* d'arrivée

winter ['wɪntəʳ, *Am:* -t̬ɚ] *n* hiver *m*; **in** (**the**) **~** en hiver

winter sports *npl* sports *mpl* d'hiver **wintertime** ['wɪntətaɪm, *Am:* -t̬ɚ-] *n* *s.* **winter**

wint(e)ry ['wɪntrɪ] *adj* hivernal

wipe [waɪp] I. *n* (*act of wiping*) coup *m* de torchon; **to give sth a ~** essuyer qc II. *vt* essuyer

♦ **wipe out** *vt* 1. (*population*) exterminer 2. (*cancel*) effacer

♦ **wipe up** *vt*, *vi* essuyer

wire ['waɪəʳ, *Am:* 'waɪɚ] I. *n* 1. *no pl* (*metal thread*) fil *m* métallique 2. ELEC fil *m* 3. *Am* (*telegram*) télégramme *m* II. *vt* 1. (*fasten with wire*) attacher 2. (*building*) faire l'installation électrique de 3. *Am* (*send telegram*) envoyer un télégramme à

wireless ['waɪəlɪs, *Am:* 'waɪɚ-] *n Brit no pl* (*radio*) TSF *f* **wireless set** *n Brit s.* **wireless**

wiring ['waɪərɪŋ, *Am:* 'waɪɚ-] *n no pl* ELEC installation *f* électrique

wiry ['waɪərɪ, *Am:* 'waɪɚ-] <-ier, -iest> *adj* 1. (*hair*) rêche 2. (*body*) élancé et musclé

wisdom ['wɪzdəm] *n no pl, no indef art* sagesse *f*

wisdom tooth <- teeth> *n* dent *f* de sagesse

wise [waɪz] *adj* sage

wisecrack ['waɪzkræk] *n* vanne *f*

wish [wɪʃ] I. <-es> *n* 1. (*desire*) souhait *m* 2. (*magic wish*) vœu *m* 3. *pl* (*greetings, at end of letter*) amitiés *fpl*; **good/best ~es** mes amitiés II. *vt* 1. (*feel a desire*) I ~ **she knew/I had a camera** si seulement elle savait/j'avais un appareil photo 2. (*express good wishes*) souhaiter; **to ~ sb ill** souhaiter du mal à qn; **to ~ sb well** souhaiter à qn que tout aille bien III. *vi* vouloir; **as you ~** comme vous voulez; **if you ~** si vous voulez; **to ~ for sth** souhaiter qc

wishbone ['wɪʃbəʊn, *Am:* -boʊn] *n* ZOOL bréchet *m*

wishful ['wɪʃfl] *adj* **it is ~ thinking** c'est prendre ses désirs pour des réalités

wishy-washy *adj* (*taste, style*) fadasse

wisp [wɪsp] *n* (*of hair*) mèche *f*; (*of straw*) brin *m*; (*of smoke*) filet *m*

wistful ['wɪstfl] *adj* nostalgique

wit [wɪt] *n* 1. (*humour*) esprit *m* 2. (*person*) personne *f* vive d'esprit 3. *pl* (*intelligence*) esprit *m*; **to have one's ~s about one** avoir toute sa présence d'esprit

witch [wɪtʃ] <-es> *n a. pej* sorcière *f*

witch-hunt *n* chasse *f* aux sorcières

witching hour *n* **the ~** minuit *m*

with [wɪð] *prep* 1. (*accompanied by*) avec; **he'll be ~ you in a second** il est à vous dans une seconde; **chips ~ ketchup** GASTR des frites au ketchup 2. (*by means of*) **to take**

W
w

sth ~ **the fingers/both hands** prendre qc avec les doigts/à deux mains **3.** (*having*) **the man ~ the hat/the loud voice** l'homme au chapeau/qui parle fort; **a computer ~ an external modem** un ordinateur avec un modem externe; **children ~ eczema** les enfants qui ont de l'eczema **4.** (*on one's person*) **to have sth ~ one** avoir qc sur soi; **he took the key ~ him** il a emporté les clés **5.** (*manner*) **to welcome sb ~ open arms** accueillir qn à bras ouverts; **~ a smile** en souriant; **~ one's whole heart** de tout son cœur **6.** (*caused by*) **to cry ~ rage** pleurer de rage; **to turn red ~ anger** devenir rouge de colère **7.** (*presenting a situation*) **it's the same ~ me** c'est pareil pour moi; **~ the situation being what it is** la situation étant ce qu'elle est **8.** (*opposing*) **a war ~ Italy** une guerre contre l'Italie; **to be angry ~ sb** être en colère contre qn **9.** (*concerning*) **to be pleased ~ sth** être content de qc; **what's up** [*o* **the matter**] **~ him?** qu'est-ce qu'il a? **10.** (*understanding*) **I'm not ~ you** *inf* je ne te/vous suis pas; **to be ~ it** *inf* être dans le coup

withdraw [wɪðˈdrɔː, *Am:* -ˈdrɑː] *irr* **I.** *vt* retirer **II.** *vi* se retirer; **to ~ in favour of sb** se désister en faveur de qn; **to ~ into oneself** se replier sur soi-même

withdrawal [wɪðˈdrɔːəl, *Am:* -ˈdrɑː-] *n* **1.** (*removal*) *a.* FIN retrait *m* **2.** *no pl* PSYCH repli *m* sur soi

wither [ˈwɪðəʳ, *Am:* -əʳ] *vi* **1.** (*flower*) se faner **2.** *fig* **to ~** (*away*) (*hope*) s'évanouir

withhold [wɪðˈhəʊld, *Am:* -ˈhoʊld] *irr vt* **1.** (*help, permission*) refuser; (*evidence, information*) cacher **2.** (*benefits, rent*) suspendre

within [wɪðˈɪn] **I.** *prep* **1.** (*inside of*) à l'intérieur de **2.** (*in limit of*) **~ sight** en vue; **~ hearing/easy reach** à portée de voix/de main **3.** (*in less than*) **~ one hour** en l'espace d'une heure; **~ 2 km of sth** à moins de 2 km de qc **II.** *adv* à l'inté-

rieur

without [wɪðˈaʊt] *prep* sans; **~ any warning** sans crier gare; **to do ~ sth** se passer de qc

withstand [wɪðˈstænd] *irr vt* résister à

witness [ˈwɪtnɪs] **I.** *n* **1.** (*person who sees*) témoin *m/f*; **to be** (a) **~ to sth** témoigner de qc **2.** *no pl, form* (*testimony*) témoignage *m*; **to bear ~ to sth** porter témoignage de qc **II.** *vt* **1.** (*see*) *a. fig* être témoin de **2.** (*document, signature*) certifier

witticism [ˈwɪtɪsɪzəm, *Am:* ˈwɪt̬ə-] *n* mot *m* d'esprit

witty [ˈwɪtɪ, *Am:* ˈwɪt̬-] <-ier, -iest> *adj* plein d'esprit

wizard [ˈwɪzəd, *Am:* -əʳd] *n* **1.** (*magician*) magicien(ne) *m(f)* **2.** (*expert*) génie *m* **3.** INFOR assistant *m*

wobble [ˈwɒbl, *Am:* ˈwɑːbl] *vi* (*chair, table*) branler; (*voice, building*) trembler

woe [wəʊ, *Am:* woʊ] *n* LIT malheur *m*

woke [ˈwəʊk, *Am:* ˈwoʊk] *pt of* **wake**

woken [ˈwəʊkn, *Am:* ˈwoʊ-] *pp of* **wake**

wolf [wʊlf] <wolves> *n* loup *m*

woman [ˈwʊmən] <women> *n* femme *f*; **a ~ candidate** une candidate; **a ~ driver** une conductrice; **the women's movement** le mouvement des femmes

womanly *adj* féminin

womb [wuːm] *n* utérus *m*

won [wʌn] *pt, pp of* **win**

wonder [ˈwʌndəʳ, *Am:* -dəʳ] **I.** *vt* (*ask oneself*) se demander; **I ~ if I could ask you a favour?** est-ce que je peux te demander une faveur? **II.** *vi* (*ask oneself*) se demander; **to ~ about sb/sth** se poser des questions sur qn/qc **III.** *n* **1.** *no pl* (*feeling*) étonnement *m*; **to fill sb with ~** émerveiller qn **2.** (*marvel*) merveille *f*

wonderful [ˈwʌndəfl, *Am:* -dəʳ-] *adj* merveilleux

won't [wəʊnt, *Am:* woʊnt] = **will not** *s.* **will**

woo [wuː] *vt* courtiser; **to ~ sb away from sb/sth** éloigner qn de qn/qc

wood [wʊd] *n* **1.** *no pl* (*material*) bois *m* **2.** (*group of trees*) bois *m;* **in the ~s** dans les bois

wooded ['wʊdɪd] *adj* boisé

wooden ['wʊdn] *adj* **1.** (*made of wood*) en bois **2.** (*awkward*) gauche

woodpecker ['wʊd,pekəʳ, *Am:* -ɚ] *n* ZOOL pivert *m*

woodwind ['wʊdwɪnd] *n* MUS **the ~** les bois *mpl*

woodwork ['wʊdwɜːk, *Am:* -wɜːrk] *n no pl* menuiserie *f*

woodworm ['wʊdwɜːm, *Am:* -wɜːrm] *inv n* ver *m* à bois

wool [wʊl] *n no pl* **1.** laine *f* **2. to pull the ~ over sb's eyes** faire prendre à qn des vessies pour des lanternes

woolen *adj Am,* **woollen** ['wʊlən] *adj Brit* en laine; **~ textiles** lainages *mpl*

woolly <-ier, -iest> *adj Brit,* **wooly** ['wʊli] <-ier, -iest> *adj Am* **1.** (*made of wool*) en laine **2.** (*vague*) flou

word [wɜːd, *Am:* wɜːrd] **I.** *n* **1.** LING mot *m;* **in a ~** en un mot; **in other ~s** en d'autres termes; **to not breathe a ~ of sth** ne rien dire à propos de qc; **to be too ridiculous for ~s** être d'un ridicule sans nom **2.** (*speech, conversation*) **to have a ~ with sb** parler un instant à qn **3.** *no pl, no art* (*news*) nouvelles *fpl* **4.** *no pl* (*promise*) promesse *f;* **to keep/give one's ~** tenir/donner sa promesse **5. to have a quick ~ in sb's ear, to touch deux mots à qn, sb cannot get a ~ in edgeways** *Brit/*edgewise *Am inf* qn ne peut pas en placer une **II.** *vt* formuler

wording *n no pl* formulation *f*

word processing *n no pl* INFOR traitement *m* de texte **word processing software** *n* logiciel *m* de traitement de texte **word processor** *n* INFOR logiciel *m* de traitement de texte

wore [wɔːʳ, *Am:* wɔːr] *pt of* **wear**

work [wɜːk, *Am:* wɜːrk] **I.** *n* **1.** *no pl* (*useful activity*) travail *m;* **to be at ~** être au travail **2.** *no pl* (*employment*) emploi *m;* **to be off ~** ne pas travailler; **to be out of ~** être sans emploi **3.** *no pl* (*place*) travail *m;* **to be at ~** être au travail **4.** *no pl* (*sth produced by sb*) travail *m;* **~ in leather** travail sur cuir; **to be sb's ~** être l'œuvre de qn **5.** *pl, +sing/pl vb* (*factory*) usine *f* **6.** *pl* (*working parts*) a. *fig* rouages *mpl* **II.** *vi* **1.** (*be busy, do job*) travailler **2.** (*function*) marcher **3.** (*have effect*) faire effet; **to ~ against sb/sth** agir contre qn/qc **4.** (*make progress towards sth*) **to ~ round to doing sth** réussir à faire qc; **to ~ loose** se desserrer **III.** *vt* **1.** (*make sb work*) faire travailler **2.** (*operate*) faire fonctionner **3.** (*shape*) travailler

◆**work on** *vt* (*book, project*) travailler sur; (*answer*) préparer

◆**work out** **I.** *vt* **1.** (*calculate*) calculer **2.** (*solve*) résoudre **3.** (*solution, answer*) trouver **II.** *vi* **1.** (*give a result*) **to ~ at £10** revenir à 10 livres **2.** (*be a success*) marcher **3.** (*do exercise*) s'entraîner

◆**work up** *vt* **1.** (*upset*) **to work sb up into a fury/state** mettre qn dans tous ses états; **to get worked up** se mettre dans tous ses états **2.** (*develop*) développer; **to ~ an appetite** s'ouvrir l'appétit; **to ~ enthusiasm** s'enthousiasmer

workable ['wɜːkəbl, *Am:* 'wɜːr-] *adj* **1.** (*feasible*) réalisable **2.** (*ground, land*) exploitable

workaholic [,wɜːkə'hɒlɪk, *Am:* ,wɜːrkə'hɑː-] *n* bourreau *m* de travail **workday** *n Am, Aus* jour *m* ouvrable

worker ['wɜːkəʳ, *Am:* 'wɜːrkɚ] *n* **1.** (*employee*) travailleur, -euse *m, f* **2.** (*manual worker*) ouvrier, -ère *m, f*

workforce ['wɜːkfɔːs, *Am:* 'wɜːrkfɔːrs] *n* + *sing/pl vb* **the ~** la main-d'œuvre

working *adj* **1.** (*employed*) qui travaille **2.** (*pertaining to work*) de travail **3.** (*functioning*) qui fonctionne **working class** *n* classe *f* ouvrière

W

working-class *adj* ouvrier

workings *n pl* rouages *mpl*

workload ['wɜːkləʊd, *Am:* 'wɜːrkloʊd] *n* charge *f* de travail

workman ['wɜːkmən, *Am:* 'wɜːrk-] *n* ouvrier *m* **workmanship** *n no pl* travail *m*

workmate ['wɜːkmeɪt, *Am:* 'wɜːrk-] *n Brit* collègue *mf* (de travail)

work permit *n* permis *m* de travail

workplace ['wɜːkpleɪs, *Am:* 'wɜːrk-] *n* lieu *m* de travail

workshop ['wɜːkʃɒp, *Am:* 'wɜːrkʃɑːp] *n* atelier *m*

work station *n* INFOR poste *m* de travail

worktop [wɜːktɒp, *Am:* wɜːrktɑːp] *n Brit* plan *m* de travail

world [wɜːld, *Am:* wɜːrld] *n* **1.** *no pl* GEO monde *m* **2.** (*defined group*) monde *m;* **the Muslim/English-speaking** ~ le monde musulman/anglophone **3. to be** ~**s apart** être complètement opposés; **to mean** (**all**) **the** ~ **to sb** être tout pour qn; **to think the** ~ **of sb** adorer qn

World Bank [ˌwɜːld'bæŋk, *Am:* ˌwɜːrld-] *n* Banque *f* mondiale

world-class *adj* de niveau mondial

world-famous *adj* de renommée internationale

worldly ['wɜːldlɪ, *Am:* 'wɜːrld-] *adj* matériel **World War** *n* ~ I/II, **First/Second** ~ Première/Seconde Guerre *f* mondiale **worldwide** I. *adj* mondial II. *adv* à travers le monde **World Wide Web** *n* INFOR World Wide Web *m,* toile *f* d'araignée mondiale

worm [wɜːm, *Am:* wɜːrm] *n* ver *m*

worn [wɔːn, *Am:* wɔːrn] I. *pp of* **wear** II. *adj* usé; (*face*) las

worn-out [ˌwɔːn'aʊt, *Am:* ˌwɔːrn-] *adj* **1.** (*exhausted*) épuisé **2.** (*used up*) complètement usé

worried ['wʌrɪd, *Am:* 'wɜːr-] *adj* inquiet

worry ['wʌrɪ, *Am:* 'wɜːr-] I. *n* **1.** <-ies> (*concern*) souci *m* **2. not to have a** ~ **in the world** ne pas avoir le moindre souci II. *vt* <-ie-, -ing> inquiéter III. <-ie-, -ing> *vi*

(*be concerned*) **to** ~ **about sth** s'inquiéter pour qc; **not to** ~! *inf* ce n'est pas grave!

worrying *adj* inquiétant

worse [wɜːs, *Am:* wɜːrs] I. *adj comp of* **bad** **1.** (*not as good*) pire; **to make sth** ~ empirer qc **2.** (*more ill*) **to be** ~ aller plus mal II. *adv comp of* **badly** plus mal; **you could do** ~ **than do sth** ce ne serait pas si mal si tu faisais qc III. *n no pl* pire *m;* **to change for the** ~ changer en mal

worsen ['wɜːsn, *Am:* 'wɜːr-] *vi, vt* empirer

worship ['wɜːʃɪp, *Am:* 'wɜːr-] I. *vt* <-pp- *o Am* -p->(*God*) adorer; (*person*) vénérer II. *n no pl, a. fig* culte *m*

worst [wɜːst, *Am:* wɜːrst] I. *adj superl of* **bad** (*that is least good*) **the** ~ ... le pire ...; **the** ~ **pupil** le plus mauvais élève II. *adv superl of* **badly** le plus mal; **to be the** ~ **affected** être le plus touchée III. *n no pl* **1.** (*most terrible thing*) **the** ~ le pire; **at** ~ au pire; ~ **of all** pire que tout **2. if** (**the**) ~ **comes to** (**the**) ~ dans le pire des cas

worth [wɜːθ, *Am:* wɜːrθ] I. *n* valeur *f;* **a pound's** ~ **of apples** pour une livre de pommes II. *adj* **to be** ~ **£2** valoir 2£; **sth is** ~ **a lot to me** j'attache un grand prix à qc; **it's** ~ **seeing** ça vaut la peine d'être vu

worthless ['wɜːθlɪs, *Am:* 'wɜːrθ-] *adj* qui ne vaut rien; **to feel** ~ se sentir bon à rien

worthwhile [ˌwɜːθ'waɪl, *Am:* ˌwɜːrθ-] *adj* (*activity, talks*) qui en vaut la peine

worthy ['wɜːðɪ, *Am:* 'wɜːr-] <-ier, -iest> *adj* digne

would [wʊd] *aux* **1.** *pt of* **will** **2.** (*in indirect speech*) **he said he** ~ **come** il a dit qu'il viendrait **3.** (*conditional*) **I** ~ **come if I had time** je viendrais si j'avais le temps **4.** (*desires and preferences*) **I'd like some water** j'aimerais un peu d'eau; ~ **you mind ...?** auriez-vous l'obligeance ...?; **I wish they'd go** j'aimerais qu'ils partent; **I** ~ **have**

preferred j'aurais préféré **5.** (*regularity in past*) **as a child, I ~ work from 6 to 6** enfant, je travaillais de 6 heures à 18 heures **6.** (*characteristic behaviour*) **she ~ say that, ~n't she?** c'est ce qu'elle dirait, ~n? **7.** (*probably*) **that ~ be his mother on the phone** cela devait être sa mère au téléphone **8.** (*offering polite advice*) **I ~ come early if I were you** j'arriverais tôt si j'étais vous **9.** (*asking motives*) **why ~ he do that?** pourquoi ferait-il une telle chose?

would-be ['wʊdbi] *adj* prétendu

wouldn't ['wʊdnt] = **would not** *s.* **would**

wound¹ [wuːnd] *pt, pp of* **wind**

wound² [waʊnd] **I.** *n a. fig* blessure *f* **II.** *vt a. fig* blesser

woven ['wəʊv(n), *Am:* 'woʊv-] *pp of* **weave**

wow [waʊ] **I.** *interj inf* ouah! **II.** *vt inf* (*impress*) emballer

WRAF [ræf] *n Brit abbr of* **Women's Royal Air Force** corps féminin de l'armée de l'air britannique

wrangle ['ræŋgl] **I.** <-ling> *vi* se quereller **II.** *n* querelle *f*

wrap [ræp] **I.** *n* (*piece of clothing*) châle *m* **II.** *vt* <-pp-> emballer
  ◆ **wrap up I.** *vt* **1.** (*completely cover*) envelopper **2.** (*child*) emballer **II.** *vi* (*dress warmly*) s'emmitoufler

wrapper ['ræpə^r, *Am:* -ə-] *n* emballage *m*

wrapping *n* emballage *m*

wrapping paper *n* papier *m* d'emballage

wrath [rɒθ, *Am:* ræθ] *n form* courroux *f*

wreak [riːk] <-ed, -ed *o* wrought, wrought> *vt form* entraîner

wreath [riːθ] <wreaths> *pl n* couronne *f*; **Christmas ~** couronne de Noël

wreck [rek] **I.** *vt* **1.** (*damage*) démolir **2.** (*chances, hopes*) ruiner **II.** *n* **1.** (*crashed vehicle*) épave *f* **2.** (*sinking*) naufrage *m* **3.** *inf* (*sick person*) loque *f*

wreckage ['rekɪdʒ] *n no pl* débris *mpl*

wren [ren] *n* roitelet *m*

wrench [rentʃ] **I.** *vt* **1.** (*twist out*) arracher; **to ~ sth from sb** arracher qc à qn **2.** (*injure*) se tordre; **to ~ one's foot** se faire une entorse au pied **II.** *n* (*spanner*) clef *f*

wrestle ['resl] <-ling> *vi* SPORT **1.** (*fight*) lutter **2.** (*deal with*) se débattre avec

wrestler ['reslə^r, *Am:* -lə-] *n* lutteur, -euse *m, f*

wrestling ['reslɪŋ] *n no pl* lutte *f*

wretch [retʃ] <-es> *n* (*unfortunate person*) **a poor ~** un malheureux

wretched ['retʃɪd] *adj* **1.** (*unhappy, depressed*) **to feel/look ~** être/ avoir l'air mal **2.** (*to express annoyance*) maudit

wriggle ['rɪgl] <-ling> *vi* se tortiller

wring [rɪŋ] <wrung, wrung> *vt* (*twist to squeeze out*) tordre; (*shirt*) essorer

wringing *adv* **to be ~** (**wet**) être trempé

wrinkle ['rɪŋkl] **I.** *n* (*material*) pli *m*; (*face*) ride *f* **II.** <-ling> *vi* (*material*) se froisser; (*face, skin*) se rider **III.** <-ling> *vt* (*material*) froisser

wrist [rɪst] *n* poignet *m*

wristwatch ['rɪstwɒtʃ, *Am:* -wɑːtʃ] *n* montre-bracelet *f*

writ [rɪt] *n* LAW acte *m* judiciaire

write [raɪt] <wrote, written, writing> **I.** *vt* **1.** (*put in writing*) écrire; (*cheque*) faire **2.** *Am* (*write to*) écrire à **II.** *vi* (*mark letters*) écrire
  ◆ **write back** *vi* répondre
  ◆ **write down** *vt* noter
  ◆ **write off** *vt* **1.** (*give up*) faire une croix sur **2.** (*lose interest*) se désintéresser de **3.** (*damage*) démolir **4.** FIN amortir
  ◆ **write up** *vt* écrire

write-off *n Brit* épave *f*; **to be a complete ~** (*car*) n'être plus qu'une épave

writer ['raɪtə^r, *Am:* -t̬ə-] *n* **1.** (*professional who writes*) écrivain *m*; **she is a ~** elle est écrivain **2.** INFOR graveur *m*

write-up ['raɪtʌp] *n* critique *f*
writhe [raɪð] <writhing> *vi*
1. (*squirm around*) se tordre; **to ~**
(**around**) **in pain** se tordre de douleurs **2.** (*be uncomfortable*) être mal
à l'aise
writing ['raɪtɪŋ, *Am:* -t̬ɪŋ] *n*
1. (*handwriting*) écriture *f* **2.** (*anything written*) écrit *m*; **in ~** par écrit
3. *pl* LIT, THEAT, PUBL œuvre *m*;
women's ~ in the 19th century la
littérature féminine au 19ème siècle
4. (*creation of a written work*) écriture *f*
writing desk *n* secrétaire *m* **writing pad** *n* bloc-notes *m* **writing
paper** *n* papier *m* à lettres
written ['rɪtn] **I.** *pp of* write **II.** *adj*
écrit
wrong [rɒŋ, *Am:* rɑːŋ] **I.** *adj* **1.** (*not
right*) faux; **to be ~** (**about sb/sth**)
avoir tort (à propos de qn/qc) **2.** (*not
appropriate*) mauvais; **he's the ~
person for the job** ce n'est pas la
bonne personne pour le travail
3. (*morally reprehensible*) mal; **it is
~ of sb to so sth** c'est mal de sa part
de qn de faire qc **4.** (*not functioning
properly*) **to be ~** (*watch*) ne pas
être à l'heure **II.** *adv* mal; **to get sb/
sth ~** mal comprendre qn/qc; **to go
~** (*machine*) mal fonctionner; (*plan*)
ne pas marcher **III.** *n* **1.** *no pl* mal *m*
2. **to be in the ~** (*not right*) avoir
tort; LAW être dans son tort **IV.** *vt
form* (*treat unjustly*) léser
wrongful ['rɒŋfl, *Am:* 'rɑːŋ-] *adj* injustifié
wrongly *adv* **1.** (*unfairly*) à tort **2.** (*incorrectly*) mal
wrote [rəʊt, *Am:* roʊt] *pt of* write
wrought iron *n* fer *m* forgé
wrung [rʌŋ] *pt, pp of* wring
wry [raɪ] <wrier, wriest *o* wryer,
wryest> *adj* ironique
WWW *n abbr of* World Wide Web
INFOR TAM *f*
WYSIWYG ['wɪziwɪg] INFOR *abbr of*
what you see is what you get Wysiwyg *m*

X, x [eks] <-'s> *n* **1.** *a.* MATH X, x *m*
2. (*used in place of name*) **Mr ~** M.
X **3.** (*symbol for kiss*) bisou *m*
xenophobia [ˌzenə'fəʊbɪə, *Am:*
-'foʊ-] *n no pl* xénophobie *f*
Xmas ['eksməs, *Am:* 'krɪs-] *inf abbr
of* Christmas Noël *m* **X-ray I.** *n*
1. PHYS rayon *m* X **2.** MED radio(graphie) *f* **3.** (*picture*) radio *f* **II.** *vt* MED
radiographier
xylophone ['zaɪləfəʊn, *Am:* -foʊn]
n xylophone *m*

Y, y [waɪ] <-'s> *n* **1.** *a.* MAT Y, y *m*
2. (*used in place of name*) **Mr ~** M.
X
yacht [jɒt, *Am:* jɑːt] *n* yacht *m*
yachting *n no pl* navigation *f* de
plaisance
Yank [jæŋk] *n inf* Ricain(e) *m(f)*
Yankee ['jæŋki] **I.** *n inf* Ricain(e)
m(f) **II.** *adj inf* ricain
yap [jæp] <-pp-> *vi a. pej* japper
yard¹ [jɑːd, *Am:* jɑːrd] *n* (*3 feet*)
yard *m* (*0,914 m*)
yard² [jɑːd, *Am:* jɑːrd] *n* **1.** (*paved
area*) cour *f* **2.** (*work area*) chantier
m **3.** *Am* (*garden*) jardin *m*
yardstick ['jɑːdstɪk, *Am:* 'jɑːrd-] *n
fig* étalon *m*
yarn [jɑːn, *Am:* jɑːrn] *n no pl*
(*thread*) fil *m*
yawn [jɔːn, *Am:* jɑːn] **I.** *vi* bâiller
II. *n* bâillement *m*
yd [jɑːd, *Am:* jɑːrd] *n abbr of*
yard(s) yard *m*
yeah [jeə] *adv inf* ouais
year [jɜːʳ, *Am:* jɪr] *n* **1.** (*twelve
months*) année *f*; **the ~** (**that**) ... [*o*

when ...| l'année où ...; **all (the) ~ round** toute l'année; **I'm six ~s old** j'ai six ans **2.** (*a long time*) année *f;* **for ~s** depuis des années **3.** SCHOOL classe *f;* **school ~** année scolaire; **to repeat a ~** (re)doubler; **what ~ are you in?** En quelle classe es-tu/êtes-vous?; **I'm in Year ...** je suis en (classe de) ...

yearly I. *adj* (*happening every year*) annuel II. *adv* (*every year*) annuellement

yearn [jɜːn, *Am:* jɜːrn] *vi* **to ~ for sth** désirer qc ardemment; **to ~ to do sth** brûler de faire qc

yearning *n* désir *m;* **a ~ for sth** un désir de qc

yeast [jiːst] *n no pl* levure *f*

yell [jel] I. *n* hurlement *m* II. *vi, vt* hurler

yellow ['jeləʊ, *Am:* -oʊ] I. *adj* (*colour*) jaune II. *n* jaune *m*

yellow card *n* SPORT carton *m* jaune

yelp [jelp] *vi, vt* glapir

Yemen ['jemən] *n* le Yémen

Yemeni ['jeməni] I. *adj* yéménite II. *n* Yéménite *mf*

yes [jes] I. *adv* **1.** (*affirmative*) oui **2.** (*contradicting a negative*) si II. <yeses> *n* oui *m*

yesterday ['jestədɪ, *Am:* -tɚ-] *adv* hier; **the day before ~** avant-hier

yet [jet] I. *adv* **1.** (*till now*) (**as**) **~** jusqu'à présent **2.** (*already*) **not ~** pas encore II. *conj* pourtant, néanmoins

yew [juː] *n* if *m*

YHA *n Brit abbr of* **Youth Hostel Association** association *f* des auberges de jeunesse

yield [jiːld] I. *n* rendement *m* II. *vt* **1.** (*provide*) *a. fig* rapporter **2.** (*give up*) céder III. *vi* **1.** *Am:* (*let other cars go first*) céder la priorité **2.** (*surrender*) se rendre **3.** (*give way*) céder; **to ~ to pressure** céder à la pression

YMCA *n abbr of* **Young Men's Christian Association** (*movement*) Union *f* chrétienne des jeunes gens

yoga ['jəʊɡə, *Am:* 'joʊ-] *n no pl* (*exercises*) yoga *m*

yoghourt, yoghurt, yogurt ['jɒɡət, *Am:* 'joʊɡɚt] *n* yaourt *m*

yoke [jəʊk, *Am:* joʊk] *n* AGR *a. fig* joug *m*

yolk [jəʊk, *Am:* joʊk] *n* jaune *m* d'œuf

you [juː] *pers pron* **1.** (*2nd person sing*) tu *subject pron,* te *objective pron,* t + *vowel,* toi *tonic form;* **I can see ~** je te vois; **can ~ see me?** me vois-tu?; **I love ~** je t'aime; **it's for ~** c'est pour toi; **older than ~** plus âgé que toi; **if I were ~** si j'étais toi **2.** (*2nd person pl or polite form*) vous; **older than ~** plus âgé que vous; **all of ~** vous tous; **~ men** vous, les hommes **3.** (*indefinite person*) **~ never know** on ne sait jamais; **it makes ~ mad** ça te rend fou

you'll [juːl] = **you will** *s.* **will**

young [jʌŋ] I. *adj* jeune II. *n pl* **the ~ 1.** (*young people*) les jeunes *mpl* **2.** ZOOL, BIO les petits *mpl*

youngster ['jʌŋstər, *Am:* -stɚ] *n* jeune *mf*

your [jɔːr, *Am:* jʊr] *poss adj* **1.** (*one owner*) ton *m,* ta *f,* tes *pl* **2.** (*several owners or polite form*) votre *mf,* vos *pl* **3.** (*indefinite owner*) **it depends on ~ age** ça dépend de l'âge qu'on a; *s. a.* **my**

you're [jʊər, *Am:* jʊr] = **you are** *s.* **be**

yours [jɔːz, *Am:* jʊrz] *poss pron* **1.** *no pl* (*belonging to you*) le tien, la tienne; **this glass is ~** ce verre est à toi **2.** *pl or sing polite form* (*belonging to you*) le vôtre, la vôtre; **this glass is ~** ce verre est à vous; *s. a.* **hers, ours**

yourself [jɔːˈself, *Am:* jʊrˈ-] *reflex pron* **1.** *after verbs* (*one person*) te, t + *vowel,* (*polite form*) vous **2.** (*you*) toi-même; (*polite form*) vous-même; *s.* **myself**

yourselves *reflex pron* **1.** *after verbs* (*several persons*) vous; **you hurt ~** vous vous êtes blessés **2.** (*you*) vous-mêmes; *s. a.* **myself**

youth [juːθ] *n* **1.** *no pl* (*period when young*) jeunesse *f* **2.** (*young man*) jeune homme *m* **3.** *no pl* (*young*

X x

Y y

people) ~ **unemployment** chô-mage *m* des jeunes

youthful ['ju:θfl] *adj* **1.** (*young, young-looking*) jeune **2.** (*typical of the young*) de jeunesse; (*enthusiasm*) juvénile

youth hostel *n* auberge *f* de jeunesse

you've [ju:v] = **you have** *s.* **have**

Yugoslav ['ju:gəʊ'slɑ:v, *Am:* 'ju:-gəʊslɑ:v] *adj, n* Yougoslave *mf*

Yugoslavia ['ju:gəʊ'slɑ:vɪə, *Am:* -goʊ'-] *n* la Yougoslavie; **Federal Republic of** ~ République fédérale de Yougoslavie

Yugoslavian ['ju:gəʊ' slɑ:vɪən, *Am:* -goʊ'-] *adj* yougoslave

yum-yum [jʌm'jʌm] *interj inf* miam-miam!

yuppie ['jʌpɪ] *n* yuppie *m*

YWCA *n abbr of* **Young Women's Christian Association** (*movement*) Union *f* chrétienne de jeunes femmes

Z z

Z, z [zed, *Am:* zi:] <-'s> *n* **1.** Z, z *m* **2.** **to know sth from a to ~** connaître qc de A à Z

Zaire [zɑ:'i:ə, *Am:* -'ɪr] *n* le Zaïre

Zairean [zɑ:'i:ərən, *Am:* -'ɪr-] **I.** *adj* zaïrois **II.** *n* Zaïrois(e) *m(f)*

Zambia ['zæmbɪə] *n* la Zambie

Zambian ['zæmbɪən] **I.** *adj* zambien **II.** *n* Zambien(ne) *m(f)*

zany ['zeɪnɪ] <-ier, -iest> *adj inf* loufoque

zap [zæp] <-pp-> *vi* **1.** *inf* (*go*) foncer **2.** *inf* TV **to ~ between channels** zapper d'une chaîne à l'autre

zeal [zi:l] *n no pl* zèle *m*

zealous ['zeləs] *adj* zélé

zebra ['zi:brə] <-(bras)> *n* zèbre *m*

zebra crossing *n Brit, Aus* passage *m* piétons

zenith ['zenɪθ, *Am:* 'zi:nɪθ] *n a. fig* zénith *m*

zero ['zɪərəʊ, *Am:* 'zɪroʊ] *adj* **1.** (*number*) zéro **2.** (*nil*) nul

zest [zest] *n no pl* **1.** *no indef art* (*enthusiasm*) entrain *m* **2.** GASTR zeste *m*

zigzag ['zɪgzæg] <-gg-> *vi* zigzaguer

Zimbabwe [zɪm'bɑ:bwɪ] *n* le Zimbabwe

Zimbabwean [zɪm'bɑ:bwɪən] **I.** *adj* zimbabwéen **II.** *n* Zimbabwéen(ne) *m(f)*

zinc [zɪŋk] *n no pl, no indef art* zinc *m*

zip [zɪp] *n Brit* (*fastener*) fermeture *f* éclair®, tirette *f Belgique*

◆**zip up** *vt* **1.** (*close*) fermer **2.** INFOR zipper **zip code, ZIP code** *n Am* ≈ code *m* postal **zip fastener** *n Brit s.* **zip** **zip file** *n* INFOR dossier *m* zip

zipper *n Am, Aus s.* **zip**

zodiac ['zəʊdɪæk, *Am:* 'zoʊ-] *n* zodiaque *m*

zone [zəʊn, *Am:* zoʊn] *n* zone *f*

zoo [zu:] *n* zoo *m*

zoology [zəʊ'ɒlədʒɪ, *Am:* zoʊ'-ɑːlə-] *n no pl* zoologie *f*

zoom [zu:m] **I.** *n* PHOT zoom *m*; **a ~ lens** un zoom **II.** *vi inf* (*move very fast*) passer à toute vitesse; **to ~ past** passer en trombe

zucchini [zu'ki:nɪ, *Am:* zu:'-] <-(s)> *n Am, Aus* GASTR *s.* **courgette**

Supplément II

Supplement II

France

Mer du Nord
North Sea

ROYAUME-UNI
UNITED KINGDOM

Tamise
Thames

PAYS-BAS
NETHERLANDS

Meuse
Maas

Rhin
Rhein

BELGIQUE
BELGIUM

Lille

Nord-Pas-de-Calais

LUXEMBOURG

Manche
English Channel

Amiens

Picardie
Picardy

Moselle
Mosel

Seine

Haute-Rouen
Normandie

Caen

Basse-Normandie

Châlons-en-Champagne

Meuse

Metz

Lorraine

Rhin
Rhein

Strasbourg

Alsace

Paris
Île-de-France

Champagne-Ardenne

Bretagne
Brittany

Rennes

Orléans

Loire

Pays-de-la-Loire
Loire region

Nantes

Centre
Central France

Dijon

Bourgogne
Burgundy

Franche-Comté

Besançon

SUISSE
SWITZERLAND

Poitiers

Loire

Poitou-Charentes

Saône

OCÉAN ATLANTIQUE
ATLANTIC OCEAN

Limoges

Limousin

Clermont-Ferrand

Auvergne

Lyon
Lyons

Région Rhône-Alpes
Rhone-Alpes region

Rhône

ITALIE
ITALY

Bordeaux

Garonne

Aquitaine

Rhône

Midi-Pyrénées

Toulouse

Clermont-Ferrand

Languedoc

Montpellier

Région Provence-Alpes-Côte d'Azur
Provence-Alpes-Côte d'Azur region

MONACO

Roussillon

Marseille
Marseilles

Ebro

ESPAGNE
SPAIN

ANDORRE
ANDORRA

Mer Méditerranée
Mediterranean Sea

Corse
Corsica

Ajaccio

ALLEMAGNE

1 : 8 500 000

| 0 | 50 | 100 | 150 | 200 km |

| 0 | 50 | 100 | 150 miles |

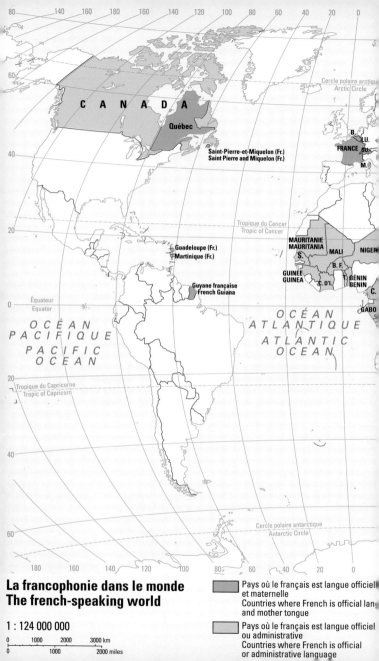

La francophonie dans le monde
The french-speaking world

1 : 124 000 000

Pays où le français est langue officiell
et maternelle
Countries where French is official lan
and mother tongue

Pays où le français est langue officiel
ou administrative
Countries where French is official
or administrative language

B.	BELGIQUE	L.	LIBAN	Pays dans l'Océan Pacifique:
	BELGIUM		LEBANON	Countries in the Pacific Ocean:
B. F.	BURKINA FASO	LU.	LUXEMBOURG	
C.	CAMEROUN	M.	MONACO	1 Polynésie française
	CAMEROON	N.	Nouvelle-Calédonie (fr.)	French Polynesia
C. D'I.	CÔTE D'IVOIRE		New Caledonia (fr.)	2 Wallis-et-Futuna
	IVORY COAST	S.	SÉNÉGAL	Wallis and Futuna
CE.	RÉPUBLIQUE CENTRAFICAINE		SENEGAL	
	CENTRAL AFRICAN REPUBLIC	SU.	SUISSE	
CO.	RÉPUBLIQUE DÉMOCRATIQUE DU CONGO		SWITZERLAND	
	DEMOCRATIC REPUBLIC OF CONGO	T.	TOGO	

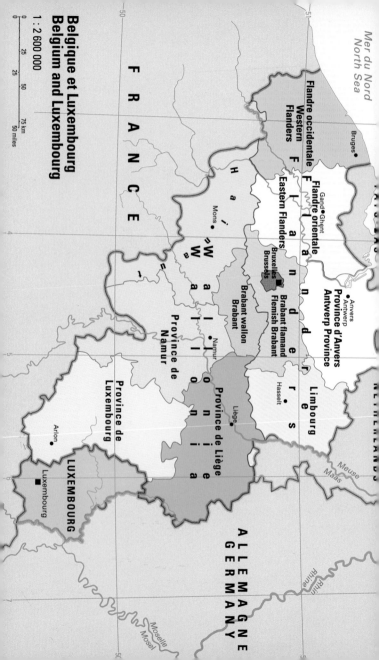

Belgique et Luxembourg
Belgium and Luxembourg

1 : 2 600 000

| 0 | 25 | 50 | 75 km |

| 0 | 25 | 50 miles |

Mer du Nord
North Sea

F R A N C E

Flandre occidentale
Western
Flanders

Flandre orientale
Eastern Flanders

F l a n d r e s

Province d'Anvers
Antwerp Province

Bruges

Gand ●Ghent

● Anvers
Antwerp

Bruxelles
Brussels

Brabant flamand
Flemish Brabant

Brabant wallon
Brabant

L i m b o u r g

Hasselt ●

H a i n a u t

Mons ●

W a
W a l l o n i e

Province de Namur

Namur ●

Liège ●

Province de Liège

Province de
Luxembourg

Arlon ●

LUXEMBOURG

■ Luxembourg

A L L E M A G N E
G E R M A N Y

Rhin
Rhine

Meuse
Maas

Moselle
Mosel

NETHERLANDS

Suisse
Switzerland

1 : 2 600 000

A.R.-E. Demi-canton d'Appenzell Rhodes-Extérieures
Half-canton of Appenzell Outer-Rhodes

A.R.-I. Demi-canton d'Appenzell Rhodes-Intérieures
Half-canton of Appenzell Inner-Rhodes

B.-C. Demi-canton de Bâle-Campagne
Half-canton of Basel-Country

B.-V. Demi-canton de Bâle-Ville
Half-canton of Basel-City

N. Canton de Neuchâtel
Canton of Neuchâtel

N.U. Demi-canton de Nidwald
Half-canton of Nidwald Unterwald

O.U. Demi-canton d'Obwald
Half-canton of Obwald Unterwald

S. Canton de Soleure
Canton Solothurn

Sch. Canton de Schaffhouse
Canton Schaffhouse

Z. Canton de Zoug
Canton Zug

FRANCE

ALLEMAGNE

GERMANY

ITALIE

ITALY

AUTRICHE

AUSTRIA

LIECHTENSTEIN

Genève
Geneva
Canton de Genève
Canton Geneva

Canton de Vaud
Canton Vaud

Lausanne

Lac Léman
Lake Geneva

Valais

Sion

Rhône

Neuchâtel
N.

Lac de Neuchâtel

Fribourg
Canton de Fribourg
Canton Fribourg

Berne
Bern

Canton de Berne
Canton Bern

Canton du Jura
Canton Jura

Delémont

Soleure
Solothurn
S.

Liestal
B.-C.

Bâle
Basel
B.-V.

Rhin
Rhine

Doubs

Argovie
Aargau
Aarau

Aare

Canton de Lucerne
Canton Lucerne

Lucerne
O.U.

Samen

Stans
N.U.

Canton d'Uri
Canton Uri

Altdorf

Tessin
Ticino

Bellinzona

Lac Majeur
Lake Maggiore

Zoug
Zug
Z.

Schwyz
Canton de Schwyz
Canton Schwyz

Canton de Zurich
Canton Zurich

Zürich

Thurgovie
Thurgau
Frauenfeld

Schaffhouse
Sch.

Lac de Constance
Lake Constance

Canton de Saint-Gall
Canton Saint-Gall

Saint-Gall

Herisau
A.R.-E.

Appenzell
A.R.-I.

Glaris
Canton de Claris
Canton Claris

Canton des Grisons
Canton Grisons

Coire

Rhin
Rhine

Inn

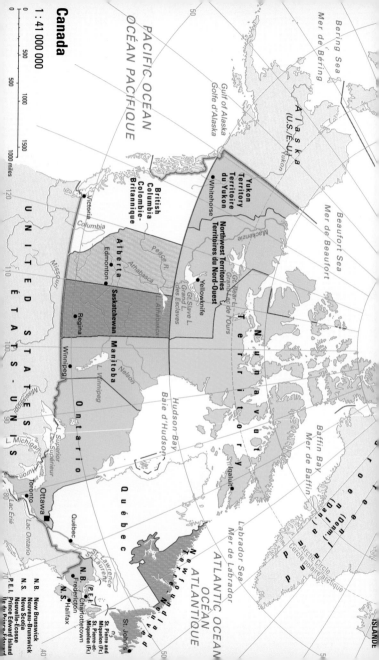

Canada

1 : 41 000 000

PACIFIC OCEAN
OCÉAN PACIFIQUE

ATLANTIC OCEAN
OCÉAN ATLANTIQUE

Bering Sea
Mer de Béring

Gulf of Alaska
Golfe d'Alaska

Alaska
(U.S.-É.-U.)

Beaufort Sea
Mer de Beaufort

Baffin Bay
Mer de Baffin

Labrador Sea
Mer de Labrador

Greenland (Den.)
Groenland (Dan.)

ISLANDE

Yukon Territory
Territoire du Yukon

• Whitehorse

British Columbia
Colombie-Britannique

• Victoria

Columbia

Mackenzie

Northwest Territories
Territoires du Nord-Ouest

• Yellowknife

Gr. Bear L.
Grand Lac de l'Ours

Gr. Slave L.
Grand Lac des Esclaves

Nunavut Territory

• Iqaluit

Peace R.

Alberta

• Edmonton

Athabasca

L. Athabasca

Saskatchewan

• Regina

Manitoba

• Winnipeg

Nelson

L. Winnipeg

L. Manitoba

Hudson Bay
Baie d'Hudson

Ontario

Québec

L. Superior
Lac Supérieur

L. Michigan

L. Huron

L. Ontario

Lac Érié

Toronto

■ Ottawa

Québec

St. Lawrence
St-Laurent

Newfoundland
Terre-Neuve

St. John's

St. Pierre and
Miquelon (Fr.)
St. Pierre-et-
Miquelon (Fr.)

Arctic Circle
Cercle polaire arctique

UNITED STATES
ÉTATS-UNIS

Missouri

Mississippi

N.B.   New Brunswick
        Nouveau-Brunswick
N.S.   Nova Scotia
        Nouvelle-Écosse
P.E.I. Prince Edward Island
        Île du Prince-Édouard

N.B. • Fredericton
(P.E.I.) • Charlottetown
N.S. • Halifax

0   500   1000   1500
0   500   1000 miles

ish Isles
s Britanniques

50 100 150 200 km
50 100 150 miles

500 000

Shetland Islands
Îles Shetland

Orkney Islands
Îles Orcades

Western Islands
Îles Hébrides

Spey

ATLANTIC
OCEAN

OCÉAN
ATLANTIQUE

Scotland
Écossse

Tay

Edinburgh
Edimbourg

North Sea
Mer du Nord

Tweed

UNITED KINGDOM

North Channel/Canal du Nord

Northern Ireland
Irlande du Nord
Belfast

Isle of Man
Île de Man

England
Angleterre

IRELAND
IRLANDE

Shannon

Irish Sea
Mer d'Irlande

ROYAUME UNI

Dublin

Barrow

Suir

Wales
Pays de Galles

St. George's Channel
Canal Saint-Georges

Trent

Ouse

Severn

Cardiff

Thames
Tamise

London
Londres

Isle of Wight
Île de Wight

Scilly Isles
Îles Scilly

English Channel
Manche

Channel Is. (U.K.)
Îles Anglo-
Normandes (R.U.)
Guernsey
Guernesey

Alderney

Sark
Serq

Jersey

Seine

FRANCE

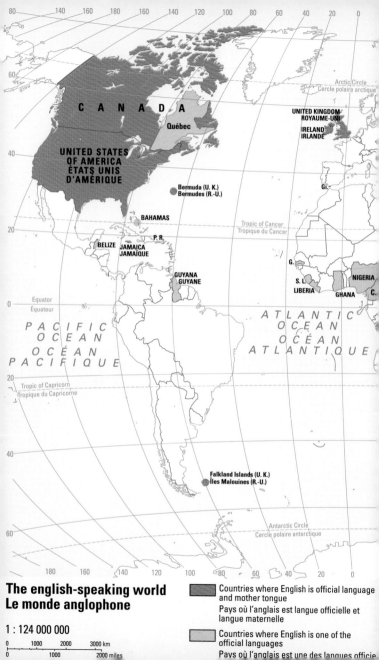

The english-speaking world
Le monde anglophone

1 : 124 000 000

0	1000	2000	3000 km
0	1000		2000 miles

Countries where English is official language and mother tongue

Pays où l'anglais est langue officielle et langue maternelle

Countries where English is one of the official languages

Pays où l'anglais est une des langues officie

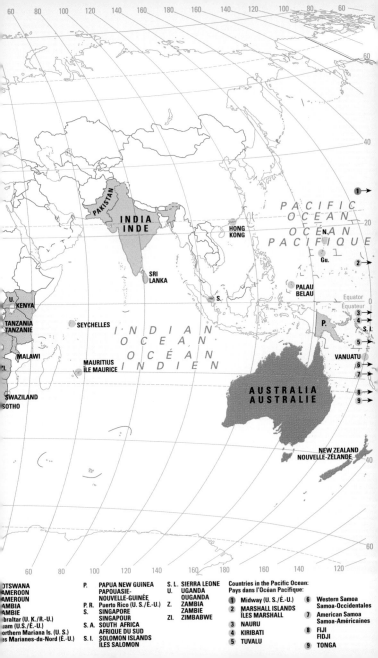

PAKISTAN

INDIA
INDE

HONG KONG

SRI
LANKA

S.

PALAU
BELAU

PACIFIC
OCEAN

OCÉAN
PACIFIQUE

N.M.

Gu.

1 →

2 →

Equator
Équateur

P.

3 →
4 →
S. I.

U. KENYA

TANZANIA
TANZANIE

MALAWI

SEYCHELLES

MAURITIUS
ÎLE MAURICE

I N D I A N

O C E A N

O C É A N

I N D I E N

AUSTRALIA
AUSTRALIE

5 →

VANUATU

6 →
7 →

8 →
9 →

SWAZILAND

SOTHO

NEW ZEALAND
NOUVELLE-ZÉLANDE

OTSWANA	P.	PAPUA NEW GUINEA PAPOUASIE- NOUVELLE-GUINÉE	S. L.	SIERRA LEONE
AMEROON			U.	UGANDA OUGANDA
AMBIA	P. R.	Puerto Rico (U. S./É.-U.)	Z.	ZAMBIA ZAMBIE
AMBIE	S.	SINGAPORE SINGAPOUR	ZI.	ZIMBABWE
uam (U.S./É.-U.)				
orthern Mariana Is. (U. S.)	S. A.	SOUTH AFRICA AFRIQUE DU SUD		
es Marianes-du-Nord (É.-U.)	S. I.	SOLOMON ISLANDS ÎLES SALOMON		

Countries in the Pacific Ocean:
Pays dans l'Océan Pacifique:

1 Midway (U. S./É.-U.)
2 MARSHALL ISLANDS ÎLES MARSHALL
3 NAURU
4 KIRIBATI
5 TUVALU
6 Western Samoa Samoa-Occidentales
7 American Samoa Samoa-Américaines
8 FIJI FIDJI
9 TONGA

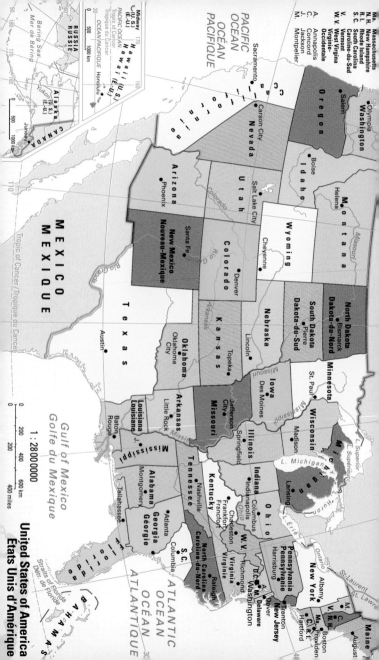

United States of America
États Unis d'Amérique

1 : 28 000 000

Ma.   Massachusetts
N.H.   New Hampshire
R.I.   Rhode Island
S.C.   South Carolina
        Caroline-du-Sud
V.   Vermont
W.V.   West Virginia
        Virginie Occidentale
A.   Annapolis
C.   Concord
J.   Jackson
M.   Montpelier

Midway (É.-U.)
Hawaii (É.-U.)
Hawai'i (É.-U.)
PACIFIC OCEAN
OCÉAN PACIFIQUE
Honolulu
Tropic of Cancer
Tropique du Cancer

RUSSIA
RUSSIE
Bering Sea
Mer de Béring
Alaska (É.-U.)
CANADA
Yukon
Juneau

PACIFIC OCEAN
OCÉAN PACIFIQUE

Washington — Olympia
Oregon — Salem
Sacramento
Carson City
Nevada
California
Californie

Idaho — Boise
Montana — Helena
Missouri

Utah — Salt Lake City
Arizona — Phoenix
Colorado — Denver
Wyoming — Cheyenne

New Mexico
Nouveau-Mexique — Santa Fe
Rio Grande
Colorado

MEXICO
MEXIQUE

Texas — Austin

North Dakota
Dakota-du-Nord — Bismarck
South Dakota
Dakota-du-Sud — Pierre
Nebraska — Lincoln
Kansas — Topeka
Oklahoma — Oklahoma City
Arkansas — Little Rock
Louisiana
Louisiane — Baton Rouge

Minnesota — St. Paul
Iowa — Des Moines
Missouri — Jefferson City
Wisconsin — Madison
Illinois — Springfield
L. Superior
L. Supérieur
L. Michigan
L. Huron

Gulf of Mexico
Golfe du Mexique

Mississippi — J.
Alabama — Montgomery
Tennessee — Nashville
Kentucky — Frankfort
Indiana — Indianapolis
Ohio — Columbus
Georgia
Géorgie — Atlanta
Florida
Floride — Tallahassee

Straits of Florida
Dét. de Floride

Michigan — Lansing
L. Ontario
L. Érié
W.V. — Charleston
Virginia
Virginie — Richmond
North Carolina
Caroline-du-Nord — Raleigh
S.C. — Columbia
D.C. — Washington
Pennsylvania
Pennsylvanie — Harrisburg
New York — Albany
St-Laurent
St. Lawrence
Delaware — Dover
New Jersey — Trenton
Ma. — Boston
C. — Providence
N.H. — Hartford
Maine — Augusta

ATLANTIC
OCEAN
OCÉAN
ATLANTIQUE

500   1000 km
1000 mi

0   200   400   600 km
0   200   400 miles

Tropic of Cancer / Tropique du Cancer

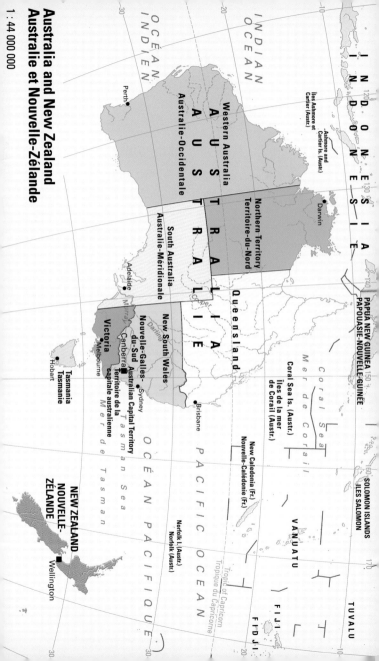

Australia and New Zealand
Australie et Nouvelle-Zélande

1 : 44 000 000

INDIAN OCEAN
OCÉAN INDIEN

INDONÉSIE

PAPUA NEW GUINEA
PAPOUASIE-NOUVELLE-GUINÉE

SOLOMON ISLANDS
ÎLES SALOMON

Perth

Îles Ashmore et
Cartier (Austr.)
Ashmore and
Cartier Is. (Austr.)

Darwin

Western Australia
Australie-Occidentale

Northern Territory
Territoire-du-Nord

Queensland

AUSTRALIA
AUSTRALIE

South Australia
Australie-Méridionale

Adelaide

Eyre

Murray
Darling

New South Wales
Nouvelle-Galles
du-Sud

Australian Capital Territory
Territoire de la
capitale australienne

Canberra

Sydney

Brisbane

Victoria

Melbourne

Hobart

Tasmania
Tasmanie

Tasman Sea
Mer de Tasman

OCÉAN PACIFIQUE

PACIFIC OCEAN

Coral Sea
Mer de Corail

Coral Sea Is. (Austr.)
Îles de la mer
de Corail (Austr.)

New Caledonia (Fr.)
Nouvelle-Calédonie (Fr.)

VANUATU

Norfolk I. (Austr.)
Norfolk (Austr.)

FIJI
FIDJI

TUVALU

Tropic of Capricorn
Tropique du Capricorne

NEW ZEALAND
NOUVELLE-
ZÉLANDE

Wellington

▶ VERBES FRANÇAIS
FRENCH VERBS

Pour des raisons d'économie de place dans la partie dictionnaire, certains verbes sont suivis d'un chiffre entre chevrons qui renvoie à un des 14 tableaux de conjugaison à utiliser comme modèle. Le symbole *irr* renvoie à la liste alphabétique des verbes présentant de nombreuses irrégularités. Cette liste se trouve à la suite des tableaux.

To save space in the main part of the dictionary, some verbs are followed by angle brackets which contain a number referring to one of the fourteen model verbs, others are followed by *irr,* indicating one of the irregular verbs listed alphabetically after the model verbs.7

▶ 1 chanter

présent	imparfait	futur simple	passé simple
je chante	je chantais	je chanterai	je chantai
tu chantes	tu chantais	tu chanteras	tu chantas
il/elle chante	il/elle chantait	il/elle chantera	il/elle chanta
nous chantons	nous chantions	nous chanterons	nous chantâmes
vous chantez	vous chantiez	vous chanterez	vous chantâtes
ils/elles chantent	ils/elles chantaient	ils/elles chanteront	il/elles chantèrent

conditionnel présent	subjonctif présent	subjonctif imparfait	
je chanterais	que je chante	que je chantasse	
tu chanterais	que tu chantes	que tu chantasses	
il/elle chanterait	qu'il/elle chante	qu'il/elle chantât	
nous chanterions	que nous chantions	que nous chantassions	
vous chanteriez	que vous chantiez	que vous chantassiez	
ils/elles chanteraient	qu'ils/elles chantent	qu'ils/elles chantassent	

participe présent	participe passé	impératif présent	impératif passé
chantant	chanté	chante	aie chanté
		chantons	ayons chanté
		chantez	ayez chanté

► **2 commencer**

présent	imparfait	futur simple	passé simple
je commence	je commençais	je commencerai	je commençai
tu commences	tu commençais	…	tu commenças
il/elle commence	il/elle		il/elle commença
nous	commençait		nous
commençons	nous		commençâmes
vous commencez	commencions		vous
ils/elles	vous		commençâtes
commencent	commenciez		ils/elles
	ils/elles		commencèrent
	commençaient		

conditionnel présent	subjonctif présent	subjonctif imparfait	
je commencerais	que je commence	que je	
…	que tu	commençasse	
	commences	que tu	
	qu'il/elle	commençasses	
	commence	qu'il/elle	
	que nous	commençât	
	commencions	que nous	
	que vous	commençassions	
	commenciez	que vous	
	qu'ils/elles	commençassiez	
	commencent	qu'ils/elles	
		commençassent	

participe présent	participe passé	impératif présent	impératif passé
commençant	commencé	commence	aie commencé
		commençons	ayons commencé
		commencez	ayez commencé

► **2a changer**

présent	imparfait	futur simple	passé simple
je change	je changeais	je changerai …	je changeai
tu changes	tu changeais		tu changeas
il/elle change	il/elle changeait		il/elle changea
nous changeons	nous changions		nous changeâmes
vous changez	vous changiez		vous changeâtes
ils/elles	ils/elles		ils/elles
changent	changeaient		changèrent

conditionnel présent	subjonctif présent	subjonctif imparfait
je changerais ...	que je change que tu changes qu'il/elle change que nous changions que vous changiez qu'ils/elles changent	que je changeasse que tu changeasses qu'il/elle changeât que nous changeassions que vous changeassiez qu'ils/elles changeassent

participe présent	participe passé	impératif présent	impératif passé
changeant	changé	change changeons changez	aie changé ayons changé ayez changé

▶ 3 rejeter

présent	imparfait	futur simple	passé simple
je rejette tu rejettes il/elle rejette nous rejetons vous rejetez ils/elles rejettent	je rejetais ...	je rejetterai ...	je rejetai ...

conditionnel présent	subjonctif présent	subjonctif imparfait
je rejetterais ...	que je rejette que tu rejettes qu'il/elle rejette que nous rejetions que vous rejetiez qu'ils/elles rejettent	que je rejetasse ...

participe présent	participe passé	impératif présent	impératif passé
rejetant	rejeté	rejette rejetons rejetez	aie rejeté ayons rejeté ayez rejeté

► 4 peler

présent	imparfait	futur simple	passé simple
je pèle tu pèles il/elle pèle nous pelons vous pelez ils/elles pèlent	je pelais ...	je pèlerai tu pèleras il/elle pèlera nous pèlerons vous pèlerez ils/elles pèleront	je pelai ...

conditionnel présent	subjonctif présent	subjonctif imparfait
je pèlerais tu pèlerais il/elle pèlerait nous pèlerions vous pèleriez ils/elles pèleraient	que je pèle que tu pèles qu'il/elle pèle que nous pelions que vous peliez qu'ils/elles pèlent	que je pelasse ...

participe présent	participe passé	impératif présent	impératif passé
pelant	pelé	pèle pelons pelez	aie pelé ayons pelé ayez pelé

► 5 préférer

présent	imparfait	futur simple	passé simple
je préfère tu préfères il/elle préfère nous préférons vous préférez ils/elles préfèrent	je préférais ...	je préférerai ...	je préférai ...

conditionnel présent	subjonctif présent	subjonctif imparfait	
je préférerais ...	que je préfère que tu préfères qu'il/elle préfère que nous préférions que vous préfériez qu'ils/elles préfèrent	que je préférasse ...	

participe présent	participe passé	impératif présent	impératif passé
préférant	préféré	préfère préférons préférez	aie préféré ayons préféré ayez préféré

▶ 6 appuyer

présent	imparfait	futur simple	passé simple
j'appuie tu appuies il/elle appuie nous appuyons vous appuyez ils/elles appuient	j'appuyais ...	j'appuierai ...	j'appuyai ...

conditionnel présent	subjonctif présent	subjonctif imparfait	
j'appuierais ...	que j'appuie que tu appuies qu'il/elle appuie que nous appuyions que vous appuyiez qu'ils/elles appuient	que j'appuyasse ...	

participe présent	participe passé	impératif présent	impératif passé
appuyant	appuyé	appuie appuyons appuyez	aie appuyé ayons appuyé ayez appuyé

▶ 7 essayer

présent	imparfait	futur simple	passé simple
j'essaie/essaye tu essaies/ essayes il/elle essaie/ essaye nous essayons vous essayez ils/elles essaient/ essayent	j'essayais …	j'essaierai/ essayerai …	j'essayai …

conditionnel présent	subjonctif présent	subjonctif imparfait
j'essaierais/ essayerais …	que j'essaie/ essaye que tu essaies/ essayes qu'il/elle essaie/ essaye que nous essayions que vous essayiez qu'ils/elles essaient/essayent	que j'essayasse …

participe présent	participe passé	impératif présent	impératif passé
essayant	essayé	essaie/essaye essayons essayez	aie essayé ayons essayé ayez essayé

▶ 8 agir

présent	imparfait	futur simple	passé simple
j'agis tu agis il/elle agit nous agissons vous agissez ils/elles agissent	j'agissais tu agissais il/elle agissait nous agissions vous agissiez ils/elles agissaient	j'agirai tu agiras il/elle agira nous agirons vous agirez ils/elles agiront	j'agis tu agis il/elle agit nous agîmes vous agîtes ils/elles agirent

conditionnel présent	subjonctif présent	subjonctif imparfait	
j'agirais ...	que j'agisse	que j'agisse	
	que tu agisses	que tu agisses	
	qu'il/elle agisse	qu'il/elle agît	
	que nous agissions	que nous agissions	
	que vous agissiez	que vous agissiez	
	qu'ils/elles agissent	qu'ils/elles agissent	

participe présent	participe passé	impératif présent	impératif passé
agissant	agi	agis	aie agi
		agissons	ayons agi
		agissez	ayez agi

▶ 9 devenir

présent	imparfait	futur simple	passé simple
je deviens	je devenais ...	je deviendrai	je devins
tu deviens		tu deviendras	tu devins
il/elle devient		il/elle deviendra	il/elle devint
nous devenons		nous deviendrons	nous devînmes
vous devenez		vous deviendrez	vous devîntes
ils/elles deviennent		ils/elles deviendront	ils/elles devinrent

conditionnel présent	subjonctif présent	subjonctif imparfait	
je deviendrais ...	que je devienne	que je devinsse	
	que tu deviennes	que tu devinsses	
	qu'il/elle devienne	qu'il/elle devînt	
	que nous devenions	que nous devinssions	
	que vous deveniez	que vous devinssiez	
	qu'ils/elles deviennent	qu'ils/elles devinssent	

participe présent	participe passé	impératif présent	impératif passé
devenant	devenu	deviens devenons devenez	sois devenu soyons devenus soyez devenus

▶ 10 sortir

présent	imparfait	futur simple	passé simple
je sors tu sors il/elle sort nous sortons vous sortez ils/elles sortent	je sortais ...	je sortirai ...	je sortis...

conditionnel présent	subjonctif présent	subjonctif imparfait
je sortirais ...	que je sorte que tu sortes qu'il/elle sorte que nous sortions que vous sortiez qu'ils/elles sortent	que je sortisse ...

participe présent	participe passé	impératif présent	impératif passé
sortant	sorti	sors sortons sortez	sois sorti soyons sortis soyez sortis

▶ 11 ouvrir

présent	imparfait	futur simple	passé simple
j'ouvre tu ouvres il/elle ouvre nous ouvrons vous ouvrez ils/elles ouvrent	j'ouvrais ...	j'ouvrirai ...	j'ouvris ...

conditionnel présent	subjonctif présent	subjonctif imparfait
j'ouvrirais ...	que j'ouvre que tu ouvres qu'il/elle ouvre que nous ouvrions que vous ouvriez qu'ils/elles ouvrent	que j'ouvrisse ...

participe présent	participe passé	impératif présent	impératif passé
ouvrant	ouvert	ouvre ouvrons ouvrez	aie ouvert ayons ouvert ayez ouvert

▶ 12 apercevoir

présent	imparfait	futur simple	passé simple
j'aperçois tu aperçois il/elle aperçoit nous apercevons vous apercevez ils/elles aperçoivent	j'apercevais ...	j'apercevrai ...	j'aperçus tu aperçus il/elle aperçut nous aperçûmes vous aperçûtes ils/elles aperçurent

conditionnel présent	subjonctif présent	subjonctif imparfait
j'apercevrais ...	que j'aperçoive que tu aperçoives qu'il/elle aperçoive que nous apercevions que vous aperceviez qu'ils/elles aperçoivent	que j'aperçusse que tu aperçusses qu'il/elle aperçût que nous aperçussions que vous aperçussiez qu'ils/elles aperçussent

participe présent	participe passé	impératif présent	impératif passé
apercevant	aperçu	aperçois apercevons apercevez	aie aperçu ayons aperçu ayez aperçu

► 13 comprendre

présent	imparfait	futur simple	passé simple
je comprends	je comprenais	je comprendrai	je compris
tu comprends	tu comprenais	tu comprendras	tu compris
il/elle comprend	il/elle	il/elle	il/elle comprit
nous comprenons	comprenait	comprendra	nous comprîmes
vous comprenez	nous	nous	vous comprîtes
ils/elles	comprenions	comprendrons	ils/elles
comprennent	vous compreniez	vous	comprirent
	ils/elles	comprendrez	
	comprenaient	ils/elles	
		comprendront	

conditionnel présent	subjonctif présent	subjonctif imparfait
je comprendrais	que je comprenne	que je comprisse
...	que tu	que tu comprisses
	comprennes	qu'il/elle comprît
	qu'il/elle	que nous
	comprenne	comprissions
	que nous	que vous
	comprenions	comprissiez
	que vous	qu'ils/elles
	compreniez	comprissent
	qu'ils/elles	
	comprennent	

participe présent	participe passé	impératif présent	impératif passé
comprenant	compris	comprends	aie compris
		comprenons	ayons compris
		comprenez	ayez compris

► 14 vendre

présent	imparfait	futur simple	passé simple
je vends	je vendais	je vendrai ...	je vendis
tu vends	tu vendais		tu vendis
il/elle vend	il/elle vendait		il/elle vendit
nous vendons	nous vendions		nous vendîmes
vous vendez	vous vendiez		vous vendîtes
ils/elles vendent	ils/elles		ils/elles
	vendaient		vendirent

conditionnel présent	subjonctif présent	subjonctif imparfait	
je vendrais ...	que je vende que tu vendes qu'il/elle vende que nous vendions que vous vendiez qu'ils/elles vendent	que je vendisse ...	

participe présent	participe passé	impératif présent	impératif passé
vendant	vendu	vends vendons vendez	aie vendu ayons vendu ayez vendu

▲ VERBES FRANÇAIS IRRÉGULIERS
FRENCH IRREGULAR VERBS

Infinitif	Présent	Imparfait	Futur	Passé simple	Subjonctif présent	Subjonctif imparfait	Part. présent	Part. passé
abattre *voir battre*								
		abstraire *voir extraire*		**accourir** *voir courir*				
accroître	j'accrois	j'accroissais	j'accroîtrai	j'accrus	que j'accroisse	que j'accrusse	accroissant	accru(e)
	il accroît	il accroît	il accroîtra	il accrut	qu'il accroisse	qu'il accrût		
	nous accroissons	nous accroissions	nous accroîtrons	nous accrûmes	que nous accroissions	que nous accrussions		
	ils accroissent	ils accroissaient	ils accroîtront	ils accrurent	qu'ils accroissent	qu'ils accrussent		
accueillir *voir cueillir*								
acquérir	j'acquiers	j'acquérais	j'acquerrai	j'acquis	que j'acquière	que j'acquisse	acquérant	acquis(e)
	il acquiert	il acquérait	il acquerra	il acquit	qu'il acquière	qu'il acquît		
	nous acquérons	nous acquérions	nous acquerrons	nous acquîmes	que nous acquérions	que nous acquissions		
	ils acquièrent	ils acquéraient	ils acquerront	ils acquirent	qu'ils acquièrent	qu'ils acquissent		
adjoindre *voir joindre*			**admettre** *voir mettre*					

Infinitif	Présent	Imparfait	Futur	Passé simple	Subjonctif présent	Subjonctif imparfait	Part. présent	Part. passé
aller	je vais	j'allais	j'irai	j'allai	que j'aille	que j'allasse	allant	allé(e)
	tu vas	tu allais	tu iras	tu allas	que tu ailles	que tu allasses		
	il va	il allait	il ira	il alla	qu'il aille	qu'il allasse		
	nous allons	nous allions	nous irons	nous allâmes	que nous allions	que nous allassions		
	vous allez	vous alliez	vous irez	vous allâtes	que vous alliez	que vous allassiez		
	ils vont	ils allaient	ils iront	ils allèrent	qu'ils aillent	qu'ils allassent		

apparaître *voir paraître*   **assaillir** *voir défaillir*

Infinitif	Présent	Imparfait	Futur	Passé simple	Subjonctif présent	Subjonctif imparfait	Part. présent	Part. passé
asseoir	j'assieds	j'asseyais	j'assiérai	j'assis	que j'asseye	que j'assisse	asseyant	assis(e)
	il assied	il asseyait	il assiéra	il assit	qu'il asseye	qu'il assît	*o* assoyant	
	nous asseyons	nous asseyions	nous assiérons	nous assîmes	que nous asseyions	que nous assissions		
	ils asseyent	ils asseyaient	ils assiéront	ils assirent	qu'ils asseyent	qu'ils assissent		
	o j'assois	*o* j'assoyais	*o* j'assoirai		*o* que j'assoie			
	il assoit	il assoyait	il assoira		qu'il assoie			
	nous assoyons	nous assoyions	nous assoirons		que nous assoyions			
	ils assoient	ils assoyaient	ils assoiront		qu'ils assoient			

astreindre *voir peindre*   **atteindre** *voir peindre*   **autodétruire** *voir conduire*

Infinitif	Présent	Imparfait	Futur	Passé simple	Subjonctif présent	Subjonctif imparfait	Part. présent	Part. passé
avoir	j'ai	j'avais	j'aurai	j'eus	que j'aie	que j'eusse	ayant	eu(e)
	tu as	tu avais	tu auras	tu eus	que tu aies	que tu eusses		
	il a	il avait	il aura	il eut	qu'il ait	qu'il eût		
	nous avons	nous avions	nous aurons	nous eûmes	que nous ayons	que nous eussions		
	vous avez	vous aviez	vous aurez	vous eûtes	que vous ayez	que vous eussiez		
	ils ont	ils avaient	ils auront	ils eurent	qu'ils aient	qu'ils eussent		
battre	je bats	je battais	je battrai	je battis	que je batte	que je battisse	battant	battu(e)
	il bat	il battait	il battra	il battit	qu'il batte	qu'il battît		
	nous battons	nous battions	nous battrons	nous battîmes	que nous battions	que nous battissions		
	ils battent	ils battaient	ils battront	ils battirent	qu'ils battent	qu'ils battissent		
boire	je bois	je buvais	je boirai	je bus	que je boive	que je busse	buvant	bu(e)
	il boit	il buvait	il boira	il but	qu'il boive	qu'il bût		
	nous buvons	nous buvions	nous boirons	nous bûmes	que nous buvions	que nous bussions		
	ils boivent	ils buvaient	ils boiront	ils burent	qu'ils boivent	qu'ils bussent		

Infinitif	Présent	Imparfait	Futur	Passé simple	Subjonctif présent	Subjonctif imparfait	Part. présent	Part. passé
bouillir	je bous	je bouillais	je bouillirai	je bouillis	que je bouille	que je bouillisse	bouillant	bouilli(e)
	nous bouillons	nous bouillions	nous bouillirons	nous bouillîmes	que nous bouillions	que nous bouillissions		
	ils bouillent	ils bouillaient	ils bouilliront	ils bouillirent	qu'ils bouillent	qu'ils bouillissent		
braire *voir extraire*								
bruire	il bruit	il bruissait	*manque*	*manque*	*manque*	*manque*	bruissant	*manque*
	nous/vous *manque*				qu'il bruisse			
	ils bruissent							
ceindre *voir peindre*								
choir	je chois	*manque*	je choirai *o* cherrai	je chus	*manque*	*seulement:*	*manque*	chu(e)
	il choit			il chut		qu'il chût		
	nous/vous *manque*			nous chûmes				
	ils choient		ils choiront *o* cherront	ils churent				

Infinitif	Présent	Imparfait	Futur	Passé simple	Subjonctif présent	Subjonctif imparfait	Part. présent	Part. passé
circonscrire *voir écrire*								
circonvenir *voir venir*								
clore	je clos il clôt nous closons ils closent	*manque*	je clorai il clora nous clorons ils cloront	*manque*	que je close qu'il close que nous closions qu'ils closent	*manque*	closant	clos(e)
combattre *voir battre*								
commettre *voir mettre*								
comparaître *voir paraître*								
complaire *voir plaire*								
compromettre *voir mettre*								
conclure	je conclus	je concluais	je conclurai	je conclus	que je conclue	que je conclusse	concluant	conclu(e)
concourir *voir courir*								
conduire	je conduis	je conduisais	je conduirai	je conduisis	que je conduise	que je conduisisse	conduisant	conduite(e)
connaître *voir paraître*								
conquérir *voir acquérir*								
construire *voir conduire*								
contraindre *voir craindre*								
contredire *voir dire*								
contrefaire *voir faire*								
convaincre *voir vaincre*								
corrompre *voir rompre*								

Infinitif	Présent	Imparfait	Futur	Passé simple	Subjonctif présent	Subjonctif imparfait	Part. présent	Part. passé
coudre	je couds	je cousais	je coudrai	je cousis	que je couse	que je cousisse	cousant	cousu(e)
	il coud	il cousait	il coudra	il cousit	qu'il couse	qu'il cousît		
	nous cousons	nous cousions	nous coudrons	nous cousîmes	que nous cousions	que nous cousissions		
	ils cousent	ils cousaient	ils coudront	ils cousirent	qu'ils cousent	qu'ils cousissent		
courir	je cours	je courais	je courrai	je courus	que je coure	que je courusse	courant	couru(e)
	il court	il courait	il courra	il courut	qu'il coure	qu'il courût		
	nous courons	nous courions	nous courrons	nous courûmes	que nous courions	que nous courussions		
	ils courent	ils couraient	ils courront	ils coururent	qu'ils courent	qu'ils courussent		
craindre	je crains	je craignais	je craindrai	je craignis	que je craigne	que je craignisse	craignant	craint(e)
	nous craignons	nous craignions	nous craindrons	nous craignîmes	que nous craignions	que nous craignissions		
	ils craignent	ils craignaient	ils craindront	ils craignirent	qu'ils craignent	qu'ils craignissent		
croire	je crois	je croyais	je croirai	je crus	que je croie	que je crusse	croyant	cru(e)
	il croit	il croyait	il croira	il crut	qu'il croie	qu'il crût		
	nous croyons	nous croyions	nous croirons	nous crûmes	que nous croyions	que nous crussions		
	ils croient	ils croyaient	ils croiront	ils crurent	qu'ils croient	qu'ils crussent		

Infinitif	Présent	Imparfait	Futur	Passé simple	Subjonctif présent	Subjonctif imparfait	Part. présent	Part. passé
croître	je croîs	je croissais	je croîtrai	je crûs	que je croisse	que je crûsse	croissant	crû, crue, cru(e)s
	nous croissons	nous croissions	nous croîtrons	nous crûmes	que nous croissions	que nous crûssions		
	ils croissent	ils croissaient	ils croîtront	ils crûrent	qu'ils croissent	qu'ils crûssent		
cueillir	je cueille	je cueillais	je cueillerai	je cueillis	que je cueille	que je cueillisse	cueillant	cueilli(e)
	il cueille	il cueillait	il cueillera	il cueillit	qu'il cueille	qu'il cueillît		
	nous cueillons	nous cueillions	nous cueillerons	nous cueillîmes	que nous cueillions	que nous cueillissions		
	ils cueillent	ils cueillaient	ils cueilleront	ils cueillirent	qu'ils cueillent	qu'ils cueillissent		
cuire *voir conduire*								
		débattre *voir battre*						
déchoir	je déchois	*manque*	je déchoirai	je déchus	que je déchoie	que je déchusse	*manque*	déchu(e)
	nous déchoyons		nous déchoirons	nous déchûmes	que nous déchoyions	que nous déchussions		
	ils déchoient		ils déchoiront	ils déchurent	qu'ils déchoient	qu'ils déchussent		
découdre *voir coudre*								
découdre *voir coudre*		**décrire** *voir écrire*		**décroître** *voir accroître*		**dédire** *voir contredire*		**déduire** *voir conduire*

Infinitif	Présent	Imparfait	Futur	Passé simple	Subjonctif présent	Subjonctif imparfait	Part. présent	Part. passé
défaillir	je défaille	je défaillais	je défaillirai	je défaillis	que je défaille	que je défaillisse	défaillant	défailli
défaire *voir faire*								
démettre *voir mettre*								
desservir *voir servir*								
déteindre *voir peindre*								
dépeindre *voir peindre*								
déplaire *voir plaire*								
détruire *voir conduire*								
dévêtir *voir vêtir*								
devoir	je dois	je devais	je devrai	je dus	que je doive	que je dusse	devant	dû, due, du(e)s
	il doit	il devait	il devra	il dut	qu'il doive	qu'il dût		
	nous devons	nous devions	nous devrons	nous dûmes	que nous devions	que nous dussions		
	ils doivent	ils devaient	ils devront	ils durent	qu'ils doivent	qu'ils dussent		
dire	je dis	je disais	je dirai	je dis	que je dise	que je disse	disant	dit(e)
	nous disons	nous disions	nous dirons	nous dîmes	que nous disions	que nous dissions		
	vous dites	vous disiez	vous direz	vous dîtes	que vous disiez	que vous dissiez		
	ils disent	ils disaient	ils diront	ils dirent	qu'ils disent	qu'ils dissent		
discourir *voir courir*								
disjoindre *voir joindre*								
disparaître *voir paraître*								
distraire *voir extraire*								
dissoudre *voir absoudre*								

Infinitif	Présent	Imparfait	Futur	Passé simple	Subjonctif présent	Subjonctif imparfait	Part. présent	Part. passé
dormir	je dors	je dormais	je dormirai	je dormis	que je dorme	que je dormisse	dormant	dormi
	nous dormons	nous dormions	nous dormirons	nous dormîmes	que nous dormions	que nous dormissions		
	ils dorment	ils dormaient	ils dormiront	ils dormirent	qu'ils dorment	qu'ils dormissent		
ébattre *voir battre*								
échoir	il échoit	il échoyait	il échoira *o* écherra	il échut	qu'il échoit	qu'il échût	échéant	échu(e)
	ils échoient	ils échoyaient	ils échoiront *o* écherront	ils échurent	qu'ils échoient	qu'ils échussent		
éclore *voir clore*								
éconduire *voir conduire*								
écrire	j'écris	j'écrivais	j'écrirai	j'écrivis	que j'écrive	que j'écrivisse	écrivant	écrit(e)
	il écrit	il écrivait	il écrira	il écrivit	qu'il écrive	qu'il écrivît		
	nous écrivons	nous écrivions	nous écrirons	nous écrivîmes	que nous écrivions	que nous écrivissions		
	ils écrivent	ils écrivaient	ils écriront	ils écrivirent	qu'ils écrivent	qu'ils écrivissent		

élire *voir lire*   **émettre** *voir mettre*
émouvoir *voir mouvoir, participe passé:* ému(e)

Infinitif	Présent	Imparfait	Futur	Passé simple	Subjonctif présent	Subjonctif imparfait	Part. présent	Part. passé
enclore *voir clore*								
enfreindre *voir peindre*								
envoyer	j'envoie	j'envoyais	j'enverrai	j'envoyai	que j'envoie	que j'envoyasse	envoyant	envoyé(e)
	nous envoyons	nous envoyions	nous enverrons	nous envoyâmes	que nous envoyions	que nous envoyassions		
	ils envoient	ils envoyaient	ils enverront	ils envoyèrent	qu'ils envoient	qu'ils envoyassent		
équivaloir *voir valoir*								
éteindre *voir peindre*								
être	je suis	j'étais	je serai	je fus	que je sois	que je fusse	étant	été
	tu es	tu étais	tu seras	tu fus	que tu sois	que tu fusses		
	il est	il était	il sera	il fut	qu'il soit	qu'il fût		
	nous sommes	nous étions	nous serons	nous fûmes	que nous soyons	que nous fussions		
	vous êtes	vous étiez	vous serez	vous fûtes	que vous soyez	que vous fussiez		
	ils sont	ils étaient	ils seront	ils furent	qu'ils soient	qu'ils fussent		
étreindre *voir peindre*								

endormir *voir dormir*
ensuivre *voir suivre*

enduire *voir conduire*
entrevoir *voir voir*

encourir *voir courir*
enfuir *voir fuir*

Infinitif	Présent	Imparfait	Futur	Passé simple	Subjonctif présent	Subjonctif imparfait	Part. présent	Part. passé
exclure	j'exclus il exclut nous excluons ils excluent	j'excluais il excluait nous excluions ils excluaient	j'exclurai il exclura nous exclurons ils excluront	j'exclus il exclut nous exclûmes ils exclurent	que j'exclue qu'il exclue que nous excluions qu'ils excluent	que j'exclusse qu'il exclût que nous exclussions qu'ils exclussent	excluant	exclu(e)
extraire	j'extrais nous extrayons ils extraient	j'extrayais nous extrayions ils extrayaient	j'extrairai nous extrairons ils extrairont	*manque*	que j'extraie que nous extrayions qu'ils extraient	*manque*	extrayant	extrait(e)
faillir	je faillis nous faillissons ils faillissent	je faillissais nous faillissions ils faillissaient *o je faillais* nous faillions ils faillaient	je faillirai nous faillirons ils failliront *o je faudrai* nous faudrons ils faudront	je faillis nous faillîmes ils faillirent	que je faillisse que nous faillissions qu'ils faillissent *o que je faille* que nous faillions qu'ils faillent	que je faillisse que nous faillissions qu'ils faillissent	faillissant *o* faillant	failli

Infinitif	Présent	Imparfait	Futur	Passé simple	Subjonctif présent	Subjonctif imparfait	Part. présent	Part. passé
faire	je fais	je faisais	je ferai	je fis	que je fasse	que je fisse	faisant	fait(e)
	tu fais	tu faisais	tu feras	tu fis	que tu fasses	que tu fisses		
	il fait	il faisait	il fera	il fit	qu'il fasse	qu'il fît		
	nous faisons	nous faisions	nous ferons	nous fîmes	que nous fassions	que nous fissions		
	vous faites	vous faisiez	vous ferez	vous fîtes	que vous fassiez	que vous fissiez		
	ils font	ils faisaient	ils feront	ils firent	qu'ils fassent	qu'ils fissent		
falloir	il faut	il fallait	il faudra	il fallut	qu'il faille	qu'il fallût	*manque*	fallu
feindre *voir peindre*								
frire	je fris	*manque*	je frirai	*manque*	*manque*	*manque*	*manque*	frit(e)
	nous/vous manque		nous frirons					
	ils manque		ils friront					
fuir	je fuis	je fuyais	je fuirai	je fuis	que je fuie	que je fuisse	fuyant	fui(e)
	il fuit	il fuyait	il fuira	il fuit	qu'il fuie	qu'il fuît		
	nous fuyons	nous fuyions	nous fuirons	nous fuîmes	que nous fuyions	que nous fuissions		
	ils fuient	ils fuyaient	ils fuiront	ils fuirent	qu'ils fuient	qu'ils fuissent		

Infinitif	Présent	Imparfait	Futur	Passé simple	Subjonctif présent	Subjonctif imparfait	Part. présent	Part. passé
geindre *voir peindre*								
haïr	je hais	je haïssais	je haïrai	je haïs	que je haïsse	que je haïsse	haïssant	haï(e)
	il hait	il haïssait	il haïra	il haït	qu'il haïsse	qu'il haït		
	nous haïssons	nous haïssions	nous haïrons	nous haïmes	que nous haïssions	que nous haïssions		
	ils haïssent	ils haïssaient	ils haïront	ils haïrent	qu'ils haïssent	qu'ils haïssent		
inclure *voir conclure*				**inscrire** *voir écrire*		**instruire** *voir conduire*		
interdire *voir dire*		**induire** *voir conduire*		**introduire** *voir conduire*				
		interrompre *voir rompre*						
joindre	je joins	je joignais	je joindrai	je joignis	que je joigne	que je joignisse	joignant	joint(e)
	il joint	il joignait	il joindra	il joignit	qu'il joigne	qu'il joignît		
	nous joignons	nous joignions	nous joindrons	nous joignîmes	que nous joignions	que nous joignissions		
	ils joignent	ils joignaient	ils joindront	ils joignirent	qu'ils joignent	qu'ils joignissent		
lire	je lis	je lisais	je lirai	je lus	que je lise	que je lusse	lisant	lu(e)
	il lit	il lisait	il lira	il lut	qu'il lise	qu'il lût		
	nous lisons	nous lisions	nous lirons	nous lûmes	que nous lisions	que nous lussions		
	ils lisent	ils lisaient	ils liront	ils lurent	qu'ils lisent	qu'ils lussent		

luire *voir* nuire

médire *voir* contredire

Infinitif	Présent	Imparfait	Futur	Passé simple	Subjonctif présent	Subjonctif imparfait	Part. présent	Part. passé
mettre	je mets	je mettais	je mettrai	je mis	que je mette	que je misse	mettant	mis(e)
	il met	il mettait	il mettra	il mit	qu'il mette	qu'il mît		
	nous mettons	nous mettions	nous mettrons	nous mîmes	que nous mettions	que nous missions		
	ils mettent	ils mettaient	ils mettront	ils mirent	qu'ils mettent	qu'ils missent		
moudre	je mouds	je moulais	je moudrai	je moulus	que je moule	que je moulusse	moulant	moulu(e)
	il moud	il moulait	il moudra	il moulut	qu'il moule	qu'il moulût		
	nous moulons	nous moulions	nous moudrons	nous moulûmes	que nous moulions	que nous moulussions		
	ils moulent	ils moulaient	ils moudront	ils moulurent	qu'ils moulent	qu'ils moulussent		
mourir	je meurs	je mourais	je mourrai	je mourus	que je meure	que je mourusse	mourant	mort(e)
	il meurt	il mourait	il mourra	il mourut	qu'il meure	qu'il mourût		
	nous mourons	nous mourions	nous mourrons	nous mourûmes	que nous mourions	que nous mourussions		
	ils meurent	ils mouraient	ils mourront	ils moururent	qu'ils meurent	qu'ils mourussent		

Infinitif	Présent	Imparfait	Futur	Passé simple	Subjonctif présent	Subjonctif imparfait	Part. présent	Part. passé
mouvoir	je meus	je mouvais	je mouvrai	je mus	que je meuve	que je musse	mouvant	mû, mue, mu(e)s
	il meut	il mouvait	il mouvra	il mut	qu'il meuve	qu'il mût		
	nous mouvons	nous mouvions	nous mouvrons	nous mûmes	que nous mouvions	que nous mussions		
	ils meuvent	ils mouvaient	ils mouvront	ils murent	qu'ils meuvent	qu'ils mussent		
naître	je nais	je naissais	je naîtrai	je naquis	que je naisse	que je naquisse	naissant	né(e)
	il naît	il naissait	il naîtra	il naquit	qu'il naisse	qu'il naquît		
	nous naissons	nous naissions	nous naîtrons	nous naquîmes	que nous naissions	que nous naquissions		
	ils naissent	ils naissaient	ils naîtront	ils naquirent	qu'ils naissent	qu'ils naquissent		
nuire	je nuis	je nuisais	je nuirai	je nuisis	que je nuise	que je nuisisse	nuisant	nui
	nous nuisons	nous nuisions	nous nuirons	nous nuisîmes	que nous nuisions	que nous nuisissions		
	ils nuisent	ils nuisaient	ils nuiront	ils nuisirent	qu'ils nuisent	qu'ils nuisissent		

ometttre *voir* mettre   **paître** *voir* paraître

Infinitif	Présent	Imparfait	Futur	Passé simple	Subjonctif présent	Subjonctif imparfait	Part. présent	Part. passé
paraître	je parais il paraît nous paraissons ils paraissent	je paraissais il paraissait nous paraissions ils paraissaient	je paraîtrai il paraîtra nous paraîtrons ils paraîtront	je parus il parut nous parûmes ils parurent	que je paraisse qu'il paraisse que nous paraissions qu'ils paraissent	que je parusse qu'il parût que nous parussions qu'ils parussent	paraissant	paru(e)

parcourir *voir courir*

peindre	je peins nous peignons ils peignent	je peignais nous peignions ils peignaient	je peindrai nous peindrons ils peindront	je peignis nous peignîmes ils peignirent	que je peigne que nous peignions qu'ils peignent	que je peignisse que nous peignissions qu'ils peignissent	peignant	peint(e)

permettre *voir mettre*

plaindre	je plains il plaint nous plaignons ils plaignent	je plaignais il plaignait nous plaignions ils plaignaient	je plaindrai il plaindra nous plaindrons ils plaindront	je plaignis il plaignit nous plaignîmes ils plaignirent	que je plaigne qu'il plaigne que nous plaignions qu'ils plaignent	que je plaignisse qu'il plaignît que nous plaignissions qu'ils plaignissent	plaignant	plaint(e)

Infinitif	Présent	Imparfait	Futur	Passé simple	Subjonctif présent	Subjonctif imparfait	Part. présent	Part. passé
plaire	je plais il plaît	je plaisais il plaisait	je plairai il plaira	je plus il plut	que je plaise qu'il plaise	que je plusse qu'il plût	plaisant	plu
pleuvoir *fig*	il pleut ils pleuvent	il pleuvait ils pleuvaient	il pleuvra ils pleuvront	il plut ils plurent	qu'il pleuve qu'ils pleuvent	qu'il plût qu'ils plussent	pleuvant	plu
poindre *voir joindre*								
poursuivre *voir suivre*								
pourvoir	je pourvois il pourvoit nous pourvoyons ils pourvoient	je pourvoyais il pourvoyait nous pourvoyions ils pourvoyaient	je pourvoirai il pourvoira nous pourvoirons ils pourvoiront	je pourvus il pourvut nous pourvûmes ils pourvurent	que je pourvoie qu'il pourvoie que nous pourvoyions qu'ils pourvoient	que je pourvusse qu'il pourvût que nous pourvussions qu'ils pourvussent	pourvoyant	pourvu(e)
pouvoir	je peux il peut nous pouvons ils peuvent	je pouvais il pouvait nous pouvions ils pouvaient	je pourrai il pourra nous pourrons ils pourront	je pus il put nous pûmes ils purent	que je puisse qu'il puisse que nous puissions qu'ils puissent	que je pusse qu'il pût que nous pussions qu'ils pussent	pouvant	pu

Infinitif	Présent	Imparfait	Futur	Passé simple	Subjonctif présent	Subjonctif imparfait	Part. présent	Part. passé
prédire	je prédis	je prédisais	je prédirai	je prédis	que je prédise	que je prédisse	prédisant	prédit(e)
	il prédit	il prédisait	il prédira	il prédit	qu'il prédise	qu'il prédît		
	nous prédisons	nous prédisions	nous prédirons	nous prédîmes	que nous prédisions	que nous prédissions		

prescrire *voir écrire*

produire *voir conduire*

prévaloir *voir valoir; subjonctif présent:* que je prévale

promettre *voir mettre*

prévoir *voir voir, futur:* je prévoirai

promouvoir *voir mouvoir, Participe passé:* promu(e)

proscrire *voir écrire*
ravoir *seulement Infinitif*
reconstruire *voir conduire*
recueillir *voir cueillir*
réduire *voir conduire*
réinscrire *voir écrire*
remettre *voir mettre*
reparaître *voir paraître*
requérir *voir acquérir*

rabattre *voir battre*
reconduire *voir conduire*
recoudre *voir coudre*
recuire *voir conduire*
récrire *voir écrire*
rejoindre *voir joindre*
renaître *voir naître*
repeindre *voir peindre*

rasseoir *voir asseoir*
reconnaître *voir paraître*
recourir *voir courir*
redire *voir dire*
réélire *voir lire*
relire *voir lire*
rendormir *voir dormir*
repleuvoir *voir pleuvoir*

réapparaître *voir paraître*
reconquérir *voir acquérir*
récrire *voir écrire*
redormir *voir dormir*
refaire *voir faire*
reluire *voir nuire*
repaître *voir paraître*
reproduire *voir conduire*

Infinitif	Présent	Imparfait	Futur	Passé simple	Subjonctif présent	Subjonctif imparfait	Part. présent	Part. passé
résoudre	je résous	je résolvais	je résoudrai	je résolus	que je résolve	que je résolusse	résolvant	résolu(e)
	il résout	il résolvait	il résoudra	il résolut	qu'il résolve	qu'il résolût		
	nous résolvons	nous résolvions	nous résoudrons	nous résolûmes	que nous résolvions	que nous résolussions		
	ils résolvent	ils résolvaient	ils résoudront	ils résolurent	qu'ils résolvent	qu'ils résolussent		
resservir *voir servir*								
revêtir *voir vêtir*	**restreindre** *voir peindre*		**retransmettre** *voir mettre*	**revaloir** *voir valoir*				
	revivre *voir vivre*		**revoir** *voir voir*	**revouloir** *voir vouloir*				
rire	je ris	je riais	je rirai	je ris	que je rie	que je risse	riant	ri
	il rit	il riait	il rira	il rit	qu'il rie	qu'il rît		
	nous rions	nous riions	nous rirons	nous rîmes	que nous riions	que nous rissions		
	ils rient	ils riaient	ils riront	ils rirent	qu'ils rient	qu'ils rissent		
rompre	je romps	je rompais	je romprai	je rompis	que je rompe	que je rompisse	rompant	rompu(e)
	il rompt	il rompait	il rompra	il rompit	qu'il rompe	qu'il rompît		
	nous rompons	nous rompions	nous romprons	nous rompîmes	que nous rompions	que nous rompissions		
	ils rompent	ils rompaient	ils rompront	ils rompirent	qu'ils rompent	qu'ils rompissent		

Infinitif	Présent	Imparfait	Futur	Passé simple	Subjonctif présent	Subjonctif imparfait	Part. présent	Part. passé
saillir	il saille	il saillait	il saillera	il saillit	qu'il saille	qu'il saillît	saillant	sailli(e)
= être en saillie	ils saillent	ils saillaient	ils sailleront	ils saillirent	qu'ils saillent	qu'ils saillissent		
satisfaire *voir faire*								
savoir	je sais	je savais	je saurai	je sus	que je sache	que je susse	sachant	su(e)
	il sait	il savait	ils saura	il sut	qu'il sache	qu'il sût		
	nous savons	nous savions	nous saurons	nous sûmes	que nous sachions	que nous sussions		
	ils savent	ils savaient	ils sauront	ils surent	qu'ils sachent	qu'ils sussent		
secourir *voir courir*		**séduire** *voir conduire*						
servir	je sers	je servais	je servirai	je servis	que je serve	que je servisse	servant	servi(e)
	il sert	il servait	il servira	il servit	qu'il serve	qu'il servît		
	nous servons	nous servions	nous servirons	nous servîmes	que nous servions	que nous servissions		
	ils servent	ils servaient	ils serviront	ils servirent	qu'ils servent	qu'ils servissent		
soumettre *voir mettre*		**sourire** *voir rire*		**souscrire** *voir écrire*		**soustraire** *voir extraire*		

Infinitif	Présent	Imparfait	Futur	Passé simple	Subjonctif présent	Subjonctif imparfait	Part. présent	Part. passé
suffire	je suffis	je suffisais	je suffirai	je suffis	que je suffise	que je suffisse	suffisant	suffi
	nous suffisons	nous suffisions	nous suffirons	nous suffîmes	que nous suffisions	que nous suffissions		
	ils suffisent	ils suffisaient	ils suffiront	ils suffirent	qu'ils suffisent	qu'ils suffissent		
suivre	je suis	je suivais	je suivrai	je suivis	que je suive	que je suivisse	suivant	suivi(e)
	il suit	il suivait	il suivra	il suivit	qu'il suive	qu'il suivît		
	nous suivons	nous suivions	nous suivrons	nous suivîmes	que nous suivions	que nous suivissions		
	ils suivent	ils suivaient	ils suivront	ils suivirent	qu'ils suivent	qu'ils suivissent		

survivre *voir vivre*

Infinitif	Présent	Imparfait	Futur	Passé simple	Subjonctif présent	Subjonctif imparfait	Part. présent	Part. passé
taire	je tais	je taisais	je tairai	je tus	que je taise	que je tusse	taisant	tu(e)
	il tait	il taisait	il taira	il tut	qu'il taise	qu'il tût		
	nous taisons	nous taisions	nous tairons	nous tûmes	que nous taisions	que nous tussions		
	ils taisent	ils taisaient	ils tairont	ils turent	qu'ils taisent	qu'ils tussent		

Infinitif	Présent	Imparfait	Futur	Passé simple	Subjonctif présent	Subjonctif imparfait	Part. présent	Part. passé
traduire	je traduis il traduit nous traduisons ils traduisent	je traduisais il traduisait nous traduisions ils traduisaient	je traduirai il traduira nous traduirons ils traduiront	je traduisis il traduisit nous traduisîmes ils traduisirent	que je traduise qu'il traduise que nous traduisions qu'ils traduisent	que je traduisisse qu'il traduisît que nous traduisissions qu'ils traduisissent	traduisant	traduit(e)
traire	je trais il trait nous trayons ils traient	je trayais il trayait nous trayions ils trayaient	je trairai il traira nous trairons ils trairont	*manque*	que je traie qu'il traie que nous trayions qu'ils traient	*manque*	trayant	trait(e)
transcrire *voir écrire*								
transmettre *voir mettre*								
transparaître *voir paraître*								
tressaillir *voir défaillir*								
vaincre	je vaincs il vainc nous vainquons ils vainquent	je vainquais il vainquait nous vainquions ils vainquaient	je vaincrai il vaincra nous vaincrons ils vaincront	je vainquis il vainquit nous vainquîmes ils vainquirent	que je vainque qu'il vainque que nous vainquions qu'ils vainquent	que je vainquisse qu'il vainquît que nous vainquissions qu'ils vainquissent	vainquant	vaincu(e)

Infinitif	Présent	Imparfait	Futur	Passé simple	Subjonctif présent	Subjonctif imparfait	Part. présent	Part. passé
valoir	je vaux	je valais	je vaudrai	je valus	que je vaille	que je valusse	valant	valu(e)
	il vaut	il valait	il vaudra	il valut	qu'il vaille	qu'il valût		
	nous valons	nous valions	nous vaudrons	nous valûmes	que nous valions	que nous valussions		
	ils valent	ils valaient	ils vaudront	ils valurent	qu'ils vaillent	qu'ils valussent		
vêtir	je vêts	je vêtais	je vêtirai	je vêtis	que je vête	que je vêtisse	vêtant	vêtu(e)
	il vêt	il vêtait	il vêtira	il vêtit	qu'il vête	qu'il vêtît		
	nous vêtons	nous vêtions	nous vêtirons	nous vêtîmes	que nous vêtions	que nous vêtissions		
	ils vêtent	ils vêtaient	ils vêtiront	ils vêtirent	qu'ils vêtent	qu'ils vêtissent		
vivre	je vis	je vivais	je vivrai	je vécus	que je vive	que je vécusse	vivant	vécu(e)
	il vit	il vivait	il vivra	il vécut	qu'il vive	qu'il vécût		
	nous vivons	nous vivions	nous vivrons	nous vécûmes	que nous vivions	que nous vécussions		
	ils vivent	ils vivaient	ils vivront	ils vécurent	qu'ils vivent	qu'ils vécussent		
voir	je vois	je voyais	je verrai	je vis	que je voie	que je visse	voyant	vu(e)
	il voit	il voyait	il verra	il vit	qu'il voie	qu'il vît		
	nous voyons	nous voyions	nous verrons	nous vîmes	que nous voyions	que nous vissions		
	ils voient	ils voyaient	ils verront	ils virent	qu'ils voient	qu'ils vissent		

Infinitif	Présent	Imparfait	Futur	Passé simple	Subjonctif présent	Subjonctif imparfait	Part. présent	Part. passé
vouloir	je veux	je voulais	je voudrai	je voulus	que je veuille	que je voulusse	voulant	voulu(e)
	il veut	il voulait	il voudra	il voulut	qu'il veuille	qu'il voulût		
	nous voulons	nous voulions	nous voudrons	nous voulûmes	que nous voulions	que nous voulussions		
	ils veulent	ils voulaient	ils voudront	ils voulurent	qu'ils veuillent	qu'ils voulussent		

▶ VERBES ANGLAIS IRRÉGULIERS
ENGLISH IRREGULAR VERBS

Infinitive	Past	Past Participle
abide	abode, abided	abode, abided
arise	arose	arisen
awake	awoke	awaked, awoken
be	was *sing*, were *pl*	been
bear	bore	borne
beat	beat	beaten
become	became	become
beget	begot	begotten
begin	began	begun
behold	beheld	beheld
bend	bent	bent
beseech	besought	besought
beset	beset	beset
bet	bet, betted	bet, betted
bid	bade, bid	bid, bidden
bind	bound	bound
bite	bit	bitten
bleed	bled	bled
blow	blew	blown
break	broke	broken
breed	bred	bred
bring	brought	brought
build	built	built
burn	burned, burnt	burned, burnt
burst	burst	burst
buy	bought	bought
can	could	–
cast	cast	cast

Infinitive	Past	Past Participle
catch	caught	caught
chide	chided, chid	chided, chidden, chid
choose	chose	chosen
cleave[1] *(cut)*	clove, cleaved	cloven, cleaved, cleft
cleave[2] *(adhere)*	cleaved, clave	cleaved
cling	clung	clung
come	came	come
cost	cost, costed	cost, costed
creep	crept	crept
cut	cut	cut
deal	dealt	dealt
dig	dug	dug
do	did	done
draw	drew	drawn
dream	dreamed, dreamt	dreamed, dreamt
drink	drank	drunk
drive	drove	driven
dwell	dwelt	dwelt
eat	ate	eaten
fall	fell	fallen
feed	fed	fed
feel	felt	felt
fight	fought	fought
find	found	found
flee	fled	fled
fling	flung	flung
fly	flew	flown
forbid	forbad(e)	forbidden
forget	forgot	forgotten
forsake	forsook	forsaken
freeze	froze	frozen

Infinitive	Past	Past Participle
get	got	got, gotten *Am*
gild	gilded, gilt	gilded, gilt
gird	girded, girt	girded, girt
give	gave	given
go	went	gone
grind	ground	ground
grow	grew	grown
hang	hung, JUR hanged	hung, JUR hanged
have	had	had
hear	heard	heard
heave	heaved, hove	heaved, hove
hew	hewed	hewed, hewn
hide	hid	hidden
hit	hit	hit
hold	held	held
hurt	hurt	hurt
keep	kept	kept
kneel	knelt	knelt
know	knew	known
lade	laded	laden, laded
lay	laid	laid
lead	led	led
lean	leaned, leant	leaned, leant
leap	leaped, leapt	leaped, leapt
learn	learned, learnt	learned, learnt
leave	left	left
lend	lent	lent
let	let	let
lie	lay	lain
light	lit, lighted	lit, lighted
lose	lost	lost

Infinitive	Past	Past Participle
make	made	made
may	might	–
mean	meant	meant
meet	met	met
mistake	mistook	mistaken
mow	mowed	mown, mowed
pay	paid	paid
put	put	put
quit	quit, quitted	quit, quitted
read [ri:d]	read [red]	read [red]
rend	rent	rent
rid	rid	rid
ride	rode	ridden
ring	rang	rung
rise	rose	risen
run	ran	run
saw	sawed	sawed, sawn
say	said	said
see	saw	seen
seek	sought	sought
sell	sold	sold
send	sent	sent
set	set	set
sew	sewed	sewed, sewn
shake	shook	shaken
shave	shaved	shaved, shaven
shear	sheared	sheared, shorn
shed	shed	shed
shine	shone	shone
shit	shit, *iron* shat	shit, *iron* shat
shoe	shod	shod

Infinitive	Past	Past Participle
shoot	shot	shot
show	showed	shown, showed
shrink	shrank	shrunk
shut	shut	shut
sing	sang	sung
sink	sank	sunk
sit	sat	sat
slay	slew	slain
sleep	slept	slept
slide	slid	slid
sling	slung	slung
slink	slunk	slunk
slit	slit	slit
smell	smelled, smelt	smelled, smelt
smite	smote	smitten
sow	sowed	sowed, sown
speak	spoke	spoken
speed	speeded, sped	speeded, sped
spell	spelled, spelt	spelled, spelt
spend	spent	spent
spill	spilled, spilt	spilled, spilt
spin	spun	spun
spit	spat	spat
split	split	split
spoil	spoiled, spoilt	spoiled, spoilt
spread	spread	spread
spring	sprang	sprung
stand	stood	stood
stave	stove, staved	stove, staved
steal	stole	stolen
stick	stuck	stuck

Infinitive	Past	Past Participle
sting	stung	stung
stink	stank	stunk
strew	strewed	strewed, strewn
stride	strode	stridden
strike	struck	struck
string	strung	strung
strive	strove	striven
swear	swore	sworn
sweep	swept	swept
swell	swelled	swollen
swin	swam	swum
swing	swung	swung
take	took	taken
teach	taught	taught
tear	tore	torn
tell	told	told
think	thought	thought
thrive	throve, thrived	thriven, thrived
throw	threw	thrown
thrust	thrust	thrust
tread	trod	trodden
wake	woke, waked	woken, waked
wear	wore	worn
weave	wove	woven
weep	wept	wept
win	won	won
wind	wound	wound
wring	wrung	wrung
write	wrote	written

► **FAUX AMIS**
FALSE FRIENDS

Cette liste reprend les sens principaux qui prêtent à confusion. Il est conseillé de se reporter aux articles dans le dictionnaire pour plus ample information sur les traductions. L'ordre alphabétique respecte l'orthographe française; si l'expression correspondante en anglais n'est pas à sa place alphabétique, elle figure en *italique*.

This list shows the main confusable meanings of the words. Readers should consult the main section of the dictionary for more complete translation information. When the English term appears out of alphabetical order, it is shown it *italics*.

Meaning of the French word:	faux amis False friends		Signification de l'expression anglaise:
	français	English	
1. abuse (of power etc) 2. excess	**abus**	**abuse**	1. abus (de pouvoir etc.) 2. injures
3. to abuse (a privilege) 4. to take advantage of 5. to assault 6. to deceive	**abuser**	**to abuse**	1. injurier 2. maltraiter
1. to accept (a gift etc.) 2. to agree (to sth/ to do sth)	**accepter**	**to accept**	1. accepter (un don etc) 2. admettre
current, present	**actuel**	**actual**	réel
currently, at present	**actuellement**	**actually**	en fait, vraiment
1. MAT addition 2. bill *(Brit)*, check *(Am)*	**addition**	**addition**	MAT addition
appropriate	**adéquat**	**adequate**	1. assez bon 2. suffisant (en quantité)

Meaning of the French word:	faux amis False friends		Signification de l'expression anglaise:
	français	English	
1. affair (in news, politics) 2. business 3. matter 4. JUR case 5. bargain	affaire	affair	1. affaire (politique, actualité) 2. liaison (amoureuse)
diary	agenda	agenda	ordre du jour
1. MAT anfle 2. angle (approach) 3. corner	angle	angle	1. MAT angle 2. angle (perspective)
1. birthday 2. anniversary	anniversaire	anniversary	anniversaire (de mariage etc.)
1. to assist (professionally) 2. to be present	assister	to assist	aider
1. JUR hearing following, 2. public interest 3. audience (meeting)	audience	audience	1. public, spectateurs 2. audience (réunion)
1. scales 2. Libra	balance	balance	1. équilibre 2. solde
1. to swing, rock 2. to throw out 3. to grass on sb	balancer	to balance	1. mettre/tenir en équilibre 2. équilibrer
1. car battery 2. drums (in band)	batterie	battery	1. pile électrique 2. AUTO batterie
1. white 2. blank (cheque)	blanc	blank	en blanc, non rempli
good, decent	brave	brave	courageux
1. office (of doctor, lawyer) 2. cabinet (ministers) 3. advisers (of politician) 4. toilet	cabinet	cabinet	1. vitrine (meuble) 2. cabinet (ministres)

Meaning of the French word:	faux amis False Friends		Signification de l'expression anglaise:
	français	English	
cine-camera	**caméra**	camera	1. appareil-photo 2. caméra
coach *(Brit)*, bus *(Am)*	**car**	car	voiture
1. deposit, security 2. backing	**caution**	caution	1. prudence 2. avertissement
cellar	**cave**	cave	caverne, grotte
1. luck 2. chance (likelihood)	**chance**	chance	1. occasion (pour faire qc) 2. le hasard 3. risque 4. chance (probabilité)
1. crisps *Brit* 2. chips *Am*	**chips**	chips	1. *Brit* frites 2. *Am* chips
1. circulation (of blood, of currency) 2. traffic	**circulation**	circulation	1. circulation (du sang, d'une monnaie) 2. tirage (d'un journal)
understanding	**compréhensif**	comprehensive	complet
1. lecture 2. POL conference	**conférence**	conference	1. colloque 2. POL conférence
1. embarrassed, overcome 2. confused (noise, explanation)	**confus**	confused	1. embrouillé, désorienté 2. confus (bruits, explications)
1. to check 2. to control (an area, an industry)	**contrôler**	to control	1. avoir de l'autorité/ maîtrise sur 2. faire varier (température, vitesse, etc) 3. contrôler (un secteur)
1. suit 2. costume (for fil, party etc.)	**costume**	costume	1. maillot de bain 2. costume (for film, party, etc.)

Meaning of the French word:	faux amis False friends		Signification de l'expression anglaise:
	français	English	
to disappoint	décevoir	deceive	tromper
1. request 2. ECON demand	demande	demand	1. exigeance 2. réclamation 3. ECON demand
1. to ask for 2. to require (patience, work)	demander	to demand	1. exiger 2. réclamer
1. COM director 2. ECOLE head	directeur	director	1. metteur en scène 2. COM directeur
1. to distract 2. to entertain, amuse	distraire	to distract	distraire (déconcentrer)
to publish	éditer	to edit	préparer (un texte pour l'édition)
publisher	éditeur	editor	1. secrétaire d'édition 2. rédacteur en chef
1. real, actual 2. effective (in force)	effectif	effective	1. efficace 2. effectif (en vigueur)
1. machine 2. heavy vehicle 3. thingummy	engin	engine	1. moteur 2. locomotive
possible	éventuel	eventual	final
possibly	éventuellement	eventually	finalement, à la longue
1. experience (at job, with people) 2. experience (occurrence) 3. experiment	expérience	experience	1. expérie (de la vie, d'un métier) 2. expérience (événement)
1. definite, positive 2. for form's sake	formel	formal	1. officiel (dîner, visite) 2. soigné (langage, tenue)
terrific, tremendous	formidable	formidable	redoutable

Meaning of the French word:	faux amis False friends		Signification de l'expression anglaise:
	français	English	
1. fresh (bread, fruit, tracks) 2. cool	**frais**	**fresh**	1. frais (pain, fruit, traces) 2. nouveau
kind, good	**gentil**	**gentle**	doux (personne, savon)
exhausted	**harassé**	**to harass**	harceler
grass	**herbe**	**herb**	aromate
1. to ignore (a friend, advice) 2. not to know	**ignorer**	**to ignore**	ignorer (un ami, conseil)
1. to impress 2. to make an impression on, scare	**impression-ner**	**to impress**	1. impressionner (faire admirer) 2. imprimer (un dessin)
1. piece of information 2. pl news 3. JUR investigation	**information**	**information**	renseignements
insult	**injure**	**injury**	blessure
TV, PRESSE interview	**interview**	**interview**	1. TV, PRESSE interview 2. entretien (pour un emploi)
1. to insert 2. to introduce (a fashion, a species)	**introduire**	**to introduce**	1. présenter 2. introduire (une mode, espèce)
1. way out 2. outcome	**issue**	**issue**	1. question (d'actualité) 2. PRESSE numéro 3. émission (d'une pièce, d'un passeport)
1. newspaper 2. journal (diary)	**journal**	**journal**	1. revue (savante) 2. journal (récit d'une vie)
1. broad, wide 2. generous	**large**	**large**	grand

Meaning of the French word:	faux amis False friends		Signification de l'expression anglaise:
	français	English	
reading, reading matter	**lecture**	**lecture**	cours, conférence
1. right-wing, free-market 2. liberal (broad-minded)	**libéral**	**liberal**	1. progressiste 2. généreux 3. libéral (large d'esprit)
bookshop	**librairie**	**library**	bibliothèque
1. demonstration (protest) 2. manifestation (of a phenomenon)	**manifestation**	**manifestation**	manifestation (d'un phénomène)
fashionable, society	**mondain**	**mundane**	ordinaire, prosaïque
1. currency 2. change	**monnaie**	**money**	argent
1. note 2. instructions	**notice**	**notice**	1. écriteau, avis 2. préavis 3. attention
1. piece of news 2. short story	**nouvelle**	**novel**	roman
1. opportunity 2. bargain, secondhand article 3. occasion (moment, circumstance)	**occasion**	**occasion**	1. événement (marquant) 2. occasion (moment, circonstance)
to give	**offrir**	**to offer**	1. proposer 2. offrir (comme prix)
to sit an exam	**passer un examen**	**to pass an exam**	réussir à un examen
1. pest (refers only to a girl) 2. plague	**peste**	**pest**	1. animal/insecte nuisible 2. enquiquineur
oil, petroleum	**pétrole**	**petrol**	essence (carburant)
sentence	**phrase**	**phrase**	1. expression 2. syntagme

Meaning of the French word:	faux amis False friends		Signification de l'expression anglaise:
	français	English	
1. piece (in a game, collection) 2. room 3. play 4. coin 5. part, component 6. document	pièce	piece	1. pièce (d'un jeu, d'une collection) 2. morceau 3. article
1. battery 2. pile	pile	pile	tas, pile
1. punctual 2. individual, isolated, one-off	ponctuel	punctual	ponctuel, à l'heure
condom	préservatif	preservative	agent conservateur
1. teacher 2. UNIV professor	professeur	professor	professeur (*Brit:* titulaire d'une chaire)
gradual	progressif	progressive	progressiste
1. promotion (in job, etc.) 2. class, year 3. special offer	promotion	promotion	promotion (avancement)
1. clean, neat 2. toilet-trained 3. one's own	propre	proper	1. bon, qu'il faut 2. convenable 3. vrai, véritable
1. cleanly, neatly 2. specifically	proprement	properly	comme il faut
plum	prune	prune	pruneau
1. advert 2. advertising 3. publicity	publicité	publicity	publicité (toute forme d'attention médiatique, payée ou non)
jigsaw puzzle	puzzle	puzzle	1. énigme 2. jeu (qui exerce l'intelligence)
grape	raisin	raisin	raisin sec

Meaning of the French word:	faux amis False friends		Signification de l'expression anglaise:
	français	English	
1. report (on a subject) 2. relation, relationship 3. ratio	**rapport**	**report**	1. rapport (sur un sujet) 2. bruit, rumeur
1. lettuce 2. salad	**salade**	**salad**	salade (crudités)
1. sensitive 2. tender 3. perceptible	**sensible**	**sensible**	sensé, raisonnable
1. towel 2. briefcase 3. serviette, napkin 4. sanitary towel	**serviette**	**serviette**	serviette (de table)
1. pair of underpants 2. pair of knickers *Brit* o. panties *Am*	**slip**	**slip**	1. combinaison 2. erreur 3. chute 4. bout de papier
1. to succeed (a predecessor, sth that precedes) 2. to follow (in space)	**succéder**	**succeed**	1. réussir 2. succéder à (être le successeur)
1. terrible (accident, illness, and other nouns for bad things) 2. terrific, amazing	**terrible**	**terrible**	terrible, affreux
1. shy 2. timid (indecisive)	**timide**	**timide**	1. craintif 2. timide (indécis)
1. vulgar 2. trite	**trivial**	**trivial**	insignifiant
jacket	**veste**	**veste**	1. *Brit* maillot de corps 2. *Am* gilet
1. perverted 2. devious 3. incorrect (spelling, pronunciation)	**vicieux**	**vicious**	1. violent, méchant 2. haineux

► LES NOMBRES
NUMERALS

► Les nombres cardinaux
Cardinal numbers

zéro	0	zero
un, une	1	one
deux	2	two
trois	3	three
quatre	4	four
cinq	5	five
six	6	six
sept	7	seven
huit	8	eight
neuf	9	nine
dix	10	ten
onze	11	eleven
douze	12	twelve
treize	13	thirteen
quatorze	14	fourteen
quinze	15	fifteen
seize	16	sixteen
dix-sept	17	seventeen
dix-huit	18	eighteen
dix-neuf	19	nineteen
vingt	20	twenty
vingt et un	21	twenty-one
vingt-deux	22	twenty-two
vingt-trois	23	twenty-three
vingt-quatre	24	twenty-four
vingt-cinq	25	twenty-five
trente	30	thirty
trente et un	31	thirty-one
trente-deux	32	thirty-two
trente-trois	33	thirty-three
quarante	40	forty

quarante et un	41	forty-one
quarante-deux	42	forty-two
cinquante	50	fifty
cinquante et un	51	fifty-one
cinquante-deux	52	fifty-two
soixante	60	sixty
soixante et un	61	sixty-one
soixante-deux	62	sixty-two
soixante-dix	70	seventy
soixante et onze	71	seventy-one
soixante-douze	72	seventy-two
soixante-quinze	75	seventy-five
soixante-dix-neuf	79	seventy-nine
quatre-vingt(s)	80	eighty
quatre-vingt-un	81	eighty-one
quatre-vingt-deux	82	eighty-two
quatre-vingt-cinq	85	eighty-five
quatre-vingt-dix	90	ninety
quatre-vingt-onze	91	ninety-one
quatre-vingt-douze	92	ninety-two
quatre-vingt-dix-neuf	99	ninety-nine
cent	100	one hundred
cent un	101	one hundred and one
cent deux	102	one hundred and two
cent dix	110	one hundred and ten
cent vingt	120	one hundred and twenty
cent quatre-vingt-dix-neuf	199	one hundred and ninety-nine
deux cents	200	two hundred
deux cent un	201	two hundred and one
deux cent vingt-deux	222	two hundred and twenty-two
trois cents	300	three hundred
quatre cents	400	four hundred
cinq cents	500	five hundred
six cents	600	six hundred
sept cents	700	seven hundred

huit cents	800	eight hundred
neuf cents	900	nine hundred
mille	1 000	one thousand
mille un	1 001	one thousand and one
mille dix	1 010	one thousand and ten
mille cent	1 100	one thousand one hundred
deux mille	2 000	two thousand
dix mille	10 000	ten thousand
cent mille	100 000	one hundred thousand
un million	1 000 000	one million
deux millions	2 000 000	two million
deux millions cinq cent mille	2 500 000	two million, five hundred thousand
un milliard	1 000 000 000	one billion
mille milliard	1 000 000 000 000	one thousand billion

▶ **Les nombres ordinaux**
  Ordinal numbers

premier, ère	1er, 1ère	1st	first
second, e deuxième	2nd, 2nde, 2^{e}	2nd	second
troisième	3^{e}	3rd	third
quatrième	4^{e}	4th	fourth
cinquième	5^{e}	5th	fifth
sixième	6^{e}	6th	sixth
septième	7^{e}	7th	seventh
huitième	8^{e}	8th	eighth
neuvième	9^{e}	9th	ninth
dixième	10^{e}	10th	tenth
onzième	11^{e}	11th	eleventh
douzième	12^{e}	12th	twelfth
treizième	13^{e}	13th	thirteenth
quatorzième	14^{e}	14th	fourteenth
quinzième	15^{e}	15th	fifteenth
seizième	16^{e}	16th	sixteenth

dix-septième	17e	17th	seventeenth
dix-huitième	18e	18th	eighteenth
dix-neuvième	19e	19th	nineteenth
vingtième	20e	20th	twentieth
vingt et unième	21e	21st	twenty-first
vingt-deuxième	22e	22nd	twenty-second
vingt-troisième	23e	23rd	twenty-third
trentième	30e	30th	thirtieth
trente et unième	31e	31st	thirty-first
trente-deuxième	32e	32nd	thirty-second
quarantième	40e	40th	fortieth
cinquantième	50e	50th	fiftieth
soixantième	60e	60th	sixtieth
soixante-dixième	70e	70th	seventieth
soixante et onzième	71e	71st	seventy-first
soixante-douzième	72e	72nd	seventy-second
soixante-dix-neuvième	79e	79th	seventy-ninth
quatre-vingtième	80e	80th	eightieth
quatre-vingt-unième	81e	81st	eighty-first
quatre-vingt-deuxième	82e	82nd	eighty-second
quatre-vingt-dixième	90e	90th	nintieth
quatre-vingt-onzième	91e	91st	ninety-first
quatre-vingt-dix-neu-vième	99e	99th	ninety-ninth
centième	100e	100th	one hundredth
cent unième	101e	101st	one hundred and first
cent dixième	110e	110th	one hundred and tenth
cent quatre-vingt-quinzième	195e	195th	one hundred and ninety-ninth
deux(-)centième	200e	200th	two hundredth
trois(-)centième	300e	300th	three hundredth
cinq(-)centième	500e	500th	five hundredth
millième	1 000e	1 000th	one thousandth
deux(-)millième	2 000e	2 000th	two thousandth
millionième	1 000 000e	1 000 000th	one millionth
dix(-)millionième	10 000 000e	10 000 000th	ten millionth

▶ **Les fractions**
Fractional numbers

un demi	$^1/_2$	one half
un tiers	$^1/_3$	one third
un quart	$^1/_4$	one quarter
un cinquième	$^1/_5$	one fifth
un dixième	$^1/_{10}$	one tenth
un centième	$^1/_{100}$	one hundredth
un millième	$^1/_{1000}$	one thousandth
un millionième	$^1/_{1\,000\,000}$	one millionth
deux tiers	$^2/_3$	two thirds
trois quarts	$^3/_4$	three quarters
deux cinquièmes	$^2/_5$	two fifths
trois dixièmes	$^3/_{10}$	three tenths
un et demi	$1\,^1/_2$	one and a half
deux et demi	$2\,^1/_2$	two and a half
cinq trois huitièmes	$5\,^3/_8$	five and three eighths
un virgule un	$1,1$	one point one

▶ POIDS ET MESURES
WEIGHTS AND MEASURES

▶ Système décimal
  Decimal system

méga	1 000 000	M	mega
hectokilo	100 000	hk	hectokilo
myria	10 000	ma	myria
kilo	1 000	k	kilo
hecto	100	h	hecto
déca	10	da	deca
déci	0,1	d	deci
centi	0,01	c	centi
milli	0,001	m	milli
décimilli	0,000 1	dm	decimilli
centimilli	0,00001	cm	centimilli
micro	0,000001	μ	micro

▶ Tableaux de conversion

Le système impérial de mesures existe encore aux États-Unis; en Grande Bretagne, le système métrique est officiellement adopté, mais l'ancien système demeure la référence pour beaucoup de personnes. Il en est de même pour l'échelle Fahrenheit des températures. Seules les mesures impériales encore en usage courant figurent dans ces tableaux. En multipliant une mesure métrique par le facteur de conversion en **gras**, on obtient la mesure impériale correspondante; inversement une mesure impériale divisée par le même facteur donnera la mesure métrique.

▶ Conversion tables

Only imperial measures still in common use are given here. To convert a metric measurement to imperial, multiply by the conversion factor in **bold**. Likewise dividing an imperial measurement by the same factor will give the metric equivalent. Note that the decimal comma is used throughout rather than the decimal point.

▶ Mesures métriques   Mesures impériales
  Metric measurement   Imperial measures

mille marin	1 852 m	–	nautical mile			
kilo-mètre	1 000 m	km	kilometre *(Brit)*, kilo-meter *(Am)*	**0,62**	mile (=1760 yards)	m, mi
hecto-mètre	100 m	hm	hectometre *(Brit)*, hecto-meter *(Am)*			
déca-mètre	10 m	dam	decametre *(Brit)*, deca-meter *(Am)*			
mètre	1 m	m	metre *(Brit)*, meter *(Am)*	**1,09** **3,28**	yard (= 3 feet) foot (= 12 inches)	yd ft
déci-mètre	0,1 m	dm	decimetre *(Brit)*, deci-meter *(Am)*			
centi-mètre	0,01 m	cm	centimetre *(Brit)*, cen-timeter *(Am)*	**0,39**	inch	in
milli-mètre	0,001 m	m-m	millimetre *(Brit)*, milli-meter *(Am)*			
micron	0,000 001 m	µ	micron			
milli-micron	0,000 000 001 m	mµ	millimicron			
Ang-strœm	0,000 000 000 1 m	Å	angstrom			

▶ Mesures de surface
  Surface measure

kilomètre carré	1 000 000 m²	km²	square kilo-metre	**0,386**	square mile (= 640 acres)	sq. m., sq. mi.
hectomè-tre carré hectare	10 000 m²	hm² ha	square hectometre hectare	**2,47**	acre (= 4840 square yards)	a.
décamè-tre carré are	100 m²	dam² a	square decametre are			
mètre carré	1 m²	m²	square metre	**1.196**	square yard (9 square feet)	sq. yd
				10,76	square feet (= 144 square inches)	sq. ft
décimè-tre carré	0,01 m²	dm²	square deci-metre			
centimè-tre carré	0,000 1 m²	cm²	square cen-timetre	**0,155**	square inch	sq. in.
millimè-tre carré	0,000001 m²	mm²	square millimetre			

▶ Mesures de volume
   Volume and capacity

kilo- mètre cube	1 000 000 000 m³	km³	cubic kilo- metre			
mètre cube stère	1 m³	m³ st	cubic metre stere	**1,308** **35,32**	cubic yard (= 27 cubic feet) cubic foot (= 1728 cubic inches)	cu. yd cu. ft
hecto- litre	0,1 m³	hl	hectolitre *Brit*, hectoliter *Am*			
déca- litre	0,01 m³	dal	decalitre *Brit*, decaliter *Am*			
déci- mètre cube litre	0,001 m³	dm³ l	cubic deci- metre litre *Brit*, liter *Am*	**0,22** **1,76** **0,26** **2,1**	gallon *Brit* pint *Brit* gallon *Am* pint *Am*	gal. pt gal. Pt
déci- litre	0,000 1 m³	dl	decilitre *Brit*, deciliter *Am*			
centi- litre	0,000 01 m³	cl	centilitre *Brit*, centilter *Am*	**0,352** **0,338**	fluid ounce *Brit* fluid ounce *Am*	fl. Oz
centi- mètre cube	0,000 001 m³	cm³	cubic centi- metre	**0,061**	cubic inch	cu. in.
milli- litre	0,000 001 m³	ml	millilitre *Brit*, milliliter *Am*			
milli- mètre cube	0,000 000 001 m³	mm³	cubic milli- metre			

▶ Poids
  Weight

tonne	1 000 kg	t	tonne	**0,98**	[long] ton *Brit* (= 2240 pounds)	t.
				1,1	[short] ton *Am* (= 2000 pounds)	
quintal	100 kg	q	quintal			
kilogramme	1 000 g	kg	kilo-gram	**2,2**	pound (= 16 ounces)	lb
hectogramme	100 g	hg	hecto-gram			
décagramme	10 g	dag	deca-gram			
gramme	1 g	g	gram	**0,035**	ounce	oz
carat	0,2 g	–	carat			
décigramme	0,1 g	dg	deci-gram			
centigramme	0,01 g	cg	centi-gram			
milligramme	0,001 g	mg	milli-gram			
microgramme	0,000 001 g	µg, g	micro-gram			

Pour convertir une température exprimée en degrés Celsius en degrés Fahrenheit, il faut déduire 32 et multiplier par $^5/_9$. À l'inverse, pour convertir une température exprimée en degrés Fahrenheit en degrés Celsius il faut la multiplier par $^9/_5$ et ajouter 32.

To convert a temperature in degrees Celsius to Fahrenheit, deduct 32 and multiply by $^5/_9$. To convert Fahrenheit to Celsius, multiply by $^9/_5$ and add 32.

Note

Note

Note

Note

Note